dtv

Wer einen treffenden Ausdruck sucht, findet in diesem Nachschlagewerk mehr als 30000 Stichwörter mit ihren einzelnen Bedeutungsvarianten. Wörter und Wendungen, die sich austauschen lassen, sind überschaubar zusammengefasst.
Synonymgruppen mehrdeutiger Stichwörter sind in ihren Bedeutungen erklärt. Dem richtigen Gebrauch der einzelnen Synonyme dienen die Gliederung nach Stilebenen und zahlreiche Hinweise auf die verschiedenen Anwendungsbereiche.

Herbert Görner, geboren 1930, war von 1955–1990 Redakteur am Bibliographischen Institut in Leipzig, davon 8 Jahre lang Leiter der Leipziger Dudenredaktion. Er verfasste u. a. ›Redensarten. Kleine Idiomatik der deutschen Sprache‹ (1979). *Dr. Günter Kempcke,* geboren 1931, arbeitete von 1956–1992 als Redakteur am Zentralinstitut für Sprachwissenschaft in Berlin. Unter seiner Leitung wurde das 1985 erschienene ›Handwörterbuch der deutschen Gegenwartssprache‹ erarbeitet.

Wörterbuch Synonyme

Neu bearbeitet und herausgegeben von
Herbert Görner und Günter Kempcke

Deutscher Taschenbuch Verlag

Originalausgabe
Februar 1999
2. Auflage Juni 2000

www.dtv.de

Umschlagkonzept: Balk & Brumshagen
Gesetzt aus der 7,5/8 p Times (WinWord 6.0)
Gesamtherstellung: C. H. Beck'sche Buchdruckerei, Nördlingen
Gedruckt auf säurefreiem, chlorfrei gebleichtem Papier
Printed in Germany · ISBN 3-423-32515-1

Vorbemerkung

Das hier vorliegende Werk ist erstmals im Jahre 1973 in Leipzig unter dem Titel ›Synonymwörterbuch‹ herausgegeben worden. An dieser Ausgabe haben als Autoren mitgewirkt:

Marie-Elisabeth Fritze, Dieter Herberg, Günter Kramer †, Johannes Kraus †, Klaus-Dieter Ludwig und Karl Wunsch.

Es versteht sich bei der schnellen Entwicklung des Wortschatzes in den letzten 25 Jahren und vor allem bei den durch die Wiedervereinigung Deutschlands bedingten Veränderungen von selbst, dass ein Neuerscheinen des Buches nur nach einer entsprechenden Bearbeitung in Betracht kommen konnte. Diese wurde uns dankenswerterweise durch den Deutschen Taschenbuch Verlag, München, ermöglicht.

Für viele wertvolle Hinweise zur Neubearbeitung danken wir unserer Lektorin Katharina Festner sehr herzlich.

Leipzig/Berlin, im Herbst 1998 — Die Herausgeber

Vorwort

Wir erleben es oft, dass wir beispielsweise beim Schreiben eines Briefes oder beim Ausarbeiten eines Berichtes lange nach einem passenden Wort oder einem angemessenen Ausdruck suchen müssen, weil wir uns nicht ständig wiederholen möchten oder uns das verfügbare Wort nicht treffend genug erscheint. Aber trotz angestrengten Nachdenkens fällt uns nichts ein. Dabei hält unsere Sprache eine Vielzahl von Wörtern bereit, die einander inhaltlich mehr oder weniger nahe stehen; nur befinden sich diese eben nicht im Vordergrund unseres Bewusstseins oder wir kennen sie nicht. Wir müssen sie also wieder aktivieren oder sie uns zu Eigen machen. Dafür gibt es seit etwa 200 Jahren Synonymwörterbücher. In ihnen werden inhaltlich identische oder ähnliche Wörter – Synonyme – den Benutzern für ihre Wortwahl zur Verfügung gestellt.

Synonyme sind Wörter und Wendungen, die hinsichtlich ihrer Bedeutungsmerkmale weitgehend übereinstimmen und deshalb in der Regel im Text austauschbar sind. Doch ist mit der inhaltlichen Übereinstimmung nicht generell auch die Austauschbarkeit gewährleistet. Wörter gehen unterschiedlich typische Kombinationen mit anderen Wörtern ein, und erst der Kontext zeigt, ob ein Ausdruck durch einen anderen ersetzt werden kann, ohne dass der Sinnzusammenhang gestört wird. Häufig müssen wir den Text in seiner Struktur etwas ändern, um den Ausdruck wechseln zu können. Hinzu kommt, dass Wörter auch spezifischen Anwendungsbedingungen unterliegen, was uns beispielsweise durch das Nebeneinander von *Gesicht, Antlitz, Fresse, Visage* verdeutlicht wird: Ein neutraler (normalsprachlicher) Kontext verwendet *Gesicht,* in der Umgangssprache wird unter Umständen *Fresse* gebraucht, ein Wort, das im neutralen Kontext verletzend wirken könnte.

So schwierig die Definition der Synonymie ist, so schwierig ist ihre Klassifizierung. Gewöhnlich unterscheidet man **begriffliche** und **stilistische** Synonyme; während die begrifflichen auf einer neutralen (normalsprachlichen) Ebene anzusiedeln sind und sich durch eine weitgehende Identität ihrer Bedeutungsmerkmale oder durch feine inhaltliche Unterschiede charakterisieren lassen, sind die stilistischen trotz ihrer begrifflichen Übereinstimmung oder Nähe an soziale oder situative Faktoren gebunden.

Bei der Erarbeitung eines Synonymwörterbuches sind diese Kriterien in der Darstellung zu berücksichtigen. Und je nachdem, wie differenziert die

Darstellung der Synonyme in einem solchen Werk angelegt ist, unterscheidet man **kumulative** und **distinktive** Synonymwörterbücher; kumulative beschränken sich auf eine bloße Zusammenstellung synonymischer Wörter und Wendungen, distinktive beschreiben auch ihre inhaltlichen Unterschiede und die Bedingungen für ihre Austauschbarkeit im Kontext. Da die letztgenannte Variante einen immensen Aufwand an Kommentierung verlangt und im Hinblick auf den Umfang eines Buches natürlich die Anzahl der Stichwörter beträchtlich einschränkt, ist sie in der deutschen Wörterbuchlandschaft so gut wie nicht vertreten; es dominieren verschiedene Darstellungsformen des kumulativen Synonymwörterbuchs. Allerdings setzt der Gebrauch dieses Wörterbuchtyps eine hohe muttersprachliche Kompetenz des Benutzers voraus. Wir haben deshalb versucht, die Raum sparende Form des kumulativen Wörterbuchs mit Erläuterungen und Gebrauchshinweisen so zu verbinden, dass wir gewisse Kriterien eines distinktiven Wörterbuchs einbeziehen konnten. Ein Grundanliegen war es auch zu demonstrieren, wie Polysemie (Mehrdeutigkeit) und Synonymie miteinander verquickt sind: In der Regel sind nicht Wörter schlechthin untereinander synonym – sie sind es immer in einer ihrer Bedeutungen, so dass polyseme Wörter ein kompliziertes Geflecht von Bedeutungsbeziehungen in unserem Wortschatz ergeben. Jedes Stichwort wird daher in seiner polysemen Gliederung vorgeführt, soweit seine Bedeutungen synonymieträchtig sind. Vom Einzelwort wird auf die Synonymgruppe verwiesen, in der die Glieder dieses Sinnbereichs dargestellt sind. Die Synonymgruppen werden in diesem Wörterbuch – entgegen der Tradition kumulativer Synonymwörterbücher – inhaltlich durch die Bedeutungsangabe beim Leitwort der Gruppe, dem Grundsynonym, charakterisiert. Als Grundsynonym dient jeweils das Wort oder die Wendung mit dem größten Gebrauchsradius und einer stilistisch neutralen (normalsprachlichen) Gebrauchsnorm.

Bei der Auswahl der Stichwörter haben wir den heute aktuellen Bereich des Wortschatzes zugrunde gelegt. Er umfasst Schriftsprachliches und Umgangssprachliches, Regionales und Fachsprachliches sowie Gruppensprachliches (z. B. Jugendsprachliches). Stichwörter und Synonyme sind entsprechend gekennzeichnet. Dabei sind wir uns bewusst, dass die Grenzen zwischen ihnen fließend sind. Die Auswahl enthält auch Wörter, die sich – obwohl ursprünglich als Warenzeichen geprägt – im Laufe der Zeit zur Bezeichnung eines bestimmten Typs entwickelt haben (z. B. *Knirps*). Sie werden im Wörterbuch als Warenzeichen (*Wz*) ausgewiesen. Etwaiges Fehlen dieser Angabe bei einem solchen Wort bedeutet aber nicht, dass dieses von jedermann frei verwendet werden darf.

Im Ganzen haben wir uns um eine engere Synonymieauffassung bemüht, um die Grenzen zwischen Synonymie und Wortfeld nicht zu verwischen, doch schien es uns wichtig, den Benutzern weiterführende Informationen anzubieten, Informationen, die von einer Synonymgruppe zu anderen, inhaltlich benachbarten Gruppen führen und so das Verhältnis von Synonymie und Wortfeld verdeutlichen.

Sicherlich wird der eine oder andere auf manche Fragen keine Antwort finden, doch hoffen wir, mit unserem ›Wörterbuch Synonyme‹ die Bemühungen der Benutzer um einen angemessenen Sprachgebrauch wirksam unterstützen zu können.

Hinweise für den Benutzer

0. Bemerkungen zur Wortfindung

0.1. Für die Wortfindung schicken wir zwei wichtige Hinweise voraus.

0.1.1. Wir haben darauf verzichtet, von allen im vorliegenden Buch enthaltenen männlichen Personenbezeichnungen (wie etwa »Radfahrer«) die weiblichen Entsprechungen (»Radfahrerin«) aufzunehmen, wenn diese im Hinblick auf Bedeutungen und Synonyme keine Abweichungen aufweisen und deshalb alle notwendigen Informationen ohne Schwierigkeit aus den maskulinen Formen ableitbar sind. Eine Berücksichtigung aller dieser Feminina hätte zu einer Aufschwellung des Wörterverzeichnisses und zum Verzicht auf anderes wichtiges Wortmaterial geführt. Bei Abweichungen sind selbstverständlich die weiblichen Formen berücksichtigt und als selbständige Grundsynonyme angesetzt worden.

0.1.2. Durch die Rechtschreibreform bedingt, erscheinen jetzt viele ehedem zusammengeschriebene Wörter oft nicht mehr als Zusammensetzungen im Wörterverzeichnis, sondern als Fügungen unter dem jeweiligen Bestimmungswort, also an ganz anderer alphabetischer Stelle. Da es uns aus Raumgründen nicht möglich war, auch die alten Schreibweisen aufzunehmen und von dort auf die neuen zu verweisen, ist der Benutzer aufgefordert, besonders bei nicht im Wörterverzeichnis zu findenden Zusammensetzungen aus Adjektiv / Adverb / Substantiv + Verb / Partizip unter den Fügungen beim jeweiligen Bestimmungswort nachzuschlagen. So erscheint zum Beispiel das bisher zusammengesetzte Verb »schwerfallen« jetzt im Buch als Fügung beim Adjektiv »schwer« unter Punkt 5:

> **schwer:** . . . **5.** s. fallen: <*erhebliche Anstrengungen erfordern*> Mühe machen . . .

1. Anordnung der Stichwörter (Grundsynonyme) und der zugeordneten Synonyme

1.1. Die Stichwörter sind halbfett gedruckt und alphabetisch angeordnet.

1.2. Formal gleiche Wörter verschiedener Wortart (z. B. Adjektiv und Verb) werden als verschiedene Bedeutungspunkte eines Stichwortes angesetzt.

1.3. Bei gleich lautenden Stichwörtern verschiedener Schreibung stehen die kleingeschriebenen vor den großgeschriebenen.

1.4. Umlaute werden wie einfache Laute behandelt.

1.5. Homonyme werden durch Indizes unterschieden:

> [1]**kehren: I.** kehren: . . . – **II.** kehren, sich: . . .
> [2]**kehren:** → fegen (1)
> [1]**Laster,** das: . . .
> [2]**Laster,** der: . . .

1.6. Stichwörter, die in zwei Formen vorkommen, werden in folgender Weise angesetzt:

> **abnutzen / abnützen:** . . .
> **Wille[n],** der: . . .

2. Aufbau der Stichwortartikel

2.1. Es sind zwei Grundprinzipien der Gliederung verwendet.

2.1.1. Die formale Gliederung nach äußeren Unterschieden des Stichwortes, z. B. nach dem Genus, nach reflexivem und nicht reflexivem Gebrauch oder nach der Betonung, wird mithilfe römischer Ziffern vorgenommen:

> **Alte: I.** Alte, der: **1.** ⟨*als alt angesehene männl. Person*⟩ . . . Oldtimer . . . – **2.** → Vater (1) – **3.** → Ehemann – **4.** → Greis – **5.** → Vorgesetzte, [1]Leiter – **II.** Alte, die: **1.** → Mutter (1) – **2.** → Ehefrau – **3.** → Greisin – **4.** → Muttertier – **III.** Alte (*Pl*): die Alten: **1.** → Eltern (1) – **2.** → Vorfahr[e] (II)
> **durchquetschen: I.** durchquetschen: → durchdrücken (1) – **II.** durchquetschen, sich: → durchdrängen, sich
> **durchrieseln: I.** durchrieseln: → durchsickern (1) – **II.** durchrieseln: → erfüllen (I, 1)

2.1.1.1. Tritt der Fall ein, dass zwei Kriterien in einem Stichwort zusammentreffen, so wird römisch und arabisch gegliedert:

> **durchschlagen: I. 1.** durchschlagen: **a)** ⟨*durch Schlagen mit einem Werkzeug in zwei Teile trennen*⟩ kappen . . . – **b)** → durch-

dringen (I, 1) . . . – **2.** durchschlagen, sich: ⟨*allen Widerständen zum Trotz sein Ziel erreichen*⟩ sich durchbringen · sich durchkämpfen . . . – **II.** durchschlagen: → durchbohren (II, 1)

2.1.1.2. Als Folge der durch die Rechtschreibreform bedingten Trennung mancher früher zusammengeschriebener Verben ergeben sich Sonderfälle:

wund: 1. a) sich (*Dativ*) w. laufen: . . . – **b)** sich (*Akkusativ*) w. laufen: . . . – **2.** sich w. liegen: . . .

2.1.2. Die Gliederung nach rein semantischen Unterschieden geschieht durch arabische Ziffern und – bei weiterer Differenzierung einer Grundbedeutung nach verschiedenen Nuancen und bei Fügungen unterschiedlicher Bedeutungen – durch Kleinbuchstaben:

überlesen: 1. → überfliegen – **2.** → übersehen (I, 2)
klar: 1. ⟨*keine Trübung aufweisend*⟩ **a)** ⟨*Flüssigkeit od. Glas*⟩ rein . . . – **b)** ⟨*Himmel*⟩ wolkenlos . . . – **2.** → verständlich (1) . . .
Sack, der: . . . – **6.** . . . in den S. stecken: **a)** → überflügeln – **b)** → betrügen (1) . . .
satt: . . . – **3.** s. sein: **a)** ⟨*keinen Hunger mehr verspüren*⟩ *umg*: nicht mehr [papp sagen] können – **b)** → betrunken (2) . . .

2.1.3. Partizipien sind als selbständige Stichwörter aufgeführt, wenn sie synonym zu anderen Wörtern verwendet werden; kommen sie nur in Fügungen vor, werden sie unter dem Verb verzeichnet.

2.1.4. Substantivische Ableitungen von Verben oder Adjektiven werden, wenn sie inhaltlich mit dem jeweils zugrunde liegenden Stichwort übereinstimmen, oft nicht gesondert aufgeführt.

2.1.5. Stichwörter mit mehr als 3 Buchstaben werden abgekürzt, wenn sie in Verweisfügungen stehen, formal mit dem Stichwort übereinstimmen und gleichen Numerus haben:

Gala, die: **1.** → Festkleidung – **2.** sich in G. werfen: → herausputzen (II)

2.1.6. In Fügungen, die als Grundsynonyme fungieren, ist das Stichwort unter den gleichen Bedingungen ebenfalls abgekürzt:

haltlos: . . . – **3.** h. sein: ⟨*ohne charakterliche Festigkeit sein*⟩ *umg*: kein Rückgrat haben

2.2. Bedeutungsangaben

Bei polysemen (mehrdeutigen) Wörtern sind den einzelnen Synonymreihen in Winkelklammern kurze Bedeutungsangaben vorangestellt, um dem Benutzer einen schnellen Überblick zu ermöglichen. (Vgl. Beispiele unter 2.1.1.1. und 2.1.2.)

2.3. Gliederung der Synonymreihe

2.3.1. Die Synonyme werden dem Grundsynonym (bzw. der als Grundsynonym geltenden Bedeutung) in Gruppen nachgeordnet und dabei nach den verschiedenen stilistischen Bereichen wie *gehoben, umgangssprachlich, salopp, derb* gegliedert. Der normalsprachliche (neutrale) Bereich bleibt unbezeichnet, wenn das Stichwort selbst normalsprachlich ist:

> **satt: 1.** ⟨*nicht mehr hungrig*⟩ gesättigt . . . ♦ *umg*: wie genudelt . . . ♦ *salopp*: dick und voll ♦ *derb*: voll gefressen – **2.** . . .

2.3.2. Innerhalb dieser Untergruppen werden je nach Notwendigkeit weitere Untergliederungen mit den erforderlichen Kennzeichnungen vorgenommen. (Vgl. unter 4.2.3.)

2.3.3. Betrifft eine Kennzeichnung nur einen Bedeutungspunkt, so steht sie unmittelbar hinter der Gliederungsziffer bzw. dem Gliederungsbuchstaben:

> **zuspielen: 1.** *Sport* ⟨*einen anderen Spieler in den Besitz des Balles bzw. Pucks bringen*⟩ anspielen . . . – **2.** ⟨*wie unbeabsichtigt zukommen lassen*⟩ in die Hand spielen . . .

2.3.4. Erscheint in der Synonymreihe eines im Singular stehenden Grundsynonyms ein pluralisches Synonym, bei dem Plural und Singular gleich lauten, so ist dieses Synonym mit nachgestelltem »(*Pl*)« gekennzeichnet. Der umgekehrte Fall wird sinngemäß behandelt.

2.4. Wendungen und die wie solche behandelten Dativ-Reflexiva werden,

2.4.1. wenn sie als Grundsynonyme fungieren müssen, hinter den Bedeutungspunkten des einfachen Stichwortes angeordnet. (Vgl. Beispiel unter 2.1.6.)

2.4.2. wenn sie Verweise darstellen, im letzten Punkt der Gliederung mit arabischen Ziffern zusammengefasst:

> **Gebühr,** die: **1.** → Abgabe (2) – **2.** nach G.: → gebührend (1); über G.: → übertrieben
>
> **anschaffen: 1.** → erwerben (2) – **2.** → beauftragen – **3.** → bestellen (1) . . . – **6.** sich a.: → erwerben (2) . . .

3. Verwendete Abkürzungen

abwert	abwertend
amtsspr	amtssprachlich
Arch	Architektur
Archäol	Archäologie
Astron	Astronomie
Bankw	Bankwesen
bergm	bergmännisch
berlin	berlinisch
bes.	besonders, besonder
best.	bestimmt
Biol	Biologie
Börsenw	Börsenwesen
Boxsp	Boxsport
Buchw	Buchwesen
bzw./*bzw.*	beziehungsweise
Chem	Chemie
dgl./*dgl.*	dergleichen
dicht	dichterisch
Diplom	Diplomatie
EDV	elektronische Datenverarbeitung
ehem.	ehemalig
etw./*etw.*	etwas
evang	evangelisch
fachspr	fachsprachlich
Finanzw	Finanzwesen
fliegerspr	fliegersprachlich
Flugw	Flugwesen
Forstw	Forstwesen
Geol	Geologie
hist	historisch
iron	ironisch
jmd./*jmd.*	jemand
jmdm./*jmdm.*	jemandem
jmdn./*jmdn.*	jemanden
jmds./*jmds.*	jemandes
jugendspr	jugendsprachlich
kathol	katholisch
kaufm	kaufmännisch
kinderspr	kindersprachlich
Kochk	Kochkunst
Kosef	Koseform
landsch	landschaftlich
Landw	Landwirtschaft
Math	Mathematik
med	medizinisch
Met	Meteorologie
milit	militärisch
Mus	Musik
norddt	norddeutsch
normalspr	normalsprachlich
od./*od.*	oder
österr	österreichisch
pharm	pharmazeutisch
Philos	Philosophie
Phon	Phonetik
Phys	Physik
Pl	Plural
Polit	Politik
Psych	Psychologie
Raumf	Raumfahrt
Rechtsw	Rechtswesen
Rel	Religion
scherzh	scherzhaft
schülerspr	schülersprachlich
Schulw	Schulwesen
schweiz	schweizerisch
seem	seemännisch
soldatenspr	soldatensprachlich
spött	spöttisch
studentenspr	studentensprachlich
süddt	süddeutsch
Techn	Technik
Theat	Theaterwesen
u./*u.*	und
umg	umgangssprachlich
usw.	und so weiter

verhüll	verhüllend	*weidm*	weidmännisch
vertraul	vertraulich	*Wirtsch*	Wirtschaft
vgl./*vgl.*	vergleiche	*Wz*	Warenzeichen

Bei den Kennzeichnungen und Bedeutungsangaben sind Adjektive auf »-lich« und »-isch« in den flektierten Formen oft abgekürzt.

4. Zeichen

4.1. Eckige Klammern [ ]

Die in eckigen Klammern eingeschlossenen Elemente können verwendet oder weggelassen werden.

4.1.1. Beim Stichwort oder bei den Synonymen hat dies keinen Einfluss auf die Bedeutung:

> **geisteskrank: 1.** ⟨*an einer schweren geistigen Störung leidend*⟩ geistesgestört · [geistig] umnachtet · irr[e] · wahnsinnig . . .

4.1.2. Eckige Klammern bei den Bedeutungsangaben innerhalb der Winkelklammern (vgl. 4.3.) signalisieren jedoch eine Einschränkung des Bedeutungsumfanges:

> **zurückbleiben: 1.** ⟨*nicht mehr Schritt halten* [*können*]⟩ . . .

4.2. Runde Klammern ( )

In runde Klammern sind verschiedene Kennzeichnungen der Stichwörter und vor allem der Synonyme gesetzt.

4.2.1. Angaben in runden Klammern sind immer nachgestellt, sie gelten also für das Vorhergehende.

4.2.2. beim Stichwort:

> **aufgeputzt** (*umg*): geschniegelt und gebügelt ♦ *salopp*: aufgedonnert . . .
>
> **aufbekommen** (*umg*): **1.** ⟨*Hausaufgaben gestellt bekommen*⟩ aufkriegen – **2.** . . .

In diesen Fällen gilt die Kennzeichnung auch für alle folgenden Synonyme bis zum Bereich der nächstfolgenden Kennzeichnung.

4.2.3. Bei einem Synonym oder bei einer Synonymgruppe gilt die in runde Klammern eingeschlossene Angabe bis zum vorhergehenden Semikolon:

> **Schnuller,** der: Sauger; Luller (*süddt österr schweiz*) ♦ *umg*: Lutscher; Nuckel . . . Zulp (*landsch*); Zuzel (*österr*)

4.3. Winkelklammern ⟨ ⟩

In Winkelklammern stehen die Bedeutungsangaben. (Vgl. Beispiele unter 2.1.1.1. und 2.1.2.)

4.4. Rhombus ♦

Der Rhombus dient der deutlichen Gruppierung der Synonyme nach den so genannten Stilebenen:

> **Schurke,** der (*abwert*): Schuft · Lump . . . ♦ *umg*: Lumpenkerl · Lumpenhund . . . ♦ *salopp*: Dreckskerl · Drecksack . . . ♦ *derb*: Schwein · Schweinehund . . .

4.5. Pluszeichen +

Hinter dem Pluszeichen folgen periphere Synonyme oder zum Grundsynonym im Verhältnis »Oberbegriff – Unterbegriff« bzw. »Gattung – Art« stehende Wörter:

> **überlisten:** übertölpeln · in die Falle / in einen Hinterhalt locken + fangen . . .

4.6. Schrägstrich /

4.6.1. Der Schrägstrich wird zur Zusammenfassung von Fügungen gleicher Bedeutung verwendet. Er steht also zwischen austauschbaren Wörtern oder Wortgruppen. (Vgl. Beispiel unter 4.7.)

4.6.2. In wenigen Fällen steht der Schrägstrich zwischen gleichberechtigten Formen eines Stichworts. (Vgl. Beispiel unter 1.6.)

4.7. Senkrechte Striche |. . .|

In senkrechte Striche sind Präpositionen (oder Kasus) eingeschlossen, die mit dem jeweiligen Verb verwendet werden müssen, jedoch syntaktisch nicht in der angegebenen Reihung üblich sind:

> **mögen:** angetan / eingenommen sein |von| · etw. / viel übrig haben |für| . . . Geschmack / Gefallen finden |an| · / einen Reiz abgewinnen |einer Sache| . . .

4.8. Halbhoch gestellter Punkt ·

Der halbhoch gestellte Punkt trennt die Synonyme in der Reihe voneinander ab. (Vgl. Beispiel unter 4.1.1.)

4.9. Semikolon

4.9.1. Das Semikolon trennt verschieden gekennzeichnete Synonyme oder Untergruppen der Synonymreihe voneinander. (Vgl. Beispiel unter 4.2.3.)

4.9.2. Das Semikolon steht vor Verweisen von einer Synonymreihe auf verwandte Grundsynonyme:

> **Raumstation,** die: Weltraumstation · Orbitalstation; → *auch* Raumlabor

4.9.3. Das Semikolon trennt die Verweisfügungen eines Stichwortes bzw. Unterstichwortes:

> **spät:** . . . – **3.** früh und s.: → immer (1); von früh bis s.: → ununterbrochen; spätes Mädchen: → Jungfer (3)

4.9.4. Das Semikolon steht auch zwischen manchen Kennzeichnungen innerhalb ein und derselben Parenthese:

> **Lauferei,** die (*umg; meist abwert*): Gerenne . . .

4.10. Komma

Das Komma trennt verschiedene Fügungen, von denen auf dasselbe Stichwort verwiesen wird:

> **Andeutung,** die: . . . – **3.** in Andeutungen: → andeutungsweise; in Andeutungen reden, Andeutungen machen: → andeuten (I, 1)

Im Übrigen wird es in der üblichen Weise als Satzzeichen verwendet.

4.11. Doppelpunkt

4.11.1. Der Doppelpunkt trennt das Stichwort bzw. Unterstichwort von den folgenden Angaben bzw. Synonymen ab:

> **mokant:** → spöttisch
> **Mole,** die: → Hafendamm
> **Moment: I.** Moment, der: **1.** → Augenblick (1) – **2.** im M.: → jetzt (1); im letzten M.: → Augenblick (2) . . .

4.11.2. Bei den Verweisfügungen steht er jeweils vor dem Verweispfeil. (Vgl. letztes Beispiel unter 4.11.1.)

4.12. Verweispfeil →

4.12.1. Mit bloßem Verweispfeil wird von den Verweisstichwörtern auf das Grundsynonym verwiesen:

nett: → freundlich (1)
Ober, der: → Kellner

4.12.2. Auch von zu verweisenden Wendungen wird mit dem bloßen Verweispfeil auf das in Frage kommende Grundsynonym verwiesen. (Vgl. letztes Beispiel unter 4.11.1.)

4.12.3. In der Kombination mit *»auch«* verweist der Pfeil auf bedeutungsverwandte Grundsynonyme. (Vgl. Beispiel unter 4.9.2.)

4.13. Trennungsstrich –

4.13.1. Der Trennungsstrich unterstützt die Gliederung und erscheint stets vor den gliedernden Ziffern und Kleinbuchstaben. (Vgl. Beispiele unter 2.1.1. und 2.1.2.)

4.13.2. Der Trennungsstrich wird auch vor Verweisen gesetzt, die sich auf eine grammatische Variante des Stichworts beziehen, die an anderer alphabetischer Stelle zu finden ist:

erst: 1. → zuerst – **2.** e. einmal: → zuerst; e. vor einer Weile: → eben (2) – *vgl. auch* erste *u.* Erste

4.14. Betonungsstrich (z. B. u, ie)

Der Betonungsstrich dient der Kennzeichnung der unterschiedlichen Betonung bei formal gleichen Stichwortformen. (Vgl. Beispiel unter 2.1.1.1.) Gelegentlich sind Betonungsstriche auch zur Verdeutlichung in den Synonymreihen verwendet worden.

A

A, das: von A bis Z: → ganz (1); von A bis Z erlogen: → unwahr; das A und O: → Hauptsache
à: → [1]zu (2)
Aa, das: **1.** → Kot (1) – **2.** → Schmutz (1) – **3.** Aa machen: → austreten (2)
aalartig: → glatt (3)
aalen, sich: → ausstrecken (II, 1)
aalglatt: → glatt (3)
Aar, der: → Adler
Aas, das: **1.** ⟨*Körper eines toten Tieres*⟩ Kadaver · Tierleiche; Luder (*weidm*); → *auch* Leiche (1) – **2.** → Luder (1) – **3.** → Tausendsasa – **4.** → Schlaukopf – **5.** kein A.: → niemand; ein A. auf der Bassgeige: → Tausendsasa
aasen: → verschwenden
Aaserei, die: → Verschwendung
Aasgeier, der: → Ausbeuter
Aasgeruch, der: → Gestank
Aasgestank, der: → Gestank
aasig: 1. → faulig (1), faul (1) – **2.** → ekelhaft (1) – **3.** → sehr
ab: 1. ⟨*Ort od. Richtung*⟩ von … an/ab – **2.** ⟨*Zeit*⟩ von … an; mit Wirkung vom (*amtsspr*) – **3.** ab und an, ab und zu: → manchmal; weit ab: → fern (1); ab durch die Mitte: → fort (1); von … ab: → 1
abändern: [um]ändern · abwandeln · modifizieren · variieren · modulieren; → *auch* umgestalten
Abänderung, die: Änderung · Umänderung · Abwandlung · Modifikation · Modifizierung · Variation · Variierung · Modulation; → *auch* Umgestaltung, Veränderung (1)
abängstigen, sich: → sorgen (II)
abarbeiten: I. abarbeiten: → tilgen (1) – **II.** abarbeiten, sich: → abmühen, sich
Abart, die: Spielart · Varietät · Variante + Abweichung · Ausnahme
abarten: → [2]abweichen (2)
abartig: 1. → abnorm (1) – **2.** → widernatürlich
Abartigkeit, die: → Abnormität
abäschern, sich: → abmühen, sich
abäsen: → abfressen
abasten, sich: → abmühen, sich
abätzen: wegätzen
abbalgen: → abhäuten
Abbau, der: **1.** → Förderung (2) – **2.** → Abbruch (1) – **3.** → Entlassung (2) – **4.** → Degradierung – **5.** → Preissenkung – **6.** → Verringerung
abbauen: 1. → fördern (2) – **2.** → abbrechen (2) – **3.** → entlassen (2absetzen (I, 2) – **4.** → degradieren – **5.** → senken (I, 1) – **6.** → nachlassen (1)
abbauwürdig: → ergiebig
abbeeren: → pflücken
abbeißen: 1. ⟨*mit den Zähnen abtrennen*⟩ abnagen ♦ *umg*: abkauen · abknabbern – **2.** einen a.: → trinken (1); sich lieber die Zunge a.: → schweigen (2); da beißt die Maus keinen Faden ab: → unabänderlich (2)
abbeizen: → beizen (1 *u.* 2)
abbekommen (*umg*): **1.** ⟨*einen Teil von etw. erhalten*⟩ abkriegen · abhaben · abfallen |für|; → *auch* erhalten (I, 1), zufallen (2) – **2.** nichts a.: → leer (4); keinen a.: → sitzen (6, b)
abberufen: 1. ⟨*von einem Posten entfernen*⟩ abrufen · zurück[be]rufen · zurückbeordern · zurückziehen ♦ *salopp*: zurückpfeifen; → *auch* absetzen (I, 2), entlassen (2) – **2.** a. werden: → sterben (1)
Abberufung, die: **1.** ⟨*das Entfernen von einem Posten*⟩ Zurückberufung · Rückberufung · Abruf; → *auch* Absetzung (1), Entlassung (2) – **2.** → Tod (1)
abbestellen: stornieren · abmelden · zurücktreten |von| · zurücknehmen · rückgängig machen + annullieren; → *auch* absagen (2)
Abbestellung, die: Storno · Stornierung
abbeten (*umg abwert*): **1.** ⟨*Gebete aufsagen*⟩ herunterbeten ♦ *salopp*: ableiern · her[unter]leiern – **2.** → aufsagen (1)

abbetteln: abschmeicheln ♦ *umg*: abschwatzen + ausspannen ♦ *salopp*: aus dem Kreuz leiern; → *auch* ablisten (1)
abbezahlen: → abzahlen
abbiegen: 1. ⟨*die bisher eingehaltene Richtung verlassen*⟩ abschwenken · abdrehen · abzweigen · abgehen + den Kurs ändern · den Weg verlassen; → *auch* ablenken (I, 1), ²abweichen (1, b), einbiegen (1) – **2.** → abbrechen (1) – **3.** → verhindern
Abbiegung, die: **1.** → Abzweigung – **2.** → Biegung (1)
Abbild, das: Spiegelbild · Ebenbild; → *auch* Spiegelbild (1), Ähnlichkeit
abbilden: → abzeichnen (I, 1), nachbilden
Abbildung, die: Illustration · Bild
abbinden: 1. ⟨*die Blutzufuhr unterbrechen, vom Körper ablösen*⟩ abschnüren; abklemmen · abnabeln (*med*) – **2.** → losbinden – **3.** → entwöhnen (1, b) – **4.** → erhärten (1)
Abbitte, die: A. tun/leisten: → entschuldigen (II)
abbitten: → entschuldigen (II)
abblasen: 1. ⟨*durch Blasen entfernen*⟩ herunterblasen · wegblasen · fortblasen · abpusten – **2.** → absagen (1)
abblassen: → verblassen
abblättern: 1. → ablösen (II, 1) – **2.** → entblättern (1)
abbleiben: → befinden (II, 1)
abblenden: → verdunkeln (I, 2)
abblitzen (*umg*): **1.** ⟨*bei einer Bewerbung usw. Misserfolg haben*⟩ *normalspr*: abgewiesen werden · eine Abfuhr erhalten/erleiden · an den Unrechten/Falschen kommen/geraten · keine Gegenliebe finden · kein Glück haben |bei| · einen Korb erhalten/bekommen ♦ *umg*: nicht landen können · sich eine Abfuhr holen · übel/schlecht/nicht ankommen · an die falsche/verkehrte Adresse kommen/geraten ♦ *salopp*: abfahren · mit hängender Nase/hängenden Ohren abziehen – **2.** a. lassen: → abweisen (1)
abblocken: → abwehren (1, b)
abblühen: → verblühen (1)
abbrauchen, sich: → abnutzen (II)
abbrausen: I. abbrausen: **1.** → abfahren (1, a *u.* b) – **2.** → duschen (I) – **II.** abbrausen, sich: → duschen (II)
abbrechen: 1. ⟨*durch Brechen lostrennen*⟩ losbrechen · wegbrechen · abknicken + abbiegen ♦ *umg*: abknack[s]en; → *auch* abtrennen (1), ablösen (I, 1) – **2.** ⟨*etw. Aufgebautes auseinander nehmen* [*u. beseitigen*]⟩ abreißen · einreißen · niederreißen · abbauen · abschlagen · abtragen · niederlegen · demontieren · schleifen ♦ *umg*: wegreißen; → *auch* zerlegen (1) – **3.** → aufhören (1) – **4.** seine Zelte a.: → aufbrechen (3); die Spitze a.: → entschärfen (1); sich keine Verzierung a.: → vergeben (6); sich einen a.: → bemühen (II, 1)
abbremsen: 1. → bremsen (1) – **2.** → hemmen (1)
abbrennen: 1. ⟨*einen Teil von etw. wegbrennen*⟩ absengen + abschwenden – **2.** ⟨*zu Ende brennen*⟩ niederbrennen · ausbrennen + ausglühen – **3.** → niederbrennen (1)
Abbreviation, die: → Abkürzung (2)
Abbreviatur, die: → Abkürzung (2)
abbringen: 1. ⟨*von Schiffen gesagt*: *wieder zum Schwimmen bringen*⟩ flottmachen (*seem*) – **2.** → ablenken (I, 1 *u.* 2) – **3.** a. |von|: → ausreden (I, 2) – **4.** sich nicht a. lassen: → festbleiben (1), beharren (1)
abbröckeln: → ablösen (II, 1)
Abbruch, der: **1.** ⟨*das Auseinandernehmen* [*u. Beseitigen*] *von etw. Aufgebautem*⟩ Abriss · Abbau · Abtragung · Niederreißung · Demontage · Demontierung + Zerlegung – **2.** → Beendigung – **3.** → Beeinträchtigung (1) – **4.** A. tun: → beeinträchtigen (1); A. erleiden: → Schaden (5)
abbrühen: blanchieren (*Kochk*)
abbrummen: → verbüßen
abbuchen: 1. → abschreiben (I, 3) – **2.** → aufgeben (4) – **3.** → abheben (I, 1)
abbummeln: → abfeiern
abbürsten: 1. → bürsten (1) – **2.** → abstauben (1) – **3.** → tadeln (1)
abbüßen: → verbüßen
Abc, das: **1.** → Alphabet – **2.** → Anfangsgründe
Abc-Buch, das: → ¹Fibel
abchecken: → überprüfen, kontrollieren (1)
Abc-Schütze, der: → Schulanfänger
abdachen: → abschrägen
Abdachung, die: → Abschrägung
abdämmen: → stauen
Abdämmung, die: → Damm (1)
abdampfen: 1. → weggehen (1) – **2.** → abfahren (1, a *u.* b)
abdämpfen: 1. → mildern (1) – **2.** → dünsten (1)
abdanken: → zurücktreten (1)
Abdankung, die: → Rücktritt (1)

abdarben: [sich] a.: → absparen
abdecken: **1.** ⟨*das Geschirr vom Tisch nehmen*⟩ abräumen · abtragen + hinaustragen ♦ *gehoben*: abservieren ♦ *umg*: wegräumen – **2.** → bedecken (I, 1) – **3.** → bewachen (1) – **4.** → tilgen (1)
Abdecker, der: Schinder (*veraltet*); Wasenmeister (*süddt*); Kafiller (*landsch*)
Abdeckung, die: **1.** → Bedeckung (1) – **2.** → Tilgung
abdengeln: → dengeln
abdichten: dichten · zustopfen · verstopfen · isolieren · verfugen; kalfatern (*seem*)
Abdichtung, die: Isolierung · Isolation · Isolierschicht
abdicken: → andicken
abdienen: → ableisten
abdingen: → abhandeln (1)
abdizieren: → zurücktreten (1)
Abdomen, das: → Bauch (1)
abdrängen: **1.** → verdrängen (1) – **2.** → abzwingen (1)
abdrehen: → abstellen
abdriften: → abtreiben (1)
abdrosseln: **1.** → drosseln (1) – **2.** → hemmen (1)
Abdruck, der: **1.** → Veröffentlichung (1) – **2.** → Spur
abdrucken: → veröffentlichen
abdrücken: **I.** abdrücken: **1.** ⟨*einen Schuss an einer Handfeuerwaffe auslösen*⟩ abschießen · abfeuern · abziehen · losdrücken + durchreißen ♦ *salopp*: losknallen · losballern; → *auch* schießen (1) – **2.** → nachbilden – **3.** → liebkosen – **4.** das Herz a.: → bedrücken (1) – **II.** abdrücken, sich: **1.** → einprägen (II) – **2.** → abstoßen (II)
abdunkeln: → verdunkeln (I, 1)
Abdunkelung, die: → Verdunkelung (1)
abduschen: **I.** abduschen: → duschen (I) – **II.** abduschen, sich: → duschen (II)
abebben: → nachlassen (1)
abebnen: → andicken
Abend, der: **1.** ⟨*Tageszeit*⟩ Tagesende; → *auch* Abenddämmerung – **2.** → Abendgesellschaft – **3.** → Abendland – **4.** zu A. essen: ⟨*die letzte Mahlzeit des Tages zu sich nehmen*⟩ das Abendbrot einnehmen · zu[r] Nacht essen; nachtmahlen (*österr*) ♦ *gehoben*: soupieren · zur Nacht speisen; → *auch* Kaffee (3, a), Mahlzeit (3) – **5.** A. aller Tage: → Ende (1, b); A. des Lebens: → Alter (1); feuchter A.: → Gelage (b); jeden A., A. für A.: → allabendlich; vom Morgen bis zum A.: → ununterbrochen
Abendbrot, das: **1.** ⟨*die letzte Mahlzeit des Tages*⟩ Abendessen · Abendmahl[zeit] · Nachtessen; Nachtmahl (*österr*) ♦ *gehoben*: Souper; → *auch* Nachmittagskaffee – **2.** das A. einnehmen: → Abend (4)
Abenddämmerung, die: Dämmerung · Dämmerstunde ♦ *umg*: die blaue Stunde; Schummer[stunde] · Eulenflucht (*norddt*) + Zwielicht · Dämmerlicht; → *auch* Abend (1), Halbdunkel, Dunkelheit
Abendessen, das: → Abendbrot (1)
Abendgesellschaft, die: Abend · Soiree; → *auch* Abendveranstaltung, Fest (1)
Abendkurs, der: → Abendschule
Abendland, das: Okzident · Europa · Westen ♦ *gehoben*: Abend
Abendmahl, das: **1.** ⟨*religiöse Feier*⟩ Kommunion · Altarsakrament · Eucharistie; → *auch* Gottesdienst – **2.** → Abendbrot (1)
Abendmahlzeit, die: → Abendbrot (1)
abends: am Abend · spät[abends]; → *auch* nachts
Abendschule, die: Abendunterricht · Abendkurs
Abendstern, der: → Venus (1)
Abendunterricht, der: → Abendschule
Abendveranstaltung, die: Soiree · Festabend; → *auch* Abendgesellschaft
Abenteuer, das: **1.** ⟨*das Erleben eines aufregenden* [*u. gefährl.*] *Geschehnisses*⟩ Erlebnis ♦ *salopp*: Mordsgeschichte – **2.** → Wagnis – **3.** → Liebeserlebnis
Abenteuerdrang, der: → Abenteuerlust
Abenteuerdurst, der: → Abenteuerlust
abenteuerdurstig: → abenteuerlustig
Abenteuergeschichte, die: + Robinsonade
Abenteuerhunger, der: → Abenteuerlust
abenteuerhungrig: → abenteuerlustig
abenteuerlich: **1.** → leichtfertig – **2.** → gewagt (1) – **3.** → ereignisreich
Abenteuerlust, die: Abenteuerdrang · Abenteuerdurst · Abenteuerhunger · Abenteuersucht + Erlebnishunger; → *auch* Unternehmungslust
abenteuerlustig: abenteuerdurstig · abenteuerhungrig · abenteuersüchtig + erlebnishungrig; → *auch* unternehmungslustig
Abenteuerspielplatz, der: → Spielplatz (1)
Abenteuersucht, die: → Abenteuerlust
abenteuersüchtig: → abenteuerlustig
Abenteurer, der: → Glücksritter

Abenteurernatur, die: → Glücksritter
aber: 1. → dagegen (2) – **2.** → freilich (1)
Aber, das: **1.** → Einwand (1) – **2.** das Wenn und A.: → Zweifel (1)
Aberglaube[n], der: Hühnerglaube[n] (*norddt*) + Volksglaube[n] · Gespensterseherei; → *auch* Unsinn (1, a), Irrglaube[n]
aberkennen: absprechen; abjudizieren (*Rechtsw*)
abermalig: → wiederholt (1)
abermals: → wieder (1)
abernten: 1. ⟨*das Feld von Früchten leeren*⟩ räumen – **2.** → ernten (1)
Aberration, die: → Abweichung (1)
Aberwitz, der: → Unsinn (1, a)
aberziehen: → abgewöhnen (1)
Abessinien: → Nacktbadestrand
abfahrbereit: + unter Dampf; → *auch* fertig (1)
abfahren: 1. ⟨*sich fahrend zu entfernen beginnen*⟩ **a)** ⟨*Fahrzeuge*⟩ fortfahren · wegfahren · abgehen · sich in Bewegung setzen ♦ *gehoben*: davonfahren ♦ *umg*: abrollen · losfahren · losdampfen · abdampfen ♦ *salopp*: abbrausen · losbrausen · absausen · abzischen · loszischen – **b)** ⟨*Menschen*⟩ fortfahren · wegfahren ♦ *gehoben*: davonfahren ♦ *umg*: losfahren · losdampfen · abdampfen ♦ *salopp*: abbrausen · losbrausen · absausen · abzischen · loszischen · losgondeln + losstrampeln; → *auch* abreisen – **2.** → weggehen (1) – **3.** → wegräumen (1) – **4.** → abtrennen (2) – **5.** → abblitzen (1) – **6.** → sterben (1) – **7.** a. lassen: → abweisen (1); a. |auf|: → begeistert (2)
Abfahrt, die: **1.** ⟨*der Beginn der Fahrt*⟩ **a)** ⟨*Fahrzeuge*⟩ Fahrtbeginn · Abgang – **b)** ⟨*Menschen* ⟩ Abreise – **2.** ⟨*das Zutalfahren* [*beim Wintersport*]⟩ Talfahrt · Skiabfahrt · Schussfahrt – **3.** → Abfahrtsstrecke – **4.** → Ausfahrt (2) – **5.** → Start (1)
Abfahrtshang, der: → Abfahrtsstrecke
Abfahrtspiste, die: → Abfahrtsstrecke
Abfahrtsstrecke, die: Abfahrt[spiste] · Piste · Abfahrtshang · Hang; → *auch* Rodelbahn
Abfall: I. Abfall, der: **1.** ⟨*unverwertbarer Rest*⟩ Abfälle · Abfallstoff[e] · Abfallmaterial · Abfallprodukt[e]; Nachraum (*Forstw*) + Schlacke · Unrat · Abraum ♦ *umg*: Mosch · Schrutz (*landsch*); Abschnitzel (*süddt österr*); → *auch* Müll, Rest (I, 1), Schrott (1) – **2.** → Müll – **3.** Lossagung – **4.** → Abhang (1) – **5.** → Gefälle (1) – **II.** Abfälle (*Pl*): → I, 1
Abfallbehälter, der: → Mülltonne, Mülleimer
Abfalleimer, der: → Mülleimer
abfallen: 1. ⟨*von Flugkörpern gesagt*: [*plötzlich*] *an Höhe verlieren*⟩ *umg*: absacken · [nach unten] wegsacken – **2.** ⟨*einen* [*steilen*] *Abhang bilden*⟩ abstürzen; → *auch* senken (II) – **3.** → ablösen (II, 1) – **4.** → lossagen, sich – **5.** → übrig (3, b) – **6.** → zurückbleiben (1) – **7.** → abmagern – **8.** a. |für|: → abbekommen (1); a. |gegen|: → zurückstehen (2)
abfallend: → steil (2)
Abfallerzeugnis, das: → Nebenprodukt
Abfallfass, das: → Mülltonne
abfällig: 1. ⟨*negativ bewertend*⟩ abschätzig · abwertend · wegwerfend · pejorativ · missfällig · absprechend + ablehnend; → *auch* geringschätzig – **2.** a. reden |von/über|: → verleumden (1)
Abfallkübel, der: → Mülltonne
Abfallmaterial, das: → Abfall (I, 1)
Abfallprodukt: I. Abfallprodukt, das: **1.** → Nebenprodukt – **2.** → Abfall (I, 1) – **II.** Abfallprodukte (*Pl*): → Abfall (I, 1)
Abfallstoff: I. Abfallstoff, der: → Abfall (I, 1) – **II.** Abfallstoffe (*Pl*): → Abfall (I, 1)
Abfalltonne, die: → Mülltonne
abfälschen: → ablenken (I, 1)
abfangen: 1. ⟨*unterwegs hindern, zum Ziel zu gelangen*⟩ auffangen · abpassen · abfassen ♦ *salopp*: kaschen · abschnappen; → *auch* fangen (I, 1), erwischen (1), aufhalten (I, 1) – **2.** → abstützen – **3.** → überholen (I, 1) – **4.** → töten (I, 2)
abfärben: 1. → färben (I, 1) – **2.** → verblassen
abfasen: → abschrägen
abfassen: 1. → verfassen – **2.** → ertappen (1) – **3.** → abfangen (1)
Abfassung, die: Formulierung · Aufzeichnung · Niederschrift · Anfertigung
abfaulen: → ablösen (II, 1)
abfedern: → federn (2)
abfegen: abkehren
abfeiern (*umg*): abbummeln
abfeilen: → glätten (1)
abfeilschen: → abhandeln (1)
abfertigen: 1. → erledigen (1) – **2.** → bedienen (I, 2) – **3.** → abweisen (1) – **4.** → abfinden (I, 1)

Abfertigung, die: **1.** → Erledigung (1) – **2.** → Bedienung (2) – **3.** → Zurechtweisung
Abfertigungsschalter, der: → Schalter (1)
abfeuern: 1. → abdrücken (I, 1) – **2.** einen Schuss a., Schüsse a.: → schießen (1); abgefeuert werden: → abgehen (3)
abfinden: I. abfinden: **1.** ⟨*[zu] Geringfügiges geben*⟩ abspeisen · abfertigen + auszahlen ♦ *umg*: ein paar Brocken hinwerfen – **2.** → entschädigen (I) – **II.** abfinden, sich: **1.** → vergelten (2) – **2.** sich a. |mit|: ⟨*nicht mehr gegen etw. angehen*⟩ sich fügen |in| · sich ergeben |in| · sich schicken |in| · sich finden |in| · sich gewöhnen |an| + sich zufrieden geben · sich begnügen · sich beruhigen · zufrieden sein · in Kauf nehmen ♦ *gehoben*: das Joch / sein Kreuz tragen / auf sich nehmen ♦ *umg*: in den sauren Apfel beißen; → *auch* nachgeben (1), hinnehmen (1), dulden (1), resignieren
Abfindung, die: Abfindungssumme · Abstandsgeld · Abstandszahlung · Abstandssumme · Abgeltung ♦ *umg*: Abstand; Ablöse (*süddt*); → *auch* Entschädigung
Abfindungssumme, die: → Abfindung
abflachen: → nachlassen (1)
abflauen: → nachlassen (1)
abfliegen: → wegfliegen
abfließen: 1. ⟨*von Flüssigkeiten gesagt: von einer Stelle verschwinden*⟩ ablaufen · abströmen · abrinnen + absickern · abtropfen · entwässern – **2.** ⟨*von Geldmitteln gesagt: in andere Länder gelangen*⟩ außer Landes gehen · ins Ausland gehen – **3.** a. lassen: → ablassen (1)
abfluchten: → ausrichten (1)
Abflug, der: **1.** ⟨*das Abfliegen eines Luftfahrzeugs*⟩ Start · Flugbeginn · Take-off – **2.** → Abzug (1) – **3.** den A. machen: → weggehen (1)
Abfluss, der: **1.** ⟨*das Abfließen*⟩ Ablauf · Abströmung – **2.** ⟨*Öffnung zum Abfließen*⟩ Ablauf · Auslauf · Abflussloch · Abflussrohr · Abflussrinne · Ablaufloch · Ablaufrohr · Ablaufrinne · Ablass · Auslass · Ausfluss · Ablassrohr · Ausgussrohr; Abguss (*landsch*) + Kloake; → *auch* Abzug (4), Ausguss (1)
Abflussbecken, das: → Ausguss (1)
Abflussgraben, der: Abflusskanal · Drän; → *auch* Graben
Abflusskanal, der: → Abflussgraben
Abflussloch, das: → Abfluss (2)
Abflussrinne, die: → Abfluss (2)
Abflussrohr, das: → Abfluss (2)
Abfolge, die: → Reihenfolge
abfordern: abverlangen; → *auch* fordern (1), zumuten (1)
abformen: → nachbilden
abfragen: ⟨*durch Fragen jmds. Kenntnisse ermitteln*⟩ abhören; → *auch* prüfen (2)
abfressen: abgrasen · abweiden · abäsen · kahl fressen + beweiden
abfrottieren: I. abfrottieren: **1.** → abtrocknen (I, 1) – **2.** → abreiben (I, 1) – **II.** abfrottieren, sich: **1.** → abtrocknen (II) – **2.** → abreiben (II, 1)
Abfuhr, die: **1.** → Zurechtweisung – **2.** → Niederlage (1) – **3.** → Abtransport – **4.** eine A. erhalten / erleiden, sich eine A. holen: → abblitzen (1); eine A. erteilen / zuteil werden lassen: → abweisen (1)
abführen: 1. ⟨*die Darmtätigkeit fördern*⟩ purgieren · laxieren (*med*) ♦ *umg*: durchschlagen – **2.** → verhaften – **3.** → abliefern (1) – **4.** → ablenken (I, 2) – **5.** → dressieren (1)
Abführmittel, das: Purgativ · Purgans · Laxativ[um] · Laxans · Laxiermittel (*med*)
Abführung, die: **1.** → Verhaftung – **2.** → Abgabe (1)
abfüllen: abfüllen |in| · abziehen; eintüten (*fachspr*); → *auch* abziehen (1, b), füllen (I, 1)
abfüttern: 1. → füttern (a) – **2.** → verpflegen (1)
Abgabe, die: **1.** ⟨*das [pflichtgemäße] Übergeben*⟩ Ablieferung · Abführung; → *auch* Aufgabe (1) – **2.** ⟨*zu entrichtende Summe*⟩ Gebühr; Gebührnis (*amtsspr*); Tribut (*scherzh*) – **3.** → Verkauf (1) – **4.** → [1]Steuer – **5.** → Zuspiel – **6.** zur A. bringen: → abgeben (I, 1)
Abgabepreis, der: → Einzelhandelspreis
Abgang, der: **1.** ⟨*das Weggehen*⟩ Aufbruch · Weggang; → *auch* Abzug (1) – **2.** ⟨*das Verlassen der Bühne*⟩ Abtritt – **3.** → Abfahrt (1, a) – **4.** → Austritt (1) – **5.** → Ausscheidung (2) – **6.** → Ausgang (2, a) – **7.** → Verlust (1) – **8.** → Tod (1) – **9.** in A. kommen: → verloren (4); sich einen guten A. verschaffen: → herauswinden, sich
abgängig: → verschwunden (1)
Abgangszeugnis, das: → Zeugnis (1)
Abgas, das: + Auspuffabgas · Industrieabgas
abgaunern: → ablisten (1)

abgearbeitet: → verbraucht (1)
abgeben: **I.** abgeben: **1.** ⟨*einem bestimmten Empfänger geben*⟩ einhändigen · aushändigen · abliefern · übergeben · überreichen · verabfolgen; zur Abgabe/Ablieferung bringen (*amtsspr*); ausfolgen (*österr amtsspr*); → *auch* geben (I, 1) – **2.** ⟨[*einen Teil*] *zur Verfügung stellen*⟩ [ab]lassen · überlassen · abtreten · zukommen lassen ♦ *umg*: lockermachen · herausrücken; → *auch* schenken (1), verschenken (1) – **3.** → verkaufen (I, 1) – **4.** → vermieten – **5.** → aufgeben (1) – **6.** → überschreiben – **7.** → zuspielen (1) – **8.** → ausscheiden (1) – **9.** → bilden (I, 1) – **10.** einen Schuss a., Schüsse a.: → schießen (1); den Löffel a.: → sterben (1); das Versprechen a.: → versprechen (I, 1); die Versicherung a.: → versichern (I); die/seine Stimme a.: → abstimmen (1); eine gute Figur a.: → wirken (2) – **II.** abgeben, sich: sich a. |mit|: → beschäftigen (II, 2)
abgebrannt: → zahlungsunfähig (1)
abgebraucht: **1.** → abgenutzt – **2.** → abgedroschen (1)
abgebrochen: abgebrochener Riese: → Zwerg (2)
abgebrüht: → gefühllos (1)
Abgebrühtheit, die: → Gefühllosigkeit
abgedankt: → ausgedient (1)
abgedroschen: **1.** ⟨*durch häufigen Gebrauch ohne Aussagekraft*⟩ abgegriffen · verbraucht · abgebraucht · phrasenhaft + inhaltsarm · inhaltslos ♦ *salopp*: abgeklappert · abgeleiert; → *auch* abgenutzt, geistlos – **2.** ⟨*von Schlagern, Schallplatten gesagt: durch zu häufiges Spielen langweilig geworden*⟩ abgespielt ♦ *salopp*: abgeklappert · abgeleiert
abgefallen: → abtrünnig
abgefeimt: → raffiniert (1)
abgegriffen: → abgedroschen (1)
abgehackt: → stockend
abgehärtet: → widerstandsfähig (1, b)
abgehen: **1.** ⟨*eine Strecke, ein Gebiet gehend prüfen*⟩ begehen · abschreiten · ablaufen · abpatrouillieren ♦ *umg*: belaufen ♦ *salopp*: ablatschen; → *auch* ablaufen (1), absuchen (2) – **2.** ⟨*die Schule verlassen*⟩ ausscheiden – **3.** ⟨*von einem Schuss gesagt*: [*unbeabsichtigt*] *abgegeben werden*⟩ losgehen · sich lösen · abgefeuert/ausgelöst werden – **4.** → weggehen (1) – **5.** → abfahren (1, a) – **6.** → abbiegen (1) – **7.** → abschweifen (1) – **8.** → ablösen (II, 1) – **9.** → verlaufen (I, 2) – **10.** → sterben (1) – **11.** → fehlen (2) – **12.** a. lassen: **a)** → abschicken – **b)** → ablassen (1); einen a. lassen: → Wind (I, 3); einen Schuss a. lassen: → schießen (1); gut a.: → gelingen (1); schlecht a.: → misslingen; nicht a. |von|: **a)** → beibehalten (1) – **b)** → beharren (1); nicht um ein Haar a. |von|: → beharren (1); reißend a., a. wie warme Semmeln: → begehrt (2)
abgeholt: wie bestellt und nicht a.: → niedergeschlagen (1)
abgekämpft: → erschöpft (1)
abgeklappert: **1.** → abgedroschen (1 *u.* 2) – **2.** → erschöpft (1)
abgeklärt: **1.** → besonnen (1) – **2.** → gereift – **3.** → abgelagert
Abgeklärtheit, die: → Besonnenheit
abgelagert: alt · abgeklärt
abgelatscht: **1.** → abgelaufen (1) – **2.** → abgetreten (1)
abgelaufen: **1.** ⟨*von Schuhen gesagt*: *stark abgenutzt*⟩ abgetreten · abgerissen ♦ *umg*: abgeledert (*landsch*) ♦ *salopp*: abgelatscht; → *auch* abgenutzt – **2.** → abgetreten (1) – **3.** a. sein: ⟨*von der Zeit gesagt*: *bis zu einem bestimmten Punkt vergangen sein*⟩ vorüber/vorbei/herum sein ♦ *umg*: um sein; *vgl. auch* ablaufen
abgelebt: **1.** → veraltet (1) – **2.** → verbraucht (1)
abgeledert: → abgelaufen (1)
abgelegen: entlegen · abgeschieden · entfernt · einsam · verlassen + unzugänglich · unerreichbar ♦ *umg*: am Ende der Welt · weit[ab] vom Schuss · gottverlassen ♦ *derb*: am Arsch der Welt; → *auch* fern (1), abseits (1)
abgeleiert: → abgedroschen (1 *u.* 2)
abgelten: **1.** → tilgen (1) – **2.** → ableisten
Abgeltung, die: **1.** → Abfindung – **2.** → Entschädigung
abgelumpt: → abgerissen (1)
abgemacht: → beschlossen
abgemagert: abgemergelt · ausgemergelt · abgezehrt · ausgezehrt; kachektisch · atrophisch (*med*) ♦ *umg*: spitz · spack · heruntergekommen · nur noch Haut und Knochen; → *auch* mager (1), elend (1)
abgemeldet: a. sein: → gelten (7)
abgemergelt: → abgemagert
abgemessen: → beherrscht (1)
abgeneigt: **1.** ⟨*ablehnend eingestellt*⟩ nicht geneigt · feindlich ♦ *gehoben*: abhold – **2.** nicht a. sein: → mögen

abgenutzt/abgenützt: abgebraucht · ausgedient ♦ *umg*: altersschwach (*scherzh*); → *auch* alt (2), abgetragen, abgelaufen (1), abgetreten (1), abgedroschen (1)
Abgeordnete, der: Volksvertreter · der Deputierte · Repräsentant; Parlamentarier · Parlamentsmitglied; Mandatar (*österr*) + der Bundestagsabgeordnete; → *auch* Abgesandte
Abgeordnetensitz, der: Sitz · Mandat
abgerechnet: → abzüglich
abgerissen: 1. ⟨*von der Kleidung gesagt: durch vieles Tragen zum Teil zerrissen*⟩ zerlumpt · zerrissen · in Lumpen ♦ *umg*: zerfetzt · abgelumpt; kodderig (*landsch*); → *auch* abgetragen – **2.** → abgelaufen (1)
Abgesandte, der: der Delegierte · Emissär · der Gesandte; → *auch* Abgeordnete
abgeschabt: → abgetragen
abgeschieden: 1. → einsam (1) – **2.** → abgelegen – **3.** → tot (1)
Abgeschiedene, der: → Verstorbene
Abgeschiedenheit, die: → Einsamkeit (1)
abgeschlossen: 1. → verschlossen (1) – **2.** → erledigt (1, a)
abgeschmackt: → geschmacklos (1)
Abgeschmacktheit, die: → Geschmacklosigkeit (1)
abgesehen: a. |von|: → außer (1); a. sein |auf|: → abzielen; es a. haben |auf|: → ausgehen (8)
abgesondert: 1. → einzeln – **2.** → einsam (1) – **3.** → isoliert
abgespannt: → erschöpft (1)
Abgespanntheit, die: → Erschöpfung
abgesperrt: → verschlossen (1)
abgespielt: → abgedroschen (2)
abgestanden: → schal (1)
abgestorben: → unempfindlich (1)
abgestoßen: → abgetragen
abgestumpft: 1. → stumpf (1) – **2.** → gefühllos (1) – **3.** → stumpfsinnig (1)
abgetakelt: → ausgedient (1)
abgetan: → erledigt (1, a)
abgetragen: schäbig · abgeschabt · abgewetzt · abgestoßen · verschlissen · zerschlissen · fadenscheinig · altersblank; schleißig (*süddt*); übertragen (*österr*) + glänzend · blank · dünn; → *auch* abgerissen (1), abgenutzt
abgetreten: 1. ⟨*durch Betreten abgenutzt*⟩ abgelaufen · ausgetreten · abgewetzt ♦ *salopp*: abgelatscht; → *auch* abgenutzt – **2.** → abgelaufen (1)
abgetrieben: → erschöpft (1)
abgewetzt: 1. → abgetragen – **2.** → abgetreten (1)
abgewinnen: 1. ⟨*durch Spielen Geld von jmdm. erlangen*⟩ abnehmen ♦ *umg*: erleichtern |um| ♦ *salopp*: abknöpfen · abzapfen – **2.** → abzwingen (1) – **3.** → ablisten (1) – **4.** Geschmack/Gefallen/einen Reiz a. |einer Sache|: → mögen
abgewöhnen: 1. ⟨*durch erzieher. Einwirkung beseitigen*⟩ aberziehen + entwöhnen ♦ *umg*: austreiben – **2.** sich a.: ⟨*bei sich beseitigen*⟩ aufgeben · aufhören · ablassen |von|; → *auch* verzichten
abgewohnt: → verwohnt
Abgewöhnung, die: → Entwöhnung
abgezählt: passend
abgezehrt: → abgemagert
abgezogen: → abstrakt
[1]abgieren: → ablisten (1)
[2]abgieren: → [2]abweichen (1, b)
abgießen: 1. ⟨*einen Teil weggießen*⟩ abschütten – **2.** → weggießen – **3.** → nachbilden – **4.** das Kartoffelwasser a.: → austreten (1)
Abglanz, der: → Widerschein
abgleichen: → einebnen
abgleiten: 1. ⟨*aus der Bahn kommen*⟩ [ab]rutschen – **2.** ⟨*sich gleitend nach unten bewegen*⟩ hinuntergleiten · hinabgleiten · hinunterrutschen · hinabrutschen – **3.** → verkommen (1) – **4.** → abschweifen (1)
Abgott, der: **1.** ⟨*als falsch aufgefasster Gott*⟩ Götze · Idol; → *auch* Götzenbild – **2.** ⟨*überschwänglich verehrter Mensch*⟩ Idol · Gott · Halbgott ♦ *umg*: Schwarm
Abgötterei, die: → Götzendienst
abgöttisch: → sehr
abgraben: das Wasser a.: → ruinieren (I, 1)
abgrämen, sich: → sorgen (II)
abgrasen: 1. → abfressen – **2.** → absuchen (2)
abgrenzen: I. abgrenzen: → begrenzen (1) – **II.** abgrenzen, sich: → distanzieren (II)
Abgrenzung, die: → Grenze (1, a)
Abgrund, der: **1.** → Schlucht – **2.** → Verderben (1) – **3.** in den A. führen: → ruinieren (I, 1); in den A. reißen: → Unglück (3)
abgründig: 1. → abgrundtief – **2.** → geheimnisvoll (1)
abgrundtief: grundlos · bodenlos · abgründig · [klafter]tief

abgucken: **1.** → absehen (1) – **2.** → abschreiben (I, 2)
Abguss, der: **1.** → Abfluss (2) – **2.** → Nachbildung (1 *u.* 2)
abhaben: → abbekommen (1)
abhacken: **1.** → abschlagen (I, 1) – **2.** die Rübe a.: → enthaupten
abhagern: → abmagern
abhaken: **1.** → anhaken (1) – **2.** → vergessen (3)
abhalftern: **1.** → abzäumen – **2.** → kaltstellen
abhalten: **1.** → abstrecken – **2.** → hindern – **3.** → fern (5) – **4.** → abwehren (1, b) – **5.** → verhindern – **6.** → veranstalten (1)
Abhaltung, die: **1.** → Verhinderung – **2.** → Veranstaltung (1)
abhandeln: **1.** *abwert* ⟨*zu einem niedrigeren Preis kaufen* [*wollen*]⟩ abfeilschen · abschachern · abmarkten; abdingen (*veraltend*); → *auch* feilschen, kaufen (1) – **2.** → darlegen
abhanden: a. kommen: → verloren (4)
Abhandlung, die: **1.** ⟨*schriftl. Darlegung*⟩ Aufsatz · Artikel · Essay · Traktat · Beitrag · Arbeit + Feuilleton · Dissertation · Monographie; → *auch* Bericht (1) – **2.** → Untersuchung (1)
Abhang, der: **1.** ⟨*schräge Fläche im Gelände*⟩ Hang · Halde · Berg[ab]hang · Talhang · Abfall · Bergabfall · Steilhang · Absturz · Bergabsturz · Bergwand; Lehne · Berglehne (*landsch*); Rain (*süddt schweiz*); Gehänge (*österr*) ♦ *dicht*: Bergeshang · Bergeshalde; → *auch* Böschung, Gefälle (1) – **2.** → Böschung
[1]**abhängen:** **1.** ⟨*eine Verbindung unterbrechen*⟩ abkoppeln · abkuppeln – **2.** ⟨*von der Wand usw. entfernen*⟩ abnehmen · herunternehmen · abheben – **3.** → ablagern (I, 1) – **4.** → auflegen (I, 2) – **5.** → faulenzen (1)
[2]**abhängen:** a. |von|: **1.** ⟨*durch etw. bestimmt sein*⟩ abhängig sein |von| · ankommen |auf| + untergeordnet sein – **2.** ⟨*ständig jmds. Unterstützung brauchen*⟩ angewiesen sein |auf| · am Tropf hängen
abhängig: **1.** → unfrei (1) – **2.** a. |von|: ⟨*Bedingtheit aufweisend*⟩ bedingt |durch| · bestimmt |durch| – **3.** a. sein |von|: → [2]abhängen (1)
Abhängigkeit, die: **1.** → Unfreiheit – **2.** → Bedingtheit
abhärmen, sich: → sorgen (II)
abhärten, sich: sich stählen · sich widerstandsfähig machen; → *auch* anpassen (II, 1)
abhaspeln: **1.** → abrollen (1) – **2.** → aufsagen (1)
abhasten, sich: → abhetzen (II)
abhauen: **1.** → abschlagen (I, 1), fällen (1) – **2.** → weggehen (1) – **3.** → entfliehen (1)
abhäuten: [ent]häuten · abziehen; abbalgen · [ab]schwarten (*fachspr*); [ab]streifen (*weidm*); schinden (*veraltet*); ausbälgen (*süddt*) ♦ *umg*: [ab]pellen
abheben: **I.** abheben: **1.** ⟨*sich vom Konto auszahlen lassen*⟩ abholen; beheben (*österr*) + abbuchen – **2.** → [1]abhängen (2) + abbuchen – **3.** → eingebildet (3) – **4.** a. |von|: → unterscheiden (I) – **II.** abheben, sich: → abzeichnen (II, 1)
abheften: → ablegen (1)
abheilen: → verheilen
abhelfen: a. |einer Sache|: → bereinigen (1)
abhetzen: **I.** abhetzen: → ermüden (1) – **II.** abhetzen, sich: ⟨*sich bis zur Erschöpfung beeilen*⟩ sich abhasten · sich abjagen; → *auch* erschöpfen (II, 1), abmühen, sich, beeilen, sich
abheuern: **1.** → ausscheiden (4) – **2.** → entlassen (2)
Abhilfe, die: A. schaffen: → helfen (2)
Abhitze, die: → Abwärme
abhobeln: abziehen; → *auch* glätten (1)
abhold: **1.** → abgeneigt (1) – **2.** nicht a. sein: → mögen
abholen: **1.** → holen (1) – **2.** → verhaften – **3.** → abheben (I, 1)
Abholpreis, der: Mitnahmepreis · Mitnehmepreis
abholzen: kahl schlagen · entwalden; abtreiben (*Forstw*); → *auch* fällen (1)
Abhöraktion, die: Lauschangriff
abhorchen: **1.** ⟨*durch Horchen erfahren od. lernen*⟩ abhören · erlauschen · erhorchen ♦ *gehoben*: ablauschen; → *auch* erlernen – **2.** → abhören (1)
abhören: **1.** ⟨*mit dem Gehör ärztlich untersuchen*⟩ abhorchen; auskultieren (*med*) ♦ *umg*: behorchen; → *auch* untersuchen (2) – **2.** → abhorchen (1) – **3.** → abfragen
Abhub, der: → Abschaum
abirren: **1.** → [2]abweichen (1, a) – **2.** → abschweifen (1) – **3.** → vergehen (II, 1)
Abirrung, die: → Abweichung (1)

Abitur, das: Reifeprüfung · Abiturprüfung · Maturitätsprüfung; Matur[um] · Matura (*österr schweiz*); Maturität (*schweiz*)

Abiturient, der: Maturant (*österr*); Maturand (*schweiz*)

Abiturprüfung, die: → Abitur

abjagen: I. abjagen: **1.** → ermüden (1) – **2.** → entreißen (1) – **II.** abjagen, sich: → abhetzen (II)

abjudizieren: → aberkennen

abkämmen: → absuchen (2)

abkämpfen: → abzwingen (1)

abkanten: 1. → abschrägen – **2.** → abrunden (1)

Abkantung, die: → Abschrägung

abkanzeln: → zurechtweisen

Abkanzelung, die: → Zurechtweisung

abkapseln, sich: → absondern (II)

abkarten: → vereinbaren (1)

abkassieren: 1. → [1]kassieren – **2.** → abschöpfen (2)

abkauen: → abbeißen (1)

abkaufen: 1. ⟨*durch Kauf von jmdm. übernehmen*⟩ abnehmen; → *auch* kaufen (1) – **2.** → glauben (1)

Abkehr, die: → Abwendung (1)

[1]abkehren: → abfegen

[2]abkehren: I. abkehren: → abwenden (I, 1) – **II.** abkehren, sich: **1.** → abwenden (II, 1) – **2.** sich a. |von|: → abwenden (II, 2)

abklappern: → ablaufen (1)

Abklatsch, der: → Nachbildung (2)

abklatschen: → nachbilden

abklavieren: sich an den [fünf] Fingern/sich am Arsch a.: → voraussehen

abklemmen: 1. → abtrennen (2) – **2.** → abbinden (1) – **3.** sich a.: → abquetschen (3, a)

abklieren: → abschreiben (I, 2)

abklingen: 1. → verklingen – **2.** → nachlassen (1)

abklopfen: 1. ⟨*durch Klopfen untersuchen*⟩ beklopfen; perkutieren (*med*) – **2.** → ausklopfen (1) – **3.** → ablösen (I, 1) – **4.** → ablaufen (1)

abknabbern: → abbeißen (1)

abknack[s]en: → abbrechen (1)

abknallen: 1. → erschießen (I), schießen (2) – **2.** → kampfunfähig (2)

abknappen: [sich] a.: → absparen

abknapsen: [sich] a.: → absparen

abkneifen: → abtrennen (1)

abknicken: → abbrechen (1), knicken (1)

abknipsen: → abtrennen (1)

abknöpfen: 1. → ablisten (1) – **2.** → abgewinnen (1)

abknutschen: → abküssen

abkochen: → entkeimen (1)

Abkochung, die: → Sud

abkommandieren: abziehen · abstellen ♦ *umg*: abschieben

Abkomme, der: → Nachkomme (1)

abkommen: 1. → [2]abweichen (1, a) – **2.** → abtreiben (1) – **3.** → loskommen – **4.** → veralten – **5.** → abmagern – **6.** → abschweifen (1) – **7.** vom Kurs a.: **a)** → [2]abweichen (1, a) – **b)** → abtreiben (1)

Abkommen, das: → Vertrag (1)

abkömmlich: → entbehrlich

Abkömmling, der: → Nachkomme (1)

abkoppeln: → [1]abhängen (1)

abkrageln: → ermorden

abkratzen: 1. → ablösen (I, 1) – **2.** → entfliehen (1) – **3.** → sterben (1)

Abkratzer, der: → Fußabtreter

abkriegen: 1. → abbekommen (1) – **2.** nichts a.: → leer (4); keinen a.: → sitzen (6, b)

abkühlen: I. abkühlen: **1.** → kühlen – **2.** → erkalten (1) – **II.** abkühlen, sich: **1.** ⟨*vom Wetter gesagt*: *einen Temperaturrückgang zeigen*⟩ kälter/kühler werden – **2.** → beruhigen (II, 1, a) – **3.** → verschlechtern (II)

abkündigen: → bekannt (5)

Abkündigung, die: → Bekanntmachung (1)

Abkunft, die: **1.** → Abstammung – **2.** von hoher A.: → adlig (1)

abkuppeln: → [1]abhängen (1)

abkürzen: → verkürzen

Abkürzung, die: **1.** ⟨*das Kurzmachen*⟩ Verkürzung · Kürzung – **2.** ⟨*sprachl. Kürzung*⟩ Abbreviatur · Abbreviation + Kurzwort · Telegrammwort · Buchstabenwort

Abkürzungszeichen, das: → Sigel

abküssen: *umg*: abschmatzen (*landsch*) ♦ *salopp*: abknutschen; ablecken (*landsch*); → *auch* küssen

abladen: 1. ⟨*von einem Fahrzeug herunternehmen*⟩ ausladen – **2.** → entladen (I, 1) – **3.** a. |auf|: → aufbürden (1 *u.* 2)

Ablage, die: **1.** ⟨*Fach für Briefe, Dokumente*⟩ Ablagekorb; → *auch* Ordner (1) – **2.** → Garderobe (1)

ablagern: I. ablagern: **1.** ⟨*durch Liegen besser werden*⟩ abliegen (*landsch*) + abhängen; → *auch* reifen (1) – **2.** → anschwemmen – **II.** ablagern, sich: → niederschlagen (II)

Ablagerung, die: **1.** → Bodensatz – **2.** → Lagerung (1)
ablaktieren: → entwöhnen (1, a)
ablandig: → seewärts
[1]**Ablass,** der: → Absolution (1)
[2]**Ablass,** der: → Abfluss (2)
ablassen: 1. ⟨*aus etw. herausfließen lassen*⟩ [her]auslassen · ablaufen/abfließen/entweichen/abgehen lassen – **2.** → abgeben (I, 2) – **3.** → verkaufen (I, 1) – **4.** → senken (I, 1) – **5.** a. |von|: **a)** → aufgeben (3) – **b)** abgewöhnen (2) – **6.** nicht a. |von|: → festbleiben (1); Luft/Dampf a.: → aussprechen (II, 1)
Ablassrohr, das: → Abfluss (2)
ablatschen: 1. → ablaufen (2) – **2.** → abgehen (1) – **3.** an den Schuhsohlen abgelatscht haben: → wissen (1)
Ablauf, der: **1.** → Verlauf (2) – **2.** → Programm (1, a) – **3.** → Abfluss (1 *u.* 2) – **4.** → Start (1)
ablaufen: 1. ⟨*eine Gegend, Geschäfte absuchen*⟩ *umg*: belaufen ♦ *salopp*: abrennen · abklappern; abklopfen (*landsch*); → *auch* abgehen (1), absuchen (2) – **2.** ⟨*durch Laufen abnutzen*⟩ abtreten · durchtreten ♦ *salopp*: ablatschen; → *auch* abnutzen (I) – **3.** → verlaufen (I, 2) – **4.** → abfließen (1) – **5.** → abrollen (2) – **6.** → enden (1, b) – **7.** → verfallen (2) – **8.** → abgehen (1) – **9.** sich die Beine/Schuhsohlen/Hacken/Absätze a. |nach|: → suchen (1); sich die Beine/Schuhsohlen/Hacken/Absätze a.: → bemühen (II, 1); an den Schuhsohlen abgelaufen haben: → wissen (1); gut a.: → gelingen (1); schlecht a.: → misslingen; a. lassen: **a)** → ablassen (1) – **b)** → abweisen (1); den Rang a.: → überflügeln; *vgl. auch* abgelaufen
Ablaufloch, das: → Abfluss (2)
Ablaufrinne, die: → Abfluss (2)
Ablaufrohr, das: → Abfluss (2)
ablauschen: → abhorchen (1)
ableben: → sterben (1)
Ableben, das: → Tod (1)
ablecken: 1. ⟨*durch Lecken aufnehmen*⟩ ablutschen; abschlecken (*landsch*) – **2.** → abküssen
Ablegemappe, die: → Ordner (1)
ablegen: 1. ⟨*zur Aufbewahrung in einem Ordner unterbringen*⟩ abheften · weglegen · zu den Akten legen – **2.** ⟨*sich einer Prüfung unterziehen*⟩ absolvieren ♦ *umg*: bauen · machen; → *auch* bestehen (2) – **3.** ⟨*nicht mehr anziehen*⟩ *umg*: ausrangieren – **4.** ⟨*vom Körper ziehen*⟩ abstreifen · abnehmen + abschnallen ♦ *umg*: abtun – **5.** ⟨*vom Ufer losmachen u. abfahren*⟩ abstoßen · absetzen; → *auch* hinausfahren (2) – **6.** → ausziehen (I, 4 *u.* II) – **7.** → absetzen (I, 1) – **8.** es a. |auf|: → ausgehen (8); Rechenschaft a.: → verantworten (II); die Beichte a.: → beichten (1); eine Beichte/ein Geständnis a.: → gestehen (1); ein Bekenntnis a.: → bekennen (I, 1); einen Beweis a. |für|: → beweisen (2); einen Eid/Schwur a.: → schwören (1); das Versprechen/ein Gelübde a.: → versprechen (I, 1); die sterbliche Hülle a.: → sterben (1); den alten Adam a.: → bessern (II, 1)
Ableger, der: → Senker, Schössling
Ablegung, die: Absolvierung; → *auch* Erledigung (1)
ablehnen: 1. ⟨*seine Nichtzustimmung ausdrücken*⟩ abschlagen · abschlägig bescheiden · zurückweisen · Nein sagen · mit Nein [be]antworten · verneinen · verwerfen · dagegen sein · sich verschließen |vor| · sich weigern ♦ *umg*: sauer reagieren |auf| · nichts wissen wollen |von| ♦ *salopp*: was pfeifen/pusten/prusten/blasen/husten ♦ *derb*: was scheißen; → *auch* abweisen (1), auspfeifen, verweigern (1), protestieren, missbilligen – **2.** ⟨*nicht haben wollen*⟩ ausschlagen · verschmähen · nicht annehmen · zurückweisen · von sich weisen; danken (*auch iron*) ♦ *umg*: keinen Geschmack finden |an| · sich nichts machen |aus| · jmdm. gestohlen bleiben können
ablehnend: 1. ⟨*eine Absage enthaltend od. erteilend*⟩ abschlägig · negativ – **2.** → abfällig (1)
Ablehnung, die: Absage · Nein · Weigerung · Verweigerung · Zurückweisung · Abweisung · Abwehr; → *auch* Missbilligung (1), Einspruch (1)
ableiern: 1. → aufsagen (1) – **2.** → abbeten (1)
ableisten: absolvieren; abdienen (*veraltend*) ♦ *gehoben*: abgelten; → *auch* erledigen (1)
ableiten: I. ableiten: **1.** → ablenken (I, 1) – **2.** a. |von/aus|: → herleiten (I) – **II.** ableiten, sich: sich a. |von|: → abstammen
Ableitung, die: **1.** → Folgerung (1) – **2.** → Herleitung

ablenken: **I.** ablenken: **1.** ⟨*in eine andere Richtung bringen*⟩ ableiten · abbringen; brechen · beugen (*Phys*); abfälschen (*Sport*); → *auch* abbiegen (1), [2]abweichen (1, b) – **2.** ⟨*jmds. Gedanken in andere Bahnen lenken*⟩ abbringen · abziehen · abführen · zerstreuen · auf andere Gedanken bringen – **3.** → verwirren (2) – **4.** → abwehren (1, b) – **II.** ablenken, sich: **1.** ⟨*seinen Kummer durch etw. zu unterdrücken suchen*⟩ sich betäuben |mit| – **2.** ⟨*sich zur Erholung mit etw. anderem beschäftigen*⟩ sich zerstreuen + sich die Zeit vertreiben
Ablenkung, die: **1.** → Brechung – **2.** → Zeitvertreib (1)
ablernen: → absehen (1)
ablesen: **1.** → absuchen (1) – **2.** → vorlesen – **3.** von den Augen/Lippen/vom Gesicht a.: → erraten (1)
ableuchten: → absuchen (3)
ableugnen: → leugnen (1), bestreiten (1)
ablichten: → kopieren (1)
Ablichtung, die: → Fotokopie
abliefern: **1.** ⟨*in Bezug auf Geldbeträge: an die zuständige Stelle od. Person übergeben*⟩ abführen + einzahlen – **2.** → abgeben (I, 1)
Ablieferung, die: **1.** → Abgabe (1) – **2.** zur A. bringen: → abgeben (I, 1)
abliegen: → ablagern (I, 1)
ablisten: **1.** ⟨*durch List in Besitz bringen*⟩ erlisten · abschwindeln · ablocken ♦ *gehoben*: abgewinnen ♦ *umg*: abgaunern · abluchsen · abknöpfen · ablotsen ♦ *salopp*: abgieren (*landsch*); → *auch* abbetteln – **2.** → abzwingen (1)
ablocken: → ablisten (1)
ablöschen: → tilgen (3)
Ablöse, die: → Abfindung
ablösen: **I.** ablösen: **1.** ⟨*von einer Unterlage trennen*⟩ loslösen · abstreifen + abweichen · abkratzen · abschaben · abklopfen · absprengen ♦ *umg*: abmachen · losmachen; → *auch* abbrechen (1), abschlagen (I, 1), abschütteln (1) – **2.** → tilgen (1) – **II.** ablösen, sich: **1.** ⟨*sich von etw. lösen*⟩ sich lösen · abgehen · abfallen · abplatzen · abspringen · abbröckeln · bröckeln |von| · abblättern · blättern |von| · absplittern · sich abschälen · sich abschuppen · schuppen |von| · abschelfern · schelfern |von| · abschilfern · schilfern |von| · schiefern |von| ♦ *umg*: losgehen + abfaulen · abweichen; → *auch* loslösen (II) – **2.** ⟨*eine Tätigkeit wechselweise ausführen*⟩ alternieren · sich abwechseln · miteinander wechseln
Ablösung, die: **1.** ⟨*das Entfernen von einer Unterlage*⟩ Loslösung · Abtrennung · Lostrennung · Abspaltung – **2.** ⟨*Wechsel zwischen zweien*⟩ Alternation · Alternanz · Wechsel · Abwechslung – **3.** → Tilgung
ablotsen: → ablisten (1)
abluchsen: **1.** → absehen (1) – **2.** → ablisten (1)
ablutschen: → ablecken (1)
abmachen: **1.** → ablösen (I, 1) – **2.** → losbinden – **3.** → abmontieren – **4.** → entfernen (I, 1) – **5.** → erledigen (1) – **6.** → vereinbaren (1)
Abmachung, die: **1.** → Vereinbarung (1) – **2.** eine A. treffen: → vereinbaren (1)
abmagern: abnehmen · abzehren · auszehren · dünner/mager werden · vom Fleische fallen; atrophieren (*med*); zusammenfallen · abhagern · abfallen · abkommen (*landsch*) + einfallen
Abmagerung, die: Abzehrung · Auszehrung; Kachexie · Atrophie · Konsum[p]tion (*med*); → *auch* Magerkeit
Abmagerungskur, die: → Entfettungskur
abmähen: → [1]mähen
abmahnen: **1.** → abraten – **2.** → mahnen (1)
Abmahnung, die: → Mahnung (1)
abmalen: → abzeichnen (I, 1)
abmarachen, sich: → abmühen, sich
abmarkten: → abhandeln (1)
Abmarsch, der: → Abzug (1)
abmarschieren: abrücken · abziehen · wegmarschieren · wegziehen · fortziehen · davonziehen · fortmarschieren · losmarschieren · sich in Marsch setzen
abmartern, sich: → abmühen, sich
abmatten: → ermüden (1)
abmeißeln: → abschlagen (I, 1)
abmelden: **I.** abmelden: → abbestellen – **II.** abmelden, sich: → ausscheiden (3)
Abmelkbetrieb, der: → Milchwirtschaft (1)
Abmelkwirtschaft, die: → Milchwirtschaft (1)
abmerken: **1.** → anmerken (1) – **2.** → absehen (1)
abmessen: messen; dimensionieren · abschnüren (*fachspr*); abzollen (*landsch*) + abschreiten ♦ *umg*: abzirkeln; → *auch* ausmessen
Abmessung, die: → Maß (1)

abmieten: → ²mieten
abmildern: **1.** → mildern (1) – **2.** → entschärfen (1)
abmindern: → vermindern (I)
abmontieren: abschrauben ♦ *umg*: abmachen
abmüden: **I.** abmüden: → ermüden (1) – **II.** abmüden, sich: → abmühen, sich
abmühen, sich: sich mühen · sich abarbeiten · sich [ab]plagen · sich [ab]quälen · sich abmartern · sich zerarbeiten · sich müde arbeiten · Schweiß vergießen; sich abschaffen (*landsch*) ♦ *gehoben*: sich abmüden ♦ *umg*: sich abschleppen · es sich sauer werden lassen · an einem harten Brocken kauen · sich [ab]placken · sich abrackern; sich abäschern (*landsch*) ♦ *salopp*: knüppeln · ackern · asten · sich abasten · sich abstrampeln · sich [ab]schinden · sich abschuften; sich abmarachen (*landsch*); → *auch* anstrengen (II, 1), erschöpfen (II, 1), abhetzen (II), schuften, bemühen (II, 1)
abmurksen: → töten (I, 1)
abmustern: **1.** → ausscheiden (4) – **2.** → entlassen (2)
abnabeln: → abbinden (1)
abnagen: → abbeißen (1)
Abnahme, die: **1.** → Verringerung – **2.** → Kauf (1) – **3.** → Amputation
abnehmen: **1.** ⟨*in Bezug auf die Kopfbedeckung: vom Kopf nehmen*⟩ absetzen · ziehen ♦ *umg*: abziehen – **2.** → ¹abhängen (2) – **3.** → ablegen (4) – **4.** → abmagern – **5.** → vermindern (II) – **6.** → nachlassen (1) – **7.** → beschlagnahmen – **8.** → abgewinnen (1) – **9.** → rauben (1) – **10.** → abkaufen (1) – **11.** → pflücken – **12.** → amputieren – **13.** → glauben (1) – **14.** Blut a.: → schröpfen (1); Arbeit a.: → entlasten (1)
abnehmend: → schwindend
Abnehmer, der: → Käufer
Abneigung, die: Antipathie · Aversion + Ressentiment; → *auch* Abscheu (1), Widerwille
abnibbeln: → sterben (1)
abnicken: → töten (I, 2)
abnorm: **1.** ⟨[*krankhaft*] *vom Normalen abweichend*⟩ ano[r]mal · unnormal · abartig; abnormal (*bes. österr schweiz*); → *auch* widernatürlich, verrückt (1) – **2.** → ungewöhnlich
abnormal: **1.** → abnorm (1) – **2.** → ungewöhnlich
Abnormität, die: Anomalie · Abartigkeit
abnötigen: → abzwingen (1)
abnutzen/abnützen: **I.** abnutzen/abnützen: ⟨*durch Benutzung allmählich verbrauchen*⟩ verschleißen · abschleißen · zerschleißen · durchscheuern · abscheuern · abstoßen · durchstoßen · durchsitzen + abfahren ♦ *umg*: strapazieren; abwetzen · durchwetzen (*landsch*); → *auch* ablaufen (2), abtragen (1) – **II.** abnutzen/abnützen, sich: ⟨*sich durch Benutzung allmählich verbrauchen*⟩ sich abbrauchen · sich abreiben · sich abscheuern · sich durchscheuern + sich abschreiben ♦ *umg*: ausdienen
Abnutzung/Abnützung, die: Verschleiß · Abrieb
Abonnement, das: → Anrecht (1)
Abonnent, der: → Bezieher
abonnieren: **1.** → bestellen (1) – **2.** abonniert haben/sein | auf |: → beziehen (I, 1)
abordnen: → delegieren
Abordnung, die: **1.** → Delegierung – **2.** → Delegation
¹Abort, der: → Toilette (1)
²Abort, der: **1.** → Fehlgeburt (1) – **2.** einen A. haben: → Fehlgeburt (2)
abortieren: → Fehlgeburt (2)
Abortus, der: → Fehlgeburt (1)
abpacken: → verpacken (1)
abpassen: **1.** → abwarten (1) – **2.** → abfangen (1)
abpatrouillieren: → abgehen (1)
abpausen: → durchzeichnen
abpellen: **1.** → abhäuten – **2.** → schälen (I)
abpfählen: → begrenzen (1)
abpflöcken: → begrenzen (1)
abpflücken: → pflücken
abpinnen: → abschreiben (I, 2)
abplacken, sich: → abmühen, sich
abplagen, sich: → abmühen, sich
abplatzen: → ablösen (II, 1)
abprallen: → zurückprallen (1)
abpressen: **1.** → abzwingen (1) – **2.** das Herz a.: → bedrücken (1)
abprotzen: → austreten (2)
abpusten: → abblasen (1)
abputzen: **1.** → reinigen (1) – **2.** → verputzen (1) – **3.** → zurechtweisen
Abputzer, der: → Tadel (1), Zurechtweisung
abquälen: **I.** abquälen: sich a.: → abzwingen (2) – **II.** abquälen, sich: → abmühen, sich

abquetschen: **1.** → abtrennen (2) – **2.** → abzwingen (1) – **3.** sich a.: **a)** ⟨*bei einem Unfall durch Druckeinwirkung einen Körperteil einbüßen*⟩ sich abklemmen – **b)** → abzwingen (2)
abquirlen: → verrühren
abrackern, sich: → abmühen, sich
abradieren: → ausradieren (1)
Abraham: wie in Abrahams Schoß: → geborgen (1)
abrahmen: **1.** → absahnen (1) – **2.** → abschöpfen (2)
abraten: abreden · widerraten ♦ *gehoben*: abmahnen
Abraum, der: → Abfall (I, 1)
abräumen: **1.** ⟨*eine Fläche von Dingen leeren*⟩ frei machen · räumen; beräumen (*fachspr*); → *auch* wegräumen (1) – **2.** → abdecken (1)
abrauschen: → weggehen (1)
abreagieren: **I.** abreagieren: a. |an|: → auslassen (I, 4) – **II.** abreagieren, sich: → beruhigen (II, 1, a)
abrechnen: **1.** ⟨*rechnerisch abschließen*⟩ die Rechnung aufmachen · die Schlussrechnung/Rechnung aufstellen · die Bilanz aufstellen/ziehen · Bilanz machen · bilanzieren – **2.** → abziehen (2) – **3.** → absehen (4, a) – **4.** a. |mit|: → belangen (1)
Abrechnung, die: **1.** → Bilanz (1) – **2.** → Abzug (2) – **3.** → Vergeltung (1) – **4.** in A. bringen: → abziehen (2); A. halten |mit|: → belangen (1)
Abrede, die: **1.** → Vereinbarung (1) – **2.** in A. stellen: → leugnen (1)
abreden: **1.** → abraten – **2.** → vereinbaren (1)
abregen, sich: → beruhigen (II, 1, a)
abreiben: **I.** abreiben: **1.** ⟨*massierend bearbeiten*⟩ [ab]frottieren · reiben ♦ *umg*: [ab]schrubben · abrubbeln · abrumpeln (*landsch*); → *auch* massieren – **2.** → abtrocknen (I, 1) – **3.** → abwischen (1) – **4.** → reinigen (1) – **5.** → verrühren – **II.** abreiben, sich: **1.** ⟨*sich massierend bearbeiten*⟩ sich [ab]frottieren ♦ *umg*: sich [ab]rubbeln · sich abrumpeln (*landsch*) – **2.** → abnutzen (II)
Abreibung, die: **1.** → Zurechtweisung – **2.** → Prügel (II, 1)
Abreise, die: → Abfahrt (1, b)
abreisen: wegreisen · wegfahren · auf Reisen/die Reise gehen · die Koffer packen ♦ *gehoben*: sich auf die Reise/den Weg begeben · scheiden ♦ *umg*: sich auf den Weg/die Reise machen · sein Bündel schnüren/packen; → *auch* abfahren (1, b)
abreißen: **1.** ⟨*durch Reißen von etw. trennen*⟩ losreißen · wegreißen · abzupfen + abtreten ♦ *umg*: abrupfen; → *auch* abtrennen (1) – **2.** → pflücken – **3.** → abbrechen (2) – **4.** → enden (1, b) – **5.** → verbüßen – **6.** die Maske a.: → entlarven (I)
abreiten: → wegreiten
abrennen: → ablaufen (1)
abrichten: → dressieren (1)
Abrichter, der: → Dresseur
Abrichtung, die: → Dressur
Abrieb, der: → Abnutzung
abriegeln: **1.** → abschließen (I, 1) – **2.** → sperren (I, 1)
Abriegelung, die: → Absperrung (1)
abringen: **1.** → abzwingen (1) – **2.** sich a.: → abzwingen (2)
abrinnen: → abfließen (1)
[1]**Abriss,** der: → Abbruch (1)
[2]**Abriss,** der: **1.** → Überblick (1) – **2.** → Leitfaden (1)
abrollen: **1.** ⟨*von einer Rolle usw. herunterrollen*⟩ abwickeln · abhaspeln · abspulen; → *auch* aufrollen (1) – **2.** ⟨*von selbst von einer Rolle usw. herunterrollen*⟩ ablaufen · abschnurren – **3.** → verlaufen (I, 2) – **4.** → abfahren (1, a)
abrubbeln: **I.** abrubbeln: **1.** → abtrocknen (I, 1) – **2.** → abreiben (I, 1) – **II.** abrubbeln, sich: **1.** → abtrocknen (II) – **2.** → abreiben (II, 1)
abrücken: **1.** ⟨*ein wenig von der Stelle schieben*⟩ [beiseite] rücken · [beiseite] schieben · zur Seite schieben/rücken · wegrücken · wegschieben · abschieben – **2.** → abmarschieren – **3.** → weggehen (1) – **4.** → entfliehen (1) – **5.** → distanzieren (II)
Abruf, der: → Abberufung (1)
abrufen: **1.** → wegrufen – **2.** → abberufen (1)
abrühren: → verrühren
abrumpeln: **I.** abrumpeln: **1.** → abtrocknen (I, 1) – **2.** → abreiben (I, 1) – **II.** abrumpeln, sich: **1.** → abtrocknen (II) – **2.** → abreiben (II, 1)
abrunden: **1.** ⟨*Kanten beseitigen*⟩ runden · rund machen · abkanten; → *auch* abschrägen, glätten (1) – **2.** ⟨*auf die nächstniedere Zehner- od. Fünferzahl bringen*⟩ runden; → *auch* aufrunden – **3.** ⟨*Terrain durch Erwei-*

terung vereinheitlichen⟩ arrondieren · zusammenlegen; kommassieren (*fachspr*) – **4.** → vervollkommnen (I) – **5.** nach oben a.: → aufrunden
abrupfen: 1. → abreißen (1) – **2.** → pflücken
abrupt: → plötzlich (1)
abrüsten: 1. ⟨*die Streitkräfte u. ihre Ausrüstung verringern*⟩ demilitarisieren + demobilisieren · entmilitarisieren – **2.** ⟨*die Masten usw. eines Schiffes entfernen*⟩ abtakeln
Abrüstung, die: + Demobilisierung · Demobilisation · Demobilmachung · Entmilitarisierung
abrutschen: → abgleiten (1)
absäbeln: → abschneiden (1)
absacken: 1. → abfallen (1) – **2.** → sinken (1) – **3.** → senken (II)
Absage, die: → Ablehnung
absagen: 1. ⟨*nicht stattfinden lassen*⟩ *umg*: abblasen – **2.** ⟨*eine Zusage, Einladung rückgängig machen*⟩ abschreiben · abtelefonieren; → *auch* abbestellen – **3.** → lossagen, sich
absägen: 1. ⟨*mit einer Säge abtrennen*⟩ abschneiden (*fachspr*); → *auch* abtrennen (1) – **2.** → absetzen (I, 2), degradieren – **3.** den Ast a., auf dem man sitzt: → schaden (3)
absahnen: 1. ⟨*Sahne abnehmen*⟩ entrahmen · entsahnen · abrahmen · den Rahm/die Sahne abschöpfen; → *auch* abschöpfen (1) – **2.** → abschöpfen (2)
absämen: → andicken
absammeln: → absuchen (1)
Absatz, der: **1.** ⟨*Teil des Schuhs*⟩ Hacke[n] + Stöckel – **2.** ⟨*hervorstehende Fläche an einem Berg*⟩ Vorsprung – **3.** → Treppenabsatz – **4.** → Abschnitt (2) – **5.** → Verkauf (1) – **6.** → Bodensatz – **7.** sich die Absätze ablaufen/schief laufen: → bemühen (II, 1); sich die Absätze ablaufen |nach|: → suchen (1); in Absätzen: → stockend; → auf dem A. kehrtmachen
Absatzflaute, die: → Umsatzrückgang
Absatzforschung, die: → Marktforschung
Absatzgebiet, das: → Markt (2)
Absatzgestein, das: → Sedimentgestein
Absatzmarkt, der: → Markt (2)
absaufen: → sinken (1)
absausen: → abfahren (1, a *u.* b)
abschaben: → ablösen (I, 1)
abschachern: → abhandeln (1)
abschaffen: I. abschaffen: → beseitigen (1) – **II.** abschaffen, sich: → abmühen, sich
Abschaffung, die: → Beseitigung
abschälen: I. abschälen: → schälen (I) – **II.** abschälen, sich: → ablösen (II, 1)
abschalten: → abstellen (1), ausschalten (1)
abschatten: → abschattieren
abschattieren: abschatten · abtönen · abstufen · schattieren · nuancieren
Abschattierung, die: Abschattung · Abtönung · Abstufung · Schattierung · Nuancierung
Abschattung, die: → Abschattierung
abschätzen: → schätzen (1)
abschätzig: → geringschätzig, abfällig (1)
Abschätzung, die: → Schätzung (1)
abschauen: → absehen (1)
Abschaum, der: Auswurf · Abhub; → *auch* Gesindel
abschäumen: → abschöpfen (1)
abscheiden: 1. → ausscheiden (1) – **2.** → sterben (1)
Abscheidung, die: → Ausscheidung (1)
abschelfern: → ablösen (II, 1)
abscheren: → abschneiden (1)
Abscheu, der: **1.** ⟨*starker Widerwille*⟩ Grauen · Gräuel · Schauder · Horror · Schauer; → *auch* Abneigung, Widerwille – **2.** → Widerwille – **3.** A. erregen: → anwidern; A. empfinden/hegen, von A. ergriffen sein: → verabscheuen; A. erregend: **a)** → abscheulich (1) – **b)** → verwerflich – **c)** → ekelhaft (1)
abscheuern: I. abscheuern: → abnutzen (I) – **II.** abscheuern, sich: → abnutzen (II)
abscheulich: 1. ⟨*durch sein Tun bzw. Wesen Widerwillen erregend*⟩ Abscheu erregend · widerwärtig · gräulich · grässlich · scheußlich · schauderhaft · schandbar · ekelhaft · widerlich; schauderbar (*scherzh*) ♦ *umg*: schauderös (*scherzh*); fies (*abwert*); → *auch* gemein (1), Entsetzen (2) – **2.** → verwerflich – **3.** → ekelhaft (1) – **4.** → sehr – **5.** → unfreundlich (2)
Abscheulichkeit, die: **1.** ⟨*etw. Abscheu Erregendes*⟩ Grässlichkeit · Fratzenhaftigkeit – **2.** → Gemeinheit
abschicken: absenden · wegschicken · fortschicken · fortsenden · expedieren · abgehen lassen; → *auch* schicken (I, 1), aufgeben (1)
abschieben: 1. → abrücken (1) – **2.** → kaltstellen – **3.** → ausweisen (I, 1) – **4.** →

abkommandieren – **5.** → weggehen (1) – **6.** → abwälzen (2)
Abschiebung, die: → Ausweisung
Abschied, der: **1.** ⟨*das Auseinandergehen*⟩ Weggang · Trennung ♦ *gehoben*: Lebewohl · das Scheiden – **2.** → Entlassung (2) – **3.** A. nehmen: → verabschieden (II, 1); den/seinen A. nehmen: → zurücktreten (1); den A. geben: → entlassen (2)
Abschiedsessen, das: Abschiedsmahl; Henkersmahl[zeit] (*scherzh*)
Abschiedsmahl, das: → Abschiedsessen
abschießen: 1. ⟨*durch einen Schuss von etw. abtrennen*⟩ wegschießen – **2.** ⟨*einen fliegenden Flugkörper zerstören*⟩ *umg*: herunterholen – **3.** → kampfunfähig (2) – **4.** → abdrücken (1) – **5.** → schießen (2) – **6.** → kaltstellen – **7.** → weggehen (1) – **8.** den Vogel a.: → überflügeln; zum Abschießen: → unsympathisch
abschilfern: → ablösen (II, 1)
abschinden: I. sich a.: → abschürfen – **II.** abschinden, sich: → abmühen, sich
abschirmen: 1. → verdunkeln (I, 2) – **2.** → schützen (I, 1) – **3.** → mildern (1)
Abschirmung, die: → Schutz (1)
abschirren: → abzäumen
abschlachten: 1. → schlachten – **2.** → töten (I, 1)
Abschlachtung, die: **1.** → Tötung – **2.** → Blutbad
Abschlag, der: **1.** → Teilzahlung (1) – **2.** → Preissenkung – **3.** → Abstoß – **4.** auf A. kaufen: → Teilzahlung (2)
abschlagen: I. abschlagen: **1.** ⟨*durch Schlagen abtrennen*⟩ abhauen · abhacken; abschroten (*fachspr*) + abspalten · abstoßen · abmeißeln · abstemmen; → *auch* abtrennen (1), ablösen (I, 1), fällen (1) – **2.** → fällen (1) – **3.** → abwehren (1, a) – **4.** → abbrechen (2) – **5.** → ablehnen (1) – **6.** das Wasser a.: → austreten (1); den Kopf a.: → enthaupten – **II.** abschlagen, sich: → niederschlagen (II)
abschlägig: 1. ablehnend (1) – **2.** a. bescheiden: → ablehnen (1)
Abschlagszahlung, die: → Teilzahlung (1)
abschlecken: → ablecken (1)
abschleißen: → abnutzen (I)
abschleppen: I. abschleppen: → wegbringen – **II.** abschleppen, sich: → abmühen, sich
abschleudern: → abwerfen (1)
abschließen: I. abschließen: **1.** ⟨*den Verschluss einer Tür betätigen*⟩ [zu]schließen · verschließen · abriegeln · verriegeln · zuriegeln · den Riegel/das Schloss vorlegen · den Riegel vorschieben; absperren · zusperren · versperren (*landsch*) ♦ *umg*: zumachen · den Riegel/das Schloss vormachen – **2.** → wegschließen – **3.** → beenden (1), vollenden (I, 1) – **4.** → absondern (I, 1) – **5.** → sperren (I, 1) – **6.** → enden (1, a *u.* b) – **7.** → vereinbaren (1) – **8.** gut/erfolgreich a.: → bestehen (2); eine Wette a.: → wetten – **II.** abschließen, sich: → absondern (II)
abschließend: zum Abschluss/Schluss
Abschließung, die: **1.** → Absonderung (1) – **2.** → Absperrung (1)
Abschluss, der: **1.** → Ende (1, a *u.* b) – **2.** → Vereinbarung (1) – **3.** zum A.: → abschließend; zum A. bringen: → beenden (1); seinen A. finden, zum A. kommen/gelangen: → enden (1, b)
Abschlusszeugnis, das: → Zeugnis (1)
abschmatzen: → abküssen
abschmecken: vorkosten
abschmeicheln: → abbetteln
abschmeißen: → abwerfen (1)
abschmelzen: → auftauen (1 *u.* 2)
abschmieren: 1. → ölen (1), einfetten (1) – **2.** → abschreiben (I, 1) – **3.** → abstürzen (1, b)
abschminken: sich a. können: → hoffnungslos (2)
abschnallen: 1. → losbinden – **2.** → ablegen (4)
abschnappen: 1. → abfangen (1) – **2.** → enden (1, b) – **3.** → sterben (1)
abschneiden: 1. ⟨*mit dem Messer od. dgl. abtrennen*⟩ schneiden · kupieren + abscheren ♦ *umg*: abschnippeln · abschnipseln; abschnitzeln · bitzeln (*landsch*) ♦ *salopp*: absäbeln · säbeln |von|; → *auch* abtrennen (1), beschneiden (1) – **2.** → absägen (1) – **3.** → kürzen, verkürzen – **4.** → absondern (I, 1) – **5.** gut/erfolgreich a.: → bestehen (2); den Hals a.: → ruinieren (I, 1); das Wort a.: → unterbrechen (1); den Weg a.: → Weg (4); die Ehre a.: → verleumden (1); sich eine Scheibe a. können |von|: → Vorbild (2)
abschnippeln: → abschneiden (1)
abschnipseln: → abschneiden (1)
Abschnitt, der: **1.** ⟨*abtrennbarer Teil eines Papiers*⟩ Kupon · Talon + Zinsabschnitt – **2.**

⟨*Teil eines Textes*⟩ Absatz · Passus · Passage · Rubrik · Punkt + Artikel; → *auch* Kapitel (1), Spalte (1) – **3.** → Gegend (1) – **4.** → Segment – **5.** → Zeitraum – **6.** → Teil (1)

Abschnitzel, das: → Abfall (I, 1)

abschnitzeln: → abschneiden (1)

abschnüren: 1. → abbinden (1) – **2.** → abmessen – **3.** das Herz a.: → bedrücken (1)

abschnurren: 1. → abrollen (2) – **2.** → aufsagen (1)

abschöpfen: 1. ⟨*das Oberste einer Flüssigkeit entnehmen*⟩ abschäumen; → *auch* absahnen (1) – **2.** *umg* ⟨*sich das Beste selbst nehmen*⟩ das Fett/den Rahm/die Sahne abschöpfen ♦ *salopp*: absahnen · abrahmen · abkassieren – **3.** das Fett a.: → 2; den Rahm/die Sahne a.: **a)** → 2 – **b)** → absahnen (1)

abschotten: I. → absondern (I, 1) – **II.** abschotten, sich: → absondern (II)

abschrägen: schrägen · abdachen · abkanten; [ab]fasen (*fachspr*); → *auch* abrunden (1)

Abschrägung, die: Abdachung · Abkantung; Fase (*fachspr*)

abschrammen: 1. → weggehen (1) – **2.** → sterben (1) – **3.** sich a. → abschürfen

abschrauben: → abmontieren

abschrecken: 1. ⟨*durch Aufzeigen der Gefahr von etw. abhalten*⟩ zurückschrecken + ein Exempel statuieren; → *auch* hindern – **2.** → kühlen

abschreckend: 1. → hässlich (1) – **2.** → warnend

abschreiben: I. abschreiben: **1.** ⟨*eine Zweitschrift anfertigen*⟩ kopieren · ins Reine schreiben; abschmieren (*abwert*) + abtippen – **2.** ⟨[*in der Schule*] *unerlaubt von einem andern übernehmen*⟩ absehen ♦ *umg*: abgucken; [ab]spicken · abpinnen (*schülerspr*); abklieren (*landsch schülerspr*) – **3.** ⟨*von einer Summe abziehen*⟩ abbuchen · absetzen; → *auch* abziehen (2) – **4.** → absagen (2) – **5.** → aufgeben (3 *u.* 4) – **II.** abschreiben, sich: → abnutzen (II)

Abschreiber, der: → Nachahmer (1)

Abschreibung, die: → Tilgung

abschreiten: 1. → abgehen (1) – **2.** → abmessen

Abschrift, die: Kopie · Doppel · Zweitschrift · Duplikat · Duplum + Reinschrift · Mundum · Umschrift; → *auch* Durchschlag (1)

abschroten: → abschlagen (I, 1)

abschrubben: 1. → abreiben (I, 1) – **2.** → bürsten

abschuften, sich: → abmühen, sich

abschuppen, sich: → ablösen (II, 1)

abschürfen: sich a.: sich abstoßen ♦ *umg*: sich abschinden · sich abschrammen; → *auch* verletzen (II)

abschüssig: → steil (2)

Abschussliste, die: auf der A. stehen: → entlassen (3)

abschütteln: 1. ⟨*durch Schütteln ablösen*⟩ herunterschütteln · schütteln |von|; → *auch* ablösen (I, 1) – **2.** ⟨*sich von etw. Lästigem freimachen*⟩ *umg*: loswerden · sich vom Halse schaffen; → *auch* loskommen, entkommen (1) – **3.** die Fesseln/Ketten/die Knechtschaft/das Joch a.: → befreien (II, 2)

abschütten: 1. → abgießen (1) – **2.** das Kartoffelwasser a.: → austreten (1)

abschwächen: I. abschwächen: → mildern (1) – **II.** abschwächen, sich: → nachlassen (1)

abschwarten: → abhäuten

abschwatzen: → abbetteln

abschweifen: 1. ⟨*sich nicht auf etw. konzentrieren* [*können*]⟩ abkommen · abgleiten · abirren · abgehen · auf Abwege geraten/kommen · sich ins Weite verlieren · vom Hundertsten ins Tausendste kommen – **2.** nicht a.: ⟨*den Kern der Sache nicht aus den Augen verlieren*⟩ bei der Sache/beim Thema bleiben – **3.** → [2]abweichen (1, a)

Abschweifung, die: → Exkurs

abschwellen: → nachlassen (1)

abschwemmen: abspülen · abtragen

abschwenden: → abbrennen (1)

abschwenken: → abbiegen (1)

abschwindeln: → ablisten (1)

abschwirren: 1. → wegfliegen – **2.** → weggehen (1)

abschwören: → lossagen, sich

Abschwung, der: → Rezession

absegeln: 1. → wegfliegen – **2.** → weggehen (1)

absegnen: → genehmigen (1), billigen (1)

absehbar: 1. → überschaubar (1) – **2.** in absehbarer Zeit: → bald (1)

absehen: 1. ⟨*durch Beobachten lernen*⟩ ablernen; abschauen (*landsch*) ♦ *gehoben*: abmerken ♦ *umg*: abgucken ♦ *salopp*: abluchsen – **2.** → abschreiben (I, 2) – **3.** → voraussehen – **4.** a. |von|: **a)** ⟨*bei einer*

Überlegung nicht berücksichtigen⟩ außer Acht/unberücksichtigt lassen · vernachlässigen · hinwegsehen |über| · abstrahieren |von| · abrechnen; → *auch* auslassen (I, 1) – **b)** → unterlassen – **5.** es a. |auf|: → ausgehen (8); an der Nase/am Gesicht a.: → erraten (1)

Absehen, das: → Berechnung (2)

abseifen: I. abseifen: → reinigen (1) – **II.** abseifen, sich: → waschen (II)

abseihen: → durchsieben (I)

abseilen, sich: → entfliehen (1)

abseitig: → ausgefallen (1)

abseits: 1. ⟨*ein wenig entfernt von etw.*⟩ beiseite · seitab; → *auch* fern (1), abgelegen – **2.** a. stehen: → ausschließen (II, 1)

absenden: → abschicken

Absender, der: ohne Angabe des Absenders: → anonym

absengen: → abbrennen (1)

absenken: I. absenken: → senken (I, 1) – **II.** absenken, sich: → senken (II)

Absenker, der: → Senker

absent: → abwesend (1)

abservieren: 1. → abdecken (1) – **2.** → kaltstellen – **3.** → absetzen (I, 2) – **4.** → töten (I, 1), ermorden

absetzbar: → verkäuflich

absetzen: I. absetzen: **1.** ⟨*auf eine Unterlage, den Boden stellen*⟩ abstellen · hinstellen · hinsetzen · niedersetzen · niederlegen · ablegen · auf den/zu Boden setzen – **2.** ⟨*aus einem Amt entfernen*⟩ von seinem Amt/seiner Funktion suspendieren/entbinden; stürzen (*Polit*) ♦ *gehoben*: seines/des Postens entheben · seines/des Amtes suspendieren/entheben/entsetzen/entbinden/entkleiden ♦ *umg*: kippen · abbauen ♦ *salopp*: absägen · abservieren; → *auch* abberufen (1), entlassen (2), entmachten, degradieren – **3.** → degradieren – **4.** → abnehmen (1) – **5.** → abwerfen (1) **6.** → anschwemmen – **7.** → ablegen (5) – **8.** → streichen (4) – **9.** → abschreiben (I, 3) – **10.** → verkaufen (I, 1) – **11.** → entwöhnen (1, b) – **12.** → amputieren – **II.** absetzen, sich: **1.** → fliehen (1), entfliehen (1) – **2.** → niederschlagen (II)

Absetzung, die: **1.** ⟨*Entlassung aus dem Amt*⟩ Dienstentlassung · Amtsentsetzung · Amtsenthebung; Sturz (*Polit*); → *auch* Abberufung (1), Entlassung (2), Degradierung – **2.** → Degradierung – **3.** → Amputation

absicheln: → [1]mähen

absichern: I. → schützen (I, 1) – **II.** absichern, sich: → schützen (II)

Absicht, die: **1.** ⟨*das Wollen*⟩ Vorsatz · Bestreben · Bestrebung · das Sichvornehmen · Intention; → *auch* Zweck (1), Ziel (3), [2]Plan (1) – **2.** mit A.: → absichtlich; ohne A.: → absichtslos; die A. haben/hegen, sich mit der A. tragen: → beabsichtigen

absichtlich: vorsätzlich · beabsichtigt · intentional · intentionell · absichtsvoll · gezielt · willentlich · mutwillig · wissentlich · beflissen[tlich], geflissentlich · bewusst · bei [vollem] Verstand · mit Fleiß/Absicht/[vollem] Bewusstsein/[Wissen und] Willen ♦ *gehoben*: weislich ♦ *umg*: zufleiß (*süddt österr*); → *auch* bewusst (1)

absichtslos: vorsatzlos · ohne Absicht/Vorsatz/Vorbedacht; → *auch* versehentlich

absichtsvoll: → absichtlich

absickern: → abfließen (1)

absinken: 1. → sinken (1) – **2.** → senken (II) – **3.** → nachlassen (1)

absitzen: 1. → absteigen (2) – **2.** → verbüßen

absocken: → weggehen (1)

absolut: 1. ⟨*ohne Einschränkung herrschend*⟩ absolutistisch · autoritär · uneingeschränkt · unbeschränkt · unumschränkt · diktatorisch + totalitär · allgewaltig – **2.** → unbedingt (1) – **3.** → völlig (1)

Absolution, die (*Rel*): **1.** ⟨*Befreiung von Sünden*⟩ Sündenerlass · Lossprechung · Freisprechung · Ablass · Vergebung – **2.** A. erteilen: → absolvieren (1)

Absolutismus, der: → Alleinherrschaft

Absolutist, der: → Alleinherrscher

absolutistisch: → absolut (1)

Absolvent, der: → Prüfling

absolvieren: 1. *Rel* ⟨*von Sünden befreien*⟩ lossprechen · freisprechen · Absolution erteilen · vergeben – **2.** → ableisten – **3.** → ablegen (2) – **4.** → erledigen (1)

Absolvierung, die: **1.** → Ablegung – **2.** → Erledigung (1)

absonderlich: 1. → merkwürdig – **2.** → ungewöhnlich

Absonderlichkeit, die: **1.** → Merkwürdigkeit – **2.** → Schrulle (1)

absondern: I. absondern: **1.** ⟨*von etw., jmdm. trennen*⟩ abschließen · isolieren · separieren · absperren · abschotten · abschneiden · abspalten · abteilen; sezernieren (*med*);

→ *auch* trennen (I, 1) – **2.** → ausscheiden (1) – **II.** absondern, sich: ⟨*sich von anderen getrennt halten*⟩ sich abschließen · sich isolieren · sich separieren · sich zurückziehen · sich verschließen · sich abschotten · sich mit einer Mauer umgeben · eine Mauer um sich errichten + im Elfenbeinturm leben · sich entziehen ♦ *umg*: sich abkapseln · sich einkapseln · sich einpuppen · sich einspinnen · sich einigeln · sich in sein Schneckenhaus/sich ins stille Kämmerchen/Kämmerlein zurückziehen + ausscheren; → *auch* ausschließen (II, 1), lossagen, sich
Absonderung, die: **1.** ⟨*die Trennung von anderen*⟩ Abschließung · Isolierung · Isolation · Separation · Absperrung · Abtrennung – **2.** → Trennung (1) – **3.** → Ausscheidung (1)
absorbieren: 1. → aufsaugen (1) – **2.** → beanspruchen (2)
Absorption, die: → Aufsaugung
abspalten: I. abspalten: **1.** → abschlagen (I, 1) – **2.** → absondern (I, 1) – **II.** abspalten, sich: → loslösen (II)
Abspaltung, die: → Ablösung (1)
abspänen: → entwöhnen (1, b)
Abspann, der (*Fernsehen, Film*): Nachspann
abspannen: I. abspannen: **1.** → ausspannen (I, 1) – **2.** → entspannen (I, 1) – **II.** abspannen, sich: → entspannen (II, 1)
Abspannung, die: → Erschöpfung
absparen: [sich] a.: ersparen · [sich] abdarben · erübrigen · ergeizen · erhungern ♦ *umg*: [sich] abknappen · [sich] abknapsen · [sich] abzwacken; → *auch* sparen (1)
abspazieren: → weggehen (1)
abspecken: 1. → Entfettungskur (2) – **2.** → einschränken (II)
abspeisen: 1. → verpflegen (1) – **2.** → abfinden (I, 1)
abspenstig: a. machen: → weglocken
absperren: 1. → sperren (I, 1) – **2.** → abschließen (I, 1) – **3.** → absondern (I, 1) – **4.** → abstellen (1)
Absperrung, die: **1.** ⟨*Verhinderung des Zugangs zu einer Örtlichkeit*⟩ Abschließung · Abriegelung · Blockierung + Blockade; → *auch* Einkreisung – **2.** ⟨*den Zutritt verhindernde Mannschaft*⟩ Kordon · Postenkette – **3.** → Sperre (1) – **4.** → Absonderung (1)
abspicken: → abschreiben (I, 2)
abspiegeln: → widerspiegeln (I)
Abspiel, das: → Zuspiel
abspielen: I. abspielen: → zuspielen (1) – **II.** abspielen, sich: → geschehen (1)
absplittern: I. absplittern: → ablösen (II, 1) – **II.** absplittern, sich: → loslösen (II)
Absprache, die: **1.** → Vereinbarung (1) – **2.** eine A. treffen: → vereinbaren (1)
absprachegemäß: → verabredetermaßen
absprechen: 1. → vereinbaren (1) – **2.** → aberkennen
absprechend: → abfällig (1)
abspreizen: 1. → abstrecken – **2.** → abstützen
absprengen: → ablösen (I, 1)
abspringen: 1. ⟨*aus der Höhe springen*⟩ herabspringen · herunterspringen; aussteigen (*fliegerspr*) – **2.** → ablösen (II, 1) – **3.** → ausscheiden (3) – **4.** → aufgeben (3) – **5.** → lossagen, sich
abspritzen: absprühen; → *auch* reinigen (1)
absprühen: → abspritzen
abspulen: 1. → abrollen (1) – **2.** → aufsagen (1)
abspülen: 1. → ausspülen (1) – **2.** → abschwemmen
abspüren: → anmerken (1)
abstammen: a. |von|: entstammen · [her]stammen |von| · sich herleiten |von| · sich ableiten |von|
Abstammung, die: Abkunft · Herkunft · Geburt; Deszendenz (*fachspr*)
Abstammungstafel, die: → Stammbaum
Abstand, der: **1.** ⟨*zeitliches Entferntsein*⟩ Zwischenzeit · Intervall · Pause · Zwischenraum · Distanz – **2.** → Entfernung (1) – **3.** → Abfindung – **4.** A. halten/wahren: → zurückhalten (II, 1); A. nehmen |von|: **a)** → unterlassen – **b)** → verzichten; mit A.: → weitaus; in gleichen Abständen auftretend: → periodisch
Abstandsgeld, das: → Abfindung
Abstandssumme, die: → Abfindung
Abstandszahlung, die: → Abfindung
abstatten: seinen Dank a.: → danken (1); [einen] Bericht a.: → berichten; seinen Glückwunsch/seine Glückwünsche a.: → beglückwünschen; einen Besuch a.: → besuchen
abstauben: 1. ⟨*Staub beseitigen*⟩ abbürsten · entstauben; abstäuben · fledern (*landsch*); → *auch* reinigen (1), abwischen (1) – **2.** → ausschimpfen – **3.** → stehlen (1)

abstäuben: **1.** → abstauben (1) – **2.** → ausschimpfen
abstauen: → stauen
abstechen: **1.** → schlachten – **2.** → abtrennen (1) – **3.** → abzeichnen (II, 1)
Abstecher, der: **1.** ⟨*kleinere Fahrt nach einem bestimmten Ziel*⟩ Trip ♦ *umg*: Spritztour · Spritzfahrt; Rutscher (*österr*) ♦ *salopp*: Rutsch; → *auch* Reise (1), Ausflug – **2.** → Exkurs
abstecken: **1.** → begrenzen (1) – **2.** → markieren (1) – **3.** → festlegen (I, 1)
abstehen: a. |von|: → unterlassen
absteifen: → abstützen
Absteige, die: → Unterkunft (1)
absteigen: **1.** ⟨*sich* [*kletternd*] *von einem Berg herunterbegeben*⟩ heruntersteigen · herabsteigen · hinuntersteigen · hinabsteigen · hinabklettern – **2.** ⟨*sich vom Pferd usw. herunterbegeben*⟩ absitzen – **3.** → aussteigen (2) – **4.** → einkehren (1)
Absteigequartier, das: → Unterkunft (1)
abstellen: **1.** ⟨*die Zufuhr unterbrechen*⟩ abschalten · abdrehen · [ab]sperren · unterbrechen + ausdrehen; → *auch* ausschalten (1) – **2.** → ausschalten (1) – **3.** → absetzen (I, 1) – **4.** → unterstellen (I) – **5.** → parken – **6.** → abkommandieren – **7.** → beseitigen (1) – **8.** a. |auf|: → abstimmen (2)
Abstellgleis, das: aufs A. schieben: → kaltstellen
Abstellkammer, die: → Abstellraum
Abstellplatz, der: → Parkplatz
Abstellraum, der: Abstellkammer · Rumpelkammer + Besenkammer · Nebenraum
Abstellung, die: → Beseitigung
abstemmen: **I.** abstemmen: → abschlagen (I, 1) – **II.** abstemmen, sich: → abstoßen (II)
abstempeln: a. |als/zu|: → stempeln (1)
absterben: **1.** ⟨*bes. von Gliedmaßen gesagt: gefühllos werden*⟩ einschlafen – **2.** → untergehen (2)
Abstieg, der: → Verfall (1)
abstillen: → entwöhnen (1, a)
abstimmen: **1.** ⟨*durch Stimmabgabe seinen Willen bekunden*⟩ die/seine Stimme abgeben · votieren; → *auch* wählen (1), beschließen (1) – **2.** a. |auf/mit|: ⟨*einander anpassen*⟩ koordinieren |mit| · in Einklang bringen |mit| · einstellen |auf| + abstellen |auf| · abtönen; → *auch* anpassen (I, 1) – **3.** zeitlich a. ⟨*zeitlich aufeinander abstimmen*⟩ timen
Abstimmung, die: **1.** ⟨*Willensbekundung durch Abgabe der Stimme*⟩ Stimmabgabe · Votum · Wahlakt · Wahlgang; → *auch* Wahl (1) – **2.** → Anpassung – **3.** zeitliche A.: ⟨*zeitl. Koordinierung*⟩ Timing
abstinent: → enthaltsam (1)
Abstinent, der: → Abstinenzler
Abstinenz, die: → Enthaltsamkeit
Abstinenzler, der: enthaltsamer Mensch · Abstinent · Antialkoholiker · Alkoholgegner ♦ *umg*: Enthaltsamkeitsapostel (*scherzh*)
abstinken: → weggehen (1)
abstöbern: → absuchen (2)
abstoppen: → anhalten (I, 1 *u.* 2)
Abstoß, der (*Sport*): Abschlag + Abwurf
abstoßen: **I.** abstoßen: **1.** → ekeln (I), missfallen (2) – **2.** → ablegen (5) – **3.** → wegstoßen – **4.** → tilgen (1) – **5.** → verkaufen (I, 1), verschleudern (1) – **6.** → abnutzen (I) – **7.** → abschlagen (I, 1) – **8.** sich a.: → abschürfen – **II.** abstoßen, sich: ⟨*sich durch Stoßen entfernen*⟩ sich abdrücken · sich abstemmen
abstoßend: **1.** → ekelhaft (1) – **2.** → hässlich (1)
abstottern: → abzahlen
abstrafen: → bestrafen
Abstrafung, die: → Bestrafung (1)
abstrahieren: a. |von|: → absehen (4, a)
abstrakt: gegenstandslos · abgezogen
Abstraktionsfähigkeit, die: → Denkvermögen
Abstraktionsvermögen, das: → Denkvermögen
abstrampeln, sich: → abmühen, sich
absträngen: → ausspannen (I, 1)
abstrecken: abspreizen · abhalten; → *auch* ausstrecken (I, 1)
abstreichen: **1.** → abwischen (1) – **2.** → abtreten (1) – **3.** → absuchen (3) – **4.** → abziehen (2) – **5.** → wegfliegen
Abstreicher, der: → Fußabtreter
Abstreichgitter, das: → Fußabtreter
abstreifen: **1.** → ablösen (I, 1) – **2.** → abtreten (1) – **3.** → ablegen (4) – **4.** → absuchen (2) – **5.** → pflücken – **6.** → abhäuten – **7.** die Fesseln/Ketten/die Knechtschaft/das Joch a.: → befreien (II, 2)
abstreiten: **1.** → bestreiten (1) – **2.** → leugnen (1)
Abstrich, der: → Abzug (2)
abströmen: → abfließen (1)
abstrus: → verworren (1)

abstufen: **1.** ⟨*graduell unterscheiden*⟩ nuancieren · staffeln; → *auch* einteilen (1) – **2.** → abschattieren

Abstufung, die: **1.** ⟨*stufenweises Ineinanderübergehen*⟩ Nuance · Übergang; Gradation (*fachspr*) – **2.** → Abschattierung

abstumpfen: **1.** ⟨*die Schneidfähigkeit verlieren*⟩ stumpf werden – **2.** ⟨*alle Feinfühligkeit verlieren*⟩ gefühllos / gleichgültig werden

Abstumpfung, die: → Gefühllosigkeit (1)

Absturz, der: **1.** ⟨*das Abstürzen eines Flugzeugs*⟩ Crash – **2.** → Abhang (1) – **3.** → [1]Fall (1)

abstürzen: **1.** ⟨*aus der Höhe zur Erde fallen*⟩ **a)** ⟨*Personen*⟩ herunterfallen · herunterstürzen ♦ *gehoben*: herabfallen · herabstürzen ♦ *umg*: herunterpurzeln (*scherzh*) ♦ *salopp*: herunterfliegen · heruntersausen; → *auch* fallen (1) – **b)** ⟨*Flugzeuge*⟩ herunterstürzen · niedergehen; abtrudeln · abschmieren · ins Trudeln kommen (*fliegerspr*) ♦ *gehoben*: herabstürzen ♦ *salopp*: heruntersausen – **2.** → abfallen (2)

abstutzen: → beschneiden (1)

abstützen: abfangen · verstreben · absteifen · versteifen · aussteifen; abspreizen (*bergm*)

absuchen: **1.** ⟨*suchend u. einsammelnd abnehmen*⟩ ablesen · absammeln; → *auch* aufsammeln (1) – **2.** ⟨*suchend abgehen*⟩ auskämmen · abstreifen ♦ *umg*: abgrasen · abkämmen ♦ *salopp*: abstöbern; → *auch* durchsuchen, abgehen (1), ablaufen (1) – **3.** ⟨*mit einer Lampe od. dgl. suchen*⟩ ableuchten · abtasten · abstreichen

absühnen: → verbüßen

absurd: → widersinnig (1)

Absurdität, die: → Widersinn (1)

Abszess, der: → Geschwür

abtakeln: → abrüsten (2)

abtanzen: → weggehen (1)

abtasten: **1.** → befühlen – **2.** → absuchen (3)

abtauchen: → verschwinden (2)

abtauen: → auftauen (1 *u.* 2)

abtaxieren: → schätzen (1)

Abtei, die: → Kloster (1)

Abteil, das: Eisenbahnabteil · Zugabteil; Eisenbahncoupé · Coupé · Kupee (*noch österr*)

abteilen: **1.** ⟨*Wörter am Zeilenende trennen*⟩ abtrennen – **2.** → aufteilen (1) – **3.** → absondern (I, 1)

Abteilkoffer, der: → Koffer (1)

Abteilung, die: **I.** Abteilung: **1.** ⟨*die Trennung der Wörter am Zeilenende*⟩ Abtrennung · Trennung · Silbentrennung – **2.** → Verschlag (1) – **II.** Abteilung: **1.** ⟨*militärische Gruppe*⟩ Kolonne · Verband · Einheit · Kommando · Peloton · Zug · Schar; → *auch* Gruppe (1) – **2.** ⟨*Gruppe von Fahrzeugen*⟩ Pulk · Kolonne · Verband – 3. ⟨*Teilbereich*⟩ Sektion · Sparte · Rayon + Arbeitsstelle

Abteilungswand, die: → Scheidewand

abtelefonieren: → absagen (2)

abtippen: → abschreiben (I, 1)

abtönen: **1.** → abschattieren – **2.** → abstimmen (2)

Abtönung, die: → Abschattierung

abtöten: **1.** → vernichten (1, c) – **2.** → unterdrücken (2)

Abtötung, die: → Tötung

Abtrag, der: **1.** → Beeinträchtigung (1) – **2.** A. tun: → beeinträchtigen (1)

abtragen: **1.** ⟨*bis zur völligen Abnutzung tragen*⟩ auftragen ♦ *umg* : aufschleppen (*landsch*); → *auch* abnutzen (I) – **2.** → einebnen – **3.** → abbrechen (2) – **4.** → abschwemmen – **5.** → abdecken (1) – **6.** → abzahlen – **7.** seinen Dank a.: → danken (1)

abträglich: **1.** → schädlich (1 *u.* 2), ungünstig – **2.** a. sein: → beeinträchtigen (1)

Abtragung, die: **1.** → Einebnung – **2.** → Abbruch (1) – **3.** → Tilgung

Abtransport, der: Abfuhr

abtransportieren: → wegräumen (1)

abtreiben: **1.** ⟨*aus der Richtung treiben*⟩ [vom Kurs] abkommen · aus der Bahn / dem Kurs kommen / geraten · abdriften · wegtreiben; → *auch* [2]abweichen (1, a) – **2.** ⟨*den Fötus entfernen und die Schwangerschaft unterbrechen*⟩ eine Schwangerschaft abbrechen · eine Abtreibung machen – **3.** → ermüden (1) – **4.** → abholzen – **5.** ein Würmchen a.: → belästigen (1)

Abtreibung, die: **1.** ⟨[*strafbare*] *Herbeiführung einer Fehlgeburt*⟩ + Schwangerschaftsabbruch · Schwangerschaftsunterbrechung; verbotener Eingriff (*veraltend*); → *auch* Fehlgeburt (1) – **2.** eine A. machen: → abtreiben (2)

abtrennen: **1.** ⟨*mit einem Werkzeug von etw. trennen*⟩ lostrennen · abkneifen · abstechen ♦ *umg*: abzwicken · abknipsen; → *auch* abbrechen (1), absägen (1), abreißen (1), abschlagen (I, 1), abschneiden (1) – **2.** ⟨*durch Unfall vom Körper trennen*⟩ abquet-

schen · abklemmen · abfahren – **3.** → amputieren – **4.** → absondern (I, 1) – **5.** → abteilen (1)
Abtrennung, die: **1.** → Ablösung (1) – **2.** → Absonderung (1) – **3.** → Abteilung (I, 1) – **4.** → Amputation
abtreten: 1. ⟨*durch Hin- u. Herstreichen der Füße reinigen*⟩ abstreichen · abstreifen; → *auch* reinigen (1) – **2.** → weggehen (1) – **3.** → zurücktreten (1) – **4.** → abgeben (I, 2) – **5.** → ablaufen (2) – **6.** → begrenzen (1) – **7.** von der Bühne a.: → zurücktreten (1); von der Bühne des Lebens a.: → sterben (1)
Abtreter, der: → Fußabtreter
Abtretung, die: → Verzicht (1)
Abtrift, die: → Abweichung (1)
Abtritt, der: **1.** → Abgang (2) – **2.** → Toilette (1)
abtrocknen: I. abtrocknen: **1.** ⟨*jmdn. trocken machen*⟩ trocken reiben · [ab]frottieren · abreiben · abtupfen ♦ *umg*: abrubbeln · abrumpeln (*landsch*) – **2.** ⟨*Geschirr trocken machen*⟩ trocknen – **II.** abtrocknen, sich: ⟨*sich trocken machen*⟩ sich trocken reiben · sich [ab]frottieren ♦ *umg*: sich abrubbeln · sich abrumpeln (*landsch*)
abtropfen: → abfließen (1)
abtrotten: → weggehen (1)
abtrotzen: → abzwingen (1)
abtrudeln: → abstürzen (1, b)
abtrünnig: abgefallen; ketzerisch · irrgläubig (*Rel*) + untreu · sektiererisch · verräterisch
Abtrünnige, der: Renegat · Dissident · Abweichler; Ketzer · der Irrgläubige · Häretiker · Schismatiker (*Rel*) + Sektierer; → *auch* Verräter (2)
abtun: 1. → ablegen (4) – **2.** → erledigen (1) – **3.** → schlachten – **4.** → als unwichtig a.: → unwichtig (2)
abtupfen: 1. → abtrocknen (I, 1) – **2.** → abwischen (1)
aburteilen: → verurteilen (1)
abverlangen: → abfordern
abvermieten: → vermieten
abwägen: 1. → schätzen (1) – **2.** → überlegen (I, 1)
Abwägung, die: → Überlegung (1)
abwälzen: 1. ⟨*durch Wälzen wegbewegen*⟩ wegwälzen · herunterwälzen – **2.** ⟨*sich von etw. Unangenehmem freimachen*⟩ beiseite schieben ♦ *umg*: abwimmeln · abschieben · sich vom Halse schaffen
abwandeln: 1. → abändern – **2.** → beugen (I, 1)
abwandern: → weggehen (1)
Abwandlung, die: **1.** → Abänderung – **2.** → Beugung (2)
Abwärme, die: Abhitze
Abwart, der: → Hausmeister (1)
abwarten: 1. ⟨*warten, bis etw. geschieht*⟩ die Dinge auf sich zukommen / an sich herankommen lassen · abpassen; → *auch* warten (1) – **2.** → gedulden, sich – **3.** a. und Tee trinken: → gedulden, sich
abwärts: → hinunter
Abwasch, der: **1.** ⟨*das Reinigen des Geschirrs*⟩ Aufwasch · das Geschirrspülen – **2.** ⟨*das zu reinigende Geschirr*⟩ Aufwasch · schmutziges Geschirr – **3.** → Abwaschbecken
Abwaschbecken, das: Aufwaschbecken; Abwasch (*österr*)
abwaschen: 1. ⟨*das Geschirr reinigen*⟩ aufwaschen · [das] Geschirr spülen – **2.** → reinigen (1) – **3.** → tilgen (2)
Abwaschwasser, das: → Spülwasser
Abwasser, das: → Schmutzwasser
abwechseln: I. abwechseln: ⟨*wechselweise geschehen*⟩ aufeinander folgen · [miteinander] wechseln + die Rollen tauschen – **II.** abwechseln, sich: → ablösen (II, 2)
abwechselnd: → wechselseitig
Abwechslung, die: **1.** → Zeitvertreib (1) – **2.** → Ablösung (2) – **3.** ohne A.: → einförmig
abwechslungslos: → einförmig
abwechslungsreich: → mannigfaltig
Abweg, der: **1.** → Irrweg – **2.** auf Abwege geraten / kommen: **a)** → abschweifen (1) – **b)** → verkommen (1); auf Abwege bringen / führen: → verführen
abwegig: 1. → irrig – **2.** → ausgefallen (1)
Abwehr, die: **1.** → Verteidigung – **2.** → Verhinderung – **3.** → Geheimdienst
Abwehrdienst, der: → Geheimdienst
abwehren: 1. ⟨*erfolgreich Widerstand leisten*⟩ **a)** ⟨*bei einem militär. Angriff*⟩ abschlagen · zurückschlagen · abweisen · zurückweisen · aufhalten · auffangen + standhalten; → *auch* verteidigen (II) – **b)** ⟨*bei einem Angriff im zivilen Leben*⟩ parieren · abwenden · abhalten · abweisen · ablenken · aufhalten · auffangen; [ab]blocken (*Sport*) ♦ *gehoben*: sich erwehren; → *auch* vertei-

digen (II) – **2.** → verhindern – **3.** → fern (5) – **4.** → abweisen (1)
Abwehrstellung, die: Igelstellung (*milit*)
[1]**abweichen:** → ablösen (I, 1 *u.* II, 1)
[2]**abweichen: 1.** ⟨*die Richtung verlassen*⟩ **a)** ⟨*ungewollt*⟩ abirren · abschweifen · [vom Kurs] abkommen · aus der Richtung kommen; → *auch* abtreiben (1) – **b)** ⟨*absichtlich*⟩ die Richtung ändern; abgieren (*seem*); → *auch* ablenken (I, 1), abbiegen (1) – **2.** ⟨*anders sein*⟩ differieren · divergieren · variieren · sich unterscheiden · aus dem Rahmen fallen; abarten (*veraltend*) ♦ *umg*: aus der Reihe fallen ♦ *salopp*: aus der Reihe tanzen – **3.** a. |von|: → verstoßen (3, a)
Abweichen, das: → Durchfall (1)
abweichend: → verschiedenartig
Abweichler, der: → Abtrünnige
Abweichung, die: **1.** ⟨*Richtungsänderung*⟩ Abirrung; Abtrift (*seem u. fliegerspr*); Deklination · Aberration (*fachspr*) – **2.** → Abart – **3.** → Unterschied (1)
abweiden: → abfressen
abweisen: 1. ⟨*einer Bitte nicht entsprechen*⟩ zurückweisen · fortweisen · wegschicken · fortschicken · abwehren · den Rücken zeigen · eine Abfuhr erteilen/zuteil werden lassen · einen Korb geben ♦ *umg*: abfertigen · abwimmeln · abfahren/abblitzen/anlaufen/ablaufen lassen · die kalte Schulter zeigen; → *auch* ablehnen (1), auspfeifen – **2.** → abwehren (1, a *u.* b) – **3.** abgewiesen werden: → abblitzen (1); sich nicht a. lassen: → aufdrängen (II, 1)
abweisend: → verschlossen (2)
Abweiser, der: **1.** → Eckstein (1) – **2.** → Buhne
Abweisung, die: → Ablehnung
abwelken: → welken (1)
abwenden: I. abwenden: **1.** ⟨*in eine andere Richtung wenden*⟩ wegwenden · abkehren – **2.** → abwehren (1, b) – **3.** → verhindern – **II.** abwenden, sich: **1.** ⟨*sich zur Seite wenden*⟩ sich [weg]wenden · sich abkehren · den Rücken [zu]kehren/zudrehen/zuwenden/zeigen; → *auch* umdrehen (II) – **2.** sich a. |von|: ⟨*nicht mehr mit jmdm. verkehren*⟩ sich abkehren |von| · sich zurückziehen |von| · sich wenden |von|
Abwendung, die: **1.** ⟨*das Aufgeben der alten Richtung*⟩ Abkehr – **2.** → Verhinderung
abwerben: → weglocken
Abwerber, der: Headhunter
abwerfen: 1. ⟨*von etw. herab zu Boden werfen*⟩ absetzen · abschleudern (*fachspr*) ♦ *salopp*: abschmeißen – **2.** → einbringen (2) – **3.** die Maske a.: → entlarven (II); Bomben a. |auf|: → bombardieren (1); die Fesseln/Ketten/die Knechtschaft/das Joch a.: → befreien (II, 2)
abwertend: → abfällig (1)
abwesend: 1. ⟨*an einem anderen Ort*⟩ nicht anwesend · nicht da · absent · fehlend ♦ *gehoben*: nicht zugegen ♦ *umg*: fort · weg · ausgeflogen; → *auch* wegbleiben, verschwunden (1) – **2.** → geistesabwesend (1) – **3.** a. sein: → fehlen (1)
Abwesenheit, die: **1.** ⟨*das Woanderssein*⟩ das Fehlen – **2.** → Zerstreutheit – **3.** durch A. glänzen: → fehlen (1)
Abwesenheitsnachweis, der: → Alibi
abwetzen: → abnutzen (I)
abwickeln: I. abwickeln: **1.** → abrollen (1) – **2.** → erledigen (1) – **II.** abwickeln, sich: → verlaufen (I, 2)
Abwicklung, die: → Veranstaltung (1)
abwiegeln: → beruhigen (I)
abwiegen: einwiegen · auswiegen; → *auch* [2]wiegen (1)
abwimmeln: 1. → abwälzen (2) – **2.** → abweisen (1)
abwinkeln: → beugen (I, 1)
abwinken: bis zum Abwinken: → Überdruss
abwirtschaften: → ruinieren (II), herunterwirtschaften
abwischen: 1. ⟨*durch Wischen beseitigen*⟩ wegwischen · auswischen · abstreichen · abreiben · ablöschen · abtupfen; → *auch* abstauben (1) – **2.** → reinigen (1)
abwohnen: verwohnen
abwracken: → verschrotten
Abwurf, der: → Abstoß
abwürgen: 1. → erwürgen – **2.** → unterdrücken (3)
abzahlen: abbezahlen · in Raten [be]zahlen · abtragen ♦ *salopp*: abstottern; → *auch* tilgen (1)
abzählen: 1. → zählen (1) – **2.** → abziehen (2) – **3.** sich an den [fünf] Fingern a.: → voraussehen
Abzählreim, der: Abzählvers · Zählreim
Abzahlung, die: **1.** → Teilzahlung (1) – **2.** → Tilgung
Abzählvers, der: → Abzählreim

abzapfen: **1.** → abziehen (1) – **2.** → abgewinnen (1) – **3.** Blut a.: → schröpfen (1)
abzappeln, sich: → bemühen (II, 1)
abzäumen: abschirren · abhalftern; → *auch* ausspannen (I, 1)
abzäunen: **1.** → begrenzen (1) – **2.** → umzäunen
Abzäunung, die: → Umzäunung
abzehren: → abmagern
Abzehrung, die: → Abmagerung
Abzeichen, das: **1.** ⟨*meist am Rockaufschlag getragenes Täfelchen*⟩ Plakette · Button · Anstecknadel + Ehrenzeichen · Kokarde · Insignien – **2.** ⟨*Farbfleck im Fell von Tieren*⟩ Mal + Blesse
abzeichnen: **I.** abzeichnen: **1.** ⟨*zeichnerisch wiedergeben*⟩ nachzeichnen · abbilden ♦ *umg*: abmalen; → *auch* durchzeichnen – **2.** → unterschreiben – **II.** abzeichnen, sich: **1.** ⟨*vor einem Hintergrund im Umriss sichtbar sein*⟩ sich abheben · sich andeuten · kontrastieren · abstechen – **2.** → ankündigen (II) – **3.** → einprägen (II)
abziehen: **1. a)** ⟨*einem Behälter Flüssigkeit entnehmen*⟩ [ab]zapfen + herausziehen – **b)** ⟨*Flüssigkeit aus einem Behälter auf Flaschen verteilen*⟩ auf Flaschen ziehen · abfüllen · in Flaschen füllen; → *auch* abfüllen, füllen (I, 1) – **2.** ⟨*einen Teil von einer Summe rechnerisch wegnehmen*⟩ abrechnen · subtrahieren · abzählen · abstreichen; in Abzug/Abrechnung bringen (*amtsspr*); → *auch* abschreiben (I, 3) – **3.** → abhäuten – **4.** → abnehmen (1) – **5.** → abmarschieren – **6.** → weggehen (1) – **7.** → wegfliegen – **8.** → abkommandieren – **9.** → ablenken (I, 2) – **10.** → weglocken – **11.** → abdrücken (1) – **12.** → abfüllen – **13.** → schärfen – **14.** → abhobeln – **15.** → vervielfältigen (1) – **16.** → verrühren – **17.** eine Schau/Nummer a.: → angeben (1); mit hängender Nase/hängenden Ohren a.: → abblitzen (1)
Abziehstein, der: → Schleifstein
abzielen: a. |auf|: [hin]zielen |auf| · abzwecken |auf| · gerichtet/abgesehen sein |auf|; → *auch* ausgehen (8), beabsichtigen
abzirkeln: **1.** → abmessen – **2.** → überlegen (I, 1)
abzischen: → abfahren (1, a *u.* b)
abzittern: → weggehen (1)
abzocken: → schröpfen (2)
Abzocker, der: → Geschäftemacher
abzollen: → abmessen
abzotteln: → weggehen (1)
Abzug, der: **1.** ⟨*das Verlassen eines Ortes*⟩ Abmarsch · Wegzug + Abflug; → *auch* Abgang (1), Rückzug (1) – **2.** ⟨*Verminderung einer Menge*⟩ Abrechnung · Abstrich; → *auch* Rabatt – **3.** ⟨*Auslösungsvorrichtung an Schusswaffen*⟩ Abzugsbügel · Abzugshebel · Abzugshahn – **4.** ⟨*Öffnung zum Entweichen der Luft usw.*⟩ Abzugsloch · Abzugsschacht · Abzugsrohr · Abzugskamin + Auspuff; → *auch* Abfluss (2), Entlüfter – **5.** ⟨*fotografisches Bild*⟩ Positiv – **6.** → Fahne (2) – **7.** → ²Bogen (1) – **8.** → ¹Steuer – **9.** unter A.: → abzüglich; in A. bringen: → abziehen (2)
abzüglich: abgerechnet · weniger · minus · uneingerechnet · nicht inbegriffen; unter Abzug (*amtsspr*)
Abzugsbügel, der: → Abzug (3)
Abzugshahn, der: → Abzug (3)
Abzugshebel, der: → Abzug (3)
Abzugskamin, der: → Abzug (4)
Abzugsloch, das: → Abzug (4)
Abzugsrohr, das: → Abzug (4)
Abzugsschacht, der: → Abzug (4)
abzupfen: **1.** → abreißen (1) – **2.** → pflücken
abzwacken: **1.** → absparen – **2.** sich a.: → absparen
abzwecken: a. |auf|: → abzielen
Abzweigdose, die: → Verteilerdose
abzweigen: **1.** → abbiegen (1) – **2.** → sparen (1) – **3.** → gabeln (II)
Abzweigung, die: Abbiegung + Weggabelung · Gabelung · Arm · Ast; → *auch* Kreuzung (2)
abzwicken: → abtrennen (1)
abzwingen: **1.** ⟨*mit großer Mühe, mit Zwang in Besitz bringen*⟩ abringen · abpressen · abnötigen · abtrotzen · abdringen; abdrängen · abkämpfen (*veraltend*) + ablisten ♦ *gehoben*: abgewinnen ♦ *salopp*: abquetschen – **2.** sich a.: ⟨*sich durchringen, etw. zu tun*⟩ sich abringen · sich abquälen ♦ *salopp*: sich abquetschen
abzwitschern: → weggehen (1)
Accessoires (*Pl*): → Zubehör (1)
ach: **1.** ⟨*Ausruf des Erschreckens, Staunens*⟩ *umg*: oje[mine] · herrje[mine] ♦ *salopp*: du grüne Neune – **2.** ach wo[her]/was: → keineswegs
Ach, das: mit A. und Krach: → Mühe (3)
Achel, die: → Granne
acheln: → essen (1)

Achillesferse, die: der wunde/dunkle/neuralgische Punkt · die empfindliche Stelle; → *auch* Blöße (1)
Achse, die: **1.** → Straße (1) – **2.** → Bündnis (1) – **3.** auf [der] A.: → unterwegs
Achsel, die: **1.** → Schulter (1) – **2.** über die A. ansehen: → verachten (1)
Achselgrube, die: → Achselhöhle
Achselhöhle, die: Achselgrube
Achselklappe, die: → Schulterklappe
Achselstück, das: → Schulterklappe
[1]**Acht,** die: **1.** A. geben |auf|: **a)** ⟨*einer Sache besondere Bedeutung beimessen*⟩ achten |auf| · halten |auf| · Gewicht/Wert legen |auf| · Acht haben |auf| – **b)** → beachten – **2.** A. haben/geben: → aufpassen (1) – **3.** außer A. lassen: **a)** → absehen (4, a) – **b)** → übersehen (I, 2); sich in A. nehmen: → vorsehen (II)
[2]**Acht,** die: **1.** → Ächtung (1) – **2.** die A. verhängen/aussprechen/erklären |über|, in die A. erklären/tun/bringen, in A. und Bann erklären/tun: → ächten (1)
achtbar: 1. ⟨*durch sittliches Verhalten eine anerkennende Einstellung anderer erfordernd*⟩ ehrenwert · honett · ehrenhaft · anständig · hochachtbar · ehrbar; ehrsam · reputierlich (*veraltend*) ♦ *umg*: ehrpusselig (*iron*); → *auch* angesehen (1), rechtschaffen – **2.** → beachtlich (1)
Achtbarkeit, die: Ehrenhaftigkeit · Ehrbarkeit; Ehrsamkeit (*veraltend*) + Anständigkeit ♦ *umg*: Ehrpusseligkeit (*iron*)
achten: 1. ⟨*die Persönlichkeit od. eine Leistung anerkennen*⟩ hoch achten · [wert]schätzen · hoch schätzen · eine hohe Meinung haben |von| · den Hut ziehen |vor| · viel geben |auf| ♦ *gehoben*: ästimieren · Achtung erweisen/zollen · Tribut zollen ♦ *umg*: große Stücke halten |auf|; → *auch* anerkennen (1), respektieren, ehren, verehren (1) – **2.** a. |auf|: **a)** → [1]Acht (1, a) – **b)** → beachten – **c)** → aufpassen (1); a. |für|: → halten (I, 7); nicht a.: → verachten (1); auf Ordnung achtend: → ordentlich (1, b)
ächten: 1. *hist* ⟨*aus einer Gemeinschaft ausschließen*⟩ verfemen · bannen · proskribieren · für vogelfrei erklären · die Acht verhängen/aussprechen/erklären |über| · in die Acht erklären/tun/bringen · in Acht und Bann erklären/tun; → *auch* verstoßen (1) – **2.** ⟨*Maßnahmen gegen jmdn. od. etw. ergreifen*⟩ boykottieren

achtenswert: → lobenswert
achteraus: → hinten (1, a)
Achterdeck, das: → Hinterdeck
achtern: → hinten (1, a)
Achtern, der: → Gesäß
Achtersteven, der: → Gesäß
Achtgroschenjunge, der: → Spitzel
achtlos: 1. → unaufmerksam (1) – **2.** → gleichgültig (1)
achtsam: → aufmerksam (1), vorsichtig (1)
Achtsamkeit, die: → Aufmerksamkeit (1), Vorsicht
Achtung, die: **1.** ⟨*Anerkennung der Persönlichkeit*⟩ Wertschätzung · Hochschätzung · Hochachtung · Respekt · Schätzung · Ehrerbietung · Reverenz; Anwert (*süddt*) ♦ *gehoben*: Ästimation; → *auch* Anerkennung (1), Ansehen (1), Ruf (1), Ruhm (1), Verehrung – **2.** A. genießen: → angesehen (2); A. erweisen/zollen: → achten (1); A. gebietend: → beachtlich (1), Respekt (2)
Ächtung, die: **1.** *hist* ⟨*Ausschluss aus einer Gemeinschaft*⟩ Verfemung · Acht · Bann; → *auch* Ausschluss (1) – **2.** ⟨*das Ergreifen von Maßnahmen gegen jmdn. od. etw.*⟩ Boykott · Verrufserklärung
achtungsvoll: → respektvoll
achtzig: auf a. sein: → wütend (2); mit a. Sachen: → schnell (1, a)
ächzen: 1. → stöhnen – **2.** → knarren
Ächzer, der: → Seufzer (1)
Acker, der: Feld · Ackerland + landwirtschaftliche Nutzfläche; → *auch* Ackerboden
Ackerbau, der: Feldbau · Feldarbeit · Feldwirtschaft · Feldbestellung · Bodenbearbeitung · Landbebauung; → *auch* Landwirtschaft (1)
Ackerbauer, der: → [1]Bauer
Ackerboden, der: Ackererde · Boden · Erde + Ackerkrume; → *auch* Acker, Erdscholle
Ackererde, die: → Ackerboden
Ackergrenze, die: → Feldrain
Ackerkrume, die: → Ackerboden
Ackerland, das: → Acker
ackern: 1. → pflügen – **2.** → abmühen, sich
Ackerscholle, die: → Erdscholle
Ackersmann, der: → [1]Bauer
ad absurdum: ad a. führen: → widerlegen
Adam, der: den alten A. ablegen: → bessern (II, 1); nach A. Riese: → bekanntlich
Adamsapfel, der: → Kehlkopf
Adamskostüm, das: im A.: → nackt
adäquat: → passend (1, a)

addieren: → zusammenzählen
Addition, die: → Zusammenzählung
ade: → Wiedersehen (1)
Adebar, der: → Storch
Adel, der: **1.** ⟨*Gesellschaftsklasse*⟩ Aristokratie; Nobilität (*veraltend*) + Feudaladel · Hochadel · Hofadel · Landadel · Junkertum · Adelsstand; → *auch* Feudalismus – **2.** den A. verleihen: → adeln (1); von A.: → adlig (1)
adeln: 1. ⟨*einen Adelstitel verleihen*⟩ den Adel verleihen · in den Adelsstand erheben; nobilitieren (*veraltend*) – **2.** → verbessern (I, 3)
Adelsherrschaft, die: → Feudalismus
Adelsstand, der: **1.** → Adel (1) – **2.** in den A. erheben: → adeln (1)
Adept, der: → Schüler (2)
Ader, die: **1.** ⟨*Teil des Blutgefäßsystems*⟩ Blutgefäß · Gefäß; → *auch* Blutader, Schlagader – **2.** → Rippe (1) – **3.** → Erzader – **4.** → Begabung (1) – **5.** zur A. lassen: → schröpfen (1 *u.* 2)
Aderlass, der: → Verlust (1)
Äderung, die: → Maserung
Adhäsion, die: → Anziehung (1)
Adhäsionskraft, die: → Anziehung (1)
adieu: → Wiedersehen (1)
ad infinitum: → endlos (b)
Adjunkt, der: → Gehilfe
Adlatus, der: → Gehilfe
Adler, der: *gehoben*: Aar · König der Lüfte
Adlerflügel, der: wie auf Adlerflügeln: → schnell (1, a)
ad libitum: → beliebig (1)
adlig: 1. ⟨*dem Adel angehörig*⟩ aristokratisch · von Adel; hoch[wohl]geboren · blaublütig · von blauem Blut · von hoher Abkunft · von erlauchter Geburt (*veraltend od. iron*) + feudal · junkerlich – **2.** → vornehm (1)
Administration, die: → Behörde
administrativ: 1. → amtlich (1) – **2.** → bürokratisch (1)
administrieren: → anordnen (2)
Adnex, der: → Anhang (1)
ad oculos: ad o. demonstrieren: **a)** → zeigen (I, 2) – **b)** → veranschaulichen
Adoleszenz, die: → Entwicklungsjahre
adoptieren: an Kindes statt annehmen
Adressat, der: → Empfänger (1)
Adresse, die: **1.** ⟨*Angabe des genauen Aufenthaltsortes*⟩ Anschrift · Wohnungsangabe · Wohnanschrift + Aufschrift; → *auch* Deckadresse – **2.** an die falsche/verkehrte A. kommen/geraten: → abblitzen (1)
adrett: 1. → ordentlich (1, a) – **2.** → sauber (1)
Advent, der: **1.** ⟨*Zeit vor Weihnachten*⟩ Vorweihnachtszeit – **2.** ⟨*Sonntag in der Vorweihnachtszeit*⟩ Adventssonntag
Adventssonntag, der: → Advent (2)
adversativ: → gegensätzlich
Advertising, das: → Werbung (1)
Advokat, der: **1.** → Rechtsanwalt – **2.** → Fürsprecher
aerodynamisch: → windschlüpfig
Affäre, die: **1.** → Angelegenheit – **2.** → Ereignis (1) – **3.** → Liebeserlebnis – **4.** sich aus der A. ziehen: → herauswinden, sich
Affe, der: **1.** → Dummkopf (2) – **2.** → Geck (1) – **3.** → Rausch (1) – **4.** → Tornister (1) – **5.** einen Affen haben: → betrunken (2); wie ein vergifteter A.: → schnell (1, a); vom wilden Affen gebissen: → verrückt (1); sich einen Affen kaufen/antrinken: → betrinken, sich; einen Affen gefressen haben |an|: → lieben (1); angeben wie eine Lore [nackter] Affen: → angeben (1); denken, der A. laust/kratzt einen: → staunen (1)
Affekt, der: → Erregung (1)
affektiert: → geziert
Affektiertheit, die: → Ziererei
äffen: 1. → nachahmen – **2.** → narren
Affenarsch, der: → Dummkopf (2)
affenartig: 1. ⟨*den Affen entsprechend*⟩ *gehoben*: äffisch – **2.** mit affenartiger Geschwindigkeit: → schnell (1, b)
affengeil: → großartig (1)
Affenhitze, die: → Hitze (1)
Affenkomödie, die: → Gehabe[n] (1)
Affenliebe, die: → Liebe (1)
Affenschande, die: das ist eine A.: → unerhört (2)
Affenspektakel, der: → Lärm (1)
Affentanz, der: → Gehabe[n] (1)
Affentheater, das: → Gehabe[n] (1)
Affenzahn, der: mit einem A.: → schnell (1, a)
Affiche, die: → Anschlag (1)
affig: → geziert
Affigkeit, die: → Ziererei
Affirmation, die: → Zustimmung (1)
äffisch: → affenartig (1)
Affront, der: → Beleidigung (1)

Afrikaner, der: der Farbige ♦ *umg*: Neger · der Schwarze (*oft abwert*); Mohr (*veraltet*) ♦ *salopp*: Nigger (*abwert*); → *auch* Afroamerikaner, Farbige (1)
Afroamerikaner, der: der Farbige; Neger (*oft abwert*) ♦ *umg*: der Schwarze (*oft abwert*) ♦ *salopp*: Nigger (*abwert*); → *auch* Afrikaner, Farbige (1)
After, der: Anus · Darmausgang; Weidloch (*weidm*) ♦ *derb*: Arschloch; → *auch* Gesäß
Afterrede, die: → Verleumdung
Aftershave, das: → Rasierwasser
Aftershavelotion, die: → Rasierwasser
Agens, das: → Triebkraft
Agent, der: **1.** ⟨*Geheimaufträge Ausführender*⟩ Spion · Geheimagent · Geheimdienstler + Sleeper · Späher; → *auch* Spitzel, Saboteur – **2.** → Handelsvertreter – **3.** als A. tätig sein: → Spionage (2)
Agententätigkeit, die: → Spionage (1)
Agentur, die: **1.** → Vertretung (1) – **2.** → Zweigstelle
Agglomeration, die: → Anhäufung (1)
agglomerieren: → ansammeln (I)
Aggregat, das: Maschinensatz
aggregieren: → ansammeln (I)
Aggression, die: → Überfall (1)
Aggressionskrieg, der: → Angriffskrieg
aggressiv: **1.** ⟨*einen Angriffskrieg planend*⟩ kriegslüstern · kriegstreiberisch · kriegshetzerisch · angriffslustig · militant · eroberungsdurstig · eroberungssüchtig · eroberungslustig; → *auch* kämpferisch – **2.** → streitsüchtig
Aggressivität, die: Angriffslust · Eroberungsgelüste · Eroberungsgier · Eroberungsdurst · Eroberungssucht · Eroberungsdrang
Aggressor, der: Angreifer · Eroberer; → *auch* Kriegstreiber
Ägide, die: **1.** → Schutz (2, a) – **2.** → Leitung (1)
agieren: **1.** → handeln (I, 3) – **2.** → darstellen (I, 1, b)
agil: → lebhaft (1)
Agio, das: → Aufschlag (2)
Agitation, die: → Propaganda (1)
Agitator, der: → Propagandist
agitieren: → einreden (2)
Agonie, die: **1.** → Todeskampf – **2.** in A. liegen: → Sterben
Agrarier, der: → Großgrundbesitzer
agrarisch: → landwirtschaftlich (1)
Agrarreform, die: → Bodenreform
Agrarwissenschaft, die: → Agronomie
Agreement, das: → Vereinbarung (1)
Agrikultur, die: → Landwirtschaft (1)
Agronom, der: → Landwirt (1)
Agronomie, die: Landwirtschaftswissenschaft · Agrarwissenschaft · Landwirtschaft
aha: soso
Ahle, die: Pfriem; Ort (*landsch*)
Ahn, der: **1.** → Vorfahr[e] (I) – **2.** → Großvater (1)
ahnden: → bestrafen
Ahndung, die: → Bestrafung (1)
Ahne: **I.** Ahne, der: **1.** → Vorfahr[e] (I) – **2.** → Großvater (1) – **II.** Ahne, die: **1.** → Vorfahrin – **2.** → Großmutter (1)
ähneln: ähnlich sein · ähnlich [aus]sehen · gleichsehen · erinnern |an| · aussehen |wie| · anklingen |an| + sich berühren; → *auch* geraten (4), gleichen (1)
ahnen: **1.** ⟨*das Kommende unbewusst erwarten*⟩ vorausahnen · erahnen · [im Voraus] fühlen · undeutlich fühlen · eine Ahnung haben ♦ *umg*: schwanen; → *auch* voraussehen, vermuten, befürchten, spüren (1) – **2.** nichts a.: → ahnungslos (3); nichts ahnend: → ahnungslos (1)
Ahnentafel, die: → Stammbaum
Ahnfrau, die: → Vorfahrin
Ahnherr, der: → Vorfahr[e] (I)
Ahnin, die: → Vorfahrin
ähnlich: **1.** ⟨*im Aussehen [mehr od. weniger] übereinstimmend*⟩ entsprechend · verwandt · gleich · zum Verwechseln [ähnlich] + wie aus dem Gesicht geschnitten; → *auch* vergleichbar – **2.** ä. sein/[aus]sehen: → ähneln; zum Verwechseln ä.: → 1
Ähnlichkeit, die: Analogie · Entsprechung · Anklang · Verwandtschaft + Parallelität; → *auch* Abbild
Ahnung, die: **1.** ⟨*das Erfühlen von etw. Kommendem*⟩ Vorahnung · Vorgefühl · innere Stimme ♦ *umg*: Animus (*scherzh*) – **2.** eine A. haben: → ahnen (1); keine [blasse] A. haben: → ahnungslos (3); eine A. haben |von|: → beherrschen (I, 4)
ahnungslos: **1.** ⟨*ohne eine Ahnung zu haben*⟩ nichts ahnend ♦ *salopp*: schimmerlos – **2.** → unschuldig (2) – **3.** a. sein: ⟨*von etw. nichts wissen*⟩ nichts ahnen · keine [blasse] Ahnung haben ♦ *salopp*: aus dem Mustopf kommen · keinen [blassen] Schimmer haben

Air, das: **1.** → Aussehen (1) – **2.** → Atmosphäre (1)
Airbag, der: Prallsack
Airconditioner, der: → Klimaanlage
Airconditioning, das: → Klimaanlage
Airport, der: → Flughafen
Akademiemitglied, das: Akademiker (*selten*)
Akademiker, der: **1.** ⟨*Person mit Hochschulbildung*⟩ Hochschulabsolvent ♦ *umg*: der Studierte · studierter Mann; → *auch* Wissenschaftler – **2.** → Akademiemitglied
akademisch: 1. → gelehrt (1) – **2.** → gebildet – **3.** → weltfremd
Akklamation, die: **1.** → Beifall (1) – **2.** → Zustimmung (1)
akklamieren: 1. → klatschen (1) – **2.** → zustimmen (1)
Akklimatisation, die: → Anpassung
akklimatisieren, sich: → anpassen (II, 1)
Akklimatisierung, die: → Anpassung
Akkord, der: **1.** ⟨*das Zusammenklingen von Tönen*⟩ Zusammenklang; → *auch* Wohlklang – **2.** ⟨*Arbeit für Stücklohn*⟩ Akkordarbeit; Gedinge (*bergm*) + Stückarbeit
Akkordarbeit, die: → Akkord (2)
Akkordeon, das: Schifferklavier ♦ *salopp*: Quetschkommode (*meist scherzh*); → *auch* Ziehharmonika
akkordieren: → vereinbaren (1)
Akkordlohn, der: Stücklohn
akkreditieren: → beglaubigen (1)
Akkreditierung, die: → Bestätigung (1)
Akkreditiv, das: → Beglaubigungsschreiben
Akku, der: → Akkumulator
Akkumulation, die: → Anhäufung (1)
Akkumulator, der: Akku + Batterie · Element · Stromsammler
akkumulieren: → ansammeln (I)
akkurat: 1. → ordentlich (1, a *u.* b) – **2.** → sorgfältig (1) – **3.** → genau (1)
Akkuratesse, die: **1.** → Sorgfalt (1) – **2.** → Genauigkeit (1)
Akontozahlung, die: → Teilzahlung (1)
akquirieren: → werben (1)
Akquisiteur, der: → Werbefachmann
Akquisition, die: **1.** → Werbung (1) – **2.** → Anschaffung (1)
Akribie, die: → Genauigkeit (1)
akribisch: → genau (2)
Akrobat, der: → Artist
Akrobatik, die: → Artistik
akrobatisch: → artistisch
äks: → pfui (1)
Akt, der: **1.** → Handlung (1) – **2.** → Zeremonie – **3.** → Koitus – **4.** → Darbietung (1) – **5.** → Aufzug (1)
Akte, die: **1.** ⟨*Sammlung zusammengehöriger Schriftstücke*⟩ Aktensammlung · Aktenheft · Aktenbündel · Dossier; Faszikel (*veraltend*) – **2.** → Schriftstück – **3.** → Urkunde – **4.** zu den Akten legen: → ablegen (1)
Aktenbündel, das: → Akte (1)
Aktenheft, das: → Akte (1)
Aktenkrämer, der: → Bürokrat
aktenkundig: + gerichtskundig · gerichtsnotorisch
Aktenmappe, die: → Aktentasche
Aktenmensch, der: → Bürokrat
Aktensammlung, die: → Akte (1)
Aktenstück, das: → Schriftstück
Aktentasche, die: Aktenmappe · Mappe; Portefeuille (*veraltet*)
Akteur, der: → Schauspieler
Aktie, die: Anteilschein · Share + Dividendenschein · Kupon · Zinsschein · Zinsabschnitt; → *auch* Wertpapier (I)
Aktion, die: **1.** → Unternehmung (1) – **2.** → Kampagne (1) – **3.** in A. sein: → tätig (1, a)
Aktionär, der: Anteilbesitzer · Anteilseigner · Shareholder + Kupon[ab]schneider
Aktionsbereich, der: → Einflussbereich (1)
Aktionsprogramm, das: → ²Plan (1)
Aktionsradius, der: → Reichweite (1)
aktiv: 1. → eifrig (1) – **2.** a. sein: → wirken (1)
aktivieren: 1. → beleben (I, 2) – **2.** → verstärken (I, 1)
Aktivierung, die: **1.** → Belebung – **2.** → Verstärkung (1)
Aktivität, die: **1.** → Eifer (1) – **2.** → Tatkraft (1)
Aktrice, die: → Schauspielerin
Aktualität, die: → Gegenwartsnähe
aktuell: → gegenwartsnah[e]
akustisch: → klanglich
akut: → wichtig (1)
AKW, das: → Kernkraftwerk
Akzent, der: **1.** → Aussprache (1) – **2.** → Betonung (2) – **3.** → Tonzeichen
Akzentuation, die: → Betonung (1)
akzentuieren: → betonen (1)
Akzentuierung, die: → Betonung (1)
akzeptabel: → annehmbar

Akzeptanz, die: → Billigung (1)
akzeptieren: → billigen (1)
akzessorisch: → nebensächlich
akzident[i]ell: **1.** → unwichtig (1) – **2.** → zufällig
Akzise, die: → [1]Steuer
Alarm, der: **1.** ⟨*Ruf zum Einsatz*⟩ + Einsatzsignal · Warnsignal · Warnruf · Rettungssignal – **2.** A. geben/schlagen: → alarmieren (1)
Alarmanlage, die: Alarmvorrichtung · Warnanlage + Alarmglocke
Alarmglocke, die: → Alarmanlage
alarmieren: **1.** ⟨*zum Einsatz rufen*⟩ Alarm geben/schlagen · Lärm schlagen – **2.** → warnen (1) – **3.** → beunruhigen (I)
Alarmvorrichtung, die: → Alarmanlage
Alb, der: **1.** → Gespenst (1) – **2.** → Angsttraum
Albdruck, der: → Angsttraum
Albdrücken, das: → Angsttraum
Alberei, die: → Albernheit
albern: **1.** ⟨*ein unernstdummes Benehmen zeigend*⟩ kindisch · närrisch · hanswurstig · läppisch; gansig (*landsch*) ♦ *umg*: kalberig · kälberig · quatschig – **2.** → herumalbern
Albernheit, die: Kinderei ♦ *umg*: Alberei · Firlefanz · Quatsch · Kalberei · Kälberei · Lapperei
Albtraum, der: → Angsttraum
alert: **1.** → munter (1) – **2.** → aufgeweckt
alias: anders · außerdem · oder · auch · sonst · eigentlich
Alibi, das: Abwesenheitsnachweis
Alien, der: → Außerirdische
Alimente (Pl): Unterhaltsgeld · Unterhaltszahlung · Unterhaltsbeitrag; Ziehgeld (*landsch*)
Alimentierung, die: → Unterstützung (2)
alkalisch: → basisch
Alkohol, der: **1.** ⟨*Bestandteil alkohol. Getränke*⟩ Spiritus · Weingeist; Äthylalkohol · Äthanol (*Chem*) ♦ *umg*: Sprit; → *auch* Branntwein – **2.** unter A. stehen: → betrunken (2); im A. ersäufen/ertränken: → unterdrücken (2)
Alkoholgegner, der: → Abstinenzler
alkoholhaltig: → alkoholisch
Alkoholiker, der: → Trinker
alkoholisch: **1.** ⟨*Alkohol enthaltend*⟩ alkoholhaltig · geistig – **2.** alkoholische Getränke: → Spirituosen
alkoholisiert: → betrunken (1)
Alkoholismus, der: → Trunksucht
alkoholkrank: → trunksüchtig (1)
Alkoholkranke, der: → Trinker
Alkoholmissbrauch, der: → Trunksucht
alkoholsüchtig: → trunksüchtig (1)
Alkoholsüchtige, der: → Trinker
All, das: → Weltall
allabendlich: jeden Abend · Abend für Abend
allda: → dort (1)
[1]**alle:** **1.** ⟨*die Gesamtheit*⟩ jeder · allesamt · sämtlich · samt und sonders · Mann für Mann + allerseits; → *auch* vollzählig (1), jedermann, ganz (1) – **2.** a. beide: → beide (1); ein für a. Mal: → endgültig; a. nase[n]lang/fingerlang: → oft; über a. Berge: → fort (1); unter allen Umständen, auf a. Fälle: → unbedingt (1); nicht a. beisammen/im Kasten haben: → verrückt (5); mit allen Hunden gehetzt, mit allen Wassern gewaschen: → raffiniert (1); an allen Orten, an allen Kanten, an allen Ecken und Enden: → überall (1); a. viere von sich strecken: → ausstrecken (II, 1); a. Welt: → jedermann
[2]**alle:** **1.** → aufgebraucht, ausverkauft – **2.** ganz a.: → begeistert; a. machen: → ermorden
Allee, die: Baumstraße · Baumallee; → *auch* Straße (1)
Allegorie, die: → Bild (3)
allegorisch: → bildlich (1)
allein: **1.** ⟨*getrennt von anderen*⟩ für sich [allein] · mutterseelenallein ♦ *umg*: solo · allein auf weiter Flur; → *auch* einsam (1), ledig (1) – **2.** ⟨*ohne Beteiligung anderer*⟩ von sich aus · ohne [fremde] Hilfe · im Alleingang – **3.** → dagegen (2) – **4.** → einzig (1) – **5.** a. stehend: ⟨*ohne familiäre Bindung*⟩ ohne Familie/Anhang · einzeln stehend; → *auch* ledig (1) – **6.** a. auf weiter Flur: → 1; für sich a.: **a)** → besonders (1) – **b)** → 1; a. lassen: → verlassen (I, 2); von a.: → unaufgefordert (1)
Alleinbesitzer, der: → Besitzer (1)
Alleineigentümer, der: → Besitzer (1)
Alleinerbe, der: Universalerbe · Gesamterbe + Anerbe (*Rechtsw*)
Alleingang, der: im A.: → allein (2)
Alleinherrschaft, die: Absolutismus · Autokratie · Selbstherrschaft + Monarchie; → *auch* Gewaltherrschaft

Alleinherrscher, der: Souverän · Autokrat · Selbstherrscher · Absolutist + Monarch; → *auch* Diktator, Herrscher
alleinig: → ausschließlich (1)
Alleinrecht, das: → Monopol
Alleinsein, das: → Einsamkeit (1)
Alleinstehende, der: Single · der Ledige
Alleinunterhalter, der: → Unterhalter
Alleinvertretung, die: → Generalvertretung
allemal: → immer (1)
allenfalls: 1. ⟨*bei Wahrnehmung der letzten Möglichkeit*⟩ aufs Äußerste · im günstigsten Falle · äußerstenfalls · günstigstenfalls · höchstens · bestenfalls · gerade noch – **2.** → möglicherweise
allenthalben: → überall (1)
allerart: → allerlei
allerdings: 1. → freilich (1) – **2.** → selbstverständlich (1)
allererste: 1. → erste (1) – **2.** a. Sahne: → hervorragend (1)
allergisch: → empfindlich (1)
allerhand: 1. → allerlei – **2.** das ist wirklich a.: → unerhört (2)
allerlei: allerhand · mancherlei · verschiedenerlei · vielerlei · mehrerlei · hunderterlei · alles Mögliche · dieses und jenes · dies und das; allerart (*veraltend*); Diverses (*kaufm*)
Allerlei, das: Varia (*Pl*) · Potpourri · Kunterbunt + Quodlibet (*veraltet*)
Allerletzte, das: → uninteressant (1)
allerliebst: → reizend (1)
Allerliebste, die: → Geliebte (II)
allerorten: → überall (1)
allerorts: → überall (1)
allerseits: → [1]alle (1)
Allerweltsgeschmack, der: → Durchschnittsgeschmack
Allerweltskerl, der: → Tausendsasa
Allerwerteste, der: **1.** → Gesäß – **2.** sich auf seinen Allerwertesten setzen: **a)** → hinfallen – **b)** → setzen (II, 1)
alles: 1. ⟨*die Gesamtheit umfassend*⟩ das Ganze · das Gesamte · das Erste und das Letzte ♦ *umg*: der ganze Segen ♦ *salopp*: die ganze Schmiere – **2.** a. Mögliche: → allerlei; vor allem: **a)** → besonders (2) – **b)** → zuerst; a. in allem: → insgesamt; Mädchen für a.: → Hausangestellte (I *u.* II); a., was Beine hat: → jedermann
allesamt: → [1]alle (1)
Alles[besser]wisser, der: → Rechthaber
alleweil: → immer (1)
allezeit: → immer (1)
allfällig: → möglicherweise
allgemach: → allmählich
allgemein: 1. ⟨*überall gleichermaßen vorhanden*⟩ gemein · universal · universell · allumfassend · allseitig · allgemein gültig – **2.** → durchweg – **3.** im Allgemeinen: ⟨*ohne Beachtung kleiner Unterschiede*⟩ im Großen und Ganzen · generell – **4.** allgemeine Redensart: → Phrase (1); a. gültig: → 1; a. verständlich: → verständlich (1)
Allgemeinbefinden, das: → Gesundheitszustand
Allgemeinbesitz, der: → Allgemeingut
Allgemeinbildung, die: Allgemeinwissen; → *auch* Bildung (1)
Allgemeingut, das: Allgemeinbesitz
Allgemeinheit: I. Allgemeinheit, die: **1.** → Gesamtheit (1) – **2.** → Öffentlichkeit (1) – **II.** Allgemeinheiten (*Pl*): → Gemeinplatz
Allgemeinplatz, der: → Gemeinplatz
Allgemeinwissen, das: → Allgemeinbildung
Allgemeinwohl, das: → Gemeinwohl
Allgewalt, die: → Allmacht
allgewaltig: 1. → absolut (1) – **2.** → allmächtig
Allheilmittel, das: → Universalmittel
Allheit, die: → Gesamtheit (1)
allhier: → hier (1)
Allianz, die: → Bündnis (1)
Alligator, der: → Krokodil
alliieren, sich: → verbünden, sich (1)
Alliierte, der: → Verbündete
alljährlich: → jährlich (1)
Allmacht, die: Allgewalt · Omnipotenz
allmächtig: allgewaltig · omnipotent; → *auch* mächtig (1)
Allmächtige, der: → Gott (1, a)
allmählich: schrittweise · stufenweise · gradweise · graduell · nach und nach · stadial · sukzessiv · in Etappen · Schritt für/um Schritt · Stück für/um Stück · mit der Zeit · im Laufe der Zeit · peu à peu; allgemach (*veraltet*) + zögernd · sacht ♦ *dicht*: mählich ♦ *umg*: langsam, aber sicher; → *auch* langsam (1), unmerklich
allmonatlich: → monatlich
Allotria (*Pl*): → Unfug (1)
Allrounder, der: → Tausendsasa
Allroundman, der: → Tausendsasa
allseitig: 1. → vielseitig (1) – **2.** → allgemein (1)

Alltag, der: **1.** ⟨*die stetige Wiederholung des Gleichen*⟩ grauer Alltag · graues Einerlei – **2.** → Werktag – **3.** grauer A.: → 1
alltäglich: 1. → mittelmäßig – **2.** → gewöhnlich (1), vertraut (1)
alltags: → werktags
Alltagsmensch, der: → Durchschnittsmensch
allüberall: → überall (1)
allumfassend: 1. → umfangreich (1) – **2.** → allgemein (1)
Allüren (*Pl*): → Verhalten
Allvater, der: → Gott (1, a)
allwöchentlich: → wöchentlich
allzeit: 1. → immer (1) – **2.** → ewig (1)
allzu: [gar] zu
Alm, die: Bergwiese · Bergweide · Almwiese · Alp; Stafel (*schweiz*); Senne (*süddt österr*); → *auch* Weide (1)
Alma Mater, die: → Universität
Almanach, der: → Auswahl (3)
Almer, der: → Senner
Almosen, das: **1.** ⟨*kleine Gabe für Bedürftige*⟩ milde Gabe · Gnadengeschenk; Bettelsuppe (*abwert*) – **2.** → Spende (1)
Almwiese, die: → Alm
Alp, die: → Alm
Alphabet, das: Abc
Alpinismus, der: → Alpinistik
Alpinist, der: → Bergsteiger
Alpinistik, die: Bergsport · Alpinismus + Hoch[gebirgs]touristik ♦ *umg*: Bergsteigerei
als: 1. ⟨*in der Eigenschaft*⟩ in Form/Gestalt von – **2.** ⟨*Ungleiches vergleichend*⟩ *gehoben*: denn ♦ *umg*: wie – **3.** ⟨*zeitlich*⟩ *gehoben*: da ♦ *umg*: wie – **4.** als ob: ⟨*gleichsetzend*⟩ wie wenn
alsbald: 1. → bald (1) – **2.** → sofort
alsbaldig: → sofortig
alsdann: → danach (1), dazu (2)
also: 1. ⟨*eine Zusammenfassung ankündigend*⟩ kurz und gut – **2.** → folglich (1)
alt: 1. ⟨*von hohem Lebensalter*⟩ [hoch]bejahrt + grau · greis · greisenhaft · steinalt · uralt · ergraut · in hohem/gesegnetem/biblischem Alter; senil (*auch abwert*) ♦ *gehoben*: [hoch]betagt ♦ *umg*: alt wie Methusalem/wie die Berge; verblüht · bemoost (*scherzh*); → *auch* ältlich, verbraucht (1) – **2.** ⟨*von Sachen gesagt*: *hohes Alter aufweisend*⟩ uralt ♦ *salopp*: klapperig · oll; → *auch* abgenutzt, gebraucht – **3.** ⟨*seit langer Zeit vorhanden*⟩ [alt]hergebracht · [alt]herkömmlich · altüberliefert · altüberkommen · alteingeführt · traditionell · überkommen · überliefert · konventionell; → *auch* bewährt, gewohnt (2), ehrwürdig – **4.** → ehemalig – **5.** → abgelagert – **6.** → hässlich (1) – **7.** → antik (1) – **8.** → altertümlich – **9.** Alt und Jung: → jedermann; a. wirkend/geworden: → ältlich; a. wie Methusalem/wie die Berge: → 1; a. werden, [in Ehren] a. und grau werden: → altern (1); a. machen: → altern (2); die alten Tage: → Alter (1); alte Dame: **a)** → Mutter (1) – **b)** → Greisin; alte Frau/Tante: → Greisin; alter Herr: → Vater (I, 1); alter Mann/Knabe/Knacker, altes Semester: → Greis; die alte Welt: → Altertum (I); aus alter Zeit stammend: → altertümlich; ein alter Hut: **a)** → Gemeinplatz – **b)** → Bart (2); ein alter Bart/Witz: → Bart (2); der alte Trott: → dasselbe (2); das Alte Testament: → Bibel; altes Mädchen, alte Jungfer: → Jungfer (3); eine alte Jungfer bleiben: → sitzen (6, b); alte Schachtel/Schraube: → Frau (I, 1); alter Fuchs/Hase: → Routinier; von altem Schrot und Korn: → rechtschaffen; für den alten Fritzen: → umsonst (1); zum alten Eisen gehörend: → verbraucht (1); zum alten Eisen werfen: → wegwerfen (I, 1); aus Alt Neu machen: → ändern (I, 1); den alten Adam ablegen: → bessern (II, 1); nicht a. werden: → aushalten (3)
Altan, der: → Balkon (1)
altangesehen: → angesehen (1)
altangesessen: 1. → ansässig (1) – **2.** → bodenständig
Altar, der: **1.** ⟨*erhöhter Aufbau in christl. Kirchen*⟩ Gottestisch · Opfertisch · Gnadentisch · Tisch des Herrn (*Rel*) – **2.** mit jmdm. vor den A. treten: → heiraten (1); zum A. führen: → heiraten (2)
Altarchor, der: → Altarraum
Altardiener, der: → Ministrant
Altarraum, der: Altarchor · Chor
Altarsakrament, das: → Abendmahl (1)
altbacken: → altmodisch (1)
altbekannt: → bekannt (1)
altbewährt: → bewährt
Alte: I. Alte, der: **1.** ⟨*als alt angesehene männl. Person*⟩ *umg*: Oldtimer · Oldie · Veteran · Grufti (*scherzh*) – **2.** → Vater (1) – **3.** → Ehemann – **4.** → Greis – **5.** → Vorgesetzte (1), [1]Leiter – **II.** Alte, die: **1.** →

Mutter (1) – **2.** → Ehefrau – **3.** → Greisin – **4.** → Muttertier – **III.** Alte (*Pl*): die Alten: **1.** → Eltern (1) – **2.** → Vorfahr[e] (II)
altehrwürdig: 1. → ehrwürdig – **2.** → altertümlich
alteingeführt: → alt (3)
alteingesessen: 1. → ansässig (1) – **2.** → bodenständig
alteingewurzelt: → gewohnt (2)
Alteisen, das: → Schrott (1)
Altenheim, das: Seniorenheim · Altersheim; Feierabendheim (*ehem. DDR*) + Stift; → *auch* Pflegeheim
Altenteil, das: **1.** ⟨*den Eltern verbleibender Besitz nach der Hofübergabe an den Sohn, die Tochter*⟩ Ausgedinge · Altgedinge (*landsch*); Ausnahme · Austrag (*süddt österr*); Auszug (*landsch veraltend*); Stöckli (*schweiz*) + Austragsstube – **2.** sich aufs A. setzen: → zurückziehen (II, 1)
Alter, das: **1.** ⟨*der letzte Lebensabschnitt des Menschen*⟩ Lebensabend · die alten Tage · Greisenalter ♦ *gehoben*: Lebensneige · Abend/Herbst des Lebens – **2.** ⟨*Zeit des Lebens od. Bestehens*⟩ Lebensalter – **3.** ⟨*das Altsein*⟩ **a)** ⟨*von Menschen*⟩ Betagtheit · Bejahrtheit – **b)** ⟨*von Sachen*⟩ Altertümlichkeit – **4.** das gefährliche/kritische A.: → Wechseljahre; in hohem/gesegnetem/biblischem A.: → alt (1)
alterieren: I. alterieren: → aufregen (I, 1) – **II.** alterieren, sich: → aufregen (II)
alteriert: → aufgeregt (1)
Ältermutter, die: → Urgroßmutter
altern: 1. ⟨*an Lebensjahren zunehmen*⟩ alt/grau werden · in die Jahre kommen · [in Ehren] alt und grau werden · ergrauen · vergreisen; Patina ansetzen (*scherzh*); verknöchern · senil werden · verkalken (*abwert*) ♦ *gehoben*: ergreisen · hinaltern · welken + reifen – **2.** ⟨*früh alt werden lassen*⟩ alt machen
Alternanz, die: → Ablösung (2)
Alternation, die: → Ablösung (2)
Alternative, die: → Entscheidung (1)
alternieren: → ablösen (II, 2)
Alternsforschung, die: Gerontologie
alterprobt: 1. → bewährt – **2.** → erfahren (2)
alters: vor a.: → früher (1)
Altersabstand, der: → Altersunterschied
Altersbezüge (*Pl*): → Rente (1)
altersblank: → abgetragen
Altersdomizil, das: → Alterssitz
Altersfürsorge, die: → Altersversorgung
altersgrau: → grauhaarig
Altersgruppe, die: → Jahrgang (1)
Altersheilkunde, die: → Geriatrie
Altersheim, das: → Altenheim
Altersjahr, das: → Lebensjahr
Altersklasse, die: → Jahrgang (1)
Alterspfennig, der: → Ersparnis (1)
Altersrente, die: → Rente (1)
Altersring, der: → Jahresring
Altersruhegeld, das: → Rente (1)
altersschwach: 1. → gebrechlich – **2.** → abgenutzt
Alterssichtigkeit, die: Altersweitsichtigkeit
Alterssitz, der: Ruhesitz · Altersdomizil
Altersstufe, die: → Jahrgang (1)
Altersunterschied, der: Altersabstand
Altersversorgung, die: **1.** ⟨*Fürsorge für alte Menschen*⟩ Altersfürsorge + Rentnerfürsorge · Veteranenbetreuung; → *auch* Fürsorge (1) – **2.** → Rente (1)
Altersweitsichtigkeit, die: → Alterssichtigkeit
Altertum: I. Altertum, das: ⟨*Zeitalter*⟩ Antike · das klassische Altertum · die alte Welt – **II.** Altertümer (*Pl*): → Antiquitäten
altertümelnd: archaisierend; zopfig (*abwert*) + veraltet; → *auch* altertümlich, altmodisch (1)
altertümlich: alt · altehrwürdig · archaisch · antik · aus alter Zeit stammend + uralt · veraltet; → *auch* altmodisch (1), altertümelnd
Altertümlichkeit, die: → Alter (3, b)
Altertumsforscher, der: → Archäologe
Altertumsforschung, die: → Archäologie
Altertumskunde, die: → Archäologie
Altertumswissenschaft, die: → Archäologie
Altertumswissenschaftler, der: → Archäologe
Alterung, die: → Altwerden
Alterungsprozess, der: → Altwerden
Ältervater, der: → Urgroßvater
altfränkisch: → altmodisch (1)
Altgedinge, das: → Altenteil (1)
Altgeige, die: → Bratsche
altgewohnt: → gewohnt (2)
Altgut, das: → Altstoff
Althändler, der: **1.** → Altstoffhändler – **2.** → Trödler
Althandlung, die: → Altwarenhandlung

althergebracht: → alt (3)
altherkömmlich: → alt (3)
Altjahrsabend, der: → Silvester
Altjahrstag, der: → Silvester
altjüngferlich: jüngferlich · gouvernantenhaft · tantenhaft ♦ *umg*: tuntenhaft · tuntig (*landsch*); → *auch* prüde (1)
altklug: frühklug + kleiner Vati · kleine Mutti; → *auch* vorlaut
Altkunst, die: → Antiquitäten
ältlich: gealtert · angegraut · angejahrt · alt wirkend/geworden · angealtert; → *auch* alt (1)
Altmaterial, das: → Altstoff
Altmeister, der: Nestor · Senior; → *auch* Meister (1)
Altmetall, das: → Schrott (1)
altmodisch: 1. ⟨*nicht mehr in Mode*⟩ unmodern · altväterisch · antiquiert · altbacken · verstaubt · angestaubt; vorsintflutlich (*scherzh*); altfränkisch (*veraltend*); → *auch* altertümlich, veraltet (1), altertümelnd – **2.** a. sein: ⟨*nicht mehr in Mode sein*⟩ out sein
Altpapier, das: → Altstoff
Altruismus, der: → Selbstlosigkeit
altruistisch: → selbstlos
Altstoff, der: Altmaterial · Altgut · Sekundärrohstoff + Altpapier · Makulatur; → *auch* Schrott (1)
Altstoffhändler, der: Alt[waren]händler · Lumpenhändler · Lumpensammler; Produktenhändler (*veraltend*); → *auch* Trödler
Altstoffwiederverwertung, die: → Recycling
Alttier, das: → Muttertier
altüberkommen: → alt (3)
altüberliefert: → alt (3)
altväterisch: → altmodisch (1)
altväterlich: → ehrwürdig
altvertraut: → vertraut (1)
Altvordern (*Pl*): → Vorfahr[e] (II)
Altwaren (*Pl*): → Antiquitäten
Altwarenhändler, der: **1.** → Trödler – **2.** → Altstoffhändler
Altwarenhandlung, die: Althandlung (*veraltend*) ♦ *umg*: Trödelladen
Altweibergeschwätz, das: → Gerede (1)
Altweibersommer, der: **1.** ⟨*durch die Luft fliegende Spinnenfäden*⟩ Indianersommer; der fliegende Sommer (*landsch*); Unser Lieben Frau Gespinst (*süddt*) – **2.** → Herbst (1)
Altwerden, das: Alterung[sprozess]; Seneszenz (*fachspr*)
Alumnat, das: → Erziehungsinstitut
Amateur, der: Liebhaber; → *auch* Laie
Amazone, die: → Mannweib
Ambiente, das: → Atmosphäre (1)
ambig: → zweideutig (1)
Ambiguität, die: → Zweideutigkeit (1)
Ambition, die: → Ehrgeiz
ambitioniert: → ehrgeizig
ambitiös: → ehrgeizig
ambivalent: → zwiespältig
Ambivalenz, die: → Zwiespalt (1)
ambrosisch: → herrlich (1)
Ambulanz, die: **1.** → Krankenhaus (1) – **2.** → Krankenwagen
Ambulanzwagen, der: → Krankenwagen
Ambulatorium, das: → Krankenhaus (1)
Ameisenkribbeln, das: → Hautjucken
Ameisenlaufen, das: → Hautjucken
Amelioration, die: → Bodenverbesserung
Amen, das: sein A. geben: → zustimmen (1); Ja und A. sagen: → zustimmen (1)
Amerikaner, der: Yankee (*spött*) ♦ *umg*: Ami
Ami, der: → Amerikaner
Ammann, der: → Bürgermeister (a)
Amme, die: Nährmutter
Ammenmärchen, das: → Lügengeschichte
Amnesie, die: → Gedächtnisschwäche (1)
Amnestie, die: → Straferlass
amnestieren: → begnadigen
Amnestierung, die: → Straferlass
Amoklaufen, das: → Mordgier
amoralisch: → unsittlich
Amoralität, die: → Unsittlichkeit
Amorette, die: Putte
amorph: → formlos (1)
amortisabel: → tilgbar
Amortisation, die: → Tilgung
amortisierbar: → tilgbar
amortisieren: → tilgen (1)
Amouren (*Pl*): → Liebeserlebnis
Ampel, die: 1. → ²Lampe (1) – **2.** → Blumentopf
Amphibolie, die: → Zweideutigkeit (1)
amphibolisch: → zweideutig (1)
Amphitheater, das: → Freilichtbühne
Amputation, die: Abnahme · Abtrennung; Absetzung (*med*)
amputieren: abnehmen · abtrennen; absetzen (*med*)
Amt, das: **1.** ⟨*die amtl. Tätigkeit u. ihr Bereich*⟩ Amtsgeschäfte · Funktion · Charge; → *auch* Aufgabe (2), Arbeitsgebiet – **2.** →

Aufgabe (2) – **3.** → Behörde (1) – **4.** → Fernsprechamt, Fernmeldeamt – **5.** → Gottesdienst – **6.** Fräulein vom A.: → Telefonistin; von Amts wegen: → amtlich (1); sein A. niederlegen/zur Verfügung stellen, von seinem A. zurücktreten: → zurücktreten (1); seines/des Amtes suspendieren/entheben/entsetzen/entbinden/entkleiden, von seinem A. suspendieren/entbinden: **a)** → absetzen (I, 2) – **b)** → entlassen (2); seines Amtes walten: → ausführen (3)
amtieren: a. |als|: → wirken (6)
amtlich: 1. ⟨*von einem Amt ausgehend*⟩ offiziell · behördlich · dienstlich · administrativ · amtshalber · von Amts wegen ♦ *gehoben*: ex officio · ex professo; → *auch* bestätigt, beweiskräftig – **2.** → bekannt (1) – **3.** → beweiskräftig – **4.** → förmlich (1)
Amtsabtretung, die: → Rücktritt (1)
Amtsalter, das: → Dienstalter
Amtsbereich, der: Ressort · Dezernat · Geschäftsbereich
Amtsbruder, der: → Kollege
Amtseinführung, die: Inauguration; Ordination (*Rel*)
Amtsenthebung, die: → Absetzung (1)
Amtsentsetzung, die: → Absetzung (1)
Amtsgeheimnis, das: Dienstgeheimnis
Amtsgehilfe, der: → Assistent
Amtsgenosse, der: → Kollege
Amtsgeschäfte (*Pl*): → Arbeitsgebiet, Amt (1)
amtshalber: → amtlich (1)
Amtskleidung, die: → Amtstracht
Amtsleitung, die: → Fernsprechamt
Amtsnachfolger, der: → Nachfolger
Amtsniederlegung, die: → Rücktritt (1)
Amtsschimmel, der: **1.** → Bürokratie – **2.** den A. reiten: → bürokratisch (2)
Amtsschreiben, das: Dienstsache
Amtssiegel, das: → Siegel (1)
Amtsstube, die: → Dienstraum
Amtsstunden (*Pl*): → Dienststunden
Amtstracht, die: Amtskleidung + Robe · Ornat · Talar · Habit
Amtsweg, der: → Dienstweg
Amtswohnung, die: → Dienstwohnung
Amtszimmer, das: → Dienstraum
Amulett, das: **1.** → Talisman – **2.** → Anhänger (1)
amüsant: → unterhaltsam
Amüsement, das: → Belustigung (1)
Amüsierbetrieb, der: → Amüsierlokal
amüsieren: I. amüsieren: → belustigen (I) – **II.** amüsieren, sich: → vergnügen (II)
Amüsierlokal, das: Amüsierbetrieb · Vergnügungsstätte; Tingeltangel (*abwert*) ♦ *umg*: Bumslokal (*abwert*); → *auch* Tanzlokal, Nachtlokal
amusisch: → nüchtern (3)
an: 1. ⟨*Ort*⟩ bei – **2.** ⟨*Richtung*⟩ bis · [bis] zu · nach – **3.** → [1]zu (1) – **4.** → ungefähr (1) – **5.** von … an: → ab (1 *u.* 2); bis an: → [1]zu (4); ab und an: → manchmal; von jetzt/nun an: → künftig; von Stund an: → seitdem (1); an [und für] sich: → eigentlich (1); Haus an Haus, Tür an Tür, Wand an Wand wohnen: → benachbart (2)
Anachoret, der: → Einsiedler
Analeptikum, das: → Anregungsmittel
analog: 1. → sinngemäß – **2.** → vergleichbar
Analogie, die: → Ähnlichkeit
Analogieschluss, der: → Folgerung (1)
Analogismus, der: → Folgerung (1)
Analyse, die: **1.** → Zerlegung – **2.** → Untersuchung (1)
analysieren: 1. → zerlegen (1) – **2.** → untersuchen (1)
analytisch: zerlegend · zergliedernd
Anämie, die: → Blutarmut
anämisch: → [1]blutarm
Anarchie, die: → Gesetzlosigkeit
anarchisch: → gesetzlos
Anarchismus, der: → Gesetzlosigkeit
Anarchist, der: + Anarcho; → *auch* Chaot (1)
Anarcho, der: → Anarchist, Chaot (1)
Anästhesie, die: **1.** → Betäubung (1) – **2.** → Narkose
anästhe[ti]sieren: → betäuben (I, 1)
Anathema, das: → Ausschluss (1)
anatmen: → anblasen (1)
anbacken: 1. → ankleben (2) – **2.** → anbrennen (2)
anbaggern: → anbändeln (a)
anbahnen: I. anbahnen: ⟨*erste Schritte in etw. unternehmen*⟩ einleiten · die Weichen stellen |für| · in die Wege leiten · anknüpfen · einfädeln · anspinnen · entrieren; → *auch* vorbereiten (I), anfangen (1, a) – **II.** anbahnen, sich: ⟨*allmählich beginnen*⟩ sich anspinnen; → *auch* anfangen (1, b), ankündigen (II)
anbandeln: a. |mit|: **a)** → anbändeln (a) – **b)** → anlegen (II)

anbändeln: a. |mit|: **a)** ⟨*eine Liebschaft anzuknüpfen suchen*⟩ anbinden |mit| · äugeln |mit|; anbandeln |mit| (*süddt österr*) ♦ *umg*: anbaggern · anmachen + Anschluss suchen; → *auch* anschließen (II, 1), flirten – **b)** → anlegen (II)
Anbau, der: Vorbau · Zubau · Ausbau; → *auch* Nebengebäude
anbauen: I. anbauen: **1.** ⟨*baulich erweitern*⟩ zubauen – **2.** → pflanzen (I, 1) – **II.** anbauen, sich: → niederlassen (II, 1)
Anbaufolge, die: → Fruchtfolge
Anbauschrank, der: → Schrankwand
Anbauwand, die: → Schrankwand
anbefehlen: 1. → anordnen (2) – **2.** → anvertrauen (I, 1)
Anbeginn, der: → Beginn (1)
anbehalten: *umg*: anlassen
anbei: → beiliegend
anbeißen: 1. ⟨*das erste Mal hineinbeißen*⟩ anknabbern; → *auch* annagen – **2.** ⟨*von Fischen gesagt*: *in den Angelhaken beißen*⟩ an die Angel gehen – **3.** → hereinfallen – **4.** zum Anbeißen: → anziehend (1)
anbelangen: → betreffen (1)
anbelfern: → anfahren (3)
anbellen: 1. ⟨*von Hunden gesagt*: *sein Gebell gegen jmdn. od. etw. richten*⟩ ankläffen (*abwert*); anblaffen (*landsch*); → *auch* anknurren (1) – **2.** → anfahren (3)
anbequemen, sich: → anpassen (II, 2)
anberaumen: ansetzen · festsetzen; → *auch* festlegen (I, 1)
anbeten: anschwärmen · umschwärmen · schwärmen |für| ♦ *umg*: anhimmeln · anschmachten; → *auch* bewundern, verehren (1)
Anbeter, der: → Verehrer (1)
Anbetracht, der: in A.: **1.** → angesichts – **2.** → hinsichtlich
anbetreffen: → betreffen (1)
anbetteln: 1. ⟨*wegen einer* [*zu leihenden*] *Geldsumme usw. ansprechen*⟩ anborgen ♦ *salopp*: anpumpen · anhauen · anzapfen · anbohren; ankrallen · anschnorren · ankriegen (*landsch*); → *auch* betteln (1) – **2.** a. |um|: → bitten (2)
Anbetung, die: → Verehrung
anbetungswürdig: verehrungswürdig
anbiedern, sich: → einschmeicheln, sich
anbieten: I. anbieten: **1.** ⟨*zum Nehmen entgegenhalten*⟩ hinhalten · [hin]reichen ♦ *gehoben*: bieten – **2.** ⟨*eine Erfrischung usw. vorsetzen*⟩ aufwarten |mit| · kredenzen · reichen ♦ *gehoben*: darbieten · darreichen; → *auch* auftischen (1) – **3.** ⟨*zum Kauf bieten*⟩ ausbieten · auf den Markt bringen/werfen · offerieren · [s]ein Angebot machen; andienen (*kaufm*); feilbieten · feilhalten (*veraltend*) + vermarkten; → *auch* verkaufen (I, 1), handeln (I, 1) – **4.** → vorschlagen – **5.** → bieten (I, 1) – **II.** anbieten, sich: ⟨*sich selbst vorschlagen*⟩ *gehoben*: sich anheischig machen · sich [an]erbieten; → *auch* bewerben, sich (1)
anbinden: 1. ⟨*mit einer Leine, Schnur an etw. befestigen*⟩ binden |an| · anknüpfen · anseilen · anleinen · anschnüren + anschließen · sichern ♦ *umg*: anmachen; → *auch* befestigen (1), festbinden, anketten, anschnallen (I), fesseln (1) – **2.** a. |mit|: **a)** → anbändeln (a) – **b)** → anlegen (II)
anblaffen: 1. → anbellen (1) – **2.** → anfahren (3)
anblarren: 1. → anknurren (1) – **2.** → anfahren (3)
anblasen: 1. ⟨*in Richtung auf jmdn. od. etw. blasen*⟩ anatmen · anhauchen · behauchen ♦ *dicht*: anwehen ♦ *umg*: anpusten (*landsch*) – **2.** ⟨*einen Hochofen in Betrieb nehmen*⟩ anfahren (*fachspr*) – **3.** → anschüren (1) – **4.** → anfahren (3)
anblättern: → überfliegen
Anblick, der: **1.** → Bild (2) – **2.** → Aussehen (1) – **3.** → Betrachtung (1) – **4.** einen A. bieten: → aussehen (1)
anblicken: → ansehen (I, 1)
anblinzeln: 1. → ansehen (I, 1) – **2.** → zublinzeln
anblinzen: 1. → ansehen (I, 1) – **2.** → zublinzeln
anblitzen: → anfunkeln
anblöken: → anfahren (3)
anbohren: 1. → anbetteln (1) – **2.** → ausfragen – **3.** a. |um|: → bitten (2)
anborgen: → anbetteln (1)
Anbot, das: → Angebot
anbraten: → anbräunen
anbrauchen: → anbrechen (2)
anbräunen (*Kochk*): bräunen · anrösten · anschwitzen + anbraten
anbrausen: angebraust kommen: → anfahren (7, b)
anbrechen: 1. ⟨*nicht ganz durchbrechen*⟩ [an]knicken ♦ *umg*: anknack[s]en – **2.** ⟨*zu verbrauchen beginnen*⟩ angreifen · anreißen

· anbrauchen · antasten – **3.** → anfangen (1, b)
anbrennen: **1.** ⟨*zu brennen anfangen*⟩ sich entzünden · Feuer fangen ♦ *umg*: angehen; → *auch* brennen (1) – **2.** ⟨*beim Kochen am Gefäß hängen bleiben*⟩ anhängen · anbacken · ansetzen; anhacken (*landsch*) – **3.** → anzünden (1, a *u.* b) – **4.** nichts a. lassen: → entgehen (2)
anbringen: **1.** → bringen (1) – **2.** → befestigen (1) – **3.** → aufhängen (I, 1) – **4.** → aufnähen – **5.** → unterbringen (1) – **6.** → verkaufen (I, 1) – **7.** → vorbringen – **8.** → anzeigen (2)
Anbringung, die: → Befestigung (1)
Anbruch, der: → Beginn (1)
anbrüllen: → anfahren (3)
anbrummen: → anfahren (3)
anbuffen: → schwängern
Anchorman, der: **1.** → Moderator – **2.** → Nachrichtensprecher
Andacht, die: **1.** ⟨*Gedanken- u. Gefühlskonzentration*⟩ Versunkenheit; → *auch* Aufmerksamkeit (1) – **2.** → Gottesdienst
andächtig: versunken · andachtsvoll + feierlich; → *auch* aufmerksam (1)
andachtsvoll: → andächtig
andampfen: angedampft kommen: **a)** → anfahren (7, b) – **b)** → anlaufen (9)
andauern: anhalten · kein Ende haben/nehmen · ins Uferlose gehen · dauern · fortwähren ♦ *umg*: beibleiben (*norddt*); → *auch* weiter (6), [1]dauern (1)
andauernd: **1.** → ununterbrochen – **2.** → dauernd (1)
Andenken, das: **1.** ⟨*Gegenstand der Erinnerung*⟩ Souvenir · Erinnerungsstück + Erbstück · Familienstück · Erinnerungszeichen · Denkzeichen – **2.** ⟨*sicht- od. fühlbares Zeichen einer Strafe*⟩ Denkzettel – **3.** → Erinnerung (I, 2) – **4.** zum A.: → Erinnerung (I, 5)
ander: ein anderer Mensch werden: → bessern (II, 1); in anderen Umständen sein: → schwanger (2); einer/eins nach dem anderen, eine nach der anderen: → nacheinander; einer den anderen *bzw.* einer dem anderen: → einander; einmal übers/ums andere, ein um das andere Mal: → wiederholt (1); zum anderen Mal[e]: → wieder (1); auf die eine oder andere Art: → irgendwie; ein anderes Gesicht bekommen: → ändern (II); auf andere Gedanken bringen: → ablenken (I, 2); sich gleichen wie ein Ei dem anderen: → gleichen (1); keinen Stein auf dem andern lassen: → zerstören (2); sich eines anderen belehren [lassen]/besinnen: → bessern (II, 1); mit anderen Worten: → Wort (5); vom anderen Ufer: → homosexuell (a)
andererseits: anderntelis
ändern: **I.** ändern: **1.** ⟨*in eine andere Form bringen*⟩ umändern · umarbeiten · anders machen + wenden · aus Alt Neu machen – **2.** → abändern, umgestalten – **3.** die Richtung ä.: → [2]abweichen (1, b) – **II.** ändern, sich: ⟨*anders auszusehen anfangen; ein anderes Verhalten usw. zu zeigen beginnen*⟩ sich verändern · sich wandeln · anders werden · mutieren |zu| · ein anderes Gesicht bekommen + sich verschieben · sich wenden
andernfalls: sonst · widrigenfalls · ansonsten; ansonst (*schweiz österr*) + gegebenenfalls
andernorts: → anderswo
andernteils: → andererseits
anders: **1.** → verschiedenartig – **2.** → alias – **3.** a. machen: → ändern (I, 1); a. werden: → ändern (II); a. ausgedrückt: → Wort (5)
andersartig: → verschiedenartig
andersherum: → homosexuell (a)
anderswo: andernorts · anderwärts · woanders
Änderung, die: **1.** ⟨*das In-andere-Form-Bringen*⟩ Umänderung · Umarbeitung + Wendung – **2.** → Abänderung, Veränderung (1), Umgestaltung
anderwärts: → anderswo
anderweitig: sonstig
andeuten: **I.** andeuten: **1.** ⟨*einen versteckten Hinweis geben*⟩ durchblicken/anklingen lassen · in Andeutungen reden · Andeutungen machen · durch die Blume sagen · anspielen |auf| · eine Anspielung machen |auf|; antönen (*schweiz*) ♦ *gehoben*: bedeuten ♦ *umg*: antippen; → *auch* beibringen (1) – **2.** → erwähnen (1) – **II.** andeuten, sich: **1.** → abzeichnen (II, 1) – **2.** → ankündigen (II)
andeutend: → andeutungsweise
Andeutung, die: **1.** → Hinweis – **2.** → Anflug (2) – **3.** in Andeutungen: → andeutungsweise; in Andeutungen reden, Andeutungen machen: → andeuten (I, 1)
andeutungsweise: andeutend · in Andeutungen · verblümt · durch die Blume + indirekt

andichten (*umg*): anhängen ♦ *salopp*: anflicken; → *auch* verleumden (1)
andicken (*Kochk*): abdicken · binden; sämig machen · abebnen (*landsch*)
andienen: → anbieten (I, 3)
andocken: → [1]anhängen (I, 1)
andonnern: 1. → anfahren (3) – **2.** angedonnert kommen: → anfahren (7, b)
Andrang, der: **1.** ⟨*das Herbeikommen vieler Menschen*⟩ Ansturm · Zustrom · Zulauf + Run · Hochflut – **2.** → Gedränge (1)
andrängen: herandrängen · andringen
andrehen: 1. → einschalten (I, 1) – **2.** → aufdrängen (I) – **3.** → anrichten (1) – **4.** ein Kind a.: → schwängern
andringen: → andrängen
androgyn: → zweigeschlechtig
Andromanie, die: → Mannstollheit
andrücken: I. andrücken: ⟨*mit Druck gegen etw. halten*⟩ anpressen · anstemmen · aneinander drücken · aneinander pressen – **II.** andrücken, sich: → anschmiegen, sich (1)
anecken: 1. → stoßen (II) – **2.** → anstoßen (2)
aneifern: → anregen (1)
aneignen: sich a.: **1.** ⟨*zu seinem Eigentum machen*⟩ [an] sich nehmen · an sich bringen · sich zu Eigen machen · in Besitz nehmen/bringen · Besitz ergreifen |von| · sich bemächtigen; [er]raffen · an sich reißen (*abwert*) ♦ *umg*: sich zu Gemüte führen (*scherzh*); einstreichen · einstecken (*auch abwert*) ♦ *salopp*: an Land ziehen · sich unter den Nagel reißen; einkassieren · einsacken · einsäckeln (*auch spött*); erramschen (*landsch*); → *auch* einverleiben (2, a), erwerben (1), bereichern (II), wegnehmen (1) – **2.** ⟨*zu seinem geistigen Besitz machen*⟩ verinnerlichen · sich zu Eigen machen; internalisieren (*fachspr*) ♦ *gehoben*: sich anverwandeln – **3.** → angewöhnen (2) – **4.** → erlernen
Aneignung, die: **1.** → Erlernung – **2.** widerrechtliche A.: → Diebstahl (1)
aneinander: sich a. gewöhnen: → gewöhnen, sich (1); a. drücken/pressen: → andrücken (I); a. fügen: → verbinden (I, 1); a. geraten: → zusammenstoßen (2); a. halten: → zusammenhalten (1); a. hängen: → zusammenhängen (2); a. koppeln: → zusammenhängen (2); a. reihen: → aufreihen (2)
Aneinanderreihung, die: **1.** → Aufstellung (1) – **2.** → Reihenfolge
Anekdote, die: → Erzählung
anekeln: → anwidern
anempfehlen: → raten (1)
Anerbe, der: → Alleinerbe
anerbieten, sich: → anbieten (II)
Anerbieten, das: → Angebot (1)
anerkannt: → angesehen (1)
anerkanntermaßen: bekanntermaßen
anerkennen: 1. ⟨*die gebührende Geltung zubilligen*⟩ würdigen · Anerkennung/Beifall zollen · gelten lassen; → *auch* achten (1), loben (1), billigen (1) – **2.** → respektieren
anerkennend: → bejahend
anerkennenswert: 1. → lobenswert – **2.** → beachtlich (1)
Anerkenntnis, die: → Bestätigung (1)
Anerkennung, die: **1.** ⟨*positive Bewertung*⟩ Würdigung · Beifall · Billigung; → *auch* Zustimmung (1), Achtung (1), Lob (1) – **2.** → Bestätigung (1) – **3.** A. zollen: → anerkennen (1)
anerziehen: angewöhnen
anessen: sich a. (*umg*): sich dick [und rund] essen ♦ *salopp*: sich anfuttern · sich anmästen ♦ *derb*: sich anfressen; → *auch* satt (4)
anfachen: 1. → anschüren (1) – **2.** → anstacheln (1) – **3.** → auslösen (1, b)
anfahren: 1. ⟨*zu fahren beginnen*⟩ anrollen · anziehen · anrucken · anlaufen · sich in Bewegung setzen + starten – **2.** ⟨*mit einem Fahrzeug bringen*⟩ heranschaffen · heranbringen · herbeischaffen · antransportieren – **3.** ⟨*mit scharfen Worten ansprechen*⟩ anherrschen · anlassen · anschreien · anbrüllen · anschnauben ♦ *umg*: grob kommen/werden · ungemütlich werden · anblasen · anbrummen · anknurren · anmurren · anbellen · ankläffen · andonnern · schweres/grobes Geschütz auffahren; anblaffen · anblarren · anlappen · angrob[s]en (*landsch*) ♦ *salopp*: anschnauzen · anblöken · anrasseln · anranzen · angeifern · angiften · anfauchen · anpfeifen · anhauchen · anniesen · anzischen · anrotzen; anbelfern · anhusten (*landsch*) ♦ *derb*: anscheißen · ankotzen; → *auch* ausschimpfen – **4.** → vorfahren – **5.** → auftischen (1) – **6.** → anblasen (2) – **7.** angefahren kommen: ⟨*fahrend ankommen*⟩ **a)** ⟨*Personen*⟩ *umg*: angereist kommen – **b)** ⟨*Fahrzeuge*⟩ *umg*: angedampft/angerasselt/angebraust/angefegt kommen ♦ *salopp*: angeschnauft / angedonnert / angeflitzt / an-

gerauscht/angerast kommen; → *auch* ankommen (1)
Anfahrt, die: **1.** ⟨*das Herbeifahren*⟩ Anreise · Hinweg – **2.** → Anfahrtsweg – **3.** → Zufahrtsstraße
Anfahrtsstrecke, die: → Anfahrtsweg
Anfahrtsweg, der: Anfahrt · Anfahrtsstrecke · Anmarsch[weg] · Strecke · Weg[strecke] · Route
Anfall, der: **1.** ⟨*plötzl. Auftreten einer Krankheit*⟩ Attacke; Insult · Paroxysmus (*med*); → *auch* Schwächeanfall (1) – **2.** ⟨*plötzl. Auftreten einer heftigen Gemütsbewegung*⟩ Anwandlung · Aufwallung · Koller · Raptus ♦ *umg*: Rappel; → *auch* Ausbruch (1) – **3.** → Angriff (1, b)
anfallen: → angreifen (I, 1, b)
anfällig: → empfindlich (1)
Anfang, der: **1.** → Beginn (1) – **2.** den A. machen: → anfangen (1, a); seinen A. nehmen: → anfangen (1, b); am/zu A.: → anfänglich; von A. bis [zu] Ende: → ganz (1)
anfangen: 1. a) ⟨*mit einer Tätigkeit einsetzen*⟩ beginnen · den Anfang machen · darangehen · sich daransetzen · [heran]gehen |an| · in Angriff nehmen · ans Werk gehen · sich ans Werk machen · die Initiative ergreifen · den ersten Schritt tun; den Reigen eröffnen (*scherzh*) ♦ *gehoben*: Hand ans Werk legen · anheben · sich begeben |an| · schreiten |zu| ♦ *umg*: anpacken · sich hermachen |über| · sich werfen/stürzen |auf| · sich daranmachen · sich darüber machen; sich beimachen · beikommen · beigehen (*norddt*) ♦ *salopp*: loslegen · losmachen · die Post geht ab · starten + losschießen; → *auch* anbahnen (I), ansetzen (2), Begriff (3), eröffnen (I, 1) – **b)** ⟨*zu geschehen ansetzen*⟩ einsetzen · beginnen · hereinbrechen · seinen Anfang nehmen · in Funktion treten · zum Ausbruch kommen · im Anzug sein ♦ *gehoben*: sich erheben · anheben · anbrechen ♦ *umg*: losgehen · anlaufen · angehen · sich anlassen · ins Rollen kommen; → *auch* anbahnen (II) – **2.** → bewerkstelligen – **3.** von vorn a.: → wiederholen (I, 1, a *u.* b); Streit/Händel a.: → anlegen (II)
Anfänger, der: **1.** ⟨*unerfahrene, mit etw. erst beginnende Person*⟩ Neuling · Debütant + Newcomer · Neueinsteiger · Aufsteiger ♦ *umg*: blutiger Anfänger; → *auch* Grünschnabel – **2.** blutiger A.: → 1
anfänglich: am/zu Anfang · anfangs; → *auch* zuerst
anfangs: → anfänglich
Anfangsbuchstabe, der: Initiale
Anfangsgründe (*Pl*): Grundbegriffe · Elemente · Elementarkenntnisse · Initien · Abc · Einmaleins
Anfangsschwierigkeit, die: → Anlaufschwierigkeit
anfassen: I. anfassen: **1.** ⟨*mit der Hand berühren*⟩ angreifen · greifen |an|; anlangen (*süddt*) + in die Hand nehmen ♦ *umg*: anpacken ♦ *salopp*: befummeln · anpatschen · antatschen · betatschen (*landsch*); → *auch* berühren (I, 1), befühlen, ergreifen (1) – **2.** → behandeln (1) – **3.** → überkommen (1) – **4.** → zugreifen (1) – **II.** anfassen, sich: ⟨*beim Anfassen in den Fingern ein bestimmtes Gefühl hervorrufen*⟩ sich anfühlen · sich angreifen
anfauchen: → anfahren (3)
anfechtbar: → bestreitbar
anfechten: 1. → bestreiten (1) – **2.** → beunruhigen (I)
Anfechtung, die: **1.** → Einspruch (1) – **2.** → Versuchung (1)
anfegen: angefegt kommen: **a)** → anlaufen (9) – **b)** anfahren (7, b)
anfeinden: 1. → angreifen (I, 2) – **2.** → bekämpfen (I, 2)
Anfeindung, die: → Angriff (2)
anfertigen: 1. ⟨*nicht in Serienproduktion herstellen*⟩ bauen ♦ *umg*: machen ♦ *salopp*: zusammenhauen (*abwert*); → *auch* herstellen (1) – **2.** → verfassen
Anfertigung, die: **1.** → Herstellung – **2.** → Abfassung
anfeuchten: 1. ⟨*ein wenig nass machen*⟩ befeuchten · benässen ♦ *gehoben*: [be]netzen · feuchten; → *auch* bespritzen (I, 1), belecken, durchfeuchten (I, 1) – **2.** die Kehle a.: → trinken (1, b)
anfeuern: 1. ⟨*zu heizen beginnen*⟩ anheizen · einheizen · Feuer anzünden ♦ *umg*: Feuer [an]machen; → *auch* heizen (1) – **2.** → anregen (1)
anfinden, sich: → zurückerhalten
anflammen: → anfunkeln
anflehen: → beschwören (2)
anflicken: 1. → annähen – **2.** → andichten
anfliegen: 1. ⟨*fliegend herbeikommen*⟩ **a)** ⟨*fliegende Tiere, bes. Vögel*⟩ heranfliegen · angeflogen kommen · anstreichen + an-

schwirren · angeschwirrt/angesegelt kommen – **b)** ⟨*Flugkörper, bes. Flugzeuge*⟩ heranfliegen · angeflogen kommen ♦ *umg*: angesegelt kommen – **2.** → überkommen (1) – **3.** angeflogen kommen: **a)** → 1, a *u.* b – **b)** → anlaufen (9)
anflitzen: angeflitzt kommen: **a)** → anlaufen (9) – **b)** → anfahren (7, b)
Anflug, der: **1.** ⟨*das Anfliegen eines Zieles*⟩ Ansteuerung – **2.** ⟨*leichtes Sichtbarsein*⟩ Andeutung · Anklang · Hauch · Schimmer · Spur · Touch ♦ *dicht*: Anhauch – **3.** → Wildwuchs
Anflugwald, der: → Wildwuchs
anfordern: → bestellen (1)
Anforderung, die: → Bestellung (1)
Anfrage, die: Frage; → *auch* Antrag (1)
anfragen: *umg*: anklopfen · antippen; → *auch* fragen (I, 1)
anfressen: **1.** → annagen – **2.** sich a.: → anessen
anfreunden, sich: → befreunden, sich (1), annähern (II, 1)
anfügen: **I.** anfügen: → beigeben (1) – **II.** anfügen, sich: → anschließen (II, 3)
Anfügung, die: → Anhang (1)
anfühlen: **I.** anfühlen: **1.** → befühlen – **2.** → anmerken (1) – **II.** anfühlen, sich: → anfassen (II)
Anfuhr, die: **1.** ⟨*das Heranfahren von Sachen*⟩ Antransport – **2.** → Tadel (1)
anführen: **1.** ⟨*mündlich od. schriftlich mit Namen erwähnen*⟩ angeben · aufführen · aufzählen · erwähnen · nennen ♦ *gehoben*: beibringen · anziehen; → *auch* erwähnen (1) – **2.** ⟨*eine Quelle namhaft machen*⟩ zitieren + belegen – **3.** → führen (2) – **4.** → narren
Anführer, der: Führer · Hauptperson + Hauptmann · Häuptling · Rädelsführer ♦ *salopp*: Leithammel · Boss · King · Platzhirsch (*spött*)
Anführung, die: **1.** ⟨*das namentl. Erwähnen*⟩ Angabe · Aufführung · Aufzählung · Erwähnung · Zitierung; → *auch* Zitat – **2.** → Führung (1)
Anführungsstriche (*Pl*): → Anführungszeichen
Anführungszeichen (*Pl*): Anführungsstriche ♦ *umg*: Gänsefüßchen
anfüllen: → füllen (I, 1)
anfunkeln: anblitzen · anflammen
anfuttern: sich a.: → anessen
Angabe: **I.** Angabe, die: **1.** ⟨*den eigenen Wert zu sehr hervorkehrendes Benehmen*⟩ Angeberei · Wichtigtuerei · Aufgeblasenheit · Effekthascherei · Schaumschlägerei; Protzerei · Protzentum · Windbeutelei (*abwert*) + Kraftmeierei ♦ *umg*: Effektmacherei · Dicktuerei · Mache; Pranz (*landsch*); → *auch* Überheblichkeit, Prahlerei – **2.** → Mitteilung (1) – **3.** → Anführung (1) – **4.** ohne A. des Namens/Absenders: → anonym – **II.** Angaben (*Pl*): → Datum (II)
angaffen: → anstarren
angaloppieren: angaloppiert kommen: **a)** → anreiten (1) – **b)** → anlaufen (9)
angängig: **1.** → zulässig – **2.** a. sein: → angehen (1)
angealtert: → ältlich
angeben: **1.** ⟨*sich in übertriebener Weise lobend erwähnen*⟩ sich spreizen · sich blähen · [sich] großtun · den [großen] Herrn spielen · sich in die Brust werfen; protzen (*abwert*) + prunken ♦ *umg*: [mächtig] ins Horn stoßen · sich wie ein Frosch aufblasen · Wind machen · eine Stange angeben · sich dick[e]tun · den dicken Wilhelm spielen; pranzen (*landsch*) ♦ *salopp*: eine Schau/Nummer abziehen · angeben wie eine Lore [nackter] Affen; → *auch* prahlen, aufspielen (II), eingebildet (3) – **2.** → anschlagen (1) – **3.** → anführen (1) – **4.** → anzeigen (2), verraten (1) – **5.** → ausspielen (1) – **6.** eine Stange a., a. wie eine Lore [nackter] Affen: → 1; den Ton a.: → bestimmen (2); wie angegeben wird: → angeblich
Angeber, der: **1.** ⟨*sich in übertriebener Weise lobend erwähnende Person*⟩ Wichtigtuer · Aufschneider · Wortheld · Großsprecher · Prahler · Prahlhans · Vornehmtuer · Poseur · Renommist · Bramarbas · Gernegroß · Möchtegern · Schwadroneur; Protz (*abwert*); Gaskogner (*veraltend*) + Klugredner · Bildungsprotz · Snob ♦ *umg*: Großmaul; Pranzer (*landsch*) + Maulheld ♦ *salopp*: Großkotz (*abwert*) ♦ *derb*: Großschnauze + Klugscheißer · Revolverschnauze; → *auch* Blender – **2.** → Verräter (1)
Angeberei, die: → Angabe (I, 1)
angeberisch: wichtigtuerisch · aufschneiderisch · großtuerisch · großspurig · breitspurig; protzig · protzenhaft (*abwert*) ♦ *umg*: wie der Hahn auf dem Mist; → *auch* eingebildet (1), prahlerisch
Angebetete, die: → Geliebte (II)

Angebinde, das: → Geschenk (1)
angeblich: vorgeblich · wie angegeben/behauptet wird
angeboren: angestammt · eingeboren · von Geburt [an] · kongenital · ererbt · erblich · im Blut liegend · von Haus aus · in die Wiege gelegt
Angebot, das: **1.** ⟨*Vorgang des Anbietens*⟩ Ausgebot · Offerte · Gebot · Anerbieten; Anbot (*österr*); → *auch* Vorschlag (1), Antrag (1) – **2.** ⟨*die zum Kauf auffordernde Mitteilung*⟩ Offerte; → *auch* Anzeige (1), Werbung (1) – **3.** → Warenangebot – **4.** [s]ein A. machen: **a)** → anbieten (I, 3) – **b)** → bieten (I, 2); ein A. machen/vorlegen/unterbreiten: → vorschlagen
angebracht: 1. → passend (1, a) – **2.** a. sein: → gehören (II)
angebrannt: → brenzlig (1)
angebraucht: → angebrochen (2)
angebrochen: 1. ⟨*mit Bruchschaden behaftet*⟩ angeschlagen · beschädigt – **2.** ⟨*bereits zum Teil verbraucht*⟩ angerissen · angebraucht
angebunden: kurz a.: → barsch
angedeihen: a. lassen: → zugute (1); Hilfe/Unterstützung a. lassen: → helfen (1); Pflege/Fürsorge a. lassen: → pflegen (I, 1); Förderung a. lassen: → fördern (1)
Angedenken, das: **1.** → Erinnerung (2) – **2.** seligen Angedenkens: → verstorben
angedudelt: → angeheitert
angeduselt: → angeheitert
angeerbt: → ererbt (1)
angefressen: 1. → ärgerlich (1) – **2.** → beleidigt (1)
angegangen: → verdorben (1)
angegilbt: → vergilbt
angegossen: wie a. sitzen: → passen (1, b)
angegraut: → ältlich
angegriffen: → erschöpft (1)
angehaucht: → gefärbt
angeheiratet: → verwandt (2)
angeheitert: beschwipst · angetrunken; beschickert (*landsch*) ♦ *umg*: angesäuselt · besäuselt · angedudelt · angeduselt · leicht angeschlagen; → *auch* betrunken (1)
angehen: 1. ⟨[*gerade*] *noch genügen od. erlaubt sein*⟩ vertretbar/möglich/angängig sein ♦ *umg*: hingehen – **2.** → angreifen (I, 1, b) – **3.** → anbrennen (1) – **4.** → betreffen (1) – **5.** → anfangen (1, b) – **6.** nichts a.: ⟨*nicht berechtigt sein, sich einzumischen*⟩ *salopp*: einen Dreck angehen · einen feuchten Kehricht/Schmutz angehen ♦ *derb*: einen Scheißdreck angehen – **7.** a. |gegen|: → bekämpfen (I, 2) – **8.** a. |um|: → bitten (2)
angehören: → gehören (3, a)
Angehörige: I. Angehörige, der: → Verwandte (I) – **II.** Angehörige (*Pl*): die Angehörigen: → Verwandtschaft (1)
angeifern: → anfahren (3)
angejahrt: → ältlich
Angeklagte, der: der Beklagte · der Verklagte + der Beschuldigte · der Angeschuldigte
angekränkelt: → krank (1)
angekratzt: → beschädigt (1)
Angel, die: zwischen Tür und A.: → Vorübergehen (2); aus den Angeln heben: → umstürzen (1); an die A. gehen: → anbeißen (2)
angelangen: → ankommen (1)
angelaufen: → beschlagen (2)
Angelbissen, der: → Lockmittel (1)
Angeld, das: → Handgeld
angelegen: es sich a. sein lassen: → bemühen (II, 1)
Angelegenheit, die: Sache · Fall · Affäre · Punkt · Frage ♦ *umg*: Geschichte · Chose ♦ *derb*: · Mist · Scheiß · Scheiße (*abwert*); Schiet (*norddt*); → *auch* Problem (1)
angelegentlich: → ausführlich (1)
angeln: 1. ⟨*mit der Angel Fische fangen*⟩ + fischen ♦ *umg*: den Wurm baden (*landsch scherzh*) – **2.** a. |aus|: → herausholen (1)
angeloben: → versprechen (I, 1)
Angelpunkt, der: **1.** ⟨*Punkt im Zentrum einer Kreisbewegung*⟩ Pol · Drehpunkt – **2.** → Hauptsache – **3.** → Mittelpunkt
angemessen: 1. → gebührend (1) – **2.** → passend (1, a) – **3.** a. sein: → gehören (II)
angenehm: 1. → wohl (5) – **2.** → gefällig (2) – **3.** → reizend (1) – **4.** → gemütlich – **5.** → unterhaltsam – **6.** a. sein: → behagen (1); a. riechen: → duften (1)
angenommen: 1. ⟨*nur als fiktiv angesehen*⟩ hypothetisch · gesetzt den Fall – **2.** → gedacht
Anger, der: → Wiese
angeraucht: → rauchgeschwärzt
angereichert: → konzentriert (1)
angerissen: → angebrochen (2)
angesäuert: → sauer (2)
angesäuselt: → angeheitert

angeschlagen: **1.** → angebrochen (1) – **2.** → erschöpft (1) – **3.** → betrunken (1) – **4.** leicht a.: → angeheitert – **5.** a. sein: → krank (2)
angeschmuddelt: → schmutzig (1)
angeschmutzt: → schmutzig (1)
angeschrieben: gut a. sein: → beliebt (2); schlecht/nicht gut a.: → unbeliebt (1)
Angeschuldigte, der: → Angeklagte
angesehen: **1.** ⟨*Wertschätzung genießend*⟩ geachtet · geschätzt · schätzenswert · schätzenswürdig · hoch geschätzt · anerkannt · [best]renommiert · respektabel · altangesehen + wohlgelitten ♦ *dicht*: erlaucht; → *auch* achtbar (1), rechtschaffen, beliebt (1), berühmt (1) – **2.** a. sein: ⟨*Wertschätzung genießen*⟩ einen guten Namen/Ruf haben · Achtung genießen · Geltung haben ♦ *umg*: hoch im Kurs stehen
angesessen: → ansässig (1)
Angesicht, das: **1.** → Gesicht (1) – **2.** im A.: → angesichts; im Schweiße seines Angesichts: → angestrengt
angesichts: in Anbetracht · im Angesicht; in Ansehung (*veraltend*)
angespannt: **1.** → angestrengt – **2.** → aufmerksam (1)
angestammt: → angeboren
angestaubt: **1.** → staubig – **2.** → altmodisch (1)
angestellt: fest angestellt · beschäftigt; bedienstet (*süddt österr*) + wohlbestallt
Angestellte, der: Gehaltsempfänger · der Bedienstete; Bürolist (*schweiz veraltend*); → *auch* Arbeitskraft (1)
angestochen: wie a.: → schnell (1, a)
angestrengt: angespannt · unter/mit Aufgebot aller Kräfte · mit größter Anstrengung/Anspannung ♦ *gehoben*: im Schweiße seines Angesichts ♦ *umg*: was das Zeug hält ♦ *salopp*: stramm
angetan: a. sein |von|: → mögen; dazu a. sein: → geeignet (4)
angetrunken: → angeheitert
angewiesen: a. sein |auf|: → ²abhängen (2)
angewöhnen: **1.** → anerziehen – **2.** sich a.: ⟨*sich eine Gewohnheit zulegen*⟩ sich aneignen · annehmen · sich zu Eigen machen
Angewohnheit, die: → Gewohnheit (2)
angewurzelt: wie a.: → regungslos
angezeigt: → passend (1, a)
angießen: → begießen (1)
angiften: → anfahren (3)
anglarren: → anstarren
angleichen: **I.** angleichen: → anpassen (I, 1) – **II.** angleichen, sich: → anpassen (II, 2)
Angleichung, die: **1.** → Anpassung – **2.** → Ausgleich (1)
angliedern: **1.** ⟨*als Teil anfügen*⟩ anschließen – **2.** → einverleiben (1)
Angliederung, die: → Einverleibung
anglotzen: → anstarren
anglühen: → ansehen (I, 1)
anglupschen: → anstarren
angokeln: → anzünden (1, a)
angreifbar: → bestreitbar
angreifen: **I.** angreifen: **1.** ⟨*mit Waffen bzw. gewaltsam vorzugehen beginnen*⟩ **a)** ⟨[*im Kriege*] *gegen die gegnerischen Streitkräfte*⟩ anstürmen |gegen| · anrennen |gegen| · attackieren · berennen · vorwärts gehen · voran gehen · einen Angriff unternehmen/vortragen · zum Angriff übergehen/vorgehen · offensiv werden/vorgehen + die Feindseligkeiten eröffnen · bombardieren · den Frieden brechen ♦ *umg*: einen Angriff machen; → *auch* ausfallen (2), bekämpfen (I, 1), überfallen (1), stürmen (1) – **b)** ⟨*gegen Einzelpersonen*⟩ anfallen · angehen · anspringen · sich werfen/stürzen |auf| · vom Leder ziehen ♦ *umg*: ans Leder/an die Wäsche gehen · an den Kragen fahren ♦ *salopp*: an die Gurgel fahren; → *auch* überfallen (2) – **2.** ⟨*gegen etw., jmdn. nachdrücklich aus Opposition zu wirken beginnen*⟩ attackieren · auftreten |gegen| · Front machen |gegen| · zu Felde ziehen |gegen| · ankämpfen |gegen| · anstürmen |gegen| · anrennen |gegen|; anfeinden (*abwert*) + antasten ♦ *salopp*: + ausschmieren (*abwert*); → *auch* bekämpfen (I, 2), bestreiten (1) – **3.** → anfassen (I, 1) – **4.** → anbrechen (2) – **5.** → anstrengen (I, 2) – **II.** angreifen, sich: → anfassen (II)
Angreifer, der: → Aggressor
angrenzen: grenzen |an| · anstoßen · anschließen · anliegen; anrainen (*süddt*)
angrenzend: → benachbart (1)
angrienen: → anlächeln
Angriff, der: **1.** ⟨*gewaltsames Vorgehen*⟩ **a)** ⟨[*im Kriege*] *gegen die gegnerischen Streitkräfte*⟩ Ansturm · Sturm[angriff] · Attacke · Vorstoß · Offensive; → *auch* Überfall (1), Militärschlag – **b)** ⟨*gegen Einzelpersonen*⟩ Anfall · Ansprung · Anlauf · Attacke; → *auch* Überfall (2) – **2.** ⟨*das Wirksamwerden*

aus Opposition gegen etw., jmdn.⟩ Anfeindung; Ausfall (*abwert*); → *auch* Feindseligkeit (I, 1) – **3.** → Überfall (1) – **4.** in A. nehmen: → anfangen (1, a); zum A. übergehen/vorgehen, einen A. unternehmen/vortragen/machen: → angreifen (I, 1, a)
Angriffskrieg, der: Aggressionskrieg
Angriffslust, die: → Aggressivität
angriffslustig: 1. → aggressiv (1) – **2.** → streitsüchtig
angrinsen: → anlächeln
angrob[s]en: → anfahren (3)
angst: a. [und bange] sein/werden; → ängstigen (II, 1)
Angst, die: **1.** ⟨*banges Gefühl*⟩ Furcht · Bange · Angstgefühl · Ängstlichkeit · Furchtsamkeit · Bangigkeit · Herzensangst · Grau[s]en ♦ *umg*: Heidenangst · Höllenangst · Zähneklappern ♦ *salopp*: Dampf; Bammel (*landsch*) ♦ *derb*: Schiss; → *auch* Schüchternheit (1), Sorge (1), Beklemmung, Schreck (1), Feigheit – **2.** → Feigheit – **3.** A. empfinden/haben, in A. sein, in A. geraten, [sich] vor A. [noch] in die Hosen machen: → ängstigen (II, 1); in A. versetzen, A. einjagen, A. [und Bange] machen: → ängstigen (I)
angstbebend: → ängstlich (1)
angsterfüllt: → ängstlich (1)
Angstgefühl, das: → Angst (1)
angstgepeitscht: → ängstlich (1)
angstgequält: → ängstlich (1)
angstgeschüttelt: → ängstlich (1)
angstgetrieben: → ängstlich (1)
Angsthase, der: → Feigling
ängstigen: I. ängstigen: ⟨*in jmdm. Furcht hervorrufen*⟩ verängstigen · beängstigen · Angst [und Bange] machen · Bange machen · in Angst/Furcht versetzen · Angst/Furcht einjagen · Furcht einflößen + verschüchtern – **II.** ängstigen, sich: **1.** ⟨*ein Furchtgefühl haben*⟩ sich fürchten · Angst/Furcht empfinden/haben · in Angst/Furcht sein/geraten · angst [und bange] sein/werden · bang[e] sein/werden · bange [zumute] sein/werden · himmelangst sein · zittern · beben · weiche Knie haben ♦ *gehoben*: Furcht hegen ♦ *umg*: eine Heidenangst haben · Blut [und Wasser] schwitzen · Manschetten/Fracksausen/Gamaschen/einen Horror haben; Rekord haben (*landsch*) ♦ *salopp*: [sich] vor Angst [noch] in die Hosen machen · Muffensausen haben · jmdm. geht die Muffe; jmdm. saust/geht der Frack (*scherzh*) ♦ *derb*: die Hosen [gestrichen] voll haben · Schiss haben · jmdm. geht der Arsch mit Grundeis; → *auch* schaudern (1), [2]grauen, sich (1) – **2.** sich ä. |um|: → sorgen (II)
ängstlich: 1. ⟨*voller Angst*⟩ furchtsam · angstvoll · bang[e] · bänglich · verängstigt · mit Zittern und Zagen + schreckhaft ♦ *gehoben*: angsterfüllt · angstbebend · angstgepeitscht · angstgequält · angstgeschüttelt · angstgetrieben · angstverzerrt · furchterfüllt + beklommen ♦ *umg*: angstschlotternd; hasig (*landsch*); → *auch* schüchtern, sorgenvoll, unentschlossen (2), besorgt (1), feig[e] – **2.** → feig[e] – **3.** → sorgfältig (1)
Ängstlichkeit, die: **1.** → Angst (1) – **2.** → Schüchternheit (1)
Angstmeier, der: → Feigling
Angstpeter, der: → Feigling
Angströhre, die: → Zylinder
angstschlotternd: → ängstlich (1)
Angsttraum, der: Alb[traum] · Albdruck · das Albdrücken · Nachtmahr
angstverzerrt: → ängstlich (1)
angstvoll: → ängstlich (1)
angucken: I. angucken: **1.** → ansehen (I, 1 *u.* 3) – **2.** sich a.: → ansehen (I, 3) – **II.** angucken, sich: → ansehen (II, 1)
angurten: I. angurten: → anschnallen (I) – **II.** angurten, sich: → anschnallen (II)
anhaben: 1. → tragen (2) – **2.** die Hosen a.: → bestimmen (2); nichts a. können: → schaden (3)
anhacken: 1. ⟨*durch einen Hieb beschädigen*⟩ anhauen + behacken; → *auch* beschädigen – **2.** → anbrennen (2)
anhaften: 1. → ankleben (2) – **2.** → [2]anhängen (1)
anhaken: 1. ⟨*durch Häkchen kennzeichnen*⟩ abhaken + ankreuzen; → *auch* anstreichen (4) – **2.** → befestigen (1)
Anhalt, der: → Anhaltspunkt
anhalten: I. anhalten: **1.** ⟨*sich nicht mehr fortbewegen*⟩ halten · stehen bleiben · [ab]stoppen · Halt machen · zum Halten/Stehen/Stillstand kommen; → *auch* bremsen (1), parken – **2.** ⟨*die Fortbewegung eines Fahrzeuges beenden*⟩ [ab]stoppen · zum Halten/Stehen/Stillstand bringen; → *auch* aufhalten (I, 1) – **3.** ⟨*zur Probe neben etw. halten*⟩ anlegen · daran halten · daneben halten; → *auch* anprobieren – **4.** → stehen

(4, a) – **5.** → andauern – **6.** a. |zu|: → veranlassen (1); a. |um|: **a)** → bewerben, sich (1) – **b)** → werben (2, a); die Luft a.: → schweigen (1); um jmds. Hand a.: → werben (2, a) – **II.** anhalten, sich: → festhalten (II)
anhaltend: 1. → dauernd (1) – **2.** → ununterbrochen
Anhalter, der (*umg*): per A.: als Tramper; per Autostop (*österr*)
Anhaltspunkt, der: Anhalt · Anknüpfungspunkt · Ausgangspunkt
anhand: 1. → mittels – **2.** a. von: → mittels
Anhang, der: **1.** ⟨*das Angefügte*⟩ Anfügung · Zusatz · Beilage · Annex · Adnex · Appendix; → *auch* Ergänzung (2) – **2.** → Gefolgschaft (1) – **3.** → Familie (1) – **4.** ohne A.: → allein (5)
Anhängeadresse, die: → Anhänger (2)
[1]**anhängen: I.** anhängen: **1.** ⟨*an etw. festmachen*⟩ ankuppeln · ankoppeln; andocken (*Raumf*) ♦ *umg*: anmachen; → *auch* verbinden (I, 1) – **2.** → andichten – **II.** anhängen, sich: **1.** → festhalten (II) – **2.** → anschließen (II, 1)
[2]**anhängen: 1.** ⟨*mit einer* [*früheren*] *Schuld belastet sein*⟩ anhaften · belasten · lasten |auf| – **2.** ⟨*sich geistig zugehörig fühlen* [*u. danach handeln*]⟩ treu [ergeben] sein · verbunden sein · sich verbunden fühlen – **3.** → anbrennen (2)
Anhänger, der: **1.** ⟨*Schmuckstück*⟩ Anhängsel · Amulett; → *auch* Schmuck (1) – **2.** ⟨*Namenskärtchen an Gepäckstücken*⟩ Anhängeadresse · Anhängeschild – **3.** ⟨*von jmdm., einer Sache begeisterte* [*u. entsprechend handelnde*] *Person*⟩ Gefolgsmann · Mitstreiter · Freak · Fan; Parteigänger (*abwert*) + Groupie ♦ *gehoben*: der Getreue; Jünger (*veraltend*) + Trabant · Vasall; → *auch* Fanatiker, Freund (I, 1), Kamerad, Schüler (2), Gefolgschaft (1) – **4.** ⟨*vom Triebwagen gezogener Wagen*⟩ Hänger – **5.** → Aufhänger (1) – **6.** → Schmerbauch
Anhängerschaft, die: **1.** → Gefolgschaft (1) – **2.** → Freundeskreis
Anhängeschild, das: → Anhänger (2)
anhängig: 1. → schwebend (1) – **2.** einen Prozess a. machen |gegen|: → verklagen
anhänglich: *umg*: klebrig, wie eine Klette (*abwert*); → *auch* treu (1), ergeben (I, 1)
Anhänglichkeit, die: → Treue (1)
Anhängsel, das: → Anhänger (1)
Anhauch, der: → Anflug (2)
anhauchen: 1. → anblasen (1) – **2.** → anfahren (3)
anhauen: 1. → anhacken (1) – **2.** → anbetteln (1) – **3.** → ansprechen (1)
anhäufen: I. anhäufen: → ansammeln (I) – **II.** anhäufen, sich: → ansammeln (II, a *u.* c)
Anhäufung, die: **1.** ⟨*das Zusammenbringen bzw. eine Menge von Gegenständen*⟩ Aufhäufung · Aufspeicherung · Ansammlung · Häufung · Speicherung · Sammlung · Ballung · Akkumulation · Kumulation · Agglomeration; → *auch* Menge (1), Haufen (1) – **2.** → Ansammlung (1) – **3.** → Hortung
[1]**anheben:** hochheben · anlüften; anlupfen · anlüpfen (*landsch*); → *auch* heben (I, 1)
[2]**anheben:** → anfangen (1, a *u.* b)
anheften: 1. ⟨*Papiere mit einer Klammer aneinander befestigen*⟩ anklammern · festklammern · beiheften; → *auch* befestigen (1) – **2.** → annähen – **3.** → anstecken (I, 1 *u.* 2) – **4.** → beigeben (1)
anheim: a. fallen: → zufallen (2); a. gestellt sein: → freistehen; a. stellen: → überlassen (I, 1); a. geben: **a)** → überlassen (I, 1) – **b)** → anvertrauen (I, 1); sich a. geben: → anvertrauen (II, 1)
anheimelnd: → gemütlich
anheischig: sich a. machen: → anbieten (II)
anheizen: → anfeuern (1)
anherrschen: → anfahren (3)
anhetzen: 1. → antreiben (1) – **2.** angehetzt kommen: → anlaufen (9)
anheuern: 1. ⟨*zum Dienst auf einem Schiff einstellen*⟩ heuern · anmustern; → *auch* anwerben, anstellen (I, 2) – **2.** ⟨*den Dienst auf einem Schiff antreten*⟩ anmustern – **3.** → beauftragen
Anhieb, der: auf A.: → sofort
anhimmeln: → anbeten
anhin: bis a.: → bisher
Anhöhe, die: → Hügel
anhören: I. anhören: **1.** ⟨*jmds. Forderung, Anliegen beachten*⟩ Gehör schenken · eingehen |auf| · ein offenes Ohr haben |für| ♦ *gehoben*: sein Ohr leihen/schenken · sein Ohr neigen (*oft scherzh*) – **2.** → anmerken (1) – **3.** angehört werden: ⟨*Aufmerksamkeit für seine Forderung, sein Anliegen finden*⟩ Gehör finden |bei| – **4.** sich a.: → zuhören (1) – **II.** anhören, sich: → klingen (2)
Anhörung, die: Hearing
anhosen: I. anhosen: → anziehen (I, 1) – **II.** anhosen, sich: → anziehen (II)

anhusten: → anfahren (3)
animalisch: 1. → tierisch (1) – **2.** → sinnlich (1)
Animateur, der: → Unterhalter
Animierdame, die: Animiermädchen
animieren: → anregen (1)
Animiermädchen, das: → Animierdame
Animosität, die: → Feindseligkeit (I, 1)
Animus, der: → Ahnung (1)
ankämpfen: a. |gegen|: → bekämpfen (I, 2), angreifen (I, 2)
Ankauf, der: → Kauf (1)
ankaufen: I. ankaufen: → kaufen (1) – **II.** ankaufen, sich: → niederlassen (II, 1)
ankehrig: → geschickt (1)
Anker, der: A. werfen, den A. [aus]werfen, vor A. gehen: → ankern (1); vor A. liegen: → ankern (2); die Anker lichten: → hinausfahren (2)
ankern: 1. ⟨*ein Schiff mit dem Anker festmachen*⟩ Anker werfen · den Anker [aus]werfen · vor Anker gehen; → *auch* anlegen (I, 2) – **2.** ⟨*von Schiffen gesagt*: *mit dem Anker festgemacht sein*⟩ vor Anker liegen
Ankerplatz, der: Reede
anketten: an die Kette legen · anschließen · anlegen; → *auch* anbinden (1)
ankeuchen: angekeucht kommen: → anlaufen (9)
ankippen: → kippen (1)
ankirren: → anlocken (1)
ankläffen: 1. → anbellen (1) – **2.** → anfahren (3)
Anklage, die: **1.** → Beschuldigung (1) – **2.** → Klage (1) – **3.** unter A. stellen, A. erheben |gegen|: → verklagen; unter A. stehen: → anklagen (3)
Anklagebank, die: auf die A. bringen: → verklagen; auf der A. sitzen: → anklagen (3)
anklagen: 1. → beschuldigen (1) – **2.** → verklagen – **3.** angeklagt sein: ⟨*vor Gericht*⟩ unter Anklage stehen · auf der Anklagebank sitzen
Ankläger, der: öffentlicher A.: → Staatsanwalt
Anklagevertreter, der: → Staatsanwalt
anklammern: I. anklammern: → anheften (1) – **II.** anklammern, sich: → festhalten (II)
Anklang, der: **1.** → Ähnlichkeit – **2.** → Anflug (2) – **3.** → Gefallen (II, 1) – **4.** A. finden: → gefallen (1)
anklatschen: → ankleben (1)
ankleben: 1. ⟨*mit Klebstoff befestigen*⟩ festkleben · anleimen ♦ *umg*: anpappen (*landsch*) ♦ *salopp*: anklatschen – **2.** ⟨*an etw. kleben bleiben*⟩ anhaften · anbacken · festbacken ♦ *umg*: anpappen (*landsch*)
ankleckern: angekleckert kommen: **a)** → anschlendern – **b)** → stören (2)
Ankleidekabine, die: → Ankleideraum
ankleiden: I. ankleiden: → anziehen (I, 1) – **II.** ankleiden, sich: → anziehen (II)
Ankleideraum, der: Garderobe · Ankleidekabine · Ankleidezimmer
Ankleidezimmer, das: → Ankleideraum
anklingeln: → anrufen (2)
anklingen: 1. → erklingen (1) – **2.** a. |an|: → ähneln; a. lassen: → andeuten (I)
anklopfen: 1. ⟨*an die Tür klopfen*⟩ anpochen (*landsch*) – **2.** → anfragen
anknabbern: 1. → annagen – **2.** → anbeißen (1)
anknacken: → anbrechen (1)
anknacksen: → anbrechen (1)
anknicken: → anbrechen (1)
anknipsen: → einschalten (I, 1)
anknüpfen: 1. → anbinden (1) – **2.** → anschließen (I, 1) – **3.** → anbahnen (I)
Anknüpfung, die: → Aufnahme (3)
Anknüpfungspunkt, der: → Anhaltspunkt
anknurren: 1. ⟨*von Hunden usw. gesagt*: *drohende Laute gegen jmdn., etw. von sich geben*⟩ anblarren (*landsch*); → *auch* anbellen (1) – **2.** → anfahren (3)
anködern: → anlocken (1)
ankohlen: → belügen
ankokeln: → anzünden (1, a)
ankommen: 1. ⟨*nach Zurücklegung einer Wegstrecke an einem Ort erscheinen*⟩ eintreffen · anlangen · kommen; einlangen (*österr*) + landen · einlaufen ♦ *gehoben*: angelangen ♦ *umg*: auftauchen; anlanden (*scherzh*) ♦ *salopp*: eintrudeln; → *auch* nähern, sich (1), anfahren (7, b), anlaufen (9), anschlendern, erscheinen (1, a), kommen (1), eingehen (1) – **2.** → unterkommen (1) – **3.** → gefallen (1) – **4.** → überkommen (1) – **5.** a. |auf|: → ^{2}abhängen (1); a. |gegen|: → aufkommen (2); nicht a.: → missfallen (2); nicht a. |gegen|: → unterliegen (1); es a. lassen |auf|: → wagen (1); übel/schlecht/nicht a.: → abblitzen (1)
ankönnen: → aufkommen (2)
ankoppeln: → ^{1}anhängen (I, 1)

ankotzen: **1.** → anwidern – **2.** → anfahren (3)
ankrallen: **I.** ankrallen: → anbetteln (1) – **II.** ankrallen, sich: → festkrallen, sich
Ankratz, der: A. haben: → gefallen (2)
ankratzen: **I.** ankratzen: → beschädigen – **II.** ankratzen, sich: → einschmeicheln, sich
ankrausen: → anreihen (I, 1)
ankreiden: **1.** → anschreiben (1) – **2.** → anrechnen (2), verübeln
ankreuzen: → anhaken (1)
ankriegen: → anbetteln (1)
ankünden: **I.** ankünden: → ankündigen (I) – **II.** ankünden, sich: → ankündigen (II)
ankündigen: **I.** ankündigen: ⟨*etw. Bevorstehendes bekannt geben*⟩ ansagen · anmelden · signalisieren; avisieren (*kaufm*) ♦ *gehoben*: ankünden; → *auch* bekannt (5), melden (I, 1) – **II.** ankündigen, sich: ⟨*von Ereignissen usw. gesagt*: *sein [baldiges] Eintreten erkennen lassen*⟩ sich andeuten · sich anmelden · sich ansagen · sich kundtun · sich abzeichnen · Profil gewinnen ♦ *gehoben*: sich ankünden ♦ *umg*: sich zusammenbrauen · seine Schatten vorauswerfen; → *auch* melden (II, 1), anbahnen (II)
Ankündigung, die: Anzeige · Anmeldung; Avis (*kaufm*); Aviso (*österr*); → *auch* Mitteilung (1), Bekanntmachung (1)
Ankunft, die: das Kommen · das Eintreffen · Anreise; Einlauf (*Sport*)
ankuppeln: → [1]anhängen (I, 1)
ankurbeln: **1.** → anlassen (I, 1) – **2.** → beleben (I, 2)
anlächeln: zulächeln · anlachen · anschmunzeln · angrinsen · anstrahlen ♦ *umg*: angrienen
anlachen: → anlächeln
Anlage: **I.** Anlage, die: **1.** ⟨*techn. Ausrüstung*⟩ Einrichtung · Apparat[ur] – **2.** → Aufbau (1 *u.* 2), Gliederung (1) – **3.** → Beilage (1) – **4.** → Investition – **5.** in der/als A.: → beiliegend – **II.** Anlagen (*Pl*): ⟨*Teile eines Betriebes*⟩ Fabrikanlage · Werkanlage; → *auch* Fabrik – **III.** Anlagen (*Pl*) *od.* Anlage, die: **1.** → Veranlagung – **2.** → Park (1)
anlanden: → ankommen (1)
Anlandung, die: → Anschwemmung
anlangen: **1.** → ankommen (1) – **2.** → betreffen (1) – **3.** → anfassen (I, 1)
anlappen: → anfahren (3)
Anlass, der: **1.** → Veranlassung, Ursache – **2.** → Antrieb (1) – **3.** → Gelegenheit (1) – **4.** aus A.: → anlässlich
anlassen: **I.** anlassen: **1.** ⟨*einen Motor anlaufen lassen*⟩ in Betrieb/Gang setzen · in Bewegung/Schwung setzen · starten · anwerfen · antreten · ankurbeln · flottmachen ♦ *umg*: anschmeißen; → *auch* anstellen (I, 1) – **2.** → anbehalten – **3.** → anfahren (3) – **II.** anlassen, sich: → anfangen (1, b)
anlässlich: aus Anlass · gelegentlich · bei Gelegenheit; → *auch* wegen (1)
anlasten: → beschuldigen (1)
Anlauf, der: **1.** → Angriff (1, b) – **2.** [einen] A. nehmen, einen A. machen: → ansetzen (2)
anlaufen: **1.** ⟨*zu laufen beginnen*⟩ starten · anspringen – **2.** → anfahren (1) – **3.** → anfangen (1, b) – **4.** → ansteuern (1) – **5.** → anwachsen (2) – **6.** → beschlagen (1) – **7.** → anstoßen (2) – **8.** → verfärben, sich (1) – **9.** angelaufen kommen: ⟨*laufend herankommen*⟩ angestürmt/angesprungen kommen + angeströmt kommen ♦ *umg*: angerannt / angesaust / angestürzt / angeprescht / angekeucht / angerast / angehetzt / angeflogen / angesetzt kommen ♦ *salopp*: angeflitzt / angespritzt / angewetzt / angeschossen/angeschest/angerauscht/angeschwirrt/angaloppiert / angetrabt / angedampft / angeschnauft/angesockt kommen; → *auch* herbeieilen, erscheinen (1, a), ankommen (1) – **10.** a. lassen: → abweisen (1)
Anlaufschwierigkeit, die: Anfangsschwierigkeit
anläuten: → anrufen (2)
anlecken: → belecken
Anlegebrücke, die: → Landungsbrücke
anlegen: **1.** anlegen: **1.** ⟨*Geld bei etw. aufwenden*⟩ investieren · platzieren; festlegen (*kaufm*); veranlagen (*österr*) – **2.** ⟨*von Schiffen gesagt*: *an den Kai, die Pier fahren und dort bleiben, ankern*⟩ festmachen (*seem*); → *auch* ankern (1) – **3.** → anlehnen (I) – **4.** → auflegen (I, 3) – **5.** → ansetzen (1) – **6.** anhalten (I, 3) – **7.** → anordnen (1) – **8.** → anziehen (I, 12) – **9.** → anstecken (I, 2) – **10.** → anketten – **11.** → zielen (1) – **12.** es a. |auf|: → ausgehen (8); Daumenschrauben a.: → zwingen (1); Ketten/Fesseln a.: → fesseln (1); einen Verband a.: → verbinden (I, 2); Hand a.: → zugreifen (1); mit Hand a.: → helfen (1); letzte Hand a.:

→ vollenden (I, 1); die letzte Feile a.: → überarbeiten (I, 1); den Zaum a.: → aufzäumen; Zügel/Zaum/die Kandare a.: → zügeln (I, 1); sich Zügel a.: → beherrschen (II); einen Hemmschuh a.: → behindern (1); den Gurt a.: → anschnallen (II) – **II.** anlegen, sich: sich a. |mit|: ⟨*zu streiten anfangen*⟩ Streit suchen/anfangen/heraufbeschwören/vom Zaune brechen · Händel suchen/anfangen · anbinden |mit| · anbändeln |mit|; anbandeln |mit| (*süddt österr*); sich auflegen |mit| (*landsch*); → *auch* streiten (II)

Anleger, der: → Investor

Anlegesteg, der: → Landungsbrücke

Anlegestelle, die: → Landungsbrücke

anlehnen: I. anlehnen: ⟨*gegen etw. stützen*⟩ anstellen · anlegen · ansetzen · stellen |gegen/an| · lehnen |gegen/an| – **II.** anlehnen, sich: **1.** ⟨*sich gegen etw., jmdn. stützen*⟩ sich stellen |gegen/an| · sich lehnen |an/gegen| + sich zurücklehnen – **2.** ⟨*in jmds. Art, nach jmds. Methode handeln*⟩ sich halten |an| · sich richten |nach| · sich zum Vorbild nehmen · sich stützen |auf|

anlehnungsbedürftig: 1. → unselbständig (1) – **2.** → liebebedürftig

anleiern: → beleben (I, 2)

Anleihe, die: **1.** ⟨*geliehene Geldsumme*⟩ Anleihen (*schweiz*) – **2.** eine A. machen/aufnehmen: **a)** → Kredit (2) – **b)** → entlehnen

Anleihen, das: → Anleihe (1)

anleimen: → ankleben (1)

anleinen: → anbinden (1)

anleiten: 1. ⟨*beim Lernen ständig beistehen*⟩ unterweisen · einweisen · anweisen · einführen · anlernen · instruieren · einarbeiten · an die Hand nehmen · Anleitung geben · vertraut machen |mit|; → *auch* lehren (1) – **2.** → leiten (1)

Anleitung, die: **1.** ⟨*das ständige Beistehen beim Lernen*⟩ Unterweisung · Einweisung · Instruktion · Anweisung · Einführung; Wegleitung (*schweiz*); → *auch* Beratung (1) – **2.** ⟨*anleitender Text*⟩ Gebrauchsanweisung · Wegweiser · Instruktion + Verhaltensmaßregel – **3.** A. geben: → anleiten (1)

anlernen: 1. → anleiten (1) – **2.** sich a.: → erlernen

anlesen: 1. → überfliegen – **2.** sich a.: → erlernen

anleuchten: → beleuchten (1)

anliefern: → liefern (1)

anliegen: 1. ⟨*sich eng an den Körper anfügen*⟩ sich anschmiegen · anschließen; → *auch* passen (1, b) – **2.** → angrenzen

Anliegen, das: **1.** → Wunsch (1) – **2.** ein A. haben: ⟨*etw. wollen*⟩ etwas auf dem Herzen haben; → *auch* wünschen (1)

anliegend: 1. → beiliegend – **2.** → benachbart (1)

Anlieger, der: Anwohner; Anrainer (*süddt österr*)

anlocken: 1. ⟨*Tiere durch etw. zum Herankommen veranlassen*⟩ locken; [an]ködern · ankirren · anludern · reizen (*weidm*); → *auch* anziehen (I, 4) – **2.** → werben (1)

anlockend: → anziehend (1)

anludern: → anlocken (1)

anlüften: → [1]anheben

anlügen: → belügen

anlupfen: → [1]anheben

anlüpfen: → [1]anheben

anlustern: → ansehen (I, 1)

Anmache, die: → Belästigung (2)

anmachen: 1. → befestigen (1) – **2.** → anbinden (1) – **3.** → [1]anhängen (I, 1) – **4.** → anstellen (I, 1) – **5.** → zubereiten (1) – **6.** → einschalten (I, 1) – **7.** → belästigen (2) – **8.** → anbändeln (a) – **9.** Feuer a.: → anfeuern (1)

anmahnen: → mahnen (1)

Anmahnung, die: → Mahnung (1)

anmalen: I. anmalen: **1.** → anzeichnen (1) – **2.** → streichen (2) – **3.** → schmücken (I) – **II.** anmalen, sich: → schminken (II)

Anmarsch, der: **1.** → Anfahrtsweg – **2.** im A. sein: **a)** → anmarschieren (1) – **b)** → kommen (1)

anmarschieren: 1. ⟨*marschierend herankommen*⟩ anrücken · anmarschiert/angerückt/angezogen kommen · im Anmarsch sein · heranmarschieren · anziehen · im Anzug sein; → *auch* kommen (1) – **2.** anmarschiert kommen: → 1

Anmarschweg, der: → Anfahrtsweg

anmaßen: sich a.: **1.** ⟨*sich unberechtigt einen Rang zueignen*⟩ sich zulegen · in Anspruch nehmen – **2.** ⟨*unberechtigt etw. sagen od. tun*⟩ sich herausnehmen; → *auch* unterstehen (II)

anmaßend: vermessen · unbescheiden: → *auch* überheblich

Anmaßung, die: Vermessenheit; → *auch* Überheblichkeit

anmästen, sich: → anessen, sich
anmeckern: → tadeln (1)
anmeiern: → betrügen (1)
anmelden: **I.** anmelden: **1.** → ankündigen (I) – **2.** einen Anspruch a. |auf|: → beanspruchen (1); eine Forderung a.: → fordern (1) – **II.** anmelden, sich: **1.** → melden (II, 1) – **2.** → ankündigen (II)
Anmelderaum, der: Anmeldung · Empfang · Rezeption · Aufnahme; → *auch* Empfangsraum
Anmeldung, die: **1.** → Meldung (1) – **2.** → Anmelderaum – **3.** → Ankündigung
anmengen: → anrühren (1)
anmerken: **1.** ⟨*etw. an jmdm. od. einer Sache erkennen*⟩ anfühlen · anspüren · abmerken · abspüren + ansehen · anhören · anriechen ♦ *umg*: an der Nase[nspitze] ansehen – **2.** [sich] a.: **a)** → aufschreiben (4) – **b)** → anstreichen (4); sich nichts a. lassen: → beherrschen (II)
Anmerkung, die: **1.** ⟨*erklärender Zusatz*⟩ Vermerk · Glosse · Zwischenbemerkung · Fußnote · Fußbemerkung · Randbemerkung · Randglosse · Randvermerk · Randnotiz · Randanmerkung · Marginale · Marginalie; → *auch* Notiz (1), Erklärung (1) – **2.** → Bemerkung (1)
anmessen: → anpeilen (1)
anmieten: → ²mieten
anmontieren: → befestigen (1)
anmotzen: → belästigen (2)
anmurren: → anfahren (3)
anmustern: → anheuern (1 *u.* 2)
Anmut, die: Grazie · Liebreiz · Lieblichkeit · Süße · Holdseligkeit; → *auch* Schönheit (1), Reiz (2)
anmuten: **1.** → scheinen (1) – **2.** seltsam a.: → wundern (I)
anmutig: graziös · lieblich · anmutsvoll · artig · gefällig · mit Grazie ♦ *gehoben*: hold[selig]; → *auch* bezaubernd, reizend (1)
anmutsvoll: → anmutig
annadeln: → anstecken (I, 1)
annageln: aufnageln · festnageln · anschlagen · aufschlagen; spiekern (*norddt u. seem*); → *auch* befestigen (1)
annagen: benagen · anknabbern · anfressen; → *auch* anbeißen (1)
annähen: + ansetzen · anheften · anstücke[l]n · anflicken; anstechen (*landsch*)
annähern: **I.** annähern: → anpassen (I, 1) – **II.** annähern, sich: **1.** ⟨*in ein* [*engeres*] *Verhältnis zu einander treten* [*wollen*]⟩ sich nahe kommen · sich näher kommen · Beziehungen aufnehmen · Fühlung bekommen · in Fühlung kommen · ins Gespräch kommen · sich anfreunden · das Eis brechen; → *auch* befreunden, sich (1), kontakten – **2.** → nähern, sich (1)
annähernd: → ungefähr (1)
Annäherung, die: **1.** ⟨*das Sichnähern*⟩ das Näherkommen · das Herannahen – **2.** ⟨*das Herstellen einer Verbindung zu jmdm.*⟩ Fühlungnahme · Kontaktaufnahme · Annäherungsversuch
Annäherungsversuch, der: → Annäherung (2)
annäherungsweise: → ungefähr (1)
Annahme, die: **1.** ⟨*wissenschaftlich begründete Vermutung*⟩ Hypothese – **2.** ⟨[*bewusste*] *Setzung von etw. Unwirklichem*⟩ Fiktion – **3.** → Vermutung (1) – **4.** → Empfang (1) – **5.** → Aufnahme (1) – **6.** → Annahmestelle
Annahmestelle, die: Annahme; Übernahmsstelle (*österr*)
Annalen (*Pl*): → Chronik
annehmbar: akzeptabel · vertretbar · vernünftig · zusagend · zufrieden stellend · befriedigend · passabel; annehmlich (*veraltend*) ♦ *umg*: nicht uneben; → *auch* passend (1, a)
annehmen: **1.** ⟨*Angebotenes nehmen*⟩ entgegennehmen · hinnehmen – **2.** ⟨*als gegeben nehmen*⟩ voraussetzen ♦ *gehoben*: supponieren + unterstellen – **3.** → billigen (1) – **4.** → aufnehmen (2) – **5.** → anstellen (I, 2) – **6.** → angewöhnen (2) – **7.** → anziehen (I, 2) – **8.** → beilegen (3) – **9.** → beherzigen – **10.** → vermuten – **11.** ein Gesicht a.: ⟨*einen bestimmten Gesichtsausdruck zeigen*⟩ eine Miene/ein Gesicht ziehen/aufstecken/aufsetzen/machen – **12.** nicht a.: → ablehnen (2); an Kindes statt a.: → adoptieren; angenommen werden: → durchgehen (2); eine rote Färbung a.: → röten, sich
annehmlich: **1.** → gefällig (2) – **2.** → annehmbar
Annehmlichkeit, die: → Bequemlichkeit (1)
annektieren: → einverleiben (2)
Annektierung, die: → Einverleibung
Annex, der: → Anhang (1)
Annexion, die: → Einverleibung
anniesen: → anfahren (3)
anno: a. dazumal/Tobak: → damals

Annonce, die: → Anzeige (1)
annoncieren: → anzeigen (1)
annullieren: 1. → tilgen (1) – **2.** → abbestellen
anöden: 1. → langweilen (I) – **2.** → belästigen (2)
anomal: 1. → ungewöhnlich – **2.** → abnorm (1)
Anomalie, die: **1.** → Abnormität – **2.** → Missbildung
anonym: ungenannt · namenlos · ohne Angabe des Namens/Absenders; → *auch* unbekannt (1), inkognito
Anonymus, der: → Ungenannte
Anorak, der: Windbluse · Windjacke + Parka
anordnen: 1. ⟨*in bestimmter Weise ordnen*⟩ arrangieren · zusammenstellen · zusammensetzen · gruppieren · anlegen · aufstellen · aufbauen · komponieren; → *auch* ordnen (1) – **2.** ⟨*für das Handeln Unterstellter verbindlich entscheiden*⟩ verfügen · bestimmen · verordnen · erlassen · anweisen · veranlassen · dekretieren · diktieren · eine Verordnung erlassen · eine Verfügung treffen/erlassen · administrieren; schaffen (*süddt österr*) + vorschreiben · reglementieren ♦ *gehoben*: anbefehlen; → *auch* befehlen (I, 1)
Anordnung, die: **1.** ⟨*Art u. Weise, wie etw. geordnet ist*⟩ Arrangement · Zusammenstellung · Gruppierung · Aufstellung · Komposition; → *auch* Gliederung (1), Aufbau (2) – **2.** ⟨*für das Handeln Unterstellter verbindl. Entscheidung*⟩ Anweisung · Weisung · Bestimmung · Direktive; → *auch* Befehl (1), Aufforderung (2), Richtlinie – **3.** → Verordnung (1)
anormal: 1. → ungewöhnlich – **2.** → abnorm (1)
anpacken: 1. → anfassen (I, 1) – **2.** → zugreifen (1) – **3.** → bewerkstelligen – **4.** → anfangen (1, a) – **5.** → behandeln (1)
anpappen: → ankleben (1 *u.* 2)
anpassen: I. anpassen: **1.** ⟨*etw. anderem ähnlich machen*⟩ angleichen · annähern · nivellieren · uniformieren · unifizieren · gleichmachen · gleichschalten; → *auch* abstimmen (2), ausgleichen (I, 1) – **2.** → anprobieren – **II.** anpassen, sich: **1.** ⟨*sich körperlich angleichen*⟩ sich gewöhnen |an| · sich akklimatisieren · sich assimilieren; → *auch* abhärten, sich, heimisch (4) – **2.** ⟨*seine ablehnende Haltung zu etw. mehr od. weniger aufgeben*⟩ sich angleichen · sich einfügen · sich einordnen · sich einpassen · sich befreunden |mit| · sich umstellen · sich unterordnen + sich gewöhnen |an| · sich richten |nach| ♦ *umg*: einschwenken · sich einschmiegen · mit dem Strom schwimmen · sich anbequemen · sich einrangieren · sich assimilieren; die Gesinnung/Farbe wechseln · den Mantel/sein Mäntelchen nach dem Wind hängen/drehen · die Fahne nach dem Wind hängen · mit den Wölfen heulen (*abwert*); → *auch* heimisch (4)
Anpassung, die: Angleichung · Abstimmung + Akklimatisation · Akklimatisierung · Assimilation
anpassungsfähig: flexibel · beweglich + anschmiegsam
Anpassungsfähigkeit, die: Anpassungsvermögen
Anpassungsvermögen, das: → Anpassungsfähigkeit
anpatschen: → anfassen (I, 1)
anpeilen: 1. ⟨*als Richtpunkt nehmen*⟩ anvisieren · anrichten · anmessen – **2.** → ansehen (I, 1)
anpfeifen: → anfahren (3)
Anpfiff, der: → Tadel (1)
anpflanzen: → pflanzen (I, 1)
Anpflanzung, die: → Pflanzung, Schonung (1)
anpflaumen: → necken
Anpflaumerei, die: → Neckerei
anpik[s]en: → anstechen (1)
anpinseln: → streichen (2)
anpirschen, sich: → anschleichen (II)
Anpöbelei, die: → Belästigung (2)
anpöbeln: → belästigen (2)
Anpöbelung, die: → Belästigung (2)
anpochen: → anklopfen (1)
Anprall, der: Anstoß · Anschlag + Stoß; → *auch* Aufschlag (1), Zusammenstoß (1)
anprallen: → anstoßen (1)
anprangern: 1. ⟨*öffentlich bloßstellen*⟩ an den Pranger stellen · brandmarken · geißeln – **2.** → bloßstellen (I, 1)
anpreisen: → empfehlen (I, 1)
anpreschen: angeprescht kommen: → anlaufen (9)
anpressen: → andrücken (I)
Anprobe, die: eine A. machen: → anprobieren
anprobieren: anpassen · eine Anprobe machen; → *auch* anhalten (I, 3)

anprosten: → zutrinken

anpummeln: → anziehen (I, 1)

anpumpen: → anbetteln (1)

anpusten: → anblasen (1)

anputzen: **I.** anputzen: → schmücken (I) – **II.** anputzen, sich: **1.** → anziehen (II) – **2.** → herausputzen (II)

anquasseln: → ansprechen (1)

anquatschen: → ansprechen (1)

anquirlen: → anrühren (1)

anrainen: → angrenzen

Anrainer, der: → Anlieger

anranzen: → anfahren (3)

Anranzer, der: → Tadel (1)

anrasen: angerast kommen: **a)** → anfahren (7, b) – **b)** → anlaufen (9)

anrasseln: **1.** → anfahren (3) – **2.** angerasselt kommen: → anfahren (7, b)

anraten: → raten (1)

anräuchern: → räuchern (1)

anrauschen: angerauscht kommen: **a)** → anfahren (7, b) – **b)** → anlaufen (9)

anrechnen: **1.** ⟨*zu jmds. Gunsten berücksichtigen*⟩ zugute halten · honorieren · bewerten; → *auch* gutschreiben – **2.** ⟨*zu jmds. Ungunsten werten*⟩ aufrechnen ♦ *umg*: ankreiden – **3.** → berechnen (I, 2), verrechnen (I)

Anrechnung, die: **1.** → Berücksichtigung (1) – **2.** in A. bringen: → berechnen (I, 2)

Anrecht, das: **1.** ⟨*fester Bezug von Eintrittskarten*⟩ Abonnement – **2.** → Anspruch (1) – **3.** ein A. haben |auf|: → zustehen

Anrede, die: Betitelung · Titulierung · Titulatur

anreden: **1.** ⟨*in der Anrede bzw. mit bestimmtem Titel bezeichnen*⟩ ansprechen · betiteln · titulieren – **2.** → ansprechen (1) – **3.** a. |um|: → bitten (2); mit Du a.: → duzen (I, 1); einander/sich mit Du a.: → duzen (II)

anregen: **1.** ⟨*Lust zu etw. machen*⟩ anspornen · anreizen · inspirieren · stimulieren · motivieren · anstoßen · einen Ansporn geben · befruchten · beflügeln · anfeuern · encouragieren; animieren (*auch abwert*); aneifern (*süddt österr*) + erregen; → *auch* aufmuntern (1), anstacheln (1), beleben (I, 2), begeistern (I), ermutigen – **2.** → veranlassen (1) – **3.** → vorschlagen – **4.** → beleben (I, 3)

anregend: interessant · belebend · stimulierend · erfrischend; → *auch* unterhaltsam

Anregung, die: **1.** → Antrieb (1) – **2.** → Vorschlag (1) – **3.** → Belebung – **4.** eine A. geben: → vorschlagen

Anregungsmittel, das: Reizmittel · Stimulans · Aufpulverungsmittel; Exzitans · Analeptikum (*med*); → *auch* Arzneimittel, Aufputschmittel

anreiben: **1.** → anrühren (1) – **2.** → anzünden (1, b)

anreichern: **1.** ⟨*den Gehalt erhöhen*⟩ sättigen; konzentrieren (*Chem*) – **2.** → bereichern (I)

Anreicherung, die: Sättigung; Konzentration (*Chem*)

anreihen: **I.** anreihen: **1.** ⟨*in Fältchen ansetzen*⟩ ankrausen – **2.** → einverleiben (1) – **3.** → beigeben (1) – **II.** anreihen, sich: **1.** → anschließen (II, 3) – **2.** → anstellen (II, 1)

Anreise, die: **1.** → Anfahrt (1) – **2.** → Ankunft

anreisen: angereist kommen: → anfahren (7, a)

anreißen: **1.** → anbrechen (2) – **2.** → anziehen (I, 3) – **3.** → anzünden (1, b) – **4.** → werben (1) – **5.** → ansprechen (2)

Anreißer, der: → Marktschreier

Anreißerei, die: → Werbung (1)

anreißerisch: → marktschreierisch

anreiten: **1.** ⟨*zu Pferde ankommen*⟩ heranreiten · antraben · ansprengen · angeritten/angetrabt/angesprengt/angaloppiert kommen – **2.** angeritten kommen: → 1

Anreiz, der: **1.** → Antrieb (1) – **2.** → Anziehung (2)

anreizen: → anregen (1)

Anrempelei, die: → Belästigung (2)

anrempeln: **1.** → anstoßen (1) – **2.** → belästigen (2)

Anrempelung, die: → Belästigung (2)

anrennen: **1.** → anstoßen (1) – **2.** a. |gegen|: → angreifen (I, 1, a *u.* 2); angerannt kommen: → anlaufen (9)

Anrichte, die: Büfett · Kredenz · Geschirrschrank + Serviertisch; → *auch* Anrichtetisch

anrichten: **1.** ⟨*Schaden verursachen*⟩ *umg*: anstellen ♦ *salopp*: ausfressen · verbocken; andrehen (*landsch*); → *auch* anstiften (1), verursachen – **2.** → zubereiten (1) – **3.** → auftischen (1) – **4.** → anpeilen (1)

Anrichtetisch, der: Serviertisch · Servierwagen · stummer Diener; → *auch* Anrichte

anriechen: → anmerken (1)
anrollen: → anfahren (1)
anrösten: → anbräunen
anrotzen: **1.** → anfahren (3) – **2.** → anspucken
anrüchig: → verrufen (1)
anrucken: → anfahren (1)
anrücken: **1.** → anmarschieren (1) – **2.** → erscheinen (1, a) – **3.** angerückt kommen: **a)** → anmarschieren (1) – **b)** → erscheinen (1, a)
Anruf, der: **1.** ⟨*an jmdn. gerichteter Ruf*⟩ Zuruf – **2.** → Telefongespräch
anrufen: **1.** ⟨*sich durch Rufen bemerkbar machen*⟩ preien (*seem*) – **2.** ⟨*telefonisch Verbindung aufnehmen*⟩ anwählen; anläuten (*landsch*) ♦ *umg*: antelefonieren · anklingeln ♦ *salopp*: sich ans Telefon/an die Strippe hängen; → *auch* telefonieren – **3.** Gott a.: → beten
anrühmen: → empfehlen (I, 1)
anrühren: **1.** ⟨*durch Rühren mit einer Flüssigkeit vermischen*⟩ einrühren · anquirlen · anreiben ♦ *umg*: anmengen; → *auch* mischen – **2.** → berühren (I, 1) – **3.** → ergreifen (3) – **4.** → ansprechen (2)
Ansage, die: **1.** → Moderation – **2.** → Diktat (1)
ansagen: **I.** ansagen: **1.** → ankündigen (I) – **2.** → diktieren (1) – **II.** ansagen, sich: **1.** → ankündigen (II) – **2.** → melden (II, 1)
Ansager, der: **1.** → Moderator – **2.** → Nachrichtensprecher
ansammeln: **I.** ansammeln: ⟨*eine Menge von etw. zusammenbringen*⟩ [an]häufen · aufhäufen; akkumulieren · aggregieren · kumulieren · agglomerieren (*fachspr*); → *auch* horten, sparen (1), zusammentragen – **II.** ansammeln, sich: ⟨*zu einer Menge werden*⟩ **a)** ⟨*Dinge*⟩ sich [an]häufen · sich aufhäufen · sich anstauen · sich aufstauen · zusammenkommen · sich aufspeichern · sich [zusammen]ballen – **b)** ⟨*Menschen*⟩ zusammenkommen · sich zusammenscharen; sich zusammenrotten (*abwert*); → *auch* versammeln (II, 1) – **c)** ⟨*Gefühlserregungen*⟩ sich anstauen · sich aufstauen · sich aufspeichern · sich [an]häufen · sich aufhäufen
Ansammlung, die: **1.** ⟨*das Zusammenströmen von Menschen*⟩ Auflauf · Menschenansammlung · Menschenauflauf · Massenansammlung · Volksauflauf · Zusammenlauf · Straßenauflauf · Ballung · Anhäufung; Zusammenrottung (*abwert*) ♦ *umg*: Versammlung (*scherzh*); → *auch* Menschenmenge – **2.** → Anhäufung (1)
Ansandung, die: → Anschwemmung
ansässig: **1.** ⟨*einen Wohnsitz habend*⟩ ortsansässig · wohnhaft · beheimatet · [alt]eingesessen · [alt]angesessen + ortsfest · sesshaft ♦ *gehoben*: heimisch; → *auch* bodenständig, einheimisch – **2.** a. sein: → wohnen (1); a. machen: → ansiedeln (I); a. werden, sich a. machen: → niederlassen (II, 1)
Ansässige, der: → Einwohner (1)
Ansatz, der: **1.** → Belag (1) – **2.** → Veranschlagung – **3.** in A. bringen: → veranschlagen; einen A. machen: → ansetzen (2)
ansaufen: sich einen a.: → betrinken, sich
ansaugen, sich: → festsaugen, sich
ansäuseln: sich einen a.: → betrinken, sich
ansausen: angesaust kommen: → anlaufen (9)
Anschaffe, die: **1.** → Arbeit (2) – **2.** → Prostitution – **3.** auf A. gehen: → prostituieren, sich (1)
anschaffen: **1.** → erwerben (2) – **2.** → beauftragen – **3.** → bestellen (1) – **4.** → stehlen (1) – **5.** prostituieren, sich (1) – **6.** sich a.: → erwerben (2); a. gehen: → prostituieren, sich (1)
Anschaffung, die: **1.** ⟨*durch Kauf erworbene Sache*⟩ Erwerbung · Erwerb · Akquisition ♦ *umg*: Errungenschaft (*scherzh*) – **2.** → Kauf (1)
anschalten: **1.** → anstellen (I, 1) – **2.** → einschalten (I, 1)
anschauen: **I.** anschauen: **1.** → ansehen (I, 1) – **2.** sich a.: → ansehen (I, 3) – **II.** anschauen, sich: **1.** → ansehen (II, 1) – **2.** → aussehen (1)
anschaulich: bildhaft · bildlich · bildkräftig · lebendig · sinnfällig · plastisch; → *auch* verständlich (1)
Anschaulichkeit, die: Plastik · Plastizität · Bildhaftigkeit
Anschauung, die: **1.** → Meinung (1) – **2.** → Vorstellung (2) – **3.** → Betrachtung (1)
Anschauungsmaterial, das: Demonstrationsmaterial · Anschauungsmittel · Demonstrationsobjekt
Anschauungsmittel, das: → Anschauungsmaterial

Anschauungsweise, die: Auffassungsweise · Betrachtungsweise; → *auch* Denkweise, Weltanschauung

Anschein, der: **1.** → Schein (2) – **2.** dem/allem A. nach: → anscheinend; den A. haben: → scheinen (1); einen A. haben/erwecken: → aussehen (1); den A. haben/erwecken: → aussehen (1 *u.* 2, a); sich den A. geben|, als ob|: → benehmen (II, 3)

anscheinen: → beleuchten (1)

anscheinend: offensichtlich · offenbar · dem/allem Anschein nach · wie es scheint; → *auch* scheinbar, wahrscheinlich

anscheißen: **1.** → betrügen (1) – **2.** → anfahren (3) – **3.** angeschissen kommen: → stören (2)

anschesen: angeschest kommen: → anlaufen (9)

anschicken, sich: → ansetzen (2)

anschieben: angeschoben kommen: → anschlendern

anschielen: → ansehen (I, 1)

anschießen: angeschossen kommen: → anlaufen (9)

anschirren: → anspannen (1)

Anschiss, der: → Tadel (1)

Anschlag, der: **1.** ⟨*öffentlich ausgehängte Mitteilung*⟩ Aushang · Plakat · Affiche · Aufruf · Bekanntmachung; → *auch* Bekanntmachung (1) – **2.** ⟨*verbrecher. Vorgehen gegen jmdn. od. etw.*⟩ Attentat + Sprengstoffanschlag · Bombenanschlag · Mordanschlag; → *auch* Verbrechen (1), Überfall (2), Verschwörung (1) – **3.** → Anprall – **4.** → Veranschlagung – **5.** in A. bringen: **a)** → veranschlagen – **b)** → berechnen (I, 2) – **c)** → berücksichtigen (1); in A. gehen: → zielen (1)

anschlagen: **1.** ⟨*auf dem Klavier erklingen lassen*⟩ angeben – **2.** → aushängen (1) – **3.** → annageln – **4.** → anstoßen (1) – **5.** → beschädigen – **6.** → anstechen (2) – **7.** → anstimmen (1, a) – **8.** → veranschlagen – **9.** → wirken (3) – **10.** → bellen (1) – **11.** → zielen (1)

anschlägig: → schlau (1)

Anschlagsäule, die: Litfaßsäule · Plakatsäule

Anschlagtafel, die: das schwarze Brett

anschleichen: **I.** anschleichen: angeschlichen kommen : **a)** → anschlendern – **b)** → stören (2) – **II.** anschleichen, sich: ⟨*sich möglichst unbemerkt nähern*⟩ beschleichen; sich anpirschen (*weidm*) ♦ *umg*: sich anpirschen (*scherzh*)

anschleifen: → bringen (1)

anschlendern: angeschlendert kommen: *umg*: anspaziert kommen ♦ *salopp*: angewackelt/angezottelt kommen; angeschlichen/angeschlurft/angeschoben/angewalzt kommen (*abwert*) + angetanzt/angeschwänzelt/angekleckert kommen; → *auch* ankommen (1), erscheinen (1, a), anstapfen

anschleppen: → bringen (1)

Anschlick, der: → Anschwemmung

anschließen: **I.** anschließen: **1.** ⟨*von Vorhandenem, Bekanntem wieder ausgehen*⟩ anknüpfen · aufgreifen · aufnehmen – **2.** → beigeben (1) – **3.** → anbinden (1) – **4.** → anketten – **5.** → angliedern (1) – **6.** → einverleiben (1) – **7.** → angrenzen – **8.** → anliegen (1) – **II.** anschließen, sich: **1.** ⟨*in [engere] Beziehungen zu anderen Menschen treten*⟩ sich zugesellen · sich beigesellen · sich gesellen |zu| · sich anhängen · hinzustoßen · hinzuströmen · sich hinzudrängen; → *auch* befreunden, sich (1), begleiten, anbändeln (a), verbünden, sich (1), hinzukommen – **2.** → zustimmen (1) – **3.** sich a. |an|: ⟨*nacheinander geschehen*⟩ sich anfügen · sich anreihen; → *auch* folgen (1)

anschließend: → danach (1)

anschlurfen: angeschlurft kommen: → anschlendern

Anschluss, der: **1.** → Einverleibung – **2.** Kontakt (1) – **3.** im A. an: → nach (1); im A. daran: → danach (1); den A. verpassen: → sitzen (6, b); A. suchen: → anbändeln (a)

Anschlussbuchse, die: → Steckdose

Anschlussdose, die: → Steckdose

Anschlusstor, das: Anschlusstreffer

Anschlusstreffer, der: → Anschlusstor

anschmachten: → anbeten

anschmeicheln, sich: → einschmeicheln, sich

anschmeißen: → anlassen (I, 1)

anschmiegen, sich: **1.** ⟨*sich zärtlich anlehnen*⟩ sich andrücken · sich schmiegen |an| · sich kuscheln |an/in| – **2.** → anliegen (1)

anschmiegsam: **1.** → anpassungsfähig – **2.** → zutraulich (1)

anschmieren: **I.** anschmieren: **1.** → streichen (2) – **2.** → beschmutzen (I, 1) – **3.** → betrügen (1) – **II.** anschmieren, sich: **1.** → beschmutzen (II, 1) – **2.** → einschmeicheln, sich

anschmunzeln: → anlächeln
anschmusen, sich: → einschmeicheln, sich
anschnallen: **I.** anschnallen: ⟨*mittels Schnalle befestigen*⟩ festschnallen · angurten · schnallen |an|; → *auch* anbinden (1), befestigen (1) – **II.** anschnallen, sich: ⟨*sich mittels Schnalle fest mit etw. verbinden*⟩ sich festschnallen · sich angurten · den Gurt anlegen
anschnauben: → anfahren (3)
anschnaufen: angeschnauft kommen: **a)** → anfahren (7, b) – **b)** → anlaufen (9)
anschnauzen: → anfahren (3)
Anschnauzer, der: → Tadel (1)
anschneiden: **1.** → ansprechen (2) – **2.** → freilegen
anschneien: angeschneit kommen: → erscheinen (1, a)
anschnorren: → anbetteln (1)
anschnüren: → anbinden (1)
anschrauben: festschrauben; → *auch* befestigen (1), einschrauben
anschreiben: **1.** ⟨*auf jmds. Schuldkonto setzen*⟩ aufschreiben (*süddt österr*) ♦ *umg*: ankreiden – **2.** → schreiben (2) – **3.** a. lassen: → Kredit (2)
anschreien: → anfahren (3)
Anschrift, die: → Adresse (1)
anschuldigen: → beschuldigen (1)
Anschuldigung, die: → Beschuldigung (1)
anschüren: **1.** ⟨*wieder zum Brennen bringen*⟩ schüren · anfachen · anblasen; fachen (*noch landsch*); → *auch* anzünden (1, a) – **2.** → anstacheln (1)
anschwänzeln: angeschwänzelt kommen: → anschlendern
anschwänzen: → antreiben (2)
anschwärmen: → anbeten
anschwärzen: → verleumden (1)
Anschwärzung, die: → Verleumdung
anschwatzen: → ansprechen (1)
anschwellen: **1.** ⟨*größer bzw. stärker werden*⟩ **a)** ⟨*Umfang*⟩ [auf]quellen · sich ausdehnen · sich ausweiten · [auf]schwellen · auftreiben · sich verdicken; → *auch* zunehmen (1) – **b)** ⟨*Wassermenge*⟩ [an]steigen · über die Ufer treten – **c)** ⟨*Windstärke*⟩ auffrischen; aufbrisen (*seem*) – **2.** → ausweiten (II, 1)
Anschwellung, die: → Schwellung (1)
anschwemmen: anspülen · antreiben · ans Ufer/an Land spülen + ablagern · absetzen
Anschwemmung, die: Anlandung · Ansandung · Anschlick (*fachspr*)
anschwindeln: → belügen
anschwirren: **1.** → anfliegen (1, a) – **2.** angeschwirrt kommen: **a)** → anfliegen (1, a) – **b)** → anlaufen (9)
anschwitzen: → anbräunen
ansegeln: **1.** → ansteuern (1) – **2.** angesegelt kommen: → anfliegen (1, a *u.* b)
ansehen: **I.** ansehen: **1.** ⟨*die Augen auf etw. od. jmdn. richten*⟩ anblicken · anschauen · blicken |auf| · einen Blick werfen |auf| · einen Blick schenken + anglühen ♦ *umg*: angucken · anblinzeln · anschielen ♦ *salopp*: anpeilen; anlustern · anblinzen (*landsch*); → *auch* anstarren – **2.** → anmerken (1) – **3.** sich a.: ⟨*zur genaueren Besichtigung die Augen auf etw. od. jmdn. richten*⟩ betrachten · sich anschauen · [sich] beschauen · [sich] besehen · mustern · besichtigen · in Augenschein nehmen · ins Auge fassen · blicken |auf| · den Blick heften/richten |auf| · einen Blick werfen |auf| · beaugenscheinigen ♦ *umg*: [sich] begucken · [sich] angucken; beaugapfeln · beäuge[l]n (*scherzh*) ♦ *salopp*: beschnüffeln · beschnuppern; beschnarchen (*abwert*); → *auch* beobachten (1), zusehen (1), sehen (1) – **4.** an der Nase a.: → anmerken (1); mit a. [können]: → zulassen (1); über die Achsel/Schulter/von der Seite/von oben herab a.: → verachten (1); nicht für voll a.: **a)** → verachten (1) – **b)** → unterschätzen; anzusehen sein: → aussehen (1); angesehen werden |als|: → gelten (6); a. |für|: → halten (I, 7); das Geld nicht a.: → verschwenderisch (3) – **II.** ansehen, sich: **1.** ⟨*den Blick auf sich selbst richten*⟩ sich betrachten · sich anschauen · sich beschauen · sich besehen ♦ *umg*: sich begucken · sich angucken; sich beäuge[l]n (*scherzh*) – **2.** → aussehen (1)
Ansehen, das: **1.** ⟨*öffentl. Wertschätzung*⟩ Prestige · Geltung + Autorität; → *auch* Achtung (1), Ehre (1), Ruf (1), Ruhm (1) – **2.** → Aussehen (1) – **3.** ohne A. der Person: → unparteiisch; sich das A. geben|, als ob|: → benehmen (II, 2)
ansehenswert: → sehenswert
ansehnlich: **1.** → beträchtlich (1) – **2.** → stattlich (1)
Ansehung, die: in A.: → angesichts; ohne A. der Person: → unparteiisch

anseilen: → anbinden (1)
ansengen: → versengen
ansetzen: **1.** ⟨*an etw. stellen od. legen*⟩ anlegen · anstellen – **2.** ⟨*zu tun beginnen*⟩ [einen] Anlauf nehmen · Anstalten treffen/machen · einen Anlauf/Ansatz machen · Miene machen · sich anschicken; → *auch* anfangen (1, a) – **3.** → anlehnen (I) – **4.** → annähen – **5.** → anbrennen (2) – **6.** → anberaumen – **7.** → veranschlagen – **8.** Rost a.: → rosten; Schimmel a.: → schimmeln; Patina a.: → altern (1); Speck/Fett/einen Bauch a.: → zunehmen (2); angesetzt kommen: → anlaufen (9)
Ansicht, die: **1.** → Meinung (1) – **2.** → Bild (2) – **3.** vordere A.: → Vorderseite; meiner A. nach, nach meiner A.: → Erachten (1); der A. sein: → meinen
ansichtig: a. werden |jmds.|: → erblicken (1)
Ansichtssendung, die: → Muster (2)
ansiedeln: **I.** ansiedeln: ⟨*eine neue Wohnstätte geben*⟩ ansässig machen – **II.** ansiedeln, sich: → niederlassen (II, 1)
Ansiedler, der: → Siedler
Ansiedlung, die: → Siedlung
Ansinnen, das: **1.** → Zumutung – **2.** ein A. stellen/richten |an|: → zumuten (1)
Ansitz, der: **1.** → ²Anstand – **2.** → Gut (1)
ansocken: angesockt kommen: → anlaufen (9)
ansonst[en]: **1.** → außerdem (1) – **2.** → andernfalls
anspannen: **1.** ⟨*Zugtiere an einem Gefährt befestigen*⟩ einspannen · vorspannen · anschirren · einschirren · ansträngen · einjochen · vor den Wagen spannen – **2.** → spannen (I, 1) – **3.** → anstrengen (I, 1)
Anspannung, die: **1.** → Aufmerksamkeit (1) – **2.** → Anstrengung (1) – **3.** mit größter A.: → angestrengt
anspazieren: anspaziert kommen: → anschlendern
anspeien: → anspucken
anspielen: **1.** → zuspielen (1) – **2.** → ausspielen (1) – **3.** a. |auf|: → andeuten (I, 1)
Anspielung, die: **1.** ⟨*boshafte Bemerkung*⟩ Spitze · Anzüglichkeiten · Stich[elei] · Gestichel · Häkelei · Hieb · Seitenhieb – **2.** → Hinweis – **3.** Anspielungen machen: ⟨*boshafte Bemerkungen machen*⟩ Spitzen austeilen · sticheln · **4.** eine A. machen |auf|: → andeuten (I, 1)
anspießen: **1.** → aufspießen (1) – **2.** → anzwecken
anspinnen: **I.** anspinnen: → anbahnen (I) – **II.** anspinnen, sich: → anbahnen (II)
anspitzen: **1.** ⟨*eine Spitze an einem Gegenstand machen*⟩ [zu]spitzen; → *auch* schärfen – **2.** → antreiben (2)
Ansporn, der: **1.** → Antrieb (1) – **2.** einen A. geben: → anregen (1)
anspornen: → anregen (1)
Ansprache, die: **1.** → Rede (1) – **2.** → Beziehung (I, 1) – **3.** eine A. halten: → sprechen (2)
ansprechen: **1.** ⟨*sich mit Worten an jmdn. wenden*⟩ anreden ♦ *salopp*: anhauen · anquasseln · anquatschen · anschwatzen – **2.** ⟨*ein Thema erwähnen*⟩ anschneiden · anreißen · aufwerfen · aufbringen · anrühren · zu sprechen kommen |auf| · in den Raum stellen · das Gespräch/die Sprache/Rede/Diskussion bringen |auf|; → *auch* darlegen, vorbringen – **3.** → anreden (1) – **4.** → gefallen (1) – **5.** a. |um|: → bitten (2); a. |als|: → bezeichnen (3, a); a. |auf|: → reagieren (2); nicht a.: → missfallen (2)
ansprechend: **1.** → gefällig (2) – **2.** → reizend (1) – **3.** → hübsch (1)
ansprengen: **1.** → anreiten (1) – **2.** angesprengt kommen: → anreiten (1)
anspringen: **1.** → anlaufen (1) – **2.** → angreifen (I, 1, b) – **3.** angesprungen kommen: → anlaufen (9); a. |auf|: → reagieren (2)
anspritzen: **1.** → bespritzen (I, 1) – **2.** angespritzt kommen: → anlaufen (9)
Anspruch, der: **1.** ⟨*berechtigte Forderung*⟩ Recht · Anrecht · Berechtigung; → *auch* Forderung (1) – **2.** in A. nehmen: **a)** → beanspruchen (1) – **b)** → anmaßen (1); A. erheben |auf|, einen A. geltend machen/anmelden |auf|: → beanspruchen (1); einen A. haben |auf|: → zustehen
anspruchslos: → bescheiden (I, 1)
Anspruchslosigkeit, die: → Bescheidenheit
anspruchsvoll: → wählerisch, verwöhnt
Ansprung, der: → Angriff (1, b)
anspucken: anspeien · bespeien ♦ *umg*: bespucken ♦ *salopp*: anrotzen
anspülen: → anschwemmen
anspüren: → anmerken (1)
anstacheln: **1.** ⟨*ein Gefühl bei jmdm. verstärken*⟩ aufstacheln · anfachen · anschüren; → *auch* anregen (1) – **2.** → aufhetzen

Anstalt, die: **1.** → Einrichtung (3) – **2.** → Klinik (2) – **3.** → Schule (1) – **4.** → Erziehungsanstalt – **5.** → Strafvollzugsanstalt – **6.** Anstalten treffen/machen: → ansetzen (2)
anstaltsreif: → verrückt (1)
¹Anstand, der: **1.** ⟨*sittlich einwandfreie Charaktereigenschaften*⟩ Takt[gefühl] · Anstandsgefühl · Feingefühl · Zartgefühl · Sittlichkeit · Schicklichkeit; → *auch* Benehmen (1), Höflichkeit (1), Schein (3), Tugendhaftigkeit, Zartgefühl (1) – **2.** → Beanstandung – **3.** aus A.: → anstandshalber; A. nehmen |an|: → beanstanden
²Anstand, der: Ansitz (*weidm*); → *auch* Hochsitz
anständig: 1. ⟨*der guten Sitte entsprechend*⟩ gebührend · fein · gut · grundanständig · hochanständig · wohlanständig · lauter · solid[e] · sauber · manierlich · wie es sich gehört; honorig · gebührlich · schicklich · honett (*veraltend*) ♦ *umg*: salonfähig; → *auch* ehrlich (1), rechtschaffen, wohlerzogen, tugendhaft, sittenstreng – **2.** ⟨*auf die Interessen anderer Rücksicht nehmend*⟩ fair · fein · sauber – **3.** → achtbar (1) – **4.** → gehörig (1) – **5.** → beachtlich (1) – **6.** → beträchtlich (1)
Anständigkeit, die: **1.** ⟨*sittlich einwandfreies Verhalten*⟩ Lauterkeit · Sauberkeit – **2.** → Achtbarkeit – **3.** → Fairness
Anstandsbesuch, der: → Höflichkeitsbesuch
Anstandsdame, die: → Begleiter (2)
Anstandsgefühl, das: → ¹Anstand (1)
anstandshalber: aus Anstand · [nur] der Form halber/wegen; schande[n]halber (*noch scherzh*)
anstandslos: bedenkenlos · ohne Bedenken · ohne weiteres
Anstandsregeln (*Pl*): → Benehmen (1)
Anstandswauwau, der: → Begleiter (2)
anstänkern: → belästigen (2)
anstapfen: angestapft kommen: *umg*: angestiefelt/angestiegen kommen; → *auch* anschlendern
anstarren: fixieren · mit Blicken durchbohren + mustern ♦ *umg*: mit [den] Blicken/mit den Augen verschlingen ♦ *salopp*: anstieren; angaffen · begaffen · anglotzen · beglotzen (*abwert*); anglupschen · anglarren (*landsch*); → *auch* ansehen (I, 1)
anstatt: → statt
anstauen: I. anstauen: → stauen – **II.** anstauen, sich: → ansammeln (II, a *u.* c)
anstaunen: 1. → bestaunen (1) – **2.** → bewundern
anstechen: 1. ⟨*mit einem spitzen Gegenstand verletzen bzw. beschädigen*⟩ einen Stich versetzen ♦ *umg*: anpik[s]en (*landsch*) – **2.** ⟨*einen mit Flüssigkeit gefüllten Behälter öffnen*⟩ anzapfen · anschlagen ♦ *umg*: anstecken (*landsch*) – **3.** → aufspießen (1) – **4.** → annähen – **5.** → anzünden (1, a)
anstecken: I. anstecken: **1.** ⟨*mit einer Nadel befestigen*⟩ annadeln · anheften – **2.** ⟨*einen Orden usw. an der Kleidung befestigen*⟩ anlegen · anheften; antun (*landsch*) – **3.** ⟨*eine Krankheit übertragen*⟩ infizieren · übertragen; → *auch* verseuchen – **4.** → anzünden (1, a) – **5.** → anstechen (2) – **II.** anstecken, sich: ⟨*sich durch Übertragung eine Krankheit zuziehen*⟩ sich infizieren ♦ *umg*: sich etwas holen; → *auch* zuziehen (I, 4)
ansteckend: übertragbar · infektiös; virulent (*med*)
Anstecknadel, die: **1.** → Abzeichen (1) – **2.** → Nadel (1)
Ansteckung, die: Infekt[ion] · Infizierung · Übertragung
anstehen: 1. ⟨*wartend in einer Reihe stehen*⟩ *umg*: Schlange stehen – **2.** → gehören (II) – **3.** → verzögern (II) – **4.** a. lassen: → verzögern (I)
ansteigen: 1. ⟨*ein allmähl. Höherwerden erkennen lassen*⟩ emporsteigen · aufsteigen · sich heben – **2.** → aufsteigen (1) – **3.** → zunehmen (1) – **4.** → anschwellen (1, b) – **5.** → steigen (1) – **6.** angestiegen kommen: → anstapfen
anstelle: 1. → statt – **2.** a. von: → statt
anstellen: I. anstellen: **1.** ⟨*den Mechanismus zur Inbetriebnahme betätigen*⟩ anschalten · in Betrieb/Gang setzen ♦ *umg*: anmachen; → *auch* einschalten (I, 1), anlassen (I, 1) – **2.** ⟨*in ein Beschäftigungsverhältnis nehmen*⟩ einstellen · engagieren · annehmen · verpflichten · in Arbeit nehmen · in Dienst stellen/nehmen; in Lohn und Brot nehmen (*veraltend*); aufnehmen (*österr*); → *auch* beschäftigen (I, 1), anheuern (1) – **3.** → einschalten (I, 1) – **4.** → beauftragen – **5.** → anlehnen (I) – **6.** → ansetzen (1) – **7.** → tun (1) – **8.** → anrichten (1) – **9.** → bewerkstelligen – **10.** Überlegungen a.: → nachdenken

(1); eine Berechnung a.: → berechnen (I, 1); Experimente/Versuche a.: → experimentieren; Vergleiche a.: → vergleichen (I, 1); Vermutungen a. |über|: → Vermutung (2); ein Verhör a. |mit|: → verhören (I); Ermittlungen/Nachforschungen/Recherchen a.: → nachforschen – **II.** anstellen, sich: **1.** ⟨*sich einer Reihe wartender Menschen anschließen*⟩ sich anreihen – **2.** → verhalten (II, 1) – **3.** → zieren (II, 2)
anstellig: → geschickt (1)
Anstellung, die: **1.** ⟨*Aufnahme in ein Arbeitsverhältnis*⟩ Einstellung · Indienststellung; → *auch* Aufnahme (1) – **2.** → Arbeit (3) – **3.** eine A. finden: → unterkommen (1)
anstemmen: → andrücken (I)
ansteuern: 1. ⟨*sich zum Ziel nehmen*⟩ anlaufen · ansegeln · zusteuern |auf| – **2.** → aufsuchen (1)
Ansteuerung, die: → Anflug (1)
anstiefeln: angestiefelt kommen: → anstapfen
Anstieg, der: **1.** → Steigung – **2.** → Aufstieg (1) – **3.** → Aufgang (2) – **4.** → Zunahme
anstieren: → anstarren
anstiften: 1. ⟨*bewusst etw. für jmdn. Unangenehmes herbeiführen*⟩ *umg*: inszenieren · einfädeln · anzetteln; → *auch* anrichten (1), verursachen – **2.** → aufhetzen – **3.** a. |zu|: → verleiten
Anstifter, der: **1.** ⟨*andere aufhetzende Person*⟩ Verführer · Anzettler – **2.** → Hintermann (1)
anstimmen: 1. ⟨*mit einer bestimmten Art von Äußerung beginnen*⟩ **a)** ⟨*menschl. Stimme allgemein*⟩ anschlagen; → *auch* ausstoßen (1) – **b)** ⟨*Gesang*⟩ intonieren – **2.** ein Loblied a. |auf|: → loben (1); ein Klagelied a.: → jammern (1)
anstinken: 1. → anwidern – **2.** a. |gegen|: → aufkommen (2)
Anstoß, der: **1.** → Anprall – **2.** → Antrieb (1) – **3.** A. erregen: → anstoßen (2); den A. geben: → veranlassen (1); A. nehmen |an|: **a)** → beanstanden – **b)** → missbilligen
anstoßen: 1. ⟨*gegen etw. od. jmdn. stoßen*⟩ anprallen · anrennen · prallen |gegen| · rennen |gegen| · prellen |gegen| · anschlagen + rammen · anrempeln; → *auch* aufschlagen (1), zusammenstoßen (1) – **2.** ⟨*Verärgerung hervorrufen*⟩ Anstoß/Missfallen/Missbilligung/Ärgernis erregen ♦ *umg*: anecken · ins Fettnäpfchen treten; anlaufen (*landsch*); → *auch* kränken – **3.** ⟨*einer Trinksitte nachkommen*⟩ die Gläser erklingen lassen · mit den Gläsern klingen – **4.** → beschädigen – **5.** → angrenzen – **6.** → anregen (1) – **7.** mit der Zunge a.: → lispeln (1)
anstoßend: → benachbart (1)
anstößig: 1. ⟨*gegen das gute Benehmen verstoßend*⟩ empörend · schockierend · shocking · gegen die guten Sitten; schockant (*veraltend*); → *auch* verwerflich – **2.** → unanständig (1)
Anstößigkeit, die: → Unanständigkeit (1)
anstrahlen: 1. → beleuchten (1) – **2.** → anlächeln
ansträngen: → anspannen (1)
anstreben: 1. → erstreben – **2.** → aufragen – **3.** a. |gegen|: → bekämpfen (I, 2)
anstrebenswert: → erstrebenswert
anstreichen: 1. → streichen (2) – **2.** → vergelten (1) – **3.** → anfliegen (1, a) – **4.** [sich] a.: ⟨*mit einem Strich kenntlich machen*⟩ [sich] anmerken · [sich] anzeichnen; → *auch* anhaken (1)
Anstreicher, der: → Maler
anstreifen: → berühren (I, 1)
anstrengen: I. anstrengen: **1.** ⟨*die Kräfte in Spannung versetzen*⟩ anspannen; → *auch* aufwenden – **2.** ⟨*die Kräfte übermäßig beanspruchen*⟩ überanstrengen · strapazieren · angreifen · aufreiben; → *auch* beanspruchen (2) – **3.** einen Prozess a. |gegen|: → verklagen – **II.** anstrengen, sich: **1.** ⟨*seine Kräfte stark beanspruchen*⟩ sich Mühe geben · Anstrengungen machen · sein Bestes tun/geben ♦ *umg*: sein Letztes hergeben · aus sich das Äußerste/Letzte herausholen · für drei/wie ein Pferd arbeiten · sich dahinter setzen · sich zusammennehmen · sich zusammenraffen · sich aufraffen · sich zusammenreißen · sich dahinter knien · sich [tüchtig] in die Riemen/ins Geschirr legen · tüchtig ins Geschirr gehen · sich ins Zeug legen · ins Zeug gehen ♦ *salopp*: sich dahinter klemmen · die Knochen zusammennehmen · in die Hände spucken; → auch abmühen, sich, schuften, fleißig (2), arbeiten (1) – **2.** → bemühen (II, 1)
anstrengend: 1. ⟨*die Kräfte verbrauchend*⟩ aufreibend · ermüdend · strapazierend · strapaziös · kräftezehrend; streng (*bes. süddt schweiz*); → *auch* mühsam, nervenaufreibend – **2.** a. sein: ⟨*Kräfte verbrauchen*⟩ *umg*: ein Schlauch sein · schlauchen

Anstrengung, die: **1.** ⟨*Einsatz der eigenen Kräfte*⟩ Anspannung · Kraftaufwand · Aufwendung · Mühe · Intension ♦ *umg*: Hochdruck; → *auch* Bestrebung (1) – **2.** ⟨*starke Beanspruchung der eigenen Kräfte*⟩ Strapaze ♦ *salopp*: Mordsstrapaze · Schinderei; → *auch* Mühsal, Belastung (1) – **3.** Anstrengungen machen: → anstrengen (II, 1); mit größter A.: → angestrengt
anströmen: → heranströmen
anstücke[l]n: → annähen
Ansturm, der: **1.** → Andrang (1) – **2.** → Angriff (1, a)
anstürmen: a. |gegen|: → angreifen (I, 1, a *u.* 2); angestürmt kommen: → anlaufen (9)
anstürzen: angestürzt kommen: → anlaufen (9)
ansuchen: a. |um|: **1.** → bewerben, sich (1) – **2.** → bitten (2)
Ansuchen, das: **1.** → Bitte – **2.** → Aufforderung (1)
Antagonismus, der: → Gegensatz (1)
Antagonist, der: → Gegner (2)
antagonistisch: → gegensätzlich
antanzen: **1.** → erscheinen (1, a) – **2.** angetanzt kommen: **a)** → erscheinen (1, a) – **b)** → anschlendern
antasten: **1.** → berühren (I, 1) – **2.** → bestreiten (1) – **3.** → anbrechen (2)
antatschen: → anfassen (I, 1)
Anteil, der: **1.** ⟨*der jmdm. zukommende Teil*⟩ Teil · Ration · Portion · Kontingent · Quote · Teilhabe · Part; Betreffnis (*schweiz*) – **2.** → Beitrag (1) – **3.** → Interesse (1) – **4.** → Mitgefühl (1) – **5.** A. haben |an|: → teilhaben (2); A. nehmen |an|: → mitfühlen; finanziellen A. geben |an|: → beteiligen (I)
Anteilbesitzer, der: → Aktionär
anteilig: anteilmäßig
anteilmäßig: → anteilig
Anteilnahme, die: **1.** → Mitgefühl (1), Mitleid (1) – **2.** → Interesse (1) – **3.** seine A. aussprechen: → kondolieren
Anteilschein, der: → Aktie
Anteilseigner, der: → Aktionär
antelefonieren: → anrufen (2)
Antenne, die: eine A. haben |für|: → spüren (1)
Anthologie, die: → Auswahl (3)
Anthropophage, der: → Kannibale (1)
Anthropophagie, die: → Kannibalismus (1)
anthropophob: → menschenscheu
Antialkoholiker, der: → Abstinenzler
antiautoritär: unautoritär
Antibabypille, die: *umg*: Pille
antichambrieren: → kriechen (2)
Antichrist, der: → Teufel (1)
antik: **1.** ⟨*das klassische Altertum betreffend*⟩ klassisch · alt – **2.** → altertümlich
Antike, die: → Altertum (1)
Antinomie, die: → Widerspruch (1)
Antipathie, die: → Abneigung
Antipode, der: → Gegner (2)
antippen: **1.** → berühren (I, 1) – **2.** → andeuten (I, 1) – **3.** → anfragen
antiquarisch: → gebraucht
antiquiert: → altmodisch (1)
Antiquitäten (*Pl*): Altwaren · Altkunst · Altertümer
Antisemit, der: Judengegner · Judenfeind
antiseptisch: → desinfizierend
Antitextilstrand, der: → Nacktbadestrand
antithetisch: → gegensätzlich
Antizipation, die: → Vorwegnahme
antizipieren: → vorwegnehmen
Antlitz, das: → Gesicht (1)
antönen: **1.** → erklingen (1) – **2.** → andeuten (I, 1)
antörnen: → begeistern (I)
antraben: **1.** → anreiten (1) – **2.** angetrabt kommen: **a)** → anreiten (1) – **b)** → anlaufen (9)
Antrag, der: **1.** ⟨*zur Beschlussfassung eingebrachter Vorschlag*⟩ Vorlage · Initiativantrag; Motion (*schweiz*); → *auch* Angebot (1), Anfrage – **2.** ⟨*Schriftstück*⟩ Gesuch · Eingabe; → *auch* Bittschrift – **3.** ⟨*Frage um Einverständnis zur Eheschließung*⟩ Bewerbung · Heiratsantrag – **4.** einen A. stellen: → beantragen; einen A. machen: → werben (2, a)
antragen: **1.** → vorschlagen – **2.** die Hand/Ehe a.: → werben (2, a)
Antragsteller, der: **1.** ⟨*einen Antrag stellende Person*⟩ Motionär (*schweiz*); → *auch* Bittsteller – **2.** → Bittsteller
Antransport, der: → Anfuhr (1)
antransportieren: → anfahren (2)
antrauen: → verheiraten (I)
antreffen: → vorfinden
antreiben: **1.** ⟨*zu schnellerer Gangart treiben*⟩ [an]hetzen · vorwärts treiben – **2.** ⟨*Menschen motivieren, schneller zu agieren*⟩ *umg*: auf/in Trab/in Schwung/auf Tou-

ren bringen · scheuchen · einheizen · Beine machen ♦ *salopp*: puffen · Feuer unter den Frack/Schwanz/Hintern machen · Pfeffer in den Hintern blasen; anspitzen · aufschwänzen · anschwänzen (*landsch*) – **3.** ⟨*eine Maschine durch Betriebsstoff in Gang halten*⟩ betreiben + in Bewegung bringen – **4.** → veranlassen (1) – **5.** → anschwemmen
antreten: 1. → aufstellen (II) – **2.** → anlassen (I, 1) – **3.** → festtreten – **4.** den Beweis a. |für|: → beweisen (1); den Rückzug a.: → zurückziehen (II, 2); eine Reise a.: → aufbrechen (3); seinen letzten Gang/seine letzte Reise a.: → sterben (1); einen Kanossagang a.: → demütigen (II)
Antrieb, der: **1.** ⟨*das ein Handeln Bewirkende*⟩ Anregung · Impuls · Impetus · Anlass · Anstoß · Stimulus · Ansporn · Anreiz; → *auch* Veranlassung, Triebkraft – **2.** aus eigenem A.: → unaufgefordert (1)
Antriebslosigkeit, die: → Lustlosigkeit
antrinken: sich einen [Rausch/Affen/Schwips] a.: → betrinken, sich
Antritt, der: **1.** → Beginn (2) – **2.** → Übernahme (1)
Antrittsbesuch, der: → Höflichkeitsbesuch
antun: 1. → zufügen (1) – **2.** → anziehen (I, 12) – **3.** → anstecken (I, 2) – **4.** nichts a.: → verschonen; es jmdm. angetan haben: → gefallen (1); Gewalt/Zwang a.: → zwingen (1); sich Gewalt/Zwang a.: → beherrschen (II); sich etw./ein Leid a.: → Selbstmord (2); ein Leid/Unrecht/einen Tort a.: → kränken
antupfen: → berühren (I, 1)
Antwort, die: **1.** ⟨*auf eine Frage folgende Rede*⟩ Erwiderung · Entgegnung · Gegenantwort · Gegenrede · Gegenbemerkung · Replik – **2.** ⟨*schriftl. Erwiderung*⟩ Antwortschreiben · Rückantwort – **3.** ⟨*die [unangenehme] Folge von etw.*⟩ Quittung – **4.** zur A. geben: → antworten; Rede und A. stehen: → verantworten (II); um eine A. nicht verlegen sein: → schlagfertig (2); keiner A. für würdig halten: → ignorieren (1)
antworten: erwidern · entgegnen · zur Antwort geben · replizieren · versetzen · dagegenhalten · zurückgeben · kontern
Antwortschreiben; das: → Antwort (2)
anulken: 1. → narren – **2.** → necken
An- und Verkauf, der: → Gebrauchtwarenladen
Anus, der: → After
anvertrauen: I. anvertrauen: **1.** ⟨*zur Obhut überlassen*⟩ empfehlen · übertragen · zu treuen Händen übergeben · in die Hände legen ♦ *gehoben*: anheim geben · anbefehlen · überantworten – **2.** der Feder/dem Papier a.: → aufschreiben (1); [die sterblichen Überreste] der Erde a.: → begraben (1) – **II.** anvertrauen, sich: **1.** ⟨*sich in jmds. Obhut begeben*⟩ *gehoben*: sich anheim geben · sich befehlen – **2.** ⟨*vor jmdm. seine innersten Gedanken aussprechen*⟩ sich mitteilen · das/sein Herz/seine Seele ausschütten · in sein Herz blicken lassen ♦ *gehoben*: sich entdecken · seinen Busen öffnen ♦ *umg*: sich etw. von der Seele reden; → *auch* aussprechen (II, 1), offenbaren (II)
anverwandeln, sich: → aneignen, sich (2)
Anverwandte: I. Anverwandte, der: → Verwandte (I) – **II.** Anverwandte (*Pl*): die Anverwandten: → Verwandtschaft (1)
anvettermicheln, sich: → einschmeicheln, sich
anvettern, sich: → einschmeicheln, sich
anvisieren: 1. → anpeilen (1) – **2.** → zielen (1)
anwachsen: 1. ⟨*mit etw. fest verwachsen*⟩ festwachsen · einwachsen · einwurzeln · anwurzeln · Wurzel fassen + einheilen – **2.** ⟨*von Geldsummen, Schulden usw. gesagt: sich vergrößern*⟩ anlaufen · auflaufen · sich summieren – **3.** → zunehmen (1) – **4.** → ausweiten (II, 1)
anwackeln: angewackelt kommen: → anschlendern
anwählen: → anrufen (2)
Anwalt, der: **1.** → Rechtsanwalt – **2.** → Fürsprecher
anwalzen: angewalzt kommen: → anschlendern
anwandeln: → überkommen (1)
Anwandlung, die: **1.** → Laune (1) – **2.** → Anfall (2)
anwanzen, sich: → einschmeicheln, sich
anwärmen: → wärmen (1)
Anwärter, der: **1.** → Bewerber (1) – **2.** A. des Todes: → Todgeweihte
Anwartschaft, die: → Aussicht (3)
anwehen: 1. → anblasen (1) – **2.** → überkommen (1)
anweisen: 1. → anordnen (2) – **2.** → beauftragen – **3.** → überweisen – **4.** → anleiten (1)
Anweisung, die: **1.** → Anordnung (2) – **2.** → Überweisung – **3.** → Anleitung (1)

Aquanaut, der: → Unterwasserforscher
Aquarell, das: → Bild (I, 1)
Aquavit, der: → Branntwein
äquivalent: → gleichwertig (1)
Äquivalent, das: → Ersatz (1)
äquivok: **1.** → mehrdeutig (1) – **2.** → zweideutig (1)
Äquivokation, die: → Zweideutigkeit (1)
Ära, die: → Zeitalter
Arabeske, die: → Verzierung (1)
Ärar, der: **1.** → Staatskasse – **2.** → Staatsvermögen
Arbeit, die: **1.** ⟨*produktive Tätigkeit*⟩ Arbeitstätigkeit · Arbeitsleistung · Arbeitsaufwand · Schaffen · Betätigung + Dienst[leistung]; → *auch* Tätigkeit (2) – **2.** ⟨*Beschaffung des Lebensunterhalts*⟩ Erwerb[stätigkeit] · Erwerbsmöglichkeit · Dienst · Beschäftigung; Anschaffe (*landsch*) + Lohnarbeit ♦ *umg*: Broterwerb · Brotarbeit; → *auch* Beruf (1) – **3.** ⟨*das Angestelltsein*⟩ Arbeitsverhältnis · Anstellung · Stellung · Arbeitsplatz · Arbeitsstelle · Posten · Position · Beschäftigung + Engagement · Broterwerb ♦ *umg*: Job – **4.** ⟨*Arbeitsergebnis*⟩ Werk – **5.** → Mühe (1) – **6.** → Abhandlung (1) – **7.** → Untersuchung (1) – **8.** → Erzeugnis – **9.** → Werk (1) – **10.** → Aufgabe (3) – **11.** → Arbeitszeit – **12.** A. leisten/verrichten/tun/machen: → arbeiten (1); die A. niederlegen/einstellen: → streiken (1); in A. sein: → arbeiten (2); A. nehmen: → verdingen, sich; in A. nehmen: **a)** → bearbeiten (1) – **b)** → anstellen (I, 2); ohne A.: → arbeitslos (1); A. geben: → beschäftigen (I, 1); in A. haben: → bearbeiten (1); in A. ersticken, bis über die Ohren in A. stecken: → überlastet; A. abnehmen: → entlasten (1); die A. nicht erfunden haben, der A. aus dem Wege gehen: → faul (6); mitten in die A. platzen: → stören (2); A. suchen: → Stellungssuche
arbeiten: **1.** ⟨*produktiv tätig sein*⟩ Arbeit leisten/verrichten · tätig sein · sich betätigen · werken · sich rühren · die Hände/sich regen; sich beschäftigen (*scherzh*) + hantieren ♦ *umg*: jobben · Arbeit tun/machen; herumwirtschaften (*abwert*); wirtschaften (*schweiz*); schanzen · schaffen · werkeln · puddeln · malochen · ranklotzen (*landsch*); bulksen (*landsch abwert*) ♦ *salopp*: roboten; → *auch* anstrengen (II, 1), dienen (1), schuften – **2.** ⟨*einen Arbeitsplatz innehaben, angestellt sein*⟩ in Arbeit/erwerbstätig sein; in Lohn und Brot stehen (*veraltend*) – **3.** → wirken (1) – **4.** → herstellen (1) – **5.** → laufen (2) – **6.** → gären (1) – **7.** → [1]verziehen (II, 1) – **8.** a. |an|: → beschäftigen (II, 2); für drei/wie ein Pferd a.: → anstrengen (II, 1); Hand in Hand a.: **a)** → zusammenarbeiten – **b)** → helfen (4); in die Hände a.: → helfen (1); zu Ende a.: → aufarbeiten (1); sich müde a.: → abmühen, sich; an sich [selbst] a.: → vervollkommnen (II, 1)
Arbeiter: **I.** Arbeiter, der: ⟨*jmd., der bes. körperliche Arbeit leistet*⟩ Industriearbeiter · Fabrikarbeiter + Arbeitnehmer · der Werktätige · Landarbeiter · Kuli ♦ *umg*: Malocher · Prolet · Prolo (*oft abwert*) – **II.** Arbeiter (*Pl*): die A.: → Arbeiterklasse
Arbeiterklasse, die: Proletariat · die Arbeiter; → *auch* Gesellschaftsgruppe
Arbeitgeber, der: → Unternehmer (1)
Arbeitnehmer, der: → Arbeiter (I, 2)
arbeitsam: → fleißig (1)
Arbeitsamkeit, die: → Fleiß (1)
Arbeitsaufwand, der: → Arbeit (1)
Arbeitsbereich, der: → Arbeitsgebiet
Arbeitsdauer, die: → Arbeitszeit
Arbeitseifer, der: → Eifer (1), Fleiß (1)
Arbeitseinkommen, das: → Lohn (1)
Arbeitseinstellung, die: → Streik (1)
arbeitsfähig: erwerbsfähig
Arbeitsfeld, das: → Arbeitsgebiet
Arbeitsfreude, die: Arbeitslust
Arbeitsgebiet, das: Arbeitsbereich · Tätigkeitsbereich · Arbeitsfeld · Sachgebiet · Referat · Wirkungskreis · Amtsgeschäfte · Arbeitskreis: → *auch* Aufgabenbereich, Bereich (1), Fach (1, b), Beruf (1), Amt (1)
Arbeitsgemeinschaft, die: **1.** ⟨*auf einem Arbeitsgebiet sich einer gemeinsamen Aufgabe widmende Gruppe von Menschen*⟩ Arbeitskreis · Fachgruppe · Arbeitsstab; → *auch* Kreis (1) – **2.** → Team (1)
Arbeitsgerät, das: → Werkzeug (1)
Arbeitsgruppe, die: → Team (1)
Arbeitsinstrument, das: → Werkzeug (1)
Arbeitskollege, der: → Kollege
Arbeitskraft, die: **1.** ⟨*arbeitende Person*⟩ Mitarbeiter · der Beschäftigte; → *auch* Arbeiter (I), Angestellte – **2.** → Leistungsfähigkeit
Arbeitskreis, der: **1.** → Arbeitsgemeinschaft (1) – **2.** → Arbeitsgebiet
Arbeitsleistung, die: → Arbeit (1)

Arbeitslohn, der: → Lohn (1)
arbeitslos: **1.** ⟨*mangels Erwerbsmöglichkeiten in keinem Arbeitsverhältnis*⟩ erwerbslos · beschäftigungslos · ohne Arbeit/Erwerb/Beschäftigung · stellenlos · stellungslos; brotlos · ohne Lohn und Brot (*veraltend*) – **2.** a. sein: ⟨*mangels Erwerbsmöglichkeiten keine Arbeit haben*⟩ stempeln gehen ♦ *umg*: auf der Straße liegen/sitzen – **3.** a. werden: ⟨*seine Arbeit verlieren*⟩ den Job verlieren
Arbeitslose, der: der Erwerbslose
Arbeitslosengeld, das: *salopp*: Stütze
Arbeitslosigkeit, die: Erwerbslosigkeit
Arbeitslust, die: → Arbeitsfreude
Arbeitsmaschine, die: → Arbeitspferd (1)
Arbeitsniederlegung, die: → Streik (1)
Arbeitspferd, das: **1.** ⟨*sehr viel bzw. schwer arbeitender Mensch*⟩ Arbeitstier · Arbeitsmaschine · Workaholic ♦ *umg*: Roboter – **2.** → Pferd (1)
Arbeitsplatz, der: → Arbeit (3)
Arbeitsplatzabbau, der: → Personalabbau
Arbeitsprodukt, das: → Erzeugnis
Arbeitsraum, der: Arbeitszimmer · Arbeitsstube · Arbeitsstätte; → *auch* Werkhalle
arbeitsscheu: → faul (2)
Arbeitsschluss, der: → Dienstschluss
Arbeitsstab, der: → Team (1), Arbeitsgemeinschaft (1)
Arbeitsstätte, die: → Arbeitsraum
Arbeitsstelle, die: **1.** → Arbeit (3) – **2.** → Abteilung (II, 3)
Arbeitsstube, die: → Arbeitsraum
Arbeitstag, der: → Werktag
Arbeitstätigkeit, die: → Arbeit (1)
Arbeitsteam, das: → Team (1)
Arbeitstier, das: → Arbeitspferd (1)
arbeitsunfähig: **1.** → dienstunfähig – **2.** → behindert, erwerbsunfähig (1)
Arbeitsverdienst, der: → Lohn (1)
Arbeitsverhältnis, das: → Arbeit (3)
Arbeitswerkzeug, das: → Werkzeug (1)
Arbeitszeit, die: Dienstzeit · Arbeitsdauer + Schicht ♦ *umg*: Arbeit
Arbeitszeug, das: → Werkzeug (1)
Arbeitszimmer, das: → Arbeitsraum
archaisch: **1.** → vorzeitlich – **2.** → altertümlich
archaisierend: → altertümelnd
Archäologe, der: Altertumsforscher · Altertumswissenschaftler
Archäologie, die: Altertumsforschung · Altertumskunde · Altertumswissenschaft
Archetyp, der: → Urbild
Architekt, der: → Baumeister
Architektur, die: **1.** → Baukunst – **2.** → Baustil
Areal, das: → Grundstück (I)
Arena, die: **1.** → Kampfplatz (2) – **2.** → Schauplatz (1)
arg: **1.** → boshaft (1) – **2.** → böse (1) – **3.** → unangenehm (1) – **4.** → sehr – **5.** im Argen liegen: → schlecht (11)
Arg, das: **1.** → Bosheit – **2.** ohne A.: **a)** → unschuldig (2) – **b)** → ehrlich (1)
Ärger, der: **1.** → Missmut – **2.** → Unannehmlichkeit – **3.** Ä. bereiten/bringen: → ärgern (I); Ä. empfinden, vor Ä. bersten/platzen: → ärgern (II, 1)
ärgerlich: **1.** ⟨*Missmut empfindend*⟩ verärgert · ungehalten · unwillig · gallig · erbost · erbittert · bitter ♦ *umg*: fuchsig · vergnatzt · wirsch · nicht [sehr/sonderlich/gerade] erbaut · falsch (*landsch*); fühnsch (*norddt*) ♦ *salopp*: angefressen · sauer · stinksauer · stocksauer · säuerlich; → *auch* entrüstet, missmutig – **2.** → unangenehm (1) – **3.** ä. machen: → verärgern
ärgern: **I.** ärgern: ⟨*in Missmut versetzen*⟩ Ärger/Verdruss bereiten/bringen ♦ *umg*: hochbringen · wurmen · fuchsen · sauer aufstoßen · die Galle aufregen · das Leben sauer machen · Verdruss machen · einen Schur/es zum Schur tun ♦ *salopp*: eine Laus in den Pelz setzen; → *auch* aufregen (I, 1), erzürnen (1) – **II.** ärgern, sich: **1.** ⟨*in Ärger versetzt sein*⟩ Ärger empfinden · vor Ärger bersten ♦ *umg*: vor Ärger platzen · sich giften · jmdm. ist eine Laus über die Leber gelaufen · sich Galle machen ♦ *salopp*: sich scheckig/schwarz/den Bauch voll ärgern; sich die Plauze voll ärgern (*landsch*); → *auch* aufregen (II), erzürnen (2), grollen (1) – **2.** sich scheckig/schwarz/den Bauch/die Plauze voll ä.: → II, 1
Ärgernis, das: **1.** → Unannehmlichkeit – **2.** Ä. erregen: → anstoßen (2)
Arglist, die: → Hinterlist
arglistig: → hinterlistig
arglos: **1.** → unschuldig (2) – **2.** → zutraulich (1) – **3.** → gutgläubig
Argument, das: **1.** → Begründung (2) – **2.** → Beweis (1)
Argumentation, die: → Begründung (1)
argwillig: → boshaft (1)

Argwohn, der: **1.** → Misstrauen – **2.** → Verdacht (1) – **3.** einen A. haben/hegen: → befürchten; A. hegen: → Verdacht (2); A. hegen |gegen|: → misstrauen
argwöhnen: 1. → befürchten – **2.** → Verdacht (2)
argwöhnisch: 1. → misstrauisch (1) – **2.** a. werden: → Verdacht (2)
Arie, die: → Lied (1)
Arioso, das: → Lied (1)
Aristokratie, die: → Adel (1)
aristokratisch: → adlig (1)
Arkade: I. Arkade, die: → [1]Bogen (1) – **II.** Arkaden (*Pl*): → Bogengang
arm: 1. ⟨*nichts od. wenig besitzend*⟩ mittellos · unbemittelt · besitzlos · vermögenslos · güterlos · unvermögend · bedürftig · elend · verelendet · Not leidend · bettelarm · blutarm · verarmt + minderbemittelt · minderbegütert · finanzschwach · einkommensschwach ♦ *umg*: mausearm · arm wie eine Kirchenmaus; → *auch* ärmlich (1), hilfsbedürftig – **2.** ⟨*den geringen Nutzgehalt von Sachen betreffend*⟩ dürftig · kärglich · geringwertig · armselig; → *auch* ertragsarm – **3.** → bedauernswert – **4.** a. sein: ⟨*nichts od. wenig besitzen*⟩ nicht das Salz zum Brot/zur/in die Suppe haben · sich jeden Bissen vom Mund absparen müssen · kein [ganzes] Hemd [mehr] auf dem/am Leib/nichts auf dem Leib haben · nicht auf Rosen gebettet sein; → *auch* darben – **5.** a. werden: → verarmen; armer Schlucker: → Arme; a. wie eine Kirchenmaus: → 1; Arm und Reich: → jedermann
Arm, der: **1.** → Abzweigung – **2.** → Ärmel (1) – **3.** A. in A.: **a)** → gemeinsam (1) – **b)** → untergehakt; jmds. A. nehmen, unter den A. fassen: → unterhaken; sich in die Arme fallen, sich in den Armen liegen: → umarmen (II); in die Arme nehmen/schließen, die Arme schlingen |um|: → umarmen (I); mit verschränkten Armen dastehen: → untätig (2); in den A. fallen: **a)** → aufhalten (I, 1) – **b)** → hindern; auf den A. nehmen: **a)** → necken – **b)** → narren; unter die Arme greifen: → helfen (1); mit offenen Armen empfangen/aufnehmen: → willkommen (2); in die Arme laufen/rennen: → begegnen (1); die Beine unter die Arme nehmen: → beeilen, sich; in die Arme treiben: → ausliefern (I, 1); sich in die Arme werfen |jmdm./einer Sache|: → hingeben (II, 1)
Armada, die: → Seestreitkräfte
Armaturenbrett, das: → Schalttafel
Armbinde, die: → Binde (1 *u.* 2)
Arme, der: Habenichts (*abwert*) ♦ *umg*: armer Schlucker; Hungerleider (*abwert*)
Armee, die: **1.** → Streitkräfte – **2.** → Menge (1) – **3.** bei der A. sein: → Soldat (1); zur A. gehen: → Soldat (2)
Ärmel, der: **1.** ⟨*Teil von Kleidungsstücken*⟩ *umg*: Arm – **2.** die Ärmel hochkrempeln: → zugreifen (1)
Ärmelbrett, das: → Bügelbrett
Armesündermiene, die: → Unschuldsmiene
armieren: 1. → bewehren (1) – **2.** → bewaffnen (I)
Armleuchter, der: **1.** → Leuchter – **2.** → Dummkopf (2)
ärmlich: 1. ⟨*von Mittellosigkeit zeugend*⟩ armselig · dürftig · kümmerlich · elend · power + gedrückt; → *auch* arm (1), karg (1), erbärmlich (1) – **2.** → unzureichend
Armloch, das: → Dummkopf (2)
armselig: 1. → ärmlich (1) – **2.** → arm (2) – **3.** → unzureichend
Armsessel, der: → Lehnstuhl
Armstuhl, der: → Lehnstuhl
Armut, die: **1.** ⟨*das Armsein*⟩ Mittellosigkeit · Besitzlosigkeit · Unbemitteltheit · Bedürftigkeit · Elend · Not; → *auch* Verarmung, [1]Mangel (1) – **2.** → Geistlosigkeit, Leere – **3.** in A. geraten: → verarmen
Armutszeugnis, das: → Blöße (1)
Aroma, das: **1.** ⟨*würziger Duft od. Geschmack*⟩ Blume · Bukett + Geschmack; → *auch* Duft (1) – **2.** → Würze
aromatisch: 1. ⟨*von angenehmem Aroma*⟩ blumig · duftig · balsamisch; → *auch* appetitlich (1), würzig (1) – **2.** → wohlriechend
aromatisieren: → würzen
Arrangement, das: → Anordnung (1)
Arrangeur, der: → Komponist
arrangieren: 1. → anordnen (1) – **2.** → veranstalten (1)
Arrest, der: **1.** → Haft (1) – **2.** → Freiheitsentzug (1) – **3.** → Beschlagnahme – **4.** in A. setzen: → einsperren (1); in A. sitzen, A. schieben: → gefangen (2); unter A. stellen, mit A. belegen: → beschlagnahmen
Arrestant, der: → Häftling
Arrestlokal, das: → Strafvollzugsanstalt
arretieren: 1. → verhaften – **2.** → blockieren (1)

Arretierung, die: → Verhaftung
arrivieren: → Erfolg (2)
Arrivierte, der: → Emporkömmling
arrogant: → überheblich
Arroganz, die: → Überheblichkeit
arrondieren: → abrunden (3)
Arsch, der: **1.** → Gesäß – **2.** → Dummkopf (2) – **3.** im A.: → entzwei; im A. sein: → verloren (2); der A. der Welt: → Einöde (2); am A. der Welt: → abgelegen; in den A. kriechen: → einschmeicheln, sich; sich am A. abfingern / abklavieren: → voraussehen; sich den A. aufreißen/wegreißen: → übereifrig; jmdm. den A. aufreißen: → drillen (1); den A. offen haben: → verrückt (5); etw. geht jmdm. am A. vorbei: → gleichgültig (4); jmdm. geht der A. mit Grundeis: → ängstigen (II, 1); den A. zukneifen, einen kalten A. kriegen: → sterben (1); Himmel, A. und Zwirn / Wolkenbruch: → verflucht (1)
Arschficker, der: → Homosexuelle (I)
arschklar: → selbstverständlich (1), deutlich (3)
Arschkriecher, der: → Kriecher
Arschlecker, der: → Kriecher
Arschloch, das: **1.** → After – **2.** → Dummkopf (2)
Arschwisch, der: → Schriftstück
Arsenal, das: → Waffenlager
Art, die: **1.** ⟨*Verhalten*; *Methode des Handelns*⟩ [Art und] Weise · Modus – **2.** ⟨*Einteilungsbegriff*⟩ Sorte · Spezies + Gattung · Typ · Genre · Schlag · Klasse – **3.** → Benehmen (1) – **4.** → Beschaffenheit (1) – **5.** → Veranlagung – **6.** → Geschlecht (1) – **7.** nach Art: → wie (1); in jmds. Art schlagen: → geraten (4); aus der Art schlagen: → missraten (1); die Art erhalten: → vermehren (II, 1); Erhaltung der Art: → Vermehrung (1); Art und Weise: → 1; auf diese Art und Weise: → so (1); auf welche Art, in welcher Art: → wie (2); auf die eine oder andere Art: → irgendwie; das ist keine Art und Weise: → unerhört (2)
arteigen: **1.** ⟨*einer bestimmten Art entsprechend*⟩ artverwandt · artgleich – **2.** → eigentümlich (1)
arten: a. |nach|: → geraten (4)
Arterie, die: → Schlagader
Arterienverkalkung, die: → Gefäßverkalkung
Arteriosklerose, die: → Gefäßverkalkung
artfremd: artverschieden
artgleich: → arteigen (1)
artifiziell: → künstlich
artig: **1.** ⟨*gut erzogen*⟩ brav · lieb + lammfromm; → *auch* gehorsam (1) – **2.** → höflich – **3.** → anmutig
Artigkeit, die: → Schmeichelei
Artikel, der: **1.** → Erzeugnis – **2.** → Abhandlung (1) – **3.** → Abschnitt (2), Kapitel (1)
Artikulation, die: → Aussprache (1)
artikulieren: → aussprechen (I, 1)
Artist, der: Zirkuskünstler · Akrobat + Taschenspieler · Gaukler
Artistik, die: Zirkuskunst · Akrobatik
artistisch: akrobatisch
Artung, die: → Veranlagung
artverschieden: → artfremd
artverwandt: → arteigen (1)
Arznei, die: **1.** → Arzneimittel – **2.** bittere A.: → Lehre (3)
Arzneimittel, das: Arznei · Medikament · Heilmittel · Medizin · Pharmazeutikum · Remedium · Präparat · Mixtur · Droge; Heilbehelf (*österr*) + Pulver ♦ *umg*: Pülverchen; → *auch* Anregungsmittel
Arzneiverordnung, die: → Rezept (1)
Arzt, der: Mediziner; Heilkünstler · Medizinmann (*scherzh*); Medikus · Physikus (*noch scherzh*) ♦ *umg*: Doktor; Onkel Doktor (*kinderspr*)
Arzthelferin, die: + Sprechstundenhilfe · Schwester
Arztvisite, die: → Krankenbesuch
Asch, der: → Schüssel (1)
Aschbecher, der: → Aschenbecher
aschblond: → blond (1)
Asche, die: **1.** ⟨*Überrest verbrannter Stoffe*⟩ Brandrückstand · Verbrennungsrückstand – **2.** in A. verwandeln: → verbrennen (I, 1); in A. legen: → niederbrennen (1); in Schutt und A. legen: **a)** → niederbrennen (1) – **b)** → zerstören (2); wie ein Phönix aus der A. steigen: → erstehen (1); in Sack und A. gehen, sich A. aufs Haupt streuen: → bereuen; A. sein: → sinnlos (3)
Aschenbahn, die: → Laufbahn (2)
Aschenbecher, der: Aschbecher · Aschenschale ♦ *umg*: Ascher
Aschenschale, die: → Aschenbecher
Ascher, der: → Aschenbecher
aschfahl: → blass (1)
aschfarben: aschig

aschgrau: 1. → grau (1) – **2.** → blass (1)
aschig: 1. → staubig – **2.** → aschfarben
Aschkuchen, der: → Napfkuchen
äsen: → grasen
aseptisch: → keimfrei (1)
Äser, der: → Maul (1)
Askese, die: → Enthaltsamkeit
asketisch: → enthaltsam (1)
asozial: gemeinschaftsfeindlich · gemeinschaftsschädlich · gemeinschaftsunfähig
Aspekt, der: → Gesichtspunkt (1)
Asphaltpresse, die: → Sensationspresse
Aspik, der *od.* das: → Gallert
Aspirant, der: → Bewerber (1)
aspirieren: 1. → behauchen (1) – **2.** a. |auf|: → bewerben, sich (1)
Ass, das: **1.** ⟨*Spielkarte*⟩ Daus (*landsch*) – **2.** → Meister (1) – **3.** → Spitzensportler
Assimilation, die: → Anpassung
assimilieren, sich: → anpassen (II, 1 *u.* 2)
Assistent, der: Mitarbeiter + Famulus · Amtsgehilfe; → *auch* Gehilfe, Helfer (1)
Assistenz, die: → Hilfe (1)
assistieren: → helfen (1)
Associé, der: → Teilhaber
assoziabel: → vereinbar
Assoziation, die: **1.** → Gedankenverbindung – **2.** → Vereinigung (1 *u.* 2)
assoziieren, sich: → vereinigen (II, 2)
Ast, der: **1.** ⟨*in Brettern usw. sichtbare Ansatzstelle eines großen Zweiges*⟩ Astansatz · Knorren · Astknorren – **2.** → Zweig (1) – **3.** → Rücken (1) – **4.** → Buckel (1) – **5.** → Abzweigung – **6.** einen A. durchsägen: → schnarchen; sich einen A. lachen; → lachen (1); den A. absägen, auf dem man sitzt: → schaden (3)
Astansatz, der: → Ast (1)
asten: 1. → abmühen, sich – **2.** → tragen (I, 1)
Astewitz, der: → Bucklige
Asthenie, die: → Schwäche (1)
asthenisch: → schwach (1, a)
ästhetisch: 1. → schön (1) – **2.** → geschmackvoll
Ästimation, die: → Achtung (1)
ästimieren: → achten (1)
Astknorren, der: → Ast (1)
astrein: → einwandfrei (1)
Astrologie, die: Sterndeutung ♦ *umg*: Sterndeuterei (*abwert*)
Astronaut, der: Kosmonaut · Raumfahrer · Weltraumfahrer
Astronautik, die: → Raumfahrt
Astronomie, die: Sternenkunde · Himmelskunde
Astwerk, das: → Geäst
Äsung, die: → Futter (1)
Asyl, das: **1.** → Unterkunft (1) – **2.** → Zuflucht – **3.** A. gewähren/bieten: → beherbergen
Asylant, der: Asylbewerber; Asylwerber (*österr*)
Asylbewerber, der: → Asylant
Asylwerber, der: → Asylant
asymmetrisch: → ungleichmäßig
Atelier, das: **1.** → Werkstatt – **2.** → Studio
Atem, der: **1.** ⟨*die in die Lungen eingezogene u. wieder ausgestoßene Luft*⟩ *dicht*: Odem ♦ *gehoben*: Hauch ♦ *umg*: Puste – **2.** außer A., mit fliegendem A.: → atemlos (1); nach A. ringen: → Atemnot (2); A. holen: → atmen (1); A. schöpfen: **a)** → atmen (1) – **b)** → aufatmen (1) – **c)** → ausruhen (I); den letzten A. aushauchen: → sterben (1); jmdm. geht der A. aus: **a)** → Konkurs (2) – **b)** → zurückbleiben (1); jmdm. den A. verschlagen: → überrascht (2); einen langen/den längeren A. haben: → aushalten (2)
Atembeklemmung, die: → Atemnot (1)
atemberaubend: → spannend
Atembeschwerden (*Pl*): → Atemnot (1)
atemlos: 1. ⟨*durch Anstrengung nicht mehr fähig, richtig zu atmen*⟩ außer Atem · mit fliegendem Atem ♦ *umg*: außer Puste; → *auch* erschöpft (1) – **2.** → gespannt (1)
Atemnot, die: **1.** ⟨*Krankheit*⟩ Atembeklemmung · Kurzatmigkeit · Atembeschwerden – **2.** an A. leiden: ⟨*nur schwer atmen können*⟩ keine Luft haben · nach Atem ringen ♦ *umg*: nach Luft schnappen · keine Luft kriegen
Atempause, die: → [1]Pause (1)
a tempo: → sofort
Atemzug, der: **1.** ⟨*das Luftholen*⟩ Zug ♦ *umg*: Schnaufer – **2.** in einem/demselben/im gleichen A.: → gleichzeitig (1)
Äthanol, das: → Alkohol (1)
Atheismus, der: Religionslosigkeit · Irreligiosität · Freigeisterei; Gottlosigkeit · Unglaube · Ungläubigkeit (*Rel*)
Atheist, der: Freidenker · Freigeist
atheistisch: freidenkerisch · freigeistig · religionslos · unreligiös · irreligiös; gottlos · ungläubig (*Rel*)

Äther, der: → Himmel (1)
ätherisch: 1. → zart (1) – **2.** → wohlriechend – **3.** → flüchtig (2)
Äthernarkose, die: → Narkose
Ätherrausch, der: → Narkose
Athlet, der: Kraftmensch · Herkules · Bär; → *auch* Muskelprotz
athletisch: 1. → kräftig (1) – **2.** → sportlich (1)
Äthylalkohol, der: → Alkohol (1)
atmen: 1. ⟨*Luft in die Lunge ziehen u. wieder ausstoßen*⟩ Atem / Luft holen / schöpfen · frische Luft schöpfen + durchatmen ♦ *umg*: Luft schnappen + durchholen (*landsch*); → *auch* einatmen, ausatmen (1), schnauben (I, 1) – **2.** → ausströmen (1) – **3.** gesiebte Luft a.: → gefangen (2)
Atmosphäre, die: **1.** ⟨*von etw. ausgehende Wirkung*⟩ Ausstrahlung · Fluidum · Kolorit · Air · Klima · Ambiente · Stimmung ♦ *gehoben*: Dunstkreis · Flair; → *auch* Ausstrahlung (1) – **2.** → Luft (1)
Atombombe, die: → Bombe (1)
Atombusen, der: → Brust (I, 2)
Atomenergie, die: → Kernenergie
atomisieren: → zerstören (2), vernichten (1, a)
Atomkraft, die: → Kernenergie
Atomkraftwerk, das: → Kernkraftwerk
Atommeiler, der: → Kernreaktor
Atomphysik, die: + Kernphysik
Atomreaktor, der: → Kernreaktor
Atomwaffen (*Pl*): → Kernwaffen
Attacke, die: **1.** → Angriff (1, a *u.* b) – **2.** → Anfall (1)
attackieren: → angreifen (I, 1, a *u.* 2)
Attentat, das: → Anschlag (2)
Attest, das: → Bescheinigung (1)
attestieren: → bescheinigen
Attitüde, die: → Haltung (1)
Attraktion, die: **1.** → Zugstück – **2.** → Hauptattraktion
attraktiv: 1. → anziehend (1) – **2.** a. sein: → anziehen (I, 4); attraktiver machen: → wirkungsvoll (2)
Attraktivität, die: → Anziehung (2)
Attrappe, die: Schaupackung
Attribut, das: → Merkmal
atypisch: → ungewöhnlich
atzen: 1. → füttern (b) – **2.** → verpflegen (1)
ätzend: 1. → beleidigend – **2.** → schlecht (1)
Atzung, die: **1.** → Futter (1) – **2.** → Nahrung – **3.** → Fütterung
auch: 1. → ebenfalls – **2.** → sogar (1) – **3.** → außerdem (1) – **4.** → alias – **5.** oder a.: → oder (1)
Audienz, die: → Empfang (2)
Auditorium, das: **1.** → Hörsaal – **2.** → Zuhörerschaft
Aue, die: → Wiese
auf: 1. → offen (1) – **2.** auf einmal: **a)** → gleichzeitig (1) – **b)** → plötzlich (1); auf der Stelle: → sofort; auf sein: → wachen (1); auf Zeit: → zeitweilig; auf die Schnelle / einen Sprung: → kurz (3); aufs Haar: → völlig (1); auf … hin: → wegen (1); auf und davon: → fort (1); bis auf: → außer (1)
aufächzen: → aufstöhnen
aufaddieren: → zusammenzählen
aufarbeiten: 1. ⟨*Rückstände durch Arbeit beseitigen*⟩ wegarbeiten · zu Ende arbeiten · fertig machen; → *auch* aufholen (1), erledigen (1) – **2.** ⟨*durch Bearbeitung wieder verwendungsfähig machen*⟩ auffrischen · überholen ♦ *umg*: aufpolieren – **3.** → verarbeiten (2)
aufatmen: 1. ⟨*sich von einer Anstrengung erholen*⟩ Atem schöpfen · tief Luft holen ♦ *umg*: aufschnaufen (*süddt*) – **2.** ⟨*wieder ohne Sorgen sein*⟩ sich erlöst / befreit fühlen
aufbacken: → aufwärmen (I, 1)
aufbammeln: I. aufbammeln: → aufhängen (I, 1) – **II.** aufbammeln, sich: → erhängen (II)
Aufbau, der: **1.** ⟨*das Aufbauen*⟩ Bau · Erbauung · Errichtung · Aufstellung · Aufrichtung · Anlage · Aufführung – **2.** ⟨*die Anordnung der Teile eines Ganzen*⟩ Gliederung · Anlage · Struktur[plan] · Bau · Aufriss · Grundgerüst; → *auch* Gliederung (1), Anordnung (1) – **3.** ⟨*das auf etw. anderem Aufgebaute*⟩ Aufsatz – **4.** → Karosserie
aufbauen: I. aufbauen: **1.** → bauen (1) – **2.** → aufstellen (I, 1 *u.* 2) – **3.** → errichten (1) – **4.** → anordnen (1) – **II.** aufbauen, sich: **1.** → aufstellen (II) – **2.** → aufragen
aufbaumeln: I. aufbaumeln: → aufhängen (I, 1) – **II.** aufbaumeln, sich: → erhängen (II)
aufbäumen, sich: **1.** ⟨*sich mit heftiger Bewegung hoch aufrichten*⟩ sich emporbäumen; → *auch* aufrichten (II) – **2.** → aufbegehren

aufbauschen: **I.** aufbauschen: **1.** → aufblähen (I, 1) – **2.** → übertreiben (1) – **II.** aufbauschen, sich: **1.** → aufblähen (II, 1) – **2.** → ausweiten (II, 1)
aufbeben: → beben (1)
aufbegehren: sich auflehnen · sich empören · sich erheben · aufstehen · auftrumpfen · meutern · revoltieren · rebellieren · den Gehorsam verweigern/versagen · an den Ketten rütteln · die Hände ballen · die Hand aufheben |gegen| ♦ *gehoben*: sich [auf]bäumen ♦ *umg*: auf die Barrikaden gehen · aufmuck[s]en; → *auch* verschwören, sich (1), widersetzen, sich
aufbehalten: *umg*: auflassen
aufbeißen: → zerbeißen (1), knacken (1)
aufbekommen (*umg*): **1.** ⟨*Hausaufgaben gestellt bekommen*⟩ aufkriegen – **2.** ⟨*aufessen können*⟩ aufkriegen · schaffen · zwingen · bewältigen; → *auch* aufessen – **3.** → öffnen (I, 3) – **4.** → aufessen
aufbereiten: **1.** ⟨*chemisch für eine Verwendung vorbereiten*⟩ aufschließen – **2.** → erschließen (I, 1) – **3.** → auswerten
aufbersten: → aufbrechen (2)
aufbessern: **1.** ⟨*finanziell in eine bessere Lage versetzen*⟩ + sanieren – **2.** → verbessern (I, 2)
aufbewahren: verwahren · aufheben · in Verwahrung/Gewahrsam nehmen · an sich nehmen; bewahren (*veraltend*); → *auch* sicherstellen (1), zurücklegen (4)
Aufbewahrung, die: → Verwahrung (1)
aufbiegen: auseinander biegen
aufbieten: **1.** → aufwenden – **2.** → aufrufen (1) – **3.** → einberufen (2)
Aufbietung, die: **1.** → Einsatz (1) – **2.** → Aufruf (1) – **3.** → Einberufung (1) – **4.** → Aufgebot (1)
aufbinden: **1.** ⟨*etw. Zusammengebundenes öffnen*⟩ aufschnüren · aufknoten · entknoten · aufknüpfen · aufnesteln · aufschlingen · aufflechten ♦ *gehoben*: auflösen ♦ *umg*: aufmachen – **2.** ⟨*[mit einer Schnur] höher befestigen*⟩ hoch binden · hoch stecken · aufstecken – **3.** → einreden (1) – **4.** einen Bären a.: → belügen
aufblähen: **I.** aufblähen: **1.** ⟨*durch Wind od. Gas prall machen*⟩ blähen · [auf]bauschen · [auf]schwellen · auftreiben · ausfüllen ♦ *umg*: aufplustern · pludern; → *auch* aufblasen (I) – **2.** → aufblasen (I) – **II.** aufblähen, sich: **1.** ⟨*durch Wind od. Gas prall werden*⟩ sich blähen · sich [auf]bauschen · sich ausfüllen ♦ *umg*: sich [auf]plustern; sich plaustern (*landsch*) – **2.** → aufspielen (II) – **3.** → ausweiten (II, 1)
aufblasen: **I.** aufblasen: ⟨*durch Blasen prall machen*⟩ aufblähen ♦ *umg*: aufpusten (*landsch*); → *auch* aufblähen (I,1) – **II.** aufblasen, sich: **1.** → aufspielen (II) – **2.** sich wie ein Frosch a.: → angeben (1)
aufblättern: **I.** aufblättern: **1.** → aufschlagen (3) – **2.** → aufzählen (1) – **II.** aufblättern, sich: → aufblühen (1)
aufbleiben: **1.** ⟨*nicht zu Bett gehen*⟩ aufsitzen (*landsch*) – **2.** → offen (6)
aufblenden: → aufleuchten
aufblicken: **1.** → aufsehen (1) – **2.** a. |zu|: → verehren (1)
aufblinken: → aufleuchten
aufblitzen: **1.** → aufleuchten – **2.** → auftauchen (4)
aufblühen: **1.** ⟨*zu blühen beginnen*⟩ erblühen · aufgehen · sich aufblättern ♦ *dicht*: ersprießen; → *auch* aufbrechen (2) – **2.** → entwickeln (II, 2)
aufbranden: **1.** → aufbrausen (1) – **2.** → ertönen
aufbraten: → aufwärmen (I, 1)
aufbrauchen: → verbrauchen (1)
aufbrausen: **1.** ⟨*von Wasser gesagt: zischend emporsteigen*⟩ aufsteigen · aufbranden · aufschäumen · aufrauschen; → *auch* aufwallen (1) – **2.** ⟨*sehr zornig werden*⟩ auffahren · hochfahren · aufschäumen · aufflammen · sich vergessen · die Herrschaft über sich/die Beherrschung verlieren · jmdm. reißt die Geduld/der Geduldsfaden · aus der Fassung kommen/geraten ♦ *umg*: hochgehen · in die Höhe fahren/gehen + mit der Faust auf den Tisch schlagen ♦ *salopp*: [vor Wut] aus der Haut fahren · in die Luft/an die Decke gehen · explodieren; → *auch* aufregen (II), wüten, schimpfen (1) – **3.** → ertönen
aufbrausend: erregbar · unbeherrscht · reizbar · heftig · cholerisch · hitzköpfig · hitzig · entzündlich · poltrig + jähzornig · hysterisch ♦ *umg*: kollerig · bullerig (*landsch*); → *auch* wild (1)
aufbrechen: **1.** ⟨*gewaltsam öffnen*⟩ [auf]sprengen + aufschlagen · aufhauen · aufhacken · aufklopfen · aufstemmen ♦ *gehoben*: erbrechen ♦ *umg*: [auf]knacken; → *auch* öffnen (I, 1) – **2.** ⟨*sich [plötzlich] öff-*

nen⟩ aufgehen · [auf]platzen · aufspringen ♦ *gehoben*: aufbersten; → *auch* aufblühen (1), öffnen (II) – **3.** ⟨*sich an einen anderen Ort begeben*⟩ sich auf den Weg machen · eine Reise antreten · im Aufbruch sein ♦ *gehoben*: sich auf den Weg begeben ♦ *umg*: die Koffer/sein Bündel packen · sein Bündel/Ränzel schnüren · losgehen · sich aufmachen · sich auf die Beine/Strümpfe/Socken/Sprünge machen · sich in Trab setzen · sich in Bewegung setzen · seine Zelte abbrechen · sich den Staub von den Füßen schütteln; lospilgern (*scherzh*); aufpacken (*landsch*) + auf dem Sprung sein · auf dem Sprunge stehen; → *auch* weggehen (1) – **4.** → auftauchen (4) – **5.** → ausnehmen (I, 1, a)

aufbrennen: 1. → aufflammen (1) – **2.** → auflodern (1) – **3.** eins a.: → schießen (7)

aufbringen: 1. ⟨*Geld herbeischaffen*⟩ beschaffen · zusammenbringen · flüssig machen; erbringen (*veraltend*) ♦ *umg*: lockermachen · auftreiben · erschwingen; → *auch* zusammenraffen (I, 2) – **2.** ⟨*von Schiffen gesagt: gewaltsam in Besitz nehmen*⟩ kapern (*seem*) – **3.** → verbreiten (I, 2) – **4.** → aufregen (I, 1) – **5.** → erzürnen (1) – **6.** → öffnen (I, 3) – **7.** → auftragen (1) – **8.** → aufhängen (I, 1) – **9.** → aufziehen (3, b)

aufbrisen: → anschwellen (1, c)

aufbrodeln: 1. → aufwallen (1) – **2.** → ertönen

Aufbruch, der: **1.** → Abgang (1) – **2.** → Eingeweide – **3.** im A. sein: → aufbrechen (3)

aufbrühen: aufgießen · brühen + kochen

aufbrüllen: 1. → aufschreien – **2.** → aufheulen (1)

aufbrummen: 1. → aufheulen (1) – **2.** → aufgeben (2) – **3.** → stranden (1) – **4.** eine Strafe a.: → bestrafen, verurteilen (1)

aufbuckeln: → aufbürden (1)

aufbügeln: → bügeln (1)

aufbumsen: → aufschlagen (1 *u.* 2)

aufbürden: 1. ⟨*eine Last zu tragen geben*⟩ aufladen · abladen |auf| · auf die Schultern laden · aufpacken · auflegen · auflasten ♦ *umg*: aufbuckeln; aufhucken (*landsch*) ♦ *salopp*: aufsacken (*landsch*) – **2.** ⟨*viel Arbeit, Pflichten usw. übertragen*⟩ auf[er]legen · zudiktieren ♦ *umg*: aufladen · abladen |auf| · aufpacken; aufhucken · aufpelzen (*landsch*) ♦ *salopp*: auf den Hals laden/schicken; aufhängen · aufhalsen (*abwert*); aufsacken (*landsch*); → *auch* belasten (I, 6) – **3.** die Schuld a.: → beschuldigen (2)

aufdämmern: 1. → dämmern (1) – **2.** → auftauchen (4)

aufdampfen: → aufwallen (1)

aufdecken: I. aufdecken: **1.** ⟨*Verborgenes finden u. bekannt geben*⟩ enthüllen · bloßlegen · aufzeigen · an den Tag/zutage/ans Licht bringen; → *auch* aufklären (I, 1) – **2.** → auflegen (I, 1) – **3.** → freilegen – **4.** die/seine Karten a.: → offenbaren (II) – **II.** aufdecken, sich: ⟨*die Bettdecke wegschieben*⟩ *salopp*: sich bloßstrampeln

Aufdeckung, die: **1.** ⟨*das Entdecken u. Bekanntmachen eines Sachverhaltes*⟩ Enthüllung · Bloßlegung; → *auch* Aufklärung (1) – **2.** → Freilegung

aufdonnern, sich: → herausputzen (II)

aufdrängeln: I. aufdrängeln: → aufdrängen (I) – **II.** aufdrängeln, sich: → aufdrängen (II, 1 *u.* 2)

aufdrängen: I. aufdrängen: ⟨*dringend zum Nehmen veranlassen*⟩ aufnötigen · aufreden ♦ *gehoben*: aufdringen ♦ *umg*: aufdrängeln · aufschwatzen · aufschwindeln; andrehen (*abwert*) ♦ *salopp*: aufhängen (*abwert*); → *auch* aufzwingen (I) – **II.** aufdrängen, sich: **1.** ⟨*seine Gesellschaft immer wieder anbieten*⟩ zudringlich sein · sich nicht abweisen lassen ♦ *gehoben*: sich aufdringen ♦ *umg*: sich aufdrängeln · sich hängen |an| + sich jmdm. an den Hals werfen (*abwert*) ♦ *salopp*: sich ranschmeißen · sich jmdm. an den Hals schmeißen (*abwert*); → *auch* belästigen (1) – **2.** ⟨*zwingend ins Bewusstsein treten*⟩ sich aufzwingen ♦ *gehoben*: sich aufnötigen ♦ *umg*: sich aufdrängeln

aufdrehen: 1. → beschleunigen – **2.** → aufziehen (4) – **3.** → einschalten (I, 1) – **4.** den Gashahn a.: → vergiften (II)

aufdringen: I. aufdringen: → aufdrängen (I) – **II.** aufdringen, sich: → aufdrängen (II, 1)

aufdringlich: 1. ⟨*immer wieder durch seine Kontaktsuche störend*⟩ zudringlich · lästig; sekkant (*österr*) + unverschämt · frech; → *auch* taktlos – **2.** ⟨*durch Hervorkehrung einer bestimmten Seite usw. unangenehm wirkend*⟩ aufreizend · reklamehaft · indezent; reißerisch · penetrant (*abwert*); → *auch* auffallend – **3.** a. werden/sein: → belästigen (1)

Aufdringlichkeit, die: Zudringlichkeit; Penetranz (*abwert*)
aufdröhnen: → aufheulen (1)
aufdröseln: → entflechten
Aufdruck, der: **1.** → Prägung (1) – **2.** → Aufschrift (1)
aufdrücken: 1. ⟨*durch Druck auf eine Unterlage übertragen*⟩ aufpressen · aufprägen · aufstempeln – **2.** → aufklinken – **3.** jmdm. einen a.: → küssen
aufeinander: 1. → nacheinander – **2.** → übereinander – **3.** a. folgen: → abwechseln (I); a. prallen: → zusammenstoßen (1); a. stoßen: → zusammenstoßen (1)
Aufeinanderfolge, die: → Reihenfolge
aufentern: → hinaufklettern
Aufenthalt, der: **1.** → Verzögerung (1) – **2.** → Halt (1) – **3.** → Wohnsitz (1) – **4.** ohne A.: → sofort
Aufenthaltsbewilligung, die: → Aufenthaltserlaubnis
Aufenthaltserlaubnis, die: Aufenthaltsgenehmigung · Aufenthaltsbewilligung + Bleiberecht
Aufenthaltsgenehmigung, die: → Aufenthaltserlaubnis
Aufenthaltsort, der: → Wohnsitz (1)
auferlegen: 1. → aufbürden (2) – **2.** → belasten (I, 6) – **3.** sich Entbehrungen a.: → einschränken (II); sich Reserve/Zurückhaltung a.: → zurückhalten (II, 1); eine Strafe a.: **a)** → bestrafen – **b)** → verurteilen (1); die Pflicht a., als Verpflichtung a.: → verpflichten (I, 1)
auferziehen: → aufziehen (3, a)
aufessen: verzehren · verspeisen · verschmausen + auslöffeln ♦ *gehoben*: aufzehren ♦ *umg*: vertilgen · auffuttern · aufknabbern · verkonsumieren; aufschlingen · verschlingen (*abwert*); verspachteln · leer spachteln (*landsch*) + ausessen ♦ *salopp*: verputzen · wegputzen · verdrücken + ausputzen ♦ *derb*: auffressen + ausfressen; → *auch* essen (1), aufbekommen (2)
auffädeln: → aufreihen (1)
auffahren: 1. ⟨*sich erschreckt aufrichten*⟩ hochfahren · in die Höhe fahren · hochschnellen · aufschnellen · aufschrecken · aufspringen · aufzucken · auffliegen ♦ *umg*: wie von der Tarantel gestochen auffahren/aufspringen; → *auch* aufrichten (II) – **2.** → aufbrausen (2) – **3.** → vorfahren – **4.** → aufstellen (I, 3) – **5.** → auftischen (1) – **6.** → stranden (1) – **7.** → aufschließen (2) – **8.** aus dem Schlaf a.: → aufwachen (1); schweres/grobes Geschütz a.: → anfahren (3); wie von der Tarantel gestochen a.: → 1
Auffahrt, die: Rampe · Zufahrt
Auffahrtsstraße, die: → Zufahrtsstraße
auffallen: 1. ⟨*bemerkt werden*⟩ ins Auge/in die Augen fallen · Aufmerksamkeit erregen · die Aufmerksamkeit/den Blick/die Blicke/die Augen auf sich ziehen + frappieren ♦ *umg*: aufstoßen – **2.** → aufschlagen (1)
auffallend: auffällig · augenfällig · markant · hervorstechend · in die Augen fallend · frappant · schreiend + krass · grell · schrill ♦ *umg*: poppig · knallig; → *auch* aufdringlich (2), aufgeputzt
auffällig: → auffallend
auffangen: 1. → fangen (I, 1) – **2.** → abfangen (1) – **3.** → sammeln (I, 1) – **4.** → erhaschen (1) – **5.** → abwehren (1, a *u.* b)
auffassen: 1. → verstehen (I, 2) – **2.** → auslegen (2) – **3.** a. |als|: → halten (I, 7); schwer/langsam a.: → begriffsstutzig (2); falsch a.: → missverstehen (1)
Auffassung, die: **1.** → Auffassungsgabe – **2.** → Meinung (1) – **3.** → Auslegung
Auffassungsgabe, die: Auffassung · Auffassungsvermögen · Auffassungskraft · Begriffsvermögen; → *auch* Begabung (1), Verstand (1), Aufnahmefähigkeit (1)
Auffassungskraft, die: → Auffassungsgabe
Auffassungsvermögen, das: → Auffassungsgabe
Auffassungsweise, die: → Anschauungsweise
auffegen: zusammenfegen · aufkehren· zusammenkehren
auffinden: 1. → finden (I, 1) – **2.** → aufspüren (1)
auffischen: 1. → herausholen (1 *u.* 2) – **2.** → kennen (3)
auffitzen: → entwirren
aufflackern: 1. → aufflammen (1) – **2.** → ausbrechen (1)
aufflammen: 1. ⟨[*stark*] *zu brennen anfangen*⟩ aufbrennen · auflodern · hochschlagen · aufschlagen · aufflackern · aufzüngeln ♦ *gehoben*: auflohen · auflecken · emporlodern ♦ *umg*: aufprasseln – **2.** → aufleuchten – **3.** → auflodern (1) – **4.** → aufbrausen (2) – **5.** → ausbrechen (1)
aufflattern: → emporfliegen
aufflechten: → aufbinden (1)

aufflicken: → aufnähen
auffliegen: 1. → emporfliegen – **2.** → auffahren (1) – **3.** → explodieren (1) – **4.** → scheitern (b) – **5.** → öffnen (II)
auffordern: 1. → aufrufen (1) – **2.** → ermahnen (1)
Aufforderung, die: **1.** ⟨*nachdrückl. Bitte*⟩ Ersuchen ♦ *gehoben*: Ruf · Ansuchen; → *auch* Anordnung (2), Bitte – **2.** ⟨*verbindl. Mitteilung*⟩ Geheiß · Gebot · Auftrag; → *auch* Anordnung (2), Befehl (1) – **3.** → Ermahnung (1)
aufforsten: aufholzen
auffressen: 1. → aufessen – **2.** → zermürben (2) – **3.** vor Liebe a. wollen: → lieben (1)
auffrischen: I. auffrischen: **1.** → beleben (I, 2 *u.* 3), erfrischen (I) – **2.** → aufmuntern (1) – **3.** → aufarbeiten (2) – **4.** → ergänzen (1) – **5.** → anschwellen (1, c) – **II.** auffrischen, sich: → erfrischen (II)
Auffrischung, die: **1.** → Belebung, Erfrischung – **2.** → Ergänzung (1)
aufführen: I. aufführen: **1.** ⟨*auf der Bühne zeigen*⟩ spielen; zur Aufführung bringen/kommen lassen/gelangen lassen · zur Darbietung bringen + inszenieren · in Szene setzen ♦ *umg*: geben · auf die Bühne bringen; über die Bretter gehen lassen (*scherzh*); → *auch* darbieten (I, 1) – **2.** → bauen (1) – **3.** → anführen (1) – **4.** einen Freudentanz a.: → freuen (II, 1); einen Eiertanz a.: → ausweichen (2) – **II.** aufführen, sich: → verhalten (II, 1)
Aufführung, die: **1.** → Darbietung (1) – **2.** → Benehmen (1) – **3.** → Aufbau (1) – **4.** → Anführung (1) – **5.** zur A. bringen/kommen lassen/gelangen lassen: → aufführen (I, 1)
auffüllen: 1. ⟨*wieder vollständig füllen*⟩ nachfüllen; → *auch* füllen (I, 1) – **2.** → ergänzen (1) – **3.** → auflegen (I, 1)
Auffüllung, die: → Ergänzung (1)
auffunkeln: → aufleuchten
auffuttern: → aufessen
auffüttern: *umg*: aufpäppeln · hochpäppeln; → *auch* aufziehen (3, a *u.* b)
Aufgabe, die: **1.** ⟨*das Übergeben zur Weiterleitung*⟩ Auflieferung · Einlieferung; → *auch* Abgabe (1) – **2.** ⟨*zur Erledigung Übertragenes*⟩ Auftrag · Mission ♦ *gehoben*: Obliegenheit; → *auch* Pflicht (1), Amt (1), Bestimmung (2), Problem (1) – **3.** ⟨*von der Schule zur Erledigung übertragene Arbeit*⟩ Schularbeit · Schulaufgabe · Hausaufgabe · Hausarbeit · Pensum · Exempel ♦ *umg*: Arbeit – **4.** ⟨*die Nichtweiterführung*⟩ Auflösung; → *auch* Auflösung (1) – **5.** eine A. stellen/geben: → aufgeben (2)
aufgabeln: 1. → finden (I, 1) – **2.** → kennen (3)
Aufgabenbereich, der: Aufgabengebiet · Aufgabenkomplex · Aufgabenkreis; → *auch* Arbeitsgebiet
Aufgabengebiet, das: → Aufgabenbereich
Aufgabenkomplex, der: → Aufgabenbereich
Aufgabenkreis, der: → Aufgabenbereich
Aufgang, der: **1.** ⟨*nach oben führende Treppe*⟩ Treppenaufgang; → *auch* Treppe (1) – **2.** ⟨*Weg bergan*⟩ Aufstieg · Anstieg
aufgeben: 1. ⟨*zur Weiterleitung übergeben*⟩ aufliefern · einliefern · abgeben; → *auch* abschicken – **2.** ⟨*zur Erledigung übertragen*⟩ eine Aufgabe stellen/geben ♦ *salopp*: aufbrummen – **3.** ⟨*wegen Aussichtslosigkeit nicht mehr tun*⟩ aufhören · ablassen |von| · sich verabschieden |von| · zurücktreten |von| · kapitulieren; das Handtuch werfen + über Bord werfen ♦ *gehoben*: begraben · zu Grabe tragen · Valet sagen ♦ *umg*: aufstecken · fahren lassen · fallen lassen · abschreiben · passen · abspringen · an den Nagel hängen · einpacken können · kalte Füße bekommen · die Flinte ins Korn werfen · [den Kram/Laden] hinwerfen ♦ *salopp*: schmeißen · [den Kram/Laden] hinhauen/hinschmeißen; → *auch* verzichten, resignieren – **4.** ⟨*sich um jmdn. nicht weiter bemühen*⟩ *umg*: abschreiben · abbuchen · fallen lassen – **5.** ⟨*die Wohnung usw. nicht weiterführen*⟩ auflösen; → *auch* auflösen (I, 2) – **6.** → beauftragen – **7.** → auftischen (1) – **8.** → abgewöhnen (2) – **9.** nicht a.: **a)** → beibehalten (1) – **b)** → festbleiben (1); die Wohnung a.: → ausziehen (I, 2); seinen Geist a.: **a)** → sterben (1) – **b)** → entzweigehen (1), versagen (2); eine Bestellung a.: → bestellen (1); eine Anzeige/ein Inserat a.: → anzeigen (1); die Hoffnung nicht a.: → aushalten (2)
aufgeblasen: → überheblich
Aufgeblasenheit, die: **1.** → Angabe (I, 1) – **2.** → Überheblichkeit
Aufgebot, das: **1.** ⟨*Bekanntmachung einer beabsichtigten Eheschließung*⟩ Aufbietung ♦ *umg*: Kanzelsprung (*landsch*) – **2.** →

Aufruf (1) – **3.** unter/mit A. aller Kräfte: → angestrengt; großes A.: → Aufwand (1)
aufgebracht: → wütend (1)
Aufgebrachtheit, die: → Wut (1)
aufgebraucht: verbraucht · ausgegangen · erschöpft + aufgegessen ♦ *umg*: alle; → *auch* ausverkauft
aufgedonnert: → aufgeputzt
aufgedreht: wie a.: → lebhaft (1)
aufgedunsen: → aufgeschwemmt
aufgegessen: → aufgebraucht
aufgeheitert: → lustig
aufgehen: **1.** ⟨*sich über den Horizont erheben*⟩ aufsteigen · emporsteigen · hervorkommen · heraufkommen – **2.** ⟨*beim Backen in die Höhe gehen*⟩ [hoch]gehen – **3.** ⟨*im Ergebnis richtig sein*⟩ stimmen – **4.** → öffnen (II) – **5.** → aufbrechen (2) – **6.** → aufblühen (1) – **7.** → aufkeimen (1) – **8.** a. |in|: **a)** ⟨*sich in etw. auflösen*⟩ aufgesaugt werden · verschmelzen |mit| – **b)** ⟨*sich intensiv mit etw. beschäftigen*⟩ sich widmen · sich hingeben; → *auch* hingeben (II, 1) – **9.** in Flammen/Feuer/Rauch a.: → verbrennen (2); in Flammen a. lassen: → niederbrennen (1); a. wie ein Pfannkuchen: → zunehmen (2); jmdm. geht ein Licht/ein Seifensieder/ein Talglicht auf: → erkennen (1); jmdm. geht das Herz auf: → freuen (II, 1); bei jmdm. geht der Knopf auf: → verstehen (I, 2); auf geht's: → los (1)
aufgehoben: gut a.: → geborgen (1)
aufgeklärt: **1.** → freigeistig (1) – **2.** → klar (1, b)
aufgeknöpft: → gut (11)
aufgekratzt: → gut (11)
Aufgeld, das: **1.** → Aufschlag (2) – **2.** → Handgeld – **3.** ein A. verlangen: → zuschlagen (2)
aufgelegt: **1.** → gestimmt – **2.** → offenkundig (1)
aufgellen: → ertönen
aufgelockert: → ungezwungen
aufgelöst: → aufgeregt (1)
aufgeplustert: → überheblich
aufgeputzt (*umg*): geschniegelt und gebügelt ♦ *salopp*: aufgedonnert · aufgetakelt · [geputzt] wie ein Pfingstochse; → *auch* auffallend
aufgeräumt: **1.** → ordentlich (1, a) – **2.** → gut (11) – **3.** → lustig
aufgeregt: **1.** ⟨*in* [*großer*] *Erregung*⟩ erregt · erhitzt · hektisch · aufgelöst; alteriert · exaltiert · echauffiert (*veraltend*); → *auch* nervös, unruhig (1), entrüstet – **2.** a. sein: ⟨*in Erregung sein*⟩ *umg*: Herzklopfen haben + Lampenfieber haben
Aufgeregtheit, die: → Erregung (1)
aufgerichtet: → aufrecht (1)
aufgeschlossen: interessiert · empfänglich · zugänglich · aufnahmebereit · engagiert · aufnahmewillig ♦ *gehoben*: aufgetan
aufgeschmissen: a. sein: → Verlegenheit (2)
aufgeschwellt: → aufgeschwemmt
aufgeschwemmt: aufgeschwellt · aufgeschwollen · aufgetrieben · [auf]gedunsen; pastös (*med*) ♦ *umg*: schwammig (*abwert*); → *auch* dick (1)
aufgeschwollen: → aufgeschwemmt
aufgesetzt: → gekünstelt
aufgetakelt: → aufgeputzt
aufgetan: → aufgeschlossen
aufgetrieben: → aufgeschwemmt
aufgeweckt: geweckt · alert · wach ♦ *umg*: helle; → *auch* klug (1)
aufgezogen: wie a.: → lebhaft (1)
aufgießen: → aufbrühen
aufglänzen: → aufleuchten
aufgliedern: **1.** ⟨*die Zentralisation beseitigen*⟩ dezentralisieren – **2.** → einteilen (1) – **3.** → aufteilen (2)
Aufgliederung, die: **1.** ⟨*die Beseitigung der Zentralisation*⟩ Dezentralisierung · Dezentralisation – **2.** → Einteilung (1)
aufglimmen: → aufleuchten
aufglitzern: → aufleuchten
aufglühen: → aufleuchten
aufgreifen: **1.** → aufheben (I, 1) – **2.** → anschließen (I, 1) – **3.** → verhaften – **4.** wieder a.: → zurückkommen (2)
aufgrund: **1.** → wegen – **2.** a. dessen: → deshalb
aufgucken: → aufsehen (1)
aufhaben: **1.** → tragen (I, 3) – **2.** den Hut a.: → bestimmen (2)
aufhacken: → aufbrechen (1)
aufhalsen: → aufbürden (2)
aufhalten: **I.** aufhalten: **1.** ⟨*am Weitergehen hindern*⟩ zurückhalten · festhalten · in den Arm fallen · hintanhalten ♦ *umg*: festnageln + bremsen; → *auch* abfangen (1), anhalten (I, 2) – **2.** → abwehren (1, a *u.* b) – **3.** → eindämmen (1) – **4.** → offen (7) – **5.** → aufhören (1) – **6.** Augen und Ohren a.: **a)** → aufpassen (1) – **b)** → vorsehen (II) – **II.** aufhalten, sich: **1.** ⟨*vorübergehend irgendwo*

anwesend sein⟩ sich befinden · sein · zubringen ♦ *gehoben*: weilen ♦ *umg*: stecken; die Gegend unsicher machen (*scherzh*); → *auch* anwesend (2), bleiben (1), wohnen (1) – **2.** sich a. |mit|: → beschäftigen (II, 2) – **3.** sich a. |über|: → durchhecheln

Aufhaltung, die: → Verzögerung (1)

aufhängen: I. aufhängen: **1.** ⟨*in der Höhe an etw. befestigen*⟩ hängen |an| · anbringen · aufstecken · aufbringen ♦ *umg*: aufmachen ♦ *salopp*: aufbaumeln · aufbammeln (*landsch*) – **2.** → erhängen (I) – **3.** → aufbürden (2) – **4.** → einreden (1) – **5.** → aufdrängen (I) – **II.** aufhängen, sich: → erhängen (II)

Aufhänger, der: **1.** ⟨*Bändchen an Kleidung zum Aufhängen*⟩ Anhänger ♦ *umg*: Hängsel · Henkel (*landsch*) – **2.** → Gelegenheit (1)

aufhaschen: → erhaschen (1)

aufhaspeln: → aufrollen (2)

aufhauen: → aufbrechen (1)

aufhäufeln: → aufhäufen (I, 1)

aufhäufen: I. aufhäufen: **1.** ⟨*zu einem Haufen schichten*⟩ aufwerfen · aufschütten · häufen · aufhäufeln · aufschaufeln; → *auch* schichten – **2.** → ansammeln (I), horten – **II.** aufhäufen, sich: → ansammeln (II, a *u.* c)

Aufhäufung, die: → Anhäufung (1)

aufheben: I. aufheben: **1.** ⟨*vom Boden in die Höhe bringen*⟩ aufnehmen · aufgreifen; → *auch* aufsammeln (1) – **2.** ⟨*nach oben strecken*⟩ hochheben · hochstrecken · emporstrecken · aufrecken · emporrecken – **3.** ⟨*die Gültigkeit beenden*⟩ außer Kraft/Kurs setzen · für ungültig/[null und] nichtig erklären; kassieren (*Rechtsw*) ♦ *umg*: ungültig machen – **4.** → beseitigen (1) – **5.** → beenden (1) – **6.** → aufbewahren – **7.** → zurücklegen (3 *u.* 4) – **8.** [sich] a.: → zurücklegen (3); die Hand a. |gegen|: → aufbegehren – **II.** aufheben, sich: **1.** → auflösen (II, 3) – **2.** → ausgleichen (II)

Aufheben, das: **1.** → Aufsehen (1) – **2.** zu viel Aufheben[s] machen |von|: → übertreiben (1); ohne großes A.: → unauffällig (1)

Aufhebung, die: **1.** ⟨*Beendigung der Gültigkeit*⟩ Kassation (*Rechtsw*) – **2.** → Beseitigung

aufheften: → aufnähen

aufheißen: → hissen

aufheitern: I. aufheitern: ⟨*in frohe Stimmung versetzen*⟩ aufmuntern · erheitern · heiter/froh stimmen · aufhellen + aufrichten ♦ *umg*: heiter/froh machen · die Grillen vertreiben ♦ *salopp*: aufkratzen; → *auch* erfreuen (I) – **II.** aufheitern, sich: → aufklären (II)

Aufheiterung, die: **1.** ⟨*Verbesserung der Stimmung*⟩ Aufmunterung · Erheiterung; → *auch* Belustigung (1), Trost (1) – **2.** ⟨*Wetterbesserung*⟩ Aufklärung · Aufhellung · Bewölkungsauflockerung

aufheizen: → erhitzen (I, 1)

aufhelfen: 1. ⟨*beim Aufstehen unterstützen*⟩ auf die Beine helfen · hochhelfen – **2.** → verbessern (I, 2)

aufhellen: I. aufhellen: **1.** ⟨*im Farbton heller machen*⟩ auflichten ♦ *gehoben*: aufhöhen; → *auch* bleichen (1) – **2.** → aufheitern (I) – **3.** → aufklären (I, 1) – **II.** aufhellen, sich: → aufklären (II)

Aufhellung, die: **1.** → Aufheiterung (2) – **2.** → Aufklärung (1)

aufhetzen: aufwiegeln · aufstacheln · anstacheln · anstiften · aufputschen · aufreizen · verhetzen · fanatisieren + schüren ♦ *gehoben*: Zwietracht säen ♦ *umg*: scharfmachen; → *auch* hetzen (1)

Aufhetzer, der: Aufwiegler; → *auch* Hetzer

aufheulen: 1. ⟨*bei sich erhöhender Drehzahl lauter laufen*⟩ aufdröhnen · aufbrüllen · aufbrummen – **2.** → aufweinen

aufhissen: → hissen

[1]**aufhocken:** → aufnehmen (1)

[2]**aufhocken:** → aufpuppen

aufhöhen: 1. → erhöhen (I, 1) – **2.** → aufhellen (I, 1)

aufholen: 1. ⟨*Versäumtes nachholen, einen Rückstand ausgleichen*⟩ gleichziehen · einholen · aufkommen · nachziehen · Boden gutmachen/wettmachen + die Scharte auswetzen; → *auch* aufarbeiten (1), nacharbeiten (1) – **2.** → hochziehen (1) – **3.** → lichten (1)

aufholzen: → aufforsten

aufhorchen: aufmerksam werden · hellhörig werden; auflauschen (*landsch*); → *auch* lauschen

aufhören: 1. ⟨*nicht weitermachen*⟩ abbrechen · aussetzen · stoppen · zum Schluss kommen · es genug sein lassen · ein Ende machen ♦ *umg*: Schluss/einen Punkt machen · Feierabend/Kehraus machen; einhalten (*landsch*); aufhalten (*norddt*); → *auch* beenden (1) – **2.** → enden (1, a) – **3.** → auf-

geben (3), abgewöhnen (2) – **4.** → verklingen – **5.** → still (2)
aufhucken: 1. → aufnehmen (1) – **2.** → aufbürden (1 *u.* 2)
aufjagen: → aufscheuchen
aufjammern: → aufstöhnen
aufkehren: → auffegen
aufkeimen: 1. ⟨*zu keimen beginnen*⟩ keimen · aufgehen · aufsprießen · aufsprossen; auflaufen (*fachspr*) + emporkommen · knospen; → *auch* sprießen (1) – **2.** → aufkommen (1)
Aufklang, der: → Auftakt (1)
aufklappen: 1. → aufschlagen (3, 4 *u.* 5) – **2.** → aufstellen (I, 1) – **3.** → öffnen (I, 1)
aufklaren: → aufklären (II)
aufklären: I. aufklären: **1.** ⟨*alle Unklarheiten beseitigen, Klarheit schaffen*⟩ klären · aufhellen · aufzeigen · auflösen · auflichten · erhellen · Licht bringen |in|; → *auch* aufdecken (I, 1) – **2.** ⟨*durch Mitteilung unbekannter Dinge über etw. informieren*⟩ orientieren · die Augen öffnen · Aufklärung/Aufschluss geben ♦ *umg*: den Star stechen · ein Licht aufstecken – **3.** → erkunden (1) – **II.** aufklären, sich: ⟨*durch Abzug der Wolken sonnig werden*⟩ sich aufheitern · sich auflichten · sich aufhellen · aufklaren · klar werden ♦ *gehoben*: sich entwölken; → *auch* bessern (II, 2)
Aufklärer, der: Aufklärungsflugzeug
aufklärerisch: → freigeistig (1)
Aufklärung, die: **1.** ⟨*Beseitigung aller Unklarheiten*⟩ Klärung · Aufhellung · Auflösung; → *auch* Aufdeckung (1) – **2.** ⟨*durch Mitteilung vermittelte Kenntnis*⟩ Aufschluss · Bescheid; → *auch* Auskunft (1), Einblick (1) – **3.** → Erkundung (1) – **4.** → Aufheiterung (2) – **5.** A. geben: → aufklären (I, 2)
Aufklärungsflugzeug, das: → Aufklärer
aufklatschen: → aufschlagen (1)
aufklauben: → aufsammeln (1)
aufkleben: aufziehen + aufleimen ♦ *umg*: aufpappen (*landsch*)
Aufkleber, der: Sticker
aufklinken: aufdrücken ♦ *umg*: aufmachen
aufklopfen: 1. → aufschlagen (2) – **2.** → aufbrechen (1)
aufknabbern: → aufessen
aufknacken: 1. → knacken (1) – **2.** → aufbrechen (1)
aufknallen: → aufschlagen (1)
aufknoten: → aufbinden (1)
aufknüpfen: I. aufknüpfen: **1.** → erhängen (I) – **2.** → aufbinden (1) – **II.** aufknüpfen, sich: → erhängen (II)
aufkochen: aufwallen
aufkommen: 1. ⟨*zu bestehen beginnen*⟩ in Mode kommen · Mode werden · Verbreitung finden; in Aufnahme kommen (*amtsspr*) + aufkeimen; → *auch* auftauchen (4), entstehen (1) – **2.** → aufziehen (1) – **3.** → nähern, sich (1) – **4.** → aufholen (1) – **5.** → auflodern (1) – **6.** → herauskommen (1) – **7.** → gesund (6) – **8. a.** |gegen|: ⟨*zu erwirken vermögen, durchsetzen können*⟩ ankommen |gegen| ♦ *umg*: ankönnen |gegen| ♦ *salopp*: anstinken |gegen| – **9.** |für|: **a)** → finanzieren – **b)** → haften (2, a); wieder a.: → aufleben (1); nicht a. lassen: → unterdrücken (2)
aufkorken: entkorken ♦ *umg*: aufmachen
aufkratzen: 1. → aufrauen – **2.** → aufheitern (I)
aufkreischen: → aufschreien
aufkrempeln: hochkrempeln · hochstreifen · aufstreifen · aufrollen · aufstülpen · umschlagen · umkrempeln
aufkreuzen: 1. → auftauchen (2) – **2.** → erscheinen (1, a)
aufkriegen: 1. → aufbekommen (1) – **2.** → öffnen (I, 3) – **3.** → aufbekommen (2)
aufkünden: → kündigen (1)
aufkündigen: 1. → kündigen (1) – **2.** die Mitarbeit a.: → Mitarbeit
Aufkündigung, die: → Kündigung (1)
aufladen: 1. ⟨*auf ein Transportmittel usw. heben*⟩ laden |auf| · aufpacken ♦ *salopp*: aufsacken (*landsch*); → *auch* beladen – **2.** → aufbürden (1 *u.* 2) – **3.** → [1]laden (1)
Auflage, die: **1.** → Ausgabe (3) – **2.** → Überzug (1, b)
auflassen: 1. → aufbehalten – **2.** → stilllegen
Auflassung, die: → Übereignung
auflasten: → aufbürden (1)
auflatschen: → auftreten (1)
Auflauf, der: → Ansammlung (1)
auflaufen: I. auflaufen: **1.** → stranden (1) – **2.** → aufkeimen (1) – **3.** → anwachsen (2) – **4.** sich a.: → wund (1, a) – **II.** auflaufen, sich: → wund (1, b)
auflauschen: → aufhorchen
aufleben: 1. ⟨*erneut zur Geltung kommen*⟩ wieder aufkommen · wieder auftauchen · sich wieder beleben; fröhliche Urständ fei-

ern (*noch scherzh*); → *auch* erstehen (1) – **2.** → erholen, sich (1)
auflecken: → aufflammen (1)
auflegen: I. auflegen: **1.** ⟨*ein Tischtuch auf den Tisch legen*⟩ aufdecken ♦ *umg*: auftun – **2.** ⟨*den Telefonhörer*⟩ abhängen · einhängen – **3.** ⟨*Heizmaterial auf das Feuer legen*⟩ anlegen – **4.** ⟨*auf etw. stützen*⟩ auflehnen · aufstützen · aufstemmen – **5.** → aufbürden (1 *u.* 2) – **6.** → belasten (I, 6) – **7.** → ausschreiben (1) – **8.** → ausbreiten (I, 2) – **9.** Rouge/Schminke a.: → schminken (I *u.* II) – **II.** auflegen, sich: **1.** ⟨*etw. als Stütze benutzen*⟩ sich auflehnen · sich lehnen |auf| · sich aufstützen · sich stützen |auf| · sich aufstemmen – **2.** sich a. |mit|: → anlegen (II)
auflehnen: I. auflehnen: → auflegen (I, 4) – **II.** auflehnen, sich: **1.** → aufbegehren – **2.** → auflegen (II, 1)
aufleimen: → aufkleben
auflesen: 1. → aufsammeln (1) – **2.** → finden (I, 1)
aufleuchten: aufstrahlen · aufflammen · aufglühen · aufglimmen · aufblinken · aufblitzen · aufblenden · auffunkeln · aufglänzen · aufglitzern · aufzucken ♦ *gehoben*: aufschimmern · erstrahlen · erglänzen · erglühen · erglimmen
auflichten: I. auflichten: **1.** → aufhellen (I, 1) – **2.** → aufklären (I, 1) – **II.** auflichten, sich: → aufklären (II)
aufliefern: → aufgeben (1)
Auflieferung, die: → Aufgabe (1)
aufliegen: I. aufliegen: **1.** → bedrücken (1) – **2.** → ausliegen – **II.** aufliegen, sich: → wund (1, b)
auflockern: → lockern (1)
auflodern: 1. ⟨*sich plötzlich in starker gefühlsmäßiger Erregung bemerkbar machen*⟩ ausbrechen · aufflammen · aufwallen · aufsteigen · aufkommen · aufschlagen ♦ *gehoben*: aufbrennen · auflohen – **2.** → aufflammen (1) – **3.** → ausbrechen (1)
auflohen: 1. → aufflammen (1) – **2.** → auflodern (1)
auflösen: I. auflösen: **1.** ⟨*in Flüssigkeit aufgehen lassen*⟩ lösen · zergehen lassen + verflüssigen · flüssig machen; → *auch* schmelzen (1) – **2.** ⟨*schließen u. beseitigen*⟩ liquidieren ♦ *umg*: plattmachen; → *auch* aufgeben (5) – **3.** → aufgeben (5) – **4.** → aufbinden (1) – **5.** → aufklären (I, 1) – **6.** → lösen (I, 1), entwirren, entschlüsseln (1) – **7.** → zersetzen (I, 1) – **8.** → zerstreuen (I, 2) – **II.** auflösen, sich: **1.** ⟨*in Flüssigkeit aufgehen*⟩ sich lösen – **2.** ⟨*von Menschenansammlungen gesagt*: *nicht beisammen bleiben*⟩ auseinander gehen · sich zerstreuen · sich verlaufen · sich verteilen ♦ *umg*: sich verkrümeln – **3.** ⟨*die Widersprüchlichkeit verlieren*⟩ sich aufheben – **4.** → zerfallen (2) – **5.** sich a. |in|: → verflüchtigen, sich; sich in seine Bestandteile/in Wohlgefallen a.: → zerfallen (1)
Auflösung, die: **1.** ⟨*Schließung u. Beseitigung*⟩ Liquidation; → *auch* Aufgabe (4) – **2.** → Aufgabe (4) – **3.** → Aufklärung (1) – **4.** → Zerfall (1 *u.* 2) – **5.** → Verwirrung (1) – **6.** in [voller] A. begriffen sein: → zerfallen (2)
aufmachen: I. aufmachen: **1.** → öffnen (I, 1), aufklinken, aufschließen (1), aufbinden (1), aufkorken – **2.** → eröffnen (I, 2) – **3.** → aufhängen (I, 1) – **4.** → ausstatten (I, 1) – **5.** den Gashahn a.: → vergiften (II); die Augen/die Ohren/Augen und Ohren a.: **a)** → aufpassen (1) – **b)** → vorsehen (II); die Rechnung a.: → abrechnen (1) – **II.** aufmachen, sich: **1.** → aufbrechen (3) – **2.** → weggehen (1)
Aufmachung, die: → Ausstattung (1)
aufmalen: aufstreichen ♦ *umg*: aufpinseln ♦ *salopp*: aufschmieren; → *auch* auftragen (1)
Aufmarsch, der: → Vorbeimarsch
aufmarschieren: 1. → vorbeimarschieren – **2.** a. lassen: → auftischen (1)
aufmerken: 1. ⟨*plötzlich aufmerksam werden*⟩ stutzen · stutzig werden + hellhörig werden – **2.** → aufpassen (1)
aufmerksam: 1. ⟨*geistig angespannt*⟩ konzentriert · angespannt · gesammelt · achtsam · umsichtig · wachsam · hellhörig · mit offenen Augen · mit Luchsaugen; → *auch* andächtig – **2.** ⟨*sich liebenswürdig-hilfsbereit verhaltend*⟩ zuvorkommend · entgegenkommend; → *auch* höflich, gefällig (1) – **3.** a. sein: → aufpassen (1); a. werden |auf|: → bemerken (1), aufhorchen; a. machen |auf|: → hinweisen
Aufmerksamkeit, die: **1.** ⟨*geistige Gespanntheit*⟩ Konzentration · Anspannung · Achtsamkeit · Umsicht · Wachsamkeit + Sammlung; → *auch* Andacht (1), Beachtung (1), Interesse (1) – **2.** → Gefälligkeit

(1) – **3.** → Geschenk (1) – **4.** die A. auf sich ziehen: → auffallen (1); A. erregen: **a)** → auffallen (1) – **b)** → Aufsehen (2); die A. auf sich lenken: → Aufsehen (2); A. schenken/zollen: → beachten
aufmessen: eins a.: → züchtigen (1)
aufmischen: 1. → aufrütteln (2) – **2.** → verprügeln
aufmöbeln: I. aufmöbeln: **1.** → aufpeitschen (I) – **2.** → beleben (I, 3) – **II.** aufmöbeln, sich: → aufpeitschen (II)
aufmotzen: → wirkungsvoll (2)
aufmuck[s]en: → aufbegehren
aufmuntern: 1. ⟨*neuen Schwung geben*⟩ ermuntern · auffrischen; → *auch* anregen (1) – **2.** → aufheitern (I) – **3.** → beleben (I, 3)
Aufmunterung, die: **1.** → Aufheiterung (1) – **2.** → Ermutigung
aufmüpfig: → ungehorsam
aufmutzen: → vorhalten
aufnageln: → annageln
aufnähen: aufsetzen · applizieren · anbringen + aufheften · aufflicken · aufsteppen
Aufnahme, die: **1.** ⟨*das Aufnehmen in eine Gemeinschaft*⟩ Annahme; → *auch* Anstellung (1) – **2.** ⟨*das Verarbeiten im Organismus*⟩ Resorption (*fachspr*) – **3.** ⟨*das Herstellen von Kontakten, Beziehungen*⟩ Anknüpfung – **4.** ⟨*kartograf. Fixierung eines Gebietes*⟩ Aufzeichnung – **5.** → Erfassung – **6.** → Empfang (1) – **7.** → Anmelderaum – **8.** → Beginn (2) – **9.** → Fotografie – **10.** in A. kommen: → aufkommen (1); A. finden: → gefallen (1); A. gewähren: **a)** → aufnehmen (2) – **b)** → beherbergen; A. bieten: → beherbergen; eine A. machen |von|: → fotografieren
aufnahmebereit: → aufgeschlossen
aufnahmefähig: rezeptiv (*fachspr*)
Aufnahmefähigkeit, die: **1.** ⟨*geistiges Vermögen*⟩ Aufnahmevermögen · Fassungsvermögen · Fassungskraft · geistige Kapazität; Rezeptivität (*fachspr*); → *auch* Auffassungsgabe – **2.** ⟨*räuml. Größe*⟩ Fassungsvermögen · Kapazität · Aufnahmevermögen
Aufnahmevermögen, das: → Aufnahmefähigkeit (1 *u.* 2)
aufnahmewillig: → aufgeschlossen
aufnehmen: 1.⟨*in die Höhe u. auf den Rücken nehmen*⟩ *umg*: aufhocken · aufhucken (*landsch*) – **2.** ⟨*zum Mitglied einer Gemeinschaft machen*⟩ annehmen · zulassen · Aufnahme gewähren – **3.** ⟨*im Organismus verarbeiten*⟩ resorbieren (*fachspr*) – **4.** ⟨*geistig übernehmen*⟩ rezipieren ♦ *gehoben*: empfangen – **5.** ⟨*Raum, Platz bieten*⟩ fassen · gehen |in| · hineingehen · hineinpassen – **6.** → aufheben (I, 1) – **7.** → hochheben (1) – **8.** → anstellen (I, 2) – **9.** → empfangen (1) – **10.** → beherbergen – **11.** → fotografieren – **12.** → anschließen (I, 1) – **13.** wieder a.: → weiterführen; es a. |mit|: → gewachsen (2); in Gnaden a.: → verzeihen; mit offenen Armen a.: → willkommen (2); ein Darlehen/einen Pump a.: → Kredit (2); eine Anleihe a.: **a)** → Kredit (2) – **b)** → entlehnen; Verbindung/Fühlung/Kontakt a. |zu|: → kontakten; Beziehungen a.: → annähern (II, 1); ein Protokoll a.: → protokollieren
Aufnehmer, der: → Scheuertuch
äufnen: → vermehren (I, 1)
aufnesteln: → aufbinden (1)
aufnotieren: [sich] a.: → aufschreiben (4)
aufnötigen: I. aufnötigen: → aufdrängen (I) – **II.** aufnötigen, sich: → aufdrängen (II, 2)
aufoktroyieren: → aufzwingen (I)
aufopfern: I. aufopfern: → opfern (I, 1, b) – **II.** aufopfern, sich: → hingeben (II, 1)
aufopfernd: → entsagungsvoll
Aufopferung, die: → Hingabe (1)
aufopferungsvoll: → entsagungsvoll
aufpacken: 1. → aufladen (1) – **2.** → aufbürden (1 *u.* 2) – **3.** → aufbrechen (3)
aufpäppeln: → auffüttern
aufpappen: → aufkleben
aufpassen: 1. ⟨*seine Aufmerksamkeit auf etw. richten*⟩ [1]Acht geben · [1]Acht haben · achten |auf| · aufmerksam sein · das/sein Augenmerk richten |auf| · die Augen/Ohren offen halten · Augen und Ohren offen halten · aufpassen wie ein Luchs · wachen + zuhören · zuhorchen ♦ *gehoben*: aufmerken ♦ *umg*: dabei sein · spannen · spähen · luchsen · linsen · die Ohren spitzen/auf Empfang stellen · auf dem Kien sein · die Augen überall haben · die Augen/Ohren aufmachen/aufsperren · Augen und Ohren aufmachen/aufhalten · aufpassen wie ein Heftelmacher/Schießhund + Schmiere stehen; → *auch* konzentrieren (II) – **2.** → aufprobieren – **3.** a. wie ein Luchs/Heftelmacher/Schießhund: → 1; nicht a.: → unaufmerksam (2)

Aufpasser, der: **1.** → Aufseher – **2.** → Bewachung (1) – **3.** → Spitzel – **4.** → Begleiter (2)
aufpeitschen: I. aufpeitschen: ⟨*durch anregende Mittel leistungsfähiger machen*⟩ dopen (*Sport*) ♦ *umg*: aufputschen · aufpulvern ♦ *salopp*: aufmöbeln; → *auch* beleben (I, 3) – **II.** aufpeitschen, sich: ⟨*sich durch anregende Mittel leistungsfähiger machen*⟩ *umg*: sich aufputschen · sich aufpulvern ♦ *salopp*: sich aufmöbeln
aufpeitschend: → erregend
aufpelzen: → aufbürden (2)
aufpeppen: → wirkungsvoll (2)
aufpflanzen: I. aufpflanzen: **1.** ⟨*vom Seitengewehr gesagt*: *auf das Gewehr stecken*⟩ aufstecken – **2.** → aufstellen (I, 2) – **II.** aufpflanzen, sich: → aufstellen (II)
aufpinseln: → aufmalen
aufplatzen: 1. → aufbrechen (2) – **2.** → aufspringen (1)
aufplustern: I. aufplustern: → aufblähen (I, 1) – **II.** aufplustern, sich: **1.** → aufspielen (II) – **2.** → aufblähen (II, 1)
aufpolieren: 1. → aufarbeiten (2) – **2.** → wirkungsvoll (2)
aufprägen: → aufdrücken (1)
Aufprall, der: → Aufschlag (1)
aufprallen: → aufschlagen (1)
aufprasseln: → aufflammen (1)
Aufpreis, der: → Aufschlag (2)
aufpressen: → aufdrücken (1)
aufprobieren: aufpassen
aufpulvern: I. aufpulvern: **1.** → aufpeitschen (I) – **2.** → beleben (I, 3) – **II.** aufpulvern, sich: → aufpeitschen (II)
Aufpulverungsmittel, das: → Anregungsmittel, Aufputschmittel
aufpuppen (*landsch*): aufhocken
aufpusten: I. aufpusten: → aufblasen (I) – **II.** aufpusten, sich: → aufspielen (II)
aufputschen: I. aufputschen: **1.** → aufpeitschen (I) – **2.** → beleben (I, 3) – **3.** → aufhetzen – **II.** aufputschen, sich: → aufpeitschen (II)
Aufputschmittel, das: Aufpulverungsmittel · Designerdroge · Ecstasy ♦ *umg*: Pepmittel · Peppille · Speed; → *auch* Rauschgift (1)
Aufputz, der: → Ausstattung (1)
aufputzen: 1. → anziehen (I, 1) – **2.** → schmücken (I)
aufquellen: 1. → anschwellen (1, a) – **2.** → aufwallen (1)
aufraffen: I. aufraffen: → aufsammeln (1) – **II.** aufraffen, sich: **1.** → aufstehen (1) – **2.** → anstrengen (II, 1) – **3.** → entschließen, sich – **4.** → ermannen, sich
aufragen: sich erheben · sich auftürmen · emporragen · sich aufbauen ♦ *gehoben*: anstreben · aufstreben · aufstarren · gen Himmel starren
aufragend: → steil (1)
aufrappeln, sich: **1.** → aufstehen (1) – **2. a)** → ermannen, sich – **b)** → erholen, sich (1)
aufrauen: aufkratzen · rauen
aufräumen: 1. ⟨*die Unordentlichkeit beseitigen*⟩ Ordnung machen/schaffen · ordnen · mit dem eisernen Besen auskehren + enttrümmern ♦ *umg*: Kehraus/reinen Tisch/reine Wirtschaft machen · in Schuss bringen ♦ *salopp*: ausmisten · entmisten; → *auch* wegräumen (1) – **2.** a. |mit|: → beseitigen (1)
aufrauschen: 1. → aufbrausen (1) – **2.** → ertönen
aufrechnen: 1. → anrechnen (2) – **2.** → verrechnen (I)
aufrecht: 1. ⟨*in aufgerichteter Haltung*⟩ aufgerichtet · [kerzen]gerade; → *auch* straff (1) – **2.** → ehrlich (1) – **3.** sich a. setzen: → aufrichten (II)
aufrechterhalten: → beibehalten (1)
Aufrechterhaltung, die: → Beibehaltung
aufrecken: I. aufrecken: → aufheben (I, 2) – **II.** aufrecken, sich: → aufrichten (II)
aufreden: → aufdrängen (I)
aufregen: I. aufregen: **1.** ⟨*in starke Erregung versetzen*⟩ aufreizen · aufbringen · aufwühlen · aufrühren · erregen · erhitzen · das Blut in Wallung bringen; alterieren (*veraltend*) ♦ *umg*: aus dem Häuschen bringen · verrückt machen · zur Siedehitze treiben · in Fahrt bringen + mitnehmen · an die Nieren gehen; → *auch* ärgern (I), beunruhigen (I) – **2.** → erzürnen (1) – **3.** die Galle a.: → ärgern (I) – **II.** aufregen, sich: ⟨*in starke Erregung geraten*⟩ sich beunruhigen · sich erregen · sich erhitzen · sich ereifern · außer sich geraten; sich alterieren · sich echauffieren (*veraltend*) + grollen · toben ♦ *umg*: sich haben · aus dem Häuschen geraten · in Fahrt sein · einen Tanz aufführen · Zustände kriegen · in Fahrt kommen/geraten; → *auch* Beherrschung (2, a), ärgern (II, 1), aufbrausen (2), erzürnen (2), wüten
aufregend: 1. → spannend – **2.** → erregend

Aufregung, die: **1.** → Erregung (1) – **2.** → Verwirrung (1)
aufreiben: I. aufreiben: **1.** → zerreiben – **2.** → vernichten (1, a) – **3.** → zermürben (2) – **4.** → anstrengen (I, 2) – **5.** sich a.: → wund (3, a) – **II.** aufreiben, sich: **1.** → erschöpfen (II, 1) – **2.** → wund (3, b)
aufreibend: → anstrengend
aufreihen: 1. ⟨*hintereinander auf einem Faden anordnen*⟩ aufziehen · ziehen |auf| · reihen |auf| · auf einen Faden ziehen ♦ *umg*: auffädeln · fädeln |auf| (*landsch*) – **2.** ⟨*eine Reihe bilden*⟩ [aneinander] reihen · hintereinander stellen; → *auch* aufstellen (I, 2)
[1]**aufreißen: I.** aufreißen: **1.** ⟨*in Bezug auf die Augen bzw. eine Tür od. dgl.*: *weit öffnen*⟩ *umg*: aufsperren – **2.** → öffnen (I, 1) – **3.** → hochzerren – **4.** → beschaffen (1), kennen (3) – **5.** den Mund/das Maul/die Schnauze [weit] a.: → aufspielen (II); Mund und Augen/Mund und Nase/das Maul a.: → staunen (1); sich den Arsch a.: → übereifrig – **II.** aufreißen, sich: → ritzen (II)
[2]**aufreißen:** → aufzeichnen (1)
aufreizen: 1. → aufregen (I, 1) – **2.** → erzürnen (1) – **3.** → aufhetzen – **4.** a. |zu|: → verleiten
aufreizend: → aufdringlich (2), erregend
aufrichten: I. aufrichten: **1.** ⟨*jmdn. in eine aufrechte Stellung bringen*⟩ aufsetzen · hochrichten · emporrichten; → *auch* hochzerren – **2.** ⟨*durch Zuspruch helfen*⟩ stärken · erheben · erbauen; → *auch* trösten – **3.** → aufheitern (I) – **4.** → aufstellen (I, 1) – **II.** aufrichten, sich: ⟨*eine aufrechte Stellung einnehmen*⟩ sich emporrichten · sich aufsetzen · sich aufrecht setzen · sich aufrecken · aufsitzen + sich aufstützen · sich ausstrecken; → *auch* aufbäumen, sich (1), auffahren (1)
aufrichtig: 1. → offen (3) – **2.** → ehrlich (1)
Aufrichtigkeit, die: → Ehrlichkeit
Aufrichtung, die: **1.** → Trost (1) – **2.** → Aufbau (1)
Aufriss, der: **1.** ⟨*Zeichnung der Vorderansicht od. eines senkrechten Schnittes von etw.*⟩ Profil – **2.** → Aufbau (2) – **3.** → Überblick (1)
aufritzen, sich: → ritzen (II)
aufrollen: 1. ⟨*Zusammengerolltes entfalten*⟩ aufwickeln · entrollen · auseinander rollen; → *auch* abrollen (1), auseinander (2, a) – **2.** ⟨*auf eine Rolle bringen*⟩ [zusammen]rollen · [auf]wickeln · aufspulen · aufwinden · [auf]haspeln; weifen (*fachspr*) – **3.** → aufkrempeln – **4.** → darlegen
aufrücken: 1. → aufschließen (2) – **2.** → aufsteigen (2) – **3.** a. lassen: → befördern (2)
Aufruf, der: **1.** ⟨*öffentl. Aufforderung*⟩ Appell · Ruf · Aufbietung · Proklamation; Aufgebot (*Rechtsw*) – **2.** → Anschlag (1)
aufrufen: 1. ⟨*sich an die Öffentlichkeit wenden*⟩ appellieren |an| · auffordern · aufbieten – **2.** ⟨*sich im Unterricht an einen Schüler wenden*⟩ *umg*: drannehmen
Aufruhr, der: **1.** ⟨*Aktionen eines Aufstandes*⟩ Empörung · Unruhen · Wirren · Tumult · Krawall · Bambule; → *auch* Aufstand, Revolution – **2.** → Erregung (1) – **3.** → Lärm (1) – **4.** A. der Elemente: → Unwetter
aufrühren: 1. ⟨*erneut zur Sprache bringen*⟩ *umg*: aufwärmen · auskramen – **2.** → aufregen (I, 1)
aufrührend: → erregend
Aufrührer, der: → Aufständische
aufrührerisch: empörerisch · aufständisch · rebellisch · aufsässig; → *auch* hetzerisch
aufrunden: [nach oben] abrunden · runden; → *auch* abrunden (2)
aufrüsten: → rüsten (1)
Aufrüstung, die: → Rüstung (1)
aufrütteln: 1. ⟨*durch Rütteln wecken*⟩ wachrütteln · aus dem Schlaf rütteln – **2.** ⟨*nachdrücklich zum Handeln veranlassen*⟩ wachrütteln · wachrufen; aufmischen (*landsch*)
aufsacken: 1. → aufladen (1) – **2.** → aufbürden (1 *u.* 2)
Aufsage, die: → Kündigung (1)
aufsagen: 1. ⟨*auswendig sprechen*⟩ *umg*: her[unter]sagen · her[unter]beten · abbeten · herunterhaspeln · abhaspeln · herunterschnurren · herunterrattern · abschnurren ♦ *salopp*: her[unter]leiern · ableiern · vorleiern · abspulen (*abwert*); → *auch* vortragen (1) – **2.** → kündigen (1) – **3.** die Mitarbeit a.: → Mitarbeit
Aufsagung, die: → Kündigung (1)
aufsammeln: 1. ⟨*Umherliegendes aufnehmen*⟩ [auf]lesen · zusammenlesen; [auf]klauben · zusammennehmen · aufsuchen · zusammenraffen · aufraffen · zusammenklauben (*landsch*); → *auch* absuchen (1), aufheben (I, 1) – **2.** → finden (I, 1)

aufsässig: **1.** → ungehorsam – **2.** → aufrührerisch
aufsatteln: → satteln (1)
Aufsatz, der: **1.** ⟨*Schularbeit*⟩ Niederschrift – **2.** → Abhandlung (1) – **3.** → Aufbau (3)
aufsaugen: **1.** ⟨*saugend in sich aufnehmen*⟩ absorbieren – **2.** aufgesaugt werden: → aufgehen (8, a)
Aufsaugung, die: Absorption
aufschauen: **1.** → aufsehen (1) – **2.** a. |zu|: → verehren (1)
aufschaufeln: **1.** → aufhäufen (I, 1) – **2.** → freilegen
aufschäumen: → aufbrausen (1 *u.* 2)
aufscheinen: **1.** → auftauchen (3) – **2.** → vorkommen (1)
aufscheuchen: aufjagen · hochscheuchen · aufstöbern · aufstören · aufschrecken
aufscheuern: **I.** aufscheuern: sich a.: → wund (3, a) – **II.** aufscheuern, sich: → wund (3, b)
aufschichten: aufstapeln · auftürmen ♦ *umg*: bansen (*landsch*); aufschlichten (*österr*); → *auch* schichten
aufschieben: verschieben · hinausschieben · vertagen · aussetzen; prolongieren (*fachspr*); → *auch* verzögern (I)
aufschießen: → heranwachsen
aufschimmern: → aufleuchten
Aufschlag, der: **1.** ⟨*das Aufschlagen, Fallen auf eine Fläche*⟩ Aufprall · Aufstoß ♦ *umg*: Staucher; → *auch* Anprall, Zusammenstoß (1) – **2.** ⟨*zusätzlicher Betrag, der den Preis erhöht*⟩ Aufpreis · Aufgeld · Zuschlag · Agio – **3.** ⟨*nach außen gewendeter Teil an Kleidungsstücken*⟩ Besatz · Revers · Spiegel; Fasson (*fachspr*)
aufschlagen: **1.** ⟨*fallend auf eine Fläche treffen*⟩ aufprallen · aufstoßen · auftreffen · auffallen ♦ *umg*: aufknallen · aufklatschen · aufbumsen; → *auch* anstoßen (1), zusammenstoßen (1) – **2.** ⟨*mit der Hand, Faust auf etw. schlagen*⟩ aufstoßen · aufklopfen ♦ *umg*: aufbumsen – **3.** ⟨*durch Blättern ein Buch öffnen*⟩ aufklappen · aufblättern – **4.** ⟨*durch Anheben [u. Umlegen] öffnen*⟩ aufklappen – **5.** ⟨*den Kragen in die Höhe schlagen*⟩ hochschlagen · hochklappen · aufklappen · aufstülpen · aufstellen – **6.** → aufstellen (I, 1) – **7.** → aufbrechen (1) – **8.** → ausbreiten (I, 1) – **9.** → aufflammen (1) – **10.** → auflodern (1) – **11.** → annageln – **12.** a. |auf|: → zuschlagen (2); die Augen a.: → aufwachen (1); die Augen a. |zu|: → aufsehen (1); seinen Wohnsitz/seine Zelte a.: → niederlassen (II, 1)
aufschleppen: → abtragen (1)
aufschlichten: → aufschichten
aufschließen: **1.** ⟨*ein Schloss öffnen*⟩ aufsperren (*landsch*) ♦ *umg*: aufmachen; → *auch* öffnen (I, 1) – **2.** ⟨*dicht an seinen Vordermann herangehen*⟩ aufrücken · nachrücken + auffahren – **3.** → erklären (I, 1) – **4.** → erschließen (I, 1) – **5.** → aufbereiten (1)
aufschlingen: **1.** → aufbinden (1) – **2.** → aufessen
aufschluchzen: → aufweinen
Aufschluss, der: **1.** → Aufklärung (2) – **2.** A. geben: → aufklären (I, 2)
aufschlüsseln: → aufteilen (2)
Aufschlüsselung, die: → Einteilung (1)
aufschlussreich: **1.** → lehrreich – **2.** → viel (3, a)
aufschmelzen: **1.** → auftauen (1 *u.* 2) – **2.** → schmelzen (1 *u.* 2)
aufschmieren: **1.** → auftragen (1) – **2.** → aufmalen
aufschnappen: **1.** → öffnen (II) – **2.** → fangen (I, 1) – **3.** → erhaschen (1)
aufschnaufen: → aufatmen (1)
aufschneiden: **1.** ⟨*zum Essen in Stücke schneiden*⟩ in Scheiben schneiden – **2.** → prahlen
Aufschneider, der: → Angeber (1)
Aufschneiderei, die: → Prahlerei
aufschneiderisch: → angeberisch
aufschnellen: → auffahren (1)
aufschnüren: → aufbinden (1)
aufschrecken: **1.** → auffahren (1) – **2.** → aufscheuchen – **3.** aus dem Schlaf a.: → aufwachen (1)
Aufschrei, der: → Schrei (1)
aufschreiben: **1.** ⟨*schriftlich fixieren*⟩ [nieder]schreiben · aufzeichnen · zu Papier bringen · aufs Papier werfen ♦ *gehoben*: der Feder/dem Papier anvertrauen · niederlegen – **2.** → verschreiben (I) – **3.** → anschreiben (1) – **4.** [sich] a.: ⟨[*sich*] *zum Merken schriftlich festhalten*⟩ [sich] notieren · [sich] aufnotieren · [sich] anmerken · vermerken · verzeichnen
aufschreien: aufbrüllen · aufkreischen
Aufschrift: die: **1.** ⟨*die schriftl. Angaben auf etw.*⟩ Beschriftung · Aufdruck · Etikett[e] · Label – **2.** → Adresse (1)

Aufschub, der: **1.** ⟨*Hinausschiebung eines Termins*⟩ Verschiebung · Vertagung – **2.** ⟨*Verlängerung eines zugebilligten Zeitraumes*⟩ Fristverlängerung · Fristung · Schonfrist · Gnadenfrist · Gnadenaufschub ♦ *umg*: Galgenfrist · Henkersfrist – **3.** → Verzögerung (1) – **4.** → Bedenkzeit – **5.** ohne A.: → sofort; keinen A. dulden/leiden/vertragen: → eilen (I, 2)
aufschürfen, sich: → ritzen (II)
aufschürzen: 1. → hochheben (1) – **2.** → aufwerfen (I, 1)
aufschütten: → aufhäufen (I, 1)
Aufschüttung, die: → Damm (1)
aufschwänzen: → antreiben (2)
aufschwatzen: → aufdrängen (I)
aufschwellen: 1. → anschwellen (1, a) – **2.** → aufblähen (I, 1)
aufschwindeln: → aufdrängen (I)
aufschwingen, sich: **1.** ⟨*sich schwingend nach oben bewegen*⟩ sich hochschwingen · sich emporschwingen · sich hinaufschwingen · sich nach oben schwingen – **2.** → emporfliegen – **3.** sich a. |zu|: **a)** → entschließen, sich – **b)** → aufwerfen (II)
Aufschwung, der: **1.** → Aufstieg (2), Hochkonjunktur – **2.** einen A. erleben/nehmen: → gedeihen (1)
aufsehen: 1. ⟨*die Augen in die Höhe richten*⟩ aufblicken · hochblicken · hochschauen · emporsehen · die Augen aufschlagen |zu|; aufschauen (*landsch*) ♦ *gehoben*: + sein Haupt erheben ♦ *umg*: aufgucken – **2.** a. |zu|: → verehren (1)
Aufsehen, das: **1.** ⟨*öffentl. Aufregung*⟩ Skandal · Eklat · Sensation + Stadtgespräch ♦ *gehoben*: Aufheben; → *auch* Ereignis (1) – **2.** A. erregen: ⟨*öffentl. Aufmerksamkeit verursachen*⟩ Aufmerksamkeit erregen · die Aufmerksamkeit auf sich lenken · Beachtung finden · Staunen erregen · Staub aufwirbeln · Wellen schlagen · Furore machen · Epoche machen; → *auch* beeindrucken – **3.** ohne A.: → unauffällig (1); A. erregend: → sensationell
Aufseher, der: Wärter · Bewacher · der Aufsichtführende · Aufsicht + Beschließer · Schließer · Ordner ♦ *umg*: Aufpasser; → *auch* Wächter
aufseiten: seitens
aufsetzen: I. aufsetzen: **1.** ⟨*zum Kochen auf den Herd stellen*⟩ aufstellen (*landsch*) – **2.** ⟨*auf den Kopf setzen*⟩ aufstülpen · auf den Kopf stülpen ♦ *umg*: überstülpen – **3.** → aufnähen – **4.** → auftragen (1) – **5.** → auftischen (1) – **6.** → verfassen – **7.** → aufrichten (I, 1) – **8.** → landen (1) – **9.** den Fuß/die Füße a.: → auftreten (1); ein Geweih/Hörner a.: → betrügen (2, b); eine Miene a.: → annehmen (11); ein Gesicht a.: **a)** → annehmen (11) – **b)** → schmollen; [s]einen Kopf/Dickkopf a.: → eigensinnig (2); einen Dämpfer a.: → zurechtweisen; das setzt allem die Krone auf: → unerhört (2) – **II.** aufsetzen, sich: → aufrichten (II)
aufseufzen: → aufstöhnen
Aufsicht, die: **1.** ⟨*kontrollierende Beobachtung*⟩ Beaufsichtigung · Überwachung · Kontrolle · Bewachung · Supervision + Zensur · Dienstaufsicht – **2.** ⟨*Sicht von oben*⟩ Draufsicht – **3.** → Aufseher
Aufsichtführende, der: → Aufseher
aufsichtslos: → unbeaufsichtigt
aufsitzen: 1. ⟨*sich auf ein Tier od. Fahrzeug setzen*⟩ besteigen · aufsteigen · sich in den Sattel schwingen; sich hinaufschwingen (*scherzh*) – **2.** → aufbleiben (1) – **3.** → aufrichten (II) – **4.** → stranden (1) – **5.** → hereinfallen – **6.** a. lassen: → verlassen (I, 2)
Aufsitzer, der: → Enttäuschung (1)
aufspalten: → spalten (1)
aufspannen: → aufziehen (2)
aufsparen: 1. → sparen (1) – **2.** [sich] a.: → zurücklegen (3)
aufspeichern: I. aufspeichern: → horten – **II.** aufspeichern, sich: → ansammeln (II, a *u.* c)
Aufspeicherung, die: → Anhäufung (1)
aufsperren: 1. → aufschließen (1) – **2.** → [1]aufreißen (I, 1) – **3.** die Löffel a.: → lauschen; die Augen/Ohren a.: **a)** → aufpassen (1) – **b)** → vorsehen (II); Mund und Augen/Mund und Nase/das Maul a.: → staunen (1)
aufspielen: I. aufspielen: → musizieren – **II.** aufspielen, sich: ⟨*sich in den Vordergrund stellen*⟩ wichtig tun · sich wichtig machen · das große Wort führen · große Worte reden; sich aufblähen (*abwert*) ♦ *umg*: sich herausstreichen · das große Wort/die große Klappe schwingen · Wind machen · große Töne reden · den Mund [weit] aufreißen; sich aufblasen (*abwert*) ♦ *salopp*: große Töne spucken · große/dicke Töne schwingen · große Bogen/einen

großen Bogen spucken · sich mausig machen · sich aufplustern · sich aufpusten ♦ *derb*: das Maul [weit] aufreißen · die große Schnauze haben/schwingen · die Schnauze [weit] aufreißen; → *auch* angeben (1), prahlen
aufspießen: **1.** ⟨*mit etw. Spitzem hochnehmen*⟩ anspießen · anstechen + gabeln – **2.** → anzwecken
aufsprengen: → aufbrechen (1)
aufsprießen: → aufkeimen (1)
aufspringen: **1.** ⟨[*an mehreren Stellen*] *Öffnungen bekommen*⟩ aufplatzen · rau/rissig werden · Risse bekommen – **2.** → aufbrechen (2) – **3.** → öffnen (II) – **4.** → auffahren (1) – **5.** → einsteigen (2) – **6.** wie von der Tarantel gestochen a.: → auffahren (1)
aufsprossen: → aufkeimen (1)
aufsprudeln: → aufwallen (1)
aufspulen: → aufrollen (2)
aufspüren: **1.** ⟨*nach längerem Suchen entdecken*⟩ aufstöbern · auffinden · ausfindig machen; ausspüren (*veraltend*); ausforschen (*österr*) – **2.** → entdecken (I, 1)
aufstacheln: **1.** → aufhetzen – **2.** → anstacheln (1)
Aufstand, der: Erhebung · Empörung · Rebellion · Revolte · Putsch · Insurrektion + Volksaufstand · Volkserhebung · Meuterei; → *auch* Aufruhr (1), Revolution, Freiheitskampf
aufständisch: → aufrührerisch
Aufständische, der: Empörer · Rebell · Aufrührer · Putschist · Insurgent; Revoluzzer (*abwert*) + Meuterer
aufstapeln: → aufschichten
aufstarren: → aufragen
aufstauen: **I.** aufstauen: → stauen – **II.** aufstauen, sich: → ansammeln (II, a *u.* c)
aufstecken: **1.** → aufbinden (2) – **2.** → aufhängen (I, 1) – **3.** → aufpflanzen (I, 1) – **4.** → aufgeben (3) – **5.** ein Licht a.: → aufklären (I, 2); eine Miene a.: → annehmen (11); ein Gesicht a.: **a)** → annehmen (11) – **b)** → schmollen
aufstehen: **1.** ⟨*sich in die Höhe bewegen, so dass man steht*⟩ sich [vom Lager] erheben ♦ *umg*: sich aufraffen · sich aufrappeln – **2.** → aufbegehren
aufsteigen: **1.** ⟨*nach oben steigen*⟩ hochsteigen · ansteigen · emporsteigen ♦ *umg*: hochgehen; → *auch* hinaufklettern – **2.** ⟨*im Beruf usw. erfolgreich sein*⟩ aufrücken · befördert werden · vorwärts kommen · avancieren ♦ *umg*: etwas werden; die Treppe hinauffallen (*spött*) – **3.** → emporfliegen – **4.** → aufgehen (1) – **5.** → aufsitzen (1) – **6.** → einsteigen (2) – **7.** → auftauchen (4) – **8.** → ansteigen (1) – **9.** → auflodern (1) – **10.** → aufbrausen (1) – **11.** → aufwallen (1) – **12.** → ertönen
Aufsteiger, der: → Anfänger (1)
aufstellen: **I.** aufstellen: **1.** ⟨*in bestimmter Weise errichten*⟩ aufschlagen · aufrichten · aufbauen + aufklappen – **2.** ⟨*an einen Ort stellen*⟩ hinstellen · postieren · platzieren + ausstellen ♦ *umg*: aufpflanzen · aufbauen; → *auch* aufreihen (2) – **3.** ⟨*Geschütze od dgl. in Kampfposition bringen*⟩ auffahren · in Stellung bringen – **4.** ⟨*zusammenkommen lassen, zusammentreten lassen*⟩ zusammenstellen · formieren ♦ *umg*: auf die Beine bringen/stellen – **5.** ⟨*auf die Wahlliste setzen*⟩ nominieren + namhaft machen – **6.** → anordnen (1) – **7.** → aufschlagen (5) – **8.** → aufsetzen (I, 1) – **9.** eine Forderung a.: → fordern (1); die Behauptung a.: → behaupten (I, 1); die Vermutung a.: → vermuten; die Bilanz/Schlussrechnung/Rechnung a.: → abrechnen (1) – **II.** aufstellen, sich: ⟨*sich an einen Ort stellen*⟩ antreten · sich postieren · Aufstellung nehmen; Posto fassen (*veraltend*) ♦ *umg*: sich aufpflanzen · sich aufbauen
Aufstellung, die: **1.** ⟨*das Hinstellen an einen Ort*⟩ Platzierung · Postierung + Aneinanderreihung – **2.** ⟨*das Zusammentretenlassen*⟩ Zusammenstellung · Formierung · Bildung – **3.** ⟨*Nennung für die Wahlliste*⟩ Nominierung – **4.** → Anordnung (1) – **5.** → Aufbau (1) – **6.** Tabelle – **7.** A. nehmen: → aufstellen (II)
aufstemmen: **I.** aufstemmen: **1.** → aufbrechen (1) – **2.** → auflegen (I, 4) – **II.** aufstemmen, sich: → auflegen (II, 1)
aufstempeln: → aufdrücken (1)
aufsteppen: → aufnähen
aufstieben: **1.** → emporfliegen – **2.** → aufwirbeln (1)
Aufstieg, der: **1.** ⟨*das Emporsteigen auf einen Berg*⟩ Anstieg – **2.** ⟨*Entwicklung zum wirtschaftlichen Erfolg*⟩ Aufschwung · Auftrieb · Aufwärtsentwicklung · Aufwärtsbewegung; → *auch* Entwicklung (1), Fortschritt (1) – **3.** → Aufgang (2) – **4.** einen A. erleben: → gedeihen (1)

aufstöbern: 1. → aufscheuchen – **2.** → aufspüren (1)
aufstöhnen: aufächzen · aufseufzen · aufjammern; → *auch* stöhnen, seufzen (1)
aufstören: → aufscheuchen
Aufstoß, der: → Aufschlag (1)
aufstoßen: 1. ⟨*aus dem Magen aufsteigende Luft ausstoßen*⟩ Bäuerchen / Prösterchen machen (*kinderspr*) ♦ *umg*: rülpsen – **2.** → öffnen (I, 1) – **3.** → aufschlagen (1 *u.* 2) – **4.** → auffallen (1) – **5.** sauer a.: → ärgern (I)
aufstrahlen: → aufleuchten
aufstreben: → aufragen
aufstrebend: → strebsam
aufstreichen: 1. → aufmalen – **2.** → auftragen (1)
aufstreifen: → aufkrempeln
Aufstrich, der: Belag
aufstülpen: 1. → aufsetzen (I, 2) – **2.** → aufschlagen (5) – **3.** → aufkrempeln – **4.** → aufwerfen (I, 1)
aufstützen: I. aufstützen: → auflegen (I, 4) – **II.** aufstützen, sich: **1.** → aufrichten (II) – **2.** → auflegen (II, 1)
aufsuchen: 1. ⟨*zu jmdm. hingehen mit einem bestimmten Anliegen*⟩ *umg*: ansteuern (*scherzh*) ♦ *salopp*: auf die Bude rücken · in die Bude schneien; → *auch* besuchen – **2.** → gehen (8) – **3.** → aufsammeln (1)
auftafeln: → auftischen (1)
auftakeln: I. auftakeln: ⟨*mit Takelwerk ausstatten*⟩ betakeln – **II.** auftakeln, sich: → herausputzen (II)
Auftakt, der: **1.** ⟨*Einleitung eines Ereignisses*⟩ Aufklang – **2.** → Beginn (1)
auftanken: [voll] tanken · betanken
auftauchen: 1. ⟨*über der Wasseroberfläche erscheinen*⟩ emportauchen – **2.** ⟨*am Seehorizont erscheinen*⟩ aufkreuzen (*seem*) – **3.** ⟨*plötzlich sichtbar werden*⟩ aufwachsen; aufscheinen (*süddt österr*); → *auch* erscheinen (1, a *u.* b) – **4.** ⟨*im Bereich des Geistigen entstehen*⟩ aufsteigen · aufdämmern · aufblitzen · bewusst werden + aufwachen · aufbrechen; → *auch* aufkommen (1) – **5.** → ankommen (1) – **6.** → erscheinen (1, a) – **7.** wieder a.: → aufleben (1)
auftauen: 1. ⟨*Eis zum Schmelzen bringen*⟩ [ab]tauen · wegtauen · [weg]schmelzen · zerschmelzen · abschmelzen · aufschmelzen; entfrosten · enteisen (*fachspr*); → *auch* schmelzen (1) – **2.** ⟨*vom Eis befreit werden*⟩ [ab]tauen · wegtauen · [ab]schmelzen · aufschmelzen · wegschmelzen · zerschmelzen; → *auch* schmelzen (2) – **3.** → Schüchternheit (2)
aufteilen: 1. ⟨*in Teile gliedern*⟩ + abteilen · parzellieren; → *auch* verteilen (I, 1), ausgeben (I, 1) – **2.** ⟨*nach Gruppen ordnen*⟩ aufgliedern · aufschlüsseln; → *auch* einteilen (1), verteilen (I, 1) – **3.** → verteilen (I, 1)
Aufteilung, die: **1.** → Einteilung (1) – **2.** → Verteilung (1)
auftischen: 1. ⟨*Speisen zum Essen auf den Tisch stellen*⟩ auftragen · anrichten · servieren · vorsetzen · vorlegen; aufsetzen (*veraltend*) ♦ *gehoben*: auftafeln ♦ *umg*: anfahren · auffahren · auftun · aufmarschieren lassen; → *auch* anbieten (I, 2), bewirten (1), bedienen (I, 3), spendieren (1) – **2.** → einreden (1)
Auftrag, der: **1.** → Aufgabe (2) – **2.** → Befehl (1) – **3.** → Aufforderung (2) – **4.** → Bestellung (1) – **5.** in A. geben: → bestellen (1); einen A. geben / erteilen: → beauftragen
auftragen: 1. ⟨*mit einer Schicht versehen*⟩ aufbringen · aufstreichen · aufsetzen + verstreichen · verreiben; ausstreichen (*med*) ♦ *umg*: aufschmieren + verschmieren; → *auch* aufmalen – **2.** → beauftragen – **3.** → auftischen (1) – **4.** → abtragen (1) – **5.** [faust]dick a.: → übertreiben (1); Rouge / Schminke a.: → schminken (I *u.* II)
Auftraggeber, der: **1.** ⟨*Aufträge erteilende Person*⟩ Besteller · Kommittent; Mandant · Klient (*Rechtsw*); → *auch* Käufer – **2.** → Hintermann (1)
Auftragsbestand, der: Auftragslage
Auftragslage, die: → Auftragsbestand
auftrampeln: → auftreten (1)
auftreffen: 1. ⟨[*plötzlich*] *im Fallen berühren*⟩ fallen |auf| · fallen |in| – **2.** → aufschlagen (1)
auftreiben: 1. → aufblähen (I, 1) – **2.** → anschwellen (1, a) – **3.** → aufbringen (1) – **4.** → beschaffen (1)
auftrennen: → zertrennen
auftreten: 1. ⟨*den Fuß auf den Boden setzen* [*u. mit dem Körpergewicht belasten*]⟩ den Fuß aufsetzen · die Füße aufsetzen ♦ *salopp*: auflatschen · auftrampeln – **2.** → verhalten (II, 1) – **3.** → vorkommen (1) – **4.** a. |gegen|: → angreifen (I, 2)
Auftreten, das: → Benehmen (1)
Auftrieb, der: **1.** ⟨*Druck nach oben*⟩ Auftriebskraft – **2.** → Aufstieg (2)

Auftriebskraft, die: → Auftrieb (1)
Auftritt, der: **1.** ⟨*Abschnitt eines Theaterstückes*⟩ Szene + Nummer – **2.** → Streit (1)
auftrocknen: 1. → aufwischen (1) – **2.** → trocknen (1)
auftrumpfen: 1. → aufbegehren – **2.** → prahlen
auftun: I. auftun: **1.** → öffnen (I, 1) – **2.** → eröffnen (I, 2) – **3.** → auflegen (I, 1), auftischen (1) – **4.** den Mund/das Maul a.: → sprechen (1) – **II.** auftun, sich: **1.** → öffnen (II) – **2.** → entstehen (1)
auftürmen: I. auftürmen: → aufschichten – **II.** auftürmen, sich: → aufragen
aufwachen: 1. ⟨*den Schlaf beenden*⟩ erwachen · wach/munter werden · die Augen aufschlagen + aus dem Schlaf auffahren/aufschrecken · [sich] den Schlaf aus den Augen reiben – **2.** → auftauchen (4)
aufwachsen: 1. → heranwachsen – **2.** → auftauchen (3)
aufwägen: → ausgleichen (I, 2)
aufwallen: 1. ⟨*wallend emporsteigen*⟩ emporwallen · aufsprudeln · aufbrodeln · aufquellen · aufsieden · aufdampfen · aufsteigen; → *auch* aufbrausen (1) – **2.** → auflodern (1) – **3.** → aufkochen
Aufwallung, die: **1.** → Erregung (1) – **2.** → Anfall (2)
Aufwand, der: **1.** ⟨*das Aufgewendete*⟩ großes Aufgebot + Ausstattung · Repräsentation ♦ *salopp*: Brimborium · Tamtam · Sums · Klimbim (*oft scherzh*); → *auch* Prunk (1) – **2.** → Einsatz (1) – **3.** → Ausgabe (2) – **4.** → Verschwendung
aufwändig: → kostspielig
Aufwandsentschädigung, die: → Tagegeld
aufwärmen: I. aufwärmen: **1.** ⟨*erneut wärmen*⟩ + aufbacken · aufbraten – **2.** → aufrühren (1) – **3.** aufgewärmter Kohl: → Bart (2) – **II.** aufwärmen, sich: ⟨[*vorübergehend*] *Wärme auf sich einwirken lassen*⟩ sich durchwärmen; sich auswärmen (*landsch*)
Aufwartefrau, die: → Putzfrau
aufwarten: 1. → bedienen (I, 1 *u.* 3) – **2.** a. |mit|: **a)** → anbieten (I, 2) – **b)** → darbieten (I, 1)
aufwärts: → hinauf
Aufwärtsbewegung, die: → Aufstieg (2), Fortschritt (1)
Aufwärtsentwicklung, die: → Aufstieg (2), Fortschritt (1)
Aufwartung, die: **1.** → Putzfrau – **2.** → Bedienung (1 *u.* 3) – **3.** → Höflichkeitsbesuch – **4.** seine A. machen: → besuchen
Aufwasch, der: → Abwasch (1)
Aufwaschbecken, das: → Abwaschbecken
aufwaschen: → abwaschen (1)
Aufwaschwasser, das: → Spülwasser
aufwecken: → wecken (1)
aufweichen: 1. ⟨*durch Anfeuchten weich machen*⟩ durchweichen · durchfeuchten – **2.** → untergraben (I)
aufweinen: aufschluchzen ♦ *umg*: aufheulen
aufweisen: 1. → zeigen (I, 4) – **2.** aufzuweisen haben: → besitzen (1)
aufwenden: aufbieten · einsetzen · mobilisieren · daransetzen · hineinstecken ♦ *gehoben*: daranwenden ♦ *umg*: dransetzen · reinstecken · reinbuttern · buttern |in|; → *auch* anstrengen (I, 1)
Aufwendung, die: **1.** → Einsatz (1) – **2.** → Anstrengung (1) – **3.** → Ausgabe (2)
aufwerfen: I. aufwerfen: **1.** ⟨*von den Lippen gesagt*: *nach vorn schieben*⟩ [auf]schürzen · aufstülpen – **2.** → aufhäufen (I, 1) – **3.** → ansprechen (2) – **II.** aufwerfen, sich: sich a. |zu|: ⟨*sich eigenmächtig zu etw. machen*⟩ sich aufschwingen |zu| · sich erheben |zu|
aufwickeln: 1. → aufrollen (1 *u.* 2) – **2.** → auspacken (1)
aufwiegeln: → aufhetzen
aufwiegen: → ausgleichen (I, 2)
Aufwiegler, der: → Aufhetzer
aufwieglerisch: → hetzerisch
Aufwind, der: im A. sein: → gedeihen (1)
aufwinden: 1. → hochziehen (1) – **2.** → aufrollen (2)
aufwirbeln: 1. ⟨*in die Höhe wirbeln*⟩ aufstieben – **2.** Staub a.: **a)** → stauben – **b)** → Aufsehen (2)
aufwischen: 1. ⟨*durch Wischen trocknen*⟩ auftrocknen – **2.** → reinigen (2)
Aufwischlappen, der: → Scheuertuch
Aufwischtuch, das: → Scheuertuch
aufwühlen: → aufregen (I, 1)
aufwühlend: → erregend
Aufwurf, der: → Damm (1)
aufzählen: 1. ⟨*Geld zählend hinlegen*⟩ herzählen · [auf]blättern · hinblättern – **2.** → anführen (1) – **3.** Hiebe a.: → schlagen (I, 1)
Aufzählung, die: → Anführung (1)
aufzäumen: den Zaum anlegen · zäumen

aufzehren: **I.** aufzehren: **1.** → aufessen, verbrauchen (1) – **2.** → zermürben (2) – **II.** aufzehren, sich: → verbraucht (4)
aufzeichnen: **1.** ⟨*zeichnend fixieren*⟩ aufreißen (*fachspr*) – **2.** → aufschreiben (1)
Aufzeichnung, die: **1.** → Niederschrift (1) – **2.** → Aufnahme (4)
aufzeigen: **1.** → aufdecken (I, 1) – **2.** → aufklären (I, 1), zeigen (I, 4) – **3.** → beweisen (1) – **4.** aufzuzeigen haben: → besitzen (1)
aufzerren: → hochzerren
aufziehen: **1.** ⟨*von einem Unwetter gesagt: sich entwickeln, sich nähern*⟩ heraufziehen • heraufkommen • aufkommen • sich zusammenziehen • sich zusammenballen • sich zusammenbrauen • herankommen • hochziehen • im Anzug/Verzug sein ♦ *gehoben*: nahen; → *auch* nähern, sich (1) – **2.** ⟨*auf einer Unterlage befestigen*⟩ beziehen • bespannen • aufspannen – **3.** ⟨*ein Lebewesen bis zum Erwachsensein betreuen*⟩ **a)** ⟨*Menschen*⟩ großziehen • heranziehen ♦ *gehoben*: auferziehen; → *auch* auffüttern – **b)** ⟨*Tiere*⟩ großziehen • aufzüchten • hochbringen • aufbringen; → *auch* auffüttern – **4.** ⟨*durch Spannen der Feder in Gang setzen*⟩ aufdrehen – **5.** → hochziehen (1) – **6.** → aufreihen (1) – **7.** → aufkleben – **8.** → gestalten (1) – **9.** → öffnen (I, 1) – **10.** → necken
Aufzucht, die: → Zucht (1)
aufzüchten: → aufziehen (3, b)
aufzucken: **1.** → aufleuchten – **2.** → auffahren (1)
Aufzug, der: **1.** ⟨*Abschnitt eines Theaterstückes*⟩ Akt – **2.** → Fahrstuhl (1) – **3.** → Umzug (2) – **4.** → Ausstattung (1) – **5.** → Kleidung (1)
aufzüngeln: **1.** → aufflammen (1) – **2.** → ausbrechen (1)
aufzwingen: **I.** aufzwingen: ⟨*mit Gewalt aufdrängen*⟩ oktroyieren • diktieren • aufoktroyieren + überstülpen; → *auch* aufdrängen (I) – **II.** aufzwingen, sich: → aufdrängen (II, 2)
Augapfel, der: **1.** → Auge (I, 1) – **2.** wie seinen A. hüten: → schützen (I, 1)
Auge, das: **1.** ⟨*Sinnesorgan*⟩ Sehorgan • Augapfel ♦ *umg*: Guckäuglein (*kinderspr*) ♦ *derb*: Glotzauge – **2.** → Blick (1) – **3.** → Fettauge – **4.** → Knospe – **5.** die Augen aufschlagen, [sich] den Schlaf aus den Augen reiben: → aufwachen (1); kein A. zutun können: → wachen (1); feuchte Augen bekommen, sich die Augen rot/aus dem Kopf weinen: → weinen (1); die Augen ausbohren/ausstechen/ausdrücken/ausstoßen/ausbrennen: → blenden (2); die Augen [für immer] schließen/zumachen: → sterben (1); ins A. fassen: **a)** → ansehen (I, 3) – **b)** → beobachten (1) – **c)** → vornehmen (2); ein wachsames A. haben |auf|: → überwachen (1); ein A. riskieren: → Blick (4); nicht aus den Augen lassen: **a)** → beobachten (1) – **b)** → bewachen (1); im A. behalten: **a)** → bewachen (1) – **b)** → berücksichtigen (1); im A. haben: **a)** → beabsichtigen – **b)** → berücksichtigen (1); die Augen überall haben: **a)** → aufpassen (1) – **b)** → vorsehen (II); die Augen aufmachen: **a)** → aufpassen (1) – **b)** → vorsehen (II) – **c)** → staunen (1); die Augen offen halten/aufsperren, Augen und Ohren offen halten/aufmachen/aufhalten: **a)** → aufpassen (1) – **b)** → vorsehen (II); große Augen machen, seinen Augen nicht trauen: → staunen (1); mit offenen Augen: → aufmerksam (1); das A. des Gesetzes: **a)** → Polizei (1) – **b)** → Polizist; ein A. werfen |auf|: → interessieren (II); ein A. riskieren: → zusehen (1); ganz A. sein: → konzentrieren (II); ins A. fallen, in die Augen fallen, die Augen auf sich ziehen: → auffallen (1); in die Augen fallend: → auffallend; die Augen aufschlagen |zu|: → aufsehen (1); mit den Augen verschlingen: → anstarren; schöne Augen machen, mit den Augen klappern: → flirten; scheele Augen machen, nicht das Weiße im A. gönnen: → neidisch (2); in die Augen stechen: → gefallen (1); ein Dorn im A. sein: → missfallen (1); vor Augen führen: **a)** → zeigen (I, 2) – **b)** → veranschaulichen; Sand in die Augen streuen: → täuschen (I); von den Augen [ab]lesen: → erraten (1); die Augen gehen auf, die Binde fällt/es fällt wie Schuppen von den Augen: → erkennen (1); jmdm. wird [es] schwarz vor [den] Augen: → bewusstlos (2); die Augen verschließen |vor|: → übersehen (I, 1); die Augen öffnen: → aufklären (I, 2); ein A./beide Augen zudrücken: → nachsehen (2); mit einem blauen A. davonkommen: **a)** → glimpflich (2) – **b)** → straffrei; den Daumen aufs A. setzen: → zwingen (1); aus den Augen schaffen: → wegräumen (1)

äugeln: **1.** → blicken (1) – **2.** ä. |mit|: → anbändeln (a)
äugen: **1.** → blicken (1) – **2.** → spähen (1)
Augenausdruck, der: → Blick (2)
Augenblick, der: **1.** ⟨*kurzer Zeitraum*⟩ Moment · Sekunde · Minute · Weile · Weilchen – **2.** im letzten A.: ⟨*kurz bevor es zu spät ist*⟩ im letzten Moment · in allerletzter Minute · [kurz] vor Toresschluss ♦ *umg*: auf den letzten Drücker – **3.** alle Augenblicke: → ununterbrochen; auf einen A.: → kurz (3); im A.: **a)** → sofort – **b)** → jetzt (1) – **c)** → bald (1); vor einem A.: → eben (2); in wenigen Augenblicken: → bald (1)
augenblicklich: **1.** → jetzt (1), jetzig – **2.** → sofort, sofortig – **3.** → vorübergehend
augenblicks: → sofort
Augendeckel, der: **1.** → Lid (1) – **2.** mit den Augendeckeln klappern: → flirten
augenfällig: → auffallend
Augengläser (*Pl*): → Brille (1)
Augenlicht, das: **1.** → Sehvermögen – **2.** das A. verlieren: → erblinden
Augenlid, das: → Lid (1)
Augenmerk, das: das/sein A. richten |auf|: → aufpassen (1)
Augenschein, der: in A. nehmen: → ansehen (I, 3)
augenscheinlich: → offenkundig (1)
Augenschmaus, der: ein A.: → Bild (2); ein A. sein: → schön (7)
Augenwischerei, die: → Betrug (1)
Augenzeuge, der: → Zeuge
Augenzeugenbericht, der: → Reportage
August, der: dummer A.: → Spaßmacher
Auktion, die: → Versteigerung
Aule, die: → Auswurf (1)
Aura, die: → Ausstrahlung (1)
Aureole, die: → Heiligenschein
aus: von sich aus: → allein (2); von mir aus: → meinetwegen (2); aus sein |auf|: → erstreben
Aus, das: → Zusammenbruch (1)
Ausarbeitung, die: Bearbeitung · Ausführung
ausarten: sich auswachsen · ausufern · auswuchern · überborden; → *auch* entwickeln (II, 2)
ausästen: → ausholzen
ausatmen: **1.** ⟨*die in die Lungen eingezogene Luft wieder ausstoßen*⟩ den Atem ausstoßen ♦ *gehoben*: aushauchen ♦ *umg*: auspusten; → *auch* atmen (1) – **2.** → ausströmen
ausbaden: → büßen (1)
ausbaggern: → ausheben (1)
ausbalancieren: **1.** → ausgleichen (I, 1) – **2.** → bereinigen (1)
ausbaldowern: → auskundschaften (1)
ausbälgen: **1.** → abhäuten – **2.** → ausstopfen
Ausbau, der: **1.** ⟨*verbessernde bauliche Tätigkeit*⟩ Vergrößerung · Erweiterung · Ausdehnung – **2.** ⟨*im Hinblick auf Beziehungen od. dgl.: das Erweitern, Verbessern*⟩ Festigung · Vertiefung · Erweiterung; → *auch* Entwicklung (3) – **3.** → Anbau – **4.** → Erker (1)
ausbauchen: → wölben (I)
ausbauen: **1.** ⟨*ein technisches Teil entfernen*⟩ ausmontieren – **2.** ⟨*baulich verbessern*⟩ erweitern · vergrößern – **3.** ⟨*Beziehungen od. dgl. erweitern*⟩ entwickeln · festigen · vertiefen · erweitern
ausbedingen, sich: **1.** → fordern (1) – **2.** → vorbehalten, sich – **3.** → vereinbaren (1)
ausbeißen: sich die Zähne a.: → Misserfolg (2)
ausbeizen: **1.** → beizen (2) – **2.** → desinfizieren
ausbessern: **1.** ⟨*auf Kleidung bezogen: Schadhaftes ausbessern*⟩ stopfen · [aus]flicken; wiebeln (*landsch*) – **2.** → reparieren
Ausbesserung, die: *umg*: Flickerei; → *auch* Reparatur
ausbetten: → ausgraben (1)
ausbeulen: *umg*: ausbeuteln; → *auch* ausweiten (I, 1)
Ausbeute, die: → Ertrag
ausbeuteln: **1.** → ausbeulen – **2.** → ausschütteln – **3.** → schröpfen (2)
ausbeuten: **1.** (*abwert*) ⟨*Leistungen anderer ohne angemessene Vergütung nutzen*⟩ ausnutzen · ausnützen · ausplündern · auspressen · auspowern · aussaugen · das Mark aus den Knochen saugen – **2.** → ausnutzen (1) – **3.** → auswerten
Ausbeuter, der (*abwert*): Profitmacher · Profiteur · Blutsauger ♦ *umg*: Aasgeier; → *auch* Wucherer
Ausbeutung, die: → Ausnutzung (1)
ausbezahlen: → auszahlen (I, 1)
ausbiegen: → ausweichen (1)
ausbieten: **1.** → anbieten (I, 3) – **2.** → aussetzen (1)
ausbilden: **1.** ⟨*auf eine Tätigkeit, einen Beruf vorbereiten*⟩ schulen + exerzieren; →

auch befähigen, erziehen, drillen (1), unterrichten (2) – **2.** → entwickeln (I, 2)
Ausbildung, die: **1.** ⟨*Vorbereitung auf eine Tätigkeit, einen Beruf*⟩ Schulung · Berufsausbildung; → *auch* Erziehung (1), Lehre (2) – **2.** → Entwicklung (3)
ausbimsen, → entfliehen (1)
ausbitten, sich: **1.** ⟨*durch Bitten erlangen*⟩ erbitten · erbetteln ♦ *gehoben*: erflehen; → *auch* bitten (2) – **2.** → fordern (1)
ausblasen: 1. ⟨*durch Blasen leeren, z. B. rohes Ei*⟩ leer blasen ♦ *umg*: auspusten (*landsch*) – **2.** → löschen (1) – **3.** das Lebenslicht a.: → töten (I, 1)
ausblassen: → verblassen
ausbleiben: 1. → wegbleiben – **2.** nicht a.: → eintreffen (1)
ausbleichen: 1. → verblassen – **2.** → bleichen (1)
Ausblick, der: **1.** ⟨*Blick durch eine Öffnung*⟩ Durchblick · Durchsicht – **2.** → Aussicht (1) – **3.** → Ausguck (1)
ausblicken: a. |nach|: → ausschauen (1)
ausblühen: → verblühen (1)
ausbohren: die Augen a.: → blenden (2)
ausbooten: → verdrängen (2)
ausborgen: 1. → leihen (1 *u.* 2) – **2.** sich a.: → leihen (2)
ausboxen: → besiegen (I)
ausbrechen: 1. ⟨*von Konflikten gesagt: plötzlich auftreten*⟩ losbrechen · aufflammen · aufflackern ♦ *gehoben*: entbrennen · auflodern · aufzüngeln · entflammen – **2.** ⟨*von Schadenfeuern gesagt: plötzlich entstehen*⟩ auskommen (*landsch*) – **3.** → auflodern (1) – **4.** → ausfallen (2) – **5.** → entkommen (2) – **6.** in ein Gelächter a.: → Lachen (3)
Ausbrecher, der: → Flüchtling (1)
ausbreiten: I. ausbreiten: **1.** ⟨*breit hinlegen*⟩ hinbreiten · aufschlagen + verstreuen ♦ *dicht*: ausgießen – **2.** ⟨*zur Kenntnisnahme nebeneinander hinlegen*⟩ auslegen · auflegen – **3.** ⟨*nach beiden Seiten legen od. halten*⟩ breiten · ausstrecken – **4.** → auseinander (2, a) – **5.** → darlegen – **6.** → vergrößern (I, 1) – **7.** → verbreiten (I, 1) – **II.** ausbreiten, sich: **1.** ⟨*beim Sitzen usw. viel Raum einnehmen*⟩ *umg*: sich breit machen · sich dick machen – **2.** → vergrößern (II, 1), verbreiten (II), durchsetzen (I, 2, b) – **3.** → ausschwärmen (1) – **4.** → äußern (II, 1) – **5.** sich a. |bis|: → erstrecken, sich (1)
Ausbreitung, die: **1.** → Ausdehnung (1) – **2.** → Vergrößerung (1)
ausbrennen: 1. ⟨*im Inneren leer brennen*⟩ + ausglühen – **2.** → abbrennen (2) – **3.** → ausräuchern – **4.** die Augen a.: → blenden (2)
Ausbruch, der: **1.** ⟨*Gefühlsäußerung*⟩ Entladung; → *auch* Anfall (2) – **2.** ⟨*Vulkantätigkeit*⟩ Eruption – **3.** → Beginn (1) – **4.** zum A. kommen: → anfangen (1, b)
ausbuchten: → wölben (I)
Ausbuchtung, die: → Wölbung (1)
ausbuddeln: 1. → roden (2) – **2.** → ausgraben (1)
ausbügeln: → bereinigen (1)
ausbuhen: → auspfeifen
Ausbund, der: → Inbegriff
ausbürgern: ausweisen (I, 1)
ausbürsten: 1. → bürsten (1) – **2.** → ausschimpfen
ausbüxen: → fliehen (1)
Ausdauer, die: **1.** → Beharrlichkeit – **2.** → Geduld (1)
ausdauernd: → beharrlich (1)
ausdehnen: I. ausdehnen: **1.** ⟨*bes. zeitlich in die Länge ziehen*⟩ ausweiten – **2.** → verzögern (I) – **3.** → vergrößern (I, 1) – **4.** → ausweiten (I, 1), dehnen (I) – **II.** ausdehnen, sich: **1.** → dehnen (II, 1) – **2.** → vergrößern (II, 1) – **3.** → zunehmen (1) – **4.** → ausweiten (II, 1 *u.* 2) – **5.** → anschwellen (1, a) – **6.** sich a. |bis|: → erstrecken, sich (1 *u.* 2)
Ausdehnung, die: **1.** ⟨*Wachsen des Wirkungsbereiches*⟩ Ausweitung · Erweiterung · Ausbreitung · Expansion – **2.** ⟨*Größenbezeichnung*⟩ Dimension · Erstreckung – **3.** → Verlängerung (1), Vergrößerung (1) – **4.** → Ausbau (1) – **5.** → Ausmaß – **6.** an A. gewinnen: → zunehmen (1)
ausdenkbar: → vorstellbar
ausdenken: 1. [sich] a.: ⟨*gedanklich konstruieren*⟩ erdenken · ersinnen · aussinnen · ausklügeln · erklügeln · erfinden · sich zurechtlegen + [er]dichten ♦ *umg*: [sich] austüfteln · ertüfteln · ausknobeln ♦ *salopp*: sich aus den Fingern saugen · ausklamüsern – **2.** nicht auszudenken sein: → unvorstellbar
ausdeuten: → auslegen (2)
Ausdeutung, die: → Auslegung
ausdienen: → abnutzen (II)
ausdiskutieren: → erörtern
ausdorren: → trocknen (1)
ausdörren: → dörren

ausdrehen: → abstellen (1)
Ausdruck, der: **1.** → Wort (1) – **2.** → Redewendung (1) – **3.** → Stil (1) – **4.** → Beweis (2) – **5.** → Miene (1) – **6.** mit A.: → ausdrucksvoll (1); ohne A.: → ausdruckslos; A. verleihen, zum A. bringen: → ausdrücken (I, 2); zum A. kommen |in|: → ausdrücken (II, 2); seine Meinung zum A. bringen: → äußern (II, 1); seinem Dank A. verleihen, seinen Dank zum A. bringen: → danken (1)
ausdrücken: I. ausdrücken: **1.** ⟨*durch Druck aus etw. entfernen*⟩ herausdrücken · [her]auspressen · [her]ausquetschen + pressen · entsaften; → *auch* ausringen – **2.** ⟨*in sprachl. Form bringen*⟩ formulieren · äußern · Ausdruck verleihen · zum Ausdruck bringen · in Worte fassen; verbalisieren (*fachspr*) – **3.** ⟨*seine Anteilnahme vermitteln*⟩ aussprechen · bezeigen · bekunden · bezeugen – **4.** ⟨*erkennbar machen*⟩ zeigen · offenbaren · verraten · besagen; → *auch* aussagen (2), bedeuten (1) – **5.** → löschen (1) – **6.** → äußern (I, 1) – **7.** die Augen a.: → blenden (2); seinen Dank a.: → danken (1); sein Beileid a.: → kondolieren; anders ausgedrückt: → Wort (5) – **II.** ausdrücken, sich: **1.** ⟨*sich sprachlich mitteilen*⟩ sich äußern ♦ *salopp*: sich ausquetschen (*landsch*) – **2.** sich a. |in|: ⟨*in etw. deutlich werden*⟩ sich zeigen |an| · sich äußern |in| · sich ausprägen |in| · zum Ausdruck kommen |in| · sich aussprechen |in|
ausdrücklich: 1. ⟨*genau in Worten ausgedrückt*⟩ explizit[e] · expressis verbis · erklärtermaßen – **2.** → bestimmt (1)
Ausdrucksform, die: → Stil (1)
ausdrucksleer: → ausdruckslos
ausdruckslos: ausdrucksleer · ohne Ausdruck
ausdrucksvoll: 1. ⟨*mit besonderer Betonung vorgetragen*⟩ expressiv · mit Ausdruck · deklamatorisch · pathetisch + sprechend – **2.** → bedeutungsvoll (1)
Ausdrucksweise, die: **1.** ⟨*Art des Sprechens*⟩ Sprechweise · Redeweise · Diktion – **2.** → Stil (1)
ausdünnen: → [1]verziehen (I, 1)
Ausdünstung, die: **1.** ⟨*Absonderung unangenehmen Geruches*⟩ Dunst – **2.** → Ausscheidung (1)
auseinander: 1. → getrennt – **2.** a. legen **a)** ⟨*Zusammengelegtes auseinander bringen*⟩ ausbreiten · auseinander breiten · auseinander falten · entfalten; → *auch* aufrollen (1) – **b)** → erklären (I, 1) – **c)** → zerlegen (1) – **3.** a. bekommen: → entwirren; a. biegen: → aufbiegen; a. breiten/falten: → 2, a; a. bringen: → entzweien (I); a. fallen: → zerfallen (1 *u.* 2); a. falten: → 2, a; a. fitzen: → entwirren; a. fliegen: → explodieren (1); a. fließen: → schmelzen (2); a. gehen: **a)** → auflösen (II, 2) – **b)** → zunehmen (2); a. halten: → unterscheiden (I); a. jagen/treiben: → zerstreuen (I, 2); a. klamüsern/posamentieren: → erklären (I, 1); a. laufen: → trennen (II); a. nehmen: → zerlegen (1), verreißen; a. reißen: → durchreißen (1); a. rollen: → aufrollen (1); a. setzen: → erklären (I, 1), darlegen; a. trennen: → zertrennen; sich a. ziehen: → ausschwärmen (1)
Auseinandersetzung, die: **1.** → Streit (1) – **2.** → Kampf (1)
auserkoren: → auserlesen (1)
auserlesen: 1. ⟨*als Bestes allem anderen vorgezogen*⟩ ausgesucht · ausgewählt ♦ *gehoben*: auserwählt · auserkoren ♦ *umg*: handverlesen – **2.** → erstklassig (1)
ausersehen: a. |für|: → bestimmen (1, b)
auserwählen: a. |für|: → bestimmen (1, b)
auserwählt: → auserlesen (1)
Auserwählte: I. Auserwählte, der: → Geliebte (I) – **II.** Auserwählte, die: → Geliebte (II)
ausessen: → aufessen
ausfahrend: → fahrig
Ausfahrt, die: **1.** ⟨*Fahrt zum Vergnügen*⟩ Spazierfahrt; → *auch* Ausflug – **2.** ⟨*Straßenabzweigung*⟩ Abfahrt – **3.** → Ausgang (2, a)
Ausfall, der: **1.** → Wegfall (1) – **2.** → Verlust (1) – **3.** → Angriff (2) – **4.** → Beleidigung (1) – **5.** einen A. machen: → ausfallen (2)
ausfallen: 1. ⟨*unerwartet unterbleiben*⟩ wegfallen · nicht stattfinden ♦ *umg*: ins Wasser fallen; → *auch* wegfallen (1) – **2.** ⟨*zum Angriff übergehen*⟩ einen Ausfall machen · ausbrechen; → *auch* angreifen (I, 1, a) – **3.** → aussetzen (3) – **4.** → ausgehen (3) – **5.** gut a.: → gelingen (1); schlecht a.: → misslingen
ausfallend: → beleidigend
ausfällig: → beleidigend
Ausfallzeit, die: → Fehlzeit
ausfechten: → austragen (2)
ausfegen: → auskehren (1)

ausfeilen: → überarbeiten (I, 1)
ausfertigen: → ausstellen (1)
ausfilzen: → polstern (2)
ausfindig: a. machen: → aufspüren (1), entdecken (I, 1)
ausflicken: → ausbessern (1)
ausfliegen: [aus]schwärmen
ausfliesen: → fliesen
ausflippen: → Beherrschung (2, a)
Ausflucht, die: **1.** → Ausrede – **2.** Ausflüchte machen: → herausreden, sich
Ausflug, der: Tour · Trip · Partie · Landpartie · Vergnügungsfahrt · Lustfahrt · Lustreise · Fahrt ins Grüne/Blaue; → *auch* Ausfahrt (1), Abstecher (1), Reise (1), Spaziergang (1), Wanderung
Ausfluss, der: **1.** → Abfluss (2) – **2.** → Ausscheidung (1) – **3.** → Ergebnis
ausfolgen: → abgeben (I, 1)
ausformen: → formen (1)
Ausformung, die: → Gestaltung, Entwicklung (3)
ausforschen: **1.** → ausfragen – **2.** → auskundschaften (1) – **3.** → aufspüren (1)
ausfragen: aushorchen · ausforschen + auspressen ♦ *umg*: auf den Busch klopfen · auf den Zahn/die Naht fühlen; ausholen · ausnehmen (*landsch*) ♦ *salopp*: ausquetschen [wie eine Zitrone] · anbohren · ein Loch in den Bauch fragen · die Würmer aus der Nase ziehen; → *auch* interviewen, fragen (I, 1)
ausfressen: **1.** → aufessen – **2.** → anrichten (1)
Ausfuhr, die: Export
ausführbar: → durchführbar
ausführen: **1.** ⟨*zum Vergnügen umherführen*⟩ spazieren führen – **2.** ⟨*ins Ausland verkaufen*⟩ exportieren – **3.** ⟨*in die Tat umsetzen*⟩ handhaben · durchführen · vollziehen; zur Durchführung bringen (*amtsspr*) + seines Amtes walten · vollstrecken ♦ *salopp*: hinfetzen; → *auch* verwirklichen – **4.** → erledigen (1) – **5.** → herstellen (1)
ausführlich: **1.** ⟨*in vielen Worten*⟩ wortreich · eingehend · weitläufig · angelegentlich · breit · in extenso; weitschweifig · langatmig · lang und breit · des Langen und [des] Breiten (*abwert*); langfädig (*schweiz*) – **2.** → eingehend (1)
Ausfuhrsperre, die: → Ausfuhrverbot
Ausführung, die: **1.** ⟨*das In-die-Tat-Umsetzen*⟩ Durchführung · Vollzug · Vollziehung + Vollstreckung; → *auch* Verwirklichung, Veranstaltung (1) – **2.** → Erledigung (1) – **3.** → Herstellungsart – **4.** → Ausarbeitung
Ausfuhrverbot, das: Embargo · Ausfuhrsperre · Handelsembargo + Handelsbeschränkung
ausfüllen: **I.** ausfüllen: **1.** → beherrschen (I, 3) – **2.** → aufblähen (I, 1) – **3.** → überbrücken – **II.** ausfüllen, sich: → aufblähen (II, 1)
Ausgabe, die: **1.** ⟨*das Geben an mehrere Personen*⟩ Austeilung · Verteilung · Vergabe · Aushändigung · Verabfolgung – **2.** ⟨*das für etw. erforderl. Geld*⟩ Aufwand · Aufwendung · Geldaufwand · Auslage · Unkosten – **3.** ⟨*Herausgabe eines Buches*⟩ Edition · Auflage + Bearbeitung – **4.** ⟨*Angebot an Aktien*⟩ Emission
Ausgabenbeleg, der: → Quittung (1)
Ausgang, der: **1.** ⟨*das Verlassen der Wohnung*⟩ Weggang – **2. a)** ⟨*Öffnung zum Hinausgehen*⟩ Ausstieg (*fachspr*) + Ausfahrt · Abgang – **b)** → Tür (1) – **3.** → Ende (1, b) – **4.** seinen A. nehmen |von|: → ausgehen (9, b)
Ausgangsmaterial, das: → Grundstoff
Ausgangspunkt, der: **1.** → Ursprung (1) – **2.** → Anhaltspunkt – **3.** zum A. nehmen: → ausgehen (9, a)
Ausgangsstoff, der: → Grundstoff
ausgasen: → ausräuchern
ausgeben: **I.** ausgeben: **1.** ⟨*an mehrere Personen geben*⟩ austeilen · verteilen · vergeben · aushändigen · verabfolgen + übergeben · verschenken; → *auch* aufteilen (1), zuteilen – **2.** ⟨*Wertpapiere einführen*⟩ in Umlauf setzen/bringen · in Verkehr bringen · emittieren · aussetzen; begeben (*Bankw*) – **3.** ⟨*Geld aufbrauchen*⟩ verbrauchen; verausgaben (*amtsspr*) + ausschütten; → *auch* bezahlen (2), verschwenden – **4.** → spendieren (1) – **5.** das/sein Geld mit vollen Händen a.: → verschwenderisch (3) – **II.** ausgeben, sich: **1.** → erschöpfen (II, 1) – **2.** sich a. |für/als|: → bezeichnen (II)
Ausgebot, das: → Angebot (1)
ausgebucht: → ausverkauft
ausgebufft: → raffiniert (1)
ausgedehnt: **1.** ⟨*groß in der räuml. Erstreckung*⟩ weit · breit · ausgestreckt · lang gestreckt · weitläufig · weitschichtig; → *auch* geräumig, groß (1) – **2.** → lange (1)
ausgedient: **1.** ⟨*durch lange Verwendung wertlos geworden*⟩ *umg*: abgedankt · aus-

rangiert ♦ *salopp*: abgetakelt – **2.** → abgenutzt – **3.** a. haben: ⟨*nicht mehr benötigt, benutzt werden*⟩ seine Schuldigkeit getan haben
Ausgedinge, das: → Altenteil (1)
ausgedörrt: → trocken (1)
ausgefahren: → gewohnt (1)
ausgefallen: 1. ⟨*vom Normalen stark abweichend*⟩ abseitig · abwegig · verstiegen ♦ *gehoben*: entlegen ♦ *salopp*: verrückt – **2.** → ungewöhnlich
ausgeflogen: 1. → abwesend (1) – **2.** a. sein: → fehlen (1)
ausgefuchst: → raffiniert (1)
ausgegangen: → aufgebraucht
ausgeglichen: 1. → harmonisch (1) – **2.** → gereift
Ausgeglichenheit, die: → Harmonie (1)
ausgehen: 1. ⟨*zu Vergnügungen das Haus verlassen*⟩ *umg*: weggehen – **2.** ⟨*aufgebraucht werden*⟩ schwinden · zur Neige gehen · sich erschöpfen – **3.** ⟨*bes. von Haaren gesagt: durch Lösen vom Körper verloren gehen*⟩ ausfallen – **4.** → spazieren (2) – **5.** → enden (1, b) – **6.** → erlöschen (1) – **7.** → verblassen – **8.** a. |auf|: ⟨*etw.* [*heimlich*] *als Ziel anstreben*⟩ es anlegen/absehen/ablegen |auf| · hinsteuern/hinarbeiten |auf| · zusteuern |auf| · hinauswollen |auf| · es abgesehen haben |auf|; → *auch* abzielen, beabsichtigen – **9.** a. |von|: **a)** ⟨*mit etw. beginnen*⟩ zum Ausgangspunkt nehmen – **b)** ⟨*veranlasst werden*⟩ seinen Ausgang nehmen |von| · seine Wurzeln haben |in| – **c)** → ausströmen – **10.** leer a.: → leer (4); gut a.: → gelingen (1); schlecht a.: → misslingen; a. wie das Hornberger Schießen: → ergebnislos (2); spitz a.: → verjüngen (II); jmdm. geht der Atem/die Puste aus: **a)** → Konkurs (2) – **b)** → zurückbleiben (1)
ausgehöhlt: → hohl (1)
ausgehungert: → hungrig (1)
ausgeklügelt: → spitzfindig (1)
ausgekocht: → raffiniert (1)
ausgelassen: → übermütig (1)
Ausgelassenheit, die: → Übermut
ausgelatscht: → ausgetreten (1)
ausgelaufen: 1. → ausgetreten (1) – **2.** → gewohnt (1)
ausgelaugt: 1. → erschöpft (1) – **2.** → ertragsarm
ausgelitten: a. haben: → tot (4)
ausgemacht: 1. → beschlossen – **2.** → sicher (4) – **3.** → offenkundig (1)
ausgemergelt: → abgemagert
ausgenommen: 1. → außer (1 *u.* 3) – **2.** a., wenn/dass: → außer (3); a. von: → außer (1)
ausgepicht: → raffiniert (1)
ausgepumpt: → erschöpft (1)
ausgerechnet: gerade · unbedingt
ausgereift: → vollendet (1)
ausgeruht: → frisch (2)
ausgesaugt: → erschöpft (1)
ausgeschamt: → unverschämt
ausgeschlafen: → schlau (1)
ausgeschlossen: 1. → unmöglich (1) – **2.** nicht a.: → möglich (1)
ausgesogen: → erschöpft (1)
ausgesprochen: 1. ⟨*verstärkend*⟩ geradezu · nachgerade · direkt · förmlich · regelrecht – **2.** ⟨*mit festem Standpunkt gegenüber einer Sache*⟩ entschieden · erklärt; → *auch* entschlossen (1)
ausgestalten: 1. → gestalten (1) – **2.** → ausschmücken (1), einrichten (I, 1)
Ausgestaltung, die: → Ausschmückung, Einrichtung (1)
ausgestorben: → menschenleer
Ausgestoßene, der: → Geächtete
ausgestreckt: → ausgedehnt (1)
ausgesucht: 1. → auserlesen (1) – **2.** → erstklassig (1) – **3.** → betont
ausgetreten: 1. ⟨*von Schuhen gesagt: durch Gehen geweitet*⟩ ausgelaufen ♦ *umg*: verhatscht (*österr*) ♦ *salopp*: ausgelatscht – **2.** → abgetreten (1) – **3.** → gewohnt (1)
ausgetrocknet: → trocken (1)
ausgewachsen: 1. → erwachsen (1) – **2.** → vollkommen (1) – **3.** → bucklig (1)
Ausgewachsene, der: → Bucklige
ausgewählt: 1. → auserlesen (1) – **2.** → erstklassig (1)
ausgewogen: → harmonisch (1)
Ausgewogenheit, die: → Harmonie (1)
ausgezehrt: → abgemagert
ausgezeichnet: → hervorragend (1), großartig (1)
ausgiebig: → reichlich
ausgießen: 1. ⟨*ein Gefäß leeren*⟩ ausschütten · ausleeren ♦ *umg*: auskippen; → *auch* leeren (1) – **2.** → weggießen – **3.** → ausbreiten (I, 1) – **4.** → löschen (1) – **5.** Kübel von Schmutz a. |über|: → verleumden (1)
Ausgießer, der: → Tülle

Ausgleich, der: **1.** ⟨*das Gleichmachen von Ungleichem*⟩ Angleichung – **2.** → Bereinigung (1) – **3.** einen A. schaffen/herbeiführen/bewirken/finden: → ausgleichen (I, 1)
ausgleichen: I. ausgleichen: **1.** ⟨*durch Angleichen Unterschiede beseitigen*⟩ egalisieren · einen Ausgleich schaffen/herbeiführen/bewirken/finden · ins Gleichgewicht bringen + ausbalancieren · auswägen · glätten · neutralisieren; → *auch* anpassen (I, 1) – **2.** ⟨*durch anderes ersetzen*⟩ aufwiegen · kompensieren · wettmachen; aufwägen (*veraltend*) ♦ *umg*: herausreißen – **3.** → bereinigen (1) – **4.** → tilgen (1) – **II.** ausgleichen, sich: ⟨*durch Beseitigung der Unterschiede zu einem Ausgleich kommen*⟩ sich aufheben + sich einpendeln
ausgleiten: → ausrutschen (1)
ausgliedern: → aussondern (1)
Ausgliederung, die: → Aussonderung (1)
ausglitschen: → ausrutschen (1)
ausglühen: 1. → ausbrennen (1) – **2.** → abbrennen (2) – **3.** → dörren
ausgraben: 1. ⟨*von Leichen gesagt: wieder aus der Erde befördern*⟩ exhumieren · ausbetten ♦ *salopp*: ausbuddeln; → *auch* ausheben (1), freilegen – **2.** → freilegen
Ausgrabung, die: → Freilegung
ausgrenzen: 1. → ausklammern – **2.** → ausschließen (3)
Ausguck, der: **1.** ⟨*Beobachtungsplatz*⟩ Ausblick · Warte · Aussichtspunkt; Auslug · Lug[aus] · Guckinsland · Luginsland (*landsch veraltend*) – **2.** A. halten: → ausschauen (1)
ausgucken: a. |nach|: → ausschauen (1)
Ausguss, der: **1.** ⟨*Einrichtung zum Abfließen*⟩ Ausgussbecken · Abflussbecken · Spülbecken; Spülstein · Gussstein (*veraltend*); Schüttstein (*schweiz*); → *auch* Abfluss (2) – **2.** → Tülle
Ausgussbecken, das: → Ausguss (1)
Ausgussrohr, das: → Abfluss (2)
aushacken: → ausholzen
aushallen: → verklingen
aushalten: 1. ⟨*bei Belastung nicht Schaden nehmen*⟩ standhalten · durchstehen · vertragen · ertragen · verkraften · ausstehen ♦ *umg*: einen Puff aushalten/vertragen – **2.** ⟨*nicht schwach werden*⟩ durchhalten · nicht [wanken und] weichen · nicht nachgeben · beständig/beharrlich sein · [hart] bleiben · die Zähne zusammenbeißen · die Hoffnung nicht aufgeben + auf seinem Posten bleiben/ausharren/aushalten; einen langen Atem/den längeren Atem haben ♦ *gehoben*: ausharren ♦ *umg*: die Fahne hochhalten · die Ohren/den Nacken steifhalten; durchhauen (*landsch*); → *auch* beharren (1), standhalten (1) – **3.** es nicht lange a.: ⟨*nicht länger mitmachen*⟩ nicht alt werden – **4.** einen Puff a.: → 1; auf seinem Posten a.: → 2
aushandeln: → vereinbaren (1)
aushändigen: 1. → abgeben (I, 1), übergeben (I, 1) – **2.** → ausgeben (I, 1)
Aushändigung, die: **1.** → Übergabe (1) – **2.** → Ausgabe (1)
Aushang, der: → Anschlag (1)
aushängen: 1. ⟨*durch Anschlag bekannt machen*⟩ anschlagen · plakatieren – **2.** ⟨*durch Heben aus der Haltevorrichtung lösen*⟩ [her]ausheben
ausharren: 1. → aushalten (2) – **2.** auf seinem Posten a.: → aushalten (2)
aushauchen: 1. → ausatmen (1) – **2.** sein Leben/seine Seele/den letzten Atem a.: → sterben (1)
aushauen: 1. → züchtigen (1) – **2.** → ausholzen
aushäusig: → auswärts (1)
aushebeln: → vereiteln
ausheben: 1. ⟨*durch Graben herstellen*⟩ ausschachten · ausschaufeln · auswerfen · [aus]baggern; → *auch* ausgraben (1), freilegen – **2.** → ausnehmen (I, 1, b) – **3.** → aushängen (2) – **4.** → einberufen (2) – **5.** → unschädlich (2)
aushebern: → auspumpen
Aushebung, die: **1.** ⟨*Erdbewegung*⟩ Ausschachtung · Aushub – **2.** → Entleerung (1) – **3.** → Einberufung (1)
ausheilen: → heilen (1)
aushelfen: einspringen · in die Bresche springen/treten; → *auch* helfen (1)
ausheulen, sich: → ausweinen, sich
Aushilfe, die: **1.** → Ersatzmann – **2.** → Vertretung (2)
Aushilfskraft, die: → Ersatzmann
aushöhlen: 1. ⟨*einen Hohlraum schaffen*⟩ hohl machen · ausrunden · ausschaben ♦ *gehoben*: höhlen – **2.** → untergraben (I) – **3.** → auswaschen (2)
aushöhnen: → verhöhnen

ausholen: **1.** ⟨*den Arm nach hinten bewegen, um zum Werfen od. dgl. anzusetzen*⟩ *umg*: auslangen – **2.** → ausfragen
ausholzen: ausästen · auslichten · ausschneiden + beschneiden ♦ *umg*: ausputzen · aushauen · aushacken (*landsch*)
aushorchen: → ausfragen
aushosen: **I.** aushosen: → ausziehen (I, 3) – **II.** aushosen, sich: → ausziehen (II)
Aushub, der: → Aushebung (1)
aushülsen: enthülsen; ausschoten · auspellen (*landsch*); [aus]palen (*norddt*); schlauben (*landsch*)
ausixen: → durchstreichen (I, 1)
ausjäten: → jäten
ausjochen: → ausspannen (I, 1)
auskämmen: → absuchen (2)
auskämpfen: → austragen (2)
auskäsen, sich: → ausreden (I, 1)
auskehren: **1.** ⟨*mit einem Besen den Schmutz aus einem Raum entfernen*⟩ ausfegen; → *auch* sauber (1, a) – **2.** mit dem eisernen Besen a.: → aufräumen (1)
auskeimen: → keimen (1)
auskennen, sich: Bescheid wissen ♦ *umg*: merken/wissen, woher der Wind weht · die/alle Schliche/Kniffe kennen ♦ *salopp*: den Rummel kennen; → *auch* kennen (1), durchschauen (I)
auskippen: **1.** → ausgießen (1) – **2.** → austrinken
ausklagen: → ausquartieren
ausklammern: ausgrenzen
ausklamüsern: → ausdenken (1)
Ausklang, der: → Ende (1, b)
ausklauben: → aussuchen (1)
auskleiden: **I.** auskleiden: **1.** → ausziehen (I, 3) – **2.** → auslegen (1) – **3.** → beziehen (I, 2) – **II.** auskleiden, sich: → ausziehen (II)
ausklingeln: → bekannt (5)
ausklingen: **1.** → verklingen – **2.** → enden (1, b)
ausklinken: → auslösen (1, a)
ausklopfen: abklopfen; → *auch* reinigen (1)
ausklügeln: → ausdenken (1)
auskneifen: → entfliehen (1)
ausknipsen: → ausschalten (1)
ausknobeln: → ausdenken (1)
ausknocken: → besiegen (I)
auskochen: → entkeimen (1)
auskommen: **1.** → ausschlüpfen – **2.** → entkommen (1) – **3.** → ausbrechen (2) – **4.** → herauskommen (1) – **5.** a. |mit|: **a)** ⟨*genug haben*⟩ zurechtkommen |mit| · [aus]reichen |mit| ♦ *umg*: auslangen |mit| · hinkommen |mit| · langen; → *auch* ausreichen (1) – **b)** → vertragen (II, 1) – **6.** gut a. |mit|: → verstehen (II, 2)
auskosten: → genießen (1)
auskotzen, sich: → ausreden (I, 1)
auskramen: **1.** → hervorholen – **2.** → aufrühren (1)
auskratzen: → entfliehen (1)
auskriechen: → ausschlüpfen
auskugeln: → ausrenken (1)
auskühlen: → erkalten (1)
auskundschaften: **1.** ⟨*durch Beobachtungen od. Ermittlungen feststellen*⟩ erkunden · ausloten · in die Karten gucken · ausforschen · ausspähen · ausspionieren; rekognoszieren (*veraltend*) + erfragen ♦ *umg*: ausschnüffeln (*abwert*) ♦ *salopp*: ausbaldowern; → *auch* nachforschen, orientieren (II, 2) – **2.** → spionieren (1) – **3.** → Spionage (2)
Auskunft, die: **1.** ⟨*Mitteilung auf eine Frage*⟩ Information · Bescheid; → *auch* Aufklärung (2), Mitteilung (1) – **2.** → Ausweg
Auskunftschalter, der: → Schalter (1)
auskurieren: → heilen (1)
auslachen: → verlachen
ausladen: **1.** → entladen (I, 1) – **2.** → abladen (1)
Auslage, die: **1.** → Ausgabe (2) – **2.** → Schaufenster (1)
Auslagerung, die: Outsourcing
Ausland, das: **1.** ⟨*das nicht zum eigenen Staat gehörende Territorium*⟩ Fremde (*veraltend*) – **2.** ins A. gehen: **a)** → auswandern – **b)** → abfließen (2)
Ausländer, der: Fremde
Ausländerfeindlichkeit, die: → Fremdenfeindlichkeit
Ausländerhass, der: → Fremdenfeindlichkeit
ausländisch: **1.** ⟨*sich auf das Ausland beziehend*⟩ auswärtig; welsch (*veraltet abwert*) – **2.** → fremd (2)
auslangen: **1.** → ausholen (1) – **2.** → ausreichen (1) – **3.** a. |mit|: → auskommen (5, a)
Auslass, der: **1.** → Öffnung – **2.** → Abfluss (2)
auslassen: **I.** auslassen: **1.** ⟨*nicht berücksichtigen*⟩ weglassen · fortlassen · beiseite

lassen · unter den Tisch fallen lassen · übergehen · überspringen · überschlagen · aussparen · hintanlassen; → *auch* absehen (4, a) – **2.** ⟨*zum Schmelzen bringen*⟩ zerlassen · ausschmelzen – **3.** ⟨*um den eingeschlagenen Saum vergrößern*⟩ verlängern · länger machen – **4.** a. |an|: ⟨*zu fühlen geben, merken lassen*⟩ abreagieren |an| · entladen |über| – **5.** → ablassen (1) – **6.** → loslassen – **II.** auslassen, sich: → äußern (II, 1)
Auslassung, die: **1.** ⟨*Nichtberücksichtigung*⟩ Weglassung + Ausscheidung – **2.** → Äußerung (1)
auslasten: → ausnutzen (2)
Auslastung, die: → Ausnutzung (2)
auslatschen: → ausweiten (I, 1)
Auslauf, der: **1.** → Abfluss (2) – **2.** → Bewegungsfreiheit
auslaufen: 1. → enden (1, a *u.* b) – **2.** gut a.: → gelingen (1); schlecht a.: → misslingen; spitz a.: → verjüngen (II); a. |in|: → münden
auslaugen: → ausmergeln
ausläuten: → bekannt (5)
ausleben, sich: → austoben, sich (2)
ausleeren: I. ausleeren: → ausgießen (1), leeren (1) – **II.** ausleeren, sich: → austreten (1 *u.* 2)
auslegen: 1. ⟨*einen Raum, eine Fläche flächenmäßig bedecken*⟩ auskleiden · ausschlagen + auspolstern; → *auch* beziehen (I, 2), verschalen, täfeln – **2.** ⟨*zu erklären versuchen*⟩ [aus]deuten · interpretieren · auffassen · herauslesen; deuteln (*abwert*) ♦ *umg*: drehen und deuteln (*abwert*); → *auch* erklären (I, 1) – **3.** ⟨*leihweise für jmdn. bezahlen*⟩ verauslagen – **4.** → ausbreiten (I, 2) – **5.** → vorlegen (1) – **6.** → zunehmen (2)
Ausleger, der: → Erklärer
Auslegung, die: Deutung · Ausdeutung · Interpretation · Auffassung; Deutelei (*abwert*); Exegese (*Rel*) ♦ *umg*: Deuterei (*abwert*); → *auch* Erklärung (1)
Auslegware, die: → Teppichboden
Ausleihe, die: → Verleih
ausleihen: 1. → leihen (1 *u.* 2) – **2.** sich a.: → leihen (2)
Auslese, die: **1.** ⟨*Anzahl von Individuen mit den hervorragendsten Eigenschaften*⟩ Auswahl · Elite · die Besten · das Beste ♦ *gehoben*: Blüte – **2.** → Auswahl (1) – **3.** → Blütenlese
auslesen: 1. → durchlesen (1) – **2.** → aussuchen (1), aussondern (1)
ausleuchten: → erhellen (1)
auslichten: → ausholzen
ausliefern: I. ausliefern: **1.** ⟨*in jmds. Gewalt geben*⟩ überantworten · preisgeben; überliefern (*veraltend*) + in die Arme treiben · opfern – **2.** → liefern (1) – **II.** ausliefern, sich: ⟨*sich in jmds. Gewalt begeben*⟩ sich stellen + sich verkaufen
Auslieferung, die: **1.** ⟨*das Übergeben in jmds. Gewalt*⟩ Übergabe · Preisgabe + Überführung – **2.** → Lieferung (1)
ausliegen: aufliegen
auslöffeln: 1. → aufessen – **2.** die Suppe a.: → büßen (1)
auslöschen: 1. → erlöschen (1) – **2.** → löschen (1) – **3.** → ausschalten (1) – **4.** → beseitigen (1) – **5.** → vernichten (1, a) – **6.** das Lebenslicht a.: → töten (I, 1)
auslösen: 1. ⟨*in Gang bringen*⟩ **a)** ⟨*Mechanismus*⟩ ziehen · ausklinken; → *auch* bedienen (I, 4) – **b)** ⟨*Geschehen, Vorgang*⟩ anfachen · entfachen · [den Stein] ins Rollen bringen + entfesseln ♦ *umg*: lostreten; → *auch* veranlassen (1), verursachen – **2.** → verursachen – **3.** → herauslösen – **4.** → loskaufen – **5.** ausgelöst werden: → abgehen (3); einen Schuss a.: → schießen (1)
Auslöser, der: → Ursache
Auslosung, die: → Auswahl (1), Verlosung
ausloten: → auskundschaften (1)
auslüften: → lüften (1)
Auslug, der: → Ausguck (1)
auslugen: → ausschauen (1)
auslutschen: → aussaugen (1)
ausmachen: 1. → ausschalten (1) – **2.** → löschen (1) – **3.** → vereinbaren (1) – **4.** → erledigen (1) – **5.** → betragen (I) – **6.** → erspähen – **7.** → roden (2); nichts a.: → wichtig (4); etw. a.: → wichtig (3)
ausmalen: 1. ⟨*mit Farben ausfüllen*⟩ kolorieren · austuschen; illuminieren (*fachspr*); → *auch* bebildern – **2.** → ausschmücken (1 *u.* 2) – **3.** sich a.: → vorstellen (I, 3)
ausmanövrieren: an die Wand spielen
ausmarschieren: → ausziehen (I, 1)
Ausmaß, das: Ausdehnung · Dimension · Umfang + Weite · Höhe · Tiefe; → *auch* Größe (1)
ausmergeln: auszehren · aussaugen · auslaugen; → *auch* entkräften (1)

ausmerzen: **1.** → vernichten (1, b) – **2.** → beseitigen (1)
ausmessen: + auspeilen · auszirkeln · ausschreiten; → *auch* abmessen
ausmieten: → vermieten
ausmisten: → aufräumen (1)
ausmontieren: → ausbauen (1)
ausmünden: a. |in|: → münden
ausmünzen: → auswerten
ausmustern: **1.** → aussondern (1) – **2.** → auswählen
Ausmusterung, die: → Aussonderung (1)
Ausnahme, die: **1.** ⟨*Abweichung von der Regel*⟩ Sonderfall · Einzelfall · Ausnahmefall · Ausnahmeerscheinung · Ausnahmezustand · Einzelerscheinung – **2.** → Altenteil (1) – **3.** ohne A.: **a)** → vollzählig (1) – **b)** → durchweg; mit A. von: → außer (1)
Ausnahmeerscheinung, die: → Ausnahme (1)
Ausnahmefall, der: → Ausnahme (1)
Ausnahmezustand, der: → Ausnahme (1)
ausnahmslos: **1.** → durchweg – **2.** → vollzählig (1)
ausnehmen: **I.** ausnehmen: **1.** ⟨*den Inhalt entnehmen*⟩ **a)** ⟨*Eingeweide von Tieren*⟩ ausschlachten; ausweiden · aufbrechen (*weidm*) – **b)** ⟨*Nest*⟩ ausheben (*österr*) – **2.** → schröpfen (2) – **3.** → bestehlen – **4.** → ausfragen – **5.** → ausschließen (I, 2) – **6.** → ausnutzen (1) – **7.** → erkennen (2) – **II.** ausnehmen, sich: **1.** → aussehen (1) – **2.** → ausschließen (II, 1)
ausnehmend: **1.** → außergewöhnlich (1) – **2.** → sehr
ausnutzen/ausnützen: **1.** ⟨*aus jmdm., etw. Vorteil ziehen*⟩ ausbeuten · sich zunutze machen · Kapital schlagen |aus| · Nutzen ziehen |aus| · Vorteil ziehen |aus| ♦ *umg*: auf der Tasche liegen · das Geld aus der Tasche ziehen · ausnehmen · als melkende Kuh betrachten ♦ *salopp*: melken; → *auch* auswerten – **2.** ⟨*die Leistungsfähigkeit in Anspruch nehmen*⟩ auslasten – **3.** → ausbeuten (1)
Ausnutzung/Ausnützung, die: **1.** ⟨*Vorteil bringende Verwendung*⟩ Nutzung · Ausbeutung · Ausschöpfung + Raubbau – **2.** ⟨*Inanspruchnahme der Leistungsfähigkeit*⟩ Auslastung
auspacken: **1.** ⟨*aus der Verpackung nehmen*⟩ auswickeln · wickeln |aus|; aufwickeln (*landsch*) – **2.** → berichten – **3.** → ausplaudern
auspalen: → aushülsen
auspeilen: → ausmessen
auspeitschen: → züchtigen (1)
auspellen: **I.** auspellen: **1.** → aushülsen – **2.** → ausziehen (I, 3) – **II.** auspellen, sich: → ausziehen (II)
auspennen: → ausschlafen
auspfeifen: + auszischen · ausbuhen; → *auch* ablehnen (1), abweisen (1)
auspflanzen: → verpflanzen (1)
ausplappern: → ausplaudern
ausplatzen: → ausreißen (3)
ausplaudern: weitersagen · weitererzählen · wiedererzählen · wiedersagen · [aus]schwatzen · preisgeben · plaudern; [aus]schwätzen (*landsch*) + ausschreien ♦ *umg*: ausplappern · die Katze aus dem Sack lassen · aus dem Nähkästchen plaudern · aus der Schule plaudern/schwatzen; ausplauschen · ausratschen (*österr landsch*) ♦ *salopp*: [hin]ausposaunen · singen · [aus]quatschen + auspacken
ausplauschen: **1.** ausplauschen: → ausplaudern – **II.** ausplauschen, sich: → aussprechen (II, 2)
ausplündern: **1.** → ausrauben – **2.** → ausbeuten (1)
auspolstern: **1.** → auslegen (1) – **2.** → polstern (2)
ausposaunen: **1.** → bekannt (5) – **2.** → ausplaudern
auspowern: → ausbeuten (1)
ausprägen, sich: **1.** → entstehen (1) – **2.** sich a. |in|: → ausdrücken (II, 2)
auspreisen: → auszeichnen (I, 1)
auspressen: **1.** → ausdrücken (I, 1) – **2.** → ausbeuten (1) – **3.** → ausfragen
ausprobieren: → versuchen (I, 1)
Auspuffabgas, das: → Abgas
auspumpen: **1.** ⟨*durch Pumpen entleeren*⟩ leer pumpen– **2.** den Magen a.: ⟨*den Mageninhalt entnehmen*⟩ aushebern (*med*)
auspusten: **1.** → ausblasen (1) – **2.** → ausatmen (1) – **3.** das Lebenslicht a.: → töten (I, 1)
Ausputz, der: → Verzierung (1)
ausputzen: **1.** → aufessen – **2.** → ausholzen – **3.** → schröpfen (2) – **4.** → ausschmücken (1)
ausquartieren: exmittieren · heraussetzen; delogieren (*österr*) + ausweisen · ausklagen
ausquatschen: **I.** ausquatschen: → ausplaudern – **II.** ausquatschen, sich: **1.** → ausreden (I, 1) – **2.** → aussprechen (II, 1)

ausquetschen: **I.** ausquetschen: **1.** → ausdrücken (I, 1) – **2.** a. [wie eine Zitrone]: → ausfragen – **II.** ausquetschen, sich: → ausdrücken (II, 1)
ausradieren: **1.** ⟨*durch Radieren beseitigen*⟩ wegradieren · abradieren – **2.** → zerstören (2)
ausrangieren: **1.** → wegwerfen (I, 1) – **2.** → ablegen (3)
ausrangiert: → ausgedient (1)
ausrasten: **I.** ausrasten: **1.** → rasten, ausruhen (I) – **2.** → Beherrschung (2, a) – **II.** ausrasten, sich: → rasten, ausruhen (I)
ausratschen: **I.** ausratschen: → ausplaudern – **II.** ausratschen, sich: → aussprechen (II, 2)
ausrauben: ausplündern ♦ *umg*: ausräubern · bis aufs Hemd ausziehen ♦ *salopp*: ausräumen (*verhüll*); → *auch* bestehlen, brandschatzen
ausräubern: **1.** → ausrauben – **2.** → schröpfen (2)
ausräuchern: ausschwefeln · ausgasen; entwesen (*fachspr*); ausbrennen (*landsch*); → *auch* desinfizieren
ausraufen: → ausreißen (1)
ausräumen: **1.** → ausrauben – **2.** → beseitigen (1)
ausrechnen: **1.** → berechnen (I, 1) – **2.** → lösen (I, 1) – **3.** sich a.: → erhoffen (1); sich selbst a.: → voraussehen
Ausrechnung, die: → Berechnung (1)
ausrecken: **I.** ausrecken: **1.** → ausstrecken (I, 1) – **2.** sich den Hals a.: → ausschauen (1) – **II.** ausrecken, sich: → ausstrecken (II, 1)
Ausrede, die: Ausflucht · Notlüge · Ausweichmanöver ♦ *umg*: faule Ausrede · faule Fische · Fickfack[erei]; → *auch* Vorwand, Entschuldigung (1)
ausreden: **I.** ausreden: **1.** ⟨*zu Ende sprechen*⟩ aussprechen ♦ *salopp*: sich ausquatschen; sich auskäsen · sich ausschleimen · sich aussülzen (*landsch*) ♦ *derb*: sich auskotzen · sich ausscheißen – **2.** ⟨*durch Zureden bewirken, dass jmd. vom Vorhaben ablässt*⟩ abbringen |von| · umstimmen – **3.** nicht a. lassen: → unterbrechen (1) – **II.** ausreden, sich: **1.** → aussprechen (II, 1) – **2.** → herausreden, sich
Ausreibefetzen, der: → Scheuertuch
ausreiben: → scheuern (1)
Ausreibetuch, das: → Scheuertuch
ausreichen: **1.** ⟨*in erforderl. Menge vorhanden sein*⟩ [zu]reichen · hinreichen · genügen ♦ *umg*: auslangen · [zu]langen · hinlangen · hinkommen; → *auch* auskommen (5, a) – **2.** a. |mit|: → auskommen (5, a)
ausreichend: → genug (1)
ausreifen: **1.** → reifen (1) – **2.** → vollenden (II)
ausreißen: **1.** ⟨*durch Reißen entfernen*⟩ herausreißen · [her]ausziehen · [her]auszupfen · [her]ausrupfen · rupfen; [aus]raufen (*landsch*) – **2.** ⟨*durch Reißen beschädigt werden*⟩ einreißen ♦ *umg*: ausplatzen – **3.** → entfliehen (1) – **4.** a. wie Schafleder: → fliehen (1)
Ausreißer, der: → Flüchtling (1)
ausreiten: → ausziehen (I, 1)
ausrenken: **1.** ⟨*aus dem Gelenk drehen*⟩ auskugeln – **2.** sich den Hals a.: → ausschauen (1)
ausrichten: **1.** ⟨*eine gerade Linie bilden [lassen]*⟩ [gerade] richten; abfluchten (*fachspr*) – **2.** → veranstalten (1) – **3.** → bestellen (3) – **4.** → erreichen (2) – **5.** → verleumden (1) – **6.** → erschließen (I, 1) – **7.** nichts a. können |gegen|: → schaden (4)
ausringen (*landsch*): auswinden · auswringen; → *auch* ausdrücken (I, 1)
ausröcheln: → sterben (1)
ausroden: → roden (1 *u.* 2)
ausrollen: auswalzen · rollen; austreiben · auswalken (*österr*); auswallen (*schweiz*)
ausrotten: → vernichten (1, b)
ausrücken: **1.** → ausziehen (I, 1) – **2.** → entfliehen (1)
ausrufen: **1.** ⟨*offiziell verkünden*⟩ proklamieren – **2.** → bekannt (5)
Ausrufer, der: → Marktschreier
ausruhen: **I.** ausruhen: ⟨*sich von einer Anstrengung erholen wollen*⟩ ruhen · sich ausruhen · sich entspannen · verschnaufen · relaxen · Atem schöpfen · sich niedersetzen; [sich] ausrasten (*süddt österr*) + faulenzen ♦ *umg*: [sich] verpusten (*norddt*); [sich] ausschnaufen (*süddt österr*); → *auch* ausspannen (I, 2), rasten, sitzen (1) – **II.** ausruhen, sich: → I
ausrunden: → aushöhlen (1)
ausrupfen: → ausreißen (1)
ausrüsten: **I.** ausrüsten: **1.** → bewaffnen (I) – **2.** a. |mit|: → ausstatten (I, 3) – **II.** ausrüsten, sich: **1.** → bewaffnen (II) – **2.** sich a. |mit|: → ausstatten (II)

Ausrüstung, die: **1.** → Bewaffnung – **2.** → Ausstattung (2), Einrichtung (2, a)
ausrutschen: **1.** ⟨*ins Rutschen kommen [u. stürzen]*⟩ ausgleiten ♦ *umg*: ausglitschen (*landsch*) – **2.** jmdm. rutscht die Hand aus: → schlagen (I, 1)
Aussaat, die: Saat · Einsaat
aussäen: → säen (1)
Aussage, die: **1.** ⟨*Mitteilung vor einer amtl. Stelle*⟩ Erklärung; → *auch* Bericht (1) – **2.** zur A. bringen: → aussagen (1)
aussagen: **1.** ⟨*vor einer amtl. Stelle mitteilen*⟩ erklären; zur Aussage bringen (*amtsspr*); → *auch* berichten, bezeugen (1) – **2.** ⟨*zum Inhalt haben*⟩ besagen; → *auch* ausdrücken (I, 4)
aussaufen: → austrinken
aussaugen: **1.** ⟨*saugend herausziehen*⟩ auslutschen – **2.** → ausbeuten (1) – **3.** → ausmergeln
ausschaben: → aushöhlen (1)
ausschachten: → ausheben (1)
Ausschachtung, die: → Aushebung (1)
ausschälen: **I.** ausschälen: → herauslösen – **II.** ausschälen, sich: → ausziehen (II)
ausschalten: **1.** ⟨*den Stromkreis unterbrechen*⟩ abstellen · ausstellen · abschalten + auslöschen ♦ *umg*: ausdrehen · ausmachen · abdrehen · ausknipsen; → *auch* abstellen (1) – **2.** → ausschließen (I, 2), unterbinden
Ausschaltung, die: **1.** → Beseitigung – **2.** → Ausschließung (1)
Ausschank, der: → Theke
Ausschau, die: A. halten: → ausschauen (1)
ausschauen: **1.** ⟨*erwartungsvoll hinaussehen*⟩ Ausschau/Ausguck halten · aussehen |nach| · ausspähen ♦ *gehoben*: ausblicken |nach|; auslugen (*veraltend*) ♦ *umg*: ausgucken |nach| · sich die Augen aussehen · sich den Hals ausrecken/ausrenken; → *auch* warten (1) – **2.** → aussehen (1)
ausschaufeln: **1.** → ausheben (1) – **2.** → freilegen
Ausscheid, der: → Ausscheidung (3)
ausscheiden: **1.** ⟨*vom Körper gesagt: von sich geben*⟩ absondern · abscheiden · aussondern; sekretieren (*med*) + abgeben – **2.** ⟨*nicht zugelassen sein, werden*⟩ außer Betracht stehen/bleiben · nicht infrage/in Betracht kommen ♦ *umg*: nicht in die Tüte/auf die Platte kommen – **3.** ⟨*eine Gemeinschaft, Organisation verlassen*⟩ austreten + sich abmelden ♦ *umg*: gehen · aussteigen · abspringen – **4.** ⟨*eine Tätigkeit, Position, Stellung aufgeben*⟩ den Dienst quittieren · ausscheren · aussteigen; ausstehen (*süddt österr veraltend*); abmustern · abheuern (*seem*); → *auch* kündigen (1), zurücktreten (1) – **5.** → aussondern (1) – **6.** → abgehen (2) – **7.** → ausschließen (I, 3)
Ausscheidung, die: **1.** ⟨*Vorgang des Ausscheidens*⟩ Absonderung · Abscheidung · Aussonderung; Sekretion · Exkretion (*med*) + Ausdünstung · Ausfluss; → *auch* Auswurf (1) – **2.** ⟨*das Ausscheiden von Körpersteinen*⟩ Abgang – **3.** ⟨*Ermittlung der Besten*⟩ Ausscheid[ungskampf] + Ausscheidungsspiel – **4.** → Aussonderung (1) – **5.** → Sekret – **6.** → Auslassung (1)
Ausscheidungskampf, der: → Ausscheidung (3)
Ausscheidungsspiel, das: → Ausscheidung (3)
ausscheißen, sich: → ausreden (I, 1)
ausschellen: → bekannt (5)
ausschelten: → ausschimpfen
ausschießen: → verblassen
ausschiffen: → entladen (I, 1)
ausschildern: → markieren (1)
ausschimpfen: [aus]schelten · auszanken ♦ *umg*: heruntermachen · herunterputzen · abputzen · abkanzeln; ausbürsten · die Paten sagen · kapiteln (*landsch*) ♦ *salopp*: aus den Lumpen/dem Anzug schütteln · zur Minna machen · Schlitten fahren |mit|; abstauben · abstäuben (*landsch*) ♦ *derb*: zur Sau machen; → *auch* anfahren (3), zurechtweisen, tadeln (1), schimpfen (1)
ausschirren: → ausspannen (I, 1)
ausschlachten: **1.** → ausnehmen (I, 1, a) – **2.** → auswerten – **3.** → verwerten (1)
ausschlafen: *salopp*: auspennen
Ausschlag, der: **1.** → Hautausschlag – **2.** den A. geben: → entscheiden (I, 2)
ausschlagen: **1.** → löschen (1) – **2.** → sprießen (1) – **3.** → auslegen (1) – **4.** → ablehnen (2) – **5.** zum Guten a.: → gelingen (1); zum Schlechten a.: → misslingen; das schlägt dem Fass den Boden aus: → unerhört (2)
ausschlaggebend: → entscheidend (1)
ausschleimen, sich: → ausreden (I, 1)
ausschleudern: → auswerfen (1)
ausschließen: **I.** ausschließen: **1.** ⟨*durch Zuschließen nicht hereinlassen*⟩ aussperren

– **2.** ⟨*das Mitwirken verhindern*⟩ ausschalten · ausnehmen · eliminieren; exzipieren (*veraltend*) – **3.** ⟨*jmdn. nicht* [*mehr*] *teilnehmen lassen*⟩ ausscheiden · ausgrenzen · eliminieren; disqualifizieren · sperren (*Sport*); relegieren (*Schulw*); exkommunizieren (*kathol. Kirche*); → *auch* verstoßen (1) – **II.** ausschließen, sich: **1.** ⟨*nicht teilnehmen*⟩ sich ausnehmen · sich fernhalten · für sich bleiben · abseits stehen; → *auch* absondern (II) – **2.** ⟨*von unvereinbaren Dingen gesagt: nicht zusammen passen*⟩ *umg*: sich beißen
ausschließlich: 1. ⟨*nur eines betreffend*⟩ alleinig – **2.** → nur
Ausschließung, die: **1.** ⟨*das Unmöglichmachen*⟩ Ausschaltung – **2.** → Ausschluss (1)
ausschlüpfen: [heraus]schlüpfen · [her]auskriechen; auskommen (*landsch*)
ausschlürfen: → austrinken
Ausschluss, der: **1.** ⟨*Entfernung aus einer Gemeinschaft*⟩ Ausschließung · Ausstoßung · Elimination · Eliminierung; Disqualifikation · Disqualifizierung (*Sport*); Relegation (*Schulw*); Exkommunikation · Kirchenbann · Anathema (*kathol. Kirche*); → *auch* Ächtung (1) – **2.** mit A. von: → außer (1)
ausschmelzen: → auslassen (I, 2)
ausschmieren: → angreifen (I, 2)
ausschmücken: 1. ⟨*durch Schmücken* [*der Wände usw.*] *verschönern*⟩ ausgestalten · dekorieren · ausputzen · ausstaffieren + ausmalen; → *auch* schmücken (I) – **2.** ⟨*im Text erweitern*⟩ ausmalen · ausspinnen
Ausschmückung, die: Ausgestaltung · Dekoration · Dekorierung · Festschmuck · Verschönerung · Verzierung; → *auch* Ausstattung (1)
ausschnauben, sich: → schnäuzen, sich
ausschnaufen: I. ausschnaufen: → ausruhen (I) – **II.** ausschnaufen, sich: → ausruhen (I)
ausschnäuzen, sich: → schnäuzen, sich
ausschneiden: → ausholzen
Ausschnitt, der: **1.** ⟨*Halsöffnung an Kleidungsstücken, bes. der Frauen*⟩ Dekolletee · Halsausschnitt ♦ *salopp*: Schaufenster · Briefkasten – **2.** ⟨*Teil eines Kreises, einer Kugel*⟩ Sektor – **3.** → Teil (1)
ausschnüffeln: → auskundschaften (1)
ausschöpfen: → auswerten
Ausschöpfung, die: → Ausnutzung (1)
ausschoten: → aushülsen
ausschreiben: 1. ⟨*in Bezug auf Wertpapiere: öffentlich zum Kauf anbieten*⟩ auflegen – **2.** → aussetzen (1) – **3.** → ausstellen (1)
ausschreien: → ausplaudern
Ausschreier, der: → Marktschreier
ausschreiten: → ausmessen
Ausschreitung, die: **1.** → Gewalttätigkeit (1) – **2.** → Ausschweifung (1)
ausschroten: → auswerten
Ausschuss, der: **1.** ⟨*gewählte Körperschaft*⟩ Kommission · Komitee · Beirat · Rat · Gremium + Sektion · Kuratorium – **2.** *abwert* ⟨*mangelhafte Ware*⟩ Schluderarbeit · Pfuscharbeit · Flickwerk · Stückarbeit · Geschluder · Gehudel · Gesudel · Geschlampe ♦ *umg*: Bruch · Pfusch · Murks · Bafel; Pofel (*süddt österr*); → *auch* Schund (1), Pfuscherei
ausschütteln: ausstauben; ausstäuben (*landsch*) ♦ *umg*: ausbeuteln (*süddt österr*)
ausschütten: I. ausschütten: **1.** → ausgießen (1) – **2.** → ausgeben (I, 3) – **3.** das/sein Herz/seine Seele a.: **a)** → anvertrauen (II, 2) – **b)** → aussprechen (II, 1); das Kind mit dem Bade a.: → weit (4) – **II.** ausschütten, sich: sich vor Lachen a.: → lachen (1)
Ausschüttung, die: → Gewinnanteil
ausschwärmen: 1. ⟨*sich aus einer geschlossenen Formation im Gelände verteilen*⟩ schwärmen · sich auseinander ziehen · sich ausbreiten + sich entwickeln – **2.** → ausfliegen
ausschwatzen: → ausplaudern
ausschwätzen: → ausplaudern
ausschwefeln: → ausräuchern
ausschweifen: → austoben, sich (2)
ausschweifend: 1. → maßlos – **2.** → zügellos (1) – **3.** → unzüchtig
Ausschweifung, die: **1.** ⟨*durch Maßlosigkeit gekennzeichnete Handlung*⟩ Ausschreitung · Exzess + Übertreibung – **2.** → Unzucht
ausschweigen, sich: → schweigen (2)
ausschwemmen: 1. → ausspülen (1) – **2.** → auswaschen (2)
ausschwenken: → ausspülen (1)
aussehen: 1. ⟨*auf den Beschauer wirken*⟩ sich ansehen · anzusehen sein · einen Anblick bieten · sich ausnehmen · einen/den Anschein/Eindruck erwecken · einen/den Anschein haben · einen/den Eindruck machen; ein/das Aussehen haben (*veraltend*); ausschauen · sich anschauen (*landsch*); ›

auch wirken (2) – **2.** a. |nach|: **a)** ⟨*nach seinem Aussehen etw. erwarten lassen*⟩ den Eindruck machen / erwecken · den Anschein haben / erwecken ♦ *umg*: riechen |nach| – **b)** → ausschauen (1) – **3.** sich die Augen a.: → ausschauen (1); a. |wie|: → ähneln; gut / günstig a. |mit|: → gut (10); schlecht / übel / mies / miserabel a. |mit|: → schlecht (11); schön a.: → schön (7)
Aussehen, das: **1.** ⟨*der äußere Eindruck*⟩ Erscheinung[sbild] · das Äußere · Anblick · Look · Outfit · Ansehen · Typ · Habitus; Air (*veraltend*) – **2.** ein / das A. haben: → aussehen (1)
ausseihen: → durchsieben (I)
außen: 1. ⟨*jenseits einer räuml. Begrenzung*⟩ außerhalb · an / auf der Außenseite; auswendig (*landsch*); → *auch* auswärts (1) – **2.** → draußen (1) – **3.** nach a. hin, von a. gesehen: → äußerlich (1)
Außenbezirk, der: → Randbezirk
Außendienstmitarbeiter, der: → Handelsvertreter
Außenhandel, der: zwischenstaatlicher Handel · Außenwirtschaft · Exporthandel
Außenseite, die: **1.** → Äußere (1) – **2.** an / auf der A.: → außen (1)
Außenseiter, der: Outsider · Freak
Außenstände (*Pl*): → Geldforderung
Außenstelle, die: → Zweigstelle
Außenwelt, die: → Umwelt
Außenwirtschaft, die: → Außenhandel
außer: 1. ⟨*ausschließend*⟩ abgesehen |von| · ausgenommen [von] · bis auf · mit Ausnahme von; mit Ausschluss von (*veraltend*); → *auch* ohne (1) – **2.** → außerhalb (1) – **3.** a. [wenn / dass]: ⟨*einschränkend*⟩ ausgenommen [,wenn / dass] · es sei denn [, dass] – **4.** a. sich: **a)** → entrüstet – **b)** → bestürzt; a. Fassung: → bestürzt; a. Kraft treten: → verfallen (2); a. Dienst: → pensioniert; a. Rand und Band: → übermütig (1); a. Acht lassen: → absehen (4, a); a. Zweifel: → sicher (4); a. Haus: → auswärts (1); a. Landes gehen: **a)** → auswandern – **b)** → abfließen (2)
außerdem: 1. ⟨*noch hinzukommend, noch anzufügend*⟩ darüber hinaus · weiter · zusätzlich · sonst · überdies · im Übrigen · ferner[hin] · ansonsten · daneben · hierneben · auch · und · noch · zudem · extra · zugleich · obendrein · zu allem Unglück · zu allem Überfluss; ansonst (*schweiz österr amtsspr*) + unter anderem ♦ *umg*: obendrauf (*landsch*); → *auch* daneben (2), dazu (2) – **2.** → daneben (2) – **3.** → alias
außerdienstlich: → privat (1)
Äußere, das: **1.** ⟨*das von außen Sichtbare*⟩ Außenseite · Exterieur + Oberfläche · Oberseite – **2.** → Aussehen (1) – **3.** → Form (1)
außerehelich: → nichtehelich
außergewöhnlich: 1. ⟨*über das Normale hinausgehend*⟩ außerordentlich · beispiellos · extraordinär · säkular · exzeptionell · ausnehmend · besonder · ohne Beispiel – **2.** → sehr – **3.** → auffallend
außerhalb: 1. ⟨*nicht* [*mehr*] *innerhalb eines bestimmten Bereiches*⟩ außer – **2.** → außen (1) – **3.** → auswärts (1)
außerirdisch: extraterrestrisch
Außerirdische, der: Alien
äußerlich: 1. ⟨*nach der äußeren Erscheinung*⟩ nach außen hin · von außen gesehen; → *auch* förmlich (1) – **2.** → formal – **3.** → oberflächlich (1)
äußern: I. äußern: **1.** ⟨*sprachlich formuliert hören lassen*⟩ aussprechen · sagen · bemerken · ausdrücken · von sich geben · feststellen; → *auch* erzählen (1) – **2.** → ausdrücken (I, 2) – **II.** äußern, sich: **1.** ⟨*seine Gedanken bekannt geben*⟩ Stellung nehmen; die Feststellung treffen · seine Meinung zum Ausdruck bringen · sich outen ♦ *umg*: sich auslassen; sich ausbreiten (*abwert*) – **2.** → ausdrücken (II, 1) – **3.** sich ä. |in|: → ausdrücken (II, 2)
außerordentlich: 1. → außergewöhnlich (1) – **2.** → auffallend – **3.** → sehr
äußerst: 1. → letztmöglich – **2.** → sehr
außerstande: a. sein: nicht in der Lage sein · nicht können; → *auch* unfähig (3)
Äußerste, das: **1.** ⟨*was man gerade noch ertragen kann*⟩ Schmerzgrenze – **2.** aufs Äußerste: → allenfalls (1); aus sich das Äußerste herausholen: → anstrengen (II, 1)
äußerstenfalls: → allenfalls (1)
Äußerung, die: **1.** ⟨*Bekanntgabe seiner Gedanken*⟩ Feststellung; Auslassung (*abwert*) – **2.** → Bemerkung (1) – **3.** → Bekundung
aussetzen: 1. ⟨*als Belohnung, Preis festsetzen*⟩ ausschreiben · ausbieten; → *auch* bieten (I, 1) – **2.** ⟨*vorübergehend unterbrechen*⟩ innehalten · pausieren · ruhen ♦ *umg*: feiern (*scherzh*) ♦ *salopp*: eine Fuffzehn machen; → *auch* rasten – **3.** ⟨*durch einen Defekt usw. nicht weiterlaufen*⟩ stehen bleiben · stillste-

hen · ausfallen ♦ *salopp*: bocken – **4.** → aufhören (1) – **5.** → aufschieben – **6.** → ausgeben (I, 2) – **7.** → verpflanzen (1) – **8.** a. |an|: → beanstanden

Aussetzer, der: → Erinnerungslücke

Aussicht, die: **1.** ⟨*das von einem* [*erhöhten*] *Ort aus zu Sehende*⟩ Ausblick · Blick · Überblick + Fernsicht · Fernblick; → *auch* Rundblick – **2.** ⟨*Hoffnung auf eine künftige Verbesserung*⟩ Lichtblick · Lichtpunkt · Perspektive · Zukunftsaussicht + Zukunft – **3.** ⟨*berechtigte Hoffnung, etw. zu erhalten*⟩ Anwartschaft – **4.** ohne A. auf Erfolg: → hoffnungslos (1); mit A. auf Erfolg: → Erfolg (3); in A. nehmen: → vorsehen (I); in A. stellen: → versprechen (I, 1), bieten (I, 1)

aussichtslos: → hoffnungslos (1)

Aussichtslosigkeit, die: → Hoffnungslosigkeit (1)

Aussichtspunkt, der: → Ausguck (1)

aussichtsreich: → Erfolg (3)

aussieben: 1. → aussondern (1) – **2.** → auswählen

aussiedeln: → umsiedeln

aussinnen: → ausdenken (1)

aussöhnen: I. aussöhnen: → versöhnen (I) – **II.** aussöhnen, sich: → versöhnen (II)

Aussöhnung, die: → Versöhnung

aussondern: 1. ⟨*nach bestimmten Gesichtspunkten aus etw. entfernen*⟩ ausscheiden · aussortieren · ausgliedern · [aus]lesen · eliminieren; ausmustern (*milit*) ♦ *umg*: [aus]sieben; → *auch* aussuchen (1), auswählen – **2.** → ausscheiden (1)

Aussonderung, die: **1.** ⟨*das Entfernen aus etw. nach bestimmten Gesichtspunkten*⟩ Ausscheidung · Ausgliederung · Eliminierung · Elimination; Ausmusterung (*milit*); → *auch* Auswahl (1) – **2.** → Ausscheidung (1)

aussortieren: → aussondern (1), aussuchen (1)

ausspähen: 1. → ausschauen (1) – **2.** → auskundschaften (1)

ausspannen: I. ausspannen: **1.** ⟨*Zugtiere vom Wagen lösen*⟩ abspannen · ausschirren · ausjochen · absträngen; → *auch* abzäumen – **2.** ⟨*sich eine Zeit lang erholen*⟩ Ferien/Urlaub machen ♦ *umg*: urlauben; → *auch* ausruhen (I) – **3.** → abbetteln – **4.** → weglocken – **II.** ausspannen, sich: → erstrecken, sich (1)

aussparen: 1. ⟨*eine bestimmte Fläche usw. freihalten*⟩ frei lassen · Platz lassen – **2.** → auslassen (I, 1)

ausspeien: 1. → ausspucken (1) – **2.** → erbrechen (I, 1) – **3.** → auswerfen (1)

aussperren: → ausschließen (I, 1)

ausspielen: 1. ⟨*beim Kartenspiel: die erste Karte auf den Tisch legen*⟩ anspielen · angeben – **2.** ausgespielt haben: → gelten (7)

ausspinnen: → ausschmücken (2)

ausspionieren: → auskundschaften (1)

ausspotten: → verspotten

Aussprache, die: **1.** ⟨*Art des Aussprechens*⟩ Artikulation · Lautung · Akzent · Betonung · Tonfall – **2.** ⟨*Klärung von Fragen*⟩ Meinungsaustausch · Gedankenaustausch · Diskussion · Debatte · Forum; → *auch* Beratung (1), Erörterung, Gespräch (1), Kolloquium (1), Plauderei

aussprechen: I. aussprechen: **1.** ⟨*Sprachlaute bilden*⟩ artikulieren + modulieren; → *auch* betonen (1) – **2.** → äußern (I, 1) – **3.** → ausdrücken (I, 3) – **4.** → ausreden (I, 1) – **5.** etw. offen a.: ⟨*ohne Hemmungen seine Gedanken äußern*⟩ offen sprechen · freiheraus/rundheraus/offen sagen · kein[en] Hehl machen [aus] · die/seine Meinung sagen + Flagge zeigen ♦ *umg*: kein Blatt vor den Mund nehmen · sagen, was Sache ist · nicht hinter dem Berg halten |mit|; nicht an Herzdrücken sterben (*landsch*) – **6.** die Acht a. |über|: → ächten (1); seinen Dank a.: → danken (1); seine Glückwünsche a.: → beglückwünschen; sein Beileid a.: → kondolieren – **II.** aussprechen, sich: **1.** ⟨*seinen ganzen Kummer mitteilen*⟩ das/sein Herz/seine Seele ausschütten · das/sein Herz/sich erleichtern; sich ausreden (*süddt österr*) ♦ *umg*: seinem Herzen Luft machen · sich alles von der Seele reden · Luft/Dampf ablassen ♦ *salopp*: sich ausquatschen; → *auch* anvertrauen (II, 2) – **2.** ⟨*ausgiebig miteinander sprechen* [*u. Unklarheiten beseitigen*]⟩ sich ausplauschen (*österr*) ♦ *umg*: sich ausratschen (*süddt österr landsch*) – **3.** sich a. |in|: → ausdrücken (II, 2)

aussprengen: → verbreiten (I, 1)

Ausspruch, der: Satz · Wort · Sentenz · Bonmot; Diktum (*veraltend*); → *auch* Bemerkung (1), Zitat

ausspucken: 1. ⟨*Speichel von sich geben*⟩ ausspeien – **2.** → auswerfen (1)

ausspülen: **1.** ⟨*durch Spülen aus etw. entfernen*⟩ herausspülen · [her]ausschwemmen · ausschwenken + abspülen – **2.** → auswaschen (1 *u.* 2)
ausspüren: → aufspüren (1)
ausstaffieren: **I.** ausstaffieren: **1.** → ausschmücken (1) – **2.** a. |mit|: → ausstatten (I, 3) – **II.** ausstaffieren, sich: **1.** → herausputzen (II) – **2.** sich a. |mit|: → ausstatten (II)
Ausstaffierung, die: → Ausstattung (2)
Ausstand: **I.** Ausstand, der: sich im A. befinden, im A. stehen, in den A. treten: → streiken (1) – **II.** Ausstände (*Pl*): → Geldforderung
ausstatten: **I.** ausstatten: **1.** ⟨*einer Sache ein gutes Aussehen geben*⟩ *umg*: aufmachen – **2.** → einrichten (I, 1) – **3.** a. |mit|: ⟨*mit notwendigen Dingen versorgen*⟩ ausrüsten |mit| · versehen |mit| · ausstaffieren |mit|; staffieren |mit| (*veraltet*) + begaben |mit| · dotieren |mit| · aussteuern ♦ *umg*: spicken |mit| – **II.** ausstatten, sich: sich a. |mit|: ⟨*sich mit notwendigen Dingen versorgen*⟩ sich versehen |mit| · sich ausrüsten |mit| ♦ *umg*: sich ausstaffieren |mit|
Ausstattung, die: **1.** ⟨*äußere Gestaltung*⟩ Aufmachung · Aufputz; Aufzug (*abwert*); Dekor (*Theat*); → *auch* Ausschmückung – **2.** ⟨*Versorgung mit Notwendigem*⟩ Ausrüstung · Ausstaffierung · Staffierung + Equipment – **3.** → Einrichtung (1 *u.* 2, a) – **4.** → Aufwand (1)
ausstauben/ausstäuben: → ausschütteln
ausstechen: **1.** → überflügeln – **2.** → verdrängen (2) – **3.** die Augen a.: → blenden (2)
ausstecken: → markieren (1)
ausstehen: **1.** ⟨*zum Verkauf im Schaufenster stehen*⟩ ausgestellt sein – **2.** → aushalten (1) – **3.** → ausscheiden (4) – **4.** nicht a. können: → hassen
aussteifen: → abstützen
aussteigen: **1.** ⟨*sich steigend aus etw. herausbegeben*⟩ heraussteigen · herausklettern – **2.** ⟨*ein Fahrzeug verlassen*⟩ absteigen – **3.** ⟨*ein Schiff bzw. Flugzeug verlassen*⟩ von Bord gehen – **4.** → abspringen (1) – **5.** → ausscheiden (3 *u.* 4)
ausstellen: **1.** ⟨*ein amtl. Schriftstück anfertigen u. übergeben*⟩ ausschreiben; ausfertigen (*amtsspr*) – **2.** ⟨*sichtbar aufstellen*⟩ zur Schau stellen – **3.** → ausschalten (1) – **4.** a. |an|: → beanstanden; ausgestellt sein: → ausstehen (1)
Ausstellung, die: **1.** ⟨*Einrichtung zur Besichtigung von Gegenständen*⟩ Schau · Exposition; → *auch* Messe (1) – **2.** → Einwand (1) – **3.** Ausstellungen machen |an|: → beanstanden
Ausstellungsgegenstand, der: → Ausstellungsstück
Ausstellungsobjekt, das: → Ausstellungsstück
Ausstellungsstück, das: Exponat · Ausstellungsgegenstand · Ausstellungsobjekt · Schaustück + Dekorationsstück · Messemuster; → *auch* Muster (2)
Aussterbeetat, der: auf dem A. stehen, sich auf dem A. befinden: **a)** → verschlechtern (II) – **b)** → aussterben; auf den A. stellen: → kaltstellen
aussterben: vergehen · verschwinden · erlöschen ♦ *umg*: auf dem Aussterbeetat stehen · sich auf dem Aussterbeetat befinden; → *auch* untergehen (2)
Aussteuer, die: → Mitgift
aussteuern: → ausstatten (I, 3)
Ausstieg, der: → Ausgang (2, a)
ausstopfen: ausbälgen · den Balg füllen
Ausstoß, der: → Produktionsmenge
ausstoßen: **1.** ⟨*etw. stimmlich äußern*⟩ hervorstoßen · hören lassen; → *auch* anstimmen (1, a) – **2.** → verstoßen (1) – **3.** → auswerfen (1) – **4.** → herstellen (1) – **5.** einen Fluch/Flüche/Verwünschungen a.: → fluchen (1); Drohungen/eine Drohung a.: → drohen (1); Beschuldigungen a.: → beschuldigen (1); den Atem a.: → ausatmen (1); die Augen a.: → blenden (2); einen Seufzer a.: → seufzen (1)
Ausstoßung, die: → Ausschluss (1)
ausstrahlen: **1.** ⟨*durch Strahlung verbreiten*⟩ strahlen; emittieren (*Phys*) + spenden – **2.** → ausströmen – **3.** → senden (1)
Ausstrahlung, die: **1.** ⟨*Wirkung, die von jmds. Erscheinung ausgeht*⟩ Aura · Charisma; → *auch* Atmosphäre (1) – **2.** → Atmosphäre (1)
ausstrecken: **I.** ausstrecken: **1.** ⟨*völlig strecken*⟩ ausrecken; → *auch* abstrecken – **2.** → ausbreiten (I, 3) – **3.** seine Fühler a.: → vorfühlen – **II.** ausstrecken, sich: **1.** ⟨*sich im Liegen strecken*⟩ sich ausrecken · sich rekeln · sich dehnen ♦ *umg*: + sich aalen · sich langmachen ♦ *salopp*: alle

viere von sich strecken – **2.** → aufrichten (II)
ausstreichen: 1. → durchstreichen (I, 1) – **2.** → auftragen (1)
ausstreuen: → verbreiten (I, 1)
ausströmen: ausstrahlen · ausgehen |von| ♦ *gehoben*: [aus]atmen
aussuchen: 1. ⟨*suchend auswählen*⟩ auslesen · aussortieren · selektieren · selegieren · selektionieren + verlesen ♦ *umg*: ausklauben (*landsch*); → *auch* aussondern (1), auswählen – **2.** → durchsuchen
aussülzen, sich: → ausreden (I, 1)
austäfeln: → täfeln
Austausch, der: **1.** → Wechsel (1) – **2.** im A. dafür: → ersatzweise
austauschbar: → auswechselbar
austauschen: → auswechseln (1), ersetzen (1)
austeilen: 1. → verteilen (I, 1) – **2.** → ausgeben (I, 1) – **3.** Spitzen a.: → sticheln (1); Prügel a.: → schlagen (I, 1)
Austeilung, die: **1.** → Ausgabe (1) – **2.** → Verteilung (1)
austesten: → versuchen (I, 1)
austilgen: → vernichten (1, c)
austoben, sich: **1.** ⟨*lärmen u. lustig sein*⟩ sich austollen – **2.** ⟨*das Leben richtig auskosten*⟩ sich ausleben · sich nichts versagen · ausschweifen
austollen, sich: → austoben (1)
Austrag, der: **1.** → Austragung (1) – **2.** → Altenteil (1) – **3.** zum A. bringen/kommen lassen/gelangen lassen: → austragen (2)
austragen: 1. ⟨*zu den Empfängern schaffen*⟩ zustellen · bestellen; vertragen (*schweiz*) – **2.** ⟨*zur Entscheidung bringen*⟩ ausfechten · durchfechten · durchkämpfen · auskämpfen · zum Austrag/zur Austragung bringen · zum Austrag kommen lassen/gelangen lassen
Austragung, die: **1.** ⟨*das Ausfechten eines Streites*⟩ Austrag – **2.** zur A. bringen: → austragen (2)
austreiben: 1. → sprießen (1) – **2.** → abgewöhnen (1) – **3.** → ausrollen – **4.** die Grillen a.: → zurechtweisen
austreten: 1. ⟨*die Harnblase entleeren*⟩ harnen · urinieren · Wasser/Urin lassen · seine Notdurft/[s]ein Bedürfnis verrichten · sich entleeren · sich ausleeren; sich erleichtern · sein Geschäft erledigen · ein kleines Geschäft verrichten/machen (*verhüll*); feuchten (*weidm*) + unter sich machen ♦ *umg*: das Wasser abschlagen · klein/einen Bach machen · Pipi/ein Bächlein machen (*kindersp r*); pullern · lullern (*landsch kinderspr*) ♦ *salopp*: pinkeln · pullen; eine Stange Wasser in die Ecke stellen · das Kartoffelwasser abgießen/abschütten (*scherzh*); pischen · puschen · strunzen · strulle[r]n (*landsch*) ♦ *derb*: pissen · schiffen · seichen · brunzen – **2.** ⟨*den Darm entleeren*⟩ seine Notdurft/[s]ein Bedürfnis verrichten · sich entleeren · sich ausleeren; sich erleichtern · sein Geschäft erledigen · ein großes Geschäft verrichten/machen (*verhüll*) + unter sich machen ♦ *umg*: groß machen; sich verewigen (*scherzh*); Aa machen (*kinderspr*) ♦ *salopp*: einen Kaktus pflanzen · ein Ei/Eier legen (*scherzh*) ♦ *derb*: kacken · scheißen · abprotzen · einen Haufen hinsetzen/machen – **3.** → ausscheiden (3) – **4.** → löschen (1) – **5.** → ausweiten (I, 1)
austricksen: → überlisten
austrinken: leeren · ausschlürfen ♦ *umg*: ex trinken ♦ *salopp*: auskippen ♦ *derb*: aussaufen
Austritt, der: **1.** ⟨*das Verlassen einer Gemeinschaft*⟩ Abgang – **2.** → Balkon (1)
austrocknen: 1. → trocknen (1) – **2.** → dörren – **3.** → versiegen (1)
austrommeln: → bekannt (5)
austrompeten: → bekannt (5)
austüfteln: [sich] a.: → ausdenken (1)
austuschen: → ausmalen (1)
ausüben: 1. ⟨*berufsmäßig tun*⟩ betreiben · versehen · praktizieren – **2.** die Macht a.: **a)** → regieren (1) – **b)** → herrschen (1); den Beischlaf a.: → koitieren; die Herrschaft a.: → herrschen (1); Druck a.: → zwingen (1); einen Einfluss/eine Wirkung a.: → beeinflussen (1, a)
ausufern: → ausarten
Ausverkauf, der: Inventurausverkauf · Schlussverkauf + Räumungsverkauf · Saisonschlussverkauf · Sommerschlussverkauf · Winterschlussverkauf
ausverkauft: + ausgebucht ♦ *umg*: alle; → *auch* aufgebraucht
ausverschämt: → frech (1)
auswachsen, sich: → ausarten
auswägen: → ausgleichen (I, 1)
Auswahl, die: **1.** ⟨*Vorgang des Auswählens*⟩ Wahl · Selektion · Auslese + Auslosung; →

auch Aussonderung (1) – **2.** ⟨*zum Auswählen angebotene Ware*⟩ Kollektion · Mustersammlung · Zusammenstellung · Palette + Spektrum; → *auch* Warenangebot, Muster (2) – **3.** ⟨*Zusammenstellung aus literarischen Werken*⟩ Auswahlband · Chrestomathie · Brevier · Anthologie + Almanach; → *auch* Blütenlese – **4.** ⟨*Mannschaft ausgewählter Sportler*⟩ Auswahlmannschaft · Besetzung; Equipe (*österr*) + Nationalmannschaft · Ländermannschaft; → *auch* Mannschaft (1) – **5.** → Auslese (1)
Auswahlband, der: → Auswahl (3)
auswählen: wählen; ausmustern (*milit*) ♦ *gehoben*: erwählen · [er]küren · erlesen ♦ *umg*: [her]aussieben + herausfischen · herausgreifen; → *auch* aussondern (1), aussuchen (1), bestimmen (1, b)
Auswahlmannschaft, die: → Auswahl (4)
auswalken: → ausrollen
auswallen: → ausrollen
auswalzen: → ausrollen
Auswanderer, der: Emigrant
auswandern: emigrieren · ins Ausland/außer Landes gehen + ins Exil gehen
Auswanderung, die: Emigration
auswärmen, sich: → aufwärmen (II)
auswärtig: 1. ⟨*nicht aus demselben Ort stammend*⟩ von auswärts – **2.** → ausländisch (1) – **3.** → fremd (2)
auswärts: 1. ⟨*an einem anderen Ort befindlich*⟩ außerhalb · draußen · nicht am Ort + aushäusig · außer Haus; → *auch* außen (1) – **2.** von a.: → auswärtig (1)
auswaschen: 1. ⟨*durch Waschen aus etw. entfernen*⟩ + ausspülen; → *auch* waschen (I, 1) – **2.** ⟨*durch Einwirkung von Wasser hohl machen*⟩ ausspülen · aushöhlen · ausschwemmen
auswechselbar: austauschbar · permutabel
auswechseln: 1. ⟨*gegen anderes tauschen*⟩ austauschen · wechseln – **2.** → ersetzen (1)
Ausweg, der: die [letzte] Rettung · der rettende Strohhalm · Rettungsanker · Hilfe; Hintertür (*oft abwert*) ♦ *umg*: Dreh; Auskunft (*landsch*)
ausweglos: → hoffnungslos (1)
Ausweglosigkeit, die: → Hoffnungslosigkeit (1)
ausweichen: 1. ⟨*im Verkehr zur Seite weichen*⟩ ausbiegen · Platz machen + herumgehen |um| – **2.** ⟨*etw. vermeiden wollen*⟩ sich entziehen ♦ *umg*: sich herumdrücken |um| · sich vorbeimogeln |an| · sich winden · sich drehen und wenden · einen Eiertanz aufführen; sich drücken (*abwert*) ♦ *salopp*: kneifen (*abwert*); → *auch* meiden, entkommen (1)
Ausweichmanöver, das: → Ausrede
ausweiden: → ausnehmen (I, 1, a)
ausweinen, sich: *umg*: sich ausheulen
Ausweis, der: **1.** ⟨*Urkunde, durch die etw. beglaubigt wird*⟩ Legitimation · Ausweiskarte · Ausweispapiere · Papiere · Kennkarte ♦ *umg*: Flebbe + Bescheinigung; → *auch* Personalausweis, Reisepass – **2.** → Beweis (1)
ausweisen: I. ausweisen: **1.** ⟨*den Aufenthalt im Land verbieten*⟩ verweisen |aus| · des Landes verweisen · aus dem Land weisen · expatriieren · ausbürgern · denaturalisieren · entnationalisieren · vertreiben · verstoßen · fortjagen · abschieben ♦ *umg*: hinauswerfen; → *auch* verbannen (1) – **2.** → ausquartieren – **II.** ausweisen, sich: **1.** ⟨*seine Identität nachweisen*⟩ sich legitimieren · seine Papiere/den Pass vorzeigen – **2.** → herausstellen (II)
Ausweiskarte, die: → Ausweis (1)
Ausweispapiere (*Pl*): → Ausweis (1)
Ausweisung, die: Verweisung · Land[es]verweisung · Abschiebung; → *auch* Verbannung (1)
ausweiten: I. ausweiten: **1.** ⟨*in Bezug auf Schuhe*: *durch Gebrauch weiter machen*⟩ ausdehnen · weiten · austreten ♦ *salopp*: auslatschen; → *auch* ausbeulen – **2.** → ausdehnen (I, 1), dehnen (I) – **3.** → vergrößern (I, 1) – **II.** ausweiten, sich: **1.** ⟨*an Umfang, Intensität usw. zunehmen*⟩ anwachsen · anschwellen · sich ausdehnen · sich aufbauschen; sich aufblähen (*abwert*); → *auch* zunehmen (1) – **2.** ⟨*bes. von Schuhen gesagt*: *durch Gebrauch weiter werden*⟩ sich ausdehnen · sich weiten – **3.** → anschwellen (1, a) – **4.** → vergrößern (II, 1)
Ausweitung, die: **1.** → Ausdehnung (1) – **2.** → Vergrößerung (1)
auswendig: 1. ⟨*ohne eine Vorlage zu benutzen*⟩ aus dem Kopf/Gedächtnis – **2.** → außen (1)
auswerfen: 1. ⟨*bes. von Maschinen gesagt*: *selbsttätig nach außen befördern*⟩ ausschleudern · ausstoßen · [aus]speien ♦ *umg*: ausspucken – **2.** → ausheben (1) – **3.** → herstellen (1) – **4.** den Anker a.: → ankern (1)

auswerten: ausschöpfen · aufbereiten · erschöpfen · ausbeuten · ausmünzen ♦ *umg*: ausschlachten (*abwert*); ausschroten (*landsch*); → *auch* ausnutzen (1)
Auswertung, die: → Nutzung (1)
auswetzen: **1.** → entfliehen (1) – **2.** die Scharte a.: → aufholen (1)
auswichsen: → entfliehen (1)
auswickeln: → auspacken (1)
auswiegen: → abwiegen
auswinden: → ausringen
auswirken, sich: zum Tragen kommen; → *auch* wirken (3)
auswischen: **1.** → abwischen (1) – **2.** → entfliehen (1) – **3.** eins a.: → schaden (1)
auswringen: → ausringen
auswuchern: → ausarten
Auswuchs, der: → Geschwulst
Auswurf, der: **1.** ⟨*Absonderung der Luftwege*⟩ Sputum (*med*) ♦ *salopp*: Qualle; Seemannspudding (*scherzh*); Aule · Qualster (*landsch*); → *auch* Ausscheidung (1) – **2.** → Abschaum
auszahlen: **I.** auszahlen: **1.** ⟨*eine bestimmte Summe zahlen*⟩ [aus]bezahlen – **2.** → abfinden (I, 1) – **3.** → entlohnen – **II.** auszahlen, sich: → lohnen (II)
auszanken: → ausschimpfen
auszehren: **1.** → ausmergeln – **2.** → abmagern
Auszehrung, die: **1.** → Tuberkulose – **2.** → Abmagerung
auszeichnen: **I.** auszeichnen: **1.** ⟨*mit Preisschild versehen*⟩ auspreisen – **2.** ⟨*durch eine Auszeichnung würdigen*⟩ präm[i]ieren · einen Orden/eine Auszeichnung verleihen; dekorieren (*auch spött*) – **3.** ⟨*vor anderen ehrend herausstellen*⟩ mit Auszeichnung behandeln · erhöhen – **II.** auszeichnen, sich: → hervortun, sich
Auszeichnung, die: **1.** ⟨*die ehrende Handlung des Auszeichnens*⟩ Präm[i]ierung · Verleihung; Dekorierung · Dekoration (*auch spött*) + Belohnung – **2.** ⟨*an der Kleidung befestigtes sichtbares Zeichen der Ehrung*⟩ Ehrenzeichen · Orden · Medaille; → *auch* Preis (2) – **3.** eine A. verleihen: → auszeichnen (I, 2); mit A. behandeln: → auszeichnen (I, 3)
ausziehen: **I.** ausziehen: **1.** ⟨*einen Ort verlassen*⟩ ausrücken + ausmarschieren · ausreiten – **2.** ⟨*die Wohnung für immer verlassen*⟩ wegziehen · fortziehen · die Wohnung aufgeben ♦ *umg*: ziehen; → *auch* umziehen (I) – **3.** ⟨*die Kleidung von jmds. Körper entfernen*⟩ auskleiden · entkleiden; entblättern (*scherzh*) ♦ *salopp*: auspellen · aushosen; → *auch* entblößen (I) – **4.** ⟨*ein Kleidungsstück vom Körper legen*⟩ ablegen – **5.** → ausreißen (1) – **6.** → extrahieren – **7.** → dehnen (I) – **8.** → verblassen – **9.** bis aufs Hemd a.: **a)** → ausrauben – **b)** → schröpfen (2) – **II.** ausziehen, sich: ⟨*die Kleidung von seinem Körper entfernen*⟩ sich auskleiden · sich entkleiden · die Kleider ablegen · sich freimachen ♦ *gehoben*: sich entblößen · sich enthüllen · sich ausschälen · sich aus den Kleidern schälen ♦ *umg*: sich erleichtern · die Kleider von sich werfen · aus der Kleidung/den Sachen schlüpfen ♦ *salopp*: sich auspellen · sich aushosen (*landsch*)
auszirkeln: → ausmessen
auszischen: → auspfeifen
Auszubildende, der: → Lehrling
Auszug, der: **1.** → Extrakt (1) – **2.** → Altenteil (1) – **3.** im A., in Auszügen: → auszugsweise
auszugsweise: im Auszug · in Auszügen
auszupfen: → ausreißen (1)
autark: → unabhängig (1)
Autarkie, die: → Unabhängigkeit
authentisch: **1.** → sicher (3) – **2.** → rechtsgültig
Auto, das: **1.** ⟨*Motorfahrzeug*⟩ Wagen · Kraftfahrzeug · Personenwagen · Pkw · Fahrzeug; Gefährt · fahrbarer Untersatz (*scherzh*); Automobil (*veraltend*) + Limousine · Kabrio[lett] ♦ *umg*: Vehikel · Karre[te] · Kutsche (*abwert*); Töfftöff · Benzindroschke · Benzinkutsche · Chausseewanze · Chausseefloh · Moppel (*scherzh*) ♦ *salopp*: Schlitten · Kiste; Ofen · Klapperkiste · Klapperkasten · Nuckelpinne (*abwert*) + Straßenkreuzer; → *auch* Lastkraftwagen, Kabrio[lett] – **2.** gucken wie ein A.: → staunen
Autobahn, die: → Fernverkehrsstraße
Autobahnraststätte, die: Raststätte · Rasthof
Autobiografie, die: Selbstbiografie; → *auch* Lebensbeschreibung, Lebenserinnerungen
Autobus, der: Omnibus · Bus; Autocar · Car (*schweiz*)
Autocar, das: → Autobus
autochthon: → bodenständig

Autodieb, der: Automarder ♦ *umg*: Autoknacker
Autodiebstahl, der: *umg*: Autoklau
Autodroschke, die: → Taxi
Autofahrer, der: → Fahrer
Autogramm, das: → Unterschrift (1)
Autoklau, der: → Autodiebstahl
Autoknacker, der: → Autodieb
Autokrat, der: → Alleinherrscher
Autokratie, die: → Alleinherrschaft
autokratisch: → herrschsüchtig (1)
Automat, der: wie ein A.: → seelenlos (1)
automatenhaft: → seelenlos (1)
Automatik, die: → Automatikgetriebe
Automatikgetriebe, das: Automatik
Automatisation, die: → Automatisierung
automatisch: 1. → selbsttätig – **2.** → mechanisch
automatisieren: → mechanisieren
Automatisierung, die: Automatisation
Automobil, das: → Auto (1)
Automobilist, der: → Fahrer
autonom: → souverän (1)
Autonomie, die: **1.** → Selbstbestimmungsrecht – **2.** → Souveränität (1)
Autonummer, die: polizeiliches Kennzeichen • Kraftfahrzeugnummer
Autopsie, die: → Obduktion
Autor, der: → Verfasser
autorisieren: → bevollmächtigen
autorisiert: → berechtigt
autoritär: → absolut (1)
Autorität, die: **1.** → Ansehen (1) – **2.** → Fachmann (1)
autoritativ: → maßgebend
Autostop, der: per A.: → Anhalter
Autotelefon, das: → Handy
Autounfall, der: → Verkehrsunfall
Autounglück, das: → Verkehrsunfall
Avancement, das: → Beförderung (2)
Avancen (*Pl*): A. machen: → flirten
avancieren: → aufsteigen (2)
Avantgardist, der: → Vorkämpfer
avanti: → vorwärts (1)
Aversion, die: → Abneigung
Avis, der *od.* das: → Ankündigung
avisieren: → ankündigen (I)
Aviso, das: → Ankündigung
Axt, die: wie die A. im Walde: → flegelhaft (1)
Azubi, der: → Lehrling
Azur, der: → Himmel (1)
azurblau: → blau (1)
azurfarben: → blau (1)
azurn: → blau (1)

B

Baalsdienst, der: → Götzendienst
babbeln: → schwatzen (1)
Bäbe, die: → Napfkuchen
Baby, das: **1.** → Säugling – **2.** ein B. erwarten: → schwanger (2)
Bacchanal, das: → Gelage (b)
bacchantisch: → zügellos (1)
Bacchusbruder, der: → Trinkbruder
Bach, der: **1.** ⟨*kleines fließendes Gewässer*⟩ Wasserlauf; Fließ (*landsch*) + Wildbach ♦ *gehoben*: Quell; → *auch* Fluss (1), Rinnsal – **2.** einen B. machen: → austreten (1); den B. hinuntergehen: → scheitern (b)
bachab: b. gehen: → scheitern (b)
Bächlein, das: **1.** → Rinnsal – **2.** ein B. machen: → austreten (1)
Backe, die: **1.** → Wange – **2.** die beiden Backen: → Gesäß
backen: 1. → braten – **2.** → dörren – **3.** → kleben (1) – **4.** → ballen (II, 1) – **5.** Schliff b.: → Fehler (2)
Backen, der: → Wange
Backenbart, der: → Bart (1)
Backenstreich, der: → Ohrfeige (1)
Backfisch, der: → Mädchen (2)
Background, der: **1.** → Hintergrund (1) – **2.** → Erfahrung (1)
Backhefe, die: → Hefe
Backpfeife, die: **1.** → Ohrfeige (1) – **2.** eine B. geben: → ohrfeigen
backpfeifen: → ohrfeigen
Backstein, der: → Ziegelstein
Backwerk, das: → Gebäck
Bad, das: **1.** ⟨*Raum mit Badeeinrichtung*⟩ Badezimmer · Baderaum; Badestube (*veraltend*) + Whirlpool – **2.** ⟨*Ort für Kuraufenthalte*⟩ Heilbad · Badeort + Kurort – **3.** ⟨*das Baden*⟩ Vollbad – **4.** → Badeanstalt – **5.** ein B. nehmen, ins B. gehen/steigen: → baden (1); das Kind mit dem Bade ausschütten: → weit (4)
Badeanstalt, die: Bad · Schwimmbad · Freibad
Badeanzug, der: + Bikini · Minibikini · Tanga · Ganzteiler · Einteiler · Zweiteiler
baden: 1. ⟨*den Körper zum Reinigen od. Erfrischen ins Wasser tauchen*⟩ ein Bad nehmen · baden gehen · ins Bad/in die Wanne gehen ♦ *umg*: ins Bad/in die Wanne steigen – **2.** b. gehen: **a)** → 1 – **b)** → scheitern (a); den Wurm b.: → angeln (1); zu heiß gebadet: → verrückt (1)
Badeort, der: → Bad (2)
Baderaum, der: → Bad (1)
Badestube, die: → Bad (1)
Badezimmer, das: → Bad (1)
Bafel, der: → Ausschuss (2)
baff: b. sein: → überrascht (2)
bäffen: → bellen (1)
Bafög, das: → Stipendium
Bagage, die: **1.** → Gesindel – **2.** → Gepäck
Bagatelle, die: → Kleinigkeit (1)
bagatellisieren: → verharmlosen
baggern: → ausheben (1)
bähen: → rösten (1)
Bahn, die: **1.** → Eisenbahn (1) – **2.** → Straßenbahn, Zug (1) – **3.** → Schienenweg – **4.** → Rennstrecke – **5.** die B. ebnen: → fördern (1); sich B. brechen: → durchsetzen (I, 2, a); B. brechen: → durchsetzen (I, 1); auf die schiefe B. geraten/kommen: → verkommen (1); aus der B. kommen/geraten: → abtreiben (1)
bahnbrechend: → umwälzend
Bahnbrecher, der: → Wegbereiter
bahnen: den Weg b.: → fördern (1); sich einen Weg b. |durch|: → durchdrängen, sich
Bahnstrecke, die: → Schienenweg
Bahnwärter, der: Schrankenwärter · Streckenwärter
Bahre, die: Tragbahre · Krankenbahre · Trage
Bähschaf, das: → Dummkopf (2)
Bai, die: → [1]Bucht (1)
Baisse, die: → Kursrückgang

Bajazzo, der: → Spaßmacher
Bajonett, das: → Seitengewehr
Bakken, der: → Sprungschanze
Bakschisch, das: → Trinkgeld
Bakterie, die: **1.** ⟨*einzelliges pflanzl. Lebewesen*⟩ Spaltpilz · Bazillus · Bakterium ♦ *umg*: Bazille – **2.** → Krankheitserreger
Bakterium, das: → Bakterie (1)
Balance, die: → Gleichgewicht (1)
Balbier, der: → Friseur
balbieren: 1. → rasieren – **2.** über den Löffel b.: → betrügen (1)
bald: 1. ⟨*in kurzer Zeit*⟩ in Kürze · in Bälde · alsbald · baldigst · demnächst · nächstens · binnen kurzem · in nächster/absehbarer Zeit · dieser Tage · über ein Kleines · im Augenblick · in wenigen Augenblicken; ehebaldigst (*süddt österr amtsspr*); → *auch* früh (1) – **2.** → beinahe – **3.** b. hier, b. dort: → überall (1); bis b.: → Wiedersehen (1)
Bälde: in B.: → bald (1)
baldigst: → bald (1)
baldowern: → nachforschen
Balg: I. Balg, der: **1.** → Fell (1) – **2.** den B. füllen: → ausstopfen; auf den B. rücken: → bedrängen (1) – **II.** Balg, der *od.* das: → Kind (1)
balgen, sich: → raufen (II, 1)
Balgerei, die: → Rauferei
Balken, der: Bohle; Tramen (*süddt*); Tram (*österr*) + Kantholz · Riegel · Sparren; → *auch* Gebälk
Balkenwerk, das: → Gebälk
Balkon, der: **1.** ⟨[*vorspringender*] *durch Brüstung od. dgl. gesicherter Gebäudeteil zum Hinaustreten*⟩ Vorbau · Altan · Söller · Loggia; Austritt (*veraltend*) – **2.** → Brust (I, 2)
[1]**Ball,** der: **1.** ⟨*kugelförmiges Sport- od. Spielgerät*⟩ **a)** ⟨*allgemein*⟩ Spielball – **b)** ⟨*für Ballspiele*⟩ Leder · Kugel (*Sport*) + Fußball – **2.** sich [gegenseitig] die Bälle zuwerfen/zuspielen: → zusammenarbeiten
[2]**Ball,** der: → Tanzveranstaltung
Ballast, der: → Fracht
ballen: I. ballen: **1.** ⟨*zu einer Kugel formen*⟩ zusammenballen · zusammenpressen; → *auch* zerknüllen – **2.** die Hände b.: → aufbegehren; die Faust b.: → drohen (1) – **II.** ballen, sich: **1.** ⟨*Klumpen bilden*⟩ sich zusammenballen · [zusammen]backen · sich klumpen – **2.** → ansammeln (II, a)
Ballen, der: → Bündel (1)
Ballerina, die: → Tänzerin
Ballermann, der: **1.** → Pistole (1) – **2.** → Revolver
ballern: 1. → klopfen (1) – **2.** → schießen (1) – **3.** eine b.: → ohrfeigen
Ballett, das: → Tanzgruppe
Balletteuse, die: → Tänzerin
Ballettratte, die: → Tänzerin
Balletttänzerin, die: → Tänzerin
Balletttruppe, die: → Tanzgruppe
Ballon, der: **1.** ⟨*gas- od. luftgefüllter ballartiger Körper*⟩ Luftballon + Freiballon · Fesselballon – **2.** → Kopf (1)
Ballung, die: **1.** → Ansammlung (1) – **2.** → Anhäufung (1)
Balsam, der: → Trost (1)
balsamieren: → einreiben
balsamisch: → aromatisch (1)
Balustrade, die: → Geländer
balzen: → flirten
Bambule, die: → Aufruhr (1)
Bammel, der: → Angst (1)
bammeln: 1. → hängen (I, 1) – **2.** → schlottern (1) – **3.** → schwingen (I, 1)
banal: → geistlos
Banalität, die: **1.** → Geistlosigkeit – **2.** → Plattheit – **3.** → Geschwätz (1)
Banause, der: **1.** → Spießbürger – **2.** → Kulturbanause
Banausentum, das: → Kulturbarbarei
[1]**Band: I.** Band, das: **1.** → Bindfaden – **2.** → Tonband – **3.** → Beschlag (1) – **4.** → Banderole – **5.** → Bindung (1) – **6.** am laufenden B.: → ununterbrochen; außer Rand und B. sein: → übermütig (2) – **II.** Band, der: **1.** ⟨*Teil eines größeren Druckwerkes*⟩ Buch; Volumen (*fachspr*) – **2.** → Buch (1)
[2]**Band,** die: → [1]Kapelle
Bandage, die: → Verband (1)
bandagieren: → verbinden (I, 2)
Bande, die: Horde · Meute · Rotte · Rudel · Teufelsbrut (*abwert*) ♦ *umg*: Korona · Gang; Schwefelbande (*abwert*) + Räuberbande ♦ *salopp*: Blase (*abwert*); → *auch* Clique, Gruppe (1)
Bändel, der *od.* das: am B. haben: → beherrschen (I, 1)
Banderole, die: Verschlussstreifen · Band
Bandgerät, das: → Tonbandgerät
bändigen: I. bändigen: **1.** → zähmen (I, 1) – **2.** → beherrschen (I, 2) – **3.** → zügeln

(I, 1) – **4.** → eindämmen (1) – **II.** bändigen, sich: → beherrschen (II)
Bändigung, die: → Zähmung
Bandit, der: → Verbrecher
Bandoneon, das: → Ziehharmonika
bang: 1. → ängstlich (1) – **2.** b. sein/werden: → ängstigen (II, 1)
Bangbüx[e], die: → Feigling
bange: 1. → ängstlich (1) – **2.** [angst und] b. sein/werden, b. [zumute] sein/werden: → ängstigen (II, 1)
Bange, die: **1.** → Angst (1) – **2.** Angst und B. machen: → ängstigen (I)
bangen: b. |um|: → sorgen (II); mit Hangen und Bangen: → Mühe (3)
Bangigkeit, die: → Angst (1)
bänglich: → ängstlich (1)
[1]Bank, die: **1.** → Sandbank – **2.** durch die B.: → durchweg; auf die lange B. schieben: → verzögern (I)
[2]Bank, die: Geldinstitut · Geldhaus · Kreditanstalt · Kreditinstitut + Sparkasse ♦ *umg*: Kasse
Bankbürgschaft, die: → Bürgschaft (1)
Bankeinzug, der: Lastschrifteinzugsverfahren
Banker, der: → Bankfachmann
Bankett, das: → Festessen
Bankfachmann, der: Banker
Bankkonto, das: Konto
Bankmagnat, der: → Geldmann
Banknote, die: Geldschein · Note · Schein ♦ *salopp*: Lappen
bankrott: → ruiniert (1)
Bankrott, der: **1.** ⟨*finanzieller Zusammenbruch*⟩ Konkurs; Falliment (*veraltet*) + Gesamtvollstreckung ♦ *salopp*: Pleite; → *auch* Zahlungsunfähigkeit – **2.** → Zusammenbruch (1) – **3.** B. machen/gehen: → Konkurs (2)
bankrottieren: → Konkurs (2)
Bankschließfach, das: Safe · Schließfach
Bann, der: **1.** → Ächtung (1) – **2.** in Acht und B. erklären/tun: → ächten (1); in seinen B. ziehen: → interessieren (I)
bannen: 1. → ächten (1) – **2.** → beseitigen (1) – **3.** → beschwören (1) – **4.** auf die Platte/den Film b.: → fotografieren
Banner, das: → Fahne (1)
Bannerträger, der: → Vorkämpfer
bannig: → sehr
Bannkreis, der: → Einflussbereich (2)
Bannware, die: → Schmuggelware
bansen: → aufschichten
bar: 1. ⟨*in Bargeld*⟩ cash – **2.** → bloß (1) – **3.** → ohne (1) – **4.** für bare Münze nehmen: → glauben (1)
Bär, der: **1.** → Athlet – **2.** einen Bären aufbinden: → belügen
Baracke, die: → Bude (1, a)
Barbar, der: **1.** → Gewaltmensch (1) – **2.** → Kulturbanause
Barbarei, die: → Kulturbarbarei
barbarisch: → unmenschlich
bärbeißig: → mürrisch
Barbier, der: → Friseur
barbieren: 1. → rasieren – **2.** über den Löffel b.: → betrügen (1)
barbusig: → busenfrei
Barde, der: → Dichter (a)
Bärendienst, der: einen B. erweisen: → schaden (1)
Bärenhaut, die: auf der [faulen] B. liegen: → faulenzen (1)
Bärenhäuter, der: → Faulenzer (1)
Bärenhunger, der: → Hunger (1)
bärenstark: → kräftig (1)
barfuß: 1. ⟨*an den Füßen unbekleidet*⟩ barfüßig · bloßfüßig – **2.** b. bis an den Hals: → nackt
barfüßig: → barfuß (1)
Bargeld, das: Barmittel (*Pl*) · Barschaft; Kontanten (*kaufm*) ♦ *umg*: + bares Geld · flüssige Gelder · flüssiges Kapital (*kaufm*); → *auch* Geld (1)
bargeldlos: mit/per/durch Scheck · mit Karte · durch Überweisung · unbar
barhaupt: → barhäuptig
barhäuptig: ohne Kopfbedeckung/Hut/Mütze ♦ *gehoben*: barhaupt · entblößten Hauptes
Barke, die: → Boot
Barkeeper, der: Barmann
Barmann, der: → Barkeeper
barmen: 1. → jammern (1) – **2.** → Leid (2)
barmherzig: 1. → mitleidig – **2.** → wohltätig – **3.** → mild[e] (1)
Barmherzigkeit, die: **1.** → Mitleid (1) – **2.** → Wohltätigkeit
Barmittel (*Pl*): → Bargeld
Barras, der: beim B. sein: → Soldat (1)
Barre, die: → Sandbank
Barriere, die: **1.** → Schranke (1) – **2.** → Sperre (1)
Barrikade, die: auf die Barrikaden gehen: → aufbegehren

barsch: schroff · grob · brüsk · harsch · rau · rüde · herrisch · kurz angebunden · raubeinig ♦ *umg*: [rau]borstig · grobklotzig · raubauzig · massiv · sackgrob ♦ *salopp*: schnauzig ♦ *derb*: saugrob; → *auch* unfreundlich, derb (1)
Barschaft, die: → Bargeld
Barsumme, die: → Betrag
Bart, der: **1.** ⟨*Haarwuchs im Gesicht*⟩ Stoppelbart · Flaum + Schnurrbart · Schnauzbart · Backenbart · Vollbart · Dreitagebart ♦ *umg*: + Schnauzer – **2.** ein langer B.: ⟨*längst Bekanntes*⟩ ein alter Hut/Bart/Witz · aufgewärmter Kohl · 'ne alte/olle Kamelle · alte/olle Kamellen ♦ *umg*: kalter Kaffee; → *auch* Gemeinplatz – **3.** mit B.: → bärtig; in den B. brummen: → murmeln; den B. schaben/scheren: → rasieren; beim B. des Propheten schwören: → schwören (2); sich eins in den B. lachen: → lächeln; einen B. haben: → bekannt (3); um den B. gehen, Honig um den B. schmieren: → schmeicheln (1)
bärtig: bebartet · mit Bart + borstig
Bartkratzer, der: → Friseur
Bartscherer, der: → Friseur
Barzahlung, die: Cash
Base, die: Cousine · Kusine
basieren: b. |auf|: **1.** → beruhen (1, a) – **2.** → herrühren
Basis, die: → Grundlage (1)
basisch (*Chem*): alkalisch · laugenhaft · laugenartig
Baskenmütze, die: → Mütze
bass: → sehr
Bass, der: → Bassgeige (1)
Bassgeige, die: **1.** ⟨*Musikinstrument*⟩ Kontrabass · Bass; → *auch* Bratsche, Geige (1) – **2.** ein Aas auf der B.: → Tausendsasa
Bassin, das: → Becken (1)
basta: → genug (2)
Bastard, der: → Mischling
bastardieren: → kreuzen (I, 1)
Bastardierung, die: → Kreuzung (1)
Bastei, die: → Befestigung (2)
Bastion, die: → Befestigung (2)
Bastler, der: Heimwerker · Hobbywerker · Hobbybastler · Hobbyhandwerker ♦ *umg*: Handyman
Bataillon, das: → Truppeneinheit
Batterie, die: → Akkumulator
Batzen, der: **1.** → [1]Klumpen – **2.** → Menge (1)
Bau, der: **1.** ⟨*Ort des Bauens*⟩ Baustelle · Bauplatz ♦ *gehoben*: Baustätte – **2.** ⟨*geplantes Bauwerk*⟩ Bauvorhaben · Bauprojekt · Bauunternehmen · Bauplan – **3.** ⟨*Tierbehausung*⟩ Höhle · Loch; Röhre (*weidm*) – **4.** → Gebäude (1) – **5.** → Wohnung (1) – **6.** → Strafvollzugsanstalt – **7.** → Herstellung – **8.** → Aufbau (1 *u.* 2) – **9.** → Gliederung (1) – **10.** Mann vom B.: → Fachmann (1); vom B. sein: → Fachmann (2); zu B. fahren: → einfahren (1)
Bauart, die: → Baustil
Baubaracke, die: → Bude (1, a)
Baubeginn, der: der erste Spatenstich
Baubude, die: → Bude (1, a)
Bauch, der: **1.** ⟨*Teil des Körpers*⟩ Leib + Unterleib; Abdomen (*med*) ♦ *salopp*: Ranzen; Blunze (*landsch*) ♦ *derb*: Wanst – **2.** → Schmerbauch – **3.** → Magen (1) – **4.** aus dem [hohlen] B.: → frei (3); sich den B. füllen/voll schlagen/voll hauen: → satt (4); einen B. ansetzen/kriegen: → zunehmen (2); auf dem B. liegen/kriechen/rutschen: → kriechen (2); Wut im B. haben: → wütend (2); sich den B. voll ärgern: → ärgern (II, 1); ein Loch in den B. fragen: → ausfragen
bauchen, sich: → wölben (II)
Bauchgrimmen, das: → Bauchschmerz (II)
bauchig: **I.** ⟨*von bauchiger Form*⟩ gebaucht · gewölbt · hochrund – **2.** → dick (1)
Bauchkneipen, das: → Bauchschmerz (II)
Bauchschmerz: **I.** Bauchschmerz, der: → II – **II.** Bauchschmerzen (*Pl*): ⟨[*starke*] *Schmerzen in den Eingeweiden*⟩ Leibschmerz[en] · Bauchschmerz; Leibschneiden · Bauchschneiden · Bauchgrimmen · das Grimmen (*landsch*) ♦ *umg*: Bauchweh · Bauchkneipen · Bauchzwicken · Magenweh ♦ *derb*: Wanstrammeln
Bauchschneiden, das: → Bauchschmerz (II)
Bauchung, die: → Wölbung (1)
Bauchweh, das: → Bauchschmerz (II)
Bauchzwicken, das: → Bauchschmerz (II)
bauen: **1.** ⟨*ein Gebäude herstellen*⟩ erbauen · errichten · aufbauen · hochziehen · aufführen · fertig stellen; erstellen (*amtsspr*); → *auch* errichten (1) – **2.** → anfertigen (1), herstellen (1) – **3.** → pflanzen (I, 1) – **4.** → bestellen (4) – **5.** → ablegen (2) – **6.** b. |auf|: → vertrauen; Hütten b.: → bleiben

(1); goldene Brücken b.: → entgegenkommen; Häuser b. können |auf|: → zuverlässig (3); eine Sülze b.: → hinfallen; Scheiße/Mist b.: → Fehler (2)
[1]**Bauer,** der: Landwirt; Genossenschaftsbauer (*bes. ehem. DDR*); Landmann · Ackerbauer (*veraltend*) ♦ *dicht*: Ackersmann · Bauersmann ♦ *umg*: Klutenpedder (*norddt scherzh*); → *auch* Farmer, Landwirt (1), Landarbeiter
[2]**Bauer,** der *od.* das: → Vogelkäfig
Bäuerchen, das: B. machen: → aufstoßen (1)
Bauerndorf, das: → Dorf (1)
Bauernfang, der: → Betrug (1)
Bauernfängerei, die: → Betrug (1)
Bauerngehöft, das: → Bauernhof
Bauerngut, das: → Bauernhof
Bauernhof, der: Gehöft · Bauerngehöft · Bauerngut · Hof · Wirtschaft · Landwirtschaft ♦ *salopp*: Klitsche (*abwert*); → *auch* Anwesen, Gut (1)
Bauernpfiffigkeit, die: → Schlauheit
bauernschlau: → schlau (1)
Bauernschläue, die: → Schlauheit
Bauernschlauheit, die: → Schlauheit
Bauersmann, der: → [1]Bauer
Bauform, die: → Baustil
Baugerüst, das: → Gerüst (1)
Bauherr, der: + Eigenheimbauer ♦ *umg*: Häuslebauer
Bauhütte, die: → Bude (1, a)
Bauklotz, der: Bauklötze staunen: → staunen (1)
Baukunst, die: Architektur
Baulichkeit, die: → Gebäude (1)
Baum, der: **1.** → Weihnachtsbaum – **2.** es ist um auf die Bäume zu klettern: → verzweifeln (2); dafür sorgen, dass die Bäume nicht in den Himmel wachsen: → beschränken
Baumallee, die: → Allee
Baumaterial, das: → Baustoff
Baumeister, der: Architekt
baumeln: 1. → hängen (I, 1) – **2.** → schlottern (1) – **3.** → schwingen (I, 1)
bäumen, sich: → aufbegehren
Baumkrone, die: → Wipfel
baumlang: → groß (2)
Baumring, der: → Jahresring
Baumschule, die: Pflanzschule · Pflanzgarten; Kamp (*Forstw*); → *auch* Pflanzung, Forstgarten
baumstark: → kräftig (1)
Baumstraße, die: → Allee
Baumstrunk, der: → Baumstumpf
Baumstubben, der: → Baumstumpf
Baumstumpf, der: Baumstrunk · Stumpf; Stubben · Baumstubben (*norddt*); Stumpen (*landsch*)
Baumwipfel, der: → Wipfel
Baumwolle, die: Cotton
Bauplan, der: **1.** → Bauzeichnung – **2.** → Bau (2)
Bauplatz, der: → Bau (1)
Bauprojekt, das: → Bau (2)
bäurisch: → ungeschliffen
Bauriss, der: → Bauzeichnung
Bausch, der: in B. und Bogen: **1.** → insgesamt – **2.** → ungefähr (1)
bauschen: I. bauschen: → aufblähen (I, 1) – **II.** bauschen, sich: → aufblähen (II, 1)
Baustätte, die: → Bau (1)
Baustein, der: → Ziegelstein
Baustelle, die: → Bau (1)
Baustil, der: Bauart · Architektur · Bautyp · Bauweise · Bauform
Baustoff, der: Baumaterial
Bautyp, der: → Baustil
Bauunternehmen, das: → Bau (2)
Bauvorhaben, das: → Bau (2)
Bauweise, die: → Baustil
Bauwerk, das: → Gebäude (1)
Bauzeichnung, die: Bauplan; Bauriss (*veraltend*)
bauzen: → bellen (1)
Bazi, der: → Kerl (1)
Bazille, die: → Bakterie (1)
Bazillus, der: **1.** → Bakterie – **2.** → Krankheitserreger
beabsichtigen: vorhaben · wollen · planen · intendieren · bezwecken · gedenken · zu tun [ge]denken · gewillt sein · die Absicht haben/hegen · sich mit der Absicht/dem Gedanken tragen · mit dem Gedanken umgehen · im Sinn/im Auge haben · im Schilde führen ♦ *gehoben*: sinnen |auf|; → *auch* ausgehen (8), abzielen, vornehmen (2)
beabsichtigt: → absichtlich
beachten: achten |auf| · Acht geben |auf| · Acht haben |auf| · Aufmerksamkeit/Beachtung schenken/zollen + hören |auf| · zur Kenntnis nehmen; → *auch* berücksichtigen (1), befolgen, beherzigen
beachtenswert: 1. → beachtlich (1) – **2.** → erwähnenswert (1)

beachtlich: **1.** ⟨*Beachtung fordernd*⟩ beachtenswert · bemerkenswert · anerkennenswert · Achtung gebietend · achtbar ♦ *umg*: anständig · nicht von Pappe · nicht von schlechten Eltern – **2.** → wichtig (1) – **3.** → beträchtlich (1) – **4.** → sehr – **5.** b. sein: ⟨*Beachtung fordern*⟩ ♦ *umg*: [große] Klasse sein · Spitze sein · sich sehen/hören lassen können
Beachtung, die: **1.** ⟨*das Auf-etwas-Achten*⟩ Berücksichtigung; → *auch* Aufmerksamkeit (1) – **2.** ⟨*das Befolgen*⟩ Einhaltung · Befolgung · Beherzigung ♦ *gehoben*: Beobachtung; → *auch* Erfüllung (1) – **3.** B. schenken/zollen: → beachten; keine B. schenken: → ignorieren (1); B. finden: → Aufsehen (2)
beackern: **1.** → bestellen (4) – **2.** → bearbeiten (1 *u.* 2) – **3.** → durchforschen (1)
Beamte, der: Staatsdiener · Staatsbedienstete
beamtenhaft: → bürokratisch (1)
Beamtenherrschaft, die: → Bürokratie
beangaben: → anzahlen
beängstigen: → ängstigen (I)
beängstigend: [herz]beklemmend · Furcht einflößend · Furcht erregend + schwül
beanspruchen: **1.** ⟨[*zu Recht*] *haben wollen*⟩ Anspruch erheben |auf| einen Anspruch geltend machen/anmelden |auf| · in Anspruch nehmen + mit Beschlag belegen; → *auch* bestehen (5, a), fordern (1) – **2.** ⟨*dem Leistungsvermögen viel abverlangen*⟩ belasten · beschäftigen · herannehmen · mit Beschlag belegen · absorbieren; → *auch* anstrengen (I, 2)
Beanspruchung, die: → Belastung (1)
beanstanden: bemängeln · reklamieren · monieren · aussetzen |an| · Anstoß nehmen |an| · Kritik üben |an|; ausstellen |an| · Ausstellungen machen |an| (*landsch*); beanständen (*österr*) ♦ *gehoben*: Anstand nehmen |an|; → *auch* kritisieren, missbilligen
beanständen: → beanstanden
Beanstandung, die: Bemängelung · Monitum · Reklamation; Anstand (*süddt österr*)
beantragen: einen Antrag stellen; einkommen |um| (*amtspr*)
bearbeiten: **1.** ⟨*durch Arbeit verändern*⟩ behandeln · zurichten · in Arbeit nehmen · in Arbeit haben ♦ *salopp*: beackern – **2.** ⟨*jmdn.* [*mit Druckmitteln*] *zu einem bestimmten Zweck zu beeinflussen suchen*⟩ zusetzen · unter Druck setzen · in die Zange nehmen ♦ *umg*: bereden · weich machen · in die Mangel nehmen ♦ *salopp*: beackern · in die Mache nehmen · in der Mache haben; → *auch* bedrängen (1), zwingen (1) – **3.** → durchforschen (1) – **4.** → einreden (2) – **5.** → bestellen (4) – **6.** → quälen (I, 1)
Bearbeitung, die: **1.** ⟨*Veränderung eines Gegenstandes durch Arbeit*⟩ Behandlung – **2.** ⟨*bearbeitetes literar. Werk*⟩ Fassung – **3.** → Ausarbeitung
beargwöhnen: → misstrauen
beaufsichtigen: → bewachen (1)
Beaufsichtigung, die: → Aufsicht (1)
beauftragen: anweisen · auftragen · aufgeben · einen Auftrag geben/erteilen · betrauen |mit|; kommittieren (*kaufm*); anschaffen (*süddt österr*) ♦ *gehoben*: heißen · verpflichten ♦ *umg*: anheuern · vergattern · verdonnern · anstellen; → *auch* befehlen (I, 1), bevollmächtigen
Beauftragte, der: **1.** → Bevollmächtigte – **2.** → Funktionär
beaugapfeln: → ansehen (I, 3)
beäuge[l]n: **I.** beäuge[l]n: → ansehen (I, 3) – **II.** beäuge[l]n, sich: → ansehen (II, 1)
beaugenscheinigen: → ansehen (I, 3)
beballern: → beschießen
beballert: → verrückt (1)
bebartet: → bärtig
bebauen: → bestellen (4)
Bebauung, die: → Bestellung (2)
Bébé, das: → Kind (1)
beben: **1.** ⟨*Erschütterungen wie bei einem Erdbeben zeigen*⟩ erzittern ♦ *dicht*: aufbeben ♦ *gehoben*: erbeben · schüttern – **2.** → zittern (1) – **3.** → ängstigen (II, 1) – **4.** b. |um|: → sorgen (II)
Beben, das: → Erdbeben
bebildern: illustrieren · illuminieren; → *auch* ausmalen (1)
Bebilderung, die: Illustration · Bildschmuck
bebust: üppig b.: → vollbusig (1)
bechern: → zechen
Becken, das: **1.** ⟨[*großer*] *Wasserbehälter*⟩ Bassin – **2.** → Tal (1)
Beckmesser, der: → Kritiker
Beckmesserei, die: → Kritik (1)
beckmessern: → kritisieren
bedacht: **1.** → besonnen (1) – **2.** → wohl (7) – **3.** b. sein |auf|: → berücksichtigen (1)

Bedacht, der: **1.** → Besonnenheit – **2.** mit/voll B.: → wohl (7); ohne B.: → unüberlegt (1); B. nehmen/haben |auf|: → berücksichtigen (1)
bedächtig: 1. → langsam (1) – **2.** → vorsichtig (1) – **3.** → besonnen (1)
Bedächtigkeit, die: → Besonnenheit
bedachtsam: → besonnen (1)
Bedachtsamkeit, die: → Besonnenheit
Bedachung, die: → Dach (1)
bedanken, sich: → danken (1)
Bedarf, der: **1.** ⟨*Notwendigkeit zur Beschaffung*⟩ Bedürfnis; → *auch* Kaufinteresse – **2.** B. haben |an|: → brauchen (1)
Bedarfsermittlung, die: → Marktforschung
Bedarfsforschung, die: → Marktforschung
Bedarfsgegenstand, der: → Gebrauchsgegenstand
Bedarfsgüter (*Pl*): → Gebrauchsgüter
bedauerlich: 1. ⟨*im Verlauf, Ergebnis nicht günstig*⟩ [jammer]schade – **2.** → bedauernswert – **3.** → unangenehm (1)
bedauerlicherweise: → leider
bedauern: 1. → bemitleiden – **2.** → bereuen
Bedauern, das: zu meinem/mit B.: → leider
bedauernswert: arm · beklagenswert · bemitleidenswert · bejammernswert · beweinenswert · unglücklich · glücklos · unglückselig · bedauerlich · deplorabel
bedecken: I. bedecken: **1.** ⟨*durch eine Hülle den Blicken entziehen*⟩ zudecken · [ab]decken · überdecken · verdecken · verhängen · verhüllen · behängen · überhängen; → *auch* einhüllen (1), verbergen (I, 1) – **2.** ⟨*mit vielen Gegenständen versehen*⟩ belegen · bestellen · voll stellen · eindecken ♦ *salopp*: bepflastern – **3.** → beziehen (I, 2) – **II.** bedecken, sich: → eintrüben, sich
bedeckt: 1. → bewölkt – **2.** → bewachsen
Bedeckung, die: **1.** ⟨*das Bedecken*⟩ Abdeckung · Zudeckung – **2.** → Schutz (2, b) – **3.** → Bewachung (1) – **4.** → Dach (1)
bedenken: I. bedenken: **1.** ⟨*einen Teil zukommen lassen*⟩ berücksichtigen · denken |an| – **2.** → überlegen (I, 1) – **3.** → berücksichtigen (1) – **4.** → beschenken – **5.** mit Ratschlägen b.: → beraten (I, 1); mit Lob b.: → loben (1); mit Beifall b.: → beklatschen (1); zu b. geben: → einwenden – **II.** bedenken, sich: **1.** → besinnen, sich (1) – **2.** → unentschlossen (3)
Bedenken, das: **1.** → Sorge (1) – **2.** → Zweifel (1) – **3.** → Vorbehalt (1) – **4.** ohne B.: **a)** → anstandslos – **b)** → gewissenlos, rücksichtslos (1); moralische Bedenken: → Gewissensbisse (1); Bedenken haben/tragen: → befürchten
bedenkenlos: 1. → anstandslos – **2.** → gewissenlos, rücksichtslos (1)
Bedenkenlosigkeit, die: → Rücksichtslosigkeit
bedenklich: 1. ⟨*Befürchtungen erweckend*⟩ kritisch · brisant · heikel · zweischneidig · nicht geheuer; heiklig (*veraltend*) ♦ *umg*: brenzlig · mulmig · nicht ganz koscher ♦ *salopp*: [ober]faul (*abwert*); → *auch* Besorgnis (2), ernst (1), gefährlich (1), verdächtig (1) – **2.** → sorgenvoll (1) – **3.** b. sein: ⟨*zu Befürchtungen Anlass geben*⟩ zu denken geben; → *auch* unsicher (5, b)
Bedenkzeit, die: + Aufschub; → *auch* Frist (1)
bedeppert: 1. → hilflos (1) – **2.** → betreten (2)
bedeuten: 1. ⟨*einen bestimmten Sinn haben*⟩ heißen · die Bedeutung haben · besagen · sagen; → *auch* ausdrücken (I, 4) – **2.** → andeuten (I, 1) – **3.** etwas b.: → wichtig (3)
bedeutend: 1. → wichtig (1) – **2.** → bedeutungsvoll (1) – **3.** → berühmt (1) – **4.** → beträchtlich (1) – **5.** → umfangreich (1) – **6.** → sehr
bedeutsam: 1. ⟨*von ziemlicher Wichtigkeit*⟩ bedeutungsvoll · gewichtig · groß · epochal · Epoche machend ♦ *gehoben*: bedeutungsschwer; → *auch* wichtig (1), wesentlich, erwähnenswert (1), sensationell – **2.** → bedeutungsvoll (1)
Bedeutsamkeit, die: → Bedeutung (1)
Bedeutung, die: **1.** ⟨*das Bedeutsamsein*⟩ Bedeutsamkeit · Wichtigkeit · Erheblichkeit · Relevanz · Gewicht · Gewichtigkeit · Belang · Wert · Rang · Größe · Würde · Ernst · Schwere · Tiefe · Tragweite – **2.** → Sinn (1) – **3.** von B.: → wichtig (1); von B. sein: → wichtig (3); ohne B.: → bedeutungslos (1); die B. haben: → bedeuten (1); B. beimessen: → betonen (2); ohne/nicht von B. sein: → wichtig (4)
bedeutungsähnlich: → synonym
bedeutungsgleich: → synonym
bedeutungslos: 1. ⟨*ohne ersichtl. Sinn*⟩ ohne Bedeutung; leerer Schall · Schall und Rauch (*abwert*) – **2.** → unwichtig (1)

bedeutungsschwer: → bedeutsam (1)
bedeutungsverwandt: → synonym
bedeutungsvoll: **1.** ⟨*einen besonderen Sinn habend*⟩ viel sagend · bedeutsam · bedeutend · inhaltsreich · inhaltsschwer + ausdrucksvoll – **2.** → bedeutsam (1)
bedienen: **I.** bedienen: **1.** ⟨*Handreichungen leisten*⟩ besorgen · aufwarten – **2.** ⟨*Kunden versorgen*⟩ abfertigen (*auch abwert*); → *auch* behandeln (2) – **3.** ⟨*Gäste in einem Lokal versorgen*⟩ bewirten; aufwarten (*veraltend*); → *auch* auftischen (1), bewirten (1) – **4.** ⟨*den Lauf einer Maschine regeln u. überwachen*⟩ handhaben · betätigen · regulieren · steuern · führen; → *auch* anwenden (1), auslösen (1, a) – **5.** → beliefern (1) – **6.** → beschaffen (1) – **7.** → zuspielen (1) – **II.** bedienen, sich: **1.** ⟨*sich bei Tische versorgen*⟩ zulangen · zugreifen · zusprechen · sich nehmen – **2.** → gebrauchen (1)
Bedienerin, die: → Putzfrau
bedienstet: → angestellt
Bedienstete, der: **1.** → Angestellte – **2.** → Diener (1)
bedient: b. sein: → überdrüssig (1)
Bediente, der: → Diener (1)
Bedienung, die: **1.** ⟨*Leistung von Handreichungen*⟩ Besorgung · Aufwartung – **2.** ⟨*Versorgung der Kunden*⟩ Behandlung; Abfertigung (*auch abwert*) – **3.** ⟨*Versorgung der Gäste*⟩ Bewirtung; Aufwartung (*veraltend*); Service (*schweiz*) – **4.** ⟨*Regelung u. Überwachung des Laufes einer Maschine*⟩ Handhabung · Betätigung · Regulierung · Steuerung · Führung – **5.** → Kundendienst – **6.** → Kellner – **7.** → Putzfrau – **8.** → Diener (1) – **9.** → Kellnerin
bedingen: **1.** → verursachen – **2.** → voraussetzen (1)
bedingt: **1.** ⟨*nur teilweise zutreffend*⟩ beschränkt · relativ · mit Vorbehalt/Einschränkung; → *auch* verhältnismäßig – **2.** b. |durch|: → abhängig (2)
Bedingtheit, die: Abhängigkeit · Relativität · Determiniertheit
Bedingung: **I.** Bedingung, die: **1.** → Voraussetzung – **2.** ohne B.: → bedingungslos – **II.** Bedingungen (*Pl*): → Verhältnis (II, 1)
bedingungslos: vorbehaltlos · uneingeschränkt · unbedingt · ohne Vorbehalt/Einschränkung/Bedingung + auf Gedeih und Verderb
bedrängen: **1.** ⟨*immer wieder [dringend] um etw. angehen*⟩ bestürmen · zusetzen · dringen |in| · einstürmen |auf| · eindringen |auf| · nicht in Ruhe lassen · keine Ruhe geben/lassen + in die Enge treiben · verfolgen ♦ *umg*: die Hölle heiß machen · auf der Seele/den Nähten knien · auf den Leib rücken · auf die Naht gehen · auf dem/im Nacken sitzen · das Haus einlaufen; dremmeln (*landsch*); benzen · penzen (*österr*) ♦ *salopp*: das Haus einrennen · die Bude einlaufen/einrennen · auf die Bude/den Pelz/die Pelle/den Balg rücken; → *auch* bearbeiten (2), drängen (1), quälen (I, 2), belästigen (1) – **2.** → beschwören (2)
Bedrängnis, die: **1.** → Not (1) – **2.** in B. geraten: → Schwierigkeit (2)
bedrängt: → besorgt (1)
bedrecken: **I.** bedrecken: → beschmutzen (I, 1) – **II.** bedrecken, sich: → beschmutzen (II, 1)
bedripst: **1.** → niedergeschlagen (1) – **2.** → betreten (2)
bedrohen: **1.** ⟨*durch Gewaltankündigung gefügig machen wollen*⟩ terrorisieren + erpressen; → *auch* drohen (1) – **2.** → gefährden (I)
bedrohlich: → gefährlich (1)
bedroht: → unsicher (2)
Bedrohung, die: → Gefahr (1)
bedrücken: **1.** ⟨*die innere Unbeschwertheit beeinträchtigen*⟩ belasten · beklemmen · plagen · quälen · drücken · peinigen · beschweren · schmerzen · traurig machen · das Herz abdrücken/abschnüren/abpressen/brechen/zerreißen/schwer machen · auf der Seele brennen; aufliegen (*landsch*) ♦ *umg*: im Magen liegen · an die Nieren gehen – **2.** → Sorge (4)
bedrückend: belastend · deprimierend · niederdrückend · entmutigend · lähmend · niederschmetternd
bedrückt: → besorgt (1)
Bedrücktheit, die: → Niedergeschlagenheit
Bedrückung, die: → Niedergeschlagenheit
bedürfen: → brauchen (1)
Bedürfnis, das: **1.** → Bedarf (1) – **2.** → Verlangen (1) – **3.** [s]ein B. verrichten: → austreten (1 *u.* 2)
bedürfnislos: → bescheiden (I, 1)
Bedürfnislosigkeit, die: → Bescheidenheit
bedürftig: **1.** → arm (1) – **2.** b. sein |jmds./einer Sache|: → brauchen (1)

Bedürftigkeit, die: → Armut (1)
beduseln, sich: → betrinken, sich
beduselt: → benommen (1)
beehren: I. beehren: **1.** → ehren – **2.** → besuchen – **II.** beehren, sich: → erlauben (3)
beeid[ig]en: → schwören (1)
beeilen, sich: eilen · sich sputen · einen Schritt zulegen; sich tummeln (*landsch*) + sich überstürzen ♦ *umg*: sich eilen · sich dazuhalten · sich [d]ranhalten · hinmachen · zumachen · schnell/rasch/fix machen · die Beine unter die Arme nehmen ♦ *salopp*: hinhauen · einen Zahn zulegen; → *auch* abhetzen (II), beschleunigen
beeindrucken: imponieren · wirken · brillieren · glänzen · bestechen · Eindruck machen · Bewunderung hervorrufen; → *auch* wirken (2), ergreifen (3), bezaubern, Aufsehen (2)
beeindruckend: → eindrucksvoll
beeinflussen: 1. ⟨*durch eine bestimmte Aktivität eine Veränderung bewirken*⟩ **a)** ⟨*allgemein*⟩ einwirken · einen Einfluss/eine Wirkung ausüben – **b)** → einreden (2) – **2.** ⟨*eine negative Einstellung hervorrufen*⟩ einnehmen |gegen|
Beeinflussung, die: Einwirkung · Suggestion; Einflussnahme (*amtsspr*); → *auch* Einfluss (1)
beeinträchtigen: 1. ⟨*negativ einwirken*⟩ mindern · abträglich sein · Abbruch tun; Abtrag /Eintrag tun (*amtsspr*) – **2.** → herabwürdigen (I)
Beeinträchtigung, die: **1.** ⟨*negative Einwirkung*⟩ Minderung · Schmälerung · Schädigung · Abbruch ♦ *gehoben*: Abtrag; → *auch* Schaden (1) – **2.** → Behinderung (1)
Beelzebub, der: → Teufel (1)
beenden: 1. ⟨*nicht weitermachen, -führen*⟩ [ab]schließen · beschließen · beendigen · einstellen · zu Ende führen/bringen · zum Abschluss bringen · einen Schlusspunkt setzen · einen Schlussstrich ziehen · einen Strich darunter machen · ein Ende herbeiführen/bereiten + aufheben ♦ *gehoben*: vollführen ♦ *umg*: ein Kreuz darunter machen; → *auch* aufhören (1), enden (1, b), erledigen (1) – **2.** → vollenden (I, 1)
beendet: → vollendet (1)
beendigen: → beenden (1)
Beendigung, die: Einstellung · Beendung · Abbruch
Beendung, die: → Beendigung
beengen: 1. ⟨*die* [*körperliche*] *Bewegungsfreiheit beeinträchtigen*⟩ einschnüren ♦ *gehoben*: engen – **2.** → beschränken
Beengtheit, die: → Enge (1)
beerdigen: → begraben (1)
Beerdigung, die: → Begräbnis
Beerenlese, die: → Weinlese
befähigen: fähig machen · in die Lage versetzen + vorbereiten · ertüchtigen; → *auch* ausbilden (1)
befähigt: 1. → begabt – **2.** → geeignet (1)
Befähigung, die: **1.** → Begabung (1) – **2.** → Eignung (1)
befahren: 1. ⟨*auf dem Wasser fahren*⟩ durchschiffen ♦ *dicht*: durchpflügen · durchfurchen – **2.** → benutzen (1) – **3.** → erfahren (2)
befallen: → überkommen (1)
befangen: 1. ⟨*von einem Vorurteil beeinflusst sein*⟩ parteiisch · voreingenommen + unsachlich; → *auch* einseitig (1) – **2.** → schüchtern
Befangenheit, die: **1.** ⟨*Abhängigkeit von einem Vorurteil*⟩ Voreingenommenheit · Eingenommenheit; → *auch* Vorurteil – **2.** → Schüchternheit (1)
befassen, sich: sich b. |mit|: → beschäftigen (II, 2)
befehden: I. befehden: **1.** → bekämpfen (I, 1 *u.* 2) – **2.** einander b.: → bekämpfen (II, 1 *u.* 2) – **II.** befehden, sich: → bekämpfen (II, 1 *u.* 2)
Befehl, der: **1.** ⟨*zu befolgende Aufforderung im militär. Bereich*⟩ Auftrag · Weisung; Order (*veraltend*) + Kommando ♦ *gehoben*: Gebot; → *auch* Anordnung (2), Aufforderung (2) – **2.** → Befehlsgewalt (1) – **3.** den B. haben/führen |über|: → befehligen; [einen] B. geben: → befehlen (I, 1)
befehlen: I. befehlen: **1.** ⟨*im militär. Bereich verbindlich auffordern*⟩ [einen] Befehl geben; Order geben/erteilen (*veraltend*) + kommandieren ♦ *gehoben*: gebieten; → *auch* anordnen (2), beauftragen – **2.** ⟨*verbindlich an einen Ort rufen*⟩ beordern · bestellen · bescheiden · berufen · zitieren; → *auch* bestellen (2), schicken (I, 2) – **3.** → befehligen – **4.** → bestimmen (2) – **II.** befehlen, sich: → anvertrauen (II, 1)
befehlerisch: → herrisch (1)
befehligen: kommandieren · befehlen · den Befehl/die Befehlsgewalt haben/führen |über|

Befehlsgewalt, die: **1.** ⟨*das Recht zu befehlen*⟩ Befehl · Kommando[gewalt] · Gewalt + Herrschergewalt; → *auch* Herrschaft (1) – **2.** die B. haben/führen |über|: → befehligen
Befehlshaber, der: Kommandant · Kommandeur
befeinden: → bekämpfen (I, 2)
befestigen: 1. ⟨*fest mit etw. verbinden*⟩ anbringen · festmachen + anhaken ♦ *umg*: anmontieren · anmachen; → *auch* anbinden (1), anheften (1), annageln, anschnallen (I), anschrauben – **2.** → ermutigen
Befestigung, die: **1.** ⟨*das Befestigen*⟩ Anbringung – **2.** ⟨*zur Verteidigung angelegter Bau*⟩ Befestigungsanlage · Verteidigungsanlage · Bollwerk · Bastion · Bastei · Verschanzung + Schanze · Kastell · Zitadelle ♦ *gehoben*: Wehr; → *auch* Festung (1)
Befestigungsanlage, die: → Befestigung (2)
befeuchten: → anfeuchten (1)
befeuern: 1. → heizen (1) – **2.** → beschießen – **3.** → bewerfen (1)
befinden: I. befinden: b. |über|: **a)** → beurteilen (1) – **b)** → Urteil (4); für gut b.: → billigen (1), gutheißen; für schuldig b.: → verurteilen (2) – **II.** befinden, sich: **1.** ⟨*von Dingen gesagt*: *irgendwo seinen Aufenthaltsort haben*⟩ sein · liegen · stehen ♦ *umg*: stecken; abbleiben (*norddt*) – **2.** → aufhalten (II, 1) – **3.** → fühlen (II, 1) – **4.** sich gut b.: → gesund (5); sich auf dem Aussterbeetat b.: → aussterben
Befinden, das: **1.** → Gesundheitszustand – **2.** nach meinem B.: → Erachten (1)
befingern: → befühlen
beflecken: I. beflecken: **1.** → beschmutzen (I, 1) – **2.** → entehren (I, 1) – **3.** seine Hände mit Blut b.: → morden (1) – **II.** beflecken, sich: → beschmutzen (II, 1)
befleckt: 1. → fleckig (1) – **2.** mit Blut b.: → blutig (1)
befleißigen, sich: → bemühen (II, 1)
beflicken: → benähen
beflissen: 1. → eifrig (1) – **2.** → absichtlich – **3.** b. sein: → bemühen (II, 1)
Beflissenheit, die: → Eifer (1)
beflissentlich: 1. → eifrig (1) – **2.** → absichtlich
beflügeln: → anregen (1)
befolgen: einhalten · sich halten |an| · sich richten |nach|; → *auch* beachten
Befolgung, die: → Beachtung (2)
befördern: 1. ⟨*an einen Ort bringen*⟩ transportieren · spedieren · frachten · expedieren · schaffen · fahren; verbringen (*amtsspr*) + überführen · fortbringen ♦ *umg*: rollen; verfrachten (*scherzh*) – **2.** ⟨*in eine höhere Stellung versetzen*⟩ aufrücken lassen + graduieren ♦ *gehoben*: erheben · erhöhen – **3.** befördert werden: → aufsteigen (2); ins Jenseits b.: → töten (I, 1); ins Freie b.: → hinauswerfen (1); vom Leben zum Tode b.: → hinrichten (1)
Beförderung, die: **1.** ⟨*das An-einen-Ort-Bringen*⟩ Transport – **2.** ⟨*das Versetzen in eine höhere Stellung*⟩ Rangerhöhung; Avancement (*veraltend*) ♦ *gehoben*: Erhebung · Erhöhung
befrachten: → beladen
befragen: 1. ⟨*Fragen an mehrere Personen stellen*⟩ umfragen · eine Umfrage halten/veranstalten – **2.** → interviewen – **3.** → fragen (I, 2)
Befragung, die: → Interview (1)
befreien: I. befreien: **1.** ⟨*aus einer Zwangslage retten*⟩ freibekommen · freikämpfen; entsetzen (*milit*) ♦ *umg*: heraushauen · herausholen; → *auch* retten (1) – **2.** ⟨*den Zwang zur Teilnahme aufheben*⟩ freistellen · zurückstellen · dispensieren · entbinden · [seiner Verpflichtung] entheben ♦ *gehoben*: entpflichten; → *auch* beurlauben – **3.** b. |von|: **a)** ⟨*etw. Unangenehmes entfernen*⟩ frei machen |von| · säubern |von| – **b)** → erlassen (1) – **II.** befreien, sich: **1.** ⟨*sich aus einer Zwangslage retten*⟩ sich freikämpfen · [sich] die Freiheit erkämpfen/erobern – **2.** ⟨*sich der geistigen bzw. gesellschaftl. Unterdrückung, Abhängigkeit entledigen*⟩ sich emanzipieren · die Fesseln/Ketten abschütteln/abstreifen/abwerfen/sprengen/zerbrechen/zerreißen · das Joch abschütteln/abstreifen/abwerfen/sprengen/zerbrechen · die Knechtschaft abschütteln/abstreifen/abwerfen – **3.** sich b. |von|: ⟨*sich von etw. Lästigem lösen*⟩ sich frei machen · abschütteln · sich entledigen ♦ *gehoben*: sich entringen · sich entwinden; sich entladen (*veraltend*)
Befreier, der: → Retter
befreit: 1. → frei (2) – **2.** → froh (1) – **3.** sich b. fühlen: → aufatmen (2)
Befreiung, die: **1.** ⟨*Rettung aus einer Zwangslage*⟩ Errettung · Erlösung; Entsatz ·

Entsetzung (*milit*) – **2.** ⟨*Erringung der geistigen bzw. gesellschaftl. Freiheit*⟩ Emanzipation – **3.** ⟨*Aufhebung der Teilnahmeverpflichtung*⟩ Entbindung · Beurlaubung · Dispens[ation] · Dispensierung · Suspension
Befreiungskampf, der: → Freiheitskampf
befremden: → wundern (I)
Befremden, das: → Verwunderung (1)
befremdend: → merkwürdig
befremdlich: → merkwürdig
befreunden, sich: **1.** ⟨*sich freundschaftlich verbinden*⟩ sich anfreunden · Freundschaft schließen · [gut] Freund werden |mit| · sich kennen lernen · bekannt werden |mit|; → *auch* annähern (II, 1), anschließen (II, 1) – **2.** sich b. |mit|: → anpassen (II, 2)
befreundet: b. sein: ein Herz und eine Seele sein · in Freundschaft verbunden sein · Freundschaft halten · auf gutem Fuße miteinander stehen; → *auch* kennen (1)
befriedigen: I. befriedigen: ⟨*jmds. Erwartungen erfüllen*⟩ zufrieden stellen · Genüge tun/leisten · Genugtuung leisten; genugtun (*veraltend*) ♦ *salopp*: das Maul/den Rachen stopfen – **II.** befriedigen, sich: sich selbst b.: → masturbieren
befriedigend: → annehmbar
befriedigt: → zufrieden (1)
Befriedigung, die: **1.** ⟨*das Befriedigen*⟩ Zufriedenstellung · Genugtuung · Genügen – **2.** → Zufriedenheit
Befriedung, die: → Versöhnung
befristen: terminieren · zeitlich begrenzen · eine Frist setzen
befruchten: 1. ⟨*Samen- u. Eizelle vereinigen*⟩ besamen – **2.** → anregen (1)
Befruchtung, die: ⟨*Vereinigung von Samen- u. Eizelle*⟩ **a)** ⟨*Tiere*⟩ Besamung – **b)** ⟨*Menschen*⟩ Empfängnis; Konzeption (*med*); → *auch* Begattung (1)
befugen: 1. → bevollmächtigen – **2.** → berechtigen
Befugnis, die: **1.** → Vollmacht (1) – **2.** → Recht (1) – **3.** die B. geben/erteilen: → berechtigen
befugt: → berechtigt
befühlen: anfühlen · betasten · abtasten ♦ *umg*: befingern; → *auch* anfassen (I, 1), tasten (1)
befummeln: 1. → sorgen (I, 1, a) – **2.** → bewerkstelligen – **3.** → anfassen (I, 1)
befürchten: fürchten · Bedenken haben/tragen · Besorgnis hegen · argwöhnen · einen Argwohn haben/hegen ♦ *gehoben*: besorgen (*veraltend*); → *auch* ahnen
Befürchtung, die: **1.** → Verdacht (1) – **2.** → Sorge (1)
befürworten: → gutheißen
begaben: 1. → beschenken – **2.** b. |mit|: → ausstatten (I, 3)
begabt: hochbegabt · talentiert · talentvoll · befähigt · fähig · intelligent ♦ *gehoben*: [gott]begnadet + vielseitig · kunstfertig; → *auch* genial (1), klug (1)
Begabung, die: **1.** ⟨*geistige od. körperl. Anlage*⟩ Talent · Gabe · Befähigung · Fähigkeit · Eignung + Vielseitigkeit · Kunstfertigkeit ♦ *gehoben*: Begnadung ♦ *umg*: Zeug · Ader; → *auch* Veranlagung, Verstand (1), Auffassungsgabe, Klugheit – **2.** ⟨*begabter Mensch*⟩ Talent; → *auch* Genie (1)
begaffen: → anstarren
Begängnis, das: → Begräbnis
begatten: 1. ⟨*von männl. Tieren gesagt: die geschlechtl. Vereinigung vollziehen*⟩ decken · belegen · bespringen · treten · kappen · besamen; beschälen · beschlagen (*fachspr*) – **2.** sich b.: ⟨*die geschlechtl. Vereinigung vollziehen*⟩ **a)** ⟨*Tiere*⟩ sich paaren; kopulieren (*fachspr*); hecken (*landsch*); rammeln · ranzen (*weidm*) – **b)** → koitieren
Begattung, die: **1.** ⟨*von Tieren gesagt: die geschlechtl. Vereinigung*⟩ Paarung; Kopulation · Deckung · Beschälung · Beschlag (*fachspr*) + Zeugung; → *auch* Befruchtung (b) – **2.** → Koitus
begaunern: → betrügen (1)
begeben: I. begeben: → ausgeben (I, 2) – **II.** begeben, sich: **1.** → geschehen (1) – **2.** sich b. |nach/in|: → gehen (8); sich b. |an|: → anfangen (1, a); sich auf den Weg b.: **a)** → weggehen (1) – **b)** → aufbrechen (3) – **c)** → abreisen; sich auf die Reise b.: → abreisen; sich nach Hause/auf den Heimweg b.: → heimgehen (1); sich in Gefahr/in die Höhle des Löwen b.: → gefährden (II)
Begebenheit, die: → Ereignis (1)
Begebnis, das: → Ereignis (1)
begegnen: 1. ⟨*mit jmdm. zusammentreffen*⟩ treffen · jmds. Weg kreuzen ♦ *umg*: in die Arme/den Weg laufen · über den Weg laufen ♦ *salopp*: in die Arme/den Weg rennen – **2.** → vorfinden – **3.** → vorkommen (1) – **4.** → zustoßen (1) – **5.** sich b.: → treffen (II, 1)

Begegnung, die: **1.** → Zusammenkunft – **2.** → Wettkampf
begehen: 1. → betreten (1) – **2.** → abgehen (1) – **3.** → benutzen (1) – **4.** → verüben (1) – **5.** Selbstmord/Suizid b.: → Selbstmord (2); einen Mord b.: → morden (1); einen Diebstahl b.: → stehlen (1); Ehebruch b.: → betrügen (2, a)
Begehr, das: → Verlangen (1)
begehren: → Verlangen (4), fordern (1)
Begehren, das: → Verlangen (1)
begehrenswert: 1. → anziehend (1) – **2.** → erstrebenswert
begehrlich: → lüstern (1)
Begehrlichkeit, die: → Verlangen (1)
begehrt: 1. → beliebt (1) – **2.** b. sein: ⟨*sehr gern gekauft werden*⟩ *umg*: reißend abgehen · abgehen/weggehen wie warme Semmeln
begeifern: → verleumden (1), durchhecheln
begeistern: I. begeistern: ⟨*emotional sehr für etw., jmdn. einnehmen*⟩ mitreißen · hinreißen · fortreißen · entflammen · berauschen · entzünden · entzücken · in Begeisterung bringen/versetzen · antörnen · mit Begeisterung erfüllen · das Blut in Wallung bringen ♦ *gehoben*: enthusiasmieren + trunken machen; → *auch* anregen (1) – **II.** begeistern, sich: ⟨*emotional sehr für etw., jmdn. eingenommen werden*⟩ Begeisterung fühlen/empfinden · in Begeisterung geraten · Feuer fangen ♦ *gehoben*: erglühen ♦ *umg*: sich erwärmen |für|
begeistert: 1. ⟨*emotional sehr für etw., jmdn. eingenommen*⟩ hingerissen · entflammt · berauscht · enthusiastisch · ekstatisch · euphorisch · entzückt · verzückt ♦ *gehoben*: dithyrambisch + trunken; → *auch* schwärmerisch (1), schwungvoll – **2.** b. sein: ⟨*emotional sehr für etw., jmdn. eingenommen sein*⟩ Feuer und Flamme sein · ♦ *umg*: ganz alle sein · abfahren |auf| · ganz weg sein · hin sein
Begeisterung, die: **1.** ⟨*starkes emotionales Eingenommensein*⟩ Entzücken · Verzücktheit · Verzückung · Entzückung · Enthusiasmus · Ekstase · Rausch · Glut · Feuer · Elan; Hurrastimmung (*abwert*); → *auch* Freude (1), Schwärmerei (1), Schwung (1), Leidenschaft – **2.** in B. bringen/versetzen, mit B. erfüllen: → begeistern (I); B. fühlen/empfinden, in B. geraten: → begeistern (II)
Begier, die: **1.** → Verlangen (1) – **2.** → Lüsternheit
Begierde, die: **1.** → Verlangen (1) – **2.** → Lüsternheit
begierig: 1. → neugierig (1) – **2.** → lüstern (1)
begießen: 1. ⟨*durch Gießen mit Flüssigkeit versehen*⟩ gießen · sprengen · übergießen · überschütten + angießen; wässern (*veraltend*) – **2.** sich die Nase b.: → betrinken, sich
Beginn, der: **1.** ⟨*das Einsetzen eines Zustandes, eines Geschehens*⟩ Anfang · Anbruch · Auftakt · Eintritt · Startschuss · Ausbruch; Einsatz (*Mus*) + Eingang · Einzug · das Herannahen ♦ *gehoben*: Anbeginn; → *auch* Start (2), Ursprung (1) – **2.** ⟨*erstes Einsetzen mit einem Tun*⟩ Aufnahme · Inangriffnahme + Antritt; → *auch* Eröffnung (1)
beginnen: 1. → anfangen (1, a *u.* b) – **2.** → tun (1) – **3.** ein neues Leben b.: → bessern (II, 1)
Beginnen, das: → Unternehmung (1)
beglänzen: → beleuchten (1)
beglaubigen: 1. ⟨*amtl. bestätigen*⟩ bestätigen · legitimieren · legalisieren; konsignieren (*Wirtsch*) + zulassen · akkreditieren – **2.** → bescheinigen
beglaubigt: → bestätigt
Beglaubigung, die: **1.** → Bestätigung (1) – **2.** → Bescheinigung (1)
Beglaubigungsschreiben, das: Akkreditiv
begleichen: 1. → tilgen (1) – **2.** → bereinigen (1) – **3.** → bezahlen (2)
Begleichung, die: **1.** → Bezahlung (1) – **2.** → Bereinigung (1)
begleiten: geleiten · das Geleit geben · mitgehen · mitkommen + Gesellschaft leisten · heimbringen · heimbegleiten · nach Hause bringen ♦ *umg*: bringen + heimschaffen; → *auch* anschließen (II, 1), führen (1)
Begleiter, der: **1.** ⟨*mitgehende Person*⟩ Weggenosse · Weggefährte · Begleitung; Trabant (*veraltend*); Satellit (*abwert*) ♦ *gehoben*: Geleiter ♦ *umg*: [ständiger] Schatten; → *auch* Leibwächter – **2.** ⟨*mit einem Liebespaar gehende Person*⟩ Anstandsdame (*veraltend*); Tugendwächter (*scherzh*) ♦ *umg*: Aufpasser; Elefant (*scherzh*) ♦ *salopp*: Anstandswauwau (*scherzh*)
Begleitung, die: **1.** ⟨*mitgehende Personen*⟩ Gefolge · Geleit · Eskorte · Gefolgschaft; Suite (*veraltet*) + Gesellschaft – **2.** → Begleiter (1)

beglotzen: → anstarren
beglücken: **1.** → erfreuen (I) – **2.** → beschenken
Beglückung, die: → Freude (1)
beglückwünschen: gratulieren · Glück wünschen · seinen Glückwunsch/seine Glückwünsche abstatten/aussprechen/darbringen/überbringen
begnadet: → begabt
begnadigen: amnestieren · die Strafe erlassen; → *auch* verzeihen
Begnadigung, die: → Straferlass
Begnadung, die: → Begabung (1)
begnügen, sich: **1.** ⟨*mit wenig genug haben*⟩ sich zufrieden geben · sich bescheiden · zufrieden sein · vorlieb nehmen · fürlieb nehmen – **2.** → abfinden (II, 2)
begönnern: → bevorzugen
begossen: wie ein begossener Pudel: **a)** → beschämt – **b)** → betreten (2)
begraben: **1.** ⟨*einen Toten ins Grab legen*⟩ beerdigen · bestatten · beisetzen · unter die Erde bringen · zu Grabe tragen ♦ *gehoben*: der Erde übergeben · zur letzten Ruhe betten · [die sterblichen Überreste] der Erde anvertrauen – **2.** → verschütten (1) – **3.** → aufgeben (3) – **4.** → vergessen (I, 3) – **5.** → bewahren (1) – **6.** das Kriegsbeil b.: → versöhnen (II)
Begräbnis, das: Beerdigung · Bestattung · Beisetzung ♦ *gehoben*: Leichenbegängnis · Begängnis; → *auch* Trauerfeier, Einäscherung
begreifen: **1.** → verstehen (I, 2) – **2.** schwer/langsam b.: → begriffsstutzig (2); nicht b.: → erklären (I, 4)
begreiflich: **1.** → verständlich (2) – **2.** b. machen: → erklären (I, 1)
begrenzen: **1.** ⟨*mit einer Grenze versehen*⟩ abgrenzen · abstecken · abzäunen · abpfählen · abpflöcken + lokalisieren · abtreten – **2.** → beschränken – **3.** zeitlich b.: → befristen
begrenzt: → beschränkt (1)
Begrenztheit, die: → Beschränktheit (1)
Begrenzung, die: **1.** → Grenze (1, a) – **2.** → Beschränkung (1)
Begriff, der: **1.** ⟨*gedankl. Widerspiegelung*⟩ + Kategorie · Größe – **2.** → Vorstellung (2) – **3.** → Wort (1) – **4.** im B. sein: ⟨*zu tun beginnen*⟩ *umg*: drauf und dran sein; → *auch* anfangen (1, a) – **5.** schwer/langsam von B.: → begriffsstutzig (1); sich einen B. machen |von|: → vorstellen (I, 3)
begriffen: b. sein |in|: → beschäftigen (II, 2); im Wachstum b. sein: → wachsen (1); in [voller] Auflösung b. sein: → zerfallen (2); im Rückgang b. sein: → nachlassen (1)
begrifflich: begriffsmäßig · ideell
begriffsmäßig: → begrifflich
begriffsstutzig: **1.** ⟨[*zu*] *langsam begreifend*⟩ *umg*: schwer/langsam von Begriff ♦ *salopp*: schwer von Kapee; → *auch* schwerfällig (2) – **2.** b. sein: ⟨*nicht schnell* [*genug*] *begreifen können*⟩ schwer/langsam begreifen/auffassen/verstehen ♦ *umg*: langsam schalten · eine lange Leitung haben ♦ *salopp*: schwer mitkriegen · Fehlzündung haben · auf der Leitung/auf dem Schlauch stehen · einen Knoten in der Leitung haben · Ladehemmung haben
Begriffsvermögen, das: → Auffassungsgabe
begründen: **1.** ⟨*Gründe anführen*⟩ motivieren; → *auch* beweisen (1) – **2.** → gründen (I, 1) – **3.** begründet sein |in|: → herrühren
Begründer, der: → Gründer
begründet: → durchdacht
begründeterweise: → Recht (6)
Begründung, die: **1.** ⟨*Anführung von Gründen*⟩ Argumentation · Beweisführung + Fundierung; → *auch* Beweis (1) – **2.** ⟨*angeführter Grund*⟩ Argument · Beweisgrund – **3.** → Gründung (1)
begrüßen: **1.** → willkommen (2) – **2.** → gutheißen
begrüßenswert: → willkommen (1)
begucken: **I.** [sich] b.: → ansehen (I, 3) – **II.** begucken, sich: **1.** → ansehen (II, 1) – **2.** sich von innen b.: → schlafen (1, a)
begünstigen: **1.** → fördern (1) – **2.** → bevorzugen
begutachten: → beurteilen (1)
Begutachtung, die: → Beurteilung
begütert: **1.** → reich (5) – **2.** reich b.: → reich (5)
begütigen: → beruhigen (1)
Begütigung, die: → Beruhigung (1)
Behaarung, die: → Haarwuchs
behäbig: **1.** → langsam (1) – **2.** → reich (1)
behacken: **1.** → anhacken (1) – **2.** → betrügen (1)
behagen: **1.** ⟨*als zusagend empfinden*⟩ zusagen · angenehm/sympathisch/recht sein; → *auch* gelegen (2) – **2.** → gefallen (1)
Behagen, das: → Zufriedenheit
behaglich: → gemütlich

Behaglichkeit, die: **1.** → Bequemlichkeit (1) – **2.** → Gemütlichkeit (1)
behalten: 1. ⟨*nicht auf sein Besitzrecht verzichten*⟩ zurück[be]halten · einbehalten · nicht aus der Hand geben – **2.** → bewahren (1) – **3.** → merken (4) – **4.** → beibehalten (1) – **5.** bei sich/hier b.: → zurückhalten (I, 1); für sich b.: → verschweigen; die Oberhand b.: → siegen; im Auge b.: → bewachen (1); die Zügel in der Hand b.: → behaupten (II, 1); die Nerven/seine Fassung/den Verstand/einen kühlen/klaren Kopf/kaltes/ruhig Blut/die fünf Sinne beieinander/die Selbstbeherrschung/die Herrschaft über sich [selbst] b.: → beherrschen (II)
behämmert: 1. → dumm (1) – **2.** → verrückt (1)
behände: 1. → flink (1) – **2.** → gewandt (1)
behandeln: 1. ⟨*im Umgang mit anderen ein bestimmtes Verhalten zeigen*⟩ anfassen · umgehen |mit| · verfahren |mit| ♦ *umg*: anpacken · umspringen |mit| – **2.** ⟨*ärztl. Hilfe angedeihen lassen*⟩ beistehen · betreuen ♦ *umg*: verarzten; → *auch* bedienen (I, 2) – **3.** ⟨*auf eine Krankheit einwirken*⟩ bekämpfen; → *auch* heilen (1) – **4.** ⟨*ein Thema haben*⟩ handeln |von| · handeln |über| · zum Gegenstand/Inhalt haben – **5.** ⟨*einen Stoff darlegen u. darüber sprechen*⟩ besprechen · durchnehmen · durchsprechen ♦ *umg*: drannehmen (*schülerspr*) ♦ *salopp*: durchkauen (*abwert*); → *auch* erörtern – **6.** → bearbeiten (1) – **7.** → darlegen – **8.** wie Luft b.: → ignorieren (1); mit Auszeichnung b.: → auszeichnen (I, 3)
Behändigkeit, die: → Flinkheit (1)
Behandlung, die: **1.** ⟨*ärztl. Einwirken auf einen Kranken*⟩ Therapie · Behandlungsmethode · Heilbehandlung · Betreuung – **2.** ⟨*ärztl. Einwirken auf eine Krankheit*⟩ Bekämpfung · Heilbehandlung · Heilung – **3.** ⟨*Darlegung im Unterricht*⟩ Durchnahme – **4.** → Bearbeitung (1) – **5.** → Darlegung (1) – **6.** → Bedienung (2)
Behandlungsmethode, die: → Behandlung (1)
behängen: → bedecken (I, 1)
beharken: I. beharken: → beschießen – **II.** beharken, sich: → bekämpfen (II, 2)
beharren: 1. beharren |auf/bei|: ⟨*sich durch nichts ins Schwanken bringen lassen*⟩ festbleiben · standhaft bleiben · nicht nachgeben · nicht [um ein Haar] abgehen |von| · sich nicht abbringen/beirren/irremachen lassen; → *auch* aushalten (2), festbleiben (1) – **2.** b. |auf|: **a)** → behaupten (I, 1) – **b)** → bestehen (5, a) – **c)** → 1
beharrlich: 1. ⟨*nicht nachgebend*⟩ ausdauernd · geduldig · zäh · hartnäckig · geradlinig · stetig · unentwegt · unermüdlich · unverdrossen · unbeirrbar · unbeirrt · konsequent · insistent · persistent ♦ *umg*: stur (*abwert*); → *auch* strebsam, zielstrebig, verbissen – **2.** b. sein: → aushalten (2)
Beharrlichkeit, die: Ausdauer · Geduld · Zähheit · Hartnäckigkeit · Geradlinigkeit · Stetigkeit · Unermüdlichkeit · Beharrung · Konsequenz · Insistenz · Persistenz + Zielstrebigkeit ♦ *umg*: Sturheit (*abwert*); → *auch* Beständigkeit (2)
Beharrung, die: → Beharrlichkeit
behauchen: 1. ⟨*mit Hauchlaut aussprechen*⟩ aspirieren (*Phon*) – **2.** → anblasen (1)
behaupten: I. behaupten: **1.** ⟨*eine Meinung unerschütterlich vertreten*⟩ beteuern · sagen · die Behauptung aufstellen · beharren |auf| · bestehen |auf| · dabei bleiben; → *auch* betonen (2), versichern (I) – **2.** wie behauptet wird: → angeblich – **II.** behaupten, sich: **1.** ⟨*in schwieriger Lage nicht versagen od. nachgeben*⟩ bestehen · sich [im Sattel] halten · die Zügel in der Hand behalten; → *auch* bewähren, sich – **2.** → durchsetzen (I, 2, a)
Behauptung, die: **1.** → Lehre (1) – **2.** die B. aufstellen: → behaupten (I, 1)
behausen: → beherbergen
Behausung, die: **1.** → Unterkunft (1) – **2.** → Wohnung (1)
beheben: 1. → beseitigen (1) – **2.** → abheben (I, 1) – **3.** den Schaden b.: → reparieren
Behebung, die: → Beseitigung
beheimatet: 1. → ansässig (1) – **2.** b. sein: → wohnen (1)
beheizen: → heizen (1)
Behelf, der: **1.** ⟨*vorläufige Hilfe, notdürftiger Ersatz*⟩ Notbehelf · Notlösung · Verlegenheitslösung · Provisorium; → *auch* Übergangslösung – **2.** → Vorwand
behelfen, sich: → zurechtkommen (2)
behelfsmäßig: provisorisch · notdürftig · recht und schlecht · subsidiär ♦ *umg*: auf die Schnelle
behelligen: → belästigen (1)
Behelligung, die: → Belästigung (1)

beherbergen: aufnehmen · unterbringen · Aufnahme/Unterkunft/Obdach/Asyl gewähren/bieten · Obdach/Quartier geben; logieren (*schweiz*) ♦ *gehoben*: behausen

beherrschen: **I.** beherrschen: **1.** ⟨*über jmdn., etw. seine Macht ausüben*⟩ in der Gewalt/Hand haben · Gewalt haben |über| · dominieren ♦ *umg*: am Gängelband haben/führen · unter der/seiner Fuchtel haben · am Bändel haben + unter dem Pantoffel haben ♦ *salopp*: an der Leine haben; → *auch* bestimmmen (2) – **2.** ⟨*die Gefühle, sein Tun unter Kontrolle behalten*⟩ zügeln · bezähmen · bezwingen · bändigen – **3.** ⟨*jmds. Psyche völlig beeinflussen*⟩ erfüllen · ausfüllen + beherrscht sein |von| ♦ *gehoben*: durchwalten – **4.** ⟨*erlernt haben*⟩ [gut] können · verstehen · meistern · sich verstehen |auf| · seine Sache/sein Handwerk verstehen · im Griff haben · mächtig sein |einer Sache| · firm sein |in| · eine Ahnung haben |von| · etw. verstehen |von| ♦ *umg*: den/seinen Handel verstehen · auf der Latte haben · den richtigen Griff heraushaben ♦ *salopp*: den Pfiff kennen · den Bogen/Dreh/Pfiff heraushaben – **II.** beherrschen, sich: ⟨*sich trotz entgegenwirkender Einflüsse diszipliniert zeigen*⟩ sich zusammennehmen · sich [be]zähmen · sich bezwingen · sich zügeln · sich zurückhalten · an sich halten · sich bändigen · sich überwinden · sich mäßigen · sich nichts anmerken lassen · sich Zügel anlegen · sich im Zaum halten · sich in der Gewalt haben · keine Miene verziehen · kalt/gefasst/gelassen bleiben · sich Gewalt/Zwang antun · das/sein Gesicht wahren · Herr seiner selbst/über sich selbst sein/bleiben · sich in Schranken halten · die Nerven/seine Fassung behalten · cool bleiben · einen kühlen/klaren Kopf/kaltes/ruhig Blut/die Selbstbeherrschung/die Herrschaft über sich [selbst] behalten/bewahren ♦ *umg*: sich zusammenreißen · sich zusammenraffen · die fünf Sinne zusammen[be]halten/beieinander behalten · den Verstand behalten; → *auch* fassen (II, 1)

beherrscht: **1.** ⟨*sich selbst in der Gewalt habend*⟩ diszipliniert · besonnen · gefasst + [ab]gemessen; gehalten (*veraltend*); → *auch* besonnen (1), gelassen (1) – **2.** b. sein |von|: → beherrschen (I, 3)

Beherrschtheit, die: → Beherrschung (1)

Beherrschung, die: **1.** ⟨*das Sich-in-der-Gewalt-Haben*⟩ Beherrschtheit · Gefasstheit · Haltung · Fassung · Ruhe · Mäßigung; → *auch* Besonnenheit, Gelassenheit, Selbstbeherrschung (1) – **2.** die B. verlieren: **a)** ⟨*nicht mehr zu überlegtem Handeln fähig sein*⟩ die Selbstbeherrschung/Fassung/die Nerven verlieren · die Nerven liegen blank · sich selbst nicht mehr kennen · nicht mehr Herr seiner Sinne sein · jmdm. gehen die Pferde durch · die Herrschaft über sich verlieren · seiner nicht mehr mächtig sein ♦ *umg*: den Kopf verlieren ♦ *salopp*: ausflippen · ausrasten · durchdrehen · einen Rappel kriegen; → *auch* aufregen (II) – **b)** → aufbrausen (2)

beherzigen: annehmen · sich zu Herzen nehmen; → *auch* beachten

Beherzigung, die: → Beachtung (2)

beherzt: → mutig (1)

Beherztheit, die: → Mut (1)

behilflich: b. sein: → helfen (1)

behindern: **1.** ⟨*beeinträchtigend einwirken*⟩ hinderlich sein · einen Hemmschuh anlegen · Schwierigkeiten machen/bereiten · Steine/Hindernisse/Schwierigkeiten in den Weg legen ♦ *umg*: einen Knüppel zwischen die Beine werfen; → *auch* erschweren – **2.** → hemmen (1)

behindert: schwer b.: körperbehindert · versehrt; invalid[e] · schwer beschädigt (*veraltend*); → *auch* gebrechlich, verkrüppelt, erwerbsunfähig, dienstunfähig

Behinderung, die: **1.** ⟨*beeinträchtigende Einwirkung*⟩ Hinderung · Beeinträchtigung · Handikap; → *auch* Hemmschuh (2) – **2.** → Hindernis (1)

behorchen: → abhören (1)

Behörde, die: **1.** ⟨*kommunale bzw. staatl. Dienststelle*⟩ Administration · Amt · Dienststelle + Instanz – **2.** → Dienststelle (1)

Behördendschungel, der: → Bürokratie

Behördenweg, der: → Dienstweg

Behördenwillkür, die: Satrapenwirtschaft; → *auch* Bürokratie

behördlich: → amtlich (1)

Behuf, der: zu diesem/dem B.: → zwecks

behum[p]sen: → betrügen (1)

behüten: **1.** → schützen (I, 1) – **2.** → bewahren (1) – **3.** behüt dich Gott: → Wiedersehen (1)

behutsam: vorsichtig · sacht[e] · schonungsvoll · doucement; → *auch* sanft, schonend (1)

bei: **1.** → an (1) – **2.** → neben (1) – **3.** bei weitem: → weitaus; bei sich haben/führen: → mit (4)
beibehalten: **1.** ⟨*weiter in gleicher Weise verfahren*⟩ aufrechterhalten · bewahren · behalten · nicht aufgeben · bleiben |bei| · beibleiben · festhalten |an| · nicht abgehen |von| + einhalten – **2.** → bewahren (2)
Beibehaltung, die: Aufrechterhaltung · Bewahrung
beibiegen: → beibringen (1)
Beiblatt, das: → Beilage (1)
beibleiben: **1.** → fortfahren (1), beibehalten (1) – **2.** → andauern
beibringen: **1.** ⟨*vorsichtig mitteilen*⟩ zu verstehen geben · durch die Blume sagen ♦ *salopp*: beibiegen; → *auch* raten (1), mitteilen (I), andeuten (I, 1) – **2.** → unterrichten (2) – **3.** → zufügen (1) – **4.** → anführen (1) – **5.** → beschaffen (1) – **6.** eine Verletzung/Wunde b.: → verletzen (I, 1); die Flötentöne b.: → zurechtweisen; Schliff b.: → erziehen
Beichte, die: **1.** → Geständnis (1) – **2.** die B. ablegen: → beichten (1); eine B. ablegen: → gestehen (1)
beichten: **1.** ⟨*in der kathol. Kirche*: *dem Geistlichen seine Sünden nennen*⟩ die Beichte ablegen · seine Schuld/seine Sünden bekennen/gestehen – **2.** → gestehen (1)
beide: **1.** ⟨*für Substantive*⟩ alle beide · alle zwei · die beiden · die zwei – **2.** ⟨*in Verbindung mit Substantiven*⟩ zwei – **3.** alle b., die beiden: → 1; die beiden Backen: → Gesäß; auf beiden Seiten: → beiderseits
beiderseits: auf beiden Seiten · hüben und/wie drüben; beidseits (*schweiz*)
beidseits: → beiderseits
beieinander: beisammen · zusammen · nebeneinander
Beifahrer, der: Sozius[fahrer]
Beifall, der: **1.** ⟨*zustimmende Gefühlsäußerung*⟩ Applaus · das Klatschen · das Beifallklatschen · das Händeklatschen · Ovation · Standingovations (*Pl*) · Akklamation ♦ *umg*: Geklatsche + Getrampel; → *auch* Jubel – **2.** → Anerkennung (1) – **3.** B. klatschen/spenden/bekunden: → klatschen (1); B. zollen: → anerkennen (1); B. finden: → gefallen (1); mit B. bedenken: → beklatschen (1)
beifällig: → bejahend
Beifallklatschen, das: → Beifall (1)
beifallswürdig: → lobenswert
beifolgend: → beiliegend
beifügen: **1.** → beigeben (1) – **2.** → beimischen
Beigabe, die: → Zugabe
beige: → gelb (1)
beigeben: **1.** ⟨*ein Schriftstück als Anlage zufügen*⟩ beifügen · beilegen · anfügen · anschließen · anreihen · dazutun · hinzufügen · zulegen · beiordnen · anheften · beiheften; beischließen · beistellen (*österr*) – **2.** → beimischen – **3.** → beigesellen (I) – **4.** klein b.: → nachgeben (1)
beigefügt: → beiliegend
beigehen: → anfangen (1, a)
beigelegt: → beiliegend
beigeschlossen: → beiliegend
beigesellen: **I.** beigesellen: ⟨*jmdn.* [*als Hilfe*] *zur Verfügung stellen*⟩ beigeben · zugesellen · zuordnen · beiordnen; beistellen (*österr*) – **II.** beigesellen, sich: → anschließen (II, 1)
Beiheft, das: → Beilage (1)
beiheften: **1.** → anheften (1) – **2.** → beigeben (1)
Beihilfe, die: **1.** → Unterstützung (2) – **2.** → Hilfe (1)
Beiköchin, die: → Köchin
beikommen: **1.** → meistern – **2.** → anfangen (1, a) – **3.** → einfallen (1) – **4.** nicht b. können: → schaden (4)
Beil, das: durch das B. hinrichten: → enthaupten
Beilage, die: **1.** ⟨*beigelegtes Druckerzeugnis od. Schriftstück*⟩ Beiblatt · Beiheft · das Inliegende · Anlage · Einlage; Beischluss (*kaufm*) – **2.** → Anhang (1) – **3.** → Zugabe – **4.** in der/als B.: → beiliegend
beiläufig: **1.** ⟨*als nebensächlich bzw. unwichtig geltend*⟩ nebenbei · nebenher · am Rande · en passant · parenthetisch · in Parenthese – **2.** → ungefähr (1)
beilegen: **1.** → bereinigen (1) – **2.** → beigeben (1) – **3.** sich b.: ⟨*einen Namen usw. für sich* [*unberechtigt*] *in Anspruch nehmen*⟩ annehmen · sich zuschreiben ♦ *umg*: sich zulegen
Beilegung, die: → Bereinigung (1)
beileibe: **1.** → wahrhaftig – **2.** b. nicht: → keineswegs
Beileid, das: sein B. ausdrücken/aussprechen/bezeigen/bekunden: kondolieren

beiliegend: anliegend · beigelegt · beigefügt · beigeschlossen · anbei · in der/als Beilage/Anlage; beifolgend (*veraltend*); einliegend · inliegend (*amtsspr*)
beimachen, sich: → anfangen (1, a)
Beimann, der: → Gehilfe
beimengen: → beimischen
beimessen: 1. → zuschreiben (1) – **2.** Wert/Bedeutung/Wichtigkeit b.: → betonen (2)
beimischen: beimengen · beigeben · beifügen · zusetzen · einmischen + einrühren
Bein: I. Bein, das: **1.** → Hosenbein – **2.** Klotz am B.: → Hemmschuh (2); von einem B. aufs andere treten: → ungeduldig (1); ein B. stellen: → hereinlegen (1), schaden (1); ans B. pinkeln: → kränken; ans B. binden: → verlieren (I, 2); mit einem B. im Grabe stehen: → todkrank (2); durch Mark und B. gehen: **a)** → schmerzen (1) – **b)** → ergreifen (3); Stein und B. schwören: → schwören (2); Stein und B. frieren: → frieren (2) – **II.** Beine (*Pl*): **1.** ⟨*menschl. Gliedmaßen*⟩ *umg*: Fahrgestell · Untergestell · Spazierhölzer (*scherzh*) ♦ *salopp*: Stelzen · Krücken · Gräten ♦ *derb*: Kackstelzen – **2.** → Fuß (II, 1) – **3.** mit gespreizten/gegrätschten Beinen: → breitbeinig; auf die B. helfen: → aufhelfen (1); auf den Beinen: → unterwegs; auf den Beinen sein: → tätig (1, a); sich auf die B. machen: → aufbrechen (3); sich die B. vertreten: → spazieren (2); lange B. machen: → fliehen (1); B. machen: **a)** → antreiben (2) – **b)** → vertreiben (1); sich die B. ablaufen |nach|: → suchen (1); sich die B. ablaufen: → bemühen (II, 1); die B. unter die Arme nehmen: → beeilen, sich; [wieder] auf die B. kommen: → erholen, sich (1), gesund (6); wieder auf die B. bringen/helfen: → heilen (1); sich nicht mehr auf den Beinen halten können: → müde (2); auf wackligen Beinen stehen: → unsicher (5, b); mit beiden Beinen im Leben stehen: → tüchtig (3); auf eigenen Beinen stehen: → selbständig (4); einen Knüppel zwischen die B. werfen: → behindern (1); die B. unter den Tisch stecken: → faulenzen (1); auf die B. bringen/stellen: → aufstellen (I, 4); alles, was B. hat: → jedermann; B. kriegen/bekommen: → verloren (4)
beinahe: fast · nahezu · bald · um Haaresbreite · um ein Haar · es fehlt[e] nicht viel; schier (*veraltend*) ♦ *umg*: halb; → *auch* ungefähr (1)
Beiname, der: → Spitzname
Beinbruch, der: kein B. sein: → schlimm (3)
beinhalten: → enthalten (I)
beinhart: → hart (1)
Beinkleid, das: → Hose (I, 1)
Beinling, der: → Hosenbein
beiordnen: 1. → beigesellen (I) – **2.** → beigeben (1)
beipflichten: 1. → zustimmen (1) – **2.** → billigen (1)
Beirat, der: → Ausschuss (1)
beirren: 1. → verwirren (2) – **2.** sich nicht b. lassen: → beharren (1)
beisammen: → beieinander
beisammenhaben: seine Gedanken/fünf Sinne nicht b.: → unaufmerksam (2); nicht alle b.: **a)** → verrückt (5) – **b)** → geisteskrank (2)
Beisammensein, das: geselliges B.: → Gesellschaft (1)
beischaffen: → bringen (1)
Beischlaf, der: **1.** → Geschlechtsverkehr – **2.** den B. vollziehen/ausüben: → koitieren
Beischläferin, die: Gespielin · Mätresse (*abwert*); Konkubine · Kebse · Kebsweib · Buhle[rin] (*veraltet*) ♦ *umg*: Betthase · Betthäschen (*scherzh*); → *auch* Geliebte (II), Prostituierte
beischließen: → beigeben (1)
Beischluss, der: → Beilage (1)
Beisein, das: im B. von: → Anwesenheit (2)
beiseite: 1. → abseits (1) – **2.** b. räumen/schaffen: → wegräumen (1); b. rücken: → abrücken (1); b. schieben: **a)** → abrücken (1) – **b)** → abwälzen (2) – **c)** → verdrängen (1) – **d)** → unwichtig (2); b. drängen/stoßen: → verdrängen (1); b. stehen müssen: → leer (4); b. bringen: → stehlen (1); b. legen: **a)** → weglegen (1) – **b)** → sparen (1) – **c)** → zurücklegen (3); b. stellen: → zurücklegen (3); b. lassen: **a)** → auslassen (I, 1) – **b)** → unterlassen
Beisel, das: → Gaststätte (1, a)
beisetzen: → begraben (1)
Beisetzung, die: → Begräbnis
Beispiel, das: **1.** ⟨*zur Verdeutlichung angeführtes Muster*⟩ Exempel · Paradigma; → *auch* Veranschaulichung – **2.** → Vorbild (1) – **3.** zum B.: → beispielsweise; ohne B.: → außergewöhnlich (1)
beispielgebend: → vorbildlich
beispielhaft: → vorbildlich

beispiellos: **1.** → außergewöhnlich (1) – **2.** → hervorragend (1) – **3.** → unerhört (1)
beispielshalber: → beispielsweise
beispielsweise: zum Beispiel/Exempel; beispielshalber (*süddt österr*); als da sind (*veraltend od. scherzh*)
beispringen: → helfen (1)
beißen: **I.** beißen: **1.** ⟨*mit den Zähnen zupacken*⟩ zubeißen · [zu]schnappen + knabbern ♦ *umg*: [zu]happen · hapsen (*landsch*) – **2.** → schmerzen (1) – **3.** sich [lieber] auf die Zunge b.: → schweigen (2); nichts zu b. haben: → hungern (1); ins Gras b.: → sterben (1), fallen (3); in den sauren Apfel b.: → abfinden (II, 2); auf Granit b.: → Misserfolg (2); vom wilden Affen gebissen: → verrückt (1) – **II.** beißen, sich: → ausschließen (II, 2)
Beißerchen, das: → Zahn (I, 1)
Beistand, der: **1.** → Hilfe (1) – **2.** → Rechtsbeistand – **3.** B. leisten: → helfen (1)
beistehen: **1.** → helfen (1) – **2.** → behandeln (2)
beistellen: **1.** → beigesellen (I) – **2.** → beigeben (1)
beisteuern: **1.** ⟨*einen Beitrag zu etw. leisten*⟩ beitragen · dazugeben · zusteuern · zugeben · zulegen · zuschießen · mithalten + investieren; → *auch* unterstützen (I, 1) – **2.** → beteiligen (II)
beistimmen: **1.** → zustimmen (1) – **2.** → billigen (1)
Beitrag, der: **1.** ⟨*Teil der Mitwirkung*⟩ Anteil –**2.** → Abhandlung (1) – **3.** → Spende (1)
beitragen: → beisteuern (1)
beitreiben: → einziehen (3)
beitreten: → eintreten (1)
Beitritt, der: → Eintritt (1)
Beiwagen, der: Seitenwagen
Beiwerk, das: → Nebensache
beiwohnen: **1.** → teilnehmen (1) – **2.** → koitieren
beizeiten: → rechtzeitig
beizen: **1.** ⟨*Beize auftragen*⟩ abbeizen – **2.** ⟨*mittels Beize beseitigen*⟩ abbeizen · ausbeizen – **3.** → jagen (1)
beiziehen: → heranziehen (1)
bejahen: **1.** ⟨*eine positive Antwort geben*⟩ mit Ja [be]antworten · Ja sagen; → *auch* zustimmen (1) – **2.** → billigen (1)
bejahend: positiv · zustimmend · beifällig · anerkennend
bejahrt: → alt (1)
Bejahrtheit, die: → Alter (3, a)
Bejahung, die: **1.** → Zustimmung (1) – **2.** → Billigung (1)
bejammern: → beklagen (I, 1)
bejammernswert: → bedauernswert
bejubeln: → beklatschen (1)
bekakeln: → erörtern
bekämpfen: **I.** bekämpfen: **1.** ⟨*mit Waffen bzw. gewaltsam gegen etw., jmdn. vorgehen*⟩ bekriegen · befehden · ankämpfen |gegen|; → *auch* angreifen (I, 1, a) – **2.** ⟨*bewusst gegen etw., jmdn. wirken*⟩ den Kampf ansagen · befehden · entgegenwirken · entgegentreten · angehen |gehen| · [an]kämpfen |gegen| · vorgehen |gegen| · anfeinden · befeinden ♦ *gehoben*: anstreben |gegen|; → *auch* angreifen (I, 2) – **3.** → behandeln (3) – **4.** einander b.: → II, 1 *u.* 2. – **II.** bekämpfen, sich: **1.** ⟨*mit Waffen bzw. gewaltsam gegeneinander vorgehen*⟩ einander bekämpfen · sich/einander bekriegen · sich/einander befehden – **2.** ⟨*bewusst gegeneinander wirken*⟩ einander bekämpfen · sich/einander bekriegen · sich/einander befehden ♦ *umg*: sich beharken
Bekämpfung, die: → Behandlung (2)
bekannt: **1.** ⟨*von vielen Menschen gekannt*⟩ altbekannt · weltläufig · publik; kund[bar] (*landsch*) ♦ *umg*: amtlich · nicht neu; → *auch* beliebt (1), berühmt (1), öffentlich (1) – **2.** → bewusst (2) – **3.** b. sein: ⟨*von vielen Menschen gekannt werden*⟩ *umg*: herum sein · die Spatzen pfeifen es von den/allen Dächern ♦ *salopp*: einen Bart haben – **4.** b. werden: **a)** ⟨*vielen Menschen zur Kenntnis kommen*⟩ sich herumsprechen · von Mund zu Mund gehen · kundwerden · lautwerden ♦ *umg*: unter die Leute kommen + Schlagzeilen machen; → *auch* herauskommen (1) – **b)** ⟨[*in der Öffentlichkeit*] *hervorzutreten beginnen*⟩ in den Gesichtskreis treten · vordringen · [an] Boden gewinnen · von sich reden machen ♦ *umg*: auf dem Vormarsch sein · im Kommen sein – **5.** b. geben: ⟨*dafür sorgen, dass etw. bekannt wird*⟩ bekannt machen · verlautbaren · kundtun · kundmachen · kundgeben · verkünden · zur Kenntnis bringen · Kenntnis geben |von| · ausrufen; abkündigen (*Rel*); verlauten (*schweiz*); ausschellen · ausläuten (*landsch veraltend*) ♦ *gehoben*: verkündigen · künden |von| ♦ *umg*: ausklingeln · austrommeln; kund

und zu wissen tun (*noch scherzh*) ♦ *salopp*: ausposaunen · austrompeten; → *auch* ankündigen (I), anzeigen (1), öffentlich (2), verbreiten (I, 1), erklären (2), erzählen (2), mitteilen (I) – **6.** b. werden |mit|: → befreunden, sich (1); b. sein |mit|: → kennen (1); b. machen: **a)** → vorstellen (I, 1) – **b)** → 5; sich b. machen: → vorstellen (II); miteinander b. machen: → zusammenbringen (1); b. sein wie ein bunter/scheckiger Hund: → verrufen (3)

Bekannte: I. Bekannte, der: → Geliebte (I) – **II.** Bekannte, die: → Geliebte (II)

bekanntermaßen: 1. → bekanntlich – **2.** → anerkanntermaßen

Bekanntgabe, die: → Bekanntmachung (1)

bekanntlich: erfahrungsgemäß · bekanntermaßen ♦ *umg*: wie man weiß; nach Adam Riese (*scherzh*)

Bekanntmachung, die: **1.** ⟨*das Bekanntgeben*⟩ Bekanntgabe · Verkündung · Verlautbarung · Kommuniqué · Publikation · Proklamation · Veröffentlichung · Kundgabe; Abkündigung (*Rel*); Vernehmlassung (*schweiz*) ♦ *gehoben*: Verkündigung; → *auch* Ankündigung, Erlass (1), Rundschreiben, Anschlag (1) – **2.** → Anschlag (1)

Bekanntschaft, die: B. gemacht haben |mit|: → kennen (1)

bekaspern: → erörtern

bekehren: → überzeugen (I)

bekennen: I. bekennen: **1.** ⟨*sich offen für etw. entscheiden*⟩ ein Bekenntnis ablegen – **2.** ⟨*etw. freimütig äußern*⟩ [offen] gestehen · offen/unverblümt sagen · ins Gesicht [hinein] sagen – **3.** → gestehen (1) – **4.** seine Schuld/seine Sünden b.: → beichten (1); Farbe b.: → gestehen (1) – **II.** bekennen, sich: sich b. |zu|: **a)** → gestehen (1) – **b)** → eintreten (7, a); sich b. |für|: → eintreten (7, a)

Bekenntnis, das: **1.** ⟨*Lehre einer Religionsgemeinschaft*⟩ Konfession · Glaube[n] · Glaubensbekenntnis + Glaubensrichtung – **2.** → Geständnis (1) – **3.** ein B. ablegen: → bekennen (I, 1)

beklagen: I. beklagen: **1.** ⟨*den Schmerz eines Verlustes empfinden u. ausdrücken*⟩ klagen |um| · betrauern · trauern |um| · beweinen · weinen |um| · bejammern · jammern |um| – **2.** → bemitleiden – **II.** beklagen, sich: → beschweren (II)

beklagenswert: → bedauernswert

Beklagte, der: → Angeklagte

beklatschen: 1. ⟨*seine Zustimmung durch Klatschen ausdrücken*⟩ mit Beifall bedenken · bejubeln – **2.** → durchhecheln

beklauen: → bestehlen

bekleben: überkleben; kaschieren (*fachspr*) ♦ *salopp*: bepflastern

bekleckern: I. bekleckern: → beschmutzen (I, 1) – **II.** bekleckern, sich: **1.** → beschmutzen (II, 1) – **2.** sich nicht [gerade] mit Ruhm b.: → versagen (1)

beklecksen: I. beklecksen: → beschmutzen (I, 1) – **II.** beklecksen, sich: → beschmutzen (II, 1)

bekleiden: 1. → innehaben (1) – **2.** → beziehen (I, 2) – **3.** bekleidet sein |mit|: → tragen (2)

Bekleidung, die: → Kleidung (1)

beklemmen: → bedrücken (1)

beklemmend: → beängstigend

Beklemmung, die: Beklommenheit · Herzbeklemmung · Platzangst + Schwüle; → *auch* Angst (1)

beklieren: → beschreiben (2)

beklommen: 1. → ängstlich (1) – **2.** → besorgt (1)

Beklommenheit, die: → Beklemmung

bekloppt: → dumm (1)

beknackt: → dumm (1)

bekneipt: → betrunken (1)

beknien: → bitten (2)

bekochen: → verpflegen (1)

bekommen: 1. → erhalten (I, 1) – **2.** → zuziehen (I, 4) – **3.** Zuwachs b.: → schwanger (2); ein Kind/Baby/etwas Kleines b.: **a)** → schwanger (2) – **b)** → gebären; Junge b.: → werfen (I, 2); Risse b.: → aufspringen (1); Kenntnis/Wind b. |von|: → erfahren (1); zu Gesicht/zu sehen b.: → erblicken (1); Fühlung b.: → annähern (II, 1); eine Stelle b.: → unterkommen (1); ein anderes Gesicht b.: → ändern (II); Beine b.: → verloren (4); einen Korb b.: → abblitzen (1); zu b. sein: → käuflich (2)

bekömmlich: zuträglich · verträglich · verdaulich · leicht [verdaulich]; → *auch* essbar

beköstigen: → verpflegen (1)

Beköstigung, die: → Verpflegung (1)

bekräftigen: 1. → bestätigen (I, 1) – **2.** → ermutigen

Bekräftigung, die: **1.** → Bestätigung (1) – **2.** → Ermutigung

bekriegen: **I.** bekriegen: **1.** → bekämpfen (I, 1) – **2.** einander b.: → bekämpfen (II, 1 *u.* 2) – **II.** bekriegen, sich: → bekämpfen (II, 1 *u.* 2)
bekritteln: → kritisieren
bekritzeln: → beschreiben (2)
bekümmern: **I.** bekümmern: → betrüben (1) – **II.** bekümmern, sich: **1.** → sorgen (II) – **2.** → traurig (2, a) – **3.** sich b. |um|: → sorgen (I, 1, a)
Bekümmernis, die: → Sorge (1)
bekümmert: → traurig (1)
bekunden: **1.** → ausdrücken (I, 3) – **2.** Beifall b.: → klatschen (1); sein Beileid b.: → kondolieren; seinen Dank b.: → danken (1)
Bekundung, die: Demonstration · Äußerung · Bezeigung · Bezeugung + Beteuerung
belächeln: → verlachen
belachen: → verlachen
beladen: bepacken · befrachten · voll laden · voll packen + laden; → *auch* aufladen (1), belasten (I, 1)
Belag, der: **1.** ⟨*eine Fläche bedeckende Schicht*⟩ Überzug · Ansatz + Kruste; → *auch* Schicht (2) – **2.** → Aufstrich
belagern: → umgeben (1)
Belami, der: → Frauenheld
belämmern: → belästigen (1)
belämmert: **1.** → schlecht (1) – **2.** b. gehen: → schlecht (10, a *u.* b)
Belang, der: **1.** → Bedeutung (1) – **2.** von B.: → wichtig (1); ohne B./nicht von B. sein: → wichtig (4); ohne/nicht von B.: → unwichtig (1)
belangen: **1.** ⟨*zur Wiedergutmachung zwingen*⟩ abrechnen |mit| · zur Verantwortung/Rechenschaft ziehen · verantwortlich machen · Abrechnung halten |mit| + zur Rede stellen ♦ *umg*: ein Hühnchen rupfen |mit| – **2.** → betreffen (1) – **3.** → verklagen
belanglos: → unwichtig (1)
Belanglosigkeit, die: → Nichtigkeit (1)
belangreich: → wichtig (1)
belangvoll: → wichtig (1)
belassen: **1.** ⟨*auf eine Weiterführung usw. verzichten*⟩ [auf sich beruhen] lassen · es bewenden lassen |mit/bei|; → *auch* unterlassen – **2.** bei sich b.: → zurückhalten (I, 1)
belastbar: → widerstandsfähig (1, a)
belasten: **I.** belasten: **1.** ⟨*eine Last auf etw. laden*⟩ beschweren; → *auch* beladen – **2.** → beanspruchen (2) – **3.** → bedrücken (1) – **4.** → [2]anhängen (1) – **5.** → beschuldigen (1) – **6.** b. |mit|: ⟨*mit finanziellen Verbindlichkeiten belegen*⟩ auf[er]legen; → *auch* aufbürden (2) – **II.** belasten, sich: → schuldig (3, a)
belastend: **1.** → erschwerend – **2.** → bedrückend
belästigen: **1.** ⟨[*durch ständiges Stören usw.*] *unangenehm werden*⟩ behelligen · lästig fallen/werden/sein · zur Last fallen · aufdringlich werden/sein; inkommodieren · genieren (*veraltend*) ♦ *umg*: auf die Nerven gehen/fallen · den letzten Nerv töten/rauben · nerven · nicht von den Fersen gehen · ein Würmchen abtreiben ♦ *salopp*: auf der Pelle sitzen · nicht von der Pelle gehen · auf den Wecker fallen · auf den Wecker/Senkel/Geist/Keks gehen; belämmern (*landsch*) ♦ *derb*: auf den Sack gehen; → *auch* bedrängen (1), aufdrängen (II, 1), quälen (I, 2), stören (2) – **2.** ⟨*mit ausfälligen Worten behelligen*⟩ anpöbeln · anrempeln ♦ *umg*: anöden · anmachen · anmotzen ♦ *salopp*: anstänkern (*abwert*); → *auch* beleidigen, beschimpfen
Belästigung, die: **1.** ⟨*durch Stören bedingtes Unangenehmwerden*⟩ Behelligung · Störung – **2.** ⟨*das Behelligen mit ausfälligen Worten*⟩ Anpöbelung · Anrempelung ♦ *umg*: Anpöbelei · Anrempelei · Anmache
Belastung, die: **1.** ⟨*Forderung des Leistungsvermögens*⟩ Beanspruchung · Inanspruchnahme; → *auch* Anstrengung (2) – **2.** → Last (1) – **3.** → Beschuldigung (1)
belatschern: **1.** → überreden – **2.** → erörtern
belauern: → beobachten (1)
belaufen: **I.** belaufen: **1.** → abgehen (1) – **2.** → ablaufen (1) – **3.** → beschlagen (1) – **II.** belaufen, sich: sich b. |auf|: → betragen (I)
belauschen: → beobachten (1)
beleben: **I.** beleben: **1.** ⟨*wieder ins Leben zurückrufen*⟩ zu sich/zur Besinnung bringen – **2.** ⟨*etw. in lebhaftere Tätigkeit versetzen*⟩ aktivieren · ankurbeln · auffrischen · pushen ♦ *gehoben*: beschwingen ♦ *umg*: in Schwung bringen ♦ *salopp*: anleiern + Leben in die Bude bringen; → *auch* anregen (1) – **3.** ⟨*durch anregende Mittel lebhafter machen*⟩ anregen · vitalisieren · aufmuntern · auffrischen ♦ *umg*: aufpulvern · aufputschen + ins Blut gehen ♦ *salopp*: aufmöbeln; → *auch* aufpeitschen (I) – **4.** → bevölkern – **II.** beleben, sich: sich wieder b.: → aufleben (1)

belebend: → anregend
Belebung, die: Auffrischung · Anregung · Aktivierung
belecken: anlecken ♦ *umg*: beschlecken; → *auch* anfeuchten (1)
Beleg, der: **1.** → Beweis (1) – **2.** → Bescheinigung (1)
belegen: **1.** ⟨*durch Vorlegen von Beweismaterial bestätigen*⟩ dokumentieren; → *auch* beweisen (1) – **2.** → anführen (2) – **3.** → bedecken (I, 2) – **4.** → besetzen (1) – **5.** → begatten (1) – **6.** mit Beschlag b.: → beanspruchen (1 *u.* 2); mit Strafe b.: → verurteilen (1); mit Bomben b.: → bombardieren (1)
Belegschaft, die: Personal · die Betriebsangehörigen
belegt: eine belegte Stimme haben: → heiser (2)
belehren: **1.** ⟨*in lehrhaftem Ton sprechen*⟩ schulmeistern · dozieren (*abwert*) – **2.** → überzeugen (I) – **3.** sich eines Besseren/anderen b. [lassen]: → bessern (II, 1)
belehrend: **1.** → lehrreich – **2.** → lehrhaft
beleibt: → dick (1)
Beleibtheit, die: → Dicke (II, 2)
beleidigen: insultieren · eine Beleidigung zufügen · persönlich werden ♦ *umg*: schimpfieren (*veraltet*); → *auch* kränken, beschimpfen, belästigen (2)
beleidigend: verletzend · ausfallend · ausfällig · injuriös · anzüglich · ätzend + persönlich
beleidigt: **1.** ⟨*sich herabgesetzt fühlend*⟩ gekränkt · verletzt · pikiert ♦ *umg*: verschnupft · eingeschnappt · angefressen – **2.** b. tun, die beleidigte Leberwurst spielen: → schmollen
Beleidigung, die: **1.** ⟨*das Ehrgefühl verletzende Herabsetzung*⟩ Kränkung · Ehrenkränkung · Verletzung · Ehrverletzung · Ehrenbeleidigung · Ausfall · Affront · Invektive · Insult[ation]; Injurie · Verbalinjurie (*Rechtsw*); → *auch* Beschimpfung, Verleumdung – **2.** eine B. zufügen: → beleidigen
belesen: **1.** → gebildet – **2.** → beschlagen (3)
Belesenheit, die: → Bildung (1)
beleuchten: **1.** ⟨*durch Licht erhellen*⟩ bescheinen · anleuchten · anstrahlen · bestrahlen · anscheinen · illuminieren + anblinken ♦ *dicht*: beglänzen; → *auch* erhellen (1) – **2.** → veranschaulichen, darlegen
Beleuchtung, die: **1.** → Erklärung (1) – **2.** → Darlegung (1)
Beleuchtungskörper, der: → [2]Lampe (1)
beleumdet: übel/schlecht b.: → verrufen (1)
belfern: **1.** → bellen (1) – **2.** → schnauzen
Belieben: nach B.: → beliebig (1)
beliebig: **1.** ⟨*durch keinerlei Festlegungen eingeschränkt*⟩ wahllos · willkürlich · wunschgemäß · nach Belieben/Gutdünken/Wahl/Wunsch · so oder so ♦ *gehoben*: ad libitum – **2.** jeder Beliebige: → irgendeiner (1)
beliebt: **1.** ⟨*gern gesehen bzw. verwendet*⟩ begehrt · geschätzt · en vogue + populär; → *auch* bekannt (1), angesehen (1), volkstümlich – **2.** b. sein: **a)** ⟨*als Person sich besonderer Wertschätzung erfreuen*⟩ geschätzt/populär sein ♦ *umg*: gut angeschrieben sein · eine Nummer haben |bei| · einen guten Stand haben |bei| · einen Stein im Brett haben |bei| – **b)** → gefallen (1)
Beliebtheit, die: **1.** ⟨*das Geschätztwerden*⟩ Popularität; → *auch* Volkstümlichkeit – **2.** sich großer B. erfreuen: → gefallen (1)
beliefern: **1.** ⟨*mit Waren versorgen*⟩ liefern |an| · bedienen + beschicken; → *auch* liefern (1) – **2.** beliefert werden: ⟨*mit Waren versorgt werden*⟩ geliefert bekommen · hereinbekommen
bellen: **1.** ⟨*von Hunden gesagt: seine Stimme ertönen lassen*⟩ anschlagen; kläffen (*abwert*); melden · Laut/Hals geben (*weidm*); blaffen · bläffen (*landsch abwert*) ♦ *umg*: bäffen · belfern (*landsch*); bauzen (*schweiz*) – **2.** → schnauzen – **3.** → husten (1)
Belletristik, die: die schöne/schöngeistige Literatur; → *auch* Dichtung (1, a)
beloben: → loben (1)
belobigen: → loben (1)
Belobigung, die: → Lob (1)
Belobung, die: → Lob (1)
belohnen: → vergelten (2)
Belohnung, die: → Auszeichnung (1)
belüften: → lüften (1)
belügen: anlügen · vorlügen · beschwindeln · anschwindeln · vorschwindeln ♦ *umg*: ankohlen · verkohlen · einen Bären aufbinden ♦ *salopp*: die Jacke/Hucke voll lügen; → *auch* betrügen (1), täuschen (I)
belustigen: **I.** belustigen: ⟨*in heitere Stimmung bringen*⟩ erheitern · vergnügen · er-

götzen · unterhalten · amüsieren · zerstreuen; → *auch* erfreuen (I) – **II.** belustigen, sich: → vergnügen (II)
Belustigung, die: **1.** ⟨*erheiternde Ablenkung*⟩ Erheiterung · Ergötzung · Vergnügung · Unterhaltung · Amüsement · Zerstreuung · Zeitvertreib; → *auch* Vergnügen (1), Aufheiterung (1) – **2.** → Fest (1)
bemachen: I. bemachen: → beschmutzen (I, 1) – **II.** bemachen, sich: → beschmutzen (II, 1)
bemächtigen, sich: **1.** → aneignen, sich (1) – **2.** → überkommen (1)
bemäkeln: → kritisieren
bemalen: I. bemalen: → streichen (2) – **II.** bemalen, sich: → schminken (II)
bemängeln: → beanstanden
Bemängelung, die: → Beanstandung
bemannt: → verheiratet (3)
bemänteln: → beschönigen
bemausen: → bestehlen
bemerkbar: → merklich
bemerken: 1. ⟨*durch seine Sinne aufnehmen*⟩ wahrnehmen · gewahren · gewahr werden · entdecken · Notiz nehmen |von| · aufmerksam werden |auf| · die Beobachtung machen + sehen · sichten · hören ♦ *gehoben*: innewerden ♦ *umg*: wegbekommen · wegkriegen; → *auch* erblicken (1), merken (1) – **2.** → äußern (I, 1)
bemerkenswert: 1. → beträchtlich (1) – **2.** → beachtlich (1) – **3.** → erwähnenswert (1)
Bemerkung, die: **1.** ⟨*kurze Mitteilung seiner Meinung*⟩ Äußerung · Einlassung · Meinungsäußerung; Anmerkung (*veraltend*) ♦ *umg*: Glosse; → *auch* Ausspruch – **2.** → Hinweis
bemessen: → berechnen (I, 1)
Bemessung, die: → Berechnung (1)
bemitleiden: bedauern · beklagen
bemitleidenswert: → bedauernswert
bemittelt: → reich (1)
Bemme, die: → Schnitte
bemogeln: → betrügen (1)
bemoost: 1. → alt (1) – **2.** bemoostes Haupt: → Greis
bemühen: I. bemühen: → heranziehen (1) – **II.** bemühen, sich: **1.** ⟨*sich einsetzen, um etw. zu erreichen*⟩ sich anstrengen · sich Mühe geben · bemüht/bestrebt sein · sich befleißigen · es sich angelegen sein lassen · sein Bestes tun/geben · sich inkommodieren (*veraltend*) ♦ *gehoben*: sich bestreben · beflissen sein ♦ *umg*: sich überschlagen · sich die Beine/Schuhsohlen ablaufen · sich die Absätze/Hacken ablaufen/schief laufen · sich reinhängen ♦ *salopp*: sich abzappeln · sich einen abbrechen; → *auch* abmühen, versuchen (I, 4) – **2.** sich b. |um|: **a)** → bewerben, sich (1) – **b)** → werben (2, a) – **c)** → sorgen (I, 1, a) – **3.** sich b. |nach/in|: → gehen (8)
Bemühen, das: → Bestrebung (1)
bemüht: b. sein: → bemühen (II, 1)
Bemühung, die: → Bestrebung (1)
bemüßigt: sich b. sehen/fühlen: → müssen (1)
bemuttern: → sorgen (I, 1, a)
benachbart: 1. ⟨*in unmittelbarer Nähe befindlich*⟩ angrenzend · anstoßend · anliegend · umliegend + umwohnend – **2.** b. sein: ⟨*in unmittelbarer Nähe wohnen*⟩ nebenan/Haus an Haus/Tür an Tür/Wand an Wand wohnen
benachrichtigen: → unterrichten (1)
Benachrichtigung, die: → Mitteilung (1)
benachteiligen: zurücksetzen · hint[en]ansetzen · zurückstellen · hint[en]anstellen · vernachlässigen · übergehen; → *auch* schaden (1)
Benachteiligte, der: → Unterprivilegierte
benagen: → annagen
benähen (*umg*): beflicken; → *auch* sorgen (I, 1, a)
benamsen: → nennen (1)
benässen: → anfeuchten (1)
benebeln: → betäuben (I, 2)
benebelt: → betrunken (1)
benedeien: → segnen (1)
Benediktion, die: → Segen (1)
benehmen: I. benehmen: → betäuben (I, 2) – **II.** benehmen, sich: **1.** ⟨*sittlich einwandfrei auftreten*⟩ Lebensart zeigen ♦ *umg*: Schliff haben – **2.** → verhalten (II, 1) – **3.** sich b., als ob . . .: ⟨*einen bestimmten Eindruck von sich erwecken* [*wollen*]⟩ so tun, als ob … · sich den Anschein geben, als ob … ♦ *gehoben*: sich das Ansehen geben, als ob …; → *auch* heucheln (1), verstellen (II) – **4.** sich b. wie . . .: → II, 3; sich unanständig b.: → Wind (I, 3)
Benehmen, das: **1.** ⟨*sittlich einwandfreies Verhalten*⟩ Betragen · Auftreten · Umgangsformen · Manieren · Haltung · Lebensart · Sitte · Art · Form · Etikette + Aufführung · Anstandsregeln ♦ *umg*: Schliff · Benimm ·

Benehmität · Politur; Pli (*landsch*); → *auch* [1]Anstand (1), Bildung (1) – **2.** → Verhalten – **3.** sich ins B. setzen |mit|: → verständigen (II, 1)
Benehmität, die: → Benehmen (1)
beneiden: → neiden, neidisch (2)
benennen: 1. → bezeichnen (I, 2) – **2.** → nennen (1)
Benennung, die: → Bezeichnung (2)
benetzen: → anfeuchten (1)
Bengel, der: **1.** → Bursche (1) – **2.** → Junge (I, 1) – **3.** → Frechdachs
beniesen: → bestätigen (I, 1)
Benimm, das: → Benehmen (1)
benommen: 1. ⟨*im Bewusstsein getrübt*⟩ dumpf · eingenommen · leicht betäubt ♦ *umg*: umnebelt · duselig · beduselt · im Dusel ♦ *salopp*: rammdösig · im Tran; → *auch* schwindlig (1), unaufmerksam (1) – **2.** b. machen: → betäuben (I, 2)
Benommenheit, die: Dumpfheit · Betäubung ♦ *umg*: Dusel
benoten: → zensieren (1)
benötigen: → brauchen (1)
benummern: → nummerieren
benutzen/benützen: 1. ⟨*einen bestimmten Weg wählen*⟩ begehen · befahren ♦ *gehoben*: beschreiten – **2.** → anwenden (1)
Benutzung/Benützung, die: **1.** → Anwendung (1) – **2.** in B. nehmen: → anwenden (1)
benzen: → bedrängen (1)
Benzin, das: → Kraftstoff
Benzindroschke, die: → Auto (1)
Benzinkutsche, die: → Auto (1)
beobachten: 1. ⟨*aufmerksam* [*heimlich*] *betrachten*⟩ belauschen · belauern · umlauern · ins Auge fassen · verfolgen · observieren · nicht aus den Augen lassen; nicht aus dem Gesicht lassen (*veraltend*) ♦ *gehoben*: bespähen ♦ *umg*: aufs Korn nehmen · auf den Dienst passen; → *auch* überwachen (2), ansehen (I, 3) – **2.** Zurückhaltung b.: → zurückhalten (II, 1)
Beobachter, der: Beobachtungsposten · Späher; → *auch* Schaulustige
Beobachtung, die: **1.** → Untersuchung (1) – **2.** → Beachtung (2) – **3.** die B. machen: → bemerken (1)
Beobachtungsposten, der: → Beobachter
beordern: 1. → schicken (I, 2) – **2.** → bestellen (2), befehlen (I, 2)
bepacken: → beladen
bepflanzen: → bestellen (4)
bepflastern: 1. → bedecken (I, 2) – **2.** → bekleben – **3.** → beschießen – **4.** → pflastern (1)
bepinseln: 1. → streichen (2) – **2.** → bestreichen (1, a)
bequatschen: 1. → überreden – **2.** → erörtern
bequem: 1. ⟨*von Sachen gesagt*: *der eigenen Bequemlichkeit entgegenkommend*⟩ kommod (*veraltend*) – **2.** → gemütlich – **3.** → mühelos (1) – **4.** → passend (1, b) – **5.** → faul (2), träge – **6.** es sich b. machen: → setzen (II, 1)
bequemen, sich: **1.** → herbeilassen, sich – **2.** → gehorchen (1)
Bequemlichkeit, die: **1.** ⟨*die Möglichkeit, angenehm zu leben*⟩ Annehmlichkeit · Behaglichkeit; Kommodität (*veraltend*) – **2.** → Faulheit, Trägheit
berappeln, sich: → erholen, sich (1 *u.* 2)
berappen: → bezahlen (2)
beraten: I. beraten: **1.** ⟨*durch seinen Rat beistehen*⟩ [gute] Ratschläge geben/erteilen · mit Ratschlägen bedenken; → *auch* raten (1) – **2.** → erörtern – **II.** beraten, sich: ⟨*miteinander über etw. sprechen*⟩ [be]ratschlagen · sich besprechen · sich bereden · sich unterreden · konferieren · Rat halten; Rats pflegen (*veraltend*); → *auch* tagen (1)
Berater, der: Ratgeber · Mentor
beratschlagen: → beraten (II)
Beratung, die: **1.** ⟨*beratende Unterredung*⟩ Konsultation · Konsilium; → *auch* Sitzung (1), Anleitung (1), Aussprache (2), Erörterung, Kolloquium (1), Tagung – **2.** → Erörterung
berauben: → bestehlen
beräumen: → abräumen (1)
berauschen: I. berauschen: **1.** → betäuben (I, 2) – **2.** → begeistern (I) – **II.** berauschen, sich: → betrinken, sich
berauschend: 1. ⟨*wie Alkohol od. starker Duft wirkend*⟩ betäubend · schwer · sinnverwirrend · narkotisch – **2.** → bezaubernd – **3.** nicht b.: → mittelmäßig
berauscht: 1. → betrunken (1) – **2.** → begeistert (1)
Berber, der: → Obdachlose
berechenbar: → voraussehbar
berechnen: I. berechnen: **1.** ⟨*durch Rechnen bestimmen*⟩ ausrechnen · errechnen · kalkulieren · überschlagen · einen Über-

schlag machen · eine Berechnung anstellen; fakturieren (*kaufm*) + vorausberechnen · bewerten · bemessen – **2.** ⟨*in einer Rechnung bzw. bei einer Überlegung berücksichtigen*⟩ anrechnen · einkalkulieren · in Rechnung stellen; in Anrechnung/Anschlag bringen (*kaufm bzw. amtsspr*); → *auch* veranschlagen – **II.** berechnen, sich: sich b. |auf|: → betragen (I)
berechnend: → eigennützig (1)
Berechnung, die: **1.** ⟨*rechnerische Bestimmung*⟩ Ausrechnung · Kalkulation · Überschlag + Vorausberechnung · Bewertung · Bemessung – **2.** ⟨*vorausschauende Überlegung*⟩ Voraussicht · Rechnung ♦ *gehoben*: Vorhersicht · Absehen; → *auch* Überlegung (1) – **3.** ⟨*eigennützige Überlegung*⟩ Spekulation · Kalkulation · Kalkül · Taktik · Politik – **4.** eine B. anstellen: → berechnen (I, 1)
berechtigen: befugen · die Befugnis geben/erteilen; → *auch* bevollmächtigen
berechtigt: befugt · bevollmächtigt · autorisiert
berechtigterweise: → Recht (6)
Berechtigung, die: → Recht (1) – **2.** → Anspruch (1)
bereden: I. bereden: **1.** → erörtern – **2.** → durchhecheln – **3.** → überreden – **4.** → einreden (2) – **5.** → bearbeiten (2) – **II.** bereden, sich: → beraten (II)
beredsam: → redegewandt
Beredsamkeit, die: → Rhetorik
beredt: 1. → redegewandt – **2.** → viel (I, 3, a)
beregnen: → bewässern
Bereich, der: **1.** ⟨*Ausschnitt der Begriffswelt*⟩ Gebiet · Bezirk · Sektor · Sphäre · Feld · Raum · Region · Reich · Revier ♦ *gehoben*: Gefilde; → *auch* Arbeitsgebiet – **2.** → Landschaftsgebiet
bereichern: I. bereichern: ⟨*durch etw. verbessern*⟩ reicher machen; anreichern (*fachspr*) – **II.** bereichern, sich: ⟨*sich in unredl. Weise Besitz verschaffen*⟩ *umg*: sich gesundstoßen · sich den Beutel/die eigenen Taschen füllen; → *auch* aneignen, sich (1)
bereinigen: 1. ⟨*Missverhältnisse beseitigen*⟩ schlichten · beilegen · ausgleichen · begleichen · ausbalancieren · abhelfen |einer Sache| · in Ordnung/ins rechte Gleis/ins Reine bringen · [im Guten] regeln; [wieder] einrenken · zurechtrücken · wieder gutmachen · ins Lot bringen ♦ *salopp*: hinbiegen · geradebiegen · ausbügeln · wegbügeln · geradebügeln · zurechtbiegen; → *auch* regeln (1), vermitteln (1) – **2.** → tilgen (1)
Bereinigung, die: **1.** ⟨*Beseitigung von Missverhältnissen*⟩ Schlichtung · Beilegung · Ausgleich · Begleichung · Vergleich – **2.** → Bezahlung (1)
bereit: 1. ⟨*wollend*⟩ [bereit]willig · geneigt · erbötig; → *auch* gewillt (1) – **2.** → fertig (1) – **3.** sich b. erklären: → zustimmen (1)
bereiten: 1. → bereitmachen (I), vorbereiten (I) – **2.** → zufügen (1) – **3.** Freude b.: → erfreuen (I); Ärger/Verdruss b.: → ärgern (I); ein Ende b.: → beenden (1); Kopfzerbrechen b.: → schwer (5); Schwierigkeiten b.: → behindern (1)
Bereiter, der: → Dresseur
bereithaben: in petto/parat haben ♦ *umg*: auf der Pfanne haben
bereithalten: I. bereithalten: ⟨*zum Gebrauch vorbereitet haben*⟩ zur Verfügung/in Bereitschaft halten/haben + bereitstellen – **II.** bereithalten, sich: ⟨*auf den Einsatz vorbereitet sein*⟩ sich zur Verfügung halten · in Bereitschaft sein · Bereitschaft haben ♦ *umg*: auf der Matte stehen
bereitlegen: → bereitmachen (I)
bereitmachen: I. bereitmachen: ⟨*zum Gebrauch vorbereiten*⟩ herrichten · zurüsten · bereitlegen ♦ *gehoben*: bereiten ♦ *umg*: zurechtmachen; → *auch* vorbereiten (I) – **II.** bereitmachen, sich: → vorbereiten (II)
bereits: → schon (1)
Bereitschaft, die: **1.** ⟨*das Bereitsein*⟩ Bereitwilligkeit · Willigkeit · Erbötigkeit – **2.** in B. halten/haben: → bereithalten (I); in B. sein/B. haben: → bereithalten (II)
bereitstellen: → bereithalten (I)
bereitwillig: → bereit (1)
Bereitwilligkeit, die: → Bereitschaft (1)
berennen: → angreifen (I, 1, a)
bereuen: bedauern · reuen · Reue empfinden · in sich gehen · sich Gewissensbisse machen · Gewissensbisse haben; sich an die Brust schlagen · in Sack und Asche gehen · sich Asche aufs Haupt streuen (*noch scherzh*) ♦ *gehoben*: gereuen; → *auch* bessern (II, 1)
Berg: I. Berg, der: **1.** ⟨*höhere Erhebung in der Landschaft*⟩ Höhe · Bergkegel · Bergkuppe + Vulkan; → *auch* Hügel, Bodenerhebung, Gebirge – **2.** → Menge (1), Haufen (1) – **3.** zu Berge: → bergauf (1); zu Berge

stehen: → sträuben, sich (1); ein B. von: → viel (I, 1); über den B. bringen: → heilen (1); nicht hinter dem B. halten |mit|: → aussprechen (I, 5) – **II.** Berge (*Pl*): **1.** → Gebirge – **2.** B. von: → viel (I, 1); über alle B.: → fort (1); alt wie die B.: → alt (1)
bergab: 1. ⟨*vom Berg hinab*⟩ bergabwärts · talwärts · zu Tal; → *auch* hinunter – **2.** es geht b.: → verschlechtern (II)
Bergabfall, der: → Abhang (1)
Bergabhang, der: → Abhang (1)
Bergabsturz, der: → Abhang (1)
bergabwärts: → bergab (1)
bergan: 1. → bergauf (1) – **2.** es geht b.: → verbessern (II, 2)
bergauf: 1. ⟨*den Berg hinauf*⟩ berg[auf]wärts · bergan · zu Berge; → *auch* hinauf – **2.** es geht b.: → verbessern (II, 2)
bergaufwärts: → bergauf (1)
Bergeinschnitt, der: → Tal (1)
bergen: 1. → retten (1) – **2.** → herausholen (2) – **3.** → einbringen (1) – **4.** → einziehen (2) – **5.** → bewahren (1) – **6.** → enthalten (I)
Bergesgipfel, der: → Gipfel (1)
Bergeshalde, die: → Abhang (1)
Bergeshang, der: → Abhang (1)
bergeweise: → massenhaft
Bergfex, der: → Bergsteiger
Berggipfel, der: → Gipfel (1)
Berghang, der: → Abhang (1)
bergig: gebirgig; → *auch* hügelig
Bergkamm, der: → Bergrücken
Bergkegel, der: → Berg (I, 1)
Bergkletterer, der: → Bergsteiger
Bergkoppe, die: → Gipfel (1)
Bergkraxler, der: → Bergsteiger
Bergkuppe, die: **1.** → Gipfel (1) – **2.** → Berg (I, 1)
Berglehne, die: → Abhang (1)
Bergrücken, der: Kamm · Bergkamm · Gebirgskamm · Rücken · Grat
Bergrutsch, der: → Erdrutsch (1)
Bergsattel, der: Gebirgssattel · Sattel · Joch; Einsattelung (*fachspr*) + Pass
Bergspitze, die: → Gipfel (1)
Bergsport, der: → Alpinistik
Bergsteiger, der: Alpinist · Hochtourist · Kletterer; Gipfelstürmer · Bergfex (*scherzh*) ♦ *umg*: Bergkletterer (*landsch*); Gletscherfloh (*scherzh*); Bergkraxler · Kraxler (*bes. süddt österr*)
Bergsteigerei, die: → Alpinistik
Bergung, die: → Rettung (1)
Bergwand, die: → Abhang (1)
bergwärts: → bergauf (1)
Bergweide, die: → Alm
Bergwerk, das: Zeche · Grube · Mine
Bergwiese, die: → Alm
Bericht, der: **1.** ⟨*mündl. od. schriftl. Wiedergabe eines Sachverhalts*⟩ Berichterstattung · Report · Story · Rapport · Bulletin · Erzählung · Schilderung · Referat; → *auch* Mitteilung (1), Aussage (1), Abhandlung (1), Darlegung (1) – **2.** → Reportage – **3.** B. erstatten, [einen] B. abstatten/geben: → berichten
berichten: referieren · Bericht erstatten · [einen] Bericht abstatten/geben · vortragen · schildern · wiedergeben; rapportieren (*veraltend*) ♦ *salopp*: auspacken; → *auch* mitteilen (I), aussagen (1), darlegen, beschreiben (1), erzählen (2), vorbringen
Berichterstatter, der: Reporter · Korrespondent + Referent; → *auch* Journalist
Berichterstattung, die: **1.** → Bericht (1) – **2.** → Reportage
berichtigen: I. berichtigen: **1.** ⟨*das Richtige bekannt geben*⟩ korrigieren · richtig stellen · klarstellen · klarlegen · klären · dementieren + ins rechte Licht rücken/setzen – **2.** → verbessern (I, 1) – **II.** berichtigen, sich: ⟨*eigene Fehler richtig stellen*⟩ sich verbessern · sich korrigieren
Berichtigung, die: **1.** ⟨*Bekanntgabe des Richtigen*⟩ Richtigstellung · Korrektur · Klärung · Dementi – **2.** → Verbesserung (1)
beriechen: → beschnuppern (1)
berieseln: 1. → bewässern – **2.** → einreden (2)
Berserker, der: **1.** → Wüterich – **2.** wie ein B.: → wütend (1)
Berserkerwut, die: → Raserei
bersten: 1. → explodieren (1) – **2.** → platzen (1) – **3.** → zerbrechen (2) – **4.** vor Neid b.: → neidisch (2); vor Ärger b.: → ärgern (II, 1); vor Wut b.: → wütend (2)
berüchtigt: → verrufen (1)
berücken: → bezaubern
berückend: → bezaubernd
berücksichtigen: 1. ⟨*in sein Planen bzw. Handeln einbeziehen*⟩ [vor]bedenken · einkalkulieren · Rücksicht nehmen |auf| · bedacht sein |auf| · Bedacht nehmen/haben |auf| · Rechnung tragen · in Rechnung stellen/ziehen · in Anschlag bringen · in

Betracht/Erwägung ziehen · im Auge haben; → *auch* beachten, einbeziehen – **2.** → bedenken (I, 1)
Berücksichtigung, die: **1.** ⟨*Einbeziehung in die Planung bzw. ins Handeln*⟩ Anrechnung · Rücksicht[nahme] – **2.** → Beachtung (1)
Beruf, der: **1.** ⟨*erlernte bzw. ständig ausgeübte Tätigkeit*⟩ Beschäftigung · Betätigung · Dienst; Profession · Stand (*veraltend*) ♦ *umg*: Metier; → *auch* Arbeit (2), Arbeitsgebiet – **2.** → Bestimmung (2) – **3.** von B.: ⟨*den Beruf ausübend*⟩ seines Zeichens (*scherzh*)
berufen: I. berufen: **1.** ⟨*mit einem Amt betrauen*⟩ einsetzen · ernennen · bestellen · bestallen ♦ *gehoben*: designieren – **2.** *scherzh* ⟨*durch Nennen beschwören*⟩ beschreien · verreden · verrufen · den Teufel an die Wand malen – **3.** → schicken (I, 2) – **4.** → Berufung (5) – **5.** → befehlen (I, 2) – **6.** → geeignet (1) – **II.** berufen, sich: sich b. |auf|: ⟨*als Beweis, Zeugnis anführen*⟩ sich beziehen |auf| · verweisen |auf| · Bezug/Beziehung nehmen |auf|
beruflich: → berufsmäßig
Berufsausbildung, die: → Ausbildung (1)
Berufskollege, der: → Kollege
berufsmäßig: gewerbsmäßig · professionell · professionsmäßig · professioniert · beruflich
Berufssportler, der: Profi · Professional; → *auch* Sportler
berufstätig: werktätig
berufsunfähig: → behindert, erwerbsunfähig (1)
Berufszweig, der: → Fach (1, b)
Berufung, die: **1.** ⟨*das Betrauen mit einem Amt*⟩ Ernennung · Einsetzung · Bestellung · Bestallung ♦ *gehoben*: Designation · Vokation – **2.** → Einspruch (1) – **3.** → Bestimmung (2) – **4.** B. einlegen: ⟨*Revision eines Urteils verlangen*⟩ berufen (*Rechtsw österr*)
beruhen: 1. b. |auf|: **a)** ⟨*zur Grundlage haben*⟩ sich stützen |auf| · sich gründen |auf| · fußen |auf| · basieren |auf| – **b)** → herrühren – **2.** auf sich b. lassen: → belassen (1)
beruhigen: I. beruhigen: ⟨*ruhig machen*⟩ beschwichtigen · besänftigen · begütigen · zur Ruhe/Besinnung bringen · die Wogen glätten · Öl auf die Wogen gießen · abwiegeln + einwiegen · zufrieden stellen ♦ *dicht*: sänftigen; → *auch* versöhnen (I), ruhig (6, a) – **II.** beruhigen, sich: **1.** ⟨*ruhig werden*⟩ **a)** ⟨*Menschen*⟩ sich besänftigen · sich abkühlen ♦ *umg*: sich abreagieren · sich abregen · sich einkriegen – **b)** ⟨*Lage*⟩ sich entspannen ♦ *umg*: sich setzen · sich wieder geben – **2.** → abfinden (II, 2)
beruhigt: 1. → zufrieden (1) – **2.** → froh (1)
Beruhigung, die: **1.** ⟨*das Beruhigen*⟩ Beschwichtigung · Besänftigung · Begütigung – **2.** → Trost (1)
Beruhigungsmittel, das: Sedativ[um] · Quietiv[um] · Tranquilizer (*med*)
berühmt: 1. ⟨*allgemein sehr anerkannt u. angesehen*⟩ gefeiert · weltbekannt · weltberühmt · prominent · groß · bedeutend · namhaft · renommiert · illuster · hochkarätig · von Weltruf/Weltgeltung/Weltruhm/Weltrang; → *auch* angesehen (1), bekannt (1) – **2.** nicht gerade b.: → mittelmäßig
berühren: I. berühren: **1.** ⟨*einen Teil des Körpers mit etw. in Berührung bringen*⟩ antasten · anrühren · antupfen · antippen · [an]streifen · rühren |an| · tippen |an| · streifen |an| · in Berührung kommen/geraten |mit|; touchieren (*Sport*); → *auch* anfassen (I, 1) – **2.** ⟨*an etw. grenzen, heranreichen*⟩ streifen · tangieren – **3.** → erwähnen (1) – **4.** → ergreifen (3) – **5.** → betreffen (1) – **II.** berühren, sich: → zusammentreffen (1)
berührt: peinlich b.: → betreten (2)
Berührung, die: **1.** ⟨*das Berühren*⟩ Kontakt · Fühlung · Hautkontakt – **2.** in B. kommen/geraten |mit|: → berühren (I, 1)
besabbern: I. besabbern: → beschmutzen (I, 1) – **II.** besabbern, sich: → beschmutzen (II, 1)
besäen: → bestreuen
besagen: 1. → aussagen (2) – **2.** → ausdrücken (I, 4), bedeuten (1)
besagt: → bewusst (2)
besamen: 1. → begatten (1) – **2.** → befruchten (1)
besammeln: I. besammeln: → zusammenziehen (I, 1) – **II.** besammeln, sich: → versammeln (II, 1)
Besamung, die: → Befruchtung (a)
besänftigen: I. besänftigen: → beruhigen (I) – **II.** besänftigen, sich: → beruhigen (II, 1, a)
Besänftigung, die: → Beruhigung (1)
Besatz, der: **1.** ⟨*aufgenähter Stoffstreifen*⟩ Blende · Borte · Bordüre · Kante + Rüsche ·

Falbel · Volant · Applikation · Paspel – **2.** → Aufschlag (3)
Besatzung, die: **1.** ⟨*Personal eines Schiffes*⟩ Mannschaft · Schiffsbesatzung · Schiffsmannschaft; Crew (*seem*) – **2.** ⟨*die ein Land besetzt haltenden Truppen*⟩ Besatzungsmacht · Besatzungstruppen · Besatzungsarmee; → *auch* Besetzung (1) – **3.** ⟨*Personal eines Flugzeugs*⟩ Crew · Flugzeugbesatzung – **4.** ⟨*das Besetztsein*⟩ Fremdherrschaft
Besatzungsarmee, die: → Besatzung (2)
Besatzungsmacht, die: → Besatzung (2)
Besatzungstruppen (*Pl*): → Besatzung (2)
besaufen, sich: → betrinken, sich
Besäufnis, das: → Gelage (b)
besäuselt: → angeheitert
beschädigen: lädieren · anschlagen · anstoßen · bestoßen · in Mitleidenschaft ziehen + ruinieren ♦ *umg*: ramponieren · ankratzen · zurichten; → *auch* anhacken (1), verwüsten
beschädigt: **1.** ⟨*durch Gewalteinwirkung verursacht*⟩ lädiert · havariert; wrack (*seem*) ♦ *umg*: angekratzt; → *auch* schadhaft – **2.** → angebrochen (1) – **3.** schwer b.: → behindert
Beschädigung, die: **1.** ⟨*das Beschädigen*⟩ Lädierung – **2.** ⟨*das Beschädigtsein*⟩ Sachschaden · Sachbeschädigung · Lädierung
beschaffen: **1.** ⟨*für den Erhalt von etw. sorgen, das man benötigt*⟩ besorgen · verschaffen · herbeischaffen · heranschaffen · versorgen · vermitteln · verhelfen |zu| · sorgen |für| · heranholen · herbeiholen; beibringen (*süddt österr schweiz*) + bedienen ♦ *umg*: auftreiben ♦ *salopp*: aufreißen · organisieren; → *auch* holen (1) – **2.** → aufbringen (1) – **3.** → veranlagt
Beschaffenheit, die: **1.** ⟨*das Beschaffensein*⟩ Art · Qualität; → *auch* Güte (2), Zustand (1) – **2.** → Veranlagung
beschäftigen: **I.** beschäftigen: **1.** ⟨*zur Arbeit anstellen*⟩ Arbeit geben; → *auch* anstellen (I, 2) – **2.** ⟨*die Gedanken auf etw. lenken*⟩ zu denken geben · bewegen ♦ *gehoben*: beseelen – **3.** → beanspruchen (2) – **II.** beschäftigen, sich: **1.** → arbeiten (1) – **2.** sich b. |mit|: ⟨*etw. mit Überlegung betreiben*⟩ sich befassen |mit| · sich widmen · sich verlegen |auf| · beschäftigt sein |mit| · begriffen sein |in| · arbeiten |an| · sich abgeben |mit| · dabei sein · sich aufhalten |mit| + sich zuwenden ♦ *gehoben*: umgehen |mit| ♦ *umg*: zugange sein |mit| + schwanger gehen |mit|; → *auch* versenken (II)
beschäftigt: **1.** → angestellt – **2.** b. sein |mit|: → beschäftigen (II, 2)
Beschäftigung, die: **1.** → Tätigkeit (1) – **2.** → Arbeit (2 *u.* 3) – **3.** → Beruf (1) – **4.** → Zeitvertreib (1) – **5.** ohne B.: → arbeitslos (1)
Beschäftigungsabbau, der: → Personalabbau
beschäftigungslos: → arbeitslos (1)
beschälen: → begatten (1)
Beschäler, der: → Zuchthengst
Beschälung, die: → Begattung (1)
beschämen: → demütigen (I)
beschämend: demütigend · blamabel · kläglich; → *auch* erbärmlich (1)
beschämt: voll[er] Scham · mit Beschämung ♦ *umg*: wie ein begossener Pudel; → *auch* schamrot (1), betreten (2)
Beschämung, die: **1.** → Scham (2) – **2.** mit B.: → beschämt
beschatten: **1.** → trüben (I, 1) – **2.** → überwachen (2)
beschauen: **I.** beschauen: [sich] b.: → ansehen (I, 3) – **II.** beschauen, sich: → ansehen (II, 1)
beschaulich: **1.** ⟨*in Betrachtungen versunken*⟩ besinnlich · betrachtsam · kontemplativ – **2.** → idyllisch (1)
Beschauung, die: → Betrachtung (1)
Bescheid, der: **1.** → Mitteilung (1) – **2.** → Auskunft (1) – **3.** → Aufklärung (2) – **4.** B. sagen/geben/stoßen: → zurechtweisen; B. wissen: → auskennen, sich; B. wissen |über|: → wissen (1); B. tun: → zutrinken
bescheiden: **I.** bescheiden: **1.** ⟨*mit wenig zufrieden*⟩ anspruchslos · genügsam · bedürfnislos; genüglich (*veraltend*) + zurückhaltend; → *auch* einfach (1), schlicht (1) – **2.** → schicken (I, 2) – **3.** → befehlen (I, 2) – **4.** → bestellen (2) – **5.** → schenken (1) – **6.** → einfach (1) – **7.** → schlecht (1) – **8.** b. sein: ⟨*sich nicht in den Vordergrund drängen*⟩ zur Seite treten ♦ *umg*: sein Licht unter den Scheffel stellen – **9.** b. gehen: → schlecht (10, a *u.* b); abschlägig b.: → ablehnen (1) – **II.** bescheiden, sich: **1.** → begnügen, sich (1) – **2.** → einschränken (II)
Bescheidenheit, die: Anspruchslosigkeit · Genügsamkeit · Bedürfnislosigkeit + Zurückhaltung
Bescheidung, die: → Verzicht (1)

bescheinen: → beleuchten (1)
bescheinigen: schriftlich geben · beglaubigen · quittieren; [at]testieren · zertifizieren (*fachspr*); beurkunden (*Rechtsw*); → *auch* bestätigen (I, 1)
Bescheinigung, die: **1.** ⟨*schriftl. Bestätigung*⟩ Beglaubigung · Nachweis · Zeugnis · Zertifikat · Schein · Beleg · Quittung; Attest · Testat (*fachspr*); Beurkundung (*Rechtsw*); → *auch* Bestätigung (1) – **2.** → Ausweis (1)
bescheißen: → betrügen (1)
beschenken: bescheren · bedenken · beglücken; begaben (*veraltend*)
bescheren: → beschenken
Bescherung, die: **1.** → Weihnachtsbescherung – **2.** → Überraschung (3)
bescheuert: → dumm (1)
beschicken: → beliefern (1)
beschickert: → angeheitert
beschießen: befeuern · bestreichen · unter Beschuss/Feuer nehmen + bombardieren ♦ *umg*: beballern; beharken (*soldatenspr*) ♦ *salopp*: bepflastern; → *auch* schießen (1)
Beschießung, die: → Beschuss (1)
beschimpfen: insultieren · schmähen; betiteln (*abwert*) ♦ *umg*: mit Dreck bewerfen; → *auch* beleidigen, belästigen (2)
Beschimpfung, die: Schmähung · Schmährede; Lästerung (*Rel*); Betitelung (*abwert*) ♦ *umg*: Verlästerung; → *auch* Beleidigung (1)
beschirmen: → schützen (I, 1)
Beschiss, der: → Betrug (1)
beschissen: **1.** → schlecht (1) – **2.** b. gehen: → schlecht (10, a *u.* b)
beschlafen: **1.** → überlegen (I, 1) – **2.** → koitieren
Beschlag, der: **1.** ⟨*zusammenhaltender Metallteil an Türen usw.*⟩ Band; Beschläg (*schweiz*) – **2.** → Begattung (1) – **3.** mit B. belegen: → beanspruchen (1 *u.* 2)
Beschläg, das: → Beschlag (1)
beschlagen: **1.** ⟨*sich mit einem feuchten Niederschlag bedecken*⟩ anlaufen · schwitzen · belaufen ♦ *gehoben*: betauen – **2.** ⟨*von Glas gesagt*: *mit einem Belag überzogen*⟩ angelaufen · trüb[e] · blind – **3.** ⟨*umfassende Kenntnisse besitzend*⟩ kundig · belesen ♦ *umg*: sattelfest – **4.** → gebildet – **5.** → erfahren (2) – **6.** → begatten (1) – **7.** → trächtig – **8.** → festbinden
Beschlagnahme, die: Einziehung · Konfiskation + Sperrung
beschlagnahmen: einziehen · konfiszieren · abnehmen · die Hand legen |auf|; unter Arrest stellen · mit Arrest belegen (*Rechtsw*); requirieren (*milit*); → *auch* pfänden
beschlecken: → belecken
beschleichen: **1.** → anschleichen (II) – **2.** → überkommen (1)
beschleunigen: vorantreiben · forcieren · pushen + nachhelfen ♦ *umg*: Tempo machen · aufs Tempo drücken · Gas geben · es kurz machen ♦ *salopp*: aufdrehen · auf die Tube drücken · einen Zahn zulegen · Dampf/Druck dahinter setzen/dahinter machen · Feuer dahinter machen; → *auch* beeilen, sich
beschließen: **1.** ⟨*durch Abstimmung festlegen*⟩ einen Beschluss/eine Entschließung/Resolution fassen; resolvieren (*veraltet*); → *auch* abstimmen (1), vereinbaren (1) – **2.** → beenden (1) – **3.** seine Tage/sein Leben/Dasein b.: → sterben (1)
Beschließer, der: → Aufseher
beschlossen: abgemacht · ausgemacht · entschieden
Beschluss, der: **1.** ⟨*durch Abstimmung erzielte Festlegung*⟩ Ratschluss · Entschließung · Resolution – **2.** → Ende (1, a *u.* b) – **3.** einen B. fassen: → beschließen (1)
beschmeißen: → bewerfen (1)
beschmieren: **I.** beschmieren: **1.** → bestreichen (1, a) – **2.** → streichen (1) – **3.** → beschmutzen (I, 1) – **4.** → beschreiben (2) – **II.** beschmieren, sich: → beschmutzen (II, 1)
beschmutzen: **I.** beschmutzen: **1.** ⟨*Schmutz an etw. bringen*⟩ verunreinigen · verschmutzen · einschmutzen · schmutzig machen · besudeln + verschmieren · anschmieren · beschmieren · beflecken · bespritzen ♦ *umg*: voll machen · dreckig machen · eindrecken · bemachen · bedrecken · verdrecken + voll schmieren · verklecksen · bekleckern · beklecksen · besabbern ♦ *derb*: einsauen · versauen – **2.** → entehren (I, 1) – **II.** beschmutzen, sich: **1.** ⟨*sich durch Schmutz unsauber machen*⟩ sich besudeln · sich schmutzig machen + sich beflecken · sich beschmieren · sich bespritzen ♦ *umg*: sich schwarz machen · sich anschmieren · sich einschmieren · sich bekleckern · sich beklecksen · sich besabbern ♦ *salopp*: sich bemachen · sich bedrecken · sich dreckig machen · schweinigeln; dreckern (*landsch*)

♦ *derb*: sauigeln · schweinern · sauen · sich einsauen – **2.** → entehren (II)
beschmutzt: → schmutzig (1)
beschnarchen: 1. → überlegen (I, 1) – **2.** → ansehen (I, 3)
beschneiden: 1. ⟨*kürzer schneiden*⟩ [ver]schneiden · [ab]stutzen · zurechtstutzen · kappen + kupieren · scheren · trimmen ♦ *umg*: beschnippeln; beschnitzeln (*landsch*); → *auch* abschneiden (1), [1]scheren (1) – **2.** → ausholzen – **3.** → beschränken – **4.** die Flügel b.: → beschränken
beschnippeln: → beschneiden (1)
beschnitzeln: → beschneiden (1)
beschnüffeln: 1. → beschnuppern (1) – **2.** → ansehen (I, 3)
beschnuppern: 1. ⟨*von Tieren gesagt*: *durch Riechen prüfen*⟩ beschnüffeln · beriechen – **2.** → ansehen (I, 3)
beschönigen: bemänteln · schönfärben · schönreden · schönen · idealisieren; → *auch* verharmlosen
beschränken: einschränken · einengen · eingrenzen · restringieren · limitieren · deckeln · begrenzen · beengen · beschneiden · Grenzen ziehen/setzen · Schranken setzen · dafür sorgen, dass die Bäume nicht in den Himmel wachsen ♦ *umg*: die Flügel beschneiden/stutzen; → *auch* eindämmen (1), verklausulieren
beschränkt: 1. ⟨*einen nur engen geistigen Gesichtskreis besitzend*⟩ engstirnig · borniert · philiströs · philisterhaft · stupid[e] · kurzsichtig · [eng] begrenzt · eng ♦ *umg*: [geistig] minderbemittelt/unterbelichtet · verbohrt · besengt · vernagelt; → *auch* dumm (1), einfältig (1 *u.* 2), spießbürgerlich, unvernünftig – **2.** → bedingt (1) – **3.** → knapp (1) – **4.** b. sein: ⟨*einen nur engen geistigen Gesichtskreis besitzen*⟩ einen beschränkten Horizont haben ♦ *umg*: Scheuklappen haben (*spött*) – **5.** einen beschränkten Horizont haben: → 4
Beschränktheit, die: **1.** ⟨*enger geistiger Gesichtskreis*⟩ Engstirnigkeit · Stupidität · Borniertheit · Begrenztheit; → *auch* Dummheit (1), Einfalt – **2.** → Geistlosigkeit – **3.** → [1]Mangel (1)
Beschränkung, die: **1.** ⟨*das Festlegen auf einen eng[er]en Bereich*⟩ Einschränkung · Einengung · Begrenzung · Restriktion – **2.** → Erschwerung
beschreiben: 1. ⟨*durch umfassende Angaben eine genaue Vorstellung von etw. vermitteln*⟩ eine Beschreibung geben + schildern · darstellen; → *auch* berichten, erzählen (2) – **2.** ⟨*mit Schrift versehen*⟩ beschriften; bekritzeln · beschmieren · besudeln (*abwert*); beklieren (*landsch abwert*)
beschreibend: deskriptiv
Beschreibung, die: **1.** ⟨*Vermittlung einer genauen Vorstellung durch Angabe von Einzelheiten*⟩ Deskription + Schilderung · Darstellung – **2.** → Darlegung (1) – **3.** eine B. geben: → beschreiben (1); das spottet jeder B.: → unerhört (2)
beschreien: → berufen (I, 2)
beschreiten: 1. → betreten (1) – **2.** → benutzen (1)
beschriften: → beschreiben (2)
Beschriftung, die: → Aufschrift (1)
Beschub, der: → Betrug (1)
beschuldigen: 1. ⟨*für den Schuldigen halten u. als solchen bezeichnen*⟩ die Schuld geben · anschuldigen · bezichtigen · belasten · anklagen · zur Last legen · Beschuldigungen vorbringen/ausstoßen; inkriminieren (*bes. Rechtsw*); anlasten (*österr Rechtsw*) ♦ *gehoben*: zeihen ♦ *umg*: etw. am Zeug flicken; → *auch* vorhalten, verklagen – **2.** ⟨*wider besseres Wissen als Schuldigen erklären*⟩ die Schuld aufbürden/geben · die Schuld schieben |auf| ♦ *umg*: die Schuld in die Schuhe schieben · den schwarzen Peter zuschieben ♦ *salopp*: etw. unter die Weste schieben/jubeln
Beschuldigte, der: → Angeklagte
Beschuldigung, die: **1.** ⟨*beschuldigende Äußerung*⟩ Anschuldigung · Schuldzuweisung · Bezichtigung · Anwurf · Belastung · Anklage · Klage – **2.** Beschuldigungen vorbringen/ausstoßen: → beschuldigen (1)
beschummeln: → betrügen (1)
beschuppen: → betrügen (1)
beschupsen: → betrügen (1)
Beschuss, der: **1.** ⟨*das ständige Beschießen*⟩ Beschießung · Feuer; Bombardement · Bombardierung (*veraltend*) + Kanonade · Granatfeuer · Kugelregen · Kugelhagel ♦ *umg*: Zunder · Dunst · Kattun – **2.** unter B. nehmen: → beschießen
beschützen: → schützen (I, 1)
Beschützer, der: Schützer · Protektor ♦ *dicht*: Hirte; → *auch* Schirmherr, Schutzpatron

beschwatzen/beschwätzen: 1. → überreden – **2.** → erörtern
Beschwer, die: → Mühe (1)
Beschwerde: I. Beschwerde, die: **1.** → Mühe (1) – **2.** → Klage (1) – **3.** B. einlegen, eine B. vorbringen: → beschweren (II); ohne B.: → beschwerdefrei – **II.** Beschwerden (*Pl*): → Krankheit
beschwerdefrei: ohne Beschwerde · schmerzfrei; → *auch* gesund (1)
beschweren: I. beschweren: **1.** → belasten (I, 1) – **2.** → bedrücken (1) – **II.** beschweren, sich: ⟨*jmdm. gegenüber seine Unzufriedenheit über jmdn. od. etw. ausdrücken*⟩ sich beklagen · vorstellig werden · Beschwerde einlegen · eine Beschwerde vorbringen · Klage führen ♦ *umg*: Krach schlagen/machen ♦ *salopp*: Stunk machen
beschwerlich: → mühsam
Beschwerlichkeit, die: → Mühe (1)
Beschwernis, die: → Mühe (1)
beschwichtigen: → beruhigen (I)
Beschwichtigung, die: → Beruhigung (1)
Beschwichtigungspolitik, die: Appeasement
beschwiemelt: → betrunken (1)
beschwindeln: → belügen
beschwingen: → beleben (I, 2)
beschwingt: 1. → schwungvoll – **2.** → freudig (1)
beschwipsen, sich: → betrinken, sich
beschwipst: → angeheitert
beschwören: 1. ⟨*durch Zauberkraft beherrschen*⟩ bannen · besprechen – **2.** ⟨*sehr dringend bitten*⟩ anflehen · bedrängen · bestürmen · kniefällig bitten · jmdm. zu Füßen fallen ♦ *umg*: zusetzen ♦ *salopp*: anwinseln (*abwert*); → *auch* bitten (2) – **3.** → schwören (1)
beseelen: → beschäftigen (I, 2)
beseelt: → gefühlvoll (1), seelenvoll
besehen: I. besehen: **1.** → ansehen (I, 3) – **2.** → erhalten (I, 1) – **3.** sich b.: → ansehen (I, 3) – **II.** besehen, sich: → ansehen (II, 1)
beseitigen: 1. ⟨*Störendes zum Verschwinden bringen*⟩ entfernen · aus der Welt schaffen · auslöschen · abschaffen · abstellen · ausräumen · ausmerzen · aufheben · beheben ♦ *gehoben*: bannen ♦ *umg*: aufräumen |mit| – **2.** → entfernen (I, 1)
Beseitigung, die: Entfernung · Abschaffung · Aufhebung · Behebung; Ausschaltung · Abstellung (*amtsspr*)
beseligen: → erfreuen (1)
beseligt: → freudig (1)
Besen, der: **1.** ⟨*Kehrgerät*⟩ Feger – **2.** → Xanthippe – **3.** mit dem eisernen B. auskehren: → aufräumen (1); auf den B. laden: → narren
besengt: → beschränkt (1)
Besenkammer, die: → Abstellraum
besessen: → leidenschaftlich
besetzen: 1. ⟨*sich einen Platz sichern*⟩ belegen · freihalten · reservieren – **2.** ⟨*mit Truppen belegen*⟩ okkupieren
Besetzung, die: **1.** ⟨*Belegung mit Truppen*⟩ Okkupation · Inbesitznahme; → *auch* Besatzung (2) – **2.** → Auswahl (4)
besichtigen: → ansehen (I, 3)
Besichtigung, die: **1.** → Betrachtung (1) – **2.** → Überprüfung
Besichtigungsfahrt, die: Sightseeingtour + Stadtrundfahrt
besiegelt: → endgültig
besiegen: I. besiegen: ⟨*über jmdn. den Sieg erringen*⟩ bezwingen · schlagen · überwinden · überwältigen · niederringen · niederzwingen · niederkämpfen · niederwerfen · auf/in die Knie zwingen; [auf die Matte] legen · ausknocken · ausboxen (*Sport*) ♦ *umg*: unterkriegen · matt/außer Gefecht setzen ♦ *salopp*: in die Pfanne hauen; → *auch* siegen, unterwerfen (1), kampfunfähig (2) – **II.** besiegen, sich: sich [selbst] b.: → überwinden (II, 1)
Besieger, der: → Sieger (1)
besiegt: 1. ⟨*vom Gegner überwunden*⟩ unterlegen; [schach]matt · knock-out · k. o. (*Sport*) ♦ *salopp*: matsch – **2.** b. sein: ⟨*vom Gegner überwunden sein*⟩ am Boden liegen
besinnen, sich: **1.** ⟨*in Ruhe nachdenken*⟩ sich bedenken · mit sich zu Rate gehen; → *auch* unentschlossen (3) – **2.** → überlegen (I, 1) – **3.** → erinnern (II) – **4.** sich eines Besseren/anderen b.: → bessern (II, 1)
besinnlich: 1. → beschaulich (1) – **2.** → nachdenklich
Besinnung, die: **1.** → Bewusstsein (1) – **2.** ohne B.: → bewusstlos (1); die B. verlieren: → bewusstlos (2); zur B. bringen: **a)** → beleben (I, 1) – **b)** → beruhigen (I); zur B. kommen: → vernünftig (5)
besinnungslos: 1. → bewusstlos (1) – **2.** b. werden: → bewusstlos (2)
Besinnungslosigkeit, die: → Bewusstlosigkeit

Besitz, der: **1.** ⟨*das jmdm. Gehörende*⟩ Eigentum · Besitztum · Habe · Habseligkeit[en] · [Hab und] Gut · Geld und Gut · das Sein[ig]e · die Sachen; Habschaft · Effekten (*veraltend*) ♦ *gehoben*: das Eigen ♦ *umg*: Siebensachen; die sieben Zwetschgen (*landsch*); → *auch* Vermögen (1) – **2.** → Grundbesitz – **3.** in [seinem] B. haben, in jmds. B. sein, sich in jmds. B. befinden: → besitzen (1); in B. nehmen/bringen, B. ergreifen |von|: **a)** → aneignen (1) – **b)** → einverleiben (2)
besitzen: 1. ⟨*die Verfügungsgewalt über etw. haben*⟩ [inne]haben · verfügen |über| · sein Eigen nennen · in [seinem] Besitz haben · in jmds. Besitz sein · sich in jmds. Besitz befinden · aufzuweisen/aufzuzeigen haben · zur Verfügung haben · gebieten |über| · disponieren |über| ♦ *gehoben*: eignen · sein Eigen sein; → *auch* gehören (I, 1) – **2.** die Macht b.: **a)** → regieren (1) – **b)** → herrschen (1)
Besitzer, der: **1.** ⟨*innehabende Person*⟩ Eigentümer · Inhaber; Eigner (*veraltend*) + Herr · Alleinbesitzer · Alleineigentümer – **2.** → Hausbesitzer
Besitzergreifung, die: **1.** ⟨*die Aneignung von Besitz*⟩ Besitznahme · Inbesitznahme; → *auch* Einverleibung – **2.** → Einverleibung
Besitzgier, die: → Habgier
besitzlos: → arm (1)
Besitzlosigkeit, die: → Armut (1)
Besitznahme, die: **1.** → Besitzergreifung (1) – **2.** → Einverleibung
Besitzstand, der: → Errungenschaft (1)
Besitztum, das: **1.** → Grundbesitz – **2.** → Anwesen
Besitzung, die: → Grundbesitz
besoffen: → betrunken (1)
besohlen: sohlen; doppeln (*österr*)
besolden: → entlohnen
Besoldung, die: → Gehalt (I)
besonder: 1. → außergewöhnlich (1) – **2.** → eigentümlich (1) – **3.** im Besonderen: → besonders (2)
Besonderheit, die: **1.** → Eigenart – **2.** → Eigentümlichkeit (1)
besonders: 1. ⟨*von anderem getrennt*⟩ gesondert · separat · individuell · für sich [allein] ♦ *umg*: extra – **2.** ⟨*vor anderem hervorgehoben*⟩ hauptsächlich · vorzugsweise · namentlich · vorwiegend · vornehmlich · eigens · speziell · insbesondere · zumal · im Besonderen · sonderlich · vor allem · vor allen Dingen · in erster Linie; in Sonderheit (*veraltend*) – **3.** nicht b.: → mittelmäßig
besonnen: 1. ⟨*ruhig überlegend*⟩ überlegt · umsichtig · bedächtig · bedacht[sam] + abgeklärt · kühl; → *auch* beherrscht (1), gelassen (1) – **2.** → beherrscht (1)
Besonnenheit, die: Überlegung · Umsicht · Bedacht · Bedächtigkeit · Bedachtsamkeit + Abgeklärtheit; → *auch* Beherrschung (1)
besorgen: 1. → sorgen (I, 1, a) – **2.** → bedienen (I, 1) – **3.** → erledigen (1) – **4.** → beschaffen (1), stehlen (1) – **5.** → vergelten (1) – **6.** → befürchten
besorglich: → besorgt (1)
Besorgnis, die: **1.** → Sorge (1) – **2.** B. erregend: ⟨*Sorge bewirkend*⟩ beunruhigend; → *auch* bedenklich (1) – **3.** B. hegen: → befürchten
besorgt: 1. ⟨*von Sorge erfüllt*⟩ beklommen · bedrückt · besorglich · bedrängt · unruhig; → *auch* ängstlich (1), sorgenvoll – **2.** → fürsorglich (1) – **3.** b. sein: → sorgen (II); b. machen/stimmen: → beunruhigen (I)
Besorgung, die: **1.** → Einkauf (1) – **2.** → Erledigung (1) – **3.** → Bedingung (1) – **4.** Besorgungen machen: → einkaufen (I, 1)
bespähen: → beobachten (1)
bespannen: 1. → überziehen (I) – **2.** → beziehen (I, 2) – **3.** → aufziehen (2)
bespeien: → anspucken
bespiegeln, sich: → spiegeln (II, 1)
bespitzeln: → überwachen (2)
Bespitzelung, die: → Spitzelei
bespötteln: → verspotten
bespotten: → verspotten
besprechen: I. besprechen: **1.** ⟨*kritisch würdigen*⟩ rezensieren · eine Rezension/Besprechung/Kritik schreiben |über| – **2.** → erörtern – **3.** → behandeln (5) – **4.** → beschwören (1) – **II.** besprechen, sich: → beraten (II)
Besprechung, die: **1.** ⟨*kritische Würdigung*⟩ Rezension · Kritik – **2.** → Sitzung (1) – **3.** → Erörterung – **4.** eine B. schreiben |über|: → besprechen (I, 1)
besprengen: → bespritzen (I, 1)
besprenkeln: 1. → bespritzen (I, 1) – **2.** → bestreuen
bespringen: → begatten (1)
bespritzen: I. bespritzen: **1.** ⟨*durch Spritzen nass machen*⟩ anspritzen · [be]sprengen · besprühen · einsprengen · einspritzen + be-

sprenkeln ♦ *umg*: voll spritzen; → *auch* bewässern, anfeuchten (1) – **2.** → beschmutzen (I, 1) – **II.** bespritzen, sich: → beschmutzen (II, 1)
besprühen: 1. → bespritzen (I, 1) – **2.** → sprayen
bespucken: → anspucken
besser: bessere Hälfte: **a)** → Ehefrau – **b)** → Ehemann; b. werden: **a)** → bessern (II, 2) – **b)** → verbessern (II, 1 *u.* 2); b. machen: → bessern (I, 1); sich eines Besseren belehren [lassen] / besinnen: → bessern (II, 1); b. gesagt: → Wort (5)
Bessergestellte, der: der Besserverdienende · Besserverdiener; → *auch* Großverdiener
bessern: I. bessern: **1.** ⟨*in einen besseren Zustand versetzen*⟩ besser machen – **2.** → verbessern (I, 2) – **II.** bessern, sich: ⟨*sich positiv verändern*⟩ **1.** ⟨*Menschen in ihrem moral. Verhalten*⟩ sich wandeln · sich eines Besseren/anderen belehren [lassen]/besinnen · ein anderer Mensch werden · ein neues Leben beginnen ♦ *gehoben*: sich läutern ♦ *umg*: den alten Adam ablegen; → *auch* bereuen – **2.** ⟨*das Wetter*⟩ sich verbessern · besser/schön[er] werden; → *auch* aufklären (II) – **3.** → verbessern (II, 1 *u.* 2)
Besserung, die: **1.** ⟨*positive Veränderung im moral. Verhalten*⟩ *gehoben*: Läuterung – **2.** → Genesung (1) – **3.** → Verbesserung (2) – **4.** auf dem Wege der B. sein: → gesund (6)
Besserungsanstalt, die: → Erziehungsanstalt
Besserverdienende, der: → Bessergestellte
Besserverdiener, der: → Bessergestellte
Besserwisser, der: → Rechthaber
bestallen: → berufen (I, 1)
Bestallung, die: → Berufung (1)
Bestand, der: **1.** ⟨*die zur Zeit vorhandenen Dinge*⟩ Fundus · Inventar · Bestandsmasse · Ist-Bestand – **2.** ⟨*die zur Zeit vorhandenen Personen*⟩ Ist-Stärke – **3.** → Dauer (2) – **4.** → Pachtzins – **5.** von B.: → dauerhaft; von B. sein, B. haben: → weiter (6)
bestanden: → bewachsen
Bestandgeld, das: → Pachtzins
beständig: 1. → widerstandsfähig (1, a) – **2.** → ununterbrochen, dauernd (1) – **3.** → dauerhaft, haltbar (1) – **4.** b. sein: → aushalten (2)
Beständigkeit, die: **1.** ⟨*das Beständigsein*⟩ Unwandelbarkeit · Stetigkeit · Kontinuität – **2.** ⟨*das charakterl. Festbleiben*⟩ Standhaftigkeit · Festigkeit · Charakterfestigkeit; → *auch* Beharrlichkeit – **3.** → Dauer (2)
Bestandsaufnahme, die: Inventur · Lageraufnahme · Inventarisation
Bestandsmasse, die: → Bestand (1)
Bestandteil, der: **1.** ⟨*Teil eines einheitl. Ganzen*⟩ Element · Komponente · Zubehör + Ingrediens – **2.** sich in seine Bestandteile auflösen, in seine Bestandteile zerfallen: → zerfallen (1)
Bestandzins, der: → Pachtzins
bestärken: → ermutigen
Bestärkung, die: → Ermutigung
bestätigen: I. bestätigen: **1.** ⟨*endgültig als richtig erklären*⟩ bekräftigen · erhärten · sanktionieren · verifizieren; erwahren (*schweiz*) ♦ *umg*: + beniesen (*scherzh*); → *auch* bescheinigen, beweisen (2), bezeugen (1) – **2.** → beglaubigen (1) – **II.** bestätigen, sich: **1.** ⟨*sich als richtig herausstellen*⟩ sich bewahrheiten · zutreffen; sich erwahren (*schweiz*); → *auch* eintreffen (1) – **2.** → eintreffen (1)
bestätigt: bezeugt · beglaubigt; → *auch* amtlich (1), beweiskräftig
Bestätigung, die: **1.** ⟨*Richtigkeitserklärung*⟩ Bekräftigung · Anerkennung · Sanktion · Beglaubigung · Bezeugung; Anerkenntnis (*Rechtsw*) + Akkreditierung; → *auch* Bescheinigung (1), Beweis (2) – **2.** ⟨*Mitteilung über eingegangene Post*⟩ Empfangsbestätigung · Eingangsmeldung
bestatten: → begraben (1)
Bestattung, die: → Begräbnis
bestaubt: → staubig
bestaunen: 1. ⟨*staunend ansehen*⟩ anstaunen – **2.** → bewundern
beste: 1. ⟨*Steigerungsform von »gut«*⟩ erste; → *auch* führend (1) – **2.** von bester Qualität: → erstklassig (1)
Beste: I. Beste, das: **1.** → Auslese (1) – **2.** sein Bestes tun/geben: **a)** → bemühen (II, 1) – **b)** → anstrengen (II, I); nicht zum Besten stehen |mit|: → unsicher (5, b); zum Besten geben: **a)** → spendieren (1) – **b)** → erzählen (2), darbieten (I, 1); zum Besten haben/halten: **a)** → narren – **b)** → necken – **II.** Beste (*Pl*): die Besten: → Auslese (1)
bestechbar: → bestechlich (1)
bestechen: 1. ⟨*durch Geschenke zu unerlaubten Handlungen verleiten*⟩ korrumpieren · [er]kaufen ♦ *umg*: spicken · die Hand

füllen ♦ *salopp*: schmieren – **2.** → beeindrucken – **3.** → gefallen (1)
bestechend: 1. → gefällig (2) – **2.** → hervorragend (1) – **3.** → überzeugend
bestechlich: 1. ⟨*Bestechungen zugänglich*⟩ käuflich · korrupt · bestechbar – **2.** b. sein: ⟨*Bestechungen zugänglich sein*⟩ *umg*: eine hohle Hand haben/machen · sich schmieren lassen
Bestechung, die: Schmiergeldzahlung
Bestechungsgeld, das: Schweigegeld · Schmiergeld
bestehen: 1. ⟨*eine Gegebenheit sein*⟩ existieren · [vorhanden] sein · da sein – **2.** ⟨*eine Prüfung erfolgreich beenden*⟩ gut/erfolgreich abschneiden/abschließen ♦ *umg*: hinter sich bringen · durchkommen; → *auch* ablegen (2) – **3.** ⟨*eine Belastung bis zum Ende aushalten*⟩ durchstehen · durchhalten – **4.** → behaupten (II, 1) – **5.** b. |auf|: **a)** ⟨*von einem Recht nicht abgehen*⟩ beharren |auf| · dringen |auf| · sich versteifen |auf| · pochen |auf| · insistieren |auf| ♦ *umg*: nicht lockerlassen; → *auch* beanspruchen (1), fordern (1) – **b)** → behaupten (I, 1) – **6.** b. |aus|: → zusammensetzen (II, 2); nicht b.: → durchfallen; weiter b., b. bleiben: → weiter (6)
Bestehen, das: → Dasein (1)
bestehlen: berauben ♦ *umg*: erleichtern (*scherzh*) ♦ *salopp*: ausnehmen · beklauen · bemausen; → *auch* ausrauben
besteigen: 1. → ersteigen – **2.** → aufsitzen (1) – **3.** → einsteigen (2) – **4.** → koitieren
bestellen: 1. ⟨*die Lieferung verlangen*⟩ anfordern · in Auftrag geben · buchen · eine Bestellung aufgeben; ordern (*kaufm*); anschaffen (*süddt österr*) + abonnieren; → *auch* vorbestellen – **2.** ⟨*das Erscheinen an einem Ort verlangen*⟩ bescheiden · beordern · kommen lassen · zu kommen bitten; einbestellen (*amtsspr*) ♦ *gehoben*: entbieten (*veraltend*); → *auch* befehlen (I, 2) – **3.** ⟨*mitteilen lassen*⟩ ausrichten · übermitteln · überbringen – **4.** ⟨*den Ackerboden bearbeiten*⟩ [be]bauen · bearbeiten · beackern + bepflanzen · kultivieren · bewirtschaften; → *auch* pflanzen (I, 1) – **5.** → befehlen (I, 2) – **6.** → berufen (I, 1) – **7.** → austragen (1) – **8.** → bedecken (I, 2)
Besteller, der: → Auftraggeber (1)
bestellt: wie b. und nicht abgeholt: → niedergeschlagen (1); b. sein |um|: → verhalten (II, 2)
Bestellung, die: **1.** ⟨*das Bestellen*⟩ Anforderung · Auftrag · Buchung; Order (*kaufm*) → *auch* Vorbestellung – **2.** ⟨*Bearbeitung des Ackerbodens*⟩ Bebauung – **3.** → Berufung (1) – **4.** → Verabredung (1) – **5.** → Erledigung (1) – **6.** eine B. aufgeben: → bestellen (1)
bestenfalls: → allenfalls (1)
bestens: → hervorragend (1)
Bestform, die: Topform
bestialisch: 1. → unmenschlich (1) – **2.** → brutal
Bestialität, die: **1.** → Unmenschlichkeit – **2.** → Brutalität
Bestie, die: **1.** → Tier (1) – **2.** → Unmensch (1)
bestimmen: 1. ⟨*für einen bestimmten Zweck vorsehen*⟩ **a)** ⟨*Sachen*⟩ zudenken; → *auch* vorsehen (I) – **b)** ⟨*Personen*⟩ ausersehen |für| ♦ *gehoben*: auserwählen |für|; → *auch* auswählen, vorsehen (I) – **2.** ⟨*die Befehlsgewalt bzw. das Entscheidungsrecht haben*⟩ befehlen · die Zügel in der Hand haben · den Ton/Takt angeben ♦ *umg*: das Regiment führen · das Sagen haben · den Hut aufhaben; die Hosen anhaben (*scherzh*); → *auch* beherrschen (I, 1) – **3.** ⟨*wissenschaftlich festlegen*⟩ + definieren · spezialisieren · determinieren; diagnostizieren (*med*) – **4.** → anordnen (2) – **5.** → veranlassen (1)
bestimmend: → entscheidend (1)
bestimmt: 1. ⟨*keinen Widerspruch zulassend*⟩ entschieden · kategorisch · apodiktisch · ausdrücklich; dezidiert (*österr*) + fest · gemessen; → *auch* nachdrücklich, knapp (2) – **2.** → gewiss (1 *u.* 2) – **3.** → tatsächlich (2) – **4.** → genau (1) – **5.** b. |durch|: → abhängig (2)
Bestimmtheit, die: **1.** → Nachdrücklichkeit – **2.** → Genauigkeit (1)
Bestimmung, die: **1.** ⟨*wissenschaftl. Festlegung*⟩ + Definition · Determination; Diagnose (*med*) – **2.** ⟨*das Sich-berufen-Fühlen*⟩ Sendung · Berufung; Beruf (*veraltend*); → *auch* Aufgabe (2) – **3.** → Anordnung (2) – **4.** → Verordnung (1) – **5.** → Zweck (1) – **6.** → Schicksal (1)
Bestimmungsbahnhof, der: Zielbahnhof
Bestimmungsort, der: → Reiseziel
Bestleistung, die: → Spitzenleistung (1)
Bestmarke, die: → Rekord (1)
bestoßen: → beschädigen
bestrafen: [ab]strafen · ahnden · züchtigen · maßregeln · eine Strafe auferlegen · ins Ge-

richt gehen |mit|; in Strafe nehmen (*Rechtsw*) ♦ *umg*: einen Denkzettel geben/erteilen/verabreichen · eine Strafe aufbrummen ♦ *salopp*: einen Denkzettel verpassen
Bestrafung, die: **1.** ⟨*das Bestrafen*⟩ Abstrafung · Ahndung + Maßregelung · Strafgericht – **2.** → Strafe (1)
bestrahlen: → beleuchten (1)
bestreben, sich: → bemühen (II, 1)
Bestreben, das: **1.** → Streben – **2.** → Absicht (1)
bestrebt: b. sein: → bemühen (II, 1)
Bestrebung, die: **1.** ⟨*intensiver Versuch*⟩ Bemühung · Bemühen; → *auch* Anstrengung (1) – **2.** → Absicht (1)
bestreichen: 1. ⟨*streichend auf etw. ausbreiten*⟩ **a)** ⟨*allgemein*⟩ beschmieren + betupfen · bepinseln – **b)** → beschießen
bestreitbar: anfechtbar · angreifbar · strittig · streitig
bestreiten: 1. ⟨*für unrichtig erklären*⟩ anfechten · abstreiten · [ab]leugnen · kontestieren + antasten · verneinen; → *auch* angreifen (I, 2) – **2.** → aberkennen – **3.** → leugnen (1) – **4.** → finanzieren
bestrenommiert: → angesehen (1)
bestreuen: besäen · besprenkeln; → *auch* pudern (1)
bestricken: → umgarnen
bestrickend: → bezaubernd
Bestseller, der: **1.** → Buch (1) – **2.** → Verkaufsschlager
bestücken: → bewaffnen (I)
Bestückung, die: → Bewaffnung
bestürmen: 1. → bedrängen (1) – **2.** → beschwören (2)
bestürzt: entsetzt · verstört · fassungslos · betroffen · konsterniert · entgeistert · wie vom Blitz getroffen · wie vor den Kopf geschlagen · aus der/außer Fassung · außer sich ♦ *umg*: erschlagen · verdattert; → *auch* überrascht (1), betreten (2), verwirrt (1)
Bestürzung, die: Betroffenheit; Konsternation (*veraltend*); → *auch* Schreck (1)
Besuch, der: **1.** ⟨*das Besuchen*⟩ das Kommen + Hospitation ♦ *umg*: Stippvisite; Überfall (*scherzh*); → *auch* Höflichkeitsbesuch – **2.** einen B. abstatten/machen, zu B. kommen: → besuchen
besuchen: einen Besuch abstatten/machen · zu Besuch kommen · seine Aufwartung machen · vorsprechen |bei| · sich sehen lassen |bei| + frequentieren ♦ *gehoben*: beehren ♦ *umg*: vorbeikommen · vorbeigehen · sich blicken lassen · auf einen Sprung/Husch kommen; überfallen (*scherzh*); → *auch* aufsuchen (1)
Besucher, der: **1.** → Gast (1) – **2.** → Teilnehmer
besudeln: I. besudeln: **1.** → beschmutzen (I, 1) – **2.** → beschreiben (2) – **3.** seine Hände mit Blut b.: → morden (1); mit Dreck b.: → verleumden (1) – **II.** besudeln, sich: → beschmutzen (II, 1)
besudelt: mit Blut b.: → blutig (1)
betagt: → alt (1)
Betagtheit, die: → Alter (3, a)
betakeln: → auftakeln (I)
betanken: → auftanken
betasten: → befühlen
betätigen: I. betätigen: → bedienen (I, 4) – **II.** betätigen, sich: → arbeiten (1)
Betätigung, die: **1.** → Tätigkeit (1) – **2.** → Arbeit (1) – **3.** → Beruf (1) – **4.** → Bedienung (4)
Betätigungsdrang, der: → Eifer (1)
betatschen: → anfassen (I, 1)
betäuben: I. betäuben: **1.** ⟨*gegen Schmerz unempfindlich machen*⟩ narkotisieren · anästhe[ti]sieren (*med*); chloroformieren (*veraltet*) + einschläfern – **2.** ⟨*die Wahrnehmungsfähigkeit herabmindern*⟩ berauschen · benebeln · benehmen · benommen machen – **3.** → unterdrücken (2) – **II.** betäuben, sich: sich b. |mit|: → ablenken (II, 1)
betäubend: → berauschend (1)
betäubt: leicht b.: → benommen (1)
Betäubung, die: **1.** ⟨*Herbeiführung der Schmerzunempfindlichkeit*⟩ Anästhesie (*med*) + örtliche Betäubung · Lokalanästhesie · Einschläferung; → *auch* Narkose – **2.** → Benommenheit – **3.** örtliche B.: → 1
betauen: → beschlagen (1)
beteiligen: I. beteiligen: ⟨*einen Teil abgeben*⟩ teilhaben lassen |an| · partizipieren lassen · finanziellen Anteil geben |an| – **II.** beteiligen, sich: ⟨*durch seine Aktivität zu etw. beitragen*⟩ Anteil haben · partizipieren · mitmachen · beisteuern ♦ *umg*: mit von der Partie sein; die Hand/die Finger [mit] im Spiel haben (*meist abwert*) ♦ *salopp*: seine Pfoten drinhaben (*abwert*); → *auch* mitwirken, teilnehmen (1)
beteiligt: b. sein: → teilhaben (2)
Beteiligte, der: → Teilnehmer

beten: Gott anrufen · flehen |zu| + bitten
beteuern: 1. → versichern (I) – **2.** → behaupten (I, 1)
Beteuerung, die: → Bekundung
Betise, die: → Dummheit (1)
betiteln: 1. → nennen (1) – **2.** → anreden (1) – **3.** → beschimpfen
Betitelung: 1. → Bezeichnung (2) – **2.** → Anrede – **3.** → Beschimpfung
Beton, der: + Eisenbeton · Stahlbeton
betonen: 1. ⟨*Silben mit Nachdruck sprechen*⟩ akzentuieren · den Ton legen |auf|; → *auch* aussprechen (I, 1) – **2.** ⟨*mit Nachdruck äußern*⟩ hervorheben · herauskehren · unterstreichen · herausheben · herausstellen · pointieren · Gewicht/Wert/den Ton legen |auf| · Wert/Bedeutung/Wichtigkeit beimessen; → *auch* behaupten (I, 1)
Betonkopf, der: → Hardliner
betont: demonstrativ · ostentativ · pointiert · prononciert · nachdrucksvoll + ausgesucht
Betonung, die: **1.** ⟨*das Betonen*⟩ Akzentuation · Akzentuierung – **2.** ⟨*die den Akzent tragende Stelle*⟩ Akzent · Ton; → *auch* Tonzeichen – **3.** ⟨*nachdrückl. Äußerung*⟩ Hervorhebung · Unterstreichung – **4.** → Aussprache (1)
betören: 1. → bezaubern – **2.** → verwirren (2)
betörend: → bezaubernd
Betracht, der: **1.** → Gesichtspunkt (1) – **2.** in B. ziehen: → berücksichtigen (1); außer B. stehen/bleiben, nicht in B. kommen: → ausscheiden (2)
betrachten: I. betrachten: **1.** → ansehen (I, 3) – **2.** → darlegen – **3.** b. |als|: → halten (I, 7); als melkende Kuh b.: → ausnutzen (1) – **II.** betrachten, sich: → ansehen (II, 1)
beträchtlich: 1. ⟨*recht groß*⟩ beachtlich · stattlich · ansehnlich · erheblich · respektabel · respektierlich · erklecklich · bedeutend · bemerkenswert ♦ *umg*: ziemlich · anständig – **2.** → sehr
betrachtsam: → beschaulich (1)
Betrachtung, die: **1.** ⟨*das Hinsehen*⟩ Besichtigung · Anblick; Beschauung (*landsch*) ♦ *gehoben*: Anschauung – **2.** ⟨*innerl. Versenkung*⟩ Kontemplation · Beschaulichkeit – **3.** → Darlegung (1)
Betrachtungsweise, die: → Anschauungsweise
Betrag, der: Geldsumme · Barsumme · Summe + Posten · Position · Quantum
betragen: I. betragen: ⟨*in der Summe ergeben*⟩ ausmachen · sich belaufen |auf| · sich berechnen |auf|; sich beziffern |auf| – **II.** betragen, sich: → verhalten (II, 1)
Betragen, das: **1.** → Benehmen (1) – **2.** → Verhalten
betrauen: 1. b. |mit|: → beauftragen – **2.** betraut sein |mit|: → verwalten (1)
betrauern: → beklagen (I, 1)
Betreff: in B.: → hinsichtlich
betreffen: 1. ⟨*auf etw. od. jmdn. hinzielen*⟩ angehen · berühren · an[be]langen · anbetreffen · sich beziehen |auf|; belangen (*veraltend*) + gelten; → *auch* handeln (II) – **2.** → zustoßen (1) – **3.** → vorfinden
betreffend: → bewusst (2)
Betreffnis, das: → Anteil (1)
betreffs: → hinsichtlich
betreiben: 1. → ausüben (1) – **2.** → antreiben (3)
betretbar: → zugänglich (1)
betreten: 1. ⟨*die Füße auf etw. setzen*⟩ treten |auf| + beschreiten · begehen – **2.** ⟨*das Empfinden einer persönlich unangenehmen Situation im Gesichtsausdruck zeigend*⟩ betroffen · verlegen · peinlich berührt ♦ *umg*: wie ein begossener Pudel · als hätte man jmdm. die Butter vom Brot genommen ♦ *salopp*: bedeppert; bedripst (*landsch*); → *auch* bestürzt, beschämt – **3.** → hineingehen (1)
betreuen: 1. → sorgen (I, 1, a) – **2.** → pflegen (I, 1, a) – **3.** → behandeln (2)
Betreuer, der: + Promotor · Manager · Impresario
Betreuung, die: **1.** → Pflege (1, a) – **2.** → Behandlung (1)
Betrieb, der: **1.** → Fabrik – **2.** → Verhältnis (II, 1) – **3.** → Trubel (1) – **4.** in B. sein: → laufen (2); in B. setzen: **a)** → anstellen (I, 1) – **b)** → anlassen (I, 1); außer B. setzen: → stilllegen
betriebsam: → eifrig (1)
Betriebsamkeit, die: → Eifer (1)
Betriebsangehörige (*Pl*): die Betriebsangehörigen: → Belegschaft
betriebsbereit: → betriebsfertig
Betriebsergebnis, das: → Gewinn (1)
betriebsfertig: einsatzbereit · betriebsbereit · einsatzfertig + gebrauchsfertig
Betriebsgeheimnis, das: Geschäftsgeheimnis · Fabrik[ations]geheimnis
Betriebsrente, die: → Rente

betrinken, sich: sich bezechen · sich einen Rausch antrinken ♦ *gehoben*: sich berauschen ♦ *umg*: sich beschwipsen · sich einen [Schwips] antrinken · einen über den Durst trinken · ein Gläschen zu viel trinken · zu tief ins Glas gucken ♦ *salopp*: einen verlöten · sich einen Affen antrinken/kaufen · einen auf die Lampe gießen · sich die Nase begießen · sich den Kanal/sich voll laufen lassen; sich kandideln · sich beduseln · sich einen ansäuseln (*landsch*); sich betütern (*berlin*) ♦ *derb*: sich besaufen · sich voll saufen · sich einen ansaufen; → *auch* trinken (1, b)
betroffen: 1. → betreten (2) – **2.** → bestürzt
Betroffene, der: → Opfer (3)
Betroffenheit, die: → Bestürzung
betrüben: I. betrüben: ⟨*Betrübnis zufügen*⟩ bekümmern · [ver]grämen · die Freude verderben · das Vergnügen rauben · etw. schlägt jmdm. aufs Gemüt ♦ *umg*: traurig machen ♦ *salopp*: die Freude versalzen; → *auch* kränken, verärgern – **II.** betrüben, sich: → traurig (2, a)
betrüblich: → traurig (1)
Betrübnis, die: → Kummer (1)
betrübt: 1. → traurig (1) – **2.** b. sein: → traurig (2, a), trauern (1)
Betrübtheit, die: → Kummer (1)
Betrug, der: **1.** ⟨*das Täuschen anderer zur Erreichung eigenen Vorteils*⟩ Betrügerei · Gaunerei · Gaunerstreich · Gaunerstück · Schwindel · Schiebung · Bauernfang · Bauernfängerei · Spitzbüberei · Beutelschneiderei · Gimpelfang · Durchstecherei · Nepp ♦ *umg*: Schwindelei · Mogelei · Schummel · Schummelei · Prellerei · Nepperei · krumme Sache · fauler Zauber · blauer Dunst · Augenwischerei + Etikettenschwindel ♦ *salopp*: Schmu · Beschub ♦ *derb*: Beschiss; → *auch* Täuschung (1) – **2.** frommer B.: → Selbstbetrug
betrügen: 1. ⟨*sich durch Täuschung anderer Vorteil verschaffen*⟩ prellen · gaunern · neppen · bringen |um| · corriger la fortune + übervorteilen ♦ *umg*: hereinlegen · hochnehmen · begaunern · [be]mogeln · [be]schummeln · übers Ohr hauen · über den Löffel balbieren/barbieren · das Fell über die Ohren ziehen · über den Tisch ziehen · krumme Wege gehen ♦ *salopp*: leimen · lackieren · lackmeiern · anschmieren · behacken · einseifen · Schmu machen · in den Sack stecken · auf die krumme Tour reisen · aufs Kreuz legen; anmeiern · beschuppen · beschupsen · behumsen · behumpsen · salben (*landsch*) ♦ *derb*: bescheißen · anscheißen; → *auch* hereinlegen (1), hintergehen, täuschen (I), belügen – **2.** ⟨*die eheliche Treue brechen*⟩ **a)** ⟨*allgemein*⟩ untreu sein · ehebrechen · die Ehe brechen · Ehebruch begehen ♦ *umg*: fremdgehen – **b)** ⟨*dem [Ehe]mann nicht treu sein*⟩ Hörner/ein Geweih aufsetzen · zum Hahnrei machen
Betrüger, der: Gauner · Preller · Filou · Spitzbube · Schwindler + Scharlatan · Schieber · Hochstapler · Heiratsschwindler; → *auch* Geschäftemacher
Betrügerei, die: → Betrug (1)
betrügerisch: unredlich · unehrlich · unreell · gaunerhaft · schwindlerisch
betrunken: 1. ⟨*unter [starkem] Alkoholeinfluss stehend*⟩ stockbetrunken · [voll]trunken · berauscht · bezecht · sturzbetrunken · alkoholisiert ♦ *umg*: benebelt · bekneipt · angeschlagen · hinüber; illuminiert (*scherzh*) ♦ *salopp*: [sternhagel]voll · fertig · groggy · fett · knülle · knille · [veilchen]blau · blau wie ein Veilchen · voll wie ein Sack/eine Kanone/Haubitze; betütert · beschwiemelt (*landsch*); dun (*norddt*) ♦ *derb*: besoffen · stockbesoffen · stinkbesoffen · sturzbesoffen; → *auch* angeheitert – **2.** b. sein: ⟨*unter [starkem] Alkoholeinfluss stehen*⟩ unter Alkohol stehen · einen Rausch haben ♦ *umg*: einen intus haben · einen [Zacken] weghaben · schief/schwer geladen haben · satt sein · Schlagseite haben + weiße Mäuse sehen ♦ *salopp*: einen Affen haben · einen sitzen haben · einen auf der Latte haben · einen in der Krone haben · den Kanal/Laden voll haben
Betschwester, die: → Frömmlerin
Bett, das: **1.** ⟨*Möbelstück zum Schlafen*⟩ Liegestatt · Schlafstatt; Körbchen (*kinderspr*) + Pritsche ♦ *umg*: Klappe · Koje · Falle · Nest · die Federn; Liebesinsel (*scherzh*); Heia (*kinderspr*) ♦ *salopp*: Kahn; Plauze (*landsch*); → *auch* Lager (1), Schlafgelegenheit – **2.** → Federbett – **3.** → Flussbett – **4.** ins/zu B. gehen: → schlafen (5); aus dem B. holen/jagen: → wecken (1); das B. hüten, im/zu B. liegen, ans B. gefesselt sein: → krank (2); ins B. gehen |mit|: → koitieren

Bettanzug, der: → Bettbezug
Bettbank, die: → Sofa
Bettbezug, der: Bezug; Zieche (*süddt österr*); Bettanzug (*schweiz*)
Bettcouch, die: → Sofa
Bettdecke, die: → Federbett
Bettel, der: → Kram (1)
bettelarm: → arm (1)
Bettelbruder, der: → Bettler
betteln: 1. ⟨*um Almosen bitten*⟩ fechten (*veraltend*); prachern (*landsch*) + eine hohle Hand machen ♦ *umg*: schnorren · Klinken putzen; → *auch* anbetteln (1) – **2.** b. |um|: → bitten (2)
Bettelstab, der: an den B. kommen: → verarmen; an den B. bringen: → ruinieren (I, 1)
Bettelsuppe, die: → Almosen (1)
betten: 1. ⟨*zum Schlafen legen*⟩ niederlegen · hinlegen – **2.** zur letzten Ruhe b.: → begraben (1)
Bettgeschichte, die: → Liebesverhältnis
Betthäschen, das: → Beischläferin
Betthase, der: → Beischläferin
bettlägerig: → krank (1)
Bettlaken, das: → Betttuch
Bettler, der: *umg*: Fechtbruder · Bettelbruder; Fechter (*veraltend*); Pracher · Pracherjochen (*landsch*) ♦ *umg*: Schnorrer · Klinkenputzer
bettreif: → müde (1)
Bettschwere, die: → Müdigkeit (1)
Betttuch, das: Laken · Bettlaken
Bettzipfel, der: nach dem B. schielen: → müde (2)
betucht: → reich (1)
betulich: 1. → fürsorglich (1) – **2.** → eifrig (1)
betun, sich: → zieren (II, 2)
betupfen: → bestreichen (1, a)
betütern, sich: → betrinken, sich
betütert: → betrunken (1)
Beugehaft, die (*Rechtsw*): Erzwingungshaft (*Rechtsw*)
beugen: I. beugen: **1.** ⟨*nach unten biegen*⟩ neigen + abwinkeln; → *auch* biegen (I, 1) – **2.** ⟨*grammatisch verändern*⟩ abwandeln · flektieren; biegen (*landsch*) + deklinieren · konjugieren – **3.** → ablenken (I, 1) – **4.** → demütigen (I) – **5.** → unterwerfen (1) – **6.** → verdrehen (1) – **7.** den Nacken b.: → demütigen (I *u.* II) – **II.** beugen, sich: **1.** → bücken, sich (1) – **2.** → nachgeben (1) – **3.** sich b. |über|: ⟨*sich mit dem Oberkörper über etw. neigen*⟩ sich überneigen · sich lehnen |über|
Beugung, die: **1.** ⟨*das Krummmachen*⟩ Krümmung – **2.** ⟨*grammatische Veränderung*⟩ Abwandlung · Flexion; Biegung (*landsch*) + Deklination · Konjugation – **3.** → Brechung – **4.** → Verdrehung
Beule, die: **1.** ⟨*Wölbung auf der Haut*⟩ *umg*: Horn; Brausche (*landsch*) – **2.** ⟨*durch Eindrücken entstandene Beschädigung*⟩ *umg*: Delle
beunruhigen: I. beunruhigen: ⟨*die Ruhe nehmen*⟩ in Unruhe versetzen · unruhig/besorgt machen/stimmen · alarmieren · schlaflose Nächte bereiten ♦ *gehoben*: anfechten; → *auch* aufregen (I, 1) – **II.** beunruhigen, sich: → aufregen (II)
beunruhigend: → Besorgnis (2)
Beunruhigung, die: → Sorge (1)
beurkunden: → bescheinigen
Beurkundung, die: → Bescheinigung (1)
beurlauben: freigeben · suspendieren · Urlaub geben/gewähren; → *auch* befreien (I, 2)
Beurlaubung, die: → Befreiung (3)
beurteilen: 1. ⟨*eine Beurteilung vornehmen*⟩ begutachten · [be]werten · evaluieren · einschätzen · befinden |über| + referieren ♦ *umg*: eintaxieren; → *auch* zensieren (1) – **2.** → urteilen (3) – **3.** b. |als|: → halten (I, 7); falsch b.: → verkennen
Beurteiler, der: → Kritiker
Beurteilung, die: Begutachtung · Bewertung · Wertung · Evaluierung · Einschätzung · Urteil · Charakteristik
Beute, die: → Raub (1)
beutegierig: → räuberisch
Beutel, der: **1.** → Sack (1) – **2.** → Geldbörse – **3.** den B. ziehen/zücken: → bezahlen (2); sich den B. füllen: → bereichern (II)
beuteln: 1. → schütteln (I, 1) – **2.** → schröpfen (2)
Beutelschneider, der: → Wucherer
Beutelschneiderei, die: → Wucher (1)
bevölkern: beleben
Bevölkerung, die: Bewohnerschaft · Einwohnerschaft · Population · die Bewohner + Volk
bevollmächtigen: ermächtigen · befugen · autorisieren · [die] Vollmacht erteilen; → *auch* beauftragen, berechtigen
bevollmächtigt: → berechtigt

Bevollmächtigte, der: der Beauftragte · der Generalbevollmächtigte · Sachwalter · Kommissar · Prokurator; Kommissär (*österr schweiz*) + Kommissionär; → *auch* Vertreter (1)
Bevollmächtigung, die: → Vollmacht (1)
bevor: → ehe
bevormunden: gängeln
bevorrechtet: privilegiert · bevorrechtigt
bevorrechtigt: → bevorrechtet
bevorschussen: → vorauszahlen
bevorstehen: ins Haus stehen · vor der Tür stehen + drohen
bevorzugen: vorziehen · begünstigen · favorisieren · präferieren · den Vorzug geben · über andere setzen · begönnern ♦ *umg*: eine Extrawurst braten
bewachen: **1.** ⟨*scharf unter Beobachtung halten*⟩ beaufsichtigen · nicht aus den Augen lassen · im Auge behalten; [ab]decken (*Sport*) + hüten; → *auch* überwachen (1) – **2.** → schützen (I, 1)
Bewacher, der: → Aufseher
bewachsen: bestanden · bedeckt
Bewachung, die: **1.** ⟨*bewachende Person bzw. Personen*⟩ Bedeckung ♦ *umg*: Aufpasser; → *auch* Wache (1) – **2.** → Aufsicht (1) – **3.** → Schutz (2, b)
bewaffnen: **I.** bewaffnen: ⟨*Waffen geben*⟩ [aus]rüsten; armieren · bewehren (*veraltet*) + bestücken ♦ *gehoben*: waffnen – **II.** bewaffnen, sich: ⟨*sich mit Waffen versehen*⟩ sich ausrüsten ♦ *gehoben*: sich wappnen
Bewaffnung, die: Ausrüstung + Bestückung
bewahren: **1.** ⟨*in seinem Inneren festhalten*⟩ verwahren · behalten · behüten · verschließen · begraben ♦ *gehoben*: bergen; → *auch* verschweigen – **2.** ⟨*weiter in einem bestimmten Zustand bestehen lassen*⟩ wahren · beibehalten · erhalten – **3.** → beibehalten (1) – **4.** → schützen (I, 1) – **5.** → aufbewahren – **6.** → merken (4) – **7.** Stillschweigen b.: → schweigen (2); einen kühlen/klaren Kopf/kaltes/ruhig Blut/die Selbstbeherrschung/die Herrschaft über sich [selbst] b.: → beherrschen (II)
bewähren, sich: seinen Mann stehen; → *auch* behaupten (II, 1)
bewahrheiten, sich: → bestätigen (II, 1)
bewährt: altbewährt · [alt]erprobt · probat · altrenommiert; → *auch* alt (3), zuverlässig (1)
Bewahrung, die: → Beibehaltung
Bewährungshelfer, der: → Sozialarbeiter
Bewährungsprobe, die: Prüfstein · Feuerprobe · Feuertaufe · Härtetest
bewältigen: **1.** → meistern – **2.** → aufbekommen (2) – **3.** → zurücklegen (1)
bewandert: → erfahren (2)
Bewandtnis, die: damit hat es folgende B.: → verhalten (II, 2)
bewässern: berieseln · überrieseln · beregnen; einschlämmen (*Landw*); → *auch* bespritzen (I, 1)
bewegen: **I.** bewegen: **1.** ⟨*mit einem Körperteil eine Orts- bzw. Lageveränderung vornehmen*⟩ rühren · regen – **2.** → ergreifen (3) – **3.** → beschäftigen (I, 2) – **4.** b. |zu|: → veranlassen (1) – **II.** bewegen, sich: **1.** ⟨*seine Lage ändern, seine Gliedmaßen betätigen*⟩ sich rühren · sich regen · eine Bewegung machen + sich Bewegung machen – **2.** → verhalten (II, 1) – **3.** → gehen (1) – **4.** → spazieren (2)
Beweggrund, der: → Veranlassung
beweglich: **1.** ⟨*[leicht] von der Stelle zu bewegend*⟩ verrückbar · versetzbar · transportabel · transportierbar · mobil – **2.** → lebhaft (1) – **3.** → gewandt (1) – **4.** → anpassungsfähig
Beweglichkeit, die: → Gewandtheit (1)
bewegt: **1.** → unruhig (1) – **2.** → ereignisreich – **3.** → ergriffen
Bewegung, die: **1.** ⟨*Orts- bzw. Lageveränderung*⟩ Regung · Schwung · Fortbewegung + Fluss · Zug · Transport; → *auch* Schwingung – **2.** → Geste (1) – **3.** → Ergriffenheit – **4.** ohne B.: → regungslos; eine B. machen, sich B. machen: → bewegen (II, 1); sich B. verschaffen: → spazieren (2); alle Hebel/Himmel und Hölle in B. setzen: → versuchen (I, 4); sich in B. setzen: **a)** → anfahren (1) – **b)** → abfahren (1, a) – **c)** → aufbrechen (3); in B. setzen: → anlassen (I, 1); in B. bringen: → antreiben (3)
Bewegungsfreiheit, die: + Auslauf
bewegungslos: → regungslos
bewehren: **1.** *fachspr* ⟨*durch Eiseneinlagen fester machen*⟩ armieren · verstärken – **2.** → bewaffnen (I)
beweiben, sich: → heiraten (2)
beweibt: → verheiratet (2)
beweiden: → abfressen
beweihräuchern: → verherrlichen
beweinen: → beklagen (I, 1)
beweinenswert: → bedauernswert

Beweis, der: **1.** ⟨*Richtigkeitserweis*⟩ Nachweis · Beleg · Zeugnis · Ausweis + Argument; → *auch* Begründung (1) – **2.** ⟨*das Kennzeichnende*⟩ Ausdruck · Probe · Dokumentation · Zeichen · Nachweis · Erweis · Kostprobe; → *auch* Bestätigung (1) – **3.** unter B. stellen, einen B. ablegen |für|: → beweisen (2); den B. führen/erbringen/antreten |für|: → beweisen (1)
beweisbar: erweisbar · nachweisbar · erweislich + unwiderlegbar · unwiderleglich
beweisen: 1. ⟨*die Richtigkeit erweisen*⟩ nachweisen · aufzeigen · dokumentieren · den Beweis führen/erbringen/antreten |für| · den Nachweis führen/erbringen |für| + erhärten · rechtfertigen; → *auch* belegen (1), begründen (1) – **2.** ⟨*als einem zugehörig od. innewohnend erkennen lassen*⟩ zeigen · nachweisen · unter Beweis stellen · einen Beweis ablegen |für| · den Nachweis führen |für|; → *auch* bestätigen (I, 1) – **3.** das Gegenteil b.: → widerlegen
Beweisführung, die: → Begründung (1)
Beweisgrund, der: → Begründung (2)
beweiskräftig: dokumentarisch · amtlich · urkundlich · diplomatisch; → *auch* überzeugend, bestätigt, amtlich (1)
Beweisstück, das: Dokument; Corpus delicti (*Rechtsw od. scherzh*)
bewenden: es b. lassen |mit/bei|: → belassen (1)
bewerben, sich: sich b. |um|: **1.** ⟨*durch Gesuch zu bekommen suchen*⟩ ansuchen · sich bemühen |um| · einkommen |um| · anhalten |um| · werben |um| · kandidieren |für|; aspirieren |auf| (*österr*); → *auch* anbieten (II), bitten (2) – **2.** → werben (2, a)
Bewerber, der: **1.** ⟨*sich um etw. Bewerbender*⟩ Anwärter · Aspirant · Kandidat; Postulant (*veraltet*); → *auch* Bittsteller – **2.** ⟨*um ein Mädchen od. eine Frau Werbender*⟩ Freier; Freiersmann (*noch scherzh*); Werber (*veraltet*)
Bewerbung, die: → Antrag (3)
bewerfen: 1. ⟨*auf etw. od. jmdn. werfen*⟩ *salopp*: beschmeißen · befeuern · bombardieren |mit| – **2.** → verputzen (1) – **3.** mit Schmutz b.: → verleumden (1)
bewerkstelligen: ermöglichen · zustande/zuwege bringen; fügen · richten (*landsch*) + steuern ♦ *umg*: anstellen · anpacken · anfangen · managen · einfädeln ♦ *salopp*: drehen · hinkriegen · hinschaukeln · hinbiegen · schmeißen · deichseln · befummeln · fingern · fädeln; → *auch* erreichen (2), meistern, zurechtkommen (2)
bewerten: 1. → beurteilen (1) – **2.** → anrechnen (1) – **3.** → berechnen (I, 1)
Bewertung, die: **1.** ⟨*Feststellung des Wertes*⟩ Wertung – **2.** → Berechnung (1) – **3.** → Beurteilung
bewickeln: → umwickeln
bewiesenermaßen: → nachweislich
bewilligen: 1. → gewähren (1) – **2.** → genehmigen (1) – **3.** bewilligt werden: → durchgehen (2)
bewillkommnen: → willkommen (2)
bewirken: 1. → verursachen – **2.** → erreichen (2)
bewirten: 1. ⟨*seinen Gästen Speisen u. Getränke vorsetzen*⟩ regalieren (*noch landsch*) ♦ *umg*: traktieren (*scherzh*); → *auch* auftischen (1), bedienen (I, 3) – **2.** → bedienen (I, 3) – **3.** → verpflegen (1)
bewirtschaften: 1. ⟨*die Verteilung von Gütern planmäßig regeln*⟩ rationieren · kontingentieren; → *auch* zuteilen – **2.** → verwalten (2) – **3.** → bestellen (4)
Bewirtung, die: → Bedienung (3)
bewitzeln: → verspotten
Bewohner: I. Bewohner, der: → Einwohner (1) – **II.** Bewohner (*Pl*): die B.: → Bevölkerung
Bewohnerschaft, die: → Bevölkerung
bewölken, sich: → eintrüben, sich
bewölkt: bedeckt · bezogen · wolkig + trüb[e] · verhangen
Bewölkungsauflockerung, die: → Aufheiterung (2)
Bewölkungszunahme, die: → Eintrübung
Bewunderer, der: → Verehrer (1)
bewundern: bestaunen · anstaunen; → *auch* anbeten
bewundernswert: → erstaunlich (1)
bewundernswürdig: → erstaunlich (1)
Bewunderung, die: **1.** → Verehrung – **2.** B. hervorrufen: → beeindrucken
bewunderungswürdig: → erstaunlich (1)
Bewurf, der: → Verputz
bewusst: 1. ⟨*wissend*⟩ wissentlich · mit Wissen · mit [vollem] Bewusstsein · mit klarem Verstand; → *auch* absichtlich – **2.** ⟨*einen gekannten Bezug ausdrückend*⟩ bekannt · besagt · erwähnt · betreffend; → *auch* oben (2) – **3.** ⟨*aus Überzeugung für etw. eintretend*⟩ überzeugt – **4.** → absichtlich – **5.** b.

werden: **a)** → erkennen (1) – **b)** → auftauchen (4)
bewusstlos: 1. ⟨*nicht bei Bewusstsein*⟩ besinnungslos · ohnmächtig · ohne Bewusstsein/Besinnung · nicht bei sich – **2.** b. werden: ⟨*in den Zustand der Bewusstlosigkeit gelangen*⟩ ohnmächtig/besinnungslos werden · das Bewusstsein/die Besinnung verlieren · in Ohnmacht fallen/sinken · jmdm. wird [es] schwarz vor [den] Augen · umsinken ♦ *umg*: umkippen · zusammensacken · umklappen · umsacken · wegsacken · aus den Latschen/Pantinen kippen; → *auch* zusammenbrechen (1)
Bewusstlosigkeit, die: Ohnmacht · Besinnungslosigkeit; Koma · Sopor (*med*)
Bewusstsein, das: **1.** ⟨*der ungestörte Ablauf der geistigen Funktionen*⟩ Besinnung – **2.** zu[m] B. kommen: → erkennen (1); mit [vollem] B.: **a)** → bewusst (1) – **b)** → absichtlich; ohne B.: → bewusstlos (1); das B. verlieren: → bewusstlos (2)
Bewusstseinsspaltung, die: Spaltungsirresein; Schizophrenie (*med*); → *auch* Geisteskrankheit
bezahlen: 1. ⟨*den Gegenwert geben*⟩ vergüten · zahlen · geben |für| · honorieren; → *auch* entlohnen – **2.** ⟨*die Bezahlung vornehmen*⟩ zahlen · entrichten; erlegen (*süddt österr schweiz*) + begleichen ♦ *umg*: den Beutel ziehen/zücken (*scherzh*) ♦ *salopp*: hinblättern · berappen · blechen · bluten; → *auch* ausgeben (I, 3) – **3.** → tilgen (1) – **4.** → finanzieren – **5.** → auszahlen (I, 1) – **6.** → entlohnen – **7.** → büßen (1) – **8.** in Raten b.: → abzahlen; teuer/die Zeche b.: → büßen (1); sich bezahlt machen: → lohnen (II); nicht mit Geld zu b.: → wertvoll (1)
Bezahlung, die: **1.** ⟨*das Bezahlen einer Geldsumme*⟩ Zahlung · Entrichtung + Begleichung · Bereinigung; → *auch* Tilgung – **2.** → Lohn (1)
bezähmen: I. bezähmen: → beherrschen (I, 2) – **II.** bezähmen, sich: → beherrschen (II)
bezaubern: entzücken · berücken · hinreißen · faszinieren · verzaubern · betören + blenden; → *auch* beeindrucken, umgarnen
bezaubernd: bestrickend · berückend · hinreißend · faszinierend · betörend · berauschend · unwiderstehlich · verwirrend · verführerisch · herzbetörend + raffiniert; → *auch* anmutig, anziehend (1), reizend (1), verlockend
bezechen, sich: → betrinken, sich
bezecht: → betrunken (1)
bezeichnen: I. bezeichnen: **1.** ⟨*mit einem Zeichen versehen*⟩ kennzeichnen; → *auch* markieren (1) – **2.** ⟨*genau angeben*⟩ [be]nennen – **3.** b. |als|: **a)** ⟨*in bestimmter Weise charakterisieren*⟩ charakterisieren |als| · hinstellen |als| · ansprechen |als| · erklären |für|; → *auch* stempeln (1) – **b)** → nennen (1) – **II.** bezeichnen, sich: sich b. |als|: ⟨*sich einen anderen Anschein geben*⟩ sich ausgeben |für/als|
bezeichnend: 1. ⟨*jmds. Gesinnung od. Handlungsweise verdeutlichend*⟩ typisch · charakteristisch; → *auch* eigentümlich (1), kennzeichnend – **2.** → kennzeichnend
Bezeichnung, die: **1.** ⟨*Kenntlichmachung durch ein Zeichen*⟩ Markierung · Kennzeichnung – **2.** ⟨*das Kennzeichnen mit sprachl. Mitteln*⟩ Benennung · Nennung · Betitelung – **3.** → Wort (1)
bezeigen: I. bezeigen: **1.** → ausdrücken (I, 3) – **2.** → erweisen (I, 1) – **3.** sein Beileid b.: → kondolieren; Teilnahme b.: → mitfühlen; seinen Dank b.: → danken (1) – **II.** bezeigen, sich: → verhalten (II, 1)
Bezeigung, die: → Bekundung
bezeugen: 1. ⟨*durch Zeugenaussage bestätigen*⟩ zeugen |für| · Zeugnis ablegen |für|; bekunden (*Rechtsw*); → *auch* aussagen (1), bestätigen (I, 1) – **2.** → ausdrücken (I, 3) – **3.** seinen Dank b.: → danken (1); sein Beileid b.: → kondolieren
bezeugt: → bestätigt
Bezeugung, die: **1.** → Bestätigung (1) – **2.** → Bekundung – **3.** → Zeugenaussage
bezichtigen: → beschuldigen (1)
Bezichtigung, die: → Beschuldigung (1)
beziehbar: → bezugsfertig
beziehen: I. beziehen: **1.** ⟨*auf Bestellung regelmäßig bekommen*⟩ halten · abonniert haben ♦ *umg*: abonniert sein |auf| – **2.** ⟨*mit einem Bezug versehen*⟩ bespannen · bedecken · bekleiden + auskleiden; → *auch* auslegen (1) – **3.** ⟨*in eine Wohnung ziehen*⟩ einziehen; → *auch* [2]einmieten, sich – **4.** → aufziehen (2) – **5.** b. |auf|: ⟨*in bestimmter Verbindung verstehen*⟩ anwenden |auf| – **II.** beziehen, sich: **1.** → eintrüben, sich – **2.** sich b. |auf|: **a)** → berufen (II) – **b)** → betreffen (1) – **c)** → zusammenhängen (1)
Bezieher, der: Abonnent · Leser; Bezüger (*schweiz*)

Beziehung: **I.** Beziehung, die: **1.** ⟨*Berührung mit anderen Personen*⟩ Verbindung · Konnex[ion] · Kontakt · Umgang · Verkehr; Ansprache (*landsch*); → *auch* Verhältnis (I, 1), Zusammenhang (1) – **2.** [intime] B.: → Liebesverhältnis; ohne B.: → beziehungslos; in jeder B.: → ganz (1); B. nehmen |auf|: → berufen (II); unter/mit B. |auf|: → hinsichtlich – **II.** Beziehungen (*Pl*): **1.** ⟨*zum persönl. Vorteil nutzbare Bekanntschaften*⟩ Verbindungen · Connections (*Pl*) + heißer Draht ♦ *umg*: Vitamin B (*scherzh*) – **2.** B. aufnehmen: → annähern (II, 1)
Beziehungskiste, die: → Liebesverhältnis
beziehungslos: zusammenhanglos · ohne Beziehung/Zusammenhang; → *auch* isoliert
beziehungsweise: **1.** ⟨*auch eine andere Beziehung ausdrückend*⟩ respektive – **2.** → oder (1)
beziffern: **I.** beziffern: → nummerieren – **II.** beziffern, sich: sich b. |auf|: → betragen (I)
Bezirk, der: **1.** ⟨*territoriale Einheit*⟩ Verwaltungsbezirk; Kanton · Distrikt · Departement (*schweiz*); Gouvernement (*veraltend*) – **2.** → Bereich (1) – **3.** → Landschaftsgebiet
bezirzen: → umgarnen
bezogen: → bewölkt
Bezug: **I.** Bezug, der: **1.** → Kauf (1) – **2.** → Zusammenhang (1) – **3.** → Bettbezug – **4.** mit/in B. auf: → hinsichtlich; B. nehmen |auf|: → berufen (II); B. haben |auf|: → zusammenhängen (1) – **II.** Bezüge (*Pl*): → Gehalt (I)
Bezüger, der: → Bezieher
bezüglich: → hinsichtlich
Bezugnahme, die: unter/mit B. auf: → hinsichtlich
bezugsfertig: beziehbar · schlüsselfertig
bezwecken: → beabsichtigen
bezweifeln: anzweifeln · in Zweifel ziehen · infrage stellen
bezwingen: **I.** bezwingen: **1.** → besiegen (I) – **2.** → unterdrücken (2) – **3.** → beherrschen (I, 2) – **4.** → meistern – **5.** → ersteigen – **II.** bezwingen, sich: **1.** → beherrschen (II) – **2.** → überwinden (II, 1)
BH, der: → Büstenhalter
bibbern: → zittern (1), frieren (1)
Bibel, die: die [Heilige] Schrift · das Buch der Bücher · das Wort Gottes + das Alte Testament · das Neue Testament
Bibi, der: → Mütze (1)
Bibliophile, der: → Bücherfreund
Bibliothek, die: → Bücherei
Bibliothekskatalog, der: → Katalog (1)
biblisch: in biblischem Alter: → alt (1)
bieder: **1.** → rechtschaffen – **2.** → einfältig (1)
Biederkeit, die: → Rechtschaffenheit
Biedermann, der: **1.** → Ehrenmann – **2.** → Spießbürger – **3.** → Heuchler
biegbar: → biegsam
biegen: **I.** biegen: **1.** ⟨*in eine gekrümmte Form bringen*⟩ einbiegen · zurechtbiegen · [ein]krümmen ♦ *umg*: krumm machen; → *auch* beugen (I, 1) – **2.** → beugen (I, 2) – **3.** auf Biegen oder Brechen: → unbedingt (1) – **II.** biegen, sich: **1.** → durchhängen – **2.** sich vor Lachen b.: → lachen (1)
biegsam: flexibel · biegbar + schwank; → *auch* elastisch (1), geschmeidig (1)
Biegung, die: **1.** ⟨*Richtungsänderung*⟩ Abbiegung · Krümmung · Bogen · Schleife · Kurve · Krümme · Knick · Knie; Rank (*schweiz*) + Kehre · Wende; → *auch* Windung (1), Wendung (1), Haarnadelkurve – **2.** → Beugung (2)
Biene, die: → Mädchen (2)
bienenfleißig: → fleißig (1)
Bienenvater, der: → Imker
Bienenzüchter, der: → Imker
Bier, das: ⟨*alkohol. Getränk*⟩ **a)** ⟨*allgemein*⟩ Gerstensaft; flüssiges Brot (*scherzh*) – **b)** ⟨*ein Glas*⟩ eine kühle Blonde · ein Blondes (*scherzh*) ♦ *umg*: Molle (*berlin*)
Bierarsch, der: → Gesäß
Bierbankpolitiker, der: → Politikaster
Bierbauch, der: → Schmerbauch
Bierkneipe, die: → Gaststätte (1, b)
Bierlokal, das: → Gaststätte (1, b)
Biertischpolitiker, der: → Politikaster
Biest, das: **1.** → Tier (1) – **2.** → Luder (1)
biestern: b. |durch|: → umherirren
biestig: → gemein (1)
bieten: **I.** bieten: **1.** ⟨*einen Gegenwert versprechen*⟩ anbieten · in Aussicht stellen; → *auch* aussetzen (1), versprechen (I, 1) – **2.** ⟨*bei Versteigerungen eine Kaufsumme nennen*⟩ [s]ein Angebot machen – **3.** → anbieten (I, 1) – **4.** → darbieten (I, 1) – **5.** → geben (I, 1) – **6.** → zumuten (1) – **7.** Garantie b.: → gewährleisten; einen Gruß b.: → grüßen (1); einen Anblick b.: → aussehen (1); die Freundeshand b.: → versöhnen (II); sich

b. lassen: → hinnehmen (1) – **II.** bieten, sich: **1.** ⟨*als Möglichkeit erkennbar werden*⟩ sich zeigen · sich darbieten · sich eröffnen – **2.** → zeigen (II, 1)

Bieter, der: → Ersteigerer

Bigamie, die: Doppelehe; → *auch* Ehe (1), Polygamie, Monogamie

Bigbusiness, das: → Geschäft (3)

bigott: → frömmelnd

Bijouterie, die: → Schmuck (1)

Bikini, der: → Badeanzug

Bilanz, die: **1.** ⟨*abschließende Gegenüberstellung von Einnahmen u. Ausgaben*⟩ Schlussrechnung · Abrechnung · Rechnungslegung + Handelsbilanz; → *auch* Geschäftsbericht – **2.** → Ergebnis – **3.** B. machen, die B. aufstellen/ziehen: → abrechnen (1)

bilanzieren: → abrechnen (1)

bilateral (*bes. Polit*): zweiseitig; → *auch* multilateral

Bild: I. Bild, das: **1.** ⟨*gemaltes Kunstwerk*⟩ Gemälde + Aquarell ♦ *salopp*: Schinken (*abwert*); → *auch* Bildnis – **2.** ⟨*sich dem Auge bietender Teil der Umwelt*⟩ Anblick · Ansicht + ein Augenschmaus – **3.** ⟨*bildhafter Ausdruck*⟩ + Metapher · Allegorie · Tropus · Trope · Parabel · Sinnbild · Gleichnis · Symbol · Vergleich – **4.** ⟨*Art und Weise, wie man sich etw. vorstellt*⟩ Vorstellung · Szenario – **5.** → Abbildung – **6.** → Zeichnung (1) – **7.** → Fotografie – **8.** → Vorstellung (2), Einblick (1) – **9.** → Inbegriff – **10.** im Bilde: → bildlich (1); ein B. entwerfen |von|: → darlegen; sich ein B. machen |von|: → vorstellen (I, 3); ins B. setzen: → unterrichten (1); im Bilde sein: → wissen (1) – **II.** Bilder (*Pl*): → Sinnestäuschung

bilden: I. bilden: **1.** ⟨*sich durch seine Existenz ergeben*⟩ sein · darstellen + abgeben – **2.** ⟨*eine Gruppe herstellen*⟩ zusammenstellen · zusammensetzen – **3.** → formen (1) – **4.** → hervorbringen (1) – **5.** → entwickeln (I, 2) – **II.** bilden, sich: **1.** ⟨*sich* [*mehr*] *Bildung aneignen*⟩ sich heranbilden · sich qualifizieren · sich weiterbilden · sich fortbilden; → *auch* vervollkommnen (II, 1) – **2.** → entstehen (1)

Bilderbuch, das: wie aus dem B.: → schön (1)

Bildfläche, die: auf der B. erscheinen: → erscheinen (1, a); von der B. verschwinden: **a)** → verschwinden (2) – **b)** → weggehen (1)

bildhaft: → anschaulich

Bildhaftigkeit, die: → Anschaulichkeit

bildhübsch: → schön (1)

bildkräftig: → anschaulich

bildlich: 1. ⟨*durch einen bildhaften Ausdruck wiedergegeben*⟩ übertragen · metaphorisch · figürlich · sinnbildlich · allegorisch · symbolisch · gleichnishaft · als Gleichnis; blumig (*auch abwert*) ♦ *gehoben*: parabolisch · im Bilde – **2.** → anschaulich

Bildnis, das: Porträt; Konterfei (*noch scherzh*) + Brustbild · Hüftbild; → *auch* Bild (I, 1), Fotografie

Bildreporter, der: → Fotoreporter

Bildschirm, der: Monitor; Screen (*fachspr*) + Display

Bildschmuck, der: → Bebilderung

bildschön: → schön (1)

Bildung, die: **1.** ⟨*das Ergebnis allseitiger Erziehung*⟩ + Kultur · Belesenheit; → *auch* Allgemeinbildung, Benehmen (1) – **2.** → Erziehung (1) – **3.** → Aufstellung (2)

Bildungsanstalt, die: → Schule (1)

Bildungsgrad, der: → Bildungsstand

Bildungsprotz, der: → Angeber (1)

Bildungsstand, der: Bildungsgrad · Niveau · Level · Horizont; → *auch* Leistungsstand

Bildungsstätte, die: → Schule (1)

Bildwerfer, der: Projektor · Projektionsgerät · Projektionsapparat + Diaskop · Episkop · Epidiaskop · Heimkino

Bildwerk, das: → [1]Plastik (1)

Billett, das: → Eintrittskarte, Fahrkarte (1)

billig: 1. ⟨*für verhältnismäßig wenig Geld erhältlich*⟩ preiswert · nicht teuer · preiswürdig · [preis]günstig · erschwinglich · spottbillig; wohlfeil (*veraltend*) + [weit] unter dem Preis · zum halben Preis ♦ *umg*: halb geschenkt · für ein Butterbrot · für 'nen Appel und ein Ei; → *auch* kostengünstig – **2.** → minderwertig – **3.** → geistlos – **4.** → gerecht (1) – **5.** → kostengünstig – **6.** billiger werden: ⟨*weniger Geld kosten*⟩ heruntergehen · sich verbilligen · [im Preis] sinken ♦ *umg*: in den Keller rutschen – **7.** recht und b.: → gerecht (1)

billigen: 1. ⟨*sein Einverständnis erklären bzw. erkennen lassen*⟩ beipflichten · beistimmen · zustimmen · seine Zustimmung geben |zu| · bejahen · annehmen · akzeptieren · absegnen · für gut befinden; goutieren · approbieren (*veraltend*); → *auch* anerken-

nen (1), gutheißen, zustimmen (1) – **2.** → genehmigen (1)
Billigung, die: **1.** ⟨*Erklärung des Einverständnisses*⟩ Zustimmung · Akzeptanz · Bejahung + Gutheißung; → *auch* Zustimmung (1) – **2.** → Anerkennung (1)
Billigware, die: → Schund (1)
Bimmel, die: → Klingel
Bimmelbahn, die: → Kleinbahn
bimmeln: → klingeln
Bimse, die: → Prügel (II, 1)
bimsen: **1.** → lernen (1) – **2.** → drillen (1) – **3.** → verprügeln
Binde, die: **1.** ⟨*Stoffstreifen zum Halten eines verletzten Gliedes*⟩ Armbinde · Schlinge – **2.** ⟨*als Abzeichen um den Arm getragener Stoffstreifen*⟩ Armbinde – **3.** → Verband (1) – **4.** einen hinter die B. gießen: → trinken (1, b); die B. fällt von den Augen: → erkennen (1)
Bindeband, das: → Bindfaden
Bindeglied, das: **1.** → Verbindungsglied – **2.** → Verbindungsmann
Bindemäher, der: → Binder (1)
binden: **I.** binden: **1.** ⟨*die Enden von Fäden od. dgl. aneinander befestigen*⟩ zusammenbinden · [zusammen]knoten · [zusammen]knüpfen + [zusammen]schnüren – **2.** ⟨*durch Fäden od. dgl. zusammenhalten*⟩ zusammenbinden · zusammenfügen ♦ *gehoben*: winden – **3.** → fesseln (1) – **4.** → zusammenhalten (3) – **5.** → einbinden (2) – **6.** → andicken – **7.** b. |an|: → anbinden (1); auf die Nase b.: → mitteilen (I); auf die Seele b.: → einschärfen (1) – **II.** binden, sich: **1.** → festlegen (II) – **2.** → heiraten (1)
bindend: → verbindlich (1)
Binder, der: **1.** ⟨*landwirtschaftl. Maschine*⟩ Bindemäher · Mähbinder – **2.** → Krawatte (1)
Bindfaden, der: Schnur; Spagat (*süddt österr*) ♦ *umg*: Strippe · Band · Bindeband (*landsch*); → *auch* Faden (I, 1)
Bindung, die: **1.** ⟨*die innere Verbundenheit*⟩ Fessel (*abwert*) ♦ *gehoben*: Band ♦ *umg*: Konnex – **2.** eine B. eingehen: → festlegen (II)
binnen: **1.** → innerhalb – **2.** b. kurzem: → bald (1)
Binnenmeer, das: → See (I)
Binnensee, der: → See (I)
Binse, die: in die Binsen gehen: **a)** → verloren (4) – **b)** → entzweigehen (1)
Binsenwahrheit, die: → Gemeinplatz
Binsenweisheit, die: → Gemeinplatz
Biografie, die: → Lebensbeschreibung
Biokost, die: → Biolebensmittel
Bioladen, der: Ökoladen · Naturkostladen
Biolebensmittel (*Pl*): Biokost · Naturkost · Ökolebensmittel
Birne, die: **1.** → Glühlampe – **2.** → Kopf (1) – **3.** eine weiche B. haben: **a)** → schwachsinnig (3) – **b)** → verrückt (5)
bis: bis [zu]: → an (2); bis auf: → außer (1); bis jetzt/heute/dato/anhin: → bisher; bis an: → [1]zu (4)
bisexuell: **1.** ⟨*sexuell auf beide Geschlechter fixiert*⟩ *salopp*: stereo – **2.** → zweigeschlechtig
bisher: bis jetzt/heute · bislang · seither; bis dato (*kaufm*); bis anhin (*schweiz*)
bislang: → bisher
Biss, der: **1.** ⟨*einmaliges Zufassen mit den Zähnen*⟩ *umg*: Schnapper – **2.** ⟨*durch Beißen verursachte Wunde*⟩ Bisswunde
bisschen: ein b.: **a)** → einiges (1) – **b)** → wenig (2); ein b. plötzlich: → schnell (2)
bissel: ein b.: **a)** → einiges (1) – **b)** → wenig (2)
Bissen, der: **1.** ⟨*mundgerechtes Stück*⟩ Brocken · Mundvoll ♦ *umg*: Happen; → *auch* Stück (1) – **2.** → Imbiss (1) – **3.** ein harter B.: → Schwierigkeit (1); sich jeden B. vom Mund absparen: → sparsam (3); sich jeden B. vom Mund absparen müssen: → arm (4)
bissig: **1.** ⟨*bes. von Hunden gesagt*: *zum Beißen neigend*⟩ scharf – **2.** → gehässig – **3.** → boshaft (1)
Bisswunde, die: → Biss (2)
bisweilen: → manchmal
Bitte, die: Ersuchen ♦ *gehoben*: Ansuchen; → *auch* Aufforderung (1)
bitten: **1.** → beten – **2.** b. |um|: ⟨*durch Bitten zu erlangen suchen*⟩ angehen |um| · ansprechen |um| · fragen |um| · sich wenden |an| · ersuchen |um| · flehen |um| · beknien · [an]betteln |um| · gute Worte geben |wegen| · ansuchen |um|; nachsuchen |um| (*amtsspr*) ♦ *umg*: anbohren |um| (*abwert*); anreden |um| (*landsch*); → *auch* beschwören (2), ausbitten, sich (1), bewerben, sich (1) – **3.** b. |für|: → verwenden (II); kniefällig b.: → beschwören (2); zu kommen b.: → bestellen (2); um Entschuldigung/Verzeihung b.: → entschuldigen (II)

bitter: **1.** ⟨*wie Galle schmeckend*⟩ bitterlich · gallig · galle[n]bitter + herb – **2.** → schmerzlich – **3.** → ärgerlich (1) – **4.** → sehr – **5.** eine bittere Pille: → unangenehm (1); die bittere Pille schlucken: → hinnehmen (1)
bitterböse: → böse (2)
bitterernst: → ernst (1)
bitterkalt: → kalt (1)
Bitterkeit, die: **1.** ⟨*das Bittersein*⟩ + Herbheit · Herbigkeit – **2.** → Groll (1)
bitterlich: **1.** → bitter (1) – **2.** → schmerzlich – **3.** → sehr
Bitternis, die: → Groll (1)
Bittgänger, der: → Bittsteller
Bittschrift, die: Petition; → *auch* Antrag (2)
Bittsteller, der: Bittgänger; Petent (*amtsspr*) + Antragsteller; → *auch* Bewerber (1), Antragsteller (1)
bitzeln: → abschneiden (1)
Biwak, das: → Lager (2)
biwakieren: → zelten
bizarr: **1.** → ungewöhnlich – **2.** → launisch, schrullig (1)
Blabla, das: → Geschwätz (1)
Blache, die: → Plane
Blackbox, die: → Flugschreiber
Blackout, der *od.* das: **1.** → Stromausfall – **2.** → Erinnerungslücke – **3.** ein[en] B. haben: → vergessen (I, 1)
blaffen: **1.** → bellen (1) – **2.** → schnauzen
bläffen: **1.** → bellen (1) – **2.** → schnauzen
Blaffer, der: → Hund (1)
Blag, das: → Kind (1)
Blahe, die: → Plane
blähen: **I.** blähen: → aufblähen (I, 1) – **II.** blähen, sich: **1.** → aufblähen (II, 1) – **2.** → angeben (1)
Blähung, die: → Wind (I, 2)
blaken: → rußen (1)
bläken: → schreien (1)
blamabel: → beschämend
Blamage, die: **1.** → Schande (1) – **2.** eine B. erleiden: → blamieren (II)
blamieren: **I.** blamieren: ⟨*eine Blamage bereiten*⟩ bloßstellen · lächerlich machen · zum Gespött [der Leute] machen – **II.** blamieren, sich: ⟨*sich eine Blamage bereiten*⟩ eine Blamage erleiden · sich lächerlich machen · sich zum Gespött [der Leute] machen · sich zum Gelächter/sich unmöglich machen · zum Gespött/Gelächter werden |für| · Hohn und Spott ernten; → *auch* bloßstellen (II)
blanchieren: → abbrühen
blank: **1.** → glänzend (1) – **2.** → sauber (1) – **3.** → abgetragen – **4.** → bloß (1) – **5.** → zahlungsunfähig (1) – **6.** → offenkundig (1) – **7.** b. machen/reiben/putzen: → polieren (1)
blarren: → weinen (1)
Blase, die: **1.** ⟨*mit Luft gefüllter Hohlraum*⟩ Luftblase – **2.** → Blutblase – **3.** → Eiterblase – **4.** → Bande – **5.** → Clique
blasen: **1.** ⟨*Luft ausstoßen*⟩ *umg*: pusten – **2.** ⟨*auf einem Blasinstrument spielen*⟩ schmettern (*oft scherzh*) + trompeten ♦ *umg*: tuten – **3.** → schnauben (I, 1) – **4.** → wehen (1) – **5.** leer b.: → ausblasen (1); was b.: → ablehnen (1); in dasselbe Horn b.: → übereinstimmen (1); den Marsch b.: → zurechtweisen; Trübsal b.: → Kummer (3)
Blaser, der: → Mütze (1)
blasiert: **1.** → überheblich – **2.** → eingebildet (1)
Blasiertheit, die: → Überheblichkeit
Blasphemie, die: → Gotteslästerung
blasphemisch: → gotteslästerlich
blass: **1.** ⟨[*unnatürl.*] *helle Hautfarbe zeigend*⟩ bleich · blässlich · blassgesichtig · blasswangig · kalkig · kalkfarben · kreidebleich · kreideweiß · kalkbleich · kalkweiß · weiß [wie die Wand] · käsig · käseweiß · käsebleich · wachsbleich · geisterbleich · todbleich · totenbleich · totenblass · leichenblass · bleichsüchtig · fahl[bleich] · aschfahl · [asch]grau · farblos · blutleer · blutlos ♦ *umg*: wie ein Gespenst · wie eine [wandelnde] Leiche – **2.** b. werden: → erblassen (1); keinen blassen Schimmer haben: **a)** → ahnungslos (3) – **b)** → dumm (6); keinen blassen Dunst haben: → dumm (6)
blassblau: → blau (1)
blassgesichtig: → blass (1)
blassgrün: → grün (1)
blässlich: → blass (1)
blassrot: → rot (1)
blasswangig: → blass (1)
Blatt: **I.** Blatt, das: **1.** ⟨*Stück Papier*⟩ Bogen · Zettel + Briefbogen – **2.** → Zeitung (I, 1) – **3.** → Spielkarte – **4.** ein unbeschriebenes B. sein: **a)** → unbekannt (2) – **b)** → unerfahren (2) ; kein B. vor den Mund nehmen: → aussprechen (I, 5) – **II.** Blätter (*Pl*): → Laub
Blattader, die: → Rippe (1)
Blättchen, das: → Zeitung (I, 1)

Blatter, die: → Eiterblase
Blätterkrone, die: → Wipfel
blättern: 1. → aufzählen (1) – **2.** b. |von|: → ablösen (II, 1)
Blätterwald, der: → Zeitung (II)
Blattgrün, das: Chlorophyll · Pflanzengrün
Blattnerv, der: → Rippe (1)
Blattrippe, die: → Rippe (1)
Blattwerk, das: → Laub
blau: 1. ⟨*Farbe*⟩ + sattblau · hellblau · blassblau · himmelblau · dunkelblau · marineblau · azurblau · tintenblau · lasurblau · veilchenblau · enzianblau · kornblumenblau · bleu · azurn · azurfarben · ultramarin · bläulich – **2.** → blutunterlaufen – **3.** → betrunken (1) – **4.** der Blaue Planet: → Erde (2); blauer Dunst: → Betrug (1); blauen Dunst vormachen: → vorspiegeln (1); die blaue Stunde: → Abenddämmerung; blaue Jungs/Jungen: → Matrose (II); blaue Bohne: → Kugel (1); von blauem Blut: → adlig (1); Fahrt ins Blaue: → Ausflug; ins Blaue hinein: → planlos (1); b. wie ein Veilchen: → betrunken (1); sein blaues Wunder erleben: → staunen (1); blauen Montag machen: → faulenzen (1); mit einem blauen Auge davonkommen: **a)** → glimpflich (2) – **b)** → straffrei
blauäugig: → gutgläubig
blaublütig: → adlig (1)
Blaujacke, die: → Matrose (I, 1)
bläulich: → blau (1)
blaumachen: → faulenzen (1)
Blaupapier, das: → Kohlepapier
Blazer, der: → Jacke (1)
Blech, das: **1.** → Geld (1) – **2.** → Unsinn (1, a)
blechen: → bezahlen (2)
Blechner, der: → Klempner
Blechschmied, der: → Klempner
Blei, das: **1.** → Lot (1) – **2.** wie B.: → schwer (1)
Bleibe, die: **1.** → Unterkunft (1) – **2.** ohne B.: → obdachlos (1)
bleiben: 1. ⟨*den Ort nicht verlassen*⟩ dableiben · hier bleiben · verweilen · verbleiben · verharren ♦ *gehoben*: weilen ♦ *umg*: Hütten bauen; → *auch* aufhalten (II, 1) – **2.** ⟨*als Rest zur Verfügung stehen*⟩ übrig bleiben · übrig sein · zurückbleiben · verbleiben – **3.** → aushalten (2) – **4.** → umkommen (1) – **5.** b. |bei|: → beibehalten (1); dabei b., treu b. |einer Sache|, bei der Stange b.: → festbleiben (1); standhaft b.: → beharren (1); hart/auf seinem Posten b.: → aushalten (2); am Leben b.: → davonkommen (2); auf der Strecke b.: **a)** → versagen (1) – **b)** → stecken (5, a); im Feld b.: → fallen (3); Sieger b.: → siegen; auf der Spur/Fährte/den Fersen b.: → verfolgen (1); für sich b.: → ausschließen (II, 1); im Hintergrund b.: → zurückhalten (II, 1); nicht bei der Wahrheit b.: → lügen (1); geöffnet b.: → offen (6); b. lassen: → unterlassen; fern b.: → fern (4); hier b.: → 1
bleibend: → dauerhaft
Bleiberecht, das: → Aufenthaltserlaubnis
bleich: 1. → blass (1) – **2.** b. machen: → bleichen (1); b. werden: → erblassen (1)
bleichen: 1. ⟨[*wieder*] *weiß werden lassen*⟩ bleich machen · ausbleichen; → *auch* aufhellen (I, 1) – **2.** → blondieren – **3.** → verblassen
Bleichsucht, die: → Blutarmut
bleichsüchtig: 1. → [1]blutarm – **2.** → blass (1)
bleiern: → schwer (1)
Bleifuß: mit B. fahren: → Vollgas
bleischwer: → schwer (1)
Blende, die: → Besatz (1)
blenden: 1. ⟨*das Sehvermögen beeinträchtigen*⟩ *umg*: blind machen – **2.** ⟨*des Augenlichtes berauben*⟩ die Augen ausbohren/ausbrennen/ausstechen/ausstoßen/ausdrücken – **3.** → bezaubern – **4.** → vorspiegeln (1) – **5.** → leuchten (1)
blendend: 1. → schön (1) – **2.** → grell (1)
Blender, der (*abwert*): Schaumschläger · Effekthascher; → *auch* Angeber (1)
Blendwerk, das: → Vorspiegelung
Blesse, die: → Abzeichen (2)
blessieren: → verletzen (I, 1)
bleu: → blau (1)
Blick, der: **1.** ⟨*das* [*kurze*] *Hinblicken*⟩ *umg*: Auge – **2.** ⟨*in den Augen erkennbarer Ausdruck*⟩ Augenausdruck – **3.** → Aussicht (1) – **4.** einen B. riskieren (*umg*): ⟨*verstohlen hinsehen*⟩ ein Auge riskieren · linsen · schielen; schmulen · illern (*landsch*) – **5.** den B./die Blicke auf sich ziehen: → auffallen (1); einen B. schenken: → ansehen (I, 1); einen B. werfen |auf|: → ansehen (I, 1 *u.* 3); den Blick heften/richten |auf|: → ansehen (I, 3); mit Blicken verschlingen/durchbohren: → anstarren; keines Blickes würdigen: → ignorieren (1)

blicken: **1.** ⟨*die Augen geöffnet haben*⟩ schauen ♦ *umg*: gucken · äuge[l]n · linsen; → *auch* sehen (1), spähen (1) – **2.** ⟨*in bestimmter Weise schauen*⟩ dreinblicken · dreinsehen · dreinschauen – **3.** b. |auf|: → ansehen (I, 3); sich b. lassen: **a)** → besuchen – **b)** → erscheinen (1, a); in sein Herz b. lassen: → anvertrauen (II, 2); hinter die Kulissen b.: → durchschauen (I)
Blickfang, der: Anziehungspunkt · Magnet; → *auch* Hauptattraktion
Blickfeld, das: **1.** → Gesichtskreis (1) – **2.** ins B. rücken: → hinweisen
Blickpunkt, der: → Gesichtspunkt (1), Standpunkt (1)
Blickwinkel, der: → Gesichtspunkt (1), Standpunkt (1)
blind: **1.** ⟨*ohne Sehvermögen*⟩ stockblind – **2.** → unüberlegt (1) – **3.** → kritiklos – **4.** → beschlagen (2) – **5.** b. machen: → blenden (1); b. werden: → erblinden; blinder Passagier: → Schwarzfahrer
Blinddarm, der: Wurmfortsatz; Appendix (*med*)
Blindgänger, der: → Versager (1)
blindgläubig: **1.** → kritiklos – **2.** → fanatisch
blindlings: **1.** → unüberlegt (1) – **2.** → kritiklos
blindwütig: → wütend (1)
blinken: **1.** → glänzen (1) – **2.** → signalisieren (1)
Blinker, der: → Blinkleuchte
blinkern: **1.** → glänzen (1) – **2.** → zwinkern
Blinkfeuer, das: → Leuchtfeuer
Blinkleuchte, die: Blinker; Richtungsanzeiger (*schweiz*)
blinzeln: → zwinkern
blinzen: → zwinkern
Blitz, der: **1.** ⟨*Naturerscheinung*⟩ Blitzschlag · Blitzstrahl · Schlag ♦ *dicht*: Wetterstrahl – **2.** wie der/ein B.: → schnell (1, b); wie ein geölter B.: → schnell (1, a); wie vom B. getroffen: → bestürzt; wie der B. aus heiterem Himmel: → plötzlich (1)
blitzartig: → schnell (1, b)
blitzblank: → sauber (1)
blitzen: **1.** ⟨*vom Blitz gesagt*: *plötzlich aufleuchten*⟩ + wetterleuchten ♦ *dicht*: flammen – **2.** → glänzen (1)
Blitzesschnelle, die: mit B.: → schnell (1, b)
blitzgescheit: → klug (1)
blitzsauber: → sauber (1)
Blitzschlag, der: → Blitz (1)
blitzschnell: → schnell (1, b)
Blitzstrahl, der: → Blitz (1)
Block, der: **1.** → Steinblock – **2.** → Häuserblock – **3.** → Gruppe (2) – **4.** → Zeichenblock – **5.** erratischer B.: → Findling (1)
Blockade, die: → Absperrung (1)
blocken: **1.** → abwehren (1, b) – **2.** → bohnern
blockieren: **1.** ⟨*einen Mechanismus außer Betrieb setzen*⟩ arretieren – **2.** → sperren (I, 1) – **3.** → verhindern
Blockierung, die: → Absperrung (1)
blöd[e]: **1.** → schwachsinnig (1), dumm (1) – **2.** → sinnlos (1) – **3.** → unangenehm (1) – **4.** blöder Einfall: → Schnapsidee
blödeln: → scherzen
Blödheit, die: **1.** → Schwachsinn (1) – **2.** → Unvernunft – **3.** → Dummheit (1)
Blödian, der: → Dummkopf (2)
Blödling, der: → Dummkopf (2)
Blödmann, der: → Dummkopf (2)
Blödsinn, der: → Unsinn (1, a)
blödsinnig: **1.** → schwachsinnig (1), dumm (1) – **2.** → sinnlos (1)
Blödsinnigkeit, die: → Sinnlosigkeit
blöken: *umg*: mähen
blond: **1.** ⟨*helles Haar besitzend*⟩ blondhaarig + hellblond · aschblond · semmelblond · flachsblond · strohgelb ♦ *umg*: + wasserstoffblond – **2.** blondes Gift: → Blondine; b. färben/machen: → blondieren
Blonde: **I.** Blonde, die: **1.** → Blondine – **2.** eine kühle B.: → Bier (b) – **II.** Blonde, das: ein Blondes: → Bier (b)
blondhaarig: → blond (1)
blondieren: bleichen · blond färben ♦ *umg*: blond machen
Blondine, die: Blonde ♦ *umg*: blondes Gift (*scherzh*)
bloß: **1.** ⟨*durch nichts verdeckt*⟩ unbedeckt · unverhüllt + blank ♦ *gehoben*: bar – **2.** → nackt – **3.** → nur
Blöße, die: **1.** ⟨*schwache Stelle*⟩ Armutszeugnis; → *auch* Achillesferse – **2.** → Nacktheit – **3.** → Lichtung – **4.** sich eine B. geben: → bloßstellen (II)
bloßfüßig: → barfuß (1)
bloßlegen: **1.** → freilegen – **2.** → aufdecken (I, 1)

Bloßlegung, die: **1.** → Freilegung – **2.** → Aufdeckung (1)
bloßstellen: I. bloßstellen: **1.** ⟨*öffentlich angreifen*⟩ anprangern · desavouieren · kompromittieren – **2.** → blamieren (I) – **II.** bloßstellen, sich: ⟨*sich vor anderen selbst herabsetzen bzw. entwürdigen*⟩ sich eine Blöße geben · sich kompromittieren · sich etw. vergeben · das Gesicht verlieren · sich prostituieren; → *auch* blamieren (II)
Bloßstellung, die: → Schande (1)
bloßstrampeln, sich: → aufdecken (II)
Blouson, das *od.* der: → Bluse, Jacke (1)
blubbern: → murmeln
Bluff, der: → Vorspiegelung
bluffen: → vorspiegeln (1)
blühen: 1. ⟨*Blüten tragen*⟩ in Blüte stehen · prangen – **2.** → gedeihen (1)
blühend: 1. → gesund (1) – **2.** → jung (1) – **3.** → schön (1)
Blume, die: **1.** → Aroma (1) – **2.** → Schwanz (1) – **3.** durch die B. sagen: **a)** → beibringen (1) – **b)** → andeuten (I, 1); durch die B.: → andeutungsweise
Blumenasch, der: → Blumentopf
Blumengewinde, das: → Blumenkranz
Blumengirlande, die: → Blumenkranz
Blumenkind, das: → Hippie
Blumenkranz, der: Blumengewinde · Blumengirlande · Gebinde
Blumenlese, die: → Blütenlese
Blumenstrauß, der: Strauß · Bukett; Busch (*landsch*); Buschen (*süddt österr*) ♦ *umg*: Gemüse (*scherzh*)
Blumentopf, der: Pflanzentopf + Ampel ♦ *umg*: Scherbel · Blumenasch (*landsch*); Scherben (*süddt veraltend*)
blümerant: → übel (1)
blumig: 1. → geblümt – **2.** → aromatisch (1) – **3.** → bildlich (1) – **4.** → schwülstig
Blunze, die: → Bauch (1)
Bluse, die: + Blouson · Hemdbluse · Kasack
Blust, der: → Blüte (I, 1)
Blut, das: **1.** ⟨*Körperflüssigkeit*⟩ Schweiß (*weidm*) ♦ *umg*: der rote Saft · Lebenssaft – **2.** B. abnehmen/abzapfen: → schröpfen (1); B. vergießen: → töten (I, 1); seine Hände mit B. beflecken/besudeln: → morden (1); mit B. befleckt/besudelt: → blutig (1); im B. liegend: → angeboren; von blauem B.: → adlig (1); aus Fleisch und B.: → lebensecht; wie Milch und B.: → jung (1); aussehen wie Milch und B.: → schön (7); B. [und Wasser] schwitzen: → ängstigen (II, 1); wie mit B. übergossen: → schamrot (1); ins B. gehen: → beleben (I, 3); das B. in Wallung bringen: **a)** → aufregen (I, 1) – **b)** → begeistern (I); böses B. machen: → entrüsten (I); heißes B.: → Hitzkopf; kaltes/ruhig B. behalten/bewahren: → beherrschen (II); das B. der Reben: → Wein (1)
Blutader, die: Vene; → *auch* Ader (1), Schlagader
¹blutarm: anämisch · bleichsüchtig
²blutarm: → arm (1)
Blutarmut, die: Anämie · Bleichsucht
Blutbad, das: Gemetzel · Metzelei · Massaker · Schlächterei · das Hinschlachten · Hinschlachtung · Abschlachtung · Massenmord · Genozid ♦ *umg*: Gemorde; → *auch* Schlacht, Tötung, Mord (1)
blutbefleckt: → blutig (1)
blutbespritzt: → blutig (1)
blutbesudelt: → blutig (1)
Blutblase, die: Blase; Quese (*norddt*)
Blutdurst, der: → Mordgier
blutdürstig: → mordgierig
Blüte: I. Blüte, die: **1.** ⟨*das Blühen*⟩ Blust (*schweiz*) – **2.** → Auslese (1) – **3.** → Blütezeit – **4.** → ²Pickel – **5.** → Original (1) – **6.** in B. stehen: → blühen (1) – **II.** Blüten (*Pl*): → Falschgeld
bluten: 1. ⟨*Blut verlieren*⟩ schweißen (*weidm*) – **2.** → bezahlen (2)
Blütenlese, die: Florilegium · Blumenlese · Auslese; → *auch* Auswahl (3)
Blütentraum, der: → Wunschvorstellung
blütenweiß: → weiß (1)
Bluterguss, der: Erguss; Hämatom (*med*)
Blütezeit, die: Blüte · Glanzzeit · Hochblüte
Blutflüssigkeit, die: → Blutserum
Blutgefäß, das: → Ader (1)
Blutgerinnsel, das: Blutpfropf; Thrombus (*med*)
Blutgerüst, das: → Schafott
Blutgier, die: → Mordgier
blutgierig: → mordgierig
Blutgruppe, die: nicht jmds. B. sein: → unsympathisch
Bluthochdruck, der: Hypertonie (*med*)
Bluthund, der: → Unmensch (1)
blutig: 1. ⟨*von Blut verschmutzt od. mit Blut bedeckt*⟩ blutbefleckt · blutbespritzt · blutbesudelt · blutüberströmt · bluttriefend · mit Blut befleckt/besudelt – **2.** → mörderisch (1) – **3.** blutiger Anfänger: → Anfänger (1)

blutjung: → jung (1)
Blutkrebs, der: → Leukämie
Blutkreislauf, der: → Kreislauf (1)
blutleer: → blass (1)
blutlos: → blass (1)
Blutplasma, das: → Blutserum
blutrünstig: → mordgierig
Blutsauger, der: **1.** → Ausbeuter – **2.** → Wucherer
Blutsbruder, der: → Freund (I, 1)
Blutsbrüderschaft, die: → Freundschaft (1)
Blutschande, die: Inzest
Blutserum, das: Blutplasma · Blutwasser · Blutflüssigkeit · Plasma · Serum
blutsverwandt: → verwandt (1)
Bluttat, die: → Mord (1)
Bluttransfusion, die: → Blutübertragung
bluttriefend: → blutig (1)
blutüberströmt: → blutig (1)
Blutübertragung, die: Bluttransfusion · Transfusion
blutunterlaufen: blau
Blutvergiftung, die: Sepsis (*med*)
Blutwäsche, die: Dialyse; Hämodialyse (*med*)
Blutwasser, das: → Blutserum
blutwenig: → wenig (1)
Blutzirkulation, die: → Kreislauf (1)
Bö, die: → Windstoß
Boa, die: → Riesenschlange
Bobbahn, die: → Rodelbahn
Bock, der: **1.** → Pferd (1) – **2.** → Lüstling – **3.** → Starrkopf – **4.** sturer B.: → Starrkopf; geiler B.: → Lüstling; einen B. haben: → trotzen (1); einen B. schießen: → Fehler (2); keinen/null B. haben |auf|: → Lust (3)
bockbeinig: 1. → widerspenstig – **2.** b. sein: → trotzen (1)
Bockbeinigkeit, die: → Widerspenstigkeit
bocken: I. bocken: **1.** ⟨*von Tieren gesagt: nicht gehorchen*⟩ störrisch/bockig sein – **2.** → trotzen (1) – **3.** → aussetzen (3) – **4.** → brünstig (2) – **II.** bocken, sich: → langweilen (II)
bockig: 1. → widerspenstig – **2.** → langweilig – **3.** b. sein: **a)** → bocken (I, 1) – **b)** → trotzen (1)
Bockigkeit, die: → Widerspenstigkeit
Bockmist, der: → Unsinn (1, a)
Bockshorn, das: ins B. jagen: → entmutigen
bocksteif: → steif (1)
Boden, der: **1.** → Ackerboden – **2.** → Erdboden (1) – **3.** → Fußboden (1) – **4.** → Dachboden – **5.** Grund und B.: → Grundbesitz; aus dem B. stampfen: → hervorbringen (1); am B. liegen: → besiegt (2); zu B. schlagen/strecken: → niederschlagen (I, 1); auf den/zu B. setzen: → absetzen (I, 1); den B. unter den Füßen wegziehen: → ruinieren (I, 1); in Grund und B. wirtschaften: → herunterwirtschaften; in Grund und B. schießen: → zerschießen; sich in Grund und B. schämen, jmd. würde vor Scham am liebsten im B. versinken: → schämen, sich (1); den B. ebnen: → fördern (1); [an] B. gewinnen: **a)** → vorankommen (1) – **b)** → verbreiten (II); ein Fass ohne B.: **a)** → endlos (b) – **b)** → unerschöpflich; das schlägt dem Fass den B. aus: → unerhört (2); mit einem doppelten B.: → zwielichtig (1); am B. zerstört sein: **a)** → erschöpft (4) – **b)** → niedergeschlagen (2)
Bodenbesitz, der: → Grundbesitz
Bodenerhebung, die: Erhebung · Erhöhung; Schwelle (*fachspr*) ♦ *umg*: Holper (*landsch*); → *auch* Berg (I, 1), Hügel
Bodengelass, das: → Dachkammer
Bodenkammer, die: → Dachkammer
Bodenkrume, die: → Erdscholle
bodenlos: 1. → abgrundtief – **2.** → unerhört (1)
Bodenlosigkeit, die: → Frechheit
Bodenraum, der: → Dachkammer
Bodenreform, die: Agrarreform
Bodensatz, der: Niederschlag · Ablagerung · Absatz; Sediment (*fachspr*)
Bodensenke, die: → Mulde (1)
bodenständig: alteingesessen · altangesessen · autochthon; → *auch* ansässig (1)
Bodentruppen (*Pl*): → Landstreitkräfte
Bodenverbesserung, die: Melioration · Amelioration (*fachspr*)
Bodenvertiefung, die: → Mulde (1)
Body, der: → Körper
Bodybuilding, das: → Muskeltraining
Bodyguard, der: → Leibwächter
[1]**Bogen,** der: **1.** ⟨*gekrümmter Teil*⟩ Rundung · Wölbung + Arkade – **2.** → Biegung (1) – **3.** den B. heraushaben: → beherrschen (I, 4); den B. überspannen: → weit (4); große Bogen/einen großen B. spucken: → aufspielen (II); einen B. machen |um|: **a)** → umfahren – **b)** → meiden

²Bogen, der: **1.** ⟨*Abzug des umbrochenen Satzes*⟩ Druckbogen + Korrekturbogen · Umbruchabzug · Abzug; → *auch* Fahne (2) – **2.** → Blatt (I, 1) – **3.** → Formular – **4.** in Bausch und B.: **a)** → insgesamt – **b)** → ungefähr (1)
Bogengang, der: Arkaden · Laubengang · Loggia
Bohle, die: → Balken
böhmisch: böhmische Dörfer: → unverständlich (1)
Bohne, die: **1.** → Gartenbohne – **2.** blaue B.: → Kugel (1); nicht die B.: → nichts (1)
bohnen: → bohnern
Bohnenkaffee, der: → Kaffee (1)
Bohnenstange, die: **1.** → Dürre (II), Lange – **2.** wie eine B.: **a)** → mager (1) – **b)** → groß (2); lang wie eine B.: → groß (2)
Bohnenstroh: dumm wie B.: → dumm (1)
bohnern: bohnen (*landsch*); blocken (*süddt schweiz*); → *auch* polieren (1)
bohren: **1.** ⟨*Bodenschätze für die Förderung feststellen*⟩ erbohren (*fachspr*) – **2.** → schmerzen (1) – **3.** → drängen (1) – **4.** in der Nase b.: ⟨*den Finger in die Nase stecken*⟩ *umg*: popeln; pulen (*norddt*) – **5.** in den Grund b.: → versenken (I, 2)
böig: → windig (1)
Boiler, der: Warmwasserspeicher · Heißwasserspeicher · Warmwasserbereiter + Durchlauferhitzer · Gastherme · Therme
Bolle, die: → Loch (1)
Böller, der: → Geschütz (1)
bollern: → dröhnen (1)
böllern: → schießen (1)
Bollerwagen, der: → Handwagen
Bollwerk, das: **1.** → Hafendamm – **2.** → Befestigung (2)
Bombardement, das: **1.** → Bombardierung (1) – **2.** → Beschuss (1)
bombardieren: **1.** ⟨*das Abwerfen von Bomben auf ein Ziel*⟩ mit Bomben belegen · Bomben abwerfen |auf| – **2.** → beschießen – **3.** b. |mit|: → bewerfen (1); mit Fragen b.: → fragen (I, 1)
Bombardierung, die: **1.** ⟨*das Abwerfen von Bomben*⟩ Bombardement – **2.** → Beschuss (1)
Bombast, der: → Schwulst (1)
bombastisch: → schwülstig
Bombe, die: **1.** ⟨*Sprengkörper, der abgeworfen wird*⟩ Sprengbombe + Atombombe · Wasserstoffbombe · Höllenmaschine; → *auch* Sprengkörper – **2.** mit Bomben belegen, Bomben abwerfen |auf|: → bombardieren (1)
Bombenanschlag, der: → Anschlag (2)
Bombenerfolg, der: → Erfolg (1)
bombenfest: bombensicher
Bombenleger, der: → Terrorist
bombensicher: **1.** → bombenfest – **2.** → sicher (4)
bombig: → hervorragend (1)
Bommel, die: → Troddel
Bon, der: **1.** → Gutschein – **2.** → Kassenzettel
Bonbon, der *od.* das: Zuckerl (*österr*)
Bonität, die: **1.** → Güte (2) – **2.** → Zahlungsfähigkeit
Bonmot, das: → Ausspruch
Bonus, der: Gutschrift · Sondervergütung
Bonvivant, der: → Lebemann
Boom, der: **1.** → Hochkonjunktur – **2.** einen B. erleben: → gedeihen (1)
boomen: → gedeihen (1)
Boot, das: Kahn; Zille (*landsch*); Schelch (*landsch*) + Gondel · Schaluppe ♦ *dicht*: Barke · Nachen ♦ *umg*: Nussschale; Schinakel (*österr*) ♦ *salopp*: Äppelkahn (*landsch*); → *auch* Paddelboot (1), Schiff
Bord: **I.** Bord, das: **1.** → Wandbrett – **2.** → Rand (1) – **3.** → Ufer (1) – **II.** Bord: an B. gehen: → einsteigen (3); von B. gehen: → aussteigen (3); über B. werfen: → aufgeben (3)
Bordell, das: Freudenhaus · Eroscenter · öffentliches Haus · Etablissement (*verhüll*); Frauenhaus (*veraltet*) ♦ *salopp*: Hurenhaus ♦ *derb*: Puff
Bordkante, die: Bordstein[kante] · Bordschwelle; Kantstein (*norddt*)
Bordschwelle, die: → Bordkante
Bordstein, der: **1.** → Bordkante – **2.** → Eckstein (1)
Bordsteinkante, die: → Bordkante
Bordüre, die: → Besatz (1)
Borg, der: **1.** ⟨*das Borgen*⟩ *salopp*: Pump – **2.** auf B.: → leihweise; auf B. geben: → leihen (1)
borgen: **1.** → leihen (1 *u.* 2) – **2.** sich b. → leihen (2)
Borke, die: **1.** → Rinde (1) – **2.** → Schorf
Born, der: **1.** → Brunnen (1) – **2.** → Quelle (1)
borniert: **1.** → dumm (1) – **2.** → beschränkt (1)

Borniertheit, die: **1.** → Dummheit (1) – **2.** → Beschränktheit (1)
Börse, die: → Geldbörse
Börsenjobber, der: → Börsenspekulant
Börsenmakler, der: → Börsenspekulant
Börsenspekulant, der: Börsenjobber + Börsenmakler · Broker · Börsianer
Börsianer, der: → Börsenspekulant
Borste: I. Borste, die: **1.** ⟨*dickes tier. Haar*⟩ Feder (*weidm*) – **2.** → Haar (I, 1) – **II.** Borsten (*Pl*): → Haar (I, 2)
Borstentier, das: → Schwein (1, a)
Borstenvieh, das: → Schwein (1, a)
borstig: 1. → struppig – **2.** → stachelig (1) – **3.** → bärtig – **4.** → barsch
Borte, die: → Besatz (1)
bösartig: 1. ⟨*unheilbar krank machend*⟩ destruktiv · maligne · perniziös (*med*) ♦ *umg*: böse; → *auch* gefährlich (1) – **2.** → boshaft (1) – **3.** → hinterlistig
Bösartigkeit, die: → Bosheit
Böschung, die: Prallhang · Abhang; → *auch* Abhang (1)
böse: 1. ⟨*einen sehr schlechten Charakter besitzend*⟩ schlecht · übel · schlimm · arg · ungut · grundböse + hassenswert ♦ *umg*: sauber (*iron*); → *auch* gemein (1), boshaft (1) – **2.** ⟨*über jmdn. sehr verärgert*⟩ bitterböse · gram · spinnefeind · voll[er] Groll; → *auch* grollen (1) – **3.** → wütend (1) – **4.** → streitsüchtig – **5.** → unangenehm (1) – **6.** → bösartig (1) – **7.** böser Wille: → Bosheit; b. Zungen: → Verleumder; b. Nachrede: → Verleumdung; böses Blut machen: → entrüsten (I); Böses zufügen: → schaden (1); b. Überraschung: → Überraschung (3)
Böse, der: → Teufel (1)
Bösewicht, der: → Verbrecher
boshaft: 1. ⟨*auf anderer Schaden bedacht*⟩ böswillig · bösartig · arg[willig] · übel wollend · übel gesinnt · schikanös · infam · garstig · niederträchtig · tückisch · maliziös · meschant + bissig · spitz[züngig] ♦ *umg*: krötig (*landsch*); → *auch* böse (1), gehässig, hinterlistig, schadenfroh (1) – **2.** b. sein: ⟨*anderen Schaden zufügen wollen*⟩ voller Gift stecken · ein [kleiner] Teufel sein + eine spitze Zunge haben
Boshaftigkeit, die: → Bosheit
Bosheit, die: Böswilligkeit · Häme · Boshaftigkeit · Bösartigkeit · Garstigkeit · Niedertracht · Niederträchtigkeit · Gehässigkeit · Schlechtigkeit · Heimtücke · Tücke · Schikane · Infamie · Teufelei · böser Wille + Gift ♦ *gehoben*: Arg; → *auch* Gemeinheit, Hinterlist
Boss, der: **1.** → [1]Leiter – **2.** → Vorgesetzte (1), Anführer
böswillig: → boshaft (1)
Böswilligkeit, die: **1.** → Bosheit – **2.** → Gemeinheit
Bote, der: **1.** ⟨*etw. überbringende Person*⟩ Kurier · Überbringer; Sendbote (*veraltet*); Laufbursche · Boy (*abwert*) + Botenjunge · Botenfrau · Botengänger · Stafette – **2.** → Vorzeichen
Botenfrau, die: → Bote (1)
Botengänger, der: → Bote (1)
Botenjunge, der: → Bote (1)
botmäßig: → gehorsam (1)
Botmäßigkeit, die: **1.** → Herrschaft (1) – **2.** unter seine B. bringen: → unterwerfen (1)
Botschaft, die: → Nachricht (I)
Böttcher, der: Fassbinder (*österr*); Büttner · Küfer · Kübler · Schäffler (*landsch*)
Botten (*Pl*): → Schuhe (1)
Bottich, der: Kübel; Zuber · Bütte · Schaff (*landsch*); → *auch* Fass (1)
Bouillon, die: → Brühe (1)
Boulevard, der: → Hauptstraße
Boulevardblatt, das: → Zeitung (I, 1)
Boulevardpresse, die: → Sensationspresse
Boulevardzeitung, die: → Zeitung (I, 1)
bourgeois: großbürgerlich · bürgerlich; → *auch* mittelständisch
Bourgeois, der: Großbürger · Bürger; → *auch* Bürger (3)
Bourgeoisie, die: Großbürgertum · Bürgertum; → *auch* Mittelschicht
Bouteille, die: → Flasche (1)
Box, die: **1.** → Schachtel (1) – **2.** → Fotoapparat
Boxer, der: Faustkämpfer (*veraltend*) + Fighter
Boxkampf, der: Faustkampf (*veraltend*)
Boy, der: **1.** → Diener (1) – **2.** → Bote (1)
Boykott, der: → Ächtung (2)
boykottieren: → ächten (2)
brabbeln: → murmeln
brach: → unbestellt
Brachialgewalt, die: → Gewalt (1)
Brachland, das: → Ödland
brachliegen: → ungenutzt
brackig: → faulig (1)
Brainstorming, das: → Ideenkonferenz
Braintruster, der: → Unternehmensberater

Bramarbas, der: → Angeber (1)
bramarbasieren: → prahlen
Branche, die: → Fach (1, b), Wirtschaftszweig
Brand, der: **1.** ⟨*Absterben des Gewebes*⟩ Faulbrand · Gewebstod; Gangrän (*med*) – **2.** → Feuer (1), Feuersbrunst – **3.** → Hitze (1) – **4.** → Durst (1) – **5.** in B. setzen/stecken: **a)** → anzünden (1, a) – **b)** → Feuer (7); einen B. stiften/legen: → Feuer (7)
Brandbrief, der: → Mahnbrief
branden: 1. ⟨*von den Meereswellen gesagt: sich an der Küste überschlagen*⟩ schlagen · fluten · wogen · sich brechen – **2.** → ertönen
brandig: 1. ⟨*vom Gewebstod befallen*⟩ gangränös (*med*) – **2.** → brenzlig (1)
Brandleger, der: → Brandstifter
brandmarken: → anprangern (1)
brandneu: → neu (1)
Brandrückstand, der: → Asche (1)
brandschatzen: verheeren · sengen/morden und brennen; mit Feuer und Schwert wüten (*veraltend*); → *auch* ausrauben, vernichten (1, a), Feuer (7)
Brandstifter, der: Brandleger · Feuerleger · Feuerteufel
Brandung, die: Wogenprall · Wogenschlag
Brandungsreiten, das: → Surfing
Brandy, der: → Weinbrand, Branntwein
Branntwein, der: Trinkbranntwein · Schnaps ♦ *umg*: der Klare; Feuerwasser · Lebenswasser · Lebensbalsam · Rachenputzer (*scherzh*) ♦ *salopp*: Stoff; Fusel[schnaps] (*abwert*) + Korn · Brandy · Aquavit · Whisky · Wodka · Gin · Köm; → *auch* Weinbrand, Alkohol (1)
braten: + schmoren · grillen · garen; backen (*landsch*) ♦ *umg*: brotzeln · brutzeln · schmurgeln · rösten; → *auch* dünsten (1)
Braten, der: **1.** ⟨*gebratenes Fleisch*⟩ das Gebratene – **2.** den B. riechen: **a)** → merken (1) – **b)** → Verdacht (2)
Bratenrock, der: → Gehrock
Bräter, der: → Schmortopf
Bratfett, das: + Frittüre
Brathähnchen, das: Grillhähnchen; Broiler (*bes. ehem. DDR*) ♦ *umg*: Gummiadler · Flattermann (*scherzh*) + Backhendl (*österr*)
Bratkartoffeln (*Pl*): Röstkartoffeln · Röster (*landsch*); Rösti (*schweiz*); Geröstete (*süddt österr*) + Chips; → *auch* Pommes frites
Bratpfanne, die: → Pfanne (1)
Bratrost, der: Grill · Rost
Bratsche, die: Viola · Altgeige + Gambe; → *auch* Bassgeige (1), Geige (1)
Brauch, der: **1.** ⟨*in einer Gemeinschaft übliche Verhaltensweise*⟩ Sitte · Gebrauch · Konvention · Ritus · Herkommen; Übung (*bes. süddt österr schweiz*) + Landessitte · Ritual – **2.** → Gewohnheit (1)
brauchbar: → verwendbar
Brauchbarkeit, die: → Eignung (1)
brauchen: 1. ⟨*nicht bzw. schlecht ohne etw. od. jmdn. auskommen*⟩ benötigen · nötig haben · Bedarf haben |an| · bedürfen · bedürftig sein |jmds./einer Sache| · nicht entbehren können + verwenden können · Verwendung haben |für| · verlangen · begehren ♦ *gehoben*: nicht entraten können |einer Sache| (*veraltend*) ♦ *umg*: gebrauchen · nötig haben wie das liebe/tägliche Brot – **2.** → gebrauchen (1)
brauen: → [2]wallen
braun: 1. ⟨*Farbe*⟩ + rehbraun · nussbraun · schokolade[n]farben · schokoladenbraun · schokolade[n]farbig · rotbraun · cognac[farben] · sepia; → *auch* rostfarben – **2.** ⟨*von der Sonne gefärbt*⟩ sonnenverbrannt · sonnenbraun · gebräunt · sonnengebräunt · nussbraun · bronzefarben – **3.** → dunkelhaarig – **4.** b. werden: → bräunen (1)
bräunen: 1. ⟨*durch Sonnenstrahlen braun werden*⟩ braun werden ♦ *umg*: sich färben · Farbe bekommen; einbrennen (*landsch*) – **2.** → anbräunen
braunhaarig: → dunkelhaarig
Braus, der: in Saus und B. leben: → schwelgen (1)
Brausche, die: → Beule (1)
Brause, die: **1.** → Dusche (1) – **2.** → Limonade (1)
Brausebad, das: → Dusche (1)
Brausekopf, der: → Hitzkopf
Brauselimonade, die: → Limonade (1)
brausen: I. brausen: **1.** ⟨*einen rauschenden Ton ergeben*⟩ rauschen · sausen · tosen + stürmen · dröhnen ♦ *gehoben*: erbrausen; → *auch* dröhnen (1), stürmen (1) – **2.** → stürmen (1) – **3.** → [2]wallen – **4.** → duschen (I) – **5.** → fahren (1) – **6.** einen unter das Jackett b.: → trinken (1, b) – **II.** brausen, sich: → duschen (II)
Braut, die: die Verlobte; Hochzeiterin (*landsch*) ♦ *umg*: die Zukünftige; Gespons (*scherzh*)
Bräuterich, der: → Bräutigam

Bräutigam, der: der Verlobte; Hochzeiter (*landsch*) ♦ *umg*: der Zukünftige; Gespons (*scherzh*) ♦ *salopp*: Bräuterich (*landsch scherzh*)
Brautschau, die: B. halten, auf B. gehen: → werben (2, a)
brav: 1. → artig (1) – **2.** → rechtschaffen
Bravour, die: mit B.: → tapfer
brechen: I. brechen: **1.** → durchbrechen (I, 1) – **2.** → brocken (1) – **3.** → pflücken – **4.** → falten – **5.** → ablenken (I, 1) – **6.** → übergeben (II), erbrechen (I, 1) – **7.** b |aus|: → hervorkommen (1); eine Lanze b. |für|: → eintreten (7, a); den Stab b. |über|: → verurteilen (2); b. |mit|: → lossagen, sich; die Ehe b.: → betrügen (2, a); den Hals/das Rückgrat/Genick b.: → ruinieren (I, 1); sich den Hals/das Genick b.: **a)** → verunglücken (1) – **b)** → scheitern (a); nichts zu b. und zu beißen haben: → hungern (1); das Eis b.: → annähern (II, 1); den Stolz b.: → demütigen (I); das Herz b.: → bedrücken (1); die Herzen b.: → erobern (2); Bahn b.: → durchsetzen (I, 1); sich Bahn b.: → durchsetzen (I, 2, a); übers Knie b.: → überstürzen; zum Brechen: → ekelhaft (1); zum Brechen voll, brechend voll: → überfüllt; auf Biegen oder Brechen: → unbedingt (1) – **II.** brechen, sich: → branden (1)
Brecher, der: → Welle (I)
Brechreiz, der: → Übelkeit
Brechung, die (*Phys*): Ablenkung · Beugung · Refraktion
Bredouille, die: in der B. sein: → Verlegenheit (2)
Bregen, der: → Hirn (1)
Brei, der: **1.** ⟨*dickflüssige Speise*⟩ Mus · Püree; Kasch (*landsch*) ♦ *salopp*: Pamp[s] · Pampf · Papp[e] · Klitsch · Klumpatsch (*landsch, meist abwert*); Koch (*landsch*) – **2.** → Schlamm – **3.** herumgehen wie die Katze um den heißen B.: → zögern; B. um den Mund schmieren: → schmeicheln (1); zu B. schlagen: → verprügeln
breiartig: → dickflüssig
breiig: → dickflüssig
breit: 1. → ausgedehnt (1) – **2.** → ausführlich (1) – **3.** → dick (1) – **4.** das breite Publikum: → Öffentlichkeit (1); einen breiten Rücken/Buckel haben: → dulden (1); weit und b.: → überall (1); groß und b.: → deutlich (1); lang und b., des Langen und [des] Breiten: → ausführlich (1)
breitbeinig: grätschbeinig · mit gespreizten/gegrätschten Beinen
breitdrücken: → zerdrücken
Breite: I. Breite, die: **1.** ⟨*Ausdehnung nach der Seite*⟩ Dicke + Spannweite; → *auch* Dicke (II, 2) – **2.** in die B. gehen: → zunehmen (2) – **II.** Breiten (*Pl*): → Gegend (1)
breiten: I. breiten: → ausbreiten (I, 3) – **II.** breiten, sich: → erstrecken, sich (1)
breitmachen, sich: → ausbreiten (II, 1)
breitquetschen: → zerdrücken
breitschlagen: 1. → zerdrücken – **2.** → überreden
breitspurig: → angeberisch
breittreten: → klatschen (2)
Bremse, die: **1.** ⟨*Vorrichtung zum Verlangsamen od. Beenden einer Bewegung*⟩ Bremsvorrichtung · Hemmvorrichtung; → *auch* Hemmschuh (1) – **2.** die B. anziehen/treten, auf die B. treten: → bremsen (1)
bremsen: 1. ⟨*das Tempo verringern*⟩ abbremsen · die Bremse anziehen/treten · auf die Bremse treten + vermindern · herabmindern; → *auch* anhalten (I, 1), hemmen (1) – **2.** → knapp (6) – **3.** → zügeln (I, 1)
Bremsklotz, der: → Hemmschuh (1)
Bremslicht, das: Stopplicht
Bremsvorrichtung, die: → Bremse (1)
brennbar: entflammbar · entzündbar · entzündlich · inflammabel
brennen: 1. ⟨*Flammen bilden*⟩ flammen · lodern · in Flammen stehen + glimmen ♦ *gehoben*: lohen; → *auch* anbrennen (1), verbrennen (I, 2), flackern – **2.** ⟨*Alkohol herstellen*⟩ destillieren – **3.** → schmerzen (1) – **4.** sengen/morden und b.: → brandschatzen; eins auf den Pelz/das Fell b.: → schießen (7); auf der Seele b.: → bedrücken (1); auf den Nägeln b.: → eilen (I, 2)
brennend: → wichtig (1)
Brennmaterial, das: → Heizmaterial
Brennpunkt, der: → Mittelpunkt
Brennstoff, der: → Heizmaterial
brenzlig: 1. ⟨*nach Verbranntem riechend*⟩ brandig · angebrannt · verbrannt ♦ *umg*: sengerig (*landsch*) – **2.** → bedenklich (1)
Bresche, die: **1.** → Lücke (1) – **2.** → Durchbruch (1) – **3.** eine B. schlagen: → durchbrechen (I, 2); eine B. schlagen |für|: → fördern (1); in die B. springen/treten: → aushelfen; sich in die B. werfen: → eintreten (7, a)

bresthaft: → gebrechlich
Brett, das: **1.** ⟨*flach geschnittenes Holzstück*⟩ + Planke; → *auch* Diele (1) – **2.** → Ski (1) – **3.** das schwarze B.: → Anschlagtafel; die Bretter, die die Welt bedeuten: → Theater (1); über die Bretter gehen lassen: → aufführen (I, 1); ein B. vor dem Kopf haben: → dumm (6); einen Stein im B. haben |bei|: → beliebt (2, a); Bretter sägen: → schnarchen
brettern: → fahren (1)
Bretterverschlag, der: → Verschlag (1)
Brettl, das: **1.** → Ski (1) – **2.** → Kabarett
Brettldiva, die: → Chansonsängerin
Brettlkünstlerin, die: → Chansonsängerin
Brettlsängerin, die: → Chansonsängerin
Brevier, das: **1.** → Auswahl (3) – **2.** → Gebetbuch
Brief, der: **1.** ⟨*schriftl. Mitteilung*⟩ Schreiben · Zuschrift · Zeilen; Wisch (*abwert*) ♦ *umg*: Schrieb[s]; Epistel (*iron*) + Kassiber · Mitteilung · Nachricht · Botschaft · Post; → *auch* Schriftstück – **2.** offener B.: ⟨*veröffentlichtes Schreiben*⟩ Sendbrief · Sendschreiben (*veraltet*) – **3.** B. und Siegel geben: → versichern (I)
Briefaustausch, der: → Briefverkehr (1)
Briefbogen, der: → Blatt (I, 1)
Briefbombe, die: → Sprengkörper
Briefeinwurf, der: → Briefkasten (1)
Briefhülle, die: → Briefumschlag
Briefkasten, der: **1.** ⟨*Behälter zum Einwerfen der Briefe*⟩ Postkasten + Briefeinwurf · Einwurf ♦ *umg*: Kasten – **2.** → Ausschnitt (1)
Briefkastenfirma, die: → Scheinfirma
Briefkontakt, der: → Briefverkehr (1)
Briefkuvert, das: → Briefumschlag
Briefmarke, die: Postwertzeichen (*amtsspr*) + Freimarke ♦ *umg*: Marke + Porto
Briefträger, der: Postbote; Zusteller (*amtsspr*)
Briefumschlag, der: Umschlag · Kuvert · Briefkuvert · Briefhülle
Briefverkehr, der: **1.** ⟨*das gegenseitige Verbindunghalten durch Briefe*⟩ Briefwechsel · Briefkontakt · Korrespondenz · Schriftverkehr · Schriftwechsel · Briefaustausch; → *auch* Notenwechsel – **2.** im B. stehen: → korrespondieren (1)
Briefwechsel, der: **1.** → Briefverkehr (1) – **2.** im B. stehen: → korrespondieren (1)
Brigant, der: → Räuber
brillant: **1.** → geistreich – **2.** → hervorragend (1)
Brillant, der: → Edelstein
Brille, die: **1.** ⟨*Doppelglas für die Augen mit Ohrenbügeln*⟩ Augengläser · Gläser · Glas + Lorgnette ♦ *salopp*: Nasenfahrrad · Intelligenzprothese · Spekuliereisen (*scherzh*); → *auch* Kneifer (1), Einglas – **2.** alles durch eine rosa[rote] B. sehen: → optimistisch (2); durch eine schwarze B. [an]sehen/betrachten: → schwarz (6)
Brillenschlange, die: → Brillenträgerin
Brillenträgerin, die: Brillenschlange (*scherzh*)
brillieren: → beeindrucken
Brimborium, das: → Aufwand (1)
bringen: **1.** ⟨*herkommen u. etw. übergeben*⟩ herbringen · herholen · herschaffen · hertragen · heranbringen · heranholen · heranschaffen · herantragen · herbeibringen · herbeiholen · herbeischaffen · herbeitragen · herzubringen · herzuholen · daherbringen + apportieren · befördern ♦ *umg*: hinzuholen · anbringen · beischaffen ♦ *salopp*: anschleifen · anschleppen; → *auch* holen (1), liefern (1), hinbringen (1) – **2.** → einbringen (2) – **3.** → darbieten (I, 1) – **4.** → begleiten – **5.** → senden (1) – **6.** von der Stelle/vom Fleck b.: → fortbewegen; an sich bringen : → aneignen, sich (1), erwerben (1 *u.* 2); auf die/zur Seite b., beiseite b.: → stehlen (1); auf den Markt b.: → anbieten (I, 3); zum Verkauf b.: → verkaufen (I, 1); an den Mann b.: **a)** → verkaufen (I, 1) – **b)** → verheiraten (I); unter die Haube b.: → verheiraten (I); in Erfahrung b.: → erfahren (1); in Umlauf/unter die Leute b.: → verbreiten (I, 1); in den Mund der Leute/ins Gerede/in Misskredit/in üblen Ruf/in schlechten Ruf/in Verruf b.: → verleumden (1); b. |um|: → betrügen (1); an den Bettelstab/auf den Hund b.: → ruinieren (I, 1); zu Fall b.: **a)** → vereiteln – **b)** → entmachten; unter den Hammer b.: → versteigern; in Sicherheit b., Rettung b. |für|: → retten (1); in Gefahr b.: → gefährden (I); hinter Schloss und Riegel b.: → einsperren (1); vor Gericht/vor den Richter b.: → anzeigen (2); an den Galgen b.: → erhängen (I); vom Leben zum Tode b.: → hinrichten (1); um die Ecke b.: → ermorden; sich ums Leben b.: → Selbstmord (2); ums Leben b.: → töten (I, 1); unter die Erde b.: **a)** → töten (I, 1) –

b) → begraben (1); zur Strecke b.: → schießen (2); nicht über die Lippen b.: → verschweigen; in Vorschlag b.: → vorschlagen; aufs Tapet/zur Sprache b.: → vorbringen; das Gespräch/die Rede/Diskussion b. |auf|: → ansprechen (2); seinen Dank zum Ausdruck b.: → danken (1); dazu b.: → veranlassen (1); zur Durchführung b.: **a)** → veranstalten (1) – **b)** → ausführen (3) – **c)** → erledigen (1); ins Geschick/ins Gleiche b.: → regeln (1); in Ordnung/ins rechte Gleis b.: **a)** → regeln (1) – **b)** → bereinigen (1); ins Lot/ins Reine b.: → bereinigen (1); wieder in Ordnung b.: → reparieren; in Einklang b.: → abstimmen (2); unter einen Hut b.: → vereinen (2); auf die Beine b.: → aufstellen (I, 4); auf die Bühne b.: → aufführen (I, 1); unter Dach und Fach b.: → vollenden (I, 1); auf die/zur Welt b.: → gebären; zustande/zuwege b.: → erreichen (2); es b.: → können (1); es weit/zu etw. b.: → Erfolg (2); es zu nichts b.: → scheitern (a); hinter sich b.: **a)** → bestehen (2) – **b)** → überstehen (1); mit sich b.: **a)** → Folge (3) – **b)** → verursachen; auf/in Trab b.: → antreiben (2); in Schwung b.: **a)** → antreiben (2) – **b)** → beleben (I, 2); in Bewegung b.: → antreiben (3); zum Abschluss/zu Ende b.: → beenden (1); zum Erliegen b.: → stilllegen; Opfer b.: → opfern (I, 1); auf andere Gedanken b.: → ablenken (I, 2); das Blut in Wallung b.: **a)** → begeistern (I) – **b)** → aufregen (I, 1); in Fahrt b.: **a)** → aufregen (I, 1) – **b)** → erzürnen (1); in [die] Wolle/in Rage/Harnisch/auf die Palme/zur Weißglut b.: → erzürnen (1); zur Ruhe/Besinnung b.: → beruhigen (I); zur Räson b.: → zurechtweisen

brisant: 1. → explosiv – **2.** → bedenklich (1) – **3.** → gefährlich (1)

Brise, die: → Wind (I, 1)

bröckelig: → krümelig

bröckeln: 1. → brocken (1) – **2.** b. |von|: → ablösen (II, 1)

brocken: 1. ⟨*zu* [*kleinen*] *Bröckchen zerbrechen*⟩ [zer]bröckeln · [zer]bröseln · [zer]krümeln · brechen; → *auch* zerkleinern (1) – **2.** → pflücken

Brocken, der: **1.** → Stück (1), Bissen (1) – **2.** → Wort (1) – **3.** in Brocken: → stückweise; ein [dicker/harter/schwerer] B.: → Schwierigkeit (1); an einem harten B. kauen: → abmühen, sich; ein paar Brocken hinwerfen: → abfinden (I, 1); ein paar Brocken können: → radebrechen; mit gelehrten Brocken um sich werfen: → prahlen

brockenweise: → stückweise

Brodel, der: → Dampf (1), Dunst (1)

brodeln: 1. → dampfen (1) – **2.** → ²wallen – **3.** → gären (2)

Brodem, der: → Dampf (1), Dunst (1)

Broiler, der: → Brathähnchen

Broker, der: → Börsenspekulant

Bronn[en], der: → Brunnen (1)

bronzefarben: → braun (2)

Brosame, die *od.* der: → Krume (1)

Brosche, die: → Nadel (1)

broschieren: → heften (2)

Broschüre, die: → Heft (1), Buch (1)

Brösel, der *od.* das: → Krume (1)

bröselig: → krümelig

bröseln: → brocken (1)

Brot, das: **1.** ⟨*Nahrungsmittel*⟩ Brotlaib · Laib Brot – **2.** → Schnitte – **3.** dunkles B.: → Roggenbrot; Scheibe B.: → Schnitte; flüssiges B.: → Bier (a); aufs B. streichen/schmieren: → vorhalten; als hätte man jmdm. die Butter vom B. genommen: → betreten (2); die Butter fällt jmdm. vom B.: → erschrekken (2); das tägliche B.: → Lebensunterhalt (1); nötig haben wie das liebe/tägliche B.: → brauchen (1); bei Wasser und B. sitzen: → gefangen (2); ohne Lohn und B.: → arbeitslos (1); in Lohn und B. nehmen: → anstellen (I, 2); in Lohn und B. stehen: → arbeiten (2); nicht das Salz zum B. haben: → arm (4); Kampf ums B.: → Lebenskampf

Brotarbeit, die: → Arbeit (2)

Brötchen, das: Semmel; Schrippe (*berlin*); Rundstück (*norddt*); Weggli (*schweiz*); Wecken (*süddt*) + Kipfe[r]l (*süddt österr*); → *auch* Hörnchen

Brötchengeber, der: → Unternehmer (1)

Broterwerb, der: → Arbeit (2 *u.* 3)

Brotkanten, der: Kanten ♦ *umg*: Ranft · Ränftchen · Runks (*landsch*); Knust (*norddt*); Scherz (*süddt österr*)

Brotkorb, der: den B. höher hängen: → knapp (6)

Brotlaib, der: → Brot (1)

brotlos: → arbeitslos (1)

Brotneid, der: → Neid (1)

Brotrinde, die: Rinde ♦ *umg*: Ranft · Ränftchen (*landsch*)

Brotröster, der: → Toaster

Brotscheibe, die: → Schnitte
Brotschnitte, die: → Schnitte
Brotzeit, die: **1.** → Frühstück – **2.** → Imbiss (1)
brotzeln: → braten
Browning, der: → Pistole (1)
[1]**Bruch,** der: **1.** ⟨*gebrochene Stelle*⟩ **a)** ⟨*von Gegenständen*⟩ Bruchstelle · Bruchfläche · Bruchkante · Bruchlinie – **b)** ⟨*von Knochen*⟩ Knochenbruch · Fraktur · Knochenfraktur; → *auch* Riss (1) – **2.** ⟨*gebrochene Zahl*⟩ Bruchzahl – **3.** → Falte (1), Falz – **4.** → Ausschuss (2) – **5.** → Trennung (1), Zerwürfnis (1) – **6.** zu B. fahren: ⟨*ein Fahrzeug durch Havarie völlig unbrauchbar machen*⟩ *umg*: Bruch machen ♦ *salopp*: in Klump fahren; → *auch* zusammenstoßen (1) – **7.** B. machen: → 6; zu B. gehen, in die Brüche gehen: → zerbrechen (2); sich einen B. heben: → verheben, sich
[2]**Bruch,** der *od.* das: → Sumpf (1)
Bruchbude, die: → Haus (1)
bruchfest: → haltbar (1)
Bruchfläche, die: → [1]Bruch (1, a)
brüchig: 1. → zerbrechlich (1) – **2.** → morsch – **3.** → schadhaft
Bruchkante, die: → [1]Bruch (1, a)
Bruchlinie, die: → [1]Bruch (1, a)
Bruchstelle, die: → [1]Bruch (1, a)
Bruchstück, das: **1.** ⟨*unvollendetes Werk*⟩ Torso · Fragment – **2.** → Teil (1) – **3.** → Stück (1)
bruchstückhaft: fragmentarisch; → *auch* unvollständig
Bruchteil, der: **1.** → Stück (1) – **2.** → Teil (1)
Bruchzahl, die: → [1]Bruch (2)
Brücke, die: **1.** ⟨*Bauwerk*⟩ Steg · Übergang · Viadukt · Überführung – **2.** ⟨*Kommandostand auf Schiffen*⟩ Kommandobrücke – **3.** fliegende B.: → Fähre; goldene Brücke bauen: → entgegenkommen (1); Brücken schlagen: → verständigen (II, 1)
Brückenschlag, der: → Verständigung (1)
Bruder: I. Bruder, der: **1.** ⟨*männl. Kind derselben Eltern*⟩ Bruderherz (*scherzh*) – **2.** → Freund (I, 1) – **3.** → Kamerad – **4.** B. Leichtfuß/Leichtsinn: → Leichtfuß (1); warmer B.: → Homosexuelle (I) – **II.** Brüder (*Pl*): ⟨*männl. Kinder derselben Eltern*⟩ *gehoben*: Gebrüder
Bruderbund, der: → Freundschaft (1)
Bruderherz, das: **1.** → Bruder (I, 1) – **2.** → Freund (1)
Bruderkrieg, der: → Bürgerkrieg
brüderlich: → freundschaftlich (1)
Bruderschaft, die: **1.** → Vereinigung (2) – **2.** → Freundschaft (1)
Brüderschaft, die: **1.** → Freundschaft (1) – **2.** → Vereinigung (2) – **3.** B. schließen: → verbrüdern, sich
Brühe, die: **1.** ⟨*Speise*⟩ Fleischbrühe · Kraftbrühe · Bouillon · Brühsuppe; Rindsuppe (*österr*) + Suppe; → *auch* Soße (I) – **2.** *umg abwert* ⟨*minderwertiges Getränk*⟩ *salopp*: Gesöff · Jauche; Lorke · Plempe · Plörre (*landsch*); → *auch* Getränk (1) – **3.** → Schlamm – **4.** viel/große B.: → Umstand (II, 1)
brühen: → aufbrühen
brühheiß: → heiß (1)
Brühsuppe, die: → Brühe (1)
brüllen: 1. → schreien (1), weinen (1) – **2.** → schnauzen – **3.** → dröhnen (1) – **4.** vor Dummheit b.: → dumm (6); zum Brüllen: → komisch (1)
brüllheiß: → heiß (1)
Brummbär, der (*umg*): Brummbart; Murrkopf (*noch landsch*) ♦ *salopp*: Muffel · Knaster[bart] · Knasterer; → *auch* Griesgram
Brummbart, der: → Brummbär
brummeln: → brummen (1)
brümmeln: → brummen (1)
brummen: 1. ⟨*knurrende Laute von sich geben*⟩ knurren + summen ♦ *umg*: grunzen · brummeln; brümmeln (*landsch*) + nuscheln; → *auch* murmeln, sprechen (1) – **2.** → murren – **3.** → dröhnen (1) – **4.** → gefangen (2) – **5.** → gedeihen (1) – **6.** in den Bart b.: → murmeln
Brummi, der: → Lastkraftwagen
brummig: → mürrisch
Brummochse, der: → Dummkopf (2)
Brunch, der: → Frühstück
brünett: → dunkelhaarig
Brunft, die: → Brunstzeit
brunften: → brünstig (2)
brunftig: → brünstig (1)
Brunftzeit, die: → Brunstzeit
Brunn, der: → Brunnen (1)
Brunnen, der: **1.** ⟨*Anlage zur Wasserversorgung*⟩ + Pumpe · Quelle · Sickerbrunnen ♦ *gehoben veraltend*: Born · Bronn[en] · Brunn; → *auch* Quelle (1) – **2.** → Mineralwasser
Brunnenvergifter, der: → Verleumder

Brunnenvergiftung, die: → Verleumdung
Brunst, die: → Brunstzeit
brünstig: 1. ⟨*sich in der Paarungszeit befindend*⟩ brünftig · rammelig (*weidm*) + läufig · stierig · rossig – **2.** b. sein: ⟨*sich in der Paarungszeit befinden*⟩ brunften · rauschen · ranzen (*weidm*) + stieren · rossen · bocken
Brunstzeit, die: Brunst · Paarungszeit · Läufigkeit; Brunft[zeit] · Rauschzeit · Ranzzeit (*weidm*)
brunzen: → austreten (1)
brüsk: → barsch
brüskieren: → kränken
Brust: I. Brust, die: **1.** ⟨*Körperteil*⟩ Brustkorb; Thorax (*med*) ♦ *dicht*: Busen ♦ *umg*: Brustkasten – **2.** ⟨*weibliches Organ*⟩ Busen · Büste · Brüste · Brustdrüsen; Mammae (*med*) ♦ *dicht*: Paradiesäpfel · Rosenhügel (*Pl*) · Lilienhügel (*Pl*) ♦ *salopp*: Atombusen · Vorbau · Vorgebirge · Veranda · Balkon · Milchladen · Milchwirtschaft (*scherzh*) ♦ *derb*: Titten – **3.** die B. geben/reichen: → stillen (1); die B. nehmen: → saugen (1); schwach auf der B.: → zahlungsunfähig (1); schwach auf der B. sein: → lungenkrank; aus voller B.: → laut (1, b); mit geschwellter B.: → stolz (1); die Pistole auf die B. setzen: → zwingen (1); sich an die B. schlagen: → bereuen; sich in die B. werfen: → angeben (1); [sich] zur B. nehmen: → vornehmen (1); einen zur B. nehmen: → trinken (1, b) – **II.** Brüste (*Pl*): → I, 2
Brustbild, das: → Bildnis
Brustdrüsen (*Pl*): → Brust (I, 2)
brüsten, sich: → prahlen
Brustkasten, der: → Brust (I, 1)
Brustkind, das: → Säugling
Brustkorb, der: → Brust (I, 1)
Brüstung, die: → Geländer
Brustwehr, die: → Schutzwall (1)
Brut, die: **1.** ⟨*Nachkommenschaft bestimmter Tierarten*⟩ Gelege; Gezücht (*abwert*) – **2.** → Gesindel
brutal: gewalttätig · roh · rabiat · grausam · tierisch · bestialisch · entmenscht · viehisch + sadistisch; → *auch* rücksichtslos (1), unmenschlich
Brutalität, die: Gewalttätigkeit · Rohheit · Grausamkeit · Bestialität; → *auch* Rücksichtslosigkeit, Unmenschlichkeit, Gefühllosigkeit (1)
Brutalo, der: → Rambo
brüten: 1. ⟨*von Vögeln gesagt*: *die Eier bis zum Schlüpfen der Jungen wärmen*⟩ auf den Eiern sitzen + glucken – **2.** → grübeln
brütend: b. heiß: → heiß (1)
Brutherd, der: → Entstehungsherd
Bruthitze, die: → Hitze (1)
Brutofen, der: wie in einem B.: → heiß (1)
Brutstätte, die: → Entstehungsherd
Bruttosozialprodukt, das: → Volkseinkommen
Brutzelle, die: → Entstehungsherd
brutzeln: → braten
BSE, die: → Rinderwahnsinn
Bub, der: → Junge (I, 1)
bubbern: → schlagen (I, 3)
Bube, der: Unter · Wenzel · Scharwenzel
Bubenstreich, der: **1.** → Streich (1) – **2.** → Schurkerei
Bubenstück, das: → Schurkerei
Büberei, die: → Schurkerei
Bubi, der: → Junge (I, 1)
bübisch: → gemein (1)
Buch, das: **1.** ⟨[*dickes*] *Druckwerk*⟩ Band; Scharteke (*abwert*); Titel (*fachspr*) + Foliant · Broschüre · Schrift · Werk · Bestseller ♦ *umg*: Schmöker · Wälzer (*abwert*) ♦ *salopp*: Schinken · Schwarte (*abwert*); → *auch* Werk (1) – **2.** → [1]Band (II, 1) – **3.** das B. der Bücher: → Bibel; ein B. in die Hand/zur Hand nehmen: → lesen (1); über den Büchern sitzen, die Nase ins B. stecken: → lernen (1); wie ein B. reden: → schwatzen (1); wie es im B. steht: → vorbildlich; ein B. mit sieben Siegeln: → unverständlich (1); wie in einem aufgeschlagenen B. lesen [können]: → durchschauen (I); im B. der Geschichte eingetragen: → unsterblich; zu Buche schlagen: → wirken (3)
Buchausleihe, die: → Leihbücherei
Buchdecke, die: → Einband
Buchdeckel, der: → Einband
Buchdruck, der: Buchdruckerkunst · die schwarze Kunst + Typografie
Buchdruckerkunst, die: → Buchdruck
Bucheinband, der: → Einband
buchen: 1. → einschreiben (I) – **2.** → bestellen (1)
Bücherbord, das: → Wandbrett
Bücherbrett, das: → Wandbrett
Bücherei, die: Bibliothek + Stadtbücherei · Stadtbibliothek · Volksbücherei · Volksbibliothek; → *auch* Leihbücherei

Bücherfreund, der: Bücherliebhaber · Büchernarr · der Bibliophile; Büchermensch (*abwert*) ♦ *umg*: Bücherwurm · Leseratte (*scherzh*)
Bücherliebhaber, der: → Bücherfreund
Büchermensch, der: → Bücherfreund
Büchernarr, der: → Bücherfreund
Bücherregal, das: → Regal
Bücherrevisor, der: → Steuerprüfer
Bücherstube, die: → Buchhandlung
Bücherwand, die: → Schrankwand
Bücherwurm, der: → Bücherfreund
Buchhandlung, die: Bücherstube; Sortiment · Sortimentsbuchhandlung (*fachspr*) + Kiosk · Antiquariat ♦ *umg*: Buchladen
Buchladen, der: → Buchhandlung
Buchprüfer, der: → Steuerprüfer
Buchse, die: → Steckdose
Büchse, die: **1.** → Dose (1) – **2.** → Konservenbüchse – **3.** → Gewehr (1)
Büchsenmilch, die: → Kondensmilch
Büchsenöffner, der: Dosenöffner
Buchstabe, der: **1.** → Schriftzeichen – **2.** dem Buchstaben nach: → formal; bis auf den letzten Buchstaben: → vollständig (1); sich auf seine vier Buchstaben setzen: → setzen (II, 1)
Buchstabenmensch, der: → Bürokrat
Buchstabenwort, das: → Abkürzung (2)
buchstabieren: 1. → entziffern – **2.** → lesen (1)
buchstäblich: 1. → wörtlich – **2.** → tatsächlich (2)
[1]**Bucht,** die: **1.** ⟨*ins Land hineinreichender Teil eines Gewässers*⟩ + Meerbusen · Meeresbucht · Bai · Golf · Fjord – **2.** → Verschlag (2)
[2]**Bucht,** die: → Gesindel
Buchung, die: → Bestellung (1)
Buchverleih, der: → Leihbücherei
Buckel, der: **1.** ⟨*starke Verkrümmung der Wirbelsäule*⟩ Höcker · krummer Rücken ♦ *salopp*: Ast · Ranzen (*landsch*); Knast (*norddt*) – **2.** → Rücken (1) – **3.** den B. voll hauen: → verprügeln; den B. hinhalten: → büßen (1); einen [krummen] B. machen: **a)** → bücken, sich (1) – **b)** → kriechen (2); auf seinen B. nehmen: → verantworten (I); einen breiten B. haben: → dulden (1)
Buckelinski, der: → Bucklige
buckeln: 1. → kriechen (2) – **2.** → tragen (I, 1)
bücken, sich: **1.** ⟨*den Oberkörper weit nach vorn neigen*⟩ sich [nieder]beugen ♦ *umg*: einen [krummen] Buckel machen – **2.** → kriechen (2)
bucklig: 1. ⟨*mit einer Wirbelsäulenverkrümmung behaftet*⟩ ausgewachsen · verwachsen · höckerig · krumm; → *auch* missgebildet, verkrüppelt – **2.** → hügelig
Bucklige, der: der Ausgewachsene · der Verwachsene · der Krumme ♦ *salopp*: Astewitz · Buckelinski (*scherzh*)
Bückling, der: **1.** → Verbeugung (1) – **2.** einen B. machen: → verbeugen, sich
Buddel, die: → Flasche (1)
Buddelkasten, der: → Spielplatz (1)
buddeln: 1. → graben (1) – **2.** → roden (2)
Bude, die: **1.** ⟨*aus Brettern gebautes Häuschen*⟩ **a)** ⟨*zum Wohnen bzw. als Aufenthaltsraum*⟩ Baracke · Laube + Baubude · Baubaracke · Bauhütte · Hütte · Blockhaus; → *auch* Haus (1) – **b)** ⟨*zum Verkaufen*⟩ Marktstand · Stand · Marktbude · Kiosk + Schaubude – **2.** → Haus (1) – **3.** → Zimmer – **4.** die B. einlaufen/einrennen: → bedrängen (1); auf die B. rücken: **a)** → bedrängen (1) – **b)** → aufsuchen (1); in die B. schneien: → aufsuchen (1); Leben in die B. bringen: → beleben (I, 2); die B. auf den Kopf stellen: → toben (1)
Budel, die: → Verkaufstisch
Budenzauber, der: → Fest (1)
Budget, das: → Haushaltsplan
Budike, die: **1.** → Gaststätte (1, b) – **2.** → Geschäft (1)
Budiker, der: **1.** → Gastwirt – **2.** → Kaufmann (2)
Büdner, der: → Kleinbauer
Büfett, das: → Anrichte
büffeln: → lernen (1)
Buffke, der: → Flegel (1)
Bügel, der: **1.** → Kleiderbügel – **2.** → Steigbügel – **3.** → Griff (1)
Bügelbrett, das: Plättbrett (*landsch*) + Ärmelbrett
Bügeleisen, das: Plätteisen · Plätte (*landsch*) ♦ *umg*: Eisen
bügeln: 1. ⟨*mit dem Bügeleisen glatt machen*⟩ aufbügeln; plätten · glätten (*landsch*); → *auch* [2]mangeln – **2.** geschniegelt und gebügelt: → aufgeputzt
bugsieren: → schleppen (I, 1), lenken (1)
Büh[e]l, der: → Hügel

Buhle: I. Buhle, der: → Geliebte (I) – **II.** Buhle, die: **1.** → Geliebte (II) – **2.** → Beischläferin
buhlen: 1. → liebkosen – **2.** b. |um|: → werben (2, a)
Buhlerei, die: → Unzucht
Buhlerin, die: **1.** → Geliebte (II) – **2.** → Beischläferin
buhlerisch: 1. → unterwürfig – **2.** → unzüchtig
Buhne, die: Abweiser + Seebuhne · Schutzbuhne · Sperrbuhne
Bühne, die: **1.** ⟨*Fläche zum Theaterspielen*⟩ + Bühnenhaus – **2.** → Theater (1 *u.* 2) – **3.** → Schauplatz (1) – **4.** auf die B. bringen: → aufführen (I, 1); von der B. abtreten: → zurücktreten (1); von der B. des Lebens abtreten: → sterben (1); über die B. gehen: → verlaufen (I, 2)
Bühnenaussprache, die: → Hochlautung
Bühnenausstattung, die: → Bühnenbild
Bühnenautor, der: Theaterdichter · Bühnendichter · Dramatiker · Dramendichter · Theaterautor · Dramenautor · Stückeschreiber; → *auch* Dichter (a), Textdichter
Bühnenbild, das: Szenerie · Bühnenausstattung · Dekoration · Bühnendekoration · Theaterdekoration + Kulisse
Bühnendekoration, die: → Bühnenbild
Bühnendichter, der: → Bühnenautor
Bühnendichtung, die: → Theaterstück
Bühnenhaus, das: → Bühne (1)
Bühnenkünstler, der: → Schauspieler
Bühnenstück, das: → Theaterstück
Bühnenweih[fest]spiel, das: → Festspiel (I)
Bühnenwerk, das: → Theaterstück
Bukanier, der: → Seeräuber
Bukett, das: **1.** → Blumenstrauß – **2.** → Aroma (1), Duft (1)
bukolisch: → idyllisch (1)
Bulette, die: → Fleischkloß
bulksen: → arbeiten (1)
Bullauge, das: → Fenster (1)
Bulldog, der: → Traktor
Bulldozer, der: → Planierraupe
[1]**Bulle,** der: **1.** ⟨*männl. Rind*⟩ Stier + Farre[n] – **2.** → Riese (1) – **3.** → Polizist, Kriminalist
[2]**Bulle,** die: → Erlass (1)
Bullenhitze, die: → Hitze (1)
bullerig: → aufbrausend
bullern: 1. → dröhnen (1) – **2.** → klopfen (1) – **3.** → schimpfen (1)
Bulletin, das: → Bericht (1)
bullig: 1. → untersetzt – **2.** → heiß (1)
[1]**Bummel,** der (*umg*): **1.** ⟨*das Besuchen mehrerer Vergnügungs- bzw. Gaststätten*⟩ Vergnügungstour · Zechtour ♦ *salopp*: Kneiptour · Sauftour · Sause · Sauser – **2.** → Spaziergang (1)
[2]**Bummel,** die: → Troddel
Bummelant, der: → Faulenzer (1)
Bummelei, die: → Trödelei
Bummelfritz[e], der: → Trödelfritz[e]
Bummelmeile, die: → Einkaufsstraße
bummeln: 1. → spazieren (2) – **2.** → trödeln (1) – **3.** → faulenzen (1)
Bummelstreik, der: → Streik (1)
Bummelzug, der: → Personenzug
bummern: → klopfen (1)
Bummler, der: → Faulenzer (1)
bummlig: → langsam (1)
Bums, der: **1.** → Knall (1) – **2.** → Tanzveranstaltung – **3.** → Koitus
bumsen: 1. → knallen (1) – **2.** → klopfen (1) – **3.** → dröhnen (1) – **4.** → koitieren
Bumser, der: → Knall (1)
Bumslokal, das: → Amüsierlokal
Bund: I. Bund, der: **1.** ⟨[*enger*] *Zusammenschluss*⟩ **a)** ⟨*von Menschen*⟩ Verbindung · Vereinigung · Bündnis – **b)** ⟨*von Staaten, Teilstaaten*⟩ + Bundesstaat · Föderation · Staatenbund · Konföderation – **c)** → Vereinigung (2), Organisation (1) – **2.** → Bündnis (1) – **3.** → Einfassung (b) – **4.** ewiger B., B. fürs Leben: → Ehe (1); den B. der Ehe eingehen, den B. fürs Leben schließen: → heiraten (1); einen B. eingehen, die Hand zum B. reichen: → verbünden, sich (1); zum B. gehen: → Soldat (2); beim B. sein: → Soldat (1) – **II.** Bund, das: ⟨*zusammengebundenes Stroh, Gemüse od. dgl.*⟩ Bündel · Büschel
Bündchen, das: → Einfassung (b)
Bündel, das: **1.** ⟨*zusammengepackte u. verschnürte Dinge*⟩ Pack[en] · Ballen · Paket · Päckchen + Konvolut · Stapel · Stoß – **2.** → Bund (II) – **3.** sein B. schnüren/packen: → aufbrechen (3), abreisen
bündeln: 1. ⟨*Verschiedenes zu einem Ganzen binden*⟩ zusammenschnüren · zusammenpacken · zusammenfügen – **2.** ⟨*Verschiedenes zusammenfassen*⟩ zusammenlegen · zusammenfassen
Bundesautobahn, die: → Fernverkehrsstraße

Bundesgenosse, der: → Verbündete
Bundeskanzler, der: → Regierungschef
Bundespräsident, der: → Staatsoberhaupt
Bundesstaat, der: → Bund (I, 1, b)
Bundesstraße, die: → Fernverkehrsstraße
Bundestagsabgeordnete, der: → Abgeordnete
bündig: 1. → knapp (2) – **2.** → überzeugend – **3.** kurz und b.: → knapp (2)
Bündnis, das: **1.** ⟨*das Verbündetsein*⟩ Pakt · Bund · Zusammenschluss + Allianz · Entente · Achse · Liga · Koalition · Einheitsfront; → *auch* Vertrag (1) – **2.** → Bund (I, 1, a) – **3.** ein B. schließen: → verbünden, sich (1)
Bündnispartner, der: → Verbündete
Bungalow, der: → Sommerhaus
Bunker, der: **1.** → Laderaum – **2.** → Strafvollzugsanstalt – **3.** → Wohnung (1)
bunkern: → verstecken (I)
bunt: 1. ⟨*viele Farben aufweisend*⟩ vielfarbig · farbenfroh · farbenfreudig · farbenprächtig · farbenprangend · farbenreich · [mehr]farbig · polychrom + regenbogenfarbig · koloristisch · kaleidoskopisch · schreiend ♦ *umg*: knallbunt · poppig – **2.** → gemischt – **3.** → ungeordnet (2) – **4.** bekannt sein wie ein bunter Hund: → verrufen (3); b. gefleckt/gescheckt: → gefleckt
Buntfilm, der: → Farbfilm
Buntheit, die: → Farbenpracht
buntscheckig: → gefleckt
Buntstift, der: → Farbstift
Bürde, die: → Last (1)
Burg, die: → Schloss (1)
Bürge, der: Gewährsmann · Garant + Zeuge
bürgen: sich verbürgen |für| · gutsagen |für| · die Bürgschaft übernehmen |für| · Bürgschaft leisten |für| · eine Bürgschaft stellen |für| · eintreten |für| · einstehen |für| · die/seine Hand ins Feuer legen |für| · garantieren · Garantie leisten · die Garantie übernehmen · Sicherheit/Gewähr leisten |für|; dafürstehen (*veraltend*); → *auch* gewährleisten
Bürger, der: **1.** ⟨*Bewohner einer Stadt od. Gemeinde*⟩ Einwohner · Mitbürger; Seele (*veraltend*) – **2.** ⟨*zu einem Staat gehörende Person*⟩ Staatsbürger · der Staatsangehörige – **3.** ⟨*Angehöriger der Mittelschichten*⟩ Mittelständler; Bürgersmann (*veraltet*) + Patrizier (*hist*); → *auch* Spießbürger, Bourgeois – **4.** → Bourgeois
Bürgerkrieg, der: Bruderkrieg + Umsturz · Umwälzung
bürgerlich: 1. → zivil – **2.** → mittelständisch – **3.** → bourgeois – **4.** bürgerliche Demokratie: → Demokratie (1)
Bürgermeister, der: **a)** ⟨*Oberhaupt der Gemeindeverwaltung*⟩ Gemeindeoberhaupt · Gemeindevorsteher · Ortsvorsteher; Ammann (*schweiz*); Schultheiß · Schulze · Dorfschulze · der Dorfälteste (*hist*) – **b)** ⟨*Vorsitzender der Stadtverwaltung*⟩ Stadtoberhaupt + Oberbürgermeister
bürgernah: volksnah
Bürgersmann, der: → Bürger (3)
Bürgersteig, der: → Gehweg
Bürgertum, das: **1.** → Bourgeoisie – **2.** → Mittelschicht
Bürgschaft, die: **1.** ⟨*das Zusichern bzw. Übergeben ausreichenden Ersatzes*⟩ Bankbürgschaft · Garantie[leistung] · Sicherheit[sleistung] · Sicherung; Währschaft (*schweiz*) · Kaution (*Rechtsw*) + Pfand; → *auch* Gewähr (1) – **2.** B. leisten |für|, eine B. stellen |für|, die B. übernehmen |für|: → bürgen
burlesk: → komisch (1)
Burleske, die: → Lustspiel
Büro, das: **1.** ⟨*Arbeitsraum der Verwaltung*⟩ Kontor (*veraltend*) + Sekretariat · Schreibstube · Office · Großraumbüro – **2.** → Dienststelle (1)
Bürokrat, der (*abwert*): Aktenmensch · Buchstabenmensch · Aktenkrämer; Paragraphenreiter (*scherzh*); → *auch* Pedant
Bürokratie, die (*abwert*): Bürokratismus · Beamtenherrschaft · Amtsschimmel · Behördendschungel + Papierkrieg · Engstirnigkeit · Pedanterie; → *auch* Pedanterie, Behördenwillkür
bürokratisch: 1. ⟨*übertrieben streng nach Vorschriften entscheidend*⟩ beamtenhaft · administrativ; → *auch* formal, kleinlich – **2.** → formal – **3.** b. sein: ⟨*übertrieben streng nach Vorschriften entscheiden*⟩ den Amtsschimmel reiten
Bürokratismus, der: → Bürokratie
Bürolist, der: → Angestellte
Bursche, der: **1.** ⟨*jüngerer Mensch männl. Geschlechts*⟩ der Halbwüchsige · der Jugendliche · junger Mann/Mensch · Teenager · Teen · Twen · Jüngling; Milchbart · Milchgesicht · der Halbstarke (*abwert*) ♦ *umg*: Bengel · Typ · Spund · junger Kerl;

Schwengel (*landsch*); Schnaufer (*schweiz*); → *auch* Junge (I, 1), Mann (I, 1), Teenager – **2.** → Kerl (1) – **3.** → Mann (I, 1) – **4.** → Lehrling – **5.** → Diener (1)
burschikos: → ungezwungen
bürsten: 1. ⟨*mit einer Bürste reinigen*⟩ abbürsten · ausbürsten · durchbürsten + aufrauen · säubern · putzen · wichsen + striegeln ♦ *umg*: [ab]schrubben + wienern; → *auch* reinigen (1) – **2.** → koitieren
Bürstenbinder, der: saufen wie ein B.: → trunksüchtig (2)
Bus, der: → Autobus
Busch, der: **1.** ⟨*kleines baumartiges Gewächs*⟩ Strauch + Staude; → *auch* Buschwerk – **2.** → Urwald – **3.** → Blumenstrauß – **4.** auf den B. klopfen: → ausfragen; sich [seitwärts] in die Büsche schlagen: → wegschleichen (I)
Büschel, das: → Bund (II)
Buschen, der: → Blumenstrauß
buschig: → dicht (1)
Buschklepper, der: → Räuber
Buschwerk, das: Gebüsch · Gesträuch · Strauchwerk · Gestrüpp · Dickicht + Jungholz; → *auch* Busch (1), Hecke, Unterholz
Busen, der: **1.** → Brust (I, 1 *u.*2) – **2.** seinen B. öffnen: → anvertrauen (II, 2); im B. verschließen / bewahren: → verschweigen
busenfrei: topless · barbusig ♦ *umg*: oben ohne
Busennadel, die: → Nadel (1)
Business, das: → Geschäft (3)
Buße, die: **1.** → Sühne (1) – **2.** → Strafe (1) – **3.** B. tun: → sühnen
Bussel, das: → Kuss (1)
busseln: → küssen
büßen: 1. ⟨*für eine Schuld einstehen müssen*⟩ entgelten · wieder gutmachen · wettmachen · geradestehen |für| · teuer [be]zahlen · [be]zahlen ♦ *umg*: ausbaden · herhalten · die Zeche [be]zahlen · die Suppe auslöffeln · den Buckel hinhalten; → *auch* verbüßen – **2.** → sühnen
Busserl, das: → Kuss (1)
bußfertig: → reuevoll
Bußfertigkeit, die: → Reue (1)
Bußgeld, das: → Geldstrafe
Bußgeldbescheid, der: → Strafmandat
Büste, die: **1.** → Brust (I, 2) – **2.** → Puppe (2)
Büstenhalter, der: BH + Mieder · Wonderbra · Bustier ♦ *salopp*: Klößchenheber (*scherzh*); → *auch* Korsett
Bustier, das: → Büstenhalter
Butler, der: → Diener (1)
Butscher, der: → Junge (I, 1)
Bütte, die: → Bottich, Eimer (1)
Büttel, der: → Polizist
Butter, die: wie B.: → weich (1, a); die B. fällt jmdm. vom Brot: → erschrecken (2); als hätte man jmdm. die B. vom Brot genommen: → betreten (2)
Butterbemme, die: → Butterbrot (1)
Butterbrot, das: **1.** ⟨*mit Butter bestrichene Brotscheibe*⟩ Butterschnitte ♦ *umg*: Butterbemme · Butterstulle (*landsch*); → *auch* Schnitte – **2.** aufs B. streichen / schmieren: → vorhalten; für ein B.: → billig (1)
buttern: 1. → eitern – **2.** → vorangehen – **3.** b. |in|: → zuschießen (1), aufwenden
Butterschnitte, die: → Butterbrot (1)
Butterstulle, die: → Butterbrot (1)
butterweich: → weich (1, a)
Button, der: → Abzeichen (1)
Butz, der: → Knirps
Büx, die: → Hose (I, 1)
Buxe, die: → Hose (I, 1)
byzantinisch: → unterwürfig
Byzantinismus, der: → Unterwürfigkeit

C

Café, das: Kaffeehaus · Kaffeestube · Kaffeewirtschaft · Espresso · Cafeteria + Konditorei
Cafeteria, die: → Café
Callgirl, das: → Prostituierte
Camion, der: → Lastkraftwagen
Camionnage, die: → Spedition
campen: → zelten
Camping, das: + Zeltlager · das Zelten
Campinganhänger, der: → Wohnwagen
Campingwagen, der: → Wohnwagen
Cañon, der: → Schlucht, Tal (1)
Cant, der: → Heuchelei
Canto, der: → Gesang (1)
Cantus, der: → Gesang (1)
Cape, das: → Umhang
Car, der: → Autobus
Caravan, der: → Wohnwagen
Carport, der: → Garage
Cartoon, der *od.* das: Karikatur (1)
Casanova, der: → Frauenheld (1), Verführer (1)
Cäsarenwahn, der: → Größenwahn
cäsarisch: → herrschsüchtig
cash: → bar (1)
Cash, das: → Barzahlung
Causerie, die: → Plauderei
Causeur, der: → Plauderer (1)
CD, die: → Schallplatte
CD-Platte, die: → Schallplatte
Center, das: → Einkaufszentrum (1)
Chaise, die: → Kutsche (1)
Chaiselongue, die *od.* das: → Sofa
Chalet, das: → Ferienhaus
chamois: → gelb (1)
Champagner, der: + Sekt · Schaumwein ♦ *umg*: Schampus; → *auch* Wein
Champion, der: → Spitzensportler
Championat, das: → Meisterschaft
Chance, die: **1.** → Möglichkeit (1) – **2.** Chancen haben: → gefallen (2)
changeant: → schillernd (1)
changieren: → schillern
Chanson, das: → Lied (1)
Chansonette, die: → Chansonsängerin
Chansonsängerin, die: Chansonette · Kabarettsängerin + Diseuse ♦ *umg*: Brettlsängerin · Brettlkünstlerin · Brettldiva *(abwert)*
Chaos, das: → Unordnung (1)
Chaot, der: **1.** ⟨*gewalttätiger politischer Radikaler ohne klare polit. Linie*⟩ Anarcho + Randalierer; → *auch* Anarchist – **2.** → Wirrkopf
chaotisch: → ungeordnet (1)
Chapeau claque, der: → Zylinder
Charakter, der: **1.** → Wesensart – **2.** → Persönlichkeit (I, 1) – **3.** → Eigenart – **4.** einen festen C. haben: → charakterfest (2)
charakterfest: 1. ⟨*in seinem Wesen bzw. Verhalten beständig*⟩ charakterstark · charaktervoll · entschieden; → *auch* unerschütterlich, entschlossen (1) – **2.** c. sein: ⟨*in seinem Wesen bzw. Verhalten kein Schwanken zeigen*⟩ einen festen Charakter haben ♦ *umg*: Rückgrat haben/zeigen · nicht umfallen · nicht weich werden
Charakterfestigkeit, die: → Beständigkeit (2)
Charakterfigur, die: → Persönlichkeit (I, 1)
Charaktergestalt, die: → Persönlichkeit (I, 1)
charakterisieren: 1. → darlegen – **2.** c. |als|: → bezeichnen (I, 3, a)
Charakterisierung, die: → Darlegung (1)
Charakteristik, die: → Beurteilung
Charakteristikum, das: → Haupteigenschaft, Merkmal
charakteristisch: → bezeichnend (1), kennzeichnend, eigentümlich (1)
charakterlos: → haltlos (1)
charakterschwach: → haltlos (1)
charakterstark: → charakterfest (1)
charaktervoll: → charakterfest (1)
Charakterzug, der: → Merkmal
Charge, die: **1.** → Rang (1) – **2.** → Amt (1) **3.** → Rolle (2) – **4.** → Serie (1)

chargieren: → darstellen (I, 1, b)
Charisma, das: → Ausstrahlung (1)
Charlottenburger, der: einen C. machen: → schnäuzen, sich
charmant: → reizend (1)
Charme, der: → Reiz (2)
Charmeur, der: → Schmeichler
Charta, die: → Urkunde
Charterflugzeug, das: Chartermaschine
Chartermaschine, die: → Charterflugzeug
chartern: → [2]mieten
Charts (*Pl*): → Hitliste
Chassis, das: → Fahrgestell (1)
Chauffeur, der: → Fahrer
chauffieren: → fahren (2)
Chaussee, die: → Landstraße
Chausseefloh, der: → Auto (1)
Chausseewanze, die: → Auto (1)
Chauvi, der: → Macho
Chauvinismus, der: → Nationalismus
Chauvinist, der: **1.** → Macho – **2.** → Nationalist
chauvinistisch: → nationalistisch
checken: 1. → kontrollieren (1), prüfen (1), überprüfen – **2.** → merken (1), verstehen (I, 2)
Chef, der: **1.** → [1]Leiter – **2.** → Vorgesetzte (1)
Chefarzt, der: Primararzt · Primar · Primarius (*österr*)
Chemie, die: die C. stimmt: → verstehen (II, 2)
Cherub, der: → Engel (1)
chevaleresk: → höflich
Chiffre, die: → Geheimzeichen
chiffrieren: → verschlüsseln
Chipkarte, die: → Versichertenkarte, Telefonkarte
Chips (*Pl*): → Bratkartoffeln
chirurgisch: chirurgischer Eingriff: → Operation (1)
chloroformieren: → betäuben (I, 1)
Chlorophyll, das: → Blattgrün
Choleriker, der: → Hitzkopf
cholerisch: → aufbrausend
Chor: I. Chor, der: **1.** ⟨*Vereinigung von Sängern*⟩ Gesangverein · Sängerchor · Sängerkreis · Sängervereinigung · Singakademie · Singkreis; Liedertafel (*veraltet*) + Kirchenchor – **2.** im C.: → gemeinsam (1) – **II.** Chor, das: → Gesindel – **III.** Chor, der *od.* das: → Altarraum
Choral, der: → Lied (1)
Chorist, der: → Chorsänger
Chorknabe, der: → Chorsänger
Chörlein, das: → Erker (1)
Chorleiter, der: → Dirigent (1)
Chorsänger, der: Chorist + Chorknabe · Sänger ♦ *umg*: Sangesbruder; → *auch* Sänger (1)
Chose, die: → Angelegenheit
Chrestomathie, die: → Auswahl (3)
Christ, der: der Heilige C.: → Weihnachten (1)
Christbaum, der: → Weihnachtsbaum
Christfest, das: → Weihnachten (1)
Christgeschenk, das: → Weihnachtsgeschenk
Christkindl, das: → Weihnachtsgeschenk
christlich: → kirchlich
Christus, der: **1.** ⟨*Urheber der christl. Religion*⟩ Heiland · Erlöser · Jesus · Messias · der Gekreuzigte · Gottessohn · Gotteslamm (*Rel*) ♦ *dicht*: Seelenbräutigam (*Rel*); → *auch* Gott (1, a) – **2.** wie das Leiden Christi: → elend (1)
Chronik, die: Annalen
chronisch: → dauernd (1)
Chronometer, das: → Uhr (1)
Chuzpe, die: → Frechheit
Cicerone, der: → Fremdenführer
Cicisbeo, der: → Geliebte (I)
Circe, die: → Verführerin
Circulus vitiosus, der: **1.** → Fehlschluss – **2.** → Teufelskreis
City, die: → Innenstadt
Clan, der: → Clique
clever: → schlau (1), raffiniert
Cleverle, das: → Schlaukopf
Cleverness, die: → Schlauheit
Clinch, der: im C. liegen |mit|: → Streit (2)
Clique, die (*abwert*): Klüngel · Sippschaft · Kamarilla · Clan · Seilschaft ♦ *umg*: Mischpoke ♦ *salopp*: Blase; → *auch* Bande, Gruppe (1)
Cliquenwirtschaft, die: → Vetternwirtschaft
Clochard, der: → Stadtstreicher
Clou, der: → Hauptattraktion
Clown, der: → Spaßmacher
Clownerie, die: → Spaß (1)
Coach, der: → Trainer
coachen: → trainieren (1)
Cocktail, der: → Mischgetränk
Cocktailparty, die: → Fest (1)

cognac[farben]: → braun (1)
Coiffeur, der: → Friseur
Coiffeuse, die: → Friseuse
Coleopter, der: → Senkrechtstarter (1)
College, das: **1.** → Gymnasium – **2.** → Universität
Colorfilm, der: → Farbfilm
Colt, der: → Revolver
comme il faut: → vorbildlich
Computer, der: Personalcomputer · PC · EDV-Anlage · Datenverarbeitungsanlage; Elektronengehirn (*veraltend*) + Rechenautomat · Laptop · Rechner · Notebook
Concierge, der: → Pförtner
Conférence, die: → Moderation
Conférencier, der: → Moderator
Connection, die: → Verbrecherorganisation
Connections (*Pl*): → Beziehung (II, 1)
Container, der: → Mülltonne
Contenance, die: → Haltung (1)
cool: 1. → ruhig (1), gelassen (1) – **2.** c. bleiben: → beherrschen (II)
Copyright, das: → Urheberrecht
coram publico: → öffentlich (1)
Corpus delicti, das: → Beweisstück
corriger la fortune: → betrügen (1)
Couch, die: → Sofa
Counter, der: → Schalter (1)
Coup, der: → Unternehmung (1)
Coupé, das: → Abteil
Cour, die: die C. machen/schneiden: → werben (2, a)
Courage, die: → Mut (1)
couragiert: → mutig (1)
Courmacher, der: → Frauenheld (1)
Courschneider, der: → Frauenheld (1)
Courtoisie, die: → Höflichkeit (1)
Cousin, der: → Vetter
Cousine, die: → Base
Couturier, der: **1.** → Modeschöpfer – **2.** Haute C.: → Modeschöpfer
Cover, das: → Schallplattenhülle
Cowboy, der: → Hirt
Crack, der: → Spitzensportler
Crash, der: **1.** → Zusammenstoß (1) – **2.** → Zusammenbruch (1)
Creme, die: **1.** → Süßspeise – **2.** → Salbe – **3.** → Paste – **4.** → Oberschicht
creme[farben]: → gelb (1)
Crescendo, das: → Steigerung (1)
Crew, die: **1.** → Besatzung (1) – **2.** → Mannschaft (1) – **3.** → Besatzung (3)
Croissant, das: → Hörnchen
Crux, die: **1.** → Leid (1) – **2.** → Last (1) – **3.** eine C.: → unangenehm (1)
Cup, der: → Preis (2)
Cutter, der: → Schnittmeister

D

da: **1.** → dort (1) – **2.** → hier (1), daheim (1) – **3.** → anwesend (1) – **4.** → weil – **5.** → als (3) – **6.** → wo (1) – **7.** von da: → dorther; nach da: → dorthin; nicht da: → abwesend (1); wieder da: → zurückgekommen; nicht da sein: **a)** → fehlen (1) – **b)** → geistesabwesend (2); da und dort: → vereinzelt (1); hie[r] und da: **a)** → vereinzelt (1) – **b)** → manchmal; von da an: → seitdem (1); nichts da: → nein; als da sind: → beispielsweise; da sein: **a)** → anwesend (2) – **b)** → bestehen (1); noch nicht da gewesen: → unerhört (1)
dabei: **1.** → daneben (1), daran (1) – **2.** → darunter (2) – **3.** → unterdessen – **4.** d. bleiben: **a)** → festbleiben (1) – **b)** → behaupten (I, 1); d. sein: **a)** → anwesend (2), teilnehmen (1) – **b)** → aufpassen (1) – **c)** → beschäftigen (II, 2)
dabeibleiben: → bleiben (1)
dableiben: **1.** → bleiben (1) – **2.** → nachsitzen
dabeihaben: → mit (4)
Dach, das: **1.** ⟨*oberer Abschluss eines Hauses*⟩ Bedachung · Überdachung · Bedeckung + Decke – **2.** schützendes D.: → Unterkunft (1); kein D. über dem Kopf haben: → obdachlos (2); den roten Hahn aufs D. setzen: → Feuer (7); die Spatzen pfeifen es von den/allen Dächern: → bekannt (3); unter D. und Fach: **a)** → geborgen (1) – **b)** → verheiratet (1); unter D. und Fach sein: → sicherstellen (4); unter D. und Fach bringen: → vollenden (I, 1); aufs D. steigen, eins aufs D. geben: → zurechtweisen; eins aufs D. bekommen/kriegen: → tadeln (2)
Dachboden, der: Boden; Dachstock · Söller (*landsch*); Estrich (*schweiz*)
Dachhase, der: → Katze (1)
Dachkammer, die: Bodenkammer · Mansarde · Bodenraum · Bodengelass · Dachstube · Dachzimmer
Dachkännel, der: → Dachrinne
Dachpfanne, die: → Dachziegel
Dachrinne, die: Regenrinne · Dachtraufe · Traufe; Kandel (*süddt*); Kännel · Dachkännel (*landsch*)
Dachs, der: junger D.: → Grünschnabel
Dachschaden, der: einen D. haben : **a)** → verrückt (5) – **b)** → geisteskrank (2)
Dachschindel, die: → Dachziegel
Dachshund, der: → Dackel
Dachstock, der *od.* das: → Dachboden
Dachstube, die: → Dachkammer
Dachtel, die: → Ohrfeige (1)
dachteln: → ohrfeigen
Dachtraufe, die: → Dachrinne
Dachziegel, der: Dachpfanne · Dachschindel
Dachzimmer, das: → Dachkammer
Dackel, der: Dachshund; Teckel (*fachspr*)
dadurch: **1.** → deshalb – **2.** → davon (1) – **3.** → damit (2)
Daffke: aus D.: → [2]Scherz (2)
dafür: **1.** ⟨*für dieses*⟩ hierfür – **2.** → dazu (1) – **3.** d. sein: → zustimmen (1)
dafürhalten: → meinen
Dafürhalten, das: **1.** → Meinung (1) – **2.** nach meinem D.: → Erachten (1)
dafürstehen: → bürgen
dagegen: **1.** ⟨*vergleichend*⟩ im Vergleich/Verhältnis dazu – **2.** ⟨*entgegensetzend*⟩ hingegen · wiederum · indes[sen] · [je]doch · freilich · aber ♦ *gehoben*: allein · hinwieder[um]; hiergegen · dawider · dementgegen (*veraltend*); → *auch* sondern (1) – **3.** d. sein: → ablehnen (1); d. halten: → zusammenhalten (1)
dagegenhalten: → antworten
dagegenreden: → einwenden
dagegenstellen, sich: → widersetzen, sich
dagegenstemmen, sich: → widersetzen, sich
daheim: **1.** ⟨*in der eigenen Wohnung*⟩ zu Hause · im Kreis der Familie + da ♦ *gehoben*: im Schoß der Familie ♦ *umg*: in den

eigenen vier Pfählen/Wänden ♦ *salopp*: bei Muttern (*landsch*) – **2.** d. sein: → wohnen (1)
Daheim, das: → Zuhause
daher: 1. → dorther – **2.** → deshalb
daherbringen: → bringen (1)
dahergelaufen: → unbekannt (1)
daherkommen: → kommen (1)
daherreden: → schwafeln
dahier: → hier (1)
dahin: 1. → dorthin – **2.** → vorbei (1) – **3.** → entzwei – **4.** → tot (1) – **5.** d. gehend: → so (1)
dahindämmern: → dahinleben
dahinfahren: → sterben (1)
dahingeben: → opfern (I, 1, a)
dahingehen: 1. → vergehen (I, 1) – **2.** → sterben (1)
dahingestellt: d. sein lassen: → offen (8)
dahinleben: sein Leben/Dasein fristen · hinfristen · dahindämmern; [dahin]vegetieren · hinvegetieren · gammeln (*abwert*) ♦ *umg*: dahinwursteln; herumgammeln (*abwert*); glucken · krebsen (*landsch*); → *auch* gammeln
dahinscheiden: → sterben (1)
dahinschleichen: → vergehen (I, 1)
dahinschmelzen: → vermindern (II)
dahinschwinden: 1. → vergehen (I, 1) – **2.** → untergehen (2)
dahinsiechen: → krank (2)
dahinsterben: → sterben (1)
dahinten: [dort] hinten
dahinter: 1. → hinten (1, b) – **2.** nichts d.: → unbedeutend (1); Dampf/Druck d. setzen/d. machen: → beschleunigen; nicht d. kommen/gucken: → erklären (I, 4); d. gucken: → durchschauen (I); sich d. klemmen: **a)** → anstrengen (II, 1) – **b)** → einsetzen (II); sich d. knien: → anstrengen (II, 1); d. kommen: → ergründen (1); sich d. setzen: **a)** → anstrengen (II, 1) – **b)** → einsetzen (II); d. stecken: → verbergen (II, 2); d. stehen: **a)** → verbergen (II, 2) – **b)** → unterstützen (I, 1)
dahinvegetieren: → dahinleben
dahinwelken: → welken (1)
dahinwursteln: → dahinleben
dahocken: 1. → sitzen (1) – **2.** → kauern (I)
Daktylo, die: → Maschinenschreiberin
Daktylographin, die: → Maschinenschreiberin

dalassen: → zurücklassen (1)
dalbern: → herumalbern
Dalk, der: → Dummkopf (2)
Dalles, der: → Not (1)
dalli: → schnell (2)
damalig: → ehemalig
damals: seinerzeit · in/zu jener Zeit · in jenen/fernen/verflossenen Tagen · vor langem · vor Urzeiten · vor undenklichen Zeiten; zu Olims Zeiten (*scherzh*); dazumal (*veraltend*) ♦ *umg*: anno dazumal/Tobak; dunnemals (*landsch*); → *auch* früher (1)
Dämchen, das: → Modepuppe
Dame, die: **1.** ⟨*Schachfigur*⟩ Königin – **2.** → Frau (I, 1) – **3.** alte D.: **a)** → Mutter (1) – **b)** → Greisin; D. des Herzens: → Geliebte (II); ganz D.: → damenhaft
Dämel, der: → Dummkopf (2)
Dämelack, der: → Dummkopf (2)
damenhaft: ladylike · ganz Dame; → *auch* vornehm (1)
Damenwelt, die: → Frau (II)
damisch: → verrückt (1)
damit: 1. ⟨*Konjunktion*⟩ [so/auf] dass · um … zu – **2.** ⟨*mit diesem*⟩ hiermit · hierdurch · dadurch
Dämlack, der: → Dummkopf (2)
dämlich: → dumm (1)
Dämlichkeit, die: → Dummheit (1)
Damm, der: **1.** ⟨*Schutzbau aus Erde, Steinen*⟩ Deich · Wall · Aufschüttung · Aufwurf · Schutzwall · Erdwall + Abdämmung · Eindämmung – **2.** → Fahrbahn – **3.** auf dem D. sein: → gesund (5); nicht auf dem D. sein; → krank (2); auf den D. bringen: → fördern (1); [wieder] auf den D. kommen: → erholen, sich (1), gesund (6)
dammeln: → herumalbern
dämmen: 1. → eindämmen (1) – **2.** → mildern (1) – **3.** → hemmen (1)
dämmerig: halbdunkel · zwielichtig; schummerig (*norddt*) + lichtarm · schattig; → *auch* dunkel (1)
Dämmerlicht, das: **1.** → Morgendämmerung – **2.** → Abenddämmerung
dämmern: 1. ⟨*langsam in den hellen Tag übergehen*⟩ grauen · tagen · aufdämmern · hell/Tag werden; schummern (*norddt*) – **2.** ⟨*langsam in die Nacht übergehen*⟩ dunkeln · dunkel/Nacht werden; schummern (*norddt*) ♦ *dicht*: nachten; → *auch* verfinstern (II) – **3.** → schlafen (1, c) – **4.** es dämmert: → erkennen (1)

Dämmerschlaf, der: → Halbschlaf
Dämmerstündchen, das: → Feierabend (1)
Dämmerstunde, die: → Abenddämmerung
Dämmerung, die: **1.** → Morgendämmerung – **2.** → Abenddämmerung
Dämmerzustand, der: → Halbschlaf
Dämon, der: → Gespenst (1)
dämonisch: 1. → teuflisch (1) – **2.** → unheimlich (1)
Dampf, der: **1.** ⟨*dichte feuchte Luft*⟩ Wasserdampf · Brodel · Nebel; Wrasen (*norddt*) + Qualm · Wolke · Schwaden · Hauch · Atem ♦ *dicht*: Brodem; → *auch* Dunst (1), Rauch (1) – **2.** → Angst (1) – **3.** → Hunger (1) – **4.** unter D.: → abfahrbereit; D. ablassen: → aussprechen (II, 1); D. dahinter setzen/dahinter machen: → beschleunigen; D. haben: → hungrig (2); Hans D. in allen Gassen: → Tausendsasa
Dampfboot, das: → Dampfer (1)
dampfen: 1. ⟨*Dampf entwickeln*⟩ brodeln + nebeln · [ver]dunsten · räuchern · qualmen · sieden · kochen; → *auch* rauchen (2) – **2.** → schwitzen (1) – **3.** → fahren (1)
dämpfen: 1. → dünsten (1) – **2.** → mildern (1) – **3.** die Stimme d.: → flüstern (1)
Dampfer, der: **1.** ⟨*mit Dampfkraft betriebenes Schiff*⟩ Dampfschiff · Steamer (*seem*); Dampfboot (*veraltend*); → *auch* Schiff – **2.** auf dem falschen D. sein: → irren (II)
Dämpfer, der: einen D. aufsetzen: → zurechtweisen
dampfig: → dunstig
Dampfross, das: → Lokomotive
Dampfschiff, das: → Dampfer (1)
danach: 1. ⟨*zeitlich folgend*⟩ darauf · alsdann · [so]dann · nachher · hiernach · hernach · hinterher · hintennach · nachfolgend · [daran] anschließend · im Anschluss daran · nachdem · nachmals · später · in der Folge · im Nachhinein; darnach (*veraltend*) + schließlich · endlich · infolgedessen; → *auch* nach (1), seitdem (1) – **2.** → folglich (1)
Dandy, der: → Geck (1)
dandyhaft: → eitel (1)
daneben: 1. ⟨*örtlich*⟩ nebenan · nahebei · dabei · daran · seitlich + seitwärts · nahe · nächst; → *auch* nahe (1), neben (1) – **2.** ⟨*das Nebeneinander im Geschehen od. Handeln bezeichnend*⟩ außerdem · nebenher · nebenbei; → *auch* außerdem (1) – **3.** → außerdem (1) – **4.** d. halten: → zusammenhalten (1), anhalten (I, 3); d. gehen/hauen/schießen/treffen: → verfehlen (1)
danebenbenehmen, sich: → vorbeibenehmen, sich
danebengehen: → misslingen
danebengelingen: → misslingen
danebengeraten: → misslingen
danebenglücken: → misslingen
danebengreifen: → irren (II)
danebenhauen: 1. → irren (II) – **2.** → Fehler (2)
danebenliegen: → irren (II)
danebenschätzen: → verschätzen, sich
danebenschießen: → irren (II)
daniederliegen: → krank (2)
dank: kraft · infolge ♦ *dicht*: ob; → *auch* wegen (1), durch (2)
Dank, der: **1.** ⟨*Ausdruck der Dankbarkeit*⟩ Dankeswort · Dankesbezeigung · Erkenntlichkeit · Vergeltung · Lohn + Danksagung; → *auch* Dankbarkeit (1) – **2.** mit/von D. erfüllt, zu [großem] D. verpflichtet: → dankbar (1); D. sagen/zollen, seinen D. aussprechen/ausdrücken/bekunden/bezeigen/abstatten/abtragen, seinen D. zum Ausdruck bringen, seinem D. Ausdruck verleihen: → danken (1); Gott sei D.: → glücklicherweise
dankbar: 1. ⟨*Dankbarkeit fühlend*⟩ dankerfüllt · erkenntlich · mit/von Dank erfüllt + zu [großem] Dank verpflichtet · verbunden – **2.** → ergiebig, fruchtbar (1)
Dankbarkeit, die: **1.** ⟨*Gefühl des Verpflichtetseins*⟩ Dank[barkeits]gefühl + Verbundenheit; → *auch* Dank (1) – **2.** → Fruchtbarkeit
Dankbarkeitsgefühl, das: → Dankbarkeit (1)
danken: 1. ⟨*seine Dankbarkeit [durch Worte] bekunden*⟩ sich bedanken · danksagen · seinen Dank aussprechen/ausdrücken/bekunden/bezeigen/abstatten/abtragen · Dank sagen/zollen · seinen Dank zum Ausdruck bringen · seinem Dank Ausdruck verleihen + die Hand drücken – **2.** → verdanken – **3.** → ablehnen (2) – **4.** → vergelten (2)
dankenswert: → lobenswert
dankerfüllt: → dankbar (1)
Dankesbezeigung, die: → Dank (1)
Dankeswort, das: → Dank (1)
Dankgefühl, das: → Dankbarkeit (1)
danksagen: → danken (1)
Danksagung, die: → Dank (1)

dann: **1.** ⟨*auf einen späteren Zeitpunkt hinweisend*⟩ dannzumal (*schweiz amtsspr*) – **2.** → danach (1) – **3.** → dazu (2) – **4.** d. und d.: → irgendwann (1); d. und wann: → manchmal
dannen: von d.: → fort (1); von d. gehen: **a)** → sterben (1) – **b)** → weggehen (1); sich von d. machen: → weggehen (1)
dannzumal: → dann (1)
daran: **1.** ⟨örtlich⟩ dabei ♦ *umg*: dran – **2.** → daneben (1) – **3.** d. anschließend, im Anschluss d.: → danach (1); d. halten: → anhalten (I, 3)
darangeben: → opfern (I, 1, b)
darangehen: → anfangen (1, a)
daranmachen, sich: → anfangen (1, a)
daransetzen: **I.** daransetzen: → aufwenden – **II.** daransetzen, sich: → anfangen (1, a)
daranwenden: → aufwenden
darauf: **1.** ⟨*Reihenfolge*⟩ daraufhin · hieraufhin · hierauf ♦ *umg*: drauf – **2.** → danach (1) – **3.** d. folgend: → folgend (a); d. kannst du einen lassen: → versichert
daraufhin: → darauf (1)
daraus: **1.** ⟨*örtlich u. herleitend*⟩ hieraus ♦ *umg*: draus – **2.** d. wird nichts: → hoffnungslos (2)
darben: vegetieren · Mangel/Not leiden · sein Leben/Dasein fristen ♦ *gehoben*: schmachten ♦ *salopp*: am Daumen lutschen; → *auch* arm (4), entbehren (1), hungern (1), dürsten (1)
darbieten: **I.** darbieten: **1.** ⟨*zur Unterhaltung usw. in künstler. Gestaltung bieten*⟩ bieten · bringen · vorführen · [zum Besten] geben; zur Darbietung bringen (*amtsspr*) + wiedergeben · aufwarten |mit| ♦ *gehoben*: darbringen; → *auch* aufführen (I, 1), darstellen (I, 1, b) – **2.** → anbieten (I, 2), geben (I, 1) – **II.** darbieten, sich: → bieten (II, 1)
Darbietung, die: **1.** ⟨*zur Unterhaltung usw. gebotene künstler. Leistung*⟩ Aufführung · Vorführung · Vorstellung · Spiel · Schau · Show · Darstellung + Tanz · Nummer · Akt · Schaustellung – **2.** → Vortrag (1) – **3.** zur D. bringen: → aufführen (I, 1), darbieten (I, 1)
darbringen: **1.** → opfern (I, 1, a) – **2.** → schenken (1) – **3.** → darbieten (I, 1) – **4.** seine Glückwünsche d.: → beglückwünschen
darein: → hinein (1)
dareinfinden, sich: → resignieren
dareingeben, sich → resignieren
dareinschicken, sich: → resignieren
darin: **1.** ⟨*örtlich*⟩ d[a]rinnen ♦ *umg*: drin – **2.** ⟨*hinweisend*⟩ hierin · in diesem Punkt – **3.** → darunter (2) – **4.** mitten d.: → dazwischen (1)
darinnen: → darin (1)
darlegen: erläutern · auseinander setzen · aufrollen · entwickeln · behandeln · abhandeln · darstellen · manifestieren · charakterisieren · skizzieren · eine Darstellung geben |von| · ein Bild entwerfen |von| · eine Darlegung geben + schildern · erzählen · betrachten · beleuchten · ausdrücken · zusammenstellen ♦ *gehoben*: ausbreiten; → *auch* erklären (I, 1), ansprechen (2), berichten
Darlegung, die: **1.** ⟨*das sprachl. Darlegen*⟩ Erläuterung · Behandlung · Darstellung · Charakterisierung · Manifestation + Beschreibung · Betrachtung · Beleuchtung; → *auch* Bericht (1) – **2.** eine D. geben: → darlegen
Darlehen, das: **1.** → Kredit (1) – **2.** ein D. aufnehmen: → Kredit (2)
Darling, der: → Liebling (1)
Darm, der: sich in den D. stechen: → Wind (I, 3)
Darmausgang, der: → After
Darmentleerung, die: → Stuhlgang (1)
Darminfektion, die: → Durchfall (1)
Darmkatarrh, der: → Durchfall (1)
Darmspülung, die: → Einlauf (1)
Darmträgheit, die: → Stuhlverstopfung
Darmwind, der: → Wind (I, 2)
darnach: → danach (1)
darreichen: **1.** → geben (I, 1), anbieten (I, 2) – **2.** → schenken (1)
darren: → dörren
darstellen: **I.** darstellen: **1.** ⟨*künstler. Gestalt geben*⟩ **a)** ⟨*bildende Kunst*⟩ wiedergeben + hinstellen; → *auch* zeichnen (1), malen (1, b) – **b)** ⟨*Bühne od. Film*⟩ spielen · verkörpern · vorstellen · wiedergeben + agieren · mimen · chargieren · figurieren; → *auch* darbieten (I, 1) – **2.** → darlegen – **3.** → beschreiben (1) – **4.** → verkörpern (1) – **5.** → bilden (I, 1) – **II.** darstellen, sich: → zeigen (II, 1)
Darsteller, der: → Schauspieler
darstellerisch: → schauspielerisch
Darstellung, die: **1.** ⟨*Gestaltung in der bildenden Kunst*⟩ Wiedergabe; → *auch* Denkmal (1) – **2.** → Darbietung (1) – **3.** → Dar-

legung (1) – **4.** → Beschreibung (1) – **5.** eine D. geben |von|: → darlegen
dartun: 1. → zeigen (I, 2) – **2.** → erklären (I, 2)
darüber: 1. ⟨*örtlich*⟩ *umg*: drüber; → *auch* oberhalb – **2.** ⟨*hinweisend*⟩ dazu · hierüber · davon · hiervon ♦ *umg*: drüber – **3.** d. hinaus: → außerdem (1), dazu (2); sich d. machen: → anfangen (1, a)
darum: → deshalb
darunter: 1. ⟨*örtlich*⟩ *umg*: drunter; → *auch* unterhalb – **2.** ⟨*mit anderen zusammen*⟩ dazwischen · dabei · darin
das: 1. ⟨*hinweisend*⟩ dies[es] · dasjenige · ebendas · ebendies[es] – **2.** ⟨*bezüglich*⟩ welches – **3.** dies und d.: → allerlei
Dasein, das: **1.** ⟨*das Existieren*⟩ Existenz · Sein · Bestehen · Vorhandensein – **2.** → Leben (1) – **3.** → Anwesenheit (1) – **4.** Kampf ums D.: → Lebenskampf; sein D. fristen: → darben, dahinleben; sein D. beschließen/vollenden: → sterben (1)
Daseinsangst, die: → Existenzangst
Daseinsberechtigung, die: Existenzberechtigung
Daseinsform, die: → Lebensform
Daseinsfreude, die: → Lebensfreude
daseinshungrig: → lebenshungrig
Daseinskampf, der: → Lebenskampf
Daseinslust, die: → Lebensfreude
daseinsmüde: → lebensüberdrüssig
Daseinsweise, die: → Lebensform
daselbst: → dort (1)
dasig: → verwirrt (1)
dasjenige: → das (1)
dass: 1. → damit (1) – **2.** kaum d.: → sobald; so/auf d.: → damit (1)
dasselbe: 1. ⟨*auf die Identität hinweisend*⟩ ebendas · ebendies[es] · einerlei ♦ *umg*: das Gleiche – **2.** immer d.: ⟨*keine Veränderung* [*in der Methode usw.*] *erkennen lassend*⟩ *umg*: das alte Lied · der alte/gleiche Trott ♦ *salopp*: die alte Leier · dieselbe Litanei – **3.** in demselben Maße: → ebenso
Date, das: → Verabredung
Daten (*Pl*): → Datum (II)
Datenträger, der: → Diskette
Datenverarbeitungsanlage, die: → Computer
dato: bis d.: → bisher
Datsche, die: → Sommerhaus
Datum: I. Datum, das: ⟨*Tagesbezeichnung*⟩ Tag – **II.** Daten (*Pl*): ⟨*als Unterlagen dienende Gegebenheiten*⟩ Angaben · Fakten · Einzelheiten + Zahlen · Maße
Dauer, die: **1.** ⟨*begrenztes Fortbestehen*⟩ Zeit · Zeitdauer + Frist · Verlauf – **2.** ⟨*unbegrenztes Fortbestehen*⟩ Fortdauer · Permanenz · Dauerhaftigkeit · Beständigkeit · Bestand · Fortbestand · Stetigkeit · Endlosigkeit · Unendlichkeit ♦ *umg*: Ewigkeit – **3.** von kurzer D.: → vergänglich; von D.: → dauerhaft; auf D.: → ununterbrochen; von D. sein: → weiter (6)
Dauerbrenner, der: **1.** → Kuss (1) – **2.** → Evergreen
dauerhaft: dauernd · bleibend · beständig · von Dauer/Bestand · fest · unverbrüchlich · unverrückbar · unzerstörbar · konsistent · unveränderlich; währschaft (*schweiz*) + immergrün · gleichmäßig · wertvoll · vortrefflich · vorzüglich · tadellos; → *auch* haltbar (1)
Dauerhaftigkeit, die: → Dauer (2)
[1]**dauern: 1.** ⟨*eine begrenzte Zeit fortbestehen*⟩ währen; → *auch* erstrecken, sich (2) – **2.** → andauern – **3.** → hinziehen (II)
[2]**dauern:** → Leid (2)
dauernd: 1. ⟨*lange fortbestehend*⟩ andauernd · anhaltend · permanent · beständig + nachhaltig · chronisch; → *auch* ewig (1), endlos (b), ununterbrochen – **2.** → ununterbrochen – **3.** → immer (1) – **4.** → endlos (b) – **5.** → dauerhaft
Dauerseller, der: → Verkaufsschlager
Däumchen, das: D. drehen: → langweilen (II)
Daumen, der: am D. lutschen: → darben; die Daumen drehen: **a)** → langweilen (II) – **b)** → faulenzen (1); über den D. peilen: → schätzen (1); den D. aufs Auge setzen: → zwingen (1); den D. draufhalten: → knapp (6)
Daumendreher, der: → Faulenzer (1)
Daumenschraube, die: Daumenschrauben anlegen: → zwingen (1)
Daune, die: Flaumfeder; Dune (*norddt*); → *auch* Feder (I, 1)
daunenweich: → weich (1, a)
[1]**Daus,** das: → Ass (1)
[2]**Daus,** der: ei der D.: → Donnerwetter (II, 1)
davon: 1. ⟨*begründend*⟩ dadurch – **2.** → darüber (2) – **3.** → fort (1) – **4.** auf und d.: → fort (1); weit d.: → fern (1)
davonbleiben: → fern (4)

davoneilen: → weglaufen
davonfahren: → abfahren (1, a *u.* b)
davonfliegen: → wegfliegen
davongehen: **1.** → weggehen (1) – **2.** → sterben (1)
davonhasten: → weglaufen
davonjagen: **1.** → vertreiben (1) – **2.** → entlassen (2) – **3.** → weglaufen – **4.** mit Schimpf und Schande d.: → entlassen (2)
davonkommen: **1.** ⟨*etw. nicht tun bzw. ertragen müssen*⟩ *umg*: herumkommen |um| · drum rumkommen ♦ *salopp*: so wegkommen – **2.** ⟨*das Leben nicht einbüßen*⟩ entkommen · mit heiler Haut davonkommen · [dem Tode] entrinnen · am Leben bleiben ♦ *umg*: durchkommen ♦ *salopp*: dem Tod von der Schippe springen – **3.** → entkommen (1) – **4.** → straffrei – **5.** mit heiler Haut d.: **a)** → 2 – **b)** → straffrei; mit einem blauen Auge d.: **a)** → glimpflich (2) – **b)** → straffrei
davonlassen: die Finger d.: → heraushalten, sich
davonlaufen: **1.** → weglaufen – **2.** → fliehen (1), entfliehen (1) – **3.** zum Davonlaufen: → schlecht (1)
davonmachen, sich: **1.** → weggehen (1), wegschleichen (I) – **2.** → entfliehen (1) – **3.** → sterben (1)
davonreiten: → wegreiten
davonrennen: → weglaufen
davonsausen: → weglaufen
davonsprengen: → wegreiten
davonspringen: → weglaufen
davonspritzen: → weglaufen
davonstehlen, sich: → wegschleichen (I)
davonstieben: → weglaufen
davontragen: **1.** → zuziehen (I, 4) – **2.** → erhalten (I, 1) – **3.** den Sieg/Preis d.: → siegen; Schaden d.: → Schaden (5)
davonziehen: → abmarschieren
davor: → vorher
dawider: → dagegen (2)
dawiderreden: → einwenden
dazu: **1.** ⟨*hinweisend*⟩ dafür · hierzu · diesbezüglich – **2.** ⟨*hinzufügend*⟩ zudem · überdies · weiter[hin] · ferner[hin] · des Weiteren · darüber hinaus · [so]dann · alsdann; → *auch* außerdem (1) – **3.** → darüber (2) – **4.** d. bringen: → veranlassen (1); im Vergleich/Verhältnis d.: → dagegen (1)
dazugeben: **1.** → beisteuern (1) – **2.** seinen Senf d.: → mitreden
dazugesellen, sich: → hinzukommen
dazuhalten, sich: → beeilen, sich
dazukommen: → hinzukommen
dazumal: [anno] d.: → damals
dazunehmen: → einbeziehen
dazurechnen: → einbeziehen
dazutun: → beigeben (1)
Dazutun, das: → Hilfe (1)
dazuzählen: → einbeziehen
dazwischen: **1.** ⟨*Ort*⟩ mitten darin ♦ *umg*: zwischendrin · mittendrin; mittenmang (*landsch*) + eingekeilt · verkeilt · verklemmt; → *auch* inmitten – **2.** ⟨*Richtung*⟩ mitten hinein ♦ *umg*: zwischenhinein · zwischendrein · mittendrein; mang (*landsch*) – **3.** → unterdessen – **4.** → darunter (2)
dazwischenfahren: → eingreifen (1)
dazwischenfunken: → eingreifen (1)
dazwischengeraten: → hineingeraten (1)
dazwischenhaken: → eingreifen (1)
dazwischenhauen: → eingreifen (1)
dazwischenklemmen: → einklemmen
dazwischenkommen: → einmischen (II)
dazwischenmischen, sich: → einmischen (II)
dazwischenpfuschen: → einmischen (II)
dazwischenpressen: → einklemmen
dazwischenreden: **1.** → unterbrechen (1) – **2.** → einmischen (II)
dazwischenrufen: → einwerfen (3)
dazwischenspringen: → eingreifen (1)
dazwischenstecken, sich: → einmischen (II)
dazwischentreten: → eingreifen (1)
dazwischenwerfen: → einwerfen (3)
Deadline, die: → Termin (2)
Deal, der *od.* das: → Geschäft (3)
dealen: → Rauschgift (2)
Dealer, der: → Rauschgifthändler
Debakel, das: **1.** → Zusammenbruch (1) – **2.** → Niederlage (1)
Debatte, die: **1.** → Aussprache (2) – **2.** → Erörterung – **3.** → zur D. stellen: → vorbringen
debattieren: → erörtern
Debet, das: → Soll (2)
debil: → schwachsinnig (1)
Debilität, die: → Schwachsinn (1)
Debitor, der: → Schuldner
Debüt, das: → Start (2)
Debütant, der: → Anfänger (1)
Dechant, der: → Dekan (a)
dechiffrieren: → entschlüsseln (1)

Deck, das: nicht auf D. sein: → krank (2)
Deckadresse, die: Deckanschrift; → *auch* Adresse (1)
Deckanschrift, die: → Deckadresse
Deckbett, das: → Federbett
Decke, die: **1.** ⟨*Textilerzeugnis zum Zudecken*⟩ Plaid ♦ *umg*: Zudecke – **2.** ⟨*oberer Abschluss eines Raumes*⟩ Zimmerdecke; Plafond (*noch österr*) – **3.** → Tischtuch – **4.** → Einband – **5.** → Schicht (2) – **6.** → Fell (1) – **7.** → Reifen (2) – **8.** an die D. gehen: → aufbrausen (2); an die D. springen: → freuen (II, 1); auf die D. legen: → schießen (2); sich nach der D. strecken: → Haus (4); unter der D. halten: → verschweigen; unter einer D. stecken: → Sache (I, 6)
Deckel, der: **1.** ⟨*zum Zudecken verwendeter Teil eines Topfes*⟩ Topfdeckel; Stürze (*landsch*) ♦ *umg*: Stülpe (*landsch*) – **2.** → Einband – **3.** → [1]Hut (1), Mütze (1) – **4.** eins auf den D. geben: → zurechtweisen
deckeln: 1. → beschränken – **2.** → zurechtweisen
decken: I. decken: **1.** ⟨*Teller u. Bestecke auflegen*⟩ eindecken – **2.** → begatten (1) – **3.** → bedecken (I, 1) – **4.** → eindecken (I, 1) – **5.** → verbergen (I, 1) – **6.** → bewachen (1) – **7.** den Rücken d.: → schützen (I, 1); jmdn. deckt der grüne Rasen: → tot (4) – **II.** decken, sich: → übereinstimmen (2)
Deckenleuchte, die: → [2]Lampe (1)
Deckmantel, der: → Vorwand
Deckname, der: Pseudonym · Tarnname · Scheinname + Künstlername · falscher Name; → *auch* Spitzname
Deckung, die: **1.** → Begattung (1) – **2.** → Schutz (1) – **3.** → Sicherheit (2) – **4.** → Übereinstimmung (1) – **5.** D. nehmen, in D. gehen: → ducken (II, 1)
deckungsgleich: → gleich (1)
Deckwort, das: → Geheimzeichen
Dedikation, die: **1.** → Widmung – **2.** → Geschenk (1)
dedizieren: 1. → widmen (I) – **2.** → schenken (1)
Deduktion, die: → Folgerung (1)
deduzieren: → folgern
Deepfreezer, der: → Tiefkühlschrank
de facto: → tatsächlich (1)
Defätismus, der: → Pessimismus
Defätist, der: → Pessimist
defätistisch: → pessimistisch (1)
defekt: → schadhaft
Defekt, der: **1.** → Schaden (3) – **2.** → [1]Mangel (2)
defektiv: → unvollständig
Defensive, die: → Verteidigung
Defilee, das: → Vorbeimarsch
defilieren: → vorbeimarschieren
definieren: → bestimmen (3)
Definition, die: → Bestimmung (1)
definitiv: → endgültig
Defizit, das: → Fehlbetrag
defizitär: → verlustreich
deflorieren: → entjungfern
Deformation, die: → Missbildung
deformieren: → verunstalten
Deformierung, die: → Missbildung
deftig: 1. → derb (2) – **2.** → gehörig (1) – **3.** → nahrhaft
Degeneration, die: **1.** → Rückbildung – **2.** → Entartung
degenerieren: 1. → zurückbilden, sich – **2.** → entarten
degeneriert: → entartet
Degout, der: → Widerwille
degoutant: → ekelhaft (1)
degoutieren: → ekeln (I)
Degradation, die: → Degradierung
degradieren: absetzen ♦ *umg*: abbauen ♦ *salopp*: absägen; → *auch* absetzen (I, 2)
Degradierung, die: Degradation · Absetzung ♦ *umg*: Abbau; → *auch* Absetzung (1)
degressiv: → schwindend
dehnbar: 1. → elastisch (1) – **2.** → vieldeutig
Dehnbarkeit, die: → Elastizität (1)
dehnen: I. dehnen: ⟨*durch Ziehen verlängern*⟩ ausdehnen · [aus]weiten · ausziehen · strecken · spannen · recken · längen · in die Länge ziehen/strecken – **II.** dehnen, sich: **1.** ⟨*in der Weite bzw. Länge größer werden*⟩ sich ausdehnen · sich ausweiten · sich strecken · sich recken · sich ziehen – **2.** → ausstrecken (II, 1) – **3.** sich d. |bis|: → erstrecken, sich (1 *u.* 2)
Dehors (*Pl*): → Schein (3)
Deibel, der: **1.** → Teufel (1) – **2.** pfui D.: → pfui (1)
Deich, der: → Damm (1)
deichseln: → bewerkstelligen
dein: Mein und Dein verwechseln: → stehlen (1)
Deiwel, der: → Teufel (1)
Deixel, der: → Teufel (1)
Dejeuner, das: → Frühstück

de jure: → rechtlich (1)
dekadent: → entartet
Dekadenz, die: → Entartung, Verfall (1)
Dekan, der: ⟨*kirchl. Würdenträger*⟩ **a)** ⟨*kathol*⟩ Dechant · Erzpriester – **b)** → Superintendent
Deklamation, die: → Vortrag (1)
deklamatorisch: → ausdrucksvoll (1)
deklamieren: → vortragen (1)
Deklaration, die: → Erklärung (2)
deklarieren: → erklären (I, 2)
Deklination, die: **1.** → Beugung (2) – **2.** → Winkelabstand – **3.** → Abweichung (1)
deklinieren: → beugen (I, 2)
dekodieren: → entschlüsseln (1)
Dekokt, das: → Sud
Dekolletee, das: → Ausschnitt (1)
Dekor: I. Dekor, der: → Verzierung (1) – **II.** Dekor, das: → Ausstattung (1)
Dekoration, die: **1.** → Ausschmückung – **2.** → Bühnenbild – **3.** → Auszeichnung (1)
Dekorationsmaler, der: → Maler (1)
Dekorationsstück, das: → Ausstellungsstück
dekorativ: → wirkungsvoll (1)
dekorieren: 1. → ausschmücken (1) – **2.** → auszeichnen (I, 2)
Dekorierung, die: **1.** → Ausschmückung – **2.** → Auszeichnung (1)
Dekorum, das: → Schein (3)
Dekret, das: → Verordnung (1), Erlass (1)
dekretieren: → anordnen (2)
dekuvrieren: → entlarven (I)
Dekuvrierung, die: → Entlarvung
Delegation, die: Abordnung · Deputation · Vertretung
delegieren: abordnen · deputieren · entsenden; → *auch* schicken (I, 2)
Delegierte, der: → Abgesandte
Delegierung, die: Entsendung · Abordnung · Deputierung
delektieren: I. delektieren: → erfreuen (I) – **II.** delektieren, sich: → genießen (1)
delikat: 1. → schmackhaft – **2.** → heikel (1)
Delikatesse, die: **1.** → Leckerbissen – **2.** → Zartgefühl (1)
Delikt, das: → Vergehen (1)
Delinquent, der: → Verbrecher
delirieren: → irrereden
Delirium tremens, das: → Säuferwahn[sinn]
deliziös: → schmackhaft
Delle, die: **1.** → Beule (2) – **2.** → Mulde (1)
delogieren: → ausquartieren
Delogierung, die: → Zwangsräumung
delphisch: → geheimnisvoll (1)
dem: d. unerachtet/ungeachtet: → trotzdem (1)
Demagoge, der: → Volksverführer
Demagogie, die: → Volksverführung
Demarche, die: **1.** → Maßnahme – **2.** → Einspruch (1)
Demarkation[slinie], die: → Grenze (1, b)
demarkieren: → markieren (1)
demaskieren: I. demaskieren: → entlarven (I) – **II.** demaskieren, sich: → entlarven (II)
Demaskierung, die: → Entlarvung
dementgegen: → dagegen (2)
Dementi, das: **1.** → Widerruf (1) – **2.** → Berichtigung (1)
dementieren: 1. → widerrufen – **2.** → berichtigen (I, 1)
dementsprechend: 1. → so (1) – **2.** → solch (1)
demgemäß: → so (1)
demilitarisieren: → abrüsten (1)
Demimonde, die: → Halbwelt
Demission, die: → Rücktritt (1)
demissionieren: 1. → zurücktreten (1) – **2.** → kündigen (1)
demnach: → folglich (1)
demnächst: → bald (1)
Demo, die: **1.** → Kundgebung – **2.** eine D. machen, auf die D. gehen: → demonstrieren (1)
Demobilisation, die: → Abrüstung
demobilisieren: → abrüsten (1)
Demobilisierung, die: → Abrüstung
Demobilmachung, die: → Abrüstung
Demokratie, die: **1.** ⟨*Staatsform, bei der die Herrschaft vom Volk ausgeht*⟩ bürgerliche/parlamentarische Demokratie · Parlamentarismus – **2.** → Republik – **3.** bürgerliche/parlamentarische D.: → 1
demolieren: → zerstören (1)
Demonstration, die: **1.** → Kundgebung – **2.** → Veranschaulichung – **3.** → Bekundung
Demonstrationsmaterial, das: → Anschauungsmaterial
Demonstrationsobjekt, das: → Anschauungsmaterial
demonstrativ: → betont
demonstrieren: 1. ⟨*in der Öffentlichkeit seine Forderungen bekunden*⟩ auf die Straße gehen ♦ *umg*: eine Demo machen · auf

die/zur Demo gehen – **2.** → veranschaulichen – **3.** → zeigen (I, 4) – **4.** ad oculos d.: **a)** → veranschaulichen – **b)** → zeigen (I, 2)
Demontage, die: → Abbruch (1)
demontieren: → abbrechen (2)
Demontierung, die: → Abbruch (1)
Demoralisation, die: **1.** → Zersetzung (1) – **2.** → Sittenverfall
demoralisieren: → zersetzen (I, 2)
Demoralisierung, die: **1.** → Zersetzung (1) – **2.** → Sittenverfall
Demoskopie, die: → Meinungsforschung
demsig: → schwül (1)
Demut, die: → Ergebenheit (1)
demütig: → ergeben (I, 1)
demütigen: **I.** demütigen: ⟨*jmdn. in einer die persönl. Würde verletzenden Weise behandeln*⟩ erniedrigen · beschämen · [den Nacken] beugen · den Stolz brechen · schmähen · schmälen · einen Schimpf antun/zufügen ♦ *umg*: ducken · den Dünkel austreiben ♦ *salopp*: wie einen Hund behandeln; → *auch* verleumden (1), herabwürdigen (I) – **II.** demütigen, sich: ⟨*in würdeloser Weise um etw. bitten*⟩ sich erniedrigen · sich herabwürdigen · sich herabsetzen · einen Fußfall/Kniefall machen/tun · jmdm. zu Füßen fallen · den Nacken beugen · einen Kanossagang antreten · Kotau machen + sich ergeben ♦ *umg*: sich ducken · sich klein machen · klein beigeben ♦ *salopp*: auf den Knien rutschen; → *auch* kriechen (2)
demütigend: → beschämend
Demütigkeit, die: → Ergebenheit (1)
Demütigung, die: → Herabwürdigung
demut[s]voll: → ergeben (I, 1)
demzufolge: → deshalb, folglich (1)
denaturalisieren: → ausweisen (I, 1)
denaturieren: → vergällen (1)
dengeln: abdengeln; → *auch* schärfen
Denkarbeit, die: **1.** → Denken – **2.** D. leisten: → denken (1)
Denkart, die: → Denkweise
Denkaufgabe, die: → Rätsel (1)
denkbar: **1.** → möglich (1) – **2.** → sehr – **3.** → vorstellbar
denken: **1.** ⟨*in bestimmter Weise geistig tätig sein*⟩ Denkarbeit leisten · den Verstand gebrauchen; → *auch* erkennen (1), überlegen (I, 1) – **2.** → nachdenken (1) – **3.** → beabsichtigen – **4.** → meinen – **5.** d. |über|: → urteilen (3); d. |an|: → erinnern (II), bedenken (I, 1); laut d.: → sprechen (1); denkste: → nein; typischer Fall von denkste: → Irrtum (1); gering d. |von|: → verachten (1); d., der Affe laust/kratzt einen: → staunen (1); zu d. geben: **a)** → bedenklich (3) – **b)** → beschäftigen (I, 2); zu tun d.: → beabsichtigen
Denken, das: Denkarbeit · Denkleistung · Denktätigkeit · Denkprozess
Denkfähigkeit, die: → Denkvermögen
Denkkraft, die: → Denkvermögen
Denkleistung, die: → Denken
Denkmal, das: **1.** ⟨*Bauwerk zur Erinnerung*⟩ Monument · Standbild + Denkstein · Gedenkstein · Denksäule · Mahnmal · Ehrenmal · Ehrensäule · Obelisk; → *auch* Darstellung (1) – **2.** → Werk (1)
Denkprozess, der: → Denken
Denksäule, die: → Denkmal (1)
Denkschrift, die: Note · Memoire · Memorandum · Schrift
Denkspiel, das: → Rätsel (1)
Denksportaufgabe, die: → Rätsel (1)
Denkspruch, der: → Sinnspruch
Denkstein, der: → Denkmal (1)
Denktätigkeit, die: → Denken
Denkungsart, die: → Denkweise
Denkungsweise, die: → Denkweise
Denkvermögen, das: Denkfähigkeit · Geisteskraft · Denkkraft · Geistesstärke + Abstraktionsvermögen · Abstraktionsfähigkeit ♦ *umg*: die kleinen grauen Zellen (*scherzh*); → *auch* Klugheit, Verstand (1), Urteilsvermögen
Denkweise, die: Mentalität · Denk[ungs]art · Denkungsweise · Sinnesart · Einstellung + Gedankengang · Denkvorgang; → *auch* Anschauungsweise, Gesinnung (1), Meinung (1)
denkwürdig: → erwähnenswert (1)
Denkzeichen, das: → Andenken (1)
Denkzettel, der: **1.** → Andenken (2) – **2.** einen D. geben/erteilen/verpassen/verabreichen: → bestrafen
denn: **1.** → als (2) – **2.** woher d.: → keineswegs; es sei d.[, dass]: → außer (3)
dennoch: → trotzdem (1)
Dentist, der: → Zahnarzt
Denudation, die: → Einebnung
Denunziant, der: → Verräter (1)
Denunziation, die: → Anzeige (2)
denunzieren: → anzeigen (2)
Deo, das: → Deodorant

Deodorant, das: Deo · Desodorant + Deoroller · Deospray
Deoroller, der: → Deodorant
Deospray, das: → Deodorant
Departement, das: → Bezirk (1)
Dependance, die: → Nebengebäude, Zweigstelle
Depesche, die: → Telegramm
depeschieren: → telegrafieren
deplatziert: → unangebracht
deplorabel: → bedauernswert
Deponie, die: → Mülldeponie
deponieren: → hinterlegen
Deportation, die: → Verbannung (1)
deportieren: → verbannen (1)
Depot, das: **1.** → Lager (3) – **2.** → Speicher (1) – **3.** → Pfand (1)
Depp, der: **1.** → Dummkopf (2) – **2.** → Tollpatsch
deppert: → dumm (1)
Depression, die: **1.** → Niedergeschlagenheit – **2.** → Rezession – **3.** → Tief (1)
depressiv: → niedergeschlagen (1)
deprimieren: → entmutigen
deprimierend: → bedrückend
deprimiert: → niedergeschlagen (1)
Deputation, die: → Delegation
deputieren: → delegieren
Deputierte, der: → Abgeordnete
Deputierung, die: → Delegierung
der: 1. ⟨*hinweisend*⟩ dieser · derjenige · ebender · ebendieser; → *auch* jener (1) – **2.** ⟨*bezüglich*⟩ welcher – **3.** der dort: → jener (1)
derangieren: → verwirren (2)
derart: → so (1 *u.* 2)
derartig: 1. → so (1 *u.* 2) – **2.** → solch (1)
derb: 1. ⟨*nicht feinfühlig*⟩ grob[schlächtig] · grobschrötig · unfein · drastisch · rau · hart ♦ *umg*: handfest; → *auch* ungeschliffen, barsch – **2.** ⟨*in unschickl. Worte gefasst*⟩ unanständig · drastisch + vulgär ♦ *umg*: gepfeffert · saftig · nicht salonfähig; deftig (*norddt*); → *auch* unanständig (1) – **3.** → plump (1)
derbknochig: → kräftig (1)
dereinst: 1. → einst (1) – **2.** → früher (1)
dergestalt: → so (1)
dergleichen: 1. → solch (1) – **2.** nicht d. tun: → unterlassen; und d. mehr: → weiter (5)
derjenige: → der (1)
derlei: → solch (1)
dermaleinst: 1. → einst (1) – **2.** → früher (1)
dermalen: → jetzt (1)
dermaßen: → so (2)
Dernier Cri, der: → Neuheit
derselbe: ebender · ebendieser ♦ *umg*: der Gleiche
derweil: 1. → unterdessen – **2.** → während
derweile[n]: → unterdessen
derzeit: 1. → jetzt (1) – **2.** → früher (1)
derzeitig: 1. → jetzig – **2.** → ehemalig
Desaster, das: → Unglück (1)
desavouieren: → bloßstellen (I, 1)
Deserteur, der: der Fahnenflüchtige + Überläufer
desertieren: fahnenflüchtig werden · fliehen + seinen Posten verlassen · überlaufen ♦ *umg*: stiften gehen + mit fliegenden Fahnen übergehen ⌈zu⌉
Desertion, die: → Fahnenflucht
desgleichen: → ebenfalls
deshalb: deswegen · darum · daher · dadurch · demzufolge · folglich · infolgedessen · somit · mithin · ebendeshalb · ebendaher · ebendarum · so · auf Grund dessen · aus diesem Grunde + demgemäß · insofern · daraufhin ♦ *gehoben*: dieserhalb · sonach ♦ *umg*: drum · aus diesem kühlen/dem einfachen Grunde
desiderabel: → erstrebenswert
Desiderat[um], das: → Erwünschte
Design, das: → Gestaltung
Designation, die: → Berufung (1)
Designer, der: → Formgestalter
Designerdroge, die: → Aufputschmittel, Rauschgift (1)
designieren: → berufen (I, 1)
Desillusion, die: → Ernüchterung
desillusionieren: → ernüchtern
Desillusionierung, die: → Ernüchterung
Desinfektion, die: → Desinfizierung
desinfizieren: entseuchen · ausbeizen; → *auch* entkeimen (1), ausräuchern
desinfizierend: antiseptisch (*med*)
Desinfizierung, die: Entseuchung · Desinfektion; → *auch* Entkeimung
Desinteresse, das: → Interesselosigkeit
desinteressiert: → interesselos
Desinteressiertheit, die: → Interesselosigkeit
Deskription, die: → Beschreibung (1)
deskriptiv: → beschreibend
Desodorant, das: → Deodorant

desodorierend: geruchtilgend · geruchsbindend
desolat: → trostlos (1)
Desorganisation, die: → Unordnung (1)
desorganisieren: 1. → zerrütten (1) – **2.** → sabotieren
desorientieren: → verwirren (2)
Desorientierung, die: → Verwirrung (1)
despektierlich: → geringschätzig
Desperado, der: → Terrorist
desperat: → verzweifelt
Despot, der: → Diktator
Despotie, die: → Gewaltherrschaft
despotisch: → herrschsüchtig
Despotismus, der: → Gewaltherrschaft
dessen: aufgrund d.: → deshalb; d. ungeachtet: → trotzdem (1)
Dessert, das: → Nachtisch
Dessin, das: → Muster (1)
Dessous, das: Reizwäsche
Destille, die: → Gaststätte (1, c)
destillieren: 1. → gewinnen (2) – **2.** → brennen (2)
Destination, die: → Reiseziel
destruktiv: 1. → zersetzend – **2.** → bösartig (1)
deswegen: → deshalb
Deszendenz, die: → Abstammung
Detail, das: → Einzelheit (I)
Detailhandel, der: → Einzelhandel
detailliert: → einzeln (2)
Detektiv, der: → Kriminalist
Determination, die: → Bestimmung (1)
determinieren: → bestimmen (3)
Determiniertheit, die: → Bedingtheit
Detonation, die: → Explosion
detonieren: → explodieren (1)
detto: → ebenso, ebenfalls
Deubel, der: → Teufel (1)
Deut, der: keinen/nicht einen D.: → nichts (1)
Deutelei, die: → Auslegung
deuteln: 1. → auslegen (2) – **2.** drehen und d.: → auslegen (2)
deuten: 1. → auslegen (2) – **2.** → zeigen (I, 1) – **3.** die Zukunft d.: → wahrsagen
Deuter, der: → Erklärer
Deuterei, die: → Auslegung
deutlich: 1. ⟨*mit den Augen genau zu erkennen*⟩ scharf · klar · erkennbar · sichtbar · plastisch · greifbar · handgreiflich · mit [den] Händen zu greifen + leserlich · hell ♦ *umg*: groß und breit – **2.** ⟨*mit dem Gehör genau zu vernehmen*⟩ klar · verstehbar · verständlich – **3.** ⟨*mit dem Verstand genau erfassbar*⟩ eindeutig · unzweideutig · klar [ersichtlich] · unmissverständlich · manifest + einleuchtend ♦ *umg*: sonnenklar + klipp und klar ♦ *derb*: arschklar; → *auch* verständlich (1), offenkundig (1) – **4.** → offen (3) – **5.** d. machen: → veranschaulichen
Deutlichkeit, die: **1.** ⟨*hoher Grad der Erkennbarkeit beim Ansehen*⟩ Schärfe · Klarheit – **2.** ⟨*genaue Vernehmbarkeit*⟩ Verständlichkeit · Verstehbarkeit · Klarheit – **3.** ⟨*genaue verstandesmäßige Erfassbarkeit*⟩ Unzweideutigkeit · Unmissverständlichkeit · Eindeutigkeit · Klarheit; → *auch* Verständlichkeit (1)
deutsch: auf [gut] Deutsch: → offen (3); d. reden |mit|: → zurechtweisen
Deutung, die: **1.** → Auslegung – **2.** → Erklärung (1)
Devise, die: → Wahlspruch
devot: → unterwürfig
Devotion, die: → Unterwürfigkeit
Dextrose, die: → Traubenzucker
Dez, der: → Kopf (1)
dezent: → unaufdringlich
Dezentralisation, die: → Aufgliederung (1)
dezentralisieren: → aufgliedern (1)
Dezentralisierung, die: → Aufgliederung (1)
Dezernat, das: → Amtsbereich
dezidiert: → bestimmt (1)
dezimieren: → vermindern (I)
Dezimierung, die: → Verminderung
Dia, das: → Diapositiv
Diabetes, der: **1.** → Zuckerkrankheit – **2.** D. mellitus: → Zuckerkrankheit
diabolisch: → teuflisch (1)
Diagnose, die: → Bestimmung
diagnostizieren: → bestimmen (3)
diagonal: d. lesen: → überfliegen
Diakonie, die: → Fürsorge (1)
Diakonisse, die: → Krankenschwester
Diakonissin, die: → Krankenschwester
Dialekt, der: → Mundart
dialektal: → mundartlich
dialektfrei: → hochsprachlich
dialektisch: → mundartlich
Dialog, der: → Gespräch (1)
Dialyse, die: → Blutwäsche
Diameter, der: → Durchmesser
diametral: → gegensätzlich

Diapositiv, das: Dia · Durchsichtsbild; → *auch* Fotografie
Diarium, das: **1.** → Tagebuch – **2.** → Kladde (1)
Diarrhö, die: → Durchfall (1)
Diaskop, das: → Bildwerfer
Diät, die: Krankenkost · Schonkost
Diäten (*Pl*): → Tagegeld
dibbeln: → säen (1)
dicht: 1. ⟨*mit sehr wenig Zwischenraum*⟩ undurchdringlich · dick · buschig; → *auch* gedrängt (1), engmaschig, einheitlich (1) – **2.** ⟨*keine Person durchlassend*⟩ hermetisch – **3.** → undurchlässig – **4.** → unmittelbar (1) – **5.** d. bei: → nahe (1); d. bei d., d. an d. gedrängt: → gedrängt (1); zu d. besiedelt/bevölkert: → übervölkert
dichtauf: → unmittelbar (1)
Dichte, die: Dichtigkeit · Dichtheit
[1]dichten: → abdichten
[2]dichten: 1. ⟨*literar. Kunstwerke schaffen*⟩ **a)** ⟨*allgemein*⟩ schreiben · schriftstellern · fabulieren + nachdichten – **b)** ⟨*als Lyriker*⟩ reimen · Verse/Reime machen · in Verse/Reime bringen/setzen ♦ *dicht*: singen ♦ *umg*: Verse/Reime schmieden · den Pegasus satteln/reiten (*scherzh*) – **2.** → ausdenken (1) – **3.** Dichten und Trachten: → Streben
Dichter, der: ⟨*Schöpfer literar. Kunstwerke*⟩ **a)** ⟨*allgemein*⟩ Schriftsteller · Literat · Schreiber · Mann der Feder · Fabulist; Dichterling · Schreiberling · Federheld · Skribent · Skribifax · Skritzler (*abwert*); Poet · Barde · Skalde (*iron*); Musensohn (*noch scherzh*); → *auch* Bühnenautor, Lyriker, Prosaist – **b)** → Lyriker – **c)** → Prosaist
Dichterei, die: → Dichtung (1, a)
dichterisch: poetisch · literarisch · schriftstellerisch + erzählerisch · episch · lyrisch
Dichterling, der: → Dichter (a)
Dichterwort, das: → Zitat
dichthalten: → schweigen (2)
Dichtheit, die: → Dichte
Dichtigkeit, die: → Dichte
Dichtkunst, die: → Dichtung (1, a)
dichtmachen: → schließen (I, 1, a *u.* b; I, 2 *u.* 3)
Dichtung, die: **1. a)** ⟨*Gesamtheit des dichter. Schaffens*⟩ Dichtkunst · Poesie · Wortkunst · Literatur; Schrifttum (*veraltend*) + Poetik ♦ *umg*: Dichterei (*abwert*); → *auch* Epik, Dramatik (1), Lyrik, Belletristik – **b)** ⟨*Einzelwerk*⟩ Werk · Dichtwerk · Literaturdenkmal + Roman · Drama · Gedicht · Poem · Epos – **c)** → Lyrik – **2.** epische/erzählende D.: → Epik; dramatische D.: → Dramatik (1); lyrische D.: → Lyrik
Dichtwerk, das: → Dichtung (1, b)
dick: 1. ⟨*vom menschl. Körper gesagt: großen Umfang bzw. starken Fettansatz aufweisend*⟩ korpulent · [wohl]beleibt · wohl genährt · feist · dickleibig · fett[leibig] · vollleibig · stark[leibig] · [dick]bauchig · dickbäuchig · schmerbäuchig · drall; voluminös (*scherzh*) + üppig · fleischig · speckig · pausbackig · pausbäckig · breit · mächtig · massig · vierschrötig ♦ *umg*: fettbäuchig · rund · prall · mopsig · kugelig · quabb[e]lig · schwabbelig · umfangreich · nudeldick · [dick] wie ein Fass · gut bei Leibe/Bauche; gut im Futter (*scherzh*); wampert (*süddt österr*) ♦ *salopp*: dickwanstig · fettwanstig · dick und fett/rund; → *auch* dicklich (1), plump, aufgeschwemmt – **2.** → geschwollen (1) – **3.** → schwanger (1) – **4.** → dickflüssig – **5.** → dicht (1) – **6.** d. sein: ⟨*starken Fettansatz aufweisen*⟩ ♦ *umg*: Speck auf den Rippen haben · aus den/allen Nähten platzen · aus den Fugen geraten ♦ *salopp*: im [eigenen] Fett ersticken – **7.** d. und fett/rund, d. wie ein Fass: → 1; d. werden: → zunehmen (2); sich d. essen: → anessen; d. und voll: → satt (1); sich d. machen: → ausbreiten (II, 1); einen dicken Kopf haben: → Sorge (3); dicker Schädel: → Eigensinn; einen dicken Schädel haben: → eigensinnig (2); ein dickes Fell haben: → unempfindlich (3); es herrscht dicke Luft: → Streit (2); ein dicker Brocken: → Schwierigkeit (1); d. auftragen: → übertreiben (1); einen dicken Strich machen |unter|: → vergessen (I, 3); dicke Töne schwingen: → aufspielen (II); den dicken Wilhelm spielen: → angeben (1); durch d. und dünn gehen |für|: → einsetzen (II); es d. hinter den Ohren haben: → listig (2); es d. haben: → überdrüssig (1)
Dickbauch, der: **1.** → Dicke (I) – **2.** → Schmerbauch
dickbauchig/dickbäuchig: → dick (1)
Dickchen, das: → Dicke (I *u.* II, 1)
Dicke: I. Dicke, der: ⟨*dicke männl. Person*⟩ Feistling + Falstaff ♦ *umg*: Dick[er]chen (*vertraul*); Dickbauch · Fettbauch (*meist abwert*); Kugel · Fass · Sack · Fettkloß · Kloß · Tonne · Mops (*oft scherzh*); Elefan-

tenbaby · Elefantenküken (*scherzh*) + Pausback ♦ *salopp*: Fettsack · Dickwanst · Fettwanst · Dicksack (*abwert*) ♦ *derb*: Fettsau · Fettschwein – **II.** Dicke, die: **1.** ⟨*dicke weibl. Person*⟩ Juno ♦ *umg*: Dick[er]chen (*vertraul*); Kugel · Tonne · Nudel · Mops (*oft scherzh*); Elefantenbaby · Elefantenküken (*scherzh*) + Pummel[chen] · Posaunenengel ♦ *salopp*: Maschine ♦ *derb*: Fettschwein · Fettsau – **2.** ⟨*durch starken Fettansatz gekennzeichnete Körperform*⟩ Leibesfülle · Körperfülle · Korpulenz · Beleibtheit · Fülle · Dickleibigkeit · Stärke · Umfang · Embonpoint; Volumen (*scherzh*) + Breite; → *auch* Breite (I, 1), Schmerbauch

Dickerchen, das: → Dicke (I *u.* II, 1)

dicketun, sich: → angeben (1)

dickfellig: → unempfindlich (2)

dickfleischig: → saftig (1)

dickflüssig: zäh[flüssig] · schwerflüssig · viskos · viskös · seimig · sämig · dick[lich] · suppig · breiig · breiartig · teigig · musig · musartig · Faden ziehend · steif + quarkig · kloßig · gallertartig ♦ *umg*: quatschig · klitschig; → *auch* schleimig (1), schlammig

Dickhäuter, der: **1.** → Elefant (1) – **2.** → Phlegmatiker

dickhäutig: → gleichgültig

Dickicht, das: → Buschwerk

Dickkopf, der: **1.** → Starrkopf – **2.** seinen D. aufsetzen: → eigensinnig (2)

dickköpfig: → eigensinnig (1)

Dickköpfigkeit, die: → Eigensinn

dickleibig: → dick (1)

Dickleibigkeit, die: → Dicke (II, 2)

dicklich: 1. ⟨*ein wenig dick*⟩ füllig · rundlich · voll[schlank] ♦ *umg*: mollig · pummelig; → *auch* dick (1) – **2.** → dickflüssig

dickmachen: → schwängern

Dickmilch, die: → Sauermilch

Dicknischel, der: → Starrkopf

Dicksack, der: → Dicke (I)

Dickschädel, der: → Starrkopf

dickschädelig: → eigensinnig (1)

Dickschädeligkeit, die: → Eigensinn

Dicktuerei, die: → Angabe (I, 1)

dicktun, sich: → angeben (1)

Dickung, die: → Wald (1)

Dickwanst, der: → Dicke (I)

dickwanstig: → dick (1)

didaktisch: → lehrhaft

die: 1. ⟨*hinweisend*⟩ diese · diejenige · ebendie · ebendiese – **2.** ⟨*bezüglich*⟩ welche

Dieb, der: diebische Elster; Diebesgeselle (*veraltend*) + Taschendieb · Plünderer · Einbrecher · Kleptomane ♦ *umg*: Langfinger · Spitzbube + Ganove; → *auch* Räuber, Plünderer

Dieberei, die: → Diebstahl (1)

Diebesbeute, die: → Raub (1)

Diebesgeselle, der: → Dieb

Diebesgesindel, das: → Diebespack

Diebesgut, das: → Raub (1)

Diebespack, das (*abwert*): Diebesgesindel

diebessicher: → einbruchssicher

diebisch: 1. ⟨*zum Stehlen neigend*⟩ + räuberisch; kleptomanisch (*med*) ♦ *umg*: langfingrig; → *auch* räuberisch – **2.** → sehr – **3.** diebische Elster: → Dieb

Diebstahl, der: **1.** ⟨*das unrechtmäßige Ansichbringen*⟩ Entwendung · Wegnahme · widerrechtliche Aneignung; Eigentumsdelikt · Eigentumsvergehen (*Rechtsw*) + Straßenraub · Einbruch · Einbruchsdiebstahl · Raub · Plünderung ♦ *umg*: Dieberei ♦ *salopp*: Mauserei – **2.** einen D. begehen/verüben: → stehlen (1)

diejenige: → die (1)

Diele, die: **1.** ⟨*für den Fußboden bestimmtes Brett*⟩ Fußbodenbrett · Dielenbrett; → *auch* Brett (1) – **2.** → Flur (I) – **3.** → Tanzlokal

Dielenbrett, das: → Diele (1)

Dieme, die: → Schober

Diemen, der: → Schober

dienen: 1. ⟨*in einem Abhängigkeitsverhältnis für jmdn. die persönl. Dienstleistungen ausführen*⟩ im Dienst stehen/sein · Dienst tun · in Stellung sein; → *auch* arbeiten (1) – **2.** → nutzen (1) – **3.** d. |mit|: → helfen (1)

Diener, der: **1.** ⟨*in einem Abhängigkeitsverhältnis für jmdn. die persönl. Dienstleistungen ausführender Mann*⟩ der Bedienstete · Bedienung; Domestik[e] · der Bediente (*veraltend, auch abwert*); dienstbarer Geist (*scherzh*); Bursche (*soldatenspr*) + Hausdiener · Leibdiener · Kammerdiener · Page · Boy · Butler · Lakai · Gehilfe · Hilfskraft · Aufwartung · Stütze · Beistand · Knecht · Untergebener · Bote · Schließer · Besorger · Kuli; → *auch* Hausangestellte (I) – **2.** → Verbeugung (1) – **3.** D. Gottes, D. am Wort: → Geistliche; stummer D.: → Anrichtetisch; einen D. machen: → verbeugen, sich

Dienerei, die: → Unterwürfigkeit

dienern: 1. → verbeugen, sich – **2.** → kriechen (2)

Dienerschaft, die: → Dienstpersonal
dienlich: **1.** → nützlich – **2.** d. sein: → nutzen (1)
Dienst, der: **1.** → Arbeit (1 *u.* 2) – **2.** → Beruf (1) – **3.** → Hilfe (1) – **4.** D. habend: ⟨*zum Dienst eingeteilt*⟩ Dienst tuend · vom Dienst – **5.** in D. stellen: → anstellen (I, 2); in D. nehmen: **a)** → anstellen (I, 2) – **b)** → anwenden (1); im D. stehen/sein, D. tun: → dienen (1); D. habend/tuend: →4; den D. quittieren: **a)** → ausscheiden (4) – **b)** → kündigen (1); außer D.: → pensioniert; zu Diensten stehen: → verfügbar (5); einen D. erweisen: → gefällig (5); gute Dienste leisten/tun: → nutzen (1); D. am Kunden: → Kundendienst; den D. versagen: → erlahmen (1); auf den D. passen: → beobachten (1)
Dienstalter, das: Amtsalter
Dienstanweisung, die: → Dienstvorschrift
Dienstanzug, der: → Uniform
Dienstaufsicht, die: → Aufsicht (1)
dienstbar: **1.** → dienstbereit – **2.** dienstbarer Geist: **a)** → Diener (1) – **b)** → Hausangestellte (II)
dienstbeflissen: → pflichtbewusst
dienstbereit: diensteifrig · dienstbar · einsatzbereit + verbindlich · aufmerksam
Dienstbezüge (*Pl*): → Gehalt (I)
Dienstbote, der: → Hausangestellte (I)
diensteifrig: → pflichtbewusst
Dienstentlassung, die: **1.** → Entlassung (2) – **2.** → Absetzung (1)
Dienstfahrt, die: → Dienstreise
dienstfertig: → dienstbereit
Dienstgeheimnis, das: → Amtsgeheimnis
Dienstgrad, der: → Rang (1)
Dienstkleidung, die: → Uniform
Dienstleister, der: Dienstleistungsbetrieb · Dienstleistungsunternehmen
Dienstleistung, die: **1.** → Arbeit (1) – **2.** → Hilfe (1)
Dienstleistungsbetrieb, der: → Dienstleister
Dienstleistungsunternehmen, das: → Dienstleister
Dienstleute (*Pl*): → Dienstpersonal
dienstlich: **1.** → amtlich (1) – **2.** → förmlich (1)
Dienstmädchen, das: → Hausangestellte (II)
Dienstmädel, das: → Hausangestellte (II)
Dienstmann, der: → Gepäckträger
Dienstordnung, die: → Dienstvorschrift
Dienstpersonal, das: Personal; Dienerschaft · Dienstleute · Dienerschar (*veraltend*) + Stab; → *auch* Gesinde
Dienstrang, der: → Rang (1)
Dienstraum, der: Dienstzimmer · Amtszimmer · Amtsstube + Geschäftsraum · Geschäftszimmer
Dienstreise, die: Dienstfahrt
Dienstsache, die: → Amtsschreiben
Dienstschluss, der: Feierabend · Arbeitsschluss ♦ *umg*: Schluss
Dienststelle, die: **1.** ⟨*Institution u. ihr Sitz*⟩ Behörde · Büro · Geschäftsstelle · Kanzlei + Office – **2.** → Behörde (1)
Dienststellenleiter, der: → [1]Leiter
Dienststellung, die: → Rang (1)
Dienststrafe, die: → Disziplinarstrafe
Dienststunden (*Pl*): Amtsstunden; Parteienverkehr (*österr*); → *auch* Öffnungszeiten
dienstunfähig: arbeitsunfähig · [dienst]untauglich · unbrauchbar; nicht verwendungsfähig (*amtsspr*); → *auch* behindert, erwerbsunfähig (1)
dienstuntauglich: → dienstunfähig
Dienstvergehen, das: → Pflichtverletzung
Dienstvorschrift, die: Dienstordnung · Dienstanweisung · Reglement
Dienstweg, der: Amtsweg · Instanzenweg + Behördenweg · Geschäftsgang
dienstwillig: → fleißig (1)
Dienstwohnung, die: Werkswohnung · Amtswohnung
Dienstzeit, die: **1.** → Arbeitszeit – **2.** seine D. ableisten: → Soldat (1)
Dienstzimmer, das: → Dienstraum
dies: **1.** → das (1) – **2.** d. und das: → allerlei
diesbezüglich: → dazu (1)
diese: **1.** → die (1) – **2.** aus dieser Richtung: → dorther; nach dieser/in d. Richtung: → dorthin; auf dieser Seite: → diesseits
dieselbe: ebendie[se] ♦ *umg*: die Gleiche
Diesel[kraftstoff], der: → Kraftstoff
dieser: **1.** → der (1) – **2.** d. und jener: → einige (1); aus diesem [kühlen] Grunde: → deshalb
dieserart: → so (1)
dieserhalb: → deshalb
dieses: **1.** → das (1) – **2.** d. und jenes: → allerlei
diesig: → dunstig
Diesigkeit, die: → Dunst (1)
diesmal: → jetzt (1)

diesmalig: → jetzig
diesseitig: → irdisch (1)
diesseits: auf dieser Seite · hier
Diesseits, das: → Welt (1)
Dietrich, der: → Nachschlüssel
Diffamation, die: → Verleumdung
diffamatorisch: → verleumderisch
Diffamie, die: → Verleumdung
diffamieren: → verleumden (1)
diffamierend: → verleumderisch
Diffamierung, die: → Verleumdung
different: → verschiedenartig
Differenz, die: **1.** → Unterschied (1) – **2.** → Fehlbetrag – **3.** → Meinungsverschiedenheit
Differenzbetrag, der: → Fehlbetrag
differenzieren: → unterscheiden (I)
differenziert: → vielschichtig
differieren: → abweichen (2)
diffizil: → schwierig (1)
difform: → missgebildet
Difformität, die: → Missgeburt, Missbildung
diffus: → verschwommen (1)
Dignität, die: → Würde (1)
Diktat, das: **1.** ⟨*das Sprechen zum Nachschreiben*⟩ Ansage – **2.** → Nachschrift (1)
Diktator, der: Gewaltherrscher · Schreckensherrscher · Tyrann · Despot · Unterdrücker; → *auch* Alleinherrscher, Herrscher
diktatorisch: 1. → absolut (1) – **2.** → herrschsüchtig (1)
Diktatur, die: → Gewaltherrschaft
diktieren: 1. ⟨*zum Nachschreiben sprechen*⟩ ansagen – **2.** → aufzwingen (I) – **3.** → anordnen (2)
Diktion, die: → Ausdrucksweise (1), Stil (1)
Diktum, das: → Ausspruch
Dilemma, das: → Zwangslage
Dilettant, der: **1.** → Laie – **2.** → Stümper
dilettantenhaft: 1. → laienhaft – **2.** → stümperhaft
dilettantisch: 1. → laienhaft – **2.** → stümperhaft
Dilettantismus, der: → Stümperei
dilettieren: → stümpern
Dimension, die: **1.** → Ausdehnung (2) – **2.** → Ausmaß
dimensionieren: → abmessen
diminuieren: → verringern (I, 1)
Diner, das: **1.** → Festessen – **2.** → Mittagessen
Ding, das: **1.** ⟨*etw. nicht namentlich Bezeichnetes*⟩ Sache · Etwas · Apparat + Objekt · Materie · Stoff · Substanz · Wesen · Gestalt · Element · das Geschaffene · Geschöpf · Sein ♦ *umg*: Dings[da] ♦ *salopp*: Dingsbums; → *auch* Gegenstand (1) – **2.** → Gegenstand (1) – **3.** den Dingen ihren Lauf lassen: → resignieren; die Dinge auf sich zukommen lassen: → abwarten (1); ein D. der Unmöglichkeit sein: → unmöglich (2); Lage/Stand der Dinge: → Sachverhalt; die letzten Dinge: → Geheimnis (1); Schöpfer aller Dinge: → Gott (1, a); vor allen Dingen: → besonders (2); guter Dinge: → fröhlich (1); ein D. verpassen: → schlagen (I, 1)
dingfest: d. machen: → verhaften
dinglich: → gegenständlich
Dings: I. Dings, der: **1.** → sowieso (2) – **2.** Herr D.: → sowieso (2) – **II.** Dings, das: **1.** → Ding (1) – **2.** → Dingsda (I, 1)
Dingsbums: I. Dingsbums, der: **1.** → sowieso (2) – **2.** Herr D.: → sowieso (2) – **II.** Dingsbums, das: → Ding (1)
Dingsda (*umg*): **I.** Dingsda, das: **1.** ⟨*nicht namentlich bezeichneter Ort*⟩ Dings[dorf] · Dingskirchen – **2.** → Ding (1) – **II.** Dingsda, der: **1.** → sowieso (2) – **2.** Herr D.: → sowieso (2)
Dingsdorf: → Dingsda (I, 1)
Dingskirchen: → Dingsda (I, 1)
dinieren: → Mahlzeit (3)
Dinkel, der: → Weizen
Dioskuren (*Pl*): → Freundespaar
Diplom, das: **1.** → Urkunde – **2.** → Zeugnis (1)
Diplomatie, die: → Gewandtheit (3)
diplomatisch: 1. → gewandt (3) – **2.** → beweiskräftig
dir: mir nichts, d. nichts: → plötzlich (1)
direkt: 1. ⟨*örtlich*⟩ geradenwegs · gerade[s]wegs · geradezu · [schnur]stracks + vorwärts · mittendurch · zielbewusst – **2.** → sofort, unmittelbar (1) – **3.** → offen (3) – **4.** → ausgesprochen (1)
Direktion, die: **1.** → Leitung (1) – **2.** → Führung (2) – **3.** → Richtung (1)
Direktive, die: **1.** → Anordnung (2) – **2.** → Richtlinie
Direktor, der: **1.** ⟨*Leiter einer Schule*⟩ Schulleiter + Rektor ♦ *umg*: Direx (*schülerspr*) – **2.** → [1]Leiter
Direktorat, das: → Leitung (1)

Direktsendung, die: → Livesendung
Direktübertragung, die: → Livesendung
Direx, der: → Direktor (1)
Dirigent, der: **1.** ⟨*Leiter eines musikal. Klangkörpers*⟩ + Orchesterleiter · Kapellmeister · Chorleiter – **2.** → [1]Leiter
dirigieren: 1. ⟨*ein Orchester leiten*⟩ den Stab führen · am Pult stehen – **2.** → lenken (1)
Dirigismus, der: → Zwangswirtschaft
dirigistisch: → reglementierend
Dirn, die: → Mädchen (2) – **2.** → Magd
Dirndl, das: → Mädchen (2)
Dirne, die: → Prostituierte
Dirnenhaus, das: → Bordell
Dirnenmilieu, das: → Rotlichtmilieu
Discounter, der: → Geschäft (1)
Discountgeschäft, das: → Geschäft (1)
Disengagement, das: → Trennung (1)
Diseur, der: → Vortragskünstler
Diseuse, die: → Chansonsängerin
Disharmonie, die: → Missklang
disharmonisch: → unausgeglichen
disjunktiv: → gegensätzlich
Diskette, die: Datenträger
Disko, die: → Diskothek
Diskoroller, der: → Rollschuh
Disko[thek], die: → Tanzlokal
diskreditieren: → verleumden (1)
Diskreditierung, die: → Verleumdung
Diskrepanz, die: → Missverhältnis
diskret: 1. → rücksichtsvoll – **2.** → vertraulich (2)
Diskretion, die: **1.** → Rücksicht (1) – **2.** → Verschwiegenheit (1)
diskriminieren: → herabwürdigen (I)
Diskriminierung, die: → Herabwürdigung
diskurrieren: → erörtern
Diskurs, der: → Erörterung
Diskussion, die: **1.** → Aussprache (2) – **2.** in die D. werfen, zur D. stellen: → vorbringen; die D. bringen |auf|: → ansprechen (2)
diskutabel: erörterungswert · verhandlungsfähig
diskutieren: → erörtern
disparat: 1. → verschiedenartig – **2.** → unvereinbar – **3.** → widerspruchsvoll
Disparität, die: **1.** → Unvereinbarkeit – **2.** → Verschiedenheit
Dispens, der: → Befreiung (3)
Dispensation, die: → Befreiung (3)
dispensieren: → befreien (I, 2)
Dispensierung, die: → Befreiung (3)
disponibel: → vorrätig (1), verfügbar (1)
disponieren: 1. → einteilen (2) – **2.** d. |über|: → besitzen (1)
disponiert: 1. → gestimmt – **2.** → veranlagt
Disposition, die: **1.** → Einteilung (2) – **2.** → Verfügung (1) – **3.** → Veranlagung
dispositionsfähig: → geschäftsfähig
Dispositionskredit, der (*Bankw*): Überziehungskredit
Disproportion, die: → Missverhältnis
Disproportionalität, die: → Missverhältnis
Disput, der: **1.** → Erörterung – **2.** → Streitgespräch
Disputation, die: → Streitgespräch
disputieren: → erörtern
Disqualifikation, die: → Ausschluss (1)
disqualifizieren: → ausschließen (I, 3)
Disqualifizierung, die: → Ausschluss (1)
Dissens, der: → Meinungsverschiedenheit
Dissertation, die: Doktorarbeit · Inauguraldissertation
dissertieren: → promovieren
Dissident, der: → Abtrünnige
dissonant: → misstönend
Dissonanz, die: → Missklang
Dissoziation, die: → Zerfall (1)
dissoziieren: → zerfallen (1)
Distanz, die: **1.** → Entfernung (1), Abstand (1) – **2.** → Strecke (1) – **3.** → Zurückhaltung (1) – **4.** auf D. gehen |zu|: → distanzieren (II)
distanzieren: I. distanzieren: → überflügeln – **II.** distanzieren, sich: ⟨*seine ablehnende Haltung zu etw. od. jmdm. zu erkennen geben*⟩ sich abgrenzen |von| · abrücken |von| · nichts zu tun haben wollen |mit| · auf Distanz gehen |zu| ♦ *umg*: nichts am Hut haben |mit|; → *auch* heraushalten, sich
distanziert: → zurückhaltend (1), kühl (2)
distinguiert: → vornehm (1)
Distinktion, die: → Vornehmheit
distinktiv: unterscheidend
distribuieren: → verteilen (I, 1)
Distribution, die: → Verteilung (1)
Distrikt, der: **1.** → Bezirk (1) – **2.** → Landschaftsgebiet
Disziplin, die: **1.** → Ordnung (1) – **2.** → Teilgebiet
disziplinarisch: → streng (1)
Disziplinarmaßnahme, die: → Disziplinarstrafe

Disziplinarstrafe, die: Dienststrafe · Disziplinarmaßnahme
diszipliniert: → beherrscht (1)
disziplinlos: → zuchtlos (1)
disziplinwidrig: → zuchtlos (1)
Dithyrambe, die: → Loblied (1)
dithyrambisch: → begeistert (1)
Dithyrambus, der: → Loblied (1)
dito: → ebenso, ebenfalls
ditto: → ebenso, ebenfalls
Diva, die: → [1]Star
divergent: → gegensätzlich
Divergenz, die: **1.** → Unterschied (1) – **2.** → Meinungsverschiedenheit
divergieren: → [2]abweichen (2)
divergierend: → verschiedenartig
Diversant, der: → Saboteur
diverse: → einige (1)
Diverses: → allerlei
Diversion, die: → Sabotage (1)
Diversionsakt, der: → Sabotage (1)
Diversionstätigkeit, die: → Sabotage (1)
Divertimento, das: → Suite (1)
Divertissement, das: → Suite (1)
Dividende, die: → Gewinnanteil
Dividendenausschüttung, die: → Gewinnanteil
Dividendenertrag, der: → Gewinnanteil
Dividendenschein, der: → Aktie
dividieren: teilen
Division, die: Teilung
Diwan, der: → Sofa
dobeln/döbeln: → dübeln
doch: **1.** → dagegen (2) – **2.** → trotzdem (1) – **3.** → ja (1) – **4.** → tatsächlich (2) – **5.** nicht/nein d.: → nein
Docke, die: → Puppe (1)
Dogma, das: → Lehrmeinung
Dogmatik, die: → Starrheit (1)
dogmatisch: **1.** → starr (1) – **2.** → lehrhaft
Dogmatismus, der: → Starrheit (1)
Dohle, die: → [1]Hut (1)
doktern: → herumdoktern (1)
Doktor, der: **1.** → Arzt – **2.** Onkel D.: → Arzt; den D. machen: → promovieren
Doktorarbeit, die: → Dissertation
Doktorgrad, der: den D. erwerben: → promovieren
doktorieren: → promovieren
Doktorwürde, die: die D. erlangen: → promovieren
Doktrin, die: **1.** → Lehre (1) – **2.** → Grundsatz (1)
doktrinär: **1.** → starr (1) – **2.** → lehrhaft
Dokument, das: **1.** → Urkunde – **2.** → Schriftstück – **3.** → Beweisstück
Dokumentarbericht, der: Feature
dokumentarisch: → beweiskräftig
Dokumentation, die: **1.** ⟨*das Sammeln u. Bereitstellen bzw. Auswerten von Text- bzw. Bildunterlagen*⟩ Dokumentensammlung (*veraltend*) – **2.** → Beweis (2)
Dokumentensammlung, die: → Dokumentation (1)
dokumentieren: **1.** → zeigen (I, 4), beweisen (1) – **2.** → belegen (1)
Dolcefarniente, das: → Müßiggang
Dolcevita, das *od.* die: → Müßiggang
Dolch, der: + Stilett · Kris · Hirschfänger · Messer
doll: **1.** → unerhört (1) – **2.** → sehr
Dolmetsch, der: **1.** → Sprachmittler – **2.** → Fürsprecher
dolmetschen: → übersetzen (I)
Dolmetscher, der: **1.** → Sprachmittler – **2.** den D. machen: → übersetzen (I)
Dom, der: → Kirche (1)
Domäne, die: **1.** → Spezialgebiet – **2.** → Gut (1)
Domestikation, die: **1.** → Zähmung – **2.** → Züchtung (1)
Domestik[e], der: → Diener (1)
domestizieren: **1.** → zähmen (I, 1) – **2.** → züchten
dominant: → vorherrschend
Dominanz, die: → Vorherrschaft
dominieren: **1.** → vorherrschen (1) – **2.** → beherrschen (I, 1)
Domizil, das: → Wohnsitz (1)
domizilieren: → wohnen (1)
Domkirche, die: → Kirche (1)
Dompteur, der: Tierbändiger · Raubtierbändiger (*veraltend*); → *auch* Dresseur
Donja, die: **1.** → Geliebte (II) – **2.** → Hausangestellte (II)
Don Juan, der: → Verführer (1)
Donner, der: **1.** ⟨*meteorolog. Erscheinung*⟩ Donnerschlag · Donnerrollen · Schlag · Grollen + Gewitter ♦ *umg*: Kracher – **2.** → Lärm (1) – **3.** wie vom D. gerührt: → erschrocken (1)
Donnerbüchse, die: → Gewehr (1)
Donnerlittchen: → Donnerwetter (II, 1)
donnern: **1.** ⟨*beim Gewitter gesagt: das Geräusch des Donners entstehen lassen*⟩ gewittern · grollen · wettern; grummeln

(*landsch*) ♦ *umg*: krachen; rumpeln (*landsch*); → *auch* dröhnen (1) – **2.** → dröhnen (1) – **3.** → lärmen – **4.** → schnauzen – **5.** gucken wie die Gans/Kuh, wenn's donnert: → überrascht (2)
Donnerrollen, das: → Donner (1)
Donnerschlag, der: **1.** → Donner (1) – **2.** aus einem Furz einen D. machen: → übertreiben (1)
Donnerwetter: I. Donnerwetter, das: **1.** → Gewitter (1) – **2.** → Strafpredigt – **II.** Donnerwetter (*umg*): **1.** ⟨*bewundernder Ausruf*⟩ Donnerlittchen · potztausend · ei der Daus · sapperment · sackerment · sapperlot · sackerlot (*veraltend*) – **2.** zum D. [noch einmal]: → verflucht (1)
Donquichotterie, die: → Narretei
doof: 1. → dumm (1) – **2.** → langweilig
Doofkopp, der: → Dummkopf (1)
Doofschote, die: → Ziege (2)
Dope, das: → Rauschgift (1)
dopen: → aufpeitschen (1)
Doppel, das: **1.** ⟨*zweites gleichartiges Stück*⟩ Dublette – **2.** → Abschrift – **3.** → Durchschlag (1)
doppelbödig: → zweideutig (1)
Doppelbüchse, die: → Gewehr (1)
doppeldeutig: → zweideutig (1)
Doppeldeutigkeit, die: → Zweideutigkeit (1)
Doppelehe, die: → Bigamie
Doppelflinte, die: → Gewehr (1)
doppelgeschlechtig: → zweigeschlechtig
doppelgesichtig: → zwielichtig (1)
doppelgleisig: 1. → zweigleisig – **2.** → zwielichtig (1)
Doppelheit, die: → Zweiheit
doppeln: → besohlen
Doppelrumpfboot, das: → Katamaran
Doppelsinn, der: → Zweideutigkeit (1)
doppelsinnig: → zweideutig (1)
Doppelsinnigkeit, die: → Zweideutigkeit (1)
doppelt: 1. ⟨*in zwei Stücken vorhanden*⟩ zweifach · zwiefach · noch einmal – **2.** d. und dreifach: → oft; mit doppeltem Boden: → zwielichtig (1); ein doppeltes Spiel spielen: → hintergehen
Doppelzüngelei, die: → Heuchelei
doppelzüngig: → heuchlerisch
Doppelzüngigkeit, die: → Heuchelei
Doppelzünglerei, die: → Heuchelei
doppelzünglerisch: → heuchlerisch
Dorado, das: → Paradies (1, a)
Dorf, das: **1.** ⟨*ländl. Siedlung*⟩ Bauerndorf · Weiler · Flecken + Niederlassung · Örtlichkeit ♦ *umg*: Nest ♦ *salopp*: Kuhdorf · Kaff · Drecknest · Quetsche (*abwert*); Kuhblöke (*landsch abwert*); → *auch* Ort (2) – **2.** böhmische Dörfer: → unverständlich (1); potemkinsche Dörfer: → Vorspiegelung; die Kirche im D. lassen: → übertreiben (4); die Kirche ums D. tragen, mit der Kirche ums D. fahren: → umständlich (2)
Dorfälteste, der: → Bürgermeister (a)
Dorfeinwohner, der: Dörfler
dörfisch: → ungeschliffen
Dörfler, der: → Dorfeinwohner
dörflich: → ländlich
Dorfschöne, die: → Landmädchen
Dorfschönheit, die: → Landmädchen
Dorfschulze, der: → Bürgermeister (a)
Dorn, der: **1.** ⟨*spitzer Pflanzenteil*⟩ Stachel · Spitze – **2.** voll[er] Dornen: → leidvoll
dornenreich: → leidvoll
dornenvoll: → leidvoll
Dornenweg, der: → Leidensweg
dornig: 1. → stachelig (1) – **2.** → schwierig (1) – **3.** → leidvoll
dorren: → trocknen (1)
dörren: ausdörren · [aus]trocknen · backen · rösten · darren + ausglühen; → *auch* trocknen (1)
Dorsch, der: Kabeljau + Schellfisch
dort: 1. ⟨*an jener Stelle*⟩ da · ebendort · ebenda; allda · dortselbst · daselbst (*veraltend*); dorten (*österr*) – **2.** → anwesend (1) – **3.** d. sein: → anwesend (2); da/hier und d.: → vereinzelt (1); bald hier, bald d.: → überall (1); von d.: → dorther; nach d.: → dorthin; d. hinten: → dahinten
dorten: → dort (1)
dorther: [eben]daher · von dort/da · aus dieser Richtung
dorthin: [eben]dahin · nach dort/da · nach dieser/in diese Richtung
dorthinaus: bis d.: → maßlos
dortselbst: → dort (1)
Dose, die: **1.** ⟨*kleines Gefäß*⟩ + Büchse · Kapsel; → *auch* Schachtel (1) – **2.** → Konservenbüchse – **3.** → Steckdose – **4.** → Dosis
dösen: 1. → geistesabwesend (2) – **2.** → schlafen (1, c)
Dosenmilch, die: → Kondensmilch
Dosenöffner, der: → Büchsenöffner

dosieren: → zuteilen
Dosierung, die: → Zuteilung (1)
dösig: 1. → geistesabwesend (1) – **2.** → verschlafen (2)
Dosis, die: Quantum · Gabe + Menge · Bruchteil ♦ *umg*: Dose; → *auch* Maß (1)
Döskopp, der: **1.** → Dummkopf (2) – **2.** → Schlafmütze (2)
Dossier, der *od.* das: → Akte (1)
Dotation, die: → Schenkung
dotieren: d. |mit|: → ausstatten (I, 3)
Dotter, der *od.* das: Eidotter · Eigelb
Douane, die: → Zoll
doucement: → behutsam
down: 1. → niedergeschlagen (1) – **2.** → erschöpft (1)
dozieren: 1. → lehren (1) – **2.** → belehren (1)
Drache, der: Lindwurm · Wurm + Ungeheuer; → *auch* Ungeheuer (1)
Drachen, der: → Xanthippe
Drachenbrut, die: → Gesindel
Drachenfliegen, das: das Hängegleiten + Paragliding
Drachensaat, die: → Zwietracht (1)
Dragee, das: → Tablette
Dragoner, der: → Mannweib
Draht, der: **1.** → Leitung (2) – **2.** → Geld (1) – **3.** heißer D.: → Beziehung (II, 1); auf D. sein: → tüchtig (3)
drahten: → telegrafieren
Drahtesel, der: → Fahrrad
Drahthindernis, das: Drahtverhau · Verhau · spanischer Reiter
drahtig: → kräftig (1)
Drahtkommode, die: → Klavier (1)
Drahtleitung, die: → Leitung (2)
Drahtnachricht, die: → Telegramm
Drahtseilakt, der: → Wagnis
Drahtseilbahn, die: Seilbahn · Schwebebahn · Hängebahn
Drahtstift, der: → Nagel (1)
Drahtverhau, der: → Drahthindernis
Drahtzieher, der: → Hintermann (1)
drakonisch: → streng (1)
drall: → dick (1)
Drall, der: → Trieb (2)
Drama, das: **1.** ⟨*Theaterstück*⟩ Schauspiel; → *auch* Theaterstück – **2.** → Gehabe[n] (1)
Dramatik, die: **1.** ⟨*eine Hauptgattung der Dichtung*⟩ dramatische Dichtung; → *auch* Dichtung (1, a) – **2.** → Spannung (2)
Dramatiker, der: → Bühnenautor
dramatisch: 1. → spannend – **2.** dramatische Dichtung: → Dramatik (1)
dramatisieren: → übertreiben (1)
Dramenautor, der: → Bühnenautor
Dramendichter, der: → Bühnenautor
dran: 1. → daran (1) – **2.** → fällig (1) – **3.** alles d.: → hervorragend (1); nichts d.: → schlecht (1); drauf und d. sein: → Begriff (3); d. sein, am dransten sein: → Reihe (5); d. glauben müssen: → sterben (1)
Drän, der: → Abflussgraben
Dränage, die: → Entwässerung
dranbleiben: → festbleiben (1)
Drang, der: **1.** → Trieb (2) – **2.** → Sehnsucht (1)
drangeben: → opfern (I, 1, b)
drängeln: → drängen (1 *u.* 2)
drängen: 1. ⟨[*immer wieder*] *zur Eile auffordern*⟩ treiben · bohren · drängeln; urgieren (*österr*) + verlangen · begehren · fordern ♦ *umg*: quengeln · in den Ohren liegen; → *auch* bedrängen (1) – **2.** ⟨*sich in einer Menge schiebend bewegen*⟩ schieben · drücken · zwängen · stoßen ♦ *umg*: drängeln ♦ *salopp*: rammeln – **3.** → eilen (I, 2) – **4.** an die Wand d.: → verdrängen (2); beiseite/in den Hintergrund d.: → verdrängen (1)
Drangsal, die *od.* das: **1.** → Qual (1) – **2.** → Not (1)
drangsalieren: → quälen (I, 2)
dranhalten, sich: → beeilen, sich
dränieren: → entwässern (1)
Dränierung, die: → Entwässerung
drankommen: → Reihe (6)
drannehmen: 1. → behandeln (5) – **2.** → aufrufen (2)
dransetzen: → aufwenden
Dränung, die: → Entwässerung
drapieren: → schmücken (I)
Drasch, der: → Eile (1)
draschen: → eilen (I, 1)
drastisch: 1. → derb (1 *u.* 2) – **2.** → wirksam (1)
dräuen: → drohen (1)
drauf: 1. → darauf (1) – **2.** d. und dran sein: → Begriff (3); gut d.: → gut (11); gut d. sein: → Verfassung (5)
Draufgabe, die: **1.** → Handgeld – **2.** → Zugabe
Draufgänger, der: Haudegen · Teufelskerl · Teufelsbraten · Satanskerl ♦ *dicht*: Kämpe ♦ *salopp*: toller Hecht (*scherzh*); Malefiz-

kerl (*landsch*); → *auch* Held, Kämpfer, Tausendsasa
draufgängerisch: → kühn
draufgeben: **1.** → zuschießen (1) – **2.** ein paar/eins d.: → schlagen (I, 1)
draufgehen: **1.** → verbraucht (4) – **2.** → verenden – **3.** → sterben (1)
Draufgeld, das: **1.** → Handgeld – **2.** → Zulage (1)
draufhalten: den Daumen d.: → knapp (6)
draufhauen: ein paar/eins d.: → schlagen (I, 1)
drauflegen: → zuzahlen, zuschießen (1)
drauflos: → vorwärts (1)
draufmachen: einen d.: → feiern (1)
Draufsicht, die: → Aufsicht (2)
draufzahlen: → zuzahlen, zuschießen (1)
draus: → daraus (1)
draußen: **1.** ⟨*außerhalb einer Räumlichkeit*⟩ im Freien · unter freiem Himmel; außen (*österr veraltend*) ♦ *umg*: haußen (*landsch*); → *auch* Natur (4) – **2.** → auswärts (1) – **3.** → fern (1)
Drechselei, die: → Gehabe[n] (1)
drechseln: **1.** ⟨*die Tätigkeit eines Drechslers ausüben*⟩ *umg*: drechslern – **2.** Phrasen d.: → schwafeln
drechslern: → drechseln (1)
Dreck, der: **1.** → Schmutz (1) – **2.** → Kot (1) – **3.** → Kram (1) – **4.** einen D.: → nichts (1); die Karre/den Karren in den D. fahren: → herunterwirtschaften; einen D. angehen: → angehen (6); einen D. fragen |nach|: → gleichgültig (5); aus dem D. helfen, die Karre aus dem D. ziehen: → heraushelfen; im D. stecken: → schlecht (10, a); mit D. bewerfen: **a)** → beschimpfen – **b)** → verleumden (1); mit D. besudeln, in den D. ziehen/treten, durch den D. ziehen: → verleumden (1); D. am Stecken haben: → Schuld (I, 2)
Dreckeimer, der: → Mülleimer
dreckern: → beschmutzen (II, 1)
Dreckfink, der: → Schmutzfink
Dreckfleck, der: → Fleck (I, 1)
dreckig: **1.** → schmutzig (1) – **2.** → unanständig (1) – **3.** → gemein (1) – **4.** d. machen: → beschmutzen (I, 1); d. werden: → schmutzen; sich d. machen: → beschmutzen (II, 1); d. gehen: → schlecht (10, a *u.* b)
Drecknest, das: **1.** → Dorf (1) – **2.** → Kleinstadt
Drecksack, der: → Schurke
Drecksau, die: → Schmutzfink
Dreckschleuder, die: → Mundwerk
Dreckschwein, das: → Schmutzfink
Dreckskerl, der: → Schurke
Dreckspatz, der: → Schmutzfink
Dreckstück, das: → Schurke, Luder (1)
Dreck[s]zeug, das: → Kram (1)
Dreckwetter, das: → Wetter (I, 2)
Dreh, der: **1.** → Trick – **2.** → Ausweg – **3.** den D. heraushaben: → beherrschen (I, 4)
Drehbuch, das: Filmmanuskript · Skript · Manuskript + Treatment · Szenarium · Szenario · Filmszenarium
Drehe, die: → Gegend (1)
drehen: **I.** drehen: **1.** ⟨*im Kreis bzw. um einen Mittelpunkt bewegen*⟩ kurbeln ♦ *umg*: leiern; → *auch* rollen (I, 1) – **2.** → wenden (I, 1) – **3.** → bewerkstelligen – **4.** → filmen – **5.** die Daumen d.: **a)** → langweilen (II) – **b)** → faulenzen (1); einen Strick d. |aus|: → schaden (1); eine Nase d.: → verlachen; den Mantel/sein Mäntelchen nach dem Wind d.: → anpassen (II, 2); durch den Wolf d.: **a)** → durchdrehen (1) – **b)** → verreißen; d. und deuteln: → auslegen (2) – **II.** drehen, sich: **1.** ⟨*sich um eine Achse bewegen*⟩ rotieren · umlaufen + sich rollen; → *auch* wälzen (II) – **2.** sich d. |um|: → handeln (II); sich d. und wenden: → ausweichen (2); sich im Tanze d.: → tanzen (1)
Drehorgel, die: → Leierkasten
Drehpunkt, der: → Angelpunkt (1)
Drehscheibe, die: → Verkehrsknotenpunkt
Drehung, die: **1.** ⟨*das Sichdrehen*⟩ Rotation · Umdrehung · Tour + Umlauf · Wirbel · Strudel – **2.** → Wendung (1)
Drehwurm, der: den D. haben: → schwindlig (3)
drei: ewig und d. Tage: → lange (1); für d. arbeiten: → anstrengen (II, 1); nicht bis d. zählen können: → dumm (6)
Dreiangel, der: → Riss (1)
Dreibein, das: → Hocker
Dreier, der: keinen D. wert: → wertlos (1)
dreifach: doppelt und d.: → oft
Dreigroschenheft, das: → Schundliteratur
Dreikäsehoch, der: → Knirps
dreinblicken: → blicken (2)
dreinfahren: → eingreifen (1)
dreinfinden, sich: → resignieren
Dreingabe, die: → Zugabe
dreingeben, sich: → resignieren
dreinhauen: → eingreifen (1)

dreinmengen, sich: → einmischen (II)
dreinmischen, sich: → einmischen (II)
dreinreden: → einmischen (II)
dreinschauen: **1.** → blicken (2) – **2.** finster d.: → runzeln
dreinschicken, sich: → resignieren
dreinschlagen: → eingreifen (1)
dreinsehen: → blicken (2)
dreist: **1.** → unverschämt (1) – **2.** → keck – **3.** → sogar (1)
Dreistigkeit, die: → Unverschämtheit
Dreizehnte, der: **1.** → Unglückstag – **2.** Freitag der D.: → Unglückstag
dremmeln: → bedrängen (1)
Dresche, die: → Prügel (II, 1)
dreschen: **1.** → verprügeln – **2.** → schlagen (I, 1) – **3.** Phrasen/leeres Stroh d.: → schwafeln; Skat d.: → Skat
Dreschflegel, der: Flegel
Dress, der: → Sportkleidung
Dresseur, der: Tierlehrer · Abrichter + Zureiter · Bereiter; → *auch* Dompteur
dressieren: **1.** ⟨*Tieren bestimmte Verhaltensweisen anlernen*⟩ abrichten; abführen (*weidm*) + schulen – **2.** → zubereiten (1)
Dressing, das: → Salatsoße
Dressman, der: männliches Model; → *auch* Model (2)
Dressur, die: Abrichtung + Schulung
Drift, die: → Strömung (1)
driften: → treiben (1)
drillen: **1.** ⟨[*zu*] *streng ausbilden*⟩ schinden; schleifen (*soldatenspr*) ♦ *umg*: zwiebeln · bimsen ♦ *derb*: jmdm. den Arsch aufreißen; → *auch* ausbilden (1) – **2.** → säen (1)
Drilling, der: → Gewehr (1)
drin: **1.** → darin (1) – **2.** d. sein: → möglich (3, a); nicht d. sein: → unmöglich (2)
dringen: **1.** ⟨*sich einen Weg bahnen*⟩ gelangen · kommen + brechen – **2.** d. |auf|: → bestehen (5, a) – **3.** d. |in|: → bedrängen (1)
dringend: **1.** → eilig (2) – **2.** → wichtig (1) – **3.** → nachdrücklich
dringlich: **1.** → eilig (2) – **2.** → wichtig (1) – **3.** → nachdrücklich
Dringlichkeit, die: → Nachdrücklichkeit
drinhaben: seine Pfoten d.: → beteiligen
Drink, der: → Mischgetränk
drinnen: **1.** ⟨*innerhalb eines Körpers, einer Räumlichkeit*⟩ innen · inwendig · im Inneren + innerlich · intern – **2.** → darin (1) – **3.** nach d.: → hinein (1)
dritte: der d. Stand: → Mittelschicht; die dritten Zähne: → Zahnprothese; die Dritte Welt: → Entwicklungsländer
Drittel, das: *gehoben*: Drittteil
Drittteil, das: → Drittel
Drive, der: → Schwung (1)
droben: → oben (1)
Droge, die: **1.** → Arzneimittel – **2.** → Rauschgift (1) – **3.** unter Drogen stehen: → Rauschzustand (2)
drogenabhängig: → rauschgiftsüchtig (1)
Drogenabhängige, der: → Rauschgiftsüchtige
Drogenkonsum, der: → Drogenmissbrauch
Drogenmissbrauch, der: Drogenkonsum
drogensüchtig: → rauschgiftsüchtig (1)
Drogensüchtige, der: → Rauschgiftsüchtige
Drogenszene, die: → Rauschgiftmilieu
Drohbrief, der: → Drohung (1)
drohen: **1.** ⟨*Gewaltanwendung ankündigen*⟩ Drohungen/eine Drohung ausstoßen · die Faust schütteln/ballen/zeigen + mit dem Säbel rasseln ♦ *dicht*: dräuen ♦ *umg*: die Faust unter die Nase halten; → *auch* bedrohen (1) – **2.** → bevorstehen
Drohne, die: → Faulenzer (1)
dröhnen: **1.** ⟨*dumpf hallend tönen*⟩ erdröhnen · donnern · brüllen · brummen + rauschen · sausen · widerhallen · krachen · knallen · trommeln · hämmern · pochen · prasseln ♦ *umg*: bumsen · wummern; pumpern (*landsch*) ♦ *salopp*: bullern; ballern · bollern (*landsch*); → *auch* lärmen, donnern (1), schallen, brausen (I, 1) – **2.** → schwatzen (1) – **3.** → Rauschgift (3)
Drohnendasein, das: → Faulenzerdasein
Drohnenleben, das: → Faulenzerdasein
Dröhnung, die: → Rausch (2)
Drohung, die: **1.** ⟨*Ankündigung von Gewaltanwendung*⟩ Drohbrief ♦ *umg*: Schreckschuss – **2.** Drohungen/eine D. ausstoßen: → drohen (1)
Drolerie, die: → Spaß (1)
drollig: **1.** → spaßig (1) – **2.** → merkwürdig
Dromedar, das: → Kamel (1)
Droschke, die: **1.** → Mietwagen – **2.** → Taxi
Drossel, die: → Hahn (2)
drosseln: **1.** ⟨*die Drehzahl eines Motors verringern*⟩ abdrosseln · Gas wegnehmen – **2.** → hemmen (1) – **3.** → erwürgen
drüben: **1.** ⟨*auf der anderen Seite*⟩ jenseits + entgegengesetzt – **2.** nach d.: → hinüber (1); hüben und/wie d.: → beiderseits

drüber: **1.** → darüber (1 *u.* 2) – **2.** drunter und d.: → ungeordnet (1 *u.* 2)
Druck, der: **1.** ⟨[*senkrecht*] *auf etw. wirkende Kraft*⟩ Gewicht · Schwere · Last; Tension (*fachspr*) – **2.** → Wucht (1) – **3.** → Druckwerk – **4.** → Veröffentlichung (1) – **5.** → Not (1) – **6.** → Zwang (1) – **7.** D. dahinter setzen/dahinter machen: → beschleunigen; D. ausüben: **a)** → drücken (I, 1) – **b)** → zwingen (1); unter D. setzen: **a)** → bearbeiten (2) – **b)** → zwingen (1)
Druckbogen, der: → ²Bogen (1)
Druckbuchstabe, der: → Letter
Drückeberger, der: → Faulenzer (1)
drucken: → veröffentlichen
drücken: **I.** drücken: **1.** ⟨*durch Druck einwirken*⟩ pressen · quetschen · Druck ausüben; → *auch* kneten (1) – **2.** → umarmen (I) – **3.** → drängen (2) – **4.** → bedrücken (1) – **5.** ans Herz d.: → umarmen (I); die Flosse/Pfote d.: → Hand (2); die Hand d.: **a)** → Hand (2) – **b)** → danken (1); in die Hand d.: **a)** → geben (I, 1) – **b)** → zustecken (1); die Schulbank d.: → Schule (5); an die Wand d.: → verdrängen (2); auf die Tube d.: → beschleunigen; auf die Tränendrüsen d.: → rührselig (3); den Preis d.: → unterbieten – **II.** drücken, sich: → ausweichen (2)
drückend: **1.** → schwül (1) – **2.** → schwer (1) – **3.** d. heiß: → schwül (1)
Drücker, der: **1.** → Klinke (1) – **2.** auf den letzten D.: → Augenblick (2)
Drückerei, die: → Gedränge (1)
Druckerzeugnis, das: → Druckwerk
Drucklegung, die: → Veröffentlichung (1)
Druckletter, die: → Letter
Druckschrift, die: → Druckwerk
drucksen: → zögern
Druckspur, die: → Eindruck (2)
Drucktype, die: → Letter
Druckvorlage, die: → Satzvorlage
Druckwerk, das: Druck[erzeugnis] · Druckschrift · Schrift · Erscheinung + Reproduktion · Faksimile[druck]; → *auch* Veröffentlichung (1), Reprint
Drude, die: → Gespenst (1)
drum: **1.** → deshalb – **2.** d. rumkommen: → davonkommen (1); d. rumreden: → Umschweife (1)
Drum und Dran, das: → Zubehör (1)
drunten: → unten (1)
drunter: **1.** → darunter (1) – **2.** d. und drüber: → ungeordnet (1 *u.* 2)
druseln: → schlafen (1, c)
Dschungel, der *od.* das: **1.** → Urwald – **2.** → Filzokratie
du: mit Du anreden, du sagen |zu|: → duzen (I, 1); du zueinander sagen, einander/sich mit Du anreden, auf Du und Du stehen: → duzen (II)
Dualismus, der: **1.** → Zweiheit – **2.** → Gegensätzlichkeit
dualistisch: → gegensätzlich
dübeln: eindübeln; döbeln · dobeln (*landsch*)
dubios: → zweifelhaft (1)
Dublette, die: → Doppel (1)
dublieren: → verdoppeln
ducken: **I.** ducken: → demütigen (I), unterdrücken (1) – **II.** ducken, sich: **1.** ⟨*seinen Körper zusammenkrümmen*⟩ sich klein machen + Deckung nehmen · in Deckung gehen; → *auch* kauern (II) – **2.** → demütigen (II)
Duckmäuser, der (*abwert*): Mucker ♦ *umg*: Schleicher · Leisetreter; → *auch* Kriecher, Feigling, Weichling
duckmäuserisch (*abwert*): muckerisch · muckerhaft ♦ *umg*: leisetreterisch; → *auch* unterwürfig
Dudelsack, der: Sackpfeife
Duell, das: → Zweikampf
Duett, das: Zwiegesang · Wechselgesang
duff: → glanzlos
Duft, der: **1.** ⟨*sehr angenehmer Geruch*⟩ Wohlgeruch · Odeur · Parfüm · Hauch; Duftwolke (*scherzh*) + Bukett; → *auch* Aroma (1), Geruch (1) – **2.** → Gestank – **3.** → Dunst (1) – **4.** → Reiz (2)
dufte: → großartig (1)
duften: **1.** ⟨*einen sehr angenehmen Geruch verbreiten*⟩ [gut] riechen · angenehm riechen – **2.** → stinken (1)
düftereich: → duftreich
dufteschwer: → duftreich
duftig: **1.** → zart (1) – **2.** → dunstig (1) – **3.** → aromatisch (1)
duftreich: duftschwer ♦ *gehoben*: düftereich · düfteschwer; → *auch* wohlriechend
duftschwer: → duftreich
Duftwasser, das: → Parfüm (1)
Duftwolke, die: → Duft (1)
Dukatenesel, der: → Goldesel
Dukatenmännchen, das: → Goldesel
Dukatenscheißer, der: → Goldesel
Duktus, der: **1.** → Schriftzug – **2.** → Eigenart

dulden: **1.** ⟨*mit Ergebenheit auf sich nehmen*⟩ erdulden · [er]leiden · [er]tragen · mit Geduld [er]tragen ♦ *gehoben*: durchleiden ♦ *umg*: mitmachen · durchmachen · einstecken · über sich ergehen lassen · einen breiten Rücken haben ♦ *salopp*: einen breiten Buckel haben; → *auch* hinnehmen (1), abfinden (II, 2) – **2.** → zulassen (1) – **3.** keinen Aufschub d.: → eilen (I, 2)
Duldermiene, die: → Leidensmiene
duldsam: → tolerant
Duldsamkeit, die: → Toleranz
Dulliäh, der: → Rausch (1)
Dulzinea, die: → Geliebte (II)
dumm: **1.** ⟨*von geringer Intelligenz od. Einsicht*⟩ unintelligent · schwachköpfig · unverständig · blöd[e] · blödsinnig · ohne Verstand · hohlköpfig · dümmlich · mit Dummheit geschlagen · borniert · stupid[e] · strohdumm · stockdumm + begriffsstutzig ♦ *umg*: hohl · hirnlos · simpel[haft] · kreuzdumm · mordsdumm · erzdumm · strohköpfig · idiotenhaft · schwach im Kopf · [geistig] minderbemittelt / unterbelichtet · auf den Kopf gefallen · aus / von Dummsdorf · dumm wie Bohnenstroh · dümmer als die Polizei erlaubt · schafig; deppert · teppert (*süddt österr*) ♦ *salopp*: behämmert · bescheuert · dämlich · beknackt · duss[e]lig · doof · verblödet · idiotisch; bekloppt (*landsch*); geschert (*süddt*) ♦ *derb*: saudumm · saublöd[e]; → *auch* beschränkt (1), schwachsinnig (1), geistlos, unfähig (1), unbegabt – **2.** → verrückt (1) – **3.** → unangenehm (1) – **4.** → schwindlig (1) – **5.** → gutgläubig – **6.** d. sein: ⟨*mit wenig Intelligenz ausgestattet sein*⟩ *umg*: das Pulver nicht erfunden haben · nicht bis drei zählen können · die Weisheit auch nicht mit Löffeln gegessen haben ♦ *salopp*: keinen [blassen] Dunst / Schimmer haben · einen hohlen Schädel haben · einen Hammer haben · Sülze / [Heu und] Stroh im Kopf haben · vor Dummheit brüllen / schreien · ein Brett vor dem Kopf haben · die Weisheit auch nicht mit Löffeln gefressen haben + dumm aus der Wäsche gucken / sehen – **7.** dummes Zeug: → Unsinn (1, a); dummes Zeug reden: → schwafeln; d. wie Bohnenstroh, dümmer als die Polizei erlaubt: → 1; d. aus der Wäsche gucken / sehen: → 6; d. tun: → grollen (1); dummer August: → Spaßmacher; für d. verkaufen: → täuschen (I)
Dummbart[el], der: → Dummkopf (1)
Dummchen, das: → Dummkopf (2)
dummdreist: → frech (1)
Dummejungenstreich, der: → Streich (1)
Dummerchen, das: → Dummkopf (2)
Dummerjan, der: → Dummkopf (1)
dummerweise: → leider
dummfrech: → frech (1)
Dummheit, die: **1.** ⟨*Mangel an Intelligenz od. Einsicht*⟩ Unverstand · Blödheit · Urteilslosigkeit · Borniertheit · Stupidität · Betise ♦ *salopp*: Dämlichkeit · Dussligkeit · Idiotie · Idiotismus; → *auch* Geistlosigkeit, Beschränktheit (1) – **2.** → Fehler (1) – **3.** → Streich (1) – **4.** mit D. geschlagen: → dumm (1); vor D. brüllen / schreien: → dumm (6); Dummheiten machen: → Unsinn (2)
Dummian, der: → Dummkopf (1)
Dummkopf, der (*abwert*) **1.** ⟨*Person von nur geringer Intelligenz od. Einsicht*⟩ Ignorant · Nichtswisser · Schwachkopf · Hohlkopf · hohler Kopf · Tölpel + Stümper ♦ *umg*: Dummbart[el] · Dümmling · Dummerjan · Dummian · Flachkopf · Strohkopf · Spatzengehirn · keine große Leuchte · kein [großes] Kirchenlicht / großes Licht ♦ *salopp*: Wasserkopf · Holzkopf · Doofkopp · Knallkopp · Piefke · Schote · Nulpe · Dummlack – **2.** ⟨*sich töricht Verhaltender*⟩ Narr · Hanswurst + Kauz ♦ *gehoben*: Tor · Tropf ♦ *umg*: Kindskopf · Kohlkopf · Döskopp · Blödmann · Einfaltspinsel · Hansnarr; Dumm[er]chen (*vertraul*); Tepp · Depp · Dalk (*süddt österr*); Pomuchelskopp · Klas (*norddt*) ♦ *salopp*: Hirni · Pflaume · Pflaumenaugust · Karnickel · Hampel · Hammel · Ross · Esel · Quadratesel · Kamel · Schaf · Bähschaf · Ochse · Brummochse · Affe · Schafskopf · Kalbskopf · Ochsenkopf · Grützkopf · Pfeifenkopf · Dussel[kopf] · Schafsnase · Dusseltier · Dämel · Däm[e]lack · Blödian · Blödling · Pinsel · Trottel · Simpel · Pfeife · Idiot · Vollidiot · Volltrottel · Kamuffel · Stiesel · Armloch · Armleuchter; Dunsel (*landsch*) ♦ *derb*: Hornochse · Hornvieh · Rindvieh · Arsch[loch]; Affenarsch (*landsch*); → *auch* Grünschnabel, Tollpatsch, Versager (1)
Dummlack, der: → Dummkopf (1)
dümmlich: → dumm (1)
Dümmling, der: → Dummkopf (1)
Dummsdorf: aus / von D.: → dumm (1)
dummstolz: → überheblich

dümpeln: → schlingern
dumpf: **1.** ⟨*nach Fäulnis riechend bzw. schmeckend*⟩ muffig · moderig · dumpfig · dumpf riechend + feucht · schwül; → *auch* feucht (1) – **2.** ⟨*einen hohlen u. nicht sehr lauten Ton ergebend*⟩ dumpf tönend/klingend · hohl [klingend] · dunkel · gedämpft + erstickt · ersterbend; → *auch* leise (1) – **3.** → stumpfsinnig (1) – **4.** → unbewusst – **5.** → benommen (1) – **6.** → glanzlos – **7.** d. riechend: → 1; d. tönend/klingend: → 2
Dumpfheit, die: **1.** → Stumpfsinn (1) – **2.** → Benommenheit
dumpfig: → dumpf (1)
dun: → betrunken (1)
Dune, die: → Daune
Dung, der: → Dünger (1, b)
Düngemittel, das: → Dünger (1, c)
Dünger, der: **1.** ⟨*Mittel zur Bodenverbesserung u. Ertragssteigerung*⟩ **a)** ⟨*allgemein*⟩ Düngung – **b)** ⟨*natürlich*⟩ Dung · Naturdünger · natürlicher Dünger + Kompost · Gülle · Mist; → *auch* Jauche (1) – **c)** ⟨*künstlich*⟩ Kunstdünger · Düngemittel · künstlicher Dünger + Kali – **2.** natürlicher D.: → 1, b; künstlicher D.: → 1, c
Düngung, die: → Dünger (1, a)
dunkel: **1.** ⟨*wenig od. gar nicht erhellt*⟩ [stock]finster · stockdunkel · düster · schwarz · lichtlos + trübe ♦ *gehoben*: nächtig ♦ *umg*: [kohl]rabenschwarz · pech[raben]schwarz; pechfinster · duster · zappenduster (*landsch*); → *auch* dämmerig – **2.** ⟨*einen dem Schwarz angenäherten Farbton aufweisend*⟩ dunkelfarbig · dunkelfarben + schwarz – **3.** → dunkelhaarig – **4.** → dumpf (2) – **5.** → ungewiss (1), unklar (1) – **6.** → geheimnisvoll (1) – **7.** → verdächtig (1) – **8.** → trostlos (1) – **9.** d. werden: → dämmern (2); dunkles Brot: → Roggenbrot; im Dunkeln tappen: → Ungewisse (2); sich im Dunkeln halten: → verstecken (II, 1); der dunkle Punkt: → Achillesferse
Dunkel, das: **1.** → Dunkelheit – **2.** → Ungewissheit – **3.** → Geheimnis (1)
Dünkel, der: **1.** → Überheblichkeit – **2.** den D. austreiben: → demütigen (I)
dunkelblau: → blau (1)
dunkelfarben: → dunkel (2)
dunkelfarbig: → dunkel (2)
dunkelgrün: → grün (1)
dunkelhaarig: schwarzhaarig · brünett · braunhaarig ♦ *umg*: dunkel · schwarz · braun
dünkelhaft: → überheblich, eingebildet (1)
Dünkelhaftigkeit, die: → Überheblichkeit
Dunkelheit, die: Dunkel · Düsternis · Düsterheit · Düsterkeit · [ägyptische] Finsternis · Finsterkeit · Nacht ♦ *dicht*: Grabesdunkel · Grabesnacht · Düster
dunkeln: → dämmern (2)
dunkelrot: → rot (1)
Dunkelziffer, die: + Grauzone
dünken: **1.** → scheinen (1) – **2.** sich etwas Besseres d.: → überheben, sich (1)
dünn: **1.** ⟨*von sehr geringer Stärke*⟩ schwach · schmal · [hauch]fein · haarfein · fadendünn · haardünn · hauchdünn; → *auch* schlank (1), zart (1) – **2.** → mager (1) – **3.** → durchsichtig (1), schwach (1, b) – **4.** → minderwertig – **5.** → wässrig (1) – **6.** → abgetragen – **7.** → spärlich (1) – **8.** durch dick und d. gehen |für|: → einsetzen (II); dünner werden: → abmagern; sich dünn[e] machen: → wegschleichen (I); d. gesät: **a)** → spärlich (1) – **b)** → selten (1)
dunnemals: → damals
dünnflüssig: **1.** → wässrig (1) – **2.** → flüssig (1)
dünnhäutig: → empfindsam (1)
Dünnpfiff, der: → Durchfall (1)
Dünnschiss, der: → Durchfall (1)
Dunsel, der: → Dummkopf (2)
Dunst, der: **1.** ⟨*leicht getrübte Luft*⟩ Trübung · Diesigkeit; Wasen (*landsch*); Dust (*norddt*) + Dampf · Brodel · Wrasen · Rauch ♦ *dicht*: Duft · Brodem · Gedünste; → *auch* Nebel (1), Dampf (1), Rauch (1) – **2.** → Ausdünstung (1) – **3.** → Beschuss (1) – **4.** → Schrot (1) – **5.** blauer D.: → Betrug (1); blauen D. vormachen: → vorspiegeln (1); keinen [blassen] D. haben: → dumm (6)
Dunstabzugshaube, die: Entlüftungshaube
dunsten: → dampfen (1)
dünsten: **1.** ⟨*durch Dampf gar machen*⟩ dämpfen; abdämpfen (*Kochk*) + schmoren; → *auch* braten – **2.** → stinken (1)
Dunstglocke, die: → Dunstschicht
dunstig: trüb[e] · diesig + nebelig · dampfig · wolkig ♦ *dicht*: duftig; → *auch* rauchig
Dunstkiepe, die: → [1]Hut (1)
Dunstkreis, der: → Atmosphäre (1)
Dunstschicht, die: Dunstglocke · Dunstschleier
Dunstschleier, der: → Dunstschicht
Dünung, die: → Seegang
düpieren: → täuschen (I)

duplieren: → verdoppeln
Duplikat, das: → Abschrift, Durchschlag (1)
duplizieren: → verdoppeln
Duplizität, die: → Zweiheit
Duplum, das: → Abschrift, Durchschlag (1)
durabel: → haltbar (1)
durch: 1. ⟨*örtlich*⟩ hindurch · mittendurch · querdurch – **2.** ⟨*begründend*⟩ vermöge · kraft ♦ *gehoben*: ob; → *auch* wegen (1), dank – **3.** → mittels – **4.** → entzwei – **5.** d. und d.: → völlig (1); d. die Bank: → durchweg; unten d. sein |bei|:→ Wohlwollen (2); unten d. sein: → erledigt (2, b); d. und d. gehen: → ergreifen (3); d. dick und dünn/durchs Feuer gehen |für|: → einsetzen (II)
durchackern: 1. → durcharbeiten (I, 1) – **2.** → durchforschen (1)
durchädert: → geädert
durcharbeiten: I. durcharbeiten: **1.** ⟨*von Anfang bis Ende gründlich studieren*⟩ durchstudieren · durchlesen · durchpflügen · durchnehmen + lernen · vorbereiten · präparieren ♦ *umg*: durchackern ♦ *salopp*: durchpauken · durchwühlen – **2.** → durchforschen (1) – **3.** → kneten (1) – **II.** durcharbeiten, sich: → durchdrängen, sich
durchaus: 1. → unbedingt (1) – **2.** d. nicht: → keineswegs
durchbeben: → erfüllen (I, 1)
durchbeißen, sich: → durchschlagen (I, 2)
durchbetteln, sich: → schmarotzen (2)
durchbeuteln: → durchschütteln
durchbiegen: I. durchbiegen: → durchdrücken (2) – **II.** durchbiegen, sich: → durchhängen
durchbilden: → formen (1)
Durchbildung, die: → Formung (1)
durchblättern: durchgehen · durchschauen · durchfliegen · durchmustern ♦ *umg*: durchwälzen; → *auch* überfliegen, durchsehen (2)
durchbläuen: → verprügeln
Durchblick, der: **1.** → Ausblick (1) – **2.** keinen D. haben: → erkennen (5)
durchblicken: I. durchblicken: **1.** → durchsehen (1) – **2.** d. lassen: → andeuten (I, 1); nicht d.: → erkennen (5), erklären (I, 4) – **II.** durchblicken: → durchschauen (I)
durchblinken: → durchscheinen
durchblitzen: → durchzucken
durchbohren: I. durchbohren: ⟨*durch Bohren hindurchgelangen*⟩ durchstechen · durchstoßen · durchspießen – **II.** durchbohren: **1.** ⟨*bohrend durchdringen*⟩ durchlochen · durchschlagen · durchlöchern · durchsieben; → *auch* durchbrechen (II) – **2.** → erstechen – **3.** mit Blicken d.: → anstarren
durchboxen: I. durchboxen: → durchsetzen (I, 1) – **II.** durchboxen, sich: → durchsetzen (I, 2, a), durchschlagen (I, 2)
durchbrausen: I. durchbrausen: → durchfahren (I) – **II.** durchbrausen: → erfüllen (I, 1)
durchbrechen: I. durchbrechen: **1.** ⟨*durch Brechen in zwei Teile trennen*⟩ [in zwei Teile] brechen; → *auch* zerbrechen (1) – **2.** ⟨*sich gewaltsam einen Weg bahnen*⟩ durchstoßen · sich durchkämpfen · eine Bresche schlagen ♦ *umg*: sich durchhauen – **3.** → einbrechen (2) – **4.** → durchdringen (I, 1) – **II.** durchbrechen: ⟨*mit Löchern versehen*⟩ perforieren; → *auch* durchbohren (II, 1)
durchbrennen: 1. ⟨*durch Schmelzen entzweigehen*⟩ durchglühen · durchschmelzen ♦ *umg*: durchschmoren – **2.** ⟨*bis zum Glühen des gesamten Brennstoffes brennen*⟩ durchglühen – **3.** → entfliehen (1)
Durchbrenner, der: → Flüchtling (1)
durchbringen: I. durchbringen: **1.** → heilen (1) – **2.** → unterhalten (I, 1) – **3.** → durchsetzen (I, 1) – **4.** → verschwenden – **II.** durchbringen, sich: → durchschlagen (I, 2)
Durchbruch, der: **1.** ⟨*durchbrochene Stelle*⟩ Durchstich · Durchlass + Stollen · Bresche – **2.** ⟨*das Durchbrechen*⟩ Perforation (*med*) – **3.** → Einbruch (1) – **4.** zum D. kommen: → durchsetzen (I, 2, b); zum D. [ver]helfen/bringen: → durchsetzen (I, 1)
durchbrüllen: → durchgeben (1)
durchbummeln: → durchfeiern
durchbürsten: → bürsten (1)
durchchecken: → überprüfen
durchdacht: überlegt · begründet + vollendet · fertig; → *auch* wohl (7)
durchdampfen: → durchfahren (I)
durchdenken: → überlegen (I, 1)
durchdiskutieren: → erörtern
durchdrängeln, sich: → durchdrängen, sich
durchdrängen, sich: sich hindurchdrängen · sich durcharbeiten · sich durchzwängen · sich einen Weg bahnen |durch| ♦ *umg*: sich durchdrängeln · sich durchquetschen

durchdrehen: 1. ⟨*mittels eines Geräts zerkleinern*⟩ durchmahlen · durch den Wolf drehen; durchtreiben (*landsch*); faschieren (*österr*) ♦ *umg*: durchleiern ♦ *salopp*: durchjagen; → *auch* durchdrücken (1) – **2.** → Beherrschung (2, a)
durchdreschen: → verprügeln
durchdringen: I. durchdringen: **1.** ⟨*durch etw. dringen*⟩ durchkommen · durchgehen + durchbrechen · durchschlagen · durchtreten · durchnässen · durchweichen · durchfeuchten · durchlaufen · sich durchfressen; → *auch* durchsickern (1) – **2.** → durchsetzen (I, 2, b) – **II.** durchdringen: → erfüllen (I, 1)
durchdringend: → schrill (1)
durchdrücken: 1. ⟨*durch ein Sieb od. Tuch drücken*⟩ durchquetschen · durchpressen · durchschlagen · durchrühren · durchstreichen · [durch]passieren; → *auch* durchdrehen (1) – **2.** ⟨*von Körperteilen gesagt*: *zur völligen Streckung bringen*⟩ durchbiegen · strecken – **3.** → waschen (I, 1) – **4.** → durchsetzen (I, 1)
durcheilen: → durchgehen (1)
durcheinander: 1. → ungeordnet (2) – **2.** → verwirrt (1) – **3.** d. bringen: **a)** ⟨*in einen ungeordneten Zustand versetzen*⟩ durcheinander werfen · in Unordnung bringen ♦ *umg*: auf den Kopf stellen – **b)** → verwechseln (1) – **c)** → verwirren (2); d. werfen: **a)** → durcheinander (3, a) – **b)** → verwechseln (1)
Durcheinander, das: **1.** ⟨*regelloses Vorhandensein von Dingen*⟩ Wirrwarr · Gewirr · Wirrnis · Tohuwabohu · Wust · Knäuel · Kunterbunt · Pelemele; Schurrmurr (*norddt*); Hexenkessel + Gestrüpp · Geschlinge · Ragout ♦ *umg*: Sammelsurium · Mischmasch · Kuddelmuddel · Krimskrams · Kribskrabs · Gefitze; Menkenke (*landsch*); Pallawatsch (*österr*); → *auch* Unordnung (1) – **2.** ⟨*eine Vielzahl sich regellos bewegender Menschen*⟩ Getümmel · Gewimmel · Gebrodel · Hin und Her ♦ *umg*: Wirbel; → *auch* Gedränge (1) – **3.** → Unordnung (1)
durchessen, sich: *umg*: nassauern ♦ *salopp*: sich durchschlauchen ♦ *derb*: sich durchfressen; → *auch* schmarotzen (2)
durchexerzieren: → üben (1)
durchfahren: I. durchfahren: ⟨*durch einen Ort od. ein Gebiet fahren*⟩ hindurchfahren · durchreisen + durchbrausen · durchsausen · durchrasen · durchdampfen · durchrollen · durchrasseln · durchjagen · durchpreschen · durchfegen – **II.** durchfahren: **1.** → durchqueren (b *u.* c) – **2.** → durchzucken
Durchfahrt, die: **1.** ⟨*zum Durchfahren bestimmte od. geeignete Stelle*⟩ Durchlass · Durchgang – **2.** → Durchreise
Durchfall, der: **1.** ⟨*Darmerkrankung*⟩ Darminfektion · Darmkatarrh; Diarrhö (*med*); das Abweichen (*österr*) + Ruhr · Dysenterie ♦ *umg*: Durchmarsch ♦ *salopp*: Dünnpfiff; der flotte Otto/Heinrich · die schnelle Kathrine (*landsch*) ♦ *derb*: Dünnschiss · Scheißerei · Scheißeritis – **2.** → Misserfolg (1)
durchfallen: nicht bestehen ♦ *umg*: durchplumpsen · durchkrachen · durchfliegen · durch die Prüfung rasseln/rauschen · durchsausen · durchrasseln; durchrauschen (*landsch*); → *auch* versagen (1)
durchfaulen: → faulen
durchfechten: I. durchfechten: → durchsetzen (I, 1) – **II.** durchfechten, sich: **1.** → durchschlagen (I, 2) – **2.** → schmarotzen (2)
durchfegen: → durchfahren (I)
durchfeiern: durchschwärmen · durchzechen ♦ *umg*: durchmachen · durchbummeln · lange Nacht machen ♦ *salopp*: durchsumpfen
durchfeilen: → überarbeiten (I, 1)
durchfetzen: → durchreißen (1)
durchfeuchten: I. durchfeuchten: **1.** ⟨[*viel*] *Feuchtigkeit zuführen*⟩ durchtränken · durchnässen · einfeuchten · einwässern · feucht machen ♦ *gehoben*: durchnetzen · feuchten · nässen; → *auch* anfeuchten (1), einweichen – **2.** → aufweichen (1) – **II.** durchfeuchten: → durchdringen (I, 1)
durchfiltern: → durchsieben (I)
durchfinden, sich: → zurechtfinden, sich (1)
durchfliegen: I. durchfliegen: **1.** ⟨*von Vögeln gesagt*: *durch einen Ort fliegen*⟩ durchziehen – **2.** → durchfallen – **II.** durchfliegen: **1.** → durchqueren (d) – **2.** → durchblättern, überfliegen – **3.** → durchzucken
durchfließen: durchlaufen · durchströmen · durchrinnen · durchfluten · durchrauschen
Durchfluss, der: Durchstich
durchfluten: I. durchfluten: → durchfließen – **II.** durchfluten: → erfüllen (I, 1)
durchflutschen: → durchkommen (2)

durchformen: → formen (1)
durchforschen: **1.** ⟨*nach allen Seiten forschend untersuchen*⟩ erforschen · bearbeiten · durcharbeiten · ergründen + beleuchten ♦ *umg*: durchackern · durchforsten · beackern; → *auch* untersuchen (1) – **2.** → durchsuchen
durchforsten: → durchforschen (1)
durchfressen, sich: **1.** → durchessen, sich – **2.** → durchdringen (I, 1)
durchfretten, sich: → durchschlagen (I, 2)
durchfrieren: → erkalten (1)
durchfühlen: → spüren (1)
Durchfuhr, die: Transit · Durchgang
durchführbar: ausführbar · realisierbar · machbar · möglich + erfüllbar
durchführen: **1.** → veranstalten (1) – **2.** → erledigen (1), ausführen (3) – **3.** → durchstecken
Durchführung, die: **1.** → Veranstaltung (1) – **2.** → Erledigung (1) – **3.** → Ausführung (1) – **4.** zur D. bringen: **a)** → veranstalten (1) – **b)** → ausführen (3) – **c)** → erledigen (1)
durchfunken: → durchgeben (1)
durchfurchen: **1.** → befahren (1) – **2.** → pflügen
durchfurcht: → runzelig
durchfüttern: → unterhalten (I, 1)
Durchgang, der: **1.** ⟨*hindurchführender Weg*⟩ Passage · Durchlass · Durchschlupf · Durchstieg · Gasse; Durchweg (*landsch*) + Durchhaus · Pass · Furt ♦ *umg*: Schlupfloch; Schlippe (*landsch*); → *auch* Einfahrt, Eingang (1) – **2.** ⟨*das Durchlaufen*⟩ Durchlauf (*fachspr*) – **3.** → Durchfahrt (1) – **4.** → Durchfuhr
durchgängig: → durchweg
Durchgangsstadium, das: → Entwicklungsstufe
Durchgangsstation, die: → Entwicklungsstufe
durchgeben: **1.** ⟨*durch Funk usw. übermitteln*⟩ durchfunken · durchsagen · senden · weitergeben · durchtelefonieren + durchrufen · durchbrüllen · durchschreien – **2.** → durchreichen
durchgedreht: → verwirrt (1)
durchgefroren: → verfroren
durchgehen: **1.** ⟨*sich gehend hindurchbewegen*⟩ [hin]durchschreiten + durcheilen · durchstürmen · durchjagen · durchschlendern ♦ *umg*: durchlaufen · durchmarschieren ♦ *salopp*: durchrennen · durchrauschen · durchschießen – **2.** ⟨*jmds. Zustimmung finden*⟩ durchkommen · genehmigt/bewilligt/angenommen werden – **3.** ⟨*von Zugtieren gesagt*: *erschrecken u. fortlaufen*⟩ scheuen · scheu/wild werden – **4.** → durchdringen (I, 1) – **5.** → durchsehen (2), durchblättern – **6.** → entfliehen (1) – **7.** d. lassen: → nachsehen (2)
durchgehend: → durchweg
durchgeknallt: → wild (1)
durchgelangen: → durchkommen (2)
durchgerben: → züchtigen (1)
durchgießen: → durchsieben (I)
durchgliedern: → einteilen (1)
Durchgliederung, die: → Gliederung (1)
durchglühen: **I.** du̲rchglühen: → durchbrennen (1 *u.* 2) – **II.** durchglü̲hen: → erfüllen (I, 1)
durchgreifen: *umg*: nicht [lange] fackeln · nicht viel Federlesens/kurzen Prozess machen; → *auch* energisch (3)
durchgreifend: → wirksam (1)
durchgucken: **1.** → durchsehen (1 *u.* 2) – **2.** → durchschauen (I)
durchhacken: → spalten (1)
durchhallen: → durchtönen
durchhalten: → aushalten (2), bestehen (3)
Durchhaltevermögen, das: → Stehvermögen
durchhängen: sich [durch]biegen
durchhauen: **I.** durchhauen: **1.** → durchschlagen (I, 1, a) – **2.** → züchtigen (1) – **II.** durchhauen, sich: **1.** → durchschlagen (I, 2) – **2.** → durchbrechen (I, 2)
Durchhaus, das: → Durchgang (1)
durchhecheln: *umg*: bereden · beklatschen · durchnehmen · durchziehen · unter die Hechel nehmen · durch die Hechel ziehen · sich aufhalten |über| · herziehen |über| · hergehen |über| · begeifern ♦ *salopp*: sich das Maul zerreißen |über|; → *auch* erörtern, klatschen (2)
durchhelfen: *umg*: durchschleppen · ins Schlepptau nehmen ♦ *salopp*: durchschleifen; → *auch* helfen (1)
Durchhieb, der: → Schneise (1)
durchholen: → atmen (1)
durchhungern, sich: → durchschlagen (I, 2)
durchhuschen: → durchkommen (2)
durchirren: → durchwandern
durchixen: → durchstreichen (I, 1)
durchjagen: **I.** du̲rchjagen: **1.** → durchfahren (I) – **2.** → durchgehen (1) – **3.** →

durchdrehen (1) – **II.** durchjagen: → durchzucken
durchkältet: → verfroren
durchkämmen: **1.** → kämmen – **2.** → durchsuchen
durchkämpfen, sich: **1.** → durchbrechen (I, 2) – **2.** → durchschlagen (I, 2)
durchkauen: **1.** → kauen (1) – **2.** → behandeln (5)
durchklettern: → durchsteigen (1)
durchklingen: → durchtönen
durchkneten: **1.** → kneten (1) – **2.** → massieren (1)
durchkommen: **1.** ⟨*durch einen Ort od. ein Gebiet kommen*⟩ vorbeikommen · vorüberkommen · durchziehen – **2.** ⟨*sich mit Glück [schnell] durch etw. hindurchbegeben können*⟩ durchgelangen · durchschlüpfen · durchhuschen · durchrutschen ♦ *umg*: durchflutschen · durchwi[t]schen · durchwutschen (*landsch*); → *auch* durchwinden, sich (1) – **3.** → durchdringen (I, 1) – **4.** → überstehen (1), davonkommen (2) – **5.** → bestehen (2) – **6.** → durchgehen (2) – **7.** nicht d.: → scheitern (a)
durchkosten: **1.** → versuchen (I, 1) – **2.** → genießen (1) – **3.** → durchmachen (1)
durchkrachen: **1.** → einbrechen (2) – **2.** → durchfallen
durchkramen: → durchsuchen
durchkreuzen: **I.** durchkreuzen: → durchstreichen (I, 1) – **II.** durchkreuzen: **1.** → durchqueren (c) – **2.** → vereiteln
Durchkreuzung, die: → Vereitelung
durchkriechen: **I.** durchkriechen: **1.** ⟨*sich kriechend hindurchbewegen*⟩ hindurchkriechen · durchrobben + sich [hin]durchwinden ♦ *salopp*: + sich durchwürgen – **2.** → durchwinden (1) – **II.** durchkriechen: → erfüllen (I, 1)
durchkriegen: **1.** → heilen (1) – **2.** → durchsetzen (I, 1)
durchladen: → [1]laden (2)
durchlangen: → durchreichen
Durchlass, der: **1.** → Durchgang (1), Durchbruch (1) – **2.** → Durchfahrt (1)
durchlassen: → nachsehen (2)
durchlässig: porös · löcherig · porig · durchlöchert; → *auch* undicht
durchlauchtig: → fürstlich (1)
Durchlauf, der: → Durchgang (2)
durchlaufen: **I.** durchlaufen: **1.** → durchgehen (1) – **2.** → durchfließen, durchdringen (I, 1) – **II.** durchlaufen: **1.** → durchmachen (1) – **2.** → erfüllen (I, 1) – **3.** → durchqueren (b)
Durchlauferhitzer, der: → Boiler
durchlavieren, sich: → durchwinden, sich (1)
durchleben: → erleben (1)
durchlecken: → durchsickern (1)
durchleiden: → dulden (1)
durchleiern: → durchdrehen (1)
durchlesen: **1.** ⟨*bis zum Ende lesen*⟩ auslesen · fertig lesen – **2.** → durcharbeiten (I, 1)
durchleuchten: **I.** durchleuchten: **1.** ⟨*durch Röntgenstrahlen sichtbar machen*⟩ röntgen; röntgenisieren (*österr*) – **2.** → untersuchen (1) – **II.** durchleuchten: → durchscheinen
Durchleuchtung, die: + Röntgenuntersuchung · Schirmbilduntersuchung
durchliegen: **I.** durchliegen: → durchziehen (I, 1) – **II.** durchliegen, sich: → wund (2)
durchlochen: → durchbohren (II, 1)
durchlöchern: **1.** → durchbohren (II, 1) – **2.** → untergraben (I)
durchlöchert: → durchlässig
durchlüften: → lüften (1)
durchlügen, sich: sich durchschwindeln ♦ *umg*: sich durchmogeln
durchmachen (*umg*): **1.** ⟨*sich bis zum Schluss beteiligen [müssen]*⟩ *normalspr*: durchlaufen · durchkosten · hinter sich bringen ♦ *umg*: mitmachen – **2.** → dulden (1) – **3.** → durchfeiern
durchmahlen: → durchdrehen (1)
Durchmarsch, der: **1.** → Durchzug (1) – **2.** → Durchfall (1)
durchmarschieren: → durchgehen (1)
durchmengen: → mischen
durchmessen: → durchqueren (b)
Durchmesser, der: Diameter
durchmischen: → mischen
durchmogeln, sich: → durchlügen, sich
durchmustern: **1.** → durchsehen (2) – **2.** → durchblättern
Durchnahme, die: → Behandlung (3)
durchnässen: **I.** durchnässen: → durchdringen (I, 1) – **II.** durchnässen: → durchfeuchten (I, 1)
durchnässt: → nass (1)
durchnehmen: **1.** → behandeln (5) – **2.** → durchhecheln, erörtern – **3.** → durcharbeiten (I, 1)
durchnetzen: → durchfeuchten (I, 1)

durchnummerieren: → nummerieren

durchpaginieren: → nummerieren

durchpassieren: → durchdrücken (1)

durchpauken: 1. → durcharbeiten (I, 1) – **2.** → durchsetzen (I, 1)

durchpausen: → durchzeichnen

durchpeitschen: 1. → züchtigen (1) – **2.** → durchsetzen (I, 1)

durchpennen: → durchschlafen

durchpflügen: I. durchpflügen: → pflügen – **II.** durchpflügen: **1.** → befahren (1) – **2.** → durcharbeiten (I, 1)

durchplumpsen: → durchfallen

durchpreschen: → durchfahren (I)

durchpressen: → durchdrücken (1)

durchproben: → proben (1)

durchprobieren: → versuchen (I, 1)

durchprüfen: 1. → überprüfen – **2.** → versuchen (I, 1)

durchprügeln: → verprügeln

durchpulsen: → erfüllen (I, 1)

durchquälen, sich: → durchschlagen (I, 2)

durchqueren: ⟨*sich quer durch etw. hindurchbewegen*⟩ **a)** ⟨*allgemein*⟩ durchsteuern · durchziehen – **b)** ⟨*Land*⟩ durchfahren · durchrollen · durchlaufen ♦ *gehoben*: durchmessen – **c)** ⟨*Wasser*⟩ durchschwimmen · durchfahren · durchschiffen · durchkreuzen · durchschneiden – **d)** ⟨*Luft*⟩ durchfliegen

durchquetschen: I. durchquetschen: → durchdrücken (1) – **II.** durchquetschen, sich: → durchdrängen, sich

durchrasen: → durchfahren (I)

durchrasseln: 1. → durchfahren (I) – **2.** → durchfallen

durchrationalisieren: → rationalisieren

durchräuchern: → räuchern (1)

durchrauschen: 1. → durchfließen – **2.** → durchgehen (1) – **3.** → durchfallen

durchreichen: durchgeben · durchlangen

Durchreise, die: Durchfahrt

durchreisen: → durchfahren (I)

durchreißen: 1. ⟨*durch Reißen in zwei Teile trennen*⟩ durchtrennen · entzweireißen · auseinander reißen ♦ *umg*: durchfetzen · entzweifetzen; → *auch* zerreißen (I, 1) – **2.** → abdrücken (I, 1)

durchrennen: → durchgehen (1)

durchrieseln: I. durchrieseln: → durchsickern (1) – **II.** durchrieseln: → erfüllen (I, 1)

durchringen, sich: → entscheiden (II)

durchrinnen: I. durchrinnen: → durchfließen – **II.** durchrinnen: → erfüllen (I, 1)

durchrobben: → durchkriechen (I, 1)

durchrollen: I. durchrollen: → durchfahren (I) – **II.** durchrollen: → durchqueren (b)

durchrufen: → durchgeben (1)

durchrühren: 1. → durchdrücken (1) – **2.** → umrühren

durchrutschen: 1. → durchkommen (2) – **2.** → unterlaufen (1)

durchrütteln: → durchschütteln

durchsäbeln: → durchschneiden (I)

durchsagen: → durchgeben (1)

durchsägen: einen Ast d.: → schnarchen

durchsausen: 1. → durchfahren (I) – **2.** → einbrechen (2) – **3.** → durchfallen

durchschallen: → durchtönen

durchschaubar: durchsichtig · vordergründig · fadenscheinig

durchschauen: I. durchschauen: ⟨*den wahren Sachverhalt bzw. die wahre Absicht erkennen*⟩ durchblicken · durchsehen · erkennen · hinter die Kulissen blicken · wie in einem aufgeschlagenen Buch lesen [können] ♦ *umg*: durchgucken · dahinter gucken · wissen, wie der Hase läuft · hinter/auf die Schliche/Sprünge kommen; → *auch* auskennen, sich – **II.** durchschauen: **1.** → durchsehen (1) – **2.** → durchsehen (2), durchblättern

durchschauern: → erfüllen (I, 1)

durchscheinen: durchschimmern · durchblinken · durchleuchten · durchstrahlen

durchscheinend: → durchsichtig (1)

durchscheuern: 1. → abnutzen (I) – **2.** sich d.: → wund (3, a)

durchschießen: I. durchschießen: → durchgehen (1) – **II.** durchschießen: → durchzucken

durchschiffen: 1. → durchqueren (c) – **2.** → befahren (1)

durchschimmern: → durchscheinen

durchschlafen: *umg*: durchpennen + schlafen bis in die Puppen

Durchschlag, der: **1.** ⟨*auf der Schreibmaschine gleichzeitig hergestelltes zweites Exemplar*⟩ Kopie · Durchschrift · Doppel · Duplikat · Duplum + Pause; → *auch* Abschrift – **2.** → Sieb (1)

durchschlagen: I. 1. durchschlagen: **a)** ⟨*durch Schlagen mit einem Werkzeug in zwei Teile trennen*⟩ kappen · durchhauen – **b)** → durchdringen (I, 1) – **c)** → durch-

drücken (1) – **d)** → abführen (1) – **2.** durchschlagen, sich: ⟨*allen Widerständen zum Trotz sein Ziel erreichen*⟩ sich durchbringen · sich durchkämpfen · sich durchfechten · sich durchbeißen · sich durchquälen + sich durchhungern · durch die Welt kommen · sich durchs Leben schlagen ♦ *umg*: sich durchwursteln · sich durchboxen · sich durchhauen; sich durchfretten (*süddt österr*) – **II.** durchschlagen: → durchbohren (II, 1)
durchschlagend: → wirksam (1)
Durchschlagpapier, das: Durchschreib[e]papier + Pauspapier
Durchschlagskraft, die: → Wirksamkeit (1)
durchschlängeln, sich: → durchwinden, sich (1)
durchschlauchen, sich: → durchessen, sich
durchschleichen, sich: → durchwinden, sich (1)
durchschleifen: → durchhelfen
durchschlendern: → durchgehen (1)
durchschleppen: → durchhelfen
Durchschlupf, der: → Durchgang (1)
durchschlüpfen: → durchkommen (2)
durchschmelzen: → durchbrennen (1)
durchschmoren: → durchbrennen (1)
durchschneiden: I. durchschneiden *od.* durchschneiden: ⟨*durch Schneiden in zwei Teile trennen*⟩ [durch]teilen · durchtrennen · halbieren ♦ *salopp*: durchsäbeln; → *auch* zerschneiden, trennen (I, 1) – **II.** durchschneiden: → durchqueren (c)
Durchschnitt, der: **1.** ⟨*mittelmäßige Beschaffenheit*⟩ Mittelmaß · Mittelmäßigkeit – **2.** → Durchschnittswert – **3.** im D.: → durchschnittlich (1)
durchschnittlich: 1. ⟨*nach dem Mittelwert gerechnet*⟩ im Durchschnitt ♦ *umg*: im Schnitt – **2.** → mittelmäßig
Durchschnittsgeschmack, der: Allerweltsgeschmack; Dutzendgeschmack (*abwert*)
Durchschnittsmensch, der: Alltagsmensch · Otto Normalverbraucher · ein gewöhnlicher Sterblicher; Dutzendmensch (*abwert*)
Durchschnittsverdiener, der: → Normalverdiener
Durchschnittsware, die: Dutzendware; Fabrikware (*veraltend*) + Massenware
Durchschnittswert, der: Mittelwert · Medianwert · Durchschnitt ♦ *umg*: Schnitt
durchschnüffeln: → durchsuchen
durchschreiben: → durchzeichnen
Durchschreib[e]papier, das: → Durchschlagpapier
durchschreien: → durchgeben (1)
durchschreiten: → durchgehen (1)
Durchschrift, die: → Durchschlag (1)
durchschütteln: durchrütteln · durchbeuteln · schütteln
durchschüttern: → ergreifen (3)
durchschwärmen: → durchfeiern
durchschweifen: → durchwandern
durchschwimmen: → durchqueren (c)
durchschwindeln, sich: → durchlügen, sich
durchseelt: → seelenvoll
durchsehen: 1. ⟨*durch etw. sehen*⟩ durchschauen · durchblicken · durchspähen ♦ *gehoben*: hindurchsehen · hindurchschauen · hindurchspähen ♦ *umg*: durchgucken – **2.** ⟨*nach bestimmten Gesichtspunkten ansehen*⟩ durchgehen · durchschauen · [durch]mustern · sichten ♦ *umg*: durchgucken; → *auch* durchblättern – **3.** → prüfen (1) – **4.** → durchschauen (I) – **5.** nicht d.: → erklären (I, 4)
durchseihen: → durchsieben (I)
durchsetzen: I. 1. durchsetzen: ⟨*etw. trotz Widerständen erreichen*⟩ erzwingen · erreichen · ertrotzen · durchbringen · durchfechten · Bahn brechen · zum Durchbruch bringen · zum Durchbruch [ver]helfen · zur Geltung bringen · ein Machtwort sprechen ♦ *umg*: durchkriegen · durchdrücken · durchboxen · durchpauken · durchpeitschen; → *auch* erreichen (2) – **2.** durchsetzen, sich: **a)** ⟨*alle Widerstände überwinden*⟩ sich behaupten · sich Bahn brechen · ans Ziel kommen ♦ *umg*: sich durchboxen; → *auch* Erfolg (2) – **b)** ⟨*allgemein üblich werden*⟩ sich einbürgern · sich ausbreiten · durchdringen · zum Durchbruch/zur Geltung kommen · Schule machen · sich Geltung verschaffen ♦ *umg*: einreißen (*abwert*); → *auch* verbreiten (II) – **II.** durchsetzen: ⟨*in etw. einstreuen bzw. eingestreut sein*⟩ durchsprengen · durchwuchern · durchziehen
durchsetzt: durchwachsen · durchwuchert · durchzogen
durchseuchen: → verseuchen
Durchsicht, die: **1.** → Ausblick (1) – **2.** → Musterung – **3.** → Prüfung (1)
durchsichtig: 1. ⟨*das Durchsehen gestattend*⟩ durchscheinend · transparent · glasklar · glashell · lichtdurchlässig · gläsern; trans-

luzent · transluzid (*fachspr*) + dünn; → *auch* klar (1, a) – **2.** → zart (1) – **3.** → durchschaubar
Durchsichtigkeit, die: Transparenz · Lichtdurchlässigkeit
Durchsichtsbild, das: → Diapositiv
durchsickern: 1. ⟨*von Flüssigkeiten gesagt: langsam durch etw. hindurchdringen*⟩ durchrieseln · durchtröpfeln · durchtropfen · durchlecken; → *auch* durchdringen (I, 1) – **2.** → herauskommen (1)
durchsieben: I. durchsieben: ⟨*durch ein Sieb schütten*⟩ sieben · durchgießen · [durch]seihen · abseihen · ausseihen + passieren ♦ *umg*: durchfiltern; → *auch* filtern, klären (1) – **II.** durchsieben: → durchbohren (II, 1)
durchsitzen: → abnutzen (I)
durchsonnt: → sonnig (1)
durchspähen: → durchsehen (1)
durchspalten: → spalten (1)
durchspießen: → durchbohren (I)
durchsprechen: 1. → erörtern – **2.** → behandeln (5)
durchsprengen: → durchsetzen (II)
durchspülen: → spülen (1)
durchspüren: I. durchspüren: → spüren (1) – **II.** durchspüren: → durchsuchen
durchstechen: → durchbohren (I)
Durchstecherei, die: → Betrug (1)
durchstecken: durchziehen · einfädeln · einziehen · durchführen
durchstehen: → aushalten (1), bestehen (3), überstehen (1)
durchsteigen: 1. ⟨*durch etw. steigen*⟩ [hin]durchklettern – **2.** → verstehen (I, 2)
durchsteuern: → durchqueren (a)
Durchstich, der: → Durchbruch (1), Durchfluss
Durchstieg, der: → Durchgang (1)
durchstöbern: → durchsuchen
durchstoßen: 1. → durchbrechen (I, 2) – **2.** → durchbohren (I) – **3.** → abnutzen (I)
durchstrahlen: → durchscheinen
durchstreichen: I. durchstreichen: **1.** ⟨*durch einen Strich od. Striche ungültig machen*⟩ durchkreuzen · ausstreichen ♦ *umg*: + durchixen · ausixen – **2.** → durchdrücken (1) – **II.** durchstreichen: → durchwandern
durchstreifen: → durchwandern
durchströmen: I. durchströmen: → durchfließen – **II.** durchströmen: → erfüllen (I, 1)
durchstudieren: → durcharbeiten (I, 1)
durchstürmen: I. durchstürmen: → durchgehen (1) – **II.** durchstürmen: → erfüllen (I, 1)
durchsuchen: durchstöbern · stöbern |in|; durchwühlen · das Unterste zuoberst kehren (*abwert*) + aussuchen · absuchen ♦ *gehoben*: durchforschen · durchspüren ♦ *umg*: durchkramen · durchkämmen; durchschnüffeln (*abwert*) ♦ *salopp*: filzen; → *auch* absuchen (2)
durchsumpfen: → durchfeiern
durchteilen: → durchschneiden (I)
durchtelefonieren: → durchgeben (1)
durchtönen: durchschallen · durchklingen · durchhallen · durchtosen
durchtosen: → durchtönen
durchtrainiert: → fit, sportlich (1)
durchtränken: → durchfeuchten (I, 1)
durchtreiben: 1. → einschlagen (1) – **2.** → durchdrehen (1)
durchtrennen: 1. → durchschneiden (I) – **2.** → durchreißen (1)
durchtreten: 1. → ablaufen (2) – **2.** → durchdringen (I, 1)
durchtrieben: → raffiniert (1)
durchtrocknen: → trocknen (1)
durchtröpfeln: → durchsickern (1)
durchtropfen: → durchsickern (1)
durchüben: → üben (1)
durchwachsen: 1. → durchsetzt – **2.** → mittelmäßig
durchwalken: 1. → verprügeln – **2.** → kneten (1)
durchwalten: → beherrschen (I, 3)
durchwälzen: → durchblättern
durchwamsen: → verprügeln
durchwandeln: → durchwandern
durchwandern: durchstreifen · streifen |durch| · durchschweifen · durchziehen + durchirren ♦ *gehoben*: durchwandeln · durchstreichen
durchwärmen: I. durchwärmen: → erwärmen (I) – **II.** durchwärmen, sich: → aufwärmen (II)
durchwaschen: → waschen (I, 1)
durchweg: durchgängig · durchgehend · allgemein · ausnahmslos · ohne Ausnahme · samt und sonders; durchwegs (*süddt österr*) + rundweg ♦ *umg*: durch die Bank
Durchweg, der: → Durchgang (1)
durchwegs: → durchweg
durchweichen: I. durchweichen: → durchdringen (I, 1) – **II.** durchweichen: → aufweichen (1)

durchwetzen: → abnutzen (I)
durchwichsen: → verprügeln
durchwinden, sich: **1.** ⟨*sich mit Mühe durch etw. hindurchbegeben*⟩ sich hindurchwinden · sich durchschlängeln + [hin]durchkriechen ♦ *umg*: sich durchlavieren · [sich] durchschleichen ♦ *salopp*: sich durchwürgen; → *auch* durchkommen (2) – **2.** → durchkriechen (I, 1)
durchwintern: → überwintern (1)
durchwirken: → kneten (1)
durchwi[t]schen: → durchkommen (2)
durchwogen: → erfüllen (I, 1)
durchwuchern: → durchsetzen (II)
durchwuchert: → durchsetzt
durchwühlen: I. durchwühlen *od.* durchwühlen: → durchsuchen – **II.** durchwühlen: → durcharbeiten (I, 1)
durchwürgen, sich: → durchkriechen (I, 1), durchwinden, sich (1)
durchwursteln, sich: → durchschlagen (I, 2)
durchwutschen: → durchkommen (2)
durchzählen: → zählen (1)
durchzechen: → durchfeiern
durchzeichnen: [durch]pausen · abpausen + durchschreiben; → *auch* abzeichnen (I, 1)
durchziehen: I. durchziehen: **1.** ⟨*in einer Flüssigkeit liegen u. von ihr ganz durchdrungen werden*⟩ durchliegen (*norddt*) – **2.** → durchkommen (1) – **3.** → durchfliegen (I, 1) – **4.** → durchstecken – **5.** → durchhecheln – **6.** → waschen (I, 1) – **7.** → erledigen (1) – **II.** durchziehen: **1.** → durchqueren (a) – **2.** → durchwandern – **3.** → durchsetzen (II) – **4.** → erfüllen (I, 1)
durchzittern: → erfüllen (I, 1)
durchzogen: → durchsetzt
durchzucken: durchfahren · durchblitzen · durchschießen ♦ *gehoben*: durchfliegen · durchjagen
Durchzug, der: **1.** ⟨*das Durchqueren*⟩ Durchmarsch – **2.** → Luftzug – **3.** D. machen: → lüften (1)
durchzwängen, sich: → durchdrängen, sich
dürfen: können · das Recht/die Erlaubnis/Einwilligung/Genehmigung haben · befugt/ermächtigt sein
dürftig: 1. → erbärmlich (1) – **2.** → unzureichend, arm (2), ärmlich (1)
dürr: 1. → trocken (2) – **2.** → ertragsarm – **3.** → mager (1) – **4.** → nüchtern (3) – **5.** in/mit dürren Worten: → knapp (2)
Dürre: I. Dürre, die: **1.** → Magerkeit – **2.** → Trockenheit – **3.** → Geistlosigkeit – **II.** Dürre, der *u.* die: ⟨*sehr hagere Person*⟩ *umg*: Dürrländer · Hänfling · Hering · [schmales] Handtuch + Bohnenstange · Stange ♦ *salopp*: Gerippe · Gestell
Dürrholz, das: → Reisig
Dürrländer, der: → Dürre (II)
Durst, der: **1.** ⟨*starkes Trinkbedürfnis*⟩ Durstgefühl · Durstigkeit · trockene Kehle ♦ *umg*: Brand · Riesendurst ♦ *salopp*: Mordsdurst · Höllendurst · Höllenbrand – **2.** → Verlangen (1) – **3.** D. haben/verspüren: → dürsten (1); einen über den D. trinken: → betrinken, sich
dursten: → dürsten (1)
dürsten: 1. ⟨*ein starkes Trinkbedürfnis haben*⟩ Durst haben · durstig sein · dursten · Durst verspüren + schmachten · lechzen ♦ *umg*: jmdm. klebt die Zunge am Gaumen · jmdm. hängt die Zunge zum Halse heraus; → *auch* darben – **2.** d. |nach|: → Verlangen (4)
Durstgefühl, das: → Durst (1)
durstig: d. sein: → dürsten (1); d. sein |nach|: → Verlangen (4)
Durstigkeit, die: → Durst (1)
Durststrecke, die: → Leidensweg
Dusche, die: **1.** ⟨*Bad mit in feinen Strahlen sprühendem Wasser*⟩ Brause[bad] – **2.** → Regenguss – **3.** → Ernüchterung – **4.** eine D. nehmen, unter die D. gehen: → duschen (II); kalte D.: → Ernüchterung
duschen: I. duschen: ⟨*jmdn. unter die Dusche stellen*⟩ abduschen · [ab]brausen – **II.** duschen, sich: ⟨*sich unter die Dusche begeben*⟩ sich abduschen · sich [ab]brausen · eine Dusche nehmen · unter die Dusche gehen
Dusel, der: **1.** → Glück (1) – **2.** → Rausch (1) – **3.** → Halbschlaf – **4.** → Schwindel (1) – **5.** → Benommenheit – **6.** im D.: → benommen (1)
duselig: 1. → schwindlig (1) – **2.** → benommen (1)
duseln: → schlafen (1, c)
düsen: → fliegen (2)
Düsenflugzeug, das: Düsenmaschine · Düsenklipper · Jet; Strahlflugzeug (*fachspr*) + Propellerturbinenflugzeug · PTL-Flugzeug · Turbopropflugzeug · Überschallflugzeug; → *auch* Flugzeug
Düsenklipper, der: → Düsenflugzeug
Düsenmaschine, die: → Düsenflugzeug

Dussel, der: → Dummkopf (2)
Dusselei, die: → Unvernunft
dusselig: → dumm (1)
Dusselkopf, der: → Dummkopf (2)
Dusseltier, das: → Dummkopf (2)
dusslig: → dumm (1)
Dussligkeit, die: → Dummheit (1)
Dust, der: **1.** → Dunst (1) – **2.** → Staub (1)
duster: → dunkel (1)
düster: **1.** → dunkel (1) – **2.** → unklar (1) – **3.** → unfreundlich (1) – **4.** → trostlos (1)
Düster, das: → Dunkelheit
Düsterheit, die: → Dunkelheit
Düsterkeit, die: → Dunkelheit
düstern: → dämmern (2)
Düsternis, die: → Dunkelheit
Dutt, der: → Haarknoten
dutzende (*Pl*): **1.** → viel (I, 1) – **2.** d. Mal[e]: → oft
dutzendfach: → oft
Dutzendgeschmack, der: → Durchschnittsgeschmack
Dutzendmensch, der: → Durchschnittsmensch
Dutzendware, die: → Durchschnittsware
dutzendweise: → massenhaft
duzen: **I.** duzen: **1.** ⟨*die vertraul. Anrede »du« verwenden*⟩ mit Du anreden · du sagen |zu| – **2.** einander d.: → II – **II.** duzen, sich: ⟨*gegenseitig die vertraul. Anrede »du« verwenden*⟩ einander duzen · einander/sich mit Du anreden · du zueinander sagen · auf Du und Du stehen ♦ *umg*: auf [dem] Duzfuß stehen; → *auch* verbrüdern, sich
Duzfuß, der: auf [dem] D. stehen: → duzen (II)
Dynamik, die: **1.** → Triebkraft – **2.** → Schwung (1)
dynamisch: → energiegeladen
Dynamo, der: → Generator
Dynamomaschine, die: → Generator
Dysenterie, die: → Durchfall (1)
D-Zug, der: → Schnellzug

E

easy: → mühelos
Easyrider, der: → Motorrad
Eau de Cologne, das *od.* die: → Parfüm (1)
Ebbe, die: **1.** → Tiefstand (1) – **2.** E. und Flut: → Gezeiten
eben: **1.** ⟨*keine Erhebungen aufweisend*⟩ flach · glatt · platt · plan – **2.** ⟨*zum unmittelbar vergangenen Zeitpunkt*⟩ gerade · soeben · vor einem Augenblick; just (*veraltend*) + kaum ♦ *umg*: vor einem Moment · erst vor einer Weile; → *auch* jetzt (1) – **3.** ⟨*so wie die Sache steht*⟩ [nun] einmal · einfach · ja ♦ *umg*: halt – **4.** zu ebener Erde: → Erdgeschoss (2); e. noch: → Mühe (3)
Ebenbild, das: → Abbild
ebenbürtig: **1.** ⟨*die gleichen Fähigkeiten besitzend bzw. in den Leistungen gleichkommend*⟩ gleichwertig · gleichrangig + kongenial – **2.** *veraltend* ⟨*den gleichen Rang besitzend*⟩ ranggleich · gleichrangig · von gleichem Stand – **3.** e. sein: ⟨*jmds. Leistungen erreichen*⟩ gleichkommen · nicht nachstehen · sich nicht verstecken müssen/zu verstecken brauchen · heranreichen |an| · nichts nachgeben · mithalten können; → *auch* mitkommen (1) – **4.** nicht e. sein: → unterlegen (2)
ebenda: → dort (1)
ebendaher: **1.** → dorther – **2.** → deshalb
ebendahin: → dorthin
ebendarum: → deshalb
ebendas: **1.** → das (1) – **2.** → dasselbe (1)
ebender: **1.** → der (1) – **2.** → derselbe
ebendeshalb: → deshalb
ebendie: **1.** → die (1) – **2.** → dieselbe
ebendies: **1.** → das (1) – **2.** → dasselbe (1)
ebendiese: **1.** → die (1) – **2.** → dieselbe
ebendieser: **1.** → der (1) – **2.** → derselbe
ebendieses: **1.** → das (1) – **2.** → dasselbe (1)
ebendort: → dort (1)
Ebene, die: **1.** → Flachland – **2.** → Fläche – **3.** auf die schiefe E. geraten/kommen: → verkommen (1)
ebenerdig: → Erdgeschoss (2)
ebenfalls: gleichfalls · auch · desgleichen · gleichermaßen · dito; detto · ditto (*österr*); → *auch* ebenso
ebenjener: → jener (1)
Ebenmaß, das: → Gleichmaß
ebenmäßig: **1.** → gleichmäßig (1) – **2.** → wohlgestaltet
Ebenmäßigkeit, die: → Gleichmaß
ebenso: [gerade]so · genauso · gleichermaßen · gleicherweise · in gleicher Weise · in demselben Maße · dito; detto · ditto (*österr*); → *auch* ebenfalls
ebensolch: → solch (1)
ebnen: **1.** → einebnen, glätten (1) – **2.** die Bahn/den Boden/Weg e.: → fördern (1)
EC-Automat, der: → Geldautomat
echauffieren, sich: → aufregen (II)
echauffiert: → aufgeregt (1)
Echo, das: **1.** ⟨*akust. Erscheinung*⟩ Widerhall · Gegenhall · Nachhall · Widerschall · Gegenschall · Widerklang · Resonanz; Widerruf (*schweiz*); → *auch* Schall (1) – **2.** → Gefallen (II, 1) – **3.** → Nachbeter
echoen: → widerhallen
echt: **1.** ⟨*durch keine Verfälschung im Wert gemindert*⟩ unverfälscht · unvermischt · rein · original · richtig + wirklich – **2.** → natürlich (1) – **3.** → wirklich (1) – **4.** von echtem Schrot und Korn: → rechtschaffen
Eck, das: → Ecke (1, a)
Ecke, die: **1.** ⟨*in einem Winkel aneinander stoßende Flächen*⟩ **a)** ⟨*allgemein*⟩ Eck (*süddt österr*) – **b)** ⟨*von innen gesehen*⟩ Winkel · Nische – **c)** → Kante (1) – **2.** → Stück (1) – **3.** → Strecke (1) – **4.** → Gegend (1) – **5.** an allen Ecken und Enden: → überall (1); um die E., um ein paar/sechs Ecken: → weitläufig (1); nicht um die E. trauen: → misstrauen; um die E. bringen: → ermorden; eine Stange Wasser in die E. stellen: → austreten (1); einen Schirm in die E. stellen: → Wind (I, 3)

Eckensteher, der: → Faulenzer (1)
eckig: 1. ⟨*Ecken aufweisend*⟩ [scharf]kantig · scharf – **2.** → ungeschickt (1)
Eckpfeiler, der: **1.** → Stütze (1) – **2.** → Pfeiler (1)
Eckstein, der: **1.** ⟨*Stein an der Straßenseite*⟩ Ortstein · Prellstein · Prallstein · Bordstein · Abweiser · Radabweiser – **2.** → Stütze (1)
Ecstasy, das: → Aufputschmittel, Rauschgift (1)
edel: 1. → hochherzig – **2.** → erstklassig (1), wertvoll (1) – **3.** edles Nass: → Wein (1); e. denkend: → hochherzig
edelherzig: → hochherzig
Edelkitsch, der: → Kitsch
Edelmut, der: → Hochherzigkeit
edelmütig: → hochherzig
Edelsinn, der: → Hochherzigkeit
edelsinnig: → hochherzig
Edelstein, der: Juwel + Schmuckstein · Brillant
Eden, das: **1.** → Paradies (1, b) – **2.** Garten E.: → Paradies (1, b)
edieren: → herausgeben (1)
Edikt, das: → Erlass (1)
Edition, die: → Ausgabe (3)
Editor, der: → Herausgeber
EDV-Anlage, die: → Computer
Effekt, der: **1.** → Wirkung (1) – **2.** → Ergebnis – **3.** E. machen: → wirken (2)
Effekten (*Pl*): **1.** → Wertpapier (II) – **2.** → Besitz (1)
Effektenbank, die: Emissionsbank
Effekthascher, der: → Blender
Effekthascherei, die: → Angabe (I, 1)
effektiv: 1. → tatsächlich (1) – **2.** → wirksam (1) – **3.** → wirtschaftlich (2)
Effektivität, die: **1.** → Wirksamkeit (1) – **2.** → Wirtschaftlichkeit
Effektmacherei, die: → Angabe (I, 1)
effektvoll: 1. → wirkungsvoll (1) – **2.** effektvoller machen: → wirkungsvoll (2)
effizient: 1. → wirtschaftlich (1) – **2.** → wirksam (1)
Effizienz, die: **1.** → Wirtschaftlichkeit – **2.** → Wirksamkeit (1)
egal: I. eg<u>a</u>l: **1.** → gleich (2) – **2.** e. sein: → gleichgültig (4) – **II.** <u>e</u>gal: → immer (1)
egalisieren: 1. ⟨*von Rekorden gesagt*: *wieder erreichen*⟩ einstellen – **2.** → ausgleichen (I, 1)
Egoismus, der: → Selbstsucht
egoistisch: → selbstsüchtig
egoman: → ichbezogen (1)
Egomane, der: → Egozentriker
Egotrip, der: auf dem E. sein: → ichbezogen (2)
Egozentriker, der: + Narziss · Egomane
egozentrisch: → ichbezogen (1)
eh: → sowieso (1)
ehe: bevor
Ehe, die: **1.** ⟨*standesamtlich* [*u. kirchlich*] *beurkundete Verbindung zwischen Mann u. Frau*⟩ Ehestand · Ehebund · Konnubium · Lebensgemeinschaft + Gewissensehe · Vernunftehe · Mesalliance · Verbindung · Heirat ♦ *dicht*: Ehebande ♦ *gehoben*: Eheband · ewiger Bund · Bund fürs Leben; → *auch* Monogamie, Bigamie, Polygamie – **2.** freie E.: ⟨*Zusammenleben von Mann u. Frau ohne Eheschließung*⟩ Lebensgemeinschaft; wilde Ehe (*veraltend*); nicht eheliche Gemeinschaft (*amtsspr*); Konkubinat (*Rechtsw*); → *auch* Liebesverhältnis – **3.** wilde E.: → 2; die E. schließen, die E./den Bund der E. eingehen, im Hafen der E. landen, in den Hafen der E. einlaufen, in den heiligen Stand der E. treten: → heiraten (1); die E. antragen: → werben (2, a); die E. brechen: → betrügen (2, a)
Eheanbahnung, die: → Heiratsvermittlung
ehebaldigst: → bald (1)
Eheband: I. Eheband, das: → Ehe (1) – **II.** Ehebande (*Pl*): → Ehe (1)
ehebrechen: → betrügen (2, a)
ehebrecherisch: → untreu (2)
Ehebruch, der: **1.** → Untreue (2) – **2.** E. begehen: → betrügen (2, a)
Ehebund, der: **1.** → Ehe (1) – **2.** den E. schließen/eingehen: → heiraten (1)
ehedem: → früher (1)
Ehedrachen, der: → Xanthippe
Ehefrau, die: Frau · Gattin · Ehegattin · Ehepartnerin · Lebenspartnerin · Lebensgefährtin · Partnerin · Lebenskameradin; Weib · Ehegemahl (*veraltet*) + Strohwitwe ♦ *gehoben*: Gemahlin · Ehegemahlin · Vermählte ♦ *umg*: Weib · Gespons · Madam · Ehegespons · Ehehälfte · Eheliebste · Eheweib · schönere/bessere Hälfte · Ehekreuz · Hauskreuz (*scherzh*) ♦ *salopp*: Alte · Olle (*scherzh*); → *auch* Xanthippe, Hausfrau; → *auch* Lebensgefährtin (1)
Ehegatte, der: → Ehemann
Ehegattin, die: → Ehefrau

Ehegemahl: **I.** Ehegemahl, der: **1.** → Ehemann – **2.** → Ehefrau – **II.** Ehegemahl, das: → Ehefrau
Ehegemahlin, die: → Ehefrau
Ehegespann, das: → Ehepaar
Ehegespons, der *od.* das: **1.** → Ehemann – **2.** → Ehefrau
Ehehafen, der: im E. landen, in den E. einlaufen: → heiraten (1)
Ehehälfte, die: **1.** → Ehemann – **2.** → Ehefrau
Eheherr, der: → Ehemann
Ehekrach, der: → Ehestreit
Ehekreuz, das: → Ehefrau
Ehekrüppel, der: → Ehemann
Eheleute (*Pl*): → Ehepaar
ehelich: nicht e.: → unehelich; nicht eheliche Gemeinschaft: → Ehe (2); die ehelichen Pflichten erfüllen: → koitieren
ehelichen: → heiraten (2 *u.* 3)
Eheliebste: **I.** Eheliebste, der: → Ehemann – **II.** Eheliebste, die: → Ehefrau
ehelos: → ledig (1)
ehemalig: einstig · einstmalig · seinerzeitig · vormalig · damalig · früher · alt · vergangen · gewesen · sonstig · derzeitig ♦ *umg*: verflossen; → *auch* früher (1)
ehemals: → früher (1)
Ehemann, der: Mann · Gatte · Ehegatte · Ehepartner · Lebensgefährte · Lebenskamerad · Lebenspartner · Partner + Strohwitwer ♦ *gehoben*: Gemahl · Ehegemahl · der Vermählte ♦ *umg*: Ehehälfte · Ehegespons · Gespons · der Eheliebste · Eheherr · Göttergatte · bessere Hälfte · Herr und Meister/Gebieter (*scherzh*); Ehekrüppel (*scherzh od. abwert*) ♦ *salopp*: der Alte · der Olle · Gatterich (*scherzh*); → *auch* Lebensgefährte (1)
Ehepaar, das: Eheleute · Mann und Frau · Paar ♦ *umg*: Ehegespann · Gespann (*scherzh*)
Ehepartner, der: → Ehemann
Ehepartnerin, die: → Ehefrau
eher: **1.** ⟨*in noch kürzerer Zeit*⟩ früher – **2.** → lieber
ehern: **1.** → eisern (1) – **2.** → standhaft (1)
Ehescheidung, die: Scheidung + Trennung
Eheschließung, die: → Heirat
Ehestand, der: **1.** → Ehe (1) – **2.** in den E. treten: → heiraten (1)
Ehestreit, der: Ehekrach + Ehetragödie
Ehevermittlung, die: → Heiratsvermittlung
Eheweib, das: → Ehefrau
Ehrabschneider, der: → Verleumder
ehrbar: → achtbar (1)
Ehrbarkeit, die: → Achtbarkeit
Ehrbegier[de], die: → Ehrgeiz
Ehre, die: **1.** ⟨*das Bewusstsein des inneren Wertes*⟩ Selbstachtung · Ehrgefühl · Wertgefühl · Selbstwertgefühl · Stolz + Würde · Anstand; → *auch* Ansehen (1) – **2.** → Ruf (1) – **3.** → Jungfräulichkeit – **4.** in Ehren halten: → ehren; auf E. [und Gewissen], bei meiner E.: → wahrhaftig; sich die E. geben: → erlauben (3); die E. abschneiden: → verleumden (1); habe die E.: → Wiedersehen (1)
ehren: feiern · hochhalten · in Ehren halten + hochleben lassen · preisen · ein Hoch ausbringen |auf| · beehren · anerkennen · achten; → *auch* achten (1)
ehrenamtlich: freiwillig · unentgeltlich + umsonst
Ehrenbeleidigung, die: → Beleidigung (1)
Ehrenbezeigung, die: **1.** → Gruß (1) – **2.** die E. machen/erweisen: → grüßen (1)
ehrend: → ehrenvoll (1)
ehrenhaft: → achtbar (1)
Ehrenhaftigkeit, die: → Achtbarkeit
Ehrenkränkung, die: → Beleidigung (1), Verleumdung
Ehrenkranz, der: → Siegerkranz
Ehrenkrone, die: → Siegerkranz
Ehrenmal, das: → Denkmal (1)
Ehrenmann, der: Gentleman; Biedermann (*auch iron*); → *auch* Weltmann
Ehrenrettung, die: Rehabilitierung · Rehabilitation · Rechtfertigung · Entlastung
ehrenrührig: → verleumderisch
Ehrensache: → selbstverständlich (1)
Ehrensalut, der: Ehrensalve
Ehrensalve, die: → Ehrensalut
Ehrensäule, die: → Denkmal (1)
ehrenschänderisch: → verleumderisch
Ehrentag, der: **1.** → Festtag (I) – **2.** → Geburtstag
Ehrentitel, der: → Titel (1)
ehrenvoll: **1.** ⟨*Ehren bringend*⟩ ehrend · schmeichelhaft; honorabel (*veraltend*) –**2.** → ruhmvoll
ehrenwert: → achtbar (1)
Ehrenwort, das: Wort; Manneswort (*veraltend*) + Handschlag · Schwur; → *auch* Versprechen (1), Eid (1)
Ehrenzeichen, das: → Auszeichnung (2)
ehrerbietig: → respektvoll

Ehrerbietung, die: → Achtung (1)
Ehrfurcht, die: Hochachtung · Pietät · Scheu · Furcht; → *auch* Verehrung
ehrfürchtig: 1. → ehrfurchtsvoll – **2.** → respektvoll
ehrfurchtsvoll: ehrfürchtig · pietätvoll + entblößten Hauptes; → *auch* respektvoll
Ehrgefühl, das: → Ehre (1)
Ehrgeiz, der: Strebsamkeit · Ambition; Ehrsucht · Ehrbegier[de] · Ruhmsucht · Ruhmbegier[de] (*abwert*); → *auch* Geltungsbedürfnis, Eifer (1), Streben
ehrgeizig: ambitioniert · streberisch; streberhaft · ehrsüchtig · ruhmsüchtig · ruhmbegierig · ambitiös · karrieregeil (*abwert*); → *auch* eifrig (1), strebsam, geltungsbedürftig
Ehrgeizling, der: → Streber
ehrlich: 1. ⟨*jeder Unwahrheit bzw. Falschheit abgeneigt*⟩ grundehrlich · aufrichtig · wahrheitsliebend · redlich · reell · aufrecht · ohne Arg/Falsch + mit offenem Visier · echt; → *auch* anständig (1), rechtschaffen, offen (3), offenherzig (1) – **2.** → wahrhaftig
Ehrlichkeit, die: Aufrichtigkeit · Redlichkeit · Wahrheitsliebe; → *auch* Rechtschaffenheit
ehrlos: unehrenhaft · ehrvergessen + verächtlich · verachtungswürdig · verabscheuungswürdig · verabscheuungswert · würdelos · unwürdig · gemein
ehrpusselig: → achtbar (1)
Ehrpusseligkeit, die: → Achtbarkeit
ehrsam: → achtbar (1)
Ehrsamkeit, die: → Achtbarkeit
Ehrsucht, die: → Ehrgeiz
ehrsüchtig: → ehrgeizig
Ehrung, die: Huldigung + Honneurs; → *auch* Feier (1)
ehrvergessen: → ehrlos
Ehrverletzung, die: → Beleidigung (1), Verleumdung
ehrwürdig: verehrungswürdig + alt[väterlich] · patriarchalisch · erhaben ♦ *gehoben*: altehrwürdig; → *auch* alt (3), würdig (1)
ei: [ei,] ei machen: → streicheln; ei der Daus: → Donnerwetter (II, 1)
Ei: I. Ei, das: **1.** ⟨*weibl. Fortpflanzungszelle*⟩ Eizelle · Ovum – **2.** Ei des Kolumbus: → Lösung (1); wie aus dem Ei gepellt: → sauber (1); sich gleichen wie ein Ei dem anderen: → gleichen (1); wie ein rohes Ei anfassen/behandeln: → schonen (I, 1); ein Ei legen: → austreten (2) – **II.** Eier (*Pl*): **1.** → Geld (1) – **2.** auf den Eiern sitzen: → brüten (1); E. legen: → austreten (2)
Eiapopeia, das: → Wiegenlied
Eichenkranz, der: → Siegerkranz
Eid, der: **1.** ⟨*feierl. Versicherung*⟩ Schwur · Eidschwur + eidesstattliche Versicherung/Erklärung · Versicherung an Eides statt; → *auch* Versicherung (1), Versprechen (1), Ehrenwort – **2.** an Eides statt: → eidesstattlich (1); Versicherung an Eides statt: → 1; einen E. leisten/ablegen: → schwören (1)
eidesstattlich: 1. ⟨*für einen Eid*⟩ an Eides statt – **2.** eidesstattliche Versicherung/Erklärung: → Eid (1)
Eidgenosse, der: → Schweizer (1)
eidgenössisch: → schweizerisch
Eidotter, der *od.* das: → Dotter
Eidschwur, der: → Eid (1)
Eierfladen, der: → Eierkuchen
Eierklar, das: → Eiweiß
Eierkuchen, der: Omelett; Omelette (*österr*); Pfannkuchen · Eierfladen · Plinse (*landsch*) + Palatschinke (*österr*)
Eiersieder, der: → [1]Hut (1)
Eiertanz, der: einen E. aufführen: → ausweichen (2)
Eifer, der: **1.** ⟨*intensives Bemühen*⟩ Aktivität · Eifrigkeit · Rührigkeit · Geschäftigkeit · Betriebsamkeit · Regsamkeit · Emsigkeit · Beflissenheit · Geflissenheit · Energie · Betätigungsdrang · Feuereifer · Übereifer + Arbeitseifer · Ernst ♦ *umg*: Mordseifer; → *auch* Ehrgeiz, Fleiß (1), Hingabe (1) – **2.** → Eile (1)
Eiferer, der: → Fanatiker
eifern: e. |für|: → einsetzen (II)
Eifersucht, die: Eifersüchtigkeit · Eifersüchtelei + Argwohn · Misstrauen · Zweifel; → *auch* Neid (1)
Eifersüchtelei, die: → Eifersucht
Eifersüchtigkeit, die: → Eifersucht
eifervoll: → eifrig (1)
eiförmig: → oval
eifrig: 1. ⟨*sich intensiv bemühend*⟩ aktiv · rührig · geschäftig · betriebsam · umtriebig · betulich · regsam · beflissen[tlich] · emsig · hingebungsvoll · mit Hingabe ♦ *gehoben*: eifervoll; → *auch* ehrgeizig – **2.** → fleißig (1)
Eifrigkeit, die: → Eifer (1)

Eigelb, das: → Dotter

eigen: 1. ⟨*jmdm. gehörend*⟩ persönlich · privat · [zu]gehörig · ureigen – **2.** → eigentümlich (1) – **3.** → merkwürdig – **4.** → eigensinnig (1) – **5.** in eigener Sache: ⟨*in einer den eigenen Belangen nützenden Weise*⟩ pro domo · zum eigenen Nutzen · für sich selbst – **6.** sein eigener Herr sein: → unabhängig (2); in eigener Person: → persönlich (1); aus eigenem Antrieb: → unaufgefordert (1); auf eigene Faust: → eigenmächtig; zum eigenen Nutzen: → 5; sich zu Eigen machen: → angewöhnen (2), aneignen, sich (1 *u.* 2); am eigenen Leibe erfahren/erleben: → erleben (1); sich sein eigenes Grab schaufeln, sich ins eigene Fleisch schneiden: → schaden (3)

Eigen, das: **1.** → Besitz (1) – **2.** sein E. nennen: → besitzen (1)

Eigenart, die: Charakter · Gepräge · Eigentümlichkeit · Eigenheit · Besonderheit · Spezialität · Spezifikum · Typ · Manier + Duktus; → *auch* Wesensart, Eigenschaft

eigenartig: 1. → merkwürdig – **2.** → schrullig (1)

Eigenbesitz, der: → Grundbesitz

Eigenbrötler, der: → Sonderling

eigenbrötlerisch: → schrullig (1)

Eigendünkel, der: → Überheblichkeit

Eigengeld, das: → Eigenkapital

eigenhändig: → persönlich (1)

Eigenheimbauer, der: → Bauherr

Eigenheit, die: **1.** → Eigentümlichkeit (1) – **2.** → Eigenart

Eigenhilfe, die: → Selbsthilfe

Eigeninitiative, die: → Selbsthilfe

Eigenkapital, das: Eigenmittel (*Pl*) · Eigengeld

Eigenliebe, die: → Selbstsucht

Eigenlob, das: Selbstlob · Selbstverherrlichung · Selbstvergötterung

eigenmächtig: unbefugt · unerlaubt · unberechtigt · auf eigene Faust · selbstherrlich; → *auch* selbständig (1)

Eigenmächtigkeit, die: → Übergriff

Eigenmittel (*Pl*): → Eigenkapital

Eigennutz, der: → Selbstsucht

eigennützig: 1. ⟨*auf persönl. Gewinn bedacht*⟩ berechnend + spekulativ – **2.** → selbstsüchtig

Eigennützigkeit, die: → Selbstsucht

eigens: → besonders (2)

Eigenschaft, die: Wesensmerkmal · Wesenszug · Kennzeichen · Seite + Qualität; → *auch* Eigenart, Merkmal

Eigensinn, der: Eigensinnigkeit · Starrsinn · Starrköpfigkeit · Dickköpfigkeit · Hartköpfigkeit · Halsstarrigkeit · Sturheit · Rechthaberei + Eigenwille · Eigenwilligkeit ♦ *umg*: Dickschädeligkeit · dicker Schädel; → *auch* Widerspenstigkeit

eigensinnig: 1. ⟨*sehr zum Eigensinn neigend*⟩ starrsinnig · starrköpfig · dickköpfig · hartköpfig · halsstarrig · stur · obstinat · rechthaberisch · kapriziös + eigen[willig] · unlenksam ♦ *umg*: dickschädelig · stierköpfig; hartmäulig · hartleibig (*landsch*); → *auch* widerspenstig – **2.** e. sein: ⟨*Eigensinn zeigen*⟩ sich kaprizieren |auf| · sich nichts sagen lassen ♦ *umg*: seinen Dickkopf/Kopf aufsetzen · auf seinem Kopf bestehen · einen harten/dicken Schädel haben

Eigensinnigkeit, die: → Eigensinn

eigenstaatlich: → souverän (1)

Eigenstaatlichkeit, die: → Souveränität (1)

eigenständig: → selbständig (1)

Eigenständigkeit, die: → Selbständigkeit (1)

Eigensucht, die: → Selbstsucht

eigensüchtig: → selbstsüchtig

eigentlich: 1. ⟨*der Wirklichkeit entsprechend*⟩ im Grunde [genommen] · genau genommen · streng genommen · an [und für] sich · von Rechts wegen – **2.** → alias – **3.** → ursprünglich (1)

Eigentor, das: ein E. schießen: → schaden (3)

Eigentum, das: **1.** → Besitz (1) – **2.** sich an fremdem E. vergreifen/vergehen: → stehlen (1)

Eigentümer, der: **1.** → Besitzer (1) – **2.** → Hausbesitzer

eigentümlich: 1. ⟨*als auffallendes Merkmal zugehörig*⟩ eigen · charakteristisch · typisch · besonder · originell · wesenseigen · arteigen · wesenhaft · spezifisch; → *auch* bezeichnend (1), kennzeichnend – **2.** → merkwürdig

eigentümlicherweise: → merkwürdigerweise

Eigentümlichkeit, die: **1.** ⟨*auffallendes Merkmal*⟩ Eigenheit · Besonderheit · Eigenwilligkeit · Originalität · Singularität – **2.** → Eigenart – **3.** → Merkwürdigkeit

Eigentumsdelikt, das: → Diebstahl (1)
Eigentumsvergehen, das: → Diebstahl (1)
eigenverantwortlich: → selbständig (1)
Eigenverantwortlichkeit, die: → Selbständigkeit (1)
Eigenwille, der: → Eigensinn
eigenwillig: → eigensinnig (1)
Eigenwilligkeit, die: **1.** → Eigensinn – **2.** → Eigentümlichkeit (1)
eignen: I. eignen: → gehören (I, 1) – **II.** eignen, sich: **1.** → geeignet (4) – **2.** → passen (1, a)
Eigner, der: → Besitzer (1)
Eignung, die: **1.** ⟨*das Geeignetsein*⟩ Befähigung · Geeignetheit · Qualifikation · Qualifizierung · Brauchbarkeit · Tauglichkeit – **2.** → Begabung (1)
Eignungsprüfung, die: Eignungstest
Eignungstest, der: → Eignungsprüfung
Eiklar, das: → Eiweiß
Eiland, das: → Insel (1)
Eile, die: **1.** ⟨*Drang zu schnellem Handeln*⟩ Hast · Eiligkeit · Hektik + Beeilung · Übereilung · Eifer · Eiltempo · Tempo ♦ *umg*: Hetze · Hatz ♦ *salopp*: Gehetze · Fitz; Drasch (*landsch*); → *auch* Geschwindigkeit (1) – **2.** in [großer/rasender/fliegender] E.: → eilig (1)
eilen: I. eilen: **1.** ⟨*sich schnell fortbewegen*⟩ hasten · stürmen + huschen ♦ *umg*: hetzen · jagen · preschen ♦ *salopp*: fegen · flitzen · fliegen · galoppieren; hurren · draschen (*landsch*); → *auch* laufen (1) – **2.** ⟨*schnell erledigt werden müssen*⟩ drängen · pressieren · keinen Aufschub dulden/leiden/vertragen ♦ *umg*: auf den Nägeln brennen; → *auch* eilig (2) – **3.** eilenden Fußes: → sofort; zu Hilfe e.: → helfen (1) – **II.** eilen, sich: → beeilen, sich
eilends: → eilig (1)
eilfertig: → übereilt
eilig: 1. ⟨*mit dem Drang zu schnellem Handeln*⟩ hastig · eilends · in Eile · überstürzt · fluchtartig · auf schnellstem Wege · in [großer/rasender/fliegender] Eile · in fliegender/wilder Hast · im Sturmschritt · im Eiltempo · Hals über Kopf; express (*veraltend*) + holterdiepolter · fieberhaft; → *auch* schnell (1, c), sofort – **2.** ⟨*Schnelligkeit erfordernd*⟩ dringend · dringlich · höchste Zeit; pressant (*veraltend*) ♦ *umg*: höchste Eisenbahn; → *auch* eilen (I, 2)
Eiligkeit, die: → Eile (1)
Eilmarsch, der: Gewaltmarsch · Geschwindmarsch + Gewalttour
Eilschrift, die: → Kurzschrift
Eiltempo, das: im E.: → eilig (1)
Eimer, der: **1.** ⟨*Gefäß*⟩ Kübel (*landsch*) + Kufe · Bütte; → *auch* Schöpfeimer – **2.** im E.: → entzwei; im E. sein: → verloren (2); in den E. gucken: → leer (4); wie mit Eimern gießen: → gießen (2)
ein: ein für alle Mal: → endgültig; Ein und Alles: → Liebste (I); in einem fort/weg: → ununterbrochen; unter einem: → zugleich (1)
einander: sich [gegenseitig] · einer den anderen · einer dem anderen
einarbeiten: 1. → anleiten (1) – **2.** → einfügen (I)
einäschern: 1. ⟨*vor der Bestattung verbrennen*⟩ verbrennen · kremieren – **2.** → niederbrennen (1)
Einäscherung, die: Feuerbestattung · Verbrennung · Leichenverbrennung · Kremation; → *auch* Begräbnis, Trauerfeier
einatmen: einziehen · einsaugen · inhalieren ♦ *salopp*: einschnuppern; → *auch* atmen (1)
Einbahn, die: → Einbahnstraße
Einbahnstraße, die: Einbahn (*österr*)
einbalsamieren: 1. ⟨*Tote gegen Verwesung schützen*⟩ mumifizieren + konservieren – **2.** → parfümieren – **3.** → einreiben
Einbalsamierung, die: Mumifikation
Einband, der: Bucheinband + Einbanddecke[l] · Buchdecke[l] · Decke[l]
Einbanddecke, die: → Einband
Einbanddeckel, der: → Einband
Einbau, der: Installation
Einbauchung, die: → Einbuchtung
einbauen: 1. ⟨*in etw. hineinbauen*⟩ installieren · einmontieren · einsetzen; → *auch* einpassen (I) – **2.** → einfügen (I)
einbegreifen: → einbeziehen
einbegriffen: → einschließlich
einbehalten: → behalten (1)
einbekennen: → gestehen (1)
einberufen: 1. ⟨*das Zusammentreten eines Gremiums veranlassen*⟩ zusammenrufen – **2.** ⟨*zum Antreten des Wehrdienstes auffordern*⟩ zum Wehrdienst einberufen · [zum Wehrdienst] einziehen; rekrutieren · ausheben · aufbieten (*hist bzw. veraltet*) + mobilisieren · mobilmachen ♦ *gehoben*: zu den Waffen/zu den Fahnen rufen – **3.** zum Wehrdienst e.: → 2

Einberufung, die: **1.** ⟨*das Auffordern zum Antreten des Wehrdienstes*⟩ Einziehung; Rekrutierung · Aushebung · Aufbietung (*hist bzw. veraltet*) + Mobilisierung · Mobilmachung – **2.** ⟨*zum Antreten des Wehrdienstes aufforderndes Schriftstück*⟩ Einberufungsbefehl · Gestellungsbefehl · Einberufungsorder · Einberufungsschreiben
Einberufungsbefehl, der: → Einberufung (2)
Einberufungsorder, die: → Einberufung (2)
Einberufungsschreiben, das: → Einberufung (2)
einbestellen: → bestellen (2)
einbetonieren: → einmauern (1)
einbeulen: → verbeulen
einbeziehen: einkalkulieren · einrechnen · einschließen · erfassen · [hin]zuzählen · dazuzählen · hinzunehmen · dazunehmen · hinzurechnen · dazurechnen · mitzählen · mitrechnen · implizieren · ins Kalkül ziehen ♦ *gehoben*: einbegreifen · inkludieren · subsumieren; → *auch* berücksichtigen (1)
einbiegen: 1. ⟨*eine neue Richtung einschlagen*⟩ einschwenken · einlenken; einkurven (*Flugw*); → *auch* abbiegen (1) – **2.** → biegen (I, 1)
Einbiegung, die: → Einbuchtung
einbilden: sich e.: **1.** ⟨*sich fälschl. vorstellen*⟩ sich einreden · sich vormachen · sich vorspiegeln – **2.** sich etwas e.: → überheben, sich (1); sich etwas e. |auf|: → stolz (4); sich keine Schwachheiten e.: → Illusion (3)
Einbildung, die: **1.** ⟨*falsche Vorstellung*⟩ Hirngespinst · Wahn · Spekulation · Fiktion · Fantasiegebilde + Zwangsvorstellung · fixe Idee; → *auch* Sinnestäuschung, Wunschvorstellung – **2.** → Überheblichkeit
Einbildungskraft, die: Einbildungsvermögen · Fantasie · Erfindungsgabe · Imagination · Inspiration · Eingebung
Einbildungsvermögen, das: → Einbildungskraft
einbimsen: → einprägen (I, 1)
einbinden: 1. ⟨*durch Binden in etw. befestigen*⟩ hineinbinden · einschnüren · einknoten · einknüpfen · einflechten; → *auch* einwickeln (1) – **2.** ⟨*mit einem Einband versehen*⟩ binden
einblasen: → vorsagen
Einbläser, der: → Vorsager
einbläuen: → einprägen (I, 1)
einblenden: → einfügen (I)
Einblick, der: **1.** ⟨*das Vertrautsein durch eigenes Kennenlernen*⟩ Einsicht · Eindruck · Bild; → *auch* Aufklärung (2) – **2.** ⟨*das Einsichtnehmen*⟩ Einsicht[nahme] · Kenntnisnahme; Inaugenscheinnahme (*amtsspr*)
einbrechen: 1. ⟨*gewaltsam in etw. hineindringen, um zu stehlen*⟩ eindringen · einsteigen · einen Einbruch verüben; → *auch* stehlen (1), einschleichen, sich (1) – **2.** ⟨*durch eine Schicht hindurch nach unten brechen*⟩ [hin]durchbrechen ♦ *umg*: einkrachen · durchkrachen; einknacken (*landsch*) ♦ *salopp*: einsausen · durchsausen – **3.** → einstürzen – **4.** → Misserfolg (2) – **5.** e. |in|: → überfallen (1)
Einbrecher, der: → Dieb
Einbrenne, die: → Mehlschwitze
einbrennen: → bräunen (1)
einbringen: 1. ⟨*die Ernte von den Feldern holen*⟩ hereinbringen · bergen · einfahren · einholen; → *auch* ernten (1) – **2.** ⟨*einen Nutzen bringen*⟩ eintragen · abwerfen · ergeben · [er]bringen – **3.** → fangen (I, 2) – **4.** → vorlegen (1)
einbringlich: → einträglich
einbrocken: → verursachen
Einbruch, der: **1.** ⟨*das Durchbrechen*⟩ Durchbruch – **2.** → Einsturz – **3.** → Diebstahl (1) – **4.** → Niederlage (1) ; einen E. verüben: → einbrechen (1)
Einbruchsdiebstahl, der: → Diebstahl (1)
einbruchssicher: diebessicher
einbuchten: 1. → verbeulen – **2.** → einsperren (1)
Einbuchtung, die: Einbiegung · Einbauchung; → *auch* Vertiefung (1)
einbuddeln: → eingraben (I, 1), vergraben (I, 1)
einbüffeln: → einprägen (I, 1)
einbunkern: → einsperren (1)
einbürgern: I. einbürgern: ⟨*die Staatsbürgerschaft verleihen*⟩ naturalisieren; nostrifizieren (*Rechtsw*) + aufnehmen – **II.** einbürgern, sich: → durchsetzen (I, 2, b)
Einbuße, die: → Verlust (1)
einbüßen: → verlieren (I, 2)
eincremen: → einreiben
eindämmen: 1. ⟨*an der Ausbreitung hindern*⟩ zu[rück]dämmen · dämmen · aufhalten · zähmen · bändigen · Halt gebieten · Einhalt gebieten/tun · unter Kontrolle be-

kommen; → *auch* beschränken – **2.** → hemmen (1)
eindämmern: → einschlafen (1)
Eindämmung, die: → Damm (1)
eindampfen: → verdampfen (1)
eindecken: I. eindecken: **1.** ⟨*ein Dach anbringen*⟩ decken – **2.** → bedecken (I, 2) – **3.** → decken (I, 1) – **II.** eindecken, sich: → versorgen (II)
eindellen: → verbeulen
eindeutig: → deutlich (3)
Eindeutigkeit, die: → Deutlichkeit (3)
eindicken: → verdampfen (1)
eindorren: → schrumpfen
eindosen: → einkochen
eindösen: → einschlafen (1)
eindrecken: → schmutzen
eindrehen: → einschrauben
eindressieren: → einüben
eindrillen: → einprägen (I, 1), einüben
eindringen: 1. → einbrechen (1) – **2.** → hereindringen – **3.** e. |auf|: → bedrängen (1); e. |in|: → überfallen (1)
eindringlich: → nachdrücklich
Eindringlichkeit, die: → Nachdrücklichkeit
Eindruck, der: **1.** ⟨*das über die Sinne Aufgenommene*⟩ Empfindung · Impression + Engramm · Vorstellung – **2.** ⟨*Ergebnis des Eindrückens*⟩ Druckspur · Einprägung; → *auch* Spur (1) – **3.** → Schein (2) – **4.** → Einblick (1) – **5.** E. machen: → beeindrucken; einen E. machen/erwecken: → aussehen (1); den E. machen/erwecken: → aussehen (1 *u.* 2, a)
eindrücken: I. eindrücken: **1.** ⟨*durch Druck in etw. hineinbringen bzw. eine Spur hinterlassen*⟩ einprägen · einpressen + einstanzen · prägen |in| · einstampfen – **2.** → zerdrücken – **3.** → verbeulen – **II.** eindrücken, sich: → einprägen (II)
eindrücklich: → eindrucksvoll
eindrucksvoll: beeindruckend · imponierend · imposant · eindrücklich · einprägsam · tief gehend · unauslöschlich · unauslöschbar; steil (*jugendspr*); → *auch* sensationell, wirkungsvoll (1), stattlich (1)
eindruseln: → einschlafen (1)
eindübeln: → dübeln
einduseln: → einschlafen (1)
eindusseln: → einschlafen (1)
eine: e. von der Straße: → Prostituierte; e. nach der anderen: → nacheinander
einebnen: ebnen · glätten · gleichmachen · applanieren · [ein]planieren · nivellieren · abtragen; abgleichen (*fachspr*)
Einebnung, die: Planierung · Nivellierung · Abtragung; Denudation (*fachspr*)
Einehe, die: → Monogamie
einen: → vereinen (I, 1)
einengen: → beschränken
Einengung, die: → Beschränkung (1)
einer: e. den anderen, e. dem anderen: → einander; e. nach dem anderen: → nacheinander
einerlei: 1. → gleich (2) – **2.** → einförmig – **3.** → dasselbe (1) – **4.** e. sein: → gleichgültig (4)
Einerlei, das: **1.** → Einförmigkeit – **2.** graues E.: → Alltag (1)
einexerzieren: → einüben
einfach: 1. ⟨*ohne jeden Luxus*⟩ bescheiden · schlicht · spartanisch · puritanisch; primitiv (*abwert*) + frugal; → *auch* bescheiden (I, 1), schlicht (1), unscheinbar – **2.** → eben (3) – **3.** → mühelos (1), unkompliziert – **4.** aus dem einfachen Grunde: → deshalb
einfädeln: 1. → durchstecken – **2.** → anbahnen (I), anstiften (1), bewerkstelligen
einfahren: 1. *weidm* ⟨*in den Bau kriechen*⟩ einschliefen · schliefen |in| · zu Bau fahren – **2.** → einbringen (1) – **3.** Gewinne e.: → gewinnen (1)
Einfahrt, die: Einfahrtstor · Einfahrtsweg · Toreinfahrt · Torweg · Zufahrt; → *auch* Eingang (1), Durchgang (1), [1]Tor (1)
Einfahrtstor, das: → Einfahrt
Einfahrtsweg, der: → Einfahrt
Einfall, der: **1.** ⟨*plötzl. Bewusstwerden von etw. Neuem*⟩ Idee · Gedanke[nblitz] · Erleuchtung · Inspiration · Eingebung · Intuition; Geistesblitz · Geistesfunke (*scherzh*) + Gag · Aperçu; → *auch* Schnapsidee – **2.** → Laune (1) – **3.** → Überfall (1) – **4.** blöder/verrückter E.: → Schnapsidee
einfallen: 1. ⟨*plötzlich bewusst werden*⟩ auf die Idee/den Gedanken kommen · in den Sinn kommen; beikommen (*veraltend*) ♦ *umg*: durch den Kopf schießen/fahren; einkommen (*landsch*); → *auch* erinnern (II) – **2.** ⟨*vom Federwild gesagt*: *sich niederlassen*⟩ einstreichen (*weidm*) – **3.** → hereindringen – **4.** → einstürzen – **5.** → abmagern – **6.** e. |in|: → überfallen (1)
einfallslos: → geistlos
Einfallslosigkeit, die: → Geistlosigkeit

einfallsreich: erfindungsreich · ideenreich · fantasiebegabt · fantasiereich · fantasievoll · findig + gedankenreich; → *auch* schöpferisch, geistreich
Einfalt, die: Einfältigkeit · Naivität · Treuherzigkeit · Harmlosigkeit · Biederkeit · Simplizität · Torheit ♦ *umg*: Tölpelei; → *auch* Beschränktheit (1), Unvernunft
einfältig: **1.** ⟨*von einfacher Gemütsbeschaffenheit*⟩ naiv · treuherzig · treu · harmlos · simpel · bieder; → *auch* beschränkt (1), gutgläubig, schlicht (1) – **2.** ⟨*von langweilig-dummer Art*⟩ töricht · tölpelhaft · gimpelhaft ♦ *umg*: stieselig; → *auch* beschränkt (1), unvernünftig
Einfältigkeit, die: → Einfalt
Einfaltspinsel, der: **1.** → Dummkopf (2) – **2.** → Grünschnabel
einfangen: **1.** → fangen (I, 2) – **2.** → festhalten (I, 1, b) – **3.** sich etw. e.: → anstecken (II)
einfarbig: uni[farben] · eintönig
einfassen: [ein]säumen · eingrenzen · umgeben · umfassen; → *auch* umzäunen, umgeben (1), rahmen
Einfassung, die: ⟨*äußerer Abschluss*⟩ **a)** ⟨*allgemein*⟩ Umrandung · Umrahmung; → *auch* Rahmen (1) – **b)** ⟨*bei Kleidungsstücken*⟩ Rand · Saum + Bund · Bündchen
einfetten: **1.** ⟨*Schmierfett zuführen*⟩ schmieren · fetten; abschmieren (*fachspr*); → *auch* ölen (1) – **2.** → einreiben
einfeuchten: → durchfeuchten (I, 1)
einfeuern: → heizen (1)
einfiltrieren: → einflößen (1)
einfinden, sich: → erscheinen (1, a)
einflechten: **1.** → einbinden (1) – **2.** → erwähnen (1) – **3.** → einfügen (I)
einflicken: → einfügen (I)
einfließen: e. lassen: → erwähnen (1)
einflößen: **1.** ⟨*jmdm. Flüssigkeit zuführen*⟩ infiltrieren · eintröpfeln · einträufeln · eingeben · eingießen · einfüllen ♦ *umg*: einfiltrieren ♦ *salopp*: eintrichtern – **2.** einen Schreck[en] e.: → erschrecken (1); Furcht e.: → ängstigen (I)
Einfluss, der: **1.** ⟨*das Einwirken*⟩ Einwirkung · Wirkung; → *auch* Beeinflussung – **2.** ⟨*beherrschende Stellung*⟩ Macht · Gewicht · Geltung – **3.** einen E. ausüben: → beeinflussen (1, a); keinen E. haben, ohne E. sein: → machtlos (2)
Einflussbereich, der *od.* das: **1.** ⟨*Umkreis der* [*möglichen*] *Einwirkung*⟩ Wirkungsbereich · Aktionsbereich · Einwirkungsbereich · Einwirkungssphäre · Einflusszone · Einflusssphäre – **2.** ⟨*Gebiet mit spürbarer Machteinwirkung*⟩ Machtbereich · Einflusssphäre · Interessensphäre · Einflusszone · Geltungsbereich ♦ *gehoben*: Bannkreis; → *auch* Herrschaftsbereich
einflusslos: → machtlos (1)
Einflussnahme, die: → Beeinflussung
einflussreich: → mächtig (1)
Einflusssphäre, die: → Einflussbereich (1 *u.* 2)
Einflusszone, die: → Einflussbereich (1 *u.* 2)
einflüstern: **1.** → einreden (1) – **2.** → vorsagen
einfordern: → einziehen (3)
einförmig: eintönig · gleichförmig · monoton · ermüdend · ereignislos · abwechslungslos · ohne Abwechslung + reizlos · fad[e] · grau ♦ *umg*: einerlei + egal; → *auch* langweilig, nüchtern (3)
Einförmigkeit, die: Eintönigkeit · Monotonie · Gleichförmigkeit · Einerlei + Fadheit
einfried[ig]en: → umzäunen
Einfried[ig]ung, die: → Umzäunung
einfrieren: → einfrosten
einfrosten: ein[ge]frieren · frosten + konservieren
einfugen: → einpassen (I)
einfügen: **I.** einfügen: ⟨*etw. Größerem ergänzend beigeben*⟩ einarbeiten · einbauen · einsetzen · eingliedern · einflechten · einschieben · einrücken · einreihen + integrieren · einsprengen · einstreuen · einweben · einschachteln · einzwängen · einheften · einblenden · einlegen · einschalten ♦ *umg*: einflicken; → *auch* einordnen (I), einpassen (I) – **II.** einfügen, sich: → anpassen (II, 2)
Einfügung, die: **1.** → Einschub – **2.** → Einlage (1) – **3.** → Einordnung
einfühlen, sich: → hineinversetzen, sich
Einfühlung, die: → Einfühlungsvermögen
Einfühlungsgabe, die: → Einfühlungsvermögen
Einfühlungskraft, die: → Einfühlungsvermögen
Einfühlungsvermögen, das: Einfühlung[sgabe] · Einfühlungskraft · Feingefühl · Feeling + Verständnis · Einsicht; → *auch* Verständnis (1), Zartgefühl (1)
Einfuhr, die: Import

Einfuhrartikel, der: → Einfuhrgut
Einfuhrbeschränkung, die: → Einfuhrverbot
einführen: I. einführen: **1.** ⟨*vom Ausland kaufen u. ins eigene Land kommen lassen*⟩ importieren – **2.** → hineinstecken (1), durchstecken – **3.** → anleiten (1) – **4.** vorstellen (I, 1) – **5.** → verbreiten (I, 2) – **II.** einführen, sich: → vorstellen (II)
einführend: → einleitend
Einfuhrgut, das: Importware · Einfuhrartikel · Importartikel · Importe
Einfuhrsperre, die: → Einfuhrverbot
Einführung, die: **1.** ⟨*das Bekanntmachen mit etw. Neuem*⟩ Einleitung · Erläuterung · Erklärung + Einführungsvortrag – **2.** → Anleitung (1) – **3.** → Einleitung (1) – **4.** → Vorstellung (1)
Einführungsvortrag, der: → Einführung (1)
Einfuhrverbot, das: Einfuhrsperre + Einfuhrbeschränkung · Handelsbeschränkung
einfüllen: 1. ⟨*in ein Gefäß geben*⟩ [hin]eingießen · [hin]einschütten · schütten |in| · einschenken · einschöpfen; → *auch* einlassen (I, 2), gießen (1) – **2.** → einlassen (I, 2) – **3.** → einflößen (1)
Eingabe, die: **1.** → Antrag (2) – **2.** → Zuspiel
Eingang, der: **1.** ⟨*Öffnung zum Hineingehen*⟩ Eingangstür · Eingangspforte · Eingangsportal · Zugang · Entree · Einlass · Eintritt; → *auch* Einfahrt, Flur (I), Durchgang (1) – **2.** ⟨*angekommene Post*⟩ Posteingang; Einlauf (*fachspr*) – **3.** → Zutritt – **4.** → Beginn (1)
eingängig: → verständlich (1)
eingangs: → einleitend
Eingangsmeldung, die: → Bestätigung (2)
Eingangspforte, die: → Eingang (1)
Eingangsportal, das: → Eingang (1)
Eingangstür, die: → Eingang (1)
eingeben: 1. → einflößen (1) – **2.** → hineinstecken (1) – **3.** → einreden (1) – **4.** → vorschlagen
eingebildet: 1. ⟨*sich selbst zu hoch einschätzend*⟩ selbstgefällig · eitel · blasiert · dünkelhaft · snobistisch · elitär · von sich eingenommen + angeberisch; → *auch* überheblich, eitel (1), angeberisch – **2.** → scheinbar – **3.** e. sein: ⟨*sich selbst zu hoch einschätzen*⟩ *umg*: abheben · die Nase hoch tragen · hoch hinauswollen · [große] Rosinen im Kopf haben; sich einen Stiefel einbilden (*veraltend*); → *auch* angeben (1)
Eingebildetheit, die: → Überheblichkeit
eingebogen: → hohl (1)
[1]**eingeboren: 1.** → einheimisch – **2.** → angeboren
[2]**eingeboren:** → einzig (1)
Eingeborene, der: → Ureinwohner
Eingebung, die: **1.** → Einfall (1) – **2.** → Einbildungskraft
eingedenk: e. sein: → erinnern (II)
eingedreckt: → schmutzig (1)
eingeengt: → eingeklemmt
eingefahren: → gewohnt (2)
eingefallen: → elend (1)
eingefleischt: → gewohnt (2)
eingefrieren: → einfrosten
eingefuchst: → geübt
eingehakt: → untergehakt
eingehängt: → untergehakt
eingehen: 1. ⟨*zugestellt bekommen*⟩ einlaufen · eintreffen; einlangen (*österr*) ♦ *salopp*: eintrudeln; → *auch* ankommen (1), einkommen (1) – **2.** ⟨*eine [vertragl.] Festlegung treffen*⟩ schließen – **3.** → einkommen (1) – **4.** → hineingehen (1) – **5.** → welken (1) – **6.** → verenden – **7.** → sterben (1) – **8.** → schrumpfen – **9.** → verstehen (I, 2) – **10.** e. |auf|: → anhören (I, 1); die Ehe/den Bund der Ehe/den Ehebund e.: → heiraten (1); eine Verbindung e.: **a)** → heiraten (1) – **b)** → verbinden (II, 1); einen Bund e.: → verbünden, sich (1); zur ewigen Ruhe/in die Ewigkeit/in den ewigen Frieden/in die ewigen Jagdgründe e.: → sterben (1); ein Risiko e.: → wagen (1)
eingehend: 1. ⟨*alle Einzelheiten mit berücksichtigend*⟩ ausführlich · gründlich · reiflich; einlässlich (*schweiz*) + zuverlässig – **2.** → ausführlich (1)
eingehenkelt: → untergehakt
eingekeilt: → eingeklemmt, dazwischen (1)
eingeklemmt: eingekeilt · eingezwängt · eingepresst · eingeschlossen · eingeengt
Eingemachte, das: ans E. gehen: → Substanz (4)
eingenommen: 1. → benommen (1) – **2.** e. sein |von|: → mögen; von sich e.: → eingebildet (1)
Eingenommenheit, die: → Befangenheit (1)
eingepresst: → eingeklemmt
eingerechnet: → einschließlich
eingerostet: → steif (1)

eingeschlossen: **1.** → einschließlich – **2.** → eingeklemmt
eingeschnappt: **1.** → beleidigt (1) – **2.** e. sein: → schmollen
eingesessen: → ansässig (1)
eingespielt: → erfahren (2)
eingestandenermaßen: → zugegebenermaßen
Eingeständnis, das: → Geständnis (1)
eingestehen: → gestehen (1)
eingestellt: → gesinnt
eingewandert: → zugewandert
Eingeweide (*Pl*): Gedärm[e]; Gescheide · Aufbruch (*weidm*) ♦ *umg*: Innereien (*scherzh*) ♦ *salopp*: Geschlinge · Kaldaunen; → *auch* Innereien (1)
Eingeweihte, der: → Insider
eingewöhnen, sich: → heimisch (4)
eingewohnt: → verwohnt
eingewurzelt: → gewohnt (2)
eingezogen: → einsam (1)
Eingezogenheit, die: → Einsamkeit (1)
eingezwängt: → eingeklemmt
eingießen: **1.** → einfüllen (1) – **2.** → einflößen (1)
eingittern: → umzäunen
Einglas, das: Monokel + Lorgnon; → *auch* Brille (1), Kneifer (1)
eingliedern: **1.** → einfügen (I), einordnen (I) – **2.** → einverleiben (1) – **3.** wieder [in die Gesellschaft/Gemeinschaft] e.: → resozialisieren
Eingliederung, die: **1.** → Einordnung – **2.** → Einverleibung
eingraben: **I.** eingraben: **1.** ⟨*durch Graben teilweise in etw. hineinbringen*⟩ untergraben · versenken; eintiefen (*Archäol*) ♦ *umg*: einscharren; einbuddeln (*landsch*); → *auch* vergraben (I, 1) – **2.** → eingravieren – **3.** → vergraben (I, 1) – **4.** → einprägen (I, 1) – **II.** eingraben, sich: → verschanzen, sich (1)
eingravieren: gravieren |in| · eingraben + punz[ier]en; → *auch* einkerben, einhauen (1), einritzen (1)
eingreifen: **1.** ⟨*ein Geschehen bewusst bzw. gewaltsam beeinflussen*⟩ einschreiten · sich einschalten · tätig werden · dazwischentreten · dazwischenspringen ♦ *umg*: dazwischenfahren · dreinfahren · dreinschlagen · einhaken · dazwischenhaken ♦ *salopp*: dazwischenfunken · dazwischenhauen · dreinhauen; → *auch* einmischen (II) – **2.** → mitwirken
eingreifend: → entscheidend (1)
eingrenzen: **1.** → umzäunen, einfassen – **2.** → beschränken
Eingrenzung, die: → Umzäunung
Eingriff, der: **1.** → Operation (1) – **2.** → Einmischung – **3.** chirurgischer E.: → Operation (1); verbotener E.: → Abtreibung (1)
eingruppieren: → einordnen (I)
einhacken: e. |auf|: → quälen (I, 2)
einhaken: **I.** einhaken: **1.** ⟨[*wie*] *mit einem Haken festhängen*⟩ festhaken · einklinken + einrasten – **2.** → eingreifen (1) – **II.** einhaken, sich: → unterhaken
Einhalt, der: E. gebieten: **a)** → eindämmen (1) – **b)** → hindern – **c)** → protestieren; E. tun: → eindämmen (1)
einhalten: **1.** → befolgen – **2.** → aufhören (1) – **3.** das [rechte] Maß e.: → Maß (2)
Einhaltung, die: → Beachtung (2)
einhämmern: → einprägen (I, 1)
einhandeln: eintauschen · einkaufen · erhandeln · ertauschen; erfeilschen (*abwert*) ♦ *salopp*: erschachern (*abwert*); → *auch* kaufen (1), tauschen (1)
einhändigen: → abgeben (I, 1)
einhängen: **I.** einhängen: → auflegen (I, 2) – **II.** einhängen, sich: → unterhaken
einhauen: **1.** ⟨*in Stein hauen*⟩ einmeißeln; → *auch* eingravieren – **2.** → einschlagen (1) – **3.** → essen (1) – **4.** e. |auf|: → schlagen (I, 1)
einheben: → einziehen (3)
einheften: → einfügen (I)
einhegen: → umzäunen
Einhegung, die: → Umzäunung
einheimisch: eingeboren · heimisch · hiesig + inländisch ♦ *umg*: von hier; → *auch* ansässig (1)
einheimsen: **1.** → gewinnen (1) – **2.** einen Gewinn e.: → gewinnen (1)
Einheit, die: **1.** ⟨*ein Ganzes ergebendes Verbundensein*⟩ Unteilbarkeit · Einheitlichkeit · Unität · Geschlossenheit · Zusammengehörigkeit + Verbundenheit; → *auch* Einigkeit – **2.** ⟨*bestimmte Größe zum Messen*⟩ Maßeinheit · Größe – **3.** → Abteilung (II, 1) – **4.** → Truppeneinheit
einheitlich: **1.** ⟨*sich als Ganzes darstellend*⟩ geschlossen · zusammenhängend · unteilbar · aus einem Guss · homogen + verbunden; → *auch* einig (1), dicht (1) – **2.** ⟨*in der gleichen Art u. Weise*⟩ gleich[mäßig] · unterschiedslos; → *auch* gleichmäßig (1) – **3.** → einhellig

Einheitlichkeit, die: → Einheit (1)
Einheitsfront, die: → Bündnis (1)
Einheitskleidung, die: → Uniform
einheizen: 1. → anfeuern (1), heizen (1) – **2.** → antreiben (2) – **3.** → trinken (1, b)
einhelfen: → vorsagen
Einhelfer, der: → Vorsager
einhellig: einmütig · einstimmig · einheitlich · gleichstimmig · einvernehmlich + einträchtig
Einhelligkeit, die: → Einigkeit
einhenkeln, sich: → unterhaken
einholen: 1. → einkaufen (I, 1) – **2.** → einziehen (2) – **3.** → aufholen (1) – **4.** → erreichen (1) – **5.** → einbringen (1) – **6.** Erkundigungen e.: → erkundigen, sich
einhüllen: 1. ⟨*mit einer Hülle umgeben*⟩ umhüllen · hüllen |in| · vermummen · einmummen · einwickeln · einpacken ♦ *umg*: einmummeln · vermummeln; → *auch* bedecken (I, 1) – **2.** → umgeben (2)
einig: 1. ⟨*zu einer [festen] Einheit zusammengeschlossen*⟩ geeint · vereinigt + verbunden; → *auch* einheitlich (1) – **2.** ⟨*eines Sinnes geworden*⟩ handelseinig · handelseins – **3.** [sich] e. werden: → einigen (II); [sich] e. sein, e. gehen |mit|: → übereinstimmen (1)
einige: 1. ⟨*eine kleine Anzahl*⟩ [nur] wenige · etliche · ein paar · mehrere · einzelne · manche · dieser und jener + verschiedene · diverse · mehrerlei ♦ *umg*: welche · eine Handvoll – **2.** e. Mal[e]: → wiederholt (1)
einigeln, sich: → absondern (II)
einigen: I. einigen: **1.** → vereinen (I, 1) – **2.** → versöhnen (I) – **II.** einigen, sich: ⟨*zu einer einheitl. Auffassung kommen*⟩ [sich] einig werden · handelseins/handelseinig werden · sich verständigen · Verständigung erzielen · übereinkommen · ins Reine kommen · sich vergleichen · einen Vergleich schließen/zustande bringen · einen Kompromiss schließen · sich auf halbem Wege treffen · eine gemeinsame Formel finden; → *auch* versöhnen (II)
einigermaßen: → erträglich
einiges: 1. ⟨*eine kleine Menge*⟩ etwas · etliches · ein bisschen ♦ *umg*: ein bissel (*landsch*) – **2.** → Einzelnes
Einigkeit, die: Einmütigkeit · Einhelligkeit · Einvernehmen · Übereinstimmung · Gleichsinn + Einigung; → *auch* Einheit (1), Eintracht
Einigung, die: **1.** → Vereinigung (1) – **2.** → Versöhnung – **3.** → Einigkeit
einimpfen: 1. → einspritzen (1) – **2.** → einprägen (I, 1)
einjagen: einen Schreck[en] e.: → erschrecken (1); Angst/Furcht e.: → ängstigen (I)
einjochen: → anspannen (1)
einkacheln: → heizen (1)
einkalkulieren: → einbeziehen, berücksichtigen (1), berechnen (I, 2)
einkapseln, sich: → absondern (II)
einkassieren: 1. → [1]kassieren – **2.** → einziehen (3) – **3.** → aneignen, sich (1) – **4.** → einsperren (1)
einkästeln: → umranden
Einkauf, der: **1.** ⟨*das Erwerben des [täglich] Benötigten*⟩ Besorgung · Erledigung; → *auch* Kauf (1) – **2.** Einkäufe machen: → einkaufen (I, 1)
einkaufen: I. einkaufen: **1.** ⟨*das [täglich] Benötigte erwerben*⟩ Einkäufe/Besorgungen machen · Wege erledigen + erwerben · holen ♦ *umg*: einholen · Wege machen; → *auch* kaufen (1) – **2.** → einhandeln – **II.** einkaufen, sich: → eintreten (1)
Einkaufsbummel, der: Shopping
Einkaufsstraße, die: Mall · Einkaufszentrum · Bummelmeile · Flaniermeile + Fußgängerzone
Einkaufszentrum, das: **1.** ⟨*große Anlage zum Einkaufen*⟩ Center · Einkaufscenter · Shoppingcenter; → *auch* Geschäft (1) – **2.** → Einkaufsstraße
Einkehr, die: **1.** → Selbstbesinnung – **2.** E. halten: → einkehren
einkehren: Einkehr halten (*veraltend*) + absteigen
einkeilen: 1. → einschlagen (1) – **2.** → einklemmen
einkellern: → einlagern
einkerben: einritzen · einschnitzen · einschneiden; inzidieren (*med*) + einsägen; → *auch* eingravieren
Einkerbung, die: → Einschnitt (1)
einkerkern: → einsperren (1)
einkesseln: → umstellen (I)
Einkesselung, die: → Einkreisung
einklagen: → einziehen (3)
Einklang, der: **1.** → Eintracht – **2.** in E. bringen |mit|: → abstimmen (2); in E. stehen/sein |mit|: → übereinstimmen (1)

einklemmen: einquetschen · festklemmen · dazwischenklemmen · einkeilen · dazwischenpressen ♦ *umg*: einkneifen

einklinken: 1. → schließen (I, 1, a) – **2.** → einhaken (I, 1)

einklopfen: → einschlagen (1)

einknacken: → einbrechen (2)

einkneifen: → einklemmen

einknicken: 1. → knicken (1) – **2.** → nachgeben (1)

einknoten: → einbinden (1)

einknüpfen: → einbinden (1)

einknüppeln: e. |auf|: → schlagen (I, 1)

einkochen: einmachen; einsetzen · einsieden (*landsch*) + einwecken · eindosen · konservieren

einkommen: 1. ⟨*von Geld gesagt: überwiesen bzw. zugestellt bekommen*⟩ eingehen · einlaufen; → *auch* eingehen (1) – **2.** → einfallen (1) – **3.** e. |um|: → bewerben, sich (1), beantragen

Einkommen, das: **1.** → Gehalt (I) – **2.** → Lohn (1)

einkommensschwach: → arm (1)

einkommensstark: → reich (1)

einkrachen: 1. → einbrechen (2) – **2.** → einstürzen

einkrallen, sich: → festkrallen, sich

einkratzen: I. einkratzen: → einritzen (1) – **II.** einkratzen, sich: → einschmeicheln, sich

einkreisen: 1. → umstellen (I) – **2.** → umranden

Einkreisung, die: Umzingelung · Einschließung · Einkesselung · Umklammerung · Einschluss · Einzingelung + Kessel; → *auch* Absperrung (1)

einkriegen: I. einkriegen: → erreichen (1) – **II.** einkriegen, sich: → beruhigen (II, 1)

einkritzeln: → einritzen (1)

einkrümmen: → biegen (I, 1)

einkugeln: → einrenken (1)

Einkünfte (*Pl*): **1.** ⟨[*regelmäßig*] *bezogene Gelder*⟩ Einnahmen + Revenue · Rendite · Apanage – **2.** → Gehalt (I) – **3.** → Lohn (1)

einkurven: → einbiegen (1)

[1]einladen: → verladen (1)

[2]einladen: ⟨*jmdn. auffordern, Gast zu sein*⟩ **a)** ⟨*zu sich nach Hause*⟩ zu Gast/zu sich bitten · [zu sich] laden + herbitten – **b)** ⟨*bei einer Veranstaltung od. in einem Lokal für jmdn. bezahlen wollen*⟩ freihalten; → *auch* spendieren (1)

einladend: → verlockend

Einladung, die: Einladungsschreiben · Einladungskarte

Einladungskarte, die: → Einladung

Einladungsschreiben, das: → Einladung

Einlage, die: **1.** ⟨*das in etw. Hineingefügte*⟩ Einschluss · Einfügung · Einschaltung · Zwischenstück; → *auch* Einschub – **2.** → Füllung (1, b) – **3.** → Zugabe

einlagern: einkellern · [ein]speichern · [ein]mieten + einwintern

einlangen: 1. → eingehen (1) – **2.** → ankommen (1)

Einlass, der: **1.** → Zutritt (1) – **2.** → Eingang (1)

einlassen: I. einlassen: **1.** ⟨*in einen Raum usw. kommen lassen*⟩ hereinlassen · eintreten/hereinkommen lassen · hineinlassen – **2.** ⟨*eine Flüssigkeit in einen Behälter fließen lassen*⟩ [hin]einlaufen lassen · einfüllen; → *auch* einfüllen (1) – **II.** einlassen, sich: sich e. |mit|: → verkehren (2)

Einlasskarte, die: → Eintrittskarte

einlässlich: → eingehend (1)

Einlassung, die: → Bemerkung (1)

Einlauf, der: **1.** ⟨*das Einfüllen von Flüssigkeit in den Mastdarm*⟩ Darmspülung · Klistier; Klysma (*med*) – **2.** → Ankunft – **3.** → Ziel (2) – **4.** → Eingang (2)

einlaufen: I. einlaufen: **1.** ⟨*in Bezug auf neue Schuhe: durch mehrmaliges Tragen den Füßen anpassen*⟩ eintragen · eintreten – **2.** → eingehen (1) – **3.** → ankommen (1) – **4.** → einkommen (1) – **5.** → schrumpfen – **6.** in den Hafen der Ehe/in den Ehehafen e.: → heiraten (1); die Bude/das Haus e.: → bedrängen (1); e. lassen: → einlassen (I, 2) – **II.** einlaufen, sich: ⟨*allmählich zu einem normalen Ablauf kommen*⟩ sich einspielen

einläuten: → eröffnen (I, 1)

einleben, sich: **1.** → heimisch (4) – **2.** sich e. |in|: → hineinversetzen, sich

einlegen: 1. ⟨*Lebensmittel bzw. Futtermittel in einer bestimmten Flüssigkeit haltbar machen*⟩ konservieren · einmachen · marinieren · einsäuern · eintonnen ♦ *umg*: einmarinieren (*landsch*) – **2.** → einfügen (I) – **3.** Protest/Verwahrung e.: → protestieren; Beschwerde e.: → beschweren (II); Fürsprache/ein gutes Wort e. |für|: → verwenden (II); eine Lanze e. |für|: → eintreten (7, a); eine Pause/Ruhepause e.: → rasten

einleiten: 1. → eröffnen (I, 1) – **2.** → anbahnen (I)

einleitend: einführend + initiatorisch · eingangs
Einleitung, die: **1.** ⟨*das mit dem Folgenden bekannt Machende*⟩ Einführung · Introduktion · Vorbemerkung · Vorspann + Prolog · Präambel · Präliminarien; → *auch* Eröffnung (1), Vorwort – **2.** → Einführung (1) – **3.** → Eröffnung (1)
einlenken: 1. → einbiegen (1) – **2.** → nachgeben (1)
einlernen: → lernen (1)
einleuchtend: 1. → überzeugend – **2.** → deutlich (3)
einliefern: → aufgeben (1)
Einlieferung, die: → Aufgabe (1)
einliegend: → beiliegend
einlochen: → einsperren (1)
einlogieren, sich: → ²einmieten, sich
einlösen: → erfüllen (I, 2)
Einlösung, die: → Erfüllung (1)
einlullen: → einschläfern (1)
einmachen: 1. → einkochen – **2.** → einlegen (1) – **3.** → einnässen
einmahnen: → einziehen (3)
einmal: 1. ⟨*nicht mehrmals*⟩ ein einziges Mal – **2.** → irgendwann (1) – **3.** → einst (1) – **4.** → früher (1) – **5.** → eben (3) – **6.** auf e.: **a)** → plötzlich (1) – **b)** → gleichzeitig (1); erst e.: → zuerst; noch e.: **a)** → doppelt (1) – **b)** → wieder (1); e. mehr, e. übers/ums andere: → wiederholt (1); nun e.: → eben (3)
Einmaleins, das: → Anfangsgründe
einmalig: → hervorragend (1)
einmarinieren: → einlegen (1)
Einmarsch, der: **1.** → Einzug (1) – **2.** Überfall (1)
einmarschieren: 1. → einziehen (1) – **2.** e. |in|: → überfallen (1)
einmauern: 1. ⟨*im Mauerwerk befestigen*⟩ vermauern · einbetonieren – **2.** → einschließen (I, 1)
einmeißeln: → einhauen (1)
einmengen, sich: → einmischen (II)
Einmengung, die: → Einmischung
¹einmieten: → einlagern
²einmieten, sich: sich einlogieren · sich einquartieren ♦ *gehoben*: Wohnung/Quartier nehmen; → *auch* beziehen (I, 3), ²mieten
einmischen: I. einmischen: → beimischen – **II.** einmischen, sich: ⟨*in fremden Angelegenheiten gegen den Willen anderer aktiv werden*⟩ intervenieren · sich dreinmischen · sich dreinmengen · sich dazwischenmischen · dazwischenreden · sich einmengen · sich mengen |in| + dazwischenkommen ♦ *umg*: dreinreden · sich dazwischenstecken · sich reinhängen · seine Nase in alles [hinein]stecken · ins Handwerk pfuschen ♦ *salopp*: dazwischenpfuschen; → *auch* eingreifen (1)
Einmischung, die: Intervention · Eingriff · Einmengung
einmontieren: → einbauen (1)
einmumme[l]n: → einhüllen (1)
einmünden: → münden
einmütig: → einhellig
Einmütigkeit, die: → Einigkeit
einnageln: → einschlagen (1)
Einnahme: I. Einnahme, die: **1.** → Ertrag – **2.** → Lohn (1), Gehalt (I) – **II.** Einnahmen (*Pl*): **1.** → Ertrag – **2.** → Einkünfte (1)
Einnahmequelle, die: → Verdienstmöglichkeit
einnässen: unter sich machen ♦ *umg*: einmachen ♦ *derb*: sich einpissen
einnebeln: → vernebeln (1)
einnehmen: 1. ⟨*sich Medizin zuführen*⟩ schlucken – **2.** → ¹kassieren, verdienen (1) – **3.** → erobern (1) – **4.** → innehaben (1) – **5.** e. |gegen|: → beeinflussen (2); für sich e.: → gefallen (1); seinen Platz/die Plätze/Sitze e.: → setzen (II, 1)
einnehmend: → anziehend (1)
einnicken: → einschlafen (1)
einnisten, sich: **1.** → nisten – **2.** → niederlassen (II, 1)
einochsen: → lernen (1)
Einöde, die: **1.** ⟨*einsamer u. öder Landstrich*⟩ Öde · Wüste[nei] + Steppe · Wildnis; → *auch* Ödland – **2.** ⟨*von wenig od. keinen Menschen bewohnte bzw. besuchte Gegend*⟩ Einsamkeit + Leere ♦ *derb*: der Arsch der Welt
einölen: 1. → ölen (1) – **2.** → einreiben
einoperieren: → implantieren
einordnen: I. einordnen: ⟨*an bestimmter Stelle in einer Ordnung unterbringen*⟩ einreihen · eingruppieren · eingliedern · einsortieren · einstufen · zuordnen · positionieren + einstellen · einrangieren · einscheren · rubrizieren; → *auch* einfügen (I), einstellen (1) – **II.** einordnen, sich: → anpassen (II, 2)
Einordnung, die: Einreihung · Eingliederung · Einfügung · Einstufung · Zuordnung
einpacken: 1. ⟨*in etw. packen*⟩ verpacken · hineinpacken · verstauen · packen |in| +

zusammenpacken · wegpacken ♦ *salopp*: einsacken; → *auch* verpacken (1) – **2.** → einhüllen (1), einwickeln (1) – **3.** e. können: → aufgeben (3)
einpassen: I. einpassen: ⟨*präzise an vorgesehener Stelle einfügen*⟩ einfugen + einfügen; → *auch* einbauen (1), einfügen (I) – **II.** einpassen, sich: → anpassen (II, 2)
einpauken: → lernen (1)
einpendeln, sich: → ausgleichen (II)
einpennen: → einschlafen (1)
einpflanzen: 1. → pflanzen (I, 1) – **2.** → implantieren – **3.** → einprägen (I, 1)
einpissen, sich : → einnässen
einplanen: → vorsehen (I)
einplanieren: → einebnen
einplumpsen: → einstürzen
einpökeln: → pökeln
einprägen: I. einprägen: **1.** ⟨*im Gedächtnis fest verankern*⟩ beibringen · einschärfen · eingraben · einpflanzen · einimpfen · einhämmern; einschleifen (*Psych*) + lehren ♦ *umg*: einbüffeln · einbimsen · einbläuen · eindrillen · eintrommeln + einprügeln ♦ *salopp*: eintrichtern; → *auch* lernen (1), merken (4) – **2.** → eindrücken (I, 1) – **3.** sich e.: → merken (4) – **II.** einprägen, sich: ⟨*einen Abdruck hinterlassen*⟩ sich eindrücken · sich abdrücken + sich abzeichnen
einprägsam: → eindrucksvoll
Einprägung, die: → Eindruck (2)
einpressen: → eindrücken (I, 1)
einprügeln: 1. → einprägen (I, 1) – **2.** e. |auf|: → schlagen (I, 1)
einpudern: → pudern (1)
einpuppen, sich: **1.** ⟨*sich in eine Puppe verwandeln*⟩ sich verpuppen + sich einspinnen – **2.** → absondern (II)
einquartieren, sich: → [2]einmieten, sich
einquetschen: → einklemmen
einrahmen: 1. → rahmen – **2.** → umgeben (1)
Einrahmung, die: → Rahmen (1)
einrammen: → einschlagen (1)
einrändern: → umranden
einrangieren: I. einrangieren: → einordnen (I) – **II.** einrangieren, sich: → anpassen (II, 2)
einrasten: → einhaken (I, 1)
einräuchern: → vernebeln (1)
einräumen: 1. → zugestehen – **2.** → überlassen (I, 1), gewähren (1)
Einräumung, die: → Zugeständnis (1)
einrechnen: → einbeziehen
Einrede, die: → Einspruch (1)
einreden: 1. ⟨*durch eindringl. Sprechen glauben machen* [*wollen*]⟩ einflüstern · eingeben · suggerieren · glauben machen ♦ *umg*: weismachen · erzählen · aufhängen · aufbinden · auftischen · einen Floh ins Ohr/Flausen/Raupen in den Kopf setzen – **2.** e. |auf|: ⟨*durch eindringl. Sprechen zu etw. bewegen wollen*⟩ einsprechen |auf| · bereden · suggerieren · agitieren + beeinflussen ♦ *umg*: einschwatzen |auf| · totreden · bearbeiten · in den Ohren liegen · sich den Mund fusselig/fransig/in Fransen reden · sich die Seele aus dem Leib reden ♦ *salopp*: berieseln; → *auch* veranlassen (1) – **3.** sich e.: → einbilden (1)
einreiben: einfetten · eincremen · einölen · [ein]salben · [ein]balsamieren + einmassieren ♦ *umg*: einschmieren · schmieren |auf|
einreihen: 1. → einordnen (I) – **2.** → einfügen (I)
Einreihung, die: → Einordnung
einreißen: 1. → abbrechen (2) – **2.** → ausreißen (2) – **3.** → durchsetzen (I, 2, b) – **4.** sich e.: → einziehen (11)
einrenken: 1. ⟨*von Gliedmaßen gesagt: wieder in die richtige Lage bringen*⟩ einkugeln · [ein]richten – **2.** → bereinigen (1)
einrennen: 1. → einstoßen – **2.** das Haus/die Bude e.: → bedrängen (1)
einrichten: I. einrichten: **1.** ⟨*mit Einrichtungsgegenständen versehen*⟩ ausstatten · ausgestalten · möblieren – **2.** → einrenken (1) – **3.** → gestalten (1) – **4.** → einstellen (I, 1) – **II.** einrichten, sich: **1.** → einschränken (II) – **2.** sich e. |auf|: → vorbereiten (II)
Einrichtung, die: **1.** ⟨*das Einrichten*⟩ Ausstattung · Ausgestaltung – **2.** ⟨*Gesamtheit der Einrichtungsgegenstände*⟩ **a)** ⟨*allgemein*⟩ Ausstattung · Ausrüstung · Interieur + Zubehör – **b)** ⟨*der Wohnung*⟩ Mobiliar · Möbel · Wohnungseinrichtung – **3.** ⟨*zur Wahrnehmung bzw. Ausübung bestimmter Funktionen gegründete Stelle*⟩ Institut[ion] · Anstalt – **4.** → Anlage (I, 1)
einriegeln: → einschließen (I, 1)
einringeln: → umranden
Einriss, der: → Riss (1)
einritzen: 1. ⟨*durch Ritzen eingraben*⟩ ritzen |in| · einkratzen · einkritzeln; → *auch* eingravieren – **2.** → einkerben
einrollen: → einwickeln (1)

einrosten: → rosten
einrücken: **1.** → Soldat (2) – **2.** → einziehen (1) – **3.** → einschalten (I, 1) – **4.** → einfügen (I)
einrühren: **1.** → anrühren (1) – **2.** → beimischen – **3.** → verursachen
eins: **1.** → gleich (2) – **2.** e., zwei, drei: → schnell (1, c); mit e.: → plötzlich (1); e. a (I[a]): → hervorragend (1); e. versetzen/ verpassen / überziehen / draufhauen / draufgeben: → schlagen (I, 1); e. sein: → übereinstimmen (1)
Einsaat, die: **1.** → Saatgut – **2.** → Aussaat
einsäckeln: → aneignen, sich (1)
einsacken: **1.** → einpacken (1) – **2.** → aneignen, sich (1) – **3.** → senken (II)
einsäen: → säen (1)
Einsage, die: → Einspruch (1)
einsagen: → vorsagen
einsägen: → einkerben
Einsager, der: → Vorsager
einsalben: → einreiben
einsalzen: → pökeln
einsam: **1.** ⟨*ohne Gesellschaft*⟩ abgesondert · abgeschieden · zurückgezogen · vereinsamt · verlassen · weltverloren · einsiedlerisch · klösterlich · eremitenhaft; eingezogen (*veraltend*) + einzeln; → *auch* allein (1), weltfremd – **2.** → abgelegen – **3.** → menschenleer
Einsamkeit, die: **1.** ⟨*das Einsamsein*⟩ Alleinsein · Abgeschiedenheit · Zurückgezogenheit · Verlassenheit; Eingezogenheit (*veraltend*) + Verlorenheit – **2.** → Einöde (2)
einsammeln: sammeln; → *auch* einziehen (3)
Einsattelung, die: → Bergsattel
Einsatz, der: **1.** ⟨*das Zurwirkungbringen*⟩ Aufbietung · Aufwendung · Aufwand · Mobilisierung – **2.** → Beginn (1) – **3.** → Hingabe (1) – **4.** → Verwendung (1)
einsatzbereit: **1.** → dienstbereit – **2.** → kampfbereit – **3.** → betriebsfertig
Einsatzbereitschaft, die: → Hilfsbereitschaft, Hingabe (1)
einsatzfertig: → betriebsfertig
Einsatzsignal, das: → Alarm (1)
einsauen: **I.** einsauen → beschmutzen (I, 1) – **II.** einsauen, sich: → beschmutzen (II, 1)
einsäuern: → einlegen (1), silieren
einsaugen: **1.** ⟨*saugend aufnehmen*⟩ saugen · einziehen + einschlürfen – **2.** → einatmen
einsäumen: → einfassen
einsäuseln: → einschläfern (1)
einsausen: → einstürzen, einbrechen (2)
einschachteln: → einfügen (I)
Einschachtelung, die: → Einschub, Einschaltung (1)
einschalen: → verschalen
einschalten: **I.** einschalten: **1.** ⟨*durch Schließen des elektr. Stromkreises in Gang bringen*⟩ anstellen · einstellen · anschalten; einrücken (*fachspr*); aufdrehen (*österr*) + schalten ♦ *umg*: anknipsen · andrehen · anmachen; → *auch* anstellen (I, 1) – **2.** → einfügen (I) – **II.** einschalten, sich: → eingreifen (1)
Einschaltung, die: **1.** ⟨*das in einen Satz Eingefügte*⟩ Einschachtelung · Parenthese – **2.** → Einlage (1)
einschärfen: **1.** ⟨*eindringlich ermahnen*⟩ ans Herz legen ♦ *umg*: auf die Seele binden; → *auch* raten (1) – **2.** → einprägen (I, 1)
einscharren: **1.** → eingraben (I, 1) – **2.** → vergraben (I, 1)
einschätzen: **1.** → beurteilen (1) – **2.** → veranschlagen – **3.** e. |als|: → halten (I, 7)
Einschätzung, die: → Beurteilung
einscheffeln: → zusammenraffen (I, 2)
einschenken: → einfüllen (1)
einscheren: → einordnen (I)
einschichtig: → ledig (1)
einschieben: **1.** ⟨*in etw. hineinschieben*⟩ dazwischenschieben; einschießen (*landsch u. fachspr*) ♦ *umg*: zwischenschieben – **2.** → einfügen (I) – **3.** eine Pause/Ruhepause e.: → rasten
Einschiebsel, das: → Einschub
Einschiebung, die: → Einschub
einschießen: **1.** → zerschießen – **2.** → einschieben (1)
einschiffen, sich: → einsteigen (3)
einschirren: → anspannen (1)
einschlafen: **1.** ⟨*zu schlafen beginnen*⟩ einschlummern · einnicken · eindämmern · hinüberdämmern · in Schlaf sinken/fallen + vom Schlaf übermannt werden ♦ *gehoben*: entschlafen · entschlummern ♦ *umg*: einduseln · eindösen; eindusseln (*landsch*); eindruseln (*norddt*) ♦ *salopp*: einpennen – **2.** → sterben (1) – **3.** → absterben (1) – **4.** → enden (1, b)
einschläfern: **1.** ⟨*zum Schlafen bringen*⟩ einwiegen · einlullen · einsingen; in den

Schlaf wiegen/lullen/singen ♦ *umg*: einsäuseln – **2.** → betäuben (I, 1) – **3.** töten (2)
Einschläferung, die: → Betäubung (1)
Einschlag, der: **1.** ⟨*Stelle des Einschlagens*⟩ Einschlagstelle + Einschuss · Einschussloch – **2.** → Tendenz (1)
einschlagen: 1. ⟨*durch Daraufschlagen in etw. eindringen lassen*⟩ hineinschlagen · schlagen |in| · einklopfen · [hin]eintreiben · einkeilen · einrammen · rammen |in| + einnageln · durchtreiben ♦ *umg*: einhauen – **2.** → einstoßen – **3.** → zerschlagen (I, 1) – **4.** → fällen (1) – **5.** → einwickeln (1) – **6.** → umschlagen (1) – **7.** → zustimmen (1) – **8.** → wirken (3) – **9.** e. |auf|: → schlagen (I, 1); den Schädel e.: → erschlagen (1)
Einschlagstelle, die: → Einschlag (1)
einschlämmen: → bewässern
einschleichen, sich: **1.** ⟨*unbemerkt eindringen*⟩ sich einstehlen; → *auch* einbrechen (1) – **2.** → unterlaufen (1)
einschleifen: → einprägen (I, 1)
einschleusen: → einschmuggeln
einschliefen: → einfahren (1)
einschließen: I. einschließen: **1.** ⟨*durch Verschließen der Tür in einem Raum festhalten*⟩ einsperren + einriegeln · einmauern – **2.** → wegschließen – **3.** → umgeben (1) – **4.** → umstellen (I) – **5.** → einbeziehen – **6.** → enthalten (I) – **II.** einschließen, sich: ⟨*durch Verschließen der Tür Außenstehenden den Zutritt verwehren*⟩ sich verbarrikadieren
einschließlich: inbegriffen · einbegriffen · inklusive · eingerechnet · eingeschlossen · implizit[e] · mit · samt; → *auch* zuzüglich
Einschließung, die: → Einkreisung
einschlummern: 1. → einschlafen (1) – **2.** → sterben (1) – **3.** → enden (1, b)
einschlürfen: → einsaugen (1)
Einschluss, der: **1.** → Einlage (1) – **2.** → Einkreisung – **3.** → Fremdkörper
einschmeicheln, sich: sich anschmeicheln · sich anbiedern ♦ *umg*: sich anschmusen · herumscharwenzeln |um| · sich lieb Kind machen; sich ankratzen · sich einkratzen · sich anvettern · sich anvettermicheln (*landsch*) ♦ *salopp*: sich anschmieren · sich anwanzen · sich einschmieren · in den Hintern kriechen ♦ *derb*: in den Arsch kriechen; → *auch* kriechen (2)
einschmeichelnd: → wohltönend
einschmeißen: → einwerfen (2)
einschmettern: → einwerfen (2)
einschmiegen, sich: → anpassen (II, 2)
einschmieren: I. einschmieren: → einreiben – **II.** einschmieren, sich: **1.** → beschmutzen (II, 1) – **2.** → einschmeicheln, sich
einschmuggeln: einschleusen
einschmutzen: → beschmutzen (I, 1)
einschnappen: 1. → zufallen (1) – **2.** → schmollen
einschneiden: → einkerben
einschneidend: → empfindlich (2)
einschneien: → zuschneien
Einschnitt, der: **1.** ⟨*die Spur eines Schneidwerkzeugs zeigende Stelle*⟩ Einkerbung · Kerbe · Schnitt + Spalt; → *auch* Spalt (1) – **2.** ⟨*Zeitpunkt des Beginns von etw. Neuem*⟩ Zäsur – **3.** → Schnitt (1)
einschnitzen: → einkerben
einschnuppern: → einatmen
einschnüren: 1. → einbinden (1) – **2.** → beengen (1)
einschöpfen: → einfüllen (1)
einschränken: I. einschränken: → beschränken – **II.** einschränken, sich: ⟨*bescheidener als vorher leben*⟩ sich bescheiden · sich einrichten · sparen · sich Entbehrungen auferlegen + sich verkleinern ♦ *umg*: den Gürtel/Riemen [ein Loch] enger schnallen · abspecken · auf Sparflamme schalten + sich klein machen ♦ *salopp*: den Schmachtriemen anziehen/enger schnallen · sich krumm legen; → *auch* Haus (4)
Einschränkung, die: **1.** → Beschränkung (1) – **2.** → Vorbehalt (1) – **3.** mit E.: → bedingt (1); ohne E.: → bedingungslos
einschrauben: [hin]eindrehen; → *auch* anschrauben
einschreiben: I. einschreiben: ⟨*schriftlich in etw. festhalten*⟩ eintragen · verzeichnen + registrieren · inskribieren · [ver]buchen; → *auch* einzeichnen (I) – **II.** einschreiben, sich: ⟨*seinen Namen in etw. setzen*⟩ sich eintragen · sich einzeichnen
einschreiten: → eingreifen (1)
einschrumpeln: → schrumpfen
einschrumpfen: → schrumpfen
Einschub, der: Einschiebsel · Einschiebung · Einfügung · Einschachtelung; → *auch* Einlage (1)
einschüchtern: → entmutigen
Einschuss, der: → Einschlag (1)

Einschussloch, das: → Einschlag (1)
einschütten: → einfüllen (1)
einschwatzen: e. |auf|: → einreden (2)
einschwenken: 1. → einbiegen (1) – **2.** → anpassen (II, 2)
einschwören: → verpflichten (I, 1)
einsegnen: konfirmieren (*evang Kirche*); firmen (*kathol Kirche*)
Einsegnung, die: Konfirmation (*evang Kirche*); Firmung (*kathol Kirche*)
einsehen: 1. ⟨*das Innere in Augenschein nehmen*⟩ hineinsehen · hineinblicken – **2.** ⟨*seine Ansicht aus innerer Überzeugung revidieren*⟩ zur Einsicht kommen · ein Einsehen haben · Verständnis haben/aufbringen + verstehen; → *auch* vernünftig (5) – **3.** → prüfen (1)
Einsehen, das: **1.** → Verständnis (1) – **2.** ein E. haben: → einsehen (2)
einseifen: → betrügen (1)
einseitig: 1. ⟨*nur eine Seite hervorhebend*⟩ parteiisch · tendenziös + subjektiv · verzerrt · schief · entstellt · frisiert · engherzig; → *auch* befangen (1) – **2.** ⟨*nur auf bzw. von der Seite einer Partei od. nur eine Seite berücksichtigend*⟩ unilateral (*bes. Polit*)
Einsenkung, die: → Vertiefung (1)
einsetzen: I. einsetzen: **1.** → einfügen (I) – **2.** → einbauen (1) – **3.** → pflanzen (I, 1) – **4.** → einkochen – **5.** → berufen (I, 1) – **6.** → verwenden (I, 1) – **7.** → einspannen (1) – **8.** → aufwenden – **II.** einsetzen, sich: ⟨*bestimmte Belange nachdrücklich unterstützen*⟩ eifern |für| · sein Gewicht in die Waagschale werfen; in die Schranken treten |für| ♦ *umg*: sich dahinter setzen · durch dick und dünn/durchs Feuer gehen |für| · sich [tüchtig] in die Riemen legen ♦ *salopp*: sich dahinter klemmen; → *auch* eintreten (7, a), verwenden (II)
Einsetzung, die: → Berufung (1)
Einsicht, die: **1.** → Einblick (1 *u.* 2) – **2.** → Erkenntnis (1) – **3.** → Verständnis (1) – **4.** zur E. kommen: → einsehen (2); zur E. bringen: → überzeugen (I)
einsichtig: 1. → verständnisvoll – **2.** → überzeugend
Einsichtnahme, die: → Einblick (2)
einsichtslos: → verständnislos (1)
einsichtsvoll: → verständnisvoll
einsickern: → versickern
Einsiedel, der: → Einsiedler
einsieden: → einkochen
Einsiedler, der: Eremit · Klausner · Einsiedel · Anachoret · Waldbruder; → *auch* Einzelgänger
einsiedlerisch: → einsam (1)
einsilbig: → wortkarg
einsilieren: → silieren
einsingen: → einschläfern (1)
einsinken: → senken (II)
einsitzen: → gefangen (2)
einsortieren: → einordnen (I)
einspannen: 1. ⟨*in etw. befestigen*⟩ einziehen · einsetzen · festspannen – **2.** → anspannen (1) – **3.** → heranziehen (1)
Einspänner, der: → Einzelgänger, Junggeselle
einsparen: den Rotstift ansetzen · Kürzungen vornehmen; → *auch* sparen (1)
Einsparungsmaßnahmen (*Pl*): Sparmaßnahmen; Streichkonzert (*scherzh*)
einspeichern: → einlagern
einsperren: 1. ⟨*in eine Haftanstalt bringen u. darin festhalten*⟩ einkerkern · in Gewahrsam nehmen · gefangen setzen · in Arrest setzen; ins Gefängnis werfen (*veraltend*) + internieren · in den Kerker werfen ♦ *umg*: einstecken · festsetzen · hinter Schloss und Riegel bringen/setzen; aus dem Verkehr ziehen (*verhüll*) ♦ *salopp*: einbuchten · einlochen · einspunden · einkassieren · einbunkern · ins Loch stecken; → *auch* gefangen (3), verhaften – **2.** → einschließen (I, 1) – **3.** eingesperrt sein: → gefangen (2)
einspielen, sich: → einlaufen (II)
einspinnen, sich: **1.** → einpuppen, sich (1) – **2.** → absondern (II)
Einsprache, die: → Einspruch (1)
einsprechen: e. |auf|: → einreden (2)
einsprengen: 1. → bespritzen (I, 1) – **2.** → einfügen (I)
Einsprengsel, das: → Fremdkörper
einspringen: 1. → aushelfen – **2.** e. |für|: → vertreten (1)
einspritzen: 1. ⟨*eine Flüssigkeit mittels einer Spritze in etw. einführen*⟩ spritzen |in| · einimpfen; injizieren (*med*) – **2.** → bespritzen (I, 1)
Einspritzung, die: Injektion ♦ *umg*: Spritze
Einspruch, der: **1.** ⟨*Äußerung des Nichteinverstandenseins*⟩ Protest · Einwand · Einwurf · Widerspruch · Veto · Entgegnung · Einrede · Widerrede · Verwahrung · Anfechtung; Berufung · Interpellation · Rekurs · Rechtseinwendung (*Rechtsw*); Demarche

(*Diplom*); Einsprache (*schweiz*); Einsage (*süddt österr*); → *auch* Einwand (1), Ablehnung – **2.** E. erheben: → protestieren
einspunden: → einsperren (1)
einst: **1.** ⟨*in ferner Zukunft*⟩ der[mal]einst · einstens · einstmals · einmal · später[hin]; → *auch* künftig – **2.** → früher (1)
einstampfen: → eindrücken (I, 1)
einstanzen: → eindrücken (I, 1)
einstauben: → verstauben
einstäuben: → pudern (1)
einstecken: **1.** → aneignen, sich (1) – **2.** → einsperren (1) – **3.** → einwerfen (1) – **4.** → dulden (1) – **5.** → überflügeln
einstehen: e. |für|: **1.** → verantworten (I) – **2.** → eintreten (7, a) – **3.** → bürgen
einstehlen, sich: → einschleichen, sich (1)
einsteigen: **1.** ⟨*sich steigend in etw. hineinbegeben*⟩ hineinsteigen · hineinklettern – **2.** ⟨*sich in ein Fahrzeug begeben*⟩ besteigen · aufsteigen + aufspringen – **3.** ⟨*sich in ein Schiff bzw. Flugzeug begeben*⟩ an Bord gehen · sich einschiffen – **4.** → eintreten (1) – **5.** → einbrechen (1)
einstellen: **I.** einstellen: **1.** ⟨*ein Gerät auf die optimale Leistung bringen*⟩ einrichten · justieren · regulieren – **2.** → einschalten (I, 1) – **3.** → unterstellen (I) – **4.** → einordnen (I) – **5.** → anstellen (I, 2) – **6.** → beenden (1) – **7.** → egalisieren (1) – **8.** e. |auf|: → abstimmen (2); die Arbeit e.: → streiken (1) – **II.** einstellen, sich: **1.** → erscheinen (1, a *u.* b) – **2.** sich e. |auf|: → vorbereiten (II)
Einstellplatz, der: → Parkplatz
Einstellung, die: **1.** ⟨*das Einstellen eines Gerätes*⟩ Justierung – **2.** → Anstellung (1) – **3.** → Beendigung – **4.** → Gesinnung (1) – **5.** → Denkweise
einstens: **1.** → einst (1) – **2.** → früher (1)
Einstieg, der: → Öffnung
einstig: → ehemalig
einstimmen: **I.** einstimmen: → stimmen (2) – **II.** einstimmen, sich: sich e. |auf/für|: → vorbereiten (II)
einstimmig: **1.** ⟨*mit einer Stimme*⟩ + gleichstimmig · homophon · unisono – **2.** → einhellig
Einstimmung, die: → Vorbereitung
einstippen: → eintauchen (1)
einstmalig: → ehemalig
einstmals: **1.** → einst (1) – **2.** → früher (1)
einstoßen: einschlagen · einrennen; → *auch* einwerfen (2), zerschlagen (I, 1)
einstreichen: **1.** → aneignen, sich (1) – **2.** → einfallen (2) – **3.** einen Gewinn e.: → gewinnen (1)
Einstreu, die: → Streu
einstreuen: → einfügen (1)
Einstrom, der: → Zugang (1)
einstudieren: → einüben
einstufen: → einordnen (I)
Einstufung, die: → Einordnung
einstürmen: e. |auf|: → bedrängen (1)
Einsturz, der: Zusammensturz · Einbruch · Zusammenbruch
einstürzen: zusammenstürzen · einfallen · zusammenfallen · zusammenbrechen · einbrechen · in Trümmer sinken ♦ *umg*: einplumpsen ♦ *salopp*: einsausen · zusammenkrachen · einkrachen
einstweilen: **1.** → vorläufig – **2.** → unterdessen
einstweilig: → vorläufig
eintauchen: **1.** ⟨*in eine Flüssigkeit drücken*⟩ tauchen |in|; eintunken · tunken |in| (*landsch*) + untertauchen ♦ *umg*: eintitschen · titschen |in| · einstippen · stippen |in| (*landsch*) – **2.** → tauchen (1)
eintauschen: → einhandeln
eintaxieren: → beurteilen (1)
einteilen: **1.** ⟨*nach einem bestimmten Prinzip in kleinere Einheiten teilen*⟩ [auf]gliedern · durchgliedern · klassifizieren · unterteilen · untergliedern + fächern · periodisieren · strukturieren · paragraphieren · [ein]ordnen; → *auch* ordnen (1), aufteilen (2) , abstufen (1), einordnen (I) – **2.** ⟨*planmäßig für bestimmte Zwecke verteilen*⟩ disponieren
Einteiler, der: → Badeanzug
Einteilung, die: **1.** ⟨*Teilung in kleinere Einheiten*⟩ Aufteilung · Aufgliederung · Gliederung · Aufschlüsselung · Klassifikation + Periodisierung · Ordnung – **2.** ⟨*planmäßige Verteilung*⟩ Disposition – **3.** → Gliederung (1)
eintiefen: → eingraben (I, 1)
eintitschen: → eintauchen (1)
eintönig: **1.** → einförmig – **2.** → einfarbig
Eintönigkeit, die: → Einförmigkeit
eintonnen: → einlegen (1)
Eintopf, der: → Eintopfgericht
Eintopfessen, das: → Eintopfgericht
Eintopfgericht, das: Eintopf[essen] + Stammgericht ♦ *umg*: Quer durch den Garten · Durch den Garten (*scherzh*)

Eintracht, die: Harmonie · Gleichklang · Einklang · Einvernehmen + Hausfriede[n]; → *auch* Friede[n] (1), Einigkeit
einträchtig: 1. ⟨*in einem guten Verhältnis untereinander*⟩ harmonisch; → *auch* friedlich (1) – **2.** → einhellig
Eintrag, der: **1.** → Eintragung – **2.** E. tun: → beeinträchtigen (1)
eintragen: I. eintragen: **1.** → einschreiben (I) – **2.** → einzeichnen (I) – **3.** → einbringen (2) – **4.** → einlaufen (I, 1) – **II.** eintragen, sich: → einschreiben (II)
einträglich: einbringlich · lukrativ · lohnend · Gewinn bringend · rentabel · ertragreich · Profit bringend · profitabel + segensvoll · segensreich · günstig · vorteilhaft ♦ *umg*: + fett; → *auch* ergiebig
Eintragung, die: Eintrag · Einzeichnung + Bemerkung · Notiz
einträuken: → vergelten (1)
einträufeln: → einflößen (1)
eintreffen: 1. ⟨*entsprechend der Voraussage geschehen*⟩ eintreten · sich erfüllen · sich bestätigen · in Erfüllung gehen · nicht ausbleiben; → *auch* bestätigen (II, 1) – **2.** → ankommen (1) – **3.** → eingehen (1)
Eintreffen, das: → Ankunft
eintreiben: 1. → einschlagen (1) – **2.** → einziehen (3)
eintreten: 1. ⟨*die Mitgliedschaft erwerben*⟩ beitreten · Mitglied werden + sich einkaufen ♦ *umg*: gehen |in| + einsteigen – **2.** → hereinkommen (1) – **3.** → hineingehen (1) – **4.** → eintreffen (1) – **5.** → einlaufen (I, 1) – **6.** → zerschlagen (I, 1) – **7.** e. |für|: **a)** ⟨*sich öffentlich für etw. od. jmdn. aussprechen*⟩ vertreten · plädieren |für/auf| · sich erklären |für| · sich bekennen |für/zu| · einstehen/in die Schranken treten |für| · Partei nehmen/ergreifen |für| · jmdm. das Wort reden · eine Lanze brechen/einlegen |für| · sich stark machen |für| · sich in die Bresche werfen ♦ *umg*: jmdm. die Stange halten; → *auch* einsetzen (II), verwenden (II), verteidigen (I, 2), unterstützen (I, 1) – **b)** → bürgen – **8.** e. lassen: → einlassen (I, 1); sich e.: → einziehen (11)
eintrichtern: 1. → einflößen (1) –**2.** → einprägen (I, 1)
Eintritt, der: **1.** ⟨*das Erwerben der Mitgliedschaft*⟩ Beitritt – **2.** → Zutritt – **3.** → Eingang (1) – **4.** → Beginn (1) – **5.** → Eintrittsgeld
Eintrittsbillett, das: → Eintrittskarte
Eintrittsgebühr, die: → Eintrittsgeld
Eintrittsgeld, das: Eintritt[sgebühr] · Eintrittspreis; Entree (*österr*)
Eintrittskarte, die: Einlasskarte · Karte · Ticket; Billett · Eintrittsbillet (*schweiz*)
Eintrittspreis, der: → Eintrittsgeld
eintrocknen: 1. → trocknen (1) – **2.** → schrumpfen – **3.** → versiegen (1)
eintrommeln: → einprägen (I, 1)
einträufeln: → einflößen (1)
eintrüben, sich: sich beziehen · sich bedecken · sich bewölken · sich einwölken · sich trüben · sich zuziehen
Eintrübung, die: Bewölkungszunahme
eintrudeln: → ankommen (1), eingehen (1)
eintunken: → eintauchen (1)
eintüten: → abfüllen
einüben: einstudieren · einexerzieren + lernen ♦ *umg*: eindrillen · eindressieren; → *auch* proben (1), lernen (1)
einverleiben: 1. ⟨*mit einer größeren Einheit vereinigen*⟩ eingliedern · inkorporieren · angliedern · anreihen · anschließen + verschmelzen; → *auch* vereinigen (I, 1) – **2.** sich e.: **a)** ⟨[*gewaltsam*] *mit seinem Besitz vereinigen*⟩ annektieren · in Besitz nehmen/bringen · Besitz ergreifen |von| ♦ *umg*: schlucken; → *auch* aneignen, sich (1), erobern (1) – **b)** → essen (1)
Einverleibung, die: Eingliederung · Inkorporation · Anschluss · Angliederung · Besitzergreifung · Inbesitznahme · Besitznahme · Annexion · Annektierung; → *auch* Besitzergreifung
Einvernahme, die: → Verhör (1)
einvernehmen: → verhören (I)
Einvernehmen, das: **1.** → Eintracht – **2.** → Einigkeit – **3.** sich ins E. setzen |mit|: → verständigen (II, 1)
einvernehmlich: 1. → einhellig – **2.** einvernehmliche Regelung: → Zugeständnis (1)
Einvernehmung, die: → Verhör (1)
einverstanden: 1. ⟨*Ausdruck der Zustimmung zu einem Vorschlag*⟩ *umg*: [geht] in Ordnung · geht klar · okay · o. k. · gemacht; → *auch* ja (1) – **2.** e. sein: → zustimmen (1)
Einverständnis, das: → Zustimmung (1)
einwachsen: → anwachsen (1)
Einwand, der: **1.** ⟨*Äußerung einer anderen Meinung*⟩ Einwendung · Entgegnung · Gegenbehauptung · Gegenargument · Gegen-

meinung · Entgegnung · Ausstellung · Aber; → *auch* Einspruch (1), Zweifel (1) – **2.** → Einspruch (1) – **3.** einen E. [geltend] machen: → einwenden
einwandern: immigrieren + sich niederlassen · sich ansiedeln
Einwanderung, die: Immigration; → *auch* Zuwanderung
einwandfrei: 1. ⟨*ohne jeden Mangel*⟩ tadellos · fehlerlos · fehlerfrei · makellos · untadelig · fleckenlos ♦ *umg*: tipptopp · astrein; → *auch* fehlerlos (1), richtig (1), vollkommen (1) – **2.** e. sein: ⟨*keinen Mangel aufweisen*⟩ Hand und Fuß haben; an etw. ist kein Untätchen (*landsch*)
einwärts: inwärts · nach innen; → *auch* hinein (1)
einwässern: → wässern (1), durchfeuchten (I, 1)
einweben: 1. ⟨*in etw. weben*⟩ hineinweben + einwirken – **2.** → einfügen (I)
einwechseln: → wechseln (1)
einwecken: → einkochen
Einwegflasche, die: Wegwerfflasche ♦ *umg*: Ex-und-hopp-Flasche; → *auch* Flasche (1)
einweichen: weichen; → *auch* durchfeuchten (I, 1)
einweihen: 1. ⟨*feierlich seiner Bestimmung übergeben*⟩ weihen · taufen · enthüllen · eröffnen; inaugurieren (*österr*) + initiieren – **2.** ⟨*mit etw. vertraut machen*⟩ ins Vertrauen ziehen; → *auch* unterrichten (1)
Einweihung, die: Weihe · Taufe · Enthüllung · Eröffnung
einweisen: 1. → anleiten (1) – **2.** → lotsen (1)
Einweisung, die: → Anleitung (1)
einwenden: entgegnen · entgegenhalten · dagegenreden · zu bedenken geben · einen Einwand [geltend] machen; dawiderreden (*veraltend*) + kontern; → *auch* einwerfen (3), protestieren
Einwendung, die: → Einwand (1)
einwerfen: 1. ⟨*von Postsendungen gesagt: in den Briefkasten stecken*⟩ einstecken · hineinwerfen + aufgeben – **2.** ⟨*von Glasscheiben gesagt: durch Werfen zerschlagen*⟩ *umg*: einschmettern ♦ *salopp*: einschmeißen; → *auch* zerschlagen (I, 1), einstoßen – **3.** ⟨*eine mündl. Zwischenbemerkung machen*⟩ dazwischenwerfen · dazwischenrufen; → *auch* einwenden
einwickeln: 1. ⟨*durch Darumwickeln einpacken*⟩ wickeln |in| · einrollen · rollen |in| · einschlagen · schlagen |in| + einpacken; → *auch* einbinden (1), verpacken (1) – **2.** → einhüllen (1) – **3.** → überreden – **4.** → überlisten
[1]**einwiegen: 1.** → einschläfern (1) – **2.** → beruhigen (I)
[2]**einwiegen:** → abwiegen
einwilligen: → zustimmen (1)
Einwilligung, die: **1.** → Zustimmung (1) – **2.** die E. haben: → dürfen; die E. geben: → erlauben (1)
einwintern: → einlagern
einwirken: 1. → beeinflussen (1, a) – **2.** → einweben (1)
Einwirkung, die: **1.** → Beeinflussung – **2.** → Einfluss (1)
Einwirkungsbereich, der *od.* das: → Einflussbereich (1)
Einwirkungssphäre, die: → Einflussbereich (1)
einwohnen: → wohnen (1)
Einwohner, der: **1.** ⟨*in einem Ort Wohnender*⟩ Bewohner · der Ansässige – **2.** → Bürger (1)
Einwohnerschaft, die: → Bevölkerung
einwölken, sich: → eintrüben, sich
Einwurf, der: **1.** ⟨*eingeworfene Bemerkung*⟩ Zwischenruf – **2.** → Briefkasten (1) – **3.** → Einspruch (1)
einwurzeln: → anwachsen (1)
einzahlen: → abliefern (1)
Einzahlungsschein, der: **1.** → Quittung (1) – **2.** → Zahlschein
einzäunen: → umzäunen
Einzäunung, die: → Umzäunung
einzeichnen: I. einzeichnen: ⟨*mit Zeichen od. zeichnerisch in etw. festhalten*⟩ hineinzeichnen · eintragen; → *auch* einschreiben (I) – **II.** einzeichnen, sich: → einschreiben (II)
Einzeichnung, die: → Eintragung
Einzelding, das: → Einzelheit (I)
Einzelerscheinung, die: → Ausnahme (1)
Einzelfall, der: → Ausnahme (1)
Einzelgänger, der: Individualist ♦ *umg*: Einspänner; → *auch* Einsiedler, Sonderling
Einzelhandel, der: Kleinhandel · Detailhandel (*veraltend*)
Einzelhandelsgeschäft, das: → Geschäft (1)

Einzelhandelspreis, der: Endverbraucherpreis · Verbraucherpreis · Ladenpreis · Endpreis · Verkaufspreis · Abgabepreis; → *auch* Preis (1)
Einzelheit: I. Einzelheit, die: ⟨*einzelner Teil bzw. einzelne Sache*⟩ Detail · Einzelding + Feinheit – **II.** Einzelheiten (*Pl*): **1.** → Einzelnes – **2.** → Datum (II)
Einzelmensch, der: → Individuum
einzeln: 1. ⟨*einer bzw. eines für sich allein*⟩ für sich · [ab]gesondert · separat · apart – **2.** ⟨*jedes für sich hervorhebend*⟩ detailliert · en détail · punktweise · Punkt für Punkt · punktuell · partikulär · partikular · speziell · genau – **3.** → einsam (1) – **4.** bis ins Einzelne: → genau (2); e. stehend: → allein (5)
einzelne: → einige (1)
Einzelnes: einiges · Einzelheiten
Einzelperson, die: → Individuum
Einzelwesen, das: → Individuum
einziehen: 1. ⟨*in einen Ort od. ein Gebiet marschieren*⟩ einrücken · einmarschieren · Einzug halten – **2.** ⟨*in Bezug auf Flaggen bzw. Segel: wieder nach unten holen*⟩ streichen · niederholen · einholen · bergen; reffen (*seem*) – **3.** ⟨*Geldforderungen realisieren*⟩ einfordern · einmahnen · einklagen · eintreiben · einkassieren · erheben; einheben (*süddt österr*); beitreiben (*Rechtsw*); → *auch* [1]kassieren, einsammeln – **4.** → beziehen (I, 3) – **5.** → einberufen (2) – **6.** → einspannen (1) – **7.** → durchstecken – **8.** → einatmen – **9.** → einsaugen (1) – **10.** → beschlagnahmen, zurückziehen (I, 1) – **11.** sich e.: ⟨*in Bezug auf Splitter od. dgl.: in die bzw. unter die Haut bekommen*⟩ sich einreißen + sich eintreten – **12.** einen e.: → schlafen (1, a); zum Wehrdienst e.: → einberufen (2); Erkundigungen e.: → erkundigen, sich; den Schwanz e.: → nachgeben (1)
Einziehung, die: **1.** → Beschlagnahme – **2.** → Einberufung (1)
einzig: 1. ⟨*nur einmal vorhanden*⟩ allein + ausschließlich; eingeboren (*Rel*) – **2.** → hervorragend (1) – **3.** e. und allein: → nur; ein einziges Mal: → einmal (1)
einzigartig: → hervorragend (1)
Einzige: I. Einzige, der: → Geliebte (I) – **II.** Einzige, die: → Geliebte (II)
Einzigeine: I. Einzigeine, der: → Geliebte (I) – **II.** Einzigeine, die: → Geliebte (II)
einzingeln: → umstellen (I)
Einzingelung, die: → Einkreisung
einzuckern: → zuckern
Einzug, der: **1.** ⟨*das Hineinmarschieren*⟩ Einmarsch + Ankunft – **2.** → Beginn (1) – **3.** E. halten: → einziehen (1)
einzwängen: → einfügen (I)
eirund: → oval
Eis, das: **1.** → Speiseeis – **2.** das E. brechen: → annähern (II, 1); auf E. legen: → zurückstellen (1)
Eisbahn, die: → Schlitterbahn
Eisbar, die: → Eisdiele
Eisbombe, die: → Speiseeis
Eiscafé, das: → Eisdiele
Eisdiele, die: Eiskonditorei · Eisbar · Eiscafé
Eisen, das: **1.** → Bügeleisen – **2.** → Fangeisen – **3.** → Fessel (1) – **4.** → Schwert (1) – **5.** kaltes E. hämmern: → reden (2); zum alten E. werfen: **a)** → wegwerfen (I, 1) – **b)** → kaltstellen; zum alten E. gehörend: → verbraucht (1); zwei/mehrere Eisen im Feuer haben: → vorsorgen; ein heißes E. sein: → gefährlich (2)
Eisenbahn, die: **1.** ⟨*Verkehrsbetrieb*⟩ Bahn – **2.** → Zug (1) – **3.** höchste E.: → eilig (2)
Eisenbahnabteil, das: → Abteil
Eisenbahncoupé, das: → Abteil
Eisenbahngleis, das: **1.** → Schienenweg – **2.** → Gleis (1)
Eisenbahnschienen (*Pl*): **1.** → Schienenweg – **2.** → Gleis (1)
Eisenbahnstrecke, die: → Schienenweg
Eisenbahnzug, der: → Zug (1)
Eisenbeton, der: → Beton
eisengrau: → grau (1)
eisenhart: 1. → hart (1) – **2.** → standhaft (1)
Eisenhütte, die: → Hüttenwerk
Eisenhüttenwerk, das: → Hüttenwerk
Eisenwerk, das: → Hüttenwerk
eisern: 1. ⟨*aus Eisen bestehend*⟩ stählern ♦ *dicht*: ehern – **2.** → unerschütterlich – **3.** → streng (2) – **4.** → selbstverständlich (1) – **5.** → hart (1) – **6.** eiserne Reserve: → Ersparnis (1); eiserne Ration: → Verpflegung (2); mit dem eisernen Besen auskehren: → aufräumen (1)
Eiseskälte, die: → Kälte
eisgekühlt: → gekühlt
eisglatt: → glatt (2)
Eisglätte, die: → Glätte (1)
eisgrau: → grau (1)
eisig: 1. → kalt (1) – **2.** e. kalt: → kalt (1)

eiskalt: 1. → kalt (1) – **2.** → gefühllos (1) – **3.** es läuft jmdm. e. über den Rücken/den Rücken herunter: → schaudern (1)
Eiskälte, die: → Kälte
Eiskonditorei, die: → Eisdiele
Eiskorn, das: → Hagelkorn
Eislauf, der: → Schlittschuhlauf
Eisschmelze, die: → Schneeschmelze
Eisschrank, der: → Kühlschrank
eitel: 1. ⟨*nach Bewunderung durch andere strebend*⟩ putzsüchtig · gefallsüchtig · selbstgefällig · dandyhaft · geckenhaft · stutzerhaft · geckenmäßig + kokett; → *auch* eingebildet (1), geziert – **2.** → eingebildet (1) – **3.** → rein (1)
Eitelkeit, die: **1.** ⟨*das Streben nach Bewunderung durch andere*⟩ Putzsucht · Gefallsucht · Selbstgefälligkeit · Geckenhaftigkeit · Stutzerhaftigkeit · Geckerei + Koketterie – **2.** → Nichtigkeit (2)
Eiterbeule, die: **1.** → Geschwür – **2.** → Eiterblase
Eiterbläschen, das: → ²Pickel
Eiterblase, die: + Eiterbeule · Eitergeschwür · Blatter · Blase; → *auch* ²Pickel
Eitergeschwür, das: **1.** → Geschwür – **2.** → Eiterblase
eitern: schwären ♦ *umg*: buttern · suppen (*landsch*)
eiternd: → eitrig
eitrig: schwärig · eiternd; purulent (*med*)
Eiweiß, das: Ei[er]klar (*süddt österr*)
Eizelle, die: **1.** → Ei (I, 1) – **2.** Keimzelle (1)
Ejakulat, das: → Samen (2)
Ejakulation, die: → Samenerguss
ekel: 1. → ekelhaft (1) – **2.** → verwerflich
Ekel: I. 1. Ekel, der: → Widerwille – **2.** E. erregend: → ekelhaft (1) – **II.** Ekel, das (*umg*): ⟨*widerwärtiger Mensch*⟩ Scheusal; Fiesling · Widerling (*abwert*) ♦ *salopp*: Ekelpaket ♦ *derb*: Kotzbrocken
Ekelgefühl, das: → Widerwille
ekelhaft: 1. ⟨*von unangenehmer Wirkung auf die Sinne*⟩ ekel · eklig · abscheulich · Abscheu erregend · Ekel erregend · degoutant · scheußlich · aasig · widerlich · widerwärtig · abstoßend · übel · unangenehm · grässlich · wie die Pest + unappetitlich · böse ♦ *umg*: zum Brechen ♦ *derb*: zum Kotzen; → *auch* hässlich (1) – **2.** → abscheulich (1) – **3.** → verwerflich – **4.** → sehr
ekeln: I. ekeln: ⟨*Ekel erregen*⟩ abstoßen · zurückstoßen · degoutieren ♦ *umg*: + jagen können |mit|; → *auch* anwidern – **II.** ekeln, sich: ⟨*Ekel empfinden*⟩ sich schütteln · sich entsetzen ♦ *derb*: die Kotze kriegen; → *auch* schaudern (1)
Ekelname, der: → Spitzname
Ekelpaket, das: → Ekel (II)
Eklat, der: → Aufsehen (1)
eklatant: 1. → sensationell – **2.** → offenkundig (1)
eklektisch: → unschöpferisch
eklig: 1. → ekelhaft (1) – **2.** → wählerisch – **3.** → unangenehm (1)
Ekstase, die: → Begeisterung (1)
ekstatisch: → begeistert (1)
Ekzem, das: → Hautausschlag
Elaborat, das: → Machwerk
Elan, der: **1.** → Begeisterung (1) – **2.** → Schwung (1) – **3.** mit E.: → schwungvoll
elastisch: 1. ⟨*Elastizität aufweisend*⟩ dehnbar · zugfähig · federnd · fedrig · federhart; → *auch* biegsam, geschmeidig (1), weich (1, a) – **2.** → gewandt (3)
Elastizität, die: **1.** ⟨*die Fähigkeit, Verformungen nach Aufhören der verursachenden Kräfte rückgängig zu machen*⟩ Dehnbarkeit · Spannkraft · Schnellkraft · Federkraft · Fedrigkeit – **2.** → Gewandtheit (1 *u.* 3)
Eldorado, das: → Paradies (1, a)
Elefant, der: **1.** ⟨*größtes Landsäugetier*⟩ Dickhäuter – **2.** → Begleiter (2) – **3.** wie ein E. [im Porzellanladen]: → ungeschickt (1); aus einer Mücke einen Elefanten machen: → übertreiben (1)
Elefantenbaby, das: → Dicke (I *u.* II, 1)
Elefantenhochzeit, die: → Vereinigung (1)
Elefantenküken, das: → Dicke (I *u.* II, 1)
elegant: 1. ⟨*modisch u. geschmackvoll gekleidet*⟩ schick · mondän · fashionable; smart (*österr*) + schnittig · fein · auserlesen · ausgesucht · gewählt ♦ *umg*: flott · kess · todschick · piekfein · schneidig · rassig; fesch (*österr*); schnieke (*norddt*); → *auch* ²modern (1) – **2.** → gewandt (3)
Elegant, der: → Geck (1)
Eleganz, die: **1.** ⟨*das Gut-Gekleidetsein*⟩ Schick – **2.** → Gewandtheit (3)
elegisch: → traurig (1)
Elektriker, der: Elektroinstallateur · Elektromonteur · Elektrotechniker
Elektrische, die: → Straßenbahn

Elektrizität, die: Elektroenergie · Energie · Strom
Elektrizitätswerk, das: → Kraftwerk
Elektroenergie, die: → Elektrizität
Elektroinstallateur, der: → Elektriker
Elektromonteur, der: → Elektriker
Elektronengehirn, das: → Computer
Elektrotechniker, der: → Elektriker
Element: I. Element, das: **1.** → Akkumulator – **2.** → Bestandteil (1) – **3.** → Person (1) – **4.** das feuchte E.: → Wasser (1) – **II.** Elemente (*Pl*): **1.** → Anfangsgründe – **2.** → Naturgewalt – **3.** Aufruhr der E.: → Unwetter; asoziale E.: → Gesindel
elementar: 1. → naturhaft – **2.** → grundlegend – **3.** → unkompliziert
Elementarbegriff, der: → Grundbegriff (I)
Elementargewalt, die: → Naturgewalt
elementarisch: → naturhaft
Elementarkenntnisse (*Pl*): → Anfangsgründe
Elementarkraft, die: → Naturgewalt
elend: 1. ⟨*von mangelhaftem körperl. Befinden*⟩ jämmerlich · schlecht · elendig · kränklich · eingefallen · unterernährt · nur noch ein Schatten seiner selbst; kläterig (*norddt*) ♦ *gehoben*: elendiglich ♦ *umg*: wie ein Gespenst · wie das Leiden Christi ♦ *salopp*: hundeelend; → *auch* abgemagert, erbärmlich (1), jämmerlich (1), unwohl (1) – **2.** → unwohl (1) – **3.** → verwerflich – **4.** → minderwertig, erbärmlich (1) – **5.** → arm (1), ärmlich (1)
Elend, das: **1.** → Unglück (1), Jammeranblick – **2.** → Armut (1) – **3.** → Leid (1) – **4.** graues E.: → Niedergeschlagenheit; das heulende/graue/große E. kriegen: → verzweifeln (1); wie ein Häufchen E.: → jämmerlich (1); ins E. stoßen: → entlassen (2)
elendig[lich]: 1. → elend (1) – **2.** → verwerflich
Elendsviertel, das: → Slum
Eleve, der: **1.** → Lehrling – **2.** → Schüler (1)
Elf, der: → Kobold (1)
Elfenbeinturm, der: im E. leben: → absondern (II)
elfenhaft: → zart (1)
elfisch: → zart (1)
elfte: in elfter Stunde: → spät (1)
Elimination, die: **1.** → Aussonderung (1) – **2.** → Ausschluss (1)
eliminieren: 1. → aussondern (1) – **2.** → ausschließen (I, 2 *u.* 3)
Eliminierung, die: **1.** → Aussonderung (1) – **2.** → Ausschluss (1)
elitär: → eingebildet (1)
Elite, die: → Auslese (1)
Elitetruppe, die: Kerntruppe · Garde
Elixier, das: **1.** → Heiltrank – **2.** → Extrakt (1)
Ellbogen, der: seine Ellbogen gebrauchen: → rücksichtslos (2)
Ellbogenrecht, das: → Gewalt (1)
Elle, die: mit der gleichen E. messen: → gleichsetzen
Ellenbogen, der: seine Ellenbogen gebrauchen: → rücksichtslos (2)
Ellenbogenrecht, das: → Gewalt (1)
ellenlang: → lang (1)
ellipsenförmig: → oval
elliptisch: → oval
Eloge, die: → Lob (1)
eloquent: → redegewandt
Elster, die: diebische E.: → Dieb
Elter, der *od.* das: → Elternteil
Eltern (*Pl*): **1.** ⟨*Verwandte*⟩ Vater und Mutter · Elternpaar + Erziehungsberechtigte ♦ *salopp*: die Alten – **2.** nicht von schlechten E.: → beachtlich (1)
Elternpaar, das: → Eltern (1)
Elternteil, der *od.* das: Elter (*fachspr*)
elysisch: die elysischen Gefilde: → Jenseits (1, b)
Elysium, das: → Jenseits (1, b)
Email, das: → Glasur
E-Mail, die: → Fernschreiben
Emanze, die: → emanzipiert
Emanzipation, die: → Befreiung (2)
emanzipieren, sich: → befreien (II, 2)
emanzipiert: emanzipierte Frau: · Frauenrechtlerin · Feministin ♦ *umg*: Emanze (*abwert*)
Emballage, die: → Verpackung
emballieren: → verpacken (1)
Embargo, das: → Ausfuhrverbot
Embonpoint, das: → Schmerbauch, Dicke (II, 2)
Embryo, der *od.* das: Keimling · Leibesfrucht; Fetus · Fötus (*med*)
Emendation, die: → Verbesserung (1)
emendieren: → verbessern (I, 1)
emeritieren: → pensionieren
emeritiert: → pensioniert
Emigrant, der: → Auswanderer
Emigration, die: **1.** → Auswanderung – **2.** → Exil

emigrieren: → auswandern
eminent: **1.** → hervorragend (1) – **2.** → sehr
Emissär, der: → Abgesandte
Emission, die: **1.** → Ausgabe (4) – **2.** → Luftverunreinigung
Emissionsbank, die: → Effektenbank
emittieren: **1.** → ausstrahlen (1) – **2.** → ausgeben (3)
Emmchen, das: → Geld (1)
Emotion, die: → Gefühl (1)
emotional: → gefühlsmäßig
emotionell: → gefühlsmäßig
Empfang, der: **1.** ⟨*das Entgegennehmen*⟩ Annahme · Übernahme · Entgegennahme · Aufnahme · Erhalt – **2.** ⟨*das Empfangenwerden bei einer bedeutenden Persönlichkeit*⟩ Audienz – **3.** → Fest (1) – **4.** → Anmelderaum – **5.** in E. nehmen: → empfangen (1)
empfangen: **1.** ⟨*von jmdm. bekommen u. nehmen*⟩ annehmen · übernehmen · entgegennehmen · aufnehmen · in Empfang nehmen – **2.** ⟨*Rundfunk- od. Fernsehsendungen hören bzw. sehen können*⟩ *umg*: hereinbekommen · hereinkriegen; → *auch* fernsehen – **3.** → erhalten (I, 1) – **4.** → aufnehmen (4) – **5.** mit offenen Armen e.: → willkommen (2)
Empfänger, der: **1.** ⟨*jmd., dem etw. geschickt wird*⟩ Adressat – **2.** → Rundfunkgerät – **3.** → Fernsehapparat
empfänglich: → aufgeschlossen
Empfängnis, die: → Befruchtung (b)
Empfängnisverhütung, die: Verhütung; Kontrazeption (*med*)
Empfangsbescheinigung, die: → Quittung (1)
Empfangsbestätigung, die: **1.** → Quittung (1) – **2.** → Bestätigung (2)
Empfangsgerät, das: **1.** → Rundfunkgerät – **2.** → Fernsehapparat
Empfangshalle, die: → Hotelhalle
Empfangsraum, der: Empfangssaal · Empfangszimmer · Salon; → *auch* Anmelderaum
Empfangssaal, der: → Empfangsraum
Empfangsschein, der: → Quittung (1)
Empfangszimmer, das: → Empfangsraum
empfehlen: **I.** empfehlen: **1.** ⟨*als vorteilhaft od. gut schildern*⟩ *umg*: anpreisen · anrühmen – **2.** → anvertrauen (I, 1) – **3.** → raten (1) – **II.** empfehlen, sich: **1.** → verabschieden (II, 1) – **2.** → weggehen (1) – **3.** sich auf Französisch e.: → wegschleichen (1)
empfehlenswert: empfehlungswürdig · ratsam · rätlich · indiziert; → *auch* notwendig (1)
Empfehlung, die: **1.** ⟨*Beurteilung zum Zweck einer Anstellung*⟩ Referenz + Zeugnis – **2.** → Rat (1)
empfehlungswürdig: → empfehlenswert
empfinden: **1.** ⟨*eine Gemütsbewegung haben*⟩ fühlen – **2.** → fühlen (I, 1) – **3.** Abscheu e.: → verabscheuen; Angst e.: → ängstigen (II, 1)
Empfinden, das: → Gefühl (1)
empfindlich: **1.** ⟨*in seinem Wohlbefinden leicht zu beeinträchtigend*⟩ anfällig · zart · von zarter Gesundheit · überempfindlich + allergisch – **2.** ⟨*sich sehr unangenehm auswirkend*⟩ spürbar · fühlbar · einschneidend · entscheidend · tief greifend; → *auch* merklich – **3.** → empfindsam (1) – **4.** → weichlich (1) – **5.** die empfindliche Stelle: → Achillesferse
empfindsam: **1.** ⟨*von zartem Empfinden*⟩ feinfühlig · feinfühlend · zartfühlend · sensibel · empfindlich · sensitiv · feinnervig · feinsinnig · mimosenhaft · zartbesaitet · feinbesaitet · weich · verletzlich · verletzbar · verwundbar · übelnehmerisch ♦ *gehoben*: dünnhäutig; → *auch* weichlich (1), gefühlvoll (1) – **2.** → rührselig (1)
Empfindsamkeit, die: **1.** ⟨*Zartheit des Empfindens*⟩ Feinfühligkeit · Feingefühl · Sensibilität · Feinnervigkeit · Feinsinn[igkeit] – **2.** → Rührseligkeit
Empfindung, die: **1.** → Gefühl (1) – **2.** → Eindruck (1)
empfindungslos: → unempfindlich (1)
Emphase, die: → Nachdrücklichkeit
emphatisch: → nachdrücklich
Empirie, die: → Erfahrung (1)
empor: → hinauf
emporarbeiten, sich: sich heraufarbeiten · sich hinaufarbeiten · sich hocharbeiten; → *auch* Erfolg (2)
emporbäumen, sich: → aufbäumen, sich (1)
emporbringen: → fördern (1)
empören: **I.** empören: → entrüsten (I) – **II.** empören, sich: **1.** → aufbegehren – **2.** → entrüsten (II)
empörend: → unerhört (1), anstößig (1)
Empörer, der: → Aufständische

empörerisch: → aufrührerisch
emporfliegen: auffliegen · hochfliegen · [auf]steigen · hochsteigen · sich erheben · sich aufschwingen · sich emporschwingen + aufstieben · aufflattern
emporheben: → heben (I, 1)
emporklettern: → hinaufklettern
emporkommen: → Erfolg (2)
Emporkömmling, der (*abwert*): Parvenü · der Neureiche · der Arrivierte
emporlodern: → aufflammen (1)
emporragen: → aufragen
emporranken, sich: → ranken, sich
emporrecken: → aufheben (I, 2)
emporrichten: **I.** emporrichten: → aufrichten (I, 1) – **II.** emporrichten, sich: → aufrichten (II)
emporschießen: → wachsen (1)
emporschwingen, sich: → emporfliegen, aufschwingen, sich (1)
emporsehen: → aufsehen (1)
emporsteigen: **1.** → ansteigen (1) – **2.** → aufsteigen (1) – **3.** → aufgehen (1)
emporstrecken: → aufheben (I, 2)
empört: → entrüstet
emportauchen: → auftauchen (1)
Empörung, die: **1.** → Entrüstung – **2.** → Aufstand
emporwallen: → aufwallen (1)
emporwerfen: → hochwerfen
emporziehen: → hochziehen (1)
emsig: **1.** → fleißig (1) – **2.** → eifrig (1)
Emsigkeit, die: **1.** → Fleiß (1) – **2.** → Eifer (1)
Emulsion, die: → Mischung (1)
en bloc: → insgesamt
encouragieren: → anregen (1)
Endabsicht, die: → Ziel (3)
Ende, das: **1.** ⟨*der letzte Teil*⟩ **a)** ⟨*räumlich*⟩ Abschluss · Endpunkt · Schlusspunkt · Schluss[teil]; Hinterteil · Beschluss (*veraltend*) + Zipfel · Schwanz – **b)** ⟨*zeitlich*⟩ Abschluss · Schluss[teil] · Endpunkt · Schlusspunkt · Ausgang · Ausklang · Schlussakt · Finale; Beschluss (*veraltend*) + Kehraus · Torschluss ♦ *gehoben*: Herbst · Abend aller Tage – **2.** → Tod (1), Zusammenbruch (1) – **3.** → Stück (1) – **4.** → Strekke (1) – **5.** → Zacke – **6.** ohne E.: → endlos (a *u.* b); eine Schraube ohne E.: → endlos (b); am E.: **a)** → hinten (1, a) – **b)** → zuletzt (1) – **c)** → schließlich (1) – **d)** → erschöpft (1); letzten Endes: → schließlich (1); kein E. haben/nehmen: → andauern; ein E. haben/nehmen, zu E. gehen: → enden (1, b); ein E. herbeiführen/bereiten: → beenden (1); zu E. führen/bringen: **a)** → beenden (1) – **b)** → vollenden (I, 1); ein E. machen: → aufhören (1); von Anfang bis [zu] E.: → ganz (1); an allen Ecken und Enden: → überall (1); am E. der Welt: → abgelegen; mit seinem Latein/seiner Kunst/seiner Weisheit am E. sein: → hilflos (4); das E. vom Lied: → Folge (1); zu welchem E.: → warum; seinem Leben ein E. machen: → Selbstmord (2)
Endeffekt, der: im E.: → schließlich (1)
enden: **1.** ⟨*das Ende erreichen*⟩ **a)** ⟨*räumlich*⟩ abschließen · aufhören · endigen · auslaufen – **b)** ⟨*zeitlich*⟩ aufhören · [ab]schließen · ausgehen · endigen · ein Ende haben/nehmen · zu Ende gehen · seinen Abschluss finden · zum Abschluss kommen/gelangen · ablaufen + ausklingen · stehen bleiben · auslaufen · einschlafen · einschlummern · erlöschen · erkalten · versiegen · verebben · abreißen · abschnappen ♦ *gehoben*: zur Neige/Rüste gehen; → *auch* beenden (1) – **2.** → sterben (1) – **3.** → umkommen (1) – **4.** e. wie das Hornberger Schießen: → ergebnislos (2); in der Gosse e.: → verkommen (1)
Endergebnis, das: → Ergebnis
Endesunterfertigte, der: → Unterzeichner
Endesunterzeichnete, der: → Unterzeichner
en détail: → einzeln (2)
endgültig: definitiv · unabänderlich · unwiderruflich · unumstößlich · besiegelt · für/auf immer · ein für alle Mal
endigen: **1.** → enden (1, a *u.* b) – **2.** → sterben (1) – **3.** → umkommen (1)
Endkampf, der (*Sport*): Finale · Schlusskampf + Finish · Endrunde · Endspiel · Schlussrunde · letzte Runde
Endkonsequenz, die: in der E.: → schließlich (1)
endlich: **1.** → schließlich (1) – **2.** → vergänglich – **3.** schließlich und e.: → schließlich (1)
Endlichkeit, die: → Vergänglichkeit
endlos: ⟨*niemals endend*⟩ **a)** ⟨*räumlich*⟩ ohne Ende · unendlich · unbegrenzt · unabsehbar · unermesslich · weit + uferlos – **b)** ⟨*zeitlich*⟩ ohne Ende · ad infinitum · immer während · dauernd · uferlos · eine Schraube

ohne Ende · ein Fass ohne Boden; bis zum Erbrechen (*abwert*) ♦ *umg*: ewig; → *auch* dauernd (1), ununterbrochen, immer (1), ewig (1)
Endlosigkeit, die: → Dauer (2)
Endpreis, der: → Einzelhandelspreis
Endprodukt, das: → Ergebnis
Endpunkt, der: → Ende (1, a *u.* b)
Endresultat, das: → Ergebnis
Endrunde, die: → Endkampf
Endspiel, das: → Endkampf
Endspurt, der: → Spurt
Endstand, der: → Ergebnis
Endverbraucherpreis, der: → Einzelhandelspreis
Endziel, das: → Ziel (3)
Endzweck, der: → Ziel (3)
Energie, die: **1.** → Tatkraft (1), Eifer (1) – **2.** → Nachdrücklichkeit – **3.** → Elektrizität
Energieerzeugung, die: → Stromerzeugung
energiegeladen: dynamisch · kraftvoll + agil; → *auch* schwungvoll
Energiegewinnung, die: → Stromerzeugung
energielos: → kraftlos
energisch: 1. → nachdrücklich – **2.** → entschlossen (1) – **3.** e. werden: ⟨*in wirksamer Weise vorgehen*⟩ *umg*: andere Saiten aufziehen; → *auch* durchgreifen
enervieren: → entkräften (1)
eng: 1. ⟨*von geringer Ausdehnung nach den Seiten*⟩ schmal; klamm (*landsch*) + beengt – **2.** ⟨*von Kleidungsstücken gesagt*: [*fast*] *keinen Spielraum lassend*⟩ knapp · eng anliegend · hauteng ♦ *salopp*: knallig · knalleng – **3.** → beschränkt (1) – **4.** → innig (1) – **5.** den Gürtel/Riemen [ein Loch]/den Schmachtriemen enger schnallen: → einschränken (II); e. begrenzt: → beschränkt (1); e. anliegend: → 2
Engagement, das: **1.** → Arbeit (3) – **2.** → Hingabe (1)
engagieren: I. engagieren: → anstellen (I, 2) – **II.** engagieren, sich: → festlegen (II)
engagiert: → aufgeschlossen
engbrüstig: → schmalbrüstig (1)
Enge, die: **1.** ⟨*das Engsein*⟩ Engigkeit · Engheit · Beengtheit · Gedrängtheit; → *auch* Gedränge (1) – **2.** → Hohlweg, Durchbruch (1) – **3.** in die E. treiben: → bedrängen (1)
Engel, der: **1.** *Rel* ⟨*überird. Wesen*⟩ Cherub ♦ *dicht*: Himmelsbote · himmlisches Wesen · Lichtbote – **2.** rettender E.: → Retter; die Engel singen hören: → Schmerz (3)
engelgleich: → überirdisch (1)
engelhaft: → überirdisch (1)
engelrein: → unschuldig (2)
engelschön: → schön (1)
Engelsgeduld, die: → Geduld (1)
engelsgut: → gutmütig (1)
Engelsmiene, die: → Unschuldsmiene
engelsrein: → unschuldig (2)
engen: → beengen (1)
Engheit, die: → Enge (1)
engherzig: → kleinlich, einseitig (1)
Engigkeit, die: → Enge (1)
englisch: englische Krankheit: → Rachitis; englischer Garten: → Park (1)
engmaschig: fein[maschig]; → *auch* dicht (1)
Engpass, der: **1.** → Hohlweg – **2.** → [1]Mangel (1)
Engramm, das: → Eindruck (1)
Engrossist, der: → Großhändler
engstirnig: → beschränkt (1), spießbürgerlich
Engstirnigkeit, die: **1.** → Beschränktheit (1) – **2.** → Bürokratie
Enkel, der: **1.** ⟨*Kind des eigenen Kindes*⟩ Enkelkind – **2.** → Nachkomme (1)
Enkelkind, das: → Enkel (1)
enkodieren: → verschlüsseln
en masse: → massenhaft
ennuyant: → langweilig
enorm: 1. → gewaltig (1) – **2.** → groß (1)
en passant: 1. → vorübergehen (2) – **2.** → beiläufig (1)
Enquete, die: → Umfrage (1)
enragiert: → leidenschaftlich
Ensilage, die: → Gärfutter
entarten: degenerieren
entartet: degeneriert · dekadent
Entartung, die: Degeneration · Dekadenz; → *auch* Verfall (1)
entäußern, sich: **1.** → verzichten – **2.** → verschenken (1)
Entäußerung, die: → Verzicht (1)
entbehren: 1. ⟨*trotz Notwendigkeit nicht haben*⟩ [ver]missen · ermangeln; entraten (*veraltend*) + verzichten; → *auch* darben, fehlen (2) – **2.** nicht e. können: → brauchen (1)

entbehrlich: **1.** ⟨*von Personen gesagt: nicht unbedingt benötigt*⟩ abkömmlich – **2.** → unnötig – **3.** → übrig (1)
Entbehrung, die: **1.** → [1]Mangel (1) – **2.** sich Entbehrungen auferlegen: → einschränken (II)
entbehrungsreich: → entsagungsvoll
entbehrungsvoll: → entsagungsvoll
entbieten: **1.** → bestellen (2) – **2.** einen Gruß e.: → grüßen (1)
entbinden: **1.** → befreien (I, 2) – **2.** e. |von|: → erlassen (1); seines/des Postens/Amtes e., von seiner Funktion/seinem Amt e.: **a)** → entlassen (2) – **b)** → absetzen (I, 2); von einem Kind entbunden werden: → gebären
Entbindung, die: **1.** → Geburt (1) – **2.** → Befreiung (3)
entblättern: **1.** ⟨*die Blätter entfernen*⟩ abblättern · entlauben – **2.** → ausziehen (I, 3)
entblättert: → kahl (2)
entblöden, sich: sich nicht e.: → unterstehen (II)
entblößen: **I.** entblößen: ⟨*die Bekleidung* [*von einem Körperteil*] *entfernen*⟩ frei machen · enthüllen + entschleiern; → *auch* ausziehen (I, 3) – **II.** entblößen, sich: → ausziehen (II)
entblößt: **1.** → nackt – **2.** entblößten Hauptes: **a)** → barhäuptig – **b)** → ehrfurchtsvoll
entbrennen: **1.** → ausbrechen (1) – **2.** entbrannt sein |für|: → lieben (1)
entdecken: **I.** entdecken: **1.** ⟨*etw. Unbekanntes auffinden*⟩ aufspüren · ausfindig machen · fündig werden · zutage fördern/bringen · ans Licht bringen; → *auch* finden (I, 1), ergründen (1) – **2.** → bemerken (1) – **3.** sein Herz e. |für|: → interessieren (II); entdeckt werden: → herauskommen (1) – **II.** entdecken, sich: → anvertrauen (II, 2), offenbaren (II)
Entdeckung, die: Fund
Ente, die: **1.** → Falschmeldung – **2.** lahme E.: → Phlegmatiker
entehren: **I.** entehren: **1.** ⟨*jmdn. seiner Ehre berauben*⟩ entwürdigen · schänden · beflecken · beschmutzen; → *auch* herabwürdigen (I), verleumden (1) – **2.** → vergewaltigen (1) – **II.** entehren, sich: ⟨*sich selbst seine Ehre zerstören*⟩ sich entwürdigen · sich beschmutzen · sich beflecken + sich wegwerfen
entehrend: entwürdigend · schändlich · schimpflich · schmachvoll · verächtlich · verletzend
Entehrung, die: → Schande (1)
enteignen: expropriieren (*veraltend*)
enteilen: **1.** → weglaufen – **2.** → vergehen (I, 1)
enteisen: → auftauen (1)
Entente, die: → Bündnis (1)
entern: → hinaufklettern
Entertainer, der: → Unterhalter
entfachen: **1.** → anzünden (1, a) – **2.** → auslösen (1, b)
entfahren: → entschlüpfen (1)
entfallen: **1.** → herunterfallen (1) – **2.** → vergessen (I, 1) – **3.** → wegfallen (1) – **4.** e. |auf|: ⟨*bei Aufteilung von einem Ganzen erhalten*⟩ fallen |auf| · kommen |auf|
entfalten: **I.** entfalten: **1.** → auseinander (2, a) – **2.** → entwickeln (I, 1) – **II.** entfalten, sich: → entwickeln (II, 1 *u.* 2)
Entfaltung, die: → Entwicklung (1)
entfärben, sich: → erblassen (1)
entfärbt: → farblos (1)
entfernen: **I.** entfernen: **1.** ⟨*zum Verschwinden bringen*⟩ beseitigen · entsorgen ♦ *umg*: wegmachen · abmachen– **2.** → beseitigen (1) – **3.** → wegräumen (1) – **II.** entfernen, sich: → weggehen (1)
entfernt: **1.** → fern (1) – **2.** → abgelegen – **3.** → weitläufig (1) – **4.** nicht e., nicht im Entferntesten: → keineswegs
Entfernung, die: **1.** ⟨*die kürzeste Verbindungslinie zwischen zwei Punkten*⟩ Distanz · Abstand · Zwischenraum · Weite; → *auch* Strecke (1), Ferne (1) – **2.** → Beseitigung
entfesseln: → auslösen (1, b)
Entfettungskur, die: **1.** ⟨*Kur zum Abnehmen*⟩ Abmagerungskur · Schlankheitskur · Fastenkur · Hungerkur – **2.** eine E. machen: abspecken
entflammbar: → brennbar
entflammen: **1.** → begeistern (I) – **2.** → ausbrechen (1) – **3.** e. |für|: → verlieben, sich
entflammt: → begeistert (1)
entflattern: → wegfliegen
entflechten: entknäueln · aufdröseln (*landsch*)
entfleuchen: **1.** → wegfliegen – **2.** → entfliehen (1)
entfliegen: **1.** → wegfliegen – **2.** → vergehen (I, 1)

entfliehen: **1.** ⟨*sich schnell [heimlich] entfernen*⟩ entweichen · entspringen · entlaufen · flüchten · davonlaufen; entfleuchen (*scherzh*) ♦ *gehoben*: entrinnen ♦ *umg*: ausrücken · ausreißen · durchbrennen · auskneifen · auskratzen · auswischen · sich absetzen · sich abseilen · sich davonmachen · sich aus dem Staub machen ♦ *salopp*: durchgehen · abhauen · abrücken · stiften gehen; ausbimsen · auswetzen · abkratzen · auswichsen (*landsch*); → *auch* entkommen (1), fliehen (1), wegschleichen (I), weggehen (1), weglaufen, verschwinden (2) – **2.** → vergehen (I, 1)
entfremden: → entzweien (I)
entfremdet: → fremd (1)
entfrosten: → auftauen (1)
entführen: **1.** ⟨*gewaltsam anderswohin bringen*⟩ fortbringen · verschleppen · wegschleppen · rauben · kidnappen – **2.** → stehlen (1)
Entführung, die: Verschleppung · Freiheitsberaubung · Menschenraub · Raub · Kidnapping; → *auch* Kindesentführung
entgegen: → gegen (1)
entgegenarbeiten: → sabotieren
entgegenblicken: → erwarten (1)
entgegenbringen: → erweisen (I, 1)
entgegengesetzt: **1.** → gegensätzlich – **2.** → drüben (1)
entgegenhalten: → einwenden
entgegenhandeln: → zuwiderhandeln
entgegenkommen: **1.** ⟨*helfend auf etw. eingehen*⟩ goldene Brücken bauen + helfen · unterstützen ♦ *umg*: + den kleinen Finger reichen; → *auch* helfen (1) – **2.** → kommen (1)
Entgegenkommen, das: → Zugeständnis (1), Gefälligkeit (1), Hilfsbereitschaft
entgegenkommend: **1.** → aufmerksam (2) – **2.** → gefällig (1)
Entgegennahme, die: → Empfang (1)
entgegennehmen: → annehmen (1), empfangen (1)
entgegensehen: **1.** → erwarten (1) – **2.** Mutterfreuden e.: → schwanger (2)
entgegenstellen, sich: **a)** → widersetzen, sich – **b)** → hindern
entgegenstrecken: → hinstrecken (I, 1)
entgegentreten: → bekämpfen (I, 2), hindern
entgegenwirken: **1.** ⟨*eine Entwicklung zu verhindern suchen*⟩ gegensteuern – **2.** → sabotieren – **3.** → bekämpfen (I, 2)
entgegenwirkend: → kontraproduktiv
entgegnen: **1.** → einwenden – **2.** → antworten – **3.** → widersprechen (1)
Entgegnung, die: **1.** → Einspruch (1) – **2.** → Einwand (1) – **3.** → Antwort (1)
entgehen: **1.** → entkommen (1) – **2.** sich nichts e. lassen: ⟨*alle Möglichkeiten nutzen, sich zu vergnügen*⟩ *umg*: nichts anbrennen lassen – **3.** sich e. lassen: → versäumen (1)
entgeistert: → bestürzt
Entgelt, das: → Lohn (1)
entgelten: **1.** → büßen (1) – **2.** → entschädigen (I)
entgleisen: **1.** ⟨*nicht im Gleis bleiben*⟩ aus den Schienen/aus dem Gleis springen – **2.** → vorbeibenehmen, sich
Entgleisung, die: **1.** → Taktlosigkeit – **2.** → Fehltritt (1)
entgleiten: → herunterfallen (1)
entgöttern: → entweihen
enthalten: **I.** enthalten: ⟨*in sich haben*⟩ zum Inhalt haben · umfassen · [in sich] fassen · bergen · umspannen · einschließen · umschließen · umgreifen · involvieren · beinhalten; → *auch* innewohnen – **II.** enthalten, sich: **1.** → verzichten – **2.** → unterlassen – **3.** sich nicht e. können: → müssen (1)
enthaltsam: **1.** ⟨*Genüssen gegenüber sehr zurückhaltend*⟩ mäßig · abstinent · asketisch · keusch + anspruchslos · bedürfnislos · genügsam – **2.** e. sein: ⟨*ein Leben ohne besondere Genüsse führen*⟩ leben wie eine Nonne/ein Mönch – **3.** enthaltsamer Mensch: → Abstinenzler
Enthaltsamkeit, die: Mäßigkeit · Enthaltung · Abstinenz · Askese · Keuschheit; Temperenz (*veraltend*)
Enthaltsamkeitsapostel, der: → Abstinenzler
Enthaltung, die: → Enthaltsamkeit
enthaupten: köpfen · den Kopf abschlagen + durch das Beil hinrichten · guillotinieren ♦ *umg*: einen Kopf kürzer machen ♦ *derb*: die Rübe abhacken; → *auch* hinrichten (1), töten (I, 1)
enthäuten: → abhäuten
entheben: **1.** → befreien (I, 2) – **2.** seines/des Postens e., seines/des Amtes e.: **a)** → entlassen (2) – **b)** → absetzen (I, 2); seiner Verpflichtung e.: → befreien (I, 2)
entheiligen: → entweihen
enthemmt: → hemmungslos (1)

enthüllen: **I.** enthüllen: **1.** → einweihen (1) – **2.** → entblößen (I) – **3.** → aufdecken (I, 1), entlarven (I) – **II.** enthüllen, sich: **1.** → offenbaren (II) – **2.** → ausziehen (II)
Enthüllung, die: **1.** → Einweihung – **2.** → Aufdeckung (1) – **3.** → Offenbarung
enthülsen: → aushülsen
enthusiasmieren: → begeistern (I)
Enthusiasmus, der: → Begeisterung (1)
enthusiastisch: → begeistert (1)
entjungfern: deflorieren; die Unschuld rauben (*veraltend*)
entkeimen: **1.** ⟨*die Krankheitserreger abtöten*⟩ keimfrei / steril machen · sterilisieren · pasteurisieren · abkochen · auskochen; → *auch* desinfizieren – **2.** → hervorsprießen
Entkeimung, die: Sterilisierung · Sterilisation · Pasteurisierung · Pasteurisation; → *auch* Desinfizierung
entkernen: auskernen
entkleiden: **I.** entkleiden: **1.** → ausziehen (I, 3) – **2.** seines / des Amtes e.: **a)** → entlassen (2) – **b)** → absetzen (I, 2) – **II.** entkleiden, sich: → ausziehen (II) **Entkleidungskünstlerin**, die: → Stripteasetänzerin
Entkleidungsnummer, die: → Striptease
Entkleidungsvorführung, die: → Striptease
entknäueln: → entflechten
entknospen: → hervorsprießen
entknoten: → aufbinden (1)
entkommen: **1.** ⟨*sich einer Gefahr entziehen können*⟩ davonkommen · entschlüpfen · entgehen · entwischen; auskommen (*süddt österr*) ♦ *gehoben*: entrinnen ♦ *umg*: durch die Finger / Lücken / Maschen schlüpfen · durch die Lappen gehen; → *auch* entfliehen (1), fliehen (1), abschütteln (2), loskommen, weglaufen – **2.** ⟨*aus dem Gewahrsam fliehen*⟩ ausbrechen – **3.** → davonkommen (2)
entkorken: → aufkorken
entkräften: **1.** ⟨*die Kraft entziehen*⟩ schwächen · zehren · erschöpfen · entnerven · enervieren · paralysieren + entmannen; → *auch* ausmergeln, ermüden (1) – **2.** → widerlegen
entkräftet: → erschöpft (1)
Entkräftung, die: **1.** → Erschöpfung, Schwäche (1) – **2.** → Widerlegung
entladen: **I.** entladen: **1.** ⟨*ein Transportmittel leer machen*⟩ abladen · ausladen · entleeren; löschen (*seem*) + ausschiffen – **2.** ⟨*die Munition herausnehmen*⟩ + entschärfen – **3.** e. |über|: → auslassen (I, 4) – **II.** entladen, sich: **1.** → explodieren (1) – **2.** → befreien (II, 3)
Entladung, die: **1.** → Explosion – **2.** → Ausbruch (1)
entlang: längs · an … hin + hindurch
entlarven: **I.** entlarven: ⟨*den wahren Charakter enthüllen*⟩ die Maske vom Gesicht reißen · die Maske herunterreißen / abreißen · demaskieren · dekuvrieren + enthüllen – **II.** entlarven, sich: ⟨*seinen wahren Charakter erkennen lassen*⟩ sein wahres Gesicht zeigen · sich demaskieren · die Maske fallen lassen / abwerfen ♦ *umg*: sich entpuppen; → *auch* offenbaren (II)
Entlarvung, die: Demaskierung · Dekuvrierung
entlassen: **1.** ⟨*nicht länger in Gewahrsam behalten*⟩ freilassen · freigeben · auf freien Fuß setzen · in Freiheit setzen · die Freiheit schenken / geben · herauslassen + repatriieren ♦ *umg*: laufen lassen – **2.** ⟨*einseitig jmds. Arbeits- bzw. Dienstverhältnis lösen*⟩ kündigen · suspendieren · von seiner Funktion / seinem Amt suspendieren / entbinden · den Abschied geben · abbauen · ins Elend stoßen; abmustern · abheuern (*seem*) + fristlos entlassen · verabschieden · entpflichten · exmatrikulieren ♦ *gehoben*: seines / des Postens entheben · seines / des Amtes suspendieren / entheben / entsetzen / entbinden / entkleiden ♦ *umg*: hinauswerfen · rauswerfen · hinaussetzen · auf die Straße setzen / werfen · an die [frische] Luft / vor die Tür setzen · den Stuhl vor die Tür setzen · den Laufpass geben · in die Wüste schicken · gehen lassen · [mit Schimpf und Schande] davonjagen · fortjagen · zum Teufel jagen ♦ *salopp*: rausschmeißen · feuern · schassen; → *auch* absetzen (I, 2), abberufen (1), kaltstellen – **3.** e. werden: ⟨*das Arbeits- bzw. Dienstverhältnis gekündigt bekommen*⟩ *umg*: gehen / die Koffer packen müssen · auf der Abschussliste stehen · einen Tritt bekommen / kriegen · sich seine Papiere holen können; gegangen werden (*scherzh*) ♦ *salopp*: [raus]fliegen – **4.** fristlos e.: → 2
Entlassung, die: **1.** ⟨*das Entlassen aus dem Gewahrsam*⟩ Freilassung + Repatriierung – **2.** ⟨*einseitige Lösung von jmds. Arbeits- bzw. Dienstverhältnis*⟩ Kündigung · Suspension · Dienstentlassung · Abschied · Abbau + Exmatrikulation ♦ *salopp*: Raus-

schmiss · Rauswurf; → *auch* Absetzung (1), Abberufung (1), Personalabbau
entlasten: 1. ⟨*jmdn. bei der Erfüllung seiner Aufgaben unterstützen*⟩ Arbeit abnehmen; → *auch* helfen (1) – **2.** → rechtfertigen (I) – **3.** → entschuldigen (I, 1)
Entlastung, die: **1.** → Rechtfertigung (1) – **2.** → Ehrenrettung
entlauben: → entblättern (1)
entlaubt: → kahl (2)
entlaufen: → entfliehen (1)
entledigen, sich: → befreien (II, 3)
entleeren: I. entleeren: **1.** → leeren (1) – **2.** → entladen (I, 1) – **II.** entleeren, sich: → austreten (1 *u.* 2)
entleert: → leer (1)
Entleerung, die: **1.** ⟨*das Leermachen*⟩ Leerung; Aushebung (*österr*) – **2.** → Stuhlgang (1)
entlegen: 1. → abgelegen – **2.** → ausgefallen (1)
entlehnen: übernehmen; plagiieren (*abwert*) ♦ *umg*: eine Anleihe machen / aufnehmen
entleiben, sich: → Selbstmord (2)
entleihen: 1. → leihen (2) – **2.** sich e.: → leihen (2)
entlocken: hervorlocken · herauslocken
entlohnen: besolden · bezahlen · auszahlen; salarieren · entlöhnen (*schweiz*); → *auch* bezahlen (1)
entlöhnen: → entlohnen
Entlohnung, die: → Lohn (1)
entlüften: → lüften (1)
Entlüfter, der: Exhaustor · Entlüftung; → *auch* Klimaanlage, Ventilator, Abzug (4)
Entlüftung, die: → Entlüfter
Entlüftungshaube, die: → Dunstabzugshaube
entmachten: stürzen · entthronen · zu Fall bringen · das Heft aus der Hand nehmen; → *auch* absetzen (I, 2)
entmannen: 1. → sterilisieren (1, a) – **2.** → entkräften (1)
Entmannte, der: Kastrat · Eunuch · der Verschnittene + Haremswächter
entmenscht: → brutal
entmilitarisieren: → abrüsten (1)
Entmilitarisierung, die: → Abrüstung
entmisten: → aufräumen (1)
Entmoster, der: → Fruchtpresse
entmündigen: unter Vormundschaft stellen; unter Kuratel stellen (*veraltend*) + entrechten
entmutigen: deprimieren · den Schneid abkaufen · den Mut nehmen · einschüchtern · die Hoffnung nehmen / rauben / erschüttern / zunichte machen ♦ *umg*: knicken · ins Bockshorn jagen
entmutigend: → bedrückend
entmutigt: resigniert · ergeben; → *auch* mutlos
entnationalisieren: → ausweisen (I, 1)
entnehmen: → herausnehmen (1)
entnerven: → entkräften (1)
entnervt: → erschöpft (1)
Entnervung, die: → Erschöpfung
entopisch: → örtlich (1)
entpflichten: 1. → befreien (I, 2) – **2.** → entlassen (2)
entpuppen, sich: **1.** → herausstellen (II) – **2.** → entlarven (II)
entraffen: → entreißen (1)
entrahmen: → absahnen (1)
entraten: 1. → entbehren (1) – **2.** nicht e. können |einer Sache|: → brauchen (1)
enträtseln: 1. ⟨*etw. Unverständliches bzw. den verborgenen Sinn erkennen*⟩ entschleiern · das Geheimnis / den Schleier lüften; → *auch* entschlüsseln (1), erraten (1), lösen (I, 1) – **2.** → ergründen (1)
entrechten: → entmündigen
entrechtet: → rechtlos
Entree, das: **1.** → Flur (I), Eingang (1) – **2.** → Eintrittsgeld
entreißen: 1. ⟨*mit Gewalt wegnehmen*⟩ wegreißen · fortreißen · aus der Hand reißen ♦ *gehoben*: entringen · entwinden · entraffen · aus der Hand ringen / winden ♦ *umg*: aus den Zähnen / Fängen reißen + abjagen; → *auch* wegnehmen (1) – **2.** → rauben (1)
entrichten: 1. → bezahlen (2) – **2.** seinen Obolus e.: → spenden (1)
Entrichtung, die: → Bezahlung (1)
entrieren: → anbahnen (I)
entringen: I. entringen: → entreißen (1) – **II.** entringen, sich: → befreien (II, 3)
entrinnen: 1. → entfliehen (1) – **2.** → vergehen (I, 1) – **3.** → entkommen (1) – **4.** [dem Tode] e.: → davonkommen (2)
entrollen: → aufrollen (1)
entrüsten: I. entrüsten: ⟨*in Entrüstung versetzen*⟩ empören · schockieren · indignieren · böses Blut machen · Unwillen erregen – **II.** entrüsten, sich: ⟨*seinen Unwillen äußern*⟩ sich empören · sich erregen · sich erbosen · sich ereifern · sich erbittern

entrüstet: empört · schockiert · indigniert · außer sich · erhitzt; → *auch* ärgerlich (1), aufgeregt (1), wütend (1)
Entrüstung, die: Empörung · Indignation · Erbitterung · Erregung · Unwille; → *auch* Wut (1)
entsaften: → ausdrücken (I, 1)
Entsafter, der: → Fruchtpresse
entsagen: **1.** → verzichten – **2.** → abgewöhnen (2)
Entsagung, die: → Verzicht (1)
entsagungsvoll: entbehrungsreich · entbehrungsvoll · aufopfernd · aufopferungsvoll; → *auch* selbstlos
entsahnen: → absahnen (1)
Entsatz, der: → Befreiung (1)
entschädigen: **I.** entschädigen: ⟨*einen Schaden ersetzen*⟩ abfinden · wieder gutmachen · ersetzen · Schadenersatz/Ersatz leisten · entgelten · [rück]vergüten; rekompensieren (*Wirtsch*); → *auch* zurückzahlen (1) – **II.** entschädigen, sich: ⟨[*eigenmächtig*] *einen erlittenen Schaden auf Kosten des Schuldigen ausgleichen*⟩ sich schadlos halten ♦ *umg*: sich gütlich tun |an|
Entschädigung, die: Schadenersatz · Ersatz · Abgeltung · Wiedergutmachung · Regress + Erkenntlichkeit ♦ *umg*: Pflaster; → *auch* Sühne, Rückzahlung, Abfindung, Reparationen
entschärfen: **1.** ⟨*das Verletzende bzw. die Gefährlichkeit nehmen*⟩ [ab]mildern · entspannen · den Stachel nehmen · die Spitze abbrechen/nehmen – **2.** → entladen (I, 2)
Entscheid, der: → Verordnung (1)
entscheiden: **I.** entscheiden: **1.** ⟨*Endgültiges festlegen*⟩ verfügen · eine Entscheidung treffen/fällen – **2.** ⟨*für die eine Seite bestimmend werden*⟩ den Ausschlag geben · das Zünglein an der Waage sein – **3.** durch Los e.: → losen – **II.** entscheiden, sich: ⟨*eine von verschiedenen Möglichkeiten wählen*⟩ sich durchringen · wählen · [s]eine Wahl treffen + optieren · sich entschließen; → *auch* entschließen, sich
entscheidend: **1.** ⟨*von größter Bedeutung*⟩ ausschlaggebend · bestimmend · eingreifend · lebenswichtig; → *auch* wichtig (1), grundlegend, maßgebend – **2.** → empfindlich (2)
Entscheidende, das: *umg*: Knackpunkt · der springende Punkt
Entscheidung, die: **1.** ⟨*das Sichentscheiden*⟩ Wahl · Votum + Option · Alternative – **2.** → Verordnung (1) – **3.** eine E. treffen/fällen: → entscheiden (I, 1)
Entscheidungskampf, der: Entscheidungsschlacht · Show-down; → *auch* Kraftprobe
entschieden: **1.** → beschlossen – **2.** → bestimmt (1) – **3.** → ausgesprochen (2) – **4.** → entschlossen (1) – **5.** → charakterfest (1)
Entschiedenheit, die: → Nachdrücklichkeit
entschlafen: **1.** → sterben (1) – **2.** → einschlafen (1)
Entschlafene, der: → Verstorbene
entschlagen, sich: → verzichten
entschleiern: **1.** → entblößen (I) – **2.** → enträtseln (1)
entschließen, sich: sich schlüssig werden · einen Entschluss fassen + sich entscheiden · sich überwinden ♦ *umg*: sich aufschwingen |zu| · sich aufraffen |zu|; → *auch* entscheiden (II)
Entschließung, die: **1.** → Beschluss (1) – **2.** eine E. fassen: → beschließen (1)
entschlossen: **1.** ⟨*ohne Schwanken einem bestimmten Ziel zustrebend*⟩ entschieden · energisch · resolut · fest · zielbewusst · willensstark; → *auch* charakterfest (1), mutig (1), ausgesprochen (2) – **2.** → gewillt (1) – **3.** kurz e.: → kurzerhand
Entschlossenheit, die: → Entschlusskraft
entschlummern: **1.** → einschlafen (1) – **2.** → sterben (1)
entschlüpfen: **1.** ⟨*von Äußerungen gesagt: ungewollt ausgesprochen werden*⟩ entfahren ♦ *umg*: herausrutschen · herausfahren · herausplatzen – **2.** → entkommen (1)
Entschluss, der: einen E. fassen: → entschließen, sich
entschlüsseln: **1.** ⟨*in verständl. Text umformen*⟩ dechiffrieren · dekodieren · auflösen + entziffern · enträtseln; → *auch* entziffern, enträtseln (1) – **2.** → ergründen (1)
Entschlussfähigkeit, die: → Entschlusskraft
Entschlussfreude, die: → Entschlusskraft
Entschlusskraft, die: Entschlussfreude · Entschlussfähigkeit · Entschlossenheit; → *auch* Initiative (1), Tatkraft (1), Wille[n] (1)
entschlusslos: → unentschlossen (2)
entschreiten: → weggehen (1)
entschuldbar: → verzeihlich
entschuldigen: **I.** entschuldigen: **1.** ⟨*auf eine negative Bewertung der Handlung*

einer Person verzichten⟩ entlasten; → *auch* rechtfertigen (I) – **2.** → verzeihen – **II.** entschuldigen, sich: ⟨*um den Verzicht auf eine negative Bewertung einer andere kränkenden bzw. schädigenden Handlung bitten*⟩ abbitten · um Entschuldigung/Verzeihung bitten · Abbitte tun/leisten + Genugtuung geben ♦ *umg*: um gutes Wetter bitten
Entschuldigung, die: **1.** ⟨*das zum Vermeiden einer negativen Bewertung einer schuldhaften Handlung Vorgebrachte*⟩ Entschuldigungsgrund; → *auch* Ausrede, Rechtfertigung (1) – **2.** → Verzeihung (1) – **3.** um E. bitten: → entschuldigen (II)
Entschuldigungsgrund, der: → Entschuldigung (1)
entschweben: → wegfliegen
entschwinden: 1. → verschwinden (1) – **2.** → vergehen (I, 1)
entseelt: → tot (1)
entsenden: → schicken (I, 2), delegieren
Entsendung, die: → Delegierung
entsetzen: I. entsetzen: **1.** → befreien (I, 1) – **2.** seines/des Amtes e.: **a)** → entlassen (2) – **b)** → absetzen (I, 2) – **II.** entsetzen, sich: **1.** ⟨*große Furcht bekommen*⟩ erzittern · erbleichen · erschrecken ♦ *umg*: jmdm. sträuben sich die Haare · jmdm. stehen die Haare zu Berge ♦ *salopp*: vom Stuhl gehauen werden; → *auch* ²grauen, sich – **2.** → ekeln (II)
Entsetzen, das: **1.** → Schreck (1) – **2.** E. erregend: ⟨*Entsetzen bei jmdm. hervorrufend*⟩ entsetzlich · grauenvoll · grauenhaft · Grauen erregend · Schrecken erregend · grässlich · grauslich · scheußlich · grausig · schrecklich · gräulich · schaurig · schauerlich · schau[d]ervoll · Schauder erregend · furchtbar · fürchterlich · zum Fürchten ♦ *gehoben*: graus; → *auch* abscheulich (1)
Entsetzenstat, die: → Verbrechen (1)
entsetzlich: 1. → Entsetzen (2) – **2.** → verheerend
entsetzt: → bestürzt
Entsetzung, die: → Befreiung (1)
entseuchen: → desinfizieren
Entseuchung, die: → Desinfizierung
entsinken: → herunterfallen (1)
entsinnen, sich: → erinnern (II)
entsittlichen: → zersetzen (I, 2)
Entsittlichung, die: → Zersetzung (1)
entsorgen: → entfernen (I, 1)
entspannen: I. entspannen: **1.** ⟨*zur Entlastung die Spannung mindern od. beseitigen*⟩ abspannen · lockern · lösen – **2.** → entschärfen (1) – **II.** entspannen, sich: **1.** ⟨*sich von der Spannung befreien*⟩ sich abspannen · relaxen · sich lösen – **2.** → ausruhen (I) – **3.** → beruhigen (II, 1, b)
entspannt: gelockert · gelöst · relaxed
Entspannung, die: **1.** ⟨*das Entspannen*⟩ Lockerung · Relaxing · Lösung + Erleichterung – **2.** → Erholung (1)
entspinnen, sich: → entstehen (1)
entsprechen: 1. ⟨*ebenso sein bzw. aussehen*⟩ gleichen · gleichkommen; → *auch* übereinstimmen (1) – **2.** → passen (1, a) – **3.** → erfüllen (I, 2) – **4.** jmds. Geschmack e.: → gefallen (1)
entsprechend: 1. → passend (1) – **2.** → ähnlich (1) – **3.** → sinngemäß – **4.** → gemäß (I) – **5.** den Verhältnissen e.: → erträglich
Entsprechung, die: **1.** → Ähnlichkeit – **2.** → Gegenstück (1)
entsprießen: → hervorsprießen
entspringen: 1. → herrühren – **2.** → entfliehen (1)
entstammen: → abstammen
entstauben: → abstauben (1)
entstehen: 1. ⟨*zu sein beginnen*⟩ werden · erwachsen · sich [heraus]bilden · hervorkommen · sich entwickeln · sich entspinnen · sich ausprägen · sich auftun + anfangen · beginnen · aufkommen; → *auch* aufkommen (1) – **2.** → Folge (3)
Entstehung, die: Genese · Geburt · Entwicklung + Genesis
Entstehungsherd, der: Brutherd · Brutstätte · Brutzelle · Herd
entstellen: 1. → verunstalten – **2.** → verdrehen (1)
entstellt: → einseitig (1)
Entstellung, die: → Verdrehung
entsühnen: → rechtfertigen (I)
entsumpfen: → entwässern (1)
enttäuschen: → ernüchtern
enttäuscht: frustriert
Enttäuschung, die: **1.** ⟨*enttäuschendes Ereignis*⟩ *umg*: Schlag · Reinfall; Aufsitzer (*süddt österr*) ♦ *salopp*: Pleite – **2.** ⟨*das Enttäuschtsein*⟩ Frust · Frustration – **3.** → Misserfolg (1) – **4.** → Ernüchterung
entthronen: → entmachten
entvölkert: → menschenleer
entwachsen: → hervorsprießen

entwalden: → abholzen
entwässern: **1.** ⟨*Wasser entziehen*⟩ trockenlegen; dränieren (*fachspr*) + entsumpfen · kanalisieren – **2.** → abfließen (1)
Entwässerung, die: Trockenlegung; Dränierung · Dränage · Dränung (*fachspr*) + Kanalisierung · Kanalisation
Entwässerungsgraben, der: Entwässerungskanal · Entwässerungsrinne · Sickergraben
Entwässerungskanal, der: → Entwässerungsgraben
Entwässerungsrinne, die: → Entwässerungsgraben
entweichen: **1.** → verschwinden (1) – **2.** → entfliehen (1) – **3.** e. lassen: → ablassen (1)
entweihen: schänden · profanieren ♦ *gehoben*: entheiligen · entgöttern
Entweihung, die: Schändung · Profanation · Profanierung
entwenden: → stehlen (1)
Entwendung, die: → Diebstahl (1)
entwerfen: **1.** ⟨*in großen Zügen darstellen*⟩ skizzieren · umreißen · projektieren · konzipieren · planen · einen Plan machen + konstruieren – **2.** ⟨*eine vorläufige Fassung anfertigen*⟩ skizzieren · einen Entwurf machen · ins Unreine schreiben · ins Konzept schreiben – **3.** ein Bild e. |von|: → darlegen
entwerten: → herabwürdigen (I)
Entwertung, die: → Geldentwertung
entwesen: → ausräuchern
entwickeln: **I.** entwickeln: **1.** ⟨*bei etw. Aktivität zeigen*⟩ entfalten · zeigen · an den Tag legen – **2.** ⟨*jmdn. in bestimmter Richtung voranbringen*⟩ [aus]bilden · heranbilden · fortbilden · qualifizieren · heranziehen – **3.** → hervorbringen (1), ausbauen (3) – **4.** → darlegen – **5.** e. |aus|: → herleiten (I) – **II.** entwickeln, sich: **1.** ⟨*sich in einem Prozess fortsetzen*⟩ voranschreiten · sich entfalten · im Fluss sein · sich im Fluss befinden · feste Formen annehmen · in der Entwicklung begriffen sein; → *auch* gedeihen (1) – **2.** ⟨*von einem Projekt usw. gesagt: zur Vollendung gelangen* ⟩ werden · sich entfalten · gedeihen · geraten · aufblühen · erblühen · erwachen ♦ *umg*: sich mausern · sich [gut/schön] herausmachen · [noch] in der Mauser sein; → *auch* ausarten, wachsen (1) – **3.** → entstehen (1) – **4.** → heranwachsen

Entwicklung, die: **1.** ⟨*das [kontinuierl.] Sichfortsetzen eines Geschehens*⟩ Entwicklungsgang · Entwicklungsverlauf · Prozess · Entfaltung · Fortentwicklung · Werdegang · Evolution; → *auch* Aufstieg (2), Verlauf (2), Fortschritt (1) – **2.** ⟨*das Herausbilden*⟩ Ausbildung · Ausformung; → *auch* Ausbau (2) – **3.** → Entstehung – **4.** in der E. begriffen sein: → entwickeln (II, 1)
Entwicklungsabschnitt, der: → Entwicklungsstufe
Entwicklungsalter, das: → Entwicklungsjahre
Entwicklungsepoche, die: → Entwicklungsstufe
Entwicklungsetappe, die: → Entwicklungsstufe
Entwicklungsgang, der: → Entwicklung (1)
entwicklungshemmend: → kontraproduktiv
Entwicklungsjahre (*Pl*): Entwicklungsalter · Wachstumsjahre · Jünglingsjahre · Jugendjahre · Reifezeit · Pubertät; Adoleszenz (*fachspr*) + Flegeljahre; → *auch* Jugend (1)
Entwicklungsländer (*Pl*): die Dritte Welt
Entwicklungsperiode, die: → Entwicklungsstufe
Entwicklungsphase, die: → Entwicklungsstufe
Entwicklungsstadium, das: → Entwicklungsstufe
Entwicklungsstand, der: → Entwicklungsstufe
Entwicklungsstufe, die: Entwicklungsstadium · Entwicklungsstand · Entwicklungsperiode · Entwicklungsphase · Entwicklungsepoche · Entwicklungsetappe · Entwicklungsabschnitt · Stufe · Phase · Stadium · Station · Etappe · Durchgangsstadium · Durchgangsstation
Entwicklungsverlauf, der: → Entwicklung (1)
entwinden: **I.** entwinden: → entreißen (1) – **II.** entwinden, sich: → befreien (II, 3)
entwirren: [auf]lösen · auseinander bekommen ♦ *umg*: auffitzen · auseinander fitzen (*landsch*)
entwischen: → entkommen (1)
entwöhnen: **1.** ⟨*die Muttermilch abgewöhnen*⟩ **a)** ⟨*Menschen*⟩ abstillen; ablaktieren (*med*) – **b)** ⟨*Tiere*⟩ absetzen · abbinden · abspänen – **2.** → abgewöhnen (1)

Entwöhnung, die: Abgewöhnung · Entziehung; → *auch* Entziehung (1)
entwölken, sich: → aufklären (II)
entwürdigen: I. entwürdigen: → entehren (I, 1) – **II.** entwürdigen, sich: → entehren (II)
entwürdigend: → entehrend
Entwurf, der: **1.** ⟨*in großen Zügen dargestelltes Vorhaben*⟩ Skizze · Projekt[ierung] · Konzept[ion] · Plan · Konstruktion; Exposé (*fachspr*); Lay-out (*Buchw*) – **2.** ⟨*vorläufige Fassung*⟩ Skizze · Konzept · Kladde; Sudel (*schweiz*) – **3.** einen E. machen: → entwerfen (2)
entzaubern: → ernüchtern
entziehen: I. entziehen: **1.** ⟨*die Verfügungs- bzw. Entscheidungsgewalt nicht länger zugestehen*⟩ sperren · aus der Hand nehmen – **2.** → verweigern (1) – **II.** entziehen, sich: **1.** → absondern (II) – **2.** → ausweichen (2)
Entziehung, die: **1.** ⟨*das Entziehen*⟩ Entzug; → *auch* Entwöhnung – **2.** → Entwöhnung
Entziehungserscheinung, die: Entzugserscheinung
Entziehungskur, die: eine E. machen: auf Entzug sein
entziffern: [heraus]buchstabieren + erschließen · entschlüsseln; → *auch* entschlüsseln (1)
entzücken: 1. → begeistern (I), bezaubern – **2.** → erfreuen (I)
Entzücken, das: **1.** → Begeisterung (1) – **2.** → Freude (1)
entzückend: → reizend (1)
entzückt: → begeistert (1)
Entzückung, die: → Begeisterung (1)
Entzug, der: **1.** → Entziehung (1) – **2.** auf E. sein: → Entziehungskur
Entzugserscheinung, die: → Entziehungserscheinung
entzündbar: → brennbar
entzünden: I. entzünden: **1.** → anzünden (1, a *u.* b) – **2.** → begeistern (I) – **II.** entzünden, sich: → anbrennen (1)
entzündlich: 1. → brennbar – **2.** → aufbrausend
Entzündungsherd, der: Herd
entzwei: dahin ♦ *umg*: kaputt · hin[über] + durch ♦ *salopp*: kapores · zum Teufel · im Eimer ♦ *derb*: im Arsch; → *auch* schadhaft
entzweibeißen: → zerbeißen (1)
entzweibrechen: → zerbrechen (1)
entzweien: I. entzweien: ⟨*zu Feinden machen*⟩ auseinander bringen · veruneinigen · uneins machen · einen Keil treiben |zwischen| + entfremden – **II.** entzweien, sich: → verfeinden, sich
entzweifetzen: → durchreißen (1), zerreißen (I, 1)
entzweigehen: 1. ⟨*unbrauchbar werden*⟩ den Weg alles Irdischen gehen (*scherzh*) ♦ *umg*: kaputtgehen · seinen Geist aufgeben · aus dem Leim/den Fugen gehen/geraten · in die Binsen/Wicken gehen; das Zeitliche segnen (*scherzh*); → *auch* platzen (1) – **2.** → zerbrechen (2)
entzweimachen: → zerbrechen (1)
entzweireißen: → durchreißen (1), zerreißen (I, 1)
entzweischlagen: → zerschlagen (I, 1)
entzweischneiden: → zerschneiden
entzweit: uneinig · uneins · verfeindet · zerfallen · zerstritten
Entzweiung, die: → Zerwürfnis (1)
en vogue: 1. → beliebt (1) – **2.** e. sein: → ²modern (2)
enzianblau: → blau (1)
Enzyklika, die: → Rundschreiben
Enzyklopädie, die: → Nachschlagewerk
enzyklopädisch: → umfangreich (1)
Epaulette, die: → Schulterklappe
ephemer: 1. → vorübergehend – **2.** → nebensächlich
Epidemie, die: → Seuche
Epidermis, die: → Haut (1)
Epidiaskop, das: → Bildwerfer
epigonal: → unschöpferisch
Epigone, der: Nachahmer
epigonenhaft: → unschöpferisch
epigrammatisch: → treffend (1)
Epik, die: epische/erzählende Dichtung; → *auch* Dichtung (1, a)
Epiker, der: → Prosaist
Epikureer, der: → Genussmensch
epikureisch: → genusssüchtig (1)
Epilepsie, die: Fallsucht (*veraltet*)
Epilog, der: **1.** → Nachwort – **2.** → Nachspiel (1)
episch: 1. → dichterisch – **2.** epische Dichtung: → Epik
Episkop, das: → Bildwerfer
Episode, die: → Ereignis (1)
episodisch: → vorübergehend
Epistel, die: **1.** → Brief (1) – **2.** → Strafpredigt

epochal: → bedeutsam (1)
Epoche, die: **1.** → Zeitalter – **2.** E. machen: → Aufsehen (2); E. machend: **a)** → bedeutsam (1) – **b)** → umwälzend
Epos, das: → Dichtung (1, b)
Equipage, die: → Kutsche (1)
Equipe, die: **1.** → Mannschaft (1) – **2.** → Auswahl (4)
Equipment, das: → Ausstattung (2)
Er: → Gott (1, a)
erachten: e. |für|: → halten (I, 7)
Erachten, das: **1.** meines Erachtens: ⟨*wie ich es beurteile*⟩ meiner Ansicht nach · nach meiner Ansicht · nach meinem Erachten · meinem Erachten nach · meiner Meinung [nach] · nach meinem Dafürhalten/Befinden – **2.** nach meinem E./meinem E. nach: → 1
erahnen: → ahnen (1), erfühlen
erarbeiten: → erreichen (2)
eräugen: → erspähen
erbarmen: → Leid (2)
Erbarmen, das: **1.** → Mitleid (1) – **2.** zum E.: → schlecht (1)
erbarmenswert: → erbärmlich (1)
erbärmlich: **1.** ⟨*sehr unvorteilhaft wirkend*⟩ erbarmenswert · erbarmungswürdig · kümmerlich · dürftig · jämmerlich · schäbig · elend · kläglich ♦ *salopp*: popelig; → *auch* jämmerlich (1), beschämend, ärmlich (1), elend (1), schlecht (1) – **2.** → jämmerlich (1) – **3.** → gemein (1) – **4.** → verwerflich
erbarmungslos: → rücksichtslos (1)
Erbarmungslosigkeit, die: → Rücksichtslosigkeit
erbarmungsvoll: → mitleidig
erbarmungswürdig: → erbärmlich (1)
erbauen: **1.** → bauen (1), errichten (1) – **2.** → aufrichten (I, 2) – **3.** nicht [sehr/sonderlich/gerade] erbaut: → ärgerlich (1)
Erbauer, der: → Gründer
Erbauung, die: **1.** ⟨*innerl. Stärkung u. Bereicherung*⟩ Erhebung – **2.** → Aufbau (1)
Erbe: **I.** Erbe, der: **1.** ⟨*erbende Person*⟩ + der Hinterbliebene – **2.** → Nachkomme (1) – **II.** Erbe, das: **1.** → Hinterlassenschaft – **2.** → Überlieferung (1)
erbeben: → zittern (1), beben (1)
erben: eine Erbschaft machen/antreten ♦ *gehoben*: ererben
erbetteln: **1.** ⟨*durch Betteln erwerben*⟩ *umg*: zusammenbetteln · erfechten – **2.** → ausbitten (1)
erbeuten: erobern ♦ *umg*: ergattern + erringen; → *auch* erobern (1), wegnehmen (1)
erbieten, sich: → anbieten (II)
erbitten: → ausbitten (1)
erbittern: **I.** erbittern: **1.** → verärgern – **2.** → erzürnen (1) – **II.** erbittern, sich: → entrüsten (II)
erbittert: **1.** → ärgerlich (1) – **2.** → unnachgiebig (1)
Erbitterung, die: **1.** → Groll (1) – **2.** → Entrüstung
erblassen: **1.** ⟨*eine blasse Hautfarbe bekommen*⟩ erbleichen · blass/bleich werden · sich entfärben · die Farbe verlieren + sich verfärben · die Farbe wechseln – **2.** → sterben (1) – **3.** vor Neid e.: → neidisch (2)
Erblassenschaft, die: → Hinterlassenschaft
erbleichen: **1.** → erblassen (1) – **2.** → sterben (1) – **3.** → entsetzen (II, 1)
erblich: → angeboren
erblicken: **1.** ⟨*mit den Augen erfassen*⟩ sehen · ansichtig werden |jmds./einer Sache| · zu Gesicht/zu sehen bekommen + wahrnehmen · bemerken ♦ *dicht*: [er]schauen; → *auch* bemerken (1), erspähen, erkennen (2) – **2.** das Licht der Welt e.: → geboren (2)
erblinden: blind werden · das Augenlicht verlieren
erblühen: **1.** → aufblühen (1) – **2.** → entwickeln (II, 2)
erbohren: → bohren (1)
erbosen: **I.** erbosen: → erzürnen (1) – **II.** erbosen, sich: → entrüsten (II)
erbost: → ärgerlich (1)
erbötig: → bereit (1), gefällig (1)
Erbötigkeit, die: → Bereitschaft (1)
erbrausen: → brausen (I, 1)
erbrechen: **I.** erbrechen: **1.** ⟨*durch den Mund wieder von sich geben*⟩ [aus]speien · herausbringen · von sich geben ♦ *umg*: brechen; → *auch* übergeben (II) – **2.** → aufbrechen (1) – **3.** bis zum Erbrechen: → endlos (b) – **II.** erbrechen, sich: → übergeben (II)
erbringen: **1.** → einbringen (2) – **2.** → aufbringen (1) – **3.** den Beweis/Nachweis e. |für|: → beweisen (1)
Erbrochene, das: *derb*: Kotze; → *auch* Speichel
Erbschaft, die: **1.** → Hinterlassenschaft – **2.** eine E. machen/antreten: → erben
Erbsenzähler, der: → Pedant

Erbstück, das: → Andenken (1)
Erbteil, das: → Hinterlassenschaft
Erdanziehung, die: → Schwerkraft
Erdapfel, der: → Kartoffel (1)
Erdatmosphäre, die: → Luft (1)
Erdball, der: → Erde (2)
Erdbeben, das: Beben · Erderschütterung · Erdstoß + Erschütterung · Stoß
Erdbevölkerung, die: → Menschheit
Erdbewohner, der: → Mensch (I, 1)
Erdboden, der: **1.** ⟨*die feste Erdoberfläche*⟩ Erde · Boden · Grund – **2.** dem E. gleichmachen: → zerstören (2); wie vom E. verschluckt: → verschwunden (1); jmd. würde vor Scham am liebsten im E. versinken: → schämen, sich (1)
Erdbrocken, der: → Erdscholle
Erde, die: **1.** ⟨*oberste Schicht der Erdoberfläche*⟩ Erdreich · Erdkrume + Staub – **2.** ⟨*Planet*⟩ Erdkugel · Erdball · der Blaue Planet; → *auch* Welt (1) – **3.** → Ackerboden – **4.** → Erdboden (1) – **5.** → Land (1) – **6.** → Welt (1) – **7.** der E. übergeben/anvertrauen: → begraben (1); unter die E. bringen: **a)** → begraben (1) – **b)** → töten (I, 1); unter der E. liegen: → tot (4); aus der E. stampfen: → hervorbringen (1); wie Pilze aus der E. schießen: → wachsen (1); jmd. würde vor Scham am liebsten in die E. versinken: → schämen, sich (1); die Hölle auf Erden haben: → leiden (1); zu ebener E.: → Erdgeschoss (2)
Erdenbürger, der: **1.** → Mensch (I, 1) – **2.** kleiner E.: → Säugling
Erdengast, der: → Mensch (I, 1)
erdenkbar: → möglich (1)
erdenken: → ausdenken (1), erfinden (1)
Erdenkind, das: → Mensch (I, 1)
erdenklich: → möglich (1), vorstellbar
Erdenleben, das: → Leben (3)
Erdenrund, das: → Welt (1)
Erdensohn, der: → Mensch (I, 1)
Erdentage (*Pl*): → Leben (3)
Erdenwurm, der: → Mensch (I, 1)
Erderschütterung, die: → Erdbeben
erdfahl: → fahl (1)
erdfarben: → fahl (1)
erdgeboren: → irdisch (1)
erdgebunden: **1.** → irdisch (1) – **2.** → naturhaft
Erdgeschoss, das: **1.** ⟨*ebenerdiges Stockwerk*⟩ Parterre; → *auch* Stockwerk, Untergeschoss – **2.** im E.: ⟨*in einem ebenerdigen Stockwerk*⟩ parterre · ebenerdig · zu ebener Erde
Erdglobus, der: → Globus (1)
erdgrau: → fahl (1)
Erdgravitation, die: → Schwerkraft
erdhaft: → naturhaft
erdichten: → ausdenken (1)
Erdichtung, die: → Erfindung (1)
Erdklumpen, der: → Erdscholle
Erdkreis, der: → Welt (1)
Erdkrume, die: → Erde (1)
Erdkugel, die: **1.** → Erde (2) – **2.** → Globus (1)
Erdkunde, die: → Geografie
Erdmännchen, das: → Zwerg (1)
Erdöl, das: Rohöl; Naphtha (*veraltet*); → *auch* Petroleum
erdolchen: → erstechen
Erdölförderung, die: Erdölproduktion
Erdölleitung, die: → Ölleitung
Erdölproduktion, die: → Erdölförderung
Erdreich, das: → Erde (1)
erdreisten, sich: → unterstehen (II)
erdröhnen: → dröhnen (1)
erdrosseln: → erwürgen
erdrücken: **1.** ⟨*durch Drücken töten*⟩ totdrücken · totquetschen – **2.** → überwältigen (1)
erdrückend: → überwältigend (1)
Erdrutsch, der: **1.** ⟨*das Abwärtsrutschen von Erdmassen an einem Hang*⟩ Bergrutsch; Erdschlipf · Schlipf (*schweiz*) – **2.** → Umschwung (1)
Erdschlipf, der: → Erdrutsch (1)
Erdscholle, die: Ackerscholle · Scholle · Bodenkrume · Krume + Erdbrocken · Erdklumpen; Kluten (*norddt*); → *auch* Ackerboden
Erdstoß, der: → Erdbeben
Erdteil, der: Kontinent · Weltteil
Erdtrabant, der: → Mond (1)
erdulden: → dulden (1)
erdumspannend: → weltumfassend
erdverbunden: → naturhaft
Erdwall, der: → Damm (1)
erdwärts: → hinunter
ereifern, sich: → aufregen (II), entrüsten (II)
ereignen, sich: → geschehen (1)
Ereignis, das: **1.** ⟨*das zu einer bestimmten Zeit Stattfindende*⟩ Geschehnis · Begebenheit · Geschehen · Event · Vorkommnis · Vorfall · Affäre · Schauspiel · Spektakel ·

Geschichte · Episode · Zwischenfall; Begebnis (*veraltend*) + Vorgang · Hergang; → *auch* Aufsehen (1), Erlebnis (1) – **2.** freudiges E.: → Geburt (1)
ereignislos: → einförmig
ereignisreich: abenteuerlich · bewegt
ereilen: → erreichen (1)
Eremit, der: → Einsiedler
eremitenhaft: → einsam (1)
Eren, der: → Flur (I)
ererben: → erben
ererbt: 1. ⟨*als Erbschaft überkommen*⟩ [an]geerbt · vererbt – **2.** → angeboren
erfahren: 1. ⟨*zu wissen bekommen*⟩ hören · vernehmen · Kenntnis erhalten/bekommen |von| · zu Ohren kommen · in Erfahrung bringen ♦ *umg*: läuten hören · Wind bekommen |von| – **2.** ⟨*reich an Erfahrungen*⟩ bewandert · beschlagen · lebenserfahren · gestanden · welterfahren · weltklug · weltkundig · [lebens]kundig · erfahrungsreich · [alt]erprobt · routiniert · eingespielt · versiert · weltbefahren; befahren (*seem*); → *auch* geübt, weise (1) – **3.** [am eigenen Leibe] e.: → erleben (1)
Erfahrung, die: **1.** ⟨*auf erlangten Kenntnissen beruhende Einsichten*⟩ Empirie · Kenntnis · Background + Geübtheit · Praxis · Lebenserfahrung · Weisheit; → *auch* Erkenntnis (1) – **2.** in E. bringen: → erfahren (1); die E. machen: → feststellen (1)
Erfahrungsaustausch, der: Workshop
erfahrungsgemäß: 1. ⟨*nach den Erfahrungen*⟩ erwiesenermaßen – **2.** → bekanntlich
erfahrungsreich: → erfahren (2)
erfassen: 1. ⟨*in Listen aufnehmen*⟩ registrieren · verzeichnen · festhalten – **2.** → ergreifen (1) – **3.** → überkommen (1) – **4.** → verstehen (I, 2) – **5.** → erkennen (1) – **6.** → einbeziehen
Erfassung, die: Registrierung · Aufnahme · Verzeichnung
erfechten: 1. → erkämpfen (1) – **2.** → erbetteln (1) – **3.** den Sieg e.: → siegen
erfeilschen: → einhandeln
erfinden: 1. ⟨*etw. Neues schaffen*⟩ ersinnen · erdenken · eine Erfindung machen + entwickeln – **2.** das Pulver nicht erfunden haben: → dumm (6); die Arbeit nicht erfunden haben: → faul (6)
Erfindergeist, der: → Erfindungsgabe (1)
erfinderisch: → schöpferisch
Erfindung, die: **1.** ⟨*etw. nur Ausgedachtes*⟩ Fiktion · Erdichtung · Fabel[ei] · Legende; Hirngespinst (*abwert*); → *auch* Lügengeschichte – **2.** eine E. machen: → erfinden (1)
Erfindungsgabe, die: **1.** ⟨*schöpfer. Begabung*⟩ Erfindergeist · Erfindungskraft · Ingeniosität · Ingenium · Findigkeit + Fantasie · Gedankenreichtum – **2.** → Einbildungskraft
Erfindungskraft, die: → Erfindungsgabe (1)
erfindungsreich: → einfallsreich
erflehen: → ausbitten (1)
Erfolg, der: **1.** ⟨*positives Ergebnis*⟩ Triumph · Gelingen · [großer/glücklicher] Wurf ♦ *umg*: Bombenerfolg · Volltreffer – **2.** E. haben: ⟨*ein positives Ergebnis erzielen*⟩ erfolgreich sein · arrivieren · vorwärts kommen · weiterkommen · Fortschritte machen · reüssieren + emporkommen · weit kommen · es weit/zu etw. bringen · sein Glück/seinen Weg/Karriere machen ♦ *umg*: fortkommen · groß herauskommen · auf einen grünen Zweig kommen · Furore machen + hochkommen; → *auch* durchsetzen (I, 2, a), emporarbeiten – **3.** E. versprechend: ⟨*Aussicht auf Erfolg habend*⟩ mit Aussicht auf Erfolg · verheißungsvoll · viel versprechend · aussichtsreich · Glück verheißend/bringend – **4.** mit Aussicht auf E.: → 3; ohne Aussicht auf E.: → hoffnungslos (1); zu keinem E. führen: → hoffnungslos (2)
erfolgen: 1. → geschehen (1) – **2.** → stattfinden
erfolggekrönt: → siegreich
erfolglos: → ergebnislos (1)
erfolgreich: 1. → siegreich – **2.** e. sein: → Erfolg (2); e. abschneiden/abschließen: → bestehen (2)
erfolgssicher: → selbstbewusst
erforderlich: → notwendig (1)
erforderlichenfalls: → notfalls
erfordern: gebieten · notwendig machen · verlangen
erforschen: 1. → ergründen (1) – **2.** → durchforschen (1)
Erforschung, die: Ergründung · Erkundung + Untersuchung
erfragen: → auskundschaften (1)
erfrechen, sich: → unterstehen (II)
erfreuen: I. erfreuen: ⟨*ein Gefühl des Frohseins, der Beglückung in sich, jmdm. her-*

vorrufen⟩ freuen · beglücken · beseligen · entzücken · freudig stimmen · Freude/Vergnügen machen/bereiten · Freude spenden · glücklich machen ♦ *gehoben*: delektieren ♦ *umg*: Laune/Spaß machen; → *auch* aufheitern (I), belustigen (I) – **II.** erfreuen, sich: sich e. |an|: → freuen (II, 2); sich großer Beliebtheit e.: → gefallen (1)

erfreulich: 1. → glücklich (1) – **2.** → wohl (5)

erfreulicherweise: → glücklicherweise

erfrieren: → erstarren (1, a)

erfrischen: I. erfrischen: ⟨[*durch einen Trunk*] *neu beleben*⟩ erquicken · stärken · auffrischen ♦ *gehoben*: [er]laben] – **II.** erfrischen sich: ⟨*sich neu beleben*⟩ sich erquicken · sich stärken · sich auffrischen · sich frisch machen ♦ *gehoben*: sich [er]laben

erfrischend: 1. ⟨*Erfrischung bringend*⟩ erquickend · erquicklich · wohl tuend ♦ *gehoben*: labend – **2.** → anregend

Erfrischung, die: **1.** ⟨*das Erfrischen*⟩ Erquickung · Auffrischung · Wohltat ♦ *gehoben*: Labung · Labe · Labsal · Labnis – **2.** → Erfrischungsgetränk

Erfrischungsgetränk, das: Erfrischung ♦ *gehoben*: Labetrunk

erfühlen: erspüren · ertasten · erahnen

erfüllbar: → durchführbar

erfüllen: I. erfüllen: **1.** ⟨*jmdn. innerlich ganz ausfüllen*⟩ durchdringen · durchströmen · durchfluten · durchrinnen · durchrieseln · durchlaufen · durchkriechen · durchziehen · durchpulsen · durchbeben · durchzittern · durchschauern · durchglühen · durchwogen · durchbrausen · durchstürmen; → *auch* überkommen (1) – **2.** ⟨*einer Erwartung od. Verpflichtung gerecht werden*⟩ entsprechen · halten · einlösen; → *auch* erledigen (1), verwirklichen – **3.** → beherrschen (I, 3) – **II.** erfüllen, sich: → eintreffen (1)

erfüllt: mit/von Dank e.: → dankbar (1)

Erfüllung, die: **1.** ⟨*vollständige Verwirklichung einer Erwartung od. Verpflichtung*⟩ Einlösung + Einhaltung; → *auch* Beachtung (2), Verwirklichung – **2.** in E. gehen: → eintreffen (1)

ergänzen: 1. ⟨*vollständig machen*⟩ vervollständigen · komplettieren · komplementieren · auffüllen · auffrischen · erweitern + nachtragen; → *auch* vervollkommnen (I) – **2.** → hinzufügen (1)

Ergänzung, die: **1.** ⟨*das Ergänzen*⟩ Vervollständigung · Komplettierung · Erweiterung · Auffüllung · Auffrischung + Nachtrag · Hinzufügung; → *auch* Vervollkommnung (1) – **2.** ⟨*das Ergänzte*⟩ Korrelat · Komplement + Nachtrag · Beischluss; → *auch* Anhang (1), Zugabe

ergattern: → erbeuten

ergaunern: → erschwindeln

ergeben: I. ergeben: **1.** ⟨*in Ergebenheit*⟩ ergebungsvoll · demütig · demut[s]voll + gottergeben; → *auch* treu (1), anhänglich – **2.** → unterwürfig, entmutigt – **3.** → einbringen (2) – **4.** treu e. sein: → [2]anhängen (2); dem Trunk/Suff e. sein: → trunksüchtig (2) – **II.** ergeben, sich: **1.** ⟨*sich dem Gegner ausliefern*⟩ kapitulieren · die Waffen niederlegen/strecken · die weiße Fahne zeigen · die Hände heben · die Flagge/die Segel streichen – **2.** ⟨*im Ergebnis herauskommen*⟩ resultieren |aus| · sich herausschälen · erhellen |aus| · folgen |aus| · hervorgehen |aus| – **3.** → verschwören, sich (2) – **4.** → hingeben (II, 1) – **5.** → demütigen (II) – **6.** → herausstellen (II) – **7.** sich e. |in|: → abfinden (II, 2)

Ergebenheit, die: **1.** ⟨*das Sichfügen*⟩ Demut · Demütigkeit · Ergebung – **2.** → Unterwürfigkeit

Ergebnis, das: Resultat · Effekt · Produkt · Frucht · Fazit · Endergebnis · Endresultat · Endstand · Endprodukt · Quintessenz · Schlussergebnis + Wirkung · Summe · Bilanz ♦ *gehoben*: Ausfluss; → *auch* Erzeugnis, Ertrag, Folge (1)

ergebnislos: 1. ⟨*ohne Erreichung des gesteckten Zieles*⟩ erfolglos · unverrichteterdinge · unverrichtetersache; → *auch* nutzlos (1), umsonst (1) – **2.** e. sein: ⟨*ohne das gewünschte Ergebnis bleiben*⟩ im Sande verlaufen · versanden · verpuffen ♦ *umg*: ausgehen/enden wie das Hornberger Schießen

Ergebung, die: → Ergebenheit (1)

ergebungsvoll: → ergeben (I, 1)

ergehen: I. ergehen: über sich e. lassen: → dulden (1) – **II.** ergehen, sich: → spazieren (2)

Ergehen, das: → Gesundheitszustand

ergeizen: → absparen

ergiebig: lohnend · reich · dankbar; abbauwürdig · fündig (*bergm*); → *auch* einträglich

Ergiebigkeit, die: → Fruchtbarkeit
ergießen, sich: → strömen
erglänzen: → aufleuchten
erglimmen: → aufleuchten
erglühen: **1.** → aufleuchten – **2.** → begeistern (II) – **3.** vor Scham e.: → schämen, sich (1)
ergo: → folglich (1)
ergötzen: **I.** ergötzen: → belustigen (I) – **II.** ergötzen, sich: sich e. |an|: → freuen (II, 2)
Ergötzen, das: → Vergnügen (1)
ergötzlich: → unterhaltsam
Ergötzung, die: → Belustigung (1)
ergrauen: → altern (1)
ergraut: **1.** → grauhaarig – **2.** → alt (1)
ergreifen: **1.** ⟨*nach etw. greifen u. es in die Hand nehmen*⟩ [er]fassen · packen · nehmen; erraffen (*abwert*); → *auch* anfassen (I, 1) – **2.** ⟨*nach jmdm. greifen u. ihn festhalten*⟩ fassen · greifen ♦ *umg*: kriegen · erwischen · beim Schopf fassen/packen/nehmen · beim Schlips erwischen · beim/am Kragen nehmen/packen/kriegen · beim/am Schlafittchen/bei der/an der Gurgel fassen/nehmen/packen/kriegen · beim/am Wickel kriegen/nehmen/fassen; beim/am Griebs/Krips packen/fassen (*landsch*) ♦ *salopp*: schnappen · kaschen · beim Kanthaken kriegen; → *auch* fangen (I, 1), verhaften, unschädlich (2) – **3.** ⟨*stark auf das Gefühl wirken*⟩ [be]rühren · bewegen · nahe gehen · zu Herzen gehen · ans Herz greifen · durch und durch/durch Mark und Bein gehen ♦ *gehoben*: durchschüttern · anrühren ♦ *umg*: unter die Haut/an die Nieren gehen; durch Mark und Pfennig gehen (*scherzh*); → *auch* beeindrucken, erschüttern (1) – **4.** → überkommen (1) – **5.** das Wort e.: → sprechen (2); die Flucht/das Hasenpanier e.: → fliehen (1); die Initiative e.: → anfangen (1, a); die Zügel e.: → Macht (4); Besitz e. |von|: **a)** → aneignen (1) – **b)** → einverleiben (2, a); Partei e. |für|: → eintreten (7, a)
ergreifend: rührend · [herz]bewegend · herzergreifend · erschütternd; → *auch* Mitleid (2)
Ergreifung, die: → Verhaftung
ergreisen: → altern (1)
ergriffen: gerührt · bewegt · erschüttert
Ergriffenheit, die: Rührung · Bewegung · Erschütterung
ergrimmen: → erzürnen (2)
ergründen: **1.** ⟨*bis ins Letzte klären*⟩ erforschen · enträtseln · entschlüsseln · ermitteln · herausfinden · herausbekommen · herausbringen · feststellen · eruieren · auf den Grund gehen/kommen ♦ *umg*: herauskriegen · kommen |hinter| · dahinter kommen; erschnüffeln (*abwert*); → *auch* entdecken (I, 1) – **2.** → durchforschen (1)
Ergründung, die: → Erforschung
Erguss, der: **1.** → Bluterguss – **2.** → Redeschwall
erhaben: **1.** ⟨*aus einer Fläche herausragend*⟩ reliefartig + konvex (*fachspr*) – **2.** → feierlich (1), würdevoll – **3.** → ehrwürdig – **4.** → überlegen (I, 2) – **5.** e. tun: → überheben, sich (1); über alles Lob e.: → hervorragend (1)
Erhabenheit, die: → Würde (1)
erhallen: → ertönen
Erhalt, der: → Empfang (1)
erhalten: **I.** erhalten: **1.** ⟨*in seinen Besitz bekommen*⟩ bekommen · empfangen · zuteil werden; erhältlich machen (*schweiz*) + davontragen ♦ *umg*: erwischen · kriegen; besehen (*landsch*); → *auch* abbekommen (1), zufallen (2) – **2.** → unterhalten (I, 1) – **3.** → bewahren (2) – **4.** die Art e.: → vermehren (II, 1); einen Korb e.: → abblitzen (1); Kenntnis e. |von|: → erfahren (1) – **II.** erhalten, sich: → weiter (6)
Erhalter, der: → Ernährer
erhältlich: e. machen: → erhalten (I, 1)
Erhaltung, die: **1.** → Versorgung – **2.** → Pflege (1, b) – **3.** E. der Art: → Vermehrung (1)
erhängen: **I.** erhängen: ⟨*durch Hängen töten*⟩ [auf]hängen · henken + an den Galgen bringen ♦ *umg*: aufknüpfen; → *auch* erwürgen, töten (I, 1), hinrichten (1) – **II.** erhängen, sich: ⟨*sich durch Hängen töten*⟩ sich [auf]hängen ♦ *umg*: sich aufknüpfen · den Strick nehmen ♦ *salopp*: sich aufbammeln · sich aufbaumeln; → *auch* Selbstmord (2)
erharren: → erwarten (1)
erhärten: **1.** ⟨*von Beton od. dgl. gesagt: hart werden*⟩ abbinden · erstarren – **2.** → härten – **3.** → festigen (1) – **4.** → untermauern, bestätigen (I, 1)
Erhärtung, die: → Festigung (1)
erhaschen: **1.** ⟨*jmds. Rede od. Blick gerade noch bemerken bzw. aufnehmen*⟩ auffangen

♦ *umg*: [auf]schnappen · erschnappen · aufhaschen (*landsch*) – **2.** → fangen (I, 2)
erheben: I. erheben: **1.** → heben (I, 1) – **2.** → befördern (2) – **3.** → aufrichten (I, 2) – **4.** → einziehen (3) – **5.** sein Haupt e.: → aufsehen (1); in den Adelsstand e.: → adeln (1); eine Forderung e.: → fordern (1); Anspruch e. |auf|: → beanspruchen (1); Protest/Einspruch e.: → protestieren; ein Geschrei e.: → schreien (1) – **II.** erheben, sich: **1.** → aufstehen (1), emporfliegen – **2.** → aufragen – **3.** → aufbegehren – **4.** → anfangen (1, b) – **5.** sich e. |über|: → überheben, sich (1); sich e. |zu|: → aufwerfen (II)
erhebend: → feierlich (1)
erheblich: → beträchtlich (1)
Erheblichkeit, die: → Bedeutung (1)
Erhebung, die: **1.** → Bodenerhebung, Hügel – **2.** → Beförderung (2) – **3.** → Erbauung (1) – **4.** → Aufstand – **5.** → Erkundung (1)
erheitern: → aufheitern (I), belustigen (I)
Erheiterung, die: → Aufheiterung (1), Belustigung (1)
erhellen: 1. ⟨*durch* [*mehr*] *Licht besser sichtbar machen*⟩ erleuchten · hell machen · ausleuchten; → *auch* beleuchten (1) – **2.** → aufklären (I, 1) – **3.** e. |aus|: → ergeben (II, 2)
erhitzen: I. erhitzen: **1.** ⟨*sehr warm machen*⟩ heiß machen · aufheizen; → *auch* erwärmen (I) – **2.** → aufregen (I, 1) – **II.** erhitzen, sich: → aufregen (II)
erhitzt: → aufgeregt (1)
Erhitzung, die: → Erregung (1)
erhoffen: 1. ⟨*hoffend erwarten*⟩ sich erwarten · sich versprechen |von| · sich errechnen · sich ausrechnen – **2.** → erwarten (1)
erhöhen: I. erhöhen: **1.** ⟨*in der Höhe vergrößern*⟩ aufhöhen · höher machen – **2.** ⟨*in Bezug auf Preise: nach oben verändern*⟩ heraufsetzen · anheben – **3.** → steigern (I, 2) – **4.** → auszeichnen (I, 3) – **5.** → befördern (2) – **6.** erhöhte Temperatur: → Fieber (1) – **II.** erhöhen, sich: → zunehmen (1)
Erhöhung, die: **1.** → Bodenerhebung – **2.** → Steigerung (2) – **3.** → Beförderung (2)
erholen, sich: **1.** ⟨*eine Krankheit völlig überwinden*⟩ aufleben · sich regenerieren · [wieder] zu Kräften kommen ♦ *umg*: sich aufrappeln · sich restaurieren · sich berappeln · sich hochrappeln · sich herausmachen · [wieder] auf die Beine/auf den Damm kommen; → *auch* gesund (6) – **2.** ⟨*das seelische Gleichgewicht wiedergewinnen*⟩ zu sich kommen ♦ *umg*: sich berappeln; → *auch* fassen (II, 1)
erholt: → frisch (2)
Erholung, die: **1.** ⟨*das Sicherholen* [*nach der Arbeit*]⟩ Entspannung · Ruhe + Urlaub; → *auch* Ferien (1) – **2.** → Genesung (1)
Erholungsaufenthalt, der: → Erholungsort
erholungsbedürftig: ruhebedürftig; → *auch* erschöpft (1)
Erholungsort, der: Urlaubsort · Ferienort · Ferienparadies · Erholungsstätte; Sommerfrische (*veraltend*) + Erholungsaufenthalt · Urlaubsaufenthalt · Sommeraufenthalt · Ferienaufenthalt
Erholungspause, die: → [1]Pause (1)
Erholungsstätte, die: → Erholungsort
Erholungsuchende, der: → Urlauber
Erholungszeit, die: → Ferien (1)
erhorchen: → abhorchen (1)
erhören: → gewähren (1)
erhungern: → absparen
erinnerlich: → gegenwärtig (2)
erinnern: I. erinnern: **1.** ⟨*durch nochmaliges Daraufhinweisen nicht in Vergessenheit geraten lassen*⟩ mahnen · ins Gedächtnis [zurück]rufen · in Erinnerung/ins Gedächtnis bringen ♦ *gehoben*: gemahnen ♦ *umg*: + auf die Sprünge helfen; → *auch* ermahnen (1), mahnen (1) – **2.** → II – **3.** e. |an|: → ähneln – **II.** erinnern, sich: ⟨*noch bzw. wieder im Gedächtnis haben*⟩ sich entsinnen · sich besinnen · denken |an| · sich zurückerinnern · sich wiedererinnern · wieder einfallen · wiedererkennen · sich ins Gedächtnis [zurück]rufen; erinnern (*norddt*) + zurückblicken · zurückdenken · zurückschauen · Rückschau halten · eingedenk sein; → *auch* einfallen (1)
Erinnerung: I. Erinnerung, die: **1.** ⟨*Objekt des Erinnerns*⟩ Reminiszenz; → *auch* Rückblick – **2.** ⟨*Denken an jmdn. od. etw.*⟩ Gedenken · Gedächtnis · An[ge]denken – **3.** → Gedächtnis (1) – **4.** → Mahnung (1) – **5.** zur E.: ⟨*um daran zu denken*⟩ zum Andenken/Gedenken/Gedächtnis · in memoriam – **6.** in E. bringen: → erinnern (I, 1); in der E. behalten: → merken (4) – **II.** Erinnerungen (*Pl*): → Lebenserinnerungen
Erinnerungsfeier, die: → Gedenkfeier
Erinnerungslücke, die: Blackout · Filmriss · Gedächtnislücke ♦ *umg*: Aussetzer

Erinnerungsstück, das: → Andenken (1)
Erinnerungsvermögen, das: → Gedächtnis (1)
Erinnerungszeichen, das: → Andenken (1)
Erinnye, die: → Rachegöttin
erjagen: → erwerben (1)
erkalten: 1. ⟨*an Wärme verlieren*⟩ abkühlen · auskühlen · kalt werden + durchfrieren; → *auch* erstarren (1, a) – **2.** → enden (1, b)
erkälten, sich: sich verkühlen
erkältet: 1. ⟨*an einer Erkältung leidend*⟩ verkühlt + fiebrig – **2.** e. sein: ⟨*an einer Erkältung leiden*⟩ *salopp*: es auf der Plauze haben (*landsch*)
Erkältung, die: Erkältungskrankheit · Katarrh
erkämpfen: 1. ⟨*durch Kämpfen erlangen*⟩ erfechten · erringen · erstreiten – **2.** den Sieg e.: → siegen
erkaufen: → bestechen (1)
erkecken, sich: → unterstehen (II)
erkennbar: 1. → sichtbar (1) – **2.** → deutlich (1)
erkennen: 1. ⟨*im Bewusstsein aufnehmen*⟩ erfassen · bewusst werden · zu[m] Bewusstsein kommen · realisieren · zu der Erkenntnis kommen/gelangen · die Augen gehen auf · die Binde fällt/es fällt wie Schuppen von den Augen ♦ *umg*: es dämmert · jmdm. geht ein Licht auf; jmdm. geht ein Talglicht/Seifensieder auf (*scherzh*); → *auch* denken (1), verstehen (I, 2) – **2.** ⟨*deutlich mit den Augen erfassen*⟩ sehen · wahrnehmen; ausnehmen (*österr*) ♦ *gehoben*: schauen; → *auch* erblicken (1), erspähen – **3.** → feststellen (1) – **4.** → durchschauen (I) – **5.** nicht e.: ⟨*Zusammenhänge nicht begreifen*⟩ nicht durchblicken · keinen Durchblick haben · nicht klar sehen; → *auch* erklären (I, 4) – **6.** e. lassen: → zeigen (I, 3)
erkenntlich: 1. → dankbar (1) – **2.** sich e. zeigen: → vergelten (2)
Erkenntlichkeit, die: **1.** → Dank (1) – **2.** → Entschädigung
Erkenntnis, die: **1.** ⟨*Ergebnis des Erkennens*⟩ Einsicht · Erleuchtung; → *auch* Erfahrung (1) – **2.** heilsame E.: → Lehre (3); zu der E. kommen/gelangen: → erkennen (1)
Erkennung, die: → Feststellung (1)
Erker, der: **1.** ⟨*vorspringender Teil des Hauses*⟩ Ausbau · Vorbau; Chörlein (*Arch*) – **2.** → Nase (1)

erklären: I. erklären: **1.** ⟨*durch Worte das Verstehen ermöglichen*⟩ erläutern · auseinander setzen · auseinander legen · explizieren · begreiflich/verständlich machen · klarmachen · klarlegen + exemplifizieren · interpretieren · kommentieren ♦ *gehoben*: aufschließen ♦ *umg*: verdeutschen (*süddt österr*); verklaren (*norddt*) ♦ *salopp*: auseinander posamentieren · verklickern · verkasematuckeln · auseinander klamüsern (*landsch*); → *auch* auslegen (2), darlegen – **2.** ⟨*öffentlich mitteilen*⟩ verkünden · deklarieren · eine Erklärung abgeben + dartun ♦ *gehoben*: verkündigen; → *auch* bekannt (5) – **3.** → aussagen (1) – **4.** sich nicht e. können: ⟨*die Ursachen von etw. nicht erkennen*⟩ nicht verstehen/begreifen · nicht klug werden |aus| ♦ *umg*: nicht durchsehen/durchblicken · nicht schlau werden |aus| · nicht dahinter kommen/gucken · sich keinen Reim/Vers machen können |auf|; → *auch* erkennen (5) – **5.** e. |für|: → bezeichnen (I, 3, a); für ungültig/[null und] nichtig e.: → aufheben (I, 3); seinen Rücktritt e.: → zurücktreten (1); für schuldig e.: → verurteilen (2) für vogelfrei/in die Acht/in Acht und Bann e., die Acht e. |über|: → ächten (1) – **II.** erklären, sich: sich e. |für|: → eintreten (7, a); sich bereit e.: → zustimmen (1)
Erklärer, der: + Interpret · Kommentator · Deuter · Ausleger · Illustrator · Exeget
erklärlich: → verständlich (2)
erklärt: → ausgesprochen (2)
erklärtermaßen: → ausdrücklich (1)
Erklärung, die: **1.** ⟨*das Erklären od. das Erklärte*⟩ Erläuterung · Explikation · Verdeutlichung · Beleuchtung + Exemplifikation · Interpretation · Kommentar · Deutung; → *auch* Auslegung, Anmerkung (1) – **2.** ⟨*öffentl. Mitteilung*⟩ Verkünd[ig]ung · Deklaration · Manifest · Statement – **3.** → Einführung (1) – **4.** → Liebeserklärung, Aussage (1) – **5.** eidesstattliche E.: → Eid (1); → eine E. abgeben: → erklären (I, 2)
erklecklich: → beträchtlich (1)
erklettern: → ersteigen
erklimmen: 1. → ersteigen – **2.** → erreichen (1)
erklingen: 1. ⟨*als Klang hörbar werden*⟩ anklingen ♦ *gehoben*: antönen; → *auch* ertönen, klingen (1) – **2.** die Gläser e. lassen: → anstoßen (3)

erklügeln: → ausdenken (1)
Erkrankung, die: → Krankheit
erkühnen, sich: → unterstehen (II)
erkunden: 1. ⟨*im Gelände festzustellen suchen*⟩ [das Terrain] sondieren · aufklären · auf Kundschaft ausgehen · [auf] Patrouille gehen – **2.** → auskundschaften (1)
erkundigen, sich: nachfragen · fragen |nach| · sich umhören · Erkundigungen einholen/einziehen ♦ *umg*: herumhorchen · sich umtun
Erkundigung, die: Erkundigungen einholen/einziehen: → erkundigen, sich
Erkundung, die: **1.** ⟨*das Erkunden*⟩ Aufklärung · Sondierung · Ermittlung · Feststellung – **2.** → Erforschung
erkünstelt: → geziert
erküren: → auswählen
erlaben: I. erlaben: → erfrischen (I) – **II.** erlaben, sich: → erfrischen (II)
Erlagschein, der: → Zahlschein
erlahmen: 1. ⟨*müde bzw. schwach werden*⟩ ermüden · ermatten · erschlaffen · den Dienst versagen ♦ *umg*: schlappmachen – **2.** → nachlassen (1)
erlangen: 1. → erwerben (1) – **2.** → erreichen (1) – **3.** den Sieg e.: → siegen; die Doktorwürde e.: → promovieren
Erlass, der: **1.** ⟨*behördl. Verfügung*⟩ Dekret · Edikt + Bulle · Runderlass · Rundverfügung · Zirkularerlass; → *auch* Verordnung (1), Bekanntmachung (1), Gesetz (2) – **2.** ⟨*das Entbinden von einer Verpflichtung*⟩ Erlassung
erlassen: 1. ⟨*nicht auf etw. bestehen*⟩ schenken · entbinden |von| · befreien |von| – **2.** → anordnen (2) – **3.** eine Verfügung/Verordnung e.: → anordnen (2); die Strafe e.: → begnadigen
Erlassung, die: → Erlass (2)
erlauben: 1. ⟨*seine Zustimmung geben*⟩ gestatten · stattgeben · die Erlaubnis geben/erteilen · die Einwilligung geben ♦ *gehoben*: permittieren; → *auch* gewähren (1), genehmigen (1), zulassen (1) – **2.** → ermöglichen (1) – **3.** sich e.: ⟨*sich etw. zu tun entschließen*⟩ sich die Freiheit nehmen + sich beehren · sich die Ehre geben; → *auch* unterstehen (II) – **4.** wenn Sie e.: ⟨*wenn Sie es mir erlauben*⟩ wenn Sie gestatten · mit Verlaub – **5.** dümmer als die Polizei erlaubt: → dumm (1)
Erlaubnis, die: **1.** ⟨*Zustimmung zu einem Tun*⟩ Gewährung · Plazet · Ermächtigung + Freibrief ♦ *gehoben*: Permission; → *auch* Genehmigung (1), Zulassung – **2.** die E. geben/erteilen: → erlauben (1); die E. haben: → dürfen
erlaubt: → zulässig
erlaucht: 1. → angesehen (1) – **2.** von erlauchter Geburt: → adlig (1)
erlauschen: → abhorchen (1)
erläutern: → erklären (I, 1), darlegen, veranschaulichen
Erläuterung, die: → Erklärung (1), Darlegung (1), Einführung (1)
erleben: 1. ⟨*die Wirkung von etw. bewusst in sich aufnehmen*⟩ durchleben · [am eigenen Leibe] erfahren · am eigenen Leibe erleben + erleiden – **2.** einen Aufstieg/Aufschwung e.: → gedeihen (1); am eigenen Leibe e.: → 1; sein blaues Wunder e.: → staunen (1)
Erleben, das: → Erlebnis (1)
Erlebnis, das: **1.** ⟨*bewusst in sich aufgenommenes Geschehnis*⟩ Erleben; → *auch* Ereignis (1) – **2.** → Abenteuer (1)
Erlebnishunger, der: → Abenteuerlust
erlebnishungrig: → abenteuerlustig
erlechzen: → erwarten (1)
erledigen: 1. ⟨*zu einem positiven Abschluss bringen*⟩ abtun · abfertigen · abwickeln · besorgen · ausführen · durchführen · fertig machen · absolvieren · vom Tisch bringen; zur Durchführung bringen (*amtsspr*) ♦ *umg*: abmachen · durchziehen; ausmachen (*landsch*); → *auch* erfüllen (I, 2), ableisten, aufarbeiten (1), beenden (1) – **2.** → ruinieren (I, 1) – **3.** → ermorden, töten (I, 1) – **4.** sein Geschäft e.: → austreten (1 *u.* 2); Wege e.: → einkaufen (I, 1); mit einem Griff e.: → mühelos (2)
erledigt: 1. ⟨*zu einem positiven Abschluss gebracht*⟩ abgeschlossen · abgetan ♦ *umg*: fertig ist die Laube/Kiste – **2.** → erschöpft (1) – **3.** e. sein: **a)** ⟨*einen positiven Abschluss haben*⟩ *umg*: vom Tisch sein · fertig ist die Laube/Kiste – **b)** ⟨*der Missachtung preisgegeben sein*⟩ *umg*: geliefert sein · gestorben sein · ein toter Mann sein ♦ *salopp*: unten durch sein – **c)** → gelten (7)
Erledigung, die: **1.** ⟨*das Erledigen*⟩ Abfertigung · Besorgung · Bestellung · Regelung · Ausführung · Durchführung · Absolvierung; → *auch* Ablegung – **2.** → Einkauf (1)

erlegen: **1.** → schießen (2) – **2.** → bezahlen (2)
erleichtern: **I.** erleichtern: **1.** ⟨*die Belastung od. Anspannung verringern*⟩ nachlassen · lockern – **2.** → bestehlen, schröpfen (2) – **3.** sein Herz e.: → aussprechen (II, 1) – **II.** erleichtern, sich: **1.** → ausziehen (II) – **2.** → übergeben (II) – **3.** → austreten (1 *u.* 2) – **4.** → aussprechen (II, 1)
erleichtert: → froh (1)
Erleichterung, die: → Entspannung (1)
erleiden: **1.** → dulden (1) – **2.** → erleben (1) – **3.** den Tod e.: → sterben (1); Schiffbruch e.: → Misserfolg (2); Abbruch e.: → Schaden (5); eine Abfuhr e.: → abblitzen (1)
erlernen: lernen · sich aneignen · erwerben · sich anlernen · sich anlesen + studieren; → *auch* abhorchen (1), lernen (1)
Erlernung, die: Aneignung
erlesen: **1.** → auswählen – **2.** → erstklassig (1)
erleuchten: → erhellen (1)
Erleuchtung, die: **1.** → Einfall (1) – **2.** → Erkenntnis (1)
erliegen: seinen Verletzungen/Wunden e.: → sterben (1); zum Erliegen bringen: → stilllegen; zum Erliegen kommen: → stillstehen
erlisten: → ablisten (1)
erlogen: **1.** → unwahr – **2.** von A bis Z e.: → unwahr
Erlös, der: → Ertrag
erlöschen: **1.** ⟨*zu leuchten bzw. zu brennen aufhören*⟩ verlöschen · auslöschen · ausgehen · verglimmen · verglühen + verflackern – **2.** → nachlassen (1) – **3.** → enden (1, b) – **4.** → sterben (1), aussterben
erlösen: erlöst werden: → sterben (1); sich erlöst fühlen: → aufatmen (2)
Erlöser, der: **1.** → Retter – **2.** → Christus (1)
Erlösung, die: **1.** → Befreiung (1) – **2.** → Tod (1)
erluchsen: → erspähen
erlügen: **1.** → lügen (1) – **2.** → erschwindeln – **3.** [erstunken und] erlogen, von A bis Z erlogen: → unwahr
ermächtigen: **1.** → bevollmächtigen – **2.** ermächtigt sein: → dürfen
Ermächtigung, die: → Vollmacht (1), Erlaubnis (1)
ermahnen: **1.** ⟨[*mit Nachdruck*] *etw. zu tun verlangen*⟩ [ver]mahnen · auffordern · zur Ordnung rufen · ins Gewissen/Gemüt reden + tadeln · rügen ♦ *umg*: predigen; → *auch* erinnern (I, 1) – **2.** ⟨[*mit Nachdruck*] *verlangen, etw. nicht zu tun*⟩ [ver]warnen
Ermahnung, die: **1.** ⟨[*nachdrückl.*] *Forderung, etw. zu tun*⟩ Mahnung · Aufforderung – **2.** ⟨[*nachdrückl.*] *Forderung, etw. nicht zu tun*⟩ Warnung · Verwarnung
ermangeln: **1.** → entbehren (1) – **2.** → fehlen (2)
Ermangelung, die: in E.: → mangels
ermannen, sich: sich zusammennehmen · Mut fassen · sich ein Herz fassen · sein Herz in die Hand/in beide Hände nehmen + seinem Herzen einen Stoß geben ♦ *umg*: sich zusammenraffen · sich aufraffen · sich aufrappeln · sich zusammenreißen · sich einen Ruck geben ♦ *salopp*: sich am Riemen reißen
ermäßigen: → senken (I, 1)
Ermäßigung, die: → Preissenkung
ermatten: **1.** → erlahmen (1) – **2.** → ermüden (1) – **3.** → nachlassen (1)
ermattet: → erschöpft (1)
Ermattung, die: → Erschöpfung
ermessen: **1.** → überblicken – **2.** → verstehen (I, 2)
Ermessen, das: in jmds. E. stellen: → überlassen (I, 1); nach menschlichem E.: → wahrscheinlich
ermitteln: **1.** → nachforschen – **2.** → ergründen (1)
Ermittler: verdeckter E.: Undercoveragent + V-Mann · Sleeper ♦ *umg*: Maulwurf · Undercover; → *auch* Kriminalist, Fahnder
Ermittlung, die: **1.** → Erkundung (1) – **2.** Ermittlungen anstellen: → nachforschen
ermöglichen: **1.** ⟨*die Bedingungen für etw. bieten od. schaffen*⟩ erlauben · gestatten · möglich machen · die Möglichkeit/Gelegenheit bieten/geben · instand setzen · in den Stand setzen · in die Lage versetzen – **2.** → bewerkstelligen
ermorden: umbringen · morden · meucheln ♦ *umg*: erledigen · aus der Welt/auf die Seite schaffen · aus dem Wege räumen ♦ *salopp*: abservieren · stumm machen · killen · fertig machen · um die Ecke bringen ♦ *derb*: kaltmachen · alle machen · umlegen · abkrageln; → *auch* morden (1), erwürgen, erstechen, erschlagen (1), erschießen (I), töten (I, 1)
Ermordung, die: → Mord (1)

ermüden: **1.** ⟨*kräftemäßig zu sehr beanspruchen*⟩ müde machen · abtreiben · abhetzen · abjagen · ermatten · abmatten · erschöpfen ♦ *gehoben*: abmüden ♦ *salopp*: schaffen · schlauchen · fertig machen; → *auch* entkräften (1) – **2.** → erlahmen (1)
ermüdend: **1.** → anstrengend – **2.** → einförmig
ermüdet: → müde (1)
Ermüdung, die: **1.** → Müdigkeit (1) – **2.** → Erschöpfung
ermuntern: **I.** ermuntern: → aufmuntern (1) – **II.** ermuntern, sich: → ermannen, sich
ermutigen: ermuntern · befestigen · [be]stärken · bekräftigen · Mut machen · Kraft/Mut verleihen; → *auch* anregen (1), helfen (1)
ermutigend: → tröstlich
Ermutigung, die: Aufmunterung · Bestärkung · Bekräftigung + Trost
Ern, der: → Flur (I)
ernähren: **I.** ernähren: **1.** → unterhalten (I, 1) – **2.** → füttern (a) – **II.** ernähren, sich: sich e. |von|: → leben (3)
Ernährer, der: Erhalter · Verdiener · Versorger
Ernährung, die: **1.** → Nahrung – **2.** → Lebensunterhalt (1)
ernennen: → berufen (I, 1)
Ernennung, die: → Berufung (1)
erneuen: → erneuern (1)
erneuern: **1.** ⟨*Altes wieder wie neu machen bzw. mit neuen Teilen versehen*⟩ überholen · generalüberholen · regenerieren · erneuen ♦ *umg*: auf Vordermann bringen + verjüngen · renovieren · wiederbeleben · modernisieren; → *auch* ersetzen (1), wiederherstellen (1), reparieren – **2.** → wiederholen (I, 1, a)
erneuert: → neu (2)
Erneuerung, die: **1.** ⟨*das Erneuern*⟩ Überholung · Regeneration · Innovation + Verjüngung · Renovierung · Wiederbelebung; → *auch* Reparatur, Wiederherstellung (1), Wiedergeburt – **2.** → Wiederholung
erneuerungsbedürftig: → sanierungsbedürftig
erneut: → wieder (1)
erniedrigen: **I.** erniedrigen: → demütigen (I) – **II.** erniedrigen, sich: → demütigen (II)
Erniedrigung, die: → Herabwürdigung
ernst: **1.** ⟨*nicht leicht zu nehmend*⟩ bitterernst · todernst; → *auch* bedenklich (1), gefährlich (1) – **2.** ⟨*nicht lustig od. leichtfertig*⟩ seriös · ernsthaft – **3.** → nachdrücklich – **4.** → wichtig (1) – **5.** → tierisch e.: → humorlos (1); e. nehmen: → respektieren; nicht e. nehmen: → unterschätzen
Ernst, der: **1.** ⟨*ernste Gesinnung, Haltung*⟩ Seriosität · Ernsthaftigkeit – **2.** → Bedeutung (1) – **3.** → Eifer (1) – **4.** → Feierlichkeit (1) – **5.** im E., allen Ernstes: → ernstlich (1); tierischer E.: → Humorlosigkeit; E. machen |mit|: → verwirklichen
ernsthaft: **1.** → ernst (2) – **2.** → nachdrücklich – **3.** → wichtig (1) – **4.** → ernstlich (1)
Ernsthaftigkeit, die: → Ernst (1)
ernstlich: **1.** ⟨*in ernster Absicht*⟩ ernsthaft · im Ernst · allen Ernstes ♦ *umg*: ohne Spaß + Spaß beiseite – **2.** → nachdrücklich – **3.** → wichtig (1)
Ernte, die: → Ernteertrag
Erntedankfest, das: → Erntefest
Erntedanktag, der: → Erntefest
Ernteergebnis, das: → Ernteertrag
Ernteertrag, der: Ernte[ergebnis] · Ernteresultat ♦ *gehoben*: Erntesegen; → *auch* Ertrag
Erntefest, das: Erntetag · Erntedankfest · Erntedanktag + Erntetanz
Erntejahr, das: → Jahrgang (2)
ernten: **1.** ⟨*die Feld- bzw. Gartenfrüchte einbringen*⟩ abernten; fechsen (*österr*) + pflücken; → *auch* pflücken, einbringen (1) – **2.** → gewinnen (1) – **3.** Lorbeeren e.: → Ruhm (2)
erntereif: → reif (1)
Ernteresultat, das: → Ernteertrag
Erntesegen, der: → Ernteertrag
Erntetag, der: → Erntefest
Erntetanz, der: → Erntefest
ernüchtern: desillusionieren · enttäuschen · entzaubern · die Illusionen rauben/nehmen · aus seinen Illusionen reißen · Wasser in den Wein gießen · zu Verstand kommen lassen/bringen ♦ *umg*: den Zahn ziehen
Ernüchterung, die: Desillusion[ierung] · Enttäuschung ♦ *umg*: [kalte] Dusche · kalter Wasserstrahl
Eroberer, der: → Aggressor
erobern: **1.** ⟨*gewaltsam bzw. durch Krieg in seinen Besitz bringen*⟩ [ein]nehmen · erringen; → *auch* einverleiben (2, a), erbeuten – **2.** ⟨*Gegenliebe wecken*⟩ jmds. Herz erobern/gewinnen · die Herzen brechen

♦ *umg*: eine Eroberung/Eroberungen machen – **3.** → erbeuten – **4.** jmds. Herz e.: → 2
Eroberung, die: **1.** → Unterwerfung (1) – **2.** → Raub (1) – **3.** eine E./Eroberungen machen: → erobern (2)
Eroberungsdrang, der: → Aggressivität
Eroberungsdurst, der: → Aggressivität
eroberungsdurstig: → aggressiv (1)
Eroberungsgelüste (*Pl*) → Aggressivität
Eroberungsgier, die: → Aggressivität
eroberungslustig: → aggressiv (1)
Eroberungssucht, die: → Aggressivität
eroberungssüchtig: → aggressiv (1)
eröffnen: I. eröffnen: **1.** ⟨*durch Worte od. Zeichen den Beginn bekannt geben*⟩ einleiten · starten + einläuten; → *auch* anfangen (1, a) – **2.** ⟨*zum ersten Mal zugänglich machen*⟩ der Öffentlichkeit übergeben/zugänglich machen ♦ *umg*: aufmachen; auftun (*landsch*); → *auch* gründen (I, 1) – **3.** → mitteilen (I) – **4.** → einweihen (1) – **5.** die Feindseligkeiten e.: → angreifen (I, 1, a); den Reigen e.: → anfangen (1, a) – **II.** eröffnen, sich: **1.** → offenbaren (II) – **2.** → bieten (II, 1)
Eröffnung, die: **1.** ⟨*das Eröffnen*⟩ Einleitung · Start; → *auch* Beginn (2), Einleitung (1) – **2.** → Mitteilung (1) – **3.** → Einweihung
erogen: [sexuell] reizbar/erregbar
erörtern: besprechen · beraten · bereden · durchsprechen · debattieren · [aus]diskutieren · durchdiskutieren · disputieren ♦ *umg*: beschwatzen · beschwätzen · durchnehmen; diskurrieren (*veraltend*); · bekakeln · bekaspern · belatschern (*landsch*) ♦ *salopp*: bequatschen; → *auch* behandeln (5), durchhecheln
Erörterung, die: Besprechung · Beratung · Debatte · Disput · Diskurs; → *auch* Beratung (1), Aussprache (2), Streitgespräch
erörterungswert: → diskutabel
Eros, der: **1.** → Sinnlichkeit – **2.** → Liebe (1)
Eroscenter, das: → Bordell
Erotik, die: → Sinnlichkeit
Erotikshop, der: → Sexshop
erotisch: → sinnlich (1)
erpicht: e. sein |auf|: → Verlangen (4)
erpressen: → zwingen (1)
erproben: → prüfen (1)
erprobt: 1. → erfahren (2) – **2.** → bewährt
Erprobung, die: → Prüfung (1)
erquicken: I. erquicken: → erfrischen (I) – **II.** erquicken, sich: → erfrischen (II)
erquickend: → erfrischend (1)
erquicklich: → wohl (5), erfrischend (1)
Erquickung, die: → Erfrischung (1)
erraffen: 1. → ergreifen (1) – **2.** → aneignen, sich (1)
erramschen: → aneignen, sich (1)
erraten: 1. ⟨*durch Raten finden*⟩ raten · von den Augen/Lippen/vom Gesicht [ab]lesen + herausfinden · herauskriegen · herausbekommen ♦ *umg*: an der Nase/am Gesicht absehen; → *auch* enträtseln (1) – **2.** → lösen (I, 1)
erratisch: erratischer Block: → Findling (1)
errechnen: 1. → berechnen (I, 1) – **2.** sich e.: → erhoffen (1)
erregbar: 1. → aufbrausend – **2.** → erogen
erregen: I. erregen: **1.** → aufregen (I, 1) – **2.** → verursachen – **3.** Anstoß/Missfallen/Missbilligung/Ärgernis e.: → anstoßen (2); Aufmerksamkeit e.: **a)** → auffallen (1) – **b)** → Aufsehen (2); Aufsehen/Staunen e.: → Aufsehen (2); Abscheu e.: → anwidern – **II.** erregen, sich: **1.** → aufregen (II) – **2.** → entrüsten (II)
erregend: aufregend · aufreizend · aufwühlend · aufpeitschend · aufrührend · prickelnd ♦ *umg*: nervenzerreißend; → *auch* spannend
Erreger, der: → Krankheitserreger
erregt: → aufgeregt (1)
Erregtheit, die: → Erregung (1)
Erregung, die: **1.** ⟨*das Erregtsein*⟩ Erregtheit · Erregungszustand · Aufregung · Aufgeregtheit · Exaltation · Exaltiertheit · Erhitzung · Affekt · Rausch + Taumel · Fieber · Hektik · Wallung · Aufruhr · Aufwallung; → *auch* Wut (1) – **2.** → Entrüstung
Erregungszustand, der: → Erregung (1)
erreichbar: zugänglich · verfügbar
erreichen: 1. ⟨*zu etw. od. jmdm. gelangen*⟩ ereilen · erlangen · einholen · hingelangen · erklimmen ♦ *umg*: [ein]kriegen; → *auch* gelangen (1, a) – **2.** ⟨*zum gewünschten Erfolg bringen*⟩ erzielen · erarbeiten · erwirken · bewirken · ausrichten · vollbringen · zustande/zuwege/über die Runden bringen · leisten + erschaffen ♦ *umg*: schaffen · fertig bekommen · fertig kriegen · fertig bringen · durchziehen; → *auch* durchsetzen (I, 1), bewerkstelligen – **3.** → vorfinden – **4.** zu e. suchen: → erstreben

erretten: → retten (1)
Erretter, der: → Retter
Errettung, die: → Befreiung (1)
errichten: 1. ⟨*etw. Großes bauen*⟩ aufbauen · erbauen ♦ *umg*: hochziehen · hinklotzen; → *auch* bauen (1) – **2.** → gründen (I, 1) – **3.** eine Mauer um sich e.: → absondern (II)
erriechen: nicht e. können: → hassen
erringen: 1. → erkämpfen (1), erobern (1) – **2.** den Sieg e.: → siegen
erröten: 1. ⟨*rote Gesichtsfarbe bekommen*⟩ [puter]rot werden + sich verfärben · die Farbe wechseln – **2.** → schämen, sich (1)
Errungenschaft, die: **1.** ⟨*das durch eigene Leistung Erreichte*⟩ Besitzstand – **2.** → Anschaffung (1)
Ersatz, der: **1.** ⟨*das für etw. anderes bzw. Verlorenes Verwendete*⟩ Ersatzmittel · Ersatzstoff · Äquivalent · Surrogat – **2.** → Entschädigung – **3.** E. leisten: → entschädigen (I); als E.: → ersatzweise
Ersatzbank, die: → Reservebank
Ersatzkaffee, der: → Kaffee (2)
Ersatzmann, der: Aushilfe · Aushilfskraft; Suppleant (*schweiz*) ♦ *umg*: Reservemann · Notnagel · Lückenbüßer; → *auch* Vertretung (2), Stellvertreter
Ersatzmittel, das: → Ersatz (1)
ersatzpflichtig: → haftbar (1)
Ersatzstoff, der: → Ersatz (1)
Ersatztruppe, die: + Reserve · Hilfsheer · Hilfstruppe
ersatzweise: als Ersatz · im Austausch dafür
ersaufen: → ertrinken
ersäufen: 1. → ertränken (I, 1) – **2.** im Wein/Alkohol e.: → unterdrücken (2)
erschachern: → einhandeln
erschaffen: 1. → hervorbringen (1) – **2.** → erreichen (2)
Erschaffung, die: **1.** ⟨*das Hervorbringen durch Gott*⟩ Schöpfung; Kreation (*veraltend*) – **2.** → Herstellung
erschallen: → ertönen
erschaudern: → schaudern (1)
erschauen: → erblicken (1)
erschauern: → schaudern (1)
erscheinen: 1. ⟨*plötzlich da sein*⟩ **a)** ⟨*Personen*⟩ sich einfinden · sich einstellen · auftauchen · in Erscheinung treten · auf der Bildfläche erscheinen ♦ *gehoben*: auf den Plan treten ♦ *umg*: sich blicken lassen · anrücken · angerückt kommen · auf der Matte stehen ♦ *salopp*: aufkreuzen · antanzen · angetanzt kommen · angeschneit kommen; → *auch* ankommen (1), auftauchen (3), anschlendern, anlaufen (9) – **b)** ⟨*Dinge, Erscheinungen*⟩ zutage/in Erscheinung treten · sich einstellen · zum Vorschein kommen; → *auch* auftauchen (3) – **2.** ⟨*von Druckerzeugnissen gesagt: in die Öffentlichkeit gelangen*⟩ herauskommen; → *auch* Markt (4) – **3.** → scheinen (1) – **4.** auf der Bildfläche e.: → 1, a
Erscheinung, die: **1.** ⟨*etw. der sinnl. Wahrnehmung sich Darbietendes*⟩ Phänomen – **2.** → Gestalt (1), Aussehen (1) – **3.** → Druckwerk – **4.** → Sinnestäuschung – **5.** in E. treten: → erscheinen (1, a *u.* b)
Erscheinungsbild, das: **1.** → Aussehen (1) – **2.** → Gestalt (1)
erschießen: I. erschießen: ⟨*mit einer Schusswaffe töten*⟩ niederschießen · niederstrecken · totschießen + füsilieren ♦ *umg*: an die Wand stellen ♦ *salopp*: abknallen · umlegen · über den Haufen schießen/knallen; → *auch* töten (I, 1), ermorden, niederschießen (1), schießen (2) – **II.** erschießen, sich: ⟨*mit einer Schusswaffe Selbstmord begehen*⟩ sich eine Kugel in/durch den Kopf schießen/jagen + die Waffe gegen sich kehren; → *auch* Selbstmord (2)
erschlaffen: → erlahmen (1)
erschlagen: 1. ⟨*durch Schläge töten*⟩ totschlagen · totprügeln + den Schädel einschlagen; → *auch* töten (I, 1), ermorden – **2.** → erschöpft (1) – **3.** → bestürzt
erschleichen: → erschwindeln
erschließen: I. erschließen: **1.** ⟨*zugänglich bzw. nutzbar machen*⟩ aufschließen · aufbereiten; ausrichten (*bergm*) – **2.** → entziffern – **II.** erschließen, sich: → offenbaren (II)
erschmeicheln: → erschwindeln
erschnappen: → erhaschen (1)
erschnüffeln: → ergründen (1)
erschöpfen: I. erschöpfen: **1.** → ermüden (1) – **2.** → entkräften (1) – **3.** → auswerten – **II.** erschöpfen, sich: **1.** ⟨*durch besonderen Einsatz seine Kräfte verschleißen*⟩ sich verzehren · sich aufreiben · sich ausgeben · sich verausgaben; → *auch* abmühen, sich, abhetzen (II), überanstrengen (II) – **2.** → ausgehen (2)
erschöpfend: 1. → anstrengend – **2.** → gründlich (1)

erschöpft: **1.** ⟨*im Zustand körperl. Schwäche*⟩ ermattet · entkräftet · angegriffen · zerschlagen · abgespannt · entnervt · schlapp · schlaff ♦ *umg*: abgekämpft · abgetrieben · angeschlagen · ausgelaugt · ausgesaugt · ausgesogen · ausgepumpt · kaputt · marode · flügellahm · erledigt · k. o. · groggy · down · erschlagen · erschossen · [fix und] fertig · schachmatt · schlappig · wie gerädert · geschafft · halbtot · am Ende ♦ *salopp*: matsch · abgeklappert · herunter; knülle · knille (*landsch*) → *auch* atemlos (1), müde (1), schwach (1, a), erholungsbedürftig – **2.** → ertragsarm – **3.** → aufgebraucht – **4.** e. sein: ⟨*sich im Zustand körperl. Schwäche befinden*⟩ *salopp*: auf dem letzten Loch pfeifen · auf allen vieren/auf dem Zahnfleisch kriechen · am Boden zerstört sein · [völlig/total] platt sein · am Stock gehen · wie durch den Wolf gedreht sein · kein Mensch mehr sein

Erschöpftheit, die: → Erschöpfung

Erschöpfung, die: Erschöpfungszustand · Erschöpftheit · Ermattung · Entkräftung · Abspannung · Abgespanntheit · Ermüdung · Entnervung · Mattigkeit + Übermüdung; → *auch* Müdigkeit (1), Schwäche (1)

Erschöpfungszustand, der: → Erschöpfung

erschossen: → erschöpft (1)

erschrecken: **1.** ⟨*plötzlich in Angst versetzen*⟩ schrecken · einen Schreck[en] einflößen/einjagen · in Schrecken versetzen ♦ *umg*: schocken – **2.** ⟨*plötzlich in Angst versetzt werden*⟩ zusammenschrecken · zusammenzucken · zusammenfahren · einen Schreck[en] bekommen ♦ *umg*: der Schreck fährt jmdm. in die Glieder · in die Knochen fahren · die Butter fällt jmdm. vom Brot; → *auch* zurückschrecken (1) – **3.** → entsetzen (II, 1)

Erschrecken, das: → Schreck (1)

erschreckt: → erschrocken (1)

erschrocken: **1.** ⟨*plötzlich in Angst versetzt*⟩ erschreckt · starr [vor Schreck] · zu Tode erschrocken · wie vom Schlag getroffen · wie vom Donner gerührt ♦ *umg*: geschockt – **2.** zu Tode e.: → 1

erschüttern: **1.** ⟨*plötzlich tief ergreifen*⟩ niederschmettern + einen Schock versetzen; → *auch* ergreifen (3) – **2.** die Hoffnung e.: → entmutigen

erschütternd: → ergreifend

erschüttert: → ergriffen

Erschütterung, die: **1.** ⟨*durch Stöße hervorgerufene Bewegung*⟩ Vibration · Gerüttel ♦ *umg*: Holper; → *auch* Stoß – **2.** ⟨*plötzl. Erschüttertwerden*⟩ + Schock · Nervenschock; Trauma · Kommotion (*med*) – **3.** → Erdbeben – **4.** → Ergriffenheit

erschweren: komplizieren; → *auch* behindern (1)

erschwerend: belastend

Erschwernis, die: → Erschwerung

Erschwerung, die: Erschwernis · Komplikation + Beschränkung

erschwindeln: erlügen · ergaunern · erschleichen + erschmeicheln

erschwingen: → aufbringen (1)

erschwinglich: → billig (1)

ersehen: **1.** → folgern – **2.** sich nichts e. können |an|: → missfallen (2); nicht e. können: → hassen

ersehnen: → erwarten (1)

ersetzen: **1.** ⟨*etw. Neues an die Stelle des Alten setzen*⟩ auswechseln · austauschen · substituieren; → *auch* erneuern (1) – **2.** → entschädigen (I)

ersichtlich: **1.** → offenkundig (1) – **2.** klar e.: → deutlich (3)

ersinnen: **1.** → ausdenken (1) – **2.** → erfinden (1)

erspähen: sichten · ausmachen ♦ *umg*: eräugen · erluchsen (*scherzh*); → *auch* erblicken (1), erkennen (2)

ersparen: **1.** → absparen – **2.** sich e.: → unterlassen

Ersparnis, die: **1.** ⟨*das gesparte Geld*⟩ das Ersparte · Rücklage · Spargeld · Sparguthaben · Sparpfennig · Spargroschen + Alterspfennig · Notgroschen · Notpfennig · eiserne Reserve; → *auch* Glückspfennig – **2.** Ersparnisse machen: → sparen (1)

Ersparte, das: → Ersparnis (1)

ersprießen: → aufblühen (1)

ersprießlich: → nützlich

erspüren: → erfühlen

erst: **1.** → zuerst – **2.** e. einmal: → zuerst; e. vor einer Weile: → eben (2) – *vgl. auch* erste *u.* Erste

erstarken: stark/kräftig werden · sich kräftigen + wachsen · gedeihen

erstarren: **1.** ⟨*starr werden*⟩ **a)** ⟨*vor Kälte*⟩ gefrieren · erfrieren; → *auch* erkalten (1) – **b)** ⟨*vor Entsetzen*⟩ *umg*: zur Salzsäule erstarren – **2.** → erhärten (1) – **3.** zur Salzsäule e.: → 1, b

erstarrt: **1.** ⟨*nicht mehr in weichem od. flüssigem Zustand*⟩ fest · hart · steif · starr + kristallisiert · kristallin – **2.** → regungslos
erstatten: **1.** → zurückzahlen (1) – **2.** Bericht e.: → berichten; Meldung e.: → melden (I, 1); Anzeige e. |gegen|: → anzeigen (2)
Erstattung, die: → Rückzahlung
Erstaufführung, die: → Premiere
erstaunen: **1.** → wundern (I) – **2.** → staunen (1)
Erstaunen, das: **1.** → Verwunderung (1) – **2.** in E. [ver]setzen: → wundern (I); in E. geraten: → staunen (1)
erstaunlich: **1.** ⟨*Bewunderung abnötigend*⟩ bewunderungswürdig · bewundernswert · bewundernswürdig · staunenswert · stupend · phänomenal · unbeschreiblich · fabelhaft · verblüffend – **2.** → merkwürdig
erstaunlicherweise: → merkwürdigerweise
erstaunt: → überrascht (1)
Erstbesitz, der: aus E.: aus erster Hand
erste: **1.** → beste (1) – **2.** e. Wahl: → erstklassig (1); das e. Mal, zum ersten Mal[e]: → erstmals; an erster Stelle: → zuerst; in erster Linie: → besonders (2); die e. Geige spielen: → führen (2); aus erster Hand: → Erstbesitz; e. Hilfe leisten: → verbinden (I, 2) – *vgl. auch* erst *u.* Erste
Erste: **I.** Erste, der *bzw.* die *bzw.* das: ⟨*der bzw. die bzw. das in der Reihenfolge ganz vorn Stehende*⟩ der *bzw.* die *bzw.* das Allererste – **II.** Erste, das: als Erstes: → zuerst, erstens; zum Ersten: **a)** → erstens – **b)** → vorläufig; fürs E.: → vorläufig; das E. und das Letzte: → alles (1) – *vgl. auch* erst *u.* erste
erstechen: niederstechen · durchbohren + erdolchen; → *auch* ermorden, töten (I, 1)
erstehen: **1.** ⟨*aufs Neue hervorkommen*⟩ wieder erstehen · wie ein Phönix aus der Asche steigen; → *auch* aufleben (1) – **2.** → erwerben (2) – **3.** wieder e.: → 1
Erstehung, die: → Kauf (1)
ersteigen: erklettern · erklimmen · besteigen · bezwingen
Ersteigerer, der: + Bieter
ersteigern: → erwerben (2)
erstellen: **1.** → bauen (1) – **2.** → herstellen (1)
erstens: als Erstes · zum Ersten; erstlich (*veraltend*); → *auch* zuerst
ersterben: → verklingen
ersterbend: → dumpf (2)
erstere: → erstgenannt
ersterer: → jener (1)
ersterwähnt: → erstgenannt
erstgenannt: ersterwähnt · erstere
ersticken: **1.** → erwürgen – **2.** → unterdrücken (3) – **3.** → löschen (1) – **4.** in Arbeit e.: → überlastet; im Geld [fast] e.: → reich (5); im [eigenen] Fett e.: → dick (6); im Keim e.: **a)** → unterdrücken (3) – **b)** → niederschlagen (I, 2)
erstickt: → dumpf (2)
Erstklässer, der: → Schulanfänger
erstklassig: **1.** ⟨*beste Qualität aufweisend*⟩ exquisit · exzellent · extrafein · superb · [aus]erlesen · ausgewählt · ausgesucht · edel · von bester Qualität; erste Wahl · ff · prima; → *auch* hervorragend (1), wertvoll (1) – **2.** → hervorragend (1)
Erstklassler, der: → Schulanfänger
Erstklässler, der: → Schulanfänger
erstlich: → erstens
erstmalig: → erstmals
erstmals: erstmalig · das erste Mal · zum ersten Mal[e]
erstrahlen: → aufleuchten
erstrangig: **1.** → hervorragend (1) – **2.** → vorrangig
erstreben: wollen · anstreben · streben |nach| · trachten |nach| · reflektieren |auf| · zu erreichen suchen ♦ *umg*: aus sein |auf| · haschen |nach| · sich reißen |um|
erstrebenswert: begehrenswert · anstrebenswert · wünschenswert · desiderabel
erstrecken, sich: sich e. |bis/über|: **1.** ⟨*eine bestimmte Fläche einnehmen*⟩ reichen |bis| · sich strecken |bis| · sich spannen |bis/über| · sich [aus]dehnen |bis| · sich [aus]breiten |bis/über| – **2.** ⟨*eine Zeit dauern*⟩ reichen |bis| · sich strecken |bis| · sich [aus]dehnen |bis|; → *auch* [1]dauern (1)
Erstreckung, die: → Ausdehnung (2)
erstreiten: → erkämpfen (1)
erstunken: e. und erlogen: → unwahr
ersuchen: e. |um|: → bitten (2)
Ersuchen, das: → Bitte, Aufforderung (1)
ertappen: **1.** ⟨*bei etw. Unerlaubtem antreffen*⟩ abfassen · überraschen · überführen · auf frischer Tat ertappen ♦ *umg*: erwischen ♦ *salopp*: schnappen · klappen – **2.** auf frischer Tat e.: → 1
ertasten: → erfühlen
ertauben: taub werden · das Gehör verlieren

ertauschen: → einhandeln
erteilen: eine Abfuhr e.: → abweisen (1); ein Lob e.: → loben (1); eine Rüge/einen Tadel/Verweis e.: → tadeln (1); einen Rat e.: → raten (1); [gute] Ratschläge e.: → beraten (I, 1); einen Auftrag e.: → beauftragen; Order e.: → befehlen (I, 1); den Segen e.: → segnen (1); Unterricht e.: → unterrichten (2); die Befugnis e.: → berechtigen; die Erlaubnis e.: → erlauben (1); die Vollmacht e.: → bevollmächtigen; Absolution e.: → absolvieren (1)
ertönen: erschallen · erhallen ♦ *gehoben*: [auf]gellen · [auf]branden · aufbrausen · aufrauschen · aufsteigen · ertosen · aufbrodeln; → *auch* erklingen (1), klingen (1)
ertosen: → ertönen
Ertrag, der: Erlös · Gewinn · Ausbeute · Einnahme[n] · Nettoertrag · Rohertrag · Reinertrag · Reingewinn · Reinerlös · Reineinnahme · Reineinkünfte; Erträgnis (*veraltend*); → *auch* Ergebnis, Ernteertrag, Nutzen (1)
ertragbar: → erträglich
ertragen: 1. → dulden (1) – **2.** → aushalten (1)
Ertragfähigkeit, die: → Fruchtbarkeit
erträglich: [er]tragbar · sich in Grenzen haltend · passabel · leidlich · hinlänglich · den Verhältnissen entsprechend ♦ *umg*: halbwegs · einigermaßen; → *auch* mittelmäßig
Erträgnis, das: → Ertrag
ertragreich: → einträglich, fruchtbar (1)
ertragsarm: unfruchtbar · unergiebig · erschöpft · ausgelaugt · karg · dürr; → *auch* arm (2)
Ertragsfähigkeit, die: → Fruchtbarkeit
Ertragskraft, die: Produktivität
ertränken: I. ertränken: **1.** ⟨*durch Ertrinkenlassen töten*⟩ ersäufen – **2.** im Wein/Alkohol e.: → unterdrücken (2) – **II.** ertränken, sich: ⟨*sich durch Ertrinken das Leben nehmen*⟩ ins Wasser gehen; → *auch* Selbstmord (2)
erträumen: → wünschen (1)
ertrinken: untergehen · in den Fluten umkommen · ein feuchtes/nasses Grab finden · auf See bleiben · den Tod/sein Grab in den Wellen finden ♦ *derb*: ersaufen · versaufen
ertrotzen: → durchsetzen (I, 1)
ertüchtigen, sich: → stärken (II)
ertüfteln: → ausdenken (1)
erübrigen: I. erübrigen: → absparen – **II.** erübrigen, sich: → überflüssig (4)
eruieren: → ergründen (1)
Eruption, die: → Ausbruch (2)
erwachen: 1. → aufwachen (1) – **2.** → entwickeln (II, 2)
erwachsen: 1. ⟨*nicht mehr im Kindesalter*⟩ reif · herangewachsen · ausgewachsen + mannbar ♦ *umg*: fertig · groß · flügge; → *auch* mündig – **2.** → entstehen (1)
erwägen: → überlegen (I, 1)
Erwägung, die: **1.** → Überlegung (1) – **2.** in E. ziehen: → berücksichtigen (1)
erwählen: → auswählen
erwähnen: 1. ⟨*nebenbei sagen*⟩ streifen · berühren · nennen · einflechten · einfließen lassen · fallen lassen + andeuten; → *auch* anführen (1) – **2.** → anführen (1)
erwähnenswert: 1. ⟨*ziemlich wichtig*⟩ nennenswert · beachtenswert · bemerkenswert + denkwürdig; → *auch* wichtig (1), bedeutsam (1) – **2.** nicht e.: → unwichtig (1)
erwähnt: → bewusst (2)
Erwähnung, die: → Anführung (1)
erwahren: I. erwahren: → bestätigen (I, 1) – **II.** erwahren, sich: → bestätigen (II, 1)
erwärmen: I. erwärmen: ⟨*Wärme zuführen*⟩ [durch]wärmen · warm machen; → *auch* erhitzen (I, 1), wärmen (1) – **II.** erwärmen, sich: **1.** ⟨*eine höhere Temperatur bekommen*⟩ warm werden – **2.** sich e. |für|: → begeistern (II)
erwarten: 1. ⟨*auf etw. od. jmdn. warten*⟩ warten |auf| · ersehnen · erhoffen · entgegensehen · entgegenblicken · herbeiwünschen · herbeisehnen · sich sehnen |nach|; erlechzen (*scherzh*) ♦ *gehoben*: erharren · harren |auf| – **2.** zu e.: → fällig (1); e. lassen: → verheißen (1); sich e.: → erhoffen (1); ein Kind/Baby/e., Zuwachs/etw. Kleines e.: → schwanger 2; wie erwartet: → erwartungsgemäß
Erwartung, die: → Hoffnung (1)
erwartungsgemäß: wie erwartet
erwartungsvoll: → gespannt (1)
erwecken: 1. → wecken (1) – **2.** → verursachen – **3.** einen Eindruck e.: → aussehen (1); den Eindruck e.: → aussehen (1 *u.* 2, a)
erwehren, sich: **1.** → abwehren (1, b) – **2.** sich der Tränen nicht e. können: → weinen (1)
Erweis, der: → Beweis (2)

erweisbar: → beweisbar
erweisen: **I.** erweisen: **1.** ⟨*sich jmdm. gegenüber in einer bestimmten Sache entgegenkommend verhalten*⟩ leisten · entgegenbringen · bezeigen · erzeigen + angedeihen lassen · zuteil werden lassen – **2.** einen Gefallen/Dienst e.: → gefällig (5); Hilfe/Unterstützung e.: → helfen (1); Vertrauen e.: → vertrauen; seine Reverenz/die Ehrenbezeigung e.: → grüßen (1); Achtung e.: → achten (1) – **II.** erweisen, sich: → herausstellen (II)
erweislich: → beweisbar
erweitern: **I.** erweitern: **1.** → vergrößern (I, 1) – **2.** → ergänzen (1) – **3.** → ausbauen (2 *u.* 3) – **II.** erweitern, sich: → vergrößern (II, 1)
Erweiterung, die: **1.** → Vergrößerung (1), Ausdehnung (1) – **2.** → Ergänzung (1) – **3.** → Ausbau (1 *u.* 2)
Erwerb, der: **1.** → Kauf (1) – **2.** → Anschaffung (1) – **3.** → Arbeit (2) – **4.** → Lohn (1) – **5.** ohne E.: → arbeitslos (1)
erwerben: **1.** ⟨[*durch Arbeit, Tätigkeit*] *in seinen Besitz bringen*⟩ erlangen · gewinnen · erjagen · an sich bringen · kommen |zu| · gelangen |zu| + erarbeiten; → *auch* aneignen, sich (1) – **2.** ⟨*durch Kauf bekommen*⟩ erstehen · [sich] anschaffen · sich zulegen · an sich bringen + ersteigern; → *auch* kaufen (1) – **3.** → erlernen – **4.** käuflich e.: → kaufen (1); den Doktorgrad e.: → promovieren
erwerbsfähig: → arbeitsfähig
erwerbslos: → arbeitslos (1)
Erwerbslose, der: → Arbeitslose
Erwerbslosigkeit, die: → Arbeitslosigkeit
Erwerbsmöglichkeit, die: → Arbeit (2)
Erwerbsstreben, das: Gewinnstreben + Profitstreben
erwerbstätig: e. sein: → arbeiten (2)
Erwerbstätigkeit, die: → Arbeit (2)
erwerbsunfähig: **1.** ⟨*gesundheitlich nicht in der Lage, seinen Lebensunterhalt zu verdienen*⟩ invalid[e] (*veraltend*) + arbeitsunfähig · berufsunfähig; → *auch* behindert – **2.** → behindert
Erwerbung, die: **1.** → Kauf (1) – **2.** → Anschaffung (1)
erwidern: **1.** → antworten – **2.** → widersprechen (1)
Erwiderung, die: → Antwort (1)
erwiesen: → sicher (4)
erwiesenermaßen: **1.** → erfahrungsgemäß (1) – **2.** → nachweislich
erwirken: → erreichen (2)
erwischen (*umg*): **1.** ⟨*zufällig bzw. gerade noch erreichen*⟩ *normalspr*: fassen; → *auch* abfangen (1) – **2.** → ertappen (1) – **3.** → erhalten (I, 1) – **4.** [beim Schlips] e.: → ergreifen (2)
erwünscht: → willkommen (1)
Erwünschte, das: Desiderat · Desideratum
erwürgen: erdrosseln · strangulieren ♦ *umg*: die Kehle/Gurgel zuschnüren/zudrücken + ersticken · [ab]würgen · drosseln; → *auch* ermorden, töten (I, 1), erhängen (I)
Erz, das: wie in/aus E. gegossen: → regungslos
Erzader, die: Erzgang · Ader · Gang
erzählen: **1.** ⟨*in zwangloser Form* [*miteinander*] *sprechen*⟩ plaudern · plauschen ♦ *umg*: schnacken · klönen (*norddt*); → *auch* äußern (I, 1), schwatzen (1), schwafeln, unterhalten (II, 1) – **2.** ⟨*einen unterhaltsamen Bericht geben*⟩ schildern · zum Besten geben · sagen + fabeln · fabulieren · sein Garn/Seemannsgarn spinnen · mit Worten malen; → *auch* bekannt (5), berichten, beschreiben (1) – **3.** → einreden (1) – **4.** erzählende Dichtung: → Epik
Erzähler, der: **1.** ⟨*erzählende Person*⟩ Schilderer – **2.** → Prosaist
erzählerisch: → dichterisch
Erzählung, die: **1.** ⟨*kürzere Prosadichtung*⟩ + Story · Geschichte · Skizze · Novelle · Märchen · Anekdote; Mär[e] (*noch scherzh*) – **2.** → Bericht (1)
erzdumm: → dumm (1)
erzeigen: → erweisen (I, 1)
erzeugen: → herstellen (1)
Erzeuger, der: **1.** → Hersteller – **2.** → Vater (I, 1)
Erzeugnis, das: Fabrikat · Artikel · Produkt · Arbeit[sprodukt]; Schöpfung (*scherzh*) + Gebilde; → *auch* Ergebnis, Ware (1)
Erzeugung, die: → Herstellung
Erzeugungskosten (*Pl*): → Herstellungskosten
erzfaul: → faul (2)
Erzgang, der: → Erzader
Erzgauner, der: → Schurke
Erzhalunke, der: → Schurke
erziehen: heranbilden · formen · in die Schule nehmen ♦ *umg*: Schliff beibringen; → *auch* ausbilden (1)

Erzieher, der: → Lehrer
Erzieherin, die: → Kindergärtnerin
erzieherisch: pädagogisch · erziehlich · schulisch
erziehlich: → erzieherisch
Erziehung, die: **1.** ⟨*das Erziehen*⟩ Bildung · Formung + Schulung · Unterricht; → *auch* Ausbildung (1) – **2.** ⟨*das Ergebnis des Erziehens*⟩ Zucht · Kinderstube ♦ *umg*: Schliff · Politur
Erziehungsanstalt, die: Anstalt · Jugendstrafanstalt · Erziehungsheim · Heim; Besserungsanstalt (*veraltet*)
Erziehungsberechtigte: **I.** Erziehungsberechtigte, der: → Vormund – **II.** Erziehungsberechtigte (*Pl*): → Eltern (1)
Erziehungsheim, das: **1.** → Erziehungsinstitut – **2.** → Erziehungsanstalt
Erziehungsinstitut, das: Pensionat · Internat · Alumnat · Erziehungsheim · Privatschule ♦ *umg*: Presse (*abwert veraltend*)
erzielen: **1.** → erreichen (2) – **2.** Verständigung e.: → einigen (II); Gewinn e.: → gewinnen (1)
erzittern: **1.** → zittern (1) – **2.** → entsetzen (II, 1) –**3.** → beben (1)
erzkonservativ: → konservativ
Erzlump, der: → Schurke
Erzlumperei, die: → Gemeinheit
Erzpriester, der: → Dekan (a)
erzreaktionär: → rückschrittlich
Erzspitzbube, der: → Schurke
erzürnen: **1.** ⟨*bei jmdm. starken Unwillen hervorrufen*⟩ zornig machen · aufregen · erbittern · erbosen · wütend machen · [auf]reizen · aufbringen · in Zorn/Wut versetzen · in Harnisch bringen ♦ *umg*: in [die] Wolle bringen · [bis] zur Weißglut reizen · zur Weißglut bringen · in Fahrt/Rage bringen ♦ *salopp*: auf die Palme bringen + Pfeffer geben; → *auch* ärgern (I) – **2.** ⟨*immer stärkeren Unwillen empfinden*⟩ zürnen · zornig/wütend werden · in Zorn/Wut geraten · in Harnisch kommen/geraten ♦ *gehoben*: ergrimmen ♦ *umg*: in Fahrt kommen/geraten · in Hitze geraten · in [die] Wolle geraten · giftig werden · die Galle läuft jmdm. über · jmdm. schwillt der Kamm ♦ *salopp*: die Platze kriegen; → *auch* aufregen (II), ärgern (II, 1)
erzürnt: → wütend (1)
erzwingen: → durchsetzen (I, 1)
Erzwingungshaft, die: → Beugehaft
erzwungenermaßen: → gewaltsam
Esel, der: **1.** ⟨*Tier*⟩ Grautier; Grauchen · Langohr (*Kosef*) – **2.** → Dummkopf (2)
Eselei, die: → Fehler (1)
Eselsbrücke, die: → Gedächtnisstütze
Eselsohr, das: → Falz
Eskalation, die: → Verstärkung (1)
eskalieren: → verstärken (I, 1)
Eskamotage, die: → Zauberei
Eskamoteur, der: → Zauberkünstler
Eskapade, die: → Streich (1)
Eskorte, die: → Begleitung (1)
esoterisch: → geheim (1)
Espenlaub, das: zittern wie E.: → zittern (1)
Espresso: **I.** Espresso, der: → Kaffee (1) – **II.** Espresso, das: → Café
Esprit, der: → Verstand (1)
Essay, der *od.* das: → Abhandlung (1)
essbar: genießbar; → *auch* bekömmlich
Esse, die: **1.** → Schornstein (1) – **2.** → Zylinder – **3.** in die E. schreiben: → verloren (3)
essen: **1.** ⟨[*feste*] *Nahrung aufnehmen*⟩ zu sich nehmen · sich stärken · schmausen; speisen (*meist scherzh*); sich einverleiben · sich zu Gemüte führen (*scherzh*); schlingen · schmatzen (*abwert*) + den Hunger stillen · genießen ♦ *umg*: futtern · knabbern; schnabulieren (*scherzh*); pamp[f]en · spachteln · pappen · sich reinziehen · picke[r]n · knuspern · präpeln · acheln · einhauen (*landsch*) ♦ *derb*: fressen [wie ein Scheunendrescher]; → *auch* schlürfen (2), aufessen, Mahlzeit (3), satt (4) – **2.** nichts zu e. haben: → hungern (1); sich dick [und rund] e.: → anessen; sich satt e.: → satt (4)
Essen, das: **1.** ⟨*der Essvorgang*⟩ *umg*: Geschmause · Schmauserei; Esserei · Geesse · Gegesse · Geschlinge (*abwert*) ♦ *derb*: Fresserei · Gefresse – **2.** → Mahlzeit (1) – **3.** → Gericht (1) – **4.** → Nahrung – **5.** → Festessen – **6.** das E. machen/zubereiten: → kochen (1); das E. einnehmen: → Mahlzeit (3)
Essenkehrer, der: → Schornsteinfeger
Essenz, die: **1.** → Wesen (1) – **2.** → Extrakt (1)
essenziell: → wesentlich
Esserei, die: → Essen (1)
Essgier, die: → Unersättlichkeit (1)
Essig, der: E. sein |mit|: → hoffnungslos (2)

essigsauer: → sauer (1)
Esslokal, das: → Gaststätte (1, e)
Esslust, die: → Appetit
Esssucht, die: → Unersättlichkeit (1)
Esswaren (*Pl*): → Lebensmittel
Establishment, das: → Oberschicht
Estrich, der: **1.** → Fußboden (1) – **2.** → Dachboden
etablieren: I. etablieren: → gründen (I, 1) – **II.** etablieren, sich: → niederlassen (II, 1)
Etablissement, das: **1.** → Gaststätte (1, a) – **2.** → Geschäft (2) – **3.** → Bordell
Etage, die: → Stockwerk
Etagere, die: → Regal
Etappe, die: **1.** → Strecke (1) – **2.** → Hinterland – **3.** → Entwicklungsstufe – **4.** in Etappen: → allmählich
Etappengebiet, das: → Hinterland
Etat, der: **1.** → Haushaltsplan – **2.** → Vermögensverhältnisse
et cetera: → weiter (5)
etepetete: → geziert
ethisch: → sittlich (1)
Ethos, das: → Gesinnung (1)
Etikett, das: **1.** → Aufschrift (1) – **2.** → Preisschild
Etikette, die: **1.** → Aufschrift (1) – **2.** → Preisschild – **3.** → Benehmen (1)
Etikettenschwindel, der: → Betrug (1)
etliche: 1. → einige (1) – **2.** e. Mal[e]: → wiederholt (1)
etliches: → einiges (1)
Etui, das: → Kassette (1)
etwa: 1. → ungefähr (1) – **2.** → manchmal – **3.** in e.: → ungefähr (1)
etwaig: → möglich (1)
etwas: 1. ⟨*etw. nicht näher Bestimmbares*⟩ irgendetwas · gleichgültig was ♦ *umg*: [sonst] was – **2.** → wenig (2) – **3.** → einiges (1)
Etwas, das: **1.** → Ding (1) – **2.** das gewisse E.: → Reiz (2)
Eucharistie, die: → Abendmahl (1)
Eule, die: **1.** ⟨*Vogel*⟩ + Kauz · Uhu – **2.** → Handfeger
Eulenflucht, die: → Abenddämmerung
Eulenspiegel, der: → Spaßmacher
Eulenspiegelei, die: → Streich (1)
Eumenide, die: → Rachegöttin
Eunuch, der: → Entmannte
Euphonie, die: → Wohlklang
euphorisch: → begeistert (1)
Eurocity, der: → Schnellzug
Europa: → Abendland
Eva, die: → Frau (I, 1)
Evaskostüm, das: im E.: → nackt
evakuieren: → umsiedeln
evaluieren: → beurteilen (1)
Evaluierung, die: → Beurteilung
evaporieren: → verdampfen (1)
Evastochter, die: → Frau (I, 1)
Event, der *od.* das: → Ereignis, Fest (1)
eventual: → möglicherweise
Eventualität, die: → Möglichkeit (1)
eventuell: 1. → möglicherweise – **2.** → möglich (1)
Evergreen, der *od.* das: Dauerbrenner
evident: → offenkundig (1)
Evokation, die: → Vorladung
Evolution, die: → Entwicklung (1)
evozieren: → vorladen
ewig: 1. ⟨*zeitlich niemals endend*⟩ immerwährend · allzeit · für alle Zeit; für und für (*veraltend*); ewiglich · von Ewigkeit zu Ewigkeit (*Rel*) + endlos ♦ *gehoben*: [jetzt und] immerdar (*veraltend*) ♦ *umg*: in alle Ewigkeit; → *auch* dauernd (1), endlos (b), lange (1), immer (1) – **2.** schon e., seit ewigen Zeiten: → lange (2); ewiger Bund: → Ehe (1); ewige Finsternis: → Hölle (1); e. gestrig: → rückschrittlich; e. und drei Tage: → lange (1); zur ewigen Ruhe / in den ewigen Frieden / in die ewigen Jagdgründe eingehen: → sterben (1)
Ewige, der: → Gott (1, a)
Ewigkeit, die: **1.** → Dauer (2) – **2.** → Jenseits (1, a) – **3.** eine [halbe] E.: → lange (1); in die E. eingehen: → sterben (1); von E. zu E., in alle E.: → ewig (1)
ewiglich: → ewig (1)
ex: ex trinken: → austrinken
exakt: 1. → genau (1) – **2.** → pünktlich (1)
Exaktheit, die: → Genauigkeit (1)
Exaltation, die: **1.** → Erregung (1) – **2.** → Überspanntheit
exaltiert: 1. → aufgeregt (1) – **2.** → überspannt
Exaltiertheit, die: **1.** → Erregung (1) – **2.** → Überspanntheit
Examen, das: → Prüfung (2)
Examenskandidat, der: → Prüfling
Examinand, der: → Prüfling
Examinator, der: → Prüfer
examinieren: → prüfen (2)
Exanthem, das: → Hautausschlag
exanthropisch: → menschenscheu

Exegese, die: → Auslegung
Exeget, der: → Erklärer
exekutieren: 1. → hinrichten (1) – **2.** → pfänden
Exekution, die: → Hinrichtung
Exekutive, die: → Polizei (1)
Exempel, das: **1.** → Beispiel (1) – **2.** → Aufgabe (3) – **3.** zum E.: → beispielsweise; ein E. statuieren: → abschrecken (1)
Exemplar, das: → Stück (2)
exemplarisch: 1. → vorbildlich – **2.** → warnend
Exemplifikation, die: → Erklärung (1)
exemplifizieren: → erklären (I, 1)
exerzieren: 1. → ausbilden (1) – **2.** → üben (1)
exhaustiv: → vollständig (1)
Exhaustor, der: → Entlüfter
exhumieren: → ausgraben (1)
Exil, das: **1.** ⟨*langer Aufenthalt im Ausland aufgrund politischer Verhältnisse usw.*⟩ Emigration – **2.** ins E. gehen: → auswandern
existent: → wirklich (1)
Existenz, die: **1.** → Dasein (1) – **2.** → Leben (1) – **3.** → Lebensunterhalt (1)
Existenzangst, die: Lebensangst · Daseinsangst
Existenzberechtigung, die: → Daseinsberechtigung
existenzfähig: → lebensfähig
Existenzgründer, der: → Firmengründer
Existenzkampf, der: → Lebenskampf
existieren: 1. → bestehen (1) – **2.** → leben (1)
Exitus, der: → Tod (1)
exklusiv: → vornehm (1)
exklusive: → ohne (1)
Exklusivmeldung, die: Scoop · Exklusivbericht
Exkommunikation, die: → Ausschluss (1)
exkommunizieren: → ausschließen (I, 3)
Exkremente (*Pl*): → Kot (1)
Exkretion, die: → Ausscheidung (1)
Exkurs, der: Abschweifung + Abstecher
Exmatrikulation, die: → Entlassung (2)
exmatrikulieren: → entlassen (2)
Exmission, die: → Zwangsräumung
exmittieren: → ausquartieren
Exmittierung, die: → Zwangsräumung
ex officio: → amtlich (1)
exorbitant: 1. → übertrieben – **2.** → gewaltig (1)
Exot[e], der: → Farbige (1)
exotisch: → fremd (2)
expandieren: → vergrößern (II, 1)
Expansion, die: → Ausdehnung (1)
Expansionismus, der: → Imperialismus
expansionistisch: → imperialistisch
Expansionspolitik, die: → Imperialismus
Expansionsstreben, das: → Imperialismus
expatriieren: → ausweisen (I, 1)
expedieren: 1. → befördern (1) – **2.** → abschicken
Expedition, die: → Versand
Experiment, das: **1.** → Versuch (1) – **2.** → Wagnis – **3.** Experimente anstellen / machen: → experimentieren
experimentieren: Experimente / Versuche anstellen / machen + probieren · versuchen
Experte, der: → Fachmann (1)
Explikation, die: → Erklärung (1)
explizieren: → erklären (I, 1)
explizit[e]: → ausdrücklich (1)
explodierbar: → explosiv
explodieren: 1. ⟨*durch Drucksteigerung knallend auseinander springen*⟩ zerspringen · [zer]platzen · [zer]bersten · detonieren; krepieren (*fachspr*) + sich entladen · auffliegen ♦ *umg*: zerknallen · hochgehen · auseinander fliegen · in die Luft fliegen / gehen; → *auch* platzen (1) – **2.** → aufbrausen (2)
explorieren: → untersuchen (2)
explosibel: → explosiv
Explosion, die: Detonation · Entladung + Schlag · Krach · Knall · Donner · Verpuffung
explosiv: brisant · explosibel · explodierbar · hochexplosiv + feuergefährlich
Exponat, das: → Ausstellungsstück
Exponent, der: → Vertreter (1)
exponieren, sich: sich zu weit aus dem Fenster lehnen
exponiert: → gefährdet (1)
Export, der: → Ausfuhr
Exporthandel, der: → Außenhandel
exportieren: → ausführen (2)
Exposé, das: → Entwurf (1)
Exposition, die: → Ausstellung (1)
Expositur, die: → Zweigstelle
Express, der: → Schnellzug
express: → eilig (1)
expressis verbis: → ausdrücklich (1)
expressiv: → ausdrucksvoll (1)
Expressreinigung, die: → Schnellreinigung

Express[zug], der: → Schnellzug
ex professo: → amtlich (1)
expropriieren: → enteignen
exquisit: → erstklassig (1)
Extemporale, das: → Prüfungsarbeit
extensiv: → lange (1)
Exterieur, das: → Äußere (1)
extra: 1. → besonders (1) – **2.** → außerdem (1)
Extra, das: **1.** → Zugabe – **2.** → Zubehör (1)
extrafein: → erstklassig (1)
extrahieren: ausziehen
Extrakt, der: **1.** ⟨*durch Extrahieren gewonnene Lösung*⟩ Auszug • Elixier • Tinktur • Absud • Essenz – **2.** → Wesen (1)
extraordinär: → außergewöhnlich (1)
extraterrestrisch: → außerirdisch
extravagant: → überspannt
Extravaganz, die: → Überspanntheit
extravertiert: → weltoffen
Extrawurst, die: eine E. braten: → bevorzugen
extrem: 1. → übertrieben – **2.** → radikal (1)
Extremismus, der: → Radikalismus (1)
Extremist, der: → Radikalist
extremistisch: → radikal (1)
Extremitäten (*Pl*): → Gliedmaßen
extrovertiert: → weltoffen
Ex-und-hopp-Flasche, die: → Einwegflasche
exzellent: → erstklassig (1)
exzentrisch: → überspannt
Exzentrizität, die: → Überspanntheit
exzeptionell: → außergewöhnlich (1)
Exzess, der: **1.** → Ausschweifung (1) – **2.** bis zum E.: → maßlos
exzessiv: → maßlos, zügellos (1)
exzipieren: → ausschließen (I, 2)
Exzitans, das: → Anregungsmittel

F

F, das: nach Schema F: → gleichförmig (1)
Fabel, die: **1.** → Handlung (2) – **2.** → Erfindung (1) – **3.** → Lügengeschichte
Fabelei, die: **1.** → Erfindung (1) – **2.** → Lügengeschichte
Fabelgeschöpf, das: → Fantasiegestalt
Fabelgestalt, die: → Fantasiegestalt
fabelhaft: 1. → großartig (1) – **2.** → erstaunlich (1)
Fabelhans, der: → Lügner
Fabelland, das: → Märchenland
fabeln: → erzählen (2)
Fabeltier, das: → Fantasiegestalt
Fabelwelt, die: → Märchenland
Fabelwesen, das: → Fantasiegestalt
Fabrik, die: Betrieb · Werk · Industriebetrieb · Produktionsbetrieb + Firma · Unternehmen; → *auch* Anlage (II), Werkstatt
Fabrikanlage, die: → Anlage (II)
Fabrikant, der: **1.** → Unternehmer (1) – **2.** → Hersteller
Fabrikarbeiter, der: → Arbeiter (I)
Fabrikat, das: **1.** → Erzeugnis – **2.** → Marke (1)
Fabrikation, die: → Herstellung
Fabrikationskosten (*Pl*): → Herstellungskosten
Fabrikbesitzer, der: → Unternehmer (1)
Fabrikhalle, die: → Werkhalle
Fabrikmarke, die: → Markenzeichen
fabrikneu: → neu (1)
Fabrikware, die: **1.** → Industrieerzeugnis – **2.** → Durchschnittsware
fabrizieren: → herstellen (1)
Fabulant, der: **1.** → Schwätzer (2) – **2.** → Lügner
fabulieren: 1. → ²dichten (1, a) – **2.** → erzählen (2)
Fabulist, der: → Dichter (a)
facettenreich: → vielgestaltig
Fach, das: **1.** ⟨*spezielles Gebiet*⟩ **a)** ⟨*in der Schule*⟩ Unterrichtsfach · Wissensgebiet; Gegenstand (*österr*) – **b)** ⟨*allgemein*⟩ Sachgebiet · Zweig · Fachgebiet · Gebiet · Berufszweig + Branche · Sparte; → *auch* Arbeitsgebiet, Spezialgebiet – **2.** ⟨*Unterteilung in Schränken*⟩ Schrankfach – **3.** unter Dach und F.: **a)** → geborgen (1) – **b)** → verheiratet (1); unter Dach und F. sein: → sicherstellen (4); unter Dach und F. bringen: → vollenden (I, 1); Mann vom F.: → Fachmann (1); vom F. sein: → Fachmann (2); zu Fache kommen: → zurechtkommen (2)
Facharbeiter, der: Spezialarbeiter; Professionist (*österr*)
Facharzt, der: Spezialist · Spezialarzt
Fachausdruck, der: Fachwort · Fachbegriff · Fachbezeichnung · Fachterminus · Terminus [technicus]; → *auch* Wort (1)
Fachbegriff, der: → Fachausdruck
Fachbezeichnung, die: → Fachausdruck
fächeln: 1. ⟨*Luft mit einem Gegenstand in Bewegung setzen*⟩ wedeln + wehen – **2.** → kühlen
fachen: → anschüren (1)
fächern: 1. → einteilen (1) – **2.** → kühlen
Fächerung, die: → Gliederung (1)
Fachgebiet, das: → Fach (1, b)
fachgemäß: → fachmännisch
fachgerecht: → fachmännisch
Fachgespräch, das: → Kolloquium (1)
Fachgruppe, die: → Arbeitsgemeinschaft (1)
Fachkenner, der: → Fachmann (1)
Fachkenntnisse (*Pl*): Fachwissen; → *auch* Wissen (1)
Fachkraft, die: → Fachmann (1)
fachkundig: → fachmännisch
Fachmann, der: **1.** ⟨*in einem Fach ausgebildeter kundiger Mensch*⟩ Experte · Spezialist · der Sachverständige · Sachkenner · Fachkenner · Fachkraft · Meister · Mann vom Fach; Professionist (*österr*) + Autorität · Kenner ♦ *umg*: Mann vom Bau · Profi; → *auch* Meister (1), Routinier – **2.** F. sein: ⟨*in*

einem Fach ausgebildet sein⟩ vom Fach sein ♦ *umg*: vom Bau sein
fachmännisch: fachgemäß · fachgerecht · fachkundig · fachmäßig · sachgemäß · gekonnt · sachgerecht · zünftig · zunftgemäß + richtig · werkgerecht · kunstgerecht; → *auch* sachkundig
fachmäßig: → fachmännisch
Fachterminus, der: → Fachausdruck
Fachwissen, das: → Fachkenntnisse
Fachwort, das: → Fachausdruck
Fackel, die: → Symbol (1)
fackeln: **1.** → zögern – **2.** nicht [lange] f.: → durchgreifen
Fackelträger, der: → Wegbereiter
Fädchen, das: Fussel; → *auch* Faser
fad[e]: **1.** → schal (1) – **2.** → einförmig – **3.** → langweilig
fädeln: **1.** → bewerkstelligen – **2.** f. |auf|: → aufreihen (1)
Faden: **I.** Faden, der: **1.** ⟨*sehr dünnes langes Gebilde*⟩ Zwirnsfaden; → *auch* Bindfaden, Faser – **2.** roter F.: → Leitgedanke; den F. verlieren: → stecken (5, b); F. ziehend: → dickflüssig; den F. aufnehmen: → fortfahren (1); zu F. gehen: → gehen (9); nach Strich und F.: → gehörig (1); auf einen F. ziehen: → aufreihen (1); da beißt die Maus keinen F. ab: → unabänderlich (2); keinen guten F. lassen |an|: → verleumden (1); keinen guten F. miteinander spinnen: → streiten (II); keinen trockenen F. auf dem Leibe haben: → nass (2) – **II.** Fäden (*Pl*): **1.** → Verbindung (I, 1) – **2.** die F. in der Hand haben: **a)** → regieren (1) – **b)** → herrschen (1)
fadendünn: → dünn (1)
fadenscheinig: **1.** → abgetragen – **2.** → durchschaubar
Fadheit, die: → Einförmigkeit
fähig: **1.** → begabt – **2.** → geeignet (1) – **3.** → tüchtig (1) – **4.** f. sein |zu|: **a)** → imstande (1) – **b)** → können (1); f. machen: → befähigen
Fähigkeit, die: **1.** ⟨*das Imstandesein*⟩ Vermögen – **2.** → Begabung (1)
fahl: **1.** ⟨*von heller graugelber Farbe*⟩ erdfahl · erdfarben · erdgrau · falb – **2.** → blass (1)
fahlbleich: → blass (1)
Fähnchen, das: → Kleid (I)
fahnden: f. |nach|: → suchen (1)
Fahnder, der: Spürhund; → *auch* Ermittler, Kriminalist
Fahndung, die: → Suche (1)
Fahne, die: **1.** ⟨*an einer Stange befestigtes Kennzeichen aus Stoff*⟩ Flagge · Banner + Wimpel · Standarte · Stander – **2.** ⟨*Abzug des noch nicht umbrochenen Satzes*⟩ Fahnenabzug · Korrekturabzug · Abzug; → *auch* [2]Bogen (1) – **3.** → Kleid (I) – **4.** → Schwanz (1) – **5.** die F. aufziehen/hissen: → flaggen; die F. hochhalten: → aushalten (2); zu den Fahnen rufen: → einberufen (2); die weiße F. zeigen: → ergeben (II, 1); mit fliegenden Fahnen übergehen |zu|: → desertieren; die F. nach dem Wind hängen: → anpassen (II, 2)
Fahnenabzug, der: → Fahne (2)
Fahnenappell, der: → Appell (1)
Fahnenflucht, die: Desertion
fahnenflüchtig: f. werden: → desertieren
Fahnenflüchtige, der: → Deserteur
Fahrausweis, der: **1.** → Fahrkarte (1) – **2.** → Führerschein
Fahrbahn, die: Fahrstraße · Fahrspur · Spur · Fahrstreifen ♦ *umg*: Straße; Damm · Fahrdamm (*landsch*); → *auch* Straße (1)
fahrbar: fahrbarer Untersatz: → Auto (1)
Fährboot, das: → Fähre
Fahrdamm, der: → Fahrbahn
Fähre, die: Fährboot · Fährkahn · Fährschiff · Trajekt · fliegende Brücke; Überfuhr (*österr*)
fahren: **1.** ⟨*sich mit einem Fahrzeug fortbewegen*⟩ + rasen ♦ *umg*: rollen · kutsch[ier]en ♦ *salopp*: karriolen · brettern · brausen · dampfen · gondeln – **2.** ⟨*ein Fahrzeug bedienen*⟩ + chauffieren · kutschieren · fuhrwerken – **3.** ⟨*mit einem Fahrzeug befördern*⟩ **a)** ⟨*Kutsche*⟩ kutschieren ♦ *umg*: kutschen – **b)** ⟨*Kraftfahrzeug*⟩ *umg*: kutsch[ier]en – **4.** → befördern (1) – **5.** → steuern (1) – **6.** ins Grüne f.: → hinausfahren (1); f. |nach|: → reisen (2); über den Haufen f.: → überfahren (1); zu Bruch/in Klump f.: → [1]Bruch (6); an den Kragen/die Gurgel f.: → angreifen (I, 1, b); in die Höhe/[vor Wut] aus der Haut f.: → aufbrausen (2); durch den Kopf f.: → einfallen (1); in die Knochen f.: → ergreifen (3); in die Parade f.: → hindern; in die Sachen/Kleider f.: → anziehen (II); der Schreck fährt jmdm. in die Glieder: → erschrecken (2); in die Grube/zur Hölle f.: → sterben (1); mit der Kirche ums Dorf f.: → umständlich (2); über den Mund/übers Maul f.: → unterbre-

chen (1); zu Bau f.: → einfahren (1); f. lassen: **a)** → loslassen – **b)** → aufgeben (3); einen f. lassen: → Wind (I, 3)
Fahrensmann, der: → Seemann
Fahrer, der: Führer · Chauffeur · Autofahrer · Kraftfahrer · Lenker; Automobilist (*schweiz*) + Pilot · Fuhrmann
Fahrerhaus, das: Fahrerkabine · Führerhaus · Führerkabine
Fahrerkabine, die: → Fahrerhaus
Fahrerlaubnis, die: → Führerschein
Fahrgast, der: Passagier · der Reisende · der Mitfahrende · Insasse
Fahrgestell, das: **1.** ⟨*Räderteil von Fahrzeugen*⟩ Chassis · Rahmen + Fahrwerk – **2.** → Bein (II, 1)
fahrig (*abwert*): ausfahrend · unstet · haspelig · zappelig; zwatzelig (*landsch*) ♦ *umg*: fummelig; → *auch* nervös, unruhig (1)
Fährkahn, der: → Fähre
Fahrkarte, die: **1.** ⟨*die Entrichtung des Fahrgeldes beweisende Karte*⟩ Fahr[t]ausweis · Fahrschein · Ticket; Billett (*schweiz*) ♦ *umg*: Karte – **2.** → Fehlschuss
Fahrkartenausgabe, die: → Fahrkartenschalter
Fahrkartenschalter, der: Fahrkartenausgabe · Schalter; → *auch* Schalter (1)
Fahrküche, die: → Feldküche
fahrlässig: → leichtsinnig
Fahrlässigkeit, die: → Leichtsinn (1)
Fährnis, die: → Gefahr (1)
Fahrplan, der: **1.** ⟨*Zeitplan für den Fahrverkehr*⟩ + Kursbuch – **2.** → [2]Plan (1)
fahrplanmäßig: → pünktlich (1)
Fahrrad, das: Rad; Velo (*schweiz*); Stahlross (*scherzh*) + Mountainbike · Bike · Highriser ♦ *umg*: Drahtesel (*scherzh*) ♦ *salopp*: Karre; Mühle · Schlitten · Karrete · Kaffeemühle (*abwert*)
Fahrradweg, der: → Radweg
Fahrschein, der: → Fahrkarte (1)
Fährschiff, das: → Fähre
Fahrspur, die: → Fahrbahn
Fahrstraße, die: **1.** → Straße (1) – **2.** → Fahrbahn
Fahrstreifen, der: → Fahrbahn
Fahrstuhl, der: **1.** ⟨*Einrichtung zum Befördern in die oberen Stockwerke*⟩ Aufzug · Lift + Personenaufzug · Paternoster – **2.** → Rollstuhl
Fahrt, die: **1.** → Reise (1) – **2.** → Wanderung – **3.** F. ins Blaue/Grüne: → Ausflug; auf F. gehen: → hinausfahren (2); in F. bringen: **a)** → aufregen (I, 1) – **b)** → erzürnen (1); in F. sein: **a)** → wütend (2) – **b)** → aufregen (II); in F. kommen/geraten: **a)** → Stimmung (5) – **b)** → aufregen (II) – **c)** → erzürnen (2)
fahrtauglich: → verkehrstüchtig
Fahrtausweis, der: → Fahrkarte (1)
Fahrtbeginn, der: → Abfahrt (1, a)
Fährte, die: **1.** *weidm* ⟨*die Fußabdrücke von Wildtieren*⟩ + Spur · Insiegel · Geläuf; → *auch* Spur (1) – **2.** auf der F. sein/bleiben: → verfolgen (1); auf der falschen F. sein: → irren (II)
Fährtenhund, der: → Spürhund (1)
Fahrtreppe, die: → Rolltreppe
Fahrtrichtung, die: → Richtung (1)
fahrtüchtig: → verkehrstüchtig
Fahrweg, der: → Straße (1)
Fahrwerk, das: → Fahrgestell (1)
Fahrzeug, das: **1.** ⟨*Mittel zur Fortbewegung*⟩ Gefährt · Verkehrsmittel ♦ *umg*: Vehikel ♦ *salopp*: Karre · Kiste · Klapperkiste · Klapperkasten (*abwert*); → *auch* Flugzeug – **2.** → Auto (1)
Faible, das: **1.** → Vorliebe (1) – **2.** ein F. haben |für|: → Vorliebe (2)
fair: → anständig (2)
Fairness, die: Anständigkeit · Fairplay
Fairplay, das: → Fairness
Fäkalien (*Pl*): → Kot (1)
Faksimile, das: → Druckwerk
Faksimiledruck, der: → Druckwerk
Fakt: I. Fakt, der *od.* das: → Tatsache (1) – **II.** Fakten (*Pl*): → Datum (II)
Faktenwissen, das: → Wissen (1)
faktisch: → tatsächlich (1)
Faktor, der: → Umstand (1)
Faktorei, die: → Zweigstelle
Faktotum, das: → Hausangestellte (I *u.* II)
Faktum, das: → Tatsache (1)
Faktur[a], die: → Rechnung (1)
fakturieren: → berechnen (I, 1)
falb: → fahl (1)
Falbe, der: → Pferd (1)
Falbel, die: → Besatz (1)
falbeln/fälbeln: → fälteln
[1]**Fall,** der: **1.** ⟨*das Herunter- bzw. Auffallen*⟩ Sturz + Absturz ♦ *umg*: Platsch · Plumps · Plumpser – **2.** ⟨*Kategorie der Grammatik*⟩ Kasus – **3.** → Angelegenheit – **4.** → Rechtssache – **5.** → Fehltritt (1) – **6.** einen F. tun, zu F. kommen: → hinfallen; zu F.

bringen: **a)** → vereiteln – **b)** → entmachten; klarer F.: → selbstverständlich (1); ein hoffnungsloser F. sein: → unverbesserlich (2); im äußersten/günstigsten Falle: → allenfalls (1); typischer F. von denkste: → Irrtum (1); gesetzt den F.: → angenommen (1); der F. sein: → stimmen (1); im F. der Fälle: → notfalls; auf jeden F./alle Fälle: **a)** → unbedingt (1) – **b)** → sowieso (1); auf [gar] keinen F.: → keineswegs; für den F./im Falle, dass: → wenn (1); in vielen Fällen: → oft; Knall und/auf F.: → plötzlich (1)

²Fall, das: → Seil (1)

Falle, die: **1.** ⟨*Vorrichtung zum Tierfang*⟩ Fanggerät + Schlinge · Garn · Netz · Leimrute; → *auch* Fallgrube, Fangeisen – **2.** → Bett (1) – **3.** in die F. locken: → überlisten; in die F. gehen: **a)** → hereinfallen – **b)** → schlafen (5); sich in die F. hauen: → schlafen (5)

fallen: 1. ⟨*sich durch das eigene Gewicht schnell nach unten bewegen*⟩ niederfallen · herabfallen · herunterfallen · hinunterstürzen + den Halt verlieren ♦ *umg*: purzeln · plumpsen · kegeln; → *auch* abstürzen (1, a), herunterfallen (1), hinfallen – **2.** ⟨*einem niedrigeren Stand zustreben*⟩ sinken · heruntergehen – **3.** ⟨*als Soldat im Krieg den Tod finden*⟩ im Feld bleiben · nicht aus dem Krieg heimkehren ♦ *gehoben*: den Heldentod sterben ♦ *salopp*: ins Gras beißen; → *auch* sterben (1) – **4.** → hinfallen – **5.** → verenden – **6.** f. |in|: → auftreffen (1); f. |auf|: **a)** → auftreffen (1) – **b)** → entfallen (4); aufs Knie/auf die Knie f.: → niederknien; auf die Schnauze/Fresse f.: → hinfallen; zu Füßen f.: → beschwören (2); auf die Nerven/den Wecker f.: → belästigen (1); nicht auf den Kopf gefallen sein: → schlau (2); bei jmdm. fällt der Groschen: → verstehen (I, 4); aus der Rolle f.: → vorbeibenehmen, sich; aus dem Rahmen f.: **a)** → vorbeibenehmen, sich – **b)** → ²abweichen (2); aus der Reihe f.: → ²abweichen (2); aus allen/den Wolken/vom Stengel/Stuhl f.: → überrascht (2); um den Hals f.: → umarmen (I); sich in die Arme/um den Hals f.: → umarmen (II); in die Zügel f.: → hindern; in den Arm f.: **a)** → hindern – **b)** → aufhalten (I, 1); ins Schloss f.: → zufallen (1); in die Augen/ins Auge f.: → auffallen (1); ins Gewicht f.: **a)** → gelten (2) – **b)** → wichtig (3); ins Wort/in die Rede f.: → unterbrechen (1); in den Rücken f.: → verraten (2); in Ohnmacht f.: → bewusstlos (2); in den Schoß f.: → zufallen (3); jmdm. in die Hände f.: → finden (I, 1); in jmds. Hände f.: → geraten (3); unter den Tisch f. lassen: → auslassen (I, 1); zur Last/lästig f.: → belästigen (1); die Butter fällt jmdm. vom Brot: → erschrecken (2); in Schlaf f.: → einschlafen (1); die Binde fällt/es fällt wie Schuppen von den Augen: → erkennen (1)

fällen: 1. ⟨*Bäume mit der Axt od. Säge zum Umfallen bringen*⟩ [ab]schlagen · abhauen · umhauen; einschlagen (*Forstw*); → *auch* abschlagen (I, 1), abholzen – **2.** das Urteil/einen Spruch f.: → Urteil (4); eine Entscheidung f.: → entscheiden (I, 1)

Fallgrube, die: + Wolfsgrube; → *auch* Falle (1)

fallieren: → Konkurs (2)

fällig: 1. ⟨*an einem bestimmten Zeitpunkt geschehen sollend*⟩ an der Zeit · zu erwarten ♦ *umg*: dran – **2.** → zahlbar

Falliment, das: → Bankrott (1)

Fallmasche, die: → Laufmasche

Fallreep, das: → Strickleiter

falls: → wenn (1)

Fallstudie, die: → Untersuchung (1)

Fallsucht, die: → Epilepsie

Falott, der: → Schurke

falsch: 1. ⟨*nicht dem Richtigen entsprechend*⟩ verkehrt · unrichtig · nicht richtig · unzutreffend · unrecht · fehlerhaft · inkorrekt · unkorrekt · grundfalsch · grundverkehrt · sinnwidrig + regelwidrig · reglementwidrig · vorschriftswidrig · unhaltbar ♦ *umg*: schief; → *auch* irrig – **2.** → heuchlerisch, unaufrichtig (1) – **3.** → unecht (1) – **4.** → ärgerlich (1) – **5.** falscher Zungenschlag: → Versprecher; falsche Katze/Schlange: → Heuchlerin; falscher Hund/Fuffziger: → Heuchler; f. wie eine Schlange: → unaufrichtig (1); falscher Name: → Deckname; unter falschem Namen: → inkognito; f. spielen, ein falsches Spiel treiben: → hintergehen; falsches Zeugnis ablegen: → lügen (1); auf dem falschen Dampfer sein: → irren (II); an die falsche Adresse kommen/geraten: → abblitzen (1); in die falsche Kehle bekommen/kriegen: **a)** → verschlucken (II) – **b)** → missverstehen (1); in den falschen Hals bekommen/kriegen: → missverstehen (1); f. verstehen:

a) → missverstehen (1) – b) → verhören (II)
Falsch, der *od.* das: **1.** → Heuchelei, Unaufrichtigkeit (1) – **2.** ohne F.: → ehrlich (1)
fälschen: nachmachen · falsifizieren · verfälschen
Falschgeld, das: *salopp*: Blüten
Falschheit, die: → Heuchelei, Unaufrichtigkeit (1)
falschherzig: → heuchlerisch
fälschlich: → irrtümlich
Falschmeldung, die: *umg*: Ente · Zeitungsente
Falschmünzerei, die: → Fälschung (2)
Fälschung, die: **1.** ⟨*das Gefälschte*⟩ Nachahmung · Nachbildung · Falsifikat · Falsum – **2.** ⟨*das Fälschen*⟩ Falsifikation + Falschmünzerei
Falsifikat, das: → Fälschung (1)
Falsifikation, die: → Fälschung (2)
falsifizieren: → fälschen
Falstaff, der: → Dicke (I)
Falsum, das: → Fälschung (1)
Faltboot, das: → Paddelboot (1)
Falte, die: **1.** ⟨*durch Drücken scharf umgebogene Stelle in Stoff od. Papier*⟩ Knitter · Bruch · Knick · Kniff; → *auch* Falz – **2.** ⟨*vertiefte Stelle in der Haut*⟩ Runzel · Furche · Krähenfuß; Schrumpel (*landsch*) – **3.** Falten machen: → knittern (1); in Falten legen: **a)** → fälteln – **b)** → runzeln; in Falten ziehen: → runzeln
fälteln: in Falten legen · plissieren + falbeln · fälbeln; → *auch* falten
falten: [um]knicken · kniffen · falzen · brechen · umbiegen; → *auch* fälteln
faltenreich: → faltig
Falter, der: → Schmetterling
faltig: faltenreich · zerknittert · knitterig · kraus; krumpelig · krunkelig (*landsch*) + versessen · runzelig ♦ *umg*: zerknautscht; → *auch* runzelig
Falz, der: Bruch + Eselsohr; → *auch* Falte (1)
falzen: → falten
Fama, die: → Gerücht
familiär: 1. → vertraulich (1) – **2.** → ungezwungen
Familie, die: **1.** ⟨*Organisationsform des menschl. Zusammenlebens*⟩ Familienkreis; Sippe (*oft scherzh*); Sippschaft (*abwert od. scherzh*) ♦ *umg*: Anhang (*scherzh*); Mischpoke (*abwert*); → *auch* Verwandtschaft (1) – **2.** → Geschlecht (2) – **3.** mit der ganzen F.: ⟨*mit allen Familienangehörigen*⟩ *umg*: mit Kind und Kegel – **4.** eine F. gründen: → heiraten (2); ohne F.: → allein (5); im Schoß/Kreise der F.: → daheim (1)
Familienbuch, das: Stammbuch
Familienkreis, der: → Familie (1)
Familienname, der: Vater[s]name · Nachname · Zuname + Personenname
Familienoberhaupt, das: Familienvorstand · Haushaltungsvorstand + Familienvater; Hausherr · Hausvater (*veraltend*); → *auch* Vater (I, 1)
Familienstück, das: → Andenken (1)
Familienvater, der: → Familienoberhaupt
Familienvorstand, der: → Familienoberhaupt
famos: 1. → großartig (1) – **2.** → tüchtig (1)
Famulus, der: → Assistent
Fan, der: → Anhänger (3)
Fanatiker, der: Eiferer + Zelot ♦ *umg*: Fex (*scherzh*); → *auch* Anhänger (3), Schwärmer (1)
fanatisch: blindgläubig · unbelehrbar · unbekehrbar; verrannt (*abwert*) ♦ *umg*: verbohrt · vernagelt (*abwert*)
fanatisieren: → aufhetzen
Fanatismus, der: Verbohrtheit · Verranntheit (*abwert*) + Glaubenseifer
Fang, der: **1.** → Fischfang – **2.** → Raub (1) – **3.** den F. geben: → töten (I, 2); in den Fängen halten: → festhalten (I, 1, a); aus den Fängen reißen: → entreißen (1)
Fangboot, das: → Fangschiff
Fangdampfer, der: → Fangschiff
Fangeisen, das: Eisen · Tellereisen + Fußangel; → *auch* Falle (1)
fangen: I. fangen **1.** ⟨*mit den Händen etw. Fliegendes fassen*⟩ auffangen ♦ *umg*: greifen + haschen · aufschnappen; → *auch* ergreifen (2), abfangen (1) – **2.** ⟨*in seine Gewalt bringen*⟩ einfangen · fassen · [er]haschen + einbringen · ködern – **3.** → überlisten – **4.** Grillen f.: → grübeln; Feuer f.: **a)** → anbrennen (1) – **b)** → begeistern (II) – **c)** → verlieben, sich; eine f.: → Ohrfeige (2) – **II.** fangen, sich: → fassen (II, 1)
Fanggebiet, das: Fanggründe
Fanggerät, das: → Falle (1)
Fanggründe (*Pl*): → Fanggebiet
Fangschiff, das: Fangdampfer · Fischdampfer · Fangboot + Trawler · Logger · Kutter

Fangschuss, der: den F. geben: → töten (I, 2)
Fangstoß, der: **1.** → Todesstoß (1) – **2.** den F. geben: → töten (I, 2)
Fantasie, die: **1.** → Einbildungskraft – **2.** → Erfindungsgabe (1) – **3.** → Improvisation
fantasiebegabt: → einfallsreich
Fantasiegebilde, das: → Einbildung (1)
Fantasiegestalt, die: Fabelwesen · Fabelgestalt · Fabelgeschöpf · Märchengestalt + Fabeltier
fantasielos: → nüchtern (3)
fantasiereich: → einfallsreich
fantasieren: 1. → irrereden – **2.** → schwärmen (1)
fantasievoll: 1. → einfallsreich – **2.** → schwärmerisch (1)
Fantast, der: → Schwärmer (1)
Fantasterei, die: → Schwärmerei (1)
fantastisch: 1. → überspannt – **2.** → großartig (1)
Farbe, die: **1.** ⟨*Mittel zum Färben*⟩ Farbstoff · Färbemittel – **2.** → Färbung (1) – **3.** → Gesichtsfarbe – **4.** → Symbol (1) – **5.** F. lassen: → färben (I, 1); F. geben: → färben (I, 2); F. bekommen: → bräunen (1); die F. verlieren: → erblassen (1); die F. wechseln: **a)** → erblassen (1) – **b)** → erröten (1) – **c)** → anpassen (II, 2); F. bekennen: **a)** → festlegen (II) – **b)** → gestehen (1)
farbecht: waschecht · lichtecht · lichtbeständig indanthrenfarbig (*Wz*)
Färbemittel, das: → Farbe (1)
färben: I. färben: **1.** ⟨*Farbstoff abgeben*⟩ abfärben · Farbe lassen – **2.** ⟨*mit Farbe versehen*⟩ tönen · Farbe geben + anstreichen · bemalen – **3.** blond f.: → blondieren – **II.** färben, sich: → bräunen (1)
farbenfreudig: → bunt (1)
farbenfroh: → bunt (1)
Farbengebung, die: → Farbgebung
Farbenpracht, die: Farbigkeit · Buntheit
farbenprächtig: → bunt (1)
farbenprangend: → bunt (1)
farbenreich: → bunt (1)
Farbfilm, der: Colorfilm ♦ *umg*: Buntfilm
Farbgebung, die: Farbengebung · Kolorit · Farbgestaltung
Farbgestaltung, die: → Farbgebung
farbig: 1. → bunt (1) – **2.** → wirkungsvoll (1)
Farbige, der: **1.** ⟨*dunkelhäutiger Mensch*⟩ Exot[e]; → *auch* Afrikaner, Afroamerikaner – **2.** → Afrikaner – **3.** → Afroamerikaner
Farbigkeit, die: → Farbenpracht
farblos: 1. ⟨*ohne Farbe*⟩ ungefärbt · entfärbt + naturfarben – **2.** → blass (1) – **3.** → unscheinbar
Farbschmierer, der: → Graffitisprayer
Farbstift, der: Buntstift · Malstift
Farbstoff, der: → Farbe (1)
Farbton, der: → Färbung (1)
Färbung, die: **1.** ⟨*das Gefärbtsein*⟩ Farbe · Farbton · Tönung · Ton – **2.** → Tendenz (1) – **3.** eine rote F. annehmen: → röten, sich
Farce, die: **1.** → Lustspiel – **2.** → Täuschung (1) – **3.** → Füllung (1, b)
Farin, der: → Puderzucker
Farinade, die: → Puderzucker
Farinzucker, der: → Puderzucker
Farmer, der: Rancher + Pflanzer · Siedler; → *auch* Siedler, [1]Bauer
Farre[n], der: → [1]Bulle (1)
Färse, die: → Kuh (1)
faschieren: → durchdrehen (1)
Faschiermaschine, die: → Fleischwolf
Faschierte, das: → Gehackte
Fasching, der: → Karneval
Faschingszeit, die: → Karneval
Faschismus, der: + Nazismus · Nationalsozialismus
Fase, die: → Abschrägung
Faselei, die: **1.** → Zerstreutheit – **2.** → Geschwätz (1)
Faseler, der: → Faselhans
Faselfehler, der: → Fehler (1)
Faselhans, der (*umg*): Fas[e]ler ♦ *salopp*: Spinner · Spintisierer
faselig: → zerstreut (1)
faseln (*umg*): **1.** ⟨*unüberlegt reden*⟩ *salopp*: spinnen · spintisieren; → *auch* schwafeln, schwatzen (1) – **2.** → zerstreut (2)
fasen: → abschrägen
Faser, die: Fäserchen · Fiber; Zasel · Zaser (*landsch*); Fibrille (*med*) + Fädchen; → *auch* Faden (I, 1), Fädchen
Fäserchen, das: → Faser
faserig: zaserig · filzig · pelzig (*landsch*); fibrös (*med*)
fasernackt: → nackt
fashionable: → elegant (1)
Fashionable, der: → Geck (1)
Fasler, der: → Faselhans
Fasnacht, die: → Karneval
Fasole, die: → Gartenbohne
Fass, das: **1.** ⟨*bauchiges (Holz)gefäß*⟩ Tonne; → *auch* Bottich – **2.** → Dicke (I) – **3.**

[dick] wie ein F.: → dick (1); ein F. ohne Boden: **a)** → endlos (b) – **b)** → unerschöpflich; das schlägt dem F. den Boden aus: → unerhört (2)
Fassade, die: **1.** → Vorderseite – **2.** → Gesicht (1)
fassbar: → verständlich (1)
Fassbinder, der: → Böttcher
Fassbrause, die: → Limonade (1)
fassen: I. fassen: **1.** → ergreifen (1 *u.* 2) – **2.** → fangen (I, 2) – **3.** → erwischen (1) – **4.** → aufnehmen (5) – **5.** → enthalten (I) – **6.** → rahmen – **7.** → verstehen (I, 2) – **8.** beim Schopf f., beim/am Schlafittchen/Wickel/Griebs/Krips f., bei/an der Gurgel f.: → ergreifen (2); unter den Arm f.: → unterhaken; Wurzel f.: → anwachsen (1); [festen] Fuß f.: → heimisch (4); ins Auge f.: **a)** → ansehen (I, 3) – **b)** → vornehmen (2); einen Vorsatz f.: → vornehmen (2); [einen] Verdacht f.: → Verdacht (2); einen Beschluss/eine Entschließung/Resolution f.: → beschließen (1); einen Entschluss f.: → entschließen, sich; Mut/sich ein Herz f.: → ermannen, sich; in Worte f.: → ausdrücken (I, 2); in sich f.: → enthalten (I) – **II.** fassen, sich: **1.** ⟨*sich innerlich wieder beruhigen*⟩ sich fangen · die Fassung wiedergewinnen · [wieder] ins Gleichgewicht kommen; → *auch* beherrschen (II), erholen (2) – **2.** sich in Geduld f.: → gedulden, sich
fasslich: → verständlich (1)
Fasslichkeit, die: → Verständlichkeit (1)
¹Fasson, die: **1.** ⟨*Form eines Kleidungsstückes*⟩ Passform · Machart · Schnitt – **2.** → Form (1) – **3.** → Leben (2)
²Fasson, das: → Aufschlag (3)
Fassung, die: **1.** → Beherrschung (1) – **2.** → Rahmen (1) – **3.** → Bearbeitung (2) – **4.** aus der/außer F.: → bestürzt; aus der F. bringen: → verwirren (2); aus der F. kommen/geraten: → aufbrausen (2); die F. wiedergewinnen: → fassen (II, 1); seine F. behalten: → beherrschen (II); die F. verlieren: → Beherrschung (2, a)
Fassungskraft, die: → Aufnahmefähigkeit (1)
fassungslos: → bestürzt
Fassungsvermögen, das: → Aufnahmefähigkeit (1 *u.* 2)
fast: 1. → beinahe – **2.** f. nie: → selten (2); f. immer: → meist
Fastback, das: → Fließheck
fasten: → hungern (1)
Fastenkur, die: → Entfettungskur
Fastnacht, die: → Karneval
Faszikel, der: **1.** → Akte (1) – **2.** → Heft (1)
Faszination, die: → Anziehung (2)
faszinieren: → bezaubern
faszinierend: → bezaubernd
fatal: 1. → peinlich (1) – **2.** → verhängnisvoll
fatalerweise: → leider
Fatalismus, der: Schicksalsglaube
fatalistisch: schicksalsgläubig
Fatalität, die: → Missgeschick, Peinlichkeit (1)
Fata Morgana, die: → Sinnestäuschung
Fatum, das: → Schicksal (1)
Fatzke, der: → Geck (1)
fauchen: 1. ⟨*von Katzen gesagt: drohend zischen*⟩ pfauchen (*landsch*) – **2.** → schnauben (I, 1) – **3.** → zischen (1) – **4.** → schimpfen (1) – **5.** → stürmen (1)
faul: 1. ⟨*durch Fäulnis verdorben*⟩ verfault · verwest · verrottet · vermodert + faulig · moderig · morsch · aasig · kernfaul ♦ *umg*: molsch (*landsch*) ♦ *salopp*: matsch · matschig; → *auch* verdorben (1) – **2.** ⟨*nicht fleißig*⟩ arbeitsscheu · faulenzerisch · bequem ♦ *umg*: erzfaul · faul wie die Sünde ♦ *salopp*: stinkend faul · stinkfaul; → *auch* träge, untätig (1) – **3.** → verdorben (1) – **4.** → faulig (1) – **5.** → bedenklich (1) – **6.** f. sein: ⟨*nicht fleißig sein*⟩ die Arbeit nicht erfunden haben · der Arbeit aus dem Wege gehen – **7.** fauler Strick/Sack/Hund: → Faulenzer (1); stinkend f., f. wie die Sünde: → 2; sich einen faulen Tag machen, sich auf die faule Haut legen, auf der faulen Haut liegen: → faulenzen (1); nicht f.: → flink (1); fauler Zauber: **a)** → Betrug (1) – **b)** → Unsinn (1, a); faule Ausrede, faule Fische: → Ausrede
Faulbett, das: auf dem F. liegen: → faulenzen (1)
Faulbrand, der: → Brand (1)
Fäule, die: → Fäulnis (1)
faulen: verfaulen · verwesen · [ver]rotten · [ver]modern · durchfaulen · in Fäulnis übergehen ♦ *umg*: molschen (*landsch*); → *auch* schimmeln, verderben (3)
faulenzen: 1. ⟨*nicht arbeiten mögen*⟩ nichts tun ♦ *umg*: bummeln · die Daumen drehen · pelzen · abhängen · sich einen faulen Tag machen · auf dem Faulbett liegen · keinen Finger rühren/krumm machen · keinen

Handgriff tun · krankfeiern · krankmachen · blaumachen · blauen Montag machen · auf den Händen sitzen · die Beine unter den Tisch stecken · sich auf die faule Haut legen · auf der [faulen] Bärenhaut/faulen Haut liegen · dem lieben Gott den Tag/die Zeit stehlen · den lieben Gott einen frommen Mann sein lassen; tachinieren (*österr*) ♦ *salopp*: sich sielen; → *auch* müßig (3), untätig (2), gammeln – **2.** → ausruhen (I)
Faulenzer, der: **1.** ⟨*arbeitsscheuer Mensch*⟩ Nichtstuer · Bummelant · Müßiggänger · Bummler · Drückeberger · Bärenhäuter · Daumendreher · Tagedieb · Eckensteher · Drohne ♦ *umg*: Faulpelz · fauler Strick ♦ *salopp*: Faultier · fauler Sack ♦ *derb*: fauler Hund; → *auch* Schmarotzer (2), Taugenichts, Phlegmatiker, Gammler – **2.** → Liegestuhl
Faulenzerdasein, das: Faulenzerleben · Faulenzerei · Drohnenleben · Drohnendasein; → *auch* Müßiggang
Faulenzerei, die: → Faulenzerdasein
faulenzerisch: → faul (2)
Faulenzerleben, das: → Faulenzerdasein
Faulheit, die: + Müßigkeit · Bequemlichkeit; → *auch* Trägheit, Untätigkeit, Müßiggang
faulig: 1. ⟨*von faulem Geschmack od. Geruch*⟩ faul · aasig · stinkig · muffig + brackig – **2.** → faul (1)
Fäulnis, die: **1.** ⟨*Zersetzung organ. Stoffe*⟩ Fäule · Verwesung · Moder; → *auch* Zerfall (1) – **2.** → Verfall (1) – **3.** in F. übergehen: → faulen
Faulpelz, der: → Faulenzer (1)
Faultier, das: → Faulenzer (1)
Faun, der: → Lüstling
Fauna, die: → Tierwelt
faunisch: → lüstern (1)
Faust, die: die F. ballen/zeigen/schütteln/unter die Nase halten: → drohen (1); auf eigene F.: → eigenmächtig; mit der F. auf den Tisch schlagen: → aufbrausen (2)
Fäustchen, das: sich [eins] ins F. lachen: → schadenfroh (2)
faustdick: f. auftragen: → übertreiben (1); es f. hinter den Ohren haben: → listig (2)
Fäustel, der: → Hammer (1)
Faustkampf, der: → Boxkampf
Faustkämpfer, der: → Boxer
Faustrecht, das: → Selbsthilfe
Faustregel, die: → Regel (1)
Faustskizze, die: → Skizze (1)
Fauteuil, der: → Lehnstuhl
Fauxpas, der: **1.** → Fehler (1) – **2.** einen F. begehen: → vorbeibenehmen, sich
Favela, die: → Slum
favorisieren: → bevorzugen
Favorit, der: **1.** → Spitzensportler – **2.** → Günstling
Favoritin, die: → Geliebte (II)
Fax, das: **1.** ⟨*Gerät zum Kopieren über das Telefonnetz*⟩ Faxgerät · Telefax · Fernkopierer – **2.** ⟨*über das Telefonnetz übertragene Kopie*⟩ Fernkopie · Telefax
Faxe: I. Faxe, die: → Grimasse (1) – **II.** Faxen (*Pl*): **1.** → Unsinn (1, a) – **2.** F. machen: → Unsinn (2)
faxen: fernkopieren · telefaxen
Faxenmacher, der: → Spaßmacher
Faxgerät, das: → Fax (1)
Fäzes (*Pl*): → Kot (1)
Fazit, das: **1.** → Ergebnis – **2.** das F. ziehen: → zusammenfassen (2)
Feature, das: → Hörspiel, Dokumentarbericht
febril: → fieberhaft (1)
fechsen: → ernten (1)
Fechtbruder, der: → Bettler
fechten: 1. ⟨*mit Hieb- bzw. Stoßwaffen kämpfen*⟩ die Klingen kreuzen; sich schlagen; pauken (*studentenspr*) – **2.** → kämpfen (1) – **3.** → betteln (1)
Fechter, der: **1.** → Kämpfer – **2.** → Bettler
Feder: I. Feder, die: **1.** ⟨*Horngebilde der Vögel*⟩ Vogelfeder; → *auch* Daune – **2.** ⟨*Schreibgerät*⟩ Schreibfeder + Zeichenfeder – **3.** → Borste (I, 1) – **4.** Mann der F.: → Dichter (a); der F. anvertrauen: → aufschreiben (1); zur F. greifen: → schreiben (1) – **II.** Federn (*Pl*): **1.** → Bett (1) – **2.** → Füllung (1, a) – **3.** F. lassen [müssen]: → Schaden (5); in die F. gehen: → schlafen (5)
Federbett, das: Bett · Deckbett · Oberbett · Federdeckbett; Plumeau (*veraltend*); Tuchent (*österr*) + Bettdecke ♦ *umg*: + Zudecke
Federdeckbett, das: → Federbett
Federfuchser, der: → Pedant
federführend: → verantwortlich (2)
Federführung, die: → Verantwortung
federhart: → elastisch (1)
Federheld, der: → Dichter (a)
Federkissen, das: → Kissen
Federkleid, das: → Gefieder

Federkraft, die: → Elastizität (1)
federleicht: → leicht (1)
Federlesen, das: nicht viel Federlesens machen: → durchgreifen
Federmesser, das: → Taschenmesser
federn: **1.** ⟨*unter Druck elastisch nachgeben*⟩ schwingen · zurückfedern – **2.** ⟨*mit Federung versehen*⟩ abfedern (*fachspr*) – **3.** → polstern (1)
federnd: → elastisch (1)
Federvieh, das: Hausgeflügel · Geflügel; Ziefer (*landsch*)
federweich: → weich (1)
federweiß: → weiß (1)
fedrig: → elastisch (1)
Fedrigkeit, die: → Elastizität (1)
Feeling, das: **1.** → Einfühlungsvermögen – **2.** → Gefühl (1)
fegen: **1.** ⟨*mit dem Besen säubern*⟩ kehren + moppen; → *auch* reinigen (1) – **2.** → scheuern – **3.** → eilen (I, 1) – **4.** → stürmen (1)
Feger, der: **1.** → Besen (1) – **2.** → Herumtreiberin
Fehde, die: → Streit (1)
Fehdehandschuh, der: den F. hinwerfen: → herausfordern
fehl: f. am Platz/Ort: → unangebracht
Fehl: ohne F.: → fehlerlos (1)
fehlbar: → schuldig (1)
Fehlbetrag, der: Defizit · Minus · Manko · Differenz[betrag] + Unterbilanz · Etatloch · Loch · Haushaltsloch · Verlust
Fehldeutung, die: Fehlinterpretation
fehldisponieren: → fehlplanen
fehlen: **1.** ⟨*sich nicht an einem bestimmten Ort aufhalten*⟩ abwesend/fort sein · nicht anwesend/da sein ♦ *umg*: weg/nicht vorhanden sein; durch Abwesenheit glänzen (*scherzh*) + ausgeflogen sein – **2.** ⟨*nicht ausreichend vorhanden sein*⟩ mangeln; ermangeln (*veraltend*) ♦ *gehoben*: es gebricht an ♦ *umg*: abgehen · hapern; → *auch* entbehren (1) – **3.** → vergehen (II, 1) – **4.** es fehlt[e] nicht viel: → beinahe; das fehlte gerade noch: → nein; weit gefehlt: → keineswegs
fehlend: → abwesend (1)
Fehler, der: **1.** ⟨*Abweichung vom Richtigen*⟩ Versehen · Inkorrektheit · Lapsus · Missgriff · Fauxpas; Fehlleistung (*Psych*) + Faselfehler · Kapitalfehler ♦ *umg*: Patzer · Schnitzer · Dummheit · Eselei; → *auch* Irrtum (1), Schuld (I, 1) – **2.** einen F. machen: ⟨*fehlerhaft arbeiten*⟩ sich vertun ♦ *umg*: einen Bock schießen · patzen; Schliff backen (*landsch*) ♦ *salopp*: sich verhauen · danebenhauen · Mist bauen ♦ *derb*: Scheiße bauen
fehlerfrei: → einwandfrei (1), fehlerlos (1), richtig (1)
fehlerhaft: → falsch (1)
fehlerlos: **1.** ⟨*in seinem Verhalten keinen Fehler aufweisend*⟩ fehlerfrei · korrekt · tadellos · makellos · integer · ohne Fehl; → *auch* einwandfrei (1), richtig (1) – **2.** → einwandfrei (1), richtig (1)
Fehlgeburt, die: **1.** ⟨*Abgang der Leibesfrucht*⟩ Abort[us] (*med*); → *auch* Geburt (1), Abtreibung (1) – **2.** eine F. haben: einen Abort haben · abortieren (*med*)
fehlgehen: **1.** → verirren, sich – **2.** → irren (II)
Fehlgriff, der: → Irrtum (1)
Fehlinterpretation, die: → Fehldeutung
Fehlleistung, die: → Fehler (1)
Fehllos, das: → Niete (1)
fehlplanen: fehldisponieren · sich verspekulieren · sich verrechnen + auf Sand bauen; → *auch* irren (II)
fehlschießen: → verfehlen (1)
Fehlschlag, der: **1.** → Misserfolg (1) – **2.** einen F. erleiden: → Misserfolg (2)
fehlschlagen: → misslingen, scheitern (b)
fehlschließen: → irren (II)
Fehlschluss, der: Trugschluss · Sophismus + Circulus vitiosus · Zirkelschluss
Fehlschuss, der: *umg*: Fahrkarte
Fehltritt, der: **1.** ⟨*Verstoß gegen die Sittlichkeit*⟩ Verfehlung · Fehlverhalten · Entgleisung · ein Schritt vom Wege; Fall · Sünde (*Rel*); Stolper (*landsch*); → *auch* Vergehen (1) – **2.** einen F. tun/begehen: → vergehen (II, 1)
Fehlverhalten, das: → Fehltritt (1)
Fehlzeit, die: Ausfallzeit
Fehlzündung, die: **1.** → Irrtum (1) – **2.** F. haben: → begriffsstutzig (2)
Feier, die: **1.** ⟨*festl. Veranstaltung*⟩ Feierstunde · Festveranstaltung · Festakt · Feierlichkeit + Festsitzung · Festversammlung; → *auch* Gedenkfeier, Ehrung, Fest (1) – **2.** → Fest (1)
Feierabend, der: **1.** ⟨*die Zeit zwischen Dienstschluss u. Nachtruhe*⟩ + Dämmerstündchen – **2.** → Dienstschluss – **3.** F. machen: **a)** → aufhören (1) – **b)** → schließen (I, 2)

Feierabendheim, das: → Altenheim
feierlich: 1. ⟨*von Feierlichkeit erfüllt*⟩ festlich · würdig · erhaben · gehoben · erhebend · solenn · zeremoniell · weihevoll · gravitätisch + in aller Form · ernst; → *auch* würdevoll – **2.** nicht mehr f.: → unerhört (1)
Feierlichkeit, die: **1.** ⟨*festl. Atmosphäre*⟩ Ernst · Würde · Weihe; → *auch* Würde (1) – **2.** → Feier (1)
feiern: 1. ⟨*ein Fest begehen*⟩ festen (*schweiz*); zelebrieren ♦ *salopp*: auf die Pauke hauen · einen draufmachen · eine Sause machen · die Puppen tanzen lassen – **2.** → verherrlichen, ehren – **3.** → aussetzen (2) – **4.** Hochzeit f.: → heiraten (1); fröhliche Urständ f.: → aufleben (1)
Feierstunde, die: → Feier (1)
Feiertag, der: → Festtag (I)
feiertäglich: → sonntäglich
feig[e]: ängstlich · furchtsam · feigherzig · schwachherzig + pulverscheu ♦ *umg*: hasenherzig · hasenfüßig · hasenhaft; memmenhaft (*veraltend abwert*); hasig (*landsch*); → *auch* ängstlich (1), weichlich (1)
Feigheit, die: Angst · Furcht · Schwachherzigkeit ♦ *umg*: Hasenherzigkeit ♦ *salopp*: Kneiferei; → *auch* Mutlosigkeit, Angst (1)
feigherzig: → feig[e]
Feigling, der: Wagenichts ♦ *umg*: Angsthase · Angstmeier · Angstpeter · Hasenherz · Hasenfuß · Hase; Memme (*veraltend abwert*); Jämmerling · [altes] Weib (*abwert*) ♦ *salopp*: Kneifer · Schisser; Bangbüx[e] (*norddt scherzh*); Trauminet (*österr*) ♦ *derb*: Kacker · Scheißer · Scheißkerl · Hosenscheißer; → *auch* Duckmäuser, Weichling
feil: f. sein: → käuflich (2)
feilbieten: → anbieten (I, 3)
Feile, die: die letzte F. anlegen: → überarbeiten (I, 1)
feilen: f. |an|: → überarbeiten (I, 1)
feilhalten: 1. → anbieten (I, 3) – **2.** Maulaffen f.: → untätig (2)
feilschen (*abwert*): markten · schachern · handeln |um| · herunterhandeln · abhandeln; → *auch* abhandeln (1)
Feim, der: → Schober
Feime, die: → Schober
Feimen, der: → Schober
fein: 1. → zart (1), zierlich (1), zartgliedrig – **2.** → dünn (1), engmaschig – **3.** → hervorragend (1), schmackhaft – **4.** → anständig (1 *u.* 2) – **5.** → vornehm (1) – **6.** → elegant (1) – **7.** → feinsinnig (1) – **8.** f. heraus sein: → Glück (4); f. gegliedert/geschnitten: → zart (1)
Feinbäcker, der: → Konditor
feinbesaitet: → empfindsam (1)
Feind, der: **1.** ⟨*feindlich gesinnte Person*⟩ Gegner · Widersacher + Todfeind · Volksfeind; → *auch* Gegner (2) – **2.** → Teufel (1) – **3.** Freund und F.: → jedermann
feindlich: 1. ⟨*von bösen Absichten erfüllt*⟩ feindselig · feindschaftlich · hasserfüllt · übel wollend · gegnerisch – **2.** → abgeneigt (1)
Feindlichkeit, die: → Feindschaft
Feindschaft, die: Feindlichkeit · Frontstellung · Feindseligkeit · Gegnerschaft; Rankünе (*veraltend*) + Streit; → *auch* Feindseligkeit (I, 1), Hass (1)
feindschaftlich: → feindlich (1)
feindselig: → feindlich (1)
Feindseligkeit: I. Feindseligkeit, die: **1.** ⟨*feindl. Auftreten, feindl. Haltung*⟩ Animosität; → *auch* Angriff (2), Feindschaft – **2.** → Feindschaft – **II.** Feindseligkeiten (*Pl*): **1.** → Kampf (1) – **2.** die F. eröffnen: → angreifen (I, 1, a)
Feine, die: → Feinheit (1)
feinfühlend: → empfindsam (1)
feinfühlig: → empfindsam (1)
Feinfühligkeit, die: → Empfindsamkeit (1)
Feingefühl, das: **1.** → Empfindsamkeit (1) – **2.** → Einfühlungsvermögen, Zartgefühl (1) – **3.** → [1]Anstand (1)
feingliedrig: → zartgliedrig
Feinheit, die: **1.** ⟨*zarte Beschaffenheit*⟩ Zartheit · Subtilität · Raffinement · Raffinesse · Finesse ♦ *gehoben*: Feine · Zärte (*veraltend*) – **2.** → Vornehmheit – **3.** → Einzelheit (I)
feinhörig: → hellhörig (1)
feinmachen, sich: → herausputzen (II)
feinmaschig: → engmaschig
feinnervig: → empfindsam (1)
Feinnervigkeit, die: → Empfindsamkeit (1)
Feinschmecker, der: Gourmet · Kulinarier · Genießer · Lukullus; Schmecker (*landsch*) + Gourmand; → *auch* Leckermaul
feinschmeckerisch: lukullisch · kulinarisch + gastronomisch
Feinsinn, der: → Empfindsamkeit (1)

feinsinnig: **1.** ⟨*künstlerisch fein empfindend*⟩ fein · musisch · kunstsinnig · kunstempfänglich + ästhetisch – **2.** → empfindsam (1)
Feinsinnigkeit, die: → Empfindsamkeit (1)
Feinsliebchen, das: → Geliebte (II)
feist: → dick (1)
Feist, das: → Fett (2)
Feistling, der: → Dicke (I)
Feitel, der: → Taschenmesser
feixen: → lachen (1), lächeln
Feld, das: **1.** ⟨*Bodenfläche*⟩ **a)** ⟨*allgemein*⟩ Flur ♦ *dicht*: Gebreit[e] · Gefilde – **b)** → Acker – **2.** → Spielfeld – **3.** → Front (1) – **4.** → Bereich (1) – **5.** F. und Wald: → Natur (1); das F. behaupten: → standhalten (1); zu Felde ziehen |gegen|: → angreifen (I, 2); aus dem F. schlagen: → verdrängen (2); das F. räumen/überlassen: → zurückziehen (II, 2); ins F. führen: → vorbringen; im F. bleiben: → fallen (3)
Feldarbeit, die: → Ackerbau
Feldbau, der: → Ackerbau
Feldbestellung, die: → Ackerbau
feldein: → querfeldein
Feldflur, die: → Feldmark
Feldhase, der: → Hase (1)
Feldherr, der: → Heerführer
Feldküche, die: Fahrküche; Gulaschkanone (*scherzh*)
Feldmark, die: Gemarkung · Flur · Feldflur
Feldrain, der: Rain · Ackergrenze · Gewende
Feldschlacht, die: → Schlacht
Feldstecher, der: → Fernglas
Feldstein, der: → Stein (1)
Feldwirtschaft, die: → Ackerbau
Feldzug, der: **1.** ⟨*krieger. Unternehmung*⟩ Kriegszug; Kampagne · Heer[es]zug (*veraltet*) – **2.** → Kampagne (1)
Felge, die: Radkranz · Felgenkranz
Felgenkranz, der: → Felge
Fell, das: **1.** ⟨*behaarte Haut der Tiere*⟩ Pelz · Haarkleid; Balg · Decke · Schwarte (*weidm*); → *auch* Haut (1) – **2.** → Haut (1) – **3.** jmdm. juckt das F.: → übermütig (2); ein dickes F. haben: → unempfindlich (3); eins auf das F. brennen: → schießen (7); das F. [ver]gerben: → verprügeln; das F. über die Ohren ziehen: → betrügen (1)
Fellowtraveller, der: → Sympathisant
Felonie, die: → Verrat (2)
Fels, der: **1.** → Gestein – **2.** → Felsen – **3.** wie ein F. in der Brandung: → standhaft (1)
Felsblock, der: → Felsen
Felsbrocken, der: → Gestein
Felsen, der: Felsblock + Felsenkegel ♦ *gehoben*: Fels
felsenfest: **1.** → unerschütterlich – **2.** → standhaft (1)
felsenhart: → hart (1)
Felsenkegel, der: → Felsen
Felsgestein, das: → Gestein
felsig: → steinig
Felsklippe, die: Klippe · Riff; Schrofen (*süddt österr*)
Felsmassiv, das: → Gebirge
Felstrümmer (*Pl*): → Stein (1)
feminin: **1.** → weiblich (1) – **2.** → weichlich (1)
Feministin, die: → emanzipiert
Fenn, das: → Sumpf (1)
Fenster, das: **1.** ⟨*Öffnung in Gebäuden, Fahrzeugen*⟩ Fensteröffnung · Fensterhöhle · Fensterloch · Fensterluke · Luke; Bullauge (*seem*) ♦ *umg*: Guckfenster · Guckloch; → *auch* Fensterscheibe – **2.** das/sein Geld zum F. hinauswerfen/hinausschmeißen/hinausfeuern: → verschwenderisch (3); sich zu weit aus dem F. lehnen: → exponieren, sich; weg vom F. sein: → gelten (7)
Fensterbank, die: → Fensterbrett
Fensterbord, das: → Fensterbrett
Fensterbrett, das: Fensterbank · Fenstersims; Fensterbord (*landsch*) + Sohlbank
Fensterhöhle, die: → Fenster (1)
Fensterladen, der: Laden; → *auch* Jalousie
Fensterloch, das: → Fenster (1)
Fensterluke, die: → Fenster (1)
Fensteröffnung, die: → Fenster (1)
Fensterscheibe, die: Scheibe; → *auch* Fenster (1)
Fenstersims, der: → Fensterbrett
Ferien (*Pl*): **1.** ⟨*längere arbeitsfreie Zeit zur Erholung*⟩ Urlaub · Erholungszeit · Ferienpause; → *auch* [1]Pause (1), Erholung (1) – **2.** F. machen: → ausspannen (I, 2)
Ferienaufenthalt, der: → Erholungsort
Feriengast, der: → Urlauber
Ferienhaus, das: Chalet (*schweiz*)
Ferienort, der: → Erholungsort
Ferienparadies, das: → Erholungsort
Ferienpause, die: → Ferien (1)

Ferkel, das: **1.** ⟨*junges Schwein*⟩ Spanferkel ♦ *umg*: Wutzelchen (*landsch*) – **2.** → Schmutzfink – **3.** → Zotenreißer
Ferkelei, die: → Zote (1)
ferkeln: 1. → werfen (I, 2) – **2.** → Zote (2)
fern: 1. ⟨*sich in einer großen Entfernung befindend*⟩ entfernt · weit[ab] · fernab · fern liegend · in der Ferne · weltenfern · weit davon + draußen ♦ *umg*: weit weg · weit vom Schuss ♦ *salopp*: j. w. d.; → *auch* abseits (1), abgelegen – **2.** → fremd (1) – **3.** → vergangen (1) – **4.** f. bleiben: ⟨*nicht zu nahe herankommen*⟩ sich fern halten · nicht zu nahe kommen · davonbleiben · vom Halse/Leibe bleiben – **5.** f. halten: ⟨*das Näherkommen verhindern*⟩ abhalten · abwehren · nicht herankommen lassen · nicht heranlassen · vom Halse/Leibe halten – **6.** sich f. halten: → 4; f. liegend: → 1; nah und f.: → überall (1); von/aus nah und f.: → überallher; das sei mir f., das sei f. von mir: → keineswegs; in fernen Tagen: → damals
fernab: → fern (1)
fernbedienen: fernlenken · fernsteuern
fernbleiben: → wegbleiben
Fernblick, der: → Aussicht (1)
Ferne, die: **1.** ⟨*weit entferntes Gebiet*⟩ Weite + die weite Welt; → *auch* Entfernung (1) – **2.** → Fremde (II, 1) – **3.** → Zukunft (1) – **4.** → Vergangenheit (1) – **5.** in der F.: → fern (1); in die F. gucken: → fernsehen
ferner: 1. → außerdem (1) – **2.** → dazu (2)
Ferner, der: → Gletscher
fernerhin: 1. → weiterhin (1) – **2.** → dazu (2)
Fernglas, das: Feldstecher · Prismenglas · Prismenfeldstecher · Glas + Opernglas · Fernrohr · Prismenfernrohr ♦ *umg*: Gucker · Guckglas + Operngucker ♦ *salopp*: Kieker (*landsch*) + Opernkieker
fernhalten, sich: → ausschließen (II, 1)
Fernkopie, die: → Fax (2)
fernkopieren: → faxen
Fernkopierer, der: → Fax (1)
fernlenken: → fernbedienen
Fernmeldeamt, das: Amt
fernmündlich: → telefonisch
Fernrohr, das: → Fernglas
Fernruf, der: → Telefonnummer
Fernschreiben, das: **1.** ⟨*durch Fernschreiber übermitteltes Schreiben*⟩ Telex + Telexogramm · E-Mail; → *auch* Telegramm – **2.** ein F. übermitteln ⟨*durch Fernschreiber eine Nachricht übermitteln*⟩ telexen; → *auch* telegrafieren
fernschriftlich: → telegrafisch
Fernsehapparat, der: Fernseher · Fernsehgerät · Fernsehempfänger · Apparat · Empfänger · Gerät · Empfangsgerät + Portable ♦ *umg*: Guckkasten · Mattscheibe; Pantoffelkino · Heimkino (*scherzh*) ♦ *salopp*: Flimmerkiste (*scherzh od. abwert*); Latschenkino · Filzlatschenkino · Glotze · Glotzkasten · Glotzkiste · Glotzophon (*scherzh*)
Fernsehempfänger, der: → Fernsehapparat
fernsehen: *umg*: in die Ferne/Röhre gucken (*scherzh*); → *auch* empfangen (2)
Fernsehen, das: Television ♦ *umg*: Pantoffelkino (*scherzh*)
Fernseher, der: → Fernsehapparat
Fernsehgerät, das: → Fernsehapparat
Fernsehkrimi, der: + Straßenfeger
Fernsehprogramm, das: → Programm (1, b)
Fernsehsender, der: → Sender
Fernsicht, die: → Aussicht (1)
Fernsprechamt, das: Amt · Amtsleitung
Fernsprechapparat, der: → Telefon (1)
Fernsprechbuch, das: → Telefonbuch
fernsprechen: → telefonieren
Fernsprecher, der: → Telefon (1)
Fernsprechnummer, die: → Telefonnummer
Fernsprechverzeichnis, das: → Telefonbuch
Fernsprechzelle, die: → Telefonzelle
Fernspruch, der: → Telegramm
fernsteuern: → fernbedienen
Fernstraße, die: → Fernverkehrsstraße
Fernverkehrsstraße, die: Bundesstraße · Fernstraße · Verkehrsachse + Bundesautobahn · Autobahn; → *auch* Straße (1)
Ferse, die: **1.** ⟨*Körperteil*⟩ Hacke[n] – **2.** die Fersen zeigen: → fliehen (1); auf den Fersen sein/bleiben, sich an jmds. Fersen hängen/heften: → verfolgen (1); nicht von den Fersen gehen: → belästigen (1)
Fersengeld: F. geben: → fliehen (1)
fertig: 1. ⟨*zum Handeln bzw. Eingesetztwerden in der Lage*⟩ bereit · gerüstet · parat · vorbereitet · so weit ♦ *umg*: fix und fertig; → *auch* abfahrbereit – **2.** → vollendet (1) – **3.** → vollkommen (1) – **4.** → erwachsen (1) – **5.** → tischfertig – **6.** → betrunken (1) – **7.** → ruiniert (1) – **8.** → erschöpft (1) – **9.** f.

sein: → gelten (7); f. werden |mit|: **a)** → meistern – **b)** → gewachsen (2); fix und f.: **a)** → 1 – **b)** → erschöpft (1); f. ist die Laube/Kiste: → erledigt (1 u. 3, a); f. bringen: → erreichen (2); f. gestellt: → vollendet (1); f. lesen: → durchlesen (1); f. machen: **a)** → vorbereiten (I, 1) – **b)** → vollenden (I, 1) – **c)** → erledigen (1) – **d)** → aufarbeiten (1) – **e)** → ruinieren (I, 1) – **f)** → ermüden (1) – **g)** → ermorden, töten (I, 1); moralisch f. machen: → zurechtweisen; sich f. machen: → vorbereiten (II); f. stellen: **a)** → bauen (1) – **b)** → vollenden (I, 1)

Fertigbekleidung, die: → Konfektion

fertigen: 1. → herstellen (1) – **2.** → unterschreiben

Fertigkeit, die: **1.** ⟨*das Geübtsein beim Ausführen von Tätigkeiten*⟩ Übung · Routine · Technik – **2.** → Gewandtheit (1)

Fertigkleidung, die: → Konfektion

Fertigung, die: → Herstellung

Fertigungskosten (*Pl*): → Herstellungskosten

fertil: → fruchtbar (1)

Fertilität, die: → Fruchtbarkeit

fesch: 1. → elegant (1) – **2.** → reizend (1)

Fessel, die: **1.** ⟨*Gerät zum Handlungsunfähigmachen gefangener Personen*⟩ Eisen · Handschelle · Fußfessel ♦ *dicht*: Band ♦ *salopp*: Manschette – **2.** → Bindung (1) – **3.** → Zwang (1) – **4.** Fesseln anlegen: → fesseln (1); in Fesseln legen: → gefangen (3), fesseln (1); die Fesseln abschütteln/abstreifen/abwerfen/sprengen/zerbrechen/zerreißen: → befreien (II, 2)

Fesselballon, der: → Ballon (1)

fessellos: → frei (1)

fesseln: 1. ⟨*handlungsunfähig machen*⟩ binden · Fesseln/Ketten anlegen + knebeln ♦ *gehoben*: in Fesseln legen; → *auch* anbinden (1) – **2.** → interessieren (I)

fesselnd: → spannend

fest: 1. ⟨*nicht* [*leicht*] *von der Stelle entfernbar*⟩ unbeweglich · unlösbar · unverrückbar · sicher – **2.** ⟨*in der Höhe der Summe nicht veränderlich*⟩ fix · feststehend – **3.** → hart (1) – **4.** → erstarrt (1) – **5.** → haltbar (1) – **6.** → dauerhaft – **7.** → standhaft (1), unerschütterlich – **8.** → unnachgiebig (1) – **9.** → verbindlich (1) – **10.** → straff (1), entschlossen (1) – **11.** f. eingefahren: → gewohnt (2); f. verwurzelt: → unerschütterlich; f. angestellt: → angestellt; festes Land, fester Boden: → Land (1); in festen Händen: → verheiratet (1); festen Fuß fassen: → heimisch (4); einen festen Charakter haben: → charakterfest (2); f. im Sattel sitzen: → sicher (8, a); feste Wendung/Redewendung: → Phraseologismus

Fest, das: **1.** ⟨[*glanzvolle*] *unterhaltsame Veranstaltung*⟩ Festlichkeit · Feier · Freudenfeier · Freudenfest · Vergnügen · Vergnügung · Lustbarkeit · Belustigung · Party + Cocktailparty · Empfang · Hausball · Veranstaltung · Event ♦ *umg*: Fete · Festivität · Fidelitas ♦ *salopp*: Budenzauber + Ringelpiez; → *auch* Feier (1), Gesellschaft (1), Abendgesellschaft – **2.** → Festtag (I) – **3.** → Freude (1)

Festabend, der: → Abendveranstaltung

Festakt, der: → Feier (1)

festbacken: → ankleben (2)

Festbankett, das: → Festessen

festbannen: → festhalten (I, 1, b)

festbeißen, sich: sich f. |an|: → verbeißen (II)

festbinden: vertäuen · [fest]zurren · beschlagen (*seem*); → *auch* anbinden (1)

festbleiben: 1. ⟨*etw. unbeirrt fortführen*⟩ dabei bleiben · weitermachen · nicht nachlassen · nicht ablassen |von| · nicht aufgeben · treu bleiben |einer Sache| · sich nicht abbringen lassen + sich widmen · sich hingeben ♦ *umg*: dranbleiben · bei der Stange bleiben; → *auch* beharren (1) – **2.** → beharren (1)

feste: → gehörig (1)

festen: → feiern (1)

Festessen, das: Festmahl · Essen · Gastmahl · Festbankett · Bankett; Festschmaus (*scherzh*) + Freudenmahl · Galaessen · Galadiner · Diner; Festgelage (*abwert*) ♦ *umg*: Göttermahl (*scherzh*); → *auch* Gelage (a), Gericht (1)

festfahren: I. festfahren: → stecken (5, a) – **II.** festfahren, sich: → stecken (5, a *u.* b)

Festgelage, das: → Festessen

Festgewand, das: → Festkleidung

festhaken: → einhaken (I, 1)

festhalten: I. festhalten: **1.** ⟨*nicht wieder loslassen*⟩ **a)** ⟨*eine Person*⟩ halten ♦ *umg*: nicht aus den Fingern lassen ♦ *salopp*: in den Fängen halten – **b)** ⟨*einen Eindruck*⟩ einfangen · fixieren · festbannen – **2.** → festlegen (I, 1) – **3.** → aufhalten (I, 1) – **4.** → erfassen (1) – **5.** f. |an|: → beibehalten

(1); auf dem Film f.: → fotografieren – **II.** festhalten, sich: ⟨*sich durch einen festen Griff an etw. halten*⟩ sich anhalten · sich anhängen · sich anklammern · sich festklammern · sich klammern |an|; → *auch* festkrallen, sich
festigen: 1. ⟨*für größere Sicherheit, Beständigkeit sorgen*⟩ stärken · erhärten · konsolidieren · stabilisieren · zementieren – **2.** → ausbauen (3)
Festigkeit, die: **1.** ⟨*der Veränderung entgegengesetzter Widerstand*⟩ Härte · Zähheit · Zähigkeit · Stabilität + Widerstandsfähigkeit – **2.** → Beständigkeit (2)
Festigung, die: **1.** ⟨*das Sorgen für größere Sicherheit, Beständigkeit*⟩ Stärkung · Erhärtung · Konsolidierung · Konsolidation · Stabilisierung · Zementierung – **2.** → Ausbau (2)
Festival, das: → Festspiel (II)
Festivität, die: → Fest (1)
festklammern: I. festklammern: → anheften (1) – **II.** festklammern, sich: → festhalten (II)
festkleben: 1. → ankleben (1) – **2.** → kleben (1)
Festkleid, das: → Festkleidung
Festkleidung, die: Festtagskleidung · Gala · Festkleid ♦ *gehoben*: Festgewand
festklemmen: → einklemmen
festkrallen, sich: sich ankrallen · sich einkrallen; → *auch* festhalten (II)
Festland, das: → Land (1)
festlaufen: → stecken (5, a)
festlegen: I. festlegen: **1.** ⟨*endgültig bestimmen*⟩ vorgeben · festsetzen · festhalten · fixieren · verankern + abstecken ♦ *umg*: festmachen; → *auch* anberaumen – **2.** ⟨*jmdn. an eine Äußerung, ein Versprechen erinnern*⟩ beim Wort nehmen/fassen ♦ *salopp*: festnageln – **3.** → anlegen (I, 1) – **II.** festlegen, sich: ⟨*eine Verpflichtung verbindlich übernehmen*⟩ sich binden · sich engagieren · eine Bindung eingehen ♦ *umg*: Farbe bekennen
festlich: 1. ⟨*einem Fest gemäß*⟩ galamäßig – **2.** → feierlich (1)
Festlichkeit, die: → Fest (1)
festliegen: 1. → feststehen – **2.** → stecken (5, a)
Festlohn, der: → Mindestlohn
festmachen: 1. → befestigen (1) – **2.** → festlegen (I, 1) – **3.** → anlegen (I, 2)
Festmahl, das: → Festessen
festnageln: 1. → annageln – **2.** → festlegen (I, 2) – **3.** → aufhalten (I, 1)
Festnahme, die: → Verhaftung
festnehmen: → verhaften
Festordnung, die: → Programm (1, b)
Festplan, der: → Programm (1, b)
festrennen, sich: sich f. |in|: → verbeißen (II)
Festsaal, der: → Saal
festsaugen, sich: sich ansaugen + haften
Festschmaus, der: → Festessen
Festschmuck, der: → Ausschmückung
festschnallen: I. festschnallen: → anschnallen (I) – **II.** festschnallen, sich: → anschnallen (II)
festschrauben: → anschrauben
festsetzen: I. festsetzen: **1.** → einsperren (1) – **2.** → festlegen (I, 1) – **3.** → anberaumen – **II.** festsetzen, sich: → niederlassen (II, 1)
festsitzen: → stecken (5, a)
Festsitzung, die: → Feier (1)
festspannen: → einspannen (1)
Festspiel: I. Festspiel, das: ⟨*festl. Bühnenwerk*⟩ Bühnenweih[fest]spiel – **II.** Festspiele (*Pl*): ⟨*festl. Veranstaltungsreihe*⟩ Festwoche[n] · Festtage · Festival
feststampfen: → festtreten
feststehen: festliegen · sicher/gewiss sein · außer Zweifel stehen · keinem Zweifel unterliegen
feststehend: 1. → fest (2) – **2.** → wirklich (1)
feststellen: 1. ⟨*über einen Tatbestand Klarheit bekommen*⟩ sehen · erkennen · konstatieren · die Feststellung/Erfahrung machen ♦ *umg*: registrieren – **2.** → ergründen (1) – **3.** → äußern (I, 1)
Feststellung, die: **1.** ⟨*das Sichklarwerden*⟩ Erkennung · Konstatierung ♦ *umg*: Registrierung – **2.** → Erkundung (1) – **3.** → Äußerung (1) – **4.** die F. machen: → feststellen (1); die F. treffen: → äußern (II, 1)
Festtag: I. Festtag, der: ⟨*festl. Tag*⟩ Feiertag · Ehrentag · Fest – **II.** Festtage (*Pl*): → Festspiel (II)
festtäglich: → sonntäglich
Festtagskleidung, die: → Festkleidung
festtrampeln: → festtreten
festtreten: antreten · [fest]stampfen ♦ *umg*: festtrampeln
Festung, die: **1.** ⟨*stark befestigter Ort*⟩ Fort · Zitadelle; Fortifikation (*veraltet*) + Kastell ·

Festungsbau · Festungs[boll]werk · Burg; → *auch* Befestigung (2) – **2.** → Festungshaft
Festungsarrest, der: → Festungshaft
Festungsbau, der: → Festung (1)
Festungsbollwerk, das: → Festung (1)
Festungshaft, die (*hist*): Festung[sarrest]
Festungswerk, das: → Festung (1)
Festveranstaltung, die: → Feier (1)
Festversammlung, die: → Feier (1)
festwachsen: → anwachsen (1)
Festwoche: I. Festwoche, die: → Festspiel (II) – **II.** Festwochen (*Pl*): → Festspiel (II)
festziehen: anziehen · nachziehen · zuziehen
Festzug, der: → Umzug (2)
festzurren: → festbinden
Fete, die: → Fest (1)
Fetisch, der: → Götzenbild
Fetischismus, der: → Götzendienst
Fetischverehrung, die: → Götzendienst
fett: 1. → dick (1) – **2.** → fettig (1) – **3.** → gehaltvoll (1) – **4.** → einträglich – **5.** → fruchtbar (1) – **6.** → betrunken (1) – **7.** dick und f.: → dick (1)
Fett, das: **1.** ⟨*pflanzl. od. tier. Produkt*⟩ Fettigkeiten – **2.** ⟨*Anhäufung fettreichen Gewebes*⟩ Fettpolster · Polster · Fettgewebe · Fettmasse; Fettdepot (*med*); Feist (*weidm*) + Speck · Schmer ♦ *umg*: + Kummerspeck – **3.** F. ansetzen: → zunehmen (2); im F. schwimmen/sitzen: **a)** → reich (5) – **b)** → schwelgen (1); das F. abschöpfen : → abschöpfen (2); im [eigenen] F. ersticken: → dick (6); sein F. kriegen: → tadeln (2)
Fettauge, das: Fetttropfen · Auge
Fettbauch, der: **1.** → Schmerbauch – **2.** → Dicke (I)
fettbäuchig: → dick (1)
Fettdepot, das: → Fett (2)
fetten: → einfetten (1)
fettfleckig: → schmierig (1)
fettfüttern: → mästen
Fettgewebe, das: → Fett (2)
fetthaltig: → fettig (1)
fettig: 1. ⟨*viel Fett enthaltend*⟩ fett[haltig] · fettreich · fetttriefend + ölig · tranig · talgig · sahnig – **2.** → schmierig (1)
Fettigkeiten (*Pl*): → Fett (1)
Fettkloß, der: → Dicke (I)
Fettlebe, die: F. machen: → schwelgen (1)
fettleibig: → dick (1)
Fettleibigkeit, die: → Dicke (II, 2)
Fettmasse, die: → Fett (2)
Fettnäpfchen, das: ins F. treten: → anstoßen (2)
Fettpolster, das: **1.** → Fett (2) – **2.** → Vorrat
fettreich: → fettig (1)
Fettsack, der: → Dicke (I)
Fettsau, die: → Dicke (I *u.* II, 1)
Fettschwein, das: → Dicke (I *u.* II, 1)
fetttriefend: → fettig (1)
Fetttropfen, der: → Fettauge
Fettwampe, die: → Schmerbauch
Fettwanst, der: → Dicke (I), Schmerbauch
fettwanstig: → dick (1)
Fetus, der: → Embryo
fetzen: das fetzt: → großartig (3)
Fetzen, der: **1.** ⟨*abgerissenes kleines Stück Papier od. Stoff*⟩ *umg*: Schnippel · Schnipsel; → *auch* Stück (1) – **2.** → Scheuertuch – **3.** → Kleid (I) – **4.** in Fetzen gehen: → zerfallen (1); in Fetzen reißen: → zerreißen (I, 1); nur ein F. Papier: → wertlos (1)
fetzig: → großartig (1)
feucht: 1. ⟨*ein wenig nass*⟩ nässlich · klamm; humid (*fachspr*); → *auch* nass (1), dumpf (1) – **2.** → verschwitzt – **3.** f. machen: → durchfeuchten (I, 1); das feuchte Element: → Wasser (1); feuchter Abend: → Gelage (b); feuchte Augen bekommen: → weinen (1); noch f. hinter den Ohren: → unreif (2); ein feuchtes Grab finden: → ertrinken
Feuchte, die: → Feuchtigkeit
feuchten: 1. → anfeuchten (1), durchfeuchten (I, 1) – **2.** → austreten (1)
Feuchtigkeit, die: Feuchte · Nässe; Humidität (*fachspr*)
feudal: 1. → vornehm (1) – **2.** → adlig (1)
Feudaladel, der: → Adel (1)
Feudalherrschaft, die: → Feudalismus
Feudalismus, der: Feudalherrschaft · Feudalsystem · Feudalordnung · Feudalwesen · Adelsherrschaft; → *auch* Adel (1)
Feudalordnung, die: → Feudalismus
Feudalsystem, das: → Feudalismus
Feudalwesen, das: → Feudalismus
Feudel, der *od.* das: → Scheuertuch
feudeln: → reinigen (2)
Feuer, das: **1.** ⟨*Verbrennung mit Flammenentwicklung*⟩ Brand; → *auch* Flamme (1), Feuersbrunst – **2.** → Leuchtfeuer – **3.** → Beschuss (1) – **4.** → Leidenschaft – **5.** → Begeisterung (1) – **6.** → Glanz (1) – **7.** F. legen: ⟨*eine Feuersbrunst hervorrufen*⟩ in

Brand setzen/stecken · einen Brand legen/stiften · in Flammen setzen · den roten Hahn aufs Dach setzen; → *auch* niederbrennen (1), brandschatzen – **8.** mit F. spielen: ⟨*leichtfertig mit Feuer umgehen*⟩ *umg*: zündeln (süddt österr); gokeln · kokeln · zünseln (*landsch*) – **9.** F. anzünden/anmachen: → anfeuern (1); F. machen: → anfeuern (1), heizen (1); F. legen: → 7; dem F. übergeben: → verbrennen (I, 1); F. fangen: **a)** → anbrennen (1) – **b)** → begeistern (II) – **c)** → verlieben, sich; F. geben: → schießen (1); unter F. nehmen: → beschießen; das F. schüren, Öl ins F. gießen, ins F. blasen: → verschlimmern (I, 1); F. dahinter machen: → beschleunigen; F. unter den Frack/Schwanz/Hintern machen: → antreiben (2); F. und Flamme sein: → begeistert (2); wie F. und Wasser: → unversöhnlich (2); durchs F. gehen |für|: → einsetzen (II); die/seine Hand ins F. legen |für|: → bürgen; mit F. und Schwert wüten: → brandschatzen; ein Spiel mit dem F. sein: → gefährlich (2); mit [innerem] F.: → leidenschaftlich; zwei/mehrere Eisen im F. haben: → vorsorgen

feuerbeständig: → feuerfest

Feuerbestattung, die: → Einäscherung

Feuereifer, der: → Eifer (1)

Feueresse, die: → Schornstein (1)

feuerfarben: → rot (1)

feuerfest: un[ver]brennbar · feuerbeständig · feuersicher

Feuerflamme, die: → Flamme (1)

Feuerfunke[n], der: → Funke[n] (1)

Feuergarbe, die: **1.** → Flamme (1) – **2.** → Feuerstoß

feuergefährlich: → explosiv

Feuerherd, der: → Herd (1)

Feuerholz, das: → Heizmaterial

Feuerkopf, der: → Hitzkopf

Feuerleger, der: → Brandstifter

Feuerleiter, die: → Notausgang

Feuerlinie, die: → Front (1)

Feuerlöschzug, der: Feuerwehrauto ♦ *umg*: Feuerwehr

feuern: 1. → heizen (1) – **2.** → schießen (1) – **3.** → werfen (I, 1) – **4.** → entlassen (2)

Feuerprobe, die: → Bewährungsprobe

feuerrot: → rot (1)

Feuersäule, die: → Flamme (1)

Feuersbrunst, die: Brand · Schadenfeuer · Riesenbrand + Feuersnot; → *auch* Feuer (1)

Feuerschein, der: → Schein (1)

feuersicher: → feuerfest

Feuersnot, die: → Feuersbrunst

Feuerstoß, der (*milit*): Feuergarbe · Garbe

Feuerstuhl, der: → Motorrad

Feuertaufe, die: → Bewährungsprobe

Feuerteufel, der: → Brandstifter

Feuertreppe, die: → Notausgang

Feuertür, die: → Notausgang

Feuerung, die: → Heizmaterial

Feuerwasser, das: → Branntwein

Feuerwehr, die: **1.** → Feuerlöschzug – **2.** wie die F.: → schnell (1, a)

Feuerwehrauto, das: → Feuerlöschzug

Feuerwerkskörper, der: + Frosch · Schwärmer · Rakete · Kanonenschlag; → *auch* Knallkörper

Feuerzunge, die: → Flamme (1)

Feuilleton, das: → Abhandlung (1)

feurig: 1. → leidenschaftlich – **2.** → glühend (1) – **3.** → rot (1)

Fex, der: → Fanatiker

Fez, der: → Spaß (1)

ff: → erstklassig (1)

Fiaker, der: → Mietwagen

Fiasko, das: **1.** → Misserfolg (1) – **2.** → Zusammenbruch (1) – **3.** F. machen: → scheitern (a)

[1]**Fibel,** die: Lesebuch · Abc-Buch

[2]**Fibel,** die: → Nadel (1)

Fiber, die: → Faser

Fibrille, die: → Faser

fibrös: → faserig

Fick, der: → Koitus

ficken: → koitieren

Fickfack, der: → Ausrede

fickfacken: → herausreden, sich

Fickfackerei, die: → Ausrede

fickrig: → unruhig (1)

fidel: 1. → lustig – **2.** fideles Haus/Huhn: → Spaßvogel

Fidelitas, die: **1.** → Vergnügen (1) – **2.** → Fest (1)

Fidelität, die: → Vergnügen (1)

Fiduziar, der: → Treuhänder

Fieber, das: **1.** ⟨*krankhafte Erhöhung der Körperwärme*⟩ [erhöhte] Temperatur – **2.** → Erregung (1)

Fieberfantasie, die: → Sinnestäuschung

Fieberfrost, der: → Schüttelfrost

fieberhaft: 1. ⟨*mit Fieber auftretend*⟩ fiebrig; febril (*med*) – **2.** → eilig (1)

fieberheiß: → fiebrig (1)

fieberkrank: → fiebrig (1)

fiebern: f. |nach|: → Verlangen (4)
Fieberschauer, der: → Schüttelfrost
fiebrig: 1. ⟨*Fieber habend*⟩ fieberkrank · fieberheiß – **2.** → erkältet (1)
Fiedel, die: → Geige (1)
fiedeln: → geigen (1)
Fiedler, der: → Geigenspieler
Fieldresearch, das: → Umfrage (1)
fiepen: → pfeifen (1)
fies: → abscheulich (1), gemein (1)
Fiesling, der: → Ekel (II)
fifty-fifty: 1. → gleichmäßig (2) – **2.** f. machen: → teilen (I, 1)
Figaro, der: → Friseur
Fighter, der: → Boxer
Figur, die: **1.** → Gestalt (1) – **2.** → Person (1) – **3.** → [1]Plastik (1) – **4.** → Rolle (2) – **5.** → Redewendung (1) – **6.** eine gute F. abgeben/machen: → wirken (2); sich einen in die F. schütten: → trinken (1, b)
Figurant, der: → Statist (1)
figurieren: → darstellen (I, 1, b)
Figurine, die: → [1]Plastik (1)
figürlich: → bildlich (1)
Fiktion, die: **1.** → Erfindung (1) – **2.** → Annahme (2)
fiktiv: → gedacht
Filiale, die: → Zweigstelle
filigran: → zart (1)
Filius, der: → Sohn
Film, der: **1.** ⟨*lichtempfindl. Material zum Fotografieren od. Filmen*⟩ Filmstreifen · Filmmaterial · Filmband · Filmrolle + Zelluloid – **2.** ⟨*Werk der Filmkunst*⟩ Streifen · Filmstreifen · Filmwerk ♦ *salopp*: Schmachtfetzen (*abwert*) – **3.** auf den F. bannen, auf dem F. festhalten: → fotografieren
Filmapparat, der: → Filmkamera
Filmatelier, das: → Studio
Filmband, das: → Film (1)
Filmbühne, die: → Kino (1)
filmen: drehen ♦ *umg*: kurbeln
Filmgröße, die: → [1]Star
Filmheld, der: → [1]Star
Filmkamera, die: Kamera · Filmapparat
Filmmanuskript, das: → Drehbuch
Filmmaterial, das: → Film (1)
Filmriss, der: → Erinnerungslücke
Filmrolle, die: → Film (1)
Filmstar, der: → [1]Star
Filmstreifen, der: → Film (1 *u.* 2)
Filmstudio, das: → Studio
Filmszenarium, das: → Drehbuch
Filmtheater, das: → Kino (1)
Filmveranstaltung, die: → Kino (2)
Filmwerk, das: → Film (2)
Filou, der: **1.** → Betrüger – **2.** → Schlaukopf
Filter, der *od.* das: Filterpapier · Filtrierpapier · Filtertuch; Seihe[r] · Seihpapier · Seihtuch (*landsch*); → *auch* Sieb (1)
filtern: filtrieren; kolieren (*pharm*); → *auch* durchsieben (I), klären (1)
Filterpapier, das: → Filter
Filtertuch, das: → Filter
Filterung, die: → Filtration
Filtrat, das: Kolatur (*pharm*)
Filtration, die: Filterung · Filtrierung
filtrieren: → filtern
Filtrierpapier, das: → Filter
Filtrierung, die: → Filtration
Filz, der: **1.** → [1]Hut (1) – **2.** → Geizhals – **3.** → Filzokratie
Filzdeckel, der: → [1]Hut (1)
filzen: 1. → durchsuchen – **2.** → geizig (2)
Filzhut, der: → [1]Hut (1)
filzig: 1. → faserig – **2.** → geizig (1)
Filzlatschen (*Pl*): → Hausschuhe
Filzlatschenkino, das: → Fernsehapparat
Filzokratie, die (*abwert*): Filz · Sumpf · Dschungel
Filzpantoffeln(*Pl*): → Pantoffeln (II)
Filzschuhe (*Pl*): → Hausschuhe
Fimmel, der: → Schrulle (1)
Finale, das: **1.** → Ende (1, b) – **2.** → Endkampf
Finanzaristokratie, die: → Finanzkapital
Finanzen (*Pl*): **1.** → Haushaltsplan – **2.** → Vermögensverhältnisse – **3.** → Geld (1)
Finanzgewaltige, der: → Geldmann
Finanzgröße, die: → Geldmann
Finanzhyäne, die: → Geldmann
finanziell: 1. → geldlich – **2.** f. unterstützen: → sponsern
Finanzier, der: → Geldmann
finanzieren: bezahlen · bestreiten · die Kosten tragen |für| · aufkommen |für|
Finanzkapital, das: Finanzaristokratie · Finanzoligarchie · Hochfinanz · Geldaristokratie · Geldadel + Plutokratie ♦ *umg*: Geldsäcke (*abwert*)
finanzkräftig: → reich (1)
Finanzlage, die: → Vermögensverhältnisse
Finanzmagnat, der: → Geldmann
Finanzmann, der: → Geldmann
Finanzoligarchie, die: → Finanzkapital

finanzschwach: → arm (1)
finanzstark: → reich (1)
Findelkind, das: Findling + Wechselbalg
finden: I. finden: **1.** ⟨*zufällig od. durch Suchen auf etw. oder jmdn. stoßen*⟩ auffinden · einen Fund machen · jmdm. in die Hände fallen + aufsammeln ♦ *salopp*: auflesen · aufgabeln; → *auch* entdecken (I, 1), vorfinden – **2.** → vorfinden – **3.** → meinen – **4.** eine Anstellung f.: → unterkommen (1); seinen Abschluss f.: → enden (1, b); Geschmack/Gefallen f. |an|: → mögen; keinen Gefallen f. |an|: → missfallen (2); keinen Geschmack f. |an|: → ablehnen (2); keine Gegenliebe f.: → abblitzen (1); Beifall/Zuspruch/Anklang f.: → gefallen (1); immer ein Haar in der Suppe f.: → nörgeln; den Tod f.: → umkommen (1); ein feuchtes/nasses Grab f., den Tod/sein Grab in den Wellen f.: → ertrinken; ein gefundenes Fressen: → willkommen (1) – **II.** finden, sich: **1.** → treffen (II, 1) – **2.** → herausstellen (II) – **3.** → vorkommen (1) – **4.** sich f. |in|: → abfinden (II, 2)
Finderlohn, der: Fundgeld
findig: 1. → schlau (1) – **2.** → einfallsreich
Findigkeit, die: **1.** → Schlauheit – **2.** → Erfindungsgabe (1)
Findling, der: **1.** ⟨*durch Eiszeitgletscher verlagerter großer Stein*⟩ erratischer Block · Findlingsblock · Findlingsstein – **2.** → Findelkind
Findlingsblock, der: → Findling (1)
Findlingsstein, der: → Findling (1)
Finesse, die: **1.** → Feinheit (1) – **2.** → Spitzfindigkeit – **3.** → Schlauheit – **4.** → Trick
finessenreich: → trickreich
Finger, der: lange/krumme Finger machen, klebrige Finger haben: → stehlen (1); keinen F. rühren/krumm machen: → faulenzen (1); den kleinen F. reichen: → entgegenkommen (1); die Finger [mit] im Spiel haben: → beteiligen (II); [sich] alle zehn Finger lecken |nach|: → Verlangen (4); sich die Finger verbrennen: → schaden (3); sich in den F. schneiden: → irren (II); mit den Fingern zeigen |auf|; den F. auf die Wunde legen: → hinweisen; die Finger lassen |von|/davonlassen, sich die Finger nicht schmutzig machen: → heraushalten, sich; sich an den [fünf] Fingern abzählen/abklavieren: → voraussehen; auf die Finger klopfen/schlagen: → zurechtweisen; nicht aus den Fingern lassen: → festhalten (I, 1, a); durch die Finger schlüpfen: → entkommen (1); sich aus den Fingern saugen: → ausdenken (1); auf die Finger sehen: → überwachen (1); durch die Finger sehen: → nachsehen (2); mit dem kleinen F. machen: → mühelos (2)
Fingerbreit, der: keinen F.: → nichts (1)
fingerfertig: → geschickt (1), gewandt (1)
Fingerfertigkeit, die: → Gewandtheit (1)
Fingerhut, der: ein F. voll: → wenig (1)
fingern: → bewerkstelligen
Fingerreif, der: → Fingerring
Fingerring, der: Ring ♦ *dicht*: Fingerreif · Reif
Fingerspitzengefühl, das: → Zartgefühl (1)
Fingerzeig, der: → Hinweis
fingieren: → vortäuschen
Finish, das: → Endkampf, Spurt
¹Finne, die: → ²Pickel
²Finne, die: → Flosse (1)
finnig: → pickelig
finster: 1. → dunkel (1) – **2.** → unklar (1) – **3.** → verdächtig (1) – **4.** → unfreundlich (1) – **5.** → unheilvoll (1) – **6.** f. dreinschauen: → runzeln
Finsterkeit, die: → Dunkelheit
Finsternis, die: **1.** → Dunkelheit – **2.** ägyptische F.: → Dunkelheit; ewige F., Ort der F.: → Hölle (1); Fürst der F.: → Teufel (1)
Finte, die: **1.** → Vorwand – **2.** → Täuschungsmanöver
fintenreich: → listig (1)
fipsig: → klein (1)
Firlefanz, der: **1.** → Tand (1) – **2.** → Unsinn (1, a) – **3.** → Albernheit
firm: gesellschaftlich f.: → wohlerzogen; f. sein |in|: → beherrschen (I, 4)
Firma, die: → Geschäft (2), Fabrik
Firmament, das: → Himmel (1)
firmen: → einsegnen
Firmengründer, der: Existenzgründer
Firmenzeichen, das: → Markenzeichen
Firmung, die: → Einsegnung
Firn, der: **1.** → Schnee (1) – **2.** → Gletscher
Firner, der: → Gletscher
Firnschnee, der: → Schnee (1)
Fisch, der: faule Fische: → Ausrede; kleine Fische: → Kleinigkeit (1); die Fische füttern, den Fischen opfern: → seekrank; stumm wie ein F.: → schweigend; munter wie ein F. im Wasser: → munter (1)

Fischbein, das: → Horn (1)
Fischblut, das: **1.** → Gefühlskälte (1) – **2.** F. haben → leidenschaftslos (2)
fischblütig: → gefühlskalt (1)
Fischdampfer, der: → Fangschiff
fischen: 1. → angeln (1) – **2.** f. |aus|: → herausholen (1)
Fischerei, die: → Fischfang
Fischfang, der: Fischerei · Fang
fischig: → gefühlskalt (1)
Fisel, die: → Gartenbohne
Fisimatenten (*Pl*): F. machen: → Umstand (II, 2)
Fiskus, der: → Staatskasse
Fisole, die: → Gartenbohne
fispelig: → nervös
fispeln: → flüstern (1)
fispern: → flüstern (1)
fisseln: → nieseln
Fist, der: → Wind (I, 2)
fit: [gut] in Form · durchtrainiert ♦ *umg*: topfit
Fitness, die: → Leistungsfähigkeit
fitscheln: → geigen (1)
Fittich, der: **1.** → Flügel (1) – **2.** unter seine Fittiche nehmen: **a)** → schützen (I, 1) – **b)** → fördern (1)
Fitz, der: **1.** → Knäuel (1) – **2.** → Eile (1)
fix: 1. → fest (2) – **2.** → schnell (1, c) – **3.** → flink (1) – **4.** → gewandt (1 *u.* 2) – **5.** fixe Idee: → Einbildung (1); an fixen Ideen leiden: → geisteskrank (2); f. machen: → beeilen, sich; f. und fertig: **a)** → fertig (1) – **b)** → erschöpft (1)
fixen: → Rauschgift (3)
Fixer, der: → Rauschgiftsüchtige
fixieren: 1. → festlegen (I, 1), festhalten (I, 1, b) – **2.** → anstarren – **3.** → ruhig (6, b)
Fixigkeit, die: **1.** → Schnelligkeit – **2.** → Flinkheit (1) – **3.** → Gewandtheit (1 *u.* 2)
Fixstern, der: → Stern (1)
Fixum, das: → Gehalt (I)
Fjord, der: → [1]Bucht (1)
FKK-Strand, der: → Nacktbadestrand
flach: 1. ⟨*von Gewässern gesagt*: *nicht tief*⟩ seicht · untief – **2.** → eben (1) – **3.** → niedrig (1) – **4.** → oberflächlich (1) – **5.** das flache Land: **a)** → Land (2) – **b)** → Flachland
Flach, das: → Sandbank
Fläche, die: + Ebene · Tafel
flachfallen: → wegfallen (1)
Flachkopf, der: → Dummkopf (1)
flachköpfig: → geistlos
Flachland, das: Ebene · Tiefland · Tiefebene · Tafelland · Unterland · Niederung · das platte/flache Land
Flachs, der: **1.** → Geld (1) – **2.** ohne F.: → wahrhaftig; F. machen: → scherzen
flachsblond: → blond (1)
flachsen: → scherzen
flacken: → flackern
flackerig: → unbeständig
flackern: züngeln · zucken; flacken (*landsch*); → *auch* brennen (1)
flackrig: → unbeständig (1)
Fladen, der: → Kot (1)
Flader, die: **1.** → Maserung – **2.** → Jahresring
Flagge, die: **1.** → Fahne (1) – **2.** die F. hissen/heißen/setzen/aufziehen: → flaggen; die F. streichen: → ergeben (II, 1); F. zeigen: → aussprechen (I, 5)
flaggen: die Flagge/Fahne hissen/aufziehen · die Flagge heißen/setzen; → *auch* hissen
flagrant: → offenkundig (1)
Flair, das: **1.** → Spürsinn – **2.** → Atmosphäre (1)
Flakon, der: → Flasche (1)
Flamme, die: ⟨*Erscheinungsform des Feuers*⟩ Flammensäule · Feuersäule · Feuerzunge · Feuergarbe · Feuerflamme + Brand ♦ *gehoben*: Lohe; → *auch* Feuer (1) – **2.** → Geliebte (II) – **3.** in Flammen stehen: → brennen (1); in Flammen aufgehen, ein Raub der Flammen werden: → verbrennen (2); den Flammen übergeben: → verbrennen (1); in Flammen aufgehen lassen: → niederbrennen (1); in Flammen setzen: → Feuer (7); Feuer und F. sein: → begeistert (2)
flammen: 1. → brennen (1) – **2.** → blitzen (1)
flammend: 1. ⟨*Flammen entwickelnd*⟩ lodernd · lichterloh ♦ *gehoben*: lohend – **2.** → leidenschaftlich
Flammensäule, die: → Flamme (1)
Flammeri, der: → Süßspeise
flanieren: → schlendern (1)
Flaniermeile, die: → Einkaufsstraße
Flanke, die: **1.** ⟨*seitl. Teil des Rumpfes*⟩ Weiche – **2.** *milit* ⟨*Seite einer Truppeneinheit*⟩ Flügel – **3.** → Zuspiel
Flappe, die: **1.** → Mund (1) – **2.** eine F. ziehen: → schmollen
Flaps, der: → Flegel (1)

flapsig: → flegelhaft (1)
Flasche, die: **1.** ⟨*Gefäß für Flüssigkeiten*⟩ Bouteille (*veraltend*) + Kürbisflasche · Karaffe · Flakon ♦ *umg*: Buddel (*landsch*) ♦ *salopp*: Pulle; → *auch* Einwegflasche – **2.** → Milchflasche – **3.** → Versager (1) – **4.** auf Flaschen ziehen: → abziehen (1, b)
Flaschner, der: → Klempner
Flaser, die: → Maserung
Flatschen, der: → [1]Klumpen
Flatter, die: die F. machen: → wegschleichen (I)
flatterhaft: → unbeständig, leichtlebig
flatterig: 1. → unbeständig – **2.** → unruhig (1)
Flattermann, der: **1.** → Unruhe (I, 1) – **2.** → Nervenbündel – **3.** → Brathähnchen
flattern: 1. → fliegen (1) – **2.** → wehen (2) – **3.** → zittern (1)
flattieren: → schmeicheln (1)
Flatus, der: → Wind (I, 2)
flau: 1. → schal (1) – **2.** → langweilig – **3.** → übel (1) – **4.** f. [im Magen] sein: → hungrig (2)
Flaum, der: → Bart (1)
Flaumfeder, die: → Daune
flaumig: → weich (1)
flauschig: → wollig
Flausen (*Pl*): **1.** → Unsinn (1, a) – **2.** F. in den Kopf setzen: → einreden (1)
Flausenmacher, der: → Spaßvogel
Flaute, die: **1.** → Windstille – **2.** → Tiefstand (1)
Fläz, der: → Flegel (1)
fläzen, sich: → lümmeln, sich
fläzig: → flegelhaft (1)
Flebbe, die: → Ausweis (1), Personalausweis
Flechte, die: → Hautausschlag
flechten: aufs Rad f.: → foltern (1)
Flechtwerk, das: → Geflecht
Fleck: I. Fleck, der: **1.** ⟨*schmutzige Stelle*⟩ Flecken · Klecks · Schmutzfleck ♦ *umg*: Dreckfleck; Klecker · Schmitz (*landsch*); Klacks (*norddt*) – **2.** → Flicken – **3.** → Ort (1) – **4.** → Schandfleck – **5.** vom F. bringen: → fortbewegen; vom F. kommen: → vorwärts (2, a); den Mund auf dem rechten F. haben: → schlagfertig (2) – **II.** Flecke (*Pl*): → Innereien (1)
flecken: → vorangehen
Flecken, der: **1.** → Fleck (I, 1) – **2.** → Ort (2)
fleckenlos: → sauber (1), einwandfrei (1)
fleckig: 1. ⟨*mit Schmutzflecken bedeckt*⟩ befleckt; → *auch* schmutzig (1) – **2.** → gefleckt
Fledderer, der: → Plünderer
fleddern: → plündern
fledern: → abstauben (1)
Fleet, das: → Kanal (1)
Flegel, der: **1.** ⟨*ungezogener, grober Mann*⟩ Lümmel · Rüpel · Rowdy · Rabauke; Lorbass (*landsch*) + Grobian ♦ *umg*: Fläz · Runks · Rollkutscher · Schnösel; Flaps · Pachulke (*landsch*) ♦ *salopp*: Rülps · Lackel · Ruppsack · Buffke (*landsch*) + Laps; → *auch* Grobian, Frechdachs, Range, Rabenaas, Junge (I, 1), Mann (I, 1) – **2.** → Dreschflegel
Flegelei, die: Flegelhaftigkeit · Rüpelei · Rüpelhaftigkeit · Pöbelei + Unart · Ungezogenheit
flegelhaft: 1. ⟨*nicht gesittet*⟩ flegelig · lümmelhaft · unhöflich · rüpelhaft · rüpelig · pöbelhaft + unreif ♦ *umg*: fläzig · ruppig · schnöselig · wie die Axt im Walde · flapsig (*landsch*); → *auch* frech (1) – **2.** sich f. benehmen: → vorbeibenehmen, sich
Flegelhaftigkeit, die: → Flegelei
flegelig: → flegelhaft (1)
Flegeljahre (*Pl*): → Entwicklungsjahre
flegeln, sich: → lümmeln, sich
flehen: 1. f. |zu|: → beten – **2.** f. |um|: → bitten (2)
flehentlich: → inständig
Fleisch, das: **1.** → Gewebe (2) – **2.** aus F. und Blut: → lebensecht; sich ins eigene F. schneiden: → schaden (3); den Weg allen Fleisches gehen: → sterben (1); in F. und Blut übergehen: → Gewohnheit (3); vom Fleische fallen: → abmagern
Fleischbrühe, die: → Brühe (1)
Fleischer, der: Schlächter · Schlachter (*norddt*); Metzger (*landsch*); Selcher (*süddt österr*); Fleischhauer · Fleischhacker (*österr*); Wurst[l]er (*süddt*)
Fleischeslust, die: → Lüsternheit, Sinnlichkeit
fleischfarben: → rosa (1)
Fleischhacker, der: → Fleischer
Fleischhauer, der: → Fleischer
fleischig: → dick (1)
Fleischkloß, der: Bulette · Klops + Frikadelle
fleischlich: → sinnlich (1)

Fleischlichkeit, die: → Sinnlichkeit
Fleischmaschine, die: → Fleischwolf
Fleischwolf, der: Wolf; Fleischmaschine (*süddt*); Faschiermaschine (*österr*)
Fleiß, der: **1.** ⟨*zielstrebiges, kontinuierliches Arbeiten*⟩ Arbeitseifer · Arbeitsamkeit · Schaffensfreude · Fleißigkeit · Emsigkeit · Tätigkeitsdrang; → *auch* Eifer (1), Hingabe (1), Initiative (1) – **2.** mit F.: **a)** → absichtlich – **b)** → fleißig (1)
fleißig: 1. ⟨*Fleiß zeigend*⟩ arbeitsam · eifrig · schaffensfreudig · mit Fleiß · rührig · emsig · tatkräftig · bienenfleißig; zugriffig · schaffig (*schweiz*) + dienstwillig · betulich; → *auch* strebsam, unermüdlich (1) – **2.** f. sein: ⟨*zielstrebig, kontinuierlich arbeiten*⟩ *umg*: sich [tüchtig] auf die Hosen/den Hosenboden setzen; → *auch* anstrengen (II, 1)
Fleißigkeit, die: → Fleiß (1)
flektieren: → beugen (I, 2)
flennen: → weinen (1)
flexibel: 1. → biegsam – **2.** → geschmeidig (1) – **3.** → anpassungsfähig
Flexion, die: → Beugung (2)
Flibustier, der: → Seeräuber
flicken: 1. ⟨*einen Flicken aufsetzen*⟩ *umg*: lappen – **2.** → ausbessern (1) – **3.** etw. am Zeug f.: → beschuldigen (1)
Flicken, der: Fleck · Flicklappen
Flickerei, die: → Ausbesserung
Flickflack, der: → Überschlag (1)
Flicklappen, der: → Flicken
Flickschuster, der: **1.** → Schuster (1) – **2.** → Stümper
Flickschusterei, die: → Pfuscherei, Stümperei
Flickwerk, das: → Ausschuss (2)
Flieder, der: → Holunder
fliederfarben: → lila
fliederfarbig: → lila
Fliege, die: **1.** → Krawatte (1) – **2.** wie die Fliegen: → massenhaft; die/eine F. machen: → wegschleichen (I)
fliegen: 1. ⟨*sich durch die Luft bewegen*⟩ segeln · gleiten · schweben + flattern · schwirren · durch die Luft schießen – **2.** ⟨*mit dem Flugzeug reisen*⟩ *umg*: jetten · düsen – **3.** → wehen (2) – **4.** → eilen (I, 1) – **5.** → entlassen (3) – **6.** f. |auf|: → Vorliebe (2); in die Luft f.: → explodieren (1); einen f. lassen: → Wind (I, 3)
fliegend: fliegende Brücke: → Fähre; in fliegender Eile/Hast: → eilig (1); der fliegende Sommer: → Altweibersommer (1); fliegende Untertasse: → UFO
Flieger, der: **1.** → Flugzeugführer – **2.** → Flugzeug
Fliegerei, die: → Flugwesen
fliehen: 1. ⟨*sich einer Gefahr entziehen wollen*⟩ davonlaufen · flüchten · die Flucht ergreifen · flüchtig sein/werden · sich zur Flucht wenden · sich absetzen + entkommen ♦ *umg*: Fersengeld geben · die Fersen zeigen · lange Beine machen · Reißaus nehmen · sich aus dem Staub machen · das Hasenpanier ergreifen; ausreißen wie Schafleder (*scherzh*); Pech kaufen (*landsch*) ♦ *salopp*: türmen · verduften · sich verdünnisieren · die Kurve kratzen; ausbüxen (*landsch*); → *auch* weglaufen, wegschleichen (I), entfliehen (1), entkommen (1) – **2.** → desertieren – **3.** → meiden
fliehend: → flüchtig (1)
Fliese, die: → Kachel
fliesen: ausfliesen
Fließ, das: → Bach (1)
fließen: 1. ⟨*von Flüssigkeiten gesagt*: *sich fortbewegen*⟩ laufen · rinnen · rieseln + sickern, spülen; → *auch* strömen, plätschern (1) – **2.** ⟨*an eine Flüssigkeit erinnernde Bewegungen zeigen*⟩ pulsen · pulsieren – **3.** → schwanken (3)
fließend: → flüssig (2)
Fließheck, das: Fastback (*fachspr*)
Flimmerkiste, die: **1.** → Kino (1) – **2.** → Fernsehapparat
flimmern: 1. → glänzen (1) – **2.** → polieren (1)
flink: 1. ⟨*schnell in den Bewegungen*⟩ behände · leichtfüßig · schnellfüßig · leichten Fußes ♦ *umg*: fix · nicht faul; → *auch* schnell (1, b), gewandt (1) – **2.** → gewandt (2) – **3.** → sofort – **4.** f. wie ein Hirsch: → schnell (1, a)
Flinkheit, die: **1.** ⟨*Schnelligkeit in den Bewegungen*⟩ Behändigkeit ♦ *umg*: Fixigkeit; → *auch* Gewandtheit (1) – **2.** → Gewandtheit (2) – **3.** → Schnelligkeit (1)
flinkzüngig: → schlagfertig (1)
Flinte, die: **1.** → Gewehr (1) – **2.** die F. ins Korn werfen: → aufgeben (3)
Flip, der: → Mischgetränk
flirren: → glänzen (1)
Flirt, der: Liebelei · Spiel[erei] · Tändelei · Getändel · Schäkerei · Geschäker + Koketterie ♦ *umg*: Techtelmechtel

flirten: tändeln · kokettieren · liebäugeln · schöntun · schäkern · turteln · gurren · girren · schöne Augen/den Hof/Avancen machen ♦ *umg*: balzen · poussieren · mit den Augen[deckeln] klappern; → *auch* anbändeln (a), werben (2, a)
Flittchen, das: → Herumtreiberin
Flitter, der: → Tand (1)
Flitterwochen (*Pl*): Honigwochen · Honigmonat · Honigmond
Flitz, der: einen F. haben: → verrückt (5)
flitzen: → eilen (I, 1)
Flockentanz, der: → Schneegestöber
Flockentreiben, das: → Schneegestöber
Flockenwirbel, der: → Schneegestöber
Floh: I. Floh, der: einen F. ins Ohr setzen: → einreden (1) – **II.** Flöhe (*Pl*): **1.** → Geld (1) – **2.** die F. husten hören: → überklug (2)
flöhen: → schröpfen (2)
Flohleiter, die: → Laufmasche
Flohmarkt, der: → Trödelmarkt
Flop, der: → Misserfolg
floppen: → misslingen
Flor, der: → Gewebe (1), Trauerflor
Flora, die: → Pflanzenwelt
Florband, das: → Trauerflor
florieren: → gedeihen (1)
florierend: → gut (12)
Florilegium, das: → Blütenlese
Floskel, die: → Redensart (1)
Flosse, die: **1.** ⟨*Bewegungsorgan der Fische, Wale u. Robben*⟩ + Finne – **2.** → Hand (1) – **3.** die F. drücken/schütteln: → Hand (2)
Flöte, die: nach jmds. F. tanzen: → gehorchen (1)
flöten: 1. → pfeifen (1) – **2.** f. gehen: → verloren (4)
Flötentöne (*Pl*): F. anstimmen: → nachgeben (1); die F. beibringen: → zurechtweisen
flott: 1. → schnell (1, c) – **2.** → leichtlebig – **3.** → elegant (1) – **4.** der flotte Otto/Heinrich: → Durchfall (1); f. sein: → schwimmen (2); f. gehen: → gedeihen (1); f. gehend: → gut (12)
Flott, das: → Sahne (1)
Flotte, die: **1.** → Seestreitkräfte – **2.** → Handelsflotte
flottmachen: 1. → anlassen (I, 1) – **2.** → abbringen (1)
Fluch, der: 1. ⟨*derbe Missfallensäußerung*⟩ Verwünschung · Fluchwort · Kraftwort – **2.** ⟨*ständiges Unglück*⟩ Gottesstrafe · Verdammnis (*Rel*) – **3.** einen F./Flüche ausstoßen: → fluchen (1)
fluchen: 1. ⟨*derb sein Missfallen äußern*⟩ einen Fluch/Flüche/Verwünschungen ausstoßen; → *auch* schimpfen (1) – **2.** → verwünschen (1)
Flucht, die: die F. ergreifen, sich zur F. wenden: → fliehen (1); in die F. schlagen: → vertreiben (1)
fluchtartig: → eilig (1)
flüchten: → fliehen (1), entfliehen (1)
Fluchtgefahr, die: → Fluchtverdacht
Fluchthelfer, der: *umg*: Schlepper · Schleuser
flüchtig: 1. ⟨*auf der Flucht befindlich*⟩ fliehend – **2.** ⟨*vom Duft od. dgl. gesagt*: *sich verflüchtigend*⟩ ätherisch – **3.** → vergänglich – **4.** → ungenau (1) – **5.** f. sein/werden: → fliehen (1)
Flüchtige, der: → Flüchtling (1)
Flüchtigkeit, die: → Vergänglichkeit
Flüchtling, der: **1.** ⟨*aus dem Gewahrsam Entflohener*⟩ der Flüchtige · Ausbrecher ♦ *umg*: Ausreißer · Durchbrenner – **2.** → Heimatvertriebene
Fluchtverdacht, der: Fluchtgefahr
Fluchtweg, der: → Notausgang
Fluchwort, das: → Fluch (1)
fluchwürdig: → verwerflich
Flug, der: **1.** ⟨*Bewegung durch die Luft*⟩ **a)** ⟨*Menschen*⟩ Flugreise · Luftreise – **b)** ⟨*Vögel*⟩ + Zug – **2.** F. der Gedanken: → Gedankenflug; im Fluge: → schnell (1, d)
Flugdatenschreiber, der: → Flugschreiber
Flügel, der: **1.** ⟨*Flugorgan*⟩ Schwinge ♦ *dicht*: Fittich – **2.** ⟨*Flugzeugteil*⟩ Tragfläche · Tragflügel ♦ *gehoben*: [stählerne] Schwinge – **3.** → Flanke (2) – **4.** → Klavier (1) – **5.** die Flügel hängen lassen: → niedergeschlagen (2); die Flügel stutzen/beschneiden: → beschränken
flügellahm: 1. → erschöpft (1) – **2.** → kraftlos
flugfähig: → flügge (1)
Flugfeld, das: → Flughafen
Fluggast, der: Passagier · der Flugreisende · Flugpassagier + Luftpassagier
flügge: 1. ⟨*von Vögeln gesagt*: *fähig zum Ausfliegen*⟩ flugfähig – **2.** → erwachsen (1), selbständig (1)
Flughafen, der: Airport + Flugplatz · Flugfeld

Flugkapitän, der: → Flugzeugführer
Flugpassagier, der: → Fluggast
Flugplatz, der: → Flughafen
Flugreise, die: → Flug (1, a)
Flugreisende, der: → Fluggast
flugs: → sofort
Flugschreiber, der: Flugdatenschreiber · Blackbox
Flugwesen, das: Luftfahrt + Flugsport ♦ *umg*: Fliegerei
Flugzeug, das: Maschine + Luftfahrzeug ♦ *umg*: Flieger ♦ *salopp*: Kiste; → *auch* Düsenflugzeug, Jagdflugzeug, Fahrzeug (1)
Flugzeugbesatzung, die: → Besatzung (3)
Flugzeugentführer, der: → Luftpirat
Flugzeugführer, der: Flugkapitän · Pilot · Flieger + Kopilot
Flugzeughalle, die: Hangar · Flugzeugschuppen
Flugzeugmutterschiff, das: → Flugzeugträger
Flugzeugschuppen, der: → Flugzeughalle
Flugzeugträger, der: Flugzeugmutterschiff
Fluidum, das: → Atmosphäre (1)
fluktuieren: → schwanken (2)
Flunkerei, die: → Lüge (1)
Flunkerer, der: → Lügner
flunkern: → lügen (1)
Flunsch, der: einen F. ziehen: → schmollen
Flur: I. Flur, der: ⟨*Vorraum im Haus*⟩ Diele · Korridor · Hausflur · Gang · Entree; Er[e]n (*landsch*) + Foyer · Vorhalle · Vorzimmer; → *auch* Eingang (1) – **II.** Flur, die: **1.** → Feld (1, a) – **2.** → Feldmark – **3.** allein auf weiter F.: → allein (1)
Flurbuch, das: → Grundbuch
fluschen: → vorangehen
flusen: → Wind (I, 3)
Fluser, der: → Wind (I, 2)
Fluss, der: **1.** ⟨*größeres fließendes Gewässer*⟩ Strom · Wasserlauf · Gewässer + Wasserader; → *auch* Bach (1) – **2.** → Bewegung (1) – **3.** im F. sein, sich im F. befinden: → entwickeln (II, 1)
Flussbett, das: Strombett · Bett + Stromrinne
flüssig: 1. ⟨*weder fest noch gasförmig*⟩ liquid[e] (*fachspr*) + dünnflüssig · dickflüssig – **2.** ⟨*mühelos u. schnell vonstatten gehend*⟩ zügig · fließend · glatt; speditiv (*schweiz*) ♦ *umg*: hintereinanderweg – **3.** → zahlungsfähig – **4.** f. machen: **a)** → verflüssigen (1) – **b)** aufbringen (1) – **c)** → auflösen (I, 1); flüssiges Brot: → Bier (a); flüssige Gelder, flüssiges Kapital: → Bargeld
Flussufer, das: → Ufer (1)
Flüsterei, die: → Geflüster
flüstern: 1. ⟨*ohne Stimme sprechen*⟩ wispern · wispeln · lispeln · zische[l]n · [hin]hauchen · säuseln; pispern · pispeln · fispeln · fispern (*landsch*) + tuscheln · raunen · brummen · murmeln · die Stimme dämpfen/senken · ins Ohr sagen; → *auch* sprechen (1) – **2.** das kann ich dir f.: → versichert
Flüsterpropaganda, die: → Gerücht
Flut, die: **1.** ⟨*Wasserhochstand des Meeres*⟩ Hochwasser · Hochflut + Springflut · Sturmflut – **2.** eine F. von: ⟨*plötzlich auftauchende Menge, bes. von Briefen od. Fragen*⟩ ein Schwall von · ein Guss von; → *auch* Menge (1) – **3.** den Fluten übergeben: → versenken (I, 1); in den Fluten verschwinden: → sinken (1); in den Fluten umkommen: → ertrinken
fluten: → strömen, branden (1)
flutschen: → vorangehen
föderalisieren: → verbünden, sich (1)
Föderation, die: → Bund (I, 1, b)
Föderierte, der: → Verbündete
Fohlen, das: Füllen · Jungpferd; → *auch* Pferd (1)
Föhn, der: Haartrockner · Heißluftdusche
föhnen: → trocknen (2)
föhnig: → schwül (1)
Föhre, die: → Kiefer
Folge, die: **1.** ⟨*das Nachfolgende*⟩ Nachwirkung · Wirkung · Konsequenz · Resultat · Frucht · Weiterung ♦ *umg*: das Ende vom Lied ♦ *salopp*: Rattenschwanz; → *auch* Ergebnis – **2.** → Reihenfolge – **3.** zur F. haben: ⟨*bestimmte Ergebnisse zeitigen*⟩ nach sich ziehen · mit sich bringen · im Gefolge haben · führen |zu| + entstehen; → *auch* verursachen – **4.** in der F.: → danach (1); in steter F.: → ununterbrochen; F. leisten: → gehorchen (1)
folgegemäß: → folgerichtig
folgen: 1. ⟨*sich hinter jmdm. od. etw. in gleicher Richtung bewegen*⟩ nachfolgen · nachkommen · nachlaufen · hinterhergehen · hinterherlaufen · hinterherziehen · hinterdrein kommen · hinterdrein laufen · gehen |hinter| · auf dem Fuß folgen + später kommen ♦ *umg*: hinterherzuckeln · hinterherzockeln + auf die Hacken treten; → *auch*

nacheilen, verfolgen (1), anschließen (II, 3) – **2.** → gehorchen (1) – **3.** → zustimmen (1) – **4.** wie folgt: → so (1); f. |aus|: → ergeben (II, 2); f. können: → mitkommen (1)
folgend: ⟨*dahinter befindlich*⟩ **a)** ⟨*zeitlich*⟩ nächst · nachfolgend · darauf folgend · hinterher – **b)** ⟨*örtlich*⟩ nachstehend
folgendergestalt: → so (1)
folgendermaßen: → so (1)
folgenderweise: → so (1)
folgenreich: weitreichend · weittragend; → *auch* wichtig (1)
folgenschwer: → verhängnisvoll
folgerecht: → folgerichtig
folgerichtig: folgerecht · folgegemäß · konsequent · logisch · stringent · schlüssig; → *auch* planmäßig (1)
Folgerichtigkeit, die: Konsequenz · Logik
folgern: schließen |aus| · schlussfolgern · einen Schluss/Schlüsse/eine Folgerung/Folgerungen ziehen; deduzieren · konkludieren · induzieren (*fachspr*) + entwickeln · ersehen; → *auch* herleiten (I)
Folgerung, die: **1.** ⟨*Ergebnis logischen Denkens*⟩ Schluss[folge] · Schlussfolgerung; Deduktion · Induktion · Konklusion (*fachspr*) + Analogismus · Analogieschluss · Syllogismus · Ableitung; → *auch* Herleitung – **2.** eine F./Folgerungen ziehen: → folgern
folgewidrig: 1. → widersinnig (1) – **2.** → widerspruchsvoll
Folgezeit, die: → Zukunft (1)
folglich: 1. ⟨*sich aus dem logischen Denken ergebend*⟩ demnach · demzufolge · infolgedessen · danach · also · ergo · logischerweise · somit · sonach; sohin (*österr*) – **2.** → deshalb
folgsam: → gehorsam (1)
Folgsamkeit, die: → Gehorsam (1)
Foliant, der: → Buch (1)
Folter, die: **1.** ⟨*Werkzeug für die körperl. Misshandlung zum Erzwingen von Geständnissen*⟩ Folterwerkzeug; Folterbank · Foltereisen (*hist*) + Prokrustesbett – **2.** ⟨*die Anwendung von Folterwerkzeugen*⟩ Folterung · Tortur · Marter[ung]; → *auch* Misshandlung, Qual (1) – **3.** → Qual (1) – **4.** auf die F. spannen: → neugierig (3)
Folterbank, die: → Folter (1)
Foltereisen, das: → Folter (1)
foltern: 1. ⟨*mit Folterwerkzeugen misshandeln*⟩ martern + rädern · aufs Rad flechten (*hist*); → *auch* quälen (I, 1) – **2.** → neugierig (3)
Folterung, die: → Folter (2)
Folterwerkzeug, das: → Folter (1)
Fond, der: **1.** → Hintergrund (1) – **2.** → Rücksitz
Fondant, der *od.* das: → Konfekt
Fonds, der: → Geldvorrat
Fontäne, die: → Springbrunnen
foppen: 1. → necken – **2.** → narren
Fopperei, die: → Neckerei
forcieren: → beschleunigen
Förderer, der: → Gönner
förderlich: 1. → nützlich – **2.** f. sein: → nutzen (1)
fordern: 1. ⟨*mit Nachdruck wünschen*⟩ verlangen · wollen · begehren · postulieren · eine Forderung anmelden/[auf]stellen/erheben/geltend machen · sich ausbitten · sich ausbedingen ♦ *gehoben*: heischen; → *auch* beanspruchen (1), bestehen (5, a), wünschen (1), abfordern – **2.** → herausfordern – **3.** vor Gericht f.: → verklagen; in die Schranken f.: → herausfordern
fördern: 1. ⟨*zum Nutzen einer Person od. Sache positiv einwirken*⟩ unterstützen · weiterhelfen · begünstigen · protegieren · lancieren · Vorschub leisten · emporbringen · vorwärts bringen · Förderung angedeihen lassen · den Weg bahnen/ebnen/freimachen · voranbringen · den Boden/die Bahn ebnen · in den Sattel heben ♦ *umg*: auf die Sprünge helfen · auf den Damm bringen · eine Bresche schlagen |für| · unter seine Fittiche nehmen · hochbringen · in die Höhe bringen; → *auch* helfen (1) – **2.** ⟨*im Bergbau aus der Erde holen*⟩ abbauen · gewinnen + ausbeuten – **3.** zutage f.: → entdecken (I, 1)
fördernd: → nützlich
Forderung, die: **1.** ⟨*nachdrückl. Wunsch*⟩ Verlangen · Postulat + Bitte; → *auch* Wunsch (1), Anspruch (1), Verlangen (1) – **2.** → Geldforderung – **3.** → Herausforderung – **4.** eine F. anmelden/[auf]stellen/erheben/geltend machen: → fordern (1)
Förderung, die: **1.** ⟨*positives Einwirken zum Nutzen einer Person od. Sache*⟩ Unterstützung · Protektion + Sponsoring; → *auch* Hilfe (1) – **2.** ⟨*die Arbeit im Bergwerk*⟩ Abbau · Gewinnung – **3.** F. angedeihen lassen: → fördern (1)

Form, die: **1.** ⟨*das äußere Erscheinungsbild*⟩ Formung · Gestalt · Fasson · das Äußere + Zuschnitt – **2.** → Benehmen (1) – **3.** in F.: **a)** → fit – **b)** → gestimmt; gut in F.: → fit; in F. von: → als (1); in aller F.: → feierlich (1); [nur] der F. halber/wegen: → anstandshalber; F. geben/verleihen: → formen (1); feste Formen annehmen: → entwickeln (II, 1)
formal: formell · äußerlich · dem Buchstaben nach; bürokratisch (*abwert*); → *auch* bürokratisch (1)
Formalie, die: → Formalität (1)
Formalität, die: **1.** ⟨*das nur von der Form her Erforderliche*⟩ Formsache · Förmlichkeit · Formalie – **2.** → Vorschrift (1)
Format, das: **1.** → Größe (1) – **2.** F. haben: → herausragen; kein F. haben: → unbedeutend (4)
Formation, die: → Truppeneinheit
formbar: → knetbar
formbeständig: formtreu; sanforisiert · schrumpffest · schrumpfecht · schrumpfbeständig · krumpfecht · krumpffest (*fachspr*)
Formblatt, das: → Formular
Formel, die: **1.** → Redensart (1) – **2.** auf eine F. bringen: → vereinheitlichen; eine gemeinsame F. finden: → einigen (II)
formell: 1. → formal – **2.** → förmlich (1)
formen: 1. ⟨*äußerlich Gestalt geben*⟩ gestalten · [durch]bilden · durchformen · ausformen · prägen · modellieren · stylen · Form geben/verleihen · ein Gepräge geben |einer Sache| ; modeln (*fachspr*) + kneten; → *auch* gestalten (1) – **2.** → erziehen
formenreich: → vielgestaltig (1)
Formgebung, die: → Gestaltung
Formgestalter, der: Designer
formgewandt: → höflich
formhaft: → förmlich (1)
formieren: → aufstellen (I, 4)
Formierung, die: → Aufstellung (2)
Formkrise, die (*Sport*): Leistungstief · Formtief
förmlich: 1. ⟨*die vorgeschriebene Form beachtend*⟩ offiziell · amtlich · dienstlich · steif · unpersönlich · formell · formhaft · zeremoniös; → *auch* äußerlich (1) – **2.** → ausgesprochen (1)
Förmlichkeit, die: **1.** → Steifheit (2) – **2.** → Formalität (1)
formlos: 1. ⟨*keine bestimmte feste Form zeigend*⟩ gestaltlos · ungeformt · ungestaltet · amorph; → *auch* unförmig (1) – **2.** → ungezwungen
Formsache, die: → Formalität (1)
Formtief, das: → Formkrise
formtreu: → formbeständig
Formular, das: Vordruck · Formblatt + Fragebogen · Bogen
formulieren: 1. → ausdrücken (I, 2) – **2.** → verfassen
Formulierung, die: **1.** → Redewendung (1) – **2.** → Abfassung
Formung, die: **1.** ⟨*das Formen*⟩ Durchbildung; → *auch* Gestaltung – **2.** → Form (1) – **3.** → Erziehung (1)
formvollendet: → schön (1), stilvoll
forsch: 1. ⟨*resolut herangehend*⟩ schneidig ♦ *umg*: zackig – **2.** → kühn
Forsche, die: **1.** → Forschheit (1) – **2.** → Kühnheit
forschen: → nachforschen
Forscher, der: → Wissenschaftler
Forschheit, die: **1.** ⟨*resolutes Herangehen*⟩ Schneid ♦ *umg*: Forsche · Zackigkeit – **2.** → Kühnheit
Forst, der: → Wald (1)
Forstgarten, der: Kamp (*Forstw*); → *auch* Baumschule
fort: 1. ⟨*von einem Ort weg*⟩ auf und davon ♦ *dicht*: von hinnen · von dannen ♦ *umg*: weg · über alle Berge ♦ *salopp*: ab durch die Mitte · heidi – **2.** → abwesend (1) – **3.** f. sein: → fehlen (1); in einem f.: → ununterbrochen; f. und f.: → immer (1); und so f.: → weiter (5)
Fort, das: → Festung (1)
fortab: → künftig
fortan: → künftig
fortbegeben, sich: → weggehen (1)
Fortbestand, der: → Dauer (2)
fortbestehen: → weiter (6)
fortbewegen: vom Fleck/von der Stelle bringen
Fortbewegung, die: → Bewegung (1)
fortbilden: I. fortbilden: → entwickeln (I, 2) – **II.** fortbilden, sich: → lernen (2), bilden (II, 1)
Fortbildung, die: → Weiterbildung
fortblasen: → abblasen (1)
fortbleiben: → wegbleiben
fortbringen: 1. → wegbringen (1), entführen (1) – **2.** → wegräumen (1)
Fortdauer, die: → Dauer (2)
fortdauern: → weiter (6)

fortdauernd: → ununterbrochen
forteilen: → weglaufen
Fortentwicklung, die: **1.** → Entwicklung (1) – **2.** → Fortschritt (1)
fortfahren: 1. ⟨*nicht aufhören bzw. etw. nach kurzer Unterbrechung wieder aufnehmen*⟩ fortschreiten · weitermachen ♦ *umg*: fortmachen · den Faden aufnehmen · weitergehen; beibleiben (*norddt*); → *auch* weiterführen – **2.** → abfahren (1, a *u.* b) – **3.** f. |mit|: → weiterführen
Fortfall, der: in F. kommen: → wegfallen (1)
fortfallen: → wegfallen (1)
fortfliegen: → wegfliegen
fortführen: → weiterführen
Fortgang, der: **1.** ⟨*das Weitergehen*⟩ Fortlauf · Weitergang – **2.** → Verlauf (1)
fortgeben: → verschenken (1)
fortgehen: 1. → weggehen (1) – **2.** → weitergehen (1)
fortgesetzt: → ununterbrochen, immer (1)
fortgießen: → weggießen
forthin: → künftig
fortholen: → holen (1)
Fortifikation, die: → Festung (1)
fortjagen: 1. → entlassen (2) – **2.** → hinauswerfen (1) – **3.** → verstoßen (1) – **4.** → verscheuchen – **5.** → vertreiben (1) – **6.** → ausweisen (I, 1) – **7.** → weglaufen
fortkehren: → wegkehren
fortkommen: 1. → verloren (4) – **2.** → Erfolg (2)
fortlassen: 1. → weglassen (1) – **2.** → auslassen (I, 1)
Fortlauf, der: → Fortgang (1)
fortlaufen: → weglaufen
fortlaufend: 1. ⟨*in stetigem Fortgang*⟩ kontinuierlich · stetig; → *auch* ununterbrochen – **2.** → ununterbrochen
fortleben: → weiter (6)
fortlegen: → weglegen (1)
fortmachen: I. fortmachen: → fortfahren (1) – **II.** fortmachen, sich: → weggehen (1)
fortmarschieren: → abmarschieren
fortnehmen: → wegräumen (1)
fortpflanzen, sich: → vermehren (II, 1)
Fortpflanzung, die: → Vermehrung (1)
forträumen: → wegräumen (1)
fortreißen: 1. → entreißen (1) – **2.** → begeistern (I)
fortreiten: → wegreiten
fortrennen: → weglaufen
fortsausen: → weglaufen
fortschaffen: → wegräumen (1), wegbringen (1)
fortscheuchen: 1. → vertreiben (1), verscheuchen – **2.** → hinauswerfen (1)
fortschicken: 1. → abschicken – **2.** → abweisen (1)
fortschleichen: I. fortschleichen: → wegschleichen (I) – **II.** fortschleichen, sich: → wegschleichen (I)
fortschleudern: → wegschleudern
fortschmeißen: → wegwerfen (I, 1), wegschleudern
fortschreiben: → weiterführen
fortschreiten: → fortfahren (1)
Fortschritt, der: **1.** ⟨*Entwicklung zum Besseren u. Höheren*⟩ Aufwärtsentwicklung · Fortentwicklung · Weiterentwicklung · Progress · Aufwärtsbewegung + Wachstum · Zunahme; → *auch* Aufstieg (2), Entwicklung (1) – **2.** Fortschritte machen: → Erfolg (2)
fortschrittlich: progressiv · zukunftsgerichtet · zukunftsorientiert · zukunftsweisend + aufsteigend · revolutionär · entwickelt; → *auch* gegenwartsnah[e]
fortschrittsfeindlich: 1. → rückschrittlich – **2.** → konservativ
Fortschrittsglaube, der: → Optimismus
fortschrittsgläubig: → optimistisch
Fortschrittsgläubigkeit, die: → Optimismus
fortsenden: → abschicken
fortsetzen: 1. → weiterführen – **2.** → wegräumen (1)
fortsprengen: → wegreiten
fortstehlen, sich: → wegschleichen (I)
fortstürmen: → weglaufen
fortstürzen: → weglaufen
forttreiben: → vertreiben (1)
Fortuna, die: → Glück (2)
fortwähren: → andauern
fortwährend: 1. → ununterbrochen – **2.** → immer (1)
fortweisen: → abweisen (1)
fortwerfen: → wegwerfen (I, 1), wegschleudern
fortziehen: 1. → abmarschieren – **2.** → umziehen (I), ausziehen (I, 2)
Forum, das: **1.** → Kreis (1) – **2.** → Aussprache (2)
Fose, die: → Prostituierte
fossil: 1. → versteinert – **2.** → veraltet (1)

Fossil, das: → Versteinerung
Foto, das: → Fotografie
Fotoapparat, der: Kamera · Apparat + Box ♦ *salopp*: Kasten · Fotokasten
Fotoatelier, das: → Studio
fotogen: → schön (1)
Fotografie, die: Lichtbild · Aufnahme · Foto · Bild; Konterfei (*noch scherzh*); → *auch* Diapositiv, Bildnis
fotografieren: aufnehmen · eine Aufnahme machen |von| · auf dem Film festhalten + porträtieren; konterfeien (*noch scherzh*) ♦ *umg*: knipsen; auf die Platte/den Film bannen (*scherzh*) + einen Schnappschuss machen
Fotokasten, der: → Fotoapparat
Fotokopie, die: Kopie · Ablichtung
fotokopieren: → kopieren (1)
Fotomodell, das: → Model (1)
Fotoreporter, der: Bildreporter · Pressefotograf + Paparazzo
Fotostudio, das: → Studio
Fötus, der: → Embryo
Fotze, die: → Scheide (1), Vulva
Fötzel, der: → Schurke
Foul, das: → Regelwidrigkeit
Foyer, das: → Wandelhalle, Hotelhalle
Fracht, die: Frachtgut · Ladung · Ladegut · Versandgut + Frachtstück · Stückgut · Fuhre · Kargo · Transport · Last · Ballast
Frachtdampfer, der: → Frachter
frachten: → befördern (1)
Frachter, der: Frachtschiff · Transporter; Frachtdampfer (*veraltend*); → *auch* Schiff
Frachtgut, das: → Fracht
Frachtraum, der: → Laderaum
Frachtschiff, das: → Frachter
Frachtstück, das: → Fracht
Frack, der: **1.** ⟨*festl. Herrenkleidung*⟩ Schoßrock (*veraltet*) ♦ *umg*: Schniepel · Schwalbenschwanz (*scherzh*); Schwenker (*landsch*); → *auch* Gehrock, Gesellschaftsanzug – **2.** jmdm. saust/geht der F.: → ängstigen (II, 1); Feuer unter den F. machen: → antreiben (2)
Fracksausen: F. haben: → ängstigen (II, 1)
Frage, die: **1.** → Anfrage – **2.** → Problem (1) – **3.** → Angelegenheit – **4.** ohne F.: **a)** → gewiss (1) – **b)** → selbstverständlich (1); eine F. stellen/vorbringen/vorlegen/richten |an|, mit Fragen überschütten/bombardieren: → fragen (I, 1); eine F. anschneiden/aufwerfen: → fragen (I, 3)
Fragebogen, der: → Formular
fragen: I. fragen: **1.** ⟨*eine Auskunft erbitten*⟩ eine Frage stellen/vorbringen/vorlegen/richten |an| · sich wenden |an| · mit Fragen überschütten ♦ *umg*: löchern · mit Fragen bombardieren; → *auch* ausfragen, anfragen, interviewen – **2.** ⟨*jmds. Meinung hören wollen*⟩ befragen · konsultieren · zu Rate ziehen · um Rat fragen; → *auch* befragen (2) – **3.** ⟨*eine Erörterung anstellen*⟩ eine Frage anschneiden/aufwerfen – **4.** f. |nach|: → erkundigen, sich; f. |um|: → bitten (2); ein Loch in den Bauch f.: → ausfragen; einen Dreck/[nicht] den Geier/den Henker/den Kuckuck/den Teufel f. |nach|: → gleichgültig (5) – **II.** fragen, sich: **1.** → überlegen (I, 1) – **2.** es fragt sich: → fraglich (2)
Frage-und-Antwort-Spiel, das: → Quiz
Fragezeichen, das: wie ein F.: → krumm (1)
fragil: → zart (1), zerbrechlich (1)
fraglich: 1. → zweifelhaft (1), ungewiss (1) – **2.** es ist f.: ⟨*es besteht keinerlei Gewissheit*⟩ es fragt sich
fraglos: → gewiss (1)
Fragment, das: → Bruchstück (1)
fragmentarisch: → bruchstückhaft
fragwürdig: → zweifelhaft (1)
frais[farben]: → rosa (1)
Fraktion, die: → Gruppe (2)
Fraktur, die: **1.** → [1]Bruch (1, b) – **2.** F. reden |mit|: → zurechtweisen
frank: f. und frei: → offen (3)
frankieren: → freimachen
franko: → portofrei
Franse, die: sich den Mund in Fransen reden: → einreden (2)
fransig: 1. ⟨*aus Fransen bestehend bzw. mit Fransen versehen*⟩ *umg*: fusselig – **2.** sich den Mund f. reden: → einreden (2)
Französisch: sich auf F. empfehlen: → wegschleichen (1)
frappant: 1. → überraschend (1) – **2.** → auffallend
frappieren: → überraschen (1)
frappierend: → überraschend (1)
Fraß, der: **1.** → Futter (1) – **2.** → Gericht (1)
Frater, der: → Mönch (1)
Fraternisation, die: → Verbrüderung

fraternisieren: → verbrüdern, sich
Fratz, der: **1.** → Kind (1), Range – **2.** → Geck (1)
Frätzchen, das: → Gesicht (1)
Fratze, die: **1.** → Gesicht (1) – **2.** → Grimasse (1)
fratzenhaft: 1. → verzerrt (1) – **2.** → hässlich (1)
Fratzenhaftigkeit, die: → Abscheulichkeit (1)
Fratzenspiel, das: → Grimasse (1)
Frau: I. Frau, die: **1.** ⟨*erwachsener Mensch weibl. Geschlechts*⟩ Dame; Krone der Schöpfung (*scherzh*); Frauenzimmer · Weibsperson (*abwert*) + Matrone ♦ *umg*: Eva[stochter] · Weibchen · weibliches Wesen (*scherzh*); Schickse · Lärvchen · Person · Persönchen · Weib[sbild] (*meist abwert*) ♦ *salopp*: Weibsen (*meist abwert*); Weibsstück · Schrulle · Scharteke · Spinatwachtel · Tunte · Urschel · Tussi · Schreckschraube · [alte] Schachtel · alte Schraube (*abwert*); → *auch* Mädchen (2), Jungfrau, Greisin, Schönheit (2), Vogelscheuche (2), Schlampe, Xanthippe – **2.** → Ehefrau – **3.** alte F.: → Greisin; Mann und F.: → Ehepaar; F. des Hauses → Gastgeberin; zur F. nehmen: → heiraten (2); die weise F.: → Hebamme; F. Luna: → Mond (1); Unser Lieben F. Gespinst: → Altweibersommer (1) – **II.** Frauen (*Pl*): die Frauen: ⟨*alle weibl. Erwachsenen*⟩ Damenwelt; das schwache / zarte Geschlecht · die holde Weiblichkeit (*scherzh*) ♦ *salopp*: Weibervolk
Frauenfeind, der: Frauenhasser; Misogyn (*fachspr*) ♦ *umg*: Weiberfeind · Weiberhasser
frauenhaft: → weiblich (1)
Frauenhasser, der: → Frauenfeind
Frauenhaus, das: **1.** ⟨*Aufenthaltsort der* [*mohammedan.*] *Ehefrauen*⟩ Harem – **2.** → Bordell
Frauenheld, der: **1.** ⟨[*stark auf Frauen wirkender*] *Mann mit vielen Liebschaften*⟩ Herzensbrecher · Casanova · Frauenliebling · Belami; Schürzenjäger (*abwert*); Ladykiller (*scherzh*); Courschneider · Courmacher (*veraltet*) ♦ *umg*: Poussierstängel · Schwerenöter; der Schlimme (*vertraul*) ♦ *salopp*: Weiberheld (*abwert*); → *auch* Verführer (1) – **2.** → Verführer (1)
Frauenliebling, der: → Frauenheld (1)
Frauenrechtlerin, die: → emanzipiert
Frauenzimmer, das: **1.** → Frau (I, 1) – **2.** liederliches F.: → Schlampe
Fräulein, das: **1.** → Kellnerin – **2.** F. vom Amt: → Telefonistin
fraulich: → weiblich (1)
Freak, der: **1.** → Anhänger (3) – **2.** → Außenseiter
frech: 1. ⟨*unhöflich-herausfordernd*⟩ impertinent · ausverschämt · dummfrech · dummdreist · patzig · schnippisch + lausbübisch ♦ *umg*: pampig; kiebig · kiewig (*landsch*) + schnodderig ♦ *derb*: rotzfrech · rotzig; → *auch* flegelhaft (1), unverschämt (1), keck, ungezogen – **2.** f. sein: ⟨*unhöflich-herausfordernd auftreten*⟩ *salopp*: ein loses / ungewaschenes Maul haben ♦ *derb*: eine kodderige Schnauze haben – **3.** freche Schnauze, freches Stück: → Frechdachs; f. wie Oskar: → keck
Frechdachs, der: Frechling · Lausejunge · Lausebengel · Bengel · Schlingel; Lausbub (*süddt*) + Jüngelchen · Schelm ♦ *umg*: Rabe · Räbchen (*landsch*); Racker · Strick · Himmelhund · Lausekerl · freches Stück; Striezel (*landsch*) ♦ *salopp*: Luder · Rübe ♦ *derb*: Rotzer · Rotzgöre · Rotzjunge · Rotzbengel · Rotzbube · Rotznase · Rotzlöffel · freche Schnauze; → *auch* Range, Flegel (1), Junge (I, 1)
Frechheit, die: Impertinenz · Bodenlosigkeit · Chuzpe ♦ *umg*: Schnodderigkeit; → *auch* Unverschämtheit, Zumutung, Ungezogenheit
Frechling, der: → Frechdachs
frei: 1. ⟨*nicht durch bestimmte Bindungen beeinträchtigt*⟩ ungebunden · unbeschränkt · unbehindert · fessellos · los[gebunden] · los und ledig · ohne Zwang · wie der Vogel in der Luft; → *auch* unbeaufsichtigt – **2.** ⟨*nicht mehr der Unterdrückung ausgesetzt*⟩ befreit; → *auch* unabhängig (1) – **3.** ⟨*ohne abzulesen bzw. ohne jede Vorbereitung*⟩ improvisiert · unvorbereitet · aus dem Stegreif ♦ *salopp*: freihändig · aus dem [hohlen] Bauch · aus der Lamäng · aus dem Stand [heraus] – **4.** → hemmungslos (1) – **5.** → ungezwungen – **6.** → unbesetzt (1), offen (2) – **7.** → kostenlos – **8.** f. von: → ohne (1); frank und f., f. von der Leber weg: → offen (3); f. von Schuld: → unschuldig (1); freie Ehe: → Ehe (2); aus freien Stücken / freiem Willen: → freiwillig (1); unter freiem Himmel: → draußen (1); auf freien

Fuß setzen: → entlassen (1); freies Spiel/freien Lauf lassen: → gewähren (2); freie Hand lassen: → überlassen (I, 1); f. lassen: → aussparen (1); f. machen: → abräumen (1); f. machen |von|: → befreien (I, 3); sich f. machen: → befreien (II, 3); den Weg f. machen: → fördern (1); f. bekommen: → befreien (I, 1)
Freibad, das: → Badeanstalt
Freiballon, der: → Ballon (1)
freibekommen: → befreien (I, 1)
Freibeuter, der: → Seeräuber
Freibeuterei, die: → Seeräuberei
freibeuterisch: → räuberisch
Freibrief, der: → Erlaubnis (1), Recht (1)
Freidenker, der: → Atheist
freidenkerisch: → atheistisch
Freie, das: **1.** → Natur (1) – **2.** im Freien: **a)** → draußen (1) – **b)** → Natur (4); ins F. befördern: → hinauswerfen (1); ins F. lassen: → herauslassen (1)
freien: 1. → heiraten (2) – **2.** f. |um|: → werben (2, a)
Freier, der: **1.** ⟨*Kunde einer Prostituierten*⟩ Kunde ♦ *derb*: Nuttenkunde – **2.** → Bewerber (2)
Freiersfüße (*Pl*): auf Freiersfüßen gehen: → werben (2, a)
Freiersmann, der: → Bewerber (2)
freigeben: 1. ⟨*die Benutzung erlauben*⟩ zulassen – **2.** → beurlauben – **3.** → entlassen (1)
freigebig: 1. ⟨*bereitwillig u. viel schenkend*⟩ gebefreudig · großzügig · schenkfreudig · splendid · generös · nobel · spendabel; large (*schweiz*); → *auch* verschwenderisch (1) – **2.** f. sein: ⟨*oft u. viel schenken*⟩ eine offene Hand haben ♦ *umg*: sich nicht lumpen lassen + die Spendierhosen anhaben · in Spendierlaune sein
Freigebigkeit, die: Gebefreudigkeit · Großzügigkeit · Splendidität · Generosität; Largeheit (*schweiz*) + Mildtätigkeit · Wohltätigkeit
Freigeist, der: → Atheist
Freigeisterei, die: → Atheismus
freigeistig: 1. ⟨*nicht an engstirnige überkommene Anschauungen gebunden*⟩ freisinnig · freigesinnt · aufklärerisch · aufgeklärt + liberal – **2.** → atheistisch
freigemacht: → portofrei
freigesinnt: → freigeistig (1)
freihalten: 1. → ²einladen (b) – **2.** → besetzen (1)
freihändig: → frei (3)
Freiheit, die: **1.** ⟨*das Freisein von Bindungen*⟩ Ungebundenheit + Libertät; → *auch* Unabhängigkeit – **2.** → Vorrecht – **3.** [sich] die F. erkämpfen/erobern: → befreien (II, 1); die F. schenken, in F. setzen: → entlassen (1); die F. geben: **a)** → entlassen (1) – **b)** → gewähren (2); die F. lassen: → gewähren (2); sich die F. nehmen: **a)** → unterstehen (II) – **b)** → erlauben (3)
freiheitlich: 1. → freiheitsliebend – **2.** → frei (1)
Freiheitsberaubung, die: → Entführung
Freiheitsentzug, der: **1.** ⟨*das Entziehen der Bewegungsfreiheit*⟩ Arrest · Hausarrest – **2.** → Freiheitsstrafe
Freiheitskampf, der: [nationaler] Befreiungskampf + Illegalität · Résistance; → *auch* Aufstand, Widerstandskampf
Freiheitskämpfer, der: + Guerilla[kämpfer] · Freischärler; → *auch* Widerstandskämpfer
freiheitsliebend: freiheitlich
Freiheitsstrafe, die: Freiheitsentzug + Gefängnis. Zuchthaus (*veraltend*) ♦ *salopp*: Knast; → *auch* Haft (1)
freiheraus: 1. → offen (3) – **2.** f. sagen: → aussprechen (I, 5)
freikämpfen: I. freikämpfen: → befreien (I, 1) – **II.** freikämpfen, sich: → befreien (II, 1)
freikaufen: → loskaufen
freikommen: → loskommen
Freikörperkultur, die: Nacktkultur · Nudismus
freilassen: 1. → entlassen (1) – **2.** → herauslassen (1)
Freilassung, die: → Entlassung (1)
freilegen: bloßlegen · aufdecken · ausgraben + ausschaufeln · aufschaufeln · sichtbar machen; anschneiden (*fachspr*); → *auch* ausgraben (1), ausheben (1)
Freilegung, die: Bloßlegung · Aufdeckung · Ausgrabung
freilich: 1. ⟨*Ausdruck der Einschränkung*⟩ allerdings · immerhin · wohl · aber · zwar – **2.** → ja (1) – **3.** → selbstverständlich (1) – **4.** → dagegen (2)
Freilichtbühne, die: Freilichttheater · Naturtheater + Amphitheater · Bergtheater
Freilichtmalerei, die: → Pleinair
Freilichttheater, das: → Freilichtbühne
freimachen: frankieren
Freimarke, die: → Briefmarke

Freimut, der: → Offenheit
freimütig: → offenherzig (1)
Freimütigkeit, die: → Offenheit
freisinnig: → freigeistig (1)
freisprechen: → absolvieren (1)
Freisprechung, die: **1.** → Freispruch – **2.** → Absolution (1)
Freispruch, der: Freisprechung + Lossprechung
Freistaat, der: → Republik
Freistatt, die: → Zuflucht
Freistätte, die: → Zuflucht
freistehen: offen stehen · anheim gestellt sein · überlassen/unbenommen/unverwehrt sein
freistellen: 1. → überlassen (I, 1) – **2.** → befreien (I, 2)
Freite, die: auf die F. gehen: → werben (2, a)
Freitod, der: **1.** → Selbstmord (1) – **2.** den F. wählen: → Selbstmord (2)
freiweg: → offen (3)
freiwillig: 1. ⟨*nicht durch Zwang*⟩ spontan · aus freien Stücken · aus/mit freiem Willen + unaufgefordert · ungeheißen – **2.** → ehrenamtlich – **3.** f. aus dem Leben/der Welt scheiden, f. aus der Welt gehen: → Selbstmord (2)
Freizeit, die: Muße[stunde] · Mußezeit · Zeit + Ferien · Urlaub · Entspannung · Erholung · Ruhe ♦ *umg*: Lenz; → *auch* Wochenende
Freizeitbeschäftigung, die: → Liebhaberei
Freizeitkleidung, die: Sportswear
fremd: 1. ⟨*nicht vertraut*⟩ fremdartig · entfremdet · fern; → *auch* unbekannt (1) – **2.** ⟨*nicht einheimisch*⟩ fremdländisch · ausländisch · auswärtig · wildfremd · ortsfremd · nicht von hier + exotisch; → *auch* zugewandert – **3.** sich an fremdem Eigentum vergehen/vergreifen, seine Hände in fremde Taschen stecken: → stehlen (1)
fremdartig: → fremd (1)
Fremde: I. Fremde, der: **1.** ⟨*an einem Ort unbekannter Mann*⟩ Fremdling · der Unbekannte; → *auch* sowieso (2) – **2.** → Ausländer – **II.** Fremde, die: **1.** ⟨*unbekanntes weit entferntes Gebiet*⟩ Ferne + Ausland – **2.** → Ausland (1)
Fremdenfeindlichkeit, die: Ausländerhass · Ausländerfeindlichkeit
Fremdenführer, der: Guide; Cicerone (*scherzh*); → *auch* Reiseleiter
Fremdenheim, das: → Hotel (1)
Fremdenherberge, die: → Hotel (1)
fremdgehen: → betrügen (2, a)
Fremdherrschaft, die: → Besatzung (4)
Fremdkörper, der: → Einschluss · Einsprengsel
fremdländisch: → fremd (2)
Fremdling, der: → Fremde (I, 1)
frenetisch: → rasend (1)
frequentieren: → besuchen
Fressalien (*Pl*): → Lebensmittel
Fressbegier, die: → Gefräßigkeit (1)
Fresse, die: **1.** → Mund (1) – **2.** → Gesicht (1) – **3.** die F. halten: → schweigen (1 *u.* 2); die F. polieren/voll hauen: → verprügeln; auf die F. fallen: → hinfallen
fressen: 1. ⟨*von Tieren gesagt: Futter zu sich nehmen*⟩ + grasen · weiden – **2.** → essen (1) – **3.** → verstehen (I, 2) – **4.** zu f. geben: → füttern (b); f. wie ein Scheunendrescher: → essen (1); zum Fressen: → anziehend (1); es gefressen haben: → verstehen (I, 4); jmdn. gefressen haben: → hassen; aus der Hand f.: → zahm (2); einen Narren/Affen gefressen haben |an|: → lieben (1); die Weisheit mit Löffeln gefressen haben: → überklug (2)
Fressen, das: **1.** → Futter (1) – **2.** → Gericht (1) – **3.** ein gefundenes F.: → willkommen (1); ein gefundenes F. sein: → gelegen (2)
Fresser, der: → Vielfraß
Fresserei, die: **1.** → Lebensmittel – **2.** → Essen (1), Gelage (a)
Fressfest, das: → Gelage (a)
Fressgelage, das: → Gelage (a)
Fressgier, die: → Gefräßigkeit (1)
fressgierig: → gefräßig (1)
Fresssack, der: → Vielfraß
Fresssucht, die: → Gefräßigkeit (1)
fresssüchtig: → gefräßig (1)
Freude, die: **1.** ⟨*Gefühl der Erhebung*⟩ Beglückung · Entzücken · Freudigkeit · Hochgefühl · Herzensfreude · Wonne · Lust + Wollust · Wohlleben ♦ *umg*: Fest; → *auch* Begeisterung (1), Glück (3), Jubel, Vergnügen (1) – **2.** ⟨*Gegenstand des Sichfreuens*⟩ Genuss · Hochgenuss · Gaudium; Gaudi (*süddt*) + Spaß – **3.** → Vergnügen (1) – **4.** mit Freuden: → gern[e] (1); F. bereiten/spenden/machen: → erfreuen (I); herrlich und in Freuden leben: → schwelgen (1); F. empfinden, vor F. an die Decke

springen, jmdm. hüpft das Herz vor F.: → freuen (II, 1); die F. verderben/versalzen: → betrüben (I); seine [helle] F. haben |an|: → freuen (II, 2)
freudenarm: → trostlos (1)
Freudenausbruch, der: → Jubel
Freudenbecher, der: → Glück (2)
Freudenfeier, die: → Fest (1)
Freudenfest, das: → Fest (1)
Freudengebrüll, das: → Jubel
Freudengeheul, das: → Jubel
Freudengeschrei, das: → Jubel
Freudenhaus, das: → Bordell
Freudenmädchen, das: → Prostituierte
Freudenmahl, das: → Festessen
freudenreich: → wohl (5)
Freudenruf, der: **1.** ⟨*Ausruf der Freude*⟩ Freudenschrei · Jauchzer ♦ *gehoben*: Hosianna ♦ *umg*: Juchzer · Holdrio – **2.** → Jubel
Freudenschrei, der: → Freudenruf (1)
Freudensprung: I. Freudensprung, der: → Luftsprung (1) – **II.** Freudensprünge (*Pl*): F. machen: → freuen (II, 1)
Freudensturm, der: → Jubel
Freudentanz, der: einen F. aufführen: → freuen (II, 1)
Freudentaumel, der: → Jubel
freudestrahlend: → freudig (1)
freudevoll: → freudig (1)
freudig: 1. ⟨*von Freude erfüllt*⟩ freudestrahlend · freudevoll · beschwingt · beseligt · himmelhoch jauchzend + heiter · lustig; → *auch* froh (1), glücklich (2) – **2.** → gern[e] (1) – **3.** freudiges Ereignis: → Geburt (1); f. stimmen: → erfreuen (I)
Freudigkeit, die: → Freude (1)
freudlos: → trostlos (1)
freuen: I. freuen: → erfreuen (I) – **II.** freuen, sich: **1.** ⟨*von Freude erfüllt sein*⟩ froh sein · Freude haben/empfinden · strahlen · Freudensprünge/einen Luftsprung machen · einen Freudentanz aufführen · jmdm. geht das Herz auf · jmdm. hüpft das Herz vor Freude · jmdm. lacht das Herz im Leibe ♦ *umg*: [vor Freude] an die Decke springen · sich freuen wie ein Schneekönig; sich freuen wie ein Stint (*norddt*); → *auch* genießen (1), glücklich (4), jubeln (1) – **2.** sich f. |über|: ⟨*Freude über etw. empfinden*⟩ sich erfreuen |an| · sich ergötzen |an| · seine helle Freude haben |an| · sein Wohlgefallen haben |an| – **3.** sich des Lebens f.: → fröhlich (3); sich f. wie ein Schneekönig/Stint: → II, 1
Freund: I. Freund, der: **1.** ⟨*jmdm. in herzl. Zuneigung verbundener Mensch*⟩ Herzensbruder · Intimus · der Vertraute · Bruder · der Getreue; Busenfreund (*auch abwert*); Bruderherz (*vertraul*); Gevatter (*noch landsch*) + Geselle · Blutsbruder · Schulfreund · Studienfreund ♦ *umg*: Kumpan · Kumpel; Spezi (*süddt österr schweiz*); → *auch* Anhänger (3), Kamerad, Spielkamerad – **2.** → Liebhaber (1) – **3.** → Geliebte (I), Lebensgefährte (1), wohlgesinnt – **4.** [gut] F. werden |mit|: → befreunden, sich (1); ein F. sein |von|: → mögen; F. und Feind: → jedermann; F. Hein: → Tod (2) – **II.** Freunde (*Pl*): → Freundeskreis
Freundchen, das: → Junge (I, 1)
Freundesdienst, der: → Gefälligkeit (1)
Freundeshand, die: die F. bieten: → versöhnen (II)
Freundeskreis, der: Freunde · Anhängerschaft
Freundespaar, das: Dioskuren · Kastor und Pollux + Kleeblatt ♦ *umg*: Gespann
Freundin, die: **1.** ⟨*in herzl. Zuneigung verbundene Vertraute*⟩ Kameradin; Busenfreundin (*auch abwert*) – **2.** → Geliebte (II), Lebensgefährtin (1) – **3.** eine F. haben: ⟨*in intimen Beziehungen zu einer Frau stehen*⟩ ein Verhältnis haben · liiert sein |mit| ♦ *umg*: gehen |mit|
freundlich: 1. ⟨*gewinnend-entgegenkommend*⟩ liebenswürdig · herzlich · nett + freundschaftlich; → *auch* gefällig (1), gütig (1), heiter (1), wohlgesinnt, höflich – **2.** → sonnig (2) – **3.** ein freundliches Gesicht machen/aufsetzen: → lächeln
Freundlichkeit, die: **1.** ⟨*gewinnend-entgegenkommendes Wesen*⟩ Liebenswürdigkeit · Nettigkeit · Herzlichkeit + Wärme; → *auch* Güte (1), Wohlwollen (1), Höflichkeit (1) – **2.** → Gefälligkeit (1)
freundnachbarlich: → freundschaftlich
Freundschaft, die: **1.** ⟨*die herzl. Verbundenheit von Menschen*⟩ Herzensfreundschaft · Kameradschaft · Bruderschaft · Brüderschaft · Gesinnungsverwandtschaft · Vertrautheit + Blutsbrüderschaft ♦ *gehoben*: Bruderbund ♦ *umg*: Kumpanei (*meist abwert*); → *auch* Liebe (1) – **2.** F. schließen: → befreunden, sich (1); F. halten, in F. verbunden sein: → befreundet

freundschaftlich: 1. ⟨*wie unter Freunden*⟩ kameradschaftlich · brüderlich + freundnachbarlich · gutnachbarlich – **2.** → freundlich (1) – **3.** → wohlwollend (1)
Freundschaftsdienst, der: einen F. erweisen: → gefällig (5)
Frevel, der: **1.** → Verbrechen (1) – **2.** → Gotteslästerung
Frevelei, die: → Verbrechen (1)
frevelhaft: 1. → verbrecherisch – **2.** → sündig, gotteslästerlich
freveln: 1. → vergehen (II, 1) – **2.** → sündigen
Freveltat, die: → Verbrechen (1)
freventlich: → verbrecherisch
Frevler, der: → Verbrecher
frevlerisch: → verbrecherisch
Friede[n], der: **1.** ⟨*Zustand der Ordnung u. des Ungestörtseins*⟩ Ruhe; → *auch* Eintracht – **2.** → Ruhe (1) – **3.** in den ewigen Frieden eingehen: → sterben (1); dem Frieden nicht recht trauen: → Verdacht (2); in Frieden [miteinander] leben: → vertragen (II, 1); Frieden schließen/machen: → versöhnen (II)
Friedensfreund, der: → Pazifist
Friedenspfeife, die: die F. rauchen: → versöhnen (II)
friedensstiftend: → versöhnlich (2)
Friedensstörer, der: → Kriegstreiber
friedfertig: → friedlich (1)
Friedhof, der: Kirchhof; Gottesacker (*landsch*) + Gräberfeld ♦ *dicht*: Grabgefilde
friedlich: 1. ⟨*nicht aggressiv*⟩ friedliebend · friedfertig · friedvoll · friedsam · verträglich · gütlich + im Guten; → *auch* einträchtig (1), versöhnlich (1), gewaltlos – **2.** → idyllisch (1) – **3.** → gewaltlos
friedliebend: → friedlich (1)
friedlos: 1. → unruhig (1) – **2.** → geächtet
Friedrich Wilhelm, der: → Unterschrift (1)
friedsam: → friedlich (1)
friedvoll: 1. → friedlich (1) – **2.** → idyllisch (1)
frieren: 1. ⟨*Kälte empfinden*⟩ frösteln · kalt sein · schau[d]ern + verklammen ♦ *umg*: bibbern · frieren wie ein Schneider · mit den Zähnen klappern; schubbern · schuddern (*landsch*) ♦ *salopp*: frieren wie ein junger Hund – **2.** ⟨*Frosttemperatur erreichen*⟩ Stein und Bein frieren · es herrscht Frost/Kälte · es ist unter null – **3.** f. wie ein Schneider/ein junger Hund: → 1

frigid[e]: → gefühlskalt (1)
Frigidität, die: → Gefühlskälte (1)
Frikadelle, die: → Fleischkloß
Frikassee, das: F. machen |aus|: → verprügeln
frikassieren: 1. → zerstückeln (1) – **2.** → verprügeln
Friktion, die: → Streit (1)
frisch: 1. ⟨*von Lebensmitteln gesagt: noch nicht alt*⟩ unverdorben · taufrisch + jung · unreif – **2.** ⟨*nicht [mehr] müde*⟩ erholt · ausgeruht · wie neugeboren · wie neu geschaffen – **3.** → frischbacken – **4.** → gesund (1) – **5.** → munter (1) – **6.** → kühl (1) – **7.** → neu (1) – **8.** f. gebacken: → frischbacken; sich f. machen: → erfrischen (II); f. von der Leber weg: → offen (3); auf frischer Tat ertappen: → ertappen (1)
frischbacken: frisch [gebacken] · neubacken · von heute · knackfrisch
frischen: → werfen (2)
Frischkäse, der: → Quark (1)
Frischluftzufuhr, die: → Lüftung
Friseur, der: Hairstylist · Haarstylist · Haarschneider; Figaro · Haarkünstler (*scherzh*); Bartscherer · Barbier · Balbier (*landsch veraltend od. scherzh*); Coiffeur (*bes. schweiz*) ♦ *salopp*: Bartkratzer
Friseurin, die: → Friseuse
Friseuse, die: Friseurin, Coiffeuse (*bes. schweiz*)
frisieren: 1. ⟨*die Frisur in Ordnung bringen*⟩ die Haare machen + ondulieren; → *auch* kämmen – **2.** ⟨*die Leistungsfähigkeit eines Motors künstlich steigern*⟩ tunen – **3.** → verschleiern
frisiert: → einseitig (1)
Frist, die: **1.** ⟨*festgesetzter Zeitabschnitt für die Erfüllung einer Forderung*⟩ Zeit; → *auch* Bedenkzeit, Aufschub (2) – **2.** → Zeitpunkt – **3.** eine F. setzen: → befristen
fristen: sein Leben/Dasein f.: **a)** → dahinleben – **b)** → darben
fristgemäß: → pünktlich (1)
Fristung, die: → Aufschub (2)
Fristverlängerung, die: → Aufschub (2)
Frisur, die: Haarschnitt · Haartracht · Haarputz
Fritten (*Pl*): → Pommes frites
Frittüre, die: → Bratfett
Fritz, der: für den alten Fritzen: → umsonst (1)
frivol: 1. → leichtfertig – **2.** → schlüpfrig (1)

Frivolität, die: → Schlüpfrigkeit

froh: 1. ⟨*von einem Gefühl der Erleichterung erfüllt*⟩ beruhigt · erleichtert · befreit · heilfroh; → *auch* freudig (1), glücklich (2), heiter (1) – **2.** → fröhlich (1) – **3.** f. sein: → freuen (II, 1); frohen Mutes, f. gestimmt: → fröhlich (1); f. machen/stimmen: → aufheitern (I)

frohgemut: 1. → fröhlich (1) – **2.** → heiter (1)

fröhlich: 1. ⟨*in Freudenstimmung*⟩ froh [gestimmt] · frohgemut · wohlgemut · frohmütig · hochgemut · frohen Mutes · guter Dinge/Laune + glücklich; → *auch* gut (11), heiter (1) – **2.** → heiter (1) – **3.** f. sein: ⟨*sich* [*meist*] *in froher Stimmung befinden*⟩ sich des Lebens freuen

frohlocken: 1. → jubeln (1) – **2.** → schadenfroh (2)

Frohlocken, das: → Jubel

Frohlockung, die: → Jubel

frohmütig: 1. → fröhlich (1) – **2.** → heiter (1)

Frohsinn, der: → Heiterkeit (1)

fromm: 1. ⟨*aus religiösem Glauben lebend*⟩ religiös · kirchenfromm · [fromm]gläubig · glaubensstark · gottergeben · gottesfürchtig · gottgefällig · gottgläubig · gottselig · heilsgewiss · herzensrein; → *auch* geistlich (1), heilig (2), orthodox, frömmelnd – **2.** frommer Betrug: → Selbstbetrug

frömmelnd (*abwert*): frömmlerisch · bigott · scheinfromm · scheinheilig; → *auch* fromm (1), heuchlerisch

frommen: → nutzen (1)

frommgläubig: → fromm (1)

Frommheit, die: → Frömmigkeit

Frömmigkeit, die: Frommheit · Religiosität · Glaubenseifer; Gottesfurcht (*Rel*); → *auch* Glaube[n] (1), Orthodoxie

Frömmler, der: Frömmling (*abwert*)

Frömmlerin, die: Betschwester (*abwert*)

frömmlerisch: → frömmelnd

Frömmling, der: → Frömmler

Fron, die: → Mühsal

Fronarbeit, die: → Zwangsarbeit

Frondienst, der: **1.** *hist* ⟨*Dienstleistung für den Grundherrn*⟩ Spanndienst; Robot (*veraltet*) – **2.** → Zwangsarbeit

frönen: → hingeben (II, 3)

Front, die: **1.** ⟨*Gebiet der Kampfhandlungen*⟩ Kriegsschauplatz · Gefechtslinie · Kampflinie · Feuerlinie · Feld + Hauptkampflinie; → *auch* Kampfplatz (1) – **2.** → Vorderseite – **3.** F. machen |gegen|: → angreifen (I, 2)

Frontlader, der: → Waschmaschine

Frontseite, die: → Vorderseite

Frontstellung, die: → Feindschaft

Frontwand, die: → Vorderseite

Frontwechsel, der: → Gesinnungswandel

Frosch, der: **1.** → Feuerwerkskörper – **2.** einen F. im Hals haben: → heiser (2); sich wie ein F. aufblasen: → angeben (1)

Froschblut, das: F. haben: → leidenschaftslos (2)

Frost, der: **1.** ⟨*Temperatur unter null*⟩ Frostwetter · Winterkälte; → *auch* Kälte – **2.** es herrscht F.: → frieren (2)

frostanfällig: frostempfindlich · frostgefährdet

Frostbeule, die: → Fröstling

frösteln: → frieren (1)

frostempfindlich: → frostanfällig

frosten: → einfrosten

frostgefährdet: → frostanfällig

Frosthase, der: → Fröstling

frostig: 1. → kühl (2) – **2.** → kalt (1) – **3.** → verfroren

Frostköttel, das: → Fröstling

Fröstler, der: → Fröstling

Fröstling, der: Fröstler; Frostbeule · Frosthase (*scherzh*) ♦ *umg*: Frostköttel (*norddt scherzh*)

Frostwetter, das: → Frost (1)

frottieren: I. frottieren: **1.** → abreiben (I, 1) – **2.** → abtrocknen (I, 1) – **II.** frottieren, sich: **1.** → abreiben (II, 1) – **2.** → abtrocknen (II)

Frotzelei, die: → Neckerei

frotzeln: → necken

Frucht: I. Frucht, die: → Ergebnis, Folge (1) – **II.** Früchte (*Pl*): → Obst

fruchtbar: 1. ⟨*Früchte hervorbringend*⟩ fertil · fruchtbringend · ertragreich + dankbar · fett – **2.** → nützlich

Fruchtbarkeit, die: Fertilität · Ertrag[s]fähigkeit · Ergiebigkeit + Dankbarkeit

fruchtbringend: 1. → fruchtbar (1) – **2.** → nützlich

Früchtchen, das: → Taugenichts

fruchten: 1. → nutzen (1) – **2.** → wirken (3)

Fruchtfolge, die: Anbaufolge · Fruchtwechsel; Rotation (*fachspr*)

fruchtlos: → nutzlos (1)

Fruchtpresse, die: Entsafter · Entmoster · Saftpresse · Moster · Obstpresse · Presse ♦ *umg*: Fruchtquetsche
Fruchtquetsche, die: → Fruchtpresse
Fruchtsaft, der: Saft · Most · Süßmost · Juice; Jus (*schweiz*)
Fruchtwechsel, der: → Fruchtfolge
Fruchtzucker, der: Fruktose
frugal: → einfach (1)
früh: **1.** ⟨*zu Beginn eines Zeitabschnitts*⟩ [früh]zeitig; → *auch* bald (1) – **2.** → morgens – **3.** zu f.: → vorzeitig (1 *u.* 2); von f. bis spät: → ununterbrochen; f. und spät: → immer (1); von f. auf: → Jugend (4)
Frühchen, das: → Frühgeburt
Frühe, die: **1.** → Morgen (1) – **2.** in aller F.: → morgens
früher: **1.** ⟨*vor dieser Zeit*⟩ einst · einmal · ehemals · ehedem · weiland · vormals · vordem · einstmals; derzeit (*landsch*) + bisher · sonst ♦ *gehoben*: vorzeiten · einstens; vor alters · der[mal]einst (*veraltend*); → *auch* damals, ehemalig, vorher – **2.** → ehemalig – **3.** → eher (1)
Frühgeborene, das: → Frühgeburt
Frühgeburt, die: das Frühgeborene ♦ *umg*: Frühchen
Frühjahr, das: → Frühling (1)
frühklug: → altklug
Frühling, der: **1.** ⟨*Jahreszeit*⟩ Frühjahr + Wonnemonat · Vorsaison ♦ *dicht*: Lenz · Maienzeit ♦ *umg*: Knospenknall (*scherzh*) – **2.** F. des Lebens: → Jugend (1)
frühmorgens: → morgens
Frühstück, das: Morgenimbiss · Dejeuner; Znüni (*schweiz*) + Brunch; → *auch* Imbiss (1)
frühstücken: Kaffee trinken; → *auch* Mahlzeit (3)
frühzeitig: **1.** → früh (1) – **2.** → morgens
frühzeitlich: → vorzeitlich
Fruktose, die: → Fruchtzucker
Frust, der: → Enttäuschung (2)
Frustration, die: → Enttäuschung (2)
frustriert: → enttäuscht
Fuchs, der: **1.** ⟨*das Fell eines Fuchses*⟩ Fuchspelz – **2.** → Schlaukopf – **3.** → Rothaarige – **4.** → Pferd (1) – **5.** alter F.: **a)** → Routinier – **b)** → Schlaukopf; schlauer F.: → Schlaukopf
fuchsen: → ärgern (I)
fuchsig: **1.** → rothaarig – **2.** → ärgerlich (1) – **3.** → wütend (1)
Fuchspelz, der: → Fuchs (1)
fuchs[teufels]wild: → wütend (1)
Fuchtel, die: **1.** → Xanthippe – **2.** unter der/seiner F. haben: → beherrschen (I, 1)
fuchteln: → gestikulieren
fuchtig: → wütend (1)
Fuder, das: → Wagenladung
Fuffzehn, die: eine F. machen: **a)** → aussetzen (2) – **b)** → rasten
Fuffziger, der: falscher F.: → Heuchler
Fug: mit F. und Recht: → Recht (6)
Fuge, die: **1.** → Spalt (1) – **2.** aus den Fugen gehen: → entzweigehen (1); aus den Fugen geraten: **a)** → entzweigehen (1) – **b)** → dick (6)
fugen: → verbinden (I, 1)
fügen: **I.** fügen: **1.** → verbinden (I, 1) – **2.** → ermöglichen (1) – **II.** fügen, sich: **1.** → nachgeben (1) – **2.** sich f. |in|, sich darein f.: → abfinden (II, 2)
füglich: → Recht (6)
fügsam: → gehorsam (1)
Fügsamkeit, die: → Gehorsam (1)
Fügung, die: **1.** → Redewendung (1) – **2.** → Schicksalsfügung
fühlbar: **1.** → empfindlich (2) – **2.** → merklich
fühlen: **I.** fühlen: **1.** ⟨*mit den Sinnen wahrnehmen*⟩ [ver]spüren · merken · wahrnehmen · empfinden – **2.** → ahnen (1), spüren (1) – **3.** → tasten (1) – **4.** im Voraus/undeutlich f.: → ahnen (1); sich hungrig f.: → hungrig (2); auf den Zahn f.: **a)** → prüfen (1) – **b)** → ausfragen; auf die Naht f.: → ausfragen; Begeisterung f.: → begeistern (II); ein fühlend[es] Herz haben: → gütig (3) – **II.** fühlen, sich: **1.** ⟨*die Auswirkungen bestimmter Einflüsse auf sich selbst empfinden*⟩ zumute sein/werden · gehen · sich befinden – **2.** sich gut f.: → gesund (5); sich heimisch f., sich wie zu Hause f.: → wohl (4); sich erlöst/befreit f.: → aufatmen (2); sich in seiner Haut nicht recht wohl f.: → unsicher (5, a); sich Mutter f.: → schwanger (2); sich verbunden f.: → [2]anhängen (2)
Fühler, der: seine Fühler ausstrecken: → vorfühlen
fühllos: → unempfindlich (2)
Fühlung, die: **1.** → Berührung (1) – **2.** F. bekommen, in F. kommen: → annähern (II, 1); F. aufnehmen |zu|: → kontakten
Fühlungnahme, die: → Annäherung (2)

fühnsch: → ärgerlich (1)
Fuhre, die: **1.** → Wagenladung – **2.** → Fracht
führen: 1. ⟨*durch Mitgehen den Weg zeigen*⟩ geleiten; → *auch* begleiten – **2.** ⟨*den ersten Platz innehaben*⟩ anführen · führend sein · eine Führungsrolle haben/einnehmen · die Führung innehaben · an der Spitze stehen ♦ *umg*: die Hauptrolle/die erste Geige spielen; → *auch* Spitzenleistung (2) – **3.** → leiten (1) – **4.** → steuern (1) – **5.** → bedienen (I, 4) – **6.** → vorrätig (2) – **7.** → Spitzenleistung (2) – **8.** f. |zu|: → Folge (3); ad absurdum f.: → widerlegen; auf Abwege/in Versuchung f.: → verführen; zum Altar/Traualtar f.: → heiraten (2); vor Augen f.: **a)** → zeigen (I, 2) – **b)** → veranschaulichen; den Nachweis f. |für|: → beweisen (1 *u.* 2); den Beweis f.: → beweisen (1); zu Ende f.: → beenden (1); ins Feld/Gefecht/Treffen f.: → vorbringen; zu keinem Erfolg f.: → hoffnungslos (2); sich zu Gemüte f.: **a)** → aneignen, sich (1) – **b)** → essen (1); sich einen zu Gemüte f.: → trinken (1, b); aufs Glatteis/hinters Licht f.: → täuschen (I); einen Prozess f.: → verklagen; Klage f.: **a)** → verklagen – **b)** → beschweren (II); das Regiment f.: **a)** → bestimmen (2) – **b)** → herrschen (1); das Ruder f.: → herrschen (1); den Vorsitz f.: → vorstehen; im Schilde f.: → beabsichtigen; eine Unterhaltung/ein Gespräch f.: → unterhalten (II, 1); eine Verhandlung/Verhandlungen f.: → verhandeln (1); das große Wort f.: → aufspielen (II)
führend: 1. ⟨*in einer Gesellschaft durch Leistung Maßstäbe setzend*⟩ tonangebend + maßgebend · bestimmend; → *auch* beste (1) – **2.** f. sein: **a)** → führen (2) – **b)** → Spitzenleistung (2); der führende Kopf: → Kraft (6)
Führende, der: → Spitzenreiter
Führer, der: **1.** → Anführer – **2.** → Herrscher – **3.** → Fahrer – **4.** → Reiseführer (1)
Führerhaus, das: → Fahrerhaus
Führerkabine, die: → Fahrerhaus
Führerschaft, die: → Führung (1 *u.* 2)
Führerschein, der: Fahrerlaubnis; Fahrausweis (*schweiz*) ♦ *salopp*: Lappen (*Pl*)
Fuhrmann, der (*veraltend*): **1.** ⟨*in Lohnarbeit stehender Kutscher eines Pferdelastwagens*⟩ Lohnfuhrmann · Mietfuhrmann · Rollkutscher; Kärrner (*noch landsch*) – **2.** → Kutscher
Fuhrpark, der: → Wagenpark
Führung, die: **1.** ⟨*das Führen*⟩ Anführung · Führerschaft; → *auch* Herrschaft (1), Leitung (1) – **2.** ⟨*die führenden Personen*⟩ Leitung · Direktion · Spitze · Führerschaft · Stab + Chefetage · Führungsstab · Führungsspitze · Führungsgremium; → *auch* Vorstand – **3.** → Bedienung (4) – **4.** → Verhalten – **5.** die F. innehaben: → führen (2)
Führungskraft, die: → [1]Leiter
Führungsrolle, die: eine F. haben/einnehmen: → führen (2)
Führungsspitze, die: → Führung (2)
Führungsstab, der: → Führung (2)
Fuhrunternehmen, das: → Spedition
Fuhrwerk, das: → Wagen (1)
fuhrwerken: → gestikulieren
Fülle, die: **1.** → Üppigkeit – **2.** → Füllung (1, b) – **3.** → Dicke (II, 2) – **4.** in Hülle und F.: → reichlich; eine F. von: → viel (I, 1)
füllen: I. füllen: **1.** ⟨*bis zum Gefülltsein hineintun*⟩ voll füllen · voll machen · voll schütten · voll gießen; schoppen (*süddt österr schweiz*) + anfüllen ♦ *umg*: voll stopfen; → *auch* abfüllen, auffüllen (1), abziehen (1, b) – **2.** den Balg f.: → ausstopfen; die Hand f.: → bestechen (1); sich den Bauch f.: → satt (4) – **II.** füllen, sich: ⟨*bis zum Gefülltsein in sich aufnehmen*⟩ voll werden
Füllen, das: → Fohlen
Füllhorn, das: → Glück (2)
füllig: → dicklich (1)
Füllmasse, die: → Füllung (1, b)
Füllsel, das: → Füllung (1, b)
Fulltimejob, der: → Ganztagsbeschäftigung
Füllung, die: **1.** ⟨*Material zum Füllen*⟩ **a)** ⟨*für ein Bett*⟩ Federn – **b)** ⟨*für einen Hohlkörper*⟩ Einlage · Füllsel · Füllmasse; Fülle (*landsch*); Farce (*fachspr*) – **c)** ⟨*für einen Zahn*⟩ Zahnfüllung; Plombe (*veraltend*) + Inlay – **2.** → Inhalt (1)
fulminant: → großartig (1)
Fummel, der: → Kleid (I)
fummelig: → fahrig
fummeln: → herumbasteln
Fund, der: **1.** → Entdeckung – **2.** einen F. machen: → finden (I, 1)
Fundament, das: **1.** ⟨*unterster Teil eines Gebäudes*⟩ Grundmauer · Gründung · Grundfeste + Grundstein – **2.** → Grundlage (1) – **3.** das F. legen |zu|: → gründen (I, 2)
fundamental: → grundlegend

fundamentieren: → gründen (I, 2)
Fundation, die: → Grundlegung (1)
Fundbüro, das: Fundstelle
Fundgeld, das: → Finderlohn
fundieren: 1. → untermauern – **2.** → gründen (I, 2)
fundiert: → sicher (4)
Fundierung, die: → Begründung (1)
fündig: 1. → ergiebig – **2.** f. werden: → entdecken (I, 1)
Fundstelle, die: → Fundbüro
Fundus, der: → Bestand (1)
fünf: fünf[e] gerade sein lassen: → nachsehen (2); seine f. Sinne zusammennehmen: → konzentrieren (II); die f. Sinne zusammen[be]halten / beieinander behalten: → beherrschen (II); seine f. Sinne woanders haben / nicht beisammenhaben: → unaufmerksam (2)
fünft: das fünfte Rad am Wagen sein: → überflüssig (4)
fungieren: f. |als|: → wirken (6)
Fungizid, das: → Schädlingsbekämpfungsmittel
Funk, der: → Rundfunk (1)
Fünkchen, das: kein F.: → nichts (1)
funkeln: → glänzen (1)
funkelnagelneu: → neu (1)
funkelnd: → glänzend (1)
funken: 1. ⟨*drahtlos Nachrichten übermitteln*⟩ + morsen; → *auch* telegrafieren – **2.** → gehen (9) – **3.** es hat gefunkt: → verstehen (I, 4)
Funke[n], der: **1.** ⟨*fliegendes glühendes Teilchen*⟩ Feuerfunke[n] – **2.** keinen Funken, kein Funke: → nichts (1); Funken sprühend: → geistreich
Funkmessgerät, das: → Radar
Funksprechgerät, das: → Handy
Funkstation, die: → Sender
Funktelefon, das: → Handy
Funktion, die: **1.** → Amt (1) – **2.** in F. treten: → anfangen (1, b); in F. sein: → tätig (1, a); von seiner F. suspendieren / entbinden: **a)** → absetzen (I, 2) – **b)** → entlassen (2); von seiner F. zurücktreten: → zurücktreten (1)
Funktionär, der: der Beauftragte; Apparatschik (*abwert*); → *auch* [1]Leiter
funktionieren: 1. ⟨*von Maschinen u. Geräten gesagt: richtig arbeiten*⟩ gehen · laufen ♦ *umg*: + es noch / wieder tun – **2.** → gehen (9)
Funzel, die: → [2]Lampe (1)
für: 1. ⟨*zur Förderung od. zum Nutzen*⟩ pro · zugunsten · zuliebe – **2.** → statt – **3.** → gegen (2) – **4.** für sich: **a)** → einzeln (1) – **b)** → isoliert – **c)** → besonders (1) – **d)** → allein (1); für sich allein: **a)** → besonders (1) – **b)** → allein (1); für mich: → meinetwegen (1); fürs Erste: → vorläufig; für und für: → ewig (1); das Für und Wider: → Zweifel (1)
Furage, die: → Verpflegung (2)
furagieren: → verpflegen (1)
Fürbitte, die: **1.** ⟨*Bitte für einen anderen*⟩ Fürsprache · Fürspruch – **2.** F. tun / einlegen |für|: → verwenden (II)
Furche, die: **1.** → Vertiefung (1) – **2.** → Falte (2)
furchen: → pflügen
Furcht, die: **1.** → Angst (1) – **2.** → Ehrfurcht – **3.** → Feigheit – **4.** F. haben: **a)** → [2]grauen, sich – **b)** → ängstigen (II, 1); F. hegen / empfinden, in F. sein: → ängstigen (II, 1); F. einflößen/einjagen, in F. versetzen: → ängstigen (I); frei von F., ohne F.: → furchtlos; F. einflößend / erregend: → beängstigend
furchtbar: 1. → Entsetzen (2) – **2.** → verheerend – **3.** → sehr
fürchten: I. fürchten: **1.** → befürchten – **2.** f. |für|: → sorgen (II); zum Fürchten: → Entsetzen (2) – **II.** fürchten, sich: → ängstigen (II, 1)
furchterfüllt: → ängstlich (1)
fürchterlich: 1. → Entsetzen (2) – **2.** → sehr
furchtfrei: → furchtlos
furchtlos: ohne Furcht · furchtfrei · frei von Furcht; → *auch* tapfer, mutig (1)
Furchtlosigkeit, die: → Mut (1)
furchtsam: → ängstlich (1), feig[e]
Furchtsamkeit, die: → Angst (1)
fürder[hin]: → weiterhin (1), künftig
Furie, die: **1.** → Rachegöttin – **2.** → Megäre – **3.** wie eine F.: → wütend (1)
furios: → wild (1)
fürlieb: f. nehmen: → begnügen, sich (1)
Furor, der: **1.** → Raserei – **2.** → Wut (1)
Furore: F. machen: **a)** → Erfolg (2) – **b)** → Aufsehen (2)
Fürsorge, die: **1.** ⟨*staatlich organisierte Betreuung als Einrichtung*⟩ Sozialamt + Wohlfahrt (*veraltend*); Diakonie (*evang Kirche*); → *auch* Altersversorgung (1) – **2.** → Sorge (2) – **3.** → Fürsorglichkeit – **4.** →

Sozialhilfe – **5.** → Pflege (1, a) – **6.** F. angedeihen lassen: → pflegen (I, 1, a)
Fürsorgeunterstützung, die: → Sozialhilfe
fürsorglich: 1. ⟨*zum Wohl eines anderen handelnd*⟩ besorgt · betulich + mütterlich – **2.** → liebevoll (1)
Fürsorglichkeit, die: Fürsorge
Fürsprache, die: **1.** → Fürbitte (1) – **2.** F. einlegen |für|: → verwenden (II)
Fürsprech, der: → Rechtsanwalt
Fürsprecher, der: *gehoben*: Anwalt · Dolmetsch; Advokat (*veraltend*); → *auch* Rechtsanwalt
Fürspruch, der: → Fürbitte (1)
Fürst, der: **1.** ⟨*Oberhaupt eines Fürstentums*⟩ Landesvater (*noch scherzh*) – **2.** → Herrscher – **3.** F. der Hölle/Finsternis: → Teufel (1); leben wie ein F.: → schwelgen (1)
fürstlich: 1. ⟨*einen Fürsten betreffend*⟩ durchlauchtig (*noch scherzh*) – **2.** → prächtig (1)
Furunkel, das: → Geschwür
fürwahr: → wahrhaftig
fürwitzig: → vorlaut
Furz, der: **1.** → Wind (I, 2) – **2.** aus einem F. einen Donnerschlag machen: → übertreiben (1)
furzen: → Wind (I, 3)
furztrocken: → trocken (1)
Fusel, der: → Branntwein
Fuselschnaps, der: → Branntwein
füsilieren: → erschießen (I)
Fusion, die: → Vereinigung (1)
fusionieren:→ vereinigen (II, 1)
Fuß: I. Fuß, der: **1.** → Sockel – **2.** zu F. ⟨*ohne Benutzung eines Fahrzeugs*⟩ *umg*: auf Schusters Rappen · per pedes (*scherzh*) – **3.** am F. des/von: → unterhalb; von Kopf bis F.: → oben (3); einen F. vor den anderen setzen: → gehen (1); auf freien F. setzen: → entlassen (1); [festen] F. fassen: → heimisch (4); auf gespanntem F. stehen |mit|: → Streit (2); auf gutem F. miteinander stehen: → befreundet; auf großem F. leben: → verschwenderisch (3); leichten Fußes: **a)** → gewandt (1) – **b)** → flink (1); stehenden Fußes: → sofort; auf dem F. folgen: → folgen (1); mit einem F. im Grabe stehen: → todkrank (2); Hand und F. haben: → einwandfrei (2) – **II.** Füße (*Pl*): **1.** ⟨*die untersten Teile der Beine*⟩ *umg*: Beine · Käsebeine (*landsch*) ♦ *salopp*: Quanten · Schweißquanten · Käsemauken – **2.** kalte F. bekommen: → aufgeben (3); auf eigenen Füßen stehen: → selbständig (4); sich auf eigene F. stellen: → selbständig (5, a); auf wackeligen/schwachen Füßen stehen: → unsicher (5, b); jmdm. zu Füßen liegen: → verehren (1); jmdm. zu Füßen fallen: → beschwören (2), demütigen (II); sich den Staub von den Füßen schütteln: **a)** → aufbrechen (3) – **b)** → weggehen (1); den Boden unter den Füßen wegziehen: → ruinieren (I, 1); mit Füßen treten: → verachten (1)
Fußabstreicher, der: → Fußabtreter
Fußabtreter, der: Fußabstreicher · Abstreicher · Abtreter · Fußmatte · Matte + Abstreichgitter · Abkratzer
Fußangel, die: → Fangeisen
Fußball, der: → [1]Ball (1, b)
Fußballer, der: → Fußballspieler
Fußballspieler, der: Kicker ♦ *umg*: Fußballer
Fußballtor, das: → [1]Tor (2)
Fußbank, die: Fußschemel + Schemel ♦ *umg*: Hitsche · Rutsche (*landsch*)
Fußbemerkung, die: → Anmerkung (1)
Fußboden, der: **1.** ⟨*Grundfläche eines Raumes*⟩ Boden; Söller (*schweiz*) + Estrich – **2.** den F. messen: → hinfallen
Fußbodenbrett, das: → Diele (1)
Fussel, die: → Fädchen
fusselig: 1. → fransig (1) – **2.** sich den Mund f. reden: → einreden (2)
fusseln: → nieseln
fußen: f. |auf|: → beruhen (1, a)
Fußfall, der: **1.** → Kniefall (1) – **2.** einen F. machen/tun: → demütigen (II)
fußfällig: → inständig
Fußfessel, die: → Fessel (1)
Fußgänger, der: Passant; Fußgeher (*österr*)
Fußgängerpfad, der: → Gehweg
Fußgängerschutzweg, der: Zebrastreifen; Fußgängerstreifen (*schweiz*); Schutzweg (*österr*) + Fußgängerüberweg
Fußgängerstreifen, der: → Fußgängerschutzweg
Fußgängerüberweg, der: → Fußgängerschutzweg
Fußgängerweg, der: → Gehweg
Fußgängerzone, die: → Einkaufsstraße
Fußgeher, der: → Fußgänger
fußgerecht: → passend (1, b)
Fußhebel, der: → Pedal
fußlahm: → müde (1)

Fußmatte, die: → Fußabtreter
Fußnote, die: → Anmerkung (1)
Fußpfad, der: → Weg (1)
Fußpflege, die: Pediküre
Fußrücken, der: Rist · Spann
Fußschemel, der: → Fußbank
Fußsoldat, der: → Infanterist
Fußspur, die: → Spur (1)
Fußstapfen (*Pl*): → Spur (1)
Fußsteig, der: → Gehweg, Weg (1)
Fußtapfen (*Pl*): → Spur (1)
Fußweg, der: → Gehweg, Weg (1)
futsch: 1. → verschwunden (1) – **2.** → verloren (1)
futschikato: 1. → verschwunden (1) – **2.** → verloren (1)
Futter, das: **1.** ⟨*Tiernahrung*⟩ Fressen · Fraß; Atzung · Äsung · Geäse (*weidm*) – **2.** F. geben: → füttern (b); gut im F.: → dick (1)
Futterage, die: → Verpflegung (2)
Futteral, das: → Schutzhülle
Futterkrippe, die: Krippe · Raufe · Futterraufe
Futterluke, die: → Mund (1)
futtern: → essen (1)
füttern: ⟨*Nahrung geben*⟩ **a)** ⟨*Kindern*⟩ abfüttern + ernähren ♦ *umg*: pappeln · päppeln – **b)** ⟨*Tieren*⟩ Futter geben · zu fressen geben; atzen (*weidm*) + halten; → *auch* mästen
Futterneid, der: → Neid (1)
Futterraufe, die: → Futterkrippe
Fütterung, die: Atzung · Kröpfung (*weidm*)

G

Gabe, die: **1.** → Begabung (1) – **2.** → Geschenk (1) – **3.** → Spende (1) – **4.** → Dosis – **5.** milde G.: **a)** → Almosen (1) – **b)** → Spende (1)
gäbe: gang und g.: → üblich (1)
gabeln: I. gabeln: → aufspießen (1) – **II.** gabeln, sich: ⟨*sich in zwei Arme aufspalten*⟩ sich teilen · abzweigen · sich verzweigen
Gabelung, die: → Abzweigung
gackeln: → gackern
gackern: gackeln · gacksen (*landsch*)
gacksen: → gackern
gaffen: 1. → starren (1) – **2.** → zusehen (1) – **3.** → neugierig (2)
Gaffer, der: → Schaulustige
Gag, der: → Einfall (1)
Gage, die: → Gehalt (I)
gähnen: → klaffen
Gala, die: **1.** → Festkleidung – **2.** sich in G. werfen: → herausputzen (II)
Galadiner, das: → Festessen
Galaessen, das: → Festessen
galaktisch: galaktisches System: → Milchstraße
galamäßig: → festlich (1)
Galan, der: → Geliebte (I)
galant: → höflich
Galanterie, die: → Höflichkeit (1)
Galanummer, die: → Zugstück
Galaxis, die: → Milchstraße
Galerist, der: → Kunsthändler
Galgen, der: **1.** ⟨*Balkengerüst für Hinrichtungen*⟩ Hochgericht – **2.** an den G. bringen: → erhängen (I)
Galgenfrist, die: → Aufschub (2)
Galgenstrick, der: → Taugenichts
Galgenvogel, der: → Taugenichts
Galimathias, der *od.* das: → Geschwätz (1)
Galle, die: Gift und G. speien/spucken: → wütend (2); die G. läuft jmdm. über: → erzürnen (2); sich G. machen: → ärgern (II, 1); die G. aufregen: → ärgern (I)
galle[n]bitter: → bitter (1)
Gallert, das: Gallerte · Gelatine + Gelee · Aspik ♦ *umg*: Glibber (*norddt*)
gallertartig: gallertig · gelatinös · gelatineartig ♦ *umg*: glibberig (*norddt*)
Gallerte, die: → Gallert
gallertig: → gallertartig
gallig: 1. → bitter (1) – **2.** → ärgerlich (1)
galoppieren: 1. → eilen (I, 1) – **2.** → reiten (1)
Galoschen (*Pl*): **1.** → Schuhe (1) – **2.** → Überschuhe
Gamasche, die: Gamaschen haben: → ängstigen (II, 1)
Gamet, der: → Keimzelle (1)
gammelig: 1. → verdorben (1) – **2.** g. werden: → verderben (3)
gammeln (*umg*): herumgammeln · rumgammeln · rumhängen · die Zeit totschlagen; → *auch* faulenzen (1), dahinleben
Gammler, der: + Herumtreiber · Provo; → *auch* Hippie, Faulenzer (1)
gang: g. und gäbe: → üblich (1)
[1]**Gang: I.** Gang, der: **1.** → Flur (I) – **2.** → Spaziergang (1) – **3.** → Gangart, Schritt (1) – **4.** → Verlauf (1) – **5.** → Erzader – **6.** in G. kommen: → Schwung (5, a *u.* b); in G. sein: → laufen (2); in G. setzen → anlassen (I, 1), anstellen (I, 1); einen G. machen: → spazieren (2); G. nach Kanossa: → Unterwerfung (2); seinen letzten G. antreten: → sterben (1) – **II.** Gänge (*Pl*): in die G. kommen: → Schwung (5, b)
[2]**Gang,** die: → Bande
Gangart, die: Gang · Trott
gangbar: → gewohnt (1)
Gängelband, das: am G. haben/führen: → beherrschen (I, 1)
gängeln: → bevormunden
gängig: → gewohnt (1)
Gangrän, das: → Brand (1)
gangränös: → brandig (1)
Gangster, der: → Verbrecher
Gangstertum, das: → Unterwelt (2)

Gangway, die: → Laufsteg
Ganove: **I.** Ganove, der: **1.** → Dieb – **2.** → Schurke – **II.** Ganoven (*Pl*): → Gesindel
Gans, die: **1.** → Ziege (2) – **2.** gucken wie die G., wenn's donnert: → überrascht (2)
Gänschen, das: → Mädchen (2)
Gänsefüßchen (*Pl*): → Anführungszeichen
Gänsehaut, die: eine G. bekommen: **a)** → [2]grauen, sich – **b)** → schaudern (1)
Gänsemarsch, der: im G.: → hintereinander (1)
Gänsewein, der: → Wasser (1)
gansig: → albern (1)
Gant, die: → Versteigerung
ganten: → versteigern
Ganymed, der: → Kellner
ganz: 1. ⟨*die Gesamtheit einer Tätigkeit, eines Zustands bezeichnend*⟩ gesamt · total · hundertprozentig · in vollem Umfang + von vorn bis hinten · von A bis Z · von Anfang bis [zu] Ende · in jeder Hinsicht/Beziehung · mit Leib und Seele; → *auch* [1]alle (1), insgesamt, vollständig (1), völlig (1) – **2.** → völlig (1) – **3.** → unbeschädigt – **4.** → unverletzt – **5.** g. groß: → großartig (1); g. und gar: → völlig (1); g. und gar nicht: → keineswegs; voll und g.: **a)** → völlig (1) – **b)** → vollständig (1); nichts Halbes und nichts Ganzes: → unvollständig; in der ganzen Welt: → überall (1); der ganze Segen/die ganze Schmiere: → alles (1); im Großen [und] Ganzen: → allgemein (3); im Ganzen: → insgesamt; eine ganze Masse/Wucht, ein ganzer Sack voll: → viel (I, 1); g. machen: → reparieren; nicht g. gescheit/klug/bei Verstand: → verrückt (1); g. Gefühl sein: → gefühlvoll (2)
Ganze, das: **1.** → Gesamtheit (1) – **2.** → alles (1) – **3.** aufs Ganze gehen: → wagen (2)
Gänze, die: **1.** → Gesamtheit (1) – **2.** zur G.: → vollständig (1)
Ganzheit, die: → Gesamtheit (1)
gänzlich: 1. → völlig (1) – **2.** → schlechthin
ganztags: den ganzen Tag + von morgens bis abends · von früh bis spät; → *auch* Tag (2)
Ganztagsbeschäftigung, die: Fulltimejob
Ganzteiler, der: → Badeanzug
gar: 1. ⟨*fertig gekocht*⟩ weich + gekocht – **2.** → sehr – **3.** gar keiner: → niemand; ganz und gar: → völlig (1); ganz und gar nicht: → keineswegs; gar zu: → allzu
Garage, die: Carport + Tiefgarage · Parkhaus; → *auch* Parkplatz
garagieren: → unterstellen (I)
Garant, der: → Bürge
Garantie, die: **1.** → Bürgschaft (1), Gewähr (1) – **2.** die G. geben: → versprechen (I, 1); G. bieten: → gewährleisten; G. leisten: **a)** → gewährleisten – **b)** → bürgen; die G. übernehmen: → bürgen; unter G.: → sicher (4)
Garantieleistung, die: → Bürgschaft (1)
garantieren: 1. → versprechen (I, 1) – **2.** → gewährleisten
garantiert: → sicher (4)
Garaus, der: den G. machen: → töten (I, 1)
Garbe, die: → Feuerstoß
Garçon, der: → Kellner
Garde, die: **1.** → Elitetruppe – **2.** → Wache (1)
Garderobe, die: **1.** ⟨*Einrichtung zur Aufbewahrung von Kleidung*⟩ Kleiderablage · Ablage · Kleiderständer + Kleiderhaken – **2.** → Kleidung – **3.** → Ankleideraum
Gardine, die: **1.** ⟨*Fensterbehang*⟩ Store · Vorhang + Scheibengardine · Übergardine – **2.** hinter schwedischen Gardinen sitzen: → gefangen (2)
Gardinenpredigt, die: **1.** → Strafpredigt – **2.** eine G. halten: → zurechtweisen
garen: 1. → kochen (2) – **2.** → braten
gären: 1. ⟨*einen Gärprozess durchmachen*⟩ treiben · arbeiten; → *auch* aufgehen (2) – **2.** ⟨*zum Aufruhr neigen*⟩ brodeln · schwelen
Gärfutter, das: Silage · Ensilage · Silofutter (*Landw*)
Garn, das: **1.** ⟨*gesponnener Faden*⟩ Nähgarn · Zwirn – **2.** sein G. spinnen: → erzählen (2); ins G. locken: → überlisten; ins G. gehen: → hereinfallen
garnieren: → verzieren
Garnitur, die: → Serie (1)
Garnknäuel, das: → Knäuel (1)
garstig: → gemein (1), boshaft (1)
Garstigkeit, die: → Gemeinheit (1), Bosheit
Garten, der: englischer G.: → Park (1); G. Eden, G. Gottes: → Paradies (1, b); Quer durch den G., Durch den G.: → Eintopfgericht
Gartenbohne, die: Bohne; Fisole (*österr*); Fasole (*schweiz*) ♦ *umg*: Fisel (*süddt*)
Gartenhäuschen, das: Laube · Pavillon; Salettl (*süddt österr*)

Gas, das: G. geben: → beschleunigen; G. wegnehmen: → drosseln (1)
Gashahn, der: den G. aufdrehen/aufmachen: → vergiften (II)
Gaskogner, der: → Angeber (1)
Gaskonade, die: → Angabe (I, 1)
gassaus: g., gassein: → überall (1)
Gasse, die: **1.** → Durchgang (1) – **2.** auf der G. liegen: → herumtreiben, sich; Hans Dampf in allen Gassen: → Tausendsasa
Gassenhauer, der: → Schlager (1)
Gassenkehrer, der: → Straßenkehrer
gassenmäßig: → gewöhnlich (2)
Gast, der: **1.** ⟨*besuchsweise anwesende Person*⟩ Besucher · der Geladene + Pensionär · Stammgast – **2.** ⟨*vorübergehend Teilnehmender*⟩ Hospitant – **3.** zu G. bitten: → [2]einladen (a)
Gästehaus, das: Gästeheim · Heim; → *auch* Hotel (1)
Gästeheim, das: → Gästehaus
gastfrei: → gastfreundlich (1)
Gastfreiheit, die: → Gastfreundschaft
gastfreundlich: 1. ⟨*stets gern Gäste aufnehmend*⟩ gastlich · gastfrei · wirtlich – **2.** g. sein: ⟨*stets gern Gäste aufnehmen*⟩ ein offenes Haus haben
Gastfreundschaft, die: Gastlichkeit · Gastfreiheit
Gastgeber, der: Hausherr · Wirt · Herr des Hauses
Gastgeberin, die: Hausherrin · Frau des Hauses
Gasthaus, das: **1.** → Gaststätte (1, a) – **2.** → Hotel (1)
Gastherme, die: → Boiler
Gasthof, der: **1.** → Gaststätte (1, a) – **2.** → Hotel (1)
Gasthörer, der: + Hospitant
gastlich: → gastfreundlich (1)
Gastlichkeit, die: → Gastfreundschaft
Gastmahl, das: → Festessen
Gastronom, der: → Koch (1)
Gastronomie, die: → Kochkunst
gastronomisch: → feinschmeckerisch
Gaststätte, die: **1.** ⟨*Gebäude zur Bewirtung Fremder*⟩ **a)** ⟨*allgemein*⟩ Restaurant · Lokal · Gasthaus · Gasthof · Gastwirtschaft; Lokalität (*scherzh*); Wirtshaus · Krug · Restauration · Schenke/Schänke · Kretscham (*landsch*); Beisel (*österr*) + Dorfkrug · Raststätte · Rasthaus · Hotel · Etablissement ♦ *umg*: Wirtschaft ♦ *salopp*: Kneipe; Kaschemme · Spelunke (*abwert*) – **b)** ⟨*vorwiegend mit Bierverkauf*⟩ Bierlokal · Pub; Schankstube · Schankwirtschaft · Schenkwirtschaft/Schänkwirtschaft · Schenkstube/Schänkstube · Schenke/Schänke · Stampe (*landsch*) · Stehbierhalle ♦ *umg*: Schwemme ♦ *salopp*: Bierkneipe · Budike – **c)** ⟨*vorwiegend mit Spirituosenverkauf*⟩ Probierstube; Pinte (*schweiz*) ♦ *umg*: Destille (*veraltend*) – **d)** ⟨*vorwiegend mit Weinverkauf*⟩ Weinstube · Weinkeller · Taverne – **e)** ⟨*vorwiegend mit Speisenverkauf*⟩ Speisegaststätte · Speisewirtschaft · Schnellgaststätte + Kantine · Werkkantine · Werkküche – **2.** ⟨*Aufenthaltsraum einer Gaststätte zur Bewirtung Fremder*⟩ Gaststube · Gastzimmer · Wirtsstube + Saal · Teestube · Tearoom
Gaststube, die: → Gaststätte (2)
Gastwirt, der: Wirt; Schankwirt · Schenkwirt/Schänkwirt · Krüger · Schenk (*noch landsch*) + Hotelier ♦ *salopp*: Kneipier · Kneipenwirt · Kneiper · Budiker
Gastwirtschaft, die: → Gaststätte (1, a)
Gastzimmer, das: → Gaststätte (2)
Gatsch, der: → Schmutz (1)
gatschig: → schmutzig (1)
Gatte, der: → Ehemann
Gatter, das: **1.** → Gitter (1) – **2.** → Zaun (1) – **3.** → Käfig (1)
Gatterich, der: → Ehemann
Gattin, die: → Ehefrau
Gattung, die: → Art (2), Geschlecht (1)
GAU, der: → Störfall
Gaucho, der: → Hirt
Gaudi[um], das: **1.** → Freude (2) – **2.** → Vergnügen (1)
Gaukelei, die: → Vorspiegelung
Gaukelkunst, die: → Zauberei
Gaukelspiel, das: → Vorspiegelung
Gaukler, der: → Artist, Zauberkünstler
Gauklerei, die: → Vorspiegelung
Gaul, der: → Pferd (1)
Gaumen, der: jmdm. klebt die Zunge am G.: → dürsten (1)
Gaumenfreude, die: → Leckerbissen
Gaumenkitzel, der: → Leckerbissen
Gauner, der: **1.** → Betrüger – **2.** → Schurke
Gaunerei, die: → Betrug (1)
gaunerhaft: → betrügerisch
gaunern: → betrügen (1)
Gaunerstreich, der: → Betrug (1)
Gaunerstück, das: → Betrug (1)

Gayboy, der: → Homosexuelle (I)
Gazette, die: → Zeitung (I, 1)
Geaase, das: → Verschwendung
geachtet: → angesehen (1)
geächtet: vogelfrei · verfemt · friedlos; → *auch* rechtlos
Geächtete, der: der Ausgestoßene · Outcast · Paria
Geächze, das: → Stöhnen
geädert: durchädert + gebändert
gealtert: → ältlich
Geäse, das: → Futter (1)
Geäst, das: Astwerk · Gezweig
Geaste, das: → Schlepperei
geästelt: → verzweigt
Gebabbel, das: → Geschwätz (1)
Gebäck, das: Gebäckstück · Backwerk; Patisserie (*noch schweiz*) + Kuchen · Knusperchen ♦ *umg*: etw. zum Knabbern
Gebäckstück, das: → Gebäck
Gebalge, das: → Rauferei
Gebälk, das: Balkenwerk; → *auch* Balken
Gebärde, die: → Geste (1)
gebärden, sich: → verhalten (II, 1)
Gebärdenspiel, das: → Mimik
Gebärdung, die: → Geste (1)
gebaren, sich: → verhalten (II, 1)
Gebaren, das: → Verhalten
gebären: niederkommen · ein Kind/Baby/etwas Kleines bekommen · auf die/zur Welt bringen · ein Kind in die Welt setzen · das Leben schenken · von einem Kind entbunden werden; kreißen (*veraltet*) ♦ *gehoben*: eines Kindes genesen ♦ *umg*: ein Kind kriegen
Gebarme, das: → Jammer (1)
Gebarung, die: → Verhalten
Gebarungsbericht, der: → Geschäftsbericht
gebauchkitzelt: sich g. fühlen: → geschmeichelt
gebauchklatscht: sich g. fühlen: → geschmeichelt
gebauchpinselt: sich g. fühlen: → geschmeichelt
gebaucht: → bauchig (1)
Gebäude, das: **1.** ⟨*etw. Gebautes*⟩ Bau[werk] · Baulichkeit ♦ *umg*: Kasten; → *auch* Haus (1) – **2.** → Gedankengebäude
Gebäudekomplex, der: Komplex · Trakt; → *auch* Häuserblock
gebaut: **1.** → gewachsen (1) – **2.** → veranlagt
gebefreudig: **1.** → freigebig (1) – **2.** → opferbereit
Gebefreudigkeit, die: → Freigebigkeit
Gebein, das: → Skelett (1)
geben: **I.** geben: **1.** ⟨*zum Ergreifen hinhalten*⟩ reichen · überreichen · zureichen · bieten · präsentieren + in die Hand drücken ♦ *gehoben*: darreichen · darbieten ♦ *umg*: langen; → *auch* abgeben (I, 1) – **2.** → schenken (1) – **3.** → aufführen (I, 1) – **4.** viel g. |auf|: → achten (1); zu denken g.: → bedenklich (3); Unterricht g.: → unterrichten (2); den Abschied/Laufpass g.: → entlassen (2); zur Antwort g.: → antworten; zum Besten g.: → erzählen (2); sein Wort g.: → versprechen (I, 1); seinen Segen g.: → zustimmen (1); seine Stimme g. |für|: → wählen (1); Brief und Siegel g.: → versichern (I); Kontra g.: → widersprechen (1); einen Korb g.: → abweisen (1); eins aufs Dach g., es jmdm. [gründlich] g.: → zurechtweisen; es jmdm. [ordentlich/feste] g., Pfeffer g.: → schlagen (I, 1); eins hinter die Löffel g.: → ohrfeigen; den Rest g.: → töten (I, 1); den Fang[schuss]/Fangstoß/Genickfang/Gnadenschuss/Gnadenstoß g.: → töten (I, 2); Feuer g.: → schießen (1); Gift g.: → vergiften (I, 1); die Brust g.: → stillen (1); die Hälfte g.: → teilen (I, 1); aus der Hand g.: → weggeben (1); sich einen Ruck/seinem Herzen einen Stoß g.: → ermannen, sich; sein Bestes g.: → bemühen (II, 1); Laut/Hals g.: → bellen (1); in Verwahrung g.: → hinterlegen; den Vorzug g.: → bevorzugen; sich eine Blöße g.: → bloßstellen (II); sich Mühe g.: **a)** → anstrengen (II, 1) – **b)** → bemühen (II, 1); von sich g.: **a)** → erbrechen (I, 1) – **b)** → äußern (I, 1); den letzten Hauch von sich g.: → sterben (1) – **II.** geben, sich: **1.** → verhalten (II, 1) – **2.** sich [wieder] g.: → beruhigen (II, 1, b)
Geber, der: → Wohltäter
Gebet, das: **1.** ⟨*religiöse Anrufung Gottes*⟩ + Litanei · Bittgebet · Dankgebet · Paternoster · Vaterunser – **2.** ins G. nehmen: → zurechtweisen
Gebetbuch, das: Brevier; Stundenbuch · Horarium (*hist*)
Gebiet, das: **1.** → Landschaftsgebiet – **2.** → Staatsgebiet – **3.** → Bereich (1) – **4.** → Fach (1, b)
gebieten: **1.** → befehlen (I, 1) – **2.** → erfordern – **3.** g. |über|: **a)** → herrschen (1) –

b) → besitzen (1); Halt/Einhalt g.: **a)** → protestieren – **b)** → hindern – **c)** → eindämmen (1)
gebietend: → herrisch (1)
Gebieter, der: **1.** → Herrscher – **2.** Herr und G.: → Ehemann
gebieterisch: → herrisch (1)
Gebietshoheit, die: → Territorialgewalt
gebietsweise: → landschaftlich (1)
gebildet: belesen · beschlagen · qualifiziert · kenntnisreich · hochgebildet + akademisch · urban · kultiviert · kulturvoll · niveauvoll · sprachgewandt; → *auch* gelehrt (1)
Gebinde, das: → Blumenkranz
Gebirge, das: Berge · Gebirgskette · Gebirgszug · Gebirgsmassiv + Felsmassiv · Gesteinsmassiv · Vorgebirge; → *auch* Hochebene, Berg (I, 1)
gebirgig: → bergig
Gebirgskamm, der: → Bergrücken
Gebirgskette, die: → Gebirge
Gebirgsmassiv, das: → Gebirge
Gebirgssattel, der: → Bergsattel
Gebirgszug, der: → Gebirge
Gebiss, das: **1.** ⟨*alle Zähne im Mund*⟩ Zähne – **2.** → Zahnprothese – **3.** künstliches G.: → Zahnprothese
geblümt: blumig
Geblüt, das: → Geschlecht (2)
gebogen: gekrümmt · geschwungen · geschweift · halbrund; → *auch* krumm (1)
gebongt: ist g.: → einverstanden (1)
geboren: 1. ⟨*stammend aus*⟩ gebürtig – **2.** g. werden: ⟨*zur Welt gebracht werden*⟩ zur/auf die Welt kommen · das Licht der Welt erblicken – **3.** g. |in|: → stammen (1)
geborgen: 1. ⟨*an einem gut geschützten Ort*⟩ in guten/sicheren Händen · gut aufgehoben · unter Dach und Fach; wie in Abrahams Schoß (*scherzh*); → *auch* sicher (1) – **2.** g. sein: ⟨*dem Regen nicht mehr ausgesetzt sein*⟩ im Trockenen sitzen
Geborgenheit, die: → Sicherheit (1)
Geborgensein, das: → Sicherheit (1)
Gebot, das: **1.** → Aufforderung (2) – **2.** → Befehl (1) – **3.** → Angebot (1) – **4.** zu Gebote stehen: → verfügbar (5)
geboten: → notwendig (1)
Gebratene, das: → Braten (1)
Gebräu, das: → Getränk (1)
Gebrauch, der: **1.** → Verwendung (1) – **2.** → Anwendung (1) – **3.** → Brauch (1) – **4.** aus dem G. kommen: → veralten; in G. haben: → gebrauchen (1); in G. nehmen, G. machen |von|: → anwenden (1)
gebrauchen: 1. ⟨[*dauernd*] *in bestimmter Weise einsetzen*⟩ sich bedienen · in Gebrauch haben ♦ *umg*: brauchen; → *auch* verwenden (I, 1) – **2.** → anwenden (1) – **3.** → brauchen (1)
gebräuchlich: → üblich (1)
Gebrauchsanweisung, die: → Anleitung (2)
gebrauchsfertig: → betriebsfertig
Gebrauchsgegenstand, der: Bedarfsgegenstand · Utensil
Gebrauchsgüter (*Pl*): Gebrauchswaren · Bedarfsgüter · Konsumgüter
Gebrauchswaren (*Pl*): → Gebrauchsgüter
gebraucht: aus zweiter Hand · nicht neu; übertragen (*österr*) + antiquarisch; → *auch* alt (2)
Gebrauchtwarenladen, der: Secondhandshop · Secondhandladen · Secondhandgeschäft · An- und Verkauf
gebräunt: → braun (2)
Gebraus[e], das: → Lärm (1)
gebrechen: es gebricht an: → fehlen (2)
Gebrechen, das: **1.** → Krankheit – **2.** → [1]Mangel (2)
gebrechlich: hinfällig · altersschwach; bresthaft (*noch schweiz*) + alt · schwächlich · [hoch]betagt · erholungsbedürftig ♦ *umg*: klapperig · taperig ♦ *salopp*: knackerig; → *auch* behindert
Gebreit[e], das: → Feld (1, a)
Gebresten, das: → Krankheit
gebrochen: → verzweifelt
Gebrodel, das: → Durcheinander (2)
Gebrüder (*Pl*): → Bruder (II)
Gebrüll, das: → Geschrei (1, a *u.* b)
Gebühr, die: **1.** → Abgabe (2) – **2.** nach G.: → gebührend (1); über G.: → übertrieben
gebühren: I. gebühren: → verdienen (2) – **II.** gebühren, sich: → gehören (II)
gebührend: 1. ⟨*der Notwendigkeit bzw. den Gegebenheiten entsprechend*⟩ angemessen · gehörig · geziemend · schuldig · gemäß · zustehend · zukommend · gebührendermaßen · gebührenderweise · in gebührender Weise · nach Gebühr/Verdienst · wie es sich gehört; ziemlich (*veraltend*); gebührlich (*veraltet*); → *auch* richtig (1), gerecht (1) – **2.** → anständig (1) – **3.** in gebührender Weise: → 1
gebührendermaßen: → gebührend (1)

gebührenderweise: → gebührend (1)
gebührenfrei: → portofrei, kostenlos
gebührlich: **1.** → gebührend (1) – **2.** → anständig (1)
Gebührnis, die: → Abgabe (2)
gebumfiedelt: sich g. fühlen: → geschmeichelt
Gebumse, das: → Lärm (1)
gebunden: → unfrei (1)
Gebundenheit, die: → Unfreiheit
Geburt, die: **1.** ⟨*Vorgang des Gebärens*⟩ Niederkunft · Entbindung · freudiges Ereignis · die schwere Stunde; → *auch* Schnittentbindung, Fehlgeburt – **2.** → Abstammung – **3.** → Entstehung – **4.** von erlauchter G.: → adlig (1); eine schwere G. sein: → schwierig (4); von G. [an]: → angeboren
Geburtenbeschränkung, die: Geburtenregelung + Geburtenkontrolle
Geburtenkontrolle, die: → Geburtenbeschränkung
Geburtenregelung, die: → Geburtenbeschränkung
gebürtig: **1.** → geboren (1) – **2.** g. |aus|: → stammen (1)
Geburtshelferin, die: → Hebamme
Geburtsjahr, das: → Jahrgang (1)
Geburtstag, der: Wiegenfest + Ehrentag
Gebüsch, das: → Buschwerk
Geck, der (*abwert*): **1.** ⟨*eitler Mensch*⟩ Dandy · Gent · Laffe · Elegant · Schönling · Snob; Stutzer · Fashionable (*veraltend*); Fratz · Gigerl (*süddt österr*) + Salontiroler ♦ *umg*: Fatzke · Stenz ♦ *salopp*: Affe · Lackaffe · Pomadenhengst – **2.** → Spaßmacher
geckenhaft: **1.** ⟨*sich wie ein Geck betragend*⟩ geckenmäßig · snobistisch; gigerlhaft (*süddt österr*) – **2.** → eitel (1)
Geckenhaftigkeit, die: **1.** ⟨*das Geckenhaftsein*⟩ Snobismus · Geckerei – **2.** → Eitelkeit (1)
geckenmäßig: **1.** → geckenhaft (1) – **2.** → eitel (1)
Geckerei, die: **1.** → Geckenhaftigkeit (1) – **2.** → Eitelkeit (1)
gedacht: angenommen · fiktiv · virtuell · gedachtermaßen · vorgestellt · imaginär + ideell · gedanklich
gedachtermaßen: → gedacht
Gedächtnis, das: **1.** ⟨*die Fähigkeit, sich zu erinnern*⟩ Erinnerung[svermögen] · Gedächtniskraft – **2.** → Erinnerung (I, 2) – **3.** zum G.: → Erinnerung (I, 5); ins G. bringen/[zurück]rufen: → erinnern (I, 1); sich ins G. [zurück]rufen: → erinnern (II); im G. behalten: → merken (4); nicht im G. behalten, aus dem G. verlieren, aus dem G. schwinden: → vergessen (I, 2); ein kurzes G. haben, ein G. wie ein Sieb haben: → vergesslich (2); aus dem G.: → auswendig (1)
Gedächtniskraft, die: → Gedächtnis (1)
Gedächtnislücke, die: → Erinnerungslücke
Gedächtnisrede, die: → Nachruf
gedächtnisschwach: → vergesslich (1)
Gedächtnisschwäche, die: **1.** ⟨*krankhafte Erinnerungsunfähigkeit*⟩ Gedächtnisschwund · Gedächtnisverlust; Amnesie (*med*) + Geistesschwäche · Ideenflucht – **2.** → Vergesslichkeit
Gedächtnisschwund, der: → Gedächtnisschwäche (1)
Gedächtnisstütze, die: → Eselsbrücke
Gedächtnisverlust, der: → Gedächtnisschwäche (1)
gedämpft: → leise (1), dumpf (2)
Gedanke, der: **1.** ⟨*das, was gedacht wird, bzw. Ergebnis des Denkens*⟩ Idee · Vorstellung; → *auch* Gedankengebäude – **2.** → Einfall (1) – **3.** auf den Gedanken kommen: → einfallen (1); auf andere Gedanken bringen: → ablenken (I, 2); Gedanken [er]raten/lesen: → hellsehen; sich Gedanken machen: → sorgen (II); sich keine Gedanken machen: → sorglos (2); sich mit dem Gedanken tragen, mit dem Gedanken umgehen: → beabsichtigen; seine Gedanken zusammennehmen: → konzentrieren (II); [in Gedanken] verloren/versunken: → geistesabwesend (1); in Gedanken sein, seine Gedanken woanders haben/nicht beisammenhaben: → unaufmerksam (2); kein G.: → keineswegs
Gedankenarmut, die: → Geistlosigkeit
Gedankenaustausch, der: → Aussprache (2)
Gedankenblitz, der: → Einfall (1)
Gedankenflug, der: geistiger Höhenflug · Geistesflug → Flug der Gedanken; → *auch* Genialität
Gedankenfolge, die: → Gedankengang
Gedankenfülle, die: → Gedankenreichtum (1)
Gedankengang, der: Gedankenfolge · Ideenfolge · Gedankenkette · Gedankenreihe ·

Ideenkette · Ideengang; → *auch* Überlegung (1)
Gedankengebäude, das: System · Lehrgebäude · Gebäude; → *auch* Gedanke (1), Lehre (1)
Gedankengehalt, der: Ideengehalt · Gehalt · Inhalt · Substanz · Kernsinn + Gedankentiefe · Geistesfülle; → *auch* Gedankenreichtum (1)
Gedankenkette, die: → Gedankengang
Gedankenleere, die: → Geistlosigkeit
gedankenlos: 1. → unüberlegt (1) – **2.** → mechanisch
gedankenreich: 1. → geistreich – **2.** → einfallsreich
Gedankenreichtum, der: **1.** ⟨*das Hervorbringen vieler schöpferischer Gedanken*⟩ Gedankenfülle · Ideenreichtum; → *auch* Gedankengehalt – **2.** → Erfindungsgabe (1)
Gedankenreihe, die: → Gedankengang
Gedankentiefe, die: → Gedankengehalt
Gedankenverbindung, die: Ideenassoziation · Ideenverknüpfung · Assoziation
gedankenverloren: → geistesabwesend (1)
gedankenvoll: → nachdenklich
gedanklich: → gedacht
Gedärm: I. Gedärm, das: → Eingeweide – **II.** Gedärme (*Pl*): → Eingeweide
Gedeih: auf G. und Verderb: → bedingungslos
gedeihen: 1. ⟨*einen guten Fortgang zeigen*⟩ blühen · florieren · prosperieren · gut gehen · einen Aufschwung/Aufstieg/Boom erleben · boomen · im Aufwind sein ♦ *umg*: flott gehen ♦ *salopp*: brummen · hinhauen; → *auch* entwickeln (II, 1) – **2.** → entwickeln (II, 2) – **3.** → erstarken
Gedeihen, das: → Wachstum (1)
gedeihlich: → nützlich
gedenken: 1. → beabsichtigen – **2.** zu tun g.: → beabsichtigen
Gedenken, das: **1.** → Erinnerung (I, 2) – **2.** zum G.: → Erinnerung (I, 5)
Gedenkfeier, die: Erinnerungsfeier · Gedenkstunde; → *auch* Feier (1)
Gedenkrede, die: → Nachruf
Gedenkstein, der: → Denkmal (1)
Gedenkstunde, die: → Gedenkfeier
Gedicht, das: **1.** ⟨*sprachl. Kunstwerk*⟩ Poem · Verse + Ballade · Romanze · Sonett · Ode · Spruch ♦ *dicht*: Gesang – **2.** ein G. sein: → großartig (3)
gediegen: 1. ⟨*von sehr guter Qualität*⟩ solid[e] – **2.** → rein (1) – **3.** → komisch (1) – **4.** → merkwürdig
Gedinge, das: → Akkord (2)
Gedöns, das: **1.** → Gehabe[n] (1) – **2.** → Geschwätz (1)
Gedränge, das: **1.** ⟨*das Drängen*⟩ Gewühl · Andrang · Gemenge · Getriebe ♦ *umg*: Geschiebe · Getreibe · Drückerei · Rammelei; Gewürge (*landsch*); → *auch* Durcheinander (2), Enge (1) – **2.** ins G. kommen/geraten: → Schwierigkeit (2)
gedrängt: 1. ⟨*ohne Zwischenräume stehend*⟩ dicht bei/an dicht · Kopf an Kopf · dicht gedrängt · Mann an Mann · Schulter an Schulter; → *auch* dicht (1) – **2.** → knapp (2)
Gedrängtheit, die: → Enge (1)
Gedröhn[e], das: → Geschwätz (1)
gedrückt: 1. → niedergeschlagen (1) – **2.** → ärmlich (1)
Gedrücktheit, die: → Niedergeschlagenheit
gedrungen: → untersetzt
geduckt: → schüchtern
Geduld, die: **1.** ⟨*friedfertiges Abwarten*⟩ Langmut · Ausdauer · Engelsgeduld + Ruhe ♦ *umg*: Lammsgeduld; → *auch* Gelassenheit, Toleranz – **2.** → Beharrlichkeit – **3.** G. üben, sich in G. fassen: → gedulden, sich; mit G. [er]tragen: → dulden (1); mit/voller G.: → geduldig (1); die G. verlieren: → ungeduldig (2); jmdm. reißt die G.: → aufbrausen (2), ungeduldig (2)
gedulden, sich: [ab]warten · Geduld üben · sich in Geduld fassen ♦ *umg*: abwarten und Tee trinken; zuwarten (*landsch*)
geduldig: 1. ⟨*friedfertig abwartend*⟩ langmütig · mit/voller Geduld · geduldig wie ein Schaf/Lamm + ruhig; → *auch* tolerant – **2.** → beharrlich (1)
Geduldsfaden, der: jmdm. reißt der G.: → aufbrausen (2), ungeduldig (2)
gedunsen: → aufgeschwemmt
Gedünste, das: → Dunst (1)
geehrt: → verehrt
geeignet: 1. ⟨*die erforderl. Fähigkeiten besitzend*⟩ befähigt · fähig · tauglich · berufen · prädestiniert – **2.** → verwendbar – **3.** → gelegen (1), ideal (1) – **4.** g. sein: ⟨*die erforderl. Fähigkeiten besitzen*⟩ sich eignen · passen · dazu angetan sein
Geeignetheit, die: → Eignung (1)

geerbt: → ererbt (1)
Geesse, das: → Essen (1)
Gefahr, die: **1.** ⟨*drohendes Unheil*⟩ Gefährdung · Risiko · Sicherheitsrisiko · Bedrohung + Bedrängnis · Gefahrenquelle · Gefahrenmoment ♦ *dicht*: Fährnis – **2.** in G.: → gefährdet (1); in G. schweben: → gefährdet (2); außer G.: → sicher (1); G. laufen, sich einer G. aussetzen, sich in G. begeben: → gefährden (II); in G. bringen: → gefährden (I); G. bergend/bringend/drohend: → gefährlich (1)
gefährden: **I.** gefährden: ⟨*in eine gefährl. Lage bringen*⟩ in Gefahr bringen · bedrohen ♦ *umg*: hineinreiten – **II.** gefährden, sich: ⟨*sich in eine gefährl. Lage bringen*⟩ Gefahr laufen · sich einer Gefahr aussetzen · sich in Gefahr begeben ♦ *umg*: seine Haut zu Markte tragen · sich in die Höhle des Löwen begeben
gefährdet: **1.** ⟨*einer Gefahr ausgesetzt*⟩ in Gefahr + exponiert – **2.** → unsicher (2) – **3.** g. sein: ⟨*einer Gefahr ausgesetzt sein*⟩ in Gefahr schweben · auf dem Spiel stehen
Gefährdung, die: → Gefahr (1)
Gefahrenmoment, das: → Gefahr (1)
Gefahrenquelle, die: → Gefahr (1)
gefährlich: **1.** ⟨*eine Gefahr darstellend*⟩ Gefahr bringend · Gefahr bergend · Gefahr drohend · gefahrvoll · Unheil bringend · [hoch]brisant · unheilvoll · bedrohlich + gemeingefährlich · heimtückisch · verfänglich · kritisch; → *auch* bedenklich (1), ernst (1), unheilvoll (1), bösartig (1), gewagt, schädlich (1) – **2.** g. sein: ⟨*eine Gefahr darstellen*⟩ den Hals kosten [können] · ein Spiel mit dem Feuer sein ♦ *umg*: ein heißes Eisen sein · ein [zu] heißes Pflaster sein – **3.** das gefährliche Alter: → Wechseljahre
gefahrlos: → ungefährlich
Gefährt, das: → Fahrzeug (1), Auto (1), Wagen (1)
Gefährte, der: → Kamerad
gefahrvoll: → gefährlich (1)
Gefälle, das: **1.** ⟨*Neigung in einem Gelände*⟩ Höhenunterschied · Senkung · Abfall · Neigung + Gefällstrecke; → *auch* Abhang (1) – **2.** ein gutes G. haben: → trinkfest
gefallen: **1.** ⟨*freudige Zustimmung hervorrufen*⟩ ansprechen · für sich einnehmen · zusagen · behagen · bestechen · beliebt sein · Anklang/gute Aufnahme/Beifall finden · sich großer Beliebtheit erfreuen · jmds. Geschmack entsprechen/treffen · Zuspruch finden + entsprechen ♦ *umg*: ankommen · es jmdm. angetan haben · in die Augen stechen; schmecken (*landsch*) – **2.** ⟨*positiv auf das andere Geschlecht wirken*⟩ jmds. Typ sein · Chancen haben |bei| ♦ *umg*: Ankratz haben (*landsch*) – **3.** nicht g.: → missfallen (2); sich g. lassen: → hinnehmen (1); sich nichts g. lassen: → verteidigen (II)
Gefallen: **I.** Gefallen, der: **1.** → Gefälligkeit (1) – **2.** einen G. erweisen/tun: → gefällig (5) – **II.** Gefallen, das: **1.** ⟨*positives Empfinden*⟩ Anklang · Resonanz · Zuspruch · Echo – **2.** G. haben/finden |an|, G. abgewinnen |einer Sache|: → mögen; zu G. reden: → schmeicheln (1); keinen G. finden |an|: → missfallen (2)
Gefallene, der: → Verstorbene
gefällig: **1.** ⟨*immer zum Helfen bereit*⟩ zuvorkommend · entgegenkommend · hilfreich · hilfsbereit + erbötig · kulant; → *auch* freundlich (1), aufmerksam (2) – **2.** ⟨*dem Geschmack entgegenkommend*⟩ [an]genehm · ansprechend · wohlgefällig · zusagend · sympathisch · gewinnend · annehmlich · bestechend – **3.** → anmutig – **4.** → hübsch (1) – **5.** g. sein: ⟨*jmdm. gern bei etw. helfen*⟩ einen Gefallen erweisen/tun · einen Dienst/Freundschaftsdienst erweisen
Gefälligkeit, die: **1.** ⟨*kleine Hilfeleistung*⟩ Gefallen · Freundlichkeit · Entgegenkommen · Aufmerksamkeit · Freundesdienst · Liebesdienst + Ritterdienst · Kulanz – **2.** → Hilfsbereitschaft
Gefällstrecke, die: → Gefälle (1)
Gefallsucht, die: → Eitelkeit (1)
gefallsüchtig: → eitel (1)
gefälscht: → unecht (1)
gefangen: **1.** → gefesselt – **2.** g. sein: ⟨*bes. wegen einer Straftat seiner Freiheit beraubt sein*⟩ inhaftiert sein · in Haft sitzen · eingesperrt sein · in Arrest sitzen; im Gefängnis/Zuchthaus sitzen (*veraltend*); einsitzen (*fachspr*) + im Kerker sitzen · im Kerker sein ♦ *gehoben*: im Kerker schmachten ♦ *umg*: sitzen · auf Nummer Sicher/bei Wasser und Brot/hinter Gittern/hinter Schloss und Riegel/hinter schwedischen Gardinen sitzen · Arrest schieben · brummen; gesiebte Luft atmen (*scherzh*) ♦ *salopp*: Knast schieben · Tüten kleben · im Knast sitzen – **3.** g. setzen: ⟨*der Freiheit berauben*⟩ in Ketten/Fesseln legen; → *auch*

einsperren (1), verhaften – **4.** g. halten: ⟨*in Gefangenschaft halten*⟩ in Haft/Gewahrsam halten – **5.** g. nehmen: **a)** → verhaften – **b)** → interessieren (I)
Gefangene, der: → Häftling
Gefangenenzelle, die: → Zelle (2)
Gefangenschaft, die: → Haft (1)
Gefängnis, das: **1.** → Strafvollzugsanstalt – **2.** → Freiheitsstrafe – **3.** ins G. werfen: → einsperren (1); im G. sitzen: → gefangen (2)
Gefängniszelle, die: → Zelle (2)
gefärbt: tendenziös ♦ *umg*: angehaucht
Gefasel, das: → Geschwätz (1)
Gefäß, das: → Ader (1)
gefasst: 1. → gelassen (1) – **2.** → beherrscht (1) – **3.** g. sein |auf|: → vorbereitet (2); sich g. machen |auf|: → vorbereiten (II); g. bleiben: → beherrschen (II)
Gefasstheit, die: **1.** → Beherrschung (1) – **2.** → Gelassenheit
Gefäßverkalkung, die: Arteriosklerose · Arterienverkalkung
Gefecht, das: **1.** ⟨[*kleinere*] *Kampfhandlung*⟩ Geplänkel · Plänkelei · Schießerei · Treffen; Scharmützel (*veraltet*) ♦ *umg*: Geschieße; → *auch* Kampf (1), Schlacht – **2.** außer G.: → kampfunfähig (1); außer G. setzen: → kampfunfähig (2), besiegen (I); ins G. führen: → vorbringen; in der Hitze des Gefechts: → versehentlich
gefechtsbereit: → kampfbereit
Gefechtslinie, die: → Front (1)
gefeiert: → berühmt (1)
gefeilt: → sorgfältig (1)
gefeit: → immun (1)
Gefeixe, das: → Gelächter (1)
Gefels, das: → Gestein
gefesselt: gefangen · gepackt + ergriffen · begeistert; → *auch* gespannt (1)
Gefieder, das: Federkleid
Gefilde, das: **1.** → Landschaftsgebiet – **2.** → Feld (1, a) – **3.** → Bereich (1) – **4.** die Gefilde der Seligen, die elysischen Gefilde: → Jenseits (1, b)
gefinkelt: → schlau (1), raffiniert (1)
Gefitze, das: → Durcheinander (1)
Geflecht, das: Flechtwerk · Gewinde · Maschenwerk
gefleckt: scheckig · fleckig · apfelig + bunt gefleckt · buntscheckig · [bunt] gescheckt
Geflenne, das: → Weinen
Geflissenheit, die: → Eifer (1)
geflissentlich: → absichtlich
Geflügel, das: → Federvieh
Geflunker, das: → Lüge (1)
Geflüster, das: Gewisper · Gelispel · Lispelei · Gezischel ♦ *umg*: Flüsterei · Zischelei
Gefolge, das: **1.** → Begleitung (1), Gefolgschaft (1) – **2.** im G. haben: → Folge (3)
Gefolgschaft, die: **1.** ⟨*Parteigänger einer Person od. Gruppe*⟩ Anhang · Anhängerschaft · Gefolge + Jüngerschaft; → *auch* Anhänger (3) – **2.** → Begleitung (1) – **3.** G. leisten: → gehorchen (1)
Gefolgsmann, der: **1.** → Lehnsmann – **2.** → Anhänger (3)
gefräßig: 1. ⟨*von Tieren gesagt*: *viel fressend*⟩ fressgierig · fresssüchtig · unersättlich ♦ *umg*: verfressen; → *auch* unersättlich (1), hungrig (1) – **2.** → unersättlich (1)
Gefräßigkeit, die: **1.** ⟨*von Tieren gesagt*: *starkes Verlangen nach viel Nahrung*⟩ Fress[be]gier · Fresssucht · Unersättlichkeit ♦ *umg*: Verfressenheit; → *auch* Unersättlichkeit (1), Hunger (1), Appetit – **2.** → Unersättlichkeit (1)
Gefresse, das: → Essen (1)
Gefrett, das: → Unannehmlichkeit
Gefrieranlage, die: → Tiefkühlschrank
gefrieren: 1. → zufrieren – **2.** → erstarren (1, a)
Gefrierschrank, der: → Tiefkühlschrank
Gefriertruhe, die: → Tiefkühlschrank
Gefrieß, das: → Gesicht (1)
Gefrorene, das: → Speiseeis
gefuchst: → raffiniert (1)
gefüge: → gehorsam (1)
Gefüge, das: → Gliederung (1)
gefügig: 1. → gehorsam (1) – **2.** g. machen: → zwingen (1)
Gefügigkeit, die: → Gehorsam (1)
Gefühl, das: **1.** ⟨*psych. Regung*⟩ Empfinden · Empfindung· Emotion · Feeling + Stimmung – **2.** → Tastsinn – **3.** mit G.: → gefühlvoll (1); ohne G.: **a)** → gefühllos (1) – **b)** → unempfindlich (1); im G. haben: → spüren (1); jmds. Gefühle verletzen: → kränken; ganz G. sein: → gefühlvoll (2)
gefühlig: → gefühlvoll (1)
gefühllos: 1. ⟨*ohne innere Teilnahme am Leben bzw. Schicksal anderer*⟩ gefühlsarm · gefühlskalt · gefühlsleer · gefühlsroh · ohne Gefühl/Mitgefühl · gemütsarm · gemütslos · herzlos · kaltherzig · lieblos · liebeleer · eiskalt · stumpf · abgestumpft + seelenlos ♦ *umg*: abgebrüht · hart gesotten · kalt wie

[eine] Hundeschnauze; → *auch* kühl (2), unempfindlich (2) – **2.** → unempfindlich (1 *u.* 2) – **3.** g. sein: ⟨*keiner inneren Regung fähig sein*⟩ kein Gemüt haben; → *auch* leidenschaftslos (2) – **4.** g. werden: → abstumpfen (2)
Gefühllosigkeit, die: **1.** ⟨*Mangel an innerer Teilnahme am Leben bzw. Schicksal anderer*⟩ Abstumpfung · Gefühlskälte · Gefühlsmangel · Gefühlsrohheit · Herzlosigkeit ♦ *umg*: Abgebrühtheit; → *auch* Brutalität
gefühlsarm: → gefühllos (1)
Gefühlsausbruch, der: → Gefühlsregung
Gefühlsäußerung, die: → Gefühlsregung
gefühlsbetont: → gefühlvoll (1)
Gefühlsduselei, die: → Rührseligkeit
gefühlsduselig: → rührselig (1)
gefühlskalt: 1. ⟨*geschlechtlich gleichgültig*⟩ kalt · frigid[e] ♦ *umg*: fischblütig · fischig – **2.** → gefühllos (1)
Gefühlskälte, die: **1.** ⟨*geschlechtl. Gleichgültigkeit*⟩ Frigidität ♦ *umg*: Fischblut – **2.** → Gefühllosigkeit
gefühlsleer: → gefühllos (1)
Gefühlsmangel, der: → Gefühllosigkeit
gefühlsmäßig: instinktiv · intuitiv · emotional · emotionell; → *auch* unbewusst
Gefühlsregung, die: Gefühlsäußerung · Gemütsbewegung · Regung · Gefühlsausbruch
gefühlsroh: → gefühllos (1)
Gefühlsrohheit, die: → Gefühllosigkeit
gefühlsselig: → rührselig (1), gefühlvoll (1)
Gefühlsseligkeit, die: → Rührseligkeit
gefühlsstark: → gefühlvoll (1)
Gefühlsüberschwang, der: → Rührseligkeit
gefühlvoll: 1. ⟨*starker Empfindungen fähig*⟩ gefühlsstark · gefühlsbetont · sensibel · gefühlig · gemütsreich · gemütvoll · beseelt · mit Gefühl · mit Gemüt · gefühlsselig · sensitiv + romantisch; → *auch* seelenvoll, empfindsam (1), rührselig (1), weinerlich – **2.** g. sein: ⟨*starker Empfindungen fähig sein*⟩ Gemüt/ein warmes Herz haben · ganz Gefühl sein
gefüllt: → voll (1)
gegeben: 1. → ideal (1) – **2.** → jetzig
gegebenenfalls: 1. → andernfalls – **2.** → möglicherweise
Gegebenheit, die: → Tatsache (1)
gegen: 1. ⟨*gegensätzlich*⟩ kontra · versus · wider · entgegen – **2.** ⟨*austauschend*⟩ für · im Tausch gegen – **3.** → ungefähr (1) – **4.** g. die gute Sitte: → anstößig (1)
Gegenangriff, der: → Vergeltung (1)
Gegenantwort, die: → Antwort (1)
Gegenargument, das: → Einwand (1)
Gegenbehauptung, die: → Einwand (1)
Gegenbemerkung, die: → Antwort (1)
Gegenbeweis, der: → Widerlegung
Gegend, die: **1.** ⟨*nicht genau bestimmtes Gebiet*⟩ Landstrich · Strich · Region · Himmelsstrich · Breiten · Abschnitt · Sektor + Geländeabschnitt ♦ *umg*: Ecke; Drehe (*landsch*); → *auch* Landschaftsgebiet – **2.** → Umgebung (1) – **3.** die G. unsicher machen: → aufhalten (II, 1)
Gegendienst, der: → Gegenleistung
Gegendruck, der: → Widerstand (1 *u.* 2)
gegeneinander: g. prallen: → zusammenstoßen (1)
Gegenerklärung, die: → Widerruf (1)
Gegenhall, der: → Echo (1)
gegenhalten: → widersetzen, sich
Gegenleistung, die: Gegendienst · Erkenntlichkeit
Gegenliebe, die: **1.** → Zustimmung (1) – **2.** keine G. finden: → abblitzen (1)
Gegenmeinung, die: → Einwand (1)
Gegenpart, der: → Gegner (1)
Gegenrede, die: → Antwort (1)
Gegensatz, der: **1.** ⟨*das extrem Verschiedene*⟩ Antagonismus · Kontrast · Kluft + Unterschied · Verschiedenheit · Ungleichheit · Trennung; → *auch* Gegensätzlichkeit, Widerspruch (1), Gegenteil (1) – **2.** im G. |zu|: → gegenüber (2); im G. sein/stehen |zu|: → widersprechen (2)
gegensätzlich: gegenteilig · entgegengesetzt · konträr · oppositionell · oppositär · oppositiv · kontrovers · disjunktiv · diametral · antagonistisch · antithetisch · polar + dualistisch · adversativ · divergent ♦ *umg*: quer; → *auch* widerspruchsvoll, verschiedenartig
Gegensätzlichkeit, die: Polarität + Dualismus; → *auch* Gegensatz (1), Verschiedenartigkeit
Gegenschall, der: → Echo (1)
Gegenschlag, der: → Vergeltung (1)
Gegenseite, die: → Gegner (1 *u.* 2)
gegenseitig: 1. → wechselseitig – **2.** sich g.: → einander
Gegenspieler, der: → Gegner (1 *u.* 2)
Gegenstand, der: **1.** ⟨*räumlich umgrenzte Größe*⟩ Ding · Sache · Körper · Objekt; →

auch Ding (1) – **2.** → Thema (1) – **3.** → Fach (1, a) – **4.** zum G. haben: → behandeln (4)
gegenständlich: dinglich · konkret · gestalthaft
gegenstandslos: 1. ⟨*jede weitere Diskussion erübrigend*⟩ hinfällig · haltlos · aus der Luft gegriffen; → *auch* grundlos (1) – **2.** → abstrakt
gegensteuern: → entgegenwirken (1)
Gegenstoß, der: → Vergeltung (1)
Gegenstück, das: **1.** ⟨*Vergleichsgröße*⟩ Entsprechung · Pendant · Parallele – **2.** → Gegenteil (1)
Gegenteil, das: **1.** ⟨*das Umgekehrte*⟩ Gegenstück; → *auch* Gegensatz (1) – **2.** [ganz] im G.: → keineswegs; das G. beweisen: → widerlegen; ins G. verwandeln: → verdrehen (1)
gegenteilig: → gegensätzlich
gegenüber: 1. ⟨*örtlich*⟩ vis-a-vis + jenseits – **2.** ⟨*vergleichend*⟩ neben · verglichen |mit| · im Vergleich mit/zu · im Gegensatz zu
gegenüberliegend: → jenseitig (1)
gegenüberstellen: 1. ⟨*direkt voreinander stellen*⟩ konfrontieren + vergleichen – **2.** → vergleichen (I, 1)
Gegenüberstellung, die: → Vergleich (1)
Gegenwart, die: **1.** ⟨*die Zeit, in der man lebt*⟩ das Heute · Jetztzeit · das Jetzt · unsere/die heutige Zeit – **2.** → Anwesenheit (1) – **3.** in G. von: → Anwesenheit (2)
gegenwärtig: 1. ⟨*in der Gegenwart*⟩ jetzt · zurzeit · heute · heutzutage · heutigentags + heuer; → *auch* jetzig, zeitgenössisch, neuerdings (1) – **2.** ⟨*geistig verfügbar*⟩ erinnerlich · präsent · parat – **3.** → anwesend (1) – **4.** → jetzt (1) – **5.** → jetzig
gegenwartsbezogen: → gegenwartsnah[e]
gegenwartsnah[e]: aktuell · zeitnahe · zeitgemäß · up to date · im Trend liegend · trendig · trendy · gegenwartsbezogen; → *auch* fortschrittlich
Gegenwartsnähe, die: Aktualität · Zeitbezogenheit
Gegenwehr, die: **1.** → Verteidigung – **2.** → Widerstand (1)
Gegenwert, der: → Preis (1)
Gegenwirkung: die: → Reaktion
gegenzeichnen: kontrasignieren; → *auch* unterschreiben
Gegesse, das: → Essen (1)
Gegner, der: **1.** ⟨*Partner im sportl. Wettstreit*⟩ Gegenspieler · Gegenpart · Rivale · Konkurrent · Gegenseite – **2.** ⟨*jmds. Zielen entgegenwirkende Person*[*en*]⟩ Kontrahent · Opponent · Gegenspieler · Widersacher · Widerpart · Antagonist · Antipode · Opposition · Gegenseite; → *auch* Feind (1) – **3.** → Feind (1)
gegnerisch: → feindlich (1)
Gegnerschaft, die: → Feindschaft
Gegröle, das: **1.** → Gesang (1) – **2.** → Geschrei (1, a)
gehaben, sich: gehab dich wohl: →' Wiedersehen (1)
Gehabe[n], das: **1.** *abwert* ⟨*merkwürdiges bzw. unsinniges Tun*⟩ *umg*: Getue · Gewese · Getöse · Gesums · Geschrei · Gestürm · Krampf · Theater · Zirkus · Trara · Drama · Drechselei; Gedöns (*landsch*) ♦ *salopp*: Affentheater · Affenkomödie · Affentanz – **2.** → Ziererei – **3.** → Verhalten
Gehackte, das: Hackfleisch · Hackepeter; das Faschierte (*österr*) + Schabefleisch
Gehalt: I. Gehalt, das: ⟨*Entlohnung für Angestellte*⟩ Bezüge · Dienstbezüge · Einkommen · Einkünfte · Verdienst · Besoldung · Vergütung; Salär (*schweiz*) + Fixum · Gage · Einnahme · Honorar; → *auch* Lohn (1) – **II.** Gehalt, der: **1.** → Gedankengehalt – **2.** → Sinn (1)
gehaltarm: → gehaltlos (1)
gehalten: 1. → beherrscht (1) – **2.** g. sein: → verpflichtet (1)
gehaltlos: 1. ⟨*von der Nahrung gesagt*: *keine wertvollen Bestandteile enthaltend*⟩ gehaltarm · saft- und kraftlos · ohne Saft und Kraft – **2.** → geistlos
gehaltreich: → gehaltvoll (1), inhaltsreich (1)
Gehaltsempfänger, der: → Angestellte
gehaltvoll: 1. ⟨*von der Nahrung gesagt*: *wertvolle Bestandteile enthaltend*⟩ gehaltreich · kräftig + fett – **2.** → inhaltsreich (1) – **3.** → nahrhaft
Gehänge, das: → Abhang (1)
Gehänsel, das: → Neckerei
geharnischt: → wütend (1)
gehässig: bissig · hasserfüllt ♦ *umg*: giftig; → *auch* boshaft (1)
Gehässigkeit, die: → Bosheit
gehäuft: → wiederholt (1)
Gehäuse, das: **1.** → Kapsel (1) – **2.** → Kerngehäuse – **3.** → [1]Tor (2)

gehaut: → raffiniert (1)
Gehbahn, die: → Gehweg
Gehege, das: **1.** → Schonung (1), Käfig – **2.** ins G. kommen: → stören (1)
geheiligt: → heilig (1 *u.* 2)
geheilt: → genesen (1)
geheim: **1.** ⟨*nicht für andere bestimmt*⟩ nicht öffentlich · intra muros · esoterisch · topsecret; sekret (*veraltet*) + verborgen · verdeckt · hinter den Kulissen · hinter verschlossenen Türen; → *auch* heimlich (1), vertraulich (2) – **2.** im Geheimen: → heimlich (1); g. halten: → verschweigen; g. tun: → heimlich (3)
Geheimagent, der: → Agent (1)
Geheimbündelei, die: → Verschwörung (1)
Geheimdienst, der: Nachrichtendienst · Abwehr[dienst]
Geheimdienstler, der: → Agent (1)
Geheimhaltung, die: → Verheimlichung
Geheimnis, das: **1.** ⟨*nur Eingeweihten Bekanntes*⟩ Rätsel · Dunkel · Mysterium + die letzten Dinge · Amtsgeheimnis · Dienstgeheimnis · Beichtgeheimnis – **2.** das G. lüften: → enträtseln (1)
Geheimniskrämer, der: → Heimlichtuer
Geheimniskrämerei, die: → Heimlichtuerei
geheimnisreich: → geheimnisvoll (1)
Geheimnistuerei, die: → Heimlichtuerei
geheimnisumwittert: → geheimnisvoll (1)
geheimnisvoll: **1.** ⟨*nicht erklärbar scheinend*⟩ dunkel · geheimnisreich · geheimnisumwittert · rätselhaft · rätselvoll · okkult · delphisch · sibyllinisch · orakelhaft · mystisch · mysteriös · pythisch · magisch · unergründlich · unerforschlich · undurchdringlich · hintergründig · abgründig + kabbalistisch · esoterisch; → *auch* unbegreiflich – **2.** g. tun: → heimlich (3)
Geheimpolizist, der: → Kriminalist
Geheimtipp, der: → Hinweis
Geheimtuer, der: → Heimlichtuer
Geheimzeichen, das: Chiffre + Deckwort · Kode; → *auch* Symbol (1), Zeichen (1)
Geheiß, das: → Aufforderung (2)
gehemmt: gezwungen · verklemmt · verkrampft · unfrei + scheu; → *auch* schüchtern, steif (2)
Gehemmtheit, die: → Hemmung (1)
Gehemmtsein, das: → Hemmung (1)
gehen: **1.** ⟨*sich aufrecht schrittweise vorwärts bewegen*⟩ laufen · schreiten; einen Fuß vor den anderen setzen (*scherzh*) + sich bewegen · stelzen · storchen · stolzieren · wandern ♦ *umg*: marschieren · tippeln; → *auch* trotten, stapfen, schlürfen (1), marschieren, wandern (1) – **2.** → funktionieren (1) – **3.** → fühlen (II, 1) – **4.** → verlaufen (I, 1 *u.* 2) – **5.** → weggehen (1) – **6.** → ausscheiden (3) – **7.** → kündigen (1) – **8.** g. |nach/in|: ⟨*auf ein Ziel zugehen*⟩ aufsuchen · sich begeben |nach/in| · seine Schritte lenken/wenden |nach|; sich bemühen |nach/in| · sich verfügen |nach/in| (*oft scherzh*) ♦ *umg*: ziehen |nach/in| – **9.** gut g.: ⟨*zur Zufriedenheit verlaufen*⟩ glatt gehen ♦ *umg*: funken · funktionieren · klappen · klargehen · schnurren · wie am Schnürchen gehen/klappen; schnurpsen · zu Faden gehen (*landsch*); → *auch* gelingen (1), vorangehen – **10.** g. |an|: → anfangen (1, a); g. |um|: → handeln (II); g. |hinter|: → folgen (1); g. |mit|: → Freundin (3); g. |in|: **a)** → eintreten (1) – **b)** → aufnehmen (5); in die Irre g.: **a)** → verirren, sich – **b)** → irren (II); durch die Lappen g.: → entkommen (1); aus dem Weg g.: → meiden; auf Fahrt/in See/unter Segel g.: → hinausfahren (2); vor Anker g.: → ankern (1); vor sich g.: **a)** → verlaufen (I, 2) – **b)** → geschehen (1); glatt g.: → 9; gut g.: **a)** → 9 – **b)** → gedeihen (1); flott g.: → gedeihen (1); schlecht g.: → schlecht (10); wie geschmiert g.: → funktionieren (1); konform g.: → übereinstimmen (1); auf Nummer Sicher g.: **a)** → versichern (II, 2) – **b)** → vergewissern, sich; auf Stelzen g.: → zieren (II); in die Lehre g.: → lernen (2); nach Wunsch g.: → gelingen (1); g. |gegen|: → verstoßen (3, a); g. müssen, gegangen werden: → entlassen (3); g. lassen: **a)** → entlassen (2) – **b)** → weglassen (1); ins Garn/Netz/auf den Leim g.: → hereinfallen; verlustig g. |einer Sache|: → verloren (4), verlieren (I, 2); in die Binsen/Wicken/in die Rapus[ch]e g.: → verloren (4); zum Teufel g.: **a)** → verloren (4) – **b)** → sterben (1); g. |von|, aus der Welt/dem Leben g., von hinnen/dannen g., den Weg allen Fleisches g.: → sterben (1); ins Wasser g.: → ertränken (II); vor die Hunde g.: → umkommen (1); es geht bergab: → verschlechtern (II); zugrunde g.: **a)** → sterben (1) – **b)** → untergehen (2); baden g.: → scheitern (a); in die Brüche/zu

Bruch/in Stücke/Scherben g.: → zerbrechen (2); aus dem Leim/den Fugen g.: → entzweigehen (1); zur Rüste g.: **a)** → untergehen (1) – **b)** → enden (1, b); zur Neige g.: **a)** → ausgehen (2) – **b)** → enden (1, b); zu Ende g.: → enden (1, b); wider/gegen den Strich g.: → missfallen (1); jmdm. geht der Frack: → ängstigen (II, 1); zu Herzen g.: → ergreifen (3); durch und durch/durch Mark und Bein/durch Mark und Pfennig g.: → ergreifen (3); an die Nieren g.: **a)** → ergreifen (3) – **b)** → bedrücken (1); auf die Nerven g.: → belästigen (1); in sich g.: → bereuen; an die/zur Hand g.: → helfen (1); um den Bart g.: → schmeicheln (1); auf Brautschau/auf Freiersfüßen g.: → werben (2, a); ins Gericht g. |mit|: → bestrafen; aufs Ganze g.: → wagen (2); zu Leibe g.: → angreifen (I, 1, b); über Leichen g.: → rücksichtslos (2); das geht zu weit/über die Hutschnur: → unerhört (2); wo man geht und steht: → überall (1)

Gehen, das: hier herrscht ein ständiges Kommen und G.: → Kommen (3)

Gehetze, das: → Eile (1)

geheuer: nicht g.: **a)** → verdächtig (1) – **b)** → bedenklich (1)

Geheul, das: → Geschrei (1, b)

Geheule, das: → Weinen

Gehilfe, der: Hilfskraft; Adlatus (*scherzh*); Beimann (*schweiz*); Adjunkt (*veraltet*) + Kommis; → *auch* Assistent, Helfer (1)

Gehirn, das: → Hirn (1)

Gehirnblutung, die: → Schlaganfall

Gehirnschlag, der: → Schlaganfall

Gehirnschmalz, das: → Verstand (1)

gehoben: 1. → feierlich (1) – **2.** [in] gehobener Stimmung: → lustig

Gehöft, das: → Bauernhof

Gehölz, das: → Wäldchen

Gehör, das: **1.** ⟨*Sinn für Schallwellen*⟩ Gehörsinn · Hörvermögen – **2.** G. finden |bei|: → anhören (I, 3); G. schenken: → anhören (I, 1); das G. verlieren: → ertauben; zu G. bringen: → vortragen (1)

gehorchen: 1. ⟨*jmds. Anordnungen bzw. Befehlen entsprechen*⟩ folgen · hören |auf| · gehorsam sein · Folge/Gehorsam leisten · sich bequemen · zu Willen sein · Gefolgschaft leisten + einwilligen · sich richten |nach| ♦ *gehoben*: willfahren ♦ *umg*: [aufs Wort] parieren · kuschen · spuren · nach jmds. Pfeife/Flöte/Geige tanzen · tanzen, wie jmd. pfeift + springen; → *auch* nachgeben (1) – **2.** → reagieren (2)

gehören: I. gehören: **1.** ⟨*jmds. Eigentum sein*⟩ *gehoben*: eignen; → *auch* besitzen (1) – **2.** → verdienen (2) – **3.** g. |zu|: **a)** ⟨*mit jmdm. verbunden sein*⟩ angehören · zugehören – **b)** ⟨*ein Teil von etw. sein*⟩ zählen |zu| · zugeordnet werden · gerechnet werden |zu| – **4.** wie es sich gehört: **a)** → anständig (1) – **b)** → gebührend (1); zum alten Eisen gehörend: → verbraucht (1) – **II.** gehören, sich: ⟨*der guten Sitte entsprechen*⟩ sich [ge]ziemen · sich gebühren · sich schicken · angebracht/angemessen sein · anstehen

gehörgeschädigt: → schwerhörig

gehörig: 1. *umg*: ⟨*in hohem Maße*⟩ *normalspr*: kräftig · herzhaft · weidlich + nach Herzenslust ♦ *umg*: gründlich · ordentlich · tüchtig · anständig · zünftig · schön; deftig (*norddt*) ♦ *salopp*: feste · nach Strich und Faden · der (*bzw.* die *od.* das) sich gewaschen hat – **2.** → gebührend (1) – **3.** → eigen (1)

gehörlos: → taub (1)

Gehörlosigkeit, die: → Taubheit

Gehörn, das: Krone · Stangen (*weidm*); Gewicht (*süddt weidm*); → *auch* Geweih (1)

gehorsam: 1. ⟨*stets gehorchend*⟩ folgsam · fügsam · gefügig · willig; gefüge (*veraltend*) ♦ *gehoben*: willfährig · botmäßig; → *auch* artig (1), nachgiebig – **2.** g. sein: → gehorchen (1)

Gehorsam, der: **1.** ⟨*das stete Gehorchen*⟩ Gehorsamkeit · Folgsamkeit · Fügsamkeit · Gefügigkeit · Unterordnung · Subordination + Kadavergehorsam ♦ *gehoben*: Willfährigkeit – **2.** G. leisten: → gehorchen (1); den G. versagen/verweigern: → aufbegehren

Gehorsamkeit, die: → Gehorsam (1)

Gehörsinn, der: → Gehör (1)

Gehrock, der (*noch scherzh*): schwarzer Rock; Leibrock · Bratenrock (*noch landsch*); → *auch* Frack (1), Gesellschaftsanzug

Gehsteg, der: → Gehweg

Gehsteig, der: **1.** → Gehweg – **2.** → Weg (1)

Gehtnichtmehr: bis zum G.: → Überdruss

Gehudel, das: → Ausschuss (2)

Gehweg, der: Fuß[gänger]weg · Gehsteig · Bürgersteig · Fußgängerpfad · Fußsteig · Gehsteg · Gehbahn; Trottoir (*veraltend*); → *auch* Weg (1)

Geier, der: [nicht] den G. fragen |nach|: → gleichgültig (5)
Geifer, der: → Speichel
Geiferer, der: → Streitsüchtige
Geiferling, der: → Streitsüchtige
geifern: 1. ⟨*Speichel verlieren*⟩ speicheln ♦ *umg*: sabbern; sabbeln (*norddt*) – **2.** → schimpfen (1)
Geige, die: **1.** ⟨*Musikinstrument*⟩ Violine; Fiedel (*veraltend*) ♦ *umg*: Wimmerholz (*scherzh*); → *auch* Bratsche, Bassgeige (1) – **2.** G. spielen: → geigen (1); die erste G. spielen: → führen (2); nach jmds. G. tanzen: → gehorchen (1)
geigen: 1. ⟨*mit der Geige musizieren*⟩ Geige spielen ♦ *umg*: fiedeln ♦ *salopp*: fitscheln · schrubben – **2.** es jmdm. g., die Meinung/was g.: → zurechtweisen
Geigenspieler, der: Geiger · Violinist ♦ *umg*: Fiedler
Geiger, der: → Geigenspieler
geil: 1. → lüstern (1) – **2.** → üppig (2) – **3.** → großartig (1)
Geile, die: → Lüsternheit
geilen: → lüstern (2)
Geilheit, die: → Lüsternheit
Geiß, die: → Ziege (1)
Geißel, die: → Peitsche (1)
geißeln: 1. → anprangern (1) – **2.** → peitschen
Geist, der: **1.** → Verstand (1) – **2.** → Genie (1) – **3.** → Gespenst (1) – **4.** mit G.: → geistreich; G. haben/besitzen: → klug (2); seinen G. aufgeben: **a)** → sterben (1) – **b)** → entzweigehen (2), versagen (2); seinen G. anstrengen: → nachdenken (1); von allen guten Geistern verlassen: → verrückt (1); dienstbarer G.: **a)** → Diener (1) – **b)** → Hausangestellte (II); unruhiger G.: → Quecksilber; auf den G. gehen: → belästigen (1)
geisterbleich: → blass (1)
geisterhaft: → unheimlich (1)
Geisterwelt, die: → Unterwelt (1)
geistesabwesend: 1. ⟨*seinen eigenen Gedanken nachhängend*⟩ abwesend · gedankenverloren · in Gedanken [verloren/versunken] · verträumt · träumerisch · traumverloren ♦ *umg*: dösig; → *auch* unaufmerksam (1), nachdenklich – **2.** g. sein: ⟨*seinen eigenen Gedanken nachhängen*⟩ träumen · seine Gedanken woanders haben ♦ *umg*: dösen · nicht da sein · [mit offenen Augen] schlafen · [geistig] völlig weggetreten sein; → *auch* unaufmerksam (2)
Geistesabwesenheit, die: → Zerstreutheit
Geistesarbeiter, der: → Wissenschaftler
geistesarm: → geistlos
Geistesarmut, die: → Geistlosigkeit
Geistesblitz, der: → Einfall (1)
Geistesflug, der: **1.** → Genialität – **2.** → Gedankenflug
Geistesfülle, die: → Gedankengehalt
Geistesfunke, der: → Einfall (1)
Geistesfürst, der: → Genie (1)
Geistesgaben (*Pl*): → Verstand (1)
Geistesgegenwart, die: Reaktionsvermögen · Reaktionsschnelligkeit · rasches Handeln
geistesgegenwärtig: reaktionsschnell
geistesgestört: → geisteskrank (1)
Geistesgestörtheit, die: → Geisteskrankheit
Geistesgröße, die: → Genie (1)
Geisteskraft, die: **1.** → Denkvermögen – **2.** → Verstand (1)
geisteskrank: 1. ⟨*an einer schweren geistigen Störung leidend*⟩ geistesgestört · [geistig] umnachtet · irr[e] · wahnsinnig · unzurechnungsfähig; irrsinnig (*veraltet*); phrenetisch (*med*) + gemütskrank · psychopathisch · paranoid · paranoisch ♦ *umg*: verrückt · plemplem · rappelig · nicht [ganz] richtig [im Kopf/Oberstübchen]; → *auch* schwachsinnig (1), verrückt (1) – **2.** g. sein: ⟨*an einer schweren geistigen Störung leiden*⟩ an fixen Ideen leiden ♦ *umg*: spinnen · nicht alle beisammenhaben ♦ *salopp*: einen Webfehler/Dachschaden haben · einen weghaben · einen Hau/Hieb [weg]haben · einen laufen haben · nicht ganz rund laufen; rappeln (*landsch*) – **3.** g. werden: ⟨*geistig schwer gestört werden*⟩ den Verstand verlieren · um den Verstand kommen ♦ *umg*: verrückt werden · überschnappen
Geisteskrankheit, die: Geistesstörung · Geistesgestörtheit · Geistesumnachtung · [geistige] Umnachtung · Irresein · Wahnsinn; Irrsinn (*veraltet*); Phrenesie (*med*) + Psychopathie · Paranoia · Blödsinn; → *auch* Bewusstseinsspaltung, Schwachsinn (1)
Geistesschaffende, der: → Wissenschaftler
geistesschwach: → schwachsinnig (1)
Geistesschwäche, die: **1.** → Schwachsinn (1) – **2.** → Gedächtnisschwäche (1)
Geistesstärke, die: → Denkvermögen
Geistesstörung, die: → Geisteskrankheit

Geistesumnachtung, die: → Geisteskrankheit
geistesverwandt: → gleich (6)
geistig: 1. ⟨*den Verstand betreffend*⟩ mental · verstandesmäßig + spirituell · intellektuell – **2.** → unsinnlich – **3.** → alkoholisch – **4.** g. minderbemittelt/unterbelichtet: → beschränkt (1), dumm (1); g. umnachtet: → geisteskrank (1); geistige Umnachtung: → Geisteskrankheit; geistiger Höhenflug: → Gedankenflug
geistlich: 1. ⟨*die Religion betreffend*⟩ sakral · spiritual · theologisch · klerikal; pfäffisch (*abwert*); → *auch* kirchlich, fromm (1) – **2.** geistlicher Herr: → Geistliche
Geistliche, der: Pfarrer · Pastor · Prediger · Priester · Theologe; Pfaffe · Schwarzkittel · Schwarzrock (*abwert*); Seelsorger · geistlicher Herr · Seelenhirte · Hirte · Diener Gottes · Gottesdiener · Diener am Wort (*Rel*); Kleriker · Pater · Kaplan (*kathol*) + Mönch
Geistlichkeit, die: Klerus; Pfaffentum (*abwert*)
geistlos: einfallslos · ideenlos · witzlos · geistesarm · ideenarm · nichts sagend · gehaltlos · [inhalts]leer · inhaltslos · hohl · flachköpfig · stumpfsinnig · banal · trivial · schal · geisttötend · billig · platt · ohne Salz; → *auch* dumm (1), abgedroschen (1)
Geistlosigkeit, die: Einfallslosigkeit · Geistesarmut · Gedankenarmut · Armut · Gedankenleere · Hohlheit · Beschränktheit · Stumpfsinn · Banalität · Trivialität · Dürre · Leere; → *auch* Dummheit (1), Gemeinplatz, Plattheit
geistreich: brillant · geistvoll · gedankenreich · geistsprühend · ingeniös · Funken sprühend · witzsprühend · witzig · spritzig · launig · sprudelnd · mit Geist; → *auch* genial (1), klug (1), einfallsreich, inhaltsreich (1)
geistsprühend: → geistreich
geisttötend: 1. → geistlos – **2.** → langweilig
geistvoll: → geistreich
Geiz, der: Schäbigkeit ♦ *umg*: Knauserei · Knickerei
geizen: g. |mit|: kargen |mit| + sparen; → *auch* geizig (2), Haus (4), sparen (1)
Geizhals, der: der Geizige · Harpagon · Sparfanatiker; Rappenspalter (*schweiz*) ♦ *umg*: Pfennigfuchser · Knauser · Filz · Knicker · Geizkragen; → *auch* Habgierige
geizig: 1. ⟨*übertrieben sparsam*⟩ schäbig + raffgierig ♦ *umg*: knauserig · knickerig · knorzig · filzig · hartleibig; gnietschig · zach (*landsch*); → *auch* sparsam (1) – **2.** g. sein: ⟨*in übertriebener Weise sparen*⟩ *umg*: knickern · knausern · knorzen · filzen · knapsen · am Geld hängen · nichts herausrücken · auf dem/seinem Geld sitzen · die Hand auf die Tasche halten · den Pfennig [dreimal/zehnmal] umdrehen/herumdrehen; → *auch* geizen
Geizige, der: → Geizhals
Geizkragen, der: → Geizhals
Gejammer, das: → Jammer (1)
Gejauchze, das: → Jubel
Gejodel, das: → Lärm (1)
Gejohle, das: **1.** → Geschrei (1) – **2.** → Jubel
Gejubel, das: → Jubel
gekästelt: → kariert
Gekeife, das: → Schimpfen
Gekicher, das: → Gelächter (1)
Geklage, das: → Jammer (1)
Geklapper, das: → Lärm (1)
Geklatsche, das: **1.** → Beifall (1) – **2.** → Gerede (1)
Geklirr, das: → Lärm (1)
Geknatter, das: → Lärm (1)
geknebelt: → unterdrückt
geknechtet: → unterdrückt
geknickt: → niedergeschlagen (1)
Geknutsche, das: → Küssen
gekocht: → gar (1)
gekonnt: → fachmännisch
gekörnt: → körnig
Gekose, das: → Liebkosung
Gekrache, das: → Lärm (1)
Gekrächze, das: → Gesang (1)
Gekrakel, das: → Schmiererei
gekränkt: 1. → beleidigt (1) – **2.** die gekränkte Leberwurst spielen: → schmollen
gekräuselt: → lockig
Gekreisch[e], das: → Geschrei (1, a)
Gekreuzigte, der: → Christus (1)
Gekritzel, das: → Schmiererei
Gekröse, das: → Innereien (1)
gekrümmt: → gebogen
gekühlt: eisgekühlt; → *auch* kühl (1), kalt (1)
gekünstelt: unecht · manieriert · gesucht · theatralisch · aufgesetzt ♦ *umg*: gemacht; → *auch* geziert, schwülstig
Geküsse, das: → Küssen

Gelaber, das: → Geschwätz (1)
Gelache, das: → Gelächter (1)
Gelächter, das: **1.** ⟨*lautes Lachen*⟩ Lachen · Heiterkeit + Gekicher ♦ *umg*: Gelache ♦ *salopp*: Gewieher · Gefeixe · Lache – **2.** dem G. preisgeben: → verspotten; in ein G. ausbrechen: → Lachen (3); zum G. werden |für|, sich zum G. machen: → blamieren (II)
geladen: [schwer] g. sein: → wütend (2)
Geladene, der: → Gast (1)
Gelage, das: **a)** ⟨*Schwelgen im Essen*⟩ Orgie + Völlerei ♦ *derb*: Fresserei · Fressfest · Fressgelage; → *auch* Festessen – **b)** ⟨*Schwelgen im Trinken*⟩ Zecherei · Zechgelage · Bacchanal · Orgie; Kommers (*studentenspr*) ♦ *umg*: Kneiperei · feuchter Abend; lange/schwere Sitzung (*scherzh*); Schwiemelei (*landsch*) ♦ *salopp*: Besäufnis ♦ *derb*: Sauferei · Saufgelage
gelähmt: → lahm (1)
gelahrt: → gelehrt (1)
Gelände, das: **1.** ⟨*Teil der Landschaft*⟩ Terrain – **2.** → Grundstück (I)
Geländeabschnitt, der: → Gegend (1)
Geländer, das: Balustrade · Brüstung · Treppengeländer + Reling · Handlauf
Geländesenkung, die: → Mulde (1)
Geländewagen, der: Jeep (*Wz*) · Landrover (*Wz*)
gelangen: 1. g. |zu|: **a)** ⟨*an ein Ziel kommen*⟩ hinkommen · kommen |zu|; → *auch* erreichen (1) – **b)** → erwerben (1) – **2.** ans Ruder/zur Herrschaft g.: → Macht (4); zum Abschluss g.: → enden (1, b)
Gelärme, das: **1.** → Geschrei (1, a) – **2.** → Lärm (1)
Gelass, das: → Zimmer
gelassen: 1. ⟨*nicht in Erregung geratend*⟩ gleichmütig · kühl · gefasst · stoisch · kaltblütig · kalten Blutes + überlegen ♦ *umg*: cool · locker; → *auch* beherrscht (1), besonnen (1), ruhig (1) – **2.** g. bleiben: → beherrschen (II)
Gelassenheit, die: Gleichmut · Gefasstheit · Kaltblütigkeit · Stoizismus · [stoische] Ruhe + Überlegenheit; → *auch* Beherrschung (1), Geduld (1)
Geläster, das: → Verspottung
Gelatine, die: → Gallert
gelatineartig: → gallertartig
gelatinös: → gallertartig
Gelatsche, das: → Lauferei
Geläuf, das: → Fährte (1)
geläufig: 1. → vertraut (1) – **2.** → redegewandt
gelaunt: → gestimmt
gelb: 1. ⟨*Farbe*⟩ + goldgelb · sattgelb · quitte[n]gelb · kanariengelb · schwefelgelb · gelblich · cremefarben · beige · chamois; → *auch* orange[n]farben – **2.** g. werden: → vergilben (1); vor Neid g. werden: → neidisch (2)
gelblich: → gelb (1)
Gelbschnabel, der: → Grünschnabel
Gelbsucht, die: → Hepatitis
Geld, das: **1.** ⟨*gesetzl. Zahlungsmittel*⟩ Nervus Rerum (*scherzh*); Mammon (*abwert*) + Finanzen · Kleingeld · Taschengeld · Münze ♦ *umg*: Emmchen (*Pl*) · Taler (*Pl*) · Gold · Puste · Marie · Pinke[pinke] · Pfennige · Pimperlinge; Märker (*scherzh*); Kreuzer (*Pl; landsch veraltend*) ♦ *salopp*: Moneten · Piepen · Pulver · Zaster · Kröten · Blech · Draht · Flachs · Moos · Heu · Koks · Kies · Zunder · Zwirn · Penunzen · Knöpfe · Kohle[n] · Lachs · [runde] Eier · Mäuse · Knete · Möpse · Flöhe · Mücken; → *auch* Bargeld, Reichtum (1), Geldmittel – **2.** kleines G.: → Kleingeld; bares G., flüssige Gelder: → Bargeld; G. und Gut: → Besitz (1); G. machen: → verdienen (1); das G. aus der Tasche ziehen: → ausnutzen (1); am G. hängen/kleben, auf dem/seinem G. sitzen: → geizig (2); eine Stange G. kosten, ins G. gehen/laufen: → teuer (4); zu G. machen: → verkaufen (I, 1); im G. schwimmen, im G. [fast] ersticken, G. wie Heu haben, nach G. stinken: → reich (5); nicht mit G. zu bezahlen: → wertvoll (1); hinter dem G. her sein: → geldgierig (2); das G. nicht ansehen, mit G. um sich werfen, das/sein G. mit vollen Händen ausgeben/[zum Fenster] hinauswerfen/hinausschmeißen: → verschwenderisch (3); sein G. auf die hohe Kante legen: → sparen (1); sein G. zusammenhalten: → Haus (4); vom Gelde leben: → privatisieren (2)
Geldadel, der: → Finanzkapital
Geldanlage, die: → Investition
Geldaristokratie, die: → Finanzkapital
Geldaufwand, der: → Ausgabe (2)
Geldautomat, der: EC-Automat
Geldbeutel, der: → Geldbörse
Geldbörse, die: Geldbeutel · Portmonee · Börse · Beutel; Sack (*süddt österr schweiz*);

Säckel (*landsch*) + Geldtasche · Geldkatze ♦ *umg*: Portjuchhe (*scherzh*)

Geldentwertung, die: Inflation · Entwertung + Preissteigerung

Geldforderung, die: Forderung · Außenstände; Ausstände (*veraltend*)

Geldgeber, der: → Gläubiger

Geldgier, die: Geldhunger · Gewinnsucht; → *auch* Profitgier, Habgier

geldgierig: 1. ⟨*übermäßig nach dem Besitz von Geld strebend*⟩ geldhungrig · gewinnsüchtig; → *auch* habgierig (1) – **2.** g. sein: ⟨*übertrieben nach Geld streben*⟩ *umg*: hinter dem Geld her sein · auf den Pfennig aus sein; ein einnehmendes Wesen haben · vom Stamme Nimm sein (*scherzh*)

Geldhaus, das: → ²Bank

Geldhunger, der: → Geldgier

geldhungrig: → geldgierig (1)

Geldinstitut, das: → ²Bank

Geldkapital, das: → Geldmittel

Geldkarte, die: Paycard · Chipkarte

Geldkatze, die: → Geldbörse

geldlich: finanziell · pekuniär · monetär · geldmäßig + wirtschaftlich

Geldmangel, der: → Zahlungsunfähigkeit

Geldmann, der: Millionär · Krösus · Nabob · Finanzier · Finanzmann · Finanzgröße · Finanzmagnat · Bankmagnat · Kapitaleigner · der Finanzgewaltige; Financier (*österr*) ♦ *umg*: Geldsack · Finanzhyäne (*abwert*)

geldmäßig: → geldlich

Geldmittel (*Pl*): Mittel (*Pl*) · Kapitalien · Geldkapital · Ressourcen; → *auch* Geld (1)

Geldnot, die: → Zahlungsunfähigkeit

Geldprämie, die: → Prämie (1)

Geldsack: I. Geldsack, der: → Geldmann – **II.** Geldsäcke (*Pl*): → Finanzkapital

Geldschein, der: → Banknote

Geldschneider, der: → Wucherer

Geldschneiderei, die: → Wucher (1)

Geldschrank, der: Kassenschrank · Panzerschrank + Tresor · Safe · Stahlfach

Geldschwierigkeiten (*Pl*): → Zahlungsunfähigkeit

Geldsorgen (*Pl*): → Zahlungsunfähigkeit

Geldstrafe, die: + Bußgeld · Ordnungsgeld · Geldbuße

Geldstück, das: → Münze (1)

Geldsumme, die: → Betrag

Geldtasche, die: → Geldbörse

Geldverlegenheit, die: → Zahlungsunfähigkeit

Geldvorrat, der: Fonds

Geldzulage, die: → Zulage (1)

Gelee, das: **1.** → Gallert – **2.** → Marmelade

Gelege, das: → Brut (1)

gelegen: 1. ⟨*zu einem günstigen Zeitpunkt*⟩ passend · geeignet · opportun – **2.** g. sein: ⟨*zu einem günstigen Zeitpunkt geschehen*⟩ passen · nicht unlieb sein · ins Konzept passen · zupass kommen ♦ *salopp*: ein gefundenes Fressen sein; → *auch* behagen (1)

Gelegenheit, die: **1.** ⟨*geeigneter Augenblick*⟩ Anlass · Handhabe + Aufhänger – **2.** bei G.: **a)** → gelegentlich (1) – **b)** → anlässlich; bei dieser G.: → hierbei; versäumte G.: → Versäumnis; G. bieten/geben: → ermöglichen (1)

gelegentlich: 1. ⟨*zu einer passenden Zeit*⟩ bei Gelegenheit – **2.** → vereinzelt (1) – **3.** → manchmal – **4.** → anlässlich

gelehrig: → klug (1)

Gelehrigkeit, die: → Klugheit

Gelehrsamkeit, die: → Wissen (1)

gelehrt: 1. ⟨*wissenschaftlich gebildet*⟩ akademisch; [hoch]gelahrt (*scherzh*) + aufgeklärt · weise ♦ *umg*: studiert; → *auch* gebildet – **2.** gelehrtes Haus: → Wissenschaftler

Gelehrte, der: → Wissenschaftler

Gelehrtheit, die: → Wissen (1)

Geleise, das: → Gleis (1)

Geleit, das: **1.** → Begleitung (1) – **2.** → Schutz (2, b) – **3.** das G. geben: → begleiten

geleiten: 1. → begleiten – **2.** → führen (1)

Geleiter, der: → Begleiter (1)

Geleitwort, das: → Vorwort

gelenk[ig]: → gewandt (1)

Gelenkigkeit, die: → Gewandtheit (1)

Gelichter, das: → Gesindel

geliebt: teuer · heiß geliebt + vergöttert

Geliebte: I. Geliebte, der: ⟨*mit einer Frau od. einem Mann in intimen Beziehungen stehender Mann*⟩ Liebhaber · Lover · der Liebste · Freund · der Bekannte · Schatz; der Auserwählte · der Herzallerliebste · der Einzige[ine] · Herzensfreund · der Holde · Herzensdieb (*scherzh* od. *iron*); Galan · Gespiele (*abwert*) + Papagallo · Latinlover · Hausfreund · Cicisbeo ♦ *dicht*: Buhle ♦ *umg*: Verhältnis; Gspusi (*scherzh*) ♦ *salopp*: Macker · Scheich; → *auch* Liebhaber (1), Liebling (1) – **II.** Geliebte, die: ⟨*mit einem Mann od. einer Frau in intimen Beziehungen stehende Frau*⟩ Freundin · Liebste · Bekannte · Liebhaberin · Schatz;

Angebetete · Auserwählte · Herzblatt · Allerliebste · Herzallerliebste · Einzige[ine] · Herzensfreundin · Holde · Herzensdiebin · Dulzinea (*scherzh* od. *iron*); Liebchen · Mätresse · Gespielin · Donja (*abwert*); Favoritin (*veraltend*) ♦ *dicht*: Buhle[rin]; Feinsliebchen (*veraltet*) ♦ *gehoben*: Dame des Herzens · Herzensdame (*veraltend*) ♦ *umg*: Schickse · Puppe · Puppchen · Püppchen · Flamme · Liebschaft · Verhältnis; Gspusi (*scherzh*) ♦ *salopp*: Ische · Zahn · Tussi · Stammzahn; → *auch* Beischläferin, Liebling (1)
geliefert: g. sein: **a)** → erledigt (2, b) – **b)** → verloren (2)
gelinde: → sanft
gelingen: 1. ⟨*zu einem guten Ende kommen*⟩ glücken · gut ausgehen/abgehen/ablaufen/auslaufen · glücklich vonstatten gehen · nach Wunsch gehen · zum Guten ausschlagen · gut ausfallen · zustande kommen ♦ *umg*: klappen; → *auch* gehen (9) – **2.** → geraten (1)
Gelingen, das: → Erfolg (1)
Gelispel, das: → Geflüster
gell: → schrill (1)
gellen: → ertönen, schallen
gellend: → schrill (1)
geloben: 1. → versprechen (I, 1), schwören (1) – **2.** Treue g.: → huldigen (1)
Gelöbnis, das: → Versprechen (1)
gelockert: → entspannt
gelockt: → lockig
gelöst: → entspannt
Gelse, die: → Mücke (1)
gelten: 1. ⟨*von einem Brauch od. dgl. gesagt*: *in Geltung sein*⟩ herrschen – **2.** ⟨*von Bedeutung sein*⟩ zählen · schwer wiegen · Gewicht haben · ins Gewicht fallen – **3.** → gültig (2) – **4.** → betreffen (1) – **5.** → vergelten (1) – **6.** g. |als|: ⟨*eine bestimmte Vorstellung erweckt haben*⟩ angesehen werden |als| · gehalten werden |für| – **7.** nichts mehr g.: ⟨*seinen Einfluss nicht mehr ausüben können*⟩ ausgespielt haben · nichts mehr zu sagen haben ♦ *umg*: fertig sein · erledigt sein · weg vom Fenster sein · aus dem Geschäft sein ♦ *salopp*: abgemeldet sein ♦ *derb*: es verschissen haben – **8.** g. lassen: → anerkennen (1); etw. g.: → wichtig (3)
geltend: 1. → gültig (1) – **2.** eine Forderung g. machen: → fordern (1); einen Anspruch g. machen |auf|: → beanspruchen (1)
Geltung, die: **1.** → Ansehen (1), Einfluss (2) – **2.** → Gültigkeit (1) – **3.** in G. sein: → gültig (2); G. haben: → angesehen (2); sich G. verschaffen: → durchsetzen (I, 2, b); zur G. bringen: → durchsetzen (I, 1); zur G. kommen: → wirken (3), durchsetzen (I, 2, b)
Geltungsbedürfnis, das: Großmannssucht · Geltungsdrang · Geltungssucht; → *auch* Ehrgeiz
geltungsbedürftig: geltungssüchtig
Geltungsbereich, der: → Einflussbereich (2)
Geltungsdrang, der: → Geltungsbedürfnis
Geltungssucht, die: → Geltungsbedürfnis
geltungssüchtig: → geltungsbedürftig
Gelübde, das: **1.** → Versprechen (1) – **2.** ein G. ablegen/leisten/tun: → versprechen (I, 1)
Gelumpe, das: → Kram (1)
Gelüst[e], das: → Verlangen (1)
gelüsten: es gelüstet jmdn. |nach|: → Verlangen (4)
gelüstig: → lüstern (1)
gemach: → langsam (1)
Gemach, das: → Zimmer
gemächlich: 1. → langsam (1) – **2.** → ruhig (1)
Gemächlichkeit, die: → Ruhe (1)
gemacht: 1. → gekünstelt – **2.** → einverstanden (1)
Gemahl, der: → Ehemann
Gemahlin, die: → Ehefrau
gemahnen: → erinnern (I, 1)
Gemälde, das: → Bild (I, 1)
Gemarkung, die: → Feldmark
gemäß: 1. ⟨*in Entsprechung zu*⟩ entsprechend · nach · zufolge · laut · nach Maßgabe – **2.** → gebührend (1)
gemäßigt: moderat · maßvoll; → *auch* maßvoll (1)
Gemecker, das: → Nörgelei
gemein: 1. ⟨*einen üblen Charakter besitzend bzw. durch einen solchen verursacht*⟩ niederträchtig · infam · garstig · niedrig [gesinnt] · nichtswürdig · miserabel · schmutzig · erbärmlich · schäbig · schnöde · schuftig · schurkisch · teuflisch · ruchlos · perfid[e] · fies; verrucht · bübisch (*veraltend*) + nichtsnutzig ♦ *umg*: hundsgemein · schofel · schofelig · biestig; lumpig (*abwert*) ♦ *salopp*: dreckig · mistig; → *auch* abscheulich (1), böse (1), verwerflich, untreu (1) – **2.** → unanständig (1) – **3.** →

allgemein (1) – **4.** ins Gemeine ziehen: → herabwürdigen (1); g. haben: → übereinstimmen (3)
Gemeinde, die: **1.** ⟨*kleinster staatl. Verwaltungsbezirk*⟩ Kommune + Dorf · Ort – **2.** → Gemeinschaft (1) – **3.** → Kirchengemeinde
Gemeindeoberhaupt, das: → Bürgermeister (a)
Gemeinderat, der: → Gemeindevertretung
Gemeindevertretung, die: Gemeinderat
Gemeindevorsteher, der: → Bürgermeister (a)
gemeineigen: gesellschaftlich · vergesellschaftet + verstaatlicht · staatlich
gemeinfasslich: → verständlich (1)
gemeingefährlich: → gefährlich (1)
Gemeinheit, die: Niedertracht · Abscheulichkeit · Infamie · Garstigkeit · Hässlichkeit · Nichtswürdigkeit · Niedrigkeit · Schäbigkeit · Böswilligkeit · Schlechtigkeit · Schmutzigkeit · Schuftigkeit · Teufelei · Ruchlosigkeit · Perfidie · Perfidität; Verruchtheit (*veraltend*) ♦ *umg*: Erzlumperei ♦ *salopp*: Mistigkeit · Schufterei · Schweinerei ♦ *derb*: Sauerei; → *auch* Bosheit, Schurkerei, Untreue (1)
gemeinhin: → meist
Gemeinnutz, der: → Gemeinwohl
gemeinnützig: sozial
Gemeinplatz, der: Selbstverständlichkeit · Allgemeinplatz · Allgemeinheiten · Binsenweisheit · Binsenwahrheit · Plattitüde · ein alter Hut; → *auch* Phrase (1), Redensart (1), Geistlosigkeit, Plattheit, Bart (2)
gemeinsam: 1. ⟨*mit anderen zusammen*⟩ gemeinschaftlich · in [der] Gemeinschaft · kollektiv · miteinander · vereint · vereinigt · im Verein mit · im Team · zusammen [mit] · geschlossen · mitsammen · Seite an Seite · Hand in Hand · Schulter an Schulter · Arm in Arm + im Chor · alle ♦ *gehoben*: insgemein – **2.** eine gemeinsame Formel finden: → einigen (II)
Gemeinsamkeit, die: Gemeinschaft[lichkeit] · Kommunität + Kollegialität; → *auch* Solidarität
Gemeinschaft, die: **1.** ⟨*in bestimmten Belangen miteinander verbundene Menschen*⟩ Gemeinde + Gesamtheit · Einheit; → *auch* Gruppe (1), Team (1) – **2.** → Gemeinsamkeit – **3.** nicht eheliche G.: → Ehe (2); in [der] G.: → gemeinsam (1); wieder in die G. eingliedern: → resozialisieren
gemeinschaftlich: → gemeinsam (1)
Gemeinschaftlichkeit, die: → Gemeinsamkeit
Gemeinschaftsarbeit, die: → Teamarbeit
Gemeinschaftserziehung, die: Koedukation
gemeinschaftsfeindlich: → asozial
Gemeinschaftsgefühl, das: → Solidarität
Gemeinschaftsgeist, der: → Solidarität
gemeinschaftsschädlich: → asozial
gemeinschaftsunfähig: → asozial
Gemeinsprache, die: → Hochsprache
gemeinverständlich: → verständlich (1)
Gemeinwohl, das: Allgemeinwohl + Gemeinnutz
Gemenge, das: **1.** → Mischung (1) – **2.** → Gedränge (1)
Gemengsel, das: → Mischung (1)
gemessen: 1. → würdevoll, beherrscht (1) – **2.** → bestimmt (1)
Gemetzel, das: → Blutbad
Gemisch, das: → Mischung (1)
gemischt: [kunter]bunt; → *auch* zusammengesetzt
Gemorde, das: → Blutbad
Gemotze, das: → Nörgelei
Gemunkel, das: → Gerede (1)
Gemüse, das: **1.** ⟨*Gruppe von Nutzpflanzen*⟩ *umg*: Grünzeug (*landsch*) – **2.** → Blumenstrauß – **3.** junges G.: → Jugend (3)
Gemüt, das: **1.** ⟨*psychisch bedingte Art des Empfindens*⟩ Herz · Innerlichkeit; → *auch* Seele (1) – **2.** mit G.: → gefühlvoll (1); G. haben: → gefühlvoll (2); kein G. haben: → gefühlskalt (3); ins G. reden: → ermahnen (1); sich zu Gemüte führen: **a)** → aneignen, sich (1) – **b)** → essen (1); sich einen zu Gemüte führen: → trinken (1, b); etw. schlägt jmdm. aufs G.: → betrüben (I)
gemütlich: anheimelnd · behaglich · heimelig · heimlich · intim · traulich · wohlig + lauschig · bequem · angenehm · harmonisch · häuslich · wohnlich · idyllisch ♦ *umg*: urgemütlich
Gemütlichkeit, die: **1.** ⟨*gemütl. Atmosphäre*⟩ Behaglichkeit · Trautheit – **2.** in aller G.: → langsam (1)
gemütsarm: 1. → gefühllos (1) – **2.** → nüchtern (3)
Gemütsart, die: → Wesensart
Gemütsbewegung, die: → Gefühlsregung
gemütskrank: → geisteskrank (1)
Gemütslage, die: → Stimmung (1)

gemütslos: → gefühllos (1)
gemütsreich: → gefühlvoll (1)
Gemütsrichtung, die: → Wesensart
Gemütsruhe, die: **1.** → Ruhe (1) – **2.** in aller G.: → ruhig (1)
Gemütsstimmung, die: → Stimmung (1)
Gemütsverfassung, die: → Stimmung (1)
Gemütszustand, der: → Stimmung (1)
gemütvoll: → gefühlvoll (1)
genant: → peinlich (1), schamhaft
genäschig: → naschhaft
genau: 1. ⟨*mit einem Richtwert völlig übereinstimmend*⟩ exakt · haargenau · aufs Haar genau · akribisch · präzis[e] · treffend · haarscharf · bestimmt · akkurat + scharf ♦ *umg*: nach der Schnur · säuberlich – **2.** ⟨*alle Details* [*bei einer Schilderung*] *berücksichtigend*⟩ minutiös · haarklein · bis ins Einzelne – **3.** → gewissenhaft – **4.** → einzeln (2) – **5.** → ja (1) – **6.** auf die Minute/Sekunde g.: → pünktlich (1); g. genommen: → eigentlich (1); es nicht so g. nehmen: → nachlässig (2); [nur] mit genauer Not: → kaum (1)
Genauheit, die: → Genauigkeit (1)
Genauigkeit, die: **1.** ⟨*das Genausein*⟩ Exaktheit · Genauheit · Präzision · Prägnanz · Bestimmtheit · Akkuratesse · Akribie · Treue + Treffsicherheit; → *auch* Sorgfalt (1) – **2.** → Gewissenhaftigkeit
genauso: → ebenso
Gendarm, der: → Polizist
genehm: 1. → gefällig (2) – **2.** → willkommen (1)
genehmigen: 1. ⟨[*von behördl. Seite*] *die Zustimmung geben*⟩ b[ew]illigen · grünes Licht geben · die Genehmigung geben/erteilen; absegnen (*scherzh*) + lizenzieren; → *auch* erlauben (1) – **2.** genehmigt werden: → durchgehen (2); [sich] einen g.: → trinken (1, b)
Genehmigung, die: **1.** ⟨[*behördl.*] *Zugeständnis*⟩ Konzession · Lizenz · Recht; → *auch* Erlaubnis (1), Zulassung – **2.** die G. geben/erteilen: → genehmigen (1); die G. haben: → dürfen
geneigt: 1. → wohlgesinnt – **2.** → bereit (1) – **3.** → schief (1) – **4.** nicht g.: → abgeneigt (1)
Geneigtheit, die: → Wohlwollen (1)
Generalbeichte, die: → Geständnis (1)
Generalbevollmächtigte, der: → Bevollmächtigte
generalisieren: → verallgemeinern
Generalnenner, der: → Hauptnenner
Generalprobe, die: Hauptprobe
generalüberholen: → erneuern (1)
Generalvertretung, die: Alleinvertretung
Generalvollmacht, die: → Vollmacht (1)
Generation, die: *gehoben*: Glied
Generator, der: Dynamo[maschine]
generell: → allgemein (3)
generös: → freigebig (1)
Generosität, die: → Freigebigkeit
Genese, die: → Entstehung
genesen: 1. ⟨*wieder gesund geworden*⟩ geheilt · gesundet · wiederhergestellt – **2.** → gesund (6) – **3.** eines Kindes g.: → gebären
Genesis, die: → Entstehung
Genesung, die: **1.** ⟨*das Gesundwerden*⟩ Gesundung · Heilung · Rekonvaleszenz · Besserung · Erholung · Wiederherstellung + Gesundungsprozess – **2.** seiner G. entgegengehen: → gesund (6)
Genesungsheim, das: → Heilstätte
genial: 1. ⟨*mit höchsten Geistesgaben ausgestattet*⟩ genialisch + überdurchschnittlich · überklug · hochbegabt · begnadet; → *auch* begabt, geistreich – **2.** → großartig (1)
genialisch: → genial (1)
Genialität, die: Genie · Genius + Geistesflug; → *auch* Gedankenflug
Genick, das: **1.** → Nacken (1) – **2.** sich das G. brechen: **a)** → verunglücken (1) – **b)** → scheitern (a); das G. brechen: → ruinieren (I, 1)
Genickfang, der: **1.** → Todesstoß – **2.** den G. geben: → töten (I, 2)
Genie, das: **1.** ⟨*in höchstem Maße begabter Mensch*⟩ Genius · Geist[esgröße] + Koryphäe · Kapazität · Phänomen ♦ *gehoben*: Geistesfürst; → *auch* Begabung (2) – **2.** → Genialität – **3.** verkrachtes G.: → Taugenichts
genieren: I. genieren: → belästigen (1) – **II.** genieren, sich: → schämen, sich (1)
genierlich: 1. → peinlich (1) – **2.** → schamhaft
genießbar: 1. → essbar – **2.** → trinkbar – **3.** g. bleiben: → halten (II, I)
genießen: 1. ⟨*mit Genuss aufnehmen*⟩ auskosten · schwelgen · Genuss haben/empfinden |an| · sich delektieren; durchkosten (*landsch*); → *auch* freuen (II, 1) – **2.** → essen (1) – **3.** → trinken (1, a) – **4.** nicht zu g.: → ungenießbar (1); Achtung g.: → angesehen (2); das Leben g.: → vergnügen (II)

Genießen, das: → Genuss (1)
Genießer, der: **1.** → Genussmensch – **2.** → Feinschmecker
genießerisch: genusssüchtig · genussfreudig · genüsslich · schwelgerisch + begehrlich
Genital[e], das: → Geschlechtsteil
Genius, der: **1.** → Genie (1) – **2.** → Genialität
Genörgel, das: → Nörgelei
Genosse, der: **1.** → Kamerad – **2.** → Parteimitglied
Genossenschaftsbauer, der: → [1]Bauer
genötigt: g. sein, sich g. sehen: → müssen (1)
Genozid, der: → Blutbad
Genre, das: → Art (2)
Gent, der: → Geck (1)
Gentleman, der: → Ehrenmann, Weltmann
gentlemanlike: → höflich
genudelt: wie g.: → satt (1)
genug: 1. ⟨*das richtige Maß treffend*⟩ ausreichend · genügend · hinlänglich · hinreichend · zureichend · gut · zur Genüge; genugsam · sattsam (*abwert*) – **2.** [es ist] g.: ⟨*die Geduldsgrenze ist erreicht*⟩ [und damit] Punktum/Schluss · das Maß ist voll ♦ *umg*: es reicht ♦ *salopp*: [jetzt ist] Sense · basta – **3.** mehr als g.: → reichlich; es g. sein lassen: → aufhören (1); g. haben: → überdrüssig (1)
Genüge, die: zur G.: → genug (1); G. tun/leisten: → befriedigen (I)
genügen: → ausreichen (1)
Genügen, das: → Befriedigung (1)
genügend: → genug (1)
genüglich: → bescheiden (I, 1)
genugsam: → genug (1)
genügsam: → bescheiden (I, 1)
Genügsamkeit, die: → Bescheidenheit
genugtun: → befriedigen (I)
Genugtuung, die: **1.** ⟨*das Genügeleisten*⟩ *gehoben*: Satisfaktion – **2.** → Befriedigung (1) – **3.** G. leisten: → befriedigen; G. geben: → entschuldigen (II)
genuin: → natürlich (1)
Genuss, der: **1.** ⟨*das Insichaufnehmen zum eigenen Vergnügen*⟩ das Genießen – **2.** → Freude (2) – **3.** G. haben/empfinden |an|: → genießen (1)
Genussfreude, die: → Sinnlichkeit
genussfreudig: → genießerisch, sinnlich (1)
genüsslich: → genießerisch
Genussmensch, der: Genießer · Schwelger · Schlemmer · Epikureer · Hedonist · Phäake; → *auch* Lebemann
genusssüchtig: 1. ⟨*nach Genuss strebend*⟩ epikureisch – **2.** → genießerisch
Geodät, der: Vermessungsingenieur; Land[ver]messer (*veraltend*)
geöffnet: 1. → offen (1) – **2.** g. bleiben: → offen (6)
Geografie, die: Erdkunde
geordnet: wohl g.: → ordentlich (1, a)
Gepäck, das: Bagage (*veraltend*) + Reisegepäck · Traglast ♦ *umg*: Siebensachen; die sieben Zwetschgen (*landsch*)
gepackt: → gefesselt
Gepäckträger, der: Träger · Lastenträger · Dienstmann; Porteur (*schweiz*)
gepeinigt: → geplagt
gepfeffert: 1. → derb (2), scharf (2) – **2.** → teuer (1)
gepflegt: kultiviert · kulturvoll · gewählt · soigniert + zivilisiert; → *auch* geschmackvoll, sauber (1)
Gepflogenheit, die: → Gewohnheit (1)
gepfropft: g. voll: → überfüllt
geplagt: gequält · gepeinigt · geprüft · heimgesucht + gestraft · gezüchtigt · leidgeprüft · leidvoll · unglücklich
Geplänkel, das: → Gefecht (1)
geplant: wie g.: → planmäßig (1)
Geplapper, das: → Geschwätz (1)
Geplärr[e], das: **1.** → Geschrei (1, b) – **2.** → Weinen
Geplätscher, das: → Geschwätz (1)
geplättet: g. sein: → überrascht (2)
Geplauder, das: → Plauderei
Gepolter, das: → Lärm (1)
Gepräge, das: **1.** → Eigenart – **2.** ein G. geben: → formen (1)
Geprahle, das: → Prahlerei
Gepränge, das: → Prunk (1)
geprüft: → geplagt
gepunktet: getüpfelt · getupft · gesprenkelt · tüpfelig · sprenkelig
Gequake, das: → Geschwätz (1)
Gequäke, das: → Weinen
gequält: → geplagt
Gequassel, das: **1.** → Gerede (1) – **2.** → Geschwätz (1)
Gequatsche, das: → Geschwätz (1)
Gequengel, das: → Nörgelei

gerade: **1.** ⟨*ohne Krümmung*⟩ geradlinig · linear · in einer Linie · schnurgerade · pfeilgerade – **2.** → aufrecht (1) – **3.** → ausgerechnet – **4.** → eben (2), jetzt (1) – **5.** nun g.: → trotzdem (1); g. als: → sobald; fünf[e] g. sein lassen: → nachsehen (2); g. noch: → allenfalls (1), Mühe (3); g. richten: → ausrichten (1); g. stellen: → zurechtrücken (1)
geradeaus: *umg*: geradezu · der Nase nach
geradebiegen: → bereinigen (1)
geradebügeln: → bereinigen (1)
geradeheraus: → offen (3)
geradenwegs: → direkt (1)
geradeso: → ebenso
geradestehen: g. |für|: **a)** → verantworten (I) – **b)** → büßen (1)
gerade[s]wegs: → direkt (1)
geradezu: **1.** → direkt (1) – **2.** → offen (3) – **3.** → geradeaus – **4.** → ausgesprochen (1)
Geradheit, die: → Offenheit
geradlinig: **1.** → gerade (1) – **2.** → beharrlich (1)
Geradlinigkeit, die: → Beharrlichkeit
gerammelt: g. voll: → überfüllt
Gerangel, das: **1.** → Kampf (2) – **2.** → Rauferei
Gerassel, das: → Lärm (1)
Gerät, das: **1.** → Werkzeug (1) – **2.** → Rundfunkgerät, Fernsehapparat
geraten: **1.** ⟨*bes. vom Kuchen od. Essen gesagt*: *gut zustande kommen*⟩ gelingen ♦ *umg*: werden (*landsch*) – **2.** → entwickeln (II, 2) – **3.** g. |an|: ⟨*ungewollt mit jmdm. zusammenkommen od. in jmds. Gewalt gelangen*⟩ in jmds. Hände fallen/geraten – **4.** g. |nach|: ⟨*einem Vorfahren, Verwandten ähneln*⟩ arten |nach| · schlagen |nach| · in jmds. Art schlagen; → *auch* ähneln – **5.** außer sich/aus dem Häuschen/in Fahrt g.: → aufregen (II); in Fahrt/Hitze/Harnisch g.: → erzürnen (2); in Streit/sich in die Haare g.: → streiten (II); in Erstaunen g.: → staunen (1); aus der Bahn/dem Kurs g.: → abtreiben (1); ins Gedränge g.: → Schwierigkeit (2); ins Hintertreffen g.: → leer (4); auf den Holzweg g.: → irren (II); auf die schiefe Bahn/Ebene g.: → verkommen (1); auf Abwege g.: **a)** → verkommen (1) – **b)** → abschweifen (1)
Geratewohl, das: aufs G.: → planlos (1)
Gerätschaften (*Pl*): → Werkzeug (1)
Geratter, das: → Lärm (1)
Geraufe, das: → Rauferei
geräumig: groß · großräumig; → *auch* ausgedehnt (1)
Geraune, das: → Gerede (1)
geräuschlos: **1.** → still (1) – **2.** → lautlos
geräuschvoll: → laut (1, a)
gerben: das Fell/Leder g.: → verprügeln
gerecht: **1.** ⟨*dem Empfinden von Gerechtigkeit entsprechend*⟩ gerechtfertigt · [recht und] billig; → *auch* gebührend (1) – **2.** ⟨*dem geltenden Recht entsprechend handelnd*⟩ rechtsliebend · gerechtigkeitsliebend; → *auch* unparteiisch – **3.** nicht g. werden: → verkennen; g. werden [einer Sache]: → meistern; in allen Sätteln g.: → geschickt (1)
gerechtfertigt: → gerecht (1)
gerechtigkeitsliebend: → gerecht (2)
Gerede, das: **1.** ⟨*das Weitererzählen*⟩ Klatsch · Gemunkel · Munkelei · Geschwätz · Getuschel · Tuschelei · Geraune + Altweibergeschwätz · Stadtklatsch · Klatschgeschichte · Lärm ♦ *umg*: Rederei · Geklatsche · Tratsch[erei] · Hintertreppengeflüster · Getratsche · Klatscherei · Kladderadatsch · Geschwatze · Kakelei ♦ *salopp*: Gequassel; → *auch* Geschwätz (1), Heimlichtuerei – **2.** → Geschwätz (1) – **3.** ins G. bringen: → verleumden (1); leeres G.: → Geschwätz (1)
gereichen: zum Nutzen g.: → nutzen (1); zum Schaden g.: → schaden (2)
gereift: abgeklärt · ausgeglichen · reif
gereizt: → wütend (1)
Gerenne, das: → Lauferei
gereuen: → bereuen
Geriatrie, die: Altersheilkunde
Gericht, das: **1.** ⟨*zubereitetes Essen*⟩ Essen · Mahlzeit · Speise + Menü ♦ *gehoben*: Mahl ♦ *salopp*: Schlangenfraß ♦ *derb*: Fressen · Fraß · Schweinefraß · Saufraß; → *auch* Festessen – **2.** ⟨*öffentliche Institution der Rechtsprechung*⟩ + Gerichtshof ♦ *gehoben*: Tribunal – **3.** das Jüngste G.: → Weltgericht; vor G. fordern/vor G. ziehen |gegen|: → verklagen; vor G. bringen: → anzeigen (2); G. halten/zu G. sitzen |über|: → verhandeln (2); ins G. gehen |mit|: → bestrafen
gerichtet: g. sein |auf|: → abzielen
Gerichtsanzeige, die: → Anzeige (2)
Gerichtsbarkeit, die: → Rechtsprechung
Gerichtshof, der: → Gericht (2)
gerichtskundig: → aktenkundig
gerichtsnotorisch: → aktenkundig

Gerichtsverfahren, das: → Prozess (1)
Gerichtsverhandlung, die: → Prozess (1)
gerieben: → raffiniert (1)
gerieren, sich: → verhalten (II, 1)
gering: 1. → karg (1), wenig (1) – **2.** → geringfügig – **3.** → geringschätzig – **4.** → niedrig (2) – **5.** nicht das Geringste: → nichts (1); nicht im Geringsten: → keineswegs; g. denken |von|, g. achten/schätzen: → verachten (1)
Geringachtung, die: → Verachtung (1)
geringartig: → geringfügig
geringfügig: gering[artig] · unbedeutend · unbeträchtlich · unerheblich · leicht ♦ *umg*: lächerlich wenig · nicht/kaum der Rede wert + lumpig
geringschätzig: abschätzig · gering · verächtlich · despektierlich; → *auch* abfällig (1)
Geringschätzigkeit, die: → Verachtung (1)
Geringschätzung, die: → Verachtung (1)
geringstenfalls: → mindestens
Geringverdiener, der: → Kleinverdiener
geringwertig: → arm (2)
Gerinne, das: → Rinnsal
gerinnen: zusammenlaufen; koagulieren · laben (*fachspr*) ♦ *umg*: hackern (*landsch*)
Gerinnsel, das: → Rinnsal
Gerippe, das: **1.** → Skelett (1) – **2.** → Dürre (II) – **3.** → Gerüst (2)
gerissen: → raffiniert (1)
Gerissenheit, die: Raffinesse · Raffinement; → *auch* Schlauheit
Germ, der: → Hefe
gern[e]: 1. ⟨*durch das Empfinden von Freude selbst wollend*⟩ freudig · mit Freuden · mit Vorliebe · mit [dem größten] Vergnügen · herzlich/von Herzen gern ♦ *umg*: liebend gern · mit Handkuss · mit Kusshand; mit geschmatzten Händen (*landsch*) – **2.** g. gesehen: → willkommen (1); g. haben: → lieben (1); g. haben können: → gleichgültig (5)
Gernegroß, der: → Angeber (1)
Geröll, das: → Schutt (1)
Gerontologie, die: → Alternsforschung
Geröstete (*Pl*): → Bratkartoffeln
Gerstensaft, der: → Bier (a)
Gerte, die: **1.** → Peitsche (1) – **2.** → Rute (1)
gertenschlank: → schlank (1)
Geruch, der: **1.** ⟨*riechbare Ausdünstung*⟩ Witterung (*weidm*) ♦ *dicht*: Ruch; → *auch* Duft (1), Gestank – **2.** ⟨*Riechfähigkeit*⟩ Geruchssinn · Geruchsempfindung ♦ *umg*: Nase
geruchsbindend: → desodorierend
Geruchsempfindung, die: → Geruch (2)
Geruchsorgan, das: → Nase (1)
Geruchssinn, der: → Geruch (2)
Gerücht, das: Flüsterpropaganda ♦ *gehoben*: Ondit · Sage · Fama ♦ *salopp*: Latrinenparole · Latrinengerücht (*abwert od. scherzh*) ♦ *derb*: Scheißhausparole
Gerüchteküche, die (*scherzh*): Giftküche
geruchtilgend: → desodorierend
gerüchtweise: vom Hörensagen · dem Vernehmen nach
geruhen: → herbeilassen, sich
geruhig: → gemütlich
gerührt: → ergriffen
geruhsam: → ruhig (1)
Gerümpel, das: Rumpel (*landsch*); Schurrmurr (*norddt*); Graffel (*süddt österr*) + Abfall · Schrott · Zeug; → *auch* Kram (1)
Gerüst, das: **1.** ⟨*Hilfskonstruktion beim Bauen*⟩ Baugerüst · Leitergerüst – **2.** ⟨*zugrunde liegender Plan*⟩ Gerippe · Skelett · Grundplan; → *auch* Leitgedanke, Gliederung (1)
gerüstet: → fertig (1)
Gerüttel, das: → Erschütterung (1)
gesalzen: → teuer (1)
gesammelt: → aufmerksam (1)
gesamt: → ganz (1)
Gesamte, das: → alles (1)
Gesamterbe, der: → Alleinerbe
gesamthaft: → insgesamt
Gesamtheit, die: **1.** ⟨*alle*[s] *umfassende Einheit*⟩ Allgemeinheit · das Ganze · Ganzheit · Totalität; Gänze (*landsch*); Allheit (*fachspr*) – **2.** → Gemeinschaft (1)
Gesamtvollstreckung, die: → Bankrott (1)
Gesandte, der: → Abgesandte
Gesang, der: **1.** ⟨*Vortrag eines Gesangstückes*⟩ Singsang (*abwert*) ♦ *gehoben*: Canto · Cantus ♦ *umg*: Gesinge; Gegröle · Gekrächze (*abwert*) – **2.** → Gedicht (1) – **3.** → Lied (1)
Gesangstück, das: → Lied (1)
Gesangverein, der: → Chor (I, 1)
Gesäß, das: verlängerter Rücken (*scherzh*); Nates (*med*) + Steiß ♦ *umg*: Hinterteil · Po[dex] · Popo; der Allerwerteste (*scherzh*); Hintersteven (*landsch*); Achtersteven · Achtern (*norddt*) ♦ *salopp*: Hintern · der

Hinter[st]e · Hinterbacken · Hinterviertel · die beiden Backen; Semmel (*scherzh*) ♦ *derb*: Arsch + Bierarsch; → *auch* After
gesättigt: **1.** → satt (1) – **2.** → konzentriert (1)
Geschädigte, der: → Opfer (3)
geschafft: → erschöpft (1)
Geschäft, das: **1.** ⟨*Räumlichkeit[en] zum Verkaufen*⟩ Einzelhandelsgeschäft · Laden; Budike (*abwert*); Kaufladen · Kramladen · Krämerladen · Handlung (*veraltend*) + Verkaufsstelle · Kaufhalle · Verkaufsraum · Kaufhaus · Warenhaus · Shop · Supermarkt · Discounter · Discountgeschäft ♦ *umg*: Ramschladen (*abwert*) ♦ *salopp*: Krämerbude · Quetsche (*abwert*) → *auch* Einkaufszentrum (1) – **2.** ⟨*meist kaufmänn. od. gewerbl. Institution*⟩ Unternehmen · Handelsunternehmen · Firma · Gesellschaft · Haus; Etablissement (*veraltend*) – **3.** ⟨*vertragl. Abschluss einer kaufmänn. Aktivität*⟩ Handel[sgeschäft] · Geschäftsabschluss · Unternehmung · Transaktion · Business · Bigbusiness · Deal + Spekulation – **4.** → Tätigkeit (2) – **5.** → Gewinn (1) – **6.** ein G. machen: **a)** → gewinnen (1), verdienen (1) – **b)** → handeln (I, 2); Geschäfte machen: **a)** → verdienen (1) – **b)** → handeln (I, 2); ein großes G. verrichten/machen: → austreten (2); ein kleines G. verrichten/machen: → austreten (1); sein G. erledigen: → austreten (1 *u.* 2); aus dem G. sein: → gelten (7)
Geschäftemacher, der (*abwert*): Spekulant · Schieber · Jobber · Schacherer · Abzocker + Schwindler; → *auch* Wucherer, Betrüger
geschäftig: → eifrig (1)
Geschäftigkeit, die: → Eifer (1)
Geschäftsabschluss, der: → Geschäft (3)
Geschäftsbereich, der: → Amtsbereich
Geschäftsbericht, der: Gebarungsbericht (*österr*); → *auch* Bilanz (1)
Geschäftsbeziehungen (*Pl*): → Handel (1)
geschäftsfähig: dispositionsfähig
Geschäftsgang, der: → Dienstweg
Geschäftsgeheimnis, das: → Betriebsgeheimnis
Geschäftsinhaber, der: → Kaufmann (2)
Geschäftsleben, das: → Wirtschaft (1)
Geschäftsmann, der: → Kaufmann (1)
Geschäftspartner, der: → Teilhaber
Geschäftsraum, der: → Dienstraum
Geschäftsstelle, die: **1.** → Dienststelle (1) – **2.** → Vertretung (1)
Geschäftsstunden (*Pl*): → Öffnungszeiten
geschäftstüchtig: → raffiniert (1)
Geschäftszeit, die: → Öffnungszeiten
Geschäftszimmer, das: → Dienstraum
Geschäftszweig, der: → Wirtschaftszweig
Geschäker, das: → Flirt
geschätzt: **1.** → angesehen (1) – **2.** → beliebt (1) – **3.** g. sein: → beliebt (2, a)
gescheckt: → gefleckt
geschehen: **1.** ⟨*in einem Zeitraum bzw. zu einem Zeitpunkt ablaufen*⟩ sich zutragen · sich vollziehen · sich ereignen · passieren · vor sich gehen · vorfallen · sich abspielen · vorgehen · vorkommen · erfolgen · sein ♦ *gehoben*: sich begeben ♦ *umg*: los sein; → *auch* stattfinden, verlaufen (I, 2) – **2.** → zustoßen (1) – **3.** g. lassen: → zulassen (1); es ist g. |um|: → verloren (2)
Geschehen, das: **1.** → Ereignis (1) – **2.** → Handlung (2)
Geschehnis, das: → Ereignis (1)
Gescheide, das: → Eingeweide
gescheit: **1.** → klug (1) – **2.** nicht ganz/recht g.: → verrückt (1)
Gescheitheit, die: → Klugheit
Geschenk, das: **1.** ⟨*das Geschenkte*⟩ Präsent · Gabe · Dedikation · Aufmerksamkeit; Angebinde (*veraltend*) ♦ *umg*: Mitbringsel; → *auch* Schenkung, Spende (1) – **2.** zum G. machen: → schenken (1), verschenken (1)
geschert: → dumm (1)
Geschichte, die: **1.** ⟨*Gesamtheit des Geschehens in der Gesellschaft*⟩ Vergangenheit; Historie (*veraltet*); → *auch* Vorgeschichte, Vorzeit (1) – **2.** ⟨*erzähltes Ereignis*⟩ Story ♦ *umg*: Schote – **3.** → Ereignis (1) – **4.** → Angelegenheit – **5.** → Erzählung (1) – **6.** Geschichten machen: → Unsinn (2); keine Geschichten machen: → vernünftig (5)
geschichtlich: **1.** ⟨*die Geschichte betreffend*⟩ historisch + bezeugt · überliefert; → *auch* vorgeschichtlich – **2.** ⟨*für die Zukunft bedeutsam*⟩ geschichtsträchtig · zukunftsweisend + bedeutsam
geschichtsträchtig: → geschichtlich (2)
Geschick, das: **1.** → Schicksal (1) – **2.** günstiges G.: → Glück (2); die Geschicke des Landes bestimmen: **a)** → regieren (1) – **b)** → herrschen (1); ins G. bringen: → regeln (1); kein G. haben: **a)** → unfähig (3) – **b)** → ungeschickt (2)
geschicklich: → geschickt (1)

Geschicklichkeit, die: → Gewandtheit (3)
geschickt: 1. ⟨*praktische Fertigkeiten besitzend*⟩ anstellig · handfertig · fingerfertig · praktisch · geschicklich; ankehrig (*landsch*); habil (*veraltet*) + kundig ♦ *umg*: in allen Sätteln gerecht; → *auch* gewandt (1, 2 *u.* 3) – **2.** g. sein: eine geschickte/glückliche Hand haben
Geschicktheit, die: → Gewandtheit (3)
Geschiebe, das: **1.** → Gedränge (1) – **2.** → Schutt (1)
Geschieße, das: → Gefecht (1)
Geschimpfe, das: → Schimpfen
Geschirr, das: **1.** ⟨*Haushaltsgefäße*⟩ Porzellan; → *auch* Tafelgeschirr – **2.** ⟨*Riemenwerk zum Einspannen der Zugtiere*⟩ Zuggeschirr · Riemenzeug + Kum[me]t · Joch – **3.** schmutziges G.: → Abwasch (2); [das] G. spülen: → abwaschen (1); sich [tüchtig] ins G. legen, tüchtig ins G. gehen: → anstrengen (II, 1)
Geschirrschrank, der: → Anrichte
Geschirrspülen, das: → Abwasch (1)
Geschirrspüler: der: → Geschirrspülmaschine
Geschirrspülmaschine, die: Spülmaschine · Spülautomat · Geschirrspüler
Geschirrtuch, das: + Küchenhandtuch
Geschlampe, das: → Ausschuss (2)
Geschlecht, das: **1.** ⟨*die Menschen als Gruppe von Lebewesen*⟩ Gattung · Art · Spezies – **2.** ⟨*alteingesessene Familie*⟩ Stamm · Familie · Haus ♦ *gehoben*: Geblüt (*veraltet*) – **3.** das schwache/zarte G.: → Frau (II); das starke G.: → Mann (II)
geschlechtlich: sexuell
Geschlechtlichkeit, die: → Sexualität
Geschlechtsakt, der: → Koitus
Geschlechtsleben, das: Sexualleben
Geschlechtsorgan, das: → Geschlechtsteil
Geschlechtsregister, das: → Stammbaum
Geschlechtsteil, das: Geschlechtsorgan · Genital[e] + Scham; → *auch* Penis, Scheide (1), Vulva
Geschlechtstrieb, der: Trieb · Sexualtrieb
Geschlechtsverkehr, der: Intimverkehr · Sexualverkehr · Verkehr · Beischlaf; Kohabitation (*fachspr*) ♦ *umg*: Sex; → *auch* Koitus
Geschlechtszelle, die: → Keimzelle (1)
Geschleppe, das: → Schlepperei
geschliffen: 1. → scharf (1) – **2.** → gewandt (3) – **3.** → sorgfältig (1)
Geschliffenheit, die: → Sorgfalt (1)
Geschlinge, das: **1.** → Essen (1) – **2.** → Durcheinander (1) – **3.** → Innereien (1) – **4.** → Eingeweide
geschlossen: 1. ⟨*nicht geöffnet*⟩ *umg*: zu – **2.** → einheitlich (1) – **3.** → gemeinsam (1)
Geschlossenheit, die: → Einheit (1)
Geschluchze, das: → Weinen
Geschluder, das: → Ausschuss (2)
Geschmack, der: **1.** ⟨*die Fähigkeit des Schmeckens*⟩ Geschmackssinn – **2.** ⟨*die Fähigkeit, in ästhet. Hinsicht zu urteilen*⟩ Geschmackssinn · Schönheitssinn · Gout; Gusto (*österr*) + Werturteil – **3.** → Aroma (1) – **4.** G. abgewinnen |einer Sache|, G. finden/gewinnen |an|: → mögen; keinen G. finden |an|: → ablehnen (2); jmds. G. treffen/entsprechen: → gefallen (1)
geschmackig: → schmackhaft
geschmacklos: 1. ⟨*von keinem guten Geschmack zeugend*⟩ abgeschmackt · unschön · kitschig · hässlich + überladen; → *auch* stillos – **2.** → schal (1)
Geschmacklosigkeit, die: **1.** ⟨*der Mangel an gutem Geschmack*⟩ Abgeschmacktheit · Geschmacksverirrung ♦ *umg*: Kuhgeschmack (*abwert*); → *auch* Stillosigkeit – **2.** → Taktlosigkeit
Geschmackssinn, der: → Geschmack (1 *u.* 2)
Geschmacksverirrung, die: → Geschmacklosigkeit (1)
geschmackvoll: schön · apart · ästhetisch + reizvoll; → *auch* stilvoll, gepflegt
Geschmause, das: → Essen (1)
Geschmeichel, das: → Schmeichelei
geschmeichelt: sich g. fühlen: *salopp*: sich gebauchpinselt fühlen · sich gebauchkitzelt fühlen · sich gebauchklatscht fühlen · sich gebumfiedelt fühlen
Geschmeide, das: → Schmuck (1)
geschmeidig: 1. ⟨*leicht formbar*⟩ schmiegsam · flexibel; → *auch* biegsam, elastisch (1) – **2.** → gewandt (1) – **3.** → schlau (1)
Geschmeiß, das: → Gesindel
Geschmiere, das: → Schmiererei
geschmiert: wie g.: → reibungslos
Geschmuse, das: → Schmeichelei
Geschnäbel, das: → Küssen
Geschnatter, das: → Geschwätz (1)
Geschöpf, das: **1.** → Lebewesen – **2.** → Person (1) – **3.** junges G.: → Mädchen (2)
Geschoss, das: **1.** → Kugel (1) – **2.** → Granate – **3.** → Stockwerk

geschraubt: → schwülstig
Geschrei, das: **1.** ⟨*das Schreien*⟩ **a)** ⟨*aus Freude*⟩ Hallo · Gebrüll · Gejohle · Gekreisch · Gelärme ♦ *umg*: Gekreische · Gegröle · Schreierei; → *auch* Lärm (1) – **b)** ⟨*aus Schmerz*⟩ Gebrüll · Geheul · Geplärr[e] ♦ *umg*: Konzert; → *auch* Weinen – **2.** → Gehabe[n] (1) – **3.** ein G. erheben: → schreien (1)
Geschreibsel, das: → Schmiererei
geschuldet: g. sein |einer Sache|: → verursacht
geschult: → geübt
Geschütz, das: **1.** ⟨*Gerät zum Abschießen schwerer Geschosse*⟩ Kanone + Granatwerfer · Raketenwerfer · Haubitze · Flak · Böller – **2.** schweres/grobes G. auffahren: → anfahren (3)
geschützt: 1. → immun (1) – **2.** → sicher (1)
geschwächt: → kraftlos
Geschwafel, das: → Geschwätz (1)
Geschwätz, das: **1.** ⟨*das Äußern inhaltloser Worte*⟩ Gewäsch · [leeres] Gerede · leeres Stroh · Gefasel · Geplapper · Gedröhn · Banalität · [hohle] Phrase; Galimathias · Sermon (*veraltend*) ♦ *umg*: Palaver · Blabla · Rederei · Salbaderei · Geschnatter · Schwätzerei · Faselei · Plapperei · Geplätscher · Gedröhne · Wischiwaschi · Gickgack · Schnickschnack · Kakelei · Schmus · Schmonzes · Gesülze · Kikelkakel · Geschwafel · Schwafelei · Gelaber; Gebabbel · Schwabbelei · Schlabberei · Gedöns · Schnack (*landsch*) + Phrasendrescherei ♦ *salopp*: Gequatsche · Quatscherei · Gequassel · Quasselei · Schwatzerei · Gequake · Schnatterei · Schleim; Geseich[e] · Seich (*landsch*); → *auch* Plauderei, Gerede (1) – **2.** → Gerede (1) – **3.** → Unsinn (1, b)
Geschwatze, das: → Gerede (1)
geschwätzig: klatschhaft · schwatzhaft · klatschsüchtig · schwätzerisch · plapperhaft + wortreich ♦ *umg*: salbaderisch · tratschig · plapperig · schnatterig; → *auch* gesprächig (1)
geschweift: → gebogen
geschwind: → schnell (1, a)
Geschwindheit, die: → Geschwindigkeit (1), Schnelligkeit (1)
Geschwindigkeit, die: **1.** ⟨*das Verhältnis zwischen zurückgelegtem Weg und der dafür benötigten Zeit*⟩ Tempo · Schnelligkeit · Geschwindheit · Schnelle + Speed ♦ *umg*: Rasanz ♦ *salopp*: Zahn; → *auch* Eile (1) – **2.** → Schnelligkeit (1) – **3.** mit affenartiger G.: → schnell (1, b)
Geschwindmarsch, der: → Eilmarsch
geschwollen: 1. ⟨*eine Schwellung aufweisend*⟩ dick – **2.** → überheblich – **3.** → schwülstig
Geschwollenheit, die: **1.** → Überheblichkeit – **2.** → Schwulst (1)
Geschworene, der: → Schöffe
Geschwulst, die: Geschwulstbildung · Gewächs · Tumor · Gewebewucherung · Wucherung · Schwellung · Auswuchs; Schwulst (*noch landsch*); → *auch* Geschwür, Krebs (1)
Geschwulstbildung, die: → Geschwulst
geschwungen: → gebogen
Geschwür, das: Abszess · Eitergeschwür · Eiterbeule · Schwäre · Karbunkel · Furunkel; Ulkus (*med*); → *auch* Geschwulst
gesegnet: mit Glücksgütern g.: → reich (1); in gesegnetem Alter: → alt (1); gesegneten Leibes sein: → schwanger (2)
Geseich[e], das: → Geschwätz (1)
Geselchte, das: → Rauchfleisch
Geselle, der: **1.** → Freund (I, 1) – **2.** fahrender G.: → Wandergeselle; heimatloser G.: → Landstreicher
gesellen: sich g. |zu|: → anschließen (II, 1)
gesellig: 1. ⟨*sich gern in Gesellschaft aufhaltend*⟩ kontaktfreudig · soziabel + umgänglich; → *auch* weltoffen – **2.** → unterhaltsam – **3.** geselliges Beisammensein: → Gesellschaft (1)
Geselligkeit, die: → Gesellschaft (1)
Gesellschaft, die: **1.** ⟨*Kreis feiernder Menschen*⟩ Zusammensein · geselliges Beisammensein · Geselligkeit · Gesellschaftsabend ♦ *umg*: Runde; → *auch* Fest (1) – **2.** → Gruppe (1) – **3.** → Geschäft (2) – **4.** → Begleitung (1) – **5.** → Oberschicht – **6.** wieder in die G. eingliedern: → resozialisieren; G. leisten: → begleiten; die Stützen der G.: → Prominenz; die gute G.: → Oberschicht
Gesellschafter, der: **1.** → Teilhaber – **2.** → Plauderer (1)
gesellschaftlich: 1. ⟨*die Beziehungen der Menschen in der Gemeinschaft betreffend*⟩ sozial – **2.** → gemeineigen – **3.** g. firm: → wohlerzogen
Gesellschaftsabend, der: → Gesellschaft (1)

Gesellschaftsanzug, der: Smoking; → *auch* Frack (1), Gehrock
gesellschaftsfähig: → wohlerzogen
Gesellschaftsgruppe, die: Schicht · Gesellschaftsschicht; Kaste (*abwert*) + Gruppe · Klasse · Randgruppe · Volksgruppe; → *auch* Arbeiterklasse, Mittelschicht
Gesellschaftsordnung, die: → Gesellschaftssystem
Gesellschaftsschicht, die: → Gesellschaftsgruppe
Gesellschaftssystem, das: Gesellschaftsordnung
Gesenke, das: → Mulde (1)
Gesetz, das: **1.** ⟨*sich unter gleichen Bedingungen stets wiederholender wesentl. Zusammenhang zwischen Dingen u. Erscheinungen*⟩ Gesetzmäßigkeit + Naturgesetz – **2.** ⟨*von den gesetzgebenden Organen beschlossene Rechtsnorm*⟩ Recht; Lex (*fachspr*) + Gebot · Richtschnur ♦ *umg*: + Sollbestimmung; → *auch* Verordnung (1), Erlass (1) – **3.** Auge des Gesetzes: → Polizei (1); nach Recht und G.: → rechtlich (1); das G. brechen/verletzen: → vergehen (II)
Gesetzesbrecher, der: → Verbrecher
Gesetzeshüter, der: → Polizist
Gesetzeskraft, die: → Rechtsgültigkeit
gesetz[es]kundig: → rechtskundig
gesetzlich: 1. → rechtlich (1), rechtmäßig (1) – **2.** gesetzlicher Vertreter: → Vormund
gesetzlos: anarchisch; → *auch* ungeordnet (1)
Gesetzlosigkeit, die: Anarchie + Anarchismus; → *auch* Unordnung (1)
gesetzmäßig: → rechtmäßig (1)
Gesetzmäßigkeit, die: → Gesetz (1)
gesetzt: 1. → würdevoll – **2.** g. den Fall: → angenommen (1)
gesetzwidrig: → ungesetzlich
Gesetzwidrigkeit, die: → Ungesetzlichkeit
gesichert: → sicher (1)
Gesicht, das: **1.** ⟨*Vorderteil des menschl. Kopfes*⟩ Physiognomie (*scherzh od. abwert*) ♦ *dicht*: Antlitz ♦ *gehoben*: Angesicht ♦ *umg*: Frätzchen (*vertraul*) ♦ *salopp*: Fassade; Visage · Fratze (*abwert*) ♦ *derb*: Fresse · Schnauze – **2.** → Sehvermögen – **3.** → Sinnestäuschung – **4.** Gesichter schneiden: → Grimasse (2); wie aus dem G. geschnitten: → ähnlich (1); ein G. annehmen: → annehmen (11); ein G. ziehen/aufstecken/aufsetzen/machen: **a)** → annehmen (11) – **b)** → schmollen; ein freundliches G. machen: → lächeln; ins G. [hinein] sagen: → bekennen (I, 2); zu G. bekommen: → erblicken (1); nicht aus dem G. lassen: → beobachten (1); den Fehdehandschuh/Handschuh ins G. werfen/schleudern: → herausfordern; das/sein G. wahren: → beherrschen (II); die Maske vom G. reißen: → entlarven (I); sein wahres G. zeigen: → entlarven (II); das G. verlieren: → bloßstellen (II); am G. absehen, vom G. [ab]lesen: → erraten (1); ein anderes G. bekommen: → ändern (II); ins G. schlagen: → widersprechen (2)
Gesichtsausdruck, der: → Miene (1)
Gesichtsfarbe, die: Farbe · Teint
Gesichtsfeld, das: → Gesichtskreis (1)
Gesichtskreis, der: **1.** ⟨*überblickbarer Bereich*⟩ Gesichtsfeld · Blickfeld · Horizont · Sehkreis – **2.** in den G. treten: → bekannt (4, b)
Gesichtspunkt, der: **1.** ⟨[*interessengebundene*] *Art der Betrachtung*⟩ Blickpunkt · Blickwinkel · Gesichtswinkel · Aspekt · Perspektive · Hinblick · Hinsicht · Betracht + Auffassung · Zusammenhang; → *auch* Hinsicht (1), Standpunkt (1) – **2.** → Standpunkt (1)
Gesichtssinn, der: → Sehvermögen
Gesichtswinkel, der: → Gesichtspunkt (1)
Gesichtszug, der: → Miene (1)
Gesinde, das (*hist*): Leute · Knechte und Mägde · Hofgesinde; → *auch* Dienstpersonal
Gesindel, das (*abwert*): Brut · Gelichter · Geschmeiß · Lumpengesindel · Lumpenpack · Mob · Pöbel · Plebs · Sippschaft · Chor · asoziale Elemente · Drachenbrut · Raubgesindel · Schlangenbrut · Schlangengezücht · Gezücht + Ganoven ♦ *umg*: Bagage · Pack; Bucht (*landsch*) ♦ *salopp*: Kroppzeug · Gesocks · Hundepack; → *auch* Abschaum
Gesinge, das: → Gesang (1)
gesinnt: gesonnen · eingestellt
Gesinnung, die: **1.** ⟨*die persönlich bestimmte Art des Denkens u. Verhaltens*⟩ Einstellung · Grundhaltung · Haltung · Sinnesart · Ethos + Stellungnahme · Parteilichkeit; → *auch* Denkweise – **2.** seine G. verbergen: → verstellen (II); die G. wechseln: → anpassen (II, 2)
Gesinnungslosigkeit, die: → Opportunismus

Gesinnungslump, der: → Opportunist
Gesinnungslumperei, die: → Opportunismus
Gesinnungsverwandtschaft, die: → Freundschaft (1)
Gesinnungswandel, der: Frontwechsel · Meinungsänderung ♦ *umg*: Umfall; → *auch* Opportunismus
gesittet: → wohlerzogen
Gesocks, das: → Gesindel
Gesöff, das: → Brühe (2)
gesondert: 1. → besonders (1) – **2.** → einzeln (1)
gesonnen: 1. → gesinnt – **2.** → gewillt (1)
gespalten: → zwiespältig
Gespann, das: **1.** ⟨*die zusammengespannten Zugtiere*⟩ Joch – **2.** → Wagen (1) – **3.** → Team (1) – **4.** → Ehepaar – **5.** → Freundespaar
gespannt: 1. ⟨*von Personen gesagt: voller Spannung*⟩ erwartungsvoll · atemlos ♦ *umg*: gespannt wie ein Regenschirm; → *auch* gefesselt, neugierig (1) – **2.** → straff (2) – **3.** auf gespanntem Fuß leben |mit|: → Streit (2)
Gespanntheit, die: → Spannung (1)
Gespenst, das: **1.** ⟨*Fabelwesen*⟩ Geist · Spukgestalt · Schemen + Höllenspuk · Dämon · Alb · Mahr · Drude · Lamie · Golem; → *auch* Kobold (1) – **2.** wie ein G.: **a)** → blass (1) – **b)** → elend (1)
Gespenstergeschichte, die: → Schauergeschichte
gespensterhaft: → unheimlich (1)
gespenstern: → umherirren
gespenstisch: schattenhaft · schemenhaft · spukhaft; → *auch* unheimlich (1)
Gespiele, der: **1.** → Spielkamerad – **2.** → Geliebte (I)
Gespielin, die: → Geliebte (II)
Gespinst, das: **1.** → Gewebe (1) – **2.** Unser Lieben Frau G.: → Altweibersommer (1)
Gespons: I. Gespons, der: **1.** → Ehemann – **2.** → Bräutigam – **II.** Gespons, das: **1.** → Ehefrau – **2.** → Braut
Gespött, das: sein G. treiben |mit|: → verspotten; zum G. [der Leute] machen: → blamieren (I); zum G. werden |für|, sich zum G. [der Leute] machen: → blamieren (II)
Gespräch, das: **1.** ⟨*Rede und Gegenrede*⟩ Unterhaltung · Konversation · Unterredung · Zwiegespräch · Dialog · Smalltalk + Aussprache · Rücksprache; → *auch* Plauderei, Aussprache (2) – **2.** → Interview (1) – **3.** → Telefongespräch – **4.** ein G. führen: → unterhalten (II, 1); das G. bringen |auf|: → ansprechen (2); ins G. kommen: → annähern (II, 1)
gesprächig: 1. ⟨*gern u. viel redend*⟩ redselig · redefreudig · redelustig · mitteilsam; → *auch* geschwätzig – **2.** g. sein: ⟨*gern u. viel reden*⟩ *umg*: Schlabberwasser getrunken haben – **3.** g. machen: → sprechen (3)
Gesprächspartner, der: Kommunikator (*fachspr*)
gespreizt: 1. → geziert – **2.** mit gespreizten Beinen: → breitbeinig
Gespreiztheit, die: → Ziererei
gesprenkelt: → gepunktet
Gespür, das: **1.** → Spürsinn – **2.** ein G. haben |für|: → spüren (1)
Gestade, das: → Ufer (1)
Gestalt, die: **1.** ⟨*die äußere Form des menschl. Körpers*⟩ Körperform · Körperbau · Wuchs · Figur · Statur · Erscheinung[sbild] – **2.** → Form (1) – **3.** → Person (1), Persönlichkeit (I, 2) – **4.** traurige G.: → Weichling; G. geben: → gestalten (1); in G. von: → als (1)
gestalten: 1. ⟨*in bestimmter Weise verwirklichen*⟩ ausgestalten · arrangieren · einrichten · Gestalt geben ♦ *umg*: aufziehen; → *auch* formen (1) – **2.** → formen (1)
gestalterisch: → schöpferisch
gestalthaft: → gegenständlich
gestaltlos: → formlos (1)
Gestaltung, die: Formgebung · Design · Styling · Ausformung · Prägung · Konfiguration + Bau · Industriedesign; → *auch* Formung (1)
gestanden: → erfahren (2)
geständig: g. sein: → gestehen (1)
Geständnis, das: **1.** ⟨*das Bekennen*⟩ Bekenntnis · Eingeständnis · Beichte · Generalbeichte; Herzensergießung (*veraltet, noch scherzh*) – **2.** ein G. ablegen/machen: → gestehen (1)
Gestank, der: Duft (*iron*) + Aasgeruch · Aasgestank ♦ *umg*: Stank · Muff (*landsch*) ♦ *salopp*: Mief; → *auch* Geruch (1)
gestärkt: steif
gestatten: 1. → erlauben (1), ermöglichen (1) – **2.** wenn Sie g.: → erlauben (5)
gestattet: 1. → zulässig – **2.** g. sein: → dürfen
Geste, die: **1.** ⟨*etw. ausdrückende Bewegung*⟩ Bewegung · Gebärde · Gebärdung – **2.** Gesten machen: → gestikulieren

gestehen: **1.** ⟨*den wahren Sachverhalt sagen*⟩ eingestehen · geständig sein · ein Geständnis ablegen/machen · zugeben · bekennen · sich bekennen |zu| · beichten · eine Beichte ablegen; einbekennen (*österr*) ♦ *umg*: Farbe bekennen · mit der Sprache/Wahrheit herausrücken; → *auch* zusammenbrechen (2) – **2.** [offen] g.: → bekennen (I, 2); seine Schuld/seine Sünden g.: → beichten (1)
Gestehungskosten (*Pl*): → Herstellungskosten
Gestein, das: Fels[gestein] · Felsbrocken ♦ *dicht*: Gefels
Gesteinsmassiv, das: → Gebirge
Gestell, das: **1.** → Regal – **2.** → Dürre (II)
Gestellungsbefehl, der: → Einberufung (2)
gestelzt: → geziert
gestern: von g.: → rückständig; nicht von g. sein: → schlau (2)
Gestern, das: → Vergangenheit (1)
Gestichel, das: → Anspielung (1)
gestikulieren: Gesten machen · mit den Händen reden · [mit den Händen] fuchteln · fuhrwerken ♦ *umg*: herumfuchteln · herumfuhrwerken
gestimmt: gelaunt · aufgelegt · disponiert · in Form
Gestirn, das: → Stern (1)
Gestöber, das: → Schneegestöber
gestohlen: jmdm. g. bleiben können: → ablehnen (2)
Gestöhn[e], das: → Stöhnen
gestopft: g. voll: → überfüllt
gestorben: **1.** → tot (1) – **2.** g. sein: → erledigt (2, b)
gestraft: g. sein |mit|: → Kummer (2)
Gesträuch, das: → Buschwerk
gestreift: → streifig
gestreng: → streng (2)
gestrichen: die Hosen g. voll haben: → ängstigen (II, 1)
Gestrick, das: → Strickerei
gestrig: [ewig] g.: → rückschrittlich
Gestrüpp, das: **1.** → Buschwerk – **2.** → Durcheinander (1)
Gestümper, das: → Stümperei
Gestürm, das: → Gehabe[n] (1)
Gesuch, das: → Antrag (2)
gesucht: **1.** ⟨*nicht überzeugend*⟩ gewollt · weit hergeholt · an den Haaren herbeigezogen – **2.** → gekünstelt
Gesudel, das: → Ausschuss (2)
Gesülze, das: → Geschwätz (1)
Gesums, das: → Gehabe[n] (1)
gesund: **1.** ⟨*nicht an einer Krankheit leidend*⟩ wohl[auf] · kerngesund · blühend · frisch · rüstig · stabil ♦ *umg*: pumperlgesund (*süddt österr*); → *auch* beschwerdefrei – **2.** ⟨*der Gesundheit dienlich*⟩ gesundheitsfördernd · zuträglich · gut + nahrhaft · bekömmlich; → *auch* heilkräftig – **3.** → unverletzt – **4.** → normal (1) – **5.** g. sein: ⟨*nicht an einer Krankheit leiden*⟩ sich gut fühlen/befinden ♦ *umg*: auf dem Damm/Posten sein · gut bei Wege sein – **6.** g. werden: ⟨*eine Krankheit überwinden*⟩ gesunden · genesen · seiner Genesung entgegengehen · auf dem Wege der Besserung sein + heilen ♦ *umg*: aufkommen · wieder auf die Beine/auf den Damm kommen; → *auch* erholen, sich (1) – **7.** nicht g.: → krank (1); g. machen: → heilen (1); gesunder Menschenverstand: → Klugheit
gesunden: → gesund (6)
gesundet: → genesen (1)
Gesundheit, die: **1.** ⟨*das Gesundsein*⟩ Wohlbefinden + Kraft; → *auch* Gesundheitszustand – **2.** von zarter G.: → empfindlich (1); der G. leben: → schonen (II)
gesundheitlich: → sanitär
gesundheitsfördernd: **1.** → gesund (2) – **2.** → heilkräftig
gesundheitsgefährdend: → schädlich (1)
gesundheitsschädigend: → schädlich (1)
gesundheitsschädlich: → schädlich (1)
Gesundheitszustand, der: Allgemeinbefinden · Befinden · Verfassung · Zustand + Ergehen; → *auch* Gesundheit (1)
gesundstoßen, sich: → bereichern (II)
Gesundung, die: → Genesung (1)
Gesundungsprozess, der: → Genesung (1)
Getändel, das: → Flirt
Getobe, das: → Lärm (1)
Getöse, das: **1.** → Lärm (1) – **2.** → Gehabe[n] (1)
Getrampel, das: → Beifall (1)
Getränk, das: **1.** ⟨*zum Trinken bestimmte Flüssigkeit*⟩ Gebräu (*abwert*); Tranksame (*schweiz*) ♦ *gehoben*: Trunk · Trank; → *auch* Brühe (2) – **2.** alkoholische Getränke: → Spirituosen
Getratsche, das: → Gerede (1)
getrauen, sich: → wagen (1)
Getreibe, das: → Gedränge (1)
Getreide, das: Korn; Halmfrucht (*fachspr*)

Getreidediemen, der: → Schober
Getreidepuppe, die: → Puppe (3)
Getreideschober, der: → Schober
getrennt: unverbunden ♦ *umg*: auseinander
Getrenntsein, das: → Trennung (2)
getreu: → treu (1)
Getreue, der: **1.** → Freund (I, 1) – **2.** → Anhänger (3)
getreulich: → treu (1)
Getriebe, das: **1.** ⟨*Maschinenteile zur Bewegungsübertragung*⟩ Räderwerk · Maschinerie – **2.** → Gedränge (1) – **3.** Sand ins G. streuen: → sabotieren
getrost: → vertrauensvoll
getrösten, sich: → vertrauen
Getue, das: **1.** → Gehabe[n] (1) – **2.** → Ziererei – **3.** → Heuchelei
Getümmel, das: → Durcheinander (2)
getüpfelt: → gepunktet
getupft: → gepunktet
Getuschel, das: → Gerede (1)
geübt: geschult ♦ *umg*: zünftig · eingefuchst; → *auch* erfahren (2)
Gevatter, der: **1.** → Pate (I, 1) – **2.** → Freund (I, 1)
Gevatterin, die: → Pate (II)
Gevattersmann, der: → Pate (I, 1)
Geviert, das: → Viereck
Gewächs, das: **1.** → Pflanze (1) – **2.** → Geschwulst
gewachsen: 1. ⟨*vom Körper gesagt*: *in bestimmter Weise entwickelt*⟩ *umg*: gebaut – **2.** g. sein |jmdm.|: ⟨*einen Vergleich od. Kampf mit jmdm. bestehen*⟩ es aufnehmen [können] |mit| · sich messen können |mit| ♦ *umg*: fertig werden |mit|
Gewächshaus, das: → Treibhaus
Gewaff, das: → Hauer (1)
gewagt: riskant · halsbrecherisch · lebensgefährlich · risikoreich · abenteuerlich · heikel; → *auch* gefährlich (1)
gewählt: → gepflegt
gewahr: g. werden: → bemerken (1)
Gewähr, die: **1.** ⟨*garantierte Sicherheit*⟩ Gewährleistung · Garantie · Unterpfand; → *auch* Bürgschaft (1) – **2.** G. leisten: → bürgen; G. bieten: → gewährleisten; ohne G.: → unverbindlich
gewahren: → bemerken (1)
gewähren: 1. ⟨*einer Bitte entsprechen*⟩ bewilligen · einräumen ♦ *gehoben*: erhören; → *auch* erlauben (1), zugestehen – **2.** g. lassen: ⟨*nicht im Handeln einschränken*⟩ die Freiheit geben/lassen · den Willen lassen · freien Lauf/freies Spiel lassen · schalten und walten lassen – **3.** Hilfe/Unterstützung g.: → helfen (1); Aufnahme/Unterkunft/Obdach/Asyl g.: → beherbergen; Schutz g.: → schützen (I, 1)
gewährleisten: garantieren · Garantie bieten/leisten · Gewähr bieten · sichern · sicherstellen · sich verbürgen |für|; → *auch* bürgen
Gewährleistung, die: → Gewähr (1)
Gewahrsam, der: **1.** → Haft (1) – **2.** → Verwahrung (1) – **3.** in G. nehmen: **a)** → einsperren (1) – **b)** → aufbewahren – **c)** → sicherstellen (1); in G. halten: → gefangen (4)
Gewährsmann, der: → Bürge
Gewährung, die: → Erlaubnis (1)
Gewalt, die: **1.** ⟨*jeden Widerstand überwindende Kraft*⟩ Gewaltsamkeit · Brachialgewalt · Ell[en]bogenrecht; → *auch* Zwang (1) – **2.** → Herrschaft (1) – **3.** → Wucht (1) – **4.** mit G.: → gewaltsam; G. antun: **a)** → vergewaltigen (1) – **b)** → zwingen (1); G. anwenden: → zwingen (1); in der G. haben, G. haben |über|: → beherrschen (I, 1); sich in der G. haben, sich G. antun: → beherrschen (II)
Gewaltakt, der: → Gewalttat, Gewalttätigkeit (1)
gewaltfrei: → gewaltlos
Gewalthaber, der: → Herrscher
Gewalthandlung, die: → Gewalttat
Gewaltherrschaft, die: Diktatur · Despotie · Despotismus · Terror[ismus] · Totalitarismus · Schreckensherrschaft · Tyrannei; → *auch* Alleinherrschaft, Herrschaft (1)
Gewaltherrscher, der: → Diktator
gewaltig: 1. ⟨*in seiner Ausdehnung sehr groß*⟩ mächtig · gigantisch · wuchtig · monumental · kolossal · exorbitant + monströs ♦ *umg*: riesig · riesenhaft · ungeheuer · unheimlich · enorm · pyramidal; → *auch* groß (1) – **2.** → heftig (1, a)
Gewaltkur, die: → Radikalkur
gewaltlos: gewaltfrei · friedlich; → *auch* friedlich (1)
Gewaltmarsch, der: → Eilmarsch
Gewaltmaßnahme, die: → Zwangsmaßnahme
Gewaltmensch, der: **1.** ⟨[*ständig*] *Gewalt anwendender Mensch*⟩ Rohling · Barbar + Wüstling; → *auch* Unmensch (1), Wüterich – **2.** → Verbrecher

gewaltsam: mit Gewalt · zwangsweise · erzwungenermaßen · unter Zwang
Gewaltsamkeit, die: → Gewalt (1)
Gewaltstreich, der: → Überfall (1)
Gewalttat, die: Gewalthandlung · Gewaltakt; → *auch* Verbrechen (1)
Gewalttäter, der: → Verbrecher
gewalttätig: → brutal
Gewalttätigkeit, die: **1.** ⟨*das Anwenden von Gewalt gegenüber Menschen*⟩ Ausschreitung · Gewaltakt + Pogrom · Terror – **2.** → Brutalität
Gewalttour, die: → Eilmarsch
Gewaltverbrecher, der: → Verbrecher
Gewand, das: → Kleidung (1), Anzug (1)
gewandt: 1. ⟨*geschickt in den Bewegungen*⟩ behände · beweglich · gelenk[ig] · wendig · geschmeidig · leichtfüßig · leichten Fußes · katzenartig · schlangenartig · katzenhaft · schlangenhaft; handlich (*schweiz*) + fingerfertig · schnellfüßig ♦ *umg*: fix; → *auch* geschickt (1), flink (1) – **2.** ⟨*schnell im Denken*⟩ wendig · flink ♦ *umg*: fix; → *auch* geschickt (1) – **3.** ⟨*sicher im Auftreten*⟩ wendig · weltgewandt · weltläufig · weltmännisch · smart · elegant · geschliffen + diplomatisch · geübt · elastisch; → *auch* geschickt (1)
Gewandtheit, die: **1.** ⟨*Geschicktheit in den Bewegungen*⟩ Beweglichkeit · Gelenkigkeit · Wendigkeit · Elastizität · Fertigkeit + Fingerfertigkeit · Schnellfüßigkeit ♦ *umg*: Fixigkeit; → *auch* Flinkheit (1), Schnelligkeit (1) – **2.** ⟨*Schnelligkeit im Denken*⟩ Wendigkeit · Flinkheit ♦ *umg*: Fixigkeit – **3.** ⟨*Sicherheit im Auftreten*⟩ Wendigkeit · Eleganz · Routiniertheit · Geschicklichkeit · Geschicktheit + Elastizität · Diplomatie · Schick ♦ *umg*: Pli (*landsch*)
Gewandung, die: → Kleidung (1)
gewärtig: g. sein: → vorbereitet (2)
gewärtigen: → vorbereitet (2)
Gewäsch, das: → Geschwätz (1)
gewaschen: mit allen Wassern g.: → raffiniert (1); der (*bzw.* die *od.* das) sich g. hat: → gehörig (1)
Gewässer, das: **1.** → Fluss (1) – **2.** → See (I)
Gewebe, das: **1.** ⟨*durch Weben hergestelltes textiles Produkt*⟩ Stoff · Tuch + Flor · Gewirk · Gespinst – **2.** ⟨*Gefüge gleichartiger Zellen*⟩ Zellgewebe + Fleisch
Gewebewucherung, die: → Geschwulst
Gewebstod, der: → Brand (1)
geweckt: → aufgeweckt
Gewehr, das: **1.** ⟨*Handfeuerwaffe mit langem Lauf*⟩ Karabiner; Donnerbüchse · Knallbüchse (*scherzh*); Schießgewehr (*kinderspr*) + Büchse · Flinte · Jagdgewehr · Doppelflinte · Doppelbüchse · Drilling · Infanteriegewehr · Stutzen ♦ *umg*: Schießeisen · Schießprügel ♦ *salopp*: Knarre; → *auch* Schusswaffe – **2.** → Hauer (1)
Gewehrkugel, die: → Kugel (1)
Geweih, das: **1.** ⟨*Knochengebilde am Kopf der Hirsche*⟩ Stangen (*weidm*); → *auch* Gehörn – **2.** ein G. aufsetzen: → betrügen (2, b)
Geweine, das: → Weinen
gewellt: 1. → lockig – **2.** → hügelig
Gewende, das: → Feldrain
Gewerbe, das: **1.** → Handwerk (1) – **2.** → Tätigkeit (2) – **3.** das horizontale G., das älteste G. der Welt: → Prostitution
gewerbsmäßig: → berufsmäßig
Gewerk, das: → Handwerk (1)
Gewese, das: → Gehabe[n] (1)
gewesen: 1. → ehemalig – **2.** → vorbei (1)
Gewicht, das: **1.** ⟨*Druck eines Körpers*⟩ Schwere + Last · Masse – **2.** → Gehörn – **3.** → Druck (1) – **4.** → Bedeutung (1), Einfluss (2) – **5.** von G.: → wichtig (1); G. legen |auf|: **a)** → betonen (2) – **b)** → [1]Acht (1, a); G. haben, ins G. fallen: **a)** → gelten (2) – **b)** → wichtig (3); nicht ins G. fallen: → wichtig (4); ohne G. sein: → unbedeutend (4); sein G. in die Waagschale werfen: → einsetzen (II)
gewichtig: 1. → wichtig (1) – **2.** → bedeutsam (1) – **3.** → schwer (1)
Gewichtigkeit, die: → Bedeutung (1)
gewichtslos: → leicht (1)
gewieft: → raffiniert (1)
gewiegt: → raffiniert (1)
Gewiegtheit, die: → Schlauheit
Gewieher, das: → Gelächter (1)
gewillt: 1. ⟨*die Absicht habend*⟩ willens · gesonnen · entschlossen + willig; → *auch* bereit (1) – **2.** g. sein: → beabsichtigen
Gewimmel, das: → Durcheinander (2)
Gewimmer, das: → Jammer (1)
Gewinde, das: → Geflecht
Gewinn, der: **1.** ⟨*finanzieller Ertrag*⟩ Ausbeute · Überschuss · Profit; Surplus (*Wirtsch*) + Betriebsergebnis · Mehrerlös · Mehrertrag · Mehreinnahme ♦ *umg*: Geschäft · Reibach; Goldregen (*scherzh*) +

warmer Regen; → *auch* Umsatzsteigerung – **2.** → Nutzen (1), Ertrag – **3.** → Lotteriegewinn – **4.** G. abwerfen: ⟨*einen finanziellen Nutzen ergeben*⟩ Gewinn bringen ♦ *umg*: herausspringen; herausschauen (*landsch*) – **5.** G. machen: ⟨*so produzieren, wirtschaften, dass sich Gewinn ergibt*⟩ schwarze Zahlen schreiben · in den schwarzen Zahlen sein – **6.** G. bringend: **a)** → einträglich – **b)** → nützlich; G. haben/erzielen/einfahren, G. schlagen/ziehen |aus|, einen G. einheimsen/einstreichen/herausschlagen: → gewinnen (1); G. bringen: → 4
Gewinnanteil, der: Dividende · Dividendenertrag · Gewinnquote · Dividendenausschüttung · Ausschüttung
gewinnen: 1. ⟨*zu einem* [*finanziellen*] *Ertrag kommen*⟩ Gewinn haben/erzielen/einfahren · Gewinn schlagen/ziehen |aus| · einen Gewinn herausschlagen/herauswirtschaften · profitieren + ernten · sich sanieren ♦ *umg*: einen Gewinn einstreichen · [einen Gewinn] einheimsen · seine Schäfchen ins Trockene bringen · herausholen · heimbringen · heimschaffen · ein Geschäft machen ♦ *salopp*: einen [guten/großen] Schnitt machen – **2.** ⟨*als Endprodukt erhalten*⟩ destillieren (*Chem*); → *auch* herstellen (1) – **3.** → fördern (2) – **4.** → erwerben (1) – **5.** → siegen – **6.** [an] Boden g.: **a)** → vorankommen – **b)** → verbreiten (II); jmds. Herz g.: → erobern (2); ihre Hand g.: → heiraten (2); Zeit g. wollen: → hinhalten (1); Geschmack g. |an|: → mögen; Profil g.: → ankündigen (II)
gewinnend: → gefällig (2)
Gewinner, der: → Sieger (1)
Gewinnquote, die: → Gewinnanteil
Gewinnspanne, die: → Verdienstspanne
Gewinnstreben, das: → Erwerbsstreben
Gewinnsucht, die: **1.** → Geldgier – **2.** → Habgier
gewinnsüchtig: 1. → geldgierig (1) – **2.** → habgierig (1)
Gewinnung, die: → Förderung (2)
Gewinsel, das: → Weinen
Gewirk, das: → Gewebe (1)
Gewirr, das: → Durcheinander (1)
Gewisper, das: → Geflüster
gewiss: 1. ⟨*nicht zu bezweifelnd*⟩ bestimmt · gewisslich · sicherlich · zweifelsohne · zweifellos · ohne Zweifel/Frage · fraglos; → *auch* sicher (4) – **2.** ⟨*nicht näher genannt*⟩ bestimmt – **3.** das gewisse Etwas: → Reiz (2); g. sein: → feststehen
Gewissen, das: **1.** ⟨*moralisches Bewusstsein*⟩ das bessere Ich · innere Stimme – **2.** schlechtes G.: → Gewissensbisse (1); ohne G.: → gewissenlos; ins G. reden: → ermahnen (1); auf dem G. haben: → schuldig (3, a)
gewissenhaft: genau · gründlich · peinlich · penibel; skrupulös (*veraltend*) + aufrichtig; → *auch* pflichtbewusst, sorgfältig (1), zuverlässig (1)
Gewissenhaftigkeit, die: Genauigkeit · Gründlichkeit · Peinlichkeit; → *auch* Pflichtbewusstsein, Sorgfalt (1)
gewissenlos: skrupellos · kaltblütig · ohne Gewissen · ohne Skrupel · hemmungslos + bedenkenlos · ohne Bedenken · rücksichtslos · verantwortungslos
Gewissensbisse (*Pl*): **1.** ⟨*das Bewusstsein, unrecht gehandelt zu haben*⟩ Skrupel · Gewissensskrupel · Schuldgefühl · Schuldbewusstsein · schlechtes Gewissen · moralische Bedenken ♦ *umg*: Gewissenswurm; → *auch* Reue (1) – **2.** G. haben, sich G. machen: → bereuen
Gewissensehe, die: → Ehe (1)
Gewissensskrupel (*Pl*): → Gewissensbisse (1)
Gewissenswurm, der: → Gewissensbisse (1)
gewissermaßen: → gleichsam
Gewissheit, die: **1.** → Überzeugung (1) – **2.** → Glaube[n] (1) – **3.** sich G. verschaffen: → vergewissern, sich
gewisslich: → gewiss (1)
Gewitter, das: **1.** ⟨*Naturerscheinung mit Blitz u. Donner*⟩ Wetter; Donnerwetter (*veraltet*) – **2.** ein reinigendes G.: → Strafpredigt
Gewitterflinte, die: → Regenschirm (1)
gewittern: → donnern (1)
gewitterschwül: → schwül (1)
gewittrig: → schwül (1)
Gewitzel, das: → Spott (1)
gewitzigt: → schlau (1)
gewitzt: → schlau (1)
Gewitztheit, die: → Schlauheit
Gewoge, das: **1.** ⟨*wogende Bewegung*⟩ das Hin und Her – **2.** → Seegang
gewogen: 1. → wohlgesinnt – **2.** nicht g. sein: → hassen
Gewogenheit, dic: → Wohlwollen (1)

gewöhnen, sich: **1.** sich aneinander g.: ⟨*ein besseres Zusammenleben erreichen*⟩ *umg*: sich zusammenraufen · sich zusammenbeißen – **2.** sich g. |an|: **a)** → heimisch (4), anpassen (II, 1), umstellen (II, 2) – **b)** → abfinden (II, 2)
Gewohnheit, die: **1.** ⟨*allgemein üblich gewordene Verhaltensweise*⟩ Gepflogenheit · Usus · Brauch · Sitte · Herkommen · Tradition; Usance (*kaufm*) + Übung – **2.** ⟨*routinehafte Handlung*⟩ Angewohnheit + Gepflogenheit – **3.** zur [festen] G. werden: ⟨*sich als Gewohnheit festigen*⟩ in Fleisch und Blut übergehen – **4.** Macht der G.: → Gewohnheitstrieb; aus G.: → gewohnheitsmäßig
gewohnheitsgemäß: → gewohnheitsmäßig
gewohnheitsmäßig: gewohnheitsgemäß · aus Gewohnheit · routinemäßig
Gewohnheitstrieb, der: Macht der Gewohnheit + Denkfaulheit · Willenlosigkeit
Gewohnheitstrinker, der: → Trinker
Gewohnheitsverbrecher, der: → Verbrecher
gewöhnlich: 1. ⟨*durchschnittl. Verhältnissen entsprechend u. nichts Besonderes aufweisend*⟩ alltäglich · normal · profan · trivial · regelmäßig · kommun · gewohntermaßen; → *auch* gewohnt (1), üblich (1) – **2.** ⟨*nicht von feiner Art*⟩ unfein · ordinär · gassenmäßig · vulgär · pöbelhaft · plebejisch · nieder ♦ *umg*: popelig (*landsch*) – **3.** → meist – **4.** für g.: → meist
gewohnt: 1. ⟨*immer wieder in dieser Weise gehandhabt*⟩ gangbar · gängig ♦ *umg*: ausgefahren · ausgelaufen · ausgetreten; → *auch* gewöhnlich (1), vertraut (1), üblich (1) – **2.** ⟨*mit der Zeit zur Gewohnheit geworden*⟩ altgewohnt · [alt]eingewurzelt · lang gewohnt ♦ *umg*: [fest] eingefahren · eingefleischt; → *auch* alt (3), üblich (1)
gewohntermaßen: → gewöhnlich (1)
gewölbt: → bauchig (1)
gewollt: → gesucht (1)
Gewühl, das: → Gedränge (1)
gewunden: schraubenförmig · spiralförmig · spiralig · schneckenförmig; schraubig · spiral (*fachspr*)
gewürfelt: → kariert
Gewürge, das: → Gedränge (1)
gewürzig: → würzig (1)
gewürzt: 1. → scharf (2) – **2.** → würzig (1) – **3.** gut g.: → würzig (1); stark g.: → scharf (2)
gezackt: zackig · gezahnt
gezähmt: → zahm (1)
gezahnt: → gezackt
Gezänk, das: → Streit (1)
Gezanke, das: → Streit (1)
Gezauder, das: → Unentschlossenheit
Gezeiten (*Pl*): Tiden · Ebbe und Flut
Gezerre, das: → Streit (1)
Gezeter, das: → Schimpfen
Geziefer, das: → Ungeziefer
gezielt: → absichtlich
geziemen, sich: → gehören (II)
geziemend: → gebührend (1)
Geziere, das: → Ziererei
geziert: affektiert · gespreizt · gestelzt · erkünstelt · unnatürlich · preziös ♦ *umg*: affig · etepetete; → *auch* gekünstelt, eitel (1)
Gezischel, das: → Geflüster
Gezücht, das: **1.** → Brut (1) – **2.** → Gesindel
Gezweig, das: → Geäst
gezwungen: 1. → gehemmt – **2.** → unfreiwillig (1) – **3.** g. sein, sich g. sehen: → müssen (1)
gezwungenermaßen: → unfreiwillig (1), notgedrungen
Gfrett, das: → Unannehmlichkeit
Gicht, die: *umg*: Zipperlein (*scherzh*)
gichtig: → gichtkrank
gichtisch: → gichtkrank
gichtkrank: gichtig · gichtisch
gickern: → lachen (1)
Gickgack, das: → Geschwätz (1)
Gieper, der: → Verlangen (1)
gieperig: → gierig (1)
giepern: g. |nach|: → Verlangen (4)
Gier, die: **1.** → Verlangen (1) – **2.** → Habgier – **3.** mit/voll G.: → gierig (1)
gieren: g. |nach|: → Verlangen (4)
giererfüllt: → gierig (1)
gierig: 1. ⟨*von starkem Verlangen erfüllt*⟩ giererfüllt · begehrlich · mit/voll Gier ♦ *umg*: wie ein Habicht; happig · gieperig · jieperig (*landsch*); → *auch* lüstern (1) – **2.** → habgierig (1) – **3.** g. sein |nach/auf|: → Verlangen (4)
Gierigkeit, die: → Verlangen (1)
Gierschlund, der: → Vielfraß
gießen: 1. ⟨*eine Flüssigkeit aus einem Gefäß rinnen lassen*⟩ schütten; → *auch* einfüllen (1) – **2.** ⟨*stark regnen*⟩ schauern · in Strömen regnen ♦ *umg*: schütten · pladdern · prasseln · wie mit Kannen/Eimern/Kübeln gießen; Schusterjungen/Strippen reg-

nen (*scherzh*); wie mit Mollen gießen (*berlin*); → *auch* regnen (1) – **3.** → begießen (1) – **4.** einen auf die Lampe g., einen hinter die Binde/Krawatte/den Schlips g.: → trinken (1, b), betrinken, sich; Öl auf die Wogen g.: → beruhigen (I); Öl ins Feuer g.: → verschlimmern (I, 1); wie in/aus Erz gegossen: → regungslos

Gift, das: **1.** ⟨*gesundheitsschädl. Substanz*⟩ Giftstoff + Toxikum · Toxin (*fachspr*) – **2.** → Bosheit – **3.** G. nehmen: → vergiften (II); G. geben: → vergiften (I, 1); darauf kannst du G. nehmen: **a)** → tatsächlich (2) – **b)** → versichert; G. sein |für|: → schaden (2); G. und Galle speien/spucken: → wütend (2); voller G. stecken: → boshaft (2); sein G. verspritzen: → sticheln (1); blondes G.: → Blondine

giften, sich: → ärgern (II, 1)

giftgrün: → grün (1)

gifthaltig: → giftig (1)

giftig: 1. ⟨*Gift enthaltend*⟩ gifthaltig + toxisch (*med*); → *auch* schädlich (1) – **2.** → gehässig – **3.** g. werden: → erzürnen (2)

Giftkröte, die: → Xanthippe

Giftküche, die: **1.** → Labor – **2.** → Gerüchteküche

Giftmischer, der: **1.** → Apotheker – **2.** → Intrigant

Giftnudel, die: **1.** → Zigarre (1), Zigarette – **2.** → Xanthippe

Giftpfeil, der: Giftpfeile abschießen: → sticheln (1)

Giftspritze, die: → Xanthippe

Giftstäbchen, das: → Zigarette

Giftstängel, der: → Zigarette

Giftstoff, der: → Gift (1)

Giftzahn, der: → Xanthippe

Gigant, der: → Riese (1)

gigantisch: 1. → groß (1) – **2.** → gewaltig

Gigerl, der: → Geck (1)

gigerlhaft: → geckenhaft (1)

gilben: → vergilben (1)

Gilde, die: → Innung

Gildenschaft, die: → Innung

Gimpel, der: → Grünschnabel

Gimpelfang, der: → Betrug (1)

gimpelhaft: → einfältig (2)

Gin, der: → Branntwein

Gipfel, der: **1.** ⟨*oberster Teil eines Berges*⟩ Spitze · Berg[es]gipfel · Kuppe · Bergkoppe · Bergkuppe · Bergspitze · Horn + Grat – **2.** → Höhepunkt (1) – **3.** → Gipfeltreffen

Gipfelleistung, die: → Spitzenleistung (1)

Gipfelpunkt, der: → Höhepunkt

Gipfelstürmer, der: → Bergsteiger

Gipfeltreffen, das: *umg*: Gipfel

Girl, das: **1.** → Tänzerin – **2.** → Mädchen (2)

girren: 1. → gurren (1) – **2.** → flirten

gischen: → schäumen (1)

Gischt, der: → Schaum (1)

gischten: → schäumen (1)

Gitter, das: **1.** ⟨*netzartige Absperrung aus Metall*⟩ Gatter · Gitterwerk; → *auch* Umzäunung – **2.** hinter Gittern sitzen: → gefangen (2)

Gitterwerk, das: → Gitter (1)

Glace, das: **1.** → Speiseeis – **2.** → Zuckerguss

Glacéhandschuh, der: mit Glacéhandschuhen anfassen: → schonen (I, 1)

Glamour, der *od.* das: → Glanz (2)

glamourös: → glänzend (2)

Glanz, der: **1.** ⟨*Lichterscheinung, die von einer Oberfläche ausgeht*⟩ Licht · Schimmer · Feuer · Schmelz ♦ *dicht*: Glast · Silber – **2.** ⟨*besonders prächtiges Aussehen*⟩ Glorie · Glamour · Herrlichkeit; → *auch* Prunk (1) – **3.** ⟨*ganz glatte bzw. polierte Oberfläche*⟩ Hochglanz · Politur – **4.** → Ruhm (1)

glänzen: 1. ⟨*Glanz zeigen*⟩ blinken · blinkern · blitzen · funkeln · glitzern · schimmern · leuchten · strahlen · flimmern · flirren · gleißen · glimmern · spiegeln; → *auch* leuchten (1) – **2.** → beeindrucken – **3.** durch Abwesenheit g.: → fehlen (1)

glänzend: 1. ⟨*Glanz zeigend*⟩ funkelnd · strahlend · gleißend · leuchtend · hell glänzend · hochglänzend · glitzernd · glitzerig · [spiegel]blank; spiegelig (*veraltend*); → *auch* hell (1) – **2.** ⟨*besonders prächtig*⟩ glanzvoll · glamourös · illuster · splendid; → *auch* prächtig (1), großartig (1) – **3.** → ruhmvoll

glanzhell: → hell (1)

Glanzleistung, die: → Spitzenleistung (1)

glanzlos: stumpf · matt · dumpf; duff (*landsch*)

Glanznummer, die: → Zugstück

Glanzpunkt, der: **1.** → Höhepunkt – **2.** → Hauptattraktion

Glanzstück, das: **1.** ⟨*sehr wertvoller Gegenstand*⟩ Prachtstück · Prachtexemplar · Prunkstück · Schaustück; Kabinettstück · Schatz (*veraltend*) – **2.** *umg scherzh* ⟨*beson-*

ders wertvoller Mensch⟩ Perle; → *auch* Prachtmensch – **3.** → Zugstück
glanzvoll: 1. → glänzend (2) – **2.** → prächtig (1) – **3.** → ruhmvoll
Glanzzeit, die: → Blütezeit
Glas: I. Glas, das: **1.** ⟨*gläsernes Trinkgefäß*⟩ Trinkglas + Pokal · Humpen · Römer · Kelch – **2.** → Brille (1) – **3.** → Fernglas – **4.** zu tief ins G. gucken: → betrinken, sich; ein G. kippen: → trinken (1, b) – **II.** Gläser (*Pl*): **1.** → Brille (1) – **2.** die G. erklingen lassen, mit den Gläsern klingen: → anstoßen (3)
Gläschen, das: ein G. zu viel trinken: → betrinken, sich
Gläser (*Pl*): → Glas (II)
gläsern: 1. → durchsichtig (1) – **2.** → stier
glashart: → hart (1)
Glashaus, das: → Treibhaus
glashell: → durchsichtig (1)
glasig: → stier
glasklar: → durchsichtig (1)
Glaskugel, die: → Murmel
Glast, der: → Glanz (1)
Glasur, die: Schmelz · Email
glatt: 1. ⟨*keine Unebenheit aufweisend*⟩ spiegelglatt + poliert – **2.** ⟨*durch Feuchtigkeit od. Eisfläche, Schnee in der Haftfähigkeit beeinträchtigt*⟩ glitsch[er]ig · rutschig · schlüpfrig · eisglatt + schlickerig · ölig – **3.** ⟨*infolge besonderer Schlauheit nicht od. nur schwer fassbar*⟩ aalglatt · schlangenhaft · aalartig · schlangenartig + ölig · glattzüngig; → *auch* raffiniert (1) – **4.** → flüssig (2) – **5.** → eben (1) – **6.** → reibungslos – **7.** → raffiniert (1) – **8.** g. streichen: ⟨*mit der Hand über etw. streichen u. dadurch glätten*⟩ glätten · glatt legen · glatt ziehen · glatt machen · zurechtziehen · zurechtzupfen; → *auch* glätten (1) – **9.** g. machen: **a)** → 8 – **b)** → glätten (1); g. legen/ziehen: → 8; g. gehen → gehen (9)
Glätte, die: Glattheit + Eisglätte · Schneeglätte
Glatteis, das: aufs G. führen: → täuschen (I)
glätten: 1. ⟨*durch bestimmte Bearbeitung die Unebenheiten beseitigen*⟩ glatt machen · ebnen · schleifen · schlichten · schmirgeln; satinieren (*fachspr*) + abfeilen; → *auch* abhobeln, abrunden (1), glatt (8) – **2.** → glatt (4) – **3.** → bügeln (1) – **4.** → einebnen – **5.** → ausgleichen (I, 1)
glatterdings: → schlechthin
glattgehen: → gehen (9)
Glattheit, die: → Glätte
glattweg: → offen (3)
glattzüngig: 1. → glatt (3) – **2.** → heuchlerisch
Glatze, die: Kahlkopf · Glatzkopf + Tonsur ♦ *umg*: Platte; Mond (*scherzh*) ♦ *salopp*: Spielwiese · Kniescheibe · Landeplatz (*scherzh*); Lockenkopp (*landsch iron*)
Glatzkopf, der: **1.** → Kahlkopf (1) – **2.** → Glatze
glatzköpfig: → kahlköpfig
Glaube, der: → Glaube[n]
glauben: 1. ⟨*ohne Beweis als wahr ansehen*⟩ für wahr halten · Glauben schenken · schwören |auf| · für bare Münze nehmen ♦ *umg*: abnehmen · abkaufen – **2.** → vermuten, meinen – **3.** dran g. müssen: → sterben (1); g. machen: → einreden (1)
Glaube[n], der: **1.** ⟨*nicht auf Beweise gestützte Überzeugung*⟩ Gläubigkeit · Gewissheit – **2.** ⟨*religiöse Überzeugung*⟩ Gottvertrauen · Gläubigkeit; → *auch* Frömmigkeit – **3.** → Bekenntnis (1) – **4.** → Hoffnung (1) – **5.** Glauben schenken: → glauben (1); auf Treu und Glauben: → vertrauensvoll
Glaubensbekenntnis, das: **1.** ⟨*Äußerung einer Überzeugung*⟩ Kredo – **2.** → Bekenntnis (1)
Glaubenseifer, der: **1.** → Frömmigkeit – **2.** → Fanatismus
Glaubensrichtung, die: → Bekenntnis (1)
glaubensstark: → fromm (1)
glaubenswert: → glaubwürdig (1)
glaubhaft: → glaubwürdig (1)
gläubig: 1. → fromm (1) – **2.** → vertrauensvoll
Gläubiger, der: Geldgeber · Kreditgeber; Kreditor (*fachspr*)
Gläubigkeit, die: → Glaube[n] (1 *u.* 2)
glaublich: kaum g.: → zweifelhaft
glaubwürdig: 1. ⟨*einen hohen Grad von Wahrscheinlichkeit aufweisend*⟩ glaubhaft · glaubenswert; → *auch* überzeugend – **2.** → zuverlässig (1)
gleich: 1. ⟨*sich nicht unterscheidend*⟩ übereinstimmend · unterschiedslos · identisch · gleichartig · deckungsgleich · kongruent + konform; → *auch* dasselbe (1) – **2.** ⟨*keine unterschiedl. Bewertung zulassend*⟩ gleichbedeutend · einerlei · eins ♦ *umg*: egal · gehüpft wie gesprungen · Jacke/Rock wie

Hose (*scherzh*) ♦ *salopp*: rum wie num (*landsch*) – **3.** → einheitlich (2) – **4.** → ähnlich (1) – **5.** → sofort – **6.** g. gesinnt: ⟨*die gleichen Ansichten habend*⟩ wesensgleich · geistesverwandt – **7.** g. sein: **a)** → gleichen (1) – **b)** → gleichgültig (3); in gleicher Weise: → ebenso; zu gleichen Teilen: → gleichmäßig (2); zur gleichen Zeit, im gleichen Atemzug: → gleichzeitig (1); am gleichen Strang/Seil ziehen: → zusammenarbeiten; Gleiches mit Gleichem vergelten, mit gleicher Münze heimzahlen: → rächen (II); von gleichem Stand: → ebenbürtig (2); g. bleibend: → unveränderlich

gleichartig: → gleich (1)

gleichbedeutend: 1. → gleich (2) – **2.** → synonym

gleichberechtigt: gleichgestellt · paritätisch

Gleichberechtigung, die: Gleichstellung · Gleichgestelltheit · Gleichheit · Parität

[1]**Gleiche,** das: → dasselbe

[2]**Gleiche,** der: → derselbe

[3]**Gleiche,** die: → dieselbe

gleichen: 1. ⟨*keine Abweichungen im Aussehen zeigen*⟩ gleich sein · sich gleichen wie ein Ei dem anderen; → *auch* ähneln, übereinstimmen (2) – **2.** → entsprechen (1) – **3.** sich g. wie ein Ei dem anderen: → 1

gleichermaßen: → ebenfalls, ebenso

gleicherweise: → ebenso

gleichfalls: → ebenfalls

gleichförmig: 1. ⟨*in der Form keine Abwechslung zeigend*⟩ schematisch · uniform · schablonenhaft · nach der Schablone · schablonenmäßig + ermüdend ♦ *umg*: nach Schema F – **2.** → einförmig

Gleichförmigkeit, die: → Einförmigkeit

gleichgeschlechtlich: → homosexuell (a)

gleichgestellt: → gleichberechtigt

Gleichgestelltheit, die: → Gleichberechtigung

Gleichgewicht, das: **1.** ⟨*Zustand ausgeglichener entgegengesetzter Wirkungen*⟩ Waage · Balance – **2.** ins G. bringen: → ausgleichen (I, 1); [wieder] ins G. kommen: → fassen (II, 1)

gleichgültig: 1. ⟨*nicht zu teilnehmender Aktivität fähig od. willens*⟩ indifferent · indolent · unbeteiligt · achtlos ♦ *umg*: wurstig · dickhäutig; → *auch* interesselos, teilnahmslos – **2.** ⟨*keine innere Anteilnahme erkennen lassend*⟩ unbeeindruckt · ungerührt – **3.** → unwichtig (1) – **4.** g. sein: ⟨*keine Bedeutung für jmdn. haben*⟩ gleich/einerlei sein ♦ *umg*: egal sein ♦ *salopp*: piepe[gal] sein · schnuppe/schnurz[piepe]/schnurzpiepegal/Lebertran/Pomade/Wurscht sein ♦ *derb*: scheißegal sein · etw. geht jmdm. am Arsch vorbei – **5.** jmdm. g. sein: ⟨*jmdn. nicht in Ärger versetzen* [*können*]⟩ etw. lässt jmdn. kalt ♦ *umg*: [nicht] den Geier/[nicht] den Henker/[nicht] den Kuckuck/[nicht] den Teufel fragen |nach| · gern[e] haben können ♦ *salopp*: einen Dreck fragen |nach| – **6.** g. wer: → irgendeiner; g. was: → etwas (1); g. wann: → irgendwann (1); g. wie: → irgendwie; g. wo: → irgendwo; g. werden: → abstumpfen (2)

Gleichgültigkeit, die: Indifferenz · Indolenz · Uninteressiertheit; → *auch* Interesselosigkeit, Teilnahmslosigkeit

Gleichheit, die: → Gleichberechtigung

Gleichklang, der: **1.** → Harmonie (1) – **2.** → Eintracht

gleichkommen: 1. → entsprechen (1) – **2.** → ebenbürtig (3)

gleichmachen: 1. → anpassen (I, 1) – **2.** → vereinheitlichen – **3.** → einebnen – **4.** dem Erdboden g.: → zerstören (2)

Gleichmacherei, die: Nivellierung · Gleichschaltung

Gleichmaß, das: Ebenmaß · Ebenmäßigkeit · Proportion · Symmetrie + Gleichlaut; → *auch* Harmonie (1)

gleichmäßig: 1. ⟨*die gleichen Maße aufweisend*⟩ ebenmäßig · symmetrisch + proportional; → *auch* einheitlich (2) – **2.** ⟨*genau in zwei Hälften*⟩ zu gleichen Teilen · halb und halb · halbpart ♦ *umg*: fifty-fifty · halbehalbe – **3.** → einheitlich (2)

Gleichmut, der: → Gelassenheit

gleichmütig: → gelassen (1)

Gleichnis, das: **1.** → Bild (I, 3) – **2.** als G.: → bildlich (1)

gleichnishaft: → bildlich (1)

gleichrangig: → ebenbürtig (1 *u.* 2)

gleichsam: gewissermaßen · mehr oder minder/weniger · sozusagen · quasi; → *auch* wie (1)

gleichschalten: → anpassen (I, 1)

Gleichschaltung, die: → Gleichmacherei

gleichsehen: → ähneln

gleichsetzen: gleichstellen ♦ *umg*: zusammenwerfen · mit der gleichen Elle messen ·

über einen Kamm scheren · in einen Topf werfen · über einen Leisten schlagen
Gleichsinn, der: → Einigkeit
gleichstellen: → gleichsetzen
Gleichstellung, die: → Gleichberechtigung
gleichstimmig: 1. → einstimmig (1) – **2.** → einhellig
gleichtun: 1. → nachahmen – **2.** es g. wollen: → nacheifern
gleichwertig: 1. ⟨*in der Qualität usw. gleich*⟩ äquivalent · vollwertig – **2.** → ebenbürtig (1)
gleichwie: → wie (1)
gleichwohl: → trotzdem (1)
gleichzeitig: 1. ⟨*zugleich geschehend*⟩ zur selben/gleichen Zeit · synchron · zeitgleich · simultan · auf einmal · auf einen Schlag · in einem/demselben/im gleichen Atem[zug] – **2.** → zugleich (1)
gleichziehen: → aufholen (1)
Gleis, das: **1.** ⟨*Fahrspur aus stählernen Profilstäben*⟩ Schienen[strang] + Spur · Eisenbahnschienen · Eisenbahngleis ♦ *gehoben*: Geleise – **2.** aus dem G. springen: → entgleisen (1); ins rechte G. bringen: **a)** → bereinigen (1) – **b)** → regeln (1); aufs tote G. schieben: → kaltstellen; aus dem G. geworfen werden/kommen: → scheitern (a)
Gleiskette, die: → Raupenkette
Gleisner, der: → Heuchler
Gleisnerei, die: → Heuchelei
gleisnerisch: → heuchlerisch
gleißen: → glänzen (1)
gleißend: → glänzend (1)
Gleitboot, das: → Tragflächenboot
gleiten: → fliegen (1)
Gletscher, der: Firner; Ferner (*süddt österr*); Firn (*schweiz*)
Gletscherfloh, der: → Bergsteiger
Glibber, der: → Gallert
glibberig: → gallertartig
Glied: I. Glied, das: **1.** ⟨*Teil einer angetretenen Mannschaft*⟩ Reihe – **2.** → Generation – **3.** → Penis – **4.** in Reih und G.: → hintereinander (1); männliches G.: → Penis – **II.** Glieder (*Pl*): **1.** → Gliedmaßen – **2.** der Schreck fährt jmdm. in die G.: → erschrecken (2)
gliedern: I. gliedern: → einteilen (1) – **II.** gliedern, sich: ⟨*als System kleinerer Einheiten in Erscheinung treten*⟩ sich unterteilen · sich untergliedern · zerfallen |in| + sich verästeln
Gliederreißen, das: → Rheumatismus
Gliederschmerzen (*Pl*): → Rheumatismus
Gliederung, die: **1.** ⟨*Art u. Weise des Gegliedertseins*⟩ Bau · Einteilung · Durchgliederung · Struktur[plan] · Organisation · Gruppierung · Zusammensetzung · Gefüge · Anlage · Fächerung · Staffelung + Rangordnung; → *auch* Aufbau (2), Anordnung (1), Gerüst (2) – **2.** → Einteilung (1) – **3.** → Aufbau (2)
Gliedmaßen (*Pl*): Glieder · Extremitäten
glimmen: schwelen
glimmern: → glänzen (1)
Glimmstängel, der: → Zigarette, Zigarre (1)
glimpflich: 1. → nachsichtig (1) – **2.** g. davonkommen: ⟨*nicht für etw. belangt werden*⟩ *umg*: mit einem blauen Auge/mit heiler Haut davonkommen; → *auch* davonkommen (2), straffrei
Glitschbahn, die: → Schlitterbahn
Glitsche, die: → Schlitterbahn
glitschen: → schlittern
glitsch[er]ig: → glatt (2)
glitzerig: → glänzend (1)
glitzern: → glänzen (1)
glitzernd: → glänzend (1)
global: → weltumfassend
Globetrotter, der: → Weltreisende
Globus, der: **1.** ⟨*der nachgestaltete Erdball*⟩ Erdkugel · Erdglobus · Weltkugel – **2.** rund um den G.: → weltumfassend
Glocke, die: **1.** → Klingel – **2.** an die große G. hängen: → verbreiten (I, 1)
glockenklar: → hell (2)
glockenrein: → hell (2)
Glockenschlag, der: mit dem G.: → pünktlich (1)
Glorie, die: **1.** → Glanz (2) – **2.** → Ruhm (1) – **3.** → Heiligenschein
Glorienschein, der: → Heiligenschein
glorifizieren: → verherrlichen
Gloriole, die: → Heiligenschein
glorios: → ruhmvoll
glorreich: → ruhmvoll
Glosse, die: **1.** → Bemerkung (1) – **2.** → Anmerkung (1)
Glotzauge, das: → Auge (I, 1)
Glotze, die: → Fernsehapparat
glotzen: 1. → starren (1) – **2.** → staunen (1)
Glotzkasten, der: → Fernsehapparat
Glotzkiste, die: → Fernsehapparat
Glotzophon, das: → Fernsehapparat

Glück, das: **1.** ⟨*besonders günstige Umstände bzw. günstiger Zufall*⟩ Glücks[zu]fall + Segen · Glücksgriff · Glückswurf ♦ *umg*: Dusel ♦ *salopp*: Massel · Schwein – **2.** ⟨*Verkörperung günstiger Gegebenheiten*⟩ Glücksstern · Glücksfee · guter Stern · günstiges Geschick · Freudenbecher · Fortuna · Füllhorn – **3.** ⟨*Gefühl höchster innerer Befriedigung*⟩ Seligkeit · Glückseligkeit · Wonne + Sonnenschein; → *auch* Freude (1) – **4.** G. haben: ⟨*aus besonders günstigen Umständen Nutzen ziehen können*⟩ *umg*: in den Glückstopf gegriffen haben · das große Los gezogen haben · fein heraus sein · mehr Glück als Verstand haben + eine Glückssträhne haben ♦ *salopp*: Schwein haben – **5.** zum G.: → glücklicherweise; auf gut G.: → planlos (1); Hans im G.: → Glückskind; G. wünschen: → beglückwünschen; sein G. machen: → Erfolg (2); kein G. haben |bei|: → abblitzen (1), Misserfolg (2); G. bringend/verheißend: → Erfolg (3)

glucken: 1. → brüten (1) – **2.** → dahinleben

glücken: → gelingen (1)

gluckern: 1. → gurgeln (1) – **2.** → trinken (1, a) – **3.** → plätschern

glückhaft: → glücklich (1)

glücklich: 1. ⟨*den Wünschen entsprechend* [*verlaufend*]⟩ gut · günstig · erfreulich · vorteilhaft · positiv ♦ *gehoben*: glückhaft – **2.** ⟨*höchste innere Befriedigung fühlend* [*und zeigend*]⟩ überglücklich · glückstrahlend · [über]selig · glückselig · happy ♦ *gehoben*: wonnetrunken; → *auch* freudig (1), froh (1) – **3.** → schließlich (1) – **4.** g. sein: ⟨*höchste innere Befriedigung fühlen*⟩ sich wie im [siebenten] Himmel fühlen ♦ *umg*: auf Wolke sieben schweben; → *auch* freuen (II, 1) – **5.** eine glückliche Hand haben: → geschickt (2); g. vonstatten gehen: → gelingen (1); g. machen: → erfreuen (I)

glücklicherweise: erfreulicherweise · zum Glück · gottlob · Gott sei Dank

glücklos: → bedauernswert

Glücksbringer, der: → Talisman

glückselig: → glücklich (2)

Glückseligkeit, die: → Glück (3)

glucksen: → plätschern

Glücksfall, der: → Glück (1)

Glücksfee, die: → Glück (2)

Glücksgriff, der: → Glück (1)

Glücksgüter (*Pl*): mit [allen] Glücksgütern gesegnet: → reich (1)

Glückshafen, der: → Verlosung

Glücksjäger, der: → Glücksritter

Glückskind, das: Glückspilz · Sonntagskind · Hans im Glück

Glückspfennig, der: Heckpfennig · Heck[e]männchen; → *auch* Ersparnis (1)

Glückspilz, der: → Glückskind

Glücksritter, der: Abenteurer[natur] · Glücksjäger; → *auch* Glücksspieler

Glücksspieler, der: Hasardeur · Spieler · Spielernatur · Hasardspieler ♦ *umg*: Zocker; → *auch* Glücksritter

Glücksstern, der: → Glück (2)

Glückssträhne, die: eine G. haben: → Glück (4)

Glückstopf, der: in den G. gegriffen haben: → Glück (4)

glückstrahlend: → glücklich (2)

Glückswurf, der: → Glück (1)

Glückszufall, der: → Glück (1)

Glückwunsch, der: **1.** ⟨*Ausdruck freudiger Anteilnahme bzw. der Hoffnung auf eine glückliche Zukunft*⟩ Gratulation · Wunsch – **2.** seinen G./seine Glückwünsche abstatten/aussprechen/darbringen/überbringen: → beglückwünschen

gludern: → starren (1)

Glühbirne, die: → Glühlampe

glühend: 1. ⟨*durch Glut leuchtend*⟩ feurig – **2.** → heiß (1) – **3.** → leidenschaftlich

Glühlampe, die: Glühbirne ♦ *umg*: Birne

Glukose, die: → Traubenzucker

Glumse, die: → Quark (1)

glupen: → starren (1)

glupschen: → starren (1)

Glut, die: **1.** → Hitze (1) – **2.** → Begeisterung (1), Leidenschaft

Gluthauch, der: → Hitze (1)

glutheiß: → heiß (1)

Gluthitze, die: → Hitze (1)

Gnade, die: **1.** → Wohlwollen (1) – **2.** → Nachsicht (1) – **3.** G. vor Recht ergehen lassen: → nachsehen (2); in Gnaden aufnehmen: → verzeihen; die G. haben: → herbeilassen, sich

Gnadenaufschub, der: → Aufschub (2)

Gnadenfrist, die: → Aufschub (2)

Gnadengeschenk, das: → Almosen (1)

gnadenlos: → rücksichtslos (1)

gnadenreich: → heilig (2)

Gnadenschuss, der: den G. geben: → töten (I, 2)

Gnadenstoß, der: den G. geben/versetzen: → töten (I, 2)
Gnadentisch, der: → Altar (1)
gnädig: 1. → mild[e] (1) – **2.** → gönnerhaft
Gnatz, der: → Griesgram
gnatzen: → murren
gnatzig: → mürrisch
Gnatzkopf, der: → Griesgram
gnietschig: → geizig (1)
Gnom, der: **1.** → Zwerg (1) – **2.** → Kobold (1)
gnomenhaft: → zwerg[en]haft
Goal, das: → [1]Tor (3)
Goalkeeper, der: → Torwart
Goalmann, der: → Torwart
Gobelin, der: → Wandteppich
Gockel, der: → Hahn (1)
Gockelhahn, der: → Hahn (1)
gokeln: → Feuer (8)
Gold, das: **1.** → Geld (1) – **2.** aus/von G.: → golden (1); Goldes wert, nicht mit G. bezahlbar: → unersetzlich; treu wie G.: → treu (1)
goldartig: → golden (1)
goldbraun: → braun (1)
golden: 1. ⟨*aus Gold bestehend*⟩ aus/von Gold + goldartig ♦ *dicht*: gülden – **2.** ⟨*wie Gold aussehend*⟩ goldfarben – **3.** ein goldenes Herz haben: → treu (3); goldene Brücken bauen: → entgegenkommen
Goldesel, der: *umg*: Dukatenesel · Dukatenmännchen ♦ *derb*: Dukatenscheißer
goldfarben: → golden (2)
goldgelb: → gelb (1)
goldig: → reizend (1)
Goldkind, das: → Liebling (1)
Goldregen, der: → Gewinn (1)
goldrichtig: → richtig (1)
Goldstück, das: → Liebling (1)
Golem, der: → Gespenst (1)
Golf, der: → [1]Bucht (1)
Golgathaweg, der: → Leidensweg
Goliath, der: → Riese (1)
gondeln: 1. → fahren (1) – **2.** → schlendern (1)
gönnen: 1. → zugestehen – **2.** sich g.: ⟨*sich etw. nicht versagen*⟩ sich leisten · sich zugute tun – **3.** nicht g.: → neiden; nicht das Salz in der Suppe/das Schwarze unterm Nagel g.: → neidisch (2)
Gönner, der: Förderer · Mäzen · Sponsor; → *auch* Helfer (1), Wohltäter
gönnerhaft: gnädig · herablassend · jovial · onkelhaft; → *auch* wohlgesinnt
Gör, das: → Kind (1)
Göre, die: → Kind (1)
Gorilla, der: → Leibwächter
Gosche, die: **1.** → Mund (1) – **2.** → Mundwerk
Gosse, die: **1.** → Rinnstein – **2.** durch die G. ziehen: → verleumden (1); in der G. umkommen/enden: → verkommen (1)
Gott, der: **1.** ⟨*in Religionen höchstes übernatürl. Wesen*⟩ **a)** ⟨*im christl. Sprachgebrauch*⟩ der Herr · der Allmächtige · Allvater · Gottvater · Herrgott · der Ewige · der Himmlische · der himmlische Vater · Vater im Himmel · Er · Herr der himmlischen Heerscharen · der Höchste · der höchste Richter · Schöpfer [Himmels und der Erden/aller Dinge] · Weltenlenker + Jahve · Jehova · der Herr Zebaoth; → *auch* Christus (1) – **b)** ⟨*im nichtchristl. Sprachgebrauch*⟩ Gottheit · das höchste Wesen – **2.** → Abgott (2) – **3.** Garten Gottes: → Paradies (1, b); Diener Gottes: → Geistliche; das Wort Gottes: → Bibel; G. anrufen: → beten; bei G. schwören: → schwören (2); G. befohlen, behüt dich G.: → Wiedersehen (1); G. behüte/bewahre: → keineswegs; G. sei Dank: → glücklicherweise; G. verdamm mich [noch einmal]: → verflucht (1); in Gottes Namen: → meinetwegen (2); weiß G.: → wahrhaftig; G. sei's geklagt, leider Gottes: → leider; das wissen die Götter: → ungewiss (2); dem lieben G. den Tag stehlen, den lieben G. einen frommen Mann sein lassen: → faulenzen (1); leben wie G. in Frankreich: → schwelgen (1); wie G. jmdn. geschaffen hat: → nackt
gottähnlich: → göttlich (1)
gottbegnadet: → begabt
Gotterbarmen, das: zum G.: → jämmerlich (1)
Götterbild[nis], das: → Götzenbild
Göttergatte, der: → Ehemann
gottergeben: 1. → ergeben (1) – **2.** → fromm (1)
göttergleich: → göttlich (1)
götterhaft: → göttlich (1)
Göttermahl, das: → Festessen
Götterspeise, die: → Süßspeise
Gottesacker, der: → Friedhof
Gottesdiener, der: → Geistliche
Gottesdienst, der: Andacht; Amt · Messe (*kathol*) ♦ *umg*: Kirche; → *auch* Hochamt, Abendmahl (1)

Gottesfurcht, die: → Frömmigkeit
gottesfürchtig: → fromm (1)
Gotteshaus, das: → Kirche (1)
Gotteslamm, das: → Christus (1)
gotteslästerlich: sakrilegisch · frevelhaft · blasphemisch
Gotteslästerung, die: Sakrileg[ium] · Frevel · Blasphemie
Gotteslohn, der: um/für einen G.: → kostenlos
Gottesreich, das: → Jenseits (1, a)
Gottessohn, der: → Christus (1)
Gottesstrafe, die: → Fluch (2)
Gottestisch, der: → Altar (1)
gottgefällig: → fromm (1)
gottgegeben: → unvermeidlich
gottgläubig: → fromm (1)
gottgleich: → göttlich (1)
gotthaft: → göttlich (1)
Gottheit, die: → Gott (1, b)
göttlich: **1.** ⟨*einem Gott gleich*⟩ gotthaft · göttergleich · gottgleich · gottähnlich · götterhaft – **2.** → heilig (1) – **3.** → vollkommen (1) – **4.** → komisch (1)
gottlob: → glücklicherweise
gottlos: → atheistisch
Gottlosigkeit, die: → Atheismus
Gottseibeiuns, der: → Teufel (1)
gottselig: **1.** → heilig (2) – **2.** → fromm (1)
gottserbärmlich: → jämmerlich (1)
gottsjämmerlich: → jämmerlich (1)
Gottvater, der: → Gott (1, a)
gottverlassen: → abgelegen
Gottvertrauen, das: → Glaube[n] (1)
gottvoll: → komisch (1)
Götze, der: **1.** → Abgott (1) – **2.** → Götzenbild
Götzenbild, das: Götterbild[nis] · Fetisch · Götze · Idol; → *auch* Abgott (1)
Götzendienerei, die: → Götzendienst
Götzendienst, der: Abgötterei · Fetischismus · Fetischverehrung · Idolatrie · Götzerei · Götzendienerei · Baalsdienst
Götzerei, die: → Götzendienst
Gourmand, der: → Feinschmecker
Gourmet, der: → Feinschmecker
Gout, der: → Geschmack (2)
goutieren: → billigen (1)
gouvernantenhaft: → altjüngferlich
Gouvernement, das: → Bezirk (1)
Grab, das: **1.** ⟨*Beerdigungsplatz*⟩ Grabstätte · Grabstelle · [letzte] Ruhestatt/Ruhestätte + Grabhügel ♦ *dicht*: Grube; → *auch* Gruft – **2.** am Rande des Grabes/mit einem Fuß/Bein im Grabe stehen: → todkrank (2); ins G. sinken: → sterben (1); zu Grabe tragen: **a)** → begraben (1) – **b)** → aufgeben (3); ein feuchtes/nasses G. finden, sein G. in den Wellen finden: → ertrinken; sich sein eigenes G. schaufeln: → schaden (3); schweigen wie das/ein G.: → schweigen (2)
grabbeln: → tasten (1)
graben: **1.** ⟨*Vertiefungen ausheben*⟩ + schürfen · schaufeln · schippen · baggern ♦ *umg*: buddeln (*landsch*) – **2.** jmdm. eine Grube g.: → hereinlegen (1)
Graben, der: **1.** ⟨*künstliche lange u. schmale Erdvertiefung*⟩ Rinne; → *auch* Abflussgraben – **2.** ⟨*Einbruch der Erdkruste*⟩ Grabenbruch · Grabensenke · Grabensenkung; → *auch* Mulde (1) – **3.** → Vertiefung (1) – **4.** → Schützengraben
Grabenbruch, der: → Graben (2)
Grabensenke, die: → Graben (2)
Grabensenkung, die: → Graben (2)
Gräberfeld, das: → Friedhof
Grabesdunkel, das: → Dunkelheit
Grabesnacht, die: → Dunkelheit
Grabesstille, die: → Stille
Grabgefilde, das: → Friedhof
Grabgewölbe, das: → Gruft
Grabhügel, der: → Grab (1)
Grabkammer, die: → Gruft
Grabscheit, das: → Spaten
Grabstätte, die: → Grab (1)
Grabstelle, die: → Grab (1)
Grad, der: **1.** → Stärke (3) – **2.** → Rang (1) – **3.** in höchstem/hohem Grade: → sehr
Gradation, die: → Abstufung (1)
graduell: → allmählich
graduieren: → befördern (2)
gradweise: → allmählich
Graffel: → Gerümpel
Graffitisprayer, der: Farbschmierer (*abwert*)
Grafik, die: → Zeichnung (1)
gram: → böse (2)
Gram, der: → Kummer (1)
grämen: **I.** grämen: → betrüben (I) – **II.** grämen, sich: **1.** → sorgen (II) – **2.** → traurig (2, a)
gramerfüllt: → sorgenvoll
grämlich: → mürrisch
Gramm, das: mit jedem G. sparen: → Haus (4)

Grammophonplatte, die: → Schallplatte
Granate, die: Geschoss + Kanonenkugel ♦ *salopp*: Koffer; → *auch* Kugel (1)
Granatfeuer, das: → Beschuss (1)
Granatwerfer, der: → Geschütz (1)
Grandezza, die: → Würde (1)
grandios: → großartig (1)
Granit, der: auf G. beißen: → Misserfolg (2)
Granne, die: Achel · Hachel (*landsch*)
Grant, der: → Griesgram
granteln: → murren
grantig: → mürrisch
Grantler, der: → Griesgram
granulieren: → zerkleinern (1)
granulös: → körnig
Grapefruit, die: → Pampelmuse
graps[ch]en: g. |nach|: → greifen (3)
Gras, das: das G. wachsen hören: → überklug (2); ins G. beißen: **a)** → fallen (3) – **b)** → sterben (1); G. wachsen lassen |über|: → vergessen (I, 3)
grasen: weiden; äsen (*weidm*)
Grasfläche, die: → Rasen (1)
Grasgarten, der: → Wiese
Grasplatz, der: → Rasen (1)
grassieren: → verbreiten (II)
grässlich: 1. → Entsetzen (2) – **2.** → ekelhaft (1), abscheulich (1)
Grässlichkeit, die: → Abscheulichkeit (1)
Grasstück, das: → Rasen (1)
Grat, der: → Bergrücken
Gräten (*Pl*): → Bein (II, 1)
Gratifikation, die: → Sonderzuwendung
grätig: 1. → wütend (1) – **2.** → mürrisch
gratinieren: → überbacken
gratis: → kostenlos
grätschbeinig: → breitbeinig
grätschen: 1. → spreizen (I) – **2.** mit gegrätschten Beinen: → breitbeinig
Gratulation, die: → Glückwunsch (1)
gratulieren: → beglückwünschen
Gratwanderung, die: → Wagnis
grau: 1. ⟨*Farbe*⟩ graufarben + aschgrau · eisgrau · eisengrau · hechtgrau · rauchgrau · rauchfarben · rauchfarbig – **2.** → alt (1), grauhaarig – **3.** → einförmig – **4.** g. meliert: →grauhaarig; graues Haupt: → Greis; g. werden: → altern (1); sich keine grauen Haare wachsen lassen: → sorglos (2); grauer Alltag, graues Einerlei: → Alltag (1); graues Elend: → Niedergeschlagenheit; graue Vorzeit/Vergangenheit: → Vorzeit (1)
Grauchen, das: → Esel (1)
Gräuel, der: **1.** ⟨*Grauen erregende Tat*⟩ Gräueltat · Grausamkeit · Scheußlichkeit; → *auch* Verbrechen (1) – **2.** → Abscheu
Gräuelhetze, die: → Hetze (1)
graueln, sich: → [2]grauen, sich
Gräuelpropaganda, die: → Hetze (1)
Gräueltat, die: → Gräuel (1)
[1]**grauen:** → dämmern (1)
[2]**grauen,** sich: sich grausen · schaudern · sich graulen · sich grau[s]eln · sich gruseln · gruselig werden · Grauen empfinden · Furcht haben · eine Gänsehaut bekommen · einen Horror haben ♦ *umg*: das [große/kalte] Grau[s]en kriegen; → *auch* ängstigen (II, 1), entsetzen (II, 1), schaudern (1)
Grauen, das: **1.** → Abscheu (1) – **2.** → Angst (1) – **3.** G. empfinden, das [große/kalte] G. kriegen: → [2]grauen, sich; G. erregend: → Entsetzen (2)
grauenhaft: → Entsetzen (2)
grauenvoll: → Entsetzen (2)
graufarben: → grau (1)
grauhaarig: grau[meliert] · ergraut · altersgrau + silberhaarig · weiß[haarig] · schlohweiß
graulen, sich: → [2]grauen, sich
gräulich: → Entsetzen (2)
Graupel, die: → Hagelkorn
graupeln: → hageln (1)
graus: → Entsetzen (2)
grausam: → brutal
Grausamkeit, die: **1.** → Brutalität – **2.** → Gräuel (1)
grauseln, sich: → [2]grauen, sich
grausen, sich: → [2]grauen, sich
Grausen, das: **1.** → Angst (1) – **2.** das [große/kalte] G. kriegen: → [2]grauen, sich
grausig: → Entsetzen (2)
grauslich: → Entsetzen (2)
Grautier, das: → Esel (1)
Grauzone, die: → Dunkelziffer
gravid: → schwanger (1)
Gravidität, die: → Schwangerschaft
gravieren: g. |in|: → eingravieren
gravierend: → wichtig (1)
Gravität, die: → Würde (1)
Gravitation, die: → Schwerkraft
gravitätisch: 1. → würdevoll – **2.** → feierlich (1)
Grazie, die: **1.** → Anmut – **2.** mit G.: → anmutig
grazil: → zartgliedrig, zierlich (1)

graziös: → anmutig
Greenhorn, das: → Grünschnabel
greifbar: 1. → verfügbar (1) – **2.** → deutlich (1), wirklich (1)
greifen: 1. → ergreifen (2), wirken (3) – **2.** → fangen (I, 1), verhaften – **3.** g. |nach|: ⟨*die Hand ausstrecken, um etw. zu fassen*⟩ langen |nach| · hinlangen + haschen ♦ *umg*: graps[ch]en |nach| – **4.** g. |an|: → anfassen (I, 1); um sich g.: → verbreiten (II); sich g.: → vornehmen (1); mit [den] Händen zu g.: → deutlich (1); unter die Arme g.: → helfen (1); ans Herz g.: → ergreifen (3); zu hoch *bzw.* zu niedrig g.: → verschätzen, sich; zum Greifen nahe: → nahe (1); aus der Luft gegriffen: → gegenstandslos (1)
greinen: → weinen (1)
greis: → alt (1)
Greis, der: der Alte · alter Mann/Herr · graues Haupt; bemoostes Haupt · Methusalem (*scherzh*) ♦ *umg*: Opa · Großvater (*auch abwert*); Mummelgreis · Tattergreis (*abwert*); altes Semester · alter Knabe (*scherzh*); Zausel (*landsch*) ♦ *salopp*: [alter] Knacker · Grufti (*meist abwert*); → *auch* Mann (I, 1)
Greisenalter, das: → Alter (1)
greisenhaft: → alt (1)
Greisin, die: die Alte · alte Frau/Dame; Weiblein (*auch scherzh*) ♦ *umg*: Oma · Großmutter (*auch abwert*) ♦ *salopp*: alte Tante (*abwert*); → *auch* Frau (I, 1)
Greißler, der: → Kaufmann (2)
grell: 1. ⟨*schmerzhaft hell*⟩ ungedämpft · blendend – **2.** ⟨*aufdringlich gefärbt*⟩ schreiend · grellfarben ♦ *umg*: knallig – **3.** → laut (1, a), schrill (1) – **4.** → auffallend
grellfarben: → grell (2)
grellgrün: → grün (1)
Gremium, das: → Ausschuss (1)
Grenze, die: **1.** ⟨*trennende Linie*⟩ **a)** ⟨*allgemein*⟩ Grenzlinie · Begrenzung · Abgrenzung + Schranke – **b)** ⟨*politisch*⟩ Staatsgrenze · Landesgrenze + Demarkation · Grenzlinie · Demarkationslinie – **c)** ⟨*zwischen Feldern*⟩ Markscheide · Grenzscheide · Scheide[linie] + Umgrenzung · Rand – **2.** ohne Grenzen: → sehr; in Grenzen: → maßvoll (1); Grenzen setzen/ziehen: → beschränken; sich in Grenzen haltend: → erträglich
grenzen: g. |an|: → angrenzen
grenzenlos: → sehr
Grenzer, der: → Grenzposten
Grenzlinie, die: → Grenze (1, a *u.* b)
Grenzpolizist, der: → Grenzposten
Grenzposten, der: Grenzer · Grenzpolizist · Grenzschützer
Grenzscheide, die: → Grenze (1, c)
Grenzschutz, der: → Grenzsicherung
Grenzschützer, der: → Grenzposten
Grenzsicherung, die: Grenzschutz · Grenzwacht
Grenzwacht, die: → Grenzsicherung
Griebs, der: **1.** → Kerngehäuse – **2.** → Kehlkopf – **3.** beim/am G. packen/fassen: → ergreifen (2)
grienen: → lächeln
Griesgram, der (*abwert*): Isegrim ♦ *umg*: Miesepeter · Knurrhahn · Gnatz · Sauertopf; Gnatzkopf · Grant · Grantler · Mucker · Grunzer (*landsch*) ♦ *salopp*: Stinkstiefel; → *auch* Brummbär
griesgrämig: → mürrisch
griesgrämlich: → mürrisch
Griff, der: **1.** ⟨*Haltevorrichtung*⟩ Handgriff + Henkel · Bügel · Schaft · Heft · Knauf; → *auch* Stiel (2) – **2.** ⟨*Art des Zugreifens*⟩ Handgriff – **3.** → Klinke (1) – **4.** mit einem G. erledigen: → mühelos (2); in den G. bekommen: → meistern; im G. haben: → beherrschen (I, 4)
griffig: → handlich (1)
griffrecht: → handlich (1)
Grill, der: → Bratrost
Grille, die: **1.** → Laune (1) – **2.** Grillen fangen: → grübeln; die Grillen austreiben: → zurechtweisen; die Grillen vertreiben: → aufheitern (I)
grillen: → braten
Grillenfängerei, die: → Schwermut
grillenfängerisch: → schwermütig
grillenhaft: → schrullig (1)
Grillhähnchen, das: → Brathähnchen
grillig: → schrullig (1)
Grimasse, die: **1.** ⟨*stark verzerrtes Gesicht*⟩ Fratze · Faxe + Fratzenspiel – **2.** Grimassen schneiden: ⟨*sein Gesicht in verschiedener Weise stark verzerren*⟩ Gesichter schneiden · grimassieren
grimassieren: → Grimasse (2)
grimm: → wütend (1)
Grimm, der: → Wut (1)
Grimmen, das: → Bauchschmerz (II)
grimmig: 1. → wütend (1) – **2.** → heftig (1, c)

Grind, der: → Schorf
grinsen: → lächeln
grippal: grippaler Infekt: → Grippe
Grippe, die: grippaler Infekt; Influenza (*veraltend*)
Grips, der: → Verstand (1)
grob: 1. ⟨*wenig zerkleinert*⟩ großkörnig · grob gemahlen – **2.** → unfreundlich (1) – **3.** → barsch – **4.** → derb (1) – **5.** grober Klotz: → Grobian; g. kommen/werden: → anfahren (3); g. gemahlen: → 1; aus dem Gröbsten heraus sein: → überstanden
Grobbrot, das: → Roggenbrot
grobgliedrig: → plump (1)
Grobian, der (*abwert*): grober Klotz + Flegel · Rohling ♦ *umg*: Raubein (*nicht abwert*); → *auch* Flegel (1)
grobklotzig: → barsch
grobschlächtig: 1. → derb (1) – **2.** → plump (1)
grobschrötig: 1. → derb (1) – **2.** → plump (1)
groggy: 1. → erschöpft (1) – **2.** → betrunken (1)
grölen: 1. → schreien (1) – **2.** → singen (1)
Groll, der: **1.** ⟨*unterdrückter Ärger*⟩ Bitterkeit · Erbitterung · Verbitterung · Bitternis + Unzufriedenheit · Unbehagen; → *auch* Missmut – **2.** → Hass (1) – **3.** voll[er] G.: → böse (2); G. hegen/empfinden: → grollen (1)
grollen: 1. ⟨*einen nicht offen gezeigten Ärger empfinden*⟩ zürnen · Groll hegen/empfinden + hadern ♦ *umg*: dumm tun; tückschen (*landsch*); → *auch* ärgern (II, 1), hassen, schmollen, böse (2), wütend (2) – **2.** → donnern (1)
Grollen, das: → Donner (1)
Gros, das: → Mehrheit
Groschen, der: **1.** → Zehnpfennigstück – **2.** bei jmdm. fällt der G.: → verstehen (I, 2); bei jmdm. ist der G. gefallen: → verstehen (I, 4)
Groschenblatt, das: → Zeitung (1)
Groschenheft, das: → Schundliteratur
Groschenroman, der: → Schundliteratur
groß: 1. ⟨*eine sehr beträchtl. räuml. u. zeitl. Ausdehnung bzw. sehr beträchtl. Ausmaße aufweisend*⟩ mächtig · unermesslich · ungeheuer · enorm · gigantisch · immens · riesig · riesengroß · riesenhaft; → *auch* gewaltig (1), ausgedehnt (1) – **2.** ⟨*von beträchtl. Körpergröße*⟩ hoch aufgeschossen · hünenhaft · von hohem Wuchs ♦ *umg*: [baum]lang · riesig; [lang] wie eine Bohnenstange (*scherzh od. spött*); → *auch* stattlich (1), hoch (1) – **3.** → geräumig – **4.** → erwachsen (1) – **5.** → bedeutsam (1) – **6.** → umfangreich (1) – **7.** → berühmt (1) – **8.** zum größten Teil: → überwiegend; g. und breit: → deutlich (1); Groß und Klein: → jedermann; im Großen und Ganzen: → allgemein (3); große Worte: → Phrase (1); ganz g.: → großartig (1); große Klasse sein: **a)** → großartig (3) – **b)** → beachtlich (5); großes Tier: → Hochgestellte; g. denkend, g. gesinnt: → hochherzig; g. machen, ein großes Geschäft verrichten/machen: → austreten (2); g. werden: → heranwachsen; große Augen machen: → staunen (1); den großen Herrn spielen: → angeben (1); große Rosinen im Kopf haben: → eingebildet (3); einen großen Bogen machen |um|: → meiden; auf großem Fuße leben: → verschwenderisch (2); an die große Glocke hängen: → verbreiten (I, 1); die große Klappe/Schnauze schwingen, große Töne schwingen, das große Wort schwingen/führen, große Worte reden, große Töne/Bogen/einen großen Bogen spucken: → aufspielen (II); große Stücke halten |auf|: → achten (1)
Großagrarier, der: → Großgrundbesitzer
großartig: 1. ⟨*besonders durch seine bedeutende u. ungewöhnl. Art beeindruckend*⟩ grandios · ausgezeichnet · hervorragend · klassisch · märchenhaft · fantastisch · wunderbar · wundervoll · prächtig · überwältigend · fulminant ♦ *umg*: genial · toll · ganz groß · famos · fabelhaft · dufte · pfundig · ideal · prima · zünftig ♦ *salopp*: [affen]geil · super · irre · urst · fetzig; knorke · schau (*veraltend*); stark · heiß · zombig (*jugendspr*); → *auch* glänzend (2), hervorragend (1) – **2.** → hervorragend (1) – **3.** g. sein: ⟨*besonders durch seine bedeutende u. ungewöhnl. Art beeindrucken*⟩ ♦ *umg*: ein Gedicht/[große] Klasse/ein Hammer/Spitze/mega sein ♦ *salopp*: 'ne tolle Sache sein · die Masse/'ne Schau/'ne Wolke/eine Wucht [in Tüten] sein · das fetzt · das ist der letzte Heuler
Großbürger, der: → Bourgeois
großbürgerlich: → bourgeois
Großbürgertum, das: → Bourgeoisie
Größe, die: **1.** ⟨[*beträchtl.*] *räuml. u. zeitl. Ausdehnung*⟩ Unermesslichkeit · Mächtig-

keit + Format · Kaliber; → *auch* Ausmaß – **2.** → Begriff (1) – **3.** → Bedeutung (1) – **4.** → Meister (1) – **5.** → Einheit (2)
großenteils: → überwiegend
Größenwahn, der: Cäsarenwahn · Selbstüberhebung
größerenteils: → überwiegend
Großgrundbesitzer, der: Gutsbesitzer; Großagrarier · Agrarier (*veraltend*); Junker · Krautjunker (*abwert*)
Großhändler, der: Großkaufmann · Grossist; Engrossist (*österr*)
großherzig: → hochherzig
Großindustrielle, der: → Großunternehmer
Grossist, der: → Großhändler
großjährig: → mündig
Großkapitalist, der: → Kapitalist
großkapitalistisch: → kapitalistisch
Großkaufmann, der: → Großhändler
Großkopfete, der: → Hochgestellte
großkörnig: → grob (1)
Großkotz, der: → Angeber (1)
großkotzig: → prahlerisch
Großkundgebung, die: → Kundgebung
Großmacht, die: Weltmacht · Supermacht + Weltreich · Großreich · Imperium (*meist hist*)
Großmama, die: → Großmutter (1)
Großmannssucht, die: → Geltungsbedürfnis
Großmaul, das: → Angeber (1)
großmäulig: → prahlerisch
Großmut, die: → Hochherzigkeit
großmütig: → hochherzig
Großmütigkeit, die: → Hochherzigkeit
Großmutter, die: **1.** ⟨*Frau in Bezug auf ihre Enkel*⟩ Ahne (*noch landsch*) ♦ *umg*: Großmama · Oma · Omi (*kinderspr*) – **2.** → Greisin
Großpapa, der: → Großvater (1)
Großputz, der: → Hausputz
großräumig: → geräumig
Großreich, das: → Großmacht
Großreinemachen, das: → Hausputz
Großschnauze, die: → Angeber (1)
großschnäuzig: → prahlerisch
Großsprecher, der: → Angeber (1)
Großsprecherei, die: → Prahlerei
großsprecherisch: → prahlerisch
großspurig: **1.** → angeberisch – **2.** → überheblich
Großstadt, die: + Millionenstadt · Weltstadt; → *auch* Kleinstadt, Hauptstadt
Großtat, die: → Heldentat
Großteil, der: → Mehrheit
größtenteils: → überwiegend
größtmöglich: → höchst (1)
großtönend: → schwülstig
großtuerisch: **1.** → angeberisch – **2.** → überheblich
großtun: **1.** → angeben (1) – **2.** → überheben, sich (1)
Großunternehmen, das: → Konzern
Großunternehmer, der: der Großindustrielle · Industriekapitän · Industriemagnat · Magnat · Wirtschaftskapitän · Tycoon ♦ *umg*: Wirtschaftsboss (*oft abwert*); Schlotbaron (*veraltend abwert*); → *auch* Unternehmer (1)
Großvater, der: **1.** ⟨*Mann in Bezug auf seine Enkel*⟩ Ahn[e] (*noch landsch*); Großpapa · Opa · Opi (*kinderspr*) – **2.** → Greis
Großvaterstuhl, der: → Lehnstuhl
Großverdiener, der: der Gutverdienende + der Besserverdienende ♦ *umg*: Moneymaker (*abwert*); → *auch* Bessergestellte
großziehen: → aufziehen (3, a *u.* b)
großzügig: **1.** → tolerant – **2.** → freigebig (1), verschwenderisch (1)
Großzügigkeit, die: → Freigebigkeit
grotesk: → lächerlich (1), komisch (1)
Grotte, die: → Höhle (1)
Groupie, das: → Anhänger (3)
grubbern: → pflügen
Grube, die: **1.** ⟨*Erdvertiefung*⟩ Loch; Kuhle · Kute (*norddt*); → *auch* Mulde (1), Vertiefung (1) – **2.** → Bergwerk – **3.** → Grab (1) – **4.** in die G. fahren: → sterben (1); jmdm. eine G. graben: → hereinlegen (1)
grübeln: rätseln · sinnieren · brüten ♦ *umg*: herumrätseln; spintisieren (*abwert*); simulieren (*landsch*); Grillen fangen (*scherzh*); → *auch* nachdenken (1), überlegen (I, 1)
grübelnd: → nachdenklich
Grübler, der: Sinnierer ♦ *umg*: Spintisierer · Spinner (*abwert*)
grüblerisch: → nachdenklich
Gruft, die: Grabgewölbe · Grabkammer + Krypta; → *auch* Grab (1)
Grufti, der: → Alte (I, 1), Greis
grummeln: → donnern (1)
grün: **1.** ⟨*Farbe*⟩ + sattgrün · dunkelgrün · hellgrün · blassgrün · grellgrün · lindgrün · oliv[grün] · giftgrün · grünlich – **2.** → unreif (1) – **3.** → unerfahren (1) – **4.** bei Mutter Grün: → Natur (4); grüne Lunge: → Park

(1); g. werden: → grünen; du grüne Neune: → ach; an jmds. grüner Seite: → links (1); jmdm. nicht g. sein: → hassen; vor Neid g. werden: → neidisch (2); über den grünen Klee loben: → loben (1); auf einen grünen Zweig kommen: → Erfolg (2); auf keinen grünen Zweig kommen: → Misserfolg (2); g. und blau schlagen: → verprügeln

Grünanlage, die: → Park (1)

Grund, der: **1.** → Veranlassung, Ursache – **2.** → Erdboden (1), Meeresboden – **3.** → Tal (1) – **4.** → Grundlage (1), Hintergrund (1) – **5.** → Grundstück (I) – **6.** → Kaffeesatz – **7.** aus diesem [kühlen]/dem einfachen Grunde: → deshalb; mit [gutem]/aus gutem G., aus guten Gründen: → Recht (6); ohne G.: → grundlos (1); aus welchem G.: → warum; im Grunde [genommen]: → eigentlich (1); auf den G. gehen: → untersuchen (1); G. und Boden: → Grundbesitz; von G. auf: → gründlich (2); den G. legen |zu|: → gründen (I, 2); auf den G. gehen/kommen: → ergründen (1); auf G. laufen/geraten: → stranden (1); in den G. bohren: → versenken (I, 2); in G. und Boden verdammen: → verurteilen (2); in G. und Boden wirtschaften: → herunterwirtschaften; sich in G. und Boden schämen: → schämen, sich (1)

grundanständig: → anständig (1)

Grundbegriff: I. Grundbegriff, der: ⟨*wichtiger einfacher Begriff*⟩ Elementarbegriff – **II.** Grundbegriffe (*Pl*): → Anfangsgründe

Grundbesitz, der: Landbesitz · Bodenbesitz · Grundeigentum · Grund und Boden · Besitzung · Besitztum · Länderei · Liegenschaft[en]; Eigenbesitz (*Rechtsw*); → *auch* Grundstück (I), Anwesen

Grundbirne, die: → Kartoffel (1)

grundböse: → böse (1)

Grundbuch, das: Flurbuch · Grundstücksverzeichnis · Kataster

grundehrlich: → ehrlich (1)

Grundeigentum, das: → Grundbesitz

Grundeis, das: jmdm. geht der Arsch mit G.: → ängstigen (II, 1)

gründen: I. gründen: **1.** ⟨*bewirken, dass etw. Neues entsteht*⟩ begründen · konstituieren · errichten · etablieren · stiften · ins Leben rufen · aus der Taufe heben; → *auch* eröffnen (I, 2) – **2.** ⟨*die Grundlage für etw. schaffen*⟩ fund[ament]ieren · den Grund/das Fundament legen |zu| – **3.** eine Familie/einen Hausstand g.: → heiraten (1) – **II.** gründen, sich: sich g. |auf|: → beruhen (1, a)

Gründer, der: Begründer · Erbauer · Gründervater + Stifter

Gründervater, der: → Gründer

grundfalsch: → falsch (1)

Grundfeste, die: **1.** → Fundament (1) – **2.** → Grundlage (1)

Grundgedanke, der: → Leitgedanke

Grundgerüst, das: → Aufbau (2)

Grundgesetz, das: → Verfassung (1)

grundgütig: → gütig (1)

Grundhaltung, die: → Gesinnung (1)

Grundidee, die: → Leitgedanke

Grundlage, die: **1.** ⟨*etw., von dem man ausgehen, auf das man sich stützen kann*⟩ Basis · Grund · Fundament · Unterbau · Unterlage · Grundfeste + Keimzelle – **2.** → Voraussetzung

grundlegend: fundamental · elementar · konstitutiv; → *auch* entscheidend (1)

Grundlegung, die: **1.** ⟨*Schaffung der Grundlage für etw.*⟩ Fundation – **2.** → Gründung (1)

gründlich: 1. ⟨*bes. bei einer Analyse bis auf den Grund gehend*⟩ profund · intensiv · tief [schürfend] · erschöpfend · umfassend – **2.** ⟨*bei einer Beseitigung von etw. alles erfassend*⟩ radikal · von Grund auf · bis ins Kleinste/Letzte · bis ins/zum Tezett – **3.** → gewissenhaft – **4.** → gehörig (1) – **5.** → eingehend (1) – **6.** es jmdm. g. geben: → zurechtweisen

Gründlichkeit, die: → Gewissenhaftigkeit

grundlos: 1. ⟨*keinen [erkennbaren] Grund aufweisend*⟩ unbegründet · unmotiviert · ohne Grund; → *auch* gegenstandslos (1) – **2.** → abgrundtief

Grundmaterial, das: → Grundstoff

Grundmauer, die: → Fundament (1)

Grundmotiv, das: → Leitgedanke

Grundpfeiler, der: → Pfeiler (1)

Grundplan, der: → Gerüst (2)

Grundprinzip, das: Grundsatz

grundrichtig: → richtig (1)

Grundsatz, der: **1.** ⟨*jmds. feste Richtlinie im Denken od. Handeln*⟩ Prinzip · Maxime + Doktrin · Moralprinzip; → *auch* Regel (1) – **2.** → Grundprinzip

grundsätzlich: prinzipiell · im Prinzip + a priori

Grundschuld, die: → Hypothek

Grundschule, die: Grundstufe · Primarstufe

Grundstein, der: → Fundament (1)
Grundstoff, der: Ausgangsstoff · Grundmaterial · Ausgangsmaterial · Rohmaterial · Rohstoff
Grundstück: I. Grundstück, das: ⟨*jmdm. gehörendes Stück Land*⟩ [Stück] Land · Grund + Gelände · Immobilie · Areal; → *auch* Anwesen, Haus (1), Grundbesitz – **II.** Grundstücke (*Pl*): Realitäten (*süddt österr*)
Grundstücksbelastung, die: → Hypothek
Grundstücksverzeichnis, das: → Grundbuch
Grundstufe, die: → Grundschule
Grundtext, der: → Urfassung
Gründung, die: **1.** ⟨*das Gründen*⟩ Stiftung · Begründung · Grundlegung – **2.** → Fundament (1)
grundverkehrt: → falsch (1)
grundverschieden: → verschiedenartig
Grundvorstellung, die: → Leitgedanke
Grundwahrheit, die: → Tatsache (1)
Grundzug, der: → Haupteigenschaft
Grüne: I. Grüne, der: **1.** → Polizist – **2.** → Umweltschützer – **II.** Grüne, das: ins G. fahren: → hinausfahren (1); Fahrt ins G.: → Ausflug; im Grünen: → Natur (4)
grünen: grün werden + prangen; → *auch* wachsen (1)
Grünfläche, die: → Rasen (1)
grünlich: → grün (1)
Grünling, der: → Grünschnabel
Grünrock, der: → Jäger (1)
Grünschnabel, der: Gelbschnabel · Gimpel · Greenhorn · Grünling · Naseweis · junger Dachs · Narr · Tor ♦ *umg*: Guck-in-die-Welt · Einfaltspinsel; Kiekindiewelt (*landsch*); → *auch* Anfänger (1), Dummkopf (2)
Grünstreifen, der: → Rasen (1)
Grunzer, der: → Griesgram
Grünzeug, das: → Gemüse (1)
Gruppe, die: **1.** ⟨[*kleine*] *Anzahl Menschen*⟩ Schar · Gesellschaft · Pulk ♦ *umg*: Haufen + Clique; → *auch* Team (1), Kreis (1), Abteilung (II, 1), Gemeinschaft (1), Bande, Clique – **2.** ⟨*polit. Gruppierung*⟩ Lager · Sektion · Fraktion · Block · Partei; → *auch* Organisation (1) – **3.** → Gesellschaftsgruppe
Gruppensex, der: *umg*: Swinging (*verhüll*)
gruppieren: 1. → ordnen (1) – **2.** → anordnen (1)
Gruppierung, die: **1.** → Anordnung (1) – **2.** → Gliederung (1)
Grus, der: → Schutt (1)
Gruselfilm, der: Horrorfilm · Monsterfilm
Gruselgeschichte, die: → Schauergeschichte
gruselig: 1. ⟨*Entsetzen hervorrufend*⟩ schauerlich · schaurig · schauervoll + makaber; → *auch* unheimlich (1) – **2.** g. werden: → ²grauen, sich
gruseln, sich: → ²grauen, sich
grusig: → körnig
Gruß, der: **1.** ⟨*Freundschafts- bzw. Höflichkeitsbezeigung*⟩ Ehrenbezeigung + Salut; → *auch* Verbeugung (1) – **2.** einen G. [ent]bieten: → grüßen (1); einen G./Grüße senden/übermitteln: → grüßen (2)
grüßen: 1. ⟨*jmdm. seine Höflichkeitsbezeigung machen*⟩ Guten Tag sagen · den Hut ziehen/lüften · zunicken; salutieren · die Ehrenbezeigung machen/erweisen (*milit*) + sich verbeugen · sich verneigen ♦ *gehoben*: einen Gruß [ent]bieten · seine Reverenz erweisen – **2.** ⟨*einem Abwesenden ein Wort freundl. Gedenkens zugehen lassen*⟩ einen Gruß/Grüße senden/übermitteln
Grütze, die: **1.** → Verstand (1) – **2.** G. im Kopf haben: → klug (2)
Grützkasten, der: → Kopf (1)
Grützkopf, der: → Dummkopf (2)
Gschaftlhuber, der: → Übereifrige
gschamig: 1. → schüchtern – **2.** → schamhaft
Gspusi, das: **1.** → Geliebte (II) – **2.** → Liebesverhältnis
Guckäuglein, das: → Auge (1)
gucken: 1. → sehen (1) – **2.** → blicken (1) – **3.** nicht dahinter g.: → erklären (I, 4); in die Kanne g.: → trinken (1, b); zu tief ins Glas g.: → betrinken, sich; in den Mond/Eimer/die Röhre/durch die Röhre g.: → leer (4); wie ein Auto g.: → staunen (1); g. wie die Gans/Kuh, wenn's donnert: → überrascht (2); dumm aus der Wäsche g.: → dumm (6)
Gucker, der: **1.** → Fernglas – **2.** → Schaulustige
Guckfenster, das: → Fenster (1)
Guckglas, das: → Fernglas
Guckindiewelt, der: → Grünschnabel
Guckinsland, der: → Ausguck (1)
Guckkasten, der: → Fernsehapparat
Guckloch, das: → Fenster (1)
Gugelhopf, der: → Napfkuchen
Gugelhupf, der: → Napfkuchen

Guide, der: **1.** → Fremdenführer – **2.** → Reiseleiter – **3.** → Reiseführer
guillotinieren: → enthaupten
Gulaschkanone, die: → Feldküche
gülden: → golden (1)
Gülle, die: → Jauche (1), Dünger (1, b)
Gully, der: Sinkkasten · Senkloch
gültig: 1. ⟨*Geltung habend*⟩ geltend · vollgültig; valid (*veraltet*) + gesetzmäßig · unanfechtbar · unbestreitbar – **2.** g. sein: ⟨*Geltung haben*⟩ gelten · Gültigkeit haben · in Geltung sein · verbindlich sein; valieren (*veraltet*)
Gültigkeit, die: **1.** ⟨*das Gültigsein*⟩ Geltung · Verbindlichkeit – **2.** → Rechtsgültigkeit – **3.** G. haben: → gültig (2)
Gummi, der: **1.** ⟨*elast. Substanz*⟩ + Kautschuk **2.** → Radiergummi – **3.** → Präservativ
Gummiadler, der: → Brathähnchen
Gummischuhe (*Pl*): → Überschuhe
Gummischutz, der: → Präservativ
Gunst, die: → Wohlwollen
Gunstgewerblerin, die: → Prostituierte
günstig: 1. → einträglich – **2.** → glücklich (1) – **3.** → billig (1) – **4.** → wohlgesinnt – **5.** günstiges Geschick: → Glück (2); im günstigsten Falle: → allenfalls (1); g. stehen/aussehen |mit|: → gut (10); günstiger Kauf: → Kauf (2)
günstigstenfalls: → allenfalls (1)
Günstling, der: Liebling · Favorit · Protegé
Günstlingswirtschaft, die: → Vetternwirtschaft
Gurgel, die: **1.** → Kehle (1), Hals (1) – **2.** die G. spülen, einen durch die G. jagen: → trinken (1, b); durch die G. jagen: → vertrinken; die G. zudrücken/zuschnüren: → erwürgen; an die G. fahren: → angreifen (I, 1, b); bei/an der G. fassen/nehmen/packen/kriegen: → ergreifen (2); die G. abdrehen: → ruinieren (I, 1); das Wasser steht jmdm. bis an die G.: → schlecht (10, a)
gurgeln: 1. ⟨*die Rachenhöhle mit Flüssigkeit ausspülen*⟩ den Mund spülen ♦ *umg*: gluckern – **2.** mit Koks/Reißzwecken g.: → schnarchen
Gurke: I. Gurke, die: **1.** → Nase (1) – **2.** → Original (1) – **3.** putzige G.: → Original (1) – **II.** Gurken (*Pl*): → Schuhe (1)
gurren: 1. ⟨*wie eine Taube rufen*⟩ girren · ruck[s]en – **2.** → flirten
Gurt, der: **1.** → Gürtel (1) – **2.** den G. anlegen: → anschnallen (II)
Gürtel, der: **1.** ⟨*Band zum Halten der Kleidung*⟩ Gurt · Riemen + Koppel ♦ *umg*: Schmachtriemen (*scherzh*) – **2.** → Ring (2) – **3.** den G. umbinden: ⟨*seine Kleidung mit dem Gürtel festhalten*⟩ den Gürtel umlegen/umschnallen ♦ *gehoben*: sich gürten – **4.** den G. [ein Loch] enger schnallen: → einschränken (II)
gürten, sich: → Gürtel (3)
Gusche, die: **1.** → Mund (1) – **2.** → Mundwerk
Guss, der: **1.** → Regenguss – **2.** → Überzug (1, a) – **3.** ein G. von: → Flut (2); aus einem G.: **a)** → einheitlich (1) – **b)** → vollkommen (1)
Gussstein, der: → Ausguss (1)
gustieren: → [1]kosten (1)
gustiös: → appetitlich (1)
Gusto, der: **1.** → Geschmack (2) – **2.** → Appetit
Gustostückerl, das: → Leckerbissen
gut: 1. ⟨*eine positive Bewertung erfordernd*⟩ trefflich · schön · nicht schlecht/übel · nicht zu verachten ♦ *umg*: nicht unflott · nicht uneben; → *auch* hervorragend (1) – **2.** → nützlich – **3.** → wohl (5) – **4.** → glücklich (1) – **5.** → anständig (1) – **6.** → gütig (1) – **7.** → gesund (2) – **8.** → genug (1) – **9.** → schmackhaft – **10.** gut stehen |mit|: ⟨*einen positiven Ausgang erkennen lassen*⟩ gut aussehen |mit| · günstig stehen/aussehen |mit| – **11.** [bei] guter Laune: ⟨*in guter Stimmung*⟩ wohlgemut · gut drauf · aufgekratzt · aufgeräumt · gut gelaunt · gutlaunig · bei Laune; → *auch* heiter (1), fröhlich (1) – **12.** gut gehend: ⟨*von einem Geschäft gesagt*: *Gewinn bringend*⟩ flott gehend · florierend – **13.** kurz und gut: → also (1); gute Laune: → Heiterkeit (1); guter Dinge: → fröhlich (1); guter Laune: **a)** → fröhlich (1) – **b)** → 11; bei guter Laune, gut drauf: → 11; guten Mutes: → optimistisch (1); g. gehend: → 12; gut drauf sein: → Verfassung (5); gute Worte geben |wegen|: → bitten (2); ein gutes Wort einlegen |für|: → verwenden (II); guter Hoffnung sein: → schwanger (2); in guten Händen: → geborgen (1); gute Dienste leisten: → nützen (1); auf gutem Fuße miteinander stehen: → befreundet; kein gutes Haar lassen |an|: → verleumden (1); auf gut Glück: → planlos

(1); zu guter Letzt: → schließlich (1); im Guten: → friedlich (1); im Guten regeln: → bereinigen (1); gut abschneiden/abschließen: → bestehen (2); gut sein: → können (5); jmdm. gut sein: → lieben (1); für gut befinden: → billigen (1), gutheißen; gut gehen: → gedeihen (1); gut aussehen |mit|: → 10; gut stehen |mit|: → verhalten (II, 2); gut aufgehoben: → geborgen (1); sich gut befinden/fühlen, gut bei Wege sein: → gesund (5); gut riechen: → duften (1); gut können: → beherrschen (I, 4); gut situiert: → reich (1); gegen die gute Sitte: → anstößig (1); gut tun: → wohl (6); gut gemeint: → wohlwollend (1); gut gesinnt: → wohlgesinnt; gut können |mit|: → verstehen (II, 2)

Gut, das: **1.** ⟨*großer privater landwirtschaftl. Betrieb*⟩ Gutshof; Domäne (*veraltend*); Ansitz (*süddt*) ♦ *salopp*: Quetsche (*abwert*); → *auch* Bauernhof – **2.** → Besitz (1), Vermögen (1) – **3.** Hab und Gut, Geld und Gut: → Besitz (1)

Gutachter, der: Referent · der Sachverständige

gutartig: → harmlos (1)

gutbringen: → gutschreiben

Gutdünken, das: nach G.: → beliebig (1)

Güte, die: **1.** ⟨*freundlich-hilfreiches Wesen*⟩ Gütigkeit · Herzenswärme · Warmherzigkeit · Herzensgüte + Väterlichkeit · Selbstlosigkeit; → *auch* Freundlichkeit (1), Wohlwollen (1) – **2.** ⟨*gute Beschaffenheit*⟩ Wert · Qualität; Bonität (*Wirtsch*); → *auch* Beschaffenheit (1)

Güteklasse, die: → Sorte (1)

Güteraustausch, der: → Handel (1)

güterlos: → arm (1)

Güterverkehr, der: → Handel (1)

gutgläubig: arglos · leichtgläubig · vertrauensselig · naiv · treuherzig · blauäugig + dumm; → *auch* zutraulich (1), einfältig (1), kritiklos

gutheißen: befürworten · begrüßen · für gut befinden; → *auch* billigen (1)

Gutheißung, die: → Billigung (1)

gutherzig: → gutmütig (1)

gütig: 1. ⟨*von freundlich-hilfreichem Wesen*⟩ gut · grundgütig · warmherzig · herzensgut · lieb + väterlich · mitleidig; → *auch* freundlich (1), gutmütig (1), mild[e] (1) – **2.** → mild[e] (1) – **3.** g. sein: ⟨*ein freundlich-hilfreiches Wesen haben*⟩ ein fühlend[es] Herz haben

Gütigkeit, die: → Güte (1)

gutlaunig: → gut (11)

gütlich: 1. → friedlich (1) – **2.** sich g. tun |an|: → entschädigen (II)

gutmachen: Boden g.: → aufholen (1)

gutmütig: 1. ⟨*nicht leicht in Zorn geratend*⟩ gutherzig · weich[herzig] · seelen[s]gut · engelsgut; → *auch* gütig (1), sanftmütig, nachgiebig – **2.** g. sein: ⟨*nicht leicht in Zorn geraten*⟩ *umg*: eine Seele von Mensch sein

gutnachbarlich: → freundschaftlich (1)

gutsagen: g. |für|: → bürgen

Gutsbesitzer, der: → Großgrundbesitzer

Gutschein, der: Bon · Wertmarke

gutschreiben: gutbringen (*kaufm*); → *auch* anrechnen (1)

Gutschrift, die: → Bonus

Gutshof, der: → Gut (1)

Gutverdienende, der: → Großverdiener

Gymnasium, das: Penne (*schülerspr*) + College; → *auch* Schule

H

Haar: I. Haar, das: **1.** ⟨*fadenförmiges Horngebilde der Haut*⟩ *salopp*: Borste – **2.** ⟨*Vielzahl von Horngebilden*⟩ Haare ♦ *umg*: Wolle ♦ *salopp*: Pelz · Borsten; Loden (*landsch*); → *auch* Haarschopf – **3.** aufs H.: → völlig (1); aufs H. genau: → genau (1); um eines Haares Breite / um ein H.: → beinahe; nicht um ein H. abgehen |von|: → beharren (1); kein gutes H. lassen |an|: → verleumden (1); immer ein H. in der Suppe finden: → nörgeln; kein H. / Härchen krümmen: → verschonen – **II.** Haare (*Pl*): **1.** → I, 2 – **2.** falsche H.: → Perücke; die H. machen: → frisieren (1); sich keine grauen H. wachsen lassen: → sorglos (2); sich die H. [aus]raufen: → verzweifeln (1); jmdm. sträuben sich die H., jmdm. stehen die H. zu Berge: → entsetzen (II, 1); H. auf den Zähnen haben: → herrschsüchtig (2); sich in die H. geraten / kriegen, sich in den Haaren haben / liegen: → streiten (II); H. lassen [müssen]: → Schaden (5); H. spalten: → spitzfindig (2); an den Haaren herbeigezogen: → gesucht (1)
Haarband, das: → Haarschleife
haardünn: → dünn (1)
Haarersatz, der: → Perücke
Haaresbreite, die: um H.: → beinahe
haarfein: → dünn (1)
haargenau: → genau (1)
haarig: → unangenehm (1)
Haarklammer, die: → Haarklemme
Haarkleid, das: → Fell (1)
haarklein: → genau (2)
Haarklemme, die: Haarklammer · Klammer · Klemme
Haarknoten, der: Knoten ♦ *umg*: Dutt · Kauz; Zwiebel (*scherzh*)
Haarkünstler, der: → Friseur
Haarlocke, die: → Locke
haarlos: → kahlköpfig
Haarnadelkurve, die: Spitzkehre; → *auch* Biegung (1)
Haarputz, der: → Frisur
Haarriss, der: → Riss (1)
haarscharf: → genau (1)
Haarschleife, die: Schleife + Haarband · Zopfband
Haarschneider, der: → Friseur
Haarschnitt, der: → Frisur
Haarschopf, der: Schopf ♦ *umg*: Tolle; → *auch* Haar (I, 2), Locke
Haarspalter, der: → Wortklauber
Haarspalterei, die: → Spitzfindigkeit
haarspalterisch: → spitzfindig (1)
haarsträubend: → unerhört (1)
Haarstylist, der: → Friseur
Haarteil, das: → Perücke
Haartracht, die: → Frisur
Haartrockner, der: → Föhn
Haarwuchs, der: Behaarung
Habe, die: **1.** → Besitz (1) – **2.** Hab und Gut: → Besitz (1)
haben: I. haben: **1.** → besitzen (1) – **2.** noch zu h.: → ledig (1); zu h. sein: → käuflich (2); noch zu h. sein: → vorrätig (2); Lust h. |zu|: → wünschen (1); ein Ende h.: → enden (1, b); zum Besten h.: **a)** → narren – **b)** → necken; haste nicht gesehen: → schnell (1, b); haste was kannste: → schnell (1, a) –**II.** haben, sich: **1.** → zieren (II, 2) – **2.** → aufregen (II)
Habenichts, der: → Arme
Haber, der: → Hafer (1)
Habgier, die: Habsucht · Besitzgier · Gewinnsucht; Gier · Raffgier (*abwert*) + Geiz; → *auch* Geldgier
habgierig: 1. ⟨*rücksichtslos nach Besitz strebend*⟩ habsüchtig · gewinnsüchtig; gierig · raffgierig (*abwert*) ♦ *umg*: raffig; → *auch* geldgierig (1) – **2.** h. sein: ⟨*rücksichtslos nach Besitz streben*⟩ *umg*: den Rachen / Hals nicht voll [genug] kriegen [können]
Habgierige, der: *salopp*: Raffer · Raffzahn · Raffke (*abwert*); → *auch* Geizhals
Habicht, der: wie ein H.: → gierig (1)

habil: → geschickt (1)
Habit, das: → Amtstracht
Habitus, der: **1.** → Aussehen (1) – **2.** → Haltung (1)
hablich: → reich (1)
Habschaft, die: → Besitz (1)
Habseligkeit: I. Habseligkeit, die: → Besitz (1) – **II.** Habseligkeiten (*Pl*): → Besitz (1)
Habsucht, die: → Habgier
habsüchtig: → habgierig (1)
Hachel, die: → Granne
[1]**Hacke,** die: **1.** → Ferse (1) – **2.** → Absatz (1) – **3.** auf die Hacken treten: → folgen (1); sich die Hacken ablaufen |nach|: → suchen (1); sich die Hacken ablaufen/schief laufen: → bemühen (II, 1)
[2]**Hacke,** die: Haue (*landsch*)
hacken: 1. → zerstückeln (1) – **2.** → zerhacken (1)
Hacken, der: **1.** → Ferse (1) – **2.** → Absatz (1)
Hackepeter, der: **1.** → Gehackte – **2.** H. machen |aus|: → verprügeln
Hackerchen, das: → Zahn (I, 1)
hackern: → gerinnen
Hackfleisch, das: **1.** → Gehackte – **2.** H. machen |aus|: → verprügeln
Hackklotz, der: Hauklotz · Haublock; Hackstock (*österr*); Scheitstock (*schweiz*)
Hackstock, der: → Hackklotz
[1]**Hader,** der: → Streit (1)
[2]**Hader,** der: **1.** → Lumpen (1) – **2.** → Scheuertuch
Haderlump, der: → Taugenichts
hadern: → grollen (1)
Hades, der: → Unterwelt (1)
hadrig: → streitsüchtig
[1]**Hafen,** der: **1.** ⟨*Schiffslandeplatz*⟩ Überseehafen + Hafenbecken ♦ *dicht*: Port – **2.** in den H. der Ehe einlaufen, im H. der Ehe landen: → heiraten (1)
[2]**Hafen,** der: → Topf (1)
Hafenbecken, das: → [1]Hafen (1)
Hafendamm, der: Pier · Kai[mauer] · Hafenmauer · Bollwerk + Mole
Hafenmauer, die: → Hafendamm
Hafer, der: **1.** ⟨*Getreideart*⟩ Haber (*süddt österr schweiz*) – **2.** jmdn. sticht der H.: → übermütig (2)
Haferl, das: → Tasse (1)
Hafner, der: → Ofensetzer
Haft, die: **1.** ⟨*das Eingesperrtsein, meist aufgrund eines gerichtl. Urteils*⟩ Arrest · Gewahrsam + Gefangenschaft · Schutzhaft · Sicherungsverwahrung · Hausarrest; → *auch* Freiheitsstrafe – **2.** in H. nehmen: → verhaften; in H. halten: → gefangen (4); in H. sitzen: → gefangen (2)
Haftanstalt, die: → Strafvollzugsanstalt
Haftaussetzung, die: Haftunterbrechung + Hafturlaub
haftbar: 1. ⟨*zur Leistung von Schadenersatz verpflichtet*⟩ [schaden]ersatzpflichtig · haftpflichtig – **2.** → verantwortlich (1)
Haftbarkeit, die: → Verantwortlichkeit (1)
Haftel, das: → Haken (1)
haften: 1. → kleben (1) – **2.** h. |für|: **a)** ⟨*zum Schadenersatz verpflichtet sein*⟩ aufkommen |für| · die Kosten tragen – **b)** → verantworten (I) – **3.** h. bleiben: → hängen (4)
Haftglas, das: → Kontaktlinse
Häftling, der: Arrestant · der Inhaftierte · der Gefangene · der Strafgefangene; Insasse (*verhüll*); Sträfling (*abwert*) + Zuchthäusler · der Kriegsgefangene ♦ *salopp*: Knastbruder · Knacki · Knasti; Knastologe (*scherzh*)
haftpflichtig: 1. → haftbar (1) – **2.** → verantwortlich (1)
Haftschale, die: → Kontaktlinse
Haftung, die: → Verantwortlichkeit (1)
Haftunterbrechung, die: → Haftaussetzung
Hafturlaub, der: → Haftaussetzung
Hag, der: **1.** → Hecke – **2.** → Wäldchen
Hagel, der: **1.** → Schrot (1) – **2.** → Menge (1)
Hagelkorn, das: Eiskorn · Graupel · Hagelschloße · Schloße (*landsch*)
hageln: 1. ⟨*als Eisniederschlag zu Boden fallen*⟩ schloßen · graupeln; kieseln (*landsch*) – **2.** → niederprasseln
Hagelschauer, der: → Hagelwetter
Hagelschlag, der: → Hagelwetter
Hagelschloße, die: → Hagelkorn
Hagelwetter, das: Hagelschlag · Hagelschauer
hager: → mager (1)
Hagestolz, der: → Junggeselle
Hahn, der: **1.** ⟨*männl. Vogel*⟩ Gockel[hahn] – **2.** ⟨*Absperrvorrichtung an Rohren*⟩ Drossel (*Techn*); Kran (*landsch*) – **3.** wie der H. auf dem Mist: → angeberisch; den roten H. aufs Dach setzen: → Feuer (7); den H. zudrehen: → knapp (6)
Hahnenschrei, der: beim/mit dem ersten H.: → morgens

Hahnrei, der: zum H. machen: → betrügen (2, b)
Hain, der: → Wäldchen
Hairstylist, der: → Friseur
Häkelei, die: **1.** → Anspielung (1) – **2.** → Streit (1)
häkeln: I. häkeln: → hängen (4) – **II.** häkeln, sich: → streiten (II)
haken: → hängen (4)
Haken, der: **1.** ⟨*gebogene Haltevorrichtung*⟩ Haftel · Heftel (*landsch*) + Haspe · Krampe · Kleiderhaken – **2.** → Schlag (I, 1) – **3.** → Schwierigkeit (1)
halb: 1. ⟨*durch zwei geteilt*⟩ zur Hälfte – **2.** ⟨*auf halbem Wege*⟩ halbwegs – **3.** → unvollständig – **4.** → beinahe – **5.** h. tot: → erschöpft (1); h. und h.: → gleichmäßig (2); h. und h. / halbe-halbe machen: → teilen (I, 1); h. so schlimm / wild sein: → schlimm (3); nichts Halbes und nichts Ganzes: → unvollständig; halbe Portion: → Schwächling
halbamtlich: inoffiziell · offiziös · halboffiziell
Halbblut, das: → Mischling
Halbbruder, der: → Stiefbruder
Halbdämmer, der: → Halbdunkel
halbdunkel: → dämmerig
Halbdunkel, das: Zwielicht · Halbdämmer · Halblicht; → *auch* Schatten (1), Morgendämmerung, Abenddämmerung
Halbe, das: → Hälfte (1)
halber: → wegen (1)
Halberzeugnis, das: → Halbfabrikat
Halbfabrikat, das: Halbzeug · Halberzeugnis
Halbgott, der: → Abgott (2)
halbherzig: → lustlos
halbieren: → durchschneiden (I)
Halbierung, die: → Teilung (1)
Halbinsel, die: → Landzunge
halblang: [nun] mach mal h.: → übertreiben (4)
halblaut: → leise (1)
Halblicht, das: → Halbdunkel
halbmilitärisch: → paramilitärisch
halboffiziell: → halbamtlich
halbpart: 1. → gleichmäßig (2) – **2.** h. machen: → teilen (I, 1)
halbrund: → gebogen
Halbschlaf, der: Dämmerschlaf · Dämmerzustand · Halbschlummer + Schlummer ♦ *umg*: Dusel; → *auch* Schlaf (1, b)
Halbschlummer, der: → Halbschlaf
halbseiden: → weichlich (1)
Halbstarke, der: → Bursche (1)
Halbteil, der: → Hälfte (1)
halbwegs: 1. → erträglich – **2.** → halb (2)
Halbwelt, die: Demimonde
Halbweltdame, die: → Prostituierte
halbwüchsig: → jung (1)
Halbwüchsige, der: → Bursche (1)
Halbzeit[pause], die: → [1]Pause (1)
Halbzeug, das: → Halbfabrikat
Halde, die: → Abhang (1)
Hälfte, die: **1.** ⟨*einer von zwei gleichen Teilen eines Ganzen*⟩ Halbteil · das Halbe – **2.** zur H.: → halb (1); schönere H.: → Ehefrau; bessere H.: **a)** → Ehefrau – **b)** → Ehemann; die H. geben: → teilen (I, 1)
Halfter, der: → Zaum (1)
Hall, der: → Schall (1)
Halle, die: **1.** → Hotelhalle – **2.** → Saal – **3.** → Werkhalle
hallen: → schallen
Hallo, das: **1.** → Geschrei (1, a) – **2.** → Lärm (1)
Hallodri, der: → Leichtfuß (1)
Halluzination, die: → Sinnestäuschung
Halmfrucht, die: → Getreide
Hals, der: **1.** ⟨*Körperteil*⟩ *umg*: Kragen · Gurgel; → *auch* Kehle (1), Nacken (1) – **2.** → Rachen (1) – **3.** aus vollem Halse: → laut (1, b); bis an / über den H.: → oben (3); barfuß bis an den H.: → nackt; es im H. haben: **a)** → Halsschmerzen (2) – **b)** → heiser (2); einen Frosch im H. haben: → heiser (2); H. geben: → bellen (1); um den H. fallen: → umarmen (I); sich um den H. fallen: → umarmen (II); sich den H. ausrenken / ausrecken: **a)** → ausschauen (1) – **b)** → neugierig (2); einen langen H. machen: → neugierig (2); H. über Kopf: **a)** → eilig (1) – **b)** → übereilt; sich den H. brechen: **a)** → verunglücken (1) – **b)** → scheitern (a); die Schlinge um den H. legen, den H. abdrehen / abschneiden / brechen: → ruinieren (I, 1); den H. wagen: → wagen (1); den H. aus der Schlinge ziehen: → herauswinden, sich; vom Halse halten: → fern (5); vom Halse bleiben: → fern (4); es steht jmdm. bis an den / zum H., es hängt jmdm. [allmählich] zum Halse heraus: → überdrüssig (1); die Pest an den H. wünschen: → verwünschen (1); den H. kosten [können]: → gefährlich (2); einen Prozess an den H. hängen: → verklagen; sich jmdm. an den H.

werfen/schmeißen: → aufdrängen (II, 1); auf den H. laden/schicken: → aufbürden (2); jmdm. hängt die Zunge zum Halse heraus: → dürsten (1); viel auf dem/am H. haben: → überlastet; sich vom Halse schaffen: **a)** → abwälzen (2) – **b)** → abschütteln (2); in den falschen H. bekommen/kriegen: → missverstehen (1); über den H. kommen: → überraschen (2); den H. nicht voll [genug] kriegen [können]: → habgierig (2)

Halsabschneider, der: → Wucherer

Halsausschnitt, der: → Ausschnitt (1)

halsbrecherisch: → gewagt

halsen: → umarmen (I)

Halsschlagader, die: → Schlagader

Halsschmerzen (*Pl*): **1.** ⟨*Schmerzen im Hals aufgrund einer Entzündung*⟩ *umg*: Halsweh – **2.** H. haben: *umg*: es im Hals haben

halsstarrig: → eigensinnig (1)

Halsstarrigkeit, die: → Eigensinn

Halsweh, das: → Halsschmerzen (1)

halt: → eben (3)

Halt, der: **1.** ⟨*das Anhalten*[*müssen*]⟩ Stopp · Aufenthalt – **2.** → Stillstand (1) – **3.** → [1]Pause (1) – **4.** → Stütze (1) – **5.** ohne [jeden] H.: → haltlos (1); den H. verlieren: → fallen (1); H. geben/bieten: → stützen (I); H. machen: → anhalten (I, 1), rasten; H. gebieten: **a)** → hindern – **b)** → protestieren – **c)** → eindämmen (1)

haltbar: 1. ⟨*der* [*zu schnellen*] *Abnutzung widerstehend*⟩ beständig · verschleißfest · strapazierfähig · unverwüstlich · fest · massiv · solid[e] · stabil · robust · langlebig · durabel; strapazfähig (*österr*) + bruchfest · unzerbrechlich; → *auch* dauerhaft, widerstandsfähig (1, a) – **2.** h. sein: → halten (II, 1)

halten: I. halten: **1.** → festhalten (I, 1) – **2.** → anhalten (I, 1) – **3.** → beziehen (I, 1) – **4.** → erfüllen (I, 2) – **5.** → veranstalten (1) – **6.** → zurückhalten (I, 1) – **7.** h. |für|: ⟨*eine bestimmte Meinung über etw. bzw. jmdn. hegen*⟩ ansehen |für| · betrachten |als| · beurteilen |als| · auffassen |als| · verstehen |als| · einschätzen |als| · [er]achten |für| – **8.** zum Halten kommen: → anhalten (I, 1); zum Halten bringen: → anhalten (I, 2); den Schild/die Hand h. |über|: → schützen (I, 1); die Hand auf die Tasche h.: → geizig (2); jmdm. die Stange h.: → eintreten (7, a); vom Halse/Leibe h.: → fern (5); in Haft/Gewahrsam h.: → gefangen (4); für wahr h.: → glauben (1); gehalten werden |für|: → gelten (6); h. |auf|: → [1]Acht (1, a); große Stücke h. |auf|: → achten (1); auf Ordnung haltend: → ordentlich (1, b); in Ehren h.: → ehren; h. |zu|: → unterstützen (I, 1); zugute h.: → anrechnen (1); in Schach h.: → unterdrücken (1); zum Narren h.: → narren; zum Besten h.: **a)** → narren – **b)** → necken; eine Ansprache h.: → sprechen (2); einen Plausch/Schwatz/ein Plauderstündchen/Schwätzchen h.: → unterhalten (II, 1); eine Standpauke/Gardinenpredigt h.: → zurechtweisen; Rat h.: → beraten (II); nicht hinter dem Berg h. |mit|: → aussprechen (I, 5); den Mund/Rand/die Klappe/Fresse/Schnauze/das Maul h.: → schweigen (1 *u.* 2); reinen Mund h.: → schweigen (2); Rückschau h.: → erinnern (II); Rast h.: → rasten; Wache h.: → Wache (3); Schritt h.: → mitkommen (1); ein Schläfchen h.: → schlafen (1, c); Brautschau h.: → werben (2, a); Hochzeit h.: → heiraten (1); Abrechnung h. |mit|: → belangen (1) – **II.** halten, sich: **1.** ⟨*nicht verderben*⟩ haltbar sein · genießbar bleiben + dauern – **2.** → behaupten (II, 1) – **3.** → verhalten (II, 1) – **4.** sich h. |an|: **a)** → befolgen – **b)** → anlehnen (II, 2); an sich h., sich im Zaume h., sich in Schranken h.: → beherrschen (II); sich zur Verfügung h.: → bereithalten (II); sich fern h.: → fern (4)

Haltepunkt, der: → Haltestelle

Halter, der: → Hirt

Halterbub, der: → Hütejunge

Haltesignal, das: → Haltezeichen

Haltestelle, die: Haltepunkt · Station

Haltezeichen, das: Haltesignal · Stoppzeichen + Signal

haltlos: 1. ⟨*ohne charakterliche Festigkeit*⟩ charakterlos · [charakter]schwach · ohne [jeden] Halt · labil · haltungslos · ungefestigt ♦ *umg*: rückgratlos · ohne Rückgrat; → *auch* nachgiebig – **2.** → gegenstandslos (1) – **3.** h. sein: ⟨*ohne charakterliche Festigkeit sein*⟩ *umg*: kein Rückgrat haben

Haltung, die: **1.** ⟨*Stellung des Körpers*⟩ Körperhaltung · Pose · Positur · Stellung · Habitus · Attitüde; Contenance (*veraltend*) – **2.** → Beherrschung (1) – **3.** → Benehmen (1) – **4.** → Gesinnung (1)

haltungslos: → haltlos (1)

Halunke, der: → Schurke

Hämatom, das: → Bluterguss

Häme, die: → Bosheit

hämisch: → schadenfroh (1)

Hammel, der: → Dummkopf (2)

Hammelbeine (*Pl*): die H. langziehen: → zurechtweisen

Hammelherde, die: → Menschenmenge

Hammer, der: **1.** ⟨*Werkzeug zum Zuschlagen*⟩ Fäustel · Schlägel (*fachspr*) – **2.** unter den H. bringen: → versteigern; einen H. haben: → dumm (6); ein H. sein: **a)** → großartig (3) – **b)** → unverschämt (2)

hämmern: 1. → klopfen (1), schlagen (I, 3) – **2.** kaltes Eisen h.: → reden (2)

Hämodialyse, die: → Blutwäsche

Hampel, der: → Dummkopf (2)

Hampelmann, der: → Versager (1)

hampeln: → zappeln (1)

hamstern: → horten

Hand, die: **1.** ⟨*Körperteil*⟩ Patsche · Patschhand (*kindersprj*) ♦ *umg*: Pranke (*oft scherzh*) ♦ *salopp*: Pfote · Flosse · Pratze · Tatze · Klaue – **2.** die H. geben: ⟨*seine Hand zur Begrüßung in die eines anderen legen*⟩ die Hand drücken/schütteln/reichen · mit Handschlag begrüßen + begrüßen · verabschieden ♦ *salopp*: die Flosse/Pfote drücken/schütteln – **3.** bei der/zur H. sein: → verfügbar (5); H. in H.: → gemeinsam (1); linker H., zur linken H.: → links (1); rechter H., zur rechten H.: → rechts (1); mit der linken H. machen: → mühelos (2); unter der H.: → heimlich (1); mit den Händen reden/fuchteln: → gestikulieren; in die H. nehmen: → anfassen (I, 1); die Hände regen: → arbeiten (1); die Hände in der Tasche haben, mit den Händen in der Tasche dastehen: → untätig (2); auf den Händen sitzen: → faulenzen (1); in die Hände spucken: → anstrengen (II, 1); alle Hände voll zu tun haben: → überlastet; von eigener H. sterben, H. an sich legen: → Selbstmord (2); sich mit Händen und Füßen wehren: → verteidigen (II); H. ans Werk legen: → anfangen (1, a); letzte H. anlegen: → vollenden (I, 1); mit H. anlegen, an die/zur H. gehen, zur H. sein, in die Hände arbeiten: → helfen (1); H. anlegen: → zugreifen (1); H. in H. arbeiten: **a)** → helfen (4) – **b)** → zusammenarbeiten; an die H. nehmen: → anleiten (1); auf Händen tragen: → verwöhnen; aus der H. geben: → weggeben (1); nicht aus der H. geben: → behalten (1); aus der H. nehmen: → entziehen (I, 1); aus der H. reißen/ringen/winden: → entreißen (1); aus der H. lesen: → wahrsagen; seine Hände in Unschuld waschen: → herauswinden, sich; die H. legen |auf|: → beschlagnahmen; die H. halten |über|: → schützen (I, 1); in guten/sicheren Händen: → geborgen (1); die Hände heben: → ergeben (II, 1); die H. heben: → melden (II, 2); die H. aufheben |gegen|, die Hände ballen: → aufbegehren; die Hände in den Schoß legen: → resignieren; sich die H. geben/reichen: → versöhnen (II); die H. drücken: **a)** → 2 – **b)** → danken (1); die/seine H. ins Feuer legen |für|: → bürgen; in die H. versprechen: → versprechen (I, 1); in die H. drücken: **a)** → geben (I, 1) – **b)** → zustecken (1); in die H./die Hände geben: → übergeben (I, 1); jmdm. in die Hände fallen: → finden (I, 1); in jmds. Hände fallen/geraten: → geraten (3); seine Hände in fremde Taschen stecken: → stehlen (1); die H. [mit] im Spiel haben: → beteiligen (II); in die H. spielen: → zuspielen (2); die H. füllen: → bestechen (1); eine hohle H. machen/haben: → bestechlich (2); eine hohle H. machen: → betteln (1); die H. zum Bund reichen: → verbünden, sich (1); die Fäden in der H. haben: **a)** → regieren (1) – **b)** → herrschen (1); die Zügel in der H. haben: **a)** → regieren (1) – **b)** → herrschen (1) – **c)** → bestimmen (2); in der H. haben: → beherrschen (I, 1); das Heft aus der H. nehmen: → entmachten; jmdm. sind die Hände gebunden: → machtlos (2); aus der H. fressen: → zahm (2); sein Herz in die H./in beide Hände nehmen: → ermannen, sich; von der H. gehen: → vorangehen; von H. zu H./durch viele Hände gehen: → herumgehen (1); sich die Hände reiben: → schadenfroh (2); mit [den] Händen zu greifen: → deutlich (1); nicht von der H. zu weisen sein: → möglich (3, a); [klar] auf der H. liegen: → offenkundig (2); die H. antragen, um jmds. H. anhalten: → werben (2, a); die H. fürs Leben reichen: → heiraten (1); ihre H. gewinnen: → heiraten (2); die H./die Hände ausstrecken |nach|: → Verlangen (4); mit geschmatzten Händen: → gern[e] (1); freie H. lassen: → überlassen (I, 1); in die Hände legen, zu treuen Händen übergeben: → anvertrauen (I, 1); eine offene H. haben: → freigebig (2); das/sein Geld mit vollen Händen

[aus]geben: → verschwenderisch (3); die H. auf die Tasche halten: → geizig (2); eine geschickte/glückliche H. haben: → geschickt (2); zwei linke Hände haben: → ungeschickt (2); H. und Fuß haben: → einwandfrei (2); aus erster H.: → Erstbesitz; aus zweiter H.: → gebraucht; die/jmds. rechte H.: → Helfer (1)
Handbesen, der: → Handfeger
Handbuch, das: **1.** → Lehrbuch – **2.** → Nachschlagewerk
Händedruck, der: → Handschlag (1)
Händeklatschen, das: → Beifall (1)
Handel, der: **1.** ⟨*Kauf u. Verkauf von Waren im Großen*⟩ Warenaustausch · Güteraustausch · Warenverkehr · Güterverkehr · Handelsbeziehungen · Wirtschaftsbeziehungen + Geschäftsbeziehungen – **2.** → Geschäft (3) – **3.** → Vertrag (1) – **4.** H. treiben: → handeln (I, 1 *u.* 2); den/seinen H. verstehen: → beherrschen (I, 4); in den H. kommen: → Markt (4)
Händel (*Pl*): **1.** → Streit (1) – **2.** H. suchen/anfangen: → anlegen (II)
handeln: I. handeln: **1.** ⟨*Waren weiterverkaufen*⟩ verkaufen · Handel treiben ♦ *umg*: machen |in|; schachern · schieben (*abwert*); → *auch* anbieten (I, 3), hausieren – **2.** ⟨*wirtschaftl. Beziehungen im Großen unterhalten*⟩ Handel treiben · ein Geschäft/Geschäfte machen – **3.** ⟨*in bestimmter Weise tätig werden bzw. sein*⟩ vorgehen · verfahren · agieren · operieren · machen · tun · zu Werke gehen + zur Tat schreiten– **4.** h. |um|: → feilschen; h. |über/von|: → behandeln (4); rasches Handeln: → Geistesgegenwart – **II.** handeln, sich: sich h. |um|: ⟨*Gegenstand der Überlegungen usw. sein*⟩ gehen |um| · die Rede sein |von| ♦ *umg*: sich drehen |um|; → *auch* betreffen (1)
Handelsabkommen, das: → Vertrag (1)
Handelsagent, der: → Handelsvertreter
Handelsartikel, der: → Ware (1)
Handelsbeschränkung, die: → Ausfuhrverbot, Einfuhrverbot
Handelsbeziehungen (*Pl*): → Handel (1)
Handelsbilanz, die: → Bilanz (1)
handelseinig: 1. → einig (2) – **2.** h. werden: → einigen (II)
handelseins: 1. → einig (2) – **2.** h. werden: → einigen (II)
Handelsembargo, das: → Ausfuhrverbot
Handelsflotte, die: Flotte · Marine
Handelsgeschäft, das: → Geschäft (3)
Handelsmann, der: → Kaufmann (1)
Handelsmarke, die: → Marke (1)
Handelsobjekt, das: → Ware (1)
Handelsreisende, der: → Handelsvertreter
Handelsspanne, die: → Verdienstspanne
Handelsunternehmen, das: → Geschäft (2)
Handelsvertreter, der: Außendienstmitarbeiter · Handelsreisende · der Handlungsreisende · der Reisende · Vertreter; Handelsagent · Agent (*noch österr*) ♦ *umg*: Klinkenputzer · Reisefritze
Handeltreibende, der: → Kaufmann (1)
händeringend: → inständig
Händeschütteln, das: → Handschlag (1)
Handfeger, der: Handbesen; Eule (*landsch*); Kehrwisch (*süddt*)
handfertig: → geschickt (1)
handfest: 1. → derb (1) – **2.** → nahrhaft
Handfeuerwaffe, die: → Schusswaffe
handgearbeitet: handgefertigt · handgemacht
handgefertigt: → handgearbeitet
Handgeld, das: Aufgeld · Angeld · Draufgeld · Draufgabe · Anzahlung + Zuwendung
Handgelenk, das: aus dem H. machen: → mühelos (2)
handgemacht: → handgearbeitet
handgemein: h. werden: → schlagen (I, 1)
Handgemenge, das: → Schlägerei, Rauferei
handgerecht: → handlich (1)
handgreiflich: 1. → deutlich (1) – **2.** h. werden: → schlagen (I, 1)
Handgriff, der: **1.** → Griff (1 *u.* 2) – **2.** keinen H. tun: → faulenzen (1); mit ein paar Handgriffen erledigen: → mühelos (2)
Handhabe, die: → Gelegenheit (1)
handhaben: → bedienen (I, 4), ausführen (3)
Handhabung, die: **1.** ⟨*die Art, etw. zu handhaben*⟩ Handling – **2.** → Bedienung (4)
Handharmonika, die: → Ziehharmonika
Handikap, das: → Behinderung (1)
Handkarre, die: → Schubkarre
Handkarren, der: → Schubkarre
Handkoffer, der: → Koffer (1)
Handkuss, der: mit H.: → gern[e] (1)
Handlanger, der: **1.** ⟨*bei der Arbeit zureichende Person*⟩ Zuarbeiter · Helfer + Hilfsarbeiter – **2.** → Mitschuldige
Handlauf, der: → Geländer
Händler, der: → Kaufmann (2)

handlich: **1.** ⟨*leicht handhabbar*⟩ griffig · griffrecht · handgerecht + transportabel – **2.** → gewandt (1)
Handling, das: → Handhabung (1)
Handlung, die: **1.** ⟨*bestimmtes Tätig[gewesen]sein*⟩ Tun · Tat · Handlungsweise · Akt + Vorgang · Verhalten – **2.** ⟨*der Ablauf in einer literarischen Handlung*⟩ Geschehen · Fabel – **3.** → Geschäft (1)
Handlungsdruck, der: → Zwangslage
Handlungsgehilfe, der: → Verkäufer
Handlungsreisende, der: → Handelsvertreter
Handlungsvollmacht, die: → Vollmacht (1)
Handlungsweise, die: **1.** → Verhalten – **2.** → Handlung (1)
Handpflege, die: → Maniküre
Handreichung, die: → Hilfe (1)
Handschelle, die: → Fessel (1)
Handschlag, der: **1.** ⟨*Begrüßungsgebärde*⟩ Händedruck · das Händeschütteln ♦ *umg*: Shakehands (*scherzh*) – **2.** mit H. begrüßen: → Hand (2); mit H. versprechen: → versprechen (I, 1)
Handschrift, die: **1.** ⟨*die charakterist. Schriftzüge eines Menschen*⟩ Schrift ♦ *salopp*: Klaue · Pfote (*abwert*) ♦ *derb*: Sauklaue · Saupfote · Sauschrift (*abwert*); → *auch* Schmiererei – **2.** ⟨*handgeschriebener Text des Mittelalters od. Altertums*⟩ Kodex + Pergament · Papyrus · Schriftrolle
Handschuh, der: den H. hinwerfen/ins Gesicht werfen/schleudern: → herausfordern
Handskizze, die: → Skizze (1)
Handstreich, der: → Überfall (1)
Handtuch, das: **1.** → Dürre (II) – **2.** schmales H.: → Dürre (II); das H. werfen: → aufgeben (3)
Handumdrehen, das: im H.: → schnell (1, c *u.* e)
handverlesen: → auserlesen (1)
Handvoll, die: eine H.: → einige (1)
Handwagen, der: *umg*: Ziehwagen; Bollerwagen (*landsch*); → *auch* Wagen (1)
handwarm: → lau (1)
Handwerk, das: **1.** ⟨*gewerbl. Tätigkeit in einem handwerkl. Zweig*⟩ Gewerbe · Gewerk – **2.** → Tätigkeit (2) – **3.** sein H. verstehen: **a)** → beherrschen (I, 4) – **b)** → tüchtig (3); sich auf sein H. verstehen: → tüchtig (3); ins H. pfuschen: → einmischen (II); das H. legen: → unschädlich (2)
Handwerkszeug, das: → Werkzeug (1)
Handy, das: Mobil[funk]telefon · schnurloses Telefon + Autotelefon · Funksprechgerät · Walkie-Talkie · Funktelefon
Handzeichnung, die: → Zeichnung (1)
hanebüchen: → unerhört (1)
Hanf, der: im H. sitzen: → schwelgen (1)
Hänfling, der: → Dürre (II)
Hanfseil, das: → Strick (1)
Hang, der: **1.** → Abhang (1) – **2.** → Abfahrtsstrecke – **3.** → Neigung (1) – **4.** → Vorliebe (1)
Hangabfahrt, die: → Abfahrt (2)
Hangar, der: → Flugzeughalle
Hängebahn, die: → Drahtseilbahn
Hängegleiten, das: → Drachenfliegen
Hängelampe, die: → [2]Lampe (1)
hangen: **1.** → hängen (I, 1) – **2.** mit Hangen und Bangen: → Mühe (3)
hängen: **I.** hängen: **1.** ⟨*schwebend befestigt sein*⟩ hangen (*landsch*) ♦ *gehoben*: schweben ♦ *umg*: baumeln ♦ *salopp*: bammeln; → *auch* schlottern (1) – **2.** → erhängen (I) – **3.** → zurückbleiben (1) – **4.** h. bleiben: **a)** ⟨*in der Bewegung gehemmt werden*⟩ häkeln · haften bleiben · haken – **b)** → sitzen (6, a), verfangen (II) – **5.** h. |an|: **a)** → aufhängen (I, 1) – **b)** → lieben (1); sein Herz h. |an|: → verlieben, sich; am Leibe h.: → schlottern (1); an den Nagel h.: → aufgeben (3); den Brotkorb höher h.: → knapp (6); an die große Glocke h.: → verbreiten (I, 1); den Kopf/die Nase/die Ohren/die Flügel h. lassen: → niedergeschlagen (2); einen Prozess an den Hals h.: → verklagen; die Fahne/den Mantel/sein Mäntelchen nach dem Wind h.: → anpassen (II, 2); an der Strippe h.: → telefonieren; an jmds. Lippen h.: → zuhören (1); am Geld h.: → geizig (2); mit Hängen und Würgen: → Mühe (3) – **II.** hängen, sich: **1.** → erhängen (II) – **2.** sich h. |an|: → aufdrängen (II, 1); sich ans Telefon/an die Strippe h.: → anrufen (2); sich an jmds. Fersen h.: → verfolgen (1)
Hänger, der: **1.** → Mantel (1) – **2.** → Anhänger (4)
Hängeschloss, das: → Schloss (2)
hängig: → unerledigt
Hängsel, das: → Aufhänger (1)
Hansdampf, der: H. in allen Gassen: → Tausendsasa

Hänselei, die: → Neckerei
hänseln: → necken
Hansnarr, der: → Dummkopf (2)
Hanswurst, der: → Spaßmacher, Dummkopf (2)
Hanswursterei, die: → Spaß (1)
Hanswurstiade, die: → Spaß (1)
hanswurstig: → albern (1)
hantieren: → arbeiten (1)
hapern: → fehlen (2)
happen: → beißen (I, 1)
Happen, der: **1.** → Bissen (1) – **2.** → Imbiss (1)
happig: 1. → gierig (1) – **2.** → unerhört (1)
happy: → glücklich (2)
hapsen: → beißen (I, 1)
Harakiri, das: → Selbstmord (1)
Hardliner, der: Betonkopf (*abwert*) + Scharfmacher
Harem, der: → Frauenhaus (1)
Häresie, die: → Irrlehre
Häretiker, der: → Abtrünnige
Harke, die: **1.** ⟨*Bodenbearbeitungsgerät mit Zinken*⟩ Rechen – **2.** zeigen, was eine H. ist: → zurechtweisen
harken: rechen
Harlekin, der: → Spaßmacher
Harlekinade, die: → Spaß (1)
Harm, der: → Kummer (1)
härmen, sich: → sorgen (II)
harmlos: 1. ⟨*keine Schädigung hervorrufend*⟩ gutartig · unschädlich – **2.** → einfältig (1)
Harmlosigkeit, die: → Einfalt
Harmonie, die: **1.** ⟨*optimales Verhältnis der Teile eines Ganzen*⟩ Gleichklang · Ausgeglichenheit · Ausgewogenheit; → *auch* Gleichmaß – **2.** → Eintracht
harmonieren: → vertragen (II, 1)
Harmonika, die: → Ziehharmonika
harmonisch: 1. ⟨*in optimalem Verhältnis zueinander*⟩ ausgeglichen · ausgewogen – **2.** → wohltönend – **3.** → einträchtig (1), gemütlich
harmonisieren: → vereinen (I, 2)
Harn, der: → Urin (1)
harnen: → austreten (1)
Harnisch, der: **1.** → Panzer (2) – **2.** in H. geraten/kommen: → erzürnen (2); in H. bringen: → erzürnen (1)
Harpagon, der: → Geizhals
harren: 1. → warten (1) – **2.** → hoffen – **3.** h. |auf|: → erwarten (1)
harsch: 1. → verharscht – **2.** → rau (2) – **3.** → barsch
hart: 1. ⟨*von Material gesagt: nicht weich*⟩ fest · steinhart · stahlhart · knochenhart · glashart · felsenhart · eisenhart · steinern · stählern · eisern · beinhart – **2.** → erstarrt (1) – **3.** → derb (1), robust (1) – **4.** → streng (2), unnachgiebig (1) – **5.** h. gefroren: → verharscht; h. gesotten: **a)** → gefühllos (1) – **b)** → unverbesserlich (1); harter Schlag: → Unglück (1); ein harter Bissen/Brocken, eine harte Nuss: → Schwierigkeit (1); einen harten Schädel haben: → eigensinnig (2); h. bleiben: → aushalten (2); h. im Nehmen: → zäh (1)
Härte, die: **1.** → Festigkeit (1) – **2.** → Strenge – **3.** → Wucht (1)
härten: erhärten
Härtetest, der: → Bewährungsprobe
Hartgeld, das: → Münze (1)
hartherzig: 1. → rücksichtslos (1) – **2.** → streng (2)
Hartherzigkeit, die: **1.** → Rücksichtslosigkeit – **2.** → Strenge
harthörig: → verstockt (1)
hartköpfig: → eigensinnig (1)
Hartköpfigkeit, die: → Eigensinn
hartleibig: 1. → verstopft (1) – **2.** → geizig (1) – **3.** → eigensinnig (1)
Hartleibigkeit, die: → Stuhlverstopfung
hartmäulig: → eigensinnig (1)
hartnäckig: 1. → beharrlich (1) – **2.** → unnachgiebig (1)
Hartnäckigkeit, die: → Beharrlichkeit
Haruspex, der: → Wahrsager
harzig: → klebrig (1)
Hasard, das: H. spielen: → wagen (2)
Hasardeur, der: → Glücksspieler
hasardieren: → wagen (2)
Hasardspieler, der: → Glücksspieler
Hasch, das: → Rauschgift (1)
[1]**haschen: 1.** → greifen (3), fangen (I, 1 *u.* 2) – **2.** h. |nach|: → erstreben
[2]**haschen:** → Rauschgift (3)
Hascher, der: **1.** → Unglücksmensch – **2.** → Rauschgiftsüchtige
Häscher, der: → Verfolger
Hascherl, das: → Unglücksmensch
haschieren: → zerstückeln (1)
Haschisch, das: → Rauschgift (1)
Haschmich: einen H. haben: → verrückt (5)
Hase, der: **1.** ⟨*nagetierähnl. Säugetier*⟩ Feldhase; Langohr · Schlappohr · Meister

Lampe · Mümmelmann (*scherzh*) – **2.** → Feigling – **3.** alter H.: → Routinier; wissen, wie der H. läuft: → durchschauen (I)
Hasenfuß, der: → Feigling
hasenfüßig: → feig[e]
hasenhaft: → feig[e]
Hasenherz, das: → Feigling
hasenherzig: → feig[e]
Hasenherzigkeit, die: → Feigheit
Hasenpanier, das: das H. ergreifen: → fliehen (1)
hasig: 1. → feig[e] – **2.** → ängstlich (1)
Haspe, die: → Haken (1)
haspelig: → fahrig
haspeln: → aufrollen (2)
Hass, der: **1.** ⟨*starkes Gefühl der Feindschaft u. Rachsucht*⟩ Hassgefühl · Groll + Unmut · Missgunst · Verbitterung · Unausstehlichkeit; → *auch* Feindschaft – **2.** H. empfinden/hegen |gegen|, H. haben |auf/gegen|: → hassen; H. säen: → hetzen (1)
hassen: Hass empfinden/hegen |gegen| · Hass haben |auf/gegen| · übel gesinnt sein · schlecht/nicht gut zu sprechen sein |auf| · ein rotes Tuch sein |für| · nicht leiden/ausstehen können · nicht gewogen sein + zürnen · sich zanken ♦ *umg*: auf den Tod nicht leiden können · nicht ersehen/schmecken können · auf dem Strich haben · auf dem Kieker haben · einen Pik haben |auf| · jmdm. nicht grün sein ♦ *salopp*: auf der Latte haben · nicht verknusen können · auf dem Zuge haben · nicht [er]riechen können · jmdn. gefressen haben; → *auch* grollen (1), verabscheuen
hassenswert: → böse (1)
hasserfüllt: 1. → feindlich (1) – **2.** → gehässig
Hassgefühl, das: → Hass (1)
hässlich: 1. ⟨*nicht schön*⟩ scheußlich · abstoßend · unschön · unansehnlich · fratzenhaft · unästhetisch · abschreckend; schiech (*süddt österr*) + grauenhaft · unförmig · alt ♦ *salopp*: potthässlich; → *auch* missgebildet, ekelhaft (1) – **2.** → unangenehm (1) – **3.** → geschmacklos (1) – **4.** → verwerflich
Hässlichkeit, die: **1.** → Gemeinheit (1) – **2.** → Widerwärtigkeit
Hast, die: **1.** → Eile (1) – **2.** in fliegender/wilder H.: → eilig (1); ohne H.: → ruhig (1)
hasten: 1. → eilen (I, 1) – **2.** → laufen (1)
hastig: → eilig (1)
hätscheln: 1. → streicheln – **2.** → verweichlichen
hatschi: h. machen: → niesen
Hatz, die: **1.** → Hetzjagd (1) – **2.** → Eile (1) – **3.** → Verfolgung
Hau, der: einen H. [weg]haben: **a)** → verrückt (5) – **b)** → geisteskrank (2)
Haube, die: eins auf die H. geben: → zurechtweisen; unter die H. kommen: → heiraten (3); unter die H. bringen: → verheiraten (I)
Haubitze, die: **1.** → Geschütz (1) – **2.** voll wie eine H.: → betrunken (1)
Haublock, der: → Hackklotz
Hauch, der: **1.** → Duft (1) – **2.** → Anflug (2) – **3.** → Atem (1) – **4.** → Luftzug – **5.** ein H.: → wenig (2); den letzten H. von sich geben: → sterben (1)
hauchdünn: → dünn (1)
hauchen: → flüstern (1)
hauchfein: → dünn (1)
hauchzart: → zart (1)
Haudegen, der: → Draufgänger
Haue, die: **1.** → [2]Hacke – **2.** → Prügel (II, 1)
hauen: I. hauen: **1.** → schlagen (I, 1) – **2.** → zerhacken (1) – **3.** → [1]mähen – **4.** in die Pfanne h.: **a)** → besiegen (I) – **b)** → ruinieren (I, 1) – **c)** → zurechtweisen; in die gleiche Kerbe h.: → übereinstimmen (1); in den Sack h.: → kündigen (1); übers Ohr h.: → betrügen (1); vom Stuhl gehauen werden: → entsetzen (II, 1); in die Tasten h.: → Klavier (2); einen aufs Parkett h.: → tanzen (1); auf den Kopf h.: → verschwenden – **II.** hauen, sich: **1.** → schlagen (II, 1) – **2.** sich aufs Ohr/in die Falle h.: → schlafen (5)
Hauer, der: **1.** ⟨*herausragender Eckzahn des männl. Wildschweins*⟩ Gewehr · Gewaff (*weidm*) – **2.** → Zahn (I, 1)
Häufchen, das: wie ein H. Elend/Unglück: → jämmerlich (1)
häufeln: → schichten
Haufen, der: **1.** ⟨*übereinander geschichtete Dinge*⟩ Stapel · Stoß · Berg; Hümpel (*norddt*) ♦ *umg*: Klacks; → *auch* Anhäufung (1) – **2.** → [1]Schar (1) – **3.** → Gruppe (1) – **4.** → Menschenmenge – **5.** → Menge (1) – **6.** → Kot (1) – **7.** ein H.: → viel (I, 1); über den H. rennen: → umlaufen (1); über den H. fahren: → überfahren (1); über den H. schießen/knallen: → erschießen (I), nie-

derschießen (1); einen H. [hin]setzen/machen: → austreten (2); über den H. werfen: → verlegen (I, 3)
häufen: **I.** häufen: → aufhäufen (I, 1), ansammeln (I) – **II.** häufen, sich: **1.** → überhand – **2.** → ansammeln (II, a *u.* c)
haufenweise: → scharenweise, massenhaft
häufig: → oft
Häufung, die: **1.** → Anhäufung (1) – **2.** → Wiederholung
Hauklotz, der: → Hackklotz
Haupt, das: **1.** → Kopf (1) – **2.** graues/bemoostes H.: → Greis; gekröntes H.: → Herrscher; erhobenen Hauptes, mit erhobenem H.: → stolz (1); gesenkten Hauptes, mit gesenktem H.: → niedergeschlagen (1); entblößten Hauptes: → barhäuptig, ehrfurchtsvoll; sein H. erheben: → aufsehen (1); sich Asche aufs H. streuen: → bereuen
Hauptansicht, die: → Vorderseite
Hauptanziehung, die: → Hauptattraktion
Hauptattraktion, die: Hauptanziehung · Hauptsensation · Clou · Mekka · Attraktion · Sensation · Glanzpunkt ♦ *salopp*: Knaller; → *auch* Hauptsache, Höhepunkt, Zugstück, Blickfang
Hauptbedeutung, die: → Schwerpunkt
Haupteigenschaft, die: Charakteristikum · Hauptmerkmal · Grundzug; → *auch* Merkmal
Haupteinschaltzeit, die: → Hauptsendezeit
Häuptel, das: → Salatkopf
Hauptgedanke, der: → Leitgedanke
Hauptgehalt, der: → Wesen (1)
Hauptgewicht, das: → Schwerpunkt
Häuptling, der: **1.** ⟨*Führer eines Stammes*⟩ Stammeshäuptling · Stammesoberhaupt – **2.** → Anführer
häuptlings: → kopfüber (1)
Hauptmann, der: → Anführer
Hauptmasse, die: → Mehrheit
Hauptmerkmal, das: → Haupteigenschaft
Hauptnenner, der: Generalnenner
Hauptperson, die: **1.** → Hauptrolle (1) – **2.** → Anführer
Hauptprobe, die: → Generalprobe
Hauptrolle, die: **1.** ⟨*wichtigste Rolle eines Werkes der darstellenden Kunst*⟩ Hauptperson – **2.** die H. spielen: → führen (2)
Hauptsache, die: Kern[punkt] · Kardinalpunkt · das A und O · der springende Punkt · Angelpunkt · Hauptstück · Kernstück · Hauptteil · Nervus Rerum ♦ *umg*: Witz der Sache; → *auch* Hauptattraktion, Schwerpunkt, Wesen (1)
hauptsächlich: → besonders (2), überwiegend
Hauptschule, die: Volksschule (*veraltend*); Primarschule (*schweiz*)
Hauptsendezeit, die: Haupteinschaltzeit · Primetime
Hauptsensation, die: → Hauptattraktion
Hauptstadt, die: Metropole; Residenz · Kapitale (*veraltend*); → *auch* Großstadt
Hauptstraße, die: Hauptverkehrsstraße · Boulevard · Prunkstraße · Prachtstraße · Magistrale; → *auch* Straße (1)
Hauptstück, das: **1.** → Kapitel (1) – **2.** → Hauptsache
Hauptteil, der: → Hauptsache
Hauptverkehrsstraße, die: → Hauptstraße
Hauptverkehrszeit, die: Rushhour · Stoßzeit
Haus, das: **1.** ⟨*als Wohnstätte dienendes Gebäude*⟩ Wohnhaus · Wohnbau · Wohngebäude + Kate · Hochhaus · Reihenhaus · Typenhaus · Eigenheim · Einfamilienhaus · Mietskaserne · Villa · Blockhaus · Bungalow · Wochenendhaus · Holzhaus · Gartenhaus ♦ *umg*: Kasten ♦ *salopp*: Bude; Bruchbude (*abwert*); → *auch* Gebäude (1), Mietshaus, Sommerhaus, Bude (1, a), Grundstück (I), Anwesen – **2.** → Geschäft (2) – **3.** → Geschlecht (2) – **4.** H. halten: ⟨*sparsam wirtschaften*⟩ sparen · wirtschaften · sein Geld/die Sachen zusammenhalten · mit jedem Gramm sparen ♦ *umg*: sich nach der Decke strecken; → *auch* sparsam (3), sparen (1), einschränken (II), geizen – **5.** H. und Hof: → Anwesen; öffentliches H.: → Bordell; ein offenes H. haben: → gastfreundlich (2); Herr des Hauses: → Gastgeber; Frau des Hauses: → Gastgeberin; fideles/vergnügtes H.: → Spaßvogel; gelehrtes H.: → Wissenschaftler; außer H.: → auswärts (1); nach Hause: → heim; zu Hause: → daheim (1); nach Hause gehen, sich nach Hause begeben: → heimgehen (1); nach Hause bringen: → begleiten; von H. aus: **a)** → ursprünglich (1) – **b)** → angeboren; Häuser bauen können |auf|: → zuverlässig (3); das H. einlaufen/einrennen: → bedrängen (1); einen Schritt vors H. tun: → spazieren (2); zu Hause sein |in|: → stammen (1); von H. zu H. gehen: → hausieren; aus dem H. weisen/werfen/jagen: → hinauswerfen

(1); ins H. stehen: → bevorstehen; H. an H. wohnen: → benachbart (2); sich wie zu Hause fühlen: → wohl (4)
Hausangestellte: I. Hausangestellte, der: ⟨*angestellte, im Hause helfende männl. Person*⟩ Hausgehilfe; Hausbursche · Hausdiener · Dienstbote (*veraltend*); Faktotum · Mädchen für alles (*scherzh*); → *auch* Diener (1) – **II.** Hausangestellte, die: ⟨*angestellte, im Hause helfende weibl. Person*⟩ Hausgehilfin · Haus[halts]hilfe · Hauswirtschaftsgehilfin · Hausmädchen · Kraft · Stütze · Mädchen [für alles] · Faktotum · Dienstmädchen; Stubenmädchen (*veraltend*); Dienstmädel (*landsch veraltend*) ♦ *umg*: dienstbarer Geist · Perle (*scherzh*); Donja (*abwert veraltend*) + Haustochter ♦ *salopp*: Minna (*scherzh veraltend*); → *auch* Haushälterin, Putzfrau
Hausarbeit, die: → Aufgabe (3)
Hausarrest, der: → Freiheitsentzug (1)
Hausaufgabe, die: → Aufgabe (3)
Hausball, der: → Fest (1)
Hausbesitzer, der: Hauseigentümer · Besitzer · Eigentümer; Hauswirt · Wirt (*veraltend*); Hausherr (*süddt österr*); Hausmeister (*schweiz*)
Hausbesorger, der: → Hausmeister (1)
Hausbrand, der: → Heizmaterial
Hausbursche, der: → Hausangestellte (I)
Häuschen, das: aus dem H. bringen: → aufregen (I, 1); aus dem H. geraten: → aufregen (II)
Hausdame, die: → Haushälterin
Hausdiener, der: → Hausangestellte (I), Diener (1)
Hausdrachen, der: **1.** → Xanthippe – **2.** → Haushälterin
Hauseigentümer, der: → Hausbesitzer
Hauseinrichtung, die: → Hausrat
hausen: 1. → wohnen (1) – **2.** → wüten
Häuserblock, der: Wohnblock · Häuserviertel · Block; → *auch* Gebäudekomplex
Hauserin/Häuserin, die: → Haushälterin
Häuserviertel, das: → Häuserblock
Hausflur, der: → Flur (I)
Hausfrau, die: Hauspumpel[chen] (*abwert*); → *auch* Ehefrau
Hausfreund, der: → Geliebte (I)
Hausfriede[n], der: → Eintracht
Hausgeflügel, das: → Federvieh
Hausgehilfe, der: → Hausangestellte (I)
Hausgehilfin, die: → Hausangestellte (II)
Hausgeist, der: **1.** → Kobold (1) – **2.** → Haushälterin
hausgemacht: selbst verschuldet
Haushalt, der: **1.** ⟨*Wirtschaft einer Familie*⟩ Haushaltung · Hausstand; Heimwesen (*schweiz*) – **2.** → Haushaltsplan – **3.** → Hauswirtschaft
Haushälterin, die: Wirtschafterin · Hausdame; Hausgeist (*scherzh*); Hauserin · Häuserin (*landsch*) ♦ *umg*: Hausdrachen (*scherzh*); → *auch* Hausangestellte (II)
haushälterisch: → sparsam (1)
Haushaltsführung, die: → Hauswirtschaft
Haushaltshilfe, die: → Hausangestellte (II)
Haushaltsplan, der: Haushalt[ungsplan] · Staatshaushalt · Etat · Budget · Finanzen · Staatsetat + Rechenschaftsbericht · Voranschlag
Haushaltung, die: **1.** → Haushalt (1) – **2.** → Hauswirtschaft
Haushaltungsplan, der: → Haushaltsplan
Haushaltungsvorstand, der: → Familienoberhaupt
Hausherr, der: **1.** → Familienoberhaupt – **2.** → Gastgeber – **3.** → Hausbesitzer
Haushilfe, die: → Hausangestellte (II)
haushoch: → hoch (1)
Haushuhn, das: → Huhn (1)
hausieren (*veraltend*): von Haus zu Haus gehen + trödeln · anbieten · verkaufen; → *auch* handeln (I, 1)
Hauskatze, die: → Katze (1)
Hauskreuz, das: → Ehefrau
Hauslatschen (*Pl*): → Hausschuhe
Häuslebauer, der: → Bauherr
Häusler, der: → Kleinbauer
häuslich: 1. → sparsam (1) – **2.** → gemütlich
Hausmädchen, das: → Hausangestellte (II)
Hausmann, der: → Hausmeister (1)
Hausmeister, der: **1.** ⟨*mit der Fürsorge für ein Haus Beauftragter*⟩ Hausverwalter · Hauswart; Hausbesorger (*österr*); Abwart (*schweiz*); Hausmann (*veraltet*) – **2.** ⟨*für die Instandhaltung bzw. Reinigung einer Schule Verantwortlicher*⟩ Pedell · Schuldiener (*veraltend*); Schulmeister (*landsch*) – **3.** → Hausbesitzer
Hausmittel, das: → Heilmittel (1)
Hausmüll, der: → Müll
Hauspumpel[chen], das: → Hausfrau
Hausputz, der: das Großreinemachen · das Reinemachen; Großputz (*landsch*)

Hausrat, der: Hauseinrichtung · Hauswesen ♦ *salopp*: Klamotten
Hausschuhe (*Pl*): Filzschuhe ♦ *umg*: Filzlatschen · Hauslatschen; Niedertreter (*landsch*); Patschen (*österr*); → *auch* Pantoffeln (II)
Hausschwein, das: → Schwein (1, a)
Hausse, die: → Hochkonjunktur, Kursanstieg
haußen: → draußen (1)
Hausstand, der: **1.** → Haushalt (1) – **2.** einen H. gründen: → heiraten (1)
Hausteufel, der: → Xanthippe
Haustochter, die: → Hausangestellte (II)
Hausvater, der: **1.** → Heimleiter – **2.** → Familienoberhaupt
Hausverwalter, der: → Hausmeister (1)
Hauswart, der: → Hausmeister (1)
Hauswesen, das: **1.** → Hausrat – **2.** → Wohnung (1)
Hauswirt, der: → Hausbesitzer
Hauswirtschaft, die: Haushaltsführung · Haushaltung · Haushalt
Hauswirtschaftsgehilfin, die: → Hausangestellte (II)
Hauszins, der: → ²Miete
Haut, die: **1.** ⟨*den* [*menschlichen*] *Körper nach außen abschließendes Gewebe*⟩ Epidermis (*fachspr*) ♦ *salopp*: Fell · Balg · Pelle · Schwarte; → *auch* Fell (1) – **2.** → Schicht (2) – **3.** nur noch H. und Knochen: → abgemagert; nass bis auf die H.: → nass (1); wunderliche H.: → Sonderling; sich in seiner H. nicht recht wohl fühlen: → unsicher (5, a); [vor Wut] aus der H. fahren: → aufbrausen (2); unter die H. gehen: → ergreifen (3); sich auf die faule H. legen, auf der faulen H. liegen: → faulenzen (1); seine H. zu Markte tragen: → gefährden (II); sich seiner H. wehren: → verteidigen (II); mit heiler H. davonkommen **a)** → straffrei – **b)** → davonkommen (2), glimpflich (2)
Hautabschürfung, die: → Schramme (1)
Hautausschlag, der: Ausschlag; Ekzem · Exanthem (*fachspr*) + Flechte · Hautflechte
häuten: **I.** häuten: → abhäuten – **II.** häuten, sich: ⟨*seine Haut abstoßen*⟩ sich schälen · sich schuppen
hauteng: → eng (2)
Hautevolee, die: → Oberschicht
hautfarben: → rosa (1)
Hautflechte, die: → Hautausschlag
Hautjucken, das: Ameisenlaufen · Kribbeln · Ameisenkribbeln
Hautkontakt, der: → Berührung (1)
Havarie, die: **1.** → Zusammenstoß (1) – **2.** → Störfall
havariert: → beschädigt (1)
Headhunter, der: → Abwerber
Headline, die: → Überschrift (1)
Hearing, das: → Anhörung
Hebamme, die: Geburtshelferin; Wehmutter · die weise Frau (*noch landsch*) + Hebammenschwester
Hebe, die: → Kellnerin
Hebearm, der: → Hebebaum
Hebebalken, der: → Hebebaum
Hebebaum, der: Hebearm · Hebebalken · Wuchtbaum; → *auch* Hebevorrichtung
Hebebock, der: → Hebevorrichtung
Hebebühne, die: → Hebevorrichtung
Hebekran, der: → Hebevorrichtung
Hebel, der: alle Hebel in Bewegung setzen: → versuchen (I, 4)
heben: **I.** heben: **1.** ⟨*in die Höhe bewegen*⟩ hochheben · emporheben · hochnehmen · hochbringen · liften · [hoch]wuchten + erheben; → *auch* ¹anheben, hochziehen (1) – **2.** → hochheben (1) – **3.** → stemmen (1) – **4.** → steigern (I, 2) – **5.** → verbessern (I, 2) – **6.** die Hand h.: → melden (II, 2); die Hände h.: → ergeben (II, 1); sich einen Bruch h.: → verheben, sich; einen h.: → trinken (1, b); aus den Angeln h.: → umstürzen (1); aus dem Sattel h.: → verdrängen (2); aus der Taufe h.: → gründen (I, 1); in den Himmel h.: **a)** → loben (1) – **b)** → verherrlichen – **II.** heben, sich: → ansteigen (1)
Hebevorrichtung, die: Hebekran · Hebebühne · Hebebock · Hebezeug; → *auch* Hebebaum
Hebezeug, das: → Hebevorrichtung
Hebung, die: **1.** → Steigerung (2) – **2.** → Verbesserung (2)
Hechel, die: unter die H. nehmen, durch die H. ziehen: → durchhecheln
Hecht, der: toller H.: → Draufgänger
hechten: → springen (1)
Hecke, die: lebender Zaun ♦ *dicht*: Hag; → *auch* Buschwerk, Zaun (1)
Heck[e]männchen, das: → Glückspfennig
hecken: **1.** → vermehren (II, 1) – **2.** → begatten (2, a) – **3.** → werfen (I, 2)
Heckmeck, der: → Umstand (II, 1)
Heckpfennig, der: → Glückspfennig

Hedonist, der: → Genussmensch
Heer, das: **1.** → Landstreitkräfte – **2.** ein H. von: → viel (I, 1)
Heerbann, der: → Landstreitkräfte
Heereszug, der: → Feldzug (1)
Heerführer, der: Feldherr; Imperator (*hist*)
Heerscharen (*Pl*): Herr der himmlischen H.: → Gott (1, a)
Heerschau, die: → Vorbeimarsch
Heerzug, der: → Feldzug (1)
Hefe, die: Backhefe; Germ (*süddt österr*)
Hefekloß, der: aufgehen wie ein H.: → zunehmen (2)
hefig: → trüb[e] (1)
Heft, das: **1.** ⟨*geheftete Papierblätter bzw. -bogen*⟩ Broschüre; Faszikel (*fachspr*) – **2.** → Griff (1) – **3.** das H. aus der Hand nehmen: → entmachten
Heftel, das: → Haken (1)
Heftelmacher, der: aufpassen wie ein H.: → aufpassen (1)
heften: 1. ⟨*mit weiten Stichen lose befestigen*⟩ zusammenheften – **2.** ⟨*Druckbogen mittels Drahtklammern od. Faden verbinden*⟩ + broschieren – **3.** den Blick h. |auf|: → ansehen (I, 3); sich an jmds. Fersen h.: → verfolgen (1)
Hefter, der: → Ordner (1)
heftig: 1. ⟨*besonders starke Wirkung verursachend*⟩ **a)** ⟨*allgemein*⟩ stark · wuchtig · kraftvoll · kräftig · gewaltig – **b)** ⟨*Gemütsbewegung*⟩ unbändig · ungestüm · vehement · jäh + aufgebracht · wütend · rasend · toll; → *auch* hemmungslos (1), wild (1), leidenschaftlich – **c)** ⟨*Kälte- bzw. Schmerzempfindung*⟩ grimmig · schneidend · scharf – **2.** → aufbrausend – **3.** → rau (2) – **4.** h. werden: → wüten
Heftigkeit, die: → Wucht (1)
Heftpflaster, das: → Pflaster (1)
Heftzwecke, die: → Reißzwecke (1)
Hege, die: → Pflege (1, a)
Hegemonie, die: → Vorherrschaft
hegen: 1. → pflegen (I, 1, a) – **2.** [einen] Verdacht h.: → Verdacht (2); einen Verdacht h. |gegen|: → verdächtigen (1); Argwohn h. |gegen|: → misstrauen; Abscheu h.: → verabscheuen; Furcht h.: → ängstigen (II, 1); Groll h.: → grollen (1); Hass h. |gegen|: → hassen; die Hoffnung h.: → hoffen; die Absicht h.: → beabsichtigen
Hehl, das *od.* der: kein[en] H. machen |aus|: → aussprechen (I, 5)

hehr: → würdevoll
Heia, die: **1.** → Bett (1) – **2.** in die H. gehen: → schlafen (5)
Heide, die: Heideland[schaft]
Heideland, das: → Heide
Heidelandschaft, die: → Heide
Heidenangst, die: **1.** → Angst (1) – **2.** eine H. haben: → ängstigen (II, 1)
Heidenarbeit, die: → Mühsal
Heidendreck, der: → Schmutz (1)
Heidengeld, das: ein H. kosten: → teuer (4)
Heidenlärm, der: → Lärm (1)
Heidenspektakel, der: → Lärm (1)
heidi: → schnell (1, a)
heikel: 1. ⟨*in der Behandlung große Vorsicht erfordernd*⟩ schwierig · delikat · prekär ♦ *umg*: kitzlig – **2.** → bedenklich (1), gewagt – **3.** → peinlich (1) – **4.** → wählerisch
heiklig: → bedenklich (1)
heil: 1. → unverletzt – **2.** → unbeschädigt – **3.** mit heiler Haut davonkommen: **a)** → straffrei – **b)** → davonkommen (2), glimpflich (2) ; h. machen: → reparieren
Heil, das: **1.** → Wohlergehen – **2.** → Seligkeit (1)
Heiland, der: → Christus (1)
Heilanstalt, die: → Heilstätte, Klinik
Heilbad, das: → Bad (2)
heilbar: kurabel (*med*) + operabel
Heilbehandlung, die: → Behandlung (1 *u.* 2)
Heilbehelf, der: → Heilmittel (1), Arzneimittel
heilbringend: → heilkräftig
heilen: 1. ⟨*die Gesundheit wiedergeben*⟩ ausheilen · [aus]kurieren · gesund machen · [wieder]herstellen + sanieren · retten ♦ *umg*: durchbringen · durchkriegen · hochbringen · wieder auf die Beine bringen/helfen · über den Berg/in Ordnung/in die Reihe bringen; → *auch* behandeln (3) – **2.** → gesund (6)
heilend: → heilkräftig
heilfroh: → froh (1)
heilig: 1. ⟨*dem Göttlichen zugeordnet*⟩ geheiligt · sakrosankt · göttlich · hochheilig – **2.** ⟨*voll göttlicher Gnade*⟩ [gott]selig · gnadenreich · geheiligt + rein · engelhaft; → *auch* fromm (1) – **3.** h. sprechen: ⟨*jmdn. für heilig erklären*⟩ kanonisieren – **4.** Heiliger Abend, Heilige Nacht, der Heilige Christ: → Weihnachten (1); der Heilige Vater: → Papst (1); die Heilige Schrift: → Bibel; in den heiligen Stand der Ehe treten: → hei-

raten (1); hoch und h. versprechen: → versprechen (I, 1); h. halten: → heiligen
Heiligabend, der: → Weihnachten (1)
heiligen: 1. ⟨*als heilig achten*⟩ heilig halten – **2.** → weihen (1)
Heiligenschein, der: Glorie · Glorienschein · Gloriole · Aureole
Heiligsprechung, die: Kanonisation
heilkräftig: heilend · heilbringend · gesundheitsfördernd · kräftigend; heilsam (*veraltend*); → *auch* gesund (2)
Heilkunde, die: → Medizin (1)
Heilkunst, die: → Medizin (1)
Heilkünstler, der: → Arzt
heillos: → sehr
Heilmittel, das: **1.** ⟨*Stoff mit heilender Wirkung*⟩ Hausmittel; Heilbehelf (*österr*) – **2.** → Arzneimittel
heilsam: 1. → nützlich – **2.** → heilkräftig – **3.** heilsame Erkenntnis: → Lehre (3)
Heilsbotschaft, die: → Heilslehre
heilsgewiss: → fromm (1)
Heilslehre, die: Heilsbotschaft
Heilstätte, die: Sanatorium · Genesungsheim · Heim · Heilanstalt; → *auch* Krankenhaus (1)
Heiltrank, der: Elixier
Heilung, die: **1.** → Behandlung (2) – **2.** → Genesung (1)
heim: heimwärts · nach Hause ♦ *umg*: heimzu · Richtung Heimat; gen Heimat (*scherzh*)
Heim, das: **1.** → Wohnung (1) – **2.** → Zuhause – **3.** → Heilstätte – **4.** → Erziehungsanstalt – **5.** → Gästehaus – **6.** H. und Herd: → Zuhause
Heimarbeit, die: + Telearbeit · Telework · Teleheimarbeit
Heimat, die: **1.** ⟨*Gebiet, aus dem man stammt bzw. in dem man lebt u. in dem man sich heimisch fühlt*⟩ Heimatland + Vaterland · Heimatboden – **2.** gen H., Richtung H.: → heim
Heimatboden, der: → Heimat (1)
Heimatland, das: → Heimat (1)
Heimatliebe, die: Vaterlandsliebe · Patriotismus
heimatlos: heimatloser Geselle: → Landstreicher
Heimatort, der: → Wohnsitz (1)
Heimatvertriebene, der: Flüchtling · Umsiedler
heimbegeben, sich: → heimgehen (1)
heimbegleiten: → begleiten
heimbringen: 1. → begleiten – **2.** → gewinnen (1)
heimelig: → gemütlich
Heimfahrt, die: → Rückfahrt
heimfinden: → zurückkommen (1)
heimführen: → heiraten (2)
Heimgang, der: → Tod (1)
heimgeben: → vergelten (1)
Heimgegangene, der: → Verstorbene
heimgehen: 1. ⟨*zur eigenen Wohnung gehen*⟩ sich heimbegeben · nach Hause gehen · sich nach Hause/auf den Heimweg begeben · auf dem Heimweg sein ♦ *umg*: sich auf den Heimweg machen; heimwärts ziehen (*scherzh*) – **2.** → sterben (1)
heimgeigen: → zurechtweisen
heimgesucht: 1. → geplagt – **2.** h. werden: → hereindringen
heimisch: 1. → vertraut (1) – **2.** → ansässig (1) – **3.** → einheimisch – **4.** h. werden: ⟨*das Gefühl des Fremdseins überwinden*⟩ sich einleben · sich eingewöhnen · sich gewöhnen |an| · vertraut werden · [festen] Fuß fassen ♦ *umg*: warm werden; → *auch* anpassen (II, 1 *u.* 2) – **5.** sich h. fühlen: → wohl (4)
Heimkehr, die: → Rückkehr
heimkehren: → zurückkommen (1)
Heimkino, das: **1.** → Bildwerfer – **2.** → Fernsehapparat
heimkommen: → zurückkommen (1)
Heimleiter, der: Hausvater + Herbergsvater
heimleuchten: → zurechtweisen
heimlich: 1. ⟨*die Kenntnisnahme anderer vermeidend*⟩ insgeheim · im Geheimen · im Verborgenen · in aller Heimlichkeit · im Stillen · verstohlen · unter der Hand · hinter dem Rücken · still und leise · bei Nacht und Nebel + stillschweigend · allein ♦ *umg*: klammheimlich · hintenherum · durch die Hintertür; stiekum (*landsch*); → *auch* geheim (1), unbemerkt – **2.** → gemütlich – **3.** h. tun: ⟨*sich geheimniskrämerisch verhalten*⟩ geheim tun · geheimnisvoll tun
Heimlichkeit, die: **1.** → Heimlichtuerei – **2.** in aller H.: → heimlich (1)
Heimlichtuer, der: Geheimtuer · Geheimniskrämer
Heimlichtuerei, die: Geheimniskrämerei · Geheim[nis]tuerei · Heimlichkeit · Versteckspiel; → *auch* Gerede (1)
heimlos: → obdachlos (1)

Heimreise, die: → Rückfahrt
heimschaffen: **1.** → begleiten – **2.** → gewinnen (1)
Heimstatt, die: → Wohnung (1)
Heimstätte, die: → Wohnung (1)
Heimsuchung, die: → Unglück (1)
Heimtrainer, der: Hometrainer + Übungsgerät
Heimtücke, die: **1.** → Bosheit – **2.** → Hinterlist
heimtückisch: **1.** → hinterlistig – **2.** → gefährlich (1)
heimwärts: **1.** → heim – **2.** h. ziehen: → heimgehen (1)
Heimweg, der: sich auf den H. begeben/machen, auf dem H. sein: → heimgehen (1)
Heimwerker, der: → Bastler
Heimwesen, das: → Haushalt (1)
heimzahlen: **1.** → vergelten (1) – **2.** → mit gleicher Münze h.: → rächen (II)
Heimzahlung, **1.** die: → Vergeltung (1) – **2.** → Rache (1)
heimzu: → heim
Hein: Freund H.: → Tod (2)
Heinrich, der: der flotte H.: → Durchfall (1)
Heinzelmännchen, das: **1.** → Kobold (1) – **2.** → Helfer (1)
Heirat, die: Verheiratung · Eheschließung · Hochzeit · Verehelichung · Vermählung + Ehe
heiraten: **1.** ⟨*sich mit standesamtl.* [*u. kirchl.*] *Beurkundung zu einem Ehepaar verbinden*⟩ sich verheiraten · sich trauen lassen · Hochzeit halten/feiern/machen · sich [ver]binden · die Ehe/den Ehebund/eine Verbindung schließen/eingehen · in den Ehestand treten · sich das Jawort geben · die Hand fürs Leben reichen · den Bund der Ehe eingehen · den Bund fürs Leben schließen · die Ringe tauschen/wechseln · einen Hausstand/eine Familie gründen · vor den Altar treten |mit| · zum Traualtar gehen; in den heiligen Stand der Ehe treten · im Hafen der Ehe/Ehehafen landen · in den Hafen der Ehe/in den Ehehafen einlaufen (*scherzh*); sich verehelichen (*amtsspr*, *auch scherzh*) + sich verändern ♦ *gehoben*: sich vermählen – **2.** ⟨*zu seiner Ehefrau machen*⟩ ehelichen; zur Frau nehmen · zum Altar/Traualtar führen · heimführen · ihre Hand gewinnen (*veraltend*); freien (*landsch*); sich beweiben (*scherzh*) ♦ *dicht*: zum Weibe nehmen ♦ *salopp*: eine kriegen/nehmen – **3.** ⟨*zu seinem Ehemann machen*⟩ ehelichen · zum Mann nehmen ♦ *umg*: unter die Haube kommen (*scherzh*) ♦ *salopp*: einen kriegen/nehmen
Heiratsantrag, der: **1.** → Antrag (3) – **2.** einen H. machen: → werben (2, a)
Heiratsgut, das: → Mitgift
Heiratsschwindler, der: → Betrüger
Heiratsvermittlung, die: Ehevermittlung · Eheanbahnung
heischen: → fordern (1)
heiser: **1.** ⟨[*fast*] *klanglos sprechen*⟩ rau – **2.** h. sein: ⟨*eine* [*fast*] *klanglose Stimme haben*⟩ eine raue Kehle/eine belegte Stimme haben ♦ *umg*: es im Hals haben; krächzen · mit Reißnägeln/Reißzwecken gegurgelt haben · einen Frosch im Hals haben (*scherzh*)
heiß: **1.** ⟨*sehr warm*⟩ glühend · siedeheiß · kochend heiß · brühheiß · brütend heiß · glutheiß · wie in einem Brutofen + sommerlich · tropisch · sonnig ♦ *umg*: bullig; brüllheiß (*landsch*); → *auch* warm (1), schwül (1) – **2.** → leidenschaftlich, lüstern (1) – **3.** → sommerlich (1) – **4.** → großartig (1) – **5.** h. geliebt: → geliebt; h. machen: → erhitzen (I, 1); heißes Blut: → Hitzkopf; heiße Ware: → Raub (1); heißer Draht: → Beziehung (II); ein heißes Eisen/[zu] heißes Pflaster sein: → gefährlich (2); zu h. gebadet: → verrückt (1); herumgehen wie die Katze um den heißen Brei: → zögern; die Hölle h. machen: → bedrängen (1); es ist jmdm. [abwechselnd] h. und kalt, es läuft jmdm. h. [und kalt] über den Rücken/den Rücken herunter: → schaudern (1)
heißblütig: → leidenschaftlich
¹heißen: **1.** ⟨*einen bestimmten Namen haben*⟩ genannt werden – **2.** ⟨*im Wortlaut sein*⟩ den Wortlaut haben · lauten – **3.** → nennen (1) – **4.** → bedeuten (1) – **5.** → beauftragen – **6.** das heißt: → Wort (5); mitgehen h.: → stehlen (1)
²heißen: **1.** → hissen – **2.** die Flagge h.: → flaggen
Heißhunger, der: → Hunger (1)
heißhungrig: → hungrig (1)
Heißluftdusche, die: → Föhn
Heißsporn, der: → Hitzkopf
Heißwasserspeicher, der: → Boiler
heiter: **1.** ⟨*in freundlich-unbeschwerter Stimmung*⟩ fröhlich · vergnügt · vergnüglich

· stillvergnügt · frohgemut · frohmütig · strahlend · frohgestimmt · sonnig + humorvoll · humorig ♦ *umg*: seelenvergnügt; → *auch* froh (1), fröhlich (1), gut (11), lustig, sorgenfrei, freundlich (1) – **2.** → sonnig (2) – **3.** h. machen/stimmen: → aufheitern (I); wie der Blitz aus heiterem Himmel: → plötzlich (1); das ist ja h.: → unerhört (2)

Heiterkeit, die: **1.** ⟨*freundlich-unbeschwerte Stimmung*⟩ Vergnügtheit · Frohsinn · gute Laune + Humor – **2.** → Gelächter (1)

Heizapparat, der: → Heizgerät

heizen: 1. ⟨*einen Raum durch einen Ofen erwärmen* ⟩ feuern · einheizen · Feuer machen + beheizen · befeuern ♦ *umg*: einfeuern (*landsch*) ♦ *salopp*: einkacheln; → *auch* anfeuern (1) – **2.** → wärmen (1)

Heizgerät, das: Heizapparat · Heizofen · Heizsonne + Heizstrahler · Konvektor · Heizlüfter; → *auch* Heizkörper, Heizung

Heizkörper, der: Radiator; → *auch* Heizgerät

Heizlüfter, der: → Heizgerät

Heizmaterial, das: Feuerung · Brennmaterial · Brennstoff + Hausbrand · Feuerholz

Heizofen, der: → Heizgerät

Heizsonne, die: → Heizgerät

Heizung, die: Heizungsanlage · Zentralheizung; → *auch* Heizgerät

Heizungsanlage, die: → Heizung

Hektik, die: **1.** → Erregung (1) – **2.** → Eile (1)

hektisch: 1. → aufgeregt (1) – **2.** → tuberkulös

hektographieren: → vervielfältigen (1)

Held, der: *gehoben*: Heros · Heroe · Recke; → *auch* Draufgänger

heldenhaft: → tapfer

Heldenhaftigkeit, die: → Tapferkeit

Heldenmut, der: → Tapferkeit

heldenmütig: → tapfer

Heldenstück, das: → Heldentat

Heldentat, die: Großtat · Mannestat ♦ *umg*: Heldenstück (*iron*)

Heldentod, der: den H. sterben: → fallen (3)

Heldentum, das: → Tapferkeit

helfen: 1. ⟨*jmdn. bei etw. durch Mitwirkung weiterbringen*⟩ behilflich sein · Beistand/Hilfe leisten · Hilfe geben · beistehen · beispringen · [mit Rat und Tat] zur Seite stehen · Hilfe/Unterstützung angedeihen lassen/erweisen/gewähren · zu Hilfe eilen/kommen · unter die Arme greifen · mit Hand anlegen · an die/zur Hand gehen · zur Hand sein · in die Hände arbeiten + assistieren · sekundieren · dienen |mit|; → *auch* aushelfen, durchhelfen, unterstützen (I, 1), entgegenkommen (1), entlasten (1), ermutigen, fördern (1), heraushelfen, sorgen (I, 1, a), zugreifen (1) – **2.** ⟨*vor einem Misserfolg bewahren*⟩ Abhilfe/Rat schaffen ♦ *umg*: über Wasser halten; → *auch* heraushelfen, retten (1) – **3.** → nutzen (1) – **4.** einander h.: ⟨*durch gegenseitige Unterstützung vorankommen*⟩ Hand in Hand arbeiten – **5.** sich zu h. wissen: ⟨[*immer*] *eine Lösung finden*⟩ Rat wissen – **6.** aus dem Dreck/aus der Patsche/Klemme h.: → heraushelfen; auf die Sprünge h.: **a)** → fördern (1) – **b)** → erinnern (I, 1)

Helfer, der: **1.** ⟨*Helfender*⟩ Hilfe · Stütze + Sekundant · die/jmds. rechte Hand · Assistent ♦ *umg*: Heinzelmännchen (*scherzh*); → *auch* Gehilfe, Assistent, Gönner, Retter – **2.** → Assistent – **3.** → Handlanger – **4.** H. in der Not: → Retter

Helfershelfer, der: → Mitschuldige

Helikopter, der: → Hubschrauber

hell: 1. ⟨*reich an Licht*⟩ leuchtend · strahlend · helllicht · hell leuchtend · hell glänzend · glanzhell · lichterfüllt · lichtreich + sonnenhell ♦ *gehoben*: licht; → *auch* glänzend (1), sonnig (1) – **2.** ⟨*hoch u. klar tönend*⟩ glockenrein · glockenklar · silbern · silberhell – **3.** → klar (1, a) – **4.** → sonnig (1) – **5.** h. werden: → dämmern (1); h. machen: → erhellen (1); in hellen Scharen: → scharenweise; seine helle Freude haben |an|: → freuen (II, 2); h. leuchtend: → 1; h. glänzend : **a)** → 1 – **b)** → glänzend (1)

hellauf: → laut (1, b)

hellblau: → blau (1)

hellblond: → blond (1)

helle: → schlau (1), aufgeweckt

Helle, die: → Helligkeit

Heller, der: keinen [roten] H. wert: → wertlos (1); auf H. und Pfennig, bis auf den letzten H.: → vollständig (1)

hellgrün: → grün (1)

hellhörig: 1. ⟨*mit einem guten Gehör ausgestattet*⟩ feinhörig – **2.** → aufmerksam (1) –**3.** h. werden: → aufmerken (1), aufhorchen

Helligkeit, die: Lichtfülle · Lichtflut ♦ *gehoben*: Helle + Klarheit; → *auch* Licht (1)

helllicht: → hell (1)
hellrot: → rot (1)
hellsehen: Gedanken [er]raten/lesen; → *auch* wahrsagen
Hellseher, der: Spökenkieker (*norddt*); → *auch* Wahrsager
hellsichtig: → voraussehend
hellwach: → wach (1)
Hemd, das: bis aufs H. ausziehen: **a)** → ausrauben – **b)** → schröpfen (2); kein [ganzes] H. [mehr] auf dem/am Leib haben: → arm (4)
Hemdenmatz, der: → Knirps
hemdsärmelig: → ungezwungen
hemmen: **1.** ⟨*einer Entwicklung Widerstand entgegensetzen*⟩ abbremsen · [ab]drosseln · supprimieren · [ein]dämmen · behindern · lähmen; → *auch* bremsen (1) – **2.** → sabotieren
hemmend: **1.** → kontraproduktiv – **2.** → hinderlich (1)
Hemmklotz, der: → Hemmschuh (1 *u.* 2)
Hemmnis, das: **1.** → Hindernis (1) – **2.** → Hemmschuh (2)
Hemmschuh, der: **1.** ⟨*vor die Räder eines Wagens zu legende Haltevorrichtung*⟩ Hemmklotz · Bremsklotz · Radschuh · Radsperre; → *auch* Bremse (1) – **2.** ⟨*erschwerend Wirkendes*⟩ Hemmnis · Hemmklotz ♦ *umg*: Klotz am Bein; → *auch* Behinderung (1) – **3.** einen H. anlegen: → behindern (1)
Hemmung, die: **1.** ⟨*zu verkrampftem Verhalten führende innere Unsicherheit*⟩ Gehemmtheit · das Gehemmtsein · Scheu; Verklemmtheit (*abwert*); → *auch* Schüchternheit (1), Gewissensbisse – **2.** → Hindernis (1) – **3.** ohne [jede] H.: → hemmungslos (1)
hemmungslos: **1.** ⟨*keine Hemmungen empfindend*⟩ enthemmt · ungehemmt · ohne [jede] Hemmung + ungeniert · frei; → *auch* heftig (1, b), wild (1), zügellos (1) – **2.** → gewissenlos
Hemmvorrichtung, die: → Bremse (1)
Hengst, der: → Lüstling
Henkel, der: **1.** → Griff (1) – **2.** → Aufhänger (1)
henken: → erhängen (I)
Henker, der: **1.** ⟨*Vollstrecker der Todesstrafe*⟩ Scharfrichter – **2.** [nicht] den H. fragen |nach|: → gleichgültig (5); sich den H. scheren |um|: → rücksichtslos (2)
Henkersfrist, die: → Aufschub (2)
Henkersmahl, das: **1.** → Henkersmahlzeit (1) – **2.** → Abschiedsessen
Henkersmahlzeit, die: **1.** ⟨*Essen eines Verurteilten vor der Hinrichtung*⟩ Henkersmahl – **2.** → Abschiedsessen
Henne, die: → Huhn (1)
Hepatitis, die (*med*): Leberentzündung + Gelbsucht
her: **1.** → hierher – **2.** von … her: → wegen (1); von unten her: → herauf; Hin und Her: **a)** → Gewoge (1) – **b)** → Durcheinander (2)
herab: **1.** → herunter (1) – **2.** von oben h.: → überheblich; von oben h. ansehen: → verachten (1)
herabblicken: **1.** → hinunterblicken (1) – **2.** h. |auf|: → verachten (1)
herabfallen: **1.** → fallen (1) – **2.** → abstürzen (1, a)
herablassen: **I.** herablassen: → herunterlassen – **II.** herablassen, sich: → herbeilassen, sich
herablassend: **1.** → gönnerhaft – **2.** → überheblich
Herablassung, die: → Überheblichkeit
herabmindern: → herabwürdigen (I)
herabschauen: **1.** → hinunterblicken (1) – **2.** h. |auf|: → verachten (1)
herabsehen: **1.** → hinunterblicken (1) – **2.** h. |auf|: → verachten (1)
herabsetzen: **I.** herabsetzen: **1.** → senken (I, 1) – **2.** → herabwürdigen (I) – **II.** herabsetzen, sich: → demütigen (II)
Herabsetzung, die: **1.** → Preissenkung – **2.** → Herabwürdigung
herabspringen: → abspringen (1)
herabsteigen: → absteigen (1)
herabstürzen: → abstürzen (1, a *u.* b)
herabwürdigen: **I.** herabwürdigen: ⟨*sehr geringschätzig behandeln*⟩ herabsetzen · herabmindern · diskreditieren · diskriminieren · verunglimpfen · verächtlich machen · verkleinern · beeinträchtigen · entwerten · ins Gemeine ziehen + beleidigen · verleumden; → *auch* entehren (I, 1), verleumden (1), demütigen – **II.** herabwürdigen, sich: → demütigen (II)
Herabwürdigung, die: Herabsetzung · Diskriminierung · Verunglimpfung · Verächtlichmachung · Demütigung · Erniedrigung · Schmähung · Schimpf · Verkleinerung · Verlästerung; → *auch* Verleumdung
herabziehen: → verderben (1)

heran: → hierher
heranbilden: **I.** heranbilden: **1.** → entwickeln (I, 2) – **2.** → erziehen – **II.** heranbilden, sich: → bilden (II, 1)
heranbringen: **1.** → bringen (1) – **2.** → anfahren (2)
herandrängen: → andrängen
heranfliegen: → anfliegen (1, a *u.* b)
heranfluten: → heranströmen
herangehen: h. |an|: **a)** → anfangen (1, a) – **b)** → nähern, sich (1)
herangewachsen: → erwachsen (1)
heranholen: **1.** → bringen (1) – **2.** → beschaffen (1)
herankommen: **1.** → nähern, sich (1), aufziehen (1) – **2.** an sich h. lassen: → abwarten (1); nicht h. lassen: → fern (5)
heranlassen: nicht h.: → fern (5)
heranmachen, sich: → nähern, sich (1)
heranmarschieren: → anmarschieren (1)
Herannahen, das: **1.** → Annäherung (1) – **2.** → Beginn (1)
herannehmen: → beanspruchen (2)
heranpirschen, sich: → nähern, sich (1)
heranreichen: h. |an|: → ebenbürtig (3)
heranreifen: → heranwachsen
heranreiten: → anreiten (1)
heranrufen: → herbeirufen (1)
heranschaffen: **1.** → bringen (1) – **2.** → beschaffen (1) – **3.** → anfahren (2)
heranschleichen: **I.** heranschleichen: → nähern, sich (1) – **II.** heranschleichen, sich: → nähern, sich (1)
heranströmen: heranfluten · anströmen
herantragen: → bringen (1)
herantreten: → nähern, sich (1)
heranwachsen: aufwachsen · groß werden + [heran]reifen · sich entwickeln · aufschießen
heranziehen: **1.** ⟨*jmds. Mitwirkung in Anspruch nehmen*⟩ [hin]zuziehen · herzuziehen · zu Rate ziehen · herbeiziehen · herzuholen · hinzuholen · bemühen; beiziehen (*süddt österr schweiz*) ♦ *umg*: einspannen – **2.** → entwickeln (I, 2) – **3.** → aufziehen (3, a)
heranzüchten: → züchten
herauf: von unten her/auf ♦ *umg*: hoch; → *auch* hinauf
heraufarbeiten, sich: → emporarbeiten, sich
heraufbeschwören: **1.** → verursachen – **2.** Streit h.: → anlegen (II)
heraufkommen: **1.** → aufgehen (1) – **2.** → aufziehen (1)
heraufsetzen: → erhöhen (2)
heraufziehen: **1.** → hochziehen (1) – **2.** → aufziehen (1)
heraus: aus sich h.: → unaufgefordert (1); fein h. sein: → Glück (4)
herausangeln: → herausholen (1)
herausarbeiten: → verdeutlichen
herausbekommen: **1.** → ergründen (1) – **2.** → lösen (I, 1)
herausbilden, sich: → entstehen (1)
herausbringen: **1.** ⟨*von drinnen nach draußen bringen*⟩ herausschaffen · hinausbringen · hinausschaffen – **2.** → erbrechen (I, 1) – **3.** → herausgeben (1), veröffentlichen – **4.** → ergründen (1) – **5.** → lösen (I, 1)
herausbuchstabieren: → entziffern
herausdestillieren: → verdeutlichen
herausdrücken: → ausdrücken (I, 1)
herausfahren: → entschlüpfen (1)
herausfinden: **I.** herausfinden: **1.** → ergründen (1) – **2.** → lösen (I, 1) – **II.** herausfinden, sich: → zurechtfinden, sich (1)
herausfingern: → herausholen (1)
herausfischen: **1.** → herausholen (1 *u.* 2) – **2.** → auswählen (1)
herausfordern: provozieren · reizen · den Kampf ansagen · [in die Schranken] fordern · den Fehdehandschuh/Handschuh hinwerfen/ins Gesicht werfen/schleudern
herausfordernd: provokant · provokativ · provokatorisch · provozierend
Herausforderung, die: Provokation · Reizung · Forderung
herausfühlen: → spüren (1)
herausfüttern: → mästen
Herausgabe, die: → Veröffentlichung (1)
herausgeben: **1.** ⟨[*Bücher*] *erscheinen lassen*⟩ herausbringen · verlegen + edieren; → *auch* veröffentlichen – **2.** → zurückgeben (1)
Herausgeber, der: + Editor
herausgehen: nur schwer aus sich h.: → zurückhaltend (3)
herausgreifen: → auswählen
heraushaben: den Bogen/Dreh/Pfiff/den richtigen Griff h.: → beherrschen (I, 4)
heraushalten, sich: nichts zu tun haben wollen |mit| · die Finger lassen |von|/davonlassen ♦ *umg*: sich die Finger nicht schmutzig machen; → *auch* distanzieren (II)
heraushängen: es hängt jmdm. [allmählich] zum Halse heraus: → überdrüssig (1)

heraushauen: → befreien (I, 1)
herausheben: 1. → loben (1) – **2.** → betonen (2) – **3.** → aushängen (2)
heraushelfen: + freikämpfen ♦ *umg*: herausreißen · aus der Patsche/Klemme helfen/ziehen ♦ *salopp*: herauspauken · aus dem Dreck helfen · die Karre aus dem Dreck ziehen; → *auch* helfen (1 *u.* 2), retten (1)
herausholen: 1. ⟨[*geschickt*] *aus einer Flüssigkeit bzw. einer Menge holen*⟩ herausangeln · herausfischen · fischen |aus| · angeln |aus| · auffischen · herausfingern + herausklauben · herausstochern · herauspulen – **2.** ⟨*eine Person aus dem Wasser befördern*⟩ auffischen · herausfischen · bergen; → *auch* retten (1) – **3.** → befreien (I, 1) – **4.** → gewinnen (1) – **5.** aus sich das Äußerste/das Letzte h.: → anstrengen (II, 1)
herauskehren: → betonen (2)
herausklauben: → herausholen (1)
herausklettern: → aussteigen (1)
herauskommen: 1. ⟨*zur Kenntnis der Öffentlichkeit gelangen*⟩ durchsickern · ruchbar/entdeckt/bekannt/offenbar werden · ans Licht/ans Tageslicht/an den Tag/an die Sonne kommen; aufkommen · auskommen (*landsch*); → *auch* bekannt (4, a) – **2.** → erscheinen (2), Markt (4) – **3.** groß h.: → Erfolg (2)
herauskriegen: 1. → ergründen (1) – **2.** → lösen (I, 1) – **3.** → zurückerhalten
herauslassen: 1. ⟨*von drinnen nach draußen lassen*⟩ freilassen · ins Freie lassen · hinauslassen – **2.** → entlassen (1) – **3.** → ablassen (1)
herauslesen: → auslegen (2)
herauslocken: → entlocken
herauslösen: [her]ausschälen; auslösen (*süddt österr*) ♦ *umg*: herausmachen
herauslügen, sich: → herausreden, sich
herausmachen: I. herausmachen: → herauslösen – **II.** herausmachen, sich: **1.** → erholen, sich (1) – **2.** sich [gut/schön] h.: → entwickeln (II, 2)
herausnehmen: 1. ⟨*aus einem Behältnis nehmen*⟩ entnehmen – **2.** sich h.: → anmaßen (2)
herauspauken: → heraushelfen
herausplatzen: 1. → Lachen (3) – **2.** → entschlüpfen (1)
herauspressen: → ausdrücken (I, 1)
herauspulen: → herausholen (1)
herausputzen: I. herausputzen: → schmücken (I) – **II.** herausputzen, sich: ⟨*Schmuck u. festl. Kleidung anlegen*⟩ sich [an]putzen · sich schmücken · sich schönmachen · sich feinmachen · sich zurechtmachen · Toilette machen · sich ausstaffieren; sich schniegeln · sich in Gala/Staat/Schale/Wichs werfen (*oft scherzh*); sich aufdonnern · sich auftakeln (*abwert*) ♦ *umg*: sich in Schale/Wichs schmeißen; → *auch* schminken (II)
herausquetschen: → ausdrücken (I, 1)
herausragen: hervorragen · hervorstechen · Format haben
herausragend: → hervorragend (1)
herausreden, sich: Ausflüchte machen · sich herauslügen · sich herausschwindeln · sich ausreden ♦ *umg*: fickfacken; → *auch* herauswinden, sich
herausreißen: 1. → ausreißen (1) – **2.** → heraushelfen – **3.** → ausgleichen (I, 2)
herausrücken: 1. → abgeben (I, 2) – **2.** wieder h.: → zurückgeben (1); nichts h.: → geizig (2); mit der Sprache/Wahrheit h.: → gestehen (1)
herausrupfen: → ausreißen (1)
herausrutschen: → entschlüpfen (1)
herausschaffen: → herausbringen (1)
herausschälen: I. herausschälen: → herauslösen – **II.** herausschälen, sich: → ergeben (II, 2)
herausschauen: → Gewinn (4)
herausschlagen: einen Gewinn h.: → gewinnen (1)
herausschwemmen: → ausspülen (1)
herausschwindeln, sich: → herausreden, sich
heraussetzen: → ausquartieren
heraussieben: → auswählen
herausspringen: → Gewinn (4)
herausspülen: → ausspülen (1)
herausstaffieren: → schmücken (I)
heraussteigen: → aussteigen (1)
herausstellen: I. herausstellen: **1.** → betonen (2) – **2.** → loben (1) – **II.** herausstellen, sich: ⟨*als Folge od. Ergebnis erkennbar werden*⟩ sich ergeben · sich zeigen · sich erweisen · sich ausweisen · sich entpuppen · sich finden
herausstochern: → herausholen (1)
herausstreichen: I. herausstreichen: → loben (1) – **II.** herausstreichen, sich: → aufspielen (II)

herauswinden, sich: sich einen guten Abgang verschaffen · sich aus der Affäre ziehen ♦ *umg*: seine Hände in Unschuld waschen · sich aus der Klemme/Schlinge ziehen · den Kopf/Hals aus der Schlinge ziehen; → *auch* herausreden, sich
herauswirtschaften: einen Gewinn h.: → gewinnen (1)
herausziehen: 1. → ausreißen (1) – **2.** → abziehen (1) – **3.** → ziehen (I, 10)
herauszupfen: → ausreißen (1)
herb: 1. → sauer (1) – **2.** → bitter (1) – **3.** → spröde (2)
herbei: → hierher
herbeibringen: → bringen (1)
herbeieilen: herzueilen · herbeilaufen · herbeistürmen · herbeistürzen · herzustürzen · herbeijagen · herbeirennen · hereilen; → *auch* anlaufen (9), hinlaufen
herbeiführen: 1. → verursachen – **2.** ein Ende h.: → beenden (1)
herbeiholen: 1. → bringen (1) – **2.** → beschaffen (1)
herbeijagen: → herbeieilen
herbeikommen: → kommen (1)
herbeilassen, sich: sich verstehen |zu| (*veraltend*); sich herablassen · sich bequemen (*abwert*); die Gnade haben · geruhen (*iron*)
herbeilaufen: → herbeieilen
herbeirennen: → herbeieilen
herbeirufen: 1. ⟨*zu kommen veranlassen*⟩ [her]rufen · schicken |nach| · herbestellen · herbeordern · heranrufen · hinzurufen – **2.** → zusammenrufen (1)
herbeischaffen: 1. → beschaffen (1) – **2.** → bringen (1) – **3.** → anfahren (2)
herbeisehnen: → erwarten (1)
herbeistürmen: → herbeieilen
herbeistürzen: → herbeieilen
herbeitragen: → bringen (1)
herbeiwünschen: → erwarten (1)
herbeiziehen: 1. → heranziehen (1) – **2.** an den Haaren herbeigezogen: → gesucht (1)
herbemühen, sich: → kommen (1)
herbeordern: → herbeirufen (1)
Herberge, die: **1.** → Unterkunft (1) – **2.** → Hotel (1)
Herbergsvater, der: → Heimleiter
herbestellen: → herbeirufen (1)
herbeten: → aufsagen (1)
Herbheit, die: **1.** → Bitterkeit (1) – **2.** → Sprödigkeit
Herbigkeit, die: → Bitterkeit (1)
herbitten: → ²einladen (a)
Herbizid, das: → Unkrautbekämpfungsmittel
herbringen: → bringen (1)
Herbst, der: **1.** ⟨*Jahreszeit*⟩ + Nachsommer · Altweibersommer – **2.** → Ende (1, b) – **3.** H. des Lebens: → Alter (1)
Herd, der: **1.** ⟨*Gerät zum Kochen*⟩ Küchenherd · Kochherd · Feuerherd; Kochmaschine (*landsch*) – **2.** → Entstehungsherd – **3.** → Entzündungsherd – **4.** Heim und H.: → Zuhause
Herde, die: **1.** ⟨*Vielzahl bestimmter zusammengehöriger Tiere*⟩ + Schafherde · Rinderherde · Ziegenherde · Pferdeherde – **2.** → Menschenmenge
hereilen: → herbeieilen
hereinbekommen: 1. → beliefern (2) – **2.** → empfangen (2)
hereinbrechen: → anfangen (1, b)
hereinbringen: → einbringen (1)
hereindringen: eindringen · einfallen · hereinkommen · heimgesucht werden
hereinfallen: in die Falle/Schlinge/ins Garn/Netz gehen ♦ *umg*: hereinfliegen · hineinfliegen · hereinrasseln · aufsitzen · auf den Leim gehen/kriechen + anbeißen ♦ *salopp*: reinsausen · aufs Kreuz gelegt werden; → *auch* irren (II)
hereinfliegen: → hereinfallen
hereinkommen: 1. ⟨*von draußen kommen*⟩ [her]eintreten ♦ *umg*: hereinschneien – **2.** → hereindringen – **3.** h. lassen: → einlassen (I, 1)
hereinkriegen: → empfangen (2)
hereinlassen: → einlassen (I, 1)
hereinlegen: 1. ⟨*jmdm. durch einen Trick schaden*⟩ jmdm. eine Grube graben · jmdm. ein Bein stellen ♦ *umg*: linken ♦ *salopp*: aufs Kreuz legen · verladen · verschaukeln; → *auch* betrügen (1), überlisten, täuschen (I) – **2.** → betrügen (1)
hereinrasseln: → hereinfallen
hereinreiten, sich: → schaden (3)
hereinschneien: → hereinkommen (1)
hereintreten: → hereinkommen (1)
herfallen: h. |über|: → überfallen (2)
Hergang, der: **1.** → Verlauf (2) – **2.** → Ereignis (1)
hergeben: 1. → verschenken (1) – **2.** sein Letztes h.: → anstrengen (II, 1)
hergebracht: → alt (3)

hergehen: **1.** → verlaufen (I, 2) – **2.** h. |über|: → durchhecheln
hergelaufen: → unbekannt (1)
herhalten: → büßen (1)
herholen: **1.** → holen (1), bringen (1) – **2.** weit hergeholt: → gesucht (1)
Hering, der: → Dürre (II)
Heringsbändiger, der: **1.** → Verkäufer – **2.** → Kaufmann (2)
herkommen: **1.** → kommen (1) – **2.** h. |von|: → herrühren
Herkommen, das: **1.** → Brauch (1) – **2.** → Gewohnheit (1)
herkömmlich: → alt (3)
Herkules, der: → Athlet
herkulisch: → kräftig (1)
Herkunft, die: **1.** → Abstammung – **2.** → Provenienz
herleiern: **1.** → aufsagen (1) – **2.** → abbeten (1)
herleiten: **I.** herleiten: h. |von|: ⟨*den Ausgangspunkt bzw. die Ursache feststellen*⟩ ableiten |von/aus| · entwickeln |aus| · zurückführen |auf| · reduzieren |auf|; → *auch* folgern – **II.** herleiten, sich: sich h. |von|: **a)** → herrühren – **b)** → abstammen
Herleitung, die: Ableitung · Zurückführung · Reduktion + Beweisführung; → *auch* Folgerung (1)
hermachen: **I.** hermachen: etw. h.: → wirken (2) – **II.** hermachen, sich: sich h. |über|: **1.** → anfangen (1, a) – **2.** → überfallen (2)
hermetisch: → dicht (2)
hernach: → danach (1)
hernieder: → herunter (1)
Heroe, der: → Held
Heroin, das: → Rauschgift (1)
heroisch: → tapfer
Heroismus, der: → Tapferkeit
Heros, der: → Held
Herr, der: **1.** → Mann (I, 1) – **2.** → Herrscher – **3.** → Besitzer (1) – **4.** H. Sowieso/Soundso/Dings[da]/Dingsbums: → sowieso (2); H. des Hauses: → Gastgeber; alter H.: **a)** → Vater (I, 1) – **b)** → Greis; H. und Meister/Gebieter: → Ehemann; der H. [Zebaoth], H. der himmlischen Heerscharen: → Gott (1, a); geistlicher H.: → Geistliche; Tisch des Herrn: → Altar (1); sein eigener H. sein: → unabhängig (2); den [großen] Herrn spielen: → angeben (1); H. seiner selbst/über sich selbst sein/bleiben: → beherrschen (II); H. werden |einer Sache|: → meistern; nicht mehr H. seiner Sinne sein: **a)** → Beherrschung (2) – **b)** → wüten
Herrenzimmer, das: → Wohnzimmer
Herrgott, der: → Gott (1, a)
Herrgottsfrühe, die: in aller H.: → morgens
herrichten: **1.** → vorbereiten (I) – **2.** → reparieren
herrisch: **1.** ⟨*mit Hochmut befehlend*⟩ gebieterisch · gebietend · befehlerisch · imperatorisch – **2.** → barsch – **3.** → herrschsüchtig (1)
herrje[mine]: → ach
herrlich: **1.** ⟨*besonders schön*⟩ köstlich · wonnevoll · wonnig[lich] · wunderbar · himmlisch · paradiesisch · ambrosisch + eine wahre Pracht; → *auch* hervorragend (1) – **2.** → prächtig (1) – **3.** h. und in Freuden leben: → schwelgen (1)
Herrlichkeit, die: **1.** → Glanz (2) – **2.** → Schönheit (1)
Herrschaft, die: **1.** ⟨*das Innehaben der Macht, Regierungsgewalt*⟩ Regentschaft · Macht · Herrschaftsgewalt · Gewalt · Regierung · Regiment; Botmäßigkeit (*veraltend*) + Alleinherrschaft · Selbstherrschaft; → *auch* Befehlsgewalt (1), Führung (1), Leitung (1), Staatsmacht, Gewaltherrschaft – **2.** die H. ausüben/[inne]haben: → herrschen (1); die H. an sich reißen, zur H. gelangen: → Macht (4); die H. über sich verlieren: **a)** → Beherrschung (2, a) – **b)** → aufbrausen (2); die H. über sich [selbst] behalten/bewahren: → beherrschen (II)
herrschaftlich: → vornehm (1)
Herrschaftsbereich, der: Machtbereich · Machtsphäre; → *auch* Einflussbereich (2)
Herrschaftsgewalt, die: → Herrschaft (1)
herrschen: **1.** ⟨*als Herrscher über ein Land bzw. ein Volk entscheidend bestimmen*⟩ gebieten |über| · regieren · die Herrschaft ausüben/[inne]haben · die Macht ausüben/[inne]haben/besitzen · die Geschicke des Landes bestimmen ♦ *gehoben*: walten (*veraltend*) ♦ *umg*: am Ruder sein · das Ruder/Regiment führen · die Zügel/Fäden in der Hand haben; das Zepter schwingen (*scherzh*); → *auch* regieren (1) – **2.** ⟨*von bestimmendem Einfluss sein*⟩ walten · vorherrschen ♦ *gehoben*: obwalten – **3.** → gelten (1)

Herrscher, der: Gebieter · Oberhaupt · Regent · Herr · gekröntes Haupt; Gewalthaber · Machthaber · Potentat (*abwert*); Landesvater (*noch scherzh*); Führer (*nazist*) + Fürst · König · Kaiser · Imperator · Zar; → *auch* Diktator, Staatsoberhaupt, Alleinherrscher
herrschsüchtig: 1. ⟨*voller Herrschsucht*⟩ despotisch · machthaberisch · cäsarisch · selbstherrlich + Autokratisch · diktatorisch · herrisch – **2.** h. sein: ⟨*voller Herrschsucht sein*⟩ keinen Widerspruch vertragen [können] ♦ *umg*: Haare auf den Zähnen haben
herrufen: → herbeirufen (1)
herrühren: h. |von|: beruhen |auf| · entspringen · sich herleiten |von| · [her]stammen |von| · [her]kommen |von| · resultieren |aus| · rühren |von| · zurückgehen |auf| · zugrunde liegen · basieren |auf| · begründet sein |in|
hersagen: → aufsagen (1)
herschaffen: → bringen (1)
herschenken: → verschenken (1)
herstammen: h. |von|: **a)** → abstammen – **b)** → herrühren
herstellen: 1. ⟨*als Ware schaffen*⟩ produzieren · erzeugen · [ver]fertigen; erstellen (*amtsspr*) + ausführen · arbeiten · bauen · ausstoßen · auswerfen ♦ *umg*: fabrizieren · machen; → *auch* anfertigen (1), gewinnen (2) – **2.** → heilen (1)
Hersteller, der: Erzeuger · Herstellerfirma · Produzent + Producer · Fabrikant · Unternehmer
Herstellung, die: Produktion · Fabrikation · Erzeugung · Fertigung · Anfertigung + Erschaffung · Schaffung · Bau
Herstellungsart, die: Ausführung · Machart
Herstellungskosten (*Pl*): Gestehungskosten · Fertigungskosten · Fabrikationskosten · Erzeugungskosten + Selbstkosten
hertragen: → bringen (1)
herum: h. sein: **a)** → bekannt (3) – **b)** → abgelaufen (3); h. sein |um|: → sorgen (I, 1, a); um … h.: **a)** → ringsum – **b)** → ungefähr (1)
herumalbern: albern ♦ *umg*: dalbern · herumkalbern · herumdummen · kaspern (*landsch*); dammeln (*norddt*); → *auch* Unsinn (2)
herumbasteln (*umg*): herummurksen · herummodeln · [herum]fummeln · herumhantieren · pusseln; knütern (*norddt*)
herumbeißen, sich: → streiten (II)
herumbekommen: → überreden
herumdoktern (*umg*): **1.** *abwert* ⟨*durch Probieren verschiedener Mittel bzw. Methoden zu heilen versuchen*⟩ doktern · kurpfuschen · quacksalbern – **2.** → versuchen (I, 1)
herumdrehen: 1. → wenden (I, 1) – **2.** den Pfennig [dreimal/zehnmal] h.: → geizig (2)
herumdrücken, sich: **1.** → herumtreiben, sich – **2.** sich h. |um|: → ausweichen (2)
herumdrucksen: → zögern
herumdummen: → herumalbern
herumerzählen: → verbreiten (I, 1)
herumfahren: h. |um|: → umfahren
herumfuchteln: → gestikulieren
herumführen: an der Nase h.: → narren
herumfuhrwerken: → gestikulieren
herumfummeln: → herumbasteln
herumgammeln: → dahinleben, gammeln
herumgehen: 1. ⟨*von einem zum andern weitergegeben werden*⟩ umlaufen · kreisen · zirkulieren · kursieren · in/im Umlauf sein · von Hand zu Hand gehen + durch viele Hände gehen – **2.** h. |um|: → ausweichen (1); h. wie die Katze um den heißen Brei: → zögern
herumgeistern: → schlafwandeln (1)
herumhantieren: → herumbasteln
herumhorchen: → erkundigen, sich
herumirren: → umherirren
herumkalbern: → herumalbern
herumkommen: h. |um|: → davonkommen (1)
herumkriegen: → überreden
herumkritteln: → nörgeln
herumlottern: → herumtreiben, sich
herumlungern: → herumtreiben, sich
herummäkeln: → nörgeln
herummeckern: → nörgeln
herummodeln: → herumbasteln
herummosern: → nörgeln
herummotzen: → nörgeln
herummurksen: → herumbasteln
herumnörgeln: → nörgeln
herumrätseln: → grübeln
herumrennen: 1. → umhertollen – **2.** → umherlaufen
herumscharwenzeln: h. |um|: → einschmeicheln, sich
herumschlagen, sich: → schlagen (II, 1)
herumsprechen, sich: → bekannt (4, a)
herumspringen: → umhertollen

herumstehen: → untätig (2)
herumstöbern: → herumsuchen
herumstreichen: → herumtreiben, sich
herumstreunen: → herumtreiben, sich
herumstrolchen: → herumtreiben, sich
herumstromern: → herumtreiben, sich
herumsuchen: kramen · herumstöbern
herumtigern: → umherlaufen
herumtollen: → umhertollen
herumtragen: → verbreiten (I, 1)
herumtreiben, sich: umherstreichen · umherschwirren · umherstreifen · umherstreunen · umherschweifen · umherstrolchen · sich umhertreiben · [herum]vagabundieren; auf der Gasse liegen (*meist abwert*) ♦ *umg*: auf der Trebe sein · sich herumdrücken · herumlungern · herumlottern · herumstreichen · [herum]streunen · [herum]strolchen · [herum]stromern · [herum]zigeunern
Herumtreiber, der: → Gammler, Stadtstreicher
Herumtreiberin, die: leichtes Mädchen ♦ *umg*: Flittchen · Feger (*abwert*); → *auch* Prostituierte
herumvagabundieren: → herumtreiben, sich
herumwerfen: I. herumwerfen: mit Geld h.: → verschwenderisch (3) – **II.** herumwerfen, sich: → wälzen (II)
herumwirtschaften: → arbeiten (1)
herumzanken, sich: → streiten (II)
herumziehen: → umherziehen
herumzigeunern: → herumtreiben, sich
herunter: 1. ⟨*von dort oben nach hier unten*⟩ herab ♦ *gehoben*: hernieder; → *auch* hinunter – **2.** → erschöpft (1)
herunterbeten: 1. → aufsagen (1) – **2.** → abbeten (1)
herunterblasen: → abblasen (1)
herunterbringen: 1. → schlucken (1) – **2.** → herunterwirtschaften
herunterdrücken: den Preis h.: → unterbieten
herunterfahren: → senken (I, 1)
herunterfallen: 1. ⟨*aus den Händen zu Boden fallen*⟩ entfallen · entgleiten ♦ *dicht*: entsinken; → *auch* fallen (1) – **2.** → abstürzen (1, a), fallen (1)
herunterfliegen: → abstürzen (1, a)
heruntergehen: 1. → billig (6) – **2.** → fallen (2) – **3.** h. |mit|: → senken (I, 1)
heruntergekommen: 1. → abgemagert – **2.** → verkommen (2) – **3.** h. sein: ⟨*körperlich [u. geistig] völlig verbraucht sein*⟩ *umg*: ein Wrack sein
herunterhandeln: → feilschen
herunterhaspeln: → aufsagen (1)
herunterhauen: eine h.: → ohrfeigen
herunterholen: → abschießen (2)
herunterkanzeln: → zurechtweisen
herunterkommen: 1. → verkommen (1) – **2.** h. lassen: → vernachlässigen (1)
herunterlassen: herablassen · niederlassen · hinunterlassen · hinablassen · senken
herunterlaufen: es läuft jmdm. [eis]kalt/heiß [und kalt] den Rücken herunter: → schaudern (1)
herunterleiern: 1. → aufsagen (1) – **2.** → abbeten (1)
herunterlügen: das Blaue vom Himmel h.: → lügen (1)
heruntermachen: 1. → ausschimpfen – **2.** → verleumden (1) – **3.** → verreißen
herunternehmen: → [1]abhängen (2)
herunterpurzeln: → abstürzen (1, a)
herunterputzen: → ausschimpfen
herunterrattern: → aufsagen (1)
herunterreißen: die Maske h.: → entlarven (I)
heruntersagen: → aufsagen (1)
heruntersausen: → abstürzen (1, a *u.* b)
herunterschnurren: → aufsagen (1)
herunterschütteln: → abschütteln (1)
heruntersetzen: → senken (I, 1)
herunterspielen: → verharmlosen
herunterspringen: → abspringen (1)
heruntersteigen: → absteigen (1)
herunterstürzen: → abstürzen (1, a *u.* b)
herunterwälzen: → abwälzen (1)
herunterwirtschaften: herunterbringen · in Grund und Boden wirtschaften · abwirtschaften + verderben ♦ *salopp*: die Karre/den Karren in den Dreck fahren
herunterwürgen: → schlucken (1)
hervorbrechen: → hervorkommen (1)
hervorbringen: 1. ⟨*entstehen lassen*⟩ schaffen · bilden · kreieren · entwickeln · aus der Erde/dem Boden stampfen ♦ *gehoben*: erschaffen · schöpfen – **2.** → hervorholen
hervorgehen: h. |aus|: → ergeben (II, 2); als Sieger h. |aus|: → siegen
hervorheben: → betonen (2), verstärken (I, 2)
Hervorhebung, die: → Betonung (3)
hervorholen: auskramen · hervorbringen

hervorkommen: **1.** ⟨*[plötzlich] aus einer Deckung in Erscheinung treten*⟩ hervorbrechen · brechen |aus| – **2.** → aufgehen (1), entstehen (1)
hervorlocken: → entlocken
hervorragen: → herausragen
hervorragend: **1.** ⟨*weit über dem Durchschnitt liegend*⟩ einzig[artig] · vortrefflich · ausgezeichnet · vorzüglich · großartig · erstklassig · brillant · bestechend · erstrangig · unübertrefflich · unübertroffen · unvergleichlich · unnachahmlich · meisterhaft · beispiellos · einmalig · überragend · herausragend · sondergleichen · bestens · fein · eins a · über alles Lob erhaben + eminent · virtuos ♦ *umg*: bombig · picobello · lässig · top · allererste Sahne ♦ *salopp*: super · alles dran; → *auch* erstklassig (1), vorbildlich, großartig (1), herrlich (1), vollkommen (1), gut (1) – **2.** → großartig (1)
hervorrufen: → verursachen
hervorsprießen: entsprießen + entwachsen ♦ *dicht*: entkeimen · entknospen
hervorstechen: → hervorragen
hervorstechend: → auffallend
hervorstoßen: → ausstoßen (1)
hervortun, sich: sich auszeichnen · sich verdient machen · sich einen Namen machen · sich profilieren · sich die Sporen verdienen
Herz, das: **1.** ⟨*Organ des menschl. Körpers*⟩ *umg*: Pumpe; Kognakpumpe (*scherzh*) – **2.** → Gemüt (1) – **3.** → Mut (1) – **4.** → Mittelpunkt – **5.** ein Kind unter dem Herzen tragen: → schwanger (2); im Herzen von: → inmitten (1); Dame des Herzens: → Geliebte (II); sein H. hängen/verlieren/verschenken |an|: → verlieben, sich; ins H. schließen, ins H. geschlossen haben, im Herzen tragen: → lieben (1); jmds. H. erobern/gewinnen, die Herzen brechen: → erobern (2); ans H. drücken: → umarmen (I); ein H. und eine Seele sein: → befreundet; ins H. treffen: → kränken; schweren Herzens: → ungern; das H. abdrücken/abschnüren/abpressen/brechen/zerreißen/schwer machen: → bedrücken (1); ans H. greifen, zu Herzen gehen: → ergreifen (3); ein warmes H. haben: → gefühlvoll (2); ein fühlend[es] H. haben: → gütig (3); ein goldenes H. haben: → treu (3); das H. auf der Zunge haben/tragen, aus seinem Herzen keine Mördergrube machen: → offenherzig (2); das/sein H. erleichtern, seinem Herzen Luft machen: → aussprechen (II, 1); das/sein H. ausschütten: **a)** → aussprechen (II, 1) – **b)** → anvertrauen (II, 2); in sein H. blicken lassen: → anvertrauen (II, 2); ans H. gewachsen: → vertraut (1); von Herzen gern: → gern[e] (1); jmdm. geht das H. auf/lacht das H. im Leibe/hüpft das H. vor Freude: → freuen (II, 1); etw. auf dem Herzen haben: → Anliegen (2); sein H. entdecken |für|: → interessieren (II); ans H. legen: → einschärfen (1); sich zu Herzen nehmen: → beherzigen; sein H. in die Hand/in beide Hände nehmen, sich ein H. fassen, seinem Herzen einen Stoß geben: → ermannen, sich; das H. haben: → wagen (1); das H. fällt/rutscht jmdm. in die Hosen: → verzagen (1)
herzählen: → aufzählen (1)
Herzallerliebste: **I.** Herzallerliebste, der: → Geliebte (I) – **II.** Herzallerliebste, die: → Geliebte (II)
herzbeklemmend: → beängstigend
Herzbeklemmung, die: → Beklemmung
herzbetörend: → bezaubernd
herzbewegend: **1.** → ergreifend – **2.** → Mitleid (2)
Herzblatt, das: → Geliebte (II)
Herzblut, das: sein H. geben: → hingeben (II, 1)
herzbrechend: → Mitleid (2)
Herzdrücken, das: nicht an H. sterben: → aussprechen (I, 5)
herzeigen: → zeigen (I, 2)
Herzeleid, das: → Leid (1)
herzen: → liebkosen
Herzensangst, die: → Angst (1)
Herzensbedürfnis, das: → Wunsch (1)
Herzensbrecher, der: → Frauenheld (1)
Herzensbruder, der: → Freund (I, 1)
Herzensdame, die: → Geliebte (II)
Herzensdieb, der: → Geliebte (I)
Herzensdiebin, die: → Geliebte (II)
Herzensergießung, die: → Geständnis (1)
Herzensfreude, die: → Freude (1)
Herzensfreund, der: → Geliebte (I)
Herzensfreundin, die: → Geliebte (II)
Herzensfreundschaft, die: → Freundschaft (1)
herzensgut: → gütig (1)
Herzensgüte, die: → Güte (1)
Herzenslust: nach H.: → gehörig (1)
herzensrein: → fromm (1)

Herzenswärme, die: → Güte (1)
Herzenswunsch, der: → Wunsch (1)
herzerfreuend: → wohl (5)
herzerfrischend: → wohl (5)
herzergreifend: → Mitleid (2), ergreifend
Herzflimmern, das: → Herzrhythmusstörung
herzhaft: 1. → gehörig (1) – **2.** → würzig (1)
herziehen: h. |über|: → durchhecheln
herzig: → reizend (1)
Herzklopfen: H. haben: → aufgeregt (2)
Herzkrankheit, die: Herzleiden
Herzleiden, das: → Herzkrankheit
herzlich: 1. → freundlich (1) – **2.** h. gern: → gern[e] (1)
Herzlichkeit, die: → Freundlichkeit (1)
herzlos: → gefühllos (1)
Herzlosigkeit, die: → Gefühllosigkeit
Herzrhythmusstörung, die: das Herzstolpern + das Herzflimmern
Herzschrittmacher, der: Schrittmacher; Pacemaker (*med*)
Herzstolpern, das: → Herzrhythmusstörung
herzu: → hierher
herzubringen: → bringen (1)
herzueilen: → herbeieilen
herzuholen: 1. → holen (1), bringen (1) – **2.** → heranziehen (1)
herzustürzen: → herbeieilen
herzuziehen: → heranziehen (1)
Herzweh, das: → Leid (1)
herzzerreißend: → Mitleid (2)
Hetäre, die: → Prostituierte
Heterodoxie, die: → Irrglaube[n]
heterogen: → verschiedenartig
Heterogenität, die: → Verschiedenartigkeit
Hetze, die: **1.** ⟨*das Hervorrufen von Hassgefühlen*⟩ Gräuelhetze · Gräuelpropaganda · Wühlarbeit · Wühlerei ♦ *umg*: Scharfmacherei · Stänkerei; → *auch* Volksverführung – **2.** → Eile (1) – **3.** → Hetzjagd (1)
hetzen: 1. ⟨*Hassgefühle hervorrufen*⟩ Hass säen · wühlen + empören ♦ *umg*: stänkern; → *auch* aufhetzen – **2.** → eilen (I, 1) – **3.** → jagen (1), antreiben (1) – **4.** mit allen Hunden gehetzt: → raffiniert (1)
Hetzer, der: Provokateur · Wühler + Querulant ♦ *umg*: Quertreiber · Scharfmacher · Stänker[er]; → *auch* Aufhetzer, Unruhestifter, Volksverführer
hetzerisch: aufwieglerisch ♦ *umg*: scharfmacherisch; → *auch* aufrührerisch
Hetzhund, der: → Jagdhund (I)
Hetzjagd, die: **1.** ⟨*Jagd mit Hetzhunden*⟩ Hetze; Hatz (*weidm*) + Treibjagd; → *auch* Jagd (1) – **2.** → Verfolgung
Hetzredner, der: → Volksverführer
Heu, das: **1.** → Geld (1) – **2.** Geld wie H. haben: → reich (5); H. und Stroh im Kopf haben: → dumm (6)
Heuchelei, die: Scheinheiligkeit · Verlogenheit · Doppelzüngigkeit · Doppelzüngelei · Doppelzünglerei · Falsch[heit] · Cant · Pharisäertum; Gleisnerei (*veraltend*) + Unaufrichtigkeit ♦ *umg*: Getue; → *auch* Verstellung
heucheln: 1. ⟨*in übler Absicht einen falschen Eindruck erwecken wollen*⟩ *umg*: mimen · Theater spielen · so tun, als ob … · Krokodilstränen weinen; → *auch* schmeicheln (1), lügen (1), verstellen (II), benehmen (II, 3) – **2.** → verstellen (II)
Heuchler, der: der Scheinheilige · Biedermann · Tartüff · Pharisäer; Gleisner (*veraltend*) + Lügner · Wolf im Schaf[s]pelz ♦ *umg*: falscher Fuffziger (*abwert*) ♦ *salopp*: falscher Hund (*abwert*); → *auch* Schmeichler
Heuchlerin, die: die Scheinheilige; [falsche] Schlange (*abwert*) ♦ *salopp*: falsche Katze (*abwert*)
heuchlerisch: doppelzüngig · doppelzünglerisch · schlangenzüngig · vielzüngig · glattzüngig · falsch[herzig] · pharisäisch · scheinheilig; gleisnerisch (*veraltend*) + pfäffisch ♦ *derb*: scheißfreundlich; → *auch* schmeichlerisch, unaufrichtig (1), frömmelnd
heuer: 1. → Jahr (3) – **2.** → gegenwärtig (1)
Heuer, die: → Lohn (1)
heuern: 1. → anwerben, anheuern (1) – **2.** → ²mieten
Heule, die: → Kofferradio
heulen: 1. → weinen (1) – **2.** mit den Wölfen h.: → anpassen (II, 2); Rotz und Wasser h., wie ein Schlosshund h.: → weinen (1)
Heuler, der: das ist der letzte H.: → großartig (3)
heute: 1. ⟨*am Tag zwischen gestern u. morgen*⟩ am heutigen Tag – **2.** → gegenwärtig (1) – **3.** bis h.: → bisher; von h.: **a)** → frischbacken – **b)** → ²modern (1); lieber h. als morgen: → sofort

Heute, das: → Gegenwart (1)
heutig: 1. → jetzig – **2.** die heutige Zeit: → Gegenwart (1); am heutigen Tag: → heute (1)
heutigentags: → gegenwärtig (1)
heutzutage: → gegenwärtig (1)
Hexaeder, der: → Würfel
hexaedrisch: → würfelförmig
Hexe, die: **1.** ⟨*Fabelwesen*⟩ Zauberin + Weissagerin · weise Frau – **2.** → Xanthippe
hexen: → zaubern
Hexenkessel, der: → Durcheinander (1)
Hexer, der: → Zauberkünstler
Hexerei, die: → Zauberei
Hickhack, der *od.* das: → Streit (1)
hie: 1. → hier (1) – **2.** hie und da: **a)** → vereinzelt (1) – **b)** → manchmal
Hieb: I. Hieb, der: **1.** → Schlag (I, 1) – **2.** → Schluck (1) – **3.** → Anspielung (1) – **4.** auf den ersten H.: → sofort; einen H. [weg]haben: **a)** → verrückt (5) – **b)** → geisteskrank (2); einen H. versetzen: → kränken – **II.** Hiebe (*Pl*): → Prügel (II, 1)
hiebfest: hieb- und stichfest: → sicher (4)
hier: 1. ⟨*an diesem Ort*⟩ da; hie[selbst] · hierselbst (*noch süddt*); dahier (*österr schweiz*) + an Ort und Stelle ♦ *dicht*: allhier – **2.** → diesseits – **3.** → anwesend (1) – **4.** h. sein: → anwesend (2); h. befindlich: → hiesig (1); von h.: → einheimisch; nicht von h.: **a)** → fremd (2) – **b)** → verrückt (1); h. und dort: → vereinzelt (1); h. und da: **a)** → vereinzelt (1) – **b)** → manchmal; bald h., bald dort: → überall (1); h. bleiben: → bleiben (1); h. behalten: → zurückhalten (I, 1)
hieran: → hierbei
Hierarchie, die: → Rangordnung (1)
hierauf[hin]: → darauf (1)
hieraus: → daraus (1)
hierbei: bei dieser Gelegenheit · an dieser Stelle + hieran · jetzt
hierdurch: → damit (2)
hierfür: → dafür (1)
hiergegen: → dagegen (2)
hierher: hierhin · her[an] · herbei · herzu
hierhin: → hierher
hierin: → darin (2)
hiermit: → damit (2)
hiernach: → danach (1)
hierneben: → außerdem (1)
Hieroglyphen (*Pl*): → Schmiererei
hieroglyphisch: → unverständlich (1)
hierselbst: → hier (1)
hierüber: → darüber (2)
hiervon: → darüber (2)
hierzu: → dazu (1)
hieselbst: → hier (1)
hiesig: 1. ⟨*an diesem Ort vorkommend*⟩ hier befindlich – **2.** → einheimisch
hieven: → hochziehen (1)
high: h. sein: → Rauschzustand (2)
Highlife, das: → Oberschicht
Highlight, das: → Höhepunkt
Highsociety, die: → Oberschicht
Hijacker, der: → Luftpirat
Hilfe, die: **1.** ⟨*das Mitwirken*⟩ Beistand · Hilfeleistung · Mithilfe · Unterstützung · Zutun · Dazutun + Assistenz · Handreichung · Hilfestellung · Dienst · Dienstleistung · Beihilfe · Hilfsdienst; → *auch* Förderung (1), Hilfeleistung, Unterstützung (1) – **2.** ⟨*rettende Tat*⟩ Nothilfe · Samariterdienst; → *auch* Rettung (1) – **3.** → Helfer (1) – **4.** → Putzfrau – **5.** → Hilfsmittel – **6.** → Ausweg – **7.** H. suchend: → hilfsbedürftig; H. angedeihen lassen/leisten/geben/erweisen/gewähren, zu H. eilen/kommen: → helfen (1); erste H. leisten: → verbinden (I, 2); ohne [fremde] H.: → allein (2)
hilfebedürftig: → hilfsbedürftig
Hilfeleistung, die: → Hilfe (1)
Hilferuf, der: Notruf · Notschrei + Notsignal
Hilfestellung, die: → Hilfe (1)
hilflos: 1. ⟨*sich nicht zu helfen wissend*⟩ ratlos + verwirrt ♦ *umg*: bedeppert; kurlos (*landsch*) – **2.** → schutzlos (1) – **3.** → schwach (1, a) – **4.** h. sein: ⟨*sich nicht zu helfen wissen*⟩ nicht aus noch ein wissen ♦ *umg*: mit seinem Latein/seiner Kunst/seiner Weisheit am Ende sein; → *auch* Verlegenheit (2)
hilfreich: 1. → gefällig (1) – **2.** → nützlich
Hilfsarbeiter, der: → Handlanger (1)
hilfsbedürftig: hilfebedürftig + Not leidend · Hilfe suchend; → *auch* arm (1)
hilfsbereit: → gefällig (1)
Hilfsbereitschaft, die: Einsatzbereitschaft + Gefälligkeit · Entgegenkommen
Hilfsdienst, der: → Hilfe (1)
Hilfsheer, das: → Ersatztruppe
Hilfskraft, die: → Gehilfe
Hilfsmittel, das: Hilfe · Mittel · Rüstzeug + Ersatz
Hilfspolizistin, die: Politesse
Hilfstruppe, die: → Ersatztruppe

Himmel, der: **1.** ⟨*scheinbare Halbkugel über der Erde*⟩ Äther · Firmament · Himmelsgewölbe · Himmelskugel ♦ *dicht*: Azur · Himmelsbogen · Himmelsrund · Himmelsdach · Himmelsdom · Himmelszelt · Sternenzelt; → *auch* Weltall – **2.** → Jenseits (1, a) – **3.** unter freiem H.: → draußen (1); gen H. starren: → aufragen; um Himmels willen: → nein; wie der Blitz aus heiterem H.: → plötzlich (1); Schöpfer Himmels und der Erden, Vater im H.: → Gott (1, a); in den H. heben: **a)** → loben (1) – **b)** → verherrlichen; wie im H. leben, den H. auf Erden haben: → schwelgen (1); den H. offen sehen, sich wie im [siebenten] H. fühlen: → glücklich (4); das schreit/stinkt zum/gen H.: → unerhört (2); das Blaue vom H. herunterlügen: → lügen (1); H. und Hölle in Bewegung setzen: → versuchen (I, 4); dafür sorgen, dass die Bäume nicht in den H. wachsen: → beschränken; H., Arsch und Zwirn/Wolkenbruch: → verflucht (1)
himmelab: → hinunter
himmelan: → hinauf
himmelangst: h. sein: → ängstigen (II, 1)
himmelauf: → hinauf
himmelblau: → blau (1)
Himmeldonnerwetter [noch einmal]: → verflucht (1)
himmelhoch: **1.** → hoch (1) – **2.** h. jauchzend: → freudig (1)
Himmelhund, der: → Frechdachs
Himmelkruzitürken: → verflucht (1)
Himmelreich, das: → Jenseits (1, a)
Himmelsakrament: → verflucht (1)
Himmelsbogen, der: → Himmel (1)
Himmelsbote, der: → Engel (1)
Himmelsbraut, die: → Nonne (1)
himmelschreiend: → unerhört (1)
Himmelsdach, das: → Himmel (1)
Himmelsdom, der: → Himmel (1)
Himmelsgegend, die: → Himmelsrichtung
Himmelsgewölbe, das: → Himmel (1)
Himmelskugel, die: → Himmel (1)
Himmelskunde, die: → Astronomie
Himmelslicht, das: → Licht (1)
Himmelsraum, der: → Weltall
Himmelsrichtung, die: Himmelsgegend · Richtung
Himmelsrund, das: → Himmel (1)
Himmelsstrich, der: → Gegend (1)
Himmelszelt, das: → Himmel (1)
himmelwärts: → hinauf
himmlisch: **1.** → überirdisch (1) – **2.** → herrlich (1) – **3.** → schmackhaft – **4.** himmlisches Paradies: → Jenseits (1, a); der himmlische Vater, Herr der himmlischen Heerscharen: → Gott (1, a); himmlisches Wesen: → Engel (1)
Himmlische, der: → Gott (1, a)
hin: **1.** → entzwei – **2.** → tot (1) – **3.** → begeistert (1) – **4.** → verloren – **5.** an … hin: → entlang; auf … hin: → wegen; hin und wieder: → manchmal
hinab: → hinunter
hinabblicken: **1.** → hinunterblicken (1) – **2.** h. |auf|: → verachten (1)
hinabklettern: → absteigen (1)
hinablassen: → herunterlassen
hinabschauen: **1.** → hinunterblicken (1) – **2.** h. |auf|: → verachten (1)
hinabsehen: → hinunterblicken (1)
hinabsteigen: → absteigen (1)
hinabziehen: → verderben (1)
hinaltern: → altern (1)
hinan: → hinauf
hinarbeiten: h. |auf|: → ausgehen (8)
hinauf: empor · aufwärts · nach oben · in die Höhe ♦ *dicht*: hinan ♦ *gehoben*: himmelan · himmelauf · himmelwärts ♦ *umg*: hoch; → *auch* bergauf (1), herauf
hinaufarbeiten, sich: → emporarbeiten, sich
hinaufentern: → hinaufklettern
hinauffallen: die Treppe h.: → aufsteigen (2)
hinaufklettern: emporklettern; [hin]aufentern · entern (*seem*) ♦ *umg*: hochklettern · hochsteigen; → *auch* aufsteigen (1), klettern (1)
hinaufschwingen, sich: **1.** → aufschwingen, sich (1) – **2.** → aufsitzen (1)
hinaufziehen: → hochziehen (1)
hinaus: darüber h.: → außerdem (1); auf Jahre h.: → lange (1)
hinausbefördern: → hinauswerfen (1)
hinausbringen: → herausbringen (1)
hinausfahren: **1.** ⟨*in die freie Natur fahren*⟩ ins Grüne fahren – **2.** aufs Meer h.: ⟨*eine Seereise antreten*⟩ auf Fahrt gehen · in See stechen/gehen · die Anker lichten (*seem*); unter Segel gehen (*seem veraltend*) + abfahren; → *auch* ablegen (5)
hinausfenstern: → hinauswerfen (1)
hinausfeuern: **1.** → hinauswerfen (1) – **2.** das/sein Geld [zum Fenster] h.: → verschwenderisch (3)

hinausgehen: → spazieren (2)
hinausjagen: 1. → hinauswerfen (1) – **2.** zum Tempel h.: → vertreiben (1)
hinauskomplimentieren: 1. → verabschieden (I, 1) – **2.** → hinauswerfen (1)
hinauslassen: → herauslassen (1)
hinausposaunen: → ausplaudern
hinausschaffen: → herausbringen (1)
hinausscheuchen: → hinauswerfen (1)
hinausschieben: → aufschieben
hinausschmeißen: 1. → hinauswerfen (1) – **2.** das/sein Geld [zum Fenster] h.: → verschwenderisch (3)
hinaussetzen: → entlassen (2)
hinaustragen: → abdecken (1)
hinaustreiben: → hinauswerfen (1)
hinausweisen: → hinauswerfen (1)
hinauswerfen: 1. ⟨*jmdn. zum Verlassen des Hauses zwingen*⟩ fortjagen · hinausweisen · hinausjagen · hinauskomplimentieren · die Tür weisen · aus dem Haus weisen/werfen/jagen ♦ *umg*: hinausbefördern · hinausscheuchen · fortscheuchen · hinaustreiben · an die [frische] Luft/vor die Tür setzen · den Stuhl vor die Tür setzen · ins Freie befördern · zeigen, wo der Zimmermann das Loch gelassen hat ♦ *salopp*: hinausschmeißen · hinausfeuern · hinausfenstern – **2.** → entlassen (2) – **3.** → ausweisen (I, 1) – **4.** das/sein Geld [zum Fenster] h.: → verschwenderisch (3)
hinauswollen: h. |auf|: → ausgehen (8); hoch h.: → eingebildet (3)
hinausziehen: I. hinausziehen: → verzögern (I) – **II.** hinausziehen, sich: → verzögern (II)
hinauszögern: → verzögern (I)
hinbegleiten: → hinführen
hinbiegen: → bereinigen (1), bewerkstelligen
hinblättern: → aufzählen (1)
Hinblick, der: **1.** → Gesichtspunkt (1) – **2.** im H. auf: → hinsichtlich
hinbreiten: → ausbreiten (I, 1)
hinbringen: 1. ⟨ *an eine bestimmte Stelle tragen*⟩ hintragen · hinschaffen ♦ *umg*: hinschleppen; → *auch* bringen (1) – **2.** → hinführen – **3.** → verbringen (1)
hinderlich: 1. ⟨*einer Bewegung entgegenwirkend*⟩ hindernd · hemmend · störend – **2.** h. sein: → behindern (1)
hindern: abhalten · zurückhalten · wehren · entgegentreten · sich entgegenstellen · in den Arm/die Zügel fallen · Halt gebieten · Einhalt gebieten/tun ♦ *umg*: in die Parade fahren · in die Quere kommen; → *auch* abschrecken, verhindern, stören (1)
hindernd: → hinderlich (1)
Hindernis, das: **1.** ⟨*einer Bewegung Entgegenwirkendes*⟩ Behinderung · Hemmnis · Hemmung · Hürde + Schwierigkeit; → *auch* Widerstand (1) – **2.** → Sperre (1) – **3.** Hindernisse in den Weg legen: → behindern (1)
Hinderung, die: → Behinderung (1)
hindeuten: h. |auf|: → hinweisen
hindonnern: → hinfallen
hindrehen, sich: → zuwenden (II, 1)
hindrücken: → vorhalten
hindurch: → durch (1)
hindurchdrängen, sich: → durchdrängen, sich
hindurchfahren: → durchfahren (I)
hindurchkriechen: 1. → durchkriechen (I, 1) – **2.** → durchwinden, sich (1)
hindurchschauen: → durchsehen (1)
hindurchsehen: → durchsehen (1)
hindurchspähen: → durchsehen (1)
hindurchwinden, sich: **1.** → durchwinden, sich (1) – **2.** → durchkriechen (I, 1)
hineilen: → hinlaufen
hinein: 1. ⟨*Richtung in einen Raum*⟩ nach [dr]innen; darein (*veraltend*); → *auch* einwärts – **2.** mitten h.: → dazwischen (2); in den Tag h. leben: → müßig (3)
hineinblicken: → einsehen (1)
hineinbuttern: → zuschießen (1)
hineindenken, sich: → hineinversetzen, sich
hineindeuten: hineininterpretieren · hineinlegen ♦ *umg*: hineingeheimnissen
hineinfliegen: → hereinfallen
hineingeheimnissen: → hineindeuten
hineingehen: 1. ⟨*in einen Raum gehen*⟩ betreten · eintreten ♦ *umg*: hineinlaufen ♦ *dicht*: eingehen – **2.** → aufnehmen (5)
hineingeraten: 1. ⟨*ungewollt bzw. unwissentlich zum Beteiligten werden*⟩ dazwischengeraten · hineingezogen werden · hineinkommen · hineintappen · verwickelt werden |in| – **2.** → hinzukommen
hineingießen: 1. → einfüllen (1) – **2.** in sich h.: → trinken (1, a)
hineininterpretieren: → hineindeuten
hineinklettern: → einsteigen (1)
hineinkommen: → hineingeraten (1)
hineinkriechen: → hineinschlüpfen
hineinlassen: → einlassen (I, 1)

hineinlaufen: **1.** → hineingehen (1) – **2.** h. lassen: → einlassen (I, 2)
hineinlegen: → hineindeuten
hineinleuchten: → untersuchen (1)
hineinpassen: → aufnehmen (5)
hineinpraktizieren: → hineinstecken (1)
hineinpremsen: → hineinstopfen
hineinpressen: → hineinstopfen
hineinreiten: → gefährden (I, 1)
hineinschlagen: → einschlagen (1)
hineinschlüpfen: schlüpfen |in| · hineinkriechen · kriechen |in|; schliefen |in| (*süddt österr*) ♦ *salopp*: wutschen |in| · witschen |in| (*landsch*)
hineinschütten: → einfüllen (1)
hineinsehen: → einsehen (1)
hineinstecken: **1.** ⟨*in bestimmter Weise hineinbefördern*⟩ einführen; eingeben (*fachspr*) ♦ *umg*: hineintun · hineinpraktizieren – **2.** → hineinstopfen – **3.** → zuschießen (1) – **4.** → aufwenden – **5.** seine Nase in alles h.: → einmischen (II)
hineinsteigen: → einsteigen (1)
hineinstopfen: hineinstecken · hineinpressen · hineinzwängen · zwängen |in| · pressen |in| · pferchen |in| ♦ *umg*: pfropfen |in| · stopfen |in|; hineinpremsen (*norddt*)
hineinstürzen: in sich h.: → trinken (1, a)
hineintappen: → hineingeraten (1)
hineintreiben: → einschlagen (1)
hineintun: → hineinstecken (1)
hineinversetzen, sich: sich hineindenken · sich einfühlen · sich versetzen |in| · sich einleben |in|
hineinweben: → einweben (1)
hineinwerfen: → einwerfen (1)
hineinziehen: hineingezogen werden: → hineingeraten (1)
hineinzwängen: → hineinstopfen
hinfahren: h. |über|, darüber h.: → streichen (6)
hinfallen: fallen · [hin]stürzen · hinschlagen · niederstürzen · zu Fall kommen · einen Fall tun; zusammenfallen (*österr*) + hinsinken ♦ *umg*: hinfliegen · hinpurzeln · hinplumpsen; sich auf seinen Allerwertesten setzen · den Fußboden/die Straße messen · eine Sülze bauen (*oft scherzh*) ♦ *salopp*: hinsausen · hinsegeln · hinhauen · hinknallen · hindonnern · hinschmieren ♦ *derb*: auf die Schnauze/Fresse fallen; → *auch* fallen (1)
hinfällig: **1.** → gegenstandslos (1) – **2.** → ungültig (1) – **3.** → gebrechlich
hinfetzen: → ausführen (3)
hinfläzen, sich: → hinlümmeln, sich
hinflegeln, sich: → hinlümmeln, sich
hinfliegen: → hinfallen
hinfort: → künftig
hinfristen: → dahinleben
hinführen: hinbringen · hinschaffen · hinbegleiten ♦ *umg*: mit hinnehmen · hinlotsen ♦ *salopp*: hinschleifen
Hingabe, die: **1.** ⟨*größte persönl. Bereitschaft*⟩ Hingebung · Engagement · Einsatz[bereitschaft] · Aufopferung · Idealismus; → *auch* Eifer (1), Fleiß (1) – **2.** mit H.: → eifrig (1)
Hingang, der: → Tod (1)
hingeben: **I.** hingeben: → verschenken (1), opfern (I, 1, b) – **II.** hingeben, sich: **1.** ⟨*sich rückhaltlos einsetzen*⟩ sich [auf]opfern · sich ergeben · sein Herzblut geben · sich in Stücke reißen lassen |für| · sich in die Arme werfen |jmdm./einer Sache| ♦ *gehoben*: sein Leben hingeben |für|; → *auch* aufgehen (8, b) – **2.** ⟨*sich zum Koitus bereit finden*⟩ zu Willen sein ♦ *salopp*: mitmachen – **3.** ⟨*von einem Laster nicht mehr loskommen*⟩ frönen · huldigen · sich überlassen · verfallen sein – **4.** → aufgehen (8, b) – **5.** → festbleiben (1) – **6.** sich der Hoffnung h.: → hoffen; sich falschen Hoffnungen/einer Illusion h.: → irren (II); sich der Verzweiflung h.: → Kummer (3)
hingebend: → liebevoll (1)
Hingebung, die: **1.** → Hingabe (1) – **2.** mit H.: → liebevoll (1)
hingebungsvoll: **1.** → eifrig (1) – **2.** → liebevoll (1)
hingegen: → dagegen (2)
hingehen: **1.** → vergehen (I, 1) – **2.** → angehen (1) – **3.** h. lassen: → nachsehen (2)
hingelangen: → erreichen (1)
hingerissen: → begeistert (1)
hingeschieden: → tot (1)
Hingeschiedene, der: → Verstorbene
hinglotzen: → hinsehen
hingucken: → hinsehen
hinhalten: **1.** ⟨*zum Warten veranlassen*⟩ vertrösten · Zeit gewinnen wollen ♦ *umg*: zappeln lassen (*oft scherzh*) – **2.** → anbieten (I, 1) – **3.** den Buckel h.: → büßen (1)
hinhängen: h. lassen: → verzögern (I)
hinhauen: **I.** hinhausen: **1.** → hinfallen – **2.** → aufgeben (3) – **3.** → gedeihen (1) – **4.** → passen (1, a) – **5.** → beeilen, sich – **6.** den

Laden h.: → aufgeben (3); den Kram/Krempel h.: **a)** → aufgeben (3) – **b)** → kündigen (1) – **II.** hinhauen, sich: → hinlegen (II)
hinhocken, sich: **1.** → kauern (II) – **2.** → setzen (II, 1)
hinhören: → zuhören (1)
hinjagen: → hinlaufen
hinkauern, sich: → kauern (II)
Hinkebein, das: → Lahme
Hinkefuß, der: → Lahme
hinkehren, sich: → zuwenden (II, 1)
hinken: humpeln · lahmen · lahm gehen
hinklotzen: → errichten (1)
hinknallen: → hinfallen
hinkommen: **1.** → gelangen (1) – **2.** → ausreichen (1) – **3.** → passen (1, a) – **4.** h. |mit|: → auskommen (5, a)
hinkriegen: → bewerkstelligen
hinkünftig: → künftig
hinlangen: **1.** → greifen (3) – **2.** → ausreichen (1)
hinlänglich: **1.** → genug (1) – **2.** → erträglich
hinlaufen: hineilen · hinrennen · hinstürzen · hinstürmen · hinjagen; → *auch* herbeieilen
hinlegen: **I.** hinlegen: **1.** → betten (1) – **2.** nur so h.: → meistern; einen Tanz h.: → tanzen (1) – **II.** hinlegen, sich: ⟨*sich* [*zum Ausruhen*] *auf einem Lager ausstrecken*⟩ sich hinstrecken ♦ *salopp*: sich hinhauen · alle viere von sich strecken; → *auch* schlafen (5)
hinlotsen: → hinführen
hinlümmeln, sich (*umg*): sich hinflegeln · sich hinfläzen; → *auch* lümmeln, sich
hinmachen: **1.** → beeilen, sich – **2.** → töten (I, 1)
hinmetzeln: → töten (I, 1)
hinmorden: → töten (I, 1)
hinnehmen: **1.** ⟨*duldend tragen*⟩ sich gefallen lassen · sich bieten lassen ♦ *umg*: [hinunter]schlucken + die bittere Pille schlucken; → *auch* dulden (1), abfinden (II, 2) – **2.** → annehmen (1) – **3.** mit h.: → hinführen
hinneigen: h. |zu|: → neigen (2)
Hinneigung, die: → Neigung (1)
hinnen: von h.: → fort (1); von h. scheiden: → sterben (1); von h. gehen: **a)** → sterben (1) – **b)** → weggehen (1)
hinopfern: → opfern (I, 1, b)
hinplumpsen: → hinfallen
hinpurzeln: → hinfallen
hinreden: vor sich h.: → murmeln
hinreichen: **1.** → ausreichen (1) – **2.** → anbieten (I, 1) – **3.** → hinstrecken (I, 1)
hinreichend: → genug (1)
hinreißen: → begeistern (I), bezaubern
hinreißend: → bezaubernd
hinrennen: → hinlaufen
hinrichten: **1.** ⟨*entsprechend dem Todesurteil töten*⟩ die Todesstrafe vollstrecken · exekutieren ♦ *gehoben*: richten · vom Leben zum Tode bringen/befördern; → *auch* töten (I, 1), enthaupten, erhängen (I) – **2.** durch das Beil h.: → enthaupten
Hinrichtung, die: Exekution
Hinrichtungsplatz, der: → Richtstätte
hinsagen: vor sich h.: → murmeln
hinsausen: → hinfallen
hinschaffen: → hinbringen (1), hinführen
hinschauen: → hinsehen
hinschaukeln: → bewerkstelligen
hinscheiden: → sterben (1)
Hinscheiden, das: → Tod (1)
Hinschied, der: → Tod (1)
hinschlachten: → töten (I, 1)
Hinschlachten, das: → Blutbad
Hinschlachtung, die: → Blutbad
hinschlagen: → hinfallen
hinschleifen: → hinführen
hinschleppen: **1.** → hinbringen (1) – **2.** → verzögern (I)
hinschmeißen: **1.** → wegwerfen (I, 1) – **2.** → aufgeben (3) – **3.** den Laden h.: → aufgeben (3); den Kram/Krempel h.: **a)** → aufgeben (3) – **b)** → kündigen (1)
hinschmieren: → hinfallen
hinschwinden: → vergehen (I, 1)
hinsegeln: → hinfallen
hinsehen: hinschauen; hinstarren (*oft abwert*) ♦ *umg*: hingucken ♦ *salopp*: hinglotzen (*abwert*)
hinsetzen: **I.** hinsetzen: **1.** → absetzen (I, 1) – **2.** einen Haufen h.: → austreten (2) – **II.** hinsetzen, sich: → setzen (II, 1)
Hinsicht, die: **1.** → Gesichtspunkt (1) – **2.** in H. auf: → hinsichtlich; in jeder H.: → ganz (1)
hinsichtlich: betreffs · bezüglich · in Bezug auf · mit Bezug auf · unter/mit Bezugnahme/Beziehung auf · in Hinsicht auf · im Hinblick auf · in Anbetracht · mit Rücksicht auf; rücksichtlich · in puncto · in Sachen · in Betreff (*amtsspr*); → *auch* wegen (1)

hinsiechen: → Sterben

hinsinken: → hinfallen

hinspucken: wo man hinspuckt: → überall (1)

hinstarren: → hinsehen

hinstellen: 1. → absetzen (I, 1), aufstellen (I, 2), stellen (I, 1) – **2.** → darstellen (I, 1, a) – **3.** h. |als|: → bezeichnen (I, 3, a)

hinsterben: → sterben (1)

hinsteuern: h. |auf|: → ausgehen (8)

hinstrecken: I. hinstrecken: **1.** ⟨*zum Ergreifen hinhalten*⟩ [hin]reichen · entgegenstrecken – **2.** → töten (I, 1) – **II.** hinstrecken, sich: → hinlegen (II)

hinstreichen: h. |über|, darüber h.: → streichen (6)

hinstürmen: → hinlaufen

hinstürzen: 1. → hinfallen – **2.** → hinlaufen

hintan: → hintenan

hintanbleiben: → zurückbleiben (1)

hintanhalten: → aufhalten (I, 1)

hintanlassen: → auslassen (I, 1)

hintansetzen: 1. → benachteiligen – **2.** → zurückstellen (2)

Hintansetzung, die: unter H. der eigenen Person: → selbstlos

hintanstellen: 1. → benachteiligen – **2.** → zurückstellen (2)

hinten: 1. a) ⟨*im bzw. am od. beim letzten Teil*⟩ zuhinterst · am Ende/Schluss; rückwärts (*süddt österr*); achtern · achteraus (*seem*) – **b)** ⟨*auf der Seite, die hinter einem liegt*⟩ dahinter · rückseitig · rückseits · im Rücken · auf der Rückseite/Kehrseite; rückwärts (*süddt österr*) – **2.** → dahinten, hintenan – **3.** nach h.: **a)** ⟨*in Richtung auf den letzten Teil*⟩ hinterwärts; hinter (*landsch*) – **b)** → rückwärts (1) – **c)** → zurück (1); von h.: → hinterrücks (1); h. dran: → hint[en]an; von vorn bis h.: → ganz (1); dort h.: → dahinten

hint[en]an: hinten ♦ *umg*: hinten dran

hintenansetzen: 1. → benachteiligen – **2.** → zurückstellen (2)

hintenanstellen: 1. → benachteiligen – **2.** → zurückstellen (2)

hintenherum: 1. → heimlich (1) – **2.** → mittelbar

hintennach: → hinterher (1), danach (1)

hintenüber: → rückwärts (1)

hintenüberfallen: hintenüberschlagen · hintenüberkippen · hintenübersinken

hintenüberkippen: → hintenüberfallen

hintenüberlegen: → zurücklegen (2)

hintenüberschlagen: → hintenüberfallen

hintenübersinken: → hintenüberfallen

hinter: 1. → hinten (3, a) – **2.** eins h. dem anderen: → hintereinander (1); kommen |h.|: → ergründen (1); stehen |h.|: → unterstützen (I, 1); h. dem Rücken: → heimlich (1); h. sich bringen: **a)** → bestehen (2) – **b)** → überstehen (1) – **c)** → durchmachen (1); h. sich lassen: → überholen (I, 1); nicht h. dem Berg halten |mit|: → aussprechen (I, 5)

Hinterbacken (*Pl*): → Gesäß

Hinterbänkler, der: → Nebenfigur

Hinterbein, das: sich auf die Hinterbeine stellen: → widersetzen, sich

Hinterbliebene, der: → Erbe (I, 1)

hinterbringen: I. hinterbringen: **1.** → hintertragen – **2.** → schlucken (1) – **II.** hinterbringen: ⟨*heimlich informieren*⟩ verraten · zutragen · zubringen · zuflüstern + kolportieren ♦ *umg*: zublasen · stecken; → *auch* mitteilen (I)

Hinterdeck, das: Achterdeck (*seem*)

hinterdrein: 1. → hinterher (1) – **2.** h. jagen: → nacheilen; h. kommen/laufen: → folgen (1)

Hintere, der: → Gesäß

hintereinander: 1. ⟨*eins dem anderen folgend*⟩ eins hinter dem anderen · in Reih und Glied ♦ *umg*: im Gänsemarsch – **2.** → nacheinander – **3.** h. stellen: → aufreihen (2)

Hintereinander, das: → Reihenfolge

hintereinanderweg: 1. → ununterbrochen – **2.** flüssig (2)

Hinterfront, die: → Rückseite (1)

hintergehen: ein falsches Spiel treiben · falsch spielen · ein doppeltes Spiel spielen; → *auch* betrügen (1)

Hintergrund, der: **1.** ⟨*das Hintere des zu Sehenden*⟩ Fond; Prospekt (*veraltend*) + Background · Grund – **2.** → Ursache – **3.** in den H. drängen: → verdrängen (1); im H. bleiben, sich im H. halten: → zurückhalten (II, 1)

hintergründig: → geheimnisvoll (1)

hinterhaken: → nachforschen

Hinterhalt, der: in einen H. locken: → überlisten; im H. liegen: → lauern (1)

hinterhältig: → hinterlistig

Hinterhältigkeit, die: → Hinterlist

hinterher: 1. ⟨*ganz am Ende kommend*⟩ hinterdrein · [hinten]nach + hinten · nachstehend · nachträglich ♦ *umg*: als Schlusslicht – **2.** → danach (1) – **3.** → folgend (a) – **4.** h. sein: **a)** → Verlangen (4) – **b)** → verfolgen (1) – **c)** → Verzug (3, a)
hinterherblicken: → nachsehen (1)
hinterhergehen: → folgen (1)
hinterherhinken: 1. → Verzug (3, a) – **2.** → zurückbleiben (1)
hinterherjagen: 1. → verfolgen (1) – **2.** → nacheilen
hinterherlaufen: 1. → folgen (1) – **2.** → verfolgen (1)
hinterhermachen: → verfolgen (1)
hinterherrennen: → nacheilen
hinterherschauen: → nachsehen (1)
hinterhersehen: → nachsehen (1)
hinterhersetzen: → verfolgen (1)
hinterherstürzen: → nacheilen
hinterherziehen: → folgen (1)
hinterherzockeln: → folgen (1)
hinterherzuckeln: → folgen (1)
hinterkippen: → trinken (1, a)
Hinterland, das: Etappe · Etappengebiet (*milit*)
hinterlassen: 1. → vererben – **2.** → zurücklassen (1)
Hinterlassenschaft, die: Erbe · Erbschaft · Erblassenschaft · Erbteil · Nachlass · Nachlassenschaft
hinterlegen: deponieren · in Verwahrung geben + sicherstellen
Hinterlist, die: Heimtücke · Hinterhältigkeit · Arglist · Hinterlistigkeit · Verschlagenheit + Verstecktheit; → *auch* Bosheit, Intrige
hinterlistig: heimtückisch · hinterhältig · arglistig · verschlagen · bösartig; hintertückisch (*landsch*) + versteckt · aalglatt · falsch; → *auch* boshaft (1), intrigant
Hinterlistigkeit, die: → Hinterlist
Hintermann, der: **1.** ⟨*verborgen Handelnder*⟩ Anstifter · Auftraggeber; Drahtzieher (*abwert*) + graue Eminenz ♦ *umg*: Macher (*abwert*) – **2.** → Zuträger
Hintern, der: **1.** → Gesäß – **2.** den H. versohlen: → züchtigen (1); in den H. kriechen: → einschmeicheln, sich; Feuer unter dem H. machen, Pfeffer in den H. blasen: → antreiben (2); sich den H. wegreißen: → übereifrig
hinterrücks: von hinten · meuchlings
hinterschaffen: → hintertragen
hinterschlingen: → schlucken (1)
hinterschlucken: → schlucken (1)
Hinterseite, die: → Rückseite (1)
hintersinnig: → schwermütig
Hintersitz, der: → Rücksitz
Hinterste, der: → Gesäß
Hintersteven, der: → Gesäß
Hinterteil, das: **1.** → Gesäß – **2.** → Ende (1, a)
hintertragen (*landsch*): hinterbringen · hinterschaffen
Hintertreffen, das: ins H. geraten: → leer (4)
hintertreiben: → vereiteln
Hintertreibung, die: → Vereitelung
Hintertreppengeflüster, das: → Gerede (1)
hintertückisch: → hinterlistig
Hintertür, die: **1.** → Ausweg – **2.** durch die H.: → heimlich (1); sich [stets] eine H./ein Hintertürchen offen halten: → versichern (II, 2)
Hinterviertel, das: → Gesäß
hinterwäldlerisch: 1. → rückständig – **2.** → ländlich
hinterwärts: → hinten (3, a)
hinterziehen: → unterschlagen (1)
Hinterziehung, die: → Unterschlagung
hintragen: → hinbringen (1)
hintreten: wo man hintritt: → überall (1)
hinüber: 1. ⟨*über etw. Trennendes hinweg*⟩ nach drüben – **2.** → verbraucht (1) – **3.** → entzwei – **4.** → betrunken (1) – **5.** → tot (1)
hinüberdämmern: → einschlafen (1), sterben (1)
hinüberfahren: übersetzen · überholen
hinübergehen: → sterben (1)
hinüberhelfen: → überbrücken
hinüberschlummern: → sterben (1)
hinüberwechseln: → überschreiten
Hin und Her, das: **1.** → Gewoge (1) – **2.** → Durcheinander (2) – **3.** → Tauziehen
hinunter: hinab · abwärts · in die Tiefe · nach unten · nieder · erdwärts ♦ *gehoben*: niederwärts · himmelab; → *auch* bergab (1), herunter (1)
hinunterblicken: 1. ⟨*seinen Blick nach unten richten*⟩ hinabblicken · hinabschauen · hinunterschauen · hinabsehen · hinuntersehen · herabschauen · herabsehen · herabblicken – **2.** h. |auf|: → verachten (1)
hinuntergießen: → trinken (1, a)
hinuntergleiten: → abgleiten (2)
hinunterkippen: → trinken (1, a)

hinunterlassen: → herunterlassen
hinunterrutschen: → abgleiten (2)
hinunterschauen: 1. → hinunterblicken (1) – **2.** h. |auf|: → verachten (1)
hinunterschlingen: → schlucken (1)
hinunterschlucken: 1. → schlucken (1) – **2.** → hinnehmen (1) – **3.** → unterdrücken (2)
hinuntersehen: 1. → hinunterblicken (1) – **2.** h. |auf|: → verachten (1)
hinuntersteigen: → absteigen (1)
hinunterstürzen: 1. → fallen (1) – **2.** → trinken (1, a)
hinuntertrinken: → trinken (1, a)
hinunterwürgen: 1. → schlucken (1) – **2.** → unterdrücken (2)
hinunterziehen: → verderben (1)
hinvegetieren: → dahinleben
hinweg: darüber h. sein: → überstanden
Hinweg, der: → Anfahrt (1)
hinwegfegen: → zerstören (2)
hinweggehen: h. |über|: → übersehen (I, 1)
hinweghelfen: h. |über|: → überbrücken
hinwegkommen: h. |über|: → überwinden (I, 1)
hinwegsehen: h. |über|: **a)** → übersehen (I, 1) – **b)** → absehen (4, a)
hinwegsetzen, sich: sich h. |über|: → überwinden (I, 1)
Hinweis, der: Fingerzeig · Andeutung · Anspielung · Tipp · Wink · Bemerkung + Geheimtipp ♦ *umg*: Wink mit dem Zaunpfahl/Laternenpfahl; → *auch* Rat (1)
hinweisen: h. |auf|: hindeuten |auf| · hinzeigen |auf| · [ver]weisen |auf| · aufmerksam machen |auf| · ins Blickfeld rücken · mit den Fingern zeigen |auf| · den Finger auf die Wunde legen · ein Schlaglicht werfen |auf| + andeuten ♦ *umg*: mit der Nase stoßen |auf|; → *auch* zeigen (I, 1)
hinwelken: → welken (1)
hinwenden, sich: → zuwenden (II, 1)
hinwerfen: 1. → zuwerfen (1) – **2.** → aufgeben (3) – **3.** den Fehdehandschuh/Handschuh h.: → herausfordern; ein paar Brocken h.: → abfinden (I, 1); den Laden h.: → aufgeben (3); den Kram/Krempel h.: **a)** → aufgeben (3) – **b)** → kündigen (1)
hinwieder[um]: → dagegen (2)
hinzeigen: h. |auf|: → hinweisen
hinziehen: I. hinziehen: → verzögern (I) – **II.** hinziehen, sich: → verzögern (II)
hinzielen: h. |auf|: → abzielen
hinzudrängen: → anschließen (II, 1)
hinzufügen: 1. ⟨*ergänzend sagen*⟩ ergänzen · hinzusetzen · zufügen · hinzutun – **2.** → beigeben (1)
Hinzufügung, die: → Ergänzung (1)
hinzugesellen, sich: → hinzukommen
hinzuholen: 1. → bringen (1) – **2.** → heranziehen (1)
hinzukommen: dazukommen · hinzutreten · sich dazugesellen · sich hinzugesellen + hineingeraten; → *auch* anschließen (II, 1)
Hinz und Kunz: → jedermann
hinzunehmen: → einbeziehen
hinzurechnen: → einbeziehen
hinzurufen: → herbeirufen (1)
hinzusetzen: → hinzufügen (1)
hinzustoßen: → anschließen (II, 1)
hinzuströmen: → anschließen (II, 1)
hinzutreten: → hinzukommen
hinzutun: → hinzufügen (1)
hinzuzählen: → einbeziehen
hinzuziehen: → heranziehen (1)
Hiobsbotschaft, die: → Schreckensnachricht
Hiobskunde, die: → Schreckensnachricht
Hiobspost, die: → Schreckensnachricht
[1]**Hippe,** die: → Sense (1)
[2]**Hippe,** die: → Xanthippe
[3]**Hippe,** die: → Ziege (1)
Hippie, der: Blumenkind; → *auch* Gammler
Hippodrom, der *od.* das: → Reitbahn
Hirn, das: **1.** ⟨*Teil des Zentralnervensystems*⟩ Gehirn; Bregen (*norddt*) – **2.** → Verstand (1) – **3.** das/sein H. strapazieren/zermartern: → nachdenken (1)
Hirngespinst, das: → Einbildung (1), Erfindung (1)
Hirnhautentzündung, die: Meningitis (*med*)
Hirni, der: → Dummkopf (2)
hirnlos: → dumm (1)
hirnrissig: 1. → sinnlos (1) – **2.** → widersinnig (1) – **3.** → verrückt (1)
Hirnschlag, der: → Schlaganfall
hirnverbrannt: 1. → sinnlos (1) – **2.** → verrückt (1)
Hirsch, der: flink wie ein H.: → schnell (1, a)
Hirschfänger, der: → Dolch
Hirt, der: Hüter; Halter (*österr*) + Gaucho · Cowboy; → *auch* Hütejunge

Hirte, der: **1.** → Beschützer – **2.** → Geistliche
hissen: aufhissen · [auf]heißen · hochziehen; → *auch* flaggen
Historie, die: → Geschichte (1)
historisch: → geschichtlich (1)
Hit, der: → Schlager (1), Verkaufsschlager
Hitliste, die: Charts
Hitsche, die: → Fußbank
Hitze, die: **1.** ⟨*sehr hohe Temperatur*⟩ Siedehitze · Glut[hitze] · Sommerhitze; Bruthitze (*abwert*) + Wärme · Schwüle ♦ *gehoben*: Gluthauch · Brand ♦ *salopp*: Affenhitze · Bullenhitze (*abwert*) – **2.** in der H. des Gefechts: → versehentlich; in H. geraten: → erzürnen (2)
hitzig: → aufbrausend
Hitzkopf, der: Heißsporn · Brausekopf · Feuerkopf · Choleriker · heißes Blut + Draufgänger · Fanatiker · Enthusiast · Wirrkopf ♦ *umg*: Kribbelkopf · Rappelkopf
hitzköpfig: → aufbrausend
Hobby, das: → Liebhaberei
Hobbybastler, der: → Bastler
Hobbyhandwerker, der: → Bastler
Hobbywerker, der: → Bastler
hoch: 1. ⟨*sich weit nach oben erstreckend*⟩ hoch ragend · haushoch · turmhoch · himmelhoch · klafterhoch; → *auch* groß (2) – **2.** → herauf, hinauf – **3.** h. gestellt: ⟨*in gehobener Stellung*⟩ hoch stehend · hochrangig · von hohem Rang – **4.** h. stehend: → 3; h. achten: **a)** → achten (1) – **b)** → verehren (1); h. aufgeschossen: → groß (2); h. ragend: → 1; h. schätzen: **a)** → achten (1) – **b)** → verehren (1); von hohem Wuchs: → groß (2); höher machen: → erhöhen (I, 1); hohes Tier: → Hochgestellte; von hohem Rang: → 3; von hoher Abkunft: → adlig (1); in hohem Grade/Maße: → sehr; in hohem Alter: → alt (1); h. und heilig versprechen: → versprechen (I, 1); eine hohe Meinung haben |von|: → achten (1); h. im Kurs stehen: → angesehen (2); die Nase h. tragen, h. hinauswollen: → eingebildet (3); zu h.: → unverständlich (1); zu h. greifen: → verschätzen, sich; [sein Geld] auf die hohe Kante legen: → sparen (1); höhere Mathematik: → unverständlich (1)
Hoch, das: **1.** ⟨*Gebiet hohen Luftdrucks*⟩ Hochdruckgebiet · Hochdruckzone; Antizyklone (*Met*) – **2.** → Hochruf – **3.** ein H. ausbringen |auf|: → ehren
hochachtbar: → achtbar (1)
Hochachtung, die: **1.** → Achtung (1) – **2.** → Ehrfurcht
Hochadel, der: → Adel (1)
Hochamt, das (*kathol*): + Pontifikalamt; → *auch* Gottesdienst
hochanständig: → anständig (1)
Hochantenne, die: Freiluftantenne · Dachantenne
hocharbeiten, sich: → emporarbeiten, sich
hochbedeutend: → wichtig (1)
hochbedeutsam: → wichtig (1)
hochbegabt: → begabt
hochbejahrt: → alt (1)
hochbetagt: → alt (1)
Hochbetrieb, der: → Trubel (1)
hochbinden: → aufbinden (2)
hochblicken: → aufsehen (1)
Hochblüte, die: → Blütezeit
hochbringen: 1. → ärgern (I) – **2.** → fördern (1) –**3** . → heben (I, 1) – **4.** → heilen (1) – **5.** → aufziehen (3, b)
Hochdruck, der: → Anstrengung (1)
Hochdruckgebiet, das: → Hoch (1)
Hochdruckzone, die: → Hoch (1)
Hochebene, die: Hochfläche · Hochplateau · Plateau · Platte; → *auch* Gebirge
hochexplosiv: → explosiv
hochfahren: → auffahren (1)
hochfahrend: → überheblich
Hochfinanz, die: → Finanzkapital
Hochfläche, die: → Hochebene
Hochflut, die: **1.** → Flut (1) – **2.** → Andrang (1)
hochgebildet: → gebildet
Hochgebirgstouristik, die: → Alpinistik
hochgeboren: → adlig (1)
Hochgefühl, das: → Freude (1)
hochgehen: 1. → aufsteigen (1) – **2.** → aufgehen (2) – **3.** → explodieren (1) – **4.** → aufbrausen (2) – **5.** h. lassen: → verraten (1); es ist um an den Wänden hochzugehen: → verzweifeln (2)
hochgelahrt: → gelehrt (1)
hochgemut: → fröhlich (1)
Hochgenuss, der: **1.** → Freude (2) – **2.** → Leckerbissen
Hochgericht, das: → Galgen (1)
hochgeschätzt: 1. → verehrt – **2.** → angesehen (1)
Hochgestellte, der: Großkopfete (*landsch abwert*) ♦ *umg*: hohes/großes Tier; → *auch* Persönlichkeit (I, 2)

hochgestochen: → überheblich
Hochglanz, der: **1.** → Glanz (3) – **2.** auf H. polieren: → polieren (1)
hochglänzend: → glänzend (1)
hochgradig: → stark (1)
hochhalten: 1. → ehren – **2.** die Fahne h.: → aushalten (2)
Hochhaus, das: + Wolkenkratzer · Punkthaus
hochheben: 1. ⟨*vom Damenrock, Kleid gesagt: ein wenig anheben*⟩ raffen · aufnehmen · [auf]schürzen · heben – **2.** → [1]anheben, heben (I, 1) –**3.** → aufheben (2)
hochheilig: → heilig (1)
hochhelfen: → aufhelfen (1)
hochherrschaftlich: → vornehm (1)
hochherzig: groß denkend · groß gesinnt · großherzig · großmütig · ritterlich · edel[mütig] · edelherzig · edelsinnig · edel denkend · hochsinnig · nobel + vornehm · adlig · aristokratisch; → *auch* selbstlos
Hochherzigkeit, die: Großmut · Großmütigkeit · Edelmut · Edelsinn · Hochsinn; → *auch* Selbstlosigkeit
hochhieven: → hochziehen (1)
hochkarätig: → berühmt (1)
hochklappen: → aufschlagen (5)
hochklettern: → hinaufklettern
hochkommen: → Erfolg (2)
Hochkonjunktur, die: Prosperität · Aufschwung + Hausse · Rush · Boom · Wirtschaftsaufschwung
hochkonzentriert: → konzentriert (1)
hochkrempeln: 1. → aufkrempeln – **2.** die Ärmel h.: → zugreifen (1)
Hochlautung, die: Bühnenaussprache; → *auch* Hochsprache
hochleben: h. lassen: → ehren
höchlich[st]: → sehr
hochmodern: → [2]modern (1)
Hochmut, der: → Überheblichkeit
hochmütig: → überheblich
Hochmütigkeit, die: → Überheblichkeit
hochnäsig: → überheblich
hochnehmen: 1. → heben (I, 1) – **2.** → verspotten – **3.** → betrügen (1) – **4.** → unschädlich (2)
hochpäppeln: → auffüttern
Hochplateau, das: → Hochebene
hochpreisen: → loben (1)
hochpreisig: → teuer
hochprozentig: → konzentriert (1)
hochrangig: → hoch (3)
hochrappeln, sich: → erholen, sich (1)
hochreißen: → hochzerren
hochrichten: → aufrichten (I, 1)
hochrot: → rot (1)
Hochruf, der: Hoch · Lebehoch · Hurra; Vivat (*veraltet*); → *auch* Jubel
hochrund: → bauchig (1)
Hochschätzung, die: → Achtung (1)
hochschauen: → aufsehen (1)
hochscheuchen: → aufscheuchen
hochschlagen: 1. → aufflammen (1) – **2.** → aufschlagen (5)
hochschnellen: → auffahren (1)
hochschrauben: → verteuern (I)
Hochschulabsolvent, der: → Akademiker (1)
Hochschule, die: → Universität
Hochschüler, der: → Student (1)
hochschwingen, sich: → aufschwingen, sich (1)
Hochsinn, der: → Hochherzigkeit
hochsinnig: → hochherzig
Hochsitz, der: Hochstand; Jagdkanzel · Kanzel (*weidm*); → *auch* [2]Anstand
hochsommerlich: → sommerlich (1)
Hochspannung, die: → Spannung (1)
hochspielen: → übertreiben (1)
Hochsprache, die: + Schriftsprache · Standardsprache · Gemeinsprache; → *auch* Hochlautung
hochsprachlich: schriftsprachlich + dialektfrei
höchst: 1. ⟨*das Maximum erreichend*⟩ größtmöglich; → *auch* letztmöglich – **2.** → sehr – **3.** aufs Höchste, in höchstem Grade: → sehr; höchste Zeit: → eilig (2); der höchste Richter: → Gott (1, a); das höchste Wesen: → Gott (1, b); in den höchsten Tönen loben: → loben (1)
Hochstand, der: → Hochsitz
Hochstapler, der: → Betrüger
Höchste: I. Höchste, der: → Gott (1, a) – **II.** Höchste, das: → Höchstmaß
hochstecken: → aufbinden (2)
hochstehen: → sträuben, sich (1)
hochsteigen: 1. → hinaufklettern – **2.** → emporfliegen, aufsteigen (1)
höchsteigen: → persönlich (1)
höchstens: → allenfalls (1)
Höchstgeschwindigkeit, die: → Spitzengeschwindigkeit
Höchstleistung, die: → Spitzenleistung (1)

Höchstmaß, das: Maximum · Optimum · das Höchste + Höchstwert · Höchststand; → *auch* Höhepunkt
hochstrebend: → strebsam
hochstrecken: → aufheben (2)
hochstreifen: → aufkrempeln
höchstselbst: → persönlich (1)
Höchststand, der: → Höchstmaß
höchstwahrscheinlich: → wahrscheinlich
Höchstwert, der: → Höchstmaß
hochtönend: → prahlerisch, schwülstig
Hochtourist, der: → Bergsteiger
Hochtouristik, die: → Alpinistik
hochtrabend: → schwülstig
hochtragend: → trächtig
hochtreiben: → verteuern (I)
hochverehrt: → verehrt
Hochverrat, der: + Landesverrat; → *auch* Verrat (1)
Hochwasser, das: **1.** → Flut (1) – **2.** → Überschwemmung
hochwerfen: emporwerfen · in die Höhe werfen
hochwertig: → wertvoll (1)
hochwillkommen: → willkommen (1)
hochwirksam: → wirksam (1)
hochwohlgeboren: → adlig (1)
hochwuchten: → heben (I, 1), stemmen (1)
hochwürdig: → verehrt
Hochzeit, die: **1.** ⟨*Fest der Eheschließung*⟩ Hochzeitsfeier · Hochzeitsfest – **2.** → Heirat – **3.** H. feiern/halten/machen: → heiraten (1)
Hochzeiter, der: → Bräutigam
Hochzeiterin, die: → Braut
Hochzeitsfeier, die: → Hochzeit (1)
Hochzeitsfest, das: → Hochzeit (1)
hochzerren: hochreißen · hochziehen · aufreißen · aufzerren; → *auch* aufrichten (I, 1)
hochziehen: **1.** ⟨*durch Ziehen nach oben befördern*⟩ nach oben/in die Höhe ziehen · hinaufziehen · heraufziehen · emporziehen + aufziehen · aufwinden · aufholen; [hoch]hieven (*seem*); → *auch* heben (I, 1) – **2.** → hissen – **3.** → bauen (1), errichten (1) – **4.** → hochzerren – **5.** → aufziehen (1)
Hochziel, das: → Ziel (3)
[1]Hocke, die: **1.** ⟨*Körperstellung mit angezogenen Beinen*⟩ Hockstellung · Kauerstellung – **2.** in die H. gehen: → kauern (II)
[2]Hocke, die: → Puppe (3)
hocken: **1.** → kauern (I) – **2.** → sitzen (1) – **3.** h. bleiben: → sitzen (6, a)
Hocker, der: Schemel · Sitz; Stockerl (*süddt österr*) + Dreibein · Puff
Höcker, der: → Buckel (1)
höckerig: **1.** → bucklig (1) – **2.** → uneben (1)
Hockstellung, die: → [1]Hocke (1)
Hof, der: **1.** → Bauernhof – **2.** Haus und H.: → Anwesen; den H. machen: **a)** → flirten – **b)** → werben (2, a)
Hofadel, der: → Adel (1)
Hoffart, die: → Überheblichkeit
hoffärtig: → überheblich
hoffen: der [besten] Hoffnung sein · sich der Hoffnung hingeben · die Hoffnung/Erwartung hegen + harren; → *auch* wünschen (1)
Hoffnung, die: **1.** ⟨*das feste Glauben an das Eintreten des Gewünschten*⟩ Zuversicht · Erwartung · Glaube[n] + Blütentraum · Hoffnungsschimmer; → *auch* Optimismus, Vertrauen (1) – **2.** der [besten] H. sein, sich der H. hingeben, die H. hegen: → hoffen; die H. nicht aufgeben: → aushalten (2); seine H. begraben: → resignieren; die H. nehmen/rauben/erschüttern/zunichte machen: → entmutigen; guter H./in H. sein: → schwanger (2); sich falschen Hoffnungen hingeben; → irren (II); sich keine falschen Hoffnung machen: → Illusion (3); seine H. setzen |auf|: → vertrauen; keine H. [mehr] haben: → verzweifeln (1); ohne H.: → verzweifelt
hoffnungsfroh: → optimistisch (1)
hoffnungslos: **1.** ⟨*ohne Aussicht auf ein gutes Ende*⟩ aussichtslos · ausweglos · verfahren · ohne Aussicht auf Erfolg · illusorisch – **2.** h. sein: ⟨[*von vornherein*] *keinen Erfolg versprechen*⟩ zu keinem Erfolg führen · keine Zukunft haben ♦ *umg*: da ist nichts zu wollen · daraus wird nichts ♦ *salopp*: Essig sein |mit| · sich abschminken können · schlechte Karten haben – **3.** ein hoffnungsloser Fall sein: → unverbesserlich (2)
Hoffnungslosigkeit, die: **1.** ⟨*die Gewissheit des Nichterfülltwerdens eigener Wünsche*⟩ Aussichtslosigkeit · Ausweglosigkeit – **2.** → Verzweiflung (1)
Hoffnungsschimmer, der: → Hoffnung (1)
Hoffnungsträger, der: → Vorbild (1)
hoffnungsvoll: → optimistisch (1)
Hoffront, die: → Rückseite (1)
Hofgesinde, das: → Gesinde

hofieren: → schmeicheln (1)
höflich: formgewandt · artig · galant · ritterlich · kavaliersmäßig · gentlemanlike · in aller Höflichkeit; chevaleresk (*veraltend*) + verbindlich; → *auch* freundlich (1), aufmerksam (2), umgänglich
Höflichkeit, die: **1.** ⟨*rücksichtsvoll-verbindl. Wesen*⟩ Galanterie · Ritterlichkeit · Courtoisie + Aufmerksamkeit · Gewandtheit · Verbindlichkeit; → *auch* [1]Anstand (1), Freundlichkeit (1) – **2.** in aller H.: → höflich
Höflichkeitsbesuch, der: Anstandsbesuch · Aufwartung + Antrittsbesuch · Visite; → *auch* Besuch (1)
Hofnarr, der: → Spaßmacher
Hofschranze, die: → Schmeichler
Hofseite, die: → Rückseite (1)
Hofzwerg, der: → Spaßmacher
Höhe, die: **1.** → Berg (I, 1), Hügel – **2.** → Ausmaß – **3.** in die H.: → hinauf; in die H. ziehen: → hochziehen (1); in die H. werfen: → hochwerfen; in die H. schießen: → wachsen (1); in die H. fahren: → auffahren (1), aufbrausen (2); das ist [ja] die H.: → unerhört (2); in die H. gehen: → aufbrausen (2); in die H. gehen/klettern: → steigen (1); in die H. schrauben: → verteuern (I); in die H. bringen: → fördern (1); nicht auf der H. sein, sich nicht auf der H. fühlen: → krank (2)
Hoheit, die: → Würde (1)
Hoheitsgebiet, das: → Staatsgebiet
hoheitsvoll: → würdevoll
Höhenflug, der: geistiger H.: → Gedankenflug
Höhenrücken, der: → Hügel
Höhenunterschied, der: → Gefälle (1)
Höhepunkt, der: Gipfel[punkt] · Glanzpunkt · Krönung · Kulmination · Nonplusultra · Highlight + Siedepunkt ♦ *umg*: Spitze; → *auch* Hauptattraktion, Höchstmaß
hohl: **1.** ⟨*einen Hohlraum bzw. eine Einbuchtung aufweisend*⟩ ausgehöhlt · eingebogen + konkav (*fachspr*) – **2.** → dumpf (2) – **3.** → dumm (1) – **4.** h. machen: → aushöhlen (1); hohler Kopf: → Dummkopf (1); einen hohlen Schädel haben: → dumm (6); [nur] für den hohlen Zahn: → wenig (1); hohle Worte, hohle Phrase: → Phrase (1); eine hohle Hand haben: → bestechlich (2); eine hohle Hand machen: **a)** → bestechlich (2) – **b)** → betteln (1); h. klingend: → dumpf (2)
Höhle, die: **1.** ⟨*Hohlraum im Gestein, in der Erde*⟩ Grotte – **2.** → Wohnung (1), Bau (3) – **3.** sich in die H. des Löwen begeben: → gefährden (II)
höhlen: → aushöhlen (1)
Hohlheit, die: → Geistlosigkeit
Hohlkopf, der: → Dummkopf (1)
hohlköpfig: → dumm (1)
Hohlraum, der: + Vakuum
Höhlung, die: → Vertiefung (1)
Hohlweg, der: Engpass · Enge; → *auch* Schlucht
Hohn, der: **1.** → Spott (1) – **2.** voll[er] H.: → spöttisch; H. sprechen: → widersprechen (2); H. und Spott ernten: → blamieren (II); mit H. überschütten: → verhöhnen
höhnen: → spotten (1)
höhnisch: **1.** → spöttisch – **2.** → schadenfroh (1)
Hokuspokus, der: **1.** → Unsinn (1, a) – **2.** → Zauberei – **3.** H. machen/treiben: → zaubern
hold: **1.** → anmutig – **2.** → schön (1) – **3.** → wohlgesinnt – **4.** die holde Weiblichkeit: → Frau (II)
Holde: **I.** Holde, der: → Geliebte (I) – **II.** Holde, die: → Geliebte (II)
Holder, der: → Holunder
Holdrio, das: → Freudenruf (1)
holdselig: **1.** → anmutig – **2.** → schön (1)
Holdseligkeit, die: **1.** → Anmut –**2.** → Schönheit (1)
holen: **1.** ⟨*sich an einen anderen Ort begeben u. etw. von dort herbeibringen*⟩ herzuholen · abholen + fortholen · wegholen ♦ *umg*: herholen; → *auch* beschaffen (1), bringen (1) – **2.** → verhaften – **3.** sich h.: → zuziehen (I, 4); sich etw. h.: → anstecken (II); sich eine Abfuhr h.: → abblitzen (1); tief Luft h.: → aufatmen (1)
Holländerei, die: → Milchwirtschaft (1)
Hölle, die: **1.** ⟨*Ort der Qualen in der christl. Religion*⟩ Inferno · Ort der Finsternis/Verdammnis · ewige Finsternis/Verdammnis; → *auch* Unterwelt (1) – **2.** Fürst der H.: → Teufel (1); die H. heiß machen: → bedrängen (1); das Leben zur H. machen: → quälen (I, 2); Himmel und H. in Bewegung setzen: → versuchen (I, 4); zur H. wünschen: → verwünschen (1); die grüne H.: → Urwald; zur H. fahren: → sterben (1)
Höllenangst, die: → Angst (1)
Höllenbrand, der: → Durst (1)

Höllendurst, der: → Durst (1)
Höllenfürst, der: → Teufel (1)
Höllenlärm, der: → Lärm (1)
Höllenmaschine, die: → Bombe (1)
Höllenqual, die: → Qual (1)
Höllenspektakel, der: → Lärm (1)
Höllenspuk, der: → Gespenst (1)
höllisch: → sehr
Holper, der: **1.** → Erschütterung (1) – **2.** → Bodenerhebung
holperig: 1. → uneben (1) – **2.** → stockend
holpern: stoßen · rumpeln · rattern ♦ *umg*: stuckern · schuckeln (*landsch*)
holterdiepolter: → eilig (1)
Holunder, der: Holder (*landsch*) ♦ *umg*: Flieder
Holz, das: **1.** → Wald (1) – **2.** aus H.: → hölzern (1); wie ein Stück H.: → steif (2); H. sägen: → schnarchen; viel H. vor der Hütte haben: → vollbusig (2)
Hölzchen, das: → Zündholz
Holzerei, die: **1.** → Schlägerei – **2.** → Regelwidrigkeit
hölzern: 1. ⟨*aus Holz bestehend bzw. hergestellt*⟩ aus Holz – **2.** → steif (2)
Holzklotz, der: → Klotz (1)
Holzkopf, der: → Dummkopf (1)
Holzlatschen (*Pl*): → Holzpantoffeln
Holzmehl, das: → Sägespäne
Holzpantinen (*Pl*): → Holzpantoffeln
Holzpantoffeln (*Pl*): Holzschuhe; Holzpantinen (*landsch*) ♦ *umg*: Holzlatschen; Pantinen · Klumpen (*landsch*) ♦ *salopp*: Klotzkorken (*landsch*); → *auch* Pantoffeln (II)
Holzschuhe (*Pl*): → Holzpantoffeln
Holzspan, der: → Span (1)
Holzsplitter, der: Splitter; Schiefer (*bes. österr*)
Holzweg, der: auf dem H. sein, auf den H. geraten: → irren (II)
homo: → homosexuell (a)
Homo, der: → Homosexuelle (I)
homoerotisch: → homosexuell (a)
homogen: → einheitlich (1)
homophil: → homosexuell (a)
Homophile: I. Homophile, der: → Homosexuelle (I) –**II.** Homophile, die: → Homosexuelle (II)
homophon: → einstimmig (1)
Homo sapiens, der: → Mensch (I, 1)
homosexuell: ⟨*zum gleichen Geschlecht hinneigend*⟩ **a)** ⟨*allgemein*⟩ gleichgeschlechtlich · invertiert · homoerotisch · homophil ♦ *umg*: andersherum · vom anderen Ufer · homo ♦ *salopp*: tuntig – **b)** ⟨*unter Frauen*⟩ lesbisch · sapphisch – **c)** ⟨*unter Männern*⟩ schwul
Homosexuelle: I. Homosexuelle, der: ⟨*zum eigenen Geschlecht hinneigender Mann*⟩ Uranist · Urning · der Invertierte · der Homophile · Gayboy · Gay · der Schwule ♦ *umg*: warmer Bruder/Onkel + Strichjunge · Stricher · ♦ *salopp*: Schwuchtel · Tunte · Schwuli · Homo · Pupe · Hundertfünfundsiebziger ♦ *derb*: Arschficker; → *auch* Päderast – **II.** Homosexuelle, die: ⟨*zum eigenen Geschlecht hinneigende Frau*⟩ Urninde · Lesbierin · Tribade · die Invertierte · die Homophile ♦ *umg*: Lesbe
honett: 1. → anständig (1) – **2.** → achtbar (1)
Honey, der: → Liebling (1)
Honig, der: süß wie H.: → schmeichlerisch; H. um den Bart/ums Maul schmieren: → schmeicheln (1)
Honiglecken, das: kein H. sein: → schwer (5)
Honigmonat, der: → Flitterwochen
Honigmond, der: → Flitterwochen
Honigschlecken, das: kein H. sein: → schwer (5)
honigsüß: 1. → süß (1) – **2.** → schmeichlerisch
Honigwochen (*Pl*): → Flitterwochen
Honneurs (*Pl*): **1.** → Ehrung – **2.** die H. machen: → willkommen (2)
honorabel: → ehrenvoll (1)
Honorar, das: → Vergütung (2)
Honoratioren (*Pl*): → Prominenz
honorieren: 1. → bezahlen (1) – **2.** → anrechnen (1)
honorig: → anständig (1)
Hooligan, der: → Raufbold
Hopfen, der: bei/an jmdm. ist H. und Malz verloren: → unverbesserlich (2)
Hopfenstange, die: → Lange
hopp: → vorwärts (1)
hoppeln: → hüpfen (1)
hopphopp: → schnell (2), vorwärts (1)
hoppla: → plump[s]
hoppnehmen: 1. → verhaften – **2.** → unschädlich (2)
hops: → **1.** tot (1) – **2.** → verloren (1)
Hops, der: → Sprung (1)
hopsen: → hüpfen (1), springen (1)
Hopser, der: → Sprung (1)

hopsgehen: **1.** → sterben (1) – **2.** → verloren (4)
hopsnehmen: **1.** → verhaften – **2.** → unschädlich (2)
Hörapparat, der: → Hörgerät
Horarium, das: → Gebetbuch
hörbar: vernehmlich · vernehmbar · ohrenfällig; → *auch* laut (1, a)
Hörbild, das: → Hörspiel
horchen: **1.** → lauschen – **2.** an der Matratze h.: → schlafen (1, a)
Horcher, der: **1.** ⟨*horchende Person*⟩ Lauscher – **2.** → Ohr (1)
Horchlöffel, der: → Ohr (1)
[1]**Horde,** die: → Obstgestell
[2]**Horde,** die: **1.** → [1]Schar (1) – **2.** → Bande
hören: **1.** ⟨*Schall wahrnehmen*⟩ vernehmen · wahrnehmen – **2.** → erfahren (1) – **3.** → verstehen (I, 1) – **4.** → gehorchen (1) – **5.** h. |auf|: **a)** → gehorchen (1) – **b)** → beachten; h. lassen: → ausstoßen (1); läuten h.: → erfahren (1); jmdm. vergeht Hören und Sehen: → staunen (1); sich h. lassen können: → beachtlich (5); die Flöhe husten/das Gras wachsen h.: → überklug (2)
Hörensagen, das: vom H.: → gerüchtweise
Hörer, der: → Student (1)
Hörerschaft, die: → Zuhörerschaft
Hörfolge, die: → Hörspiel
Hörfunk, der: → Rundfunk (1)
Hörgerät, das: Hörapparat
hörgeschädigt: → schwerhörig
hörig: **1.** → verfallen (3) – **2.** → leibeigen
Hörigkeit, die: Hörigkeitsverhältnis; → *auch* Knechtschaft (1), Unfreiheit
Hörigkeitsverhältnis, das: → Hörigkeit
Horizont, der: **1.** ⟨*das Blickfeld begrenzende scheinbare Trennlinie zwischen Erde u. Himmel*⟩ Kimm[ung] · Sichtgrenze – **2.** → Gesichtskreis (1) – **3.** → Bildungsstand – **4.** einen beschränkten H. haben: → beschränkt (4)
horizontal: **1.** → waagerecht – **2.** das horizontale Gewerbe: → Prostitution
Horizontale, die: → Prostituierte
Horn, das: **1.** ⟨*tier. Substanz*⟩ Fischbein – **2.** → Beule (1) – **3.** → Gipfel (1) – **4.** den Stier bei den Hörnern packen: → meistern; [mächtig] ins H. stoßen: → angeben (1); in dasselbe H. blasen/stoßen/tuten: → übereinstimmen (1); die Hörner zeigen: → verteidigen (II); Hörner aufsetzen: → betrügen (2, b)
Hornberger Schießen, das: ausgehen/enden wie das H.: → ergebnislos (2)
Hörnchen, das: Croissant; → *auch* Brötchen
hörnern: hornig ♦ *dicht*: hürnen
hornig: → hörnern
Hornochse, der: → Dummkopf (2)
Hornvieh, das: **1.** → Vieh (1) – **2.** → Dummkopf (2)
Hörorgan, das: → Ohr (1)
Horoskop, das: → Voraussage
horrend: → sehr
Horror, der: **1.** → Abscheu (1) – **2.** einen H. haben: **a)** → ängstigen (II, 1) – **b)** → [2]grauen, sich
Horrorfilm, der: → Gruselfilm
Hörsaal, der: Auditorium · Vorlesungsraum · Vorlesungssaal
Horsd'œuvre, das: → Vorspeise
Hörspiel, das: Hörbild · Hörfolge + Feature
Horst, der: **1.** → Nest (1) – **2.** → Wäldchen
horsten: → nisten (1)
Hörsturz, der: → Taubheit
Hort, der: → Kinderhort
horten: aufhäufen · anhäufen · [auf]-speichern · stapeln ♦ *umg*: hamstern; → *auch* ansammeln (I), zusammentragen
Hortnerin, die: → Kindergärtnerin
Hortung, die: Anhäufung
Hörvermögen, das: → Gehör (1)
Hose: **I.** Hose, die: **1.** ⟨*Kleidungsstück*⟩ Hosen; Beinkleid (*veraltet*) ♦ *umg*: Büx · Buxe (*norddt*) – **2.** Jacke/Rock wie H.: → gleich (2); tote H.: **a)** → Langeweile (1) – **b)** → Trauerkloß; in die H. gehen: → scheitern (b) – **II.** Hosen (*Pl*): **1.** → I, 1 – **2.** die H. anhaben: → bestimmen (2); sich [tüchtig] auf die H. setzen: **a)** → fleißig (2) – **b)** → lernen (1); [sich] vor Angst [noch] in die H. machen, die H. [gestrichen] voll haben: → ängstigen (II, 1); die H. strammziehen: → züchtigen (1); das Herz fällt/rutscht jmdm. in die H.: → verzagen (1)
Hosenbein, das: Beinling ♦ *umg*: Bein
Hosenboden, der: sich [tüchtig] auf den H. setzen: **a)** → fleißig (2) – **b)** → lernen (1); den H. strammziehen/straffziehen: → züchtigen (1)
Hosenmatz, der: → Knirps
Hosenscheißer, der: → Feigling
Hosentasche, die: Sack (*süddt österr schweiz*)
Hosianna, das: → Freudenruf (1)

Hospital, das: → Krankenhaus
Hospitant, der: → Gast (2), Gasthörer
Hospitation, die: → Besuch (1)
Hospiz, das: → Hotel (1)
Hostess, die: → Prostituierte
Hotel, das: **1.** ⟨*Haus für die Unterkunft Fremder*⟩ Gasthof · Gasthaus · Pension · Fremdenheim · Hospiz · Herberge · Fremdenherberge + Motel; → *auch* Unterkunft (1), Gästehaus – **2.** → Gaststätte (1, a)
Hotelhalle, die: Halle · Vestibül · Empfangshalle · Lounge · Foyer
Hotelier, der: → Gastwirt
Hottehü, das: → Pferd (1)
Hotto, das: → Pferd (1)
Hovercraft, das: → Luftkissenfahrzeug
Hübel, der: → Hügel
hüben: h. und/wie drüben: → beiderseits
hübsch: **1.** ⟨*Gefallen weckend*⟩ niedlich · gefällig · ansprechend – **2.** → schön (1)
Hubschrauber, der: Helikopter
Hucke, die: **1.** → Rückentrage – **2.** die H. voll hauen: → verprügeln; die H. vollügen: → belügen
hucken: → kauern (I)
huckepack: h. tragen: → tragen (I, 1)
Hudelei, die: → Schlendrian (1), Pfuscherei
hudeln: → pfuschen (1)
Hudriwudri, der: → Schussel (I)
Hüftbild, das: → Bildnis
Hüftformer, der: → Hüfthalter
Hüftgürtel, der: → Hüfthalter
Hüfthalter, der: Hüftgürtel · Strumpfhaltergürtel · Hüftformer + Straps; → *auch* Korsett
Hügel, der: Erhebung · Anhöhe · Höhe · Höhenrücken; Hübel (*landsch*); Büh[e]l (*süddt österr*); → *auch* Berg (I, 1), Bodenerhebung
hügelig: gewellt · wellig + bucklig; → *auch* bergig
Huhn, das: **1.** ⟨*Haustier*⟩ Haushuhn; Putput · Puthühnchen (*kinderspr*) + Henne – **2.** → Ziege (2) – **3.** fideles/lustiges H.: → Spaßvogel; da[rüber] lachen [ja] die Hühner: → lächerlich (3)
Hühnchen, das: ein H. rupfen |mit|: → belangen (1)
Hühnerauge, das: **1.** ⟨*Hornhautverdickung auf den Zehen*⟩ Krähenauge · Leichdorn (*landsch*) – **2.** auf die Hühneraugen treten: → kränken
Hühnerbrust, die: eine H. haben: → schmalbrüstig (2)
Hühnerglaube[n], der: → Aberglaube[n]
Hühnerleiter, die: → Treppe (1)
Hui, das: im H., in einem H.: → schnell (1, c)
Huld, die: → Wohlwollen (1)
huldigen: **1.** ⟨*als Herrn anerkennen*⟩ Treue geloben – **2.** → hingeben (II, 3) – **3.** → verehren (1) – **4.** → verschwören, sich (2)
Huldigung, die: **1.** → Treuegelöbnis – **2.** → Ehrung
huldreich: → wohlgesinnt
huldvoll: → wohlgesinnt
Hülle, die: **1.** → Schutzhülle – **2.** in H. und Fülle: → reichlich; die sterbliche H.: → Leiche (1); die sterbliche H. ablegen: → sterben (1)
hüllen: h. |in|: → einhüllen (1); sich in Schweigen h.: → schweigen (1 *u.* 2); in Dunkel gehüllt: → unklar (1)
hüllenlos: → nackt
Hülse, die: → ²Schale (1)
human: → menschlich
Humanismus, der: → Menschlichkeit
Humanist, der: → Menschenfreund
humanistisch: → menschlich
humanitär: **1.** → menschlich – **2.** → wohltätig
Humanitas, die: → Menschlichkeit
Humanität, die: → Menschlichkeit
Humbug, der: → Unsinn (1, a)
humid: → feucht (1)
Humidität, die: → Feuchtigkeit
Humor, der: **1.** → Heiterkeit (1) – **2.** → Witz (2) – **3.** ohne H.: → humorlos (1); keinen H. haben: → humorlos (2)
humorig: → heiter (1)
Humorist, der: → Spaßmacher
humoristisch: → spaßig (1)
humorlos: **1.** ⟨*nicht heiter-überlegen reagierend*⟩ ohne Humor ♦ *umg*: tierisch ernst – **2.** h. sein: ⟨*nicht heiter-überlegen reagieren*⟩ keinen Humor haben · keinen Spaß verstehen
Humorlosigkeit, die: *umg*: tierischer Ernst
humorvoll: → heiter (1), spaßig (1)
Hümpel, der: → Haufen (1)
humpeln: → hinken
Humpen, der: → Glas (I, 1)
Hund, der: **1.** ⟨*Haustier*⟩ Wauwau (*kinderspr*) ♦ *umg*: Vierbeiner; Promenadenmischung (*scherzh*); Kläffer (*abwert*); Blaffer (*landsch abwert*); Töle (*norddt abwert*) ♦ *salopp*: Hundevieh · Köter (*abwert*); →

auch Jagdhund (I), Spürhund (1) – **2.** → Schurke – **3.** fauler H.: → Faulenzer (1); kein H.: → niemand; falscher H.: → Heuchler; das ist ein dicker H.: → unerhört (2); bekannt sein wie ein bunter/scheckiger H.: → verrufen (3); mit allen Hunden gehetzt: → raffiniert (1); wie H. und Katze: → unversöhnlich (1); treu wie ein H.: → treu (1); wie einen H. behandeln: → demütigen (I); auf den H. kommen: → verwahrlosen (1); auf den H. bringen: → ruinieren (I, 1); frieren wie ein junger H.: → frieren (1)
Hundearbeit, die: → Mühsal
hundeelend: 1. → elend (1) – **2.** → unwohl (1)
Hundehütte, die: → Wohnung (1)
hundekalt: → kalt (1)
Hundekälte, die: → Kälte
Hundekoppel, die: → Jagdhund (II)
hundemäßig: → schlecht (1)
Hundemeute, die: → Jagdhund (II)
hundemüde: → müde (1)
Hundepack, das: → Gesindel
hundert: auf h. sein: → wütend (1)
hunderte: → viel (I, 1)
hunderterlei: → allerlei
hundertfach: → oft
Hundertfünfundsiebziger, der: → Homosexuelle (I)
hundertkarätig: → zuverlässig (1)
hundertmal: → oft
hundertprozentig: 1. → ganz (1) – **2.** → sicher (4)
hundertste: vom Hundertsten ins Tausendste kommen: → abschweifen (1)
Hundeschnauze, die: kalt wie [eine] H.: → gefühllos (1)
Hundevieh, das: → Hund (1)
Hundewetter, das: → Wetter (I, 2)
hündisch: → unterwürfig
hundserbärmlich: → verwerflich
Hundsfott, der: → Schurke
hundsgemein: → gemein (1)
hundsmiserabel: 1. → schlecht (1) – **2.** → unwohl (1)
Hüne, der: → Riese (1)
Hünengestalt, die: → Riese (1)
hünenhaft: → groß (2)
Hunger, der: **1.** ⟨*Bedürfnis nach Nahrung*⟩ Heißhunger · Magenknurren ♦ *umg*: Kohldampf · Dampf · Bärenhunger · Mordshunger · Riesenhunger · Wolfshunger ♦ *salopp*: Knast · Qualm (*landsch*); → *auch* Appetit, Unersättlichkeit (1), Gefräßigkeit (1) – **2.** → Verlangen (1) – **3.** den H. stillen: → essen (1); H. fühlen: → hungrig (2); H. haben: **a)** → hungrig (2) – **b)** → hungern (1); H. leiden: → hungern (1); Hungers/an H. sterben: → verhungern
Hungerkur, die: → Entfettungskur
Hungerleider, der: → Arme
hungern: 1. ⟨*Mangel an Nahrung leiden*⟩ Hunger leiden/haben · nichts zu essen haben · schmachten + fasten ♦ *umg*: nichts zu knabbern/zu [brechen und zu] beißen haben · am Hungertuch nagen · Kohldampf schieben; → *auch* darben, hungrig (2) – **2.** h. |nach|: → Verlangen (4)
Hungertuch, das: am H. nagen: → hungern (1)
Hungerturm, der: → Strafvollzugsanstalt
hungrig: 1. ⟨*Nahrung verlangend*⟩ heißhungrig · ausgehungert · ungesättigt ♦ *umg*: mit knurrendem Magen; → *auch* unersättlich (1), gefräßig (1) – **2.** h. sein: ⟨*etw. essen wollen*⟩ Hunger haben/fühlen · sich hungrig fühlen · nichts im Leibe/Magen haben ♦ *umg*: jmdm. knurrt der Magen · jmdm. hängt der Magen bis in die Kniekehlen · flau im Magen sein · Kohldampf/Dampf haben ♦ *salopp*: Knast/Qualm haben (*landsch*); → *auch* hungern (1) – **3.** sich h. fühlen: → 2
hüpfen: 1. ⟨*kleine Sprünge machen*⟩ hoppeln ♦ *umg*: hopsen; huppen (*landsch*) – **2.** → springen (1) – **3.** gehüpft wie gesprungen: → gleich (2); jmdm. hüpft das Herz vor Freude: → freuen (II, 1)
Hüpfer, der: **1.** → Sprung (1) – **2.** junger H.: → Junge (I, 1)
huppen: → hüpfen (1)
Hürde, die: **1.** → Obstgestell – **2.** → Hindernis (1)
Hure, die: **1.** → Prostituierte – **2.** eine H. sein: → prostituieren, sich (1)
huren: → prostituieren, sich (1)
Hurenhaus, das: → Bordell
Hurerei, die: → Unzucht, Prostitution
hürnen: → hörnern
Hurra, das: → Hochruf
Hurrapatriotismus, der: → Nationalismus
Hurrastimmung, die: → Begeisterung (1)
hurren: → eilen (I, 1)
Hurrikan, der: → Wirbelsturm
hurtig: → schnell (1, c)
Husarenritt, der: → Wagnis

Husarenstreich, der: → Überfall (1)
Husarenstück, das: → Wagnis
Husch, der: im H.: → schnell (1, c); auf einen H. kommen: → besuchen
Husche, die: → Regenguss
Huschelei, die: → Pfuscherei
huschelig: → ungenau (1)
huscheln: → pfuschen (1)
huschen: → eilen (I, 1)
huschig: → ungenau (1)
hüsteln: → räuspern, sich
husten: 1. ⟨*die Luft stoßweise u. geräuschvoll ausstoßen*⟩ *umg*: bellen; quöchen (*norddt*) – **2.** h. |auf|: → verzichten; was h.: → ablehnen (1); die Flöhe h. hören: → überklug (2)
[1]**Hut,** der: **1.** ⟨*Kleidungsstück zum Bedecken des Kopfes*⟩ + Kopfbedeckung · Filzhut ♦ *umg*: Filz; Melone · Kalabreser (*scherzh*) ♦ *salopp*: Dohle · Deckel; Eiersieder · Dunstkiepe (*scherzh*) + Filzdeckel; → *auch* Mütze (1) – **2.** ohne Hut: → barhäuptig; den Hut ziehen/lüften: → grüßen (1); ein alter Hut: **a)** → Bart (2) – **b)** → Gemeinplatz; den Hut aufhaben: → bestimmen (2); den Hut ziehen |vor|: → achten (1); seinen Hut nehmen: → zurücktreten (1); eins auf den Hut geben: → zurechtweisen; eins auf den Hut bekommen/kriegen: → tadeln (2); aus dem Hut machen: → improvisieren; nichts am Hut haben |mit|: → distanzieren (II); unter einen Hut bringen: → vereinen (I, 2)
[2]**Hut,** die: **1.** → Schutz (2, a) – **2.** auf der Hut sein: → vorsehen (II); in seine Hut nehmen: → schützen (I, 1)
Hütejunge, der: Halterbub (*österr*); → *auch* Hirt
hüten: 1. → weiden (I, 1) – **2.** → pflegen (I, 1, a) – **3.** → bewachen (1) – **4.** → schützen (I, 1) – **5.** das Bett h.: → krank (2); seine Zunge h.: → schweigen (2)
Hüter, der: **1.** → Wächter – **2.** → Hirt
Hutmacherin, die: → Modistin
Hutrand, der: → Krempe
Hutsche, die: → Schaukel
Hutschlange, die: → Kobra
Hutschnur, die: das geht über die H.: → unerhört (2)
Hütte, die: **1.** → Bude (1, a) – **2.** → Hüttenwerk – **3.** Hütten bauen: → bleiben (1); viel Holz vor der H. haben: → vollbusig (2)
Hüttenkäse, der: → Quark (1)
Hüttenwerk, das: Stahlwerk · Eisenhütte · Eisen[hütten]werk · Hütte
Hutung, die: → Weide (1)
hutzelig: → runzelig
Hutzelmännchen, das: → Kobold (1)
HwG-Mädchen, das: → Prostituierte
Hyäne, die: → Wucherer
hybrid: → überheblich
Hybridisation, die: → Kreuzung (1)
hybridisieren: → kreuzen (I, 1)
Hybridisierung, die: → Kreuzung (1)
Hybris, die: → Überheblichkeit
hygienisch: → sanitär
Hymne, die: → Lied (1)
Hymnus, der: → Lied (1)
hyperklug: → überklug (1)
hypermodern: → [2]modern (1)
hyperschlau: → überklug (1)
Hypertonie, die: → Bluthochdruck
Hypnotikum, das: → Schlafmittel
Hypochondrie, die: → Schwermut
hypochondrisch: → schwermütig
hypostasieren: → vergegenständlichen
Hypothek, die: **1.** ⟨*finanzielle Belastung eines Grundstücks, Hauses*⟩ Grundstücksbelastung · Grundschuld – **2.** → Last (1)
Hypothese, die: → Annahme (1)
hypothetisch: → angenommen (1)
hysterisch: → aufbrausend

I

i: 1. → pfui (1) – **2.** i wo, i bewahre: → keineswegs
ICE, der: → Schnellzug
ich: meine Wenigkeit (*scherzh*)
Ich, das: das bessere Ich: → Gewissen (1)
ichbezogen: 1. ⟨*die eigene Person als Zentrum betrachtend*⟩ egozentrisch · egoman – **2.** i. sein: ⟨*die eigene Person als Zentrum betrachten*⟩ *umg*: auf dem Egotrip sein
Ichsucht, die: → Selbstsucht
ichsüchtig: → selbstsüchtig
Ickerchen, das: → Zahn (I, 1)
ideal: 1. ⟨*in bester Weise verwendbar*⟩ gegeben · [best]geeignet · wie geschaffen |für| – **2.** → vollkommen (1) – **3.** → großartig (1)
Ideal, das: → Vorbild (1)
idealisieren: → beschönigen
Idealismus, der: → Hingabe (1)
Idealist, der: → Schwärmer (1)
idealistisch: → weltfremd
Ideallösung, die: Königsweg; → *auch* Lösung (1)
Idee, die: **1.** → Gedanke (1) – **2.** → Einfall (1) – **3.** → Leitgedanke – **4.** fixe I.: → Einbildung (1); eine I.: → wenig (2); auf die I. kommen: → einfallen (1); an fixen Ideen leiden: → geisteskrank (2)
ideell: 1. → begrifflich – **2.** → gedacht
ideenarm: → geistlos
Ideenassoziation, die: → Gedankenverbindung
Ideenflucht, die: → Gedächtnisschwäche (1)
Ideenfolge, die: → Gedankengang
Ideengang, der: → Gedankengang
Ideengehalt, der: → Gedankengehalt
Ideenkette, die: → Gedankengang
Ideenkonferenz, die: Brainstorming
ideenlos: → geistlos
ideenreich: → einfallsreich
Ideenreichtum, der: → Gedankenreichtum (1)
Ideenverknüpfung, die: → Gedankenverbindung
identifizieren: → wiedererkennen (1)
identisch: → gleich (1)
Identität, die: → Übereinstimmung (1)
Identitätskarte, die: → Personalausweis
Ideologie, die: → Weltanschauung
Idiolatrie, die: → Götzendienst
Idiom, das: **1.** → Phraseologismus – **2.** → Mundart
idiomatisch: idiomatische Wendung/Redewendung: → Phraseologismus
Idiosynkrasie, die: → Widerwille
Idiot, der: **1.** → Schwachsinnige – **2.** → Dummkopf (2)
idiotenhaft: → dumm (1)
Idiotie, die: **1.** → Schwachsinn (1) – **2.** → Dummheit (1) – **3.** → Sinnlosigkeit
idiotisch: 1. → schwachsinnig (1) – **2.** → dumm (1) – **3.** → sinnlos (1)
Idiotismus, der: → Dummheit (1)
Idol, das: **1.** → Abgott (1 *u.* 2) – **2.** → Götzenbild
Idolatrie, die: → Götzendienst
idyllisch: 1. ⟨*einem Zustand ländl. Friedens entsprechend*⟩ bukolisch · friedvoll · friedlich · beschaulich + still – **2.** → gemütlich
Igelstellung, die: → Abwehrstellung
igitt[igitt]: → pfui (1)
Ignorant, der: → Dummkopf (1)
Ignorantentum, das: → Unwissenheit
Ignoranz, die: → Unwissenheit
ignorieren: 1. ⟨*absichtlich nicht beachten*⟩ übersehen · missachten · keine Beachtung schenken · keines Blickes würdigen · keiner Antwort für würdig halten ♦ *umg*: schneiden · links liegen lassen · wie Luft behandeln; → *auch* verachten (1) – **2.** → übersehen (I, 1)
illegal: → ungesetzlich
Illegalität, die: → Ungesetzlichkeit
illegitim: 1. → ungesetzlich – **2.** → unehelich

illern: → spähen (1), Blick (4)
illiquid: → zahlungsunfähig (1)
Illiquidität, die: → Zahlungsunfähigkeit
illoyal: → untreu (1)
Illoyalität, die: → Untreue (1)
illuminieren: 1. → beleuchten (1) – **2.** → bebildern – **3.** → ausmalen (1)
illuminiert: → betrunken (1)
Illusion, die: **1.** → Wunschvorstellung – **2.** → Irrtum (1) – **3.** sich keine Illusionen machen: ⟨*sich nicht trügerischen Hoffnungen hingeben*⟩ sich keine falschen Hoffnungen machen · Realist sein ♦ *umg*: sich keine Schwachheiten einbilden – **4.** aus seinen Illusionen reißen, die Illusionen rauben/nehmen: → ernüchtern; Illusionen haben, sich einer I. hingeben: → irren (II)
illusionär: → scheinbar
Illusionist, der: **1.** → Schwärmer (1) – **2.** → Zauberkünstler
illusionistisch: → scheinbar
illusorisch: 1. → scheinbar – **2.** → hoffnungslos (1)
illuster: 1. → berühmt (1) – **2.** → glänzend (2)
Illustration, die: **1.** → Bebilderung – **2.** → Abbildung – **3.** → Veranschaulichung
Illustrator, der: → Erklärer
illustrieren: 1. → veranschaulichen – **2.** → bebildern
Illustrierte, die: → Zeitschrift
Illustrierung, die: → Veranschaulichung
imaginabel: → vorstellbar
imaginär: 1. → gedacht – **2.** → scheinbar
Imagination, die: → Einbildungskraft
imbezil[l]: → schwachsinnig (1)
Imbezillität, die: → Schwachsinn (1)
Imbiss, der: **1.** ⟨*kleine Mahlzeit*⟩ Stärkung · Snack; Brotzeit (*landsch*) ♦ *umg*: Bissen · Happen; → *auch* Frühstück, Nachmittagskaffee – **2.** → Mahlzeit (1)
Imitation, die: → Nachahmung
Imitator, der: Nachahmer
imitieren: → nachahmen
imitiert: → unecht (1)
Imker, der: Bienenzüchter; Bienenvater (*scherzh*)
immanent: 1. → innewohnend – **2.** i. sein: → innewohnen
immateriel[l]: → übersinnlich
immens: → groß (1)
immer: 1. ⟨*zeitlich ohne Unterbrechung u. Begrenzung*⟩ stets · dauernd · ständig · fortgesetzt · fortwährend · all[e]zeit · immerzu · jederzeit · allemal · zu jeder Stunde/Zeit · früh und spät · tagaus, tagein · Tag für Tag · Sommer wie Winter; alleweil (*landsch*) ♦ *gehoben*: immerfort · fort und fort ♦ *umg*: egal (*landsch*) + all mein Lebtag; → *auch* ewig (1), jährlich (1), endlos (b), ununterbrochen – **2.** schon i.: ⟨*nicht erst seit heute*⟩ seit je · seit/von jeher · seit eh und je – **3.** noch i.: ⟨*auch jetzt noch geltend*⟩ nach wie vor – **4.** für/auf i.: → endgültig; i. wieder: → wiederholt (1); fast i.: → meist
immerdar: 1. → ewig (1) – **2.** jetzt und i.: → ewig (1)
immerfort: 1. → immer (1) – **2.** → ununterbrochen
immergrün: → dauerhaft
immerhin: 1. → freilich (1) – **2.** → jedenfalls
immerwährend: 1. → ewig (1) – **2.** → ununterbrochen – **3.** → endlos (b)
immerzu: → immer (1)
Immigration, die: → Einwanderung
immigrieren: → einwandern
Immobilie, die: → Grundstück (I)
immun: 1. ⟨*gegen Krankheitserreger unempfindlich*⟩ geschützt · gefeit; → *auch* widerstandsfähig (1, b) – **2.** → widerstandsfähig (1, b) – **3.** i. machen: → impfen
Immunisation, die: → Schutzimpfung
immunisieren: → impfen
Immunisierung, die: → Schutzimpfung
Imperator, der: **1.** → Herrscher – **2.** → Heerführer
imperatorisch: → herrisch (1)
Imperialismus, der: Expansionsstreben · Expansionismus · Expansionspolitik · Weltmachtstreben · Vormachtstreben
imperialistisch: expansionistisch
Imperium, das: → Großmacht
impertinent: → frech (1)
Impertinenz, die: → Frechheit
Impetus, der: → Antrieb (1)
impfen: schutzimpfen · immunisieren · immun machen; vakzinieren (*med*)
Impfreis, das: → Pfropfreis
implantieren: einpflanzen · einoperieren; → *auch* transplantieren
implizieren: → einbeziehen
implizit[e]: → einschließlich
imponderabel: unwägbar · unberechenbar; → *auch* unerwartet
Imponderabilien (*Pl*): → Unwägbarkeiten

imponieren: → beeindrucken
imponierend: → eindrucksvoll
Import: **I.** Import, der: → Einfuhr – **II.** Importe (*Pl*): → Einfuhrgut
Importartikel, der: → Einfuhrgut
importieren: → einführen (I, 1)
Importware, die: → Einfuhrgut
imposant: **1.** → eindrucksvoll – **2.** → stattlich (1)
impotent: **1.** → zeugungsunfähig (1) – **2.** → unfähig (1)
Impotenz, die: **1.** → Zeugungsunfähigkeit – **2.** → Unvermögen
Impresario, der: → Betreuer
Impression, die: → Eindruck (1)
Impromptu, das: → Improvisation
Improvisation, die: Impromptu · Fantasie (*Mus*)
improvisieren: aus dem Hut machen
improvisiert: → frei (3)
Impuls, der: → Antrieb (1)
impulsiv: → unüberlegt (1)
imstande: i. sein |zu|: **1.** ⟨*die nötige Entschlusskraft zur Ausführung besitzen*⟩ vermögen · können · fähig sein |zu| – **2.** → können (1)
[1]**in:** **1.** → innerhalb – **2.** mitten in: → inmitten (1); in etwa: → ungefähr (1)
[2]**in:** in sein: → [2]modern (2)
inadäquat: → unangemessen
inaktiv: → untätig (1)
Inaktivität, die: → Untätigkeit
inakzeptabel: → unannehmbar
Inangriffnahme, die: → Beginn (2)
Inanspruchnahme, die: **1.** → Belastung (1) – **2.** → Verwendung (1)
Inaugenscheinnahme, die: → Einblick (2)
Inauguraldissertation, die: → Dissertation
Inauguration, die: → Amtseinführung
inaugurieren: → einweihen (1)
Inbegriff, der: Prototyp · Urbegriff · Musterfall · Bild; Ausbund (*iron*)
inbegriffen: **1.** → einschließlich – **2.** nicht i.: → abzüglich
Inbesitznahme, die: → Besetzung (1), Besitzergreifung (1), Einverleibung
Inbrunst, die: → Leidenschaft
inbrünstig: → leidenschaftlich
in corpore: → insgesamt
indanthrenfarbig: → farbecht
indem: **1.** → während – **2.** → unterdessen
independent: → unabhängig (1)
Independenz, die: → Unabhängigkeit
indes[sen]: **1.** → unterdessen – **2.** → dagegen (2)
Index, der: → Verzeichnis
indezent: **1.** → aufdringlich (2) – **2.** → ungehörig – **3.** → taktlos
Indianersommer, der: → Altweibersommer (1)
Indienststellung, die: → Anstellung (1)
indifferent: → gleichgültig (1)
Indifferenz, die: → Gleichgültigkeit
Indignation, die: → Entrüstung
indignieren: → entrüsten (I)
indigniert: → entrüstet
Indikator, der: → Merkmal
indirekt: → mittelbar, andeutungsweise
indiskret: → taktlos
Indiskretion, die: → Taktlosigkeit
indiskutabel: → unannehmbar
indisponiert: → unwohl (1)
Individualist, der: → Einzelgänger
Individualität, die: **1.** → Wesensart – **2.** → Persönlichkeit (I, 1)
individuell: → besonders (1)
Individuum, das: Einzelwesen · Einzelmensch · Einzelperson; → *auch* Person (1)
Indiz, das: **1.** → Verdachtsgrund – **2.** → Merkmal
indiziert: → empfehlenswert
Indizium, das: → Verdachtsgrund
indolent: **1.** → gleichgültig (1) – **2.** → träge
Indolenz, die: **1.** → Gleichgültigkeit – **2.** → Trägheit
Induktion, die: → Folgerung (1)
indulgent: → nachsichtig (1)
Indulgenz, die: → Nachsicht (1)
Industrieabgas, das: → Abgas
Industriearbeiter, der: → Arbeiter (I)
Industriebetrieb, der: → Fabrik
Industriedesign, das: → Gestaltung
Industrieerzeugnis, das: → Industrieprodukt
Industriekapitän, der: → Großunternehmer
Industrielle, der: → Unternehmer (1)
Industriemagnat, der: → Großunternehmer
Industrieprodukt, das: Industrieerzeugnis · Fabrikware
Industriespionage, die: → Spionage (1)
induzieren: → folgern
ineffektiv: **1.** → unwirksam (1) – **2.** → unwirtschaftlich
ineffizient: **1.** → unwirtschaftlich – **2.** → unwirksam (1)

inexakt: → ungenau (1)
inexistent: → unwirklich
in extenso: → ausführlich (1)
infam: **1.** → gemein (1) – **2.** → boshaft (1)
Infamie, die: **1.** → Gemeinheit – **2.** → Bosheit
Infanteriegewehr, das: → Gewehr (1)
Infanterist, der (*veraltend*): Fußsoldat ♦ *umg*: Landser; Sandhase (*scherzh*) ♦ *salopp*: Muschkote (*abwert*)
infantil: **1.** → unreif (2) – **2.** → zurückgeblieben (1)
Infantilismus, der: → Unreife
Infekt, der: **1.** → Ansteckung – **2.** grippaler I.: → Grippe
Infektion, die: → Ansteckung
Infektionskrankheit, die: → Seuche
infektiös: → ansteckend
inferior: → minderwertig
infernal[isch]: → teuflisch (1)
Inferno, das: → Hölle (1)
infertil: → unfruchtbar (1)
infiltrieren: → einflößen (1)
infizieren: **I.** infizieren: → anstecken (I, 3) – **II.** infizieren, sich: → anstecken (II)
Infizierung, die: → Ansteckung
inflammabel: → brennbar
Inflation, die: → Geldentwertung
Influenza, die: → Grippe
infolge: **1.** → dank – **2.** → wegen (1)
infolgedessen: → deshalb, folglich (1)
Information, die: **1.** → Mitteilung (1) – **2.** → Nachricht (I) – **3.** → Auskunft (1) – **4.** eine I. geben/erteilen: → unterrichten (1)
informativ: → lehrreich
informatorisch: → lehrreich
informieren: **1.** → unterrichten (1) – **2.** informiert sein |über|: → wissen (1)
ingeniös: **1.** → schöpferisch – **2.** → geistreich
Ingeniosität, die: → Erfindungsgabe (1)
Ingenium, das: → Erfindungsgabe (1)
in globo: → insgesamt
Ingrediens, die: → Bestandteil (1)
Ingrimm, der: → Wut (1)
ingrimmig: → wütend (1)
Inhaber, der: → Besitzer (1)
inhaftieren: **1.** → verhaften – **2.** inhaftiert sein: → gefangen (2)
Inhaftierte, der: → Häftling
Inhaftierung, die: → Verhaftung
Inhaftnahme, die: → Verhaftung
inhalieren: → einatmen
Inhalt, der: **1.** ⟨*das in einer Form Enthaltene*⟩ Füllung – **2.** → Gedankengehalt – **3.** zum I. haben: **a)** → enthalten (I) – **b)** → behandeln (4)
inhaltsleer: → geistlos
inhaltslos: → geistlos
inhaltsreich: **1.** ⟨*einen bedeutenden geistigen Gehalt aufweisend*⟩ gehaltvoll · inhaltsvoll · gehaltreich · substanzreich; → *auch* geistreich – **2.** → bedeutungsvoll (1)
inhaltsschwer: → bedeutungsvoll (1)
inhaltsvoll: → inhaltsreich (1)
inhärent: → innewohnend
inhuman: → unmenschlich
Inhumanität, die: → Unmenschlichkeit
Initiale, die: → Anfangsbuchstabe
Initiativantrag, der: → Antrag (1)
Initiative, die: **1.** ⟨*die Fähigkeit, etw. aus eigenem Antrieb zu beginnen*⟩ Unternehmungsgeist; → *auch* Entschlusskraft, Fleiß (1) – **2.** die I. ergreifen: → anfangen (1, a)
initiatorisch: → einleitend
Initien (*Pl*): → Anfangsgründe
initiieren: **1.** → veranlassen (1) – **2.** → einweihen (1)
Injektion, die: → Einspritzung
injizieren: → einspritzen (1)
Injurie, die: → Beleidigung (1)
Inkarnation, die: → Verkörperung
Inklination, die: → Neigung (1)
inklinieren: → Vorliebe (2)
inkludieren: → einbeziehen
inklusive: → einschließlich
inkognito: unter anderem/falschem Namen; → *auch* anonym
Inkognito, das: sein I. lüften: → vorstellen (II)
inkommensurabel: → unvergleichbar
inkommodieren: **I.** inkommodieren: → belästigen (1) – **II.** inkommodieren, sich: → bemühen (II, 1)
inkomparabel: → unvergleichbar
inkompatibel: → unvereinbar
Inkompatibilität, die: → Unvereinbarkeit
inkompetent: → unbefugt (1)
inkonsequent: **1.** → widerspruchsvoll – **2.** → widersinnig (1)
Inkorporation, die: → Einverleibung
inkorporieren: → einverleiben (1)
inkorrekt: → falsch (1)
Inkorrektheit, die: → Fehler (1)
Inkraftsetzung, die: → Ratifizierung

inkriminieren: → beschuldigen (1)
inkurabel: → todkrank (1)
inländisch: → einheimisch
Inlay, das: → Füllung (1, c)
inliegend: → beiliegend
Inliegende, das: → Beilage (1)
Inliner, der: → Rollschuh
Inlineskate, der: → Rollschuh
in memoriam: → Erinnerung (I, 5)
inmitten: 1. ⟨*von anderem umgeben*⟩ mitten in · in der Mitte von · im Herzen von · im Zentrum von; → *auch* dazwischen (1) – **2.** → während
in natura: → nackt
innehaben: 1. ⟨*mit einem Amt usw. betraut sein*⟩ bekleiden · einnehmen – **2.** → besitzen (1) – **3.** die Führung i.: → führen (2); die Macht i.: **a)** → regieren (1) – **b)** → herrschen (1); die Herrschaft i.: → herrschen (1)
innehalten: 1. → aussetzen (2) – **2.** → zögern
innen: 1. → drinnen (1) – **2.** nach i.: **a)** → einwärts – **b)** → hinein (1); nach i. gekehrt: → kehren (I, 1); sich von i. begucken: → schlafen (1, a)
Innenleben, das: → Seele (1)
Innenstadt, die: Zentrum · City · Stadtzentrum · Stadtkern · Stadtmitte · das Stadtinnere
Innenwelt, die: → Seele (1)
inner: innere Stimme: **a)** → Ahnung (1) – **b)** → Gewissen (1)
Innere, das: **1.** → Seele (1) – **2.** im Inneren: → drinnen (1)
Innereien (*Pl*): **1.** ⟨*innere Organe von Schlachttieren*⟩ Kaldaunen · Geschlinge · Gekröse; Kutteln (*süddt österr schweiz*) + Kuttelflecke · Flecke (*landsch*); → *auch* Eingeweide – **2.** → Eingeweide
innerhalb: binnen · in; innert (*schweiz*)
innerlich: → drinnen (1)
Innerlichkeit, die: → Gemüt (1)
Innerste, das: → Seele (1)
innert: → innerhalb
innewerden: → bemerken (1)
innewohnen: immanent sein; → *auch* enthalten (I)
innewohnend: immanent · inhärent
innig: 1. ⟨*von menschl. Beziehungen gesagt: besonders freundschaftlich od. liebevoll*⟩ eng – **2.** → leidenschaftlich
Innigkeit, die: → Leidenschaft
Innovation, die: → Erneuerung (1)
Innung, die: Gilde · Gildenschaft · Zunft (*hist*)
inoffiziell: → halbamtlich
inoffiziös: → halbamtlich
inoperabel: → todkrank (1)
inopportun: → ungelegen (1)
in persona: → persönlich (1)
in petto: i. haben: → bereithaben
in praxi: → tatsächlich (1)
in puncto: → hinsichtlich
inquirieren: → verhören (I)
Inquisition, die: → Verhör (1)
Insasse, der: **1.** → Fahrgast – **2.** → Häftling
insbesondere: → besonders (2)
Insekt, das: Kerbtier · Kerf
Insektizid, das: → Schädlingsbekämpfungsmittel
Insel, die: **1.** ⟨*von Wasser umgebenes Landstück*⟩ Eiland + Schäre · Atoll; → *auch* Sandbank – **2.** I. der Seligen: → Jenseits (1, b)
insensibel: → unempfindlich (1 *u.* 2)
Inserat, das: **1.** → Anzeige (1) – **2.** ein I. aufgeben: → anzeigen (1)
inserieren: → anzeigen (1), werben (1)
insgeheim: → heimlich (1)
insgesamt: zusammen · pauschal · im Ganzen · in Bausch und Bogen · en bloc · in globo · in toto · in corpore · alles in allem · summa summarum; gesamthaft (*schweiz*); → *auch* ganz (1)
Insider, der: der Eingeweihte
Insiegel, das: → Fährte (1)
Insignien (*Pl*): → Abzeichen (1)
insignifikant: → unwichtig (1)
insinuieren: → unterstellen (II, 1)
insistent: → beharrlich
Insistenz, die: → Beharrlichkeit
insistieren: i. |auf|: → bestehen (5, a)
inskribieren: → einschreiben (I)
inskünftig: → künftig
insolent: → unverschämt (1)
Insolenz, die: → Unverschämtheit
insolvent: → zahlungsunfähig (1)
Insolvenz, die: → Zahlungsunfähigkeit
in spe: → künftig
Inspekteur, der: → Kontrolleur
Inspektion, die: → Überprüfung
Inspektor, der: **1.** → Kontrolleur – **2.** → Verwalter
Inspiration, die: → Einfall (1), Einbildungskraft
inspirieren: → anregen (1)

Inspizient, der: → Kontrolleur
inspizieren: **1.** → kontrollieren (1) – **2.** → prüfen (3)
Installation, die: → Einbau
installieren: → einbauen (1)
instand: i. halten: → pflegen (I, 1, b); i. setzen: → ermöglichen (1); [wieder] i. setzen/bringen: → reparieren
Instandhaltung, die: → Pflege (1, b)
inständig: flehentlich · händeringend · kniefällig · fußfällig; → *auch* nachdrücklich
Inständigkeit, die: → Nachdruck (1)
Instandsetzung, die: → Reparatur
Instandstellung, die: → Reparatur
Instantkaffee, der: Kaffeeextrakt · Pulverkaffee · löslicher Kaffee
Instanz, die: → Behörde (1)
Instanzenweg, der: → Dienstweg
Instinkt, der: **1.** → Spürsinn – **2.** → Trieb (1)
instinktiv: **1.** → gefühlsmäßig – **2.** → unbewusst
instinktmäßig: → unbewusst
Institut, das: → Einrichtung (3)
Institution, die: → Einrichtung (3)
instruieren: → unterrichten (1), anleiten (1)
Instruktion, die: **1.** → Richtlinie – **2.** → Anleitung (1 *u.* 2)
instruktiv: → lehrreich
Instrument, das: **1.** → Werkzeug (1) – **2.** als I. benutzen: → instrumentalisieren
instrumentalisieren: als Instrument/Werkzeug benutzen · zu seinem Werkzeug machen + manipulieren ♦ *umg*: vor seinen Karren spannen
Insubordination, die: → Ungehorsam
insuffizient: → unzureichend
Insult, der: **1.** → Beleidigung (1) – **2.** → Anfall (1)
Insultation, die: → Beleidigung (1)
insultieren: → beleidigen, beschimpfen
Insurgent, der: → Aufständische
Insurrektion, die: → Aufstand
inszenieren: **1.** → veranstalten (1) – **2.** → anstiften (1)
intakt: **1.** → unbeschädigt – **2.** → unverletzt
integer: **1.** → fehlerlos (1) – **2.** → rechtschaffen
Integration, die: → Vereinigung (1)
integrieren: **1.** → einfügen (I) – **2.** → vereinigen (I, 1)
integrierend: wesentlich · notwendig · unerlässlich · unentbehrlich
Integrität, die: → Rechtschaffenheit
Intellekt, der: → Verstand (1)
intellektuell: → geistig (1)
Intellektuelle, der: **1.** → Verstandesmensch – **2.** → Wissenschaftler
intelligent: **1.** → klug (1) – **2.** → begabt
Intelligenz, die: → Klugheit
Intelligenzler, der: → Wissenschaftler
Intelligenzprothese, die: → Brille (1)
intendieren: → beabsichtigen
Intension, die: → Anstrengung (1)
Intensität, die: → Stärke (3)
intensiv: **1.** → nachdrücklich – **2.** → gründlich (1) – **3.** → stark (1)
intensivieren: → verstärken (I, 1)
Intensivierung, die: → Verstärkung (1)
Intention, die: → Absicht (1)
intentional: → absichtlich
intentionell: → absichtlich
Interaktion, die: → Wechselbeziehung
Intercity, der: → Schnellzug
Intercityexpress, der: → Schnellzug
interessant: **1.** → sehenswert – **2.** → lehrreich – **3.** → lesenswert – **4.** → anregend
Interesse, das: **1.** ⟨*das persönl. Anteilnehmen an Problemen anderer*⟩ Anteilnahme · Anteil + Nachfrage; → *auch* Aufmerksamkeit (1) – **2.** → Lerneifer – **3.** → Kaufinteresse – **4.** kein I. haben |an|: ⟨*sich für etw. nicht interessieren*⟩ nicht interessiert sein |an| · nichts übrig haben |für| – **5.** ohne I.: → interesselos; nicht von I.: → uninteressant (1); I. wecken: → interessieren (I); I. haben/zeigen |für|: → interessieren (II)
interesselos: desinteressiert · uninteressiert · ohne Interesse; → *auch* gleichgültig (1)
Interesselosigkeit, die: Desinteresse · Desinteressiertheit; → *auch* Gleichgültigkeit
Interessengemeinschaft, die: Interessengruppe · Interessenverband + Pressuregroup · Lobby · Zweckverband
Interessengruppe, die: → Interessengemeinschaft
Interessensphäre, die: → Einflussbereich (2)
Interessent, der: → Käufer
Interessenverband, der: → Interessengemeinschaft
Interessenvertreter, der: → Verteidiger
interessieren: **I.** interessieren: ⟨*persönl. Anteilnahme hervorrufen*⟩ fesseln · gefan-

gen nehmen · Interesse/Verständnis wecken · in seinen Bann ziehen – **II.** interessieren, sich: sich i. |für|: ⟨*seine Anteilnahme auf etw. richten*⟩ interessiert sein |an| · Interesse haben/zeigen |für| · sein Herz entdecken |für| + ein Auge werfen |auf|

interessiert: 1. → aufgeschlossen – **2.** i. sein |an|: → interessieren (II); nicht i. sein |an|: → Interesse (4)

Interieur, das: → Einrichtung (2, a)

interimistisch: → vorläufig

Interimslösung, die: → Übergangslösung

Interludium, das: → Zwischenspiel

Intermezzo, das: → Zwischenspiel

intern: 1. → vertraulich (2) – **2.** → drinnen (1)

internalisieren: → aneignen (2)

Internat, das: **1.** → Erziehungsinstitut – **2.** → Schülerwohnheim

international: + zwischenstaatlich · interterritorial · völkerumfassend · weltweit · staatenverbindend; → *auch* weltumfassend, überstaatlich

internieren: → einsperren (1)

Interpellation, die: → Einspruch (1)

Interpret, der: **1.** → Erklärer – **2.** → Sänger (1)

Interpretation, die: **1.** → Erklärung (1) – **2.** → Auslegung

interpretieren: 1. → erklären (I, 1) – **2.** → auslegen (2)

Interregio, der: → Schnellzug

Interruption, die: → Unterbrechung (1)

interterritorial: → international

Intervall, das: → Abstand (1)

intervenieren: → einmischen (II)

Intervention, die: → Einmischung

Interview, das: **1.** ⟨*das Befragen einer Person*⟩ Befragung + Gespräch – **2.** ein I. führen/machen |mit|: → interviewen

interviewen: ein Interview führen/machen |mit| · befragen; → *auch* ausfragen, fragen (I, 1 *u.* 2)

intim: 1. → vertraut (1) – **2.** → vertraulich (1) – **3.** → gemütlich

Intimus, der: → Freund (I, 1)

Intimverkehr, der: → Geschlechtsverkehr

intolerant: → unduldsam

intonieren: → anstimmen (1, b)

in toto: → insgesamt

intra muros: → geheim (1)

intransigent: → unnachgiebig (1)

intrigant: ränkesüchtig · ränkevoll (*veraltend*); → *auch* hinterlistig

Intrigant, der: Ränkeschmied (*veraltend*) ♦ *umg*: Giftmischer (*abwert*)

Intrige, die: Intrigenspiel · Intrigenstück; [dunkle] Machenschaften (*abwert*); Ränke · Ränkespiel (*veraltend*); Kabale (*veraltet*) ♦ *umg*: + Schliche; → *auch* Hinterlist

Intrigenspiel, das: → Intrige

Intrigenstück, das: → Intrige

intrigieren: Ränke schmieden (*veraltend*)

Introduktion, die: → Einleitung (1)

introvertiert: 1. → [1]kehren (I, 1) – **2.** → verschlossen (2)

Intuition, die: → Einfall (1)

intuitiv: → gefühlsmäßig

intus: es i. haben: → verstehen (I, 4); einen i. haben: → betrunken (2)

invalid[e]: 1. → behindert – **2.** → erwerbsunfähig (1)

invariabel: → unveränderlich (1)

Invasion, die: → Überfall (1)

Invektive, die: → Beleidigung (1)

Inventar, das: → Bestand (1)

Inventarisation, die: → Bestandsaufnahme

Inventur, die: → Bestandsaufnahme

Inventurausverkauf, der: → Ausverkauf

Inversion, die: → Umkehrung

invertiert: → homosexuell (a)

Invertierte: I. Invertierte, der: → Homosexuelle (I) – **II.** Invertierte, die: → Homosexuelle (II)

investieren: → anlegen (I, 1)

Investierung, die: → Investition

Investition, die: Kapitalanlage · Geldanlage · Anlage · Investierung · Investment

Investment, das: → Investition

Investor, der: Kapitalanleger · Anleger

involvieren: → enthalten (I)

inwärts: → einwärts

inwendig: → drinnen (1)

inwiefern: → warum

Inzest, der: → Blutschande

inzidieren: → einkerben

inzwischen: 1. → unterdessen – **2.** → vorläufig

Ipsation, die: → Selbstbefriedigung

irdisch: 1. ⟨*zur realen Welt gehörig*⟩ diesseitig (*Rel*) + vergänglich ♦ *gehoben*: erdgeboren · erdgebunden – **2.** den Weg alles Irdischen gehen: → entzweigehen (1)

irgendeiner: 1. ⟨*eine ganz beliebige Person*⟩ [irgend]jemand · irgendwer · jeder

[X-]Beliebige + gleichgültig wer – **2.** → jemand (1)
irgendeinmal: → irgendwann (1)
irgendetwas: → etwas (1)
irgendjemand: a) → irgendeiner (1) – **b)** → jemand (1)
irgendwann: 1. ⟨*zu einem ganz beliebigen Zeitpunkt*⟩ [irgend]einmal · eines [schönen] Tages + gleichgültig wann · dann und dann – **2.** → jemals
irgendwer: 1. → irgendeiner (1) – **2.** → jemand (1)
irgendwie: auf die eine oder andere Art · so oder so + gleichgültig wie · beliebig
irgendwo: an irgendeinem Ort + gleichgültig wo ♦ *umg*: wo
irisieren: → schillern
irisierend: → schillernd (1)
Ironie, die: → Spott (1)
Ironiker, der: → Spötter
ironisch: → spöttisch
ironisieren: → verspotten
irr: 1. → geisteskrank (1) – **2.** → verrückt (1)
irrational: → widersinnig (1)
irre: 1. → geisteskrank (1) – **2.** → verrückt (1) – **3.** → großartig (1)
Irre, die: in die I. gehen: **a)** → irren (II) – **b)** → verirren, sich
irreal: → unwirklich
Irrealität, die: → Unwirklichkeit
irreführen: → täuschen (I)
Irreführung, die: → Täuschung (1)
irregehen: 1. → verirren, sich – **2.** → irren (II)
irregulär: 1. → ungesetzlich – **2.** → ungewöhnlich
irreleiten: → täuschen (I)
irrelevant: → unwichtig (1)
irreligiös: → atheistisch
Irreligiosität, die: → Atheismus
irremachen: 1. → verwirren (2) – **2.** sich nicht i. lassen: → beharren (1)
irren: I. irren: **1.** → II – **2.** i. |durch|: → umherirren – **II.** irren, sich: ⟨*die Gegebenheiten nicht richtig beurteilen*⟩ irregehen · in die Irre gehen · fehlgehen · sich täuschen · sich versehen · sich verrechnen · sich verkalkulieren · sich verspekulieren · im Irrtum sein · sich im Irrtum befinden · einem Trugschluss unterliegen · auf der falschen Fährte sein · sich falschen Hoffnungen hingeben · sich einer Illusion hingeben · Illusionen haben ♦ *gehoben*: irren ♦ *umg*: danebengreifen · danebenschießen · fehlschießen · danebenhauen · danebenliegen · sich [in den Finger] schneiden · sich vergaloppieren · auf dem Holzweg sein · auf den Holzweg geraten · die Rechnung ohne den Wirt machen · aufs falsche Pferd setzen · auf die falsche Karte setzen · im falschen Zug sitzen ♦ *salopp*: schief liegen · schief gewickelt sein · auf dem falschen Dampfer sein; → *auch* fehlplanen, hereinfallen, missverstehen (I)
Irrenanstalt, die: → Klinik (2)
Irrenhaus, das: **1.** → Klinik (2) – **2.** reif fürs I.: → verrückt (1)
irreparabel: → unumkehrbar
irrereden: fantasieren; delirieren (*med*)
Irresein, das: → Geisteskrankheit
irreversibel: → unumkehrbar
irrewerden: → zweifeln
Irrglaube[n], der (*Rel*): Heterodoxie; → *auch* Irrlehre, Aberglaube[n]
irrgläubig: → abtrünnig
Irrgläubige, der: → Abtrünnige
irrig: abwegig · verfehlt; → *auch* falsch (1)
Irritation, die: → Verwirrung (1)
irritieren: → verwirren (2)
irritiert: → verwirrt (1)
Irrlehre, die (*Rel*): Häresie · Ketzerei; → *auch* Irrglaube
irrlichtern: → umherirren
Irrsinn, der: **1.** → Geisteskrankheit – **2.** → Unsinn (1, a)
irrsinnig: 1. → geisteskrank (1) – **2.** → sehr
Irrtum, der: **1.** ⟨*falsche Beurteilung eines Sachverhalts*⟩ Täuschung · Missverständnis · Versehen · Illusion + Missgriff · Fehlgriff ♦ *salopp*: Fehlzündung; typischer Fall von denkste (*scherzh*); → *auch* Fehler (1) – **2.** im I. sein, sich im I. befinden: → irren (II)
irrtümlich: fälschlich · zu Unrecht; → *auch* versehentlich
Irrweg, der: Abweg
Irrwitz, der: → Unsinn (1, a)
irrwitzig: → sinnlos (1)
Ische, die: → Geliebte (II)
Isegrim, der: → Griesgram
Isolation, die: **1.** → Abdichtung – **2.** → Absonderung (1)
isolieren: I. isolieren: **1.** → abdichten – **2.** → absondern (I, 1) – **II.** isolieren, sich: → absondern (II)

Isolierschicht, die: → Abdichtung

isoliert: abgesondert ♦ *umg*: für sich · im luftleeren Raum; → *auch* beziehungslos

Isolierung, die: **1.** → Abdichtung – **2.** → Absonderung (1)

Ist-Bestand, der: → Bestand (1)

Ist-Stärke, die: → Bestand (1)

J

ja: 1. ⟨*Ausdruck der Zustimmung*⟩ jawohl · o/aber ja · [ja] doch · freilich + natürlich · selbstredend · selbstverständlich · durchaus · auf jeden Fall · unbedingt ♦ *umg*: [na] klar · was denn sonst · genau; → *auch* einverstanden (1) – **2.** → eben (3) – **3.** o ja: → 1; Ja sagen: **a)** → bejahen (1) – **b)** → zustimmen (1); Ja und Amen sagen: → zustimmen (1); mit Ja [be]antworten: → bejahen (1)
Jacke, die: **1.** ⟨*Herrenkleidungsstück*⟩ Jackett · Sakko · Blazer; Rock (*landsch*); Veston (*schweiz*) + Klubjacke · Blouson · Joppe; Janker (*süddt österr*) – **2.** J. wie Hose: → gleich (2); die J. voll hauen: → verprügeln; die J. volllügen: → belügen
Jackett, das: **1.** → Jacke (1) – **2.** einen unter das J. brausen: → trinken (1, b)
Jagd, die: **1.** ⟨*das Aufspüren u. Erlegen des Wildes*⟩ Jägerei · Weidwerk + Pirsch · Treibjagd; → *auch* Hetzjagd (1) – **2.** auf die J. gehen, J. machen |auf|: → jagen (1)
Jagdflieger, der: → Jagdflugzeug
Jagdflugzeug, das: Jäger ♦ *umg*: Jagdflieger; → *auch* Flugzeug
Jagdfrevel, der: Jagdvergehen · Wild[dieb]erei
jagdgemäß: jagdgerecht · weidmännisch; weidgerecht (*weidm*)
jagdgerecht: → jagdgemäß
Jagdgewehr, das: → Gewehr (1)
Jagdgründe (*Pl*): die ewigen J.: → Jenseits (1, b); in die ewigen J. eingehen: → sterben (1)
Jagdhund: I. Jagdhund, der: ⟨*für die Jagd abgerichteter Hund*⟩ + Vorstehhund · Hetzhund; Schweißhund (*weidm*); → *auch* Hund (1), Spürhund (1) – **II.** Jagdhunde (*Pl*): ⟨*für die Jagd gehaltene Anzahl von Hunden*⟩ Hundekoppel · Hundemeute · Meute
Jagdkanzel, die: → Hochsitz
Jagdvergehen, das: → Jagdfrevel
jagen: 1. ⟨*erlegen wollen*⟩ auf die Jagd gehen · pirschen · auf [die] Pirsch gehen · Jagd machen |auf| + hetzen · nachstellen · beizen; → *auch* schießen (2) – **2.** → eilen (I, 1) – **3.** sich eine Kugel in/durch den Kopf j.: → erschießen (II); einen durch die Gurgel/Kehle j.: → trinken (1, b); durch die Gurgel/Kehle j.: → vertrinken; ins Bockshorn j.: → entmutigen; j. können |mit|: → ekeln (I); in die Luft j.: → sprengen (1); aus dem Haus j.: → hinauswerfen (1); zum Teufel j.: → entlassen (2)
Jäger, der: **1.** ⟨*die Jagd Ausübender*⟩ Weidmann; Nimrod (*oft scherzh*); Grünrock (*scherzh*); Sonntagsjäger (*iron*); Trophäenjäger (*abwert*) + Wildhüter – **2.** → Jagdflugzeug
Jägerei, die: → Jagd (1)
Jägerlatein, das: → Lügengeschichte
jäh: 1. → heftig (1, b) – **2.** → plötzlich (1) – **3.** → steil (2)
jählings: 1. → plötzlich (1) – **2.** → steil (2)
Jahr, das: **1.** ⟨*Zeitabschnitt*⟩ + Kalenderjahr – **2.** → Lebensjahr – **3.** dieses J.: ⟨*im laufenden Jahr*⟩ in diesem Jahr; heuer (*süddt österr schweiz*) – **4.** in diesem J.: → 3; jedes J., alle Jahre [wieder], von J. zu J., J. für/um J.: → jährlich (1); im/pro J.: → jährlich (2); auf Jahre hinaus: → lange (1); seit [vielen] Jahren, viele Jahre: → jahrelang; vor seinen Jahren: → vorzeitig (2); jung an Jahren: → jung (1); in die Jahre kommen: → altern (1)
jahraus: j., jahrein: → jährlich (1)
jahrelang: seit [vielen] Jahren · viele Jahre · langjährig; → *auch* lange (1)
Jahresbericht, der: → Rechenschaftsbericht
Jahresring, der: Altersring · Baumring · Ring; Flader (*Forstw*)
Jahresweiser, der: → Kalender
Jahrgang, der: **1.** ⟨*die in einem Jahr Geborenen*⟩ Geburtsjahr · Altersgruppe · Altersklasse · Altersstufe – **2.** ⟨*Ernte eines bestimmten Jahres*⟩ Erntejahr

jährlich: 1. ⟨*sich jedes Jahr wiederholend*⟩ alljährlich · jedes Jahr · Jahr für/um Jahr · von Jahr zu Jahr · alle Jahre [wieder] · jahraus, jahrein; → *auch* immer (1) – **2.** ⟨*jeweils für den Zeitraum eines Jahres*⟩ im/pro Jahr

Jahrmarkt, der: → Markt (1)

Jahrweiser, der: → Kalender

Jahve, der: → Gott (1, a)

jähzornig: → aufbrausend

Jakobsleiter, die: → Strickleiter

Jalousette, die: → Jalousie

Jalousie, die: Jalousette · Rollladen; Rollbalken (*österr*) + Rollo; → *auch* Fensterladen

Jam, das: → Marmelade

Jammer, der: **1.** ⟨*lautes Klagen*⟩ Jammergeschrei · Wehgeschrei · Wehklage[n] · Geklage · Gewimmer · Gejammer; Jeremiade (*veraltend*); Lamentation (*veraltet*) ♦ *umg*: Lamento (*abwert*); Gebarme (*landsch abwert*) – **2.** → Jammeranblick – **3.** → Leid (1)

Jammeranblick, der: Jammer[bild] · Elend

Jammerbild, das: **1.** → Jammeranblick – **2.** → Weichling

Jammergeschrei, das: **1.** → Jammer (1) – **2.** ein J. erheben: → jammern (1)

Jammerlappen, der: → Weichling

jämmerlich: 1. ⟨*einen bedauernswerten Anblick bietend*⟩ jammervoll · erbärmlich · kläglich ♦ *umg*: gottserbärmlich · gottsjämmerlich · zum Gotterbarmen · wie ein Häufchen Elend/Unglück; → *auch* elend (1), erbärmlich (1), Mitleid (2) – **2.** → elend (1), erbärmlich (1)

Jämmerling, der: → Feigling

jammern: 1. ⟨*lautes Klagen äußern*⟩ [weh]klagen · ein Jammergeschrei erheben · wimmern · winseln ♦ *umg*: ein Klagelied anstimmen; lamentieren · jaulen · zetern (*abwert*); knatschen · raunzen (*landsch*); barmen (*landsch abwert*); → *auch* weinen (1) – **2.** → Leid (2) – **3.** j. |um|: → beklagen (I, 1); j. |nach|: → Verlangen (4)

jammerschade: → bedauerlich (1)

Jammertal, das: → Welt (1)

jammervoll: → jämmerlich (1)

Janker, der: → Jacke (1)

Janmaat, der: → Seemann

jappen: → keuchen

japsen: → keuchen

jäten: ausjäten · Unkraut rupfen; krauten · wieten (*landsch*)

Jauche, die: **1.** ⟨*flüssiger Dünger*⟩ Gülle + Mist · Abwasser; → *auch* Dünger (1, b) – **2.** → Brühe (2)

jauchzen: → jubeln (1)

Jauchzer, der: → Freudenruf (1)

jaulen: → jammern (1)

Jause, die: → Nachmittagskaffee

jaus[n]en: → Kaffee (3, a)

jawohl: → ja (1)

Jawort, das: **1.** → Zustimmung (1) – **2.** das J. geben: → heiraten (1)

Jazzband, die: → [1]Kapelle

Jazzkapelle, die: → [1]Kapelle

je: 1. ⟨*auf ein Einzelnes bezogen*⟩ pro – **2.** → jeweils – **3.** → jemals – **4.** zu je: → [1]zu (2); seit [eh und] je: → immer (2); je nachdem: → möglicherweise

jeck: → verrückt (1)

Jeck, der: → Spaßmacher

jede: j. Menge: → viel (I, 1); zu jeder Stunde/Zeit: → immer (1); in jeder Hinsicht/Beziehung: → ganz (1)

jedenfalls: immerhin · wenigstens · schließlich

jeder: 1. → [1]alle (1), jedermann – **2.** j. Einzelne: → jedermann; j. [X-]Beliebige: → irgendeiner (1); auf jeden Fall/um jeden Preis: → unbedingt (1)

jederart: → jedes (1)

jederlei: → jedes (1)

jedermann: jeder [Einzelne] · alle Welt · Groß und Klein · Alt und Jung · Arm und Reich · Männlein und Weiblein; jedweder · [ein] jeglicher (*veraltend*) + Freund und Feind ♦ *umg*: Hinz und Kunz · Krethi und Plethi + alles, was Beine hat; → *auch* [1]alle (1)

jederzeit: → immer (1)

jedes: 1. von jedem: ⟨*keine Art bzw. Sorte ausgenommen*⟩ jederlei · jederart – **2.** j. Jahr: → jährlich (1)

jedesmal: → jeweils

jedoch: → dagegen (2)

jedweder: → jedermann

Jeep, der: → Geländewagen

jeglicher: 1. → jedermann – **2.** ein j.: → jedermann

jeher: seit/von j.: → immer (2)

Jehova, der: → Gott (1, a)

jemals: je · irgendwann

jemand: 1. ⟨*eine nicht näher bestimmte Person*⟩ irgendjemand · irgendeiner · irgendwer · man · eine Person ♦ *umg*: [sonst]

wer · sonst einer · sonst jemand – **2.** → irgendeiner (1)
Jemand, der: → Person (1)
jene: in/zu jener Zeit: → damals
jener: 1. ⟨*hinweisend*⟩ der dort · ebenjener + ersterer; → *auch* der (1) – **2.** in jenen Tagen: → damals; dieser und j.: → einige (1)
jenes: dieses und j.: → allerlei
jenseitig: 1. ⟨*auf der anderen Seite befindlich*⟩ gegenüberliegend – **2.** → übersinnlich
jenseits: 1. → drüben (1) – **2.** → gegenüber (1)
Jenseits, das: **1.** ⟨*überweltl. Sein*⟩ **a)** ⟨*im christl. Sprachgebrauch*⟩ Himmel[reich] · Ewigkeit + Gottesreich · [himmlisches] Paradies; → *auch* Paradies (1, b) – **b)** ⟨*im nichtchristl. Sprachgebrauch*⟩ Überwelt · Elysium · die elysischen Gefilde · die Insel/die Gefilde der Seligen; die ewigen Jagdgründe (*scherzh*); → *auch* Paradies (1, a) – **2.** ins J. befördern: → töten (I, 1)
Jeremiade, die: → Jammer (1)
jesuitisch: → spitzfindig (1)
Jesus, der: → Christus (1)
Jesuslatschen, der: → Sandale
Jet, der: → Düsenflugzeug
Jetset, der: → Oberschicht
jetten: → fliegen (2)
jetzig: derzeitig · augenblicklich · momentan · gegenwärtig · heutig · nunmehrig + diesmalig · gegeben; → *auch* gegenwärtig (1)
jetzo: → jetzt (1)
jetzt: 1. ⟨*zum gegenwärtigen Zeitpunkt*⟩ nun · nunmehr · augenblicklich · momentan · gegenwärtig · derzeit · zurzeit · im Augenblick/Moment · zur Stunde; jetzo (*noch scherzh*); dermalen (*veraltet*) + diesmal · eben · gerade; just (*veraltend*); → *auch* eben (2) – **2.** → gegenwärtig (1) – **3.** bis j.: → bisher; von j. an: → künftig; j. und immerdar: → ewig (1)
Jetzt, das: → Gegenwart (1)
Jetztzeit, die: → Gegenwart (1)
jeweilen: → jeweils
jeweils: je · jedesmal; jeweilen (*schweiz*)
Jieper, der: → Verlangen (1)
jieperig: → gierig (1)
Job, der: **1.** → Arbeit (3) – **2.** einen Job suchen: → Stellungssuche; einen Job verschaffen: → unterbringen (1); einen Job kriegen: → unterkommen (1)
jobben: → arbeiten (1)
Jobber, der: → Geschäftemacher
Joch, das: **1.** → Geschirr (2) – **2.** → Gespann (1) – **3.** → Last (1) – **4.** → Bergsattel – **5.** → Knechtschaft (1) – **6.** das J. abschütteln/abstreifen/abwerfen/sprengen/zerbrechen: → befreien (II, 2); das J. tragen/auf sich nehmen: → abfinden (II, 2); ins J. spannen: → unterdrücken (1)
Jodelei, die: → Lärm (1)
joggen: → laufen (1)
johlen: → schreien (1)
Joint, der: → Zigarette
Jokus, der: → ²Scherz (1)
Jolle, die: → Segelschiff
Joppe, die: → Jacke (1)
Jordan, der: über den J. gehen: → sterben (1)
Journaille, die: → Sensationspresse
Journal, das: **1.** → Zeitschrift – **2.** → Tagebuch
Journalismus, der: → Zeitungswesen
Journalist, der: Publizist · Zeitungsmann · Pressemann · Pressevertreter; Schmierfink (*abwert*) + Kolumnist ♦ *umg*: Zeitungsschreiber; Schmock · Schreiberling · Zeitungsfritze (*abwert*); → *auch* Berichterstatter
jovial: → gönnerhaft
Jovialität, die: → Wohlwollen (1)
Jubel, der: Freudenausbruch · Freudentaumel · Jubelgeschrei · Freudengeschrei · Jubelruf · Freudenruf · Gejubel · Gejauchze · Freudensturm · Freudengeheul · Freudengebrüll; Gejohle (*auch abwert*) + Beifall ♦ *gehoben*: Frohlocken; Frohlockung (*veraltend*); → *auch* Hochruf, Freude (1), Beifall (1)
Jubelfeier, die: → Jubiläum
Jubelgeschrei, das: → Jubel
Jubeljahre (*Pl*): alle J.: → selten (2)
jubeln: 1. ⟨*laut seine Freude kundtun*⟩ jauchzen + jodeln · triumphieren · lachen ♦ *gehoben*: jubilieren · frohlocken ♦ *umg*: juchzen; juhuen · juchen (*landsch*); → *auch* freuen (II, 1) – **2.** etw. unter die Weste j.: → beschuldigen (2)
Jubelruf, der: → Jubel
Jubeltag, der: → Jubiläum
Jubiläum, das: Jubiläumsfeier; Jubeltag · Jubelfeier (*meist scherzh*)
Jubiläumsfeier, die: → Jubiläum
jubilieren: → jubeln (1)

juch[z]en: → jubeln (1)
Juchzer, der: → Freudenruf (1)
jucken: **1.** ⟨*einen starken Reiz auf der Haut verursachen*⟩ krabbeln · kribbeln · kratzen + kitzeln · prickeln – **2.** → kratzen (1) – **3.** jmdm. juckt das Fell: → übermütig (2)
Juckreiz, der: Kitzel
Judas, der: → Verräter (1)
Judenfeind, der: → Antisemit
Judengegner, der: → Antisemit
Jugend, die: **1.** ⟨*Zeit des Jungseins*⟩ Jugendalter · Jugendzeit · Jugendjahre ♦ *dicht*: Lenz des Lebens ♦ *gehoben*: Lebensmai · Lebensfrühling · Frühling des Lebens · Rosenzeit; → *auch* Entwicklungsjahre, Kindheit (1) – **2.** ⟨*Zustand des Jungseins*⟩ Jugendlichkeit ♦ *gehoben*: Jugendblüte – **3.** ⟨*die jungen Menschen* [*in ihrer Gesamtheit*]⟩ die Jugendlichen · junges Volk · das junge Volk · die jungen Leute ♦ *gehoben*: Blüte der Jugend ♦ *umg*: Kids; junges Gemüse (*scherzh*) – **4.** von J. an: ⟨*seit dem frühesten Lebensalter*⟩ von früh/klein auf · von Kindheit/Kindesbeinen an – **5.** Blüte der J.: → 3
Jugendalter, das: → Jugend (1)
Jugendblüte, die: → Jugend (2)
Jugendeselei, die: → Jugendtorheit
jugendfrisch: → jung (1)
Jugendjahre (*Pl*): **1.** → Jugend (1) – **2.** → Entwicklungsjahre
jugendlich: → jung (1)
Jugendliche, der: **I.** → Bursche (I) – **II.** Jugendliche (*Pl*): die Jugendlichen: → Jugend (3)
Jugendlichkeit, die: → Jugend (2)
Jugendstrafanstalt, die: → Erziehungsanstalt
Jugendstreich, der: → Jugendtorheit
Jugendsünde, die: → Jugendtorheit
Jugendtorheit, die: Jugendsünde · Jugendstreich ♦ *umg*: Jugendeselei
Jugendzeit, die: → Jugend (1)
juhuen: → jubeln (1)
Juice, der *od.* das: → Fruchtsaft
Julfest, das: → Weihnachten (1)
Julklapp, der: → Weihnachtsgeschenk
jumpen: → springen (1)
Jumper, der: → Pullover
jung: **1.** ⟨*von geringem Lebensalter*⟩ blutjung · jugendlich · jung an Jahren; halbwüchsig (*meist abwert*); juvenil (*fachspr*) + klein · wie Milch und Blut · blühend · jugendfrisch; → *auch* jungenhaft – **2.** → unerfahren (1) – **3.** → neu (1) – **4.** Alt und Jung: → jedermann; junger Dachs: → Grünschnabel; junger Hüpfer: → Junge (I, 1); junger Mann/Mensch/Kerl: → Bursche (1); junges Gemüse/Volk, das junge Volk, die jungen Leute: → Jugend (3); frieren wie ein junger Hund: → frieren (1)
Jungchen, das: → Junge (I, 1)
Junge: **I.** Junge, der: **1.** ⟨*Kind männl. Geschlechts*⟩ der Kleine; Knabe (*veraltend*); junger Hüpfer · Jüngelchen (*oft abwert*); Bengel (*lobend od. abwert*); Freundchen (*drohend*); Bub (*süddt österr schweiz*); Butscher (*norddt*) ♦ *umg*: Bubi (*vertraul od. Kosef*); Jungchen · Kerlchen (*auch abwert*); Popel (*landsch, meist abwert*); → *auch* Sohn, Kind (1), Knirps, Bursche (1), Frechdachs, Range, Flegel (1) – **2.** schwerer J.: → Verbrecher; blaue Jungs/Jungen: → Matrose (II); wie ein J.: → jungenhaft – **II.** Junge, das: Junge werfen/bekommen/kriegen: → werfen (I, 2)
Jüngelchen, das: → Junge (I, 1)
jungen: → werfen (I, 2)
jungenhaft: wie ein Junge; knabenhaft (*veraltend*); → *auch* jung (1)
Jungenstreich, der: → Streich (1)
Jünger, der: → Anhänger (3)
Jüngerschaft, die: → Gefolgschaft (1)
Jungfer, die: **1.** → Mädchen (2) – **2.** → Jungfrau – **3.** alte J.: ⟨*unverheiratet gebliebene ältere Frau*⟩ *umg*: spätes/altes Mädchen (*scherzh*); → *auch* Jungfrau – **4.** eine alte J. bleiben: → sitzen (6, b)
jüngferlich: → altjüngferlich
Jungfernschaft, die: → Jungfräulichkeit
Jungfrau, die: Mädchen ♦ *umg*: Jungfer (*veraltet*); → *auch* Mädchen (2), Jungfer (3), Frau (I, 1)
jungfräulich: unberührt · unschuldig; unbefleckt · unverdorben (*veraltend*) + mädchenhaft
Jungfräulichkeit, die: Unberührtheit · Virginität · Unschuld; Jungfernschaft · Ehre (*veraltet*)
Junggeselle, der: Hagestolz (*veraltend*) ♦ *umg*: Einspänner
Jungholz, das: → Buschwerk
Junglehrer, der: → Lehrer
Jüngling, der: → Bursche (1)
Jünglingsjahre (*Pl*): → Entwicklungsjahre
Jungpferd, das: → Fohlen

jüngst: 1. → neulich – **2.** das Jüngste Gericht, der Jüngste Tag: → Weltgericht
jüngstens: → neulich
jüngsthin: → neulich
jüngstvergangen: → neulich
Jungunternehmer, der: → Unternehmer (1)
Junker, der: → Großgrundbesitzer
junkerlich: → adlig (1)
Junkertum, das: → Adel (1)
Junkie, der: → Rauschgiftsüchtige
Juno, die: → Dicke (II, 1)
Junta, die: → Regierung (1)
Jupon, der: → Unterrock
Jura (*Pl*): → Rechtswissenschaft
juridisch: → rechtlich (1)
Jurisdiktion, die: → Rechtsprechung
Jurisprudenz, die: → Rechtswissenschaft
Jurist, der: → Rechtsanwalt
Juristerei, die: → Rechtswissenschaft
juristisch: → rechtlich (1)
Jury, die: → Preisgericht
[1]**Jus,** das: → Rechtswissenschaft
[2]**Jus,** der: → Fruchtsaft
just: 1. → jetzt (1) – **2.** → eben (2)
justieren: → einstellen (I, 1)
Justierung, die: → Einstellung (1)
Justiz, die: → Rechtsprechung
Justiziar, der: → Rechtsbeistand
Justizvollzugsanstalt, die: → Strafvollzugsanstalt
juvenil: → jung (1)
Juwel, das: **1.** → Edelstein – **2.** → Wertstück – **3.** → Schmuck (1)
Jux, der: **1.** → [2]Scherz (1) – **2.** einen J. machen: → scherzen; aus J.: → [2]Scherz (2)
juxen: → scherzen
j. w. d.: → fern (1)

K

Kabale, die: → Intrige
Kabarett, das: Kleinkunstbühne · Brettl
Kabäuschen, das: → Kammer (1)
kabbalistisch: → geheimnisvoll (1)
Kabbelei, die: → Streit (1)
kabbeln, sich: → streiten (II)
Kabel, das: **1.** → Seil (1) – **2.** → Leitung (2) – **3.** → Telegramm
Kabeljau, der: → Dorsch
kabeln: → telegrafieren
Kabine, die: Kajüte + Koje
Kabinett, das: **1.** → Regierung (1) – **2.** → Toilette (1) – **3.** → Zimmer
Kabinettstück, das: → Glanzstück (1)
Kabis, der: → Kohl (1)
Kabrio[lett], das: Roadster · Spider; → *auch* Auto (1)
Kabuff, das: → Kammer (1)
Kabuse, die: → Kammer (1)
kachektisch: → abgemagert
Kachel, die: Fliese + Wandkachel · Ofenkachel
Kacke, die: → Kot (1)
kacken: → austreten (2)
Kacker, der: → Feigling
kackfidel: → lustig
Kackstelzen (*Pl*): → Bein (II, 1)
Kadaver, der: → Aas (1)
Kadavergehorsam, der: → Gehorsam (1)
Kadi, der: → Richter (1)
Käfer, der: → Mädchen (2)
[1]**Kaff,** das: → Spreu
[2]**Kaff,** das: **1.** → Dorf (1) – **2.** → Kleinstadt
Kaffee, der: **1.** ⟨*Getränk aus Kaffeebohnen*⟩ Bohnenkaffee + Espresso · Mokka – **2.** ⟨*kaffeeähnl. Getränk*⟩ Kaffeeersatz · Ersatzkaffee · Malzkaffee ♦ *umg*: Muckefuck ♦ *salopp*: Lorke · Plempe · Plörre (*landsch abwert*) – **3.** K. trinken: **a)** ⟨*am Nachmittag eine Zwischenmahlzeit einnehmen*⟩ vespern (*landsch*); jaus[n]en (*österr*); → *auch* Abend (4) – **b)** → frühstücken – **4.** löslicher K.: → Instantkaffee; kalter K.: → Bart (2)
Kaffeedick, das: → Kaffeesatz
Kaffeeersatz, der: → Kaffee (2)
Kaffeeextrakt, der: → Instantkaffee
Kaffeegrund, der: → Kaffeesatz
Kaffeehaus, das: → Café
Kaffeehausmusik, die: → Unterhaltungsmusik
Kaffeeklatsch, der: → Plauderei
Kaffeelöffel, der: → Teelöffel
Kaffeemühle, die: → Fahrrad
Kaffeesahne, die: → Kondensmilch
Kaffeesatz, der: Satz; Kaffeedick · Kaffeegrund · Grund (*landsch*)
Kaffeestube, die: → Café
Kaffeetrinken, das: → Nachmittagskaffee
Kaffeewirtschaft, die: → Café
Käfig, der: **1.** ⟨*vergitterter Raum für Tiere*⟩ Zwinger + Gatter · Gehege – **2.** → Vogelkäfig
Kafiller, der: → Abdecker
Käfter[chen], das: → Kammer (1)
kahl: 1. ⟨*ohne Bewuchs*⟩ unbewachsen ♦ *umg*: ratzekahl; → *auch* leer (1) – **2.** ⟨*ohne Blätter*⟩ unbelaubt · entblättert · entlaubt – **3.** → kahlköpfig – **4.** k. fressen: → abfressen; k. schlagen: → abholzen
Kahlkopf, der: **1.** ⟨*Mensch ohne Kopfhaar*⟩ Glatzkopf – **2.** → Glatze
kahlköpfig: kahl · haarlos · glatzköpfig
kahmig: → schimmelig
Kahn: I. Kahn, der: **1.** → Boot, Schiff – **2.** → Bett (1) – **II.** Kähne (*Pl*): → Schuhe (1)
Kai, der: → Hafendamm
Kaiman, der: → Krokodil
Kaimauer, die: → Hafendamm
Kaiser, der: → Herrscher
Kaiserschnitt, der: → Schnittentbindung
Kajak, der *od.* das: → Paddelboot (1)
Kajüte, die: → Kabine
Kakao, der: durch den K. ziehen: → verspotten
Kakelei, die: **1.** → Gerede (1) – **2.** → Geschwätz (1)

kakeln: → schwatzen (1)
Kakophonie, die: → Missklang
kakophonisch: → misstönend
Kaktus, der: einen K. pflanzen: → austreten (2)
Kalabreser, der: → [1]Hut (1)
Kalamität, die: → Verlegenheit (1)
Kalauer, der: → Witz (1)
Kalberei/Kälberei, die: → Albernheit
kalberig/kälberig: → albern (1)
kalbern: → umhertollen
kälbern: **1.** → übergeben (II) – **2.** → umhertollen
Kalbskopf, der: → Dummkopf (2)
Kaldaunen (*Pl*): **1.** → Innereien (1) – **2.** → Eingeweide
kaleidoskopisch: → bunt (1)
Kalendarium, das: → Kalender
Kalender, der: Kalendarium (*veraltend*) + Abreißkalender · Umlegekalender · Terminkalender ♦ *gehoben*: Jahr[es]weiser
Kalenderjahr, das: → Jahr (1)
Kalesche, die: → Kutsche (1)
kalfatern: → abdichten
Kali, das: → Dünger (1, c)
Kaliber, das: **1.** → Größe (1) – **2.** → Stärke (1)
Kalk, der: bei jmdm. rieselt schon der K.: → verkalkt (2)
kalken: → weißen
kalkfarben: → blass (1)
kalkig: → blass (1)
Kalkül, das *od.* der: **1.** → Berechnung (3) – **2.** ins K. ziehen: → einbeziehen
Kalkulation, die: → Berechnung (1 *u.* 2)
kalkulieren: **1.** → berechnen (I, 1) – **2.** → vermuten
kalkweiß: → blass (1)
Kalme, die: → Windstille
kalt: **1.** ⟨*sehr kühl*⟩ eisig [kalt] · eiskalt · bitterkalt + frostig · winterlich ♦ *umg*: lausekalt ♦ *salopp*: hundekalt ♦ *derb*: saukalt; → *auch* kühl (1), gekühlt – **2.** → gefühlskalt (1) – **3.** → ungemütlich (1) – **4.** k. sein: → frieren (1); k. stellen/machen: → kühlen; k. werden: → erkalten (1); kälter werden: → abkühlen (II, 1); es ist jmdm. [abwechselnd] heiß und k., es läuft jmdm. k. über den Rücken/den Rücken herunter: → schaudern (1); kalte Dusche, kalter Wasserstrahl: → Ernüchterung; kalter Kaffee: → Bart (2); auf kaltem Wege: → unauffällig (1); k. wie [eine] Hundeschnauze: → gefühllos (1); kalten Blutes: → gelassen (1); kaltes Blut bewahren, k. bleiben: → beherrschen (II); k. lächelnd: → rücksichtslos; etw. lässt jmdn. k.: → gleichgültig (4); die kalte Schulter zeigen: → abweisen (1)
kaltblütig: **1.** → gelassen (1) – **2.** → gewissenlos
Kaltblütigkeit, die: → Gelassenheit
Kälte, die: Eis[es]kälte ♦ *umg*: Lausekälte ♦ *salopp*: Hundekälte ♦ *derb*: Saukälte; → *auch* Frost (1)
kaltherzig: → gefühllos (1)
kaltmachen: → töten (I, 1), ermorden
Kaltmamsell, die: → Köchin
kaltschnäuzig: → rücksichtslos (1)
kaltstellen: *umg*: abschieben · aufs Abstellgleis/tote Gleis schieben · zum alten Eisen werfen; auf den Aussterbeetat stellen (*oft scherzh*) ♦ *salopp*: abschießen · abhalftern · abservieren; → *auch* entlassen (2), verdrängen (2)
Kamarilla, die: → Clique
Kamel, das: **1.** ⟨*wiederkäuender Paarhufer*⟩ Wüstenschiff (*scherzh*) + Dromedar · Trampeltier – **2.** → Dummkopf (2)
Kamelle, die: ’ne alte/olle K., alte/olle Kamellen: → Bart (2)
Kamera, die: **1.** → Fotoapparat – **2.** → Filmkamera
Kamerad, der: Gefährte; Genosse (*veraltend*) + Bruder ♦ *umg*: Kumpel; → *auch* Freund (I, 1), Schicksalsgefährte, Anhänger (3)
Kameradin, die: → Freundin (1)
Kameradschaft, die: → Freundschaft (1)
kameradschaftlich: → freundschaftlich (1)
Kamerun: → Nacktbadestrand
Kamin, der: **1.** → Schornstein (1) – **2.** → Schlucht – **3.** in den K. schreiben: → verloren (3)
Kaminfeger, der: → Schornsteinfeger
Kamm, der: **1.** ⟨*Gerät zum Ordnen der Haare*⟩ *salopp*: Läuseharke · Läuserechen (*scherzh*) – **2.** → Bergrücken – **3.** jmdm. schwillt der K.: **a)** → erzürnen (2) – **b)** → übermütig (2); über einen K. scheren: → gleichsetzen
kämmen: durchkämmen; strählen (*süddt schweiz*); → *auch* frisieren (1)
Kammer, die: **1.** ⟨*kleiner Raum*⟩ Nebenraum; Nebengelass (*veraltend*) ♦ *umg*: Kabuff; Käfter[chen] (*landsch*); Kabuse ·

Kabäuschen (*norddt*) – **2.** → Zimmer – **3.** → Schlafzimmer
Kämmerchen, das: sich ins stille K. zurückziehen: → absondern (II)
Kammerdiener, der: → Diener (1)
Kammerfrau, die: → Zofe
Kammerjungfer, die: → Zofe
Kammerkätzchen, das: → Zofe
Kämmerlein, das: sich ins stille K. zurückziehen: → absondern (II)
Kammermädchen, das: → Zofe
Kammermäuschen, das: → Zofe
Kammerzofe, die: → Zofe
Kamp, der: **1.** → Baumschule – **2.** → Forstgarten
Kampagne, die: **1.** ⟨*zeitweise starke Bemühung mit bestimmter Zielrichtung*⟩ Aktion · Feldzug · Propagandafeldzug – **2.** → Feldzug (1)
Kämpe, der: → Draufgänger
kampeln, sich: → raufen (II, 1)
Kampf, der: **1.** ⟨*krieger. Auseinandersetzung*⟩ Feindseligkeiten · Kampfhandlung · Kampfgeschehen · Kampfgetümmel · Auseinandersetzung ♦ *gehoben*: Waffengang; → *auch* Gefecht (1), Schlacht – **2.** ⟨*angestrengtes Bemühen um etw.*⟩ das Ringen · Gerangel – **3.** → Wettkampf – **4.** K. ums Dasein/Brot: → Lebenskampf; den K. ansagen: **a)** → herausfordern – **b)** → bekämpfen (I, 2); einen K. führen: → kämpfen (1)
Kampfbahn, die: → Kampfstätte
kampfbereit: gefechtsbereit · einsatzbereit · kampfentschlossen
kämpfen: 1. ⟨*sich in einer krieger. Auseinandersetzung befinden*⟩ einen Kampf führen · aneinander geraten ♦ *gehoben*: fechten · streiten · sich schlagen · die Schwerter kreuzen; → *auch* ringen (1) – **2.** k. |gegen|: → bekämpfen (I, 1); mit sich k.: → unentschlossen (3)
kampfentschlossen: → kampfbereit
Kämpfer, der: *gehoben*: Fechter · Streiter; → *auch* Draufgänger
kämpferisch: kriegerisch · kampflustig · streitbar · streithaft · martialisch; → *auch* tapfer, aggressiv (1)
Kampfgefährte, der: → Schicksalsgefährte
Kampfgenosse, der: → Schicksalsgefährte
Kampfgeschehen, das: → Kampf (1)
Kampfgetümmel, das: → Kampf (1)
Kampfhahn, der: → Streitsüchtige
Kampfhandlung, die: → Kampf (1)
Kampfkraft, die: Kampfstärke · Schlagkraft
Kampflinie, die: → Front (1)
kampflustig: → kämpferisch
Kampfplatz, der: **1.** ⟨*Ort krieger. Auseinandersetzung*⟩ Kampfzone · Schlachtfeld; Walstatt (*veraltet*); → *auch* Front (1) – **2.** → Kampfstätte
Kampfrichter, der: → Schiedsrichter
Kampfstärke, die: → Kampfkraft
Kampfstätte, die: Kampfplatz · Arena · Kampfbahn; → *auch* Sportplatz
kampfunfähig: 1. ⟨*unfähig zum Weiterkämpfen*⟩ außer Gefecht – **2.** k. machen: ⟨*die Fähigkeit zum Weiterkämpfen nehmen*⟩ außer Gefecht setzen ♦ *salopp*: + abschießen · abknallen; → *auch* besiegen (I)
Kampfzone, die: → Kampfplatz (1)
kampieren: 1. → zelten – **2.** → übernachten
Kamuffel, das: → Dummkopf (2)
Kanaille, die: → Schurke
Kanal, der: **1.** ⟨*künstl. Wasserlauf zur Entwässerung*⟩ Fleet (*norddt*); → *auch* Wasserstraße – **2.** den K. wechseln: → umschalten (1); den K. voll haben: **a)** → überdrüssig (1) – **b)** → betrunken (2); sich den K. voll laufen lassen: → betrinken, sich
Kanalisation, die: → Entwässerung
kanalisieren: → entwässern (1)
Kanalisierung, die: → Entwässerung
Kanapee, das: → Sofa
kanariengelb: → gelb (1)
Kandare, die: an die K. nehmen, die K. anlegen: → zügeln (I, 1)
Kandel, die: → Dachrinne
Kandelaber, der: → Leuchter (1)
Kandidat, der: **1.** → Bewerber (1) – **2.** → Prüfling – **3.** ein unsicherer K.: → unzuverlässig
kandideln, sich: → betrinken, sich
kandidieren: k. |für|: → bewerben, sich (1)
kandieren: → zuckern
Kaninchen, das: **1.** ⟨*Haustier*⟩ *umg*: Karnickel; Stallhase (*scherzh*) – **2.** vor die K. gehen: → umkommen (1)
Kannä, das: → Niederlage (1)
Kannbestimmung, die: → Verordnung (1)
Kanne, die: **1.** ⟨*Henkelgefäß*⟩ Pinte (*schweiz*); → *auch* Krug (1) – **2.** wie mit/aus Kannen gießen: → gießen (2); in die K. gucken/steigen: → trinken (1, b)

Kannegießer, der: → Politikaster
kannegießern: → politisieren
Kännel, der: → Dachrinne
Kannibale, der: **1.** ⟨*Menschenfleisch Essender*⟩ Menschenfresser; Anthropophage (*fachspr*) – **2.** → Unmensch (1)
kannibalisch: → unmenschlich
Kannibalismus, der: **1.** ⟨*das Essen von Menschenfleisch*⟩ Menschenfresserei; Anthropophagie (*fachspr*) – **2.** → Unmenschlichkeit
Kannvorschrift, die: → Verordnung (1)
Kanon, der: → Regel (1)
Kanonade, die: → Beschuss (1)
Kanone, die: **1.** → Geschütz (1) – **2.** → Pistole (1) – **3.** → Revolver – **4.** → Meister (1) – **5.** → Spitzensportler – **6.** eine K. sein: → können (5); voll wie eine K.: → betrunken (1); unter aller K.: → schlecht (1)
Kanonenkugel, die: → Granate
Kanonenschlag, der: → Feuerwerkskörper
Kanonisation, die: → Heiligsprechung
kanonisieren: → heilig (3)
Kanossa: Gang nach K.: → Unterwerfung (2)
Kanossagang, der: **1.** → Unterwerfung (2) – **2.** einen K. antreten: → demütigen (II)
Kante, die: **1.** ⟨*Schnittlinie zweier Flächen*⟩ + Rand · Ecke – **2.** → Besatz (1) – **3.** an allen Ecken und Kanten: → überall (1); [sein Geld] auf die hohe K. legen: → sparen (1)
Kanten, der: → Brotkanten
Kanter, der: → Verschlag (1)
Kanthaken, der: beim K. kriegen: → ergreifen (2)
Kantholz, das: → Balken
kantig: → eckig (1)
Kantine, die: **1.** → Speisesaal – **2.** → Gaststätte (1, e)
Kanton, der: → Bezirk (1)
Kantonist, der: ein unsicherer K.: → unzuverlässig
Kantorei, die: → Kirchenchor (1)
Kantschu, der: → Peitsche (1)
Kantstein, der: → Bordkante
Kanu, das: → Paddelboot (1)
Kanzel, die: **1.** → Hochsitz – **2.** von der K. reden: → predigen (1)
Kanzelrede, die: → Predigt (1)
Kanzelsprung, der: → Aufgebot (1)
kanzerogen: → Krebs (2)
kanzerös: → krebsartig
Kanzlei, die: → Dienststelle (1)
Kanzler, der: → Regierungschef
Kanzone, die: → Lied (1)
Kaolin, das *od.* der: → [2]Ton
Kap, das: Vorgebirge
Kapazität, die: **1.** → Aufnahmefähigkeit (2) – **2.** → Meister (1) – **3.** → Leistungsfähigkeit – **4.** geistige K.: → Aufnahmefähigkeit (1)
Kapee, das: schwer von K.: → begriffsstutzig (1)
[1]Kapelle, die: Orchester · Klangkörper + Band · Tanzkapelle · Tanzorchester · Jazzband · Jazzkapelle · Unterhaltungsorchester; → *auch* Philharmonie
[2]Kapelle, die: → Kirche (1)
Kapellmeister, der: → Dirigent (1)
kapern: → aufbringen (2)
kapieren: → verstehen (I, 2)
kapital: → stattlich (1)
Kapital: **I.** Kapital, das: **1.** ⟨*die für ein Gewinn bringendes Agieren einsetzbaren Geld*[*- u. Sach*]*werte*⟩ Vermögen + Geld; → *auch* Vermögen (1) – **2.** flüssiges K.: → Bargeld; K. schlagen |aus|: → ausnutzen (1) – **II.** Kapitalien (*Pl*): → Geldmittel
Kapitalanlage, die: → Investition
Kapitalanleger, der: → Investor
Kapitale, die: → Hauptstadt
Kapitaleigner, der: → Geldmann
Kapitalfehler, der: → Fehler (1)
Kapitalismus, der: Monopolkapitalismus (*meist abwert*)
Kapitalist, der: Monopolkapitalist (*meist abwert*) + Großkapitalist · Plutokrat · Bankier
kapitalistisch: monopolkapitalistisch (*meist abwert*) + großkapitalistisch · plutokratisch
Kapitalkerl, der: → Kerl (1)
kapitalkräftig: → reich (1)
Kapitalverbrechen, das: → Verbrechen (1)
Kapitel, das: **1.** ⟨*größerer Buchabschnitt*⟩ Hauptstück (*veraltend*) + Teil · Artikel; → *auch* Abschnitt (2) – **2.** ein trauriges K.: → unangenehm (1)
kapiteln: → ausschimpfen
kapitulieren: **1.** → ergeben (II, 1) – **2.** → aufgeben (3)
Kaplan, der: → Geistliche
kapores: → entzwei
Kappe, die: **1.** → Mütze – **2.** auf seine K. nehmen: → verantworten (I)
kappen: **1.** → durchschlagen (I, 1, a) – **2.** → beschneiden (1) – **3.** → begatten (1) – **4.** → verhaften

Kappes, der: → Kohl (1)
Käppi, das: → Mütze
Kaprice, die: → Laune (1)
Kapriole, die: **1.** → Luftsprung (1) – **2.** → Laune (1)
Kaprize, die: → Laune (1)
kaprizieren: sich k. |auf|: → eigensinnig (2)
kapriziös: → eigensinnig (1)
Kapsel, die: **1.** ⟨*dünnwandiger, aber fester Behälter*⟩ Gehäuse + Hülse – **2.** → Raumschiff – **3.** → Tablette
kaputt: 1. → entzwei – **2.** → erschöpft (1)
kaputtgehen: 1. → platzen (1), entzweigehen (1) – **2.** → umkommen (1)
kaputtlachen, sich: → lachen (1)
kaputtmachen: I. kaputtmachen: → zerbrechen (1) – **II.** kaputtmachen, sich: → ruinieren (II)
kaputtreißen: → zerreißen (I, 1)
Karabiner, der: → Gewehr (1)
Karacho, das: mit K.: → schnell (1, a)
Karaffe, die: → Flasche (1)
Karambolage, die: → Zusammenstoß (1)
karambolieren: → zusammenstoßen (1)
Karbatsche, die: → Peitsche (1)
karbatschen: → peitschen
Karbolmäuschen, das: → Krankenschwester
Karbonpapier, das: → Kohlepapier
Karbunkel, der: → Geschwür
Kardinalpunkt, der: → Hauptsache
Karenz[zeit], die: → Wartezeit
karessieren: 1. → liebkosen – **2.** → schmeicheln (1)
Karezza, die: → Koitus
karg: 1. ⟨*ziemlich wenig*⟩ kärglich · kümmerlich · mager · gering · schmal ♦ *umg*: mickerig; → *auch* ärmlich (1) – **2.** → ertragsarm – **3.** → knapp (1)
kargen: k. |mit|: → geizen
kärglich: → karg (1), arm (2)
Kargo, der: → Fracht
kariert: gewürfelt · gekästelt · würfelig · schachbrettartig
Karikatur, die: **1.** ⟨*bestimmte Merkmale übertreibende Zeichnung*⟩ Cartoon · Scherzzeichnung; Spottbild · Zerrbild (*veraltet*) – **2.** → Zerrbild (1)
karikieren: → verzerren (1)
Karitas, die: → Wohltätigkeit
karitativ: → wohltätig
Karma[n], das: → Schicksal (1)
Karneval, der: Fas[t]nacht · Fasching[szeit] (*landsch*)
Karnickel, das: **1.** → Kaninchen (1) – **2.** → Dummkopf (2) – **3.** → Prügelknabe
Karo, das: → Viereck
Karosse, die: **1.** → Kutsche (1) – **2.** → Karosserie
Karosserie, die: Wagenaufbau · Aufbau ♦ *umg*: Karosse
Karotte, die: → Möhre
Karre, die: **1.** → Schubkarre – **2.** → Fahrrad – **3.** → Fahrzeug (1), Auto (1) – **4.** die K. in den Dreck fahren: → herunterwirtschaften; an die K. fahren: → schaden (1); die K. aus dem Dreck ziehen: → heraushelfen
Karree, das: → Viereck
Karren, der: **1.** → Schubkarre – **2.** → Wagen (1) – **3.** den K. in den Dreck fahren: → herunterwirtschaften; an den K. fahren: → schaden (1); vor seinen K. spannen: → instrumentalisieren
Karrete, die: **1.** → Fahrrad – **2.** → Auto (1)
Karrette, die: → Schubkarre
Karriere, die: **1.** → Laufbahn (1) – **2.** K. machen: → Erfolg (2)
karrieregeil: → ehrgeizig
Karrieremacher, der: → Karrierist
Karrierist, der (*abwert*): Karrieremacher · Postenjäger · Stellenjäger + Yuppie; → *auch* Streber
karriolen: → fahren (1)
Kärrner, der: → Fuhrmann (1)
Kärrnerarbeit, die: → Mühsal
Kartause, die: → Kloster (1)
Karte, die: **1.** → Fahrkarte (1), Eintrittskarte – **2.** → Landkarte – **3.** → Speisekarte – **4.** → Spielkarte – **5.** in die Karten gucken: → auskundschaften (1); nicht in die Karten passen: → missfallen (1); die/seine Karten aufdecken/auf den Tisch legen: → offenbaren (II); die Karten legen: → wahrsagen; schlechte Karten haben: → hoffnungslos (2); mit verdeckten Karten spielen: → unaufrichtig (2); alles auf eine K. setzen: → wagen (2); auf die falsche K. setzen: → irren (II); mit K.: → bargeldlos
Kartei, die: Kartothek · Zettelkatalog · Zettelkartei
Kartell, das: → Konzern
Kartenblatt, das: → Spielkarte
Kartoffel, die: **1.** ⟨*Nahrungsmittel*⟩ Erdapfel · Grundbirne (*landsch*) ♦ *umg*: Knolle – **2.** → Loch (1) – **3.** → Nase (1)

Kartoffelbrei, der: → Kartoffelmus
Kartoffelmus, das: Kartoffelbrei · Kartoffelpüree; Quetschkartoffeln · Stampfkartoffeln · Kartoffelstampf (*landsch*); Kartoffelstock (*schweiz*) + Kartoffelschnee
Kartoffelpuffer, der: Puffer; Plinse · Reibekuchen (*landsch*)
Kartoffelpüree, das: → Kartoffelmus
Kartoffelschnee, der: → Kartoffelmus
Kartoffelstampf, der: → Kartoffelmus
Kartoffelstock, der: → Kartoffelmus
Kartoffelwasser, das: das K. abgießen/abschütten: → austreten (1)
Karton, der: **1.** → Pappe (1) – **2.** → Schachtel (1)
Kartonage, die: → Verpackung
Kartothek, die: → Kartei
Karussell, das: Reitschule · Ringelbahn (*landsch*); Ringelspiel (*österr*)
Karzer, der: → Strafvollzugsanstalt
karzinogen: → Krebs (2)
Karzinom, das: → Krebs (1)
karzinomatös: → krebsartig
Kasack, der: → Bluse
Kasch, der: → Brei (1)
Kaschemme, die: → Gaststätte (1, a)
kaschen: 1. → ergreifen (2) – **2.** → abfangen (1) – **3.** → verhaften
kaschieren: 1. → verbergen (I, 1) – **2.** → bekleben
Käse, der: **1.** → Unsinn (1, a) – **2.** weißer K.: → Quark (1); K. reden: → schwafeln
Käsebeine (*Pl*): → Fuß (II, 1)
Käseblatt, das: → Zeitung (I, 1)
Käseblättchen, das: → Zeitung (I, 1)
käsebleich: → blass (1)
Käsemauken (*Pl*): → Fuß (II, 1)
käsen: 1. → schwafeln – **2.** → Wind (I, 3)
käseweiß: → blass (1)
käsig: → blass (1)
Kasino, das: **1.** → Klubhaus – **2.** → Spielkasino – **3.** → Speisesaal
Kaskade, die: **1.** → Wasserfall – **2.** → Sprung (1)
Kaskadeur, der: → Stuntman
Kasper[l], der: → Spaßmacher
Kasperle, das *od.* der: → Spaßmacher
Kasperletheater, das: → Puppenspiel
kaspern: → herumalbern
Kassa, die: **1.** → Kasse (1) – **2.** → Kasse (2)
Kassation, die: → Aufhebung (1)
Kasse, die: **1.** ⟨*Geldbehälter*⟩ Kassette; Kassa (*süddt österr*) – **2.** ⟨*Auszahlungsstelle*⟩ Kassenschalter · Zahlschalter · Schalter; Kassa (*süddt österr*) – **3.** → ²Bank (1) – **4.** → Krankenkasse – **5.** knapp/nicht bei K.: → zahlungsunfähig (1); K. machen: **a)** → verdienen (1) – **b)** → abrechnen (1)
Kassenbon, der: → Kassenzettel
Kassenschalter, der: → Kasse (2)
Kassenschlager, der: → Verkaufsschlager
Kassenschrank, der: → Geldschrank
Kassenverwalter, der: → Kassierer
Kassenwart, der: → Kassierer
Kassenzettel, der: Bon · Kassenbon + Beleg
Kasserolle, die: → Schmortopf
Kassette, die: **1.** ⟨*kleiner, verschließbarer Kasten*⟩ Schatulle · Kästchen · Etui – **2.** ⟨*Magnetband im zugehörigen Behältnis*⟩ Tape – **3.** → Kasse (1)
Kassettenrekorder, der: Rekorder + Walkman · Kassettenspieler; → *auch* Tonbandgerät
Kassiber, der: → Brief (1)
Kassier, der: → Kassierer
¹kassieren: abkassieren · einkassieren · einnehmen · vereinnahmen; → *auch* einziehen (3)
²kassieren: → aufheben (I, 3)
Kassierer, der: Kassenverwalter · Kassenwart; Kassier (*süddt österr schweiz*)
Kästchen, das: → Kassette (1)
Kaste, die: → Gesellschaftsgruppe
Kastell, das: → Befestigung (2), Festung (1)
Kasten, der: **1.** ⟨*rechtwinkl. Behälter*⟩ Kiste – **2.** → Briefkasten (1) – **3.** → Gebäude (1) – **4.** → Haus (1) – **5.** → Schiff – **6.** → Truhe – **7.** → Schrank (1) – **8.** → ¹Tor (2) – **9.** → Schubfach – **10.** → Fotoapparat – **11.** etw. auf dem K. haben: **a)** → klug (2) – **b)** → können (5); nicht alle im K. haben: → verrückt (5)
Kastor und Pollux: → Freundespaar
Kastrat, der: → Entmannte
kastrieren: → sterilisieren (1, a), verschneiden (1)
Kasuist, der: → Wortklauber
Kasuistik, die: → Spitzfindigkeit
kasuistisch: → spitzfindig (1)
Kasus, der: → ¹Fall (2)
Katalog, der: **1.** ⟨*Verzeichnis der Bücher einer Bibliothek*⟩ Bibliothekskatalog; → *auch* Sachkatalog – **2.** ⟨*Verzeichnis der Waren einer Firma*⟩ Warenkatalog + Versandkatalog – **3.** → Verzeichnis

Katamaran, der: Doppelrumpfboot
Katamenien (*Pl*): → Menstruation
Katapult, das *od.* der: → Schleuder (1)
Katarakt, der: **1.** → Stromschnelle – **2.** → Wasserfall
Katarrh, der: → Erkältung
Kataster, der *od.* das: → Grundbuch
katastrophal: 1. → verheerend – **2.** → verhängnisvoll
Katastrophe, die: **1.** → Unglück (1) – **2.** → Zusammenbruch (1)
Kate, die: → Haus (1)
Kategorie, die: → Begriff (1)
kategorisch: → bestimmt (1)
kategorisieren: → ordnen (1)
Kateridee, die: → Schnapsidee
Katheder, der *od.* das: → Pult
Kathedrale, die: → Kirche
Kathrine, die: die schnelle K.: → Durchfall (1)
Kätner, der: → Kleinbauer
kätschen: → kauen (1)
Kattun, der: **1.** → Beschuss (1) – **2.** K. geben: → verprügeln
katzbalgen, sich: → raufen (II, 1)
Katzbalgerei, die: → Rauferei
Katzbuckelei, die: → Unterwürfigkeit
katzbuckeln: → kriechen (2)
Katze, die: **1.** ⟨*Haustier*⟩ Hauskatze (*fachspr*); Mieze (*Kosef*); Miezekatze · Muschi (*kinderspr*) ♦ *umg*: Dachhase (*scherzh*) – **2.** falsche K.: → Heuchlerin; neunschwänzige K.: → Peitsche (1); für die Katz[e]: → umsonst (1); die K. aus dem Sack lassen: → ausplaudern; das hat die K. gefressen: → verschwunden (2); herumgehen wie die K. um den heißen Brei: → zögern
katzenartig: → gewandt (1)
Katzenauge, das: → Rücklicht
katzenfalsch: → schmeichlerisch
katzenfreundlich: → schmeichlerisch
katzenhaft: → gewandt (1)
Katzenjammer, der: → Niedergeschlagenheit
Katzenkopf, der: → Kopfnuss
Kauderwelsch, das: → Unsinn (1, a)
kauderwelschen: → radebrechen
kauen: 1. ⟨*die Nahrung mit den Zähnen zerkleinern*⟩ durchkauen + mahlen ♦ *umg*: muffeln · malmen · kätschen · mampfen (*landsch*) + mümmeln – **2.** an einem harten Brocken k.: → abmühen, sich
kauern: I. kauern: ⟨*fast auf seinen Fersen sitzen*⟩ [da]hocken; hucken (*landsch*); → *auch* sitzen (1) – **II.** kauern, sich: ⟨*sich fast auf die Fersen setzen*⟩ sich hinkauern · sich hinhocken · niederhocken · in die Hocke/Kniebeuge gehen + sich bücken; → *auch* ducken (II, 1)
Kauerstellung, die: → [1]Hocke (1)
Kauf, der: **1.** ⟨*das Inbesitznehmen durch Bezahlung*⟩ Ankauf · Erwerb[ung] · Anschaffung + Abnahme · Erstehung · Bezug · Kaufabschluss; → *auch* Einkauf (1) – **2.** vorteilhafter K.: ⟨*der Erwerb zu einem relativ niedrigen Preis*⟩ günstiger Kauf ♦ *umg*: Schnäppchen – **3.** günstiger K.: → 2; einen K. tätigen: → kaufen (1); in K. nehmen: → abfinden (II, 2)
Kaufabschluss, der: → Kauf (1)
kaufen: 1. ⟨*durch Bezahlung in seinen Besitz bringen*⟩ ankaufen · käuflich erwerben · einen Kauf tätigen + erstehen · lösen ♦ *umg*: [mit]nehmen; → *auch* abkaufen (1), einkaufen (I, 1), erwerben (2), einhandeln, abhandeln (1) – **2.** → bestechen (1) – **3.** sich k.: → vornehmen (1); sich einen Affen k.: → betrinken, sich
Käufer, der: Kunde · Abnehmer · Interessent; Reflektant (*veraltend*); → *auch* Auftraggeber (1)
Kauffreude, die: → Kaufinteresse
Kaufhalle, die: → Geschäft (1)
Kaufhaus, das: → Geschäft (1)
Kaufinteresse, das: Nachfrage · Kauflust · Kaufneigung · Kauffreude · Interesse + Kaufrausch; → *auch* Bedarf (1)
kaufkräftig: → zahlungskräftig
Kaufladen, der: → Geschäft (1)
käuflich: 1. → bestechlich (1) – **2.** k. sein: ⟨*durch Bezahlung erwerbbar sein*⟩ zu haben/bekommen sein; feil sein (*veraltend*); → *auch* vorrätig (2) – **3.** k. erwerben: → kaufen (1)
Kauflust, die: → Kaufinteresse
Kaufmann, der: **1.** ⟨*jmd., der Handel treibt*⟩ Geschäftsmann · der Handeltreibende; Handelsmann (*veraltend*) – **2.** ⟨*Besitzer eines Gemischtwarengeschäftes*⟩ Händler · Krämer · Ladenbesitzer · Ladeninhaber · Geschäftsinhaber; Greißler (*österr*) ♦ *umg*: Budiker; Heringsbändiger (*scherzh*); Tütendreher (*scherzh od. abwert*) ♦ *salopp*: Koofmich (*berlin abwert*)
kaufmännisch: kommerziell · merkantil

Kaufneigung, die: → Kaufinteresse
Kaufpreis, der: → Preis (1)
Kaufrausch, der: → Kaufinteresse
kaum: 1. ⟨*beinahe nicht*⟩ knapp · [nur] mit knapper/genauer Not · [nur] mit Mühe [und Not]; → *auch* Mühe (3) – **2.** ⟨*vermutlich nicht*⟩ schwerlich – **3.** → eben (2) – **4.** k. dass: → sobald; k. der Rede wert: → unwichtig (1)
kaupeln: → tauschen (1)
kausal: → ursächlich
Kausalität, die: → Ursächlichkeit
Kausalnexus, der: → Ursächlichkeit
Kausalzusammenhang, der: → Ursächlichkeit
kaustisch: → spöttisch
Kautabak, der: Priem[tabak]
Kautel, die: → Vorbehalt (1)
Kaution, die: → Bürgschaft (1)
Kautschuk, der: → Gummi (1)
Kauz, der: **1.** → Eule (1) – **2.** → Sonderling – **3.** → Haarknoten
kauzig: → schrullig (1)
Kavalier, der: **1.** → Liebhaber (1) – **2.** → Weltmann
kavaliersmäßig: → höflich
Kavallerie, die: → Reiterei (1)
Kaventsmann, der: → Riese (1)
Kebse, die: → Beischläferin
Kebsweib, das: → Beischläferin
keck: kess · ungeniert · unbefangen · ohne Scheu · dreist · respektlos ♦ *salopp*: frech wie Oskar; → *auch* frech (1), vorlaut, ungezwungen
Keeper, der: → Torwart
Kegel, der: mit Kind und K.: → Familie (3)
kegeln: → fallen (1)
Kehle, die: **1.** ⟨*vorderer Teil des Halses*⟩ Gurgel; → *auch* Hals (1) – **2.** eine raue K. haben: → heiser (2); aus voller K.: → laut (1, b); die K. zuschnüren: → erwürgen; trockene K.: → Durst (1); durch die K. jagen: → vertrinken; die K. anfeuchten/nass machen, einen durch die K. jagen: → trinken (1, b); in die falsche K. bekommen/kriegen: **a)** → verschlucken (II) – **b)** → missverstehen (1); das Messer an die K. setzen: → zwingen (1)
Kehlkopf, der: Adamsapfel ♦ *umg*: Griebs (*landsch*)
Kehraus, der: **1.** → Ende (1, b) – **2.** K. machen: → aufräumen (1)
Kehre, die: → Biegung (1)
[1]**kehren: I.** kehren: **1.** nach innen gekehrt: ⟨*auf das eigene Seelenleben gerichtet*⟩ in sich gekehrt · introvertiert – **2.** den Rücken k.: → abwenden (II, 1); das Unterste zuoberst k.: → durchsuchen; die Waffe gegen sich k.: → erschießen (II); in sich gekehrt: **a)** → I, 1 – **b)** → nachdenklich – **II.** kehren, sich: sich nicht k. |um|: → kümmern, sich (1)
[2]**kehren:** → fegen (1)
Kehricht, der: **1.** → Müll – **2.** einen feuchten K. angehen: → angehen (6)
Kehrordnung, die: → Turnus (1)
Kehrschleife, die: → Windung (1)
Kehrseite, die: **1.** → Rückseite (1) – **2.** → Nachteil (1) – **3.** auf der K.: → hinten (1, b)
kehrtmachen: → umdrehen (II)
Kehrum: im K.: → schnell (1, e)
Kehrwisch, der: → Handfeger
keifen: → schimpfen (1)
Keil, der: einen K. treiben |zwischen|: → entzweien (I)
Keile, die: → Prügel (II, 1)
keilen, sich: → schlagen (II, 1)
Keilerei, die: → Schlägerei
Keim, der: **1.** → Krankheitserreger – **2.** → Schössling – **3.** im K. ersticken: **a)** → unterdrücken (3) – **b)** → niederschlagen (2)
keimen: 1. → aufkeimen – **2.** → sprießen (1)
keimfrei: 1. ⟨*frei von Krankheitserregern*⟩ aseptisch · steril – **2.** k. machen: → entkeimen (1)
Keimling, der: **1.** → Schössling – **2.** → Embryo
Keimzelle, die: **1.** ⟨*der Fortpflanzung dienende Zelle*⟩ Geschlechtszelle; Gamet (*fachspr*) + Eizelle · Ovum · Samenzelle · Samenfaden · Spermium; → *auch* Samen (2) – **2.** → Grundlage (1)
kein: 1. ⟨*nicht irgendein*⟩ *umg*: null (*jugendspr*) – **2.** k. Aas/Hund/Mensch/Schwanz/Schwein, keine Seele/Sau: → niemand; keinen Deut, k. Fünkchen/Stück: → nichts (1); um keinen Preis, unter [gar] keinen Umständen: → niemals; auf [gar] keinen Fall, k. Gedanke, in keinster Weise: → keineswegs
keiner: → niemand
keinesfalls: 1. → keineswegs – **2.** → niemals
keineswegs: keinesfalls · durchaus nicht · auf [gar] keinen Fall · [ganz] im Gegenteil ·

beileibe nicht · ganz und gar nicht · nicht entfernt · nicht im Entferntesten / Geringsten · weit gefehlt · Gott bewahre · Gott behüte · das sei mir fern / fern von mir; mitnichten (*meist noch scherzh*) ♦ *umg*: kein Gedanke · woher denn · ach wo[her] · ach was · i bewahre · i wo · wo werd' ich denn; in keinster Weise (*scherzh*); → *auch* nein, niemals
Keks, der: auf den K. gehen: → belästigen (1)
Kelch, der: → Glas (I, 1)
Keller, der: **1.** ⟨[*teilweise*] *tiefer als die Erdoberfläche liegender Raum*⟩ Kellerraum · Kellergewölbe – **2.** in den K. rutschen: → billig (6)
Kellergeschoss, das: → Untergeschoss
Kellergewölbe, das: → Keller (1)
Kellerraum, der: → Keller (1)
Kellner, der: Ober · Bedienung; Ganymed (*scherzh*) + Oberkellner · Pikkolo · Steward · Garçon
Kellnerin, die: Serviererin · Servierfräulein · Serviermädchen · Bedienung; Hebe (*scherzh*); Serviertochter · Saaltochter (*schweiz*) + Stewardess ♦ *umg*: Fräulein
Kemenate, die: → Wohnzimmer
kennen: 1. ⟨*mit jmdm. bzw. etw.* [*oft*] *zusammengetroffen sein*⟩ kennen gelernt haben · bekannt sein |mit| · Bekanntschaft gemacht haben |mit| + ein Lied singen können |von|; → *auch* befreundet, auskennen, sich – **2.** → wissen (1) – **3.** k. lernen: ⟨*erstmals treffen*⟩ *umg*: aufgabeln · auffischen · aufreißen (*oft scherzh*) – **4.** k. gelernt haben: → 1; sich k. lernen: → befreunden, sich (1); den Rummel k.: → auskennen, sich
Kenner, der: → Fachmann (1)
Kennerschaft, die: → Sachkenntnis
Kennkarte, die: → Ausweis (1)
kenntlich: → sichtbar (1)
Kenntnis: I. Kenntnis, die: **1.** → Wissen (1) – **2.** → Erfahrung (1) – **3.** K. haben |von / über|: → wissen (1); K. geben |von|, zur K. bringen: → bekannt (5); in K. setzen: → unterrichten (1); K. erhalten: → erfahren (1); zur K. nehmen: → beachten – **II.** Kenntnisse (*Pl*): **1.** → Wissen (1) – **2.** K. vermitteln: → unterrichten (2)
Kenntnisnahme, die: → Einblick (2)
kenntnisreich: → gebildet
Kennwort, das: Losung · Losungswort · Parole (*milit*); Passwort (*EDV*)
Kennzeichen, das: **1.** → Merkmal, Eigenschaft – **2.** polizeiliches K.: → Autonummer
kennzeichnen: → bezeichnen (I, 1)
kennzeichnend: charakteristisch · symptomatisch · typisch · signifikant · unverkennbar · bezeichnend; → *auch* eigentümlich (1), bezeichnend (1)
Kennzeichnung, die: → Bezeichnung (1)
kentern: → umkippen (2)
keppeln: → schimpfen (1)
Kerbe, die: **1.** → Einschnitt (1) – **2.** in die gleiche K. hauen: → übereinstimmen (1)
Kerbholz, das: etw. auf dem K. haben: → Schuld (I, 2)
Kerbtier, das: → Insekt
Kerf, der: → Insekt
Kerker, der: **1.** → Strafvollzugsanstalt – **2.** in den K. werfen: → einsperren (1); im K. sein / sitzen / schmachten: → gefangen (2)
Kerl, der (*umg*): **1.** ⟨*tüchtige männl. Person*⟩ *normalspr*: Mann · Bursche ♦ *umg*: Kapitalkerl · Mordskerl; Malefizkerl (*landsch*); Bazi (*süddt österr*); → *auch* Tausendsasa – **2.** → Mann (I, 1) – **3.** junger K.: → Bursche (1)
Kerlchen, das: → Junge (I, 1)
Kern, der: **1.** ⟨*der innere Teil einer Frucht*⟩ Samenkern + Stein – **2.** → Hauptsache, Wesen (1) – **3.** des Pudels K.: → Ursache
Kernenergie, die: Atomenergie · Kernkraft · Atomkraft
kernfaul: → faul (1)
Kerngebiet, das: → Mittelpunkt
Kerngehäuse, das: Kernhaus · Gehäuse; Griebs (*landsch*)
kerngesund: → gesund (1)
Kernhaus, das: → Kerngehäuse
kernig: → kräftig (1)
Kernkraft, die: → Kernenergie
Kernkraftwerk, das: Atomkraftwerk · AKW · KKW
Kernphysik, die: → Atomphysik
Kernpunkt, der: → Hauptsache
Kernreaktor, der: Atomreaktor · Reaktor · Pile · Atommeiler
Kernsinn, der: → Gedankengehalt
Kernstück, das: → Hauptsache, Wesen (1)
Kerntruppe, die: → Elitetruppe
Kernwaffen (*Pl*): Atomwaffen
Kerosin, das: → Kraftstoff
Kerze, die: Licht + Wachskerze · Stearinkerze · Talglicht
kerzengerade: → aufrecht (1)

Kerzenhalter, der: → Leuchter (1)
Kerzenleuchter, der: → Leuchter (1)
Kerzenständer, der: → Leuchter (1)
kess: **1.** → keck – **2.** → elegant (1) – **3.** eine kesse Sohle abdrehen/aufs Parkett legen: → tanzen (1)
Kessel, der: **1.** → Tal (1) – **2.** → Einkreisung
Kette, die: **1.** → Reihe (1) – **2.** Ketten anlegen: → fesseln (1); an die K. legen: → anketten; in Ketten legen: → gefangen (3); die Ketten abschütteln/abstreifen/abwerfen/sprengen/zerbrechen/zerreißen: → befreien (II, 2); an den Ketten rütteln: → aufbegehren
Kettenfahrzeug, das: → Panzer (1)
Ketzer, der: → Abtrünnige
Ketzerei, die: → Irrlehre
ketzerisch: → abtrünnig
keuchen: schnaufen · pusten; japsen · jappen (*landsch*) + röcheln; → *auch* schnauben (I, 1)
keusch: → enthaltsam (1)
Keuschheit, die: → Enthaltsamkeit
Keuschler, der: → Kleinbauer
Kiberer, der: → Kriminalist
kichern: → lachen (1)
Kick, der: → Nervenkitzel
Kicker, der: → Fußballspieler
Kid: **I.** Kid, das: → Kind (1) – **II.** Kids (*Pl*): → Jugend (3)
kidnappen: → entführen (1)
Kidnapping, das: → Kindesentführung, Entführung
kiebig: → frech (1)
Kiebitz, der: → Schaulustige
kiebitzen: → zusehen (1)
kiefeln: → nagen (1)
Kiefer, die: Föhre
kieken: → sehen (1)
Kieker, der: **1.** → Fernglas – **2.** auf dem K. haben: → hassen
Kiekindiewelt, der: → Grünschnabel
Kien, der: auf dem K. sein: **a)** → aufpassen (1) – **b)** → tüchtig (3)
Kiepe, die: → Korb (1)
Kies, der: → Geld (1)
kieseln: → hageln (1)
kiesig: → krümelig
kiewig: → frech (1)
Kif, der: → Rauschgift (1)
kiffen: → Rauschgift (3)
Kiffer, der: → Rauschgiftsüchtige
Kikelkakel, das: → Geschwätz (1)
Kiki, der: **1.** → Kram (1) – **2.** → Unsinn (1, a)
killekille: k. machen: → kitzeln (1)
killen: → ermorden, töten (I, 1)
Killer, der: → Mörder
Kimm[ung], die: → Horizont (1)
Kind, das: **1.** ⟨*Mensch in seiner frühen Jugend*⟩ das Kleine; Kleinchen (*Kosef*); Bébé (*schweiz*) + Kleinkind · Schoßkind ♦ *umg*: Kid · Krabbe · [kleines] Wurm; Matz · Mätzchen · Spatz · Pusselchen (*vertraul od. Kosef*); Racker (*vertraul scheltend*); Krümel (*scherzh*); Balg · Blag (*abwert*); Fratz (*auch abwert*); Murkel · Gör[e] (*landsch*); → *auch* Junge (I, 1), Mädchen (1), Säugling, Knirps – **2.** ⟨*Sohn od. Tochter* [*im Kindesalter*]⟩ Sprössling (*scherzh*) + Nachkomme · Stammhalter · Erbe ♦ *gehoben*: Spross; → *auch* Nachkomme (1), Sohn – **3.** mit K. und Kegel: → Familie (3); ein K. machen/in die Welt setzen: → zeugen (1); ein K. andrehen: → schwängern; ein K. erwarten/unter dem Herzen tragen: → schwanger (2); ein K. bekommen/kriegen: **a)** → schwanger (2) – **b)** → gebären; eines Kindes genesen: → gebären; an Kindes statt annehmen: → adoptieren; das K. mit dem Bade ausschütten: → weit (4); das K. beim [rechten] Namen nennen: → Wahrheit (2); sich lieb K. machen: → einschmeicheln, sich
Kindbett, das: → Wochenbett
Kinderei, die: **1.** → Albernheit – **2.** → Unsinn (1, a)
Kinderfrau, die: Kindermädchen; Kinderfräulein (*veraltet*); → *auch* Kindergärtnerin
Kinderfräulein, das: → Kinderfrau
Kindergarten, der: Kindertagesstätte · Kita · Kindertagesheim · Tagesheim; Spielschule (*veraltend*) + Kinderladen; → *auch* Kinderhort
Kindergärtnerin, die: Tante (*kinderspr*) + Erzieherin · Hortnerin; → *auch* Kinderfrau
Kinderhort, der: Hort; → *auch* Kindergarten
Kinderjahre (*Pl*): → Kindheit (1)
Kinderladen, der: → Kindergarten
Kinderlähmung, die: **1.** ⟨*Infektionskrankheit*⟩ spinale Kinderlähmung; Poliomyelitis · Polio (*med*) – **2.** spinale K.: → 1
kinderleicht: → mühelos (1)
Kindermädchen, das: → Kinderfrau

Kinderschänder, der: → Pädophile
Kindersegen, der: → Nachkommenschaft
Kinderspiel, das: **1.** → Kleinigkeit (1) – **2.** kein K. sein: → schwierig (4)
Kinderstube, die: → Erziehung (2)
Kindertagesheim, das: → Kindergarten
Kindertagesstätte, die: → Kindergarten
Kinderzeit, die: → Kindheit (1)
Kindesalter, das: → Kindheit (1)
Kindesbeine (*Pl*): von Kindesbeinen an: → Jugend (4)
Kindesentführung, die: Kindesraub · Kidnapping; → *auch* Entführung
Kindesraub, der: → Kindesentführung
kindhaft: → unreif (2)
Kindheit, die: **1.** ⟨*die Zeit, in der man noch Kind ist*⟩ Kinderjahre · Kinderzeit · Kindesalter ♦ *gehoben*: Lebensmorgen; → *auch* Jugend (1) – **2.** von K. an: → Jugend (4)
kindisch: 1. → unreif (2) – **2.** → albern (1)
kindlich: → unreif (2)
Kindlichkeit, die: → Unreife
Kindskopf, der: → Dummkopf (2)
Kindstaufe, die: → Taufe (1)
Kinetose, die: → Reisekrankheit
King, der: → Anführer
Kinkerlitzchen (*Pl*): **1.** → Nichtigkeit (1) – **2.** → Unsinn (1, a)
Kinnhaken, der: → Schlag (I, 1)
Kino, das: **1.** ⟨*Einrichtung zur Vorführung von Filmen*⟩ Filmtheater · Filmbühne; Lichtspiele · Lichtspieltheater · Lichtspielhaus (*veraltend*) ♦ *umg*: Kintopp (*scherzh od. abwert*) ♦ *salopp*: Flimmerkiste (*scherzh od. abwert*) – **2.** ⟨*das Vorführen eines Films*⟩ Filmveranstaltung
Kintopp, der *od.* das: → Kino (1)
Kiosk, der: → Bude (1, b)
Kipfe[r]l, das: → Brötchen
[1]**Kippe,** die: auf der K. stehen: → unsicher (5, b); K. machen: → teilen (I, 1)
[2]**Kippe,** die: → Zigarettenstummel
kippelig: → wackelig
kippeln: 1. → schaukeln (2) – **2.** → wackeln (1)
kippen: 1. ⟨*in eine schräge Lage bringen*⟩ ankippen – **2.** → umkippen (2) – **3.** → absetzen (I, 2) – **4.** → vereiteln – **5.** ein Glas/einen k.: → trinken (1, b); aus den Latschen/Pantinen k.: → bewusstlos (2)
Kirche, die: **1.** ⟨*Gebäude zum Abhalten der Gottesdienste*⟩ Gotteshaus · Münster · Dom[kirche] · Kathedrale + Kapelle · Synagoge · Moschee – **2.** → Gottesdienst – **3.** die K. im Dorf lassen: → übertreiben (4); die K. ums Dorf tragen, mit der K. ums Dorf fahren: → umständlich (2)
Kirchenbann, der: → Ausschluss (1)
Kirchenchor, der: **1.** ⟨*Chor einer Kirchengemeinde*⟩ Kantorei – **2.** → Chor (1)
Kirchendiener, der: Küster · Sakristan · Mesner
kirchenfromm: → fromm (1)
Kirchengemeinde, die: Gemeinde · Kirchspiel · Pfarre[i] · Parochie · Sprengel
Kirchenlicht, das: kein K.: → Dummkopf (1)
Kirchenmaus, die: arm wie eine K.: → arm (1)
Kirchhof, der: → Friedhof
kirchlich: klerikal · christlich; → *auch* geistlich (1)
Kirchspiel, das: → Kirchengemeinde
Kirchtag, der: → Kirchweih
Kirchweih, die (*landsch*): Kirmes · Kirchtag · Kirtag ♦ *umg*: Kirmse
Kirmes, die: → Kirchweih
Kirmse, die: → Kirchweih
kirre: 1. → zahm (1) – **2.** k. machen: → zähmen (I, 1)
kirren: → zähmen (I, 1)
kirschrot: → rot (1)
Kirtag, der: → Kirchweih
Kismet, das: → Schicksal (1)
Kissen, das: Federkissen; Polster (*österr*) + Pfulmen (*schweiz*)
Kiste, die: **1.** → Kasten (1) – **2.** → Fahrzeug (1), Auto (1), Flugzeug – **3.** fertig ist die K.: → erledigt (1 *u.* 3, a); die K. schmeißen: → meistern
Kita, die: → Kindergarten
Kitchenette, die: → Küche (1)
Kitsch, der: Edelkitsch; → *auch* Schund (1)
kitschig: → geschmacklos (1)
Kitt, der: **1.** → Klebstoff – **2.** → Kram (1) – **3.** → Unsinn (1, a)
Kittchen, das: → Strafvollzugsanstalt
Kittel, der: → Rock (1)
kitten: → kleben (2)
Kitzel, der: **1.** → Juckreiz – **2.** → Verlockung – **3.** → Nervenkitzel
kitzeln: 1. ⟨*durch streichelndes Berühren zum Lachen bringen*⟩ *umg*: krabbeln; killekille machen (*vertraul*) – **2.** → jucken (1) – **3.** → verlocken

kitzlig: → heikel (1)
KKW, das: → Kernkraftwerk
Klacks, der: **1.** → Haufen (1) – **2.** → Fleck (I, 1) – **3.** → Kleinigkeit (1)
Kladde, die: **1.** ⟨*Geschäftsbuch*⟩ Diarium (*veraltet*); → *auch* Notizbuch – **2.** → Entwurf (2)
Kladderadatsch, der: **1.** → Zusammenbruch (1) – **2.** → Gerede (1)
klaffen: gähnen
kläffen: 1. → bellen (1) – **2.** → schimpfen (1)
Kläffer, der: → Hund (1)
klafterhoch: → hoch (1)
klaftertief: → abgrundtief
Klage, die: **1.** ⟨*Beschuldigung vor Gericht*⟩ Anklage • Beschwerde – **2.** → Beschuldigung (1) – **3.** K. führen: → beschweren (II); K. führen |gegen|: → verklagen
Klagelied, das: ein K. anstimmen: → jammern (1)
klagen: 1. → jammern (1) – **2.** k. |um|: → beklagen (I, 1); k. |gegen|: → verklagen
Kläger, der: → Staatsanwalt
kläglich: 1. → jämmerlich (1) – **2.** → beschämend, erbärmlich (1)
Klamauk, der: **1.** → Lärm (1) – **2.** → Unfug
klamm: 1. → feucht (1) – **2.** → zahlungsunfähig (1) – **3.** → eng (1)
Klamm, die: → Schlucht
Klammer, die: → Haarklemme
Klammerbeutel, der: mit dem K. gepudert: → verrückt (1)
klammern, sich: sich k. |an|: → festhalten (II)
Klammersack, der: mit dem K. gepudert: → verrückt (1)
klammheimlich: → heimlich (1)
Klamotten (*Pl*): **1.** → Kleidung (1) – **2.** → Hausrat
Klang: I. Klang, der: **1.** ⟨*Art u. Weise des Klingens*⟩ Ton • Klangart; → *auch* Klangfarbe – **2.** → Klangfarbe – **3.** ohne Sang und K.: → unauffällig (1) – **II.** Klänge (*Pl*): → Musik (1)
Klangart, die: → Klang (I, 1)
Klangfarbe, die: Kolorit • Timbre • Klang + Sound; → *auch* Klang (I, 1)
Klangkörper, der: → [1]Kapelle
klanglich: akustisch
klangvoll: → wohltönend
Klappe, die: **1.** → Mund (1) – **2.** → Bett (1) – **3.** die K. halten: → schweigen (1 *u.* 2); die große K. schwingen: → aufspielen (II); in die K. gehen: → schlafen (5)
klappen: 1. → gelingen (1) – **2.** → gehen (9) – **3.** → ertappen (1) – **4.** wie am Schnürchen k.: → gehen (9)
Klapper, die: → Rassel
klapperdürr: → mager (1)
Klapperei, die: → Lärm (1)
klapperig: → alt (2), gebrechlich
Klapperkasten, der: **1.** → Klavier (1) – **2.** → Fahrzeug (1), Auto (1)
Klapperkiste, die: → Fahrzeug (1), Auto (1)
klappern: 1. ⟨*schnell aufeinander folgend harte Gegenstände aneinander schlagen*⟩ rappeln • raffeln • scheppern (*landsch*); → *auch* rasseln (1), lärmen – **2.** → zittern (1) – **3.** mit den Augen/Augendeckeln k.: → flirten
Klapperschlange, die: → Maschinenschreiberin
Klapperstorch, der: → Storch
Klappmesser, das: → Taschenmesser
Klappzylinder, der: → Zylinder
Klaps, der: **1.** → Schlag (I, 1) – **2.** einen K. haben: → verrückt (5)
klapsen: → schlagen (I, 1)
klapsig: → verrückt (1)
Klapsmühle, die: → Klinik (2)
klar: 1. ⟨*keine Trübung aufweisend*⟩ **a)** ⟨*Flüssigkeit od. Glas*⟩ rein • lauter • kristallklar • hell; → *auch* durchsichtig (1) – **b)** ⟨*Himmel*⟩ wolkenlos • unbewölkt • aufgeklärt + heiter; → *auch* sonnig (2) – **2.** → verständlich (1) – **3.** → deutlich (1, 2 *u.* 3) – **4.** → selbstverständlich (1) – **5.** → ja (1) – **6.** → ordentlich (1, a) – **7.** na k.: → ja (1); klipp und k.: → deutlich (3); k. werden: → aufklären (II); k. machen: → zerhacken (1); k. sehen: → überblicken; nicht k. sehen: → erkennen (5); k. denkend: → klug (1); k. auf der Hand liegen: → offenkundig (2); klarer Fall: → selbstverständlich (1); k. wie Kloßbrühe/wie dicke Tinte sein: → selbstverständlich (3); einen klaren Kopf behalten/bewahren: → beherrschen (II)
Klärchen: → Sonne (1)
Klare, der: → Branntwein
klären: 1. ⟨*eine Flüssigkeit von Verunreinigungen befreien*⟩ läutern • reinigen + filtern; → *auch* filtern – **2.** → aufklären (I, 1) – **3.** → berichtigen (I, 1)
klargehen: 1. → gehen (9) – **2.** geht klar: → einverstanden (1)

Klarheit, die: **1.** → Helligkeit – **2.** → Verständlichkeit – **3.** → Deutlichkeit (1, 2 *u.* 3)
klarieren: → verzollen
klarkommen: → zurechtkommen (2)
klarkriegen: → regeln (1)
klarlegen: **1.** → erklären (I, 1) – **2.** → berichtigen (I, 1)
klarmachen: → erklären (I, 1)
klarstellen: → berichtigen (I, 1)
Klartext, der: im K.: → Wort (5); K. reden |mit|: → zurechtweisen
Klärung, die: → Aufklärung (1), Berichtigung (1)
Klas, der: → Dummkopf (2)
Klasse, die: **1.** ⟨*Raum für den Unterricht*⟩ Klassenzimmer · Klassenraum; Schulstube (*noch landsch*) – **2.** → Art (2) – **3.** → Gesellschaftsgruppe – **4.** [große] K. sein: **a)** → großartig (3) – **b)** → beachtlich (5)
Klassenarbeit, die: → Prüfungsarbeit
Klassenbeste, der: Primus
Klassenraum, der: → Klasse (1)
Klassenzimmer, das: → Klasse (1)
Klassifikation, die: → Einteilung (1)
klassifizieren: → einteilen (1)
klassisch: **1.** → antik (1) – **2.** → vollkommen (1) – **3.** → großartig (1) – **4.** das klassische Altertum: → Altertum (I)
Klater, der: → Schmutz (1)
klaterig: → schmutzig (1)
kläterig: → elend (1)
Klatsch, der: **1.** → Schlag (I, 1) – **2.** → Gerede (1)
Klatschbase, die: → Schwätzerin
Klatsche, die: → Schwätzerin
klatschen: **1.** ⟨*zum Zeichen des Beifalls die Hände zusammenschlagen*⟩ applaudieren · Beifall klatschen/bekunden/spenden · Applaus spenden · akklamieren – **2.** ⟨[*über etw. od. jmdn.*] *gehässig reden*⟩ *umg*: schwatzen |über| · lästern · tratschen; ratschen (*landsch*) + breittreten · quatschen; → *auch* durchhecheln – **3.** Beifall k.: → 1
Klatschen, das: → Beifall (1)
Klatscherei, die: → Gerede (1)
Klatschgeschichte, die: → Gerede (1)
klatschhaft: → geschwätzig
Klatschmaul, das: **1.** → Schwätzerin – **2.** → Lästerer
klatschnass: → nass (1)
klatschsüchtig: → geschwätzig
Klatschtante, die: → Schwätzerin
Klatschtrine, die: → Schwätzerin
Klatschweib, das: → Schwätzerin
klauben: **1.** → aufsammeln (1) – **2.** → pflücken
Klaue, die: **1.** → Hand (1) – **2.** → Pranke (1) – **3.** → Handschrift (1)
klauen: → stehlen (1)
Klause, die: → Zelle (1)
Klausner, der: → Einsiedler
klausulieren: → verklausulieren
Klausur[arbeit], die: → Prüfungsarbeit
Klavier, das: **1.** ⟨*Tasteninstrument*⟩ Piano[forte] (*veraltet*) + Pianino · Flügel ♦ *salopp*: Klapperkasten · Klimperkasten · Drahtkommode (*abwert*) – **2.** K. spielen: ⟨*auf dem Klavier spielen*⟩ *umg*: klimpern (*abwert*) ♦ *salopp*: in die Tasten hauen (*scherzh*)
Klebe, die: → Klebstoff
Klebemittel, das: → Klebstoff
kleben: **1.** ⟨[*wie*] *durch die Wirkung von Klebstoff zusammenhängen*⟩ haften · festkleben; backen (*landsch*) ♦ *umg*: pappen; picken (*österr*) – **2.** ⟨*mit Klebstoff verbinden*⟩ + leimen · kitten · kleistern ♦ *umg*: pappen; picken (*österr*) – **3.** k. bleiben: → sitzen (6, a); eine k.: → ohrfeigen
Kleber, der: → Klebstoff
klebrig: **1.** ⟨*zäh haftend*⟩ kleistrig · leimig + harzig ♦ *umg*: pappig – **2.** → anhänglich – **3.** klebrige Finger haben: → stehlen (1)
Klebstoff, der: Klebemittel · Kleber + Kleister · Leim · Kitt · Alleskleber ♦ *umg*: Klebe; Pappe (*landsch*); Pick (*österr*)
Klecker, der: → Fleck (I, 1)
Kleckerfritze, der: → Schmutzfink
kleckern (*umg*): klecksen · sudeln ♦ *salopp*: schmaddern (*norddt*)
Klecks, der: → Fleck (I, 1)
klecksen: **1.** → malen (1, a) – **2.** → kleckern
Kleckser, der: → Maler (1 *u.* 2)
Kledasche, die: → Kleidung (1)
Klee, der: über den grünen K. loben: → loben (1)
Kleid: **I.** Kleid, das: ⟨*Kleidungsstück für Frauen u. Mädchen*⟩ *umg*: Fahne · Fähnchen · Fummel · Fetzen (*abwert*) – **II.** Kleider (*Pl*): **1.** → Kleidung (1) – **2.** sich aus den Kleidern schälen, die K. von sich werfen: → ausziehen (II); sich in die K. werfen, in die K. fahren: → anziehen (II)
kleiden: **I.** kleiden: → passen (1, c) – **II.** kleiden, sich: → anziehen (II)

Kleiderablage, die: → Garderobe (1)
Kleiderbügel, der: Bügel
Kleiderhaken, der: → Garderobe (1)
Kleiderständer, der: → Garderobe (1)
Kleidung, die: **1.** ⟨*alle Kleidungsstücke zusammen*⟩ Garderobe · Outfit · Bekleidung · Kleider; Gewand (*süddt österr*) + Anzug · Kostüm · Tracht · Uniform ♦ *gehoben*: Gewandung ♦ *umg*: Sachen · Zeug + Aufzug · Kluft · Montur ♦ *salopp*: Klamotten (*meist abwert*); Kledasche (*landsch; meist abwert*) – **2.** in die K. schlüpfen: → anziehen (II); aus der K. schlüpfen: → ausziehen (II); die K. wechseln: → umziehen (II)
klein: 1. ⟨*räumlich von geringem Ausmaß*⟩ winzig; lütt (*norddt*) + kleingewachsen · zierlich ♦ *umg*: klitzeklein; fipsig (*landsch*) – **2.** → unbedeutend (1) – **3.** → jung (1) – **4.** → kurz (1) – **5.** von k. auf: → Jugend (4); Groß und Klein: → jedermann; kleiner Erdenbürger: → Säugling; etw. Kleines erwarten: → schwanger (2); kleines Geld: → Kleingeld; kleine Fische: → Kleinigkeit (1); kleiner Vati, kleine Mutti: → altklug; k. beigeben: → nachgeben (1); ein kleines Geschäft machen: → austreten (1); k. machen: **a)** → austreten (1) – **b)** → zerkleinern (1) – **c)** → wechseln (2); sich k. machen: **a)** → demütigen (II) – **b)** → einschränken (II) – **c)** → ducken (II, 1); k. hacken: → zerhacken (1); kurz und k. schlagen: → zerschlagen (I, 1); mit dem kleinen Finger machen: → mühelos (2); über ein Kleines: → bald (1)
Kleinbahn, die: Lokalbahn + Nebenbahn ♦ *umg*: Bimmelbahn (*scherzh*)
Kleinbauer, der: + Häusler (*veraltend*); Kätner · Kossäte · Büdner (*landsch veraltend*); Keuschler (*österr*)
Kleinchen, das: → Kind (1)
kleindenkend: → kleinlich
Kleine: I. Kleine, der: → Junge (I, 1) – **II.** Kleine, die: → Mädchen (1) – **III.** Kleine, das: → Kind (1)
Kleingärtner, der: Schrebergärtner ♦ *umg*: Laubenpieper (*landsch*)
Kleingeld, das: Wechselgeld · kleines Geld
kleingewachsen: → klein (1)
kleingläubig: → misstrauisch (1)
Kleinhandel, der: → Einzelhandel
Kleinholz, das: K. machen |aus|: → zerschlagen (I, 1)
Kleinigkeit, die: **1.** ⟨*mühelos zu Erledigendes*⟩ Lappalie · Kinderspiel · Spiel[erei] · Bagatelle; Lächerlichkeit (*abwert*) ♦ *umg*: Klacks · Sächelchen · kleine Fische + Pappenstiel – **2.** → Nichtigkeit (1) – **3.** eine K.: → wenig (2)
Kleinigkeitskrämer, der: → Pedant
Kleinigkeitskrämerei, die: → Pedanterie
kleinkariert: → kleinlich
Kleinkind, das: → Kind (1)
Kleinkram, der: → Nichtigkeit (1)
kleinkriegen: → verbrauchen (1)
Kleinkunstbühne, die: → Kabarett
kleinlaut: → niedergeschlagen (1)
kleinlich: engherzig · kleindenkend · pedantisch · übergenau; pedant (*österr*); krämerhaft · päpstlicher als der Papst (*abwert*) + schulmeisterlich ♦ *umg*: kleinkariert (*abwert*); pinselig · pingelig (*landsch abwert*); → *auch* bürokratisch (1), spitzfindig (1)
Kleinlichkeit, die: → Pedanterie
Kleinmut, der: → Mutlosigkeit
kleinmütig: → mutlos
Kleinod, das: **1.** → Schmuck (1) – **2.** → Wertstück
kleinreden: → verharmlosen
kleinst: bis ins Kleinste: → gründlich (2)
Kleinstadt, die: Städtchen; Krähwinkel (*abwert*) + Marktflecken ♦ *umg*: Nest (*abwert*) ♦ *salopp*: Kaff (*abwert*) ♦ *derb*: Drecknest (*abwert*); → *auch* Großstadt, Ort (2)
kleinstädtisch: → ländlich
Kleinstlebewesen, das: Mikroorganismus · Mikrobe
Kleinverdiener, der: Geringverdiener · Niedriglöhner
kleinwüchsig: → zwerg[en]haft
Kleinwüchsige, der: → Zwerg (2)
Kleister, der: → Klebstoff
kleistern: → kleben (2)
kleistrig: → klebrig (1)
Klemme, die: **1.** → Haarklemme – **2.** in der K. sitzen/stecken/sein: → Verlegenheit (2); aus der K. ziehen: → heraushelfen; sich aus der K. ziehen: → herauswinden, sich
klemmen: → stehlen (1)
Klemmer, der: → Kneifer (1)
Klempner, der: Blechschmied · Spengler · Flaschner · Blechner (*landsch*)
Klepper, der: → Pferd (1)
Kleptomane, der: → Dieb
kleptomanisch: → diebisch (1)
klerikal: 1. → geistlich (1) – **2.** → kirchlich

Kleriker, der: → Geistliche
Klerus, der: → Geistlichkeit
Klette, die: wie eine K.: → anhänglich; wie die Kletten zusammenhängen: → zusammenhalten (2)
Kletterer, der: → Bergsteiger
klettern: 1. ⟨*sich mit Händen u. Füßen [mühsam] an etw. hinaufbewegen*⟩ steigen · klimmen + bergsteigen ♦ *umg*: kraxeln + krabbeln; → *auch* hinaufklettern – **2.** → steigen (1) – **3.** → ranken, sich – **4.** es ist um auf die Bäume zu k.: → verzweifeln (2); in die Höhe k.: → steigen (1)
Klicker, der: → Murmel
klieben: → spalten (1)
Klient, der: → Auftraggeber (1)
Klientel[e], die: → [1]Kundschaft
klieren: → schmieren (1)
Klima, das: **1.** → Wetter (I, 1) – **2.** → Atmosphäre (1)
Klimaanlage, die: Airconditioner · Airconditioning; → *auch* Entlüfter
Klimakterium, das: → Wechseljahre
Klimax, die: → Wechseljahre
Klimbim, der: **1.** → Kram (1) – **2.** → Aufwand (1)
klimmen: → klettern (1)
Klimperkasten, der: → Klavier (1)
klimpern: → Klavier (2)
Klinge, die: die Klingen kreuzen: → fechten (1), messen (II, 1); über die K. springen lassen: **a)** → töten (I, 1) – **b)** → ruinieren (I, 1)
Klingel, die: Glocke; Schelle (*landsch*) ♦ *umg*: Bimmel
klingeln: läuten; schellen (*landsch*) ♦ *umg*: bimmeln
klingen: 1. ⟨*einen Klang geben*⟩ tönen + schmettern · schrillen · schallen; → *auch* erklingen (1), ertönen, schallen – **2.** ⟨*akustisch in bestimmter Weise wirken*⟩ sich anhören – **3.** mit den Gläsern k.: → anstoßen (3)
Klinik, die: **1.** → Krankenhaus (1) – **2.** psychiatrische K.: ⟨*Institution zur stationären Behandlung Geistes- u. Gemütskranker*⟩ psychiatrisches Krankenhaus · Nervenheilanstalt · Heilanstalt · Anstalt + Pflegeanstalt ♦ *umg*: Psychiatrie; Irrenanstalt (*veraltend*); Irrenhaus · Tollhaus · Narrenhaus (*veraltet*) ♦ *salopp*: Klapsmühle · Verrücktenanstalt (*abwert*)
Klinke, die: **1.** ⟨*Handgriff zum Öffnen der Tür*⟩ Türklinke · Türgriff · Türdrücker · Griff · Drücker; Türschnalle · Schnalle (*österr*); Türfalle · Falle (*schweiz*) – **2.** Klinken putzen: **a)** → betteln (1) – **b)** → Stellungssuche
Klinkenputzer, der: **1.** → Bettler – **2.** → Handelsvertreter
Klinker, der: → Ziegelstein
Klinomobil, das: → Krankenwagen
Klinse, die: → Spalt (1)
Klinze, die: → Spalt (1)
klipp: k. und klar: → deutlich (3)
Klippe, die: **1.** → Felsklippe – **2.** → Schwierigkeit (1)
klirren: → rasseln (1)
Klischee, das: → Nachbildung (2)
klischieren: → nachbilden
Klistier, das: → Einlauf (1)
Klitsch, der: → Brei (1)
Klitsche, die: → Bauernhof
klitschig: → dickflüssig
klitschnass: → nass (1)
klittern: → schmieren (1)
klitzeklein: → klein (1)
Klo, das: → Toilette (1)
Kloake, die: → Senkgrube
Kloben, der: → Klotz (1)
klobig: → plump (1)
klönen: → unterhalten (II, 1), erzählen (1)
klopfen: 1. ⟨*wiederholt gegen etw. schlagen*⟩ pochen + trommeln · hämmern · ticken ♦ *umg*: ballern · wummern · bummern · bumsen; bullern · pumpern (*landsch*); → *auch* schlagen (I, 2) – **2.** → schlagen (I, 3) – **3.** Sprüche k.: → schwafeln; einen [Skat] k.: → Skat; auf den Busch k.: → ausfragen; auf die Finger/Pfoten k.: → zurechtweisen
Kloppe, die: → Prügel (II, 1)
kloppen: I. kloppen: → schlagen (I, 1) – **II.** kloppen, sich: → schlagen (II, 1)
Klops, der: → Fleischkloß
Klosett, das: → Toilette (1)
Kloß, der: **1.** ⟨*Speise*⟩ Knödel (*landsch*) + Krokette · Kartoffelkloß – **2.** → Dicke (I)
Kloßbrühe, die: klar wie K. sein: → selbstverständlich (3)
Klößchenheber, der: → Büstenhalter
kloßig: → dickflüssig
Kloster, das: **1.** ⟨*Wohnstätte von Mönchen od. Nonnen*⟩ Konvent; Stift (*österr*) + Abtei · Kartause – **2.** → Toilette (1) – **3.** ins K. gehen: **a)** → Mönch (2) – **b)** → Nonne (2)
Klosterbruder, der: → Mönch (1)

Klosterfrau, die: → Nonne (1)
klösterlich: → einsam (1)
Klotz, der: **1.** ⟨*grobes, unförmiges Holzstück*⟩ Holzklotz · Kloben – **2.** grober K.: → Grobian; K. am Bein: → Hemmschuh (2); wie ein K.: → schwer (1)
klotzig: 1. → plump (1) – **2.** → sehr
Klotzkorken (*Pl*): → Holzpantoffeln
Klub, der: **1.** → Organisation (1) – **2.** → Klubhaus
Klubhaus, das: Klub + Kasino · Heim
Klubjacke, die: → Jacke (1)
[1]**Kluft,** die: **1.** → Schlucht – **2.** → Gegensatz (1)
[2]**Kluft,** die: **1.** → Kleidung (1) – **2.** → Uniform
klug: 1. ⟨*mit großer Verstandeskraft ausgestattet*⟩ [blitz]gescheit · intelligent · gelehrig · klar denkend · scharfsinnig + verständig · vernünftig · vernunftbegabt; → *auch* begabt, geistreich, weise (1), schlau (1), aufgeweckt – **2.** k. sein: ⟨*große Verstandeskraft besitzen*⟩ Geist haben/besitzen ♦ *umg*: etw. auf dem Kasten haben · Grütze im Kopf haben – **3.** nicht ganz k.: → verrückt (1); nicht k. werden |aus|: → erklären (I, 4)
Klügelei, die: → Spitzfindigkeit
klügeln: → spitzfindig (2)
Klugheit, die: Gescheitheit · Intelligenz · Gelehrigkeit · Scharfsinn · Weisheit · gesunder Menschenverstand + Verständigkeit; → *auch* Denkvermögen, Verstand (1), Vernunft (1), Schlauheit, Begabung (1)
klüglich: → wohl (7)
Klugredner, der: → Angeber (1)
Klugscheißer, der: → Angeber (1)
Klump, der: **1.** → [1]Klumpen – **2.** in K. fahren: → [1]Bruch (6)
Klumpatsch, der: **1.** → Brei (1) – **2.** → Kram (1)
klumpen, sich: → ballen (II, 1)
[1]**Klumpen,** der: Batzen; Klump (*norddt*) + Haufen · Klunker ♦ *umg*: Flatschen (*landsch*)
[2]**Klumpen** (*Pl*): → Holzpantoffeln
Klüngel, der: → Clique
Klunker: I. Klunker, der *od.* die: **1.** → Lumpen (1) – **2.** → [1]Klumpen – **II.** Klunkern (*Pl*): → Schmuck (1)
Kluten, der: → Erdscholle
Klutenpedder, der: → [1]Bauer
Klysma, das: → Einlauf (1)
knabbern: 1. → beißen (I, 1), nagen (1) – **2.** → essen (1) – **3.** etw. zum Knabbern: → Gebäck; nichts zu k. haben: → hungern (1)
Knabe, der: **1.** → Junge (I, 1) – **2.** alter K.: → Greis
knabenhaft: → jungenhaft
Knabenschänder, der: → Päderast
knacken: 1. ⟨*hartschalige Früchte öffnen*⟩ aufknacken + aufbeißen – **2.** ⟨[*mehrmals*] *ein kurzes, hartes Geräusch von sich geben*⟩ knacksen + knistern – **3.** → aufbrechen (1) – **4.** → zerdrücken – **5.** → schlafen (1, a) – **6.** arbeiten, dass die Schwarte knackt: → schuften
Knacker, der: **1.** → Greis – **2.** alter K.: → Greis
knackerig: → gebrechlich
knackfrisch: → frischbacken
Knacki, der: **1.** → Häftling – **2.** → Vorbestrafte
Knackpunkt, der: → Entscheidende
Knacks, der: **1.** → Sprung (2) – **2.** → Schaden (2)
knacksen: → knacken (2)
Knall, der: **1.** ⟨*kurzer, lauter Schall*⟩ *umg*: Krach · Bums[er] ♦ *salopp*: Rums · Plauz – **2.** K. und/auf Fall: → plötzlich (1); einen K. haben: → verrückt (5)
Knallbüchse, die: → Gewehr (1)
knallbunt: → bunt (1)
Knalleffekt, der: → Wirkung (1)
knallen: 1. ⟨*einen Knall ergeben*⟩ krachen + knattern ♦ *umg*: schallern · bumsen · puffen ♦ *salopp*: rumsen · plauzen · einen Plauz tun; platschen (*landsch*) – **2.** → schießen (1) – **3.** eine k.: → ohrfeigen; eine/einen/eins vor den Latz k.: → schlagen (I, 1); die Korken/Pfropfen k. lassen: → trinken (1, b); über den Haufen k.: → erschießen (I, 1), niederschießen (1)
knalleng: → eng (2)
Knaller, der: **1.** → Knallkörper – **2.** → Hauptattraktion
Knallfrosch, der: → Knallkörper
knallhart: → rücksichtslos (1)
knallig: 1. → auffallend – **2.** → grell (2) – **3.** → eng (2)
Knallkopp, der: → Dummkopf (1)
Knallkörper, der: + Knallfrosch ♦ *umg*: Knaller · Kracher; → *auch* Feuerwerkskörper
knapp: 1. ⟨*von materiellen Mitteln gesagt: fast nicht ausreichend*⟩ karg · beschränkt ·

spärlich · rar; → *auch* wenig (1), unzureichend – **2.** ⟨*unter Verwendung weniger Worte*⟩ gedrängt · kurz · [kurz und] bündig · konzis · lapidar · lakonisch · summarisch · in/mit dürren Worten + kursorisch; → *auch* bestimmt (1), treffend (1), spärlich (1), schlicht (2) – **3.** → kaum (1) – **4.** → eng (2) – **5.** → kurz (1) – **6.** k. halten: ⟨*nur das Nötigste zukommen lassen*⟩ kurz halten ♦ *umg*: bremsen · den Daumen draufhalten · den Hahn zudrehen · den Brotkorb höher hängen – **7.** k. bei Kasse: → zahlungsunfähig (1); [nur] mit knapper Not: → kaum (1)
Knappheit: die: → [1]Mangel (1)
knapsen: → geizig (2)
Knarre, die: **1.** → Rassel – **2.** → Gewehr (1)
knarren: ächzen · schnarren; knarzen (*landsch*)
knarzen: → knarren
Knast, der: **1.** → Buckel (1) – **2.** → Freiheitsstrafe – **3.** → Strafvollzugsanstalt – **4.** → Hunger (1) – **5.** K. schieben, im K. sitzen: → gefangen (2); K. haben: → hungrig (2)
Knastbruder, der: **1.** → Häftling – **2.** → Vorbestrafte
Knaster, der: **1.** → Tabak – **2.** → Brummbär
Knasterbart, der: → Brummbär
Knasterer, der: → Brummbär
Knasti, der: **1.** → Häftling – **2.** → Vorbestrafte
Knastologe, der: **1.** → Häftling – **2.** → Vorbestrafte
Knatsch, der: **1.** → Streit (1) – **2.** → Unannehmlichkeit
knatschen: → jammern (1)
knattern: → knallen (1)
Knäuel, der *od.* das: **1.** ⟨*zu einer Kugel gewickelter Faden*⟩ Knaul (*landsch*) + Garnknäuel · Fitz · Wollknäuel – **2.** → Durcheinander (1)
Knauf, der: → Griff (1)
Knaul, der: → Knäuel (1)
knaupelig: → schwierig (1)
knaupeln: **1.** → nagen (1) – **2.** → tüfteln
Knauser, der: → Geizhals
Knauserei, die: → Geiz
knauserig: → geizig (1)
knausern: → geizig (2)
knautschen: **1.** → knittern (1) – **2.** → zerknüllen
knebeln: **1.** → fesseln (1) – **2.** → unterdrücken (1)
Knecht, der: Knechte und Mägde: → Gesinde
knechten: → unterdrücken (1)
knechtisch: → unterwürfig
Knechtschaft, die: **1.** ⟨*das Unterjochtsein*⟩ Joch; → *auch* Hörigkeit, Unfreiheit – **2.** die K. abschütteln/abstreifen/abwerfen: → befreien (II, 2)
Knechtung, die: → Unterdrückung
kneifen: **1.** → zwicken – **2.** → ausweichen (2)
Kneifer, der: **1.** ⟨*Brille ohne Bügel*⟩ Klemmer · Zwicker; → *auch* Brille (1), Einglas – **2.** → Feigling
Kneiferei, die: → Feigheit
Kneipbruder, der: → Trinkbruder
Kneipe, die: → Gaststätte (1, a)
kneipen: **1.** → zwicken – **2.** → zechen
Kneipenwirt, der: → Gastwirt
Kneiper, der: → Gastwirt
Kneiperei, die: → Gelage (b)
Kneipier, der: → Gastwirt
Kneiptour, die: → [1]Bummel (1)
knetbar: formbar · plastisch
Knete, die: **1.** → Knetmasse – **2.** → Geld (1) – **3.** aus der K. kommen: → Schwung (5, b)
kneten: **1.** ⟨*durch wiederholtes Drücken bearbeiten*⟩ durchkneten · [durch]walken · durcharbeiten; [durch]wirken (*landsch u. fachspr*); → *auch* drücken (I, 1) – **2.** → massieren (1)
Knetmasse, die: Plastilin[a] ♦ *umg*: Knete
Knick, der: **1.** → Biegung (1) – **2.** → Falte (1) – **3.** → Sprung (2) – **4.** einen K. in der Optik haben: → schielen (1); aus dem K. kommen: → Schwung (5, b)
knicken: **1.** ⟨*ruckartig zur Seite biegen*⟩ umknicken · einknicken · abknicken – **2.** → anbrechen (1) – **3.** → falten – **4.** → entmutigen
Knicker, der: → Geizhals
Knickerei, die: → Geiz
knickerig: → geizig (1)
knickern: → geizig (2)
Knicks, der: → Verbeugung (1)
knicksen: → verbeugen, sich
Knie, das: **1.** → Biegung (1) – **2.** auf den Knien liegen: → knien (1); aufs K./auf die Knie fallen: → niederknien; auf den Knien rutschen: → demütigen (II); auf/in die Knie

zwingen: **a)** → besiegen (I) – **b)** → unterwerfen (1); übers K. brechen: → überstürzen; übers K. legen: → züchtigen (1); weich in den Knien werden: → nachgeben (1); weiche Knie haben: → ängstigen (II, 1)
Kniebeuge, die: in die K. gehen: → kauern (II)
Kniefall, der: **1.** ⟨*Geste der Unterwerfung*⟩ Fußfall – **2.** → Unterwerfung (2) – **3.** einen K. machen: → demütigen (II)
kniefällig: 1. → inständig – **2.** k. bitten: → beschwören (2)
Kniekehle, die: jmdm. hängt der Magen bis in die Kniekehlen: → hungrig (2)
knien: 1. ⟨*sich mit den Knien am Boden befinden*⟩ auf den Knien liegen – **2.** → niederknien – **3.** auf den Nähten k.: → bedrängen (1)
Kniescheibe, die: → Glatze
knietschig: → nörglig
Kniff, der: **1.** → Falte (1) – **2.** → Trick – **3.** die/alle Kniffe kennen: → auskennen, sich
kniffen: → falten
knifflig: → schwierig (1)
Knilch, der: → Mann (I, 1)
knille: 1. → betrunken (1) – **2.** → erschöpft (1)
knipsen: 1. → fotografieren – **2.** → lochen – **3.** → wegschnellen – **4.** → schnalzen (b)
Knipser, der: → Lichtschalter
Knirps, der: *umg*: Dreikäsehoch · Wichtel · Pimpf; Matz · Mätzchen (*vertraul od. Kosef*); Steppke · Purzel · Butz (*landsch*) + Hemdenmatz · Hosenmatz; → *auch* Junge (I, 1), Kind (1), Zwerg (2)
knirschen: → rascheln
knistern: 1. → knacken (2) – **2.** → rascheln
Knitter, der: **1.** → Falte (1) – **2.** Knitter bilden: → knittern (1)
knitterig: 1. → faltig – **2.** k. werden: → knittern (1)
knittern: 1. ⟨*leicht Druckfalten bilden*⟩ knitterig werden · Knitter bilden + Falten machen ♦ *umg*: [ver]knautschen – **2.** → zerknüllen
Knobelbecher, der: → Stiefel (1)
knobeln: 1. → tüfteln – **2.** → losen
Knochen, der: nur noch Haut und Knochen: → abgemagert; die Knochen zusammennehmen: → anstrengen (II, 1); in die Knochen fahren: → erschrecken (2); das Mark aus den Knochen saugen: → ausbeuten (1)
Knochenarbeit, die: → Mühsal
Knochenbau, der: → Skelett (1)
Knochenbruch, der: → [1]Bruch (1, b)
knochendürr: 1. → mager (1) – **2.** → trocken (2)
Knochenfraktur, die: → [1]Bruch (1, b)
Knochengerüst, das: → Skelett (1)
knochenhart: → hart (1)
Knochenmann, der: → Tod (2)
Knochenmark, das: → [1]Mark (1)
knochentrocken: → trocken (1)
knochig: 1. → kräftig (1) – **2.** → mager (1)
knock-out: 1. → besiegt (1) – **2.** k. schlagen: → niederschlagen (I, 1)
Knock-out, der: → Niederschlag (1)
Knödel, der: → Kloß (1)
Knöllchen, das: → Strafmandat
Knolle, die: **1.** → Kartoffel (1) – **2.** → Nase (1)
Knopf: I. Knopf, der: komischer/ulkiger K.: → Sonderling; bei jmdm. geht der K. auf: → verstehen (I, 2) – **II.** Knöpfe (*Pl*): → Geld (1)
knorke: → großartig (1)
Knorren, der: → Ast (1)
knorzen: → geizig (2)
knorzig: → geizig (1)
Knospe, die: + Auge
knospen: → sprießen (1)
Knospenknall, der: → Frühling (1)
knoten: → binden (I, 1)
Knoten, der: **1.** → Verdickung – **2.** → Haarknoten – **3.** einen K. in der Leitung haben: → begriffsstutzig (2)
Knotenpunkt, der: **1.** → Verkehrsknotenpunkt – **2.** → Schnittpunkt
Know-how, das: → Wissen (1)
Knubbel, der: → Verdickung
Knuddel, der: → Verdickung
knuddeln: 1. → zerknüllen – **2.** → liebkosen
Knuff, der: → Stoß (1)
knuffen: → stoßen (I, 1)
knülle: 1. → betrunken (1) – **2.** → erschöpft (1)
knüllen: → zerknüllen
Knüller, der: **1.** → Verkaufsschlager – **2.** → Zugstück
knüpfen: → binden (I, 1)
Knüppel, der: **1.** → [1]Stock (1) – **2.** einen K. zwischen die Beine werfen: → behindern (1)
knüppeln: 1. → schlagen (I, 1) – **2.** → abmühen, sich

knüppelvoll: → überfüllt
knurren: **1.** → murren, brummen (1) – **2.** mit knurrendem Magen: → hungrig (1); jmdm. knurrt der Magen: → hungrig (2)
Knurrhahn, der: → Griesgram
knurrig: → mürrisch
Knusperchen, das: → Gebäck
knuspern: → essen (1)
knusprig: **1.** ⟨*angenehm hart gebacken bzw. gebraten*⟩ scharf; kross (*norddt*); rösch (*süddt*); resch (*österr*) – **2.** → appetitlich (1) – **3.** jung und k.: → reizend (1)
Knust, der: → Brotkanten
Knute, die: **1.** → Peitsche (1) – **2.** unter der K.: → unterdrückt
knuten: → unterdrücken (1)
knütern: → herumbasteln
knutschen: → küssen
Knutscherei, die: → Küssen
Knüttel, der: → [1]Stock (1)
knütteln: → schlagen (I, 1)
k. o.: **1.** → erschöpft (1), besiegt (1) – **2.** k. o. schlagen: → niederschlagen (I, 1)
K. o., der: → Niederschlag (1)
koagulieren: → gerinnen
Koalition, die: → Bündnis (1)
Koben, der: → Verschlag (2)
Kober, der: → Korb (1)
Kobold, der: **1.** ⟨*Fabelwesen*⟩ Gnom · Wichtel[männchen] · Heinzelmännchen · Hutzelmännchen + Hausgeist · Nöck · Schrat · Elf · Troll; → *auch* Zwerg (1), Gespenst (1) – **2.** → Spaßmacher
Kobolz, der: K. schießen: → überschlagen (II, 2, a)
Kobra, die: Brillenschlange · Hutschlange + Königskobra; → *auch* Schlange (1), Viper
Koch, der: **1.** ⟨*berufsmäßig Kochender*⟩ Smutje (*seem*) + Küchenchef · Gastronom ♦ *salopp*: Küchenbulle (*bes. soldatenspr*) – **2.** → Brei (1)
köcheln: **1.** → kochen (1) – **2.** → kochen (2)
kochen: **1.** ⟨*Speisen zum Essen vorbereiten*⟩ das Essen machen/zubereiten; köcheln (*scherzh*) ♦ *salopp*: etw. zusammenbrauen – **2.** ⟨*bis zum Siedepunkt erhitzen*⟩ sieden; wällen (*landsch*) + köcheln · garen – **3.** → aufbrühen – **4.** → wütend (2)
kochend: **1.** ⟨*den Siedepunkt erreicht habend*⟩ siedend · wallend – **2.** k. heiß: → heiß (1)
Kochfrau, die: → Köchin
Kochherd, der: → Herd (1)
Köchin, die: + Beiköchin · Küchenfrau · Küchenhilfe · Kochfrau · Kaltmamsell ♦ *umg*: Küchenfee · Küchendragoner (*scherzh*)
Kochkunst, die: Gastronomie + Küche · Feinschmeckerei
Kochmaschine, die: → Herd (1)
Kochnische, die: → Küche (1)
Kochrezept, das: → Rezept (2)
Kochsalz, das: → Salz (1)
Kochtopf, der: → Topf (1)
Kochvorschrift, die: → Rezept (2)
kodderig: **1.** → abgerissen (1) – **2.** → übel (1) – **3.** eine kodderige Schnauze haben: → frech (2)
Kode, der: → Geheimzeichen
Köder, der: → Lockmittel (1 *u.* 2)
ködern: **1.** → anlocken (1) – **2.** Kunden k.: → werben (1)
Kodex, der: → Handschrift (2)
kodieren: → verschlüsseln
Koedukation, die: → Gemeinschaftserziehung
Koffer, der: **1.** ⟨*Behälter für den Reisebedarf*⟩ Reisekoffer · Handkoffer + Abteilkoffer – **2.** → Granate – **3.** die Koffer packen: **a)** → aufbrechen (3) – **b)** → abreisen; die Koffer packen müssen: → entlassen (3); einen K. stehen lassen: → Wind (3)
Kofferempfänger, der: → Kofferradio
Koffergerät, das: → Kofferradio
Kofferradio, das: Kofferempfänger · Koffergerät ♦ *umg*: Heule (*veraltend*); → *auch* Rundfunkgerät
Kognak, der: → Weinbrand
Kognakpumpe, die: → Herz (1)
Kohabitation, die: → Geschlechtsverkehr
Kohl, der: **1.** ⟨*Gemüseart*⟩ Kraut; Kappes (*landsch*); Kabis (*schweiz*) – **2.** → Unsinn (1, a) – **3.** aufgewärmter K.: → Bart (2)
Kohldampf, der: **1.** → Hunger (1) – **2.** K. schieben: → hungern (1); K. haben: → hungrig (2)
Kohle: **I.** Kohle, die: **1.** → Geld (1) – **2.** K. haben: → reich (5) – **II.** Kohlen (*Pl*): **1.** → Geld (1) – **2.** wie auf K. sitzen: → ungeduldig (1)
kohlen: → lügen (1)
Kohlepapier, das: Karbonpapier (*österr*) + Blaupapier
Kohlkopf, der: → Dummkopf (2)
kohlrabenschwarz: **1.** → schwarz (1) – **2.** → dunkel (1)

Kohlrübe, die: Steckrübe (*landsch*); Wruke (*norddt*)
Koinzidenz, die: → Zusammentreffen (1)
koitieren: Verkehr haben · den Beischlaf vollziehen · sich begatten; kopulieren (*fachspr*); sich lieben · zusammenliegen (*verhüll*) + die ehelichen Pflichten erfüllen ♦ *gehoben*: sich vereinigen (*verhüll*); beiwohnen (*verhüll u. veraltend*) ♦ *umg*: Liebe machen · ins Bett gehen |mit| · schlafen |mit| · beschlafen · besteigen (*verhüll*); sich paaren (*scherzh*) ♦ *salopp*: bumsen · es treiben |mit| ♦ *derb*: eine Nummer machen/schieben · pimpern · bürsten · vögeln · ficken + umlegen; → *auch* zeugen (1)
Koitus, der: Geschlechtsakt · Akt · Begattung; Kopulation (*fachspr*) + Karezza · Schäferstündchen · Petting ♦ *gehoben*: Vereinigung (*verhüll*) ♦ *umg*: Paarung (*scherzh*) + Onenightstand · Quickie ♦ *salopp*: Bums ♦ *derb*: Nummer · Fick; → *auch* Geschlechtsverkehr
Koje, die: **1.** → Bett (1) – **2.** → Kabine
Kokain, das: → Rauschgift (1)
Kokarde, die: → Abzeichen (1)
kokeln: → Feuer (8)
kokett: → eitel (1)
Koketterie, die: → Flirt
kokettieren: → flirten
Kokolores, der: → Unsinn (1, a)
Kokotte, die: → Prostituierte
[1]**Koks,** der: **1.** → Geld (1) – **2.** mit K. gurgeln: → schnarchen
[2]**Koks,** der: → Unsinn (1, a)
[3]**Koks,** der: → Rauschgift (1)
koksen: 1. → schlafen (1, a) – **2.** → Rauschgift (3)
Kokser, der: → Rauschgiftsüchtige
Kolatur, die: → Filtrat
Kolben, der: → Nase (1)
kolieren: → filtern
Kolik, die: → Krampf (1)
kollabieren: einen Schwächeanfall erleiden/bekommen
Kollaborateur, der: Quisling + Verräter
Kollaboration, die: → Zusammenarbeit
kollaborieren: → zusammenarbeiten
Kollaps, der: → Schwächeanfall (1)
kollationieren: → vergleichen (I, 1)
Kolleg, das: → Vorlesung (1)
Kollege, der: Arbeitskollege · Berufskollege + Mitarbeiter · Amtsgenosse · Amtsbruder
Kollegialität, die: → Gemeinsamkeit
Kollekte, die: → Sammlung (1)
Kollektion, die: → Auswahl (2)
kollektiv: → gemeinsam (1)
Kollektiv, das: → Team (1)
Kollektivarbeit, die: → Teamarbeit
kollektivieren: → verstaatlichen
Koller, der: → Anfall (2)
kollerig: → aufbrausend
kollidieren: 1. → zusammenstoßen (1) – **2.** → überschneiden, sich
Kollision, die: → Zusammenstoß (1)
Kolloquium, das: **1.** ⟨*wissenschaftl. Veranstaltung*⟩ Fachgespräch; → *auch* Beratung (1), Aussprache (2), Tagung – **2.** → Tagung
Kölnischwasser, das: → Parfüm (1)
Kolonie, die: → Siedlung
Kolonist, der: → Siedler
Kolonne, die: **1.** → [1]Schar (1) – **2.** → Abteilung (II, 1 *u.* 2)
kolorieren: → ausmalen (1)
koloristisch: → bunt (1)
Kolorit, das: **1.** → Farbgebung – **2.** → Atmosphäre (1) – **3.** → Klangfarbe
Koloss, der: → Riese
kolossal: 1. → gewaltig (1) – **2.** → sehr
Kolporteur, der: → Zuträger
kolportieren: → hinterbringen (II)
Kolumne, die: → Spalte (1)
Kolumnist, der: → Journalist
Köm, der: → Branntwein
Koma, das: → Bewusstlosigkeit
Kombination, die: **1.** → Anzug (1), Schutzanzug – **2.** → Verbindung (I, 1)
kombinieren: → verbinden (I, 1)
Kombüse, die: → Küche (1)
kometenhaft: → schnell (1, d)
Komiker, der: → Spaßmacher
komisch: 1. ⟨*zum Lachen reizend*⟩ grotesk · possenhaft · spaßig · ulkig · skurril · närrisch · burlesk · schnurrig · putzig · zwerchfellerschütternd ♦ *umg*: göttlich · gottvoll · gediegen · zum Schießen · zum Brüllen · zum Schreien · zum Totlachen · zum Piepen + unmöglich · verboten; → *auch* spaßig (1), lächerlich (1) – **2.** → merkwürdig – **3.** komischer Knopf: → Sonderling
komischerweise: → merkwürdigerweise
Komitee, das: → Ausschuss (1)
Komma, das: in null K. nichts: → schnell (1, c *u.* e)
Kommandant, der: → Befehlshaber
Kommandeur, der: → Befehlshaber

kommandieren: → befehligen, befehlen (I, 1)
Kommanditist, der: → Teilhaber
Kommando, das: **1.** → Befehlsgewalt (1), Befehl (1) – **2.** → Abteilung (II, 1)
Kommandobrücke, die: → Brücke (2)
Kommandogewalt, die: → Befehlsgewalt (1)
kommassieren: → abrunden (3)
kommen: 1. ⟨*sich von einem entfernten Ort heranbewegen*⟩ her[bei]kommen · sich nähern · daherkommen · entgegenkommen + sich herbemühen ♦ *umg*: im Anmarsch sein (*oft scherzh*) ♦ *salopp*: anzittern (*landsch*); → *auch* ankommen (1), nähern, sich (1), anmarschieren (1) – **2.** → ankommen (1) – **3.** k. |zu|: **a)** → gelangen (1, a) – **b)** → erwerben (1); vom Fleck/von der Stelle k.: → vorwärts (2, a); k. |aus|: → stammen (1); k. |von|: → herrühren; aus der Richtung k.: → ²abweichen (1, b); aus dem Kurs k.: → abtreiben (1); zum Vorschein k.: → erscheinen (1, b); zur/auf die Welt k.: → geboren (2); ungelegen/zur Unzeit k.: → stören (2); k. lassen: → bestellen (2); k. sehen: → voraussehen; [wieder] zu Kräften k.: → erholen, sich (1); zu sich k.: → erholen, sich (2); in den Sinn k.: → einfallen (1); zu der Erkenntnis k.: → erkennen (1); zu Ohren k.: → erfahren (1); unter die Leute k.: → bekannt (4, a); ans Licht/an den Tag k.: → herauskommen (1); hinter/auf die Schliche k.: → durchschauen (I); k. |hinter|: → ergründen (1); k. |auf|: → entfallen (4); auf einen grünen Zweig k.: → Erfolg (2); unter die Räder k.: → scheitern (a); an den Bettelstab k.: → verarmen; zugute/zustatten k.: → nutzen (1); ins Stocken k.: → stecken (5, b); zu Schaden k.: → verunglücken (1); ums Leben/zu Tode k.: → umkommen (1); in die Rapus[ch]e/in Abgang/abhanden k.: → verloren (4); k. |um|: → verlieren (I, 2)
Kommen, das: **1.** → Ankunft – **2.** → Besuch (1) – **3.** hier herrscht ein ständiges K. und Gehen: ⟨*hier verkehren stets viele Menschen*⟩ *umg*: hier geht's zu wie in einem Taubenschlag – **4.** im K. sein: → bekannt (4, b)
kommensurabel: → vergleichbar
Kommentar, der: → Erklärung (1)
Kommentator, der: → Erklärer
kommentieren: → erklären (I, 1)
Kommers, der: → Gelage (b)
kommerziell: → kaufmännisch
Kommilitone, der: → Student (1)
Kommis, der: → Gehilfe
Kommiss, der: **1.** → Wehrdienst (1) – **2.** beim K. sein: → Soldat (1); zum K. gehen: → Soldat (2)
Kommissar/Kommissär, der: → Bevollmächtigte
kommissarisch: → vertretungsweise
Kommission, die: → Ausschuss (1)
Kommissionär, der: → Bevollmächtigte
Kommittent, der: → Auftraggeber
kommittieren: → beauftragen
kommod: → bequem (1)
Kommode, die: → Truhe
Kommodität, die: → Bequemlichkeit (1)
Kommotion, die: → Erschütterung (2)
kommun: → gewöhnlich (1)
kommunal: → städtisch (1)
Kommune, die: **1.** → Gemeinde (1) – **2.** → Wohngemeinschaft
Kommunikation, die: **1.** → Zusammenhang (1) – **2.** → Verständigung (1)
Kommunikator, der: → Gesprächspartner
Kommunion, die: → Abendmahl (1)
Kommuniqué, das: **1.** → Bekanntmachung (1) – **2.** → Denkschrift
Kommunität, die: → Gemeinsamkeit
kommunizieren: 1. → zusammenhängen (1) – **2.** → verständigen (II, 1)
kommutabel: 1. → veränderlich – **2.** → vertauschbar
Komödiant, der: → Schauspieler
Komödie, die: **1.** → Lustspiel – **2.** → Verstellung – **3.** K. spielen: → verstellen (II)
Kompagnon, der: → Teilhaber
kompakt: → untersetzt
Kompanie, die: → Truppeneinheit
komparabel: → vergleichbar
komparieren: → vergleichen (I, 1)
Komparse, der: → Statist (1)
Kompass, der: → Regel (1)
kompatibel: → vereinbar
Kompendium, das: **1.** → Lehrbuch – **2.** → Nachschlagewerk
kompensieren: → ausgleichen (I, 2)
kompetent: 1. → sachkundig – **2.** → zuständig
Kompetenz, die: **1.** → Sachkenntnis – **2.** → Zuständigkeit
kompilieren: → zusammentragen
Komplement, das: → Ergänzung (2)
Komplementär, der: → Teilhaber

komplementieren: → ergänzen (1)
komplett: **1.** → vollständig (1) – **2.** → völlig (1)
komplettieren: → ergänzen (1)
Komplettierung, die: → Ergänzung (1)
komplex: **1.** → zusammengesetzt – **2.** → vollständig (1) – **3.** → vielschichtig
Komplex, der: → Gebäudekomplex
Komplikation, die: **1.** → Verwicklung – **2.** → Erschwerung
Kompliment, das: **1.** → Schmeichelei – **2.** Komplimente machen: → schmeicheln (1)
Komplize, der: → Mitschuldige
komplizieren: → erschweren
kompliziert: **1.** → verwickelt – **2.** → schwierig (1)
Kompliziertheit, die: **1.** → Verwicklung – **2.** → Schwierigkeit (1)
Komplott, das: **1.** → Verschwörung (1) – **2.** ein K. schmieden: → verschwören, sich (1)
Komponente, die: → Bestandteil (1)
komponieren: → anordnen (1)
Komponist, der: + Arrangeur ♦ *gehoben*: Tondichter · Tonschöpfer
Komposition, die: **1.** ⟨*musikal. Werk*⟩ Musikwerk · Musikstück; Tonstück (*veraltend*) ♦ *gehoben*: Tondichtung – **2.** → Anordnung (1)
Kompost, der: → Dünger (1, b)
Kompott, das: → Obst
Kompresse, die: → Umschlag (1)
Kompression, die: → Verdichtung (1)
komprimieren: → verdichten (I)
Komprimierung, die: → Verdichtung (1)
Kompromiss, der: **1.** → Mittelweg – **2.** → Zugeständnis (1) – **3.** einen K. schließen: → einigen (II); zu Kompromissen bereit: → kompromissbereit (1)
kompromissbereit: **1.** ⟨*sich einer Lösung durch gegenseitiges Entgegenkommen nicht verschließend*⟩ zu Kompromissen/Zugeständnissen bereit · verständigungsbereit · verhandlungsbereit · zugänglich – **2.** → versöhnlich (1) – **3.** k. sein: ⟨*zu Zugeständnissen bereit sein*⟩ *umg*: mit sich reden lassen · kein Unmensch sein
kompromisslos: unnachgiebig · unzugänglich · unerbittlich; → *auch* unversöhnlich (1), unnachgiebig (1)
kompromittieren: **I.** kompromittieren: → bloßstellen (I, 1) – **II.** kompromittieren, sich: → bloßstellen (II)
kondensieren: **1.** → verflüssigen (1) – **2.** → verdampfen (1)
Kondensmilch, die: Büchsenmilch · Dosenmilch + Kaffeesahne
Kondition, die: **1.** → Zustand (1) – **2.** → Voraussetzung
Konditor, der: Zuckerbäcker (*noch österr*); Konfiseur (*schweiz*) + Kuchenbäcker · Feinbäcker
Konditorei, die: → Café
kondolieren: sein Beileid/Mitgefühl/seine Teilnahme/Anteilnahme ausdrücken/aussprechen/bezeigen/bezeugen/bekunden
Kondom, das *od.* der: → Präservativ
Kondukteur, der: → Schaffner
Konfekt, das: Naschwerk · Näschereien · Süßigkeiten · Pralinen · Fondant; Zuckerwerk (*veraltend*); Schleckwerk (*landsch*)
Konfektion, die: Fertig[be]kleidung ♦ *umg*: etw. von der Stange
Konferenz, die: **1.** → Sitzung (1) – **2.** → Tagung
konferieren: **1.** → beraten (II) – **2.** → verhandeln (1) – **3.** → tagen (1)
Konfession, die: → Bekenntnis (1)
Konfident, der: → Spitzel
Konfiguration, die: → Gestaltung
Konfirmation, die: → Einsegnung
konfirmieren: → einsegnen
Konfiseur, der: → Konditor
Konfiskation, die: → Beschlagnahme
konfiszieren: → beschlagnahmen
Konfitüre, die: → Marmelade
Konflikt, der: **1.** → Zwiespalt (1) – **2.** → Streit (1) – **3.** → Krieg (1) – **4.** militärischer K.: → Krieg (1)
Konföderation, die: → Bund (I, 1, b)
konföderieren: → verbünden, sich (1)
Konföderierte, der: → Verbündete
konform: **1.** → gleich (1) – **2.** k. gehen: → übereinstimmen (1)
Konformität, die: → Übereinstimmung (1)
konfrontieren: → gegenüberstellen (1)
konfus: **1.** → verworren (1) – **2.** → verwirrt (1)
Konfusion, die: **1.** → Verwirrung (1) – **2.** → Unordnung (1)
kongenial: → ebenbürtig (1)
kongenital: → angeboren
Konglomerat, das: → Mischung (1)
Kongress, der: → Tagung

kongruent: → gleich (1)
Kongruenz, die: → Übereinstimmung (1)
kongruieren: → übereinstimmen (2)
König, der: **1.** → Herrscher – **2.** K. der Lüfte: → Adler; K. der Tiere: → Löwe (1)
Königin, die: → Dame (1)
königlich: → majestätisch
Königskobra, die: → Kobra
Königsweg, der: → Ideallösung
Konjugation, die: → Beugung (2)
konjugieren: → beugen (I, 2)
Konjunkturrückgang, der: → Rezession
konkav: → hohl (1)
konkludieren: → folgern
Konklusion, die: → Folgerung (1)
Konkordat, das: → Vertrag (1)
konkret: → gegenständlich
konkretisieren: → verdeutlichen
Konkubinat, das: → Ehe (2)
Konkubine, die: → Beischläferin
Konkurrent, der: **1.** ⟨*jmd., der bei etw. mit jmdm. konkurriert*⟩ Wettbewerber · Mitbewerber · Rivale · Konkurrenz; → *auch* Nebenbuhler – **2.** → Gegner (1)
Konkurrenz, die: **1.** → Wettkampf – **2.** → Konkurrent (1) – **3.** K. machen: → konkurrieren
konkurrenzfähig: → wettbewerbsfähig
Konkurrenzkampf, der: Wettbewerb + Preiskampf
konkurrieren: k. |mit|: Konkurrenz machen · rivalisieren |mit|
Konkurs, der: **1.** → Bankrott (1) – **2.** in K. gehen: ⟨*nicht mehr in der Lage sein, Zahlungen zu leisten*⟩ Konkurs machen · Bankrott machen/gehen · fallieren · zahlungsunfähig sein ♦ *umg*: jmdm. geht der Atem/die Puste aus ♦ *salopp*: Pleite gehen; → *auch* zahlungsunfähig (2) – **3.** K. machen: → 2
können: 1. ⟨*die Fähigkeit zur Bewerkstelligung besitzen*⟩ vermögen · fähig/imstande/in der Lage sein |zu| ♦ *umg*: es bringen – **2.** → beherrschen (I, 4) – **3.** → dürfen – **4.** → imstande (1) – **5.** etw. k.: ⟨[*auf einem Gebiet*] *sehr beschlagen sein*⟩ etw. verstehen · gut sein · ein Könner sein ♦ *umg*: etw. loshaben · etw. auf dem Kasten haben ♦ *salopp*: eine Kanone sein; → *auch* tüchtig (3) – **6.** gut k.: → beherrschen (I, 4); gut k. |mit|: → verstehen (II, 2); nicht k.: → außerstande; nicht mehr k.: → satt (3, a); haste was kannste: → schnell (1, a)

Können, das: → Leistungsfähigkeit
Könner, der: **1.** → Meister (1) – **2.** ein K. sein: → können (5)
Konnex, der: **1.** → Beziehung (I, 1), Bindung (1) – **2.** → Zusammenhang (1)
Konnexion, die: → Beziehung (I, 1)
Konnubium, das: → Ehe (1)
Konsekration, die: → Weihe (1)
konsekrieren: → weihen (1)
Konsens, der: → Zustimmung (1)
konsentieren: → zustimmen (1)
konsequent: 1. → folgerichtig – **2.** → beharrlich (1)
Konsequenz, die: **1.** → Folge (1) – **2.** → Folgerichtigkeit – **3.** → Beharrlichkeit
konservativ: fortschrittsfeindlich; stockkonservativ · erzkonservativ (*Polit; abwert*)
Konserve, die: → Konservenbüchse
Konservenbüchse, die: Konservendose · Büchse · Dose + Konserve · Dauerware
Konservendose, die: → Konservenbüchse
konservieren: → einkochen, einlegen (1)
Konsilium, das: → Beratung (1)
konsistent: → dauerhaft
Konsole, die: → Träger (1)
Konsolidation, die: → Festigung (1)
konsolidieren: → festigen (1)
Konsolidierung, die: → Festigung (1)
Konsorten (*Pl*): → Mitschuldige
Konspekt, der: → Verzeichnis
Konspirant, der: → Verschwörer
Konspiration, die: → Verschwörung (1)
konspirieren: → verschwören, sich (1)
konstant: → unveränderlich (1)
konstatieren: → feststellen (1)
Konstatierung, die: → Feststellung (1)
Konstellation, die: → Lage (1)
Konsternation, die: → Bestürzung
konsterniert: → bestürzt, verwirrt (1)
Konstipation, die: → Stuhlverstopfung
konstituieren: I. → gründen (I, 1) – **II.** konstituieren, sich: ⟨*ein Gremium bilden*⟩ zusammentreten · sich zusammensetzen
Konstitution, die: → Verfassung (1)
konstitutiv: → grundlegend
konstruieren: → entwerfen (1)
Konstruktion, die: → Entwurf (1)
konstruktiv: → wegweisend
Konsultation, die: → Beratung (1)
konsultieren: → fragen (2)
Konsum, der: **1.** → Verbrauch (1) – **2.** → Konsumgenossenschaft
Konsumation, die: → Verzehr (1)

Konsument, der: → Verbraucher
Konsumflaute, die: → Umsatzrückgang
Konsumgenossenschaft, die: Konsum · Verbrauchergenossenschaft
Konsumgesellschaft, die: → Wohlstandsgesellschaft
Konsumgüter (*Pl*): → Gebrauchsgüter
konsumieren: → verbrauchen (1)
Konsumierung, die: → Verbrauch (1)
Konsumtion, die: → Verbrauch (1)
Kontakt, der: **1.** ⟨*Berührungspunkt Strom führender Teile*⟩ Anschluss – **2.** → Berührung (1) – **3.** → Beziehung (I, 1) – **4.** K. aufnehmen |zu|: → kontakten
kontaktarm: → menschenscheu
Kontaktaufnahme, die: → Annäherung (2)
kontakten: kontaktieren · Verbindung/Fühlung/Kontakt aufnehmen |zu| · sich in Verbindung setzen |mit|; → *auch* annähern (II, 1)
kontaktfreudig: → gesellig (1)
Kontaktglas, das: → Kontaktlinse
kontaktieren: → kontakten
Kontaktlinse, die: Kontaktschale · Haftschale · Kontaktglas · Haftglas
Kontaktmann, der: → Verbindungsmann
Kontaktschale, die: → Kontaktlinse
kontaktscheu: → menschenscheu
kontaminieren: → verseuchen
Kontanten (*Pl*): → Bargeld
Kontemplation, die: → Betrachtung (2)
kontemplativ: → beschaulich (1)
kontemporär: → zeitgenössisch
Konterbande, die: → Schmuggelware
Konterfei, das: **1.** → Fotografie – **2.** → Bildnis
konterfeien: **1.** → fotografieren – **2.** → malen (1, b)
konterkarieren: → vereiteln
kontern: **1.** → antworten – **2.** → einwenden
konterrevolutionär: → umstürzlerisch
kontestieren: → bestreiten (1)
Kontext, der: → Zusammenhang (1)
Kontinent, der: → Erdteil
Kontingent, das: → Anteil (1)
kontingentieren: **1.** → zuteilen – **2.** → bewirtschaften (1)
Kontingentierung, die: → Zuteilung (1)
kontinuierlich: → fortlaufend (1)
Kontinuität, die: → Beständigkeit (1)
Konto, das: → Bankkonto
Kontor, das: **1.** → Büro – **2.** ein Schlag ins K.: → Überraschung (3)
kontra: → gegen (1)
Kontra, das: K. geben: → widersprechen (1)
Kontrabass, der: → Bassgeige (1)
Kontradiktion, die: → Widerspruch (1)
kontradiktorisch: → widerspruchsvoll
Kontrahent, der: → Gegner (2)
Kontrakt, der: → Vertrag (1)
kontraktlich: → vertraglich
kontraproduktiv: entgegenwirkend · [entwicklungs]hemmend · zuwiderlaufend
konträr: → gegensätzlich
kontrasignieren: → gegenzeichnen
Kontrast, der: **1.** → Gegensatz (1) – **2.** → Unterschied (1)
kontrastieren: → abzeichnen (II, 1)
Kontrazeption, die: → Empfängnisverhütung
Kontribution, die: → [1]Steuer
Kontrolle, die: **1.** → Aufsicht (1) – **2.** → Überprüfung – **3.** außer K. geraten: ⟨*nicht mehr beherrscht werden können*⟩ aus dem Ruder laufen – **4.** unter K. bekommen: → eindämmen (1)
Kontrolleur, der: Kontrollor (*österr*); Supervisor (*Wirtsch*) + Inspekteur · Inspektor · Inspizient
kontrollieren: **1.** ⟨*sich von etw. überzeugen*⟩ [ab]checken · inspizieren · nachsehen · sehen |nach| · nach dem Rechten schauen/sehen; → *auch* prüfen (1 *u.* 3), überprüfen, überwachen (1) – **2.** → überprüfen
Kontrollor, der: → Kontrolleur
kontrovers: → umstritten
Kontroverse, die: → Streit (1)
Kontur, die: → Umriss
Konvektor, der: → Heizgerät
Konvent, der: **1.** → Versammlung (1) – **2.** → Kloster (1)
Konvention, die: **1.** → Brauch (1) – **2.** → Übereinkunft
konventionell: → alt (3)
konvergieren: **1.** → übereinstimmen (2) – **2.** → überschneiden, sich
Konversation, die: **1.** → Gespräch (1) – **2.** K. machen: → unterhalten (II, 1)
konvertieren: → übertreten (I)
konvex: → erhaben (1)
Konvolut, das: → Bündel (1)
Konvulsion, die: → Krampf (1)
konvulsiv[isch]: → krampfartig
konzedieren: → zugestehen

Konzentration, die: **1.** ⟨*das Zusammenführen an zentraler Stelle*⟩ Zusammenfassung · Konzentrierung · Zentralisation · Zentralisierung · Zusammenziehung – **2.** → Aufmerksamkeit (1) – **3.** → Anreicherung
Konzentrationslager, das: KZ + Massenvernichtungslager · Vernichtungslager · Todeslager
konzentrieren: I. konzentrieren: **1.** → zusammenfassen (1), zusammenziehen (I, 1) – **2.** → anreichern (1) – **II.** konzentrieren, sich: ⟨*sein Denken intensiv auf etw. richten*⟩ sich sammeln · seine Gedanken/seinen Verstand zusammennehmen + ganz Auge sein ♦ *umg*: seine fünf Sinne zusammennehmen; → *auch* aufpassen (1), versenken (II)
konzentriert: 1. ⟨*mit hohem Anteil des gelösten Stoffes*⟩ gesättigt · hochprozentig · hochkonzentriert + angereichert – **2.** → aufmerksam (1)
Konzentrierung, die: → Konzentration (1)
Konzept, das: **1.** → Entwurf (1) – **2.** → Entwurf (2) – **3.** aus dem K. bringen: → verwirren (2); ins K. schreiben: → entwerfen (2); ins K. passen: → gelegen (2)
Konzeption, die: **1.** → Entwurf (1) – **2.** → Befruchtung (b)
Konzern, der: Großunternehmen + Trust · Kartell · Syndikat ♦ *umg*: + Multi
Konzert, das: **1.** → Geschrei (1, b) – **2.** ein K. geben: → konzertieren
konzertieren: ein Konzert geben · spielen; → *auch* musizieren
Konzession, die: **1.** → Genehmigung (1) – **2.** → Zugeständnis (1)
Konzil, das: → Versammlung (1)
konziliant: → umgänglich
Konzilianz, die: → Umgänglichkeit
konzipieren: → entwerfen (1)
konzis: → knapp (2)
Koofmich, der: → Kaufmann (2)
Kooperation, die: → Zusammenarbeit
kooperieren: → zusammenarbeiten
koordinieren: k. |mit|: → abstimmen (2)
Kopf, der: **1.** ⟨*Körperteil*⟩ *gehoben*: Haupt ♦ *umg*: Schädel · Oberstübchen ♦ *salopp*: Birne · Ballon · Rübe · Kürbis · Melone; Dez · Kuller · Nischel · Grützkasten (*landsch*) – **2.** → Titel (2) – **3.** → Person (1) – **4.** → Spitze (1) – **5.** der führende K.: → Kraft (6); bis über den K., von K. bis Fuß: → oben (3); K. an K.: → gedrängt (1); aus dem K.: → auswendig (1); den/mit dem K. schütteln: → verneinen (1); auf den K. stülpen: → aufsetzen (I, 2); sich eine Kugel in/durch den K. schießen/jagen: → erschießen (II); den K. abschlagen, einen K. kürzer machen: → enthaupten; den K. anstrengen, sich den K. zerbrechen: → nachdenken (1); sich durch den K. gehen lassen: → überlegen (I, 1); durch den K. schießen/fahren: → einfallen (1); nicht im K. behalten: → vergessen (I, 1); nicht auf den K. gefallen sein: → schlau (2); auf den K. gefallen, schwach im K.: → dumm (1); Stroh im K. haben: → dumm (6); Flausen/Raupen in den K. setzen: → einreden (1); sich in den K. setzen: → vornehmen (2); [große] Rosinen im K. haben: → eingebildet (3); sich keinen K. machen: → sorglos (2); einen dicken/schweren K. haben: → Sorge (3); den K. hängen lassen: → niedergeschlagen (2); einen kühlen/klaren K. behalten/bewahren: → beherrschen (II); den K. verlieren: → Beherrschung (2, a); wie vor den K. geschlagen: → bestürzt; seinen K. aufsetzen, auf seinem K. bestehen: → eigensinnig (2); nicht [ganz] richtig im K.: **a)** → verrückt (1) – **b)** → geisteskrank (1); sich aus dem K. schlagen: → verzichten; sich die Augen aus dem K. weinen: → weinen (1); vor den K. stoßen: → kränken; sich nicht auf den K. spucken lassen: → verteidigen (II); die Bude auf den K. stellen: → toben (1); mit rotem K.: → wütend (1); den K. waschen/zurechtsetzen: → zurechtweisen; sich um K. und Kragen bringen: → ruinieren (II); den K. aus der Schlinge ziehen: → herauswinden, sich; Hals über K.: **a)** → übereilt – **b)** → eilig (1); über den K. wachsen: **a)** → überhand – **b)** → überflügeln; auf den K. stellen: → durcheinander (3, a); auf den K. hauen: → verschwenden; kein Dach über dem K. haben; → obdachlos (2)
Kopfbahnhof, der: Sackbahnhof
Kopfbedeckung, die: **1.** → [1]Hut (1) – **2.** → Mütze (1) – **3.** ohne K.: → barhäuptig
Köpfchen, das: K. haben: → schlau (2)
köpfen: → enthaupten
kopflos: → verwirrt (1)
Kopflosigkeit, die: → Verwirrung (1)
Kopfnuss, die (*umg*): Katzenkopf; → *auch* Schlag (I, 1)
kopfscheu: k. machen: → verwirren (2)

Kopfschmerz, der: **1.** ⟨*Schmerz im Kopf*⟩ Kopfweh + Migräne – **2.** sich keine Kopfschmerzen machen: → sorglos (2)
kopfüber: 1. ⟨*mit dem Kopf zuerst*⟩ häuptlings (*veraltend*) ♦ *umg*: koppheister (*norddt*) – **2.** k. stürzen/rollen: → überschlagen (II, 2, a)
Kopfweh, das: → Kopfschmerz (1)
Kopfzerbrechen, das: **1.** → Überlegung (1) – **2.** K. bereiten: → schwer (5)
Kopie, die: **1.** → Fotokopie – **2.** → Abschrift – **3.** → Durchschlag (1) – **4.** → Nachahmung – **5.** → Nachbildung (2)
kopieren: 1. ⟨*fotografisch ein Zweitexemplar herstellen*⟩ fotokopieren · ablichten; → *auch* vervielfältigen (1) – **2.** → abschreiben (I, 1) – **3.** → nachahmen – **4.** → nachbilden
Kopierer, der: → Kopiergerät
Kopiergerät, das: Kopierer · Vervielfältigungsapparat + Farbkopierer · Printer
Kopilot, der: → Flugzeugführer
kopiös: → reichlich
Kopist, der: → Nachahmer (1)
[1]**Koppel,** das: → Gürtel (1)
[2]**Koppel,** die: → Weide (1)
koppeln: → verbinden (I, 1)
Koppelung, die: → Verbindung (I, 1)
koppheister: 1. → kopfüber (1) – **2.** k. schießen: → überschlagen (II, 2, a)
Kopulation, die: **1.** → Begattung (1) – **2.** → Koitus
kopulieren: 1. → begatten (2, a) – **2.** → koitieren
Korb, der: **1.** ⟨*geflochtener Behälter*⟩ *umg*: Kober · Kiepe (*landsch*) – **2.** einen K. geben: → abweisen (1); einen K. erhalten/bekommen: → abblitzen (1)
Körbchen, das: → Bett (1)
Kordel, die: → Schnur (1)
Kordon, der: → Absperrung (2)
Korinthe, die: → Rosine (1)
Korinthenkacker, der: → Pedant
Korinthenkackerei, die: → Pedanterie
Kork[en], der: **1.** → Stöpsel – **2.** die Korken knallen lassen: → trinken (1, b)
Korn, das: **1.** → Getreide – **2.** → Branntwein – **3.** von altem/echtem Schrot und K.: → rechtschaffen; aufs K. nehmen: **a)** → zielen (1) – **b)** → beobachten (1); die Flinte ins K. werfen: → aufgeben (3)
kornblumenblau: → blau (1)
körnen: → zerkleinern (1)
körnig: gekörnt · grusig · granulös
Korona, die: **1.** → Schar (1) – **2.** → Bande
Körper, der: **1.** ⟨*die materielle Ganzheit des Menschen*⟩ Leib; Soma (*fachspr*) + Rumpf ♦ *umg*: Body; Korpus (*scherzh*) – **2.** → Gegenstand (1)
Körperbau, der: → Gestalt (1)
körperbehindert: → behindert
Körperbehinderte, der: → Schwerbehinderte
Körperertüchtigung, die: → Sport (1)
Körpererziehung, die: → Sport (1)
Körperform, die: → Gestalt (1)
Körperfülle, die: → Dicke (II, 2)
Körperhaltung, die: → Haltung (1)
Körperkraft, die: → Kraft (1)
Körperkultur, die: → Sport (1)
körperlich: physisch · leiblich; somatisch (*fachspr*)
Körperschaft, die: → Vereinigung (2)
Körperstrafe, die: → Züchtigung
Körperverletzung, die: → Misshandlung
Korporation, die: → Vereinigung (2)
korpulent: → dick (1)
Korpulenz, die: → Dicke (II, 2)
Korpus, der: → Körper (1)
korrekt: → fehlerlos (1)
Korrektion, die: → Verbesserung (1)
Korrektur, die: → Verbesserung (1), Berichtigung (1)
Korrekturabzug, der: → Fahne (2)
Korrekturbogen, der: → [2]Bogen (1)
korrelat: → wechselseitig
Korrelat, das: → Ergänzung (2)
Korrelation, die: → Wechselbeziehung
korrelativ: → wechselseitig
Korrespondent, der: → Berichterstatter
Korrespondenz, die: **1.** → Briefverkehr (1) – **2.** → Übereinstimmung (1)
korrespondieren: 1. ⟨*brieflich in Verbindung stehen*⟩ im Briefverkehr/Briefwechsel/Schriftverkehr/Schriftwechsel stehen ♦ *umg*: sich/einander schreiben – **2.** k. |mit|: → übereinstimmen (1)
Korridor, der: → Flur (1)
korrigieren: I. korrigieren: → verbessern (I, 1), berichtigen (I, 1) – **II.** korrigieren, sich: → berichtigen (II)
korrumpieren: → bestechen (1)
korrupt: → bestechlich (1)
Korsage, die: → Korsett
Korsar, der: → Seeräuber
Korselett, das: → Korsett

Korsett, das: Korselett · Mieder + Korsage · Bustier · Leibchen; → *auch* Hüfthalter, Büstenhalter
korybantisch: → zügellos (1)
Koryphäe, die: → Meister (1)
koscher: nicht ganz k.: → bedenklich (1)
K.-o.-Schlag, der: → Niederschlag (1)
kosen: → liebkosen
Kosmetik die: → Schönheitspflege
kosmisch: kosmischer Raum: → Weltraum
Kosmonaut, der: → Astronaut
Kosmonautik, die: → Raumfahrt
Kosmopolit, der: → Weltbürger
Kosmos, der: → Weltall
Kossäte, der: → Kleinbauer
Kost, die: **1.** → Nahrung – **2.** vegetarische K.: → Pflanzenkost; in K. nehmen/haben: → verpflegen (1); in K. geben: → verpflegen (2)
kostbar: → wertvoll (1)
Kostbarkeit, die: → Wertstück
¹kosten: 1. ⟨*den Geschmack prüfen*⟩ probieren · versuchen · verkosten · schmecken · eine Kostprobe nehmen + nippen ♦ *umg*: gustieren (*österr*) – **2.** den Prügel zu k. geben: **a)** → verprügeln – **b)** → schlagen (I, 1)
²kosten: 1. ⟨*beim Kauf an Geld erfordern*⟩ *umg*: sich stellen |auf| – **2.** viel/ein Vermögen/eine Stange [Geld] k.: → teuer (4); koste es, was es wolle: → unbedingt (1); den Hals k. [können]: → gefährlich (2)
Kosten (*Pl*): die K. tragen |für|: **a)** → finanzieren – **b)** → haften (2, a)
Kostenerstattung, die: → Vergütung (1)
kostenfrei: → kostenlos
kostengünstig: billig · preiswert; → *auch* billig (1)
kostenlos: unentgeltlich · umsonst · gratis · [kosten]frei; um/für einen Gotteslohn (*veraltend*) + gebührenfrei ♦ *umg*: so · zum Nulltarif; für nass/lau (*landsch*); → *auch* portofrei
Kostenrückerstattung, die: → Vergütung (1)
köstlich: 1. → herrlich (1) – **2.** → schmackhaft
Köstlichkeit, die: → Leckerbissen
Kostprobe, die: **1.** → Beweis (2) – **2.** eine K. nehmen: → ¹kosten (1)
kostspielig: aufwendig; → *auch* teuer (1)
Kostüm, das: → Kleidung (1)
kostümieren, sich: → verkleiden (II)
Kostümierung, die: → Verkleidung (1)
Kot, der: **1.** ⟨*Darmausscheidung*⟩ Stuhl · Exkremente; Unrat (*verhüll*); Fäkalien · Fäzes (*fachspr*) + Mist ♦ *umg*: Aa (*kinderspr*) ♦ *salopp*: Dreck · Haufen + Fladen ♦ *derb*: Kacke · Scheiße · Schiss; Schiet (*norddt*); → *auch* Schmutz (1) – **2.** → Schmutz (1) – **3.** in/durch den K. ziehen, in den K. treten: → verleumden (1)
Kotau, der: K. machen: → demütigen (II)
Köter, der: → Hund (1)
kotig: → schmutzig (1)
Kotzbrocken, der: → Ekel (II)
Kotze, die: **1.** → Erbrochene – **2.** die K. kriegen: → ekeln (II)
kotzen: 1. → übergeben (II) – **2.** k. wie ein Reiher: → übergeben (II); zum Kotzen: → ekelhaft (1)
kotzübel: → übel (1)
Krabbe, die: **1.** → Kind (1) – **2.** → Range
krabbeln: 1. → klettern (1) – **2.** → kriechen (1) – **3.** → jucken (1) – **4.** → kitzeln (1) – **5.** → wimmeln
Krabbelwasser, das: **1.** → Mineralwasser – **2.** → Limonade (1)
Krach, der: **1.** → Lärm (1) – **2.** → Knall (1) – **3.** → Streit (1) – **4.** → Kursrückgang – **5.** → Wirtschaftskrise – **6.** K. machen: **a)** → lärmen – **b)** → beschweren (II); K. schlagen: → beschweren (II); K. haben: → streiten (II); mit Ach und K.: → Mühe (3)
krachen: I. krachen: **1.** → lärmen – **2.** → knallen (1), dröhnen (1) – **3.** → donnern (1) – **II.** krachen, sich: → streiten (II)
Krachen: I. Krachen, der: → Schlucht – **II.** Krachen, das: → Lärm (1)
Kracher, der: **1.** → Donner (1) – **2.** → Knallkörper
Kracherl, das: → Limonade (1)
krächzen: → heiser (2)
Kracke, die: → Pferd (1)
Krad, das: → Motorrad
kraft: → durch (2), dank
Kraft, die: **1.** ⟨*die Fähigkeit zu schwerer körperl. Arbeit*⟩ Körperkraft · Stärke ♦ *umg*: Mumm · Riesenkraft; Sthenie (*med*) – **2.** → Tatkraft (1), Lebenskraft (1) – **3.** → Leistungsfähigkeit – **4.** → Wucht (1) – **5.** → Hausangestellte (II) – **6.** die treibende K.: ⟨*die Person, die etw. anregt u. auch bei der Durchführung die nötigen Impulse gibt*⟩ der [führende] Kopf · Spiritus Rector – **7.** [wieder] zu Kräften kommen: → erholen, sich (1); unter/mit Aufgebot aller Kräfte:

→ angestrengt; K. verleihen: → ermutigen; ohne Saft und K.: → gehaltlos (1); in K. setzen: → ratifizieren; außer K. setzen: → aufheben (I, 3); außer K. treten: → verfallen (2)
Kraftaufwand, der: → Anstrengung (1)
Kraftbrühe, die: → Brühe (1)
Kraftdroschke, die: → Taxi
kräftezehrend: → anstrengend (1)
Kraftfahrer, der: → Fahrer
Kraftfahrzeug, das: → Auto (1)
Kraftfahrzeugnummer, die: → Autonummer
kräftig: 1. ⟨*einen gut ausgebildeten Körper mit der Fähigkeit zu schwerer Arbeit besitzend*⟩ stark · athletisch · herkulisch · muskulös · kraftstrotzend · stabil · stämmig · robust · kernig · markig · sehnig · drahtig · nervig; sthenisch (*med*) + rüstig · [derb]knochig ♦ *umg*: baumstark · bärenstark · riesenstark; → *auch* widerstandsfähig (1, b) – **2.** → heftig (1, a) – **3.** → gehörig (1) – **4.** → gehaltvoll – **5.** → würzig (1) – **6.** k. werden: → erstarken; ein kräftiges Wort: → Zurechtweisung
kräftigen, sich: **1.** → stärken (II) – **2.** → erstarken
kräftigend: → heilkräftig
kraftlos: geschwächt · energielos · marklos · schlapp · matt · schlaff · lasch · lass ♦ *umg*: flügellahm; → *auch* schwach (1, a)
Kraftmeierei, die: → Angabe (I, 1)
Kraftmensch, der: → Athlet
Kraftprobe, die: Machtprobe · Show-down; → *auch* Entscheidungskampf
Kraftprotz, der: → Muskelprotz
Kraftrad, das: → Motorrad
Kraftstoff, der: Treibstoff + Benzin · Kerosin · Diesel[kraftstoff] ♦ *umg*: Sprit
kraftstrotzend: → kräftig (1)
kraftvoll: 1. → energiegeladen – **2.** → heftig (1, a)
Kraftwagen, der: → Auto (1)
Kraftwerk, das: Elektrizitätswerk
Kraftwort, das: → Fluch (1)
Kragen, der: **1.** → Hals (1) – **2.** an den K. fahren: → angreifen (1, b); beim/am K. nehmen/packen/kriegen: → ergreifen (2); sich um Kopf und K. bringen: → ruinieren (II)
Krähenauge, das: → Hühnerauge (1)
Krähenfuß, der: → Falte (2)
Krähwinkel, das: → Kleinstadt
Krakeel, der: **1.** → Lärm (1) – **2.** → Streit (1)
krakeelen: 1. → lärmen – **2.** → streiten (I, 1)
Krakeeler, der: → Unruhestifter
Krakeelerei, die: **1.** → Lärm (1) – **2.** → Streit (1)
Krakelei, die: → Schmiererei
krakeln: → schmieren (1)
krallen: → stehlen (1)
Kram, der: **1.** *abwert* ⟨*wertlose bzw. unnütze Sachen*⟩ Zeug · Trödel · Ramsch · Plunder · Bettel ♦ *umg*: Krimskrams · Zeugs · Kitt · Krempel · Klimbim · Kiki · Zinnober · Zimt ♦ *salopp*: Gelumpe · Klumpatsch · Dreck · Dreck[s]zeug · Mist ♦ *derb*: Scheiße · Scheiß[dreck]; Schiet (*norddt*); → *auch* Gerümpel, Schund (1) – **2.** den K. hinwerfen/hinhauen/hinschmeißen: **a)** → aufgeben (3) – **b)** → kündigen (1); nicht in den K. passen: → ungelegen (2), missfallen (1)
kramen: → herumsuchen
Krämer, der: **1.** → Kaufmann (2) – **2.** → Spießbürger
Krämerbude, die: → Geschäft (1)
krämerhaft: → kleinlich
Krämerladen, der: → Geschäft (1)
Krämerseele, die: → Pedant
Kramladen, der: → Geschäft (1)
Krampen, der: → Spitzhacke
Krampf, der: **1.** ⟨*schmerzhafte Muskelzusammenziehung*⟩ Spasmus (*med*) + Konvulsion · Kolik – **2.** → Gehabe[n] (1)
krampfartig: krampfhaft · konvulsiv[isch]; spasm[od]isch (*med*)
krampfhaft: 1. → krampfartig – **2.** → verbissen
Kran, der: → Hahn (2)
krank: 1. ⟨*gesundheitlich* [*stark*] *beeinträchtigt*⟩ nicht gesund · kränklich · angekränkelt · morbid · leidend · schwer krank + bettlägerig · siech ♦ *umg*: malade; → *auch* todkrank (1), unwohl (1) – **2.** k. sein: ⟨*gesundheitlich* [*stark*] *beeinträchtigt sein*⟩ kränkeln · im/zu Bett liegen · das Bett hüten + ans Bett gefesselt sein · dahinsiechen ♦ *gehoben*: daniederliegen ♦ *umg*: angeschlagen sein · nicht auf Deck/auf dem Damm/Posten/auf der Höhe sein · sich nicht auf der Höhe fühlen · auf der Nase liegen ♦ *salopp*: auf der Plauze liegen (*landsch*) ♦ *derb*: auf der Schnauze liegen; → *auch* schlecht (10, b)

Kranke, der: + Patient
kränkeln: → krank (2)
kränken: verletzen · wehtun · verwunden · Schmerz bereiten · schmerzen · jmds. Gefühle verletzen · zu nahe treten · ein Leid/Unrecht/einen Tort antun/zufügen · einen Stich versetzen + vor den Kopf stoßen · brüskieren ♦ *gehoben*: ins Herz treffen · [bis] ins Mark treffen + Wunden schlagen ♦ *umg*: einen Hieb versetzen ♦ *salopp*: auf die Zehen/Hühneraugen/den Schlips treten · ans Bein pinkeln; → *auch* betrüben (I), anstoßen (2), beleidigen
Krankenanstalt, die: → Krankenhaus (1)
Krankenbahre, die: → Bahre
Krankenbesuch, der: + Arztvisite · Visite
Krankenfahrstuhl, der: → Rollstuhl
Krankenhaus, das: **1.** ⟨*Institution zur stationären Behandlung Kranker*⟩ Klinik · Hospital; Krankenanstalt (*noch amtsspr*); Spital (*noch landsch*); Lazarett (*milit*) + Ambulanz · Ambulatorium; → *auch* Heilstätte – **2.** psychiatrisches K.: → Klinik (2)
Krankenkassa, die: → Krankenkasse
Krankenkasse, die: Krankenversicherung; Krankenkassa (*österr*) + Sozialversicherung · Versicherung ♦ *umg*: Kasse
Krankenkost, die: → Diät
Krankenpfleger, der: Pfleger + Krankenwärter · Wärter; → *auch* Sanitäter (1)
Krankenpflegerin, die: → Krankenschwester
Krankenschwester, die: Schwester; Diakonisse · Diakonissin (*evang Kirche*) + Rotkreuzschwester · Krankenpflegerin ♦ *umg*: Karbolmäuschen (*scherzh veraltend*)
Krankenversicherung, die: → Krankenkasse
Krankenwagen, der: Sanitätswagen · Ambulanz[wagen] · Rettungswagen; Sank[r]a (*bes. soldatenspr*); Rettung (*österr*) + Klinomobil · Notarztwagen · Unfallwagen ♦ *umg*: Sanitätsauto · Rettungsauto; Sanität (*österr schweiz*)
Krankenwärter, der: → Krankenpfleger
krankfeiern: → faulenzen (1)
krankhaft: pathologisch (*med*)
Krankheit, die: Erkrankung · Beschwerden · Leiden · Übel · Gebrechen; Gebresten (*noch schweiz*); Wehwehchen (*scherzh od. iron*) + Siechtum; → *auch* Seuche, Unwohlsein
Krankheitserreger, der: Krankheitskeim · Erreger · Keim + Bakterie · Bazillus · Virus
Krankheitskeim, der: → Krankheitserreger
Krankheitsverhütung, die: → Vorbeugung
kranklachen, sich: → lachen (1)
kränklich: → krank (1), elend (1)
krankmachen: → faulenzen (1)
Kränkung, die: → Beleidigung (1)
Krapfen, der: → Pfannkuchen (1)
Kräppel[chen], das: → Pfannkuchen (1)
krass: → auffallend
Kratzbürste, die: → Xanthippe
kratzbürstig: → widerspenstig
Krätze, die: Skabies (*med*) + Räude
kratzen: 1. ⟨*auf der Haut schaben*⟩ *umg*: scharren; schubbe[r]n (*landsch*) + jucken – **2.** → jucken (1) – **3.** → schaben (1) – **4.** → stehlen (1) – **5.** denken, der Affe kratzt einen: → staunen (1); die Kurve k.: → fliehen (1)
Kratzer, der: → Schramme (1 *u.* 2)
Kratzfuß, der: **1.** → Verbeugung (1) – **2.** einen K. machen: → verbeugen, sich
kratzig: 1. → rau (1) – **2.** → widerspenstig
krauchen: → kriechen (1)
kraue[l]n: → streicheln
kraulen: 1. → schwimmen (1) – **2.** → streicheln
kraus: 1. → lockig – **2.** → faltig
kräuseln: → wellen (I)
krausen: → runzeln
Krauskopf, der: → Lockenkopf
Kraut, das: **1.** → Kohl (1) – **2.** → Tabak – **3.** ins K. schießen: **a)** → wuchern (2) – **b)** → überhand; wie K. und Rüben: → ungeordnet (2)
krauten: → jäten
Krauter, der: → Sonderling
Krauthexe, die: → Vogelscheuche (2)
Krautjunker, der: → Großgrundbesitzer
Krawall, der: **1.** → Lärm (1), Aufruhr (1) – **2.** K. machen: → lärmen
Krawallmacher, der: → Unruhestifter
Krawatte, die: **1.** ⟨*Kleidungsstück*⟩ Schlips; Selbstbinder · Binder (*veraltend*) + Fliege · Schleife · Plastron ♦ *salopp*: Kulturstrick (*scherzh*) – **2.** einen hinter die K. gießen: → trinken (1, b)
Krawattennadel, die: → Nadel (1)
kraxeln: → klettern (1)
Kraxler, der: → Bergsteiger
Kreation, die: **1.** → Modeschöpfung – **2.** → Erschaffung (1)
kreativ: → schöpferisch

Kreativität, die: → Schöpferkraft
Kreatur, die: **1.** → Lebewesen – **2.** → Schurke
Krebs, der: **1.** ⟨*Krankheit*⟩ Krebsgeschwulst · Krebsgeschwür + Karzinom · Sarkom · Melanom · Metastase · Tochtergeschwulst; → *auch* Geschwulst – **2.** K. erregend: ⟨*eine Krebserkrankung verursachend*⟩ Krebs erzeugend; kanzerogen · karzinogen (*med*) – **3.** K. erzeugend: → 2
krebsartig: kanzerös · karzinomatös (*med*)
krebsen: → dahinleben
Krebsgang, der: → Rückschritt
Krebsgeschwulst, die: → Krebs (1)
Krebsgeschwür, das: → Krebs (1)
Krebsschaden, der: → Übel (1)
Kredenz, die: → Anrichte
kredenzen: → anbieten (I, 2)
Kredit, der: **1.** ⟨*zur Verfügung gestellte zurückzuzahlende Geldsumme*⟩ Darlehen – **2.** einen K. aufnehmen: ⟨*eine bestimmte Geldsumme leihen*⟩ ein Darlehen aufnehmen · Schulden machen · sich verschulden + anschreiben lassen ♦ *umg*: eine Anleihe machen/aufnehmen ♦ *salopp*: pumpen · einen Pump aufnehmen; → *auch* leihen (2) – **3.** auf K.: → leihweise
Kreditanstalt, die: → ²Bank (1)
Kreditgeber, der: → Gläubiger
Kreditinstitut, das: → ²Bank (1)
Kreditkarte, die: *umg*: Plastikgeld
Kreditnehmer, der: → Schuldner
Kreditor, der: → Gläubiger
Kredo, das: **1.** → Glaubensbekenntnis (1) – **2.** → Weltanschauung
kregel: → munter (1)
Kreide, die: in der K. stehen |bei|: → Schuld (II, 2)
kreidebleich: → blass (1)
kreideweiß: → blass (1)
kreieren: → hervorbringen (1)
Kreis, der: **1.** ⟨*durch gleiche Interessen verbundene Menschengruppe*⟩ Zirkel · Runde · Ring · Personenkreis + Forum; → *auch* Gruppe (1), Arbeitsgemeinschaft (1) – **2.** im K. der Familie: → daheim (1); Kreise ziehen: → verbreiten (II)
kreischen: → schreien (1)
kreiseln: → wirbeln (1)
kreisen: → herumgehen (1)
kreisförmig: → rund (1)
Kreislauf, der: **1.** ⟨*das Zirkulieren des Blutes*⟩ Blutkreislauf · Blutzirkulation – **2.** ⟨*zu ihrem Ausgangspunkt zurückkehrende Bewegung*⟩ Zirkulation · Zyklus
kreisrund: → rund (1)
kreißen: → gebären
Kremation, die: → Einäscherung
kremieren: → einäschern (1)
Krempe, die: Hutrand · Rand + Schirm
Krempel, der: **1.** → Kram (1) – **2.** den K. hinhauen/hinschmeißen/hinwerfen: → kündigen (1)
Kremser, der: → Kutsche (1)
krepieren: **1.** → explodieren (1) – **2.** → verenden – **3.** → sterben (1)
krepiert: → tot (1)
Krethi und Plethi (*Pl*): → jedermann
Kretin, der: → Schwachsinnige
kretinhaft: → schwachsinnig (1)
Kretinismus, der: → Schwachsinn (1)
Kretscham, der: → Gaststätte (1, a)
kreuz: k. und quer: → ziellos (1)
Kreuz, das: **1.** ⟨*Darstellung des gekreuzigten Christus*⟩ Kruzifix – **2.** → Rücken (1) – **3.** → Leid (1) – **4.** → Last (1) – **5.** aufs K. legen: **a)** → hereinlegen (1) – **b)** → betrügen (1); aufs K. gelegt werden: → hereinfallen; zu Kreuze kriechen: → nachgeben (1); aus dem K. leiern: → abbetteln; sein K. haben |mit|: → Kummer (2); sein K. tragen/auf sich nehmen: → abfinden (II, 2); ein K. darunter machen: → beenden (1)
kreuzbrav: → rechtschaffen
kreuzdumm: → dumm (1)
kreuzen: **I.** kreuzen: **1.** ⟨*Tiere od. Pflanzen verschiedener Rassen bzw. Arten miteinander paaren*⟩ hybridisieren · bastardieren (*fachspr*); → *auch* züchten – **2.** die Klingen k.: → fechten (1), messen (II, 1); jmds. Weg k.: → begegnen (1); die Schwerter k.: → kämpfen (1) – **II.** kreuzen, sich: → überschneiden, sich
Kreuzer (*Pl*): → Geld (1)
Kreuzesweg, der: → Leidensweg
kreuzfidel: → lustig
kreuzlahm: → lahm (1)
Kreuzung, die: **1.** ⟨*das Kreuzen von Tieren od. Pflanzen*⟩ Hybridisation · Hybridisierung · Bastardierung (*fachspr*) + Paarung – **2.** ⟨*Schnittpunkt zweier Verkehrswege*⟩ Straßenkreuzung · Wegkreuzung · Kreuzweg; → *auch* Abzweigung – **3.** → Schnittpunkt
Kreuzungspunkt, der: → Schnittpunkt
Kreuzverhör, das: **1.** → Verhör (1) – **2.** ins K. nehmen: → verhören (I)

Kreuzweg, der: → Kreuzung (2)
kribbelig: → nervös
Kribbelkopf, der: → Hitzkopf
kribbeln: **1.** → jucken (1) – **2.** → wimmeln
Kribbeln, das: → Hautjucken
Kribskrabs, der *od.* das: → Durcheinander (1)
krickelig: → nörglig
krickeln: → schmieren (1)
kriechen: **1.** ⟨*sich an den Boden gedrückt fortbewegen*⟩ robben · krabbeln; krauchen (*landsch*) + rutschen – **2.** *abwert* ⟨*sich unterwürfig zeigen*⟩ [liebe]dienern · [katz]buckeln · einen krummen Rücken machen · antichambrieren; sich bücken · den Staub von den Füßen/Schuhen lecken (*veraltend*) ♦ *umg*: einen [krummen] Buckel machen · auf dem Bauch liegen/kriechen/rutschen + leisetreten · Rad fahren; → *auch* schmeicheln (1), einschmeicheln, sich, demütigen (II) – **3.** k. |in|: → hineinschlüpfen; zu Kreuze k.: → nachgeben (1); auf den Leim k.: → hereinfallen; in den Hintern/Arsch k.: → einschmeicheln, sich; auf allen vieren/auf dem Zahnfleisch k.: → erschöpft (4)
Kriecher, der (*abwert*): Liebediener · Lakai · Speichellecker ♦ *umg*: Krummbuckel (*landsch*) + Radfahrer ♦ *derb*: Arschkriecher · Arschlecker; → *auch* Duckmäuser
Kriecherei, die: → Unterwürfigkeit
kriecherisch: → unterwürfig
Krieg, der: **1.** ⟨*militär. Auseinandersetzung*⟩ [militärischer] Konflikt; → *auch* Militärschlag – **2.** → Streit (1) – **3.** nicht aus dem K. heimkehren: → fallen (3)
kriegen: **1.** → erhalten (I, 1) – **2.** → ergreifen (2) – **3.** ein Kind k.: **a)** → schwanger (2) – **b)** → gebären; Junge k.: → werfen (I, 2); eine k.: → heiraten (2); einen k.: → heiraten (3); in die falsche Kehle k.: **a)** → verschlucken (II) – **b)** → missverstehen (1); in den falschen Hals k.: → missverstehen (1); sich in die Haare/Wolle k.: → streiten (II)
kriegerisch: → kämpferisch
Kriegsbeil, das: das K. begraben: → versöhnen (II)
Kriegsdienst, der: → Wehrdienst (1)
Kriegsdienstverweigerer, der: → Pazifist
Kriegsentschädigung, die: → Reparationen
Kriegsflotte, die: → Seestreitkräfte
Kriegsfuß, der: auf [dem] K. stehen/leben |mit|: → Streit (2)
Kriegsgegner, der: → Pazifist
Kriegshetzer, der: → Kriegstreiber
kriegshetzerisch: → aggressiv (1)
Kriegskunst, die: + Strategie · Taktik
kriegslüstern: → aggressiv (1)
Kriegsmarine, die: → Seestreitkräfte
Kriegsschauplatz, der: → Front (1)
Kriegstreiber, der (*abwert*): Kriegshetzer + Friedensstörer · Säbelrassler; → *auch* Aggressor
kriegstreiberisch: → aggressiv (1)
Kriegszug, der: → Feldzug (1)
Kriminal, das: → Strafvollzugsanstalt
Kriminalbeamte, der: → Kriminalist
Kriminale[r], der: → Kriminalist
Kriminalist, der: der Kriminalbeamte · Kriminalpolizist + Detektiv · Geheimpolizist ♦ *umg*: Kriminaler · der Kriminale; Schnüffler (*abwert*); Kiberer (*österr abwert*) ♦ *salopp*: Bulle (*abwert*); → *auch* Polizist, Fahnder, Ermittler
Kriminalpolizei, die: → Polizei (1)
Kriminalpolizist, der: → Kriminalist
kriminell: → verbrecherisch
Kriminelle, der: → Verbrecher
Krimskrams, der: → Durcheinander (1), Kram (1)
kringelig: sich k. lachen: → lachen (1)
kringeln, sich: sich vor Lachen k.: → lachen (1)
Kripo, die: → Polizei (1)
Krippe, die: **1.** → Futterkrippe – **2.** → Trog
Krippenbeißer, der: → Pferd (1)
Krippensetzer, der: → Pferd (1)
Krips, der: am/beim K. packen/fassen: → ergreifen (2)
Kris, der: → Dolch
Krise, die: → Wirtschaftskrise
kristallin: → erstarrt (1)
kristallisiert: → erstarrt (1)
kristallklar: → klar (1, a)
Kriterium, das: **1.** → Merkmal – **2.** → Rennen (1)
Kritik, die: **1.** ⟨*kritische Beurteilung*⟩ Beckmesserei · Krittelei (*abwert*) + Stellungnahme · Wertung · Verriss; → *auch* Nörgelei – **2.** → Tadel (1) – **3.** → Besprechung (1) – **4.** K. üben |an|: → beanstanden; eine K. schreiben |über|: → besprechen (I, 1); unter aller K.: → schlecht (1)
Kritikaster, der: → Kritiker
kritikastern: → kritisieren

Kritiker, der: Kritikus · Kritikaster · Krittler · Beckmesser (*abwert*) + Rezensent · Beurteiler; → *auch* Nörgler
kritiklos: blind[gläubig] · blindlings; → *auch* gutgläubig
Kritikus, der: → Kritiker
kritisch: 1. → gefährlich (1) – **2.** → bedenklich (1) – **3.** die kritischen Tage: → Menstruation; das kritische Alter: → Wechseljahre
kritisieren: [be]kritteln · kritikastern · beckmessern · bemäkeln (*abwert*) ♦ *umg*: zerpflücken; → *auch* verreißen, beanstanden, nörgeln, tadeln (1)
Krittelei, die: → Kritik (1), Nörgelei
kritteln: → kritisieren, nörgeln
Krittler, der: → Kritiker, Nörgler
Kritzelei, die: → Schmiererei
kritzeln: → schmieren (1)
Krokette, die: → Kloß (1)
Krokodil, das: Panzerechse + Alligator · Kaiman · Gavial
Krokodilstränen (*Pl*): K. weinen: → heucheln (1)
Krolle, die: → Locke
Krone, die: K. der Schöpfung: → Frau (I, 1); einen in der K. haben: → betrunken (2); das setzt allem die K. auf: → unerhört (2); sich keinen Zacken aus der K. brechen: → vergeben (6)
Kronleuchter, der: Lüster · Leuchter; Luster (*österr*); → *auch* ²Lampe (1)
Krönung, die: → Höhepunkt
Kröpfung, die: → Fütterung
Kroppzeug, das: → Gesindel
kross: → knusprig (1)
Krösus, der: → Geldmann
Kröte: I. Kröte, die: → Luder (1) – **II.** Kröten (*Pl*): → Geld (1)
krötig: → boshaft (1)
Krücke: I. Krücke, die: ⟨*Stock zum Stützen*⟩ Krückstock – **II.** Krücken (*Pl*): → Bein (II, 1)
Krückstock, der: → Krücke (I)
krud[e]: → ungeschliffen
Krug, der: **1.** ⟨*kannenähnl. Gefäß*⟩ Kruke (*landsch*); → *auch* Kanne (1) – **2.** → Gaststätte (1, a)
Krüger, der: → Gastwirt
Kruke, die: **1.** → Krug (1) – **2.** → Sonderling
Krume, die: **1.** ⟨*abgebröckeltes Stückchen*⟩ Krümel · Brösel + Brosame – **2.** → Erdscholle
Krümel, der: **1.** → Krume (1) – **2.** → Kind (1)
krümelig: bröckelig · bröselig · kiesig
krümeln: 1. → zerkleinern (1) – **2.** → brocken (1)
krumm: 1. ⟨*nicht gerade*⟩ verkrümmt · verbogen + halbrund · wie ein Fragezeichen; → *auch* gebogen – **2.** → bucklig (1) – **3.** k. machen: → biegen (I, 1); k. nehmen: → verübeln; einen krummen Rücken/Buckel machen: → kriechen (2); krumme Sache: → Betrug (1); krumme Wege gehen, auf die krumme Tour reisen: → betrügen (1); krumme Finger machen: → stehlen (1); keinen Finger k. machen: → faulenzen (1); sich k. legen: → einschränken (II)
Krummbuckel, der: → Kriecher
Krumme, der: → Bucklige
Krümme, die: → Biegung (1)
krümmen: 1. → biegen (I, 1) – **2.** kein Haar/Härchen k.: → verschonen
krummlachen, sich: → lachen (1)
Krümmung, die: **1.** → Biegung (1) – **2.** → Beugung (1)
krumpelig: → faltig
krumpfecht: → formbeständig
krumpffest: → formbeständig
krunkelig: → faltig
Krüppel, der: → Schwerbehinderte
krüppelig: → verkrüppelt
krüsch: → wählerisch
Kruste, die: → Schorf, Belag (1)
Kruzifix, das: → Kreuz (1)
Krypta, die: → Gruft
Kübel, der: **1.** → Bottich – **2.** → Eimer (1) – **3.** wie mit/aus Kübeln gießen: → gießen (2); Kübel von Schmutz ausgießen |über|: → verleumden (1)
kübeln: → trinken (1, b)
kubisch: → würfelförmig
Kübler, der: → Böttcher
Kubus, der: → Würfel
Küche, die: **1.** ⟨*Raum zum Kochen*⟩ Kombüse (*seem*) + Kochnische · Kitchenette · Wohnküche – **2.** → Kochkunst – **3.** in Teufels K. kommen: → Schwierigkeit (2)
Kuchen, der: → Gebäck
Kuchenbäcker, der: → Konditor
Küchenbulle, der: → Koch (1)
Küchenchef, der: → Koch (1)
Küchendragoner, der: → Köchin
Küchenfee, die: → Köchin
küchenfertig: → tischfertig

Küchenfrau, die: → Köchin
Küchenherd, der: → Herd (1)
Küchenhilfe, die: → Köchin
Küchenzettel, der: → Speisezettel
Kuckuck, der: zum K. [noch einmal]: → verflucht (1); zum/beim K. sein: → verloren (2); [nicht] den K. fragen |nach|: → gleichgültig (5)
Kuddelmuddel, der *od.* das: → Durcheinander (1)
Kufe, die: → Eimer (1)
Küfer, der: → Böttcher
Kugel, die: **1.** ⟨*aus einer Handfeuerwaffe abgeschossener Körper*⟩ Geschoss · Projektil + Gewehrkugel · Pistolenkugel · Revolverkugel ♦ *umg:* blaue Bohne (*veraltend*); → *auch* Granate – **2.** → [1]Ball (1, b) – **3.** → Dicke (I *u.* II, 1) – **4.** sich eine K. in/durch den Kopf schießen/jagen: → erschießen (II); Kugeln wechseln: → schießen (1)
kugelfest: → kugelsicher
kugelförmig: → rund (2)
Kugelhagel, der: → Beschuss (1)
kugelig: **1.** → rund (2) – **2.** → dick (1)
kugeln: **I.** kugeln: → rollen (I, 1) – **II.** kugeln, sich: sich vor Lachen k.: → lachen (1)
Kugelregen, der: → Beschuss (1)
kugelrund: → rund (2)
kugelsicher: schussfest · schusssicher · kugelfest
Kuh, die: **1.** ⟨*ausgewachsenes weibl. Rind*⟩ Färse; Sterke (*norddt*); Muh[kuh] (*landsch kinderspr*) – **2.** als melkende K. betrachten: → ausnutzen (1); gucken wie die K., wenn's donnert: → überrascht (2)
Kuhblöke, die: → Dorf (1)
Kuhdorf, das: → Dorf (1)
Kuhgeschmack, der: → Geschmacklosigkeit (1)
Kuhhaut, die: das geht auf keine K.: → unerhört (2)
kühl: **1.** ⟨*mäßig kalt*⟩ frisch + schattig; → *auch* kalt (1), gekühlt – **2.** ⟨*unpersönlich-abweisend*⟩ frostig · unterkühlt · distanziert · unfreundlich; → *auch* gefühllos (1), unfreundlich (1), verschlossen (2) – **3.** → besonnen (1), gelassen (1) – **4.** kühler werden: → abkühlen (II, 1); einen kühlen Kopf bewahren/behalten: → beherrschen (II)
Kühlanlage, die: → Kühlschrank
Kuhle, die: → Grube (1)
kühlen: abkühlen · kalt machen; überkühlen (*österr*) + kalt stellen · fächeln · fächern · abschrecken
Kühlschrank, der: Eisschrank (*veraltend*) + Kühltruhe · Kühlanlage; → *auch* Tiefkühlschrank
Kühltruhe, die: → Kühlschrank
kühn: verwegen · wagemutig · waghalsig · draufgängerisch · tollkühn · risikofreudig · risikobereit + schneidig · forsch; → *auch* mutig (1), tapfer
Kühnheit, die: Verwegenheit · Wagemut · Waghalsigkeit · Tollkühnheit · Tollheit · Risikobereitschaft + Schneid · Forschheit · Forsche; → *auch* Mut (1), Tapferkeit
Kujon, der: → Schurke
kujonieren: → quälen (I, 2)
Küken, das: → Mädchen (1)
kulant: → gefällig (1)
Kulanz, die: → Gefälligkeit (1)
Kuli, der: → Arbeiter (I)
Kulinarier, der: → Feinschmecker
kulinarisch: → feinschmeckerisch
Kulisse, die: **1.** → Bühnenbild – **2.** → Täuschung (1) – **3.** hinter den Kulissen: → geheim (1); hinter die Kulissen blicken: → durchschauen (I)
Kulissenreißer, der: → Schauspieler
Kuller, die: → Kopf (1)
kullern: → rollen (I, 1)
Kulmination, die: → Höhepunkt
Kult, der: **1.** → Verehrung – **2.** K. treiben |mit|: → verherrlichen
kultivieren: **1.** ⟨*den Boden für den Anbau vorbereiten*⟩ urbar machen – **2.** → bestellen (4), pflanzen (I, 1) – **3.** → verbessern (I, 3)
kultiviert: **1.** → gepflegt – **2.** → gebildet – **3.** → verfeinert
Kultivierung, die: → Verbesserung (3)
Kultur, die: **1.** ⟨*die Gesamtheit der geschaffenen materiellen u. geistigen Werte*⟩ + Zivilisation – **2.** → Bildung (1) – **3.** → Zucht (1)
Kulturbanause, der (*abwert*): Banause · Barbar · Kunstbanause
Kulturbarbarei, die: Kulturlosigkeit · Barbarei; Banausentum (*abwert*)
Kulturlosigkeit, die: → Kulturbarbarei
Kulturstrick, der: → Krawatte (1)
kulturvoll: **1.** → gepflegt – **2.** → gebildet
Kumme, die: → Schüssel (1)
kümmeln: einen k.: → trinken (1, b)
Kümmelspalter, der: → Pedant

Kümmelspalterei, die: → Pedanterie
Kummer, der: **1.** ⟨*starke seel. Belastung*⟩ Kümmernis · Betrübnis · Betrübtheit · Gram · Trübsal · Sorgenlast; Harm (*veraltend*); → *auch* Sorge (1), Leid (1) – **2.** K. haben |mit|: ⟨*durch jmdn. bzw. etw. ständig einer seel. Belastung ausgesetzt sein*⟩ gestraft sein |mit| · sein Kreuz haben |mit| – **3.** seinem K. nachhängen: ⟨*in tiefer Betrübnis verharren*⟩ sich der Verzweiflung hingeben ♦ *umg*: Trübsal blasen; → *auch* traurig (2, a)
kümmerlich: 1. → ärmlich (1) – **2.** → karg (1) – **3.** → erbärmlich (1) – **4.** → unzureichend – **5.** → spärlich (1)
Kümmerling, der: → Schwächling
kümmern, sich: **1.** sich nicht k. |um|: ⟨*keine Beachtung schenken*⟩ sich nicht kehren |um| · sich nicht scheren |um| – **2.** sich k. |um|: → sorgen (I, 1, a)
Kümmernis, die: **1.** → Kummer (1) – **2.** → Sorge (1)
Kummerspeck, der: → Fett (2)
kummervoll: 1. → traurig (1) – **2.** → sorgenvoll
Kummet, das: → Geschirr (2)
Kumpan, der: **1.** → Freund (I, 1) – **2.** → Mitschuldige
Kumpanei, die: → Freundschaft (1)
Kumpel, der: → Kamerad, Freund (I, 1)
Kumt, das: → Geschirr (2)
Kumulation, die: → Anhäufung (1)
kumulieren: → ansammeln (I)
kund: 1. → bekannt (1) – **2.** k. und zu wissen tun: → bekannt (5)
kundbar: → bekannt (1)
[1]Kunde: I. Kunde, der: **1.** → Käufer – **2.** → Landstreicher – **3.** → Freier (1) – **4.** Dienst am Kunden: → Kundendienst; Kunden fangen/anlocken/ködern: → werben (1) – **II.** Kunde, die: → [1]Kundschaft
[2]Kunde, die: → Nachricht
künden: k. |von|: → bekannt (5)
Kundendienst, der: Service · Bedienung · Dienst am Kunden
Kundenfang, der: → Werbung (1)
Kundenkreis, der: → [1]Kundschaft
Kundenwerbung, die: → Werbung (1)
Kundgabe, die: → Bekanntmachung (1)
kundgeben: → bekannt (5)
Kundgebung, die: Großkundgebung · Massenversammlung + Demonstration · Manifestation ♦ *umg*: + Demo
kundig: 1. → beschlagen (3) – **2.** → erfahren (2)
kündigen: 1. ⟨*sein Arbeitsverhältnis lösen*⟩ aufsagen · aufkündigen; den Dienst quittieren (*veraltend*); demissionieren (*schweiz*) + sich verändern ♦ *gehoben*: aufkünden ♦ *umg*: gehen · den Kram/Krempel hinwerfen ♦ *salopp*: den Kram/Krempel hinhauen/hinschmeißen · in den Sack hauen; → *auch* ausscheiden (4), zurücktreten (1) – **2.** → entlassen (2)
Kündigung, die: **1.** ⟨*das Kündigen des Arbeitsverhältnisses*⟩ Aufkündigung ♦ *gehoben*: Aufsagung · Aufsage – **2.** → Entlassung (2)
Kündigungswelle, die: → Personalabbau
kundmachen: → bekannt (5)
[1]Kundschaft, die: Kundenkreis · Klientel; Kunde (*österr*); Klientele (*schweiz*)
[2]Kundschaft, die: auf K. ausgehen: → erkunden (1)
Kundschafter, der: Späher
kundtun: I. kundtun: → bekannt (5) – **II.** kundtun, sich: → ankündigen (II)
kundwerden: → bekannt (4, a)
künftig: zukünftig · in [der] Zukunft · in spe · hinfort · fortab · fortan · forthin · künftighin · von jetzt/nun an; fürder[hin] (*noch scherzh*); hinkünftig (*österr*); inskünftig (*schweiz*); → *auch* weiterhin (1), einst (1)
künftighin: → künftig
kungeln: → Sache (I, 6)
Kunst, die: die schwarze K.: **a)** → Buchdruck – **b)** → Zauberei; mit seiner K. am Ende sein: → hilflos (4)
Kunstbanause, der: → Kulturbanause
Kunstdünger, der: → Dünger (1, c)
Künstelei, die: Manier[iertheit] · Manierismus
kunstempfänglich: → feinsinnig (1)
kunstfertig: → begabt
Kunstfertigkeit, die: → Begabung (1)
kunstgerecht: → fachmännisch
Kunstgriff, der: → Trick
Kunsthändler, der: Galerist
künstlerisch: → kunstvoll
Künstlername, der: → Deckname
künstlich: artifiziell · auf künstlichem Weg + synthetisch
kunstlos: → schlicht (1)
Kunstmaler, der: → Maler (2)
kunstreich: → kunstvoll

Kunstrichtung, die: → Stil (2)
kunstsinnig: → feinsinnig (1)
Kunststoff, der: Plastik; Plast (*fachspr u. landsch*); Plaste (*landsch*)
kunstvoll: künstlerisch · kunstreich + stilvoll
Kunstwerk, das: → Werk (1)
kunterbunt: 1. → gemischt – **2.** → ungeordnet (2)
Kunterbunt, das: **1.** → Allerlei – **2.** → Durcheinander (1)
Kupee, das: → Abteil
kupferrot: → rot (1)
kupieren: 1. → abschneiden (1) – **2.** → beschneiden (1)
Kupon, der: **1.** → Abschnitt (1) – **2.** → Aktie
Kupon[ab]schneider, der: → Aktionär
Kuppe, die: → Gipfel (1)
kuppeln: 1. → verbinden (I, 1) – **2.** → verkuppeln (1)
Kuppelpelz, der: sich einen K. verdienen: → verkuppeln (1)
kurabel: → heilbar
Kürass, der: → Panzer (2)
Kuratel, die: **1.** → Vormundschaft (1) – **2.** unter K. stellen: → entmündigen
Kurator, der: **1.** → Vormund – **2.** → Treuhänder
Kuratorium, das: → Ausschuss (1)
kurbeln: → drehen (I, 1), filmen
Kürbis, der: → Kopf (1)
küren: → auswählen
Kurier, der: → Bote (1)
kurieren: → heilen (1)
kurios: → merkwürdig
Kuriosität, die: → Merkwürdigkeit
Kuriosum, das: → Sehenswürdigkeit
Kurort, der: → Bad (2)
kurpfuschen: → herumdoktern (1)
Kurpfuscher, der (*abwert*): Quacksalber · Scharlatan · Medikaster; Medizinmann (*meist scherzh*)
Kurs, der: **1.** → Richtung (1) – **2.** → Lehrgang – **3.** aus dem K. kommen/geraten: → abtreiben (1); vom K. abkommen: **a)** → abtreiben (1) – **b)** → [2]abweichen (1, a); hoch im K. stehen: → angesehen (2); außer K. setzen: → aufheben (I, 3)
Kursanstieg, der (*Börsenw*): Hausse · Kurssteigerung; → *auch* Hochkonjunktur
Kursbuch, das: → Fahrplan (1)
Kurseinbruch, der: → Kursrückgang
kursieren: → herumgehen (1)
kursiv: → schräg (1)
kursorisch: 1. → ungenau (1) – **2.** → knapp (2)
Kursrückgang, der (*Börsenw*): Baisse · Kursverfall · Kurseinbruch · Kurssturz ♦ *umg*: Talfahrt + Krach · Börsenkrach
Kurssteigerung, die: → Kursanstieg
Kurssturz, der: → Kursrückgang
Kursus, der: → Lehrgang
Kursverfall, der: → Kursrückgang
Kurtisane, die: → Prostituierte
Kurve, die: **1.** → Biegung (1) – **2.** die K. kratzen: → fliehen (1)
kurvenreich: kurvig
kurvig: → kurvenreich
kurz: 1. ⟨*von sehr geringer Längenausdehnung*⟩ klein · knapp – **2.** ⟨*von geringer Zeitdauer*⟩ nicht lange · kurzfristig · kurzzeitig – **3.** ⟨*für einen kleinen Zeitraum*⟩ kurzzeitig · schnell · auf einen Augenblick · auf ein Stündchen ♦ *umg*: auf einen Sprung · auf die Schnelle – **4.** → knapp (2) – **5.** k. schneiden: → [1]scheren (1); kürzer machen: → kürzen; einen Kopf kürzer machen: → enthaupten; k. und klein schlagen: → zerschlagen (I, 1); es k. machen: → beschleunigen; k. halten: → knapp (6); k./kürzer treten: → schonen (II); k. und bündig: → knapp (2); binnen kurzem: → bald (1); für kurze Zeit: → vorübergehend; seit kurzem: → neuerdings (1); k. vor Toresschluss: → Augenblick (2); vor kurzem, vor kurzer Zeit: → neulich; k. und gut: → also (1); k. angebunden: → barsch; k. entschlossen: → kurzerhand; den Kürzeren ziehen: → unterliegen (1)
Kurzatmigkeit, die: → Atemnot (1)
Kürze, die: in K.: → bald (1)
Kürzel, das: → Sigel
kürzen: kürzer machen + abschneiden; → *auch* verkürzen
kurzerhand: kurzweg · kurz entschlossen · ohne weiteres · ohne Umschweife ♦ *umg*: mir nichts, dir nichts · schlankweg; → *auch* schnell (1, c)
kurzfristig: → kurz (2)
kurzlebig: → vergänglich
kürzlich: → neulich
Kurzschluss, der: → Störung
Kurzschrift, die: Stenografie + Eilschrift ♦ *umg*: Steno
kurzsichtig: → beschränkt (1)

Kürzung, die: **1.** → Abkürzung (1) – **2.** Kürzungen vornehmen: → einsparen
kurzweg: → kurzerhand
Kurzweil, die: → Zeitvertreib (1)
kurzweilig: → unterhaltsam
Kurzwort, das: → Abkürzung (2)
kurzzeitig: → kurz (2 *u.* 3)
kuscheln, sich: sich k. |an/in|: → anschmiegen, sich (1)
kuschen: → gehorchen (1)
küseln: → wirbeln (1)
Kuss, der: **1.** ⟨*das Aufdrücken der Lippen [auf den Mund eines anderen]*⟩ *umg*: Schmatz · Schmätzchen; Busse[r]l (*süddt österr*); Mäulchen (*landsch*) + Dauerbrenner (*scherzh*) – **2.** einen K. geben: → küssen
küssen: einen Kuss geben ♦ *umg*: schmatzen · schnäbeln; busseln (*süddt österr*) ♦ *salopp*: knutschen · einen aufdrücken; → *auch* abküssen
Küssen, das: *umg*: Küsserei · Geküsse · Schnäbelei · Geschnäbel ♦ *salopp*: Knutscherei · Geknutsche; → *auch* Liebkosung
Küsserei, die: → Küssen
Kusshand, die: mit K.: → gern (1)
Küste, die: → Ufer (1)
Küster, der: → Kirchendiener
Kute, die: → Grube (1)
Kutsche, die: **1.** ⟨*gefederter Pferdewagen*⟩ + Kalesche · Karosse · Equipage · Chaise · Kremser – **2.** → Auto (1)
kutschen: → fahren (1 *u.* 3, a *u.* b)
Kutscher, der: Fuhrmann (*landsch*)
kutschieren: → fahren (1, 2 *u.* 3, a *u.* b)
Kuttelflecke (*Pl*): → Innereien (1)
Kutteln (*Pl*): → Innereien (1)
Kuttenträger, der: → Mönch (1)
Kutter, der: → Fangschiff
Kuvert, das: → Briefumschlag
KZ, das: → Konzentrationslager

L

labberig: → schal (1)
labbern: **1.** → schlürfen (2) – **2.** → schwatzen (1)
Labe, die: → Erfrischung (1)
Label, das: → Aufschrift (1)
[1]**laben:** **I.** laben: → erfrischen (I) – **II.** laben, sich: → erfrischen (II)
[2]**laben:** → gerinnen
labend: → erfrischend (1)
labern: → schwafeln
Labetrunk, der: → Erfrischungsgetränk
labil: **1.** → wackelig (1) – **2.** → haltlos (1)
Labnis, die: → Erfrischung (1)
Labor, das: Laboratorium ♦ *umg*: Giftküche (*scherzh*)
Laboratorium, das: → Labor
Labsal, das: → Erfrischung (1)
Labung, die: → Erfrischung (1)
labyrinthisch: → verworren (1)
[1]**Lache,** die: → Pfütze
[2]**Lache,** die: → Lachen (1), Gelächter (1)
lächeln: schmunzeln · grinsen + ein freundliches Gesicht machen ♦ *umg*: feixen · grienen · sich eins in den Bart lachen; → *auch* lachen (1)
lachen: **1.** ⟨*durch Verziehen des Mundes und hörbares stoßweises Ausatmen Heiterkeit äußern*⟩ Tränen lachen · sich vor Lachen ausschütten/biegen + kichern ♦ *umg*: feixen · sich vor Lachen kringeln/kugeln · sich kringelig lachen · sich scheckig lachen · sich schieflachen · sich krummlachen · sich kranklachen · sich totlachen · sich kaputtlachen; gickern (*landsch*) + quietschen · quiek[s]en ♦ *salopp*: wiehern · sich einen Ast lachen · vor Lachen vom Stuhl fallen; → *auch* lächeln, Lachen (3) – **2.** da[rüber] l. [ja] die Hühner: → lächerlich (3)
Lachen, das: **1.** ⟨*die Art zu lachen*⟩ *salopp*: Lache – **2.** → Gelächter (1) – **3.** in L. ausbrechen: ⟨*heftig zu lachen anfangen*⟩ in ein Gelächter ausbrechen · einen Lachkrampf bekommen ♦ *umg*: losplatzen · losprusten · losbrüllen · herausplatzen; → *auch* lachen (1) – **4.** sich vor L. ausschütten/kringeln/kugeln, vor L. vom Stuhl fallen: → lachen (1); sardonisches L.: → Spott (1)
lächerlich: **1.** ⟨*nicht ernst zu nehmend*⟩ lachhaft · grotesk; ridikül (*veraltend*); → *auch* komisch (1) – **2.** → geringfügig – **3.** l. sein: ⟨*auf Grund nicht ernst zu nehmender Gegebenheiten zum Lachen reizen*⟩ *umg*: eine Lachnummer sein · da[rüber] lachen [ja] die Hühner – **4.** l. wenig: → geringfügig; l. machen: → blamieren (I); sich l. machen: → blamieren (II)
Lächerlichkeit, die: → Kleinigkeit (1)
lachhaft: → lächerlich (1)
Lachkrampf, der: einen L. bekommen: → Lachen (3)
Lachnummer, die: eine L. sein: → lächerlich (3)
lachsfarben: → rosa (1)
Lackaffe, der: → Geck (1)
Lacke, die: → Pfütze
Lackel, der: → Flegel (1)
lackieren: → betrügen (1)
lackmeiern: → betrügen (1)
Lade, die: **1.** → Schubfach – **2.** → Truhe
Ladebühne, die: → Laderampe
Ladegut, das: → Fracht
Ladehemmung, die: L. haben: → begriffsstutzig (2)
[1]**laden:** **1.** ⟨*elektr. Energie speichern*⟩ aufladen – **2.** ⟨*Munition in eine Waffe einlegen*⟩ + durchladen – **3.** → beladen – **4.** l. |auf|: → aufladen (1); schief/schwer geladen haben: → betrunken (2)
[2]**laden:** **1.** → vorladen – **2.** → [2]einladen (a) – **3.** zu sich l.: → [2]einladen (a)
Laden, der: **1.** → Geschäft (1) – **2.** → Fensterladen – **3.** → Verhältnis (II, 1) – **4.** den L. schließen: → schließen (2); den L. schmeißen: → meistern; den L. hinwerfen/hinhauen/hinschmeißen: → aufgeben

(3); den L. voll haben: **a)** → betrunken (2) – **b)** → überdrüssig (1)
Ladenbesitzer, der: → Kaufmann (2)
Ladenfräulein, das: → Verkäuferin
Ladenhüter, der: → Restant (I)
Ladeninhaber, der: → Kaufmann (2)
Ladenmädchen, das: → Verkäuferin
Ladenpreis, der: → Einzelhandelspreis
Ladenschwengel, der: → Verkäufer
Ladentisch, der: → Verkaufstisch
Ladentochter, die: → Verkäuferin
Laderampe, die: Rampe · Verladerampe · Verladebühne · Ladebühne
Laderaum, der: Frachtraum + Bunker
lädieren: → beschädigen, verletzen (I, 1)
lädiert: → schadhaft, beschädigt (1)
Lädierung, die: → Beschädigung (1 *u.* 2)
Ladino, der: → Mischling
Ladnerin, die: → Verkäuferin
[1]**Ladung,** die: **1.** → Fracht – **2.** eine ganze L.: → Menge (1)
[2]**Ladung,** die: → Vorladung
Ladykiller, der: → Verführer (1), Frauenheld (1)
ladylike: → damenhaft
Laffe, der: → Geck (1)
Lage, die: **1.** ⟨*die gerade gegebenen Umstände*⟩ Sachlage · Situation · Verhältnisse · Zustand · Status · Konstellation; → *auch* Sachverhalt, Verhältnis (II, 1) – **2.** → Schicht (1) – **3.** → Stimmlage – **4.** → Standort (1) – **5.** → Runde (1) – **6.** L. der Dinge: → Sachverhalt; in die L. versetzen: → befähigen, ermöglichen (1); in der L. sein |zu|: → können (1); nicht in der L. sein: → außerstande; die L. peilen: → orientieren (II, 2); in eine schwierige L. kommen: → Schwierigkeit (2); eine L. schmeißen: → spendieren (1)
Lager, das: **1.** ⟨*zum Liegen dienende Unterlage*⟩ Lagerstatt · Lagerstätte · Liegestatt · Ruhelager; → *auch* Bett (1), Schlafgelegenheit – **2.** ⟨*Ort zum Rasten, Übernachten im Freien*⟩ Lagerplatz · Lagerstelle · Campingplatz · Nachtlager; Biwak (*bes. milit*) – **3.** ⟨*Raum zum Unterbringen von Waren*⟩ Lagerraum · Magazin · Warenlager · Stock · Store · Depot + Lagerhaus · Vorratshaus · Lagerbestand; → *auch* Speicher (1) – **4.** → Gruppe (2) – **5.** sich vom L. erheben: → aufstehen (1); auf L. haben: → vorrätig (2)
Lagerarbeiter, der: Magaziner (*schweiz*); → *auch* Lagerverwalter
Lageraufnahme, die: → Bestandsaufnahme
Lagerbestand, der: → Lager (3)
Lagerhaus, das: **1.** → Speicher (1) – **2.** → Lager (3)
Lagerist, der: → Lagerverwalter
lagern: 1. ⟨*als Vorrat aufbewahren*⟩ speichern · magazinieren + abhängen – **2.** → rasten – **3.** → zelten
Lagerplatz, der: → Lager (2)
Lagerraum, der: → Lager (3)
Lagerstatt, die: → Lager (1)
Lagerstätte, die: → Lager (1)
Lagerstelle, die: → Lager (2)
Lagerung, die: **1.** ⟨*das Ablagern*⟩ Ablagerung – **2.** → Verwahrung (1)
Lagerverwalter, der: Lagerist; Magazineur (*österr*); → *auch* Lagerarbeiter
lahm: 1. ⟨*durch körperl. Schaden gehunfähig bzw. gehbehindert*⟩ gelähmt · lendenlahm · kreuzlahm – **2.** → schwerfällig (1) – **3.** → langweilig – **4.** → müde (1), unentschlossen (2) – **5.** l. gehen: → hinken; l. legen: → stilllegen; lahme Ente: → Phlegmatiker
Lahmarsch, der: → Trauerkloß
lahmarschig: 1. → schwerfällig (1) – **2.** → träge
Lahme, der: *umg*: Hinkebein · Hinkefuß (*meist scherzh*)
lahmen: → hinken
lähmen: 1. ⟨*lahm machen*⟩ paralysieren (*med*) – **2.** → hemmen (1)
lähmend: → bedrückend
Lähmung, die: Paralyse (*med*)
Laib, der: L. Brot: → Brot (1)
Laie, der: Nichtfachmann · der Nichtkundige · Dilettant + Anfänger · Pfuscher · Einfaltspinsel; → *auch* Amateur
laienhaft: dilettantisch · dilettantenhaft · unfachmännisch
Laienrichter, der: → Schöffe
Lakai, der: **1.** → Diener (1) – **2.** → Kriecher
lakaienhaft: → unterwürfig
Lake, die: Salzlake · Salzbrühe · Pökel; → *auch* Sole
Laken, das: → Betttuch
lakonisch: 1. → wortkarg – **2.** → knapp (2) – **3.** → treffend (1)
lala: 1. → mittelmäßig – **2.** so l.: → mittelmäßig
Lamäng, die: aus der L.: → frei (3)

Lamentation, die: → Jammer (1)
lamentieren: → jammern (1)
Lamento, das: → Jammer (1)
Lamie, die: → Gespenst (1)
Lamm, das: frommes L.: → Unschuldsengel; geduldig wie ein L.: → geduldig (1)
Lämmchen, das: → Unschuldsengel
lammfromm: 1. → sanftmütig – **2.** → artig (1)
Lammsgeduld, die: → Geduld (1)
[1]**Lampe:** Meister L.: → Hase (1)
[2]**Lampe,** die: **1.** ⟨*künstl. Lichtquelle*⟩ Beleuchtungskörper · Leuchte · Raumleuchte + Ampel · Deckenleuchte · Hängelampe · Laterne ♦ *umg*: Funzel (*abwert*); → *auch* Leuchter (1), Kronleuchter – **2.** einen auf die L. gießen: → trinken (1, b), betrinken, sich
Lampenfieber, das: L. haben: → aufgeregt (2)
lancieren: 1. → fördern (1) – **2.** → verbreiten (I, 1)
Land, das: **1.** ⟨*nicht vom Wasser bedeckter Teil der Erdoberfläche*⟩ Erde · festes Land · fester Boden + Festland – **2.** ⟨*das Gebiet außerhalb der großen Städte*⟩ Provinz · das platte/flache Land – **3.** → Grundstück (I) – **4.** → Staat (2) – **5.** an L. ziehen: → aneignen (1); an L. spülen: → anschwemmen; festes L.: → 1; das platte/flache L.: **a)** → 2 – **b)** → Flachland; aus dem L. weisen, des Landes verweisen: → ausweisen (I, 1); außer Landes gehen: **a)** → auswandern – **b)** → abfließen (2); die Geschicke des Landes bestimmen: **a)** → regieren (1) – **b)** → herrschen (1)
Landadel, der: → Adel (1)
Landarbeiter, der: Tagelöhner; → *auch* [1]Bauer
landauf: l., landab: → überall (1)
Landbebauung, die: → Ackerbau
Landbesitz, der: → Grundbesitz
Lände, die: → Landungsbrücke
Landebahn, die: → Piste (1)
landen: 1. ⟨*zum Erdboden zurückkehren*⟩ niedergehen · aufsetzen + wassern – **2.** nicht l. können: → abblitzen (1); im Hafen der Ehe/im Ehehafen l.: → heiraten (1)
Landeplatz, der: **1.** → Landungsbrücke – **2.** → Glatze
Länderei, die: → Grundbesitz
Ländermannschaft, die: → Auswahl (4)
Landesgrenze, die: → Grenze (1, b)
Landessitte, die: → Brauch (1)
Landesvater, der: → Fürst (1), Herrscher
Landesverrat, der: → Hochverrat
Landesverweisung, die: → Ausweisung
landfremd: → zugewandert
Landgang, der: → Laufsteg
Landhaus, das: → Sommerhaus
Landkarte, die: Karte + Messtischblatt · Plan
landläufig: → üblich (1)
ländlich: dörflich · kleinstädtisch · rustikal; provinziell · hinterwäldlerisch (*abwert*)
Landmädchen, das: Dorfschönheit · Dorfschöne (*scherzh*) ♦ *umg*: Landpomeranze (*abwert*)
Landmann, der: → [1]Bauer
Landmesser, der: → Geodät
Landpartie, die: → Ausflug
Landpomeranze, die: → Landmädchen
Landrover, der: → Geländewagen
Landschaft, die: → Landschaftsgebiet
landschaftlich: 1. ⟨*in einem best. Gebiet geltend, vorkommend od. dgl.*⟩ gebietsweise · regional · strichweise · provinziell · zonal · territorial; → *auch* örtlich (1) – **2.** → mundartlich
Landschaftsgebiet, das: Landschaft · Landstrich · Gebiet · Zone · Region · Territorium · Bezirk · Distrikt · Gelände · Raum · Bereich · Revier ♦ *gehoben*: Gefilde; → *auch* Gegend (1)
Landser, der: → Infanterist
Landsitz, der: → Sommerhaus
Landsknecht, der: → Söldner
Landspitze, die: → Landzunge
Landstraße, die: Chaussee; → *auch* Straße (1)
Landstreicher, der: Tippelbruder · Tramp; Vagabund · heimatloser Geselle (*veraltend*) + Streuner ♦ *umg*: Stromer · Penner · Pennbruder · Kunde; → *auch* Stadtstreicher, Obdachlose
Landstreicherin, die: + Streunerin ♦ *salopp*: Tippelschickse
Landstreitkräfte (*Pl*): Bodentruppen · Heer · Landtruppen; Heerbann (*hist*); → *auch* Streitkräfte
Landstrich, der: → Gegend (1), Landschaftsgebiet
Landtruppen (*Pl*): → Landstreitkräfte
Landungsbrücke, die: Seebrücke · Anlegebrücke · Anlegestelle · Landungssteg · Anlegesteg · Landeplatz; Lände (*landsch*)

Landungssteg, der: → Landungsbrücke
Landvermesser, der: → Geodät
Landverweisung, die: → Ausweisung
Landvorsprung, der: → Landzunge
Landwirt, der: **1.** ⟨*wissenschaftlich ausgebildeter Fachmann der Landwirtschaft*⟩ Agronom; → *auch* [1]Bauer – **2.** → [1]Bauer
Landwirtschaft, die: **1.** ⟨*das Betreiben von Bodennutzung u. Viehhaltung*⟩ Agrikultur; → *auch* Ackerbau – **2.** → Agronomie – **3.** → Bauernhof
landwirtschaftlich: 1. ⟨*auf die Landwirtschaft bezogen*⟩ agrarisch – **2.** landwirtschaftliche Nutzfläche: → Acker
Landwirtschaftswissenschaft, die: → Agronomie
Landzunge, die: Landspitze · Landvorsprung + Halbinsel
lang: 1. ⟨*von großer räuml. Ausdehnung nach einer Richtung*⟩ + lang gestreckt · länglich ♦ *umg*: ellenlang – **2.** → groß (2) – **3.** länger machen: → auslassen (I, 3); l. gestreckt: **a)** → 1 – **b)** → ausgedehnt (1); l. gewohnt: → gewohnt (2); langes Leiden/Register/Laster: → Lange; l. wie eine Bohnenstange: → groß (2); lange Finger machen: → stehlen (1); lange Beine machen: → fliehen (1); l. und breit, des Langen und [des] Breiten: → ausführlich (1); auf die lange Bank schieben: → verzögern (I)
langatmig: 1. → ausführlich (1) – **2.** → umständlich (1)
Langbein, das: → Lange
lange: 1. ⟨*von großer zeitl. Dauer*⟩ ausgedehnt · auf Jahre hinaus + extensiv ♦ *umg*: eine [halbe] Ewigkeit + bis in die Puppen ♦ *salopp*: ewig und drei Tage; → *auch* ewig (1), jahrelang – **2.** seit langem: ⟨*seit langer Zeit*⟩ schon lange ♦ *umg*: schon ewig · seit ewigen Zeiten · seit Urzeiten – **3.** nicht l.: → kurz (2); schon l.: **a)** → 2 – **b)** → schon (1); vor langem: → damals
Lange, der (*umg*): Bohnenstange · Hopfenstange · Langbein (*scherzh*) ♦ *salopp*: [lange] Latte · Spindel · langes Leiden/Register/Laster · Schlacks · [langer] Lulatsch; → *auch* Riese (1)
Länge, die: in die L. ziehen/strecken: **a)** → dehnen (I) – **b)** → verzögern (I); sich in die L. ziehen/strecken: → verzögern (II)
langen: 1. → geben (I, 1) – **2.** → ausreichen (1), auskommen (5, a) – **3.** l. |nach|: → greifen (3); eine l.: → ohrfeigen
längen: → dehnen (I)
Langeweile, die: **1.** ⟨*lästiges Gefühl des Unbeschäftigtseins*⟩ *salopp*: tote Hose – **2.** L. haben, vor L. umkommen: → langweilen (II)
langfädig: → ausführlich (1)
Langfinger, der: → Dieb
langfingrig: → diebisch (1)
langjährig: → jahrelang
langlebig: → haltbar (1)
länglich: 1. → lang (1) – **2.** l. rund: → oval
langmachen, sich: → ausstrecken (II, 1)
Langmut, die: → Geduld (1)
langmütig: → geduldig (1)
Langohr, das: **1.** → Hase (1) – **2.** → Esel (1)
längs: → entlang
langsam: 1. ⟨*nicht schnell*⟩ gemächlich · bedächtig · in aller Gemütlichkeit · ruhig · sacht[e] · schleppend · im Schritttempo; trödelig (*abwert*); gemach (*veraltend*) + behäbig ♦ *umg*: im Schneckentempo; bummelig · pomadig · wie Pomade (*abwert*); → *auch* allmählich – **2.** → schwerfällig (1) – **3.** l., aber sicher: → allmählich; l. von Begriff: → begriffsstutzig (1); l. begreifen/auffassen/verstehen/schalten: → begriffsstutzig (2)
Langschäfter, der: → Stiefel (1)
längst: 1. → schon (1) – **2.** schon l.: → schon (1)
langstielig: → langweilig
langweilen: I. langweilen: ⟨*durch fehlende Abwechslung Überdruss bereiten*⟩ *umg*: [an]öden – **II.** langweilen, sich: ⟨*durch fehlende Abwechslung Überdruss empfinden*⟩ Langeweile haben ♦ *umg*: sich öden · vor Langeweile umkommen · Däumchen/die Daumen drehen; sich fadisieren (*österr*) ♦ *salopp*: sich mopsen; sich bocken (*landsch*)
Langweiler, der: → Trauerkloß
langweilig: öd[e] · trocken · flau · fad[e] · uninteressant · geisttötend · sterbenslangweilig · todlangweilig; ennuyant (*veraltet*) + papieren · ledern ♦ *umg*: lahm · langstielig · tranig · nicht viel los; schlaff (*jugendspr*) ♦ *salopp*: stinklangweilig · mopsig; doof · bockig (*landsch*); → *auch* einförmig, nüchtern (3)
langwierig: → schwierig (1)
langziehen: die Ohren/Hammelbeine l.: → zurechtweisen

Lanze, die: eine L. brechen/einlegen |für|: → eintreten (7, a)
lanzettförmig: → spitz (1)
lapidar: → knapp (2)
Lappalie, die: → Kleinigkeit (1)
lappen: → flicken (1)
Lappen: I. Lappen, der: **1.** → Lumpen (1) – **2.** → Banknote – **II.** Lappen (*Pl*): **1.** → Führerschein – **2.** durch die L. gehen: → entkommen (1)
Läpperei, die: → Nichtigkeit (1)
läppern: → trinken (1, a)
lappig: → weich (1, a)
läppisch: → albern (1)
Laps, der: → Flegel (1)
Lapsus, der: **1.** → Fehler (1) – **2.** L. Linguae: → Versprecher
Laptop, der: → Computer
large: → freigebig (1)
Largeheit, die: → Freigebigkeit
larifari: → Unsinn (1, b)
Larifari, das: → Unsinn (1, a)
Lärm, der: **1.** ⟨[*sehr*] *starke u. störende Geräusche*⟩ Krach · das Krachen · Getöse + Ruhestörung · Hallo · Aufruhr · Trubel · Tumult · Gebraus[e] · Donner · Gepolter · Geklapper · Geknatter · Geratter · Gerassel · Geklirr · Stimmengewirr ♦ *umg*: Gelärme · Gekrache · Krawall · Radau · Spektakel · Klamauk · Krakeel[erei] · Rabatz · Skandal · Tamtam · Trara · Heidenlärm · Höllenlärm · Heidenspektakel · Höllenspektakel; Rumor (*noch landsch*) + Randale · Rummel · Gebumse · Getobe · Klapperei · Rasselei · Gejodel · Jodelei ♦ *salopp*: Affenspektakel; → *auch* Geschrei (1), Schall (1) – **2.** → Gerede (1) – **3.** L. schlagen: → alarmieren (1)
lärmen: krachen · rumoren + donnern · rattern · randalieren ♦ *umg*: Krach/Krawall/Radau/Spektakel/Rabatz machen · spektakeln · krakeelen; rasaunen · rummeln (*landsch*) + Randale machen ♦ *salopp*: + plauzen; → *auch* klappern (1), rasseln (1), poltern (1), schallen, dröhnen (1)
lärmend: → laut (1, a)
larmoyant: → weinerlich
Lärmschutz, der: Schallschutz
Lärvchen, das: → Frau (I, 1)
Larve, die: → Maske (1)
lasch: 1. → kraftlos – **2.** → schal (1)
lass: → kraftlos
lassen: 1. → belassen (1) – **2.** → unterlassen – **3.** → abgeben (I, 2) – **4.** beiseite l.: **a)** → auslassen (I, 1) – **b)** → unterlassen; sein l.: → unterlassen; Wasser l.: → austreten (1); geschehen l.: → zulassen (1); freie Hand l.: → überlassen (I, 1); schalten und walten l.: → gewähren (2); zukommen l.: **a)** → abgeben (I, 2) – **b)** → schicken (I, 1) – **c)** → schenken (1) – **d)** → zugute (1) – **e)** → zustecken (1); zuteil werden/angedeihen l.: → zugute (1); hinter sich l.: → überholen (I, 1); im Stich l.: → verlassen (I, 2); sich entgehen l.: → versäumen (1); zur Ader l.: → schröpfen (1 *u.* 2); sich durch den Kopf gehen l.: → überlegen (I, 1); mitgehen l.: → stehlen (1); nicht aus den Augen l.: → beobachten (1); fünf[e] gerade sein l.: → nachsehen (2); keine [andere] Wahl l.: → zwingen (1); sich Zeit l.: → trödeln (1); Federn/Haare l. [müssen]: → Schaden (5); darauf kannst du einen l.: → versichert
lässig: 1. → ungezwungen – **2.** → nachlässig (1) – **3.** → hervorragend (1)
Lässigkeit, die: → Ungezwungenheit
lässlich: → verzeihlich
Last, die: **1.** ⟨*etw. schwer zu Ertragendes*⟩ Bürde · Belastung · Hypothek · Joch · Kreuz · Crux; → *auch* Leid (1) – **2.** → Fracht – **3.** → Druck (1) – **4.** zur L. legen: → beschuldigen (1); zur L. fallen: → belästigen (1)
Lastauto, das: → Lastkraftwagen
lasten: l. |auf|: → [2]anhängen (1)
lastend: → schwer (1)
lastenfrei: → schuldenfrei
Lastenträger, der: → Gepäckträger
[1]Laster, das: **1.** → Untugend – **2.** langes L.: → Lange
[2]Laster, der: → Lastkraftwagen
Lästerer, der: *umg*: Lästerzunge ♦ *salopp*: Lästermaul · Klatschmaul · Schandmaul (*abwert*)
lasterhaft: → verkommen (2)
Lasterhaftigkeit, die: → Verkommenheit
Lästermaul, das: → Lästerer
lästern: → klatschen (2)
Lästerung, die: → Beschimpfung
Lästerzunge, die: → Lästerer
lästig: 1. → mühsam – **2.** → unangenehm (1), aufdringlich (1) – **3.** l. fallen/werden/sein: → belästigen (1)
Lastkahn, der: → Schleppkahn
Lastkraftwagen, der: Lkw · Lastwagen · Lastauto · Truck; Camion (*schweiz*) + Transporter · Lastzug · Lieferwagen · Sattel-

schlepper ♦ *umg*: Laster; Brummi (*scherzh*) + Fernlaster; → *auch* Auto (1)
Lastschrifteinzugsverfahren, das: → Bankeinzug
Lasttier, das: Tragtier · Saumtier + Packesel · Muli
Lastwagen, der: → Lastkraftwagen
Lastzug, der: → Lastkraftwagen
lasurblau: → blau (1)
lasziv: → schlüpfrig (1)
Laszivität, die: → Schlüpfrigkeit
Latein, das: mit seinem L. am Ende sein: → hilflos (4)
latent: → ²verborgen (1)
lateral: → seitlich (1)
Laterne, die: → ²Lampe (1)
Laternenpfahl, der: Wink mit dem L.: → Hinweis
Latinlover, der: → Geliebte (I)
Latrine, die: → Toilette (1)
Latrinengerücht, das: → Gerücht
Latrinenparole, die: → Gerücht
latschen: 1. → trotten – **2.** eine l.: → ohrfeigen
Latschen (*Pl*): **1.** → Pantoffel (II) – **2.** → Schuhe (1) – **3.** aus den L. kippen: → bewusstlos (2)
Latschenkino, das: → Fernsehapparat
latschig: → nachlässig (1)
Latte, die: **1.** → Stange (1) – **2.** → Lange – **3.** lange L.: → Lange; auf der L. haben: **a)** → hassen – **b)** → beherrschen (I, 4); einen auf der L. haben: → betrunken (2); [sie] nicht alle auf der L. haben: → verrückt (5)
Latz, der: eine/einen/eins vor den L. knallen: → schlagen (I, 1)
lau: 1. ⟨*eine Temperatur zwischen warm u. kalt aufweisend*⟩ lauwarm · mild[e] · lind + überschlagen · verschlagen · handwarm; → *auch* warm (1) – **2.** → unentschlossen (2) – **3.** für lau: → kostenlos
Laub, das: Blätter · Blattwerk · Laubwerk
Laube, die: **1.** → Bude (1, a) – **2.** → Gartenhäuschen – **3.** fertig ist die L.: → erledigt (1 *u.* 3, a)
Laubengang, der: → Bogengang
Laubenpieper, der: → Kleingärtner
Laubwerk, das: → Laub
Laudatio, die: → Lobrede
Lauer, die: auf der L. liegen: → lauern (1)
lauern: 1. ⟨*in einem Hinterhalt warten*⟩ im Hinterhalt liegen · auf der Lauer liegen + abpassen · spähen – **2.** → warten (1)
Lauf, der: **1.** → Rennen (1) – **2.** → Verlauf (1 *u.* 2), Richtung (1) – **3.** freien L. lassen: → gewähren (2); den Dingen ihren L. lassen: → resignieren; im Laufe [von]: → während; im Laufe der Zeit: → allmählich
Laufbahn, die: **1.** ⟨*die berufl. Entwicklung*⟩ Werdegang · Karriere ♦ *umg*: + Ochsentour (*scherzh*) – **2.** ⟨*Strecke für Laufwettbewerbe*⟩ + Aschenbahn · Tartanbahn
Laufbursche, der: → Bote (1)
laufen: 1. ⟨*sich schnell auf den Beinen fortbewegen*⟩ hasten · rennen · rasen · sausen · preschen; spurten · sprinten (*Sport*); springen (*süddt schweiz*) + joggen · traben ♦ *umg*: wetzen · pesen · wieseln; schesen (*landsch*) ♦ *salopp*: spritzen · socken; → *auch* eilen (I, 1) – **2.** ⟨*von Motoren usw. gesagt: eingeschaltet sein*⟩ arbeiten · in Betrieb/Gang sein – **3.** → gehen (1), verlaufen (I, 1) – **4.** → fließen (1) – **5.** → funktionieren (1) – **6.** l. lassen: → entlassen (1); einen l. haben: → geisteskrank (2); in die Arme/den Weg/in die Meute/über den Weg l.: → begegnen (1); ins Geld l.: → teuer (4)
laufend: 1. → ununterbrochen – **2.** am laufenden Band: → ununterbrochen; auf dem Laufenden sein: → Stand (5)
Läufer, der: **1.** ⟨*Sportler*⟩ + Sprinter – **2.** ⟨*bewegl. Maschinenteil*⟩ Rotor – **3.** → Teppich (1)
Lauferei, die (*umg; meist abwert*): Gerenne · Rennerei ♦ *salopp*: Gelatsche
Lauffeuer, das: wie ein L.: → schnell (1, a)
läufig: → brünstig (1)
Läufigkeit, die: → Brunstzeit
Laufmasche, die: Fallmasche (*schweiz*) ♦ *umg*: Flohleiter (*scherzh*)
Laufpass, der: den L. geben: → entlassen (2)
Laufsteg, der: Steg + Gangway · Landgang
laugenartig: → basisch
laugenhaft: → basisch
Laune, die: **1.** ⟨*augenblickl. Gemütsstimmung*⟩ Grille · Schrulle · Einfall · Kaprice · Kapriole · Stimmung · Anwandlung; Kaprize (*österr*) ♦ *umg*: Mucke – **2.** gute L.: → Heiterkeit (1); guter L.: **a)** → fröhlich (1) – **b)** → gut (11); bei [guter] L.: → gut (11); schlechte L.: → Missmut; L. machen: → erfreuen (I)
launenhaft: → launisch
launig: 1. → geistreich – **2.** → unterhaltsam

launisch: launenhaft · wetterwendisch + unberechenbar · bizarr; → *auch* unbeständig
Laus, die: eine L. in den Pelz setzen: → ärgern (I); jmdm. ist eine L. über die Leber gelaufen: → ärgern (II, 1)
Lausbub, der: → Frechdachs
Lausbubenstreich, der: → Streich (1)
Lausbüberei, die: → Streich (1)
lausbübisch: → frech (1)
Lauschangriff, der: → Abhöraktion
lauschen: horchen · ganz Ohr sein ♦ *umg*: die Ohren spitzen · lange Ohren machen ♦ *salopp*: die Löffel aufsperren/spitzen; → *auch* aufhorchen, zuhören (1)
Lauscher, der: **1.** → Horcher (1) – **2.** → Ohr (1)
lauschig: → gemütlich
Lauseallee, die: → Scheitel (1)
Lausebengel, der: → Frechdachs
Läuseharke, die: → Kamm (1)
Lausejunge, der: → Frechdachs
lausekalt: → kalt (1)
Lausekälte, die: → Kälte
Lausekerl, der: → Frechdachs
lausen: denken, der Affe laust einen: → staunen (1)
Läuserechen, der: → Kamm (1)
lausig: 1. → sehr – **2.** → unangenehm (1)
laut: 1. ⟨*stark hörbar*⟩ **a)** ⟨*allgemein*⟩ lautstark · geräuschvoll · ohrenbetäubend · überlaut + lärmend · grell; → *auch* hörbar, schrill (1) – **b)** ⟨*beim Sprechen od. Singen*⟩ lauthals · lautstark · aus voller Brust/Kehle/Lunge · aus vollem Halse · mit erhobener Stimme · mit Stentorstimme + hellauf – **2.** → gemäß (I) – **3.** l. denken: → sprechen (1)
Laut, der: **1.** → [1]Ton (1) – **2.** L. geben: → bellen (1)
lauten: → [1]heißen (2)
läuten: 1. → klingeln – **2.** l. hören: → erfahren (1)
lauter: 1. → rein (1) – **2.** → klar (1, a) – **3.** → anständig (1), unschuldig (2)
Lauterkeit, die: → Anständigkeit, Unschuld (2)
läutern: I. läutern: → klären (1) – **II.** läutern, sich: → bessern (II, 1)
Läuterung, die: → Besserung (1)
lauthals: → laut (1, b)
lautlos: unhörbar · geräuschlos · leise + auf Zehenspitzen · auf Zehen; → *auch* still (1), leise (1)
Lautlosigkeit, die: → Stille
Lautschrift, die: → Umschrift (2)
lautstark: → laut (1, a *u.* b)
Lautung, die: → Aussprache (1)
lautwerden: → bekannt (4, a)
lauwarm: → lau (1)
lax: → nachlässig (1)
Laxans, das: → Abführmittel
Laxativ[um], das: → Abführmittel
Laxiermittel, das: → Abführmittel
Lay-out, das: → Entwurf (1)
Lazarett, das: → Krankenhaus (1)
Lazarettgehilfe, der: → Sanitätssoldat
Leader, der: → Spitzenreiter
leasen: → [2]mieten
Lebehoch, das: → Hochruf
Lebemann, der: Bonvivant + Wüstling; → *auch* Genussmensch
leben: 1. ⟨*nicht gestorben sein*⟩ am Leben/lebendig sein + existieren · sein – **2.** → wohnen (1) – **3.** l. |von|: ⟨*die Mittel zum Leben bekommen*⟩ seinen Lebensunterhalt bestreiten |von| · sich ernähren |von| · zehren |von| – **4.** l. wie eine Nonne/ein Mönch: → enthaltsam (2); der Gesundheit l.: → schonen (II); in den Tag hinein l.: → müßig (3); vom Gelde l.: → privatisieren (2); wie im Himmel l., l. wie ein Fürst, l. wie Gott in Frankreich, l. wie die Made im Speck, herrlich und in Freuden l., in Saus und Braus l.: → schwelgen (1); auf großem Fuß l., über seine Verhältnisse l.: → verschwenderisch (3); im Elfenbeinturm l.: → absondern (II); leb wohl: → Wiedersehen (1)
Leben, das: **1.** ⟨*Daseinsform der Lebewesen*⟩ Dasein · Sein · Existenz – **2.** ⟨*die Art u. Weise, das eigene Dasein zu gestalten*⟩ Lebensweise · Lebensart · Lebensführung · Lebensgestaltung · Lebensstil · Lifestyle · Lebenswandel + Fasson; → *auch* Lebensform – **3.** ⟨*der Ablauf des Daseins bis zum Tode*⟩ Lebenslauf · Vita · Lebenszeit · Lebensdauer · Lebensweg · Lebenstage ♦ *gehoben*: Erdentage · Erdenleben · Lebensbahn · Lebensreise – **4.** → Wirklichkeit (1) – **5.** Abend/Herbst des Lebens: → Alter (1); Frühling/Lenz des Lebens: → Jugend (1); nie im L., im L. nicht: → niemals; am L. sein: → leben (1); am L. bleiben: → davonkommen (2); sein L. vollenden/verlieren, aus dem L. gehen, sein L. aushauchen/beschließen, von der Bühne des Lebens ab-

treten: → sterben (1); sich das L. nehmen, sich ums L. bringen, seinem L. ein Ende machen, das L. wegwerfen, freiwillig aus dem L. scheiden: → Selbstmord (2); ums L. kommen: → umkommen (1); ums L. bringen: → töten (I, 1); vom L. zum Tode bringen/befördern: → hinrichten (1); das L. schenken: → gebären; wieder ins L. rufen, ins L. zurückrufen: → wiederbeleben (1); ins L. rufen: → gründen (I, 1); sein L. in die Schanze schlagen: → wagen (1); sein L. hingeben |für|: → hingeben (II, 1); das L. genießen: → vergnügen (II); sich des Lebens freuen: → fröhlich (3); sich durchs L. schlagen: → durchschlagen (I, 2); sein L. fristen: → dahinleben; die Hand fürs L. reichen, den Bund fürs L. schließen: → heiraten (1); ein neues L. beginnen: → bessern (II, 1); L. in die Bude bringen: → beleben (I, 2); das L. sauer machen: → ärgern (I)
Lebende, der: nicht mehr unter den Lebenden weilen: → tot (4)
lebendig: **1.** → lebhaft (1) – **2.** → anschaulich – **3.** l. sein: → leben (1)
Lebendigkeit, die: Vitalität
Lebensabend, der: → Alter (1)
Lebensalter, das: → Alter (2)
Lebensangst, die: → Existenzangst
Lebensansicht, die: → Weltanschauung
Lebensart, die: **1.** → Lebensform, Leben (2) – **2.** → Benehmen (1) – **3.** L. zeigen: → benehmen (II, 1)
Lebensbahn, die: → Leben (3)
Lebensbalsam, der: → Branntwein
lebensbejahend: → optimistisch (1)
Lebensbejahung, die: → Optimismus
Lebensbereich, der: → Umwelt
Lebensbeschreibung, die: Biografie · Lebensgeschichte · Vita · Lebensbild + Lebenslauf; → *auch* Autobiografie, Lebenserinnerungen
Lebensbild, das: → Lebensbeschreibung
Lebensdauer, die: → Leben (3)
lebensdurstig: → lebenshungrig
lebensecht: aus Fleisch und Blut
Lebensende, das: → Tod (1)
lebenserfahren: → erfahren (2), weise (1)
Lebenserfahrung, die: → Erfahrung (1)
Lebenserinnerungen (*Pl*): Memoiren · Erinnerungen; → *auch* Autobiografie, Lebensbeschreibung
lebensfähig: lebenskräftig · existenzfähig
lebensfern: → weltfremd
Lebensform, die: Daseinsweise · Daseinsform · Lebensart; → *auch* Leben (2)
lebensfremd: → weltfremd
Lebensfreude, die: Lebenslust · Daseinsfreude · Daseinslust + Urbehagen
Lebensfrühling, der: → Jugend (1)
Lebensführung, die: → Leben (2)
lebensgefährlich: → gewagt
Lebensgefährte, der: **1.** ⟨*Partner, mit dem man zusammenlebt, aber nicht verheiratet ist*⟩ Lebenspartner · Freund · Partner · Lebenskamerad – **2.** → Ehemann
Lebensgefährtin, die: **1.** ⟨*Partnerin, mit der man zusammenlebt, aber nicht verheiratet ist*⟩ Lebenspartnerin · Freundin · Partnerin · Lebenskameradin – **2.** → Ehefrau
Lebensgemeinschaft, die: → Ehe (1 *u.* 2)
Lebensgeschichte, die: → Lebensbeschreibung
Lebensgestaltung, die: → Leben (2)
lebensgierig: → lebenshungrig
Lebenshaltungskosten (*Pl*): → Lebensunterhalt (1)
lebenshungrig: lebensdurstig · lebensgierig · daseinshungrig + abenteuerlustig
Lebensjahr, das: Jahr; Altersjahr (*schweiz*); Lenz (*scherzh*)
Lebenskamerad, der: **1.** → Lebensgefährte (1) – **2.** → Ehemann
Lebenskameradin, die: **1.** → Lebensgefährtin (1) – **2.** → Ehefrau
Lebenskampf, der: Daseinskampf · Kampf ums Dasein/Brot · Existenzkampf
Lebenskraft, die: **1.** ⟨*auf feste Gesundheit gegründete Lebenstüchtigkeit*⟩ Vitalität · Kraft – **2.** voller L.: → lebenskräftig (1)
lebenskräftig: **1.** ⟨*von Lebenskraft erfüllt*⟩ vital · voller Lebenskraft · vollblütig – **2.** → lebensfähig
Lebenskreis, der: → Umwelt
lebenskundig: → erfahren (2)
Lebenslauf, der: **1.** → Leben (3) – **2.** → Lebensbeschreibung
Lebenslicht, das: das L. ausblasen/auslöschen/auspusten: → töten (I, 1)
Lebenslust, die: → Lebensfreude
lebenslustig: → leichtlebig
Lebensmai, der: → Jugend (1)
Lebensmittel (*Pl*): Nahrungsmittel · Esswaren; Nahrungsgüter (*veraltend*); Viktualien (*veraltet*) + Nährmittel ♦ *salopp*: Fressalien · Fresserei; → *auch* Nahrung
Lebensmorgen, der: → Kindheit (1)

lebensmüde: → lebensüberdrüssig
Lebensmüdigkeit, die: → Lebensüberdruss
lebensnah: → wirklichkeitsnah
Lebensneige, die: → Alter (1)
Lebenspartner, der: **1.** → Lebensgefährte (1) – **2.** → Ehemann
Lebenspartnerin, die: **1.** → Lebensgefährtin (1) – **2.** → Ehefrau
Lebensregel, die: → Regel (1)
Lebensreise, die: → Leben (3)
Lebenssaft, der: → Blut (1)
lebenssatt: → lebensüberdrüssig
Lebensstil, der: → Leben (2)
Lebenstage (*Pl*): → Leben (3)
lebenstüchtig: → tüchtig (1)
Lebensüberdruss, der: Lebensmüdigkeit · Lebensunlust + Trübsinn · Wertherstimmung
lebensüberdrüssig: lebensmüde · daseinsmüde · lebenssatt
Lebensunlust, die: → Lebensüberdruss
Lebensunterhalt, der: **1.** ⟨*das zur Erhaltung des Lebens Nötige*⟩ Unterhalt · Lebenshaltungskosten · Ernährung · das tägliche Brot · Existenz – **2.** seinen L. bestreiten |von|: → leben (3); für den L. sorgen: → unterhalten (I, 1)
lebensverneinend: → pessimistisch (1)
Lebensverneinung, die: → Pessimismus
Lebenswandel, der: → Leben (2)
Lebenswasser, das: → Branntwein
Lebensweg, der: → Leben (3)
Lebensweise, die: → Leben (2)
lebenswichtig: → entscheidend (1)
Lebenszeit, die: → Leben (3)
Leber, die: frisch/frei von der L. weg: → offen (3); jmdm. ist eine Laus über die L. gelaufen: → ärgern (II, 1)
Leberentzündung, die: → Hepatitis
Lebertran, der: L. sein: → gleichgültig (4)
Leberwurst, die: die beleidigte/gekränkte L. spielen: → schmollen
Lebewesen, das: Kreatur · Geschöpf · Wesen
Lebewohl, das: **1.** → Abschied (1) – **2.** L. sagen: → verabschieden (II, 1)
lebhaft: 1. ⟨*von besonderer Regsamkeit*⟩ [quick]lebendig · beweglich · agil · quecksilbrig · temperamentvoll · spritzig · vital · sanguinisch; quick · queck · vif (*landsch*) + geschäftig · betriebsam · sprudelnd ♦ *umg*: quirlig · wirbelig · wie aufgezogen/aufgedreht; → *auch* munter (1), schwungvoll – **2.** l. sein: ⟨*besonders viel Temperament besitzen*⟩ Temperament haben ♦ *umg*: den Teufel im Leib haben
leblos: 1. → tot (1) – **2.** → regungslos
Lebtag, der: all mein L.: → immer (1); mein L. nicht: → niemals
lechzen: 1. → dürsten (1) – **2.** l. |nach|: → Verlangen (4)
leck: 1. → undicht – **2.** l. sein: → [2]lecken
Leck, das: ein L. haben: → [2]lecken
[1]lecken: 1. ⟨*mit der Zunge über etw. streifen*⟩ schlecken (*landsch*) – **2.** wie geleckt: → sauber (1); den Staub von den Füßen/Schuhen l.: → kriechen (2); [sich] alle zehn Finger l. |nach|: → Verlangen (4)
[2]lecken: leck sein · ein Leck haben
lecker: → schmackhaft, appetitlich (1)
Leckerbissen, der: Delikatesse · Köstlichkeit · Gaumenkitzel · Gaumenfreude · Leckerei · Schleckerei; Schleck (*süddt schweiz*); Schmankerl (*süddt österr*); Gustostückerl (*österr*) + Hochgenuss
Leckerei, die: → Leckerbissen
Leckermaul, das: Naschkatze ♦ *umg*: Schlecker[maul]; → *auch* Feinschmecker
leckern: → naschen
Leder, das: **1.** → [1]Ball (1, b) – **2.** vom L. ziehen, ans L. gehen: → angreifen (I, 1, b); das L. [ver]gerben: → verprügeln
lederartig: → zäh (2)
Lederfett, das: → Schuhcreme
ledern: → langweilig
ledig: 1. ⟨*nicht verheiratet*⟩ unverheiratet · unverehelicht · ehelos; einschichtig (*süddt österr*) ♦ *gehoben*: unvermählt ♦ *umg*: noch zu haben; → *auch* allein (1 *u.* 5) – **2.** ⟨*keine Ehefrau besitzend*⟩ *umg*: unbeweibt (*scherzh*) – **3.** ⟨*keinen Ehemann besitzend*⟩ *umg*: unbemannt (*scherzh*) – **4.** → unehelich – **5.** los und l.: → frei (1)
Ledige, der: → Alleinstehende
lediglich: → nur
ledrig: → zäh (2)
leer: 1. ⟨*nichts* [*mehr*] *enthaltend*⟩ entleert ♦ *umg*: ratzekahl; → *auch* kahl (1) – **2.** ⟨*von Wohnraum gesagt: nicht genutzt*⟩ leer stehend · unbesetzt · unbewohnt – **3.** → geistlos – **4.** l. ausgehen: ⟨[*bei einer Verteilung*] *nicht berücksichtigt werden*⟩ nichts abbekommen · das Nachsehen haben · zurückstehen müssen · beiseite stehen müssen · verzichten müssen + ins Hintertreffen geraten ♦ *umg*: nichts abkriegen · sich den

Mund wischen können · schlecht wegkommen ♦ *salopp*: in den Mond/Eimer/die Röhre gucken · durch die Röhre gucken – **5.** l. machen: → leeren (1); l. stehend: → 2; l. blasen: → ausblasen; l. pumpen: → auspumpen (1); l. spachteln: → aufessen; leere Worte/Phrase: → Phrase (1); leeres Stroh/Gerede: → Geschwätz (1); leeres Stroh dreschen: → schwafeln

Leere, die: **1.** ⟨*das Leersein*⟩ Nichts · Vakuum – **2.** → Geistlosigkeit – **3.** → Einöde (2)

leeren: 1. ⟨*den Inhalt entfernen*⟩ entleeren · ausleeren ♦ *umg*: leer machen + herausnehmen · räumen; → *auch* ausgießen (1) – **2.** → austrinken

Leerung, die: → Entleerung (1)

Lefze, die: → Lippe (1)

legal: 1. → rechtmäßig – **2.** l. machen: → legalisieren (1)

legalisieren: 1. ⟨*durch Gesetz für rechtmäßig erklären*⟩ legal machen · legitimieren – **2.** → beglaubigen (1)

legen: 1. → pflanzen (I, 1) – **2.** → verlegen (I, 2) – **3.** → besiegen (I) – **4.** einen Brand l.: → Feuer (7); in Schutt und Asche l.: → niederbrennen (1); zur Last l.: → beschuldigen (1); sich ins Mittel l.: → vermitteln (1); das Handwerk l.: → unschädlich (2); auf die Matte l.: → besiegen (I); in Fesseln l.: → fesseln (1), gefangen (3); in Ketten l.: → gefangen (3); an die Kette l.: → anketten; Hand an sich l.: → Selbstmord (2); den Ton l. |auf|: → betonen (1 *u.* 2); Gewicht/Wert l. |auf|: **a)** → betonen (2) – **b)** → [1]Acht (1, a); die/seine Hand ins Feuer l. |für|: → bürgen; in die Hände l.: → anvertrauen (I, 1); aufs Kreuz l.: **a)** → hereinlegen (1) – **b)** → betrügen (1); die Hand l. |auf|: → beschlagnahmen; auf die Seite/die hohe Kante l.: → sparen (1); beiseite l.: **a)** → sparen (1) – **b)** → zurücklegen (3); sich krumm l.: → einschränken (II); sich [tüchtig] in die Riemen/ins Geschirr l., sich ins Zeug l.: → anstrengen (II, 1); die Hände in den Schoß l.: → resignieren; zu den Akten l.: → ablegen (1); sich auf die faule Haut l.: → faulenzen (1); einen Tanz aufs Parkett l.: → tanzen (1)

legendär: → sagenhaft (1)

Legende, die: → Erfindung (1)

legendenhaft: → unwahr

leger: 1. → ungezwungen – **2.** → passend (1, b)

Legion, die: → Menge (1)

legitim: → rechtmäßig

Legitimation, die: → Ausweis (1)

legitimieren: I. legitimieren: **1.** → beglaubigen (1) – **2.** → legalisieren (1) – **II.** legitimieren, sich: → ausweisen (II, 1)

Lehm, der: → [2]Ton

lehmig: → schlammig

Lehne, die: → Abhang (1)

lehnen: I. lehnen: l. |gegen/an|: → anlehnen (I) – **II.** lehnen, sich: sich l. |gegen/an|: → anlehnen (II, 1); sich l. |auf|: → auflegen (II, 1); sich l. |über|: → beugen (II, 3)

Lehnsessel, der: → Lehnstuhl

Lehnsmann, der (*hist*): Vasall · Gefolgsmann

Lehnstuhl, der: Lehnsessel · Armstuhl · Armsessel; Fauteuil (*veraltend*) ♦ *umg*: Großvaterstuhl · Ohrensessel; Sorgenstuhl (*noch scherzh*)

Lehranstalt, die: → Schule (1)

Lehrbub, der: → Lehrling

Lehrbuch, das: Kompendium · Handbuch · Leitfaden · Abriss; → *auch* Leitfaden (1)

Lehre, die: **1.** ⟨*zusammengefasste Darstellung von* [*wissenschaftl. begründeten*] *Denkergebnissen*⟩ Theorie + Doktrin · These · Behauptung; → *auch* Gedankengebäude, Lehrmeinung, Lehrsatz – **2.** ⟨*Zeit der Ausbildung*⟩ Lehrzeit · Lehrjahre + Berufsausbildung · Werdegang; → *auch* Ausbildung (1) – **3.** ⟨*schmerzl., aber notwendige Erfahrung*⟩ heilsame Erkenntnis · bittere Arznei – **4.** in die L. gehen: → lernen (2); eine L. ziehen |aus|: → lernen (4); eine L. erteilen: → zurechtweisen

lehren: 1. ⟨*an einer Hochschule unterrichten*⟩ Vorlesungen halten · lesen · dozieren; → *auch* anleiten (1), unterrichten (2) – **2.** → unterrichten (2) – **3.** → einprägen (I, 1) – **4.** Mores l.: → zurechtweisen

Lehrer, der: Pädagoge · Schulmann; Lehrkraft (*amtsspr*); Schullehrer (*landsch*) + Junglehrer · Lektor · Dozent · Mentor · Tutor · Erzieher ♦ *umg*: Schulmeister · Magister (*scherzh*); Pauker (*schülerspr abwert*)

Lehrgang, der: Kurs[us] + Vortragsfolge; → *auch* Unterricht (1)

Lehrgebäude, das: → Gedankengebäude

lehrhaft: belehrend · didaktisch · schulmäßig; schulmeisterlich · professorenhaft · pro-

fessoral (*abwert*) + doktrinär · dogmatisch; → *auch* lehrreich
Lehrherr, der: → Lehrmeister
Lehrjahre (*Pl*): → Lehre (2)
Lehrjunge, der: → Lehrling
Lehrkraft, die: → Lehrer
Lehrling, der: der Auszubildende · Azubi · Lehrjunge; Lehrbub (*landsch*) + Praktikant · Eleve · Volontär ♦ *umg*: Stift; Bursche (*landsch*)
Lehrmeinung, die: + Dogma; → *auch* Lehre (1)
Lehrmeister, der: Meister; Lehrherr (*veraltend*); Prinzipal (*veraltet*)
lehrreich: instruktiv · informativ · informatorisch · aufschlussreich · interessant · wissenswert · belehrend; → *auch* lehrhaft
Lehrsatz, der: Theorem · Satz; → *auch* Lehre (1)
Lehrzeit, die: → Lehre (2)
Leib, der: **1.** → Körper (1) – **2.** → Bauch (1) – **3.** gut bei Leibe: → dick (1); gesegneten Leibes sein: → schwanger (2); seinen L. pflegen: → schonen (II); nichts im Leibe haben: → hungrig (2); auf dem L. haben: → tragen (I, 2); kein [ganzes] Hemd [mehr] auf dem/am L./nichts auf dem L. haben: → arm (4); vom Leibe halten: → fern (5); vom Leibe bleiben: → fern (4); auf den L. rücken: → bedrängen (1); mit L. und Seele: → ganz (1); sich die Seele aus dem L. reden: → einreden (2); den Teufel im L. haben: → lebhaft (2)
Leibchen, das: → Korsett
Leibdiener, der: → Diener (1)
leibeigen: unfrei + hörig; → *auch* unfrei (1)
Leibeserziehung, die: → Sport (1)
Leibesfrucht, die: → Embryo
Leibesfülle, die: → Dicke (II, 2)
Leibesübungen (*Pl*): → Sport (1)
Leibhaftige, der: → Teufel (1)
leiblich: → körperlich
Leibrock, der: → Gehrock
Leibschmerz: I. Leibschmerz, der: → Bauchschmerz (II) – **II.** Leibschmerzen (*Pl*): → Bauchschmerz (II)
Leibschneiden, das: → Bauchschmerz (II)
Leibwache, die: → Wache (1)
Leibwächter, der: Bodyguard + Personenschützer ♦ *salopp*: Gorilla; → *auch* Begleiter (1)
Leibwäsche, die: → Unterwäsche (1)
Leichdorn, der: → Hühnerauge (1)
Leiche, die: **1.** ⟨*Körper eines toten Menschen*⟩ Leichnam · der Tote + Mumie ♦ *gehoben*: die sterbliche Hülle · die sterblichen Überreste; → *auch* Verstorbene, Aas (1) – **2.** über Leichen gehen: → rücksichtslos (2); wie eine [wandelnde] L.: → blass
Leichenbegängnis, das: → Begräbnis
Leichenbittermiene, die: → Leidensmiene
leichenblass: → blass (1)
Leichenfledderer, der: → Plünderer
Leichenöffnung, die: → Obduktion
Leichenverbrennung, die: → Einäscherung
Leichnam, der: → Leiche (1)
leicht: 1. ⟨*von geringem Gewicht*⟩ federleicht · gewichtlos + zart – **2.** → mühelos (1), unkompliziert – **3.** → geringfügig – **4.** → sorgenfrei – **5.** → bekömmlich – **6.** leichter Vogel: → Leichtfuß (1); leichtes Mädchen: → Herumtreiberin; l. angeschlagen: → angeheitert; l. verständlich: → verständlich (1); leichten Fußes: → gewandt (1); auf die leichte Schulter nehmen: → unterschätzen
leichtblütig: → leichtlebig
leichtfertig: oberflächlich · frivol · obenhin + pflichtvergessen · pflichtwidrig · abenteuerlich; → *auch* leichtsinnig, nachlässig (1), sorglos (1), unüberlegt (1)
Leichtfuß, der: **1.** ⟨*leichtsinniger u. oberflächl. Mensch*⟩ Bruder Leichtfuß/Leichtsinn; Hallodri (*süddt österr*) ♦ *umg*: Luftikus · Windhund · Windbeutel · lockerer/leichter/loser Vogel · windiger Bursche · lockerer Zeisig + Schlot · Sausewind – **2.** Bruder L.: → 1
leichtfüßig: 1. → gewandt (1) – **2.** → flink (1)
leichtgläubig: → gutgläubig
leichtlebig: leichtblütig · lebenslustig · flatterhaft · flott · unsolide · locker + ausschweifend; → *auch* leichtsinnig, sorglos (1)
Leichtsinn, der: **1.** ⟨*gedankenlos-oberflächl. Verhaltensweise*⟩ Verantwortungslosigkeit · Fahrlässigkeit + ein Spiel mit dem Feuer ♦ *umg*: Windbeutelei; → *auch* Sorglosigkeit – **2.** Bruder L.: → Leichtfuß (1)
leichtsinnig: verantwortungslos · unverantwortlich · unvorsichtig · fahrlässig; → *auch* leichtfertig, leichtlebig, sorglos (1)
leid: l. sein |einer Sache|: → überdrüssig (1); l. werden |einer Sache|: → überdrüssig (2)

Leid, das: **1.** ⟨*seelischer Schmerz*⟩ Jammer · Elend · Pein · Schmerz · Qual · Kreuz · Crux ♦ *gehoben*: Weh · Herzeleid · Herzweh; → *auch* Kummer (1), Last (1) – **2.** L. tun: ⟨*Mitleid erregen*⟩ dauern · jammern · erbarmen · in der Seele wehtun; barmen (*landsch veraltend*) + bewegen · berühren – **3.** L. tragen: → trauern (1); ein L. antun: → kränken; sich ein L. antun: → Selbstmord (2)
leiden: 1. ⟨[*seel.*] *Schmerz ertragen müssen*⟩ sich quälen · schmachten · die Hölle auf Erden haben; → *auch* sorgen (II) – **2.** → dulden (1), zulassen (1) – **3.** Mangel/Not l.: → darben; Hunger l.: → hungern (1); [auf den Tod] nicht l. können: **a)** → verabscheuen – **b)** → hassen; keinen Aufschub l.: → eilen (I, 2)
Leiden, das: **1.** → Qual (1) – **2.** → Krankheit – **3.** → Übel (1) – **4.** langes L.: → Lange; wie das L. Christi: → elend (1)
leidend: → krank (1)
Leidenschaft, die: Feuer · Glut · Inbrunst + Pathos · Innigkeit; → *auch* Schwung (1), Begeisterung (1)
leidenschaftlich: glühend · feurig · stürmisch · heiß[blütig] · mit [innerem] Feuer · besessen · passioniert · inbrünstig; enragiert (*veraltend*) + innig · aufbrausend · flammend; → *auch* schwungvoll, wild (1), heftig (1, b)
leidenschaftslos: 1. → träge – **2.** l. sein: ⟨*durch nichts erregt werden*⟩ *umg*: Fischblut/Froschblut haben; → *auch* gefühllos (3)
Leidensgefährte, der: → Schicksalsgefährte
Leidensgenosse, der: → Schicksalsgefährte
Leidensgesicht, das: → Leidensmiene
Leidensmiene, die: Leidensgesicht; Leichenbittermiene · Duldermiene (*scherzh od. iron*) + Leidenszug
Leidensweg, der: Dornenweg + Golgathaweg · Kreuzesweg · Passion ♦ *umg*: Durststrecke
Leidenszug, der: → Leidensmiene
leider: unglücklicherweise · bedauerlicherweise · fatalerweise · dummerweise · leider Gottes · Gott sei's geklagt · zu meinem Bedauern/Leidwesen · mit Bedauern
leidgeprüft: → geplagt
leidig: → unangenehm (1)
leidlich: → erträglich
leidvoll: qualvoll · schmerzvoll · peinvoll · dornenvoll · dornig · dornenreich · voll[er] Dornen + bejammernswert · beklagenswert
Leidwesen, das: zu meinem L.: → leider
Leier, die: die alte L.: → dasselbe (2)
Leierkasten, der: Drehorgel ♦ *umg*: Werkel (*österr*)
leiern: 1. → drehen (I, 1) – **2.** aus dem Kreuz l.: → abbetteln
Leihamt, das: → Leihhaus
Leihauto, das: → Leihwagen
Leihbibliothek, die: → Leihbücherei
Leihbücherei, die: Leihbibliothek · Buchverleih · Buchausleihe; → *auch* Bücherei
leihen: 1. ⟨*vorübergehend überlassen*⟩ verleihen · [ver]borgen · ausleihen · ausborgen · auf Borg geben + zur Verfügung stellen · verauslagen ♦ *salopp*: [ver]pumpen · auf Pump geben; → *auch* weggeben (1) – **2.** ⟨*sich vorübergehend geben lassen*⟩ sich leihen · [sich] borgen · [sich] entleihen · [sich] ausleihen · [sich] ausborgen ♦ *salopp*: [sich] pumpen; → *auch* Kredit (2) – **3.** sich l.: → 2; sein Ohr l.: → anhören (I, 1)
Leihgabe, die: als L.: → leihweise
Leihhaus, das: **1.** ⟨*gegen Pfänder Geld verleihende Institution*⟩ Leihamt · Pfandleihanstalt · Pfandleihe; Pfandhaus (*veraltend*); Versatzamt (*süddt österr*) – **2.** aufs/zum L. bringen/tragen: → verpfänden
Leihwagen, der: Leihauto · Mietwagen · Mietauto
leihweise: auf Borg · als Leihgabe + auf Kredit ♦ *salopp*: auf Pump
Leim, der: **1.** → Klebstoff – **2.** aus dem L. gehen: → entzweigehen (1); auf den L. locken: → überlisten; auf den L. gehen/kriechen: → hereinfallen
leimen: 1. → kleben (2) – **2.** → betrügen (1)
leimig: → klebrig (1)
Leine, die: **1.** → Zügel (1) – **2.** L. ziehen: → weggehen (1); an der L. haben: → beherrschen (I, 1)
leise: 1. ⟨*schwach hörbar*⟩ gedämpft · halblaut · verhalten + flüsternd · piano; → *auch* lautlos, dumpf (2) – **2.** → lautlos
leisetreten: → kriechen (2)
Leisetreter, der: → Duckmäuser
leisetreterisch: → duckmäuserisch
leisten: 1. → erreichen (2) – **2.** → erweisen (I, 1) – **3.** sich l.: → gönnen (2); Folge/Gehorsam/Gefolgschaft l.: → ge-

horchen (1); Abbitte l.: → entschuldigen (II); Gesellschaft l.: → begleiten; Verzicht l.: → verzichten; Widerstand l.: → widersetzen, sich; den Wehrdienst l.: → Soldat (1); einen Eid/Schwur l.: → schwören (1); gute Dienste l.: → nutzen (1); Beistand/Hilfe l.: → helfen (1); Ersatz/Schadenersatz l.: → entschädigen (I); Garantie l.: **a)** → gewährleisten – **b)** → bürgen; Bürgschaft/Sicherheit/Gewähr l. |für|: → bürgen
Leisten, der: über einen L. schlagen: → gleichsetzen
Leistung, die: **1.** → Tat (1) – **2.** → Verdienst (II, 1)
Leistungsdruck, der: → Stress
leistungsfähig: → tüchtig (1)
Leistungsfähigkeit, die: Leistungsvermögen · Leistungskraft · Arbeitskraft · Kraft · Potenz · Potenzial + Spannkraft · Fitness · Können · Kapazität ♦ *umg*: Power
Leistungskraft, die: → Leistungsfähigkeit
Leistungsprämie, die: → Prämie (1)
Leistungsstand, der: Niveau · Level; → *auch* Bildungsstand
leistungsstark: → tüchtig (1)
Leistungstief, das: → Formkrise
Leistungsvermögen, das: → Leistungsfähigkeit
Leitbild, das: → Vorbild (1)
leiten: 1. ⟨*die Richtlinien für die Arbeit bzw. bei der Ausführung eines Vorhabens erteilen*⟩ führen · lenken · managen · die Leitung haben · an der Spitze stehen + anleiten ♦ *umg*: regieren (*scherzh*); → *auch* vorstehen, verwalten (2) – **2.** in die Wege l.: → anbahnen (I)
[1]**Leiter,** der: Chef · Manager · der Verantwortliche + Vorsteher · Direktor · Dienststellenleiter · Dirigent · Führer · Führungskraft ♦ *umg*: Boss ♦ *salopp*: der Alte · Macker; → *auch* Vorgesetzte (1), Funktionär, Vorsitzende
[2]**Leiter,** die: + Trittleiter
Leitergerüst, das: → Gerüst (1)
Leiterwagen, der: → Wagen (1)
Leitfaden, der: **1.** ⟨*kürzeres, die Hauptsachen enthaltendes Lehrwerk*⟩ Abriss · Vademekum; → *auch* Lehrbuch, Nachschlagewerk – **2.** → Lehrbuch
Leitgedanke, der: Hauptgedanke · Grundgedanke · Tenor · Leitmotiv · Grundmotiv · Leitidee · Grundidee · Idee · Grundvorstellung · roter Faden; → *auch* Leitlinie, Gerüst (2)
Leithammel, der: → Anführer
Leitidee, die: → Leitgedanke
Leitlinie, die (*Polit*): Zielvorgabe; → *auch* Leitgedanke
Leitmotiv, das: → Leitgedanke
Leitsatz, der: → Wahlspruch
Leitspruch, der: → Wahlspruch
Leitstern, der: → Vorbild (1)
Leitung, die: **1.** ⟨*das Leiten*⟩ Oberaufsicht · Supervision · Lenkung + Direktion · Direktorat · Regie · Ägide; → *auch* Führung (1), Herrschaft (1), Unternehmensführung – **2.** ⟨*Vorrichtung zum Weiterleiten*⟩ Draht[leitung] · Kabel + Lichtleitung · Rohrleitung – **3.** → Führung (2) – **4.** die L. haben: → leiten (1); eine lange L./einen Knoten in der L. haben, auf der L. stehen: → begriffsstutzig (2)
Leitungsnetz, das: Stromnetz · Netz + Verbundnetz
Lektion, die: **1.** → Unterrichtsstunde – **2.** → Strafpredigt – **3.** eine L. erteilen: → zurechtweisen
Lektor, der: → Lehrer
Lemma, das: → Stichwort (1)
lendenlahm: → lahm (1)
lenken: 1. ⟨*eine bestimmte Richtung geben*⟩ dirigieren · bugsieren · manövrieren · lotsen – **2.** → steuern (1) – **3.** → leiten (1) – **4.** die Aufmerksamkeit auf sich l.: → Aufsehen (2); seine Schritte l. |nach|: → gehen (8)
Lenker, der: **1.** → Fahrer – **2.** → Lenkstange
Lenkrad, das: Steuer; Volant (*noch österr*)
Lenkstange, die: Lenker
Lenkung, die: **1.** ⟨*die Einrichtung zum Lenken eines Fahrzeugs*⟩ Steuerung – **2.** → Leitung (1)
Lenz, der: **1.** → Frühling (1) – **2.** → Lebensjahr – **3.** → Freizeit – **4.** L. des Lebens: → Jugend (1)
Leopard, der: Panther + schwarzer Panther
leptosom: → schlankwüchsig
lernbeflissen: → lerneifrig
Lernbegierde, die: → Lerneifer
lernbegierig: → lerneifrig
Lerneifer, der: Lernbegierde · Wissensdurst · Wissensdrang · Wissbegier[de] · Interesse
lerneifrig: lernbegierig · lernbeflissen · wissensdurstig · wissbegierig + gelehrig · unersättlich; → *auch* strebsam
lernen: 1. ⟨*sich Kenntnisse od. Fähigkeiten aneignen*⟩ studieren · über den Büchern sit-

zen; einlernen (*meist abwert*) + memorieren · üben ♦ *umg*: büffeln · bimsen · [ein]pauken · die Nase ins Buch stecken · sich [tüchtig] auf die Hosen/den Hosenboden setzen; stucken (*österr*) ♦ *salopp*: [ein]ochsen; → *auch* einprägen (I, 1), erlernen, einüben – **2.** ⟨*eine Berufsausbildung durchmachen*⟩ in die Lehre gehen + sich fortbilden – **3.** → erlernen – **4.** l. |aus|: ⟨*gemachte Erfahrungen künftig berücksichtigen*⟩ eine Lehre ziehen |aus| – **5.** kennen l.: → kennen (3); kennen gelernt haben: → kennen (1); sich kennen l.: → befreunden, sich (1)
Lernstoff, der: → Wissensstoff
Lesart, die: Variante · Version
Lesbe, die: → Homosexuelle (II)
Lesbierin, die: → Homosexuelle (II)
lesbisch: → homosexuell (b)
Lese, die: → Weinlese
Lesebuch, das: → [1]Fibel
Leseholz, das: → Reisig
lesen: 1. ⟨*Schrift in Sprache umsetzen*⟩ ein Buch in die Hand/zur Hand nehmen + buchstabieren · studieren ♦ *umg*: schmökern · schwarten · verschlingen – **2.** → lehren (1) – **3.** → aufsammeln (1) – **4.** → aussondern (1) – **5.** diagonal/quer l.: → überfliegen; die Leviten/den Text l.: → zurechtweisen; aus der Hand l.: → wahrsagen; von den Augen/Lippen/vom Gesicht l.: → erraten (1)
lesenswert: interessant
Leser, der: → Bezieher
Leseratte, die: → Bücherfreund
letal: → tödlich
Lethargie, die: → Trägheit
lethargisch: → träge
Letter, die: Type · Drucktype · Druckbuchstabe · Druckletter; → *auch* Schriftzeichen
letzt: 1. → letztmöglich – **2.** → vorig (1) – **3.** als Letzter, an letzter Stelle: → zuletzt (1); letzten Endes, zu guter Letzt: → schließlich (1); im letzten Augenblick, auf den letzten Drücker: → Augenblick (2); der letzte Wille: **a)** → Testament (1) – **b)** → Vermächtnis; die letzte Stunde: → Todeskampf; in den letzten Zügen liegen: → Sterben; den letzten Hauch von sich geben, den letzten Atem aushauchen, seinen/den letzten Seufzer tun, seinen letzten Gang/seine letzte Reise antreten, jmds. letzte Stunde ist gekommen, jmds. letztes Stündlein hat geschlagen: → sterben (1); zur letzten Ruhe betten: → begraben (1); der letzte Schrei: → Neuheit; die letzte Rettung: → Ausweg; bis ins Letzte: → gründlich (2); bis zum Letzten: → verbissen; den letzten Schliff geben: → vervollkommnen (I); letzte Hand anlegen: → vollenden (I, 1); sein Letztes hergeben, aus sich das Letzte herausholen: → anstrengen (II, 1); das Erste und das Letzte: → alles (1)
letztendlich: → schließlich (1)
letztens: → neulich
letzthin: → neulich
letztlich: → schließlich (1)
letztmöglich: letzt · äußerst; → *auch* höchst (1)
letztwillig: 1. → testamentarisch – **2.** letztwillige Verfügung: → Testament (1)
Leu, der: → Löwe (1)
Leuchte, die: **1.** → [2]Lampe (1) – **2.** → Meister (1) – **3.** keine [große] L.: → Dummkopf (1)
leuchten: 1. ⟨*Licht aussenden*⟩ scheinen · strahlen + schimmern · blenden; → *auch* glänzen (1) – **2.** → glänzen (1)
leuchtend: → glänzend (1), hell (1)
Leuchter, der: **1.** ⟨*Gestell für Kerzen*⟩ Kerzenleuchter · Kerzenhalter · Kerzenständer · Kandelaber · Armleuchter + Leuchte; → *auch* [2]Lampe (1) – **2.** → Kronleuchter
Leuchtfeuer, das: Blinkfeuer · Feuer
leugnen: 1. ⟨*den wahren Sachverhalt nicht zugeben*⟩ abstreiten · bestreiten · negieren · ableugnen · in Abrede stellen · nicht wahrhaben wollen + verleugnen · verneinen – **2.** → bestreiten (1)
Leukämie, die: Blutkrebs
Leumund, der: **1.** → Ruf (1) – **2.** einen schlechten L. haben: → verrufen (2)
Leute (*Pl*): **1.** → Menge (2) – **2.** → Öffentlichkeit (1) – **3.** → Gesinde – **4.** die jungen L.: → Jugend (3); vor allen Leuten: → öffentlich (1); unter die L. kommen: → bekannt (4, a); unter die L. bringen: → verbreiten (I, 1); in den Mund der L. bringen: → verleumden (1)
Level, der: → Bildungsstand, Leistungsstand
Leviten (*Pl*): die L. lesen: → zurechtweisen
Lex, die: → Gesetz (2)
Lexem, das: → Wort (1)
Lexik, die: → Wortschatz
Lexikon, das: **1.** → Nachschlagewerk – **2.** → Wörterbuch – **3.** → Wortschatz

Liaison, die: → Liebesverhältnis
liberal: → freigeistig (1)
Libertät, die: → Freiheit (1)
Libido, die: → Lüsternheit
Librettist, der: → Textdichter
Libretto, das: → Textbuch
licht: **1.** → hell (1) – **2.** → offen (2) – **3.** → spärlich (1)
Licht, das: **1.** ⟨*sichtbare Strahlung*⟩ Lichtschein · Schein + Himmelslicht · Strahlenkegel · Strahlung; → *auch* Schein (1), Sonnenschein (1), Helligkeit – **2.** → Kerze – **3.** → Glanz (1) – **4.** ans L. bringen: **a)** → entdecken (I, 1) – **b)** → aufdecken (I, 1); L. bringen |in|: → aufklären (I, 1); ans L. kommen: → herauskommen (1); ein L. aufstecken: → aufklären (I, 2); jmdm. geht ein L. auf: → erkennen (1); das L. der Welt erblicken: → geboren (2); ins rechte L. rücken/setzen: → berichtigen (I); grünes L. geben: → genehmigen (1); in ein schlechtes L. setzen/stellen/rücken: → verleumden (1); hinters L. führen: → täuschen (I); sein L. unter den Scheffel stellen: → bescheiden (I, 8); alles in rosigem L. sehen: → optimistisch (2); kein großes L.: → Dummkopf (1)
lichtarm: → dämmerig
lichtbeständig: → farbecht
Lichtbild, das: → Fotografie
Lichtblick, der: **1.** → Aussicht (2) – **2.** → Trost (1)
Lichtbote, der: → Engel (1)
lichtdurchlässig: → durchsichtig (1)
Lichtdurchlässigkeit, die: → Durchsichtigkeit
lichtecht: → farbecht
lichten: **1.** ⟨*vom Schiffsanker gesagt*: *hochziehen*⟩ aufholen (*seem*) – **2.** die Anker l.: → hinausfahren (2)
Lichterbaum, der: → Weihnachtsbaum
lichterfüllt: → hell (1)
lichterloh: → flammend (1)
Lichtflut, die: → Helligkeit
Lichtfülle, die: → Helligkeit
Lichtleitung, die: → Leitung (2)
lichtlos: → dunkel (1)
Lichtpunkt, der: → Aussicht (2)
lichtreich: → hell (1)
Lichtschalter, der: Schalter ♦ *umg*: Knipser
Lichtschein, der: → Licht (1)
lichtscheu: → zwielichtig (1)
Lichtspiele (*Pl*): → Kino (1)
Lichtspielhaus, das: → Kino (1)
Lichtspieltheater, das: → Kino (1)
lichtundurchlässig: → undurchsichtig (1)
Lichtung, die: Waldlichtung · Blöße + Schlag · Schwende · Rodung · Schneise
Lid, das: **1.** ⟨*das Auge verschließende Hautfalte*⟩ Augenlid ♦ *umg*: Augendeckel – **2.** schwere Lider haben: → müde (2)
lieb: **1.** → liebevoll (1), gütig (1) – **2.** → artig (1) – **3.** l. haben: **a)** → lieben (1) – **b)** → liebkosen; sich l. Kind machen: → einschmeicheln, sich
liebäugeln: → flirten
Liebchen, das: **1.** → Liebling (1) – **2.** → Geliebte (II)
Liebe, die: **1.** ⟨*starkes u. ständiges Gefühl des Hingezogenseins*⟩ Zuneigung · Liebesverlangen · Eros; Minne (*noch scherzh*) + Affenliebe · Verliebtheit; → *auch* Freundschaft (1), Wohlwollen (1) – **2.** sinnliche L.: → Sinnlichkeit; L. machen: → koitieren; vor L. auffressen wollen: → lieben (1)
liebebedürftig: anlehnungsbedürftig (*iron*)
Liebediener, der: → Kriecher
Liebedienerei, die: → Unterwürfigkeit
liebedienerisch: → unterwürfig
liebedienern: → kriechen (2)
liebeleer: → gefühllos (1)
Liebelei, die: → Flirt
lieben: **1.** ⟨*sich stark zu jmdm. hingezogen fühlen*⟩ lieb haben · gern haben · zugeneigt/zugetan sein · jmdm. gut sein · hängen |an| · ins Herz schließen · im Herzen tragen · ins Herz geschlossen haben; minnen (*noch scherzh*) + verliebt sein |in| · vergöttern · schmachten ♦ *gehoben*: entbrannt sein |für| ♦ *umg*: vernarrt sein |in| · verrückt sein |nach| · vor Liebe auffressen wollen ♦ *salopp*: einen Affen/Narren gefressen haben |an|; → *auch* mögen, verliebt (2), verlieben, sich – **2.** sich l.: → koitieren
liebend: l. gern: → gern[e] (1)
Liebende (*Pl*): die Liebenden: → Liebespaar
liebenswürdig: → freundlich (1)
Liebenswürdigkeit, die: → Freundlichkeit (1), Wohlwollen (1)
lieber: eher · vielmehr
Liebesabenteuer, das: → Liebeserlebnis
Liebesbund, der: → Liebesverhältnis
Liebesdienst, der: → Gefälligkeit (1)

Liebeserklärung, die: Liebesgeständnis · Erklärung
Liebeserlebnis, das: Liebesabenteuer · Abenteuer; Amouren (*veraltend*); Affäre (*abwert*) + Tête-à-tête; → *auch* Liebesverhältnis
Liebesgeschichte, die: Lovestory; → *auch* Liebesverhältnis
Liebesgeständnis, das: → Liebeserklärung
Liebesinsel, die: → Bett (1)
Liebeskummer, der: Liebesschmerz · Liebesqual · Liebespein · Liebesnöte (*meist iron*)
Liebesleute (*Pl*): → Liebespaar
Liebesmüh, die: das ist vergebliche/verlorene L.: → reden (2)
Liebesnöte (*Pl*): → Liebeskummer
Liebespaar, das: Paar · Pärchen · die Liebenden; Liebesleute (*veraltend*)
Liebespein, die: → Liebeskummer
Liebesqual, die: → Liebeskummer
Liebesschmerz, der: → Liebeskummer
Liebestöter (*Pl*): → Schlüpfer (I), Unterhose (I)
Liebesverbindung, die: → Liebesverhältnis
Liebesverhältnis, das: Liebesverbindung · Liebesbund · Liebschaft · Liaison · [intime] Beziehung · Romanze ♦ *umg*: Verhältnis · Bettgeschichte; Gspusi (*landsch*) ♦ *salopp*: Beziehungskiste; → *auch* Liebeserlebnis, Liebesgeschichte, Ehe (2)
Liebesverlangen, das: → Liebe (1)
liebevoll: 1. ⟨*voller Liebe*⟩ lieb[reich] · fürsorglich · rührend · hingebungsvoll · hingebend · mit Hingebung – **2.** → zärtlich
Liebhaber, der: **1.** ⟨*eine Frau liebender bzw. umschwärmender Mann*⟩ Verehrer · Kavalier; Romeo · Troubadour (*iron*) ♦ *umg*: Freund ♦ *salopp*: Macker; Schmachtlappen · Schmachtfetzen (*iron*); → *auch* Geliebte (I) – **2.** → Geliebte (I) – **3.** → Amateur – **4.** → Sammler
Liebhaberei, die: Lieblingsbeschäftigung · Steckenpferd · Hobby · Freizeitbeschäftigung · Spezialität + Passion ♦ *umg*: Sport; → *auch* Spezialgebiet
Liebhaberin, die: → Geliebte (II)
liebkosen: kosen · herzen · zärteln; lieb haben (*kinderspr*); karessieren (*noch landsch*) ♦ *dicht*: buhlen ♦ *umg*: abdrücken · schmusen; knuddeln (*landsch*); → *auch* streicheln, umarmen (I)
Liebkosung, die: Zärtlichkeit + Gehätschel · Tätschelei ♦ *umg*: Gekose · Zärtelei · Streicheleinheit; → *auch* Küssen
lieblich: → anmutig
Lieblichkeit, die: → Anmut
Liebling, der: **1.** ⟨*die geliebte Person*⟩ Liebchen · der *bzw.* die Liebste · Schatz · Schätzchen · Darling; Honey (*Kosef*) ♦ *umg*: Goldkind · Goldstück (*vertraul od. scherzh*) + Puppe; → *auch* Geliebte (I *u.* II) – **2.** → Günstling – **3.** Mamas/Muttis L.: → Weichling
Lieblingsbeschäftigung, die: → Liebhaberei
lieblos: → gefühllos (1)
liebreich: 1. → liebevoll (1) – **2.** → zärtlich
Liebreiz, der: → Anmut
Liebschaft, die: **1.** → Liebesverhältnis – **2.** → Geliebte (II)
Liebste: I. Liebste, das: ⟨*das am meisten Geschätzte*⟩ Ein und Alles – **II.** Liebste, der: **1.** → Liebling (1) – **2.** → Geliebte (I) – **III.** Liebste, die: **1.** → Liebling (1) – **2.** → Geliebte (II)
Lied, das: **1.** ⟨*vertontes Gedicht*⟩ + Gesangstück · Vokalstück · Chanson · Schlager · Couplet · Song · Arie · Arioso · Kanzone · Hymne · Hymnus · Kanon · Psalm · Choral · Madrigal · Gesang; → *auch* Schlager (1) – **2.** das alte L.: → dasselbe (2); das Ende vom L.: → Folge (1); ein L. singen können |von|: → kennen (1)
liederlich: 1. → nachlässig (1) – **2.** → unordentlich – **3.** → unsittlich – **4.** liederliches Frauenzimmer: → Schlampe
Liedertafel, der: → Chor (I, 1)
liefern: 1. ⟨*auf Bestellung zusenden*⟩ zustellen · ausliefern · anliefern; → *auch* bringen (1), beliefern (1) – **2.** l. |an|: → beliefern (1); geliefert bekommen: → beliefern (2); ans Messer l.: → anzeigen (2)
Lieferung, die: **1.** ⟨*das Liefern von Waren*⟩ Zustellung · Auslieferung – **2.** → Warenmenge
Lieferwagen, der: → Lastkraftwagen
Liege, die: → Sofa
liegen: 1. ⟨*sich ausgestreckt in horizontaler Lage auf einer Unterlage befinden*⟩ ruhen; → *auch* schlafen (1, a) – **2.** → befinden (I, 1) – **3.** links l. lassen: → ignorieren (1); auf dem Bauch l.: → kriechen (2); am Boden l.: → besiegt (2); auf der Straße l.: → arbeitslos (2); auf der Lauer/im Hinterhalt l.: → lauern (1); zutage l., [klar] auf der Hand l.: → offenkundig (2); auf den Knien l.: → knien (1); auf der [faulen] Bären-

haut/faulen Haut l.: → faulenzen (1); im Magen l.: → bedrücken (1); im Sterben/in den letzten Zügen l.: → Sterben; sich in den Armen l.: → umarmen (II); in den Ohren l.: → einreden (2); im Streit l., sich in den Haaren l.: → streiten (II)
Liegenschaft: **I.** Liegenschaft, die: → Grundbesitz – **II.** Liegenschaften (*Pl*): → Grundbesitz
Liegestatt, die: **1.** → Bett (1) – **2.** → Lager (1)
Liegestuhl, der: *umg*: Faulenzer
Lifestyle, der: → Leben (2)
Lift, der: → Fahrstuhl (1)
liften: → heben (I, 1)
Liga, die: → Bündnis (1)
liieren, sich: → vereinigen (II, 2)
liiert: l. sein |mit|: → Freundin (3)
Likendeeler, der: → Seeräuber
lila: fliederfarben · fliederfarbig + violett
Lilienhügel, der: → Brust (I, 2)
Liliputaner, der: → Zwerg (2)
Limit, das: → Grenze (1, c)
limitieren: → beschränken
Limo, die: → Limonade (1)
Limonade, die: **1.** ⟨*Erfrischungsgetränk*⟩ Brause[limonade]; Sprudel (*landsch*); Kracherl (*österr veraltend*) + Fassbrause ♦ *umg*: Limo ♦ *salopp*: Krabbelwasser; → *auch* Mineralwasser – **2.** wie L.: → schal (1)
Limousine, die: → Auto (1)
lind: → lau (1)
lindern: → mildern (1)
lindgrün: → grün (1)
Lindwurm, der: → Drache
linear: → gerade (1)
Linie, die: **1.** → Umriss – **2.** → Strich (1) – **3.** → Reihe (1) – **4.** → Verkehrslinie – **5.** auf der ganzen L.: → völlig (1); in einer L.: → gerade (1); in erster L.: → besonders (2); in zweiter L.: → nebensächlich
link: linker/zur linken Hand: → links (1); mit der linken Hand machen: → mühelos (2); zwei linke Hände haben: → ungeschickt (2)
Linke, die: zur Linken: → links (1)
linken: → hereinlegen (1)
linkisch: → ungeschickt (1)
links: **1.** ⟨*auf der linken Seite befindlich*⟩ linksseitig · linksseits · zur Linken · linker Hand · zur linken Hand; backbord (*seem*) ♦ *umg*: an jmds. grüner Seite (*scherzh*) – **2.** mit l. machen: → mühelos (2); l. liegen lassen: → ignorieren (1); nach l.: → linksherum; nicht mehr wissen, was rechts und l. ist: → verwirrt (3)
linksherum: nach links · linkshin
linkshin: → linksherum
linksseitig: → links (1)
linksseits: → links (1)
linsen: **1.** → blicken (1) – **2.** → Blick (4) – **3.** → aufpassen (1)
Lippe, die: **1.** ⟨*Mundrand*⟩ + Lefze – **2.** die Lippen nachziehen: → schminken (II); von den Lippen [ab]lesen: → erraten (1); an jmds. Lippen hängen: → zuhören (1); nicht über die Lippen bringen: → verschweigen
Liquidation, die: **1.** → Auflösung (1) – **2.** → Rechnung (1)
liquid[e]: **1.** → flüssig (1) – **2.** → zahlungsfähig – **3.** → verfügbar (1)
liquidieren: **1.** → auflösen (I, 2) – **2.** → töten (I, 1)
Liquidität, die: → Zahlungsfähigkeit
Lispelei, die: → Geflüster
lispeln: **1.** ⟨*s-Laute zwischen den Zähnen artikulieren*⟩ mit der Zunge anstoßen – **2.** → flüstern (1) – **3.** → rascheln
List, die: Winkelzug · Manöver · Schachzug; → *auch* Schlauheit, Trick
Liste, die: → Verzeichnis
listenreich: → listig (1)
listig: **1.** ⟨*in der Anwendung von List erfahren*⟩ listenreich · fintenreich + verschmitzt; → *auch* schlau (1) – **2.** l. sein: ⟨*sich durch List immer zu helfen wissen*⟩ *umg*: es [dick/faustdick] hinter den Ohren haben
Litanei, die: **1.** → Gebet (1) – **2.** dieselbe L.: → dasselbe (2)
literarisch: → dichterisch
Literat, der: → Dichter (a)
Literatur, die: **1.** ⟨*Gesamtheit der schriftl. Äußerungen* [*über ein Gebiet*]⟩ Schrifttum – **2.** → Dichtung (1, a) – **3.** die schöne/schöngeistige L.: → Belletristik
Literaturdenkmal, das: → Dichtung (1, b)
Litfaßsäule, die: → Anschlagsäule
Liturgie, die: → Ritual (1)
Litze, die: → Schnur (1)
Livesendung, die: Direktsendung · Direktübertragung · Originalübertragung
Livree, die: → Uniform
Lizenz, die: → Genehmigung (1)
Lizitation, die: → Versteigerung
lizitieren: → versteigern

Lkw, der: → Lastkraftwagen
Lob, das: **1.** ⟨*in Worten ausgedrückte positive Bewertung*⟩ Belob[ig]ung · Eloge; Lobeshymne (*iron*) + Huldigung ♦ *gehoben*: Lobpreisung · Preis ♦ *umg*: + Streicheleinheit (*scherzh*); → *auch* Anerkennung (1), Lobrede, Loblied (1) – **2.** L. spenden/zollen, ein L. erteilen, mit L. überschütten/bedenken, des Lobes voll sein |über|, jmds. L. singen: → loben (1); über alles L. erhaben: → hervorragend (1)
Lobby, die: **1.** → Interessengemeinschaft – **2.** → Wandelhalle
loben: 1. ⟨*jmdm. ein günstiges Urteil aussprechen*⟩ belob[ig]en · Lob spenden/zollen · ein Lob erteilen · mit Lob überschütten/bedenken · des Lobes voll sein |über| · herausstellen · herausheben · herausstreichen · rühmen + auszeichnen · huldigen · würdigen · ehren ♦ *gehoben*: [lob]preisen · hochpreisen ♦ *umg*: ein Loblied anstimmen/singen |auf| · jmds. Lob singen · in den Himmel heben · in den höchsten Tönen loben · über den grünen Klee loben; → *auch* anerkennen (1), verherrlichen – **2.** in den höchsten Tönen l., über den grünen Klee l.: → 1
lobenswert: anerkennenswert · rühmenswert · rühmlich · löblich · beifallswürdig · verdienstvoll · achtenswert · dankenswert; verdienstlich (*veraltend*) ♦ *gehoben*: preiswürdig
Lobeshymne, die: → Lob (1)
Lobgesang, der: → Loblied (1)
Lobhudelei, die: → Schmeichelei
lobhudeln: → schmeicheln (1)
löblich: → lobenswert
Loblied, das: **1.** ⟨*Lied zum Lobe einer Person od. eines Ereignisses*⟩ Lobgesang · Dithyrambe · Dithyrambus · Preislied; → *auch* Lob (1) – **2.** ein L. anstimmen/singen |auf|: → loben (1)
lobpreisen: → loben (1)
Lobpreisung, die: → Lob (1)
Lobrede, die: Laudatio; → *auch* Lob (1)
Loch, das: **1.** ⟨*durch Zerreißen entstandene Öffnung im Strumpf*⟩ *umg*: Kartoffel (*scherzh*); Bolle (*landsch*); → *auch* Riss (1), Spalt (1) – **2.** → Bau (3) – **3.** → Zimmer – **4.** → Strafvollzugsanstalt – **5.** → Grube (1) – **6.** → Scheide (1) – **7.** den Riemen/Gürtel ein L. enger schnallen: → einschränken (II); auf dem letzten L. pfeifen: **a)** → erschöpft (4) – **b)** → zahlungsunfähig (2); zeigen, wo der Zimmermann das L. gelassen hat: → hinauswerfen (1); ins L. stecken: → einsperren (1); saufen wie ein L.: → trunksüchtig (2); ein L. in den Bauch fragen: → ausfragen
lochen: + perforieren ♦ *umg*: knipsen
löcherig: → durchlässig
löchern: → fragen (I, 1)
Locke, die: Haarlocke; Krolle (*landsch*) + Rolle ♦ *umg*: Schmachtlocke (*scherzh*); → *auch* Haarschopf
[1]locken: 1. → anlocken (1) – **2.** in die Falle/in einen Hinterhalt l.: → überlisten
[2]locken: → wellen (I)
löcken: wider den Stachel l.: → widersetzen, sich
Lockenkopf, der: Krauskopf · Wuschelkopf
Lockenkopp, der: → Glatze
locker: 1. ⟨*mangelhaft befestigt*⟩ lose · wackelig · unfest · unbefestigt – **2.** → weich (1, b) – **3.** → leichtlebig – **4.** → gelassen (1) – **5.** → ungezwungen – **6.** l. machen: → lockern (1); bei jmdm. ist eine Schraube l.: → verrückt (5); lockerer Zeisig/Vogel: → Leichtfuß (1)
lockerlassen: 1. → nachgeben (1) – **2.** nicht l.: → bestehen (5, a)
lockermachen: 1. → abgeben (I, 2) – **2.** → aufbringen (1)
lockern: 1. ⟨*die Festigkeit verringern*⟩ locker machen · auflockern – **2.** → erleichtern (I, 1) – **3.** → entspannen (I, 1)
Lockerung, die: → Entspannung (1)
lockig: gelockt · wellig · gewellt · gekräuselt · wuschelig · kraus
Lockmittel, das: **1.** ⟨*Mittel zum Fangen von Tieren*⟩ Köder · Lockspeise; Luder (*weidm*) + Angelbissen – **2.** ⟨*zum Anreiz dienendes Mittel*⟩ Köder · Zugmittel · Reizmittel
Lockspeise, die: → Lockmittel (1)
Lockung, die: → Verlockung
Loden (*Pl*): → Haar (I, 2)
lodern: → brennen (1)
lodernd: → flammend (1)
Löffel, der: **1.** → Ohr (1) – **2.** über den L. balbieren/barbieren: → betrügen (1); sich hinter die Löffel schreiben: → merken (4); eins hinter die Löffel geben: → ohrfeigen; eins hinter die Löffel kriegen: → Ohrfeige (2); die Löffel aufsperren/spitzen: → lauschen; den L. abgeben/wegschmeißen: → sterben (1); die Weisheit mit Löffeln gefres-

sen haben: → überklug (2); die Weisheit auch nicht mit Löffeln gegessen/gefressen haben: → dumm (6)
löffeln: 1. → verstehen (I, 2) – **2.** eine l.: → ohrfeigen
Logger, der: → Fangschiff
Loggia, die: **1.** → Balkon (1) – **2.** → Bogengang
logieren: 1. → beherbergen – **2.** → wohnen (1)
Logik, die: → Folgerichtigkeit
Logis, das: **1.** → Unterkunft (1) – **2.** → Wohnung (1)
logisch: 1. → folgerichtig – **2.** → selbstverständlich (1)
logischerweise: → folglich (1)
logo: → selbstverständlich (1)
Logo, das *od.* der: → Markenzeichen
Lohe: die: → Flamme (1)
lohen: → brennen (1)
lohend: → flammend (1)
Lohn, der: **1.** ⟨*Entlohnung für Arbeiter*⟩ Verdienst · Arbeitseinkommen · Arbeitslohn · Arbeitsverdienst · Entlohnung; Heuer (*seem*); Salär (*schweiz*) + Einkünfte · Einnahme · Entgelt · Einkommen · Bezahlung · Erwerb; → *auch* Gehalt (I), Wehrsold – **2.** → Dank (1) – **3.** → Strafe (1) – **4.** in L. und Brot nehmen: → anstellen (I, 2); in L. und Brot stehen: → arbeiten (2); ohne L. und Brot: → arbeitslos (1)
lohnen: I. lohnen: → vergelten (2) – **II.** lohnen, sich: ⟨*mehr als den Einsatz einbringen*⟩ sich rentieren · rentabel sein · sich rechnen · sich bezahlt machen · sich verlohnen · sich auszahlen + der/die Mühe wert sein
lohnend: → ergiebig, einträglich
Lohnfuhrmann, der: → Fuhrmann (1)
Löhnung, die: → Wehrsold
Lok, die: → Lokomotive
lokal: → örtlich (1)
Lokal, das: → Gaststätte (1, a)
Lokalanästhesie, die: → Betäubung (1)
Lokalbahn, die: → Kleinbahn
lokalisieren: → begrenzen (1)
Lokalität, die: **1.** → Ort (1) – **2.** → Gaststätte (1, a)
Lokation, die: → Wohnsiedlung
Lokomotive, die: Lok · Maschine; Dampfross (*scherzh veraltend*)
Lokus, der: → Toilette (1)
Lolli, der: → Lutscher (1)
Longseller, der: → Verkaufsschlager
Look, der: → Aussehen (1)
Lorbass, der: → Flegel (1)
Lorbeer, der: Lorbeeren ernten: → Ruhm (2)
Lorbeerkranz, der: → Siegerkranz
Lore, die: angeben wie eine L. [nackter] Affen: → angeben (1)
Lorgnette, die: → Brille (1)
Lorgnon, das: → Einglas
Lorke, die: **1.** → Brühe (2) – **2.** → Kaffee (2)
los: 1. ⟨*Ruf zum Beginnen*⟩ *umg*: auf geht's ♦ *gehoben*: wohlan · wohlauf (*veraltet*); → *auch* vorwärts (1) – **2.** → frei (1) – **3.** l. sein: → geschehen (1); l. und ledig: → frei (1); nicht viel l.: → langweilig
Los, das: **1.** → Schicksal (1) – **2.** das große L. gezogen haben: → Glück (4); durch L. entscheiden, das L. entscheiden lassen, durch das L. bestimmen: → losen
losballern: → abdrücken (I, 1)
losbinden: lösen · abbinden · losknüpfen + losketten · abschnallen ♦ *umg*: losmachen · abmachen
losbrechen: 1. → abbrechen (1) – **2.** → ausbrechen (1)
losbrüllen: → Lachen (3)
löschen: 1. ⟨*einem Feuer ein Ende bereiten*⟩ auslöschen + ersticken · ausgießen · austreten · ausdrücken · ausschlagen · ausblasen ♦ *umg*: ausmachen – **2.** → tilgen (1, 2 *u.* 3) – **3.** → entladen (I, 1)
Löschung, die: → Tilgung
losdampfen: → abfahren (1, a *u.* b)
losdrücken: → abdrücken (I, 1)
lose: 1. ⟨*ohne Verpackung*⟩ unverpackt – **2.** → locker (1) – **3.** loser Vogel: → Leichtfuß (1); ein loses Maul haben: → frech (2)
losen: durch Los entscheiden · das Los entscheiden lassen · durch das Los bestimmen + knobeln
lösen: I. lösen: **1.** ⟨*etw. Problematisches dem Verständnis erschließen bzw. einer Klärung zuführen*⟩ auflösen · herausfinden · herausbekommen + erraten · ausrechnen ♦ *umg*: herausbringen · herauskriegen; → *auch* enträtseln (1) – **2.** → auflösen (I, 1), entwirren – **3.** → losbinden – **4.** → entspannen (I, 1) – **5.** die Zunge l.: → sprechen (3) – **II.** lösen, sich: **1.** → ablösen (II, 1) – **2.** → loslösen (II) – **3.** → lossagen, sich – **4.** → auflösen (II, 1) – **5.** → entspannen (II, 1)

Loser, der: → Verlierer (1)
losfahren: → abfahren (1, a *u.* b)
losgebunden: → frei (1)
losgehen: 1. → anfangen (1, b) – **2.** → aufbrechen (3) – **3.** → ablösen (II, 1)
losgondeln: → abfahren (1, b)
loshaben: etw. l.: → können (5)
loskaufen: freikaufen; auslösen (*süddt österr*)
losketten: → losbinden
losknallen: → abdrücken (I, 1)
losknüpfen: → losbinden
loskommen: freikommen · abkommen; → *auch* entkommen (1), abschütteln (2)
loslassen: auslassen (*süddt österr*) + weglassen ♦ *umg*: fahren lassen
loslegen: → anfangen (1, a)
löslich: löslicher Kaffee: → Instantkaffee
loslösen: I. loslösen: → ablösen (I, 1) – **II.** loslösen, sich: ⟨*sich von etw. trennen*⟩ sich lösen + sich absplittern · sich abspalten; → *auch* lossagen, sich
Loslösung, die: → Ablösung (1)
losmachen: 1. → losbinden – **2.** → ablösen (I, 1) – **3.** → anfangen (1, a)
losmarschieren: → abmarschieren
lospilgern: → aufbrechen (3)
losplatzen: → Lachen (3)
losprusten: → Lachen (3)
losreißen: → abreißen (1)
lossagen, sich: sich lösen · brechen |mit| · abfallen + abschwören ♦ *gehoben*: absagen ♦ *umg*: abspringen; → *auch* absondern (II), loslösen (II)
Lossagung, die: Abfall + Bruch
losschieben: → weggehen (1)
losschießen: → anfangen (1, a)
losschlagen: 1. → verkaufen (I, 1) – **2.** → schlagen (I, 1)
lossprechen: → absolvieren (1)
Lossprechung, die: **1.** → Freispruch – **2.** → Absolution (1)
losstrampeln: → abfahren (1, b)
lostrennen: → abtrennen (1)
Lostrennung, die: → Ablösung (1)
lostreten: → auslösen (1, b)
Losung, die: **1.** → Kennwort – **2.** → Wahlspruch
Lösung, die: **1.** ⟨*Mittel od. Weg zum Überwinden einer Schwierigkeit*⟩ Schlüssel · Ei des Kolumbus · Patentlösung · Patentrezept; → *auch* Ideallösung – **2.** → Entspannung (1)
Losungswort, das: → Kennwort
loswerden: 1. → abschütteln (2) – **2.** → verlieren (I, 2)
losziehen: → weggehen (1)
loszischen: → abfahren (1, a *u.* b)
loszittern: → weggehen (1)
Lot, das: **1.** ⟨*Messgerät*⟩ Senkblei · Senklot · Richtblei · Blei – **2.** im L. sein: → Ordnung (4); ins L. bringen: → bereinigen (1)
Lötkolben, der: → Nase (1)
lotrecht: → senkrecht (1)
lotsen: 1. ⟨[*einem Fahrzeugführer*] *den richtigen Weg zeigen*⟩ einweisen – **2.** → lenken (1)
Lotterbett, das: → Sofa
Lotterei, die: → Misswirtschaft
Lotterie, die: → Verlosung
Lotteriegewinn, der: Treffer · Gewinn
lotterig: → unordentlich, nachlässig (1)
Lotterwirtschaft, die: → Misswirtschaft
Louis, der: → Zuhälter
Lounge, die: → Hotelhalle
Lover, der: → Geliebte (I)
Lovestory, die: → Liebesgeschichte
Löwe, der: **1.** ⟨*Großkatze*⟩ Wüstenkönig · König der Tiere (*meist scherzh*) ♦ *dicht*: Leu – **2.** sich in die Höhle des Löwen begeben: → gefährden (II)
Löwenmut, der: → Mut (1)
loyal: → rechtschaffen
Loyalität, die: → Rechtschaffenheit
LSD, das: → Rauschgift (1)
Luch, das *od.* die: → Sumpf (1)
Luchs, der: aufpassen wie ein L.: → aufpassen (1)
Luchsauge, das: mit Luchsaugen: → aufmerksam (1)
luchsen: → aufpassen (1)
Lücke, die: **1.** ⟨*leere Stelle*⟩ Zwischenraum + Bresche; → *auch* Spalt (1) – **2.** durch die Lücken schlüpfen: → entkommen (1)
Lückenbüßer, der: → Ersatzmann
lückenhaft: → unvollständig
lückenlos: → vollständig (1)
Lude, der: → Zuhälter
Luder, das: **1.** *salopp abwert* ⟨*niederträchtige Frau*⟩ Aas · Biest · Kröte · Miststück · Dreckstück ♦ *derb*: Sauluder · Saumensch · Mistvieh; → *auch* Xanthippe, Rabenaas – **2.** → Aas (1) – **3.** → Lockmittel (1) – **4.** → Schlaukopf – **5.** → Frechdachs
Luft, die: **1.** ⟨*die Erde umgebendes Gasgemisch*⟩ Atmosphäre · Erdatmosphäre ·

Lufthülle ♦ *gehoben*: Luftozean · Luftmeer – **2.** → Wind (I, 1) – **3.** König der Lüfte: → Adler; durch die L. schießen: → fliegen (1); nach L. schnappen, keine L. haben/kriegen: → Atemnot (2); L. holen: → atmen (1); tief L. holen: → aufatmen (1); wie L. behandeln: → ignorieren (1); in die L. jagen: → sprengen (1); in die L. fliegen/gehen: → explodieren (1); wie der Vogel in der L.: → frei (1); sich in L. auflösen: → verschwinden (1); an die [frische] L. setzen: **a)** → hinauswerfen (1) – **b)** → entlassen (2); [ein wenig] L. schnappen/schöpfen: → spazieren (2); gesiebte L. atmen: → gefangen (2); die L. ist raus: → Schwung (4); L. ablassen, seinem Herzen L. machen: → aussprechen (II, 1); sich L. machen: → schimpfen (1); in die L. gehen: → aufbrausen (2); in der L. zerfetzen: → verreißen; die L. abdrehen: → ruinieren (I, 1); in der L. schweben: → ungewiss (2); es herrscht dicke L.: → Streit (2); aus der L. gegriffen: → gegenstandslos (1)

Luftballon, der: → Ballon (1)

Luftblase, die: → Blase (1)

Lüftchen, das: → Wind (I, 1)

luftdicht: → undurchlässig

lüften: 1. ⟨*frische Luft zuführen*⟩ durchlüften · belüften · auslüften · entlüften ♦ *umg*: Durchzug machen – **2.** den Hut l.: → grüßen (1); das Geheimnis/den Schleier l.: → enträtseln (1)

Lüfter, der: → Ventilator

Luftfahrt, die: → Flugwesen

Luftfahrzeug, das: **1.** → Flugzeug – **2.** → Luftschiff

Lufthauch, der: → Luftzug

Lufthülle, die: → Luft (1)

Luftikus, der: → Leichtfuß (1)

Luftkissenfahrzeug, das: Hovercraft

Luftkrankheit, die: → Reisekrankheit

Luftkreuz, das: → Verkehrsknotenpunkt

luftleer: im luftleeren Raum: → isoliert

Luftmeer, das: → Luft (1)

Luftozean, der: → Luft (1)

Luftpassagier, der: → Fluggast

Luftpirat, der: Flugzeugentführer · Hijacker

Luftreise, die: → Flug (1, a)

Luftschiff, das: Zeppelin + Luftfahrzeug

Luftschloss, das: → Wunschvorstellung

Luftschraube, die: Propeller + Rotor

Luftsprung, der: **1.** ⟨*Sprung in die Luft*⟩ Kapriole + Freudensprung – **2.** einen L. machen: → freuen (II, 1)

Luftstrom, der: → Luftzug

Lüftung, die: Ventilation · Frischluftzufuhr

Luftveränderung, die: Luftwechsel · Wechsel ♦ *umg*: Tapetenwechsel

Luftverschmutzung, die: → Luftverunreinigung

Luftverunreinigung, die: Luftverschmutzung · Emission

Luftwechsel, der: → Luftveränderung

Luftzug, der: Luftstrom · Lufthauch · Hauch · Zug + Durchzug

Lug, der: → Ausguck (1)

Lugaus, der: → Ausguck (1)

Lüge, die: **1.** ⟨*absichtlich falsche Aussage*⟩ Unwahrheit · Schwindel + Falschmeldung ♦ *umg*: Schwindelei · Flunkerei · Geflunker; Sohle (*landsch*); → *auch* Lügengeschichte, Täuschung (1) – **2.** Lügen strafen: → widerlegen

lugen: → spähen (1)

lügen: 1. ⟨*absichtlich eine falsche Aussage machen*⟩ die Unwahrheit sagen · nicht bei der Wahrheit bleiben · schwindeln · falsches Zeugnis ablegen + erlügen · vorgaukeln · Ausflüchte machen ♦ *umg*: flunkern · das Blaue vom Himmel herunterlügen; kohlen · sohlen (*landsch*); → *auch* heucheln (1) – **2.** die Jacke/Hucke voll l.: → belügen

Lügenbeutel, der: → Lügner

Lügenbold, der: → Lügner

Lügengeschichte, die: Märchen · Ammenmärchen · Münchhaus[en]iade · Fabel[ei] + Jägerlatein · Seemannsgarn; → *auch* Erfindung (1), Lüge (1)

lügenhaft: → unwahr

Lügenmaul, das: → Lügner

Lügenpeter, der: → Lügner

Lügensack, der: → Lügner

Luginsland, der: → Ausguck (1)

Lügner, der: Lügenbold · Schwindler · Fabulant + Aufschneider · Schaumschläger ♦ *umg*: Schwindelgeist · Flunkerer · Fabelhans · Lügenpeter · Lügenbeutel ♦ *salopp*: Lügenmaul · Lügensack

lügnerisch: 1. → unwahr – **2.** → unaufrichtig (1)

Luke, die: **1.** → Fenster (1) – **2.** → Öffnung

lukrativ: → einträglich

lukullisch: 1. → üppig (1) – **2.** → feinschmeckerisch

Lukullus, der: → Feinschmecker
Lulatsch, der: → Lange
Lulle, die: → Zigarette
lullen: in den Schlaf l.: → einschläfern (1)
Luller, der: → Schnuller
lullern: → austreten (1)
Lümmel, der: → Flegel (1)
lümmelhaft: → flegelhaft (1)
lümmeln, sich: sich flegeln ♦ *umg*: sich fläzen; → *auch* hinlümmeln, sich
Lump, der: → Schurke
lumpen: **1.** → zechen – **2.** sich nicht l. lassen: → freigebig (2)
Lumpen, der: **1.** ⟨*zerfetztes od. abgetragenes Kleidungsstück*⟩ *umg*: Fetzen · Klunker · Hader · Lappen (*landsch*) – **2.** in Lumpen: → abgerissen (1); aus den Lumpen schütteln: → ausschimpfen
Lumpengesindel, das: → Gesindel
Lumpenhändler, der: → Altstoffhändler
Lumpenhund, der: → Schurke
Lumpenkerl, der: → Schurke
Lumpenpack, das: → Gesindel
Lumpensammler, der: → Altstoffhändler
Lumpenwirtschaft, die: → Misswirtschaft
Lumperei, die: → Schurkerei
lumpig: **a)** → gemein (1) – **b)** → geringfügig
Luna: Frau L.: → Mond (1)
Lunatiker, der: → Schlafwandler
Lunch, der: → Mittagessen
Lunge, die: **1.** ⟨*Atmungsorgan*⟩ *salopp*: Plauze (*landsch*) – **2.** es auf/mit der L. haben: → lungenkrank; aus voller L.: → laut (1, b); grüne L.: → Park (1)
lungenkrank: l. sein: schwach auf der Brust sein ♦ *umg*: es auf/mit der Lunge haben; → *auch* tuberkulös
Lunte, die: **1.** → Schwanz (1) – **2.** L. riechen: **a)** → merken (1) – **b)** → Verdacht (2)
Lupe, die: **1.** ⟨*Sammellinse zum Vergrößern*⟩ Vergrößerungsglas – **2.** unter die L. nehmen: → prüfen (1)
Lusche, die: → Versager (1)
luschig: → nachlässig (1)
Luser, der: → Ohr (1)
Lust, die: **1.** → Verlangen (1) – **2.** → Freude (1) – **3.** keine L. haben |zu/auf|: ⟨*ohne inneren Antrieb zu etw. sein*⟩ *umg*: keinen/null Bock haben |auf| (*bes. jugendspr*) – **4.** L. haben |zu|: → wünschen (1)
Lustbarkeit, die: → Fest (1)
Luster, der: → Kronleuchter
Lüster, der: → Kronleuchter
lüstern: **1.** ⟨*geschlechtlich stark gereizt*⟩ wollüstig · faunisch · begehrlich · begierig ♦ *gehoben*: gelüstig ♦ *umg*: scharf [wie eine Rasierklinge] · heiß · spitz; geil (*oft abwert*); → *auch* gierig (1), sinnlich (1) – **2.** l. sein: ⟨*geschlechtlich stark gereizt sein*⟩ *umg*: geilen (*abwert*)
Lüsternheit, die: Begier[de] · Libido; Fleischeslust (*noch scherzh*) ♦ *umg*: Geilheit · Geile (*abwert*); → *auch* Wollust (1), Sinnlichkeit, Geschlechtstrieb
Lustfahrt, die: → Ausflug
Lustgarten, der: → Park (1)
Lustgreis, der: → Lüstling
lustig: fidel · aufgeräumt · aufgeheitert · vergnügt · vergnüglich · [in] gehobener Stimmung ♦ *umg*: kreuzfidel · mopsfidel · quietschfidel · quietschvergnügt · pudelnärrisch · puppenlustig ♦ *derb*: kackfidel (*landsch*); → *auch* heiter (1), spaßig (1)
Lüstling, der: Wüstling · Wollüstling · Faun · Satyr + Blaubart · Casanova · Lustgreis ♦ *umg*: Lustmolch (*meist scherzh*); Hengst (*abwert*) ♦ *salopp*: [geiler] Bock (*abwert*)
lustlos: halbherzig
Lustlosigkeit, die: Unlust · Antriebslosigkeit
Lustmolch, der: → Lüstling
Lustmord, der: **1.** → Mord (1) – **2.** → Sexualstraftat
Lustreise, die: → Ausflug
Lustspiel, das: Komödie + Schwank · Burleske · Posse · Possenspiel · Farce; → *auch* Theaterstück
lustwandeln: → spazieren (2)
lutschen: **1.** ⟨*mit Lippen u. Zunge ziehen*⟩ saugen ♦ *umg*: nutschen · zutschen (*landsch*) – **2.** am Daumen l.: → darben
Lutscher, der: **1.** ⟨*großes Bonbon an einem Stiel*⟩ *umg*: Lolli – **2.** → Schnuller
lütt: → klein (1)
luxuriös: → prunkvoll
Luxus, der: **1.** → Prunk (1) – **2.** → Wohlleben – **3.** → Wohlstand
luzid: → verständlich (1)
Luzidität, die: → Verständlichkeit (1)
Luzifer, der: → Teufel (1)
luziferisch: → teuflisch (1)
lynchen: → töten (I, 1)
Lyrik, die: [lyrische] Dichtung · Poesie; → *auch* Dichtung (1, a)

Lyriker, der: Dichter; Poet · Reimer (*oft spött*); Versemacher · Reimschmied · Verseschmied · Poetaster (*abwert*) + Minnesänger · Troubadour · Meistersänger · Anakreontiker ♦ *dicht*: Sänger; → *auch* Dichter (a)

lyrisch: → dichterisch

M

Machart, die: **1.** *umg:* ⟨*die Art u. Weise, wie etw. durchgeführt wird*⟩ Strickmuster – **2.** → Herstellungsart, [1]Fasson (1)
machbar: → durchführbar
Mache, die: **1.** → Ziererei – **2.** → Angabe (I, 1) – **3.** in die M. nehmen, in der M. haben: → bearbeiten (2)
machen: I. machen: **1.** → tun (1), handeln (I, 3) – **2.** → zubereiten (1) – **3.** → anfertigen (1) – **4.** → veranstalten (1) – **5.** → ablegen (2) – **6.** m. |in|: → handeln (I, 1); schnell/rasch/fix m.: → beeilen, sich; ganz/heil m.: → reparieren; das Rennen m.: → siegen; einen Rückzieher m.: → nachgeben (1); einen [großen] Bogen m. |um|: → meiden; ein Nickerchen/Schläfchen m.: → schlafen (1, c); lange Nacht m.: → durchfeiern; satt m.: → sättigen (1); zu Geld m.: → verkaufen (I, 1); zum Geschenk m.: → schenken (1); eine Erbschaft m.: → erben; eine Wette m.: → wetten; lange/krumme Finger m.: → stehlen (1); einen Strich durch die Rechnung m.: → vereiteln; lange Ohren m.: → lauschen; einen langen Hals m.: → neugierig (2); große Augen m.: → staunen (1); sich nichts m. |aus|: → ablehnen (2); sich Sorgen/Gedanken m. |um|: → sorgen (II); die Haare m.: → frisieren (1); ein Bächlein/einen Bach/ein kleines Geschäft/klein/Pipi m.: → austreten (1); Aa/groß/ein großes Geschäft/einen Haufen m.: → austreten (2); unter sich m.: **a)** → einnässen, austreten (1) – **b)** → austreten (2); den Prozess m.: → verklagen; dingfest m.: → verhaften; den Garaus m.: → töten (I, 1); einen Kopf kürzer m.: → enthaupten; unbrauchbar m.: → zerstören (1); Hochzeit m.: → heiraten (1); Schluss/Feierabend/Kehraus/ein Ende/einen Punkt m.: → aufhören (1); Urlaub/Ferien m.: → ausspannen (I, 2); eine Fuffzehn m.: **a)** → aussetzen (2) – **b)** → rasten; eine Reise m.: → reisen (1); mach's gut: → Wiedersehen (1); Mut m.: → ermutigen; Komplimente m.: → schmeicheln (1); zur Sau/Minna m.: → ausschimpfen; Reklame/Propaganda m.: → werben (1); aus einer Mücke einen Elefanten m.: → übertreiben (1); Staat m.: → prunken (1); Spaß/Unsinn/Ulk/Flachs/einen Jux m.: → scherzen; Krach/Stunk m.: → beschweren (II); madig m.: **a)** → verleiden – **b)** → verleumden (1); Mitteilung/eine Meldung m.: → mitteilen (I); ein Geständnis m.: → gestehen (1); einen Vorschlag m.: → vorschlagen; einen Einwand [geltend] m.: → einwenden; Verse/Reime m.: → [2]dichten (1, b) – **II.** machen, sich: sich wichtig/mausig m.: → aufspielen (II); sich rar m.: → zurückhalten (II, 1); sich lächerlich/zum Gespött [der Leute]/sich zum Gelächter/sich unmöglich m.: → blamieren (II); sich von dannen m., sich auf die Socken/Strümpfe m.: → weggehen (1); sich auf den Weg m.: **a)** → weggehen (1) – **b)** → aufbrechen (3) – **c)** → abreisen; sich aus dem Staub m.: **a)** → fliehen (1) – **b)** → entfliehen (1) – **c)** → wegschleichen (I); sich bezahlt m.: → lohnen (II)
Machenschaften (*Pl; abwert*): **1.** ⟨*rechtlich bzw. moralisch nicht ganz einwandfreie Handlungen*⟩ dunkle Machenschaften · Manipulationen · Schiebung; Machinationen (*veraltend*) ♦ *umg:* Macherei – **2.** → Intrige – **3.** dunkle M.: **a)** → 1 – **b)** → Intrige
Macher, der: → Hintermann (1)
Macherei, die: → Machenschaften (1)
Machinationen (*Pl*): → Machenschaften (1)
Macho, der: *umg:* Chauvi
Macht, die: **1.** → Herrschaft (1) – **2.** → Staatsmacht – **3.** → Einfluss (2) – **4.** die M. übernehmen: ⟨*zur Ausübung der Staatsgewalt gelangen*⟩ an die Macht kommen/gelangen · die Macht ergreifen · usurpieren · die Herrschaft an sich reißen · zur

Herrschaft gelangen · die Zügel ergreifen ♦ *umg*: ans Ruder kommen/gelangen – **5.** die M. ergreifen, an die M. kommen/gelangen: → 4; die M. ausüben/[inne]haben/besitzen: **a)** → regieren (1) – **b)** → herrschen (1); die M. der Gewohnheit: → Gewohnheitstrieb

Machtapparat, der: → Staatsmacht

Machtbereich, der: **1.** → Herrschaftsbereich – **2.** → Einflussbereich (2)

Machtbesessenheit, die: → Machthunger

Machtgier, die: → Machthunger

Machthaber, der: → Herrscher

machthaberisch: → herrschsüchtig (1)

Machthunger, der: Machtbesessenheit · Machtgier

mächtig: 1. ⟨*große Macht besitzend*⟩ einflussreich · potent; → *auch* allmächtig – **2.** → gewaltig (1) – **3.** → dick (1) – **4.** → groß (1) – **5.** m. sein |einer Sache|: → beherrschen (4); seiner nicht mehr m. sein: → Beherrschung (2)

Mächtigkeit, die: → Größe (1)

machtlos: 1. ⟨*keine Macht besitzend*⟩ einflusslos · ohnmächtig · schwach – **2.** m. sein: ⟨*nicht über die nötige Macht verfügen*⟩ keinen Einfluss haben · ohne Einfluss sein + jmdm. sind die Hände gebunden ♦ *umg*: machtlos vis-a-vis stehen (*scherzh*)

Machtprobe, die: → Kraftprobe

Machtsphäre, die: → Herrschaftsbereich

Machtwechsel, der: → Regierungswechsel

Machtwort, das: ein M. sprechen: → durchsetzen (I, 1)

machulle: → zahlungsunfähig (1)

Machwerk, das (*abwert*): Elaborat ♦ *umg*: Schmonzette · Geschreibsel

Macke, die: **1.** → Schrulle (1) – **2.** eine M. haben: → verrückt (5)

Macker, der: **1.** → Geliebte (I), Liebhaber (1) – **2.** → [1]Leiter

Madam, die: → Ehefrau

Mädchen, das: **1.** ⟨*Kind weibl. Geschlechts*⟩ die Kleine ♦ *umg*: Küken; → *auch* Kind (1) – **2.** ⟨*unverheiratete junge Person weibl. Geschlechts*⟩ junges Geschöpf; Tochter (*schweiz*); Maid (*noch scherzh*); Jungfer (*veraltet*); Dirn (*noch landsch*); Dirndl (*süddt österr*) + Backfisch (*veraltend*) ♦ *umg*: Mädel · Girl; Gänschen · Pflänzchen (*abwert*) ♦ *salopp*: Käfer · Biene · Puppchen · [tolle] Puppe (*auch scherzh*); → *auch* Frau (I, 1), Jungfrau, Teenager (1) – **3.** → Jungfrau – **4.** → Hausangestellte (II) – **5.** M. für alles: → Hausangestellte (I *u.* II); spätes/altes M.: → Jungfer (3); leichtes M.: → Herumtreiberin

Mädchenhirt, der: → Zuhälter

Made, die: leben wie die M. im Speck: → schwelgen (1)

Mädel, das: → Mädchen (2)

madig: 1. ⟨*von Maden befallen*⟩ wurmig · wurmstichig; wurmfräßig (*landsch*) – **2.** m. machen: **a)** → verleiden – **b)** → verleumden (1)

Madrigal, das: → Lied (1)

Maestro, der: → Meister (1)

Mafia, die: → Verbrecherorganisation

Magazin, das: **1.** → Lager (3) – **2.** → Zeitschrift

Magaziner, der: → Lagerarbeiter

Magazineur, der: → Lagerverwalter

magazinieren: → lagern (1)

Magd, die (*veraltend*): Dirn (*süddt österr*) + Stallmagd

Magen, der: **1.** ⟨*Verdauungsorgan*⟩ *umg*: Bauch – **2.** mit knurrendem M.: → hungrig (1); nichts im M. haben, jmdm. knurrt der M., jmdm. hängt der M. bis in die Kniekehlen: → hungrig (2); sich den M. überladen: → überessen, sich; den M. auspumpen: → auspumpen (2); im M. liegen: → bedrücken (1)

Magenfahrplan, der: → Speisezettel

Magenknurren, das: → Hunger (1)

Magenweh, das: → Bauchschmerz (II)

mager: 1. ⟨*wenig Fleisch u. Fett am Körper aufweisend*⟩ dürr · hager · knochig · dünn · schmächtig ♦ *umg*: knochendürr · klapperdürr · spindeldürr · rappeldürr · [nur] ein Strich; wie eine Bohnenstange (*meist scherzh*); spillerig (*landsch*); → *auch* abgemagert, schlank (1) – **2.** → karg (1) – **3.** m. sein: ⟨*wenig Fleisch u. Fett am Körper haben*⟩ *umg*: nichts auf den Rippen haben · bei jmdm. kann man die/alle Rippen zählen – **4.** m. werden: → abmagern

Magerkeit, die: Dürre; → *auch* Abmagerung

Magie, die: → Zauberei

Magier, der: → Zauberkünstler

magisch: zauberisch

Magister, der: → Lehrer

Magistrale, die: → Hauptstraße

Magnat, der: → Großunternehmer

Magnet, der: → Blickfang

magnetisch: → anziehend (2)
Magnettongerät, das: → Tonbandgerät
Mähbinder, der: → Binder (1)
Mähder, der: → Mäher
[1]mähen: abmähen · hauen · schneiden · sensen + [ab]sicheln
[2]mähen: blöken
Mäher, der: Schnitter (*veraltend*); Mähder (*landsch*)
Mahl, das: **1.** → Mahlzeit (1) – **2.** → Gericht (1)
mahlen: 1. → zermahlen – **2.** → kauen (1)
mählich: → allmählich
Mahlzeit, die: **1.** ⟨*das [gemeinsame] Einnehmen der Speisen*⟩ Essen; Schmaus (*veraltend*) + Imbiss · Picknick ♦ *gehoben*: Mahl; → *auch* Essen (1) – **2.** → Gericht (1) – **3.** die M. einnehmen: ⟨*kultiviert [u. ausgedehnt] Speisen zu sich nehmen*⟩ das Essen einnehmen; Mahlzeit halten (*veraltend*) ♦ *gehoben*: speisen · tafeln · dinieren; → *auch* essen (1), frühstücken, Abend (4), picknicken – **4.** M. halten: → 3
Mahnbescheid, der: → Zahlungsaufforderung
Mahnbrief, der: Mahnschreiben · Mahnung ♦ *umg*: Brandbrief; → *auch* Zahlungsaufforderung
mahnen: 1. ⟨*zur Erfüllung einer Verpflichtung auffordern*⟩ anmahnen · abmahnen; → *auch* erinnern (I, 1) – **2.** → ermahnen (1)
Mahnruf, der: → Mahnung (1)
Mahnschreiben, das: → Mahnbrief
Mahnung, die: **1.** ⟨*Aufforderung zum Erfüllen einer Verpflichtung*⟩ Anmahnung · Abmahnung · Erinnerung · Memento + Mahnruf – **2.** → Mahnbrief, Ermahnung (1)
Mahr, der: → Gespenst (1)
Mähre, die: → Pferd (1)
Maid, die: → Mädchen (2)
Maienzeit, die: → Frühling (1)
Mainliner, der: → Rauschgiftsüchtige
Majestät, die: → Würde (1)
majestätisch: königlich · erhaben + gebieterisch
majorenn: → mündig
Majorität, die: → Mehrheit
makaber: 1. → unheimlich (1) – **2.** → gruselig (1)
Makel, der: **1.** → Schandfleck – **2.** → [1]Mangel (2)
Mäkelei, die: → Nörgelei
makellos: → fehlerlos (1), einwandfrei (1)
mäkeln: → nörgeln
Make-up, das: **1.** → Schönheitspflege – **2.** → Schminke (1) – **3.** M. auflegen / auftragen: → schminken (II)
Makler, der: → Vermittler (1)
Mäkler, der: → Nörgler
mäklig: 1. → nörglig – **2.** → wählerisch
Makrokosmos, der: → Weltall
Makulatur, die: **1.** → Altstoff – **2.** M. reden: → schwafeln
Mal, das: **1.** → Merkzeichen – **2.** → Abzeichen (2) – **3.** zu wiederholten Malen, ein um das andere M., einige / etliche / ein paar Mal[e]: → wiederholt (1); viele / unzählige / dutzende Mal[e]: → oft; zum anderen / zweiten Mal[e]: → wieder (1); das erste M., zum ersten Mal[e]: → erstmals; mit einem M.: → plötzlich (1); ein für alle M.: → endgültig
malade: → krank (1)
Malaise, die: → Unbehagen
Malefizkerl, der: **1.** → Kerl (1) – **2.** → Draufgänger
malen: 1. ⟨*mit Pinsel u. Farbe schaffen*⟩ **a)** ⟨*allgemein*⟩ pinseln; klecksen · schmieren (*abwert*) – **b)** ⟨*Bildnisse*⟩ porträtieren; konterfeien (*noch scherzh*) + zeichnen; → *auch* zeichnen (1), darstellen (I, 1, a) – **2.** → schreiben (1) – **3.** den Teufel an die Wand m.: → berufen (I, 2); mit Worten m.: → erzählen (2)
malenswert: → malerisch
Maler, der: **1.** ⟨*Handwerker*⟩ Anstreicher · Dekorationsmaler; Tüncher · Weißbinder (*landsch*) ♦ *umg*: Pinsler · Kleckser (*meist abwert*); Malerklecks (*landsch abwert*) – **2.** ⟨*Künstler*⟩ Kunstmaler ♦ *umg*: Schmierer (*abwert*); Kleckser · Pinsler (*scherzh od. abwert*)
malerisch: pittoresk · malenswert + farbig; → *auch* stimmungsvoll
Malerklecks, der: → Maler (1)
Malheur, das: → Missgeschick
maligne: → bösartig (1)
maliziös: → boshaft (1)
mall: → verrückt (1)
Mall, die: → Einkaufsstraße
malmen: 1. → kauen (1) – **2.** → zermahlen
malnehmen: → multiplizieren
malochen: → arbeiten (1)
Malocher, der: → Arbeiter (I)
Malstift, der: → Farbstift
malträtieren: → quälen (I, 1)

Malz, das: bei/an jmdm. ist Hopfen und M. verloren: → unverbesserlich (2)
Malzkaffee, der: → Kaffee (2)
Mama, die: **1.** → Mutter (1) – **2.** Mamas Liebling: → Weichling
Mamachen, das: → Mutter (1)
Mami, die: → Mutter (1)
Mammae (*Pl*): → Brust (I, 2)
Mammon, der: **1.** → Geld (1) – **2.** dem M. frönen: → geldgierig (2)
mampfen: → kauen (1)
man: → jemand (1)
Management, das: → Unternehmensführung
managen: 1. → leiten (1) – **2.** → bewerkstelligen
Manager, der: **1.** → Betreuer – **2.** → [1]Leiter
manche: → einige (1)
mancherlei: → allerlei
mancherorts: → vereinzelt (1)
manchmal: bisweilen · zuweilen · mitunter · verschiedentlich · gelegentlich · okkasionell · vereinzelt · zuzeiten · von Zeit zu Zeit · dann und wann · hin und wieder · ab und an · ab und zu · hie[r] und da; etwa (*schweiz*); → *auch* vereinzelt (1), selten (1)
Mandant, der: → Auftraggeber (1)
Mandat, das: → Abgeordnetensitz
Mandatar, der: → Abgeordnete
Mandel, die: → Puppe (3)
Manege, die: → Reitbahn
[1]**Mangel,** der: **1.** ⟨*das Nichtvorhandensein von* [*genügend*] *notwendigen Mitteln*⟩ Knappheit · Beschränktheit · Verknappung · Engpass · Entbehrung; → *auch* Armut (1) – **2.** ⟨*körperl. Fehler*⟩ Gebrechen · Makel · Defekt; → *auch* Schaden (2) – **3.** M. leiden: → darben
[2]**Mangel,** die: **1.** → Wäschemangel – **2.** in die M. nehmen: → bearbeiten (2)
Mängelbeseitigung, die: → Reparatur
mangelhaft: → unzureichend
[1]**mangeln:** → fehlen (2)
[2]**mangeln:** rollen; → *auch* bügeln (1)
mangels: in Ermangelung
Manie, die: → Sucht
Manier: I. Manier, die: **1.** → Eigenart – **2.** → Künstelei – **II.** Manieren (*Pl*): → Benehmen (1)
manieriert: → gekünstelt
Manieriertheit, die: → Künstelei
Manierismus, der: → Künstelei
manierlich: → wohlerzogen, anständig (1)
manifest: → deutlich (3)
Manifest, das: → Erklärung (2)
Manifestation, die: **1.** → Darlegung (1) – **2.** → Kundgebung
manifestieren: → darlegen
Maniküre, die: Handpflege
Manipulation: I. Manipulation, die: **1.** → Trick – **2.** → Volksverführung – **II.** Manipulationen (*Pl*): → Machenschaften (1)
manipulieren: → instrumentalisieren
Manko, das: → Fehlbetrag
Mann: I. Mann, der: **1.** ⟨*erwachsener Mensch männl. Geschlechts*⟩ Herr; männliches Wesen (*oft scherzh*) ♦ *umg*: Mannsperson · Mannsbild · Männchen (*oft abwert*); Bursche (*auch abwert*); Mannsstück · Kerl (*abwert*); Männeken (*landsch*); Mannsen (*landsch*; *oft abwert*) ♦ *salopp*: Knilch (*abwert*); → *auch* Greis, Bursche (1), Flegel (1) – **2.** → Kerl (1) – **3.** → Ehemann – **4.** alter M.: → Greis; M. und Frau: → Ehepaar; studierter M.: → Akademiker (1); M. vom Fach/Bau: → Fachmann (1); M. an M.: → gedrängt (1); M. für M.: → [1]alle (1); seinen M. stehen: **a)** → bewähren, sich – **b)** → tüchtig (3); keinen M. bekommen: → sitzen (6, b); an den M. bringen: **a)** → verkaufen (I, 1) – **b)** → verheiraten (I); ein toter M. sein: → erledigt (3, b); den lieben Gott einen frommen M. sein lassen: → faulenzen (1); den wilden M. spielen: → wüten; den starken M. markieren: → Muskeln – **II.** Männer (*Pl*): die Männer: ⟨*alle männl. Erwachsenen*⟩ Männerwelt ♦ *umg*: das starke Geschlecht (*scherzh*); Mannsleute · Mannsvolk (*veraltend*)
mannbar: → erwachsen (1), zeugungsfähig
Mannbarkeit, die: → Zeugungsfähigkeit
Männchen, das: **1.** → Mann (I, 1) – **2.** nicht mehr wissen, ob man M. oder Weibchen ist: → verwirrt (3)
Männeken, das: → Mann (I, 1)
Mannequin, das: → Model (2)
Männerwelt, die: → Mann (II)
Manneskraft, die: → Zeugungsfähigkeit
Mannesmut, der: → Mut (1)
Mannestat, die: → Heldentat
Manneswort, das: → Ehrenwort
mannhaft: → mutig (1)
Mannhaftigkeit, die: → Mut (1)
mannigfach: → mannigfaltig
mannigfaltig: mannigfach · vielfältig · vielgestaltig · vielartig · vielfach · abwechs-

lungsreich · reichhaltig + wechselvoll · vielstimmig · kunterbunt
Männlein, das: Männlein und Weiblein: → jedermann
männlich: 1. ⟨*dem befruchtenden Geschlecht zugehörig*⟩ maskulin · viril – **2.** → mutig (1) – **3.** männliches Wesen: → Mann (I, 1); männliches Model: → Dressman; männliches Glied: → Penis
Mannsbild, das: → Mann (I, 1)
Mannschaft, die: **1.** ⟨*gemeinsam einen Sportwettkampf ausführende Menschengruppe*⟩ Team · Equipe · Crew; → *auch* Auswahl (4) – **2.** → Besatzung (1)
Mannsen, das: → Mann (I, 1)
Mannsleute (*Pl*): → Mann (II)
Mannsperson, die: → Mann (I, 1)
Mannsstück, das: → Mann (I, 1)
Mannstollheit, die: Nymphomanie; Andromanie · Östromanie (*fachspr*)
Mannsvolk, das: → Mann (II)
Mannweib, das: Amazone (*veraltend*) ♦ *salopp*: Dragoner (*abwert*)
Manöver, das: **1.** ⟨*Probe von Kampfhandlungen*⟩ Übung – **2.** → List
manövrieren: → lenken (1)
Mansarde, die: → Dachkammer
Mansch, der: → Schlamm
manschen: → mischen
Manschette, die: **1.** → Fessel (1) – **2.** Manschetten haben: → ängstigen (II, 1)
Mantel, der: **1.** ⟨*Kleidungsstück*⟩ + Überzieher · Paletot · Slipon · Hänger · Ulster · Trenchcoat · Redingote – **2.** → Schutzhülle – **3.** den M./sein Mäntelchen nach dem Wind hängen/drehen: → anpassen (II, 2)
Manuskript, das: **1.** → Niederschrift (1) – **2.** → Satzvorlage – **3.** → Drehbuch
Mappe, die: → Aktentasche
Mär, die: → Erzählung (1)
Marbel, die: → Murmel
Märchen, das: **1.** → Erzählung (1) – **2.** → Lügengeschichte
Märchengestalt, die: → Fantasiegestalt
märchenhaft: 1. → wunderbar (1) – **2.** → prächtig (1) – **3.** → großartig (1)
Märchenland, das: Fabelland · Zauberland · Wunderland · Fabelwelt + Utopia
Märe, die: → Erzählung (1)
mären: → trödeln (1)
Märerei, die: → Trödelei
Marge, die: → Verdienstspanne
Marginale, das: → Anmerkung (1)
Marginalie, die: → Anmerkung (1)
Marie, die: → Geld (1)
Marihuana, das: → Rauschgift (1)
Marinade, die: → Salatsoße
Marine, die: **1.** → Handelsflotte – **2.** → Seestreitkräfte
marineblau: → blau (1)
marinieren: → einlegen (1)
Marionette, die: → Werkzeug (2)
Marionettentheater, das: → Puppenspiel
[1]**Mark,** das: **1.** ⟨*Zellgewebe im Inneren von Knochen*⟩ Knochenmark – **2.** durch M. und Bein/Pfennig gehen: **a)** → schmerzen (1) – **b)** → ergreifen (3); das M. aus den Knochen saugen: → ausbeuten (1); [bis] ins M. treffen: → kränken
[2]**Mark,** die: die schnelle M. machen: → verdienen (1)
markant: → auffallend
Marke, die: **1.** ⟨*unter einem best. Namen hergestellte bzw. gehandelte Produkte*⟩ Fabrikat · Handelsmarke; → *auch* Markenzeichen – **2.** → Briefmarke – **3.** → Spaßvogel
Markenartikel, der: → Markenerzeugnis
Markenerzeugnis, das: Markenartikel · Markenfabrikat · Markenware · Qualitätsware · Qualitätserzeugnis
Markenfabrikat, das: → Markenerzeugnis
Markenware, die: → Markenerzeugnis
Markenzeichen, das: Firmenzeichen · Logo · Signet · Fabrikmarke · Schutzmarke · Warenzeichen · Trademark; → *auch* Marke (1)
Märker (*Pl*): → Geld (1)
markerschütternd: → schrill (1)
Marketing, das: → Marktforschung
markieren: 1. ⟨*mit Kennzeichen versehen*⟩ abstecken · ausstecken · demarkieren; → *auch* bezeichnen (I, 1) – **2.** → vortäuschen – **3.** den starken Mann m.: → Muskeln
Markierung, die: **1.** → Merkzeichen – **2.** → Bezeichnung (1)
markig: → kräftig (1)
marklos: → kraftlos
Markscheide, die: → Grenze (1, c)
Markstein, der: → Wendepunkt
Markt, der: **1.** ⟨*öffentl. Warenverkauf*⟩ Jahrmarkt + Basar – **2.** ⟨*für den Verkauf von Waren geeignetes Gebiet*⟩ Absatzgebiet · Absatzmarkt – **3.** → Marktplatz – **4.** auf den M. kommen: ⟨*erstmals zum Verkauf gelangen*⟩ in den Handel kommen · herauskommen; → *auch* erscheinen (2) – **5.** schwarzer M.: → Schwarzhandel; auf den M. brin-

gen/werfen: → anbieten (I, 3); vom M. nehmen: → zurückziehen (I, 1); seine Haut zu Markte tragen: → gefährden (II)
Marktanalyse, die: → Marktforschung
Marktbeobachtung, die: → Marktforschung
Marktbude, die: → Bude (1, b)
markten: → feilschen
marktfähig: → wettbewerbsfähig
Marktforschung, die (*Wirtsch*): Bedarfsforschung · Bedarfsermittlung · Absatzforschung · Marktbeobachtung · Marktanalyse; Research (*fachspr*) + Marketing; → *auch* Verkaufsförderung
marktgängig: → verkäuflich
Marktplatz, der: Markt
Marktschreier, der: Ausrufer · Ausschreier + Werber ♦ *umg*: Anreißer · Schreier
marktschreierisch: *umg*: anreißerisch
Marktstand, der: → Bude (1, b)
Marmel, die: → Murmel
Marmelade, die: Konfitüre · Jam + Gelee · Fruchtmark
marode: → erschöpft (1)
Marodeur, der: → Plünderer
marodieren: → plündern
Marotte, die: → Schrulle (1)
Märsack, der: → Trödelfritz
marsch: → vorwärts (1)
Marsch, der: **1.** ⟨*das Marschieren in einer Kolonne od. Gruppe*⟩ + Zug – **2.** sich in M. setzen: → abmarschieren; den M. blasen: → zurechtweisen
marschbereit: → reisefertig
marschfertig: → reisefertig
marschieren: *umg*: tigern · stiefeln; → *auch* gehen (1), stapfen, trotten, wandern (1)
Marschverpflegung, die: → Verpflegung (2)
Marter, die: **1.** → Qual (1) – **2.** → Folter (2)
Marterer, der: → Quälgeist
martern: 1. → quälen (I, 1) – **2.** → foltern (1)
Marterung, die: → Folter (2)
martervoll: → quälend
martialisch: → kämpferisch
Märtyrer, der: → Opfer (3)
Martyrium, das: → Qual (1)
Masche, die: **1.** → Trick – **2.** durch die Maschen schlüpfen: → entkommen (1)
Maschenwerk, das: → Geflecht
Maschine, die: **1.** → Flugzeug – **2.** → Motorrad – **3.** → Lokomotive – **4.** → Motor (1) – **5.** → Dicke (II, 1) – **6.** M. schreiben: ⟨*auf der Schreibmaschine schreiben*⟩ Schreibmaschine schreiben; maschinschreiben (*österr*) ♦ *umg*: tippen
Maschinensatz, der: → Aggregat
Maschinenschreiberin, die: Maschinschreiberin (*österr*); Daktylo[graphin] (*schweiz*) + Stenotypistin · Phonotypistin · Schreibkraft · Schreiberin ♦ *salopp*: Tippse (*abwert veraltend*); Klapperschlange (*scherzh veraltend*)
Maschinerie, die: → Getriebe (1)
maschinschreiben: → Maschine (6)
Maschinschreiberin, die: → Maschinenschreiberin
Maser, die: → Maserung
Maserung, die: Maser · Flaser · Flader · Äderung
Maske, die: **1.** ⟨*Gesichtshülle*⟩ Larve (*veraltend*); Schemen (*süddt österr*) – **2.** die M. vom Gesicht reißen, die M. herunterreißen/abreißen: → entlarven (1); die M. fallen lassen/abwerfen: → entlarven (II)
Maskenball, der: Maskenfest; Maskerade · Mummenschanz (*veraltend*); Redoute (*österr*) + Kostümball · Kostümfest
Maskenfest, das: → Maskenball
maskenhaft: → steif (2)
Maskerade, die: **1.** → Maskenball – **2.** → Verkleidung (1)
maskieren, sich: **1.** → tarnen, sich – **2.** → verkleiden (II)
Maskottchen, das: → Talisman
maskulin: → männlich (1)
Maß, das: **1.** ⟨*durch Messen gewonnene Größe od. Masse*⟩ Quantum · Abmessung; → *auch* Dosis – **2.** M. halten: ⟨*ein gewisses Maß nicht überschreiten*⟩ das [rechte] Maß [ein]halten – **3.** ohne M. [und Ziel]: → maßlos; mit Maßen: → maßvoll (1); das [rechte] M. [ein]halten: → 2; in vollem Maße: → völlig (1); über alle Maßen, in hohem Maße: → sehr; in demselben Maße: → ebenso; das M. ist voll: → genug (2)
Massaker, das: → Blutbad
massakrieren: → töten (I, 1)
Masse, die: **1.** → Menge (1) – **2.** → Stoff (1) – **3.** eine M.: **a)** → reichlich – **b)** → viel (I, 1); eine ganze M.: → viel (I, 1); in Massen: → massenhaft; die breite M.: → Menge (2)

Maßeinheit, die: → Einheit (2)
Maßeinteilung, die: Skala; Skale (*fachspr*)
Massel, der: → Glück (1)
Massenansammlung, die: → Ansammlung (1)
Massenartikel, der: → Durchschnittsware
Massenentlassung, die: → Personalabbau
massenhaft: massenweise · in Massen · en masse · zuhauf · haufenweise · bergeweise · dutzendweise · scheffelweise · sackweise · schockweise + wie die Fliegen ♦ *umg*: in rauen Mengen; → *auch* viel (I, 1), reichlich
Massenmord, der: → Blutbad
Massenvernichtungslager, das: → Konzentrationslager
Massenversammlung, die: → Kundgebung
massenweise: → massenhaft
Maßgabe, die: nach M.: → gemäß (I)
maßgebend: maßgeblich · richtungweisend · richtunggebend · normativ · autoritativ; → *auch* wegweisend, entscheidend (1)
maßgeblich: → maßgebend
massieren: 1. ⟨*mit Massage behandeln*⟩ [durch]kneten; → *auch* abreiben (I, 1) – **2.** → zusammenziehen (I, 1)
massig: 1. → untersetzt – **2.** → viel (I, 1) – **3.** → dick (1)
mäßig: 1. → maßvoll (1) – **2.** → mittelmäßig – **3.** → enthaltsam (1)
mäßigen: I. mäßigen: → mildern (1) – **II.** mäßigen, sich: → beherrschen (II)
Mäßigkeit, die: → Enthaltsamkeit
Mäßigung, die: → Beherrschung (1)
massiv: 1. → haltbar (1) – **2.** → untersetzt – **3.** → barsch
maßlos: unmäßig · ohne Maß [und Ziel] · ausschweifend · ungezügelt · exzessiv · bis zum Exzess · unersättlich ♦ *umg*: wüst · bis dorthinaus; → *auch* übertrieben
Maßnahme, die: Regelung · Maßregel; Demarche (*Diplom*) + Einrichtung · Schritt
Maßregel, die: → Maßnahme
maßregeln: 1. → zurechtweisen – **2.** → bestrafen
Maßregelung, die: **1.** → Zurechtweisung – **2.** → Bestrafung (1)
Maßstab, der: → Regel (1)
maßvoll: 1. ⟨*das rechte Maß nicht überschreitend*⟩ mäßig · mit Maßen · in Grenzen; → *auch* gemäßigt – **2.** → gemäßigt
[1]**Mast,** der: Mastbaum
[2]**Mast,** die: Mästung + Mastkur
Mastbaum, der: → [1]Mast
mästen: fettfüttern + stopfen · nudeln · herausfüttern; → *auch* füttern (b)
Mastkur, die: → [2]Mast
Mästung, die: → [2]Mast
Masturbation, die: → Selbstbefriedigung
masturbieren: onanieren · sich selbst befriedigen ♦ *derb*: wichsen · sich einen runterholen · sich einen von der Palme schütteln
Match, das: → Wettkampf
Material, das: **1.** → Stoff (1) – **2.** → Rohstoff (1)
Materie, die: **1.** → Wirklichkeit (1) – **2.** → Stoff (1) – **3.** → Thema (1)
Mathematik, die: höhere M.: → unverständlich (1)
Matratze, die: an der M. horchen: → schlafen (1, a)
Mätresse, die: → Geliebte (II), Beischläferin
Matrone, die: → Frau (I, 1)
Matrose: I. Matrose, der: **1.** ⟨*Soldat der Seestreitkräfte*⟩ *umg*: Blaujacke; → *auch* Seemann – **2.** → Seemann – **II.** Matrosen (*Pl*): *umg*: blaue Jungs / Jungen
matsch: 1. → faul (1) – **2.** → erschöpft (1), besiegt (1)
Matsch, der: → Schlamm
matschig: 1. → schlammig – **2.** → faul (1)
matt: 1. → müde (1), kraftlos – **2.** → besiegt (1) – **3.** → glanzlos – **4.** m. setzen: → besiegen (I)
[1]**Matte,** die: **1.** → Fußabtreter – **2.** auf der M. stehen: **a)** → bereithalten (II) – **b)** → erscheinen (1, a); auf die M. legen: → besiegen (I)
[2]**Matte,** die: → Wiese
Mattenrichter, der: → Schiedsrichter
Mattigkeit, die: → Erschöpfung, Schwäche (1)
Mattscheibe, die: → Fernsehapparat
Matur, das: → Abitur
Matura, die: → Abitur
Maturant, der: → Abiturient
Maturität[sprüfung], die: → Abitur
Maturum, das: → Abitur
Matz, der: **1.** → Knirps – **2.** → Kind (1)
Mätzchen, das: **1.** → Knirps – **2.** → Kind (1)
mau: 1. → unwohl (1) – **2.** → mittelmäßig
Mauer, die: **1.** ⟨*Bauwerk zur Um- od. Abgrenzung*⟩ Wall; → *auch* Umzäunung – **2.** eine M. um sich errichten, sich mit einer M. umgeben: → absondern (II)

Maul, das: **1.** ⟨*Mund der Tiere*⟩ Rachen · Schnauze + Schnabel; Äser · Schmecker (*weidm*) – **2.** → Mund (1) – **3.** das M. halten: → schweigen (1 *u.* 2); das M. stopfen: **a)** → Schweigen (2) – **b)** → befriedigen (1); das M aufmachen/auftun: → sprechen (1); das M. aufsperren/aufreißen: → staunen (1); das M. [weit] aufreißen: → aufspielen (II); das M. voll nehmen: → prahlen; ein loses/ungewaschenes M. haben: → frech (2); sich das M. zerreißen |über|: → durchhecheln; übers M. fahren: → unterbrechen (1); eine aufs M. geben: → ohrfeigen; Honig ums M. schmieren: → schmeicheln (1)
Maulaffe, der: Maulaffen feilhalten: **a)** → zusehen (1) – **b)** → untätig (2)
Mäulchen, das: → Kuss (1)
maulen: → schmollen
maulfaul: → wortkarg
Maulheld, der: → Angeber (1)
Maulschelle, die: **1.** → Ohrfeige (1) – **2.** eine M. geben: → ohrfeigen
Maulwerk, das: → Mundwerk
Maulwurf, der: → Ermittler
maunzen: → miauen
Maurer, der: pünktlich wie die Maurer: → pünktlich (1)
Maus: I. Maus, die: weiße M.: → Verkehrspolizist; da beißt die M. keinen Faden ab: → unabänderlich (2) – **II.** Mäuse (*Pl*): **1.** → Geld (1) – **2.** weiße M. sehen: → betrunken (2)
mäuschenstill: → still (1)
mausearm: → arm (1)
Mäusemelken: es ist zum M.: → verzweifeln (2)
mausen: → stehlen (1)
Mauser, die: [noch] in der M. sein: → entwickeln (II, 2)
Mauserei, die: → Diebstahl (1)
mausern, sich: → entwickeln (II, 2)
mausetot: → tot (1)
mausig: sich m. machen: → aufspielen (II)
mauzen: → miauen
Maxime, die: → Grundsatz (1)
Maximum, das: → Höchstmaß
Mäzen, der: → Gönner, Wohltäter
mechanisch: automatisch · gedankenlos · unwillkürlich · wie von selbst
mechanisieren: + automatisieren
Meckerei, die: → Nörgelei
Meckerer, der: → Nörgler
meckern: → nörgeln
Medaille, die: → Auszeichnung (2)
Medianwert, der: → Durchschnittswert
Mediation, die: → Vermittlung
Medikament, das: → Arzneimittel
Medikaster, der: → Kurpfuscher
Medikus, der: → Arzt
meditieren: → nachdenken (1)
Medizin, die: **1.** ⟨*ärztl. Wissenschaft*⟩ Heilkunde · Heilkunst + Gesundheitswesen – **2.** → Arzneimittel
Mediziner, der: → Arzt
Medizinmann, der: **1.** → Arzt – **2.** → Kurpfuscher
Medley, das: → Potpourri (1)
Meduse, die: Qualle
Meer, das: See · Ozean · Weltmeer + die hohe/offene See ♦ *umg*: + der große Teich
Meerbusen, der: → [1]Bucht (1)
Meerenge, die: Sund
Meeresboden, der: Meeresgrund · Grund
Meeresbucht, die: → [1]Bucht (1)
Meeresforscher, der: → Unterwasserforscher
Meeresgrund, der: → Meeresboden
Meeresufer, das: → Ufer (1)
Meer[jung]frau, die: → Nixe
Meerweib, das: → Nixe
Meeting, das: → Zusammenkunft
mega: m. sein: → großartig (3)
megaout: m. sein: → veraltet (2)
Megäre, die: Furie · rasendes Weib; → *auch* Xanthippe
Megastar, der: → [1]Star
Mehl, das: → Pulver (1)
Mehlschwitze, die: Schwitze; Einbrenne (*landsch*)
mehr: m. oder minder/weniger: → gleichsam; einmal m.: → wiederholt (1); m. noch: → sogar (1); und dergleichen m.: → weiter (5)
Mehr, das: **1.** → Überschuss (1) – **2.** → Mehrheit
mehrdeutig: 1. ⟨*mehrere Bedeutungen aufweisend*⟩ polysem[antisch] · äquivok (*fachspr*) – **2.** → vieldeutig, zweideutig (1)
Mehrehe, die: → Polygamie
Mehreinnahme, die: → Gewinn (1)
mehren: I. mehren: → vermehren (I, 1) – **II.** mehren, sich: → zunehmen (1)
mehrere: → einige (1)
mehrerlei: 1. → allerlei – **2.** → einige (1)
Mehrerlös, der: → Gewinn (1)
Mehrertrag, der: → Gewinn (1)

mehrfach: → oft, wiederholt (1)
mehrfarbig: → bunt (1)
Mehrheit, die: Majorität · Überzahl · Mehrzahl · Hauptmasse · Gros · Großteil · die meisten · der überwiegende Teil; Mehr (*schweiz*)
mehrmalig: → wiederholt (1)
mehrmals: → oft, wiederholt (1)
mehrseitig: → multilateral
mehrsprachig: vielsprachig · multilingual · polyglott
mehrteilig: → zusammengesetzt
Mehrvölkerstaat, der: → Nationalitätenstaat
Mehrzahl, die: **1.** → Mehrheit – **2.** in der M.: → meist
meiden: umgehen · aus dem Weg gehen · einen [großen] Bogen machen |um| · sich verstecken |vor| ♦ *gehoben*: fliehen; → *auch* ausweichen (2)
Meier: Tante M.: → Toilette (1)
Meierei, die: → Milchwirtschaft (1)
Meilenstein, der: → Wendepunkt
meilenweit: → weit (1)
mein: Mein und Dein verwechseln: → stehlen (1)
meinen: glauben · denken · finden · dafürhalten · der Meinung/Ansicht sein; → *auch* vermuten, urteilen (3)
meinethalben: → meinetwegen (1 *u.* 2)
meinetwegen: **1.** ⟨*mir zu Gefallen bzw. in meinem Interesse*⟩ um meinetwillen · meinethalben · für mich · mir zuliebe – **2.** ⟨*Ausdruck der Zustimmung*⟩ meinethalben · in Gottes Namen ♦ *umg*: von mir aus · wegen mir
meinetwillen: um m.: → meinetwegen (1)
Meinung, die: **1.** ⟨*das Ergebnis subjektiver Beurteilung bzw. Betrachtungsweise*⟩ Auffassung · Ansicht · Anschauung · Überzeugung · Urteil + Annahme · Dafürhalten; → *auch* Denkweise, Standpunkt (1), Weltanschauung – **2.** meiner M. nach: → Erachten (1); vorgefasste M.: → Vorurteil; die öffentliche M.: → Öffentlichkeit (1); der M. sein: → meinen; einer M. sein: → übereinstimmen (1); die M. geigen: → zurechtweisen; die/seine M. sagen: **a)** → zurechtweisen – **b)** → aussprechen (I, 5); seine M. abgeben/zum Ausdruck bringen: → äußern (II, 1); eine hohe M. haben |von|: → achten (1)
Meinungsänderung, die: → Gesinnungswandel
Meinungsäußerung, die: → Bemerkung (1)
Meinungsaustausch, der: → Aussprache (2)
Meinungsforschung, die: Demoskopie; Research (*fachspr*); → *auch* Umfrage (1)
Meinungsstreit, der: → Streitgespräch
Meinungsumfrage, die: → Umfrage (1)
Meinungsunterschied, der: → Meinungsverschiedenheit
Meinungsverschiedenheit, die: Meinungsunterschied · Differenz · Divergenz · Dissens · Nichtübereinstimmung
Meise, die: eine M. haben: → verrückt (5)
meist: meistens · meistenteils · zumeist · fast immer · [für] gewöhnlich · gemeinhin · in der Mehrzahl · in der Regel + normalerweise · erfahrungsgemäß; → *auch* überwiegend
meiste: die meisten: → Mehrheit
meistens: → meist
meistenteils: → meist
Meister, der: **1.** ⟨*ein Gebiet ausgezeichnet beherrschende u. Höchstleistungen vollbringende Person*⟩ Koryphäe · Kapazität · Könner · Größe; Leuchte (*oft scherzh*) + Virtuose · Maestro · Überflieger ♦ *umg*: Ass ♦ *salopp*: Kanone; → *auch* Fachmann (1), Altmeister, Routinier – **2.** → Lehrmeister – **3.** → Fachmann (1) – **4.** → Spitzensportler – **5.** M. Lampe: → Hase (1); Herr und M.: → Ehemann
meisterhaft: → hervorragend (1)
Meisterleistung, die: → Spitzenleistung (1)
meistern: bewältigen · Herr werden |einer Sache| · [be]zwingen · beikommen · schaffen + in den Griff bekommen · gerecht werden |einer Sache| · den Stier bei den Hörnern packen ♦ *umg*: packen · fertig werden |mit| · auf die Reihe bringen/kriegen · [das Ding schon] schaukeln + nur so hinlegen ♦ *salopp*: den Laden/die Kiste schmeißen; → *auch* bewerkstelligen, zurechtkommen (2)
Meisterschaft, die: Championat
Mekka, das: → Hauptattraktion
Melancholie, die: → Schwermut
melancholisch: → schwermütig
Melange, die: → Mischung (1)
Melanom, das: → Krebs (1)
melden: **I.** melden: **1.** ⟨*einem militär. Vorgesetzten eine Information überbringen*⟩ Meldung machen/erstatten; → *auch* an-

kündigen (I) – **2.** → mitteilen (I) – **3.** → anzeigen (2) – **4.** → bellen (1) – **II.** melden, sich: **1.** ⟨*seine Bereitschaft* [*zur Mitwirkung*] *kundtun*⟩ sich anmelden · sich ansagen + sich bemerkbar machen; → *auch* ankündigen (II) – **2.** ⟨*seine Absicht, etw. zu sagen, bekannt geben*⟩ sich zu Wort melden · die Hand heben
Meldung, die: **1.** ⟨*Bekanntgabe der Absicht zur Mitwirkung*⟩ Anmeldung · Bereitschaftserklärung · Teilnahmeerklärung + Benachrichtigung · Verpflichtung – **2.** → Nachricht (I), Mitteilung (1) – **3.** → Anzeige (2) – **4.** M. machen/erstatten: → melden (I, 1); eine M. machen: → mitteilen (I)
melieren: 1. → mischen – **2.** → tüpfeln
Melioration, die: → Bodenverbesserung
melken: → ausnutzen (1)
Melker, der: Schweizer
Melodie, die: Weise · Tonfolge
Melodienstrauß, der: → Potpourri (1)
melodiös: → wohltönend
melodisch: → wohltönend
Melone, die: **1.** → [1]Hut (1) – **2.** → Kopf (1)
Memento, das: → Mahnung (1)
Memme, die: → Feigling
memmenhaft: → feig[e]
Memoire: I. Memoire, das: → Denkschrift – **II.** Memoiren (*Pl*): → Lebenserinnerungen
Memorandum, das: → Denkschrift
Memorial, das: → Tagebuch
memorieren: → lernen (1)
Menage, die: → Verpflegung (2)
Menetekel, das: → Warnzeichen
Menge, die: **1.** ⟨*viele Einzeldinge bzw. Individuen*⟩ Masse · Vielzahl · Vielheit · Anzahl · Unzahl · Reihe · Zahl · Serie · Schar · Schwarm · Legion · Armee · Unmaß · Übermaß + Quantität · Schwall · Hagel ♦ *umg*: Unmenge · Unmasse · Haufen · Berg · Batzen · Schwung · Wust · eine ganze Ladung · ein ganzes Schock ♦ *salopp*: Wucht; → *auch* Flut (2), Anhäufung (1) – **2.** ⟨*die Mehrzahl der Bevölkerung*⟩ die breite Masse · die Menschen · die Leute; → *auch* Öffentlichkeit (1) – **3.** → Menschenmenge – **4.** eine M.: → reichlich; jede M.: → viel (I, 1); in rauen Mengen: → massenhaft
mengen: I. mengen: → mischen – **II.** mengen, sich: sich m. |in|: → einmischen (II)
Mengsel, das: → Mischung (1)
Meningitis, die: → Hirnhautentzündung
Menkenke, die: **1.** → Durcheinander (1) – **2.** M. machen: → Umstand (II, 2)
Menorrhö, die: → Menstruation
Mensa, die: → Speisesaal
Mensch: I. Mensch, der: **1.** ⟨*das höchstentwickelte Lebewesen der Erde*⟩ Erdenbürger · Erdbewohner; Zweibeiner · Zweifüßer (*meist scherzh*); Erdenwurm (*abwert*); Homo sapiens (*fachspr*) + Seele ♦ *gehoben*: Erdengast · Erdenkind · Erdensohn – **2.** → Person (1) – **3.** junger M.: → Bursche (1); kein M.: → niemand; kein M. mehr sein: → erschöpft (4); die Menschen: **a)** → Menge (2) – **b)** → Menschheit; ein anderer M. werden: → bessern (II, 1); wie der erste M.: → ungeschickt (1) – **II.** Mensch, das: → Schlampe
Menschenansammlung, die: → Ansammlung (1)
Menschenauflauf, der: → Ansammlung (1)
Menschenfeind, der: Menschenhasser · Misanthrop · Menschenverächter
Menschenfresser, der: → Kannibale (1)
Menschenfresserei, die: → Kannibalismus (1)
Menschenfreund, der: Philanthrop + Humanist
menschenfreundlich: philanthropisch; → *auch* menschlich
Menschengeschlecht, das: → Menschheit
Menschenhasser, der: → Menschenfeind
menschenleer: einsam · vereinsamt · verlassen · entvölkert · verödet · öd[e] · ausgestorben · tot · unbelebt · unbevölkert
Menschenliebe, die: → Menschlichkeit
Menschenmasse, die: → Menschenmenge
Menschenmenge, die: Menschenmasse · Menge · Schar · Volksmenge ♦ *umg*: Haufen (*auch abwert*) ♦ *salopp*: Herde · Hammelherde (*abwert*); → *auch* Ansammlung (1), [1]Schar (1)
menschenmöglich: das Menschenmögliche tun: **a)** → versuchen (I, 4) – **b)** → bemühen (II, 1)
Menschenpflicht, die: → Pflicht (1)
Menschenraub, der: → Entführung
menschenscheu: kontaktscheu · kontaktarm · ungesellig; anthropophob · exanthropisch (*fachspr*); → *auch* verschlossen (2), zurückhaltend (1)
Menschenseele, die: keine M.: → niemand
Menschenverächter, der: → Menschenfeind

Menschenverstand, der: gesunder M.: → Klugheit
menschenwürdig: → menschlich
Menschheit, die: die Menschen · Erdbevölkerung + Völkerfamilie ♦ *gehoben*: Menschengeschlecht
menschlich: human[itär] · menschenwürdig + humanistisch; → *auch* menschenfreundlich
Menschlichkeit, die: Menschenliebe · Humanität + Humanismus ♦ *gehoben*: Humanitas
Menses (*Pl*): → Menstruation
Menstruation, die: Periode · Monatsblutung · Regel[blutung] · Monatsfluss · die kritischen Tage; Menses · Menorrhö · Katamenien (*med*)
menstruieren: die/seine Regel haben ♦ *umg*: seine Tage haben (*verhüll*)
mental: → geistig (1)
Mentalität, die: → Denkweise
Mentor, der: **1.** → Berater – **2.** → Lehrer
Menü, das: → Gericht (1)
Mephisto[pheles], der: → Teufel (1)
mephistophelisch: → teuflisch (1)
Merchandising, das: → Verkaufsförderung
Mergel, der: → ²Ton
Meriten (*Pl*): → Verdienst (II, 1)
merkantil: → kaufmännisch
merkbar: → merklich
Merkbuch, das: → Notizbuch
merken: 1. ⟨*zufällig bemerken bzw. erkennen*⟩ *umg*: spitzbekommen · spitzkriegen · wegbekommen · wegkriegen · checken · Lunte riechen; spannen (*landsch*) ♦ *salopp*: den Braten riechen; → *auch* bemerken (1) – **2.** → spüren (1) – **3.** → fühlen (I, 1) – **4.** sich m.: ⟨*nicht aus dem Gedächtnis verlieren*⟩ [im Gedächtnis/in der Erinnerung] behalten · nicht vergessen · sich einprägen + bewahren ♦ *umg*: sich hinter die Ohren schreiben · sich hinter den Spiegel stecken ♦ *salopp*: sich hinter die Löffel schreiben · in der Optik behalten; → *auch* einprägen (I, 1)
merklich: merkbar · spürbar · fühlbar · bemerkbar · wahrnehmbar · sichtlich · zusehends; → *auch* empfindlich (2)
Merkmal, das: Kennzeichen · Charakteristikum · Charakterzug · Zug · Attribut · Symptom + Kriterium · Moment · Indikator · Indiz · Stigma; → *auch* Eigenschaft, Haupteigenschaft, Merkzeichen
Merkspruch, der: → Regel (1)
Merkwort, das: → Stichwort (2)
merkwürdig: eigenartig · eigentümlich · sonderbar · seltsam · [ver]wunderlich · absonderlich · erstaunlich · kurios · ominös · befremdend · befremdlich · eigen · sonderlich + kraus ♦ *gehoben*: wundersam ♦ *umg*: ulkig · komisch · gediegen · drollig · närrisch
merkwürdigerweise: erstaunlicherweise · eigentümlicherweise · seltsamerweise · sonderbarerweise ♦ *umg*: komischerweise
Merkwürdigkeit, die: Kuriosität · Eigentümlichkeit · Seltsamkeit · Absonderlichkeit
Merkzeichen, das: Markierung · Zeichen · Mal + Signatur; → *auch* Merkmal
meschant: → boshaft (1)
meschugge: → verrückt (1)
Mesner, der: → Kirchendiener
Message, die: **1.** → Nachricht (I) – **2.** → Sinn (1)
Messdiener, der: → Ministrant
Messe, die: **1.** ⟨*große Ausstellung von Warenmustern*⟩ Mustermesse · Musterschau · Musterausstellung; → *auch* Ausstellung (1) – **2.** → Gottesdienst – **3.** → Speisesaal
Messemuster, das: → Ausstellungsstück
messen: I. messen: **1.** → abmessen – **2.** mit der gleichen Elle m.: → gleichsetzen; den Fußboden/die Straße m.: → hinfallen – **II.** messen, sich: **1.** ⟨*um die beste Leistung wetteifern*⟩ sich vergleichen · wettstreiten + die Klingen kreuzen; → *auch* wetteifern – **2.** sich m. können |mit|: → gewachsen (2)
Messer, das: unter das M. nehmen: → operieren (1); das M. an die Kehle setzen: → zwingen (1); ans M. liefern: → anzeigen (2)
Messias, der: → Christus (1)
Messtischblatt, das: → Landkarte
Mestize, der: → Mischling
Metamorphose, die: → Verwandlung
Metapher, die: → Bild (3)
metaphorisch: → bildlich (1)
Metaphrase, die: → Umschreibung
metaphysisch: → übersinnlich
Metastase, die: → Krebs (1)
Methode, die: → Verfahren (1)
Methodik, die: → Vorgehensweise
methodisch: → planmäßig (1)
Methusalem, der: **1.** → Greis – **2.** alt wie M.: → alt (1)
Metier, das: → Beruf (1)
Metropole, die: → Hauptstadt
Metzelei, die: → Blutbad

metzeln: **1.** → morden (1) – **2.** → schlachten
metzgen: → schlachten
Metzger, der: → Fleischer
Meuchelmord, der: → Mord (1)
Meuchelmörder, der: → Mörder
meucheln: → ermorden
meuchlings: → hinterrücks (1)
Meute, die: **1.** → Jagdhund (II) – **2.** → Bande
Meuterei, die: → Aufstand
Meuterer, der: → Aufständische
meutern: → aufbegehren
miauen: mau[n]zen (*landsch*)
mickerig: **1.** → schwach (1) – **2.** → karg (1) – **3.** → verkümmert
Mieder, das: → Korsett
Mief, der: → Gestank
miefig: → stickig
Miefquirl, der: → Ventilator
Miene, die: **1.** ⟨*der Ausdruck der inneren Regungen im Gesicht*⟩ Gesichtsausdruck · Ausdruck + Gesichtszug · Zug; → *auch* Mimik – **2.** M. machen: → ansetzen (2); eine M. ziehen/machen/aufsetzen: → annehmen (11); keine M. verziehen: → beherrschen (II)
Mienenspiel, das: → Mimik
Mienensprache, die: → Mimik
mies: **1.** → schlecht (1) – **2.** m. gehen: → schlecht (10, a *u.* b); m. stehen/aussehen |mit|: → schlecht (11); m. machen: **a)** → schwarz (6) – **b)** → verleiden
Miese (*Pl*): M. machen: → Verlust (2)
Miesepeter, der: → Pessimist, Griesgram
miesepetrig: → mürrisch
Miesmacher, der: → Pessimist
Miesmacherei, die: → Pessimismus
Mietauto, das: **1.** → Taxi – **2.** → Leihwagen
Mietdroschke, die: → Mietwagen (1)
¹Miete, die: → Schober
²Miete, die: Mietzins · Zins (*süddt österr schweiz*); Hauszins (*süddt österr*) + Mieteinnahme; → *auch* Pachtzins
Mieteinnahme, die: → ²Miete
¹mieten: → einlagern
²mieten: anmieten · abmieten; chartern (*fachspr*); heuern (*seem veraltend*) + leasen; → *auch* ²einmieten, sich, pachten
Mietfuhrmann, der: → Fuhrmann
Mietshaus, das: Mietskaserne (*abwert*); Zinshaus (*süddt österr schweiz*); Renditenhaus (*schweiz*); → *auch* Haus (1)
Mietskaserne, die: → Mietshaus
Mietwagen, der: **1.** ⟨*leichtes Fuhrwerk zur Personenbeförderung*⟩ Mietdroschke · Droschke (*veraltend*); Fiaker (*österr*) – **2.** → Taxi – **3.** → Leihwagen
Mietzins, der: → ²Miete
Mieze[katze], die: → Katze (1)
Migräne, die: → Kopfschmerz (1)
Mikrobe, die: → Kleinstlebewesen
Mikroorganismus, der: → Kleinstlebewesen
Milch, die: wie M. und Blut: → jung (1); aussehen wie M. und Blut: → schön (7)
Milchbart, der: → Bursche (1)
Milchflasche, die: Flasche · Saugflasche
Milchgesicht, das: → Bursche (1)
milchig: → trüb[e] (1)
Milchladen, der: → Brust (I, 2)
Milchstraße, die: Galaxis · galaktisches System (*Astron*)
Milchwirtschaft, die: **1.** ⟨*Betrieb zur Produktion von Milch*⟩ Abmelkwirtschaft · Abmelkbetrieb; Holländerei (*veraltet*) + Molkerei · Meierei – **2.** → Brust (I, 2)
mild[e]: **1.** ⟨*Schonung gewährend*⟩ mildherzig · gnädig · barmherzig + gütig; → *auch* gütig (1), nachsichtig (1) – **2.** → lau (1) – **3.** milde Gabe: **a)** → Almosen (1) – **b)** → Spende (1)
mildern: **1.** ⟨*die Intensität vermindern*⟩ abmildern · abschwächen · [ab]dämpfen · mäßigen + temperieren · dämmen · lindern · abschirmen – **2.** → entschärfen (1)
mildherzig: → mild[e] (1)
mildtätig: → wohltätig
Mildtätigkeit, die: → Wohltätigkeit
Milieu, das: → Umwelt
militant: → aggressiv (1)
Militär: **I.** Militär, das: **1.** → Streitkräfte – **2.** beim M. sein: → Soldat (1); zum M. gehen: → Soldat (2) – **II.** Militär, der: → Offizier
militärähnlich: → paramilitärisch
Militäraktion, die: → Militärschlag
Militärdienst, der: → Wehrdienst (1)
militärisch: militärischer Konflikt: → Krieg (1)
Militärjunta, die: → Regierung (1)
Militärschlag, der: Militäraktion; → *auch* Angriff (1, a), Krieg (1)
Millionär, der: → Geldmann
Millionen (*Pl*): → Reichtum (1)
Mime, der: → Schauspieler

mimen: **1.** → darstellen (I, 1, b) – **2.** → vortäuschen, heucheln (1)
Mimik, die: Mienenspiel · Mienensprache + Gebärdenspiel; → *auch* Miene (1)
mimisch: → schauspielerisch
mimosenhaft: → empfindsam (1)
minderbedeutend: → unwichtig (1)
minderbegütert: → arm (1)
minderbemittelt: **1.** → arm (1) – **2.** → beschränkt (1), dumm (1) – **3.** geistig m.: → beschränkt (1), dumm (1)
Minderheit, die: **1.** ⟨*der kleinere Teil einer best. Anzahl von Personen*⟩ Minderzahl · Minorität – **2.** nationale M.: → Volksgruppe
minderjährig: unmündig; minorenn (*veraltet*)
mindern: → beeinträchtigen (1), vermindern (I)
Minderung, die: → Beeinträchtigung (1), Verminderung
minderwertig: zweitklassig · inferior · billig; miserabel (*abwert*) + schwach · elend · zweifelhaft · wertgemindert ♦ *umg*: dünn; → *auch* wertlos (1), schlecht (1)
Minderzahl, die: → Minderheit (1)
Mindeste, das: → Mindestmaß; nicht das M.: → nichts (1); zum Mindesten: → mindestens
mindestens: wenigstens · zumindest · geringstenfalls · zum Mindesten
Mindestlohn, der: Festlohn
Mindestmaß, das: Minimum · Mindestwert · das Mindeste + Untergrenze
Mindestwert, der: → Mindestmaß
Mine, die: → Bergwerk
Mineralwasser, das: Sauerbrunnen · Brunnen · Selters · Selter[s]wasser · Sodawasser · Tafelwasser · Wasser; Sprudel[wasser] (*landsch*) ♦ *salopp*: Krabbelwasser; → *auch* Limonade (1)
Minibikini, der: → Badeanzug
minimieren: → vermindern (I)
Minimum, das: → Mindestmaß
Ministerpräsident, der: → Regierungschef
Ministerrat, der: → Regierung (1)
Ministrant, der (*kathol Kirche*): Messdiener · Altardiener
Minna, die: **1.** → Hausangestellte (II) – **2.** zur M. machen: → ausschimpfen
Minne, die: → Liebe (1)
minnen: → lieben (1)
minorenn: → minderjährig
Minorität, die: → Minderheit (1)
minus: → abzüglich
Minus, das: **1.** → Fehlbetrag – **2.** M. machen: → Verlust (2)
Minute, die: **1.** → Augenblick (1) – **2.** auf die M. [genau]: → pünktlich (1); in allerletzter M.: → Augenblick (2)
minutiös: → genau (2)
Mirakel, das: → Wunder (1)
mirakulös: → wunderbar (1)
Misanthrop, der: → Menschenfeind
mischeln: → schielen (1)
mischen: vermischen · [ver]mengen · durchmischen · durchmengen · mixen · melieren · zusammenschütten + versetzen |mit| · verschneiden ♦ *umg*: zusammenbrauen · manschen (*auch abwert*); → *auch* anrühren (1)
Mischgetränk, das: Mixgetränk · Drink + Flip · Cocktail
Mischling, der: Bastard · Halbblut + Mestize · Ladino · Mulatte · Zambo
Mischmasch, der: → Durcheinander (1)
Mischpoke, die: **1.** → Familie (1) – **2.** → Verwandtschaft (1) – **3.** → Clique
Mischung, die: **1.** ⟨*durch Mischen entstandener Stoff*⟩ Gemisch · Gemenge · Konglomerat · Mixtur · Mixtum compositum · Melange · Gemengsel; Mengsel (*landsch*) + Emulsion ♦ *umg*: Mix – **2.** ⟨*etw., was verschiedenartige Elemente in sich vereinigt*⟩ *umg*: Zwischending · Mittelding
miserabel: **1.** → minderwertig, schlecht (1) – **2.** → unwohl (1) – **3.** → gemein (1) – **4.** m. gehen: → schlecht (10, a *u.* b); m. stehen/aussehen |mit|: → schlecht (11)
Misere, die: → Not (1)
Misogyn, der: → Frauenfeind
missachten: **1.** → ignorieren (1) – **2.** → verachten (1)
Missachtung, die: **1.** ⟨*das absichtl. Nichtbeachten*⟩ Nicht[be]achtung – **2.** → Verachtung (1)
Missbehagen, das: → Unbehagen
Missbildung, die: Misswuchs · Deformierung · Deformation · Missgebilde; Difformität (*med*); Anomalie (*Biol*) + Auswuchs · Schaden
missbilligen: Anstoß nehmen |an|; → *auch* ablehnen (1), beanstanden, tadeln (1)
Missbilligung, die: **1.** ⟨*das Missbilligen*⟩ Missfallen; → *auch* Ablehnung, Tadel (1) – **2.** M. erregen: → anstoßen (2)

Missbrauch, der: M. treiben |mit|: → missbrauchen (1)
missbrauchen: 1. ⟨*bewusst falsch od. unerlaubt verwenden*⟩ Missbrauch treiben |mit| – **2.** → vergewaltigen (1)
missbräuchlich: → verboten (1)
missdeuten: → missverstehen (1)
missen: → entbehren (1)
Misserfolg, der: **1.** ⟨*das Misslingen eines Vorhabens*⟩ Fiasko · Fehlschlag · Flop · Rückschlag · Durchfall · Enttäuschung · ein Schlag ins Wasser + Zusammenbruch · Niete ♦ *umg*: Reinfall · ein Schuss in den Ofen ♦ *salopp*: Pleite; → *auch* Niederlage (1) – **2.** M. haben: ⟨*bei einem Vorhaben nicht zum Erfolg kommen*⟩ kein Glück haben · Schiffbruch / einen Fehlschlag erleiden + sich die Zähne ausbeißen ♦ *umg*: Pech haben · auf die Nase fallen · auf keinen grünen Zweig kommen + auf Granit beißen ♦ *salopp*: einbrechen; → *auch* scheitern (a), verderben (2) – **3.** M. gehabt haben: ⟨*sich bei einem Vorhaben verkalkuliert haben*⟩ *umg*: mit Zitronen gehandelt haben
Missetat, die: → Verbrechen (1)
Missetäter, der: → Übeltäter
missfallen: 1. ⟨*als unangenehm bzw. unerfreulich erscheinen*⟩ nicht zusagen · verdrießen · Missfallen erregen · ein Dorn im Auge sein ♦ *umg*: gegen / wider den Strich gehen · nicht [in den Kram / Streifen / in die Karten] passen ♦ *salopp*: stinken – **2.** ⟨*nicht als schön od. gut empfunden werden*⟩ nicht gefallen / ankommen / ansprechen · keinen Gefallen finden |an| ♦ *umg*: sich nichts ersehen können |an| (*landsch*)
Missfallen, das: **1.** → Unbehagen – **2.** → Missbilligung (1) – **3.** M. erregen: → anstoßen (2), missfallen (1)
missfällig: → abfällig (1)
Missgebilde, das: → Missbildung
missgebildet: missgestaltet · monströs; ungestalt (*veraltet*); difform (*med*); → *auch* hässlich (1), bucklig (1), verkrüppelt
Missgeburt, die: Missgestalt; Monstrum · Difformität (*med*) + Wechselbalg · Scheusal
missgelaunt: → missmutig
Missgeschick, das: Pech · Malheur · Panne · Fatalität + eine schöne Bescherung ♦ *salopp*: Mist ♦ *derb*: Scheiße · Scheiß · Scheißdreck; Schiet (*norddt*); → *auch* Unglück (1)
Missgestalt, die: → Missgeburt
missgestaltet: → missgebildet
missgestimmt: → missmutig
missglücken: → misslingen
missgönnen: → neiden
Missgriff, der: → Fehler (1), Irrtum (1)
Missgunst, die: → Neid (1)
missgünstig: → neidisch (1)
misshandeln: → quälen (I, 1)
Misshandlung, die: Körperverletzung · Quälerei · Schinderei; → *auch* Folter (2)
Misshelligkeit, die: → Zwietracht (1)
Mission, die: → Aufgabe (2)
Missklang, der: Misston · Dissonanz · Disharmonie; Kakophonie (*fachspr*) + Misslaut
Misskredit, der: in M. bringen: → verleumden (1)
misslaunig: → missmutig
Misslaut, der: → Missklang
missleiten: → verleiten
misslich: → unangenehm (1)
Misslichkeit, die: → Unannehmlickeit
missliebig: → unbeliebt (1)
misslingen: missglücken · fehlschlagen · floppen · missraten · schlecht abgehen / ablaufen / ausgehen / auslaufen / ausfallen · zum Schlechten ausschlagen ♦ *umg*: verunglücken · [ver]quer gehen · danebengehen · danebengeraten · danebengelingen · danebenglücken · vorbeigelingen; überquer gehen (*österr*) + in die Brüche gehen; → *auch* scheitern (b)
Missmut, der: Verdrossenheit · Verdrießlichkeit · Missstimmung · Verstimmtheit · Verstimmung · Unmut · Übellaunigkeit · schlechte Laune · Ärger + Unzufriedenheit · Unlust; → *auch* Groll (1)
missmutig: verdrießlich · verdrossen · missvergnügt · missgestimmt · verstimmt · unmutig · missgelaunt · misslaunig · übellaunig · übel gelaunt · schlecht gelaunt · [in] schlechter Stimmung + unzufrieden · unbefriedigt · unlustig ♦ *umg*: ungenießbar (*scherzh*); → *auch* mürrisch, ärgerlich (1), unfreundlich, unleidlich
missraten: 1. ⟨*von Menschen gesagt: sich zum Schlechten hin entwickeln*⟩ + aus der Art schlagen – **2.** → misslingen – **3.** → ungezogen
Missstand, der: → Übel (1)
Missstimmung, die: → Missmut
Misston, der: → Missklang
misstönend: dissonant; kakophonisch (*fachspr*)

misstrauen: beargwöhnen · Misstrauen/Argwohn hegen |gegen| · kein Vertrauen haben |zu| ♦ *umg*: nicht um die Ecke/über den Weg trauen; → *auch* verdächtigen (1)
Misstrauen, das: **1.** ⟨*die Neigung, ein unrechtes Vorhaben bzw. Tun zu vermuten*⟩ Argwohn · Skepsis; → *auch* Zweifel (1) – **2.** M. hegen |gegen|: → misstrauen
misstrauisch: 1. ⟨*voller Misstrauen*⟩ argwöhnisch · skeptisch + ängstlich · vorsichtig · kleingläubig – **2.** m. werden: → Verdacht (2)
Missvergnügen, das: → Unbehagen
missvergnügt: → missmutig
Missverhältnis, das: Diskrepanz · Disproportion[alität]; → *auch* Widerspruch (1)
Missverständnis, das: → Irrtum (1)
missverstehen: 1. ⟨*nicht richtig auffassen*⟩ falsch verstehen/auffassen · missdeuten + übel nehmen ♦ *umg*: in die falsche Kehle/den falschen Hals bekommen/kriegen; → *auch* irren (II) – **2.** → verkennen – **3.** → verhören (II)
Misswirtschaft, die: Lotterwirtschaft ♦ *umg*: Lotterei · Lumpenwirtschaft ♦ *derb*: Schweinewirtschaft · Sauwirtschaft; → *auch* Unordnung (1), Schlendrian (1)
Misswuchs, der: → Missbildung
Mist, der: **1.** → Dünger (1, b) – **2.** → Kot (1) – **3.** → Schund (1) – **4.** → Kram (1) – **5.** → Angelegenheit – **6.** → Missgeschick – **7.** M. bauen: → Fehler (2); wie der Hahn auf dem M.: → angeberisch
Mistfink, der: → Schmutzfink
mistig: 1. → schmutzig (1) – **2.** → gemein (1)
Mistigkeit, die: → Gemeinheit
Mistkerl, der: → Rabenaas
Miststück, das: → Rabenaas, Luder (1)
Mistvieh, das: → Rabenaas, Luder (1)
Mistwetter, das: → Wetter (I, 2)
mit: 1. ⟨*das Zusammensein bezeichnend*⟩ nebst · [mit]samt – **2.** → mittels – **3.** → einschließlich – **4.** mit sich führen: ⟨*bei sich tragen*⟩ bei sich haben/führen ♦ *umg*: mithaben · dabeihaben – **5.** zusammen/im Verein mit: → gemeinsam (1)
Mitarbeit, die: die M. aufkündigen: die Mitarbeit aufsagen ♦ *umg*: nicht mehr mitmachen; streiken (*meist scherzh*)
mitarbeiten: → mitwirken
Mitarbeiter, der: **1.** → Assistent – **2.** → Kollege
mitbekommen: → verstehen (I, 2)
Mitbewerber, der: → Konkurrent (1)
Mitbringsel, das: → Geschenk (1)
Mitbürger, der: → Bürger (1)
miteinander: 1. → gemeinsam (1) – **2.** m. wechseln: **a)** → abwechseln (I) – **b)** → ablösen (II, 2)
mitempfinden: → mitfühlen
Mitempfinden, das: → Mitgefühl
Mitesser, der: → ²Pickel
Mitfahrende, der: → Fahrgast
mitfühlen: mitempfinden · Anteil nehmen |an| · teilnehmen |an| · Teilnahme bezeigen · den Schmerz teilen + mitleiden
Mitfühlen, das: → Mitgefühl
mitfühlend: → mitleidig
Mitgefühl, das: **1.** ⟨*das Anteilnehmen an jmds. Problemen*⟩ das Mitfühlen · das Mitempfinden · Teilnahme · Anteilnahme · Anteil; → *auch* Mitleid (1) – **2.** → Mitleid (1) – **3.** ohne M.: → gefühllos (1); sein M. aussprechen: → kondolieren
mitgehen: 1. → begleiten – **2.** m. heißen/lassen: → stehlen (1)
mitgenommen: → schadhaft
Mitgift, die: Aussteuer · Ausstattung; Heiratsgut (*noch österr*)
Mitglied, das: M. werden: → eintreten (1)
mithaben: → mit (4)
mithalten: 1. → mitwirken – **2.** m. können: **a)** → ebenbürtig (3) – **b)** → mitkommen (1)
mithilfe: 1. → mittels – **2.** m. von: → mittels
Mithilfe, die: → Hilfe (1)
mithin: → deshalb
Mitinhaber, der: → Teilhaber
mitkommen: 1. ⟨*den Anforderungen gewachsen sein*⟩ Schritt halten · folgen/mithalten können ♦ *umg*: mitkönnen; → *auch* ebenbürtig (3) – **2.** → begleiten – **3.** nicht m.: → zurückbleiben (1)
mitkönnen: → mitkommen (1)
mitkriegen: → verstehen (I, 2)
mitlaufen: → mitwirken
Mitläufer, der: → Opportunist
Mitleid, das: **1.** ⟨*starkes inneres Anteilnehmen an fremdem Leid*⟩ Erbarmen · Anteilnahme · Mitgefühl + Barmherzigkeit; → *auch* Mitgefühl (1) – **2.** M. erregend: ⟨*starke innere Anteilnahme an fremdem Leid hervorrufend*⟩ herzergreifend · herzzerreißend · herzbewegend + zum Steinerweichen

♦ *gehoben*: herzbrechend; → *auch* jämmerlich (1), ergreifend
mitleiden: → mitfühlen
Mitleidenschaft, die: in M. ziehen: → beschädigen
mitleidig: barmherzig · erbarmungsvoll · mitfühlend
mitleid[s]los: → rücksichtslos (1)
mitmachen: 1. → mitwirken, beteiligen (II) – **2.** → hingeben (II, 2) – **3.** → dulden (1), durchmachen (1) – **4.** alles m.: ⟨*bei jedem Streich mitwirken* [*wollen*]⟩ für jeden Spaß zu haben sein; zu jeder Schandtat/allen Schandtaten bereit sein (*scherzh*) – **5.** nicht mehr m.: **a)** → Mitarbeit – **b)** → versagen (2)
mitmischen: → mitwirken
Mitnahmepreis, der: → Abholpreis
mitnehmen: 1. → stehlen (1) – **2.** → kaufen (1)
Mitnehmepreis, der: → Abholpreis
mitnichten: → keineswegs
mitrechnen: → einbeziehen
mitreden: mitsprechen ♦ *salopp*: seinen Senf dazugeben
mitreißen: → begeistern (1)
mitsammen: → gemeinsam (1)
mitsamt: → mit (1)
mitschreiben: → protokollieren
Mitschuldige, der: Mittäter · Helfershelfer · Mitwisser; Spießgeselle · Komplize · Kumpan · Konsorten (*nur Pl*) · Handlanger (*abwert*)
mitspielen: 1. → mitwirken – **2.** übel m.: → schaden (1)
mitsprechen: → mitreden
Mitstreiter, der: → Anhänger (3)
Mittag[brot], das: → Mittagessen
Mittagessen, das: Mittagsmahlzeit; Mittagbrot (*landsch*) + Lunch · Diner ♦ *gehoben*: Mittagsmahl ♦ *umg*: Mittag
Mittagsmahl, das: → Mittagessen
Mittagsmahlzeit, die: → Mittagessen
Mittäter, der: → Mitschuldige
Mitte, die: die goldene M.: → Mittelweg; in der M. |von|: → inmitten (1); ab durch die M.: → fort (1); aus ihrer *bzw.* unserer M. gerissen werden: → sterben (1)
mitteilen: I. mitteilen: ⟨*eine Information* [*weiter*]*geben*⟩ sagen · wissen lassen · übermitteln · eröffnen · eine Mitteilung machen; vermelden (*noch scherzh*) + melden · eine Meldung machen ♦ *umg*: + auf die Nase binden; → *auch* beibringen (1), bekannt (5), berichten, hinterbringen (II), unterrichten (1) – **II.** mitteilen, sich: → anvertrauen (II, 2)
mitteilsam: → gesprächig (1)
Mitteilung, die: **1.** ⟨*das Mitgeteilte bzw. Mitzuteilende*⟩ Bescheid · Benachrichtigung · Information · Eröffnung + Meldung · Angabe; → *auch* Auskunft (1), Ankündigung, Bericht (1), Nachricht (I) – **2.** eine M. machen: → mitteilen (I)
mittel: → mittelmäßig
Mittel: I. Mittel, das: **1.** → Hilfsmittel – **2.** → Arzneimittel – **3.** → Durchschnittswert – **4.** sich ins M. legen: → vermitteln (1) – **II.** Mittel (*Pl*): → Geldmittel
mittelbar: indirekt · auf einem Umweg · auf Umwegen ♦ *umg*: hintenherum
Mittelding, das: → Mischung (2)
Mittelklasse, die: → Mittelschicht
mittellos: → arm (1)
Mittellosigkeit, die: → Armut (1)
Mittelmaß, das: → Durchschnitt (1)
mittelmäßig: durchschnittlich · alltäglich · mäßig ♦ *umg*: [so] mittel · [so] lala · nicht besonders · soso · mittelprächtig · durchwachsen · nicht berauschend · nicht weit her · nicht gerade berühmt + mau; → *auch* erträglich
Mittelmäßigkeit, die: → Durchschnitt (1)
mittelprächtig: → mittelmäßig
Mittelpunkt, der: Zentrum · Brennpunkt · Angelpunkt + Herz · Seele · Kerngebiet; → *auch* Schwerpunkt, Schnittpunkt
mittels: durch · mit · mithilfe [von] · per · anhand [von]; vermittels (*veraltend*) ♦ *gehoben*: vermöge
Mittelschicht, die: Mittelklasse · Mittelstand · Bürgertum; der dritte Stand (*hist*); → *auch* Bourgeoisie, Gesellschaftsgruppe
Mittelschule, die: → Realschule
Mittelsmann, der: → Vermittler (1), Verbindungsmann
Mittelsperson, die: → Vermittler (1)
Mittelstand, der: → Mittelschicht
mittelständisch: bürgerlich; → *auch* bourgeois
Mittelständler, der: → Bürger (3)
Mittelweg, der: **1.** ⟨*die Vorgehensweise zwischen zwei* [*sehr unterschiedl.*] *Möglichkeiten*⟩ Kompromiss · der goldene Mittelweg + die goldene Mitte – **2.** der goldene M.: → 1

Mittelwert, der: → Durchschnittswert
mitten: m. darin: → dazwischen (1); m. hinein: → dazwischen (2)
mittendrin: → dazwischen (1)
mittendrein: → dazwischen (2)
mittendurch: → durch (1)
mittenmang: → dazwischen (1)
Mittler, der: → Vermittler (1)
Mittlerrolle, die: → Vermittlung (1)
mittlerweile: → unterdessen
mittun: → mitwirken
mitunter: → manchmal
Mitwelt, die: → Umwelt
mitwirken: mitmachen · mittun · mitarbeiten + eingreifen ♦ *umg*: mitspielen + mithalten · mitlaufen ♦ *salopp*: mitmischen (*oft abwert*); → *auch* beteiligen (II)
Mitwisser, der: → Mitschuldige
mitzählen: → einbeziehen
Mitzecher, der: → Trinkbruder
Mix, der: → Mischung (1)
mixen: → mischen
Mixgetränk, das: → Mischgetränk
Mixtum compositum, das: → Mischung (1)
Mixtur, die: **1.** → Mischung (1) – **2.** → Arzneimittel
Mob, der: → Gesindel
Möbel (*Pl*): → Einrichtung (2, b)
mobil: 1. → beweglich (1) – **2.** → munter (1)
Mobilfunktelefon, das: → Handy
Mobiliar, das: → Einrichtung (2, b)
mobilisieren: 1. → einberufen (2) – **2.** → aufwenden
Mobilisierung, die: **1.** → Einberufung (1) – **2.** → Einsatz (1)
mobilmachen: → einberufen (2)
Mobilmachung, die: → Einberufung (1)
Mobiltelefon, das: → Handy
möblieren: → einrichten (I, 1)
Möchtegern, der: → Angeber (1)
Modder, der: → Schlamm
modderig: → schlammig
Mode, die: **1.** ⟨*Geschmack einer bestimmten Zeit*⟩ Zeitgeschmack · Tagesgeschmack + Trend – **2.** [in] M. sein: → ²modern (2); M. werden, in M. kommen: → aufkommen (1); aus der M. kommen: → veralten; aus der M. gekommen: → altmodisch
Modedesigner, der: → Modeschöpfer
Modegeck, der (*abwert*): *umg*: Schickimicki
Model, das: **1.** ⟨*attraktive Frau, die als Modell für Werbefotos u. dgl. eingesetzt wird*⟩ Fotomodell · Modell – **2.** ⟨*attraktive Frau, die Damenbekleidung vorführt*⟩ Mannequin · Modell · Vorführdame – **3.** männliches M.: → Dressman
Modell, das: **1.** → Muster (1) – **2.** → Modeschöpfung – **3.** → Model (1 *u.* 2)
modellieren: → formen (1)
Modellkleid, das: → Modeschöpfung
modeln: 1. → formen (1) – **2.** → umgestalten
Modemacher, der: → Modeschöpfer
Modepuppe, die (*abwert*): *umg*: Dämchen
Moder, der: **1.** → Fäulnis (1) – **2.** → Schimmel (1)
moderat: → gemäßigt
Moderation, die: + Conférence · Ansage
Moderator, der: Anchorman + Conférencier; Ansager (*veraltend*)
moderig: 1. → faul (1) – **2.** → schimmelig, dumpf (1)
¹modern: 1. → faulen – **2.** → schimmeln
²modern: 1. ⟨*dem Geschmack der Zeit entsprechend*⟩ zeitgemäß · neuzeitlich · modisch · hochmodern · hypermodern; neumodisch (*meist abwert*) ♦ *umg*: von heute; → *auch* elegant (1) – **2.** m. sein: ⟨*dem Zeitgeschmack entsprechen* [*wollen*]⟩ [in] Mode sein · en vogue sein + mit der Zeit gehen · up to date sein ♦ *umg*: in sein · [voll] im Trend liegen
modernisieren: 1. → umgestalten – **2.** → neu (4) – **3.** → erneuern (1)
Modernisierung, die: **1.** → Umgestaltung – **2.** → Neugestaltung
Modeschöpfer, der: Modemacher · [Haute] Couturier + Modedesigner
Modeschöpfung, die: Kreation · Modell + Modellkleid
Modifikation, die: → Abänderung
modifizieren: → abändern
Modifizierung, die: → Abänderung
modisch: → ²modern (1)
Modistin, die: Hutmacherin; Putzmacherin (*veraltet*)
Modulation, die: → Abänderung
modulieren: 1. → abändern – **2.** → aussprechen (I, 1)
Modus, der: → Art (1)
Mofa, das: → Motorrad
Mogelei, die: → Betrug (1)
mogeln: → betrügen (1)

mögen: angetan/eingenommen sein |von| · etw./viel übrig haben |für| · nicht abgeneigt/abhold sein · Geschmack finden/gewinnen |an| · Gefallen haben/finden |an| · Geschmack/Gefallen/einen Reiz abgewinnen |einer Sache| · ein Freund sein |von| + jmdm. wohl wollen · sympathisieren |mit|; → *auch* lieben (1)
möglich: **1.** ⟨*das Eintreten od. Zustandekommen nicht ausschließend*⟩ nicht unmöglich/ausgeschlossen · im Bereich des Möglichen/der Möglichkeit · denkbar + etwaig · eventuell · potenziell · potenzial · virtuell · erdenklich · erdenkbar · erreichbar · erzielbar · erzwingbar · wahrscheinlich – **2.** → durchführbar – **3.** m. sein: **a)** ⟨*im Bereich der Möglichkeiten liegen*⟩ nicht von der Hand zu weisen sein ♦ *umg*: + in Reichweite sein ♦ *salopp*: drin sein – **b)** → angehen (1) – **4.** m. machen: → ermöglichen (1); für m. halten: → vermuten; alles Mögliche: → allerlei; alles nur Mögliche tun: → versuchen (I, 4); im Bereich des Möglichen: → 1
möglichenfalls: → möglicherweise
möglicherweise: eventuell · vielleicht · gegebenenfalls · allenfalls · womöglich · unter Umständen · möglichenfalls · eventual; allfällig (*österr schweiz*) + wahrscheinlich · vermutlich · je nachdem
Möglichkeit, die: **1.** ⟨*das Möglichsein*⟩ Eventualität · Potenzialität + Chance · Weg · Virtualität – **2.** nach M.: → möglichst; im Bereich der M.: → möglich (1); die M. bieten/geben: → ermöglichen (1)
möglichst: tunlich[st] · nach Möglichkeit
Mohr, der: → Afrikaner
Möhre, die: Karotte; Mohrrübe · Wurzel (*bes. norddt*)
Mohrrübe, die: → Möhre
mokant: → spöttisch
Mokick, das: → Motorrad
mokieren, sich: sich m. |über|: → spotten (1)
Mokka, der: → Kaffee (1)
Mole, die: → Hafendamm
Molkerei, die: → Milchwirtschaft (1)
Molle, die: **1.** → Bier (b) – **2.** wie mit Mollen gießen: → gießen (2)
Mollenfriedhof, der: → Schmerbauch
mollig: **1.** → dicklich (1) – **2.** → warm (1) – **3.** → weich (1, a)
Moloch, der: → Ungeheuer (1)
Molotowcocktail, der: → Sprengkörper
molsch: → faul (1)
molschen: → faulen
Moment: **I.** Moment, der: **1.** → Augenblick (1) – **2.** im M.: → jetzt (1); im letzten M.: → Augenblick (2); vor einem M.: → eben (2) – **II.** Moment, das: → Merkmal
momentan: **1.** → jetzt (1) – **2.** → jetzig – **3.** → vorübergehend
Monarch, der: → Alleinherrscher
Monarchie, die: → Alleinherrschaft
Monat, der: alle drei Monate: → vierteljährlich
monatlich: allmonatlich · vierwöchentlich
Monatsblutung, die: → Menstruation
Monatsfluss, der: → Menstruation
Mönch, der: **1.** ⟨*Angehöriger eines Männerordens*⟩ Ordensbruder · Klosterbruder · Frater; Kuttenträger (*auch abwert*); → *auch* Nonne (1) – **2.** M. werden: ⟨*in einen Männerorden eintreten*⟩ ins Kloster gehen – **3.** leben wie ein M.: → enthaltsam (2)
Mond, der: **1.** ⟨*die Erde umkreisender Himmelskörper*⟩ Erdtrabant + Himmelskörper ♦ *dicht*: [Frau] Luna – **2.** ⟨*einen Planeten umkreisender Himmelskörper*⟩ Trabant · Satellit – **3.** → Glatze – **4.** hinter dem M.: → rückständig; in den M. gucken: → leer (4); in den M. schreiben: → verloren (3)
mondän: → elegant (1)
Mondsüchtige, der: → Schlafwandler
monetär: → geldlich
Moneten (*Pl*): → Geld (1)
Moneymaker, der: → Großverdiener
monieren: → beanstanden
Monitor, der: → Bildschirm
Monitum, das: → Beanstandung
Monogamie, die: Einehe; → *auch* Ehe (1), Bigamie, Polygamie
Monokel, das: → Einglas
Monopol, das: Alleinrecht; → *auch* Vorrecht
Monopolkapitalismus, der: → Kapitalismus
Monopolkapitalist, der: → Kapitalist
monopolkapitalistisch: → kapitalistisch
monoton: → einförmig
Monotonie, die: → Einförmigkeit
Monster, das: → Ungeheuer (1)
Monsterfilm, der: → Gruselfilm
monströs: **1.** → gewaltig (1) – **2.** → missgebildet
Monstrum, das: **1.** → Missgeburt – **2.** → Ungeheuer (1)

Montag, der: blauen M. machen: → faulenzen (1)
Montage, die: Zusammenbau + Installation
montieren: zusammenbauen · zusammensetzen + installieren
Montur, die: **1.** → Kleidung (1) – **2.** → Uniform
Monument, das: → Denkmal (1)
monumental: → gewaltig (1)
Moor, das: → Sumpf (1)
moorig: → sumpfig
Moos, das: **1.** → Sumpf (1) – **2.** → Geld (1)
moosartig: → weich (1)
moosig: **1.** → sumpfig – **2.** → weich (1)
Moped, das: → Motorrad
Moppel, das: → Auto (1)
moppen: → fegen (1)
Mops: **I.** Mops, der: → Dicke (I *u.* II, 1) – **II.** Möpse (*Pl*): → Geld (1)
mopsen: **I.** mopsen: → stehlen (1) – **II.** mopsen, sich: → langweilen (II)
mopsfidel: → lustig
mopsig: **1.** → dick (1) – **2.** → langweilig
Moral, die: → Sittlichkeit (1)
moralisch: **1.** → sittlich (1) – **2.** moralische Bedenken: → Gewissensbisse (1); moralischer Niedergang: → Sittenverfall
Moralität, die: → Sittlichkeit (1)
Moralpredigt, die: → Strafpredigt
Morast, der: **1.** → Schlamm – **2.** → Sumpf (1)
morastig: **1.** → schlammig – **2.** → sumpfig
Moratorium, das: → Zahlungsaufschub
morbid: → krank (1)
Mord, der: **1.** ⟨*vorsätzl. Tötung eines Menschen aus niedrigen Beweggründen*⟩ Mordtat · Bluttat · Ermordung · Meuchelmord + Raubmord · Ritualmord · Sexualmord · Lustmord; → *auch* Tötung, Blutbad – **2.** einen M. begehen: → morden (1); M. und Totschlag: → Streit (1)
Mordanschlag, der: → Anschlag (2)
mordbegierig: → mordgierig
morden: **1.** ⟨*einen Menschen aus niedrigen Beweggründen vorsätzlich töten*⟩ einen Mord begehen · seine Hände mit Blut beflecken/besudeln + metzeln; → *auch* ermorden, töten (I, 1) – **2.** → ermorden – **3.** m. und brennen: → brandschatzen
Mörder, der: Meuchelmörder + Würger · Totschläger ♦ *salopp*: Killer; → *auch* Verbrecher
Mördergrube, die: aus seinem Herzen keine M. machen: → offenherzig (2)
mörderisch: **1.** ⟨*mit viel Blutvergießen verbunden*⟩ blutig – **2.** → sehr – **3.** in mörderischem Tempo: → schnell (1, a)
mörderlich: → sehr
Mordgier, die: Mordlust · Blutgier · Blutdurst + das Amoklaufen
mordgierig: mordbegierig · blutgierig · blutdürstig · blutrünstig
Mordlust, die: → Mordgier
mordsdumm: → dumm (1)
Mordsdurst, der: → Durst (1)
Mordseifer, der: → Eifer (1)
Mordsgeschichte, die: → Abenteuer (1)
Mordshunger, der: → Hunger (1)
Mordskerl, der: → Kerl (1)
mordsmäßig: → sehr
Mordsstrapaze, die: → Anstrengung (2)
mordswenig: → wenig (1)
Mordtat, die: → Mord (1)
Mores (*Pl*): M. lehren: → zurechtweisen
morgen: lieber heute als m.: → sofort
Morgen, der: **1.** ⟨*Tageszeit*⟩ Frühe · Morgenstunde – **2.** am M.: → morgens; vom M. bis zum Abend: → ununterbrochen
Morgendämmerung, die: Morgengrauen · Dämmerung + Tagesanbruch · Dämmerlicht · Zwielicht; → *auch* Halbdunkel
Morgengrauen, das: → Morgendämmerung
Morgenimbiss, der: → Frühstück
Morgenkleid, das: → Morgenrock
Morgenland, das: → Orient
Morgenrock, der: Morgenkleid · Negligé; → *auch* Schlafanzug
morgens: früh[morgens] · am Morgen · in aller Frühe · beim/mit dem ersten Hahnenschrei + [früh]zeitig · vormittags · am Vormittag ♦ *umg*: in aller Herrgottsfrühe
Morgenstern, der: → Venus (1)
Morgenstunde, die: → Morgen (1)
Morpheus: in Morpheus' Armen liegen: → schlafen (1, a)
morsch: brüchig · mürbe · mulmig + vermodert
morsen: → telegrafieren, funken (1)
mörsern: → zerreiben
Mortalität, die: Sterblichkeit[srate] · Sterblichkeitsziffer
Mosch, der: → Abfall (I, 1)
Moschee, die: → Kirche (1)
moschen: → verschwenden

Möse, die: → Scheide (1)

mosern: → nörgeln

Moses, der: → Schiffsjunge

Most, der: → Fruchtsaft

Moster, der: → Fruchtpresse

Mostert, der: → Senf (1)

Mostrich, der: → Senf (1)

Motel, das: → Hotel (1)

Motion, die: → Antrag (1)

Motionär, der: → Antragsteller (1)

Motiv, das: → Veranlassung

motivieren: 1. → anregen (1) – **2.** → begründen (1)

Motor, der: **1.** ⟨*Antriebsmaschine*⟩ Verbrennungsmotor + Triebwerk ♦ *umg*: Maschine – **2.** → Triebkraft

Motorrad, das: Krad · Maschine; Kraftrad (*amtsspr*) + Easyrider · Motorroller · Moped · Mokick · Mofa ♦ *umg*: Feuerstuhl (*scherzh*); Töfftöff (*kinderspr*)

Motorroller, der: → Motorrad

Motorschlepper, der: → Schlepper (1)

Mottenkiste, die: in die M. gehören, aus der M. stammen: → veraltet (2)

Motto, das: → Wahlspruch

motzen: 1. → nörgeln – **2.** → schmollen

Motzerei, die: → Nörgelei

Mountainbike, das: → Fahrrad

moussieren: → sprudeln (1)

Mucke, die: **1.** → Laune (1) – **2.** → Schrulle (1)

Mücke, die: **1.** ⟨*Blut saugendes Insekt*⟩ Stechmücke; Schnake (*landsch*); Gelse (*österr*) + Moskito – **2.** die/eine M. machen: → wegschleichen (I); aus einer M. einen Elefanten machen: → übertreiben (1)

Muckefuck, der: → Kaffee (2)

mucken: → aufbegehren

Mücken (*Pl*): → Geld (1)

Mucker, der: **1.** → Duckmäuser – **2.** → Griesgram

muckerhaft: 1. → duckmäuserisch – **2.** → mürrisch

muckerisch: 1. → duckmäuserisch – **2.** → mürrisch

muckschen: → schmollen

mucksmäuschenstill: → still (1)

Mud, der: → Schlamm

muddeln: → trödeln (1)

muddig: → schlammig

müde: 1. ⟨*nach Ruhe od. Schlaf verlangend*⟩ ermüdet · schläfrig · ruhebedürftig · schlafbedürftig · todmüde · zum Umsinken müde + matt · [fuß]lahm · wegmüde · pflastermüde · schlaftrunken ♦ *umg*: bettreif ♦ *salopp*: hundemüde ♦ *derb*: saumüde; → *auch* erschöpft (1), schwach (1, a), unausgeschlafen – **2.** m. sein: ⟨*sich ausruhen wollen*⟩ Müdigkeit verspüren · schwere Lider haben · sich nicht mehr auf den Beinen halten können ♦ *umg*: vor Müdigkeit umfallen; nach dem Bettzipfel schielen (*scherzh*) – **3.** m. sein |einer Sache|: → überdrüssig (1); sich m. arbeiten: → abmühen, sich

Müdigkeit, die: **1.** ⟨*das Müdesein*⟩ Ermüdung · Schläfrigkeit + Bettschwere; → *auch* Erschöpfung – **2.** M. verspüren, vor M. umfallen: → müde (2)

Muff, der: → Gestank

Muffe, die: jmdm. geht die M.: → ängstigen (II, 1)

Muffel, der: → Brummbär

muffelig: → mürrisch

muffeln: 1. → murren – **2.** → kauen (1)

Muffensausen, das: M. haben: → ängstigen (II, 1)

muffig: 1. → dumpf (1) – **2.** → faulig (1) – **3.** → mürrisch

Muh, die: → Kuh (1)

Mühe, die: **1.** ⟨*durch Schwierigkeiten bedingte Anstrengung*⟩ Beschwerlichkeit · Beschwernis · Beschwerde · Plage · Arbeit; Beschwer (*veraltend*); → *auch* Mühsal – **2.** → Anstrengung (1) – **3.** mit M.: ⟨*nur mit* [*größter*] *Anstrengung*⟩ gerade noch · eben noch · mit Hangen und Bangen ♦ *umg*: mit Hängen und Würgen · mit Ach und Krach; → *auch* kaum (1) – **4.** ohne M. erledigen/schaffen: → mühelos (2); [nur] mit M. [und Not]: → kaum (1); sich M. geben: **a)** → anstrengen (II, 1) – **b)** → bemühen (II, 1); M. machen: → schwer (5); keine M. scheuen: → versuchen (I, 4); der/die M. wert sein: → lohnen (II)

mühelos: 1. ⟨*keine Anstrengung erfordernd*⟩ [kinder]leicht · einfach · easy · bequem + unproblematisch · unschwer – **2.** m. erledigen/schaffen: ⟨*ohne Anstrengung bewerkstelligen*⟩ spielend/ohne Mühe/ohne Schwierigkeiten erledigen/schaffen; sich spielen |mit| (*österr*) ♦ *umg*: aus dem Handgelenk/mit links/mit der linken Hand/dem kleinen Finger machen + mit einem Griff/ein paar Handgriffen erledigen

mühen, sich: → abmühen, sich

mühevoll: → mühsam

Muhkuh, die: → Kuh (1)
Mühle, die: → Fahrrad
Muhme, die: → Tante (1)
Mühsal, die: Plage · Kärrnerarbeit · Sklavenarbeit ♦ *gehoben*: Fron ♦ *umg*: Plackerei · Rackerei · Schinderei · Schufterei · Heidenarbeit · Pferdearbeit · Knochenarbeit ♦ *salopp*: Hundearbeit ♦ *derb*: Sauarbeit; → *auch* Anstrengung (2), Mühe (1)
mühsam: mühevoll · mühselig · beschwerlich + lästig; → *auch* anstrengend (1), schwierig (1)
mühselig: → mühsam
mukös: → schleimig (1)
Mulatte, der: → Mischling
Mulde, die: **1.** ⟨*flache Vertiefung im Gelände*⟩ Senke · Bodensenke · Bodenvertiefung · Geländesenkung · Gesenke · Talmulde · Talsenke; Delle (*landsch*); → *auch* Tal (1), Graben (2), Grube (1), Vertiefung (1) – **2.** → Trog
Muli, der: → Lasttier
Müll, der: Hausmüll · Abfall · Kehricht; → *auch* Abfall (I, 1)
Müllabladeplatz, der: → Mülldeponie
Müllcontainer, der: → Mülltonne
Mülldeponie, die: Müllkippe · Müllabladeplatz · Schuttabladeplatz · Müllgrube · Deponie
Mülleimer, der: Abfalleimer · Abfallbehälter ♦ *umg*: Dreckeimer; → *auch* Mülltonne
Müllgrube, die: → Mülldeponie
Müllkippe, die: → Mülldeponie
Müllkübel, der: → Mülltonne
Mülltonne, die: Abfalltonne + Abfallkübel · Müllkübel · Abfallfass · Müllcontainer · Container · Abfallbehälter; → *auch* Mülleimer
mulmig: 1. → morsch – **2.** → bedenklich (1), unbehaglich (1)
Multi, der: → Konzern
multidimensional: → vielschichtig
multilateral (*bes. Polit*): mehrseitig · vielseitig; → *auch* bilateral
multilingual: → mehrsprachig
multiplizieren: vervielfachen · malnehmen
Mumifikation, die: → Einbalsamierung
mumifizieren: → einbalsamieren (1)
mumm: nicht m. sagen: → schweigen (1)
Mumm, der: **1.** → Mut (1) – **2.** → Kraft (1)
Mummelgreis, der: → Greis
Mümmelmann, der: → Hase (1)
mummeln: → murmeln
mümmeln: → kauen (1)
Mummenschanz, der: **1.** → Maskenball – **2.** → Verkleidung (1)
Mumpitz, der: → Unsinn (1, a)
Mumps, der: Parotitis (*med*) ♦ *umg*: Ziegenpeter
Münchhaus[en]iade, die: → Lügengeschichte
Mund, der: **1.** ⟨*Teil des menschl. Gesichts*⟩ *umg*: Schnute · Schnabel ♦ *salopp*: Klappe · Rachen; Futterluke (*scherzh*); Flappe · Gosche · Gusche (*landsch*) ♦ *derb*: Maul · Schnauze · Fresse; → *auch* Mundwerk – **2.** den M. spülen: → gurgeln (1); ein Schloss vor dem M. haben: → schweigen (1); den M. halten: → schweigen (1 *u.* 2); reinen M. halten: → schweigen (2); den M. stopfen: → Schweigen (2); den M. auf dem rechten Fleck haben, nicht auf den M. gefallen sein: → schlagfertig (2); den M. auftun/aufmachen: → sprechen (1); sich jeden Bissen vom M. absparen: → sparsam (3); sich jeden Bissen vom M. absparen müssen: → arm (4); sich den M. wischen können: → leer (4); kein Blatt vor den M. nehmen: → aussprechen (I, 5); sich den M. fusselig/fransig/in Fransen reden: → einreden (2); den M. aufreißen: → aufspielen (II); den M. voll nehmen: → prahlen; nach dem M. reden: → schmeicheln (1); von M. zu M. gehen: → bekannt (4, a); in den M. der Leute bringen: → verleumden (1); sich den M. verbrennen: → schaden (3); über den M. fahren: → unterbrechen (1); M. und Nase aufsperren/aufreißen: → staunen (1); den M. wässrig machen: → verlocken
Mundart, die: Idiom · Dialekt + Umgangssprache · Jargon
mundartlich: dialektal; dialektisch (*veraltend*) + umgangssprachlich · regional · landschaftlich
munden: → schmecken (1)
münden: m. |in|: einmünden · auslaufen |in| · ausmünden |in|; → *auch* zusammenfließen
mundfaul: → wortkarg
mundfertig: → schlagfertig
mündig: volljährig · großjährig; majorenn (*veraltet*); → *auch* erwachsen (1)
mundtot: m. machen: → Schweigen (2)
Mundtuch, das: → Serviette
Mundum, das: → Reinschrift
Mundvoll, der: → Bissen (1)

Mundvorrat, der: → Verpflegung (2)
Mundwerk, das: *umg*: Schlabber (*landsch, oft abwert*) ♦ *salopp*: Dreckschleuder (*abwert*); Gosche · Gusche (*landsch*) ♦ *derb*: Maulwerk · Schnauze; Schandmaul · Schandschnauze · Revolverschnauze (*abwert*); → *auch* Mund (1)
Munkelei, die: → Gerede (1)
munter: 1. ⟨*in fröhlich-lebhafter Verfassung*⟩ frisch · springlebendig · munter wie ein Fisch im Wasser · rege · regsam · mobil · alert ♦ *umg*: putzmunter · obenauf; kregel (*landsch*); resch (*süddt österr*); → *auch* lebhaft (1) – **2.** → wach (1) – **3.** m. wie ein Fisch im Wasser: → 1; m. werden: → aufwachen (1); m. sein: → wachen (1)
Münze, die: **1.** ⟨*Geld aus Metall*⟩ Geldstück + Hartgeld – **2.** für bare M. nehmen: → glauben (1); mit gleicher M. heimzahlen: → rächen (II)
mürbe: 1. → weich (1, b), morsch – **2.** → nachgiebig – **3.** m. machen: → zermürben (1 *u.* 2)
Murkel, der: → Kind (1)
Murks, der: → Ausschuss (2)
murksen: → stümpern
Murkser, der: → Stümper
Murkserei, die: **1.** → Stümperei – **2.** → Pfuscherei
Murmel, die: Glaskugel; Marmel · Marbel · Klicker · Schusser (*landsch*)
murmeln: vor sich hinsagen/hinreden ♦ *umg*: brabbeln · in den Bart brummen; mummeln (*landsch*); blubbern (*norddt*); → *auch* brummen (1)
Murmeltier, das: schlafen wie ein M.: → schlafen (1, b)
murren: knurren · brummen ♦ *umg*: muffeln; gnatzen (*norddt*); granteln (*süddt*)
mürrisch: griesgrämig · [gries]grämlich · bärbeißig · brummig · knurrig + verbittert ♦ *umg*: grätig · sauertöpfisch · miesepetrig · muff[el]ig; muckerisch · muckerhaft · murrköpfig (*landsch*); gnatzig (*norddt*); grantig (*süddt*); → *auch* missmutig
Murrkopf, der: → Brummbär
murrköpfig: → mürrisch
Mus, das: **1.** → Brei (1) – **2.** zu M. quetschen: → zerdrücken
musartig: → dickflüssig
Muschel, die: → Scheide (1)
Muschi, die: **1.** → Katze (1) – **2.** → Scheide (1)
Muschkote, der: → Infanterist
Musensohn, der: → Dichter (a)
Musentempel, der: → Theater (2)
Musical, das: → Operette
musig: → dickflüssig
Musik, die: **1.** ⟨*der akustische Eindruck des Musizierens*⟩ Klänge – **2.** M. machen: → musizieren
Musikant, der: → Musiker
Musikdrama, das: → Oper (1)
Musiker, der: Musikant; Musikus (*scherzh od. abwert*); Tonkünstler (*scherzh od. iron*)
Musikstück, das: → Komposition (1)
Musikus, der: → Musiker
Musikwerk, das: → Komposition (1)
musisch: → feinsinnig
musizieren: Musik machen · spielen · aufspielen; → *auch* konzertieren
Muskelmann, der: → Muskelprotz
Muskeln (*Pl*): die M. spielen lassen (*umg*): den starken Mann markieren
Muskelpaket, das: → Muskelprotz
Muskelprotz, der (*umg*): Kraftprotz + Muskelmann · Muskelpaket; → *auch* Rambo, Athlet
Muskeltraining, das: Bodybuilding
muskulös: → kräftig (1)
Muss, das: → Zwang (1), Pflicht (1)
Mussbestimmung, die: → Vorschrift (1)
Muße, die: → Freizeit
müssen: 1. ⟨*einem Zwang unterliegen, etw. zu tun*⟩ sich gezwungen/genötigt sehen · gezwungen/genötigt sein · nicht umhinkönnen · keine [andere] Wahl haben · sich nicht enthalten können; sich bemüßigt sehen/fühlen (*oft iron*) + verurteilt sein |zu| – **2.** → sollen
Mußestunde, die: → Freizeit
Mußezeit, die: → Freizeit
müßig: 1. → untätig (1) – **2.** → unnötig – **3.** m. gehen: ⟨*keiner sinnvollen Tätigkeit nachgehen*⟩ in den Tag hinein leben; → *auch* faulenzen (1)
Müßiggang, der: Nichtstun · Dolcefarniente · Dolcevita · Schlaraffenleben; → *auch* Faulheit, Faulenzerdasein
Müßiggänger, der: → Faulenzer (1)
Müßigkeit, die: → Faulheit
Musspritze, die: → Regenschirm (1)
Muster, das: **1.** ⟨*als Vorbild dienendes Exemplar*⟩ Modell · Musterstück · Vorlage + Zeichnung · Musterzeichnung · Dessin · Schablone · Schema; → *auch* Vorbild (1) –

2. ⟨*Ware zur Ansicht*⟩ Musterstück · Mustersendung · Warenprobe · Probe · Sample · Ansichtssendung; → *auch* Ausstellungsstück, Auswahl (2)
Musterausstellung, die: → Messe (1)
Musterbeispiel, das: → Musterfall (1)
Musterbetrieb, der: *umg*: Vorzeigebetrieb
Musterbild, das: → Vorbild (1)
Musterfall, der: **1.** ⟨*als Beispiel geeigneter bzw. geltender Fall*⟩ Präzedenzfall · Schulbeispiel · Musterbeispiel – **2.** → Inbegriff
mustergültig: → vorbildlich
musterhaft: → vorbildlich
Mustermesse, die: → Messe (1)
mustern: → ansehen (I, 3), anstarren, durchsehen (2)
Mustersammlung, die: → Auswahl (2)
Musterschau, die: → Messe (1)
Mustersendung, die: → Muster (2)
Musterstück, das: → Muster (1 *u.* 2)
Musterung, die: Durchsicht · Sichtung + Überprüfung
Musterzeichnung, die: → Muster (1)
Mustopf, der: aus dem M. kommen: → ahnungslos (3)
Mut, der: **1.** ⟨*die Fähigkeit,* [*in gefährl. Situationen*] *seine Angst zu unterdrücken*⟩ Furchtlosigkeit · Unerschrockenheit · Beherztheit · Mannhaftigkeit · Mannesmut · Löwenmut + Zivilcourage ♦ *umg*: Courage · Herz · Mumm; Traute (*landsch*); → *auch* Tapferkeit, Kühnheit – **2.** guten Mutes: → optimistisch (1); M. machen/verleihen: → ermutigen; M. fassen: → ermannen, sich; den M. haben: → wagen (1); M. zusprechen: → trösten; den M. nehmen: → entmutigen; den M. verlieren: → verzagen (1); nicht den M. verlieren: → verzagen (2)
mutabel: → veränderlich
Mutation, die: → Stimmwechsel
mutieren: m. |zu|: → ändern (II)
mutig: **1.** ⟨*Mut besitzend*⟩ unerschrocken · beherzt · couragiert · mannhaft · mutvoll · todesmutig + männlich · standhaft; → *auch* entschlossen (1), kühn, tapfer, furchtlos – **2.** m. sein: ⟨*seine Angst überwinden*⟩ *salopp*: den inneren Schweinehund besiegen
mutlos: kleinmütig · zaghaft · verzagt; → *auch* entmutigt, niedergeschlagen (1)
Mutlosigkeit, die: Kleinmut · Zaghaftigkeit · Verzagtheit; → *auch* Pessimismus, Feigheit
mutmaßen: → vermuten
mutmaßlich: → wahrscheinlich
Mutmaßung, die: → Vermutung (1)
Muttchen, das: → Mutter (1)
Mutter, die: **1.** ⟨*Frau in Bezug auf ihre Kinder*⟩ + Mutterherz ♦ *dicht*: Mütterlein ♦ *umg*: Mama · alte Dame; Mutti (*vertraul*); Muttchen · Mamachen (*Kosef*); Mami (*kinderspr*) ♦ *salopp*: die Alte – **2.** Vater und M.: → Eltern (1); M. werden, sich M. fühlen: → schwanger (2); M. Natur: → Natur (1); bei M. Grün: → Natur (4); bei Muttern: → daheim (1)
Mutterfreuden (*Pl*): M. entgegensehen: → schwanger (2)
Mutterherz, das: → Mutter (1)
Mutterleib, der: *gehoben*: Schoß
Mütterlein, das: → Mutter (1)
mütterlich: → fürsorglich (1)
Mutterschwein, das: → Schwein (1, b)
mutterseelenallein: → allein (1)
Muttersöhnchen, das: → Weichling
Muttertier, das: Alttier · die Alte
Mutterwitz, der: → Witz (2)
Mutti, die: **1.** → Mutter (1) – **2.** kleine M.: → altklug; Muttis Liebling: → Weichling
mutual: → wechselseitig
mutvoll: → mutig (1)
Mutwille, der: → Übermut
mutwillig: **1.** → übermütig (1) – **2.** → absichtlich
Mütze, die: **1.** ⟨*auf dem Kopf getragenes Kleidungsstück ohne Krempe*⟩ Kopfbedeckung + Baskenmütze · Pudelmütze · Kappe · Käppi ♦ *umg*: Deckel · Bibi (*scherzh*) + Blaser (*landsch*); → *auch* [1]Hut (1) – **2.** ohne M.: → barhäuptig
Mykose, die: → Pilzerkrankung
mysteriös: → geheimnisvoll (1)
Mysterium, das: → Geheimnis (1)
mystisch: → geheimnisvoll (1)
mythisch: → sagenhaft (1)

N

Nabob, der: → Geldmann
nach: 1. ⟨*das Folgen auf etw. bezeichnend*⟩ im Anschluss an; → *auch* danach (1) – **2.** → gemäß (I) – **3.** → an (2) – **4.** n. hinten: **a)** → hinter (1) – **b)** → rückwärts (1) – **c)** → zurück (1); n. oben: → hinauf; n. unten: → hinunter; n. und n.: → allmählich; der Reihe n., n. der Reihe, einer *bzw.* eins n. dem anderen, eine nach der anderen: → nacheinander; n. wie vor: **a)** → immer (3) – **b)** → weiterhin (1)
nachäffen: → nachahmen
Nachäffer, der: → Nachbeter
Nachäffung, die: → Nachahmung
nachahmen: nachmachen · gleichtun · imitieren · kopieren; [nach]äffen (*abwert*); → *auch* nachbilden
nachahmenswert: → vorbildlich
Nachahmer, der: **1.** ⟨*fremde schöpfer. Leistungen Kopierender*⟩ Plagiator + Kopist · Abschreiber – **2.** → Epigone – **3.** → Imitator
Nachahmung, die: Imitation · Kopie · Plagiat; Nachäffung (*abwert*); → *auch* Nachbildung (2)
nacharbeiten: 1. ⟨*durch nachträgliches Arbeiten einen Rückstand aufholen*⟩ nachholen; → *auch* aufholen (1) – **2.** ⟨*ein Werkstück usw. verbessern*⟩ überarbeiten – **3.** → nachbilden
nacharten: → nachgeraten
nachbessern: → reparieren
nachbeten: → nachreden (1)
Nachbeter, der (*umg*; *abwert*): *normalspr*: Nachäffer ♦ *umg*: Nachplapperer · Papagei + Echo
nachbilden: nachschaffen · kopieren · reproduzieren · wiedergeben · nacharbeiten · nachformen; abklatschen · klischieren (*abwert*) + abformen · abdrücken · abgießen · abbilden · nachmalen; → *auch* nachahmen
Nachbildung, die: **1.** ⟨*das Nachschaffen eines Werkes der bildenden Kunst*⟩ Reproduktion · Wiedergabe + Abguss – **2.** ⟨*das nachgeschaffene Werk*⟩ Kopie · Reproduktion · Wiedergabe; Abklatsch · Klischee (*abwert*) + Abguss; → *auch* Nachahmung
nachbleiben: 1. → zurückbleiben (1) – **2.** → nachsitzen
nachblicken: → nachsehen (1)
nachdem: 1. → danach (1) – **2.** je n.: → möglicherweise
nachdenken: 1. ⟨*sich gedanklich mit etw. beschäftigen*⟩ denken · [nach]sinnen · nachgrübeln · reflektieren · meditieren · Überlegungen anstellen · seinen Geist/den Kopf anstrengen · sich den Kopf zerbrechen · das/sein Hirn strapazieren/zermartern + versunken sein · rätseln; → *auch* grübeln, überlegen (I, 1) – **2.** n. |über|: → überlegen (I, 1)
nachdenklich: gedankenvoll · versonnen · grüblerisch · grübelnd · tiefsinnig · besinnlich · versunken · in sich gekehrt; → *auch* geistesabwesend (1), sorgenvoll
nachdichten: → ²dichten (1, a)
Nachdruck, der: **1.** → Nachdrücklichkeit – **2.** → Reprint – **3.** unveränderter N.: → Reprint
nachdrucken: → veröffentlichen
nachdrücklich: [ein]dringlich · dringend · energisch · ernstlich · ernst[haft] · ultimativ · emphatisch · mit Aplomb + intensiv; → *auch* bestimmt (1), inständig
Nachdrücklichkeit, die: Nachdruck · Eindringlichkeit · Dringlichkeit · Entschiedenheit · Bestimmtheit · Emphase + Energie · Inständigkeit
nachdrucksvoll: → betont
nacheifern: nachstreben · es gleichtun wollen + nachleben · nachfolgen
nacheifernswert: → vorbildlich
nacheilen: nachhetzen · nachjagen · hinterherjagen · nachrennen · hinterherrennen · nachstürzen · hinterherstürzen; hinterdrein

jagen (*veraltend*); → *auch* folgen (1), verfolgen (1)
nacheinander: hintereinander · der Reihe nach · nach der Reihe · einer *bzw.* eins nach dem anderen · eine nach der anderen ♦ *umg*: aufeinander
Nacheinander, das: → Reihenfolge
nachempfinden: → nachfühlen
Nachen, der: → Boot
nacherzählen: wiedererzählen
Nachfahr, der: → Nachkomme (1)
nachfolgen: 1. → folgen (1) – **2.** → nacheifern
nachfolgend: 1. → danach (1) – **2.** → folgend (a)
Nachfolger, der: Amtsnachfolger
nachformen: → nachbilden
nachforschen: forschen · nachsuchen · nachspüren · recherchieren · ermitteln · Recherchen/Ermittlungen/Nachforschungen anstellen; erheben (*süddt österr amtsspr*) ♦ *umg*: hinterhaken ♦ *salopp*: baldowern (*landsch*); → *auch* suchen (1), auskundschaften (1)
Nachforschung, die: **1.** → Suche (1) – **2.** Nachforschungen anstellen: → nachforschen
Nachfrage, die: **1.** → Kaufinteresse – **2.** → Interesse (1)
nachfragen: → erkundigen, sich
nachfühlen: nachempfinden
nachgaffen: → nachsehen (1)
nachgeben: 1. ⟨*seine Position nicht halten können*⟩ sich beugen · sich fügen · einlenken · zurückweichen · [dem Zwang] weichen · zurückstecken · lockerlassen ♦ *umg*: klein beigeben · weich [in den Knien] werden · einknicken · zu Kreuze kriechen · einen Rückzieher machen ♦ *salopp*: Flötentöne anstimmen · den Schwanz einziehen; → *auch* abfinden (II, 2), gehorchen (1), unterliegen (1) – **2.** nichts n.: → ebenbürtig (3); nicht n.: **a)** → aushalten (2) – **b)** → beharren (1)
nachgehen: → verfolgen (1)
nachgemacht: → unecht (1)
nachgeordnet: → nebensächlich
nachgerade: → ausgesprochen (1)
nachgeraten: nachschlagen ♦ *gehoben*: nacharten
nachgiebig: schwach · willensschwach · willenlos · weich · weichlich; weichmütig (*veraltend*) + mürbe; → *auch* gutmütig (1), gehorsam (1), haltlos (1)
Nachgiebigkeit, die: Schwäche · Willenlosigkeit · Weichheit + Versöhnlichkeit
nachgrübeln: → nachdenken (1)
nachgucken: → nachsehen (1)
Nachhall, der: → Echo (1)
nachhaltig: → dauernd (1)
nachhelfen: → beschleunigen
nachher: → danach (1)
Nachher, das: → Zukunft (1)
nachhetzen: → nacheilen
nachhinein: im Nachhinein: → danach (1)
nachhinken: → zurückbleiben (1)
nachholen: → nacharbeiten (1)
nachjagen: 1. → nacheilen – **2.** → verfolgen (1)
nachjammern: → nachtrauern (1)
Nachkomme, der: **1.** ⟨*Verwandter aus einer nachfolgenden Generation*⟩ Enkel · Nachfahr · Abkömmling + Erbe ♦ *gehoben*: Spross · Abkomme; → *auch* Kind (2) – **2.** → Kind (2)
nachkommen: → folgen (1)
Nachkommenschaft, die: Nachwuchs; Kindersegen (*oft scherzh*) + Nachzucht
Nachkömmling, der: Spätling · Nachzügler
nachlallen: → nachreden (1)
Nachlass, der: **1.** → Hinterlassenschaft – **2.** → Rabatt
nachlassen: 1. ⟨*an Intensität bzw. Stärke verlieren*⟩ abnehmen · zurückgehen · sich abschwächen · im Rückgang begriffen sein · absinken · abklingen · abflauen · abebben · abschwellen + ermatten · erlahmen · abflachen · abbauen · erlöschen – **2.** → senken (I, 1) – **3.** → erleichtern (I, 1) – **4.** nicht n.: → festbleiben (1)
Nachlassen, das: → Verringerung
Nachlassenschaft, die: → Hinterlassenschaft
nachlässig: 1. ⟨*ohne die nötige Sorgfalt*⟩ liederlich · unsorgfältig · lax; lässig (*veraltend*) + säumig · saumselig · salopp ♦ *umg*: schlampig; luschig (*landsch*) + lotterig; schlappig (*landsch*) ♦ *salopp*: + latschig; → *auch* leichtfertig, unordentlich, ungenau (1) – **2.** n. sein: ⟨*nicht die nötige Sorgfalt walten lassen*⟩ es nicht so genau nehmen + die Zügel schleifen lassen
nachlaufen: 1. → folgen (1) – **2.** → werben (2, a)
nachleben: → nacheifern
nachlesen: → nachschlagen (1)

nachmachen: **1.** → nachahmen – **2.** → fälschen
nachmalen: → nachbilden
nachmals: → danach (1)
Nachmittagskaffee, der: Vesper (*landsch*); Jause (*österr*) ♦ *umg*: das Kaffeetrinken; → *auch* Abendbrot (1), Imbiss (1)
Nachname, der: → Familienname
Nachplapperer, der: → Nachbeter
nachplappern: → nachreden (1)
nachprüfen: → überprüfen
Nachraum, der: → Abfall (I, 1)
Nachrede, die: **1.** → Nachwort – **2.** → Verleumdung – **3.** üble/böse N.: → Verleumdung
nachreden: **1.** ⟨*die Meinung eines anderen gedankenlos übernehmen*⟩ nachsprechen · nachsagen ♦ *umg*: nachbeten · nachplappern (*abwert*) ♦ *salopp*: nachlallen (*abwert*) – **2.** Übles n.: → verleumden (1)
nachrennen: → nacheilen
Nachricht: **I.** Nachricht, die: ⟨*etw. Neues bzw. Wichtiges vermittelnde Mitteilung*⟩ Botschaft · Information · Meldung · Message · Neuigkeit + Post ♦ *gehoben*: Kunde (*veraltend*); → *auch* Mitteilung (1) – **II.** Nachrichten (*Pl*): ⟨*Nachrichtensendung*⟩ News
Nachrichtendienst, der: → Geheimdienst
Nachrichtensprecher, der: Anchorman · Sprecher; Ansager (*veraltend*)
nachrücken: → aufschließen (2)
Nachruf, der: Nekrolog + Gedenkrede · Gedächtnisrede · Würdigung
nachsagen: → nachreden (1)
Nachsatz, der: → Nachschrift (2)
nachschaffen: → nachbilden
nachschauen: → nachsehen (1)
nachschlagen: **1.** ⟨*in einem Buch suchen u. lesen*⟩ nachlesen · nachsehen – **2.** → nachgeraten
Nachschlagewerk, das: Lexikon · Enzyklopädie + Kompendium · Handbuch; → *auch* Wörterbuch, Leitfaden (1)
Nachschlüssel, der: + Dietrich
Nachschrift, die: **1.** ⟨*Niederschrift nach Ansage*⟩ Diktat – **2.** ⟨*Briefzusatz*⟩ Nachsatz · Postskript[um]
nachsehen: **1.** ⟨*mit den Blicken folgen*⟩ hinterhersehen · nachschauen · hinterherschauen · nachblicken · hinterherblicken + nachspähen ♦ *umg*: nachgucken; nachgaffen (*abwert*) – **2.** ⟨*nicht bestrafen od. tadeln*⟩ Nachsicht üben · durchgehen/hingehen lassen · Gnade vor Recht ergehen lassen ♦ *umg*: durchlassen · ein Auge/beide Augen zudrücken · durch die Finger sehen + fünf[e] gerade sein lassen; → *auch* zulassen (1) – **3.** → kontrollieren (1) – **4.** → nachschlagen (1)
Nachsehen, das: das N. haben: → leer (4)
nachsetzen: → verfolgen (1)
Nachsicht, die: **1.** ⟨*verzeihende Haltung*⟩ Schonung · Indulgenz · Gnade; → *auch* Rücksicht (1) – **2.** → Toleranz – **3.** N. üben: → nachsehen (2)
nachsichtig: **1.** ⟨*mit Nachsicht*⟩ indulgent · glimpflich; → *auch* mild[e] (1), rücksichtsvoll – **2.** → tolerant
nachsinnen: → nachdenken (1)
nachsitzen: nachbleiben ♦ *umg*: dableiben
Nachsommer, der: → Herbst (1)
nachspähen: → nachsehen (1)
Nachspann, der: → Abspann
Nachspeise, die: → Nachtisch
Nachspiel, das: **1.** ⟨*Abschluss eines Theaterstückes*⟩ Epilog – **2.** ⟨*später auftretende od. erkennbar werdende unangenehme Folgen*⟩ Nachwirkung ♦ *umg*: böses Ende; → *auch* Folge (1)
nachsprechen: → nachreden (1)
nachspüren: → nachforschen
nächst: **1.** → folgend (a) – **2.** → neben (1) – **3.** in nächster Zeit: → bald (1)
nachstehen: **1.** → zurückbleiben (1) – **2.** nicht n.: → ebenbürtig (3)
nachstehend: → folgend (b)
nachsteigen: → verfolgen (1)
nachstellen: → verfolgen (1), jagen (1)
Nachstellung, die: → Verfolgung
Nächstenliebe, die: → Wohltätigkeit
nächstens: → bald (1)
nachstreben: → nacheifern
nachstürzen: → nacheilen
nachsuchen: **1.** → nachforschen – **2.** n. |um|: → bitten (2)
Nacht, die: **1.** → Dunkelheit – **2.** [mitten] in der N.: → nachts; N. werden: → dämmern (2); über N.: → plötzlich (1); wie Tag und N.: → verschiedenartig; bei N. und Nebel: → heimlich (1); zu[r] N. essen, zur N. speisen: → Abend (4); lange N. machen: → durchfeiern; sich die N. um die Ohren schlagen: → wachen (1); schlaflose Nächte bereiten: **a)** → Sorge (4) – **b)** → beunruhigen (I); schlaflose Nächte haben: → Sorge (3)

Nachtasyl, das: → Obdachlosenasyl
Nachtbar, die: → Nachtlokal
Nachtbummler, der: → Nachtschwärmer
Nachteil, der: **1.** ⟨*negativer Aspekt einer im Übrigen positiven Sache*⟩ Schattenseite · Kehrseite + Ungunst – **2.** von N. sein, zum N. gereichen: → schaden (2)
nachteilig: → schädlich (2), ungünstig
nachten: → dämmern (2)
Nachtessen, das: → Abendbrot (1)
Nachtfalter, der: → Nachtschwärmer
Nachtgewand, das: → Schlafanzug
Nachthemd, das: → Schlafanzug
nächtig: → dunkel (1)
nächtigen: → übernachten
Nächtigung, die: → Übernachtung
Nachtisch, der: Dessert · Nachspeise
Nachtklub, der: → Nachtlokal
Nachtlager, das: → Lager (2)
nächtlich: zu nächtlicher Stunde: → nachts
Nachtlokal, das: Nachtbar · Nachtklub · Nightclub + Stripteaselokal; → *auch* Amüsierlokal
Nachtmahl, das: → Abendbrot (1)
nachtmahlen: → Abend (4)
Nachtmahr, der: → Angsttraum
Nachtmütze, die: → Schlafmütze (1 *u.* 2)
Nachtrabe, der: → Nachtschwärmer
Nachtrag, der: → Ergänzung (1 *u.* 2)
nachtragen: 1. → verübeln – **2.** → ergänzen (1)
nachtragend: → rachsüchtig
nachträglich: → hinterher (1)
nachtrauern: 1. ⟨*lange Zeit großes Bedauern über einen Verlust empfinden*⟩ nachweinen · nachjammern – **2.** nicht n. ⟨*kein Bedauern über einen Verlust empfinden*⟩ keine Träne nachweinen
Nachtruhe, die: → Schlaf (1, a)
nachts: [mitten] in der Nacht · nachtsüber · zur Nachtzeit · zu nachtschlafender Zeit/Stunde ♦ *gehoben*: zu nächtlicher Stunde; → *auch* abends
nachtschlafend: zu nachtschlafender Zeit/Stunde: → nachts
Nachtschwärmer, der: Nachtbummler; Nachtrabe · Nachtfalter (*landsch*)
Nachtseite, die: → Schattenseite (1)
nachtsüber: → nachts
Nachtwächter, der: → Schlafmütze (2)
nachtwandeln: → schlafwandeln (1)
Nachtwandler, der: → Schlafwandler
nachtwandlerisch: mit nachtwandlerischer Sicherheit: → sicher (3)
Nachtzeit, die: zur N.: → nachts
nachvollziehen: → verstehen (I, 2)
nachweinen: 1. → nachtrauern (1) – **2.** keine Träne n.: → nachtrauern (2)
Nachweis, der: **1.** → Beweis (1 *u.* 2) – **2.** → Bescheinigung (1) – **3.** den N. führen |für|: → beweisen (1 *u.* 2); den N. erbringen |für|: → beweisen (1)
nachweisbar: → beweisbar
nachweisen: → beweisen (1 *u.* 2)
nachweislich: bewiesenermaßen · erwiesenermaßen
Nachwirkung, die: **1.** → Folge (1) – **2.** → Nachspiel (2)
Nachwort, das: Schlusswort · Epilog; Nachrede (*veraltend*)
Nachwuchs, der: → Nachkommenschaft
nachzeichnen: → abzeichnen (I, 1)
nachziehen: 1. → festziehen – **2.** → aufholen (1) – **3.** die Lippen n.: → schminken (II)
nachzotteln: → zurückbleiben (1)
Nachzucht, die: → Nachkommenschaft
Nachzügler, der: → Nachkömmling
Nackedei, der (*umg*; *scherzh*): Nacktfrosch
Nackedonien: → Nacktbadestrand
Nacken, der: **1.** ⟨*hinterer Teil des Halses*⟩ Genick; → *auch* Hals (1) – **2.** den N. beugen: → demütigen (II); den N. steif halten: → verzagen (2); auf dem/im N. sitzen: → bedrängen (1)
nackend: → nackt
Nackenschlag, der: → Unannehmlichkeit
nackert: → nackt
nackicht: → nackt
nackt: unbekleidet · bloß · hüllenlos · unverhüllt · entblößt · fasernackt · splitter[faser]nackt · unbedeckt; wie Gott jmdn. geschaffen hat (*scherzh*) ♦ *umg*: pudelnackt; im Naturzustand · in natura · im Adamskostüm · im Evakostüm · textilfrei · barfuß bis an den Hals (*scherzh*); nackend · nackicht · nackert (*landsch*)
Nacktbadestrand, der: FKK-Strand ♦ *umg*: Antitextilstrand · Nackedonien (*scherzh*); Abessinien · Kamerun (*veraltet scherzh*)
Nacktfrosch, der: → Nackedei
Nacktheit, die: Blöße · Nudität
Nadel, die: **1.** ⟨*Schmuckstück*⟩ Brosche · Anstecknadel · Vorstecknadel · Spange; Fibel (*hist*) + Krawattennadel – **2.** an der N.

hängen: → rauschgiftsüchtig (2); wie auf Nadeln sitzen: → ungeduldig (1)
nadelspitz: → spitz (1)
Nagel, der: **1.** ⟨*Metallstift mit Kopf*⟩ Spieker (*seem*); Pinne (*landsch*) + Stift · Drahtstift – **2.** an den N. hängen: → aufgeben (3); nicht das Schwarze unterm N. gönnen: → neidisch (2); sich unter den N. reißen: → aneignen, sich (1); auf den Nägeln brennen: → eilen (I, 2)
nagelneu: → neu (1)
nagen: 1. ⟨*an etw. beißen*⟩ knabbern ♦ *umg*: knaupeln (*landsch*); kiefeln (*österr*) – **2.** am Hungertuch n.: → hungern (1)
nahe: 1. ⟨*nicht weit entfernt*⟩ nahebei · in der Nähe · zunächst · dicht bei · in Reichweite · zum Greifen nahe ♦ *salopp*: vor der Nase; → *auch* daneben (1), neben (1) – **2.** nah und fern: → überall (1); von/aus nah und fern: → überallher; n. kommen, näher kommen: → nähern, sich (1); sich n. kommen, sich näher kommen: → annähern (II, 1); nicht zu n. kommen: → fern (4); n. gehen: → ergreifen (3); n. legen: → raten (1); zu n. treten: → kränken
Nähe, die: **1.** → Umgebung (1) – **2.** in der N.: → nahe (1)
nahebei: → nahe (1), daneben (1)
nahen: I. nahen: → aufziehen (1) – **II.** nahen, sich: → nähern, sich (1)
nähen: 1. ⟨*durch Fadenstiche befestigen*⟩ sticheln + steppen – **2.** → schneidern
Näherin, die: → Schneiderin
Näherkommen, das: → Annäherung (1)
nähern, sich: **1.** ⟨*sich auf etw. oder jmdn. zubewegen*⟩ näher kommen · zukommen |auf| · herankommen · nahe kommen · sich annähern · zugehen |auf| · herangehen · herantreten; aufkommen (*seem*) + sich heranpirschen · [sich] heranschleichen · im Anzug sein ♦ *gehoben*: sich nahen ♦ *umg*: + sich heranmachen; → *auch* aufziehen (1), ankommen (1), kommen (1) – **2.** → kommen (1)
nahezu: → beinahe
Nähgarn, das: → Garn (1)
Nähkästchen, das: aus dem N. plaudern: → ausplaudern
nähren: → stillen (1)
nahrhaft: gehaltvoll · handfest ♦ *umg*: deftig
Nährmittel (*Pl*): → Lebensmittel
Nährmutter, die: → Amme
Nährstoff, der: → Nahrung
Nahrung, die: Ernährung · Essen · Speise · Kost; Atzung (*scherzh*) + Nährstoff; → *auch* Lebensmittel, Verpflegung (2), Futter (1)
Nahrungsgüter (*Pl*): → Lebensmittel
Nahrungsmittel (*Pl*): → Lebensmittel
Naht, die: auf den Nähten knien, auf die N. gehen: → bedrängen (1); auf die N. fühlen: → ausfragen; aus den/allen Nähten platzen: → dick (6); eine N. verpassen: → verprügeln
naiv: 1. → einfältig (1) – **2.** → gutgläubig
Naivität, die: → Einfalt
Najade, die: → Nixe
Name, der: falscher N.: → Deckname; unter anderem/falschem Namen: → inkognito; ohne Angabe des Namens: → anonym; seinen Namen setzen |unter|: → unterschreiben; dem Namen nach: → Schein (7); sich einen Namen machen: → hervortun, sich; einen guten Namen haben: → angesehen (2); das Kind beim [rechten] Namen nennen: → Wahrheit (2); in Gottes Namen: → meinetwegen (2)
namenlos: 1. → anonym – **2.** → unbekannt (1)
Namenszeichen, das: → Unterschrift
Namenszug, der: → Unterschrift
namentlich: → besonders (2)
namhaft: → berühmt (1)
Napf, der: **1.** → Schüssel (1) – **2.** → [1]Schale (1)
Napfkuchen, der: Topfkuchen; Aschkuchen · Bäbe (*landsch*); Gugelhupf (*süddt österr*); Gugelhopf (*schweiz*)
Naphtha, das: → Erdöl
Nappsülze, die: → Versager (1)
Narbe, die: Wundmal; Schmarre (*landsch*) + Schmiss
Narkose, die: Anästhesie (*med*) + Äthernarkose · Ätherrausch; → *auch* Betäubung (1)
narkotisch: → berauschend (1)
narkotisieren: → betäuben (I, 1)
Narr, der: **1.** → Dummkopf (2) – **2.** → Spaßmacher – **3.** → Grünschnabel – **4.** zum Narren halten: → narren; einen Narren gefressen haben |an|: → lieben (1)
narren: zum Besten haben/halten · zum Narren halten · anführen · nasführen · foppen · äffen + einen Aprilscherz machen |mit| ♦ *umg*: veralbern · veräppeln · ver-

uzen · verulken · anulken · auf den Arm/auf die Schippe nehmen · an der Nase herumführen · am Narrenseil haben; pflanzen (*süddt österr*); am Schmäh halten (*österr*) + in den April schicken ♦ *salopp*: verkohlen · verklapsen · vergackeiern · auf den Besen laden ♦ *derb*: verscheißern · verarschen; → *auch* necken, täuschen (I)
Narrenhaus, das: → Klinik (2)
Narrenpossen (*Pl*): → Narretei
Narrenseil, das: am N. haben: → narren
Narrenstreich, der: → Narretei
Narretei, die: Narrheit · Torheit · Narrenstreich · Narrenpossen + Donquichotterie · Kampf gegen Windmühlen[flügel]; → *auch* Unsinn (1, a), Widersinn (1)
Narrheit, die: → Narretei
närrisch: 1. → albern (1) – **2.** → verrückt (1) – **3.** → merkwürdig – **4.** → komisch (1) – **5.** → sehr
Narziss, der: → Egozentriker
naschen: schlecken · leckern (*landsch*)
Näschereien (*Pl*): → Konfekt
naschhaft: genäschig · vernascht; schleckig (*landsch*) + gefräßig
Naschkatze, die: → Leckermaul
Naschwerk, das: → Konfekt
Nase, die: **1.** ⟨*Sinnesorgan*⟩ Geruchsorgan · Riechorgan; Windfang (*weidm*) ♦ *umg*: Erker (*scherzh*) ♦ *salopp*: Riecher · Rüssel · Zinken · Riechkolben; Kartoffel · Knolle · Gurke · Kolben · Lötkolben (*meist scherzh*) ♦ *derb*: Rotznase · Rotzkolben – **2.** → Geruch (2) – **3.** [sich] die N. putzen/schnauben: → schnäuzen, sich; der N. nach: → geradeaus; vor der N.: → nahe (1); Mund und N. aufsperren/aufreißen: → staunen (1); eine feine N. haben |für|: → spüren (1); an der N. absehen: → erraten (1); an der N. ansehen: → anmerken (1); an der N. herumführen: → narren; eine N. drehen: → verlachen; die N. voll haben: → überdrüssig (1); die N. vorn haben: → siegen; die N. hängen lassen: → niedergeschlagen (2); mit hängender N. abziehen: → abblitzen (1); die N. hoch tragen: → eingebildet (3); die N. rümpfen |über|: → verachten (1); die N. ins Buch stecken: → lernen (1); seine N. in alles [hinein]stecken: → einmischen (II); auf die N. binden: → mitteilen (I); mit der N. stoßen |auf|: → hinweisen; die Würmer aus der N. ziehen: → ausfragen; unter die N. reiben: → vorhalten; die Faust unter die N. halten: → drohen (1); vor die N. setzen: → überordnen; sich die N. begießen: → betrinken, sich; auf der N. liegen: → krank (2); auf die N. fallen: → Misserfolg (2)
Nasenfahrrad, das: → Brille (1)
nase[n]lang: alle n.: → oft
Nasenschleim, der: *salopp*: Schnodder (*norddt*) + Popel ♦ *derb*: Rotz
Nasenspitze, die: an der N. ansehen: → anmerken (1)
Nasenstüber, der: → Stoß (1)
naseweis: → vorlaut
Naseweis, der: → Grünschnabel
nasführen: 1. → narren – **2.** → täuschen (I)
nass: 1. ⟨*mit Flüssigkeit benetzt bzw. getränkt*⟩ durchnässt · tropfnass · triefend · triefnass · nass bis auf die Haut + regennass ♦ *umg*: pudelnass · klatschnass · klitschnass · platschnass · quitschnass · quatschnass · patsch[e]nass · pitsch[e]nass · pitsch[e]patsch[e]nass; → *auch* feucht (1) – **2.** n. sein: ⟨*völlig durchnässte Kleidung anhaben*⟩ vor Nässe triefen ♦ *umg*: keinen trockenen Faden auf dem Leibe haben – **3.** die Kehle n. machen: → trinken (1, b); n. bis auf die Haut: → 1; ein nasses Grab finden: → ertrinken; das nasse Element: → Wasser (1); für n.: → kostenlos
Nass, das: **1.** → Wasser (1) – **2.** edles N.: → Wein (1)
Nassauer, der: → Schmarotzer (2)
nassauern: → schmarotzen (2), durchessen, sich
Nässe, die: **1.** → Feuchtigkeit – **2.** vor N. triefen: → nass (2)
nässen: → durchfeuchten (I, 1)
nassfest: → undurchlässig
nässlich: → feucht (1)
Nastuch, das: → Taschentuch
Nates (*Pl*): → Gesäß
Nation, die: → Volk (1)
national: 1. ⟨*die Nation betreffend*⟩ vaterländisch; → *auch* patriotisch, nationalistisch – **2.** nationale Minderheit: → Volksgruppe
nationalisieren: → verstaatlichen
Nationalismus, der: Chauvinismus · Hurrapatriotismus (*abwert*)
Nationalist, der: Chauvinist (*abwert*)
nationalistisch: chauvinistisch (*abwert*); → *auch* national (1)
Nationalitätenstaat, der: Mehrvölkerstaat · Vielvölkerstaat
Nationalmannschaft, die: → Auswahl (4)

Nationalsozialismus, der: → Faschismus
Natter, die: → Schlange (1)
Natur, die: **1.** ⟨*die nicht vom Menschen geschaffene Umwelt*⟩ Feld und Wald; Physis (*Philos*) ♦ *gehoben*: Naturreich · Mutter Natur – **2.** → Wesensart – **3.** die Stimme der N.: → Trieb (1) – **4.** in der freien N.: ⟨*außerhalb der Häuser bzw. Siedlungen*⟩ im Grünen/Freien ♦ *umg*: bei Mutter Grün; → *auch* draußen (1) – **5.** Mutter N.: → 1
naturalisieren: → einbürgern (I)
Naturbursche, der: Naturkind · Naturmensch
Naturdünger, der: → Dünger (1, b)
Naturell, das: → Wesensart
Naturereignis, das: Naturerscheinung · Naturphänomen · Naturschauspiel · Naturwunder + Naturkatastrophe
Naturerscheinung, die: → Naturereignis
Naturfreund, der: Naturliebhaber · Naturmensch
naturgemäß: → natürlich (1)
Naturgesetz, das: → Gesetz (1)
naturgetreu: → natürlich (1)
Naturgewalt, die: Elementargewalt · Elementarkraft ♦ *gehoben*: Elemente
naturhaft: elementar[isch] · naturwüchsig · urwüchsig · urig · erdgebunden · erdverbunden · erdhaft; urchig (*schweiz*) + naturverbunden
Naturkatastrophe, die: → Naturereignis
Naturkind, das: → Naturbursche
Naturkost, die: → Biolebensmittel
Naturkostladen, der: → Bioladen
natürlich: 1. ⟨*der Natur entsprechend*⟩ naturgemäß · naturgetreu · ursprünglich + ungekünstelt · unverbildet · unverfälscht · ungeziert · echt · genuin; → *auch* ungezwungen – **2.** → schlicht (2) – **3.** → selbstverständlich (1) – **4.** → ja (1)
natürlicherweise: → selbstverständlich (1)
Naturliebhaber, der: → Naturfreund
Naturmensch, der: **1.** → Naturfreund – **2.** → Naturbursche
Naturphänomen, das: → Naturereignis
Naturprodukt, das: → Rohstoff (1)
Naturreich, das: → Natur (1)
naturrein: → rein (1)
Naturschauspiel, das: → Naturereignis
Naturschützer, der: → Umweltschützer
Naturtheater, das: → Freilichtbühne
Naturtrieb, der: → Trieb (1)
naturverbunden: → naturhaft
naturwüchsig: → naturhaft
Naturwunder, das: → Naturereignis
Naturzustand, der: im N.: → nackt
Nazismus, der: → Faschismus
Nebbich, der: → Versager (1)
Nebel, der: **1.** ⟨*Lufttrübung durch kleinste Wassertröpfchen*⟩ Nebeldecke · Nebelschleier + Nebelbank · Nebelschwaden; → *auch* Dunst (1) – **2.** → Dampf (1) – **3.** bei Nacht und N.: → heimlich (1)
Nebelbank, die: → Nebel (1)
Nebeldecke, die: → Nebel (1)
nebelhaft: → unklar (1)
nebelig: → dunstig
Nebelschleier, der: → Nebel (1)
Nebelschwaden, der: → Nebel (1)
neben: 1. ⟨*örtlich*⟩ nächst · bei · zuseiten · seitlich |von|; → *auch* daneben (1), nahe (1) – **2.** → gegenüber (2) – **3.** n. die Schule gehen: → versäumen (2)
nebenan: 1. → daneben (1) – **2.** n. wohnen: → benachbart (2)
Nebenbahn, die: → Kleinbahn
Nebenbau, der: → Nebengebäude
nebenbei: 1. → beiläufig (1) – **2.** → daneben (2) – **3.** n. bemerkt/gesagt: → übrigens
Nebenbuhler, der: Rivale; → *auch* Konkurrent (1)
nebeneinander: 1. → beieinander – **2.** n. halten: → zusammenhalten (1)
Nebeneingang, der: → Seiteneingang
Nebenfigur, die: Randfigur · Statist + Hinterbänkler
Nebengebäude, das: Nebenbau; Stöckel (*österr*); Dependance (*noch österr u. schweiz*); → *auch* Anbau
Nebengelass, das: → Kammer (1)
nebenher: → daneben (2), beiläufig (1)
Nebenprodukt, das: Abfallprodukt · Abfallerzeugnis
Nebenraum, der: **1.** → Kammer (1) – **2.** → Abstellraum
Nebensache, die: Nebensächlichkeit + Beiwerk · Staffage; → *auch* Nichtigkeit (1)
nebensächlich: zweitrangig · sekundär · peripher · untergeordnet · akzessorisch · nachgeordnet · an zweiter Stelle · in zweiter Linie + ephemer; → *auch* unwichtig (1)
Nebensächlichkeit, die: → Nebensache
Nebenstelle, die: **1.** → Zweigstelle – **2.** → Vertretung (1)
Nebentür, die: → Seiteneingang

Nebenverdienst, der: Zuverdienst · Zusatzverdienst; Zubrot (*auch scherzh*)
nebst: → mit (1)
nebulos/nebulös: → unklar (1)
necken: foppen · hänseln · zum Besten haben/halten · seinen Spaß machen/treiben |mit| · einen Streich/Possen spielen; vexieren (*veraltet*) ♦ *umg*: frotzeln · uzen · aufziehen · verulken · anulken · auf den Arm/auf die Schippe nehmen; zecken · purren · zergen (*landsch*) ♦ *salopp*: anpflaumen; → *auch* narren, scherzen, verspotten
Neckerei, die: Schelmerei · Hänselei · Fopperei ♦ *umg*: Uz · Gehänsel · Frotzelei ♦ *salopp*: Anpflaumerei; → *auch* [2]Scherz (1), Spott (1)
neckisch: → spaßig (1)
Neckname, der: → Spitzname
Negation, die: → Verneinung
negativ: → ablehnend (1)
Neger, der: **1.** → Afroamerikaner – **2.** → Afrikaner
negieren 1. → leugnen (1) – **2.** → verneinen (1)
Negierung, die: → Verneinung
Negligé, das: → Morgenrock
nehmen: I. nehmen: **1.** → ergreifen (1) – **2.** → kaufen (1) – **3.** → rauben (1), stehlen (1) – **4.** → erobern (1), wegnehmen (1) – **5.** zu sich n.: → essen (1); einen n.: **a)** → trinken (1, b) – **b)** → heiraten (3); eine n., zur Frau/zum Weibe n.: → heiraten (2); sich n.: **a)** → aneignen, sich (1) – **b)** → bedienen (II, 1); an sich/in Verwahrung n.: → aufbewahren; in Haft n.: → verhaften; in Empfang n.: → empfangen (1); Abschied n.: → verabschieden (II, 1); den/seinen Abschied/seinen Rücktritt n.: → zurücktreten (1); Abstand n. |von|: → verzichten; Platz n.: → setzen (II, 1); [einen] Anlauf n.: → ansetzen (2); in Angriff n.: → anfangen (1, a); seinen Anfang n.: → anfangen (1, b); Reißaus n.: → fliehen (1); ein Ende n.: → enden (1, b); in Augenschein n.: → ansehen (I, 3); aufs Korn n.: **a)** → zielen (1) – **b)** → beobachten (1); sich zu Herzen n.: → beherzigen; nicht ernst/für voll n.: → unterschätzen; die Spitze/den Stachel n.: → entschärfen (1); die Hoffnung n.: → entmutigen; auf seine Kappe/seinen Buckel n.: → verantworten (I); sich zum Vorbild n.: → anlehnen (II, 2); sich zum Vorbild n. können: → Vorbild (2); für bare Münze n.: → glauben (1); zum Ausgangspunkt n.: → ausgehen (9, a); seinen Ausgang n. |von|: → ausgehen (9, b); Bezug/Beziehung n. |auf|: → berufen (II); Stellung n.: → äußern (II, 1); kein Blatt vor den Mund n.: → aussprechen (I, 5); Schaden n.: → verunglücken (1); hart im Nehmen: → zäh (1) – **II.** nehmen, sich: sich in Acht n.: → vorsehen (II)
Neid, der: **1.** ⟨*negative Empfindung Bevorzugten gegenüber*⟩ Missgunst; Scheelsucht (*veraltend*) + Brotneid · Futterneid; → *auch* Eifersucht – **2.** vor N. erblassen/bersten/platzen/gelb werden/grün werden: → neidisch (2)
neiden: missgönnen · nicht gönnen + beneiden; → *auch* neidisch (2)
Neider, der: Neidling (*landsch*) ♦ *umg*: Neidhammel · Neidkragen (*abwert*)
neiderfüllt: → neidisch (1)
Neidhammel, der: → Neider
neidig: → neidisch (1)
neidisch: 1. ⟨*Neid empfindend*⟩ missgünstig · neiderfüllt; neidig (*noch landsch*); scheelsüchtig (*veraltend*) ♦ *umg*: schiefmäulig (*veraltend*) – **2.** n. sein: ⟨*von Neid erfüllt sein*⟩ vor Neid erblassen/bersten · scheele Augen machen + beneiden ♦ *umg*: vor Neid platzen/gelb werden/grün werden · nicht das Schwarze unterm Nagel/das Salz in der Suppe/das Weiße im Auge gönnen; → *auch* neiden
Neidkragen, der: → Neider
Neidling, der: → Neider
Neige, die: **1.** → Rest (I, 1) – **2.** zur N. gehen: **a)** → ausgehen (2) – **b)** → enden (1, b)
neigen: I. neigen: **1.** → beugen (I, 1) – **2.** n. |zu|: ⟨*im Denken bzw. Handeln eine best. Richtung nehmen*⟩ hinneigen |zu| · tendieren |zu| – **3.** sein Ohr n.: → anhören (I, 1) – **II.** neigen, sich: → senken (II)
Neigung, die: **1.** ⟨*geistiges Hingezogensein*⟩ Hinneigung · Inklination · Hang; → *auch* Vorliebe (1), Tendenz (2) – **2.** → Gefälle (1)
nein: nein doch · nicht doch · nicht, dass ich wüsste ♦ *umg*: nichts da · das fehlte gerade noch · um Himmels willen ♦ *salopp*: denkste; → *auch* keineswegs
Nein, das: **1.** → Ablehnung – **2.** N. sagen, mit N. [be]antworten: **a)** → verneinen (1) – **b)** → ablehnen (1)
Nekrolog, der: → Nachruf

Nekropsie, die: → Obduktion
nennen: 1. ⟨*mit einer* [*kränkenden*] *Bezeichnung belegen*⟩ heißen · rufen · taufen · benennen · betiteln · titulieren · bezeichnen |als| · schimpfen ♦ *gehoben*: schelten ♦ *umg*: benamsen (*scherzh*) – **2.** → bezeichnen (I, 2) – **3.** → erwähnen (1), anführen (1) – **4.** sein Eigen n.: → besitzen (1); genannt werden: → [1]heißen (1)
nennenswert: → erwähnenswert (1)
Nennung, die: → Bezeichnung (2)
Nepotismus, der: → Vetternwirtschaft
Nepp, der: → Betrug (1)
neppen: → betrügen (1)
Nepperei, die: → Betrug (1)
Neptun: N. opfern: → seekrank
Nerv, der: den letzten N. töten/rauben, auf die Nerven fallen/gehen: → belästigen (1); die Nerven verlieren: → Beherrschung (2, a); die Nerven behalten: → beherrschen (II)
nerven: → belästigen (1)
nervenaufreibend: stressig; → *auch* anstrengend (1), nervtötend
Nervenbündel, das (*umg*): Flattermann
nervend: → nervtötend
Nervenheilanstalt, die: → Klinik (2)
Nervenkitzel, der: Kitzel · Prickel ♦ *umg*: Kick; → *auch* Spannung (1)
Nervensäge, die: → Quälgeist
Nervenschock, der: → Erschütterung (2)
nervenschwach: → nervös
Nervenschwäche, die: → Nervosität
nervenzerreißend: → erregend
nervig: 1. → kräftig (1) – **2.** → nervtötend
nervös: reizbar · überreizt + nervenschwach · überarbeitet ♦ *umg*: + kribbelig · fispelig; → *auch* aufgeregt (1), fahrig, unruhig (1)
Nervosität, die: Reizbarkeit · Überreiztheit + Nervenschwäche · Neurasthenie · Spannung
nervtötend: zermürbend · strapazierend ♦ *umg*: nervend · nervig; → *auch* nervenaufreibend
Nervtöter, der: → Quälgeist
Nervus Rerum, der: **1.** → Triebkraft – **2.** → Geld (1) – **3.** → Hauptsache
Nessel, die: sich in die Nesseln setzen: → schaden (3)
Nest, das: **1.** ⟨*Brutstätte von Vögeln*⟩ Vogelnest + Horst; → *auch* Nistplatz – **2.** → Bett (1) – **3.** → Dorf (1) – **4.** → Versteck – **5.** ins N. gehen: → schlafen (5)
Nestor, der: → Altmeister
nett: → freundlich (1)
Nettigkeit, die: → Freundlichkeit (1)
Nettoertrag, der: → Ertrag
Netz, das: **1.** ⟨*geknüpftes Maschenwerk*⟩ Netzwerk – **2.** → Leitungsnetz – **3.** ins N. gehen: → hereinfallen; in sein N. locken/ziehen: → umgarnen
netzen: → anfeuchten (1)
Netzwerk, das: → Netz (1)
neu: 1. ⟨*noch nicht abgenutzt*⟩ neuwertig · fabrikneu · ungebraucht + frisch · jung ♦ *umg*: brandneu · [funkel]nagelneu – **2.** ⟨*wieder instand gesetzt*⟩ renoviert · erneuert · neu gemacht – **3.** → unerfahren (1) – **4.** neu gestalten: ⟨*eine neue Gestalt, Struktur od. dgl. geben*⟩ neu ordnen · reorganisieren · umbauen · umstrukturieren + modernisieren; → *auch* umgestalten – **5.** von neuem, aufs Neue: → wieder (1); nicht neu: **a)** → bekannt (1) – **b)** → gebraucht; aus Alt Neu machen: → ändern (I, 1); neu gemacht: → 2; neu ordnen: → 4; wie neu geschaffen: → frisch (2); ein neues Leben beginnen: → bessern (II, 1); auf dem neuesten Stand sein: → Stand (5)
Neuanpflanzung, die: → Schonung (1)
neubacken: → frischbacken
Neubaugebiet, das: → Wohnsiedlung
Neubelebung, die: → Wiedergeburt
Neudruck, der: → Reprint
Neueinsteiger, der: → Anfänger (1)
neuerdings: 1. ⟨*seit kurzer Zeit*⟩ seit kurzem; → *auch* gegenwärtig (1) – **2.** → wieder (1)
Neuerer, der: → Wegbereiter
neuerlich: → wieder (1)
Neuerscheinung, die: → Neuheit
Neuerung, die: → Neugestaltung, Neuheit
neugeboren: wie n.: → frisch (2)
Neugeborene, das: → Säugling
Neugestaltung, die: Neuordnung · Reorganisation · Neuregelung · Umbau · Umstrukturierung · Umformung + Modernisierung · Neuerung; → *auch* Umgestaltung
Neugier[de], die: Spannung
neugierig: 1. ⟨*von Neugier erfüllt*⟩ + begierig; → *auch* gespannt (1) – **2.** n. sein: ⟨*seine Neugier befriedigen wollen*⟩ *umg*: + sich den Hals ausrenken/ausrecken · einen langen Hals machen; gaffen (*abwert*) – **3.** n. machen: ⟨*ein starkes Interesse wecken*⟩ in Spannung versetzen · auf die Folter spannen · foltern

Neuheit, die: Novum · Neuerung · Dernier Cri · Novität + Neuerscheinung ♦ *umg*: der letzte Schrei
Neuigkeit, die: → Nachricht (I)
neulich: unlängst · kürzlich · vor kurzem · vor kurzer Zeit · letztens · letzthin · dieser Tage; jüngst[hin] · jüngstens · jüngstvergangen (*veraltend*)
Neuling, der: → Anfänger (1)
neumodisch: → ²modern (1)
Neun, die: du grüne Neune: → ach (1)
neunmalgescheit: → überklug (1)
Neunmalgescheite, der: → Rechthaber
neunmalklug: → überklug (1)
Neunmalkluge, der: → Rechthaber
neunschwänzig: neunschwänzige Katze: → Peitsche (1)
neunundneunzig: → auf n. sein: → wütend (2)
Neuordnung, die: → Neugestaltung
Neurasthenie, die: → Nervosität
Neuregelung, die: → Neugestaltung
Neureiche, der: → Emporkömmling
neutral: → unparteiisch
neutralisieren: → ausgleichen (I, 1)
neuwertig: → neu (1)
neuzeitlich: → ²modern (1)
Newcomer, der: → Anfänger (1)
News (*Pl*): → Nachricht (II)
Nexus, der: → Zusammenhang (1)
nicht: n. doch, n., dass ich wüsste: → nein; n. das Mindeste/Geringste: → nichts (1); n. ehelich: → unehelich; n. eheliche Gemeinschaft: → Ehe (2); n. öffentlich: → geheim (1); n. sinnlich: → unsinnlich; im Leben n., mein Lebtag n., n. um alles in der Welt: → niemals
Nicht[be]achtung, die: → Missachtung (1)
Nichtfachmann, der: → Laie
nichtig: 1. → unwichtig (1) – **2.** → ungültig (1) – **3.** null und n.: → ungültig (1); für [null und] n. erklären: → aufheben (I, 3)
Nichtigkeit, die: **1.** ⟨*etw. völlig Unwichtiges*⟩ Nichts · Belanglosigkeit · Kleinigkeit · Petitesse · Quisquilien ♦ *umg*: Läpperei · Quark · Kinkerlitzchen (*Pl*) · Kleinkram · Peanuts; → *auch* Nebensache – **2.** ⟨*etw. gegenüber der Größe des Seins bzw. Gottes völlig Unbedeutendes*⟩ *gehoben*: Eitelkeit (*veraltend*)
Nichtkundige, der: → Laie
nichts: 1. ⟨*Bezeichnung für das Nichtvorhandensein von etw.*⟩ gar/überhaupt nichts · nicht das Mindeste/Geringste ♦ *umg*: nix · null Komma nichts · kein Stück · kein Funke · keinen Funken · kein Fünkchen · keine/nicht die Spur + nicht die Bohne · keinen/nicht einen Deut · keinen Fingerbreit · keine Silbe ♦ *salopp*: einen Dreck – **2.** n. sagen: → schweigen (1 *u.* 2); sich n. sagen lassen: → eigensinnig (2); n. sagend: **a)** → geistlos – **b)** → unbedeutend (1); n. ahnend: → ahnungslos (1); n. tun: → faulenzen (1); n. zu tun haben wollen |mit|: **a)** → heraushalten, sich – **b)** → distanzieren (II); n. unversucht lassen: → versuchen (I, 4); es zu n. bringen: → scheitern (a); n. da: → nein; mir n., dir n.: **a)** → kurzerhand – **b)** → plötzlich (1); gar/überhaupt n.: → 1; für n. und wieder n.: → umsonst (1)
Nichts, das: **1.** → Leere (1) – **2.** → Nichtigkeit (1) – **3.** vor dem N. stehen: → ruiniert (2)
nichtsdestotrotz: → trotzdem (1)
nichtsdestoweniger: → trotzdem (1)
Nichtsesshafte, der: → Obdachlose
Nichtskönner, der: **1.** → Stümper – **2.** → Versager (1)
Nichtsnutz, der: → Taugenichts
nichtsnutzig: 1. → ungezogen – **2.** → gemein (1)
Nichtstuer, der: → Faulenzer (1)
Nichtstun, das: → Müßiggang
Nichtswisser, der: → Dummkopf (1)
nichtswürdig: → gemein (1)
Nichtswürdigkeit, die: → Gemeinheit
Nichtübereinstimmung, die: → Meinungsverschiedenheit
nicken: → zustimmen (1)
Nickerchen, das: ein N. machen: → schlafen (1, c)
Nidel, der: → Sahne (1)
nie: 1. → niemals – **2.** nie und nimmer, nie im Leben: → niemals
nieder: 1. → niedrig (1) – **2.** → niedrig (2) – **3.** → gewöhnlich (2) – **4.** → hinunter
niederbeugen, sich: → bücken, sich (1)
niederbrennen: 1. ⟨*durch Feuer zerstören*⟩ abbrennen · einäschern · in Flammen aufgehen lassen · in Schutt und Asche legen; → *auch* Feuer (7) – **2.** → abbrennen (2) – **3.** → verbrennen (I, 2)
niederdrückend: → bedrückend
niederfallen: → fallen (1)
Niedergang, der: → **1.** Verfall (1) – **2.** → moralischer N.: → Sittenverfall

niedergebeugt: → niedergeschlagen (1)
niedergedrückt: → niedergeschlagen (1)
niedergehen: **1.** → landen (1) – **2.** → untergehen (1)
niedergeschlagen: **1.** ⟨*in einen Zustand der Enttäuschung u. Mutlosigkeit versetzt*⟩ [nieder]gedrückt · deprimiert · depressiv · niedergebeugt · niedergeschmettert + mit gesenktem Haupt · gesenkten Hauptes · kleinlaut ♦ *umg*: geknickt · down ♦ *salopp*: bedripst + wie bestellt und nicht abgeholt; → *auch* mutlos, verzweifelt – **2.** n. sein: ⟨*sich in einem Zustand von Enttäuschung u. Mutlosigkeit befinden*⟩ den Kopf hängen lassen ♦ *umg*: die Nase/die Ohren/die Flügel hängen lassen · am Boden zerstört sein + dastehen wie mit kaltem Wasser begossen/übergossen
Niedergeschlagenheit, die: Gedrücktheit · Bedrücktheit · Bedrückung · Depression · Verzagtheit + Tiefstand ♦ *umg*: Katzenjammer · graues Elend; → *auch* Verzweiflung (1)
niedergeschmettert: → niedergeschlagen (1)
niederhalten: → unterdrücken (1)
niederhocken: → kauern (II)
niederholen: → einziehen (2)
Niederholz, das: → Unterholz
niederkämpfen: → besiegen (I)
niederknallen: → niederschießen (1)
niederknien: knien · aufs Knie/auf die Knie fallen
niederkommen: → gebären
Niederkunft, die: → Geburt (1)
Niederlage, die: **1.** ⟨*das Unterliegen im Kampf*⟩ Abfuhr · Debakel · Waterloo · Kannä ♦ *umg*: Schlappe · Einbruch; Packung (*Sport*); → *auch* Misserfolg (1), Zusammenbruch (1) – **2.** → Zweigstelle
niederlassen: **I.** niederlassen: → herunterlassen – **II.** niederlassen, sich: **1.** ⟨*als ständigen Aufenthaltsort wählen*⟩ seinen Wohnsitz nehmen/aufschlagen · sich ansiedeln · ansässig/sesshaft werden · siedeln · sich etablieren; sich ansässig/sesshaft machen (*veraltend*) + sich ankaufen · sich anbauen ♦ *umg*: seine Zelte aufschlagen · Wurzeln schlagen · sich einnisten · sich festsetzen – **2.** → setzen (II, 1)
Niederlassung, die: **1.** → Siedlung – **2.** → Zweigstelle
niederlegen: **I.** niederlegen: **1.** → betten (1) – **2.** → abbrechen (2) – **3.** → absetzen (I, 1) – **4.** → aufschreiben (1) – **5.** die Arbeit n.: → streiken (1); sein Amt n.: → zurücktreten (1); die Waffen n.: → ergeben (II, 1) – **II.** niederlegen, sich: → schlafen (5)
niedermachen: → töten (I, 1)
niedermetzeln: → töten (I, 1)
niederprasseln: hageln
niederreißen: → abbrechen (2)
Niederreißung, die: → Abbruch (1)
niederringen: → besiegen (I)
niederschießen: **1.** ⟨*durch einen Schuss od. Schüsse zu Boden strecken*⟩ niederstrecken ♦ *salopp*: niederknallen · über den Haufen schießen/knallen; → *auch* erschießen (I) – **2.** → erschießen (I)
Niederschlag, der: **1.** ⟨*zu Boden zwingender Fausthieb*⟩ + K. o. · K.-o.-Schlag · Knockout (*Boxsp*) – **2.** → Bodensatz – **3.** → Regen (1)
niederschlagen: **I.** niederschlagen: **1.** ⟨*durch einen Schlag zu Boden zwingen*⟩ niederstrecken · niederschmettern · niederstoßen · zu Boden schlagen/strecken + k. o./knock-out schlagen (*Boxsp*); → *auch* zusammenschlagen (1), schlagen (I, 1), verprügeln – **2.** ⟨*in Bezug auf einen Aufstand od. dgl.: ihn vereiteln*⟩ niederwerfen · unterdrücken + im Keim ersticken – **II.** niederschlagen, sich: ⟨*Bodensatz bilden*⟩ sich ablagern · sich [ab]setzen · sich abschlagen; sedimentieren (*Geol*)
Niederschlagung, die: → Unterdrückung
niederschmettern: **1.** → niederschlagen (I, 1) – **2.** → erschüttern (1)
niederschmetternd: → bedrückend
niederschreiben: → aufschreiben (1)
Niederschrift, die: **1.** ⟨*das Niedergeschriebene*⟩ Aufzeichnung + Protokoll · Manuskript – **2.** → Abfassung – **3.** → Aufsatz (1)
niedersetzen: **I.** niedersetzen: → absetzen (I, 1) – **II.** niedersetzen, sich: **1.** → ausruhen (I) – **2.** → setzen (II, 1)
niedersitzen: → setzen (II, 1)
niederstechen: → erstechen
niederstoßen: → umstoßen (1), niederschlagen (I, 1)
niederstrecken: **1.** → niederschießen (1), erschießen (I) – **2.** → niederschlagen (I, 1)
niederstürzen: → hinfallen
Niedertracht, die: → Gemeinheit, Bosheit
niederträchtig: → gemein (1), boshaft (1)

Niederträchtigkeit, die: → Bosheit
Niedertreter (*Pl*): → Hausschuhe
Niederung, die: → Flachland
niederwärts: → hinunter
niederwerfen: 1. → besiegen (I) – **2.** → niederschlagen (I, 2)
niederzwingen: → besiegen (I)
niedlich: → hübsch (1)
niedrig: 1. ⟨*von geringer Höhe*⟩ flach; nieder (*landsch*) – **2.** ⟨*nicht von hoher Abkunft*⟩ nieder · gering · einfach + niedrig stehend – **3.** → gemein (1) – **4.** zu n. greifen: → verschätzen, sich; n. gesinnt: → gemein (1); n. stehend: → 2
Niedrigkeit, die: → Gemeinheit
Niedriglöhner, der: → Kleinverdiener
niemals: nie [und nimmer] · keinesfalls · unter [gar] keinen Umständen · um keinen Preis; nimmer[mehr] (*noch landsch*) ♦ *umg*: nie im Leben · im Leben nicht · mein Lebtag nicht · nicht um alles in der Welt · nicht im Traum/Schlaf; am [Sankt-]Nimmerleins-Tag (*scherzh*) ♦ *derb*: nicht ums Verrecken; → *auch* keineswegs
niemand: [gar] keiner · kein Mensch · keine Seele/Menschenseele ♦ *salopp*: kein Schwanz ♦ *derb*: kein Aas · keine Sau · kein Schwein · kein Hund
Niemand, der: Nobody
Niere, die: an die Nieren gehen: **a)** → ergreifen (3) – **b)** → bedrücken (1); auf Herz und Nieren prüfen: → prüfen (1)
nieseln: sprühen + tröpfeln · tropfen ♦ *umg*: fusseln · fisseln (*landsch*); → *auch* regnen (1)
Nieselregen, der: → Regen (1)
niesen: hatschi machen (*kinderspr*) + prusten ♦ *umg*: pruschen (*norddt*)
Nießbrauch, der: → Nutzungsrecht
nießbrauchen: → anwenden (1)
Nießnutz, der: → Nutzungsrecht
nießnutzen: → anwenden (1)
Niete, die: **1.** ⟨*nicht gewinnendes Los*⟩ Fehllos – **2.** → Versager (1)
Nigger, der: **1.** → Afrikaner – **2.** → Afroamerikaner
Nightclub, der: → Nachtlokal
Nihilismus, der: → Pessimismus
Nihilist, der: → Pessimist
nihilistisch: → pessimistisch (1)
Nimbus, der: → Ruhm (1)
nimmer: 1. → niemals – **2.** nie und n.: → niemals
Nimmerleinstag, der: am N.: → niemals
nimmermehr: → niemals
nimmermüde: → unermüdlich (1)
nimmersatt: → unersättlich (1)
Nimmersatt, der: → Vielfraß
Nimrod, der: → Jäger (1)
nippen: → [1]kosten (1)
nirgend: → nirgends
nirgends: nirgendwo; nirgend (*veraltend*)
nirgendwo: → nirgends
Nische, die: → Ecke (1, b)
Nischel, der: → Kopf (1)
nisten: sich einnisten + horsten
Nisthöhle, die: → Nistplatz
Nistkasten, der: → Nistplatz
Nistplatz, der: Niststätte + Nisthöhle · Nistkasten; → *auch* Nest (1)
Niststätte, die: → Nistplatz
Niveau, das: → Bildungsstand, Leistungsstand
niveaulos: → ungebildet
niveauvoll: → gebildet
nivellieren: 1. → anpassen (I, 1) – **2.** → einebnen
Nivellierung, die: **1.** → Gleichmacherei – **2.** → Einebnung
nix: → nichts (1)
Nixe, die: Seejungfrau · Meer[jung]frau · Meerweib + Nymphe · Najade
nobel: 1. → freigebig (1) – **2.** → vornehm (1) – **3.** → hochherzig
Nobilität, die: → Adel (1)
nobilitieren: → adeln (1)
Noblesse, die: → Vornehmheit
Nobody, der: → Niemand
noch: 1. → außerdem (1) – **2.** n. und n., n. und nöcher: → wiederholt (1); n. einmal: → wieder (1); gerade n.: **a)** → allenfalls (1) – **b)** → Mühe (3); eben n.: → Mühe (3)
nochmalig: → wiederholt (1)
nochmals: 1. → wieder (1) – **2.** n. tun: → wiederholen (I, 1, a); n. sagen: → wiederholen (I, 1, b)
Nöck, der: → Kobold (1)
nödeln: → trödeln (1)
nölen: 1. → trödeln (1) – **2.** → nörgeln
nolens volens: → notgedrungen
Nölpeter, der: → Trödelfritz
nomadisieren: → umherziehen
Nomenklatur, die: → Verzeichnis
nominieren: → aufstellen (I, 5)
Nominierung, die: → Aufstellung (3)
Nonchalance, die: → Ungezwungenheit

nonchalant: → ungezwungen
Nonne, die: **1.** ⟨*Angehörige eines Frauenordens*⟩ Ordensschwester · Schwester; Klosterfrau (*veraltet*) ♦ *dicht*: Himmelsbraut; → *auch* Mönch (1) – **2.** N. werden: ⟨*in einen Frauenorden eintreten*⟩ ins Kloster gehen ♦ *gehoben*: den Schleier nehmen – **3.** leben wie eine N.: → enthaltsam (2)
Nonplusultra, das: → Höhepunkt
Nonsens, der: → Unsinn (1, a)
Nonvalenz, die: → Zahlungsunfähigkeit
Nord: in N. und Süd: → überall (1)
Nörgelei, die: Mäkelei + Tadelsucht ♦ *umg*: Krittelei · Genörgel · Gemecker · Meckerei · Motzerei · Gemotze · Quengelei · Gequengel; Raunzerei (*landsch*); → *auch* Kritik (1)
Nörgelfritze, der: → Nörgler
nörgeln: mäkeln · querulieren · räsonieren + beanstanden ♦ *umg*: herumnörgeln · herummäkeln · [herum]kritteln · [herum-]meckern · [herum]motzen · quengeln · [herum]mosern · immer ein Haar in der Suppe finden; nölen · raunzen (*landsch*); → *auch* kritisieren
Nörgler, der: Mäkler · Querulant · Räsonierer ♦ *umg*: Krittler · Meckerer; Raunzer (*landsch*) ♦ *salopp*: Nörgelfritze; → *auch* Kritiker
nörglig: mäklig + tadelsüchtig ♦ *umg*: quengelig; knietschig · krickelig (*landsch*)
Norm, die: **1.** → Soll (1) – **2.** → Regel (1)
normal: 1. ⟨*geistig nicht beeinträchtigt*⟩ zurechnungsfähig · gesund – **2.** → üblich (1), gewöhnlich (1)
normalerweise: → meist
normalisieren: → regeln (1)
Normalverdiener, der: Durchschnittsverdiener
normativ: → maßgebend
norm[ier]en: → vereinheitlichen
Norm[ier]ung, die: → Vereinheitlichung
nostrifizieren: → einbürgern (I)
Not, die: **1.** ⟨*schwierige materielle Lage*⟩ Notstand · Notlage · Notsituation · Misere · Bedrängnis · Drangsal + Druck ♦ *umg*: Dalles (*landsch*); → *auch* Zwangslage – **2.** → Armut (1) – **3.** Helfer in der Not: → Retter; Not leiden: → darben; Not leidend: **a)** → arm (1) – **b)** → hilfsbedürftig; [nur] mit Mühe und Not, [nur] mit knapper/genauer Not: → kaum (1)
notabene: → übrigens
Notar, der: → Rechtsanwalt
Notarztwagen, der: → Krankenwagen
Notausgang, der: Nottür · Feuertür + Feuerleiter · Feuertreppe · Fluchtweg
Notbehelf, der: → Behelf (1)
Notdurft, die: seine N. verrichten: → austreten (1 *u.* 2)
notdürftig: 1. → behelfsmäßig – **2.** → unzureichend
Note, die: **1.** → Banknote – **2.** → Zensur (1) – **3.** → Denkschrift
Notebook, das: → Computer
Notenaustausch, der: → Notenwechsel
Notenwechsel, der (*Diplom*): Notenaustausch; → *auch* Briefverkehr (1)
Notfall, der: **1.** → Zwangslage – **2.** im N.: → notfalls
notfalls: im Notfall · nötigenfalls · erforderlichenfalls · schlimmstenfalls ♦ *umg*: im Fall der Fälle · wenn alle Stränge/Stricke reißen
notgedrungen: gezwungenermaßen · wohl oder übel · nolens volens + zwangsläufig
Notgroschen, der: → Ersparnis (1)
Nothilfe, die: → Hilfe (2)
notieren: 1. → aufschreiben (4) – **2.** sich n.: → aufschreiben (4)
nötig: 1. → notwendig (1) – **2.** n. haben [wie das liebe/tägliche Brot]: → brauchen (1)
nötigen: → zwingen (1)
nötigenfalls: → notfalls
Nötigung, die: → Zwang (1)
Notiz, die: **1.** ⟨*schriftlich festgehaltene Bemerkung*⟩ Vermerk; → *auch* Anmerkung (1) – **2.** N. nehmen |von|: → bemerken (1)
Notizbuch, das: Merkbuch · Vormerkbuch · Taschenbuch + Terminkalender; → *auch* Kladde (1)
Notlage, die: **1.** → Not (1) – **2.** → Zwangslage
Notlösung, die: → Behelf (1)
Notlüge, die: → Ausrede
Notnagel, der: → Ersatzmann
notorisch: → verrufen (1)
Notpfennig, der: → Ersparnis (1)
Notruf, der: → Hilferuf
Notschrei, der: → Hilferuf
Notsignal, das: → Hilferuf
Notsituation, die: **1.** → Not (1) – **2.** → Zwangslage
Notstand, der: → Not (1)

Nottür, die: → Notausgang
notwendig: 1. ⟨*unbedingt zu fordernd bzw. auszuführend*⟩ nötig · erforderlich · unentbehrlich · unumgänglich · unerlässlich · unabdingbar · geboten · vonnöten; obligat (*veraltend*); → *auch* empfehlenswert – **2.** → integrierend – **3.** n. machen: → erfordern
notwendigerweise: zwangsläufig
Notzucht, die: **1.** → Vergewaltigung (1) – **2.** N. verüben |an|: → vergewaltigen (1)
notzüchtigen: → vergewaltigen (1)
Novelle, die: → Erzählung (1)
Novität, die: → Neuheit
Novum, das: → Neuheit
Nu, der: im Nu: → schnell (1, c *u.* e)
Nuance, die: → Abstufung (1)
nuancieren: 1. → abstufen (1) – **2.** → abschattieren
Nuancierung, die: → Abschattierung
nüchtern: 1. ⟨*ohne gegessen zu haben*⟩ *umg*: ungefrühstückt · ungegessen (*scherzh*) – **2.** ⟨*nicht betrunken*⟩ *umg*: stocknüchtern – **3.** ⟨*ohne Fantasie*⟩ trocken · fantasielos · prosaisch · poesielos · amusisch · gemütsarm · dürr; → *auch* langweilig, einförmig – **4.** → sachlich (1) – **5.** → schal (1)
Nuckel, der: → Schnuller
nuckeln: → saugen (1)
Nuckelpinne, die: → Auto (1)
Nudel, die: → Dicke (II, 1)
nudeldick: → dick (1)
Nudelholz, das: Teigrolle; Wälgerholz (*landsch*); Nudelwalker · Walker (*süddt österr*); Wallholz (*schweiz*)
nudeln: → mästen
Nudelwalker, der: → Nudelholz
Nudismus, der: → Freikörperkultur
Nudität, die: → Nacktheit
null: 1. → kein (1) – **2.** n. und nichtig: → ungültig (1); für n. und nichtig erklären: → aufheben (I, 3); es ist unter n.: → frieren (2); n. Bock haben |auf|: → Lust (3); n. Komma nichts: → nichts (1); in n. Komma nichts: → schnell (1, c *u.* e)
Null, die: **1.** ⟨*Zahl*⟩ Zero – **2.** → Versager (1) – **3.** Nummer N.: → Toilette (1)
Nulltarif, der: zum N.: → kostenlos
Nulpe, die: → Dummkopf (1), Versager (1)
Numerus clausus, der: → Zugangsbeschränkung
Nummer, die: **1.** → Auftritt (1) – **2.** → Zahl (1) – **3.** → Spaßvogel – **4.** → Koitus – **5.** N. Null: → Toilette (1); N. Sicher: → Strafvollzugsanstalt; auf N. Sicher sitzen: → gefangen (2); auf N. Sicher gehen: **a)** → versichern (II, 2) – **b)** → vergewissern, sich; eine N. abziehen: → angeben (1); eine N. haben |bei|: → beliebt (2, a); eine N. machen/schieben: → koitieren
nummerieren: durchnummerieren · beziffern · [be]nummern + [durch]paginieren
nummern: → nummerieren
nun: 1. → jetzt (1) – **2.** von nun an: → künftig; nun einmal: → eben (3)
nunmehr: → jetzt (1)
nunmehrig: → jetzig
Nuppel, der: → Schnuller
Nuppi, der: → Schnuller
nur: bloß · ausschließlich · lediglich · [einzig und] allein
nuscheln (*umg*): quakeln (*landsch*)
Nuss, die: eine harte N.: → Schwierigkeit (1); taube N.: → Trauerkloß; eins auf die N. kriegen: → tadeln (2)
nussbraun: → braun (1 *u.* 2)
Nussschale, die: → Boot
nutschen: → lutschen (1)
Nutte, die: → Prostituierte
Nuttenkunde, der: → Freier (1)
Nutzanwendung, die: → Verwendung (1)
nutzbar: 1. → verwendbar – **2.** n. machen: → verwenden (I, 1)
Nutzbarmachung, die: → Verwendung (1)
nutzbringend: → nützlich
nutzen: 1. ⟨*zur Erreichung eines Ziels od. Erlangung eines Vorteils beitragen*⟩ nützen · von Nutzen sein · zum Nutzen gereichen · Nutzen bringen · förderlich sein · helfen · fruchten · dienen · dienlich sein · gute Dienste leisten/tun · zugute/zustatten kommen; frommen (*veraltend*) – **2.** → anwenden (1), verwerten (1) – **3.** nichts n.: → vergeblich (2)
Nutzen, der: **1.** ⟨*das jmdm. aus etw. erwachsende positive Ergebnis*⟩ Vorteil · Gewinn · Profit + Wert; → *auch* Ertrag – **2.** von N. sein, zum N. gereichen, N. bringen: → nutzen (1); N. ziehen |aus|: → ausnutzen (1); zum eigenen N.: → eigen (5)
nützen: 1. → nutzen (1) – **2.** nichts n.: → vergeblich (2)
nützlich: nutzbringend · förderlich · fördernd · dienlich · hilfreich · ersprießlich · gedeihlich + Gewinn bringend · fruchtbar · fruchtbringend · heilsam · sachdienlich · gut · wirksam

nutzlos: **1.** ⟨*keinen Erfolg versprechend od. erbringend*⟩ unnütz · fruchtlos · zwecklos · sinnlos · witzlos · wertlos · unersprießlich + überflüssig; → *auch* unnötig, ergebnislos (1) – **2.** n. sein: ⟨*keinen Erfolg versprechen od. erbringen*⟩ keinen Zweck haben

Nutzung, die: **1.** ⟨*das Verwenden*⟩ Verwertung · Auswertung – **2.** → Anwendung (1) – **3.** → Ausnutzung (1)

Nutzungsrecht, das: Nießbrauch · Nießnutz (*Rechtsw*)

Nymphe, die: → Nixe

Nymphomanie, die: → Mannstollheit

O

ob: 1. → dank, durch (2) – **2.** → wegen (1)
Obacht, die: O. geben, sich in O. nehmen: → vorsehen (II)
Obdach, das: **1.** → Unterkunft (1) – **2.** O. finden: → unterkommen (2); O. bieten/geben/gewähren: → beherbergen
obdachlos: 1. ⟨*keine Wohnung besitzend*⟩ wohnungslos · heimlos · ohne Bleibe; unterstandslos (*österr*) – **2.** o. sein: ⟨*keine Wohnung* [*mehr*] *haben*⟩ kein Dach über dem Kopf haben
Obdachlose, der: der Wohnungslose · Berber; der Nichtsesshafte (*amtsspr*); → *auch* Landstreicher, Stadtstreicher
Obdachlosenasyl, das: Obdachlosenheim · Nachtasyl
Obdachlosenheim, das: → Obdachlosenasyl
Obduktion, die: Autopsie · Nekropsie · Sektion · Leichenöffnung
obduzieren: → sezieren
O-Beine (*Pl*): *umg*: Säbelbeine (*meist scherzh*)
oben: 1. ⟨*sich auf bzw. über etw. od. jmdm. befindend*⟩ droben (*süddt österr*) – **2.** o. erwähnt: ⟨*im Text vorher schon erwähnt*⟩ oben genannt; obig · vorerwähnt · vorgenannt · vorstehend (*amtsspr*); → *auch* bewusst (2) – **3.** von o. bis unten: ⟨*den ganzen Menschen betreffend*⟩ von Kopf bis Fuß · vom Scheitel bis zur Sohle · vom Wirbel bis zur Zehe · bis an/über den Hals · bis über den Kopf – **4.** o. ohne: → busenfrei; nach o.: → hinauf; nach o. ziehen: → hochziehen (1); von o. herab: → überheblich; es steht jmdm. bis o.: → überdrüssig (1); bis o. hin voll: → satt (1); von o. bis unten: → ganz (1); ganz o.: → obenauf (1); o. genannt: → 2; nicht mehr wissen, was o. und unten ist: → verwirrt (3)
obenauf: 1. ⟨[*unmittelbar*] *über allem andern*⟩ zuoberst · ganz oben ♦ *umg*: obendrauf – **2.** → munter (1)
obendrauf: 1. → obenauf (1) – **2.** → außerdem (1)
obendrein: → außerdem (1)
obenhin: → leichtfertig
ober: die oberen Zehntausend: → Oberschicht
Ober, der: → Kellner
Oberaufsicht, die: → Leitung (1)
Oberbett, das: → Federbett
Oberbürgermeister, der: → Bürgermeister (b)
oberfaul: → bedenklich (1)
Oberfläche, die: → Äußere (1)
oberflächlich: 1. ⟨*keiner tieferen Gefühle od. Gedanken fähig*⟩ flach · seicht · äußerlich · verflacht · veräußerlicht + vordergründig – **2.** → leichtfertig – **3.** → ungenau (1) – **4.** o. werden: → verflachen
oberhalb: über; → *auch* darüber (1)
Oberhand, die: die O. gewinnen/behalten: → siegen
Oberhaupt, das: → Herrscher
Oberkellner, der: → Kellner
Oberklasse, die: → Oberschicht
Obers, das: → Sahne (1)
Oberschicht, die: Oberklasse · die oberen Zehntausend · Upperclass · Upperten · die [gute] Gesellschaft · Highsociety; Hautevolee · Creme (*oft iron od. abwert*) + Jetset · Schickeria · Highlife · Establishment; → *auch* Prominenz
oberschlau: → überklug (1)
Oberseite, die: → Äußere (1)
Oberstübchen, das: **1.** → Kopf (1) – **2.** nicht [ganz] richtig im O.: **a)** → verrückt (1) – **b)** → geisteskrank (1)
Oberwasser, das: O. haben: → Vorteil (2)
obgleich: obwohl · obschon · obzwar · wennschon · wenngleich · wenn auch · wiewohl · trotzdem
Obhut, die: → Schutz (2, a)
obig: → oben (2)
Objekt, das: **1.** → Gegenstand (1) – **2.** → Einrichtung (3)
objektiv: → sachlich (1)

objektivieren: → versachlichen
Objektivität, die: → Sachlichkeit (1)
obliegen: etw. obliegt jmdm.: → sollen
Obliegenheit, die: → Aufgabe (2)
obligat: → notwendig (1)
obligatorisch: → verbindlich (1)
Obligo, das: ohne O.: → unverbindlich
Obliteration, die: → Tilgung
Obolus, der: **1.** → Spende (1) – **2.** seinen O. entrichten: → spenden (1)
Obrigkeit, die: → Regierung (1)
obschon: → obgleich
observieren: → beobachten (1)
obsiegen: → siegen
obskur: → verdächtig (1)
obsolet: → veraltet (1)
Obst, das: Früchte + Kompott
Obstgestell, das: Hürde · Horde · Stiege; Steige (*landsch*)
obstinat: → eigensinnig (1)
Obstipation, die: → Stuhlverstopfung
Obstpresse, die: → Fruchtpresse
Obstruktion, die: → Widerstand (1)
obszön: → schlüpfrig (1)
Obszönität, die: → Schlüpfrigkeit
obwalten: → herrschen (2)
obwohl: → obgleich
obzwar: → obgleich
Ochse, der: → Dummkopf (2)
ochsen: → lernen (1)
Ochsenauge, das: → Spiegelei
Ochsenkopf, der: → Dummkopf (2)
Ochsentour, die: → Laufbahn (1)
Ochsenziemer, der: → Peitsche (1)
Ode, die: → Gedicht (1)
öd[e]: 1. ⟨*von Landschaften gesagt: keinen freundl. Anblick bietend*⟩ wüst · trostlos · trist + wild · unwirtlich · ungastlich – **2.** → langweilig – **3.** → menschenleer
Öde, die: → Einöde (1)
Odem, der: → Atem (1)
öden: I. öden: → langweilen (I) – **II.** öden, sich: → langweilen (II)
oder: 1. ⟨*die Formulierung einer Alternative einleitend*⟩ oder auch · oder vielmehr · beziehungsweise · respektive; → *auch* Wort (5) – **2.** → alias – **3.** o. auch, o. vielmehr: → 1
Odeur, das: → Duft (1)
odiös: → unbeliebt (1)
Odium, das: → Schandfleck
Ödland, das: Brachland; → *auch* Einöde (1)
Œuvre, das: → Werk (1)
Ofen, der: **1.** → Auto (1) – **2.** immer hinterm O. hocken: → Stubenhocker; ein Schuss in den O.: → Misserfolg (1)
Ofensetzer, der: Töpfer (*landsch*); Hafner (*süddt österr schweiz*) ♦ *umg*: Pötter (*norddt*)
offen: 1. ⟨*nicht zugeschlossen*⟩ geöffnet · unverschlossen ♦ *umg*: auf – **2.** ⟨*freien Raum bietend*⟩ frei · licht; raum (*Forstw*) – **3.** ⟨*nicht mit seiner Meinung zurückhaltend*⟩ aufrichtig · rückhaltlos · ohne Rückhalt · direkt · deutlich · freiheraus · geradeheraus · unumwunden · ohne Umschweife · unmissverständlich · ungeschminkt · unverblümt · unverhohlen · unverhüllt · geradezu · frank und frei ♦ *umg*: freiweg · rundweg · schlankweg · glattweg · rundheraus · frisch/frei von der Leber weg · auf [gut] Deutsch; → *auch* ehrlich (1), offenherzig (1) – **4.** → unerledigt – **5.** → unbesetzt (1) – **6.** o. bleiben: ⟨*nicht geschlossen werden*⟩ geöffnet bleiben ♦ *umg*: aufbleiben – **7.** o. halten: ⟨*das Schließen verhindern*⟩ *umg*: aufhalten – **8.** o. lassen: ⟨*nicht weiter erörtern*⟩ dahingestellt sein lassen – **9.** die Augen/Ohren o. halten, Augen und Ohren o. halten: **a)** → aufpassen (1) – **b)** → vorsehen (II); sich [stets] eine Hintertür/ein Hintertürchen o. halten: → versichern (II, 2); o. stehen: → freistehen; o. sprechen/sagen: → aussprechen (I, 2); o. legen: → öffentlich (2); auf offener Straße: → öffentlich (1); mit offenen Augen: → aufmerksam (1); ein offenes Ohr haben |für|: → anhören (I, 1); ein offenes Haus haben: → gastfreundlich (2); eine offene Hand haben: → freigebig (2)
offenbar: 1. → offenkundig (1) – **2.** → anscheinend – **3.** o. werden: → herauskommen (1)
offenbaren: I. offenbaren: → ausdrücken (I, 4) – **II.** offenbaren, sich: ⟨*die Öffentlichkeit über* [*persönl.*] *Dinge informieren, die man zuvor geheim gehalten hat*⟩ sich outen · die/seine Karten aufdecken/auf den Tisch legen ♦ *gehoben*: sich eröffnen · sich enthüllen · sich erschließen; sich entdecken (*veraltend*); → *auch* anvertrauen (II, 2), entlarven (II), öffentlich (2)
Offenbarung, die: Enthüllung
Offenheit, die: Freimütigkeit · Freimut · Geradheit · Offenherzigkeit

offenherzig: 1. ⟨*anderen gegenüber [zu] offen u. mitteilsam*⟩ freimütig; → *auch* offen (3), ehrlich (1) – **2.** o. sein: ⟨*in Bezug auf Äußerungen nicht sehr zurückhaltend sein*⟩ das Herz auf der Zunge haben/tragen ♦ *umg*: eine Lippe riskieren · aus seinem Herzen keine Mördergrube machen
Offenherzigkeit, die: → Offenheit
offenkundig: 1. ⟨*allen deutlich erkennbar*⟩ offensichtlich · offenbar · evident · augenscheinlich · eklatant · flagrant · ersichtlich · sichtbar · sichtlich ♦ *umg*: + ausgemacht · aufgelegt · blank; → *auch* deutlich (3) – **2.** o. sein: ⟨*allen deutlich erkennbar sein*⟩ zutage liegen · [klar] auf der Hand liegen
offensichtlich: 1. → offenkundig (1) – **2.** → anscheinend
offensiv: o. werden/vorgehen: → angreifen (I, 1, a)
Offensive, die: → Angriff (1, a)
öffentlich: 1. ⟨*allgemein hörbar bzw. sichtbar*⟩ coram publico · vor allen Leuten + auf offener Straße; → *auch* bekannt (1) – **2.** ö. machen: ⟨*der Allgemeinheit Einblick gewähren bzw. zur Kenntnis geben*⟩ offen legen; → *auch* bekannt (5), verbreiten (I, 1), offenbaren (II) – **3.** öffentliches Haus: → Bordell; öffentlicher Ankläger: → Staatsanwalt; die öffentliche Meinung: → Öffentlichkeit (1); nicht ö.: → geheim (1)
Öffentlichkeit, die: **1.** ⟨*die Gesamtheit der Menschen außerhalb ihres privaten Bereichs*⟩ Allgemeinheit · die Leute · [das breite] Publikum + die öffentliche Meinung · Publizität; → *auch* Menge (2) – **2.** der Ö. übergeben/zugänglich machen: → eröffnen (I, 2); an die Ö. bringen: → veröffentlichen
Öffentlichkeitsarbeit, die: Publicrelations
offerieren: → anbieten (I, 3)
Offerte, die: → Angebot (1 *u.* 2)
Office, das: **1.** → Dienststelle (1) – **2.** → Büro
offiziell: 1. → amtlich (1) – **2.** → förmlich (1)
Offizier, der: + Militär · Truppenführer
offiziös: → halbamtlich
öffnen: I. öffnen: **1.** ⟨*bewirken, dass etw. nicht mehr geschlossen ist*⟩ + aufstoßen · aufziehen · aufreißen · aufklappen ♦ *umg*: aufmachen; auftun (*landsch*); → *auch* aufbrechen (1), aufschließen (1) – **2.** → sezieren – **3.** ö. können: ⟨*in der Lage sein, etw. zu öffnen*⟩ *umg*: aufbekommen · aufkriegen · aufbringen – **4.** seinen Busen ö.: → anvertrauen (II, 2) – **II.** öffnen, sich: ⟨*eine Öffnung freigeben*⟩ aufgehen · sich auftun + aufspringen · auffliegen · aufschnappen; → *auch* aufbrechen (2)
Öffnung, die: Luke + Einstieg · Auslass
Öffnungszeiten (*Pl*): + Sprechzeiten · Schalterstunden · Geschäftsstunden · Geschäftszeit; → *auch* Dienststunden
oft: öfter[s] · des Öfteren · oftmals · oftmalig · häufig · mehrmals · mehrfach · vielmals · vielfach · in vielen Fällen · viele/unzählige Mal[e] · nicht selten ♦ *umg*: dutzende Mal[e] · x-mal · hundertmal · dutzendfach · hundertfach · x-fach · doppelt und dreifach ♦ *salopp*: alle nase[n]lang; → *auch* wiederholt (1)
öfter: 1. → oft – **2.** des Öfteren: → oft
öfters: → oft
oftmalig: → oft
oftmals: → oft
ohne: 1. ⟨*das Nichtvorhandensein bezeichnend*⟩ bar · frei von; exklusive (*kaufm*); → *auch* außer (1) – **2.** oben o.: → busenfrei; o. Bedenken: → anstandslos; o. weiteres: **a)** → anstandslos – **b)** → kurzerhand; o. Umschweife: → kurzerhand; o. Skrupel/Gewissen: → gewissenlos; o. Kopfbedeckung/Hut/Mütze: → barhäuptig
ohnedem: → sowieso (1)
ohnedies: → sowieso (1)
ohnehin: → sowieso (1)
Ohnmacht, die: **1.** → Bewusstlosigkeit – **2.** → Schwäche (1) – **3.** in O. fallen/sinken: → bewusstlos (2)
ohnmächtig: 1. → bewusstlos (1) – **2.** → machtlos (1) – **3.** o. werden: → bewusstlos (2)
Ohr, das: **1.** ⟨*Sinnesorgan*⟩ Hörorgan; Lauscher · Luser · Löffel (*weidm*) ♦ *umg*: Horcher ♦ *salopp*: Horchlöffel · Löffel – **2.** tauben Ohren predigen, auf taube Ohren stoßen: → reden (2); einen Floh ins O. setzen: → einreden (1); in den Ohren liegen: **a)** → drängen (1) – **b)** → einreden (2); ein offenes O. haben |für|, sein O. leihen/schenken/neigen: → anhören (I, 1); ganz O. sein, lange Ohren machen: → lauschen; die Ohren spitzen: **a)** → lauschen – **b)** → aufpassen (1); die Ohren auf Empfang stellen: → aufpassen (1); die Ohren offen halten/aufmachen/aufsperren, Augen und Ohren offen halten/aufmachen/aufhalten: **a)** → aufpas-

sen (1) – **b)** → vorsehen (II); zu Ohren kommen: → erfahren (1); sich hinter die Ohren schreiben: → merken (4); mit den Ohren schlackern: → staunen (1); übers O. hauen, das Fell über die Ohren ziehen: → betrügen (1); sich aufs O. legen/hauen: → schlafen (5); sich die Nacht um die Ohren schlagen: → wachen (1); die Ohren steif halten: **a)** → aushalten (2) – **b)** → verzagen (2); die Ohren hängen lassen: → niedergeschlagen (2); die Ohren langziehen: → zurechtweisen; mit hängenden Ohren abziehen: → abblitzen (1); es [dick/faustdick] hinter den Ohren haben: → listig (2); bis über die Ohren in Arbeit stecken: → überlastet; bis über die/beide Ohren verliebt: → verliebt (1); noch feucht/noch nicht trocken hinter den Ohren sein: → unreif (2)
ohrenbetäubend: → laut (1, a)
Ohrenbläser, der: → Zuträger
ohrenfällig: → hörbar
Ohrensessel, der: → Lehnstuhl
Ohrenzeuge, der: → Zeuge
Ohrfeige, die: **1.** ⟨*Schlag auf die Wange*⟩ Backenstreich (*veraltend*) ♦ *umg*: Maulschelle · Schelle · Backpfeife; Watsche[n] · Dachtel (*landsch*) ♦ *salopp*: Patsch; → *auch* Prügel (II, 1) – **2.** eine O. bekommen: ⟨*auf die Wange geschlagen werden*⟩ *umg*: eins hinter die Löffel kriegen ♦ *salopp*: eine fangen – **3.** eine O. verabreichen: → ohrfeigen
ohrfeigen: *umg*: backpfeifen · eine herunterhauen/aufbrennen · eine [Ohrfeige] verabreichen · eins hinter die Löffel geben · Schellen geben · eine Backpfeife/Maulschelle geben; watschen · dachteln (*landsch*) ♦ *salopp*: eine aufs Maul geben · eine kleben/knallen/schmieren/latschen/wienern/schallern/scheuern/löffeln/langen/pfeffern/pflastern/wischen; → *auch* schlagen (I, 1)
oje[mine]: → ach (1)
o. k./okay: **1.** → einverstanden (1) – **2.** o. sein: → Ordnung (4)
Okay, das: **1.** → Zustimmung (1) – **2.** sein O. geben: → zustimmen (1)
okkasionell: → manchmal
okkult: → geheimnisvoll (1)
Okkupation, die: → Besetzung (1)
okkupieren: → besetzen (2)
Ökofreak, der: → Umweltschützer
Ökoladen, der: → Bioladen
Ökolebensmittel (*Pl*): → Biolebensmittel
Ökonomie, die: → Wirtschaftlichkeit
ökonomisch: **1.** → wirtschaftlich (2) – **2.** → sparsam (1)
Ökoschwein, das: → Umweltfrevler
oktroyieren: → aufzwingen (I)
okulieren: → veredeln (1)
Okzident, der: → Abendland
Öl, das: Öl ins Feuer gießen: → verschlimmern (I, 1); Öl auf die Wogen gießen: → beruhigen (I)
Oldie, der: → Alte (I, 1)
Oldtimer, der: → Alte (I, 1)
ölen: **1.** ⟨*Schmieröl zuführen*⟩ einölen · schmieren; abschmieren (*fachspr*); → *auch* einfetten (1) – **2.** wie ein geölter Blitz: → schnell (1, a)
ölig: **1.** → fettig (1) – **2.** → glatt (2 *u.* 3) – **3.** → salbungsvoll – **4.** → pomadig (1)
Olim: zu Olims Zeiten: → damals
oliv[grün]: → grün (1)
oll: **1.** → alt (2) – **2.** 'ne olle Kamelle, olle Kamellen: → Bart (2)
Olle: **I.** Olle, der: → Ehemann – **II.** Olle, die: → Ehefrau
Ölleitung, die: Erdölleitung + Pipeline · Rohrleitung · Trasse
Olympia, das: → Olympiade
Olympiade, die: Olympische Spiele ♦ *gehoben*: Olympia
olympiaverdächtig: → sportlich (1)
olympisch: Olympische Spiele: → Olympiade
Oma, die: **1.** → Großmutter (1) – **2.** → Greisin
Omelett, das: → Eierkuchen
Omelette, die: → Eierkuchen
Omen, das: → Vorzeichen
Omi, die: → Großmutter (1)
ominös: **1.** → merkwürdig – **2.** → verdächtig (1)
Omnibus, der: → Autobus
omnipotent: → allmächtig
Omnipotenz, die: → Allmacht
Onanie, die: → Selbstbefriedigung
onanieren: → masturbieren
Ondit, das: → Gerücht
ondulieren: → wellen (I)
Onenightstand, der: → Koitus
Onkel, der: warmer O.: → Homosexuelle (I)
onkelhaft: → gönnerhaft
Opa, der: **1.** → Großvater (1) – **2.** → Greis
opak: → undurchsichtig (1)

opalisieren: → schillern
opalisierend: → schillernd (1)
Oper, die: **1.** ⟨*musikal. Bühnenwerk*⟩ + Musikdrama; → *auch* Operette – **2.** ⟨*Gebäude zur Aufführung großer musikal. Bühnenwerke*⟩ Opernhaus; → *auch* Theater (2)
operabel: → heilbar
Operation, die: **1.** ⟨*chirurg. Eingreifen*⟩ [chirurgischer] Eingriff – **2.** → Unternehmung (1)
Operette, die: + Singspiel · Musical; → *auch* Oper (1)
operieren: 1. ⟨*einen chirurg. Eingriff vornehmen*⟩ *umg*: schneiden · unter das Messer nehmen – **2.** → handeln (I, 3)
Opernglas, das: → Fernglas
Operngucker, der: → Fernglas
Opernhaus, das: → Oper (2)
Opernkieker, der: → Fernglas
Opernsänger, der: → Sänger (1)
Opernsängerin, die: → Sängerin
Opfer, das: **1.** ⟨*Gabe für eine Gottheit*⟩ Opfergabe · Opferung + Schlachtopfer – **2.** ⟨*das Opfern*⟩ Opferung · Opferhandlung – **3.** ⟨*durch Fremdeinwirkung zu Schaden gekommene Person*⟩ der Geschädigte · der Betroffene + Märtyrer – **4.** → Verunglückte – **5.** Opfer bringen: → opfern (I, 1, a *u.* b)
opferbereit: opferwillig · opferfreudig · gebefreudig; → *auch* selbstlos
opferfreudig: → opferbereit
Opfergabe, die: → Opfer (1)
Opferhandlung, die: → Opfer (2)
opfern: I. opfern: **1.** ⟨*aus eigenem Entschluss geben*⟩ **a)** ⟨*einer Gottheit*⟩ Opfer bringen · darbringen ♦ *gehoben*: dahingeben · weihen – **b)** ⟨*Menschenleben*⟩ Opfer bringen · hinopfern · aufopfern · hingeben; darangeben (*veraltend*) ♦ *umg*: verheizen (*abwert*); drangeben (*veraltend*) – **2.** → spenden (1) – **3.** Neptun o.: → seekrank – **II.** opfern, sich: → hingeben (II, 1)
Opfertisch, der: → Altar (1)
Opferung, die: → Opfer (1 *u.* 2)
opferwillig: → opferbereit
Opi, der: → Großvater (1)
Opium, das: → Rauschgift (1)
Opponent, der: → Gegner (2)
opponieren: → widersetzen, sich
opportun: 1. → gelegen (1) – **2.** → passend (1, a)
Opportunismus, der: Prinzipienlosigkeit · Gesinnungslosigkeit; Gesinnungslumperei (*abwert*) + Populismus; → *auch* Gesinnungswandel
Opportunist, der: Gesinnungslump (*abwert*) + Mitläufer · Populist ♦ *umg*: Wendehals · Wetterfahne (*abwert*)
oppositär: → gegensätzlich
Opposition, die: → Gegner (2)
oppositionell: → gegensätzlich
oppositiv: → gegensätzlich
optieren: → entscheiden (II)
Optik, die: einen Knick in der O. haben: → schielen (1); in der O. behalten: → merken (4)
optimieren: → vervollkommnen (I)
Optimismus, der: Zuversicht[lichkeit] · Lebensbejahung + Zukunftsglaube · Fortschrittsglaube · Fortschrittsgläubigkeit; → *auch* Hoffnung (1)
optimistisch: 1. ⟨*an eine Entwicklung zum Positiven glaubend*⟩ zuversichtlich · lebensbejahend · voller Zuversicht · hoffnungsfroh · hoffnungsvoll · guten Mutes + zukunftsgläubig · fortschrittsgläubig – **2.** zu o. sein: ⟨*nur die positiven Seiten sehen*⟩ alles durch eine rosa[rote] Brille sehen · alles in rosigem Licht sehen · positiv denken
Optimum, das: → Höchstmaß
Option, die: → Entscheidung (1)
opulent: 1. → üppig (1) – **2.** → reichlich
Opus, das: → Werk (1)
Orakel, das: → Weissagung
orakelhaft: → geheimnisvoll (1)
orakeln: → weissagen
orange: → orange[n]farben
Orange, die: → Apfelsine
orange[n]farben: orange · orange[n]farbig · orange[n]rot · orange[n]gelb; → *auch* gelb (1)
orange[n]farbig: → orange[n]farben
orange[n]gelb: → orange[n]farben
orange[n]rot: → orange[n]farben
oratorisch: → rednerisch
orbikular: → rund (1)
Orbit, der: → Umlaufbahn
Orbitalbahn, die: → Umlaufbahn
Orbitalstation, die: → Raumstation
Orchester, das: **1.** → [1]Kapelle – **2.** philharmonisches O.: → Philharmonie
Orchesterleiter, der: → Dirigent (1)
Orden, der: **1.** → Auszeichnung (2) – **2.** einen O. verleihen: → auszeichnen (I, 2)

Ordensbruder, der: → Mönch (1)
Ordensschwester, die: → Nonne (1)
ordentlich: **1.** ⟨*Ordnungssinn erkennen lassend*⟩ **a)** ⟨*in einem geordneten* [*u. dadurch ansprechenden*] *Zustand*⟩ akkurat · wohl geordnet · aufgeräumt · proper · adrett · tadellos + sauber · klar; → *auch* sauber (1) – **b)** ⟨*im Bemühen um Ordnung*⟩ ordnungsliebend · auf Ordnung bedacht/achtend/haltend · akkurat + pedantisch · präzis[e]; → *auch* sorgfältig (1) – **2.** → sorgfältig (1) – **3.** → vorschriftsmäßig – **4.** → gehörig (1) – **5.** → rechtschaffen – **6.** es jmdm. o. geben: → schlagen (I, 1)
Ordentlichkeit, die: → Ordnungsliebe
Order, die: **1.** → Befehl (1) – **2.** → Bestellung (1) – **3.** O. geben/erteilen: → befehlen (I, 1)
ordern: → bestellen (1)
ordinär: **1.** → gewöhnlich (2) – **2.** → unanständig (1)
Ordination, die: **1.** → Sprechstunde (1) – **2.** → Priesterweihe – **3.** → Amtseinführung
ordinieren: Sprechstunde halten/haben; → *auch* praktizieren (1)
ordnen: **1.** ⟨*in eine ganz bestimmte Reihenfolge bringen*⟩ in [die/eine richtige] Ordnung bringen · sortieren · gruppieren · kategorisieren · reihen ♦ *umg*: rangieren (*landsch*); → *auch* einteilen (1), anordnen (1), zurechtrücken (1) – **2.** → regeln (1) – **3.** → aufräumen (1) – **4.** neu o.: → neu (4)
Ordner, der: **1.** ⟨*Mappe zur geordneten Aufbewahrung von Schriftstücken*⟩ + Ablegemappe · Sammelmappe · Schnellhefter · Hefter · Schnellheftmappe; → *auch* Ablage (1) – **2.** → Aufseher
Ordnung, die: **1.** ⟨*geregelter Zustand*⟩ Disziplin · Zucht + Regelung · Anordnung; → *auch* Strenge – **2.** → Einteilung (1) – **3.** → Verordnung (1) – **4.** in O. sein: ⟨*sich in geordnetem bzw. richtigem Zustand befinden*⟩ *umg*: o. k./okay sein · im Lot/in Schuss sein · [es ist] alles paletti – **5.** auf O. bedacht/achtend/haltend: → ordentlich (1, b); O. schaffen/machen: → aufräumen (1); in die/eine richtige O. bringen: → ordnen (1); in O. bringen: **a)** → ordnen (1) – **b)** → bereinigen (1) – **c)** → regeln (1) – **d)** → heilen (1); wieder in O. bringen: → reparieren; zur O. rufen: → ermahnen (1); in O.: **a)** → richtig (1) – **b)** → einverstanden (1); geht in O.: → einverstanden (1)
Ordnungsgeld, das: → Geldstrafe
ordnungsgemäß: → vorschriftsmäßig
Ordnungshüter, der: → Polizist
Ordnungsliebe, die: Ordnungssinn · Ordentlichkeit
ordnungsliebend: → ordentlich (1, b)
Ordnungssinn, der: → Ordnungsliebe
ordnungswidrig: → ungesetzlich
Ordnungswidrigkeit, die: → Vergehen (1)
Organ, das: **1.** → Stimme (1) – **2.** → Zeitung (I, 1) – **3.** ein O. haben |für|: → spüren (1)
Organisation, die: **1.** ⟨*zu einem bestimmten Zweck vereinigte Gruppe von Menschen*⟩ + Bund · Verein · Klub · Partei; → *auch* Vereinigung (2), Gruppe (2) – **2.** → Gliederung (1) – **3.** → Veranstaltung (1)
Organisator, der: → Veranstalter
organisieren: **I.** organisieren: **1.** → veranstalten (1) – **2.** → beschaffen (1) – **3.** → stehlen (1) – **II.** organisieren, sich: → vereinigen (II, 2)
organisiert: das organisierte Verbrechen: → Verbrecherorganisation
Organisierung, die: → Veranstaltung (1)
orgeln: → röhren (1)
Orgie, die: **1.** → Gelage (a *u.* b) – **2.** → Unzucht
Orient, der: Morgenland (*veraltet*)
orientieren: **I.** orientieren: → unterrichten (1), aufklären (I, 2) – **II.** orientieren, sich: **1.** ⟨*seinen Standort feststellen*⟩ sich zurechtfinden; → *auch* zurechtfinden (1) – **2.** ⟨*sich Klarheit bzw. einen Überblick verschaffen*⟩ das Terrain sondieren ♦ *salopp*: [die Lage] peilen; → *auch* auskundschaften (1)
Orientierung, die: die O. verlieren: → verirren, sich
Orientierungssinn, der: → Ortssinn
Orientierungsvermögen, das: → Ortssinn
original: **1.** → ursprünglich (1) – **2.** → echt (1)
Original, das: **1.** ⟨*durch seine lustig-skurrile Art auffallender Mensch*⟩ *umg*: Unikum · Type · Blüte · [putzige] Gurke ♦ *salopp*: Urvieh; → *auch* Sonderling – **2.** → Urfassung
Originalausgabe, die: → Urfassung
Originalität, die: **1.** → Ursprünglichkeit – **2.** → Eigentümlichkeit (1)
Originalübertragung, die: → Livesendung
originär: → ursprünglich (1)
originell: → eigentümlich (1)

Orkan, der: → Sturm (1)
Orkus, der: → Unterwelt (1)
Ornament, das: → Verzierung (1)
ornamentieren: → verzieren
Ornat, der: → Amtstracht
Ort, der: **1.** ⟨*lokalisierbarer, eng begrenzter Teil der Umwelt*⟩ Stelle · Platz · Stätte · Örtlichkeit · Lokalität · Punkt · Fleck + Standort ♦ *umg*: Winkel; → *auch* Standort (1) – **2.** ⟨*besiedelter Platz*⟩ Ortschaft · Flecken + Stadt · Örtlichkeit ♦ *salopp*: Quetsche (*abwert*); → *auch* Dorf (1), Kleinstadt, Siedlung, Wohnsiedlung – **3.** → Ahle – **4.** an irgendeinem O.: → irgendwo; an allen Orten: → überall (1); nicht am O.: → auswärts (1); an O. und Stelle: → hier (1); O. der Finsternis/Verdammnis: → Hölle (1); fehl am O.: → unangebracht
Örtchen, das: **1.** → Toilette (1) – **2.** stilles Ö.: → Toilette (1)
orthodox: strenggläubig · rechtgläubig; → *auch* fromm (1)
Orthodoxie, die: Strenggläubigkeit · Rechtgläubigkeit; → *auch* Frömmigkeit
Orthographie, die: → Rechtschreibung
örtlich: 1. ⟨*auf ein eng begrenztes Gebiet bezogen*⟩ lokal · räumlich · regional; entopisch (*fachspr*); → *auch* landschaftlich (1) – **2.** örtliche Betäubung: → Betäubung (1)
Örtlichkeit, die: **1.** → Ort (1 *u.* 2) – **2.** → Toilette (1)
ortsansässig: → ansässig (1)
Ortschaft, die: → Ort (2)
ortsfest: → ansässig (1)
ortsfremd: → fremd (2)
Ortsgedächtnis, das: → Ortssinn
Ortssinn, der: Orientierungssinn · Orientierungsvermögen · Ortsgedächtnis
Ortstein, der: → Eckstein (1)
ortsüblich: → üblich (1)
Ortsvorsteher, der: → Bürgermeister (a)
Oskar: frech wie O.: → keck
Ost: I. Ost: **1.** → Osten – **2.** in Ost und West: → überall (1) – **II.** Ost, der: → Ostwind
Osten, der: Ost (*fachspr*)
ostentativ: → betont
Östromanie, die: → Mannstollheit
Ostwind, der: Ost (*seem*)
Oszillation, die: → Schwingung
Otter, die: **1.** → Viper – **2.** → Schlange (1)
Otto, der: der flotte O.: → Durchfall (1); O. Normalverbraucher: → Durchschnittsmensch
Ottomane, die: → Sofa
out: out sein: **a)** → veraltet (2) – **b)** → altmodisch (2)
Outcast, der: → Geächtete
outen, sich: **1.** → offenbaren (II) – **2.** → äußern (II, 1)
Outfit, das: **1.** → Kleidung (1) – **2.** → Aussehen (1)
Outlaw, der: → Verbrecher
Output, der: → Produktionsmenge
Outsider, der: → Außenseiter
Outsourcing, das: → Auslagerung
Ouvertüre, die: → Vorspiel
oval: eiförmig · eirund · länglich rund · ellipsenförmig · elliptisch
Ovation, die: → Beifall (1)
Overall, der: → Schutzanzug
Overdrive, der: → Schnellgang
Overstatement, das: → Übertreibung
Ovum, das: → Ei (I, 1), Keimzelle (1)
Ozean, der: → Meer
Ozeanaut, der: → Unterwasserforscher

P

paar: ein p.: → einige (1); ein p. Mal[e]: → wiederholt (1); um ein p. Ecken: → weitläufig (1); ein p. überziehen/draufhauen/draufgeben: → schlagen (I, 1); mit ein p. Handgriffen erledigen: → mühelos (2)
Paar, das: **1.** → Ehepaar – **2.** → Liebespaar – **3.** ein P.: → zwei (1)
paaren, sich: **1.** → begatten (2, a) – **2.** → koitieren
paarig: → paarweise
Paarung, die: **1.** → Begattung (1) – **2.** → Koitus – **3.** → Kreuzung (1)
Paarungszeit, die: → Brunstzeit
paarweise: paarig · zu zweit/zweien
Pacemaker, der: → Herzschrittmacher
Pacht, die: **1.** → Pachtzins – **2.** in P. nehmen: → pachten; in P. geben: → verpachten
pachten: in Pacht nehmen; → *auch* [2]mieten
Pachtgeld, das: → Pachtzins
Pachtpreis, der: → Pachtzins
Pachtsumme, die: → Pachtzins
Pachtzins, der: Pacht[summe] · Pachtgeld · Pachtpreis; Bestand[zins] · Bestandgeld (*süddt österr*); → *auch* [1]Miete
Pachulke, der: → Flegel (1)
Pack: **I.** Pack, das: → Gesindel – **II.** Pack, der: → Bündel (1)
Päckchen, das: **1.** → Bündel (1) – **2.** sein P. zu tragen haben: → Sorge (3)
packen: **I.** packen: **1.** → einpacken (1) – **2.** → ergreifen (1) – **3.** → meistern – **4.** beim/am Kragen/Schlafittchen/Griebs/Krips p., bei/an der Gurgel p.: → ergreifen (2); die Koffer/sein Bündel p.: **a)** → aufbrechen (3) – **b)** → abreisen; die Koffer p. müssen: → entlassen (3) – **II.** packen, sich: → weggehen (1)
Packen, der: → Bündel (1)
packend: → spannend
Packesel, der: → Lasttier
Packung, die: **1.** → Schachtel (1) – **2.** → Umschlag (1) – **3.** → Niederlage (1)
Pädagoge, der: → Lehrer
pädagogisch: → erzieherisch
Paddelboot, das: **1.** ⟨*mit Paddeln bewegtes Boot*⟩ + Kajak · Kanu · Faltboot; → *auch* Boot – **2.** P. fahren: → rudern (1)
paddeln: **1.** → rudern (1) – **2.** → schwimmen (1)
Päderast, der: + Knabenschänder; → *auch* Pädophile, Homosexuelle (I), Sexualstraftäter
Pädophile, der: der Pädosexuelle + Kinderschänder; → *auch* Päderast, Sexualstraftäter
Pädosexuelle, der: → Pädophile
paffen: → rauchen (1)
Page, der: → Diener (1)
paginieren: → nummerieren
Paket, das: → Bündel (1)
paketieren: → verpacken (1)
Pakt, der: **1.** → Bündnis (1) – **2.** → Vertrag (1) – **3.** einen P. schließen: → verbünden, sich (1)
paktieren: → verbünden, sich (1)
Palais, das: → Schloss (1)
Palast, der: → Schloss (1)
Palastrevolution, die: → Verschwörung (1)
Palatschinke, die: → Eierkuchen
Palaver, das: → Geschwätz (1)
palavern: → schwatzen (1)
palen: → aushülsen
Paletot, der: → Mantel (1)
Palette, die: → Auswahl (2)
paletti: [es ist] alles p.: → Ordnung (4)
Palisade, die: Pfahlwerk · Schanzpfahl; → *auch* Sperre (1)
Pallawatsch, der: → Durcheinander (1)
Palme, die: **1.** → Preis (2) – **2.** die P. des Sieges erringen: → siegen; auf die P. bringen: → erzürnen (1); auf der P. sein: → wütend (2); sich einen von der P. schütteln: → masturbieren
Pamp, der: → Brei (1)
Pampelmuse, die: Grapefruit
pampen: → essen (1)
Pampf, der: → Brei (1)

pampfen: → essen (1)
Pamphlet, das: → Schmähschrift
pampig: 1. → frech (1) – **2.** → schlammig
Pamps, der: **1.** → Brei (1) – **2.** → Schlamm
pampsig: → schlammig
Pandemie, die: → Seuche
paneelieren: → täfeln
Panier, das: → Wahlspruch
Panik, die: **1.** → Verwirrung (1) – **2.** → Schreck (1)
Panne, die: **1.** → Schaden (3) – **2.** → Reifenschaden – **3.** → Missgeschick
Panorama, das: → Rundblick
panschen: 1. → verdünnen – **2.** → plan[t]-schen
Pansen, der: sich den P. voll schlagen/voll hauen: → satt (4)
Panther, der: **1.** → Leopard – **2.** schwarzer P.: → Leopard
Pantinen (*Pl*): **1.** → Holzpantoffeln – **2.** aus den P. kippen: → bewusstlos (2)
Pantoffel: I. Pantoffel, der: unter dem P. haben: → beherrschen (I, 1) – **II.** Pantoffeln (*Pl*): ⟨*fersenfreie Fußbekleidung fürs Haus*⟩ + Filzpantoffeln · Pantoletten ♦ *umg*: Latschen · Schlappen (*landsch*); Schlurren (*norddt*); Patschen (*österr*); → *auch* Hausschuhe, Holzpantoffeln
Pantoffelheld, der (*umg abwert*): Simandl (*österr*) ♦ *salopp*: Weiberknecht; → *auch* Weichling
Pantoffelkino, das: **1.** → Fernsehen – **2.** → Fernsehapparat
Pantoletten (*Pl*): → Pantoffel (II)
pantschen: 1. → verdünnen – **2.** → plan[t]schen
Panzen, der: → Schmerbauch
Panzer, der: **1.** ⟨*gepanzertes Kampffahrzeug*⟩ Panzer[kampf]wagen; Tank (*veraltet*) + Schützenpanzer · Kettenfahrzeug – **2.** ⟨*Teil der ritterl. Kampfkleidung*⟩ Harnisch · Rüstung + Kürass
Panzerechse, die: → Krokodil
Panzerkampfwagen, der: → Panzer (1)
Panzerschrank, der: → Geldschrank
Panzerwagen, der: → Panzer (1)
Papa, der: → Vater (I, 1)
Papagallo, der: → Geliebte (I)
Papagei, der: → Nachbeter
papal: → päpstlich (1)
Paparazzo, der: → Fotoreporter
Papeterie, die: → Schreibwarengeschäft
Papi, der: → Vater (I, 1)
Papier: I. Papier, das: **1.** → Schriftstück – **2.** → Wertpapier (I) – **3.** nur ein Fetzen P.: → wertlos (1); auf dem P. festhalten: → zeichnen (1); zu P. bringen, dem P. anvertrauen, aufs P. werfen: → aufschreiben (1) – **II.** Papiere (*Pl*): **1.** → Ausweis (1) – **2.** → Reisepass – **3.** seine P. vorzeigen: → ausweisen (II, 1); sich seine P. holen können: → entlassen (3)
papieren: → langweilig
Papiergeschäft, das: → Schreibwarengeschäft
Papierhandlung, die: → Schreibwarengeschäft
Papierkrieg, der: → Bürokratie
Papierwarenhandlung, die: → Schreibwarengeschäft
papp: nicht mehr p. sagen können: → satt (3, a)
Papp, der: → Brei (1)
Pappdeckel, der: → Pappe (1)
Pappe, die: **1.** ⟨*dickes, steifes Papier*⟩ Papp[en]deckel · Karton – **2.** → Klebstoff – **3.** → Brei (1) – **4.** nicht von P.: → beachtlich (1)
päppeln: → füttern (a)
pappen: 1. → essen (1) – **2.** → kleben (1 *u.* 2)
Pappendeckel, der: → Pappe (1)
Pappenstiel, der: → Kleinigkeit (1)
papperlapapp: → Unsinn (1, b)
pappig: → klebrig (1)
Pappkamerad, der: → Schießscheibe
Pappschachtel, die: → Schachtel (1)
paprizieren: → würzen
Papst, der: **1.** ⟨*Oberhaupt der römisch-kathol. Kirche*⟩ der Heilige Vater · Pontifex maximus · Summus Episcopus · Oberhaupt – **2.** päpstlicher als der P.: → kleinlich
päpstlich: 1. ⟨*zum Papst gehörig*⟩ papal; apostolisch (*kathol. Kirche*) – **2.** päpstlicher als der Papst: → kleinlich
Parabel, die: → Bild (3)
Parabolantenne, die: *umg*: Satellitenschüssel
parabolisch: → bildlich (1)
Parade, die: **1.** → Vorbeimarsch – **2.** in die P. fahren: → hindern
Paradeiser, der: → Tomate
paradieren: 1. → vorbeimarschieren – **2.** → prunken (1)
Paradies, das: **1.** ⟨*Ort der Freude u. Glückseligkeit*⟩ **a)** ⟨*allgemein*⟩ Eldorado · Dorado;

→ *auch* Jenseits (1, b) – **b)** ⟨*nach dem Alten Testament der Lebensbereich der ersten Menschen*⟩ [Garten] Eden · Garten Gottes; → *auch* Jenseits (1, a) – **2.** → Jenseits (1, a) – **3.** himmlisches P.: → Jenseits (1, a)
Paradiesapfel: I. Paradiesapfel, der: → Tomate – **II.** Paradiesäpfel (*Pl*): → Brust (I, 2)
paradiesisch: → herrlich (1)
Paradigma, das: → Beispiel (1)
paradox: → widersinnig (1)
Paradoxie, die: → Widersinn (1)
Paragraphenreiter, der: → Bürokrat
paragraphieren: → einteilen (1)
Parallaxe, die: → Winkelabstand
parallel: → vergleichbar (1)
Parallele, die: **1.** → Gegenstück (1) – **2.** Parallelen ziehen: → vergleichen (I, 1)
Parallelismus, der: → Übereinstimmung (1)
Parallelität, die: → Übereinstimmung (1)
Paralyse, die: → Lähmung
paralysieren: 1. → lähmen (1) – **2.** → entkräften (1)
paramilitärisch: halbmilitärisch · militärähnlich
Paranoia, die: → Geisteskrankheit
paranoid: → geisteskrank (1)
paranoisch: → geisteskrank (1)
paranormal: → übersinnlich
Paraphe, die: → Unterschrift (1)
paraphieren: → unterschreiben
Paraphrase, die: → Umschreibung
Parapluie, der *od.* das: → Regenschirm (1)
parapsychisch: → übersinnlich
Parasit, der: → Schmarotzer (1 *u.* 2)
parasitär: → schmarotzerhaft (1 *u.* 2)
parasitieren: → schmarotzen (1)
parasitisch: → schmarotzerhaft (1 *u.* 2)
parat: 1. → fertig (1) – **2.** → gegenwärtig (2), verfügbar (1) – **3.** p. haben: → bereithaben
Paravent, der *od.* das: → Wandschirm
Pärchen, das: → Liebespaar
pardauz: → plumps
Pardon, der: **1.** → Verzeihung (1) – **2.** P. geben: → verschonen
Parentel, die: → Verwandtschaft (1)
Parenthese, die: **1.** → Einschaltung (1) – **2.** in P.: → beiläufig (1)
parenthetisch: → beiläufig (1)
par excellence: → völlig (1)
Parfüm, das: **1.** ⟨*Duftstoff*⟩ + Duftwasser · Eau de Toilette · Eau de Cologne · Kölnischwasser · Lavendel · Essenz – **2.** → Duft (1)
parfümieren: *umg*: einbalsamieren (*scherzh*)
Paria, der: → Geächtete
parieren: 1. → abwehren (1, b) – **2.** → gehorchen (1) – **3.** aufs Wort p.: → gehorchen (1)
Pariser, der: → Präservativ
Parität, die: → Gleichberechtigung
paritätisch: → gleichberechtigt
Park, der: **1.** ⟨*weiträumige gartenähnl. Anlage*⟩ Parkanlage[n] · Anlage[n] · Grünanlage + englischer Garten · Lustgarten · Wildgarten · Wildpark · grüne Lunge; → *auch* Vergnügungspark – **2.** → Wagenpark
Parka, der: → Anorak
Parkanlage: I. Parkanlage, die: → Park (1) – **II.** Parkanlagen (*Pl*): → Park (1)
parken: abstellen; parkieren (*schweiz*); → *auch* unterstellen (I), anhalten (I, 1)
Parkett, das: einen Tanz/eine kesse/saubere Sohle aufs P. legen, einen aufs P. hauen: → tanzen (1)
Parkhaus, das: → Garage
parkieren: → parken
Parkplatz, der: Abstellplatz · Einstellplatz · Parkraum; → *auch* Garage
Parkraum, der: → Parkplatz
Parlament, das: [oberste] Volksvertretung + Bundestag
Parlamentär, der: → Unterhändler
Parlamentarier, der: → Abgeordnete
parlamentarisch: parlamentarische Demokratie: → Demokratie (1)
Parlamentarismus, der: → Demokratie (1)
Parlamentsmitglied, das: → Abgeordnete
parlieren: → schwatzen (1)
Parochie, die: → Kirchengemeinde
Parodie, die: → Spott (1)
parodieren: → verspotten
parodistisch: → spöttisch
Parole, die: **1.** → Kennwort – **2.** → Wahlspruch
Paroli, das: P. bieten: → widersetzen, sich
Parotitis, die: → Mumps
Paroxysmus, der: → Anfall (1)
Part, der: → Anteil (1)
Parte, die: → Todesanzeige
Partei, die: **1.** → Organisation (1) – **2.** → Gruppe (2) – **3.** P. nehmen/ergreifen |für|: → eintreten (7, a)
Parteienverkehr, der: → Dienststunden

Parteifreund, der: → Parteimitglied
Parteigänger, der: → Anhänger (3)
parteiisch: 1. → befangen (1) – **2.** → einseitig (1)
Parteimitglied, das: + Parteifreund · Genosse
parterre: → Erdgeschoss (2)
Parterre, das: → Erdgeschoss (1)
Partezettel, der: → Todesanzeige
Partie, die: **1.** → Ausflug – **2.** → Spiel (1) – **3.** → Teil (1) – **4.** → Rolle (2) – **5.** mit von der P. sein: → beteiligen (II)
partiell: → teilweise
partikular/partikulär: → einzeln (2)
Partisan, der: → Widerstandskämpfer
Partisanenkampf, der: → Widerstandskampf
partizipieren: 1. → beteiligen (II) – **2.** → teilhaben (2) – **3.** p. lassen: → beteiligen (I)
Partner, der: **1.** → Lebensgefährte (1) – **2.** → Ehemann – **3.** → Teilhaber
Partnerin, die: **1.** → Lebensgefährtin (1) – **2.** → Ehefrau
partout: → unbedingt (1)
Party, die: → Fest (1)
Parvenü, der: → Emporkömmling
parzellieren: → aufteilen (1)
paschen: → schmuggeln
Pascher, der: → Schmuggler
Pascherei, die: → Schmuggel (1)
Paspel, die: → Besatz (1)
Pasquill, das: → Schmähschrift
Pass, der: **1.** → Reisepass – **2.** → Bergsattel – **3.** → Zuspiel – **4.** den P. vorzeigen: → ausweisen (II, 1)
passabel: 1. → erträglich – **2.** → annehmbar
Passage, die: **1.** → Durchgang (1) – **2.** → Abschnitt (2)
Passagier, der: **1.** → Fahrgast – **2.** → Fluggast – **3.** blinder P.: → Schwarzfahrer
Passant, der: → Fußgänger
passee: 1. → vorbei (1) – **2.** → veraltet (1)
passen: 1. ⟨*in Art u. Form auf etw. abgestimmt bzw. zugeschnitten sein*⟩ **a)** ⟨*allgemein*⟩ zusammenpassen · [zusammen]stimmen · entsprechen + sich eignen ♦ *umg*: hinkommen ♦ *salopp*: hinhauen – **b)** ⟨*von der Kleidung gesagt*: [*wie*] *nach Maß gearbeitet sein*⟩ [wie angegossen] sitzen · gut sitzen; → *auch* anliegen (1) – **c)** ⟨*von der Kleidung gesagt*: *beim Getragenwerden schön aussehen*⟩ kleiden · stehen + schmeicheln – **2.** → gelegen (2) – **3.** → aufgeben (3) – **4.** → geeignet (4) – **5.** nicht [in den Kram/Streifen/in die Karten] p.: → missfallen (1); p. |zu|: → zuspielen (1)
passend: 1. ⟨*gut einem best. Zweck dienend*⟩ **a)** ⟨*allgemein*⟩ angebracht · angezeigt · opportun · adäquat · angemessen · entsprechend · recht; → *auch* richtig (1), annehmbar, verwendbar, zweckmäßig – **b)** ⟨*in Bezug auf die Kleidung*⟩ + bequem · leger · fußgerecht – **2.** → gelegen (1) – **3.** → abgezählt
Passform, die: → [1]Fasson (1)
passieren: 1. → überschreiten – **2.** → geschehen (1) – **3.** → zustoßen (1) – **4.** → durchsieben (I)
passim: → vereinzelt (1)
Passion, die: **1.** → Leidensweg – **2.** → Liebhaberei
passioniert: → leidenschaftlich
passiv: → untätig (1)
Passiva (*Pl*): → Schuld (II, 1)
Passivität, die: → Untätigkeit
Passus, der: → Abschnitt (2)
Passwort, das: → Kennwort
Pasta, die: → Paste
Paste, die: Pasta · Creme; → *auch* Salbe, Zahnpasta
Pasteurisation, die: → Entkeimung
pasteurisieren: → entkeimen (1)
Pasteurisierung, die: → Entkeimung
Pastille, die: → Tablette
Pastor, der: → Geistliche
pastoral: 1. → seelsorgerisch – **2.** → salbungsvoll
pastös: → aufgeschwemmt
Patchen, das: → Patenkind
Pate: I. Pate, der: **1.** ⟨*männl. Person, die bei der Taufe als Zeuge anwesend ist*⟩ Taufpate · Taufzeuge · Patenonkel; Gevatter[smann] (*veraltet*) – **2.** → Patenkind – **3.** die Paten sagen: → ausschimpfen – **II.** Pate, die: ⟨*weibl. Person, die bei der Taufe als Zeugin anwesend ist*⟩ Patin · Taufpatin · Taufzeugin · Patentante; Gevatterin (*veraltet*)
Patenkind, das: Pate · Patchen
Patenonkel, der: → Pate (I, 1)
patent: → tüchtig (1)
Patentante, die: → Pate (II)
Patentlösung, die: → Lösung (1)
Patentrezept, das: → Lösung (1)
Pater, der: → Geistliche

Paternoster: **I.** Paternoster, der: → Fahrstuhl (1) – **II.** Paternoster, das: → Gebet (1)

pathetisch: → ausdrucksvoll (1)

pathologisch: → krankhaft

Pathos, das: → Leidenschaft

Patient, der: → Kranke

Patientenkärtchen, das: → Versichertenkarte

Patin, die: → Pate (II)

Patina, die: P. ansetzen: → altern (1)

Patisserie, die: → Gebäck

patriarchalisch: → ehrwürdig

Patriot, der: Vaterlandsfreund

patriotisch: vaterlandsliebend · vaterländisch; → *auch* national (1)

Patriotismus, der: → Heimatliebe

Patrizier, der: → Bürger (1 *u.* 3)

patrizisch: → vornehm (1)

Patron, der: → Schutzpatron

Patronat, das: → Schirmherrschaft

Patrouille, die: **1.** → Spähtrupp – **2.** → Streife – **3.** [auf] P. gehen: → erkunden (1)

patsch: → plumps

Patsch, der: **1.** → Schlag (I, 1) – **2.** → Ohrfeige (1)

[1]**Patsche,** die: → Hand (1)

[2]**Patsche,** die: **1.** → Schlamm – **2.** aus der P. helfen/ziehen: → heraushelfen; in der P. sitzen: → Verlegenheit (2)

patschen: **1.** → schlagen (I, 2) – **2.** → plan[t]schen

Patschen (*Pl*): **1.** → Hausschuhe – **2.** → Pantoffel (II)

patschenass: → nass (1)

patschert: → ungeschickt (1)

Patschhand, die: → Hand (1)

patschnass: → nass (1)

patt: → unentschieden (1)

patzen: → Fehler (2)

Patzer, der: → Fehler (1)

patzig: → frech (1)

Pauke, die: **1.** ⟨*Musikinstrument*⟩ + Trommel – **2.** die P. schlagen: → trommeln (1); auf die P. hauen: **a)** → feiern (1) – **b)** → prahlen

pauken: **1.** → trommeln (1) – **2.** → lernen (1) – **3.** → fechten (1)

Pauker, der: → Lehrer

Pausback, der: → Dicke (I)

pausbackig/pausbäckig: → dick (1)

pauschal: → insgesamt

Pauschalbetrag, der: → Pauschale

Pauschale, die: Pausch[al]betrag · Pausch[al]summe

Pauschalsumme, die: → Pauschale

Pauschbetrag, der: → Pauschale

Pauschsumme, die: → Pauschale

[1]**Pause,** die: **1.** ⟨*kürzere Unterbrechung einer Tätigkeit*⟩ Ruhepause · Erholungspause · Atempause · Verschnaufpause; Schnaufpause (*österr*) + Zigarettenpause · Rast · Unterbrechung · Halt; Halbzeit[pause] (*Sport*); → *auch* Stillstand (1), Ferien (1) – **2.** → Abstand (1) – **3.** ohne P.: → ununterbrochen; eine P. machen/einschieben/einlegen/einschalten: → rasten

[2]**Pause,** die: → Durchschlag (1)

pausen: → durchzeichnen

pausenlos: → ununterbrochen

pausieren: → aussetzen (2)

Pauspapier, das: → Durchschlagpapier

Pavillon, der: → Gartenhäuschen

Paycard, die: → Geldkarte

Pazifist, der: Kriegsgegner + Friedensfreund · Kriegsdienstverweigerer · Wehrdienstverweigerer

PC, der: → Computer

Peanuts (*Pl*): **1.** → Pfennig (II, 1) – **2.** → Nichtigkeit (1)

Pech, das: **1.** → Missgeschick – **2.** P. haben: → Misserfolg (2); P. kaufen: → fliehen (1)

pechfinster: → dunkel (1)

pechrabenschwarz: → dunkel (1)

pechschwarz: **1.** → schwarz (1) – **2.** → dunkel (1)

Pechvogel, der: → Unglücksmensch

Pedal, das: Fußhebel

pedant: → kleinlich

Pedant, der: Kleinigkeitskrämer · Schulmeister (*abwert*) ♦ *umg*: Prinzipienreiter · Federfuchser · Schreiberseele · Krämerseele · Kümmelspalter · Erbsenzähler (*abwert*) ♦ *derb*: Korinthenkacker (*abwert*); → *auch* Bürokrat, Wortklauber

Pedanterie, die: Kleinlichkeit; Kleinigkeitskrämerei (*abwert*) ♦ *umg*: Kümmelspalterei (*abwert*) ♦ *derb*: Korinthenkackerei (*abwert*); → *auch* Bürokratie, Spitzfindigkeit

pedantisch: → kleinlich

Pedell, der: → Hausmeister (2)

Pediküre, die: → Fußpflege

Pegasus, der: den P. satteln/reiten: → [2]dichten (1, b)

Pegel[stand], der: → Wasserstand

peilen: 1. → orientieren (II, 2) – **2.** die Lage p.: → orientieren (II, 2); über den Daumen p.: → schätzen (1)
Pein, die: **1.** → Qual (1) – **2.** → Leid (1) – **3.** P. bereiten: → quälen (I, 1 *u.* 2)
peinigen: 1. → quälen (I, 1 *u.* 2) – **2.** → bedrücken (1)
peinigend: → quälend
Peiniger, der: **1.** ⟨*einen anderen peinigende Person*⟩ Schinder + Unterdrücker – **2.** → Quälgeist
peinlich: 1. ⟨*Verlegenheit auslösend*⟩ fatal · prekär · heikel; genant (*veraltend*) ♦ *umg*: genierlich; → *auch* unangenehm (1) – **2.** → gewissenhaft – **3.** → sorgfältig (1) – **4.** p. berührt: → betreten (2)
Peinlichkeit, die: **1.** ⟨*das Peinlichsein*⟩ Fatalität – **2.** → Gewissenhaftigkeit – **3.** → Sorgfalt (1)
peinvoll: → leidvoll
Peitsche, die: **1.** ⟨*Gerät zum Schlagen*⟩ Geißel (*landsch*) + Knute · Karbatsche · Kantschu · neunschwänzige Katze · Reitpeitsche · Reitgerte · Gerte · Ochsenziemer · Ziemer ♦ *umg*: Schwippe (*landsch*); Wippe (*norddt*); → *auch* Rute (1) – **2.** mit der P. hauen/schlagen, eins mit der P. überziehen: → peitschen
peitschen: mit der Peitsche hauen/schlagen; geißeln (*landsch*) + karbatschen ♦ *umg*: eins mit der Peitsche überziehen; → *auch* schlagen (I, 1)
pejorativ: → abfällig (1)
pekuniär: → geldlich
pekzieren: → verschulden (I, 1)
Pelemele, das: → Durcheinander (1)
Pelerine, die: → Umhang
Pelle, die: **1.** → [2]Schale (1) – **2.** → Haut (1) – **3.** auf die P. rücken: → bedrängen (1); auf der P. sitzen, nicht von der P. gehen: → belästigen (1)
pellen: 1. → schälen (I) – **2.** → abhäuten – **3.** wie aus dem Ei gepellt: → sauber (1)
Peloton, das: → Abteilung (II, 1)
Pelz, der: **1.** → Fell (1) – **2.** → Haar (I, 2) – **3.** auf den P. rücken: → bedrängen (1); eins auf den P. brennen: → schießen (7); sich die Sonne auf den P. brennen lassen: → sonnen (II); eine Laus in den P. setzen: → ärgern (I)
pelzen: 1. → faulenzen (1) – **2.** → veredeln (1)
pelzig: → faserig
Pelzware, die: Pelzwerk · Rauchware; Rauware (*süddt österr*)
Pelzwerk, das: → Pelzware
Pendant, das: → Gegenstück (1)
Pendel, das: → Uhrpendel
Pendelbewegung, die: → Schwingung
pendeln: 1. → schwingen (I, 1) – **2.** → schlenkern (1)
Pendelverkehr, der: Shuttle
pendent: → schwebend (1)
penetrant: → aufdringlich (2)
Penetranz, die: → Aufdringlichkeit
penibel: 1. → gewissenhaft – **2.** → sorgfältig (1)
Penis, der: [männliches] Glied · Phallus; Piephahn · Schniepel (*kinderspr*) ♦ *umg*: Rute (*veraltend*); Schniedelwutz (*scherzh*) ♦ *salopp*: Pimmel ♦ *derb*: Schwanz · Pfeife; → *auch* Geschlechtsteil
Pennbruder, der: → Landstreicher, Stadtstreicher
Penne, die: **1.** → Unterkunft (1) – **2.** → Schule (1), Gymnasium
pennen: → schlafen (1, a)
Penner, der: → Landstreicher, Stadtstreicher
Pension, die: **1.** → Rente (1) – **2.** → Ruhestand (1) – **3.** → Hotel (1) – **4.** in P.: → pensioniert; in P. gehen: → zurückziehen (II, 1)
Pensionär, der: **1.** → Rentner – **2.** → Gast (1)
Pensionat, das: → Erziehungsinstitut
pensionieren: in den Ruhestand versetzen + emeritieren
pensioniert: im Ruhestand · außer Dienst + emeritiert · entpflichtet ♦ *umg*: in Pension
Pensionist, der: → Rentner
Pensum, das: → Aufgabe (3)
Penunzen (*Pl*): → Geld (1)
penzen: → bedrängen (1)
Pep, der: → Schwung (1)
Pepmittel, das: → Aufputschmittel
Peppille, die: → Aufputschmittel
per: → mittels
perdu: 1. → verschwunden (1) – **2.** → verloren (1)
perfekt: → vollkommen (1)
Perfektion, die: → Vollkommenheit
perfektionieren: → vervollkommnen (I)
Perfektionierung, die: → Vervollkommnung (1)

perfid[e]: **1.** → gemein (1) – **2.** → untreu (1)
Perfidie, die: **1.** → Gemeinheit (1) – **2.** → Untreue (1)
Perfidität, die: **1.** → Gemeinheit (1) – **2.** → Untreue (1)
Perforation, die: → Durchbruch (2)
perforieren: **1.** → lochen – **2.** → durchbrechen (II)
Pergament, das: → Handschrift (2)
Periode, die: **1.** → Zeitraum – **2.** → Menstruation
periodisch: regelmäßig wiederkehrend · in gleichen Abständen auftretend
periodisieren: → einteilen (1)
Periodisierung, die: → Einteilung (1)
peripher: → nebensächlich
Peripherie, die: → Rand (1)
Periphrase, die: → Umschreibung
Peristase, die: → Umwelt
Perle, die: **1.** → Glanzstück (2) – **2.** → Tropfen (1) – **3.** → Hausangestellte (II)
perlen: **1.** → tropfen (1) – **2.** → sprudeln (1)
permanent: → dauernd (1)
Permanenz, die: → Dauer (2)
Permission, die: → Erlaubnis (1)
permittieren: → erlauben (1)
permutabel: → auswechselbar
perniziös: → bösartig (1)
per pedes: → Fuß (2)
Perpendikel, der *od.* das: → Uhrpendel
perplex: → überrascht (1)
Perser, der: → Teppich (1)
Persiflage, die: → Spott (1)
persiflieren: → verspotten
persistent: → beharrlich (1)
Persistenz, die: → Beharrlichkeit
Person, die: **1.** ⟨*der einzelne Mensch*⟩ Mensch + Jemand · Wesen · Geschöpf · Gestalt · Kopf; Figur · Element · Subjekt (*abwert*) ♦ *umg*: Pflanze (*scherzh od. abwert*); → *auch* Persönlichkeit (I, 1), Individuum – **2.** → Frau (I, 1) – **3.** → Rolle (2) – **4.** eine P.: → jemand (1); stumme P.: → Statist (1); in einer P.: → zugleich (2); in [eigener] P.: → persönlich (1); ohne Ansehen/Ansehung der P.: → unparteiisch
Personal, das: **1.** → Belegschaft – **2.** → Dienstpersonal
Personalabbau, der: Stellenabbau · Arbeitsplatzabbau · Beschäftigungsabbau · Personaleinsparung + Massenentlassung · Kündigungswelle; → *auch* Entlassung (2)
Personalausweis, der: Ausweis; Identitätskarte (*noch schweiz*) ♦ *umg*: Flebbe; → *auch* Reisepass, Ausweis (1)
Personalcomputer, der: → Computer
Personaleinsparung, die: → Personalabbau
personaliter: → persönlich (1)
Persönchen, das: → Frau (I, 1)
Personenaufzug, der: → Fahrstuhl (1)
Personenbeschreibung, die: Signalement (*österr schweiz*); Personsbeschreibung (*österr*)
Personenkraftwagen, der: → Auto (1)
Personenkreis, der: → Kreis (1)
Personenname, der: → Familienname
Personenschützer, der: → Leibwächter
Personenzug, der: Regionalbahn · Regionalzug + Vorortzug · Regionalexpress ♦ *umg*: Bummelzug; → *auch* Zug (1)
Personifikation, die: → Verkörperung
personifizieren: → verkörpern (1)
Personifizierung, die: → Verkörperung
persönlich: **1.** ⟨*als Mensch in seiner Individualität*⟩ in [eigener] Person · selbst · in persona · privat[im]; höchstselbst · höchsteigen (*noch scherzh*); personaliter (*veraltet*) + eigenhändig ♦ *umg*: selber – **2.** → vertraulich (1) – **3.** → eigen (1) – **4.** → privat (1) – **5.** → beleidigend – **6.** p. werden: → beleidigen
Persönlichkeit: **I.** Persönlichkeit, die: **1.** ⟨*ein Mensch von ausgeprägter Eigenart*⟩ Charakter[figur] · Charaktergestalt · Respektsperson + Individualität; → *auch* Person (1) – **2.** ⟨*bedeutender u. allgemein bekannter Mensch*⟩ der Prominente + VIP · Gestalt ♦ *salopp*: Promi; → *auch* Hochgestellte – **II.** Persönlichkeiten (*Pl*): → Prominenz
Personsbeschreibung, die: → Personenbeschreibung
Perspektive, die: **1.** → Aussicht (2) – **2.** → Gesichtspunkt (1)
Perücke, die: Haarersatz · falsche Haare · Zweitfrisur + Haarteil · Toupet
pervers: → widernatürlich
pesen: → laufen (1)
Pessimismus, der: Schwarzseherei · Schwarzmalerei · Schwarzfärberei + Defätismus · Lebensverneinung · Nihilismus ♦ *umg*: Unkerei; Miesmacherei (*abwert*); → *auch* Mutlosigkeit
Pessimist, der: Schwarzseher · Schwarzmaler · Schwarzfärber + Defätist · Nihilist

♦ *umg*: Unke · Unker; Miesmacher · Miesepeter (*abwert*)
pessimistisch: **1.** ⟨*von Pessimismus erfüllt*⟩ schwarzseherisch + defätistisch · lebensverneinend · nihilistisch; → *auch* traurig (1) – **2.** p. sein: → schwarz (6)
Pest, die: **1.** ⟨*Krankheit*⟩ Pestilenz (*veraltet*) ♦ *gehoben*: der schwarze Tod – **2.** wie die P.: **a)** → ekelhaft (1) – **b)** → sehr; die P. an den Hals wünschen: → verwünschen (1)
Pestilenz, die: → Pest (1)
Pestizid, das: → Schädlingsbekämpfungsmittel
Petent, der: → Bittsteller
Peter, der: langweiliger P.: → Trauerkloß; den schwarzen P. zuschieben: → beschuldigen (2)
Petitesse, die: → Nichtigkeit (1)
Petition, die: → Bittschrift
Petrol, das: → Petroleum
Petroleum, das: Petrol (*schweiz*); → *auch* Erdöl
Petticoat, der: → Unterrock
Petting, das: → Koitus
Petze, die: → Verräter (1)
petzen: → verraten (1)
Petzer, der: → Verräter (1)
peu à peu: → allmählich
Pfad, der: → Weg (1)
pfadlos: → unwegsam
Pfaffe, der: → Geistliche
Pfaffentum, das: → Geistlichkeit
pfäffisch: → geistlich (1)
Pfahl, der: **1.** ⟨*einseitig angespitzter bzw. in den Boden gerammter Balken*⟩ Pfosten; Steher (*österr*); Poller (*fachspr*); → *auch* Pfeiler (1), Pflock – **2.** in den eigenen vier Pfählen: → daheim (1)
Pfahlbürger, der: → Spießbürger
Pfahlwerk, das: → Palisade
Pfand, das: **1.** ⟨*für Leergut berechneter Betrag*⟩ Einsatz; Depot (*schweiz*) – **2.** → Bürgschaft (1) – **3.** als P. geben: → verpfänden
pfänden: exekutieren (*österr*); → *auch* beschlagnahmen
Pfandhaus, das: → Leihhaus (1)
Pfandleihanstalt, die: → Leihhaus (1)
Pfandleihe, die: → Leihhaus (1)
Pfändung, die: Exekution (*österr*)
Pfanne, die: **1.** ⟨*flaches Küchengerät*⟩ Bratpfanne · Tiegel – **2.** auf der P. haben: → bereithaben; in die P. hauen: **a)** → besiegen (I) – **b)** → ruinieren (I, 1) – **c)** → zurechtweisen
Pfannkuchen, der: **1.** ⟨*in siedendem Fett zubereitetes Gebäck*⟩ Krapfen · Kräppel[chen] (*landsch*) – **2.** → Eierkuchen
Pfarramt, das: Pfarre[i]
Pfarre[i], die: **1.** → Pfarramt – **2.** → Kirchengemeinde – **3.** → Pfarrhaus
Pfarrer, der: → Geistliche
Pfarrhaus, das: Pfarre[i]
pfauchen: → fauchen (1)
Pfeffer, der: P. geben: **a)** → erzürnen (1) – **b)** → schlagen (I, 1); P. in den Hintern blasen: → antreiben (2)
pfeffern: **1.** → würzen – **2.** → werfen (I, 1) – **3.** eine p.: → ohrfeigen
pfeffrig: → scharf (2)
Pfeife, die: **1.** ⟨*Rauchgerät*⟩ Tabakspfeife ♦ *derb*: Rotzkocher (*scherzh od. abwert*) – **2.** → Dummkopf (2) – **3.** → Versager (1) – **4.** → Penis – **5.** nach jmds. P. tanzen: → gehorchen (1)
pfeifen: **1.** ⟨*einen Pfeifton ausstoßen*⟩ + fiepen ♦ *umg*: flöten (*landsch*) – **2.** → singen (2) – **3.** → stürmen (1) – **4.** → schiedsrichtern – **5.** einen p.: → trinken (1, b); was p.: → ablehnen (1); p. |auf|: → verzichten; auf dem letzten Loch p.: **a)** → erschöpft (4) – **b)** → zahlungsunfähig (2); tanzen, wie jmd. pfeift: → gehorchen (1); die Spatzen p. es von den/allen Dächern: → bekannt (3)
Pfeifenkopf, der: → Dummkopf (2)
Pfeil, der: wie ein P.: → schnell (1, a); von Amors P. getroffen: → verliebt (1)
Pfeiler, der: **1.** ⟨*massive Tragstütze*⟩ Säule + Pilaster · Grundpfeiler · Eckpfeiler; → *auch* Pfahl (1) – **2.** → Stütze (1)
pfeilgerade: → gerade (1)
pfeilgeschwind: → schnell (1, a)
pfeilschnell: → schnell (1, a)
Pfennig: **I.** Pfennig, der: den P. [dreimal, zehnmal] umdrehen/herumdrehen: → geizig (2); auf den P. sehen, jeden P. umdrehen, mit dem/jedem P. rechnen/sparen: → sparsam (3); auf den P. aus sein: → geldgierig (2); keinen/nicht einen P. wert: → wertlos (1); auf Heller und P.: → vollständig (1); durch Mark und P. gehen: **a)** → schmerzen (1) – **b)** → ergreifen (3) – **II.** Pfennige (*Pl*): **1.** ⟨*unbedeutender Geldbetrag*⟩ *umg*: Peanuts · Trinkgeld – **2.** → Geld (1)
Pfennigfuchser, der: → Geizhals
Pferch, der: → Umzäunung

pferchen: p. |in|: → hineinstopfen
Pferd, das: **1.** ⟨*Haustier*⟩ Ross (*süddt österr schweiz*); Gaul (*landsch, auch abwert*); Mähre · Klepper · Schinder · Schindmähre (*abwert*); Rosinante (*scherzh*); Hotto · Hottehü (*kinderspr*) + Krippensetzer · Krippenbeißer · Arbeitspferd · Reitpferd · Rennpferd · Schimmel · Rappe · Fuchs · Falbe · Schecke · Pony ♦ *dicht*: Ross ♦ *umg*: Kracke (*landsch abwert*); → *auch* Fohlen – **2.** zu Pferde sitzen: → reiten (1); wie ein P. arbeiten: → anstrengen (II, 1), schuften; die [jungen] Pferde scheu machen: → verwirren (2); aufs falsche P. setzen: → irren (II); jmdm. gehen die Pferde durch: → Beherrschung (2, a)
Pferdearbeit, die: → Mühsal
Pferdefuß, der: → Schwierigkeit (1)
Pferdeherde, die: → Herde (1)
Pferdejunge, der: → Stallbursche
Pferdeknecht, der: → Stallbursche
Pferdekur, die: → Radikalkur
Pfiff, der: den P. kennen/heraushaben: → beherrschen (I, 4)
Pfifferling, der: keinen P. wert: → wertlos (1)
pfiffig: → schlau (1)
Pfiffigkeit, die: → Schlauheit
Pfiffikus, der: → Schlaukopf
Pfingstochse, der: [geputzt] wie ein P.: → aufgeputzt
Pflänzchen, das: → Mädchen (2)
Pflanze, die: **1.** ⟨*Lebewesen, das aus anorgan. Stoffen organ. Substanzen aufbauen kann*⟩ Gewächs + Baum · Strauch · Staude · Blume – **2.** → Person (1)
pflanzen: I. pflanzen: **1.** ⟨*zum Wachsen in die Erde bringen*⟩ einpflanzen · anpflanzen · [ein]setzen · [an]bauen; legen · stecken (*landsch*) + kultivieren; → *auch* säen (1), bestellen (4) – **2.** → narren – **3.** einen Kaktus p.: → austreten (2) – **II.** pflanzen, sich: → setzen (II, 1)
Pflanzengrün, das: → Blattgrün
Pflanzenkost, die: Vegetabilien · vegetarische Kost
Pflanzenreich, das: → Pflanzenwelt
Pflanzentopf, der: → Blumentopf
Pflanzenwelt, die: Flora + Pflanzenreich; → *auch* Pflanzenwuchs
Pflanzenwuchs, der: Vegetation; → *auch* Pflanzenwelt
Pflanzer, der: → Farmer
Pflanzgarten, der: → Baumschule
Pflänzling, der: → Schössling
Pflanzschule, die: → Baumschule
Pflanzung, die: Anpflanzung · Plantage; Wuchs (*Forstw*) + Baumschule; → *auch* Baumschule
Pflaster, das: **1.** ⟨*Belag zum Abdecken von Wunden*⟩ Heftpflaster · Wundpflaster; Pflästerchen (*auch scherzh*) + Schutzpflaster · Zugpflaster – **2.** ⟨*Steinbelag*⟩ Pflasterung – **3.** → Entschädigung – **4.** ein [zu] heißes P. sein: → gefährlich (2)
Pflästerchen, das: → Pflaster (1)
Pflasterkasten, der: → Sanitäter (1)
Pflasterkocher, der: → Apotheker
pflastermüde: → müde (1)
pflastern: 1. ⟨*mit einem Steinbelag versehen*⟩ bepflastern – **2.** eine p.: → ohrfeigen
Pflasterung, die: → Pflaster (2)
Pflatsch[en], der: → Regenguss
Pflaume, die: **1.** ⟨*Frucht des Pflaumenbaumes*⟩ Zwetsche (*landsch*); Zwetschge (*süddt schweiz*); Zwetschke (*österr*) – **2.** → Dummkopf (2)
pflaumen: → scherzen
Pflaumenaugust, der: → Dummkopf (2)
pflaumenweich: → weich (1)
Pflege, die: **1.** ⟨*fürsorgl. Behandlung*⟩ **a)** ⟨*von Kranken, Hilfsbedürftigen*⟩ Betreuung · Fürsorge + Behandlung · Hege · Schutz; → *auch* Sorge (2) – **b)** ⟨*von Gegenständen, Maschinen*⟩ Wartung · Instandhaltung · Erhaltung + Schonung – **2.** P. angedeihen lassen: → pflegen (I, 1, a)
Pflegeanstalt, die: **1.** → Pflegeheim – **2.** → Klinik (2)
Pflegebefohlene, der: → Schützling
Pflegeeltern (*Pl*): Zieheltern (*landsch*)
Pflegeheim, das: Pflegeanstalt · Pflegestätte; Siechenhaus (*veraltet*); → *auch* Altenheim
Pflegekind, das: Ziehkind (*landsch*)
pflegen: I. pflegen: **1.** ⟨*fürsorglich behandeln*⟩ **a)** ⟨*Kranke, Hilfsbedürftige*⟩ [um]hegen · betreuen · umsorgen · hüten · Pflege/Fürsorge angedeihen lassen; warten (*veraltend*) + helfen · beistehen · schützen; → *auch* sorgen (I, 1, a) – **b)** ⟨*Gegenstände, Maschinen*⟩ instand halten · warten · pfleglich behandeln · pfleglich umgehen |mit|; → *auch* schonen (I, 1) – **2.** Umgang p. |mit|: → verkehren (2); Rat[s] p.: → beraten (II); der Ruhe p.: → privatisieren (2);

seinen Leib p.: → schonen (II) – **II.** pflegen, sich: → schonen (II)
Pfleger, der: **1.** → Krankenpfleger – **2.** → Vormund
Pflegestätte, die: → Pflegeheim
pfleglich: 1. → schonend (1) – **2.** p. behandeln, p. umgehen |mit|: → pflegen (I, 1, b)
pflegsam: → schonend (1)
Pflegschaft, die: → Vormundschaft
Pflicht, die: **1.** ⟨*moralisch bedingter innerer Zwang zu einem bestimmten Handeln bzw. Verhalten*⟩ Verpflichtung + Menschenpflicht ♦ *umg*: Muss; → *auch* Aufgabe (2) – **2.** die P. haben, in der P. stehen, etw. ist jmds. P. und Schuldigkeit: → verpflichtet (1); die P. auferlegen, in die P. nehmen: → verpflichten (I, 1)
pflichtbewusst: pflicht[ge]treu · verantwortungsbewusst · pflichteifrig · verantwortungsfreudig + diensteifrig · dienstbeflissen · verantwortlich; → *auch* gewissenhaft, rechtschaffen, zuverlässig (1)
Pflichtbewusstsein, das: Pflichtgefühl · Verantwortungsbewusstsein · Verantwortungsgefühl · Pflichteifer · Pflichttreue + Pflichterfüllung · Verantwortlichkeit · Verantwortung · Diensteifer · Dienstbeflissenheit; → *auch* Gewissenhaftigkeit, Rechtschaffenheit, Zuverlässigkeit
Pflichteifer, der: → Pflichtbewusstsein
pflichteifrig: → pflichtbewusst
Pflichterfüllung, die: → Pflichtbewusstsein
Pflichtgefühl, das: → Pflichtbewusstsein
pflichtgemäß: + pflichtschuldig
pflichtgetreu: → pflichtbewusst
pflichtschuldig: → pflichtgemäß
pflichttreu: → pflichtbewusst
Pflichttreue, die: → Pflichtbewusstsein
pflichtvergessen: → leichtfertig
Pflichtverletzung, die: Dienstvergehen
pflichtwidrig: → leichtfertig
Pflock, der: Pricken (*norddt*) + Hering; → *auch* Pfahl (1)
Pflotsch, der: → Schlamm
pflücken: abpflücken · abreißen · abnehmen; brocken (*süddt österr*); klauben (*österr*) + abbeeren · rebeln · abzupfen · abstreifen ♦ *gehoben*: brechen ♦ *umg*: [ab]rupfen; → *auch* ernten (1)
pflügen: ackern · umpflügen · umbrechen · durchpflügen + [durch]furchen · grubbern
Pflugschar, die *od.* das: Schar
Pforte, die: **1.** → Tür (1) – **2.** → Durchbruch (1)
Pförtner, der: Portier; Türhüter · Torwächter (*veraltet*); Zerberus (*scherzh*); Concierge (*schweiz*); → *auch* Wächter
Pfosten, der: → Pfahl (1)
Pfote, die: **1.** → Pranke (1) – **2.** → Hand (1) – **3.** → Handschrift (1) – **4.** die P. drücken/schütteln: → Hand (2); seine Pfoten drinhaben: → beteiligen (II); sich die Pfoten verbrennen: → schaden (3); eins auf die Pfoten geben, auf die Pfoten klopfen: → zurechtweisen
Pfriem, der: → Ahle
Pfropf, der: → Stöpsel
pfropfen: 1. → zukorken – **2.** → veredeln (1) – **3.** p. |in|: → hineinstopfen
Pfropfen, der: **1.** → Stöpsel – 2. die Pfropfen knallen lassen: → trinken (1, b)
Pfröpfling, der: → Pfropfreis
Pfropfreis, das: Pfröpfling · Impfreis; → *auch* Schössling, Senker
Pfuhl, der: → Pfütze
pfui: 1. ⟨*Ausruf des Ekels*⟩ pfui Teufel ♦ *umg*: pfui Spinne · puh · i[gitt] · igittigitt ♦ *salopp*: äks · pfui Deibel – **2.** p. Teufel/Spinne/Deibel: → 1
Pfulmen, der: → Kissen
pfundig: 1. → tüchtig (1) – **2.** → großartig (1)
Pfundskerl, der: → Prachtmensch
Pfusch, der: → Ausschuss (2)
Pfuscharbeit, die: **1.** → Ausschuss (2) – **2.** → Pfuscherei
pfuschen: 1. *umg abwert* ⟨*achtlos u. schlecht arbeiten*⟩ *normalspr*: schludern · schlampen · sudeln · hudeln; huscheln (*landsch*) ♦ *umg*: schlunzen (*landsch*); → *auch* stümpern – **2.** → stümpern – **3.** → schwarzarbeiten – **4.** → zischen (1) – **5.** ins Handwerk p.: → einmischen (II)
Pfuscher, der: → Stümper
Pfuscherei, die (*umg abwert*): *normalspr*: Pfuscharbeit · Schluderarbeit ♦ *umg*: Schluderei · Murkserei · Flickschusterei · Sudelei · Hudelei; Huschelei (*landsch*); → *auch* Ausschuss (2), Stümperei
pfuscherhaft: → stümperhaft
pfutsch: → verloren (1)
Pfütze, die: Lache; Suhle (*weidm*); Lacke (*österr*) + Pfuhl
Pfützeimer, der: → Schöpfeimer
Phäake, der: → Genussmensch

Phallus, der: → Penis
Phänomen, das: **1.** → Erscheinung (1) – **2.** → Wunder (1) – **3.** → Genie (1)
phänomenal: → erstaunlich (1)
Phantasma, das: → Sinnestäuschung
Phantasmagorie, die: → Sinnestäuschung
Phantom, das: → Sinnestäuschung
Pharisäer, der: → Heuchler
Pharisäertum, das: → Heuchelei
pharisäisch: → heuchlerisch
Pharmazeut, der: → Apotheker
Pharmazeutikum, das: → Arzneimittel
Phase, die: **1.** → Entwicklungsstufe – **2.** → Zeitraum
Philanthrop, der: → Menschenfreund
philanthropisch: → menschenfreundlich
Philharmonie, die: philharmonisches Orchester · Philharmoniker (*Pl*); → *auch* [1]Kapelle
Philharmoniker (*Pl*): → Philharmonie
philharmonisch: philharmonisches Orchester: → Philharmonie
Philippika, die: → Strafpredigt
Philister, der: → Spießbürger
Philisterei, die: → Spießbürgertum
philisterhaft: **1.** → spießbürgerlich – **2.** → beschränkt (1)
Philistertum, das: → Spießbürgertum
philiströs: **1.** → spießbürgerlich – **2.** → beschränkt (1)
Philosophie, die: → Weltanschauung
philosophisch: → weise (1)
Phlegma, das: → Trägheit
Phlegmatiker, der: *umg*: Phlegmatikus (*scherzh*) ♦ *salopp*: lahme Ente; Dickhäuter (*scherzh*); → *auch* Faulenzer (1), Schlafmütze (2), Trauerkloß
Phlegmatikus, der: → Phlegmatiker
phlegmatisch: → träge
Phönix, der: wie ein P. aus der Asche steigen: → erstehen (1)
Phonotypistin, die: → Maschinenschreiberin
Phrase, die: **1.** ⟨*nichts sagende Redewendung*⟩ Schlagwort · allgemeine Redensart · leere/hohle Phrase · große/hohle/leere/schöne Worte + Worthülse; → *auch* Redensart (1), Gemeinplatz – **2.** → Geschwätz (1) – **3.** Phrasen dreschen/drechseln: → schwafeln
Phrasendrescher, der: → Schwätzer (2)
Phrasendrescherei, die: → Geschwätz (1)
phrasenhaft: → abgedroschen (1)
phrasenlos: → schlicht (2)
Phrasenmacher, der: → Schwätzer (2)
Phraseologismus, der: Idiom · idiomatische/feste Wendung/Redewendung · [sprichwörtliche] Redensart
Phrenesie, die: → Geisteskrankheit
phrenetisch: → geisteskrank (1)
Phthise, die: → Tuberkulose
Physikus, der: → Arzt
Physiognomie, die: → Gesicht (1)
Physis, die: → Natur (1)
physisch: → körperlich
Pianino, das: → Klavier (1)
Piano[forte], das: → Klavier (1)
picheln: → trinken (1, b)
Pichler, der: → Trinker
Pick, der: → Klebstoff
Picke, die: → Spitzhacke
[1]**Pickel,** der: → Spitzhacke
[2]**Pickel,** der: Pustel · Eiterbläschen · Finne + Mitesser ♦ *umg*: Blüte; Wimmerl (*österr*); → *auch* Eiterblase
Pickelhering, der: → Spaßmacher
pickelig: finnig
[1]**picken:** → essen (1)
[2]**picken:** → kleben (1 *u.* 2)
pickern: → essen (1)
Picknick, das: **1.** → Mahlzeit (1) – **2.** P. machen/halten: → picknicken
picknicken: Picknick machen/halten; → *auch* Mahlzeit (3)
picobello: **1.** → sauber (1) – **2.** → hervorragend (1)
Piedestal, das: → Sockel
Piefke, der: → Dummkopf (1)
piekfein: → elegant (1)
pieksauber: → sauber (1)
piep: nicht p. sagen: → schweigen (1); nicht mehr p. sagen können: → tot (4)
Piep, der (*umg*): **1.** ⟨*kurzer* [*hoher*] *Ton*⟩ Pieps[er] – **2.** keinen P. sagen: → schweigen (1); keinen P. mehr sagen/machen/von sich geben können: → tot (4); einen P. haben: → verrückt (5)
piepe[gal]: p. sein: → gleichgültig (4)
piepen: **1.** → singen (2) – **2.** zum Piepen: → komisch (1)
Piepen (*Pl*): → Geld (1)
Piephahn, der: → Penis
Piepmatz, der: **1.** → Vogel (1) – **2.** einen P. haben: → verrückt (5)
pieps: nicht p. sagen: → schweigen (1); nicht mehr p. sagen können: → tot (4)

Pieps, der: **1.** → Piep (1) – **2.** keinen P. sagen: → schweigen (1); keinen P. mehr sagen / machen / von sich geben können: → tot (4); einen P. haben: → verrückt (5)
piepsen: → singen (2)
Piepser, der: → Piep (1)
piepsig: → schwach (1, a *u.* b)
Piepvogel, der: → Vogel (1)
Pier, der *od.* die: → Hafendamm
piesacken: → quälen (I, 2)
Pietät, die: → Ehrfurcht
pietätlos: → verwerflich
pietätvoll: → ehrfurchtsvoll
Pietsch, der: → Trinker
pietschen: → trinken (1, b)
Pik, der: einen Pik haben |auf|: → hassen
pikant: 1. → würzig (1) – **2.** → schmackhaft – **3.** → reizend (1) – **4.** → schlüpfrig (1)
Pikanterie, die: → Schlüpfrigkeit
piken: → stechen (1)
pikieren: → verpflanzen (1), [1]verziehen (I, 1)
pikiert: → beleidigt (1)
piksen: → stechen (1)
Pilaster, der: → Pfeiler (1)
Pile, der: → Kernreaktor
Pilger, der: **1.** ⟨*zu einer religiösen Andachtsstätte Wandernder*⟩ Wallfahrer; Pilgrim (*veraltet*) – **2.** → Wanderer
pilgern: 1. ⟨*zu einer religiösen Andachtsstätte wandern*⟩ wallfahr[t]en; wallen (*veraltet*) – **2.** → wandern (1)
Pilgrim, der: → Pilger (1)
Pille, die: **1.** → Tablette – **2.** → Antibabypille – **3.** eine bittere P.: → unangenehm (1); die bittere P. schlucken: → hinnehmen (1)
Pillendreher, der: → Apotheker
Pilot, der: → Flugzeugführer
Pilotprojekt, das: Versuchsprojekt
Pilz, der: Schwamm (*landsch*) ♦ *umg*: Schwammerl (*süddt österr*)
Pilzerkrankung, die: Pilzkrankheit · Mykose
Pilzkrankheit, die: → Pilzerkrankung
Pimmel, der: → Penis
Pimpelhans, der: → Weichling
pimpelig: → weichlich (1)
Pimperlinge (*Pl*): → Geld (1)
pimpern: → koitieren
Pimpf, der: → Knirps
pingelig: → kleinlich
pink: → rosa (1)
Pinke, die: → Geld (1)
Pinkelbude, die: → Toilette (1)
pinkeln: 1. → austreten (1) – **2.** → regnen (1) – **3.** ans Bein p.: → kränken
Pinkepinke, die: → Geld (1)
Pinne, die: **1.** → Nagel (1) – **2.** → Reißzwecke (1)
Pinsel, der: → Dummkopf (2)
pinselig: → kleinlich
pinseln: 1. → malen (1, a) – **2.** → schreiben (1)
Pinsler, der: → Maler (1 *u.* 2)
Pinte, die: **1.** → Gaststätte (1, c) – **2.** → Kanne (1)
Pionier, der: → Wegbereiter
Pionierleistung, die: → Spitzenleistung (1)
Pipapo, das: → Zubehör (1)
Pipeline, die: → Ölleitung
Pipette, die: Stechheber · Saugröhrchen
Pipi, das: **1.** → Urin (1) – **2.** P. machen: → austreten (1)
Pipifax, der: → Unsinn (1, a)
Pirat, der: → Seeräuber
Piratentum, das: → Seeräuberei
Piraterie, die: → Seeräuberei
Pirsch, die: **1.** → Jagd (1) – **2.** auf [die] P. gehen: → jagen (1)
pirschen: → jagen (1)
pischen: → austreten (1)
pispeln: → flüstern (1)
pispern: → flüstern (1)
Piss, der: → Urin (1)
Pisse, die: → Urin (1)
pissen: → austreten (1)
Pissoir, das: → Toilette (1)
Piste, die: **1.** ⟨*betonierte Bahn zum Starten bzw. Landen auf Flughäfen*⟩ Startbahn · Landebahn · Landepiste · Start-und-Lande-Bahn; Runway (*Flugw*) + Rollbahn · Rollfeld – **2.** → Rennstrecke – **3.** → Abfahrtsstrecke
Pistole, die: **1.** ⟨*kurze Handfeuerwaffe*⟩ + Browning · Terzerol ♦ *umg*: Schießeisen ♦ *salopp*: Kanone · Ballermann · Puste; → *auch* Revolver, Schusswaffe – **2.** die P. auf die Brust setzen: → zwingen (1)
Pistolenkugel, die: → Kugel (1)
pitsch[e]nass: → nass (1)
pitsch[e]patsch[e]nass: → nass (1)
pittoresk: → malerisch
Pkw, der: → Auto (1)

Placebo, das: Scheinmedikament
Plache, die: → Plane
placken, sich: → abmühen, sich
Plackerei, die: → Mühsal
pladdern: → gießen (2)
plädieren: p. |auf|: → eintreten (7, a); p. |für|: **a)** → eintreten (7, a) – **b)** → wählen (1)
Plafond, der: → Decke (2)
Plage, die: → Mühsal, Mühe (1)
Plagegeist, der: → Quälgeist
plagen: I. plagen: **1.** → quälen (I, 2) – **2.** → bedrücken (1) – **II.** plagen, sich: → abmühen, sich
Plagiat, das: → Nachahmung
Plagiator, der: → Nachahmer (1)
plagiieren: → entlehnen
Plaid, das: → Decke (1)
Plakat, das: → Anschlag (1)
plakatieren: → aushängen (1)
Plakatsäule, die: → Anschlagsäule
Plakette, die: → Abzeichen (1)
plan: → eben (1)
[1]**Plan,** der: auf den P. treten: → erscheinen (1, a)
[2]**Plan,** der: **1.** ⟨*auf die Verwirklichung eines Zieles gerichtete Überlegung*⟩ Projekt · Vorhaben · Programm · Aktionsprogramm + Arbeitsplan · Urlaubsplan ♦ *umg*: Fahrplan; → *auch* Absicht (1) – **2.** → Vorschlag (1) – **3.** → Entwurf (1) – **4.** → Landkarte – **5.** nach P.: → planmäßig (1); ohne P.: → planlos (1); einen P. machen/aufstellen: → entwerfen (1)
Plane, die: Blache · Blahe (*landsch*); Plache (*österr*) + Verdeck
planen: 1. → beabsichtigen – **2.** → entwerfen (1) – **3.** → vorsehen (I)
Planet, der: **1.** → Stern (1) – **2.** der Blaue P.: → Erde (2)
plangemäß: planmäßig · programmgemäß · programmmäßig
planieren: → einebnen
Planierraupe, die: Bulldozer; → *auch* Traktor
Planierung, die: → Einebnung
Planke, die: → Brett (1)
Plänkelei, die: **1.** → Streit (1) – **2.** → Gefecht (1)
plänkeln: → streiten (I, 1)
planlos: 1. ⟨*nicht nach einem Plan*⟩ ohne Plan/Planung · unmethodisch · unsystematisch · auf gut Glück · aufs Geratewohl + ziellos ♦ *umg*: ins Blaue hinein – **2.** → ungeordnet (1)
planmäßig: 1. ⟨[*wie*] *auf einem bestimmten Plan beruhend*⟩ nach Plan · wie geplant · planvoll · methodisch · systematisch; → *auch* folgerichtig, richtig (1) – **2.** → plangemäß
planschen: → plantschen
Plantage, die: → Pflanzung
plantschen: planschen · plätschern + spritzen ♦ *umg*: pan[t]schen · p[l]atschen + plempern
Planung, die: ohne P.: → planlos (1)
planvoll: → planmäßig (1)
Plapperei, die: → Geschwätz (1)
Plapperer, der: → Schwätzer (1)
plapperhaft: → geschwätzig
Plapperhans, der: → Schwätzer (1)
plapperig: → geschwätzig
Plapperliese, die: → Schwätzerin
Plappermaul, das: → Schwätzer (1)
plappern: → schwatzen (1)
Plappertasche, die: → Schwätzerin
Plaque, die: → Zahnbelag
plärren: 1. → weinen (1) – **2.** → singen (1) – **3.** → schreien (1)
Pläsier, das: → Vergnügen (1)
pläsierlich: → unterhaltsam
Plasma, das: → Blutserum
Plast, der: → Kunststoff
Plaste, die: → Kunststoff
[1]**Plastik,** die: **1.** ⟨*Werk der Bildhauerkunst*⟩ Skulptur · Figur · Bildwerk · Statue[tte] + Figurine · Büste · Torso · Herme · Denkmal – **2.** → Anschaulichkeit
[2]**Plastik,** das: → Kunststoff
Plastikbombe, die: → Sprengkörper
Plastikgeld, das: → Kreditkarte
Plastilin, das: → Knetmasse
Plastilina, die: → Knetmasse
plastisch: 1. → anschaulich – **2.** → deutlich (1) – **3.** → knetbar
Plastizität, die: → Anschaulichkeit
Plastron, der *od.* das: → Krawatte (1)
Plateau, das: → Hochebene
platonisch: → unsinnlich
Platsch, der: → [1]Fall (1)
platschen: 1. → plan[t]schen – **2.** → knallen (1)
plätschern: 1. ⟨*von Flüssigkeiten gesagt*: *klatschende Geräusche machen*⟩ schwadern (*süddt*) + gluckern · glucksen · schwappen; → *auch* fließen (1) – **2.** → plan[t]schen

platschnass: → nass (1)
platt: **1.** → eben (1) – **2.** → geistlos – **3.** [völlig/total] p. sein: **a)** → überrascht (2) – **b)** → erschöpft (4); das platte Land: **a)** → Land (2) – **b)** → Flachland
Plättbrett, das: → Bügelbrett
Platte: **I.** Platte, die: **1.** → Schallplatte – **2.** → Scheibe (1) – **3.** → Glatze – **4.** → Hochebene – **5.** auf die P. bannen: → fotografieren; eins auf die P. geben: → schlagen (I, 1); nicht auf die P. kommen: → ausscheiden (2) – **II.** Platte, der: → Reifenschaden
Plätte, die: → Bügeleisen
Plätteisen, das: → Bügeleisen
plätten: → bügeln (1)
Plattencover, das: → Schallplattenhülle
Plattenhülle, die: → Schallplattenhülle
platterdings: → schlechthin
Plattfuß, der: → Reifenschaden
Plattheit, die (*abwert*): Plattitüde · Banalität · Trivialität; → *auch* Geistlosigkeit, Gemeinplatz
Plattitüde, die: **1.** → Plattheit – **2.** → Gemeinplatz
plattmachen: → auflösen (2)
Platz, der: **1.** ⟨*die Möglichkeit zur Unterbringung*⟩ Raum – **2.** → Ort (1) – **3.** → Sitzplatz – **4.** → Rang (2) – **5.** → Sportplatz, Spielfeld – **6.** wenig P.: → Platzmangel; P. lassen: → aussparen (1); P. greifen: → verbreiten (II); P. nehmen, seinen P./die Plätze einnehmen: → setzen (II, 1); den ersten P. einnehmen: → Spitzenleistung (2); nicht/fehl am P.: → unangebracht; auf dem P. bleiben: → verlieren (I, 3)
Platzangst, die: → Beklemmung
Platze, die: die P. kriegen: → erzürnen (2)
platzen: **1.** ⟨*mit einem Knall plötzlich auseinandergehen*⟩ zerplatzen · zerspringen · [zer]bersten ♦ *umg*: kaputtgehen; → *auch* entzweigehen (1), explodieren (1) – **2.** → aufbrechen (2) – **3.** → scheitern (b) – **4.** vor Ärger p.: → ärgern (II, 1); vor Neid p.: → neidisch (2); aus den/allen Nähten p.: → dick (6); mitten in die Arbeit p.: → stören (2)
Platzhirsch, der: → Anführer
platzieren: **I.** platzieren: **1.** → aufstellen (I, 2) – **2.** → stellen (I, 1) – **3.** → anlegen (I, 1) – **II.** platzieren, sich: → setzen (II, 1)
Platzierung, die: → Aufstellung (1)
Platzmangel, der: Raummangel · Raumnot · Raumknappheit · wenig Platz + Enge
Platzregen, der: → Regenguss
Plauderei, die: Geplauder · Unterhaltung · Plausch; Causerie (*veraltet*) + Plauderstündchen ♦ *umg*: Schwatz · Schwätzchen · Talk; Schnack (*norddt*) + Kaffeeklatsch; → *auch* Aussprache (2), Geschwätz (1), Gespräch (1)
Plauderer, der: **1.** ⟨*unterhaltsamer Redner*⟩ Gesellschafter; Causeur (*veraltet*) – **2.** → Schwätzer (1)
plaudern: **1.** → unterhalten (II, 1) – **2.** → erzählen (1) – **3.** → ausplaudern – **4.** aus der Schule p.: → ausplaudern
Plauderstündchen, das: **1.** → Plauderei – **2.** ein P. halten: → unterhalten (II, 1)
Plaudertasche, die: → Schwätzerin
Plausch, der: **1.** → Plauderei – **2.** einen P. halten: → unterhalten (II, 1)
plauschen: **1.** → unterhalten (II, 1) – **2.** → erzählen (1)
plausibel: → verständlich (1), überzeugend
plaustern, sich: → aufblähen (II, 1)
plauz: → plumps
Plauz, der: **1.** → Knall (1) – **2.** einen P. tun: → knallen (1)
Plauze, die: **1.** → Lunge (1) – **2.** → Schmerbauch – **3.** → Bett (1) – **4.** sich die P. voll ärgern: → ärgern (II, 1); es auf der P. haben: → erkältet (2); auf der P. liegen: → krank (2)
plauzen: **1.** → knallen (1) – **2.** → lärmen
Plazet, das: **1.** → Erlaubnis (1) – **2.** sein P. geben: → zustimmen (1)
plebejisch: → gewöhnlich (2)
Plebiszit, das: → Volksabstimmung
Plebs, der: → Gesindel
Pleinair, das: Pleinairmalerei · Freilichtmalerei · Pleinairismus
Pleinairismus, der: → Pleinair
Pleinairmalerei, die: → Pleinair
pleite: **1.** → ruiniert (1) – **2.** → zahlungsunfähig (1)
Pleite, die: **1.** → Bankrott (1) – **2.** → Enttäuschung (1) – **3.** → Misserfolg (1) – **4.** P. gehen: → Konkurs (2)
Plempe, die: **1.** → Brühe (2) – **2.** → Kaffee (2)
plempern: → plan[t]schen
plemplem: **a)** → verrückt (1) – **b)** → geisteskrank (1)
Plenarsitzung, die: → Vollversammlung
Plenarversammlung, die: → Vollversammlung

plentern: → [1]verziehen (I, 1)
Plenum, das: → Vollversammlung
Pli, der: **1.** → Gewandtheit (3) – **2.** → Benehmen (1)
plieren: → zwinkern
plietsch: → schlau (1)
Plinse, die: **1.** → Eierkuchen – **2.** → Kartoffelpuffer
plinsen: → weinen (1)
plissieren: → fälteln
plitz, platz: → plötzlich (1)
Plombe, die: → Füllung (1, c)
plombieren: verplomben; → *auch* versiegeln
Plörre, die: **1.** → Brühe (2) – **2.** → Kaffee (2)
plötzlich: 1. ⟨*unvorhergesehen u. überraschend geschehend*⟩ auf einmal · mit einem Mal · abrupt · jäh[lings] · urplötzlich · unvermittelt · unversehens · schlagartig · mit einem Schlag · wie der Blitz aus heiterem Himmel · ehe man sich's versieht + ruckartig · mit einem Ruck · über Nacht ♦ *umg*: mit eins · mir nichts, dir nichts · plitz, platz · Knall und/auf Fall; auf den Stutz (*landsch*); → *auch* schnell (1, e), sofort, unerwartet – **2.** ein bisschen p.: → schnell (2); p. ins Haus schneien: → überraschen (2)
pludern: → aufblähen (I, 1)
Plumeau, das: → Federbett
plump: 1. ⟨*von massiger Gestalt*⟩ unförmig · ungeschlacht · ungefüge · grobgliedrig · grobschlächtig · vierschrötig · grobschrötig · klobig · klotzig · ungraziös · derb; → *auch* dick (1), schwerfällig (1) – **2.** → ungeschickt (1), ungeschliffen – **3.** → unverschämt (1)
Plumpe, die: → Pumpe (1)
plumpen: → [1]pumpen (1)
plumps (*umg*): plauz · hoppla · patsch; pardauz (*veraltend*)
Plumps, der: → [1]Fall (1)
plumpsen: → fallen (1)
Plumpser, der: → [1]Fall (1)
Plumpsklo, das: → Toilette (1)
Plunder, der: **1.** → Kram (1) – **2.** → Schund (1)
Plünderer, der: + Marodeur · Fledderer · Leichenfledderer; → *auch* Dieb, Räuber
plündern: + marodieren · brandschatzen · fleddern ♦ *umg*: räubern; → *auch* stehlen (1), rauben (1), ausrauben
Plünderung, die: → Diebstahl (1)
pluriform: → vielgestaltig (1)
plus: 1. → und (1) – **2.** → zuzüglich
Plus, das: → Überschuss (1)
plustern, sich: → aufblähen (II, 1)
Plutokrat, der: → Kapitalist
Plutokratie, die: → Finanzkapital
plutokratisch: → kapitalistisch
Pneu[matik], der: → Reifen (2)
Po, der: → Gesäß
Pöbel, der: → Gesindel
Pöbelei, die: → Flegelei
pöbelhaft: → flegelhaft (1), gewöhnlich (2)
Poche, die: → Prügel (II, 1)
pochen: 1. → klopfen (1) – **2.** → schlagen (I, 3) – **3.** → verprügeln – **4.** aus dem Schlaf p.: → wecken (1); p. |auf|: → bestehen (5, a)
Podest, das *od.* der: **1.** → Treppenabsatz – **2.** → Podium
Podex, der: → Gesäß
Podium, das: Podest
Poem, das: → Gedicht (1)
Poesie, die: **1.** → Dichtung (1, a) – **2.** → Lyrik
poesielos: → nüchtern (3)
Poet, der: **1.** → Dichter (a) – **2.** → Lyriker
Poetaster, der: → Lyriker
Poetik, die: → Dichtung (1, a)
poetisch: 1. → dichterisch – **2.** → stimmungsvoll
Pofel, der: → Ausschuss (2)
pofen: → schlafen (1, a)
Pogrom, der: → Gewalttätigkeit (1)
pointieren: → betonen (2)
pointiert: → betont
Pojatz, der: → Spaßmacher
Pokal, der: **1.** → Glas (I, 1) – **2.** → Preis (2)
Pökel, der: → Lake
pökeln: einpökeln · einsalzen · in Salz legen
pokern: hoch p.: → wagen (2)
pokulieren: → zechen
Pol, der: → Angelpunkt (1)
polar: → gegensätzlich
Polarität, die: → Gegensätzlichkeit
Polemik, die: → Streitgespräch
Polente, die: → Polizei (1)
Police, die: → Versicherungsschein
polieren: 1. ⟨*glatt u. glänzend machen*⟩ auf Hochglanz polieren · blank reiben/putzen; politieren (*österr*); schwabbeln · rollieren (*fachspr*) + putzen ♦ *umg*: blank machen · flimmern; → *auch* bohnern, wichsen (1) –

2. → überarbeiten (I, 1) – 3. auf Hochglanz p.: → 1; die Fresse p.: → verprügeln
Poliermittel, das: → Politur (1)
Polio[myelitis], die: → Kinderlähmung (1)
Politesse, die: → Hilfspolizistin
politieren: → polieren (1)
Politik, die: **1.** ⟨*das dem Erreichen bestimmter Ziele dienende Handeln von staatl. Institutionen bzw. von Organisationen u. Parteien*⟩ + Staatskunst · Staatsführung – **2.** → Berechnung (3)
Politikaster, der (*abwert*): Stammtischpolitiker · Biertischpolitiker · Bierbankpolitiker; Kannegießer (*veraltend*); → *auch* Spießbürger, Wirrkopf
Politiker, der: + Staatsmann; → *auch* Staatsoberhaupt
politisieren: kannegießern (*veraltend abwert*)
Politur, die: **1.** ⟨*Mittel zum Polieren*⟩ Poliermittel – **2.** → Glanz (3) – **3.** → Erziehung (2), Benehmen (1)
Polizei, die: **1.** ⟨*Institution zur Wahrnehmung der öffentl. Sicherheit u. Ordnung*⟩ Exekutive (*österr*); Auge des Gesetzes (*scherzh*) + Kriminalpolizei · Kripo · Schutzpolizei · Verkehrspolizei · Sicherheitskräfte ♦ *salopp*: Polente – **2.** → Polizist – **3.** dümmer als die P. erlaubt: → dumm (1)
Polizeibeamte, der: → Polizist
Polizeihund, der: → Spürhund (1)
polizeilich: **1.** → rechtlich (1) – **2.** polizeiliches Kennzeichen: → Autonummer
polizeiwidrig: → ungesetzlich
Polizist, der: der Polizeibeamte; Wachmann (*österr*); Ordnungshüter · Gesetzeshüter (*meist scherzh*) + Gendarm · Wachtmeister ♦ *umg*: Schutzmann · Polizei · Schupo; Büttel (*abwert*) ♦ *salopp*: Bulle · Polyp (*abwert*); der Grüne (*veraltend*); → *auch* Verkehrspolizist, Kriminalist
Polizze, die: → Versicherungsschein
Poller, der: → Pfahl (1)
Pollution, die: → Samenerguss
Polster, das: **1.** ⟨*weiche Unterlage*⟩ Polsterung + Federung · Unterlage – **2.** → Kissen – **3.** → Fett (2)
Polsterer, der: Tapezierer (*süddt österr*)
polstern: **1.** ⟨*mit einem Polster versehen*⟩ + federn – **2.** ⟨*weich ausfüllen*⟩ auspolstern · wattieren; ausfilzen (*fachspr*)
Polsterung, die: → Polster (1)
poltern: **1.** ⟨*ein dröhnendes, ratterndes Geräusch erzeugen*⟩ rumpeln · schollern ♦ *umg*: rummeln (*landsch*); → *auch* lärmen, rasseln (1) – **2.** → schimpfen (1)
poltrig: → aufbrausend
polychrom: → bunt (1)
Polygamie, die: Vielehe · Mehrehe; → *auch* Ehe (1), Bigamie, Monogamie
polyglott: → mehrsprachig
polymorph: → vielgestaltig
Polyp, der: → Polizist
polysem[antisch]: → mehrdeutig (1)
Pomade, die: wie P.: → langsam (1); P. sein: → gleichgültig (4)
Pomadenhengst, der: → Geck (1)
pomadig: **1.** ⟨*mit Haarfett eingerieben*⟩ ölig · pomadisiert – **2.** → langsam (1) – **3.** → träge
pomadisiert: → pomadig (1)
Pomeranze, die: → Apfelsine
Pommes frites (*Pl*): *umg*: Pommes · Fritten; → *auch* Bratkartoffeln
Pomp, der: → Prunk (1)
pompös: → prunkvoll
Pomuchelskopp, der: → Dummkopf (2)
Poncho, der: → Umhang
Pontifex maximus, der: → Papst (1)
Pontifikalamt, das: → Hochamt
Pony, das: → Pferd (1)
Pool, der: → Swimmingpool
Popanz, der: → Schreckgespenst
Popel, der: **1.** → Nasenschleim – **2.** → Junge (I, 1)
popelig: **1.** → erbärmlich (1) – **2.** → gewöhnlich (2)
popeln: → bohren (4)
Popo, der: → Gesäß
poppig: **1.** → bunt (1) – **2.** → auffallend
populär: **1.** → volkstümlich – **2.** → beliebt (1) – **3.** p. sein: → beliebt (2, a)
popularisieren: → verbreiten (I, 2)
Popularität, die: **1.** → Volkstümlichkeit – **2.** → Beliebtheit (1)
Population, die: → Bevölkerung
Populismus, der: → Opportunismus
Populist, der: → Opportunist
porig: → durchlässig
pornografisch: → unzüchtig
Pornoladen, der: → Sexshop
porös: → durchlässig
Port, der: **1.** → [1]Hafen (1) – **2.** sicherer P.: → Zuflucht
Portal, das: → [1]Tor (1)

Portefeuille, das: → Aktentasche
Portepee, das: → Troddel
Porteur, der: → Gepäckträger
Portier, der: → Pförtner
Portiere, die: Vorhang
Portion, die: **1.** → Anteil (1) – **2.** halbe P.: → Schwächling; eine P. Prügel: → Prügel (II, 1)
Portjuchhe, das: → Geldbörse
Portmonee, das: **1.** → Geldbörse – **2.** jmdm. sitzt das P. locker: → verschwenderisch (3); ein dickes P. haben: → reich (5)
Porto, das: Postgebühr
portofrei: gebührenfrei · franko + freigemacht; → *auch* kostenlos
Porträt, das: → Bildnis
porträtieren: 1. → malen (1, b) – **2.** → fotografieren
Porzellan, das: **1.** → Geschirr (1) – **2.** wie aus/von P.: → zierlich (1)
posaunen: → prahlen
Posaunenengel, der: → Dicke (II, 1)
Pose, die: → Haltung (1)
Poseur, der: → Angeber (1)
posieren: → zeigen (II, 1)
Position, die: **1.** → Arbeit (3) – **2.** → Standort (1) – **3.** → Standpunkt (1) – **4.** → Betrag
positionieren: → einordnen (I)
positiv: 1. → bejahend – **2.** → glücklich (1) – **3.** p. denken: → optimistisch (2)
Positiv, das: → Abzug (5)
Positur, die: → Haltung (1)
Posse, die: → Lustspiel
Possen, der: **1.** → [2]Scherz (1) – **2.** Possen treiben/reißen: → scherzen; einen P. spielen: → necken; ach Possen: → Unsinn (1, b)
possenhaft: → komisch (1)
Possenmacher, der: → Spaßmacher
Possenreißer, der: → Spaßmacher
Possenspiel, das: → Lustspiel
possierlich: → spaßig (1)
Post, die: **1.** → Postamt – **2.** → Postsendung – **3.** → Nachricht (I) – **4.** die P. geht ab: → anfangen (1, a)
Postament, das: → Sockel
Postamt, das: Post + Poststelle
Postanweisung, die: → Zahlschein
Postbote, der: → Briefträger
Posteingang, der: → Eingang (2)
Posten, der: **1.** → Arbeit (3) – **2.** → Wache (1) – **3.** → Betrag – **4.** → Warenmenge – **5.** → Schrot (1) – **6.** auf dem P. sein: → gesund (5); nicht auf dem P. sein: → krank (2); P. schieben, [auf] P. stehen: → Wache (3); seinen P. verlassen: → desertieren
Postendienst, der: → Wache (2)
Postenjäger, der: → Karrierist
Postenkette, die: → Absperrung (2)
Postenstand, der: → Wache (1)
Postgebühr, die: → Porto
Postgut, das: → Postsendung
postieren: I. postieren: → aufstellen (I, 2) – **II.** postieren, sich: → aufstellen (II)
Postierung, die: → Aufstellung (1)
Postkasten, der: → Briefkasten
Posto: P. fassen: → aufstellen (II)
Postschalter, der: → Schalter (1)
Postsendung, die: Post[gut] + Briefsendung · Paketsendung · Sendung
Postskript[um], das: → Nachschrift (2)
Poststelle, die: → Postamt
Postulant, der: → Bewerber (1)
Postulat, das: → Forderung (1)
postulieren: → fordern (1)
postwendend: → sofort
Postwertzeichen, das: → Briefmarke
Pot, das: → Rauschgift (1)
potemkinsche Dörfer (*Pl*): → Vorspiegelung
potent: 1. → zeugungsfähig – **2.** → mächtig (1) – **3.** → tüchtig (1) – **4.** → zahlungskräftig – **5.** → reich (1)
Potentat, der: → Herrscher
Potenz, die: **1.** → Zeugungsfähigkeit – **2.** → Leistungsfähigkeit
potenzial: → möglich (1)
Potenzial, das: → Leistungsfähigkeit
Potenzialität, die: → Möglichkeit (1)
potenziell: → möglich (1)
potenzieren: → steigern (I, 1)
Potenzierung, die: → Steigerung (1)
Potpourri, das: **1.** ⟨*Zusammenstellung verschiedener Melodien*⟩ Medley · Melodienstrauß – **2.** → Allerlei
Pott, der: **1.** → Topf (1) – **2.** → Schiff – **3.** zu Potte kommen: → zurechtkommen (2)
Pötter, der: → Ofensetzer
potthässlich: → hässlich (1)
potztausend: → Donnerwetter (II, 1)
poussieren: → flirten
Poussierstängel, der: → Frauenheld (1)
power: → ärmlich (1)
Power, die: **1.** → Leistungsfähigkeit – **2.** → Tatkraft (1) – **3.** → Wucht (1)

Prä, das: → Vorrang (1)
Präambel, die: **1.** → Einleitung (1) – **2.** Präambeln machen: → Umschweife (1)
Pracher, der: → Bettler
Pracherjochen, der: → Bettler
prachern: → betteln (1)
Pracht, die: **1.** → Prunk (1) – **2.** eine wahre P.: → herrlich (1); P. entfalten: → prunken (1)
Prachtentfaltung, die: → Prunk (1)
Prachtexemplar, das: **1.** → Glanzstück (1) – **2.** → Prachtmensch
prächtig: 1. ⟨*große Pracht aufweisend*⟩ prachtvoll · glanzvoll · herrlich · fürstlich · märchenhaft · schön; → *auch* glänzend (2), prunkvoll – **2.** → sonnig (2) – **3.** → großartig (1)
Prachtkerl, der: → Prachtmensch
Prachtmensch, der (*umg*): Prachtkerl · Pfundskerl · Staatskerl; Prachtstück · Prachtexemplar (*scherzh*); → *auch* Glanzstück (2)
Prachtstraße, die: → Hauptstraße
Prachtstück, das: **1.** → Glanzstück (1) – **2.** → Prachtmensch
prachtvoll: → prächtig (1)
prädestiniert: → geeignet (1)
Prädikat, das: **1.** → Zensur (1) – **2.** → Titel (1)
Prädomination, die: → Vorherrschaft
prädominieren: → vorherrschen (1)
präferieren: → bevorzugen
prägen: 1. ⟨*Münzen herstellen*⟩ schlagen (*veraltend*) – **2.** → formen (1) – **3.** p. |in|: → eindrücken (I, 1)
pragmatisch: → sachlich (1)
prägnant: → treffend (1)
Prägnanz, die: → Genauigkeit (1)
Prägung, die: **1.** ⟨*das Aufgeprägte*⟩ + Aufdruck – **2.** → Gestaltung
Prähistorie, die: → Vorgeschichte
prähistorisch: → vorgeschichtlich
prahlen: sich rühmen · sich brüsten · sich aufspielen · renommieren · bramarbasieren · schwadronieren · den Mund voll nehmen · Schaum schlagen + in Superlativen reden ♦ *umg*: aufschneiden · auftrumpfen + posaunen · mit gelehrten Brocken um sich werfen ♦ *salopp*: auf die Pauke/den Pudding/Putz hauen ♦ *derb*: das Maul voll nehmen; → *auch* angeben (1), aufspielen (II)
Prahler, der: → Angeber (1)
Prahlerei, die: Großsprecherei · Schaumschlägerei · Renommisterei ♦ *umg*: Aufschneiderei · Geprahle; → *auch* Angabe (I, 1)
prahlerisch: hochtönend · ruhmredig · prahlsüchtig · großsprecherisch ♦ *umg*: großmäulig ♦ *salopp*: großschnäuzig · großkotzig; → *auch* angeberisch
Prahlhans, der: → Angeber (1)
prahlsüchtig: → prahlerisch
Prahm, der: → Schleppkahn
Praktik, die: → Trick
praktikabel: 1. → verwendbar – **2.** → zweckmäßig
Praktikant, der: → Lehrling
Praktiker, der: *umg*: Praktikus (*oft scherzh*)
Praktikus, der: → Praktiker
praktisch: 1. → verwendbar – **2.** → geschickt (1) – **3.** → zweckmäßig – **4.** → tatsächlich (1)
praktizieren: 1. ⟨*seinen Beruf* [*als Arzt*] *ausüben*⟩ eine Praxis haben; → *auch* ordinieren – **2.** → ausüben (1) – **3.** p. |in|: → wegstecken (1)
Präliminarien (*Pl*): → Einleitung (1)
Pralinen (*Pl*): → Konfekt
prall: 1. → straff (3) – **2.** → dick (1) – **3.** → voll (1)
prallen: p. |gegen|: → anstoßen (1)
Prallhang, der: → Böschung
Prallsack, der: → Airbag
Prallstein, der: → Eckstein (1)
prallvoll: → voll (1)
Präludium, das: → Vorspiel
Prämie, die: **1.** ⟨*geldl. Anerkennung für besondere Leistungen*⟩ Geldprämie · Leistungsprämie – **2.** → Versicherungsbeitrag
präm[i]ieren: → auszeichnen (I, 2)
Präm[i]ierung, die: → Auszeichnung (1)
Prämisse, die: → Voraussetzung
prangen: 1. → blühen (1) – **2.** → grünen
Pranger, der: an den P. stellen: → anprangern (1)
Pranke, die: **1.** ⟨*Pfote eines großen Raubtiers*⟩ Tatze; Pratze (*landsch*) + Pfote · Klaue – **2.** → Hand (1)
Pranz, der: → Angabe (I, 1)
pranzen: → angeben (1)
Pranzer, der: → Angeber (1)
Präparat, das: → Arzneimittel
Präparation, die: → Vorbereitung
präparieren: I. präparieren: → vorbereiten (I) – **II.** präparieren, sich: → vorbereiten (II)

präpeln: → essen (1)
präsent: **1.** → anwesend (1) – **2.** → gegenwärtig (2) – **3.** → verfügbar (1)
Präsent, das: **1.** → Geschenk (1) – **2.** zum P. machen: → schenken (1)
präsentieren: **I.** präsentieren: **1.** → geben (I, 1) – **2.** → vorlegen (1) – **II.** präsentieren, sich: → zeigen (II, 1)
Präsenz, die: → Anwesenheit (1)
Präser, der: → Präservativ
Präservativ, das: Kondom · Gummischutz ♦ *umg*: Gummi; Verhüterli (*scherzh*) ♦ *salopp*: Präser · Pariser · Überzieher
Präses, der: → Vorsitzende
Präsident, der: **1.** → Staatsoberhaupt – **2.** → Vorsitzende
präsidieren: → vorstehen
Präsidium, das: → Vorstand
prasseln: → gießen (2)
prassen: → schwelgen (1)
Prasser, der: → Verschwender
Prasserei, die: **1.** → Verschwendung – **2.** → Schwelgerei
präsumieren: → vermuten
präsumtiv: → wahrscheinlich
prätentiös: → überheblich
präterpropter: → ungefähr (1)
Pratze, die: **1.** → Pranke (1) – **2.** → Hand (1)
prävalent: → vorherrschend
Prävalenz, die: → Vorherrschaft
prävalieren: → vorherrschen (1)
Prävention, die: → Vorbeugung
präventiv: → vorbeugend
Praxis, die: **1.** → Erfahrung (1) – **2.** → Wirklichkeit (1) – **3.** → Sprechstunde (1) – **4.** eine P. haben: → praktizieren (1)
Präzedenzfall, der: → Musterfall (1)
präzis[e]: → genau (1)
präzisieren: → verdeutlichen
Präzision, die: → Genauigkeit (1)
predigen: **1.** ⟨*vom Geistlichen gesagt*: *in der Kirche eine Ansprache halten*⟩ die Predigt halten · von der Kanzel reden – **2.** → ermahnen (1) – **3.** tauben Ohren p., in der Wüste p.: → reden (2)
Prediger, der: → Geistliche
Predigt, die: **1.** ⟨*Ansprache des Geistlichen in der Kirche*⟩ Kanzelrede + Leichenpredigt – **2.** → Rede (1) – **3.** → Strafpredigt – **4.** die P. halten: → predigen (1)
preien: → anrufen (1)
Preis, der: **1.** ⟨*beim Kauf zu bezahlender Betrag*⟩ Kaufpreis + Wert · Gegenwert · Kosten · Gebühr · Taxe · Preislage; → *auch* Einzelhandelspreis – **2.** ⟨*Belohnung für den Sieger eines Wettkampfes*⟩ Siegespreis · Trophäe · Siegestrophäe + Pokal · Cup ♦ *gehoben*: Siegespalme · Palme; → *auch* Auszeichnung (2) – **3.** → Lob (1) – **4.** zum halben P., [weit] unter dem P.: → billig (1); im P. sinken: → billig (6); den P. [herunter]drücken: → unterbieten; um jeden P.: → unbedingt (1); um keinen P.: → niemals; den P. davontragen/gewinnen: → siegen
Preisabbau, der: → Preissenkung
Preisabschlag, der: → Preissenkung
Preisanstieg, der: Teuerung · Verteuerung · Preisexplosion; → *auch* Preiserhöhung
Preisaufgabe, die: Preisrätsel · Preisfrage; → *auch* Rätsel (1)
preisen: → loben (1), ehren
Preiserhöhung, die: Preissteigerung; Preistreiberei · Preiswucher (*abwert*); → *auch* Preisanstieg
Preisermäßigung, die: → Preissenkung
Preisexplosion, die: → Preisanstieg
Preisfrage, die: → Preisaufgabe
Preisgabe, die: → Auslieferung (1)
preisgeben: **1.** → ausliefern (I, 1) – **2.** → ausplaudern – **3.** dem Gelächter p.: → verspotten
preisgekrönt: → siegreich
Preisgericht, das: Jury · Preisrichter (*Pl*)
preisgünstig: → billig (1)
Preiskampf, der: → Konkurrenzkampf
Preislage, die: → Preis (1)
Preislied, das: → Loblied (1)
Preisliste, die: Preisverzeichnis · Preistafel + Prospekt; → *auch* Preisschild
Preisnachlass, der: → Rabatt
Preisrätsel, das: → Preisaufgabe
Preisrichter (*Pl*): → Preisgericht
Preisrückgang, der: → Preisverfall
Preisschild, das: Etikett; Etikette (*noch österr schweiz*); → *auch* Preisliste
Preissenkung, die: Preisermäßigung · Preisabschlag · Preisabbau · Verbilligung · Senkung · Herabsetzung · Ermäßigung · Abschlag · Abbau; → *auch* Preisverfall
Preissteigerung, die: → Preiserhöhung
Preissturz, der: → Preisverfall
Preistafel, die: → Preisliste
Preistreiberei, die: → Preiserhöhung
Preisverfall, der: Preisrückgang · Preissturz; → *auch* Preissenkung

Preisverzeichnis, das: → Preisliste
preiswert: → billig (1)
Preiswucher, der: → Preiserhöhung
preiswürdig: 1. → billig (1) – **2.** → lobenswert
prekär: 1. → peinlich (1) – **2.** → heikel (1) – **3.** → unangenehm (1)
prellen: 1. → betrügen (1) – **2.** p. |gegen|: → anstoßen (1)
Prellerei, die: → Betrug (1)
Prellstein, der: → Eckstein (1)
Premier, der: → Regierungschef
Premiere, die: + Uraufführung · Erstaufführung
Premierminister, der: → Regierungschef
preschen: 1. → eilen (I, 1) – **2.** → laufen (1)
Preshave, das: → Rasierwasser
Preshavelotion, die: → Rasierwasser
pressant: → eilig (2)
Presse, die: **1.** → Fruchtpresse – **2.** → Zeitung (II) – **3.** → Zeitungswesen – **4.** → Erziehungsinstitut
Pressefotograf, der: → Fotoreporter
Pressemann, der: → Journalist
pressen: 1. → drücken (I, 1) – **2.** → ausdrücken (I, 1) – **3.** → zwingen (1) – **4.** p. |in|: → hineinstopfen
Presseorgan, das: → Zeitung (I, 1)
Pressevertreter, der: → Journalist
Pressewesen, das: → Zeitungswesen
pressieren: → eilen (I, 2)
Pression, die: → Zwang (1)
Pressuregroup, die: → Interessengemeinschaft
Prestige, das: → Ansehen (1)
presto: → schnell (1, c)
preziös: 1. → wertvoll (1) – **2.** → geziert
Preziosen (*Pl*): **1.** → Wertstück – **2.** → Schmuck (1)
Prickel, der: → Nervenkitzel
prickeln: 1. → sprudeln (1) – **2.** → jucken (1)
prickelnd: → spannend
Pricken, der: → Pflock
Priem[tabak], der: → Kautabak
Priester, der: → Geistliche
priesterhaft: → salbungsvoll
Priesterweihe, die (*kathol*): Ordination · Weihe
prima: 1. → großartig (1) – **2.** → erstklassig (1)
Primadonna, die: → Sängerin
primär: 1. → ursprünglich (1) – **2.** → wesentlich
Primar[arzt], der: → Chefarzt
Primarius, der: → Chefarzt
Primarschule, die: → Hauptschule
Primarstufe, die: → Grundschule
Primat, der *od.* das: → Vorrang (1)
Primetime, die: → Hauptsendezeit
primitiv: 1. → einfach (1) – **2.** → unzivilisiert (1) – **3.** → unzureichend
Primus, der: → Klassenbeste
Printer, der: → Kopiergerät
Printmedien (*Pl*): → Zeitung (II)
Prinzip, das: **1.** → Grundsatz (1) – **2.** → Regel (1) – **3.** im P.: → grundsätzlich
Prinzipal, der: → Lehrmeister
prinzipiell: → grundsätzlich
Prinzipienlosigkeit, die: → Opportunismus
Prinzipienreiter, der: → Pedant
Priorität, die: **1.** → Vorrang (1) – **2.** → Vorrecht – **3.** P. haben: → Vorrang (2)
Prise, die: **1.** → Raub (1) – **2.** eine P.: → wenig (2)
Prismenfeldstecher, der: → Fernglas
Prismenfernrohr, das: → Fernglas
Prismenglas, das: → Fernglas
Pritsche, die: → Bett (1)
Pritschmeister, der: → Spaßmacher
privat: 1. ⟨*nicht im Dienst*⟩ außerdienstlich · privatim · auf privatem Weg + inoffiziell · persönlich – **2.** → persönlich (1) – **3.** → eigen (1) – **4.** → zivil – **5.** auf privatem Weg: → 1
Privateigentum, das: in P. überführen: → privatisieren (1)
Privatier, der: → Rentner
privatim: 1. → persönlich (1) – **2.** → privat (1) – **3.** → vertraulich (2)
privatisieren: 1. ⟨*staatl. Vermögen in privates Vermögen umwandeln*⟩ in Privateigentum überführen + reprivatisieren – **2.** ⟨*vom eigenen Vermögen leben*⟩ vom Gelde leben · ein Rentnerdasein führen; der Ruhe pflegen (*scherzh*)
Privatschule, die: → Erziehungsinstitut
Privatstunden (*Pl*): → Privatunterricht
Privatunterricht, der: Privatstunden
Privileg, das: → Vorrecht
privilegiert: → bevorrechtet
Privilegium, das: → Vorrecht
pro: 1. → für (1) – **2.** → je (1)
probabel: → wahrscheinlich
Proband, der: → Versuchsperson

probat: → bewährt
Probe, die: **1.** → Versuch (1) – **2.** → Muster (2) – **3.** → Beweis (2) – **4.** auf P.: → versuchsweise; die P. machen: → versuchen (I, 1)
proben: 1. ⟨*die Aufführung eines Bühnenwerkes vorbereiten*⟩ üben · probieren · durchproben; → *auch* einüben – **2.** → versuchen (I, 1)
probeweise: → versuchsweise
probieren: 1. → versuchen (I, 1) – **2.** → proben (1) – **3.** → [1]kosten (1)
Probierstube, die: → Gaststätte (1, c)
Problem, das: **1.** ⟨*nicht leicht zu lösender Fragenkomplex*⟩ Problematik · Frage + Schicksalsfrage; → *auch* Angelegenheit, Aufgabe (2) – **2.**→ Schwierigkeit (1)
Problematik, die: **1.** → Problem (1) – **2.** → Schwierigkeit (1)
problematisch: 1. → schwierig (1) – **2.** → zweifelhaft (1)
Procedere, das: → Vorgehensweise
pro domo: → eigen (5)
Producer, der: → Hersteller
Produkt, das: **1.** → Erzeugnis – **2.** → Ergebnis – **3.** → Werk (1)
Produktenhändler, der: → Altstoffhändler
Produktion, die: → Herstellung
Produktionsbetrieb, der: → Fabrik
Produktionsleistung, die: → Produktionsmenge
Produktionsmenge, die: Produktionsvolumen · Produktionsleistung · Ausstoß; Output (*Wirtsch*)
Produktionsvolumen, das: → Produktionsmenge
produktiv: → schöpferisch
Produktivität, die: **1.** → Ertragskraft – **2.** → Schöpferkraft
Produzent, der: → Hersteller
produzieren: I. produzieren: → herstellen (1) – **II.** produzieren, sich: → zeigen (II, 1)
profan: 1. → weltlich – **2.** → gewöhnlich (1)
Profanation, die: → Entweihung
profanieren: → entweihen
Profanierung, die: → Entweihung
Profession, die: → Beruf (1)
Professional, der: → Berufssportler
professionell: → berufsmäßig
professioniert: → berufsmäßig
Professionist, der: **1.** → Facharbeiter – **2.** → Fachmann (1)
professionsmäßig: → berufsmäßig
professoral: → lehrhaft
professorenhaft: → lehrhaft
Profi, der: **1.** → Fachmann (1) – **2.** → Berufssportler
Profil, das: **1.** → Seitenansicht (1) – **2.** → Aufriss (1) – **3.** → Umriss – **4.** P. gewinnen: → ankündigen (II)
profilieren, sich: → hervortun, sich
Profit, der: **1.** → Nutzen (1) – **2.** → Gewinn (1) – **3.** P. bringend: → einträglich
profitabel: → einträglich
Profiteur, der: → Ausbeuter
Profitgier, die: Profitstreben; → *auch* Geldgier
profitieren: → gewinnen (1)
Profitmacher, der: → Ausbeuter
Profitstreben, das: → Profitgier
pro forma: → Schein (7)
profund: → gründlich (1)
Prognose, die: → Voraussage
prognostizieren: → voraussagen
Programm, das: **1.** ⟨*die Folge der Darbietungen*⟩ **a)** ⟨*für eine Veranstaltung*⟩ Ablauf · Spielfolge + Tagesordnung – **b)** ⟨*für einen längeren Zeitraum*⟩ + Rundfunkprogramm · Fernsehprogramm · TV-Programm · Sendefolge · Spielplan · Repertoire · Festordnung · Festplan – **2.** → [2]Plan (1)
programmatisch: → wegweisend
programmgemäß: → plangemäß
programmiert: → sicher (2)
programmmäßig: → plangemäß
Progress, der: → Fortschritt (1)
Progression, die: → Steigerung (1)
progressiv: → fortschrittlich
Prohibition, die: → Verbot
Projekt, das: **1.** → [2]Plan (1) – **2.** → Entwurf (1)
Projektgruppe, die: → Team (1)
projektieren: → entwerfen (1)
Projektierung, die: → Entwurf (1)
Projektil, das: → Kugel (1)
Projektionsapparat, der: → Bildwerfer
Projektionsgerät, das: → Bildwerfer
Projektor, der: → Bildwerfer
Proklamation, die: **1.** → Bekanntmachung (1) – **2.** → Aufruf (1)
proklamieren: → ausrufen (1)
Prokrustesbett, das: **1.** → Folter (1) – **2.** → Zwangslage
Prokura, die: → Vollmacht (1)
Prokurator, der: → Bevollmächtigte

Prolet, der: → Arbeiter (I)
Proletariat, das: → Arbeiterklasse
proletenhaft: → ungeschliffen
Prolo, der: → Arbeiter (I)
pro loco: → statt
Prolog, der: **1.** → Einleitung (1) – **2.** → Vorspiel
Prolongation, die: → Verlängerung (2)
prolongieren: 1. → verlängern (1) – **2.** → aufschieben
Prolongierung, die: → Verlängerung (2)
Promenade, die: → Spaziergang (1)
Promenadenmischung, die: → Hund (1)
promenieren: → spazieren (2)
prometheisch: → übermenschlich
Promi: I. Promi, der: → Persönlichkeit (I, 2) – **II.** Promis (*Pl*): die P.: → Prominenz
prominent: → berühmt (1)
Prominente: I. Prominente, der: → Persönlichkeit (I, 2) – **II.** Prominente (*Pl*): die Prominenten: → Prominenz
Prominenz, die: die Prominenten; die Stützen der Gesellschaft (*meist iron*) + Honoratioren · Persönlichkeiten ♦ *salopp*: die Promis; → *auch* Oberschicht
promoten: → werben (1)
Promotion, die: → Werbung (1)
Promotor, der: → Betreuer
promovieren: den Doktorgrad erwerben · die Doktorwürde erlangen; doktorieren (*veraltet*) + dissertieren ♦ *umg*: den Doktor machen
prompt: 1. → sofort – **2.** → sofortig
prononciert: → betont
Propaganda, die: **1.** ⟨*die Verbreitung polit. u. anderer Ideen u. Meinungen*⟩ Agitation (*meist abwert*) + Werbung – **2.** → Werbung (1) – **3.** P. machen/treiben |für|: → werben (1)
Propagandafeldzug, der: → Kampagne (1)
Propagandamacher, der: → Propagandist
Propagandist, der: **1.** ⟨*jmd., der polit. od. andere Ideen u. Meinungen verbreitet*⟩ Agitator (*meist abwert*) ♦ *umg*: Propagandamacher (*abwert*) – **2.** → Werbefachmann
propagieren: 1. → verbreiten (I, 2) – **2.** → werben (1)
Propeller, der: → Luftschraube
Propellerturbinenflugzeug, das: → Düsenflugzeug
proper: 1. → sauber (1) – **2.** → ordentlich (1, a)
Prophet, der: **1.** → Weissager – **2.** beim Bart des Propheten schwören: → schwören (2)
Prophetie, die: → Weissagung
prophetisch: → voraussehend
prophezeien: 1. → weissagen – **2.** → voraussagen
Prophezeiung, die: **1.** → Weissagung – **2.** → Voraussage
prophylaktisch: → vorbeugend
Prophylaxe, die: → Vorbeugung
Proportion, die: **1.** → Verhältnis (I, 1) – **2.** → Gleichmaß
proportional: → gleichmäßig (1)
proportioniert: gut p.: → wohlgestaltet
proppenvoll: → voll (1)
Propst, der: → Superintendent
Prosa, die: **1.** ⟨*Sprache in ungebundener Form*⟩ ungebundene Rede – **2.** in P.: → prosaisch (1)
Prosaiker, der: → Prosaist
prosaisch: 1. ⟨*in ungebundener Sprachform*⟩ in Prosa – **2.** → nüchtern (3)
Prosaist, der: Prosaiker · Prosaschriftsteller · Prosaschreiber · Erzähler + Epiker · Romancier · Romanschriftsteller · Romanschreiber · Publizist · Schriftsteller · Dichter; → *auch* Dichter (a)
Prosaschreiber, der: → Prosaist
Prosaschriftsteller, der: → Prosaist
prosit: wohl bekomm's · zum Wohl ♦ *umg*: prost; prösterchen (*scherzh*)
proskribieren: → ächten (1)
Prospekt, der: **1.** → Werbeschrift – **2.** → Preisliste – **3.** → Hintergrund (1)
prosperieren: → gedeihen (1)
Prosperität, die: **1.** → Wohlstand – **2.** → Hochkonjunktur
prost: → prosit
prösterchen: → prosit
Prösterchen, das: P. machen: → aufstoßen (1)
prostituieren, sich: **1.** ⟨*gewerbsmäßig Geschlechtsverkehr ausüben*⟩ sich verkaufen · auf die Straße gehen; huren · eine Hure sein (*abwert*) ♦ *umg*: auf den Strich gehen · anschaffen [gehen] · auf die Anschaffe gehen – **2.** → bloßstellen (II)
Prostituierte, die: Dirne · Straßenmädchen; Freudenmädchen · Hostess (*verhüll*); Hure (*abwert*); Gunstgewerblerin (*scherzh*); HwG-Mädchen (*amtsspr*); Kokotte (*veraltend*) + Callgirl · Hetäre · Kurtisane ·

Halbweltdame ♦ *umg*: Strichmädchen · eine von der Straße (*abwert*) ♦ *salopp*: Rennpferd; die Horizontale · Schnepfe · Schnecke (*abwert*) ♦ *derb*: Nutte · Fose (*abwert*); → *auch* Beischläferin, Herumtreiberin
Prostitution, die: Hurerei (*abwert*); das älteste Gewerbe der Welt (*verhüll scherzh*) ♦ *umg*: das horizontale Gewerbe (*scherzh*) + Strich · Anschaffe
Protagonist, der: → Vorkämpfer
Protegé, der: → Günstling
protegieren: → fördern (1)
Protektion, die: → Förderung (1)
Protektor, der: **1.** → Beschützer – **2.** → Schirmherr
Protektorat, das: **1.** → Schutzherrschaft – **2.** → Schirmherrschaft
Protest, der: **1.** → Einspruch (1) – **2.** P. erheben/einlegen: → protestieren
protestieren: Einspruch erheben · Protest erheben/einlegen · sich verwahren |gegen| · Verwahrung einlegen · widersprechen · Sturm laufen |gegen| + Einhalt/Halt gebieten; → *auch* ablehnen (1), einwenden
Prothese, die: → Zahnprothese
Protokoll, das: **1.** → Niederschrift (1) – **2.** zu P. nehmen, ein P. aufnehmen: → protokollieren
Protokollant, der: Protokollführer + Schriftführer · Sekretär
Protokollführer, der: → Protokollant
protokollieren: zu Protokoll nehmen · ein Protokoll aufnehmen · mitschreiben
Prototyp, der: → Inbegriff
Protz, der: → Angeber (1)
protzen: → angeben (1)
protzenhaft: → angeberisch
Protzentum, das: → Angabe (I, 1)
Protzerei, die: → Angabe (I, 1)
protzig: → angeberisch
Provenienz, die: Herkunft · Ursprung
Proviant, der: → Verpflegung (2)
Provinz, die: → Land (2)
provinziell: **1.** → ländlich – **2.** → landschaftlich (1)
Provision, die: → Vermittlungsgebühr
provisorisch: **1.** → vorläufig – **2.** → behelfsmäßig
Provisorium, das: → Behelf (1)
Provo, der: → Gammler
provokant: → herausfordernd
Provokateur, der: **1.** → Hetzer – **2.** → Unruhestifter
Provokation, die: → Herausforderung
provokativ: → herausfordernd
provokatorisch: → herausfordernd
provozieren: → herausfordern
provozierend: → herausfordernd
Prozedur, die: → Verfahren (1)
Prozente (*Pl*): → Rabatt
Prozess, der: **1.** ⟨*die für die gerichtl. Entscheidung eines Rechtsfalles erforderl. Rechtshandlungen*⟩ Rechtsstreit · Gerichtsverfahren · Verfahren · Gerichtsverhandlung · Verhandlung · Rechtsverfahren + Sensationsprozess · Skandalprozess ♦ *umg*: Rechtshandel – **2.** → Verlauf (2) – **3.** → Entwicklung (1) – **4.** einen P. anstrengen/führen |gegen|, einen P. an den Hals hängen, einen P. anhängig machen |gegen|, den P. machen: → verklagen; kurzen P. machen: → durchgreifen
prozessieren: → verklagen
Prozession, die: → Umzug (2)
prüde: **1.** ⟨*übertrieben schamhaft*⟩ zimperlich (*abwert*) ♦ *umg*: zickig (*abwert*); → *auch* schamhaft, altjüngferlich, spröde (2) – **2.** → spröde (2) – **3.** p. tun: → zieren (II, 2)
Prüderie, die: **1.** ⟨*übertriebene Schamhaftigkeit*⟩ Zimperlichkeit – **2.** → Scham (3)
prüfen: **1.** ⟨*die Leistungsfähigkeit bzw. den Zustand untersuchen*⟩ erproben · [durch]testen · [durch]checken · einer Prüfung/einem Test unterziehen/unterwerfen + durchsehen · einsehen ♦ *umg*: auf Herz und Nieren prüfen · unter die Lupe nehmen · auf den Zahn fühlen; → *auch* überprüfen, kontrollieren (1) – **2.** ⟨*jmds. Wissen festzustellen suchen*⟩ examinieren + zensieren; → *auch* abfragen – **3.** ⟨*sich durch Besichtigung vom ordnungsgemäßen Verlauf überzeugen wollen*⟩ visitieren · inspizieren; → *auch* kontrollieren (1), überprüfen – **4.** → versuchen (I, 1) – **5.** auf Herz und Nieren p.: → 1
Prüfende, der: → Prüfer
Prüfer, der: der Prüfende · Examinator
Prüfling, der: Examinand · Kandidat · Examenskandidat + Absolvent
Prüfstein, der: → Bewährungsprobe
Prüfung, die: **1.** ⟨*Untersuchung der Leistungsfähigkeit bzw. des Zustandes*⟩ Erprobung · Test + Durchsicht – **2.** ⟨*Feststellung des Wissens*⟩ Examen – **3.** einer P. unterziehen/unterwerfen: → prüfen (1); durch die P. rasseln/rauschen: → durchfallen

Prüfungsarbeit, die: Klausur[arbeit] · Klassenarbeit; Schularbeit (*österr*); Extemporale (*veraltet*)
Prügel: I. Prügel, der: **1.** → [1]Stock (1) – **2.** den P. zu kosten geben: **a)** → schlagen (I, 1) – **b)** → verprügeln – **II.** Prügel (*Pl*): **1.** ⟨*körperl. Züchtigung*⟩ Schläge + Bastonade · Auspeitschung ♦ *umg*: Hiebe · eine Tracht/Portion Prügel; Haue (*kinderspr*) ♦ *salopp*: Dresche · Keile · Senge · Wichse · Kloppe · Bimse · Abreibung · Zunder; Schmiere · Schwumse · Poche (*landsch*); → *auch* Ohrfeige (1) – **2.** eine Tracht/Portion P.: → II, 1; eine Tracht P. geben/verpassen: → verprügeln; P. austeilen: → schlagen (I, 1)
Prügelei, die: → Schlägerei
Prügelknabe, der: + schwarzes/räudiges Schaf ♦ *umg*: Sündenbock · Watschenmann ♦ *salopp*: Karnickel
prügeln: I. prügeln: **1.** → schlagen (I, 1) – **2.** → verprügeln – **II.** prügeln, sich: → schlagen (II, 1)
Prunk, der: **1.** ⟨[*aufdringlich*] *zur Schau gestellter Reichtum*⟩ Gepränge · Pracht[entfaltung] · Prunkentfaltung; Pomp (*abwert*) + Luxus; → *auch* Aufwand (1), Glanz (2), Reichtum (1) – **2.** P. entfalten: → prunken (1)
prunken: 1. ⟨*seinen Reichtum* [*aufdringlich*] *zur Schau stellen*⟩ Pracht/Prunk entfalten · paradieren ♦ *umg*: Staat machen – **2.** → angeben (1)
Prunkentfaltung, die: → Prunk (1)
prunkhaft: → prunkvoll
prunklos: → schlicht (1)
Prunkstraße, die: → Hauptstraße
Prunkstück, das: → Glanzstück (1)
Prunksucht, die: → Verschwendung
prunksüchtig: → verschwenderisch (1)
prunkvoll: prunkhaft · luxuriös; pomphaft · pompös (*abwert*) ♦ *umg*: mit allen Schikanen; → *auch* prächtig (1)
pruschen: 1. → niesen – **2.** → schnauben (I, 1)
prusten: 1. → schnauben (I, 1) – **2.** → niesen – **3.** was p.: → ablehnen (1)
Psalm, der: → Lied (1)
psalmodieren: → singen (1)
Pseudonym, das: → Deckname
Psyche, die: → Seele (1)
psychiatrisch: psychiatrische Klinik: → Klinik (2)
psychisch: → seelisch
Psychopathie, die: → Geisteskrankheit
psychopathisch: → geisteskrank (1)
PTL-Flugzeug, das: → Düsenflugzeug
Pub, das *od.* der: → Gaststätte (1, b)
Pubertät, die: → Entwicklungsjahre
Publicity, die: → Werbung (1)
Publicrelations (*Pl*): → Öffentlichkeitsarbeit
publik: → bekannt (1)
Publikation, die: **1.** → Veröffentlichung (1) – **2.** → Bekanntmachung (1)
Publikum, das: **1.** → Zuhörerschaft – **2.** → Öffentlichkeit (1) – **3.** das breite P.: → Öffentlichkeit (1)
publizieren: → veröffentlichen
Publizist, der: **1.** → Journalist – **2.** → Prosaist
Publizität, die: → Öffentlichkeit (1)
puckern: → schlagen (I, 3)
puddeln: → arbeiten (1)
Pudding, der: **1.** → Süßspeise – **2.** auf den P. hauen: → prahlen
Pudel, der: des Pudels Kern: → Ursache; wie ein begossener P.: **a)** → betreten (2) – **b)** → beschämt
Pudelmütze, die: → Mütze (1)
pudelnackt: → nackt
pudelnärrisch: → lustig
pudelnass: → nass (1)
pudelwohl: → wohl (1)
Puder, der: → Pulver (1)
puderig: → pulverig
pudern: 1. ⟨*mit Puder bestreuen*⟩ einpudern · einstäuben; stuppen (*österr*); → *auch* bestreuen – **2.** mit dem Klammerbeutel/Klammersack gepudert: → verrückt (1)
Puderzucker, der: Staubzucker · Farinade · Farin[zucker]
pueril: → unreif (2)
Puff, der: **1.** → Stoß (1) – **2.** → Schlag (I, 1) – **3.** → Hocker – **4.** → Wäschekorb – **5.** → Bordell – **6.** einen P. aushalten/vertragen: → aushalten (1)
puffen: 1. → stoßen (I, 1) – **2.** → schlagen (I, 1) – **3.** → knallen (1) – **4.** → antreiben (2)
Puffer, der: → Kartoffelpuffer
puh: → pfui (1)
pulen: → bohren (4)
Pulk, der: **1.** → Gruppe (1) – **2.** → Abteilung (II, 2)
Pulle, die: → Flasche (1)

pullen: 1. → rudern (1) – **2.** → austreten (1)
pullern: → austreten (1)
Pulli, der: → Pullover
Pullover, der: Sweater (*veraltend*) + Pullunder · Westover · Sweatshirt · Jumper ♦ *umg*: Pulli
Pullstängel, der: → Ruder (1)
Pullunder, der: → Pullover
Puls, der: **1.** ⟨*das stoßweise fließende Blut*⟩ Pulsschlag – **2.** den P. fühlen: → untersuchen (2)
Pulsader, die: → Schlagader
puls[ier]en: 1. → schlagen (I, 3) – **2.** → fließen (2)
Pulsschlag, der: → Puls (1)
Pult, das: **1.** → Katheder – **2.** am P. stehen: → dirigieren (1)
Pulver, das: **1.** ⟨*fein zerteilter fester Stoff*⟩ Staub · Mehl + Puder; → *auch* Staub (1) – **2.** → Arzneimittel – **3.** → Schießpulver – **4.** → Geld (1) – **5.** keinen Schuss P. wert: → wertlos (1); P. haben: → reich (5); das P. nicht erfunden haben: → dumm (6)
pulverartig: → pulverig
Pülverchen, das: → Arzneimittel
pulverförmig: → pulverig
pulverig: pulverartig · pulverförmig + puderig
pulverisieren: → zerreiben
Pulverkaffee, der: → Instantkaffee
pulvern: → schießen (1)
pulverscheu: → feig[e]
Pummel, der: → Dicke (II, 1)
Pummelchen, das: → Dicke (II, 1)
pummelig: → dicklich (1)
Pump, der: **1.** → Borg (1) – **2.** auf P.: → leihweise; einen P. aufnehmen: → Kredit (2); auf P. geben: → leihen (1)
Pumpe, die: **1.** ⟨*Vorrichtung zum Bewegen von Flüssigkeiten bzw. Gasen*⟩ *umg*: Plumpe (*landsch*) – **2.** → Herz (1)
[1]**pumpen: 1.** ⟨*eine Pumpe betätigen*⟩ *umg*: plumpen (*landsch*) – **2.** leer p.: → auspumpen (1)
[2]**pumpen: 1.** → leihen (1 *u.* 2) – **2.** → Kredit (2) – **3.** sich p.: → leihen (2)
Pumpenheimer, das: → Wasser (1)
pumperlgesund: → gesund (1)
pumpern: 1. → klopfen (1) – **2.** → dröhnen (1)
Punch, der: → Schlagkraft (1)
Punkt, der: **1.** ⟨*Bewertungseinheit in sportl. Wettkämpfen*⟩ Wertungspunkt · Zähler – **2.** → Tupfen – **3.** → Ort (1) – **4.** → Angelegenheit – **5.** → Abschnitt (2) – **6.** der springende P.: **a)** → Hauptsache – **b)** → Entscheidende; P. … Uhr: → pünktlich (2); in diesem P.: → darin (2); P. für P.: → einzeln (2); einen P. machen: → aufhören (1); der wunde/dunkle P.: → Achillesferse; den P. aufs i setzen: → vollenden (I, 1); auf den P. kommen: → Sache (I, 7)
pünkteln: → punktieren
punkten: → punktieren
punktgleich: → unentschieden (1)
Punkthaus, das: → Hochhaus
punktieren: punkten · pünkteln; → *auch* tüpfeln
pünktlich: 1. ⟨*genau zum festgesetzten Zeitpunkt*⟩ auf die Minute/Sekunde [genau] · mit dem Glockenschlag · zur rechten/richtigen Zeit · ohne Verspätung · fristgemäß + exakt · genau · fahrplanmäßig ♦ *umg*: pünktlich wie die Maurer (*scherzh*); → *auch* rechtzeitig – **2.** p. … Uhr: ⟨*genau zur angegebenen Uhrzeit*⟩ Punkt … Uhr · Schlag … Uhr
Punktrichter, der: → Schiedsrichter
punktuell: → einzeln (2)
Punktum: 1. → genug (2) – **2.** und damit P.: → genug (2)
punktweise: → einzeln (2)
punz[ier]en: → eingravieren
Pup, der: → Wind (I, 2)
Pupe, der *od.* die: → Homosexuelle (I)
pupen: → Wind (I, 3)
Puppchen, das: **1.** → Mädchen (2) – **2.** → Geliebte (II)
Püppchen, das: **1.** → Puppe (1) – **2.** → Geliebte (II)
Puppe, die: **1.** ⟨*Spielzeug*⟩ Püppchen; Docke (*landsch*) – **2.** ⟨*Nachbildung des Oberkörpers*⟩ Schneiderpuppe · Büste · Schneiderbüste – **3.** ⟨*zusammengestellte Getreidegarben*⟩ Getreidepuppe · Hocke · Mandel – **4.** → Mädchen (2) – **5.** → Geliebte (II), Liebling (1) – **6.** tolle P.: → Mädchen (2); schlafen bis in die Puppen: → durchschlafen; die Puppen tanzen lassen: → feiern (1)
puppenlustig: → lustig
Puppenspiel, das: Puppentheater · Marionettentheater + Kasperletheater
Puppentheater, das: → Puppenspiel
puppern: 1. → schlagen (I, 3) – **2.** → zittern (1)
Pups, der: → Wind (I, 2)

pupsen: → Wind (I, 3)
pur: → rein (1)
Püree, das: → Brei (1)
Purgans, das: → Abführmittel
Purgativ, das: → Abführmittel
purgieren: → abführen (1)
puritanisch: **1.** → sittenstreng – **2.** → einfach (1)
purpurfarben: → rot (1)
purpurfarbig: → rot (1)
purpurn: → rot (1)
purpurrot: → rot (1)
purren: **1.** → necken – **2.** → wecken (1)
purulent: → eitrig
Purzel, der: → Knirps
Purzelbaum, der: **1.** → Überschlag (1) – **2.** einen P. machen/schlagen/schießen: → überschlagen (II, 2, a)
purzeln: → fallen (1)
Puschel/Püschel, der: → Troddel
puschelig: → wollig
puschen: → austreten (1)
pushen: **1.** → beleben (I, 2) – **2.** → beschleunigen – **3.** → Rauschgift (2)
Pusher, der: → Rauschgifthändler
Pusselchen, das: → Kind (1)
pusseln: → herumbasteln
Puste, die: **1.** → Atem (1) – **2.** → Pistole (1), Revolver – **3.** → Geld (1) – **4.** außer P.: → atemlos (1); jmdm. geht die P. aus: **a)** → Konkurs (2) – **b)** → zurückbleiben (1)
Pustel, die: → ²Pickel
pusten: **1.** → blasen (1) – **2.** → keuchen – **3.** → schnauben (I, 1) – **4.** was p.: → ablehnen (1)
Püsterich, der: → Wind (I, 1)
Pute, die: → Ziege (2)
puterrot: p. werden: → erröten (1)
Puthühnchen, das: → Huhn (1)
Putput, das: → Huhn (1)
Putsch, der: → Aufstand
Putschist, der: → Aufständische
Putte, die: → Amorette
Putz, der: **1.** → Verputz – **2.** → Verzierung (1) – **3.** auf den P. hauen: → prahlen
Pütz, die: → Schöpfeimer
Putze, die: → Putzfrau
Pütze, die: → Schöpfeimer
putzen: **I.** putzen: **1.** → reinigen (1) – **2.** → sauber (7, a) – **3.** → schmücken (I) – **4.** → wichsen (1) – **5.** blank p.: → polieren (1); [sich] die Nase p.: → schnäuzen, sich; Klinken p.: → betteln (1) – **II.** putzen, sich: → herausputzen (II)
Putzfrau, die: Rein[e]machefrau · Raumpflegerin; Scheuerfrau (*veraltend*); Aufwartefrau · Aufwartung · Stundenfrau (*landsch*); Zugehfrau · Zugeherin (*süddt österr*); Bedienung · Bedienerin (*österr*) + Hilfe ♦ *umg*: Putze (*abwert*); → *auch* Hausangestellte (II)
putzig: **1.** → spaßig (1) – **2.** → komisch (1) – **3.** putzige Gurke: → Original (1)
Putzmacherin, die: → Modistin
Putzmittel, das: → Reinigungsmittel
putzmunter: → munter (1)
Putzsucht, die: → Eitelkeit (1)
putzsüchtig: → eitel (1)
Putzzeug, das: → Reinigungsmittel
pygmäenhaft: → zwerg[en]haft
pygmäisch: → zwerg[en]haft
Pyjama, der *od.* das: → Schlafanzug
pyknisch: → untersetzt
pyramidal: → gewaltig (1)
pythisch: → geheimnisvoll (1)
Python, der: → Riesenschlange

Q

quabb[el]ig: **1.** → weich (1, b *u.* c) – **2.** → dick (1)
Quackeler, der: → Schwätzer (1)
Quackelfritze, der: → Schwätzer (1)
Quackelhans, der: → Schwätzer (1)
Quackelliese, die: → Schwätzerin
quackeln: → schwatzen (1)
Quackelsuse, die: → Schwätzerin
Quacksalber, der: → Kurpfuscher
quacksalbern: → herumdoktern (1)
Quader, der *od.* die: → Steinblock
Quaderstein, der: → Steinblock
Quadrat, das: → Viereck
Quadratesel, der: → Dummkopf (2)
quadratisch: → viereckig
Quadratlatschen (*Pl*): → Schuhe (1)
Quadratschädel, der: → Starrkopf
quakeln: → nuscheln
quaken: → sprechen (1)
quäken: **1.** → schreien (1) – **2.** → weinen (1)
Qual, die: **1.** ⟨*große körperl. Schmerzen*⟩ Leiden · Pein · Folter · Marter · Tortur · Drangsal · Martyrium ♦ *umg*: Quälerei · Höllenqual; → *auch* Schmerz (1), Folter (2) – **2.** → Leid (1) – **3.** Q. bereiten: → quälen (I, 1 *u.* 2)
quälen: **I.** quälen: **1.** ⟨*auf grausame Weise Schmerzen zufügen*⟩ peinigen · martern · schinden · misshandeln · malträtieren · traktieren · wehtun · Qual/Pein/Schmerz bereiten ♦ *umg*: bearbeiten · zwiebeln; → *auch* foltern (1) – **2.** ⟨*böswillig immer wieder Ungemach bereiten*⟩ plagen · peinigen · drangsalieren · schikanieren · Qual/Pein/Schmerz bereiten · das Leben zur Hölle machen; sekkieren (*noch österr*) + tyrannisieren · wehtun ♦ *umg*: schurigeln · kujonieren · triezen · zwiebeln · piesacken · striegeln; striezen (*landsch*) + einhacken |auf|; → *auch* bedrängen (1), belästigen (1) – **3.** → bedrücken (1) – **II.** quälen, sich: **1.** → abmühen, sich – **2.** → leiden (1)
quälend: qualvoll · quälerisch · peinigend ♦ *gehoben*: martervoll; → *auch* schmerzlich
Quälerei, die: **1.** → Misshandlung – **2.** → Qual (1)
quälerisch: → quälend
Quälgeist, der: Plagegeist; Marterer · Peiniger (*scherzh*) + Störenfried ♦ *umg*: Nervensäge · Nervtöter (*scherzh*) + Quengler
Qualifikation, die: **1.** → Eignung (1) – **2.** → Recht (1)
qualifizieren: **I.** qualifizieren: → entwickeln (I, 2) – **II.** qualifizieren, sich: → bilden (II, 1)
qualifiziert: → gebildet
Qualifizierung, die: **1.** → Eignung (1) – **2.** → Recht (1) – **3.** → Weiterbildung
Qualität, die: **1.** → Beschaffenheit (1) – **2.** → Güte (2) – **3.** → Eigenschaft – **4.** von bester Q.: → erstklassig (1)
Qualitätsarbeit, die: → Wertarbeit
Qualitätserzeugnis, das: → Markenerzeugnis
Qualitätsware, die: → Markenerzeugnis
Qualle, die: **1.** → Meduse – **2.** → Auswurf (1)
quallig: → schleimig (1)
Qualm, der: **1.** → Rauch (1) – **2.** → Hunger (1) – **3.** Q. haben: → hungrig (2)
qualmen: **1.** → rauchen (1 *u.* 2) – **2.** → rußen (1) – **3.** q. wie ein Schlot/Schornstein: → rauchen (1)
qualmig: → rauchig
Qualster, der: → Auswurf (1)
qualsterig: → schleimig (1)
qualstern: → spucken (1)
qualvoll: → quälend, leidvoll
Quäntchen, das: ein Q.: → wenig (2)
Quanten (*Pl*): **1.** → Schuhe (1) – **2.** → Fuß (II, 1)
Quantität, die: → Menge (1)
Quantum, das: **1.** → Maß (1) – **2.** → Betrag – **3.** → Ration (1) – **4.** → Dosis

Quark, der: **1.** ⟨*Nahrungsmittel*⟩ Weißkäse · weißer Käse · Glumse (*landsch*); Topfen · Schotten (*süddt österr*) + Frischkäse · Hüttenkäse – **2.** → Nichtigkeit (1) – **3.** → Unsinn (1, a)
quarkig: → dickflüssig
quarren: → weinen (1)
Quartal, das: → Vierteljahr (1)
Quartalssäufer, der: → Trinker
quartal[s]weise: → vierteljährlich
Quartier, das: **1.** → Unterkunft (1) – **2.** → Wohnung (1) – **3.** Q. geben: → beherbergen; Q. nehmen: → ²einmieten, sich
Quartiersfrau, die: → Vermieterin
Quartierswirt, der: → Vermieter
quasi: → gleichsam
Quasselei, die: → Geschwätz (1)
Quasselkopf, der: → Schwätzer (1)
Quasselmichel, der: → Schwätzer (1)
quasseln: → schwatzen (1)
Quasselstrippe, die: **1.** → Telefon (1) – **2.** → Schwätzer (1) – **3.** → Schwätzerin
Quaste, die: → Troddel
Quatsch, der: **1.** → Unsinn (1, a) – **2.** → Albernheit
quatschen: 1. → schwatzen (1) – **2.** → unterhalten (II, 1) – **3.** → ausplaudern
Quatscherei, die: → Geschwätz (1)
quatschig: 1. → albern (1) –**2.** → dickflüssig
Quatschkopf, der: → Schwätzer (1)
Quatschliese, die: → Schwätzerin
Quatschmichel, der: → Schwätzer (1)
quatschnass: → nass (1)
queck: → lebhaft (1)
Quecksilber, das: unruhiger Geist ♦ *umg*: Quirl · Wirbelwind · Zappelphilipp · Zappler · Sausewind
quecksilbrig: → lebhaft (1)
Quell, der: **1.** → Quelle (1) – **2.** → Bach (1)
Quelle, die: **1.** ⟨*Ursprung eines fließenden Gewässers*⟩ Spring (*landsch*) ♦ *gehoben*: Quell; Born (*veraltet*); → *auch* Brunnen (1) – **2.** → Ursprung (1) – **3.** → Urfassung
quellen: → anschwellen (1, a)
Quengelei, die: → Nörgelei
quengelig: → nörglig
quengeln: 1. → drängen (1) – **2.** → weinen (1) – **3.** → nörgeln
Quengler, der: → Quälgeist
quer: 1. → schräg (1) – **2.** → gegensätzlich – **3.** kreuz und q.: → ziellos (1); q. lesen: → überfliegen; q. gehen: **a)** → misslingen – **b)** → scheitern (b); sich q. legen: → widersetzen, sich; q. schießen: → stören (1); Quer durch den Garten: → Eintopfgericht
Querdenker, der: → Wegbereiter
querdurch: → durch (1)
Quere, die: in die Q. kommen: **a)** → hindern – **b)** → stören (1); der Q. nach: → schräg (1)
Quereinsteiger, der: → Seiteneinsteiger
Querele, die: → Streit (1)
querfeldein: feldein
Querfrage, die: → Zwischenfrage
Querkopf, der: → Starrkopf
querköpfig: → widerspenstig
Querschnitt, der: → Überblick (1)
Quertreiber, der: → Hetzer
Querulant, der: **1.** → Nörgler – **2.** → Hetzer
querulieren: → nörgeln
Quetsche, die: **1.** → Ort (2), Dorf (1) – **2.** → Gut (1) – **3.** → Geschäft (1)
quetschen: → drücken (I, 1)
Quetschkartoffeln (*Pl*): → Kartoffelmus
Quetschkommode, die: → Ziehharmonika, Akkordeon
quick: → lebhaft (1)
Quickie, das: → Koitus
quicklebendig: → lebhaft (1)
quiek[s]en: 1. ⟨*schrill schreien*⟩ quietschen – **2.** → lachen (1)
Quietiv[um], das: → Beruhigungsmittel
quietschen: 1. → quiek[s]en (1) – **2.** → lachen (1)
quietschfidel: → lustig
quietschvergnügt: → lustig
quinkelieren: → singen (2)
Quintessenz, die: **1.** → Wesen (1) – **2.** → Ergebnis
Quirl, der: → Quecksilber
quirlen: 1. → umrühren – **2.** → wirbeln (1)
quirlig: → lebhaft (1)
Quisling, der: → Kollaborateur
Quisquilien (*Pl*): → Nichtigkeit (1)
quitschnass: → nass (1)
quitte[n]gelb: → gelb (1)
quittieren: 1. → bescheinigen – **2.** den Dienst q.: **a)** → ausscheiden (4) – **b)** → kündigen (1)
Quittung, die: **1.** ⟨*schriftl. Beleg*⟩ Empfangsbestätigung · Empfangsbescheinigung · Empfangsschein + Einzahlungsschein · Ausgabenbeleg – **2.** → Antwort (3) – **3.** → Bescheinigung (1)

Quivive, das: auf dem Q. sein: → vorsehen (II)
Quiz, das: Frage-und-Antwort-Spiel; → *auch* Rätsel (1)
quöchen: → husten (1)
Quodlibet, das: → Allerlei
Quote, die: → Anteil (1)

R

Rabatt, der: Preisnachlass · Nachlass · Prozente + Skonto · Dekort; → *auch* Abzug (2)
Rabatz, der: **1.** → Lärm (1) – **2.** R. machen: → lärmen
Rabauke, der: → Flegel (1)
Räbchen, das: → Frechdachs
Rabe, der: **1.** → Frechdachs – **2.** weißer R.: → Seltenheit
Rabenaas, das (*salopp*): Mistkerl · Miststück ♦ *derb*: Mistvieh · Sauhund · Saukerl; → *auch* Flegel (1), Luder (1)
rabenschwarz: 1. → schwarz (1) – **2.** → dunkel (1)
rabiat: → brutal
Rabulist, der: → Wortklauber
Rabulistik, die: → Spitzfindigkeit
rabulistisch: → spitzfindig (1)
Rache, die: **1.** ⟨*das Rächen* [*eines erlittenen Unrechts*]⟩ Vergeltung · Revanche + Blutrache · Heimzahlung; → *auch* Vergeltung (1) – **2.** R. nehmen/üben: → rächen (II)
rachedurstig: → rachsüchtig
Rachegöttin, die: Furie · Erinnye · Eumenide
rächen: I. rächen: → vergelten (1) – **II.** rächen, sich: ⟨[*auf ein erlittenes Unrecht*] *mit einer Vergeltungsmaßnahme antworten*⟩ Rache nehmen/üben · Vergeltung üben · mit gleicher Münze heimzahlen · sich revanchieren · Gleiches mit Gleichem vergelten ♦ *umg*: den Spieß umdrehen
Rachen, der: **1.** ⟨*an Mund- u. Nasenhöhle anschließende trichterförmige Erweiterung*⟩ Rachenhöhle · Schlund ♦ *umg*: Hals – **2.** → Maul (1) – **3.** → Mund (1) – **4.** den R. stopfen: → befriedigen (I); den R. nicht voll [genug] kriegen [können]: → habgierig (2)
Rachenhöhle, die: → Rachen (1)
Rachenputzer, der: → Branntwein
racheschnaubend: → rachsüchtig
rachgierig: → rachsüchtig
Rachitis, die: englische Krankheit (*veraltet*)
rachsüchtig: rachgierig · rachedurstig · racheschnaubend + nachtragend · feindselig
Racker, der: **1.** → Kind (1) – **2.** → Range, Frechdachs
Rackerei, die: → Mühsal
rackern: → schuften
Rad, das: **1.** → Wagenrad – **2.** → Fahrrad – **3.** Rad fahren: **a)** ⟨*mit dem Fahrrad fahren*⟩ *umg*: radeln – **b)** → kriechen (2) – **4.** [ein] Rad schlagen: → überschlagen (II, 2, a); aufs Rad flechten: → foltern (1); unter die Räder kommen: → scheitern (a); das fünfte Rad am Wagen sein: → überflüssig (4)
Radabweiser, der: → Eckstein (1)
Radar, der *od.* das: Radargerät · Funkmessgerät
Radargerät, das: → Radar
Radau, der: **1.** → Lärm (1) – **2.** R. machen: → lärmen
Radaubruder, der: → Unruhestifter
Radaumacher, der: → Unruhestifter
Rädchen, das: ein R. zu viel [im Kopf] haben, bei jmdm. ist ein R. locker: → verrückt (5)
radebrechen: kauderwelschen · ein paar Brocken können; → *auch* stottern (1)
radeln: → Rad (3, a)
Rädelsführer, der: → Anführer
rädern: 1. → foltern (1) – **2.** wie gerädert: → erschöpft (1)
Räderwerk, das: → Getriebe (1)
Radfahrer, der: **1.** ⟨*mit dem Fahrrad Fahrender*⟩ *umg*: Radler – **2.** → Kriecher
Radfahrweg, der: → Radweg
radial: → strahlenförmig
radiär: → strahlenförmig
Radiation, die: → Strahlung
Radiator, der: → Heizkörper
Radierer, der: → Radiergummi
Radiergummi, der: Gummi ♦ *umg*: Radierer; Ratzefummel (*schülerspr*)
Radieschen, das: sich die Radieschen von unten ansehen/betrachten: → tot (4)

radikal: **1.** ⟨*bis zum Äußersten gehend*⟩ extrem[istisch] – **2.** → rücksichtslos (1) – **3.** → gründlich (2)
Radikale, der: → Radikalist
Radikalinski, der: → Radikalist
Radikalismus, der: **1.** ⟨*bis zum Äußersten gehende polit. Richtung*⟩ Extremismus – **2.** → Rücksichtslosigkeit
Radikalist, der: Extremist · der Radikale ♦ *umg*: Radikalinski (*abwert*)
Radikalkur, die: Gewaltkur ♦ *umg*: Pferdekur · Rosskur
Radio, das: **1.** → Rundfunkgerät – **2.** → Rundfunk (1)
Radioapparat, der: → Rundfunkgerät
Radioempfänger, der: → Rundfunkgerät
Radiogerät, das: → Rundfunkgerät
Radkranz, der: → Felge
Radler, der: → Radfahrer (1)
Radschuh, der: → Hemmschuh (1)
Radsperre, die: → Hemmschuh (1)
Radweg, der: Fahrradweg · Radfahrweg
Raffel, die: **1.** → Reibeisen (1) – **2.** → Xanthippe – **3.** → Schwätzerin
raffeln: **1.** → reiben (I, 2) – **2.** → klappern (1)
raffen: **1.** → aneignen, sich (1) – **2.** → hochheben (1)
Raffer, der: → Habgierige
Raffgier, die: → Habgier
raff[gier]ig: → habgierig (1)
Raffinade, die: → Zucker
Raffinement, das: **1.** → Feinheit (1) – **2.** → Gerissenheit
Raffinesse, die: **1.** → Feinheit (1) – **2.** → Gerissenheit
raffiniert: **1.** ⟨*mit außerordentl. Schlauheit zu Werke gehend*⟩ clever · smart; durchtrieben · abgefeimt (*abwert*); gefinkelt (*österr*) + geschäftstüchtig ♦ *umg*: [aus]gefuchst · gerieben · gerissen · gewiegt · gewieft · ausgekocht · ausgepicht · schlitzohrig · mit allen Wassern gewaschen · mit allen Hunden gehetzt; ausgebufft (*landsch*); gehaut (*österr*); → *auch* schlau (1), glatt (3), trickreich – **2.** → bezaubernd – **3.** → verfeinert
Raffke, der: → Habgierige
Raffzahn, der: → Habgierige
Rage, die: **1.** → Wut (1) – **2.** in R. sein: → wütend (2); in R. bringen: → erzürnen (1)
Ragout, das: → Durcheinander (1)
Rahm, der: **1.** → Sahne (1) – **2.** den R. abschöpfen: **a)** → absahnen (1) – **b)** → abschöpfen (2)
rahmen: einrahmen + fassen; → *auch* einfassen
Rahmen, der: **1.** ⟨*ein Bild od. dgl. umgrenzende Leisten*⟩ Einrahmung + Fassung · Umgrenzung · Rand; → *auch* Einfassung (a) – **2.** → Fahrgestell (1) – **3.** aus dem R. fallen: **a)** → ²abweichen (2) – **b)** → vorbeibenehmen, sich
rahmig: → sahnig (1)
Rain, der: **1.** → Feldrain – **2.** → Abhang (1)
Rakete, die: **1.** → Feuerwerkskörper – **2.** wie eine R.: → schnell (1, a)
Rambo, der (*umg*): Brutalo (*abwert*); → *auch* Muskelprotz, Raufbold
Rammbär, der: → Rammklotz
Rammbock, der: **1.** → Rammklotz – **2.** → Ramme
rammdösig: → benommen (1)
Ramme, die: Rammmaschine · Rammbock; → *auch* Rammklotz
Rammelei, die: → Gedränge (1)
rammelig: → brünstig (1)
rammeln: **1.** → begatten (2, a) – **2.** → drängen (2)
rammelvoll: → überfüllt
rammen: **1.** → anstoßen (1) – **2.** r. |in|: → einschlagen (1)
Rammhammer, der: → Rammklotz
Rammklotz, der: Rammbär · Rammhammer · Rammbock; → *auch* Ramme
Rammmaschine, die: → Ramme
Rampe, die: **1.** → Laderampe – **2.** → Auffahrt
ramponieren: → beschädigen
ramponiert: → schadhaft
Ramsch, der: **1.** → Schund (1) – **2.** → Kram (1)
Ramschladen, der: → Geschäft (1)
Ramschware, die: → Schund (1)
Rancher, der: → Farmer
Rand, der: **1.** ⟨*begrenzender Streifen*⟩ Saum · Umgrenzung + Peripherie · Bord · Kante – **2.** → Einfassung (b) – **3.** → Kante (1) – **4.** → Krempe – **5.** → Ufer (1) – **6.** am Rande: → beiläufig (1); am Rande des Grabes stehen: → todkrank (2); sich am Rande verstehen: → selbstverständlich (3); außer R. und Band sein: → übermütig (2); den R. halten: → schweigen (1 *u.* 2); zu Rande kommen: → zurechtkommen (2)
Randale, die: **1.** → Lärm (1) – **2.** R. machen: → lärmen
randalieren: → lärmen

Randalierer, der: → Chaot (1)
Randanmerkung, die: → Anmerkung (1)
Randbemerkung, die: → Anmerkung (1)
Randbezirk, der: Außenbezirk
rändern: → umranden
Randfigur, die: → Nebenfigur
Randglosse, die: → Anmerkung (1)
Randnotiz, die: → Anmerkung (1)
Randvermerk, der: → Anmerkung (1)
randvoll: → voll (1)
Ranft, der: **1.** → Brotkanten – **2.** → Brotrinde
Ränftchen, das: **1.** → Brotkanten – **2.** → Brotrinde
Rang, der: **1.** ⟨*Stufe in einer gesellschaftl. Hierarchie*⟩ Grad · Stellung · Dienstrang · Dienstgrad · Dienststellung · Rangstufe; Charge (*milit*) + Stand · Status · Rangbezeichnung – **2.** ⟨*Platzierung bei einem sportl. Wettkampf*⟩ Platz · Stelle – **3.** → Bedeutung (1) – **4.** von hohem R.: → hoch (3); den R. ablaufen: → überflügeln
Rangbezeichnung, die: → Rang (1)
Range, die: Wildfang ♦ *umg*: Fratz · Racker · Krabbe; → *auch* Frechdachs, Junge (I, 1), Flegel (1)
Rangelei, die: → Rauferei
rangeln: **1.** → ringen (1) – **2.** → raufen (II, 1)
Rangerhöhung, die: → Beförderung (2)
Rangfolge, die: → Rangordnung
ranggleich: → ebenbürtig (2)
rangieren: → ordnen (1)
Rangordnung, die: **1.** ⟨*abstufende Gliederung*⟩ Rangfolge · Hierarchie · Stufenleiter – **2.** → Gliederung (1)
Rangstufe, die: → Rang (1)
ranhalten, sich: → beeilen, sich
rank: **1.** → schlank (1) – **2.** r. und schlank: → schlank (1)
Rank: **I.** Rank, der: **1.** → Biegung (1) – **2.** → Trick – **II.** Ränke (*Pl*): **1.** → Intrige – **2.** R. schmieden: → intrigieren
ranken, sich: sich emporranken · klettern · sich winden · sich schlingen · sich ringeln
Rankenwerk, das: → Verzierung (1)
Ränkeschmied, der: → Intrigant
Ränkespiel, das: → Intrige
ränkesüchtig: → intrigant
ränkevoll: → intrigant
ranklotzen: → arbeiten (1)
Rankünе, die: → Feindschaft
ranschmeißen, sich: → aufdrängen (II, 1)
Ränzel, das: sein R. schnüren: → aufbrechen (3)
ranzen: **1.** → brünstig (2) – **2.** → begatten (2, a)
Ranzen, der: **1.** → Schulranzen – **2.** → Rucksack – **3.** → Buckel (1) – **4.** → Bauch (1) – **5.** den R. voll hauen: → verprügeln
Ranzer, der: → Tadel (1)
ranzig: → verdorben (1)
Ranzzeit, die: → Brunstzeit
rapid[e]: → schnell (1, d)
Rappe, der: **1.** → Pferd (1) – **2.** auf Schusters Rappen: → Fuß (I, 2)
Rappel, der: **1.** → Anfall (2) – **2.** einen R. haben: → verrückt (5); einen R. kriegen: → Beherrschung (2, a)
rappeldürr: → mager (1)
rappelig: **a)** → verrückt (1) – **b)** → geisteskrank (1)
Rappelkopf, der: **1.** → Starrkopf – **2.** → Hitzkopf
rappelköpfig: → verrückt (1)
rappeln: **1.** → klappern (1) – **2.** → geisteskrank (2) – **3.** → verrückt (5)
rappeltrocken: → trocken (1)
rappelvoll: → überfüllt
Rappenspalter, der: → Geizhals
Rapport, der: → Bericht (1)
rapportieren: → berichten
Raptus, der: **1.** → Anfall (2) – **2.** einen R. haben: → verrückt (5)
Rapuse, die: in die R. gehen/kommen: → verloren (4)
rar: **1.** → selten (1) – **2.** → knapp (1) – **3.** → wertvoll (1) – **4.** sich r. machen: → zurückhalten (II, 1)
Rarität, die: → Seltenheit
rasant: → schnell (1, a *u.* d)
Rasanz, die: → Geschwindigkeit (1)
rasaunen: → lärmen
rasch: **1.** → schnell (1, c) – **2.** r. machen: → beeilen, sich; rasches Handeln: → Geistesgegenwart
rascheln: + rauschen · lispeln · wispern · wispeln · säuseln · knistern · knirschen
Raschheit, die: → Schnelligkeit (1)
rasen: **1.** → fahren (1) – **2.** → laufen (1) – **3.** → wüten
Rasen, der: **1.** ⟨*mit Gras bewachsene Fläche*⟩ Rasenfläche · Grünfläche · Grasfläche · Rasenplatz · Grasplatz · Grasstück + Grünstreifen · Wiese; → *auch* Wiese – **2.** →

Spielfeld – **3.** jmdn. deckt der grüne R.: → tot (4)
rasend: **1.** ⟨*von Jubel od. Beifall gesagt: außerordentlich lebhaft*⟩ stürmisch · ungestüm · toll · wild · frenetisch – **2.** → wütend (1) – **3.** → wild (1) – **4.** → sehr – **5.** rasendes Weib: → Megäre; in rasender Eile: → eilig (1)
Rasenfläche, die: → Rasen (1)
Rasenplatz, der: → Rasen (1)
Raser, der: → Temposünder
Raserei, die: Tobsucht · Furor · Wildheit · Berserkerwut; → *auch* Wut (1)
rasieren: den Bart schaben/scheren (*veraltend*); barbieren · balbieren (*noch scherzh*)
Rasierklinge, die: scharf wie eine R.: → lüstern (1)
Rasierwasser, das: + Aftershave[lotion] · Preshave[lotion]
Räson, die: zur R. bringen: → zurechtweisen
räsonieren: **1.** → schimpfen (1) – **2.** → nörgeln
Räsonierer, der: → Nörgler
Raspel, die: → Reibeisen (1)
raspeln: **1.** → reiben (I, 2) – **2.** Süßholz r.: → schmeicheln (1)
Rassel, die: Knarre · Klapper; Ratsche (*landsch*)
Rasselei, die: → Lärm (1)
rasseln: **1.** ⟨*ein Geräusch wie beim Bewegen von Ketten hervorbringen*⟩ klirren ♦ *umg*: scheppern; → *auch* klappern (1), poltern (1), lärmen – **2.** mit dem Säbel r.: → drohen (1); durch die Prüfung r.: → durchfallen
rassig: → elegant (1)
Rast, die: **1.** → [1]Pause (1) – **2.** R. halten/machen: → rasten; ohne R. und Ruh: → unermüdlich (1)
rasten: Rast halten/machen · Halt machen · kurz ruhen/verschnaufen · eine Pause/Ruhepause machen/einschieben/einlegen; [sich] ausrasten (*süddt österr*) + lagern; ♦ *salopp*: eine Fuffzehn machen; → *auch* ausruhen (I), aussetzen (2)
Rasthaus, das: → Gaststätte (1, a)
Rasthof, der: → Autobahnraststätte
rastlos: **1.** → unermüdlich (1) – **2.** → unruhig (1)
Raststätte, die: **1.** → Autobahnraststätte – **2.** → Gaststätte (1, a)

Rat, der: **1.** ⟨*helfende Mitteilung*⟩ Ratschlag · Empfehlung; → *auch* Hinweis – **2.** → Ausschuss (1) – **3.** einen R. geben/erteilen: → raten (1); R. wissen: → helfen (5); R. schaffen: → helfen (2); mit R. und Tat zur Seite stehen: → helfen (1); um R. fragen: → fragen (I, 2); zu Rate ziehen: **a)** → fragen (I, 2) – **b)** → heranziehen (1); zu Rate gehen: → überlegen (I, 1); mit sich zu Rate gehen: → besinnen, sich (1); R. halten, Rats pflegen: → beraten (II)
Rate, die: auf Raten kaufen: → Teilzahlung (2); in Raten: → ratenweise; in Raten [be]zahlen: → abzahlen; in Raten sprechen: → stottern (1)
raten: **1.** ⟨*durch eine Meinungsäußerung jmdm. helfen, eine Entscheidung zu treffen*⟩ [an]empfehlen · anraten · einen Rat geben/erteilen · einen Tipp geben · nahe legen · raten |zu| · zuraten · zureden; → *auch* beraten (I, 1), beibringen (1), vorschlagen, einschärfen (1) – **2.** → erraten (1) – **3.** r. |zu|: → 1
ratenweise: in Raten ♦ *salopp*: auf Stottern
Ratenzahlung, die: → Teilzahlung (1)
Ratgeber, der: → Berater
Ratifikation, die: → Ratifizierung
ratifizieren (*Völkerrecht*): in Kraft setzen
Ratifizierung, die (*Völkerrecht*): Ratifikation; Inkraftsetzung (*amtsspr*)
Ratio, die: → Vernunft (1)
Ration, die: **1.** ⟨*für die Verpflegung festgelegte Menge*⟩ Verpflegungssatz · Zuteilung · Quantum – **2.** → Anteil (1)
rational: → vernunftmäßig
rationalisieren: durchrationalisieren · straffen + vereinheitlichen · verschlanken · schlank[er] machen
rationell: → zweckmäßig
rationieren: → bewirtschaften (1)
rätlich: → empfehlenswert
ratlos: → hilflos (1)
ratsam: → empfehlenswert
Ratsche, die: **1.** → Rassel – **2.** → Schwätzerin
ratschen: **1.** → klatschen (2) – **2.** → unterhalten (II, 1)
Ratschlag, der: **1.** → Rat (1) – **2.** → Vorschlag (1) – **3.** [gute] Ratschläge geben/erteilen, mit Ratschlägen bedenken: → beraten (I, 1)
ratschlagen: → beraten (II)
Ratschluss, der: → Beschluss (1)

Rätsel, das: **1.** ⟨*zu lösende spieler. Aufgabe*⟩ Denkaufgabe · Denkspiel · Denksportaufgabe; → *auch* Preisaufgabe, Quiz – **2.** → Geheimnis (1) – **3.** ein R.: → unbegreiflich
rätselhaft: 1. → geheimnisvoll (1) – **2.** → unbegreiflich
rätseln: 1. → nachdenken (1) – **2.** → grübeln
rätselvoll: → geheimnisvoll (1)
Rattenfänger, der: → Volksverführer
Rattenschwanz, der: **1.** → Zopf – **2.** → Folge (1)
rattern: 1. → lärmen – **2.** → holpern
Ratz, der: schlafen wie ein R.: → schlafen (1, b)
Ratzefummel, der: → Radiergummi
ratzekahl: 1. → kahl (1) – **2.** → leer (1)
ratzen: → schlafen (1, b)
rau: 1. ⟨*bes. von der Haut gesagt: viele kleine Unebenheiten aufweisend*⟩ rissig; rubbelig (*landsch*) + kratzig · aufgesprungen · spröde; → *auch* uneben (1) – **2.** ⟨*vom Wind gesagt: kalt u. stark wehend*⟩ scharf · harsch · schneidend · heftig – **3.** → unfreundlich (2) – **4.** → struppig – **5.** → barsch, derb (1) – **6.** → heiser (1) – **7.** r. werden: → aufspringen (1); in rauen Mengen: → massenhaft; eine raue Kehle haben: → heiser (2)
Raub, der: **1.** ⟨*geraubte Gegenstände*⟩ Beute · Raubgut · Diebesbeute · Diebesgut + Prise · Eroberung ♦ *umg*: Fang · Sore · heiße Ware – **2.** → Diebstahl (1) – **3.** → Entführung – **4.** ein R. der Flammen werden: → verbrennen (I, 2)
raubauzig: → barsch
Raubbau, der: **1.** → Ausnutzung (1) – **2.** R. treiben: → überbeanspruchen
Raubein, das: → Grobian
raubeinig: → barsch
rauben: 1. ⟨*gewaltsam in seinen Besitz bringen*⟩ wegnehmen · [ab]nehmen · entreißen; → *auch* plündern, stehlen (1) – **2.** → entführen (1) – **3.** den letzten Nerv r.: → belästigen (1); die Illusionen r.: → ernüchtern; die Hoffnung r.: → entmutigen; den Schlaf r.: → Sorge (4)
Räuber, der: Straßenräuber · Wegelagerer; Strauchritter · Strauchdieb · Buschklepper (*veraltet*); Schnapphahn · Raubritter · Brigant (*hist*); → *auch* Seeräuber, Plünderer, Dieb, Verbrecher
Räuberbande, die: → Bande
Räuberhöhle, die: **1.** → Zimmer – **2.** → Wohnung (1)
räuberisch: raubgierig · raublustig · beutegierig + freibeuterisch; → *auch* diebisch (1)
räubern: → plündern
Räuberpistole, die: → Schauergeschichte
Raubgesindel, das: → Gesindel
raubgierig: → räuberisch
Raubgut, das: → Raub (1)
raublustig: → räuberisch
Raubmord, der: → Mord (1)
rauborstig: → barsch
Raubritter, der: → Räuber
Raubtierbändiger, der: → Dompteur
Raubüberfall, der: → Überfall (2)
Rauch, der: **1.** ⟨*durch Feuer entstehendes Gewölk*⟩ Qualm · Rauchwolke · Rauchschwaden · Rauchfahne; Schmauch (*landsch*) ♦ *umg*: Schmok (*norddt*); → *auch* Dampf (1), Dunst (1) – **2.** in R. aufgehen: **a)** → verbrennen (I, 2) – **b)** → scheitern (b); sich in R. auflösen: → scheitern (b); Schall und R.: → bedeutungslos (1)
Rauchabzug, der: → Rauchfang (1)
rauchen: 1. ⟨*Tabakrauch einziehen u. wieder ausstoßen*⟩ schmauchen ♦ *umg*: qualmen · paffen · rauchen/qualmen wie ein Schlot/Schornstein; schmöken (*norddt*) – **2.** ⟨*Rauch entwickeln bzw. ausstoßen*⟩ qualmen + schwelen · räuchern; → *auch* dampfen (1), rußen (1) – **3.** r. wie ein Schlot/Schornstein: → 1; die Friedenspfeife r.: → versöhnen (II)
raucherfüllt: → rauchig
räucherig: → rauchig
räuchern: 1. ⟨*durch Rauch haltbar machen*⟩ durchräuchern · anräuchern; selchen (*süddt österr*) – **2.** → rauchen (2)
Rauchfahne, die: → Rauch (1)
Rauchfang, der: **1.** ⟨*Vorrichtung zum Ableiten des Rauches*⟩ Rauchabzug; → *auch* Schornstein (1) – **2.** → Schornstein (1) – **3.** in den R. schreiben: → verloren (3)
Rauchfangkehrer, der: → Schornsteinfeger
rauchfarben: → grau (1)
rauchfarbig: → grau (1)
Rauchfleisch, das: Selchfleisch · das Geselchte (*süddt österr*)
rauchgeschwängert: → rauchig
rauchgeschwärzt: angeraucht (*veraltend*); → *auch* rauchig
rauchgrau: → grau (1)

rauchig: verraucht · räucherig · qualmig · raucherfüllt · rauchgeschwängert ♦ *umg*: verräuchert · verqualmt; → *auch* dunstig, rauchgeschwärzt
Rauchschwaden, der: → Rauch (1)
Rauchware, die: → Pelzware
Rauchwaren (*Pl*): → Tabakwaren
Rauchwolke, die: → Rauch (1)
Rauchzeug, das: → Tabakwaren
Räude, die: → Krätze
räudig: räudiges Schaf: → Prügelknabe
rauen: → aufrauen
Raufbold, der: Rowdy · Hooligan · Schläger · Raufer ♦ *umg*: Raufbruder; → *auch* Rambo, Streitsüchtige
Raufbruder, der: → Raufbold
Raufe, die: → Futterkrippe
raufen: I. raufen: → ausreißen (1) – **II.** raufen, sich: **1.** ⟨[*aus Übermut*] *ringend miteinander kämpfen*⟩ sich balgen · rangeln ♦ *umg*: sich katzbalgen; sich kampeln (*landsch*); → *auch* ringen (1) – **2.** → schlagen (II, 1)
Raufer, der: → Raufbold
Rauferei, die: Handgemenge · Balgerei · Rangelei · Gerangel ♦ *umg*: Geraufe · Gebalge · Katzbalgerei; → *auch* Schlägerei
Raufrost, der: → Raureif
raum: → offen (2)
Raum, der: **1.** ⟨*von Wänden umschlossener Teil eines Gebäudes*⟩ Räumlichkeit + Zimmer; → *auch* Saal – **2.** → Zimmer – **3.** → Platz (1) – **4.** → Landschaftsgebiet – **5.** → Bereich (1) – **6.** → Weltraum – **7.** kosmischer R.: → Weltraum; im luftleeren R.: → isoliert; in den R. stellen: → ansprechen (2)
räumen: 1. → abräumen (1) – **2.** → leeren (1) – **3.** → verlassen (I, 1) – **4.** → abernten (1) – **5.** beiseite/auf die Seite r.: → wegräumen (1); aus dem Wege r.: **a)** → wegräumen (1) – **b)** → ermorden; das Feld r.: → zurückziehen (II, 2)
Raumfähre, die: Spaceshuttle · Shuttle · Weltraumfähre · Raumtransporter · Weltraumtransporter · Raumgleiter; → *auch* Raumschiff
Raumfahrer, der: → Astronaut
Raumfahrt, die: Astronautik · Kosmonautik · Weltraumfahrt
Raumfahrzeug, das: → Raumschiff
Raumflugkörper, der: → Raumschiff
Raumgleiter, der: → Raumfähre
Rauminhalt, der: Volumen
Raumkapsel, die: → Raumschiff
Raumknappheit, die: → Platzmangel
Raumlabor, das: Weltraumlaboratorium · Spacelab · Skylab; → *auch* Raumstation
Raumleuchte, die: → [2]Lampe (1)
räumlich: → örtlich (1)
Räumlichkeit, die: **1.** → Raum (1) – **2.** → Zimmer
Raummangel, der: → Platzmangel
Raumnot, die: → Platzmangel
Raumpflegerin, die: → Putzfrau
Raumschiff, das: Weltraumschiff · Raumfahrzeug + Raumkapsel · Kapsel · Raumsonde · Raumflugkörper · Satellit · Sputnik; → *auch* Raumfähre
Raumsonde, die: → Raumschiff
Raumstation, die: Weltraumstation · Orbitalstation; → *auch* Raumlabor
Raumtransporter, der: → Raumfähre
Räumung, die: → Rückzug (1)
Räumungsverkauf, der: → Ausverkauf
raunen: → flüstern (1)
raunzen: 1. → nörgeln – **2.** → jammern (1)
Raunzer, der: → Nörgler
Raunzerei, die: → Nörgelei
Raupe, die: **1.** → Raupenkette – **2.** Raupen in den Kopf setzen: → einreden (1)
Raupenband, das: → Raupenkette
Raupenkette, die: Raupe · Gleiskette · Raupenband
Raupenschlepper, der: → Traktor
Raureif, der: Reif; Raufrost (*landsch*)
Rausch, der: **1.** ⟨*das Betrunkensein*⟩ *umg*: Schwips; Dusel · Schwiemel (*landsch*); Dulliäh (*österr*) ♦ *salopp*: Affe; → *auch* Säuferwahn[sinn] – **2.** ⟨*Zustand nach Drogeneinnahme*⟩ Rauschzustand ♦ *umg*: Dröhnung · Trip · Turn + Kick – **3.** → Erregung (1) – **4.** → Begeisterung (1) – **5.** sich einen R. antrinken: → betrinken, sich; einen R. haben: → betrunken (2)
rauschen: 1. → brausen (I, 1) – **2.** → rascheln – **3.** → brünstig (2) – **4.** → wehen (1) – **5.** durch die Prüfung r.: → durchfallen
Rauschgift, das: **1.** ⟨*einen Rausch erzeugender Stoff*⟩ Rauschmittel · Droge + Heroin · Kokain · Opium · Haschisch · Marihuana · LSD · Designerdroge · Ecstasy ♦ *umg*: Stoff · Dope · Schnee + Koks · Hasch · Tea · Pot · Kif · Grass · Acid; → *auch* Aufputschmittel – **2.** mit R. handeln: ⟨*illegal Rauschgift verkaufen*⟩ *umg*: dealen · pushen – **3.** R. nehmen: ⟨*sich Rauschgift zuführen*⟩ *umg*: dröh-

nen · einen Trip einwerfen + haschen · kiffen · koksen · fixen · drücken · schießen · einen Schuss setzen/drücken; → *auch* rauschgiftsüchtig (2)
Rauschgifthändler, der: *umg*: Dealer · Pusher
Rauschgiftmilieu, das: *umg*: Drogenszene
rauschgiftsüchtig: 1. ⟨*dem Rauschgift verfallen*⟩ drogenabhängig · drogensüchtig · süchtig – **2.** r. sein: ⟨*vom Rauschgift nicht mehr loskommen*⟩ *umg*: + an der Nadel hängen; → *auch* Rauschzustand (2), Rauschgift (3)
Rauschgiftsüchtige, der: der Drogensüchtige · der Drogenabhängige ♦ *umg*: Junkie · User + Kokser · Hascher · Kiffer · Fixer · Schießer · Mainliner
Rauschmittel, das: → Rauschgift (1)
Rauschzeit, die: → Brunstzeit
Rauschzustand, der: **1.** → Rausch (2) – **2.** in einem R. sein: ⟨*sich in einem Drogenrausch befinden*⟩ unter Drogen stehen ♦ *umg*: high sein; → *auch* rauschgiftsüchtig (2)
rausfliegen: → entlassen (3)
räuspern, sich: hüsteln
rausschmeißen: → entlassen (2)
Rausschmiss, der: → Entlassung (2)
rauswerfen: → entlassen (2)
Rauswurf, der: → Entlassung (2)
Raute, die: → Rhombus
Rauware, die: → Pelzware
Rave, das *od.* der: → Tanzveranstaltung
Rayon, der: → Abteilung (II, 3)
reagieren: 1. → verhalten (II, 1) – **2.** r. |auf|: ⟨*auf einen Impuls eine Wirkung zeigen*⟩ ansprechen |auf| + gehorchen ♦ *umg*: anspringen |auf| – **3.** sauer r. |auf|: → ablehnen (1)
Reaktion, die: Rückwirkung · Gegenwirkung · Wirkung + Gegenbewegung
reaktionär: → rückschrittlich
reaktionsschnell: → geistesgegenwärtig
Reaktionsschnelligkeit, die: → Geistesgegenwart
Reaktor, der: → Kernreaktor
real: 1. → wirklich (1) – **2.** → sachlich (1)
Realisation, die: **1.** → Verwirklichung – **2.** → Verkauf (1)
realisierbar: → durchführbar
realisieren: 1. → verwirklichen – **2.** → verkaufen (I, 1) – **3.** → verstehen (I, 2) – **4.** → erkennen (1)
Realisierung, die: **1.** → Verwirklichung – **2.** → Verkauf (1)
Realismus, der: Wirklichkeitssinn · Realitätssinn · Sachlichkeit + Wirklichkeitstreue
Realist, der: R. sein: → Illusion (3)
realistisch: → wirklichkeitsnah
Realität: I. Realität, die: **1.** → Wirklichkeit (1) – **2.** → Tatsache (1) – **II.** Realitäten (*Pl*): → Grundstück (II)
realitätsfern: → weltfremd
Realitätssinn, der: → Realismus
realiter: → tatsächlich (1)
Realkatalog, der: → Sachkatalog
Realschule, die: Mittelschule; Sekundarschule (*schweiz*)
reanimieren: → wiederbeleben (1)
Rebe, die: **1.** → Weinstock – **2.** Blut der Reben: → Wein (1)
Rebell, der: → Aufständische
rebellieren: → aufbegehren
Rebellion, die: → Aufstand
rebellisch: → aufrührerisch
rebeln: → pflücken
Rebensaft, der: → Wein (1)
Rebstock, der: → Weinstock
rechen: → harken
Rechen, der: → Harke (1)
Rechenaufgabe, die: Rechenexempel · Rechnung
Rechenautomat, der: → Computer
Rechenexempel, das: → Rechenaufgabe
Rechenfehler, der: einen R. machen: → verrechnen (II, 1)
Rechenschaft, die: R. ablegen: → verantworten (II); zur R. ziehen: → belangen (1)
Rechenschaftsbericht, der: Tätigkeitsbericht + Jahresbericht
Recherche, die: Recherchen anstellen: → nachforschen
recherchieren: → nachforschen
rechnen: I. rechnen: **1.** → sparsam (3) – **2.** mit dem/jedem Pfennig r.: → sparsam (3); r. |auf|: → vertrauen; r. |mit|: → vorbereitet (2); gerechnet werden |zu|: → gehören (I, 3, b) – **II.** rechnen, sich: → lohnen (II)
Rechner, der: → Computer
Rechnung, die: **1.** ⟨*schriftl. Kostenforderung*⟩ Faktur (*kaufm veraltend*); Faktura (*noch österr kaufm*) + Liquidation · Zeche – **2.** → Rechenaufgabe – **3.** → Berechnung (2) – **4.** die R. aufmachen/aufstellen: → abrechnen (1); in R. stellen: **a)** → berechnen

(I, 2) – **b)** → berücksichtigen (1); R. tragen, in R. ziehen: → berücksichtigen (1); die R. ohne den Wirt machen: → irren (II); einen Strich durch die R. machen: → vereiteln; eine [alte] R. begleichen: → vergelten (1)
Rechnungslegung, die: → Bilanz (1)
recht: 1. → richtig (1) – **2.** → passend (1, a) – **3.** r. sein: → behagen (1); r. und billig: → gerecht (1); r. und schlecht: → behelfsmäßig; die rechte Hand: → Helfer (1); rechter/zur rechten Hand: → rechts (1); zur rechten Zeit: **a)** → pünktlich (1) – **b)** → rechtzeitig; ins rechte Gleis bringen: **a)** → regeln (1) – **b)** → bereinigen (1); nicht r. gescheit/bei Verstand/bei Trost: → verrückt (1); den Mund auf dem rechten Fleck haben: → schlagfertig (2); nach dem Rechten sehen: → kontrollieren (1)
Recht, das: **1.** ⟨*gesetzlich begründete Freiheit, etw. zu tun*⟩ Berechtigung · Befugnis + Freibrief · Qualifikation · Qualifizierung – **2.** → Genehmigung (1) – **3.** → Anspruch (1) – **4.** → Gesetz (2) – **5.** → Rechtswissenschaft – **6.** mit R.: ⟨*mit voller Berechtigung*⟩ zu Recht · mit Fug und Recht · mit [gutem] Grund · aus guten Gründen · berechtigterweise · begründeterweise · füglich; → *auch* verdientermaßen – **7.** R. haben: ⟨*etw. richtig beurteilen*⟩ Recht behalten · im Recht sein ♦ *umg*: richtig liegen + [stets] das letzte Wort haben – **8.** das R. haben: → dürfen; ohne R.: → unbefugt (1); seiner Rechte beraubt: → rechtlos; R. sprechen: → Urteil (4); nach R. und Gesetz: **a)** → rechtlich (1) – **b)** → rechtmäßig; zu R.: **a)** → rechtmäßig – **b)** → 6; R. behalten, im R. sein: → 7; von Rechts wegen: → eigentlich (1)
Rechte, die: zur Rechten: → rechts (1)
Rechteck, das: → Viereck
rechteckig: → viereckig
rechten: → streiten (I, 1)
rechtens: → rechtmäßig
rechterseits: → rechts (1)
rechtfertigen: I. rechtfertigen: ⟨*von einem Verdacht befreien*⟩ rehabilitieren · entlasten ♦ *gehoben*: entsühnen ♦ *umg*: reinwaschen · weißwaschen; → *auch* entschuldigen (I, 1) – **II.** rechtfertigen, sich: ⟨*sich von einem Verdacht befreien*⟩ sich rehabilitieren + sich wehren ♦ *umg*: sich reinwaschen · sich weißwaschen; → *auch* verantworten (II)
Rechtfertigung, die: **1.** ⟨*das Entkräften einer Anschuldigung*⟩ Rehabilitierung · Rehabilitation · Entlastung; → *auch* Entschuldigung (1) – **2.** → Ehrenrettung
rechtgläubig: → orthodox
Rechtgläubigkeit, die: → Orthodoxie
Rechthaber, der: Besserwisser · Allesbesserwisser · der Neunmalkluge · der Neunmalgescheite · Schlaumeier
Rechthaberei, die: → Eigensinn
rechthaberisch: → eigensinnig (1)
rechtlich: 1. ⟨*dem Gesetz entsprechend*⟩ gesetzlich · juristisch · de jure · nach Recht und Gesetz; juridisch (*noch österr*) + rechtskräftig · polizeilich; → *auch* zulässig, rechtmäßig – **2.** → rechtschaffen
rechtlos: entrechtet · seiner Rechte beraubt + schutzlos; → *auch* geächtet
rechtmäßig: legitim · legal · gesetzmäßig · gesetzlich · rechtens · zu Recht · nach Recht und Gesetz; → *auch* rechtlich (1)
rechts: 1. ⟨*auf der rechten Seite befindlich*⟩ rechtsseitig · rechterseits · zur Rechten · rechter Hand · zur rechten Hand; steuerbord (*seem*) – **2.** nach r.: → rechtsherum; nicht mehr wissen, was r. und links ist: → verwirrt (3)
Rechtsangelegenheit, die: → Rechtssache
Rechtsanwalt, der: Anwalt; Advokat (*noch landsch u. schweiz*); Fürsprech (*schweiz*); Winkeladvokat (*abwert*) + Jurist · Notar · Verteidiger · Rechtsvertreter · Sachwalter ♦ *umg*: Rechtsverdreher (*scherzh*); → *auch* Fürsprecher, Rechtsbeistand
Rechtsbeistand, der: Beistand · Rechtsberater · Syndikus · Justiziar; → *auch* Rechtsanwalt
Rechtsberater, der: → Rechtsbeistand
Rechtsbeugung, die: → Ungesetzlichkeit
Rechtsbrecher, der: → Verbrecher
Rechtsbruch, der: → Ungesetzlichkeit
rechtschaffen: integer · redlich · ordentlich · loyal · kreuzbrav · von altem/echtem Schrot und Korn; wacker · brav · bieder · rechtlich (*veraltend*); senkrecht (*schweiz*) + vertrauenswürdig · unbescholten · solid[e] · unbestechlich; → *auch* achtbar (1), angesehen (1), anständig (1), ehrlich (1), pflichtbewusst, zuverlässig (1)
Rechtschaffenheit, die: Integrität · Redlichkeit · Loyalität; Biederkeit (*veraltend*) + Vertrauenswürdigkeit · Unbescholtenheit; → *auch* Ehrlichkeit, Pflichtbewusstsein, Zuverlässigkeit

Rechtschreibung, die: Orthographie + Schreibweise · Schreibung
Rechtseinwendung, die: → Einspruch (1)
Rechtsfall, der: → Rechtssache
Rechtsfrage, die: → Rechtssache
rechtsgelehrt: → rechtskundig
rechtsgültig: rechtskräftig · rechtsverbindlich · rechtswirksam + authentisch
Rechtsgültigkeit, die: Rechtskraft · Gesetzeskraft · Gültigkeit
Rechtshandel, der: → Prozess (1)
rechtsherum: nach rechts; rechtshin (*veraltet*)
rechtshin: → rechtsherum
Rechtskraft, die: → Rechtsgültigkeit
rechtskräftig: 1. → rechtsgültig – **2.** → rechtlich (1)
rechtskundig: gesetz[es]kundig + rechtsgelehrt
Rechtslehre, die: → Rechtswissenschaft
rechtsliebend: → gerecht (2)
Rechtspflege, die: → Rechtsprechung
Rechtsprechung, die: Rechtspflege · Rechtswesen · Justiz · Jurisdiktion · Gerichtsbarkeit
Rechtssache, die: Rechtsangelegenheit · Rechtsfall · Rechtsfrage · Fall · Sache
rechtsseitig: → rechts (1)
Rechtsspruch, der: → Urteil (1)
Rechtsstreit, der: → Prozess (1)
rechtsverbindlich: → rechtsgültig
Rechtsverdreher, der: → Rechtsanwalt
Rechtsverdrehung, die: → Ungesetzlichkeit
Rechtsverfahren, das: → Prozess (1)
Rechtsverletzung, die: → Ungesetzlichkeit
Rechtsvertreter, der: → Rechtsanwalt
Rechtswesen, das: → Rechtsprechung
rechtswidrig: → ungesetzlich
Rechtswidrigkeit, die: → Ungesetzlichkeit
rechtswirksam: → rechtsgültig
Rechtswissenschaft, die: Jurisprudenz · Rechtslehre + Jura · Jus · Recht ♦ *umg*: Juristerei (*scherzh, auch abwert*)
rechtzeitig: zur [rechten] Zeit · beizeiten; zeitgerecht (*österr schweiz*); → *auch* pünktlich (1)
Recke, der: → Held
recken: I. recken: → dehnen (I) – **II.** recken, sich: **1.** → strecken (II, 1) – **2.** → dehnen (II, 1)
recyceln: → verwerten (1)
Recycling, das: Altstoffwiederverwertung · Wiederverwertung
Rede, die: **1.** ⟨*zusammenhängende mündl. Darlegung vor Zuhörern*⟩ Ansprache · Speech + Festrede · Wahlrede ♦ *umg*: Predigt (*scherzh od. abwert*); → *auch* Vortrag (2) – **2.** → Sprache (1) – **3.** ungebundene R.: → Prosa (1); eine R. halten/schwingen/vom Stapel lassen: → sprechen (2); die R. bringen |auf|: → ansprechen (2); in die R. fallen: → unterbrechen (1); R. und Antwort stehen: → verantworten (II); nicht/kaum der R. wert: **a)** → geringfügig – **b)** → unwichtig (1); die R. sein |von|: → handeln (II); zur R. stellen: → belangen (1)
Rededuell, das: → Streitgespräch
Redefluss, der: → Redeschwall
redefreudig: → gesprächig (1)
redegewaltig: → redegewandt
redegewandt: sprachgewandt · wortgewandt · sprachgewaltig · redegewaltig · beredt · beredsam · zungenfertig · wortreich · eloquent + geläufig; → *auch* schlagfertig (1)
Redekunst, die: → Rhetorik
Redekünstler, der: Rhetoriker + Rhetor; → *auch* Redner
redelustig: → gesprächig (1)
reden: 1. → sprechen (1) – **2.** vergeblich r.: ⟨*mit seinen Worten keinen Erfolg haben*⟩ vergebens/umsonst reden · in den Wind/gegen eine Wand reden · in der Wüste predigen · tauben Ohren predigen · auf taube Ohren stoßen · kaltes Eisen hämmern · das ist vergebliche/verlorene Liebesmüh – **3.** r. |mit|: → unterhalten (II, 1); mit sich r. lassen: → kompromissbereit (3); vergebens/umsonst r., in den Wind/gegen eine Wand r.: → 2; von der Kanzel r.: → predigen (1); wie ein Buch r.: → schwatzen (1); Stuss/Käse/ungewaschenes Zeug r.: → schwafeln; große Töne/Worte r.: → aufspielen (II); von sich r. machen: → bekannt (4, b); jmdm. das Wort r.: → eintreten (7, a); sich etw. von der Seele r.: → anvertrauen (II, 2); sich alles von der Seele r.: → aussprechen (II, 1); ins Gewissen r.: → ermahnen (1); sich den Mund fusselig/fransig/in Fransen r., sich die Seele aus dem Leib r.: → einreden (2); deutsch/Fraktur/Klartext/Tacheles r. |mit|: → zurechtweisen; ins Gewissen r.: → ermahnen (1); nach dem Munde/zu Gefallen r.: → schmeicheln (1); schlecht/abfällig r. |von/über|: → ver-

leumden (1); zum Reden bringen: → sprechen (3)
Redensart, die: **1.** ⟨*abgegriffene Redewendung*⟩ Floskel · Formel; → *auch* Phrase (1), Gemeinplatz, Redewendung (1) – **2.** → Phraseologismus – **3.** allgemeine R.: → Phrase (1); sprichwörtliche R.: → Phraseologismus
Rederei, die: **1.** → Geschwätz (1) – **2.** → Gerede (1)
redescheu: → schweigsam
Redeschlacht, die: → Streitgespräch
Redeschwall, der: Wortschwall · Suada · Tirade · Erguss + Redefluss
Redestreit, der: → Streitgespräch
Redeweise, die: **1.** → Redewendung (1) – **2.** → Ausdrucksweise (1)
Redewendung, die: **1.** ⟨[*feste*] *Verbindung von Wörtern*⟩ Wendung · Fügung · Ausdruck + Formulierung · Redeweise · Figur; → *auch* Redensart (1) – **2.** idiomatische/feste R.: → Phraseologismus
redigieren: → überarbeiten (I)
Redingote, die: → Mantel (1)
redlich: 1. → rechtschaffen – **2.** → ehrlich (1)
Redlichkeit, die: **1.** → Rechtschaffenheit – **2.** → Ehrlichkeit
Redner, der: Referent · der Vortragende; → *auch* Redekünstler, Sprecher (1)
rednerisch: oratorisch
Redoute, die: → Maskenball
redselig: → gesprächig (1)
Reduktion, die: **1.** → Verminderung – **2.** → Herleitung
redundant: → überflüssig (1)
Redundanz, die: → Überfluss (1)
reduzieren: 1. → vermindern (I) – **2.** r. |auf|: → herleiten (I)
Reduzierung, die: → Verminderung
Reede, die: → Ankerplatz
reell: 1. → ehrlich (1) – **2.** → wirklich (1)
Reep, das: → Seil (1)
Reet, das: → Schilf (a *u.* b)
Refektorium, das: → Speisesaal
Referat, das: **1.** → Vortrag (2) – **2.** → Bericht (1) – **3.** → Arbeitsgebiet – **4.** ein R. halten: → sprechen (2)
Referee, der: → Schiedsrichter
Referendum, das: → Volksabstimmung
Referent, der: **1.** → Redner – **2.** → Berichterstatter – **3.** → Gutachter – **4.** → Sachbearbeiter
Referenz, die: → Empfehlung (1)
referieren: 1. → vortragen (1) – **2.** → berichten – **3.** → beurteilen (1)
Reff, das: → Rückentrage
reffen: → einziehen (2)
Reflektant, der: → Käufer
reflektieren: 1. → widerspiegeln (I) – **2.** → nachdenken (1) – **3.** r. |auf|: → erstreben
Reflex, der: → Rückstrahlung, Widerschein
Reflexion, die: **1.** → Rückstrahlung – **2.** → Überlegung (1)
Reform, die: → Umgestaltung
reformieren: → umgestalten
Reformierung, die: → Umgestaltung
Refrigerator, der: → Tiefkühlschrank
Refugium, das: → Zuflucht
Regal, das: Bücherregal + Gestell · Stellage; Etagere (*veraltend*); → *auch* Wandbrett
regalieren: → bewirten (1)
rege: → munter (1)
Regel, die: **1.** ⟨*das für etw. Festgelegte, Geltende*⟩ Norm · Standard · Prinzip · Richtschnur · Maßstab · Kanon · Kompass · Regelung + Spielregel · Lebensregel · Faustregel · Merkspruch; → *auch* Grundsatz (1), Richtlinie, Satzung (1), Vorschrift (1) – **2.** → Menstruation – **3.** nach der R.: → vorschriftsmäßig; in der R.: → meist; die/seine R. haben: → menstruieren
Regelblutung, die: → Menstruation
regelgemäß: → vorschriftsmäßig
regellos: → ungeordnet (1)
Regellosigkeit, die: → Unordnung (1)
regelmäßig: 1. → gewöhnlich (1) – **2.** → vorschriftsmäßig – **3.** → wohlgestaltet – **4.** r. wiederkehrend: → periodisch
regeln: 1. ⟨*in ein bestimmtes sinnvolles Verhältnis bringen*⟩ ordnen · regulieren · normalisieren · in Ordnung/in die Reihe bringen · ins rechte Gleis bringen · ins Gleiche bringen ♦ *umg*: klarkriegen · ins Geschick bringen – **2.** → bereinigen (1) – **3.** im Guten r.: → bereinigen (1)
regelrecht: 1. → ausgesprochen (1) – **2.** → vorschriftsmäßig
Regelung, die: **1.** → Regel (1) – **2.** → Maßnahme – **3.** → Erledigung (1) – **4.** einvernehmliche R.: → Zugeständnis (1)
Regelverstoß, der: → Regelwidrigkeit
regelwidrig: → falsch (1)
Regelwidrigkeit, die: Regelverstoß · Verstoß; Foul · Unsauberkeit (*Sport*) ♦ *salopp*: + Holzerei (*bes. Fußball*)

regen: **I.** regen: **1.** → bewegen (I, 1) – **2.** die Hände r.: → arbeiten (1) – **II.** regen, sich: **1.** → bewegen (II, 1) – **2.** → arbeiten (1)
Regen, der: **1.** ⟨*aus den Wolken zur Erde fallende Wassertropfen*⟩ Niederschlag + Nieselregen · Landregen; → *auch* Regenguss – **2.** warmer R.: → Gewinn (1)
regenbogenfarbig: → bunt (1)
Regenbogenpresse, die: → Sensationspresse
regendicht: → undurchlässig
Regeneration, die: → Erneuerung (1)
regenerieren: **I.** regenerieren: → erneuern (1) – **II.** regenerieren, sich: → erholen, sich (1)
Regenguss, der: Regenschauer · Schauer · Guss · Platzregen · Sturzregen · Wolkenbruch + Unwetter · Regenwetter ♦ *umg*: Dusche; Husche · Pflatsch[en] (*landsch*); → *auch* Regen (1)
Regenhaut, die: → Regenmantel
Regenmantel, der: Regenhaut · Wettermantel · Waterproof
regennass: → nass (1)
Regenrinne, die: → Dachrinne
Regenschauer, der: → Regenguss
Regenschirm, der: **1.** ⟨*aufspannbarer Regenschutz*⟩ Schirm; Parapluie (*veraltet*) + Taschenschirm · Knirps (*Wz*) ♦ *umg*: Musspritze (*scherzh*); Gewitterflinte (*landsch scherzh*) – **2.** gespannt wie ein R.: → gespannt (1)
Regent, der: → Herrscher
Regentschaft, die: → Herrschaft (1)
Regenwald, der: → Urwald
Regie, die: → Leitung (1)
regieren: **1.** ⟨*die Regierungsgewalt ausüben*⟩ die Macht ausüben/[inne]haben/besitzen · die Geschicke des Landes bestimmen + die Zügel/Fäden in der Hand haben ♦ *umg*: am Ruder sein; → *auch* herrschen (1) – **2.** → herrschen (1) – **3.** → leiten (1) – **4.** → verwalten (1)
Regierung, die: **1.** ⟨*oberstes Exekutivorgan eines Staates bzw. Landes*⟩ Kabinett · Ministerrat · Staatsführung; Regime (*meist abwert*) + Junta · Militärjunta · Obrigkeit; → *auch* Staatsmacht – **2.** → Herrschaft (1)
Regierungschef, der: + Bundeskanzler · Kanzler · Premier[minister] · Ministerpräsident
Regierungsform, die: Regierungssystem · System; Regime (*meist abwert*) + Staatsform
Regierungssystem, das: → Regierungsform
Regierungswechsel, der: Machtwechsel
Regime, das: **1.** → Regierungsform – **2.** → Regierung (1)
Regiment, das: **1.** → Herrschaft (1) – **2.** → Truppeneinheit – **3.** das R. führen: **a)** → bestimmen (2) – **b)** → herrschen (1)
Region, die: **1.** → Gegend (1), Landschaftsgebiet – **2.** → Bereich (1)
regional: **1.** → landschaftlich (1) – **2.** → örtlich (1) – **3.** → mundartlich
Regionalbahn, die: → Personenzug
Regionalexpress, der: → Personenzug
Regionalzug, der: → Personenzug
Register, das: **1.** → Verzeichnis – **2.** langes R.: → Lange; alle Register ziehen: → versuchen (I, 4)
registrieren: **1.** → einschreiben (I) – **2.** → erfassen (1) – **3.** → feststellen (1)
Registrierung, die: **1.** → Erfassung – **2.** → Feststellung (1)
Reglement, das: **1.** → Vorschrift (1) – **2.** → Dienstvorschrift
reglementarisch: **1.** → vorschriftsmäßig – **2.** → reglementierend
reglementieren: → anordnen (2)
reglementierend: reglementarisch; dirigistisch (*Wirtsch*)
reglementmäßig: → vorschriftsmäßig
reglementwidrig: → falsch (1)
reglos: → regungslos
regnen: **1.** ⟨*als Regen niedergehen*⟩ *salopp*: pinkeln ♦ *derb*: schiffen · seichen; → *auch* nieseln, gießen (2) – **2.** Schusterjungen/Strippen/in Strömen r.: → gießen (2)
Regress, der: → Entschädigung
regsam: **1.** → munter (1) – **2.** → eifrig (1)
Regsamkeit, die: → Eifer (1)
regulär: **1.** → vorschriftsmäßig – **2.** → üblich (1)
regulieren: **1.** → regeln (1) – **2.** → einstellen (I, 1) – **3.** → bedienen (I, 4)
Regulierung, die: → Bedienung (4)
Regung, die: **1.** → Bewegung (1) – **2.** → Gefühlsregung – **3.** keine R. zeigen: ⟨*sich keine Empfindung anmerken lassen*⟩ nicht mit der Wimper zucken
regungslos: reglos · bewegungslos · unbeweglich · unbewegt · ohne Bewegung · er-

starrt · starr · ruhig · still · wie angewurzelt · wie in/aus Erz gegossen + leblos
Rehabilitation, die: → Ehrenrettung, Rechtfertigung (1)
rehabilitieren: I. rehabilitieren: → rechtfertigen (I) – **II.** rehabilitieren, sich: → rechtfertigen (II)
Rehabilitierung, die: → Ehrenrettung, Rechtfertigung (1)
rehbraun: → braun (1)
Rehposten, der: → Schrot (1)
Reibach, der: → Gewinn (1)
Reibe, die: → Reibeisen (1)
Reibeisen, das: **1.** ⟨*Küchengerät*⟩ Reibe · Raspel; Raffel (*landsch*) – **2.** → Xanthippe – **3.** altes R.: → Xanthippe
Reibekuchen, der: → Kartoffelpuffer
reiben: I. reiben: **1.** ⟨*an etw. hin- u. herbewegen*⟩ schaben · scheuern · wetzen; rubbeln (*landsch*); schamfilen (*seem*) – **2.** ⟨*mit einem Reibeisen zerkleinern*⟩ raspeln; raffeln (*landsch*) – **3.** → abreiben (I, 1) – **4.** → waschen (I, 1) – **5.** blank r.: **a)** → wichsen (1) – **b)** → polieren (1); unter die Nase r.: → vorhalten; [sich] den Schlaf aus den Augen r.: → aufwachen (1); sich die Hände r.: → schadenfroh (2) – **II.** reiben, sich: → streiten (II)
Reiberei, die: → Streit (1)
Reibtuch, das: → Scheuertuch
Reibung, die: → Widerstand (2)
reibungslos: glatt · ohne Zwischenfall + in Ruhe ♦ *umg*: wie geschmiert
Reibungswiderstand, der: → Widerstand (2)
reich: 1. ⟨*viel Geld u. materielle Güter besitzend*⟩ vermögend · wohlhabend · bemittelt · betucht · gut situiert · begütert · steinreich · finanzkräftig · finanzstark · kapitalkräftig · potent; mit [allen] Glücksgütern gesegnet (*scherzh*); vermöglich (*süddt schweiz*); hablich · behäbig (*schweiz*) + einkommensstark; → *auch* zahlungskräftig – **2.** → ergiebig – **3.** → umfangreich (1) – **4.** → wertvoll (1) – **5.** r. sein: ⟨*viel Geld u. materielle Güter besitzen*⟩ *umg*: ein dickes Portmonee haben · Geld wie Heu haben · im Geld schwimmen · im Geld [fast] ersticken ♦ *salopp*: Kohle/Pulver haben · nach Geld stinken · im Fett sitzen/schwimmen – **6.** Arm und Reich: → jedermann; reicher machen: → bereichern (I)
Reich, das: **1.** → Staat (2) – **2.** → Bereich (1)
reichen: 1. → geben (I, 1) – **2.** → anbieten (I, 1 *u.* 2) – **3.** → hinstrecken (I, 1) – **4.** → ausreichen (1) – **5.** → erstrecken, sich (1 *u.* 2) – **6.** die Brust r.: → stillen (1); die Hand r.: → Hand (2); die Hand zum Bund r.: → verbünden, sich (1); die Hand fürs Leben r.: → heiraten (1); den kleinen Finger r.: → entgegenkommen (1); nicht das Wasser r. können: → unterlegen (2); r. |mit|: → auskommen (5, a); r. |bis|: → erstrecken, sich (1 *u.* 2); es reicht: **a)** → genug (2) – **b)** → überdrüssig (1)
reichhaltig: 1. → reichlich – **2.** → mannigfaltig
reichlich: ausgiebig · reichhaltig · eine Menge/Masse · übergenug · mehr als genug · in Hülle und Fülle; kopiös (*med*) + opulent · viel zu viel; → *auch* massenhaft, viel (I, 1), unerschöpflich, üppig (1)
Reichtum, der: **1.** ⟨*der Besitz von viel Geld u. anderen Werten*⟩ Wohlhabenheit + Millionen · Geld · Wohlstand; → *auch* Vermögen (1), Geld (1), Prunk (1) – **2.** → Üppigkeit
Reichweite, die: **1.** ⟨*Entfernung, bis zu der etw. reicht bzw. fliegen kann*⟩ Aktionsradius – **2.** in R.: → nahe (1); in R. sein: → möglich (3)
reif: 1. ⟨*von Früchten gesagt*: *voll entwickelt*⟩ erntereif – **2.** → erwachsen (1), gereift – **3.** → vollendet (1) – **4.** r. werden: → reifen (1); r. fürs Tollhaus/Irrenhaus: → verrückt (1)
[1]Reif, der: → Raureif
[2]Reif, der: **1.** → Ring (1) – **2.** → Fingerring – **3.** → Reifen (1)
Reife, die: **1.** ⟨*Stadium des Reifseins*⟩ Reifheit · Vollreife + Reifezeit – **2.** → Vollkommenheit – **3.** zur R. gelangen: → reifen (1)
reifen: 1. ⟨*von Früchten gesagt*: *zur vollen Entwicklung kommen*⟩ reif werden · ausreifen · zur Reife gelangen; → *auch* ablagern (I, 1) – **2.** → heranwachsen – **3.** → vollenden (II)
Reifen, der: **1.** ⟨*kreisförmiges Band*⟩ Ring + Stirnreifen · Halsreifen · Armreifen ♦ *gehoben*: Reif – **2.** ⟨*Bereifung eines Rades*⟩ Pneu[matik] (*bes. österr*) + Decke · Mantel · Schlauch
Reifenpanne, die: → Reifenschaden
Reifenschaden, der: Reifenpanne · Panne ♦ *umg*: + Plattfuß · der Platte

Reifeprüfung, die: → Abitur
Reifezeit, die: **1.** → Reife (1) – **2.** → Entwicklungsjahre
Reifheit, die: **1.** → Reife (1) – **2.** → Vollkommenheit
reiflich: → eingehend (1)
Reigen, der: **1.** ⟨*Tanz*⟩ Reihen (*veraltet*) – **2.** den R. eröffnen: → anfangen (1, a)
Reihe, die: **1.** ⟨*hinter- bzw. nebeneinander angeordnete Einzelstücke*⟩ Linie · Zeile · Kette – **2.** → Schlange (2) – **3.** → Serie (1), Glied (I, 1) – **4.** → Menge (1) – **5.** an der R. sein: ⟨*etw. nach anderen tun sollen*⟩ an die Reihe kommen · am Zuge sein + zum Zuge kommen ♦ *umg*: dran sein · drankommen; am dransten sein (*scherzh*) – **6.** in Reih und Glied: → hintereinander; der R. nach, nach der R.: → nacheinander; an der R. sein, an die R. kommen: → 5; aus der R. tanzen/fallen: → ²abweichen (2); auf die R. bringen/kriegen: → meistern; in die R. bringen: **a)** → heilen (1) – **b)** → regeln (1)
reihen: 1. → aufreihen (2) – **2.** → ordnen (1) – **3.** r. |auf|: → aufreihen (1)
Reihen, der: → Reigen (1)
Reihenfolge, die: Abfolge · Aufeinanderfolge · Folge · Reihung · Aneinanderreihung; Sequenz (*fachspr*) + Turnus · Hintereinander · Nacheinander · Ordnung · Stufenleiter · Rangfolge; → *auch* Wechsel (1)
Reiher, der: speien/spucken/kotzen wie ein R.: → übergeben (II)
reihern: → übergeben (II)
reihum: → ringsum
Reihung, die: → Reihenfolge
Reim, der: Reime machen/schmieden, in Reime bringen/setzen: → ²dichten (1, b); sich keinen R. machen können |auf|: → erklären (I, 4)
reimen: → ²dichten (1, b)
Reimer, der: → Lyriker
Reimschmied, der: → Lyriker
rein: 1. ⟨*frei von andersartigen Bestandteilen*⟩ unvermischt · unverfälscht · pur · lauter · gediegen · naturrein; schier (*landsch*) + eitel (*noch scherzh*) – **2.** → echt (1) – **3.** → sauber (1) – **4.** → klar (1, a) – **5.** → unschuldig (2) – **6.** → völlig (1) – **7.** rein[e] machen: → sauber (7, a); ins Reine bringen: → bereinigen (1); ins Reine kommen: → einigen (II); reinen Tisch/reine Wirtschaft machen: → aufräumen (1); reinen Wein einschenken: → Wahrheit (2); reinen Mund halten: → schweigen (2); ins Reine schreiben: → abschreiben (I, 1); eine reine Weste haben: → unschuldig (4); von aller/einer Schuld r.: → unschuldig (1)
Rein, die: → Schmortopf
reinbuttern: 1. → aufwenden – **2.** → zuschießen (1)
Reindel, das: → Schmortopf
Reine, die: **1.** → Sauberkeit (1) – **2.** → Unschuld (2)
Reineinkünfte (*Pl*): → Ertrag
Reineinnahme, die: → Ertrag
Reinemachefrau, die: → Putzfrau
Reinemachen, das: → Hausputz
Reinerlös, der: → Ertrag
Reinertrag, der: → Ertrag
reineweg: → völlig (1)
Reinfall, der: → Misserfolg (1), Enttäuschung (1)
Reingewinn, der: → Ertrag
reinhängen, sich: **1.** → bemühen (II, 1) – **2.** → einmischen (II)
Reinheit, die: **1.** → Sauberkeit (1) – **2.** → Unschuld (2)
reinigen: 1. ⟨*vom Schmutz befreien*⟩ säubern · sauber machen · putzen + abputzen · abwaschen · abreiben · abseifen · abwischen ♦ *umg*: wienern; → *auch* abspritzen, abstauben (1), abtreten, ausklopfen, bürsten (1), fegen (1), sauber (7, a), scheuern (1) – **2.** ⟨*den Fußboden mit Wasser u. Scheuerlappen säubern*⟩ wischen · aufwischen · scheuern; feudeln (*norddt*) – **3.** → klären (1)
Reiniger, der: → Reinigungsmittel
Reinigungsmittel, das: Putzmittel · Reiniger · Putzzeug + Scheuermittel
reinlich: → sauber (1)
Reinlichkeit, die: → Sauberkeit (1)
Reinmachefrau, die: → Putzfrau
reinsausen: → hereinfallen
Reinschrift, die: → Abschrift
reinstecken: → aufwenden
reinwaschen: I. reinwaschen: → rechtfertigen (I) – **II.** reinwaschen, sich: → rechtfertigen (II)
reinweg: → völlig (1)
reinziehen: sich r.: **a)** → essen (1) – **b)** → trinken (1, a); sich einen r.: → trinken (1, b)
Reis, das: → Schössling
Reise, die: **1.** ⟨*das Fahren zu einem vom eigenen Wohnsitz* [*weit*] *entfernten Ort*⟩ Fahrt · Trip + Dienstreise · Geschäftsreise · Erholungsreise · Ferienreise · Schiffsreise · See-

reise; → *auch* Abstecher (1), Ausflug – **2.** eine R. antreten: → aufbrechen (3); sich auf die R. begeben/machen: → abreisen; eine R. machen, auf Reisen sein, auf der R. sein: → reisen (1); seine letzte R. antreten: → sterben (1)
Reiseanbieter, der: → Touristikunternehmen
Reisebegleiter, der: → Reiseleiter
Reisebüro, das: → Touristikunternehmen
reisefertig: marschbereit · marschfertig (*scherzh*) ♦ *umg*: startbereit
Reisefritze, der: → Handelsvertreter
Reiseführer, der: **1.** ⟨*Informationsbuch für Reisende*⟩ Führer · Guide – **2.** → Reiseleiter
Reisegepäck, das: → Gepäck
Reisekoffer, der: → Koffer (1)
Reisekrankheit, die: Kinetose (*med*) + Luftkrankheit · Seekrankheit
Reiseleiter, der: Reisebegleiter · Guide · Reiseführer; Reisemarschall (*scherzh*); → *auch* Fremdenführer
reiselustig: → unternehmungslustig
Reisemarschall, der: → Reiseleiter
reisen: 1. ⟨*sich mit einem Verkehrsmittel an einen entfernten Ort begeben*⟩ eine Reise machen · auf Reisen sein · auf der Reise sein + verreisen – **2.** r. |nach|: ⟨*sich mit einem Verkehrsmittel an einen entfernten Ort begeben*⟩ fahren |nach| ♦ *salopp*: rutschen |nach| – **3.** auf die krumme Tour r.: → betrügen (1)
Reisende, der: **1.** → Fahrgast – **2.** → Handelsvertreter
Reisepass, der: Pass · Papiere; → *auch* Personalausweis, Ausweis (1)
Reiseproviant, der: → Verpflegung (2)
Reiseroute, die: → Route
Reisescheck, der: Travellerscheck
Reisespesen (*Pl*): → Spesen
Reiseveranstalter, der: → Touristikunternehmen
Reiseweg, der: → Route
Reiseziel, das: Ziel · Bestimmungsort; Destination (*bes. fachspr*)
Reisezug, der: → Zug (1)
Reisig, das: Reisigholz · Leseholz + Dürrholz (*landsch*)
Reisigholz, das: → Reisig
Reißaus: R. nehmen: → fliehen (1)
Reißbrett, das: → Zeichenbrett
Reißbrettstift, der: → Reißzwecke (1)
reißen: I. reißen: **1.** → zerreißen (I, 1) – **2.** → ziehen (I, 2) – **3.** → ausreißen (1) – **4.** → stemmen (1) – **5.** in Stücke/Fetzen r.: → zerreißen (I, 1); aus der Hand/den Fängen/Zähnen r.: → entreißen (1); an sich r., sich unter den Nagel r.: → aneignen, sich (1); die Maske vom Gesicht r.: → entlarven (I); aus ihrer *bzw.* unserer Mitte gerissen werden: → sterben (1); ins Verderben r.: → Unglück (3); aus seinen Illusionen r.: → ernüchtern; Witze/Possen r.: → scherzen – **II.** reißen, sich: **1.** → ritzen (II) – **2.** sich r. |um|: → erstreben; sich am Riemen r.: → ermannen, sich
Reißen, das: → Rheumatismus
reißend: r. abgehen: → begehrt (2)
reißerisch: → aufdringlich (2)
Reißnagel, der: **1.** → Reißzwecke (1) – **2.** mit Reißnägeln gurgeln: → schnarchen; mit Reißnägeln gegurgelt haben: → heiser (2)
Reißverschluss, der: Zipp (*Wz*) · Zippverschluss (*österr*)
Reißzwecke, die: **1.** ⟨*kurzer Nagel mit breitem Kopf*⟩ Reißnagel · Heftzwecke · Reißbrettstift; Zwecke (*veraltend*); Pinne (*landsch*) – **2.** mit Reißzwecken gurgeln: → schnarchen; mit Reißzwecken gegurgelt haben: → heiser (2)
Reitbahn, die: Hippodrom · Reitschule + Manege
reiten: 1. ⟨*sich auf einem Reittier fortbewegen*⟩ im Sattel/zu Pferde sitzen + galoppieren · traben · sprengen – **2.** den Pegasus r.: → ²dichten (1, b)
¹Reiter, der: **1.** ⟨*reitender Mann*⟩ *dicht*: Reitersmann – **2.** spanischer R.: → Drahthindernis
²Reiter, die: → Sieb (1)
Reiterei, die: **1.** ⟨*Truppe zu Pferd*⟩ Kavallerie · Reitertruppe – **2.** → Reitkunst
Reitersmann, der: → ¹Reiter (1)
Reitertruppe, die: → Reiterei (1)
Reitknecht, der: → Stallbursche
Reitkunst, die: *umg*: Reiterei
Reitpeitsche, die: → Peitsche (1)
Reitpferd, das: → Pferd (1)
Reitschule, die: **1.** → Reitbahn – **2.** → Karussell
Reiz, der: **1.** ⟨*etw. von außen auf den Organismus Einwirkendes*⟩ Reizung · Sinnesreiz · Stimulus – **2.** ⟨*von einem schönen Menschen ausgehende angenehme Wirkung*⟩ Charme · Zauber · Anziehungskraft ·

das gewisse Etwas + Duft; → *auch* Anmut, Anziehung (2), Schönheit (1), Sexappeal – **3.** → Verlockung, Anziehung (2) – **4.** einen R. abgewinnen |einer Sache|: → mögen
reizbar: 1. → nervös – **2.** → aufbrausend – **3.** → erogen – **4.** sexuell r.: → erogen
Reizbarkeit, die: → Nervosität
reizen: 1. → erzürnen (1) – **2.** → herausfordern – **3.** → verlocken – **4.** → anlocken (1) – **5.** [bis] zur Weißglut r.: → erzürnen (1)
reizend: 1. ⟨*besonders von Frauen gesagt: Gefallen erregend, sehr nett*⟩ entzückend · charmant · reizvoll · zauberhaft · süß · goldig · allerliebst · ansprechend · angenehm · apart; pikant (*veraltend*); fesch (*österr*) + hübsch · herzig · schön ♦ *umg*: schnuckelig; jung und knusprig (*scherzh*) + sexy; → *auch* anmutig, bezaubernd, schön (1) – **2.** das ist ja r.: → unerhört (2)
reizlos: 1. → uninteressant (1) – **2.** → einförmig
Reizmittel, das: **1.** → Anregungsmittel – **2.** → Lockmittel (2)
Reizung, die: **1.** → Reiz (1) – **2.** → Herausforderung
reizvoll: → reizend (1)
Reizwäsche, die: → Dessous
Rekapitulation, die: → Wiederholung
rekapitulieren: → wiederholen (I, 1, a *u.* b)
rekeln, sich: → ausstrecken (II, 1)
Reklamation, die: → Beanstandung
Reklame, die: **1.** → Werbung (1) – **2.** → Werbeschrift – **3.** R. machen |für|: → werben (1)
Reklamefachmann, der: → Werbefachmann
reklamehaft: → aufdringlich (2)
Reklamemacherei, die: → Werbung (1)
Reklametrommel, die: die R. rühren |für|: → werben (1)
reklamieren: → beanstanden
rekognoszieren: → auskundschaften (1)
rekompensieren: → entschädigen (I)
rekonstruieren: → wiederherstellen (1)
Rekonstruierung, die: → Wiederherstellung (1)
Rekonstruktion, die: → Wiederherstellung (1)
Rekonvaleszenz, die: → Genesung (1)
Rekord, der: **1.** ⟨*erstmals erreichte Höchstleistung*⟩ Bestmarke · Rekordmarke – **2.** R. haben: → ängstigen (II, 1)
Rekorder, der: → Kassettenrekorder
Rekordmarke, die: → Rekord (1)
rekrutieren: I. rekrutieren: → einberufen (2) – **II.** rekrutieren, sich: sich r. |aus|: → zusammensetzen (II, 2)
Rekrutierung, die: → Einberufung (1)
Rektor, der: → Direktor (1)
Rekurs, der: → Einspruch (1)
Relaps, der: → Rückfall (1)
Relation, die: → Zusammenhang (1)
relativ: 1. → verhältnismäßig – **2.** → bedingt (1)
Relativität, die: → Bedingtheit
relaxed: → entspannt
relaxen: → entspannen (II, 1)
Relaxing, das: → Entspannung (1)
Relegation, die: → Ausschluss (1)
relegieren: → ausschließen (I, 3)
relevant: → wichtig (1)
Relevanz, die: → Bedeutung (1)
reliefartig: → erhaben (1)
Religion, die: → Bekenntnis (1)
religionslos: → atheistisch
Religionslosigkeit, die: → Atheismus
religiös: → fromm (1)
Religiosität, die: → Frömmigkeit
Relikt, das: → Überbleibsel (1)
Reling, die: → Geländer
Reliquiar, das: Reliquienbehälter · Reliquienschrein · Sanktuar[ium]
Reliquienbehälter, der: → Reliquiar
Reliquienschrein, der: → Reliquiar
Remedium, das: → Arzneimittel
Reminiszenz, die: → Erinnerung (1)
remis: → unentschieden (1)
Remise, die: → Schuppen (1)
Remmidemmi, das: → Trubel (1)
Rempelei, die: → Stoß (1)
rempeln: → stoßen (I, 1)
Renaissance, die: → Wiedergeburt
Rendezvous, das: → Verabredung (1)
Rendite, die: → Einkünfte (1)
Renditenhaus, das: → Mietshaus
Renegat, der: → Abtrünnige
renitent: → widerspenstig
Renitenz, die: → Widerspenstigkeit
Rennbahn, die: Hippodrom; → *auch* Rennstrecke
rennen: I. rennen: **1.** → laufen (1) – **2.** r. |gegen|: → anstoßen (1); in die Arme/den Weg r.: → begegnen (1); über den Haufen r.: → umlaufen (1); um die Wette r.: → wettlaufen – **II.** rennen, sich: → stoßen (II)

Rennen, das: **1.** ⟨*sportl. Veranstaltung*⟩ Wettrennen · Lauf; Kriterium (*Sport*) + Wettlauf · Wettfahrt – **2.** das R. machen: → siegen
Renner, der: → Verkaufsschlager
Rennerei, die: → Lauferei
Rennpferd, das: **1.** → Pferd (1) – **2.** → Prostituierte
Rennstallbesitzer, der: → Zuhälter
Rennstrecke, die: Bahn · Piste; → *auch* Rennbahn
Renommee, das: → Ruf (1)
renommieren: → prahlen
renommiert: 1. → angesehen (1) – **2.** → berühmt (1)
Renommist, der: → Angeber (1)
Renommisterei, die: → Prahlerei
renovieren: 1. → erneuern (1) – **2.** → wiederherstellen (1)
renoviert: → neu (2)
Renovierung, die: **1.** → Erneuerung (1) – **2.** → Wiederherstellung (1)
renovierungsbedürftig: → sanierungsbedürftig
rentabel: 1. → wirtschaftlich (2), einträglich – **2.** r. sein: → lohnen (II)
Rentabilität, die: → Wirtschaftlichkeit
Rente, die: **1.** ⟨*regelmäßiges Einkommen nach dem Ausscheiden aus dem Arbeitsleben*⟩ Altersrente · Altersruhegeld · Altersbezüge · Ruhegeld · Pension · Ruhegehalt + Betriebsrente · Sozialrente · Unfallrente · Altersversorgung – **2.** in R.: → pensioniert
Rentenempfänger, der: → Rentner
Rentier, der: → Rentner
rentieren, sich: → lohnen (II)
Rentner, der: Rentenempfänger · Ruheständler · Pensionär; Rentier (*veraltend*); Privatier (*veraltet*); Pensionist (*österr schweiz*) + Senior
Rentnerdasein, das: ein R. führen: → privatisieren (2)
Reorganisation, die: → Neugestaltung
reorganisieren: → neu (4)
reparabel: → umkehrbar (1)
Reparationen (*Pl*): Reparationsleistungen · Reparationszahlungen · Kriegsentschädigung · Wiedergutmachung; → *auch* Entschädigung
Reparationsleistungen (*Pl*): → Reparationen
Reparationszahlungen (*Pl*): → Reparationen
Reparatur, die: Instandsetzung · Mängelbeseitigung; Instandstellung (*schweiz*) + Erneuerung; → *auch* Ausbesserung, Erneuerung (1), Wiederherstellung (1)
reparaturbedürftig: → sanierungsbedürftig
reparieren: [wieder] instand setzen/bringen · herrichten · ausbessern · den Schaden beheben · wieder in Ordnung bringen; vorrichten · wieder richten (*landsch*); instand stellen (*schweiz*) + nachbessern ♦ *umg*: ganz/heil machen; → *auch* erneuern (1), wiederherstellen (1)
repatriieren: → entlassen (1)
Repatriierung, die: → Entlassung (1)
Repertoire, das: → Programm (1, b)
repetieren: → wiederholen (I, 1, a *u.* b)
Repetition, die: → Wiederholung
Replik, die: → Antwort (1)
replizieren: → antworten
Report, der: → Bericht (1)
Reportage, die: Bericht[erstattung] · Tatsachenbericht + Augenzeugenbericht
Reporter, der: → Berichterstatter
repräsentabel: 1. → würdig (1) – **2.** → wirkungsvoll (1)
Repräsentant, der: **1.** → Vertreter (1) – **2.** → Abgeordnete
Repräsentanz, die: → Vertretung (1)
Repräsentation, die: → Aufwand (1)
repräsentativ: 1. → würdig (1) – **2.** → wirkungsvoll (1) – **3.** → stattlich (1)
Repräsentativbefragung, die: → Umfrage (1)
Repräsentativerhebung, die: → Umfrage (1)
repräsentieren: → vertreten (1)
Repressalie, die: → Vergeltung (1)
Reprint, der (*Buchw*): Neudruck · Wieder[ab]druck · [unveränderter] Nachdruck; → *auch* Druckwerk
Reprise, die: → Wiederholung
reprivatisieren: → privatisieren (1)
Reproduktion, die: **1.** → Nachbildung (1 *u.* 2) – **2.** → Druckwerk
reproduzieren: 1.→ nachbilden – **2.** → vervielfältigen (1)
Republik, die: + Freistaat · Volksrepublik · Demokratie
Reputation, die: → Ruf (1)
reputierlich: → achtbar (1)
Requiem, das: → Totenmesse
requirieren: → beschlagnahmen

Requisit, das: → Zubehör (1)
resch: 1. → munter (1) – **2.** → knusprig (1)
Research, das: **1.** → Marktforschung – **2.** → Meinungsforschung
Reservat, das: **1.** → Schutzgebiet – **2.** → Vorbehalt (1)
Reservation, die: **1.** → Schutzgebiet – **2.** → Vorbehalt (1)
Reserve, die: **1.** → Vorrat – **2.** → Zurückhaltung (1) – **3.** → Ersatztruppe – **4.** eiserne R.: → Ersparnis (1); sich R. auferlegen: → zurückhalten (II, 1)
Reservebank, die (*Sport*): Ersatzbank
Reservefonds, der: → Vorrat
Reservemann, der: → Ersatzmann
reservieren: 1. → zurücklegen (4) – **2.** → besetzen (1)
reserviert: → zurückhaltend (1)
Reserviertheit, die: → Zurückhaltung (1)
Reservoir, das: **1.** → Wasserbecken – **2.** → Vorrat
Residenz, die: → Hauptstadt
residieren: → wohnen (1)
resignieren: den Dingen ihren Lauf lassen · seine Hoffnung begraben · sich in sein Schicksal fügen · sich d[a]reinschicken · sich d[a]reinfinden · sich d[a]reingeben + die Hände in den Schoß legen; → *auch* abfinden (II, 2), aufgeben (3), verzagen (1), verzichten
resigniert: → entmutigt
Résistance, die: → Widerstandskampf
resistent: → widerstandsfähig (1, b)
Resistenz, die: → Widerstand (1)
resolut: → entschlossen (1)
Resolution, die: **1.** → Beschluss (1) – **2.** eine R. fassen: → beschließen (1)
resolvieren: → beschließen (1)
Resonanz, die: **1.** → Echo (1) – **2.** → Gefallen (II, 1)
resorbieren: → aufnehmen (3)
Resorption, die: → Aufnahme (2)
resozialisieren: wieder [in die Gesellschaft/Gemeinschaft] eingliedern
Respekt, der: **1.** → Achtung (1) – **2.** R. einflößend: ⟨*so geartet, dass man Respekt bekommt*⟩ Respekt/Achtung gebietend · respektabel – **3.** R. gebietend: → 2
respektabel: 1.→ angesehen (1) – **2.** → Respekt (2) – **3.** → beträchtlich (1)
respektieren: anerkennen · ernst nehmen ♦ *umg*: für voll nehmen; → *auch* achten (1)
respektierlich: → beträchtlich (1)
respektive: 1. → beziehungsweise (1) – **2.** → oder (1)
respektlos: 1. → ungehorsam – **2.** → keck
Respektsperson, die: → Persönlichkeit (I, 1)
respektvoll: achtungsvoll · ehrerbietig · ehrfürchtig + höflich; → *auch* ehrfurchtsvoll
Ressentiment, das: → Abneigung
Ressort, das: → Amtsbereich
Ressourcen (*Pl*): **1.** → Rohstoffquellen – **2.** → Geldmittel
Rest: I. Rest, der: **1.** ⟨*etw., was übrig geblieben ist*⟩ Überrest · Überbleibsel + Rückstand · Bodensatz · Satz · Neige ♦ *umg*: trauriger Rest/schäbiger Rest; → *auch* Abfall (I, 1), Überbleibsel (1) – **2.** → Überbleibsel (1) – **3.** den R. geben: → töten (I, 1) – **II.** Reste[n] *bzw.* Rester (*Pl*): → Restbestand
Restant: I. Restant, der: ⟨*liegen gebliebene Ware*⟩ Ladenhüter (*abwert*) – **II.** Restanten (*Pl*): → Restbestand
Restaurant, das: → Gaststätte (1, a)
Restauration, die: **1.** → Wiederherstellung (1) – **2.** → Gaststätte (1, a)
restaurativ: → rückschrittlich
restaurieren: I. restaurieren: → wiederherstellen (1) – **II.** restaurieren, sich: → erholen, sich (1)
Restaurierung, die: → Wiederherstellung (1)
Restbestand, der: Restposten (*Pl*) · Reste[r] · Restanten (*kaufm*); Resten (*schweiz*)
Restitution, die: → Wiederherstellung (1)
restlich: → übrig (1)
restlos: → vollständig (1)
Restposten (*Pl*): → Restbestand
Restriktion, die: → Beschränkung (1)
restringieren: → beschränken
Resultat, das: **1.** → Ergebnis – **2.** → Folge (1)
resultieren: r. |aus|: **a)** → ergeben (II, 2) – **b)** → herrühren
Resümee, das: → Überblick (1)
resümieren: → zusammenfassen (2)
Retardation, die: → Verzögerung (1)
retardieren: → verzögern (I)
retirieren: → zurückziehen (II, 2)
retour: → zurück (1)
retournieren: 1. → zurücksenden – **2.** → zurückgeben
retrospektiv: → rückblickend

Retrospektive, die: → Rückblick
retten: 1. ⟨*aus einer Gefahr befreien*⟩ in Sicherheit bringen · bergen · Rettung bringen |für| · der Gefahr/dem Untergang entreißen + erlösen ♦ *gehoben*: erretten; → *auch* befreien (I, 1), helfen (2), heraushelfen, herausholen (2) – **2.** → heilen (1) – **3.** rettender Engel: → Retter; der rettende Strohhalm: → Ausweg; nicht mehr zu r. sein: → verrückt (5)
Retter, der: Helfer in der Not · rettender Engel + Befreier · Erlöser ♦ *gehoben*: Erretter; → *auch* Helfer (1)
Rettung, die: **1.** ⟨*das Retten*⟩ Bergung + Erlösung · Notanker ♦ *gehoben*: Errettung; → *auch* Hilfe (2) – **2.** → Ausweg – **3.** → Krankenwagen – **4.** die letzte R.: → Ausweg; R. bringen |für|: → retten (1)
Rettungsanker, der: → Ausweg
Rettungsauto, das: → Krankenwagen
rettungslos: → unrettbar
Rettungssignal, das: → Alarm (1)
Rettungswagen, der: → Krankenwagen
Reue, die: **1.** ⟨*schmerzlich empfundenes Bedauern eigenen Tuns*⟩ Reuegefühl · Reumütigkeit · Zerknirschung · Zerknirschtheit · Selbstanklage · Selbstverurteilung · Selbstvorwurf · Selbstverdammung; Bußfertigkeit (*Rel*); → *auch* Gewissensbisse (1), Sühne (1) – **2.** R. empfinden: → bereuen
Reuegefühl, das: → Reue (1)
reuen: → bereuen
reuevoll: reumütig · reuig · zerknirscht · schuldbewusst; bußfertig (*Rel*) ♦ *umg*: zerknittert
reuig: → reuevoll
reumütig: → reuevoll
Reumütigkeit, die: → Reue (1)
reüssieren: → Erfolg (2)
Revanche, die: → Rache (1)
revanchieren, sich: **1.** → rächen (II) – **2.** → vergelten (2)
Revenue, die: → Einkünfte (1)
Reverenz, die: **1.** → Achtung (1) – **2.** → Verbeugung (1) – **3.** seine R. machen: → verbeugen, sich; seine R. erweisen: → grüßen (1)
Revers, das: → Aufschlag (3)
reversibel: → umkehrbar (1)
Reversion, die: → Umkehrung
revidieren: → überprüfen
Revier, das: **1.** → Bereich (1) – **2.** → Landschaftsgebiet
Revision, die: → Überprüfung
Revisor, der: → Steuerprüfer
Revival, das: → Wiedergeburt
Revokation, die: → Widerruf (1)
Revolte, die: → Aufstand
revoltieren: → aufbegehren
Revolution, die: Umwälzung · Umbruch; → *auch* Aufstand, Aufruhr (1), Umschwung (1)
revolutionär: 1. → fortschrittlich – **2.** → umwälzend
revolutionieren: → umgestalten
Revoluzzer, der: → Aufständische
Revolver, der: Trommelrevolver · Colt (*Wz*) ♦ *umg*: Schießeisen ♦ *salopp*: Kanone · Ballermann · Puste; → *auch* Pistole (1), Schusswaffe
Revolverblatt, das: → Zeitung (I, 1)
Revolverkugel, die: → Kugel (1)
Revolverpresse, die: → Sensationspresse
Revolverschnauze, die: **1.** → Mundwerk – **2.** → Angeber (1)
revozieren: → widerrufen
Revue, die: **1.** ⟨*Bühnendarbietung*⟩ + Show · Varietee – **2.** → Zeitschrift
Rezensent, der: → Kritiker
rezensieren: → besprechen (I, 1)
Rezension, die: **1.** → Besprechung (1) – **2.** eine R. schreiben |über|: → besprechen (I, 1)
Rezept, das: **1.** ⟨*schriftl. ärztl. Anweisung an den Apotheker*⟩ Arzneiverordnung · Verordnung – **2.** ⟨*Vorschrift für die Zubereitung einer Speise*⟩ Kochrezept · Kochvorschrift – **3.** nur gegen R.: → rezeptpflichtig
Rezeption, die: → Anmelderaum
rezeptiv: → aufnahmefähig
Rezeptivität, die: → Aufnahmefähigkeit (1)
rezeptpflichtig: verschreibungspflichtig · nur gegen Rezept + apothekenpflichtig
Rezession, die (*Wirtsch*): Abschwung · Konjunkturrückgang · Depression + Stagflation
rezidiv: → rückfällig (1)
Rezidiv, das: → Rückfall (1)
rezipieren: → aufnehmen (4)
reziprok: → wechselseitig
Rezitation, die: → Vortrag (1)
Rezitator, der: → Vortragskünstler
rezitieren: → vortragen (1)
Rhetor, der: → Redekünstler
Rhetorik, die: Redekunst · Sprechkunst · Beredsamkeit

Rhetoriker, der: → Redekünstler
Rheuma, das: → Rheumatismus
Rheumatismus, der: Rheuma · Gliederschmerzen · Gliederreißen ♦ *umg*: Reißen
Rhombus, der: Raute; → *auch* Viereck
Rhythmus, der: → Turnus (1)
Richtblei, das: → Lot (1)
richten: I. richten: **1.** → ausrichten (1) – **2.** → zubereiten (1) – **3.** → vorbereiten (I) – **4.** → einrenken (1) – **5.** → zurechtrücken (1) – **6.** → bewerkstelligen – **7.** → hinrichten (1) – **8.** → Urteil (4) – **9.** wieder r.: → reparieren; zugrunde r.: → ruinieren (I, 1); den Blick r. |auf|: → ansehen (I, 3); eine Frage r. |an|: → fragen (I, 1) – **II.** richten, sich: **1.** → Selbstmord (2) – **2.** sich r. |nach|: **a)** → befolgen – **b)** → anlehnen (II, 2); sich selbst r.: → Selbstmord (2); sich zugrunde r.: → ruinieren (II)
Richter, der: **1.** ⟨*Recht sprechende Person*⟩ *umg*: Kadi; → *auch* Schöffe – **2.** der höchste R.: → Gott (1, a); vor den R. bringen: → anzeigen (2)
Richterspruch, der: → Urteil (1)
richtig: 1. ⟨*wie es sein soll*⟩ grundrichtig · recht · in Ordnung · fehlerfrei · fehlerlos + zutreffend · stichhaltig · logisch · passend · sehr wahr ♦ *umg*: goldrichtig; → *auch* gebührend (1), vorschriftsmäßig, passend (1, a), planmäßig (1), fehlerlos (1), einwandfrei (1) – **2.** → wirklich (1) – **3.** → echt (1) – **4.** → fachmännisch – **5.** → zweckmäßig – **6.** r. sein: → stimmen (1); r. stellen: → berichtigen (I, 1); r. liegen: → Recht (7); in die/eine richtige Ordnung bringen: → ordnen (1); nicht r.: **a)** → falsch (1) – **b)** → verrückt (1); nicht ganz r., nicht [ganz] r. im Kopf/Oberstübchen: **a)** → verrückt (1) – **b)** → geisteskrank (1); zur richtigen Zeit: → pünktlich (1)
Richtigkeit, die: → Wahrheit (1)
Richtigstellung, die: → Berichtigung (1)
Richtlinie, die: Direktive · Instruktion + Richtsatz; → *auch* Anordnung (2), Regel (1), Vorschrift (1)
Richtplatz, der: → Richtstätte
Richtsatz, der: → Richtlinie
Richtschnur, die: → Regel (1)
Richtstätte, die: Richtplatz · Hinrichtungsplatz
Richtung, die: **1.** ⟨*das Auf-ein-Ziel-Gerichtetsein einer* [*gedachten*] *Bewegung*⟩ Kurs · Fahrtrichtung · Wegrichtung; Direktion (*veraltet*) + Bahn · Lauf – **2.** → Himmelsrichtung – **3.** → Strömung (2) – **4.** → Seite (1) – **5.** aus dieser R.: → dorther; nach dieser/in diese R.: → dorthin; in jeder R.: → ringsum; die R. ändern: → [2]abweichen (1, b); aus der R. kommen: → [2]abweichen (1, a)
richtunggebend: 1. → maßgebend – **2.** → wegweisend
Richtungsänderung, die: → Wendung (1)
Richtungsanzeiger, der: → Blinkleuchte
richtungslos: → ziellos (1)
Richtungsschild, das: → Wegweiser (1)
richtungweisend: 1. → maßgebend – **2.** → wegweisend
ridikül: → lächerlich (1)
riechen: 1. ⟨*einen Geruch wahrnehmen* [*wollen*]⟩ **a)** ⟨*Menschen*⟩ *umg*: schnüffeln · schnuppern; schnobern (*landsch*) – **b)** ⟨*Tiere*⟩ schnüffeln · schnuppern · wittern; winden (*weidm*) – **2.** → duften (1) – **3.** → stinken (1) – **4.** → spüren (1) –**5.** gut/angenehm r.: → duften (1); schlecht/übel r.: → stinken (1); nicht r. können: → hassen; Lunte/den Braten r.: **a)** → merken (1) – **b)** → Verdacht (2); r. |nach|: → aussehen (2)
Riecher, der: **1.** → Nase (1) – **2.** → Spürsinn – **3.** einen [guten] R. haben |für|: → spüren (1)
Riechkolben, der: → Nase (1)
Riechorgan, das: → Nase (1)
Ried, das: → Schilf (a *u.* b)
Riefe, die: **1.** → Rille (1) – **2.** mit Riefen versehen: → rillen
riefe[l]n: → rillen
Riegel, der: **1.** ⟨*Schließvorrichtung*⟩ Sperre – **2.** → Balken – **3.** den R. vorschieben/vormachen/vorlegen: → abschließen (I, 1); einen R. vorschieben: → unterbinden; hinter Schloss und R. bringen/setzen: → einsperren (1); hinter Schloss und R. sitzen: → gefangen (2)
[1]**Riemen,** der: **1.** → Gürtel (1) – **2.** den R. [ein Loch] enger schnallen: → einschränken (II); sich am R. reißen: → ermannen, sich; der R. ist runter: → Schwung (4)
[2]**Riemen,** der: **1.** → Ruder (1) – **2.** sich in die Riemen legen: → rudern (1); sich [tüchtig] in die Riemen legen: **a)** → anstrengen (II, 1) – **b)** → einsetzen (II)
Riemenzeug, das: → Geschirr (2)
Riese, der: **1.** ⟨*sehr groß gewachsener Mensch*⟩ Hüne · Hünengestalt · Gigant

♦ *umg*: Schlagetot · Goliath; Kaventsmann (*landsch*) + Koloss · Bulle; → *auch* Ungeheuer (1), Lange – **2.** abgebrochener R.: → Zwerg (2)
rieseln: 1. → fließen (1) – **2.** bei jmdm. rieselt schon der Kalk: → verkalkt (2)
Riesenbrand, der: → Feuersbrunst
Riesendurst, der: → Durst (1)
riesengroß: → groß (1)
riesenhaft: 1. → groß (1) – **2.** → gewaltig (1)
Riesenhunger, der: → Hunger (1)
Riesenkraft, die: → Kraft (1)
Riesenschlange, die: + Boa · Python; → *auch* Schlange (1)
riesenstark: → kräftig (1)
riesig: 1. → groß (1 *u.* 2) – **2.** → gewaltig (1) – **3.** → sehr
Riff, das: → Felsklippe
rigid[e]: → unnachgiebig (1)
rigoros: 1. → streng (1) – **2.** → rücksichtslos (1)
Rigorosität, die: **1.** → Strenge – **2.** → Rücksichtslosigkeit
Rille, die: **1.** ⟨*lange u. schmale Vertiefung*⟩ Riefe; → *auch* Vertiefung (1) – **2.** mit Rillen versehen: → rillen
rillen: riefe[l]n · mit Rillen/Riefen versehen
Rinde, die: **1.** ⟨*Außenschicht an Stamm u. Ästen der Bäume*⟩ Borke – **2.** → Brotrinde
Rinderherde, die: → Herde (1)
Rinderwahn, der: → Rinderwahnsinn
Rinderwahnsinn, der: Rinderwahn · BSE
Rindsuppe, die: → Brühe (1)
Rindvieh, das: **1.** → Vieh (1) – **2.** → Dummkopf (2)
Ring, der: **1.** ⟨*Schmuckstück*⟩ *gehoben*: Reif – **2.** ⟨*kreisförmiges Gebilde*⟩ Gürtel + Zone – **3.** → Reifen (1) – **4.** → Fingerring – **5.** → Jahresring – **6.** → Kreis (1) – **7.** → Vereinigung (2) – **8.** → Verbrecherorganisation – **9.** die Ringe wechseln/tauschen: → heiraten (1)
ringartig: → rund (1)
Ringelbahn, die: → Karussell
ringelig: → rund (1)
ringeln, sich: → ranken, sich
Ringelpiez, der: **1.** → Tanzveranstaltung – **2.** R. mit Anfassen: → Tanzveranstaltung
Ringelspiel, das: → Karussell
ringen: 1. ⟨*mittels Körpergriffen kämpfen*⟩ rangeln; → *auch* kämpfen (1), raufen (II, 1) – **2.** aus der Hand r.: → entreißen (1); nach Atem r.: → Atemnot (2); mit dem Tode r.: → Sterben
Ringen, das: → Kampf (2)
ringförmig: → rund (1)
Ringrichter, der: → Schiedsrichter
rings: 1. → ringsum – **2.** r. in der Runde: → ringsum
ringsherum: → ringsum
ringsum: rings[herum] · ringsumher · rundherum · um … herum · rundum[her] · im ganzen Umkreis · [rings] in der Runde + reihum · im Kreise · in jeder Richtung · überall; → *auch* überall (1)
ringsumher: → ringsum
Rinne, die: **1.** → Rinnstein – **2.** → Graben (1)
rinnen: → fließen (1)
Rinnsal, das: Bächlein; Gerinnsel · Gerinne (*veraltend*); → *auch* Bach (1)
Rinnstein, der: Gosse + Rinne
Rippe, die: **1.** ⟨*Teil des Blattes*⟩ Ader · Blattader · Blattrippe · Blattnerv – **2.** eins in die Rippen geben: → stoßen (I, 1); Speck auf den Rippen haben: → dick (6); nichts auf den Rippen haben, bei jmdm. kann man die/alle Rippen zählen: → mager (3)
Rippenstoß, der: → Stoß (1)
Risiko, das: **1.** → Wagnis – **2.** → Gefahr (1) – **3.** ein R. eingehen: → wagen (1)
risikobereit: → kühn
Risikobereitschaft, die: → Kühnheit
risikofrei: → ungefährlich
risikofreudig: → kühn
risikolos: → ungefährlich
risikoreich: → gewagt
riskant: → gewagt
riskieren: 1. → wagen (1) – **2.** alles r.: → wagen (2); einen r.: → trinken (1, b); einen Blick r.: → Blick (4); eine Lippe r.: → offenherzig (2)
Riss, der: **1.** ⟨*durch äußere Einflüsse od. Materialveränderung entstandene längl. Öffnung*⟩ Spalt[e] + Dreiangel · Haarriss · Mauerriss · Einriss; → *auch* [1]Bruch (1, b), Loch (1), Spalt (1), Sprung (2) – **2.** → Schramme (1 *u.* 2) – **3.** → Sprung (2) – **4.** Risse bekommen: → aufspringen (1)
rissig: 1. → rau (1) – **2.** r. werden: → aufspringen (1)
Rist, der: → Fußrücken
Ritt, der: auf einen/in einem R.: → ununterbrochen

Ritterdienst, der: → Gefälligkeit (1)
ritterlich: **1.** → höflich – **2.** → hochherzig
Ritterlichkeit, die: → Höflichkeit (1)
Ritual, das: **1.** ⟨*festgelegter Ablauf religiöser Handlungen*⟩ Ritus · Zeremoniell + Liturgie – **2.** → Brauch (1)
Ritualmord, der: → Mord (1)
Ritus, der: **1.** → Ritual (1) – **2.** → Brauch (1)
Ritz, der: **1.** → Spalt (1) – **2.** → Schramme (1 *u.* 2)
Ritze, die: → Spalt (1)
ritzen: **I.** ritzen: r. |in|: → einritzen (1) – **II.** ritzen, sich: ⟨*sich leicht verletzen*⟩ sich reißen · sich schrammen · sich aufritzen · sich aufreißen · sich [auf]schürfen
Ritzer, der: → Schramme (1 *u.* 2)
Rivale, der: **1.** → Nebenbuhler – **2.** → Konkurrent (1) – **3.** → Gegner (1)
rivalisieren: r. |mit|: → wetteifern, konkurrieren
Rivalität, die: → Wetteifer (1)
Roadster, der: → Kabrio[lett]
robben: → kriechen (1)
Robe, die: → Amtstracht
Robinsonade, die: → Abenteuergeschichte
Robot, die *od.* der: → Frondienst (1)
roboten: → arbeiten (1)
Roboter, der: → Arbeitspferd (1)
robust: **1.** ⟨*psychisch belastbar*⟩ stark · hart ♦ *umg*: taff – **2.** → kräftig (1) – **3.** → haltbar (1)
röcheln: → keuchen
Rock, der: **1.** ⟨*Frauenkleidungsstück*⟩ Schoß · Kittel (*österr*) – **2.** → Jacke (1) – **3.** schwarzer R.: → Gehrock; R. wie Hose: → gleich (2)
Rodel, der: → Schlitten (1)
Rodelbahn, die: Schlittenbahn + Bobbahn; → *auch* Abfahrtsstrecke
rodeln: Schlitten fahren; schlitten (*landsch*); schlitteln (*schweiz*)
Rodelschlitten, der: → Schlitten (1)
roden: **1.** ⟨*Wurzelstöcke gefällter Bäume entfernen*⟩ ausroden + urbar machen – **2.** *landsch* ⟨*Knollen- u. Wurzelgewächse ernten*⟩ ausroden ♦ *umg*: ausmachen · ausbuddeln · buddeln
Rodung, die: **1.** ⟨*das Roden*⟩ + Urbarmachung – **2.** → Lichtung
Roggenbrot, das: Schwarzbrot · Grobbrot · dunkles Brot + Vollkornbrot
roh: **1.** ⟨*noch nicht zubereitet*⟩ ungekocht · ungebraten – **2.** → brutal – **3.** → ungeschliffen – **4.** wie ein rohes Ei anfassen/behandeln: → schonen (I, 1)
Rohertrag, der: → Ertrag
Rohheit, die: → Brutalität
Rohling, der: → Gewaltmensch (1)
Rohmaterial, das: → Grundstoff
Rohöl, das: → Erdöl
Rohr, das: **1.** ⟨*langer Hohlzylinder*⟩ Röhre + Wasserrohr · Schlauch – **2.** → Schilf (a)
Rohrdickicht, das: → Schilf (b)
Röhre, die: **1.** → Rohr (1) – **2.** → Bau (3) – **3.** in die R. gucken: **a)** → fernsehen – **b)** → leer (4); durch die R. gucken: → leer (4)
röhren: **1.** ⟨*von Hirschen gesagt*: *in der Brunft schreien*⟩ orgeln (*weidm*) + brüllen – **2.** → schreien (1)
Röhricht, das: → Schilf (b)
Rohrleitung, die: → Ölleitung, Leitung (2)
Rohrspatz, der: schimpfen wie ein R.: → schimpfen (1)
Rohrstock, der: → [1]Stock (1)
Rohstoff, der: **1.** ⟨*Naturstoff vor der Verarbeitung*⟩ + Material · Werkstoff · Naturprodukt – **2.** → Grundstoff
Rohstoffquellen (*Pl*): Rohstoffvorkommen · Ressourcen
Rohstoffvorkommen (*Pl*): → Rohstoffquellen
Rohzeichnung, die: → Skizze (1)
rojen: → rudern (1)
Rollback, das: → Verringerung
Rollbahn, die: → Piste (1)
Rollbalken, der: → Jalousie
Rollbrett, das: → Skateboard
Röllchen, das: → Rolle (1)
Rolle, die: **1.** ⟨*kleines Rad bzw. kleine Walze*⟩ Spule + Röllchen – **2.** ⟨*darzustellende Gestalt in einem Bühnenwerk*⟩ Partie · Person · Figur + Hauptrolle · Nebenrolle · Charge – **3.** ⟨*der vom Schauspieler zu sprechende Wortlaut*⟩ Text · Rollentext – **4.** → Wäschemangel – **5.** → Überschlag (1) – **6.** → Locke – **7.** eine R. spielen: → wichtig (3); keine R. spielen: → wichtig (4); aus der R. fallen: → vorbeibenehmen, sich; die Rollen tauschen: → abwechseln (I); völlig von der R. sein: → verwirrt (3)
rollen: **I.** rollen: **1.** ⟨*drehend auf einer Fläche bewegen*⟩ kugeln · wälzen + drehen ♦ *umg*: kullern · trudeln (*landsch*); → *auch* drehen (I, 1) – **2.** → aufrollen (2) – **3.** →

ausrollen – **4.** → ²mangeln – **5.** → befördern (1) – **6.** → fahren (1) – **7.** → schlingern – **8.** r. |in|: → einwickeln (1); kopfüber r.: → überschlagen (II, 2, a); ins Rollen kommen: → anfangen (1, b); [den Stein] ins Rollen bringen: → auslösen (1, b) – **II.** rollen, sich: → wälzen (II)
Rollentext, der: → Rolle (3)
Rollerblade, das: → Rollschuh
Rollerbrett, das: → Skateboard
Rollerskate, der: → Rollschuh
Rollfeld, das: → Piste (1)
Rollfuhrunternehmen, das: → Spedition
rollieren: → polieren (1)
Rollkutscher, der: **1.** → Fuhrmann (1) – **2.** → Flegel (1)
Rollladen, der: → Jalousie
Rollo, das: → Jalousie
Rollschuh, der: Rollerskate · Diskoroller + Inliner · Inlineskate · Rollerblade
Rollstuhl, der: Fahrstuhl; Krankenfahrstuhl (*amtsspr*)
Rolltreppe, die: Fahrtreppe
Romancier, der: → Prosaist
romanhaft: → wunderbar (1)
Romanschreiber, der: → Prosaist
Romanschriftsteller, der: → Prosaist
Romantik, die: → Schwärmerei (1)
Romantiker, der: → Schwärmer (1)
romantisch: **1.** → schwärmerisch – **2.** → gefühlvoll (1) – **3.** → stimmungsvoll
Romanze, die: **1.** → Gedicht (1) – **2.** → Liebesverhältnis
Romeo, der: → Liebhaber (1)
Römer, der: → Glas (I, 1)
Römertopf, der: → Schmortopf
röntgen[isieren]: → durchleuchten (I, 1)
Röntgenuntersuchung, die: → Durchleuchtung
rosa: **1.** ⟨*Farbe*⟩ pink · rosig · rosafarben · rosafarbig · rosarot · rosenrot · rosenfarben · rosenfarbig + lachsfarben · fleischfarben · hautfarben · frais[farben] · blassrosa – **2.** alles durch eine r. Brille sehen: → optimistisch (2)
rosafarben: → rosa (1)
rosafarbig: → rosa (1)
rosarot: **1.** → rosa (1) – **2.** alles durch eine rosarote Brille sehen: → optimistisch (2)
rösch: → knusprig
Rose, die: nicht auf Rosen gebettet sein: → arm (4)
rosenfarben: → rosa (1)
rosenfarbig: → rosa (1)
Rosenhügel, der: → Brust (I, 2)
rosenrot: → rosa (1)
Rosenzeit, die: → Jugend (1)
rosig: **1.** → rosa (1) – **2.** alles in rosigem Licht sehen: → optimistisch (2)
Rosinante, die: → Pferd (1)
Rosine, die: **1.** ⟨*getrocknete Weinbeere*⟩ + Sultanine · Korinthe – **2.** [große] Rosinen im Kopf haben: → eingebildet (3)
Ross, das: **1.** → Pferd (1) – **2.** → Dummkopf (2)
rossen: → brünstig (2)
rossig: → brünstig (1)
Rosskur, die: → Radikalkur
¹Rost, der: → Bratrost
²Rost, der: R. ansetzen: → rosten
rostbraun: → rostfarben
rosten: Rost ansetzen · verrosten + einrosten
rösten: **1.** ⟨*trocken erhitzen u. dabei bräunen*⟩ toasten; bähen (*süddt österr schweiz*) – **2.** → dörren – **3.** → braten
Röster: **I.** Röster, der: → Toaster – **II.** Röster (*Pl*): → Bratkartoffeln
rostfarben: rostfarbig · rostbraun · rostrot + rostig; → *auch* braun (1)
rostfarbig: → rostfarben
Rösti, die: → Bratkartoffeln
rostig: **1.** ⟨*mit Rost bedeckt*⟩ verrostet + zerfressen – **2.** → rostfarben
Röstkartoffeln (*Pl*): → Bratkartoffeln
rostrot: → rostfarben
rot: **1.** ⟨*Farbe*⟩ + hochrot · hellrot · blassrot · dunkelrot · kupferrot · weinrot · kirschrot · ziegelrot · scharlachrot · blutrot · rubinrot · feuerrot · feuerfarben · feurig · purpurrot · purpurfarben · purpurfarbig · purpurn · tizianrot · rötlich – **2.** eine rote Färbung annehmen: → röten, sich; rot werden: **a)** → röten, sich – **b)** → erröten (1) – **c)** → schämen, sich (1); der rote Saft: → Blut (1); roter Faden: → Leitgedanke; sich die Augen rot weinen: → weinen (1); den roten Hahn aufs Dach setzen: → Feuer (7); rote Zahlen schreiben: → Verlust (2); ein rotes Tuch sein |für|: → hassen
Rotation, die: **1.** → Drehung (1) – **2.** → Fruchtfolge
rotblond: → rothaarig
rotbraun: → braun (1)
röten, sich: rot werden · eine rote Färbung annehmen
Rotfuchs, der: → Rothaarige

rothaarig: rotblond · fuchsig
Rothaarige, der *od.* die: *umg*: Rotkopf · Rotfuchs · Fuchs
rotieren: → drehen (II, 1)
Rotkopf, der: → Rothaarige
Rotkreuzmann, der: → Sanitäter (1)
Rotkreuzschwester, die: → Krankenschwester
rötlich: → rot (1)
Rotlichtmilieu, das: Dirnenmilieu · Rotlichtszene
Rotlichtszene, die: → Rotlichtmilieu
Rotor, der: **1.** → Läufer (2) – **2.** → Luftschraube
rotsehen: → wütend (2)
Rotstift, der: den R. ansetzen: → einsparen
Rotte, die: → Bande
rotten: → faulen
Rotz, der: **1.** → Nasenschleim – **2.** R. und Wasser heulen: → weinen (1)
Rotzbengel, der: → Frechdachs
Rotzbube, der: → Frechdachs
rotzen: **1.** → spucken (1) – **2.** → schnäuzen, sich
Rotzer, der: → Frechdachs
Rotzfahne, die: → Taschentuch
rotzfrech: → frech (1)
Rotzgöre, die: → Frechdachs
rotzig: **1.** → frech (1) – **2.** → schleimig (1)
Rotzjunge, der: → Frechdachs
Rotzkocher, der: → Pfeife (1)
Rotzkolben, der: → Nase (1)
Rotzlöffel, der: → Frechdachs
Rotznase, die: **1.** → Nase (1) – **2.** → Frechdachs
Rouge, das: **1.** → Schminke (1) – **2.** R. auf legen/auftragen: → schminken (I *u.* II)
Route, die: Reiseweg · Reiseroute
Routine, die: → Fertigkeit (1)
routinemäßig: → gewohnheitsmäßig
Routinier, der: *umg*: alter Fuchs/Hase; → *auch* Fachmann (1), Meister (1)
routiniert: → erfahren (2)
Routiniertheit, die: → Gewandtheit (3)
Rowdy, der: **1.** → Flegel (1) – **2.** → Raufbold
rubbelig: → rau (1)
rubbeln: **I.** rubbeln: **1.** → reiben (I, 1), abreiben (II, 1) – **2.** → waschen (I, 1) – **II.** rubbeln, sich: → abreiben (II, 1)
Rübe, die: **1.** → Kopf (1) – **2.** → Frechdachs – **3.** die R. abhacken: → enthaupten; wie Kraut und Rüben: → ungeordnet (2)
rüberbringen: → vermitteln (2)
rubinrot: → rot (1)
Rubrik, die: **1.** → Abschnitt (2) – **2.** → Spalte (1)
rubrizieren: → einordnen (I)
Ruch, der: → Geruch (1)
ruchbar: r. werden: → herauskommen (1)
ruchlos: → gemein (1)
Ruchlosigkeit, die: → Gemeinheit
Ruck, der: mit einem R.: → plötzlich (1); sich einen R. geben: → ermannen, sich
Rückantwort, die: → Antwort (2)
ruckartig: **1.** → plötzlich (1) – **2.** → stoßweise
Rückberufung, die: → Abberufung (1)
Rückbildung, die: Verkümmerung · Degeneration + Rückentwicklung · Rückgang
Rückblende, die: → Rückblick
Rückblick, der: Rückschau · Retrospektive + Rückerinnerung · Rückblende; → *auch* Erinnerung (I, 1)
rückblickend: [zu]rückschauend · zurückblickend · retrospektiv · rückwärts blickend
rucken: → gurren
rücken: **1.** → abrücken (1) – **2.** beiseite/zur Seite r.: → abrücken (1); in ein schlechtes Licht r.: → verleumden (1); auf den Leib/den Pelz/die Pelle/den Balg r.: → bedrängen (1); auf die Bude r.: **a)** → bedrängen (1) – **b)** → aufsuchen (1)
Rücken, der: **1.** ⟨*Körperteil*⟩ + Kreuz ♦ *umg*: Buckel ♦ *salopp*: Ast (*landsch*) – **2.** → Bergrücken – **3.** → Rückseite (1) – **4.** krummer R.: → Buckel (1); einen krummen R. machen: → kriechen (2); den R. zeigen: **a)** → abweisen (1) – **b)** → abwenden (II, 1); den R. zukehren/zudrehen/zuwenden: → abwenden (II, 1); den R. kehren: **a)** → abwenden (II, 1) – **b)** → weggehen (1); verlängerter R.: → Gesäß; im R.: → hinten (1, b); hinter dem R.: → heimlich (1); in den R. fallen: → verraten (2); den R. stärken/steifen: → unterstützen (I, 1); den R. decken: → schützen (I, 1); den R. steif halten: → standhalten (1); einen breiten R. haben: → dulden (1); mit dem R. zur Wand stehen: → schlecht (10, a); es läuft jmdm. [eis]kalt/heiß [und kalt] über den R./den R. herunter: → schaudern (1)
Rückendeckung, die: → Unterstützung (1)
Rückenstärkung, die: → Unterstützung (1)
Rückenteil, das: → Rückseite (1)

Rückentrage, die: Reff · Hucke (*landsch*)
Rückentwicklung, die: **1.** → Rückschritt – **2.** → Rückbildung
Rückerinnerung, die: → Rückblick
Rückerstattung, die: → Rückzahlung
Rückfahrt, die: Rückreise · Heimfahrt · Heimreise; → *auch* Rückkehr
Rückfall, der: **1.** ⟨*das Wiederauftreten eines früheren Zustandes*⟩ Rezidiv · Relaps (*med*) – **2.** → Rückschritt
rückfällig: 1. ⟨*erneut einsetzend bzw. zu einem früheren Zustand zurückkehrend*⟩ rezidiv (*med*) – **2.** r. sein: ⟨*wieder frühere Gewohnheiten aufnehmen*⟩ zurückfallen |in| – **3.** r. werden: ⟨*sich wieder strafbar machen*⟩ erneut straffällig werden
Rückgabe, die: **1.** → Zurückgabe – **2.** → Rückzahlung
Rückgang, der: **1.** → Verringerung, Verminderung – **2.** → Rückbildung – **3.** im R. begriffen sein: → nachlassen (1)
rückgängig: r. machen: **a)** → ungeschehen – **b)** → abbestellen
Rückgrat, das: **1.** ⟨*Körperteil*⟩ Wirbelsäule – **2.** → Stütze (1) – **3.** ohne R.: → haltlos (1); kein R. haben: → haltlos (3); R. haben/zeigen: → charakterfest (2); das R. brechen: → ruinieren (I, 1); das R. stärken/steifen: → unterstützen (I, 1)
rückgratlos: → haltlos (1)
Rückhalt, der: **1.** → Unterstützung (1) – **2.** R. geben: → unterstützen (I, 1); ohne R.: → offen (3)
rückhaltlos: → offen (3)
Rückkehr, die: Heimkehr · Wiederkehr · Rückkunft · Wiederkunft; → *auch* Rückfahrt
Rückkunft, die: → Rückkehr
Rücklage, die: **1.** → Ersparnis (1) – **2.** → Vorrat
Rückleuchte, die: → Rücklicht
Rücklicht, das: Schlusslicht · Schlussleuchte · Rückleuchte + Rückstrahler · Katzenauge
rücklings: → rückwärts (1)
Rückprall, der: → Rückstoß
Rückreise, die: → Rückfahrt
Rucksack, der: Ranzen; Schnappsack (*veraltet*)
Rückschau, die: **1.** → Rückblick – **2.** R. halten: → erinnern (II)
rückschauend: → rückblickend
Rückschlag, der: **1.** → Rückstoß – **2.** → Misserfolg (1)
Rückschritt, der: Rückentwicklung · Rückfall · Krebsgang
rückschrittlich: fortschrittsfeindlich · rückwärts gewandt; [ewig] gestrig · zopfig · verzopft (*abwert*); restaurativ (*bes. Polit*); [stock]reaktionär · erzreaktionär (*Polit; abwert*); → *auch* rückständig
Rückseite, die: **1.** ⟨*nach hinten gelegene Seite*⟩ Hinterseite · Kehrseite + Rücken[teil] · Hoffront · Hinterfront · Hofseite – **2.** auf der R.: → hinten (1, b)
rückseitig: → hinten (1, b)
rückseits: → hinten (1, b)
rucksen: → gurren
Rücksicht, die: **1.** ⟨*taktvoll-achtsames Verhalten anderen gegenüber*⟩ Rücksichtnahme · Schonung + Diskretion · Vorsicht · Behutsamkeit; → *auch* Nachsicht (1) – **2.** → Berücksichtigung (1) – **3.** R. nehmen |auf|: **a)** → berücksichtigen (1) – **b)** → schonen (I, 1); R. üben |mit|: → schonen (I, 1); mit R. |auf|: → hinsichtlich; ohne [jede] R., ohne R. auf Verluste: → rücksichtslos (1)
rücksichtlich: → hinsichtlich
Rücksichtnahme, die: → Rücksicht (1), Berücksichtigung (1)
rücksichtslos: 1. ⟨*ohne jede Rücksichtnahme*⟩ ohne [jede] Rücksicht · mitleid[s]los · erbarmungslos · unbarmherzig · hartherzig · gnadenlos · schonungslos · rigoros · radikal + bedenkenlos · ohne Bedenken · kalt lächelnd · hemdsärmelig ♦ *umg*: knallhart · kaltschnäuzig · ohne Rücksicht auf Verluste; → *auch* brutal, selbstsüchtig – **2.** r. sein: ⟨*keinerlei Rücksicht nehmen*⟩ über Leichen gehen · seine Ell[en]bogen gebrauchen · sich den Teufel/Henker scheren |um|
Rücksichtslosigkeit, die: Erbarmungslosigkeit · Unbarmherzigkeit · Hartherzigkeit · Schonungslosigkeit · Rigorosität · Radikalismus + Bedenkenlosigkeit · Willkür · Willkürakt; → *auch* Brutalität, Selbstsucht
rücksichtsvoll: taktvoll · schonungsvoll · schonend · diskret · zartfühlend · behutsam + vorsichtig; → *auch* nachsichtig (1)
Rücksitz, der: Fond · Hintersitz
Rücksprache, die: → Gespräch (1)
Rückstand: I. Rückstand, der: **1.** → Rest (I, 1) – **2.** → Verzug (1) – **3.** im R. sein: → Verzug (3, a) – **II.** Rückstände (*Pl*): → Schuld (II, 1)
rückständig: zurückgeblieben · unterentwickelt + hinterwäldlerisch ♦ *umg*: von ges-

tern (*abwert*) ♦ *salopp*: hinter dem Mond (*abwert*); → *auch* rückschrittlich
Rückstoß, der: Rückschlag · Rückprall
Rückstrahler, der: → Rücklicht
Rückstrahlung, die: Reflex[ion] · Spiegelung; → *auch* Widerschein
Rücktritt, der: **1.** ⟨*Aufgabe eines Amtes*⟩ Demission · Abdankung · Amtsniederlegung · Amtsabtretung – **2.** seinen R. erklären/nehmen: → zurücktreten (1)
rückvergüten: → zurückzahlen (1), entschädigen (I)
Rückvergütung, die: → Rückzahlung
rückversichern, sich: → versichern (II, 2)
rückwärts: 1. ⟨*mit der Rückseite voran*⟩ hintenüber · nach hinten + rücklings – **2.** → zurück (1) – **3.** → hinten (1, a *u.* b) – **4.** r. gehen: → verschlechtern (II); r. blickend: → rückblickend; r. gewandt: → rückschrittlich
ruckweise: → stoßweise
Rückwirkung, die: → Reaktion
Rückzahlung, die: Rückerstattung · Wiedererstattung · Erstattung · Rückvergütung · Rückgabe; → *auch* Entschädigung
Rückzieher, der: einen R. machen: **a)** → widerrufen – **b)** → nachgeben (1)
ruck, zuck: → schnell (1, c)
Rückzug, der: **1.** ⟨*Aufgabe einer militär. Position*⟩ Räumung; → *auch* Abzug (1) – **2.** den R. antreten: → zurückziehen (II, 2)
rüde: → barsch
Rudel, das: → Bande
Ruder, das: **1.** ⟨*Gerät zum Fortbewegen von Booten*⟩ Skull · Riemen; Pullstängel (*scherzh*) + Paddel – **2.** ans R. kommen/gelangen: → Macht (4); am R. sein: **a)** → regieren (1) – **b)** → herrschen (1); das R. führen: → herrschen (1); aus dem R. laufen: → Kontrolle (3)
rudern: 1. ⟨*mit Rudern fortbewegen*⟩ pullen · skullen · sich in die Riemen legen; rojen (*seem*) + paddeln · Paddelboot fahren · staken · wricken – **2.** → schlenkern (1)
Rudiment, das: → Überbleibsel (1)
Ruf, der: **1.** ⟨*die* [*positive*] *Bewertung* [*des Lebenswandels*] *einer Person durch die anderen*⟩ Leumund · Reputation · Renommee · Standing + Achtung · Ehre · Ruhm; → *auch* Ansehen (1), Achtung (1), Ruhm (1) – **2.** → Schrei (1) – **3.** → Aufforderung (1) – **4.** → Telefonnummer – **5.** einen guten R. haben: → angesehen (2), einen schlechten R. haben, in üblem R. stehen: → verrufen (3); in üblen/schlechten R. bringen: → verleumden (1)
rufen: 1. → herbeirufen (1) – **2.** → schreien (1) – **3.** → nennen (1) – **4.** ins Leben r.: **a)** → eröffnen (I, 2) – **b)** → gründen (I, 1); wieder ins Leben r.: → wiederbeleben (1); zu den Fahnen/Waffen r.: → einberufen (2); wie gerufen: → willkommen (1); zur Ordnung r.: → ermahnen (1); ins Gedächtnis r.: → erinnern (I, 1); sich ins Gedächtnis r.: → erinnern (II)
Rüffel, der: **1.** → Tadel (1) – **2.** einen R. verpassen: → tadeln (1)
rüffeln: → tadeln (1)
Rufmord, der: → Verleumdung
Rufnummer, die: → Telefonnummer
Rufschädigung, die: → Verleumdung
Rüge, die: **1.** → Tadel (1) – **2.** eine R. erteilen: → tadeln (1)
rügen: → tadeln (1)
Ruhe, die: **1.** ⟨*inneres Ausgeglichensein*⟩ Seelenruhe · Gemütsruhe · Frieden · Seelenfrieden + Gemächlichkeit ♦ *gehoben*: Friede · Seelenfriede – **2.** → Gelassenheit – **3.** → Friede[n] (1) – **4.** → Schlaf (1, a) – **5.** → Erholung (1) – **6.** → Freizeit (1) – **7.** → Stille – **8.** → still (2) – **9.** in [aller] R.: → ruhig (1); ohne Rast und Ruh: → unermüdlich (1); zur R. bringen: **a)** → ruhig (6, a) – **b)** → beruhigen (I); sich zur R. begeben: → schlafen (5); sich zur R. setzen: → zurückziehen (II, 1); zur ewigen R. eingehen: → sterben (1); zur [letzten] R. betten: → begraben (1); der R. pflegen: → privatisieren (2); keine R. geben/lassen, nicht in R. lassen: → bedrängen (1)
ruhebedürftig: 1. → erholungsbedürftig – **2.** → müde (1)
Ruhebett, das: → Sofa
Ruhegehalt, das: → Rente (1)
Ruhegeld, das: → Rente (1)
Ruhelager, das: → Lager (1)
ruhelos: → unruhig (1)
Ruhelosigkeit, die: → Unruhe (I, 1)
ruhen: 1. → ausruhen (I) – **2.** → schlafen (1, a) – **3.** → liegen (1) – **4.** → aussetzen (2) – **5.** kurz r.: → rasten
Ruhepause, die: **1.** → [1]Pause (1) – **2.** eine R. einlegen: → rasten
Ruhesitz, der: → Alterssitz
Ruhestand, der: **1.** ⟨*Status des nicht mehr Berufstätigen*⟩ Pension – **2.** im R.: → pen-

sioniert; in den R. versetzen: → pensionieren; in den R. treten: → zurückziehen (II, 1)

Ruheständler, der: → Rentner

Ruhestatt, die: → Grab (1)

Ruhestätte, die: → Grab (1)

Ruhestörung, die: → Lärm (1)

ruhevoll: → ruhig (1)

ruhig: 1. ⟨*frei von innerer Erregung*⟩ in [aller] Ruhe · ohne Hast · geruhsam · seelenruhig · in aller Seelenruhe / Gemütsruhe + gemächlich ♦ *gehoben*: ruhevoll ♦ *umg*: cool; → *auch* beherrscht (1), gelassen (1), sanft – **2.** → still (2) – **3.** → regungslos – **4.** → langsam (1) – **5.** → wortkarg – **6.** r. stellen (*med*): **a)** ⟨*durch Medikamente beruhigen*⟩ zur Ruhe bringen; → *auch* beruhigen (I) – **b)** ⟨*unbeweglich machen*⟩ fixieren + schienen – **7.** r. sein: → schweigen (1); r. Blut behalten / bewahren: → beherrschen (II)

Ruhm, der: **1.** ⟨*große allgemeine Wertschätzung einer Person*⟩ Weltruhm · Weltgeltung · Weltruf · Glorie · Glanz · Nimbus; → *auch* Achtung (1), Ansehen (1), Ruf (1) – **2.** R. ernten: ⟨[*in der Öffentlichkeit*] *gerühmt werden*⟩ Lorbeeren ernten (*scherzh*) – **3.** sich nicht [gerade] mit R. bekleckern: → versagen (1)

Ruhmbegier[de], die: → Ehrgeiz

ruhmbegierig: → ehrgeizig

rühmen: I. rühmen: → loben (1) – **II.** rühmen, sich: → prahlen

rühmenswert: 1. → lobenswert – **2.** → ruhmvoll

rühmlich: 1. → lobenswert – **2.** → ruhmvoll

ruhmredig: → prahlerisch

ruhmreich: → ruhmvoll

Ruhmsucht, die: → Ehrgeiz

ruhmsüchtig: → ehrgeizig

ruhmvoll: ruhmreich · ehrenvoll; glorreich · glorios (*oft iron*) + rühmenswert · rühmlich · glanzvoll · glänzend

Ruhr, die: → Durchfall (1)

rühren: I. rühren: **1.** → bewegen (I, 1) – **2.** → umrühren – **3.** → ergreifen (3) – **4.** r. |von|: → herrühren; r. |an|: → berühren (I, 1); die Trommel r.: → trommeln (1); die Werbetrommel / Trommel r. |für|: → werben (1); keinen Finger r.: → faulenzen (1); wie vom Donner gerührt: → erschrocken (1) – **II.** rühren, sich: **1.** → bewegen (II, 1) – **2.** → arbeiten (1)

rührend: 1. → ergreifend – **2.** → liebevoll (1)

rührig: 1. → eifrig (1) – **2.** → fleißig (1)

Rührigkeit, die: → Eifer (1)

rührselig: 1. ⟨*Rührung hervorrufend*⟩ sentimental · empfindsam; tränenselig · gefühlsduselig · gefühlsselig · schmalzig (*abwert*); → *auch* gefühlvoll (1) – **2.** → weinerlich – **3.** r. sein: ⟨*Rührung hervorrufen*⟩ *umg*: auf die Tränendrüsen drücken

Rührseligkeit, die: Sentimentalität · Gefühlsüberschwang · Empfindsamkeit; Tränenseligkeit · Gefühlsduselei · Gefühlsseligkeit · Schmalz (*abwert*)

Rührung, die: → Ergriffenheit

Ruin, der: **1.** → Verderben (1) – **2.** → Zusammenbruch (1)

ruinieren: I. ruinieren: **1.** ⟨*jmds. Existenz zerstören*⟩ zugrunde richten · vernichten · erledigen · das Rückgrat brechen · den Todesstoß versetzen · die Schlinge um den Hals legen · den Boden unter den Füßen wegziehen · an den Bettelstab bringen + in den Abgrund führen · das Wasser abgraben ♦ *umg*: fertig machen · die Luft abdrehen · das Genick brechen · den Hals brechen / abschneiden ♦ *salopp*: auf den Hund bringen · den Hals / die Gurgel abdrehen · über die Klinge springen lassen · in die Pfanne hauen; → *auch* Unglück (3) – **2.** → zerstören (1) – **II.** ruinieren, sich: ⟨*seine eigene Existenz zerstören*⟩ sich zugrunde richten · abwirtschaften · sich um Kopf und Kragen bringen ♦ *umg*: sich kaputtmachen; → *auch* scheitern (a)

ruiniert: 1. ⟨*in seiner Existenz zugrunde gerichtet*⟩ bankrott + überschuldet ♦ *umg*: fertig ♦ *salopp*: pleite; → *auch* zahlungsunfähig (1) – **2.** r. sein: ⟨*existenziell am Ende sein*⟩ vor dem Nichts stehen

ruinös: 1. → schädlich (2) – **2.** → schadhaft

Rülps, der: → Flegel (1)

rülpsen: → aufstoßen (1)

rum: r. wie num: → gleich (2)

rumgammeln: → gammeln

rumhängen: → gammeln

rumkommen: drum r.: → davonkommen (1)

Rummel, der: **1.** → Trubel (1), Vergnügungspark – **2.** → Lärm (1) – **3.** den R. kennen: → auskennen, sich

rummeln: 1. → lärmen – **2.** → poltern (1)

Rummelplatz, der: → Vergnügungspark

Rumor, der: **1.** → Lärm (1) – **2.** → Trubel (1)
rumoren: → lärmen
Rumpel, der: → Gerümpel
rumpelig: → uneben (1)
Rumpelkammer, die: → Abstellraum
rumpeln: 1. → holpern – **2.** → poltern (1) – **3.** → donnern (1) – **4.** → waschen (I, 1)
rümpfen: die Nase r. |über|: → verachten (1)
rumprobieren: → tüfteln
rumreden: drum r.: → Umschweife (1)
Rums, der: → Knall (1)
rumsen: → knallen (1)
Run, der: → Andrang (1)
rund: 1. ⟨*die Form eines Kreises aufweisend*⟩ kreisrund · kreisförmig · ringartig · ringförmig; orbikular (*fachspr*) + rundlich · ringelig – **2.** ⟨*die Form einer Kugel aufweisend*⟩ kugel[förm]ig · kugelrund + rundlich – **3.** → dick (1) – **4.** → ungefähr (1) – **5.** r. machen: → abrunden (1); nicht ganz r. laufen: **a)** → geisteskrank (2) – **b)** → verrückt (5); dick und r.: → dick (1); sich dick und r. essen: → anessen; r. um die Uhr: → Tag (2); r. um den Globus: → weltumfassend
Rundblick, der: Rundsicht · Rundschau · Panorama; Rundumsicht (*fachspr*)
Rundbrief, der: → Rundschreiben
Runde, die: **1.** ⟨*Getränke für eine Anzahl [um den Tisch sitzender] Personen*⟩ Lage – **2.** → Kreis (1) – **3.** → Gesellschaft (1) – **4.** eine R. geben/spendieren/schmeißen: → spendieren (1); die R. machen: → Wache (3); [rings] in der R.: → ringsum; letzte R.: → Endkampf; über die Runden kommen: → überstehen (1); über die Runden bringen: → erreichen (2)
runden: I. runden: **1.** → abrunden (1 *u.* 2) – **2.** → aufrunden – **3.** → vollenden (I, 1) – **II.** runden, sich: **1.** → wölben (II) – **2.** → vervollkommen (II, 2)
Runderlass, der: → Erlass (1)
Rundfrage, die: → Umfrage (1)
Rundfunk, der: **1.** ⟨*[Einrichtung zur] Übertragung von Ton- und Wortsendungen*⟩ Hörfunk · Radio · Funk; Rundspruch (*schweiz*) + Rundfunkwesen – **2.** → Rundfunkgerät
Rundfunkapparat, der: → Rundfunkgerät
Rundfunkempfänger, der: → Rundfunkgerät
Rundfunkgerät, das: Radio[apparat] · Rundfunkempfänger · Radiogerät · Radioempfänger · Rundfunkapparat · Apparat · Empfänger · Empfangsgerät · Gerät; Rundfunk (*veraltet*); Rundspruchgerät (*schweiz*) + Portable; → *auch* Kofferradio
Rundfunkprogramm, das: → Programm (1, b)
Rundfunksender, der: → Sender
Rundfunksendung, die: → Sendung (1)
Rundfunkwesen, das: → Rundfunk (1)
rundheraus: 1. → offen (3) – **2.** r. sagen: → aussprechen (I, 5)
rundherum: → ringsum
rundlich: 1. → rund (1 *u.* 2) – **2.** → dicklich (1)
Rundschau, die: → Rundblick
Rundschlag, der: Rundumschlag
Rundschreiben, das: Umlauf[schreiben] · Rundbrief; Zirkular (*noch schweiz*); Enzyklika (*kathol. Kirche*); → *auch* Bekanntmachung (1), Verordnung (1)
Rundsicht, die: → Rundblick
Rundspruch, der: → Rundfunk (1)
Rundspruchgerät, das: → Rundfunkgerät
Rundstück, das: → Brötchen
rundum[her]: → ringsum
Rundumschlag, der: → Rundschlag
Rundumsicht, die: → Rundblick
Rundung, die: **1.** → [1]Bogen (1) – **2.** → Wölbung (1)
Rundverfügung, die: → Erlass (1)
rundweg: 1. → offen (3) – **2.** → durchweg
Runks, der: **1.** → Flegel (1) – **2.** → Brotkanten
runksen: → vorbeibenehmen, sich
runterholen: sich einen r.: → masturbieren
Runway, die *od.* der: → Piste (1)
Runzel, die: → Falte (2)
runzelig: zerfurcht · durchfurcht · verrunzelt · welk + zerschründet · zerklüftet ♦ *umg*: hutzelig · verhutzelt · schrumpelig · verschrumpelt · zerknittert; → *auch* faltig
runzeln: krausen · in Falten legen/ziehen + finster dreinschauen
Rüpel, der: → Flegel (1)
Rüpelei, die: → Flegelei
rüpelhaft: → flegelhaft (1)
Rüpelhaftigkeit, die: → Flegelei
rüpelig: → flegelhaft (1)
rupfen: 1. → ziehen (I, 2) – **2.** → ausreißen (1) – **3.** → pflücken – **4.** → schröpfen (2) – **5.** ein Hühnchen r. |mit|: → belangen (1)

ruppig: → flegelhaft (1)
Ruppsack, der: → Flegel (1)
Rüsche, die: → Besatz (1)
Ruschel, die: → Schlampe
ruschelig: → unordentlich
Rush, der: → Hochkonjunktur
Rushhour, die: → Hauptverkehrszeit
Ruß, der: voller R.: → rußgeschwärzt; R. machen: → Umstand (II, 2), widersetzen, sich
Rüssel, der: → Nase (1)
rußen: 1. ⟨*Ruß entwickeln*⟩ blaken (*norddt*) + schwelen · qualmen; → *auch* rauchen (2) – **2.** → schwärzen
rußfarben: → schwarz (1)
rußfarbig: → schwarz (1)
rußgeschwärzt: voller Ruß · rußig · rußschwarz; → *auch* schwarz (1)
rußig: → rußgeschwärzt
rußschwarz: → rußgeschwärzt
Rüste, die: zur R. gehen: **a)** → untergehen (1) – **b)** → enden (1, b)
rüsten: 1. ⟨*Kriegsvorbereitungen treffen*⟩ aufrüsten – **2.** → bewaffnen (I)
rüstig: 1. → kräftig (1) – **2.** → gesund (1)
rustikal: → ländlich
Rüstkammer, die: → Waffenlager
Rüstung, die: **1.** ⟨*das Vorbereiten auf einen Krieg*⟩ Aufrüstung – **2.** → Panzer (2)
Rüstzeug, das: → Hilfsmittel
Rute, die: **1.** ⟨*biegsamer Stock*⟩ Gerte; → *auch* Peitsche (1) – **2.** → Zweig (1) – **3.** → Schwanz (1) – **4.** → Penis
Rutsch, der: → Abstecher (1)
Rutschbahn, die: → Schlitterbahn
Rutsche, die: **1.** → Schlitterbahn – **2.** → Fußbank
rutschen: 1. ⟨*sich gleitend auf einer glatten Fläche bewegen*⟩ *umg*: schurren (*landsch*); → *auch* schlittern – **2.** → abgleiten (1) – **3.** → kriechen (1) – **4.** r. |nach|: → reisen (1); auf dem Bauch r.: → kriechen (2); auf den Knien r.: → demütigen (II); in den Keller r.: → billig (6)
Rutscher, der: → Abstecher (1)
rutschig: → glatt (2)
Rutschpartie, die: → Abfahrt (2)
rütteln: 1. → schütteln (I, 1) – **2.** aus dem Schlaf r.: → wecken (1); an den Ketten r.: → aufbegehren

S

Saal, der: + Festsaal · Halle; → *auch* Raum (1)
Saaltochter, die: → Kellnerin
Saat, die: **1.** → Aussaat – **2.** → Saatgut
Saatgut, das: Saat · Samen · Sämerei · Einsaat
Sabbel, der: → Speichel
sabbeln: 1. → geifern (1) – **2.** → schwatzen (1)
Sabber, der: → Speichel
sabbern: 1. → geifern (1) – **2.** → schwatzen (1)
Säbel, der: mit dem S. rasseln: → drohen (1)
Säbelbeine (*Pl*): → O-Beine
säbeln: s. |von|: → abschneiden (1)
Säbelrassler, der: → Kriegstreiber
Sabotage, die: **1.** ⟨*vorsätzl. u. versteckte gegen polit., wirtschaftl. od. militär. Institutionen bzw. Vorhaben gerichtete zerstörer. Aktivität*⟩ Sabotageakt; Diversion[stätigkeit] · Diversionsakt (*bes. ehem. DDR*) – **2.** S. treiben: → sabotieren
Sabotageakt, der: → Sabotage (1)
Saboteur, der: Diversant (*bes. ehem. DDR*); → *auch* Agent (1)
sabotieren: Sabotage treiben · entgegenarbeiten · entgegenwirken · Sand ins Getriebe streuen · desorganisieren · hemmen; → *auch* stören (1)
Sachbearbeiter, der: Referent
Sachbeschädigung, die: → Beschädigung (2)
sachdienlich: → nützlich
Sache: I. Sache, die: **1.** → Angelegenheit – **2.** → Ding (1) – **3.** → Gegenstand (1) – **4.** → Rechtssache – **5.** → Sachverhalt – **6.** gemeinsame S. machen: ⟨*mit jmdm. etw. Übles ausführen*⟩ *umg*: unter einer Decke stecken + kungeln – **7.** zur S. kommen: ⟨*auf das Eigentliche zu sprechen kommen*⟩ auf den Punkt kommen – **8.** krumme S.: → Betrug (1); 'ne tolle S. sein: → großartig (3), bei der S. bleiben: → abschweifen (2); nicht bei der S. sein: → unaufmerksam (2); nichts zur S. tun: → wichtig (4) – **II.** Sachen (*Pl*): **1.** → Besitz (1) – **2.** → Kleidung (1) – **3.** in die S. schlüpfen/fahren: → anziehen (II); aus den S. schlüpfen: → ausziehen (II); mit [acht]zig S.: → schnell (1, a); in S.: → hinsichtlich
Sächelchen (*Pl*): → Kleinigkeit (1)
Sachgebiet, das: **1.** → Arbeitsgebiet – **2.** → Fach (1, b)
sachgemäß: → fachmännisch
sachgerecht: → fachmännisch
Sachkatalog, der: Realkatalog; → *auch* Katalog (1), Sachverzeichnis
Sachkenner, der: → Fachmann (1)
Sachkenntnis, die: Sachkunde · Sachverstand · Kompetenz · Kennerschaft + Erfahrung
Sachkunde, die: → Sachkenntnis
sachkundig: sachverständig · kompetent + erfahren; → *auch* fachmännisch
Sachlage, die: **1.** → Sachverhalt – **2.** → Lage (1)
sachlich: 1. ⟨*auf die Sache selbst gerichtet, ohne persönl. Voreingenommenheit*⟩ objektiv · vorurteilslos · vorurteilsfrei · unbefangen · unvoreingenommen · nüchtern + pragmatisch · real; → *auch* unparteiisch – **2.** s. bleiben: ⟨*objektiv bleiben*⟩ *umg*: auf dem Teppich bleiben
Sachlichkeit, die: **1.** ⟨*sachl. Verhalten*⟩ Objektivität · Vorurteilslosigkeit – **2.** → Realismus
Sachregister, das: → Sachverzeichnis
Sachschaden, der: → Beschädigung (2)
sacht[e]: 1. → sanft – **2.** → langsam (1) – **3.** → behutsam – **4.** → unmerklich
Sachverhalt, der: Sachlage · Situation · Lage/Stand der Dinge · Sache + Tatbestand; → *auch* Umstand (I), Lage (1)
Sachverstand, der: → Sachkenntnis
sachverständig: → sachkundig

Sachverständige, der: → Fachmann (1)
Sachverzeichnis, das: Sachregister; → *auch* Sachkatalog, Verzeichnis
Sachwalter, der: **1.** → Bevollmächtigte – **2.** → Verteidiger – **3.** → Rechtsanwalt
Sack, der: **1.** ⟨*Behältnis aus Stoff, Plastik od. Papier*⟩ Säckel (*landsch*) + Beutel – **2.** → Geldbörse – **3.** → Hosentasche – **4.** → Tasche (1) – **5.** → Dicke (I) – **6.** ein ganzer S. voll: → viel (I, 1); voll wie ein S.: → betrunken (1); schlafen wie ein S.: → schlafen (1, b); fauler S.: → Faulenzer (1); auf den S. gehen: → belästigen (1); in S. und Asche gehen: → bereuen; in S. und Tüten sein: → sicherstellen (4); in den S. stecken: **a)** → überflügeln – **b)** → betrügen (1); die Katze aus dem S. lassen: → ausplaudern; in den S. hauen: → kündigen (1)
Sackbahnhof, der: → Kopfbahnhof
Säckel, das: **1.** → Sack (1) – **2.** → Geldbörse
sacken: 1. → senken (II) – **2.** → sinken (1)
sackerlot: → Donnerwetter (II, 1)
sackerment: → Donnerwetter (II, 1)
Sackgasse, die: in einer S. sein: → Verlegenheit (2)
sackgrob: → barsch
Sackpfeife, die: → Dudelsack
Sacktuch, das: → Taschentuch
sackweise: → massenhaft
sadistisch: → brutal
säen: 1. ⟨*Samen in die Erde bringen*⟩ aussäen · einsäen + drillen · dibbeln · legen; → *auch* pflanzen (I, 1) – **2.** Zwietracht s.: → aufhetzen; Hass s.: → hetzen (1); dünn gesät: → selten (1)
Safe, der: **1.** → Geldschrank – **2.** → Bankschließfach
Saft, der: **1.** → Fruchtsaft – **2.** → Soße (1) – **3.** voll[er] S.: → saftig (1); der rote S.: → Blut (1); ohne S. und Kraft: → gehaltlos (1)
saftig: 1. ⟨*viel Saft enthaltend*⟩ saftreich · voll[er] Saft + dickfleischig – **2.** → derb (2)
saftlos: 1. → trocken (1) – **2.** saft- und kraftlos: → gehaltlos (1)
Saftpresse, die: → Fruchtpresse
saftreich: → saftig (1)
Sage, die: → Gerücht
Sägemehl, das: → Sägespäne
sagen: 1. → mitteilen (I) – **2.** → äußern (I, 1) – **3.** → erzählen (2) – **4.** → bedeuten (1) – **5.** Ja s.: **a)** → bejahen (1) – **b)** → zustimmen (1); Nein s.: **a)** → verneinen (1) – **b)** → ablehnen (1); etw. s.: → sprechen (1); offen s., s., was Sache ist, freiheraus/rundheraus s.: → aussprechen (I, 5); die/seine Meinung s.: **a)** → aussprechen (I, 5) – **b)** → zurechtweisen; Bescheid s.: → zurechtweisen; die Paten s.: → ausschimpfen; Guten Tag s.: → grüßen (1); Lebewohl/Valet/Auf Wiedersehen s.: → verabschieden (II, 1); Dank s.: → danken (1); die Unwahrheit s.: → lügen (1); nicht piep[s]/keinen Piep[s] s., nicht mumm s.: → schweigen (1); nichts/kein Sterbenswort s.: → schweigen (1 *u.* 2); nochmals s.: → wiederholen (I, 1, b); du s. |zu|: → duzen (I, 1); durch die Blume s.: **a)** → beibringen (1) – **b)** → andeuten (I, 1); sich nichts s. lassen: → eigensinnig (2); das Sagen haben: → bestimmen (2); nichts zu s. haben: → wichtig (4); nichts mehr zu s. haben: → gelten (7); s. wir: → ungefähr (1); das kann ich dir s.: → versichert; besser gesagt: → Wort (5); sage und schreibe: → tatsächlich (1)
sägen: 1. ⟨*mit der Säge zerkleinern*⟩ schneiden – **2.** → schnarchen – **3.** Holz/Bretter s.: → schnarchen
sagenhaft: 1. ⟨*in Sagen überliefert*⟩ legendär · mythisch – **2.** → wunderbar (1)
Sägespäne (*Pl*): Sägemehl · Holzmehl
Sahne, die: **1.** ⟨*fettreichster Teil der Milch*⟩ Rahm; Schmant (*landsch*); Flott (*norddt*); Schmetten · Obers (*österr*); Nidel (*schweiz*); → *auch* Schlagsahne – **2.** die S. abschöpfen: **a)** → absahnen (1) – **b)** → abschöpfen (2); allererste S.: → hervorragend (1)
Sahnehäubchen, das: → Tüpfelchen
sahnig: 1. ⟨[*viel*] *Sahne enthaltend*⟩ rahmig – **2.** → fettig (1)
Saison, die: → Spielzeit
Saisonschlussverkauf, der: → Ausverkauf
Saite, die: andere Saiten aufziehen: → energisch (3)
Sakko, der *od.* das: → Jacke (1)
sakra: → verflucht (1)
sakral: → geistlich (1)
Sakrileg, das: → Gotteslästerung
sakrilegisch: → gotteslästerlich
sakrisch: → sehr
Sakristan, der: → Kirchendiener
sakrosankt: 1. → heilig (1) – **2.** → unantastbar
säkular: 1. → weltlich – **2.** → außergewöhnlich (1)
säkularisieren: → verstaatlichen

Salär, das: **1.** → Lohn (1) – **2.** → Gehalt (I)
salarieren: → entlohnen
Salatkopf, der: Häuptel (*süddt österr*)
Salatsoße, die: Marinade · Dressing
Salbader, der: → Schwätzer (1)
Salbaderei, die: → Geschwätz (1)
salbadern: → schwatzen (1)
Salbe, die: Creme + Gel ♦ *salopp*: Schmiere (*meist abwert*); → *auch* Paste
salben: 1. → einreiben – **2.** → weihen (1) – **3.** → betrügen (1)
salbungsvoll: pastoral · priesterhaft + ölig
Salesmanager, der: → Verkaufsleiter
Salespromotion, die: → Verkaufsförderung
Salettl, das: → Gartenhäuschen
Salon, der: → Empfangsraum
salonfähig: 1. → wohlerzogen – **2.** → anständig (1) – **3.** nicht s.: → derb (2)
Salonlöwe, der: → Weltmann
Salontiroler, der: → Geck (1)
salopp: 1. → ungezwungen – **2.** → nachlässig (1)
Salto, der: **1.** → Überschlag (1) – **2.** einen S. machen/schlagen: → überschlagen (II, 2, a)
Salto mortale, der: → Überschlag (1)
Salut, der: → Gruß (1)
salutieren: → grüßen (1)
Salz, das: **1.** ⟨*Würzmittel*⟩ Speisesalz · Kochsalz + Jodsalz – **2.** in S. legen: → pökeln; ohne S.: **a)** → schal (1) – **b)** → geistlos; attisches S.: → Witz (2); nicht das S. zum Brot/zur/in die Suppe haben: → arm (4); nicht das S. in der Suppe gönnen: → neidisch (2)
Salzbrühe, die: → Lake
salzen: → würzen
salzig: + versalzen · scharf
Salzlake, die: → Lake
salzlos: → schal (1)
Salzlösung, die: → Sole
Salzsäule, die: zur S. erstarren: → erstarren (1, b)
Samariterdienst, der: → Hilfe (2)
Same, der: → Samen (1)
Samen, der: **1.** ⟨*nach der Befruchtung entstandenes Gebilde, aus dem eine neue Pflanze entsteht*⟩ Samenkorn + Keim ♦ *gehoben*: Same – **2.** ⟨*die Samenzellen enthaltende Substanz*⟩ Sperma · Samenflüssigkeit + Ejakulat; → *auch* Keimzelle (1) – **3.** → Saatgut
Samenerguss, der: Ejakulation + Pollution
Samenflüssigkeit, die: → Samen (2)
Samenkern, der: → Kern (1)
Samenkorn, das: → Samen (1)
Samenzelle, die: → Keimzelle (1)
Sämerei, die: → Saatgut
sämig: 1. → dickflüssig – **2.** s. machen: → andicken
Sammelbecken, das: Sammelpunkt; → *auch* Sammelstelle
Sammelmappe, die: → Ordner (1)
sammeln: I. sammeln: **1.** ⟨*in ein Behältnis fließen lassen*⟩ auffangen – **2.** → einsammeln – **3.** → zusammenfassen (1) – **4.** → zusammentragen – **II.** sammeln, sich: **1.** → versammeln (II, 1) – **2.** → vereinigen (II, 2) – **3.** → konzentrieren (II)
Sammelort, der: → Sammelstelle
Sammelplatz, der: → Sammelstelle
Sammelpunkt, der: **1.** → Sammelbecken – **2.** → Sammelstelle
Sammelstelle, die: Sammelplatz · Sammelort · Sammelpunkt + Treffpunkt; → *auch* Sammelbecken
Sammelsurium, das: → Durcheinander (1)
Sammler, der: + Liebhaber
Sammlung, die: **1.** ⟨*das Sammeln von gespendetem Geld*⟩ Geldsammlung; Kollekte (*Kirche*) – **2.** → Anhäufung (1) – **3.** → Aufmerksamkeit (1)
Sample, das: → Muster (2)
samt: 1. → mit (1), einschließlich – **2.** s. und sonders: **a)** → durchweg – **b)** → [1]alle (1)
samtartig: → weich (1, a)
samten: → weich (1, a)
Samthandschuh, der: mit Samthandschuhen anfassen: → schonen (I, 1)
samtig: → weich (1, a)
sämtlich: → [1]alle (1)
samtweich: → weich (1, a)
Sanatorium, das: → Heilstätte
Sand, der: S. drauf: → [2]verziehen; auf S. bauen: → fehlplanen; in den S. setzen: → verderben (2); im Sande verlaufen: → ergebnislos (2); S. in die Augen streuen: → täuschen (I); S. ins Getriebe streuen: → sabotieren
Sandale, die: + Sandalette ♦ *umg*: Jesuslatschen (*scherzh*)
Sandalette, die: → Sandale
Sandbank, die: Bank · Barre · Untiefe; Flach (*seem*); → *auch* Insel (1)
Sandhase, der: → Infanterist

Sandkasten, der: → Spielplatz (1)
Sandpapier, das: → Schleifpapier
sanforisiert: → formbeständig
sanft: weich · sacht[e] · zart + gelinde; → *auch* behutsam, schonend (1), ruhig (1)
sänftigen: → beruhigen (I)
sanftmütig: lammfromm; → *auch* gutmütig (1), zahm (1)
Sang, der: ohne S. und Klang: → unauffällig (1)
Sänger, der: **1.** ⟨*Gesangskünstler*⟩ Interpret + Opernsänger; → *auch* Chorsänger – **2.** → Lyriker
Sängerchor, der: → Chor (I, 1)
Sängerin, die: + Opernsängerin · Primadonna
Sängerkreis, der: → Chor (I, 1)
Sängervereinigung, die: → Chor (I, 1)
Sangesbruder, der: → Chorsänger
sanglos: sang- und klanglos: → unauffällig (1)
sanguinisch: → lebhaft (1)
Sani, der: → Sanitäter, Sanitätssoldat
sanieren: **I.** sanieren: **1.** → heilen (1) – **2.** → aufbessern (1) – **3.** → wiederherstellen (1) – **II.** sanieren, sich: → gewinnen (1)
sanierungsbedürftig: + reparaturbedürftig · erneuerungsbedürftig · renovierungsbedürftig
sanitär: sanitarisch (*schweiz*) + hygienisch · gesundheitlich
sanitarisch: → sanitär
Sanität, die: → Krankenwagen
Sanitäter, der: **1.** ⟨*in erster Hilfe Ausgebildeter*⟩ *umg*: Rotkreuzmann · Sani ♦ *salopp*: Pflasterkasten (*landsch scherzh*); → *auch* Krankenpfleger, Sanitätssoldat – **2.** → Sanitätssoldat
Sanitätsauto, das: → Krankenwagen
Sanitätssoldat, der: Sanitäter + Lazarettgehilfe ♦ *umg*: Sani; → *auch* Sanitäter (1)
Sanitätswagen, der: → Krankenwagen
Sank[r]a, der: → Krankenwagen
Sanktion: **I.** Sanktion, die: → Bestätigung (1) – **II.** Sanktionen (*Pl*): → Zwangsmaßnahme
sanktionieren: → bestätigen (1)
Sankt-Nimmerleins-Tag, der: am S.: → niemals
Sanktuar[ium], das: → Reliquiar
sapperlot: → Donnerwetter (II, 1)
sapperment: → Donnerwetter (II, 1)
sapphisch: → homosexuell (b)
sardonisch: sardonisches Lachen: → Spott (1)
Sarg, der: Totenschrein · Totenlade (*noch landsch*) + Sarkophag · Urne
Sargnagel, der: → Zigarette
Sarkasmus, der: → Spott (1)
sarkastisch: → spöttisch
Sarkom, das: → Krebs (1)
Sarkophag, der: → Sarg
Satan, der: **1.** → Teufel (1) – **2.** → Unmensch (1)
Satanas, der: → Teufel (1)
satanisch: → teuflisch (1)
Satanskerl, der: → Draufgänger
Satellit, der: **1.** → Mond (2) – **2.** → Raumschiff – **3.** → Begleiter (1)
Satellitenbahn, die: → Umlaufbahn
Satellitenschüssel, die: → Parabolantenne
Satellitenstadt, die: → Trabantenstadt
satinieren: → glätten (1)
Satire, die: → Spott (1)
Satiriker, der: → Spötter
satirisch: → spöttisch
Satisfaktion, die: → Genugtuung (1)
Satrapenwirtschaft, die: → Behördenwillkür
satt: **1.** ⟨*nicht mehr hungrig*⟩ gesättigt · übersatt ♦ *umg*: wie genudelt · [bis oben hin] voll ♦ *salopp*: dick und voll ♦ *derb*: voll gefressen – **2.** → zufrieden (1) – **3.** s. sein: **a)** ⟨*keinen Hunger mehr verspüren*⟩ *umg*: nicht mehr [papp sagen] können – **b)** → betrunken (2) – **4.** sich s. essen: ⟨*so viel essen, wie man kann*⟩ *umg*: sich voll essen · sich den Bauch füllen/voll schlagen · sich voll stopfen ♦ *salopp*: sich voll hauen · sich den Bauch voll hauen · sich den Pansen voll schlagen/voll hauen ♦ *derb*: sich voll fressen; → *auch* essen (1), anessen, überessen, sich – **5.** s. machen: → sättigen (1); s. haben: → überdrüssig (1); s. bekommen/kriegen: → überdrüssig (2)
sattblau: → blau (1)
Satte, die: → Schüssel (1)
Sattel, der: **1.** → Bergsattel – **2.** sich in den S. schwingen: → aufsitzen (1); im S. sitzen: → reiten (1); fest im S. sitzen: → sicher (8, a); sich im S. halten: → behaupten (II, 1); in den S. heben: → fördern (1); aus dem S. heben: → verdrängen (2); in allen Sätteln gerecht: → geschickt (1)
sattelfest: → beschlagen (3)

satteln: **1.** ⟨*ein Pferd mit dem Sattelzeug versehen*⟩ aufsatteln – **2.** den Pegasus s.: → [2]dichten (1, b)
Sattelschlepper, der: → Lastkraftwagen
sattgelb: → gelb (1)
sattgrün: → grün (1)
sättigen: **1.** ⟨*von Speisen gesagt: schnell zur Sättigung führen*⟩ satt machen ♦ *umg*: stopfen – **2.** → anreichern (1)
Sättigung, die: → Anreicherung
sattsam: → genug (1)
saturiert: → zufrieden (1)
Satyr, der: → Lüstling
Satz, der: **1.** → Ausspruch – **2.** → Lehrsatz – **3.** → Sprung (1) – **4.** → Serie (1) – **5.** → Rest (I, 1) – **6.** → Kaffeesatz
Satzung, die: **1.** ⟨*schriftlich niedergelegte Ordnung*⟩ Statut; → *auch* Regel (1) – **2.** → Vorschrift (1)
Satzvorlage, die: Manuskript · Skript · Typoskript + Druckvorlage
Sau, die: **1.** → Schwein (1, a *u.* b) – **2.** → Schmutzfink – **3.** → Zotenreißer – **4.** keine S.: → niemand; unter aller S.: → schlecht (1); zur S. machen: → ausschimpfen
Sauarbeit, die: → Mühsal
sauber: **1.** ⟨*frei von Schmutz*⟩ rein[lich] · blitzsauber · [blitz]blank · schmutzfrei · fleckenlos + schmuck · adrett · proper · hygienisch · frisch ♦ *umg*: pieksauber · wie geleckt + picobello · wie aus dem Ei gepellt; → *auch* gepflegt, ordentlich (1, a) – **2.** → ordentlich (1, a) – **3.** → sorgfältig (1) – **4.** → anständig (1 *u.* 2) – **5.** → böse (1) – **6.** → schön (1) – **7.** s. machen: **a)** ⟨*den Schmutz aus einer Wohnung od. dgl. entfernen*⟩ rein[e] machen · putzen; stöbern (*süddt*); → *auch* auskehren (1), reinigen (1) – **b)** → reinigen (1); eine saubere Weste haben: → unschuldig (4); eine saubere Sohle aufs Parkett legen: → tanzen (1)
Sauberkeit, die: **1.** ⟨*das Freisein von Schmutz*⟩ Reinheit · Reinlichkeit ♦ *gehoben*: Reine – **2.** → Anständigkeit
säuberlich: → genau (1)
säubern: **1.** → reinigen (1) – **2.** s. |von|: → befreien (I, 3)
saublöd[e]: **1.** → dumm (1) – **2.** → unangenehm (1)
Saudreck, der: → Schmutz (1)
saudumm: → dumm (1)
sauen: **1.** → beschmutzen (II, 1) – **2.** → Zote (2)
sauer: **1.** ⟨*nicht süß, bitter od. salzig*⟩ herb · säuerlich · essigsauer + unreif – **2.** ⟨*von Milch u. anderen Getränken gesagt: nicht mehr einwandfrei*⟩ angesäuert; stichig (*landsch*) – **3.** → ärgerlich (1) – **4.** s. sein: ⟨*nicht mehr einwandfrei sein*⟩ einen Stich haben – **5.** s. reagieren |auf|: → ablehnen (1); s. ankommen: → schwer (5); s. aufstoßen: → ärgern (I); es sich s. werden lassen: → abmühen, sich; das Leben s. machen: → ärgern (I); in den sauren Apfel beißen: → abfinden (II, 2); Saures geben: → verprügeln
Sauerbrunnen, der: → Mineralwasser
Sauerei, die: **1.** → Zote (1), Unanständigkeit (2) – **2.** → Schmutz (1) – **3.** → Gemeinheit (1)
säuerlich: **1.** → sauer (1) – **2.** → ärgerlich (1)
Sauermilch, die: Dickmilch; Schlickermilch · Schlippermilch (*landsch*)
Sauertopf, der: → Griesgram
sauertöpfisch: → mürrisch
Saufaus, der: → Trinker
Saufbold, der: → Trinker
Saufbruder, der: → Trinkbruder
saufen: **1.** → trinken (1, a *u.* b) – **2.** → zechen – **3.** einen s.: → trinken (1, b); s. wie ein Loch/ein Bürstenbinder: → trunksüchtig (2); Tinte gesoffen haben: → verrückt (5)
Säufer, der: → Trinker
Sauferei, die: → Gelage (b)
Säuferwahn[sinn], der: Delirium tremens (*med*); → *auch* Rausch (1)
Saufgelage, das: → Gelage (b)
Saufkumpan, der: → Trinkbruder
Saufraß, der: → Gericht (1)
Saufsack, der: → Trinker
Sauftour, die: → [1]Bummel (1)
saugen: **1.** ⟨*Muttermilch aus der Brust trinken*⟩ die Brust nehmen ♦ *umg*: nuckeln; suckeln · zullen · zulpen · schnullen (*landsch*); → *auch* trinken (1, a) – **2.** → einsaugen (1) – **3.** → lutschen (1) – **4.** das Mark aus den Knochen s.: → ausbeuten (1)
säugen: → stillen (1)
Sauger, der: → Schnuller
Saugflasche, die: → Milchflasche
Säugling, der: Baby · das Neugeborene · Brustkind; kleiner Erdenbürger (*scherzh*); Wickelkind (*veraltend*); → *auch* Kind (1)
saugrob: → barsch

Saugröhrchen, das: → Pipette
Sauhund, der: → Rabenaas
Sauigelei, die: → Unanständigkeit (2)
sauigeln: **1.** → beschmutzen (II, 1) – **2.** → Zote (2)
säuisch: **1.** → schmutzig (1) – **2.** → unanständig (1)
saukalt: → kalt (1)
Saukälte, die: → Kälte
Saukerl, der: → Rabenaas
Sauklaue, die: **1.** → Handschrift (1) – **2.** eine S. haben: → schmieren (1)
Säule, die: **1.** → Pfeiler (1) – **2.** → Stütze (1)
Sauluder, das: → Luder (1)
Saum, der: **1.** → Einfassung (b) – **2.** → Rand (1)
saumäßig: → schlecht (1)
säumen: **1.** → einfassen – **2.** → zögern
Saumensch, das: → Luder (1)
säumig: → nachlässig (1)
Säumnis, die: → Versäumnis
Saumpfad, der: → Weg (1)
saumselig: → nachlässig (1)
Saumtier, das: → Lasttier
saumüde: → müde (1)
Saumweg, der: → Weg (1)
Sauna, die: in die S. gehen: → saunen
saunen: saunieren · in die Sauna gehen
saunieren: → saunen
Saupfote, die: **1.** → Handschrift (1) – **2.** eine S. haben: → schmieren (1)
Sauregurkenzeit, die: → Zeit (9)
Saus, der: in S. und Braus leben: → schwelgen (1)
Sauschrift, die: → Handschrift (1)
Sause, die: **1.** → [1]Bummel (1) – **2.** eine S. machen: → feiern (1)
säuseln: **1.** → rascheln – **2.** → flüstern (1) – **3.** → wehen (1)
sausen: **1.** → brausen (I, 1) – **2.** → laufen (1) – **3.** s. lassen: → verzichten; einen s. lassen: → Wind (I, 3); jmdm. saust der Frack: → ängstigen (II, 1)
Sauser, der: **1.** → Wind (I, 2) – **2.** → [1]Bummel (1)
Sauseschritt, der: im S.: → schnell (1, d)
Sausewind, der: → Quecksilber
Saustall, der: → Zimmer
Sauwetter, das: → Wetter (I, 2)
Sauwirtschaft, die: → Misswirtschaft
sauwohl: → wohl (1)
Sauzote, die: → Zote (1)

Schabefleisch, das: → Gehackte
schaben: **1.** ⟨*von einer Fläche mit einem scharfen Werkzeug entfernen*⟩ kratzen; schrap[p]en (*norddt*) + schuppen – **2.** → reiben (I, 1) – **3.** den Bart s.: → rasieren
Schabernack, der: **1.** → [2]Scherz (1) – **2.** → Streich (1)
schäbig: **1.** → abgetragen – **2.** → geizig (1) – **3.** → erbärmlich (1) – **4.** → gemein (1) – **5.** schäbiger Rest: → Rest (I, 1)
Schäbigkeit, die: **1.** → Geiz – **2.** → Gemeinheit (1)
Schablone, die: **1.** → Muster (1) – **2.** nach der S.: → gleichförmig (1)
schablonenhaft: → gleichförmig (1)
schablonenmäßig: → gleichförmig (1)
Schach, das: S. bieten: → widersetzen, sich; in S. halten: → unterdrücken (1)
schachbrettartig: → kariert
Schacherer, der: → Geschäftemacher
schachern: → feilschen, handeln (I, 1)
Schachfigur, die: → Werkzeug (2)
schachmatt: **1.** → besiegt (1) – **2.** → erschöpft (1)
Schachtel, die: **1.** ⟨*Behältnis aus Pappe od. dgl.*⟩ Pappschachtel + Karton · Packung · Box; → *auch* Dose (1) – **2.** → Frau (I, 1) – **3.** alte S.: → Frau (I, 1)
Schachzug, der: → List
schade: → bedauerlich (1)
Schädel, der: **1.** → Kopf (1) – **2.** dicker S.: → Eigensinn; einen harten/dicken S. haben: → eigensinnig (2); einen hohlen S. haben: → dumm (6); den S. einschlagen: → erschlagen (1)
schaden: **1.** ⟨*zu jmds. Nachteil wirken*⟩ schädigen · Schaden zufügen/bereiten · Böses zufügen · übel mitspielen · Unheil stiften + übel wollen ♦ *umg*: ein Bein stellen · einen Strick drehen |aus| · an die Karre/den Karren fahren ♦ *salopp*: eins auswischen; → *auch* benachteiligen – **2.** ⟨*sich ungünstig auswirken*⟩ von Schaden/Nachteil sein · zum Schaden/Nachteil gereichen ♦ *umg*: Gift sein |für| – **3.** sich s.: ⟨*zum eigenen Nachteil handeln*⟩ sich schädigen · sich Schaden zufügen + sich sein eigenes Grab schaufeln ♦ *umg*: sich ins eigene Fleisch schneiden · ein Eigentor schießen · den Ast absägen, auf dem man sitzt · sich hereinreiten · sich in die Nesseln/in ein Wespennest setzen · sich den Mund/die Zunge/die Finger verbrennen ♦ *salopp*: sich die Pfoten

verbrennen – **4.** nicht s. können: ⟨*nicht in der Lage sein, jmdm. zu schaden*⟩ nichts anhaben können · nicht beikommen können · nichts ausrichten können |gegen|

Schaden, der: **1.** ⟨*sich nachteilig auswirkende Folge von Handlungen od. Ereignissen*⟩ Unheil ♦ *gehoben*: Unbill; → *auch* Beeinträchtigung (1) – **2.** ⟨*bleibende körperl. Beeinträchtigung*⟩ *umg*: Knacks; → *auch* Verletzung (1), [1]Mangel (2) – **3.** ⟨*teilweise Zerstörung*⟩ Defekt · Panne – **4.** → Verlust (1) – **5.** S. erleiden: ⟨*Nachteile bzw. Einbußen hinnehmen müssen*⟩ Schaden davontragen · nicht ungeschoren bleiben ♦ *gehoben*: Abbruch erleiden ♦ *umg*: Federn/Haare lassen [müssen] · nicht ungerupft davonkommen; → *auch* verlieren (I, 2) – **6.** S. nehmen, zu S. kommen: **a)** → verunglücken (1) – **b)** → verletzen (II); sich S. tun: → verletzen (II); S. davontragen: → 5; S. zufügen/bereiten: → schaden (1); von S. sein, zum S. gereichen: → schaden (2); sich S. zufügen: → schaden (3); den S. beheben: → reparieren

Schadenersatz, der: **1.** → Entschädigung – **2.** S. leisten: → entschädigen (I)

schadenersatzpflichtig: → haftbar (1)

Schadenfeuer, das: → Feuersbrunst

schadenfroh: 1. ⟨*über den Schaden eines anderen Freude empfindend*⟩ hämisch + höhnisch; → *auch* boshaft (1) – **2.** s. sein: ⟨*sich über den Schaden eines anderen freuen*⟩ frohlocken · sich weiden |an| · sich die Hände reiben ♦ *umg*: sich [eins] ins Fäustchen lachen

schadhaft: defekt · lädiert · brüchig · angestoßen · baufällig; ruinös (*veraltend*) ♦ *umg*: ramponiert · mitgenommen; → *auch* beschädigt (1), entzwei

schädigen: I. schädigen: → schaden (1) – **II.** schädigen, sich: → schaden (3)

Schädigung, die: **1.** → Beeinträchtigung (1) – **2.** → Verlust (1)

schädlich: 1. ⟨*als Nahrung nicht geeignet*⟩ unbekömmlich · unzuträglich · abträglich · schlecht · ungesund · gesundheitsschädlich · gesundheitsschädigend · gesundheitsgefährdend; → *auch* gefährlich (1), giftig (1) – **2.** ⟨*Nachteile bringend*⟩ unzuträglich · abträglich · nachteilig · schlecht · verderblich + ruinös; → *auch* ungünstig

Schädlingsbekämpfungsmittel, das: Schädlingsvernichtungsmittel · Schädlingsvertilgungsmittel + Pestizid · Fungizid · Insektizid

Schädlingsvernichtungsmittel, das: → Schädlingsbekämpfungsmittel

Schädlingsvertilgungsmittel, das: → Schädlingsbekämpfungsmittel

schadlos: sich s. halten: → entschädigen (II)

Schaf, das: **1.** → Dummkopf (2) – **2.** schwarzes/räudiges S.: → Prügelknabe; geduldig wie ein S.: → geduldig (1)

Schäfchen, das: seine Schäfchen ins Trockene bringen: → gewinnen (1)

Schäferstündchen, das: → Koitus

Schaff, das: **1.** → Bottich – **2.** → Schrank (1)

schaffen: 1. → arbeiten (1) – **2.** → hervorbringen (1) – **3.** → meistern – **4.** → aufbekommen (2) – **5.** → erreichen (2) – **6.** → zurücklegen (1) – **7.** → befördern (1) – **8.** → anordnen (2) – **9.** → ermüden (1) – **10.** zu s. machen: → schwer (5); zu s. haben |mit|: → zusammenhängen (1); Rat s.: → helfen (2); aus der Welt s.: **a)** → beseitigen (1) – **b)** → ermorden; aus den Augen s.: **a)** → wegbringen (1) – **b)** → wegräumen (1); beiseite/auf die Seite s.: → wegräumen (1); sich vom Halse s.: **a)** → abwälzen (2) – **b)** → abschütteln (2); wie geschaffen |für|: → ideal (1)

Schaffen, das: → Arbeit (1)

Schaffensdrang, der: → Tatkraft (1)

Schaffensfreude, die: → Fleiß (1)

schaffensfreudig: → fleißig (1)

schaffig: → fleißig (1)

Schäffler, der: → Böttcher

Schaffner, der: Kondukteur (*noch schweiz*) + Zugbegleiter

Schaffung, die: → Herstellung

Schafherde, die: → Herde (1)

schafig: → dumm (1)

Schafleder, das: ausreißen wie S.: → fliehen (1)

Schafott, das (*hist*): Blutgerüst + Guillotine

Schafpelz, der: Wolf im S.: → Heuchler

Schafskopf, der: → Dummkopf (2)

Schafspelz, der: Wolf im S.: → Heuchler

Schaft, der: **1.** → Stiel (2) – **2.** → Griff (1)

schäften: → veredeln (1)

Schäker, der: → Spaßvogel

Schäkerei, die: → Flirt

schäkern: 1. → scherzen – **2.** → flirten

schal: **1.** ⟨*ohne rechten Geschmack*⟩ fad[e] · nüchtern · abgestanden · geschmacklos · würzlos · ungewürzt · ungesalzen · salzlos · ohne Salz + wässrig ♦ *umg*: [sch]labberig; lasch · flau (*landsch*) + wie Wasser/Limonade – **2.** → geistlos
[1]**Schale,** die: **1.** ⟨*flaches Gefäß*⟩ + Napf · Becken · Trinkschale; → *auch* Schüssel (1) – **2.** → Tasse (1)
[2]**Schale,** die: **1.** ⟨*Außenschicht von Früchten*⟩ Pelle · Schelfe · Schilfe · Schlaube (*landsch*) + Hülse · Kruste – **2.** sich in S. werfen/schmeißen: → herausputzen (II)
schalen: → verschalen
schälen: **I.** schälen: ⟨*von der Schale befreien*⟩ abschälen; [ab]pellen (*landsch*) – **II.** schälen, sich: **1.** → häuten (II) – **2.** sich aus den Kleidern s.: → ausziehen (II)
Schälhengst, der: → Zuchthengst
Schalk, der: → Spaßmacher
schalkhaft: → schelmisch
Schall, der: **1.** ⟨*das Schallen*⟩ Hall; → *auch* Echo (1), Lärm (1), [1]Ton (1) – **2.** S. und Rauch, leerer S.: → bedeutungslos (1)
schalldicht: schallsicher + schallschluckend
schallen: hallen · gellen; → *auch* klingen (1), dröhnen (1), lärmen
schallern: **1.** → knallen (1) – **2.** eine s.: → ohrfeigen
Schallplatte, die: Platte; Grammophonplatte (*veraltend*) + Langspielplatte · CD[-Platte]
Schallplattenhülle, die: Plattenhülle · Cover · Plattencover
Schallschutz, der: → Lärmschutz
schallsicher: → schalldicht
Schaltbrett, das: → Schalttafel
schalten: **1.** → verstehen (I, 2) – **2.** → langsam s.: → begriffsstutzig (2); s. und walten lassen: → gewähren (2)
Schalter, der: **1.** ⟨*Platz* [*mit Schiebefenster*] *zur Kundenabfertigung*⟩ Abfertigungsschalter + Auskunftsschalter · Postschalter · Bankschalter · Counter; → *auch* Fahrkartenschalter – **2.** → Fahrkartenschalter – **3.** → Lichtschalter – **4.** → Kasse (2)
Schalterstunden (*Pl*): → Öffnungszeiten
Schaltpult, das: → Schalttafel
Schalttafel, die: Schaltbrett · Armaturenbrett + Schaltpult · Schalttisch
Schalttisch, der: → Schalttafel
Schalung, die: → Verschalung
Schaluppe, die: → Boot
Scham, die: **1.** ⟨*die Fähigkeit, Bloßgestelltsein zu empfinden*⟩ Schamgefühl – **2.** ⟨*Gefühl des Bloßgestelltseins*⟩ Beschämung – **3.** ⟨*schamhaftes Wesen*⟩ Schamhaftigkeit · Prüderie; → *auch* Schüchternheit – **4.** → Geschlechtsteil – **5.** weibliche S.: → Vulva; voll[er] S.: → beschämt; S. empfinden, vor S. erröten/erglühen/vergehen, jmd. würde vor S. am liebsten im Boden/Erdboden/in die Erde versinken: → schämen, sich (1)
schämen, sich: **1.** ⟨*wegen einer* [*moralisch*] *mutmaßlich anfechtbaren Handlungsweise od. Gegebenheit eine quälende Empfindung haben*⟩ Scham empfinden · [vor Scham] erröten · [scham]rot werden · die Schamröte steigt jmdm. ins Gesicht · sich in Grund und Boden schämen · jmd. würde vor Scham am liebsten im Boden/Erdboden/in die Erde versinken + sich genieren ♦ *gehoben*: vor Scham erglühen/vergehen – **2.** sich in Grund und Boden s.: → 1
schamfilen: → reiben (I, 1)
Schamgefühl, das: → Scham (1)
schamhaft: verschämt · genierlich; genant (*veraltend*); schämig (*landsch*) + zurückhaltend ♦ *umg*: gschamig (*süddt österr*); → *auch* schamrot (1), schüchtern, spröde (2), prüde (1)
Schamhaftigkeit, die: → Scham (3)
schämig: → schamhaft
schamlos: **1.** → unzüchtig – **2.** → unverschämt (1) – **3.** → verkommen (2)
Schamlosigkeit, die: → Unverschämtheit
Schamott, der: → Schund (1)
Schampus, der: → Champagner
schamrot: **1.** ⟨*vor Scham rot im Gesicht*⟩ wie mit Blut übergossen; → *auch* beschämt, schamhaft – **2.** s. werden: → schämen, sich (1)
Schamröte, die: die S. steigt jmdm. ins Gesicht: → schämen, sich (1)
schandbar: **1.** → verwerflich – **2.** → abscheulich (1)
Schande, die: **1.** ⟨*etw., dessen man sich schämen muss*⟩ Schmach · Bloßstellung · Blamage · Skandal · Entehrung · Unehre; Schimpf (*veraltend*); Unglimpf (*veraltet*) – **2.** eine Sünde und S.: → verwerflich
schänden: **1.** → entehren (I, 1), entweihen – **2.** → vergewaltigen (1)
schande[n]halber: → anstandshalber
Schandfleck, der: Makel · Odium · Schandmal · Fleck

schändlich: **1.** → verwerflich – **2.** → entehrend – **3.** → sehr
Schandmal, das: → Schandfleck
Schandmaul, das: **1.** → Mundwerk – **2.** → Lästerer
Schandschnauze, die: → Mundwerk
Schandtat, die: **1.** → Verbrechen (1) – **2.** zu jeder S./allen Schandtaten bereit sein: → mitmachen (4)
Schändung, die: **1.** → Entweihung – **2.** → Vergewaltigung (1)
Schänke, die: → Gaststätte (1, a *u.* b)
Schankstube/Schänkstube, die: → Gaststätte (1, b)
Schanktisch/Schänktisch, der: → Theke
Schankwirt/Schänkwirt, der: → Gastwirt
Schankwirtschaft/Schänkwirtschaft, die: → Gaststätte (1, b)
Schanze, die: **1.** → Sprungschanze – **2.** → Schutzwall (1) – **3.** → Befestigung (2) – **4.** sein Leben in die S. schlagen: → wagen (1)
schanzen: → arbeiten (1)
Schanzpfahl, der: → Palisade
Schanzwerk, das: → Schutzwall (1)
Schapp, der *od.* das: → Schrank (1)
[1]**Schar,** die: **1.** ⟨*ungeordnete größere Anzahl von Menschen*⟩ Trupp ♦ *umg:* Schwarm · Haufen · Truppe · Kolonne · Horde · Korona; → *auch* Menschenmenge – **2.** → Gruppe (1) – **3.** → Abteilung (II, 1) – **4.** → Menschenmenge, Menge (1) – **5.** in [hellen] Scharen: → scharenweise
[2]**Schar,** die *od.* das: → Pflugschar
Schäre, die: → Insel (1)
scharen: **I.** scharen: um sich s.: → zusammenrufen (1) – **II.** scharen, sich: → versammeln (II, 1)
scharenweise: in [hellen] Scharen · haufenweise · zuhauf; → *auch* viel (I, 1)
scharf: **1.** ⟨*sehr gut schneidend*⟩ geschliffen + scharfkantig – **2.** ⟨*viel Gewürz enthaltend*⟩ [stark] gewürzt + pfeffrig · gepfeffert; → *auch* würzig (1) – **3.** → salzig – **4.** → eckig (1) – **5.** → heftig (1, c) – **6.** → deutlich (1) – **7.** → streng (2) – **8.** → bissig (1) – **9.** → lüstern (1) – **10.** → knusprig (1) – **11.** → rau (2) – **12.** s. sein |auf|: **a)** → Verlangen (4) – **b)** → Vorliebe (2); s. machen: → schärfen: s. wie eine Rasierklinge: → lüstern (1)
Scharfblick, der: → Vorausschau
Schärfe, die: **1.** → Deutlichkeit (1) – **2.** → Strenge
schärfen: scharf machen · abziehen · schleifen · wetzen; → *auch* anspitzen (1), dengeln
scharfkantig: **1.** → eckig (1) – **2.** → scharf (1)
scharfmachen: → aufhetzen
Scharfmacher, der: → Hetzer
Scharfmacherei, die: → Hetze (1)
scharfmacherisch: → hetzerisch
Scharfrichter, der: → Henker (1)
scharfsichtig: → voraussehend
Scharfsinn, der: → Klugheit
scharfsinnig: → klug (1)
scharlachrot: → rot (1)
Scharlatan, der: **1.** → Kurpfuscher – **2.** → Betrüger
Scharmützel, das: → Gefecht (1)
scharren: → kratzen (1)
Scharte, die: **1.** → Schramme (2) – **2.** die S. auswetzen: → aufholen (1)
Scharteke, die: **1.** → Buch (1) – **2.** → Frau (I, 1)
schartig: → stumpf (1)
Scharwenzel, der: → Bube
scharwenzeln: → schmeicheln (1)
schassen: → entlassen (2)
Schatten, der: **1.** ⟨*die dunkle Fläche hinter beleuchteten undurchsichtigen Körpern*⟩ Schlagschatten; → *auch* Halbdunkel – **2.** ständiger S.: → Begleiter (1); in den S. stellen: → überflügeln; nur noch ein S. [seiner selbst]: → elend (1); seine Schatten vorauswerfen: → ankündigen (II); über seinen S. springen: → überwinden (II, 1)
Schattenbild, das: Schattenriss · Silhouette
Schattendasein, das: Schattenleben + Scheindasein
schattenhaft: **1.** → verschwommen (1) – **2.** → gespenstisch
Schattenleben, das: → Schattendasein
Schattenreich, das: → Unterwelt (1)
Schattenriss, der: **1.** → Schattenbild – **2.** → Umriss
Schattenseite, die: **1.** ⟨*der Sonne abgewandte Seite eines Planeten*⟩ Nachtseite – **2.** → Nachteil (1)
Schattenwelt, die: → Unterwelt (1)
schattieren: → abschattieren
Schattierung, die: **1.** → Abschattierung – **2.** → Strömung (2)
schattig: **1.** → kühl (1) – **2.** → dämmerig

Schatulle, die: → Kassette (1)
Schatz, der: **1.** → Wertstück – **2.** → Glanzstück (1) – **3.** → Geliebte (I *u.* II), Liebling (1)
Schätzchen, das: → Liebling (1)
schätzen: 1. ⟨*ungefähr zu bestimmen versuchen*⟩ abschätzen · taxieren · taxen · abwägen + überschlagen ♦ *gehoben*: wägen ♦ *umg*: abtaxieren ♦ *salopp*: über den Daumen peilen; → *auch* veranschlagen – **2.** → vermuten – **3.** → achten (1) – **4.** s. |auf|: → veranschlagen
schätzenswert: → angesehen (1)
schätzenswürdig: → angesehen (1)
Schätzer, der: Taxator · Taxierer
Schätzung, die: **1.** ⟨*ungefähre Bestimmung*⟩ Abschätzung · Taxierung; → *auch* Veranschlagung – **2.** → Achtung (1)
schätzungsweise: → ungefähr (1)
schau: → großartig (1)
Schau, die: **1.** → Ausstellung (1) – **2.** → Darbietung (1) – **3.** → Standpunkt (1) – **4.** zur S. stellen: **a)** → ausstellen (2) – **b)** → zeigen (I, 3); zur S. tragen: → zeigen (I, 3); 'ne S. sein: → großartig (3); eine S. abziehen: → angeben (1); die S. stehlen: → überflügeln
schaubar: → sichtbar (1)
Schaubude, die: → Bude (1, b)
Schaubühne, die: → Theater (2)
Schauder, der: **1.** → Abscheu (1) – **2.** → ¹Schauer (1) – **3.** S. erregend: → Entsetzen (2)
schauderbar: → abscheulich (1)
schauderhaft: → abscheulich (1)
schaudern: 1. ⟨*Schauder empfinden*⟩ erschaudern · [er]schauern · eine Gänsehaut bekommen · es ist jmdm. [abwechselnd] heiß und kalt · es läuft jmdm. [eis]kalt/heiß [und kalt] über den Rücken/den Rücken herunter; → *auch* ängstigen (II, 1), ekeln (II), ²grauen, sich – **2.** → ²grauen, sich – **3.** → frieren (1)
schauderös: → abscheulich (1)
schaudervoll: → Entsetzen (2)
schauen: 1. → blicken (1) – **2.** → sehen (1) – **3.** → erblicken (1), erkennen (2) – **4.** nach dem Rechten s.: → kontrollieren (1); in die Zukunft s.: → wahrsagen
¹Schauer, der: **1.** ⟨*plötzl. Frösteln*⟩ Schauder – **2.** → Abscheu (1) – **3.** → Regenguss – **4.** → Schüttelfrost
²Schauer, der *od.* das: → Schuppen (1)
Schauergeschichte, die: Schauermärchen · Gruselgeschichte · Gespenstergeschichte · Spukgeschichte · Schauerroman ♦ *umg*: Räuberpistole (*scherzh*)
schauerlich: 1. → gruselig (1) – **2.** → Entsetzen (2)
Schauermärchen, das: → Schauergeschichte
schauern: 1. → schaudern (1) – **2.** → frieren (1) – **3.** → gießen (2)
Schauerroman, der: → Schauergeschichte
schauervoll: 1. → gruselig (1) – **2.** → Entsetzen (2)
Schaufel, die: Schippe (*landsch*); → *auch* Spaten
schaufeln: 1. → graben (1) – **2.** sich sein eigenes Grab s.: → schaden (3)
Schaufenster, das: **1.** ⟨*zur Ausstellung von Waren dienendes großes Fenster*⟩ Auslage (*süddt österr*) – **2.** → Ausschnitt (1)
Schaugeschäft, das: → Unterhaltungsindustrie
Schaukasten, der: Vitrine
Schaukel, die: Wippe; Hutsche (*österr*)
schaukeln: 1. ⟨*sich auf einer Schaukel hin- und herbewegen*⟩ schwingen · wippen; schunkeln (*landsch*); hutschen (*österr*) – **2.** ⟨*sich mit einem Stuhl schaukelnd bewegen*⟩ kippeln · wippen – **3.** ⟨*jmdn. hin- und herbewegen*⟩ wiegen; wiegeln (*landsch*) – **4.** → schwingen (I, 1) – **5.** → schlingern – **6.** → schwanken (1) – **7.** → meistern
Schaulustige, der: Zuschauer + Zaungast · der Umstehende ♦ *umg*: Zugucker · Gucker + Kiebitz ♦ *salopp*: Gaffer (*abwert*); → *auch* Beobachter, Zeuge
Schaum, der: **1.** ⟨*lockere Masse aus sehr kleinen Luftbläschen*⟩ + Gischt – **2.** → Speichel – **3.** S. schlagen: → prahlen
schäumen: 1. ⟨*Schaum bilden*⟩ *gehoben*: gischten; gischen (*veraltet*) – **2.** → sprudeln (1) – **3.** → ²wallen – **4.** → wüten
Schaumschläger, der: → Blender
Schaumschlägerei, die: → Prahlerei
Schaumwein, der: → Champagner
Schaupackung, die: → Attrappe
Schauplatz, der: **1.** ⟨*Ort des Geschehens*⟩ Arena · Bühne · Szenerie – **2.** vom S. abtreten: → sterben (1)
schaurig: 1. → gruselig (1) – **2.** → Entsetzen (2)
Schauspiel, das: **1.** → Drama (1) – **2.** → Ereignis (1)

Schauspieler, der: Akteur · Darsteller · Bühnenkünstler · Mime + Komödiant ♦ *salopp*: Kulissenreißer (*abwert*)
Schauspielerei, die: → Verstellung
Schauspielerin, die: Aktrice (*veraltend*) + Diva
schauspielerisch: darstellerisch · mimisch
schauspielern: → verstellen (II)
Schauspielhaus, das: → Theater (2)
Schaustellung, die: → Darbietung (1)
Schaustück, das: **1.** → Ausstellungsstück – **2.** → Glanzstück (1)
Scheck, der: **1.** → Zahlungsanweisung – **2.** mit/per/durch S.: → bargeldlos
Schecke, der *od.* die: → Pferd (1)
scheckig: 1. → gefleckt – **2.** sich s. ärgern: → ärgern (II, 1); sich s. lachen: → lachen (1); bekannt sein wie ein scheckiger Hund: → verrufen (3)
scheel: scheele Augen machen: → neidisch (2)
Scheelsucht, die: → Neid (1)
scheelsüchtig: → neidisch (1)
Scheffel, der: sein Licht unter den S. stellen: → bescheiden (I, 8)
scheffeln: → zusammenraffen (I, 2)
scheffelweise: → massenhaft
Scheibe, die: **1.** ⟨*flacher u. runder Gegenstand*⟩ Platte – **2.** → Fensterscheibe – **3.** → Schießscheibe – **4.** → Schnitte – **5.** S. Brot: → Schnitte; in Scheiben schneiden: → aufschneiden (1); sich eine S. abschneiden können |von|: → Vorbild (2)
Scheibengardine, die: → Gardine (1)
Scheibtruhe, die: → Schubkarre
Scheich, der: → Geliebte (I)
Scheide, die: **1.** ⟨*Teil der weibl. Geschlechtsorgane*⟩ Vagina + Vulva ♦ *salopp*: Muschel · Muschi ♦ *derb*: Spalte · Schlitz · Möse · Fotze · Loch; → *auch* Geschlechtsteil, Vulva – **2.** → Grenze (1, c)
Scheidelinie, die: → Grenze (1, c)
scheiden: 1. → verabschieden (II, 1) – **2.** → trennen (I, 1 *u.* II) – **3.** → abreisen – **4.** sich s. lassen: → trennen (II); aus dem Leben/aus der Welt/von hinnen s.: → sterben (1); freiwillig aus dem Leben/aus der Welt s.: → Selbstmord (2)
Scheiden, das: → Abschied (1)
Scheidewand, die: Trennwand · Abteilungswand
Scheidung, die: **1.** → Ehescheidung – **2.** → Trennung (1)
Schein, der: **1.** ⟨*Lichterscheinung*⟩ Schimmer + Feuerschein; → *auch* Licht (1) – **2.** ⟨*das die wirkl. Gegebenheiten bzw. das Wesen verbergende äußere Bild*⟩ Anschein · Eindruck; → *auch* Sinnestäuschung – **3.** ⟨*nach außen gezeigter Anstand*⟩ Schicklichkeit; Dehors · Dekorum (*veraltend*); → *auch* [1]Anstand (1) – **4.** → Licht (1) – **5.** → Bescheinigung (1) – **6.** → Banknote – **7.** zum S.: ⟨*nur den Eindruck erweckend, nicht in Wirklichkeit*⟩ dem Scheine nach · pro forma · dem Namen nach – **8.** dem Scheine nach: **a)** → 7 – **b)** → scheinbar
scheinbar: dem Scheine nach · imaginär · eingebildet · virtuell; illusionär · illusionistisch (*Kunst*) + illusorisch; → *auch* anscheinend, trügerisch
Scheindasein, das: → Schattendasein
scheinen: 1. ⟨*sich jmdm. in bestimmter Weise darstellen*⟩ erscheinen · den Anschein haben · vorkommen · anmuten; dünken (*veraltend*) – **2.** → leuchten (1) – **3.** wie es scheint: → anscheinend
Scheinfirma, die: Briefkastenfirma
scheinfromm: → frömmelnd
scheinheilig: → heuchlerisch, frömmelnd
Scheinheilige: I. Scheinheilige, der: → Heuchler – **II.** Scheinheilige, die: → Heuchlerin
Scheinheiligkeit, die: → Heuchelei
Scheinmedikament, das: → Placebo
Scheinname, der: → Deckname
Scheiß, der: **1.** → Kram (1) – **2.** → Schund (1) – **3.** → Missgeschick – **4.** → Angelegenheit
Scheißdreck, der: **1.** → Kram (1) – **2.** → Schund (1) – **3.** → Missgeschick – **4.** einen S. angehen: → angehen (6)
Scheiße, die: **1.** → Kot (1) – **2.** → Kram (1) – **3.** → Schund (1) – **4.** → Missgeschick – **5.** → Angelegenheit – **6.** durch die S. ziehen: **a)** → verleumden (1) – **b)** → verspotten; S. bauen: → Fehler (2)
scheißegal: s. sein: → gleichgültig (4)
scheißen: 1. → austreten (2) – **2.** → Wind (I, 3) – **3.** s. |auf|: → verzichten; was s.: → ablehnen (1)
Scheißer, der: → Feigling
Scheißerei, die: → Durchfall (1)
Scheißeritis, die: → Durchfall (1)
scheißfreundlich: → schmeichlerisch, heuchlerisch
Scheißhaus, das: → Toilette (1)

Scheißhausparole, die: → Gerücht
Scheißkerl, der: → Feigling
scheißvornehm: → vornehm (1)
Scheißwetter, das: → Wetter (I, 2)
Scheitel, der: **1.** ⟨*Trennlinie der Frisur*⟩ *salopp*: Lauseallee (*scherzh*) – **2.** → Schnittpunkt – **3.** vom S. bis zur Sohle: → oben (3)
Scheitelpunkt, der: → Schnittpunkt
scheitern: ⟨*ohne Erfolg bleiben*⟩ **a)** ⟨*Personen in ihren Bemühungen insgesamt*⟩ Schiffbruch erleiden · es zu nichts bringen; es weit bringen (*iron*) + aus dem Gleis kommen · aus dem Gleis geworfen werden ♦ *gehoben*: stranden ♦ *umg*: unter die Räder kommen · sich den Hals brechen · sich das Genick brechen · nicht durchkommen · Fiasko machen ♦ *salopp*: baden gehen; → *auch* Misserfolg (2), ruinieren (II) – **b)** ⟨*Pläne, Unternehmungen*⟩ fehlschlagen · sich zerschlagen · zunichte werden · in Rauch aufgehen · sich in Rauch auflösen · wie eine Seifenblase zerplatzen + zusammenbrechen · nicht zustande kommen ♦ *umg*: platzen · zu Wasser werden · den Bach hinuntergehen · quer gehen · schief gehen/laufen · in die Hose gehen · in die Brüche gehen; bachab gehen (*schweiz*) + auffliegen; → *auch* misslingen
Scheitstock, der: → Hackklotz
Schelch, der *od.* das: → Boot
Schelfe, die: → [2]Schale (1)
schelfern: s. |von|: → ablösen (II, 1)
Schelle, die: **1.** → Klingel – **2.** → Ohrfeige (1) – **3.** Schellen geben: → ohrfeigen
schellen: → klingeln
Schellfisch, der: → Dorsch
Schelm, der: **1.** → Frechdachs – **2.** → Spaßvogel – **3.** → Spaßmacher
Schelmenstreich, der: → Streich (1)
Schelmenstück, das: → Streich (1)
Schelmerei, die: **1.** → Spaß (1) – **2.** → Neckerei
schelmisch: schalkhaft · spitzbübisch · verschmitzt; → *auch* spaßig (1)
Schelte, die: Scheltrede ♦ *umg*: Schimpfe; → *auch* Tadel (1)
schelten: **1.** → ausschimpfen – **2.** → schimpfen (1) – **3.** → tadeln (1) – **4.** → nennen (1)
Scheltrede, die: → Schelte
Schema, das: **1.** → Muster (1) – **2.** nach S. F: → gleichförmig (1)
schematisch: → gleichförmig (1)
schematisieren: → vereinfachen
Schematismus, der: → Vereinfachung
Schemel, der: → Hocker
Schemen, der: **1.** → Gespenst (1) – **2.** → Maske (1)
schemenhaft: **1.** → verschwommen (1) – **2.** → gespenstisch
Schenk, der: → Gastwirt
Schenke, die: → Gaststätte (1, a *u.* b)
schenken: **1.** ⟨*als Gabe überreichen*⟩ zum Geschenk/Präsent machen · geben · verehren · zukommen lassen · zustecken; vergaben (*schweiz*) + zuwenden · stiften · dedizieren · zueignen · bescheiden ♦ *umg*: vermachen · spendieren ♦ *gehoben*: darbringen · darreichen (*veraltend*); → *auch* abgeben (I, 2), zustecken (1), spenden (1), verschenken (1) – **2.** → erlassen (1) – **3.** Glauben s.: → glauben (1); Vertrauen s.: → vertrauen; Aufmerksamkeit/Beachtung s.: → beachten; keine Beachtung s.: → ignorieren; Gehör/sein Ohr s.: → anhören (I, 1); einen Blick s.: → ansehen (I, 1); das Leben s.: → gebären; die Freiheit s.: → entlassen (1); halb geschenkt: → billig (1)
schenkfreudig: → freigebig (1)
Schenkstube, die: → Gaststätte (1, b)
Schenktisch, der: → Theke
Schenkung, die: Zuwendung · Stiftung · Dotation; → *auch* Geschenk (1), Sonderzuwendung
Schenkwirt, der: → Gastwirt
Schenkwirtschaft, die: → Gaststätte (1, b)
scheppern: **1.** → klappern (1) – **2.** → rasseln (1)
Scherbe, die: **1.** ⟨*Bruchstück eines Gegenstandes aus Glas od. Keramik*⟩ Splitter; Scherbel (*landsch*); Scherben (*süddt*) – **2.** in Scherben gehen: → zerbrechen (2)
Scherbel, der: **1.** → Scherbe (1) – **2.** → Blumentopf
scherbeln: → tanzen (1)
Scherben, der: **1.** → Scherbe (1) – **2.** → Blumentopf
[1]scheren: **1.** ⟨*durch Schneiden Haare entfernen bzw. stark kürzen*⟩ abschneiden · kurz schneiden · stutzen; → *auch* beschneiden (1) – **2.** den Bart s.: → rasieren; über einen Kamm s.: → gleichsetzen
[2]scheren, sich: sich nicht s. |um|: → kümmern, sich (1); sich den Teufel/Henker s. |um|: → rücksichtslos (2)
Schererei, die: → Unannehmlichkeit

Scherflein, das: **1.** → Spende (1) – **2.** sein S. beitragen: → spenden (1)

Scherge, der: → Verfolger

[1]Scherz, der: → Brotkanten

[2]Scherz, der: **1.** ⟨*nicht ernst gemeinte* [*lustige*] *Äußerung bzw. Handlung*⟩ Spaß · Ulk · Schabernack; Possen (*veraltend*) + Schnurre ♦ *umg*: Jux · Jokus; → *auch* Neckerei, Spaß (1), Spott (1), Witz (1) – **2.** zum S.: ⟨*nur aus Spaß*⟩ *umg*: aus Jux; aus Daffke (*berlin*) – **3.** einen S./Scherze machen, sich einen S. erlauben: → scherzen

Scherzbold, der: → Spaßvogel

scherzen: spaßen · ulken · Spaß/Unsinn/Ulk machen · einen Scherz/Scherze machen · sich einen Scherz/[kleinen] Spaß erlauben · schäkern · Possen treiben/reißen + witzeln · Witze machen ♦ *umg*: juxen · flachsen · Flachs machen · einen Jux machen + Witze reißen; einen Schmäh führen (*österr*) ♦ *salopp*: blödeln + pflaumen; → *auch* necken

scherzhaft: → spaßig (1)

Scherzname, der: → Spitzname

Scherzzeichnung, die: → Karikatur (1)

schesen: → laufen (1)

scheu: 1. → schüchtern – **2.** s. werden: → durchgehen (3); die [jungen] Pferde s. machen: → verwirren (2)

Scheu, die: **1.** → Schüchternheit (1) – **2.** → Hemmung (1) – **3.** → Ehrfurcht – **4.** → Widerwille – **5.** ohne S.: → keck; die/seine S. verlieren: → Schüchternheit (2)

Scheuche, die: → Vogelscheuche (1)

scheuchen: 1. → antreiben (2) – **2.** → vertreiben (1)

scheuen: I. scheuen: **1.** → durchgehen (3) – **2.** keine Mühe s.: → versuchen (I, 4) – **II.** scheuen, sich: ⟨*nicht den Mut zu etw. haben*⟩ zurückscheuen · zurückschrecken

Scheuer, die: → Scheune

Scheuerfrau, die: → Putzfrau

Scheuerhader, der: → Scheuertuch

Scheuerlappen, der: → Scheuertuch

Scheuermittel, das: → Reinigungsmittel

scheuern: 1. ⟨*durch* [*kräftiges*] *Reiben* [*mit einer Bürste*] *reinigen*⟩ ausreiben (*österr*); fegen (*süddt schweiz*) + wischen ♦ *umg*: schrubben; → *auch* reinigen (1) – **2.** → reinigen (2) – **3.** → reiben (I, 1) – **4.** eine s.: → ohrfeigen

Scheuertuch, das: Scheuerlappen · Aufwischlappen · Aufwischtuch; Aufnehmer (*landsch*); Feudel (*norddt*); Reibtuch · Ausreibtuch (*österr*) ♦ *umg*: Hader · Scheuerhader (*landsch*); Fetzen (*süddt österr*); Ausreibfetzen (*österr*)

Scheuklappe, die: Scheuklappen haben: → beschränkt (4)

Scheune, die: Scheuer (*landsch*); Stadel (*süddt österr schweiz*) + Feldscheune

Scheunendrescher, der: fressen wie ein S.: → essen (1)

Scheusal, das: **1.** → Ungeheuer (1) – **2.** → Unmensch (1) – **3.** → Ekel (II) – **4.** → Missgeburt

scheußlich: 1. → abscheulich (1) – **2.** → ekelhaft (1) – **3.** → verwerflich – **4.** → Entsetzen (2) – **5.** → hässlich (1) – **6.** → unfreundlich (2)

Scheußlichkeit, die: → Gräuel (1)

Schi, der: **1.** → Ski (1) – **2.** S. laufen/fahren: → Ski (2)

Schicht, die: **1.** ⟨*flächig ausgebreitete Masse aus einem einheitl. Stoff*⟩ Lage; Schichte (*österr*) – **2.** ⟨*flächenhafte Bedeckung von relativ großer Ausdehnung*⟩ Decke · Haut; Schichte (*österr*); → *auch* Belag (1) – **3.** → Gesellschaftsgruppe – **4.** → Arbeitszeit

Schichte, die: → Schicht (1 *u.* 2)

schichten: stapeln · türmen · häufeln; → *auch* aufhäufen (I, 1), aufschichten

Schichtgestein, das: → Sedimentgestein

schick: → elegant (1)

Schick, der: **1.** → Eleganz (1) – **2.** → Gewandtheit (3)

schicken: I. schicken: **1.** ⟨*etw. zu einem entfernten Empfänger bringen lassen*⟩ senden · zuschicken · übersenden · zusenden · zuleiten · zukommen/zugehen lassen; → *auch* abschicken – **2.** ⟨*jmdn. zum Aufsuchen eines bestimmten Ortes veranlassen*⟩ [ent]senden · beordern · bescheiden · berufen · verweisen |an| · weisen; → *auch* delegieren, befehlen (I, 2) – **3.** s. |nach|: → herbeirufen (1); in die Wüste s.: → entlassen (2); auf den Hals s.: → aufbürden (2); in den April s.: → narren – **II.** schicken, sich: **1.** → gehören (II) – **2.** sich s. |in|: → abfinden (II, 2)

Schickeria, die: → Oberschicht

Schickimicki, der: → Modegeck

schicklich: → anständig (1)

Schicklichkeit, die: **1.** → Schein (3) – **2.** → [1]Anstand (1)

Schicksal, das: **1.** ⟨*das dem Menschen im Leben Bestimmte bzw. Widerfahrende*⟩ Geschick · Los · Fatum · Bestimmung + Vorsehung · Kismet · Karma[n]; → *auch* Schicksalsfügung – **2.** seinem S. überlassen: → verlassen (I, 2); sich in sein S. fügen: → resignieren

schicksalhaft: 1. ⟨*von tief greifendem Einfluss auf das weitere Leben*⟩ *gehoben*: schicksalsschwer · schicksalsschwanger · schicksalsvoll – **2.** → vorbestimmt

Schicksalsfrage, die: → Problem (1)

Schicksalsfügung, die: Fügung ♦ *gehoben*: Schickung; → *auch* Schicksal (1)

Schicksalsgefährte, der: Schicksalsgenosse · Leidensgefährte · Leidensgenosse + Kampfgefährte · Kampfgenosse; → *auch* Kamerad

Schicksalsgenosse, der: → Schicksalsgefährte

Schicksalsglaube, der: → Fatalismus

schicksalsgläubig: → fatalistisch

Schicksalsschlag, der: → Unglück (1)

schicksalsschwanger: → schicksalhaft (1)

schicksalsschwer: → schicksalhaft (1)

schicksalsvoll: → schicksalhaft (1)

Schickse, die: **1.** → Frau (I, 1) – **2.** → Geliebte (II)

Schickung, die: → Schicksalsfügung

Schiebebock, der: → Schubkarre

schieben: 1. → handeln (I, 1) – **2.** → drängen (2) – **3.** → abrücken (1) – **4.** beiseite s.: **a)** → abrücken (1) – **b)** → abwälzen (2) – **c)** → verdrängen (1) – **d)** → unwichtig (2); zur Seite s.: **a)** → abrücken (1) – **b)** → verdrängen (1); auf die lange B. s.: → verzögern (I); die Schuld s. |auf|, die Schuld in die Schuhe s., etw. unter die Weste s.: → beschuldigen (2); aufs Abstellgleis/tote Gleis s.: → kaltstellen; Kohldampf s.: → hungern (1); Posten/Wache s.: → Wache (3); Knast s.: → gefangen (2); eine Nummer s.: → koitieren

Schieber, der: **1.** → Geschäftemacher – **2.** → Betrüger

Schiebfach, das: → Schubfach

Schiebkarre, die: → Schubkarre

Schiebkarren, der: → Schubkarre

Schiebkasten, der: → Schubfach

Schieblade, die: → Schubfach

Schiebung, die: → Betrug (1), Machenschaften

schiech: 1. → hässlich (1) – **2.** → wütend (1)

schiedsen: → schiedsrichtern

Schiedsrichter, der (*Sport*): der Unparteiische · Referee + Kampfrichter · Ringrichter · Mattenrichter · Punktrichter ♦ *umg*: Schiri

schiedsrichtern: + pfeifen ♦ *umg*: schiedsen

Schiedsspruch, der: → Urteil (1)

schief: 1. ⟨*nicht senkrecht od. waagerecht*⟩ geneigt ♦ *umg*: windschief (*meist abwert*); → *auch* schräg (1) – **2.** → unförmig (1) – **3.** → falsch (1) – **4.** → einseitig (1) – **5.** s. gehen/laufen: → scheitern (b); sich die Hacken s. laufen: → bemühen (II, 1); s. geladen haben: → betrunken (2); s. liegen, s. gewickelt sein: → irren (II); auf die schiefe Bahn/Ebene geraten: → verkommen (1)

Schiefe, die: → Schräge

Schiefer, der: → Holzsplitter

schieferig: → spröde (1)

schiefern: s. |von|: → ablösen (II, 1)

schieflachen, sich: → lachen (1)

schiefmäulig: → neidisch (1)

schielen: 1. ⟨*eine fehlerhafte Augenstellung haben*⟩ *umg*: schräg gucken · einen Silberblick haben (*scherzh*) ♦ *salopp*: mischeln · einen Knick in der Optik haben (*landsch scherzh*) – **2.** → Blick (4)

schienen: → ruhig (6, b)

Schienen (*Pl*): **1.** → Gleis (1) – **2.** aus den S. springen: → entgleisen (1)

Schienenstrang, der: **1.** → Gleis (1) – **2.** → Schienenweg

Schienenweg, der: Bahn[strecke] · Schienenstrang · Eisenbahnstrecke · Strecke · Eisenbahnschienen · Eisenbahngleis + Verkehrsweg

schier: 1. → beinahe – **2.** → rein (1)

Schießeisen, das: **1.** → Schusswaffe – **2.** → Pistole (1) – **3.** → Revolver – **4.** → Gewehr (1)

schießen: 1. ⟨*mittels einer Schusswaffe ein Geschoss abfeuern*⟩ einen Schuss abgeben/abfeuern · Schüsse abgeben/abfeuern · einen Schuss abgehen lassen/auslösen · feuern · Feuer geben + Kugeln wechseln · böllern ♦ *umg*: knallen · ballern; pulvern (*landsch*); → *auch* beschießen, abdrücken (I, 1) – **2.** ⟨*ein Stück Wild mit einem Schuss töten*⟩ erlegen · zur Strecke bringen · auf die Decke legen + abschießen · treffen ♦ *salopp*: abknallen (*abwert*); → *auch* jagen (1), erschießen (I) – **3.** → sprengen (1) – **4.** → werfen (I, 1) – **5.** → wachsen (1) – **6.** → Rauschgift (3) – **7.** s. |auf|: ⟨*einen Schuss*

auf ein Lebewesen abgeben⟩ umg: eins aufbrennen · eins auf den Pelz/das Fell brennen – **8.** über den Haufen s.: **a)** → erschießen (I) – **b)** → niederschießen (1); sich eine Kugel in/durch den Kopf s.: → erschießen (II); durch den Kopf s.: → einfallen (1); durch die Luft s.: → fliegen (1); übers Ziel s.: → weit (4); einen Bock s.: → Fehler (2); Kobolz/einen Purzelbaum s.: → überschlagen (II, 2, a); ins Kraut s.: **a)** → wuchern (2) – **b)** → überhand; s. lassen: → verzichten; zum Schießen: → komisch (1)
Schießen, das: ausgehen/enden wie das Hornberger S.: → ergebnislos (2)
Schießer, der: → Rauschgiftsüchtige
Schießerei, die: → Gefecht (1)
Schießgewehr, das: → Gewehr (1)
Schießhund, der: aufpassen wie ein S.: → aufpassen (1)
Schießprügel, der: **1.** → Schusswaffe – **2.** → Gewehr (1)
Schießpulver, das: Pulver · Schwarzpulver
Schießscheibe, die: Zielscheibe · Scheibe ♦ *umg*: + Pappkamerad
Schießwaffe, die: → Schusswaffe
Schiet, der: **1.** → Kot (1) – **2.** → Kram (1) – **3.** → Schund (1) – **4.** → Angelegenheit – **5.** → Missgeschick
Schiff, das: *umg*: Kahn · Pott · Kasten; alter Kasten · Seelenverkäufer (*abwert*); → *auch* Boot, Dampfer (1), Frachter
Schiffbruch, der: S. erleiden: **1.** → scheitern (a) – **2.** → Misserfolg (2)
schiffen: 1. → austreten (1) – **2.** → regnen (1)
Schiffer, der: → Seemann
Schifferklavier, das: → Akkordeon
Schifffahrtsstraße, die: → Wasserstraße
Schifffahrtsweg, der: → Wasserstraße
Schiffsbesatzung, die: → Besatzung (1)
Schiffsjunge, der: Moses (*seem*); → *auch* Seemann
Schiffsmannschaft, die: → Besatzung (1)
schiften: → verschieben (II, 1)
Schikane, die: **1.** → Bosheit – **2.** mit allen Schikanen: → prunkvoll
schikanieren: → quälen (I, 2)
schikanös: → boshaft (1)
Schild: I. Schild, das: → Wegweiser (1) – **II.** Schild, der: den S. halten |über|: → schützen (I, 1); im Schilde führen: → beabsichtigen
Schildburger, der: → Spießbürger
Schilderer, der: → Erzähler (1)
schildern: 1. → erzählen (2), berichten – **2.** → beschreiben (1)
Schilderung, die: **1.** → Bericht (1) – **2.** → Beschreibung (1)
Schildwache, die: → Wache (1)
Schilf, das: ⟨*an Ufern wachsendes hohes Gras*⟩ **a)** ⟨*die einzelnen Pflanzen*⟩ Teichrohr · Ried · Schilfrohr · Schilfgras · Rohr; Reet (*norddt*) – **b)** ⟨*größerer Bestand*⟩ Röhricht · Ried · Schilfdickicht · Rohrdickicht; Reet (*norddt*)
Schilfdickicht, das: → Schilf (b)
Schilfe, die: → [2]Schale (1)
schilferig: → spröde (1)
schilfe[r]n: s. |von|: → ablösen (II, 1)
Schilfgras, das: → Schilf (a)
Schilfrohr, das: → Schilf (a)
schillerig: → schillernd (1)
schillern: changieren · irisieren · opalisieren
schillernd: 1. ⟨*in wechselnden Farben glänzend*⟩ schillerig · changeant · irisierend · opalisierend – **2.** → unbeständig
schilpen: → singen (2)
Schimäre, die: → Sinnestäuschung
schimärisch: → trügerisch
Schimmel, der: **1.** ⟨*von best. Pilzen gebildeter Überzug*⟩ Schimmelbelag + Schimmelpilz · Moder – **2.** → Pferd (1) – **3.** S. ansetzen: → schimmeln
Schimmelbelag, der: → Schimmel (1)
schimmelig: verschimmelt; kahmig · sporig (*landsch*); spakig (*norddt*) + moderig
schimmeln: verschimmeln · Schimmel ansetzen + modern; → *auch* faulen
Schimmelpilz, der: → Schimmel (1)
Schimmer, der: **1.** → Schein (1) – **2.** → Glanz (1) – **3.** → Anflug (2) – **4.** keinen [blassen] S. haben: **a)** → ahnungslos (3) – **b)** → dumm (6)
schimmerlos: → ahnungslos (1)
schimmern: 1. → leuchten (1) – **2.** → glänzen (1)
Schimpf, der: **1.** → Herabwürdigung – **2.** → Schande (1) – **3.** einen S. antun/zufügen: → demütigen (I); mit S. und Schande davonjagen: → entlassen (2)
Schimpfe, die: → Schelte
schimpfen: 1. ⟨*seinem Unwillen in zornigen Worten Ausdruck geben*⟩ schelten · zanken · räsonieren · poltern ♦ *umg*: wettern · sich Luft machen · schimpfen wie ein Rohrspatz; kläffen · keifen · zetern · geifern (*abwert*);

keppeln (*österr*) ♦ *salopp*: bullern · fauchen; → *auch* ausschimpfen, schnauzen, fluchen (1), aufbrausen (2) – **2.** → nennen (1) – **3.** s. wie ein Rohrspatz: → 1
Schimpfen, das: *umg*: Schimpferei · Geschimpfe · Gezeter · Gekeife (*abwert*)
Schimpferei, die: → Schimpfen
schimpfieren: → beleidigen
schimpflich: 1. → entehrend – **2.** → verwerflich
Schinakel, das: → Boot
schinden: I. schinden: **1.** → quälen (I, 1) – **2.** → drillen (1) – **II.** schinden, sich: → abmühen, sich
Schinder, der: **1.** → Abdecker – **2.** → Peiniger (1) – **3.** → Pferd (1)
Schinderei, die: **1.** → Misshandlung – **2.** → Mühsal
schindern: → schlittern
Schindmähre, die: → Pferd (1)
Schinken, der: **1.** ⟨*Hinterkeule des Schweins*⟩ Schweinskeule · Keule – **2. a)** → Buch (1) – **b)** → Bild (1) – **c)** → Theaterstück
Schippe, die: **1.** → Schaufel – **2.** eine S. machen/ziehen: → schmollen; auf die S. nehmen: **a)** → necken – **b)** → narren; dem Tod von der S. springen: → davonkommen (2)
schippen: → graben (1)
Schiri, der: → Schiedsrichter
Schirm, der: **1.** → Regenschirm (1) – **2.** → Krempe – **3.** → Wandschirm – **4.** → Schutz (2, c) – **5.** Schutz und S.: → Schutz (2, a); einen [alten] S. stehen lassen, einen S. in die Ecke stellen: → Wind (I, 3)
Schirmbilduntersuchung, die: → Durchleuchtung
schirmen: → schützen (I, 1)
Schirmherr, der: Protektor; → *auch* Beschützer, Schutzpatron
Schirmherrschaft, die: Patronat · Protektorat
Schismatiker, der: → Abtrünnige
Schiss, der: **1.** → Kot (1) – **2.** → Angst (1) – **3.** S. haben: → ängstigen (II, 1)
Schisser, der: → Feigling
Schizophrenie, die: → Bewusstseinsspaltung
Schlabber, die: → Mundwerk
Schlabberei, die: → Geschwätz (1)
schlabberig: → schal (1)
schlabbern: 1. → schlürfen (2) – **2.** → schwatzen (1)
Schlabberschnute, die: → Schwätzer (1)
Schlabberwasser, das: S. getrunken haben: → gesprächig (2)
Schlacht, die: Feldschlacht; → *auch* Gefecht (1), Kampf (1), Blutbad
schlachten: metzgen (*landsch u. schweiz*); metzeln (*landsch*) + abschlachten · abstechen; abtun (*landsch*); → *auch* töten (I, 2)
Schlachtenbummler, der: → Zuschauer (1)
Schlachter/Schlächter, der: → Fleischer
Schlächterei, die: → Blutbad
Schlachtfeld, das: → Kampfplatz (1)
Schlachtopfer, das: → Opfer (1)
Schlacke, die: → Abfall (I, 1)
schlackern: 1. → schlenkern (1) – **2.** mit den Ohren s.: → staunen (1)
Schlaf, der: **1.** ⟨*Ruhezustand des Körpers*⟩ **a)** ⟨*allgemein*⟩ Ruhe + Nachtruhe – **b)** ⟨*leichter Schlaf*⟩ Schlummer · Schläfchen; → *auch* Halbschlaf – **2.** in den S. wiegen/lullen/singen: → einschläfern (1); in S. sinken/fallen, vom S. übermannt werden: → einschlafen (1); im S. liegen: → schlafen (1, a); in tiefem/im tiefsten S. liegen, den S. des Gerechten schlafen: → schlafen (1, b); [sich] den S. aus den Augen reiben, aus dem S. auffahren/aufschrecken: → aufwachen (1); aus dem S. rütteln/pochen: → wecken (1); keinen S. finden: → wachen (1); den S. rauben, um den S. bringen: → Sorge (4); der letzte/ewige S.: → Tod (1); nicht im S.: → niemals
Schlafanzug, der: Pyjama + Nachthemd ♦ *gehoben*: Nachtgewand; → *auch* Morgenrock
schlafbedürftig: → müde (1)
Schläfchen, das: **1.** → Schlaf (1, b) – **2.** ein S. machen/halten: → schlafen (1, c)
Schlafcouch, die: → Sofa
schlafen: 1. ⟨*nicht wach sein*⟩ **a)** ⟨*allgemein*⟩ im Schlaf liegen · ruhen; in Morpheus' Armen liegen (*meist scherzh*) ♦ *umg*: pofen; an der Matratze horchen · sich von innen begucken (*scherzh*) ♦ *salopp*: pennen · koksen · knacken · einen einziehen; → *auch* liegen (1), schnarchen – **b)** ⟨*fest u. lange*⟩ in tiefem/im tiefsten Schlaf liegen; den Schlaf des Gerechten schlafen (*scherzh*) ♦ *umg*: schlafen wie ein Toter/Ratz/Sack/Murmeltier; ratzen (*landsch*); → *auch* schnarchen – **c)** ⟨*leicht, sanft*⟩ schlummern · ein Schläfchen machen/halten · dämmern ♦ *umg*: duseln · dösen · ein Nickerchen machen; dru-

seln (*norddt*) – **2.** → übernachten – **3.** → unaufmerksam (2) – **4.** → geistesabwesend (2) – **5.** s. gehen: ⟨*sich auf ein Ruhelager begeben, um einzuschlafen*⟩ ins/zu Bett gehen · sich schlafen legen · sich niederlegen · sich zur Ruhe begeben ♦ *umg*: in die Federn/in die Klappe/Falle gehen · sich aufs Ohr legen · sich verrollen; in die Heia gehen (*kinderspr*) ♦ *salopp*: ins Nest gehen · sich aufs Ohr/in die Falle hauen; → *auch* hinlegen (II) – **6.** sich s. legen: → 5; s. |mit|: → koitieren; s. wie ein Toter/Ratz/Sack/Murmeltier: → 1, b; s. bis in die Puppen: → durchschlafen; mit offenen Augen s.: → geistesabwesend (2); etw. zum Schlafen: → Schlafgelegenheit

schlaff: 1. → erschöpft (1) – **2.** → kraftlos – **3.** → langweilig

Schlaffheit, die: → Schwäche (1)

Schlafgelegenheit, die: Schlafstelle · Übernachtungsmöglichkeit ♦ *umg*: etw. zum Schlafen; → *auch* Schlafzimmer, Unterkunft (1), Bett (1), Lager (1)

Schlafgemach, das: → Schlafzimmer

Schlafhaube, die: → Schlafmütze (1)

Schlafittchen, das: beim/am S. fassen/kriegen/nehmen/packen: → ergreifen (2)

Schlafkammer, die: → Schlafzimmer

Schlaflied, das: → Wiegenlied

schlaflos: schlaflose Nächte haben: → Sorge (3); schlaflose Nächte bereiten: **a)** → Sorge (4) – **b)** → beunruhigen (I)

Schlafmittel, das: Hypnotikum + Schlafpulver · Schlaftabletten

Schlafmütze, die: **1.** ⟨*früher beim Schlafen getragene Mütze*⟩ Schlafhaube · Nachtmütze – **2.** *umg abwert* ⟨*langsamer u. unaufmerksamer Mensch*⟩ *normalspr*: Träumer ♦ *umg*: Nachtwächter · Nachtmütze ♦ *salopp*: Döskopp · Transuse; → *auch* Phlegmatiker, Trauerkloß

schlafmützig: → träge

Schlafmützigkeit, die: → Trägheit

Schlafpulver, das: → Schlafmittel

Schlafraum, der: → Schlafzimmer

schläfrig: 1. → müde (1) – **2.** → träge – **3.** → verschlafen (2)

Schläfrigkeit, die: **1.** → Müdigkeit (1) – **2.** → Trägheit

Schlafsaal, der: → Schlafzimmer

Schlafstatt, die: → Bett (1)

Schlafstelle, die: → Schlafgelegenheit

Schlafstube, die: → Schlafzimmer

Schlaftabletten (*Pl*): **1.** → Schlafmittel – **2.** S. nehmen: → vergiften (II)

schlaftrunken: 1. → müde (1) – **2.** → verschlafen (2)

schlafwandeln: 1. ⟨*im Schlaf umhergehen*⟩ nachtwandeln · somnambulieren · umgehen ♦ *umg*: herumgeistern – **2.** → umherirren

Schlafwandler, der: Nachtwandler · Traumwandler · der Mondsüchtige · der Somnambule; Lunatiker (*med*)

Schlafzimmer, das: Schlafkammer · Schlafstube · Kammer (*landsch*) + Schlafraum · Schlafsaal ♦ *gehoben*: Schlafgemach; → *auch* Schlafgelegenheit

Schlag: I. Schlag, der: **1.** ⟨*durch Ausholen herbeigeführte kurze, aber heftige Berührung eines Körpers od. Gegenstandes*⟩ Hieb · Klaps; Schmitz (*landsch*) + Puff · Haken · Kinnhaken · Schwinger ♦ *gehoben*: Streich ♦ *umg*: Patsch · Klatsch; → *auch* Stoß (1), Kopfnuss – **2.** → Schlaganfall – **3.** → Art (2) – **4.** → Lichtung – **5.** → Wagentür – **6.** → Verschlag (1) – **7.** → Donner (1), Blitz (1) – **8.** → Enttäuschung (1), Unglück – **9.** einen S. versetzen: → schlagen (I, 1); harter S.: → Unglück; ein S. ins Kontor: → Überraschung (3); ein S. ins Wasser: → Misserfolg (1); S. auf S.: → ununterbrochen; wie vom S. getroffen: → erschrocken (1); auf einen S.: → gleichzeitig (1); mit einem S.: → plötzlich (1); S. … Uhr: → pünktlich (2) – **II.** Schläge (*Pl*): **1.** → Prügel (II, 1) – **2.** S. versetzen: → schlagen (I, 1)

Schlagader, die: Arterie · Pulsader + Halsschlagader · Aorta; → *auch* Ader (1), Blutader

Schlaganfall, der: Hirnschlag · Gehirnschlag; Schlagfluss (*veraltet*); Apoplexie (*med*) + Gehirnblutung ♦ *umg*: Schlag

schlagartig: → plötzlich (1)

Schlagbaum, der: → Schranke (1)

Schlägel, der: → Hammer (1)

schlagen: I. schlagen: **1.** ⟨*einen Schlag bzw. mehrere Schläge gegen jmdn. ausführen*⟩ einen Schlag *bzw.* Schläge versetzen · einschlagen |auf| · zuschlagen · prügeln · Prügel austeilen · einprügeln |auf| · einknüppeln |auf| · hauen · einhauen |auf| · zuhauen · losschlagen · knüppeln · knütteln + puffen · klapsen · handgemein/handgreiflich werden ♦ *umg*: Hiebe aufzählen · den Prügel zu kosten/Pfeffer geben · es jmdm. [ordentlich/feste] geben · jmdm. rutscht die

Hand aus ♦ *salopp*: dreschen · eine/einen/eins versetzen/verpassen · ein Ding verpassen · eins auf die Platte geben · ein paar/eins überziehen/überbraten/verplätten/draufhauen/draufgeben · eine/einen/eins vor den Latz knallen; kloppen · wichsen (*landsch*); → *auch* ohrfeigen, peitschen, verprügeln, züchtigen (1), niederschlagen (I, 1) – **2.** ⟨*einen Schlag gegen bzw. auf etw. ausführen*⟩ schmettern + nageln ♦ *umg*: patschen; → *auch* klopfen (1) – **3.** ⟨*vom Herz gesagt*: *tätig sein*⟩ puls[ier]en · pochen · klopfen · hämmern ♦ *umg*: puppern · bubbern · puckern – **4.** → züchtigen (1) – **5.** → besiegen (I) – **6.** → überflügeln – **7.** → fällen (1) – **8.** → prägen (1) – **9.** → branden (1) – **10.** → singen (2) – **11.** s. |in|: **a)** → einschlagen (1) – **b)** → einwickeln (1); mit der Peitsche s.: → peitschen; grün und blau/zu Brei s.: → verprügeln; die Pauke/Trommel s.: → trommeln (1); auf die Finger s.: → zurechtweisen; mit der Faust auf den Tisch s.: → aufbrausen (2); Krach s.: → beschweren (II); Alarm/Lärm s.: → alarmieren (1); ins Gesicht s.: → widersprechen (2); ein Schnippchen s.: → überlisten; in den Wind s.: → unterschätzen; s. |nach|, in jmds. Art s.: → geraten (4); aus der Art s.: → missraten (1); aus dem Feld s.: → verdrängen (2); sich aus dem Kopf/Sinn s.: → verzichten; eine Bresche s. |für|: → fördern (1); sein Leben in die Schanze s.: → wagen (1); über die Stränge s.: → übermütig (2); wie vor den Kopf geschlagen: → bestürzt; über einen Leisten s.: → gleichsetzen; einen Purzelbaum/Salto/[ein] Rad s.: → überschlagen (II, 2, a) – **II.** schlagen, sich: **1.** ⟨*einen Streit mit Schlägen austragen*⟩ sich prügeln · sich raufen ♦ *umg*: sich herumschlagen · sich hauen ♦ *salopp*: sich keilen; sich kloppen (*landsch*) – **2.** → kämpfen (1) – **3.** → fechten (1) – **4.** sich an die Brust s.: → bereuen; sich durchs Leben s.: → durchschlagen (I, 2); sich [seitwärts] in die Büsche s.: → wegschleichen (I)

schlagend: 1. → überzeugend – **2.** schlagende Wetter: → Wetter (II, 1)

Schlager, der: **1.** ⟨*viel gespieltes bzw. gesungenes Tanzlied*⟩ + Evergreen · Gassenhauer ♦ *umg*: Schnulze (*abwert*) + Hit ♦ *salopp*: Schmachtfetzen (*abwert*); → *auch* Lied (1) – **2.** → Zugstück – **3.** → Verkaufsschlager

Schläger, der: → Raufbold

Schlägerbande, die: → Schlägertrupp

Schlägerei, die: Prügelei · Handgemenge · Tätlichkeiten ♦ *umg*: Holzerei (*landsch*) ♦ *salopp*: Keilerei; → *auch* Rauferei

Schlägerkolonne, die: → Schlägertrupp

Schlägertrupp, der: Schlägertruppe · Schlägerkolonne · Schlägerbande

Schlägertruppe, die: → Schlägertrupp

Schlagetot, der: → Riese (1)

schlagfertig: 1. ⟨*sehr einfallsreich u. schnell beim Antworten*⟩ zungenfertig · flinkzüngig · mundfertig; → *auch* redegewandt – **2.** s. sein: ⟨*einfallsreich u. schnell antworten*⟩ nicht auf den Mund gefallen sein · den Mund auf dem rechten Fleck haben · um eine Antwort nicht verlegen sein

Schlagfluss, der: → Schlaganfall

Schlagkraft, die: **1.** (*Boxsp*) ⟨*die Fähigkeit, hart zu schlagen*⟩ Punch – **2.** → Kampfkraft – **3.** → Wirksamkeit (1)

Schlaglicht, das: ein S. werfen |auf|: → hinweisen

Schlagobers, der: → Schlagsahne

Schlagrahm, der: → Schlagsahne

Schlagsahne, die: Schlagrahm (*süddt schweiz*); Schlagobers (*österr*); → *auch* Sahne (1)

Schlagschatten, der: → Schatten (1)

Schlagseite, die: S. haben: **a)** → betrunken (2) – **b)** → schwanken (1)

Schlagwort, das: **1.** → Phrase (1) – **2.** → Stichwort (1)

Schlagzeile, die: **1.** → Überschrift (1) – **2.** Schlagzeilen machen: → bekannt (4, a)

Schlaks, der: → Lange

Schlamassel, der: → Unannehmlichkeit

Schlamastik, die: → Unannehmlichkeit

Schlamm, der: Morast · Schlick; Modder · Mud (*norddt*); Pflotsch (*schweiz*) ♦ *umg*: Matsch · Mansch · Brei · Brühe; Pamp[s] · Schmant (*landsch*) ♦ *salopp*: Patsche · Soße; → *auch* Sumpf (1)

schlammig: verschlammt · morastig · schlickerig; modderig · muddig (*norddt*) + lehmig ♦ *umg*: matschig · pamp[s]ig; → *auch* sumpfig, dickflüssig

Schlammschlacht, die: → Streit (1)

schlampampen: → schwelgen (1)

Schlampe, die (*umg abwert*): liederliches Frauenzimmer · Vettel · Schmutzliese · das Mensch; Schlumpe · Schlunze · Ruschel ·

Zaupe (*landsch*); → *auch* Schmutzfink, Frau (I, 1)
schlampen: → pfuschen (1)
Schlamperei, die: → Schlendrian (1)
schlampert: → unordentlich
schlampig: 1. → unordentlich – **2.** → nachlässig (1)
Schlange, die: **1.** ⟨*beinloses Kriechtier*⟩ *umg*: Otter · Natter (*landsch*); → *auch* Riesenschlange, Viper, Kobra – **2.** ⟨*hintereinander stehende wartende Menschen*⟩ Warteschlange + Reihe – **3.** → Heuchlerin – **4.** → Reihe (2) – **5.** S. stehen: → anstehen (1); falsche S.: → Heuchlerin; falsch wie eine S.: → unaufrichtig (1)
schlängeln, sich: → [1]winden (II, 1)
schlangenartig: 1. → gewandt (1) – **2.** → glatt (3)
Schlangenbrut, die: → Gesindel
Schlangenfraß, der: → Gericht (1)
Schlangengezücht, das: → Gesindel
schlangenhaft: 1. → gewandt (1) – **2.** → glatt (3)
schlangenzüngig: → heuchlerisch
schlank: 1. ⟨*nicht dick*⟩ gertenschlank · rank [und schlank] · schmal · schmächtig; schlankwüchsig (*fachspr*) + grazil; → *auch* dünn (1), mager (1), schmalbrüstig (1), zartgliedrig, schlankwüchsig – **2.** rank und s.: → 1; s./schlanker machen: → rationalisieren
Schlankheitskur, die: → Entfettungskur
schlankweg: 1. → offen (3) – **2.** → kurzerhand
schlankwüchsig (*fachspr*): leptosom; → *auch* schlank (1)
schlapp: 1. → erschöpft (1) – **2.** → kraftlos
Schlappe, die: **1.** → Niederlage (1) – **2.** eine S. erleiden: → verlieren (I, 3)
schlappen: 1. → schlottern (1) – **2.** → schlürfen (1)
Schlappen (*Pl*): → Pantoffel (II)
schlappern: 1. → schlürfen (2) – **2.** → schwatzen (1)
Schlappheit, die: → Schwäche (1)
schlappig: 1. → erschöpft (1) – **2.** → nachlässig (1)
schlappmachen: 1. → erlahmen (1) – **2.** → zusammenbrechen (1) – **3.** → versagen (1 *u.* 2)
Schlappmacher, der: → Schwächling
Schlappohr, das: → Hase (1)
Schlappsack, der: → Schwächling
Schlappschwanz, der: → Schwächling
Schlaraffenleben, das: → Müßiggang
schlarpen: → schlürfen (1)
schlau: 1. ⟨*mit prakt. Verstand ausgestattet*⟩ findig · pfiffig · clever · gewitz[ig]t; anschlägig (*landsch*); vigilant · bauernschlau (*veraltend*); plietsch (*norddt*); gefinkelt (*österr*) + geschmeidig ♦ *umg*: ausgeschlafen · helle; → *auch* klug (1), überklug (1), listig (1), raffiniert (1) – **2.** s. sein: ⟨*mit prakt. Verstand ausgestattet sein*⟩ *umg*: Köpfchen haben · nicht auf den Kopf gefallen sein · nicht von gestern sein – **3.** schlauer Fuchs: → Schlaukopf; sich s. fühlen: → wohl (4); nicht s. werden |aus|: → erklären (I, 4)
Schlaube, die: → [2]Schale (1)
schlauben: → aushülsen
Schlauberger, der: → Schlaukopf
Schlaubergerei, die: → Schlauheit
Schlauch, der: ein S. sein: → anstrengend (2); auf dem S. stehen: **a)** → Verlegenheit (2) – **b)** → begriffsstutzig (2)
schlauchen: → anstrengend (2)
Schlaue, der: ein ganz Schlauer: → Schlaukopf
Schläue, die: → Schlauheit
Schlaufe, die: → Schleife (1)
Schlaufuchs, der: → Schlaukopf
Schlauheit, die: Schläue · Findigkeit · Pfiffigkeit · Cleverness · Gewitztheit · Gewiegtheit; Vigilanz · Bauernschläue · Bauernschlauheit · Bauernpfiffigkeit (*veraltend*) + Finesse ♦ *umg*: Schlaubergerei; → *auch* Gerissenheit, Klugheit, List
Schlaukopf, der: [alter] Fuchs · schlauer Fuchs; Filou (*oft abwert*) ♦ *umg*: Pfiffikus · Schlitzohr · Cleverle · ein ganz Schlauer · Schlauberger · Schlaumeier · Schlaufuchs; Schlawiner (*auch abwert*); Schlemihl (*landsch*) ♦ *salopp*: Luder · Aas (*meist abwert*)
Schlaumeier, der: **1.** → Schlaukopf – **2.** → Rechthaber
Schlawiner, der: → Schlaukopf
schlecht: 1. ⟨*gar nicht gut*⟩ miserabel · erbärmlich · unter aller Würde ♦ *umg*: mies · unter aller Kritik/Kanone · unter dem Strich · zum Davonlaufen · zum Erbarmen · belämmert; bescheiden (*verhüll*); ätzend (*jugendspr*) ♦ *salopp*: nichts dran · hundemäßig · hundsmiserabel ♦ *derb*: schweine-

mäßig · saumäßig · unter aller Sau · beschissen; → *auch* wertlos (1), minderwertig – **2.** → verdorben (1) – **3.** → ungünstig – **4.** → elend (1) – **5.** → schädlich (1 *u.* 2) – **6.** → unsittlich – **7.** → böse (1) – **8.** → unangenehm (1) – **9.** → übel (1) – **10.** s. gehen: ⟨*sich in einer schlimmen Lage befinden*⟩ **a)** ⟨*in Bezug auf die wirtschaftl. Verhältnisse*⟩ miserabel gehen ♦ *umg*: mies/belämmert gehen · in Schwierigkeiten stecken · mit dem Rücken zur Wand stehen; bescheiden gehen (*verhüll*) ♦ *salopp*: dreckig gehen · das Wasser steht jmdm. bis an den Hals/die Gurgel · im Dreck stecken ♦ *derb*: schweinemäßig/beschissen gehen; → *auch* zahlungsunfähig (2), Verlegenheit (2) – **b)** ⟨*in Bezug auf die Gesundheit*⟩ schlimm dran sein · miserabel gehen ♦ *umg*: mies gehen; bescheiden gehen (*verhüll*) ♦ *salopp*: belämmert/dreckig gehen ♦ *derb*: schweinemäßig/beschissen gehen; → *auch* krank (2) – **11.** s. stehen |mit|: ⟨*gar nicht zur Zufriedenheit verlaufen*⟩ im Argen liegen · sehr zu wünschen übrig lassen · schlecht aussehen |mit| · übel/miserabel stehen/aussehen |mit| ♦ *umg*: mies stehen/aussehen |mit| ♦ *salopp*: zappenduster aussehen |mit| – **12.** nicht s.: → gut (1); recht und s.: → behelfsmäßig; schlechtes Wetter: → Wetter (I, 2); s. gelaunt: → missmutig; s. abgehen/ablaufen / ausgehen / auslaufen / ausfallen, zum Schlechten ausschlagen: → misslingen; s. wegkommen: → leer (4); s. ankommen: → abblitzen (1); s. zu sprechen sein |auf|: → hassen; schlechte Karten haben: → hoffnungslos (2); s. werden: → verderben (3); s. riechen: → stinken (1); s. aussehen |mit|: → 11; s. machen, in schlechten Ruf bringen, in ein schlechtes Licht setzen/stellen/rücken, s. reden |von/über|: → verleumden (1); einen schlechten Ruf/Leumund haben: → verrufen (2); s. beleumdet: → verrufen (1)

schlechterdings: → schlechthin

schlechthin: schlechterdings · schlechtweg · schlichtweg · glatterdings · platterdings + gänzlich

Schlechtigkeit, die: **1.** → Gemeinheit – **2.** → Bosheit – **3.** → Unsittlichkeit

Schlechtmacherei, die: → Verleumdung

schlechtweg: → schlechthin

Schleck, der: → Leckerbissen

schlecken: 1. → naschen – **2.** → [1]lecken (1)

Schlecker, der: → Leckermaul

Schleckerei, die: → Leckerbissen

Schleckermaul, das: → Leckermaul

schleckig: → naschhaft

Schleckwerk, das: → Konfekt

Schleicher, der: → Duckmäuser

Schleichhandel, der: → Schwarzhandel

Schleichhändler, der: → Schwarzhändler

Schleichware, die: → Schmuggelware

Schleier, der: den S. lüften: → enträtseln (1); den S. nehmen: → Nonne (2)

schleierhaft: → unbegreiflich

Schleife, die: **1.** ⟨*Verknüpfung eines Bandes od. einer Schnur*⟩ + Schlaufe · Schlinge · Masche – **2.** → Haarschleife – **3.** → Krawatte (1) – **4.** → Biegung (1) – **5.** → Schlitterbahn

schleifen: 1. ⟨*von Sachen gesagt*: *in der Bewegung unbeabsichtigt den Boden berühren*⟩ + schleppen – **2.** → schärfen – **3.** → schlittern – **4.** → abbrechen (2) – **5.** → drillen (1) – **6.** → glätten (1) – **7.** die Zügel s. lassen: → nachlässig (2)

Schleifpapier, das: Schmirgelpapier · Sandpapier

Schleifstein, der: Wetzstein · Abziehstein

Schleim, der: → Geschwätz (1)

schleimen: → schwafeln

Schleimer, der: → Schmeichler

schleimig: 1. ⟨[*wie*] *mit bzw. aus Schleim*⟩ schmierig · schlüpfrig · quallig; mukös (*med*) + seifig ♦ *umg*: schlierig · qualsterig (*landsch*) ♦ *derb*: rotzig; → *auch* dickflüssig – **2.** → schmeichlerisch

Schleimscheißer, der: → Schmeichler

Schleiße, die: → Span (1)

schleißig: → abgetragen

Schlemihl, der: **1.** → Unglücksmensch – **2.** → Schlaukopf

schlemmen: → schwelgen (1)

Schlemmer, der: → Genussmensch

Schlemmerei, die: → Schwelgerei

schlemmerhaft: schlemmerisch · schwelgerisch

schlemmerisch: → schlemmerhaft

schlendern: 1. ⟨*ungezwungen u. ohne Eile* [*umher*]*gehen*⟩ flanieren · umherschlendern ♦ *umg*: gondeln · trudeln; schlenkern (*landsch*); → *auch* spazieren (2) – **2.** → trödeln (1)

Schlendrian, der: **1.** ⟨[*träges u.*] *nachlässiges Arbeiten*⟩ Schlamperei · Trott; Hudelei (*landsch*) + Unordnung ♦ *umg*: Schluderei ·

Wirtschaft; → *auch* Misswirtschaft – **2.** → Trödelei
schlenkern: 1. ⟨*ungezwungen hin- und herbewegen*⟩ schwingen · schwenken · pendeln · rudern ♦ *umg*: schlackern (*norddt*) – **2.** → schwenken (1), schlottern (1) – **3.** → schlendern (1)
Schlenkrich, der: → Stoß (1)
Schlepp, der: im S. haben, in S. nehmen: → schleppen (I, 1)
Schleppdampfer, der: → Schlepper (1)
schleppen: I. schleppen: **1.** ⟨*ein Fahrzeug mittels eines Seiles vom eigenen Fahrzeug ziehen lassen*⟩ im Schlepp/Schlepptau haben · in Schlepp/ins Schlepptau nehmen + bugsieren · abschleppen; → *auch* ziehen (I, 1) – **2.** → tragen (I, 1) – **3.** → schleifen (1) – **II.** schleppen, sich: → schlürfen (1)
schleppend: → langsam (1)
Schlepper, der: **1.** ⟨*Wasserfahrzeug zum Schleppen von Schiffen*⟩ Schleppschiff + Motorschlepper · Schleppdampfer; → *auch* Schleppkahn – **2.** → Traktor – **3.** → Fluchthelfer
Schlepperei, die (*umg*): Geschleppe ♦ *salopp*: Geaste
Schleppkahn, der: Lastkahn; Zille (*landsch*) + Prahm · Schute ♦ *umg*: Äppelkahn (*scherzh*); → *auch* Schlepper (1)
Schleppschiff, das: → Schlepper (1)
Schlepptau, das: im S. haben: → schleppen (I, 1); ins S. nehmen: **a)** → schleppen (I, 1) – **b)** → ziehen (I, 1) – **c)** → durchhelfen
Schleuder, die: **1.** ⟨*einfaches Wurfgerät*⟩ Katapult; Zwille (*landsch*) – **2.** → Zentrifuge
schleudern: → werfen (I, 1)
Schleuderware, die: → Schund (1)
schleunig: → sofortig
schleunigst: → sofort
Schleuser, der: → Fluchthelfer
Schlich: I. Schlich, der: → Trick – **II.** Schliche (*Pl*): **1.** → Intrige – **2.** die/alle S. kennen: → auskennen, sich; hinter/auf die S. kommen: → durchschauen (I)
schlicht: 1. ⟨*ohne viel Aufwand bzw. Beiwerk ausgeführt*⟩ prunklos · kunstlos · schmucklos · schnörkellos; simpel (*abwert*); → *auch* einfach (1), einfältig (1), bescheiden (I, 1) – **2.** ⟨*in einfacher, nicht gekünstelter Sprache gehalten*⟩ ungekünstelt · schnörkellos · phrasenlos + natürlich; → *auch* knapp (2) – **3.** → einfach (1)
schlichten: 1. → bereinigen (1) – **2.** → glätten (1)
Schlichtung, die: → Bereinigung (1)
schlichtweg: → schlechthin
Schlick, der: → Schlamm
schlickerig: 1. → schlammig – **2.** → glatt (2)
Schlickermilch, die: → Sauermilch
schliefen: s. |in|: **a)** → hineinschlüpfen – **b)** → einfahren (1)
schlierig: → schleimig (1)
Schließe, die: → Schnalle
schließen: I. schließen: **1.** ⟨*nicht offen lassen*⟩ **a)** ⟨*Tür*⟩ einklinken · zuklinken · zumachen · zuklappen · die Tür [hinter sich] ins Schloss fallen lassen/werfen/schmettern ♦ *umg*: dichtmachen; → *auch* zuschlagen (1) – **b)** ⟨*Fenster, Behälter*⟩ zumachen · zuklappen ♦ *umg*: dichtmachen; → *auch* zuschlagen (1) – **c)** ⟨*Heft, Buch*⟩ zuschlagen · zuklappen · zumachen; → *auch* zuschlagen (1) – **2.** ⟨*die Geschäftszeit beenden*⟩ den Laden schließen · zumachen · Feierabend machen ♦ *umg*: Schluss machen · dichtmachen – **3.** ⟨*den Betrieb einstellen*⟩ *umg*: dichtmachen – **4.** → abschließen (I, 1) – **5.** → beenden (1) – **6.** → eingehen (2) – **7.** → enden (1, b) – **8.** den Laden s.: → I, 2; s. |aus|: → folgern; s. |in|: → wegschließen; einen Pakt/ein Bündnis s.: → verbünden, sich (1); die Ehe/den Ehebund/den Bund fürs Leben s.: → heiraten (1); Freundschaft s.: → befreunden, sich (1); ins Herz s., ins Herz geschlossen haben: → lieben (1); in die Arme s.: → umarmen (I); die Augen [für immer] s.: → sterben (1) – **II.** schließen, sich: → zufallen (1)
Schließer, der: → Aufseher
Schließfach, das: → Bankschließfach
schließlich: 1. ⟨*nach einiger Zeit, einigem Warten bzw. Zögern*⟩ [schließlich und] endlich · zuletzt · letzt[end]lich · letzten Endes · zu guter Letzt · am Ende · zum Schluss · in der Endkonsequenz · im Endeffekt · glücklich; schlussendlich (*bes. schweiz*) – **2.** → jedenfalls – **3.** s. und endlich: → 1
Schliff, der: **1.** → Erziehung (2), Benehmen (1) – **2.** S. haben: → benehmen (II, 1); S. beibringen: → erziehen; den letzten S. geben: → vervollkommnen (I); S. backen: → Fehler (2)
schlimm: 1. → unangenehm (1) – **2.** → böse (1) – **3.** nicht so s. sein: ⟨*keine schwer-*

wiegenden Folgen haben⟩ *umg*: halb so schlimm sein · nicht/halb so wild sein · kein Beinbruch/Unglück sein · nicht so tragisch sein – **4.** s. dran sein: → schlecht (10, b); halb so s. sein: → 3
Schlimme, der: → Frauenheld (1)
schlimmstenfalls: → notfalls
Schlinge, die: **1.** → Schleife (1) – **2.** → Binde (1) – **3.** den Kopf/Hals/sich aus der S. ziehen: → herauswinden, sich; die S. um den Hals legen: → ruinieren (I, 1); in die S. gehen: → hereinfallen
Schlingel, der: → Frechdachs
schlingen: I. schlingen: **1.** → schlucken (1) – **2.** → essen (1) – **3.** die Arme s. |um|: → umarmen (I) – **II.** schlingen, sich: → ranken, sich
schlingern: schaukeln · rollen; dümpeln (*seem*) + stampfen; → *auch* schwanken (1)
Schlipf, der: → Erdrutsch (1)
Schlippe, die: → Durchgang (1)
Schlippermilch, die: → Sauermilch
Schlips, der: **1.** → Krawatte (1) – **2.** auf den S. treten: → kränken; beim S. erwischen: → ergreifen (2); einen hinter den S. gießen: → trinken (1, b)
schlitte[l]n: → rodeln
Schlitten, der: **1.** ⟨*Fahrzeug mit Kufen*⟩ Rodel[schlitten] – **2.** → Fahrrad – **3.** → Auto (1) – **4.** S. fahren: → rodeln; S. fahren |mit|: → ausschimpfen
Schlittenbahn, die: → Rodelbahn
Schlitterbahn, die: Eisbahn · Rutschbahn ♦ *umg*: Rutsche · Schussel · Schleife · Glitschbahn · Glitsche (*landsch*)
schlittern: *umg*: schusseln · schindern · glitschen · schurren · schleifen (*landsch*); → *auch* rutschen (1)
Schlittschuhlauf, der: Eislauf
Schlitz, der: **1.** → Spalt (1) – **2.** → Scheide (1)
Schlitzohr, das: → Schlaukopf
schlitzohrig: → raffiniert (1)
schlohweiß: 1. → weiß (1) – **2.** → grauhaarig
Schloss, das: **1.** ⟨*prächtiges Wohngebäude*⟩ Palast · Palais + Burg – **2.** ⟨*Vorrichtung zum Verschließen*⟩ + Sicherheitsschloss · Hängeschloss · Vorhängeschloss – **3.** ins S. fallen/schnappen: → zufallen (1); die Tür [hinter sich] ins S. fallen lassen/werfen/schmettern: → schließen (I, 1, a); das S. vorlegen/vormachen: → abschließen (I, 1); hinter S. und Riegel bringen/setzen: → einsperren (1); hinter S. und Riegel sitzen: → gefangen (2); ein S. vor dem Mund haben: → schweigen (1)
Schloße, die: → Hagelkorn
schloßen: → hageln (1)
Schlosshund, der: wie ein S. heulen: → weinen (1)
Schlot, der: **1.** → Schornstein (1) – **2.** → Leichtfuß (1) – **3.** rauchen/qualmen wie ein S.: → rauchen (1)
Schlotbaron, der: → Großunternehmer
Schlotfeger, der: → Schornsteinfeger
schlottern: 1. ⟨*schlaff herunterhängen u. sich hin- und herbewegen*⟩ baumeln · schlenkern · schlappen · am Leibe hängen ♦ *umg*: bammeln; → *auch* hängen (I, 1) – **2.** → zittern (1)
Schlucht, die: Klamm; Tobel (*süddt österr schweiz*); Krachen (*schweiz*) + Cañon · Spalte · Kamin · Schrund · Schrunde · Kluft · Schlund · Abgrund; → *auch* Hohlweg, Tal (1)
schluchzen: → weinen (1)
Schluchzer, der: → Seufzer (1)
Schluck, der: **1.** ⟨*Flüssigkeitsmenge, die man auf einmal schluckt*⟩ Zug ♦ *umg*: Hieb (*landsch veraltend*) – **2.** S. für S., in Schlucken: → schluckweise
Schluckauf, der: Schlucken; Schnackerl (*österr*) ♦ *umg*: Schluckser
schlucken: 1. ⟨*Nahrung vom Mund in die Speiseröhre befördern*⟩ verschlucken · hinunterschlucken ♦ *umg*: [ver]schlingen · hinunterschlingen · hinunterbringen · herunterbringen · hinunterwürgen · herunterwürgen; hinterschlucken · hinterschlingen · hinterbringen · hinterwürgen (*landsch*) – **2.** → einnehmen (1) – **3.** → hinnehmen (1) – **4.** → einverleiben (2, a) – **5.** die bittere Pille s.: → hinnehmen (1)
Schlucken, der: → Schluckauf
Schlucker, der: armer S.: → Arme
Schluckser, der: → Schluckauf
Schluckspecht, der: → Trinker
schluckweise: Schluck für Schluck · in Schlucken
Schluderarbeit, die: **1.** → Ausschuss (2) – **2.** → Pfuscherei
Schluderei, die: **1.** → Pfuscherei – **2.** → Schlendrian (1)
schluderig: → unordentlich

schludern: → pfuschen (1)
Schlummer, der: → Schlaf (1, b)
Schlummermutter, die: → Vermieterin
schlummern: → schlafen (1, c)
Schlumpe, die: → Schlampe
Schlund, der: **1.** → Rachen (1) – **2.** → Schlucht
Schlunze, die: → Schlampe
schlunzen: → pfuschen (1)
schlunzig: → unordentlich
schlüpfen: 1. → ausschlüpfen – **2.** s. |in|: → hineinschlüpfen; durch die Finger/ Lücken/Maschen s.: → entkommen (1); in die Sachen/die Kleidung s.: → anziehen (II); aus den Sachen/der Kleidung s.: → ausziehen (II)
Schlüpfer: I. Schlüpfer, der: ⟨*Kleidungsstück für Frauen*⟩ Schlüpfer (*Pl*) · Slip; Liebestöter (*Pl*; *scherzh*) + Tanga – **II.** Schlüpfer (*Pl*): → I
Schlupfloch, das: **1.** → Durchgang (1) – **2.** → Versteck
schlüpfrig: 1. ⟨*die Schamhaftigkeit missachtend*⟩ lasziv · obszön · zweideutig · pikant · frivol; → *auch* unanständig (1), unsittlich, unzüchtig – **2.** → schleimig (1) – **3.** → glatt (2)
Schlüpfrigkeit, die: Laszivität · Obszönität · Zweideutigkeit · Pikanterie · Frivolität; → *auch* Unanständigkeit (2), Unsittlichkeit, Unzucht
Schlupfwinkel, der: → Versteck
schlurfen: → schlürfen (1)
schlürfen: 1. ⟨*mit schleifenden Füßen gehen*⟩ schlurfen · schlappen + sich schleppen ♦ *umg*: schlurren · schlurpen · schlarpen (*landsch*); → *auch* gehen (1), trotten – **2.** ⟨*geräuschvoll essen od. trinken*⟩ *umg*: schlabbern · schlappern · labbern (*landsch*); → *auch* essen (1), trinken (1, a)
schlurpen: → schlürfen (1)
schlurren: → schlürfen (1)
Schlurren (*Pl*): → Pantoffel (II)
Schluss, der: **1.** → Ende (1, a *u.* b), Dienstschluss – **2.** → Folgerung (1) – **3.** → genug (2) – **4.** am S.: **a)** → hinten (1, a) – **b)** → zuletzt (1); zum S.: **a)** → zuletzt (1) – **b)** → abschließend – **c)** → schließlich (1); zum S. kommen: → aufhören (1); S. machen: **a)** → aufhören (1) – **b)** → Selbstmord (2) – **c)** → schließen (I, 2); einen S./Schlüsse ziehen: → folgern; und damit S.: → genug (2)
Schlussakt, der: → Ende (1, b)
Schlüssel, der: → Lösung (1)
schlüsselfertig: → bezugsfertig
schlussendlich: → schließlich (1)
Schlussergebnis, das: → Ergebnis
Schlussfolge, die: → Folgerung (1)
schlussfolgern: → folgern
Schlussfolgerung, die: → Folgerung (1)
schlüssig: 1. → folgerichtig – **2.** → überzeugend – **3.** sich s. werden: → entschließen, sich
Schlusskampf, der: → Endkampf
Schlussleuchte, die: → Rücklicht
Schlusslicht, das: **1.** → Rücklicht – **2.** als S.: → hinterher (1)
Schlussmann, der: → Torwart
Schlusspunkt, der: **1.** → Ende (1, a *u.* b) – **2.** einen S. setzen: → beenden (1)
Schlussrechnung, die: **1.** → Bilanz (1) – **2.** die S. aufstellen: → abrechnen (1)
Schlussrunde, die: → Endkampf
Schlussstrich, der: einen S. ziehen: → beenden (1)
Schlussteil, der: → Ende (1, a *u.* b)
Schlussverkauf, der: → Ausverkauf
Schlusswort, das: → Nachwort
Schmach, die: → Schande (1)
schmachten: 1. → darben – **2.** → leiden (1) – **3.** → dürsten (1) – **4.** → hungern (1) – **5.** s. |nach|: → Verlangen (4) – **6.** im Kerker s.: → gefangen (2)
Schmachten, das: → Sehnsucht (1)
Schmachtfetzen, der: **1.** → Schlager (1) – **2.** → Film (2) – **3.** → Liebhaber (1)
schmächtig: 1. → schlank (1) – **2.** → mager (1)
Schmachtlappen, der: → Liebhaber (1)
Schmachtlocke, die: → Locke
Schmachtriemen, der: **1.** → Gürtel (1) – **2.** den S. anziehen/enger schnallen: → einschränken (II)
schmachvoll: → entehrend
schmackhaft: wohlschmeckend · lecker · köstlich · delikat · deliziös · gut · fein + pikant · würzig ♦ *umg*: himmlisch; geschmackig (*österr*); → *auch* appetitlich (1)
Schmadder, der: → Schmiere (1)
schmaddern: → kleckern
Schmäh, der: **1.** → Trick – **2.** am S. halten: → narren; einen S. führen: → scherzen
schmähen: 1. → demütigen (I) – **2.** → beschimpfen
schmählich: → verwerflich

Schmährede, die: → Beschimpfung
Schmähschrift, die: Pamphlet; Pasquill (*veraltend*)
Schmähung, die: **1.** → Herabwürdigung – **2.** → Beschimpfung
schmal: 1. → eng (1) – **2.** → schlank (1) – **3.** → dünn (1) – **4.** → karg (1) – **5.** schmales Handtuch: → Dürre (II)
schmalbrüstig: 1. ⟨*einen schmalen Brustkorb besitzend*⟩ engbrüstig; → *auch* schlank (1) – **2.** s. sein: ⟨*einen schmalen Brustkorb haben*⟩ *umg*: eine Hühnerbrust haben
schmälen: 1. → tadeln (1) – **2.** → demütigen (I)
schmälern: → verringern (I, 1)
Schmälerung, die: → Beeinträchtigung (1)
Schmalz, der: → Rührseligkeit
schmalzig: → rührselig (1)
Schmankerl, das: → Leckerbissen
Schmant, der: **1.** → Sahne (1) – **2.** → Schlamm
schmarotzen: 1. ⟨*von best. Organismen gesagt*: *auf Kosten eines anderen Lebewesens existieren*⟩ parasitieren (*fachspr*) – **2.** *abwert* ⟨*auf Kosten anderer leben bzw. andere ausnutzen*⟩ sich durchbetteln ♦ *umg*: nassauern · schnorren; sich durchfechten (*veraltend*); → *auch* durchessen, sich
Schmarotzer, der: **1.** ⟨*Lebewesen, das auf Kosten eines anderen lebt*⟩ Parasit – **2.** *abwert* ⟨*auf Kosten anderer lebender bzw. andere ausnutzender Mensch*⟩ Parasit ♦ *umg*: Nassauer · Schnorrer; → *auch* Faulenzer (1)
schmarotzerhaft: 1. ⟨*auf Kosten eines anderen Lebewesens existierend*⟩ schmarotzerisch · parasitär · parasitisch – **2.** *abwert* ⟨*andere Menschen ausnutzend*⟩ schmarotzerisch · parasitär · parasitisch
schmarotzerisch: → schmarotzerhaft (1 *u.* 2)
Schmarre, die: **1.** → Narbe – **2.** → Schramme (1)
Schmarren, der: → Unsinn (1, a)
Schmatz, der: → Kuss (1)
Schmätzchen, das: → Kuss (1)
schmatzen: 1. → essen (1) – **2.** → küssen – **3.** → schnalzen (a) – **4.** mit geschmatzten Händen: → gern[e] (1)
Schmauch, der: → Rauch (1)
schmauchen: → rauchen (1)
Schmaus, der: → Mahlzeit (1)
schmausen: → essen (1)
Schmauserei, die: → Essen (1)
schmecken: 1. ⟨*angenehm auf den Geschmackssinn wirken*⟩ + zusagen ♦ *gehoben*: munden – **2.** → [1]kosten (1) – **3.** → gefallen (1) – **4.** nicht s. können: → hassen
Schmecker, der: **1.** → Feinschmecker – **2.** → Maul (1)
Schmeichelei, die: Geschmeichel · Kompliment · Artigkeit · schöne Worte; Lobhudelei (*abwert*) ♦ *umg*: Schöntuerei · Schönred[n]erei · Schwänzelei · Schmus · Geschmuse (*abwert*); → *auch* Unterwürfigkeit
schmeichelhaft: → ehrenvoll (1)
Schmeichelkatze, die: → Schmeichler
schmeicheln: 1. ⟨*in übertriebener Weise loben, um sich beliebt zu machen*⟩ umschmeicheln · hofieren · Komplimente/schöne Worte machen · nach dem Munde/zu Gefallen reden · um den Bart gehen; flattieren (*veraltend*); karessieren (*veraltet*); schönreden · schöntun · lobhudeln (*abwert*) + vor Liebenswürdigkeit überfließen · Süßholz raspeln · schweifwedeln ♦ *umg*: Honig um den Bart schmieren · Brei um den Mund schmieren; scharwenzeln · schwänzeln (*abwert*); schmusen · Schmus machen (*auch abwert*) ♦ *salopp*: Honig ums Maul schmieren; → *auch* heucheln (1), kriechen (2) – **2.** → passen (1, c)
Schmeichler, der: Charmeur; Schönredner · Schöntuer (*abwert*) + Hofschranze · Schmeichelkatze ♦ *umg*: Schleimer (*abwert*); Schmuser · Schmusepeter (*auch abwert*) ♦ *derb*: Schleimscheißer (*abwert*); → *auch* Heuchler
schmeichlerisch: schönrednerisch; katzenfreundlich · katzenfalsch · schleimig · schmierig (*abwert*) ♦ *umg*: honigsüß · süß wie Honig ♦ *derb*: scheißfreundlich; → *auch* heuchlerisch, unterwürfig
schmeißen: I. schmeißen: **1.** → werfen (I, 1) – **2.** → bewerkstelligen – **3.** → aufgeben (3) – **4.** → verderben (2) – **5.** den Laden/die Kiste s.: → meistern; eine Runde/Lage s.: → spendieren (1) – **II.** schmeißen, sich: sich in Schale/Wichs s.: → herausputzen (II); sich jmdm. an den Hals s.: → aufdrängen (II, 1)
Schmelz, der: **1.** → Glasur – **2.** → Glanz (1)
Schmelze, die: → Schneeschmelze
schmelzen: 1. ⟨*flüssig machen*⟩ zum Schmelzen bringen · zerschmelzen + aufschmelzen; → *auch* auflösen (I, 1), auftauen (1) – **2.** ⟨*flüssig werden*⟩ zerschmelzen ·

zerrinnen · zergehen · zerfließen · zerlaufen · auseinander fließen · aufschmelzen · wegschmelzen; → *auch* auftauen (2) – **3.** → auftauen (1 *u.* 2) – **4.** → vermindern (II) – **5.** zum Schmelzen bringen: → 1
Schmer, der *od.* das: → Fett (2)
Schmerbauch, der: Bauch; Embonpoint (*veraltet*) ♦ *umg*: Dickbauch · Spitzbauch · Fettbauch; Bierbauch (*scherzh*); Mollenfriedhof (*berlin scherzh*); Panzen (*landsch*) ♦ *salopp*: Anhänger · Spitzkühler (*scherzh*); Wampe · Fettwampe · Fettwanst · Schmerwanst · Plauze (*abwert*); Wamme (*landsch*); → *auch* Dicke (II, 2)
schmerbäuchig: → dick (1)
Schmerwanst, der: → Schmerbauch
Schmerz, der: **1.** ⟨*sehr unangenehme körperl. Empfindung*⟩ + Stich ♦ *gehoben*: Weh; → *auch* Qual (1) – **2.** → Leid (1) – **3.** S. empfinden: ⟨*eine sehr unangenehme körperl. Empfindung haben*⟩ *umg*: die Engel singen hören – **4.** S. bereiten: **a)** → quälen (I, 1 *u.* 2) – **b)** → kränken; den S. teilen: → mitfühlen
schmerzdurchdrungen: → schmerzerfüllt
schmerzen: 1. ⟨*Schmerzen hervorrufen*⟩ wehtun · durch Mark und Bein gehen + stechen · brennen · bohren · ziehen · schneiden · beißen ♦ *umg*: ziepen · durch Mark und Pfennig gehen (*scherzh*) – **2.** → kränken – **3.** → bedrücken (1)
Schmerzensruf, der: → Seufzer (1)
schmerzerfüllt: *gehoben*: schmerzdurchdrungen; → *auch* traurig (1)
schmerzfrei: → beschwerdefrei
Schmerzgrenze, die: → Äußerste
schmerzlich: schmerzvoll · bitter[lich]; → *auch* quälend
schmerzvoll: → leidvoll, schmerzlich
Schmetten, der: → Sahne (1)
Schmetterling, der: Falter
schmettern: 1. → werfen (I, 1) – **2.** → singen (1) – **3.** → klingen (1) – **4.** → blasen (2) – **5.** → schlagen (I, 2) – **6.** einen s.: → trinken (1, b); die Tür [hinter sich] ins Schloss s.: → schließen (I, 1, a)
schmieden: Verse/Reime s.: → ²dichten (1, b); Ränke s.: → intrigieren; ein Komplott s.: → verschwören, sich (1)
schmiegen, sich: sich s. |an|: → anschmiegen, sich (1)
schmiegsam: 1. → geschmeidig (1) – **2.** → weich (1, a)
Schmierage, die: → Schmiererei
Schmiere, die: **1.** ⟨*feuchtklebriger od. fettiger Schmutz*⟩ Schmadder (*landsch*); → *auch* Schmutz (1) – **2.** → Salbe – **3.** → Prügelei (II, 1) – **4.** → Theater (2), Wanderbühne – **5.** die ganze S.: → alles (1); in der S. sitzen: → Verlegenheit (2); S. stehen: → aufpassen (1)
schmieren: 1. *abwert* ⟨*liederlich bzw. unleserlich schreiben*⟩ kritzeln; klieren · klittern (*landsch*) ♦ *umg*: sudeln · krakeln; krickeln (*landsch*) ♦ *derb*: eine Saupfote/Sauklaue haben; → *auch* schreiben (1) – **2.** → malen (1, a) – **3.** → streichen (1) – **4.** → bestechen (1) – **5.** → ölen, einfetten (1) – **6.** s. |auf|: → einreiben; sich s. lassen: → bestechlich (2); eine s.: → ohrfeigen; Honig um den Bart/ums Maul s.: → schmeicheln (1); aufs Butterbrot/Brot s.: → vorhalten
Schmierer, der: **1.** → Schmierfink (1) – **2.** → Maler (2)
Schmiererei, die (*abwert*): Gekritzel · Kritzelei ♦ *umg*: Geschreibsel · Geschmiere · Schmierage · Sudelei · Gekrakel · Krakelei; Hieroglyphen (*scherzh*); → *auch* Handschrift (1)
Schmierfink, der: **1.** *abwert* ⟨*Mensch mit schlechter Handschrift*⟩ Schmierer – **2.** → Schmutzfink – **3.** → Journalist
Schmiergeld, das: → Bestechungsgeld
Schmiergeldzahlung, die: → Bestechung
schmierig: 1. ⟨*mit feuchtklebrigem bzw. fettigem Schmutz überzogen*⟩ fettig · fettfleckig ♦ *umg*: speckig · schmuddelig (*abwert*); → *auch* schmutzig (1) – **2.** → schleimig (1) – **3.** → schmeichlerisch
Schminke, die: **1.** ⟨*kosmet. Mittel zum Auftragen auf die Haut*⟩ Make-up + Rouge – **2.** S. auflegen/auftragen: → schminken (I *u.* II)
schminken: I. schminken: ⟨*für den Auftritt auf der Bühne usw. mit Schminke behandeln*⟩ Schminke auflegen/auftragen + Rouge auflegen/auftragen · zurechtmachen ♦ *umg*: anmalen (*meist scherzh*) – **II.** schminken, sich: ⟨*Schminke verwenden*⟩ Schminke/Make-up auflegen/auftragen + Rouge auflegen/auftragen · die Lippen nachziehen · sich zurechtmachen ♦ *umg*: sich anmalen · sich bemalen (*meist scherzh*); → *auch* herausputzen (II)
schmirgeln: → glätten (1)

Schmirgelpapier, das: → Schleifpapier
Schmiss, der: **1.** → Narbe – **2.** → Schramme (1) – **3.** → Schwung (1)
schmissig: → schwungvoll
Schmitz, der: **1.** → Schlag (I, 1) – **2.** → Fleck (I, 1)
Schmock, der: → Journalist
Schmok, der: → Rauch (1)
schmöken: → rauchen (2)
Schmöker, der: → Buch (1)
schmökern: → lesen (1)
schmollen: beleidigt tun · ein Gesicht ziehen/aufstecken/aufsetzen/machen ♦ *umg*: einschnappen · eingeschnappt sein · im Schmollwinkel sitzen · eine Schippe machen/ziehen · die beleidigte/gekränkte Leberwurst spielen; eine Schnute machen/ziehen · muckschen · motzen (*landsch*) ♦ *salopp*: maulen · eine Flappe/einen Flunsch ziehen; → *auch* grollen (1)
Schmollwinkel, der: im S. sitzen: → schmollen
Schmonzes, der: → Geschwätz (1)
Schmonzette, die: → Machwerk
schmoren: **1.** → braten – **2.** → schwitzen (1) – **3.** s. lassen: → Ungewisse (3)
Schmorpfanne, die: → Schmortopf
Schmortopf, der: Schmorpfanne; Kasserolle (*landsch*); Rein[del] (*süddt österr*) + Bräter · Römertopf (*Wz*); → *auch* Topf (1)
Schmu, der: **1.** → Betrug (1) – **2.** S. machen: → betrügen (1)
schmuck: **1.** → sauber (1) – **2.** → schön (1)
Schmuck, der: **1.** ⟨*zur Verschönerung getragene Gegenstände*⟩ Schmucksachen · Geschmeide · Preziosen · Bijouterie + Schmuckstück · Juwel · Kleinod · Kette ♦ *umg*: Klunkern; → *auch* Anhänger (1), Wertstück – **2.** → Verzierung (1)
schmücken: **I.** schmücken: ⟨*mit verschönernden Gegenständen versehen*⟩ verschöne[r]n · schönmachen · [heraus]putzen · aufputzen · anputzen · herausstaffieren · zieren · drapieren; staffieren (*österr*) + anmalen; → *auch* ausschmücken (1), verzieren – **II.** schmücken, sich: → herausputzen (II)
schmucklos: → schlicht (1)
Schmucksachen (*Pl*): → Schmuck (1)
Schmuckstein, der: → Edelstein
Schmuckstück, das: → Schmuck (1)
Schmuddel, der: → Schmutz (1)
Schmuddelei, die: → Unsauberkeit (1)
schmuddelig: **1.** → schmierig (1) – **2.** → schmutzig (1) – **3.** s. werden: → schmutzen
Schmuddeligkeit: → Unsauberkeit (1)
schmuddeln: → schmutzen
Schmuggel, der: **1.** ⟨*ungesetzl. Ein- od. Ausfuhr*⟩ Schmuggelei ♦ *umg*: Pascherei – **2.** S. treiben: → schmuggeln
Schmuggelei, die: → Schmuggel (1)
schmuggeln: Schmuggel treiben ♦ *umg*: paschen
Schmuggelware, die: Bannware; Konterbande (*veraltend*) + Schleichware
Schmuggler, der: *umg*: Pascher
schmulen: → Blick (4)
schmunzeln: → lächeln
schmurgeln: → braten
Schmus, der: **1.** → Schmeichelei – **2.** → Geschwätz (1) – **3.** S. machen: → schmeicheln (1)
schmusen: **1.** → schmeicheln (1) – **2.** → liebkosen
Schmusepeter, der: → Schmeichler
Schmuser, der: → Schmeichler
Schmutz, der: **1.** ⟨*verunreinigender Stoff*⟩ Unrat; Kot (*veraltend*); Sudel (*landsch*) ♦ *gehoben*: Unflat (*veraltend*) ♦ *umg*: Dreck · Heidendreck · Schmuddel · Sudelei · Schweinigelei; Aa (*kinderspr*); Gatsch · Klater (*norddt*) ♦ *salopp*: Schweinerei ♦ *derb*: Sauerei · Saudreck; → *auch* Kot (1), Schmiere (1) – **2.** einen feuchten S. angehen: → angehen (6); vor S. starren: → schmutzig (5); in den S. treten, in/durch den S. ziehen, mit S. bewerfen, Kübel von S. ausgießen |über|: → verleumden (1)
schmutzen: schmutzig werden ♦ *umg*: dreckig/schmuddelig werden · eindrecken · schmuddeln
Schmutzfink, der (*umg abwert*): Schmierfink · Ferkel · Dreckspatz · Schweinigel ♦ *salopp*: Kleckerfritze · Dreckfink · Mistfink ♦ *derb*: Dreckschwein · Schwein · Drecksau · Sau; → *auch* Schlampe
Schmutzfleck, der: → Fleck (I, 1)
schmutzfrei: → sauber (1)
schmutzig: **1.** ⟨*mit Schmutz bedeckt*⟩ beschmutzt · verschmutzt · unsauber · unrein[lich] · angeschmutzt; kotig (*veraltend*) + speckig ♦ *umg*: dreckig · verdreckt · eingedreckt · schmuddelig · angeschmuddelt · sudelig; schnuddelig (*landsch*); gatschig ·

klaterig ⟨*norddt*⟩ ♦ *salopp*: schweinisch · versifft; mistig ⟨*landsch*⟩ ♦ *derb*: säuisch; → *auch* fleckig (1), schmierig (1), staubig – **2.** → gemein (1) – **3.** → unanständig (1) – **4.** → trüb[e] (1) – **5.** s. sein: ⟨*mit Schmutz bedeckt sein*⟩ vor Schmutz starren – **6.** s. werden: → schmutzen; s. machen: → beschmutzen (I, 1); sich s. machen: → beschmutzen (II, 1); sich die Finger nicht s. machen: → heraushalten, sich
Schmutzigkeit, die: **1.** → Unsauberkeit (1) – **2.** → Gemeinheit (1) – **3.** → Unanständigkeit (1)
Schmutzliese, die: → Schlampe
Schmutzliteratur, die: → Schundliteratur
Schmutzwasser, das: Abwasser
Schnabel, der: **1.** → Mund (1) – **2.** → Maul (1) – **3.** → Tülle – **4.** den S. halten: → schweigen (1 *u.* 2)
Schnäbelei, die: → Küssen
schnäbeln: → küssen
schnabulieren: → essen (1)
Schnack, der: **1.** → Geschwätz (1) – **2.** → Unsinn (1, a)
schnackeln: 1. → schnalzen (a *u.* b) – **2.** bei jmdm. hat es geschnackelt: → verstehen (I, 4)
schnacken: → unterhalten (II, 1), erzählen (1)
Schnackerl, das *od.* der: → Schluckauf
Schnake, die: → Mücke (1)
Schnalle, die: Verschluss · Schließe
[1]**schnallen: 1.** → verstehen (I, 2) – **2.** s. |an|: → anschnallen (I); den Riemen/Gürtel [ein Loch]/den Schmachtriemen enger s.: → einschränken (II)
[2]**schnallen:** → schnalzen (a *u.* b)
schnalzen: ⟨*ein knallendes Geräusch erzeugen*⟩ **a)** ⟨*mit der Zunge*⟩ schnallen · schnackeln ⟨*süddt*⟩ + schmatzen – **b)** ⟨*mit den Fingern*⟩ schnipsen · schnippen; knipsen ⟨*landsch*⟩; schnallen · schnackeln ⟨*süddt*⟩
Schnäppchen, das: → Kauf (2)
schnappen: 1. → beißen (I, 1) – **2.** → ertappen (1), ergreifen (2) – **3.** → verhaften – **4.** → erhaschen (1) – **5.** → wegnehmen (1) – **6.** nach Luft s.: → Atemnot (2); [ein wenig] Luft s.: → spazieren (2); ins Schloss s.: → zufallen (1)
Schnapper, der: → Biss (1)
schnappern: → zittern (1)
Schnapphahn, der: → Räuber
Schnappsack, der: → Rucksack
Schnappschuss, der: einen S. machen: → fotografieren
Schnaps, der: → Branntwein
Schnapsbruder, der: → Trinker
schnäpseln: → trinken (1, b)
schnapsen: → trinken (1, b)
Schnapsidee, die ⟨*salopp*⟩: Kateridee · blöder/verrückter Einfall; → *auch* Einfall (1)
schnarchen: *umg*: [Holz/Bretter] sägen · einen Ast durchsägen · mit Koks/Reißzwecken/Reißnägeln gurgeln ⟨*scherzh*⟩; → *auch* schlafen (1, a *u.* b)
schnarren: → knarren
Schnatterei, die: → Geschwätz (1)
Schnatterente, die: → Schwätzerin
Schnattergans, die: → Schwätzerin
schnatterig: → geschwätzig
Schnatterliese, die: → Schwätzerin
Schnattermaul, das: **1.** → Schwätzer (1) – **2.** → Schwätzerin
schnattern: 1. → schwatzen (1) – **2.** → zittern (1)
Schnattertasche, die: → Schwätzerin
schnauben: I. schnauben: **1.** ⟨*geräuschvoll durch die Nase atmen*⟩ schnaufen · prusten · pusten + blasen · fauchen ♦ *umg*: schniefen · schnieben ⟨*landsch*⟩; pruschen ⟨*norddt*⟩; → *auch* atmen (1), keuchen – **2.** → wüten – **3.** [sich] die Nase s.: → schnäuzen, sich – **II.** schnauben, sich: → schnäuzen, sich
schnaufen: 1. → keuchen – **2.** → schnauben (I, 1)
Schnaufer, der: **1.** → Atemzug (1) – **2.** → Bursche (1) – **3.** den letzten S. tun: → sterben (1)
Schnaufpause, die: → [1]Pause (1)
Schnaupe, die: → Tülle
Schnauzbart, der: → Bart (1)
Schnauze, die: **1.** → Maul (1) – **2.** → Mund (1) – **3.** → Mundwerk – **4.** → Gesicht (1) – **5.** → Tülle – **6.** die S. halten: → schweigen (1 *u.* 2); die S. polieren/voll hauen: → verprügeln; die S. voll haben: → überdrüssig (1); die S. weit aufreißen, die große S. haben/schwingen: → aufspielen (II); freche S.: → Frechdachs; eine koddrige S. haben: → frech (2); auf die S. fallen: → hinfallen; auf der S. liegen: → krank (2)
schnauzen ⟨*umg*⟩: *normalspr*: brüllen ♦ *umg*: bellen · belfern · donnern; blaffen · bläffen ⟨*landsch*⟩; → *auch* schimpfen (1), schreien (1)

schnäuzen, sich: [sich] die Nase putzen · sich ausschnäuzen · sich [aus]schnauben · [sich] die Nase schnauben ♦ *umg*: trompeten (*scherzh*) ♦ *salopp*: + einen Charlottenburger machen (*berlin*) ♦ *derb*: rotzen
Schnauzer, der: **1.** → Bart (1) – **2.** → Tadel (1)
schnauzig: → barsch
Schnecke, die: **1.** → Spirale – **2.** → Prostituierte – **3.** → Vulva – **4.** zur S. machen: → zurechtweisen
schneckenförmig: → gewunden
Schneckengang, der: → Trödelei
Schneckenhaus, das: sich in sein S. zurückziehen: → absondern (II)
Schneckentempo, das: **1.** → Trödelei – **2.** im S.: → langsam (1)
Schnee, der: **1.** ⟨*Niederschlag aus zu Flocken verbundenen Eiskristallen*⟩ + Firn[schnee] ♦ *gehoben*: das Weiß – **2.** → Rauschgift (1) – **3.** weiß wie S.: → weiß (1)
Schneebrett, das: → Ski (1)
schneefarben: → weiß (1)
Schneegestöber, das: Schneetreiben · Flockentreiben · Flockentanz · Flockenwirbel · Gestöber
Schneeglätte, die: → Glätte
Schneekönig, der: sich freuen wie ein S.: → freuen (II, 1)
Schneeschmelze, die: Schmelze · Eisschmelze
Schneeschuh, der: **1.** → Ski (1) – **2.** S. laufen/fahren: → Ski (2)
Schneetreiben, das: → Schneegestöber
Schneewehe, die: Wehe + Wechte
schneeweiß: → weiß (1)
Schneid, der: **1.** → Kühnheit – **2.** → Forschheit (1) – **3.** den S. abkaufen: → entmutigen
schneiden: I. schneiden: **1.** → zerkleinern (1) – **2.** → abschneiden (1) – **3.** → beschneiden (1) – **4.** → [1]mähen – **5.** → operieren (1) – **6.** → schnitzen – **7.** → sägen (1) – **8.** → ignorieren (1) – **9.** → schmerzen (1) – **10.** in Scheiben s.: → aufschneiden (1); wie aus dem Gesicht geschnitten: → ähnlich (1); Gesichter s.: → Grimasse (2); die Cour s.: → werben (2, a) – **II.** schneiden, sich: **1.** → verletzen (II) – **2.** → irren (II) – **3.** → überschneiden, sich – **4.** sich in den Finger s.: → irren (II); sich ins eigene Fleisch s.: → schaden (3)
schneidend: 1. → heftig (1, c) – **2.** → rau (2)
Schneider, der: frieren wie ein S.: → frieren (1)
Schneiderbüste, die: → Puppe (2)
Schneiderin, die: + Näherin
schneidern: + nähen
Schneiderpuppe, die: → Puppe (2)
schneidig: 1. → kühn – **2.** → forsch (1) – **3.** → elegant (1)
schneien: plötzlich ins Haus s.: → überraschen (2); in die Bude s.: → aufsuchen (1)
Schneise, die: **1.** ⟨*von Bäumen freier Streifen im Wald*⟩ Durchhieb (*Forstw*) – **2.** → Lichtung
schnell: 1. ⟨*mit großer Geschwindigkeit*⟩ **a)** ⟨*bes. in Bezug auf eine Fortbewegung*⟩ geschwind · pfeilschnell · pfeilgeschwind · wie ein Pfeil/der Wind · flink wie ein Hirsch + mit Siebenmeilenstiefeln · wie ein Lauffeuer ♦ *gehoben*: wie auf Adlerflügeln ♦ *umg*: rasant · wie die Feuerwehr/der Teufel/eine Rakete · in mörderischem Tempo · mit [acht]zig Sachen · mit Karacho · wie ein geölter Blitz · haste was kannste + heidi ♦ *salopp*: mit einem Affenzahn · wie ein vergifteter Affe · wie angestochen – **b)** ⟨*bes. in Bezug auf eine Körperbewegung*⟩ blitzschnell · blitzartig · mit Blitzesschnelle · wie ein/der Blitz ♦ *umg*: haste nicht gesehen · mit affenartiger Geschwindigkeit + wie von der Tarantel gestochen; → *auch* flink (1) – **c)** ⟨*bes. in Bezug auf eine Tätigkeit*⟩ rasch · flott · in Windeseile · im Nu · im Handumdrehen; hurtig (*veraltend*); presto (*Mus*) ♦ *umg*: fix · in null Komma nichts · ruck, zuck · im Husch/Hui · in einem Hui · eins, zwei, drei; → *auch* eilig (1), sofort, kurzerhand – **d)** ⟨*bes. in Bezug auf eine Veränderung od. Entwicklung*⟩ rapid[e] + im Fluge · kometenhaft ♦ *umg*: rasant + im Sauseschritt (*scherzh*) – **e)** ⟨*bes. in Bezug auf das Eintreten eines Geschehnisses*⟩ im Nu · im Handumdrehen/Umsehen; im Kehrum (*schweiz*) ♦ *umg*: in null Komma nichts; → *auch* plötzlich (1) – **2.** ⟨*als nachdrückl. Aufforderung*⟩ *umg*: dalli · Tempo, Tempo · nun aber Tempo; tross (*landsch*) ♦ *salopp*: hopp[hopp] · ein bisschen plötzlich – **3.** → kurz (3) – **4.** s. machen: → beeilen, sich; auf schnellstem Wege: → eilig (1); die schnelle Kathrine: → Durchfall (1); die schnelle Mark machen: → verdienen (1)

Schnelle, die: **1.** → Geschwindigkeit (1) – **2.** auf die S.: **a)** → behelfsmäßig – **b)** → kurz (3)
schnellen: → wegschnellen
schnellfüßig: 1. → flink (1) – **2.** → gewandt (1)
Schnellfüßigkeit, die: → Gewandtheit (1)
Schnellgang, der (*Techn*): Schongang · Overdrive
Schnellgaststätte, die: → Gaststätte (1, e)
Schnellhefter, der: → Ordner (1)
Schnellheftmappe, die: → Ordner (1)
Schnelligkeit, die: **1.** ⟨*das Schnellsein im Handeln*⟩ Flinkheit · Raschheit · Geschwindigkeit ♦ *umg*: Fixigkeit; → *auch* Gewandtheit (1) – **2.** → Geschwindigkeit (1)
Schnellkraft, die: → Elastizität (1)
Schnellreinigung, die: → Expressreinigung
Schnellzug, der: D-Zug · Express[zug] + Interregio · Intercity · Eurocity · Intercityexpress · ICE; → *auch* Zug (1)
Schnepfe, die: → Prostituierte
Schneppe, die: → Tülle
Schnickschnack, der: **1.** → Geschwätz (1) – **2.** → Tand (1)
schnieben: → schnauben (I, 1)
Schniedelwutz, der: → Penis
schniefen: → schnauben (I, 1)
schniegeln, sich: → herausputzen (II)
schnieke: → elegant (1)
Schniepel, der: **1.** → Frack (1) – **2.** → Penis
Schnippchen, das: ein S. schlagen: → überlisten
Schnippel, der *od.* das: → Fetzen (1)
schnippeln: → zerschneiden
schnippen: 1. → wegschnellen – **2.** → schnalzen (b)
schnippisch: → frech (1)
Schnipsel, der *od.* das: → Fetzen (1)
schnipseln: → zerschneiden
schnipsen: 1. → wegschnellen – **2.** → schnalzen (b)
Schnitt, der: **1.** ⟨*das In-etw.-Schneiden*⟩ Einschnitt – **2.** → Einschnitt (1) – **3.** → Schnittmuster – **4.** → [1]Fasson (1) – **5.** → Durchschnittswert – **6.** → Trennung (1) – **7.** im S.: → durchschnittlich (1); einen [guten/großen] S. machen: → gewinnen (1)
Schnitte, die: Scheibe · Brotschnitte · Brotscheibe · [Scheibe] Brot ♦ *umg*: Bemme · Stulle (*landsch*); → *auch* Butterbrot (1)
Schnittentbindung, die: Kaiserschnitt; → *auch* Geburt (1)
Schnitter, der: → Mäher
schnittig: → elegant (1)
Schnittmeister, der: Cutter
Schnittmuster, das: Schnitt
Schnittpunkt, der: Kreuzungspunkt + Knotenpunkt · Kreuzung · Scheitel[punkt]; → *auch* Mittelpunkt
Schnitz, der: → Stück (1)
Schnitzel, das *od.* der: → Stück (1)
schnitzeln: 1. → zerschneiden – **2.** → schnitzen
schnitzen: schnitzeln (*landsch*) + schneiden
Schnitzer, der: → Fehler (1)
schnobern: → riechen (1, a)
Schnodder, der: → Nasenschleim
schnodderig: → frech (1)
Schnodderigkeit, die: → Frechheit
schnöde: → gemein (1)
Schnörkel, der: → Verzierung (1)
schnörkelhaft: → verschnörkelt
schnörkelig: → verschnörkelt
schnörkellos: → schlicht (1 *u.* 2)
schnorren: 1. → schmarotzen (2) – **2.** → betteln (1)
Schnorrer, der: **1.** → Schmarotzer (2) – **2.** → Bettler
Schnösel, der: → Flegel (1)
schnöselig: → flegelhaft (1)
schnuckelig: 1. → appetitlich (1) – **2.** → reizend (1)
schnuddelig: 1. → schmutzig (1) – **2.** → appetitlich (1)
Schnüffelei, die: → Spitzelei
schnüffeln: 1. → riechen (1, a *u.* b) – **2.** → spionieren (1)
Schnüffler, der: **1.** → Kriminalist – **2.** → Spitzel
schnullen: → saugen (1)
Schnuller, der: Sauger; Luller (*süddt österr schweiz*) ♦ *umg*: Lutscher; Nukkel · Nuppel · Nuppi · Zutscher · Zulp (*landsch*); Zuzel (*österr*)
Schnulze, die: → Schlager (1)
Schnupftuch, das: → Taschentuch
schnuppe: s. sein: → gleichgültig (4)
schnuppern: → riechen (1, a *u.* b)
Schnur, die: **1.** ⟨*zur Zierde verwendeter gedrehter dicker Faden*⟩ Kordel + Litze – **2.** → Bindfaden – **3.** nach der S.: → genau (1); über die S. hauen: → übermütig (2)
Schnürband, das: → Schnürsenkel
Schnürchen, das: wie am S. gehen/klappen: → gehen (9)

schnüren: **1.** → binden (I, 1) – **2.** → verschnüren – **3.** sein Bündel s.: **a)** → aufbrechen (3) – **b)** → abreisen
schnurgerade: → gerade (1)
schnurlos: schnurloses Telefon: → Handy
schnurpsen: → gehen (9)
Schnurrbart, der: → Bart (1)
Schnurre, die: → ²Scherz (1)
schnurren: → gehen (9)
Schnürriemen, der: → Schnürsenkel
schnurrig: **1.** → schrullig (1) – **2.** → komisch (1)
Schnürsenkel, der: Senkel · Schnürband · Schnürriemen · Schuhband · Schuhriemen ♦ *umg*: Schuhbandel (*süddt österr*); Schuhbändel (*schweiz*)
schnurstracks: **1.** → sofort – **2.** → direkt (1)
schnurz[piepe]: s. sein: → gleichgültig (4)
schnurzpiepegal: s. sein: → gleichgültig (4)
Schnute, die: **1.** → Mund (1) – **2.** eine S. machen/ziehen: → schmollen
Schober, der: Feim[en] · Feime (*landsch*); Dieme · Diemen (*norddt*) + Getreideschober · Getreidediemen · Miete
¹Schock, das: ein ganzes S.: → Menge (1)
²Schock, der: **1.** → Erschütterung (2) – **2.** → Schreck (1) – **3.** einen S. versetzen: → erschüttern (1)
schockant: → anstößig (1)
schocken: → erschrecken (1)
schockieren: → entrüsten (I)
schockierend: → anstößig (1)
schockiert: → entrüstet
schockweise: → massenhaft
schofel: → gemein (1)
Schofel, der: **1.** → Schund (1) – **2.** → Schurke
schofelig: → gemein (1)
Schöffe, der: Laienrichter + der Geschworene; → *auch* Richter (1)
schokoladenbraun: → braun (1)
schokolade[n]farben: → braun (1)
schokolade[n]farbig: → braun (1)
scholastisch: → spitzfindig (1)
Scholastizismus, der: → Spitzfindigkeit
Scholle, die: → Erdscholle
schollern: → poltern (1)
schon: **1.** ⟨*früher als gedacht*⟩ bereits · [schon] lange/längst – **2.** s. ewig: → lange (2); s. lange: **a)** → lange (2) – **b)** → 1; s. längst: → 1
schön: **1.** ⟨*einen überaus angenehmen Anblick bietend*⟩ bildschön · wunderschön · [bild]hübsch · wie aus dem Bilderbuch · ästhetisch · schmuck · blendend; sauber (*süddt österr schweiz*) + formvollendet · fotogen · blühend ♦ *dicht*: hold[selig] ♦ *gehoben*: engelschön; → *auch* anziehend (1), reizend (1), wohlgestaltet, stattlich (1) – **2.** → sonnig (2) – **3.** → geschmackvoll – **4.** → gut (1) – **5.** → prächtig (1) – **6.** → gehörig (1) – **7.** s. aussehen: ⟨*einen schönen Anblick bieten*⟩ ein Augenschmaus sein (*scherzh*) + aussehen wie Milch und Blut – **8.** schönere Hälfte: → Ehefrau; schöne Augen machen: → flirten; die schöne Literatur: → Belletristik; schöne Bescherung: → Überraschung (3); schöne Worte: → Schmeichelei; schöne Worte machen: → schmeicheln (1); schön[er] werden: → bessern (II, 2); eines schönen Tages: → irgendwann (1)
Schöne, die: → Schönheit (1)
schonen: **I.** schonen: **1.** ⟨*nicht zu sehr in Anspruch nehmen*⟩ schonend/sorgsam umgehen |mit| /behandeln · Rücksicht nehmen |auf| · Rücksicht üben |mit| ♦ *umg*: + mit Glacéhandschuhen/Samthandschuhen anfassen · wie ein rohes Ei anfassen/behandeln; → *auch* pflegen (I, 1, b) – **2.** → verschonen – **II.** schonen, sich: ⟨*sich nicht überanstrengen*⟩ sich pflegen · der Gesundheit leben · kurz/kürzer treten ♦ *umg*: seinen Leib pflegen (*scherzh*)
schönen: → beschönigen
schonend: **1.** ⟨*mit besonderer Vorsicht*⟩ pfleglich · pflegsam · sorgsam · sorgfältig · schonungsvoll; sorglich (*veraltend*); → *auch* behutsam, sanft – **2.** → rücksichtsvoll – **3.** s. umgehen |mit| /behandeln: → schonen (I, 1)
Schoner, der: → Schutzhülle
schönfärben: → beschönigen
Schonfrist, die: → Aufschub (2)
Schongang, der: → Schnellgang
schöngeistig: die schöngeistige Literatur: → Belletristik
Schönheit, die: **1.** ⟨*das Schönsein*⟩ Herrlichkeit + Stattlichkeit ♦ *dicht*: Schöne · Holdseligkeit; → *auch* Anmut, Reiz (2) – **2.** ⟨*schöne Frau*⟩ Venus; → *auch* Frau (I, 1)
Schönheitspflege, die: Kosmetik · Make-up
Schönheitssinn, der: → Geschmack (2)
Schonkost, die: → Diät

Schönling, der: → Geck (1)
schönmachen: **I.** schönmachen: → schmücken (I) – **II.** schönmachen, sich: → herausputzen (II)
schönreden: **1.** → beschönigen – **2.** → schmeicheln (1)
Schönredner, der: → Schmeichler
Schönred[n]erei, die: → Schmeichelei
schönrednerisch: → schmeichlerisch
Schöntuer, der: → Schmeichler
Schöntuerei, die: → Schmeichelei
schöntun: → schmeicheln (1), flirten
Schonung, die: **1.** ⟨*junger, geschützter Waldbestand*⟩ + Neuanpflanzung · Anpflanzung – **2.** → Nachsicht (1) – **3.** → Rücksicht (1) – **4.** → Pflege (1, b)
schonungslos: → rücksichtslos (1)
Schonungslosigkeit, die: → Rücksichtslosigkeit
schonungsvoll: **1.** → rücksichtsvoll – **2.** → schonend (1), behutsam
Schopf, der: **1.** → Haarschopf – **2.** → Schuppen (1) – **3.** beim S. fassen/packen/nehmen: → ergreifen (2)
Schöpfeimer, der: Pfützeimer (*bergm*); Pütz · Pütze (*seem*); → *auch* Eimer (1)
schöpfen: **1.** → hervorbringen (1) – **2.** Verdacht s.: → Verdacht (2); [frische] Luft s.: → atmen (1); Atem s.: **a)** → atmen (1) – **b)** → aufatmen (1) – **c)** → ausruhen (I); [ein wenig] Luft s.: → spazieren (2); aus dem Vollen s.: → schwelgen (1)
Schöpfer, der: **1.** → Urheber – **2.** → Gott (1, a) – **3.** S. Himmels und der Erden/aller Dinge: → Gott (1, a)
schöpferisch: kreativ · produktiv · erfinderisch · ingeniös · gestalterisch + fruchtbar; → *auch* einfallsreich
Schöpferkraft, die: Kreativität · Produktivität
Schöpfung, die: **1.** → Erschaffung (1) – **2.** → Werk (1) – **3.** → Erzeugnis – **4.** Krone der S.: → Frau (I, 1)
schoppen: → füllen (I, 1)
Schoppen, der: → Schuppen (1)
Schorf, der: Grind · Wundschorf; Kruste (*landsch*); Borke (*norddt*)
Schornstein, der: **1.** ⟨*Schacht zum Abziehen von Rauchgasen*⟩ Schlot · Kamin · Esse · Feueresse (*landsch*); Rauchfang (*österr*); → *auch* Rauchfang (1) – **2.** rauchen/qualmen wie ein S.: → rauchen (1); in den S. schreiben: → verloren (3)
Schornsteinfeger, der: Essenkehrer · Kaminfeger · Schlotfeger (*landsch*); Rauchfangkehrer (*österr*)
¹Schoß, der: **1.** → Mutterleib – **2.** in den S. fallen: → zufallen (3); die Hände in den S. legen: → resignieren; wie in Abrahams S.: → geborgen (1); im S. der Familie: → daheim (1)
²Schoß, die: → Rock (1)
Schoss, der: → Schössling
Schoßkind, das: **1.** → Kind (1) – **2.** → Weichling
Schössling, der: Schoss · Reis · Keim[ling] · Pflänzling + Ableger; → *auch* Pfropfreis, Senker, Trieb (3)
Schoßrock, der: → Frack (1)
¹Schote, der: → Dummkopf (1)
²Schote, die: → Geschichte (2)
Schotten, der: → Quark (1)
schräg: **1.** ⟨*von einer senkrechten od. waagerechten Bezugslinie abweichend*⟩ quer · der Quere nach; kursiv (*fachspr*) ♦ *umg*: zwerch (*landsch*); → *auch* schief (1) – **2.** s. gucken: → schielen (1)
Schräge, die: Schrägheit · Schräglage · Schiefe
schrägen: → abschrägen
Schrägheit, die: → Schräge
Schräglage, die: → Schräge
Schramme, die: **1.** ⟨*kleine Hautverletzung*⟩ Kratzer · Riss · Ritz · Schrunde · Schürfung · Hautabschürfung ♦ *umg*: Schmarre · Schmiss · Ritzer; → *auch* Verletzung (1) – **2.** ⟨*kleine Beschädigung an einem Gegenstand*⟩ Kratzer · Riss · Ritz · Scharte ♦ *umg*: Ritzer
schrammen, sich: → ritzen (II)
Schrank, der: **1.** ⟨*Möbelstück*⟩ Schaff (*landsch*); Kasten (*süddt österr schweiz*); Schapp (*seem*) + Spind ♦ *gehoben*: + Schrein – **2.** nicht alle Tassen im S. haben: → verrückt (5)
Schranke, die: **1.** ⟨*als Absperrung dienende quer liegende Stange*⟩ Schlagbaum; Barriere (*schweiz*) – **2.** → Grenze (1, a) – **3.** Schranken setzen: → beschränken; vor die Schranken des Gerichts zitieren: → verklagen; in die Schranken fordern: → herausfordern; in die Schranken treten |für|: **a)** → einsetzen (II) – **b)** → eintreten (7, a); in seine Schranken weisen: → zurechtweisen; sich in Schranken halten: → beherrschen (II)

schrankenlos: **1.** → uneingeschränkt (1) – **2.** → unbeschrankt
Schrankenwärter, der: → Bahnwärter
Schrankfach, das: → Fach (2)
Schrankwand, die: Anbauwand · Anbauschrank + Bücherwand
schrap[p]en: → schaben (1)
Schrat, der: → Kobold (1)
Schraube, die: alte S.: → Frau (I, 1); eine S. ohne Ende: → endlos (b); bei jmdm. ist eine S. locker: → verrückt (5); die S. überdrehen: → weit (4)
schrauben: in die Höhe s.: → verteuern (I)
schraubenförmig: → gewunden
Schraubenlinie, die: → Spirale
schraubig: → gewunden
Schrebergärtner, der: → Kleingärtner
Schreck, der: **1.** ⟨*durch eine plötzl. Bedrohung od. dgl. ausgelöste heftige Gemütserschütterung*⟩ Schrecken · Entsetzen · Erschrecken · Schock + Panik; → *auch* Angst (1), Bestürzung – **2.** einen S. einflößen/einjagen: → erschrecken (1); einen S. bekommen, der S. fährt jmdm. in die Glieder: → erschrecken (2); starr vor S.: → erschrocken (1)
Schreckbild, das: → Schreckgespenst
schrecken: → erschrecken (1)
Schrecken, der: **1.** → Schreck (1) – **2.** S. erregend: → Entsetzen (2); einen S. einflößen/einjagen, in S. versetzen: → erschrecken (1); einen S. bekommen: → erschrecken (2)
Schreckensbotschaft, die: → Schreckensnachricht
Schreckensherrschaft, die: → Gewaltherrschaft
Schreckensherrscher, der: → Diktator
Schreckensmeldung, die: → Schreckensnachricht
Schreckensnachricht, die: Schreckensmeldung · Schreckensbotschaft · Unglücksbotschaft · Hiobsbotschaft; Hiobspost · Hiobskunde (*veraltend*) + Tatarennachricht
Schreckgespenst, das: Schreckgestalt · Schreckbild · Popanz
Schreckgestalt, die: → Schreckgespenst
schreckhaft: → ängstlich (1)
schrecklich: **1.** → Entsetzen (2) – **2.** → unangenehm (1) – **3.** → sehr
Schreckschraube, die: → Frau (I, 1)
Schreckschuss, der: → Drohung (1)
Schrei, der: **1.** ⟨*weithin hörbarer Laut eines Lebewesens*⟩ + Ruf · Aufschrei – **2.** einen S. ausstoßen: → schreien (1); der letzte S.: → Neuheit
Schreibart, die: → Stil (1)
Schreibe, die: → Stil (1)
schreiben: **1.** ⟨*Sprache schriftlich fixieren*⟩ zur Feder greifen ♦ *umg*: pinseln · malen; → *auch* schmieren (1) – **2.** ⟨*sich schriftlich an jmdn. wenden*⟩ anschreiben (*amtsspr*) – **3.** → aufschreiben (1) – **4.** → verfassen – **5.** → ²dichten (1, a) – **6.** ins Konzept/Unreine s.: → entwerfen (2); ins Reine s.: → abschreiben (I, 1); Schreibmaschine s.: → Maschine (5); in die Esse/den Kamin/Schornstein/Rauchfang s.: → verloren (3); sich/einander s.: → korrespondieren (1); sich hinter die Ohren/Löffel s.: → merken (4)
Schreiben, das: **1.** → Schriftstück – **2.** → Brief (1)
Schreiber, der: **1.** → Verfasser – **2.** → Dichter (a)
Schreiberling, der: **1.** → Dichter (a) – **2.** → Journalist
Schreiberseele, die: → Pedant
Schreibfeder, die: → Feder (I, 2)
Schreibkraft, die: Maschinenschreiberin
Schreibmaschine, die: S. schreiben: → Maschine (5)
Schreibstube, die: → Büro
Schreibung, die: → Rechtschreibung
Schreibwarengeschäft, das: Schreibwarenladen · Papiergeschäft · Papier[waren]handlung; Papeterie (*schweiz*)
Schreibwarenladen, der: → Schreibwarengeschäft
Schreibweise, die: **1.** → Rechtschreibung – **2.** → Stil (1)
schreien: **1.** ⟨*die Stimme sehr laut ertönen lassen*⟩ rufen · brüllen · einen Schrei ausstoßen · ein Geschrei erheben; grölen · johlen · plärren (*abwert*) + kreischen · röhren ♦ *salopp*: quäken (*meist abwert*); bläken (*landsch*); → *auch* schnauzen – **2.** → weinen (1) – **3.** s. |nach|: → Verlangen (4); das schreit zum/gen Himmel: → unerhört (2); zum Schreien: → komisch (1)
schreiend: → auffallend, grell (2)
Schreier, der: → Unruhestifter
Schreierei, die: → Geschrei (1, a)
Schreihals, der: → Unruhestifter
Schrein, der: **1.** → Schrank (1) – **2.** → Truhe

Schreiner, der: → Tischler
schreiten: 1. → gehen (1) – **2.** s. |zu|: → anfangen (1, a); zur Tat s.: → handeln (I, 3)
Schrieb[s], der: **1.** → Brief (1) – **2.** → Schriftstück
Schrift, die: **1.** → Schriftzeichen – **2.** → Handschrift (1) – **3.** → Denkschrift – **4.** → Druckwerk – **5.** → Buch (1) – **6.** die [Heilige] S.: → Bibel
Schriftführer, der: → Protokollant
schriftlich: s. geben: → bescheinigen
Schriftsprache, die: → Hochsprache
schriftsprachlich: → hochsprachlich
Schriftsteller, der: → Dichter (a)
schriftstellerisch: → dichterisch
schriftstellern: → ²dichten (1, a)
Schriftstück, das: Schreiben · Papier + Dokument · Urkunde · Aktenstück · Akte · Unterlage ♦ *umg*: Schrieb[s] (*oft abwert*) ♦ *salopp*: Wisch (*abwert*) ♦ *derb*: Arschwisch (*abwert*); → *auch* Brief (1)
Schrifttum, das: **1.** → Literatur (1) – **2.** → Dichtung (1, a)
Schriftverkehr, der: **1.** → Briefverkehr – **2.** im S. stehen: → korrespondieren (1)
Schriftwechsel, der: **1.** → Briefverkehr (1) – **2.** im S. stehen: → korrespondieren (1)
Schriftzeichen, das: Buchstabe · Type + Schrift; → *auch* Letter
Schriftzug, der: Duktus
schrill: 1. ⟨*unangenehm hoch u. hell klingend*⟩ grell · gell[end] · durchdringend · markerschütternd; → *auch* laut (1, a) – **2.** → auffallend
schrillen: → klingen (1)
Schrippe, die: → Brötchen
Schritt, der: **1.** ⟨*das Vorsetzen eines Fußes*⟩ Tritt + Gang – **2.** → Maßnahme – **3.** seine Schritte lenken/wenden |nach|: → gehen (8); einen S. vors Haus tun: → spazieren (2); ein S. vom Wege: → Fehltritt (1); S. halten: → mitkommen (1); einen S. zulegen: → beeilen, sich; S. für/um S.: → allmählich; auf S. und Tritt: → überall (1); den ersten S. tun: → anfangen (1, a)
Schrittmacher, der: → Wegbereiter
Schritttempo, das: im S.: → langsam (1)
schrittweise: → allmählich
Schrofen, der: → Felsklippe
schroff: 1. → barsch – **2.** → steil (1 *u.* 2)
schröpfen: 1. ⟨*Blut absaugen*⟩ + Blut abnehmen/abzapfen; zur Ader lassen (*veraltet*) – **2.** *umg* ⟨*jmdm. durch Betrug od. mit List viel Geld abnehmen*⟩ rupfen · ausnehmen · abzocken · ausräubern · ausputzen · bis aufs Hemd ausziehen; erleichtern · zur Ader lassen (*scherzh*); [aus]beuteln (*landsch*) ♦ *salopp*: flöhen
Schrot, das *od.* der: **1.** *weidm* ⟨*kleine Bleikugeln für die Munition best. Jagdwaffen*⟩ + Hagel · Posten · Rehposten · Dunst · Vogeldunst – **2.** von altem/echtem S. und Korn: → rechtschaffen
schroten: → zermahlen
Schrott, der: **1.** ⟨*unbrauchbare Metallgegenstände*⟩ Altmetall + Alteisen; → *auch* Altstoff, Abfall (I, 1) – **2.** → Schund (1)
schrubben: 1. → scheuern (1) – **2.** → abreiben (I, 1) – **3.** → bürsten (1)
Schrulle, die: **1.** ⟨*wunderl. Angewohnheit*⟩ Marotte · Spleen · Absonderlichkeit ♦ *umg*: Fimmel · Mucke · Tick ♦ *salopp*: Macke – **2.** → Laune (1) – **3.** → Frau (I, 1)
schrullenhaft: → schrullig (1)
schrullig: 1. ⟨*befremdende, oft lächerlich wirkende Angewohnheiten habend*⟩ schrullenhaft · wunderlich · kauzig · schnurrig · verschroben · eigenartig · seltsam · sonderbar · sonderlich · skurril · bizarr · spleenig · grillig · grillenhaft + eigenbrötlerisch; → *auch* überspannt – **2.** s. sein: ⟨*eine befremdende, oft lächerlich wirkende Angewohnheit haben*⟩ einen Spleen haben ♦ *umg*: einen Span haben
Schrumpel, die: → Falte (2)
schrumpelig: → runzelig
schrumpeln: → schrumpfen
schrumpfbeständig: → formbeständig
schrumpfecht: → formbeständig
schrumpfen: sich zusammenziehen · zusammenschrumpfen · einschrumpfen · eintrocknen · zusammentrocknen · eindorren + einlaufen · eingehen ♦ *umg*: [ein]schrumpeln · zusammenschrumpeln (*landsch*); → *auch* vermindern (II)
schrumpffest: → formbeständig
Schrund, der: → Schlucht
Schrunde, die: **1.** → Schramme (1) – **2.** → Schlucht
schrundig: → uneben (1)
Schrutz, der: **1.** → Abfall (I, 1) – **2.** → Schund (1)
Schub, der: **1.** *Techn* ⟨*Kraft, die etw. nach vorn treibt*⟩ Schubkraft · Schubleistung · Vortrieb – **2.** → Stoß (1)
schubben: → kratzen (1)

schubbern: 1. → kratzen (1) – **2.** → frieren (1)
Schubfach, das: Schublade · Schubkasten; Schiebkasten · Schieblade · Schiebfach · Kasten · Lade (*landsch*) + Tischkasten
Schubiack, der: → Schurke
Schubkarre, die: Schubkarren; Schiebkarre[n] · Schiebebock (*landsch*); Scheibtruhe (*süddt österr*); Karrette (*schweiz*) + Karre[n] · Handkarre[n]
Schubkarren, der: → Schubkarre
Schubkasten, der: → Schubfach
Schubkraft, die: → Schub (1)
Schublade, die: → Schubfach
schubladisieren: → verzögern (I)
Schubleistung, die: → Schub (1)
Schubs, der: → Stoß (1)
schubsen: → stoßen (I, 1)
schüchtern: scheu · befangen · verschüchtert · geduckt ♦ *umg*: gschamig (*süddt österr*); → *auch* ängstlich (1), schamhaft, gehemmt
Schüchternheit, die: **1.** ⟨*das Schüchternsein*⟩ Scheu · Befangenheit · Ängstlichkeit · Verschüchterung; → *auch* Angst (1), Scham (3), Hemmung (1) – **2.** die/seine S. ablegen/überwinden: ⟨*seine Zurückhaltung aufgeben*⟩ die/seine Scheu verlieren ♦ *umg*: auftauen
schuckeln: → holpern
schuddern: → frieren (1)
Schuft, der: → Schurke
schuften (*umg*): rackern · arbeiten, dass die Schwarte knackt · wie ein Pferd arbeiten; wurzeln (*landsch*) + wuchten; → *auch* abmühen, sich, anstrengen (II, 1), arbeiten (1)
[1]**Schufterei,** die: → Mühsal
[2]**Schufterei,** die: → Gemeinheit
schuftig: → gemein (1)
Schuftigkeit, die: → Gemeinheit
Schuhband[el], das: → Schnürsenkel
Schuhbändel, der: → Schnürsenkel
Schuhcreme, die: + Lederfett ♦ *umg*: Wichse · Schuhwichse
Schuhe (*Pl*): **1.** ⟨*Fußbekleidung*⟩ Schuhwerk ♦ *umg*: Treter (*meist abwert*); Galoschen (*abwert od. scherzh*); Botten (*landsch, meist abwert*) ♦ *salopp*: Latschen · Quanten (*auch abwert*); Gurken · Kähne (*abwert*); Quadratlatschen (*scherzh*) – **2.** die Schuld in die S. schieben: → beschuldigen (2); den Staub von den Schuhen lecken: → kriechen (2)
Schuhmacher, der: → Schuster (1)
Schuhriemen, der: → Schnürsenkel
Schuhsohle, die: **1.** ⟨*unterster Teil des Schuhes*⟩ Sohle – **2.** sich die Schuhsohlen ablaufen: → bemühen (II, 1); sich die Schuhsohlen ablaufen |nach|: → suchen (1); an den Schuhsohlen abgelaufen/abgelatscht haben: → wissen (1)
Schuhwerk, das: → Schuhe (1)
Schuhwichse, die: → Schuhcreme
Schulanfänger, der: Abc-Schütze · Erstklässer (*landsch*); Erstklässler (*süddt schweiz*); Erstklassler (*österr*)
Schularbeit, die: **1.** → Aufgabe (3) – **2.** → Prüfungsarbeit
Schulaufgabe, die: → Aufgabe (3)
Schulbank, die: die S. drücken: → Schule (5)
Schulbeispiel, das: → Musterfall (1)
Schulbub, der: → Schüler (1)
schuld: s. sein: → schuldig (3, a)
Schuld: I. Schuld, die: **1.** ⟨*das Verantwortlichsein für etw. Schlimmes*⟩ Verschulden; → *auch* Fehler (1), Verbrechen (1) – **2.** mit einer S. beladen sein: ⟨*etw. Unrechtes begangen haben*⟩ *umg*: Dreck am Stecken haben · etw. auf dem Kerbholz haben – **3.** → II, 1 – **4.** in S. verstrickt: → schuldig (1); S. haben, [die] S. tragen: → schuldig (3, a); frei von S./von aller/einer S. sein: → unschuldig (1); seine S. bekennen/gestehen: → beichten (1); die S. geben: → beschuldigen (1 *u.* 2); die S. aufbürden, die S. schieben |auf|, die S. in die Schuhe schieben: → beschuldigen (2) – **II.** Schulden (*Pl*): **1.** ⟨*zurückzuzahlender Geldbetrag*⟩ Schuld; Passiva · Verbindlichkeiten (*kaufm*) + Verpflichtungen · Rückstände – **2.** S. haben: ⟨*zum Zurückzahlen einer Geldsumme verpflichtet sein*⟩ [bis über die Ohren/tief] in Schulden stecken ♦ *umg*: in der Kreide stehen |bei| – **3.** ohne S.: → schuldenfrei; S. machen: → Kredit (2); [bis über die Ohren/tief] in S. stecken: → II, 2
schuldbeladen: → schuldig (1)
schuldbewusst: → reuevoll
Schuldbewusstsein, das: → Gewissensbisse (1)
schulden: 1. ⟨*zur Rückzahlung bzw. Rückgabe verpflichtet sein*⟩ schuldig sein + verpflichtet sein – **2.** → verdanken
schuldenfrei: lastenfrei · ohne Schulden · unverschuldet

schuldfrei: → unschuldig (1)
Schuldgefühl, das: → Gewissensbisse (1)
schuldhaft: → schuldig (1)
Schuldiener, der: → Hausmeister (2)
schuldig: **1.** ⟨*die Schuld an etw. tragend*⟩ in Schuld verstrickt; fehlbar (*schweiz*) + schuldhaft ♦ *gehoben*: schuldbeladen · schuldvoll; → *auch* sündig – **2.** → gebührend (1) – **3.** s. sein: **a)** ⟨*die Schuld an etw. tragen*⟩ schuld sein · Schuld haben · [die] Schuld tragen + auf dem Gewissen haben · sich belasten – **b)** → schulden (1) – **4.** s. werden: → vergehen (II, 1); s. sprechen, für s. erklären/befinden: → verurteilen (2); nichts s. bleiben: → vergelten (1)
Schuldigkeit, die: etw. ist jmds. Pflicht und S.: → verpflichtet (1); seine S. getan haben: → ausgedient (3)
schuldlos: → unschuldig (1)
Schuldlosigkeit, die: → Unschuld (1)
Schuldner, der: Kreditnehmer; Debitor (*Bankw*)
schuldvoll: → schuldig (1)
Schuldzuweisung, die: → Beschuldigung (1)
Schule, die: **1.** ⟨*Institution für die Erziehung u. Ausbildung*⟩ Lehranstalt · Bildungsanstalt · Bildungsstätte · Anstalt; Penne (*schülerspr*); → *auch* Gymnasium, Universität – **2.** ⟨*Gebäude für den Unterricht*⟩ Schulgebäude · Schulhaus – **3.** → Unterricht (1) – **4.** → Strömung (2) – **5.** zur S. gehen: ⟨*eine Bildungseinrichtung besuchen*⟩ die Schule besuchen ♦ *umg*: die Schulbank drücken – **6.** S. halten: → unterrichten (2); in die S. nehmen: → erziehen; die S. besuchen: → 5; die S. schwänzen, hinter/neben die S. gehen: → versäumen (2); S. machen: → durchsetzen (I, 2, b); aus der S. plaudern/schwatzen: → ausplaudern
schulen: **1.** → ausbilden (1) – **2.** → dressieren (1)
Schüler, der: **1.** ⟨*die Schule Besuchender*⟩ Schuljunge · Schulkind; Eleve (*veraltet*); Schulbub (*süddt österr*) + Zögling – **2.** ⟨*Anhänger einer Lehre*⟩ Adept; → *auch* Anhänger (3)
schülerhaft: → unreif (2)
Schülerwohnheim, das: Internat
Schulgebäude, das: → Schule (2)
Schulhaus, das: → Schule (2)
schulisch: → erzieherisch
Schuljunge, der: → Schüler (1)
Schulkenntnisse (*Pl*): → Wissensstoff
Schulkind, das: → Schüler (1)
Schullehrer, der: → Lehrer
Schulleiter, der: → Direktor (1)
Schulmann, der: → Lehrer
Schulmappe, die: → Schultasche
schulmäßig: → lehrhaft
Schulmeister, der: **1.** → Lehrer – **2.** → Pedant – **3.** → Hausmeister (2)
schulmeisterlich: **1.** → kleinlich – **2.** → lehrhaft
schulmeistern: → belehren (1)
Schulranzen, der: Ranzen; Tornister (*landsch*); Schulsack (*schweiz*) + Schulrucksack; → *auch* Schultasche
Schulrucksack, der: → Schulranzen
Schulsack, der: → Schulranzen
Schulstube, die: → Klasse (1)
Schultasche, die: Schulmappe; → *auch* Schulranzen
Schulter, die: **1.** ⟨*Körperteil*⟩ *umg*: Achsel – **2.** S. an S.: **a)** → gedrängt (1) – **b)** → gemeinsam (1); die kalte S. zeigen: → abweisen (1); auf die Schultern laden: → aufbürden (1); auf die leichte S. nehmen: → unterschätzen; über die S. ansehen: → verachten (1)
Schulterklappe, die: Achselklappe · Achselstück · Schulterstück + Epaulette
Schulterschluss, der: → Zusammenhalten
Schulterstück, das: → Schulterklappe
Schultheiß, der: → Bürgermeister (a)
Schulung, die: **1.** → Unterricht (1), Ausbildung (1) – **2.** → Dressur
Schulze, der: → Bürgermeister (a)
Schulzeugnis, das: → Zeugnis (1)
Schummel, der: → Betrug (1)
Schummelei, die: → Betrug (1)
schummeln: → betrügen (1)
Schummer, der: → Abenddämmerung
schummerig: → dämmerig
schummern: → dämmern (1 *u.* 2)
Schummerstunde, die: → Abenddämmerung
Schund, der (*abwert*): **1.** ⟨*wertlose Erzeugnisse*⟩ Plunder · Tand · Ramsch · Schundware · Ramschware · Schofel + Billigware · Schleuderware ♦ *umg*: Tinnef · Kiki; Schrott · Schamott · Schrutz (*landsch*) ♦ *salopp*: Mist ♦ *derb*: Scheiß[dreck] · Scheiße; Schiet (*norddt*); → *auch* Ausschuss (2), Kitsch, Kram (1) – **2.** → Schundliteratur

Schundliteratur, die: Schmutzliteratur; Schund (*abwert*) + Dreigroschenheft · Groschenheft · Groschenroman
Schundware, die: → Schund (1)
schunkeln: → schaukeln (1)
Schupf, der: → Stoß (1)
schupfen: → stoßen (I, 1)
Schupfen, der: → Schuppen (1)
Schupfer, der: → Stoß (1)
Schupo, der: → Polizist
Schuppe, die: es fällt wie Schuppen von den Augen: → erkennen (1)
[1]**schuppen:** → stoßen (I, 1)
[2]**schuppen: I.** schuppen: **1.** → schaben (1) – **2.** s. |von|: → ablösen (II, 1) – **II.** schuppen, sich: → häuten (II)
Schuppen, der: **1.** ⟨*einfacher Bau zum Abstellen von Geräten u. dgl.*⟩ Remise (*veraltend*); Schauer · Schoppen (*landsch*); Schupfen (*süddt österr*); Schopf (*süddt schweiz*) – **2.** → Tanzlokal
Schur, der: einen S./es zum S. tun: → ärgern (I)
schüren: 1. → anschüren (1) – **2.** → aufhetzen – **3.** das Feuer s.: → verschlimmern (I, 1)
schürfen: I. schürfen: → graben (1) – **II.** schürfen, sich: → ritzen (II)
Schürfung, die: → Schramme (1)
schurigeln: → quälen (I, 2)
Schurke, der (*abwert*): Schuft · Lump · Halunke · Gauner · Spitzbube · Ganove · Kreatur · Kanaille · Strolch · Schofel; Hundsfott (*veraltend*) + Erzlump · Erzgauner · Erzhalunke · Erzspitzbube ♦ *umg*: Lumpenkerl · Lumpenhund · Schubiack; Kujon (*veraltend*); Falott (*österr*); Fötzel (*schweiz*) ♦ *salopp*: Dreckskerl · Drecksack · Dreckstück · Hund ♦ *derb*: Schwein · Schweinehund; → *auch* Übeltäter, Verbrecher, Unmensch (1)
Schurkenstreich, der: → Schurkerei
Schurkentat, die: → Schurkerei
Schurkerei, die (*abwert*): Schurkenstreich · Schurkentat · Lumperei; Bubenstreich · Bubenstück · Büberei (*veraltend*); → *auch* Gemeinheit
schurkisch: → gemein (1)
schurren: 1. → schlittern – **2.** → rutschen (1)
Schurrmurr, der: **1.** → Durcheinander (1) – **2.** → Gerümpel
Schürze, die: an jmds. S. hängen: → unselbständig (2)
schürzen: 1. → hochheben (1) – **2.** → aufwerfen (I, 1)
Schürzenband, das: an jmds. S. hängen: → unselbständig (2)
Schürzenjäger, der: → Frauenheld (1)
Schürzenkind, das: → Weichling
Schürzenzipfel, der: an jmds. S. hängen: → unselbständig (2)
Schuss, der: **1.** → Wurf (1) – **2.** ein S.: → wenig (2); ein S. in den Ofen: → Misserfolg (1); in S. sein: → Ordnung (4); in S. bringen: → aufräumen (1); weit[ab] vom S.: **a)** → fern (1) – **b)** → abgelegen; keinen S. Pulver wert: → wertlos (1); einen S. abgeben/abfeuern/auslösen, Schüsse abgeben/abfeuern, einen S. abgehen lassen: → schießen (1); einen S. setzen/drücken: → Rauschgift (3); einen S. haben: → verrückt (5)
Schussel: I. Schussel, der (*umg*): ⟨*schusseliger Mensch*⟩ Hudriwudri (*österr*) – **II.** Schussel, die: → Schlitterbahn
Schüssel, die: **1.** ⟨*Gefäß für Speisen*⟩ Terrine · Napf; Asch (*landsch*); Kumme · Satte (*norddt*) + Suppenschüssel; → *auch* [1]Schale (1) – **2.** einen Sprung in der S. haben: → verrückt (5)
schusselig: → zerstreut (1)
schusseln: 1. → zerstreut (2) – **2.** → schlittern
Schusser, der: → Murmel
Schussfahrt, die: → Abfahrt (2)
schussfest: → kugelsicher
schusssicher: → kugelsicher
Schusswaffe, die: Handfeuerwaffe; Schießwaffe (*schweiz*) ♦ *umg*: Schießeisen + Schießprügel; → *auch* Gewehr (1), Pistole (1), Revolver
Schuster, der: **1.** ⟨*Schuhe herstellender u. reparierender Handwerker*⟩ Schuhmacher; Flickschuster (*abwert*) – **2.** → Stümper – **3.** auf Schusters Rappen: → Fuß (2)
Schusterei, die: → Stümperei
Schusterjunge, der: Schusterjungen regnen: → gießen (2)
schustern: → stümpern
Schute, die: → Schleppkahn
Schutt, der: **1.** ⟨*Anhäufung von Gesteinstrümmern*⟩ Geschiebe · Geröll · Grus – **2.** → Trümmer (1) – **3.** in S. und Asche legen: **a)** → niederbrennen (1) – **b)** → zerstören (2)
Schuttabladeplatz, der: → Mülldeponie

Schüttelfrost, der: Fieberschauer · Fieberfrost · Schauer
schütteln: I. schütteln: **1.** ⟨*kräftig hin- u. herbewegen*⟩ rütteln; beuteln (*süddt österr*) – **2.** → durchschütteln – **3.** s. |von|: → abschütteln (1); sich den Staub von den Füßen s.: **a)** → weggehen (1) – **b)** → aufbrechen (3); sich einen von der Palme s.: → masturbieren; die Hand / Flosse / Pfote s.: → Hand (2); den / mit dem Kopf s.: → verneinen (1); aus dem Anzug / den Lumpen s.: → ausschimpfen – **II.** schütteln, sich: → ekeln (II)
schütten: 1. → gießen (1 *u.* 2) – **2.** → werfen (2) – **3.** s. |in|: → einfüllen (1); sich einen in die Figur s.: → trinken (1, b)
schütter: → spärlich (1)
schüttern: → beben (1)
Schüttstein, der: → Ausguss (1)
Schutz, der: **1.** ⟨*das Schützen*⟩ Sicherung · Abschirmung · Deckung – **2.** ⟨*das Schützende*⟩ **a)** ⟨*Aufsicht*⟩ Obhut · Ägide ♦ *gehoben*: Hut; Schutz und Schirm (*veraltend*); → *auch* Zuflucht – **b)** ⟨*Personen*⟩ Bedeckung · Bewachung · Geleit – **c)** ⟨*Einrichtung*⟩ Schutzschild · Schutzschirm · Schirm · Schutzvorrichtung; → *auch* Schutzwall (1), Schutzgebiet – **3.** S. gewähren: → schützen (I, 1); ohne S.: → schutzlos (1); in S. nehmen: → verteidigen (I, 1); S. und Schirm: → 2, a
Schutzanzug, der: Overall · Kombination
Schutzbefohlene, der: → Schützling
Schutzbuhne, die: → Buhne
schützen: I. schützen: **1.** ⟨*etw. Unangenehmes fern halten*⟩ abschirmen · beschützen · [ab]sichern · bewahren · bewachen · [be]hüten · die Hand halten |über| · Schutz gewähren + unter seine Fittiche nehmen · den Rücken decken · verteidigen ♦ *gehoben*: [be]schirmen · den Schild halten |über| · in seine Hut nehmen; → *auch* verteidigen (I, 1) – **2.** schützendes Dach: → Unterkunft (1) – **II.** schützen, sich: ⟨*sich vor einer Gefahr bewahren*⟩ sich absichern
Schutzengel, der: → Schutzpatron
Schützengraben, der: Graben + Laufgraben
Schützenhilfe, die: **1.** → Unterstützung (1) – **2.** S. leisten: → unterstützen (I, 1)
Schützer, der: → Beschützer
Schutzgebiet, das: Reservat · Reservation; → *auch* Schutz (2, c)
Schutzhaft, die: → Haft (1)
Schutzheilige, der: → Schutzpatron
Schutzherrschaft, die: Protektorat
Schutzhülle, die: Schoner · Überzug · Hülle · Mantel · Futteral
schutzimpfen: → impfen
Schutzimpfung, die: Immunisation · Immunisierung
Schützling, der: der Schutzbefohlene · der Pflegebefohlene
schutzlos: 1. ⟨*keinen Schutz genießend*⟩ ungeschützt · ohne Schutz · unbeschützt · unbehütet + hilflos – **2.** → rechtlos
Schutzmann, der: → Polizist
Schutzmarke, die: → Markenzeichen
Schutzpatron, der (*Rel*): der Schutzheilige · Patron + Schutzengel; → *auch* Beschützer, Schirmherr
Schutzpolizei, die: → Polizei (1)
Schutzschild, der: → Schutz (2, c)
Schutzschirm, der: → Schutz (2, c)
Schutzvorrichtung, die: → Schutz (2, c)
Schutzwall, der: **1.** ⟨*Verteidigungsbau*⟩ Brustwehr; Schanze · Schanzwerk (*veraltend*); → *auch* Schutz (2, c) – **2.** → Damm (1)
Schutzweg, der: → Fußgängerschutzweg
Schwabbelei, die: → Geschwätz (1)
Schwabbelfritze, der: → Schwätzer (1)
schwabbelig: 1. → dick (1) – **2.** → weich (1, b *u.* c)
schwabbeln: 1. → schwatzen (1) – **2.** → polieren (1)
schwabbern: → verschütten (2)
schwach: 1. ⟨*ohne genügend Kraft*⟩ **a)** ⟨*Körper*⟩ schwächlich; asthenisch (*med*) + hilflos ♦ *umg*: mickerig; piepsig (*landsch*); → *auch* kraftlos, weichlich (1), müde (1), erschöpft (1) – **b)** ⟨*Stimme*⟩ dünn · zart ♦ *umg*: piepsig – **2.** → dünn (1) – **3.** → machtlos (1) – **4.** → nachgiebig – **5.** → unsicher (1), haltlos (1) – **6.** → minderwertig – **7.** das schwache Geschlecht: → Frau (II); jmds. schwache Seite: → Schwäche (2); s. im Kopf: → dumm (1); s. auf der Brust : → zahlungsunfähig (1); s. auf der Brust sein: → lungenkrank
Schwäche, die: **1.** ⟨*Mangel an körperl. Kraft*⟩ Schwachheit · Schwächezustand · Entkräftung · Schlaffheit · Schlappheit · Mattigkeit; Asthenie (*med*); → *auch* Erschöpfung, Unwohlsein – **2.** ⟨*Unzulänglichkeit in best. Hinsicht*⟩ Schwachpunkt · Schwachstelle · Schwachheit + Fehler ·

Mangel ♦ *umg*: jmds. schwache Seite (*meist scherzh*) – **3.** → Nachgiebigkeit – **4.** → Vorliebe (1) – **5.** eine S. haben |für|: → Vorliebe (2)
Schwächeanfall, der: **1.** ⟨*plötzlich auftretende Schwäche*⟩ Kollaps; → *auch* Anfall (1) – **2.** einen S. erleiden/bekommen: → kollabieren
schwächen: → entkräften (1)
Schwächezustand, der: → Schwäche (1)
Schwachheit, die: **1.** → Schwäche (1 *u.* 2) – **2.** sich keine Schwachheiten einbilden: → Illusion (3)
schwachherzig: → feig[e]
Schwachherzigkeit, die: → Feigheit
Schwachkopf, der: → Dummkopf (1)
schwachköpfig: → dumm (1)
schwächlich: 1. → schwach (1, a) – **2.** → gebrechlich
Schwächling, der: *umg*: Schlappmacher · Kümmerling · halbe Portion; Schwachmatikus (*scherzh*) ♦ *salopp*: Schlappschwanz · Schlappsack; → *auch* Weichling
Schwachmatikus, der: → Schwächling
Schwachpunkt, der: → Schwäche (2)
Schwachsinn, der: **1.** ⟨*krankhafter Mangel an Intelligenz*⟩ Geistesschwäche · Schwachsinnigkeit · Blödheit; Imbezillität · Debilität · Kretinismus · Idiotie (*med*) + Stumpfsinn; → *auch* Geisteskrankheit – **2.** → Unsinn (1, a)
schwachsinnig: 1. ⟨*an Schwachsinn leidend*⟩ geistesschwach · blödsinnig; blöd[e] (*veraltend*); imbezill · debil · kretinhaft · idiotisch (*med*); → *auch* geisteskrank (1), verrückt (1), dumm (1) – **2.** → sinnlos (1) – **3.** s. sein: ⟨*an Schwachsinn leiden*⟩ *salopp*: einen weghaben · eine weiche Birne haben (*meist scherzh*)
Schwachsinnige, der: Kretin · Idiot (*med*)
Schwachsinnigkeit, die: → Schwachsinn (1)
Schwachstelle, die: → Schwäche (2)
schwadern: 1. → plätschern (1) – **2.** → schwatzen (1)
Schwadroneur, der: **1.** → Angeber (1) – **2.** → Schwätzer (1)
schwadronieren: 1. → prahlen – **2.** → schwatzen (1)
Schwafelei, die: → Geschwätz (1)
schwafeln (*umg abwert*): labern · daherreden · Sprüche klopfen/machen · Phrasen dreschen/drechseln · leeres Stroh dreschen · dummes/ungewaschenes Zeug reden · Stuss/Unsinn/Makulatur reden; seihern (*landsch*) ♦ *salopp*: sülzen · schleimen · Käse reden; käsen · seichen (*landsch*); → *auch* erzählen (1), faseln (1), schwatzen (1), unterhalten (II, 1)
Schwaiger, der: → Senner
Schwalbenschwanz, der: → Frack (1)
Schwall, der: **1.** → Menge (1) – **2.** ein S. von: → Flut (2)
Schwamm, der: **1.** → Pilz – **2.** S. drüber: → [2]verziehen
schwammartig: → weich (1, a)
Schwammerl, das: → Pilz
schwammig: 1. → aufgeschwemmt – **2.** → weich (1, a *u.* c)
schwanen: → ahnen (1)
schwanenweiß: → weiß (1)
Schwang, der: im Schwange: → üblich (1)
schwanger: 1. ⟨*ein Kind im Leib tragend*⟩ gravid (*med*) ♦ *derb*: dick – **2.** s. sein: ⟨*ein Kind im Leib tragen*⟩ ein Kind/Baby/etw. Kleines erwarten/bekommen · in anderen Umständen sein · Mutter werden · Mutterfreuden entgegensehen; in die Wochen kommen (*veraltend*) ♦ *gehoben*: sich Mutter fühlen · ein Kind unter dem Herzen tragen · guter Hoffnung/in Hoffnung sein · gesegneten Leibes sein ♦ *umg*: ein Kind kriegen · Zuwachs erwarten/bekommen – **3.** s. gehen |mit|: → beschäftigen (II, 2)
schwängern: *salopp*: ein Kind andrehen ♦ *derb*: dickmachen · anbuffen; → *auch* zeugen (1)
Schwangerschaft, die: Gravidität (*med*)
Schwangerschaftsabbruch, der: → Abtreibung (1)
Schwangerschaftsunterbrechung, die: → Abtreibung (1)
schwank: → biegsam
Schwank, der: → Lustspiel
schwanken: 1. ⟨*unsicher gehen od. stehen, sich unregelmäßig hin- u. herbewegen*⟩ wanken · torkeln · taumeln · wackeln ♦ *umg*: schaukeln; Schlagseite haben (*scherzh*); → *auch* schlingern – **2.** ⟨*in der Anzahl abwechselnd ab- und zunehmen*⟩ fluktuieren – **3.** ⟨*von Bereichen od. dgl. gesagt: unfeste Grenzen haben*⟩ fließen – **4.** → unentschlossen (3)
schwankend: 1. → wackelig (1) – **2.** → unsicher (1) – **3.** → unbeständig

Schwanz, der: **1.** ⟨*der bewegl. Fortsatz der Wirbelsäule bei Tieren*⟩ Zagel (*landsch*); Sterz (*norddt*); Wedel · Blume · Rute · Fahne · Lunte · Standarte (*weidm*) ♦ *gehoben*: Schweif – **2.** → Ende (1, a) – **3.** → Penis – **4.** kein S.: → niemand; den S. einziehen: → nachgeben (1); Feuer unter den S. machen: → antreiben (2)
Schwänzelei, die: → Schmeichelei
schwänzeln: 1. → wedeln (1) – **2.** → schmeicheln (1)
schwänzen: die Schule s.: → versäumen (2)
schwappen: → plätschern (1)
Schwäre, die: → Geschwür
schwären: → eitern
schwärig: → eitrig
Schwarm, der: **1.** → Menge (1) – **2.** → [1]Schar (1) – **3.** → Abgott (2)
schwärmen: 1. ⟨*leidenschaftl. Begeisterung für jmdn. od. etw. zeigen*⟩ fantasieren · träumen – **2.** → ausfliegen – **3.** → ausschwärmen (1) – **4.** s. |für|: → anbeten
Schwärmer, der: **1.** ⟨*sich leidenschaftlich für jmdn. od. etw. begeisternder Mensch*⟩ Schwarmgeist · Fantast · Träumer · Traumtänzer · Romantiker · Idealist · Illusionist; → *auch* Fanatiker – **2.** → Feuerwerkskörper
Schwärmerei, die: **1.** ⟨*leidenschaftl., aber nicht anhaltende Begeisterung für jmdn. od. etw.*⟩ Fantasterei · Träumerei · Romantik · Überschwang; → *auch* Begeisterung (1) – **2.** → Überschwang
schwärmerisch: 1. ⟨*übertrieben für jmdn. od. etw. begeistert*⟩ fantasievoll · träumerisch · romantisch + überschwänglich; → *auch* begeistert (1), weltfremd – **2.** → überschwänglich
Schwarmgeist, der: → Schwärmer (1)
schwarmweise: → scharenweise
Schwarte, die: **1.** → Haut (1) – **2.** → Fell (1) – **3.** → Buch (1) – **4.** arbeiten, dass die S. knackt: → schuften
schwarten: 1. → lesen (1) – **2.** → abhäuten
schwarz: 1. ⟨*Farbe*⟩ + schwärzlich · pechschwarz · [kohl]rabenschwarz · rußfarben · rußfarbig; → *auch* rußgeschwärzt – **2.** → dunkel (1 *u.* 2) – **3.** → dunkelhaarig – **4.** → unheilvoll (1) – **5.** → verboten (1) – **6.** s. sehen: ⟨*als sehr ungünstig einschätzen*⟩ pessimistisch sein ♦ *umg*: schwarz [aus]malen · durch eine schwarze Brille [an]sehen / betrachten · mies machen + unken – **7.** s. machen: → schwärzen, sich s. machen: → beschmutzen (II, 1); sich s. ärgern: → ärgern (II, 1); s. gehen, Schwarz tragen: → trauern (2); jmdm. wird [es] s. vor [den] Augen: → bewusstlos (2); aus Schwarz Weiß / aus Weiß Schwarz machen: → verdrehen (1); s. [aus]malen, durch eine schwarze Brille [an]sehen / betrachten: → 6; den schwarzen Peter zuschieben: → beschuldigen (2); schwarzer Tag: → Unglückstag; die schwarze Kunst: **a)** → Buchdruck – **b)** → Zauberei; schwarze Zahlen schreiben: → Gewinn (5); schwarzer Markt: → Schwarzhandel; schwarzer Rock: → Gehrock; das schwarze Brett: → Anschlagtafel; der schwarze Tod: → Pest (1); schwarzes Schaf: → Prügelknabe
schwarzarbeiten: pfuschen (*österr*)
Schwarzbrot, das: → Roggenbrot
[1]**Schwarze,** der: **1.** → Afrikaner – **2.** → Afroamerikaner
[2]**Schwarze,** das: ins S. treffen: → treffen (I, 1); nicht das S. unter dem Nagel gönnen: → neidisch (2)
schwärzen: schwarz machen + rußen
Schwarzfahrer, der: blinder Passagier (*scherzh*)
Schwarzfärber, der: → Pessimist
Schwarzfärberei, die: → Pessimismus
schwarzhaarig: → dunkelhaarig
Schwarzhandel, der: schwarzer Markt · Schwarzmarkt + Schleichhandel
Schwarzhändler, der: + Schleichhändler
Schwarzkittel, der: **1.** → Wildschwein – **2.** → Geistliche
Schwarzkünstler, der: → Zauberkünstler
schwärzlich: → schwarz (1)
Schwarzmaler, der: → Pessimist
Schwarzmalerei, die: → Pessimismus
Schwarzmarkt, der: → Schwarzhandel
Schwarzpulver, das: → Schießpulver
Schwarzrock, der: → Geistliche
Schwarzseher, der: → Pessimist
Schwarzseherei, die: → Pessimismus
schwarzseherisch: → pessimistisch (1)
Schwatz, der: **1.** → Plauderei – **2.** einen S. halten / machen: → unterhalten (II, 1)
Schwatzbase, die: → Schwätzerin
Schwätzchen, das: **1.** → Plauderei – **2.** ein S. halten / machen: → unterhalten (II, 1)
schwatzen: 1. ⟨*viel u. lange* [*über unwichtige Dinge*] *sprechen*⟩ schwadronieren; salbadern (*abwert*); parlieren (*veraltend*) ♦ *umg*: wie ein Buch reden; plappern · pa-

lavern · schnattern · sabbern · sabbeln (*abwert*); [daher]schwätzen · schwabbeln · schwabbern · schlabbern · schlappern · babbeln · labbern · kakeln · quackeln (*landsch*); schwadern (*süddt*); dröhnen (*norddt*) ♦ *salopp*: quatschen · quasseln; → *auch* erzählen (1), faseln (1), schwafeln, unterhalten (II, 1) – **2.** → ausplaudern – **3.** s. |über|: → klatschen (2); aus der Schule s.: → ausplaudern

schwätzen: **1.** → schwatzen (1) – **2.** → ausplaudern

Schwätzer, der: **1.** ⟨*Mensch, der meist wortreich* [*u. ohne Sachkenntnis*] *über etw. redet*⟩ Schwadroneur; Salbader (*abwert*) + Plauderer ♦ *umg*: Sprücheklopfer · Wortemacher · Plapperer · Plapperhans (*abwert*) ♦ *salopp*: Quatschkopf · Quatschmichel · Quasselkopf · Quasselstrippe · Quasselmichel · Schnattermaul · Plappermaul (*abwert*); Quackelhans · Quackelfritze · Quackeler · Schlabberschnute · Schwabbelfritze (*landsch abwert*) – **2.** ⟨*über alles nur oberflächlich redender Mensch*⟩ Fabulant (*veraltend*) ♦ *umg*: Phrasenmacher · Phrasendrescher (*abwert*)

Schwatzerei, die: → Geschwätz (1)

Schwätzerin, die: *umg*: Klatschbase · Plaudertasche · Plapperliese · Plappertasche · Schwatzbase · Waschfrau (*abwert*); Raffel (*landsch*) ♦ *salopp*: Klatsche · Klatschtante · Klatschtrine · Klatschmaul · Klatschweib · Quatschliese · Quasselstrippe · Schnatterente · Schnattergans · Schnattertasche · Schnatterliese · Schnattermaul · Waschweib (*abwert*); Quackelliese · Quackelsuse (*landsch abwert*); Ratsche (*süddt österr abwert*)

schwätzerisch: → geschwätzig

schwatzhaft: → geschwätzig

Schwebe, die: in der S.: → schwebend (1)

Schwebebahn, die: → Drahtseilbahn

schweben: **1.** → fliegen (1) – **2.** → hängen (I, 1) – **3.** → schwebend (2) – **4.** im siebenten Himmel s.: → verliebt (2)

schwebend: **1.** ⟨*noch nicht entschieden*⟩ in der Schwebe; pendent (*schweiz*); anhängig (*Rechtsw*) – **2.** s. sein: ⟨*noch nicht entschieden sein*⟩ schweben

schwedisch: hinter schwedischen Gardinen sitzen: → gefangen (2)

Schwefelbande, die: → Bande

schwefelgelb: → gelb (1)

Schweif, der: → Schwanz (1)

schweifwedeln: → schmeicheln (1)

Schweigegeld, das: → Bestechungsgeld

schweigen: **1.** ⟨*nicht sprechen, nicht antworten*⟩ nichts sagen · sich in Schweigen hüllen · ruhig/still/stumm sein · den Mund halten · kein Sterbenswort sagen · stillschweigen ♦ *umg*: keinen Ton sagen/von sich geben · ein Schloss vor dem Mund haben · den Schnabel halten; nicht mumm sagen (*landsch*); stad sein (*süddt österr*) ♦ *salopp*: den Rand/die Klappe halten · die Luft anhalten · nicht piep[s]/keinen Piep[s] sagen · Sendepause haben ♦ *derb*: das Maul/die Schnauze/Fresse halten – **2.** ⟨*ein Geheimnis für sich behalten*⟩ nichts sagen · sich in Schweigen hüllen · sich ausschweigen · schweigen wie das/ein Grab · Stillschweigen bewahren · keine Silbe verraten · seine Zunge hüten/zügeln/im Zaum halten · den/reinen Mund halten · kein Sterbenswort sagen · kein Wort verlieren + sich lieber auf die Zunge beißen · sich lieber die Zunge abbeißen · verschweigen · geheim halten ♦ *umg*: dichthalten · den Schnabel halten ♦ *salopp*: den Rand/die Klappe halten ♦ *derb*: das Maul/die Schnauze/Fresse halten; → *auch* verschweigen – **3.** s. wie das/ein Grab: → 2

Schweigen, das: **1.** → Stille – **2.** zum S. bringen: ⟨*dafür sorgen, dass jmd. nichts weiter verlauten lässt*⟩ mundtot machen ♦ *umg*: den Mund stopfen ♦ *derb*: das Maul stopfen – **3.** sich in S. hüllen: → schweigen (1 *u.* 2)

schweigend: wortlos · stumm · stillschweigend + tonlos ♦ *umg*: stumm wie ein Fisch

Schweigepflicht, die: → Verheimlichung

schweigsam: redescheu + verschwiegen; → *auch* wortkarg, zurückhaltend (1), verschlossen (2)

Schwein, das: **1.** ⟨*Haustier*⟩ **a)** ⟨*allgemein*⟩ Hausschwein; Borstenvieh · Borstentier (*scherzh*); Sau (*landsch*) – **b)** ⟨*das weibl. Tier*⟩ Sau + Mutterschwein – **2.** → Schmutzfink – **3.** → Zotenreißer – **4.** → Schurke – **5.** → Glück (1) – **6.** kein S.: → niemand; schwitzen wie ein S.: → schwitzen (1); S. haben: → Glück (4)

Schweinefraß, der: → Gericht (1)

Schweinehund, der: **1.** → Schurke – **2.** den inneren S. besiegen: **a)** → mutig (2) – **b)** → überwinden (II, 1)

Schweinekerl, der: → Zotenreißer
schweinemäßig: 1. → unanständig (1) – **2.** → schlecht (1) – **3.** s. gehen: → schlecht (10, a *u.* b)
Schweinerei, die: **1.** → Schmutz (1) – **2.** → Unanständigkeit (2) – **3.** → Gemeinheit
schweinern: → beschmutzen (II, 1)
Schweinewirtschaft, die: → Misswirtschaft
Schweinigel, der: **1.** → Schmutzfink – **2.** → Zotenreißer
Schweinigelei, die: **1.** → Schmutz (1) – **2.** → Unanständigkeit (2)
schweinigeln: 1. → beschmutzen (II, 1) – **2.** → Zote (2)
schweinisch: 1. → schmutzig (1) – **2.** → unanständig (1)
Schweinkram, der: → Unanständigkeit (2)
Schweinskeule, die: → Schinken (1)
Schweiß, der: **1.** → Blut (1) – **2.** in S. geraten: → schwitzen (1); S. vergießen: → abmühen, sich; im Schweiße seines Angesichts: → angestrengt
schweißen: → bluten (1)
schweißfeucht: → verschwitzt
Schweißhund, der: → Jagdhund (I)
schweißig: → verschwitzt
schweißnass: → verschwitzt
Schweißquanten (*Pl*): → Fuß (II, 1)
schweißtriefend: → verschwitzt
Schweizer, der: **1.** ⟨*Einwohner der Schweiz*⟩ Eidgenosse – **2.** → Melker
schweizerisch: eidgenössisch
schwelen: 1. → rauchen (2) – **2.** → rußen (1) – **3.** → glimmen – **4.** → gären (2)
schwelgen: 1. ⟨*üppig u. gut essen u. trinken*⟩ schlemmen · prassen · in Saus und Braus/wie im Himmel leben · herrlich und in Freuden leben · leben wie ein Fürst + aus dem Vollen schöpfen · den Himmel auf Erden haben ♦ *umg*: schlampampen · leben wie Gott in Frankreich · leben wie die Made im Speck; Fettlebe machen (*landsch scherzh*) + im Fett schwimmen · im Fett/Hanf sitzen – **2.** → genießen (1)
Schwelger, der: → Genussmensch
Schwelgerei, die: Schlemmerei · Prasserei
schwelgerisch: 1. → schlemmerhaft – **2.** → genießerisch – **3.** → üppig (1)
Schwelle, die: **1.** → Türschwelle – **2.** → Bodenerhebung
schwellen: 1. → anschwellen (1, a) – **2.** → aufblähen (I, 1) – **3.** mit geschwellter Brust: → stolz (1); jmdm. schwillt der Kamm: **a)** → erzürnen (2) – **b)** → übermütig (2)
Schwellung, die: **1.** ⟨*geschwollene Stelle*⟩ Anschwellung – **2.** → Geschwulst – **3.** → Wölbung (1)
Schwemme, die: → Gaststätte (1, b)
schwemmen: → spülen (1)
Schwende, die: → Lichtung
Schwengel, der: → Bursche (1)
Schwenk, der: → Wendung (1)
schwenken: 1. ⟨*hin- u. herbewegen*⟩ schwingen · schlenkern · wedeln – **2.** → schlenkern (1) – **3.** → wenden (I, 1) – **4.** → spülen (1)
Schwenker, der: → Frack (1)
Schwenkung, die: → Wendung (1)
schwer: 1. ⟨*von großem Gewicht*⟩ bleischwer · [schwer] wie Blei · wie ein Klotz; gewichtig (*veraltend*) + bleiern · lastend · drückend – **2.** → schwierig (1) – **3.** → schwerfällig (1) – **4.** → berauschend (1) – **5.** s. fallen: ⟨*erhebl. Anstrengungen erfordern*⟩ Mühe machen · zu schaffen machen · Kopfzerbrechen bereiten ♦ *umg*: schwer/sauer ankommen · kein Honig[sch]lecken/Zucker[sch]lecken sein – **6.** s. ankommen: → 5; s. behindert/beschädigt: → behindert; s. wie Blei: → 1; s. wiegen: → wichtig (3); eine schwere Geburt sein: → schwierig (4); die schwere Stunde: → Geburt (1); schweres Geschütz auffahren: → anfahren (3); s. von Begriff/Kapee: → begriffsstutzig (1); s. begreifen/auffassen/verstehen: → begriffsstutzig (2); schweren Herzens: → ungern; einen schweren Kopf haben: → Sorge (3); schwere Lider haben: → müde (2); das Herz s. machen: → bedrücken (1); schwerer Junge: → Verbrecher; schwere Sitzung: → Gelage (b); s. geladen haben: → betrunken (2); s. geladen sein: → wütend (2)
Schwerbehinderte, der: der Körperbehinderte · der Versehrte; Krüppel (*oft abwert*); der Schwerbeschädigte (*veraltend*)
Schwerbeschädigte, der: → Schwerbehinderte
schwerblütig: → schwerfällig (1)
Schwere, die: **1.** → Gewicht (1) – **2.** → Schwerkraft – **3.** → Druck (1) – **4.** → Bedeutung (1)
Schwerenöter, der: → Frauenheld (1)
schwerfällig: 1. ⟨*nicht schnell in den Bewegungen*⟩ langsam · unbeholfen + schwer[blütig] ♦ *umg*: lahm + tranig ♦ *derb*:

lahmarschig; → *auch* plump (1), träge, ungeschickt (1) – **2.** ⟨*geistig nicht wendig*⟩ unbeweglich; → *auch* begriffsstutzig (1)
schwerflüssig: → dickflüssig
Schwergewicht, das: → Schwerpunkt
schwerhörig: hörgeschädigt · gehörgeschädigt; → *auch* taub (1)
Schwerkraft, die: Anziehungskraft · Gravitation · Erdgravitation · Erdanziehung; Schwere (*Phys*); → *auch* Anziehung (1)
schwerlich: → kaum (2)
Schwermut, die: Melancholie · Trübsinn · Tristesse; Hypochondrie (*med*) + Weltschmerz ♦ *umg*: Grillenfängerei
schwermütig: melancholisch · trübsinnig; tiefsinnig (*veraltend*); hypochondrisch (*med*) ♦ *umg*: grillenfängerisch
Schwerpunkt, der: Schwergewicht · Hauptgewicht + Hauptbedeutung; → *auch* Mittelpunkt, Hauptsache
Schwert, das: **1.** ⟨*Hieb- u. Stichwaffe*⟩ *dicht*: Eisen – **2.** ein zweischneidiges S. sein: → unsicher (5, b); die Schwerter kreuzen: → kämpfen (1); mit Feuer und S. wüten: → brandschatzen
Schwerverbrecher, der: → Verbrecher
schwerwiegend: → wichtig (1)
Schwester, die: **1.** → Krankenschwester – **2.** → Arzthelferin – **3.** → Nonne (1)
Schwiemel, der: **1.** → Schwindel (1) – **2.** → Trinker – **3.** → Rausch (1)
Schwiemelei, die: → Gelage (b)
schwiemelig: → schwindlig (1)
Schwiemelkopf, der: → Trinker
schwiemeln: 1. → schwindlig (3) – **2.** → trinken (1, b)
schwierig: 1. ⟨*nicht leicht ausführbar*⟩ schwer · problematisch · diffizil · kompliziert · mit Schwierigkeiten verbunden + langwierig ♦ *gehoben*: dornig · steinig ♦ *umg*: knifflig · vertrackt · verzwackt · verzwickt · verteufelt; knaupelig (*landsch*); → *auch* mühsam, verwickelt – **2.** → verwickelt – **3.** → heikel (1) – **4.** s. sein: ⟨*nicht leicht auszuführen sein*⟩ kein Kinderspiel sein ♦ *umg*: eine schwere Geburt sein – **5.** in eine schwierige Lage kommen: → Schwierigkeit (2)
Schwierigkeit, die: **1.** ⟨*erschwerender Umstand*⟩ Problem · Problematik · Kompliziertheit · Klippe · Stolperstein · eine harte Nuss + Weiterung · Pferdefuß ♦ *umg*: ein [dicker/harter/schwerer] Brocken · ein harter Bissen + Haken; → *auch* Zwangslage – **2.** in Schwierigkeiten kommen: ⟨[*plötzlich*] *mit nicht leicht zu bewältigenden Problemen konfrontiert werden*⟩ in Bedrängnis geraten · in eine schwierige Lage kommen ♦ *umg*: ins Gedränge kommen/geraten · in Teufels Küche kommen – **3.** ohne Schwierigkeiten erledigen/schaffen: → mühelos (2); mit Schwierigkeiten verbunden: → schwierig (1); in einer S. sein: → Verlegenheit (2); in Schwierigkeiten stecken: → schlecht (10, a); Schwierigkeiten machen: **a)** → Umstand (II, 2) – **b)** → behindern (1); Schwierigkeiten bereiten/in den Weg legen: → behindern (1)
Schwimmbad, das: → Badeanstalt
Schwimmbassin, das: → Swimmingpool
Schwimmbecken, das: → Swimmingpool
schwimmen: 1. ⟨*sich im Wasser selbständig fortbewegen*⟩ + kraulen ♦ *umg*: paddeln – **2.** ⟨*von Wasserfahrzeugen gesagt*: *keine Grundberührung* [*mehr*] *haben*⟩ flott sein (*seem*) – **3.** → unsicher (5, a) – **4.** im Fett s.: **a)** → schwelgen (1) – **b)** → reich (5); im Geld s.: → reich (5); in Tränen s.: → weinen (1); mit dem Strom s.: → anpassen (II, 2); gegen/wider den Strom s.: → widersetzen, sich; ins Schwimmen geraten/kommen: → stecken (5, b)
Schwindel, der: **1.** ⟨*Störung des Gleichgewichtssinns*⟩ Taumel · Schwindelanfall · Schwindelgefühl · Schwindligkeit; Torkel (*landsch*) ♦ *umg*: Dusel; Schwiemel (*norddt*) – **2.** → Betrug (1) – **3.** → Lüge (1) – **4.** S. erregend: ⟨*ein Schwindelgefühl hervorrufend*⟩ schwindelhaft · schwindlig
Schwindelanfall, der: → Schwindel (1)
Schwindelei, die: **1.** → Betrug (1) – **2.** → Lüge (1)
Schwindelgefühl, das: → Schwindel (1)
Schwindelgeist, der: → Lügner
schwindelhaft: 1. → unwahr – **2.** → Schwindel (4)
schwindeln: 1. → lügen (1) – **2.** jmdm. schwindelt: → schwindlig (3)
schwinden: 1. → vermindern (II) – **2.** → verschwinden (1) – **3.** → ausgehen (2) – **4.** → vergehen (I, 1) – **5.** → verklingen – **6.** aus dem Gedächtnis s.: → vergessen (I, 1)
schwindend: abnehmend · sich vermindernd; degressiv (*fachspr*)
Schwindler, der: **1.** → Betrüger – **2.** → Lügner

schwindlerisch: → betrügerisch
schwindlig: **1.** ⟨*von einem Schwindelgefühl befallen*⟩ taumelig ♦ *umg*: dumm · duselig · schwummerig; schwirbelig (*landsch*); schwiemelig (*norddt*); → *auch* benommen (1) – **2.** → Schwindel (4) – **3.** s. sein: ⟨*von einem Schwindelgefühl befallen sein*⟩ jmdm. schwindelt · taumeln; jmdm. schwirbelt (*landsch*) ♦ *umg*: den Drehwurm haben (*scherzh*); schwiemeln (*norddt*)
Schwindligkeit, die: → Schwindel (1)
Schwindsucht, die: → Tuberkulose
schwindsüchtig: → tuberkulös
Schwinge, die: **1.** → Flügel (1 *u.* 2) – **2.** stählerne S.: → Flügel (2)
schwingen: **I.** schwingen: **1.** ⟨*sich frei in der Luft hin- u. herbewegen*⟩ pendeln · schaukeln · sich wiegen + wippen · flattern ♦ *umg*: baumeln ♦ *salopp*: bammeln – **2.** → schaukeln (1) – **3.** → federn (1) – **4.** → schlenkern (1) – **5.** → schwenken (1) – **6.** eine Rede s.: → sprechen (2); das Zepter s.: → herrschen (1); das Tanzbein s.: → tanzen (1); die große Klappe/Schnauze/das große Wort s., große/dicke Töne s.: → aufspielen (II) – **II.** schwingen, sich: **1.** → wölben (II) – **2.** sich nach oben s.: → aufschwingen, sich (1)
Schwinger, der: → Schlag (I, 1)
Schwingung, die: Pendelbewegung; Oszillation (*Phys*); → *auch* Bewegung (1)
Schwippe, die: → Peitsche (1)
Schwips, der: → Rausch (1)
schwirbelig: → schwindlig (1)
schwirbeln: jmdm. schwirbelt: → schwindlig (3)
schwirren: → fliegen (1)
Schwitze, die: → Mehlschwitze
schwitzen: **1.** ⟨*Schweiß absondern*⟩ transpirieren · in Schweiß geraten ♦ *salopp*: dampfen + schmoren ♦ *derb*: schwitzen wie ein Schwein – **2.** → beschlagen (1) – **3.** s. wie ein Schwein: → 1; Blut [und Wasser] s.: → ängstigen (II, 1)
schwitzig: → verschwitzt
Schwof, der: → Tanzveranstaltung
schwofen: → tanzen (1)
schwören: **1.** ⟨*durch Eid versichern*⟩ einen Eid/Schwur ablegen · einen Eid/Schwur leisten · beschwören · beeiden ♦ *gehoben*: beeidigen – **2.** ⟨*nachdrücklich versichern bzw. versprechen*⟩ geloben · bei Gott schwören ♦ *umg*: Stein und Bein/beim Bart des Propheten schwören; → *auch* versichern (I) – **3.** bei Gott/beim Bart des Propheten/Stein und Bein s.: → 2; s. |auf|: → glauben (1)
Schwuchtel, die: → Homosexuelle (I)
schwul: → homosexuell (c)
schwül: **1.** ⟨*feucht u. warm zugleich*⟩ drückend [heiß] · feuchtwarm + gewitterschwül · gewittrig · föhnig ♦ *umg*: demsig (*landsch*); → *auch* heiß (1), warm (1) – **2.** → beängstigend
Schwule, der: → Homosexuelle (I)
Schwüle, die: → Beklemmung
Schwuli, der: → Homosexuelle (I)
Schwulibus: in S. sein: → Verlegenheit (2)
Schwulität, die: **1.** → Verlegenheit (1) – **2.** in Schwulitäten sein: → Verlegenheit (2)
Schwulst, der: **1.** ⟨*überladene Fülle des Ausdrucks, überladener Stil*⟩ Schwülstigkeit · Bombast + Geschwollenheit – **2.** → Geschwulst
schwülstig/schwulstig: bombastisch · geschwollen · geschraubt · hochtönend · hochtrabend · großtönend + blumig · barock · verschnörkelt; → *auch* gekünstelt
Schwülstigkeit, die: → Schwulst (1)
schwummerig: → schwindlig (1)
Schwumse, die: → Prügel (II, 1)
Schwund, der: → Verminderung
Schwung, der: **1.** ⟨*innere Beschwingtheit, mitreißende Kraft*⟩ Elan · Temperament · Dynamik · Drive · Verve · Impetus ♦ *umg*: Pep · Zug · Schmiss; → *auch* Begeisterung (1), Leidenschaft – **2.** → Bewegung (1) – **3.** → Menge (1) – **4.** der S. ist weg (*umg*): ⟨*es ist keine Begeisterung bzw. keine Tatkraft mehr vorhanden*⟩ die Luft ist raus ♦ *salopp*: der Riemen ist runter (*landsch*) – **5.** in S. kommen (*umg*): **a)** ⟨*richtig zu funktionieren beginnen*⟩ in Gang kommen – **b)** ⟨*endlich tätig werden bzw. mit etw. anfangen*⟩ in Gang kommen ♦ *salopp*: in die Gänge kommen · aus der Knete/dem Knick kommen (*landsch*) – **c)** → Stimmung (5) – **6.** in S. geraten: → Stimmung (5); in S. bringen: **a)** → antreiben (2) – **b)** → beleben (I, 2); in S. setzen: → anlassen (I, 1)
schwunglos: → träge
schwungvoll: temperamentvoll · mit Elan + beschwingt ♦ *umg*: schmissig; → *auch* energiegeladen, begeistert (1), lebhaft (1), leidenschaftlich

Schwur, der: **1.** → Eid (1) – **2.** einen S. leisten / ablegen: → schwören (1)
Scoop, der: → Exklusivmeldung
Screen, der: → Bildschirm
sechs: um s. Ecken: → weitläufig (1)
Secondhandgeschäft, das: → Gebrauchtwarenladen
Secondhandladen, der: → Gebrauchtwarenladen
Secondhandshop, der: → Gebrauchtwarenladen
Sedativ[um], das: → Beruhigungsmittel
Sediment, das: **1.** → Bodensatz – **2.** → Sedimentgestein
Sedimentgestein, das (*Geol*): Sediment · Absatzgestein · Schichtgestein
sedimentieren: → niederschlagen (II)
See: I. See, der: ⟨*großes stehendes Gewässer*⟩ Binnensee · Binnenmeer + Gewässer; → *auch* Teich (1) – **II.** See, die: **1.** → Meer – **2.** → Welle (1) – **3.** auf S. bleiben: → ertrinken; in S. stechen / gehen: → hinausfahren (2)
Seebär, der: → Seemann
Seebrücke, die: → Landungsbrücke
Seebuhne, die: → Buhne
Seefahrer, der: → Seemann
Seegang, der: Dünung · Wellengang · Wellenschlag · Wellen + Gewoge
Seejungfrau, die: → Nixe
seekrank: s. sein: *umg*: Neptun / den Fischen opfern · die Fische füttern (*scherzh*); → *auch* übergeben (II)
Seekrankheit, die: → Reisekrankheit
Seele, die: **1.** ⟨*das Geistig-Gefühlsmäßige des Menschen*⟩ Psyche · das Inner[st]e · Innenleben · Seelenleben · Innenwelt · Herz + Wesen; → *auch* Gemüt (1) – **2.** → Bürger (1) – **3.** keine S.: → niemand; ein Herz und eine S. sein: → befreundet; eine S. von Mensch sein: → gutmütig (2); auf die S. binden: → einschärfen (1); sich die S. aus dem Leib reden: → einreden (2); seine S. ausschütten, sich etw. von der S. reden: → anvertrauen (II, 2); sich alles von der S. reden: → aussprechen (II, 1); auf der S. knien: → bedrängen (1); seine S. aushauchen: → sterben (1); in der S. wehtun: → Leid (2); auf der S. brennen: → bedrücken (1); mit Leib und S.: → ganz (1)
Seelenamt, das: → Totenmesse
Seelenbräutigam, der: → Christus (1)
Seelenfriede[n], der: → Ruhe (1)
seelengut: → gutmütig (1)
Seelenhirte, der: → Geistliche
Seelenleben, das: → Seele (1)
seelenlos: 1. ⟨*ohne innere Anteilnahme*⟩ automatenhaft · wie ein Automat – **2.** → gefühllos (1)
Seelenmesse, die: → Totenmesse
Seelenruhe, die: **1.** → Ruhe (1) – **2.** in aller S.: → ruhig (1)
seelenruhig: → ruhig (1)
seelensgut: → gutmütig (1)
seelenvergnügt: → heiter (1)
Seelenverkäufer, der: → Schiff
seelenvoll: beseelt ♦ *gehoben*: durchseelt; → *auch* gefühlvoll (1)
seelisch: psychisch
Seelsorger, der: → Geistliche
seelsorgerisch: pastoral
Seemann, der: Matrose; Seefahrer (*veraltend*); Fahrensmann (*seem*); Janmaat (*scherzh*) + Schiffer ♦ *umg*: Seebär (*scherzh*); → *auch* Matrose (I, 1), Schiffsjunge
Seemannsgarn, das: **1.** → Lügengeschichte – **2.** S. spinnen: → erzählen (2)
Seemannspudding, der: → Auswurf (1)
Seeräuber, der: Pirat; Freibeuter · Korsar · Flibustier · Bukanier · Likendeeler (*hist*); → *auch* Räuber
Seeräuberei, die: Piratentum · Piraterie; Freibeuterei (*hist*)
Seestraße, die: → Wasserstraße
Seestreitkräfte (*Pl*): Kriegsflotte · Flotte · Kriegsmarine · Marine; Armada (*veraltet*); → *auch* Streitkräfte
Seeufer, das: → Ufer (1)
seewärts: + ablandig (*seem*)
Segel, das: unter Segel gehen: → hinausfahren (2); die Segel streichen: → ergeben (II, 1)
Segelboot, das: → Segelschiff
Segeljacht, die: → Segelschiff
segeln: → fliegen (1)
Segelschiff, das: Segler · Windjammer + Segeljacht · Segelboot · Jolle
Segen, der: **1.** *Rel* ⟨*die Bitte um Gottes Gnade für jmdn. od. etw.*⟩ Benediktion (*kathol. Kirche*) – **2.** → Glück (1) – **3.** den S. geben / erteilen / spenden / sprechen: → segnen (1); seinen S. geben: → zustimmen (1); der ganze S.: → alles (1)
segensreich: → einträglich
segensvoll: → einträglich

Segler, der: → Segelschiff
Segment, das (*Math*): Abschnitt + Kreisabschnitt · Kugelabschnitt
segnen: **1.** *Rel* ⟨*Gottes Gnade für jmdn. od. etw. erbitten*⟩ den Segen geben/erteilen/spenden/sprechen; benedeien (*veraltet*); → *auch* weihen (1) – **2.** das Zeitliche s.: → sterben (1)
sehen: **1.** ⟨*den Blick irgendwohin richten bzw. gerichtet halten*⟩ schauen (*bes. süddt österr schweiz*) ♦ *umg*: gucken; kieken (*norddt*); → *auch* ansehen (I, 3), blicken (1), spähen (1) – **2.** → erblicken (1) – **3.** → erkennen (2) – **4.** → feststellen (1) – **5.** → bemerken (1) – **6.** zu s. bekommen: → erblicken (1); s. |nach|, nach dem Rechten s.: → kontrollieren (1); auf die Finger s.: → überwachen (1); kommen s.: → voraussehen; durch die Finger s.: → nachsehen (2); weiße Mäuse s.: → betrunken (2); alles durch eine rosa[rote] Brille s., alles in rosigem Licht s.: → optimistisch (2); durch eine schwarze Brille s.: → schwarz (6); ähnlich s.: → ähneln; s. lassen: → zeigen (I, 3); sich s. lassen: → zeigen (II, 1); sich s. lassen |bei|: → besuchen; sich s. lassen können: → beachtlich (5); nicht mehr s. können: → überdrüssig (1); jmdm. vergeht Hören und Sehen: → staunen (1); haste nicht gesehen: → schnell (1, b)
sehenswert: sehenswürdig · ansehenswert · interessant
sehenswürdig: → sehenswert
Sehenswürdigkeit, die: + Kuriosum
Seher, der: → Weissager
seherisch: → voraussehend
Sehfähigkeit, die: → Sehvermögen
Sehkraft, die: → Sehvermögen
Sehkreis, der: → Gesichtskreis (1)
sehnen, sich: **1.** ⟨*sich schmerzlich hingezogen fühlen*⟩ Sehnsucht haben · von Sehnsucht erfüllt sein; vor Sehnsucht vergehen/verschmachten (*oft scherzh*) – **2.** sich s. |nach|: → Verlangen (4), erwarten (1)
Sehnen, das: → Sehnsucht (1)
sehnig: **1.** → kräftig (1) – **2.** → zäh (2)
sehnlich: → sehnsüchtig
Sehnsucht, die: **1.** ⟨*schmerzl. Gefühl des Hingezogenseins*⟩ Sehnen · Verlangen; Schmachten (*meist scherzh*) + Heimweh · Fernweh · Drang; → *auch* Verlangen (1), Wunsch (1) – **2.** → Verlangen (1) – **3.** mit/voll[er] S.: → sehnsüchtig, S. haben, von S. erfüllt sein, vor S. vergehen/verschmachten: → sehnen, sich (1)
sehnsüchtig: sehnlich · sehnsuchtsvoll · verlangend · mit/voll[er] Sehnsucht/Verlangen
sehnsuchtsvoll: → sehnsüchtig
Sehorgan, das: → Auge (1)
sehr: recht · arg · beachtlich · beträchtlich · bedeutend · ungemein · ausnehmend · denkbar · stark · äußerst · außerordentlich · außergewöhnlich · ungeheuer · überaus · eminent · unsagbar · unsäglich · unbeschreiblich · höchst · zutiefst · aufs Höchste · in hohem Maße · über alle Maßen · in hohem/höchstem Grade; bass (*meist nur noch scherzh od. iron*) + viel · nicht wenig · gar · höchlich[st] · unbändig · abgöttisch · närrisch · bitter[lich] · heillos · horrend · abscheulich · wie die Pest · ohne Grenzen · grenzenlos ♦ *umg*: so · kolossal · riesig · rasend · unheimlich · unsinnig · irrsinnig · wahnsinnig · doll · schrecklich · furchtbar · fürchterlich · entsetzlich · schändlich · verteufelt · verflixt; bannig (*norddt*) + klotzig · lausig · diebisch · sündhaft · mordsmäßig · mörderisch · mörderlich · höllisch · ekelhaft · aasig ♦ *salopp*: verdammt · verflucht; sakrisch (*süddt*)
Sehvermögen, das: Sehkraft · Sehfähigkeit · Augenlicht · Gesichtssinn; Gesicht (*veraltend*)
Seich, der: **1.** → Urin (1) – **2.** → Geschwätz (1)
Seiche, die: → Urin (1)
seichen: **1.** → austreten (1) – **2.** → regnen (1) – **3.** → schwafeln
seicht: **1.** → flach (1) – **2.** → oberflächlich (1)
seidenweich: → weich (1, a)
Seifenblase, die: wie eine S. zerplatzen: → scheitern (b)
Seifensieder, der: jmdm. geht ein S. auf: → erkennen (1)
Seihe, die: → Filter
seihen: → durchsieben (I)
Seiher, der: → Filter
seihern: → schwafeln
Seihpapier, das: → Filter
Seihtuch, das: → Filter
Seil, das: **1.** ⟨*sehr dicke Schnur*⟩ Leine · Strick · Tau · Strang; Reep · Fall · Trosse (*seem*) + Kabel · Drahtseil · Stahlseil – **2.** am gleichen/selben S. ziehen: → zusammenarbeiten

Seilbahn, die: → Drahtseilbahn
Seilschaft, die: → Clique
seimig: → dickflüssig
sein: 1. → bestehen (1) – **2.** → bilden (I, 1) – **3.** → leben (1) – **4.** → aufhalten (II, 1), befinden (II, 1) – **5.** → stattfinden – **6.** → geschehen (1) – **7.** s. lassen: → unterlassen; nicht mehr s.: → tot (4)
Sein, das: **1.** → Dasein (1) – **2.** → Leben (1)
Seine: I. Seine, das: → Besitz (1) – **II.** die Seinen: → Verwandtschaft (1)
seinerzeit: → damals
seinerzeitig: → ehemalig
seinethalben: → seinetwegen
seinetwegen: seinethalben · um seinetwillen
seinetwillen: um s.: → seinetwegen
Seinige: I. Seinige, das: → Besitz (1) – **II.** die Seinigen: → Verwandtschaft (1)
seit: 1. → seitdem (1 *u.* 2) – **2.** s. dieser Zeit, s. damals: → seitdem (1); s. je[her], s. eh und je: → immer (2); s. kurzem: → neuerdings (1); s. langem: → lange (2)
seitab: → abseits
seitdem: 1. ⟨*von einer bestimmten Zeit an*⟩ seit · seither · seit jener/dieser Zeit · seit damals · von da an; von Stund an (*veraltend*) + seitherig; → *auch* danach (1) – **2.** ⟨*zeitl. Konjunktion*⟩ seit
Seite, die: **1.** ⟨*linke od. rechte Begrenzung*⟩ Seitenteil + Richtung – **2.** → Eigenschaft – **3.** auf/an der S.: → seitlich (1); auf dieser S.: → diesseits; zur S. hin, nach der S.: → seitwärts (1); auf beiden Seiten: → beiderseits; an jmds. grüner S.: → links (1); jmds. schwache S.: → Schwäche (2); jmds. starke S.: → Stärke (2); S. an S.: → gemeinsam (1); auf die/zur S. bringen: → stehlen (1); auf die S. schaffen: **a)** → ermorden – **b)** → wegräumen (1); auf die S. räumen: → wegräumen (1); auf die S. legen: → sparen (1); von der S. ansehen: → verachten (1); [mit Rat und Tat] zur S. stehen: → helfen (1); zur S. rücken: → abrücken (1); zur S. schieben: **a)** → abrücken (1) – **b)** → verdrängen (1); zur S. drängen: → verdrängen (1); zur S. treten: → bescheiden (I, 8)
Seitenansicht, die: **1.** ⟨*Ansicht eines Kopfes od. Körpers von der Seite*⟩ Profil · Seitenbild – **2.** ⟨*Ansicht eines Gebäudes od. Gegenstandes von der Seite*⟩ Seitenbild + Seitenriss
Seitenbild, das: → Seitenansicht (1 *u.* 2)
Seiteneingang, der: Nebentür · Nebeneingang · Seitenpforte · Seitenportal
Seiteneinsteiger, der (*umg*): Quereinsteiger
Seitengewehr, das: Bajonett
Seitenhieb, der: → Anspielung (1)
Seitenpforte, die: → Seiteneingang
Seitenportal, das: → Seiteneingang
Seitenriss, der: → Seitenansicht (2)
seitens: 1. → aufseiten – **2.** → vonseiten
Seitensprung, der: → Untreue (2)
Seitenteil, der: → Seite (1)
seitenverkehrt: 1. → spiegelbildlich – **2.** → verkehrt (1)
Seitenwagen, der: → Beiwagen
seither: 1. → seitdem (1) – **2.** → bisher
seitherig: → seitdem (1)
seitlich: 1. ⟨*örtlich*⟩ auf/an der Seite; lateral (*fachspr*); → *auch* seitwärts (1) – **2.** → daneben (1) – **3.** s. |von|: → neben (1)
seitwärts: 1. ⟨*in Richtung auf eine Seite*⟩ zur Seite hin · nach der Seite; → *auch* seitlich (1) – **2.** sich s. in die Büsche schlagen: → wegschleichen (I)
sekkant: → aufdringlich (1)
sekkieren: → quälen (I, 2)
sekret: → geheim (1)
Sekret, das: Ausscheidung
Sekretär, der: → Protokollant
Sekretariat, das: → Büro (1)
Sekretärin, die: Vorzimmerdame
sekretieren: → ausscheiden (1)
Sekretion, die: → Ausscheidung (1)
Sekt, der: → Champagner
Sektierer, der: → Abtrünnige
sektiererisch: → abtrünnig
Sektion, die: **1.** → Obduktion – **2.** → Gruppe (2) – **3.** → Ausschuss (1) – **4.** → Abteilung (II, 3)
Sektor, der: **1.** → Ausschnitt (2) – **2.** → Bereich (1)
Sekundant, der: → Helfer (1)
sekundär: → nebensächlich
Sekundärrohstoff, der: → Altstoff
Sekundarschule, die: → Realschule
Sekunde, die: **1.** → Augenblick (1) – **2.** auf die S. [genau]: → pünktlich (1)
sekundieren: → helfen (1)
Sekurität, die: → Sicherheit (1)
selbe: am selben Strang/Seil ziehen: → zusammenarbeiten
selber: 1. → persönlich (1) – **2.** von s.: **a)** → unaufgefordert (1) – **b)** → selbsttätig; sich von s. verstehen: → selbstverständlich (3)

selbst: 1. → persönlich (1) – **2.** → sogar (1) – **3.** von s.: **a)** → unaufgefordert (1) – **b)** → selbsttätig; wie von s.: → mechanisch; für sich s.: → eigen (5); sich s. besiegen: → überwinden (II, 1); sich s. nicht mehr kennen: → Beherrschung (2, a); sich s. richten/töten/umbringen: → Selbstmord (2); s. verschuldet: → hausgemacht; an sich s. arbeiten: → vervollkommnen (II, 1); sich s. überlassen: → verlassen (I, 2); sich von s. verstehen, für sich s. sprechen: → selbstverständlich (3)
Selbstachtung, die: **1.** → Ehre (1) – **2.** → Selbstbewusstsein
selbständig: 1. ⟨*nicht [mehr] auf anderer Hilfe angewiesen*⟩ eigenverantwortlich · eigenständig; flügge (*scherzh*) + souverän; → *auch* unabhängig (1), eigenmächtig – **2.** → unabhängig (1) – **3.** → souverän (1) – **4.** s. sein: ⟨*ohne fremde Hilfe auskommen*⟩ auf eigenen Beinen/Füßen stehen – **5.** sich s. machen: **a)** ⟨*einen Betrieb bzw. ein Geschäft ins Leben rufen*⟩ ein Unternehmen gründen · Unternehmer werden · sich auf eigene Füße stellen ♦ *umg*: ein Unternehmen aufmachen – **b)** → verloren (4)
Selbständigkeit, die: **1.** ⟨*das Selbständigsein*⟩ Eigenverantwortlichkeit · Eigenständigkeit – **2.** → Unabhängigkeit – **3.** → Souveränität (1)
Selbstanklage, die: → Reue (1)
Selbstaufopferung, die: → Selbstlosigkeit
Selbstbefleckung, die: → Selbstbefriedigung
Selbstbefriedigung, die: Masturbation · Ipsation · Onanie; Selbstbefleckung (*veraltend*)
Selbstbeherrschung, die: **1.** ⟨*die Fähigkeit, sich selbst in der Gewalt zu haben*⟩ Selbstdisziplin · Selbstzucht · Selbstbezähmung · Selbstbezwingung + Zügelung; → *auch* Beherrschung (1) – **2.** die S. behalten/bewahren: → beherrschen (II); die S. verlieren: → Beherrschung (2, a)
Selbstbesinnung, die: *gehoben*: Einkehr
Selbstbestimmung, die: → Selbstbestimmungsrecht
Selbstbestimmungsrecht, das: Selbstbestimmung + Souveränität · Autonomie
Selbstbetrug, der: Selbsttäuschung · frommer Betrug
selbstbewusst: selbstsicher · [erfolgs-]sicher; → *auch* stolz (1), überheblich, siegessicher (1)
Selbstbewusstsein, das: Selbstsicherheit · Selbstvertrauen · Selbstgefühl · Sicherheit + Selbstachtung · Stolz
Selbstbezähmung, die: → Selbstbeherrschung (1)
Selbstbezwingung, die: → Selbstbeherrschung (1)
Selbstbinder, der: → Krawatte (1)
Selbstbiografie, die: → Autobiografie
Selbstdisziplin, die: → Selbstbeherrschung (1)
Selbstentäußerung, die: → Selbstlosigkeit
Selbstentleibung, die: → Selbstmord (1)
selbstgefällig: 1. → eitel (1) – **2.** → eingebildet (1), überheblich
Selbstgefälligkeit, die: **1.** → Eitelkeit (1) – **2.** → Überheblichkeit
Selbstgefühl, das: → Selbstbewusstsein
selbstgerecht: → überheblich
selbstherrlich: 1. → eigenmächtig – **2.** → herrschsüchtig (1) – **3.** → überheblich
Selbstherrschaft, die: → Alleinherrschaft
Selbstherrscher, der: → Alleinherrscher
Selbsthilfe, die: Eigenhilfe · Eigeninitiative + Faustrecht
selbstisch: → selbstsüchtig
Selbstkosten (*Pl*): → Herstellungskosten
Selbstlob, das: → Eigenlob
selbstlos: uneigennützig · altruistisch · unter Hintansetzung der eigenen Person; → *auch* hochherzig, opferbereit, entsagungsvoll
Selbstlosigkeit, die: Uneigennützigkeit · Altruismus · Selbstverleugnung · Selbstaufopferung ♦ *gehoben*: Selbstentäußerung; → *auch* Hochherzigkeit, Verzicht (1)
Selbstmord, der: **1.** ⟨*das freiwillige Aus-dem-Leben-Scheiden*⟩ Freitod · Suizid; Selbsttötung (*amtsspr*) + Harakiri ♦ *gehoben*: Selbstentleibung – **2.** S. begehen: ⟨*sein eigenes Leben auslöschen*⟩ Selbstmord verüben · den Freitod wählen · Suizid begehen/verüben · sich [selbst] töten/umbringen · sich das Leben nehmen · sich ums Leben bringen · Hand an sich legen · von eigener Hand sterben · sich etw. antun · das Leben wegwerfen · seinem Leben ein Ende machen + sich [selbst] richten ♦ *gehoben*: sich ein Leid antun · sich entleiben · freiwillig aus dem Leben/aus der Welt scheiden · freiwillig aus der Welt gehen ♦ *umg*: Schluss machen; → *auch* erhängen (II), erschießen (II), ertränken (II), vergiften (II) – **3.** S. verüben: → 2

selbstredend: **1.** → selbstverständlich (1) – **2.** → ja (1)
selbstsicher: → selbstbewusst
Selbstsicherheit, die: → Selbstbewusstsein
Selbstsucht, die: Egoismus · Ichsucht · Eigennutz · Eigennützigkeit · Eigensucht + Eigenliebe; → *auch* Rücksichtslosigkeit
selbstsüchtig: egoistisch · ichsüchtig · eigennützig · eigensüchtig · selbstisch; → *auch* rücksichtslos (1)
selbsttätig: automatisch · von selbst ♦ *umg*: von selber
Selbsttäuschung, die: → Selbstbetrug
Selbsttötung, die: → Selbstmord (1)
Selbstüberhebung, die: **1.** → Überheblichkeit – **2.** → Größenwahn
Selbstverdammung, die: → Reue (1)
Selbstvergötterung, die: → Eigenlob
Selbstverherrlichung, die: → Eigenlob
Selbstverleugnung, die: → Selbstlosigkeit
selbstverständlich: **1.** ⟨*keiner Erklärung od. Begründung bedürfend*⟩ selbstredend · natürlich · natürlicherweise · ohne Frage · freilich + allerdings · anstandslos ♦ *umg*: klar · logisch + klarer Fall · eisern · Ehrensache ♦ *salopp*: logo (*jugendspr*) ♦ *derb*: arschklar; → *auch* sicher (4) – **2.** → ja (1) – **3.** s. sein: ⟨*keiner Erklärung od. Begründung bedürfen*⟩ sich von selbst verstehen · für sich selbst sprechen · sich am Rande verstehen ♦ *umg*: sich von selber verstehen ♦ *salopp*: klar wie Kloßbrühe / wie dicke Tinte sein (*scherzh*)
Selbstverständlichkeit, die: → Gemeinplatz
Selbstvertrauen, das: → Selbstbewusstsein
Selbstverurteilung, die: → Reue (1)
Selbstvorwurf, der: → Reue (1)
Selbstwertgefühl, das: → Ehre (1)
Selbstzucht, die: → Selbstbeherrschung (1)
selchen: → räuchern (1)
Selcher, der: → Fleischer
Selchfleisch, das: → Rauchfleisch
selegieren: → aussuchen (1)
selektieren: → aussuchen (1)
Selektion, die: → Auswahl (1)
selektionieren: → aussuchen (1)
selig: **1.** → glücklich (2) – **2.** → verstorben – **3.** → heilig (2) – **4.** die Insel / Gefilde der Seligen: → Jenseits (1, b); seligen Angedenkens: → verstorben
Seligkeit, die: **1.** *Rel* ⟨*ewige Glückseligkeit nach dem Tode*⟩ Heil – **2.** → Glück (3)
Seller, der: → Verkaufsschlager
selten: **1.** ⟨*kaum noch irgendwo existierend*⟩ rar ♦ *umg*: dünn gesät; → *auch* spärlich (1), vereinzelt (1) – **2.** ⟨*kaum je geschehend*⟩ fast nie ♦ *umg*: alle Jubeljahre; → *auch* manchmal – **3.** nicht s.: → oft
Seltenheit, die: Rarität · weißer Rabe / Sperling + Ausnahme · Besonderheit
Selters, das: → Mineralwasser
Selter[s]wasser, das: → Mineralwasser
seltsam: **1.** → merkwürdig – **2.** → schrullig (1) – **3.** seltsamer Vogel: → Sonderling; s. anmuten: → wundern (I)
seltsamerweise: → merkwürdigerweise
Seltsamkeit, die: → Merkwürdigkeit
Semester, das: altes S.: → Greis
Semmel, die: **1.** → Brötchen – **2.** weggehen / abgehen wie warme Semmeln: → begehrt (2)
semmelblond: → blond (1)
Sendbote, der: → Bote (1)
Sendbrief, der: → Brief (2)
Sendeanlage, die: → Sender
Sendefolge, die: → Programm (1, b)
senden: **1.** ⟨*durch Rundfunk od. Fernsehen verbreiten*⟩ ausstrahlen · übertragen · bringen – **2.** → schicken (I, 1 *u.* 2) – **3.** einen Gruß / Grüße s.: → grüßen (2)
Sendepause, die: S. haben: → schweigen (1)
Sender, der: Sendeanlage · Sendestation + Rundfunksender · Fernsehsender · Funkstation
Sendestation, die: → Sender
Sendschreiben, das: → Brief (2)
Sendung, die: **1.** ⟨*von Rundfunk od. Fernsehen ausgestrahltes Programm*⟩ Übertragung + Rundfunksendung · Fernsehsendung – **2.** → Übersendung – **3.** → Postsendung – **4.** → Bestimmung (2)
Seneszenz, die: → Altwerden
Senf, der: **1.** ⟨*Gewürz*⟩ Mostrich · Mostert (*landsch*) – **2.** seinen S. dazugeben: → mitreden
Senge, die: **1.** → Prügel (II, 1) – **2.** S. geben: → verprügeln
sengen: s. und brennen: → brandschatzen
sengerig: → brenzlig (1)
senil: **1.** → alt (1) – **2.** → verkalkt (1) – **3.** s. werden: → altern (1)
Senior, der: → Altmeister
Seniorenheim, das: → Altenheim
Senkblei, das: → Lot (1)

Senke, die: → Mulde (1)
Senkel, der: **1.** → Schnürsenkel – **2.** auf den S. gehen: → belästigen (1)
senken: I. senken: **1.** ⟨*die Preise niedriger machen*⟩ herabsetzen · heruntersetzen · ermäßigen · nachlassen · verbilligen · absenken · abbauen · heruntergehen |mit|; zurücksetzen (*landsch*) + ablassen ♦ *umg*: herunterfahren – **2.** → herunterlassen – **3.** mit gesenktem Haupt, gesenkten Hauptes: → niedergeschlagen (1) – **II.** senken, sich: ⟨*sinken u. dadurch niedriger werden*⟩ sich setzen · sich absenken · absinken · einsinken · zusammensinken + sich neigen ♦ *umg*: [ab]sacken · einsacken · zusammensacken; → *auch* sinken (1), abfallen (2)
Senker, der: Ableger · Absenker + Steckling · Steckreis; → *auch* Pfropfreis, Schössling
Senkgrube, die: Sickergrube + Kloake
Senkloch, das: → Gully
Senklot, das: → Lot (1)
senkrecht: 1. ⟨*im rechten Winkel zu einer Ebene*⟩ lotrecht · vertikal; → *auch* steil (2) – **2.** → rechtschaffen – **3.** immer s.: → standhaft (1)
Senkrechtstarter, der: **1.** ⟨*senkrecht startendes u. landendes Flugzeug*⟩ Coleopter · VTOL-Flugzeug – **2.** ⟨*jmd., der sehr schnell großen Erfolg hat*⟩ Shootingstar + Erfolgsmensch
Senkung, die: **1.** → Preissenkung – **2.** → Gefälle (1)
Senn, der: → Senner
Senne: I. Senne, der: → Senner – **II.** Senne, die: → Alm
Senner, der: Senn (*süddt österr schweiz*); Senne · Schwaiger (*süddt österr*); Almer (*österr*)
Sensation, die: **1.** → Aufsehen (1) – **2.** → Hauptattraktion
sensationell: Aufsehen erregend · spektakulär · eklatant; → *auch* eindrucksvoll, bedeutsam (1)
Sensationsblatt, das: → Zeitung (I, 1)
Sensationspresse, die (*abwert*): Boulevardpresse · Regenbogenpresse · Revolverpresse · Skandalpresse · Journaille; Asphaltpresse (*veraltend*); → *auch* Zeitung (I, 1)
Sensationsprozess, der: → Prozess (1)
Sense, die: **1.** ⟨*Mähwerkzeug*⟩ + Sichel · Hippe – **2.** → genug (2) – **3.** jetzt ist S.: → genug (2)
sensen: → [1]mähen
Sensenmann, der: → Tod (2)
sensibel: 1. → empfindsam (1) – **2.** → gefühlvoll (1)
Sensibilität, die: → Empfindsamkeit (1)
sensitiv: 1. → empfindsam (1) – **2.** → gefühlvoll (1)
Sentenz, die: **1.** → Sinnspruch – **2.** → Ausspruch
sentimental: → rührselig (1)
Sentimentalität, die: → Rührseligkeit
separat: 1. → besonders (1) – **2.** → einzeln (1)
Separation, die: **1.** → Trennung (1 *u.* 2) – **2.** → Absonderung (1)
Separator, der: → Zentrifuge
separieren: I. separieren: **1.** → trennen (I, 1) – **2.** → absondern (I, 1) – **II.** separieren, sich: → absondern (II)
sepia: → braun (1)
Sepsis, die: → Blutvergiftung
Sequenz, die: → Reihenfolge
Sequestration, die: → Zwangsverwaltung
Serie, die: **1.** ⟨*Gruppe gleichartiger Dinge*⟩ Satz · Reihe; Charge (*pharm*) + Garnitur – **2.** → Menge (1)
seriös: 1. → ernst (2) – **2.** → zuverlässig (1)
Seriosität, die: **1.** → Ernst (1) – **2.** → Zuverlässigkeit
Sermon, der: → Geschwätz (1)
Serpentine, die: **1.** ⟨*in Windungen ansteigender Weg*⟩ Zickzackweg – **2.** → Windung (1)
Serum, das: → Blutserum
[1]Service, das: → Tafelgeschirr
[2]Service: I. Service, der *od.* das: → Kundendienst – **II.** Service, der: → Bedienung (3)
servieren: → auftischen (1)
Serviererin, die: → Kellnerin
Servierfräulein, das: → Kellnerin
Serviermädchen, das: → Kellnerin
Serviertisch, der: → Anrichtetisch
Serviertochter, die: → Kellnerin
Servierwagen, der: → Anrichtetisch
Serviette, die: Mundtuch
servil: → unterwürfig
Servilität, die: → Unterwürfigkeit
servus: → Wiedersehen (1)
Sessel, der: → Stuhl (1)
sesshaft: 1. → ansässig (1) – **2.** s. werden, sich s. machen: → niederlassen (II, 1)
Session, die: → Sitzung (1)

Setzei, das: → Spiegelei
setzen: I. setzen: **1.** → stellen (I, 1) – **2.** → werfen (I, 2) – **3.** → pflanzen (I, 1) – **4.** → wetten – **5.** auf den/zu Boden s.: → absetzen (I, 1); einen Fuß vor den anderen s.: → gehen (1); s. |über|: → springen (1); seinen Namen s. |unter|: → unterschreiben; die Flagge s.: → flaggen; ein Kind in die Welt s.: → zeugen (1); in Verse/Reime s.: → ²dichten (1, b); in Umlauf s.: → verbreiten (I, 1); unter Wasser s.: → überschwemmen; in Brand s.: **a)** → anzünden (1, a) – **b)** → Feuer (7); in Flammen s., den roten Hahn aufs Dach s.: → Feuer (7); in Betrieb/Gang/Bewegung/Schwung s.: → anlassen (I, 1); hinter Schloss und Riegel s.: → einsperren (1); in Freiheit/auf freien Fuß s.: → entlassen (1); auf die Straße s.: → entlassen (2); an die [frische] Luft/vor die Tür s., den Stuhl vor die Tür s.: **a)** → entlassen (2) – **b)** → hinauswerfen (1); außer Gefecht s.: **a)** → kampfunfähig (2) – **b)** → besiegen (I); matt s.: → besiegen (I); in den Sand s.: → Misserfolg (2); unter Druck s.: **a)** → bearbeiten (2) – **b)** → zwingen (1); den Daumen aufs Auge/die Pistole auf die Brust/das Messer an die Kehle s.: → zwingen (1); instand s.: **a)** → ermöglichen (1) – **b)** → reparieren; wieder instand s.: → reparieren; den Punkt aufs i s.: → vollenden (I, 1); Himmel und Hölle in Bewegung s.: **a)** → versuchen (I, 4) – **b)** → bemühen (II, 1); über andere s.: → bevorzugen; sich zum Ziel/in den Kopf s.: → vornehmen (2); alles aufs Spiel/auf eine Karte s.: → wagen (2); in Kenntnis s.: → unterrichten (1); einen Floh ins Ohr/Flausen in den Kopf s.: → einreden (1); eine Laus in den Pelz s.: → ärgern (I); in ein schlechtes Licht s.: → verleumden (1); in Erstaunen/Verwunderung s.: → wundern (I); aufs falsche Pferd s.: → irren (II) – **II.** setzen, sich: **1.** ⟨*sitzende Stellung einnehmen*⟩ Platz nehmen · sich hinsetzen · sich niedersetzen · sich niederlassen · seinen Platz/die Plätze/Sitze einnehmen; niedersitzen (*landsch*) + es sich bequem machen ♦ *umg*: sich platzieren · sich auf seine vier Buchstaben/seinen Allerwertesten setzen (*scherzh*) + sich pflanzen ♦ *salopp*: sich hinhocken – **2.** → niederschlagen (II) – **3.** → beruhigen (II, 1, b) – **4.** → senken (II) – **5.** sich auf seine vier Buchstaben s.: → II, 1; sich auf seinen Allerwertesten s.: **a)** → II, 1 – **b)** → hinfallen; sich [tüchtig] auf die Hosen/den Hosenboden s.: → lernen; sich in die Sonne s.: → sonnen (II); sich in Bewegung s.: → abfahren (1, a), anfahren (1); sich in Marsch s.: → abmarschieren; sich zur Wehr s.: → verteidigen (II); sich zur Ruhe s.: → zurückziehen (II, 1); sich in die Nesseln/in ein Wespennest s.: → schaden (3)
Seuche, die: Epidemie + Pandemie · Infektionskrankheit; → *auch* Krankheit
seufzen: 1. ⟨*tief u. hörbar ein- u. ausatmen*⟩ einen Seufzer ausstoßen; → *auch* aufstöhnen – **2.** s. |nach|: → Verlangen (4)
Seufzer, der: **1.** ⟨*einmaliges Seufzen*⟩ Stoßseufzer · Ächzer + Schluchzer · Schmerzensruf – **2.** einen S. ausstoßen: → seufzen (1); seinen/den letzten S. tun: → sterben (1)
Sex, der: **1.** → Sexappeal – **2.** → Sexualität – **3.** → Geschlechtsverkehr
Sexappeal, der: *umg*: Sex; → *auch* Reiz (2)
Sexboutique, die: → Sexshop
Sexladen, der: → Sexshop
Sexshop, der: Sexboutique · Erotikshop ♦ *umg*: Sexladen; Pornoladen (*meist abwert*)
Sexualdelikt, das: → Sexualstraftat
Sexualgangster, der: → Sexualstraftäter
Sexualität, die: Geschlechtlichkeit · Sexus ♦ *umg*: Sex; → *auch* Sinnlichkeit
Sexualleben, das: → Geschlechtsleben
Sexualmord, der: **1.** → Sexualstraftat – **2.** → Mord (1)
Sexualstraftat, die: Sexualverbrechen · Sittlichkeitsverbrechen · Triebverbrechen · Sexualdelikt · Sittlichkeitsdelikt + Sexualmord · Lustmord; → *auch* Vergewaltigung (1)
Sexualstraftäter, der: Sexualverbrecher · Sittlichkeitsverbrecher · Triebtäter · Triebverbrecher; Sexualgangster · Sittenstrolch (*abwert*); → *auch* Pädophile, Päderast
Sexualtrieb, der: → Geschlechtstrieb
Sexualverbrechen, das: → Sexualstraftat
Sexualverbrecher, der: → Sexualstraftäter
Sexualverkehr, der: → Geschlechtsverkehr
sexuell: 1. → geschlechtlich – **2.** s. reizbar: → erogen
Sexus, der: → Sexualität
sexy: → reizend (1)
sezernieren: → absondern (I, 1)
Sezession, die: → Trennung (1)
sezieren: zerlegen + obduzieren · öffnen

Shakehands, das: → Handschlag (1)
Share, der: → Aktie
Shareholder, der: → Aktionär
shocking: → anstößig (1)
Shootingstar, der: → Senkrechtstarter (2)
Shop, der: → Geschäft (1)
Shopping, das: → Einkaufsbummel
Shoppingcenter, das: → Einkaufszentrum (1)
Show, die: **1.** → Revue (1) – **2.** → Darbietung (1)
Showbusiness, das: → Unterhaltungsindustrie
Show-down, der *od.* das: **1.** → Kraftprobe – **2.** → Entscheidungskampf
Showgeschäft, das: → Unterhaltungsindustrie
Showman, der: → Werbefachmann
Shuttle, der: **1.** → Pendelverkehr – **2.** → Zubringer (1) – **3.** → Raumfähre
Shylock, der: → Wucherer
sibyllinisch: → geheimnisvoll (1)
sic: → so (1)
sich: 1. → einander – **2.** nicht bei s.: → bewusstlos (1); von s. aus, aus s. heraus: → unaufgefordert (1); für s.: **a)** → allein (1) – **b)** → einzeln (1)
Sichel, die: → Sense (1)
sicheln: → [1]mähen
sicher: 1. ⟨*keiner Gefahr* [*mehr*] *ausgesetzt*⟩ ungefährdet · gesichert · in Sicherheit · geschützt · außer Gefahr; → *auch* geborgen (1), ungefährlich – **2.** ⟨*sich bestimmt als Folge ergebend*⟩ [vor]programmiert · unweigerlich · unfehlbar; → *auch* unvermeidlich – **3.** ⟨*bei einem Tun keine Unsicherheit zeigend*⟩ mit nachtwandlerischer Sicherheit – **4.** ⟨*nicht den geringsten Zweifel zulassend*⟩ unbestreitbar · unbestritten · unstreitig · unstrittig · unanfechtbar · unangreifbar · unwiderlegbar · unwiderleglich · unzweifelhaft · unbezweifelbar · zweifelsfrei · außer Zweifel · hieb- und stichfest · zuverlässig · unleugbar · authentisch · verbürgt · erwiesen + fundiert · ausgemacht · untrüglich · hundertprozentig ♦ *umg*: garantiert · unter Garantie · todsicher · bombensicher · sicher wie das Amen in der Kirche; → *auch* gewiss (1), selbstverständlich (1) – **5.** → selbstbewusst – **6.** → fest (1) – **7.** → wahrscheinlich – **8.** s. sein: **a)** ⟨*eine Position sicher behaupten*⟩ fest im Sattel sitzen – **b)** → feststehen – **9.** s. wie das Amen in der Kirche: → 4; in sicheren Händen: → geborgen (1); langsam, aber s.: → allmählich; Nummer Sicher: → Strafvollzugsanstalt; auf Nummer Sicher sitzen: → gefangen (2); auf Nummer Sicher gehen: **a)** → versichern (II, 2) – **b)** → vergewissern, sich
sichergehen: a) → versichern (II, 2) – **b)** → vergewissern, sich
Sicherheit, die: **1.** ⟨*das Ungefährdetsein*⟩ Geborgenheit · Geborgensein; Sekurität (*veraltend*) – **2.** ⟨*das eine Forderung Sichernde*⟩ Deckung (*Finanzw*) – **3.** → Bürgschaft (1) – **4.** → Überzeugung (1) – **5.** → Selbstbewusstsein – **6.** S. leisten: → bürgen; mit nachtwandlerischer S.: → sicher (3); in S.: → sicher (1); in S. bringen: → retten (1)
Sicherheitskräfte (*Pl*): → Polizei (1)
Sicherheitsleistung, die: → Bürgschaft (1)
Sicherheitsmaßnahme, die: Sicherheitsvorkehrung · Sicherung
Sicherheitsrisiko, das: → Gefahr (1)
Sicherheitsschloss, das: → Schloss (2)
Sicherheitsvorkehrung, die: → Sicherheitsmaßnahme
sicherlich: → gewiss (1)
sichern: 1. → schützen (I, 1) – **2.** → sicherstellen (1) – **3.** → gewährleisten – **4.** → spähen (1)
sicherstellen: 1. ⟨*vor drohender Wegnahme od. Vernichtung bewahren*⟩ sichern · in Verwahrung/Gewahrsam nehmen · sich versichern |einer Sache|; → *auch* aufbewahren – **2.** → zurücklegen (3) – **3.** → gewährleisten – **4.** sichergestellt sein: ⟨*so weit erledigt bzw. gediehen sein, dass das gewünschte Ergebnis nicht mehr gefährdet ist*⟩ unter Dach und Fach sein ♦ *umg*: in trockenen Tüchern sein · in Sack und Tüten sein
Sicherung, die: **1.** → Schutz (1) – **2.** → Sicherheitsmaßnahme – **3.** → Bürgschaft (1)
Sicherungsübereignung, die: → Verpfändung
Sicherungsverwahrung, die: → Haft (1)
Sicht, die: **1.** ⟨*Sehmöglichkeit über eine größere Entfernung*⟩ Sichtverhältnisse – **2.** → Standpunkt (1) – **3.** in S.: → sichtbar (1); auf lange/weite S.: → weitblickend
sichtbar: 1. ⟨*mit den Augen aufnehmbar*⟩ erkennbar + in Sicht · kenntlich ♦ *gehoben*: schaubar; → *auch* wahrnehmbar (1) – **2.** → deutlich (1) – **3.** → offenkundig (1) – **4.** s. machen: **a)** → zeigen (I, 2) – **b)** → freilegen

sichten: **1.** → erspähen – **2.** → bemerken (1) – **3.** → durchsehen (2)
Sichtgrenze, die: → Horizont (1)
sichtlich: **1.** → offenkundig (1) – **2.** → merklich
Sichtung, die: → Musterung
Sichtverhältnisse (*Pl*): → Sicht (1)
Sichvornehmen, das: → Absicht (1)
Sickerbrunnen, der: → Brunnen (1)
Sickergraben, der: → Entwässerungsgraben
Sickergrube, die: → Senkgrube
sickern: → fließen (1)
Sieb, das: **1.** ⟨*Gerät zum Trennen von Bestandteilen*⟩ Reiter (*süddt österr*) + Durchschlag; → *auch* Filter – **2.** ein Gedächtnis wie ein S. haben: → vergesslich (2)
[1]**sieben:** **1.** → durchsieben (I) – **2.** → aussondern (1) – **3.** gesiebte Luft atmen: → gefangen (2)
[2]**sieben:** die s. Zwetschgen: **a)** → Besitz (1) – **b)** → Gepäck; ein Buch mit s. Siegeln: → unverständlich (1)
Sieben, die: böse S.: → Xanthippe
siebengescheit: → überklug (1)
Siebenmeilenstiefel (*Pl*): mit Siebenmeilenstiefeln: → schnell (1, a)
Siebensachen (*Pl*): **1.** → Besitz (1) – **2.** → Gepäck
siebente: im siebenten Himmel schweben: → verliebt (2); sich wie im siebenten Himmel fühlen: → glücklich (4)
siech: → krank (1)
Siechenhaus, das: → Pflegeheim
Siechtum, das: → Krankheit
Siedegrad, der: → Siedepunkt (1)
siedeheiß: → heiß (1)
Siedehitze, die: **1.** → Hitze (1) – **2.** → Siedepunkt (1) – **3.** zur S. treiben: → aufregen (I, 1)
siedeln: → niederlassen (II, 1)
sieden: → kochen (2)
siedend: → kochend (1)
Siedepunkt, der: **1.** ⟨*Temperatur, bei der eine Flüssigkeit siedet*⟩ Siedetemperatur · Siedegrad · Siedehitze – **2.** → Höhepunkt
Siedetemperatur, die: → Siedepunkt (1)
Siedler, der: Ansiedler · Kolonist; → *auch* Farmer
Siedlung, die: Ansiedlung · Niederlassung · Kolonie; → *auch* Ort (2), Wohnsiedlung
Sieg, der: den S. davontragen / erkämpfen / erringen / erfechten / erlangen, die Palme des Sieges erringen: → siegen
Siegel, das: **1.** ⟨*Abdruck eines Stempels in einer Masse*⟩ Amtssiegel + Stempel – **2.** Brief und S. geben: → versichern (I); ein Buch mit sieben Siegeln: → unverständlich (1); unter dem S. der Verschwiegenheit: → vertraulich (2)
siegeln: → versiegeln
siegen: den Sieg davontragen / erkämpfen / erringen / erfechten / erlangen · Sieger bleiben · als Sieger hervorgehen |aus| · gewinnen · die Oberhand gewinnen / behalten · den Preis davontragen / gewinnen · triumphieren ♦ *gehoben*: die Palme des Sieges erringen; obsiegen (*veraltend*) ♦ *umg*: die Nase vorn haben · das Rennen machen; → *auch* besiegen (I)
Sieger, der: **1.** ⟨*Person, die gesiegt hat*⟩ Gewinner + Besieger · Überwinder – **2.** S. bleiben, als S. hervorgehen |aus|: → siegen; zweiter S. sein: → unterliegen (1)
Siegerkranz, der: Lorbeerkranz · Eichenkranz + Ehrenkranz · Ehrenkrone
siegesbewusst: → siegessicher
siegesgewiss: **1.** → siegessicher – **2.** → unerschütterlich
Siegespalme, die: → Preis (2)
Siegespreis, der: → Preis (2)
siegessicher: siegesbewusst · siegesgewiss; → *auch* selbstbewusst
Siegestrophäe, die: → Preis (2)
sieggekrönt: → siegreich
sieghaft: → siegreich
siegreich: erfolgreich; sieghaft (*veraltet*) + preisgekrönt ♦ *gehoben*: erfolggekrönt · sieggekrönt
sielen, sich: **1.** → wälzen (II) – **2.** → faulenzen (1)
Sigel, das: Abkürzungszeichen · Kürzel
Sightseeingtour, die: → Besichtigungsfahrt
Signal, das: **1.** → Zeichen (1), Haltezeichen – **2.** S. geben: → signalisieren (1)
Signalement, das: → Personenbeschreibung
signalisieren: **1.** ⟨*durch Zeichen verständigen*⟩ Signal / Zeichen geben + winken · blinken – **2.** → ankündigen (I)
Signatur, die: **1.** → Merkzeichen – **2.** → Unterschrift (1)
Signet, das: → Markenzeichen
signieren: → unterschreiben
signifikant: **1.** → kennzeichnend – **2.** → wesentlich
Signum, das: **1.** → Zeichen (2) – **2.** → Unterschrift (1)

Silage, die: → Gärfutter
Silbe, die: keine S.: → nichts (1); keine S. verraten: → schweigen (2)
Silbenklauber, der: → Wortklauber
Silbenklauberei, die: → Spitzfindigkeit
Silbenstecher, der: → Wortklauber
Silbenstecherei, die: → Spitzfindigkeit
silbenstecherisch: → spitzfindig (1)
Silbentrennung, die: → Abteilung (I, 1)
Silber, das: **1.** → Silbergeschirr – **2.** → Glanz (1)
Silberblick, der: einen S. haben: → schielen (1)
silberfarben: silberfarbig · silbern
silberfarbig: → silberfarben
Silbergeschirr, das: Silber · Tafelsilber
silberhaarig: → grauhaarig
silberhell: 1. → wohltönend – **2.** → hell (2)
silbern: 1. → silberfarben – **2.** → hell (2)
silberweiß: → weiß (1)
Silentium: → still (2)
Silhouette, die: **1.** → Schattenbild – **2.** → Umriss
silieren (*Landw*): einsilieren · einsäuern
Silo, der *od.* das: → Speicher (1)
Silofutter, das: → Gärfutter
Silvester, der *od.* das: Altjahrsabend · Altjahrstag (*landsch*)
Simandl, das: → Pantoffelheld
simpel: 1. → unkompliziert – **2.** → einfältig (1), dumm (1) – **3.** → schlicht (1)
Simpel, der: → Dummkopf (2)
simpelhaft: → dumm (1)
Simplifikation, die: → Vereinfachung
simplifizieren: → vereinfachen
Simplizität, die: → Einfalt
simulieren: 1. → grübeln – **2.** → verstellen (II) – **3.** → vortäuschen
simultan: → gleichzeitig (1)
Singakademie, die: → Chor (I, 1)
singen: 1. ⟨*mit der Stimme eine Melodie hervorbringen*⟩ summen · trällern · trillern · schmettern; grölen · plärren (*abwert*) + tremolieren · psalmodieren · jodeln · anstimmen – **2.** ⟨*von Vögeln gesagt*: *die Stimme ertönen lassen*⟩ tirilieren · quinkelieren · trillern · pfeifen · schlagen · zwitschern · [t]schilpen · ziepen · piep[s]en – **3.** → ²dichten (1, b) – **4.** → ausplaudern – **5.** die Engel s. hören: → Schmerz (3); ein Loblied s. |auf|, jmds. Lob s.: → loben (1); ein Lied s. können |von|: → kennen (1); in den Schlaf s.: → einschläfern (1)
Singkreis, der: → Chor (I, 1)
Single, der: → Alleinstehende
Singsang, der: → Gesang (1)
Singspiel, das: → Operette
Singstimme, die: → Stimme (1)
singulär: → vereinzelt (1)
Singularität, die: → Eigentümlichkeit (1)
sinken: 1. ⟨*sich im Wasser nach unten bewegen*⟩ untergehen · untersinken · versinken · absinken · in den Fluten/Wellen verschwinden ♦ *umg*: absacken · versacken · [weg]sacken ♦ *derb*: absaufen · wegsaufen; → *auch* senken (II) – **2.** → fallen (2) – **3.** → billig (5) – **4.** → untergehen (1) – **5.** im Preis s.: → billig (6); in Schlaf s.: → einschlafen (1); in Ohnmacht s.: → bewusstlos (2); ins Grab s.: → sterben (1)
Sinkkasten, der: → Gully
Sinn, der: **1.** ⟨*geistiger Gehalt*⟩ Sinngehalt · Bedeutung · Gehalt ♦ *umg*: Message – **2.** → Wesen (1) – **3.** → Wesensart – **4.** → Verständnis (1) – **5.** → Zweck (1) – **6.** dem Sinne nach, dem S. entsprechend: → sinngemäß; im wahrsten Sinne des Wortes: → tatsächlich (2); eines Sinnes sein: → übereinstimmen (1); im S. haben: → beabsichtigen; in den S. kommen: → einfallen (1); [völlig] von Sinnen sein: → verwirrt (3); S. machen: → sinnvoll (3); keinen S. machen, weder S. noch Verstand haben: → sinnlos (3); keinen/wenig S. haben |für|: → verständnislos (2); nicht mehr Herr seiner Sinne sein: **a)** → Beherrschung (2, a) – **b)** → wüten; sich aus dem S. schlagen: → verzichten; seine fünf Sinne woanders haben/nicht beisammenhaben: → unaufmerksam (2); die fünf Sinne zusammen[be]halten/beieinander behalten: → beherrschen (II); seine fünf Sinne zusammennehmen: → konzentrieren (II)
sinnähnlich: → synonym
Sinnbild, das: **1.** → Symbol (1) – **2.** → Bild (I, 3)
sinnbildlich: → bildlich (1)
sinnen: 1. → nachdenken (1) – **2.** s. |auf|: → beabsichtigen
Sinnenfreude, die: → Sinnlichkeit
Sinnenlust, die: → Sinnlichkeit
Sinnenrausch, der: → Wollust (1)
Sinnenreiz, der: → Wollust (1)
Sinnesart, die: **1.** → Gesinnung (1) – **2.** → Denkweise – **3.** → Wesensart
Sinnesreiz, der: → Reiz (1)

Sinnestaumel, der: → Wollust (1)
Sinnestäuschung, die: Halluzination · Trugbild · Täuschung · Schimäre · Phantom · Phantasma · Erscheinung · Vision · Bilder · Gesicht + Fieberfantasie · Wahnvorstellung · Wahnbild · Fata Morgana · Phantasmagorie; → *auch* Einbildung (1), Schein (2), Vorspiegelung
sinnfällig: → anschaulich
Sinngehalt, der: → Sinn (1)
sinngemäß: dem Sinne nach · [dem Sinn] entsprechend · analog
sinngleich: → synonym
sinnieren: → grübeln
Sinnierer, der: → Grübler
sinnig: → sinnvoll (1)
sinnlich: 1. ⟨*auf sexuellen Genuss ausgerichtet*⟩ erotisch · triebhaft · wollüstig · animalisch; fleischlich (*noch scherzh*) + genussfreudig; → *auch* lüstern (1) – **2.** → wahrnehmbar (1) – **3.** sinnliche Liebe: → Sinnlichkeit
Sinnlichkeit, die: Sinnenlust · Sinnenfreude · Erotik · Eros · Triebhaftigkeit; Fleischlichkeit · Fleischeslust (*noch scherzh*) + sinnliche Liebe · Genussfreude; → *auch* Wollust (1), Lüsternheit, Sexualität
sinnlos: 1. ⟨*ohne Sinn, der Vernunft zuwiderlaufend*⟩ töricht · unsinnig · widersinnig · wahnwitzig · irrwitzig + ungereimt ♦ *umg*: blöd[e] · blödsinnig · hirnrissig · hirnverbrannt · schwachsinnig · idiotisch; → *auch* unvernünftig, widersinnig (1) – **2.** → nutzlos (1) – **3.** s. sein: ⟨*ohne Sinn sein*⟩ weder Sinn noch Verstand haben ♦ *umg*: keinen Sinn machen ♦ *salopp*: Asche sein
Sinnlosigkeit, die: Unsinnigkeit · Torheit · Widersinn + Lächerlichkeit ♦ *umg*: Blödsinnigkeit · Idiotie; → *auch* Widersinn (1)
sinnreich: 1. → sinnvoll (1) – **2.** → zweckmäßig
Sinnspruch, der: Sentenz · Denkspruch
sinnverwandt: → synonym
sinnverwirrend: → berauschend
sinnvoll: 1. ⟨*gut überlegt bzw. ausgedacht*⟩ sinnreich · sinnig · vernünftig · mit Verstand; → *auch* zweckmäßig – **2.** → zweckmäßig – **3.** s. sein: ⟨*gut überlegt sein*⟩ *umg*: Sinn machen
sinnwidrig: → falsch (1)
sintemal: → weil
Sintflut, die: → Überschwemmung
Sippe, die: **1.** → Verwandtschaft (1) – **2.** → Familie (1)
Sippschaft, die: **1.** → Clique – **2.** → Gesindel – **3.** → Verwandtschaft (1) – **4.** → Familie (1)
Sirene, die: → Verführerin
sistieren: → verhaften
Sitte, die: **1.** → Gewohnheit (1) – **2.** → Brauch (1) – **3.** → Benehmen (1) – **4.** gegen die gute S.: → anstößig (1)
sittenlos: → unsittlich
Sittenlosigkeit, die: → Unsittlichkeit
sittenstreng: puritanisch · sittlich; → *auch* anständig (1), sittlich (1)
Sittenstrenge, die: → Tugendhaftigkeit
Sittenstrolch, der: → Sexualstraftäter
Sittenverfall, der: Demoralisation · Demoralisierung · moralischer Niedergang
sittlich: 1. ⟨*der Sittlichkeit entsprechend*⟩ moralisch · ethisch; → *auch* sittenstreng – **2.** → sittenstreng
Sittlichkeit, die: **1.** ⟨*Inbegriff des allgemein als gut u. anständig Angesehenen*⟩ Moral · Moralität – **2.** → [1]Anstand (1)
Sittlichkeitsdelikt, das: → Sexualstraftat
Sittlichkeitsverbrechen, das: → Sexualstraftat
Sittlichkeitsverbrecher, der: → Sexualstraftäter
sittsam: → tugendhaft
Sittsamkeit, die: → Tugendhaftigkeit
Situation, die: **1.** → Lage (1) – **2.** → Sachverhalt
Sitz, der: **1.** → Sitzplatz – **2.** → Hocker – **3.** → Abgeordnetensitz – **4.** → Wohnsitz (1) – **5.** die Sitze einnehmen: → setzen (II, 1); auf einen S.: → ununterbrochen
sitzen: 1. ⟨*auf dem Gesäß ruhen*⟩ *umg*: hocken + dahocken; → *auch* ausruhen (I), kauern (I) – **2.** → passen (1, b) – **3.** → gefangen (2) – **4.** → wohnen (1) – **5.** → tagen (1) – **6.** s. bleiben: **a)** ⟨*das Klassenziel nicht erreichen*⟩ nicht versetzt werden ♦ *umg*: hängen/kleben/hocken bleiben – **b)** *umg*: ⟨*von Frauen gesagt: nicht geheiratet werden*⟩ *normalspr*: keinen Mann bekommen + eine alte Jungfer bleiben ♦ *salopp*: den Anschluss verpassen · keinen abbekommen/abkriegen – **7.** s. lassen: → verlassen (I, 2); einen s. haben: → betrunken (2); wie angegossen s., gut s.: → passen (1, b); auf den Eiern s.: → brüten (1); auf dem/seinem Geld s.: → geizig (2); wie auf Nadeln/

[glühenden] Kohlen s.: → ungeduldig (1); auf der Pelle s.: → belästigen (1); fest im Sattel s.: → sicher (8, a); auf der Straße s.: → arbeitslos (2); im Trockenen s.: → geborgen (2); in der Patsche/Schmiere/Tinte s.: → Verlegenheit (2); zu Gericht s. |über|: → verhandeln (2); in Arrest/Haft/im Gefängnis/Zuchthaus/Kerker/Knast/auf Nummer Sicher/bei Wasser und Brot/hinter Gittern/hinter Schloss und Riegel/hinter schwedischen Gardinen s.: → gefangen (2)
Sitzgelegenheit, die: → Sitzplatz
Sitzplatz, der: Sitz • Platz • Sitzgelegenheit
Sitzung, die: **1.** ⟨*das Zusammensein einer Gruppe von Personen zur Behandlung bestimmter Fragen*⟩ Besprechung • Konferenz • Session; → *auch* Beratung (1), Versammlung (1), Tagung – **2.** eine S. haben: → tagen (1); lange/schwere S.: → Gelage (b)
Skabies, die: → Krätze
Skala, die: → Maßeinteilung
Skalde, der: → Dichter (a)
Skale, die: → Maßeinteilung
Skandal, der: **1.** → Schande (1) – **2.** → Lärm (1) – **3.** → Aufsehen (1) – **4.** das ist [ja] ein S.: → unerhört (2)
Skandalblatt, das: → Zeitung (I, 1)
skandalös: 1. → unerhört (1) – **2.** → verwerflich
Skandalpresse, die: → Sensationspresse
Skandalprozess, der: → Prozess (1)
Skat, der: S. spielen: *umg*: skaten • einen [Skat] klopfen ♦ *salopp*: Skat dreschen
Skateboard, das: Roll[er]brett
skaten: → Skat
Skelett, das: **1.** ⟨*aus Knochen bestehender Stützapparat des Körpers*⟩ Knochengerüst • Gerippe + Knochenbau ♦ *gehoben*: Gebein – **2.** → Gerüst (2)
Skepsis, die: **1.** → Zweifel (1) – **2.** → Misstrauen
Skeptiker, der: → Zweifler
skeptisch: 1. → zweiflerisch – **2.** → misstrauisch (1)
Ski, der: **1.** ⟨*Sportgerät zur Fortbewegung auf Schnee*⟩ Schi • Brett; Schneeschuh (*veraltend*); Brettl (*süddt österr*) + Snowboard • Schneebrett – **2.** Ski laufen: ⟨*sich auf Skiern fortbewegen*⟩ Ski fahren • Schi laufen/fahren; Schneeschuh laufen/fahren (*veraltend*)
Skiabfahrt, die: → Abfahrt (2)
Skizze, die: **1.** ⟨*flüchtige, ungenaue Zeichnung*⟩ Handskizze • Faustskizze • Rohzeichnung – **2.** → Entwurf (2) – **3.** → Erzählung (1) – **4.** → Zeichnung (1)
Skizzenblock, der: → Zeichenblock
skizzieren: 1. → entwerfen (1 *u.* 2) – **2.** → darlegen – **3.** → zeichnen (1)
Sklavenarbeit, die: → Mühsal
sklavisch: → unterwürfig
Skonto, der *od.* das: → Rabatt
Skribent, der: → Dichter (a)
Skribifax, der: → Dichter (a)
Skript, das: **1.** → Satzvorlage – **2.** → Drehbuch
Skritzler, der: → Dichter (a)
Skrupel (*Pl*): **1.** → Gewissensbisse (1) – **2.** ohne S.: → gewissenlos
skrupellos: → gewissenlos
skrupulös: → gewissenhaft
Skull, das: → Ruder (1)
skullen: → rudern (1)
Skulptur, die: → [1]Plastik (1)
skurril: → schrullig (1), komisch (1)
Skylab, das: → Raumlabor
Sleeper, der: **1.** → Agent (1) – **2.** → Ermittler
Slip, der: **1.** → Schlüpfer (I) – **2.** → Unterhose (I)
Slipon, der: → Mantel (1)
Slogan, der: → Werbespruch
Slum, der: Elendsviertel + Elendsquartier • Favela
Smalltalk, der: → Gespräch (1)
smart: 1. → raffiniert (1) – **2.** → gewandt (3) – **3.** → elegant (1)
Smoking, der: → Gesellschaftsanzug
Smutje, der: → Koch (1)
Snack, der: → Imbiss (1)
Snob, der: → Geck (1)
Snobismus, der: → Geckenhaftigkeit (1)
snobistisch: 1. → eingebildet (1) – **2.** → geckenhaft (1)
Snowboard, das: → Ski (1)
so: 1. ⟨*eine bestimmte Weise bezeichnend*⟩ auf diese [Art und] Weise • in dieser/der Weise • auf folgende Weise • dahin gehend • derart • derartig • folgendermaßen • folgenderweise • dergestalt • folgendergestalt • dementsprechend • demgemäß • solchermaßen • solcherweise • solcherart • solchergestalt • dieserart + wie folgt • sic – **2.** ⟨*den Grad bezeichnend*⟩ dermaßen • derart • der

artig ♦ *umg*: solch – **3.** → ebenso – **4.** → ungefähr (1) – **5.** → deshalb – **6.** → kostenlos – **7.** → sehr – **8.** nur so: → zufällig; so weit: → fertig (1); so wie: → wie (1); so oder so: **a)** → beliebig (1), irgendwie – **b)** → unbedingt (1); und so weiter/fort: → weiter (5)

sobald: kaum dass · sowie · gerade als + wenn; → *auch* sofort

Socke, die: von den Socken sein: → überrascht (2); sich auf die Socken machen: **a)** → aufbrechen (3) – **b)** → weggehen (1)

Sockel, der: Fuß · Piedestal · Postament

socken: → laufen (1)

sodann: 1. → danach (1) – **2.** → dazu (2)

Sodawasser, das: → Mineralwasser

soeben: → eben (2)

Sofa, das: Couch · Ottomane · Liege; Kanapee · Chaiselongue · Diwan (*veraltend*); Ruhebett (*veraltet*); Lotterbett (*noch scherzh*) + Schlafcouch · Bettcouch; Bettbank (*österr*)

sofern: → wenn (1)

Söffel, der: → Trinker

sofort: [so]gleich · unverzüglich · augenblicklich · augenblicks · im Augenblick · [schnur]stracks · spornstreichs · schleunigst · prompt · umgehend · postwendend · eilenden/stehenden Fußes · auf der Stelle · ohne Verzögerung/Verzug/Aufschub/Aufenthalt; unverweilt · ungesäumt (*veraltend*) + alsbald · direkt · flugs · flink · im Umsehen · auf Anhieb · auf den ersten Hieb · lieber heute als morgen · unmittelbar danach ♦ *umg*: a tempo; stante pede (*scherzh*); → *auch* plötzlich (1), schnell (1, c), eilig (1), sobald

sofortig: augenblicklich · unverzüglich · prompt · schleunig + alsbaldig

Softeis, das: → Speiseeis

Softie, der: → Weichling

Sog, der: **1.** → Strömung (1) – **2.** → Wirbel (1)

sogar: 1. ⟨*über das hinaus*⟩ selbst · mehr noch · ja [sogar] · auch ♦ *umg*: dreist (*landsch*) – **2.** ja s.: → 1

sogleich: → sofort

sohin: → folglich (1)

Sohlbank, die: → Fensterbrett

Sohle, die: **1.** → Schuhsohle (1) – **2.** → Lüge (1) – **3.** vom Scheitel bis zur S.: → oben (3); sich an jmds. Sohlen heften: → verfolgen (1); eine saubere S. aufs Parkett legen, eine kesse S. abdrehen/aufs Parkett legen: → tanzen (1)

sohlen: 1. → besohlen – **2.** → lügen (1)

Sohn, der: Sohnemann (*vertraul*); Filius (*scherzh*); Stammhalter (*meist scherzh*); → *auch* Junge (I, 1), Kind (2)

Sohnemann, der: → Sohn

soigniert: → gepflegt

Soiree, die: **1.** → Abendgesellschaft – **2.** → Abendveranstaltung

solange: 1. → während – **2.** → unterdessen

solch: 1. ⟨*von dieser Art bzw. Gestalt, so geartet*⟩ dementsprechend · dergleichen · derlei · derartig · solcherlei · ebensolch – **2.** → so (2)

solcherart: → so (1)

solchergestalt: → so (1)

solcherlei: → solch (1)

solchermaßen: → so (1)

solcherweise: → so (1)

Sold, der: → Wehrsold

Soldat, der: **1.** S. sein: ⟨*Angehöriger der Streitkräfte sein*⟩ den Wehrdienst [ab]leisten · seine Dienstzeit ableisten ♦ *umg*: beim Bund sein · bei der Armee sein · bei den Soldaten sein; beim Militär sein (*veraltend*); beim Kommiss/Barras sein (*soldatenspr*) ♦ *salopp*: Soldat spielen (*scherzh*) – **2.** S. werden: ⟨*seinen Wehrdienst antreten*⟩ einrücken (*veraltend*) ♦ *umg*: zum Bund gehen · zur Armee gehen; zum Militär gehen (*veraltend*); zum Kommiss gehen (*soldatenspr*) – **3.** bei den Soldaten sein, S. spielen: → 1

soldatisch: → straff (1)

Söldling, der: → Söldner

Söldner, der: Söldling · Landsknecht (*abwert*)

Sole, die: Salzlösung; → *auch* Lake

solenn: → feierlich (1)

Solidarität, die: Gemeinschaftsgeist · Gemeinschaftsgefühl · Zusammengehörigkeitsgefühl · Zusammengehörigkeit · Verbundenheit; → *auch* Gemeinsamkeit

solid[e]: 1. → gediegen (1) – **2.** → haltbar (1) – **3.** → rechtschaffen – **4.** → anständig (1)

Soll, das: **1.** ⟨*die zu erbringende Leistung*⟩ Norm – **2.** ⟨*linke Seite eines Kontos in der Buchführung*⟩ Sollseite · Debet

Sollbestimmung, die: → Gesetz (2)

sollen: müssen · etw. obliegt jmdm.; → *auch* verpflichtet (1)

Söller, der: **1.** → Balkon (1) – **2.** → Dachboden – **3.** → Fußboden (1)
Sollseite, die: → Soll (2)
solo: → allein (1)
solvent: → zahlungsfähig
Solvenz, die: → Zahlungsfähigkeit
Soma, das: → Körper (1)
somatisch: → körperlich
somit: 1. → deshalb – **2.** → folglich (1)
Sommer, der: **1.** ⟨*die warme Jahreszeit*⟩ Sommer[s]zeit – **2.** im S.: ⟨*in der warmen Jahreszeit*⟩ sommers · zur Sommer[s]zeit ♦ *gehoben*: des Sommers – **3.** der fliegende S.: → Altweibersommer (1); S. wie Winter: → immer (1); des Sommers: → 2
Sommeraufenthalt, der: → Erholungsort
Sommerfrische, die: → Erholungsort
Sommerfrischler, der: → Urlauber
Sommerhaus, das: Bungalow · Wochenendhaus · Landhaus · Landsitz · Datsche; → *auch* Haus (1)
Sommerhitze, die: → Hitze (1)
sommerlich: 1. ⟨*den im Sommer herrschenden Temperaturen entsprechend*⟩ hochsommerlich · heiß · tropisch · südlich; → *auch* sonnig (2) – **2.** → warm (1)
sömmern: → sonnen (I)
sommers: → Sommer (2)
Sommerschlussverkauf, der: → Ausverkauf
Sommer[s]zeit, die: **1.** → Sommer (1) – **2.** zur S.: → Sommer (2)
Somnambule, der: → Schlafwandler
somnambulieren: → schlafwandeln
sonach: 1. → deshalb – **2.** → folglich (1)
sonderbar: 1. → merkwürdig – **2.** → schrullig (1)
sonderbarerweise: → merkwürdigerweise
Sonderfall, der: → Ausnahme (1)
Sondergebiet, das: → Spezialgebiet
sondergleichen: → hervorragend (1)
Sonderheit, die: in S.: → besonders (2)
sonderlich: 1. → merkwürdig – **2.** → schrullig (1) – **3.** → besonders (2)
Sonderling, der: Eigenbrötler · Kauz + Hagestolz · Junggeselle ♦ *umg*: Krauter · komischer/ulkiger Knopf · seltsamer Vogel · wunderliche Haut; Kruke (*norddt*); → *auch* Original (1), Einzelgänger
sondern: 1. ⟨*entgegensetzend*⟩ vielmehr; → *auch* dagegen (2) – **2.** → trennen (I, 1) – **3.** → unterscheiden (I)
Sonderrecht, das: → Vorrecht
sonders: samt und s.: **a)** → durchweg – **b)** → [1]alle (1)
Sonderung, die: → Trennung (1)
Sondervergütung, die: → Bonus
Sonderzuwendung, die: Gratifikation; → *auch* Schenkung
sondieren: 1. → erkunden (1) – **2.** das Terrain s.: **a)** → vorfühlen – **b)** → orientieren (II, 2) – **c)** → erkunden (1)
Sondierung, die: → Erkundung (1)
Sonett, das: → Gedicht (1)
Song, der: → Lied (1)
Sonne, die: **1.** ⟨*zentraler Himmelskörper unseres Planetensystems*⟩ *umg*: Klärchen (*landsch scherzh*); → *auch* Stern (1) – **2.** → Stern (1) – **3.** → Sonnenschein (1) – **4.** in die S. legen: → sonnen (I); in der S. liegen, sich in die S. setzen/legen, sich die S. auf den Pelz brennen lassen: → sonnen (II); an die S. kommen: → herauskommen (1)
sonnen: I. sonnen: ⟨*von der Sonne bestrahlen lassen*⟩ in die Sonne legen; sömmern (*landsch*) – **II.** sonnen, sich: ⟨*sich von der Sonne bestrahlen lassen*⟩ ein Sonnenbad nehmen · in der Sonne liegen · sich in die Sonne setzen/legen ♦ *salopp*: sich die Sonne auf den Pelz brennen lassen
Sonnenbad, das: ein S. nehmen: → sonnen (II)
sonnenbraun: → braun (2)
sonnendurchflutet: → sonnig (1)
sonnengebräunt: → braun (2)
sonnenhell: 1. → hell (1) – **2.** → sonnig (1)
sonnenklar: → deutlich (3)
Sonnenlicht, das: → Sonnenschein (1)
Sonnenschein, der: **1.** ⟨*das von der Sonne ausgestrahlte Licht*⟩ Sonne · Sonnenlicht · Sonnenstrahlen + Strahlen · Lichtstrahlen; → *auch* Licht (1) – **2.** → Glück (3)
Sonnenstich, der: einen S. haben: → verrückt (5)
Sonnenstrahlen (*Pl*): → Sonnenschein (1)
sonnenverbrannt: → braun (2)
sonnig: 1. ⟨*vom Sonnenlicht durchflutet*⟩ sonnendurchflutet · durchsonnt · sonnenhell · hell; → *auch* hell (1) – **2.** ⟨*vom Wetter gesagt: mit viel Sonnenschein*⟩ heiter · schön · prächtig · freundlich · strahlend; → *auch* klar (1, b), sommerlich (1) – **3.** → heiter (1)
sonntäglich: + feiertäglich · festtäglich
Sonntagsjäger, der: → Jäger
Sonntagskind, das: → Glückskind
sonor: → wohltönend

sonst: **1.** → andernfalls – **2.** → außerdem (1) – **3.** → früher (1) – **4.** → alias – **5.** s. einer, s. jemand, s. wer: → jemand (1); s. was: → etwas (1); was denn s.: → ja (1)
sonstig: **1.** → anderweitig – **2.** → ehemalig
Sophismus, der: → Fehlschluss
Sophist, der: → Wortklauber
Sophisterei, die: → Spitzfindigkeit
Sophistik, die: → Spitzfindigkeit
sophistisch: → spitzfindig (1)
Sopor, der: → Bewusstlosigkeit
Sore, die: → Raub (1)
Sorge, die: **1.** ⟨*von Furcht u. Hoffnung zugleich verursachtes Gefühl der Unruhe*⟩ Besorgnis · Befürchtung · Bedenken · Beunruhigung · Unruhe · Kümmernis · Bekümmernis; → *auch* Angst (1), Kummer (1) – **2.** ⟨*das helfende Bemühen zu jmds. Nutzen*⟩ Fürsorge; → *auch* Pflege (1, a) – **3.** Sorgen haben: ⟨*durch etw. sehr beunruhigt sein*⟩ schlaflose Nächte haben ♦ *umg*: einen dicken/schweren Kopf haben + sein Päckchen zu tragen haben; → *auch* sorgen (II) – **4.** Sorgen bereiten: ⟨*sehr beunruhigen*⟩ Sorgen machen · den Schlaf rauben · um den Schlaf bringen · schlaflose Nächte bereiten + bedrücken – **5.** ohne/frei von Sorgen: → sorgenfrei; Sorgen machen: → 4; sich keine Sorgen machen: → sorglos (2); sich Sorgen machen, in S. sein: → sorgen (II); S. tragen, dass …: → veranlassen (1)
sorgen: **I.** sorgen: **1.** s. |für|: **a)** ⟨*mit Fürsorge, Pflege umgeben*⟩ sich bemühen |um| · sich [be]kümmern |um| · betreuen · umsorgen · versorgen · besorgen · bemuttern ♦ *umg*: herum sein |um| ♦ *salopp*: befummeln (*landsch*); → *auch* helfen (1), pflegen (I, 1, a), benähen – **b)** → unterhalten (I, 1) – **c)** → beschaffen (1) – **2.** für den Lebensunterhalt s.: → unterhalten (I, 1); dafür s., dass …: → veranlassen (1); dafür s., dass die Bäume nicht in den Himmel wachsen: → beschränken – **II.** sorgen, sich: ⟨*etw. fürchtend u. hoffend zugleich in seinen Gedanken bewegen*⟩ sich Sorgen/Gedanken machen · in Sorge sein · besorgt sein · bangen |um| · fürchten |für| · sich ängstigen |um| · sich abängstigen · sich [ab]härmen · sich [ab]grämen; sich bekümmern (*veraltend*) + beben |um|; → *auch* leiden (1), Sorge (3)
sorgenbeladen: → sorgenvoll
Sorgenbrecher, der: → Wein (1)
sorgenfrei: sorgenlos · ohne/frei von Sorgen · unbeschwert · leicht; → *auch* heiter (1), sorglos (1)
Sorgenlast, die: → Kummer (1)
sorgenlos: → sorgenfrei
Sorgenstuhl, der: → Lehnstuhl
sorgenvoll: kummervoll · sorgenbeladen · gramerfüllt · vergrämt · verhärmt · bedenklich; → *auch* nachdenklich, besorgt (1), ängstlich (1)
Sorgfalt, die: **1.** ⟨*das Genauseinwollen*⟩ Sorgfältigkeit · Sorgsamkeit · Akkuratesse · Peinlichkeit + Geschliffenheit; → *auch* Gewissenhaftigkeit, Genauigkeit (1) – **2.** mit S.: → sorgfältig (1)
sorgfältig: **1.** ⟨*genau sein wollend*⟩ sorgsam · mit Sorgfalt · akkurat · ordentlich · penibel · sauber · peinlich; sorglich (*veraltend*) + ängstlich · geschliffen · gefeilt; → *auch* gewissenhaft, ordentlich (1, b) – **2.** → schonend (1)
Sorgfältigkeit, die: → Sorgfalt (1)
sorglich: **1.** → sorgfältig (1) – **2.** → schonend (1)
sorglos: **1.** ⟨*sich keine Sorgen machend*⟩ unbekümmert · unbesorgt; → *auch* leichtfertig, leichtsinnig, leichtlebig, sorgenfrei – **2.** s. sein: ⟨*sich nicht von Sorgen quälen lassen*⟩ sich keine Sorgen/Gedanken machen ♦ *umg*: sich keine grauen Haare wachsen lassen · sich keine Kopfschmerzen machen ♦ *salopp*: sich keinen Kopf machen
Sorglosigkeit, die: Unbekümmertheit · Unbesorgtheit; → *auch* Leichtsinn (1)
sorgsam: **1.** → sorgfältig (1) – **2.** → schonend (1) – **3.** s. umgehen |mit|/behandeln: → schonen (I, 1)
Sorgsamkeit, die: → Sorgfalt (1)
Sorte, die: **1.** ⟨*Gruppe einer Ware*⟩ + Güteklasse – **2.** → Art (2)
sortieren: → ordnen (1)
Sortiment, das: **1.** → Warenangebot – **2.** → Buchhandlung
Sortimentsbuchhandlung, die: → Buchhandlung
soso: **1.** → aha – **2.** → mittelmäßig
Soße, die: **1.** ⟨*flüssiger Teil mancher Speisen*⟩ Tunke; Stippe (*landsch*) + Saft; → *auch* Brühe (1) – **2.** → Schlamm
Souffleur, der: → Vorsager
soufflieren: → vorsagen
Sound, der: → Klangfarbe
soundso: Herr Soundso: → sowieso (2)

Souper, das: → Abendbrot (1)
soupieren: → Abend (4)
Souterrain, das: → Untergeschoss
Souvenir, das: → Andenken (1)
souverän: 1. ⟨*die Souveränität besitzend*⟩ eigenstaatlich + selbständig · autonom; → *auch* unabhängig (1) – **2.** → selbständig (1) – **3.** → überlegen (I, 2)
Souverän, der: → Alleinherrscher
Souveränität, die: **1.** ⟨*das Recht eines Staates, nach eigenem Ermessen über seine Angelegenheiten zu entscheiden*⟩ Eigenstaatlichkeit + Selbständigkeit · Autonomie; → *auch* Unabhängigkeit – **2.** → Selbstbestimmungsrecht
sowie: 1. → und (2) – **2.** → sobald
sowieso: 1. ⟨*nicht nur dadurch verursacht, unter allen Umständen geschehend*⟩ ohnehin · ohnedies · auf jeden Fall · auf alle Fälle; ohnedem (*veraltend*) ♦ *umg*: eh (*süddt österr*) – **2.** Herr Sowieso: ⟨*Bezeichnung für einen Mann, den man nicht näher bezeichnen kann*⟩ Herr Soundso ♦ *umg*: [Herr] Dings[da] ♦ *salopp*: [Herr] Dingsbums; → *auch* Fremde (I, 1)
soziabel: → gesellig (1)
sozial: 1. → gesellschaftlich (1) – **2.** → gemeinnützig
Sozialabbau, der: Sozialdumping
Sozialamt, das: → Fürsorge (1)
Sozialarbeiter, der: + Streetworker · Bewährungshelfer
Sozialdumping, das: → Sozialabbau
Sozialhilfe, die: + Fürsorgeunterstützung · Fürsorge
sozialisieren: → verstaatlichen
Sozialrente, die: → Rente (1)
Sozialversicherung, die: → Krankenkasse
soziieren, sich: → vereinigen (II, 2)
Sozius, der: **1.** → Teilhaber – **2.** → Beifahrer
Soziusfahrer, der: → Beifahrer
sozusagen: → gleichsam
Spacelab, das: → Raumlabor
Spaceshuttle, der: → Raumfähre
spachteln: 1. → essen (1) – **2.** leer s.: → aufessen
spack: → abgemagert
Spagat, der: → Bindfaden
spähen: 1. ⟨*vorsichtig u. angespannt schauen*⟩ äugen (*meist scherzh*); lugen (*veraltend*); sichern · verhoffen (*weidm*) ♦ *umg*: illern (*landsch*); → *auch* blicken (1), sehen (1), starren (1) – **2.** → aufpassen (1)
Späher, der: **1.** → Kundschafter – **2.** → Beobachter – **3.** → Agent (1)
Spähtrupp, der: Patrouille
spakig: → schimmelig
Spalt, der: **1.** ⟨*lange, schmale Öffnung*⟩ Spalte · Schlitz · Ritz · Ritze · Fuge; Klinse · Klinze (*landsch*) + Loch; → *auch* Lücke (1), Einschnitt (1), Riss (1), Loch (1) – **2.** → Riss (1)
Spalte, die: **1.** ⟨*Streifen des Schriftsatzes*⟩ + Rubrik · Kolumne; → *auch* Abschnitt (2) – **2.** → Riss (1) – **3.** → Spalt (1) – **4.** → Schlucht – **5.** → Scheide (1)
spalten: 1. ⟨*in zwei Teile zerteilen*⟩ aufspalten · durchspalten · durchhacken; spleißen (*landsch veraltend*); klieben (*süddt österr landsch*); → *auch* trennen (I, 1) – **2.** → zerhacken (1) – **3.** Haare s.: → spitzfindig (2)
Spaltpilz, der: → Bakterie (1)
Spaltung, die: → Teilung (1)
Spaltungsirresein, das: → Bewusstseinsspaltung
Span, der: **1.** ⟨*abgespaltenes Holzblättchen*⟩ Holzspan · Splitter; Spleiß · Spliss (*landsch*); Schleiße (*süddt*); Spreißel (*österr*) – **2.** Späne machen: → Umstand (II, 2); einen S. haben: → schrullig (2)
spänen: → entwöhnen (1, a)
Spanferkel, das: → Ferkel (1)
Spange, die: → Nadel (1)
spanisch: spanischer Reiter: → Drahthindernis; spanische Wand: → Wandschirm; s. vorkommen: → wundern (I)
Spann, der: → Fußrücken
Spanndienst, der: → Frondienst (1)
Spanne, die: → Zeitraum
spannen: I. spannen: **1.** ⟨*mit Spannung versehen*⟩ straffen · straffziehen · strammen · anziehen · strammziehen · anspannen – **2.** → dehnen (I) – **3.** → aufpassen (1) – **4.** → merken (1) – **5.** vor den Wagen s.: → anspannen (1); auf die Folter s.: → neugierig (3) – **II.** spannen, sich: sich s. |bis/über|: → erstrecken, sich (1)
spannend: packend · fesselnd · dramatisch · aufregend · atemberaubend · prickelnd; → *auch* erregend
Spanner, der: → Voyeur
Spannkraft, die: **1.** → Elastizität (1) – **2.** → Leistungsfähigkeit
Spannung, die: **1.** ⟨*durch ein packendes Geschehen hervorgerufene innere Erregung*⟩ Gespanntheit · Hochspannung; ›

auch Nervenkitzel – **2.** ⟨*innere Erregung hervorrufende Beschaffenheit bzw. Art u. Weise*⟩ Dramatik + Spannungsmoment – **3.** → Neugier[de] – **4.** → Nervosität – **5.** → Zwietracht (1) – **6.** in S. versetzen: → neugierig (3)
Spannungsmoment, das: → Spannung (2)
Spannweite, die: → Breite (1)
sparen: 1. ⟨*Geld für einen späteren Zeitpunkt ansammeln*⟩ aufsparen · zurücklegen · weglegen · beiseite legen · auf die Seite legen · [sein Geld] auf die hohe Kante legen · Ersparnisse machen ♦ *umg*: wegtun · abzweigen; in den Strumpf stecken (*scherzh*); → *auch* Haus (4), absparen, geizen, zusammenraffen (I, 2), ansammeln (I), einsparen – **2.** → einschränken (II) – **3.** mit dem/jedem Pfennig s.: → sparsam (3); mit jedem Gramm s.: → Haus (4); sich s.: → unterlassen
Sparfanatiker, der: → Geizhals
Sparflamme, die: auf S. schalten: → einschränken (II)
Spargeld, das: → Ersparnis (1)
Spargroschen, der: → Ersparnis (1)
Sparguthaben, das: → Ersparnis (1)
Sparkasse, die: → ²Bank (1)
spärlich: 1. ⟨*vom Haar od. von der Vegetation gesagt: keinen üppigen Wuchs zeigend*⟩ dünn · licht · schütter · kümmerlich · dürftig; sparsam (*scherzh*) ♦ *umg*: dünn gesät; → *auch* selten (1), wenig (1), vereinzelt (1), knapp (2) – **2.** → knapp (1)
Sparmaßnahmen (*Pl*): → Einsparungsmaßnahmen
Sparpfennig, der: → Ersparnis (1)
Sparren, der: **1.** → Balken – **2.** einen S. haben: → verrückt (5)
sparsam: 1. ⟨*jede Verschwendung vermeidend*⟩ haushälterisch · wirtschaftlich · ökonomisch + häuslich; → *auch* geizig (1) – **2.** → spärlich (1) – **3.** s. sein: ⟨*jede Verschwendung vermeiden*⟩ rechnen · mit dem/jedem Pfennig rechnen/sparen · auf den Pfennig sehen · jeden Pfennig umdrehen · sich jeden Bissen vom Mund absparen; → *auch* Haus (4)
spartanisch: 1. → einfach (1) – **2.** → streng (2)
Sparte, die: **1.** → Abteilung (II, 3) – **2.** → Fach (1, b)
spasm[od]isch: → krampfartig
Spasmus, der: → Krampf (1)
Spaß, der: **1.** ⟨*die Erregung von Heiterkeit bezweckende Äußerung od. Handlung*⟩ Ulk · Witz · Schelmerei · Spaßerei · Hanswursterei · Hanswurstiade · Harlekinade · Clownerie + Drolerie · Witzelei ♦ *umg*: Jux · Fez; → *auch* ²Scherz (1), Witz (1), Streich (1) – **2.** → ²Scherz (1) – **3.** → Vergnügen (1) – **4.** ohne S., S. beiseite: → ernstlich (1); seinen S. mit jmdm. machen/treiben: → necken; S. machen: **a)** → erfreuen (I) – **b)** → scherzen; sich einen [kleinen] S. erlauben: → scherzen; keinen S. verstehen: → humorlos (2); für jeden S. zu haben sein: → mitmachen (4)
spaßen: → scherzen
Spaßerei, die: → Spaß (1)
spaßhaft: → spaßig (1)
spaßig: 1. ⟨*Heiterkeit erregend*⟩ spaßhaft · ulkig · witzig · putzig · drollig · possierlich + neckisch · humorvoll · humoristisch · scherzhaft; → *auch* komisch (1), lustig, unterhaltsam, schelmisch – **2.** → komisch (1)
Spaßmacher, der: Possenmacher · Possenreißer · Komiker · Humorist · Clown · dummer August · Hanswurst · Harlekin · Bajazzo; Hofzwerg · Hofnarr (*hist*); Pritschmeister · Pojatz (*landsch*); Wurstel (*süddt österr*) + Narr · Geck · Jeck · Schelm · Schalk · Eulenspiegel · Kasper · Kasperl[e] · Pickelhering · Kobold ♦ *umg*: Faxenmacher; → *auch* Spaßvogel
Spaßvogel, der: Schelm · Schäker · Scherzbold · Witzbold ♦ *umg*: Flausenmacher · Nummer · Marke · fideles/vergnügtes Haus · fideles/lustiges Huhn; → *auch* Spaßmacher
spät: 1. ⟨[*fast*] *am Ende eines Zeitraumes*⟩ in elfter/zu vorgerückter Stunde – **2.** → abends – **3.** früh und s.: → immer (1); von früh bis s.: → ununterbrochen; spätes Mädchen: → Jungfer (3)
spätabends: → abends
Spaten, der: Grabscheit (*landsch*); → *auch* Schaufel
Spatenstich, der: der erste S.: → Baubeginn
später: 1. → einst (1) – **2.** → danach (1) – **3.** s. kommen: → folgen (1)
späterhin: → einst (1)
Spätling, der: → Nachkömmling
Spatz, der: **1.** → Kind (1) – **2.** → Sperling (1) – **3.** die Spatzen pfeifen es von den/allen Dächern: → bekannt (3)
Spatzengehirn, das: → Dummkopf (1)

spazieren: **1.** → 2 – **2.** s. gehen: ⟨[*zur Entspannung*] *im Freien umhergehen*⟩ spazieren · einen Spaziergang machen · ausgehen · promenieren + sich die Beine vertreten · hinausgehen · einen Schritt vors Haus tun · einen Gang machen · [ein wenig] Luft schnappen/schöpfen · sich bewegen · sich Bewegung verschaffen ♦ *gehoben*: sich ergehen; [lust]wandeln (*veraltend*) ♦ *umg*: bummeln; → *auch* schlendern (1) – **3.** s. führen: → ausführen (1)
Spazierfahrt, die: → Ausfahrt (1)
Spaziergang, der: **1.** ⟨*das Spazierengehen*⟩ Spazierweg · Gang; Promenade (*veraltend*) ♦ *umg*: Bummel; → *auch* Ausflug – **2.** einen S. machen: → spazieren (2)
Spazierhölzer (*Pl*): → Bein (II, 1)
Spazierstock, der: Stock; Stecken (*landsch*) + Knotenstock · Stab
Spazierweg, der: → Spaziergang (1)
Speck, der: **1.** → Fett (2) – **2.** S. ansetzen: → zunehmen (2); S. auf den Rippen haben: → dick (6); leben wie die Made im S.: → schwelgen (1)
speckig: **1.** → schmutzig (1) – **2.** → schmierig (1) – **3.** → dick (1)
spedieren: → befördern (1)
Spedition, die: Speditionsbetrieb · Speditionsgeschäft · Transportfirma · Transportunternehmen · Fuhrunternehmen; Camionnage (*schweiz*) + Rollfuhrunternehmen
Speditionsbetrieb, der: → Spedition
Speditionsgeschäft, das: → Spedition
speditiv: → flüssig (2)
Speech, der: → Rede (1)
Speed: **I.** Speed, der: → Geschwindigkeit (1) – **II.** Speed, das: → Aufputschmittel
Speichel, der: + Geifer · Schaum · Wasser ♦ *umg*: Spucke + Sabber; Sabbel (*norddt*); → *auch* Erbrochene
Speichellecker, der: → Kriecher
Speichelleckerei, die: → Unterwürfigkeit
speichelleckerisch: → unterwürfig
speicheln: → geifern (1)
Speicher, der: **1.** ⟨*Gebäude zur Aufbewahrung von Lagergut*⟩ Lagerhaus · Depot · Silo; → *auch* Lager (3) – **2.** → Wasserbecken
speichern: **1.** → lagern (1) – **2.** → horten
Speicherung, die: → Anhäufung (1)
speien: **1.** → spucken (1) – **2.** → übergeben (II) – **3.** → erbrechen (I, 1) – **4.** → auswerfen (1) – **5.** s. wie ein Reiher: → übergeben (II); Gift und Galle s.: → wütend (2)
Speis, die: → Speisekammer
Speise, die: **1.** → Nahrung – **2.** → Gericht (1) – **3.** → Süßspeise
Speiseeis, das: Eis · das Gefrorene; Glace (*schweiz*) + Softeis · Eisbombe
Speisegaststätte, die: → Gaststätte (1, e)
Speisekammer, die: Vorratskammer; Speis (*süddt österr*)
Speisekarte, die: Speisenkarte · Karte; → *auch* Speisezettel
speisen: **1.** → Mahlzeit (3) – **2.** → essen (1) – **3.** → verpflegen (1)
Speisenkarte, die: → Speisekarte
Speiseraum, der: → Speisesaal
Speisesaal, der: Speiseraum · Kantine · Kasino; Messe (*seem*) + Mensa · Refektorium
Speisesalz, das: → Salz (1)
Speisewirtschaft, die: → Gaststätte (1, e)
Speisezettel, der: Küchenzettel ♦ *umg*: Magenfahrplan (*scherzh*); → *auch* Speisekarte
Speisung, die: → Verpflegung (1)
speiübel: → übel (1)
Spektakel, der: **1.** → Lärm (1) – **2.** → Ereignis (1) – **3.** S. machen: → lärmen
spektakeln: → lärmen
spektakulär: → sensationell
Spektrum, das: → Auswahl (2)
Spekulant, der: → Geschäftemacher
Spekulation, die: **1.** → Berechnung (3) – **2.** → Geschäft (3) – **3.** → Einbildung (1)
spekulativ: → eigennützig (1)
Spekuliereisen, das: → Brille (1)
spekulieren: s. |über|: → Vermutung (2)
Spelt, der: → Weizen
Spelunke, die: → Gaststätte (1, a)
spendabel: → freigebig (1)
Spende, die: **1.** ⟨*etw. für einen bestimmten Zweck Gegebenes*⟩ Obolus · Scherflein · Gabe · Beitrag · Almosen · milde Gabe; → *auch* Geschenk (1), Unterstützung (2) – **2.** → Unterstützung (2)
spenden: **1.** ⟨*etw. zu einem bestimmten Zweck geben*⟩ stiften · seinen Obolus entrichten · sein Scherflein beitragen + zeichnen · opfern ♦ *umg*: spendieren; → *auch* schenken (1) – **2.** → ausstrahlen (1) – **3.** Lob s.: → loben (1); Applaus/Beifall s.: → klatschen (1); Freude s.: → erfreuen (I); Trost s.: → trösten; den Segen s.: → segnen (1)
Spender, der: → Wohltäter
spendieren: **1.** ⟨[*alkohol.*] *Getränke für jmdn. bezahlen*⟩ eine Runde geben/spendie-

ren; zum Besten geben (*veraltend*) ♦ *umg*: ausgeben · springen lassen ♦ *salopp*: eine Runde/Lage schmeißen; → *auch* ²einladen (b), auftischen (1) – **2.** → schenken (1) – **3.** → spenden (1) – **4.** eine Runde s.: → 1
Spendierhosen (*Pl*): die S. anhaben: → freigebig (2)
Spendierlaune, die: in S. sein: → freigebig (2)
Spengler, der: → Klempner
Sperenzchen (*Pl*): S. machen: → Umstand (II, 2)
Sperling, der: **1.** ⟨*Vogel*⟩ Spatz – **2.** weißer S.: → Seltenheit
Sperma, das: → Samen (2)
Spermium, das: → Keimzelle (1)
Sperrbezirk, der: → Sperrgebiet
Sperrbuhne, die: → Buhne
Sperre, die: **1.** ⟨*Anlage zur Verhinderung des Zuganges*⟩ Absperrung · Barriere · Wegsperre · Hindernis; → *auch* Palisade – **2.** → Riegel (1) – **3.** → Verbot – **4.** → Sperrfrist
sperren: I. sperren: **1.** ⟨*den Durch- bzw. Zugang verhindern*⟩ absperren · abriegeln · abschließen · versperren · blockieren; → *auch* versperren (1) – **2.** → unterbinden – **3.** → verbieten (1) – **4.** → abstellen (1) – **5.** → entziehen (I, 1) – **6.** → ausschließen (I, 3) – **II.** sperren, sich: → widersetzen, sich
Sperrfrist, die: Sperre · Sperrzeit
Sperrgebiet, das: Sperrbezirk · Sperrzone
Sperrzeit, die: → Sperrfrist
Sperrzone, die: → Sperrgebiet
Spesen (*Pl*): Reisespesen; → *auch* Tagegeld
Spezi, der: → Freund (I, 1)
Spezialarbeiter, der: → Facharbeiter
Spezialarzt, der: → Facharzt
Spezialgebiet, das: Spezialität · Sondergebiet · Domäne ♦ *umg*: Spezialstrecke; → *auch* Fach (1, b), Liebhaberei
spezialisieren: → bestimmen (3)
Spezialist, der: **1.** → Fachmann (1) – **2.** → Facharzt
Spezialität, die: **1.** → Eigenart – **2.** → Spezialgebiet – **3.** → Liebhaberei
Spezialstrecke, die: **1.** → Spezialgebiet – **2.** → Stärke (2)
speziell: 1. → besonders (2) – **2.** → einzeln (2)
Spezies, die: → Art (2), Geschlecht (1)
Spezifikum, das: → Eigenart
spezifisch: → eigentümlich (1)
Sphäre, die: **1.** → Umwelt – **2.** → Bereich (1)
spicken: 1. → bestechen (1) – **2.** → abschreiben (I, 2) – **3.** s. |mit|: → ausstatten (I, 3)
Spider, der: → Kabrio[lett]
Spiegel, der: **1.** → Aufschlag (3) – **2.** sich hinter den S. stecken: → merken (4)
Spiegelbild, das: **1.** ⟨*von einem Spiegel od. dgl. reflektiertes Bild*⟩ Spiegelung – **2.** → Abbild
spiegelbildlich: seitenverkehrt · spiegelverkehrt
spiegelblank: → glänzend (1)
Spiegelei, das: Setzei ♦ *umg*: Ochsenauge (*landsch*)
Spiegelfechterei, die: → Täuschung (1)
spiegelglatt: → glatt (1)
spiegelig: → glänzend (1)
spiegeln: I. spiegeln: **1.** → glänzen (1) – **2.** → widerspiegeln (I) – **II.** spiegeln, sich: **1.** ⟨*sich im Spiegel ansehen*⟩ sich bespiegeln – **2.** → widerspiegeln (II)
Spiegelung, die: **1.** → Rückstrahlung – **2.** → Spiegelbild (1) – **3.** → Widerschein
spiegelverkehrt: → spiegelbildlich
Spieker, der: → Nagel (1)
spiekern: → annageln
Spiel, das: **1.** ⟨*zur Unterhaltung u. nach bestimmten Regeln ausgeübte Tätigkeit*⟩ Partie – **2.** → Wettkampf – **3.** → Darbietung (1) – **4.** → Flirt – **5.** → Kleinigkeit (1) – **6.** Olympische Spiele: → Olympiade; ein S. machen: → spielen (1); ein falsches S. treiben, ein doppeltes S. spielen: → hintergehen; die Hand/die Finger [mit] im S. haben: → beteiligen (II); das S. verderben: → vereiteln; alles aufs S. setzen: → wagen (2); ein S. mit dem Feuer sein: → gefährlich (2); auf dem S. stehen: → gefährdet (2); freies S. lassen: → gewähren (2)
Spielart, die: → Abart
Spielbank, die: → Spielkasino
Spielchen, das: ein S. machen: → spielen (1)
spielen: 1. ⟨*ein Spiel ausführen*⟩ *umg*: ein Spiel[chen] machen + zocken – **2.** → darstellen (I, 1, b), aufführen (I, 1) – **3.** → musizieren, konzertieren – **4.** sich s. |mit|: → mühelos (2); Skat s.: → Skat; den [großen] Herrn/den dicken Wilhelm s.: → angeben (1); den wilden Mann s.: → wüten; die Muskeln s. lassen: → Muskeln; Soldat s.: →

Soldat (1); ein doppeltes Spiel s.: → hintergehen; einen Streich/Possen s.: → necken; in die Hand s.: → zuspielen (2)
spielend: s. erledigen/schaffen: → mühelos (2)
Spieler, der: → Glücksspieler
Spielerei, die: **1.** → Flirt – **2.** → Kleinigkeit (1)
spielerisch: verspielt
Spielernatur, die: → Glücksspieler
Spielfeld, das: Spielfläche · Spielplatz · Feld · Platz + Rasen; → *auch* Sportplatz
Spielfläche, die: → Spielfeld
Spielfolge, die: → Programm (1, a)
Spielfreund, der: → Spielkamerad
Spielgefährte, der: → Spielkamerad
Spielhölle, die: → Spielkasino
Spielkamerad, der: Spielgefährte · Spielfreund; Gespiele (*veraltend*); → *auch* Freund (I, 1)
Spielkarte, die: Karte · Blatt · Kartenblatt
Spielkasino, das: Kasino · Spielbank; Spielhölle (*abwert*)
Spielplan, der: → Programm (1, b)
Spielplatz, der: **1.** ⟨*Platz zum Spielen für Kinder*⟩ Tummelplatz · Spielwiese + Sandkasten · Abenteuerspielplatz ♦ *umg*: + Buddelkasten (*landsch*) – **2.** → Spielfeld
Spielsachen (*Pl*): → Spielzeug
Spielschule, die: → Kindergarten
Spielwiese, die: **1.** → Spielplatz (1) – **2.** → Glatze
Spielzeit, die: Theatersaison · Saison
Spielzeug, das: Spielsachen
Spieß, der: den S. umdrehen: → rächen (II)
Spießbürger, der (*abwert*): Spießer · Philister · Schildbürger · Kleinbürger · Biedermann; Pfahlbürger (*veraltend*) + Banause · Krämer; → *auch* Bürger (3), Politikaster
spießbürgerlich (*abwert*): spießerhaft · spießig · philisterhaft · philiströs · engstirnig; → *auch* beschränkt (1)
Spießbürgertum, das (*abwert*): Philistertum · Philisterei
Spießer, der: → Spießbürger
spießerhaft: → spießbürgerlich
Spießgeselle, der: → Mitschuldige
spießig: → spießbürgerlich
spillerig: → mager (1)
spinal: spinale Kinderlähmung: → Kinderlähmung
Spinatwachtel, die: → Frau (I, 1)
Spind, der: → Schrank (1)
Spindel, die: → Lange
spindeldürr: → mager (1)
Spinne, die: pfui S.: → pfui (1)
spinnefeind: → böse (2)
spinnen: **1.** → faseln (1) – **2.** → geisteskrank (2) – **3.** → verrückt (5) – **4.** Garn/Seemannsgarn s.: → erzählen (2); keinen guten Faden miteinander s.: → streiten (II)
Spinner, der: **1.** → Grübler – **2.** → Faselhans
spinnert: → verrückt (1)
spinnig: → verrückt (1)
spintisieren: **1.** → grübeln – **2.** → faseln (1)
Spintisierer, der: **1.** → Grübler – **2.** → Faselhans
Spion, der: **1.** → Agent (1) – **2.** → Spitzel – **3.** als S. tätig sein: → Spionage (2)
Spionage, die: **1.** ⟨*Erkundung polit., wirtschaftl. od. militär. Geheimnisse für einen Auftraggeber*⟩ Agententätigkeit + Industriespionage – **2.** S. treiben: ⟨*polit., wirtschaftl. od. militär. Geheimnisse erkunden*⟩ als Spion/Agent tätig sein · spionieren + auskundschaften
spionieren: **1.** ⟨*heimlich versuchen, etw. herauszubekommen*⟩ auskundschaften ♦ *umg*: schnüffeln (*meist abwert*); → *auch* auskundschaften (1) – **2.** → Spionage (2)
spiral: → gewunden
Spirale, die: Schraubenlinie · Schnecke + Windung
spiralförmig: → gewunden
spiralig: → gewunden
spiritual: **1.** → geistlich (1) – **2.** → übersinnlich
spiritualisieren: → vergeistigen
spirituell: **1.** → geistig (1) – **2.** → übersinnlich
Spirituosen (*Pl*): alkoholische Getränke
Spiritus, der: → Alkohol (1)
Spiritus Rector, der: → Kraft (6)
Spital, das: → Krankenhaus (1)
spitz: **1.** ⟨*in einer Spitze auslaufend*⟩ spitzig · nadelspitz + lanzettförmig – **2.** → boshaft (1) – **3.** → abgemagert – **4.** s. ausgehen/auslaufen/zugehen/zulaufen: → verjüngen (II); eine spitze Zunge haben: → boshaft (2)
Spitzbauch, der: → Schmerbauch
spitzbekommen: → merken (1)
Spitzbube, der: **1.** → Dieb – **2.** → Betrüger – **3.** → Schurke
Spitzbüberei, die: → Betrug (1)
spitzbübisch: → schelmisch

Spitze, die: **1.** ⟨*vorderster Teil einer Kolonne od. eines Zuges*⟩ Kopf – **2.** → Führung (2) – **3.** → Gipfel (1) – **4.** → Höhepunkt – **5.** → Dorn (1) – **6.** → Anspielung (1) – **7.** S. sein: **a)** → beachtlich (5) – **b)** → großartig (3); an der S. stehen: **a)** → führen (2) – **b)** → leiten (1) – **c)** → Spitzenleistung (2); die S. halten: → Spitzenleistung (2); auf die S. treiben: → übertreiben (2); die S. abbrechen/nehmen: → entschärfen (1); Spitzen austeilen: → sticheln (1)
Spitzel, der (*abwert*): Aufpasser · Spion; Konfident (*österr*) ♦ *umg*: Schnüffler · Spürhund; Achtgroschenjunge (*veraltend*); → *auch* Agent (1), Zuträger
Spitzelei, die (*abwert*): Bespitzelung ♦ *umg*: Schnüffelei
spitzen: 1. → anspitzen (1) – **2.** die Ohren s.: **a)** → aufpassen (1) – **b)** → lauschen; die Löffel s.: **a)** → lauschen – **b)** → hören (1)
Spitzengeschwindigkeit, die: Höchstgeschwindigkeit ♦ *umg*: Topspeed
Spitzenleistung, die: **1.** ⟨*besonders hervorragende Leistung*⟩ Höchstleistung · Bestleistung · Meisterleistung · Gipfelleistung · Glanzleistung + Pionierleistung ♦ *umg*: Topleistung – **2.** Spitzenleistungen erzielen: ⟨*besonders hervorragende Leistungen vollbringen*⟩ die Spitze halten · den ersten Platz/die erste Stelle einnehmen · an erster Stelle stehen · an der Spitze stehen · führen · führend sein; → *auch* führen (2)
Spitzenreiter, der: der Führende; Leader (*Sport*)
Spitzensportler, der: Crack + Meister · Champion · Favorit ♦ *umg*: Ass ♦ *salopp*: Kanone
spitzfindig (*abwert*): **1.** ⟨*auf besonders ausgefallene Argumentation gestützt*⟩ haarspalterisch · wortklauberisch · rabulistisch · kasuistisch · sophistisch · jesuitisch · ausgeklügelt · scholastisch · talmudistisch · subtil; silbenstecherisch (*veraltend*); → *auch* kleinlich – **2.** s. sein: ⟨*besonders ausgefallene Argumente suchen*⟩ klügeln · vernünfteln · Haare spalten
Spitzfindigkeit, die (*meist abwert*): Haarspalterei · Wortklauberei · Rabulistik · Kasuistik · Sophisterei · Sophistik · Scholastizismus · Klügelei · Vernünftelei · Subtilität; Silbenstecherei · Silbenklauberei (*veraltend*) + Finesse; → *auch* Pedanterie
Spitzhacke, die: Picke · Pickel; Krampen (*süddt österr*)
spitzig: → spitz (1)
Spitzkehre, die: → Haarnadelkurve
spitzkriegen: → merken (1)
Spitzkühler, der: → Schmerbauch
Spitzname, der: Spottname · Neckname · Scherzname; Übername (*fachspr*); Ekelname (*landsch*); Zuname (*veraltend*) + Beiname; → *auch* Deckname
spitzzüngig: → boshaft (1)
Spleen, der: **1.** → Schrulle (1) – **2.** einen S. haben: → schrullig (2)
spleenig: → schrullig (1)
Spleiß, der: → Span (1)
spleißen: → spalten (1)
splendid: 1. → freigebig (1) – **2.** → glänzend (2)
Splendidität, die: → Freigebigkeit
Spliss, der: → Span (1)
Splitter, der: **1.** → Span (1) – **2.** → Holzsplitter – **3.** → Scherbe (1)
splitterfasernackt: → nackt
splitterig: → spröde (1)
splitternackt: → nackt
Spökenkieker, der: → Hellseher
sponsern: finanziell unterstützen + finanzieren; → *auch* unterstützen (I, 2)
Sponsor, der: → Gönner
Sponsoring, das: → Förderung (1)
spontan: 1. → freiwillig (1) – **2.** → unaufgefordert (1)
sporadisch: → vereinzelt (1)
Sporen (*Pl*): sich die S. verdienen: → hervortun, sich
sporig: → schimmelig
spornstreichs: → sofort
Sport, der: **1.** ⟨*das Ausführen körperl. Übungen*⟩ Leibesübungen · Leibeserziehung · Körperertüchtigung; Körpererziehung · Körperkultur (*veraltend*) + Turnen – **2.** → Liebhaberei
Sportanlage, die: → Sportplatz
Sportdress, der: → Sportkleidung
Sportfeld, das: → Sportplatz
sportiv: → sportlich (2 *u.* 3)
Sportkleidung, die: Sportdress · Dress + Turnanzug · Turnzeug · Trikot
Sportler, der: Sportsmann · der Sporttreibende + Turner · Wettkämpfer · Youngster; → *auch* Berufssportler
sportlich: 1. ⟨*von seiner Betätigung im Sport geprägt*⟩ durchtrainiert · athletisch;

olympiaverdächtig (*scherzh*) – **2.** ⟨*in seinem Äußeren wie ein Sportler wirkend*⟩ sportiv – **3.** ⟨*von der Kleidung gesagt*: *einfach u. zweckmäßig im Schnitt*⟩ sportiv
Sportplatz, der: Sportfeld · Übungsplatz · Platz + Sportanlage · Stadion; → *auch* Spielfeld, Kampfstätte
Sportsmann, der: → Sportler
Sportswear, der *od.* das: → Freizeitkleidung
Sporttreibende, der: → Sportler
Spott, der: **1.** ⟨*das Spotten*⟩ Spöttelei · Spötterei · Witzelei · Gewitzel · Ironie · Hohn · Sarkasmus · Zynismus + Satire · Parodie · Persiflage · sardonisches Lachen; → *auch* [2]Scherz (1), Neckerei, Verspottung – **2.** mit S. überschütten: → verspotten; Hohn und S. ernten: → blamieren (II); ohne S.: → wahrhaftig
Spottbild, das: **1.** → Zerrbild (1) – **2.** → Karikatur (1)
spottbillig: → billig (1)
Spottdrossel, die: → Spötter
Spöttelei, die: → Spott (1)
spötteln: → spotten (1)
spotten: **1.** ⟨*sich heiter-verächtlich bzw. ein wenig boshaft äußern*⟩ spötteln · witzeln · höhnen · sich mokieren |über|; → *auch* verspotten – **2.** s. |über|: → verspotten; das spottet jeder Beschreibung: → unerhört (2)
Spötter, der: Spottvogel · Spottdrossel · Ironiker · Zyniker + Satiriker
Spötterei, die: → Spott (1)
spöttisch: ironisch · mokant · höhnisch · voller Hohn · sarkastisch · kaustisch · zynisch + satirisch · parodistisch
Spottname, der: → Spitzname
Spottvogel, der: → Spötter
Sprache, die: **1.** ⟨*das Ausdrücken der Gedanken in Worten bzw. Sätzen*⟩ Rede ♦ *dicht*: Zunge; → *auch* Sprechfähigkeit – **2.** die S. bringen |auf|: → ansprechen (2); zur S. bringen: → vorbringen; mit der S. herausrücken: → gestehen (1); jmdm. verschlägt es die S.: → überrascht (2)
sprachgewaltig: → redegewandt
sprachgewandt: → redegewandt
Sprachgut, das: → Wortschatz
sprachlos: **1.** → stumm (1) – **2.** → überrascht (1)
Sprachmittler, der: Übersetzer · Dolmetscher; Dolmetsch (*österr*)
Sprachschatz, der: → Wortschatz
Spraydose, die: Sprühdose + Sprühflasche
sprayen: sprühen · versprühen · besprühen
sprechen: **1.** ⟨*mündlich Worte formen*⟩ reden · etw. sagen ♦ *umg*: den Mund aufmachen/auftun + laut denken ♦ *salopp*: quaken (*landsch*) ♦ *derb*: das Maul aufmachen/auftun; → *auch* brummen (1), flüstern (1), unterhalten (II, 1) – **2.** ⟨*sich vor einem Publikum* [*über ein Thema*] *äußern*⟩ eine Ansprache/Rede/einen Vortrag/ein Referat halten · das Wort ergreifen ♦ *umg*: eine Rede schwingen · eine Rede vom Stapel lassen – **3.** zum Sprechen bringen: ⟨*zu einer Äußerung veranlassen*⟩ zum Reden bringen · die Zunge lösen ♦ *umg*: gesprächig machen – **4.** offen s.: → aussprechen (I, 5); s. |mit|: → unterhalten (II, 1); zu s. kommen |auf|: → ansprechen (2); schlecht/nicht gut zu s. sein |auf|: → hassen; Recht s., das Urteil s.: → Urteil (4); schuldig s.: → verurteilen (2); für sich selbst s.: → selbstverständlich (3)
sprechend: **1.** → ausdrucksvoll (1) – **2.** → viel (3, a)
Sprecher, der: **1.** ⟨*für eine Gruppe Sprechender*⟩ Wortführer; → *auch* Vorsitzende – **2.** → Nachrichtensprecher
Sprechfähigkeit, die: Sprechvermögen; → *auch* Sprache (1)
sprechfaul: → wortkarg
Sprechkunst, die: → Rhetorik
Sprechstunde, die: **1.** ⟨*die Zeit, in der Patienten den Arzt aufsuchen können*⟩ Ordination ♦ *umg*: Praxis – **2.** S. halten/haben: → ordinieren
Sprechstundenhilfe, die: → Arzthelferin
Sprechvermögen, das: → Sprechfähigkeit
Sprechweise, die: → Ausdrucksweise (1)
Sprechzeiten (*Pl*): → Öffnungszeiten
Spreißel, das: → Span (1)
spreizen: **I.** spreizen ⟨*von den Beinen gesagt*: *auseinander stellen*⟩ grätschen – **II.** spreizen, sich: **1.** → angeben (1) – **2.** → zieren (II)
Sprengbombe, die: → Bombe (1)
Sprengel, der: → Kirchengemeinde
sprengen: **1.** ⟨*Sprengstoff einsetzen*⟩ schießen (*bergm*) ♦ *umg*: in die Luft jagen – **2.** → aufbrechen (1) – **3.** → bespritzen (I, 1) – **4.** → begießen (1) – **5.** → reiten (1) – **6.** → zerstreuen (I, 2) – **7.** die Fesseln/Ketten/das Joch s.: → befreien (II, 2)

Sprengkörper, der: Sprengsatz · Plastikbombe + Briefbombe · Sprengstoffpaket · Molotowcocktail; → *auch* Bombe (1)
Sprengsatz, der: → Sprengkörper
Sprengstoffanschlag, der: → Anschlag (2)
Sprengstoffpaket, das: → Sprengkörper
Sprenkel, der: → Tupfen
sprenkelig: → gepunktet
sprenkeln: → tüpfeln
Spreu, die: Kaff (*norddt*)
sprichwörtlich: sprichwörtliche Redensart: → Phraseologismus
sprießen: 1. ⟨*junge Triebe bzw. Knospen zeigen*⟩ sprossen · treiben · knospen · ausschlagen · austreiben · keimen; → *auch* aufkeimen (1) – **2.** → wachsen (1)
Spring, der: → Quelle (1)
Springbrunnen, der: Fontäne
springen: 1. ⟨*sich vom Boden wegschnellen*⟩ einen Sprung machen · hüpfen + setzen |über| · hechten ♦ *umg*: jumpen · hopsen – **2.** → zerbrechen (2) – **3.** → laufen (1) – **4.** aus den Schienen/aus dem Gleis s.: → entgleisen (1); [vor Freude] an die Decke s.: → freuen (II, 1); über seinen Schatten s.: → überwinden (II, 1); über die Klinge s. lassen: → töten (I, 1); dem Tod von der Schippe s.: → davonkommen (2); s. lassen: → spendieren (1); der springende Punkt: **a)** → Hauptsache – **b)** → Entscheidende
springlebendig: → munter (1)
sprinten: → laufen (1)
Sprinter, der: → Läufer (1)
Sprit, der: **1.** → Alkohol (1) – **2.** → Kraftstoff
Spritze, die: → Einspritzung
spritzen: 1. → plan[t]schen – **2.** → laufen (1) – **3.** → verzieren – **4.** s. |in|: → einspritzen (1)
Spritzfahrt, die: → Abstecher (1)
spritzig: 1. → geistreich – **2.** → lebhaft (1)
Spritztour, die: → Abstecher (1)
spröde: 1. ⟨*nicht biegsam od. elastisch*⟩ splitterig · unelastisch + schieferig · schilferig – **2.** ⟨*bes. von Frauen gesagt*: *dem andern Geschlecht gegenüber ablehnend*⟩ abweisend · herb · prüde; → *auch* prüde (1), schamhaft – **3.** → rau (1) – **4.** s. tun: → zieren (II, 2)
Sprödheit, die: → Sprödigkeit
Sprödigkeit, die: Sprödheit · Herbheit
Spross, der: **1.** → Trieb (3) – **2.** → Nachkomme (1), Kind (2)
sprossen: → wachsen (1), sprießen (1)
Sprössling, der: → Kind (2)
Sprossung, die: → Wachstum (1)
Spruch, der: **1.** → Gedicht (1) – **2.** einen S. fällen: → Urteil (4); Sprüche klopfen/machen: → schwafeln
Spruchband, das: → Transparent
Sprücheklopfer, der: → Schwätzer (1)
Sprudel, der: **1.** → Mineralwasser – **2.** → Limonade (1)
sprudeln: 1. ⟨*von Getränken gesagt*: *im Glas perlend u. leicht spritzend* [*bzw. unter Schaumbildung*] *nach oben steigen*⟩ perlen · prickeln · schäumen · moussieren – **2.** → ^{2}wallen – **3.** → umrühren
sprudelnd: 1. → geistreich – **2.** → lebhaft (1)
Sprudelwasser, das: → Mineralwasser
Sprühdose, die: → Spraydose
sprühen: 1. ⟨*in kleinen Teilchen davonfliegen*⟩ stieben + stöbern (*landsch*) – **2.** → nieseln – **3.** → sprayen
Sprung, der: **1.** ⟨*das einmalige Springen*⟩ Satz; Flucht (*weidm*) + Kaskade ♦ *umg*: Hops[er] · Hüpfer – **2.** ⟨*defekte Stelle im Glas od. Porzellan*⟩ Riss + Knick ♦ *umg*: Knacks; → *auch* Riss (1) – **3.** einen S. machen: → springen (1); einen S. in der Schüssel haben: → verrückt (5); auf einen S.: → kurz (3); auf einen S. kommen: → besuchen; auf dem S. sein, auf dem Sprunge stehen, sich auf die Sprünge machen: → aufbrechen (3); auf die Sprünge helfen: **a)** → fördern (1) – **b)** → erinnern (I, 1); hinter/auf die Sprünge kommen: → durchschauen (I)
sprunghaft: → unbeständig
Sprungschanze, die: Schanze; Bakken (*Sport*)
Spucke, die: **1.** → Speichel – **2.** jmdm. bleibt die S. weg: → überrascht (2)
spucken: 1. ⟨*Speichel durch den Mund auswerfen*⟩ speien ♦ *derb*: rotzen; qualstern (*landsch*) – **2.** → übergeben (II) – **3.** → wüten – **4.** s. wie ein Reiher: → übergeben (II); Gift und Galle s.: → wütend (2); große Töne/Bogen/einen großen Bogen s.: → aufspielen (II); s. |auf|: → verzichten; in die Hände s.: → anstrengen (II, 1); sich nicht auf den Kopf s. lassen: → verteidigen (II); in die Suppe s.: → vereiteln
Spukgeschichte, die: → Schauergeschichte
Spukgestalt, die: → Gespenst (1)

spukhaft: → gespenstisch
Spülautomat, der: → Geschirrspülmaschine
Spülbecken, das: → Ausguss (1)
Spule, die: → Rolle (1)
spülen: **1.** ⟨*Wäsche in klarem Wasser vom Seifenschaum befreien*⟩ durchspülen; schwenken (*landsch*); schwemmen (*österr*) – **2.** [das] Geschirr s.: → abwaschen (1); den Mund s.: → gurgeln (1); die Gurgel s.: → trinken (1, b); ans Ufer/an Land s.: → anschwemmen
Spülicht, das: → Spülwasser
Spülmaschine, die: → Geschirrspülmaschine
Spülstein, der: → Ausguss (1)
Spülwasser, das: Aufwaschwasser · Abwaschwasser; Spülicht (*veraltend*)
Spund, der: **1.** → Bursche (1) – **2.** → Stöpsel
Spur, die: **1.** ⟨*eine Reihe von Fußabdrücken*⟩ Fußspur · Fuß[s]tapfen (*Pl*) · Tapfen (*Pl*) · Stapfen (*Pl*); → *auch* Fährte (1), Eindruck (2) – **2.** → Fährte (1) – **3.** → Fahrbahn – **4.** → Gleis (1) – **5.** → Anflug (2) – **6.** auf der S. sein/bleiben: → verfolgen (1); keine/nicht die S.: → nichts (1); eine S.: → wenig (2)
spürbar: **1.** → merklich – **2.** → empfindlich (2)
spuren: → gehorchen (1)
spüren: **1.** ⟨*das Vorhandensein von etw. gefühlsmäßig wahrnehmen*⟩ merken · fühlen · herausfühlen · durchfühlen · durchspüren · im Gefühl haben · ein Gespür/Organ/eine feine Nase haben |für| ♦ *gehoben*: erfühlen ♦ *umg*: wittern · riechen · einen [guten] Riecher haben |für| · eine Antenne haben |für| · im kleinen Zeh spüren ♦ *salopp*: im Urin haben (*scherzh*); → *auch* ahnen (1), voraussehen – **2.** → fühlen (I, 1) – **3.** s. |nach|: → suchen (1)
Spürhund, der: **1.** ⟨*auf die Verfolgung einer Spur dressierter Hund*⟩ Suchhund · Fährtenhund · Polizeihund; → *auch* Hund (1), Jagdhund (I) – **2.** → Fahnder – **3.** → Spitzel
Spürnase, die: → Spürsinn
Spürsinn, der: Gespür · Instinkt · Spürnase · Witterung; Flair (*bes. schweiz*) + Scharfsinn ♦ *umg*: Riecher
Spurt, der (*Sport*): Endspurt · Finish
spurten: → laufen (1)
sputen, sich: → beeilen, sich
Sputnik, der: → Raumschiff
Sputum, das: → Auswurf (1)
Staat, der: **1.** ⟨*auf einem abgegrenzten Gebiet nach best. Grundsätzen organisiertes polit. Gemeinwesen*⟩ Staatswesen; Vater Staat (*scherzh*) – **2.** ⟨*politisch-geograph. Einheit*⟩ Land · Reich – **3.** Vater S.: → 1; S. machen: → prunken (1); sich in S. werfen: → herausputzen (II)
Staatenbund, der: → Bund (I, 1, b)
staatenverbindend: → international
staatlich: → gemeineigen
Staatsangehörige, der: → Bürger (2)
Staatsanwalt, der: Anklagevertreter · öffentlicher Ankläger + Kläger
Staatsbedienstete, der: → Beamte
Staatsbürger, der: → Bürger (2)
Staatschef, der: → Staatsoberhaupt
Staatsdiener, der: → Beamte
Staatseigentum, das: → Staatsvermögen
Staatseinnahmen (*Pl*): → [1]Steuer
Staatsetat, der: → Haushaltsplan
Staatsform, die: → Regierungsform
Staatsführung, die: **1.** → Regierung (1) – **2.** → Politik (1)
Staatsgebiet, das: Territorium · Hoheitsgebiet · Gebiet
Staatsgewalt, die: → Staatsmacht
Staatsgrenze, die: → Grenze (1, b)
Staatshaushalt, der: → Haushaltsplan
Staatshilfe, die: → Subvention
Staatskasse, die: Fiskus; Staatssäckel (*scherzh*); Ärar (*österr*)
Staatskerl, der: → Prachtmensch
Staatskunst, die: → Politik (1)
Staatsmacht, die: Staatsgewalt · Macht + Machtapparat; → *auch* Herrschaft (1), Regierung (1)
Staatsmann, der: → Politiker
Staatsoberhaupt, das: Präsident · Staatspräsident · Staatschef + Bundespräsident; → *auch* Politiker, Herrscher
Staatspräsident, der: → Staatsoberhaupt
Staatssäckel, das: → Staatskasse
Staatsstreich, der: → Umschwung (1)
Staatsvermögen, das: Staatseigentum; Ärar (*österr*)
Staatszuschuss, der: → Subvention
Stab, der: **1.** → Spazierstock, Stange (I, 1) – **2.** → Führung (2) – **3.** den S. führen: → dirigieren (1); den S. brechen |über|: → verurteilen (2)
Stäbchen, das: → Zigarette

stabil: **1.** → haltbar (1) – **2.** → kräftig (1) – **3.** → widerstandsfähig (1, a) – **4.** → gesund (1)
stabilisieren: → festigen (1)
Stabilisierung, die: → Festigung (1)
Stabilität, die: → Festigkeit (1)
Stachel, der: **1.** → Dorn (1) – **2.** wider den S. löcken: → widersetzen, sich; den S. nehmen: → entschärfen (1)
stachelig: **1.** ⟨*Stacheln tragend*⟩ dornig · borstig; → *auch* struppig – **2.** → widerspenstig
stad: s. sein: → schweigen (1)
Stadel, der: → Scheune
Staden, der: → Ufer (1)
stadial: → allmählich
Stadion, das: → Sportplatz
Stadium, das: → Entwicklungsstufe
Stadt, die: → Ort (2)
Stadtbewohner, der: Städter · Stadteinwohner
Stadtbibliothek, die: → Bücherei
Stadtbücherei, die: → Bücherei
Städtchen, das: → Kleinstadt
Städter, der: → Stadtbewohner
Stadtgespräch, das: → Aufsehen (1)
Stadtinnere, das: → Innenstadt
städtisch: **1.** ⟨*eine Stadt betreffend, zu ihr gehörend*⟩ kommunal – **2.** ⟨*für das Leben in den Städten charakteristisch*⟩ urban
Stadtkern, der: → Innenstadt
Stadtklatsch, der: → Gerede (1)
Stadtmitte, die: → Innenstadt
Stadtoberhaupt, das: → Bürgermeister (b)
Stadtrand, der: → Vorort
Stadtrundfahrt, die: → Besichtigungsfahrt
Stadtstreicher, der: Clochard ♦ *umg*: Penner · Pennbruder (*abwert*) + Treber · Trebegänger · Herumtreiber; → *auch* Landstreicher, Obdachlose
Stadtzentrum, das: → Innenstadt
Stafel, der: → Alm
Staffage, die: → Nebensache
staffeln: → abstufen (1)
Staffelung, die: → Gliederung (1)
staffieren: **1.** → schmücken (I) – **2.** s. |mit|: → ausstatten (I, 3)
Staffierung, die: → Ausstattung (2)
Stagflation, die: → Rezession
Stagnation, die: → Stillstand (2)
stagnieren: → stillstehen (1)
Stahlbeton, der: → Beton
stählen, sich: → stärken (II), abhärten, sich
stählern: **1.** → eisern (1) – **2.** → hart (1) – **3.** → unerschütterlich – **4.** stählerne Schwinge: → Flügel (2)
Stahlfach, das: → Geldschrank
stahlhart: **1.** → hart (1) – **2.** → unerschütterlich
Stahlross, das: → Fahrrad
Stahlwerk, das: → Hüttenwerk
Staketenzaun, der: → Zaun (1)
staksen: → trotten
Stallbursche, der: Pferdejunge · Pferdeknecht · Reitknecht (*veraltend*)
Stallhase, der: → Kaninchen (1)
Stallmagd, die: → Magd
Stamm, der: **1.** → Stiel (1) – **2.** → Volksstamm – **3.** → Geschlecht (2) – **4.** vom Stamme Nimm sein: → geldgierig (2)
Stammbaum, der: Abstammungstafel · Ahnentafel · Stammtafel + Geschlechtsregister
Stammbuch, das: → Familienbuch
stammeln: → stottern (1)
stammelnd: → stockend
stammen: **1.** s. |aus|: ⟨*zum Geburtsort haben*⟩ kommen |aus| · zu Hause/geboren sein |in| · gebürtig sein |aus| – **2.** s. |von|: **a)** → abstammen – **b)** → herrühren; aus alter Zeit stammend: → altertümlich
stammern: → stottern (1)
Stammeshäuptling, der: → Häuptling (1)
Stammesoberhaupt, das: → Häuptling (1)
Stammgericht, das: → Eintopfgericht
Stammhalter, der: → Sohn
stämmig: → kräftig (1), untersetzt
Stammmutter, die: → Vorfahrin
Stammtafel, die: → Stammbaum
Stammtischpolitiker, der: → Politikaster
Stammvater, der: → Vorfahr[e] (I)
stammverwandt: → verwandt (1)
Stammzahn, der: → Geliebte (II)
Stampe, die: → Gaststätte (1, b)
stampfen: **1.** → zerdrücken – **2.** → festtreten – **3.** → stapfen – **4.** → trampeln – **5.** → schlingern – **6.** aus der Erde/dem Boden s.: → hervorbringen (1)
Stampfkartoffeln (*Pl*): → Kartoffelmus
Stand, der: **1.** → Standort (1) – **2.** → Bude (1, b) – **3.** → Beruf (1) – **4.** → Rang (1) – **5.** auf dem neusten S. sein: ⟨*über das Neueste informiert sein*⟩ auf dem Laufenden sein · up to date sein – **6.** S. der Dinge: → Sachverhalt; der dritte S.: → Mittelschicht; von gleichem S.: → ebenbürtig (2); einen guten S. haben |bei|: → beliebt (2, a); in den S.

setzen: → ermöglichen (1); in den heiligen S. der Ehe treten: → heiraten (1); aus dem S. [heraus]: → frei (3)
Standard, der: → Regel (1)
standardisieren: → vereinheitlichen
Standardisierung, die: → Vereinheitlichung
Standardsprache, die: → Hochsprache
Standarte, die: **1.** → Fahne (1) – **2.** → Schwanz (1)
Standbild, das: → Denkmal (1)
Stander, der: → Fahne (1)
Standfestigkeit, die: → Stehvermögen
standhaft: **1.** ⟨*allen widrigen Einflüssen trotzend*⟩ unbeugsam · eisenhart · [felsen]fest · wie ein Fels in der Brandung ♦ *gehoben*: ehern ♦ *umg*: immer senkrecht (*scherzh*); → *auch* unerschütterlich, unnachgiebig (1) – **2.** s. bleiben: → beharren (1)
Standhaftigkeit, die: → Beständigkeit (2)
standhalten: **1.** ⟨*nicht weichen*⟩ widerstehen · den Rücken steif halten · das Feld behaupten; → *auch* aushalten (2), widersetzen, sich – **2.** → aushalten (1)
ständig: → immer (1), ununterbrochen
Standing, das: → Ruf (1)
Standingovations (*Pl*): → Beifall (1)
Standort, der: **1.** ⟨*Platz, an dem sich jmd. od. etw. zeitweilig befindet*⟩ Position · Stand[punkt] · Standplatz + Stellung · Lage; → *auch* Ort (1) – **2.** → Ort (1)
Standpauke, die: **1.** → Strafpredigt – **2.** eine S. halten: → zurechtweisen
Standplatz, der: → Standort (1)
Standpunkt, der: **1.** ⟨*Einstellung, mit der man etw. beurteilt*⟩ Position · Warte · Sicht · Blickpunkt · Blickwinkel · Gesichtspunkt ♦ *gehoben*: Schau; → *auch* Meinung (1), Gesichtspunkt (1) – **2.** → Standort (1) – **3.** den S. klarmachen: → zurechtweisen
Stange: **I.** Stange, die: **1.** ⟨*langer Stock*⟩ Stab · Latte – **2.** → Dürre (II) – **3.** bei der S. bleiben: → festbleiben (1); jmdm. die S. halten: → eintreten (7, a); etw. von der S.: → Konfektion; eine S. [Geld] kosten: → teuer (4); eine S. Wasser in die Ecke stellen: → austreten (1); eine S. angeben: → angeben (1) – **II.** Stangen (*Pl*): → Geweih (1)
Stängel, der: **1.** → Stiel (1) – **2.** vom S. fallen: → überrascht (2)
Stank, der: **1.** → Gestank – **2.** → Streit (1)
Stänker, der: **1.** → Streitsüchtige – **2.** → Hetzer
Stänkerei, die: **1.** → Streit (1) – **2.** → Hetze (1)
Stänkerer, der: **1.** → Streitsüchtige – **2.** → Hetzer
stänkern: **1.** → streiten (I, 1) – **2.** → hetzen (1)
stante pede: → sofort
Stapel, der: **1.** → Haufen (1) – **2.** eine Rede vom S. lassen: → sprechen (2)
stapeln: **1.** → schichten – **2.** → horten
stapfen: stampfen · t[r]appen ♦ *umg*: t[r]apsen · stiefeln; → *auch* gehen (1), marschieren, trotten, trampeln
Stapfen (*Pl*): → Spur (1)
¹Star, der: Stern (*veraltend*) + Sternchen · Starlet · Filmstar · Filmgröße · Filmheld · Diva ♦ *umg*: + Topstar · Superstar · Megastar
²Star, der: den S. stechen: → aufklären (I, 2)
stark: **1.** ⟨*von besonderer Wirksamkeit*⟩ intensiv · hochgradig – **2.** → kräftig (1) – **3.** → robust (1) – **4.** → heftig (1, a) – **5.** → dick (1) – **6.** → sehr – **7.** → großartig (1) – **8.** s. werden: → erstarken; sich s. machen |für|: → eintreten (7, a); den starken Mann markieren: → Muskeln; jmds. starke Seite: → Stärke (2); starker Tobak, ein starkes Stück sein: → unverschämt (2)
Stärke, die: **1.** ⟨*innerer Durchmesser*⟩ Kaliber – **2.** ⟨*besondere Fähigkeit*⟩ *umg*: Spezialstrecke · jmds. starke Seite (*oft scherzh*) – **3.** ⟨*Stufe der Wirksamkeit*⟩ Grad · Intensität – **4.** ⟨*Mittel zum Stärken von Wäsche*⟩ Stärkemittel + Imprägnierung – **5.** → Kraft (1), Wucht (1) – **6.** → Dicke (II, 2)
Stärkemittel, das: → Stärke (4)
stärken: **I.** stärken: **1.** ⟨*der Wäsche durch Stärkemittel Steifheit verleihen*⟩ steifen (*landsch*) – **2.** → festigen (1) – **3.** → ermutigen, aufrichten (I, 2) – **4.** → erfrischen (I) – **II.** stärken, sich: **1.** ⟨*seine körperl. Verfassung verbessern*⟩ sich stählen · sich kräftigen · sich ertüchtigen – **2.** → essen (1) – **3.** → erfrischen (II)
Stärkezucker, der: → Traubenzucker
starkherzig: → tapfer
starkleibig: → dick (1)
Stärkung, die: **1.** → Imbiss (1) – **2.** → Festigung (1)
Starlet, das: → ¹Star

starr: 1. ⟨*geistig keiner Wandlung fähig*⟩ verknöchert + dogmatisch · doktrinär; → *auch* steif (2), unduldsam – **2.** → unnachgiebig (1) – **3.** → stier – **4.** → regungslos – **5.** → steif (1) – **6.** → erstarrt (1) – **7.** s. vor Schreck: → erschrocken (1)
Starre, die: **1.** → Starrheit (1) – **2.** → Steifheit (1)
starren: 1. ⟨*unentwegt auf einen Punkt sehen*⟩ stieren; gaffen · glotzen (*abwert*) ♦ *umg*: Stielaugen machen; glup[sch]en · gludern (*norddt*); → *auch* spähen (1) – **2.** vor Schmutz s.: → schmutzig (5)
Starrheit, die: **1.** ⟨*Mangel an geistiger Wandlungsfähigkeit*⟩ Starre · Verknöcherung + Dogmatismus · Dogmatik – **2.** → Steifheit (1)
Starrkopf, der (*abwert*): Dickkopf · Querkopf ♦ *umg*: Dickschädel · Quadratschädel · Rappelkopf ♦ *salopp*: sturer Bock; Dicknischel (*landsch*)
starrköpfig: → eigensinnig (1)
Starrköpfigkeit, die: → Eigensinn
Starrkrampf, der: → Wundstarrkrampf
Starrsinn, der: → Eigensinn
starrsinnig: → eigensinnig (1)
Start, der: **1.** ⟨*Ausgangspunkt eines Wettrennens*⟩ Startplatz · Ablauf · Abfahrt – **2.** ⟨*Beginn einer Laufbahn*⟩ Debüt; → *auch* Beginn (1) – **3.** → Abflug (1) – **4.** → Eröffnung (1)
Startbahn, die: → Piste (1)
startbereit: 1. → reisefertig – **2.** s. sein: ⟨*bereit sein, mit etw. zu beginnen*⟩ *umg*: in den Startlöchern sitzen
starten: 1. → anlassen (I, 1) – **2.** → anfahren (1) – **3.** → anlaufen (1) – **4.** → anfangen (1, a) – **5.** → eröffnen (I, 1)
Startloch, das: in den Startlöchern sitzen: → startbereit (2)
Startplatz, der: → Start (1)
Start-und-Lande-Bahn, die: → Piste (1)
stät: → ununterbrochen
Statement, das: → Erklärung (2)
Station, die: **1.** → Entwicklungsstufe – **2.** → Haltestelle
Statist, der: **1.** *Theat, Film* ⟨*Darsteller einer Nebenrolle ohne Text*⟩: Komparse · stumme Person; Figurant (*veraltet*) – **2.** → Nebenfigur
statt: anstatt · anstelle [von] · für; pro loco (*veraltet*)
Stätte, die: → Ort (1)
stattfinden: erfolgen · sein · vonstatten gehen; → *auch* geschehen (1), verlaufen (I, 2)
stattgeben: → erlauben (1)
statthaft: → zulässig
stattlich: 1. ⟨*durch seine Größe u. Gestalt besonders wirkend*⟩ ansehnlich · imposant · stolz · repräsentativ + kapital (*weidm*); → *auch* schön (1), groß (2), eindrucksvoll – **2.** → beträchtlich (1)
Stattlichkeit, die: → Schönheit (1)
Statue, die: → [1]Plastik (1)
Statuette, die: → [1]Plastik (1)
statuieren: ein Exempel s.: → abschrecken (1)
Statur, die: → Gestalt (1)
Status, der: **1.** → Lage (1) – **2.** → Rang (1)
Statut, das: → Satzung (1)
Stauanlage, die: Stauwerk · Staudamm · Talsperre · Wehr
Staub, der: **1.** ⟨*kleinste Schmutzteilchen*⟩ Dust (*norddt*); → *auch* Pulver (1) – **2.** → Pulver (1) – **3.** → Erde (1) – **4.** S. machen: → stauben; S. aufwirbeln: **a)** → stauben – **b)** → Aufsehen (2); sich aus dem S. machen: → fliehen (1), entfliehen (1), wegschleichen (1); sich den S. von den Füßen schütteln: **a)** → aufbrechen (3) – **b)** → weggehen (1); den S. von den Füßen/Schuhen lecken: → kriechen (2)
stauben: Staub machen/aufwirbeln
staubig: verstaubt · angestaubt · bestaubt + aschig; → *auch* schmutzig (1)
Staubzucker, der: → Puderzucker
stauchen: → stoßen (I, 1)
Staucher, der: **1.** → Aufschlag (1) – **2.** → Tadel (1)
Staudamm, der: → Stauanlage
Staude, die: **1.** → Pflanze (1) – **2.** → Busch (1)
stauen: anstauen · aufstauen · abdämmen
staunen: 1. ⟨*mit großer Verwunderung betrachten bzw. zur Kenntnis nehmen*⟩ sich [ver]wundern · erstaunen · in Erstaunen geraten · große Augen machen · seinen Augen nicht trauen ♦ *umg*: Mund und Nase aufsperren/aufreißen + jmdm. vergeht Hören und Sehen · sein blaues Wunder erleben ♦ *salopp*: glotzen · Bauklötze staunen · gucken wie ein Auto · mit den Ohren schlackern · denken, der Affe laust/kratzt einen ♦ *derb*: das Maul aufsperren/aufreißen; → *auch* überrascht (2) – **2.** Bauklötze s.: → 1

Staunen, das: S. erregen: → Aufsehen (2)

staunenswert: → erstaunlich (1)

stäupen: → züchtigen (1)

Stauwerk, das: → Stauanlage

Steadyseller, der: → Verkaufsschlager

Steamer, der: → Dampfer (1)

stechen: 1. ⟨*mit einem kleinen spitzen Gegenstand leicht verletzen*⟩ *umg*: pik[s]en – **2.** → verletzen (I, 1) – **3.** → schmerzen (1) – **4.** in See s.: → hinausfahren (2); sich in den Darm s.: → Wind (I, 3); in die Augen s.: → gefallen (1); jmdn. sticht der Hafer: → übermütig (2); wie von der Tarantel gestochen: → schnell (1, b); den Star s.: → aufklären (I, 2)

Stechheber, der: → Pipette

Stechmücke, die: → Mücke (1)

Steckdose, die: Anschlussdose · Anschlussbuchse · Dose · Buchse

stecken: 1. → pflanzen (I, 1) – **2.** → hinterbringen (II) – **3.** → aufhalten (II, 1) – **4.** → befinden (II, 1) – **5.** s. bleiben: **a)** ⟨*nicht weiter vorwärts kommen*⟩ [sich] festfahren · auf der Strecke bleiben + festlaufen · festsitzen · festliegen – **b)** ⟨*nicht* [*zügig*] *weitersprechen können*⟩ stocken · ins Stocken/Schwimmen geraten/kommen · sich festfahren · den Faden verlieren; → *auch* verheddern, sich (1) – **6.** seine Hände in fremde Taschen s.: → stehlen (1); in die eigene Tasche s.: → unterschlagen (1); in die Tasche s.: → überflügeln; in den Sack s.: **a)** → überflügeln – **b)** → betrügen (1); ins Loch s.: → einsperren (1); die Nase ins Buch s.: → lernen (1); seine Nase in alles s.: → einmischen (II); in den Strumpf s.: → sparen (1); in Brand s.: → anzünden (1, a); in Schwierigkeiten/im Dreck s.: → schlecht (10, a)

Stecken, der: **1.** → Spazierstock – **2.** → [1]Stock (1) – **3.** Dreck am S. haben: → Schuld (I, 2)

Steckenpferd, das: → Liebhaberei

Steckling, der: → Senker

Steckreis, das: → Senker

Steckrübe, die: → Kohlrübe

Steg, der: **1.** → Weg (1) – **2.** → Brücke (1) – **3.** → Laufsteg – **4.** auf Weg und S.: → überall (1)

Stegreif, der: aus dem S.: → frei (3)

Stehbierhalle, die: → Gaststätte (1, b)

stehen: 1. → befinden (II, 1) – **2.** → passen (1, c) – **3.** → steif (7) – **4.** s. bleiben: **a)** ⟨*in der Fortbewegung innehalten*⟩ anhalten · stoppen · stocken – **b)** → stillstehen (1) – **c)** → enden (1, b) – **d)** → aussetzen (3) – **e)** → anhalten (I, 1) – **5.** zum Stehen kommen: → anhalten (I, 1); zum Stehen bringen: → anhalten (I, 2); s. lassen: → zurücklassen (1); einen [alten] Schirm s. lassen: → Wind (I, 3); [auf] Posten/auf Wacht s.: → Wache (3); Rede und Antwort s.: → verantworten (II); hoch im Kurs s.: → angesehen (2); s. |auf|: → Vorliebe (2); s. |mit|: → verhalten (II, 2); beiseite s.: → leer (4); an der Spitze s.: → führen (2), leiten (1); in Lohn und Brot s.: → arbeiten (2); gut/günstig s. |mit|: → gut (10); schlecht/übel/miserabel/mies s. |mit|: → schlecht (11); es steht jmdm. bis an den/zum Hals/bis oben: → überdrüssig (1); wo man geht und steht: → überall (1); stehenden Fußes: → sofort

Steher, der: → Pfahl (1)

stehlen: 1. ⟨*widerrechtlich u. heimlich in seinen Besitz bringen*⟩ entwenden · wegnehmen · einen Diebstahl begehen/verüben · sich an fremdem Eigentum vergreifen/vergehen · sich vergreifen |an| · [mit]nehmen · beiseite bringen · auf die/zur Seite bringen ♦ *umg*: wegstehlen · mitgehen heißen/lassen · verschwinden lassen · seine Hände in fremde Taschen stecken · klebrige Finger haben · lange/krumme Finger machen · Mein und Dein verwechseln · mopsen · [weg]stibitzen; striezen (*landsch*); strenzen (*süddt*); besorgen · organisieren · abstauben · entführen · anschaffen (*verhüll*) ♦ *salopp*: mausen · klauen · klemmen · krallen · wegschleppen; kratzen (*landsch*); → *auch* einbrechen (1), plündern, rauben (1), wegnehmen (1) – **2.** dem lieben Gott den Tag s.: → faulenzen (1); die Schau s.: → überflügeln

Stehvermögen, das: Durchhaltevermögen · Standfestigkeit

steif: 1. ⟨*von Gliedmaßen gesagt*: *nicht* [*sehr*] *beweglich*⟩ starr · ungelenkig + stelzbeinig ♦ *umg*: eingerostet + bocksteif – **2.** ⟨*im Benehmen unnatürlich wirkend*⟩ hölzern · wie ein Stück Holz/ein Stock + maskenhaft; → *auch* starr (1), ungeschickt (1), gehemmt – **3.** → erstarrt (1) – **4.** → dickflüssig – **5.** → förmlich (1) – **6.** → gestärkt – **7.** s. sein: ⟨*von feuchter Wäsche gesagt*: *durch Frosteinwirkung fest geworden sein*⟩ stehen – **8.** steife Brise: → Wind (I, 1); die Ohren/den Nacken s. halten: **a)** → aushalten

(2) – **b)** → verzagen (2); den Rücken s. halten: → standhalten (1)
Steife, die: **1.** → Steifheit (1) – **2.** → Strebe
steifen: → stärken (I, 1)
Steifheit, die: **1.** ⟨*Unbeweglichkeit der Gliedmaßen*⟩ Steife · Starre · Starrheit – **2.** ⟨*Unnatürlichkeit im Benehmen*⟩ Förmlichkeit
Steig, der: → Weg (1)
Steigbügel, der: Bügel
Steige, die: → Obstgestell
steigen: 1. ⟨*von Preisen gesagt: höher werden*⟩ ansteigen · anziehen · [hoch] klettern · in die Höhe gehen/klettern + sich verteuern – **2.** → klettern (1) – **3.** → anschwellen (1, b) – **4.** → zunehmen (1) – **5.** aufs Dach s.: → zurechtweisen; in die Kanne s.: → trinken (1, b)
steigern: I. steigern: **1.** ⟨*zu größerer Wirkung bringen*⟩ vergrößern · verstärken · potenzieren; → *auch* verstärken (I, 1) – **2.** ⟨*die Leistung verbessern*⟩ heben · erhöhen; → *auch* verbessern (I, 2) – **3.** → verstärken (I, 1) – **II.** steigern, sich: **1.** → verbessern (II, 2) – **2.** → zunehmen (1)
Steigerung, die: **1.** ⟨*das Herbeiführen einer größeren Wirkung*⟩ Vergrößerung · Verstärkung · Potenzierung; Crescendo (*Mus*) + Progression; → *auch* Verstärkung (1) – **2.** ⟨*das Verbessern der Leistung*⟩ Hebung · Erhöhung; → *auch* Verbesserung (2) – **3.** → Verstärkung (1) – **4.** → Zunahme
Steigung, die: Anstieg
steil: 1. ⟨*stark ansteigend*⟩ schroff ♦ *gehoben*: aufragend – **2.** ⟨*stark nach unten geneigt*⟩ abfallend · abschüssig · schroff · jäh[lings]; → *auch* senkrecht (1) – **3.** → eindrucksvoll
Steilhang, der: → Abhang (1)
Stein, der: **1.** ⟨*Stück aus natürl. anorgan. Material*⟩ + Feldstein · Felstrümmer – **2.** → Kern (1) – **3.** Steine in den Weg legen: → behindern (1); den S. ins Rollen bringen: → auslösen (1, b); einen S. werfen |auf|: → verurteilen (2); keinen S. auf dem anderen lassen: → zerstören (2); einen S. im Brett haben |bei|: → beliebt (2, a); S. und Bein frieren: → frieren (2); S. und Bein schwören: → schwören (2); ein Tropfen auf den heißen S.: → wenig (3)
steinalt: → alt (1)
Steinblock, der: Block · Quader · Quaderstein
steinern: → hart (1)
Steinerweichen, das: zum S.: → Mitleid (2); zum S. weinen: → weinen (1)
steinhart: → hart (1)
steinig: felsig
steinreich: → reich (1)
Steiß, der: → Gesäß
Stellage, die: → Regal
Stelldichein, das: → Verabredung (1)
Stelle, die: **1.** → Ort (1) – **2.** → Rang (2) – **3.** die empfindliche S.: → Achillesferse; an dieser S.: → hierbei; an Ort und S.: → hier (1); auf der S.: → sofort; an erster S.: → zuerst; an letzter S.: → zuletzt (1); an zweiter S.: → nebensächlich; die erste S. einnehmen, an erster S. stehen: → Spitzenleistung (2); zur S. sein: → anwesend (2); von der S. kommen: → vorwärts (2, a); von der S. bringen: → fortbewegen; auf der S. treten: → stillstehen (1); eine S. bekommen: → unterkommen (1)
stellen: I. stellen: **1.** ⟨*an einen bestimmten Platz bringen*⟩ platzieren · setzen · hinstellen – **2.** s. |gegen/an|: → anlehnen (I); beiseite s.: → zurücklegen (3); voll s.: → bedecken (I, 2); auf die Beine s.: → aufstellen (I, 4); zur Schau s.: **a)** → ausstellen (2) – **b)** → zeigen (I, 3); an den Pranger s.: → anprangern (1); zur Rede s.: → belangen (1); in Abrede s.: → leugnen (1); eine Stange Wasser in die Ecke s.: → austreten (1); einen Schirm in die Ecke s.: → Wind (I, 3); in den Schatten s.: → überflügeln; in ein schlechtes Licht s.: → verleumden (1); einen Antrag s.: → beantragen; auf den Aussterbeetat s.: → kaltstellen – **II.** stellen, sich: **1.** → ausliefern (II) – **2.** sich s. |gegen/an|: → anlehnen (II, 1); sich s. |auf|: → [2]kosten (1); sich s., als ob …: → verstellen (II)
Stellenabbau, der: → Personalabbau
Stellenjäger, der: → Karrierist
stellenlos: → arbeitslos (1)
stellenweise: → vereinzelt (1)
Stellung, die: **1.** → Haltung (1) – **2.** → Arbeit (3) – **3.** → Standort (1) – **4.** → Rang (1) – **5.** in S. bringen: → aufstellen (I, 3); in S. sein: → dienen (1); S. nehmen: → äußern (II, 1)
stellungslos: → arbeitslos (1)
Stellungssuche, die: auf S. sein: Arbeit suchen ♦ *umg*: einen Job suchen · Klinken putzen
stellvertretend: in Vertretung

Stellvertreter, der: Vertreter; Substitut (*veraltend*); Verweser (*hist*); → *auch* Ersatzmann
stelzbeinig: → steif (1)
stelzen: → gehen (1)
Stelzen (*Pl*): **1.** → Bein (II) – **2.** auf S. gehen: → zieren (II)
stemmen: 1. ⟨*über den Kopf in die Höhe bringen*⟩ heben + stoßen · reißen (*Sport*) ♦ *umg*: hochwuchten – **2.** einen s.: → trinken (1, b)
Stempel, der: → Siegel (1)
stempeln: 1. s. |zu/als|: ⟨*jmdm. ungerechtfertigt eine negative Eigenschaft nachsagen*⟩ abstempeln |als/zu|; → *auch* bezeichnen (I, 3, a) – **2.** s. gehen: → arbeitslos (2)
Steno[grafie], die: → Kurzschrift
Stenotypistin, die: → Maschinenschreiberin
Stentorstimme, die: mit S.: → laut (1, b)
Stenz, der: **1.** → Geck (1) – **2.** → Zuhälter
Steppe, die: → Einöde (1)
steppen: → nähen (1)
Steppke, der: → Knirps
Sterbchen, das: sein S. machen: → sterben (1)
Sterbefall, der: → Todesfall
sterben: 1. ⟨*vom Menschen gesagt*: *zu leben aufhören*⟩ ableben · enden · zugrunde gehen · die Augen [für immer] schließen/zumachen · sein Leben/den letzten Atem aushauchen · seinen/den letzten Seufzer tun · aus dem Leben gehen · aus ihrer *bzw.* unserer Mitte gerissen werden · jmds. letzte Stunde ist gekommen · jmds. letztes Stündlein hat geschlagen; endigen (*veraltend*); einschlafen · einschlummern · hinüberschlummern · hinüberdämmern · hinübergehen · seinen letzten Gang/seine letzte Reise antreten · über den Jordan gehen (*verhüll*) + sein Leben verlieren · den Tod erleiden · seinen Verletzungen/Wunden erliegen ♦ *dicht*: erblassen · [v]erbleichen (*veraltet*) ♦ *gehoben*: versterben · verscheiden · [da]hinscheiden · ins Grab sinken · seine Tage beschließen · sein Leben/Dasein beschließen/vollenden · die Welt verlassen · aus der Welt gehen/scheiden · vom Schauplatz/von der Bühne des Lebens abtreten · abberufen/erlöst werden · [da]hinsterben · erlöschen · abscheiden · aus dem Leben scheiden · heimgehen · seinen Geist aufgeben · seine Seele aushauchen · die sterbliche Hülle ablegen · das Zeitliche segnen · zur ewigen Ruhe/in die Ewigkeit/in den ewigen Frieden eingehen · den Weg allen Fleisches gehen; dahingehen · davongehen · gehen |von| · entschlafen · entschlummern (*verhüll*); dahinfahren · von dannen/hinnen gehen/scheiden (*veraltet*) + verröcheln ♦ *umg*: eingehen · dran glauben müssen · den Löffel abgeben · den letzten Schnaufer tun · in die Grube fahren · den letzten Hauch von sich geben; sich davonmachen (*verhüll*); sein Sterbchen machen (*landsch*); sich zu den Vätern versammeln · zu seinen Vätern versammelt werden · in die ewigen Jagdgründe eingehen (*scherzh*) ♦ *salopp*: abfahren · abkratzen · abgehen · abschnappen · hopsgehen · ins Gras beißen · ausröcheln · den Löffel wegschmeißen · zur Hölle fahren · zum Teufel gehen; abschrammen · abnibbeln (*landsch*) ♦ *derb*: draufgehen · krepieren · verrecken · den Arsch zukneifen · einen kalten Arsch kriegen; → *auch* umkommen (1), fallen (3), verenden, Sterben – **2.** → verenden – **3.** von eigener Hand s.: → Selbstmord (2)
Sterben, das: im S. liegen: in Agonie liegen · mit dem Tode ringen + hinsiechen ♦ *umg*: in den letzten Zügen liegen; → *auch* sterben (1)
sterbenskrank: → todkrank (1)
sterbenslangweilig: → langweilig
Sterbenswort, das: kein S. sagen: → schweigen (1 *u.* 2)
sterblich: die sterbliche Hülle, die sterblichen Überreste: → Leiche (1); die sterbliche Hülle ablegen: → sterben (1)
Sterbliche, der: ein gewöhnlicher Sterblicher: → Durchschnittsmensch
Sterblichkeit, die: **1.** → Mortalität – **2.** → Vergänglichkeit
Sterblichkeitsrate, die: → Mortalität
Sterblichkeitsziffer, die: → Mortalität
stereo: → bisexuell (1)
steril: 1. → keimfrei (1) – **2.** → unfruchtbar (1) – **3.** → unschöpferisch – **4.** s. machen: → entkeimen (1)
Sterilisation, die: → Entkeimung
sterilisieren: 1. ⟨*fortpflanzungsunfähig machen*⟩ **a)** ⟨*Männer*⟩ kastrieren · entmannen · unfruchtbar/zeugungsunfähig machen; → *auch* verschneiden (1) – **b)** ⟨*Frauen*⟩ unfruchtbar machen – **2.** → entkeimen (1)

Sterilisierung, die: → Entkeimung
Sterke, die: → Kuh (1)
Stern, der: **1.** ⟨*Himmelskörper*⟩ Gestirn + Fixstern · Sonne · Planet; → *auch* Sonne (1) – **2.** → [1]Star – **3.** das steht in den Sternen [geschrieben]: → ungewiss (2); guter S.: → Glück (2)
Sternchen, das: → [1]Star
Sterndeuterei, die: → Astrologie
Sterndeutung, die: → Astrologie
Sternenzelt, das: → Himmel (1)
sternhagelvoll: → betrunken (1)
Sternkunde, die: → Astronomie
Sterz, der: → Schwanz (1)
stet: 1. → ununterbrochen – **2.** in steter Folge: → ununterbrochen
stetig: 1. → beharrlich (1) – **2.** → ununterbrochen – **3.** → fortlaufend (1)
Stetigkeit, die: **1.** → Beharrlichkeit – **2.** → Dauer (2) – **3.** → Beständigkeit (1)
stets: → immer (1)
[1]Steuer, die: Abgabe · Abzug · Akzise + Staatseinnahmen · Kontribution; der Zehnt[e] (*hist*)
[2]Steuer, das: → Lenkrad
steuerbord: → rechts (1)
steuern: 1. ⟨*das Steuer eines Fahrzeugs bedienen*⟩ lenken · fahren · führen – **2.** → bedienen (I, 4) – **3.** → bewerkstelligen
Steuerprüfer, der: Buchprüfer · Bücherrevisor · Revisor · Wirtschaftsprüfer
Steuerung, die: **1.** → Lenkung (1) – **2.** → Bedienung (4)
Sthenie, die: → Kraft (1)
sthenisch: → kräftig (1)
stibitzen: → stehlen (1)
Stich, der: **1.** → Verletzung (1) – **2.** → Schmerz (1) – **3.** → Anspielung (1) – **4.** einen S. versetzen: **a)** → anstechen (1) – **b)** → kränken; einen S. haben: **a)** → verrückt (5) – **b)** → sauer (4); im S. lassen: → verlassen (I, 2)
Stichelei, die: → Anspielung (1)
sticheln: 1. ⟨*ständig boshafte u. aufreizende Bemerkungen machen*⟩ Anspielungen machen · Spitzen austeilen · Giftpfeile abschießen ♦ *umg*: sein Gift verspritzen – **2.** → nähen (1)
stichhaltig/stichhältig: → überzeugend
stichig: → sauer (2)
Stichtag, der: **1.** → Zeitpunkt – **2.** → Termin (2)
Stichwort, das: **1.** ⟨*mit Erklärungen usw. versehenes Wort in Nachschlagewerken*⟩ Lemma (*fachspr*) + Schlagwort – **2.** ⟨*Wort, das einem Schauspieler seinen Auftritt anzeigt*⟩ Merkwort
Sticker, der: → Aufkleber
stickig: *umg*: miefig · vermieft (*abwert*)
stieben: → sprühen (1)
Stiefbruder, der: Halbbruder
Stiefel, der: **1.** ⟨*Schuh mit langem Schaft*⟩ Langschäfter; Knobelbecher (*soldatenspr*) – **2.** einen [ganzen/gehörigen/tüchtigen] S. vertragen [können]: → trinkfest; etw. haut jmdn. aus den Stiefeln: → überraschen (1)
stiefeln: 1. → marschieren – **2.** → stapfen
stiefmütterlich: → unfreundlich (1)
Stiege, die: **1.** → Treppe (1) – **2.** → Obstgestell
stiekum: → heimlich (1)
Stiel, der: **1.** ⟨*Teil mancher Pflanzen*⟩ Stängel + Stamm – **2.** ⟨*stabförmiger Griff*⟩ Schaft; → *auch* Griff (1) – **3.** mit Stumpf und S. ausrotten: → vernichten (1, b)
Stielaugen (*Pl*): S. machen: → starren (1)
stier: gläsern · glasig · starr · verglast
Stier, der: **1.** → [1]Bulle (1) – **2.** den S. bei den Hörnern packen: → meistern
[1]stieren: → brünstig (2)
[2]stieren: → starren (1)
stierig: → brünstig (1)
stierköpfig: → eigensinnig (1)
Stiesel, der: → Dummkopf (2)
stieselig: → einfältig (2)
[1]Stift, der: **1.** → Nagel (1) – **2.** → Lehrling
[2]Stift, das: **1.** → Kloster (1) – **2.** → Altenheim
[1]stiften: 1. → schenken (1) – **2.** → spenden (1) – **3.** → gründen (I, 1) – **4.** Unheil s.: → schaden (1)
[2]stiften: s. gehen: **a)** → entfliehen (1) – **b)** → desertieren
Stifter, der: **1.** → Gründer – **2.** → Wohltäter
Stiftung, die: **1.** → Schenkung – **2.** → Gründung (1)
Stigma, das: → Merkmal
Stil, der: **1.** ⟨*die Art, einen Text zu formulieren*⟩ Ausdruck · Ausdrucksform · Ausdrucksweise · Schreibart · Schreibweise · Diktion ♦ *umg*: Schreibe – **2.** ⟨*einheitl. Gepräge von Kunstwerken*⟩ Kunstrichtung – **3.** → Verhalten
Stilett, das: → Dolch
stilgemäß: → stilgerecht

stilgerecht: stilgemäß; → *auch* stilvoll
still: **1.** ⟨*kein Geräusch machend*⟩ geräuschlos · totenstill ♦ *umg*: [mucks]mäuschenstill; → *auch* lautlos – **2.** ⟨*als Aufforderung*⟩ ruhig · Ruhe; Silentium (*noch scherzh*) + aufhören – **3.** → regungslos – **4.** → idyllisch (1) – **5.** s. sein: → schweigen (1); s. und leise, im Stillen: → heimlich (1); stilles Örtchen: → Toilette (1)
Stille, die: Ruhe · Schweigen · Lautlosigkeit · Totenstille · Grabesstille
stillen: **1.** ⟨*an der Mutterbrust trinken lassen*⟩ nähren · die Brust geben/reichen + säugen – **2.** den Hunger s.: → essen (1)
stilllegen: außer Betrieb setzen · lahm legen · zum Erliegen bringen; auflassen (*landsch*)
stillos: stilwidrig; → *auch* geschmacklos (1)
Stillosigkeit, die: Stilwidrigkeit; → *auch* Geschmacklosigkeit (1)
stillschweigen: → schweigen (1)
Stillschweigen, das: S. bewahren: → schweigen (2)
stillschweigend: **1.** → heimlich (1) – **2.** → schweigend
stillsitzen: nicht s.: → zappeln (1)
Stillstand, der: **1.** ⟨*das Aufhören einer Bewegung*⟩ Halt · Stockung; → *auch* [1]Pause (1) – **2.** ⟨*das Zuendegehen einer Entwicklung*⟩ Stagnation + Rückgang – **3.** zum S. bringen: → anhalten (I, 2); zum S. kommen: **a)** → stillstehen (1) – **b)** → anhalten (I, 1)
stillstehen: **1.** ⟨*in seiner Entwicklung nicht weiter vorankommen*⟩ stehen bleiben · stagnieren · zum Stillstand/Erliegen kommen · auf der Stelle treten ♦ *umg*: + von der Substanz zehren – **2.** → aussetzen (3)
stillvergnügt: → heiter (1)
stilvoll: formvollendet; → *auch* geschmackvoll, stilgerecht
stilwidrig: → stillos
Stilwidrigkeit, die: → Stillosigkeit
Stimmabgabe, die: → Abstimmung (1)
Stimmbruch, der: → Stimmwechsel
Stimme, die: **1.** ⟨*das, was beim Sprechen bzw. Singen als Lautäußerung des Menschen zu hören ist*⟩ Organ · Singstimme – **2.** mit erhobener S.: → laut (1, b); die S. dämpfen/senken: → flüstern (1); innere S.: **a)** → Ahnung (1) – **b)** → Gewissen (1); die S. der Natur: → Trieb (1); die/seine S. abgeben: → abstimmen (1); seine S. geben |für|: → wählen (1)
stimmen: **1.** ⟨*der Wahrheit entsprechen*⟩ richtig/wahr sein · zutreffen · zutreffend/der Fall sein – **2.** ⟨*die richtige Höhe der einzelnen Töne eines Musikinstrumentes einstellen*⟩ einstimmen (*Mus*) – **3.** → passen (1, a) – **4.** → aufgehen (3) – **5.** s. |für|: → wählen (1); heiter/froh s.: → aufheitern (I)
Stimmengewirr, das: → Lärm (1)
Stimmlage, die: Tonlage · Lage + Tonhöhe
Stimmung, die: **1.** ⟨*das augenblickl. seel. Gestimmtsein*⟩ Gemütsstimmung · Gemütslage · Gemütszustand · Gemütsverfassung · Verfassung – **2.** → Gefühl (1) – **3.** → Laune (1) – **4.** → Atmosphäre (1) – **5.** in S. geraten: ⟨*lustig u. lebhaft werden*⟩ *umg*: in Fahrt/Schwung kommen/geraten · auf Touren kommen – **6.** [in] gehobener S.: → lustig; [in] schlechter S.: → missmutig
stimmungsvoll: poetisch · romantisch; → *auch* malerisch
Stimmwechsel, der: Stimmbruch; Mutation (*med*)
Stimulans, das: → Anregungsmittel
stimulieren: → anregen (1)
stimulierend: → anregend
Stimulus, der: **1.** → Antrieb (1) – **2.** → Reiz (1)
stinkbesoffen: → betrunken (1)
stinken: **1.** ⟨*von üblem Geruch sein*⟩ [schlecht/übel] riechen; duften (*iron*) + dünsten – **2.** → missfallen (1) – **3.** das stinkt zum/gen Himmel: → unerhört (2); nach Geld s.: → reich (5); stinkend faul: → faul (2)
stinkfaul: → faul (2)
stinkfein: → vornehm (1)
stinkig: → faulig (1)
stinklangweilig: → langweilig
stinksauer: → ärgerlich (1)
Stinkstiefel, der: → Griesgram
stinkvornehm: → vornehm (1)
Stinkwut, die: → Wut (1)
Stint, der: sich freuen wie ein S.: → freuen (II, 1)
Stipendium, das: *umg*: + Bafög
Stippe, die: → Soße (1)
stippen: s. |in|: → eintauchen (1)
Stippvisite, die: → Besuch (1)
Stipulation, die: → Vertrag (1)
Stirn, die: die S. bieten: → widersetzen, sich; die S. haben: → unterstehen (II)
Stirnseite, die: → Vorderseite

stöbern: 1. → sprühen (1) – **2.** → sauber (7, a) – **3.** s. |in|: → durchsuchen
[1]**Stock,** der: **1.** ⟨*Stab zum Schlagen*⟩ Knüppel · Knüttel · Prügel; Rohrstock (*veraltend*); Stecken (*landsch*) – **2.** → Spazierstock – **3.** → Stockwerk – **4.** wie ein S.: → steif (2); am S. gehen: → erschöpft (4)
[2]**Stock,** der: → Lager (3)
stockbesoffen: → betrunken (1)
stockbetrunken: → betrunken (1)
stockblind: → blind (1)
stockdumm: → dumm (1)
stockdunkel: → dunkel (1)
Stöckel: I. Stöckel, der: → Absatz (1) – **II.** Stöckel, das: → Nebengebäude
stocken: 1. → stehen (4, a) – **2.** → stecken (5, b) – **3.** ins Stocken geraten/kommen: → stecken (5, b)
stockend: stammelnd · holperig · stotterig · abgehackt · in Absätzen
Stockerl, das: → Hocker
stockfinster: → dunkel (1)
stockkonservativ: → konservativ
Stöckli, das: → Altenteil (1)
stockreaktionär: → rückschrittlich
stocksauer: → ärgerlich (1)
stocktaub: → taub (1)
Stockung, die: **1.** → Stillstand (1) – **2.** → Störung
Stockwerk, das: Etage · Geschoss · Stock; Geschoß (*süddt österr*); → *auch* Erdgeschoss (1), Untergeschoss
Stoff, der: **1.** ⟨*nicht näher bestimmbares od. bestimmtes Gegenständliches*⟩ Substanz · Materie · Material + Masse – **2.** → Gewebe (1) – **3.** → Thema (1) – **4.** → Branntwein – **5.** → Rauschgift (1)
Stoffel, der: → Tollpatsch
stoffelig: 1. → ungeschliffen – **2.** → ungeschickt (1)
stöhnen: + ächzen; → *auch* aufstöhnen
Stöhnen, das: Gestöhn[e] (*oft abwert*) + Geächze · Geseufze (*oft abwert*)
stoisch: 1. → gelassen (1) – **2.** stoische Ruhe: → Gelassenheit
Stoizismus, der: → Gelassenheit
Stolper, der: → Fehltritt (1)
stolpern: straucheln
Stolperstein, der: → Schwierigkeit (1)
stolz: 1. ⟨*erfüllt von [berechtigtem] Selbstgefühl*⟩ mit erhobenem Haupt; mit geschwellter Brust (*meist scherzh*) ♦ *gehoben*: erhobenen Hauptes; → *auch* selbstbewusst, überheblich – **2.** → überheblich – **3.** → stattlich (1) – **4.** s. sein |auf|: ⟨*sich über etw. Eigenes besonders befriedigt zeigen*⟩ sich etw. einbilden |auf| · sich etw. zugute halten/tun |auf|
Stolz, der: **1.** → Selbstbewusstsein – **2.** → Überheblichkeit – **3.** den S. brechen: → demütigen (I)
stolzieren: → gehen (1)
Stomatologe, der: → Zahnarzt
stopfen: 1. → mästen – **2.** → sättigen (1) – **3.** → ausbessern (1) – **4.** s. |in|: → hineinstopfen; den Mund s.: → Schweigen (2); das Maul s.: **a)** → Schweigen (2) – **b)** → befriedigen (1); den Rachen s.: → befriedigen (1)
Stopfen, der: → Stöpsel
Stopp, der: → Halt (1)
Stoppelbart, der: → Bart (1)
stoppelbärtig: → unrasiert
stoppelig: 1. → unrasiert – **2.** → struppig
stoppen: 1. → anhalten (I, 1 *u.* 2), stehen (4, a) – **2.** → aufhören (1)
Stopplicht, das: → Bremslicht
Stoppzeichen, das: → Haltezeichen
Stöpsel, der: Kork[en] · Pfropf[en]; Stopfen (*landsch*) + Zapfen · Spund
Storch, der: Adebar (*scherzh*); Klapperstorch (*kinderspr*)
storchen: → gehen (1)
[1]**Store,** der: → Gardine (1)
[2]**Store,** der: → Lager (3)
stören: 1. ⟨*beeinträchtigend od. hemmend einwirken*⟩ ins Gehege kommen · in die Quere kommen ♦ *umg*: quer schießen · verquer kommen; → *auch* sabotieren, hindern – **2.** ⟨*zu einem unpassenden Zeitpunkt kommen*⟩ ungelegen/zur Unzeit kommen; unpass kommen (*landsch*) ♦ *umg*: angekleckert kommen + mitten in die Arbeit platzen · angeschlichen kommen ♦ *derb*: angeschissen kommen; → *auch* belästigen (1)
störend: → hinderlich (1)
Störenfried, der: → Unruhestifter
Störfall, der: Havarie + GAU
stornieren: → abbestellen
Stornierung, die: → Abbestellung
Storno, der *od.* das: → Abbestellung
störrisch: 1. → widerspenstig – **2.** s. sein: → bocken (I, 1)
Störrischkeit, die: → Widerspenstigkeit
Störung, die: Stockung · Unterbrechung + Kurzschluss

Story, die: **1.** → Geschichte (2) – **2.** → Erzählung (1)
Stoß, der: **1.** ⟨*heftige* [*u. gezielte*] *Bewegung eines Menschen nach einem anderen*⟩ Schub + Rippenstoß · Nasenstüber · Tritt · Rempelei ♦ *umg*: Puff · Knuff · Schubs · Stups[er]; Schlenkrich (*landsch*); Schupf (*süddt schweiz*); Schupfer (*österr*); → *auch* Schlag (I, 1), Erschütterung (1) – **2.** → Haufen (1) – **3.** → Erdbeben – **4.** einen S. geben / versetzen: → stoßen (I, 1); seinem Herzen einen S. geben: → ermannen, sich
stoßen: I. stoßen: **1.** ⟨*eine od. mehrere heftige* [*u. gezielte*] *Bewegungen gegen jmdn. ausführen*⟩ einen Stoß geben / versetzen + stauchen · rempeln ♦ *umg*: puffen · knuffen · schubsen · stupsen; schuppen (*landsch*); schupfen (*süddt österr schweiz*) + eins in die Rippen geben; gicksen (*landsch*) – **2.** → holpern – **3.** → stemmen (1) – **4.** beiseite s.: → verdrängen (1); vor den Kopf s.: → kränken; ins Elend s.: → entlassen (2); Bescheid s.: → zurechtweisen; [mächtig] ins Horn s.: → angeben (1) – **II.** stoßen, sich: ⟨*sich durch heftige Berührung eines harten Gegenstandes Schmerz zufügen*⟩ anecken · sich wehtun ♦ *umg*: sich rennen (*landsch*)
Stoßkraft, die: → Wirksamkeit (1)
Stoßseufzer, der: → Seufzer (1)
stoßweise: ruckartig · ruckweise
Stoßzeit, die: → Hauptverkehrszeit
stotterig: → stockend
stottern: 1. ⟨*stockend sprechen*⟩ stammeln; stammern (*norddt*) ♦ *umg*: in Raten sprechen (*scherzh*); → *auch* radebrechen – **2.** auf Stottern: → ratenweise; auf Stottern kaufen: → Teilzahlung (2)
stracks: 1. → sofort – **2.** → direkt (1)
Strafanstalt, die: → Strafvollzugsanstalt
strafbar: 1. → ungesetzlich – **2.** → strafwürdig – **3.** sich s. machen: → vergehen (II, 1)
Strafbescheid, der: → Strafmandat
Strafe, die: **1.** ⟨*fühlbare Erziehungsmaßnahme für einen Übeltäter*⟩ Bestrafung · Buße; Lohn (*iron*); → *auch* Züchtigung – **2.** in S. nehmen: → bestrafen; eine S. auferlegen / aufbrummen: **a)** → bestrafen – **b)** → verurteilen (1); mit S. belegen, eine S. verhängen: → verurteilen (1); die S. erlassen: → begnadigen
strafen: 1. → bestrafen – **2.** Lügen s.: → widerlegen; mit Verachtung s.: → verachten (1)
Straferlass, der: Amnestie · Amnestierung · Begnadigung + Straffreiheit
straff: 1. ⟨*von der Körperhaltung gesagt*: *nicht weichlich-schlaff*⟩ fest · stramm; soldatisch (*veraltend*); → *auch* aufrecht (1) – **2.** ⟨*von einem Seil od. dgl. gesagt*: *nicht locker od. durchhängend*⟩ straffgezogen · gespannt · stramm – **3.** ⟨*von der Haut od. einer gewölbten Oberfläche gesagt*: *keine Falten aufweisend*⟩ prall · stramm
straffällig: s. werden: → vergehen (II, 1); erneut s. werden: → rückfällig (3)
straffen: 1. → spannen (I, 1) – **2.** → rationalisieren
straffgezogen: → straff (2)
straffrei: s. ausgehen: ungeschoren bleiben ♦ *umg*: [mit einem blauen Auge] davonkommen · mit heiler Haut davonkommen; → *auch* glimpflich (2)
Straffreiheit, die: → Straferlass
straffziehen: 1. → spannen (I, 1) – **2.** die Hosen / den Hosenboden s.: → züchtigen (1)
Strafgefangene, der: → Häftling
Strafgericht, das: → Bestrafung (1)
sträflich: → strafwürdig
Sträfling, der: → Häftling
Strafmandat, das: Bußgeldbescheid; Strafbescheid (*schweiz*) ♦ *umg*: Strafzettel; Knöllchen (*scherzh*)
Strafpredigt, die: Strafrede · Philippika · Lektion; Epistel (*veraltend*) + ein reinigendes Gewitter ♦ *umg*: Standpauke · Gardinenpredigt · Moralpredigt · Predigt · Donnerwetter; → *auch* Zurechtweisung, Tadel (1)
Strafrede, die: → Strafpredigt
Straftat, die: **1.** → Vergehen (1) – **2.** schwere S.: → Verbrechen (1); eine S. begehen: → vergehen (II, 1)
Strafvollstreckung, die: → Strafvollzug
Strafvollzug, der: Strafvollstreckung
Strafvollzugsanstalt, die: Strafanstalt · Justizvollzugsanstalt · Vollzugsanstalt · Haftanstalt · Anstalt; Zuchthaus · Gefängnis (*veraltend*); Kriminal (*österr veraltend*); Hungerturm · Verlies · Kerker (*hist*) + Arrestlokal (*veraltend*); Karzer (*hist*) ♦ *umg*: Nummer Sicher; Bau (*soldatenspr*) ♦ *salopp*: Kittchen · Knast · Loch; Bunker (*soldatenspr*)
strafwürdig: sträflich + strafbar
Strafzettel, der: → Strafmandat

Strahl: I. Strahl, der: → Wasserstrahl (1) – **II.** Strahlen (*Pl*): → Sonnenschein (1)
strahlen: 1. → glänzen (1), leuchten (1) – **2.** → ausstrahlen (1) – **3.** → freuen (II, 1)
strählen: → kämmen
strahlend: 1. → glänzend (1) – **2.** → sonnig (2) – **3.** → hell (1) – **4.** → heiter (1)
strahlenförmig: strahlig; radiär · radial (*fachspr*)
Strahlflugzeug, das: → Düsenflugzeug
strahlig: → strahlenförmig
Strahlung, die: Radiation (*fachspr*)
stramm: 1. → straff (1, 2 *u.* 3) – **2.** → angestrengt
strammen: → spannen (I, 1)
strammziehen: 1. → spannen (I, 1) – **2.** die Hosen / den Hosenboden s.: → züchtigen (1)
strampeln: → zappeln (1)
Strand, der: → Ufer (1)
stranden: 1. ⟨*von Schiffen gesagt: durch Grundberührung festfahren*⟩ auflaufen · auffahren · auf Grund laufen / geraten; aufsitzen (*seem*) ♦ *umg*: aufbrummen (*seem*) – **2.** → scheitern (a)
Strang, der: **1.** → Seil (1) – **2.** → Strick (1) – **3.** wenn alle Stränge reißen: → notfalls; an einem / am gleichen / selben S. ziehen: → zusammenarbeiten; über die Stränge schlagen: → übermütig (2)
strangulieren: → erwürgen
Strapaze, die: → Anstrengung (2)
strapazfähig: → haltbar (1)
strapazieren: I. strapazieren: **1.** → anstrengen (I, 2), überbeanspruchen – **2.** → abnutzen (I) – **3.** das / sein Hirn s.: → nachdenken (1) – **II.** strapazieren, sich: → überanstrengen (II)
strapazierend: 1. → anstrengend (1) – **2.** → nervtötend
strapazierfähig: → haltbar (1)
strapaziös: → anstrengend (1)
Straps, der: → Strumpfhalter, Hüfthalter
Straße, die: **1.** ⟨*befestigter breiter Weg für den Verkehr*⟩ Fahrstraße · Fahrweg · Verkehrsweg + Achse · Ring · Trasse; → *auch* Fahrbahn, Hauptstraße, Fernverkehrsstraße, Landstraße, Allee – **2.** → Fahrbahn – **3.** eine von der S.: → Prostituierte; auf die S. gehen: **a)** → prostituieren, sich (1) – **b)** → demonstrieren (1); auf offener S.: → öffentlich (1); die S. messen: → hinfallen; auf die S. setzen / werfen: → entlassen (2); auf der S. liegen / sitzen: → arbeitslos (2)
Straßenauflauf, der: → Ansammlung (1)
Straßenbahn, die: Bahn; Trambahn (*süddt*); Tramway (*österr*); Tram (*süddt, österr veraltend, schweiz*) ♦ *umg*: Elektrische (*veraltet*)
Straßendamm, der: → Fahrbahn
Straßenfeger, der: **1.** → Straßenkehrer – **2.** → Fernsehkrimi
Straßenkehrer, der: Straßenfeger; Gassenkehrer (*landsch*); Straßenwischer (*schweiz*)
Straßenkreuzer, der: → Auto (1)
Straßenkreuzung, die: → Kreuzung (2)
Straßenmädchen, das: → Prostituierte
Straßenraub, der: → Diebstahl (1)
Straßenräuber, der: → Räuber
Straßenwischer, der: → Straßenkehrer
Strategie, die: **1.** → Vorgehensweise – **2.** → Kriegskunst
sträuben, sich: **1.** ⟨*von den Haaren mancher Tiere gesagt: sich unwillkürlich aufrichten*⟩ *umg*: zu Berge stehen · hochstehen – **2.** → widersetzen, sich – **3.** jmdm. s. sich die Haare: → entsetzen (II, 1)
straubig: → struppig
Strauch, der: → Busch (1)
Strauchdieb, der: → Räuber
straucheln: 1. → stolpern – **2.** → vergehen (II, 1)
Strauchritter, der: → Räuber
Strauchwerk, das: → Buschwerk
Strauß, der: → Blumenstrauß
Strebe, die: Steife (*fachspr*) + Stützbalken · Träger
streben: s. |nach|: → erstreben
Streben, das: Bestreben · Trachten + Wetteifer ♦ *gehoben*: Dichten und Trachten; → *auch* Ehrgeiz
Streber, der (*abwert*): Ehrgeizling; → *auch* Karrierist
streberhaft: → ehrgeizig
streberisch: → ehrgeizig
strebsam: aufstrebend · hochstrebend; → *auch* beharrlich (1), fleißig (1), ehrgeizig, lerneifrig, zielstrebig
Strebsamkeit, die: → Ehrgeiz
Strecke, die: **1.** ⟨*Teilstück eines Weges*⟩ Wegstrecke · Etappe; Distanz (*Sport*) ♦ *umg*: Ende · Ecke; → *auch* Entfernung (1) – **2.** → Schienenweg, Verkehrslinie – **3.** → Anfahrtsweg – **4.** auf der S. bleiben: **a)** → stecken (5, a) – **b)** → versagen (1) – **c)** → verlieren (I, 3); zur S. bringen: → schießen (2)

strecken: **I.** strecken: **1.** → dehnen (I) – **2.** → verdünnen – **3.** in die Länge s.: **a)** → dehnen (I) – **b)** → verzögern (I); alle viere von sich s.: **a)** → hinlegen (II) – **b)** → ausstrecken (II, 1); zu Boden s.: → niederschlagen (I, 1); die Waffen s.: → ergeben (II, 1) – **II.** strecken, sich: **1.** ⟨*seine Gestalt hoch aufrichten od. langmachen*⟩ sich recken – **2.** → dehnen (II, 1) – **3.** sich s. |bis|: → erstrecken, sich (1 *u.* 2); sich in die Länge s.: → verzögern (II); sich nach der Decke s.: → Haus (4)
Streckenwärter, der: → Bahnwärter
streckenweise: → vereinzelt (1)
Streetworker, der: → Sozialarbeiter
Streich, der: **1.** ⟨*gegen jmdn. gerichtetes übermütig-scherzhaftes Tun*⟩ Schabernack · Jungenstreich · Bubenstreich · Dummejungenstreich · Lausbubenstreich · Lausbüberei · Eulenspiegelei · Dummheit · Schelmenstreich · Schelmenstück; → *auch* Spaß (1) – **2.** → Schlag (I, 1) – **3.** einen S. spielen: → necken
Streicheleinheit, die: → Lob (1)
streicheln: krau[l]en · kraueln · tätscheln + hätscheln; [ei,] ei machen (*kinderspr*); → *auch* liebkosen
streichen: **1.** ⟨*von Brotschnitten gesagt: mit Aufstrich versehen*⟩ bestreichen · [be]schmieren – **2.** ⟨*die Tätigkeit eines Dekorationsmalers ausführen*⟩ anstreichen + [über]tünchen ♦ *umg*: anmalen · bemalen; anpinseln · bepinseln (*auch abwert*); anschmieren (*abwert*) – **3.** ⟨*aus einem Text Teile herausnehmen*⟩ weglassen; → *auch* tilgen (3) – **4.** ⟨*nicht auf der Tagesordnung stehen lassen*⟩ absetzen – **5.** → einziehen (2) – **6.** s. |über|: ⟨*die Hand od. einen Gegenstand leicht über etw. hinführen*⟩ hinstreichen |über| · hinfahren |über| · darüber hinstreichen · darüber hinfahren – **7.** die Flagge/die Segel s.: → ergeben (II, 1); einen s. lassen: → Wind (I, 3); aufs Butterbrot/Brot s.: → vorhalten
Streichholz, das: → Zündholz
Streichkonzert, das: → Einsparungsmaßnahmen
Streife, die: Patrouille
streifen: **1.** → berühren (I, 2) – **2.** → erwähnen (1) – **3.** → abhäuten – **4.** s. |an|: → berühren (I, 1); s. |durch|: → durchwandern
Streifen, der: **1.** ⟨*strichförmiger Bluterguss*⟩ Striemen · Strieme – **2.** → Stück (1) – **3.** → Film (2) – **4.** nicht in den S. passen: → missfallen (1)
streifig: gestreift + zebraartig · tigroid
Streifzug, der: → Wanderung
Streik, der: **1.** ⟨*Maßnahme eines Arbeitskampfes*⟩ Ausstand · Arbeitseinstellung · Arbeitsniederlegung + Warnstreik · Bummelstreik – **2.** in den S. treten: → streiken (1)
streiken: **1.** ⟨*einen Streik durchführen*⟩ in den Streik/Ausstand treten · die Arbeit niederlegen/einstellen · sich im Ausstand befinden · im Ausstand stehen – **2.** → Mitarbeit – **3.** → versagen (2)
Streit, der: **1.** ⟨*das [heftige] Austragen von Meinungsverschiedenheiten*⟩ Streitigkeit · Auseinandersetzung · Wortwechsel · Konflikt · Kontroverse · Zwistigkeit · Querele · Zank · Auftritt · Zusammenstoß · Reiberei; Gezänk (*abwert*); Hader · Fehde (*hist*) + Plänkelei · Häkelei · Schlammschlacht ♦ *gehoben*: Händel + Friktion ♦ *umg*: Krach · Zoff; Streiterei · Zänkerei · Gestreite · Gezanke · Krakeel · Krakeelerei · Stunk · Stank (*abwert*); Krieg · Mord und Totschlag (*scherzh*); Kabbelei (*norddt*) + Hickhack · Gezerre · Stänkerei (*abwert*) ♦ *salopp*: Knatsch (*landsch*); → *auch* Zwietracht (1), Streitgespräch – **2.** in S. leben |mit|: ⟨*ständig Meinungsverschiedenheiten mit jmdm. haben*⟩ auf [dem] Kriegsfuß stehen/leben |mit| · auf gespanntem Fuß leben |mit| · im Clinch liegen |mit| + es herrscht dicke Luft; → *auch* streiten (II) – **3.** S. suchen/anfangen/heraufbeschwören/vom Zaune brechen: → anlegen (II); in S. geraten/liegen: → streiten (II)
streitbar: → kämpferisch
streiten: **I.** streiten: **1.** ⟨*seine Meinung heftig od. provozierend gegen eine andere vertreten*⟩ rechten + eine Szene machen · plänkeln ♦ *umg*: krakeelen · stänkern · Stunk machen (*abwert*) – **2.** → kämpfen (1) – **II.** streiten, sich: ⟨*eine Meinungsverschiedenheit mit jmdm. austragen*⟩ sich zanken · in Streit geraten/liegen + sich häkeln ♦ *umg*: sich reiben · keinen guten Faden miteinander spinnen · sich in die Haare geraten/kriegen · sich in die Wolle kriegen · sich in den Haaren haben/liegen · einen Tanz haben |mit| · sich krachen · Krach haben; sich herumzanken · sich herumbei-

ßen (*abwert*); sich kabbeln (*norddt*); → *auch* zusammenstoßen (2), anlegen (II), Streit (2)
Streiter, der: → Kämpfer
Streiterei, die: → Streit (1)
Streitgegenstand, der: → Streitobjekt
Streitgespräch, das: Rededuell · Wortgefecht · Redeschlacht · Redestreit · Wortstreit · Disput · Polemik + Meinungsstreit · Disputation · Plänkelei; → *auch* Erörterung, Streit (1)
streithaft: → kämpferisch
Streithahn, der: → Streitsüchtige
Streithammel, der: → Streitsüchtige
Streithansl, der: → Streitsüchtige
streitig: → umstritten, bestreitbar
Streitigkeit, die: → Streit (1)
Streitkräfte (*Pl*): Armee · Militär + Bundeswehr · Wehrmacht · Streitmacht; → *auch* Landstreitkräfte, Seestreitkräfte
Streitmacht, die: → Streitkräfte
Streitobjekt, das: Streitgegenstand · Streitpunkt · Zankapfel
Streitpunkt, der: → Streitobjekt
streitsüchtig: zänkisch · zanksüchtig · hadrig · unverträglich · aggressiv · angriffslustig + böse
Streitsüchtige, der: Zänker (*meist abwert*) + Geiferer · Geiferling ♦ *umg*: Streithammel · Streithahn · Kampfhahn (*auch scherzh*); Streithansl (*süddt österr, auch scherzh*); Zankteufel · Stänker[er] (*abwert*); → *auch* Unruhestifter, Raufbold
streng: 1. ⟨*von Maßnahmen gesagt*: *sehr wirksam gegen Übeltäter*⟩ disziplinarisch · rigoros · drakonisch – **2.** ⟨*keine Weichlichkeit od. Nachlässigkeit duldend*⟩ unerbittlich · unnachsichtig · hart[herzig] · eisern · scharf · spartanisch; gestreng (*noch scherzh*) + strikt – **3.** → anstrengend (1) – **4.** s. genommen: → eigentlich (1)
Strenge, die: Unerbittlichkeit · Unnachsichtigkeit · Härte · Hartherzigkeit · Rigorosität · Schärfe; → *auch* Ordnung (1)
strenggläubig: → orthodox
Strenggläubigkeit, die: → Orthodoxie
strenzen: → stehlen (1)
Stress, der: Leistungsdruck
stressen: → überbeanspruchen
stressig: → nervenaufreibend
Streu, die: Strohlager; Einstreu (*Landw*); Streue (*schweiz*)
Streue, die: → Streu
streuen: 1. → zerstreuen (I, 1) – **2.** Sand in die Augen s.: → täuschen (I); sich Asche aufs Haupt s.: → bereuen
streunen: → herumtreiben, sich
Streuner, der: → Landstreicher
Streunerin, die: → Landstreicherin
Strich, der: **1.** ⟨*Spur eines Schreibgerätes*⟩ Linie – **2.** → Gegend (1) – **3.** [nur] ein S.: → mager (1); nach S. und Faden: → gehörig (1); unter dem S.: → schlecht (1); einen S. darunter machen: → beenden (1); einen dicken S. machen |unter|: → vergessen (I, 3); einen S. durch die Rechnung machen: → vereiteln; auf den S. gehen: → prostituieren, sich (1); auf dem S. haben: → hassen; gegen/wider den S. gehen: → missfallen (1)
Strichmädchen, das: → Prostituierte
strichweise: → landschaftlich (1)
Strick, der: **1.** ⟨*zum Hinrichten verwendetes Seil*⟩ Strang · Hanfseil – **2.** → Seil (1) – **3.** → Frechdachs – **4.** den S. nehmen: → erhängen (II); einen S. drehen |aus|: → schaden (1); fauler S.: → Faulenzer (1); wenn alle Stricke reißen: → notfalls
Strickarbeit, die: → Strickerei
Strickerei, die: Strickarbeit; Gestrick (*fachspr*)
Strickleiter, die: Jakobsleiter · Fallreep (*seem*)
Strickmuster, das: → Machart (1)
striegeln: 1. → bürsten (1) – **2.** → quälen (I, 2)
Strieme, die: → Streifen (1)
Striemen, der: → Streifen (1)
Striezel, der: → Frechdachs
striezen: 1. → quälen (I, 2) – **2.** → stehlen (1)
strikt: → streng (2)
stringent: → folgerichtig
Strip, der: → Striptease
Strippe, die: **1.** → Bindfaden – **2.** → Telefon (1) – **3.** an der S. hängen: → telefonieren; sich an die S. hängen: → anrufen (2); Strippen regnen: → gießen (2)
Stripperin, die: → Stripteasetänzerin
Striptease, der *od.* das: Strip · Entkleidungsnummer · Entkleidungsvorführung
Stripteaselokal, das: → Nachtlokal
Stripteasetänzerin, die: Entkleidungskünstlerin ♦ *umg*: Stripperin; Stripteuse (*meist scherzh*)
Stripteuse, die: → Stripteasetänzerin
strittig: → umstritten, bestreitbar

Strizzi, der: → Zuhälter
strobelig: → struppig
Stroh, das: leeres S.: → Geschwätz (1); leeres S. dreschen: → schwafeln; [Heu und] S. im Kopf haben: → dumm (6)
strohdumm: → dumm (1)
strohgelb: → blond (1)
Strohhalm, der: der rettende S.: → Ausweg
Strohkopf, der: → Dummkopf (1)
strohköpfig: → dumm (1)
Strohlager, das: → Streu
Strohmann, der: → Werkzeug (2)
Strohwitwe, die: → Ehefrau
Strohwitwer, der: → Ehemann
Strolch, der: **1.** → Schurke – **2.** → Taugenichts
Strom, der: **1.** → Fluss (1) – **2.** → Strömung (1) – **3.** → Elektrizität – **4.** gegen/wider den S. schwimmen: → widersetzen, sich; mit dem S. schwimmen: → anpassen (II, 2); in Strömen regnen: → gießen (2)
Stromausfall, der: Blackout
Strombett, das: → Flussbett
strömen: sich ergießen · fluten + wogen; → *auch* fließen (1)
Stromer, der: **1.** → Landstreicher – **2.** → Taugenichts
stromern: → herumtreiben, sich
Stromerzeugung, die: Energieerzeugung · Energiegewinnung
stromlinienförmig: → windschlüpfig
Stromnetz, das: → Leitungsnetz
Stromrinne, die: → Flussbett
Stromschnelle, die: Katarakt
Strömung, die: **1.** ⟨*gerichtete Bewegung des Wassers*⟩ Drift · Trift · Strom + Sog – **2.** ⟨*geistige Bewegung*⟩ Richtung · Schule + Schattierung
strubbelig: → struppig
Strudel, der: **1.** → Wirbel (1) – **2.** → Trubel (1)
strudeln: → wirbeln (1)
Struktur, die: **1.** → Aufbau (2) – **2.** → Gliederung (1)
Strukturänderung, die: → Strukturwandel
strukturieren: → einteilen (1)
Strukturplan, der: **1.** → Aufbau (2) – **2.** → Gliederung (1)
Strukturreform, die: → Strukturwandel
Strukturwandel, der: Strukturänderung + Strukturreform
strulle[r]n: → austreten (1)
Strumpf, der: sich auf die Strümpfe machen: **a)** → aufbrechen (3) – **b)** → weggehen (1); in den S. stecken: → sparen (1)
Strumpfhalter, der: Straps
Strumpfhaltergürtel, der: → Hüfthalter
strunzen: → austreten (1)
struppig: borstig · zerzaust · strubbelig · stoppelig · zottig; strobelig · straubig (*landsch*); zausig (*österr*) + rau · ungepflegt; → *auch* stachelig (1), unrasiert
Stubben, der: → Baumstumpf
Stube, die: **1.** → Zimmer – **2.** die gute S.: → Wohnzimmer
Stubenhocker, der (*umg*): ein S. sein: immer hinterm Ofen hocken
Stubenmädchen, das: → Hausangestellte (II)
Stück, das: **1.** ⟨*Teil von einem Ganzen*⟩ Bruchstück · Brocken · Bruchteil; Trumm (*landsch*) + Schnitzel · Streifen; Schnitz (*bes. süddt*) ♦ *umg*: Ende · Ecke (*landsch*); → *auch* Bissen (1), Fetzen (1) – **2.** ⟨*einzelnes Buch einer Auflage*⟩ Exemplar – **3.** → Theaterstück – **4.** kein S.: → nichts (1); S. Land: → Grundstück (I); ein starkes S. sein: → unverschämt (2); freches S.: → Frechdachs; S. für/um S.: → allmählich; aus freien Stücken: → freiwillig (1); in einzelnen Stücken: → stückweise; große Stücke halten |auf|: → achten (1); sich in Stücke reißen lassen |für|: → hingeben (II, 1)
Stückarbeit, die: **1.** → Akkord (2) – **2.** → Ausschuss (2)
stucken: → lernen (1)
stuckern: → holpern
Stückgut, das: → Fracht
Stücklohn, der: → Akkordlohn
stückweise: brockenweise · in Brocken · in einzelnen Stücken
Stückwerk, das: → Stümperei
Student, der: **1.** ⟨*jmd., der an einer Hochschule studiert*⟩ Hochschüler · der Studierende; Studiosus (*scherzh*) + Kommilitone · Hörer ♦ *umg*: Studiker (*scherzh veraltend*) – **2.** S. sein: → studieren (1)
Studie, die: → Untersuchung (1)
studieren: **1.** ⟨*an einer Hochschule ausgebildet werden*⟩ Student sein – **2.** → lernen (1) – **3.** → lesen (1) – **4.** studierter Mann: → Akademiker (1)
Studierende, der: → Student (1)
studiert: → gelehrt (1)

Studierte, der: → Akademiker (1)
Studiker, der: → Student (1)
Studio, das: Atelier + Fotoatelier · Filmatelier · Fotostudio · Filmstudio; → *auch* Werkstatt
Studiosus, der: → Student (1)
Stufe, die: **1.** → Treppenstufe – **2.** → Entwicklungsstufe
Stufenleiter, die: → Rangordnung (1)
stufenweise: → allmählich
Stuhl, der: **1.** ⟨*Sitzmöbel mit Rückenlehne*⟩ Sessel (*österr*) – **2.** → Kot (1) – **3.** den S. vor die Tür setzen: **a)** → hinauswerfen (1) – **b)** → entlassen (2); vom S. gehauen werden: → entsetzen (II, 1); vom S. fallen: → überrascht (2); vor Lachen vom S. fallen: → lachen (1); zu Stuhle kommen: → zurechtkommen (2)
Stuhlentleerung, die: → Stuhlgang (1)
Stuhlgang, der: **1.** ⟨*das Ausscheiden des Kotes*⟩ Stuhlentleerung · Darmentleerung · Entleerung – **2.** keinen S. haben: → verstopft (2)
Stuhlverstopfung, die: Verstopfung · Hartleibigkeit · Darmträgheit; Obstipation · Konstipation (*med*)
Stulle, die: → Schnitte
Stülpe, die: → Deckel (1)
stülpen: auf den Kopf s.: → aufsetzen (I, 2)
stumm: 1. ⟨*ohne die Fähigkeit des Sprechens*⟩ sprachlos – **2.** → schweigend – **3.** stummer Diener: → Anrichtetisch; stumme Person: → Statist (1); s. wie ein Fisch: → schweigend; s. sein: → schweigen (1); s. machen: → ermorden
Stummel, der: → Zigarettenstummel
Stumpen, der: **1.** → Zigarre (1) – **2.** → Baumstumpf
Stümper, der (*abwert*): Dilettant · Nichtskönner ♦ *umg*: Pfuscher · Murkser · Flickschuster · Schuster
Stümperei, die (*abwert*): Dilettantismus · Gestümper + Stückwerk ♦ *umg*: Murkserei · Flickschusterei · Schusterei; → *auch* Pfuscherei
stümperhaft (*abwert*): dilettantenhaft · dilettantisch ♦ *umg*: pfuscherhaft
stümpern (*abwert*): dilettieren ♦ *umg*: pfuschen · murksen · schustern; → *auch* pfuschen (1)
stumpf: 1. ⟨*nicht scharf geschliffen*⟩ abgestumpft + schartig – **2.** → gefühllos (1) – **3.** → unempfindlich (2) – **4.** → stumpfsinnig (1) – **5.** → glanzlos – **6.** s. werden: → abstumpfen (1)
Stumpf, der: **1.** → Baumstumpf – **2.** mit S. und Stiel ausrotten: → vernichten (1, b)
Stumpfheit, die: → Unempfindlichkeit
Stumpfsinn, der: **1.** ⟨*geistiges Abgestumpftsein*⟩ Dumpfheit · Stupidität + Langeweile; → *auch* Teilnahmslosigkeit – **2.** → Geistlosigkeit
stumpfsinnig: 1. ⟨*geistig träge u. gleichgültig* [*geworden*]⟩ stumpf · stupid[e] · abgestumpft · dumpf; torpid (*fachspr*); → *auch* teilnahmslos – **2.** → geistlos
Stündchen, das: auf ein S.: → kurz (3)
Stunde, die: **1.** → Unterrichtsstunde – **2.** zur S.: → jetzt (1); zu jeder S.: → immer (1); von Stund an: → seitdem (1); in elfter/zu vorgerückter S.: → spät (1); zu nächtlicher/nachtschlafender S.: → nachts; die schwere S.: → Geburt (1); die blaue S.: → Abenddämmerung; die letzte S.: → Todeskampf; jmds. letzte S. ist gekommen: → sterben (1); Stunden geben/erteilen: → unterrichten (2)
stunden: → verlängern (1)
Stundenbuch, das: → Gebetbuch
Stundenfrau, die: → Putzfrau
Stündlein, das: jmds. letztes S. hat geschlagen: → sterben (1)
Stundung, die: → Verlängerung (2)
Stunk, der: **1.** → Streit (1) – **2.** S. machen: **a)** → beschweren (II) – **b)** → streiten (I, 1)
Stuntman, der: + Kaskadeur
stupend: → erstaunlich (1)
stupid[e]: 1. → stumpfsinnig (1) – **2.** → dumm (1) – **3.** → beschränkt (1)
Stupidität, die: **1.** → Stumpfsinn (1) – **2.** → Dummheit (1) – **3.** → Beschränktheit (1)
stuppen: → pudern (1)
stuprieren: → vergewaltigen (1)
Stuprum, das: → Vergewaltigung (1)
Stups, der: → Stoß (1)
stupsen: → stoßen (I, 1)
Stupser, der: → Stoß (1)
stur: 1. → eigensinnig (1) – **2.** → beharrlich (1) – **3.** sturer Bock: → Starrkopf
Sturheit, die: **1.** → Eigensinn – **2.** → Beharrlichkeit
Sturm, der: **1.** ⟨*sehr starker Wind*⟩ Orkan + Blizzard ♦ *dicht*: Sturmwind · Windsbraut; → *auch* Wirbelsturm, Wind (I, 1), Unwetter – **2.** → Angriff (1, a) – **3.** S. laufen |gegen|: → protestieren

Sturmangriff, der: → Angriff (1, a)

stürmen: 1. ⟨*sehr stark wehen*⟩ brausen · tosen · toben · fegen · fauchen · pfeifen; → *auch* wehen (1), brausen (I, 1) – **2.** ⟨*im Laufschritt angreifen*⟩ vorstürmen; → *auch* angreifen (I, 1, a) – **3.** → eilen (I, 1)

stürmisch: 1. → windig (1) – **2.** → leidenschaftlich – **3.** → wild (1) – **4.** → rasend (1)

Sturmschritt, der: im S.: → eilig (1)

Sturmwind, der: → Sturm (1)

Sturz, der: **1.** → [1]Fall (1) – **2.** → Absetzung (1)

sturzbesoffen: → betrunken (1)

sturzbetrunken: → betrunken (1)

Stürze, die: → Deckel (1)

stürzen: I. stürzen: **1.** → hinfallen – **2.** → absetzen (I, 2), entmachten – **3.** kopfüber s.: → überschlagen (II, 2, a) – **II.** stürzen, sich: sich s. |auf|: **a)** → anfangen (1, a) – **b)** → angreifen (I, 1, b)

Sturzregen, der: → Regenguss

Sturzsee, die: → Welle (I)

Stuss, der: **1.** → Unsinn (1, a) – **2.** S. reden: → schwafeln

Stutz, der: auf den S.: → plötzlich (1)

Stützbalken, der: → Strebe, Träger (1)

Stütze, die: **1.** ⟨*die Hauptlast tragende Person od. Sache*⟩ Eckpfeiler · Pfeiler · Säule · Rückgrat · Eckstein · Halt · Widerhalt – **2.** → Hausangestellte (II), Helfer (1) – **3.** → Arbeitslosengeld – **4.** die Stützen der Gesellschaft: → Prominenz

stutzen: 1. → beschneiden (1) – **2.** → [1]scheren (1) – **3.** → aufmerken (1) – **4.** die Flügel s.: → beschränken

Stutzen, der: → Gewehr (1)

stützen: I. stützen: ⟨*jmdn. in bestimmter Körperstellung halten*⟩ Halt geben/bieten · unterstützen – **II.** stützen, sich: sich s. |auf|: **a)** → auflegen (II, 1) – **b)** → beruhen (1) – **c)** → anlehnen (II, 2)

Stutzer, der: → Geck (1)

stutzerhaft: → eitel (1)

Stutzerhaftigkeit, die: → Eitelkeit (1)

stutzig: s. werden: **a)** → aufmerken (1) – **b)** → Verdacht (2)

stylen: → formen (1)

Styling, das: → Gestaltung

Suada, die: → Redeschwall

subaltern: 1. → unterstellt (1) – **2.** → unterwürfig

Subjekt, das: → Person (1)

subjektiv: → einseitig (1)

sublim: → verfeinert

sublimieren: → vergeistigen

Subordination, die: → Gehorsam (1)

subsidiär: 1. → unterstützend – **2.** → behelfsmäßig

Subsidien (*Pl*): → Unterstützung (2), Subvention

subskribieren: → vorbestellen

Subskription, die: → Vorbestellung

Substanz, die: **1.** → Wesen (1) – **2.** → Gedankengehalt – **3.** → Stoff (1) – **4.** an die S. gehen: ⟨*an den Kräften zehren*⟩ die Substanz angreifen ♦ *umg*: ans Eingemachte gehen – **5.** die S. angreifen: → 4; von der S. zehren: → stillstehen (1)

substanziell: → wesentlich

substanzreich: → inhaltsreich (1)

substituieren: → ersetzen (1)

Substitut, der: → Stellvertreter

subsumieren: → einbeziehen

subtil: 1. → zart (1) – **2.** → spitzfindig (1)

Subtilität, die: **1.** → Feinheit (1) – **2.** → Spitzfindigkeit

subtrahieren: → abziehen (2)

Subvention, die: Staatszuschuss · Staatshilfe + Subsidien (*veraltet*); → *auch* Unterstützung (2)

subventionieren: → unterstützen (I, 2)

Subversion, die: → Umschwung (1)

subversiv: → umstürzlerisch

Suche, die: **1.** ⟨*das Suchen*⟩ Nachforschung · Fahndung + Erkundung – **2.** auf die S. gehen, auf der S. sein: → suchen (1)

suchen: 1. ⟨*zu finden trachten*⟩ auf die Suche gehen · auf der Suche sein · sich umsehen |nach| · sich umschauen |nach| · spüren |nach| + fahnden |nach| ♦ *umg*: sich umgucken |nach| · sich die Beine/Schuhsohlen/Hacken/Absätze ablaufen |nach|; → *auch* nachforschen – **2.** das Weite s.: → weglaufen; Streit/Händel s.: → anlegen (II)

Suchhund, der: → Spürhund (1)

Sucht, die: Manie; → *auch* Verlangen (1), Vorliebe (1), Trieb (2)

süchtig: → rauschgiftsüchtig (1)

suckeln: → saugen (1)

Sud, der: Abkochung; Dekokt (*pharm*)

Süd: in Nord und Süd: → überall (1)

Sudel, der: **1.** → Schmutz (1) – **2.** → Entwurf (2)

Sudelei, die: **1.** → Unsauberkeit (1) – **2.** → Schmutz (1) – **3.** → Pfuscherei – **4.** → Schmiererei

sudelig: → schmutzig (1)
sudeln: **1.** → pfuschen (1) – **2.** → kleckern – **3.** → schmieren (1)
südlich: → sommerlich (1)
Suff, der: **1.** → Trunksucht – **2.** dem S. verfallen/ergeben sein: → trunksüchtig (2)
Süffel, der: → Trinker
süffeln: → trinken (1, a)
süffisant: → überheblich
Süffisanz, die: → Überheblichkeit
Süffler, der: → Trinker
Süffling, der: → Trinker
suggerieren: → einreden (1 *u.* 2)
Suggestion, die: → Beeinflussung
Suhle, die: → Pfütze
Sühne, die: **1.** ⟨*Handlung aktiver Reue*⟩ Buße (*Rel*) ♦ *gehoben*: Sühnung; → *auch* Entschädigung, Reue (1) – **2.** → Vergeltung (1)
Sühnemaßnahme, die: → Vergeltung (1)
sühnen: büßen · Buße tun (*Rel*)
Sühnung, die: → Sühne (1)
Suite, die: **1.** *Mus* ⟨*Folge von verschiedenen Sätzen gleicher Tonart*⟩ + Divertissement · Divertimento – **2.** → Begleitung (1)
Suizid, der: **1.** → Selbstmord (1) – **2.** S. begehen/verüben: → Selbstmord (2)
Sujet, das: → Thema (1)
sukzessiv: → allmählich
Sultanine, die: → Rosine (1)
Sülze, die: eine S. bauen: → hinfallen; S. im Kopf haben: → dumm (6)
sülzen: → schwafeln
summarisch: → knapp (2)
summa summarum: → insgesamt
Summation, die: → Zusammenzählung
Summe, die: **1.** → Betrag – **2.** → Ergebnis
summen: **1.** → singen (1) – **2.** → surren
summieren: **I.** summieren: → zusammenzählen – **II.** summieren, sich: → anwachsen (2)
Summus Episcopus, der: → Papst (1)
Sumpf, der: **1.** ⟨*durch stehendes Wasser ständig feuchtes Gebiet*⟩ Moor · Morast · Bruch; Fenn · Luch (*landsch*); Moos (*süddt österr schweiz*); → *auch* Schlamm – **2.** → Filzokratie
sumpfen: → zechen
sumpfig: morastig · moorig; moosig (*süddt österr schweiz*); → *auch* schlammig
Sums, der: **1.** → Aufwand (1) – **2.** → Umstand (II, 1)
Sund, der: → Meerenge
Sünde, die: **1.** → Fehltritt (1) – **2.** eine S. und Schande: → verwerflich; eine S. begehen: → sündigen; seine Sünden bekennen/gestehen: → beichten (1); faul wie die S.: → faul (2)
Sündenbock, der: → Prügelknabe
Sündenerlass, der: → Absolution (1)
sündhaft: **1.** → sündig – **2.** → sehr
sündig (*Rel*): sündhaft · frevelhaft; → *auch* schuldig (1)
sündigen (*Rel*): eine Sünde begehen · freveln; → *auch* vergehen (II, 1)
super: → großartig (1), hervorragend (1)
superb: → erstklassig (1)
Superintendent, der (*evang. Kirche*): Dekan (*süddt*) + Propst
Superiorität, die: → Überlegenheit (1)
superklug: → überklug (1)
Superlativ, der: in Superlativen reden: → prahlen
Supermacht, die: → Großmacht
Supermarkt, der: → Geschäft (1)
superschlau: → überklug (1)
Superstar, der: → [1]Star
Supervision, die: **1.** → Leitung (1) – **2.** → Aufsicht (1)
Supervisor, der: → Kontrolleur
Suppe, die: **1.** → Brühe (1) – **2.** die S. versalzen, in die S. spucken: → vereiteln; die S. auslöffeln: → büßen (1); nicht das Salz zur/in die S. haben: → arm (4); nicht das Salz in der S. gönnen: → neidisch (2)
suppen: → eitern
Suppenschüssel, die: → Schüssel (1)
suppig: → dickflüssig
Suppleant, der: → Ersatzmann
supponieren: → annehmen (2)
supprimieren: → hemmen (1)
supranational: → überstaatlich
Surfen, das: → Surfing
Surfing, das: Surfen · Wellenreiten · Brandungsreiten · Surfriding
Surfriding, das: → Surfing
Surplus, das: → Gewinn (1)
surren: summen
Surrogat, das: → Ersatz (1)
Survey, der: → Umfrage (1)
suspekt: → verdächtig (1)
suspendieren: **1.** → beurlauben – **2.** → entlassen (2) – **3.** seines/des Amtes s., von seinem Amt/seiner Funktion s.: **a)** → entlassen (2) – **b)** → absetzen (I, 2)

Suspension, die: **1.** → Befreiung (3) – **2.** → Entlassung (2)
süß: 1. ⟨*nach Zucker schmeckend*⟩ zuckerig · zuckersüß · honigsüß – **2.** → reizend (1)
Süße, die: → Anmut
süßen: → zuckern
Süßholz, das: S. raspeln: → schmeicheln (1)
Süßigkeiten (*Pl*): → Konfekt
Süßmost, der: → Fruchtsaft
Süßspeise, die: + Flammeri · Pudding · Creme · Götterspeise · Speise
Sweater, der: → Pullover
Sweatshirt, das: → Pullover
Swimmingpool, der: Pool · Schwimmbecken · Schwimmbassin
Swinging, das: → Gruppensex
Syllogismus, der: → Folgerung (1)
Symbol, das: **1.** ⟨*einen bestimmten Sinn ausdrückendes Zeichen*⟩ Sinnbild · Zeichen · Wahrzeichen + Farbe · Fackel; → *auch* Geheimzeichen – **2.** → Bild (I, 3)
symbolisch: → bildlich (1)
symbolisieren: → verkörpern (1)
Symmetrie, die: → Gleichmaß
symmetrisch: → gleichmäßig (1)
Sympathie, die: → Vorliebe (1)
Sympathisant, der: + Fellowtraveller
sympathisch: 1. → gefällig (2) – **2.** s. sein: → behagen (1)
sympathisieren: s. |mit|: → mögen
Symposion, das: → Tagung
Symposium, das: → Tagung
Symptom, das: → Merkmal
symptomatisch: → kennzeichnend
Synagoge, die: → Kirche (1)
synchron: → gleichzeitig (1)
Syndikat, das: **1.** → Konzern – **2.** → Verbrecherorganisation
Syndikus, der: → Rechtsbeistand
Synode, die: → Versammlung (1)
synonym: sinnverwandt · bedeutungsähnlich · sinnähnlich · bedeutungsverwandt · gleichbedeutend · bedeutungsgleich · sinngleich
Synopse, die: → Überblick (1)
Synthese, die: → Verbindung (I, 1)
synthetisch: → künstlich
System, das: **1.** → Gedankengebäude – **2.** → Regierungsform – **3.** galaktisches S.: → Milchstraße
systematisch: → planmäßig (1)
Szenario, das: **1.** → Drehbuch – **2.** → Bild (4)
Szenarium, das: → Drehbuch
Szene, die: **1.** → Auftritt (1) – **2.** in S. setzen: → veranstalten (1); eine S. machen: → streiten (I, 1)
Szenerie, die: **1.** → Bühnenbild – **2.** → Schauplatz (1)

T

Tabak, der: *umg*: Kraut · Knaster (*abwert*)
Tabakspfeife, die: → Pfeife (1)
Tabakwaren (*Pl*): Rauchwaren; Rauchzeug (*bes. schweiz*)
Tabelle, die: Übersicht · Aufstellung; → *auch* Verzeichnis, Überblick (1)
Tablette, die: + Pille · Pastille · Dragee · Kapsel
tabu: → verboten (1)
Tabu, das: → Verbot
Tacheles: T. reden |mit|: → zurechtweisen
tachinieren: → faulenzen (1)
Tadel, der: **1.** ⟨*an jmdn. gerichtete Äußerung der Missbilligung*⟩ Rüge · Verweis · Kritik ♦ *umg*: Rüffel · Zigarre · Abputzer · Anfuhr · Anpfiff; Staucher · Wischer (*landsch*) ♦ *salopp*: Anranzer · Anschnauzer; Ranzer · Schnauzer (*landsch*) ♦ *derb*: Anschiss; → *auch* Schelte, Strafpredigt, Zurechtweisung, Vorwurf (1), Missbilligung (1) – **2.** einen T. erteilen: → tadeln (1)
tadellos: → ordentlich (1, a), einwandfrei (1), fehlerlos (1)
tadeln: 1. ⟨*jmdm. seine Missbilligung aussprechen*⟩ rügen · schelten · verweisen · eine Rüge/einen Tadel erteilen · einen Verweis geben/erteilen; schmälen (*veraltend*) ♦ *umg*: anmeckern · rüffeln; abbürsten (*landsch*) ♦ *salopp*: einen Rüffel/eine Zigarre verpassen; → *auch* ausschimpfen, zurechtweisen, kritisieren, missbilligen – **2.** getadelt werden: ⟨*jmds. Missbilligung ausgesprochen bekommen*⟩ *umg*: eins auf den Hut/aufs Dach bekommen/kriegen · sein Fett kriegen ♦ *salopp*: eins auf die Nuss kriegen
Tadelsucht, die: → Nörgelei
tadelsüchtig: → nörglig
Tafel, die: **1.** → Tisch (1) – **2.** → Fläche
Tafelgeschirr, das: Service ♦ *umg*: Tafelzeug; → *auch* Geschirr (1)
Tafelland, das: → Flachland
tafeln: → Mahlzeit (3)
täfeln: verkleiden · vertäfeln; paneelieren (*fachspr*); täfern (*schweiz*) + austäfeln; → *auch* auslegen (1)
Tafelsilber, das: → Silbergeschirr
Tafeltuch, das: → Tischtuch
Tafelwasser, das: → Mineralwasser
Tafelzeug, das: → Tafelgeschirr
täfern: → täfeln
taff: → robust (1)
Tag, der: **1.** → Datum (I) – **2.** T. und Nacht: ⟨*24 Stunden lang*⟩ *umg*: rund um die Uhr; → *auch* ganztags – **3.** T. werden: → dämmern (1); T. für T.: **a)** → immer (1) – **b)** → täglich; jeden T.: → täglich; den ganzen T.: → ganztags; dieser Tage: **a)** → bald (1) – **b)** → neulich; eines [schönen] Tages: → irgendwann (1); am heutigen T.: → heute (1); in jenen/fernen/verflossenen Tagen: → damals; schwarzer T.: → Unglückstag; die kritischen Tage: → Menstruation; seine Tage haben: → menstruieren; an den T. legen: → entwickeln (I, 1); an den T. bringen: → aufdecken (I, 1); an den T. kommen: → herauskommen (1); Guten T. sagen: → grüßen (1); in den T. hinein leben: → müßig (3); sich einen faulen T. machen, dem lieben Gott den T. stehlen: → faulenzen (1); die alten Tage: → Alter (1); seine Tage beschließen: → sterben (1); T. und Nacht: → 2; wie T. und Nacht: → verschiedenartig
tagaus: t., tagein: **a)** → immer (1) – **b)** → täglich
Tageblatt, das: → Zeitung (I, 1)
Tagebuch, das: Diarium; Memorial (*veraltet*) + Journal
Tagedieb, der: → Faulenzer (1)
Tagegeld, das: Aufwandsentschädigung · Diäten; → *auch* Spesen
Tagelöhner, der: → Landarbeiter
tagen: 1. ⟨*an einem bestimmten Ort gemeinsam beraten*⟩ konferieren · eine Sitzung haben ♦ *umg*: sitzen (*meist scherzh*); → *auch* beraten (II) – **2.** → dämmern (1)

Tagesanbruch, der: → Morgendämmerung
Tagesende, das: → Abend (1)
Tagesgeschmack, der: → Mode (1)
Tagesheim, das: → Kindergarten
Tageslicht, das: ans T. kommen: → herauskommen (1)
Tagesordnung, die: → Programm (1, a)
Tageszeitung, die: → Zeitung (I, 1)
täglich: Tag für Tag · tagaus, tagein · jeden Tag
tagsüber: untertags (*österr schweiz*)
Tagtraum, der: → Wachtraum
Tagung, die: Konferenz · Symposion · Symposium + Kongress · Kolloquium; → *auch* Sitzung (1), Versammlung (1), Beratung (1), Kolloquium (1)
Taifun, der: → Wirbelsturm
Take-off, das *od.* der: → Abflug (1)
Takt, der: **1.** → [1]Anstand (1) – **2.** ein paar Takte sagen/erzählen: → zurechtweisen; den T. angeben: → bestimmen (2); aus dem T. bringen: → verwirren (2)
Taktgefühl, das: → [1]Anstand (1)
Taktik, die: **1.** → Berechnung (3) – **2.** → Vorgehensweise – **3.** → Kriegskunst
taktlos: indiskret · indezent · unhöflich · geschmacklos; → *auch* aufdringlich (1), ungehörig
Taktlosigkeit, die: Indiskretion · Entgleisung · Geschmacklosigkeit
taktvoll: → rücksichtsvoll
Tal, das: **1.** ⟨*[langgestreckter] Geländeeinschnitt*⟩ Bergeinschnitt · Kessel; Grund (*veraltend*) + Cañon · Becken · Talsohle · Talgrund; → *auch* Mulde (1), Schlucht – **2.** zu T.: → bergab (1)
Talar, der: → Amtstracht
Talent, das: → Begabung (1 *u.* 2)
talentiert: → begabt
talentvoll: → begabt
Taler (*Pl*): → Geld (1)
Talfahrt, die: **1.** → Abfahrt (2) – **2.** → Kursrückgang
talgig: → fettig (1)
Talglicht, das: **1.** → Kerze – **2.** jmdm. geht ein T. auf: → erkennen (1)
Talgrund, der: → Tal (1)
Talhang, der: → Abhang (1)
Talisman, der: Amulett · Glücksbringer + Maskottchen
Talk, der: → Plauderei
talken: → unterhalten (II, 1)
Talmi, das: → Tand (1)
talmudistisch: → spitzfindig (1)
Talmulde, die: → Mulde (1)
Talon, der: → Abschnitt (1)
Talsenke, die: → Mulde (1)
Talsohle, die: → Tal (1)
Talsperre, die: → Stauanlage
talwärts: → bergab (1)
Tamtam, das: **1.** → Trubel (1), Lärm (1) – **2.** → Aufwand (1)
Tand, der (*abwert*): **1.** ⟨*wertloses Zeug*⟩ Talmi · Flitter ♦ *umg*: Firlefanz · Schnickschnack – **2.** → Schund (1)
Tändelei, die: → Flirt
Tandelmarkt, der: → Trödelmarkt
tändeln: → flirten
Tandler, der: → Trödler
Tanga, der: **1.** → Badeanzug – **2.** → Schlüpfer (I), Unterhose (I)
tangieren: → berühren (I, 2)
Tank, der: → Panzer (1)
tanken: **1.** → auftanken – **2.** → trinken (1, b)
Tann, der: → Wald (1)
Tannenbaum, der: → Weihnachtsbaum
Tante, die: **1.** ⟨*Verwandte*⟩ Muhme (*veraltet*) – **2.** → Kindergärtnerin – **3.** alte T.: → Greisin; T. Meier: → Toilette (1)
tantenhaft: → altjüngferlich
Tantieme, die: → Vergütung (2)
Tanz, der: **1.** → Tanzveranstaltung – **2.** sich im Tanze drehen, einen T. hinlegen/aufs Parkett legen: → tanzen (1); einen T. aufführen: → aufregen (II); einen T. haben |mit|: → streiten (II)
Tanzbar, die: → Tanzlokal
Tanzbein, das: das T. schwingen: → tanzen (1)
Tänzchen, das: ein T. machen: → tanzen (1)
Tanzdiele, die: → Tanzlokal
tanzen: **1.** ⟨*sich im Rhythmus der Musik bewegen*⟩ sich im Tanze drehen + hopsen · hüpfen ♦ *umg*: das Tanzbein schwingen · ein Tänzchen machen · eine Tour drehen · einen Tanz aufs Parkett legen; scherbeln (*landsch*) ♦ *salopp*: einen Tanz hinlegen · schwofen · eine saubere Sohle aufs Parkett legen · eine kesse Sohle abdrehen/aufs Parkett legen · einen aufs Parkett hauen – **2.** t., wie jmd. pfeift, nach jmds. Pfeife/Flöte/Geige t.: → gehorchen (1); die Puppen t. lassen: → feiern (1)

Tänzerin, die: Balletttänzerin · Balletteuse · Ballerina · Tanzgirl · Girl ♦ *umg*: Ballettratte (*scherzh*)
Tanzgirl, das: → Tänzerin
Tanzgruppe, die: Ballett · Balletttruppe
Tanzkapelle, die: → [1]Kapelle
Tanzlokal, das: Tanzdiele; Diele (*veraltend*) + Tanzbar · Disko[thek] ♦ *salopp*: Schuppen (*abwert*); → *auch* Amüsierlokal
Tanzorchester, das: → [1]Kapelle
Tanzveranstaltung, die: Tanz · Tanzvergnügen · Ball + Technoparty · Rave ♦ *salopp*: Ringelpiez [mit Anfassen] (*scherzh*); Schwof (*meist abwert*); Bums (*abwert*)
Tanzvergnügen, das: → Tanzveranstaltung
Tape, das: **1.** → Kassette (2) – **2.** → Tonband
taperig: 1. → gebrechlich – **2.** → zittrig
Tapet, das: aufs T. bringen: → vorbringen
Tapetenwechsel, der: → Luftveränderung
Tapezierer, der: → Polsterer
Tapfen (*Pl*): → Spur (1)
tapfer: heldenmütig · heldenhaft · heroisch · mit Bravour + stark[herzig] · unverzagt; → *auch* furchtlos, kühn, mutig (1), kämpferisch, entschlossen (1)
Tapferkeit, die: Heldenhaftigkeit · Heldenmut · Heldentum · Heroismus + Unverzagtheit; → *auch* Kühnheit, Mut (1)
Tapisserie, die: → Wandteppich
tappen: 1. ⟨*unsicher gehen*⟩ tapsen + tasten – **2.** → stapfen – **3.** → tasten (1) – **4.** im Dunkeln t.: → Ungewisse (2)
tappig: → ungeschickt (1)
täppisch: → ungeschickt (1)
Taps, der: → Tollpatsch
tapsen: 1. → tappen (1) – **2.** → stapfen – **3.** → tasten (1)
tapsig: → ungeschickt (1)
Tarantel, die: wie von der T. gestochen: → schnell (1, b); wie von der T. gestochen auffahren/aufspringen: → auffahren (1)
tarnen, sich: sich verkappen · sich maskieren + sich vermummen; → *auch* verkleiden (II)
Tarnname, der: → Deckname
Tarnung, die: Verhüllung · Verschleierung; → *auch* Verheimlichung
Tartanbahn, die: → Laufbahn (2)
Tartüff, der: → Heuchler
Tasche, die: **1.** ⟨*in ein Kleidungsstück eingenähter Beutel*⟩ Sack (*süddt österr schweiz*) + Hosentasche – **2.** die Hände in der T. haben, mit den Händen in der T. dastehen: → untätig (2); in die T. stecken: → überflügeln; in die eigene T. stecken: → unterschlagen (1); seine Hände in fremde Taschen stecken: → stehlen (1); sich die eigenen Taschen füllen: → bereichern (II); die Hand auf die T. halten: → geizig (2); auf der T. liegen, das Geld aus der T. ziehen: → ausnutzen (1); einen toten Vogel in der T. haben: → Wind (I, 3)
Taschenbuch, das: → Notizbuch
Taschendieb, der: → Dieb
Taschenmesser, das: Federmesser · Klappmesser ♦ *umg*: Feitel (*süddt österr*)
Taschenschirm, der: → Regenschirm (1)
Taschenspieler, der: **1.** → Zauberkünstler – **2.** → Artist
Taschenspielerei, die: → Zauberei
Taschentuch, das: Sacktuch (*süddt österr schweiz*); Nastuch (*süddt schweiz*) ♦ *umg*: Schnupftuch ♦ *derb*: Rotzfahne
Tasse, die: **1.** ⟨*Trinkgefäß*⟩ Schale (*süddt österr*) – **2.** trübe T.: → Trauerkloß; nicht alle Tassen im Schrank haben: → verrückt (5)
Taste, die: in die Tasten hauen: → Klavier (2)
tasten: 1. ⟨*mit den Händen* [*ohne Hilfe der Augen*] *zu finden od. erkennen suchen*⟩ fühlen ♦ *umg*: tappen · tapsen; grabbeln (*norddt*); → *auch* befühlen – **2.** → tappen (1)
Tastsinn, der: + Gefühl
Tat, die: **1.** ⟨*etw., was vollbracht wird*⟩ Leistung · Werk + Großtat · Mannestat – **2.** → Handlung (1) – **3.** in der T.: → tatsächlich (1); in die T. umsetzen: → verwirklichen; mit Rat und T. zur Seite stehen: → helfen (1); zur T. schreiten: → handeln (I, 3); auf frischer T. ertappen: → ertappen (1)
Tatarennachricht, die: → Schreckensnachricht
Tatbestand, der: → Sachverhalt
Tatendrang, der: → Unternehmungslust
Tatendurst, der: → Unternehmungslust
tatendurstig: → unternehmungslustig
tatenlos: → untätig (1)
Tatenlosigkeit, die: → Untätigkeit
Tatenlust, die: → Unternehmungslust
Täter, der: **1.** → Übeltäter – **2.** → Verbrecher
tätig: 1. t. sein: **a)** ⟨*bei der Ausübung einer Tätigkeit sein*⟩ in Aktion sein ♦ *umg*: in

Funktion sein · auf den Beinen sein – **b)** → arbeiten (1) – **c)** → wirken (1) – **2.** t. werden: → eingreifen (1)
tätigen: einen Kauf t.: → kaufen (1)
Tätigkeit, die: **1.** ⟨*das Tätigsein allgemein*⟩ Beschäftigung · Betätigung · Verrichtung ♦ *gehoben*: Wirken – **2.** ⟨*das gewerbsmäßige Tätigsein*⟩ Geschäft · Handwerk · Gewerbe; → *auch* Arbeit (1)
Tätigkeitsbereich, der: → Arbeitsgebiet
Tätigkeitsbericht, der: → Rechenschaftsbericht
Tatkraft, die: **1.** ⟨*die Fähigkeit zu sehr aktivem Wirken*⟩ Energie · Schaffensdrang · Kraft · Aktivität + Tüchtigkeit ♦ *umg*: Power; → *auch* Entschlusskraft – **2.** → Wille[n] (1)
tatkräftig: → fleißig (1)
tätlich: t. werden: → schlagen (I, 1)
Tätlichkeiten (*Pl*): → Schlägerei
Tatsache, die: **1.** ⟨*etw. wirklich Gegebenes*⟩ Fakt · Faktum · Realität · Gegebenheit · Grundwahrheit + Gewissheit – **2.** → tatsächlich (2) – **3.** den Tatsachen entsprechend: → wahrheitsgemäß
Tatsachenbericht, der: → Reportage
tatsächlich: **1.** ⟨*den Tatsachen entsprechend*⟩ faktisch · de facto · in der Tat · wirklich · in Wirklichkeit · realiter · praktisch · in praxi · effektiv ♦ *umg*: sage und schreibe; → *auch* wirklich (1) – **2.** ⟨*beteuernder Ausruf*⟩ bestimmt · wirklich · doch · buchstäblich · im vollsten/wahrsten Sinne des Wortes ♦ *umg*: Tatsache · darauf kannst du Gift nehmen; → *auch* wahrhaftig – **3.** → wirklich (1)
Tätschelei, die: → Liebkosung
tätscheln: → streicheln
Tattergreis, der: → Greis
tatterig: → zittrig
tattern: → zittern (1)
Tatze, die: **1.** → Pranke (1) – **2.** → Hand (1)
Tatzeuge, der: → Zeuge
Tau, das: → Seil (1)
taub: **1.** ⟨*ohne Gehör*⟩ gehörlos · stocktaub; → *auch* schwerhörig – **2.** → unbefruchtet – **3.** → unempfindlich (1) – **4.** t. werden: → ertauben; taube Nuss: → Trauerkloß
Taubenschlag, der: hier geht's zu wie in einem T.: → Kommen (3)
Taubheit, die: Gehörlosigkeit + Hörsturz
Tauchboot, das: → Unterseeboot
tauchen: **1.** ⟨*sich unter Wasser begeben*⟩ untertauchen + eintauchen – **2.** t. |in|: → eintauchen (1)
Tauchstation, die: auf T. gehen: → verschwinden (2)
tauen: → auftauen (1 *u.* 2)
Taufakt, der: → Taufe (1)
Taufe, die: **1.** ⟨*christl. Namengebung*⟩ Kindstaufe · Taufakt + Erwachsenentaufe – **2.** → Einweihung – **3.** aus der T. heben: → gründen (I, 1)
taufen: **1.** → nennen (1) – **2.** → einweihen (1) – **3.** → verdünnen
Taufpate, der: → Pate (I, 1)
Taufpatin, die: → Pate (II)
taufrisch: → frisch (1)
Taufzeuge, der: → Pate (I, 1)
Taufzeugin, die: → Pate (II)
Taugenichts, der (*abwert*): Nichtsnutz · Tunichtgut · Strolch; Haderlump (*österr*) ♦ *umg*: Galgenvogel · Galgenstrick · Stromer · Früchtchen · verkrachtes/verbummeltes Genie ♦ *salopp*: versoffenes Genie; → *auch* Faulenzer (1)
tauglich: **1.** → geeignet (1) – **2.** → verwendbar
Tauglichkeit, die: → Eignung (1)
Taumel, der: **1.** → Erregung (1) – **2.** → Schwindel (1)
taumelig: → schwindlig (1)
taumeln: **1.** → schwindlig (3) – **2.** → schwanken (1)
Tausch, der: im T. gegen: → gegen (2); einen T. machen: → tauschen (1)
tauschen: **1.** ⟨*etw. für etw. anderes geben*⟩ einen Tausch machen ♦ *umg*: kaupeln (*landsch*); → *auch* einhandeln – **2.** → wechseln (1) – **3.** die Ringe t.: → heiraten (1); die Rollen t.: → abwechseln (I)
täuschen: **I.** täuschen: ⟨*bei jmdm. einen nicht der Wahrheit entsprechenden Eindruck erwecken*⟩ irreführen · irreleiten · düpieren · nasführen · Sand in die Augen streuen + trügen · Winkelzüge machen ♦ *umg*: hinters Licht führen · ein X für ein U vormachen · für dumm verkaufen + aufs Glatteis führen; → *auch* hereinlegen (1), vorspiegeln (1), betrügen (1), überlisten, narren, belügen – **II.** täuschen, sich: → irren (II)
täuschend: → trügerisch
Täuschung, die: **1.** ⟨*bewusstes Täuschen*⟩ Irreführung · Spiegelfechterei + Tünche ·

Farce · Kulisse ♦ *gehoben*: Trug; → *auch* Betrug (1), Lüge (1) – **2.** → Irrtum (1) – **3.** → Sinnestäuschung – **4.** → Vorspiegelung
Täuschungsmanöver, das: Finte · Verwirrspiel
tausende: → viel (I, 1)
Tausendsasa, der: Allroundman · Allrounder · Hansdampf in allen Gassen · Teufelskerl ♦ *umg*: Wundertier · Allerweltskerl ♦ *salopp*: Aas; ein Aas auf der Bassgeige (*scherzh*); → *auch* Draufgänger, Kerl (1)
tausendste: vom Hundertsten ins Tausendste kommen: → abschweifen (1)
Tauziehen, das: Hin und Her
Taverne, die: → Gaststätte (1, d)
Taxator, der: → Schätzer
Taxe, die: **1.** → Preis (1) – **2.** → Taxi
taxen: → schätzen (1)
Taxi, das: Taxe · Mietwagen · Mietauto; Droschke · Autodroschke · Kraftdroschke (*veraltend*); → *auch* Mietwagen (1)
taxieren: → schätzen (1)
Taxierer, der: → Schätzer
Taxierung, die: → Schätzung (1)
Tb[c], die: → Tuberkulose
T-Card, die: → Telefonkarte
Tea, der *od.* das: → Rauschgift (1)
Team, das: **1.** ⟨*gemeinsam an einer Aufgabe arbeitende Personengruppe*⟩ Arbeitsgruppe · Arbeitsteam · Arbeitsgemeinschaft · Kollektiv + Projektgruppe · Arbeitsstab · Gespann; → *auch* Arbeitsgemeinschaft (1), Gruppe (1), Gemeinschaft (1) – **2.** → Mannschaft (1) – **3.** im T.: → gemeinsam (1)
Teamarbeit, die: Teamwork · Gemeinschaftsarbeit · Kollektivarbeit; → *auch* Zusammenarbeit
Teamgeist, der: Zusammengehörigkeitsgefühl
Teamwork, das: → Teamarbeit
Tearoom, der: → Gaststätte (2)
Technik, die: → Fertigkeit (1)
Technoparty, die: → Tanzveranstaltung
Techtelmechtel, das: → Flirt
Teckel, der: → Dackel
Tee, der: abwarten und T. trinken: → gedulden, sich
Teelöffel, der: + Kaffeelöffel
Teen, der: **1.** → Bursche (1) – **2.** → Teenager (1)
Teenager, der: **1.** ⟨*Jugendliche*[*r*] *zwischen 13 u. 19 Jahren*⟩ Teen[ie] · Teeny; → *auch* Mädchen (2) – **2.** → Bursche (1)
Teenie, der: → Teenager (1)
Teeny, der: → Teenager (1)
Teestube, die: → Gaststätte (2)
Teich, der: **1.** ⟨*kleines stehendes Gewässer*⟩ Weiher; Tümpel (*auch abwert*); → *auch* See (I) – **2.** der große T.: → Meer
Teichrohr, das: → Schilf (a)
teigig: → dickflüssig
Teigrolle, die: → Nudelholz
Teil, der *od.* das: **1.** ⟨*Stück eines Ganzen*⟩ Abschnitt · Ausschnitt · Bruchteil · Bruchstück · Partie – **2.** → Anteil (1) – **3.** zum T.: → teilweise; zu gleichen Teilen: → gleichmäßig (2); der überwiegende T.: → Mehrheit
teilen: I. teilen: **1.** ⟨*jeder von zwei Personen einen von zwei gleichen Teilen zuordnen*⟩ halbpart/halb und halb machen · die Hälfte geben ♦ *umg*: halbe-halbe/fifty-fifty machen ♦ *salopp*: Kippe machen – **2.** → dividieren – **3.** → trennen (I, 1) – **4.** → zerlegen (1) – **5.** → durchschneiden (I) – **6.** den Schmerz t.: → mitfühlen – **II.** teilen, sich: → gabeln (II)
Teilgebiet, das: Disziplin
Teilhabe, die: → Anteil (1)
teilhaben: 1. → teilnehmen (1) – **2.** t. |an|: ⟨*einen Teil von etw. für sich in Anspruch nehmen können*⟩ partizipieren · beteiligt sein · Anteil haben |an| – **3.** t. lassen |an|: → beteiligen (I)
Teilhaber, der: Mitinhaber · Geschäftspartner · Partner · Sozius · Gesellschafter · Kompagnon · Komplementär · Kommanditist; Associé (*veraltet*)
Teilnahme, die: **1.** → Mitgefühl (1) – **2.** T. bezeigen: → mitfühlen; seine T. aussprechen: → kondolieren
Teilnahmeerklärung, die: → Meldung (1)
teilnahmslos: apathisch + leidenschaftslos · interesselos; → *auch* gleichgültig (1), stumpfsinnig (1)
Teilnahmslosigkeit, die: Apathie + Interesselosigkeit · Leidenschaftslosigkeit; → *auch* Gleichgültigkeit, Stumpfsinn (1)
teilnehmen: 1. ⟨*bei etw. anwesend sein* [*u. mitwirken*]⟩ dabei sein · teilhaben ♦ *gehoben*: beiwohnen ♦ *umg*: mit von der Partie sein; → *auch* beteiligen (II) – **2.** t. |an|: → mitfühlen
Teilnehmer, der: der Anwesende · der Beteiligte + Besucher
teils: 1. → teilweise – **2.** t., t.: → teilweise

Teilung, die: **1.** ⟨*Zerlegung in mehrere Teile*⟩ Spaltung + Halbierung; → *auch* Trennung (1) – **2.** → Division
teilweise: partiell · [teils,] teils · zum Teil
Teilzahlung, die: **1.** ⟨*Zahlung in Raten*⟩ Ratenzahlung · Ab[schlags]zahlung · Akontozahlung · Abschlag – **2.** auf T. kaufen: ⟨*bei einem Kauf Ratenzahlung vereinbaren*⟩ auf Raten/Abschlag kaufen ♦ *salopp*: auf Stottern kaufen
Teint, der: → Gesichtsfarbe
Telearbeit, die: → Heimarbeit
Telefax, das: **1.** → Fax (1) – **2.** → Fax (2)
telefaxen: → faxen
Telefon, das: **1.** ⟨*Apparat zum Telefonieren*⟩ Telefonapparat · Fernsprecher · Fernsprechapparat · Apparat ♦ *salopp*: Quasselstrippe · Strippe (*scherzh*) – **2.** schnurloses T.: → Handy; sich ans T. hängen: → anrufen (2)
Telefonapparat, der: → Telefon (1)
Telefonat, das: → Telefongespräch
Telefonbuch, das: Telefonverzeichnis · Fernsprechbuch · Fernsprechverzeichnis
Telefongespräch, das: Telefonat · Gespräch + Anruf · Ferngespräch · Ortsgespräch
telefonieren: fernsprechen (*veraltend*) ♦ *salopp*: an der Strippe hängen; → *auch* anrufen (2)
telefonisch: fernmündlich
Telefonistin, die: *umg*: Fräulein vom Amt (*veraltet*)
Telefonkarte, die: T-Card · Chipkarte
Telefonnummer, die: Fernruf · Ruf · Fernsprechnummer · Rufnummer
Telefonverzeichnis, das: → Telefonbuch
Telefonzelle, die: Fernsprechzelle · Zelle
Telefonzentrale, die: Zentrale · Vermittlung
telegrafieren: drahten · kabeln (*veraltend*); depeschieren (*veraltet*) + morsen; → *auch* Fernschreiben (2), funken (1)
telegrafisch: + fernschriftlich
Telegramm, das: Fernspruch; Drahtnachricht (*veraltend*); Kabel · Depesche (*veraltet*); → *auch* Fernschreiben (1)
Telegrammwort, das: → Abkürzung (2)
Teleheimarbeit, die: → Heimarbeit
Telespiel, das: Videospiel
Television, die: → Fernsehen
Telework, das: → Heimarbeit
Telex, das: → Fernschreiben (1)
telexen: → Fernschreiben (2)
Telexogramm, das: → Fernschreiben (1)
Tellereisen, das: → Fangeisen
Tempel, der: zum T. hinausjagen: → vertreiben (1)
Temperament, das: **1.** → Schwung (1) – **2.** T. haben: → lebhaft (2)
temperamentlos: → träge
temperamentvoll: → schwungvoll, lebhaft (1)
Temperatur, die: **1.** → Fieber (1) – **2.** erhöhte T.: → Fieber (1)
Temperenz, die: → Enthaltsamkeit
temperieren: → mildern (1)
Tempo, das: **1.** → Geschwindigkeit (1), Eile (1) – **2.** in mörderischem T.: → schnell (1, a); nun aber T.: → schnell (2); T., T.: → schnell (2); T. machen, aufs T. drücken: → beschleunigen
temporär: → vorübergehend, zeitweilig
Temposünder, der: Raser
Tendenz, die: **1.** ⟨*durchscheinende Zielrichtung*⟩ Färbung · Einschlag · Schattierung – **2.** ⟨*Richtung einer bestimmten Entwicklung*⟩ Trend · Zug; → *auch* Neigung (1)
tendenziös: → gefärbt, einseitig (1)
tendieren: t. |zu|: → neigen (2)
Tenor, der: → Leitgedanke
Tension, die: → Druck (1)
Tepp, der: **1.** → Dummkopf (2) – **2.** → Tollpatsch
teppert: → dumm (1)
Teppich, der: **1.** ⟨*Fußbodenbelag*⟩ + Vorleger · Läufer · Perser – **2.** auf dem T. bleiben: **a)** → sachlich (2) – **b)** → übertreiben (4); unter den T. kehren: → verschleiern
Teppichboden, der: + Auslegware
Termin: der: **1.** → Zeitpunkt – **2.** der letzte T.: ⟨*der letzte noch mögliche Zeitpunkt*⟩ Deadline + Stichtag
terminieren: → befristen
Terminkalender, der: → Notizbuch
Terminus, der: **1.** → Fachausdruck – **2.** T. technicus: → Fachausdruck
Terrain, das: **1.** → Gelände (1) – **2.** das T. sondieren: **a)** → vorfühlen – **b)** → orientieren (II, 2) – **c)** → erkunden (1)
Terrine, die: → Schüssel (1)
territorial: → landschaftlich (1)
Territorialgewalt, die: Territorialhoheit · Gebietshoheit
Territorialhoheit, die: → Territorialgewalt
Territorium, das: **1.** → Staatsgebiet – **2.** → Landschaftsgebiet

Terror, der: **1.** → Gewaltherrschaft – **2.** → Gewalttätigkeit (1)
terrorisieren: → bedrohen (1)
Terrorismus, der: → Gewaltherrschaft
Terrorist, der: + Desperado · Bombenleger
Terzerol, das: → Pistole (1)
Test, der: **1.** → Prüfung (1) – **2.** einem T. unterziehen/unterwerfen: → prüfen (1)
Testament, das: **1.** ⟨*Bestimmung über den Nachlass im Falle des Todes*⟩ letztwillige Verfügung · der letzte Wille – **2.** das Alte/Neue T.: → Bibel
testamentarisch: letztwillig
Testat, das: → Bescheinigung (1)
testen: → prüfen (1)
testieren: → bescheinigen
Testperson, die: → Versuchsperson
Tetanus, der: → Wundstarrkrampf
Tête-à-tête, das: → Liebeserlebnis
teuer: 1. ⟨*im Preis sehr hoch*⟩ hochpreisig + unbezahlbar · unerschwinglich ♦ *umg*: gesalzen · gepfeffert; → *auch* kostspielig – **2.** → wertvoll (1) – **3.** → verehrt, geliebt – **4.** t. sein: ⟨*eine große Summe Geldes erfordern*⟩ viel kosten ♦ *umg*: ins Geld gehen/laufen · ein Vermögen/Heidengeld/eine Stange [Geld] kosten – **5.** nicht t.: → billig (1); t. [be]zahlen: → büßen (1)
Teuerung, die: → Preisanstieg
Teufel, der: **1.** ⟨*Personifikation des Bösen*⟩ Urian; der Leibhaftige · Gottseibeiuns (*verhüll*); Antichrist · Satan[as] · Beelzebub · Luzifer · der Böse · Verderber · Versucher · Feind (*Rel*) ♦ *dicht*: Mephisto[pheles] · Höllenfürst · Fürst der Finsternis/der Hölle ♦ *salopp*: Deibel · Deiwel · Deixel · Deubel (*landsch*) – **2.** → Unmensch (1) – **3.** pfui T.: → pfui (1); wie der T.: → schnell (1, a); des Teufels sein: → verrückt (5); ein [kleiner] T. sein: → boshaft (2); [nicht] den T. fragen |nach|: → gleichgültig (5); den T. im Leib haben: → lebhaft (2); vom T. geritten werden: → übermütig (2); den T. an die Wand malen: → berufen (I, 2); in Teufels Küche kommen: → Schwierigkeit (2); zum T.: → entzwei; zum/beim T. sein: → verloren (2); zum T. gehen: **a)** → verloren (4) – **b)** → sterben (1); zum T. wünschen: → verwünschen (1); zum T. jagen: **a)** → entlassen (2) – **b)** → vertreiben (1); sich zum T. scheren: → weggehen (1); sich den T. scheren |um|: → rücksichtslos (2)
Teufelei, die: → Gemeinheit, Bosheit
Teufelsbraten, der: → Draufgänger
Teufelsbrut, die: → Bande
Teufelskerl, der: **1.** → Draufgänger – **2.** → Tausendsasa
Teufelskreis, der: Circulus vitiosus
Teufelskunst, die: → Zauberei
teuflisch: 1. ⟨*wie vom Teufel ersonnen*⟩ dämonisch · diabolisch · infernalisch · mephistophelisch · satanisch · luziferisch – **2.** → gemein (1)
Text, der: **1.** ⟨*einen Inhalt ausdrückende Wortfolge*⟩ Wortlaut + Wort – **2.** → Rolle (3) – **3.** weiter im T.: → vorwärts (1); aus dem T. bringen: → verwirren (2)
Textbuch, das: Libretto
Textdichter, der: Librettist · Texter · Textverfasser; → *auch* Bühnenautor
Texter, der: → Textdichter
textilfrei: → nackt
Textverfasser, der: → Textdichter
Tezett: bis ins/zum T.: → gründlich (2)
Theater, das: **1.** ⟨*die Gesamtheit aller Institutionen zur Pflege der Bühnenkunst*⟩ Bühne · die Bretter, die die Welt bedeuten – **2.** ⟨*Gebäude zur Aufführung von Bühnenwerken*⟩ Bühne; Musentempel (*scherzh*); Schaubühne (*veraltend*) + Schauspielhaus ♦ *umg*: Schmiere (*abwert*); → *auch* Wanderbühne, Oper (2) – **3.** → Vorstellung – **4.** → Gehabe[n] (1) – **5.** T. machen: → zieren (II, 2); T. spielen: → heucheln (1), verstellen (II)
Theaterautor, der: → Bühnenautor
Theaterdekoration, die: → Bühnenbild
Theaterdichter, der: → Bühnenautor
Theatersaison, die: → Spielzeit
Theaterstück, das: Bühnenstück · Stück · Bühnenwerk · Bühnendichtung ♦ *salopp*: Schinken (*abwert*); → *auch* Drama (1), Lustspiel, Trauerspiel
theatralisch: → gekünstelt
Theke, die: Ausschank · Schanktisch/Schänktisch/Schenktisch; Tresen · Tonbank (*norddt*); Zapf (*süddt*)
Thema, das: **1.** ⟨*das in einem Gespräch, einer Untersuchung od. dgl. zu Behandelnde bzw. Wiederzugebende*⟩ Gegenstand · Stoff · Materie · Sujet + Vorwurf; → *auch* Thematik – **2.** beim T. bleiben: → abschweifen (2)
Thematik, die: Themenkreis · Themenkomplex; → *auch* Thema (1)
Themenkomplex, der: → Thematik
Themenkreis, der: → Thematik

Theologe, der: → Geistliche
theologisch: → geistlich (1)
Theorem, das: → Lehrsatz
Theorie, die: → Lehre (1)
Therapie, die: → Behandlung (1)
Therme, die: → Boiler
Thesaurus, der: → Wörterbuch
These, die: → Lehre (1)
Thespiskarren, der: → Wanderbühne
Thomas, der: ungläubiger T.: → Zweifler
Thorax, der: → Brust (I, 1)
Thrombus, der: → Blutgerinnsel
Tick, der: → Schrulle (1)
ticken: 1. → klopfen (1) – **2.** nicht richtig t.: → verrückt (5)
Ticket, das: **1.** → Eintrittskarte – **2.** → Fahrkarte (1)
Ticktack, die: → Uhr (1)
Tiden (*Pl*): → Gezeiten
tief: 1. → abgrundtief – **2.** t. gehend: → eindrucksvoll; t. greifend: → empfindlich (2); t. schürfend: → gründlich (1); zu t. ins Glas gucken: → betrinken, sich; in tiefem/im tiefsten Schlaf liegen: → schlafen (1, b)
Tief, das: **1.** ⟨*Gebiet mit niedrigem Luftdruck*⟩ Tiefdruckgebiet · Tiefdruckzone; Depression · Zyklone (*Met*) – **2.** → Tiefstand (1)
Tiefdruckgebiet, das: → Tief (1)
Tiefdruckzone, die: → Tief (1)
Tiefe, die: **1.** → Ausmaß – **2.** → Bedeutung (1) – **3.** in der T.: → unten (1); in die T.: → hinunter
Tiefebene, die: → Flachland
Tiefgarage, die: → Garage
Tiefkühlschrank, der: Gefrierschrank + Tiefkühltruhe · Gefriertruhe · Deepfreezer · Gefrieranlage · Refrigerator; → *auch* Kühlschrank
Tiefkühltruhe, die: → Tiefkühlschrank
Tiefland, das: → Flachland
Tiefpunkt, der: → Tiefstand (1)
Tiefseeforscher, der: → Unterwasserforscher
tiefsinnig: 1. → schwermütig – **2.** → nachdenklich
Tiefstand, der: **1.** ⟨*sehr niedrige Stufe in einer Entwicklung*⟩ Tief · Tiefpunkt · Flaute ♦ *umg*: Ebbe – **2.** → Niedergeschlagenheit
Tiegel, der: → Pfanne (1)
Tier, das: **1.** ⟨*nicht menschl. od. pflanzl. Lebewesen*⟩ + Raubtier · Bestie ♦ *umg*: Vieh · Biest (*oft abwert*) ♦ *salopp*: Viech (*meist abwert*) – **2.** → Unmensch (1) – **3.** König der Tiere: → Löwe (1); hohes/großes T.: → Hochgestellte
Tierarzt, der: Veterinär (*fachspr*) ♦ *umg*: Viehdoktor (*scherzh*)
Tierbändiger, der: → Dompteur
Tiergarten, der: → Zoo
tierhaft: → tierisch (1)
tierisch: 1. ⟨*sich wie ein Tier verhaltend*⟩ tierhaft · animalisch – **2.** → brutal – **3.** t. ernst: → humorlos (1); tierischer Ernst: → Humorlosigkeit
Tierlehrer, der: → Dresseur
Tierleiche, die: → Aas (1)
Tierpark, der: → Zoo
Tierreich, das: → Tierwelt
Tierwelt, die: Fauna + Tierreich
tigern: → marschieren
tigroid: → streifig
tilgbar: amortisierbar · amortisabel
tilgen: 1. ⟨*in Bezug auf Verbindlichkeiten: sie durch eine entsprechende Leistung aus der Welt schaffen*⟩ löschen · bereinigen · abgelten · abdecken · abstoßen · ablösen · ausgleichen · begleichen · bezahlen · amortisieren · abarbeiten + annullieren; → *auch* abzahlen, zurückzahlen (1) – **2.** ⟨*in Bezug auf eine Schmach: sie beseitigen*⟩ löschen ♦ *gehoben*: abwaschen (*veraltend*) – **3.** ⟨*in Bezug auf Schriftzeichen: sie entfernen*⟩ [ab]löschen; → *auch* streichen (3)
Tilgung, die: Löschung · Abdeckung · Ablösung · Abschreibung · Amortisation; Obliteration (*Wirtsch*) + Abtragung · Abzahlung; → *auch* Bezahlung (1)
Timbre, das: → Klangfarbe
timen: → abstimmen (3)
Timing, das: → Abstimmung (3)
Tingeltangel, der: → Amüsierlokal
Tinktur, die: → Extrakt (1)
Tinnef, der: **1.** → Schund (1) – **2.** → Unsinn (1, a)
Tinte, die: T. gesoffen haben: → verrückt (5); in der T. sitzen: → Verlegenheit (2); klar wie dicke T. sein: → selbstverständlich (3)
tintenblau: → blau (1)
Tipp, der: **1.** → Hinweis – **2.** einen T. geben: → raten (1)
Tippelbruder, der: → Landstreicher
tippeln: 1. → gehen (1) – **2.** → trippeln
Tippelschickse, die: → Landstreicherin

tippen: **1.** → Maschine (5) – **2.** → vermuten – **3.** → wetten – **4.** t. |an|: → berühren (I, 1)
Tippse, die: → Maschinenschreiberin
tipptopp: → einwandfrei (1)
Tirade, die: → Redeschwall
tirilieren: → singen (2)
Tisch, der: **1.** ⟨*Möbelstück*⟩ + Tafel – **2.** T. des Herrn: → Altar (1); reinen T. machen: → aufräumen (1); mit der Faust auf den T. schlagen: → aufbrausen (2); die/seine Karten auf den T. legen: → offenbaren (II); über den T. ziehen: → betrügen (1); die Beine unter den T. stecken: → faulenzen (1); unter den T. fallen lassen: → auslassen (I, 1); vom T. sein: → erledigt (3, a); vom T. bringen: → erledigen (1); vom T. wischen: → unwichtig (2)
Tischdecke, die: → Tischtuch
tischfertig: fertig · zubereitet + küchenfertig
Tischkasten, der: → Schubfach
Tischler, der: Schreiner (*landsch*)
Tischtuch, das: Tischdecke · Decke + Tafeltuch
titanenhaft: → übermenschlich
titanisch: → übermenschlich
Titel, der: **1.** ⟨*jmds. Würde bzw. Rang angebende Bezeichnung*⟩ Prädikat + Ehrentitel – **2.** ⟨*kennzeichnender Name einer schriftl. Arbeit*⟩ Überschrift + Kopf – **3.** → Buch (1)
titschen: t. |in|: → eintauchen (1)
Titten (*Pl*): → Brust (I, 2)
Titulatur, die: → Anrede
titulieren: **1.** → anreden (1) – **2.** → nennen (1)
Titulierung, die: → Anrede
tizianrot: → rot (1)
Toast, der: **1.** → Trinkspruch (1) – **2.** einen T. ausbringen: → toasten (1)
toasten: **1.** ⟨*vor dem Zutrinken ein paar* [*huldigende*] *Worte sagen*⟩ einen Trinkspruch/Toast ausbringen; → *auch* zutrinken – **2.** → rösten (1)
Toaster, der: Brotröster · Röster
Tobak, der: starker T. sein: → unverschämt (2)
Tobel, der *od.* das: → Schlucht
toben: **1.** ⟨*von Kindern gesagt: sehr lebhaft spielen*⟩ tollen · sich tummeln ♦ *salopp*: die Bude auf den Kopf stellen; → *auch* umhertollen – **2.** → stürmen (1) – **3.** → wüten
Tobsucht, die: → Raserei
tobsüchtig: → wütend (1)
Tochtergeschwulst, die: → Krebs (1)
Tod, der: **1.** ⟨*das Ende des Lebens*⟩ Ableben · Ende · Lebensende; Abgang (*bes. milit*); Exitus (*med*); Hinschied (*schweiz*) + Erlösung ♦ *gehoben*: Hingang · Hinscheiden · Heimgang · Abberufung + der letzte/ewige Schlaf; → *auch* Todeskampf – **2.** ⟨*Personifikation des Lebensendes*⟩ Knochenmann · Sensenmann · Freund Hein – **3.** Anwärter des Todes: → Todgeweihte; der schwarze T.: → Pest (1); auf den T. krank: → todkrank (1); mit dem Tode ringen: → Sterben; den T. erleiden: → sterben (1); zu Tode kommen, den T. finden: → umkommen (1); den T. in den Wellen finden: → ertrinken; vom Leben zum Tode bringen/befördern: → hinrichten (1); dem T. von der Schippe springen: → davonkommen (2); auf den T. nicht leiden können: **a)** → verabscheuen – **b)** → hassen; zu Tode erschrocken: → erschrocken (1)
todbleich: → blass (1)
todbringend: → tödlich
todernst: → ernst (1)
Todesanzeige, die: Traueranzeige; Parte · Partezettel (*österr*)
Todesfall, der: Sterbefall · Trauerfall
Todeskampf, der: Agonie + Todesnot · Todesqual · die letzte Stunde; → *auch* Tod (1)
Todeskandidat, der: → Todgeweihte
Todeslager, das: → Konzentrationslager
todesmutig: → mutig (1)
Todesnot, die: → Todeskampf
Todesqual, die: → Todeskampf
Todesstoß, der: **1.** ⟨*der ein Tier tötende Stoß mit einer Stichwaffe*⟩ Fangstoß · Genickfang (*weidm*) – **2.** den T. versetzen: **a)** → töten (I, 2) – **b)** → ruinieren (I, 1)
Todesstrafe, die: die T. vollstrecken: → hinrichten (1)
todfeind: → unversöhnlich (1)
Todfeind, der: → Feind (1)
todgeweiht: → todkrank (1)
Todgeweihte, der: Todeskandidat ♦ *gehoben*: Anwärter des Todes
todkrank: **1.** ⟨*an einer zum Tode führenden Krankheit leidend*⟩ sterbenskrank · auf den Tod krank · unheilbar [krank]; inkurabel (*med*) + todgeweiht · inoperabel; → *auch* krank (1) – **2.** t. sein: ⟨*an einer Krankheit* [*bald*] *sterben müssen*⟩ mit einem Bein/Fuß im Grabe stehen · am Rande des Grabes stehen

todlangweilig: → langweilig
tödlich: todbringend; letal (*med*)
todmüde: → müde (1)
todschick: → elegant (1)
todsicher: → sicher (4)
todunglücklich: → traurig (1)
Toffel, der: → Tollpatsch
Töfftöff, das: **1.** → Motorrad – **2.** → Auto (1)
Tohuwabohu, das: → Durcheinander (1)
Toilette, die: **1.** ⟨*Raum zur Verrichtung der Notdurft*⟩ Klosett; Abort (*veraltend*) + WC · Pissoir ♦ *umg*: Klo; Abtritt (*noch landsch*); [stilles] Örtchen · Örtlichkeit · Kabinett · Tante Meier · Kloster (*verhüll*); Latrine (*soldatenspr*) ♦ *salopp*: Lokus · Nummer Null + Plumpsklo ♦ *derb*: Scheißhaus + Pinkelbude – **2.** T. machen: → herausputzen (II)
Töle, die: → Hund (1)
tolerant: duldsam · großzügig · nachsichtig · weitherzig; → *auch* versöhnlich (1), geduldig (1)
Toleranz, die: Duldsamkeit · Nachsicht; → *auch* Geduld (1)
toll: 1. → unerhört (1), großartig (1) – **2.** → rasend (1) – **3.** tolle Puppe: → Mädchen (2)
tolldreist: → unverschämt (1)
Tolle, die: → Haarschopf
tollen: → toben (1)
Tollhaus, das: **1.** → Klinik (2) – **2.** reif fürs T.: → verrückt (1)
Tollheit, die: → Kühnheit
tollkühn: → kühn
Tollkühnheit, die: → Kühnheit
Tollpatsch, der: Tölpel ♦ *umg*: Toffel · Stoffel · Taps · Trampel · Trampeltier; Torkel (*landsch*); Tepp · Depp (*süddt österr schweiz*); → *auch* Dummkopf (2)
tollpatschig: → ungeschickt (1)
Tölpel, der: **1.** → Dummkopf (1) – **2.** → Tollpatsch
Tölpelei, die: → Einfalt
tölpelhaft: 1. → einfältig (2) – **2.** → ungeschickt (1)
tölpisch: → ungeschickt (1)
Tomate, die: Paradiesapfel (*landsch*); Paradeiser (*österr*)
Tombola, die: → Verlosung
[1]**Ton,** der: **1.** ⟨*hörbare Luftschwingung*⟩ Laut; → *auch* Schall (1) – **2.** → Klang (I, 1) – **3.** → Betonung (2) – **4.** → Färbung (1) – **5.** den T. legen |auf|. → betonen (1 *u.* 2); den T. angeben: → bestimmen (2); große Töne reden/spucken, große/dicke Töne schwingen: → aufspielen (II); keinen T. sagen/von sich geben: → schweigen (1); in den höchsten Tönen loben: → loben (1)
[2]**Ton,** der: + Mergel · Lehm · Kaolin
tonangebend: → führend (1)
Tonband, das: Band · Tape
Tonbandgerät, das: Magnettongerät · Bandgerät; → *auch* Kassettenrekorder
Tondichter, der: → Komponist
Tondichtung, die: → Komposition (1)
tönen: 1. → klingen (1) – **2.** → färben (I, 2)
Tonfall, der: → Aussprache (1)
Tonfolge, die: → Melodie
Tonkünstler, der: → Musiker
Tonlage, die: → Stimmlage
tonlos: → schweigend
Tonne, die: **1.** → Fass (1) – **2.** → Dicke (I *u.* II, 1)
Tonschöpfer, der: → Komponist
Tonstück, das: → Komposition (1)
Tonsur, die: → Glatze
Tönung, die: → Färbung (1)
Tonzeichen, das: Akzent; → *auch* Betonung (2)
top: → hervorragend (1)
Topf, der: **1.** ⟨*tiefes Haushaltsgefäß*⟩ Hafen (*süddt*) + Kochtopf · Kasserolle ♦ *umg*: Pott (*norddt*); → *auch* Schmortopf – **2.** in einen T. werfen: → gleichsetzen
Topfdeckel, der: → Deckel (1)
Topfen, der: → Quark (1)
Töpfer, der: → Ofensetzer
topfit: → fit
Topfkuchen, der: → Napfkuchen
Topform, die: → Bestform
Toplader, der: → Waschmaschine
Topleistung, die: → Spitzenleistung (1)
topless: → busenfrei
toppen: → überflügeln
topsecret: → geheim (1)
Topseller, der: → Verkaufsschlager
Topspeed, der: → Spitzengeschwindigkeit
Topstar, der: → [1]Star
[1]**Tor,** das: **1.** ⟨*großer türartiger Durchlass*⟩ Portal + Torweg; → *auch* Tür (1), Einfahrt – **2.** ⟨*Ziel bei Ballspielen*⟩ Gehäuse · Kasten (*Sport*) + Fußballtor – **3.** ⟨*Torwurf bzw. Torschuss*⟩ Treffer; Goal (*österr schweiz*)
[2]**Tor,** der: **1.** → Dummkopf (2) – **2.** → Grünschnabel
Toreinfahrt, die: → Einfahrt

Toresschluss, der: [kurz] vor T.: → Augenblick (2)
Torheit, die: **1.** → Einfalt – **2.** → Unvernunft, Sinnlosigkeit – **3.** → Narretei
Torhüter, der: → Torwart
töricht: 1. → einfältig (2) – **2.** → unvernünftig, sinnlos (1)
Torkel, der: **1.** → Schwindel (1) – **2.** → Tollpatsch
torkeln: → schwanken (1)
Tormann, der: → Torwart
Tornado, der: → Wirbelsturm
Tornister, der: **1.** ⟨*Soldatengepäck*⟩ *umg*: Affe – **2.** → Schulranzen
torpedieren: 1. → versenken (I, 2) – **2.** → vereiteln
torpid: → stumpfsinnig (1)
Torschluss, der: → Ende (1, b)
Torso, der: → Bruchstück (1)
Torsteher, der: → Torwart
Tort, der: einen T. antun / zufügen: → kränken
Tortur, die: **1.** → Folter (2) – **2.** → Qual (1)
Torwächter, der: → Pförtner
Torwart, der (*Sport*): Torhüter · Torsteher · Tormann; Goalkeeper · Keeper · Goalmann (*bes. österr schweiz*) ♦ *umg*: Schlussmann
Torweg, der: → Einfahrt, [1]Tor (1)
tosen: 1. → brausen (I, 1) – **2.** → stürmen (1)
tot: 1. ⟨*nicht mehr lebendig*⟩ leblos · gestorben ♦ *gehoben*: verschieden · abgeschieden · hingeschieden · entseelt ♦ *umg*: dahin · hinüber · mausetot ♦ *salopp*: hin · hops ♦ *derb*: krepiert; → *auch* verstorben – **2.** → verstorben – **3.** → menschenleer – **4.** t. sein: ⟨*nicht mehr leben*⟩ ausgelitten haben · unter der Erde liegen ♦ *gehoben*: nicht mehr sein · nicht mehr unter den Lebenden / unter uns weilen · jmdn. deckt der grüne Rasen ♦ *umg*: nicht mehr piep[s] sagen können · keinen Piep[s] mehr sagen / machen / von sich geben können ♦ *salopp*: sich die Radieschen von unten ansehen / betrachten – **5.** tote Hose: **a)** → Langeweile (1) – **b)** → Trauerkloß; aufs tote Gleis schieben: → kaltstellen; ein toter Mann sein: → erledigt (3, b)
total: 1. → vollständig (1) – **2.** → ganz (1) – **3.** → völlig (1)
totalitär: → absolut (1)
Totalitarismus, der: → Gewaltherrschaft
Totalität, die: → Gesamtheit (1)
totdrücken: → erdrücken (1)
Tote, der: **1.** → Verstorbene – **2.** → Leiche (1) – **3.** schlafen wie ein Toter: → schlafen (1, b)
töten: I. töten: ⟨*den Tod herbeiführen*⟩ **1.** ⟨*von Menschen*⟩ umbringen · ums Leben bringen · beseitigen · unter die Erde bringen + Blut vergießen · lynchen · niedermetzeln · niedermachen · abschlachten · liquidieren ♦ *gehoben*: hinstrecken + hinmorden · hinmetzeln · hinschlachten ♦ *umg*: erledigen · ins Jenseits befördern · das Lebenslicht ausblasen / auslöschen; den Garaus machen (*meist scherzh*) ♦ *salopp*: killen · abmurksen · das Lebenslicht auspusten · abservieren · fertig machen · alle machen · über die Klinge springen lassen · den Rest geben · massakrieren ♦ *derb*: kaltmachen · umlegen · hinmachen; → *auch* ermorden, morden (1), erwürgen, erhängen (I), erschlagen (1), erschießen (I), erstechen, enthaupten, hinrichten (1), vernichten (1, a) – **2.** ⟨*von Tieren*⟩ einschläfern · den Todesstoß versetzen; abfangen · den Fang[schuss] / Fangstoß geben · abnicken · den Genickfang geben (*weidm*) + den Gnadenstoß versetzen · den Gnadenschuss geben ♦ *umg*: totmachen; → *auch* schlachten, vernichten (1, b) – **3.** den letzten Nerv t.: → belästigen (1) – **II.** töten, sich: → Selbstmord (2)
Totenamt, das: → Totenmesse
totenblass: → blass (1)
totenbleich: → blass (1)
Totenfeier, die: → Trauerfeier
Totenlade, die: → Sarg
Totenmesse, die (*kathol*): Requiem · Seelenamt · Seelenmesse · Totenamt; → *auch* Gottesdienst
Totenreich, das: → Unterwelt (1)
Totenschrein, der: → Sarg
totenstill: → still (1)
Totenstille, die: → Stille
totgehen: → verenden
totlachen, sich: → lachen (1)
Totlachen: zum T.: → komisch (1)
totmachen: I. totmachen: → töten (I, 2) – **II.** totmachen, sich: → überanstrengen (II)
totprügeln: → erschlagen (1)
totquetschen: → erdrücken (1)
totreden: → einreden (2)
totschießen: → erschießen (I)
Totschlag, der: **1.** → Tötung – **2.** Mord und T.: → Streit (1)

totschlagen: **1.** → erschlagen (1) – **2.** die Zeit t.: → gammeln
Totschläger, der: → Mörder
totschweigen: → verschweigen
Tötung, die: Totschlag; Tötungsdelikt (*Rechtsw*) + Abtötung · Abschlachtung; → *auch* Mord (1), Blutbad
Tötungsdelikt, das: → Tötung
Touch, der: → Anflug (2)
touchieren: → berühren (I, 1)
Toupet, das: → Perücke
Tour, die: **1.** → Ausflug, Wanderung – **2.** → Drehung (1) – **3.** in einer T.: → ununterbrochen; eine T. drehen: → tanzen (1); auf die krumme T. reisen: → betrügen (1); auf Touren kommen: → Stimmung (5); auf Touren bringen: → antreiben (2)
Tourist, der: → Urlauber
Touristikunternehmen, das: Reiseveranstalter · Reiseanbieter + Reisebüro
Toxikum, das: → Gift (1)
Toxin, das: → Gift (1)
toxisch: → giftig (1)
Trab, der: auf/in T. bringen: → antreiben (2); sich in T. setzen: → aufbrechen (3)
Trabant, der: **1.** → Mond (2) – **2.** → Begleiter (1) – **3.** → Anhänger (3)
Trabantenstadt, die: Satellitenstadt; → *auch* Vorort
traben: **1.** → reiten (1) – **2.** → laufen (1)
Tracht, die: **1.** → Kleidung (1) – **2.** eine T. Prügel: → Prügel (II, 1); eine T. Prügel geben/verpassen: → verprügeln
trachten: t. |nach|: → erstreben
Trachten, das: → Streben
trächtig: tragend; beschlagen (*weidm*) + hochtragend
Trademark, die: → Markenzeichen
Tradition, die: **1.** → Überlieferung (1) – **2.** → Gewohnheit (1)
traditionell: → alt (3)
Tragbahre, die: → Bahre
tragbar: → erträglich
Trage, die: → Bahre
träge: schwunglos · leidenschaftslos · temperamentlos · lethargisch · phlegmatisch · indolent · bequem + schläfrig · verschlafen ♦ *umg*: pomadig · schlafmützig ♦ *derb*: lahmarschig; → *auch* faul (2), schwerfällig (1)
tragen: **I.** tragen: **1.** ⟨*etw. vom Boden Aufgenommenes* [*mit Mühe*] *fortbewegen*⟩ schleppen + huckepack tragen ♦ *umg*: buckeln ♦ *salopp*: asten – **2.** ⟨*am Körper haben*⟩ bekleidet sein |mit| ♦ *umg*: anhaben · auf dem Leib haben – **3.** ⟨*auf dem Kopf haben*⟩ *umg*: aufhaben – **4.** ein Kind unter dem Herzen t.: → schwanger (2); zu Grabe t.: **a)** → begraben (1) – **b)** → aufgeben (3); im Herzen t.: → lieben (1); auf Händen t.: → verwöhnen; zur Schau t.: → zeigen (I, 3); das Herz auf der Zunge t.: → offenherzig (2); sein Päckchen zu t. haben: → Sorge (3); Sorge t., dass …: → veranlassen (1); die Kirche ums Dorf t.: → umständlich (2); die Kosten t. |für|: **a)** → finanzieren – **b)** → haften (2, a); das Joch/sein Kreuz t.: → abfinden (II, 2); zum Tragen kommen: → auswirken, sich – **II.** tragen, sich: sich mit dem Gedanken/der Absicht t.: → beabsichtigen
tragend: → trächtig
Träger, der: **1.** ⟨*tragendes Bauteil*⟩ Tragpfosten + Stützbalken · Konsole – **2.** → Gepäckträger
Tragfläche, die: → Flügel (2)
Tragflächenboot, das: Tragflügelboot · Gleitboot
Tragflügel, der: → Flügel (2)
Tragflügelboot, das: → Tragflächenboot
Trägheit, die: Lethargie · Phlegma · Indolenz · Bequemlichkeit + Schläfrigkeit ♦ *umg*: Schlafmützigkeit; → *auch* Faulheit
Tragik, die: → Unglück (1)
tragisch: **1.** → verhängnisvoll – **2.** nicht so t. sein: → schlimm (3)
Tragödie, die: → Trauerspiel
Tragpfosten, der: → Träger (1)
Tragtier, das: → Lasttier
Tragweite, die: → Bedeutung (1)
Trainer, der: Coach (*Sport*)
trainieren: **1.** ⟨*als Trainer betreuen*⟩ coachen (*Sport*) – **2.** → üben (1)
Training, das: → Übung (1)
Trajekt, der: → Fähre
Trakt, der: → Gebäudekomplex
Traktat, der *od.* das: → Abhandlung (1)
traktieren: **1.** → quälen (I, 1) – **2.** → bewirten (1)
Traktor, der: Trecker · Schlepper + Zugmaschine · Raupenschlepper · Bulldog (*Wz*); → *auch* Planierraupe
trällern: → singen (1)
[1]**Tram,** die, *schweiz* das: → Straßenbahn
[2]**Tram,** der: → Balken
Trambahn, die: → Straßenbahn

Tramen, der: → Balken
Tramp, der: → Landstreicher
Trampel, der: → Tollpatsch
trampeln: stampfen; → *auch* stapfen
Trampeltier, das: **1.** → Kamel (1) – **2.** → Tollpatsch
Tramper, der: als T.: → Anhalter
Tramway, die: → Straßenbahn
Tran, der: im T.: → benommen (1)
Träne, die: **1.** ⟨*aus den Augen rinnender Tropfen*⟩ Zähre (*veraltet*) + Wasser – **2.** Tränen vergießen, in Tränen schwimmen/zerfließen, sich der Tränen nicht erwehren können: → weinen (1); keine T. nachweinen: → nachtrauern (2); Tränen lachen: → lachen (1)
tranen: → unaufmerksam (2)
Tränendrüse, die: auf die Tränendrüsen drücken: → rührselig (3)
tränenselig: → rührselig (1)
Tränenseligkeit, die: → Rührseligkeit
tranig: 1. → langweilig – **2.** → fettig (1)
Trank, der: → Getränk (1)
Tranksame, die: → Getränk (1)
Tranquilizer, der: → Beruhigungsmittel
Transaktion, die: → Geschäft (3)
transatlantisch: → überseeisch
transchieren: → zerlegen (2)
transferieren: 1. → versetzen (I, 1) – **2.** → überweisen
Transformation, die: **1.** → Umformung (1) – **2.** → Umwandlung
transformieren: 1. → umformen (1) – **2.** → umwandeln
Transfusion, die: → Blutübertragung
Transit, der: → Durchfuhr
Transkription, die: → Umschrift (1)
Translation, die: → Übersetzung
Transliteration, die: → Umschrift (1)
transluzent: → durchsichtig (1)
transluzid: → durchsichtig (1)
transmarin: → überseeisch
Transmutation, die: → Umwandlung
transozeanisch: → überseeisch
transparent: → durchsichtig (1)
Transparent, das: Spruchband
Transparenz, die: → Durchsichtigkeit
transpirieren: → schwitzen (1)
Transplantation, die: eine T. vornehmen/durchführen: → transplantieren
transplantieren: eine Transplantation vornehmen/durchführen · verpflanzen · überpflanzen; → *auch* implantieren
Transport, der: **1.** → Beförderung (1) – **2.** → Fracht
transportabel: → beweglich (1)
Transporter, der: **1.** → Frachter – **2.** → Lastkraftwagen
Transportfirma, die: → Spedition
transportierbar: → beweglich (1)
transportieren: → befördern (1)
Transportunternehmen, das: → Spedition
Transuse, die: → Schlafmütze (2)
transzendent[al]: → übersinnlich
trappeln: → trippeln
trappen: → stapfen
trapsen: → stapfen
Trara, das: **1.** → Lärm (1) – **2.** → Gehabe[n] (1)
Trasse, die: **1.** → Ölleitung – **2.** → Straße (1)
Tratsch, der: → Gerede (1)
tratschen: → klatschen (2)
Tratscherei, die: → Gerede (1)
tratschig: → geschwätzig
Traualtar, der: zum T. gehen: → heiraten (1); zum T. führen: → heiraten (2)
Traube, die: → Weintraube
Traubenernte, die: → Weinlese
Traubenlese, die: → Weinlese
Traubenzucker, der: Dextrose · Glukose · Stärkezucker
trauen: I. trauen: **1.** → vertrauen – **2.** dem Frieden nicht recht t.: → Verdacht (2); nicht um die Ecke/über den Weg t.: → misstrauen; seinen Augen nicht t.: → staunen (1); sich t. lassen: → heiraten (1) – **II.** trauen, sich: → wagen (1)
Trauer, die: → Traurigkeit
Traueranzeige, die: → Todesanzeige
Trauerfall, der: → Todesfall
Trauerfeier, die: Totenfeier; → *auch* Begräbnis, Einäscherung
Trauerflor, der: Florband · Flor
Trauerkloß, der (*umg*): Langweiler · langweiliger Peter · trübe Tasse · tote Hose · taube Nuss ♦ *derb*: Lahmarsch; → *auch* Schlafmütze (2), Phlegmatiker
trauern: 1. ⟨*Trauer empfinden*⟩ traurig sein · betrübt sein + Leid tragen – **2.** ⟨*Trauerkleidung tragen*⟩ Schwarz tragen · schwarz gehen – **3.** t. |um|: → beklagen (I, 1)
Trauerspiel, das: Tragödie; → *auch* Theaterstück
Traufe, die: → Dachrinne
träufeln: → tropfen (2)

traulich: → gemütlich
Traum, der: **1.** ⟨*im Schlaf auftretende Vorstellungen*⟩ + Traumbild · Traumgebilde · Traumgesicht; → *auch* Wachtraum – **2.** → Wunsch (1) – **3.** einen T. haben: → träumen (1); ein wahrer T.: → wunderbar (1); nicht im T.: → niemals
Trauma, das: **1.** → Verletzung (1) – **2.** → Erschütterung (2)
Traumbild, das: **1.** → Traum (1) – **2.** → Wunschvorstellung
träumen: 1. ⟨*im Schlaf Vorstellungen haben*⟩ einen Traum haben – **2.** → unaufmerksam (2) – **3.** → schwärmen (1)
Träumer, der: **1.** → Schlafmütze (2) – **2.** → Schwärmer (1)
Träumerei, die: → Schwärmerei (1)
träumerisch: 1. → schwärmerisch (1) – **2.** → geistesabwesend (1), verträumt (1)
Traumgebilde, das: → Traum (1)
Traumgesicht, das: → Traum (1)
traumhaft: 1. ⟨*wie in einem Traum*⟩ visionär – **2.** → unwirklich – **3.** → wunderbar (1)
Trauminet, der: → Feigling
Traumtänzer, der: → Schwärmer (1)
traumverloren: → geistesabwesend (1)
traumversunken: → verträumt (1)
Traumwandler, der: → Schlafwandler
traurig: 1. ⟨*in gedrückter Stimmung*⟩ [tod]unglücklich · untröstlich · kummervoll · bekümmert · betrübt · weh[mütig] · wehmutsvoll · elegisch · trüb[e] · trübselig + betrüblich; → *auch* pessimistisch (1), schmerzerfüllt – **2.** t. sein: **a)** ⟨*sich in einer gedrückten Stimmung befinden*⟩ betrübt sein · sich grämen ♦ *gehoben*: sich betrüben · sich bekümmern (*veraltend*); → *auch* Kummer (3) – **b)** → trauern (1) – **3.** t. machen: **a)** → bedrücken (1) – **b)** → betrüben (I); trauriger Rest: → Rest (I, 1); ein trauriges Kapitel: → unangenehm (1)
Traurigkeit, die: Trauer · Trübsal · Wehmut · Wehmütigkeit · Wehgefühl · Tristesse
Traute, die: → Mut (1)
Trautheit, die: → Gemütlichkeit (1)
Travellerscheck, der: → Reisescheck
Trawler, der: → Fangschiff
Treatment, das: → Drehbuch
Trebe, die: auf der T. sein: → herumtreiben, sich
Trebegänger, der: → Stadtstreicher
Treber, der: → Stadtstreicher
Trecker, der: → Traktor
Treff, der: → Zusammenkunft
treffen: I. treffen: **1.** ⟨*das Ziel erreichen*⟩ ins Schwarze treffen – **2.** → begegnen (1) – **3.** ins Herz/Mark t.: → kränken; jmds. Geschmack t.: → gefallen (1); [s]eine Wahl t.: → entscheiden (II); eine Verfügung t.: → anordnen (2) – **II.** treffen, sich: **1.** ⟨*miteinander eine Begegnung haben*⟩ sich begegnen · sich finden · zusammenkommen · zusammentreffen; → *auch* versammeln (II, 1) – **2.** sich auf halbem Wege t.: → einigen (II)
Treffen, das: **1.** → Zusammenkunft – **2.** → Gefecht (1) – **3.** → Wettkampf – **4.** ins T. führen: → vorbringen
treffend: 1. ⟨*kurz u. genau ausgedrückt*⟩ prägnant · lakonisch · epigrammatisch; → *auch* knapp (2) – **2.** → genau (1)
Treffer, der: **1.** → Lotteriegewinn – **2.** → [1]Tor (3)
trefflich: → gut (1)
Treffpunkt, der: → Sammelstelle
treiben: 1. ⟨*durch die Strömung des Wassers fortbewegt werden*⟩ driften – **2.** → drängen – **3.** → tun (1) – **4.** → sprießen (1) – **5.** → gären (1) – **6.** es t. |mit|: → koitieren; in die Enge t.: → bedrängen (1); auf die Spitze t.: → übertreiben (2); in die Arme t.: → ausliefern (I, 1); Handel t.: → handeln (I, 1); Schmuggel t.: → schmuggeln; ein doppeltes Spiel t.: → hintergehen; die treibende Kraft: → Kraft (6)
Treibhaus, das: Gewächshaus · Warmhaus · Glashaus
Treibjagd, die: → Jagd (1)
Treibstoff, der: → Kraftstoff
tremolieren: → singen (1)
Trenchcoat, der: → Mantel (1)
Trend, der: **1.** → Tendenz (2) – **2.** → Mode (1) – **3.** [voll] im T. liegen: → [2]modern (2); im T. liegend: → gegenwartsnah[e]
trendig: → gegenwartsnah[e]
Trendsetter, der: → Wegbereiter
trendy: → gegenwartsnah[e]
trennen: I. trennen: **1.** ⟨*eine Verbindung lösen*⟩ scheiden · teilen · sondern; separieren (*veraltend*); → *auch* spalten (1), durchschneiden (I), absondern (I, 1) – **2.** → zertrennen – **II.** trennen, sich: ⟨*von Menschen gesagt*: *nicht beieinander bleiben*⟩ auseinander gehen + sich scheiden lassen ♦ *gehoben*: scheiden ♦ *umg*: auseinander laufen; → *auch* verabschieden (II, 1)

Trennung, die: **1.** ⟨*das Trennen bzw. Sichtrennen*⟩ Scheidung · Sonderung; Separation (*veraltend*) + Absonderung · Schnitt · Bruch · Disengagement · Sezession; → *auch* Teilung (1) – **2.** ⟨*das Nichtbeieinandersein*⟩ Getrenntsein; Separation (*veraltend*) – **3.** → Abschied (1) – **4.** → Abteilung (I, 1)
Trennwand, die: → Scheidewand
Trense, die: → Zaum (1)
Treppe, die: **1.** ⟨*Stufen zur Überwindung eines Höhenunterschiedes*⟩ Stiege (*bes. süddt österr*) ♦ *umg*: Hühnerleiter (*abwert*); → *auch* Aufgang (1) – **2.** die T. hinauffallen: → aufsteigen (2)
Treppenabsatz, der: Absatz · Podest
Treppenaufgang, der: → Aufgang (1)
Treppengeländer, das: → Geländer
Treppenstufe, die: Stufe
Tresen, der: → Theke
Tresor, der: → Geldschrank
treten: 1. → begatten (1) – **2.** t. |auf|: → betreten (1); auf den Plan t.: → erscheinen (1, a); in Erscheinung t.: → erscheinen (1, a *u.* b); zutage t.: → erscheinen (1, b); auf die Hühneraugen / Zehen / den Schlips t.: → kränken; in den Dreck / Schmutz / Kot t.: → verleumden (1); mit Füßen t.: → verachten (1); ins Fettnäpfchen t.: → anstoßen (2); in den Streik / Ausstand t.: → streiken (1); außer Kraft t.: → verfallen (2); über die Ufer t.: → anschwellen (1, b); zur Seite t.: → bescheiden (I, 8)
Treter (*Pl*): → Schuhe (1)
treu: 1. ⟨*unwandelbar fest mit jmdm. verbunden u. zu ihm haltend*⟩ treu gesinnt · treu wie Gold / wie ein Hund ♦ *gehoben*: getreu[lich]; → *auch* anhänglich, ergeben (I, 1), zuverlässig (1) – **2.** → einfältig (1) – **3.** t. sein: ⟨*keiner Untreue fähig sein*⟩ + ein goldenes Herz haben – **4.** t. gesinnt: → 1; t. [ergeben] sein: → ^{2}anhängen (2); t. bleiben |einer Sache|: → festbleiben (1); zu treuen Händen übergeben: → anvertrauen (I, 1)
Treubruch, der: → Verrat (2)
Treue, die: **1.** ⟨*die feste Bindung an jmdn. od. etw.*⟩ + Anhänglichkeit – **2.** → Genauigkeit (1) – **3.** T. geloben: → huldigen (1)
Treuebruch, der: → Verrat (2)
Treuegelöbnis, das (*hist*): Treueid · Huldigung
Treueid, der: → Treuegelöbnis
Treuhänder, der: Fiduziar (*Rechtsw*); Kurator (*österr*)
treuherzig: → einfältig (1), gutgläubig
Treuherzigkeit, die: → Einfalt
treulos: → untreu (1 *u.* 2)
Treulosigkeit, die: **1.** → Untreue (1 *u.* 2) – **2.** → Verrat (2)
Tribade, die: → Homosexuelle (II)
Tribunal, das: → Gericht (2)
Tribut, der: **1.** → Abgabe (2) – **2.** T. zollen: → achten (1)
Trichter, der: auf den T. kommen: → verstehen (I, 2)
Trick, der: Kunstgriff · Finesse · Manipulation · Kniff; Rank (*schweiz*) + Praktik ♦ *umg*: Dreh · Schlich · Masche; Schmäh (*österr*); → *auch* List
trickreich: finessenreich ♦ *umg*: tricky; → *auch* raffiniert (1)
tricky: → trickreich
Trieb, der: **1.** ⟨*bestimmte angeborene u. zielgerichtete Form der Lebenstätigkeit*⟩ Naturtrieb + Instinkt ♦ *dicht*: die Stimme der Natur – **2.** ⟨*starkes Verlangen, etw. zu tun*⟩ Drang ♦ *salopp*: Drall; → *auch* Sucht – **3.** ⟨*Pflanzentrieb*⟩ Spross; → *auch* Schössling – **4.** → Geschlechtstrieb
Triebfeder, die: → Triebkraft
triebhaft: → sinnlich (1)
Triebhaftigkeit, die: → Sinnlichkeit
Triebkraft, die: Motor · Triebfeder · Agens · Dynamik · Nervus Rerum; → *auch* Antrieb (1)
Triebtäter, der: → Sexualstraftäter
Triebverbrechen, das: → Sexualstraftat
Triebverbrecher, der: → Sexualstraftäter
Triebwerk, das: → Motor (1)
triefen: 1. → tropfen (1) – **2.** vor Nässe t.: → nass (2)
triefend: → nass (1)
triefnass: → nass (1)
triezen: → quälen (I, 2)
Trift, die: **1.** → Strömung (1) – **2.** → Weide (1)
triftig: → überzeugend
Trikot, das: → Sportkleidung
Triller, der: einen T. haben: → verrückt (5)
trillern: → singen (1 *u.* 2)
trimmen: → beschneiden (1)
trinkbar: genießbar
Trinkbranntwein, der: → Branntwein
Trinkbruder, der: Zechbruder · Mitzecher ♦ *gehoben*: Bacchusbruder ♦ *umg*: Zech-

kumpan · Kneipbruder ♦ *salopp*: Saufbruder · Saufkumpan (*meist abwert*); → *auch* Trinker

trinken: 1. ⟨*Flüssigkeit zu sich nehmen*⟩ **a)** ⟨*allgemein*⟩ hinuntergießen · in sich hineingießen/hineinstürzen · hinunterstürzen + genießen ♦ *umg*: hinuntertrinken · hin[un]terkippen · süffeln; läppern · gluckern (*landsch*) ♦ *salopp*: saufen · sich reinziehen; → *auch* schlürfen (2), saugen (1) – **b)** ⟨*Alkohol*⟩ *umg*: picheln · süffeln · einen heben/nehmen/kümmeln · [sich] einen genehmigen · sich einen zu Gemüte führen · die Kehle anfeuchten/nass machen · einen zur Brust nehmen · einen auf die Lampe gießen · einheizen; schwiemeln · pietschen (*landsch*) + schnäpseln · schnapsen · die Korken/Pfropfen knallen lassen ♦ *salopp*: tanken · kübeln · [einen] saufen · einen schmettern/stemmen/zischen/zwitschern/pfeifen/riskieren/abbeißen/kippen · ein Glas kippen · die Gurgel spülen · einen durch die Gurgel/Kehle jagen · sich einen reinziehen/in die Figur schütten · einen unter das Jackett brausen · einen hinter die Binde/Krawatte/den Schlips gießen · in die Kanne gucken/steigen; → *auch* zechen, betrinken, sich – **2.** Kaffee t.: → frühstücken; abwarten und Tee t.: → gedulden, sich; ein Gläschen zu viel t., einen über den Durst t.: → betrinken, sich

Trinker, der: Gewohnheitstrinker · Alkoholiker · der Alkoholkranke · der Alkoholsüchtige; Zecher (*veraltend*); Trunkenbold (*abwert*) ♦ *umg*: Süffel · Pichler; Schluckspecht (*scherzh*); Schnapsbruder (*abwert*); Süffling · Süffler · Söffel · Pietsch · Schwiemel[kopf] (*landsch*) ♦ *salopp*: Säufer; Saufbold · Saufbruder · Saufsack (*abwert*); Saufaus (*veraltend abwert*) + Quartalssäufer; → *auch* Trinkbruder

trinkfest: t. sein: allerhand/viel/eine ganze Menge vertragen [können] ♦ *umg*: einen [ganzen/gehörigen/tüchtigen] Stiefel vertragen [können]; ein gutes Gefälle haben (*scherzh*)

Trinkgeld, das: **1.** ⟨*freiwillig für einen erwiesenen Dienst gegebene kleine Geldsumme*⟩ Bakschisch (*scherzh*) – **2.** → Pfennig (II, 1)

Trinkglas, das: → Glas (I, 1)

Trinkspruch, der: **1.** ⟨[*huldigender*] *Ausspruch, nach dem ein Schluck Alkohol getrunken wird*⟩ Toast – **2.** einen T. ausbringen: → toasten (1)

Trip, der: **1.** → Reise (1) – **2.** → Ausflug – **3.** → Rausch (2) – **4.** einen T. einwerfen: → Rauschgift (3)

trippeln: tippeln + trappeln

trischacken: → verprügeln

trist: 1. → öd[e] (1) – **2.** → trostlos (1)

Tristesse, die: → Traurigkeit, Schwermut

Tritt, der: **1.** → Schritt (1) – **2.** → Stoß (1) – **3.** auf Schritt und T.: → überall (1); einen T. bekommen/kriegen: → entlassen (3)

Trittleiter, die: → [2]Leiter

Triumph, der: → Erfolg (1)

triumphieren: 1. → jubeln (1) – **2.** → siegen

trivial: 1. → geistlos – **2.** → gewöhnlich (1)

Trivialität, die: **1.** → Geistlosigkeit – **2.** → Plattheit

trocken: 1. ⟨*keine Feuchtigkeit enthaltend*⟩ ausgetrocknet · ausgedörrt ♦ *umg*: knochentrocken; rappeltrocken (*landsch*) ♦ *derb*: furztrocken – **2.** ⟨*von Pflanzen gesagt*: *abgestorben*⟩ dürr · vertrocknet · verdorrt + saftlos ♦ *umg*: knochendürr; → *auch* welk (1) – **3.** → nüchtern (3) – **4.** → langweilig – **5.** t. werden: → trocknen (1); noch nicht t. hinter den Ohren: → unreif (2); in trockenen Tüchern sein: → sicherstellen (4); im Trockenen sitzen: → geborgen (2); seine Schäfchen ins Trockene bringen: → gewinnen (1)

Trockenheit, die: Dürre; Tröckne (*schweiz*); → *auch* Wassermangel

trockenlegen: 1. ⟨*die Windeln wechseln*⟩ windeln · wickeln – **2.** → entwässern (1)

Trockenlegung, die: → Entwässerung

trockenreiben: I. trockenreiben: → abtrocknen (I, 1) – **II.** trockenreiben, sich: → abtrocknen (II)

Tröckne, die: → Trockenheit

trocknen: 1. ⟨*die Feuchtigkeit verlieren*⟩ trocken werden · austrocknen · durchtrocknen · [aus]dorren + eintrocknen · auftrocknen; → *auch* dörren – **2.** ⟨*die Feuchtigkeit aus den Haaren entfernen*⟩ föhnen – **3.** → dörren – **4.** → abtrocknen (2)

Troddel, die: Quaste + Portepee ♦ *umg*: Bummel · Bommel · Puschel · Püschel (*landsch*)

Trödel, der: → Kram (1)

Trödelei, die: Schlendrian ♦ *umg*: Bummelei; Märerei (*landsch*) + Wurstelei · Schneckengang · Schneckentempo
Trödelfritz[e], der (*umg*): Bummelfritz[e] ♦ *salopp*: Märsack (*landsch*); Nölpeter (*norddt*)
trödelig: → langsam (1)
Trödelladen, der: → Altwarenhandlung
Trödelmarkt, der: Flohmarkt; Tandelmarkt (*österr*)
trödeln: 1. ⟨*sich zu viel Zeit bei etw. nehmen*⟩ sich Zeit lassen + schlendern ♦ *umg*: bummeln; mären (*landsch*); nödeln · nölen (*norddt*) + wursteln · muddeln · zotteln – **2.** → hausieren
Trödler, der: Alt[waren]händler; Tandler (*österr*); → *auch* Altstoffhändler
Trog, der: Mulde (*landsch*) + Krippe
Troll, der: → Kobold (1)
trollen, sich: → weggehen (1)
Trombe, die: → Windhose
Trommel, die: **1.** → Pauke (1) – **2.** die T. rühren/schlagen: → trommeln (1); die T. rühren |für|: → werben (1)
trommeln: 1. ⟨*mit den Trommelstöcken auf die Trommel schlagen*⟩ die Trommel rühren/schlagen + wirbeln · pauken · die Pauke schlagen – **2.** → klopfen (1)
Trommelrevolver, der: → Revolver
trompeten: 1. → blasen (2) – **2.** → schnäuzen, sich
Trope, die: → Bild (I, 3)
Tropf, der: **1.** → Dummkopf (2) – **2.** am T. hängen: → ²abhängen (2)
tröpfeln: 1. → nieseln – **2.** → tropfen (1 *u.* 2)
tropfen: 1. ⟨*in Tropfen herunterfallen bzw. -laufen*⟩ tröpfeln · triefen + perlen – **2.** ⟨*tropfenweise gießen*⟩ träufeln · tröpfeln – **3.** → nieseln
Tropfen, der: **1.** ⟨*kugeliges Flüssigkeitsteilchen*⟩ + Perle – **2.** ein T. auf den heißen Stein: → wenig (3)
tropfnass: → nass (1)
Trophäe, die: → Preis (2)
Trophäenjäger, der: → Jäger
tropisch: → sommerlich (1)
Tropus, der: → Bild (I, 3)
tross: → schnell (2)
Trosse, die: → Seil (1)
Trost, der: **1.** ⟨*im Leid aufrichtende Worte od. helfender Beistand*⟩ Tröstung · Zuspruch + Beruhigung · Lichtblick ♦ *gehoben*: Aufrichtung + Balsam; → *auch* Aufheiterung (1) – **2.** T. spenden/zusprechen: → trösten; nicht [ganz/recht] bei T.: → verrückt (1)
trösten: Trost spenden/zusprechen · Mut zusprechen; → *auch* aufrichten (I, 2)
tröstend: → tröstlich
tröstlich: tröstend · trostreich + ermutigend · lindernd
trostlos: 1. ⟨*von bedrückender Wirkung*⟩ freudlos · freudenarm · desolat · trist + düster · dunkel – **2.** → öd[e] (1)
trostreich: → tröstlich
Tröstung, die: → Trost (1)
Trott, der: **1.** → Gangart – **2.** → Schlendrian (1) – **3.** der alte/gleiche T.: → dasselbe (2)
Trottel, der: → Dummkopf (2)
trotten: + watscheln · waten ♦ *umg*: latschen · zockeln · zuckeln + staksen; → *auch* gehen (1), marschieren, schlürfen (1), stapfen
Trottoir, das: → Gehweg
trotz: → ungeachtet
Trotz, der: **1.** → Widerspenstigkeit – **2.** T. bieten: → widersetzen, sich
trotzdem: 1. ⟨*entgegensetzend*⟩ dennoch · doch · des[sen] ungeachtet · gleichwohl · nichtsdestoweniger · nun gerade; dem unerachtet · dem ungeachtet (*veraltend*) ♦ *umg*: nichtsdestotrotz (*oft scherzh*) – **2.** → obgleich
trotzen: 1. ⟨*sich widersetzlich-abweisend verhalten*⟩ trotzig sein · bocken · bock[bein]ig sein · einen Bock haben · seinen Trotzkopf aufsetzen – **2.** → widersetzen, sich
trotzig: 1. → widerspenstig – **2.** t. sein: → trotzen (1)
Trotzkopf, der: seinen T. aufsetzen: → trotzen (1)
trotzköpfig: → widerspenstig
Troubadour, der: → Liebhaber (1)
Trouble, der: → Unannehmlichkeit
trüb[e]: 1. ⟨*von Flüssigkeiten gesagt*: *nicht [ganz] durchsichtig*⟩ unklar · schmutzig; hefig (*fachspr*) + milchig; → *auch* undurchsichtig (1) – **2.** → bewölkt, dunstig – **3.** → beschlagen (2) – **4.** → traurig (1) – **5.** trübe Tasse: → Trauerkloß
Trubel, der: **1.** ⟨*lebhaftes Durcheinander von Menschen*⟩ Betrieb · Hochbetrieb · Unruhe + Strudel ♦ *umg*: Rummel · Remmi-

demmi · Tamtam; Rumor (*noch landsch*) – **2.** → Lärm (1)
trüben: **I.** trüben: **1.** ⟨*die Freude od. Heiterkeit beeinträchtigen*⟩ beschatten · überschatten – **2.** kein Wässerchen t. können: → unschuldig (4) – **II.** trüben, sich: → eintrüben, sich
Trübsal, die: **1.** → Kummer (1), Traurigkeit – **2.** T. blasen: → Kummer (3)
trübselig: → traurig (1)
Trübsinn, der: → Schwermut
trübsinnig: → schwermütig
Truck, der: → Lastkraftwagen
trudeln: **1.** → rollen (I, 1) – **2.** → schlendern (1)
Trudeln, das: ins T. kommen: → abstürzen (1, b)
Trug, der: → Täuschung (1)
Trugbild, das: → Sinnestäuschung
trügen: → täuschen (I)
trügerisch: schimärisch · täuschend + falsch; → *auch* scheinbar
Trugschluss, der: **1.** → Fehlschluss – **2.** einem T. unterliegen: → irren (II)
Truhe, die: Kasten; Lade (*noch landsch*) + Kommode ♦ *gehoben*: Schrein (*veraltend*)
Trumm, das: → Stück (1)
Trümmer (*Pl*): **1.** ⟨*Teile von Felsen bzw. Mauern*⟩ Schutt + Ruinen – **2.** in T. sinken: → einstürzen
Trunk, der: **1.** → Getränk (1) – **2.** dem T. verfallen / ergeben sein: → trunksüchtig (2)
trunken: **1.** → betrunken (1) – **2.** → begeistert (1) – **3.** t. machen: → begeistern (I)
Trunkenbold, der: → Trinker
Trunksucht, die: Alkoholismus + Alkoholmissbrauch ♦ *derb*: Suff
trunksüchtig: **1.** ⟨*gewohnheitsmäßig sehr viel Alkohol trinkend*⟩ alkoholkrank · alkoholsüchtig ♦ *derb*: versoffen – **2.** t. sein: ⟨*ein Gewohnheitstrinker sein*⟩ dem Trunk verfallen / ergeben sein ♦ *salopp*: saufen wie ein Bürstenbinder / ein Loch · dem Suff verfallen / ergeben sein
Trupp, der: → [1]Schar (1)
Truppe, die: **1.** → Truppeneinheit – **2.** → [1]Schar (1)
Truppeneinheit, die: Einheit · Formation · Truppenteil · Truppe + Regiment · Bataillon · Kompanie
Truppenführer, der: → Offizier
Truppenteil, der: → Truppeneinheit
Trust, der: → Konzern
tschau: → Wiedersehen (1)
Tschick, der: **1.** → Zigarettenstummel – **2.** → Zigarette
tschilpen: → singen (2)
tschüs: → Wiedersehen (1)
Tube, die: auf die T. drücken: → beschleunigen
tuberkulös: schwindsüchtig (*veraltend*) + hektisch; → *auch* lungenkrank
Tuberkulose, die: Tb[c]; Schwindsucht (*veraltend*); Auszehrung (*veraltet*); Phthise (*med*)
Tuch, das: ein rotes T. sein |für|: → hassen; in trockenen Tüchern sein: → sicherstellen (4)
Tuchent, die: → Federbett
tüchtig: **1.** ⟨*allen Aufgaben gewachsen*⟩ [leistungs]fähig · leistungsstark · potent + lebenstüchtig ♦ *umg*: patent · famos · pfundig – **2.** → gehörig (1) – **3.** t. sein: ⟨*allen Anforderungen gerecht werden*⟩ seinen Mann stehen · mit beiden Beinen im Leben stehen · [sich auf] sein Handwerk verstehen ♦ *umg*: auf dem Kien / auf Draht sein; → *auch* können (5)
Tüchtigkeit, die: → Tatkraft (1)
Tücke, die: → Bosheit
tückisch: → boshaft (1)
tückschen: → grollen (1)
tüdelig: → zerstreut (1)
Tuerei, die: → Ziererei
tüfteln (*umg*): knobeln · rumprobieren; knaupeln (*landsch*)
Tugend, die: → Tugendhaftigkeit
tugendhaft: sittsam · tugendreich (*veraltend*); tugendsam · tugendrein · züchtig (*veraltet*); → *auch* anständig (1)
Tugendhaftigkeit, die: Tugend; Sittsamkeit (*veraltend*); Züchtigkeit (*veraltet*) + Sittenstrenge; → *auch* [1]Anstand (1)
tugendreich: → tugendhaft
tugendrein: → tugendhaft
tugendsam: → tugendhaft
Tugendwächter, der: → Begleiter (2)
Tülle, die: Ausguss · Ausgießer · Schnabel; Schneppe · Schnaupe (*landsch*) ♦ *umg*: Schnauze
tummeln, sich: **1.** → beeilen, sich – **2.** → toben (1)
Tummelplatz, der: → Spielplatz (1)
Tumor, der: → Geschwulst

Tümpel, der: → Teich (1)
Tumult, der: **1.** → Lärm (1) – **2.** → Aufruhr (1)
tumultartig: → wild (2)
tumultuarisch: → wild (2)
tumultuös: → wild (2)
tun: 1. ⟨*in bestimmter Weise aktiv sein*⟩ machen · unternehmen · verrichten · vollführen · beginnen ♦ *umg*: treiben · anstellen; → *auch* verüben (1) – **2.** → handeln (I, 3) – **3.** → verwirklichen – **4.** sein Bestes/das Menschenmögliche tun: → bemühen (II, 1); wichtig tun: → aufspielen (II); zu tun haben |mit|: → zusammenhängen (1); nichts zu tun haben wollen |mit|: → distanzieren (II); einen Gefallen tun: → gefällig (5); es noch/wieder tun: → funktionieren (1); so tun, als ob ...: **a)** → verstellen (II) – **b)** → heucheln (1) – **c)** → benehmen (II, 3); Bescheid tun: → zutrinken
Tun, das: → Handlung (1)
Tünche, die: → Täuschung (1)
tünchen: → weißen, streichen (2)
Tüncher, der: → Maler (1)
Tunell, das: → Tunnel
tunen: → frisieren (2)
Tunichtgut, der: → Taugenichts
Tunke, die: → Soße (1)
tunken: t. |in|: → eintauchen (1)
tunlich[st]: → möglichst
Tunnel, der: Tunell (*süddt österr schweiz*) + Röhre
Tunte, die: **1.** → Frau (I, 1) – **2.** → Homosexuelle (I)
tuntenhaft: → altjüngferlich
tuntig: 1. → altjüngferlich – **2.** → homosexuell (a)
Tupf, der: → Tupfen
Tüpfel, der *od.* das: → Tupfen
Tüpfelchen, das: das T. auf dem i: Sahnehäubchen
tüpfelig: → gepunktet
tüpfeln: tupfen · sprenkeln · melieren; → *auch* punktieren
tupfen: → tüpfeln
Tupfen, der: Punkt · Tüpfel · Sprenkel; Tüttel (*noch landsch*); Tupf (*süddt österr schweiz*) ♦ *umg*: Tupfer
Tupfer, der: → Tupfen
Tür, die: **1.** ⟨*Vorrichtung zum Verschließen einer Durchgangsöffnung*⟩ Pforte + Ausgang · Eingang; → *auch* [1]Tor (1) – **2.** hinter verschlossenen Türen: → geheim (1); T. an T. wohnen: → benachbart (2); zwischen T. und Angel: → vorübergehen (2); die T. weisen: → hinauswerfen (1); [den Stuhl] vor die T. setzen: **a)** → hinauswerfen (1) – **b)** → entlassen (2); vor der T. stehen: → bevorstehen; die T. hinter sich ins Schloss fallen lassen/werfen/schmettern: → schließen (I, 1, a)
Turbopropflugzeug, das: → Düsenflugzeug
turbulent: → wild (2)
Türdrücker, der: → Klinke (1)
Türgriff, der: → Klinke (1)
Türhüter, der: → Pförtner
türken: → vortäuschen
Türklinke, die: → Klinke (1)
türmen: 1. → schichten – **2.** → fliehen (1)
Turmhahn, der: → Wetterfahne (1)
turmhoch: → hoch (1)
Turn, der: → Rausch (2)
Turnanzug, der: → Sportkleidung
Turnen, das: → Sport (1)
Turnier, das: → Wettkampf
Turnus, der: **1.** ⟨*der regelmäßige Wechsel in einer Reihenfolge*⟩ Rhythmus + Kehrordnung (*schweiz*); → *auch* Wechsel (1) – **2.** → Reihenfolge
Turnzeug, das: → Sportkleidung
Türschwelle, die: Schwelle
turteln: → flirten
Tuschelei, die: → Gerede (1)
tuscheln: → flüstern (1)
Tussi, die: **1.** → Geliebte (II) – **2.** → Frau (I, 1)
Tüte, die: Tüten kleben: → gefangen (2); nicht in die T. kommen: → ausscheiden (2); in Sack und Tüten sein: → sicherstellen (4)
Tutel, die: → Vormundschaft (1)
tuten: 1. → blasen (2) – **2.** in dasselbe Horn t.: → übereinstimmen (1)
Tütendreher, der: → Kaufmann (2)
tüterig: → zerstreut (1)
Tutor, der: **1.** → Lehrer – **2.** → Vormund
Tüttel, der *od.* das: → Tupfen
TV-Programm, das: → Programm (1, b)
Twen, der: → Bursche (1)
Tycoon, der: → Großunternehmer
Typ, der: **1.** → Eigenart – **2.** → Art (2) – **3.** → Aussehen (1) – **4.** → Bursche (1) – **5.** jmds. T. sein: → gefallen (2)
Type, die: **1.** → Letter – **2.** → Schriftzeichen – **3.** → Original (1)
typen: → vereinheitlichen

typisch: 1. → kennzeichnend – **2.** → bezeichnend (1) – **3.** → eigentümlich (1)
Typografie, die: → Buchdruck
Typoskript, das: → Satzvorlage
Typung, die: → Vereinheitlichung
Tyrann, der: → Diktator
Tyrannei, die: → Gewaltherrschaft
tyrannisieren: 1. → unterdrücken (1) – **2.** → quälen (I, 2)

U

U, das: ein X für ein U vormachen: → täuschen (I)
übel: **1.** ⟨*zum Erbrechen unwohl*⟩ schlecht · speiübel + flau ♦ *umg*: blümerant; kodderig (*norddt*) ♦ *derb*: kotzübel; → *auch* unwohl (1) – **2.** → böse (1) – **3.** → unangenehm (1) – **4.** → ekelhaft (1) – **5.** nicht ü.: → gut (1); ü. stehen/aussehen |mit|: → schlecht (11); ü. riechen: → stinken (1); ü. wollend: **a)** → feindlich (1) – **b)** → boshaft (1); ü. wollen/mitspielen: → schaden (1); ü. nehmen: → verübeln; ü. ankommen: → abblitzen (1); wohl oder ü.: → notgedrungen; ü. gelaunt: → missmutig; ü. gesinnt: → boshaft (1); ü. gesinnt sein: → hassen; ü. beleumdet: → verrufen (1); in üblem Ruf/Geruch stehen: → verrufen (2); üble Nachrede: → Verleumdung; Übles nachreden: → verleumden (1)
Übel, das: **1.** ⟨*schlimmer Zustand*⟩ Übelstand · Missstand · Krebsschaden + Leiden ♦ *gehoben*: Ungemach – **2.** → Krankheit – **3.** von Ü.: → ungünstig
Übelbefinden, das: → Übelkeit
Übelkeit, die: Brechreiz · Übelbefinden; → *auch* Unwohlsein
übellaunig: → missmutig
Übellaunigkeit, die: → Missmut
übelnehmerisch: → empfindsam (1)
Übelstand, der: → Übel (1)
Übeltat, die: → Verbrechen (1)
Übeltäter, der: Täter; Missetäter (*veraltend*); → *auch* Verbrecher, Schurke, Unmensch (1)
üben: **1.** ⟨*sich durch ständiges Wiederholen eine Fertigkeit aneignen wollen*⟩ durchüben; trainieren (*Sport*) ♦ *umg*: [durch]exerzieren – **2.** → proben (1) – **3.** → lernen (1) – **4.** Geduld ü.: → gedulden, sich
über: **1.** → oberhalb – **2.** → während – **3.** ü. und ü.: → völlig (1)
überall: **1.** ⟨*an allen Stellen bzw. in allen Gegenden*⟩ allerorts · an allen Orten · weit und breit · nah und fern · landauf, landab · in der ganzen/aller Welt · auf Weg und Steg · gassaus, gassein · auf Schritt und Tritt · wo man hintritt · wo man geht und steht; allerorten · allenthalben (*veraltend*) + vielerorts · bald hier, bald dort ♦ *gehoben*: in Nord und Süd · in Ost und West ♦ *dicht*: allüberall ♦ *umg*: an allen Ecken und Enden/Kanten ♦ *salopp*: wo man hinspuckt; → *auch* ringsum – **2.** von ü. her: → überallher; die Augen ü. haben: **a)** → aufpassen (1) – **b)** → vorsehen (II)
überallher: von überall her · von/aus nah und fern · aus aller Welt
überallhin: in alle Welt · in alle [vier] Winde
überanstrengen: **I.** überanstrengen: → anstrengen (I, 2) – **II.** überanstrengen, sich: ⟨*mehr von sich verlangen, als man zu leisten imstande ist*⟩ sich übernehmen · sich überfordern · sich überladen · sich zu viel zumuten · sich überarbeiten ♦ *umg*: sich strapazieren ♦ *salopp*: sich umbringen · sich totmachen; → *auch* erschöpfen (II, 1)
überantworten: **1.** → anvertrauen (I, 1) – **2.** → ausliefern (I, 1)
überarbeiten: **I.** überarbeiten: **1.** ⟨*den Text verbessern*⟩ durchfeilen · feilen |an| · ausfeilen · die letzte Feile anlegen + redigieren ♦ *umg*: polieren; → *auch* vervollkommnen (I) – **2.** → nacharbeiten (2) – **II.** überarbeiten, sich: → überanstrengen (II)
überarbeitet: → nervös
überaus: → sehr
überbacken (*Kochk*): gratinieren · überkrusten
überbeanspruchen: überfordern · strapazieren · überlasten · Raubbau treiben ♦ *gehoben*: überbürden ♦ *umg*: stressen
überbekommen: → überdrüssig (2)
überbesetzt: → überfüllt
überbevölkert: → übervölkert
überbewerten: → überschätzen (I)

überbieten: → überflügeln
überbleiben: → übrig (3, a *u.* b)
Überbleibsel, das: **1.** ⟨*aus früherer Zeit erhalten gebliebener Teil*⟩ Relikt · Rudiment · Überrest · Rest + Spur; → *auch* Rest (I, 1) – **2.** → Rest (I, 1)
Überblick, der: **1.** ⟨*übersichtl. Darstellung*⟩ Abriss · Aufriss · Querschnitt · Übersicht · Überschau · Resümee · Zusammenfassung · Zusammenschau; Synopse (*fachspr*); → *auch* Tabelle – **2.** → Aussicht (1) – **3.** einen Ü. haben: → überblicken; einen Ü. geben: → umreißen (I, 1)
überblicken: übersehen · überschauen · einen Überblick haben + ermessen · klar sehen
überborden: → ausarten
überbraten: ein paar/eins ü.: → schlagen (I, 1)
überbringen: **1.** → bestellen (3) – **2.** → übergeben (I, 1) – **3.** seinen Glückwunsch/seine Glückwünsche ü.: → beglückwünschen
Überbringer, der: → Bote (1)
Überbringung, die: → Übergabe (1)
überbrücken: ausfüllen · hinweghelfen |über| · hinüberhelfen
Überbrückungszeit, die: → Wartezeit
überbürden: → überbeanspruchen
Überdachung, die: → Dach (1)
überdauern: überstehen · überleben + überwintern; → *auch* weiter (6)
überdecken: → bedecken (I, 1)
überdenken: → überlegen (I, 1)
überdies: → außerdem (1), dazu (2)
überdrehen: die Schraube ü.: → weit (4)
Überdruss, der: bis zum Ü.: *umg*: bis zum Gehtnichtmehr · bis zum Abwinken · bis zur Vergasung · bis zur Verdünnung
überdrüssig: **1.** ü. sein |einer Sache|: ⟨*etw. nicht mehr mögen*⟩ leid/müde sein |einer Sache| ♦ *umg*: genug haben · überhaben · bedient sein · satt haben · nicht mehr sehen können · es steht jmdm. bis an den/zum Hals/bis oben ♦ *salopp*: es dick haben · es hängt jmdm. [allmählich] zum Halse heraus · es reicht · die Nase/den Kanal/den Laden voll haben ♦ *derb*: die Schnauze voll haben; → *auch* anwidern – **2.** ü. werden |einer Sache|: ⟨*allmählich Widerwillen gegen etw. empfinden*⟩ leid werden |einer Sache| + sich übersehen ♦ *umg*: überbekommen · überkriegen · satt bekommen/kriegen
übereifrig: ü. sein: *umg*: sich zerreißen ♦ *salopp*: sich den Hintern wegreißen ♦ *derb*: sich den Arsch wegreißen/aufreißen
Übereifrige, der: *umg*: Gschaftlhuber (*süddt österr*)
Übereignung, die: Überlassung · Übertragung + Auflassung
übereilen: → überstürzen
übereilt: voreilig · vorschnell · eilfertig · überstürzt · Hals über Kopf; → *auch* unüberlegt (1)
übereinander: aufeinander
übereinkommen: → vereinbaren (1), einigen (II)
Übereinkommen, das: → Übereinkunft
Übereinkunft, die: Übereinkommen · Konvention; → *auch* Vereinbarung (1), Vertrag (1)
übereinstimmen: **1.** ⟨*keine unterschiedl. Ansichten haben*⟩ eins/[sich] einig/einer Meinung/eines Sinnes sein · in Einklang stehen/sein |mit| · konform gehen · korrespondieren |mit| · einig gehen |mit| ♦ *umg*: in die gleiche Kerbe hauen · in dasselbe Horn blasen/stoßen ♦ *salopp*: in dasselbe Horn tuten; → *auch* entsprechen (1) – **2.** ⟨*im Ergebnis völlige Gleichheit aufweisen*⟩ sich decken · kongruieren · zusammenfallen · zusammenstimmen + konvergieren; → *auch* gleichen (1) – **3.** ü. |in|: ⟨*zum Teil gleich sein*⟩ gemein haben
übereinstimmend: → gleich (1)
Übereinstimmung, die: **1.** ⟨*das völlige Gleichsein*⟩ Identität · Parallelismus · Parallelität · Konformität · Kongruenz; Korrespondenz (*veraltend*) + Deckung – **2.** → Einigkeit
überempfindlich: → empfindlich (1)
überessen, sich: sich den Magen überladen ♦ *derb*: sich überfressen; → *auch* satt (4)
überfahren: **1.** ⟨*mit einem Fahrzeug über jmdn. od. etw. hinwegfahren*⟩ + umfahren ♦ *salopp*: über den Haufen fahren – **2.** → überrumpeln (1)
Überfall, der: **1.** ⟨*plötzl. gewaltsames Vorrücken auf das Territorium eines anderen Staates*⟩ Aggression · Angriff · Einfall · Invasion + Einmarsch · Gewaltstreich · Husarenstreich · Handstreich; → *auch* Angriff (1, a) – **2.** ⟨*plötzl. Angriff auf jmdn.*⟩ Überrumpelung + Raubüberfall; → *auch* Anschlag (2), Angriff (1, b) – **3.** → Besuch (1)

überfallen: 1. ⟨*plötzlich mit Gewalt auf das Territorium eines anderen Staates vorrücken*⟩ einfallen |in| · einbrechen |in| · eindringen |in| + einmarschieren |in|; → *auch* angreifen (I, 1, a) – **2.** ⟨*jmdn. plötzlich mit Gewalt angreifen*⟩ überrumpeln · herfallen |über| ♦ *umg*: sich hermachen |über|; → *auch* angreifen (I, 1, b) – **3.** → besuchen – **4.** → überraschen (2) – **5.** → überkommen (1)
überfällig: → verschollen (1)
überfliegen: überlesen · diagonal/quer lesen · durchfliegen + anblättern · anlesen; → *auch* durchblättern
Überflieger, der: → Meister (1)
überfließen: 1. ⟨*über den Gefäßrand treten*⟩ überlaufen · überströmen · überquellen · überschwappen · überwallen · übersprudeln + überfluten – **2.** vor Liebenswürdigkeit ü.: → schmeicheln (1)
überflügeln: übertreffen · übertrumpfen · überbieten · schlagen · ausstechen · überragen · in den Schatten stellen · die Schau stehlen · überrunden · den Rang ablaufen; distanzieren (*Sport*) + den Vogel abschießen · über den Kopf wachsen ♦ *umg*: toppen · einstecken · in die Tasche/den Sack stecken
Überfluss, der: **1.** ⟨*viel zu reichl. Vorhandensein*⟩ Überfülle; Redundanz (*fachspr*); → *auch* Üppigkeit – **2.** zu allem Ü.: → außerdem (1)
Überflussgesellschaft, die: → Wohlstandsgesellschaft
überflüssig: 1. ⟨*die erforderl. Menge übersteigend*⟩ überzählig; redundant (*fachspr*) – **2.** → unnötig – **3.** → nutzlos (1) – **4.** ü. sein: ⟨*nicht* [*mehr*] *erforderlich sein*⟩ sich erübrigen ♦ *umg*: + das fünfte Rad am Wagen sein
überfluten: I. überfluten: → überfließen (1) – **II.** überfluten: → überschwemmen
überfordern: I. überfordern: → überbeanspruchen – **II.** überfordern, sich: → überanstrengen (II)
überfrachten: → überladen (I, 1)
überfressen, sich: → überessen, sich
überfrieren: → zufrieren
Überfuhr, die: → Fähre
überführen: → ertappen (1)
Überführung, die: **1.** → Brücke (1) – **2.** → Auslieferung (1)
Überfülle, die: → Überfluss (1)
überfüllen: → überladen (I, 1)
überfüllt: übervoll · überbesetzt · brechend/zum Brechen voll + überlaufen ♦ *umg*: gestopft voll · voll gestopft · knüppelvoll · gerammelt voll · rammelvoll · rappelvoll · gepfropft voll · voll gepfropft
Übergabe, die: **1.** ⟨*das Übergeben*⟩ Aushändigung · Überbringung – **2.** → Auslieferung (1)
Übergang, der: **1.** → Brücke (1) – **2.** → Abstufung (1)
Übergangslösung, die: Zwischenlösung · Interimslösung; → *auch* Behelf (1)
Übergangszeit, die: → Wartezeit
Übergardine, die: → Gardine (1)
übergeben: I. übergeben: **1.** ⟨*in jmds. Verfügung bzw. jmdm. zum Verbleib geben*⟩ aushändigen · überreichen · überbringen · in die Hand/die Hände geben; → *auch* weitergeben – **2.** zu treuen Händen ü.: → anvertrauen (I, 1); dem Feuer/den Flammen ü.: → verbrennen (I, 1); der Erde ü.: → begraben (1) – **II.** übergeben, sich: ⟨*den Mageninhalt durch den Mund nach außen bringen*⟩ sich erbrechen · speien; vomieren (*med*) + sich erleichtern ♦ *umg*: brechen · spucken ♦ *salopp*: kälbern · reihern · speien/spucken wie ein Reiher ♦ *derb*: kotzen [wie ein Reiher]; → *auch* erbrechen (I, 1), seekrank
übergehen: I. übergehen: zum Angriff ü.: → angreifen (I, 1, a); mit fliegenden Fahnen ü. |zu|: → desertieren; in Fleisch und Blut ü.: → Gewohnheit (3) – **II.** übergehen: **1.** → übersehen (I, 1), auslassen (I, 1) – **2.** → benachteiligen
übergenau: → kleinlich
übergenug: → reichlich
übergescheit: → überklug (1)
Übergewicht, das: → Vorherrschaft
übergießen: → begießen (1)
überglücklich: → glücklich (2)
übergreifen: → überschlagen (I)
Übergriff, der: Eigenmächtigkeit
überhaben: 1. → übrig (2) – **2.** → überdrüssig (1)
überhand: ü. nehmen: sich häufen · zu viel werden · ins Kraut schießen · über den Kopf wachsen; → *auch* verbreiten (II)
überhängen: I. überhängen: → umhängen – **II.** überhängen: → bedecken (I, 1)
überhasten: → überstürzen
überhaupt: ü. nichts: → nichts (1)
überheben, sich: **1.** ⟨*sich für besser bzw. fähiger halten als andere*⟩ sich überschätzen

· sich etw. einbilden · sich erheben |über| · sich etw. Besseres dünken ♦ *umg*: erhaben tun · großtun – **2.** → verheben, sich

überheblich: arrogant · hochmütig · dünkelhaft · süffisant · [dumm]stolz · herablassend · von oben herab · hochnäsig · selbstgefällig · selbstherrlich · selbstgerecht · blasiert · prätentiös · hybrid; hoffärtig (*veraltend*) + hochfahrend · großspurig · großtuerisch ♦ *umg*: aufgeblasen · aufgeplustert + geschwollen · hochgestochen; → *auch* selbstbewusst, anmaßend, stolz (1), eingebildet (1)

Überheblichkeit, die: Arroganz · Hochmut · Hochmütigkeit · Dünkel · Dünkelhaftigkeit · Süffisanz · Einbildung · Eingebildetheit · Selbstgefälligkeit · Selbstüberhebung · Eigendünkel · Stolz · Blasiertheit · Herablassung · Hybris; Hoffart (*veraltend*) ♦ *umg*: Aufgeblasenheit + Geschwollenheit; → *auch* Angabe (I, 1), Anmaßung

überholen: I. überholen: **1.** ⟨*an jmdm. od. einem Fahrzeug mit größerer Geschwindigkeit vorbeifahren bzw. -laufen*⟩ hinter sich lassen; abfangen (*Sport*) + überrunden – **2.** → erneuern (1) – **II.** überholen: → hinüberfahren

überholt: → veraltet (1)

Überholung, die: → Erneuerung (1)

überirdisch: 1. ⟨*wie aus einer anderen Welt*⟩ himmlisch · engelgleich · engelhaft + beseligend; → *auch* übersinnlich – **2.** → übersinnlich

überkandidelt: → überspannt

überkleben: → bekleben

überkleiden: → überziehen (I)

überklug (*oft iron*): **1.** ⟨*besonders klug [scheinend]*⟩ übergescheit ♦ *umg*: neunmalgescheit · neunmalklug · oberschlau · superklug · hyperklug · superschlau · hyperschlau · überweise; siebengescheit (*landsch*); → *auch* schlau (1) – **2.** ü. sein: ⟨*besonders klug wirken*⟩ *umg*: die Flöhe husten/das Gras wachsen hören ♦ *salopp*: die Weisheit mit Löffeln gefressen haben

überkommen: 1. ⟨*von Empfindungen gesagt*: [*stark*] *zu wirken beginnen*⟩ befallen · überfallen · beschleichen · ergreifen · erfassen · anwandeln · übermannen · sich bemächtigen ♦ *gehoben*: ankommen · anfliegen · anfassen · anwehen; → *auch* überwältigen, erfüllen (I, 1) – **2.** → alt (3)

überkreuzen, sich: → überschneiden, sich

überkriegen: → überdrüssig (2)

überkrusten: → überbacken

überkugeln, sich: → überschlagen (II, 2)

überkühlen: → kühlen

überladen: I. überladen: **1.** ⟨*zu viel laden*⟩ überlasten · überfüllen; überfrachten (*veraltend*) – **2.** → geschmacklos (1) – **3.** sich den Magen ü.: → überessen, sich – **II.** überladen, sich: → überanstrengen (II)

überlassen: I. überlassen: **1.** ⟨*jmdn. selbst entscheiden lassen*⟩ freistellen · anheim geben · anheim stellen · freie Hand lassen · in jmds. Ermessen stellen + einräumen – **2.** → abgeben (2) – **3.** → verkaufen (I, 1) – **4.** sich selbst ü., seinem Schicksal ü.: → verlassen (I, 2); ü. sein: → freistehen – **II.** überlassen, sich: → hingeben (II, 3)

Überlassung, die: **1.** → Verzicht (1) – **2.** → Übereignung

überlasten: → überbeanspruchen, überladen (I, 1)

überlastet: ü. sein: alle Hände voll zu tun haben ♦ *umg*: viel auf dem/am Hals haben · in Arbeit ersticken · bis über die Ohren in Arbeit stecken

überlaufen: I. überlaufen: **1.** → desertieren – **2.** → überfließen (1) – **3.** die Galle läuft jmdm. über: → erzürnen (2) – **II.** überlaufen: → überfüllt

Überläufer, der: → Deserteur

überlaut: → laut (1)

überleben: → überdauern, überstehen (1)

überlebt: → veraltet (1)

überlegen: I. überlegen: **1.** ⟨*sich Gedanken über etw. machen*⟩ überdenken · sich überlegen · bedenken · durchdenken · nachdenken |über| · ventilieren · erwägen · sich besinnen · sich durch den Kopf gehen lassen · zu Rate gehen + abwägen · abzirkeln · sich fragen · überrechnen · überschlagen ♦ *umg*: beschlafen ♦ *salopp*: beschnarchen; → *auch* denken (1), nachdenken (1), grübeln – **2.** ⟨*jede Situation meisternd*⟩ souverän + erhaben – **3.** sich ü.: → 1 – **II.** überlegen: → züchtigen (1)

Überlegenheit, die: **1.** ⟨*größere Leistungsfähigkeit*⟩ Superiorität + Führung · Meisterschaft – **2.** → Gelassenheit

überlegt: 1. → besonnen (1) – **2.** → durchdacht

Überlegung, die: **1.** ⟨*das Überlegen*⟩ Erwägung + Abwägung · Kopfzerbrechen · Reflexion; → *auch* Berechnung (2), Gedan-

kengang – **2.** → Besonnenheit – **3.** ohne Ü.: → unüberlegt (1); Überlegungen anstellen: → nachdenken (1)
überlesen: 1. → überfliegen – **2.** → übersehen (I, 2)
überliefern: → ausliefern (I, 1)
überliefert: → alt (3)
Überlieferung, die: **1.** ⟨*das seit Generationen Überlieferte*⟩ Erbe · Tradition – **2.** ⟨*das Überliefern*⟩ Weitergabe
überlisten: übertölpeln · in die Falle/in einen Hinterhalt locken + fangen ♦ *umg*: austricksen · einwickeln · ins Garn/auf den Leim locken + ein Schnippchen schlagen; → *auch* hereinlegen (1), täuschen (I)
übermachen: → vererben
übermächtig: → überwältigend (1)
übermannen: 1. → überkommen (1) – **2.** vom Schlaf übermannt werden: → einschlafen (1)
Übermaß, das: → Menge (1)
übermäßig: überproportional + unverhältnismäßig; → *auch* übertrieben
übermenschlich: titanisch · titanenhaft · prometheisch
übermitteln: 1. → bestellen (3) – **2.** → mitteilen (I) – **3.** einen Gruß/Grüße ü.: → grüßen (2)
übermüdet: → unausgeschlafen
Übermüdung, die: → Erschöpfung
Übermut, der: Ausgelassenheit · Mutwille
übermütig: 1. ⟨*vor Fröhlichkeit zu lustigen Streichen aufgelegt*⟩ ausgelassen · mutwillig; → *auch* wild (1) – **2.** ü. sein: ⟨[*über das Vertretbare hinausgehende*] *Streiche ausführen*⟩ außer Rand und Band sein · über die Stränge schlagen ♦ *umg*: über die Schnur hauen · jmdn. sticht der Hafer · jmdm. schwillt der Kamm · jmdm. juckt das Fell · vom Teufel geritten werden
übernachten: nächtigen · schlafen ♦ *umg*: kampieren; → *auch* zelten
übernächtig[t]: → unausgeschlafen
Übernachtung, die: Nächtigung
Übernachtungsmöglichkeit, die: → Schlafgelegenheit
Übernahme, die: **1.** ⟨*das Aufnehmen von Amtsgeschäften*⟩ Antritt – **2.** → Empfang (1)
Übernahmsstelle, die: → Annahmestelle
Übername, der: → Spitzname
übernational: → überstaatlich
übernatürlich: → übersinnlich
übernehmen: I. übernehmen: **1.** → empfangen (1) – **2.** → entlehnen – **3.** die Bürgschaft/Garantie ü. |für|: → bürgen; die Verantwortung ü.: → verantworten (I) – **II.** übernehmen, sich: → überanstrengen (II)
überneigen, sich: → beugen (II, 3)
überordnen: zum Vorgesetzten machen ♦ *umg*: vor die Nase setzen
überpflanzen: → transplantieren
überproportional: → übermäßig
überprüfen: durchprüfen · nachprüfen · [ab]checken · durchchecken · kontrollieren · revidieren; → *auch* kontrollieren (1), prüfen (1 *u.* 3)
Überprüfung, die: Kontrolle · Inspektion · Revision + Visitation · Besichtigung
überquellen: → überfließen (1)
überquer: ü. gehen: → misslingen
überqueren: → überschreiten
überragen: → überflügeln
überragend: → hervorragend (1)
überraschen: 1. ⟨*unerwartet in Erstaunen versetzen*⟩ frappieren · verblüffen · eine Überraschung bereiten ♦ *salopp*: etw. haut jmdn. aus den Stiefeln; → *auch* überrumpeln (1) – **2.** ⟨*unerwartet aufsuchen*⟩ überfallen · überrumpeln ♦ *umg*: über den Hals kommen + plötzlich ins Haus schneien – **3.** ⟨*unerwartet mit etw. erfreuen*⟩ eine Überraschung bereiten – **4.** → ertappen (1)
überraschend: 1. ⟨*Überraschung auslösend*⟩ verblüffend · frappierend · frappant – **2.** → unerwartet
überrascht: 1. ⟨*völlig unvorbereitet in Erstaunen versetzt*⟩ verblüfft · sprachlos · verwundert · erstaunt ♦ *umg*: perplex; → *auch* bestürzt – **2.** ü. sein: ⟨*plötzlich in großes Erstaunen versetzt sein*⟩ keine Worte finden · aus den/allen Wolken fallen · jmdm. verschlägt es die Sprache ♦ *umg*: baff sein · [völlig/total] platt sein · geplättet/von den Socken sein · vom Stängel/Stuhl fallen ♦ *salopp*: gucken wie die Gans/Kuh, wenn's donnert · jmdm. bleibt die Spucke weg; → *auch* staunen (1)
Überraschung, die: **1.** ⟨*das Überraschtsein*⟩ Verblüffung; → *auch* Verwunderung (1) – **2.** ⟨*unerwartete erfreul. Mitteilung*⟩ freudige Nachricht – **3.** böse Ü.: ⟨*unerwartetes unangenehmes Geschehnis*⟩ *umg*: ein Schlag ins Kontor; [schöne] Bescherung (*iron*) – **4.** eine Ü. bereiten: → überraschen (1 *u.* 3)
überrechnen: → überlegen (I, 1)

überreden: bereden + umstimmen ♦ *umg:* beschwatzen · breitschlagen; beschwätzen (*landsch*) + einwickeln · herumkriegen · herumbekommen ♦ *salopp:* bequatschen; belatschern (*landsch*); → *auch* überzeugen (I)
überreichen: **1.** → übergeben (I, 1) – **2.** → geben (I, 1)
überreichlich: üppig · verschwenderisch
überreizt: → nervös
Überreiztheit, die: → Nervosität
überrennen: → umlaufen (1)
Überrest, der: **1.** → Überbleibsel (1) – **2.** → Rest (I, 1) – **3.** die sterblichen Überreste: → Leiche (1)
überrieseln: → bewässern
überrumpeln: **1.** ⟨*jmdn. so überraschen, dass eine Gegenreaktion unterbleibt*⟩ *umg:* überfahren; → *auch* überraschen (1) – **2.** → überraschen (2) – **3.** → überfallen (2)
Überrumpelung, die: → Überfall (2)
überrunden: **1.** → überholen (I, 1) – **2.** → überflügeln
übersatt: → satt (1)
Überschallflugzeug, das: → Düsenflugzeug
überschatten: → trüben (I, 1)
überschätzen: **I.** überschätzen: ⟨*zu hoch einschätzen*⟩ über[be]werten + eine zu hohe Meinung haben |von| – **II.** überschätzen, sich: → überheben, sich (1)
Überschau, die: → Überblick (1)
überschaubar: **1.** ⟨*mit den Augen bzw. dem Verstand insgesamt erfassbar*⟩ übersehbar · absehbar – **2.** → übersichtlich
überschauen: → überblicken
Überschlag, der: **1.** ⟨*Turnübung*⟩ + Flickflack · Salto [mortale] · Rolle · Purzelbaum – **2.** → Berechnung (1) – **3.** einen Ü. machen: → berechnen (I, 1)
überschlagen: **I.** überschlagen: ⟨*vom Feuer gesagt: durch den Wind auf andere Gebäude übergehen*⟩ überspringen · übergreifen – **II. 1.** überschlagen: **a)** → überlegen (I, 1) – **b)** → berechnen (I, 1) – **c)** → schätzen (1) – **d)** → auslassen (I, 1) – **2.** überschlagen, sich: **a)** ⟨*sich bei einem Sturz od. beim Turnen um seine Querachse drehen*⟩ sich überkugeln · kopfüber stürzen/rollen · Kobolz schießen · einen Purzelbaum machen/schlagen/schießen; koppheister schießen (*norddt*) + einen Salto machen/schlagen · [ein] Rad schlagen – **b)** → bemühen (II, 1)
überschlägig: → ungefähr (1)
überschläglich: → ungefähr (1)
überschnappen: → geisteskrank (3)
überschneiden, sich: sich [über]kreuzen · sich schneiden + zusammenlaufen · konvergieren · kollidieren
überschreiben: umschreiben · übertragen · zuschreiben + abgeben; → *auch* überweisen, vererben
überschreiten: überqueren · hinüberwechseln · passieren
Überschrift, die: **1.** ⟨*hervorgehobene, über einem Text stehende Zeile*⟩ Schlagzeile; Headline (*fachspr*) – **2.** → Titel (2)
Überschuhe (*Pl*): Gummischuhe; Galoschen (*veraltend*)
überschuldet: → ruiniert (1)
Überschuss, der: **1.** ⟨*über das Notwendige hinausgehende Menge*⟩ Mehr · Plus · Zuviel – **2.** → Gewinn (1)
überschüssig: → übrig (1)
überschütten: **1.** → begießen (1) – **2.** mit Fragen ü.: → fragen (I, 1); mit Lob ü.: → loben (1); mit Spott ü.: → verspotten
Überschwang, der: Überschwänglichkeit + Schwärmerei; → *auch* Begeisterung (1)
überschwänglich: schwärmerisch; → *auch* überspannt, übertrieben
Überschwänglichkeit, die: → Überschwang
überschwappen: → überfließen (1)
überschwemmen: überfluten · überspülen · überströmen · unter Wasser setzen
Überschwemmung, die: Hochwasser + Sintflut
überseeisch: transatlantisch · transozeanisch; transmarin (*veraltet*)
übersehbar: → überschaubar (1)
übersehen: **I.** übersehen: **1.** ⟨*Fehler od. Schwächen anderer absichtlich nicht beachten*⟩ hinwegsehen |über| · hinweggehen |über| · übergehen · ignorieren · die Augen verschließen |vor| – **2.** ⟨*in einem Text nicht bemerken*⟩ überlesen · außer Acht lassen – **3.** → ignorieren – **4.** → überblicken – **II.** übersehen: sich ü.: → überdrüssig (2)
überselig: → glücklich (2)
übersenden: → schicken (I, 1)
Übersendung, die: Zusendung · Sendung
übersetzen: **I.** übersetzen: ⟨*in einer anderen Sprache wiedergeben*⟩ übertragen · dolmetschen + verdeutschen ♦ *umg:* verdolmet-

schen · den Dolmetscher machen – **II.** übersetzen: → hinüberfahren
Übersetzer, der: → Sprachmittler
Übersetzung, die: Translation · Übertragung ♦ *umg*: Verdolmetschung
Übersicht, die: **1.** → Tabelle – **2.** → Überblick (1)
übersichtlich: überschaubar
übersiedeln: → umziehen (I)
Übersiedelung, die: → Umzug (1)
übersinnlich: metaphysisch · transzendent[al] · spiritual · übernatürlich · überirdisch · unirdisch · jenseitig · parapsychisch · paranormal + immateriell; → *auch* überirdisch (1)
überspannen: den Bogen ü.: → weit (4)
überspannt: verstiegen · exaltiert · exzentrisch · extravagant · fantastisch ♦ *umg*: überkandidelt; → *auch* überschwänglich, schrullig (1)
Überspanntheit, die: Exaltation · Exaltiertheit · Exzentrizität · Extravaganz
überspitzt: → übertrieben
überspringen: I. überspringen: → überschlagen (I) – **II.** überspringen: → auslassen (I, 1)
übersprudeln: → überfließen (1)
überspülen: → überschwemmen
überstaatlich: übernational · supranational; → *auch* international
überstanden: es ü. haben: darüber hinweg sein · über den Berg sein · aus dem Gröbsten heraus sein
überstehen: 1. ⟨*in einer Zeit der Gefahr od. Not nicht zugrunde gehen*⟩ durchstehen · überleben · durchkommen · hinter sich bringen ♦ *umg*: sich über Wasser halten · über die Runden kommen; → *auch* überwinden (I, 1) – **2.** → überdauern
überstreifen: [sich] ü.: → anziehen (I, 12)
überströmen: I. überströmen: → überfließen (1) – **II.** überströmen: → überschwemmen
überstülpen: 1. → aufsetzen (I, 2) – **2.** → aufzwingen (I)
überstürzen: übereilen · überhasten · übers Knie brechen + unüberlegt handeln / tun
überstürzt: → eilig (1), übereilt
übertölpeln: → überlisten
übertragbar: → ansteckend
übertragen: 1. → anvertrauen (I, 1) – **2.** → übersetzen (I) – **3.** → senden (1) – **4.** → überschreiben – **5.** → anstecken (I, 3) – **6.** → bildlich (1) – **7.** → abgetragen, gebraucht
Übertragung, die: **1.** → Übersetzung – **2.** → Sendung (1) – **3.** → Übereignung – **4.** → Ansteckung
übertreffen: → überflügeln
übertreiben: 1. ⟨*etw. schlimmer darstellen, als es ist*⟩ aufbauschen · dramatisieren · hochspielen · zu viel Aufheben[s] machen |von| ♦ *umg*: [faust]dick auftragen · aus einer Mücke einen Elefanten machen ♦ *salopp*: eine [lange] Brühe machen ♦ *derb*: aus einem Furz einen Donnerschlag machen – **2.** ⟨*bis zum Äußersten gehen*⟩ auf die Spitze treiben – **3.** → weit (4) – **4.** nicht ü.: ⟨*auf dem Boden der Tatsachen bleiben*⟩ *umg*: die Kirche im Dorf lassen · auf dem Teppich bleiben · [nun] mach mal halblang
Übertreibung, die: Overstatement
übertreten: I. übertreten: ⟨*von einer Glaubensgemeinschaft in die andere überwechseln*⟩ konvertieren – **II.** übertreten: das Gesetz ü.: → zuwiderhandeln
Übertretung, die: **1.** → Zuwiderhandlung – **2.** → Vergehen (1)
übertrieben: überzogen · überspitzt · extrem · exorbitant · über Gebühr; → *auch* übermäßig, maßlos, überschwänglich
übertrumpfen: → überflügeln
übertun: → umhängen
übertünchen: 1. → streichen (2) – **2.** → verbergen (I, 1)
übervölkert: überbevölkert · zu dicht besiedelt / bevölkert + volkreich
übervoll: → überfüllt
übervorteilen: → betrügen (1)
überwachen: 1. ⟨*jmdn. bei einer Tätigkeit ständig kontrollieren*⟩ ein wachsames Auge haben |auf| ♦ *umg*: auf die Finger sehen; → *auch* bewachen (1), kontrollieren (1) – **2.** ⟨*jmdn. ständig unter Beobachtung halten*⟩ beschatten; bespitzeln (*abwert*); → *auch* beobachten (1)
Überwachung, die: → Aufsicht (1)
überwallen: → überfließen (1)
überwältigen: 1. ⟨*einen sehr starken Eindruck machen*⟩ erdrücken; → *auch* überkommen (1) – **2.** → besiegen (I)
überwältigend: 1. ⟨*zu stark bzw. groß*⟩ erdrückend · übermächtig – **2.** → großartig (1)
überweise: → überklug (1)
überweisen: anweisen · transferieren + zuweisen; → *auch* überschreiben

Überweisung, die: **1.** ⟨*unbare Geldübermittlung*⟩ Anweisung + Zuweisung – **2.** durch Ü.: → bargeldlos
Überwelt, die: → Jenseits (1, b)
überwerfen: I. überwerfen: → umhängen – **II.** überwerfen, sich: → verfeinden, sich
überwerten: → überschätzen (I)
überwiegen: → vorherrschen (1)
überwiegend: vorwiegend · hauptsächlich · größerenteils · größtenteils · zum größten Teil + großenteils · weitgehend; → *auch* meist
überwinden: I. überwinden: **1.** ⟨*sich von einer starken psychischen Belastung befreien*⟩ hinwegkommen |über| · sich hinwegsetzen |über| · verwinden · verkraften + verschmerzen ♦ *umg*: wegstecken · verdauen · wegkommen |über|; → *auch* überstehen (1) – **2.** → besiegen (I) – **3.** die/seine Schüchternheit ü.: → Schüchternheit (2) – **II.** überwinden, sich: **1.** ⟨*gegen seine eigene Neigung bzw. seinen Vorteil handeln*⟩ sich [selbst] besiegen · sich bezwingen · über seinen Schatten springen ♦ *salopp*: den inneren Schweinehund besiegen – **2.** → beherrschen (II) – **3.** → entschließen, sich
Überwinder, der: → Sieger (1)
überwintern: 1. ⟨*über den Winter bringen*⟩ durchwintern – **2.** → überdauern
Überzahl, die: → Mehrheit
überzählen: → zählen (1)
überzählig: → überflüssig (1)
überzart: → zart (1)
überzeugen: I. überzeugen: ⟨*zur Anerkennung einer Ansicht bringen*⟩ bekehren · belehren · zur Einsicht bringen + beeinflussen · begeistern; → *auch* überreden – **II.** überzeugen, sich: → vergewissern, sich
überzeugend: stichhaltig · zwingend · triftig · schlagend · schlüssig · bündig · einleuchtend · plausibel · einsichtig; stichhältig (*österr*) + bestechend; → *auch* beweiskräftig, glaubwürdig (1)
überzeugt: → bewusst (3)
Überzeugung, die: **1.** ⟨*das Überzeugtsein*⟩ + Gewissheit · Sicherheit – **2.** → Meinung (1)
überziehen: I. überziehen: ⟨*mit einem Überzug versehen*⟩ bespannen · umkleiden · überkleiden – **II.** überziehen: [sich] ü.: → anziehen (I, 12); eins/ein paar ü.: → schlagen (I, 1); eins mit der Peitsche ü.: → peitschen
Überzieher, der: **1.** → Mantel (1) – **2.** → Präservativ
Überziehungskredit, der: → Dispositionskredit
überzogen: → übertrieben
überzuckern: → zuckern
Überzug, der: **1.** ⟨*dünne auf etw. aufgetragene Schicht*⟩ **a)** ⟨*süße Masse*⟩ Guss – **b)** ⟨*Metall*⟩ Auflage – **2.** → Schutzhülle – **3.** → Belag (1)
üblich: 1. ⟨*den allgemeinen Gepflogenheiten entsprechend*⟩ gebräuchlich · usuell · landläufig · alltäglich · normal · regulär · gang und gäbe · im Schwange + ortsüblich · konventionell; → *auch* gewöhnlich (1), gewohnt (1 *u.* 2) – **2.** nicht ü.: → ungebräuchlich
U-Boot, das: → Unterseeboot
übrig: 1. ⟨*als Rest verblieben bzw. verbleibend*⟩ restlich · überschüssig; vorig (*schweiz*) + entbehrlich – **2.** ü. haben: ⟨*von einer Menge einen Teil nicht benötigen*⟩ *umg*: überhaben (*landsch*) – **3.** ü. bleiben: **a)** ⟨*allein noch am Leben sein*⟩ zurückbleiben ♦ *umg*: überbleiben – **b)** ⟨*als Rest bleiben*⟩ abfallen ♦ *umg*: überbleiben – **c)** → bleiben (2) – **4.** ü. sein: → bleiben (2); etw./viel ü. haben |für|: → mögen; im Übrigen: → außerdem (1)
übrigens: apropos · notabene · nebenbei bemerkt/gesagt
Übung, die: **1.** ⟨[*regelmäßiges*] *Wiederholen zur Steigerung der Leistung*⟩ Training (*Sport*) – **2.** → Fertigkeit (1) – **3.** → Manöver (1) – **4.** → Brauch (1)
Übungsplatz, der: → Sportplatz
Ufer, das: **1.** ⟨*unmittelbar an einem Gewässer liegender Teil des Landes*⟩ + Küste · Strand · Meeresufer · Seeufer · Flussufer · Rand; Staden (*landsch*); Bord (*noch schweiz*) ♦ *dicht*: Gestade – **2.** über die Ufer treten: → anschwellen (1, b); ans U. spülen: → anschwemmen; vom anderen U.: → homosexuell (a)
uferlos: 1. → endlos (a *u.* b) – **2.** ins Uferlose gehen: → andauern
UFO, das: fliegende Untertasse
Uhr, die: **1.** ⟨*Instrument zur Zeitangabe*⟩ Chronometer (*fachspr od. scherzh*); Ticktack (*kinderspr*) + Taschenuhr · Armbanduhr ♦ *salopp*: + Zwiebel · Wecker (*scherzh*); → *auch* Wecker (1) – **2.** pünktlich/Punkt/Schlag … Uhr: → pünktlich (2); rund um die Uhr: → Tag (2)

Uhrpendel, das: Pendel · Perpendikel
Uhrzeit, die: Zeit
Uhu, der: → Eule (1)
Ukas, der: → Verordnung (1)
Ulk, der: **1.** → ²Scherz (1), Spaß (1) – **2.** Ulk machen: → scherzen
ulken: → scherzen
ulkig: 1. → spaßig (1) – **2.** → komisch (1) – **3.** → merkwürdig – **4.** ulkiger Knopf: → Sonderling
Ulkus, das: → Geschwür
Ulster, der: → Mantel (1)
ultimativ: → nachdrücklich
um: 1. → ungefähr (1) – **2.** → vorbei (1) – **3.** um … herum: → ringsum; um … willen: → wegen (1); um … zu: → damit (1); um sein: → abgelaufen (3)
umändern: 1. → umgestalten, abändern – **2.** → ändern (I, 1)
Umänderung, die: **1.** → Umgestaltung, Abänderung – **2.** → Änderung (1)
umarbeiten: → ändern (I, 1)
Umarbeitung, die: → Änderung (1)
umarmen: I. umarmen: ⟨*seine Arme um jmdn. legen*⟩ umfangen · umfassen · umschlingen · umhalsen · in die Arme nehmen/schließen · [ans Herz] drücken · die Arme schlingen |um| · um den Hals fallen; halsen (*veraltend*); → *auch* liebkosen – **II.** umarmen, sich: ⟨*gegenseitig die Arme umeinander legen*⟩ sich in die Arme/um den Hals fallen · sich in den Armen liegen
Umbau, der: → Neugestaltung
umbauen: → neu (4)
umbiegen: → falten
umbilden: 1. → umformen (1) – **2.** → umgestalten
Umbildung, die: **1.** → Umformung (1) – **2.** → Umgestaltung
umbinden: umschlingen · umwinden; umgürten (*veraltend*); → *auch* umwickeln
Umblick, der: → Rundblick
umblicken, sich: → umsehen, sich (1)
umbrechen: → pflügen
umbringen: I. umbringen: → ermorden, töten (I, 1) – **II.** umbringen, sich: **1.** → Selbstmord (2) – **2.** → überanstrengen (II)
Umbruch, der: **1.** → Revolution – **2.** → Umschwung (1)
Umbruchabzug, der: → ²Bogen (1)
umdirigieren: → umleiten
umdisponieren: → verlegen (3)
umdrehen: I. umdrehen: **1.** ⟨*auf die andere Seite legen*⟩ umwenden · umkehren · umstülpen · umklappen – **2.** → wenden (I, 1) – **3.** den Spieß u.: → rächen (II); den Pfennig [dreimal/zehnmal] u.: → geizig (2); jeden Pfennig u.: → sparsam (3); das Wort im Munde u.: → unterstellen (II, 1) – **II.** umdrehen, sich: ⟨*sich um 180° drehen*⟩ sich [um]wenden · [auf dem Absatz] kehrtmachen; → *auch* abwenden (II, 1), umsehen, sich (1)
Umdrehung, die: **I.** Umdrehung: → Drehung (1) – **II.** Umdrehung: → Umkehrung
umfahren: herumfahren |um| · einen Bogen machen |um|
Umfall, der: → Gesinnungswandel
umfallen: 1. → umkippen (2) – **2.** → zusammenbrechen (2) – **3.** nicht u.: → charakterfest (2)
Umfang, der: **1.** → Dicke (II, 2) – **2.** → Ausmaß – **3.** in vollem U.: → ganz (1), völlig (1)
umfangen: → umarmen (I)
umfänglich: → umfangreich (1)
umfangreich: 1. ⟨*sehr viel in sich einschließend*⟩ [all]umfassend · umfänglich · groß · reich + enzyklopädisch · universell · bedeutend – **2.** → dick (1)
umfassen: 1. → enthalten (I) – **2.** → umarmen (I) – **3.** → einfassen
umfassend: 1. → umfangreich (1) – **2.** → gründlich (1), vollständig (1)
Umfeld, das: → Umwelt
umformen: 1. ⟨*in eine andere Form bringen*⟩ umbilden; transformieren (*fachspr*) – **2.** → umgestalten
Umformung, die: **1.** ⟨*das Umformen*⟩ Umbildung; Transformation (*fachspr*) – **2.** → Umgestaltung
Umfrage, die: **1.** ⟨*Feststellung der Meinungen durch Befragen*⟩ Befragung · Erhebung · Meinungsumfrage · Rundfrage · demoskopische Untersuchung · Repräsentativbefragung · Repräsentativerhebung · Enquete; Survey · Fieldresearch (*fachspr*); → *auch* Meinungsforschung – **2.** eine U. halten/veranstalten: → befragen (1)
umfragen: → befragen (1)
umfried[ig]en: → umzäunen
Umfried[ig]ung, die: → Umzäunung
Umgang, der: **1.** → Beziehung (I, 1) – **2.** U. haben/pflegen |mit|: → verkehren (2)
umgänglich: konziliant; → *auch* höflich

Umgänglichkeit, die: Konzilianz
Umgangsformen (*Pl*): → Benehmen (1)
Umgangssprache, die: → Mundart
umgangssprachlich: → mundartlich
umgarnen: bestricken · umstricken · in sein Netz locken/ziehen ♦ *umg*: bezirzen (*scherzh*); → *auch* bezaubern, verführen
umgeben: 1. ⟨*in die Mitte nehmen bzw. in der Mitte haben*⟩ umrahmen · einrahmen · einschließen · umringen + umkreisen; → *auch* einfassen – **2.** ⟨*von Nebel, Dampf usw. gesagt: sich völlig um etw. od. jmdn. ausbreiten*⟩ einhüllen · umhüllen
Umgebung, die: **1.** ⟨*einen bestimmten Ort umgebende Landschaft*⟩ Umland · Umgegend · Umkreis + Gegend · Nähe – **2.** → Umwelt
umgedreht: → verkehrt (1)
Umgegend, die: → Umgebung (1)
umgehen: I. umgehen: **1.** → schlafwandeln (1) – **2.** u. |mit|: **a)** → beschäftigen (II, 2) – **b)** → behandeln (1) – **3.** pfleglich u. |mit|: → pflegen (I, 1, b); mit dem Gedanken u.: → beabsichtigen – **II.** umgehen: → meiden
umgehend: → sofort
umgekehrt: → verkehrt (1)
umgestalten: [ver]ändern · umändern · umformen · reformieren · umbilden · [um]modeln · revolutionieren + modernisieren · verwandeln ♦ *umg*: umkrempeln; → *auch* neu (4), abändern, umstürzen
Umgestaltung, die: Veränderung · Änderung · Umänderung · Umformung · Reform[ierung] · Umbildung + Modernisierung; → *auch* Neugestaltung, Abänderung, Veränderung (1)
umgreifen: → enthalten (I)
Umgrenzung, die: → Rand (1)
umgucken, sich: **1.** → umsehen, sich (1) – **2.** sich u. |nach|: → suchen (1)
umgürten: → umbinden
umhalsen: → umarmen (I)
Umhang, der: Cape · Pelerine + Poncho
umhängen: überhängen · überwerfen · umlegen · umnehmen ♦ *umg*: umtun · übertun; → *auch* anziehen (I, 12)
umhauen: 1. → fällen (1) – **2.** → umstoßen (1) – **3.** das haut einen um: → unerhört (2)
umhegen: → pflegen (I, 1, a)
umherirren: irren |durch| + schlafwandeln · gespenstern · irrlichtern ♦ *umg*: herumirren; biestern |durch| (*landsch*)
umherlaufen: *umg*: umherrennen · herumrennen · herumtigern
umherrennen: → umherlaufen
umherschlendern: → schlendern (1)
umherschweifen: 1. → umherziehen – **2.** → herumtreiben, sich
umherschwirren: → herumtreiben, sich
umherspringen: → umhertollen
umherstreichen: → herumtreiben, sich
umherstreifen: → herumtreiben, sich
umherstreuen: → zerstreuen (I, 1)
umherstreunen: → herumtreiben, sich
umherstrolchen: → herumtreiben, sich
umhertollen: umherspringen · herumspringen · herumtollen ♦ *umg*: herumrennen · kalbern · kälbern; → *auch* toben (1)
umhertreiben, sich: → herumtreiben, sich
umherziehen: nomadisieren · umherschweifen; vagieren (*veraltend*) ♦ *umg*: herumziehen
umhinkönnen: nicht u.: → müssen (1)
umhören, sich: → erkundigen, sich
umhüllen: 1. → einhüllen (1) – **2.** → umgeben (2)
Umhüllung, die: → Verpackung
umkehrbar: 1. ⟨*die Umkehr einer Entwicklung zulassend*⟩ reversibel (*fachspr*) + reparabel – **2.** nicht u.: → unumkehrbar
umkehren: → umdrehen (I, 1), wenden (I, 1)
Umkehrung, die: Umdrehung; Reversion · Inversion (*fachspr*)
umkippen: 1. ⟨*gewaltsam auf die Seite bzw. Rückseite bewegen*⟩ umstürzen · umwerfen · umstoßen; → *auch* umstoßen (1) – **2.** ⟨*das Übergewicht bekommen u. auf die Seite bzw. Rückseite fallen*⟩ umschlagen · umstürzen · umfallen; kentern (*seem*) + kippen – **3.** → bewusstlos (2) – **4.** → zusammenbrechen (2)
Umklammerung, die: → Einkreisung
umklappen: 1. → umdrehen (I, 1) – **2.** → bewusstlos (2)
umkleiden: I. umkleiden: → überziehen (I) – **II.** umkleiden, sich: → umziehen (II)
Umkleidung, die: → Verpackung
umknicken: 1. → knicken (1) – **2.** → falten
umkommen: 1. ⟨*durch einen unglückl. Umstand sein Leben verlieren*⟩ ums Leben/zu Tode kommen · den Tod finden · enden; endigen (*veraltend*) + bleiben ♦ *umg*: kaputtgehen ♦ *salopp*: vor die Hunde gehen; vor die Kaninchen gehen

(*landsch*); → *auch* sterben (1) – **2.** in den Fluten u.: → ertrinken; in der Gosse u.: → verkommen (1); vor Langeweile u.: → langweilen (II)
Umkreis, der: **1.** → Umgebung (1) – **2.** im ganzen U.: → ringsum
umkreisen: → umgeben (1)
umkrempeln: 1. → aufkrempeln – **2.** → umgestalten
Umland, das: → Umgebung (1)
umlauern: → beobachten (1)
Umlauf, der: **1.** → Drehung (1) – **2.** → Rundschreiben – **3.** in U. setzen / bringen: **a)** → verbreiten (I) – **b)** → ausgeben (I, 2); in / im U. sein: → herumgehen (1)
Umlaufbahn, die (*Raumf*): Orbit · Orbitalbahn + Satellitenbahn
umlaufen: 1. ⟨*im Laufen zu Fall bringen*⟩ *umg*: umrennen · überrennen ♦ *salopp*: über den Haufen rennen – **2.** → herumgehen (1) – **3.** → drehen (II, 1) – **4.** → Umweg (1)
Umlaufschreiben, das: → Rundschreiben
umlegen: 1. → verlegen (3) – **2.** → töten (I, 1), ermorden, erschießen (I) – **3.** → koitieren – **4.** → umhängen (1) – **5.** den Gürtel u.: → Gürtel (3)
umleiten: umdirigieren
umlenken: → wenden (I, 1)
umliegend: → benachbart (1)
ummodeln: → umgestalten
ummünzen: → verdrehen (1)
umnachtet: 1. → geisteskrank (1) – **2.** geistig u.: → geisteskrank (1)
Umnachtung, die: **1.** → Geisteskrankheit – **2.** geistige U.: → Geisteskrankheit
umnebelt: → benommen (1)
umnehmen: → umhängen (1)
umpflanzen: → verpflanzen (1)
umpflügen: → pflügen
umrahmen: → umgeben (1)
Umrahmung, die: → Einfassung (a)
umranden: [um]rändern + einkreisen ♦ *umg*: einkästeln · einrändern (*landsch*) + einringeln
umrändern: → umranden
Umrandung, die: → Einfassung (a)
umreißen: I. umreißen: **1.** ⟨*in großen Zügen darstellen*⟩ einen Überblick geben – **2.** → entwerfen (1) – **II.** umreißen: → umstoßen (1)
umrennen: → umlaufen (1)
umringen: → umgeben (1)
Umriss, der: Kontur · Silhouette · Schattenriss + Profil · Linie
umrühren: [durch]rühren · quirlen; sprudeln (*österr*)
umsacken: → bewusstlos (2)
Umsatzanstieg, der: → Umsatzsteigerung
Umsatzeinbuße, die: → Umsatzrückgang
Umsatzplus, das: → Umsatzsteigerung
Umsatzrückgang, der: Umsatzeinbuße · Absatzflaute · Konsumflaute; → *auch* Verlust (1)
Umsatzsteigerung, die: Umsatzanstieg · Umsatzzuwachs · Umsatzplus; → *auch* Gewinn (1)
Umsatzzuwachs, der: → Umsatzsteigerung
umschalten: 1. ⟨*beim Fernsehen einen anderen Sender wählen*⟩ den Kanal / Sender wechseln ♦ *umg*: zappen · wegzappen – **2.** u. |auf|: → umstellen (II, 2)
umschauen, sich: **1.** → umsehen, sich (1) – **2.** sich u. |nach|: → suchen (1)
umschichtig: → wechselseitig
Umschlag, der: **1.** ⟨*der Heilung dienendes, auf den Körper zu legendes* [*feuchtes*] *Tuch*⟩ Kompresse · Wickel · Packung; → *auch* Verband (1) – **2.** → Briefumschlag – **3.** → Wetteränderung
umschlagen: 1. ⟨*in Bezug auf Kleidungsteile: durch Umlegen eines Randes kürzen*⟩ einschlagen – **2.** ⟨*vom Wetter gesagt: sich* [*plötzlich*] *ändern*⟩ wechseln – **3.** → aufkrempeln – **4.** → umkippen (2)
umschließen: → enthalten (I)
umschlingen: I. umschlingen: → umbinden – **II.** umschlingen: → umarmen (I)
umschmeicheln: → schmeicheln (1)
umschmeißen: → umstoßen (1)
umschnallen: den Gürtel u.: → Gürtel (3)
umschreiben: → überschreiben
Umschreibung, die: Paraphrase · Periphrase · Metaphrase (*fachspr*)
Umschrift, die: **1.** ⟨*Wiedergabe in einem anderen Schriftsystem*⟩ Transkription + Transliteration – **2.** ⟨*phonetische Schrift*⟩ Lautschrift – **3.** → Abschrift
umschubsen: → umstoßen (1)
umschwärmen: → anbeten
Umschweife (*Pl*): **1.** U. machen: ⟨*sich sehr umständlich ausdrücken*⟩ *umg*: drum rumreden · Präambeln machen – **2.** ohne U.: **a)** → offen (3) – **b)** → kurzerhand
umschwenken: → wenden (I, 1)
Umschwung, der: **1.** ⟨*grundlegende Änderung der polit. Verhältnisse durch* [*gewaltsame*] *Ablösung der Regierung*⟩ Umbruch ·

Umwälzung · Umsturz · Staatsstreich · Wechsel · Wende · Wendung · Wandel + Erdrutsch · Subversion; → *auch* Revolution – **2.** → Wetteränderung

umsehen, sich: **1.** ⟨*hinter sich sehen*⟩ sich umblicken · sich umschauen · zurücksehen · zurückblicken · zurückschauen ♦ *umg*: sich umgucken; → *auch* umdrehen (II) – **2.** sich u. |nach|: → suchen (1)

Umsehen, das: im U.: **1.** → schnell (1, e) – **2.** → sofort

umsetzen: 1. → verpflanzen (1) – **2.** → umwandeln – **3.** → verkaufen (I, 1) – **4.** in die Tat u.: → verwirklichen

Umsicht, die: → Besonnenheit, Aufmerksamkeit (1)

umsichtig: → besonnen (1), aufmerksam (1)

umsiedeln: evakuieren · aussiedeln · verpflanzen

Umsiedler, der: → Heimatvertriebene

umsinken: → bewusstlos (2)

Umsinken, das: zum U. müde: → müde (1)

umsonst: 1. ⟨*ohne den angestrebten Erfolg zu bringen*⟩ vergeblich · vergebens · für nichts und wieder nichts ♦ *umg*: für die Katz[e] · für den alten Fritzen; → *auch* ergebnislos (1) – **2.** → kostenlos – **3.** u. reden: → reden (2)

umsorgen: → pflegen (I, 1, a), sorgen (I, 1, a)

umspannen: → enthalten (I)

umspringen: u. |mit|: → behandeln (1)

Umstand: I. Umstand, der: ⟨[*hauptsächlich*] *mitwirkende Gegebenheit*⟩ Faktor; → *auch* Sachverhalt – **II.** Umstände (*Pl*): **1.** ⟨*übertriebene Aktivität od. unnötige Bemühungen*⟩ *salopp*: viel/große Brühe · Sums · Zirkus · Heckmeck (*abwert*) – **2.** U. machen: ⟨*sich zunächst gegen etw. sträuben*⟩ Schwierigkeiten machen ♦ *umg*: Sperenzchen/Fisimatenten machen; Menkenke machen (*landsch*) ♦ *salopp*: Ruß/Zirkus/Späne machen; → *auch* widersetzen, sich – **3.** unter Umständen: → möglicherweise; unter [gar] keinen Umständen: → niemals; unter allen Umständen: → unbedingt (1); in anderen Umständen sein: → schwanger (2)

umständlich: 1. ⟨*nicht zweckmäßig u. schnell vorgehend*⟩ langatmig · zeitraubend – **2.** u. sein: ⟨*nicht zweckmäßig u. schnell handeln*⟩ *umg*: die Kirche ums Dorf tragen · mit der Kirche ums Dorf fahren

Umstandskasten, der (*umg*): Umstandskrämer (*abwert*)

Umstandskrämer, der: → Umstandskasten

Umstehende, der: → Schaulustige

umstellen: I. umstellen: ⟨*einen Ring um jmds. Versteck od. dgl. bilden*⟩ umzingeln · einschließen · einkreisen · einzingeln + einkesseln – **II.** umstellen, sich: **1.** → anpassen (II, 2) – **2.** sich u. |auf|: ⟨*sich auf neue Bedingungen einstellen*⟩ sich gewöhnen |an| ♦ *umg*: umschalten |auf|

umstimmen: 1. → überreden – **2.** → ausreden (I, 2)

umstoßen: 1. ⟨*durch Anstoßen zum Umbzw. Hinfallen bringen*⟩ umstürzen · umreißen · umwerfen · niederstoßen ♦ *umg*: umschubsen ♦ *salopp*: umschmeißen · umhauen; → *auch* umkippen (1) – **2.** → umkippen (1) – **3.** → verlegen (3)

umstricken: → umgarnen

umstritten: streitig · strittig · kontrovers; → *auch* ungewiss (1), zweifelhaft (1)

umstrukturieren: → neu (4)

Umstrukturierung, die: → Neugestaltung

umstülpen: → umdrehen (I, 1)

Umsturz, der: → Umschwung (1)

umstürzen: 1. ⟨*gegebene Verhältnisse gewaltsam ändern*⟩ umwälzen · aus den Angeln heben; → *auch* umgestalten – **2.** → umkippen (1 *u.* 2), umstoßen (1)

umstürzlerisch: subversiv + konterrevolutionär

umtauschen: → wechseln (1)

umtopfen: → verpflanzen (1)

umtriebig: → eifrig (1)

umtun: I. umtun: → umhängen – **II.** umtun, sich: → erkundigen, sich

umwälzen: → umstürzen (1)

umwälzend: bahnbrechend · Epoche machend · revolutionär; → *auch* wegweisend

Umwälzung, die: **1.** → Revolution – **2.** → Umschwung (1)

umwandeln: transformieren · umsetzen · verwandeln

Umwandlung, die: Transformation + Transmutation

umwechseln: → wechseln (1)

Umweg, der: **1.** einen U. machen: ⟨*nicht den kürzesten Weg gehen*⟩ *umg*: umlaufen – **2.** auf einem U., auf Umwegen: → mittelbar

Umwelt, die: Umgebung · Umfeld · Milieu · Lebenskreis · Lebensbereich · Sphäre · Mitwelt · Außenwelt; Peristase (*fachspr*)

umweltfreundlich: umweltschonend · umweltverträglich · umweltgerecht
Umweltfrevler, der: *umg*: Umweltsünder ♦ *derb*: Ökoschwein
umweltgerecht: → umweltfreundlich
umweltschonend: → umweltfreundlich
Umweltschützer, der: + Naturschützer · der Grüne · Ökofreak
Umweltsünder, der: → Umweltfrevler
umweltverträglich: → umweltfreundlich
umwenden: I. umwenden: → umdrehen (I, 1), wenden (I, 1) – **II.** umwenden, sich: → umdrehen (II)
umwerben: → werben (2, a)
umwerfen: → umkippen (1), umstoßen (1)
umwickeln: bewickeln; → *auch* umbinden
umwinden: → umbinden
umwohnend: → benachbart (1)
umzäunen: einzäunen · einhegen · eingrenzen + abzäunen · vergattern · eingittern ♦ *gehoben*: einfried[ig]en · umfried[ig]en; → *auch* einfassen
Umzäunung, die: Einzäunung · Einhegung · Eingrenzung + Pferch · Abzäunung ♦ *gehoben*: Einfried[ig]ung · Umfried[ig]ung; → *auch* Zaun (1), Gitter (1), Mauer (1)
umziehen: I. umziehen: ⟨*eine andere Wohnung beziehen*⟩ den Wohnsitz wechseln · seinen Wohnsitz verlegen · wegziehen · fortziehen · weggehen + übersiedeln; → *auch* ausziehen (I, 2) – **II.** umziehen, sich: ⟨*sich anders anziehen*⟩ sich umkleiden · die Kleidung wechseln
umzingeln: → umstellen (I)
Umzingelung, die: → Einkreisung
Umzug, der: **1.** ⟨*das Umziehen in eine andere Wohnung*⟩ Wohnungswechsel + Übersiedelung – **2.** ⟨*das feierliche Umherziehen*⟩ Festzug · Aufzug · Zug · Prozession
unabänderlich: 1. → endgültig – **2.** u. sein: ⟨*keine Änderung zulassen*⟩ *umg*: da beißt die Maus keinen Faden ab
unabdingbar: → notwendig (1)
unabhängig: 1. ⟨*nicht von anderen abhängig*⟩ selbständig; independent (*veraltet*) + autark; → *auch* frei (2), selbständig (1), souverän (1) – **2.** u. sein: ⟨*nicht von anderen abhängig sein*⟩ sein eigener Herr sein
Unabhängigkeit, die: Selbständigkeit; Independenz (*veraltet*) + Autarkie; → *auch* Freiheit (1), Souveränität (1)
unablässig: → ununterbrochen
unabsehbar: → endlos (a)
unabsichtlich: → versehentlich
unabweisbar: unabweislich · unleugbar
unabweislich: → unabweisbar
unabwendbar: 1. → unvermeidlich – **2.** → vorbestimmt
unachtsam: → unaufmerksam (1)
Unachtsamkeit, die: → Unaufmerksamkeit
unähnlich: → verschiedenartig
unanfechtbar: → sicher (4)
unangebracht: unpassend · deplatziert · nicht am Platz · fehl am Platz / Ort
unangemessen: inadäquat · unverhältnismäßig
unangenehm: 1. ⟨*Unbehagen hervorrufend*⟩ ärgerlich · leidig · misslich · unerfreulich · unerquicklich · unliebsam · lästig · hässlich · widrig · prekär · schlimm · böse · übel · schlecht · unerwünscht · verwünscht; arg (*landsch*) + bedauerlich · kein Vergnügen · eine Crux · ein trauriges Kapitel ♦ *umg*: dumm · blöd[e] · schrecklich · lausig · haarig · eklig + eine bittere Pille ♦ *derb*: saublöd[e]; → *auch* peinlich (1) – **2.** → ekelhaft (1) – **3.** → unfreundlich (2)
unangreifbar: → sicher (4), unantastbar
unannehmbar: inakzeptabel · indiskutabel ♦ *umg*: unmöglich
Unannehmlichkeit, die: Ärger · Ärgernis · Widrigkeit · Misslichkeit · Verdruss + Nackenschlag ♦ *gehoben*: Ungemach ♦ *umg*: Schererei · Schlamassel · Trouble; G[e]frett (*süddt österr*); Schlamastik (*österr*) ♦ *salopp*: Knatsch
unansehnlich: → hässlich (1)
unanständig: 1. ⟨*die guten Sitten verletzend*⟩ anstößig · gemein · ordinär · schmutzig · unflätig · zotig · zotenhaft + pornografisch ♦ *umg*: dreckig ♦ *salopp*: schweinemäßig · schweinisch ♦ *derb*: säuisch; → *auch* schlüpfrig (1), unsittlich, unzüchtig, derb (2) – **2.** sich u. benehmen: → Wind (I, 3)
Unanständigkeit, die: **1.** ⟨*das Unanständigsein*⟩ Anstößigkeit · Schmutzigkeit – **2.** ⟨*etw. Unanständiges*⟩ *umg*: Schweinigelei · Schweinkram ♦ *salopp*: Sauigelei · Schweinerei ♦ *derb*: Sauerei; → *auch* Schlüpfrigkeit, Unzucht
unantastbar: sakrosankt · unangreifbar
unappetitlich: → ekelhaft (1)
Unart, die: → Ungezogenheit
unartig: → ungezogen
unästhetisch: → hässlich (1)
unaufdringlich: dezent · unauffällig

unauffällig: 1. ⟨*kein Aufsehen erregend*⟩ verstohlen · ohne Aufsehen · ohne großes Aufheben + auf kaltem Wege ♦ *umg*: + sang- und klanglos · ohne Sang und Klang – **2.** → unscheinbar – **3.** → unaufdringlich
unauffindbar: → verschwunden (1)
unaufgefordert: 1. ⟨*nicht durch eine Aufforderung bewirkt*⟩ spontan · aus sich heraus · von sich aus · von selbst · aus eigenem Antrieb ♦ *umg*: von selber · von allein – **2.** → freiwillig (1)
unaufhörlich: → ununterbrochen
unaufmerksam: 1. ⟨*keine Konzentration zeigend*⟩ unkonzentriert · unachtsam · achtlos; → *auch* geistesabwesend (1), zerstreut (1), benommen (1) – **2.** u. sein: ⟨*sich nicht konzentrieren* [*können*]⟩ nicht aufpassen · seine Gedanken woanders haben/nicht beisammenhaben · in Gedanken/nicht bei der Sache sein ♦ *umg*: schlafen · träumen · seine fünf Sinne woanders haben/nicht beisammenhaben ♦ *salopp*: tranen (*landsch*); → *auch* geistesabwesend (2)
Unaufmerksamkeit, die: Unachtsamkeit; → *auch* Zerstreutheit
unaufrichtig: 1. ⟨*nicht die* [*volle*] *Wahrheit sagend*⟩ unehrlich · unlauter · unwahrhaftig · lügnerisch · verlogen · falsch [wie eine Schlange]; → *auch* heuchlerisch – **2.** u. sein: ⟨*etw. verheimlichen*⟩ mit verdeckten Karten spielen
Unaufrichtigkeit, die: **1.** ⟨*das Unaufrichtigsein*⟩ Falschheit · Falsch · Unehrlichkeit · Verlogenheit – **2.** → Heuchelei
unausbleiblich: → unvermeidlich
unausführbar: undurchführbar · unrealisierbar; → *auch* unmöglich (1)
unausgeführt: → unerledigt
unausgeglichen: unharmonisch · disharmonisch ♦ *umg*: mit sich selber uneins
unausgeschlafen: übernächtig[t] · übermüdet; → *auch* müde (1)
unausgesetzt: → ununterbrochen
unauslöschbar: 1. → unvergesslich – **2.** → eindrucksvoll
unauslöschlich: 1. → unvergesslich – **2.** → eindrucksvoll
unausstehlich: → unleidlich
unausweichlich: → unvermeidlich
unautoritär: → antiautoritär
unbändig: 1. → sehr – **2.** → heftig (1, b)
unbar: → bargeldlos
unbarmherzig: → rücksichtslos (1)
Unbarmherzigkeit, die: → Rücksichtslosigkeit
unbeabsichtigt: → versehentlich
unbeachtet: → unbemerkt
unbearbeitet: → unbestellt
unbeaufsichtigt: aufsichtslos · unbeobachtet · unkontrolliert · unbewacht + selbständig; → *auch* frei (1)
unbebaut: → unbestellt
unbedacht: → unüberlegt (1)
unbedarft: → unerfahren (1)
unbedeckt: → nackt, bloß (1)
unbedenklich: → ungefährlich
unbedeutend: 1. ⟨*nicht einmal mittelmäßig*⟩ nichts sagend · klein · wesenlos ♦ *umg*: nichts dahinter – **2.** → unwichtig (1) – **3.** → geringfügig – **4.** u. sein: ⟨*nicht einmal Mittelmäßigkeit aufweisen*⟩ kein Format haben + ohne Gewicht sein
unbedingt: 1. ⟨*trotz Hindernissen u. Schwierigkeiten*⟩ auf alle Fälle · auf jeden Fall · um jeden Preis · unter allen Umständen · durchaus · absolut · so oder so · koste es, was es wolle · auf Biegen oder Brechen ♦ *umg*: partout – **2.** → ausgerechnet – **3.** → bedingungslos
unbeeindruckt: → gleichgültig (2)
unbefahrbar: → unwegsam
unbefangen: 1. → keck, ungezwungen – **2.** → sachlich (1)
unbefleckt: → jungfräulich
unbefriedigend: → unzureichend
unbefriedigt: → missmutig
unbefruchtet: taub
unbefugt: 1. ⟨*keine Befugnis besitzend*⟩ inkompetent · unberechtigt · ohne Recht – **2.** → eigenmächtig
unbegabt: untalentiert · unfähig; → *auch* dumm (1), unfähig (1)
unbegehbar: → unwegsam
unbegreifbar: → unbegreiflich
unbegreiflich: unverständlich · unbegreifbar · unfassbar · unerfindlich · unerklärlich · unerklärbar · rätselhaft · ein Rätsel ♦ *umg*: schleierhaft; → *auch* unergründlich (1), geheimnisvoll (1)
unbegrenzt: 1. → uneingeschränkt (1) – **2.** → endlos (a) – **3.** → unerschöpflich
unbegründet: → grundlos (1)
Unbehagen, das: Missbehagen · Missfallen · Missvergnügen · Malaise
unbehaglich: 1. ⟨*eine innere Unsicherheit hervorrufend bzw. fühlend*⟩ ungemütlich ·

unwohl ♦ *umg*: mulmig – **2.** → ungemütlich (1)
unbehelligt: → ungestört
unbeherrscht: → aufbrausend
unbehilflich: → ungeschickt (1)
unbehindert: → frei (1)
unbeholfen: 1. → ungeschickt (1) – **2.** → schwerfällig (1)
Unbeholfenheit, die: → Ungeschicklichkeit
unbehütet: → schutzlos (1)
unbeirrbar: → beharrlich (1)
unbeirrt: → beharrlich (1), unerschütterlich
unbekannt: 1. ⟨*nicht bekannt*⟩ namenlos ♦ *umg*: + [da]hergelaufen (*abwert*); → *auch* anonym, fremd (1) – **2.** u. sein: ⟨*nicht* [*näher*] *bekannt sein*⟩ ein unbeschriebenes Blatt sein
Unbekannte, der: → Fremde (I, 1)
unbekehrbar: → fanatisch
unbekleidet: → nackt
unbekömmlich: → schädlich (1)
unbekümmert: → sorglos (1)
Unbekümmertheit, die: → Sorglosigkeit
unbelaubt: → kahl (2)
unbelebt: → menschenleer
unbelehrbar: → fanatisch
unbelesen: → ungebildet
unbeliebt: 1. ⟨*gar nicht geschätzt*⟩ missliebig · unpopulär · verhasst · odiös ♦ *umg*: schlecht/nicht gut angeschrieben – **2.** u. sein |bei|: → Wohlwollen (2)
unbemannt: → ledig (3)
unbemerkt: unbeachtet · unbeobachtet · im Verborgenen; → *auch* heimlich (1)
unbemittelt: → arm (1)
Unbemitteltheit, die: → Armut (1)
unbenommen: u. sein: → freistehen
unbeobachtet: 1. → unbemerkt – **2.** → unbeaufsichtigt
unberechenbar: 1. → unmessbar – **2.** → imponderabel – **3.** → launisch
unberechtigt: 1. → unbefugt (1) – **2.** → eigenmächtig
unberücksichtigt: u. lassen: → absehen (4, a)
unberührt: → jungfräulich
Unberührtheit, die: → Jungfräulichkeit
unbeschadet: → ungeachtet
unbeschädigt: unversehrt · heil · intakt ♦ *umg*: ganz
unbeschäftigt: → untätig (1)
unbescheiden: → anmaßend
unbescholten: → rechtschaffen
Unbescholtenheit, die: → Rechtschaffenheit
unbeschrankt: schrankenlos
unbeschränkt: 1. → frei (1) – **2.** → uneingeschränkt (1) – **3.** → absolut (1)
unbeschreiblich: 1. → unerhört (1) – **2.** → erstaunlich (1) – **3.** → sehr
unbeschrieben: ein unbeschriebenes Blatt sein: **a)** → unbekannt (2) – **b)** → unerfahren (2)
unbeschützt: → schutzlos (1)
unbeschwert: → sorgenfrei
unbesetzt: 1. ⟨*von einem Arbeitsplatz od. dgl. gesagt*: *noch nicht an jmdn. vergeben*⟩ frei · vakant · offen · verfügbar – **2.** → leer (2)
unbesiegbar: unbezwingbar · unüberwindbar · unbezwinglich · unüberwindlich + uneinnehmbar
unbesonnen: → unüberlegt (1)
unbesorgt: → sorglos (1)
Unbesorgtheit, die: → Sorglosigkeit
unbeständig: flatterhaft · flatterig · schwankend · sprunghaft · unstet · wechselhaft · wechselnd · wetterwendisch + flackerig · flackernd · schillernd; → *auch* launisch, unruhig (1)
unbestechlich: → rechtschaffen
unbestellt: brach · unbebaut · unbearbeitet
unbestimmt: 1. → ungewiss (1) – **2.** → unklar (1)
unbestreitbar: → sicher (4)
unbestritten: → sicher (4)
unbeteiligt: → gleichgültig (1)
unbeträchtlich: → geringfügig
unbeugsam: → standhaft (1)
unbevölkert: → menschenleer
unbewachsen: → kahl (1)
unbewacht: → unbeaufsichtigt
unbewaffnet: waffenlos + wehrlos
unbewandert: → unerfahren (1)
unbewegbar: → unbeweglich (1)
unbeweglich: 1. ⟨*sich nicht bewegen lassend*⟩ unbewegbar + starr – **2.** → fest (1) – **3.** → regungslos – **4.** → schwerfällig (2)
unbewegt: → regungslos
unbeweibt: → ledig (2)
unbewohnt: → leer (2)
unbewölkt: → klar (1, b)
unbewusst: instinktiv · instinktmäßig · dumpf + unterbewusst; → *auch* gefühlsmäßig

unbezahlbar: 1. → teuer (1) – **2.** → unersetzlich
unbezähmbar: 1. ⟨*unbedingt Befriedigung erstrebend*⟩ unstillbar · unbezwingbar · unbezwinglich – **2.** → wild (1)
unbezweifelbar: → sicher (4)
unbezwingbar: 1. → unbesiegbar – **2.** → unbezähmbar (1)
unbezwinglich: 1. → unbesiegbar – **2.** → unbezähmbar (1)
Unbill, die: **1.** → Unrecht (1) – **2.** → Schaden (1)
unbillig: → ungerecht
unbotmäßig: → ungehorsam
Unbotmäßigkeit, die: → Ungehorsam
unbrauchbar: 1. → wertlos (1) – **2.** → dienstunfähig – **3.** u. machen: → zerstören (1)
unbrennbar: → feuerfest
unbußfertig: → unverbesserlich (1)
und: 1. ⟨*zuzählend*⟩ plus (*Math*) – **2.** ⟨*anreihend*⟩ sowie – **3.** → außerdem (1) – **4.** und so weiter: → weiter (5)
undefinierbar: → unklar (1)
undenkbar: → unmöglich (1)
Undercover[agent], der: → Ermittler
Underdog, der: → Unterprivilegierte
Understatement, das: → Untertreibung
Underwear, das *od.* der: → Unterwäsche (1)
undeutlich: 1. → unklar (1) – **2.** → verschwommen (1) – **3.** u. fühlen: → ahnen (1)
undicht: leck; → *auch* durchlässig
undiplomatisch: → ungeschickt (1)
undiszipliniert: → zuchtlos (1)
unduldsam: intolerant; → *auch* starr (1)
undurchdringlich: 1. → dicht (1) – **2.** → geheimnisvoll (1) – **3.** → verschlossen (2)
undurchführbar: → unausführbar
undurchlässig: dicht + wasserdicht · regendicht · luftdicht · fest
undurchschaubar: → zwielichtig (1)
undurchsichtig: 1. ⟨*nicht durchsichtig*⟩ lichtundurchlässig; opak (*fachspr*); → *auch* trüb[e] (1) – **2.** → unklar (1)
uneben: 1. ⟨*Unebenheiten aufweisend*⟩ zerklüftet · zerschründet · zerschrammt · schrundig · holperig · rumpelig · höckerig; → *auch* rau (1) – **2.** nicht u.: **a)** → gut (1) – **b)** → annehmbar
unebenmäßig: → ungleichmäßig
unecht: 1. ⟨*nicht echt*⟩ falsch · gefälscht · nachgemacht · imitiert – **2.** → gekünstelt
unehelich: nicht ehelich · außerehelich · illegitim + vorehelich ♦ *umg*: ledig (*veraltend*)
Unehre, die: → Schande (1)
unehrenhaft: → ehrlos
unehrlich: 1. → unaufrichtig (1) – **2.** → betrügerisch
Unehrlichkeit, die: → Unaufrichtigkeit (1)
uneigennützig: → selbstlos
Uneigennützigkeit, die: → Selbstlosigkeit
uneingerechnet: → abzüglich
uneingeschränkt: 1. ⟨*ohne jede Einschränkung*⟩ unbeschränkt · unbegrenzt + schrankenlos – **2.** → bedingungslos – **3.** → absolut (1)
uneinig: → entzweit
Uneinigkeit, die: → Zwietracht (1)
uneinnehmbar: → unbesiegbar
uneins: 1. → entzweit – **2.** u. machen: → entzweien (I); mit sich selber u.: → unausgeglichen
uneinsichtig: 1. → verstockt (1) – **2.** → unverbesserlich (1)
unelastisch: → spröde (1)
unempfindlich: 1. ⟨*körperlich nichts spürend*⟩ empfindungslos · gefühllos · taub · ohne Gefühl; insensibel (*med*) + abgestorben – **2.** ⟨*[fast] keiner Gefühlsregung fähig*⟩ gefühllos · unsensibel · insensibel · stumpf + robust ♦ *gehoben*: fühllos (*veraltend*) ♦ *umg*: dickfellig; → *auch* gefühllos (1) – **3.** u. sein: ⟨*[fast] keiner Gefühlsregung fähig sein*⟩ *umg*: ein dickes Fell haben
unendlich: → endlos (a)
Unendlichkeit, die: **1.** → Dauer (2) – **2.** → Weltall
unentbehrlich: 1. → notwendig (1) – **2.** → integrierend
unentgeltlich: 1. → kostenlos – **2.** → ehrenamtlich
unentschieden: 1. ⟨*von keinem Spieler bzw. keiner Mannschaft gewonnen*⟩ + remis · punktgleich · patt – **2.** → ungewiss (1) – **3.** → unentschlossen (1)
Unentschiedenheit, die: → Unentschlossenheit
unentschlossen: 1. ⟨*noch nicht zu einem Entschluss gekommen*⟩ unschlüssig · unentschieden – **2.** ⟨*sich schwer entschließen könnend*⟩ entschlusslos · zaghaft · wankelmütig · lau ♦ *gehoben*: zag ♦ *umg*: lahm (*abwert*); → *auch* zwiespältig, ängstlich (1) – **3.** u. sein: ⟨*noch nicht zu einem Entschluss*

gekommen sein⟩ unschlüssig sein · schwanken · mit sich kämpfen · sich bedenken; → *auch* besinnen, sich (1), zögern
Unentschlossenheit, die: Unschlüssigkeit · Unentschiedenheit · Zaghaftigkeit · Wankelmut · Wankelmütigkeit · Gezauder ♦ *umg*: Zauderei
unentschuldbar: → unverzeihlich
unentwegt: → beharrlich (1)
unentwickelt: → zurückgeblieben (1)
unerbittlich: → streng (2), kompromisslos
Unerbittlichkeit, die: → Strenge
unerfahren: 1. ⟨*ohne Erfahrung*⟩ unbewandert · unwissend · unkundig + jung · neu ♦ *umg*: unbedarft; grün (*scherzh od. abwert*); → *auch* unreif (2) – **2.** u. sein: ⟨*keine Erfahrung haben*⟩ ein unbeschriebenes Blatt sein
unerfindlich: → unbegreiflich
unerforschlich: 1. → unergründlich (1) – **2.** → geheimnisvoll (1)
unerfreulich: → unangenehm (1)
unergiebig: → ertragsarm
unergründlich: 1. ⟨*einer Ergründung entgegenstehend*⟩ unerforschlich; → *auch* unbegreiflich – **2.** → geheimnisvoll (1)
unerheblich: 1. → geringfügig – **2.** → unwichtig (1)
unerhört: 1. ⟨*alles Dagewesene an Niedertracht od. Frechheit übersteigend*⟩ ungeheuerlich · empörend · beispiellos · unglaublich · unbeschreiblich · bodenlos · himmelschreiend · skandalös · haarsträubend · hanebüchen · noch nicht da gewesen ♦ *umg*: toll · happig · nicht mehr feierlich; doll (*norddt*) – **2.** das ist u.: ⟨*Ausdruck der Empörung*⟩ das ist wirklich allerhand · das geht zu weit · das ist [ja] ein Skandal · das ist keine Art und Weise · das spottet jeder Beschreibung · das schreit zum/gen Himmel · das setzt allem die Krone auf · das schlägt dem Fass den Boden aus ♦ *umg*: das ist [ja] die Höhe · das geht über die Hutschnur · das geht auf keine Kuhhaut; das ist ja heiter/reizend (*iron*) ♦ *salopp*: das stinkt zum/gen Himmel · das ist eine Affenschande · das ist ein dicker Hund + das haut einen um
unerklärbar: → unbegreiflich
unerklärlich: → unbegreiflich
unerlässlich: 1. → notwendig (1) – **2.** → integrierend
unerlaubt: 1. → verboten (1) – **2.** → eigenmächtig
unerledigt: unausgeführt · offen; hängig (*schweiz*)
unermesslich: 1. → unerschöpflich – **2.** → endlos (a) – **3.** → groß (1)
Unermesslichkeit, die: → Größe (1)
unermüdlich: 1. ⟨*in seinem Eifer nicht nachlassend*⟩ rastlos · nimmermüde ♦ *gehoben*: ohne Rast und Ruh; → *auch* fleißig (1) – **2.** → beharrlich (1)
Unermüdlichkeit, die: → Beharrlichkeit
unerquicklich: → unangenehm (1)
unerreichbar: → abgelegen
unerreicht: → vollkommen (1)
unersättlich: 1. ⟨*gern u. viel essend*⟩ unmäßig · nimmersatt + esslustig ♦ *salopp*: gefräßig ♦ *derb*: verfressen; → *auch* gefräßig (1), hungrig (1) – **2.** → gefräßig (1) – **3.** → maßlos – **4.** → lerneifrig
Unersättlichkeit, die: **1.** ⟨*starkes Verlangen nach viel Nahrung*⟩ Essgier · Esssucht · Unmäßigkeit ♦ *salopp*: Gefräßigkeit ♦ *derb*: Verfressenheit; → *auch* Gefräßigkeit (1), Hunger (1), Appetit – **2.** → Gefräßigkeit (1)
unerschöpflich: unversiegbar · unbegrenzt · unermesslich + ein Fass ohne Boden; → *auch* reichlich
unerschrocken: → mutig (1)
Unerschrockenheit, die: → Mut (1)
unerschütterlich: eisern · stählern · stahlhart · [felsen]fest · fest verwurzelt · unbeirrt + beherrscht · willensstark · siegesgewiss; → *auch* standhaft (1), charakterfest (1)
unerschwinglich: → teuer (1)
unersetzbar: → unersetzlich
unersetzlich: unersetzbar · unbezahlbar · Goldes wert · nicht mit Gold bezahlbar; → *auch* wertvoll (1)
unersprießlich: → nutzlos (1)
unerträglich: → unleidlich
unerwartet: unverhofft · unvermutet · unvorhergesehen · überraschend + ungeahnt; → *auch* plötzlich (1), imponderabel, zufällig
unerwünscht: → unangenehm (1)
unfachmännisch: → laienhaft
unfähig: 1. ⟨*nicht imstande, gestellten Anforderungen zu genügen*⟩ untüchtig · impotent; unvermögend (*veraltend*); → *auch* dumm (1), unbegabt – **2.** → unbegabt – **3.** u. sein: ⟨*zu etw. nicht imstande sein*⟩ kein Geschick haben; → *auch* außerstande
Unfähigkeit, die: → Unvermögen

unfair: → unkameradschaftlich
Unfall, der: **1.** ⟨*Missgeschick mit Schadensfolge*⟩ Unglücksfall; → *auch* Unglück (1) – **2.** einen U. haben/erleiden/bauen: → verunglücken (1)
Unfallwagen, der: → Krankenwagen
unfassbar: → unbegreiflich
unfehlbar: → sicher (2)
unfein: **1.** → ungehörig – **2.** → gewöhnlich (2) – **3.** → derb (1)
unfertig: **1.** → unreif (2) – **2.** → unvollständig
Unflat, der: → Schmutz (1)
unflätig: → unanständig (1)
Unflätigkeit, die: → Zote (1)
unflott: nicht u.: → gut (1)
unfolgsam: → ungehorsam
unförmig: **1.** ⟨*keine schöne Form aufweisend*⟩ ungefüge + schief; → *auch* formlos (1) – **2.** → plump (1)
unförmlich: → ungezwungen
unfrankiert: unfrei
unfrei: **1.** ⟨*nicht frei in seinen Entscheidungen*⟩ abhängig · gebunden; → *auch* leibeigen, unterdrückt – **2.** → leibeigen – **3.** → gehemmt – **4.** → unfrankiert
Unfreiheit, die: Abhängigkeit · Gebundenheit; → *auch* Knechtschaft (1), Hörigkeit, Zwang (1)
unfreiwillig: **1.** ⟨*gegen den eigenen Willen*⟩ gezwungen · gezwungenermaßen · wider Willen – **2.** → versehentlich
unfreundlich: **1.** ⟨*ungefällig-abweisend*⟩ unwirsch · unhöflich · ungnädig · grob · düster · finster + ungalant · unritterlich · stiefmütterlich ♦ *umg*: ungenießbar (*scherzh*); → *auch* barsch, kühl (2), missmutig, unleidlich – **2.** ⟨*vom Wetter gesagt*: *kalt u. regnerisch*⟩ unangenehm · scheußlich · abscheulich + rau · unwirtlich – **3.** → kühl (2)
Unfriede, der: → Zwietracht (1)
unfruchtbar: **1.** ⟨*zur Fortpflanzung unfähig*⟩ infertil · steril (*med*); → *auch* zeugungsunfähig (1) – **2.** → ertragsarm – **3.** → unschöpferisch – **4.** u. machen: → sterilisieren (1, a *u.* b)
Unfug, der: **1.** ⟨*andere belästigendes Treiben*⟩ Allotria · Klamauk – **2.** → Unsinn (1, a) – **3.** U. treiben: → Unsinn (2)
ungalant: → unfreundlich (1)
ungastlich: → öd[e] (1)
ungeachtet: trotz · unbeschadet
ungeahnt: → unerwartet
ungebärdig: → wild (1)
ungebildet: unwissend · unbelesen · niveaulos + unkundig · unzivilisiert
ungebraten: → roh (1)
ungebräuchlich: unüblich · nicht üblich; → *auch* veraltet (1)
ungebraucht: → neu (1)
ungebührend: → ungehörig
ungebührlich: → ungehörig
ungebunden: **1.** → frei (1) – **2.** ungebundene Rede: → Prosa (1)
Ungebundenheit, die: → Freiheit (1)
ungedämpft: → grell (1)
ungeduldig: **1.** u. sein: ⟨*fast keine Geduld mehr aufbringen können*⟩ wie auf Nadeln/[glühenden] Kohlen sitzen · von einem Bein aufs andere treten – **2.** u. werden: ⟨*nicht länger warten wollen*⟩ die Geduld verlieren ♦ *umg*: jmdm. reißt die Geduld/der Geduldsfaden
ungeeignet: **1.** ⟨*ohne Eignung für etw.*⟩ untauglich · unzweckmäßig · unpassend + unpraktisch – **2.** → ungünstig
ungefähr: **1.** ⟨*nicht genau festlegbar*⟩ annähernd · rund · zirka · [in] etwa · präterpropter · gegen · überschlägig · überschläglich · schätzungsweise · annäherungsweise; beiläufig (*österr*) + in Bausch und Bogen ♦ *umg*: um [… herum] · an · sagen wir · so · vielleicht; → *auch* beinahe – **2.** von u.: → zufällig
ungefährdet: → sicher (1)
ungefährlich: gefahrlos · risikolos · risikofrei + unbedenklich; → *auch* sicher (1)
ungefärbt: → farblos (1)
ungefestigt: → haltlos (1)
ungeformt: → formlos (1)
ungefrühstückt: → nüchtern (1)
ungefüge: **1.** → unförmig (1) – **2.** → plump (1)
ungegessen: → nüchtern (1)
ungehalten: → ärgerlich (1)
ungeheißen: → freiwillig (1)
ungehemmt: → hemmungslos (1)
ungeheuer: **1.** → gewaltig (1) – **2.** → sehr – **3.** → groß (1)
Ungeheuer, das: **1.** ⟨*riesiges bzw. schreckl. Wesen*⟩ Scheusal · Monster · Monstrum · Untier · Ungetüm + Moloch; → *auch* Riese (1), Drache – **2.** → Unmensch (1) – **3.** → Drache
ungeheuerlich: → unerhört (1)
ungehobelt: → ungeschliffen

ungehörig: unfein · ungebührlich · indezent; ungebührend · unschicklich (*veraltend*) ♦ *gehoben*: unziemlich; un[ge]ziemend (*veraltend*); → *auch* taktlos
ungehorsam: unfolgsam · aufsässig · aufmüpfig · widersetzlich · unbotmäßig + respektlos; → *auch* ungezogen
Ungehorsam, der: Insubordination · Unbotmäßigkeit
ungeklärt: → ungewiss (1)
ungekocht: → roh (1)
ungekünstelt: **1.** → natürlich (1) – **2.** → schlicht (2)
ungelegen: **1.** ⟨*zu einem ungünstigen Zeitpunkt*⟩ unpassend · inopportun + unzeitig · außer der Zeit – **2.** u. sein: ⟨*für seine Pläne zeitlich nicht günstig sein*⟩ ungelegen kommen; unpass kommen (*landsch*) ♦ *umg*: nicht in den Kram passen – **3.** u. kommen: **a)** → 2 – **b)** → stören (2)
ungelenk: → ungeschickt (1)
ungelenkig: → steif (1)
ungelogen: → wahrhaftig
Ungemach, das: **1.** → Unannehmlichkeit – **2.** → Übel (1)
ungemein: → sehr
ungemütlich: **1.** ⟨*nicht anheimelnd*⟩ unbehaglich · unwohnlich + kalt – **2.** → unbehaglich (1) – **3.** u. werden: → anfahren (3)
ungenannt: → anonym
Ungenannte, der: Anonymus
ungenau: **1.** ⟨*nicht in allen Einzelheiten richtig*⟩ inexakt · unpräzis[e] · flüchtig · oberflächlich + kursorisch ♦ *umg*: husch[el]ig (*landsch*); → *auch* nachlässig (1), unordentlich – **2.** → verschwommen (1)
ungeniert: **1.** → ungezwungen – **2.** → hemmungslos (1) – **3.** → keck
ungenießbar: **1.** ⟨*nicht ess- od. trinkbar*⟩ nicht zu genießen + unverdaulich – **2.** → unfreundlich (1), missmutig – **3.** u. werden: → verderben (3)
ungenügend: → unzureichend
ungenutzt: u. sein: brachliegen
ungeordnet: **1.** ⟨*von Verhältnissen gesagt: keine Ordnung erkennen lassend*⟩ chaotisch · wirr · wild · wüst · planlos · regellos · verworren; wirrig (*landsch*) ♦ *umg*: drunter und drüber; → *auch* gesetzlos – **2.** ⟨*von Sachen gesagt: keine Ordnung aufweisend*⟩ wild · wüst · [kunter]bunt · durcheinander · drunter und drüber ♦ *salopp*: wie Kraut und Rüben; → *auch* unordentlich

ungepflegt: **1.** → unordentlich – **2.** → struppig
Ungepflegtheit, die: → Unsauberkeit (1)
ungeraten: → ungezogen
ungerecht: unbillig
ungereimt: → sinnlos (1)
ungern: widerwillig · widerstrebend · schweren Herzens
ungerührt: → gleichgültig (2)
ungerupft: nicht u. davonkommen: → Schaden (5)
ungesalzen: → schal (1)
ungesättigt: → hungrig (1)
ungesäumt: → sofort
ungeschehen: u. machen: rückgängig machen
Ungeschick, das: → Ungeschicklichkeit
Ungeschicklichkeit, die: Unbeholfenheit · Ungeschick · Ungeschicktheit
ungeschickt: **1.** ⟨*ohne Geschicklichkeit*⟩ ungewandt · ungelenk · unbeholfen · unpraktisch · plump · täppisch · linkisch · eckig · tollpatschig · tölpelhaft · tölpisch; unbehilflich (*veraltend*) + undiplomatisch ♦ *umg*: stoffelig · tapsig · tappig · wie der erste Mensch · wie ein Elefant [im Porzellanladen]; patschert (*österr*); → *auch* schwerfällig (1), steif (2), zittrig – **2.** u. sein: ⟨*sich zu keiner praktischen Arbeit eignen*⟩ kein Geschick haben ♦ *umg*: zwei linke Hände haben
Ungeschicktheit, die: → Ungeschicklichkeit
ungeschlacht: → plump (1)
ungeschliffen: unmanierlich · ungesittet · unkultiviert · unzivilisiert · ungehobelt · roh · krud[e]; plump · proletenhaft · bäurisch · dörfisch (*abwert*) ♦ *umg*: unpoliert · stoffelig; → *auch* derb (1)
ungeschminkt: → offen (3)
ungeschmückt: → schlicht (1)
ungeschoren: **1.** → ungestört – **2.** u. bleiben: → straffrei; nicht u. bleiben: → Schaden (5)
ungeschützt: → schutzlos (1)
ungesellig: → menschenscheu
ungesetzlich: gesetzwidrig · illegal · widerrechtlich · rechtswidrig · unrechtmäßig · illegitim · irregulär + ordnungswidrig · polizeiwidrig · strafbar; → *auch* verboten (1)
Ungesetzlichkeit, die: Gesetzwidrigkeit · Illegalität · Rechtsbruch · Rechtsverletzung ·

Rechtswidrigkeit · Unrechtmäßigkeit + Rechtsbeugung · Rechtsverdrehung
ungesichert: → ungewiss (1)
ungesittet: → ungeschliffen
ungestalt: → missgebildet
ungestaltet: → formlos (1)
ungestört: unbehelligt · ungeschoren + in Ruhe
ungestüm: 1. → heftig (1, b) – **2.** → wild (1) – **3.** → rasend (1)
ungesund: → schädlich (1)
ungetreu: → untreu (1)
Ungetüm, das: → Ungeheuer (1)
ungewandt: → ungeschickt (1)
ungewaschen: ungewaschenes Zeug reden: → schwafeln
ungewiss: 1. ⟨*ohne Gewissheit*⟩ unsicher · unbestimmt · fraglich · ungeklärt · ungesichert · unentschieden · unverbürgt · zweifelhaft + dunkel; → *auch* zweifelhaft (1), umstritten – **2.** u. sein: ⟨[*noch*] *nicht feststehen*⟩ in der Luft schweben · das steht in den Sternen [geschrieben] · das wissen die Götter
Ungewisse, das: **1.** → Ungewissheit – **2.** im Ungewissen sein: ⟨*nichts Genaues wissen*⟩ im Dunkeln tappen – **3.** im Ungewissen lassen: ⟨*jmdn.* [*über längere Zeit*] *auf eine Klärung warten lassen*⟩ im Unklaren lassen ♦ *salopp*: schmoren lassen
Ungewissheit, die: Unsicherheit · das Ungewisse + Dunkel; → *auch* Zweifel (1)
ungewöhnlich: absonderlich · ausgefallen · unüblich · abnorm · anomal · anormal · unnormal · atypisch · irregulär; abnormal (*bes. österr schweiz*) + bizarr · ungewohnt · unkonventionell
ungewohnt: → ungewöhnlich
ungewollt: → versehentlich
ungewürzt: → schal (1)
ungezählte: → viel (I, 1)
ungezähmt: → wild (3, a)
Ungeziefer, das: Geziefer (*veraltend*)
ungeziemend: → ungehörig
ungeziert: → natürlich (1)
ungezogen: unartig · missraten · ungeraten + nichtsnutzig; → *auch* frech (1), ungehorsam
Ungezogenheit, die: Unart; → *auch* Frechheit
ungezügelt: 1. → maßlos, zügellos (1) – **2.** → wild (1)
ungezwungen: zwanglos · leger · nonchalant · lässig · salopp · burschikos · unkonventionell · unverkrampft · ungeniert · unzeremoniell · unförmlich · formlos · aufgelockert · familiär + unbefangen · frei ♦ *umg*: locker · hemdsärmelig; → *auch* natürlich (1), keck
Ungezwungenheit, die: Zwanglosigkeit · Nonchalance · Lässigkeit
Unglaube, der: **1.** → Atheismus – **2.** → Zweifel (1)
unglaubhaft: → zweifelhaft (1)
ungläubig: 1. → atheistisch – **2.** ungläubiger Thomas: → Zweifler
Ungläubigkeit, die: → Atheismus
unglaublich: 1. ⟨*außergewöhnlich groß, gut usw.*⟩ unwahrscheinlich – **2.** → unerhört (1)
unglaubwürdig: → zweifelhaft (1)
ungleich[artig]: → verschiedenartig
Ungleichartigkeit, die: → Verschiedenartigkeit
ungleichmäßig: unebenmäßig · asymmetrisch · unsymmetrisch
Unglimpf, der: → Schande (1)
Unglück, das: **1.** ⟨*großen Schaden* [*u. Trauer*] *bewirkendes Ereignis*⟩ Unheil · Katastrophe · Schicksalsschlag · Desaster · Verhängnis · [harter] Schlag · Heimsuchung + Elend · Tragik; → *auch* Unfall (1), Missgeschick – **2.** → Verderben (1) – **3.** ins U. stürzen: ⟨*die Vernichtung der bestehenden Lebensumstände herbeiführen*⟩ ins Verderben reißen / stürzen / bringen / führen · in den Abgrund reißen; → *auch* ruinieren (I, 1) – **4.** wie ein Häufchen U.: → jämmerlich (1); zu allem U.: → außerdem (1); kein U. sein: → schlimm (3)
unglücklich: 1. → verhängnisvoll – **2.** → bedauernswert – **3.** → traurig (1)
unglücklicherweise: → leider
Unglücksbotschaft, die: → Schreckensnachricht
unglückselig: 1. → verhängnisvoll – **2.** → bedauernswert
Unglücksfall, der: → Unfall
Unglücksmensch, der (*umg*): Pechvogel · Unglücksrabe · Unglückswurm · Schlemihl + Hascher (*österr*); Hascherl (*süddt österr*)
Unglücksrabe, der: → Unglücksmensch
Unglückstag, der: schwarzer Tag + [Freitag] der Dreizehnte
Unglückswurm, der: → Unglücksmensch
Ungnade, die: in U. gefallen sein |bei|: → Wohlwollen (2)
ungnädig: → unfreundlich (1)

ungraziös: → plump (1)
ungültig: **1.** ⟨*nicht* [*mehr*] *geltend*⟩ [null und] nichtig · unwirksam · hinfällig · verfallen – **2.** u. werden: → verfallen (2); u. machen, für u. erklären: → aufheben (I, 3)
Ungunst, die: → Nachteil (1)
ungünstig: nachteilig · schlecht · unzweckmäßig · ungeeignet · unzuträglich · abträglich · Verlust bringend · von Übel + unratsam; → *auch* schädlich (2)
ungut: → böse (1)
unhaltbar: → falsch (1)
unharmonisch: → unausgeglichen
Unheil, das: **1.** → Unglück (1) – **2.** → Schaden (1) – **3.** U. stiften: → schaden (1); U. bringend: → gefährlich (1)
unheilbar: **1.** → todkrank (1) – **2.** u. krank: → todkrank (1)
unheildrohend: → unheilvoll (1)
unheilschwanger: → unheilvoll (1)
unheilvoll: **1.** ⟨*Schlimmes verheißend*⟩ unheilschwanger · unheildrohend + finster · schwarz; → *auch* gefährlich (1) – **2.** → gefährlich (1), verhängnisvoll
unheimlich: **1.** ⟨*ein unbestimmtes Furchtgefühl hervorrufend*⟩ dämonisch · geisterhaft · gespensterhaft + makaber; → *auch* gespenstisch, gruselig (1) – **2.** → gewaltig (1) – **3.** → sehr
unhöflich: **1.** → unfreundlich (1) – **2.** → flegelhaft (1) – **3.** → taktlos
Unhold, der: → Unmensch (1)
unhörbar: → lautlos
Uni, die: → Universität
uni[farben]: → einfarbig
unifizieren: → anpassen (I, 1)
uniform: → gleichförmig (1)
Uniform, die: Dienstanzug · Dienstkleidung; Montur (*noch landsch*) + Livree · Tracht · Kostüm · Einheitskleidung ♦ *umg*: Kluft
uniformieren: → anpassen (I, 1)
Unikum, das: → Original (1)
unilateral: → einseitig (2)
unintelligent: → dumm (1)
uninteressant: **1.** ⟨*nicht interessierend*⟩ nicht von Interesse · reizlos ♦ *umg*: das Allerletzte – **2.** → langweilig
uninteressiert: → interesselos
Uninteressiertheit, die: → Gleichgültigkeit
Union, die: → Vereinigung (2)
unirdisch: → übersinnlich
Unität, die: → Einheit (1)
universal: **1.** → vielseitig (1) – **2.** → allgemein (1)
Universalerbe, der: → Alleinerbe
Universalmittel, das: Allheilmittel
universell: **1.** → vielseitig (1) – **2.** → allgemein (1) – **3.** → umfangreich (1)
Universität, die: Alma Mater + Hochschule · College ♦ *umg*: Uni; → *auch* Schule (1)
Universum, das: → Weltall
unkameradschaftlich: unkollegial · unfair
Unke, die: → Pessimist
unken: → schwarz (6)
Unkenntnis, die: → Unwissenheit
Unker, der: → Pessimist
Unkerei, die: → Pessimismus
unkeusch: → unzüchtig
Unkeuschheit, die: → Unzucht
unklar: **1.** ⟨*nicht ohne weiteres verständlich bzw. erkennbar*⟩ nebulos · nebulös · nebelhaft · unscharf · unpräzis[e] · undeutlich · vage · undefinierbar · unbestimmt · undurchsichtig · unverständlich · verschwommen · verwaschen · dunkel · düster · finster · in Dunkel gehüllt + zusammenhanglos; → *auch* verworren (1) – **2.** → trüb[e] (1) – **3.** → verschwommen (1) – **4.** im Unklaren lassen: → Ungewisse (3)
unklug: → unvernünftig
unkollegial: → unkameradschaftlich
unkompliziert: einfach · simpel · leicht · elementar
unkontrolliert: → unbeaufsichtigt
unkonventionell: **1.** → ungezwungen – **2.** → ungewöhnlich
unkonzentriert: → unaufmerksam (1)
unkörperlich: → unsinnlich
unkorrekt: → falsch (1)
Unkosten (*Pl*): **1.** → Ausgabe (2) – **2.** sich in U. stürzen: → verschwenderisch (3)
Unkrautbekämpfungsmittel, das: Unkrautvertilgungsmittel · Herbizid
Unkrautvertilgungsmittel, das: → Unkrautbekämpfungsmittel
unkultiviert: → ungeschliffen
unkundig: **1.** → unerfahren (1) – **2.** → ungebildet
unlängst: → neulich
unlauter: → unaufrichtig (1)
unleidlich: unausstehlich · unerträglich; → *auch* unfreundlich (1), missmutig
unlenksam: → eigensinnig (1)
unleugbar: **1.** → unabweisbar – **2.** → sicher (4)

unlieb: nicht u. sein: → gelegen (2)
unliebsam: → unangenehm (1)
Unlogik, die: → Widersinn (1)
unlogisch: 1. → widersinnig (1) – **2.** → widerspruchsvoll
unlösbar: → fest (1)
Unlust, die: **1.** → Lustlosigkeit – **2.** → Missmut
unlustig: → missmutig
unmanierlich: → ungeschliffen
unmännlich: → weichlich (1)
Unmaß, das: → Menge (1)
Unmasse, die: → Menge (1)
unmäßig: 1. → maßlos – **2.** → unersättlich (1)
Unmäßigkeit, die: → Unersättlichkeit (1)
Unmenge, die: → Menge (1)
Unmensch, der: **1.** ⟨*grausamer, gefühlloser Mensch*⟩ Ungeheuer · Unhold · Scheusal · Bestie · Satan · Teufel · Tier · Vieh · Bluthund + Kannibale · Wandale; → *auch* Gewaltmensch (1), Schurke, Übeltäter, Verbrecher – **2.** kein U. sein: → kompromissbereit (3)
unmenschlich: inhuman · barbarisch · bestialisch · viehisch + kannibalisch; → *auch* brutal
Unmenschlichkeit, die: Inhumanität · Bestialität · Kannibalismus; → *auch* Brutalität
unmerkbar: → unmerklich
unmerklich: unmerkbar + sacht[e]; → *auch* allmählich
unmessbar: + unwägbar · unberechenbar · unzählbar
unmethodisch: → planlos (1)
unmissverständlich: 1. → deutlich (3) – **2.** → offen (3)
Unmissverständlichkeit, die: → Deutlichkeit (3)
unmittelbar: 1. ⟨*ohne Zwischenraum*⟩ direkt · dicht[auf] – **2.** u. danach: → sofort
unmodern: 1. → altmodisch (1) – **2.** → veraltet (1) – **3.** u. werden: → veralten
unmöglich: 1. ⟨*in der Wirklichkeit nicht gegeben od. eintretend*⟩ nicht möglich · ausgeschlossen · undenkbar · utopisch; → *auch* unausführbar, keineswegs – **2.** → unannehmbar – **3.** u. sein: ⟨*nicht zu verwirklichen sein*⟩ *umg*: ein Ding der Unmöglichkeit sein ♦ *salopp*: nicht drin sein – **4.** sich u. machen: → blamieren (II)
Unmöglichkeit, die: ein Ding der U. sein: → unmöglich (3)
Unmoral, die: → Unsittlichkeit
unmoralisch: → unsittlich
unmotiviert: → grundlos (1)
unmündig: 1. → unreif (2) – **2.** → minderjährig
Unmut, der: **1.** → Missmut – **2.** → Hass (1)
unmutig: → missmutig
unnachahmlich: → hervorragend (1)
unnachgiebig: 1. ⟨*keine Abweichung zulassend*⟩ fest · hart[näckig] · starr · intransigent · rigid[e] + erbittert · unbeirrt; → *auch* standhaft (1), unversöhnlich (1), kompromisslos – **2.** → kompromisslos
unnachsichtig: → streng (2)
Unnachsichtigkeit, die: → Strenge
unnahbar: → verschlossen (2)
unnatürlich: 1. → geziert – **2.** → widernatürlich
unnormal: 1. → abnorm (1) – **2.** → ungewöhnlich
unnötig: entbehrlich · überflüssig + müßig · zwecklos; → *auch* nutzlos (1)
unnütz: → nutzlos (1)
unökonomisch: → unwirtschaftlich
unordentlich: liederlich · ungepflegt; lotterig · schlampig · schluderig (*abwert*) ♦ *umg*: ruschelig · schlunzig (*landsch abwert*); schlampert (*österr abwert*); → *auch* nachlässig (1), ungeordnet (2), ungenau (1)
Unordnung, die: **1.** ⟨*Zustand fehlender Ordnung*⟩ Chaos · Regellosigkeit · Wirrwarr · Wirrnis · Wirrsal · Durcheinander · Konfusion + Desorganisation; → *auch* Durcheinander (1), Misswirtschaft, Gesetzlosigkeit – **2.** → Schlendrian (1) – **3.** in U. bringen: → durcheinander (3, a)
unparteiisch: neutral + ohne Ansehen/Ansehung der Person; → *auch* sachlich (1), gerecht (2)
Unparteiische, der: → Schiedsrichter
unpass: u. kommen: **a)** → ungelegen (2) – **b)** → stören (2)
unpassend: 1. → ungelegen (1) – **2.** → unangebracht – **3.** → ungeeignet (1)
unpassierbar: → unwegsam
unpässlich: → unwohl (1)
Unpässlichkeit, die: → Unwohlsein
unpersönlich: → förmlich (1)
unpoliert: → ungeschliffen
unpolitisch: apolitisch
unpopulär: → unbeliebt (1)
unpraktisch: 1. → ungeeignet (1) – **2.** → ungeschickt (1)

unpräzis[e]: **1.** → ungenau (1) – **2.** → unklar (1)
unproblematisch: → mühelos (1)
unproduktiv: → unschöpferisch
unrasiert: stoppelbärtig · stoppelig; → *auch* struppig
Unrast, die: → Unruhe (I, 1)
Unrat, der: **1.** → Abfall (I, 1) – **2.** → Schmutz (1) – **3.** → Kot (1) – **4.** U. wittern: → Verdacht (2)
unratsam: → ungünstig
unreal: → unwirklich
unrealisierbar: → unausführbar
unrealistisch: → weltfremd
unrecht: **1.** → falsch (1) – **2.** u. tun: → vergehen (II, 1); an den Unrechten kommen/geraten: → abblitzen (1)
Unrecht, das: **1.** ⟨*ungerechte Behandlung*⟩ *gehoben*: Unbill – **2.** → Vergehen (1) – **3.** zu U.: → irrtümlich; ein U. antun/zufügen: → kränken
unrechtmäßig: → ungesetzlich
Unrechtmäßigkeit, die: → Ungesetzlichkeit
unredlich: → betrügerisch
unreell: → betrügerisch
Unregelmäßigkeit, die: → Unterschlagung
unreif: **1.** ⟨*von Früchten gesagt*: *nicht voll entwickelt*⟩ grün + noch nicht reif – **2.** ⟨*von [jungen] Menschen gesagt*: *noch nicht ausgereift*⟩ kindhaft · kindlich · infantil · pueril · unmündig · unfertig · schülerhaft · kindisch ♦ *umg*: noch feucht/noch nicht trocken hinter den Ohren; → *auch* zurückgeblieben (1), unerfahren (1)
Unreife, die: Kindlichkeit · Infantilismus
unrein: **1.** → schmutzig (1) – **2.** ins Unreine schreiben: → entwerfen (2)
Unreinheit, die: → Unsauberkeit (1)
unreinlich: → schmutzig (1)
Unreinlichkeit, die: → Unsauberkeit (1)
unreligiös: → atheistisch
unrentabel: → unwirtschaftlich
unrettbar: rettungslos
unrichtig: → falsch (1)
unritterlich: → unfreundlich (1)
Unruhe: **I.** Unruhe, die: **1.** ⟨*Zustand innerer Erregung*⟩ Ruhelosigkeit · Unrast · Unstetigkeit; Unstäte (*veraltet*) ♦ *umg*: Flattermann – **2.** → Trubel (1) – **3.** → Sorge (1) – **4.** in U. versetzen: → beunruhigen (I) – **II.** Unruhen (*Pl*): → Aufruhr (1)
Unruhestifter, der: Störenfried · Provokateur ♦ *umg*: Krawallmacher · Radaumacher · Radaubruder · Krakeeler · Schreier · Schreihals (*abwert*); → *auch* Hetzer, Streitsüchtige
unruhig: **1.** ⟨*innerlich erregt*⟩ ruhelos · unstet · flatterig + bewegt · rastlos ♦ *gehoben*: friedlos ♦ *umg*: fickrig (*landsch*); → *auch* aufgeregt (1), nervös, fahrig, unbeständig – **2.** → besorgt (1) – **3.** u. machen/stimmen: → beunruhigen (I); unruhiger Geist: → Quecksilber
unsachlich: → befangen (1)
unsagbar: → sehr
unsäglich: → sehr
unsauber: → schmutzig (1)
Unsauberkeit, die: **1.** ⟨*unsaubere Beschaffenheit*⟩ Unreinheit · Unreinlichkeit · Schmutzigkeit · Sudelei + Ungepflegtheit ♦ *umg*: Schmuddelei · Schmuddeligkeit – **2.** → Regelwidrigkeit
unschädlich: **1.** → harmlos (1) – **2.** u. machen: ⟨*[gewaltsam] jmds. schädl. Aktivitäten beenden*⟩ das Handwerk legen + ausheben ♦ *umg*: + hochnehmen ♦ *salopp*: + hoppnehmen · hopsnehmen; → *auch* ergreifen (2)
unscharf: **1.** → verschwommen (1) – **2.** → unklar (1)
unschätzbar: → wertvoll (1)
unscheinbar: unauffällig · farblos; → *auch* einfach (1)
unschicklich: → ungehörig
unschlüssig: **1.** → unentschlossen (1) – **2.** u. sein: → unentschlossen (3)
Unschlüssigkeit, die: → Unentschlossenheit
unschön: → hässlich (1), geschmacklos (1)
unschöpferisch: unfruchtbar · steril · unproduktiv + eklektisch · epigonenhaft · epigonal
Unschuld, die: **1.** ⟨*das Freisein von Schuld*⟩ Schuldlosigkeit – **2.** ⟨*Unfähigkeit, Böses zu wollen od. von anderen zu erwarten*⟩ Lauterkeit · Reinheit ♦ *dicht*: Reine – **3.** → Jungfräulichkeit – **4.** seine U. beteuern: → verteidigen (II); seine Hände in U. waschen: → herauswinden, sich; die U. rauben: → entjungfern
unschuldig: **1.** ⟨*nicht mit einer Schuld belastet*⟩ schuldlos · schuldfrei · frei von Schuld · von aller/einer Schuld rein – **2.** ⟨*nicht fähig, Böses zu wollen od. von anderen zu erwarten*⟩ unschuldsvoll · engel[s]rein · rein · lauter · arglos · ohne Arg +

ahnungslos – **3.** → jungfräulich – **4.** u. sein: ⟨*sich nicht mit einer Schuld beladen [haben]*⟩ *umg*: eine reine/saubere/weiße Weste haben + kein Wässerchen trüben können
Unschuldsengel, der (*spött*): Unschuldslamm · Lämmchen · frommes Lamm
Unschuldslamm, das: → Unschuldsengel
Unschuldsmiene, die: Engelsmiene + Armesündermiene
unschuldsvoll: → unschuldig (2)
unschwer: → mühelos (1)
unselbständig: 1. ⟨*der führenden Unterstützung anderer bedürfend*⟩ anlehnungsbedürftig – **2.** u. sein: ⟨*nichts selbständig tun [können]*⟩ *umg*: an jmds. Schürze/Schürzenzipfel/Schürzenband hängen
unselig: → verhängnisvoll
unsensibel: → unempfindlich (2)
unsicher: 1. ⟨*nicht fest auf den Beinen stehend*⟩ schwankend + schwach ♦ *umg*: wackelig – **2.** ⟨*von Arbeitsplätzen od. dgl. gesagt: nicht gesichert*⟩ gefährdet · bedroht ♦ *umg*: wackelig – **3.** → ungewiss (1) – **4.** → zweifelhaft (1) – **5.** u. sein: **a)** ⟨*sich nicht sicher fühlen*⟩ *umg*: sich in seiner Haut nicht recht wohl fühlen + schwimmen – **b)** ⟨*weder ein positives noch ein negatives Ergebnis ausschließen*⟩ ein zweischneidiges Schwert sein · nicht zum Besten stehen |mit| ♦ *umg*: auf der Kippe stehen · auf wackeligen Beinen stehen · auf wackeligen/schwachen Füßen stehen; → *auch* bedenklich (3) – **6.** ein unsicherer Kandidat/Kantonist: → unzuverlässig; u. machen: → verwirren (2)
Unsicherheit, die: → Ungewissheit
unsichtbar: 1. → [2]verborgen (1) – **2.** sich u. machen: → verschwinden (2)
Unsinn, der: **1. a)** ⟨*Plan od. Gedanke, der keinen Sinn hat; unsinnige Äußerung*⟩ Nonsens · Unfug · Wahnwitz · Irrwitz · Aberwitz ♦ *umg*: Blödsinn · Quatsch · Stuss · Humbug · Mumpitz · Kiki · Tinnef · Kohl · Blech · Koks · Quark · Larifari · Kokolores · Kitt · Firlefanz · Pipifax · Flausen · Faxen · Hokuspokus · Kinderei · Kinkerlitzchen (*Pl*) · Zinnober · dummes Zeug · Schwachsinn · Irrsinn · Wahnsinn; Schnack (*norddt*); Schmarren (*süddt österr*) + fauler Zauber · Kauderwelsch ♦ *salopp*: Bockmist · Käse; → *auch* Aberglaube, Widersinn (1), Narretei – **b)** ⟨*Erwiderung auf eine unsinnige Äußerung*⟩ Geschwätz · papperlapapp; ach Possen (*veraltet*) ♦ *umg*: larifari – **2.** U. machen: ⟨*törichte Späße machen*⟩ Unfug treiben · Dummheiten/Geschichten machen ♦ *umg*: Zicken/Faxen machen; → *auch* herumalbern – **3.** U. reden: → schwafeln
unsinnig: 1. → sinnlos (1), widersinnig (1) – **2.** → sehr
Unsinnigkeit, die: → Sinnlosigkeit
unsinnlich: nicht sinnlich · unkörperlich · platonisch · geistig
Unsitte, die: → Untugend
unsittlich: amoralisch · unmoralisch · sittenlos · zuchtlos · liederlich + schlecht; → *auch* unanständig (1), unzüchtig, schlüpfrig (1)
Unsittlichkeit, die: Amoralität · Unmoral · Sittenlosigkeit · Zuchtlosigkeit + Schlechtigkeit; → *auch* Schlüpfrigkeit, Unzucht
unsolide: → leichtlebig
unsorgfältig: → nachlässig (1)
Unstäte, die: → Unruhe (I, 1)
unstatthaft: → verboten (1)
unsterblich: unvergänglich ♦ *gehoben*: im Buch der Geschichte eingetragen
unstet: → fahrig, unbeständig, unruhig (1)
Unstetigkeit, die: → Unruhe (I, 1)
unstillbar: → unbezähmbar (1)
unstimmig: → widerspruchsvoll
Unstimmigkeit, die: → Widerspruch (1)
unstreitig: → sicher (4)
unstrittig: → sicher (4)
unsühnbar: → unverzeihlich
unsymmetrisch: → ungleichmäßig
unsympathisch: u. sein: *umg*: nicht jmds. Blutgruppe sein (*meist scherzh*); → *auch* Wohlwollen (2)
unsystematisch: → planlos (1)
untadelig: → einwandfrei (1)
untalentiert: → unbegabt
Untat, die: → Verbrechen (1)
Untätchen, das: an etw. ist kein U.: → einwandfrei (2)
untätig: 1. ⟨*nichts tuend*⟩ passiv · tatenlos · inaktiv · müßig · unbeschäftigt; → *auch* faul (2) – **2.** u. sein: ⟨*sich nicht betätigen*⟩ *umg*: die Hände in der Tasche haben · mit den Händen in der Tasche dastehen · mit verschränkten Armen dastehen · Maulaffen feilhalten + herumstehen; → *auch* faulenzen (1)
Untätigkeit, die: Passivität · Tatenlosigkeit · Inaktivität; → *auch* Faulheit
untauglich: 1. → ungeeignet (1) – **2.** → dienstunfähig

unteilbar: → einheitlich (1)
Unteilbarkeit, die: → Einheit (1)
unten: **1.** ⟨*sich unter etw. od. jmdm. befindend*⟩ drunten (*bes. süddt österr*) + in der Tiefe – **2.** nach u.: → hinunter; von oben bis u.: → ganz (1); von u. auf: → herauf; u. durch sein: → erledigt (3, b); u. durch sein |bei|: → Wohlwollen (2); nicht mehr wissen, was oben und u. ist: → verwirrt (3)
unter: u. der Hand: → heimlich (1); nicht mehr u. uns/u. den Lebenden weilen: → tot (4); u. sich machen: **a)** → einnässen, austreten (1) – **b)** → austreten (2)
Unter, der: → Bube
Unterbau, der: → Grundlage (1)
Unterbekleidung, die: → Unterwäsche (1)
unterbelichtet: **1.** → beschränkt (1), dumm (1) – **2.** geistig u.: → beschränkt (1), dumm (1)
unterbewusst: → unbewusst
unterbieten: den Preis [herunter]drücken
Unterbilanz, die: → Fehlbetrag
unterbinden: ausschalten · sperren ♦ *umg*: einen Riegel vorschieben; → *auch* verhindern
unterbleiben: → wegfallen (1)
Unterbodenwäsche, die: *umg*: Unterwäsche
unterbrechen: **1.** ⟨*am Weitersprechen hindern*⟩ dazwischenreden · ins Wort/in die Rede fallen · das Wort abschneiden · nicht ausreden lassen · über den Mund fahren ♦ *derb*: übers Maul fahren – **2.** → abstellen (1)
Unterbrechung, die: **1.** ⟨*das Unterbrechen eines Ablaufs*⟩ Interruption (*veraltend*); Unterbruch (*schweiz*) – **2.** → Pause (1) – **3.** → Störung
unterbreiten: **1.** → vorlegen (1) – **2.** ein Angebot u.: → vorschlagen
unterbringen: **1.** ⟨*zu einer Arbeitsstelle verhelfen*⟩ *umg*: anbringen · einen Job verschaffen – **2.** → beherbergen – **3.** → verheiraten (I)
Unterbruch, der: → Unterbrechung (1)
unterbügeln: → unterdrücken (1)
unterbuttern: → unterdrücken (1)
unterdes: → unterdessen
unterdessen: unterdes · mittlerweile · inzwischen · derweil[en] · währenddessen · währenddem · zwischendurch · zwischenzeitlich · zwischenher · in der Zwischenzeit · indes[sen] · solange · einstweilen · dazwischen; derweile (*landsch*); indem (*veraltend*) + dabei
unterdrücken: **1.** ⟨*gewaltsam an der freien Entfaltung hindern*⟩ niederhalten · ducken · knebeln · knechten · knuten · tyrannisieren · versklaven · unterjochen · ins Joch spannen + in Schach halten ♦ *umg*: unterbuttern · unterbügeln – **2.** ⟨*in Bezug auf Stimmungen od. Gefühle*: *sich ihnen nicht hingeben*⟩ nicht aufkommen lassen · bezwingen · sich verbeißen · betäuben + hinunterwürgen · hinunterschlucken · im Wein/Alkohol ersäufen/ertränken · abtöten – **3.** ⟨*in Bezug auf widersetzliche Bestrebungen*: [*mit Gewalt*] *gegen sie vorgehen*⟩ [im Keim] ersticken ♦ *umg*: abwürgen; → *auch* niederschlagen (I, 2) – **4.** → zurückhalten (I, 2) – **5.** → niederschlagen (I, 2)
Unterdrücker, der: **1.** → Diktator – **2.** → Peiniger (1)
unterdrückt: geknechtet · geknebelt · versklavt · unter der Knute; → *auch* unfrei (1)
Unterdrückte, der: → Unterprivilegierte
Unterdrückung, die: Knechtung · Versklavung + Niederschlagung; → *auch* Zwang (1)
unterentwickelt: **1.** → rückständig – **2.** → zurückgeblieben (1)
unterernährt: → elend (1)
unterfangen, sich: → unterstehen (II)
Unterfangen, das: → Wagnis
unterfassen: → unterhaken
unterfertigen: → unterschreiben
Unterfertiger, der: → Unterzeichner
Unterfertigte, der: → Unterzeichner
Untergang, der: **1.** → Verfall (1) – **2.** → Verderben (1)
untergeben: **1.** → unterstellt (1) – **2.** u. sein: → unterstehen (I)
untergefasst: → untergehakt
untergehakt: eingehängt · eingehakt · untergefasst · Arm in Arm; eingehenkelt (*landsch*)
untergehen: **1.** ⟨*von Gestirnen gesagt*: *hinter dem Horizont verschwinden*⟩ [ver]sinken · niedergehen ♦ *gehoben*: zur Rüste gehen – **2.** ⟨*von Kulturen od. Reichen gesagt*: *zu bestehen aufhören*⟩ zugrunde gehen + absterben ♦ *gehoben*: dahinschwinden; → *auch* aussterben, zerfallen (2), verfallen (1) – **3.** → ertrinken – **4.** → sinken (1)
untergeordnet: **1.** → unterstellt (1) – **2.** → nebensächlich – **3.** u. sein: **a)** → unterstehen (I) – **b)** → ²abhängen (1)

Untergeschoss, das: Kellergeschoss · Unterstock · Souterrain; → *auch* Stockwerk, Erdgeschoss (1)
Untergestell, das: → Bein (II, 1)
untergliedern: I. untergliedern: → einteilen (1) – **II.** untergliedern, sich: → gliedern (II)
untergraben: I. untergraben: ⟨*vorsichtig u. unmerklich zerstören*⟩ aufweichen · unterminieren · unterhöhlen · aushöhlen · unterwühlen · durchlöchern – **II.** untergraben: → eingraben (I, 1)
Untergrenze, die: → Mindestmaß
unterhaken: sich einhaken · sich einhängen · unterfassen · unter den Arm fassen · jmds. Arm nehmen; sich einhenkeln (*landsch*)
unterhalb: am Fuß des/von ♦ *umg*: unterwärts (*landsch*); → *auch* darunter (1)
Unterhalt, der: **1.** → Lebensunterhalt (1) – **2.** → Alimente
unterhalten: I. unterhalten: **1.** ⟨*jmds. Existenz finanzieren*⟩ ernähren · erhalten · durchbringen · sorgen |für| · für den Lebensunterhalt sorgen ♦ *umg*: durchfüttern – **2.** → belustigen (I) – **II.** unterhalten, sich: **1.** ⟨*sich mit jmdm. in einem Gespräch befinden*⟩ reden/sprechen |mit| · ein Gespräch/eine Unterhaltung führen · Worte wechseln · plaudern · Konversation machen; plauschen · einen Plausch machen (*bes. süddt österr*) ♦ *umg*: talken · einen Schwatz/ein Plauderstündchen/Schwätzchen halten/machen; klönen · schnacken (*norddt*); ratschen (*süddt österr*) ♦ *salopp*: quatschen; → *auch* verständigen (II, 1), sprechen (1), erzählen (1), schwatzen (1), schwafeln – **2.** → vergnügen (II)
Unterhalter, der: Entertainer · Alleinunterhalter + Unterhaltungskünstler · Animateur · Reisebegleiter
unterhaltsam: amüsant · vergnüglich · ergötzlich · gesellig · kurzweilig; pläsierlich (*noch landsch*) + launig · angenehm; → *auch* gesellig (1), anregend, spaßig (1)
Unterhaltsbeitrag, der: → Alimente
Unterhaltsgeld, das: → Alimente
Unterhaltszahlung, die: → Alimente
Unterhaltung, die: **1.** → Gespräch (1), Plauderei – **2.** → Versorgung – **3.** → Belustigung (1) – **4.** eine U. führen: → unterhalten (II, 1)
Unterhaltungsbranche, die: → Unterhaltungsindustrie
Unterhaltungsindustrie, die: Vergnügungsindustrie · Unterhaltungsbranche + Schaugeschäft · Showgeschäft · Showbusiness
Unterhaltungskünstler, der: → Unterhalter
Unterhaltungsmusik, die: Kaffeehausmusik (*abwert*)
Unterhaltungsorchester, das: → [1]Kapelle
unterhandeln: → verhandeln (1)
Unterhändler, der: + Parlamentär
Unterhandlung, die: → Verhandlung (1)
unterhöhlen: → untergraben (I)
Unterholz, das: Niederholz; → *auch* Buschwerk
Unterhose: I. Unterhose, die: ⟨*Kleidungsstück für Männer*⟩ Unterhosen + Slip · Tanga; Liebestöter (*Pl; scherzh*) – **II.** Unterhosen (*Pl*): → I
unterjochen: → unterdrücken (1)
Unterkleid, das: → Unterrock
Unterkleidung, die: → Unterwäsche (1)
unterkommen: 1. ⟨*in einem Betrieb od. einer Institution Mitarbeiter werden*⟩ eine Anstellung finden · eine Stelle bekommen ♦ *umg*: ankommen · einen Job kriegen – **2.** ⟨*in jmds. Haus aufgenommen werden*⟩ Unterkunft/Obdach/Unterschlupf finden + unterschlüpfen ♦ *umg*: unterkriechen
unterkriechen: → unterkommen (2)
unterkriegen: 1. → besiegen (I) – **2.** sich nicht u. lassen: → verzagen (2)
unterkühlt: → kühl (2)
Unterkunft, die: **1.** ⟨*Ort zum Schlafen od. Wohnen*⟩ Quartier · Bleibe · Obdach · Logis · schützendes Dach · Behausung; Absteige · Absteigequartier (*abwert*); Herberge (*veraltet*); Unterstand (*österr*) + Asyl ♦ *salopp*: Penne; → *auch* Wohnung (1), Hotel (1), Schlafgelegenheit – **2.** U. gewähren/bieten: → beherbergen; U. finden: → unterkommen (2)
Unterlage, die: **1.** → Grundlage (1) – **2.** → Schriftstück
Unterland, das: → Flachland
Unterlass, der: ohne U.: → ununterbrochen
unterlassen: absehen |von| · Abstand nehmen |von| · sich [er]sparen · [bleiben] lassen · sich enthalten + vermeiden · beiseite lassen · ablehnen · nicht dergleichen tun ♦ *gehoben*: abstehen |von| ♦ *umg*: sein lassen · sich verkneifen; → *auch* belassen (1)

Unterlassungssünde, die: → Versäumnis
unterlaufen: 1. ⟨*von einem Fehler od. Versehen gesagt: nicht bemerkt werden*⟩ sich einschleichen ♦ *umg*: durchrutschen – **2.** → zustoßen (1)
unterlegen: 1. → besiegt (1) – **2.** u. sein: ⟨*in seinen Fähigkeiten bzw. Leistungen nicht an einen anderen heranreichen*⟩ nicht ebenbürtig sein · nicht das Wasser reichen können ♦ *umg*: sich verstecken müssen/können |vor| · ein/der reinste Waisenknabe sein |gegen|
Unterleib, der: → Bauch (1)
unterliegen: 1. ⟨*bei einem Kampf od. Vergleich nicht siegen*⟩ den Kürzeren ziehen · nicht ankommen |gegen| · der Verlierer sein ♦ *umg*: zweiter Sieger sein (*scherzh*); → *auch* verlieren (I, 3), nachgeben (1) – **2.** keinem Zweifel u.: → feststehen
untermauern: fundieren · erhärten
unterminieren: → untergraben (I)
unternehmen: 1. → tun (1) – **2.** einen Angriff u.: → angreifen (I, 1, a)
Unternehmen, das: **1.** → Unternehmung (1) – **2.** → Geschäft (2) – **3.** ein U. gründen/aufmachen: → selbständig (5, a)
unternehmend: → unternehmungslustig
Unternehmensberater, der: Braintruster
Unternehmensführung, die: Unternehmensleitung · Management; → *auch* Leitung (1)
Unternehmenskonzept, das: + Unternehmensphilosophie · Unternehmensstrategie
Unternehmensleitung, die: → Unternehmensführung
Unternehmensphilosophie, die: → Unternehmenskonzept
Unternehmensstrategie, die: → Unternehmenskonzept
Unternehmer, der: **1.** ⟨*Eigentümer eines Unternehmens*⟩ Arbeitgeber · der Industrielle · Fabrikant · Fabrikbesitzer + Jungunternehmer ♦ *umg*: Brötchengeber (*scherzh*); → *auch* Großunternehmer – **2.** U. werden: → selbständig (5, a); wie ein U.: → unternehmerisch (1)
unternehmerisch: 1. ⟨*nach den Prinzipien eines Unternehmers*⟩ wie ein Unternehmer – **2.** → unternehmungslustig
Unternehmung, die: **1.** ⟨*ein zweckbestimmtes wichtiges Tun*⟩ Unternehmen · Vorhaben · Aktion · Operation + Coup ♦ *gehoben*: Beginnen – **2.** → Geschäft (3)
Unternehmungsgeist, der: **1.** → Unternehmungslust – **2.** → Initiative (1)
Unternehmungslust, die: Tatendurst · Tatendrang · Unternehmungsgeist · Tatenlust; → *auch* Abenteuerlust
unternehmungslustig: tatendurstig · unternehmend; unternehmerisch (*veraltet*) + reiselustig; → *auch* abenteuerlustig
unterordnen, sich: → anpassen (II, 2)
Unterordnung, die: → Gehorsam (1)
Unterpfand, das: → Gewähr (1)
Unterprivilegierte, der: der Benachteiligte · Underdog + der Unterdrückte
unterreden, sich: → beraten (II)
Unterredung, die: → Gespräch (1)
Unterricht, der: **1.** ⟨*das regelmäßige Lehren*⟩ Schule + Schulung; → *auch* Lehrgang – **2.** U. geben: → unterrichten (2)
unterrichten: 1. ⟨*jmdm. einen Sachverhalt vermitteln*⟩ instruieren · ins Bild setzen · in Kenntnis setzen · orientieren · informieren · eine Information geben/erteilen · verständigen · benachrichtigen; → *auch* mitteilen (I), einweihen (2) – **2.** ⟨*regelmäßig Lehrstoff vermitteln*⟩ lehren · beibringen · Kenntnisse vermitteln · Stunden/Unterricht geben/erteilen; Schule halten (*veraltend*); → *auch* lehren (1), ausbilden (1)
Unterrichtsfach, das: → Fach (1, a)
Unterrichtsstunde, die: Stunde + Lektion
Unterrock, der: Unterkleid; Jupon (*schweiz*) + Petticoat
untersagen: → verbieten (1)
untersagt: → verboten (1)
Untersagung, die: → Verbot
Untersatz, der: fahrbarer U.: → Auto (1)
unterschätzen: nicht ernst nehmen · nicht für voll nehmen/ansehen · auf die leichte Schulter nehmen + in den Wind schlagen; → *auch* verkennen
unterscheiden: I. unterscheiden: ⟨*trennende Merkmale feststellen bzw. hervorheben*⟩ einen Unterschied machen · differenzieren · auseinander halten · abheben |von| + sondern – **II.** unterscheiden, sich: → abweichen (2)
unterscheidend: → distinktiv
unterschieben: → unterstellen (II, 1)
Unterschied, der: **1.** ⟨*unterscheidendes Merkmal*⟩ Abweichung · Differenz · Kontrast · Verschiedenheit + Divergenz – **2.** → Gegensatz (1) – **3.** einen U. machen: → unterscheiden (I)

unterschiedlich: → verschiedenartig
unterschiedslos: **1.** → gleich (1) – **2.** → einheitlich (2)
unterschlagen: **1.** ⟨*unrechtmäßig vorenthalten*⟩ veruntreuen · hinterziehen · in die eigene Tasche stecken – **2.** → verschweigen
Unterschlagung, die: Veruntreuung · Untreue · Hinterziehung · Unregelmäßigkeit
Unterschlupf, der: **1.** → Zuflucht – **2.** U. finden: → unterkommen (2)
unterschlüpfen: → unterkommen (2)
unterschreiben: [unter]zeichnen · seinen Namen setzen |unter| · seine Unterschrift geben; unterfertigen (*amtsspr*) + signieren · paraphieren · abzeichnen; → *auch* gegenzeichnen
Unterschrift, die: **1.** ⟨*der Schriftzug des eigenen Namens unter einem Text*⟩ Namenszug + Namenszeichen · Signatur · Signum · Paraphe · Autogramm ♦ *umg*: [Friedrich] Wilhelm (*scherzh*) – **2.** seine U. geben: → unterschreiben
Unterseeboot, das: U-Boot · Tauchboot
untersetzt: gedrungen · stämmig · kompakt · massiv · bullig · massig; pyknisch (*med*) + dick · derb
untersinken: → sinken (1)
Unterstand, der: → Unterkunft (1)
unterstandslos: → obdachlos (1)
Unterste, das: das U. zuoberst kehren: → durchsuchen
unterstehen: **I.** unterstehen: ⟨*jmdn. zum Vorgesetzten haben*⟩ unterstellt/untergeordnet/untergeben sein – **II.** unterstehen, sich: ⟨*trotz Verbot bzw. drohender Strafe tun*⟩ sich erdreisten · die Stirn haben; sich erkecken · sich nicht entblöden (*veraltend*) ♦ *gehoben*: sich unterfangen · sich vermessen · sich die Freiheit nehmen; sich erfrechen · sich erkühnen (*veraltend*); → *auch* erlauben (3), anmaßen (2)
unterstellen: **I.** unterstellen: ⟨*in Bezug auf Fahrzeuge: sie unter ein schützendes Dach bringen*⟩ einstellen; garagieren (*österr schweiz*) + abstellen; → *auch* parken – **II.** unterstellen: **1.** ⟨*von jmdm. etw. ohne Beweis behaupten*⟩ unterschieben · insinuieren + das Wort im Munde [her]umdrehen – **2.** → annehmen (2)
unterstellt: **1.** ⟨*zum Befolgen von jmds. Anweisungen verpflichtet*⟩ untergeordnet · untergeben; untertan (*veraltend*) + subaltern – **2.** u. sein: → unterstehen (I)
Unterstock, der: → Untergeschoss
unterstreichen: → betonen (2)
Unterstreichung, die: → Betonung (3)
unterstützen: **I.** unterstützen: **1.** ⟨*durch Zustimmung bzw. fördernde Aktivitäten helfen*⟩ Rückhalt geben · den Rücken/das Rückgrat stärken/steifen · dahinter stehen · stehen |hinter| · halten |zu| ♦ *umg*: Schützenhilfe leisten; → *auch* helfen (1), eintreten (7, a) – **2.** ⟨*wirtschaftl. Hilfe leisten*⟩ Geld zuwenden · zuschießen; subventionieren (*Wirtsch*); → *auch* sponsern, beisteuern (1) – **3.** → fördern (1) – **4.** finanziell u.: → sponsern – **II.** unterstützen: → stützen (I)
unterstützend: subsidiär
Unterstützung, die: **1.** ⟨*Hilfe durch Zustimmung bzw. fördernde Aktivitäten*⟩ Rückhalt · Rückenstärkung · Rückendeckung ♦ *umg*: Schützenhilfe; → *auch* Hilfe (1) – **2.** ⟨*finanzielle Hilfe*⟩ Beihilfe · Zuwendung · Alimentierung · Zuschuss; Subsidien (*veraltet*) + Spende; → *auch* Subvention, Spende (1), Vergütung (1) – **3.** → Hilfe (1) – **4.** → Förderung (1) – **5.** U. angedeihen lassen/erweisen/gewähren: → helfen (1)
untersuchen: **1.** ⟨*unter bestimmten Aspekten u. mit bestimmten Methoden genau prüfen*⟩ analysieren · zergliedern · auf den Grund gehen · durchleuchten + hineinleuchten; → *auch* durchforschen (1) – **2.** ⟨*den Gesundheitszustand feststellen*⟩ explorieren (*med*) + den Puls fühlen; → *auch* abhören (1)
Untersuchung, die: **1.** ⟨*wissenschaftlich erarbeitetes u. schriftlich fixiertes Ergebnis*⟩ Analyse · Arbeit · Abhandlung · Studie · Fallstudie + Beobachtung – **2.** demoskopische U.: → Umfrage (1)
untertags: → tagsüber
untertan: **1.** → unterstellt (1) – **2.** sich u. machen: → unterwerfen (1)
untertänig: → unterwürfig
Untertänigkeit, die: → Unterwürfigkeit
Untertasse, die: fliegende U.: → UFO
untertauchen: **1.**→ tauchen (1) – **2.** → verschwinden (2)
unterteilen: **I.** → einteilen (1) – **II.** unterteilen, sich: → gliedern (II)
Untertreibung, die: Understatement
unterwärts: → unterhalb
Unterwäsche, die: **1.** ⟨*unmittelbar auf dem Körper getragene Wäsche*⟩ Leibwäsche ·

Unter[be]kleidung · Underwear ♦ *umg*: Unterzeug – **2.** → Unterbodenwäsche
Unterwasserforscher, der: Aquanaut · Ozeanaut · Tiefseeforscher + Meeresforscher
unterwegs: auf dem Weg · auf den Beinen ♦ *umg*: auf [der] Achse
unterweisen: → anleiten (1)
Unterweisung, die: → Anleitung (1)
Unterwelt, die: **1.** ⟨*in der Mythologie das Reich der Toten*⟩ Totenreich · Schattenwelt · Schattenreich · Geisterwelt · Hades · Orkus; → *auch* Hölle (1) – **2.** ⟨*das organisierte Verbrecherwesen*⟩ Verbrechertum · Verbrecherwelt · Gangstertum; → *auch* Verbrecherorganisation
Unterweltler, der: → Verbrecher
unterwerfen: 1. ⟨[*mit Gewalt*] *unter seine Herrschaft bringen*⟩ auf/in die Knie zwingen; sich untertan machen · unter seine Botmäßigkeit bringen (*veraltend*) + beugen; → *auch* besiegen (I) – **2.** einer Prüfung/einem Test u.: → prüfen (1)
Unterwerfung, die: **1.** ⟨*das Unterwerfen*⟩ + Eroberung – **2.** ⟨*das Sichunterwerfen*⟩ Kniefall · Kanossagang · Gang nach Kanossa
unterwühlen: → untergraben (I)
unterwürfig: ergeben · untertänig · devot · subaltern · servil; knechtisch · sklavisch · lakaienhaft · liebedienerisch · speichelleckerisch · kriecherisch · hündisch (*abwert*); buhlerisch · byzantinisch (*veraltet*); → *auch* schmeichlerisch, duckmäuserisch
Unterwürfigkeit, die: Ergebenheit · Untertänigkeit · Devotion · Servilität; Katzbuckelei · Speichelleckerei · Kriecherei · Liebedienerei · Dienerei (*abwert*); Byzantinismus (*veraltet*); → *auch* Schmeichelei
unterzeichnen: → unterschreiben
Unterzeichner, der: der Unterzeichnete · der Unterfertigte · Unterfertiger (*amtsspr*); der Endesunterzeichnete · der Endesunterfertigte (*amtsspr veraltend*)
Unterzeichnete, der: → Unterzeichner
Unterzeug, das: → Unterwäsche (1)
unterziehen: einem Verhör u.: → verhören (I); einer Prüfung/einem Test u.: → prüfen (1)
untief: → flach (1)
Untiefe, die: → Sandbank
Untier, das: → Ungeheuer (1)
untreu: 1. ⟨*sich nicht mehr redlich gegenüber jmdm. verhaltend*⟩ treulos · illoyal · wortbrüchig · perfid[e] ♦ *gehoben*: ungetreu; → *auch* gemein (1) – **2.** ⟨*nicht die eheliche Treue haltend*⟩ treulos · ehebrecherisch – **3.** → abtrünnig – **4.** u. sein: → betrügen (2, a)
Untreue, die: **1.** ⟨*unredliches Verhalten gegenüber jmdm.*⟩ Treulosigkeit · Illoyalität · Perfidie · Perfidität + Falschheit · Fahnenflucht; → *auch* Gemeinheit – **2.** ⟨*Verletzung der ehelichen Treue*⟩ Treulosigkeit · Ehebruch · Seitensprung – **3.** → Unterschlagung
untröstlich: → traurig (1)
untrüglich: → sicher (4)
untüchtig: → unfähig (1)
Untüchtigkeit, die: → Unvermögen
Untugend, die: Laster · Unsitte + Schwäche
unüberbrückbar: → unversöhnlich (2)
unüberlegt: 1. ⟨*nicht vorher durchdacht*⟩ gedankenlos · unbedacht · unbesonnen · ohne Bedacht/Überlegung · impulsiv · blind[lings]; → *auch* unvernünftig, übereilt, leichtfertig – **2.** u. handeln/tun: → überstürzen
unübersichtlich: → verworren (1)
unübertrefflich: → hervorragend (1)
unübertroffen: → vollkommen (1), hervorragend (1)
unüberwindbar: → unbesiegbar
unüberwindlich: → unbesiegbar
unüblich: 1. → ungewöhnlich – **2.** → ungebräuchlich – **3.** u. werden: → veralten
unumgänglich: → notwendig (1), unvermeidlich
unumkehrbar: nicht umkehrbar; irreversibel (*fachspr*) + irreparabel
unumschränkt: → absolut (1)
unumstößlich: → endgültig
unumwunden: → offen (3)
ununterbrochen: [an]dauernd · anhaltend · [be]ständig · fortwährend · fortdauernd · auf Dauer · fortgesetzt · [fort]laufend · immerwährend · immerfort · in einem fort · unaufhörlich · unablässig · unausgesetzt · unverwandt · pausenlos · ohne Pause · am laufenden Band · alle Augenblicke · stet[ig] · in steter Folge · in einem Zug · ohne Unterlass; stät (*schweiz*) + von früh bis spät · vom Morgen bis zum Abend · zügig · Zug um Zug ♦ *umg*: hintereinanderweg · in einem weg · in einer Tour · auf einen/in einem Ritt · auf einen Sitz + Schlag auf Schlag; → *auch* immer (1), dauernd (1), fortlaufend (1), endlos (b)

unveränderlich: **1.** ⟨*keine Veränderungen zeigend*⟩ gleich bleibend · konstant · invariabel – **2.** → dauerhaft
unverändert: unveränderter Nachdruck: → Reprint
unverantwortlich: → leichtsinnig
unverbesserlich: **1.** ⟨*nicht fähig od. willens, sich zu bessern*⟩ uneinsichtig · unbußfertig ♦ *umg*: hart gesotten – **2.** u. sein ⟨*sich nicht bessern können od. wollen*⟩ *umg*: bei/an jmdm. ist Hopfen und Malz verloren · ein hoffnungsloser Fall sein (*oft scherzh*)
unverbildet: → natürlich (1)
unverbindlich: ohne Gewähr; ohne Obligo (*Wirtsch*)
unverblümt: → offen (3)
unverbrennbar: → feuerfest
unverbrüchlich: → dauerhaft
unverbunden: → getrennt
unverbürgt: → ungewiss (1)
unverdaulich: → ungenießbar (1)
unverdorben: **1.** → frisch (1) – **2.** → jungfräulich
unverdrossen: → beharrlich (1)
unverehelicht: → ledig (1)
unvereinbar: disparat; inkompatibel (*fachspr*); → *auch* verschiedenartig
Unvereinbarkeit, die: Disparität; Inkompatibilität (*fachspr*); → *auch* Verschiedenartigkeit
unverfälscht: **1.** → echt (1) – **2.** → rein (1) – **3.** → natürlich (1)
unverfroren: → unverschämt (1)
Unverfrorenheit, die: → Unverschämtheit
unvergänglich: → unsterblich
unvergesslich: unauslöschlich · unauslöschbar ♦ *gehoben*: unverlöschlich
unvergleichbar: unvergleichlich · inkommensurabel · inkomparabel; → *auch* vollkommen (1)
unvergleichlich: **1.** → unvergleichbar – **2.** → hervorragend (1)
unverhältnismäßig: **1.** → unangemessen – **2.** → übermäßig
unverheiratet: → ledig (1)
unverhofft: → unerwartet
unverhohlen: → offen (3)
unverhüllt: **1.** → offen (3) – **2.** → nackt, bloß (1)
unverkennbar: → kennzeichnend
unverkrampft: → ungezwungen
unverlässlich: → unzuverlässig
unverletzt: unversehrt · heil · wohlbehalten; intakt · ganz (*scherzh*) + gesund
unverlöschlich: → unvergesslich
unvermählt: → ledig (1)
unvermeidbar: → unvermeidlich
unvermeidlich: unvermeidbar · unabwendbar · unausbleiblich · unausweichlich · unumgänglich · zwangsläufig + gottgegeben; → *auch* vorbestimmt, sicher (2)
unvermischt: **1.** → rein (1) – **2.** → echt (1)
unvermittelt: → plötzlich (1)
Unvermögen, das: Unfähigkeit · Untüchtigkeit · Impotenz
unvermögend: **1.** → unfähig (1) – **2.** → arm (1)
unvermutet: → unerwartet
Unvernunft, die: Torheit · Vernunftlosigkeit ♦ *umg*: Dusselei · Blödheit; → *auch* Einfalt
unvernünftig: töricht · unklug · vernunftlos · ohne Vernunft; → *auch* unüberlegt (1), sinnlos (1), beschränkt (1), einfältig (2)
unverpackt: → lose (1)
unverrichteterdinge: → ergebnislos (1)
unverrichtetersache: → ergebnislos (1)
unverrückbar: → dauerhaft, fest (1)
unverschämt: **1.** ⟨*provozierend respektlos*⟩ unverfroren · insolent · dreist · schamlos; tolldreist (*veraltend*) + plump; → *auch* frech (1) – **2.** u. sein: ⟨*von provozierender Respektlosigkeit zeugen*⟩ *umg*: starker Tobak/ein starkes Stück sein · ein Hammer sein
Unverschämtheit, die: Unverfrorenheit · Insolenz · Dreistigkeit · Schamlosigkeit + Beleidigung; → *auch* Frechheit, Zumutung
unverschlossen: → offen (1)
unverschuldet: → schuldenfrei
unversehens: → plötzlich (1)
unversehrt: **1.** → unbeschädigt – **2.** → unverletzt
unversiegbar: → unerschöpflich
unversöhnbar: → unversöhnlich (1)
unversöhnlich: **1.** ⟨*von Menschen gesagt: zu keiner Versöhnung bereit*⟩ unversöhnbar · todfeind + unverträglich ♦ *umg*: wie Hund und Katze; → *auch* unnachgiebig (1), kompromisslos – **2.** ⟨*in Bezug auf Gegensätze: nicht zu überbrückend*⟩ unüberbrückbar · wie Feuer und Wasser
Unverstand, der: → Dummheit (1)
unverständig: → dumm (1)

unverständlich: **1.** ⟨*nicht verstehbar*⟩ hieroglyphisch · ein Buch mit sieben Siegeln ♦ *umg*: zu hoch; böhmische Dörfer · höhere Mathematik (*scherzh*) – **2.** → unbegreiflich – **3.** → unklar (1)
unversucht: nichts u. lassen: → versuchen (I, 4)
unverträglich: **1.** → streitsüchtig – **2.** → unversöhnlich (1)
unverwandt: → ununterbrochen
unverwehrt: u. sein: → freistehen
unverweilt: → sofort
unverwüstlich: → haltbar (1)
unverzagt: → tapfer
Unverzagtheit, die: → Tapferkeit
unverzeihbar: → unverzeihlich
unverzeihlich: unverzeihbar · unentschuldbar ♦ *gehoben*: unsühnbar
unverzüglich: **1.** → sofort – **2.** → sofortig
unvollendet: → unvollständig
unvollkommen: → unvollständig
unvollständig: lückenhaft · defektiv · unvollkommen · unvollendet · unfertig · halb · nichts Halbes und nichts Ganzes + defekt; → *auch* bruchstückhaft
unvorbereitet: → frei (3)
unvoreingenommen: → sachlich (1)
unvorhergesehen: → unerwartet
unvorsichtig: → leichtsinnig
unvorstellbar: u. sein: nicht auszudenken sein
unwägbar: **1.** → unmessbar – **2.** → imponderabel
Unwägbarkeiten (*Pl*): Imponderabilien
unwahr: lügenhaft · lügnerisch · schwindelhaft · [von A bis Z] erlogen + legendenhaft ♦ *salopp*: erstunken und erlogen
unwahrhaftig: → unaufrichtig (1)
Unwahrheit, die: **1.** → Lüge (1) – **2.** die U. sagen: → lügen (1)
unwahrscheinlich: **1.** → zweifelhaft (1) – **2.** → unglaublich (1)
Unwandelbarkeit, die: → Beständigkeit (1)
unwegsam: unzugänglich · weglos · pfadlos · unbegehbar · unbefahrbar · unpassierbar
unweigerlich: → sicher (2)
unwesentlich: → unwichtig (1)
Unwetter, das: Wetter ♦ *gehoben*: Aufruhr der Elemente; → *auch* Sturm (1)
unwichtig: **1.** ⟨*nicht von Wichtigkeit*⟩ bedeutungslos · unbedeutend · unwesentlich · insignifikant · unerheblich · belanglos · ohne/nicht von Belang · irrelevant · nichtig · akzident[i]ell · gleichgültig · minderbedeutend · nicht/kaum der Rede wert · nicht erwähnenswert; → *auch* nebensächlich – **2.** als u. abtun: ⟨*als nicht wichtig ansehen u. deshalb nicht berücksichtigen*⟩ vom Tisch wischen · beiseite schieben – **3.** u. sein: → wichtig (4)
unwiderlegbar: **1.** → sicher (4) – **2.** → beweisbar
unwiderleglich: **1.** → sicher (4) – **2.** → beweisbar
unwiderruflich: → endgültig
unwiderstehlich: → bezaubernd, anziehend (1)
Unwille, der: **1.** → Entrüstung – **2.** Unwillen erregen: → entrüsten (I)
unwillkürlich: → mechanisch
unwirklich: irreal · unreal · inexistent · traumhaft
Unwirklichkeit, die: Irrealität
unwirksam: **1.** ⟨*keine Wirkung zeigend*⟩ wirkungslos · ineffektiv · ineffizient – **2.** → ungültig (1)
unwirsch: → unfreundlich (1)
unwirtlich: **1.** → öd[e] (1) – **2.** → unfreundlich (2)
unwirtschaftlich: ineffizient · ineffektiv · unökonomisch · unrentabel
unwissend: **1.** → unerfahren (1) – **2.** → ungebildet
Unwissenheit, die: Unkenntnis · Ignorantentum · Ignoranz
unwohl: **1.** ⟨[*leicht*] *in seiner Gesundheit beeinträchtigt*⟩ indisponiert · unpässlich · elend · miserabel ♦ *salopp*: hundsmiserabel · hundeelend; → *auch* elend (1), übel (1), krank (1) – **2.** → unbehaglich (1)
Unwohlsein, das: Unpässlichkeit; → *auch* Übelkeit, Krankheit, Schwäche (1)
unwohnlich: → ungemütlich (1)
unwürdig: → ehrlos
Unzahl, die: → Menge (1)
unzählbare: → viel (I, 1)
unzählige: **1.** → viel (I, 1) – **2.** u. Mal[e]: → oft
Unzeit, die: zur U. kommen: → stören (2)
unzeitgemäß: → veraltet (1)
unzeitig: → ungelegen (1)
unzerbrechlich: → haltbar (1)
unzeremoniell: → ungezwungen
unzerstörbar: → dauerhaft
unzertrennlich: u. sein: → zusammenhalten (2)

unziemend: → ungehörig
unziemlich: → ungehörig
unzivilisiert: **1.** ⟨*von der Zivilisation noch unberührt*⟩ primitiv · urtümlich; wild (*veraltend*) – **2.** → ungeschliffen – **3.** → ungebildet
Unzucht, die: Hurerei (*abwert*); Unkeuschheit (*veraltend*); Buhlerei (*veraltet*) + Ausschweifung · Orgie; → *auch* Unsittlichkeit, Unanständigkeit (2), Schlüpfrigkeit
unzüchtig: schamlos; unkeusch (*veraltend*); buhlerisch (*veraltet*) + ausschweifend · pornografisch; → *auch* unsittlich, unanständig (1), schlüpfrig (1)
unzufrieden: → missmutig
Unzufriedenheit, die: → Missmut
unzugänglich: **1.** → abgelegen – **2.** → unwegsam – **3.** → verschlossen (2) – **4.** → verstockt (1)
unzukömmlich: → unzureichend
unzulänglich: → unzureichend
unzulässig: → verboten (1)
unzurechnungsfähig: → geisteskrank (1)
unzureichend: ungenügend · unzulänglich · mangelhaft · insuffizient · kümmerlich · [not]dürftig · primitiv · unbefriedigend · ärmlich · armselig; unzukömmlich (*österr*); → *auch* knapp (1)
unzusammenhängend: → zusammenhanglos (1)
unzuträglich: **1.** → schädlich (1 *u.* 2) – **2.** → ungünstig
unzutreffend: → falsch (1)
unzuverlässig: unverlässlich + ein unsicherer Kandidat/Kantonist
unzweckmäßig: **1.** → ungünstig – **2.** → ungeeignet (1)
unzweideutig: → deutlich (3)
Unzweideutigkeit, die: → Deutlichkeit (3)
unzweifelhaft: → sicher (4)
Upperclass, die: → Oberschicht
Upperten (*Pl*): → Oberschicht
üppig: **1.** ⟨*von Mahlzeiten gesagt: sehr reichlich u. gut*⟩ opulent · schwelgerisch · lukullisch; → *auch* reichlich – **2.** ⟨*von Pflanzen gesagt: stark wuchernd*⟩ geil – **3.** → dick (1) – **4.** → überreichlich – **5.** ü. bebust: → vollbusig (1)
Üppigkeit, die: Fülle · Reichtum; → *auch* Überfluss (1)
up to date: **1.** → gegenwartsnah[e] – **2.** u. sein: **a)** → Stand (5) – **b)** → ^{2}modern (2)
Urahn, der: **1.** → Vorfahr[e] (I) – **2.** → Urgroßvater
Urahne: **I.** Urahne, der: **1.** → Vorfahr[e] (I) – **2.** → Urgroßvater – **II.** Urahne, die: **1.** → Vorfahrin – **2.** → Urgroßmutter
uralt: → alt (1 *u.* 2)
Uranist, der: → Homosexuelle (I)
Uraufführung, die: → Premiere
urban: **1.** → städtisch (2) – **2.** → weltoffen – **3.** → gebildet
Urbanisation, die: Urbanisierung · Verstädterung
urbanisieren: verstädtern
Urbanisierung, die: → Urbanisation
urbar: u. machen: → kultivieren (1), roden (1)
Urbarmachung, die: → Rodung (1)
Urbegriff, der: → Inbegriff
Urbehagen, das: → Lebensfreude
Urbewohner, der: → Ureinwohner
Urbild, das: Archetyp · Urtyp · Urform · Urgestalt
urchig: → naturhaft
ureigen: → eigen (1)
Ureinwohner, der: der Eingeborene · Urbewohner
Urfassung, die: Grundtext · Urschrift · Original · Quelle + Originalausgabe
Urform, die: → Urbild
urgemütlich: → gemütlich
Urgeschichte, die: → Vorgeschichte
urgeschichtlich: → vorgeschichtlich
Urgestalt, die: → Urbild
urgieren: → drängen (1)
Urgroßmutter, die: Urahne (*noch landsch*); Ältermutter (*veraltet*) ♦ *umg*: Uroma
Urgroßvater, der: Urahn[e] (*noch landsch*); Ältervater (*veraltet*) ♦ *umg*: Uropa
Urheber, der: Schöpfer + Vater; → *auch* Verfasser
Urheberrecht, das: Copyright
Urian, der: → Teufel (1)
urig: → naturhaft
Urin, der: **1.** ⟨*über die Nieren ausgeschiedene Flüssigkeit*⟩ Harn · Wasser ♦ *umg*: Pipi (*kinderspr*) ♦ *derb*: Pisse · Piss; Seiche · Seich (*landsch*) – **2.** U. lassen: → austreten (1); im U. haben: → spüren (1)
urinieren: → austreten (1)
Urkunde, die: Dokument + Akte · Charta · Diplom
urkundlich: → beweiskräftig

Urlaub, der: **1.** → Ferien (1) – **2.** → Erholung (1) – **3.** U. geben/gewähren: → beurlauben; U. machen: → ausspannen (I, 2)
urlauben: → ausspannen (I, 2)
Urlauber, der: Feriengast · Urlaubsgast · der Erholungssuchende · Tourist; Sommerfrischler (*veraltend*) + der Vergnügungsreisende
Urlaubsgast, der: → Urlauber
Urlaubsort, der: → Erholungsort
Urne, die: **1.** → Sarg – **2.** zur U. gehen: → wählen (1)
Urnengang, der: → Wahl (1)
Urninde, die: → Homosexuelle (II)
Urning, der: → Homosexuelle (I)
Uroma, die: → Urgroßmutter
Uropa, der: → Urgroßvater
urplötzlich: → plötzlich (1)
Urquell, der: → Ursprung
Ursache, die: Anlass · Grund · Auslöser · Wurzel · Warum + Hintergrund · des Pudels Kern; → *auch* Veranlassung
ursächlich: kausal
Ursächlichkeit, die: Kausalität · Kausalzusammenhang · Kausalnexus
Urschel, die: → Frau (I, 1)
Urschrift, die: → Urfassung
Ursprung, der: **1.** ⟨*der erste Anfang*⟩ Quelle · Wiege · Wurzel · Ausgangspunkt ♦ *gehoben*: Urquell; → *auch* Beginn (1) – **2.** → Provenienz
ursprünglich: **1.** ⟨*ohne Veränderungen seit dem Entstehen*⟩ eigentlich · primär · original · originär · von Haus aus – **2.** → natürlich (1)
Ursprünglichkeit, die: Originalität
urst: → großartig (1)
Urständ, die: fröhliche U. feiern: → aufleben (1)
Urteil, das: **1.** ⟨*Entscheidung eines Gerichts*⟩ Richterspruch · Urteilsspruch · Rechtsspruch; Verdikt (*Rechtsw veraltet*) + Schiedsspruch – **2.** → Meinung (1) – **3.** → Beurteilung – **4.** das U. fällen: ⟨*als Richter entscheiden*⟩ das Urteil sprechen · einen Spruch fällen · urteilen · richten + Recht sprechen · befinden |über|; → *auch* verurteilen (1) – **5.** das U. sprechen: → 4; sich ein U. bilden: → urteilen (1)
urteilen: **1.** ⟨*zu einem Urteil gelangen*⟩ sich ein Urteil bilden – **2.** → Urteil (4) – **3.** u. |über|: ⟨*eine Meinung über etw. od. jmdn. haben*⟩ denken |über| · beurteilen; → *auch* meinen
Urteilsfähigkeit, die: → Urteilsvermögen
Urteilskraft, die: → Urteilsvermögen
Urteilslosigkeit, die: → Dummheit (1)
Urteilsspruch, der: → Urteil (1)
Urteilsvermögen, das: Urteilsfähigkeit · Urteilskraft; → *auch* Denkvermögen
urtümlich: → unzivilisiert (1)
Urtyp, der: → Urbild
Urvieh, das: → Original (1)
Urwald, der: Dschungel; die grüne Hölle (*veraltend*) + Regenwald · Busch; → *auch* Wald (1)
urweltlich: → versteinert
urwüchsig: → naturhaft
Urzeit, die: **1.** → Vorzeit (1) – **2.** seit Urzeiten: → lange (2); vor Urzeiten: → damals
urzeitlich: → vorzeitlich
Usance, die: → Gewohnheit (1)
User, der: → Rauschgiftsüchtige
usuell: → üblich (1)
usurpieren: → Macht (4)
Usus, der: → Gewohnheit (1)
Utensil: **I.** Utensil, das: → Gebrauchsgegenstand – **II.** Utensilien (*Pl*): → Zubehör (1)
Utopia, das: → Märchenland
utopisch: → unmöglich (1)
Uz, der: → Neckerei
uzen: → necken

V

Vabanquespiel, das: → Wagnis
Vademekum, das: → Leitfaden (1)
Vagabund, der: → Landstreicher
vagabundieren: → herumtreiben, sich
vage: 1. → unklar (1) – **2.** → verschwommen (1)
vagieren: → umherziehen
Vagina, die: → Scheide (1)
vakant: → unbesetzt (1)
Vakuum, das: **1.** → Hohlraum – **2.** → Leere (1)
vakzinieren: → impfen
Valet, das: das V. geben: → verabschieden (I, 1); V. sagen: **1.** → verabschieden (II, 1) – **2.** → aufgeben (3)
valid: → gültig (1)
valieren: → gültig (2)
Valuta, die: → Währung
valutieren: → veranschlagen
Vampir, der: → Wucherer
Varia (*Pl*): → Allerlei
variabel: → veränderlich
Variante, die: **1.** → Abart – **2.** → Lesart
Variation, die: → Abänderung
Varietät, die: → Abart
variieren: 1. → abändern – **2.** → abweichen (2)
Variierung, die: → Abänderung
Vasall, der: **1.** → Lehnsmann – **2.** → Anhänger (3)
Vater: I. Vater, der: **1.** ⟨*Mann in Bezug auf seine Kinder*⟩ Erzeuger; alter Herr (*veraltend*); Vati · Papa · Papi (*kinderspr*) ♦ *salopp*: der Alte; → *auch* Familienoberhaupt – **2.** V. und Mutter: → Eltern (1); der Heilige V.: → Papst (1); der himmlische V., V. im Himmel: → Gott (1, a); V. Staat: → Staat (1) – **II.** Väter (*Pl*): **1.** → Vorfahr[e] (II) – **2.** zu seinen Vätern versammelt werden, sich zu den Vätern versammeln: → sterben (1)
Vaterland, das: → Heimat (1)
vaterländisch: 1. → patriotisch – **2.** → national (1)
Vaterlandsfreund, der: → Patriot
Vaterlandsliebe, die: → Heimatliebe
vaterlandsliebend: → patriotisch
väterlich: → gütig (1)
Väterlichkeit, die: → Güte (1)
Vater[s]name, der: → Familienname
Vaterunser, das: → Gebet
Vati, der: **1.** → Vater (I, 1) – **2.** kleiner V.: → altklug
Veganer, der: → Vegetarier
Vegetabilien (*Pl*): → Pflanzenkost
Vegetarianer, der: → Vegetarier
Vegetarier, der: Vegetarianer · Veganer
vegetarisch: vegetarische Kost: → Pflanzenkost
Vegetation, die: → Pflanzenwuchs
vegetieren: → dahinleben
vehement: → heftig (1, b)
Vehemenz, die: → Wucht (1)
Vehikel, das: **1.** → Fahrzeug (1) – **2.** → Auto (1)
Veilchen, das: blau wie ein V.: → betrunken (1)
veilchenblau: 1. → blau (1) – **2.** → betrunken (1)
Velo, das: → Fahrrad
Vene, die: → Blutader
Ventilation, die: → Lüftung
Ventilator, der: Lüfter ♦ *salopp*: Miefquirl (*scherzh*); → *auch* Entlüfter
ventilieren: → überlegen (I, 1)
Venus, die: **1.** ⟨*Planet*⟩ Abendstern · Morgenstern – **2.** → Schönheit (2)
veraasen: → verschwenden
verabfolgen: 1. → abgeben (I, 1) – **2.** → ausgeben (I, 1)
Verabfolgung, die: → Ausgabe (1)
verabreden: → vereinbaren (1)
verabredet: wie v.: → verabredetermaßen
verabredetermaßen: absprachegemäß · vereinbarungsgemäß · wie vereinbart/verabredet

Verabredung, die: **1.** ⟨*vereinbartes Zusammentreffen*⟩ Rendezvous; Stelldichein (*veraltend*) ♦ *umg*: Date; Bestellung (*veraltet*); → *auch* Zusammenkunft – **2.** → Vereinbarung (1)
verabreichen: einen Denkzettel v.: → bestrafen; eine [Ohrfeige] v.: → ohrfeigen
verabsäumen: → versäumen (1)
verabscheuen: Abscheu empfinden/hegen · von Abscheu ergriffen sein · nicht leiden können ♦ *umg*: nicht verknusen können · auf den Tod nicht leiden können; → *auch* verachten (1), hassen
verabscheuenswert: → verwerflich, ehrlos
verabscheuungswürdig: → verwerflich, ehrlos
verabschieden: I. verabschieden: **1.** ⟨*zum Weggehen veranlassen*⟩ hinauskomplimentieren ♦ *gehoben*: das Valet geben (*veraltet*) – **2.** → entlassen (2) – **II.** verabschieden, sich: **1.** ⟨*sich mit einem Gruß von jmdm. trennen*⟩ sich empfehlen · Abschied nehmen · Lebewohl/Auf Wiedersehen sagen; Valet sagen (*veraltet*) ♦ *gehoben*: scheiden; → *auch* trennen (II) – **2.** sich v. |von|: → aufgeben (3)
verachten: 1. ⟨*als verachtenswert ansehen u. behandeln*⟩ gering achten/schätzen · missachten · nicht achten · hinabblicken |auf| · hinabschauen |auf| · herabblicken |auf| · herabschauen |auf| · herabsehen |auf| · hinunterblicken |auf| · hinunterschauen |auf| · hinuntersehen |auf| · gering denken |von| · von oben herab ansehen · mit Verachtung strafen · über die Achsel/Schulter ansehen · von der Seite ansehen · die Nase rümpfen |über| + herabwürdigen · nicht für voll ansehen/nehmen · mit Füßen treten; → *auch* verabscheuen, ignorieren (1) – **2.** nicht zu v.: → gut (1)
verächtlich: 1. → entehrend – **2.** → ehrlos – **3.** → geringschätzig – **4.** v. machen: → herabwürdigen (I)
Verächtlichmachung, die: → Herabwürdigung
Verachtung, die: **1.** ⟨*das Verachten*⟩ Geringachtung · Missachtung · Geringschätzung · Geringschätzigkeit + Hass · Widerwille – **2.** mit V. strafen: → verachten (1)
verachtungswürdig: → ehrlos
veralbern: → narren
verallgemeinern: generalisieren
veralten: unmodern/unüblich werden · aus der Mode/aus dem Gebrauch kommen · abkommen + vergehen
veraltet: 1. ⟨*nicht mehr zeitgemäß*⟩ überholt · überlebt · unzeitgemäß · unmodern · obsolet; fossil · vorweltlich · vorsintflutlich (*scherzh*) + rückständig ♦ *gehoben*: abgelebt ♦ *umg*: passee; → *auch* altmodisch, ungebräuchlich – **2.** v. sein: ⟨*nicht mehr üblich sein*⟩ der Vergangenheit angehören ♦ *umg*: [mega]out sein · in die Mottenkiste gehören · aus der Mottenkiste stammen
Veranda, die: → Brust (I, 2)
veränderbar: → veränderlich
veränderlich: wandelbar · veränderbar · variabel; mutabel · kommutabel (*fachspr*)
verändern: I. verändern: → umgestalten – **II.** verändern, sich: **1.** → ändern (II) – **2.** → heiraten (1) – **3.** → kündigen (1)
Veränderung, die: **1.** ⟨*das Sichändern*⟩ Änderung · Wechsel · Wandel · Wandlung · Umänderung; → *auch* Umgestaltung, Abänderung – **2.** → Umgestaltung
verängstigen: → ängstigen (I)
verängstigt: → ängstlich (1)
verankern: → festlegen (I, 1)
veranlagen: 1. → veranschlagen – **2.** → anlegen (I, 1)
veranlagt: beschaffen · disponiert ♦ *umg*: gebaut
Veranlagung, die: Anlage[n] · Beschaffenheit · Art[ung] · Disposition; → *auch* Begabung (1), Wesensart
veranlassen: 1. ⟨*bewirken, dass etw. ausgeführt wird*⟩ anhalten |zu| · bewegen |zu| · antreiben · anregen · initiieren · den Anstoß geben · ins Werk setzen · Sorge tragen, dass … · dafür sorgen, dass … · dazu bringen + befehlen · bestimmen · durchsetzen · erzwingen; → *auch* auslösen (1, b), einreden (2), verursachen – **2.** → anordnen (2)
Veranlassung, die: Anlass · Grund · Beweggrund · Motiv; → *auch* Antrieb (1), Ursache
veranschaulichen: verbildlichen · verlebendigen · illustrieren · erläutern · deutlich machen · vor Augen führen · [ad oculos] demonstrieren + erklären · beleuchten · hervorheben; → *auch* verdeutlichen, vergegenständlichen, zeigen (I, 2)
Veranschaulichung, die: Verbildlichung · Illustration · Illustrierung · Verdeutlichung · Demonstration; → *auch* Beispiel (1)

veranschlagen: ansetzen · anschlagen · schätzen |auf| · einschätzen; in Ansatz/Anschlag bringen (*kaufm bzw. amtsspr*); veranlagen · valutieren (*fachspr*); → *auch* berechnen (I, 2), schätzen (1)
Veranschlagung, die: Anschlag · Ansatz (*kaufm*); → *auch* Schätzung (1)
veranstalten: 1. ⟨*stattfinden lassen*⟩ abhalten · ausrichten · durchführen · ins Werk setzen · inszenieren · in Szene setzen · organisieren · zur Durchführung bringen + halten · arrangieren ♦ *umg*: machen – **2.** eine Umfrage v.: → befragen (1)
Veranstalter, der: Organisator
Veranstaltung, die: **1.** ⟨*das Veranstalten*⟩ Organisation · Organisierung · Abhaltung · Abwicklung · Durchführung + Bewerkstelligung; → *auch* Ausführung (1) – **2.** → Fest (1)
verantworten: I. verantworten: ⟨*für etwaige Folgen aufkommen* [*wollen*]⟩ die Verantwortung übernehmen/tragen · verantwortlich sein/zeichnen · einstehen |für| · geradestehen |für| · haften |für| · auf seine Kappe nehmen ♦ *umg*: auf seinen Buckel nehmen – **II.** verantworten, sich: ⟨*eine* [*rechtfertigende*] *Begründung geben*⟩ Rede und Antwort stehen · Rechenschaft ablegen; → *auch* rechtfertigen (II)
verantwortlich: 1. ⟨*zum Tragen der Folgen verpflichtet*⟩ haftbar · haftpflichtig – **2.** ⟨*für das Handeln einer best. Gruppe von Menschen maßgebend*⟩ federführend · zuständig – **3.** → verantwortungsvoll – **4.** → pflichtbewusst – **5.** v. sein/zeichnen: → verantworten (I); v. machen: → belangen (1)
Verantwortliche, der: → [1]Leiter
Verantwortlichkeit, die: **1.** ⟨*das Verantwortlichsein für etwaige Folgen*⟩ Verantwortung + Haftbarkeit · Haftung – **2.** → Verantwortung (1) – **3.** → Pflichtbewusstsein
Verantwortung, die: **1.** ⟨*das Verantwortlichsein für das Handeln einer best. Gruppe von Menschen*⟩ Verantwortlichkeit · Federführung · Zuständigkeit – **2.** → Verantwortlichkeit (1) – **3.** → Pflichtbewusstsein – **4.** die V. übernehmen/tragen: → verantworten (I); zur V. ziehen: → belangen (1)
verantwortungsbewusst: → pflichtbewusst
Verantwortungsbewusstsein, das: → Pflichtbewusstsein
verantwortungsfreudig: → pflichtbewusst
Verantwortungsgefühl, das: → Pflichtbewusstsein
verantwortungslos: → leichtsinnig
Verantwortungslosigkeit, die: → Leichtsinn (1)
verantwortungsvoll: verantwortlich + schwer · belastend · ehrenvoll
veräppeln: → narren
verarbeiten: 1. ⟨*zur Produktion verwenden*⟩ verwerten – **2.** ⟨*geistig bewältigen*⟩ aufarbeiten + überlegen – **3.** → verdauen (1)
verarbeitet: → verbraucht (1)
verargen: → verübeln
verärgern: ärgerlich machen · verstimmen · verprellen · erbittern ♦ *umg*: verschnupfen; vergnatzen · vergrätzen (*landsch*); → *auch* betrüben (I)
verärgert: → ärgerlich (1)
verarmen: arm werden · in Armut geraten · verelenden · an den Bettelstab kommen
verarmt: → arm (1)
Verarmung, die: Verelendung; → *auch* Armut (1)
verarschen: → narren
verarzten: → behandeln (2)
verästeln: → gliedern (II)
verästelt: → verzweigt
verasten: → verprügeln
verauktionieren: → versteigern
verausgaben: I. verausgaben: → ausgeben (I, 3) – **II.** verausgaben, sich: **1.** → verschwenderisch (3) – **2.** → erschöpfen (II, 1)
verauslagen: → leihen (1), auslegen (3)
veräußerlich: → verkäuflich
veräußerlichen: → verflachen
veräußerlicht: → oberflächlich (1)
veräußern: → verkaufen (I, 1)
Veräußerung, die: → Verkauf (1)
Verbalinjurie, die: → Beleidigung (1)
verbalisieren: → ausdrücken (I, 2)
verbaliter: → wörtlich
verballhornen: → verschlechtern (I)
Verband, der: **1.** ⟨*Abdeckung einer Wunde*⟩ Wundverband + Bandage · Binde · Pflaster; → *auch* Umschlag (1) – **2.** → Vereinigung (2) – **3.** → Abteilung (II, 1 *u.* 2) – **4.** einen V. anlegen: → verbinden (I, 2)
verbannen: 1. ⟨*zwangsweise an einen fremden Ort schicken*⟩ deportieren · in die Verbannung schicken; verschicken (*verhüll*); → *auch* ausweisen (I, 1) – **2.** → verstoßen (1)

Verbannung, die: **1.** ⟨*das Verbannen*⟩ Deportation; → *auch* Ausweisung – **2.** in die V. schicken: → verbannen (1)
verbarrikadieren: I. verbarrikadieren: → versperren (1) – **II.** verbarrikadieren, sich: → einschließen (II)
verbauen: → versperren (1)
verbeißen: I. verbeißen: sich v.: → unterdrücken (2) – **II.** verbeißen, sich: sich v. |in|: ⟨*hartnäckig bei etw. bleiben*⟩ sich festbeißen |an| · sich versteifen |auf| · sich verrennen |in| ♦ *umg*: sich festrennen |in| · sich verbohren |in| · sich verbiestern |in|
verbergen: I. verbergen: **1.** ⟨*nicht sichtbar bzw. erkennbar werden lassen*⟩ verdecken · kaschieren · übertünchen + decken; → *auch* bedecken (I, 1), verschleiern – **2.** → verstecken (I, 1) – **3.** seine Gesinnung v.: → verstellen (II) – **II.** verbergen, sich: **1.** → verstecken (II, 1) – **2.** sich v. |hinter|: ⟨*der wahre Grund sein*⟩ dahinter stecken · dahinter stehen
verbessern: I. verbessern: **1.** ⟨*Fehler beseitigen*⟩ berichtigen · korrigieren; emendieren (*fachspr*) + ergänzen – **2.** ⟨*das Niveau heben*⟩ heben · [auf]bessern ♦ *umg*: aufhelfen; → *auch* steigern (I, 2) – **3.** ⟨*feiner u. besser machen*⟩ veredeln · verfeinern · kultivieren + adeln; → *auch* vervollkommnen (I) – **II.** verbessern, sich: **1.** ⟨*die Qualität seiner Leistungen heben*⟩ sich bessern · besser werden · sich steigern – **2.** ⟨*von gegebenen Bedingungen gesagt*: *sich günstiger gestalten*⟩ sich bessern · besser werden + es geht bergan/bergauf – **3.** → berichtigen (II), bessern (II, 2)
Verbesserung, die: **1.** ⟨*das Beseitigen von Fehlern*⟩ Berichtigung · Korrektur; Korrektion (*veraltet*); Emendation (*fachspr*) – **2.** ⟨*das Heben des Niveaus*⟩ Besserung · Hebung; → *auch* Steigerung (2) – **3.** ⟨*das Feinermachen*⟩ Veredelung · Verfeinerung · Kultivierung; → *auch* Vervollkommnung (1)
verbeugen, sich: sich verneigen · eine Verbeugung machen · seine Reverenz machen; dienern (*abwert*); einen Kratzfuß machen (*noch scherzh*); einen Diener machen (*kinderspr*) + grüßen · knicksen ♦ *umg*: einen Bückling machen (*scherzh*)
Verbeugung, die: **1.** ⟨*das Sichverbeugen*⟩ Verneigung · Reverenz; Kratzfuß (*noch scherzh*); Diener (*veraltend*) + Knicks ♦ *umg*: Bückling (*scherzh*); → *auch* Gruß (1) – **2.** eine V. machen: → verbeugen, sich
verbeulen: eindrücken · einbeulen · einbuchten; eindellen (*landsch*)
verbiestern, sich: **1.** → verirren, sich – **2.** sich v. |in|: → verbeißen (II)
verbiestert: → verwirrt (1)
verbieten: 1. ⟨*nicht zulassen*⟩ untersagen · verwehren · sich verbitten + sperren · verhindern – **2.** den Mund v.: ⟨*nicht zu sprechen gestatten*⟩ das Wort verbieten
verbildet: → verkrüppelt
verbildlichen: → veranschaulichen
Verbildlichung, die: → Veranschaulichung
verbilligen: I. → senken (I, 1) – **II.** verbilligen, sich: → billig (6)
Verbilligung, die: → Preissenkung
verbimsen: → verprügeln
verbinden: I. verbinden: **1.** ⟨*Teile* [*fest*] *zusammenbringen*⟩ zusammenfügen · aneinander fügen · verknüpfen · verknoten · verketten · verflechten · vernetzen · [ver]koppeln · [ver]kuppeln; fugen (*fachspr*) + vereinigen · verquicken · kombinieren ♦ *gehoben*: fügen · verweben; → *auch* [1]anhängen (I, 1), zusammenhängen (2) – **2.** ⟨*eine Wunde fest abdecken*⟩ einen Verband anlegen + bandagieren · erste Hilfe leisten – **3.** → vereinigen (I, 1) – **II.** verbinden, sich: **1.** *Chem* ⟨*eine Verbindung bilden*⟩ eine Verbindung eingehen – **2.** → heiraten (1) – **3.** → vereinigen (II, 1 *u.* 2)
verbindlich: 1. ⟨*für jmds. Handeln bestimmend*⟩ obligatorisch · bindend · fest · verpflichtend – **2.** → höflich – **3.** v. sein: → gültig (2) – **4.** v. zusagen: → verpflichten (II)
Verbindlichkeit: I. Verbindlichkeit, die: **1.** → Gültigkeit (1) – **2.** → Höflichkeit (1) – **II.** Verbindlichkeiten (*Pl*): **1.** → Schuld (II, 1) – **2.** V. erfüllen: → zurückzahlen (1)
Verbindung: I. Verbindung, die: **1.** ⟨*das Verbundensein*⟩ Verknüpfung · Verkettung · Verflechtung · Koppelung + Synthese · Verquickung · Kombination · Beziehung · Fäden; → *auch* Zusammenhang (1) – **2.** → Bund (I, 1, a) – **3.** → Beziehung (I, 1) – **4.** eine V. eingehen: **a)** → verbinden (II, 1) – **b)** → heiraten (1); eine V. schließen: → heiraten (1); V. aufnehmen |zu|, sich in V. setzen |mit|: → kontakten; in V. stehen: → zusammenhängen (1) – **II.** Verbindungen (*Pl*): → Beziehung (II, 1)

Verbindungsglied, das: Bindeglied · Verbindungsstück + Zwischenglied · Zwischenstück
Verbindungsmann, der: Mittelsmann · Vermittler · Kontaktmann · Bindeglied
Verbindungsstück, das: → Verbindungsglied
verbissen: krampfhaft · bis zum Letzten; → *auch* beharrlich (1)
verbitten: sich v.: → verbieten (1)
verbittert: → mürrisch (1)
Verbitterung, die: → Groll (1)
verblassen: ausbleichen · [ver]bleichen · verschießen · ausziehen · ausblassen; ausschießen (*süddt österr*) + verfärben · abfärben · ausgehen · verlöschen ♦ *gehoben*: abblassen; → *auch* vergilben (1)
verbläuen: → verprügeln
Verbleib, der: → Wohnsitz (1)
verbleiben: → bleiben (1 *u.* 2)
verbleichen: **1.** → verblassen – **2.** → sterben (1)
Verblichene, der: → Verstorbene
verblöden: → verdummen (2)
verblödet: → dumm (1)
verblüffen: **1.** → überraschen (1) – **2.** → verwirren (2)
verblüffend: **1.** → überraschend (1) – **2.** → erstaunlich (1)
verblüfft: → überrascht (1)
Verblüfftheit, die: → Verwirrung (1)
Verblüffung, die: → Überraschung (1)
verblühen: **1.** ⟨*aufhören zu blühen*⟩ abblühen · ausblühen + vergehen; → *auch* welken (1), vertrocknen (1) – **2.** → vergehen (I, 1)
verblüht: → alt (1)
verblümt: → andeutungsweise
verbocken: **1.** → verschulden (I, 1) – **2.** → anrichten (1)
verbogen: → krumm (1)
verbohren, sich: sich v. |in|: → verbeißen (II)
verbohrt: **1.** → beschränkt (1) – **2.** → fanatisch
Verbohrtheit, die: → Fanatismus
[1]**verborgen:** → leihen (1)
[2]**verborgen:** **1.** ⟨*nicht bemerkbar*⟩ versteckt · unsichtbar · latent – **2.** → geheim (1) – **3.** im Verborgenen: **a)** → heimlich (1) – **b)** → unbemerkt
Verbot, das: Untersagung + Sperre · Tabu · Prohibition · Interdikt
verboten: **1.** ⟨*nicht zu tun erlaubt*⟩ unstatthaft · untersagt · unerlaubt · unzulässig + verpönt · tabu · missbräuchlich · schwarz; → *auch* ungesetzlich – **2.** → komisch (1) – **3.** verbotener Eingriff: → Abtreibung (1)
verbrämen: → verzieren
verbrannt: → brenzlig (1)
verbraten: → verbrauchen (1)
Verbrauch, der: **1.** ⟨*das Verwenden zur Bedürfnisbefriedigung*⟩ Konsum · Konsumierung · Konsumtion + Verzehr – **2.** ⟨*die Wertminderung durch ständigen Gebrauch*⟩ Verschleiß · Abnutzung
verbrauchen: **1.** ⟨*[vollständig] für die Bedürfnisbefriedigung verwenden*⟩ aufbrauchen · konsumieren · verwirtschaften · aufzehren ♦ *umg*: verkonsumieren · kleinkriegen ♦ *salopp*: verbraten · verbuttern – **2.** ⟨*durch ständigen Gebrauch wertlos machen*⟩ verschleißen · abnutzen – **3.** → ausgeben (I, 3)
Verbraucher, der: Konsument
Verbrauchergenossenschaft, die: → Konsumgenossenschaft
Verbraucherpreis, der: → Einzelhandelspreis
verbraucht: **1.** ⟨*durch sein Alter geschwächt u. in der Leistungsfähigkeit eingeschränkt*⟩ abgearbeitet · verarbeitet + verlebt ♦ *gehoben*: abgelebt ♦ *umg*: zum alten Eisen gehörend ♦ *salopp*: hinüber; → *auch* alt (1), verkalkt (1) – **2.** → abgedroschen (1) – **3.** → aufgebraucht – **4.** v. werden: ⟨*durch ständiges Wegnehmen weniger werden*⟩ sich aufzehren ♦ *umg*: draufgehen
verbrechen: etw. v.: → vergehen (II, 1)
Verbrechen, das: **1.** ⟨*schlimme strafbare Handlung*⟩ schwere Straftat · schweres Vergehen · Schandtat · Untat · Entsetzenstat · Kapitalverbrechen; Übeltat · Missetat (*veraltend*) + Mord ♦ *gehoben*: + Frevelei · Freveltat · Frevel; → *auch* Anschlag (2), Gewalttat, Gräuel (1), Schuld (I, 1), Vergehen (1) – **2.** das organisierte V.: → Verbrecherorganisation; ein V. begehen: → vergehen (II, 1)
Verbrecher, der: Bandit · Gangster · der Kriminelle · Unterweltler · Outlaw · Gewohnheitsverbrecher · Schwerverbrecher · Gewaltverbrecher · Gewalttäter + Rechtsbrecher · Gesetzesbrecher · Täter · Alleintäter · Überzeugungstäter · Gesinnungstäter · Delinquent · Gewaltmensch; Apache (*ver-*

altet) ♦ *gehoben*: Bösewicht (*veraltend*) + Frevler ♦ *umg*: schwerer Junge; → *auch* Schurke, Mörder, Räuber, Unmensch (1), Übeltäter
verbrecherisch: kriminell ♦ *gehoben*: + frevlerisch · frevelhaft; freventlich (*veraltend*)
Verbrecherorganisation, die: Mafia · Syndikat · Verbrechersyndikat · Connection · Ring + das organisierte Verbrechen; → *auch* Unterwelt (2)
Verbrechersyndikat, das: → Verbrecherorganisation
Verbrechertum, das: → Unterwelt (2)
Verbrecherwelt, die: → Unterwelt (2)
verbreiten: I. verbreiten: **1.** ⟨*in Bezug auf Informationen*: *überall bekannt machen*⟩ ausbreiten · ausstreuen · lancieren · weiterverbreiten · in Umlauf setzen/bringen ♦ *gehoben*: aussprengen ♦ *umg*: herumtragen · herumerzählen · unter die Leute bringen · an die große Glocke hängen; → *auch* veröffentlichen, öffentlich (2), bekannt (5) – **2.** ⟨*in Bezug auf Neuerungen*: *für die allgemeine Anwendung sorgen*⟩ propagieren · popularisieren + einführen · aufbringen – **II.** verbreiten, sich: ⟨*in die Weite wirken*⟩ sich ausbreiten · sich weiterverbreiten · Platz greifen · um sich greifen · Verbreitung finden · grassieren · vordringen · Kreise ziehen · [an] Boden gewinnen ♦ *umg*: auf dem Vormarsch sein; → *auch* durchsetzen (I, 2, b), überhand
Verbreitung, die: V. finden: → aufkommen (1), verbreiten (II)
verbrennen: I. verbrennen: **1.** ⟨*vom Feuer verzehren lassen*⟩ *gehoben*: dem Feuer/den Flammen übergeben · in Asche verwandeln – **2.** ⟨*vom Feuer verzehrt werden*⟩ niederbrennen + verschwelen ♦ *gehoben*: in Flammen/Rauch aufgehen · ein Raub der Flammen werden; → *auch* brennen (1) – **3.** → einäschern – **4.** sich den Mund/die Zunge/die Finger/Flügel/Pfoten v.: → schaden (3) – **II.** verbrennen, sich: → verbrühen, sich
Verbrennung, die: → Einäscherung
Verbrennungsmotor, der: → Motor (1)
Verbrennungsrückstand, der: → Asche (1)
verbringen: 1. ⟨*die Zeit durchleben*⟩ hinbringen · zubringen · verleben – **2.** → verschwenden – **3.** → befördern (1)
verbrüdern, sich: fraternisieren · sich verschwistern · Brüderschaft schließen; → *auch* duzen (II), verbünden, sich (1)
Verbrüderung, die: Fraternisation
verbrühen, sich: sich verbrennen
verbuchen: → einschreiben (I)
verbuddeln: → vergraben (I, 1)
verbumfeien: → verlieren (I, 1)
verbumfiedeln: 1. → verlieren (I, 1) – **2.** → verschwenden
verbummeln: 1. → vergessen (I, 1) – **2.** → versäumen (1) – **3.** → verlieren (I, 1)
verbunden: 1. → dankbar (1) – **2.** mit Schwierigkeiten v.: → schwierig (1); v. sein, sich v. fühlen: → ^{2}anhängen (2)
verbünden, sich: **1.** ⟨*einen Bund bilden*⟩ sich zusammentun · sich zusammenschließen · konföderieren · sich alliieren · einen Pakt/ein Bündnis schließen; paktieren (*meist abwert*) + föderalisieren ♦ *gehoben*: einen Bund eingehen · die Hand zum Bund reichen; → *auch* anschließen (II, 1), verbrüdern, sich, vereinigen (II, 2) – **2.** → verschwören, sich (1)
Verbundenheit, die: **1.** → Dankbarkeit (1) – **2.** → Einheit (1) – **3.** → Solidarität
Verbündete, der: Bundesgenosse · Bündnispartner · der Alliierte · der Föderierte · der Konföderierte
Verbundnetz, das: → Leitungsnetz
verbürgen, sich: sich v. |für|: **a)** → bürgen – **b)** → gewährleisten – **c)** → versichern (I)
verbürgt: → sicher (4)
verbüßen: abbüßen ♦ *gehoben*: absühnen ♦ *umg*: absitzen · abbrummen ♦ *salopp*: abreißen; → *auch* büßen (1)
verbuttern: → verbrauchen (1)
Verdacht, der: **1.** ⟨*das Vermuten einer Verfehlung od. einer unangenehmen Gegebenheit*⟩ Argwohn + Befürchtung · Vermutung · Zweifel – **2.** V. schöpfen: ⟨*eine Verfehlung od. etw. Unangenehmes zu vermuten beginnen bzw. vermuten*⟩ misstrauisch/argwöhnisch/stutzig werden · [einen] Verdacht fassen · argwöhnen · Argwohn/[einen] Verdacht hegen · etw./Unrat wittern · dem Frieden nicht recht trauen ♦ *salopp*: Lunte/den Braten riechen – **3.** in V. haben, einen V. hegen |gegen|: → verdächtigen (1); V. erregen/[er]wecken: → verdächtig (3); auf V.: → vorbeugend
verdächtig: 1. ⟨*Verdacht erweckend*⟩ suspekt · ominös · obskur · nicht geheuer

♦ *umg*: dunkel · finster; → *auch* bedenklich (1) – **2.** → zwielichtig (1) – **3.** v. sein: ⟨*zum Entstehen eines Verdachtes führen*⟩ Verdacht erregen/[er]wecken ♦ *umg*: + da steckt/ist der Wurm drin
verdächtigen: 1. ⟨*von jmdm. glauben, dass er etw. Unrechtes getan hat*⟩ in Verdacht haben · einen Verdacht hegen |gegen|; → *auch* misstrauen – **2.** → verleumden (1)
Verdächtigung, die: → Verleumdung
Verdachtsgrund, der: Verdachtsmoment · Indiz
Verdachtsmoment, das: → Verdachtsgrund
verdammen: 1. → verurteilen (2) – **2.** → verwünschen (1) – **3.** v. |zu|: → verurteilen (1); in Grund und Boden v.: → verurteilen (2); Gott verdamm mich [noch einmal]: → verflucht (1)
verdammenswert: → verwerflich
Verdammnis, die: **1.** → Fluch (2) – **2.** ewige V., Ort der V.: → Hölle (1)
verdammt: 1. → verflucht (1) – **2.** → sehr
verdammungswürdig: → verwerflich
verdampfen: 1. ⟨*die Flüssigkeit von etw. [teilweise] in den gasförmigen Zustand überführen*⟩ eindampfen · eindicken · verdicken · verkochen · kondensieren; evaporieren (*fachspr*) – **2.** → verflüchtigen, sich
verdanken: danken ♦ *gehoben*: schulden
verdattert: → verwirrt (1), bestürzt
verdauen: 1. ⟨*in Bezug auf die Nahrung: sie im Körper auflösen*⟩ verarbeiten – **2.** → überwinden (I, 1)
verdaulich: → bekömmlich
Verdeck, das: → Plane
verdecken: 1. → bedecken (I, 1) – **2.** → verbergen (I, 1)
verdeckt: 1. → geheim (1) – **2.** verdeckter Ermittler: → Ermittler
verdenken: → verübeln
Verderb, der: **1.** → Verderben (1) – **2.** auf Gedeih und V.: → bedingungslos; dem V. anheim fallen: → verderben (3)
verderben: 1. ⟨*moralisch negativ beeinflussen*⟩ herabziehen · hinabziehen · hinunterziehen – **2.** ⟨*[durch falsches Handeln] wertlos bzw. unbrauchbar machen*⟩ verpatzen ♦ *umg*: in den Sand setzen · vergeigen · versaubeuteln · vermasseln · verpfuschen · vermurksen · verschludern · verkorksen · verhunzen; verhudeln (*landsch*); verfuhrwerken (*schweiz*) + schmeißen · versalzen · verhageln ♦ *derb*: versauen; → *auch* vereiteln, Misserfolg (2) – **3.** ⟨*in einen Zustand der Ungenießbarkeit übergehen*⟩ verkommen · schlecht/ungenießbar werden · dem Verderb anheim fallen ♦ *umg*: vergammeln · gammelig werden; → *auch* faulen – **4.** → verkommen (1) – **5.** die Freude v.: → betrüben (I); das Spiel v.: → vereiteln; es verdorben haben |mit|: → Wohlwollen (2)
Verderben, das: **1.** ⟨*schlimmes Ende*⟩ Untergang · Unglück · Ruin · Abgrund ♦ *gehoben*: Verderb – **2.** ins V. reißen/stürzen/bringen/führen: → Unglück (3)
Verderber, der: → Teufel (1)
verderblich: → schädlich (2)
Verderbnis, die: → Verkommenheit
verderbt: → verkommen (2)
Verderbtheit, die: → Verkommenheit
verdeutlichen: konkretisieren · präzisieren · herausarbeiten · herausdestillieren; → *auch* veranschaulichen
Verdeutlichung, die: **1.** → Veranschaulichung – **2.** → Erklärung (1)
verdeutschen: 1. → übersetzen (I) – **2.** → erklären (I, 1)
verdichten: I. verdichten (*Techn*): ⟨*Gas od. Dampf zusammendrücken*⟩ komprimieren; → *auch* verflüssigen (1) – **II.** verdichten, sich: → zunehmen (1)
Verdichtung, die: **1.** *Techn* ⟨*das Verdichten*⟩ Kompression · Komprimierung – **2.** → Zunahme
verdicken: I. verdicken: → verdampfen (1) – **II.** verdicken, sich: → anschwellen (1, a)
Verdickung, die: Knoten · Wulst + Verhärtung ♦ *umg*: Knubbel · Knuddel (*landsch*)
verdienen: 1. ⟨*durch seine Tätigkeit Geld erwerben*⟩ einnehmen + ein Geschäft/Geschäfte machen ♦ *umg*: Geld/Kasse machen + die schnelle Mark machen – **2.** ⟨*[eigentlich] bekommen müssen*⟩ gebühren ♦ *umg*: gehören – **3.** sich die Sporen v.: → hervortun, sich; sich einen Kuppelpelz v.: → verkuppeln (1)
Verdiener, der: → Ernährer
Verdienst: I. Verdienst, der: **1.** → Lohn (1) – **2.** → Gehalt (I) – **II.** Verdienst, das: **1.** ⟨*anerkennenswerte Tat*⟩ Leistung · Meriten – **2.** nach V.: → gebührend (1)
verdienstlich: → lobenswert
Verdienstmöglichkeit, die: Einnahmequelle + Geldquelle

Verdienstspanne, die: Gewinnspanne; Marge (*Wirtsch*) + Handelsspanne
verdienstvoll: → lobenswert
verdient: 1. → verdientermaßen – **2.** sich v. machen: → hervortun, sich
verdientermaßen: verdienterweise · verdient; → *auch* Recht (6)
verdienterweise: → verdientermaßen
Verdikt, das: → Urteil (1)
verdingen, sich (*veraltend*): Arbeit nehmen
verdinglichen: → vergegenständlichen
verdolmetschen: → übersetzen (I)
Verdolmetschung, die: → Übersetzung
verdonnern: 1. → verurteilen (1) – **2.** → beauftragen
verdonnert: → verwirrt (1)
verdoppeln: duplieren · duplizieren; dublieren (*fachspr*); → *auch* vervielfachen (1)
verdorben: 1. ⟨*in den Zustand der Ungenießbarkeit übergegangen*⟩ schlecht [geworden] · angegangen + verfault · faul · ranzig ♦ *umg*: gammelig; → *auch* faul (1) – **2.** → verkommen (2)
Verdorbenheit, die: → Verkommenheit
verdorren: → vertrocknen (1)
verdorrt: → trocken (1)
verdösen: → vergessen (I, 1)
verdrängen: 1. ⟨*von seinem Platz drängen*⟩ beiseite drängen · beiseite schieben · beiseite stoßen · wegdrängen · wegschieben · zurückdrängen · zur Seite drängen / schieben · abdrängen + in den Hintergrund drängen – **2.** ⟨[*übertreffen u.*] *aus seiner Stellung bzw. seinem Amt drängen*⟩ ausstechen · aus dem Feld schlagen · aus dem Sattel heben · an die Wand drängen / drücken ♦ *umg*: ausbooten; → *auch* kaltstellen
verdrecken: → beschmutzen (I, 1)
verdreckt: → schmutzig (1)
verdrehen: 1. ⟨*absichtlich falsch darstellen*⟩ entstellen · verfälschen · ummünzen · ins Gegenteil verwandeln · [ins Gegenteil] verkehren · aus Schwarz Weiß / aus Weiß Schwarz machen + verzeichnen · beugen; → *auch* verschleiern, verzerren (1) – **2.** den Kopf v.: → verwirren (2)
verdreht: → verrückt (1)
Verdrehung, die: Entstellung · Verfälschung · Verkehrung + Beugung
verdreifachen: → vervielfachen (1)
verdreschen: → verprügeln
verdrießen: → missfallen (1)
verdrießlich: → missmutig
Verdrießlichkeit, die: → Missmut
verdrossen: → missmutig
Verdrossenheit, die: → Missmut
verdrücken: I. verdrücken: → aufessen – **II.** verdrücken, sich: → wegschleichen (I)
Verdruss, der: **1.** → Unannehmlichkeit – **2.** V. machen / bereiten / bringen: → ärgern (I)
verduften: 1. → fliehen (1) – **2.** → verflüchtigen, sich – **3.** → wegschleichen (I)
verdummen: 1. ⟨*Unwahres glauben machen*⟩ vernebeln – **2.** ⟨*seine geistige Leistungsfähigkeit verlieren*⟩ ♦ *umg*: vertrotteln · verblöden
verdunkeln: I. verdunkeln: **1.** ⟨*kein Licht nach außen dringen lassen*⟩ abdunkeln – **2.** ⟨*dunkler machen*⟩ verfinstern · verdüstern · abblenden + abschirmen – **3.** → verschleiern – **II.** verdunkeln, sich: → verfinstern (II)
Verdunkelung, die: **1.** ⟨*Abschirmung des Lichtes*⟩ Abdunkelung – **2.** → Verfinsterung
verdünnen: verwässern · pan[t]schen · strecken · verlängern · verfälschen ♦ *umg*: taufen (*scherzh*)
verdünnisieren, sich: **1.** → fliehen (1) – **2.** → wegschleichen (I)
Verdünnung, die: bis zur V.: → Überdruss
verdunsten: → verflüchtigen, sich
verdursten: verschmachten
verdusseln: → vergessen (I, 1)
verdüstern: I. verdüstern: → verdunkeln (I, 2) – **II.** verdüstern, sich: → verfinstern (II)
verdutzen: → verwirren (2)
verdutzt: → verwirrt (1)
Verdutztheit, die: → Verwirrung (1)
verebben: → enden (1, b)
veredeln: 1. ⟨*Obstbäume in ihren Eigenschaften verbessern*⟩ pfropfen · okulieren; pelzen (*landsch*); schäften (*fachspr veraltend*) – **2.** ⟨*in der Qualität besser machen*⟩ vergüten (*fachspr*) – **3.** → verbessern (I, 3)
Veredelung, die: → Verbesserung (3)
verehelichen, sich: → heiraten (1)
verehelicht: → verheiratet (1)
Verehelichung, die: → Heirat
verehren: 1. ⟨*größte Achtung entgegenbringen*⟩ aufblicken |zu| · aufschauen |zu| · aufsehen |zu| · hoch achten · hoch schätzen · huldigen · vergöttern · jmdm. zu Füßen liegen + lieben ♦ *umg*: verhimmeln; → *auch* anbeten, achten (1) – **2.** → schenken (1) – **3.** → widmen (I)

Verehrer, der: **1.** ⟨*jmdn. Verehrender*⟩ Bewunderer · Anbeter – **2.** → Liebhaber (1)
verehrt: geehrt · geschätzt · wert · teuer · hochverehrt · hochwürdig · hochgeschätzt
Verehrung, die: Bewunderung · Vergötterung · Anbetung + Kult · Liebe ♦ *umg*: Verhimmelung; → *auch* Achtung (1), Ehrfurcht
verehrungswürdig: 1. → ehrwürdig – **2.** → anbetungswürdig
Verein, der: **1.** → Organisation (1) – **2.** im V. mit: → gemeinsam (1)
vereinbar: zusammenpassend; kompatibel · assoziabel (*fachspr*)
vereinbaren: 1. ⟨*sich mit jmdm. auf etw. festlegen*⟩ übereinkommen · abmachen · ausmachen · aushandeln · verabreden · absprechen · abreden · eine Abmachung/Absprache/Vereinbarung treffen · Vereinbarungen treffen · abschließen · akkordieren + ausbedingen ♦ *umg*: abkarten (*abwert*); → *auch* beschließen (1) – **2.** wie vereinbart: → verabredetermaßen
Vereinbarung, die: **1.** ⟨*gemeinsame Festlegung*⟩ Abmachung · Verabredung · Absprache · Abrede · Agreement · Abschluss; → *auch* Vertrag (1), Übereinkunft – **2.** eine V./Vereinbarungen treffen: → vereinbaren (1)
vereinbarungsgemäß: → verabredetermaßen
vereinen: I. vereinen: **1.** ⟨*zu einer [festen] Einheit machen*⟩ [ver]einigen ♦ *gehoben*: einen – **2.** ⟨*Widersprüchlichkeiten ausgleichen*⟩ harmonisieren · unter einen Hut bringen – **3.** → vereinigen (I, 1) – **II.** vereinen, sich: → vereinigen (II, 1)
vereinfachen: simplifizieren; versimpeln (*abwert*) + vergröbern · schematisieren
Vereinfachung, die: Simplifikation + Vergröberung · Schematismus
vereinheitlichen: norm[ier]en · standardisieren · gleichmachen · auf eine Formel bringen + typen
Vereinheitlichung, die: Norm[ier]ung · Standardisierung + Typung
vereinigen: I. vereinigen: **1.** ⟨*zu einem Ganzen zusammenfügen*⟩ verbinden · integrieren · zusammenschließen · verschmelzen · vereinen + zusammenlegen; → *auch* einverleiben (1) – **2.** → vereinen (I, 1) – **3.** → verbinden (I, 1) – **II.** vereinigen, sich: **1.** ⟨*sich zu einem Ganzen verbinden*⟩ sich zusammenschließen · sich vereinen · sich verbinden · sich zusammentun · verschmelzen; fusionieren (*bes. Wirtsch*) – **2.** ⟨*zur Verfolgung best. Ziele eine Gruppierung bilden*⟩ sich zusammenschließen · sich verbinden · sich zusammentun · sich assoziieren · sich organisieren; sich liieren · sich soziieren (*bes. Wirtsch*) + sich die Hand reichen · sich sammeln; → *auch* verbünden, sich (1), verbinden (II, 1) – **3.** → koitieren
vereinigt: 1. → gemeinsam (1) – **2.** → einig (1)
Vereinigung, die: **1.** ⟨*das Sichvereinigen*⟩ Zusammenschluss · Verschmelzung · Einigung · Assoziation · Integration; Fusion (*bes. Wirtsch*) ♦ *umg*: + Elefantenhochzeit (*Wirtsch*) – **2.** ⟨*zum gemeinsamen Verfolgen bestimmter Ziele gebildete Gruppierung*⟩ Körperschaft · Korporation · Union · Verband · Bund · Assoziation · Ring; Bruderschaft · Brüderschaft (*Kirche*); → *auch* Organisation (1) – **3.** → Bund (I, 1, a) – **4.** → Koitus
vereinnahmen: → kassieren (1)
vereinsamt: → einsam (1)
vereint: → gemeinsam (1)
vereinzeln: → [1]verziehen (I, 1)
vereinzelt: 1. ⟨*an wenigen bestimmten Stellen vorhanden*⟩ sporadisch · stellenweise · streckenweise · verstreut · gelegentlich · mancherorts · singulär · hie[r] und da · hier und dort · da und dort + passim; → *auch* selten (1), spärlich (1) – **2.** → manchmal
vereist: → verharscht
vereiteln: durchkreuzen · hintertreiben · torpedieren · aushebeln · konterkarieren · zunichte machen · einen Strich durch die Rechnung machen · zuschanden machen · zu Fall bringen + das Handwerk legen ♦ *umg*: [die Suppe] versalzen · kippen · das Spiel verderben ♦ *salopp*: in die Suppe spucken; → *auch* verderben (2), verhindern
Vereitelung, die: Durchkreuzung · Hintertreibung + Vorbeugung; → *auch* Verhinderung
verekeln: → verleiden
verelenden: → verarmen
verelendet: → arm (1)
Verelendung, die: → Verarmung
verenden: eingehen; fallen (*weidm*) ♦ *gehoben*: sterben ♦ *umg*: draufgehen; totgehen (*landsch*) ♦ *salopp*: krepieren · verrecken; → *auch* sterben (1)

verengen, sich: → verjüngen (II)
vererben: hinterlassen · vermachen; übermachen (*veraltend*) + zurücklassen; → *auch* überschreiben
vererbt: → ererbt (1)
verewigen, sich: → austreten (2)
verewigt: → verstorben
Verewigte, der: → Verstorbene
verfahren: 1. → handeln (I, 3) – **2.** → hoffnungslos (1) – **3.** v. |mit|: → behandeln (1)
Verfahren, das: **1.** ⟨*Art u. Weise, wie etw. ausgeführt bzw. hergestellt wird*⟩ Methode · Verfahrensweise · Prozedur + Verfahrenstechnik; → *auch* Vorgehensweise – **2.** → Prozess (1)
Verfahrenstechnik, die: → Verfahren (1)
Verfahrensweise, die: → Verfahren (1)
Verfall, der: **1.** ⟨*das Verfallen*⟩ Niedergang · Abstieg · Untergang + Fäulnis · Dekadenz; → *auch* Zerfall (2), Entartung – **2.** in V. geraten: → verfallen (1)
verfallen: 1. ⟨*allmählich zerstört werden*⟩ verkommen · in Verfall geraten; → *auch* untergehen (2) – **2.** ⟨*seine Gültigkeit verlieren*⟩ ablaufen · außer Kraft treten · ungültig werden + verjähren – **3.** ⟨*völlig an jmdn. od. etw. gefesselt*⟩ hörig – **4.** → ungültig (1) – **5.** v. lassen: → vernachlässigen (1); v. sein: → hingeben (II, 3); dem Trunk / Suff v. sein: → trunksüchtig (2)
verfälschen: 1. → fälschen – **2.** → verdünnen – **3.** → verdrehen (1)
Verfälschung, die: → Verdrehung
verfangen: I. verfangen: nicht v.: → vergeblich (2) – **II.** verfangen, sich: ⟨*ungewollt in etw.* [*immer weiter*] *hineingeraten*⟩ sich verwickeln · sich verstricken ♦ *umg*: sich verheddern · sich verfitzen · hängen bleiben
verfänglich: → gefährlich (1)
verfärben, sich: **1.** ⟨*eine andere Farbe annehmen*⟩ anlaufen – **2.** → verblassen – **3.** → erblassen (1) – **4.** → erröten (1)
verfassen: abfassen · schreiben + formulieren · aufsetzen · anfertigen ♦ *umg*: verzapfen · zusammenschreiben · zusammenschmieren (*abwert*)
Verfasser, der: Autor · Schreiber; → *auch* Urheber
Verfassung, die: **1.** ⟨ *das die Form eines Staates u. die Rechte u. Pflichten seiner Bürger festlegende Gesetz*⟩ Grundgesetz · Konstitution – **2.** → Zustand (1) – **3.** → Stimmung (1) – **4.** → Gesundheitszustand – **5.** in bester V. sein: ⟨*geistig u. körperlich voll leistungsfähig sein*⟩ *umg*: voll / gut drauf sein
verfaulen: → faulen
verfault: → faul (1), verdorben (1)
verfechten: → verteidigen (I, 1)
Verfechter, der: → Verteidiger
verfehlen: 1. ⟨[*beim Schießen*] *nicht treffen*⟩ fehlschießen · vorbeischießen · daneben schießen · daneben treffen · vorbeitreffen + daneben gehen ♦ *umg*: daneben hauen – **2.** den Weg v.: → verirren, sich
verfehlt: → irrig
Verfehlung, die: **1.** → Vergehen (1) – **2.** → Fehltritt (1)
verfeinden, sich: sich entzweien · sich überwerfen · sich verzanken · sich zerstreiten ♦ *umg*: sich verkrachen
verfeindet: → entzweit
Verfeindung, die: → Zerwürfnis (1)
verfeinern: → verbessern (I, 3)
verfeinert: sublim · kultiviert + raffiniert
Verfeinerung, die: → Verbesserung (3)
verfemen: → ächten (1)
verfemt: → geächtet
Verfemung, die: → Ächtung (1)
verfertigen: → herstellen (1)
verfilzen: → verwirren (1)
verfinstern: I. verfinstern: → verdunkeln (I, 2) – **II.** verfinstern, sich: ⟨*seine Helligkeit verlieren*⟩ sich verdunkeln · sich verdüstern; → *auch* dämmern (2)
Verfinsterung, die: Verdunkelung
verfitzen: I. verfitzen: → verwirren (1) – **II.** verfitzen, sich: → verfangen (II)
verflachen: veräußerlichen · oberflächlich werden + verwässern
verflacht: → oberflächlich (1)
verflackern: → erlöschen (1)
verflechten: → verbinden (I, 1)
Verflechtung, die: → Verbindung (I, 1)
verfliegen: 1. → verflüchtigen, sich – **2.** → vergehen (I, 1)
verfließen: 1. → verwischen (II) – **2.** → vergehen (I, 1)
verflixt: 1. → verflucht (1) – **2.** → sehr – **3.** v. und zugenäht: → verflucht (1)
verflossen: → ehemalig, vergangen (1)
verfluchen: → verwünschen (1)
verfluchenswert: → verwerflich
verflucht (*salopp*): **1.** ⟨*Ausruf des Ärgers*⟩ *umg*: verwünscht · verflixt [und zugenäht]

♦ *salopp*: verdammt · verflucht und zugenäht · Himmeldonnerwetter/zum Donnerwetter/zum Kuckuck [noch einmal] · Himmelkruzitürken · Himmelsakrament; sakra (*süddt*) ♦ *derb*: Himmel, Arsch und Zwirn/Wolkenbruch · Gott verdamm mich [noch einmal] – **2.** → sehr – **3.** v. und zugenäht: → 1

verflüchtigen, sich: verfliegen · verduften · verdunsten · verdampfen · sich auflösen |in|

verflüssigen: 1. ⟨*in den flüssigen Zustand übergehen lassen*⟩ flüssig machen · kondensieren; → *auch* verdichten (I) – **2.** → auflösen (I, 1)

Verfolg, der: im V. [von]: → während

verfolgen: 1. ⟨*zum Zweck der Festnahme folgen*⟩ jagen · hinterherjagen · nachjagen · hinterhersetzen · nachsetzen · nachstellen · hinterher sein · auf der Spur/Fährte/den Fersen sein/bleiben · sich an jmds. Fersen hängen/heften · sich an jmds. Sohlen heften + hinterherlaufen · nachgehen · nachsteigen ♦ *umg*: hinterhermachen (*landsch*); → *auch* nacheilen, folgen (1) – **2.** → beobachten (1) – **3.** → bedrängen (1)

Verfolger, der: + Scherge (*abwert*); Häscher (*veraltet*)

Verfolgung, die: Nachstellung · Verfolgungsjagd · Hetzjagd · Hatz

Verfolgungsjagd, die: → Verfolgung

verfrachten: 1. → befördern (1) – **2.** → wegbringen (1) – **3.** → verladen (1)

Verfrachtung, die: → Versand

verfranzen, sich: → verirren, sich

verfressen: 1. → gefräßig (1) – **2.** → unersättlich (1)

Verfressenheit, die: **1.** → Gefräßigkeit (1) – **2.** → Unersättlichkeit (1)

verfroren: durchgefroren; durchkältet (*veraltend*) + frostig

verfrüht: → vorzeitig (1)

verfügbar: 1. ⟨*zur Verfügung stehend*⟩ greifbar · disponibel · parat; präsent (*veraltend*); liquid[e] (*Wirtsch*) – **2.** → vorrätig (1) – **3.** → erreichbar – **4.** → unbesetzt (1) – **5.** v. sein: ⟨*jederzeit zur Verwendung bereit sein*⟩ zur Verfügung/zu Gebote/zu Diensten stehen · bei der/zur Hand sein

verfugen: → abdichten

verfügen: I. verfügen: **1.** → anordnen (2) – **2.** → entscheiden (I, 1) – **3.** v. |über|: → besitzen (1) – **II.** verfügen, sich: sich v. |nach/in|: → gehen (8)

Verfügung, die: **1.** ⟨*das Recht, über etw. bestimmen zu können*⟩ Verfügungsgewalt · Disposition – **2.** → Verordnung (1) – **3.** letztwillige V.: → Testament (1); eine V. erlassen/treffen: → anordnen (2); zur V. haben: **a)** → besitzen (1) – **b)** → bereithalten (I); zur V. halten: → bereithalten (I); sich zur V. halten: → bereithalten (II); zur V. stehen: → verfügbar (5); zur V. stellen: → leihen (1); sein Amt zur V. stellen: → zurücktreten (1)

Verfügungsgewalt, die: → Verfügung (1)

verführen: auf Abwege bringen/führen; versuchen · in Versuchung führen (*meist scherzh*); → *auch* umgarnen, verleiten, verlocken

Verführer, der: **1.** ⟨[*gewissenloser*] *Liebhaber vieler Frauen*⟩ Don Juan · Casanova · Frauenheld; Ladykiller (*scherzh*); → *auch* Frauenheld – **2.** → Anstifter (1)

Verführerin, die: Circe · Sirene

verführerisch: 1. → bezaubernd – **2.** → verlockend

Verführung, die: → Verlockung

verfuhrwerken: → verderben (2)

Vergabe, die: **1.** → Verteilung (1) – **2.** → Ausgabe (1)

vergaben: → schenken (1)

vergackeiern: → narren

vergaffen, sich: sich v. |in|: → verlieben, sich

vergällen: 1. ⟨*ungenießbar machen*⟩ denaturieren – **2.** → verleiden

vergaloppieren, sich: → irren (II)

vergammeln: → verderben (3)

vergangen: 1. ⟨*der Zeit vor der Gegenwart zugehörig*⟩ verflossen · zurückliegend + fern – **2.** → ehemalig – **3.** → vorig (1)

Vergangenheit, die: **1.** ⟨*vergangene Zeit*⟩ das Gestern + Ferne · Vorwelt – **2.** → Geschichte (1) – **3.** graue V.: → Vorzeit (1); der V. angehören: → veraltet (2)

vergänglich: flüchtig · zeitgebunden · endlich · von kurzer Dauer; zeitlich (*Rel*) + kurzlebig · veränderlich · begrenzt · sterblich · verweslich; → *auch* vorübergehend

Vergänglichkeit, die: Flüchtigkeit · Endlichkeit + Kürze · Begrenztheit · Sterblichkeit

verganten: → versteigern

Vergantung, die: → Versteigerung

vergasen: → vergiften (I, 1)

Vergasung, die: bis zur V.: → Überdruss

vergattern: **1.** → umzäunen – **2.** → beauftragen
vergeben: **1.** → verzeihen – **2.** → absolvieren (1) – **3.** → verschenken (1) – **4.** → ausgeben (I, 1) – **5.** → verteilen (I, 1) – **6.** sich nichts v.: ⟨*seinem Ansehen keinen Abbruch tun*⟩ *umg*: sich keinen Zacken aus der Krone brechen ♦ *salopp*: sich keine Verzierung abbrechen – **7.** sich etw. v.: → bloßstellen (II); v. und vergessen: → ²verziehen
vergebens: **1.** → umsonst (1) – **2.** v. sein: → vergeblich (2); v. reden: → reden (2)
vergeblich: **1.** → umsonst (1) – **2.** v. sein: ⟨*ohne den erhofften Erfolg bleiben*⟩ vergebens sein · nichts nutzen/nützen · nicht verfangen – **3.** das ist vergebliche Liebesmüh: → reden (2)
Vergebung, die: **1.** → Verzeihung (1) – **2.** → Absolution (1) – **3.** → Verteilung (1)
vergegenständlichen: verdinglichen · hypostasieren; → *auch* veranschaulichen
vergegenwärtigen: sich v.: → vorstellen (I, 3)
vergehen: **I.** vergehen: **1.** ⟨*zur Vergangenheit werden*⟩ verstreichen · verrinnen · vorbeigehen · vorübergehen · verfliegen; dahinschleichen (*abwert*) + verrauchen · verblühen · welken ♦ *gehoben*: [da]hingehen · dahinschwinden · [hin]schwinden · entschwinden · entrinnen · entfliehen · enteilen · entfliegen · verwehen · verfließen – **2.** → aussterben – **3.** → veralten – **4.** jmdm. vergeht Hören und Sehen: → staunen (1); vor Scham v.: → schämen, sich (1) – **II.** vergehen, sich: **1.** ⟨*gegen ein Gesetz od. eine Vorschrift verstoßen*⟩ sich etw. zuschulden kommen lassen · sich strafbar machen · straffällig/schuldig werden · eine Straftat begehen · das Gesetz brechen/verletzen · etw. verbrechen · ein Verbrechen begehen · unrecht tun · einen Fehltritt tun/begehen · straucheln; sich versündigen (*Rel*) ♦ *gehoben*: fehlen · freveln + abirren; → *auch* sündigen – **2.** sich an fremdem Eigentum v.: → stehlen (1); sich v. |an|: → vergewaltigen (1)
Vergehen, das: **1.** ⟨*kleinere strafbare Handlung*⟩ Delikt · Straftat · Verstoß · Ordnungswidrigkeit · Verfehlung · Unrecht · Übertretung; → *auch* Fehltritt (1), Verbrechen (1), Zuwiderhandlung – **2.** schweres V.: → Verbrechen (1)
vergeigen: → verderben (2)
vergeistigen: spiritualisieren + sublimieren
vergelten: **1.** ⟨*mit einer Vergeltungsmaßnahme beantworten*⟩ rächen · heimzahlen · zurückzahlen · eine [alte] Rechnung begleichen; heimgeben (*landsch*) + nichts schuldig bleiben ♦ *dicht*: gelten ♦ *umg*: anstreichen · besorgen ♦ *salopp*: eintränken – **2.** ⟨*als Dank eine Gegenleistung erbringen*⟩ [be]lohnen · danken · sich revanchieren · sich erkenntlich zeigen; sich abfinden (*landsch*)
Vergeltung, die: **1.** ⟨*die eine Tat bestrafende Gegenaktion*⟩ Vergeltungsmaßnahme · Repressalie · Gegenschlag · Abrechnung; Vergeltungsschlag · Gegenangriff · Gegenstoß (*milit*) + Sühne[maßnahme] · Heimzahlung – **2.** → Rache (1) – **3.** → Dank (1) – **4.** V. üben: → rächen (II)
Vergeltungsmaßnahme, die: → Vergeltung (1)
Vergeltungsschlag, der: → Vergeltung (1)
vergerben: **1.** → verprügeln – **2.** das Fell/Leder v.: → verprügeln
vergesellschaften: → verstaatlichen
vergesellschaftet: → gemeineigen
vergessen: **I.** vergessen: **1.** ⟨*aus der Erinnerung verlieren*⟩ entfallen · aus den Augen/dem Gedächtnis verlieren · nicht im Gedächtnis/Kopf behalten + ein[en] Blackout haben · verlernen ♦ *umg*: verschwitzen · verbummeln · verdösen · verdusseln · verschusseln – **2.** v. werden: ⟨*nicht im Gedächtnis bleiben*⟩ in Vergessenheit geraten/kommen · der Vergessenheit anheim fallen ♦ *gehoben*: aus dem Gedächtnis schwinden – **3.** v. wollen: ⟨*nicht mehr daran denken wollen*⟩ begraben · abhaken · Gras wachsen lassen |über| · einen dicken Strich machen |unter|; → *auch* ²verziehen – **4.** nicht v.: → merken (4) – **II.** vergessen, sich: → aufbrausen (2)
Vergessenheit, die: in V. geraten/kommen, der V. anheimfallen: → vergessen (I, 2)
vergesslich: **1.** ⟨*leicht vergessend*⟩ gedächtnisschwach; → *auch* zerstreut (1) – **2.** v. sein: ⟨*leicht vergessen*⟩ *umg*: ein kurzes Gedächtnis haben · ein Gedächtnis wie ein Sieb haben
Vergesslichkeit, die: Gedächtnisschwäche; → *auch* Zerstreutheit
vergeuden: → verschwenden
Vergeudung, die: → Verschwendung

vergewaltigen: **1.** ⟨*zum Koitus zwingen*⟩ Gewalt antun · missbrauchen · sich vergehen |an| · sich vergreifen |an| · stuprieren; notzüchtigen · Notzucht verüben |an| · schänden (*veraltend*) + verführen; entehren (*veraltet*) – **2.** → zwingen (1)
Vergewaltigung, die: **1.** ⟨*erzwungener Koitus*⟩ Stuprum; Notzucht · Schändung (*veraltend*); → *auch* Sexualstraftat– **2.** → Zwang (1)
vergewissern, sich: sich überzeugen · sich versichern · sichergehen · sich Gewissheit verschaffen ♦ *umg*: auf Nummer Sicher gehen
vergießen: **1.** → verschütten (2) – **2.** Tränen v.: → weinen (1); Schweiß v.: → abmühen, sich; Blut v.: → töten (I, 1)
vergiften: **I.** vergiften: **1.** ⟨*durch Gift töten*⟩ Gift geben + vergasen – **2.** wie ein vergifteter Affe: → schnell (1, a) – **II.** vergiften, sich: ⟨*sich durch Einnehmen von Gift töten*⟩ Gift nehmen + Schlaftabletten nehmen ♦ *umg*: + den Gashahn aufdrehen/aufmachen; → *auch* Selbstmord (2)
vergilben: **1.** ⟨*mit der Zeit eine gelbl. Färbung annehmen*⟩ gelb werden ♦ *gehoben*: gilben; → *auch* verblassen – **2.** → welken (1)
vergilbt: angegilbt
verglast: → stier
Vergleich, der: **1.** ⟨*vergleichende Betrachtung*⟩ Vergleichung · Gegenüberstellung – **2.** → Bereinigung (1) – **3.** im V. mit/zu: → gegenüber (2); im V. dazu: → dagegen (1); einen V. ziehen/anstellen: → vergleichen (I, 1); einen V. schließen/zustande bringen: → einigen (II)
vergleichbar: komparabel · kommensurabel + analog · parallel; → *auch* ähnlich (1)
vergleichen: **I.** vergleichen: **1.** ⟨*prüfend gegeneinander abwägen*⟩ einen Vergleich ziehen/anstellen · gegenüberstellen · komparieren · Parallelen ziehen + messen · heranziehen; kollationieren (*fachspr*); → *auch* zusammenhalten (1) – **II.** vergleichen, sich: **1.** → messen (II, 1) – **2.** → einigen (II)
vergleichsweise: → verhältnismäßig
Vergleichung, die: → Vergleich (1)
verglichen: v. |mit|: → gegenüber (2)
verglimmen: → erlöschen (1)
verglühen: → erlöschen (1)
vergnatzen: → verärgern
vergnatzt: → ärgerlich (1)
vergnügen: **I.** vergnügen: → belustigen (I) – **II.** vergnügen, sich: ⟨*angenehm u. kurzweilig die Zeit verbringen*⟩ sich amüsieren · sich unterhalten · sich zerstreuen; sich belustigen (*veraltend*); sich verlustieren (*scherzh*) + sich die Zeit vertreiben · das Leben genießen
Vergnügen, das: **1.** ⟨*das Vergnügtsein*⟩ Vergnüglichkeit · Ergötzen · Spaß · Gaudium (*veraltend*); Pläsier (*noch scherzh*) + Freude · Frohsinn · Fidelitas · Fidelität ♦ *umg*: Gaudi (*bes. süddt*); → *auch* Belustigung (1), Freude (1) – **2.** → Fest (1) – **3.** mit [dem größten] V.: → gern[e] (1); kein V.: → unangenehm (1); V. machen/bereiten: → erfreuen (I); das V. rauben: → betrüben (I)
vergnüglich: **1.** → unterhaltsam – **2.** → heiter (1), lustig
Vergnüglichkeit, die: → Vergnügen (1)
vergnügt: **1.** → heiter (1), lustig – **2.** vergnügtes Haus: → Spaßvogel
Vergnügtheit, die: → Heiterkeit (1)
Vergnügung, die: **1.** → Belustigung (1) – **2.** → Fest (1)
Vergnügungsfahrt, die: → Ausflug
Vergnügungsindustrie, die: → Unterhaltungsindustrie
Vergnügungspark, der: *umg*: Rummel[platz]; → *auch* Park (1)
Vergnügungsreisende, der: → Urlauber
Vergnügungsstätte, die: → Amüsierlokal
Vergnügungstour, die: → [1]Bummel (1)
vergöttern: **1.** → verehren (1) – **2.** → verherrlichen
vergöttert: → geliebt
Vergötterung, die: → Verehrung
vergraben: **I.** vergraben: **1.** ⟨*etw. durch Graben in die Erde versenken*⟩ eingraben; verscharren · einscharren (*meist abwert*) ♦ *umg*: verbuddeln · einbuddeln (*landsch*); → *auch* eingraben (I, 1) – **2.** → verstecken (1) – **II.** vergraben, sich: sich v. |in|: → versenken (II)
vergrämen: **1.** → betrüben (I) – **2.** → verscheuchen
vergrämt: → sorgenvoll
vergrätzen: → verärgern
vergraulen: → verleiden
vergreifen, sich: sich v. |an|: → vergewaltigen (1); sich an fremdem Eigentum v.: → stehlen (1)
vergreisen: → altern (1)

vergreist: → verkalkt (1)
vergröbern: → vereinfachen
Vergröberung, die: → Vereinfachung
vergrößern: I. vergrößern: **1.** ⟨*umfänglicher machen*⟩ ausdehnen · ausweiten · ausbreiten · erweitern – **2.** → steigern (I, 1) – **3.** → ausbauen (2) – **II.** vergrößern, sich: **1.** ⟨*umfänglicher werden*⟩ sich ausdehnen · sich ausweiten · sich ausbreiten · sich erweitern · expandieren – **2.** → zunehmen (1)
Vergrößerung, die: **1.** ⟨*das Vergrößern*⟩ Ausdehnung · Ausweitung · Ausbreitung · Erweiterung; → *auch* Zunahme – **2.** → Steigerung (1) – **3.** → Ausbau (1)
Vergrößerungsglas, das: → Lupe (1)
vergucken, sich: sich v. |in|: → verlieben, sich
Vergünstigung, die: → Vorrecht
vergüten: 1. → bezahlen (1) – **2.** → entschädigen (I) – **3.** → veredeln (2)
Vergütung, die: **1.** ⟨*die Erstattung von Unkosten*⟩ Kosten[rück]erstattung; → *auch* Unterstützung (2) – **2.** ⟨*Bezahlung für eine freiberufl. Tätigkeit*⟩ Honorar + Tantieme – **3.** → Gehalt (I) – **4.** → Vermittlungsgebühr
verhaften: festnehmen · inhaftieren · in Haft nehmen · dingfest machen · gefangen nehmen · aufgreifen · abführen · [ab]holen; sistieren (*Rechtsw*); arretieren (*veraltend*) ♦ *umg*: greifen · schnappen · wegbringen ♦ *salopp*: hoppnehmen · hopsnehmen · kaschen; kappen (*landsch*); → *auch* ergreifen (2), einsperren (1), gefangen (3)
Verhaftung, die: Festnahme · Inhaftierung · Inhaftnahme · Ergreifung · Abführung; Arretierung (*veraltend*)
verhageln: → verderben (2)
verhallen: → verklingen
verhalten: I. verhalten: **1.** → zurückhalten (I, 2) – **2.** → leise (1) – **II.** verhalten, sich: **1.** ⟨*eine Verhaltensweise zeigen*⟩ sich benehmen · sich bewegen · sich geben · sich gebärden · sich betragen · auftreten; sich aufführen (*oft abwert*); sich bezeigen (*veraltend*); sich gebaren (*veraltet*) + sich halten · reagieren ♦ *gehoben*: sich gerieren ♦ *umg*: sich anstellen – **2.** sich v. |mit|: ⟨*in einer best. Weise beschaffen sein*⟩ stehen |mit| · bestellt sein |um| · damit hat es folgende Bewandtnis
Verhalten, das: Verhaltensweise · Benehmen · Gehaben · Gebaren · Gebarung · Handlungsweise · Stil · Betragen · Führung; Gehabe (*abwert*); Allüren (*meist abwert*) + Reaktion
Verhaltenheit, die: → Zurückhaltung (1)
Verhaltens[maß]regel, die: → Vorschrift (1)
Verhaltensweise, die: → Verhalten
Verhältnis: I. Verhältnis, das: **1.** ⟨*messbares bzw. vergleichbares Aufeinanderbezogensein*⟩ Proportion; → *auch* Beziehung (I, 1) – **2.** → Liebesverhältnis – **3.** → Geliebte (I *u.* II) – **4.** im V. dazu: → dagegen (1); ein V. haben: → Freundin (3) – **II.** Verhältnisse (*Pl*): **1.** ⟨*die unmittelbar auf jmdn. einwirkenden Gegebenheiten*⟩ Bedingungen · Zustand ♦ *umg*: Betrieb (*meist abwert*) ♦ *salopp*: Laden · Saftladen (*abwert*); → *auch* Lage (1) – **2.** → Lage (1) – **3.** über seine V. leben: → verschwenderisch (3); den Verhältnissen entsprechend: → erträglich
verhältnismäßig: relativ · vergleichsweise ♦ *umg*: ziemlich; → *auch* bedingt (1)
Verhaltungsmaßregel, die: → Vorschrift (1)
verhandeln: 1. ⟨*zum Zweck einer Übereinkunft beraten*⟩ unterhandeln · eine Verhandlung/Verhandlungen führen · in Verhandlungen stehen + konferieren · beraten · diskutieren – **2.** ⟨*in einem Gerichtsverfahren behandeln*⟩ Gericht halten/zu Gericht sitzen |über| – **3.** → verkaufen (I, 1)
Verhandlung, die: **1.** ⟨*das Beraten zum Zweck einer Übereinkunft*⟩ Unterhandlung – **2.** → Prozess (1) – **3.** eine V./Verhandlungen führen, in Verhandlungen stehen: → verhandeln (1)
verhandlungsbereit: → kompromissbereit (1)
verhandlungsfähig: → diskutabel
verhangen: → bewölkt
verhängen: 1. → bedecken (I, 1) – **2.** eine Strafe v.: → verurteilen (1); die Acht v. |über|: → ächten (1)
Verhängnis, das: → Unglück (1)
verhängnisvoll: folgenschwer · fatal · tragisch · un[glück]selig · unglücklich · katastrophal · unheilvoll
verharmlosen: bagatellisieren · herunterspielen · kleinreden · verniedlichen · verlieblichen · verkleinern; → *auch* beschönigen
verhärmt: → sorgenvoll
verharren: → bleiben (1)

verharscht: harsch · hart gefroren + vereist
verhärten, sich: → verstockt (2)
verhaspeln, sich: → verheddern, sich (1)
verhasst: → unbeliebt (1)
verhätscheln: → verweichlichen
verhatscht: → ausgetreten (1)
Verhau, der: → Drahthindernis
verhauen: I. verhauen: → verprügeln – **II.** verhauen, sich: **1.** → Fehler (2) – **2.** → verrechnen (II, 1)
verheben, sich: sich überheben + sich einen Bruch heben
verheddern, sich: **1.** ⟨*beim Sprechen* [*mehrmals*] *hängen bleiben*⟩ sich versprechen ♦ *umg*: sich verhaspeln; → *auch* stecken (5, b), versprechen (II, 1) – **2.** → verfangen (II)
verheeren: → brandschatzen, verwüsten
verheerend: katastrophal · furchtbar · entsetzlich
verhehlen: → verschweigen
verheilen: abheilen · zuheilen · vernarben · verwachsen · verschorfen + gesunden
verheimlichen: → verschweigen
Verheimlichung, die: Verschweigung · Geheimhaltung + Schweigepflicht; → *auch* Tarnung
verheiraten: I. verheiraten: ⟨*jmdm. eine Frau zur Ehe geben*⟩ antrauen (*veraltend*) ♦ *gehoben*: vermählen ♦ *umg*: unterbringen · an den Mann bringen · unter die Haube bringen – **II.** verheiraten, sich: → heiraten (1)
verheiratet: 1. ⟨*einen Ehepartner besitzend*⟩ verehelicht (*amtsspr, auch scherzh*) ♦ *gehoben*: vermählt ♦ *umg*: in festen Händen ♦ *salopp*: unter Dach und Fach (*scherzh*) – **2.** ⟨*eine Ehefrau besitzend*⟩ *umg*: beweibt (*scherzh*) – **3.** ⟨*einen Ehemann besitzend*⟩ *umg*: bemannt (*scherzh*)
Verheiratung, die: → Heirat
verheißen: 1. ⟨*das baldige Eintreten von etw. erkennen lassen*⟩ versprechen · erwarten lassen – **2.** → versprechen (I, 1)
Verheißung, die: → Versprechen (1)
verheißungsvoll: → Erfolg (3)
verheizen: → opfern (I, 1, b)
verhelfen: v. |zu|: → beschaffen (1)
verherrlichen: feiern · glorifizieren · vergöttern; Kult treiben |mit| (*abwert*) + lobsingen ♦ *umg*: in den Himmel heben; beweihräuchern (*abwert*); → *auch* loben (1)
verhetzen: → aufhetzen
verhexen: → verzaubern (1)
verhimmeln: → verehren (1)
Verhimmelung, die: → Verehrung
verhindern: verhüten · abwenden · abwehren; verunmöglichen (*bes. schweiz*) + blockieren · abhalten ♦ *umg*: abbiegen; → *auch* vereiteln, hindern, unterbinden
Verhinderung, die: Verhütung · Abwendung · Abwehr; Verunmöglichung (*bes. schweiz*) + Abhaltung · Vorbeugung; → *auch* Vereitelung
verhoffen: → spähen (1)
verhöhnen: mit Hohn überschütten; aushöhnen (*landsch*); → *auch* verspotten
verhohnepipeln: → verspotten
Verhöhnung, die: → Verspottung
verhökern: → verkaufen (I, 1)
Verhökerung, die: → Verkauf (1)
Verhör, das: **1.** ⟨*polizeil. od. richterl. Befragung*⟩ Vernehmung; Einvernehmung · Einvernahme (*österr schweiz*) + Kreuzverhör · Ausfragung · Inquisition – **2.** ins V. nehmen, einem V. unterziehen, ein V. anstellen |mit|: → verhören (I)
verhören: I. verhören: ⟨*polizeilich od. richterlich befragen*⟩ vernehmen · ins Verhör nehmen · einem Verhör unterziehen · ein Verhör anstellen |mit| · inquirieren; einvernehmen (*österr schweiz*) + ausfragen · ins Kreuzverhör nehmen – **II.** verhören, sich: ⟨*falsch hören*⟩ falsch verstehen · missverstehen
verhudeln: → verderben (2)
verhüllen: 1. → bedecken (I, 1) – **2.** → verschleiern
Verhüllung, die: → Tarnung
verhundertfachen: → vervielfachen (1)
verhungern: Hungers / an Hunger sterben
verhunzen: 1. → verderben (2) – **2.** → verunstalten
verhüten: → verhindern
Verhüterli, das: → Präservativ
Verhütung, die: **1.** → Verhinderung – **2.** → Empfängnisverhütung
verhutzelt: → runzelig
verifizieren: → bestätigen (I, 1)
verinnerlichen: → aneignen (2)
verirren, sich: sich verlaufen · fehlgehen · die Orientierung verlieren · den Weg verfehlen · vom Wege abkommen / abirren · irregehen · in die Irre gehen + sich verfahren · sich verfliegen ♦ *umg*: sich verfranzen; sich verbiestern (*landsch*)

verjagen: → vertreiben (1)
verjähren: → verfallen (2)
verjubeln: → verschwenden
verjuchheien: → verschwenden
verjuckeln: → verschwenden
verjüngen: I. verjüngen: → erneuern (1) – **II.** verjüngen, sich: ⟨*nach einer Seite hin schmaler od. dünner werden*⟩ sich verengen · sich zuspitzen · spitz ausgehen/auslaufen/zugehen/zulaufen
Verjüngung, die: → Erneuerung (1)
verjuxen: → verschwenden
verkalken: → altern (1)
verkalkt: 1. ⟨*durch Alterung in der geistigen Beweglichkeit stark eingeschränkt*⟩ senil · vergreist; → *auch* alt (1), verbraucht (1) – **2.** v. sein: ⟨*in geistiger Hinsicht starke Alterserscheinungen zeigen*⟩ *umg*: bei jmdm. rieselt schon der Kalk
verkalkulieren, sich: → irren (II)
verkamisolen: → verprügeln
verkappen, sich: → tarnen, sich
verkasematuckeln: → erklären (I, 1)
Verkauf, der: **1.** ⟨*das Abgeben für Geld*⟩ Veräußerung · Abgabe; Realisation · Realisierung (*fachspr*) + Absatz · Vertrieb · Handel ♦ *umg*: Verhökerung (*abwert*) – **2.** zum V. bringen: → verkaufen (I, 1)
verkaufen: I. verkaufen: **1.** ⟨*für Geld abgeben*⟩ veräußern · abgeben; zum Verkauf bringen (*amtsspr*); realisieren (*fachspr*) + absetzen · vertreiben · abstoßen · losschlagen · überlassen · ablassen · umsetzen · verschieben ♦ *umg*: versilbern · zu Geld machen · anbringen · an den Mann bringen; verhökern (*abwert*); verhandeln (*veraltend*) + verschachern ♦ *salopp*: verscheuern · verkloppen · verscherbeln; verkitschen · verklitschen (*landsch*); → *auch* anbieten (I, 3), verschleudern (1) – **2.** → handeln (I, 1) – **3.** meistbietend v.: → versteigern; für dumm v.: → täuschen (I) – **II.** verkaufen, sich: **1.** → ausliefern (II) – **2.** → prostituieren, sich (1)
Verkäufer, der: + Handlungsgehilfe · Händler · Lieferant · Markthelfer · Marktschreier · Vertreter ♦ *umg*: Ladenschwengel (*abwert*) + Heringsbändiger (*scherzh*)
Verkäuferin, die: Ladenmädchen · Ladenfräulein (*noch landsch*); Ladnerin (*süddt österr veraltend*); Ladentochter (*schweiz*)
verkäuflich: absetzbar · veräußerlich; marktgängig (*Wirtsch*)
Verkaufsförderung, die: Salespromotion · Merchandising (*Wirtsch*); → *auch* Marktforschung
Verkaufshit, der: → Verkaufsschlager
Verkaufsleiter, der: Salesmanager (*Wirtsch*) + Salespromoter (*Wirtsch*)
Verkaufspreis, der: → Einzelhandelspreis
Verkaufsraum, der: → Geschäft (1)
Verkaufsschlager, der: Schlager · Topseller · Bestseller · Seller + Dauerseller · Longseller · Steadyseller ♦ *umg*: Kassenschlager · Renner · Knüller · Hit · Verkaufshit
Verkaufsstelle, die: → Geschäft (1)
Verkaufstisch, der: Ladentisch; Budel (*süddt österr*)
Verkehr, der: **1.** → Beziehung (I, 1) – **2.** → Geschlechtsverkehr – **3.** V. haben: → koitieren; in V. bringen: → ausgeben (I, 2); aus dem V. ziehen: **a)** → zurückziehen (I, 1) – **b)** → einsperren (1)
verkehren: 1. → verdrehen (1) – **2.** v. |mit/bei|: ⟨*sich öfter besuchen*⟩ Umgang haben/pflegen |mit| · zusammenkommen |mit| · Kontakt haben |mit| ♦ *umg*: + sich einlassen |mit| (*abwert*) – **3.** ins Gegenteil v.: → verdrehen (1)
Verkehrsknotenpunkt, der: Knotenpunkt · Drehscheibe + Luftkreuz
Verkehrslinie, die: Linie · Strecke
Verkehrsmittel, das: → Fahrzeug (1)
Verkehrspolizei, die: → Polizei (1)
Verkehrspolizist, der: + Verkehrsposten ♦ *umg*: weiße Maus (*scherzh*); → *auch* Polizist
Verkehrsposten, der: → Verkehrspolizist
verkehrstauglich: → verkehrstüchtig
verkehrstüchtig: verkehrstauglich · fahrtüchtig · fahrtauglich
Verkehrsunfall, der: Autounfall · Autounglück
Verkehrsweg, der: **1.** → Schienenweg – **2.** → Straße (1)
verkehrt: 1. ⟨*die falsche Seite zeigend*⟩ umgedreht · umgekehrt · seitenverkehrt – **2.** → falsch (1) – **3.** an die verkehrte Adresse kommen/geraten: → abblitzen (1)
Verkehrung, die: → Verdrehung
verkeilen: → verprügeln
verkennen: falsch beurteilen · nicht gerecht werden · missverstehen; → *auch* unterschätzen
verketten: → verbinden (I, 1)
Verkettung, die: → Verbindung (I, 1)

verketzern: → verleumden (1)
verkitschen: → verkaufen (I, 1)
verklagen: anklagen · Anklage erheben |gegen| · klagen |gegen| · Klage führen |gegen| · auf die Anklagebank bringen · unter Anklage stellen · vor Gericht fordern · einen Prozess anstrengen/anhängig machen |gegen| · vor die Schranken des Gerichts zitieren + beschuldigen · belangen · prozessieren · einen Prozess führen |gegen| · den Prozess machen ♦ *umg*: vor Gericht ziehen |gegen| ♦ *salopp*: einen Prozess an den Hals hängen; → *auch* anzeigen (2), beschuldigen (1)
Verklagte, der: → Angeklagte
verklammen: → frieren (1)
verklapsen: → narren
verklaren: → erklären (I, 1)
verklatschen: → verraten (1)
verklauseln: → verklausulieren
verklausulieren: verklauseln · klausulieren; → *auch* beschränken
verkleben: → zukleben
verkleckern: I. verkleckern: → verschwenden – **II.** verkleckern, sich: → verlieren (II, 1)
verklecksen: → beschmutzen (I, 1)
verkleiden: I. verkleiden: **1.** → täfeln – **2.** → verschalen – **II.** verkleiden, sich: ⟨*sich durch entsprechende Kleidung unkenntlich machen*⟩ sich kostümieren; sich maskieren (*landsch*) + sich vermummen; → *auch* tarnen, sich
Verkleidung, die: **1.** ⟨*unkenntlich machende Kleidung*⟩ Kostümierung; Maskerade · Mummenschanz (*veraltend*) + Vermummung · Karnevalskostüm · Fastnachtskleid · Faschingskleid – **2.** → Verschalung
verkleinern: I. verkleinern: **1.** → verkürzen – **2.** → verringern (I, 1) – **3.** → vermindern (I) – **4.** → verharmlosen – **5.** → herabwürdigen (I) – **II.** verkleinern, sich: → einschränken (II)
Verkleinerung, die: → Herabwürdigung
verkleistern: → zukleben
verklemmt: → gehemmt
Verklemmtheit, die: → Hemmung (1)
verklickern: → erklären (I, 1)
verklingen: verhallen · ausklingen · abklingen · verstummen · aushallen + verrollen · aufhören ♦ *gehoben*: verwehen · ersterben · schwinden
verklitschen: → verkaufen (I, 1)
verkloppen: 1. → verprügeln – **2.** → verkaufen (I, 1)
verknacken: → verurteilen (1)
verknacksen: → verstauchen
verknallen, sich: sich v. |in|: → verlieben, sich
verknallt: → verliebt (1)
Verknappung, die: → [1]Mangel (1)
verknasten: → verurteilen (1)
verknautschen: → knittern (1)
verkneifen: 1. → verzerren (2) – **2.** sich v.: **a)** → unterlassen – **b)** → abgewöhnen (2) – **c)** → verzichten – **d)** → zurückhalten (I, 2)
verknittern: → zerknüllen
verknöchern: → altern (1)
verknöchert: → starr (1)
Verknöcherung, die: → Starrheit (1)
verknoten: → verbinden (I, 1)
verknüllen: → zerknüllen
verknüpfen: → verbinden (I, 1)
Verknüpfung, die: → Verbindung (I, 1)
verknusen: nicht v. können: **a)** → verabscheuen – **b)** → hassen
verkochen: → verdampfen (1)
verkohlen: 1. → narren – **2.** → belügen
verkommen: 1. ⟨*aller sittlich-menschl. Werte u. Normen entraten*⟩ abgleiten · verderben · herunterkommen · auf die schiefe Bahn/Ebene geraten/kommen · auf Abwege geraten/kommen · in der Gosse enden/umkommen ♦ *umg*: versacken · versumpfen; → *auch* verwahrlosen (1) – **2.** ⟨*ein Leben ohne sittlich-menschl. Werte u. Normen führend*⟩ verdorben · verworfen · lasterhaft · heruntergekommen; verderbt (*veraltend*) + schamlos · dreckig – **3.** → verderben (3) – **4.** → verfallen (1) – **5.** v. lassen: → vernachlässigen (1)
Verkommenheit, die: Verdorbenheit · Verworfenheit · Lasterhaftigkeit; Verderbtheit (*veraltend*) ♦ *gehoben*: Verderbnis
verkonsumieren: → aufessen, verbrauchen (1)
verkoppeln: → verbinden (I, 1)
verkorken: → zukorken
verkorksen: → verderben (2)
verkörpern: 1. ⟨*in seiner Gestalt bzw. Form zum Ausdruck bringen*⟩ symbolisieren · versinnbildlichen · darstellen + personifizieren – **2.** → darstellen (I, 1, b)
Verkörperung, die: Inkarnation + Personifizierung · Personifikation
verkosten: → [1]kosten (1)

verköstigen: → verpflegen (1)
Verköstigung, die: → Verpflegung (1)
verkrachen, sich: → verfeinden, sich
verkracht: verkrachtes Genie: → Taugenichts
verkraften: 1. → aushalten (1) – **2.** → überwinden (I, 1)
verkramen: → verlegen (I, 1)
verkrampft: → gehemmt
verkratzen: → zerkratzen
verkriechen, sich: → verstecken (II, 1)
verkrümeln, sich: **1.** → auflösen (II, 2) – **2.** → wegschleichen (I)
verkrümmt: → krumm (1)
verkrüppelt: verwachsen · verbildet · krüppelig + verkümmert; → *auch* bucklig (1), missgebildet, behindert
verkühlen, sich: → erkälten, sich
verkühlt: → erkältet (1)
verkümmern: → zurückbilden, sich
verkümmert: *umg*: vermickert · mickerig
Verkümmerung, die: → Rückbildung
verkünd[ig]en: → bekannt (5), erklären (I, 2)
Verkünd[ig]ung, die: → Bekanntmachung (1), Erklärung (2)
verkuppeln: 1. *abwert* ⟨*mit einer Person anderen Geschlechts zusammenbringen*⟩ kuppeln (*veraltend*); sich einen Kuppelpelz verdienen (*auch scherzh*) – **2.** → verbinden (I, 1)
verkürzen: abkürzen · verkleinern + abschneiden; → *auch* kürzen
Verkürzung, die: → Abkürzung (1)
verlachen: auslachen · belachen · belächeln ♦ *umg*: eine Nase drehen; → *auch* verspotten
Verladebühne, die: → Laderampe
verladen: 1. ⟨*in bzw. auf ein Transportmittel laden*⟩ verfrachten · einladen · aufladen + umladen · abladen – **2.** → hereinlegen (1)
Verladerampe, die: → Laderampe
verlangen: 1. → fordern (1) – **2.** → erfordern – **3.** v. |nach|: → Verlangen (4)
Verlangen, das: **1.** ⟨*das Habenwollen*⟩ Sehnsucht · Bedürfnis · Gier[igkeit] · Begehrlichkeit · Begier[de] · Begehren · Gelüst[e] · Lust + Durst · Hunger ♦ *gehoben*: Begehr ♦ *umg*: Gieper · Jieper (*landsch*); → *auch* Appetit, Wunsch (1), Sehnsucht (1), Sucht – **2.** → Sehnsucht (1) – **3.** → Forderung (1) – **4.** V. haben |nach|: ⟨*ein starkes Gefühl des Habenwollens empfinden*⟩ verlangen |nach| · sich sehnen |nach| · begehren · gieren |nach| · gierig sein |nach/auf| · fiebern |nach| · es gelüstet jmdn. |nach| · seufzen |nach| · schreien |nach| · jammern |nach| · lechzen |nach| · hungern |nach| · dürsten |nach| · durstig sein |nach| · die Hand/die Hände ausstrecken |nach| ♦ *gehoben*: schmachten |nach| · sich verzehren |nach| ♦ *umg*: hinterher sein · erpicht/versessen/scharf sein |auf|; giepern |nach| (*landsch*) ♦ *salopp*: [sich] alle zehn Finger lecken |nach|; → *auch* wünschen (1) – **5.** mit/voll[er] V.: → sehnsüchtig
verlangend: → sehnsüchtig
verlängern: 1. ⟨*einen längeren Zeitraum zum Begleichen finanzieller Verpflichtungen zubilligen*⟩ stunden; prolongieren (*kaufm*) – **2.** → verdünnen
verlängert: verlängerter Rücken: → Gesäß
Verlängerung, die: **1.** ⟨*das Vergrößern eines Zeitraumes*⟩ Ausdehnung – **2.** ⟨*Zubilligung eines längeren Zeitraumes zum Begleichen finanzieller Verpflichtungen*⟩ Stundung; Prolongierung · Prolongation (*kaufm*)
verlangsamen: → verzögern (I)
Verlangsamung, die: → Verzögerung (1)
verläppern: → verschwenden
Verlass, der: auf jmdn. ist V.: → zuverlässig (3)
verlassen: I. verlassen: **1.** ⟨*sich von etw. entfernen*⟩ räumen – **2.** ⟨*böswillig nicht bei jmdm. bleiben*⟩ allein lassen · im Stich lassen · sich selbst überlassen · seinem Schicksal überlassen + desertieren ♦ *umg*: sitzen lassen · aufsitzen lassen; → *auch* verraten (2) – **3.** → einsam (1) – **4.** → menschenleer – **5.** → abgelegen – **6.** den Weg v.: → abbiegen (1); die Welt v.: → sterben (1); von allen guten Geistern v.: → verrückt (1) – **II.** verlassen, sich: sich v. |auf|: → vertrauen; darauf kannst du dich v.: → versichert
Verlassenheit, die: → Einsamkeit (1)
verlässlich: → zuverlässig (1)
Verlässlichkeit, die: → Zuverlässigkeit
verlästern: → verleumden (1)
Verlästerung, die: **1.** → Verleumdung – **2.** → Beschimpfung – **3.** → Herabwürdigung
Verlaub: mit V.: → erlauben (4)
Verlauf, der: **1.** ⟨*die Form einer Linie*⟩ Lauf – **2.** ⟨*das zeitl. Ablaufen*⟩ Ablauf · Gang · Lauf · Hergang · Prozess · Fortgang; → *auch* Entwicklung (1) – **3.** im V. [von]: →

während; seinen V. nehmen: → verlaufen (I, 1 *u.* 2)
verlaufen: I. verlaufen: **1.** ⟨*die Form einer Linie bilden*⟩ gehen · laufen · seinen Verlauf nehmen – **2.** ⟨*in bestimmter Weise geschehen*⟩ ablaufen · vor sich gehen · seinen Verlauf nehmen · [ab]gehen · abrollen · sich abwickeln ♦ *umg*: über die Bühne gehen · hergehen; → *auch* geschehen (1), stattfinden – **3.** im Sande v.: → ergebnislos (2) – **II.** verlaufen, sich: **1.** → verirren, sich – **2.** → auflösen (II, 2) – **3.** → versickern
verlautbaren: → bekannt (5)
Verlautbarung, die: → Bekanntmachung (1)
verlauten: → bekannt (5)
verleben: → verbringen (1)
verlebendigen: → veranschaulichen
verlebt: → verbraucht (1)
verlegen: I. verlegen: **1.** ⟨*an den falschen Platz legen*⟩ + verstellen ♦ *umg*: verkramen · versieben · verwühlen · verwursteln; verschusseln (*landsch*) ♦ *salopp*: verschmeißen – **2.** ⟨*in Bezug auf Leitungen*: *sie anbringen*⟩ legen – **3.** ⟨*auf einen anderen Zeitpunkt festsetzen*⟩ verschieben · umlegen + umstoßen · umdisponieren · über den Haufen werfen – **4.** → herausgeben (1) – **5.** → betreten (2) – **6.** seinen Wohnsitz v.: → umziehen (I); den Weg v.: → Weg (4); v. machen: → verwirren (2); um eine Antwort nicht v. sein: → schlagfertig (2) – **II.** verlegen, sich: sich v. |auf|: → beschäftigen (II, 2)
Verlegenheit, die: **1.** ⟨*üble Lage*⟩ Kalamität · Bedrängnis + Ratlosigkeit ♦ *umg*: Schwulität; → *auch* Zwangslage – **2.** in V. sein: ⟨*in eine üble Lage geraten sein*⟩ in einer Schwierigkeit sein + in einer Sackgasse sein ♦ *umg*: in der Bredouille sein · in der Klemme sitzen/stecken/sein · in der Patsche/Tinte sitzen · in Schwulitäten sein; in Schwulibus sein (*scherzh*) ♦ *salopp*: aufgeschmissen sein · auf dem Schlauch stehen · in der Schmiere sitzen; → *auch* hilflos (4), schlecht (10, a)
Verlegenheitslösung, die: → Behelf (1)
verleiden: verekeln · vergällen · vergraulen ♦ *umg*: vermiesen · mies machen · madig machen
Verleih, der: Ausleihe
verleihen: 1. → leihen (1) – **2.** Ausdruck v.: → ausdrücken (I, 2); seinem Dank Ausdruck v.: → danken (1); Kraft/Mut v.: → ermutigen; einen Orden/eine Auszeichnung v.: → auszeichnen (I, 2); den Adel v.: → adeln (1)
Verleihung, die: → Auszeichnung (1)
verleimen: → zukleben
verleiten: missleiten · anstiften |zu| · aufreizen |zu|; → *auch* verführen
verlesen: → aussuchen (1)
verletzbar: → empfindsam (1)
verletzen: I. verletzen: **1.** ⟨*eine Beschädigung an jdms. Körper verursachen*⟩ lädieren · eine Verletzung/Wunde beibringen/zufügen; versehren (*veraltend*); blessieren (*veraltet*) + verwunden · stechen – **2.** → kränken – **3.** das Gesetz v.: → vergehen (II, 1); jmds. Gefühle v.: → kränken – **II.** verletzen, sich: ⟨*sich unabsichtlich eine Verletzung beibringen*⟩ sich eine Verletzung/Wunde zuziehen · zu Schaden kommen · Schaden nehmen · sich Schaden tun + sich schneiden; → *auch* abschürfen, sich
verletzend: → entehrend, beleidigend
verletzlich: → empfindsam (1)
verletzt: 1. ⟨*eine Verletzung aufweisend*⟩ versehrt + verwundet – **2.** → beleidigt (2)
Verletzung, die: **1.** ⟨*Beschädigung am Körper*⟩ Wunde; Trauma (*med*) + Verwundung · Stich; → *auch* Schaden (2), Schramme (1) – **2.** → Beleidigung (1) – **3.** sich eine V. zuziehen: → verletzen (II); eine V. beibringen/zufügen: → verletzen (I, 1); seinen Verletzungen erliegen: → sterben (1)
verleugnen: → leugnen (1)
verleumden: 1. ⟨*Unwahres über jmdn. verbreiten, um dessen Ansehen zu schaden*⟩ schlecht machen · diffamieren · diskreditieren · verunglimpfen · verlästern · verketzern · anschwärzen · verschreien · verteufeln · die Ehre abschneiden · Übles nachreden · schlecht/abfällig reden |von/über| · in ein schlechtes Licht setzen/stellen/rücken · in Misskredit/Verruf bringen · in üblen/schlechten Ruf bringen · in den Mund der Leute/ins Gerede bringen · mit Schmutz bewerfen · in/durch den Schmutz/Kot ziehen · in den Schmutz/Kot treten + verdächtigen ♦ *umg*: heruntermachen · madig machen · begeifern · keinen guten Faden/kein gutes Haar lassen |an| · durch den Dreck ziehen · in den Dreck ziehen/treten · mit Dreck bewerfen/besudeln · durch die Gosse ziehen · Kübel von Schmutz ausgießen

|über|; ausrichten (*süddt österr*) ♦ *derb*: durch die Scheiße ziehen · in Verschiss bringen; → *auch* entehren (I, 1), demütigen (I), herabwürdigen (I), andichten – **2.** → herabwürdigen (I)
Verleumder, der: Ehrabschneider · Brunnenvergifter + böse Zungen; → *auch* Zuträger
verleumderisch: diffamierend · diffamatorisch · ehrenrührig ♦ *gehoben*: ehrenschänderisch
Verleumdung, die: Diffamie[rung] · Diffamation · Diskreditierung · Verunglimpfung · Brunnenvergiftung · Anschwärzung · [üble/böse] Nachrede · Ehrverletzung · Rufmord · Rufschädigung · Verlästerung; Afterrede (*veraltet*) + Verdächtigung · Ehrenkränkung ♦ *umg*: Schlechtmacherei; → *auch* Herabwürdigung, Beleidigung (1)
verlieben, sich: sich v. |in|: entflammen |für| · sein Herz hängen/verlieren/verschenken |an| ♦ *umg*: Feuer fangen · sich vergucken |in| · sich vernarren |in| ♦ *salopp*: sich verknallen |in| · sich vergaffen |in|; → *auch* lieben (1), verliebt (2)
verlieblichen: → verharmlosen
verliebt: 1. ⟨*einem Menschen* [*anderen Geschlechts*] *innig zugetan*⟩ bis über die/beide Ohren verliebt; von Amors Pfeil getroffen (*scherzh*) ♦ *umg*: verschossen ♦ *salopp*: verknallt – **2.** v. sein: ⟨*von Liebe erfüllt u. glücklich sein*⟩ im siebenten Himmel schweben (*scherzh*); → *auch* lieben (1), verlieben, sich – **3.** v. sein |in|: → lieben (1)
Verliebtheit, die: → Liebe (1)
verlieren: I. verlieren: **1.** ⟨*aus Unachtsamkeit abhanden kommen lassen*⟩ *umg*: verbummeln · verschludern · versieben; verbumfiedeln · verbumfeien (*landsch*); → *auch* verloren (4) – **2.** ⟨*preisgeben müssen*⟩ einbüßen · kommen |um|; verlustig gehen |einer Sache| (*amtsspr*) + einen Verlust erleiden/haben · verwirken ♦ *umg*: loswerden · ans Bein binden; → *auch* Schaden (5), verspielen (1) – **3.** ⟨*nicht gewinnen*⟩ verspielen + auf dem Platz/auf der Strecke bleiben · eine Schlappe erleiden; → *auch* unterliegen (1) – **4.** sein Leben v.: → sterben (1); das Bewusstsein v.: → bewusstlos (2); das Gehör v.: → ertauben; das Augenlicht v.: → erblinden; das Gesicht v.: → bloßstellen (II); den Verstand v.: → geisteskrank (3); die Geduld v.: → ungeduldig (2); die Nerven/den Kopf v.: → Beherrschung (2, a); die Beherrschung v., die Herrschaft über sich v.: **a)** → Beherrschung (2, a) – **b)** → aufbrausen (2); die/seine Scheu v.: → Schüchternheit (2); aus den Augen/dem Gedächtnis v.: → vergessen (I, 1); den Faden v.: → stecken (5, b); kein Wort v.: → schweigen (2); die Orientierung v.: → verirren, sich; den Halt v.: → fallen (1); sein Herz v. |an|: → verlieben, sich; den Mut v.: → verzagen (1); nicht den Mut v.: → verzagen (2) – **II.** verlieren, sich: **1.** sich v. |in|: ⟨*sich zu lange mit unwichtigen Dingen aufhalten*⟩ sich verzetteln ♦ *umg*: sich verkleckern · sich verplempern – **2.** sich ins Weite v.: → abschweifen (1)
Verlierer, der: **1.** ⟨*ständig erfolgloser Mensch*⟩ Verlierertyp ♦ *umg*: Loser; → *auch* Versager (1) – **2.** der V. sein: → unterliegen (1)
Verlierertyp, der: → Verlierer (1)
Verlies, das: → Strafvollzugsanstalt
Verlöbnis, das: → Verlobung
Verlobte: I. Verlobte, der: → Bräutigam – **II.** Verlobte, die: → Braut
Verlobung, die: *gehoben*: Verlöbnis
verlocken: reizen ♦ *umg*: kitzeln · den Mund wässrig machen; → *auch* verführen
verlockend: verführerisch · einladend; → *auch* bezaubernd
Verlockung, die: Versuchung · Verführung · Lockung · Reiz · Kitzel; → *auch* Anziehung (2)
verlogen: → unaufrichtig (1)
Verlogenheit, die: **1.** → Unaufrichtigkeit (1) – **2.** → Heuchelei
verlohnen, sich: → lohnen (II)
verloren: 1. ⟨*nicht mehr vorhanden*⟩ *gehoben*: zerronnen ♦ *umg*: weg · perdu ♦ *salopp*: futsch[ikato] · hops · hin; pfutsch (*österr*) – **2.** v. sein: ⟨*nicht mehr gerettet werden können*⟩ es ist geschehen |um| ♦ *umg*: geliefert sein · zum/beim Teufel/Kuckuck sein ♦ *salopp*: im Eimer sein · verratzt sein ♦ *derb*: im Arsch sein – **3.** v. geben: ⟨*sich mit dem Verlust abfinden*⟩ *umg*: in die Esse/den Kamin/Schornstein/Rauchfang/Wind/Mond schreiben – **4.** v. gehen: ⟨[*unbemerkt*] *aus seinem Besitz verschwinden*⟩ abhanden kommen · wegkommen; verlustig gehen |einer Sache| · in Verlust geraten · in Abgang kommen (*amtsspr*); in

Verstoß geraten (*österr veraltend*) ♦ *umg*: fortkommen · verschütt gehen · in die Binsen/Wicken gehen · zum Teufel gehen; sich selbständig machen · Beine kriegen/bekommen (*scherzh*); in die Rapuse gehen/kommen (*landsch*) ♦ *salopp*: flöten gehen · hopsgehen; → *auch* verlieren (I, 1) – **5.** in Gedanken v.: → geistesabwesend (1); das ist verlorene Liebesmüh: → reden (2)
Verlorenheit, die: → Einsamkeit (1)
verlöschen: 1. → erlöschen (1) – **2.** → verblassen
Verlosung, die: Tombola · Auslosung · Lotterie; Glückshafen (*süddt österr*)
verlöten: einen v.: → betrinken, sich
verlottern: 1. → verwahrlosen (1) – **2.** v. lassen: → vernachlässigen (1)
verludern: 1. → verschwenden – **2.** → verwahrlosen (1) – **3.** v. lassen: → vernachlässigen (1)
verlumpen: 1. → verschwenden – **2.** → verwahrlosen (1)
Verlust, der: **1.** ⟨*das Verlorengegangene*⟩ Einbuße · Ausfall · Schaden · Schädigung · Aderlass; Abgang (*noch kaufm*) + Verlustgeschäft; → *auch* Umsatzrückgang – **2.** Verluste machen: ⟨*mit Verlust arbeiten*⟩ rote Zahlen schreiben ♦ *umg*: Minus machen · Verluste einfahren ♦ *salopp*: Miese machen – **3.** V. bringend: **a)** → verlustreich – **b)** → ungünstig; einen V. erleiden/haben: → verlieren (I, 2); in V. geraten: → verloren (4); Verluste machen/einfahren: → 2
Verlustgeschäft, das: → Verlust (1)
verlustieren, sich: → vergnügen (II)
verlustig: v. gehen |einer Sache|: **a)** → verlieren (I, 2) – **b)** → verloren (4)
verlustlos: → vollständig (1)
verlustreich: Verlust bringend + defizitär
vermachen: 1. → vererben – **2.** → schenken (1)
Vermächtnis, das: der letzte Wille
vermählen: I. vermählen: → verheiraten (I) – **II.** vermählen, sich: → heiraten (1)
vermählt: → verheiratet (1)
Vermählte: I. Vermählte, der: → Ehemann – **II.** Vermählte, die: → Ehefrau
Vermählung, die: → Heirat
vermahnen: → ermahnen (1)
vermaledeien: → verwünschen (1)
vermarkten: → anbieten (I, 3)
vermasseln: → verderben (2)
vermauern: → einmauern (1)
vermehren: I. vermehren: **1.** ⟨*umfangreicher machen*⟩ mehren; äufnen (*schweiz*) + steigern – **2.** → vervielfachen (1) – **II.** vermehren, sich: **1.** ⟨*durch Nachkommenschaft an Zahl zunehmen*⟩ sich fortpflanzen + die Art erhalten · hecken – **2.** → zunehmen (1)
Vermehrung, die: **1.** ⟨*Zunahme durch Nachkommenschaft*⟩ Fortpflanzung + Erhaltung der Art – **2.** → Zunahme
vermeiden: → unterlassen
vermelden: → mitteilen (I)
vermengen: → mischen
Vermerk, der: → Notiz (1), Anmerkung (1)
vermerken: 1. → aufschreiben (4) – **2.** übel v.: → verübeln
vermessen: I. vermessen: → anmaßend – **II.** vermessen, sich: → unterstehen (II)
Vermessenheit, die: → Anmaßung
Vermessungsingenieur, der: → Geodät
vermickert: → verkümmert
vermiefen: → verpesten
vermieft: → stickig
vermiesen: → verleiden
vermieten: [Zimmer] abgeben; ausmieten (*schweiz*) + abvermieten; → *auch* verpachten
Vermieter, der: Wirt; Quartierswirt (*veraltend*)
Vermieterin, die: Wirtin; Quartiersfrau (*veraltend*) ♦ *umg*: Schlummermutter (*scherzh*)
vermindern: I. vermindern: ⟨*in der Anzahl bzw. der Menge geringer machen*⟩ verringern · minimieren · reduzieren · verschlanken · dezimieren · [ab]mindern · verkleinern; → *auch* verringern (I, 1) – **II.** vermindern, sich: ⟨*geringer werden*⟩ sich verringern · abnehmen · schwinden · [dahin]schmelzen; → *auch* schrumpfen
vermindernd: sich v.: → schwindend
Verminderung, die: Reduzierung · Reduktion · Minderung · Dezimierung · Schwund · Rückgang · Abnahme; → *auch* Verringerung
vermischen: → mischen
vermissen: → entbehren (1)
vermisst: → verschollen (1)
vermitteln: 1. ⟨*als Außenstehender eine Einigung zwischen Streitenden herbeiführen*⟩ sich ins Mittel legen; → *auch* bereinigen (1) – **2.** ⟨*durch entsprechendes Darbieten in jmds. Bewusstsein bringen*⟩ *umg*: rüberbringen – **3.** → beschaffen (1)

vermittels: → mittels
Vermittler, der: **1.** ⟨*jmd., der einen Kauf vermittelt*⟩ Mittler · Mittelsmann · Mittelsperson + Makler – **2.** → Verbindungsmann
Vermittlung, die: **1.** ⟨*das Vermitteln*⟩ Mediation (*fachspr*) + Mittlerrolle – **2.** → Telefonzentrale
Vermittlungsgebühr, die: Provision + Vergütung
vermöbeln: → verprügeln
vermodern: → faulen
vermodert: → faul (1)
vermöge: → durch (2), mittels
vermögen: → können (1), imstande (1)
Vermögen, das: **1.** ⟨*in Geldwert schätzbarer Besitz*⟩ Vermögenswerte; Gut (*veraltend*) + Wohlstand; → *auch* Besitz (1), Reichtum (1), Kapital (I, 1) – **2.** → Kapital (I, 1) – **3.** → Fähigkeit (1) – **4.** ein V. kosten: → teuer (4)
vermögend: → reich (1)
vermögenslos: → arm (1)
Vermögensverhältnisse (*Pl*): Finanzlage ♦ *umg*: Finanzen; Etat (*scherzh*)
Vermögenswerte (*Pl*): → Vermögen (1)
vermöglich: → reich (1)
vermummeln: → einhüllen (1)
vermummen: I. vermummen: → einhüllen (1) – **II.** vermummen, sich: **1.** → tarnen, sich – **2.** → verkleiden (II)
Vermummung, die: → Verkleidung (1)
vermurksen: → verderben (2)
vermuten: annehmen · glauben · schätzen · mutmaßen · unterstellen · präsumieren · für möglich halten · die Vermutung haben / aufstellen · eine Vermutung haben · auf die Vermutung kommen ♦ *gehoben*: wähnen ♦ *umg*: kalkulieren · tippen; → *auch* ahnen (1), meinen, Vermutung (2)
vermutlich: → wahrscheinlich
Vermutung, die: **1.** ⟨*das Für-möglich-Halten*⟩ Annahme · Mutmaßung + Hoffnung · Verdacht – **2.** Vermutungen anstellen |über|: ⟨*überlegen, welche Möglichkeit die richtige ist*⟩ spekulieren |über|; → *auch* vermuten – **3.** die V. haben / aufstellen, eine V. haben, auf die V. kommen: → vermuten; Vermutungen anstellen |über|: → 2
vernachlässigen: 1. ⟨*nicht mit der nötigen Aufmerksamkeit bzw. Sorge behandeln*⟩ verwahrlosen / herunterkommen / verfallen / verkommen / verlottern lassen ♦ *umg*: verschlampen / verludern lassen; verschlampern / verschlumpern lassen (*landsch*) – **2.** → benachteiligen – **3.** → absehen (4, a)
vernagelt: 1. → fanatisch – **2.** → beschränkt (1)
vernarben: → verheilen
vernarren, sich: sich v. |in|: → verlieben, sich
vernarrt: v. sein |in|: → lieben (1)
vernascht: → naschhaft
vernebeln: 1. ⟨*mit Nebel einhüllen*⟩ einnebeln + einräuchern – **2.** → verdummen (1) – **3.** → verschleiern
vernehmbar: → hörbar
vernehmen: 1. → erfahren (1) – **2.** → hören (1) – **3.** → verhören (I) – **4.** → verstehen (I, 1)
Vernehmen, das: dem V. nach: → gerüchtweise
Vernehmlassung, die: → Bekanntmachung (1)
vernehmlich: → hörbar
Vernehmung, die: → Verhör (1)
verneigen, sich: → verbeugen, sich
Verneigung, die: → Verbeugung (1)
verneinen: 1. ⟨*das Nichtzutreffen ausdrücken*⟩ mit Nein [be]antworten · Nein sagen · den / mit dem Kopf schütteln; negieren (*fachspr*) – **2.** → leugnen (1) – **3.** → bestreiten (1) – **4.** → ablehnen (1)
Verneinung, die: Negation · Negierung (*fachspr*)
vernetzen: → verbinden (I, 1)
vernichten: 1. ⟨*die Vernichtung von Lebewesen herbeiführen*⟩ **a)** ⟨*bes. Menschen*⟩ aufreiben (*milit*) + atomisieren ♦ *gehoben*: auslöschen · der Vernichtung anheim geben; → *auch* töten (I, 1), brandschatzen, verwüsten, zerstören (2) – **b)** ⟨*Tiere allgemein*⟩ [mit Stumpf und Stiel] ausrotten · ausmerzen ♦ *gehoben*: der Vernichtung anheim geben; → *auch* töten (I, 2) – **c)** ⟨*Mikroben, Ungeziefer*⟩ abtöten · vertilgen · austilgen – **2.** → ruinieren (I, 1)
Vernichtung, die: der V. anheim geben: → vernichten (1, a *u.* b)
Vernichtungslager, das: → Konzentrationslager
verniedlichen: → verharmlosen
Vernunft, die: **1.** ⟨*der bewusst u. sinnvoll gebrauchte Verstand*⟩ Verstand · Ratio; → *auch* Klugheit – **2.** ohne V.: → unvernünftig; zur V. kommen, V. annehmen: → vernünftig (5); zur V. bringen: → zurechtweisen

vernunftbegabt: → klug (1)
Vernunftehe, die: → Ehe (1)
Vernünftelei, die: → Spitzfindigkeit
vernünfteln: → spitzfindig (2)
vernünftig: 1. → klug (1) – **2.** → annehmbar – **3.** → sinnvoll (1) – **4.** → verständnisvoll – **5.** v. werden: ⟨*von unvernünftigem Tun wieder Abstand nehmen*⟩ zur Vernunft/Besinnung kommen · Vernunft annehmen ♦ *umg*: + keine Geschichten machen; → *auch* einsehen (2)
vernunftlos: → unvernünftig
Vernunftlosigkeit, die: → Unvernunft
vernunftmäßig: rational
vernunftwidrig: → widersinnig (1)
verödet: → menschenleer
veröffentlichen: publizieren · [ab]drucken · herausbringen + nachdrucken · an die Öffentlichkeit bringen; → *auch* herausgeben (1), verbreiten (I, 1)
Veröffentlichung, die: **1.** ⟨*das Veröffentlichen durch Abdrucken*⟩ Publikation · Druck · Drucklegung · Abdruck · Herausgabe; → *auch* Druckwerk – **2.** → Bekanntmachung (1)
verordnen: 1. → anordnen (2) – **2.** → verschreiben (I)
Verordnung, die: **1.** ⟨*für das Verhalten verbindl. Festlegung*⟩ Anordnung · Bestimmung · Verfügung · Dekret · Weisung + Ukas · Ordnung · Entscheid · Entscheidung · Kannbestimmung · Kannvorschrift; → *auch* Erlass (1), Gesetz (2), Rundschreiben, Vorschrift (1) – **2.** → Rezept (1) – **3.** eine V. erlassen: → anordnen (2)
verpachten: in Pacht geben; → *auch* vermieten
verpacken: 1. ⟨*mit einer Verpackung versehen*⟩ emballieren · paketieren (*fachspr*) + abpacken · versandfertig machen · verschnüren; → *auch* einpacken (1), einwickeln (1) – **2.** → einpacken (1)
Verpackung, die: Umkleidung · Umhüllung; Emballage (*fachspr*) + Kartonage
verpäppeln: → verweichlichen
verpassen: 1. → versäumen (1) – **2.** den Anschluss v.: → sitzen (6, b); einen Rüffel/eine Zigarre v.: → tadeln (1); eine Wucht/Naht/eine Tracht Prügel v.: → verprügeln; eine/einen/eins/ein Ding v.: → schlagen (I, 1); einen Denkzettel v.: → bestrafen
verpatzen: → verderben (2)
verpennen: 1. → verschlafen (1) – **2.** → versäumen (1) – **3.** es v.: → verschlafen (1)
verpesten (*abwert*): *umg*: verstänkern · verräuchern · vermiefen · voll stänkern ♦ *salopp*: voll miefen
verpetzen: → verraten (1)
verpfänden: versetzen · aufs/zum Leihhaus bringen/tragen · als Pfand geben
Verpfändung, die: Versatz; Sicherungsübereignung (*Wirtsch*)
verpfeifen: → verraten (1)
verpflanzen: 1. ⟨*an einer anderen Stelle einpflanzen*⟩ umsetzen · umpflanzen · aussetzen · auspflanzen; pikieren · verschulen (*fachspr*) + umtopfen – **2.** → transplantieren – **3.** → umsiedeln
verpflegen: 1. ⟨*zu essen u. zu trinken geben*⟩ verköstigen · beköstigen · in Kost nehmen/haben · versorgen · bewirten; abspeisen (*auch abwert*); bekochen · atzen (*scherzh*); furagieren (*milit veraltet*) ♦ *gehoben*: speisen ♦ *umg*: abfüttern – **2.** v. lassen: ⟨*von jmdm. für jdms. regelmäßige Verpflegung sorgen lassen*⟩ in Kost geben
Verpflegung, die: **1.** ⟨*das Versorgen mit Essen u. Trinken*⟩ Verköstigung · Beköstigung ♦ *gehoben*: Speisung – **2.** ⟨*Vorrat an Essen u. Trinken für unterwegs*⟩ Proviant · Mundvorrat · Marschverpflegung · Reiseproviant · Wegzehrung; Furage (*milit veraltet*); Menage (*österr veraltend*) + eiserne Ration ♦ *umg*: Futterage; → *auch* Nahrung – **3.** → Versorgung
Verpflegungssatz, der: → Ration (1)
verpflichten: I. verpflichten: **1.** ⟨*bindend für jmdn. festlegen*⟩ die Pflicht auferlegen · als Verpflichtung auferlegen · in die Pflicht nehmen · einschwören + befehlen – **2.** → beauftragen – **3.** → anstellen (I, 2) – **II.** verpflichten, sich: ⟨*sich fest zu etw. bereit erklären*⟩ verbindlich zusagen · die Verpflichtung eingehen; → *auch* versprechen (I, 1)
verpflichtend: → verbindlich (1)
verpflichtet: 1. v. sein: ⟨*etw. unbedingt tun müssen*⟩ gehalten sein · die Verpflichtung/Pflicht haben · in der Pflicht stehen · etw. ist jmds. Pflicht und Schuldigkeit; → *auch* sollen – **2.** zu [großem] Dank v.: → dankbar (1)
Verpflichtung: I. Verpflichtung, die: **1.** → Pflicht (1) – **2.** als V. auferlegen: → verpflichten (I, 1); die V. eingehen: → verpflichten (II); die V. haben: → verpflichtet

(1); seiner V. entheben: → befreien (I, 2) – **II.** Verpflichtungen (*Pl*): → Schuld (II, 1)
verpfuschen: → verderben (2)
verpieseln: **I.** verpieseln: → versickern – **II.** verpieseln, sich: → wegschleichen (I)
verpimpeln: → verweichlichen
verpissen, sich: → wegschleichen (I)
verplappern, sich (*umg*): *normalspr*: sich verplaudern ♦ *salopp*: sich verquatschen; → *auch* versprechen (II, 1)
verplätten: ein paar/eins v.: → schlagen (I, 1)
verplaudern: **I.** verplaudern: → verreden (1) – **II.** verplaudern, sich: → verplappern, sich
verplauschen: → verreden (1)
verplempern: **I.** verplempern: **1.** → verschwenden – **2.** → verschütten (2) – **II.** verplempern, sich: → verlieren (II, 1)
verplomben: → plombieren
verpönt: → verboten (1)
verprassen: → verschwenden
verprellen: **1.** → verärgern – **2.** → verscheuchen
verproviantieren, sich: → versorgen (II)
verprügeln: [durch]prügeln · verhauen ♦ *umg*: verwalken · durchwalken · aufmischen · das Fell/Leder gerben · den Buckel/die Jacke voll hauen · eine Tracht Prügel geben · den Prügel zu kosten geben · windelweich schlagen · grün und blau schlagen · Saures/Zunder/Kattun geben · aus dem Anzug boxen; frikassieren · Frikassee machen |aus| (*scherzh*); pochen · verrollen · verkeilen · [das Fell/Leder] vergerben (*landsch*); verkamisolen · vertobaken (*veraltend*) ♦ *salopp*: [ver]dreschen · durchdreschen · [ver]wamsen · durchwamsen · verbläuen · durchbläuen · vermöbeln · versohlen · [ver]bimsen · vertrimmen · die Hucke/den Ranzen voll hauen · Senge geben · eine Wucht/Naht verpassen · eine Tracht Prügel verpassen · Hackfleisch/Hackepeter machen |aus| · zu Brei schlagen; verkloppen · verwichsen · durchwichsen · verasten (*landsch*); trischacken (*österr*) ♦ *derb*: die Fresse/Schnauze polieren/voll hauen; → *auch* schlagen (I, 1), niederschlagen (I, 1), zusammenschlagen (1), züchtigen (1)
verpuffen: → ergebnislos (2)
verpulvern: → verschwenden
verpumpen: → leihen (1)
verpuppen, sich: → einpuppen, sich (1)
verpusten: **I.** verpusten: → ausruhen (I) – **II.** verpusten, sich: → ausruhen (I)
Verputz, der: Putz · Bewurf; Anwurf (*veraltend*) + Anstrich
verputzen: **1.** ⟨*mit Putz bedecken*⟩ abputzen · bewerfen + verschmieren · verstreichen – **2.** → aufessen
verqualmt: → rauchig
verquasen: → verschwenden
verquatschen: **I.** verquatschen: → verreden (1) – **II.** verquatschen, sich: **1.** → verplappern, sich – **2.** → versprechen (II, 1)
verquer: v. kommen: → stören (1); v. gehen: → misslingen
verquicken: → verbinden (I, 1)
Verquickung, die: → Verbindung (I, 1)
verquisten: → verschwenden
verquollen: → verschlafen (2)
verrammeln: → versperren (1)
verramschen: → verschleudern (1)
verrannt: → fanatisch
Verranntheit, die: → Fanatismus
Verrat, der: **1.** ⟨*das Preisgeben von Geheimnissen*⟩ *umg*: Verräterei; → *auch* Hochverrat – **2.** ⟨*das Zerstören eines Vertrauensverhältnisses*⟩ Vertrauensbruch · Treu[e]bruch · Treulosigkeit · Wortbruch; Felonie (*hist*) – **3.** V. begehen/üben: → verraten (2)
verraten: **1.** ⟨[*von jmdm.*] *etw. preisgeben, was geheim bleiben sollte*⟩ angeben ♦ *umg*: [ver]petzen · verklatschen (*bes. schülerspr abwert*) ♦ *salopp*: hochgehen lassen; verpfeifen · verzinken (*abwert*); → *auch* anzeigen (2) – **2.** ⟨*ein Vertrauensverhältnis zerstören*⟩ Verrat begehen/üben + in den Rücken fallen; → *auch* verlassen (I, 2) – **3.** → hinterbringen (II) – **4.** → ausdrücken (I, 4) – **5.** keine Silbe v.: → schweigen (2)
Verräter, der: **1.** ⟨*jmd., der* [*von jmdm.*] *ein Geheimnis preisgibt*⟩ Angeber; Denunziant · Judas (*abwert*) ♦ *umg*: Petze · Petzer (*bes. schülerspr abwert*); → *auch* Zuträger – **2.** ⟨*jmd., der ein Vertrauensverhältnis zerstört hat*⟩ Wortbrecher; → *auch* Abtrünnige – **3.** → Kollaborateur
Verräterei, die: → Verrat (1)
verräterisch: → abtrünnig
verratzt: v. sein: → verloren (2)
verrauchen: → vergehen (I, 1)
verräuchern: → verpesten
verräuchert: → rauchig
verraucht: → rauchig

verrechnen: **I.** verrechnen: ⟨*rechnerisch ausgleichen*⟩ aufrechnen · anrechnen – **II.** verrechnen, sich: **1.** ⟨*falsch rechnen*⟩ einen Rechenfehler machen + sich verzählen ♦ *salopp*: sich verhauen – **2.** → irren (II) – **3.** → fehlplanen
verrecken: **1.** → verenden – **2.** → sterben (1) – **3.** nicht ums Verrecken: → niemals
verreden: **1.** ⟨*mit Reden zubringen*⟩ verplaudern ♦ *umg*: verschwätzen (*bes. süddt*); verplauschen (*bes. süddt österr*) ♦ *salopp*: verquatschen (*abwert*) – **2.** → berufen (I, 2) – **3.** → zerreden
verreiben: → auftragen (1)
verreißen: *umg*: heruntermachen ♦ *salopp*: auseinander nehmen · [in der Luft] zerfetzen · durch den Wolf drehen; → *auch* kritisieren
verrennen, sich: sich v. |in|: → verbeißen (II)
verrichten: **1.** → tun (1) – **2.** [s]ein Bedürfnis v.: → austreten (1 *u.* 2); ein großes Geschäft v.: → austreten (2); ein kleines Geschäft v.: → austreten (1)
Verrichtung, die: → Tätigkeit (1)
verriegeln: → abschließen (I, 1)
verringern: **I.** verringern: **1.** ⟨*im Umfang bzw. in der Wirkung einschränken*⟩ verkleinern · diminuieren · schmälern – **2.** → vermindern (I) – **II.** verringern, sich: → vermindern (II)
Verringerung, die: Rückgang · Abnahme · das Nachlassen · Rollback + Abbau; → *auch* Verminderung
verrinnen: **1.** → versickern – **2.** → vergehen (I, 1) – **3.** im Sande v.: → ergebnislos (2)
Verriss, der: → Kritik (1)
verröcheln: → sterben (1)
verrollen: **I.** verrollen: **1.** → verprügeln – **2.** → verklingen – **II.** verrollen, sich: → schlafen (5)
verrosten: → rosten
verrostet: → rostig (1)
verrotten: → faulen
verrottet: → faul (1)
verrucht: → gemein (1)
Verruchtheit, die: → Gemeinheit
verrückbar: → beweglich (1)
verrückt (*umg*): **1.** ⟨*in seinen Ansichten bzw. seinem Verhalten stark vom Normalen abweichend*⟩ hirnverbrannt · hirnrissig · anstaltsreif · irr[e] · reif fürs Irrenhaus/Tollhaus · nicht [ganz] richtig [im Kopf/Oberstübchen] · nicht ganz/recht gescheit · nicht [ganz/recht] bei Verstand/bei Trost · von allen guten Geistern verlassen · plemplem · verdreht · dumm · nicht ganz klug · närrisch · klapsig · zu heiß gebadet · mit dem Klammerbeutel/Klammersack gepudert · nicht von hier · rappelig · rappelköpfig · spinnig; spinnert (*süddt*) ♦ *salopp*: behämmert · meschugge · vom wilden Affen gebissen; jeck (*landsch*); damisch (*süddt österr*); beballert · mall (*norddt*); → *auch* geisteskrank (1), schwachsinnig (1), abnorm (1) – **2.** → geisteskrank (1) – **3.** → widersinnig (1) – **4.** → ausgefallen (1) – **5.** v. sein: ⟨*in seinen Ansichten bzw. seinem Verhalten vom Normalen stark abweichen*⟩ nicht alle beisammenhaben · nicht mehr zu retten sein · einen Klaps/Knall/Rappel/Raptus haben · bei jmdm. ist eine Schraube/ein Rädchen locker · ein Rädchen zu viel [im Kopf] haben · einen Stich/Sonnenstich/Sparren haben · spinnen; rappeln (*österr*) + des Teufels sein ♦ *salopp*: einen Hau/Hieb [weg]haben · nicht richtig ticken · nicht ganz rund laufen · nicht alle im Kasten haben · nicht alle Tassen im Schrank haben · [sie] nicht alle auf der Latte haben · einen an der Waffel haben · einen Webfehler/Dachschaden/Vogel/Piep[s]/Piepmatz/Triller/Schuss/Haschmich/eine Macke/Meise haben · einen Sprung in der Schüssel haben · eine weiche Birne haben; einen Flitz haben (*landsch*) ♦ *derb*: Tinte gesoffen haben · den Arsch offen haben – **6.** v. werden: → geisteskrank (3); v. machen: → aufregen (I, 1); v. sein |auf|: → Vorliebe (2); v. sein |nach|: → lieben (1); verrückter Einfall: → Schnapsidee
Verrücktenanstalt, die: → Klinik (2)
Verruf, der: in V. bringen: → verleumden (1)
verrufen: **1.** ⟨*mit schlechtem Leumund behaftet*⟩ berüchtigt · notorisch · anrüchig · übel/schlecht beleumdet – **2.** → berufen (I, 2) – **3.** v. sein: ⟨*mit einem schlechten Leumund behaftet sein*⟩ einen schlechten Ruf/Leumund haben · in üblem Ruf/Geruch stehen ♦ *umg*: bekannt sein wie ein bunter/scheckiger Hund
Verrufserklärung, die: → Ächtung (2)
verrühren (*Kochk*): abziehen · abquirlen; abreiben · abrühren (*landsch*)
verrunzelt: → runzelig

verrutschen: → verschieben (II, 1)
Vers: **I.** Vers, der: **1.** ⟨*Gedichtzeile*⟩ Verszeile + Zeile – **2.** sich keinen V. machen können |auf|: → erklären (I, 4) – **II.** Verse (*Pl*): **1.** → Gedicht (1) – **2.** V. machen/schmieden, in V. bringen/setzen: → ²dichten (1, b)
versachlichen: objektivieren
versacken: **1.** → sinken (1) – **2.** → verkommen (1)
versagen: **1.** ⟨*Erwartetes nicht leisten*⟩ ein Versager sein · auf der Strecke bleiben + unterliegen ♦ *umg*: schlappmachen · sich nicht [gerade] mit Ruhm bekleckern; → *auch* durchfallen – **2.** ⟨*von Maschinen u. Geräten gesagt: zu funktionieren aufhören*⟩ *umg*: streiken · schlappmachen · nicht mehr mitmachen · seinen Geist aufgeben – **3.** → verweigern (1) – **4.** sich v.: → verzichten; sich nichts v.: → austoben, sich (2); den Gehorsam v.: → aufbegehren
Versager, der (*abwert*): **1.** ⟨*nicht die erwarteten Leistungen vollbringende Person*⟩ Nichtskönner ♦ *umg*: Null · Blindgänger · Nulpe · Hampelmann · Nebbich ♦ *salopp*: Flasche · Pfeife · Niete; Nappsülze · Lusche (*landsch*); → *auch* Dummkopf (2), Verlierer (1) – **2.** ein V. sein: → versagen (1)
versalzen: **1.** → salzig – **2.** → verderben (2) – **3.** → vereiteln – **4.** die Freude v.: → betrüben (I); die Suppe v.: → vereiteln
versammeln: **I.** versammeln: **1.** → zusammenrufen (1) – **2.** zu seinen Vätern versammelt werden: → sterben (1) – **II.** versammeln, sich: **1.** ⟨*sich an einem Ort für eine kurze Zeit mit anderen treffen*⟩ zusammenkommen · zusammenströmen · zusammentreten · sich zusammenfinden · sich sammeln; sich besammeln (*schweiz*) ♦ *gehoben*: sich scharen + zuhauf kommen; → *auch* treffen (II, 1), ansammeln (II, b) – **2.** sich zu den Vätern v.: → sterben (1)
Versammelte (*Pl*): die Versammelten: → Anwesende (II)
Versammlung, die: **1.** ⟨*auf Einberufung stattfindende Zusammenkunft einer größeren Anzahl Menschen*⟩ Konzil · Synode · Konvent (*Kirche*) + Beratung; → *auch* Zusammenkunft, Sitzung (1), Tagung – **2.** → Ansammlung (1)
Versand, der: Verfrachtung · Versendung; Expedition (*kaufm*) + Transport
versanden: → ergebnislos (2)
versandfertig: v. machen: → verpacken (1)
Versandgut, das: → Fracht
Versandkatalog, der: → Katalog (2)
Versatz, der: → Verpfändung
Versatzamt, das: → Leihhaus (1)
versaubeuteln: → verderben (2)
versauen: **1.** → verderben (2) – **2.** → beschmutzen (I, 1)
versaufen: **1.** → vertrinken – **2.** → ertrinken
versäumen: **1.** ⟨*ungenutzt vorübergehen lassen*⟩ verpassen · verabsäumen · sich entgehen lassen + unterlassen · vergessen · versitzen ♦ *umg*: verbummeln · verschlafen ♦ *salopp*: verpennen – **2.** die Schule v.: ⟨*nicht zum Unterricht gehen*⟩ *umg*: die Schule schwänzen; hinter/neben die Schule gehen (*scherzh veraltend*) – **3.** versäumte Gelegenheit: → Versäumnis
Versäumnis, das: Versäumung + versäumte Gelegenheit ♦ *gehoben*: Säumnis ♦ *umg*: Unterlassungssünde
Versäumung, die: → Versäumnis
verschachern: → verkaufen (I, 1)
verschaffen: **1.** → beschaffen (1) – **2.** sich Bewegung v.: → spazieren (2); sich Gewissheit v.: → vergewissern, sich; sich einen guten Abgang v.: → herauswinden, sich
verschalen: einschalen · verkleiden; schalen (*fachspr*); → *auch* auslegen (1)
Verschalung, die: Verkleidung; Schalung (*fachspr*)
verschämt: → schamhaft
verschandeln: → verunstalten
verschanzen, sich: **1.** ⟨*zur Verteidigung einen Erdwall errichten*⟩ sich eingraben – **2.** → verstecken (II, 1)
Verschanzung, die: → Befestigung (2)
verschärfen, sich: sich zuspitzen
verscharren: → vergraben (I, 1)
verschätzen, sich: zu hoch *bzw.* zu niedrig greifen ♦ *umg*: danebenschätzen
verschaukeln: → hereinlegen (1)
verscheiden: → sterben (1)
verscheißern: → narren
verschenken: **1.** ⟨*als Geschenk geben*⟩ wegschenken · zum Geschenk machen · weggeben · fortgeben; herschenken (*süddt österr*) + hingeben · hergeben · vergeben · sich entäußern; → *auch* schenken (1), abgeben (I, 2) – **2.** → ausgeben (I, 1) – **3.** sein Herz v. |an|: → verlieben, sich
verscherbeln: → verkaufen (I, 1)

verscheuchen: wegscheuchen · fortscheuchen · fortjagen · vertreiben; vergrämen · verprellen (*weidm*); → *auch* vertreiben (1)
verscheuern: → verkaufen (I, 1)
verschicken: 1. → versenden – **2.** → verbannen (1)
verschieben: I. verschieben: **1.** → aufschieben, verlegen (I, 3) – **2.** → verkaufen (I, 1) – **II.** verschieben, sich: **1.** ⟨*sich von seinem Platz wegbewegen*⟩ verrutschen; schiften (*seem*) – **2.** → ändern (II)
Verschiebung, die: → Aufschub (1)
[1]**verschieden:** → verschiedenartig
[2]**verschieden:** → tot (1)
verschiedenartig: ungleich[artig] · anders[artig] · unterschiedlich · [grund]verschieden · abweichend · unähnlich · heterogen · different · disparat · zweierlei · wie Tag und Nacht · divergierend · wesensfremd; → *auch* gegensätzlich, unvereinbar
Verschiedenartigkeit, die: Verschiedenheit · Ungleichartigkeit · Heterogenität · Disparität; → *auch* Gegensätzlichkeit, Unvereinbarkeit
verschiedene: → einige (1)
Verschiedene, der: → Verstorbene
verschiedenerlei: → allerlei
verschiedengestaltig: → vielgestaltig (1)
Verschiedenheit, die: → Unterschied (1), Verschiedenartigkeit, Gegensatz (1)
verschiedentlich: → manchmal
verschießen: → verblassen
verschimmeln: → schimmeln
verschimmelt: → schimmelig
Verschiss, der: in V. bringen: → verleumden (1); in V. geraten sein |bei|: → Wohlwollen (2)
verschissen: es v. haben: → gelten (7); es v. haben |bei|: → Wohlwollen (2)
verschlafen: 1. ⟨*nicht zum vorgesehenen Zeitpunkt aufwachen*⟩ es/die Zeit verschlafen ♦ *salopp*: [es] verpennen – **2.** ⟨*noch vom Schlaf gezeichnet*⟩ schläfrig · schlaftrunken · dösig + verquollen – **3.** → träge – **4.** → versäumen (1) – **5.** es/die Zeit v.: → 1
Verschlag, der: **1.** ⟨*mit Brettern abgegrenzter kleiner Raum*⟩ Bretterverschlag · Kanter; Abteilung (*noch landsch*) + Schlag – **2.** ⟨*Raum für Haustiere*⟩ Bucht · Koben
verschlagen: 1. → hinterlistig – **2.** → lau (1) – **3.** jmdm. verschlägt es die Sprache: → überrascht (2)
Verschlagenheit, die: → Hinterlist
verschlammt: → schlammig
verschlampen: 1. → verwahrlosen (1) – **2.** v. lassen: → vernachlässigen (1)
verschlampern: 1. → verwahrlosen (1) – **2.** v. lassen: → vernachlässigen (1)
verschlanken: 1. → vermindern (I) – **2.** → rationalisieren
verschlechtern: I. verschlechtern: ⟨*in einen schlechteren Zustand versetzen*⟩ verschlimmern + verballhornen · verschlimmbessern – **II.** verschlechtern, sich: ⟨*in einen schlechteren Zustand übergehen*⟩ sich verschlimmern · rückwärts gehen + sich abkühlen ♦ *umg*: es geht bergab · auf dem Aussterbeetat stehen · sich auf dem Aussterbeetat befinden
verschleiern: vertuschen · verhüllen · verdunkeln · verwischen · vernebeln ♦ *umg*: frisieren · unter den Teppich kehren; → *auch* verdrehen (1), verbergen (I, 1)
Verschleierung, die: → Tarnung
Verschleiß, der: **1.** → Verbrauch (2) – **2.** → Abnutzung
verschleißen: 1. → verbrauchen (2) – **2.** → abnutzen (I)
verschleißfest: → haltbar (1)
verschleppen: 1. → entführen (1) – **2.** → verzögern (I)
Verschleppung, die: **1.** → Entführung – **2.** → Verzögerung (1)
verschleudern: 1. ⟨*sehr billig verkaufen*⟩ verramschen · abstoßen; → *auch* verkaufen (I, 1) – **2.** → verschwenden
verschließen: I. verschließen: **1.** → abschließen (I, 1) – **2.** → wegschließen – **3.** → bewahren (1) – **4.** die Augen v. |vor|: → übersehen (I, 1); im Busen v.: → verschweigen – **II.** verschließen, sich: **1.** → absondern (II) – **2.** sich v. |vor|: → ablehnen (1)
verschlimmbessern: → verschlechtern (I)
verschlimmern: I. verschlimmern: **1.** ⟨*noch mehr entfachen*⟩ Öl ins Feuer gießen · das Feuer schüren · ins Feuer blasen + hetzen – **2.** → verschlechtern (I) – **II.** verschlimmern, sich: → verschlechtern (II)
verschlingen: 1. → aufessen – **2.** → lesen (1) – **3.** mit [den] Blicken/mit den Augen v.: → anstarren
verschlissen: → abgetragen
verschlossen: 1. ⟨*nicht offen*⟩ abgeschlossen · zugeschlossen; abgesperrt · zugesperrt (*landsch*) ♦ *umg*: zu – **2.** ⟨*durch sein Verhalten kaum eine Annäherung zulassend*⟩

unnahbar · unzugänglich · undurchdringlich · abweisend + introvertiert ♦ *umg*: zugeknöpft; → *auch* zurückhaltend (1), menschenscheu, kühl (2), schweigsam – **3.** hinter verschlossenen Türen: → geheim (1)
Verschlossenheit, die: → Zurückhaltung (1)
verschlucken: I. verschlucken: **1.** → schlucken (1) – **2.** wie vom Erdboden verschluckt: → verschwunden (1) – **II.** verschlucken, sich: *umg*: in die falsche Kehle bekommen/kriegen
verschludern: 1. → verderben (2) – **2.** → verlieren (I, 1)
verschlumpern: 1. → verwahrlosen (1) – **2.** v. lassen: → vernachlässigen (1)
Verschluss, der: **1.** → Schnalle – **2.** unter V. bringen: → wegschließen
verschlüsseln: chiffrieren · kodieren; enkodieren (*fachspr*)
Verschlussstreifen, der: → Banderole
verschmachten: → verdursten
verschmähen: → ablehnen (2)
verschmausen: → aufessen
verschmeißen: → verlegen (I, 1)
verschmelzen: 1. → vereinigen (I, 1 *u.* II, 1) – **2.** → einverleiben (1) – **3.** v. |mit|: → aufgehen (8, a)
Verschmelzung, die: → Vereinigung (1)
verschmerzen: → überwinden (I, 1)
verschmieren: 1. → verputzen (1) – **2.** → auftragen (1) – **3.** → beschmutzen (I, 1)
verschmitzt: → schelmisch
verschmutzen: → beschmutzen (I, 1)
verschmutzt: → schmutzig (1)
verschnaufen: 1. → ausruhen (I) – **2.** kurz v.: → rasten
Verschnaufpause, die: → [1]Pause (1)
verschneiden: 1. ⟨*einem Tier die Keimdrüsen entfernen*⟩ kastrieren; → *auch* sterilisieren (1, a) – **2.** → beschneiden (1) – **3.** → mischen
verschneien: → zuschneien
Verschnittene, der: → Entmannte
verschnörkeln: → verzieren
verschnörkelt: schnörkelig · schnörkelhaft + barock
Verschnörkelung, die: → Verzierung (1)
verschnupfen: → verärgern
verschnupft: → beleidigt (1)
verschnüren: [zu]schnüren · zubinden · zuknüpfen + verpacken
verschollen: 1. ⟨*schon sehr lange abwesend u. vielleicht nicht mehr am Leben*⟩ vermisst + überfällig ♦ *umg*: verschütt gegangen – **2.** → verschwunden (1)
verschonen: schonen · nichts antun/zuleide tun · kein Haar/Härchen krümmen · leben lassen; Pardon geben (*veraltend*)
verschöne[r]n: → schmücken (I)
Verschönerung, die: Ausschmückung
verschorfen: → verheilen
verschossen: → verliebt (1)
verschreiben: I. verschreiben: ⟨*ärztlich anweisen*⟩ verordnen + anordnen ♦ *umg*: aufschreiben – **II.** verschreiben, sich: → verschwören, sich (2)
verschreibungspflichtig: → rezeptpflichtig
verschreien: → verleumden (1)
verschroben: → schrullig (1)
verschrotten: abwracken
verschrumpelt: → runzelig
verschüchtern: → ängstigen (I)
verschüchtert: → schüchtern
Verschüchterung, die: → Schüchternheit (1)
verschulden: I. verschulden: **1.** ⟨*etw. Böses verursachen*⟩ pekzieren (*landsch*) ♦ *salopp*: verzapfen · verbocken; → *auch* verursachen – **2.** → verursachen – **II.** verschulden, sich: → Kredit (2)
Verschulden, das: → Schuld (I, 1)
verschuldet: selbst v.: → hausgemacht
verschulen: → verpflanzen (1)
verschusseln: 1. → verlegen (I, 1) – **2.** → vergessen (I, 1)
verschütt: v. gehen: → verloren (4); v. gegangen: → verschollen (1), verschwunden (1)
verschütten: 1. ⟨*mit etw. völlig bedecken*⟩ begraben – **2.** ⟨*versehentlich ausschütten*⟩ vergießen ♦ *umg*: verplempern · [ver-]schwabbern (*landsch*) – **3.** es verschüttet haben |bei|: → Wohlwollen (2)
verschwabbern: → verschütten (2)
verschwägert: → verwandt (2)
verschwätzen: → verreden (1)
verschweigen: verheimlichen · verhehlen · für sich behalten · geheim halten · unterschlagen · totschweigen · unter der Decke halten + nicht über die Lippen bringen ♦ *dicht*: im Busen verschließen/bewahren; → *auch* bewahren (1), schweigen (2)
Verschweigung, die: → Verheimlichung
verschwelen: → verbrennen (I, 2)
verschwenden: vergeuden · verschleudern · verprassen · vertun · wüsten |mit|; verbrin-

gen (*landsch*) ♦ *umg*: durchbringen · verjubeln · verjuxen · verplempern · verpulvern · verwichsen · auf den Kopf hauen; verbumfiedeln · verjuchheien · verjuckeln · verlumpen · verludern · moschen (*landsch*); verquasen (*norddt*); verquisten (*norddt veraltend*) + verkleckern · verläppern ♦ *salopp*: [ver]aasen; → *auch* verschwenderisch (3), ausgeben (I, 3)
Verschwender, der: Prasser
verschwenderisch: 1. ⟨*überreichlich Geld ausgebend*⟩ verschwendungssüchtig; [recht] großzügig (*iron*) + prunksüchtig; → *auch* freigebig (1) – **2.** → überreichlich – **3.** v. sein: ⟨*überreichlich Geld ausgeben*⟩ mit Geld um sich werfen · das/sein Geld [zum Fenster] hinauswerfen · das/sein Geld mit vollen Händen ausgeben · auf großem Fuß leben · über seine Verhältnisse leben · das Geld nicht ansehen · sich verausgaben ♦ *umg*: in die Vollen gehen · mit Geld herumwerfen · jmdm. sitzt das Portmonee locker + sich in Unkosten stürzen ♦ *salopp*: das/sein Geld [zum Fenster] hinausschmeißen; → *auch* verschwenden
Verschwendung, die: Vergeudung · Aufwand · Prasserei + Prunksucht ♦ *salopp*: Aaserei · Geaase
verschwendungssüchtig: → verschwenderisch (1)
verschwiegen: → schweigsam
Verschwiegenheit, die: **1.** ⟨*das Verschwiegensein*⟩ Diskretion – **2.** unter dem Siegel der V.: → vertraulich (2)
verschwimmen: → verwischen (II)
verschwinden: 1. ⟨*unsichtbar werden*⟩ schwinden · entweichen · sich in Luft auflösen ♦ *gehoben*: entschwinden – **2.** ⟨*sich jmds. Zugriff entziehen*⟩ untertauchen ♦ *umg*: sich unsichtbar machen · abtauchen · auf Tauchstation gehen · von der Bildfläche verschwinden; → *auch* entfliehen (1), wegschleichen (I), verstecken (II, 1) – **3.** → wegschleichen (I) – **4.** → aussterben – **5.** v. lassen: → stehlen (1); in den Fluten/Wellen v.: → sinken (1); von der Bildfläche v.: **a)** → 2 – **b)** → weggehen (1)
verschwistern, sich: → verbrüdern, sich
verschwistert: → verwandt (1)
verschwitzen: → vergessen (I, 1)
verschwitzt: [schweiß]feucht · schweißig · schweißnass · schweißtriefend; schwitzig (*landsch*)
verschwommen: 1. ⟨*nicht scharf erkennbar*⟩ unscharf · ungenau · undeutlich · unklar · diffus · schattenhaft · schemenhaft · vage – **2.** → unklar (1)
verschwören, sich: **1.** ⟨*sich mit jmdm. heimlich* [*gegen jmdn.*] *verbinden*⟩ konspirieren · eine Verschwörung beginnen · ein Komplott schmieden + sich verbünden; → *auch* aufbegehren – **2.** ⟨*sich einer Person bzw. Sache völlig widmen*⟩ sich verschreiben · sich ergeben · huldigen
Verschwörer, der: Konspirant
Verschwörung, die: **1.** ⟨*heiml. Zusammenschluss gegen jmdn.*⟩ Konspiration · Komplott + Geheimbündelei · Palastrevolution; → *auch* Anschlag (2) – **2.** eine V. beginnen: → verschwören, sich (1)
verschwunden: 1. ⟨*sich an einem unbekannten Ort befindend*⟩ verschollen · unauffindbar · wie vom Erdboden verschluckt · wie vom Wind verweht; abgängig (*amtsspr*) ♦ *umg*: weg · perdu · wie weggeblasen · verschütt gegangen ♦ *salopp*: futsch[ikato]; → *auch* abwesend (1) – **2.** v. sein: ⟨*sich an einem unbekannten Ort befinden*⟩ *salopp*: das hat die Katze gefressen
Verse (*Pl*): **1.** → Gedicht (1) – **2.** V. machen/schmieden, in V. bringen/setzen: → [2]dichten (1, b)
versehen: I. versehen: **1.** → ausüben (1) – **2.** v. |mit|: → ausstatten (I, 3) – **II.** versehen, sich: **1.** → irren (II) – **2.** sich v. |mit|: → ausstatten (II); ehe man sich's versieht: → plötzlich (1)
Versehen, das: **1.** → Fehler (1), Irrtum (1) – **2.** aus V.: → versehentlich
versehentlich: unabsichtlich · unbeabsichtigt · ungewollt · unfreiwillig · aus Versehen ♦ *umg*: + in der Hitze des Gefechts; → *auch* irrtümlich, absichtslos
versehren: → verletzen (I, 1)
versehrt: 1. → verletzt (1) – **2.** → behindert
Versehrte, der: → Schwerbehinderte
Versemacher, der: → Lyriker
versenden: verschicken
Versendung, die: → Versand
versengen: ansengen
versenken: I. versenken: **1.** ⟨*im Wasser untersinken lassen*⟩ *gehoben*: den Fluten übergeben – **2.** ⟨*zum Sinken bringen*⟩ + torpedieren ♦ *gehoben*: in den Grund bohren – **3.** → eingraben (I, 1) – **II.** versenken, sich: sich v. |in|: ⟨*sich intensiv mit etw. befas-*

sen⟩ sich vergraben |in| · sich vertiefen |in|; → *auch* konzentrieren (II), beschäftigen (II, 2)
Verseschmied, der: → Lyriker
versessen: 1. → faltig – **2.** v. sein |auf|: **a)** → Vorliebe (2) – **b)** → Verlangen (4)
versetzbar: → beweglich (1)
versetzen: I. versetzen: **1.** ⟨*an eine andere Dienststelle beordern*⟩ transferieren (*österr*) – **2.** → verpfänden – **3.** → antworten – **4.** v. |mit|: → mischen; eine / einen / eins v.: → schlagen (I, 1); den Gnadenstoß v.: → töten (I, 2); den Todesstoß v.: **a)** → töten (I, 2) – **b)** → ruinieren (I, 1); einen Hieb v.: → kränken; nicht versetzt werden: → sitzen (6, a); in den Ruhestand v.: → pensionieren; in die Lage v.: **a)** → befähigen – **b)** → ermöglichen (1); in Begeisterung v.: → begeistern (I); in Erstaunen / Verwunderung v.: → wundern (I); in Angst / Furcht v.: → ängstigen (I); in Schrecken v.: → erschrecken (1); in Unruhe v.: → beunruhigen (I) – **II.** versetzen, sich: sich v. |in|: → hineinversetzen, sich
verseuchen: durchseuchen + verstrahlen · kontaminieren; → *auch* anstecken (I, 3)
versichern: I. versichern: ⟨*als sicher bezeichnen*⟩ beteuern · sich verbürgen |für| · die Versicherung abgeben · Brief und Siegel geben; → *auch* versprechen (I, 1), schwören (2), behaupten (I, 1) – **II.** versichern, sich: **1.** ⟨*sich durch Abschluss einer Versicherung schützen*⟩ eine Versicherung abschließen / eingehen – **2.** ⟨*sich Sicherheit verschaffen*⟩ sichergehen · sich rückversichern ♦ *umg*: auf Nummer Sicher gehen · sich [stets] eine Hintertür / ein Hintertürchen offen halten – **3.** → vergewissern, sich – **4.** sich v. |einer Sache|: → sicherstellen (1)
versichert: da kannst du v. sein: darauf kannst du dich verlassen ♦ *umg*: darauf kannst du Gift nehmen · das kann ich dir sagen / flüstern ♦ *derb*: darauf kannst du einen lassen
Versichertenkarte, die: Chipkarte ♦ *umg*: Patientenkärtchen
Versicherung, die: **1.** → Krankenkasse – **2.** → Versprechen (1) – **3.** eidesstattliche V., V. an Eides statt: → Eid (1); die V. abgeben: → versichern (I); eine V. abschließen / eingehen: → versichern (II, 1)
Versicherungsbeitrag, der: Versicherungsprämie · Prämie
Versicherungspolice, die: → Versicherungsschein
Versicherungsprämie, die: → Versicherungsbeitrag
Versicherungsschein, der: Versicherungspolice · Police; Polizze (*österr*)
versickern: einsickern · verrinnen + sich verlaufen ♦ *umg*: verpieseln (*landsch*)
versieben: 1. → verlegen (I, 1) – **2.** → verlieren (I, 1)
versiegeln: siegeln; → *auch* plombieren
versiegen: 1. ⟨*zu fließen aufhören*⟩ vertrocknen · austrocknen · eintrocknen – **2.** → enden (1, b)
versiert: → erfahren (2)
versifft: → schmutzig (1)
versilbern: → verkaufen (I, 1)
versimpeln: → vereinfachen
versinken: 1. → sinken (1) – **2.** → untergehen (1) – **3.** jmd. würde vor Scham am liebsten im Boden / Erdboden / in die Erde v.: → schämen, sich (1)
versinnbildlichen: → verkörpern (1)
Version, die: → Lesart
versippt: → verwandt (2)
versklaven: → unterdrücken (1)
versklavt: → unterdrückt
Versklavung, die: → Unterdrückung
versoffen: → trunksüchtig (1)
versohlen: 1. → verprügeln – **2.** den Hintern v.: → züchtigen (1)
versöhnen: I. versöhnen: ⟨*die Feindschaft zwischen Personen beseitigen*⟩ aussöhnen + einigen; → *auch* beruhigen (I) – **II.** versöhnen, sich: ⟨*eine Feindschaft beenden*⟩ sich aussöhnen · sich wieder vertragen · Frieden schließen / machen · sich die Hand geben / reichen + die Freundeshand bieten ♦ *umg*: die Friedenspfeife rauchen · das Kriegsbeil begraben (*scherzh*); → *auch* einigen (II)
versöhnend: → versöhnlich (2)
versöhnlich: 1. ⟨*geneigt, Frieden zu schließen*⟩ + kompromissbereit; → *auch* friedlich (1), tolerant – **2.** ⟨*als Versöhnung wirkend*⟩ versöhnend · friedensstiftend
Versöhnung, die: Aussöhnung; Befriedung (*veraltend*) + Verständigung · Einigung
versonnen: → nachdenklich, verträumt (1)
versorgen: I. versorgen: **1.** → beschaffen (1) – **2.** → sorgen (I, 1, a) – **3.** → verpflegen (1) – **II.** versorgen, sich: ⟨*das Benötigte be-*

schaffen⟩ sich verproviantieren · sich eindecken
Versorger, der: → Ernährer
Versorgung, die: Unterhaltung · Erhaltung + Verpflegung
verspachteln: → aufessen
verspäten, sich: → verzögern (II)
Verspätung, die: ohne V.: → pünktlich (1)
verspeisen: → aufessen
verspekulieren, sich: **1.** → irren (II) – **2.** → fehlplanen
versperren: **1.** ⟨*durch Hindernisse den Zugang unmöglich machen*⟩ verbarrikadieren · verbauen ♦ *salopp*: verrammeln; → *auch* sperren (I, 1) – **2.** → abschließen (I, 1) – **3.** → sperren (I, 1) – **4.** → wegschließen – **5.** den Weg v.: → Weg (4)
verspielen: **1.** ⟨*beim Spielen verlieren*⟩ + verwetten · verwürfeln; → *auch* verlieren (I, 2) – **2.** → verlieren (I, 3) – **3.** verspielt haben |bei|: → Wohlwollen (2)
verspielt: → spielerisch
verspotten: spotten |über| · bespötteln · bespotten · bewitzeln · sein Gespött treiben |mit| · dem Gelächter preisgeben · mit Spott überschütten; ausspotten (*bes. österr schweiz*) + nachäffen · parodieren · persiflieren · ironisieren ♦ *umg*: hochnehmen · verhohnepipeln · durch den Kakao ziehen ♦ *derb*: durch die Scheiße ziehen; → *auch* spotten (1), verhöhnen, verlachen, necken
Verspottung, die: Verhöhnung ♦ *umg*: Geläster; → *auch* Spott (1)
versprechen: **I.** versprechen: **1.** ⟨*eine verbindl. Zusage geben*⟩ zusagen · zusichern · das Versprechen [ab]geben/ablegen · die Zusage machen · Versprechungen machen · sein Wort geben · in die Hand/mit Handschlag/hoch und heilig versprechen · garantieren · die Garantie geben + ein Gelübde ablegen/leisten/tun · in Aussicht stellen ♦ *gehoben*: [an]geloben · verheißen; → *auch* bieten (I, 1), versichern (I), verpflichten (II) – **2.** → verheißen (1) – **3.** in die Hand/mit Handschlag/hoch und heilig v.: → I, 1; sich v. |von|: → erhoffen (1) – **II.** versprechen, sich: **1.** ⟨*aus Versehen etw. Falsches sagen*⟩ *salopp*: sich verquatschen; → *auch* verplappern, sich – **2.** → verheddern, sich (1)
Versprechen, das: **1.** ⟨*zusagende Äußerung*⟩ Zusage · Zusicherung · Versicherung · Versprechung + Beteuerung · Gelöbnis · Gelübde ♦ *gehoben*: Verheißung; → *auch* Ehrenwort, Eid (1) – **2.** das V. [ab]geben/ablegen: → versprechen (I, 1)
Versprecher, der: falscher Zungenschlag · Lapsus Linguae
Versprechung, die: **1.** → Versprechen (1) – **2.** Versprechungen machen: → versprechen (I, 1)
versprengen: → verspritzen (1)
verspritzen: **1.** ⟨*spritzend verbreiten*⟩ versprühen · versprengen – **2.** sein Gift v.: → sticheln (1)
versprühen: **1.** → sprayen – **2.** verspritzen (1)
verspüren: → fühlen (I, 1)
verstaatlichen: nationalisieren · sozialisieren · vergesellschaften + kollektivieren · säkularisieren · verweltlichen
verstaatlicht: → gemeineigen
verstädtern: → urbanisieren
Verstädterung, die: → Urbanisation
Verstand, der: **1.** ⟨*die Fähigkeit des Auffassens, Erkennens u. Beurteilens*⟩ Intellekt · Geist · Geisteskraft · Geistesgaben + Esprit · Witz ♦ *umg*: Hirn; Gehirnschmalz (*scherzh*) ♦ *salopp*: Grips · Grütze; → *auch* Denkvermögen, Auffassungsgabe, Klugheit, Begabung (1) – **2.** → Vernunft (1) – **3.** → Verständnis (1) – **4.** ohne V.: → dumm (1); mit V.: → sinnvoll (1); mit klarem V.: → bewusst (1); bei [vollem] V.: → absichtlich; weder Sinn noch V. haben: → sinnlos (3); nicht [ganz/recht] bei V.: → verrückt (1); den V. verlieren, um den V. kommen: → geisteskrank (3); den V. gebrauchen: → denken (1); seinen V. zusammennehmen: → konzentrieren (II); mehr Glück als V. haben: → Glück (4); zu V. kommen lassen/bringen: → ernüchtern; den V. behalten: → beherrschen (II)
verstandesmäßig: → geistig (1)
Verstandesmensch, der: der Intellektuelle
verständig: **1.** → verständnisvoll – **2.** → klug (1)
verständigen: **I.** verständigen: → unterrichten (1) – **II.** verständigen, sich: **1.** ⟨*zu gegenseitigem Verständnis gelangen* [*wollen*]⟩ sich ins Benehmen/Einvernehmen setzen |mit| + kommunizieren · sich verständlich machen · Brücken schlagen; → *auch* unterhalten (II, 1) – **2.** → einigen (II)
Verständigkeit, die: **1.** → Verständnis (1) – **2.** → Klugheit

Verständigung, die: **1.** ⟨*das Sichverständigen*⟩ + Kommunikation · Brückenschlag – **2.** → Versöhnung – **3.** V. erzielen: → einigen (II)
verständigungsbereit: → kompromissbereit (1)
verständlich: 1. ⟨*mit dem Verstand erfassbar*⟩ klar · eingängig · fassbar · luzid · [gemein]fasslich · gemeinverständlich · allgemein verständlich · leicht verständlich · verstehbar + hörbar ♦ *umg*: plausibel; → *auch* anschaulich, deutlich (3) – **2.** ⟨*nicht schwer verstehbar*⟩ erklärlich · begreiflich – **3.** → deutlich (2) – **4.** v. machen: → erklären (I, 1); sich v. machen: → verständigen (II, 1)
Verständlichkeit, die: **1.** ⟨*verstandesmäßige Erfassbarkeit*⟩ Fasslichkeit · Verstehbarkeit · Klarheit · Deutlichkeit · Luzidität; → *auch* Deutlichkeit (3) – **2.** → Deutlichkeit (2)
Verständnis, das: **1.** ⟨*das Verstehenkönnen*⟩ Verständigkeit · Einsicht · Einsehen · Sinn ♦ *umg*: Verstand; → *auch* Einfühlungsvermögen – **2.** mit/voll[er] V.: → verständnisvoll; V. wecken: → interessieren (I); V. haben/aufbringen: → einsehen (2); kein[erlei]/wenig V. haben/aufbringen: → verständnislos (2)
verständnisinnig: → verständnisvoll
verständnislos: 1. ⟨*kein Verständnis zeigend*⟩ einsichtslos – **2.** v. sein: ⟨*ohne Verständnis sein*⟩ kein[erlei]/wenig Verständnis haben/aufbringen · keinen/wenig Sinn haben |für|
verständnisvoll: einsichtig · einsichtsvoll · verständig · vernünftig · mit/voll[er] Verständnis + verständnisinnig
verstänkern: → verpesten
verstärken: I. verstärken: **1.** ⟨[*in der Wirksamkeit*] *stärker machen*⟩ intensivieren · aktivieren · steigern · eskalieren + vertiefen; → *auch* steigern (I, 1) – **2.** ⟨*deutlicher machen*⟩ hervorheben – **3.** → steigern (I, 1) – **4.** → bewehren (1) – **II.** verstärken, sich: → zunehmen (1)
Verstärkung, die: **1.** ⟨*das Stärkermachen* [*in der Wirksamkeit*]⟩ Intensivierung · Aktivierung · Steigerung · Eskalation; → *auch* Steigerung (1) – **2.** → Zunahme – **3.** → Steigerung (1)
verstauben: einstauben · voll stauben
verstaubt: 1. → altmodisch (1) – **2.** → staubig
verstauchen: + verzerren ♦ *umg*: verknacksen
verstauen: → einpacken (1)
Versteck, das: Schlupfwinkel · Schlupfloch · Nest (*abwert*); → *auch* Zuflucht
verstecken: I. verstecken: ⟨*etw. so platzieren, dass es nicht gefunden wird*⟩ verbergen + vergraben ♦ *umg*: bunkern – **II.** verstecken, sich: **1.** ⟨*sich nicht finden lassen*⟩ sich verbergen · sich verkriechen · sich im Dunkeln halten + sich verschanzen; → *auch* verschwinden (2) – **2.** sich v. |vor|: → meiden; sich v. müssen/können |vor|: → unterlegen (2); sich nicht v. müssen/zu v. brauchen: → ebenbürtig (3)
versteckt: 1. → [2]verborgen (1) – **2.** → hinterlistig
Verstecktheit, die: → Hinterlist
verstehbar: 1. → verständlich (1) – **2.** → deutlich (2)
Verstehbarkeit, die: **1.** → Verständlichkeit (1) – **2.** → Deutlichkeit (2)
verstehen: I. verstehen: **1.** ⟨*akustisch aufnehmen*⟩ hören · vernehmen – **2.** ⟨*geistig aufnehmen*⟩ begreifen · [er]fassen · realisieren · auffassen · ermessen + nachvollziehen ♦ *umg*: kapieren · checken · löffeln · eingehen · schalten · mitbekommen · mitkriegen · wegbekommen · wegkriegen · auf den Trichter kommen · bei jmdm. fällt der Groschen; bei jmdm. geht der Knopf auf (*landsch*) ♦ *salopp*: schnallen · fressen · durchsteigen; → *auch* erkennen (1) – **3.** → beherrschen (I, 4) – **4.** verstanden haben: ⟨*mit dem Verstand erfasst haben*⟩ *umg*: es intus haben · es weghaben · es hat gezündet/gefunkt · bei jmdm. ist der Groschen gefallen; bei jmdm. hat es geschnackelt (*süddt*) ♦ *salopp*: es gefressen haben – **5.** falsch v.: → missverstehen (1); schwer/langsam v.: → begriffsstutzig (2); nicht v.: → erklären (I, 4); v. |als|: → halten (I, 7); zu v. geben: → beibringen (1); keinen Spaß v.: → humorlos (2); etw. v.: → können (5); etw. v. |von|, den/seinen Handel v., seine Sache v.: → beherrschen (I, 4); sein Handwerk v.: **a)** → beherrschen (I, 4) – **b)** → tüchtig (3) – **II.** verstehen, sich: **1.** → vertragen (II, 1) – **2.** sich v. |mit|: ⟨[*in Bezug auf eine Zusammenarbeit*] *ein gutes persönl. Verhältnis zu jmdm. haben*⟩ gut auskommen |mit| ♦ *umg*: gut können |mit| · die Chemie stimmt · auf der gleichen Wel-

lenlänge liegen · die gleiche Wellenlänge haben – **3.** sich v. |auf|: → beherrschen (I, 4); sich v. |zu|: → herbeilassen, sich; sich von selbst/selber/am Rande v.: → selbstverständlich (3); sich auf sein Handwerk v.: → tüchtig (3)
versteifen: I. versteifen: → abstützen – **II.** versteifen, sich: sich v. |auf|: **a)** → bestehen (5, a) – **b)** → verbeißen (II)
versteigern: verauktionieren · meistbietend verkaufen; lizitieren (*österr*); [ver]ganten (*noch schweiz*) ♦ *umg*: unter den Hammer bringen
Versteigerung, die: Auktion; Lizitation (*österr*); Vergantung · Gant (*noch schweiz*)
versteinert: fossil · urweltlich
Versteinerung, die: Fossil
verstellen: I. verstellen: → verlegen (I, 1) – **II.** verstellen, sich: ⟨*einen nicht der Wirklichkeit entsprechenden Eindruck von sich erwecken wollen*⟩ simulieren · sich stellen, als ob … · heucheln + seine Gesinnung verbergen · täuschen ♦ *umg*: schauspielern · Komödie/Theater spielen · so tun, als ob …; → *auch* heucheln (1), benehmen (II, 3)
Verstellung, die: + Verstellungskunst ♦ *umg*: Schauspielerei · Theater · Komödie; → *auch* Heuchelei
Verstellungskunst, die: → Verstellung
versterben: → sterben (1)
verstiegen: 1. → überspannt – **2.** → ausgefallen (1)
verstimmen: → verärgern
verstimmt: → missmutig
Verstimmtheit, die: → Missmut
Verstimmung, die: → Missmut
verstocken: → verstockt (2)
verstockt: 1. ⟨*keine Einsicht aufbringend*⟩ unzugänglich · uneinsichtig; harthörig (*veraltend*) + trotzig; → *auch* widerspenstig – **2.** v. werden: ⟨*sich anderen immer mehr verschließen*⟩ sich verhärten; verstocken (*veraltend*)
verstohlen: 1. → heimlich (1) – **2.** → unauffällig (1)
verstopfen: → abdichten
verstopft: 1. ⟨*an Darmträgheit leidend*⟩ hartleibig – **2.** v. sein: an Verstopfung leiden · keinen Stuhlgang haben
Verstopfung, die: **1.** → Stuhlverstopfung – **2.** an V. leiden: → verstopft (2)
verstöpseln: → zukorken
verstorben: tot; selig · seligen Angedenkens (*veraltend*) ♦ *gehoben*: verewigt; → *auch* tot (1)
Verstorbene, der: der Tote + der Gefallene ♦ *gehoben*: der Verschiedene · der Hingeschiedene · der Abgeschiedene · der Verblichene · der Verewigte · der Heimgegangene; der Entschlafene (*verhüll*); → *auch* Leiche (1)
verstören: → verwirren (2)
verstört: 1. → verwirrt (1) – **2.** → bestürzt
Verstoß, der: **1.** → Regelwidrigkeit – **2.** → Zuwiderhandlung, Vergehen (1) – **3.** in V. geraten: → verloren (4)
verstoßen: 1. ⟨*nicht mehr bei sich dulden*⟩ ausstoßen · verbannen · fortjagen; → *auch* ächten (1), ausschließen (I, 3) – **2.** → ausweisen (I, 1) – **3.** v. |gegen|: **a)** ⟨*im Widerspruch zu etw. verlaufen*⟩ zuwiderlaufen · zuwider sein · abweichen |von| ♦ *umg*: gehen |gegen| – **b)** → zuwiderhandeln
verstrahlen: → verseuchen
verstreben: → abstützen
verstreichen: 1. → auftragen (1) – **2.** → verputzen (1) – **3.** → vergehen (I, 1)
verstreuen: 1. → ausbreiten (I, 1) – **2.** → zerstreuen (I, 1)
verstreut: → vereinzelt (1)
verstricken, sich: → verfangen (II)
verstümmeln: → verunstalten
verstummen: → verklingen
Versuch, der: **1.** ⟨*das einmalige Ausprobieren*⟩ Probe · Experiment + Prüfung · Nachweis ♦ *umg*: Versuchsballon – **2.** als V.: → versuchsweise; Versuche anstellen: → experimentieren; einen V. anstellen/machen, es auf einen V. ankommen lassen: → versuchen (I, 1)
versuchen: I. versuchen: **1.** ⟨*durch einen Versuch feststellen* [*wollen*]⟩ [aus]probieren · einen Versuch anstellen/machen · sich versuchen |an| · durchprobieren · [durch-] prüfen · die Probe machen + es auf einen Versuch ankommen lassen · proben · durchkosten ♦ *umg*: austesten · einen Versuchsballon steigen lassen/loslassen + herumdoktern – **2.** → [1]kosten (1) – **3.** → verführen – **4.** alles v.: ⟨*alle Möglichkeiten ausschöpfen*⟩ alles nur Mögliche/das Menschenmögliche tun · nichts unversucht lassen · alle Register ziehen · alle Hebel/Himmel und Hölle in Bewegung setzen · keine Mühe scheuen; → *auch* bemühen (II, 1) – **II.** versuchen, sich: sich v. |an|: → I, 1

Versucher, der: → Teufel (1)
Versuchsballon, der: **1.** → Versuch (1) – **2.** einen V. steigen lassen/loslassen: → versuchen (I, 1)
Versuchskaninchen, das: → Versuchsperson
Versuchsperson, die: Testperson · Proband ♦ *umg*: Versuchskaninchen (*abwert*)
Versuchsprojekt, das: → Pilotprojekt
versuchsweise: probeweise · auf Probe · als Versuch + vorläufig
versucht: v. sein: in [die] Versuchung kommen · in Versuchung sein
Versuchung, die: **1.** ⟨*verführerischer Reiz*⟩ Anfechtung – **2.** → Verlockung – **3.** in [die] V. kommen, in V. sein: → versucht; in V. führen: → verführen
versumpfen: → verkommen (1)
versündigen, sich: → vergehen (II, 1)
versunken: **1.** → nachdenklich – **2.** → andächtig – **3.** in Gedanken v.: → geistesabwesend (1)
Versunkenheit, die: → Andacht (1)
versus: → gegen (1)
Verszeile, die: → Vers (I, 1)
vertäfeln: → täfeln
vertagen: → aufschieben
Vertagung, die: → Aufschub (1)
vertäuen: → festbinden
vertauschbar: kommutabel
vertauschen: → verwechseln (1)
vertausendfachen: → vervielfachen (1)
verteidigen: **I.** verteidigen: **1.** ⟨*mit Argumenten rechtfertigen*⟩ verfechten · vertreten · in Schutz nehmen; → *auch* eintreten (7, a) – **2.** → schützen (I, 1) – **II.** verteidigen, sich: ⟨*gegen sich gerichtete Aktivitäten abzuwehren suchen*⟩ sich wehren · sich zur Wehr setzen · Widerstand leisten/entgegensetzen/bieten · sich seiner Haut wehren · sich mit Händen und Füßen wehren · sich nichts gefallen lassen + seine Unschuld beteuern ♦ *umg*: sich nicht auf den Kopf spucken lassen; die Hörner zeigen (*veraltend*); → *auch* abwehren (1, a *u.* b)
Verteidiger, der: Verfechter · Sachwalter · Apologet + Interessenvertreter
Verteidigung, die: Abwehr · Defensive · Gegenwehr
Verteidigungsanlage, die: → Befestigung (2)
verteilen: **I.** verteilen: **1.** ⟨*gliedernd zuordnen*⟩ aufteilen · austeilen · vergeben; distribuieren (*bes. fachspr*); → *auch* aufteilen (1 *u.* 2), zuteilen – **2.** → ausgeben (I, 1) – **II.** verteilen, sich: → auflösen (II, 2)
Verteiler, der: → Verteilerdose
Verteilerdose, die: Abzweigdose · Verteiler
Verteilung, die: **1.** ⟨*das gliedernde Zuordnen*⟩ Aufteilung · Austeilung · Vergabe · Vergebung; Distribution (*bes. fachspr*); → *auch* Zuteilung (1) – **2.** → Ausgabe (1)
verteuern: **I.** verteuern: ⟨*im Preis teurer machen*⟩ hochtreiben · hochschrauben · in die Höhe schrauben – **II.** verteuern, sich: → steigen (1)
Verteuerung, die: → Preisanstieg
verteufeln: → verleumden (1)
verteufelt: **1.** → schwierig (1) – **2.** → sehr
vertiefen: **I.** vertiefen: **1.** → verstärken (I, 1) – **2.** → ausbauen (3) – **II.** vertiefen, sich: sich v. |in|: → versenken (II)
Vertiefung, die: **1.** ⟨*nach innen gewölbte Stelle bzw. Fläche*⟩ Einsenkung · Höhlung · Furche · Graben; → *auch* Einbuchtung, Mulde (1), Grube (1), Rille (1) – **2.** → Ausbau (2)
vertikal: → senkrecht (1)
vertilgen: **1.** → vernichten (1, c) – **2.** → aufessen
vertobaken: → verprügeln
vertrackt: **1.** → verwickelt – **2.** → schwierig (1)
Vertrag, der: **1.** ⟨*rechtsverbindl. Vereinbarung zwischen mehreren Partnern*⟩ Kontrakt · Abkommen · Pakt; Stipulation (*fachspr*) + Handel · Handelsabkommen · Konkordat; → *auch* Vereinbarung (1), Übereinkunft, Bündnis (1) – **2.** durch V.: → vertraglich
vertragen: **I.** vertragen: **1.** → aushalten (1) – **2.** → austragen (1) – **3.** allerhand/viel/eine ganze Menge/einen [ganzen/gehörigen/tüchtigen] Stiefel v. [können]: → trinkfest; keinen Widerspruch v. [können]: → herrschsüchtig (2); keinen Aufschub v.: → eilen (I, 2) – **II.** vertragen, sich: **1.** ⟨*sich nicht zanken*⟩ sich verstehen · harmonieren · auskommen |mit| · zurechtkommen |mit| · in Frieden [miteinander] leben – **2.** sich wieder v.: → versöhnen (II)
vertraglich: vertragsmäßig · durch Vertrag · kontraktlich
verträglich: **1.** → bekömmlich – **2.** → friedlich (1)
vertragsmäßig: → vertraglich

vertrauen: trauen · Vertrauen haben |zu| · Vertrauen schenken/entgegenbringen/erweisen · sich verlassen |auf| · bauen |auf| · rechnen |auf| · zählen |auf| · seine Hoffnung setzen |auf| ♦ *gehoben*: seines Vertrauens würdigen · sich getrösten
Vertrauen, das: **1.** ⟨*fester Glaube*⟩ Zutrauen · Zuversicht; → *auch* Hoffnung (1) – **2.** voll V.: → vertrauensvoll; im V.: → vertraulich (2); V. haben |zu|, V. schenken/entgegenbringen/erweisen, seines Vertrauens würdigen: → vertrauen; kein V. haben |zu|: → misstrauen; ins V. ziehen: → einweihen (2); V. erweckend: → zuverlässig (1)
Vertrauensbruch, der: → Verrat (2)
vertrauensselig: → gutgläubig
vertrauensvoll: gläubig · voll Vertrauen · getrost + auf Treu und Glauben
vertrauenswürdig: 1. → zuverlässig (1) – **2.** → rechtschaffen
Vertrauenswürdigkeit, die: **1.** → Zuverlässigkeit – **2.** → Rechtschaffenheit
vertraulich: 1. ⟨*eine enge Verbundenheit mit jmdm. erkennen lassend*⟩ intim · vertraut · persönlich + familiär; → *auch* vertraut (1) – **2.** ⟨*nur für einen kleinen Personenkreis bestimmt*⟩ diskret · intern · privatim · im Vertrauen · unter vier Augen · unter dem Siegel der Verschwiegenheit; → *auch* geheim (1)
verträumt: 1. ⟨*wach träumend*⟩ träumerisch · versonnen · traumversunken – **2.** → geistesabwesend (1)
vertraut: 1. ⟨*nicht fremd*⟩ altvertraut · wohlbekannt · geläufig · heimisch · alltäglich · intim + ans Herz gewachsen; → *auch* vertraulich (1), gewohnt (1) – **2.** → vertraulich (1) – **3.** v. werden: → heimisch (4); v. machen |mit|: → anleiten (1)
Vertraute, der: → Freund (I, 1)
Vertrautheit, die: → Freundschaft (1)
vertreiben: 1. ⟨*mit Gewalt zum Weggehen veranlassen*⟩ forttreiben · fortjagen · davonjagen · wegjagen · wegtreiben · verjagen · [fort]scheuchen · wegscheuchen + in die Flucht schlagen ♦ *umg*: Beine machen · zum Teufel jagen · zum Tempel hinausjagen + schassen; → *auch* verscheuchen – **2.** → ausweisen (I, 1) – **3.** → verscheuchen – **4.** → verkaufen (I, 1) – **5.** sich die Zeit v.: → vergnügen (II); die Grillen v.: → aufheitern (I)
vertretbar: 1. → annehmbar – **2.** v. sein: → angehen (1)
vertreten: 1. ⟨*für einen anderen handeln*⟩ die Vertretung haben/übernehmen |für| · einspringen |für| + Vertreter sein |für| · repräsentieren – **2.** → verteidigen (I, 1) – **3.** → eintreten (7, a) – **4.** sich die Beine v.: → spazieren (2)
Vertreter, der: **1.** ⟨*jmd., der eine Gruppe von Personen od. eine bestimmte Richtung [nach außen] vertritt*⟩ Repräsentant · Exponent; → *auch* Bevollmächtigte – **2.** → Stellvertreter – **3.** → Vertretung (2) – **4.** → Handelsvertreter – **5.** V. sein |für|: → vertreten (1)
Vertretung, die: **1.** ⟨*die Interessen eines Unternehmens bzw. einer Institution an einem anderen Ort wahrnehmende Stelle*⟩ Repräsentanz · Agentur · Geschäftsstelle · Nebenstelle; → *auch* Zweigstelle – **2.** ⟨*zeitweilig für einen anderen Arbeitender*⟩ Aushilfe · Vertreter; → *auch* Ersatzmann – **3.** → Delegation – **4.** in V.: → stellvertretend; die V. haben/übernehmen |für|: → vertreten (1)
vertretungsweise: kommissarisch
Vertrieb, der: → Verkauf (1)
vertrimmen: → verprügeln
vertrinken: verzechen ♦ *salopp*: durch die Gurgel/Kehle jagen ♦ *derb*: versaufen
vertrocknen: 1. ⟨*trocknen u. dürr werden*⟩ verdorren · abdorren; → *auch* welken (1), verblühen (1) – **2.** → versiegen (1)
vertrocknet: → trocken (2)
vertrösten: → hinhalten (1)
vertrotteln: → verdummen (2)
vertüdern: → verwirren (1)
vertun: I. vertun: → verschwenden – **II.** vertun, sich: → Fehler (2)
vertuschen: → verschleiern
verübeln: übel nehmen · verargen · verdenken · nachtragen · übel vermerken ♦ *umg*: ankreiden · krumm nehmen
verüben: 1. ⟨*in Bezug auf ein Verbrechen od. dgl.: es ausführen*⟩ begehen; → *auch* tun (1) – **2.** Notzucht v. |an|: → vergewaltigen (1); einen Einbruch v.: → einbrechen (1); einen Diebstahl v.: → stehlen (1); Selbstmord/Suizid v.: → Selbstmord (2)
verulken: 1. → narren – **2.** → necken
veruneinigen: → entzweien (I)
verunfallen: → verunglücken (1)
Verunfallte, der: → Verunglückte
verunglimpfen: 1. → herabwürdigen (I) – **2.** → verleumden (1)

Verunglimpfung, die: **1.** → Herabwürdigung – **2.** → Verleumdung
verunglücken: 1. ⟨*sich durch einen Unfall körperl. Schaden zuziehen*⟩ einen Unfall haben/erleiden; verunfallen (*amtsspr, bes. schweiz*) + Schaden nehmen · zu Schaden kommen · sich den Hals/das Genick brechen · überfahren werden ♦ *umg*: einen Unfall bauen – **2.** → misslingen
Verunglückte, der: Opfer; der Verunfallte (*amtsspr, bes. schweiz*)
verunmöglichen: → verhindern
Verunmöglichung, die: → Verhinderung
verunreinigen: → beschmutzen (I, 1)
verunsichern: → verwirren (2)
Verunsicherung, die: → Verwirrung (1)
verunstalten: entstellen · deformieren · verstümmeln · verunzieren + verderben ♦ *umg*: verschandeln · verhunzen (*abwert*)
veruntreuen: → unterschlagen (1)
Veruntreuung, die: → Unterschlagung
verunzieren: → verunstalten
verursachen: herbeiführen · hervorrufen · mit sich bringen · bewirken · auslösen · heraufbeschwören · verschulden + bedingen · [er]wecken · erregen ♦ *gehoben*: zeitigen ♦ *umg*: einbrocken · einrühren (*abwert*); → *auch* anrichten (1), anstiften (1), auslösen (1, b), veranlassen (1), verschulden (I, 1), Folge (3)
verursacht: v. sein |durch|: geschuldet sein |einer Sache|
verurteilen: 1. ⟨*gerichtlich eine Strafe zuerkennen*⟩ aburteilen · mit Strafe belegen · eine Strafe verhängen · eine Strafe auferlegen ♦ *umg*: eine Strafe aufbrummen · verdammen |zu| ♦ *salopp*: verdonnern · verknacken + verknasten; → *auch* Urteil (4) – **2.** ⟨*zum Schuldigen erklären*⟩ schuldig sprechen · für schuldig erklären/befinden · den Stab brechen |über| · einen Stein werfen |auf| + [in Grund und Boden] verdammen – **3.** verurteilt sein |zu|: → müssen (1)
veruzen: → narren
Verve, die: → Schwung (1)
vervielfachen: 1. ⟨*in der Anzahl stark vergrößern*⟩ vermehren · vervielfältigen + vertausendfachen · verhundertfachen · verzehnfachen · verdreifachen; → *auch* verdoppeln – **2.** → multiplizieren
vervielfältigen: 1. ⟨*vielfach herstellen*⟩ hektographieren · abziehen + ablichten · reproduzieren; → *auch* kopieren (1) – **2.** → vervielfachen (1)
Vervielfältigungsapparat, der: → Kopiergerät
vervollkommnen: I. vervollkommnen: ⟨*der Vollkommenheit annähern*⟩ perfektionieren · zur Vervollkommnung bringen + optimieren · abrunden ♦ *umg*: den letzten Schliff geben; → *auch* ergänzen (1), überarbeiten (I, 1), verbessern (I, 3) – **II.** vervollkommnen, sich: **1.** ⟨*sich bemühen, noch besser zu werden*⟩ an sich [selbst] arbeiten; → *auch* bilden (II, 1) – **2.** ⟨*sich der Vollkommenheit annähern*⟩ + sich runden
Vervollkommnung, die: **1.** ⟨*das Vollkommenwerden bzw. -machen*⟩ Perfektionierung; → *auch* Ergänzung (1), Verbesserung (3) – **2.** zur V. bringen: → vervollkommnen (I)
vervollständigen: → ergänzen (1)
Vervollständigung, die: → Ergänzung (1)
verwachsen: 1. → verheilen – **2.** → verkrüppelt – **3.** → bucklig (1)
Verwachsene, der: → Bucklige
verwahren: I. verwahren: **1.** → aufbewahren – **2.** → bewahren (1) – **II.** verwahren, sich: sich v. |gegen|: → protestieren
verwahrlosen: 1. ⟨*unordentlich werden*⟩ verlottern + verwildern · verfallen ♦ *umg*: verschlampen · verlumpen · verludern · auf den Hund kommen; verschlampern · verschlumpern (*landsch*); → *auch* verkommen (1) – **2.** v. lassen: → vernachlässigen (1)
Verwahrung, die: **1.** ⟨*das Aufbewahren*⟩ Aufbewahrung · Lagerung · Gewahrsam + Verschluss – **2.** → Einspruch (1) – **3.** in V. nehmen: **a)** → aufbewahren – **b)** → sicherstellen (1); in V. geben: → hinterlegen; V. einlegen: → protestieren
verwalken: → verprügeln
verwalten: 1. ⟨*alle mit etw. verbundenen Angelegenheiten besorgen bzw. regeln*⟩ + betraut sein |mit| ♦ *umg*: regieren – **2.** ⟨*leiten u. selbst* [*mit*] *bearbeiten*⟩ bewirtschaften · wirtschaften; → *auch* leiten (1)
Verwalter, der: Wirtschafter + Inspektor
Verwaltungsbezirk, der: → Bezirk (1)
verwamsen: → verprügeln
verwandeln: 1. → umwandeln – **2.** ins Gegenteil v.: → verdrehen (1); in Asche v.: → verbrennen (I, 1)
Verwandlung, die: Metamorphose (*fachspr*)

verwandt: **1.** ⟨*durch die gleiche Abstammung zu einer Familie gehörig*⟩ blutsverwandt · stammverwandt · verschwistert – **2.** ⟨*durch Heirat zu einer Familie gehörig*⟩ versippt · verschwägert + angeheiratet – **3.** → ähnlich (1)
Verwandte: **I.** Verwandte, der: ⟨*Glied einer Familie*⟩ der Angehörige · der Anverwandte – **II.** Verwandte (*Pl*): die Verwandten: → Verwandtschaft (1)
Verwandtenkreis, der: → Verwandtschaft (1)
Verwandtschaft, die: **1.** ⟨*alle Glieder einer Familie*⟩ die Verwandten · die Anverwandten · die Angehörigen · Verwandtenkreis; Parentel (*fachspr*); Sippe (*scherzh*); Sippschaft (*abwert od. scherzh*) ♦ *gehoben*: die Sein[ig]en ♦ *umg*: Mischpoke (*abwert*); → *auch* Familie (1) – **2.** → Ähnlichkeit
verwarnen: → ermahnen (2)
Verwarnung, die: → Ermahnung (2)
verwaschen: → unklar (1)
verwässern: **1.** → verflachen – **2.** → verdünnen
verweben: → verbinden (I, 1)
verwechseln: **1.** ⟨*irrtümlich das Falsche nehmen*⟩ vertauschen · durcheinander bringen · durcheinander werfen – **2.** zum Verwechseln [ähnlich]: → ähnlich (1); Mein und Dein v.: → stehlen (1)
verwegen: → kühn
Verwegenheit, die: → Kühnheit
verwehen: **1.** → vergehen (I, 1) – **2.** → verklingen – **3.** wie vom Wind verweht: → verschwunden (1)
verwehren: **1.** → verweigern (1) – **2.** → verbieten (1)
verweichlichen: verzärteln · [ver]hätscheln + verziehen ♦ *umg*: verpäppeln · verpimpeln; → *auch* verwöhnen
verweichlicht: → weichlich (1)
verweigern: **1.** ⟨*nicht zubilligen*⟩ versagen · verwehren · vorenthalten; weigern (*veraltet*) + entziehen; → *auch* ablehnen (1) – **2.** den Gehorsam v.: → aufbegehren
Verweigerung, die: → Ablehnung
verweilen: → bleiben (1)
Verweis, der: **1.** → Tadel (1) – **2.** einen V. geben/erteilen: → tadeln (1)
verweisen: **1.** → tadeln (1) – **2.** v. |auf|: **a)** → hinweisen – **b)** → berufen (II); v. |an|: → schicken (I, 2); v. |aus|, des Landes v.: → ausweisen (I, 1)
Verweisung, die: → Ausweisung
verwelken: → welken (1)
verwelkt: → welk (1)
verweltlichen: → verstaatlichen
verwendbar: brauchbar · anwendbar · nutzbar · praktikabel · praktisch · tauglich · geeignet · applikabel; → *auch* passend (1, a)
verwenden: **I.** verwenden: **1.** ⟨*zur [ständigen] Benutzung wählen*⟩ einsetzen · nutzbar machen; in Verwendung nehmen (*österr*); → *auch* gebrauchen (1), anwenden (1) – **2.** v. können: → brauchen (1) – **II.** verwenden, sich: sich v. |für|: ⟨*bei jmdm. zu jmds. Gunsten sprechen*⟩ bitten |für| · Fürsprache/ein gutes Wort einlegen |für| · Fürbitte tun/einlegen |für|; → *auch* einsetzen (II), eintreten (7, a)
Verwendung, die: **1.** ⟨*das Verwenden*⟩ Einsatz · Gebrauch · Nutzbarmachung · Nutzanwendung · Inanspruchnahme; → *auch* Anwendung (1) – **2.** V. haben |für|: → brauchen (1); in V. nehmen: → verwenden (I, 1)
verwendungsfähig: nicht v.: → dienstunfähig
verwerfen: **I.** verwerfen: → ablehnen (1) – **II.** verwerfen, sich: → [1]verziehen (II, 1)
verwerflich: abscheulich · schändlich · schandvoll · schandbar · skandalös · schimpflich · schmählich · erbärmlich · elend · Abscheu erregend · ekelhaft · hässlich · scheußlich · verabscheuenswert · verabscheuungswürdig · verdammenswert · verfluchenswert · eine Sünde und Schande; elendig (*landsch*) + pietätlos ♦ *gehoben*: elendiglich · fluchwürdig · verdammungswürdig; ekel (*veraltend*) ♦ *salopp*: hundserbärmlich; → *auch* gemein (1), anstößig (1)
verwerten: **1.** ⟨*nutzbringend verwenden*⟩ nutzen; der Verwertung zuführen (*amtsspr*) + recyceln ♦ *umg*: ausschlachten – **2.** → verarbeiten (1)
Verwertung, die: **1.** → Nutzung (1) – **2.** der V. zuführen: → verwerten (1)
verwesen: → faulen
Verweser, der: → Stellvertreter
verweslich: → vergänglich
verwest: → faul (1)
Verwesung, die: → Fäulnis (1)
verwetten: → verspielen (1)
verwichsen: **1.** → verprügeln – **2.** → verschwenden

verwickeln: **I.** verwickeln: **1.** → verwirren (1) – **2.** verwickelt werden |in|: → hineingeraten (1) – **II.** verwickeln, sich: **1.** → verfangen (II) – **2.** sich in Widersprüche v.: → widersprechen (4)
verwickelt: kompliziert · schwierig ♦ *umg*: verzwickt · vertrackt · eine Wissenschaft für sich; → *auch* schwierig (1)
Verwicklung, die: Komplikation · Kompliziertheit
verwiegen: → ²wiegen (1)
verwildern: → verwahrlosen (1)
verwinden: → überwinden (I, 1)
verwirken: → verlieren (I, 2)
verwirklichen: realisieren · wahr machen · tun · in die Tat umsetzen · Ernst machen |mit| + zustande bringen; → *auch* ausführen (3), erfüllen (I, 2)
Verwirklichung, die: Realisierung · Realisation; → *auch* Ausführung (1), Erfüllung (1)
verwirren: **1.** ⟨*in Bezug auf Fäden od. dgl.: sie durcheinander schlingen*⟩ verfilzen · verwickeln ♦ *umg*: verfitzen · verzotteln; vertüdern (*norddt*) – **2.** ⟨*jmds. Gedanken in Unordnung bringen*⟩ durcheinander bringen · irremachen · irritieren · beirren · verdutzen · unsicher/kopfscheu machen · verunsichern · in Verwirrung bringen · aus der Fassung/dem Konzept/Text/Takt bringen · derangieren · desorientieren + ablenken · verblüffen · verstören · verlegen machen · betören ♦ *umg*: die [jungen] Pferde scheu machen + den Kopf verdrehen
verwirrend: → bezaubernd
Verwirrspiel, das: → Täuschungsmanöver
verwirrt: **1.** ⟨*keines klaren Gedankens mehr fähig*⟩ kopflos · durcheinander · konfus · wirr · konsterniert · irritiert · verdutzt · verstört ♦ *umg*: durchgedreht · verdattert; verdonnert (*veraltend*); verbiestert (*landsch*); dasig (*süddt österr*); → *auch* bestürzt – **2.** → verworren (1) – **3.** v. sein: ⟨*keinen klaren Gedanken mehr fassen können*⟩ in Verwirrung sein · [völlig] von Sinnen sein ♦ *umg*: nicht mehr wissen, was rechts und links ist/was oben und unten ist/ob man Männchen oder Weibchen ist · völlig von der Rolle sein + Kopf stehen
Verwirrung, die: **1.** ⟨*das Verwirrtsein*⟩ Kopflosigkeit · Konfusion · Wirrheit · Irritation · Verdutztheit · Verblüfftheit · Desorientierung · Verunsicherung + Aufregung · Auflösung · Panik – **2.** in V. sein: → verwirrt (3); in V. bringen: → verwirren (2)
verwirtschaften: → verbrauchen (1)
verwischen: **I.** verwischen: → verschleiern – **II.** verwischen, sich: ⟨*in den Konturen undeutlich werden*⟩ verfließen · verschwimmen · auslaufen + verblassen
verwohnen: → abwohnen
verwöhnen: auf Händen tragen; → *auch* verweichlichen
verwohnt: abgewohnt; eingewohnt (*landsch*)
verwöhnt: anspruchsvoll; → *auch* wählerisch
verworfen: → verkommen (2)
Verworfenheit, die: → Verkommenheit
verworren: **1.** ⟨*in der Gedankenführung sehr durcheinander gehend*⟩ verwirrt · konfus · abstrus · wirr · unübersichtlich + labyrinthisch; → *auch* unklar (1) – **2.** → ungeordnet (1)
verwühlen: → verlegen (I, 1)
verwundbar: → empfindsam (1)
verwunden: **1.** → verletzen (I, 1) – **2.** → kränken
verwunderlich: → merkwürdig
verwundern: **I.** verwundern: → wundern (I) – **II.** verwundern, sich: → staunen (1)
verwundert: → überrascht (1)
Verwunderung, die: **1.** ⟨*das Sichwundern*⟩ Erstaunen · Befremden; → *auch* Überraschung (1) – **2.** in V. [ver]setzen: → wundern (I)
verwundet: → verletzt (1)
Verwundung, die: → Verletzung (1)
verwünschen: **1.** ⟨*aus starker Verärgerung jmdm. Schlechtes wünschen*⟩ verfluchen · verdammen; vermaledeien (*veraltend*) + beschimpfen ♦ *gehoben*: fluchen ♦ *umg*: zur Hölle/zum Teufel wünschen ♦ *salopp*: die Pest an den Hals wünschen – **2.** → verzaubern (1)
verwünscht: **1.** → verflucht (1) – **2.** → unangenehm (1)
Verwünschung, die: **1.** → Fluch (1) – **2.** Verwünschungen ausstoßen: → fluchen (1)
verwürfeln: → verspielen (1)
verwursteln: → verlegen (I, 1)
verwuscheln: → zerzausen
verwüsten: verheeren; → *auch* beschädigen, vernichten (1, a), zerstören (2)
verzagen: **1.** ⟨*in einer schwierigen Lage die Hoffnung aufgeben*⟩ den Mut verlieren

♦ *umg*: das Herz fällt/rutscht jmdm. in die Hosen (*oft scherzh*); → *auch* resignieren, verzweifeln (1) – **2.** nicht v.: ⟨*in einer schwierigen Lage nicht aufgeben*⟩ nicht den Mut verlieren · sich nicht unterkriegen lassen ♦ *umg*: die Ohren/den Nacken steif halten
verzagt: → mutlos
Verzagtheit, die: → Mutlosigkeit
verzählen, sich: → verrechnen (II, 1)
verzanken, sich: → verfeinden, sich
verzapfen: 1. → verschulden (I, 1) – **2.** → verfassen
verzärteln: → verweichlichen
verzärtelt: → weichlich (1)
verzaubern: 1. ⟨*durch Zauberei verwandeln*⟩ verhexen; verwünschen (*veraltet*) – **2.** → bezaubern
verzechen: → vertrinken
verzehnfachen: → vervielfachen (1)
Verzehr, der: **1.** ⟨*das, was man verzehrt*⟩ Konsumation (*österr schweiz*) – **2.** → Verbrauch (1)
verzehren: I. verzehren: → aufessen – **II.** verzehren, sich: **1.** → erschöpfen (II, 1) – **2.** sich v. |nach|: → Verlangen (4)
verzeichnen: 1. → aufschreiben (4), einschreiben (I) – **2.** → erfassen (1) – **3.** → verdrehen (1)
Verzeichnis, das: Register · Index · Liste + Katalog · Nomenklatur · Konspekt; → *auch* Sachverzeichnis, Tabelle
Verzeichnung, die: → Erfassung
verzeigen: → anzeigen (2)
Verzeigung, die: → Anzeige (2)
verzeihbar: → verzeihlich
verzeihen: vergeben · entschuldigen · Verzeihung gewähren + in Gnaden aufnehmen; → *auch* begnadigen
verzeihlich: verzeihbar · entschuldbar; lässlich (*kathol*)
Verzeihung, die: **1.** ⟨*das Verzeihen*⟩ Vergebung · Entschuldigung; Pardon (*veraltend*) – **2.** V. gewähren: → verzeihen; um V. bitten: → entschuldigen (II)
verzerren: 1. ⟨*in mancher Hinsicht übertreibend darstellen*⟩ karikieren; → *auch* verdrehen (1) – **2.** ⟨*vom Gesicht od. Mund gesagt*: *in eine andere Form ziehen*⟩ verziehen · verkneifen – **3.** → verstauchen
verzerrt: 1. ⟨*vom Gesicht gesagt*: *unnatürlich verzogen*⟩ fratzenhaft + hässlich – **2.** → einseitig (1)
verzetteln, sich: → verlieren (II, 1)
Verzicht, der: **1.** ⟨*das Aufgeben eines Anspruchs*⟩ Abtretung · Überlassung · Verzichtleistung ♦ *gehoben*: Entsagung · Entäußerung + Bescheidung; → *auch* Selbstlosigkeit – **2.** V. leisten/üben: → verzichten
verzichten: sich versagen · Abstand nehmen |von| · Verzicht leisten/üben · zurückstehen ♦ *gehoben*: entsagen · sich enthalten · sich entäußern · sich entschlagen · sich begeben ♦ *umg*: sich verkneifen · sich aus dem Kopf/Sinn schlagen ♦ *salopp*: pfeifen |auf| · husten |auf| · spucken |auf| · sausen/schießen lassen ♦ *derb*: scheißen |auf|; → *auch* abgewöhnen (2), aufgeben (3), resignieren
Verzichtleistung, die: → Verzicht (1)
[1]**verziehen: I.** verziehen: **1.** ⟨*zwischen zu dicht stehenden Jungpflanzen mehr Platz schaffen*⟩ vereinzeln · ausdünnen · pikieren + plentern – **2.** → verzerren (2) – **3.** → verweichlichen – **4.** keine Miene v.: → beherrschen (II) – **II.** verziehen, sich: **1.** ⟨*aus der Form geraten*⟩ sich wellen · sich [ver]werfen · arbeiten – **2.** → wegschleichen (I)
[2]**verziehen:** vergeben und vergessen ♦ *umg*: Schwamm drüber · Sand drauf; → *auch* vergessen (3)
verzieren: ornamentieren · verbrämen · garnieren · verschnörkeln + spritzen; → *auch* schmücken (I)
Verzierung, die: **1.** ⟨*schmückendes Beiwerk*⟩ Schmuck · Putz · Zierrat · Zierde · Dekor · Arabeske · Ornament · Rankenwerk · Schnörkel · Verschnörkelung; Zier (*veraltet*); Ausputz (*landsch*); Manier (*Mus*) – **2.** → Ausschmückung – **3.** sich keine V. abbrechen: → vergeben (6)
verzinken: → verraten (1)
verzögern: I. verzögern: ⟨*bewirken, dass etw. langsamer vor sich geht*⟩ hin[aus]ziehen · hinauszögern · verlangsamen · verschleppen · hinschleppen · retardieren · hinhängen lassen · anstehen lassen · in die Länge ziehen/strecken · auf die lange Bank schieben; schubladisieren (*schweiz*) + ausdehnen; → *auch* aufschieben – **II.** verzögern, sich: ⟨*nicht zum vorgesehenen Zeitpunkt fertig werden*⟩ sich hin[aus]ziehen · sich in die Länge ziehen/strecken · in Verzug geraten/kommen + dauern · anstehen · sich verspäten

Verzögerung, die: **1.** ⟨*das Verzögern*⟩ Verlangsamung · Verschleppung · Verzug · Retardation · Aufhaltung · Aufenthalt · Aufschub – **2.** → Verzug (1) – **3.** ohne V.: → sofort
verzollen: + klarieren (*seem*)
verzopft: → rückschrittlich
verzotteln: → verwirren (1)
verzuckern: → zuckern
verzückt: → begeistert (1)
Verzücktheit, die: → Begeisterung (1)
Verzückung, die: → Begeisterung (1)
Verzug, der: **1.** ⟨*das Zurückliegen hinter dem Zeitplan*⟩ Verzögerung · Rückstand – **2.** → Verzögerung (1) – **3.** im V. sein: **a)** ⟨*seinen Verpflichtungen nicht ganz termingerecht nachgekommen sein*⟩ im Rückstand sein ♦ *umg*: hinterher sein · hinterherhinken – **b)** → aufziehen (1) – **4.** ohne V.: → sofort; in V. geraten/kommen: → verzögern (II)
verzwackt: → schwierig (1)
verzweifeln: 1. ⟨*jede Hoffnung verlieren*⟩ in Verzweiflung geraten · zur Verzweiflung gebracht werden · keine Hoffnung [mehr] haben ♦ *umg*: das heulende/graue/große Elend kriegen + sich die Haare [aus]raufen; → *auch* verzagen (1) – **2.** es ist zum Verzweifeln: ⟨*die Geduld wird auf eine allzu harte Probe gestellt*⟩ *umg*: es ist um auf die Bäume zu klettern/an den Wänden hochzugehen · es ist zum Mäusemelken
verzweifelt: desperat · gebrochen · ohne Hoffnung; → *auch* niedergeschlagen (1)
Verzweiflung, die: **1.** ⟨*das Verzweifeltsein*⟩ Hoffnungslosigkeit + Mutlosigkeit; → *auch* Niedergeschlagenheit – **2.** in V. geraten, zur V. gebracht werden: → verzweifeln (1); sich der V. hingeben: → Kummer (3)
verzweigen, sich: → gabeln (II)
verzweigt: verästelt · geästelt · vielarmig
verzwickt: → verwickelt, schwierig (1)
Vesper, die: → Nachmittagskaffee
vespern: → Kaffee (3, a)
Vestibül, das: → Hotelhalle, Wandelhalle
Veston, der: → Jacke (1)
Veteran, der: → Alte (I, 1)
Veteranenbetreuung, die: → Altersversorgung (1)
Veterinär, der: → Tierarzt
Veto, das: → Einspruch (1)
Vettel, die: → Schlampe
Vetter, der: Cousin
Vetterliwirtschaft, die: → Vetternwirtschaft
Vetternwirtschaft, die: Nepotismus · Günstlingswirtschaft · Cliquenwirtschaft; Vetterliwirtschaft (*schweiz*)
vexieren: → necken
Viadukt, der: → Brücke (1)
Vibration, die: → Erschütterung (1)
vibrieren: → zittern (1)
Videoshop, der: + Videothek
Videospiel, das: → Telespiel
Videothek, die: → Videoshop
Viech, das: → Tier (1)
Vieh, das: **1.** ⟨*Nutztiere der Landwirtschaft*⟩ + Rindvieh · Hornvieh – **2.** → Tier (1) – **3.** → Unmensch (1)
Viehdoktor, der: → Tierarzt
viehisch: → brutal, unmenschlich
Viehweide, die: → Weide (1)
viel: I. viel: **1.** ⟨*eine große Anzahl*⟩ viele · nicht wenig[e] · zahlreiche · zahllose · unzählige · ungezählte · unzählbare · dutzende · hunderte · tausende · ein Heer von · eine Fülle von ♦ *gehoben*: ohne Zahl; sonder Zahl (*veraltend*) ♦ *umg*: massig · ein Haufen · ein Berg/Berge von · eine [ganze] Masse · jede Menge · ein ganzer Sack voll ♦ *salopp*: eine ganze Wucht; → *auch* reichlich, massenhaft, scharenweise – **2.** → sehr – **3.** v. sagend: **a)** ⟨*vieles ausdrückend*⟩ beredt · sprechend · aufschlussreich – **b)** → bedeutungsvoll (1) – **4.** v. versprechend: → Erfolg (3); nicht v.: → wenig (1); v. zu v.: → reichlich; zu v. werden: → überhand; sich zu v. zumuten: → überanstrengen (II); v. geben |auf|: → achten (1); nicht v. dran: → wertlos (1); nicht v. los: → langweilig – **II.** viele (*Pl*): **1.** → I, 1 – **2.** v. Mal[e], in vielen Fällen: → oft
vielarmig: → verzweigt
vielartig: → mannigfaltig
vieldeutig: mehrdeutig · dehnbar; → *auch* zweideutig (1)
Vielehe, die: → Polygamie
vielerlei: → allerlei
vielerorts: → überall (1)
vielfach: 1. → mannigfaltig – **2.** → oft
vielfältig: → mannigfaltig
vielfarbig: → bunt (1)
vielförmig: → vielgestaltig (1)
Vielfraß, der (*umg*): Nimmersatt · Gierschlund ♦ *salopp*: Fresser · Fresssack
vielgestaltig: 1. ⟨*viele unterschiedl. Formen aufweisend*⟩ pluriform · polymorph · viel-

förmig · verschiedengestaltig · formenreich + facettenreich – **2.** → mannigfaltig
Vielheit, die: → Menge (1)
vielleicht: 1. → möglicherweise – **2.** → ungefähr (1)
vielmals: → oft
vielmehr: 1. → lieber – **2.** → sondern (1) – **3.** → Wort (5) – **4.** oder v.: → oder (1)
vielschichtig: komplex · differenziert; multidimensional (*fachspr*)
vielseitig: 1. ⟨*viele Seiten betreffend*⟩ universal · universell · allseitig – **2.** → multilateral – **3.** → begabt
Vielseitigkeit, die: → Begabung (1)
vielsprachig: → mehrsprachig
Vielvölkerstaat, der: → Nationalitätenstaat
Vielzahl, die: → Menge (1)
vielzüngig: → heuchlerisch
vier: in alle v. Winde: → überallhin; sich auf seine v. Buchstaben setzen: → setzen (II, 1); unter v. Augen: → vertraulich (2); auf allen vieren kriechen: → erschöpft (4); alle viere von sich strecken: **a)** → hinlegen (II) – **b)** → ausstrecken (II, 1)
Vierbeiner, der: → Hund (1)
Viereck, das: Geviert · Karree + Karo · Quadrat · Rechteck; → *auch* Rhombus
viereckig: + quadratisch · rechteckig
vierschrötig: → plump (1)
Vierteljahr, das: **1.** ⟨*der vierte Teil eines Jahres*⟩ Quartal – **2.** alle[r] Vierteljahre: → vierteljährlich
vierteljährlich: quartal[s]weise · alle Vierteljahre · alle drei Monate ♦ *umg*: aller Vierteljahre (*landsch*)
vierwöchentlich: → monatlich
vif: → lebhaft (1)
vigilant: → schlau (1)
Vigilanz, die: → Schlauheit
Viktualien (*Pl*): → Lebensmittel
Villa, die: → Haus (1)
Viola, die: → Bratsche
violett: → lila
Violine, die: → Geige (1)
Violinist, der: → Geigenspieler
VIP, die: → Persönlichkeit (I, 2)
Viper, die: Otter; → *auch* Schlange (1), Kobra
Virginität, die: → Jungfräulichkeit
viril: → männlich (1)
Virilität, die: → Zeugungsfähigkeit
Virtualität, die: → Möglichkeit (1)
virtuell: 1. → scheinbar – **2.** → möglich (1), gedacht
virtuos: → hervorragend (1)
virulent: → ansteckend
Virus, das *od.* der: → Krankheitserreger
Visage, die: → Gesicht (1)
vis-a-vis: 1. → gegenüber (1) – **2.** machtlos v. stehen: → machtlos (2)
Visier, das: mit offenem V.: → ehrlich (1)
visieren: → zielen (1)
Vision, die: **1.** ⟨*geistige Vorwegnahme eines zukünftigen Geschehens*⟩ Zukunftsvorstellung · Zukunftsbild + Zukunftstraum – **2.** → Sinnestäuschung
visionär: 1. → voraussehend – **2.** → traumhaft (1)
Visitation, die: → Überprüfung
Visite, die: **1.** → Höflichkeitsbesuch – **2.** → Krankenbesuch
visitieren: → prüfen (3)
viskos/ viskös: → dickflüssig
Visualizer, der: → Werbefachmann
Vita, die: **1.** → Leben (3) – **2.** → Lebensbeschreibung
vital: 1. → lebenskräftig (1) – **2.** → lebhaft (1)
vitalisieren: → beleben (I, 3)
Vitalität, die: **1.** → Lebenskraft (1) – **2.** → Lebendigkeit
Vitamin, das: V. B: → Beziehung (II, 1)
Vitrine, die: → Schaukasten
Vivat, das: → Hochruf
V-Mann, der: → Ermittler
Vogel, der: **1.** ⟨*befiedertes Wirbeltier*⟩ Piepvogel · Piepmatz (*kinderspr*) – **2.** lockerer/ leichter/loser V.: → Leichtfuß (1); seltsamer V.: → Sonderling; einen V. haben: → verrückt (5); einen toten V. in der Tasche haben: → Wind (I, 3); den V. abschießen: → überflügeln; wie der V. in der Luft: → frei (1)
Vogelbauer, der: → Vogelkäfig
Vogeldunst, der: → Schrot (1)
vogelfrei: 1. → geächtet – **2.** für v. erklären: → ächten (1)
Vogelhaus, das: → Vogelkäfig
Vogelkäfig, der: Vogelbauer · Bauer · Käfig + Voliere · Vogelhaus
vögeln: → koitieren
Vogelnest, das: → Nest (1)
Vogelscheuche, die: **1.** ⟨*mit Kleidern behängtes Gestell zum Abschrecken von Vögeln*⟩ Scheuche – **2.** *umg abwert* ⟨*hässlich*

gekleidete Frau⟩ salopp: Krauthexe (*landsch*); → *auch* Frau (I, 1)
Vokabel, die: → Wort (1)
Vokabular, das: **1.** → Wortschatz – **2.** → Wörterverzeichnis
Vokalstück, das: → Lied (1)
Vokation, die: → Berufung (1)
Volant, der: **1.** → Besatz (1) – **2.** → Lenkrad
Voliere, die: → Vogelkäfig
Volk, das: **1.** ⟨*durch gemeinsame Geschichte u. Kultur verbundene Gesamtheit von Menschen*⟩ Völkerschaft + Nation; → *auch* Volksgruppe, Volksstamm – **2.** → Bevölkerung – **3.** junges V., das junge V.: → Jugend (3)
Völkerschaft, die: → Volk (1)
völkerumfassend: → international
volkreich: → übervölkert
Volksabstimmung, die: Volksentscheid · Volksbefragung · Plebiszit · Referendum + Wahl
Volksauflauf, der: → Ansammlung (1)
Volksaufstand, der: → Aufstand
Volksbefragung, die: → Volksabstimmung
Volksbibliothek, die: → Bücherei
Volksbücherei, die: → Bücherei
Volkseinkommen, das: + Bruttosozialprodukt
Volksentscheid, der: → Volksabstimmung
Volkserhebung, die: → Aufstand
Volksfeind, der: → Feind (1)
Volksglaube[n], der: → Aberglaube[n]
Volksgruppe, die: nationale Minderheit; → *auch* Volk (1)
Volksmenge, die: → Menschenmenge
volksnah: → bürgernah
Volksrepublik, die: → Republik
Volksschule, die: → Hauptschule
Volksstamm, der: Stamm; → *auch* Volk (1)
volkstümelnd: → volkstümlich
volkstümlich: populär; volkstümelnd (*abwert*); → *auch* beliebt (1)
Volkstümlichkeit, die: Popularität; → *auch* Beliebtheit (1)
Volksverdummung, die: → Volksverführung
Volksverführer, der: Demagoge; Rattenfänger (*abwert*) + Hetzredner; → *auch* Hetzer
Volksverführung, die: Demagogie · Volksverdummung · Volksverhetzung + Manipulation; → *auch* Hetze (1)
Volksverhetzung, die: → Volksverführung
Volksvertreter, der: → Abgeordnete
Volksvertretung, die: **1.** → Parlament – **2.** oberste V.: → Parlament
Volkswirtschaft, die: → Wirtschaft (1)
volkswirtschaftlich: → wirtschaftlich (1)
voll: 1. ⟨*keinen freien Raum mehr aufweisend*⟩ gefüllt · randvoll · prall[voll] ♦ *umg*: proppenvoll – **2.** → vollständig (1) – **3.** → völlig (1) – **4.** → dicklich (1) – **5.** → betrunken (1) – **6.** v. gepfropft/gestopft, brechend/gepfropft/gestopft/gerammelt/zum Brechen v.: → überfüllt; v. füllen/machen/schütten/gießen/stopfen: → füllen (I, 1); v. werden: → füllen (II); v. laden/packen: → beladen; v. tanken: → auftanken; v. stellen: → bedecken (I, 2); in vollem Umfang: **a)** → ganz (1) – **b)** → völlig (1); in vollem Maße: → völlig (1); v. und ganz: **a)** → völlig (1) – **b)** → vollständig (1); v. gefressen, bis oben hin v.: → satt (1); sich v. essen/fressen/hauen/stopfen, sich den Bauch/Pansen v. hauen/schlagen: → satt (4); die Hosen [gestrichen] v. haben: → ängstigen (II, 1); die Nase/Schnauze v. haben: → überdrüssig (1); den Kanal/Laden v. haben: **a)** → überdrüssig (1) – **b)** → betrunken (2); v. wie ein Sack/eine Kanone/Haubitze: → betrunken (1); sich v. saufen, sich den Kanal/sich v. laufen lassen: → betrinken, sich; in die Vollen gehen: → verschwenderisch (3); aus dem Vollen schöpfen: → schwelgen (1); den Buckel/Ranzen/die Jacke/Hucke/Fresse/Schnauze v. hauen: → verprügeln; v. machen/schmieren: → beschmutzen (I, 1); v. spritzen: → bespritzen (I, 1); v. stauben: → verstauben; v. miefen/stänkern: → verpesten; für v. nehmen: → respektieren; nicht für v. nehmen: → unterschätzen; nicht für v. ansehen: **a)** → unterschätzen – **b)** → verachten (1); des Lobes v. sein |über|: → loben (1); v. drauf sein: → Verfassung (5)
vollauf: → völlig (1)
Vollbad, das: → Bad (3)
Vollbart, der: → Bart (1)
vollblütig: → lebenskräftig (1)
vollbringen: → erreichen (2)
vollbusig: 1. ⟨*mit einem großen Busen ausgestattet*⟩ *umg*: üppig bebust (*scherzh*) – **2.** v. sein: ⟨*einen großen Busen haben*⟩ *umg*: viel Holz vor der Hütte haben (*scherzh*)
vollenden: I. vollenden: **1.** ⟨*eine Arbeit zu Ende bringen*⟩ fertig stellen · fertig machen ·

abschließen · beenden · zu Ende bringen/führen · unter Dach und Fach bringen · letzte Hand anlegen · den Punkt aufs i setzen + runden – **2.** sein Leben/Dasein v.: → sterben (1) – **II.** vollenden, sich: ⟨*seinen* [*krönenden*] *Abschluss finden*⟩ [aus]reifen · zur Reife kommen
vollendet: 1. ⟨*zu Ende gebracht*⟩ fertig [gestellt] · beendet + reif · ausgereift – **2.** → vollkommen (1)
vollends: → völlig (1)
Vollendung, die: → Vollkommenheit
Völlerei, die: → Gelage (a)
vollführen: 1. → tun (1) – **2.** → beenden (1)
Vollgas, das: mit V. fahren: *umg*: mit Bleifuß fahren
vollgültig: → gültig (1)
Vollidiot, der: → Dummkopf (2)
völlig: 1. ⟨*im höchsten Grade*⟩ vollständig · vollkommen · vollends · vollauf · voll [und ganz] · ganz [und gar] · gänzlich · absolut · in vollem Maße · in vollem Umfang · auf der ganzen Linie; vollumfänglich (*schweiz*) + über und über · aufs Haar · par excellence ♦ *umg*: total · komplett · rein · rein[e]weg · durch und durch; → *auch* ganz (1) – **2.** → vollständig (1)
volljährig: → mündig
vollkommen: 1. ⟨*allen Forderungen bzw. Erwartungen gerecht werdend*⟩ vollendet · perfekt · unerreicht · unübertroffen + klassisch · göttlich · köstlich ♦ *umg*: fertig · ideal + aus einem Guss ♦ *salopp*: ausgewachsen; → *auch* einwandfrei (1), unvergleichbar, hervorragend (1), vorbildlich – **2.** → völlig (1)
Vollkommenheit, die: Vollendung · Perfektion + Reifheit · Reife
Vollkornbrot, das: → Roggenbrot
vollleibig: → dick (1)
volllügen: die Jacke v.: → belügen
Vollmacht, die: **1.** ⟨*Befugnis, bestimmte Handlungen für jmdn. vorzunehmen*⟩ Bevollmächtigung · Ermächtigung · Generalvollmacht · Handlungsvollmacht; Prokura (*kaufm*) + Befugnis · Auftrag · Genehmigung – **2.** [die] V. erteilen: → bevollmächtigen
Vollreife, die: → Reife (1)
vollschlank: → dicklich (1)
vollständig: 1. ⟨*alles erfassend bzw. enthaltend*⟩ vollzählig · komplett · total · umfassend · exhaustiv · restlos · lückenlos · völlig · voll [und ganz] · zur Gänze + komplex · erschöpfend · verlustlos · bis auf den letzten Buchstaben/Heller/Pfennig · auf Heller und Pfennig; → *auch* ganz (1) – **2.** → völlig (1)
vollstrecken: 1. → ausführen (3) – **2.** die Todesstrafe v.: → hinrichten (1)
Vollstreckung, die: → Ausführung (1)
Volltreffer, der: → Erfolg (1)
Volltrottel, der: → Dummkopf (2)
volltrunken: → betrunken (1)
vollumfänglich: → völlig (1)
Vollversammlung, die: Plenarversammlung · Plenum · Plenarsitzung
vollwertig: → gleichwertig (1)
vollzählig: 1. ⟨*die festgelegte Anzahl aufweisend*⟩ ausnahmslos · ohne Ausnahme · in voller Zahl; → *auch* [1]alle (1) – **2.** → vollständig (1)
vollziehen: I. vollziehen: **1.** → ausführen (3) – **2.** den Beischlaf v.: → koitieren – **II.** vollziehen, sich: → geschehen (1)
Vollziehung, die: → Ausführung (1)
Vollzug, der: → Ausführung (1)
Vollzugsanstalt, die: → Strafvollzugsanstalt
Volontär, der: → Lehrling
Volumen, das: **1.** → Rauminhalt – **2.** → Dicke (II, 2) – **3.** → [1]Band (II, 1)
voluminös: → dick (1)
vomieren: → übergeben (II)
von: von … her: → wegen (1); von … an: → ab (1 *u.* 2); von … ab: → ab (1); von wo: → woher (1); von sich geben: → erbrechen (I, 1)
vonnöten: → notwendig (1)
vonseiten: seitens
vonstatten: v. gehen: → stattfinden; glücklich v. gehen: → gelingen (1)
vor: vor alters: → früher (1); nach wie vor: → weiterhin (1); vor allem: **a)** → besonders (2) – **b)** → zuerst; vor sich gehen: **a)** → verlaufen (I, 2) – **b)** → geschehen (1)
vorab: → zuerst
Vorahnung, die: → Ahnung (1)
voran: → vorwärts (1)
voranbringen: → fördern (1)
vorangehen: vorwärts gehen · von der Hand gehen ♦ *umg*: flecken · flutschen; buttern · fluschen (*landsch*); → *auch* vorankommen (1), vorwärts (2, a), gehen (9)

vorangehend: → vorherig
vorankommen: **1.** ⟨*sich nach vorwärts bewegen*⟩ vorwärts kommen · [an] Boden gewinnen; → *auch* vorangehen, vorwärts (2, a) – **2.** → vorwärts (2, a)
voranschreiten: **1.** → entwickeln (II, 1) – **2.** → vorwärts (2, a)
vorantreiben: → beschleunigen
voraus: im/zum Voraus: → vorher; im Voraus fühlen: → ahnen (1)
vorausahnen: → ahnen (1)
vorausberechnen: → berechnen (I, 1)
Vorausberechnung, die: → Berechnung (1)
vorausbestellen: → vorbestellen
vorausgehend: → vorherig
vorausgesetzt: v., dass: → wenn (1)
Voraussage, die: Vorhersage · Prognose · Prophezeiung + Horoskop; → *auch* Weissagung
voraussagen: vorhersagen · prognostizieren · prophezeien; → *auch* voraussehen, weissagen
Vorausschau, die: Weitblick · Scharfblick
vorausschauend: → voraussehend
voraussehbar: vorhersehbar · berechenbar
voraussehen: vorhersehen · kommen sehen · absehen ♦ *umg*: sich an den [fünf] Fingern abzählen · sich selbst ausrechnen · sich zusammenreimen ♦ *salopp*: sich an den [fünf] Fingern abklavieren ♦ *derb*: sich am Arsch abfingern/abklavieren; → *auch* ahnen, spüren (1), voraussagen
voraussehend: vorausschauend · hellsichtig · scharfsichtig + seherisch · prophetisch · visionär; → *auch* weitblickend
voraussetzen: **1.** ⟨*zur Voraussetzung machen*⟩ zugrunde legen + bedingen – **2.** → annehmen (2)
Voraussetzung, die: Vorbedingung · Bedingung · Kondition · Prämisse + Grundlage · Plattform
Voraussicht, die: **1.** → Berechnung (2) – **2.** aller V. nach: → wahrscheinlich
voraussichtlich: → wahrscheinlich
vorauswerfen: seine Schatten v.: → ankündigen (II)
vorauszahlen: vorschießen · vorstrecken; bevorschussen (*amtsspr*)
Vorbau, der: **1.** → Balkon (1) – **2.** → Erker (1) – **3.** → Anbau – **4.** → Brust (I, 2)
vorbauen: → vorsorgen
vorbedacht: → wohl (7)
Vorbedacht, der: mit V.: → wohl (7); ohne V.: → absichtslos
vorbedenken: → berücksichtigen (1)
Vorbedingung, die: → Voraussetzung
Vorbehalt, der: **1.** ⟨*einschränkende Bedingung*⟩ Bedenken · Einschränkung · Reservat · Reservation; Kautel (*Rechtsw*) + Reservatio mentalis – **2.** mit V.: → bedingt (1); ohne V.: → bedingungslos
vorbehalten: sich v.: sich ausbedingen
vorbehaltlos: → bedingungslos
vorbei: **1.** ⟨*zeitlich*⟩ vorüber · um + zu spät · vergangen ♦ *gehoben*: dahin ♦ *umg*: passee · gewesen – **2.** → vorüber (1) – **3.** v. sein: → abgelaufen (3)
vorbeibenehmen, sich (*umg*): *normalspr*: einen Fauxpas begehen · sich flegelhaft benehmen · aus dem Rahmen fallen ♦ *umg*: sich danebenbenehmen · entgleisen · aus der Rolle fallen ♦ *salopp*: runksen (*landsch*)
vorbeigehen: **1.** → besuchen – **2.** → vergehen (I, 1)
vorbeigelingen: → misslingen
vorbeikommen: **1.** → besuchen – **2.** → durchkommen (1)
Vorbeimarsch, der: Defilee · Parade; Heerschau (*veraltend*) + Aufmarsch
vorbeimarschieren: defilieren · paradieren + aufmarschieren
vorbeimogeln, sich: sich v. |an|: → ausweichen (2)
vorbeischießen: → verfehlen (1)
vorbeitreffen: → verfehlen (1)
Vorbemerkung, die: **1.** → Vorwort – **2.** → Einleitung (1)
vorbereiten: **I.** vorbereiten ⟨*die Bedingungen für die Ausführung bzw. die Benutzung schaffen*⟩ bereitmachen · präparieren · fertig machen · zurechtlegen · [her]richten · zurüsten; vorrichten (*landsch*) ♦ *gehoben*: bereiten ♦ *umg*: zurechtmachen; → *auch* anbahnen (I), zubereiten (1) – **II.** vorbereiten, sich: ⟨*sich in die Lage versetzen, etw. auszuführen*⟩ sich bereitmachen · sich fertig machen · sich präparieren · sich einstellen |auf| · sich einrichten |auf| · sich einstimmen |auf/für| · sich wappnen · sich gefasst machen |auf|
Vorbereiter, der: → Wegbereiter
vorbereitet: **1.** → fertig (1) – **2.** v. sein |auf|: ⟨*sich auf ein kommendes Ereignis eingestellt haben*⟩ gefasst sein |auf| · gewärtig sein · gewärtigen · rechnen |mit|

Vorbereitung, die: Präparation + Einstimmung
vorbestellen: vorausbestellen + buchen · subskribieren; → *auch* bestellen (1)
Vorbestellung, die: + Subskription; → *auch* Bestellung (1)
vorbestimmt: schicksalhaft · unabwendbar; → *auch* unvermeidlich
Vorbestrafte, der: *salopp*: Knacki · Knastbruder · Knasti; Knastologe (*scherzh*)
Vorbeugehaft, die: → Haft (1)
vorbeugen: → vorsorgen
vorbeugend: präventiv · prophylaktisch ♦ *umg*: auf Verdacht (*oft scherzh*)
Vorbeugung, die: Prävention · Prophylaxe + Krankheitsverhütung
Vorbild, das: **1.** ⟨*beispielgebende Person od. Sache*⟩ Beispiel · Ideal · Leitbild · Musterbild + Hoffnungsträger ♦ *gehoben*: Leitstern; → *auch* Muster (1) – **2.** sich zum V. nehmen können: ⟨*sich ein Beispiel an jmdm. nehmen können*⟩ *umg*: sich eine Scheibe abschneiden können |von| – **3.** sich zum V. nehmen: → anlehnen (II, 2)
vorbildlich: beispielhaft · beispielgebend · nacheifernswert · nachahmenswert · mustergültig · musterhaft · exemplarisch; comme il faut (*veraltend*) ♦ *umg*: wie es im Buch steht; → *auch* hervorragend (1), vollkommen (1)
Vorbote, der: → Vorzeichen
vorblasen: → vorsagen
vorbringen: zur Sprache bringen · zur Debatte/Diskussion stellen · in die Diskussion werfen · ins Feld/Gefecht/Treffen führen ♦ *umg*: anbringen · aufs Tapet bringen; → *auch* vortragen, berichten, ansprechen (2)
vordem: 1. → früher (1) – **2.** → vorher
Vorderfront, die: → Vorderseite
vordergründig: 1. → durchschaubar – **2.** → oberflächlich (1)
vorderhand: → vorläufig
Vordermann, der: auf V. bringen: **a)** → erneuern (1) – **b)** → zurechtweisen
Vorderseite, die: Vorderfront · Front[seite] · Frontwand · Fassade · Vorderteil · vordere Ansicht · Hauptansicht · Stirnseite
Vorderteil, der: → Vorderseite
vordringen: 1. → verbreiten (II) – **2.** → bekannt (4, b)
vordringlich: 1. → wichtig (1) – **2.** → vorrangig
Vordruck, der: → Formular
vorehelich: → unehelich
voreilig: → übereilt
voreingenommen: → befangen (1)
Voreingenommenheit, die: → Befangenheit (1)
Voreltern (*Pl*): → Vorfahr[e] (II)
vorenthalten: → verweigern (1)
vorerst: → vorläufig
vorerwähnt: → oben (2)
Vorfahr[e]: I. Vorfahr[e], der: ⟨*längst verstorbener Verwandter, von dem man abstammt*⟩ Ahn[e] · Urahn[e] + Ahnherr · Stammvater – **II.** Vorfahren (*Pl*): ⟨*die Menschen früherer Zeiten*⟩ Voreltern · Vorväter · Väter · die Alten ♦ *gehoben*: die Altvordern (*veraltend*)
vorfahren: anfahren · auffahren
Vorfahrin, die: Ahne · Ahnin · Urahne + Ahnfrau · Stammmutter
Vorfall, der: → Ereignis (1)
vorfallen: → geschehen (1)
vorfinden: antreffen · erreichen · begegnen · finden; betreffen (*veraltend*); → *auch* finden (I, 1)
vorfühlen: sich vortasten · seine Fühler ausstrecken · das Terrain sondieren
Vorführdame, die: → Model (2)
vorführen: 1. → darbieten (I, 1) – **2.** → zeigen (I, 2)
Vorführung, die: → Darbietung (1)
Vorgang, der: → Ereignis (1)
vorgaukeln: → vortäuschen, vorspiegeln (1)
vorgeben: 1. → vortäuschen – **2.** → festlegen (I, 1)
Vorgebirge, das: **1.** → Kap – **2.** → Brust (I, 2)
vorgeblich: → angeblich
vorgefasst: vorgefasste Meinung: → Vorurteil
Vorgefühl, das: → Ahnung (1)
vorgehen: 1. → geschehen (1) – **2.** → handeln (I, 3) – **3.** → Vorrang (2) – **4.** v. |gegen|: → bekämpfen (I, 2); zum Angriff v., offensiv v.: → angreifen (I, 1, a)
Vorgehen, das: → Vorgehensweise
Vorgehensweise, die: Methodik · Strategie · Taktik · Vorgehen · Procedere; → *auch* Verfahren (1)
vorgenannt: → oben (2)
Vorgericht, das: → Vorspeise
vorgerückt: zu vorgerückter Stunde: → spät (1)

Vorgeschichte, die: Prähistorie + Urgeschichte; → *auch* Geschichte (1), Vorzeit (1)
vorgeschichtlich: prähistorisch + urgeschichtlich; → *auch* geschichtlich (1), vorzeitlich
Vorgesetzte, der: **1.** ⟨*übergeordneter Mitarbeiter*⟩ Chef ♦ *umg*: Boss ♦ *salopp*: der Alte; → *auch* [1]Leiter – **2.** zum Vorgesetzten machen: → überordnen
vorgestellt: → gedacht
vorgreifen: → vorwegnehmen
Vorgriff, der: → Vorwegnahme
vorhaben: → beabsichtigen
Vorhaben, das: **1.** → Unternehmung (1) – **2.** → [2]Plan (1)
Vorhalle, die: → Wandelhalle
vorhalten: vorwerfen · Vorhaltungen/Vorwürfe machen |wegen|; Vorstellungen machen |wegen| (*veraltend*) ♦ *umg*: unter die Nase reiben · aufs Butterbrot/Brot schmieren/streichen; hindrücken · aufmutzen (*landsch*); → *auch* beschuldigen (1)
Vorhaltung, die: **1.** → Vorwurf (1) – **2.** Vorhaltungen machen |wegen|: → vorhalten
vorhanden: 1. → vorrätig (1) – **2.** v. sein: **a)** → bestehen (1) – **b)** → vorkommen (1)
Vorhandensein, das: → Dasein (1)
Vorhang, der: **1.** → Gardine (1) – **2.** → Portiere
Vorhängeschloss, das: → Schloss (2)
vorher: zuvor · vordem · davor · im Voraus; zum Voraus (*bes. schweiz*); im Vorhinein (*bes. österr*); → *auch* früher (1)
vorhergehend: → vorherig
vorherig: vorhergehend · vorangehend · vorausgehend
Vorherrschaft, die: Hegemonie · Vormachtstellung · Übergewicht · Dominanz · Prädomination · Prävalenz
vorherrschen: 1. ⟨*am stärksten in Erscheinung treten*⟩ überwiegen · vorwiegen · [prä]dominieren · prävalieren; vorwalten (*veraltend*) – **2.** → herrschen (2)
vorherrschend: dominant · prävalent
Vorhersage, die: → Voraussage
vorhersagen: → voraussagen
vorhersehbar: → voraussehbar
vorhersehen: → voraussehen
Vorhersicht, die: → Berechnung (2)
vorhinein: im Vorhinein: → vorher
Vorhut, die: Vortrupp
vorig: 1. ⟨*unmittelbar vorangehend*⟩ letzt · vergangen – **2.** → übrig (1)
Vorkämpfer, der: Avantgardist · Protagonist ♦ *gehoben*: Bannerträger; → *auch* Wegbereiter
Vorkehrung, die: Vorkehrungen treffen: → vorsorgen
vorknöpfen: sich v.: → vornehmen (1)
vorkommen: 1. ⟨*an einem Ort existieren*⟩ auftreten · begegnen · sich finden · vorhanden sein; aufscheinen (*süddt österr*) – **2.** → geschehen (1) – **3.** → scheinen (1) – **4.** spanisch v.: → wundern (I)
Vorkommnis, das: → Ereignis (1)
vorkosten: → abschmecken
vorladen: laden · zitieren; evozieren (*Rechtsw*)
Vorladung, die: Ladung · Zitierung; Evokation (*Rechtsw*)
Vorlage, die: **1.** → Muster (1) – **2.** → Antrag (1) – **3.** → Zuspiel – **4.** eine V. geben: → zuspielen (1)
Vorläufer, der: → Wegbereiter
vorläufig: einstweilig · provisorisch · interimistisch · einstweilen · zunächst · vorerst · vorderhand · inzwischen · fürs Erste · zum Ersten · bis auf weiteres; → *auch* zeitweilig
vorlaut: vorwitzig · naseweis; fürwitzig (*veraltend*); → *auch* altklug, keck
vorlegen: 1. ⟨*zur Ansicht hinlegen*⟩ unterbreiten · präsentieren + einbringen · auflegen · auslegen – **2.** → auftischen (1) – **3.** eine Frage v.: → fragen (I, 1); ein Angebot v.: → vorschlagen; den Riegel/das Schloss v.: → abschließen (I, 1)
Vorleger, der: → Teppich (1)
vorleiern: → aufsagen (1)
vorlesen: ablesen
Vorlesung, die: **1.** ⟨*Unterrichtsform an Hochschulen*⟩ Kolleg – **2.** Vorlesungen halten: → lehren (1)
Vorlesungsraum, der: → Hörsaal
Vorlesungssaal, der: → Hörsaal
vorlieb: v. nehmen: → begnügen, sich (1)
Vorliebe, die: **1.** ⟨*starke Neigung*⟩ Faible · Sympathie · Schwäche · Hang; → *auch* Neigung (1), Sucht – **2.** eine V. haben |für|: ⟨*eine besondere Neigung für etw. haben*⟩ ein Faible/eine Schwäche haben |für|; inklinieren (*veraltet*) ♦ *umg*: fliegen |auf| · stehen |auf| · scharf/wild/verrückt/versessen sein |auf| – **3.** mit V.: → gern[e] (1)
vorlügen: → belügen
vormachen: 1. → vortäuschen, vorspiegeln (1) – **2.** blauen Dunst v.: → vorspiegeln (1);

ein X für ein U v.: → täuschen (I); sich v.: → einbilden (1); den Riegel/das Schloss v.: → abschließen (I, 1)
Vormachtstellung, die: → Vorherrschaft
Vormachtstreben, das: → Imperialismus
vormalig: → ehemalig
vormals: → früher (1)
Vormarsch, der: auf dem V. sein: **a)** → bekannt (4, b) – **b)** → verbreiten (II)
Vormerkbuch, das: → Notizbuch
Vormittag, der: am V.: → morgens
vormittags: → morgens
Vormund, der: Tutor · gesetzlicher Vertreter; Kurator (*veraltet*) + Pfleger · der Erziehungsberechtigte
Vormundschaft, die: **1.** ⟨*gesetzl. Vertretung für Minderjährige bzw. entmündigte Erwachsene*⟩ Tutel · Kuratel (*veraltend*) + Pflegschaft – **2.** unter V. stellen: → entmündigen
vorn: 1. ⟨*an vorderster Stelle bzw. in vorderster Reihe*⟩ ganz vorn · zuvorderst – **2.** ganz v.: → 1; von v.: → wieder (1); von v. bis hinten: → ganz (1); von v. anfangen: → wiederholen (I, 1, a *u.* b)
vornehm: 1. ⟨*von erlesenem Geschmack u. kultiviertem Lebensstil zeugend*⟩ fein · nobel · distinguiert · exklusiv; [hoch]herrschaftlich (*auch iron od. scherzh*) + patrizisch · adlig ♦ *umg*: feudal (*scherzh*) ♦ *salopp*: stinkfein · stinkvornehm ♦ *derb*: scheißvornehm; → *auch* damenhaft – **2.** → hochherzig
vornehmen: sich v.: **1.** ⟨*zur Ermahnung herbeiholen*⟩ *umg*: sich vorknöpfen · sich greifen · sich kaufen · [sich] zur Brust nehmen; → *auch* zurechtweisen – **2.** ⟨*etw. zu tun beschließen*⟩ einen Vorsatz fassen · ins Auge fassen · sich zum Ziel setzen; sich vorsetzen (*veraltet*) ♦ *umg*: sich in den Kopf setzen; → *auch* vorsehen (I), beabsichtigen
Vornehmheit, die: Feinheit · Noblesse · Distinktion; → *auch* Würde (1)
vornehmlich: → besonders (2)
Vornehmtuer, der: → Angeber (1)
vornherein: 1. von v.: ⟨*von Anfang an*⟩ im Vornhinein (*landsch*); im/zum Vornherein (*schweiz*) ♦ *umg*: vorweg – **2.** im/zum Vornherein: → 1
vornhinein: im Vornhinein: → vornherein (1)
Vorort, der: Vorstadt + Stadtrand · Außenbezirk; → *auch* Trabantenstadt
Vorortzug, der: → Personenzug
vorprogrammiert: → sicher (2)
Vorrang, der: **1.** ⟨*die größere Wichtigkeit gegenüber etw. anderem*⟩ Primat · Priorität ♦ *umg*: Prä – **2.** V. haben: ⟨*als wichtiger angesehen werden*⟩ vorgehen · Priorität haben
vorrangig: erstrangig · vordringlich
Vorrat, der: Reserve · Rücklage; Reservefonds (*Wirtsch*) + Reservoir · Fettpolster
vorrätig: 1. ⟨*als Vorrat zur Verfügung stehend*⟩ verfügbar · vorhanden · disponibel + flüssig – **2.** v. haben: ⟨*für den Verkauf zur Verfügung haben*⟩ führen · auf Lager haben · noch zu haben sein; → *auch* käuflich (2)
Vorratshaus, das: → Lager (3)
Vorratskammer, die: → Speisekammer
Vorrecht, das: Privileg · Sonderrecht · Vergünstigung · Priorität; Privilegium (*veraltet*) + Freiheit; → *auch* Monopol
Vorrede, die: → Vorwort
Vorreiter, der: → Wegbereiter
vorrichten: 1. → vorbereiten (I) – **2.** → reparieren
vorsagen: vorsprechen · einflüstern · einhelfen; soufflieren (*Theat*); einsagen (*süddt österr*); einblasen · vorblasen (*schülerspr*)
Vorsager, der: Einhelfer; Souffleur (*Theat*); Einsager (*süddt österr*); Einbläser (*schülerspr*)
Vorsatz, der: **1.** → Absicht (1) – **2.** ohne V.: → absichtslos; einen V. fassen: → vornehmen (2)
vorsätzlich: → absichtlich
vorsatzlos: → absichtslos
Vorschein, der: zum V. kommen: → erscheinen (1, b)
vorschieben: den Riegel v.: → abschließen (I, 1); einen Riegel v.: → unterbinden
vorschießen: → vorauszahlen
Vorschlag, der: **1.** ⟨*zur Beeinflussung von jmds. Handeln vorgebrachte Meinungsäußerung*⟩ Anregung · Ratschlag + Plan; → *auch* Angebot (1) – **2.** einen V. machen, in V. bringen: → vorschlagen
vorschlagen: anregen · einen Vorschlag machen · eine Anregung geben · in Vorschlag bringen + eingeben · antragen · anbieten · ein Angebot machen/vorlegen/unterbreiten; → *auch* raten (1)
vorschnell: → übereilt
vorschreiben: → anordnen (2)
Vorschrift, die: **1.** ⟨*für eine bestimmte Tätigkeit verbindl. Anordnung*⟩ Verhaltens-

[maß]regel · Verhaltungsmaßregel · Mussbestimmung + Reglement · Satzung · Formalität · Ordnung; → *auch* Regel (1), Richtlinie, Verordnung (1) – **2.** nach V.: → vorschriftsmäßig
vorschriftsgemäß: → vorschriftsmäßig
vorschriftsmäßig: vorschriftsgemäß · nach Vorschrift · ordnungsgemäß · regelgemäß · regulär · regelrecht · nach der Regel · reglementarisch · reglementmäßig + regelmäßig · ordentlich; → *auch* richtig (1)
vorschriftswidrig: → falsch (1)
Vorschub, der: V. leisten: → fördern (1)
vorschützen: → vortäuschen
vorschwindeln: → belügen
vorsehen: I. vorsehen: ⟨*die spätere Berücksichtigung festlegen*⟩ [ein]planen · in Aussicht nehmen; → *auch* bestimmen (1, a *u.* b), vornehmen (2) – **II.** vorsehen, sich: ⟨*seine Aufmerksamkeit auf etwaige Gefahren richten*⟩ sich in Acht nehmen · auf der Hut sein · die Augen/Ohren offen halten/aufmachen · Augen und Ohren offen halten/aufmachen; Obacht geben · sich in Obacht nehmen (*bes. süddt*) ♦ *umg*: die Augen/Ohren aufsperren · Augen und Ohren aufhalten · die Augen überall haben · auf dem Quivive sein
Vorsehung, die: → Schicksal (1)
vorsetzen: 1. → auftischen (1) – **2.** sich v.: → vornehmen (2)
Vorsicht, die: Wachsamkeit · Achtsamkeit
vorsichtig: 1. ⟨*etwaige Gefahren od. Folgen bedenkend*⟩ wachsam · achtsam · bedächtig – **2.** → behutsam
vorsintflutlich: → veraltet (1), altmodisch (1)
Vorsitz, der: den V. führen: → vorstehen
vorsitzen: → vorstehen
Vorsitzende, der: Vorsitzer · Präsident + der Vorstandsvorsitzende · Präses; → *auch* [1]Leiter, Sprecher (1)
Vorsitzer, der: → Vorsitzende
Vorsorge, die: V. treffen: → vorsorgen
vorsorgen: vorbeugen · vorbauen · Vorsorge treffen · Vorkehrungen treffen + zwei/mehrere Eisen im Feuer haben
Vorspann, der: → Einleitung (1)
vorspannen: → anspannen (1)
Vorspeise, die: Vorgericht · Hors-d'œuvre
vorspiegeln: 1. ⟨*etw. nicht Gegebenes als wirklich darstellen*⟩ vorgaukeln · blenden · bluffen ♦ *umg*: [blauen Dunst] vormachen; → *auch* täuschen (I), vortäuschen – **2.** sich v.: → einbilden (1)
Vorspiegelung, die: Gaukelei · Gauklerei · Gaukelspiel · Täuschung · Blendwerk · Bluff · potemkinsche Dörfer; → *auch* Sinnestäuschung
Vorspiel, das: Ouvertüre · Präludium · Prolog
vorsprechen: 1. → vorsagen – **2.** v. |bei|: → besuchen
Vorsprung, der: → Absatz (2)
Vorstadt, die: → Vorort
Vorstand, der: Präsidium; → *auch* Führung (2)
Vorstandsvorsitzende, der: → Vorsitzende
Vorstecknadel, die: → Nadel (1)
vorstehen: den Vorsitz führen · vorsitzen · präsidieren; → *auch* leiten (1)
vorstehend: → oben (2)
Vorsteher, der: → [1]Leiter
Vorstehhund, der: → Jagdhund (I)
vorstellbar: [er]denkbar · ausdenkbar · erdenklich · imaginabel
vorstellen: I. vorstellen: **1.** ⟨*jmdm. den Namen einer Person zum ersten Mal nennen*⟩ bekannt machen + einführen – **2.** → darstellen (I, 1, b) – **3.** sich v.: ⟨*sich geistig vor Augen führen*⟩ sich vergegenwärtigen · sich einen Begriff/ein Bild machen |von| · sich ausmalen – **II.** vorstellen, sich: ⟨*jmdm. seinen eigenen Namen nennen*⟩ sich bekannt machen + sich einführen · sein Inkognito lüften
vorstellig: v. werden: → beschweren (II)
Vorstellung, die: **1.** ⟨*namentl. Bekanntmachung von Personen*⟩ + Einführung – **2.** ⟨*gedankl. Abbild bzw. gedankl. Konstruktion*⟩ Anschauung · Begriff · Bild – **3.** → Gedanke (1) – **4.** → Bild (4) – **5.** → Darbietung (1) – **6.** Vorstellungen machen |wegen|: → vorhalten
Vorstoß, der: → Angriff (1, a)
vorstrecken: → vorauszahlen
vorstürmen: → stürmen (2)
vortasten, sich: → vorfühlen
vortäuschen: vorgeben · vorschützen · vorgaukeln · vorzaubern · simulieren · fingieren + heucheln ♦ *umg*: vormachen · mimen · markieren · türken; → *auch* vorspiegeln (1)
Vorteil, der: **1.** → Nutzen (1) – **2.** im V. sein: ⟨*eine bessere Position als der Gegenspieler innehaben*⟩ *umg*: Oberwasser haben – **3.** V. ziehen |aus|: → ausnutzen (1)

vorteilhaft: 1. → einträglich – **2.** → glücklich (1) – **3.** vorteilhafter Kauf: → Kauf (2)
Vortrag, der: **1.** ⟨*das künstler. Vortragen*⟩ Darbietung · Rezitation · Deklamation – **2.** ⟨*[lehrhafte] mündl. Darlegung vor Zuhörern*⟩ Referat; → *auch* Rede (1) – **3.** einen V. halten: → sprechen (2)
vortragen: 1. ⟨*einem Publikum künstlerisch vermitteln*⟩ rezitieren · deklamieren · wiedergeben + referieren ♦ *gehoben*: zu Gehör bringen; → *auch* aufsagen (1), vorbringen – **2.** → berichten – **3.** einen Angriff v.: → angreifen (I, 1, a)
Vortragende, der: → Redner
Vortragskünstler, der: Rezitator · Diseur
vortrefflich: → hervorragend (1)
Vortrieb, der: → Schub (1)
Vortrupp, der: → Vorhut
vorüber: 1. ⟨*örtlich*⟩ vorbei – **2.** → vorbei (1) – **3.** v. sein: → abgelaufen (3)
vorübergehen: 1. → vergehen (I, 1) – **2.** im Vorübergehen: ⟨*ohne sich lange damit aufzuhalten*⟩ en passant ♦ *umg*: zwischen Tür und Angel
vorübergehend: augenblicklich · momentan · episodisch · ephemer · temporär · zwischenzeitlich · für kurze Zeit; → *auch* zeitweilig, vergänglich
vorüberkommen: → durchkommen (1)
Vorurteil, das: vorgefasste Meinung; → *auch* Befangenheit (1)
vorurteilsfrei: → sachlich (1)
vorurteilslos: → sachlich (1)
Vorurteilslosigkeit, die: → Sachlichkeit (1)
Vorväter (*Pl*): → Vorfahr[e] (II)
vorwalten: → vorherrschen (1)
Vorwand, der: Finte · Deckmantel · Behelf; → *auch* Ausrede
vorwärts: 1. ⟨*Aufforderung, in seinem Vorhaben fortzufahren*⟩ weiter · voran · marsch ♦ *umg*: weiter im Text · avanti · drauflos; → *auch* los (1) – **2.** v. kommen: **a)** ⟨*in seinem Vorhaben Fortschritte machen*⟩ vorankommen · weiterkommen · voranschreiten · vom Fleck/von der Stelle kommen; → *auch* vorangehen, vorankommen (1) – **b)** → vorankommen (1) – **c)** → aufsteigen (2) – **d)** → Erfolg (2) – **3.** v. bringen: → fördern (1); v. gehen: **a)** → vorangehen – **b)** → angreifen (I, 1, a); v. treiben: → antreiben (1)
vorweg: 1. → vornherein (1) – **2.** → zuerst
Vorwegnahme, die: Vorgriff · Antizipation
vorwegnehmen: vorgreifen · antizipieren + zuvorkommen
Vorweihnachtszeit, die: → Advent (1)
vorweisen: → zeigen (I, 2)
Vorwelt, die: → Vergangenheit (1)
vorweltlich: → veraltet (1)
vorwerfen: → vorhalten
vorwiegen: → vorherrschen (1)
vorwiegend: 1. → überwiegend – **2.** → besonders (2)
vorwitzig: → vorlaut
Vorwort, das: Vorrede (*veraltend*) + Vorbemerkung · Geleitwort; → *auch* Einleitung (1)
Vorwurf, der: **1.** ⟨*das Vorhalten einer [vermeintlichen] Schuld*⟩ Vorhaltung; → *auch* Tadel (1) – **2.** → Thema (1) – **3.** Vorwürfe machen |wegen|: → vorhalten
vorzaubern: → vortäuschen
Vorzeichen, das: Anzeichen · Omen · Vorbote ♦ *gehoben*: Bote; → *auch* Zeichen (1)
Vorzeigebetrieb, der: → Musterbetrieb
vorzeigen: 1. → zeigen (I, 2) – **2.** seine Papiere/den Pass v.: → ausweisen (II, 1)
Vorzeit, die: **1.** ⟨*vorgeschichtl. Zeit*⟩ Urzeit · graue Vorzeit/Vergangenheit; → *auch* Geschichte (1), Vorgeschichte – **2.** graue V.: → 1
vorzeiten: → früher (1)
vorzeitig: 1. ⟨*früher als zur vorgesehenen Zeit*⟩ verfrüht · zu früh · vor der Zeit – **2.** ⟨*in verhältnismäßig jungen Jahren*⟩ zu früh · vor der Zeit · vor seinen Jahren
vorzeitlich: urzeitlich · frühzeitlich · archaisch; → *auch* vorgeschichtlich
vorziehen: → bevorzugen
Vorzimmerdame, die: → Sekretärin
Vorzug, der: den V. geben: → bevorzugen
vorzüglich: → hervorragend (1)
vorzugsweise: → besonders (2)
votieren: 1. → abstimmen (1) – **2.** v. |für|: → wählen (1)
Votum, das: **1.** → Abstimmung (1) – **2.** → Entscheidung (1)
Voyeur, der: *umg*: Spanner
VTOL-Flugzeug, das: → Senkrechtstarter (1)
vulgär: 1. → gewöhnlich (2) – **2.** → derb (2)
Vulkan, der: → Berg (I, 1)
Vulva, die: weibliche Scham ♦ *salopp*: Schnecke ♦ *derb*: Fotze; → *auch* Geschlechtsteil, Scheide (1)

W

Waage, die: **1.** → Gleichgewicht (1) – **2.** das Zünglein an der W. sein: → entscheiden (I, 2)
waagerecht: horizontal
Waagschale, die: sein Gewicht in die W. werfen: → einsetzen (II); in die W. fallen: → wichtig (3); nicht in die W. fallen: → wichtig (4)
wabbelig: → weich (1, b *u.* c)
wach: 1. ⟨*nicht schlafend*⟩ munter + hellwach – **2.** → aufgeweckt – **3.** w. werden: → aufwachen (1); w. sein, w. liegen: → wachen (1)
Wachdienst, der: → Wache (2)
Wache, die: **1.** ⟨*Wache haltende Person od. Gruppe*⟩ Wachposten · Posten · Wachmannschaft + Schildwache · Postenstand · Leibwache · Garde; → *auch* Bewachung (1) – **2.** ⟨*das Wachehalten*⟩ Wachdienst · Postendienst – **3.** [auf] W. stehen: ⟨*als Wachposten Dienst tun*⟩ Wache haben / halten · [auf] Posten stehen + die Runde machen ♦ *dicht*: auf Wacht stehen ♦ *salopp*: Posten / Wache schieben – **4.** W. haben / halten / schieben: → 3
wachen: 1. ⟨*nicht schlafen*⟩ wach / munter sein + wach liegen · keinen Schlaf finden ♦ *umg*: auf sein + kein Auge zutun können · sich die Nacht um die Ohren schlagen – **2.** → aufpassen (1)
wachmachen: → wecken (1)
Wachmann, der: → Polizist
Wachmannschaft, die: → Wache (1)
Wachposten, der: → Wache (1)
wachrufen: 1. → wecken (1) – **2.** → aufrütteln (2)
wachrütteln: 1. → wecken (1) – **2.** → aufrütteln (1 *u.* 2)
wachsam: 1. → aufmerksam (1) – **2.** → vorsichtig (1)
Wachsamkeit, die: **1.** → Aufmerksamkeit (1) – **2.** → Vorsicht
wachsbleich: → blass (1)
wachsen: 1. ⟨*größer werden*⟩ im Wachstum begriffen sein + sprießen · sprossen · [empor]schießen · in die Höhe schießen · wie Pilze aus der Erde schießen; → *auch* grünen, wuchern (2), entwickeln (II, 2) – **2.** über den Kopf w.: **a)** → überflügeln – **b)** → überhand; sich keine grauen Haare w. lassen: → sorglos (2); dafür sorgen, dass die Bäume nicht in den Himmel w.: → beschränken; das Gras w. hören: → überklug (2)
Wachstum, das: **1.** ⟨*das Wachsen*⟩ Wuchs + Sprossung · Gedeihen – **2.** im W. begriffen sein: → wachsen (1)
Wachstumsjahre (*Pl*): → Entwicklungsjahre
Wacht, die: auf W. stehen: → Wache (3)
Wächter, der: Hüter; → *auch* Aufseher, Pförtner
Wachtmeister, der: → Polizist
Wachtraum, der: Tagtraum; → *auch* Traum (1)
wackelig: 1. ⟨*nicht fest stehend*⟩ kippelig · schwankend · labil – **2.** → unsicher (1 *u.* 2) – **3.** → locker (1) – **4.** auf wackeligen Beinen / Füßen stehen: → unsicher (5, b)
wackeln: 1. ⟨*nicht fest stehen*⟩ kippeln – **2.** → schwanken (1) – **3.** → zappeln (1)
wacker: → rechtschaffen
Waffe, die: die W. gegen sich kehren: → erschießen (II); zu den Waffen rufen: → einberufen (2); die Waffen niederlegen / strecken: → ergeben (II, 1)
Waffel, die: einen an der W. haben: → verrückt (5)
Waffengang, der: → Kampf (1)
Waffenlager, das: Arsenal + Rüstkammer · Zeughaus (*hist*)
waffenlos: → unbewaffnet
waffnen: → bewaffnen (I)
Wagemut, der: → Kühnheit
wagemutig: → kühn
wagen: 1. ⟨*sich entschließen, etw. Gefährliches zu tun*⟩ riskieren · sich [ge]trauen · den Mut / das Herz haben · ein Risiko eingehen ·

es ankommen lassen |auf| + sein Leben in die Schanze schlagen · den Hals wagen – **2.** alles w.: ⟨*etw. trotz Gefährdung seiner Existenz tun*⟩ alles riskieren · alles aufs Spiel/auf eine Karte setzen · aufs Ganze gehen · hoch pokern · Hasard spielen; hasardieren (*veraltend*)
Wagen, der: **1.** ⟨*Fahrzeug ohne eigenen Antrieb*⟩ Gefährt · Karren + Leiterwagen · Gespann · Fuhrwerk · Waggon; → *auch* Handwagen – **2.** → Auto (1) – **3.** vor den W. spannen: → anspannen (1); das fünfte Rad am W. sein: → überflüssig (4)
wägen: 1. → schätzen (1) – **2.** → ²wiegen (1)
Wagenaufbau, der: → Karosserie
Wagenichts, der: → Feigling
Wagenladung, die: Fuhre · Fuder
Wagenpark, der: Fuhrpark · Park
Wagenrad, das: Rad
Wagentür, die: Schlag (*veraltend*)
Wagestück, das: → Wagnis
Waggon, der: → Wagen (1)
waghalsig: → kühn
Waghalsigkeit, die: → Kühnheit
Wagnis, das: Risiko · Wagestück · Vabanquespiel · Gratwanderung · Drahtseilakt · Experiment · Unterfangen · Abenteuer + Husarenstück · Husarenritt
Wahl, die: **1.** ⟨*die Ausübung seines Wahlrechts*⟩ Urnengang; → *auch* Abstimmung (1) – **2.** → Auswahl (1) – **3.** → Entscheidung (1) – **4.** [s]eine W. treffen: **a)** → wählen (1) – **b)** → entscheiden (II); keine [andere] W. lassen: → zwingen (1); keine andere W. haben: → müssen (1); nach W.: → beliebig (1); erste W.: → erstklassig (1)
Wahlakt, der: → Abstimmung (1)
wählen: 1. ⟨*sich für jmdn. od. etw. entscheiden*⟩ stimmen/votieren |für| · seine Stimme geben |für| · [s]eine Wahl treffen + zur Urne gehen · plädieren |für|; → *auch* abstimmen (1) – **2.** → auswählen – **3.** → entscheiden (II) – **4.** den Freitod w.: → Selbstmord (2)
wählerisch: anspruchsvoll · mäklig; heikel (*landsch*); krüsch (*norddt*) + eklig; → *auch* verwöhnt
Wahlgang, der: → Abstimmung (1)
wahllos: → beliebig (1)
Wahlspruch, der: Leitsatz · Leitspruch · Motto · Devise · Parole · Losung ♦ *gehoben*: Panier
Wahn, der: → Einbildung (1)
Wahnbild, das: → Sinnestäuschung
wähnen: → vermuten
Wahnsinn, der: **1.** → Geisteskrankheit – **2.** → Unsinn (1, a)
wahnsinnig: 1. → geisteskrank (1) – **2.** → sehr
Wahnvorstellung, die: → Sinnestäuschung
Wahnwitz, der: → Unsinn (1, a)
wahnwitzig: → sinnlos (1)
wahr: 1. ⟨*der Wirklichkeit entsprechend*⟩ wirklich + richtig – **2.** → wirklich (1) – **3.** w. sein: → stimmen (1); w. machen: → verwirklichen; für w. halten: → glauben (1); eine wahre Pracht: → herrlich (1)
wahren: 1. → bewahren (2) – **2.** das/sein Gesicht w.: → beherrschen (II); Zurückhaltung/Abstand w.: → zurückhalten (II, 1)
währen: → ¹dauern (1)
während: solange · derweil · indem · über · im Laufe/Verlauf/Verfolg [von] + inmitten
währenddem: → unterdessen
währenddessen: → unterdessen
wahrhaben: nicht w. wollen: → leugnen (1)
wahrhaft: → wirklich (1)
wahrhaftig: wirklich · weiß Gott · auf Ehre und Gewissen · bei meiner Ehre + beileibe · ohne Spott ♦ *gehoben*: wahrlich · fürwahr (*veraltend*) ♦ *umg*: ehrlich · ungelogen · ohne Flachs; → *auch* tatsächlich (2)
Wahrheit, die: **1.** ⟨*das dem tatsächl. Sachverhalt Entsprechende*⟩ Wirklichkeit + Richtigkeit – **2.** die W. sagen: ⟨*nicht lügen, nicht beschönigen*⟩ reinen Wein einschenken · das Kind beim [rechten] Namen nennen – **3.** nicht bei der W. bleiben: → lügen (1); mit der W. herausrücken: → gestehen (1); der W. entsprechend: → wahrheitsgemäß
wahrheitsgemäß: wahrheitsgetreu · der Wahrheit/den Tatsachen entsprechend
wahrheitsgetreu: 1. → wahrheitsgemäß – **2.** → wirklichkeitsnah
Wahrheitsliebe, die: → Ehrlichkeit
wahrheitsliebend: → ehrlich (1)
wahrlich: → wahrhaftig
wahrnehmbar: 1. ⟨*mit den Sinnen wahrzunehmend*⟩ sinnlich; → *auch* sichtbar (1) – **2.** → merklich
wahrnehmen: 1. → bemerken (1) – **2.** → fühlen (I, 1) – **3.** → erblicken (1), erkennen (2)

wahrsagen: die Zukunft deuten · in die Zukunft schauen + aus der Hand lesen · die Karten legen; → *auch* hellsehen, weissagen
Wahrsager, der: Zeichendeuter + Haruspex; → *auch* Hellseher, Weissager
währschaft: **1.** → zuverlässig (1) – **2.** → dauerhaft
Währschaft, die: → Bürgschaft (1)
wahrschauen: → warnen (1)
wahrscheinlich: voraussichtlich · mutmaßlich · vermutlich · präsumtiv · höchstwahrscheinlich · aller Wahrscheinlichkeit/Voraussicht nach · nach menschlichem Ermessen; probabel (*veraltet*) + sicher; → *auch* anscheinend
Wahrscheinlichkeit, die: aller W. nach: → wahrscheinlich
Währung, die: + Valuta; → *auch* Geld (1)
Wahrzeichen, das: → Symbol (1)
Waisenknabe, der: ein/der reinste W. sein |gegen|: → unterlegen (2)
Wald, der: **1.** ⟨*großes mit Bäumen bestandenes Gebiet*⟩ Waldung · Forst; Holz (*noch landsch*) + Dickung ♦ *dicht*: Tann; → *auch* Wäldchen, Urwald – **2.** Feld und W.: → Natur (1)
Wäldchen, das: Gehölz + Horst ♦ *dicht*: Hag ♦ *gehoben*: Hain; → *auch* Wald (1)
Waldlichtung, die: → Lichtung
Waldung, die: → Wald (1)
Wälgerholz, das: → Nudelholz
walken: → kneten (1)
Walker, der: → Nudelholz
Walkie-Talkie, das: → Handy
Walkman, der: → Kassettenrekorder
Wall, der: **1.** → Damm (1) – **2.** → Mauer (1)
[1]**wallen:** → pilgern (1)
[2]**wallen:** sprudeln · brodeln · brausen + schäumen · zischen ♦ *dicht*: brauen
wällen: → kochen (2)
wallend: → kochend (1)
Wallfahrer, der: → Pilger (1)
wallfahr[t]en: → pilgern (1)
Wallholz, das: → Nudelholz
Wallung, die: **1.** → Erregung (1) – **2.** das Blut in W. bringen: **a)** → aufregen (I, 1) – **b)** → begeistern (I)
Walstatt, die: → Kampfplatz (1)
walten: **1.** → herrschen (1 *u.* 2) – **2.** schalten und w. lassen: → gewähren (2); seines Amtes w.: → ausführen (3)
Walz[e], die: auf die W. gehen, auf der W. sein: → wandern (2)
walzen: → wandern (2)
wälzen: **I.** wälzen: → rollen (I, 1) – **II.** wälzen, sich: ⟨*sich im Liegen immer wieder herumdrehen*⟩ sich herumwerfen · sich rollen ♦ *umg*: sich sielen (*landsch*); → *auch* drehen (II, 1)
Wälzer, der: → Buch (1)
Wamme, die: → Schmerbauch
Wampe, die: → Schmerbauch
wampert: → dick (1)
wamsen: → verprügeln
Wand, die: spanische W.: → Wandschirm; die eigenen vier Wände: → Zuhause; in den eigenen vier Wänden: → daheim (1); W. an W. wohnen: → benachbart (2); es ist um an den Wänden hochzugehen: → verzweifeln (2); an die W. drängen/drücken: → verdrängen (2); an die W. spielen: → ausmanövrieren; den Teufel an die W. malen: → berufen (I, 2); an die W. stellen: → erschießen (I); gegen eine W. reden: → reden (2); mit dem Rücken zur W. stehen: → schlecht (10, a)
Wandale, der: → Unmensch (1)
wandalisch: → zerstörungswütig
Wandalismus, der: → Zerstörungswut
Wandbord, das: → Wandbrett
Wandbrett, das: Wandbord · Bord · Bücherbord · Bücherbrett; → *auch* Regal
Wandel, der: **1.** → Veränderung (1) – **2.** → Umschwung (1)
wandelbar: → veränderlich
Wandelhalle, die: Foyer · Vestibül · Vorhalle + Lobby
wandeln: **I.** wandeln: → spazieren (2) – **II.** wandeln, sich: **1.** → ändern (II) – **2.** → bessern (II, 1)
Wanderbühne, die: Wandertheater; Thespiskarren (*scherzh*) ♦ *umg*: Schmiere (*abwert*); → *auch* Theater (2)
Wanderer, der: Pilger (*scherzh*) ♦ *dicht*: Wandersmann; → *auch* Wandergeselle
Wandergeselle, der (*hist*): fahrender Geselle; → *auch* Wanderer
wandern: **1.** ⟨*zu Fuß eine längere Strecke durch die Natur gehen*⟩ ziehen ♦ *umg*: pilgern (*scherzh*); → *auch* gehen (1), marschieren – **2.** *hist* ⟨*als Handwerker durch das Land ziehen*⟩ auf die Wanderschaft gehen · auf der Wanderschaft sein · auf die Walz[e] gehen · auf der Walz[e] sein · walzen
Wanderschaft, die: auf die W. gehen, auf der W. sein: → wandern (2)

Wandersmann, der: → Wanderer
Wandertheater, das: → Wanderbühne
Wanderung, die: Tour · Streifzug + Fahrt; → *auch* Ausflug
Wandlung, die: → Veränderung (1)
Wandschirm, der: Schirm · Paravent · spanische Wand
Wandteppich, der: Tapisserie + Gobelin
Wange, die: Backe; Backen (*landsch*); → *auch* Gesicht (1)
Wankelmut, der: → Unentschlossenheit
wankelmütig: → unentschlossen (2)
Wankelmütigkeit, die: → Unentschlossenheit
wanken: 1. → schwanken (1) – **2.** nicht w. und weichen: → aushalten (2)
wann: dann und w.: → manchmal
Wanne, die: in die W. gehen/steigen: → baden (1)
Wanst, der: → Bauch (1)
Wanstrammeln, das: → Bauchschmerz (II)
wappnen, sich: **1.** → bewaffnen (II) – **2.** → vorbereiten (II)
Ware, die: **1.** ⟨*etw. für den Verkauf Produziertes*⟩ Handelsartikel · Handelsobjekt; → *auch* Erzeugnis – **2.** heiße W.: → Raub (1)
Warenangebot, das: Warenauswahl · Warensortiment · Sortiment · Angebot; → *auch* Auswahl (2)
Warenaustausch, der: → Handel (1)
Warenauswahl, die: → Warenangebot
Warenhaus, das: → Geschäft (1)
Warenkatalog, der: → Katalog (2)
Warenlager, das: → Lager (3)
Warenmenge, die: Posten · Lieferung
Warenprobe, die: → Muster (2)
Warensortiment, das: → Warenangebot
Warenverkehr, der: → Handel (1)
Warenzeichen, das: → Markenzeichen
warm: 1. ⟨*eine Temperatur zwischen heiß u. lau aufweisend*⟩ + mollig · sommerlich; → *auch* heiß (1), lau (1), schwül (1) – **2.** w. werden: **a)** → heimisch (4) – **b)** → erwärmen (II, 1); w. machen: → wärmen (1), erwärmen (I); warmer Bruder/Onkel: → Homosexuelle (I); warmer Regen: → Gewinn (1); weggehen/abgehen wie warme Semmeln: → begehrt (2)
Wärme, die: **1.** → Hitze (1) – **2.** → Freundlichkeit (1)
wärmen: 1. ⟨*Wärme zuführen*⟩ warm machen · anwärmen · heizen; → *auch* erwärmen (I) – **2.** → erwärmen (I)
Warmhaus, das: → Treibhaus
warmherzig: → gütig (1)
Warmherzigkeit, die: → Güte (1)
Warmwasserbereiter, der: → Boiler
Warmwasserspeicher, der: → Boiler
Warnanlage, die: → Alarmanlage
warnen: 1. ⟨*zur Vorsicht mahnen*⟩ eine Warnung zukommen lassen; wahrschauen (*seem*) + alarmieren – **2.** → ermahnen (2)
warnend: abschreckend · exemplarisch
Warnruf, der: → Alarm (1)
Warnsignal, das: → Alarm (1)
Warnstreik, der: → Streik (1)
Warnung, die: **1.** → Ermahnung (2) – **2.** eine W. zukommen lassen: → warnen (1)
Warn[ungs]zeichen, das: Menetekel
Warte, die: **1.** → Ausguck (1) – **2.** → Standpunkt (1)
warten: 1. ⟨*verweilen, bis bzw. ob etw. geschieht*⟩ harren ♦ *umg*: lauern; → *auch* abwarten (1), ausschauen (1), zögern – **2.** → gedulden, sich – **3.** → pflegen (I, 1 *u.* 2) – **4.** w. |auf|: → erwarten (1)
Wärter, der: **1.** → Aufseher – **2.** → Krankenpfleger
Warteschlange, die: → Schlange (2)
Wartezeit, die: Karenz[zeit] + Überbrückungszeit · Übergangszeit
Wartung, die: → Pflege (1, b)
warum: weshalb · wieso · weswegen · wozu · inwiefern · aus welchem Grund · zu welchem Zweck/Ende; wiefern (*veraltet*)
Warum, das: → Ursache
was: 1. → etwas (1) – **2.** ach was: → keineswegs; was denn sonst: → ja (1)
Waschautomat, der: → Waschmaschine
Wäsche, die: dumm aus der W. gucken/sehen: → dumm (6); an die W. gehen: → angreifen (I, 1, b)
waschecht: → farbecht
Wäschekorb, der: Puff · Wäschepuff
Wäschemangel, die: Wäscherolle · Mangel · Rolle
waschen: I. waschen: **1.** ⟨[*Wäsche*] *mit Wasser reinigen*⟩ durchwaschen + durchdrücken · durchziehen · reiben · rumpeln · rubbeln; → *auch* auswaschen (1) – **2.** den Kopf w.: → zurechtweisen; seine Hände in Unschuld w.: → herauswinden, sich – **II.** waschen, sich: ⟨*sich mit Wasser reinigen*⟩ sich abseifen
Wäschepuff, der: → Wäschekorb
Wäscherin, die: Waschfrau (*veraltend*)

Wäscherolle, die: → Wäschemangel
Waschfrau, die: **1.** → Wäscherin – **2.** → Schwätzerin
Waschlappen, der: → Weichling
Waschmaschine, die: Waschautomat · Waschtrockner + Frontlader · Toplader
Waschtrockner, der: → Waschmaschine
Waschweib, das: → Schwätzerin
Wasen, der: → Dunst (1)
Wasenmeister, der: → Abdecker
Wasser, das: **1.** ⟨*eine farblose u. durchsichtige Flüssigkeit*⟩ das feuchte/nasse Element (*scherzh*) ♦ *gehoben*: Nass ♦ *umg*: Gänsewein · Pumpenheimer (*scherzh*) – **2.** → Mineralwasser – **3.** → Urin (1) – **4.** → Träne (1) – **5.** → Speichel – **6.** wie W.: → schal (1); ins W. gehen: → ertränken (II); unter W. setzen: → überschwemmen; W. lassen, das W. abschlagen, eine Stange W. in die Ecke stellen: → austreten (1); Rotz und W. heulen: → weinen (1); mit allen Wassern gewaschen: → raffiniert (1); dastehen wie mit kaltem W. übergossen/begossen: → niedergeschlagen (2); bei W. und Brot sitzen: → gefangen (2); W. in den Wein gießen: → ernüchtern; nicht das W. reichen können: → unterlegen (2); das W. abgraben: → ruinieren (I, 1); das W. steht jmdm. bis an den Hals/die Gurgel: → schlecht (10, a); über W. halten: → helfen (2); sich über W. halten: → überstehen (1); zu W. werden: → scheitern (b); ein Schlag ins W.: → Misserfolg (1); ins W. fallen: → ausfallen (1)
Wasserader, die: → Fluss (1)
Wasserarmut, die: → Wassermangel
Wasserbecken, das: Reservoir · Speicher
Wässerchen, das: kein W. trüben können: → unschuldig (4)
Wasserdampf, der: → Dampf (1)
wasserdicht: → undurchlässig
Wasserfall, der: Katarakt + Kaskade
wasserhaltig: → wässrig (1)
Wasserhose, die: → Windhose
Wasserkopf, der: → Dummkopf (1)
Wasserlauf, der: **1.** → Bach (1) – **2.** → Fluss (1)
Wassermangel, der: Wasserarmut · Wassernot; → *auch* Trockenheit
wassern: → landen (1)
wässern: 1. ⟨*eine Zeit lang in Wasser legen*⟩ einwässern – **2.** → begießen (1)
Wassernot, die: → Wassermangel
Wasserstand, der: Pegel[stand]
wasserstoffblond: → blond (1)
Wasserstoffbombe, die: → Bombe (1)
Wasserstrahl, der: **1.** ⟨*herausschießender Wasserstrom*⟩ Strahl – **2.** kalter W.: → Ernüchterung
Wasserstraße, die: Wasserweg · Schifffahrtsweg · Schifffahrtsstraße · Seestraße; → *auch* Kanal (1)
Wasserweg, der: → Wasserstraße
wässrig: 1. ⟨*viel Wasser enthaltend*⟩ wasserhaltig · dünn[flüssig] – **2.** → schal (1) – **3.** den Mund w. machen: → verlocken
waten: → trotten
Waterloo, das: → Niederlage (1)
Waterproof, der: → Regenmantel
Watsche, die: → Ohrfeige (1)
watscheln: → trotten
watschen: → ohrfeigen
Watschen, die: → Ohrfeige (1)
Watschenmann, der: → Prügelknabe
wattieren: → polstern (2)
Wauwau, der: → Hund (1)
WC, das: → Toilette (1)
Webfehler, der: einen W. haben: **a)** → verrückt (5) – **b)** → geisteskrank (2)
Wechsel, der: **1.** ⟨*das Wechseln*⟩ Austausch + Rotationsprinzip (*Polit*); → *auch* Reihenfolge, Turnus (1) – **2.** → Ablösung (2) – **3.** → Veränderung (1) – **4.** → Luftveränderung – **5.** → Umschwung (1) – **6.** → Zahlungsanweisung – **7.** im W.: → wechselseitig
Wechselbalg, der: → Missgeburt
Wechselbeziehung, die: Wechselseitigkeit · Gegenseitigkeit; Korrelation · Interaktion (*fachspr*)
Wechselgeld, das: → Kleingeld
Wechselgesang, der: → Duett
wechselhaft: → unbeständig
Wechseljahre (*Pl*): das gefährliche/kritische Alter; Klimakterium · Klimax (*med*)
wechseln: 1. ⟨*Geld in eine andere Währung tauschen*⟩ einwechseln · umwechseln · [um]tauschen – **2.** ⟨*Geld gegen kleinere Münzen od. Scheine eintauschen*⟩ *umg*: klein machen – **3.** → auswechseln (1) – **4.** → abwechseln (I) – **5.** → umschlagen (2) – **6.** die Ringe w.: → heiraten (1); Kugeln w.: → schießen (1); den Kanal/Sender w.: → umschalten (1); den Wohnsitz w.: → umziehen (I); die Kleidung w.: → umziehen (II); die Farbe w.: **a)** → erblassen (1) – **b)**

→ erröten (1) – **c)** → anpassen (II, 2); die Gesinnung w.: → anpassen (II, 2); Worte w.: → unterhalten (II, 1); miteinander w.: → ablösen (II, 2)
wechselnd: → unbeständig
wechselseitig: wechselweise · abwechselnd · im Wechsel · umschichtig · gegenseitig · korrelat[iv] · mutual · mutuell · reziprok
Wechselseitigkeit, die: → Wechselbeziehung
wechselvoll: → mannigfaltig
wechselweise: → wechselseitig
Wechte, die: → Schneewehe
wecken: 1. ⟨*zum Aufwachen bringen*⟩ aufwecken · wachmachen · wachrufen · wachrütteln · aus dem Schlaf rütteln/pochen; purren (*seem*) ♦ *dicht*: erwecken ♦ *umg*: aus dem Bett holen/jagen – **2.** → verursachen – **3.** Interesse/Verständnis w.: → interessieren (I)
Wecken, der: → Brötchen
Wecker, der: **1.** ⟨*Uhr zum Wecken*⟩ Weck[er]uhr; → *auch* Uhr (1) – **2.** → Uhr (1) – **3.** auf den W. gehen: → belästigen (1)
Weck[er]uhr, die: → Wecker (1)
Wedel, der: → Schwanz (1)
wedeln: 1. ⟨*den Schwanz hin- u. herbewegen*⟩ schwänzeln – **2.** → fächeln (1) – **3.** → schwenken (1) – **4.** → wehen (2)
Weekend, das: → Wochenende
weg: 1. → fort (1) – **2.** → abwesend (1) – **3.** → verschwunden (1) – **4.** → verloren (1) – **5.** w. sein: → fehlen (1); ganz w. sein: → begeistert (2); weit w.: → fern (1); in einem w.: → ununterbrochen
Weg, der: **1.** ⟨*hauptsächlich Fußgängern vorbehaltene schmale Verkehrsbahn*⟩ Fußweg · Pfad · Fußpfad · Fußsteig · Gehsteig · Steig · Steg + Hohlweg · Feldweg · Waldweg · Bergpfad · Gebirgspfad · Saumpfad · Saumweg; → *auch* Gehweg – **2.** → Anfahrtsweg – **3.** → Möglichkeit (1) – **4.** den W. abschneiden: ⟨*jmdm. auf kürzerer Strecke zuvorkommen u. sich ihm entgegenstellen*⟩ den Weg verlegen + den Weg versperren – **5.** auf dem W.: → unterwegs; seiner Wege gehen: **a)** → weitergehen (1) – **b)** → weggehen (1); sich auf den W. begeben/machen: **a)** → weggehen (1) – **b)** → aufbrechen (3) – **c)** → abreisen; sich einen W. bahnen |durch|: → durchdrängen, sich; den W. verlassen: → abbiegen (1); den W. verfehlen, vom Wege abkommen/abirren: → verirren, sich; in/über den W. laufen, jmds. W. kreuzen: → begegnen (1); sich auf halbem Wege treffen: → einigen (II); den W. verlegen/versperren: → 4; Steine/Hindernisse/Schwierigkeiten in den W. legen: → behindern (1); Wege erledigen: → einkaufen (I, 1); den W. alles Irdischen gehen: → entzweigehen (1); aus dem W. gehen: → meiden; der Arbeit aus dem Wege gehen: → faul (6); aus dem Wege räumen: **a)** → ermorden – **b)** → wegräumen (1); in die Wege leiten: → anbahnen (I); den W. ebnen/bahnen/frei machen: → fördern (1); seinen W. machen: → Erfolg (2); krumme Wege gehen: → betrügen (1); nicht über den W. trauen: → misstrauen; auf dem Wege der Besserung sein: → gesund (6); gut bei Wege sein: → gesund (5); den W. allen Fleisches gehen: → sterben (1); ein Schritt vom Wege: → Fehltritt (1); auf W. und Steg: → überall (1); auf schnellstem Wege: → eilig (1); auf privatem W.: → privat (1); auf künstlichem W.: → künstlich
wegarbeiten: → aufarbeiten (1)
wegätzen: → abätzen
wegbegeben, sich: → weggehen (1)
wegbekommen: 1. → zuziehen (I, 4) – **2.** → verstehen (I, 2) – **3.** → bemerken (1), merken (1)
Wegbereiter, der: Bahnbrecher · Schrittmacher · Pionier · Neuerer · Vorläufer · Vorreiter · Vorbereiter · Trendsetter + Querdenker ♦ *gehoben*: Fackelträger; → *auch* Vorkämpfer
wegblasen: 1. → abblasen (1) – **2.** wie weggeblasen: → verschwunden (1)
wegbleiben: fernbleiben · fortbleiben · ausbleiben + nicht kommen; → *auch* abwesend (1)
wegbrechen: → abbrechen (1)
wegbringen: 1. ⟨*an einen anderen Ort bringen*⟩ fortbringen · fortschaffen · wegschaffen + aus den Augen schaffen ♦ *umg*: abschleppen · verfrachten; → *auch* wegräumen (1) – **2.** → verhaften – **3.** → wegräumen (1)
wegbügeln: → bereinigen (1)
wegdrängen: → verdrängen (1)
wegeilen: → weglaufen
Wegelagerer, der: → Räuber
wegen: 1. ⟨*den Grund angebend*⟩ aufgrund · infolge · auf … hin · halber · von … her · um … willen; ob (*veraltend*) ♦ *umg*: von

wegen; → *auch* anlässlich, dank, durch (2), hinsichtlich, zwecks – **2.** w. mir: → meinetwegen (2)
wegfahren: 1. → abfahren (1, a *u.* b) – **2.** → abreisen
Wegfall, der: **1.** ⟨*das Wegfallen*⟩ Ausfall – **2.** in W. kommen: → wegfallen (1)
wegfallen: 1. ⟨*nicht in Betracht kommen u. weggelassen werden*⟩ unterbleiben · entfallen · fortfallen · in Fortfall/Wegfall kommen ♦ *umg*: flachfallen; → *auch* ausfallen (1) – **2.** → ausfallen (1)
wegfegen: → wegkehren
wegfenstern: → wegwerfen (I, 1)
wegfischen: → wegnehmen (1)
wegfliegen: fortfliegen · davonfliegen · abfliegen · abziehen · wegziehen; abstreichen (*weidm*); entschweben (*scherzh*) + entfliegen; entfleuchen · entflattern (*scherzh*) ♦ *umg*: abschwirren · absegeln
Weggabelung, die: → Abzweigung
Weggang, der: **1.** → Abgang (1) – **2.** → Ausgang (1) – **3.** → Abschied (1)
weggeben: 1. ⟨*vorübergehend in fremde Hände geben*⟩ aus der Hand geben; → *auch* leihen (1) – **2.** → verschenken (1)
Weggefährte, der: → Begleiter (1)
weggehen: 1. ⟨*sich von seiner bisherigen Umgebung trennen*⟩ [fort]gehen · davongehen · abgehen · sich entfernen · sich wegbegeben · sich fortbegeben · seiner Wege gehen · sich aufmachen/auf den Weg machen · sich empfehlen · den Rücken kehren · sich den Staub von den Füßen schütteln · abwandern; entschreiten (*scherzh*) + abtreten · von der Bildfläche verschwinden ♦ *gehoben*: sich auf den Weg begeben; von dannen/hinnen gehen (*veraltet*) ♦ *umg*: sich davonmachen · sich fortmachen · sich wegmachen · sich trollen · abrücken · abziehen · losziehen · sich von dannen machen · sich auf die Socken/Strümpfe machen ♦ *salopp*: abhauen · abschieben · losschieben · abschwirren · abzwitschern · abzittern · loszittern · absocken · abtrotten · abzotteln · abdampfen · abrauschen · absegeln · abtanzen · abspazieren · abfahren · abstinken · Leine ziehen · sich abseilen · den Abflug machen · sich packen · sich zum Teufel scheren; abschrammen · abschießen (*landsch*); → *auch* abfahren (1, b), aufbrechen (3), entfliehen (1), weglaufen, wegschleichen (I) – **2.** → ausgehen (1) – **3.** → umziehen (I) – **4.** w. wie warme Semmeln: → begehrt (2)
Weggenosse, der: → Begleiter (1)
weggießen: fortgießen · abgießen · ausgießen
Weggli, das: → Brötchen
weghaben: es w.: → verstehen (I, 4); einen w.: **a)** → schwachsinnig (3) – **b)** → geisteskrank (2) – **c)** → betrunken (2); einen Hau/Hieb w.: **a)** → verrückt (5) – **b)** → geisteskrank (2)
weghauen: → wegwerfen (I, 1)
wegholen: → holen (1)
wegjagen: → vertreiben (1)
wegkehren: fortkehren · wegfegen; → *auch* wegräumen (1)
wegkommen: 1. → verloren (4) – **2.** schlecht w.: → leer (4); w. |über|: → überwinden (I, 1); so w.: → davonkommen (1)
Wegkreuzung, die: → Kreuzung (2)
wegkriegen: 1. → bemerken (1), merken (1) – **2.** → verstehen (I, 2)
weglassen: 1. ⟨*nicht zum Bleiben veranlassen*⟩ fortlassen · gehen lassen – **2.** → streichen (3) – **3.** → auslassen (I, 1)
Weglassung, die: → Auslassung (1)
weglaufen: fortlaufen · davonlaufen · davonrennen · fortrennen · wegrennen · davoneilen · forteilen · wegeilen · davonhasten · davonspringen · fortstürmen · fortstürzen · fortsausen · davonsausen · davonjagen · fortjagen · davonstieben · das Weite suchen ♦ *gehoben*: enteilen ♦ *umg*: davonspritzen; → *auch* weggehen (1), wegschleichen (I), fliehen (1), entfliehen (1), entkommen (1)
weglegen: 1. ⟨*an eine andere Stelle legen*⟩ fortlegen · beiseite legen – **2.** → sparen (1) – **3.** → ablegen (1)
Wegleitung, die: → Anleitung (1)
weglocken: abwerben · abspenstig machen · wegnehmen + abziehen ♦ *umg*: ausspannen
weglos: → unwegsam
wegmachen: I. wegmachen: → entfernen (I, 1) – **II.** wegmachen, sich: **1.** → weggehen (1) – **2.** → wegschleichen (I)
wegmarschieren: → abmarschieren
wegmüde: → müde (1)
Wegnahme, die: → Diebstahl (1)
wegnehmen: 1. ⟨*von einem bestimmten Platz nehmen* [*u. behalten*]⟩ nehmen ♦ *umg*: wegstibitzen ♦ *salopp*: wegfischen · [weg-]schnappen; → *auch* aneignen, sich (1), ent-

reißen (1), erbeuten, stehlen (1) – **2.** → weglocken – **3.** → rauben (1) – **4.** → stehlen (1) – **5.** Gas w.: → drosseln (1)
wegpacken: 1. → wegräumen (1) – **2.** → einpacken (1)
wegpraktizieren: → wegstecken (1)
wegputzen: → aufessen
wegradieren: → ausradieren (1)
wegräumen: 1. ⟨*in Bezug auf etw. Störendes*: *es an eine andere Stelle bringen*⟩ forträumen · fortschaffen · wegschaffen · fortbringen · wegbringen · fortnehmen · entfernen · auf die Seite schaffen/räumen · beiseite/aus dem Wege räumen · beiseite/aus den Augen schaffen + wegsetzen · fortsetzen · wegstellen · abfahren · abtransportieren ♦ *umg*: wegtun · wegpacken · wegschleppen; → *auch* wegbringen (1), wegkehren, wegstecken (1), abräumen (1), aufräumen (1) – **2.** → abdecken (1)
wegreisen: → abreisen
wegreißen: 1. → abbrechen (2), abreißen (1) – **2.** → entreißen (1) – **3.** sich den Hintern/Arsch w.: → übereifrig
wegreiten: fortreiten · davonreiten · abreiten + fortsprengen · davonsprengen
wegrennen: → weglaufen
wegrücken: → abrücken (1)
wegrufen: abrufen
wegsacken: 1. → sinken (1) – **2.** → bewusstlos (2)
wegsaufen: → sinken (1)
wegschaffen: 1. → wegbringen (1) – **2.** → wegräumen (1)
wegschenken: → verschenken (1)
wegscheuchen: → verscheuchen, vertreiben (1)
wegschicken: 1. → abschicken – **2.** → abweisen (1)
wegschieben: 1. → abrücken (1) – **2.** → verdrängen (1)
wegschießen: → abschießen (1)
wegschleichen: I. wegschleichen: ⟨*sich heimlich wegbegeben*⟩ sich wegschleichen · [sich] fortschleichen · sich davonstehlen · sich fortstehlen · sich wegstehlen ♦ *umg*: sich davonmachen · sich wegmachen · sich aus dem Staub machen · verschwinden · sich auf Französisch empfehlen; sich [seitwärts] in die Büsche schlagen (*oft scherzh*); sich verpieseln (*landsch*) ♦ *salopp*: verduften · sich verziehen · sich verkrümeln · sich verdrücken · sich verdünnisieren · sich dünn[e]machen · die/eine Fliege/Mücke machen · die Flatter machen ♦ *derb*: sich verpissen; → *auch* weggehen (1), weglaufen, fliehen (1), entfliehen (1), verschwinden (2) – **II.** wegschleichen, sich: → I
wegschleppen: 1. → wegräumen (1) – **2.** → entführen (1) – **3.** → stehlen (1)
wegschleudern: fortschleudern · fortwerfen · wegwerfen ♦ *salopp*: wegschmeißen · fortschmeißen; → *auch* wegwerfen (I, 1)
wegschließen: abschließen · einschließen · verschließen · einsperren · versperren · schließen |in| · unter Verschluss bringen
wegschmeißen: 1. → wegwerfen (I, 1) – **2.** → wegschleudern – **3.** den Löffel w.: → sterben (1)
wegschmelzen: 1. → schmelzen (2) – **2.** → auftauen (1 *u.* 2)
wegschnappen: → wegnehmen (1)
wegschnellen: schnellen ♦ *umg*: knipsen · schnippen · schnipsen
wegschubsen: → wegstoßen
wegsetzen: → wegräumen (1)
Wegsperre, die: → Sperre (1)
wegstecken: 1. ⟨*an einen anderen Ort stecken*⟩ *umg*: wegtun · wegpraktizieren + praktizieren |in|; → *auch* wegräumen (1) – **2.** → überwinden (I, 1)
wegstehlen: I. wegstehlen: → stehlen (1) – **II.** wegstehlen, sich: → wegschleichen (I)
wegstellen: → wegräumen (1)
wegstibitzen: 1. → wegnehmen (1) – **2.** → stehlen (1)
wegstoßen: zurückstoßen + abstoßen ♦ *umg*: wegschubsen
Wegstrecke, die: → Strecke (1), Anfahrtsweg
wegtauen: → auftauen (1 *u.* 2)
wegtreiben: 1. → vertreiben (1) – **2.** → abtreiben (1)
wegtreten: [geistig] völlig weggetreten sein: → geistesabwesend (2)
wegtun: 1. → wegwerfen (I, 1) – **2.** → wegstecken (1) – **3.** → wegräumen (1) – **4.** → sparen (1)
wegwälzen: → abwälzen (1)
wegweisend: richtungweisend · richtunggebend · programmatisch + konstruktiv; → *auch* maßgebend, umwälzend
Wegweiser, der: **1.** ⟨*den Weg zu einem Ort angebende Tafel*⟩ Schild + Richtungsschild – **2.** → Anleitung (2)

wegwenden: **I.** wegwenden: → abwenden (I, 1) – **II.** wegwenden, sich: → abwenden (II, 1)
wegwerfen: **I.** wegwerfen: **1.** ⟨*in Bezug auf nicht* [*mehr*] *benötigte Dinge*: *sich ihrer entledigen*⟩ fortwerfen · von sich werfen + ausmerzen · ausrangieren ♦ *umg*: wegtun · zum alten Eisen werfen ♦ *salopp*: weghauen · wegschmeißen · fortschmeißen; wegfenstern (*landsch*) + hinschmeißen; → *auch* wegschleudern – **2.** → wegschleudern – **3.** das Leben w.: → Selbstmord (2) – **II.** wegwerfen, sich: → entehren (II)
wegwerfend: → abfällig (1)
Wegwerfflasche, die: → Einwegflasche
Wegwerfgesellschaft, die: → Wohlstandsgesellschaft
wegwischen: → abwischen (1)
wegzappen: → umschalten (1)
Wegzehrung, die: → Verpflegung (2)
wegziehen: **1.** → abmarschieren – **2.** → umziehen (I), ausziehen (I, 2) – **3.** → wegfliegen – **4.** den Boden unter den Füßen w.: → ruinieren (I, 1)
Wegzug, der: → Abzug (1)
weh: → traurig (1)
Weh, das: **1.** → Schmerz (1) – **2.** → Leid (1) – **3.** Wohl und Wehe: → Wohlergehen
Wehe, die: → Schneewehe
wehen: **1.** ⟨*eine Luftbewegung spüren lassen*⟩ blasen · ziehen + rauschen · säuseln; → *auch* stürmen (1) – **2.** ⟨*sich flatternd bewegen*⟩ flattern · fliegen · wedeln + baumeln – **3.** merken/wissen, woher der Wind weht: → auskennen, sich
Wehgefühl, das: → Traurigkeit
Wehgeschrei, das: → Jammer (1)
Wehklage, die: → Jammer (1)
wehklagen: → jammern (1)
Wehklagen, das: → Jammer (1)
wehleidig: → weinerlich
Wehmut, die: → Traurigkeit
wehmütig: → traurig (1)
Wehmütigkeit, die: → Traurigkeit
wehmutsvoll: → traurig (1)
Wehmutter, die: → Hebamme
Wehr: **I.** Wehr, die: **1.** → Befestigung (2) – **2.** sich zur W. setzen: → verteidigen (II) – **II.** Wehr, das: → Stauanlage
Wehrdienst, der: **1.** ⟨*der Dienst in den Streitkräften*⟩ Militärdienst · Kriegsdienst ♦ *umg*: Barras · Kommiss (*soldatenspr veraltend*) – **2.** den W. [ab]leisten: → Soldat (1); zum W. einberufen/einziehen: → einberufen (2)
Wehrdienstverweigerer, der: → Pazifist
wehren: **I.** wehren: → hindern – **II.** wehren, sich: **1.** → verteidigen (II) – **2.** rechtfertigen (II) – **3.** sich seiner Haut w., sich mit Händen und Füßen w.: → verteidigen (II)
wehrlos: → unbewaffnet
Wehrmacht, die: → Streitkräfte
Wehrsold, der: Sold · Löhnung; → *auch* Lohn (1)
wehtun: **1.** → schmerzen (1) – **2.** → kränken – **3.** → quälen (I, 1 *u.* 2) – **4.** in der Seele w.: → Leid (2); sich w.: → stoßen (II)
Wehwehchen, das: → Krankheit
Weib, das: **1.** → Frau (I, 1) – **2.** → Ehefrau – **3.** → Feigling – **4.** → Weichling – **5.** rasendes W.: → Megäre; altes W.: → Feigling; zum Weibe nehmen: → heiraten (2)
Weibchen, das: **1.** → Frau (I, 1) – **2.** nicht mehr wissen, ob man Männchen oder W. ist: → verwirrt (3)
Weiberfeind, der: → Frauenfeind
Weiberhasser, der: → Frauenfeind
Weiberheld, der: → Frauenheld (1)
Weiberknecht, der: → Pantoffelheld
Weibervolk, das: → Frau (II)
weibisch: → weichlich (1)
Weiblein, das: **1.** → Greisin – **2.** Männlein und W.: → jedermann
weiblich: **1.** ⟨*dem weibl. Geschlecht entsprechend*⟩ feminin · fraulich · frauenhaft – **2.** weibliches Wesen: → Frau (I, 1); weibliche Scham: → Vulva
Weiblichkeit, die: die holde W.: → Frau (II)
Weibsbild, das: → Frau (I, 1)
Weibsen, das: → Frau (I, 1)
Weibsperson, die: → Frau (I, 1)
Weibsstück, das: → Frau (I, 1)
weich: **1.** ⟨*einem Druck leicht nachgebend*⟩ **a)** ⟨*allgemein*⟩ daunenweich · federweich · flaumig · samten · samt[art]ig · samtweich · seidenweich · schmiegsam · moos[art]ig · mollig · schwamm[art]ig · butterweich · wie Butter · pflaumenweich ♦ *umg*: lappig; → *auch* elastisch (1) – **b)** ⟨*Speisen*⟩ mürbe · locker ♦ *umg*: [sch]wabbelig · quabb[el]ig (*abwert*) – **c)** ⟨*Körperform*⟩ schwammig (*abwert*) ♦ *umg*: [sch]wabbelig · quabb[el]ig (*abwert*) – **2.** → sanft – **3.** → weichlich (1) – **4.** → nachgiebig – **5.** → wohltönend – **6.** → gar (1) – **7.** → gutmütig

(1) – **8.** → empfindsam (1) – **9.** w. werden: → nachgeben (1); nicht w. werden: → charakterfest (2); weiche Knie haben: → ängstigen (II, 1); w. machen: → bearbeiten (2); eine weiche Birne haben: **a)** → schwachsinnig (3) – **b)** → verrückt (5)
Weiche, die: **1.** → Flanke (1) – **2.** die Weichen stellen |für|: → anbahnen (I)
Weichei, das: → Weichling
[1]**weichen: 1.** → zurückziehen (II, 2) – **2.** → nachgeben (1) – **3.** nicht [wanken und] w.: → aushalten (2); dem Zwang w.: → nachgeben (1)
[2]**weichen:** → einweichen
Weichheit, die: → Nachgiebigkeit
weichherzig: → gutmütig (1)
weichlich: 1. ⟨*bes. von Männern gesagt: wenig widerstandsfähig*⟩ verweichlicht · verzärtelt · unmännlich · feminin · weich · empfindlich; weibisch · zimperlich (*abwert*) ♦ *umg*: pimpelig · halbseiden (*abwert*); → *auch* empfindsam (1), feig[e], schwach (1, a) – **2.** → nachgiebig
Weichling, der: Muttersöhnchen (*abwert*) + Schoßkind · Schürzenkind · Nesthäkchen · Nesthocker · traurige Gestalt ♦ *umg*: Softie · Pimpelhans · Waschlappen · Jammerlappen · Jammerbild · Weib (*abwert*); Mamis/Muttis Liebling (*scherzh abwert*) ♦ *salopp*: Weichei (*abwert*); → *auch* Duckmäuser, Feigling, Pantoffelheld, Schwächling
weichmütig: → nachgiebig
Weide, die: **1.** ⟨*Grasfläche, auf der Vieh weiden kann*⟩ Weideplatz · Weideland · Viehweide · Hutung · Trift + Koppel; → *auch* Alm, Wiese – **2.** zur W. führen: → weiden (I, 1)
Weideland, das: → Weide (1)
weiden: I. weiden: **1.** ⟨*in Bezug auf das Vieh: es grasen lassen*⟩ hüten + zur Weide führen – **2.** → grasen – **II.** weiden, sich: sich w. |an|: → schadenfroh (2)
Weideplatz, der: → Weide (1)
weidgerecht: → jagdgemäß
weidlich: → gehörig (1)
Weidloch, das: → After
Weidmann, der: → Jäger (1)
weidmännisch: → jagdgemäß
Weidwerk, das: → Jagd (1)
weifen: → aufrollen (2)
weigern: I. weigern: → verweigern (1) – **II.** weigern, sich: **1.** → ablehnen (1) – **2.** → widersetzen, sich
Weigerung, die: → Ablehnung
Weihe, die: **1.** ⟨*kirchl. Segnung*⟩ Weihung; Konsekration (*kathol*) – **2.** → Einweihung – **3.** → Priesterweihe – **4.** → Feierlichkeit (1)
weihen: 1. ⟨*die Weihe erteilen*⟩ heiligen; konsekrieren (*kathol*) + salben; → *auch* segnen (1) – **2.** → einweihen (1) – **3.** → widmen (I) – **4.** → opfern (I, 1, a)
Weiher, der: → Teich (1)
weihevoll: → feierlich (1)
Weihnacht, die: → Weihnachten (1)
Weihnachten, das: **1.** ⟨*das Fest der Geburt Christi*⟩ Weihnachtsfest; Christfest · Julfest · der Heilige Christ (*noch landsch*) + Heiliger Abend · Heilige Nacht · Heiligabend · Weihnachtsabend · Christnacht ♦ *gehoben*: Weihnacht – **2.** → Weihnachtsgeschenk
Weihnachtsabend, der: → Weihnachten (1)
Weihnachtsbaum, der: Christbaum · Lichterbaum · Tannenbaum ♦ *umg*: Baum
Weihnachtsbescherung, die: Bescherung
Weihnachtsfest, das: → Weihnachten (1)
Weihnachtsgeschenk, das: Christgeschenk (*veraltend*) + Julklapp ♦ *umg*: Weihnachten; Christkind[e]l (*süddt österr*)
Weihung, die: → Weihe (1)
weil: da · zumal; sintemal (*noch scherzh*)
weiland: → früher (1)
Weilchen, das: → Augenblick (1)
Weile, die: **1.** → Augenblick (1) – **2.** W. haben: → Zeit (10); erst vor einer W.: → eben (2)
weilen: 1. → aufhalten (II, 1) – **2.** → bleiben (1) – **3.** nicht mehr unter uns/unter den Lebenden w.: → tot (4)
Weiler, der: → Dorf (1)
Wein, der: **1.** ⟨*alkohol. Getränk*⟩ Rebensaft; Sorgenbrecher (*scherzh*) + Weißwein · Rotwein · Dessertwein ♦ *gehoben*: Blut der Reben · edles Nass; → *auch* Champagner – **2.** → Weinstock – **3.** reinen W. einschenken: → Wahrheit (2); Wasser in den W. gießen: → ernüchtern; im W. ersäufen/ertränken: → unterdrücken (2)
Weinbrand, der: Kognak · Brandy; → *auch* Branntwein
weinen: 1. ⟨*beim Empfinden von Schmerzen od. Leid Tränen aus den Augen fließen lassen*⟩ Tränen vergießen · in Tränen zerfließen/schwimmen · feuchte Augen bekommen · sich der Tränen nicht erwehren können · sich die Augen rot/aus dem Kopf

weinen + wimmern · schluchzen · schreien ♦ *umg*: zum Steinerweichen weinen · [wie ein Schlosshund] heulen; greinen · flennen (*abwert*); quarren · blarren · plinsen (*norddt*) + plärren · brüllen · quengeln ♦ *salopp*: quäken (*abwert*) ♦ *derb*: Rotz und Wasser heulen; → *auch* jammern (1) – **2.** sich die Augen rot/aus dem Kopf w., zum Steinerweichen w.: → 1; w. |um|: → beklagen (I, 1)
Weinen, das: *umg*: Geweine · Geheule (*abwert*) + Geflenne · Geschluchze · Gewinsel · Geplärre ♦ *salopp*: Gequäke (*abwert*); → *auch* Geschrei (1, b)
weinerlich: wehleidig · rührselig · larmoyant; → *auch* gefühlvoll (1)
Weingeist, der: → Alkohol (1)
Weinkeller, der: → Gaststätte (1, d)
Weinlese, die: Traubenlese · Beerenlese · Lese · Traubenernte; Wimmer (*schweiz*)
Weinrebe, die: → Weinstock
weinrot: → rot (1)
Weinstock, der: Rebstock · Weinrebe · Rebe · Wein
Weinstube, die: → Gaststätte (1, d)
Weintraube, die: Traube
weise: 1. ⟨*durch lange Erfahrung gereift u. einsichtig*⟩ philosophisch · lebenserfahren; → *auch* erfahren (2), klug (1) – **2.** die w. Frau: → Hebamme
Weise, die: **1.** → Art (1) – **2.** → Melodie – **3.** auf diese [Art und] W., in dieser/der W., auf folgende W.: → so (1); auf welche W., in welcher W.: → wie (2); in gleicher W.: → ebenso; das ist keine Art und W.: → unerhört (2); in keinster W.: → keineswegs
weisen: 1. → zeigen (I, 1) – **2.** → schicken (I, 2) – **3.** w. |auf|: → hinweisen; die Tür w., aus dem Haus w.: → hinauswerfen (1); aus dem Land w.: → ausweisen (I, 1); in seine Schranken w.: → zurechtweisen; von sich w.: → ablehnen (2); nicht von der Hand zu w. sein: → möglich (3, a)
Weisheit, die: **1.** → Klugheit – **2.** → Erfahrung (1) – **3.** die W. mit Löffeln gefressen haben: → überklug (2); die W. auch nicht mit Löffeln gegessen/gefressen haben: → dumm (6); mit seiner W. am Ende sein: → hilflos (4)
weislich: 1. → wohl (7) – **2.** → absichtlich
weismachen: → einreden (1)
weiß: 1. ⟨*Farbe*⟩ blütenweiß · federweiß · schlohweiß · schwanenweiß · schneeweiß · schneefarben · weiß wie Schnee + silberweiß · weißlich – **2.** → blass (1) – **3.** → grauhaarig – **4.** w. wie Schnee: → 1; w. wie die Wand: → blass (1); w. machen: → weißen; aus Schwarz Weiß/aus Weiß Schwarz machen: → verdrehen (1); weißer Rabe/Sperling: → Seltenheit; weiße Maus: → Verkehrspolizist; weiße Mäuse sehen: → betrunken (2); die weiße Fahne zeigen: → ergeben (II, 1); eine weiße Weste haben: → unschuldig (4); nicht das Weiße im Auge gönnen: → neidisch (2)
Weiß, das: → Schnee (1)
weissagen: prophezeien · orakeln; → *auch* wahrsagen, voraussagen
Weissager, der: Prophet · Seher; → *auch* Wahrsager
Weissagung, die: Prophezeiung · Prophetie · Orakel; → *auch* Voraussage
Weißbinder, der: → Maler (1)
weißeln: → weißen
weißen: tünchen · kalken · weiß machen; weißeln (*süddt österr schweiz*)
Weißglut, die: [bis] zur W. reizen, zur W. bringen: → erzürnen (1)
weißhaarig: → grauhaarig
Weißkäse, der: → Quark (1)
weißlich: → weiß (1)
weißwaschen: I. weißwaschen: → rechtfertigen (I) – **II.** weißwaschen, sich: → rechtfertigen (II)
Weisung, die: **1.** → Befehl (1) – **2.** → Anordnung (2) – **3.** → Verordnung (1)
weit: 1. ⟨*von großer Entfernung*⟩ meilenweit – **2.** → ausgedehnt (1) – **3.** → fern (1) – **4.** zu w. gehen: ⟨*die noch vertretbaren Grenzen überschreiten*⟩ übertreiben · zu weit treiben · übers Ziel [hinaus]schießen · den Bogen überspannen · die Schraube überdrehen + das Kind mit dem Bade ausschütten – **5.** die weite Welt: → Ferne (1); w. weg, w. davon: → fern (1); w. vom Schuss: **a)** → fern (1) – **b)** → abgelegen; das Weite suchen: → weglaufen; sich ins Weite verlieren: → abschweifen (1); w. und breit: → überall (1); allein auf weiter Flur: → allein (1); auf weite Sicht: → weitblickend; nicht w. her: → mittelmäßig; bei weitem: → weitaus; w. gefehlt: → keineswegs; w. unter dem Preis: → billig (1); w. hergeholt: → gesucht (1); zu w. treiben: → 4; das geht zu w.: → unerhört (2); w. kommen: → Erfolg (2); es w. bringen: **a)** → Erfolg (2) – **b)** → scheitern (a)

weitab: **1.** → fern (1) – **2.** w. vom Schuss: **a)** → fern (1) – **b)** → abgelegen
weitaus: bei weitem · mit Abstand
Weitblick, der: → Vorausschau
weitblickend: weitsichtig + auf lange / weite Sicht; → *auch* voraussehend
Weite, die: **1.** → Ferne (1) – **2.** → Ausmaß – **3.** → Entfernung (1)
weiten: **I.** weiten: → dehnen (I), ausweiten (I, 1) – **II.** weiten, sich: → ausweiten (II, 2)
weiter: **1.** → weiterhin (1) – **2.** → dazu (2) – **3.** → außerdem (1) – **4.** → vorwärts (1) – **5.** und so w.: ⟨*Ausdruck, mit dem man auf das Folgen von Gleichartigem hinweist*⟩ und so fort · und dergleichen mehr · et cetera ♦ *umg*: und, und, und – **6.** w. bestehen: ⟨*weiterhin vorhanden sein*⟩ fortbestehen · fortleben · fortdauern · bestehen bleiben · Bestand haben · sich erhalten · von Bestand/Dauer sein; → *auch* andauern, überdauern – **7.** des Weiteren: → dazu (2); im Weiteren: → weiterhin (1); ohne weiteres: **a)** → anstandslos – **b)** → kurzerhand; bis auf weiteres: → vorläufig; w. im Text: → vorwärts (1)
weiterbilden, sich: → bilden (II, 1)
Weiterbildung, die: Fortbildung · Qualifizierung
weitereilen: → weitergehen (1)
Weiterentwicklung, die: → Fortschritt (1)
weitererzählen: → ausplaudern
weiterführen: weitermachen · fortführen · fortsetzen · fortschreiben · fortfahren |mit| + wieder aufnehmen; → auch fortfahren (1)
Weitergabe, die: → Überlieferung (2)
Weitergang, der: → Fortgang (1)
weitergeben: weiterleiten · weiterreichen; → *auch* übergeben (I, 1)
weitergehen: **1.** ⟨*seinen Weg fortsetzen*⟩ weiterlaufen · seiner Wege gehen + weitereilen ♦ *umg*: zugehen · fortgehen – **2.** → fortfahren (1)
weiterhelfen: → fördern (1)
weiterhin: **1.** ⟨*auch in der kommenden Zeit*⟩ weiter · nach wie vor · fernerhin · im Weiteren; fürder[hin] (*noch scherzh*); weiters (*österr*); → *auch* künftig – **2.** → dazu (2)
weiterkommen: **1.** → vorwärts (2, a) – **2.** → Erfolg (2)
weiterlaufen: → weitergehen (1)
weiterleiten: → weitergeben
weitermachen: **1.** → weiterführen – **2.** → fortfahren (1) – **3.** → festbleiben (1)
weiterreichen: → weitergeben
weiters: → weiterhin (1)
weitersagen: → ausplaudern
Weiterung, die: **1.** → Schwierigkeit (1) – **2.** → Folge (1)
weiterverbreiten: **I.** weiterverbreiten: → verbreiten (I, 1) – **II.** weiterverbreiten, sich: → verbreiten (II)
weitgehend: → überwiegend
weitherzig: → tolerant
weitläufig: **1.** ⟨*als Bezeichnung für einen nicht engen Verwandtschaftsgrad*⟩ entfernt; weitschichtig (*landsch*) ♦ *salopp*: um die Ecke · um ein paar / sechs Ecken (*scherzh*) – **2.** → ausgedehnt (1) – **3.** → ausführlich (1)
weitreichend: → folgenreich
weitschichtig: **1.** → ausgedehnt (1) – **2.** → weitläufig (1)
weitschweifig: → ausführlich (1)
weitsichtig: → weitblickend
weittragend: → folgenreich
Weizen, der: + Spelt · Dinkel
welche: **1.** → die (2) – **2.** → einige (1) – **3.** auf w. Art / Weise, in welcher Art / Weise: → wie (2)
welcher: → der (2)
welcherart: welchergestalt · welcherlei · welcherweise
welchergestalt: → welcherart
welcherlei: → welcherart
welcherweise: → welcherart
welches: → das (2)
welk: **1.** ⟨*nicht mehr grünend u. blühend*⟩ verwelkt; → *auch* trocken (2) – **2.** → runzelig
welken: **1.** ⟨*nicht mehr grünen u. blühen*⟩ verwelken · abwelken · hinwelken · eingehen + vergilben · verdorren · vertrocknen; → *auch* verblühen (1), vertrocknen (1) – **2.** → altern (1)
Welle: **I.** Welle, die: ⟨*Bewegung der Wasseroberfläche*⟩ Woge; See (*seem*) + Wellenberg · Brecher · Sturzsee – **II.** Wellen (*Pl*): **1.** → Seegang – **2.** in den W. verschwinden: → sinken (1); den Tod / sein Grab in den W. finden: → ertrinken; W. schlagen: → Aufsehen (2)
wellen: **I.** wellen: ⟨*die Haare lockig machen*⟩ locken · kräuseln; ondulieren (*veraltend*) – **II.** wellen, sich: → [1]verziehen (II, 1)
Wellenberg, der: → Welle (I)
Wellengang, der: → Seegang

Wellenlänge, die: auf der gleichen W. liegen, die gleiche W. haben: → verstehen (II, 2)
Wellenreiten, das: → Surfing
Wellenschlag, der: → Seegang
wellig: 1. → lockig – **2.** → hügelig
welsch: → ausländisch (1)
Welt, die: **1.** ⟨*die Gesamtheit des irdischen Lebensbereiches*⟩ Erde; Diesseits (*Rel*) ♦ *gehoben*: Erdkreis · Erdenrund + Jammertal; → *auch* Erde (2) – **2.** die weite W.: → Ferne (1); die alte W.: → Altertum (I, 1); die Dritte W.: → Entwicklungsländer; alle W.: → jedermann; am Ende / Arsch der W.: → abgelegen; in der ganzen / aller W.: → überall (1); in alle W.: → überallhin; aus aller W.: → überallher; ein Kind in die W. setzen: **a)** → zeugen (1) – **b)** → gebären; auf die / zur W. bringen: → gebären; zur / auf die W. kommen, das Licht der W. erblicken: → geboren (2); aus der W. gehen / scheiden, die W. verlassen: → sterben (1); freiwillig aus der W. gehen / scheiden: → Selbstmord (2); aus der W. schaffen: **a)** → ermorden – **b)** → beseitigen (1); durch die W. kommen: → durchschlagen (I, 2); die Bretter, die die W. bedeuten: → Theater (1); nicht um alles in der W.: → niemals
weltabgewandt: → weltfremd
Weltall, das: All · Kosmos · Universum · Makrokosmos + Unendlichkeit; → *auch* Weltraum, Himmel (1)
Weltanschauung, die: Philosophie + Weltbild · Ideologie · Lebensansicht · Kredo; → *auch* Anschauungsweise, Meinung (1)
weltbekannt: → berühmt (1)
weltberühmt: → berühmt (1)
weltbewegend: → welterschütternd
Weltbild, das: → Weltanschauung
Weltbürger, der: Kosmopolit
Weltenbummler, der: → Weltreisende
weltenfern: → fern (1)
Weltenlenker, der: → Gott (1, a)
weltentrückt: → weltfremd
welterfahren: → erfahren (2)
welterschütternd: weltbewegend
weltfern: → weltfremd
weltfremd: wirklichkeitsfern · lebensfremd · lebensfern · realitätsfern · weltfern · unrealistisch · weltabgewandt; akademisch (*abwert*); idealistisch (*oft abwert*) ♦ *gehoben*: weltenfern · weltentrückt · weltverloren; → *auch* einsam (1), schwärmerisch (1)
Weltgeltung, die: **1.** → Ruhm (1) – **2.** von W.: → berühmt (1)
Weltgericht, das (*Rel*): das Jüngste Gericht · der Jüngste Tag
weltgewandt: → gewandt (3)
weltklug: → erfahren (2)
Weltkugel, die: → Globus (1)
weltkundig: → erfahren (2)
weltläufig: 1. → gewandt (3) – **2.** → bekannt (1)
weltlich (*Rel*): profan · säkular
Weltmacht, die: → Großmacht
Weltmachtstreben, das: → Imperialismus
Weltmann, der: + Kavalier · Gentleman ♦ *umg*: + Salonlöwe (*scherzh od. abwert*); → *auch* Ehrenmann
weltmännisch: → gewandt (3)
Weltmeer, das: → Meer
weltoffen: extravertiert · extrovertiert · urban; → *auch* gesellig (1)
Weltrang, der: von W.: → berühmt (1)
Weltraum, der: [kosmischer] Raum; → *auch* Weltall
Weltraumfähre, die: → Raumfähre
Weltraumfahrer, der: → Astronaut
Weltraumfahrt, die: → Raumfahrt
Weltraumlaboratorium, das: → Raumlabor
Weltraumschiff, das: → Raumschiff
Weltraumstation, die: → Raumstation
Weltraumtransporter, der: → Raumfähre
Weltreich, das: → Großmacht
Weltreisende, der: Weltenbummler · Globetrotter
Weltruf, der: **1.** → Ruhm (1) – **2.** von W.: → berühmt (1)
Weltruhm, der: **1.** → Ruhm (1) – **2.** von W.: → berühmt (1)
Weltschmerz, der: → Schwermut
Weltstadt, die: → Großstadt
Weltteil, der: → Erdteil
weltumfassend: weltumspannend · weltweit · global · erdumspannend · rund um den Globus; → *auch* international
weltumspannend: → weltumfassend
weltverloren: 1. → weltfremd – **2.** → einsam (1)
weltweit: 1. → weltumfassend – **2.** → international
Wende, die: **1.** → Wendung (1) – **2.** → Biegung (1) – **3.** → Umschwung (1) – **4.** → Wendepunkt
Wendehals, der: → Opportunist

wenden: **I.** wenden: **1.** ⟨*in die Gegenrichtung bringen*⟩ [herum]drehen · umdrehen · umwenden · umkehren + umlenken · [um]schwenken – **2.** → ändern (I, 1) – **3.** seine Schritte w. |nach|: → gehen (8) – **II.** wenden, sich: **1.** → ändern (II) – **2.** → abwenden (II, 1) – **3.** → umdrehen (II) – **4.** sich w. |von|: → abwenden (II, 2); sich w. |an|: **a)** → bitten (2) – **b)** → fragen (I, 1); sich drehen und w.: → ausweichen (2); sich zur Flucht w.: → fliehen (1)
Wendepunkt, der: Markstein · Meilenstein · Wende
wendig: → gewandt (1 *u.* 2)
Wendigkeit, die: → Gewandtheit (1, 2 *u.* 3)
Wendung, die: **1.** ⟨*das Ändern der Richtung*⟩ Richtungsänderung · Schwenk · Drehung · Schwenkung + Wende; → *auch* Biegung (1) – **2.** → Änderung (1) – **3.** → Redewendung (1) – **4.** → Umschwung (1) – **5.** feste W.: → Phraseologismus
wenig: **1.** ⟨*in kleiner Zahl bzw. Menge*⟩ nicht viel · gering · blutwenig ♦ *umg*: mordswenig · ein Fingerhut voll; [nur] für den hohlen Zahn (*scherzh*); → *auch* knapp (1), spärlich (1) – **2.** ein w.: ⟨*eine kleine Menge*⟩ etwas · ein bisschen · ein Quäntchen · eine Prise · ein Hauch · eine Kleinigkeit · eine Spur/Idee · ein Schuss + ein Bissen ♦ *umg*: ein bissel (*landsch*) – **3.** zu w.: ⟨*eine nicht ausreichende Menge*⟩ ein Tropfen auf den heißen Stein – **4.** nicht w.: **a)** → sehr – **b)** → viel (I, 1); nicht wenige: → viel (I, 1); [nur] wenige: → einige (1)
weniger: → abzüglich
Wenigkeit, die: meine W.: → ich
wenigstens: **1.** → jedenfalls – **2.** → mindestens
wenn: **1.** ⟨*konditional*⟩ falls · für den Fall/im Falle, dass · sofern · vorausgesetzt, dass – **2.** → sobald – **3.** w. auch: → obgleich; wie w.: → als (4); das Wenn und Aber: → Zweifel (1)
wenngleich: → obgleich
wennschon: → obgleich
Wenzel, der: → Bube
wer: → jemand (1)
Werbeberater, der: → Werbefachmann
Werbeblatt, das: → Werbeschrift
Werbefachmann, der: Werbeberater · Reklamefachmann · Propagandist · Showman + Akquisiteur · Werbetexter · Werbegestalter; Visualizer (*fachspr*) ♦ *umg*: Werber
Werbefeldzug, der: → Werbung (1)
Werbegestalter, der: → Werbefachmann
Werbekampagne, die: → Werbung (1)
werbekräftig: → zugkräftig
werben: **1.** w. |für|: ⟨*für etw. Interesse wecken wollen*⟩ propagieren · Propaganda machen/treiben |für| · Reklame machen |für| · Kunden anlocken · promoten + akquirieren · agitieren · inserieren ♦ *umg*: die Werbetrommel/Reklametrommel/Trommel rühren |für|; anreißen · Kunden fangen/ködern (*abwert*) – **2.** w. |um|: **a)** ⟨*ein Mädchen od. eine Frau gewinnen wollen*⟩ umwerben · sich bewerben |um| · sich bemühen |um| · den Hof machen · die Cour machen/schneiden · freien |um| · anhalten |um| · um jmds. Hand anhalten · die Hand/Ehe antragen · einen Heiratsantrag/Antrag machen; Brautschau halten · auf Brautschau/Freiersfüßen gehen (*scherzh*); buhlen |um| (*abwert*) ♦ *umg*: nachlaufen · auf die Freite gehen; → *auch* flirten – **b)** → bewerben, sich (1)
Werber, der: **1.** → Werbefachmann – **2.** → Bewerber (2)
Werbeschrift, die: Werbeblatt · Prospekt ♦ *umg*: Reklame
Werbeslogan, der: → Werbespruch
Werbespruch, der: Werbeslogan · Slogan
Werbetätigkeit, die: → Werbung (1)
Werbetexter, der: → Werbefachmann
Werbetrommel, die: die W. rühren |für|: → werben (1)
werbewirksam: → zugkräftig
Werbung, die: **1.** ⟨*das Werben für etw.*⟩ Werbetätigkeit · Propaganda · Reklame · Advertising · Promotion + Publicity · Kundenwerbung · Akquisition · Werbefeldzug · Werbekampagne ♦ *umg*: Reklamemacherei · Anreißerei · Kundenfang (*abwert*); → *auch* Angebot (2) – **2.** → Propaganda (1)
Werdegang, der: **1.** → Entwicklung (1) – **2.** → Laufbahn (1)
werden: **1.** → entstehen (1) – **2.** → entwickeln (II, 2) – **3.** → geraten (1) – **4.** etw. w.: → aufsteigen (2); wo werd' ich denn: → keineswegs
werfen: **I.** werfen: **1.** ⟨*mit der Hand kräftig u. weit von sich fortbewegen*⟩ schleudern ♦ *umg*: schmettern; schießen (*landsch*) ♦ *salopp*: schmeißen · pfeffern · feuern – **2.** ⟨*von Tieren gesagt: gebären*⟩ Junge werfen/bekommen · jungen · hecken; setzen ·

frischen (*weidm*) + [ab]ferkeln · fohlen · kalben · schütten ♦ *umg*: Junge kriegen – **3.** in die Höhe w.: → hochwerfen; zum alten Eisen w., von sich w.: → wegwerfen (I, 1); die Kleider von sich w.: → ausziehen (II); auf die Straße w.: → entlassen (2); aus dem Haus w.: → hinauswerfen (1); ins Gefängnis/in den Kerker w.: → einsperren (1); die Tür [hinter sich] ins Schloss w.: → schließen (I, 1, a); [den] Anker w.: → ankern (1); einen Blick w. |auf|: → ansehen (I, 1 *u.* 3); ein Auge w. |auf|: → interessieren (II); auf den Markt w.: → anbieten (I, 3); aufs Papier w.: → aufschreiben (1); einen Stein w. |auf|: → verurteilen (2); in die Diskussion w.: → vorbringen; in einen Topf w.: → gleichsetzen; das Handtuch w., über Bord w., die Flinte ins Korn w.: → aufgeben (3); aus dem Gleis geworfen werden: → scheitern (a); mit Geld um sich w.: → verschwenderisch (2) – **II.** werfen, sich: **1.** → [1]verziehen (II, 1) – **2.** sich w. |auf|: **a)** → angreifen (I, 1, b) – **b)** → anfangen (1, a); sich in die Kleider w.: → anziehen (II); sich in Gala/Staat/Schale/Wichs w.: → herausputzen (II); sich jmdm. an den Hals w.: → aufdrängen (II, 1); sich in die Brust w.: → angeben (1); sich in die Bresche w.: → eintreten (7, a)

Werk, das: **1.** ⟨*Ergebnis künstler. Schaffens*⟩ Kunstwerk · Schöpfung · Arbeit · Œuvre; Opus · Produkt (*auch iron*) + Denkmal; → *auch* Buch (1) – **2.** → Buch (1) – **3.** → Fabrik – **4.** → Arbeit (4) – **5.** → Tat (1) – **6.** → Dichtung (1, b) – **7.** ans W. gehen, sich ans W. machen, Hand ans W. legen: → anfangen (1, a); ins W. setzen: **a)** → veranlassen (1) – **b)** → veranstalten (1); zu Werke gehen: → handeln (I, 3)

Werkanlage, die: → Anlage (II)

Werkel, das: → Leierkasten

werkeln: → arbeiten (1)

werken: → arbeiten (1)

werkgerecht: → fachmännisch

Werkhalle, die: Fabrikhalle · Halle; → *auch* Arbeitsraum, Werkstatt

Werkkantine, die: → Gaststätte (1, e)

Werkküche, die: → Gaststätte (1, e)

Werkstatt, die: Werkstätte · Atelier + Reparaturwerkstatt; → *auch* Werkhalle, Studio, Fabrik

Werkstätte, die: → Werkstatt

Werkstoff, der: → Rohstoff (1)

Werkswohnung, die: → Dienstwohnung

Werktag, der: Arbeitstag · Wochentag + Alltag

werktags: wochentags · alltags · in/unter der Woche

werktätig: → berufstätig

Werktätige, der: → Arbeiter (I)

Werkzeug, das: **1.** ⟨*Gerät zum Bearbeiten von Werkstücken usw.*⟩ Handwerkszeug · Gerätschaften · Gerät · Instrument · Arbeitsgerät · Arbeitsinstrument · Arbeitswerkzeug + Apparat ♦ *umg*: Arbeitszeug – **2.** ⟨*von jmdm. für seine Zwecke ausgenutzte Person*⟩ Schachfigur · Marionette + Strohmann – **3.** als W. benutzen, zu seinem W. machen: → instrumentalisieren

wert: **1.** → verehrt – **2.** viel w.: → wertvoll (1); nichts/keinen/nicht einen Pfennig/keinen Dreier/[roten] Heller/keinen Pfifferling/Schuss Pulver w.: → wertlos (1); nicht/kaum der Rede w.: **a)** → geringfügig – **b)** → unwichtig (1)

Wert, der: **1.** → Bedeutung (1) – **2.** → Güte (2) – **3.** → Preis (1) – **4.** → Nutzen (1) – **5.** ohne W.: → wertlos (1); W. haben, von W. sein: → wertvoll (2); W. legen |auf|: **a)** → Acht (1, a) – **b)** → betonen (2); W. beimessen: → betonen (2)

Wertarbeit, die: Qualitätsarbeit

werten: → beurteilen (1)

Wertgefühl, das: → Ehre (1)

Wertgegenstand, der: → Wertstück

wertgemindert: → minderwertig

Wertherstimmung, die: → Lebensüberdruss

wertlos: **1.** ⟨*keinen Wert besitzend*⟩ nichts wert · unbrauchbar · ohne Wert · keinen/nicht einen Pfennig wert ♦ *umg*: keinen Dreier/[roten] Heller wert · keinen Pfifferling/Schuss Pulver wert · nicht viel dran + nur ein Fetzen Papier; → *auch* minderwertig, schlecht (1) – **2.** → nutzlos (1)

Wertmarke, die: → Gutschein

Wertpapier: **I.** Wertpapier, das: ⟨*Vermögensrechte verbriefende Urkunde*⟩ Papier; Wertschrift (*schweiz*); → *auch* Aktie – **II.** Wertpapiere (*Pl*): ⟨*Vermögensrechte verbriefende Urkunden*⟩ Effekten (*Bankw*)

Wertsache, die: → Wertstück

Wertschätzung, die: → Achtung (1)

Wertschrift, die: → Wertpapier (I)

Wertstück, das: Wertgegenstand · Wertsache · Kostbarkeit · Schatz · Kleinod · Juwel · Preziosen; → *auch* Schmuck (1)

Wertung, die: **1.** → Bewertung (1) – **2.** → Beurteilung – **3.** → Kritik (1)
Wertungspunkt, der: → Punkt (1)
wertvoll: **1.** ⟨*großen materiellen Wert besitzend*⟩ kostbar · teuer · hochwertig · edel · viel wert · unschätzbar · nicht mit Geld zu bezahlen; preziös (*veraltet*) + rar; → *auch* erstklassig (1), unersetzlich – **2.** w. sein: ⟨*großen materiellen Wert besitzen*⟩ Wert haben · von Wert sein
Wesen, das: **1.** ⟨*die bestimmenden Eigenschaften*⟩ Kern · Kernstück · Substanz · das Wesentliche · das Wichtigste · Quintessenz · Extrakt · Essenz · Hauptgehalt · Wesenheit · Sinn; → *auch* Hauptsache – **2.** → Person (1) – **3.** → Lebewesen – **4.** → Wesensart – **5.** weibliches W.: → Frau (I, 1); männliches W.: → Mann (I, 1); das höchste W.: → Gott (1, b); ein einnehmendes W. haben: → geldgierig (2)
wesenhaft: → eigentümlich (1)
Wesenheit, die: **1.** → Wesen (1) – **2.** → Wesensart
wesenlos: → unbedeutend (1)
Wesensart, die: Natur · Naturell · Charakter · Wesen · Sinnesart · Sinn · Gemütsart · Gemütsrichtung · Individualität; Wesenheit (*veraltend*); → *auch* Eigenart, Veranlagung
wesenseigen: → eigentümlich (1)
wesensfremd: → verschiedenartig
wesensgleich: → gleich (6)
Wesensmerkmal, das: → Eigenschaft
Wesenszug, der: → Eigenschaft
wesentlich: wichtig · signifikant · substanziell · essenziell · primär; → *auch* wichtig (1), bedeutsam (1)
Wesentliche, das: → Wesen (1)
weshalb: → warum
Wespennest, das: sich in ein W. setzen: → schaden (3)
West: **I.** West: **1.** → Westen (1) – **2.** in Ost und W.: → überall (1) – **II.** West, der: → Westwind
Weste, die: eine reine/saubere/weiße W. haben: → unschuldig (4); etw. unter die W. schieben/jubeln: → beschuldigen (2)
Westen, der: **1.** ⟨*Himmelsrichtung*⟩ West (*fachspr*) – **2.** → Abendland
Westover, der: → Pullover
Westwind, der: West (*seem*)
weswegen: → warum
Wettbewerb, der: **1.** ⟨*Kampf um die besten Ergebnisse*⟩ Wettstreit – **2.** → Wettkampf – **3.** → Konkurrenzkampf
Wettbewerber, der: → Konkurrent (1)
wettbewerbsfähig: konkurrenzfähig · marktfähig
Wette, die: eine W. machen/abschließen: → wetten; um die W. laufen/rennen: → wettlaufen
Wetteifer, der: **1.** ⟨*das Bemühen andere zu übertreffen*⟩ Rivalität – **2.** → Streben
wetteifern: w. |mit|: rivalisieren |mit|; → *auch* messen (II, 1)
wetten: eine Wette machen/abschließen + setzen · tippen · losen · würfeln
Wetter: **I.** Wetter, das: **1.** ⟨*der Zustand der irdischen Lufthülle zu einer bestimmten Zeit*⟩ Witterung · Wetterlage + Klima – **2.** schlechtes W.: ⟨*als unangenehm empfundene Witterung*⟩ *salopp*: Mistwetter · Hundewetter · Dreckwetter (*abwert*) ♦ *derb*: Sauwetter · Scheißwetter (*abwert*) – **3.** → Gewitter (1), Unwetter – **4.** um gutes W. bitten: → entschuldigen (II) – **II.** Wetter (*Pl*): **1.** *bergm* ⟨*explosives Gasgemisch*⟩ schlagende Wetter – **2.** schlagende W.: → II, 1
Wetteränderung, die: Witterungsumschlag · Wetterumschlag · Wetterumschwung · Wettersturz · Umschlag · Umschwung
Wetterbeobachtungsstelle, die: → Wetterwarte
Wetterbericht, der: → Wettervorhersage
Wetterdienststelle, die: → Wetterwarte
wetterecht: → farbecht
Wetterfahne, die: **1.** ⟨*Windrichtungsanzeiger*⟩ Wetterhahn · Turmhahn – **2.** → Opportunist
Wetterhahn, der: → Wetterfahne (1)
Wetterlage, die: → Wetter (I, 1)
wetterleuchten: → blitzen (1)
Wettermantel, der: → Regenmantel
Wettermeldung, die: → Wettervorhersage
wettern: **1.** → donnern (1) – **2.** → schimpfen (1)
Wetterprognose, die: → Wettervorhersage
Wetterstation, die: → Wetterwarte
Wetterstelle, die: → Wetterwarte
Wetterstrahl, der: → Blitz (1)
Wettersturz, der: → Wetteränderung
Wetterumschlag, der: → Wetteränderung
Wetterumschwung, der: → Wetteränderung

Wettervorhersage, die: Wetterbericht · Wettermeldung · Wetterprognose
Wetterwarte, die: Wetterstelle · Wetterstation · Wetterbeobachtungsstelle · Wetterdienststelle
wetterwendisch: 1. → launisch – **2.** → unbeständig
Wettfahrt, die: → Rennen (1)
Wettkampf, der: Wettbewerb · Konkurrenz · Begegnung · Treffen · Wettstreit · Wettspiel · Spiel · Match · Kampf + Turnier
Wettlauf, der: → Rennen (1)
wettlaufen: wettrennen · um die Wette laufen/rennen
wettmachen: 1. → ausgleichen (I, 2) – **2.** → büßen (1) – **3.** Boden w.: → aufholen (1)
wettrennen: → wettlaufen
Wettrennen, das: → Rennen (1)
Wettspiel, das: → Wettkampf
Wettstreit, der: **1.** → Wettbewerb (1) – **2.** → Wettkampf
wettstreiten: → messen (II, 1)
wetzen: 1. → schärfen – **2.** → reiben (I, 1) – **3.** → laufen (1)
Wetzstein, der: → Schleifstein
Whisky, der: → Branntwein
Wichs, der: sich in W. werfen/schmeißen: → herausputzen (II)
Wichse, die: **1.** → Schuhcreme – **2.** → Prügel (II, 1)
wichsen: 1. ⟨*glänzend machen*⟩ putzen · blank reiben ♦ *umg*: wienern; → *auch* polieren (1) – **2.** → schlagen (I, 1) – **3.** → masturbieren
Wichtel, der: **1.** → Zwerg (1) – **2.** → Kobold (1) – **3.** → Knirps
Wichtelmännchen, das: **1.** → Zwerg (1) – **2.** → Kobold (1)
wichtig: 1. ⟨*besondere Aufmerksamkeit verdienend bzw. erfordernd*⟩ bedeutend · beachtlich · belangvoll · relevant · schwerwiegend · gewichtig · gravierend · [vor-]dringlich · dringend · akut · ernst[haft] · ernstlich · brennend · von Wichtigkeit/Bedeutung/Belang/Gewicht · hochbedeutend · hochbedeutsam · inhaltsschwer; belangreich (*veraltet*); → *auch* bedeutsam (1), erwähnenswert (1), wesentlich, folgenreich, entscheidend (1) – **2.** → wesentlich – **3.** w. sein: ⟨*von Wichtigkeit sein*⟩ von Bedeutung/Belang sein · etw. bedeuten/gelten/zählen/ausmachen · Gewicht haben · ins Gewicht/in die Waagschale fallen · eine Rolle spielen · schwer wiegen – **4.** nicht w. sein: ⟨*nicht von Wichtigkeit sein*⟩ unwichtig sein · nicht ins Gewicht/in die Waagschale fallen · keine Rolle spielen · ohne/nicht von Bedeutung/Belang sein · nichts zur Sache tun · nichts zu sagen haben · nichts ausmachen – **5.** w. tun, sich w. machen: → aufspielen (II)
Wichtigkeit, die: **1.** → Bedeutung (1) – **2.** von W.: → wichtig (1); W. beimessen: → betonen (2)
Wichtigste, das: → Wesen (1)
Wichtigtuer, der: → Angeber (1)
Wichtigtuerei, die: → Angabe (I, 1)
wichtigtuerisch: → angeberisch
Wicke, die: in die Wicken gehen: **a)** → entzweigehen (1) – **b)** → verloren (4)
Wickel, der: **1.** → Umschlag (1) – **2.** beim/am W. kriegen/nehmen/fassen: → ergreifen (2)
Wickelkind, das: → Säugling (1)
wickeln: 1. → aufrollen (2) – **2.** → trockenlegen (1) – **3.** w. |aus|: → auspacken (1); w. |in|: → einwickeln (1); schief gewickelt sein: → irren (II)
wider: 1. → gegen (1) – **2.** w. Willen: → unfreiwillig; w. den Stachel löcken: → widersetzen, sich; w. den Strich gehen: → missfallen (1); das Für und Wider: → Zweifel (1)
widerborstig: → widerspenstig
Widerborstigkeit, die: → Widerspenstigkeit
widerfahren: → zustoßen (1)
Widerhall, der: → Echo (1)
widerhallen: echoen · widerschallen · widerklingen
Widerhalt, der: → Stütze (1)
Widerklang, der: → Echo (1)
widerklingen: → widerhallen
widerlegen: entkräften · ad absurdum führen · das Gegenteil beweisen · Lügen strafen
Widerlegung, die: Entkräftung · Gegenbeweis
widerlich: 1. → ekelhaft (1) – **2.** → abscheulich (1)
Widerlichkeit, die: → Widerwärtigkeit
Widerling, der: → Ekel (II)
widernatürlich: abartig · pervers · unnatürlich; → *auch* abnorm (1)
Widerpart, der: **1.** → Gegner (2) – **2.** W. bieten/geben: → widersetzen, sich
widerraten: → abraten

widerrechtlich: → ungesetzlich
Widerrede, die: → Einspruch (1)
widerreden: → widersprechen (1)
Widerruf, der: **1.** ⟨*das Zurücknehmen einer Erklärung*⟩ Zurücknahme · Dementi · Revokation · Gegenerklärung – **2.** → Echo (1)
widerrufen: zurücknehmen · zurückziehen · dementieren · revozieren ♦ *umg*: einen Rückzieher machen
Widersacher, der: **1.** → Gegner (2) – **2.** → Feind (1)
Widerschall, der: → Echo (1)
widerschallen: → widerhallen
Widerschein, der: Spiegelung · Reflex · Abglanz; → *auch* Rückstrahlung
widerscheinen: → widerspiegeln (II)
widersetzen, sich: sich entgegenstellen · sich dagegenstellen · sich dagegenstemmen · sich weigern · sich sperren · sich sträuben · widerstehen · opponieren · trotzen · gegenhalten · Widerstand leisten/entgegensetzen/bieten · Paroli/Trotz/die Stirn bieten · wider den Stachel löcken · Widerpart bieten/geben · gegen/wider den Strom schwimmen; widerstreiten (*veraltet*) + Schach bieten ♦ *gehoben*: widerstreben ♦ *umg*: sich quer legen · sich auf die Hinterbeine stellen · die Zähne zeigen ♦ *salopp*: Ruß machen; → *auch* aufbegehren, standhalten (1), Umstand (II, 2)
widersetzlich: **1.** → widerspenstig – **2.** → ungehorsam
Widersetzlichkeit, die: → Widerspenstigkeit
Widersinn, der: **1.** ⟨*das vernünftigem Denken Zuwiderlaufende*⟩ Paradoxie · Absurdität · Unlogik; → *auch* Unsinn (1, a), Sinnlosigkeit, Narretei – **2.** → Sinnlosigkeit
widersinnig: **1.** ⟨*dem vernünftigen Denken zuwiderlaufend*⟩ paradox · unsinnig · absurd · vernunftwidrig · irrational · unlogisch · folgewidrig · inkonsequent ♦ *umg*: verrückt; → *auch* sinnlos (1), widersprüchlich – **2.** → sinnlos (1)
widerspenstig: widerborstig · widersetzlich · renitent · trotz[köpf]ig · bock[bein]ig · störrisch · kratzbürstig ♦ *umg*: kratzig · stachelig · querköpfig; → *auch* eigensinnig (1), verstockt (1)
Widerspenstigkeit, die: Widerborstigkeit · Widersetzlichkeit · Trotz · Störrischkeit · Renitenz · Bock[bein]igkeit; → *auch* Eigensinn
widerspiegeln: **I.** widerspiegeln: ⟨*auftreffende Lichtstrahlen zurückwerfen*⟩ [ab]spiegeln · zurückwerfen · reflektieren – **II.** widerspiegeln, sich: ⟨*zurückgeworfen werden*⟩ sich spiegeln · widerscheinen
widersprechen: **1.** ⟨*eine entgegengesetzte Meinung äußern*⟩ widerreden + entgegnen · erwidern ♦ *umg*: Kontra geben – **2.** ⟨*mit etw. unvereinbar sein*⟩ ins Gesicht schlagen · Hohn sprechen · im Widerspruch/Gegensatz sein/stehen |zu| – **3.** → protestieren – **4.** sich w.: ⟨*das Gegenteil des vorher Gesagten bzw. etw. davon Abweichendes äußern*⟩ sich in Widersprüche verwickeln
widersprechend: → widerspruchsvoll
Widerspruch, der: **1.** ⟨*Unvereinbarkeit zweier Gegebenheiten*⟩ Kontradiktion · Antinomie (*Philos*) + Widerstreit · Unstimmigkeit · Missverhältnis; → *auch* Gegensatz (1), Missverhältnis – **2.** → Einspruch (1) – **3.** im W. sein/stehen |zu|: → widersprechen (2); sich in Widersprüche verwickeln: → widersprechen (4); keinen W. vertragen [können]: → herrschsüchtig (2)
widersprüchlich: → widerspruchsvoll
widerspruchsvoll: widersprüchlich · widersprechend · kontradiktorisch · disparat · unlogisch · inkonsequent · folgewidrig · unstimmig; → *auch* gegensätzlich, widersinnig (1)
Widerstand, der: **1.** ⟨*das Sichentgegenstellen*⟩ Resistenz · Gegenwehr · Gegendruck + Obstruktion · Abneigung; → *auch* Hindernis (1) – **2.** ⟨*Kraft, die einer Bewegung entgegenwirkt*⟩ Gegendruck · Reibungswiderstand · Reibung – **3.** W. leisten/entgegensetzen/bieten: **a)** → widersetzen, sich – **b)** → verteidigen (II)
widerstandsfähig: **1.** ⟨*Widerstandskraft besitzend*⟩ **a)** ⟨*Sachen*⟩ beständig · stabil · belastbar; → *auch* haltbar (1) – **b)** ⟨*Lebewesen*⟩ resistent + abgehärtet; → *auch* immun (1), kräftig (1), zäh (1) – **2.** sich w. machen: → abhärten, sich
Widerstandskampf, der: Partisanenkampf + Résistance · Guerillakampf; → *auch* Freiheitskampf
Widerstandskämpfer, der: Partisan + Guerilla[kämpfer]; → *auch* Freiheitskämpfer
widerstehen: **1.** → widersetzen, sich – **2.** → standhalten (1)
widerstreben: → widersetzen, sich

widerstrebend: → ungern
Widerstreit, der: **1.** → Widerspruch (1) – **2.** → Zwiespalt (1)
widerstreiten: → widersetzen, sich
widerwärtig: 1. → abscheulich (1) – **2.** → ekelhaft (1)
Widerwärtigkeit, die: Widerlichkeit · Hässlichkeit
Widerwille, der: Ekel · Abscheu · Ekelgefühl · Degout; Idiosynkrasie (*Psych*) + Scheu; → *auch* Abneigung, Abscheu (1)
widerwillig: → ungern
widmen: I. widmen: ⟨*ein künstler. Werk für jmdn. bestimmen*⟩ zueignen · dedizieren · zudenken; verehren (*auch scherzh*) + schenken ♦ *gehoben*: weihen – **II.** widmen, sich: **1.** → beschäftigen (II, 2) – **2.** → aufgehen (8, b)
Widmung, die: Zuneigung · Dedikation
widrig: → unangenehm (1)
widrigenfalls: → andernfalls
Widrigkeit, die: → Unannehmlichkeit
wie: 1. ⟨*gleichsetzend*⟩ so wie · gleichwie · nach Art; → *auch* gleichsam – **2.** ⟨*fragend*⟩ auf welche Art/Weise · in welcher Art/Weise + wodurch – **3.** → als (2 *u.* 3) – **4.** so wie: → 1; wie wenn: → als (4); nach wie vor: → weiterhin (1)
wiebeln: 1. → ausbessern (1) – **2.** → wimmeln
wieder: 1. ⟨*eine Wiederholung ausdrückend*⟩ wiederum · abermals · erneut · nochmals · noch einmal · von neuem · aufs Neue · von vorn · neuerlich · zum anderen Mal[e] · zum zweiten Mal[e]; neuerdings (*süddt österr schweiz*); → *auch* wiederholt (1) – **2.** w. aufbauen: ⟨*neu aufbauen*⟩ *gehoben*: wieder errichten; → *auch* wiederherstellen (1) – **3.** immer w.: → wiederholt (1); hin und w.: → manchmal; w. da: → zurückgekommen; w. tun: → wiederholen (I, 1, a); w. aufbauen/errichten: → 2; w. herrichten: → wiederherstellen (1); w. gutmachen: **a)** → entschädigen (I) – **b)** → bereinigen (1) – **c)** → büßen (1); w. aufnehmen: → weiterführen; w. einfallen: → erinnern (II); w. ins Leben rufen: → wiederbeleben (1); w. auf die Beine/auf den Damm kommen: → gesund (6); w. zu Kräften kommen: → erholen, sich (1); w. [in die Gesellschaft/Gemeinschaft] eingliedern: → resozialisieren; sich w. geben: → beruhigen (II, 1, b); für nichts und w. nichts: → umsonst (1)
Wiederabdruck, der: → Reprint
Wiederaufbau, der: Wiedererrichtung; → *auch* Wiederherstellung (1)
wiederbekommen: → zurückerhalten
wiederbeleben: 1. ⟨*Atmung u. Kreislauf wieder in Gang bringen*⟩ wieder ins Leben rufen · ins Leben zurückrufen; reanimieren (*med*) – **2.** → erneuern (1)
Wiederbelebung, die: → Erneuerung (1), Wiedergeburt
wiederbringen: → zurückgeben (1)
Wiederdruck, der: → Reprint
wiedererhalten: → zurückerhalten
wiedererinnern, sich: → erinnern (II)
wiedererkennen: 1. ⟨*als ein u. dasselbe feststellen*⟩ identifizieren – **2.** → erinnern (II)
wiedererlangen: → zurückerhalten
Wiedererrichtung, die: → Wiederaufbau
wiedererstatten: → zurückzahlen (1)
Wiedererstattung, die: → Rückzahlung
wiedererzählen: 1. → ausplaudern – **2.** → nacherzählen
wiederfordern: → zurückfordern
Wiedergabe, die: **1.** → Nachbildung (1 *u.* 2) – **2.** → Darstellung (1)
wiedergeben: 1. → nachbilden – **2.** → darbieten (I, 1) – **3.** → darstellen (I, 1, a *u.* b) – **4.** → vortragen (1) – **5.** → berichten – **6.** → zurückgeben (1)
Wiedergeburt, die: Renaissance · Neubelebung · Wiederbelebung + Revival; → *auch* Erneuerung (1)
wiedergewinnen: die Fassung w.: → fassen (II, 1)
Wiedergutmachung, die: **1.** → Entschädigung – **2.** → Reparationen
wiederhergestellt: → genesen (1)
Wiederherrichtung, die: → Wiederherstellung (1)
wiederherstellen: 1. ⟨*in den früheren Zustand versetzen*⟩ renovieren · sanieren · restaurieren · rekonstruieren · wieder herrichten; → *auch* erneuern (1), reparieren, wieder (2) – **2.** → heilen (1)
Wiederherstellung, die: **1.** ⟨*das Versetzen in den früheren Zustand*⟩ Renovierung · Rekonstruktion · Rekonstruierung · Restauration · Restaurierung · Wiederherrichtung · Restitution; → *auch* Erneuerung (1), Reparatur, Wiederaufbau – **2.** → Genesung (1)
wiederholen: I. 1. wiederholen: ⟨*noch einmal ausführen*⟩ **a)** ⟨*allgemein*⟩ nochmals/wieder tun · von vorn anfangen · er-

neuern · repetieren · rekapitulieren – **b)** ⟨*dasselbe nochmals sprechen*⟩ nochmals sagen · von vorn anfangen · repetieren · rekapitulieren ♦ *salopp*: wiederkäuen – **2.** wiederholen: ⟨*wieder in seinen Besitz bringen*⟩ zurückholen – **II.** wiederholen, sich: ⟨*noch einmal geschehen*⟩ wiederkehren · wiederkommen
wiederholt: 1. ⟨*nicht nur einmal*⟩ mehrfach · mehrmalig · gehäuft · wiederkehrend · abermalig · nochmalig · mehrmals · einige/etliche Mal[e] · ein paar Mal[e] · einmal mehr · einmal übers/ums andere · ein um das andere Mal · immer wieder · zu wiederholten Malen ♦ *umg*: noch und noch; noch und nöcher (*scherzh*); → *auch* oft, wieder (1) – **2.** zu wiederholten Malen: → 1
Wiederholung, die: Repetition · Rekapitulation · Häufung · Erneuerung · Wiederkehr; Reprise (*Mus*) + Übung
wiederkäuen: → wiederholen (I, 1, b)
Wiederkehr, die: **1.** → Rückkehr – **2.** → Wiederholung
wiederkehren: 1. → zurückkommen (1) – **2.** → wiederholen (II)
wiederkehrend: 1. → wiederholt (1) – **2.** regelmäßig w.: → periodisch
wiederkommen: 1. → zurückkommen (1) – **2.** → wiederholen (II)
wiederkriegen: → zurückerhalten
Wiederkunft, die: → Rückkehr
wiedersagen: → ausplaudern
Wiedersehen, das: **1.** auf W.: ⟨*Abschiedsgruß*⟩ leb wohl · gehab dich wohl; ade · adieu (*noch landsch*); servus · habe die Ehre (*süddt österr*); Gott befohlen (*Rel*); behüt dich Gott (*Rel; süddt österr*) ♦ *umg*: bis bald · mach's gut · tschüs · tschau – **2.** Auf W. sagen: → verabschieden (II, 1)
wiederum: 1. → wieder (1) – **2.** → dagegen (2)
Wiederverwertung, die: → Recycling
wiefern: → warum
Wiege, die: **1.** → Ursprung (1) – **2.** in die W. gelegt: → angeboren
wiegeln: → schaukeln (3)
[1]**wiegen: I.** wiegen: **1.** → schaukeln (3) – **2.** → zerkleinern (1) – **3.** in den Schlaf w.: → einschläfern (1) – **II.** wiegen, sich: → schwingen (I,1)
[2]**wiegen: 1.** ⟨*das Gewicht feststellen*⟩ verwiegen · wägen (*fachspr*); → *auch* abwiegen – **2.** schwer w.: → gelten (2)
Wiegenfest, das: → Geburtstag
Wiegenlied, das: Schlaflied; Eiapopeia (*kinderspr*)
wiehern: → lachen (1)
wienern: 1. → wichsen (1) – **2.** → reinigen (1) – **3.** eine w.: → ohrfeigen
Wiese, die: Wiesenfläche; Anger (*landsch*); Wiesland (*schweiz*) + Grasgarten · Aue · Matte · Grasland; → *auch* Rasen (1), Weide (1)
wieseln: → laufen (1)
Wiesenfläche, die: → Wiese
Wiesland, das: → Wiese
wieso: → warum
wieten: → jäten
wiewohl: → obgleich
wild: 1. ⟨*nicht zu bezähmend*⟩ ungebärdig · ungestüm · ungezügelt · unbezähmbar · stürmisch · furios · rasend + wütend ♦ *salopp*: durchgeknallt; → *auch* heftig (1, b), leidenschaftlich, hemmungslos (1), aufbrausend, wütend (1), übermütig (1) – **2.** ⟨*großes Durcheinander aufweisend*⟩ turbulent · tumultartig · tumultuarisch · tumultuös – **3.** ⟨*im Naturzustand befindlich*⟩ **a)** ⟨*Tiere*⟩ ungezähmt – **b)** ⟨*Pflanzen*⟩ wild wachsend · wildwüchsig – **4.** → rasend (1) – **5.** → unzivilisiert (1) – **6.** → ungeordnet (1 *u.* 2) – **7.** → öd[e] (1) – **8.** sich wie w. gebärden, den wilden Mann spielen: → wüten; w. werden: **a)** → wüten – **b)** → durchgehen (3); nicht/halb so w. sein: → schlimm (3); w. wachsend: → 3, b; in wilder Hast: → eilig (1); w. sein |auf|: → Vorliebe (2); wilde Ehe: → Ehe (2); vom wilden Affen gebissen: → verrückt (1)
Wild, das: → Wildbret
Wildbach, der: → Bach (1)
Wildbret, das: Wild
Wilddieb, der: Wilderer; Wildschütz (*veraltet*)
Wilddieberei, die: → Jagdfrevel
Wilderei, die: → Jagdfrevel
Wilderer, der: → Wilddieb
Wildfang, der: → Range
wildfremd: → fremd (2)
Wildgarten, der: → Park (1)
Wildheit, die: → Raserei
Wildhüter, der: → Jäger (1)
Wildnis, die: → Einöde (1)
Wildpark, der: → Park (1)
Wildsau, die: → Wildschwein
Wildschütz, der: → Wilddieb

Wildschwein, das: Wildsau · Schwarzkittel + Keiler · Bache · Frischling

Wildwuchs, der: Anflug[wald]

wildwüchsig: → wild (3, b)

Wilhelm, der: **1.** → Unterschrift (1) – **2.** Friedrich W.: → Unterschrift (1); den dicken W. spielen: → angeben (1)

Wille, der: → Wille[n]

willen: um … w.: → wegen (1)

Wille[n], der: **1.** ⟨*das feste Wollen*⟩ Willenskraft · Willensstärke · Tatkraft; → *auch* Entschlusskraft – **2.** mit [Wissen und] Willen: → absichtlich; aus/mit freiem Willen: → freiwillig (1); wider Willen: → unfreiwillig; böser Wille: → Bosheit; der letzte Wille: **a)** → Testament (1) – **b)** → Vermächtnis; zu Willen sein: **a)** → gehorchen (1) – **b)** → hingeben (II, 2); den Willen lassen: → gewähren (2)

willenlos: → nachgiebig

Willenlosigkeit, die: → Nachgiebigkeit

willens: → gewillt (1)

Willenskraft, die: → Wille[n] (1)

willensschwach: → nachgiebig

willensstark: → entschlossen (1)

Willensstärke, die: → Wille[n] (1)

willentlich: → absichtlich

willfahren: → gehorchen (1)

willfährig: → gehorsam (1)

Willfährigkeit, die: → Gehorsam (1)

willig: 1. → bereit (1) – **2.** → gehorsam (1)

Willigkeit, die: → Bereitschaft (1)

willkommen: 1. ⟨*den Wünschen entsprechend*⟩ hochwillkommen · erwünscht · gern gesehen · genehm · begrüßenswert · wie gerufen + erfreulich · wohl tuend ♦ *salopp*: ein gefundenes Fressen – **2.** w. heißen: ⟨*herzlich aufnehmen*⟩ begrüßen · bewillkommnen · mit offenen Armen aufnehmen/empfangen + die Honneurs machen

Willkür, die: → Rücksichtslosigkeit

Willkürakt, der: → Rücksichtslosigkeit

willkürlich: → beliebig (1)

wimmeln: kribbeln · krabbeln; wiebeln (*landsch*)

Wimmer, die: → Weinlese

Wimmerholz, das: → Geige (1)

Wimmerl, das: → [2]Pickel

wimmern: 1. → jammern (1) – **2.** → weinen (1)

Wimpel, der: → Fahne (1)

Wimper, die: nicht mit der W. zucken: → Regung (3)

Wind: I. Wind, der: **1.** ⟨*Luftbewegung*⟩ Windhauch · Luft · Lüftchen; [steife] Brise (*seem*) + Bö · Sturm[wind] · Wirbelwind ♦ *dicht*: Zephir (*veraltet*) ♦ *umg*: Püsterich (*scherzh*); → *auch* Sturm (1), Windhose, Wirbelsturm – **2.** ⟨*abgehende Blähung*⟩ Darmwind · Blähung · Flatus ♦ *salopp*: Pup[s]; Sauser (*landsch*); Fluser (*norddt*) ♦ *derb*: Furz; Fist (*landsch*) – **3.** einen W. lassen: ⟨*eine Blähung abgehen lassen*⟩ sich unanständig benehmen (*verhüll*) ♦ *umg*: einen fahren lassen · einen fliegen lassen · einen abgehen lassen ♦ *salopp*: pup[s]en · einen sausen/streichen/ziehen lassen; sich in den Darm stechen · einen Koffer/einen [alten] Schirm stehen lassen · einen Schirm in die Ecke stellen · einen toten Vogel in der Tasche haben (*scherzh*); käsen (*landsch*); flusen (*norddt*) ♦ *derb*: furzen · scheißen – **4.** wie der W.: → schnell (1, a); wie vom W. verweht: → verschwunden (1); W. bekommen |von|: → erfahren (1); W. machen: **a)** → angeben (1) – **b)** → aufspielen (II); in den W. schlagen: → unterschätzen; in den W. reden: → reden (2); in den W. schreiben: → verloren (3); die Fahne nach dem W. hängen, den Mantel/sein Mäntelchen nach dem W. hängen/drehen: → anpassen (II, 2); merken/wissen, woher der W. weht: → auskennen, sich – **II.** Winde (*Pl*): in alle [vier] W.: → überallhin

Windbeutel, der: → Leichtfuß (1)

Windbeutelei, die: **1.** → Leichtsinn (1) – **2.** → Angabe (I, 1)

Windbluse, die: → Anorak

windeln: → trockenlegen (1)

windelweich: w. schlagen: → verprügeln

[1]winden: I. winden: **1.** → binden (I, 2) – **2.** aus der Hand w.: → entreißen (1) – **II.** winden, sich: **1.** ⟨*sich in Kurven erstrecken bzw. bewegen*⟩ sich schlängeln – **2.** → ranken, sich – **3.** → ausweichen (2)

[2]winden: → riechen (1, b)

Windeseile, die: in W.: → schnell (1, c)

Windfang, der: → Nase (1)

Windhauch, der: → Wind (I, 1)

Windhose, die: Trombe · Wirbelwind + Wasserhose; → *auch* Wirbelsturm, Wind (I, 1)

Windhund, der: → Leichtfuß (1)

windig: 1. ⟨*mit viel Luftbewegung*⟩ böig · zugig + stürmisch – **2.** windiger Bursche: → Leichtfuß (1)

Windjacke, die: → Anorak
Windjammer, der: → Segelschiff
Windmühlen[flügel] (*Pl*): Kampf gegen W.: → Narretei
Windsbraut, die: → Sturm (1)
windschief: → schief (1)
windschlüpfig: windschnittig + stromlinienförmig · aerodynamisch
windschnittig: → windschlüpfig
Windstille, die: Flaute; Kalme (*Met*)
Windstoß, der: Bö
Windung, die: **1.** ⟨*starke Krümmung der Straße*⟩ Kehrschleife · Serpentine; → *auch* Biegung (1) – **2.** → Spirale
Wink, der: **1.** → Hinweis – **2.** → Zeichen (1) – **3.** W. mit dem Zaunpfahl/Laternenpfahl: → Hinweis
Winkel, der: **1.** → Ecke (1, b) – **2.** → Ort (1)
Winkelabstand, der (*Astron*): Deklination + Parallaxe
Winkeladvokat, der: → Rechtsanwalt
Winkelzug, der: **1.** → List – **2.** Winkelzüge machen: → täuschen (I)
winken: 1. ⟨*den erhobenen Arm hin- u. herbewegen*⟩ zuwinken; winke, winke machen (*kinderspr*) + schwenken · wedeln – **2.** → signalisieren (1) – **3.** winke, winke machen: → 1
winseln: → jammern (1)
Winter, der: **1.** ⟨*die kalte Jahreszeit*⟩ Winter[s]zeit – **2.** im W.: ⟨*in der kalten Jahreszeit*⟩ winters · zur Winter[s]zeit – **3.** Sommer wie W.: → immer (1)
Winterkälte, die: → Frost (1)
winterlich: → kalt (1)
winters: → Winter (2)
Winterschlussverkauf, der: → Ausverkauf
Winter[s]zeit, die: **1.** → Winter (1) – **2.** zur W.: → Winter (2)
winzig: → klein (1)
Wipfel, der: Baumwipfel + Baumkrone · Blätterkrone
Wippe, die: **1.** → Schaukel – **2.** → Peitsche (1)
wippen: 1. → schaukeln (2) – **2.** → schwingen (I, 1)
Wirbel, der: **1.** ⟨*schnelle drehende Bewegung des Wassers*⟩ Strudel + Sog – **2.** → Durcheinander (2) – **3.** vom W. bis zur Zehe: → oben (3)
wirbelig: → lebhaft (1)
wirbeln: 1. ⟨*bes. vom Wasser gesagt: sich schnell um einen Mittelpunkt drehen*⟩ strudeln · kreiseln · quirlen; küseln (*norddt*) – **2.** → trommeln (1)
Wirbelsäule, die: → Rückgrat (1)
Wirbelsturm, der: Zyklon · Taifun · Tornado · Hurrikan; → *auch* Sturm (1), Windhose, Wind (I, 1)
Wirbelwind, der: **1.** → Windhose, Wind (I, 1) – **2.** → Quecksilber
wirken: 1. ⟨*in einem bestimmten Bereich eine Tätigkeit ausüben*⟩ arbeiten · tätig/aktiv sein – **2.** ⟨*einen guten Eindruck erwecken*⟩ *umg*: etw. hermachen · eine gute Figur abgeben/machen · Effekt machen; → *auch* aussehen (1), beeindrucken – **3.** ⟨*zu einem bestimmten Effekt führen*⟩ seine Wirkung tun · Wirkung zeigen · zur Geltung kommen · greifen · einschlagen · anschlagen · fruchten · zu Buche schlagen · Wunder wirken ♦ *gehoben*: eine Wirkung zeitigen ♦ *umg*: ziehen; → *auch* auswirken, sich – **4.** → beeindrucken – **5.** → kneten (1) – **6.** w. |als|: ⟨*in bestimmter Weise tätig sein*⟩ fungieren/amtieren |als| – **7.** Wunder w.: → 3
Wirken, das: → Tätigkeit (1)
wirklich: 1. ⟨*in der Wirklichkeit bestehend*⟩ tatsächlich · real · echt · greifbar · existent · richtig + reell · feststehend ♦ *gehoben*: wahr[haft]; → *auch* tatsächlich (1) – **2.** → tatsächlich (1 *u.* 2) – **3.** → echt (1) – **4.** → wahr (1), wahrhaftig
Wirklichkeit, die: **1.** ⟨*die Gesamtheit des Existierenden*⟩ Realität; Materie (*Philos*) + Praxis · Leben – **2.** → Wahrheit (1)
wirklichkeitsfern: → weltfremd
wirklichkeitsgetreu: → wirklichkeitsnah
wirklichkeitsnah: realistisch · wirklichkeitsgetreu · wahrheitsgetreu · lebensnah
Wirklichkeitssinn, der: → Realismus
Wirklichkeitstreue, die: → Realismus
wirksam: 1. ⟨*von nachhaltiger Wirkung*⟩ hochwirksam · drastisch · durchschlagend · durchgreifend · effektiv · effizient – **2.** → nützlich
Wirksamkeit, die: **1.** ⟨*das Wirksamsein*⟩ Stoßkraft · Durchschlagskraft · Schlagkraft · Effektivität · Effizienz; → *auch* Wirkung (1) – **2.** → Wirkung (1) – **3.** → Tätigkeit (1)
Wirkung, die: **1.** ⟨*das Bewirkte*⟩ Effekt · Ergebnis + Wirksamkeit ♦ *umg*: Knalleffekt; → *auch* Wirksamkeit (1) – **2.** → Reaktion – **3.** → Einfluss (1) – **4.** → Folge (1) – **5.** seine W. tun, W. zeigen, eine

W. zeitigen: → wirken (3); mit W. vom: → ab (2); eine W. ausüben: → beeinflussen (1, a)
Wirkungsbereich, der: → Einflussbereich (1)
Wirkungskreis, der: → Arbeitsgebiet
wirkungslos: → unwirksam (1)
wirkungsvoll: 1. ⟨*bes. Wirkung erzielend*⟩ effektvoll · dekorativ · repräsentativ · repräsentabel · farbig; → *auch* eindrucksvoll – **2.** wirkungsvoller machen: ⟨*die Wirkung verbessern*⟩ effektvoller/attraktiver machen + zurechtmachen ♦ *umg*: aufpeppen · aufmotzen · aufpolieren
wirr: 1. → ungeordnet (1) – **2.** → verwirrt (1) – **3.** → verworren (1)
Wirren (*Pl*): → Aufruhr (1)
Wirrheit, die: → Verwirrung (1)
wirrig: → ungeordnet (1)
Wirrkopf, der: *umg*: Chaot; → *auch* Politikaster
Wirrnis, die: → Durcheinander (1), Unordnung (1)
Wirrsal, das: → Unordnung (1)
Wirrwarr, der: → Durcheinander (1), Unordnung (1)
wirsch: → ärgerlich (1)
Wirt, der: **1.** → Gastwirt – **2.** → Gastgeber – **3.** → Vermieter – **4.** → Hausbesitzer – **5.** die Rechnung ohne den W. machen: → irren (II)
Wirtin, die: → Vermieterin
wirtlich: → gastfreundlich (1)
Wirtschaft, die: **1.** ⟨*Gesamtheit von Produktion, Handel u. Konsumtion*⟩ Volkswirtschaft + Wirtschaftsleben · Geschäftsleben · Handel und Gewerbe · Industrie – **2.** → Gaststätte (1, a) – **3.** → Bauernhof – **4.** → Schlendrian (1) – **5.** reine W. machen: → aufräumen (1)
wirtschaften: 1. → Haus (4) – **2.** → arbeiten (1) – **3.** → verwalten (2) – **4.** in Grund und Boden w.: → herunterwirtschaften
Wirtschafter, der: → Verwalter
Wirtschafterin, die: → Haushälterin
wirtschaftlich: 1. ⟨*die Wirtschaft betreffend*⟩ volkswirtschaftlich – **2.** ⟨*einen hohen Nutzen erbringend*⟩ effizient · effektiv · ökonomisch · rentabel – **3.** → sparsam (1)
Wirtschaftlichkeit, die: Effizienz · Effektivität · Rentabilität · Ökonomie
Wirtschaftsaufschwung, der: → Hochkonjunktur
Wirtschaftsbeziehungen (*Pl*): → Handel (1)
Wirtschaftsboss, der: → Großunternehmer
Wirtschaftskapitän, der: → Großunternehmer
Wirtschaftskrise, die: Krise ♦ *umg*: Krach
Wirtschaftsleben, das: → Wirtschaft (1)
Wirtschaftsprüfer, der: → Steuerprüfer
Wirtschaftszweig, der: Geschäftszweig · Branche
Wirtshaus, das: → Gaststätte (1, a)
Wirtsstube, die: → Gaststätte (2)
Wisch, der: **1.** → Schriftstück – **2.** → Brief (1)
wischen: 1. → scheuern (1) – **2.** → reinigen (2) – **3.** eine w.: → ohrfeigen; sich den Mund w. können: → leer (4); vom Tisch w.: → unwichtig (2)
Wischer, der: → Tadel (1)
Wischiwaschi, das: → Geschwätz (1)
wispeln: 1. → flüstern (1) – **2.** → rascheln
wispern: 1. → flüstern (1) – **2.** → rascheln
Wissbegier[de], die: → Lerneifer
wissbegierig: → lerneifrig
wissen: 1. ⟨*in seinem geistigen Besitz haben*⟩ kennen · Kenntnis haben |von/über| · Bescheid wissen |über| · informiert/unterrichtet sein |über| · im Bilde sein ♦ *salopp*: an den Schuhsohlen abgelaufen/abgelatscht haben – **2.** w. lassen: → mitteilen (I); nicht aus noch ein w.: → hilflos (4); Rat w.: → helfen (5); nicht mehr w., was rechts und links ist/was oben und unten ist/ob man Männchen oder Weibchen ist: → verwirrt (3); nicht, dass ich wüsste: → nein; nichts w. wollen |von|: → ablehnen (1); w., wie der Hase läuft: → durchschauen (I); w., woher der Wind weht, Bescheid w.: → auskennen, sich; wie man weiß: → bekanntlich; das w. die Götter: → ungewiss (2)
Wissen, das: **1.** ⟨*die Gesamtheit dessen, was man weiß*⟩ Kenntnis · Kenntnisse · Gelehrsamkeit · Gelehrtheit + Faktenwissen · Know-how; → *auch* Fachkenntnisse – **2.** mit W. und Willen: → absichtlich; mit W.: → bewusst (1)
Wissenschaft, die: eine W. für sich: → verwickelt
Wissenschaftler, der: Forscher · der Gelehrte · der Geistesschaffende · der Intellektuelle · Geistesarbeiter; Intelligenzler (*oft*

abwert) ♦ *umg*: gelehrtes Haus (*scherzh*); → *auch* Akademiker (1)
Wissensdrang, der: → Lerneifer
Wissensdurst, der: → Lerneifer
wissensdurstig: → lerneifrig
Wissensgebiet, das: → Fach (1, a)
Wissensstoff, der: Lernstoff + Schulkenntnisse
wissenswert: → lehrreich
wissentlich: → absichtlich, bewusst (1)
witschen: w. |in|: → hineinschlüpfen
wittern: **1.** → riechen (1, b) – **2.** → spüren (1) – **3.** etw./Unrat w.: → Verdacht (2)
Witterung, die: **1.** → Wetter (I, 1) – **2.** → Geruch (1) – **3.** → Spürsinn
Witterungsumschlag, der: → Wetteränderung
Witz, der: **1.** ⟨*kurz u. geschickt formulierte, mit einer Pointe endende Geschichte*⟩ Kalauer (*abwert*); → *auch* ²Scherz (1), Spaß (1), Zote (1) – **2.** ⟨*witzige Art*⟩ Mutterwitz · Humor · attisches Salz + Schlagfertigkeit – **3.** → Spaß (1) – **4.** → Verstand (1) – **5.** W. der Sache: → Hauptsache; ein alter W.: → Bart (2); Witze machen/reißen: → scherzen
Witzbold, der: → Spaßvogel
Witzelei, die: **1.** → Spaß (1) – **2.** → Spott (1)
witzeln: **1.** → scherzen – **2.** → spotten (1)
witzig: **1.** → spaßig (1) – **2.** → geistreich
witzlos: **1.** → geistlos – **2.** → nutzlos (1)
witzsprühend: → geistreich
wo: **1.** ⟨*räumlich u. zeitlich*⟩ *dicht*: da – **2.** → irgendwo – **3.** von wo: → woher (1)
woanders: **1.** → anderswo – **2.** seine Gedanken w. haben: **a)** → geistesabwesend (2) – **b)** → unaufmerksam (2); seine fünf Sinne w. haben: → unaufmerksam (2)
Woche, die: in/unter der W.: → werktags; jede W.: → wöchentlich; in die Wochen kommen: → schwanger (2)
Wochenbett, das: Kindbett
Wochenende, das: Weekend; → *auch* Freizeit
Wochenendhaus, das: → Sommerhaus
Wochentag, der: → Werktag
wochentags: → werktags
wöchentlich: allwöchentlich · jede Woche
Wodka, der: → Branntwein
wodurch: → wie (2)
Woge, die: **1.** → Welle (I) – **2.** die Wogen glätten, Öl auf die Wogen gießen: → beruhigen (I)
wogen: **1.** → branden (1) – **2.** → strömen
Wogenprall, der: → Brandung
Wogenschlag, der: → Brandung
woher: **1.** ⟨*Richtung*⟩ von wo – **2.** w. denn, ach w.: → keineswegs
wohl: **1.** ⟨*in sehr zufriedener Stimmung*⟩ *umg*: pudelwohl ♦ *salopp*: sauwohl – **2.** → gesund (1) – **3.** → freilich (1) – **4.** sich w. fühlen: ⟨*in zufriedener Stimmung sein*⟩ + sich heimisch fühlen · sich wie zu Hause fühlen ♦ *umg*: gut drauf sein; sich schlau fühlen (*landsch*) – **5.** w. tuend: ⟨*angenehm auf das Gemüt wirkend*⟩ angenehm · erquicklich · erfreulich · gut · herzerfrischend · herzerfreuend · freudenreich – **6.** w. tun: ⟨*angenehm wirken*⟩ gut tun + helfen · dienen – **7.** w. überlegt: ⟨*sorgfältig abgewogen*⟩ [wohl] bedacht · wohlerwogen · wohlweislich · vorbedacht · mit Vorbedacht · mit/voll Bedacht; weislich · klüglich (*veraltend*); → *auch* durchdacht – **8.** w. oder übel: → notgedrungen; w. bekomm's: → prosit; leb w., gehab dich w.: → Wiedersehen (1); w. bedacht/überlegt: → 7; w. tuend: **a)** → 5 – **b)** → erfrischend (1); w. tun: → 6; w. geordnet: → ordentlich (1, a); jmdm. w. wollen: → mögen
Wohl, das: **1.** → Wohlergehen – **2.** W. und Wehe: → Wohlergehen; zum W.: → prosit
wohlan: → los (1)
wohlanständig: → anständig (1)
wohlauf: **1.** → gesund (1) – **2.** → los (1)
Wohlbefinden, das: **1.** → Wohlergehen – **2.** → Gesundheit (1)
Wohlbehagen, das: → Zufriedenheit
wohlbehalten: → unverletzt
wohlbekannt: → vertraut (1)
wohlbeleibt: → dick (1)
Wohlergehen, das: Wohl[befinden] · Heil · Wohlsein · Wohl und Wehe + Wohlfahrt
wohlerwogen: → wohl (7)
wohlerzogen: manierlich · gesittet · salonfähig · gesellschaftsfähig · gesellschaftlich firm; → *auch* anständig (1)
Wohlfahrt, die: **1.** → Wohlergehen – **2.** → Fürsorge (1)
wohlfeil: → billig (1)
wohlgebaut: → wohlgestaltet
Wohlgefallen, das: **1.** → Zufriedenheit – **2.** sein W. haben |an|: → freuen (II, 2); sich in W. auflösen: → zerfallen (1)
wohlgefällig: → gefällig (2)
Wohlgefühl, das: → Zufriedenheit

wohlgelitten: → angesehen (1)
wohlgemeint: → wohlwollend (1)
wohlgemut: **1.** → fröhlich (1) – **2.** → gut (11)
wohlgenährt: → dick (1)
Wohlgeruch, der: → Duft (1)
wohlgesinnt: wohlwollend · wohlmeinend · gut gesinnt · geneigt · gewogen; hold (*veraltend*); huldreich · huldvoll (*noch iron*) + freundlich · gnädig · günstig · gönnerhaft · leutselig · jovial; → *auch* freundlich (1), gönnerhaft
wohlgestalt: → wohlgestaltet
wohlgestaltet: wohlgebaut · wohlproportioniert · gut proportioniert · ebenmäßig · regelmäßig; wohlgestalt (*veraltend*); → *auch* schön (1)
wohlhabend: → reich (1)
Wohlhabenheit, die: → Reichtum (1)
wohlig: → gemütlich
Wohlklang, der: Wohllaut; Euphonie (*fachspr*) + Zusammenklang; → *auch* Akkord (1)
wohlklingend: → wohltönend
Wohllaut, der: → Wohlklang
wohllautend: → wohltönend
Wohlleben, das: + Luxus; → *auch* Wohlstand
wohlmeinend: → wohlgesinnt
wohlproportioniert: → wohlgestaltet
wohlriechend: balsamisch · ätherisch · aromatisch; → *auch* duftreich
wohlschmeckend: → schmackhaft
Wohlsein, das: → Wohlergehen
Wohlstand, der: Prosperität + Überfluss · Luxus; → *auch* Wohlleben
Wohlstandsgesellschaft, die: Überflussgesellschaft · Konsumgesellschaft · Wegwerfgesellschaft
Wohltat, die: → Erfrischung (1)
Wohltäter, der: Mäzen · Spender · Geber · Stifter; → *auch* Gönner
wohltätig: humanitär · mildtätig · barmherzig · karitativ
Wohltätigkeit, die: Mildtätigkeit · Barmherzigkeit · Nächstenliebe · Karitas
wohltönend: wohlklingend · wohllautend · klangvoll · melodisch · melodiös · harmonisch · sonor + einschmeichelnd · weich · zart · silberhell
wohlweislich: → wohl (7)
Wohlwollen, das: **1.** ⟨*wohlwollende Gesinnung*⟩ Gewogenheit · Geneigtheit · Gunst · Jovialität · Liebenswürdigkeit · Gnade; Huld (*noch iron*); → *auch* Freundlichkeit (1), Liebe (1), Güte (1) – **2.** jmds. W. verloren haben: ⟨*sich für dauernd jmds. Unwillen zugezogen haben*⟩ es verdorben haben |mit| · in Ungnade gefallen sein |bei| + unbeliebt sein |bei| ♦ *umg*: es verschüttet haben |bei| · verspielt haben |bei| ♦ *salopp*: unten durch sein |bei| ♦ *derb*: es verschissen haben |bei| · in Verschiss geraten sein |bei|; → *auch* unsympathisch
wohlwollend: **1.** ⟨*von guten Absichten bestimmt*⟩ gut gemeint · freundschaftlich · wohlgemeint – **2.** → wohlgesinnt
Wohnanhänger, der: → Wohnwagen
Wohnanschrift, die: → Adresse (1)
Wohnbau, der: → Haus (1)
Wohnblock, der: → Häuserblock
wohnen: **1.** ⟨*seine Wohnung haben*⟩ leben · wohnhaft/ansässig/daheim/beheimatet sein · seinen Wohnsitz haben; einwohnen · logieren (*veraltend*); domizilieren (*meist scherzh*); residieren (*scherzh*); hausen (*abwert od. scherzh*) + sitzen · weilen · siedeln · sich aufhalten; → *auch* aufhalten (II, 1) – **2.** nebenan/Haus an Haus/Tür an Tür/Wand an Wand w.: → benachbart (2)
Wohngebäude, das: → Haus (1)
Wohngebiet, das: → Wohnsiedlung
Wohngemeinschaft, die: Kommune
wohnhaft: **1.** → ansässig (1) – **2.** w. sein: → wohnen (1)
Wohnhaus, das: → Haus (1)
Wohnküche, die: → Küche (1)
wohnlich: → gemütlich
Wohnmobil, das: → Wohnwagen
Wohnort, der: → Wohnsitz (1)
Wohnpark, der: → Wohnsiedlung
Wohnsiedlung, die: Wohngebiet · Wohnpark · Lokation + Neubaugebiet; → *auch* Ort (2), Siedlung
Wohnsitz, der: **1.** ⟨*Ort der Wohnung*⟩ Wohnort · Aufenthalt[sort] · Domizil · Heimatort + Sitz · Verbleib – **2.** seinen W. haben: → wohnen (1); seinen W. nehmen/aufschlagen: → niederlassen (II, 1); den W. wechseln: → umziehen (I)
Wohnstätte, die: → Wohnung (1)
Wohnstube, die: → Wohnzimmer
Wohnung, die: **1.** ⟨*die Räume, in denen man wohnt*⟩ Wohnstätte · Heim · Heimstatt · Heimstätte · Quartier · Behausung · Appartment · Appartement; Logis (*veraltend*) +

Hauswesen ♦ *salopp*: Bau · Bunker · Höhle (*auch abwert*); Räuberhöhle · Hundehütte (*abwert*); → *auch* Unterkunft (1), Zuhause – **2.** W. nehmen: → ²einmieten, sich; die W. aufgeben: → ausziehen (I, 2)
Wohnungsangabe, die: → Adresse (1)
Wohnungseinrichtung, die: → Einrichtung (2, b)
wohnungslos: → obdachlos (1)
Wohnungslose, der: → Obdachlose
Wohnungswechsel, der: → Umzug (1)
Wohnwagen, der: Wohnanhänger · Campingwagen · Campinganhänger · Caravan + Wohnmobil
Wohnzimmer, das: Wohnstube; Kemenate (*scherzh*); die gute Stube (*meist scherzh*) + Herrenzimmer · Wohnraum
wölben: I. wölben: ⟨*leicht runden*⟩ ausbuchten · ausbauchen + runden – **II.** wölben, sich: ⟨*eine leichte Rundung bilden*⟩ sich bauchen · sich runden · sich schwingen
Wölbung, die: **1.** ⟨*gewölbte Fläche*⟩ Rundung · Bauchung · Schwellung · Ausbuchtung – **2.** → ¹Bogen (1)
Wolf, der: **1.** → Fleischwolf – **2.** durch den W. drehen: **a)** → durchdrehen (1) – **b)** → verreißen; wie durch den W. gedreht sein: → erschöpft (4); W. im Schaf[s]pelz: → Heuchler; mit den Wölfen heulen: → anpassen (II, 2)
Wolfsgrube, die: → Fallgrube
Wolfshunger, der: → Hunger (1)
Wolke, die: 'ne W. sein: → großartig (3); auf W. sieben schweben: → glücklich (4); aus den/allen Wolken fallen: → überrascht (2)
Wolkenbruch, der: **1.** → Regenguss – **2.** Himmel, Arsch und W.: → verflucht (1)
Wolkenkratzer, der: → Hochhaus
wolkenlos: → klar (1, b)
wolkig: → bewölkt
Wolle, die: **1.** → Haar (I, 2) – **2.** in [die] W. geraten: → erzürnen (2); in [die] W. bringen: → erzürnen (1); sich in die W. kriegen: → streiten (II)
¹wollen: 1. → beabsichtigen – **2.** → erstreben – **3.** → wünschen (1) – **4.** → fordern (1) – **5.** da ist nichts zu w.: → hoffnungslos (2); nichts wissen w. |von|: → ablehnen (1); nichts zu tun haben w. |mit|: → heraushalten, sich; koste es, was es wolle: → unbedingt (1)
²wollen: → wollig
Wollen, das: → Wunsch (1)
wollig: wollen · flauschig ♦ *umg*: puschelig (*landsch*)
Wollknäuel, das: → Knäuel (1)
Wollust, die: **1.** ⟨*sexuell bedingtes Lustgefühl*⟩ Sinnenrausch · Sinnestaumel + Sinnenreiz; → *auch* Lüsternheit, Sinnlichkeit – **2.** → Freude (1)
wollüstig: 1. → lüstern (1) – **2.** → sinnlich (1)
Wollüstling, der: → Lüstling
womöglich: → möglicherweise
Wonderbra, der: → Büstenhalter
Wonne, die: **1.** → Freude (1) – **2.** → Glück (3)
wonnetrunken: → glücklich (2)
wonnevoll: → herrlich (1)
wonnig[lich]: → herrlich (1)
Workaholic, der: → Arbeitspferd (1)
Workshop, der: → Erfahrungsaustausch
Wort, das: **1.** ⟨*kleinste selbständige Einheit in einem Satz*⟩ Vokabel · Ausdruck · Bezeichnung + Lexem · Begriff ♦ *umg*: Brocken; → *auch* Fachausdruck – **2.** → Ausspruch – **3.** → Text (1) – **4.** → Ehrenwort – **5.** mit anderen Worten: ⟨*eine andere Formulierung einleitend*⟩ besser gesagt · anders ausgedrückt · das heißt · vielmehr ♦ *umg*: im Klartext; → *auch* oder (1) – **6.** W. für W.: → wörtlich; im wahrsten Sinne des Wortes: → tatsächlich (2); das Wort Gottes: → Bibel; ein kräftiges W.: → Zurechtweisung; große/hohle/leere/schöne Worte: → Phrase (1); sich zu W. melden: → melden (II, 2); das W. ergreifen: → sprechen (2); Worte wechseln: → unterhalten (II, 1); kein W. verlieren: → schweigen (2); keine Worte finden: → überrascht (2); in Worte fassen: → ausdrücken (I, 2); mit Worten malen: → erzählen (2); mit anderen W.: → 5; sein W. geben: → versprechen (I, 1); ins W. fallen, das W. abschneiden: → unterbrechen (1); das W. verbieten: → verbieten (2); gute Worte geben |wegen|: → bitten (2); jmdm. das W. reden: → eintreten (7, a); ein gutes W. einlegen |für|: → verwenden (II); große Worte reden, das große W. führen/schwingen: → aufspielen (II); beim W. nehmen: → festlegen (I, 2); das W. im Munde [her]umdrehen: → unterstellen (II, 1); aufs W. parieren: → gehorchen (1); [stets] das letzte W. haben: → Recht (7)
wortarm: → wortkarg

Wortbestand, der: → Wortschatz
Wortbrecher, der: → Verräter (2)
Wortbruch, der: → Verrat (2)
wortbrüchig: → untreu (1)
Wortemacher, der: → Schwätzer (1)
Wörterbuch, das: Lexikon + Thesaurus; → *auch* Nachschlagewerk, Wörterverzeichnis
Wörterverzeichnis, das: Wortverzeichnis · Vokabular · Wortindex; → *auch* Wörterbuch
Wortführer, der: → Sprecher (1)
Wortgefecht, das: → Streitgespräch
wortgetreu: → wörtlich
wortgewandt: → redegewandt
Wortheld, der: → Angeber (1)
Worthülse, die: → Phrase (1)
Wortindex, der: → Wörterverzeichnis
wortkarg: einsilbig; sprechfaul (*abwert*) + lakonisch · ruhig · wortarm ♦ *umg*: mundfaul (*abwert*) ♦ *salopp*: maulfaul (*abwert*); → *auch* schweigsam
Wortklauber, der (*meist abwert*): Haarspalter · Rabulist · Kasuist · Sophist; Silbenstecher · Silbenklauber (*veraltend*); → *auch* Pedant
Wortklauberei, die: → Spitzfindigkeit
wortklauberisch: → spitzfindig (1)
Wortkunst, die: → Dichtung (1, a)
Wortlaut, der: **1.** → Text (1) – **2.** im W.: → wörtlich; den W. haben: → [1]heißen (2)
wörtlich: wortgetreu · wortwörtlich · im Wortlaut · Wort für Wort · buchstäblich; verbaliter (*veraltend*)
wortlos: → schweigend
wortreich: **1.** → redegewandt – **2.** → ausführlich (1)
Wortschatz, der: Wortbestand · Vokabular; Lexik · Lexikon (*fachspr*) + Sprachschatz · Sprachgut
Wortschwall, der: → Redeschwall
Wortstreit, der: → Streitgespräch
Wortverzeichnis, das: → Wörterverzeichnis
Wortwechsel, der: → Streit (1)
wortwörtlich: → wörtlich
wozu: → warum
wrack: → beschädigt (1)
Wrack, das: ein W. sein: → heruntergekommen (3)
Wrasen, der: → Dampf (1)
wricken: → rudern (1)
Wruke, die: → Kohlrübe
Wucher, der: **1.** ⟨*das Erzielen eines unverhältnismäßig hohen Gewinns unter Ausnutzung der Zwangslage anderer*⟩ *umg*: Geldschneiderei · Beutelschneiderei (*abwert*) – **2.** W. treiben: → wuchern (1)
Wucherer, der: Vampir · Shylock · Hyäne (*abwert*) ♦ *umg*: Halsabschneider · Geldschneider · Beutelschneider · Blutsauger (*abwert*); → *auch* Ausbeuter, Geschäftemacher
wuchern: **1.** ⟨*unverhältnismäßig hohen Gewinn für eine Leistung beanspruchen*⟩ Wucher treiben – **2.** ⟨*üppig wachsen*⟩ ins Kraut schießen; → *auch* wachsen (1)
Wucherung, die: → Geschwulst
Wuchs, der: **1.** → Wachstum (1) – **2.** → Gestalt (1) – **3.** → Pflanzung – **4.** von hohem W.: → groß (2)
Wucht, die: **1.** ⟨*die Energie einer Bewegung*⟩ Gewalt · Stärke · Kraft · Druck · Heftigkeit · Vehemenz · Wuchtigkeit · Härte ♦ *umg*: Power – **2.** → Menge (1) – **3.** eine ganze W.: → viel (I, 1); eine W. [in Tüten] sein: → großartig (3); eine W. verpassen: → verprügeln
Wuchtbaum, der: → Hebebaum
wuchten: **1.** → heben (I, 1) – **2.** → schuften
wuchtig: **1.** → gewaltig (1) – **2.** → heftig (1, a)
Wuchtigkeit, die: → Wucht (1)
Wühlarbeit, die: → Hetze (1)
wühlen: → hetzen (1)
Wühler, der: → Hetzer
Wühlerei, die: → Hetze (1)
Wulst, der *od.* die: → Verdickung
wummern: **1.** → dröhnen (1) – **2.** → klopfen (1)
wund: **1. a)** sich (*Dativ*) w. laufen: ⟨*sich beim Laufen eine Körperstelle wund reiben*⟩ sich auflaufen – **b)** sich (*Akkusativ*) w. laufen: ⟨*sich beim Laufen wund reiben*⟩ sich auflaufen – **2.** sich w. liegen: ⟨*durch längere Bettlägerigkeit wund werden*⟩ sich durchliegen · sich aufliegen – **3. a)** sich (*Dativ*) w. reiben: ⟨*sich eine Körperstelle durch Reiben verletzen*⟩ sich aufreiben · sich durchscheuern · sich aufscheuern – **b)** sich (*Akkusativ*) w. reiben: ⟨*sich durch Reiben verletzen*⟩ sich aufreiben · sich aufscheuern – **4.** der wunde Punkt: → Achillesferse
Wunde, die: **1.** → Verletzung (1) – **2.** eine W. beibringen/zufügen: → verletzen (I, 1); sich eine W. zuziehen: → verletzen (II);

seinen Wunden erliegen: → sterben (1); den Finger auf die W. legen: → hinweisen; Wunden schlagen: → kränken
Wunder, das: **1.** ⟨*unerhörtes, den Naturgesetzen widersprechendes Ereignis*⟩ Wundererscheinung · Wunderwerk · Phänomen + Zeichen und Wunder ♦ *gehoben*: Mirakel ♦ *umg*: Wunderding – **2.** Wunder wirken: → wirken (3); sein blaues W. erleben: → staunen (1); Zeichen und Wunder: → 1
wunderbar: 1. ⟨*wie ein Wunder anmutend*⟩ märchenhaft · traumhaft · zauberhaft · romanhaft; zauberisch (*veraltend*); mirakulös (*veraltet*) ♦ *umg*: sagenhaft · ein wahrer Traum – **2.** → großartig (1) – **3.** → herrlich (1)
Wunderding, das: → Wunder (1)
Wundererscheinung, die: → Wunder (1)
Wunderland, das: → Märchenland
wunderlich: 1. → schrullig (1) – **2.** → merkwürdig – **3.** wunderliche Haut: → Sonderling
wundern: I. wundern: ⟨*zum Staunen bringen*⟩ verwundern · erstaunen · wundernehmen · in Erstaunen/Verwunderung [ver]setzen + seltsam anmuten · befremden · spanisch vorkommen – **II.** wundern, sich: → staunen (1)
wundernehmen: → wundern (I)
wundersam: → merkwürdig
wunderschön: → schön (1)
Wundertäter, der: → Zauberer (1)
Wundertier, das: → Tausendsasa
wundervoll: → großartig (1)
Wunderwerk, das: → Wunder (1)
Wundmal, das: → Narbe
Wundpflaster, das: → Pflaster (1)
Wundschorf, der: → Schorf
Wundstarrkrampf, der: Starrkrampf; Tetanus (*med*)
Wundverband, der: → Verband (1)
Wunsch, der: **1.** ⟨*das Erfülltsehenwollen*⟩ das Wollen · Herzenswunsch · Wunschtraum · Traum + Herzensbedürfnis · Anliegen; → *auch* Verlangen (1), Sehnsucht (1), Forderung (1) – **2.** → Glückwunsch (1) – **3.** nach W.: → beliebig (1); nach W. gehen: → gelingen (1); den W. hegen/äußern: → wünschen (1)
Wunschbild, das: → Wunschvorstellung
wünschen: 1. ⟨*einen Wunsch haben*⟩ wollen · den Wunsch hegen/äußern · erträumen + Lust haben [zu]; → *auch* Verlangen (1), fordern (1), hoffen, Anliegen (2) – **2.** Glück w.: → beglückwünschen; zur Hölle/zum Teufel w.: → verwünschen (1); sehr zu w. übrig lassen: → schlecht (11)
wünschenswert: → erstrebenswert
wunschgemäß: → beliebig (1)
wunschlos: 1. → zufrieden (1) – **2.** w. glücklich: → zufrieden (1)
Wunschtraum, der: → Wunsch (1)
Wunschvorstellung, die: Wunschbild · Traumbild · Blütentraum · Illusion · Luftschloss; → *auch* Einbildung (1)
Würde, die: **1.** ⟨*Ehrerbietung fordernde Haltung*⟩ Erhabenheit · Würdigkeit · Hoheit · Majestät · Grandezza; Dignität (*kathol. Kirche*); Gravität (*veraltet*); → *auch* Feierlichkeit (1), Vornehmheit – **2.** → Bedeutung (1) – **3.** → Feierlichkeit (1) – **4.** → Ehre (1) – **5.** unter aller W.: → schlecht (1)
würdelos: → ehrlos
würdevoll: hoheitsvoll · würdig · erhaben · gravitätisch · gemessen · gesetzt ♦ *gehoben*: hehr; → *auch* feierlich (1), würdig (1)
würdig: 1. ⟨*der Würde entsprechend*⟩ repräsentativ · repräsentabel; → *auch* ehrwürdig, würdevoll – **2.** → würdevoll – **3.** → feierlich (1) – **4.** keiner Antwort für w. halten: → ignorieren (1)
würdigen: 1. → anerkennen (1) – **2.** keines Blickes w.: → ignorieren (1); seines Vertrauens w.: → vertrauen
Würdigkeit, die: → Würde (1)
Würdigung, die: → Anerkennung (1)
Wurf, der: **1.** ⟨*das einmalige Werfen*⟩ *umg*: Schuss – **2.** → Erfolg (1) – **3.** großer/glücklicher W.: → Erfolg (1)
Würfel, der: Kubus · Hexaeder
würfelförmig: kubisch · würfelig · hexaedrisch
würfelig: 1. → würfelförmig – **2.** → kariert
würgen: 1. → erwürgen – **2.** mit Hängen und Würgen: → Mühe (3)
Würger, der: → Mörder
Wurm: I. Wurm, der: **1.** → Drache – **2.** den W. baden: → angeln (1); die Würmer aus der Nase ziehen: → ausfragen; da steckt/ist der W. drin: → verdächtig (3) – **II.** Wurm, das: **1.** → Kind (1) – **2.** kleines W.: → Kind (1)
Würmchen, das: ein W. abtreiben: → belästigen (1)
wurmen: → ärgern (I)
Wurmfortsatz, der: → Blinddarm

wurmfräßig: → madig (1)
wurm[stich]ig: → madig (1)
Wurscht, die: W. sein: → gleichgültig (4)
Wurstblatt, das: → Zeitung (I, 1)
Wurstel, der: → Spaßmacher
Wurstelei, die: → Trödelei
wursteln: → trödeln (1)
Wurster, der: → Fleischer
wurstig: → gleichgültig (1)
Wurstler, der: → Fleischer
Würze, die: Würzmittel · Würzstoff + Würzung · Aroma
Wurzel, die: **1.** ⟨*Pflanzenteil*⟩ Wurzelstock + Wurzelknolle · Knolle · Zwiebel – **2.** → Ursache – **3.** → Ursprung (1) – **4.** → Möhre – **5.** W. fassen: → anwachsen (1); Wurzeln schlagen: → niederlassen (II, 1); seine Wurzeln haben |in|: → ausgehen (9, b)
Wurzelknolle, die: → Wurzel (1)
wurzeln: → schuften
Wurzelstock, der: → Wurzel (1)
würzen: + pfeffern · salzen · aromatisieren; paprizieren (*österr*)
würzig: 1. ⟨*gut mit Würze versehen*⟩ [gut] gewürzt · gewürzig · pikant + herzhaft · kräftig; → *auch* aromatisch (1), scharf (2) – **2.** → schmackhaft
würzlos: → schal (1)
Würzmittel, das: → Würze
Würzstoff, der: → Würze
Würzung, die: → Würze
wuschelig: → lockig
Wuschelkopf, der: → Lockenkopf
wüst: 1. → öd[e] (1) – **2.** → ungeordnet (1 *u.* 2)
Wust, der: **1.** → Durcheinander (1) – **2.** → Menge (1)
Wüste, die: **1.** → Einöde (1) – **2.** in die W. schicken: → entlassen (2); in der W. predigen: → reden (2)
wüsten: w. |mit|: → verschwenden
Wüstenei, die: → Einöde (1)
Wüstenkönig, der: → Löwe (1)
Wüstenschiff, das: → Kamel (1)
Wüstheit, die: → Einöde (1)
Wüstling, der: **1.** → Lüstling – **2.** → Gewaltmensch (1)
Wut, die: **1.** ⟨*heftiger Unwille*⟩ Zorn · Aufgebrachtheit · Raserei · Furor; Grimm (*veraltend*); Ingrimm (*veraltet*) ♦ *umg*: Rage ♦ *salopp*: Stinkwut; → *auch* Erregung (1), Entrüstung – **2.** W. [im Bauch] haben, vor W. bersten/platzen: → wütend (2); in W. versetzen: → erzürnen (1); in W. geraten: → erzürnen (2)
wüten: rasen · toben · schäumen · schnauben · heftig werden · sich wie wild gebärden · nicht mehr Herr seiner Sinne sein + schimpfen · schreien ♦ *umg*: wild werden; den wilden Mann spielen (*oft spött*) + hausen · spucken; → *auch* wütend (2), aufbrausen (2), aufregen (II)
wütend: 1. ⟨*voller Wut*⟩ zornig · böse · erzürnt · aufgebracht · gereizt · grimmig · zähneknirschend · wutentbrannt · zornentbrannt · wutschäumend · wutschnaubend · blindwütig · rasend; wütig (*veraltend*); ingrimmig · grimm (*veraltet*); wirsch (*landsch*); schiech (*süddt österr*) + wie eine Furie · wie ein Berserker · mit rotem Kopf · tobsüchtig · geharnischt ♦ *gehoben*: zornmütig ♦ *umg*: fuchsig · fuchtig · grätig · fuchsteufelswild; fuchswild (*veraltend*); → *auch* entrüstet, wild (1) – **2.** w. sein: ⟨*voller Wut sein*⟩ Wut haben · vor Wut bersten ♦ *umg*: rotsehen · kochen · in Rage sein · auf achtzig/neunundneunzig/hundert sein · [schwer] geladen sein · Wut im Bauch haben · vor Wut platzen ♦ *salopp*: auf der Palme/in Fahrt sein · Gift und Galle spucken/speien; → *auch* grollen (1), wüten – **3.** w. machen: → erzürnen (1); w. werden: → erzürnen (2)
wutentbrannt: → wütend (1)
Wüterich, der: Berserker + Amokläufer; → *auch* Gewaltmensch (1)
wütig: → wütend (1)
wutschäumend: → wütend (1)
wutschen: w. |in|: → hineinschlüpfen
wutschnaubend: → wütend (1)
Wutzelchen, das: → Ferkel (1)

X

X, das: ein X für ein U vormachen: → täuschen (I)

Xanthippe, die (*umg abwert*): Drachen · Ehedrachen · Hausdrachen · Hausteufel · böse Sieben · Hexe · Besen · Kratzbürste · [altes] Reibeisen · Giftnudel · Giftspritze · Giftzahn · Giftkröte · Zankteufel; Zanktippe (*scherzh*); Fuchtel (*österr*) ♦ *salopp*: Hippe; Raffel (*landsch*); → *auch* Frau (I, 1), Ehefrau, Luder (1), Megäre

x-beliebig: jeder X-Beliebige: → irgendeiner (1)

x-fach: → oft

x-mal: → oft

Y

Yankee, der: → Amerikaner
Youngster, der: → Sportler
Yuppie, der: → Karrierist

Z

zach: 1. → geizig (1) – **2.** → zäh (1)
Zacke, die: Zacken · Zinke · Zahn; Ende (*weidm*) + Spitze
Zacken, der: **1.** → Zacke – **2.** einen Z. weghaben: → betrunken (2); sich keinen Z. aus der Krone brechen: → vergeben (6)
zackig: 1. → gezackt – **2.** → forsch (1)
Zackigkeit, die: → Forschheit (1)
zag: → unentschlossen (2)
Zagel, der: → Schwanz (1)
zagen: 1. → zögern – **2.** mit Zittern und Zagen: → ängstlich (1)
zaghaft: 1. → unentschlossen (2) – **2.** → mutlos
Zaghaftigkeit, die: **1.** → Unentschlossenheit – **2.** → Mutlosigkeit
zäh: 1. ⟨*von Lebewesen gesagt*: *widrigen Einflüssen trotzend*⟩ zählebig; zach (*süddt*) ♦ *umg*: hart im Nehmen; → *auch* widerstandsfähig (1, b) – **2.** ⟨*weich u. biegsam, aber in sich fest*⟩ ledrig · lederartig + sehnig – **3.** → beharrlich (1) – **4.** → dickflüssig
zähflüssig: → dickflüssig
Zähheit, die: → Festigkeit (1)
Zähigkeit, die: **1.** → Festigkeit (1) – **2.** → Beharrlichkeit
Zahl, die: **1.** ⟨*Bezeichnung einer bestimmten Menge*⟩ Nummer + Ziffer – **2.** → Menge (1) – **3.** ohne/sonder Z.: → viel (I, 1); in voller Z.: → vollzählig (1); schwarze Zahlen schreiben: → Gewinn (5); rote Zahlen schreiben: → Verlust (2)
zahlbar: fällig
zählebig: → zäh (1)
zahlen: 1. → bezahlen (1 *u.* 2) – **2.** in Raten z.: → abzahlen; teuer z., die Zeche z.: → büßen (1)
zählen: 1. ⟨*die Anzahl feststellen*⟩ durchzählen · abzählen · überzählen – **2.** → gelten (2) – **3.** etw. z.: → wichtig (3); z. |auf|: → vertrauen; z. |zu|: → gehören (I, 3, b); nicht bis drei z. können: → dumm (6); bei jmdm. kann man die/alle Rippen z.: → mager (3)
Zähler, der: → Punkt (1)
Zahlkarte, die: → Zahlschein
zahllose: → viel (I, 1)
zahlreiche: → viel (I, 1)
Zählreim, der: → Abzählreim
Zahlschalter, der: → Kasse (2)
Zahlschein, der: Zahlkarte; Erlagschein (*österr*); Einzahlungsschein (*schweiz*) + Postanweisung; → *auch* Zahlungsanweisung
Zahlung, die: → Bezahlung (1)
Zahlungsanweisung, die: + Scheck · Wechsel; → *auch* Zahlschein
Zahlungsaufforderung, die: Zahlungsbefehl; Mahnbescheid (*Rechtsw*); → *auch* Mahnbrief
Zahlungsaufschub, der: Moratorium
Zahlungsbefehl, der: → Zahlungsaufforderung
zahlungsfähig: flüssig; liquid[e] · solvent (*Wirtsch*); → *auch* zahlungskräftig
Zahlungsfähigkeit, die: Liquidität · Bonität · Solvenz (*Wirtsch*)
zahlungskräftig: kaufkräftig · potent; → *auch* reich (1), zahlungsfähig
zahlungsunfähig: 1. ⟨*nicht in der Lage, fällige Zahlungen zu leisten*⟩ illiquid · insolvent (*Wirtsch*) ♦ *umg*: abgebrannt · blank · klamm · knapp/nicht bei Kasse ♦ *salopp*: pleite · machulle · schwach auf der Brust; → *auch* ruiniert (1) – **2.** z. werden: ⟨*kaum noch zahlen können*⟩ *salopp*: auf dem letzten Loch pfeifen; → *auch* Konkurs (2), schlecht (10, a) – **3.** z. sein: → Konkurs (2)
Zahlungsunfähigkeit, die: Geldverlegenheit · Geldnot · Geldmangel · Geldschwierigkeiten · Geldsorgen; Illiquidität · Nonvalenz · Insolvenz (*Wirtsch*); → *auch* Bankrott (1)
zahm: 1. ⟨*von Tieren gesagt*: *nicht mehr wild, an Menschen gewöhnt*⟩ zutraulich ·

gezähmt ♦ *umg*: kirre; → *auch* sanftmütig – **2.** z. sein: ⟨*von Tieren gesagt*: *nicht mehr wild, an Menschen gewöhnt sein*⟩ aus der Hand fressen – **3.** z. machen: → zähmen (I, 1)

zähmen: I. zähmen: **1.** ⟨*in Bezug auf Tiere*: *die Wildheit nehmen*⟩ zahm machen · bändigen + domestizieren ♦ *umg*: kirre machen · kirren – **2.** → eindämmen (1) – **II.** zähmen, sich: → beherrschen (II)

Zähmung, die: Bändigung + Domestikation

Zahn: I. Zahn, der: **1.** ⟨*knochenähnl. Gebilde zum Kauen*⟩ *umg*: Beißerchen · Hackerchen · Ickerchen (*landsch kinderspr*) ♦ *salopp*: Hauer – **2.** → Zacke – **3.** → Geschwindigkeit (1) – **4.** → Geliebte (II) – **5.** Z. der Zeit: → Zeit (1); [nur] für den hohlen Z.: → wenig (1); auf den Z. fühlen: **a)** → prüfen (1) – **b)** → ausfragen; einen Z. zulegen: → beschleunigen; den Z. ziehen: → ernüchtern – **II.** Zähne (*Pl*): **1.** → Gebiss (1) – **2.** die dritten Z.: → Zahnprothese; mit den Zähnen klappern: → frieren (1); die Z. zusammenbeißen: → aushalten (2); die Z. zeigen: → widersetzen, sich; sich die Z. ausbeißen: → Misserfolg (2); aus den Zähnen reißen: → entreißen (1); Haare auf den Zähnen haben: → herrschsüchtig (2)

Zahnarzt, der: + Stomatologe · Dentist ♦ *umg*: Zahnkünstler · Zahnklempner (*scherzh*)

Zahnbelag, der: Plaque

Zahncreme, die: → Zahnpasta

Zähneklappern, das: → Angst (1)

zähneknirschend: → wütend (1)

Zahnersatz, der: → Zahnprothese

Zahnfleisch, das: auf dem Z. kriechen: → erschöpft (4)

Zahnfüllung, die: → Füllung (1, c)

Zahnklempner, der: → Zahnarzt

Zahnkünstler, der: → Zahnarzt

Zahnpasta, die: Zahncreme; → *auch* Paste

Zahnprothese, die: Prothese · Zahnersatz · [künstliches] Gebiss ♦ *umg*: die dritten Zähne (*auch scherzh*)

Zähre, die: → Träne (1)

Zambo, der: → Mischling

Zange, die: **1.** ⟨*Werkzeug zum Greifen u. zum Kneifen*⟩ Zwicke (*landsch*) – **2.** in die Z. nehmen: → bearbeiten (2)

Zank, der: → Streit (1)

Zankapfel, der: → Streitobjekt

Zankeisen, das: → Xanthippe

zanken: I. zanken: → schimpfen (1) – **II.** zanken, sich: → streiten (II)

Zänker, der: → Streitsüchtige

Zänkerei, die: → Streit (1)

zänkisch: → streitsüchtig

zanksüchtig: → streitsüchtig

Zankteufel, der: **1.** → Streitsüchtige – **2.** → Xanthippe

Zanktippe, die: → Xanthippe

Zapf, der: → Theke

zapfen: → abziehen (1, a)

Zapfen, der: → Stöpsel

zappelig: → fahrig

zappeln: 1. ⟨*sich unruhig hin- u. herbewegen*⟩ hampeln; zwatzeln (*landsch*) + strampeln · wackeln · nicht stillsitzen – **2.** z. lassen: → hinhalten (1)

Zappelphilipp, der: → Quecksilber

zappen: → umschalten (1)

zappenduster: 1. → dunkel (1) – **2.** z. aussehen |mit|: → schlecht (11)

Zappler, der: → Quecksilber

zart: 1. ⟨*von besonderer Feinheit*⟩ subtil · fein [gegliedert] · fein geschnitten · filigran · fragil · zerbrechlich · ätherisch · durchsichtig · duftig · hauchzart · überzart + elfenhaft · elfisch · weich; → *auch* dünn (1), zierlich (1), zartgliedrig – **2.** → schwach (1, b) – **3.** → leicht (1) – **4.** → zärtlich – **5.** → sanft – **6.** → empfindlich (1) – **7.** → wohltönend – **8.** das zarte Geschlecht: → Frau (II); von zarter Gesundheit: → empfindlich (1)

zartbesaitet: → empfindsam (1)

Zärte, die: → Feinheit (1)

Zärtelei, die: → Liebkosung

zärteln: → liebkosen

zartfühlend: 1. → empfindsam (1) – **2.** → rücksichtsvoll

Zartgefühl, das: **1.** ⟨*einfühlend-taktvolles Verhalten*⟩ Feingefühl · Fingerspitzengefühl · Delikatesse; → *auch* Einfühlungsvermögen, [1]Anstand (1) – **2.** → [1]Anstand (1)

zartgliedrig: feingliedrig · grazil · zerbrechlich; → *auch* zierlich (1), zart (1), schlank (1)

Zartheit, die: → Feinheit (1)

zärtlich: liebevoll · liebreich · zart

Zärtlichkeit, die: → Liebkosung

Zasel, die: → Faser

Zaser, die: → Faser

zaserig: → faserig

Zaster, der: → Geld (1)

Zäsur, die: → Einschnitt (2)

Zauber, der: **1.** → Anziehung (2) – **2.** → Zauberei – **3.** → Reiz (2) – **4.** fauler Z.: **a)** → Betrug (1) – **b)** → Unsinn (1, a)
Zauberei, die: Hexerei · Magie · Zauberkunst · Gaukelkunst · die schwarze Kunst · Taschenspielerei · Hokuspokus · Zauber; Teufelskunst (*abwert*); Eskamotage (*veraltet*)
Zauberer, der: **1.** ⟨*angeblich mit magischen Kräften ausgestattete Person*⟩ Wundertäter – **2.** → Zauberkünstler
zauberhaft: 1. → wunderbar (1) – **2.** → reizend (1)
Zauberin, die: → Hexe (1)
zauberisch: 1. → magisch – **2.** → wunderbar (1)
Zauberkunst, die: → Zauberei
Zauberkünstler, der: Zauberer · Magier · Hexer · Schwarzkünstler · Taschenspieler · Illusionist · Gaukler; Eskamoteur (*veraltet*)
Zauberland, das: → Märchenland
zaubern: hexen · Hokuspokus machen/treiben
Zauderei, die: → Unentschlossenheit
zaudern: → zögern
zaudernd: → zögernd
Zaum, der: **1.** ⟨*Riemenzeug am Kopf von Reit- u. Zugtieren*⟩ Zaumzeug + Halfter · Trense – **2.** den Z. anlegen: → aufzäumen; im Z. halten: → zügeln (I, 1); seine Zunge im Z. halten: → schweigen (2); sich im Z. halten: → beherrschen (II)
zäumen: → aufzäumen
Zaumzeug, das: → Zaum (1)
Zaun, der: **1.** ⟨*aus Holz od. Draht errichtete Abgrenzung eines Grundstückes*⟩ Gatter + Staketenzaun; → *auch* Hecke, Umzäunung – **2.** lebender Z.: → Hecke; Streit vom Zaune brechen: → anlegen (II)
Zaungast, der: → Schaulustige
Zaunpfahl, der: Wink mit dem Z.: → Hinweis
Zaupe, die: → Schlampe
Zausel, der: → Greis
zausig: → struppig
Zebaoth: der Herr Z.: → Gott (1, a)
zebraartig: → streifig
Zebrastreifen, der: → Fußgängerschutzweg
Zechbruder, der: → Trinkbruder
Zeche, die: **1.** → Rechnung (1) – **2.** → Bergwerk – **3.** die Z. [be]zahlen: → büßen (1)
zechen: bechern; pokulieren (*veraltet*) ♦ *umg*: kneipen · sumpfen · lumpen ♦ *derb*: saufen; → *auch* trinken (1, b)
Zecher, der: → Trinker
Zecherei, die: → Gelage (b)
Zechgelage, das: → Gelage (b)
Zechkumpan, der: → Trinkbruder
Zechtour, die: → [1]Bummel (1)
zecken: → necken
Zeh, der: → Zehe (1)
Zehe, die: **1.** ⟨*Fußglied*⟩ Zeh – **2.** auf Zehen: → lautlos; vom Wirbel bis zur Z.: → oben (3); auf die Zehen treten: → kränken; im kleinen Zeh spüren: → spüren (1)
Zehenspitze, die: auf Zehenspitzen: → lautlos
zehn: [sich] alle z. Finger lecken |nach|: → Verlangen (4)
Zehner, der: → Zehnpfennigstück
Zehnpfennigstück, das: *umg*: Zehner · Groschen
zehntausend: die oberen Zehntausend: → Oberschicht
Zehnt[e], der: → [1]Steuer
zehren: 1. → entkräften (1) – **2.** z. |von|: → leben (3)
Zeichen, das: **1.** ⟨*sicht- od. hörbarer Hinweis*⟩ Signal · Wink; → *auch* Geheimzeichen, Vorzeichen – **2.** ⟨*für etw. gebrauchte kurze Kennzeichnung*⟩ Signum – **3.** → Merkzeichen – **4.** → Symbol (1) – **5.** → Beweis (2) – **6.** Zeichen und Wunder: → Wunder (1); seines Zeichens: → Beruf (3); Z. geben: → signalisieren (1)
Zeichenblock, der: Skizzenblock · Block
Zeichenbrett, das: Reißbrett
Zeichendeuter, der: → Wahrsager
Zeichenfeder, die: → Feder (I, 2)
zeichnen: 1. ⟨*in Strichen bildlich darstellen*⟩ skizzieren · auf dem Papier festhalten; → *auch* malen (1, b), darstellen (I, 1, a), anzeichnen (1) – **2.** → unterschreiben – **3.** → spenden (1) – **4.** verantwortlich z.: → verantworten (I)
Zeichnung, die: **1.** ⟨*in Strichen ausgeführte bildl. Darstellung*⟩ Skizze · Handzeichnung + Grafik · Bild · Radierung – **2.** → Muster (1)
zeigen: I. zeigen: **1.** ⟨*jmds. Augenmerk in eine Richtung lenken*⟩ deuten · weisen; → *auch* hinweisen – **2.** ⟨*jmdm. etw. vor die Augen bringen*⟩ vorzeigen · vorweisen · herzeigen · vorführen · vor Augen führen ·

sichtbar machen · ad oculos demonstrieren · dartun; → *auch* veranschaulichen – **3.** ⟨*nicht verbergen*⟩ erkennen/sehen lassen · zur Schau stellen/tragen – **4.** ⟨*deutlich hervortreten lassen*⟩ aufzeigen · dokumentieren · demonstrieren · aufweisen · zeugen |von| – **5.** → beweisen (2) – **6.** → ausdrücken (I, 4) – **7.** → entwickeln (I, 1) – **8.** mit den Fingern z. |auf|: → hinweisen; den Rücken z.: **a)** → abwenden (II, 1) – **b)** → abweisen (1); die kalte Schulter z.: → abweisen (1); sein wahres Gesicht z.: → entlarven (II); Lebensart z.: → benehmen (II, 1); Wirkung z.: → wirken (3); z., was eine Harke ist: → zurechtweisen; z., wo der Zimmermann das Loch gelassen hat: → hinauswerfen (1) – **II.** zeigen, sich: **1.** ⟨*in Erscheinung treten*⟩ sich bieten · sich präsentieren · sich sehen lassen + sich produzieren · sich darstellen · posieren – **2.** → herausstellen (II), bieten (II, 1) – **3.** sich z. |an|: → ausdrücken (II, 2)

zeihen: → beschuldigen (1)

Zeile: I. Zeile, die: → Reihe (1) – **II.** Zeilen (*Pl*): → Brief (1)

Zeisig, der: lockerer Z.: → Leichtfuß (1)

Zeit, die: **1.** ⟨*der Ablauf alles Geschehens*⟩ + Zahn der Zeit – **2.** → Dauer (1) – **3.** → Zeitraum, Zeitalter – **4.** → Zeitpunkt – **5.** → Frist (1) – **6.** → Uhrzeit – **7.** → Freizeit – **8.** → Zeitrechnung – **9.** schlechte Z.: ⟨*ungünstiger Zeitabschnitt*⟩ *umg*: + Sauregurkenzeit (*scherzh*) – **10.** Z. haben: ⟨*nicht eilig sein*⟩ Weile haben – **11.** Zahn der Z.: → 1; unsere Z.: → Gegenwart (1); auf Z., eine Z. lang: → zeitweilig; vor der Z.: → vorzeitig (1 *u.* 2); zur [rechten] Z.: **a)** → rechtzeitig – **b)** → pünktlich (1); zur richtigen Z.: → pünktlich (1); zur [rechten] Z. kommen: → zurechtkommen (1); zur gleichen Z.: → gleichzeitig (1); für kurze Z.: → vorübergehend; zu jeder Z.: → immer (1); für alle Z.: → ewig (1); aus alter Z. stammend: → altertümlich; in/zu jener Z., vor undenklichen Zeiten, zu Olims Zeiten: → damals; in nächster/absehbarer Z.: → bald (1); zu nachtschlafender Z.: → nachts; vor kurzer Z.: → neulich; von Z. zu Z.: → manchmal; seit jener/dieser Z.: → seitdem (1); seit ewigen Zeiten: → lange (2); mit der/im Laufe der Z.: → allmählich; außer der Z.: → ungelegen (1); an der Z.: → fällig (1); höchste Z.: → eilig (2); sich Z. lassen: → trödeln (1); Z. gewinnen wollen: → hinhalten (1); die Z. totschlagen: → gammeln; dem lieben Gott die Z. stehlen: → faulenzen (1); sich die Z. vertreiben: → vergnügen (II); die Z. verschlafen: → verschlafen (1); mit der Z. gehen: → [2]modern (2)

Zeitabschnitt, der: → Zeitraum, Zeitalter

Zeitalter, das: Epoche · Zeit · Zeitabschnitt · Ära; → *auch* Zeitraum

Zeitbezogenheit, die: → Gegenwartsnähe

Zeitdauer, die: → Dauer (1)

zeitgebunden: → vergänglich

zeitgemäß: 1. → gegenwartsnah[e] – **2.** → [2]modern (1)

zeitgenössisch: kontemporär; → *auch* gegenwärtig (1)

zeitgerecht: → rechtzeitig

Zeitgeschmack, der: → Mode (1)

zeitgleich: → gleichzeitig (1)

zeitig: → früh (1), morgens

zeitigen: 1. → verursachen – **2.** eine Wirkung z.: → wirken (3)

zeitlich: → vergänglich

Zeitliche, das: das Z. segnen: **a)** → sterben (1) – **b)** → entzweigehen (1)

zeitnahe: → gegenwartsnah[e]

Zeitpunkt, der: Termin · Frist · Zeit + Stichtag

zeitraubend: → umständlich (1)

Zeitraum, der: Zeit[spanne] · Zeitabschnitt · Periode · Phase · Spanne · Abschnitt; → *auch* Zeitalter

Zeitrechnung, die: Zeit

Zeitschrift, die: Journal · Illustrierte · Magazin · Revue + Wochenschrift · Monatsschrift; → *auch* Zeitung (I, 1)

Zeitspanne, die: → Zeitraum

Zeitung: I. Zeitung, die: **1.** ⟨*täglich od. wöchentlich erscheinendes Druckerzeugnis*⟩ Blatt · Presseorgan · Organ; Blättchen (*scherzh*); Gazette · Boulevardzeitung · Boulevardblatt · Groschenblatt · Sensationsblatt · Skandalblatt (*abwert*) + Tageszeitung · Tageblatt ♦ *umg*: Revolverblatt (*abwert*) ♦ *salopp*: Wurstblatt · Käseblatt · Käseblättchen (*abwert*); → *auch* Sensationspresse, Zeitschrift – **2.** → Zeitungswesen – **II.** Zeitungen (*Pl*): ⟨*die Gesamtheit der täglich od. wöchentlich erscheinenden Druckerzeugnisse*⟩ Presse; Blätterwald (*scherzh*) + Printmedien

Zeitungsanzeige, die: → Anzeige (1)

Zeitungsente, die: → Falschmeldung

Zeitungsfritze, der: → Journalist
Zeitungsmann, der: → Journalist
Zeitungsschreiber, der: → Journalist
Zeitungswesen, das: Presse · Pressewesen · Journalismus · Zeitung
Zeitvertreib, der: **1.** ⟨*Langeweile verhindernde Beschäftigung*⟩ Zerstreuung · Ablenkung · Abwechslung · Kurzweil + Beschäftigung · Unterhaltung – **2.** → Belustigung (1)
zeitweilig: zeitweise · temporär · eine Zeit lang · auf Zeit; → *auch* vorübergehend, vorläufig
zeitweise: → zeitweilig
zelebrieren: → feiern (1)
Zelle, die: **1.** ⟨*kleiner Raum im Kloster*⟩ Klause; → *auch* Zimmer – **2.** ⟨*Raum für Gefangene*⟩ Gefangenenzelle · Gefängniszelle – **3.** → Telefonzelle – **4.** die kleinen grauen Zellen: → Denkvermögen
Zellgewebe, das: → Gewebe (2)
Zelluloid, das: → Film (1)
Zelot, der: → Fanatiker
Zelt, das: seine Zelte aufschlagen: → niederlassen (II, 1); seine Zelte abbrechen: → aufbrechen (3)
zelten: lagern · kampieren · campen; biwakieren (*milit*); → *auch* übernachten
Zelten, das: → Camping
Zeltlager, das: → Camping
zementieren: → festigen (1)
Zementierung, die: → Festigung (1)
zensieren: **1.** ⟨*mit einer Note bewerten*⟩ benoten; → *auch* beurteilen (1) – **2.** → prüfen (2)
Zensur, die: **1.** ⟨*in einer Note ausgedrückte Bewertung*⟩ Note · Prädikat – **2.** → Aufsicht (1)
Zentrale, die: → Telefonzentrale
Zentralheizung, die: → Heizung
Zentralisation, die: → Konzentration (1)
zentralisieren: → zusammenfassen (1)
Zentralisierung, die: → Konzentration (1)
Zentrifuge, die: Schleuder · Separator
Zentrum, das: **1.** → Mittelpunkt – **2.** → Innenstadt – **3.** im Z. von: → inmitten (1)
Zephir, der: → Wind (I, 1)
Zeppelin, der: → Luftschiff
Zepter, das: das Z. schwingen: → herrschen (1)
zerarbeiten, sich: → abmühen, sich
zerbeißen: **1.** ⟨*durch Beißen öffnen bzw. trennen*⟩ entzweibeißen · aufbeißen – **2.** → zerkauen
zerbersten: **1.** → zerbrechen (2) – **2.** → platzen (1) – **3.** → explodieren (1)
Zerberus, der: → Pförtner
zerbomben: → zerstören (2)
zerbrechen: **1.** ⟨*in Stücke brechen*⟩ entzweibrechen ♦ *umg*: kaputtmachen · entzweimachen; → *auch* zerschlagen (I, 1), zerstören (1), durchbrechen (I, 1) – **2.** ⟨*in Stücke zerfallen*⟩ zerplatzen · [zer]springen · [zer]bersten · zersplittern · entzweigehen · in die Brüche/zu Bruch gehen · in Stücke/Scherben gehen ♦ *salopp*: zerknallen; → *auch* zerfallen (1) – **3.** die Fesseln/Ketten/das Joch z.: → befreien (II, 2)
zerbrechlich: **1.** ⟨*leicht brechend*⟩ brüchig · fragil – **2.** → zart (1), zartgliedrig – **3.** → zierlich (1)
zerbröckeln: **1.** → zerfallen (1) – **2.** → zerkleinern (1) – **3.** → brocken (1)
zerbröseln: **1.** → zerkleinern (1) – **2.** → brocken (1)
zerdeppern: → zerschlagen (I, 1)
zerdrücken: zerquetschen · zermalmen · breitdrücken · breitquetschen + breitschlagen · stampfen · eindrücken · knacken ♦ *umg*: zu Mus quetschen ♦ *salopp*: zermanschen · zermatschen; → *auch* zerklopfen (1)
Zeremonie, die: Akt · Zeremoniell
zeremoniell: → feierlich (1)
Zeremoniell, das: → Ritual (1), Zeremonie
zeremoniös: → förmlich (1)
zerfahren: → zerstreut (1)
Zerfahrenheit, die: → Zerstreutheit
Zerfall, der: **1.** ⟨*das Zerfallen in kleine Teilchen*⟩ Zersetzung · Auflösung; Dissoziation (*Chem*); → *auch* Fäulnis (1) – **2.** ⟨*von menschl. Organisationsformen gesagt*: *das Nichtfortbestehen*⟩ Auflösung · Zersetzung; → *auch* Verfall (1)
zerfallen: **1.** ⟨*zu kleinen Teilchen werden*⟩ sich zersetzen · auseinander fallen · zerbröckeln · in seine Bestandteile zerfallen · sich in seine Bestandteile auflösen; dissoziieren (*Chem*) ♦ *umg*: in Fetzen gehen; sich in Wohlgefallen auflösen (*scherzh*); → *auch* zerbrechen (2) – **2.** ⟨*von menschl. Organisationsformen gesagt*: *langsam zu bestehen aufhören*⟩ sich auflösen · sich zersetzen · auseinander fallen · in [voller] Auflösung begriffen sein + zusammenbrechen; → *auch* untergehen (2) – **3.** → entzweit – **4.** z. |in|: **a)** → gliedern (II) **b)** → zusammensetzen

(II, 2); z. lassen: → zersetzen (I, 1); in seine Bestandteile z.: → 1
zerfetzen: **1.** → zerreißen (I, 1 *u.* 2) – **2.** → verreißen – **3.** in der Luft z.: → verreißen
zerfetzt: → abgerissen (1)
zerfleddern: → zerreißen (I, 1)
zerfleischen: → zerreißen (I, 2)
zerfließen: **1.** → schmelzen (2) – **2.** in Tränen z.: → weinen (1)
zerfressen: → zersetzen (I, 1)
zerfurcht: → runzelig
zergehen: **1.** → schmelzen (2) – **2.** z. lassen: → auflösen (I, 1)
zergen: → necken
zergliedern: **1.** → untersuchen (1) – **2.** → zerlegen (1)
zergliedernd: → analytisch
zerhacken: **1.** ⟨*mit einem Beil zerkleinern*⟩ hacken · [zer]hauen · [zer]spalten + klein hacken ♦ *umg*: klar machen (*landsch*) – **2.** → zerstückeln (1)
zerhauen: **1.** → zerschlagen (I, 1) – **2.** → zerhacken (1)
zerkauen: + zerbeißen · zermalmen · zerkleinern
zerkleinern: **1.** ⟨*in Stücke teilen*⟩ zerstückeln · zerbröckeln · [zer]krümeln · zerbröseln + wiegen · schneiden · [zer]körnen · granulieren ♦ *umg*: klein machen; → *auch* zermahlen, brocken (1) – **2.** → zerkauen
zerklopfen: **1.** ⟨*durch Klopfen in kleine Stücke teilen*⟩ + zerstoßen · zerstampfen; → *auch* zerdrücken, zermahlen – **2.** → zerschlagen (I, 1)
zerklüftet: **1.** → uneben (1) – **2.** → runzelig
zerknallen: **1.** → zerbrechen (2) – **2.** → explodieren (1)
zerknautschen: → zerknüllen
zerknautscht: → faltig
zerknirscht: → reuevoll
Zerknirschtheit, die: → Reue (1)
Zerknirschung, die: → Reue (1)
zerknittern: → zerknüllen
zerknittert: **1.** → faltig – **2.** → runzelig – **3.** → reuevoll
zerknüllen: knüllen · [zer]knittern · zusammendrücken; verknüllen · verknittern (*landsch*) ♦ *umg*: [zer]knautschen; knuddeln (*landsch*); → *auch* ballen (I, 1)
zerkörnen: → zerkleinern (1)
zerkratzen: verkratzen
zerkrümeln: **1.** → zerkleinern (1) – **2.** → brocken (1)

zerlassen: → auslassen (I, 2)
zerlaufen: → schmelzen (2)
zerlegen: **1.** ⟨*in seine Bestandteile trennen*⟩ auseinander nehmen · auseinander legen · zergliedern · [zer]teilen; analysieren (*Chem*); → *auch* abbrechen (2) – **2.** ⟨*Braten in Einzelteile schneiden*⟩ [zer]teilen · transchieren – **3.** → sezieren
zerlegend: → analytisch
Zerlegung, die: Analyse (*Chem*)
zerlumpt: → abgerissen (1)
zermahlen: mahlen · [zer]schroten · zerstoßen + malmen; → *auch* zerklopfen (1), zerkleinern (1), zerreiben
zermalmen: **1.** → zerdrücken – **2.** → zerkauen
zermanschen: → zerdrücken
zermartern: das/sein Hirn z.: → nachdenken (1)
zermatschen: → zerdrücken
zermürben: **1.** ⟨*durch längere Einwirkung leicht zerfallbar machen*⟩ mürbe machen – **2.** ⟨*jmds. Widerstandskraft mit der Zeit brechen*⟩ mürbe machen · aufreiben · zerrütten · aufzehren ♦ *salopp*: auffressen
zermürbend: → nervtötend
Zero, die: → Null (1)
zerpflücken: → kritisieren
zerplatzen: **1.** → platzen (1) – **2.** → explodieren (1) – **3.** → zerbrechen (2) – **4.** wie eine Seifenblase z.: → scheitern (b)
zerquetschen: → zerdrücken
Zerrbild, das: **1.** ⟨*ins Lächerliche od. Negative verzerrte Darstellung einer Gegebenheit*⟩ Spottbild · Karikatur – **2.** → Karikatur (1)
zerreden: verreden
zerreiben: mörsern · pulverisieren; aufreiben (*landsch*); → *auch* zermahlen
zerreißen: **I.** zerreißen: **1.** ⟨*durch Reißen trennen*⟩ entzweireißen · zerfetzen · zerrupfen · [in Stücke/Fetzen] reißen ♦ *umg*: kaputtreißen · entzweifetzen + zerfleddern; → *auch* durchreißen (1) – **2.** ⟨*durch Auseinanderreißen töten*⟩ zerfetzen · in Stücke reißen · zerfleischen – **3.** die Fesseln/Ketten z.: → befreien (II, 2); das Herz z.: → bedrücken (1); sich das Maul z. |über|: → durchhecheln – **II.** zerreißen, sich: → übereifrig
zerren: → ziehen (I, 1 *u.* 2)
zerrinnen: → schmelzen (2)
zerrissen: **1.** → abgerissen (1) – **2.** → zwiespältig

zerronnen: → verloren (1)
zerrupfen: → zerreißen (I, 1)
zerrütten: **1.** ⟨*völlig in Unordnung bringen*⟩ desorganisieren – **2.** → zermürben (2)
zerschießen: zusammenschießen · einschießen · in Grund und Boden schießen; → *auch* zerstören (2)
zerschlagen: **I.** zerschlagen: **1.** ⟨*durch Schläge zerstören*⟩ entzweischlagen · zertrümmern · zerschmettern · zerhauen · zerklopfen + eintreten · einschlagen ♦ *umg*: zusammenschlagen · zusammenhauen · kurz und klein schlagen · Kleinholz machen |aus| ♦ *salopp*: zerdeppern · zerteppern · zerschmeißen; → *auch* zerbrechen (1), zerstören (1), einwerfen (2), einstoßen – **2.** → erschöpft (1) – **II.** zerschlagen, sich: → scheitern (b)
zerschleißen: → abnutzen (I)
zerschlissen: → abgetragen
zerschmeißen: → zerschlagen (I, 1)
zerschmelzen: **1.** → schmelzen (1 *u.* 2) – **2.** → auftauen (1 *u.* 2)
zerschmettern: → zerschlagen (I, 1)
zerschneiden: entzweischneiden + schnitzeln ♦ *umg*: [zer]schnippeln · [zer]schnipseln; → *auch* zerstückeln (1), durchschneiden (I)
zerschnippeln: → zerschneiden
zerschnipseln: → zerschneiden
zerschrammt: → uneben (1)
zerschroten: → zermahlen
zerschründet: **1.** → uneben (1) – **2.** → runzelig
zersetzen: **I.** zersetzen: **1.** ⟨*durch chemische Einwirkung zerstören*⟩ auflösen · zerfressen · zerfallen lassen; → *auch* zerstören (1) – **2.** ⟨*im Hinblick auf die Moral zerstörend wirken*⟩ demoralisieren · entsittlichen – **II.** zersetzen, sich: → zerfallen (1 *u.* 2)
zersetzend: destruktiv
Zersetzung, die: **1.** ⟨*die Zerstörung der Moral*⟩ Demoralisation · Demoralisierung · Entsittlichung – **2.** → Zerfall (1 *u.* 2)
zerspalten: → zerhacken (1)
zersplittern: → zerbrechen (2)
zersprengen: → zerstreuen (I, 2)
zerspringen: **1.** → zerbrechen (2) – **2.** → platzen (1), explodieren (1)
zerstampfen: **1.** → zertreten – **2.** → zerklopfen (1)
zerstören: **1.** ⟨*bis zur Unbrauchbarkeit beschädigen*⟩ demolieren · zertrümmern · unbrauchbar machen · ruinieren; → *auch* zerschlagen (I, 1), zerbrechen (1), zersetzen (I, 1) – **2.** ⟨[*durch krieger. Mittel*] *beseitigen*⟩ keinen Stein auf dem anderen lassen · dem Erdboden gleichmachen · in Schutt und Asche legen · ausradieren · atomisieren + zerbomben · hinwegfegen; → *auch* vernichten (1, a), verwüsten, zerschießen
zerstört: am Boden z. sein: **a)** → erschöpft (4) – **b)** → niedergeschlagen (2)
Zerstörungswut, die: Wandalismus
zerstörungswütig: wandalisch
zerstoßen: **1.** → zerklopfen (1) – **2.** → zermahlen
zerstreiten, sich: → verfeinden, sich
zerstreuen: **I.** zerstreuen: **1.** ⟨[*durch Werfen*] *locker verteilen*⟩ [ver]streuen · umherstreuen – **2.** ⟨*zum Auseinandergehen zwingen*⟩ auflösen · auseinander treiben · auseinander jagen · [zer]sprengen – **3.** → ablenken (I, 2) – **4.** → belustigen (I) – **II.** zerstreuen, sich: **1.** → auflösen (II, 2) – **2.** → ablenken (II, 2) – **3.** → vergnügen (II)
zerstreut: **1.** ⟨*wenig konzentrationsfähig u. oft etw. vergessend*⟩ zerfahren · faselig; tüdelig (*norddt*) ♦ *umg*: schusselig; tüterig (*norddt*); → *auch* vergesslich (1), unaufmerksam (1) – **2.** z. sein: ⟨*unkonzentriert u. daher fehlerhaft handeln*⟩ faseln ♦ *umg*: schusseln
Zerstreutheit, die: Zerfahrenheit · Faselei · Geistesabwesenheit · Abwesenheit; → *auch* Vergesslichkeit, Unaufmerksamkeit
Zerstreuung, die: **1.** → Zeitvertreib (1) – **2.** → Belustigung (1)
zerstritten: → entzweit
zerstückeln: **1.** ⟨*etw. in Stücke teilen*⟩ [zer]hacken + frikassieren · haschieren; → *auch* zerschneiden – **2.** → zerkleinern (1)
zerteilen: → zerlegen (1 *u.* 2)
zerteppern: → zerschlagen (I, 1)
Zertifikat, das: → Bescheinigung (1)
zertifizieren: → bescheinigen
zertrampeln: → zertreten
zertrennen: [auf]trennen · auseinander trennen
zertreten: zerstampfen; zertrampeln (*abwert*)
zertrümmern: **1.** → zerschlagen (I, 1) – **2.** → zerstören (1)
Zerwürfnis, das: **1.** ⟨*durch Meinungsverschiedenheiten verursachte Beendigung ei-*

nes guten Verhältnisses⟩ Bruch · Entzweiung · Verfeindung – **2.** → Zwietracht (1)
zerzausen: *umg*: verwuscheln
zerzaust: → struppig
zetern: 1. → schimpfen (1) – **2.** → jammern (1)
Zettel, der: → Blatt (I, 1)
Zettelkartei, die: → Kartei
Zettelkatalog, der: → Kartei
Zeug, das: **1.** → Kleidung (1) – **2.** → Kram (1) – **3.** → Begabung (1) – **4.** dummes Z.: → Unsinn (1, a); dummes/ungewaschenes Z. reden: → schwafeln; was das Z. hält: → angestrengt; ins Z. gehen, sich ins Z. legen: → anstrengen (II, 1); etw. am Z. flicken: → beschuldigen (1)
Zeuge, der: Augenzeuge · Ohrenzeuge · Tatzeuge + Kronzeuge · der Anwesende; → *auch* Schaulustige
zeugen: 1. ⟨*durch den Koitus eine Befruchtung herbeiführen*⟩ ein Kind in die Welt setzen ♦ *salopp*: ein Kind machen; → *auch* koitieren, schwängern – **2.** z. |für|: → bezeugen (1); z. |von|: → zeigen (I, 4)
Zeugenaussage, die: Bezeugung; Zeugnis (*veraltend*)
Zeughaus, das: → Waffenlager
Zeugnis, das: **1.** ⟨*Urkunde über den Leistungs- u. Ausbildungsgrad*⟩ Schulzeugnis · Abschlusszeugnis · Abgangszeugnis · Diplom – **2.** → Bescheinigung (1) – **3.** → Beweis (1) – **4.** → Zeugenaussage – **5.** Z. ablegen |für|: → bezeugen (1); falsches Z. ablegen: → lügen (1)
Zeugs, das: → Kram (1)
Zeugung, die: → Begattung (1)
zeugungsfähig: potent; mannbar (*veraltend*)
Zeugungsfähigkeit, die: Potenz · Zeugungskraft · Virilität; Manneskraft · Mannbarkeit (*veraltend*)
Zeugungskraft, die: → Zeugungsfähigkeit
zeugungsunfähig: 1. ⟨*nicht fähig, Kinder zu zeugen*⟩ impotent; → *auch* unfruchtbar (1) – **2.** z. machen: → sterilisieren (1, a)
Zeugungsunfähigkeit, die: Impotenz
Zicke, die: **1.** → Ziege (1 *u.* 2) – **2.** Zicken machen: → Unsinn (2)
zickig: → prüde (1)
Zickzackweg, der: → Serpentine (1)
Zieche, die: → Bettbezug
Ziefer, das: → Federvieh
Ziege, die: **1.** ⟨*Haustier*⟩ Geiß (*süddt österr schweiz*) ♦ *umg*: Hippe · Zicke (*landsch*) – **2.** *salopp abwert* ⟨*dumme od. alberne weibl. Person*⟩ Zicke · Zimtzicke · Zimtziege · Gans · Pute · Huhn · Schnepfe; Doofschote (*landsch*)
Ziegel, der: → Ziegelstein
ziegelrot: → rot (1)
Ziegelstein, der: Ziegel · Backstein + Baustein · Klinker
Ziegenherde, die: → Herde (1)
Ziegenpeter, der: → Mumps
Zieheltern (*Pl*): → Pflegeeltern
ziehen: I. ziehen: **1.** ⟨*auf sich zu- bzw. hinter sich herbewegen*⟩ zerren + ins Schlepptau nehmen; → *auch* schleppen (I, 1) – **2.** ⟨*Zug ausüben*⟩ reißen · zerren · zupfen; rupfen (*landsch*) ♦ *umg*: ziepen – **3.** → wandern (1) – **4.** → wehen (1) – **5.** → ausziehen (I, 2) – **6.** → auslösen (1, a) – **7.** → schmerzen (1) – **8.** → wirken (3) – **9.** → abnehmen (1) – **10.** z. |aus|: ⟨*aus einer Tasche od. dgl. nehmen*⟩ herausziehen + zücken – **11.** nach oben/in die Höhe z.: → hochziehen (1); in die Länge z.: **a)** → dehnen (I) – **b)** → verzögern (I); z. |auf|, auf einen Faden z.: → aufreihen (1); auf Flaschen z.: → abziehen (1, b); z. |nach/in|: → gehen (8); heimwärts z.: → heimgehen (1); Leine z.: → weggehen (1); einen z. lassen: → Wind (I, 3); nach sich z.: → Folge (3); einen Schluss/Schlüsse/eine Folgerung/Folgerungen z.: → folgern; eine Lehre z. |aus|: → lernen (4); ins Vertrauen z.: → einweihen (2); in Zweifel z.: → bezweifeln; zu Rate z.: → heranziehen (1); alle Register z.: → versuchen (I, 4); die Würmer aus der Nase z.: → ausfragen; zur Verantwortung/Rechenschaft z.: → belangen (1); vor Gericht z.: → verklagen; in den Schmutz/Kot/Dreck/durch die Gosse z.: → verleumden (1); durch die Scheiße z.: **a)** → verleumden (1) – **b)** → verspotten; durch den Kakao z.: → verspotten; vom Leder z.: → angreifen (I, 1, b); zu Felde z. |gegen|: → angreifen (I, 2); den Kürzeren z.: → unterliegen (1); den Zahn z.: → ernüchtern; den Hut z.: → grüßen (1); den Hut z. |vor|: → achten (1); das Geld aus der Tasche z.: → ausnutzen (1); das große Los gezogen haben: → Glück (4); an einem/am gleichen/selben Strang/Seil z.: → zusammenarbeiten; aus dem Verkehr z.: **a)** → zurückziehen (I, 1) – **b)** → einsperren (1); aus der Patsche/Klemme z., die Karre aus dem

Dreck z.: → heraushelfen; den Kopf/Hals aus der Schlinge z.: → herauswinden, sich; in seinen Bann z.: → interessieren (I); einen Vergleich/Parallelen z.: → vergleichen (I, 1); in Betracht/Erwägung/Rechnung z.: → berücksichtigen (1); das Fazit z.: → zusammenfassen (2); Bilanz z.: → abrechnen (1); einen Schlussstrich z.: → beenden (1); die Aufmerksamkeit/den Blick/die Blicke/Augen auf sich z.: → auffallen (1); eine Schnute/Flappe/einen Flunsch z.: → schmollen; ein Gesicht z.: **a)** → schmollen – **b)** → annehmen (11); eine Miene z.: → annehmen (11); Kreise z.: → verbreiten (II); in Mitleidenschaft z.: → beschädigen – **II.** ziehen, sich: **1.** → dehnen (II, 1) – **2.** sich in die Länge z.: → verzögern (II); sich aus der Klemme/Schlinge z.: → herauswinden, sich

Ziehharmonika, die: Harmonika · Handharmonika + Bandoneon ♦ *salopp*: Quetschkommode (*meist scherzh*); → *auch* Akkordeon

Ziehkind, das: → Pflegekind

Ziehwagen, der: → Handwagen

Ziel, das: **1.** ⟨*zu treffender Punkt*⟩ Zielpunkt – **2.** ⟨*Endpunkt einer Wettkampfstrecke*⟩ Einlauf – **3.** ⟨*angestrebter Zustand bzw. angestrebtes Ergebnis*⟩ Endabsicht · Endziel · Endzweck · Hochziel; → *auch* Absicht (1), Zweck (1) – **4.** → Reiseziel – **5.** ohne Z.: → ziellos (1); ohne Maß und Z.: → maßlos; sich zum Z. setzen: → vornehmen (2); übers Z. [hinaus]schießen: → weit (4); ans Z. kommen: → durchsetzen (I, 2, a)

Zielbahnhof, der: → Bestimmungsbahnhof

zielbewusst: 1. → zielstrebig – **2.** → entschlossen (1)

zielen: 1. ⟨*die Schusswaffe auf ein Ziel richten*⟩ anlegen · anschlagen · in Anschlag gehen · [an]visieren · aufs Korn nehmen – **2.** z. |auf|: → abzielen

ziellos: 1. ⟨*ohne ein festes Ziel*⟩ richtungslos · ohne Ziel · kreuz und quer – **2.** → planlos (1)

Zielpunkt, der: → Ziel (1)

Zielscheibe, die: → Schießscheibe

zielstrebig: zielbewusst; → *auch* beharrlich (1), strebsam

Zielvorgabe, die: → Leitlinie

ziemen, sich: → gehören (II)

Ziemer, der: → Peitsche (1)

ziemlich: 1. → verhältnismäßig – **2.** → beträchtlich (1) – **3.** → gebührend (1)

ziepen: 1. → singen (2) – **2.** → ziehen (I, 2) – **3.** → schmerzen (1)

Zier, die: → Verzierung (1)

Zierde, die: → Verzierung (1)

zieren: I. zieren: → schmücken (I) – **II.** zieren, sich: **1.** ⟨*sich unnatürlich-gekünstelt benehmen*⟩ sich spreizen · auf Stelzen gehen – **2.** ⟨*sich übertrieben zurückhaltend zeigen*⟩ *umg*: sich anstellen · sich haben · sich betun · Theater machen · zimperlich/spröde/prüde tun

Ziererei, die: Gespreiztheit · Geziere · Gehabe[n] · Affektiertheit ♦ *umg*: Affigkeit · Tuerei · Getue · Mache

zierlich: 1. ⟨*von anmutig-zarter Erscheinung*⟩ grazil · fein · zerbrechlich · wie aus/von Porzellan; → *auch* zart (1), zartgliedrig – **2.** → klein (1)

Zierrat, der: → Verzierung (1)

Ziffer, die: → Zahl (1)

zig: mit zig Sachen: → schnell (1, a)

Zigarette, die: *umg*: Stäbchen; Glimmstängel · Giftstäbchen · Giftstängel · Giftnudel · Sargnagel (*scherzh*); Tschick (*österr*) + Joint ♦ *salopp*: Lulle

Zigarettenpause, die: → [1]Pause (1)

Zigarettenstummel, der: Stummel ♦ *umg*: Kippe; Tschick (*österr*)

Zigarre, die: **1.** ⟨*aus Tabakblättern gewickelte Rauchware*⟩ *umg*: Glimmstängel · Giftnudel (*scherzh*) + Havanna · Brasil · Virginia · Stumpen – **2.** → Tadel (1) – **3.** eine Z. verpassen: → tadeln (1)

zigeunern: → herumtreiben, sich

Zille, die: **1.** → Schleppkahn – **2.** → Boot

Zimmer, das: Raum · Räumlichkeit · Stube · Kammer; Kabinett (*österr*) ♦ *gehoben*: Gemach · Gelass ♦ *umg*: Räuberhöhle (*abwert*) ♦ *salopp*: Bude · Loch (*abwert*) ♦ *derb*: Saustall (*abwert*); → *auch* Zelle (1)

Zimmerdecke, die: → Decke (2)

Zimmermann, der: zeigen, wo der Z. das Loch gelassen hat: → hinauswerfen (1)

zimperlich: 1. → prüde (1) – **2.** → weichlich (1) – **3.** z. tun: → zieren (II, 2)

Zimperlichkeit, die: → Prüderie (1)

Zimt, der: → Kram (1)

Zimtzicke, die: → Ziege (2)

Zimtziege, die: → Ziege (2)

Zinke, die: → Zacke

Zinken, der: → Nase (1)

Zinnober, der: **1.** → Kram (1) – **2.** → Unsinn (1, a)

Zins, der: → ²Miete
Zinsabschnitt, der: **1.** → Aktie – **2.** → Abschnitt (1)
Zinshaus, das: → Mietshaus
Zinsschein, der: → Aktie
Zipfel, der: → Ende (1, a)
Zipp, der: → Reißverschluss
Zipperlein, das: → Gicht
Zippverschluss, der: → Reißverschluss
zirka: → ungefähr (1)
Zirkel, der: → Kreis (1)
Zirkelschluss, der: → Fehlschluss
Zirkular, das: → Rundschreiben
Zirkularerlass, der: → Erlass (1)
Zirkulation, die: → Kreislauf (2)
zirkulieren: → herumgehen (1)
Zirkus, der: **1.** → Gehabe[n] (1) – **2.** → Umstand (II, 1) – **3.** Z. machen: → Umstand (II, 2)
Zirkuskunst, die: → Artistik
Zirkuskünstler, der: → Artist
Zischelei, die: → Geflüster
zischeln: → flüstern (1)
zischen: **1.** ⟨*von manchen Tieren gesagt*: *einen scharfen Laut von sich geben*⟩ + fauchen – **2.** ⟨*lautmalend für das Bratgeräusch in der Pfanne*⟩ pfuschen (*landsch*) – **3.** → ²wallen – **4.** → flüstern (1) – **5.** einen z.: → trinken (1, b)
Zitadelle, die: **1.** → Befestigung (2) – **2.** → Festung (1)
Zitat, das: + Dichterwort; → *auch* Ausspruch, Anführung (1)
zitieren: **1.** → anführen (2) – **2.** → vorladen – **3.** → befehlen (I, 2) – **4.** vor die Schranken des Gerichts z.: → verklagen
Zitierung, die: **1.** → Anführung (1) – **2.** → Vorladung
Zitrone, die: ausquetschen wie eine Z.: → ausfragen; mit Zitronen gehandelt haben: → Misserfolg (3)
zittern: **1.** ⟨[*vor Kälte*] *unwillkürlich anhaltende zuckende Bewegungen machen*⟩ beben · schlottern · zittern wie Espenlaub; schnappern (*österr*) + erzittern · erbeben · vibrieren · flattern ♦ *umg*: klappern · bibbern · tattern; schnattern · puppern (*landsch*) – **2.** → ängstigen (II, 1) – **3.** z. wie Espenlaub: → 1; mit Zittern und Zagen: → ängstlich (1)
zittrig: *umg*: tatterig; taperig (*landsch*); → *auch* ungeschickt (1)
zivil: bürgerlich + privat
Zivilcourage, die: → Mut (1)
Zivilisation, die: → Kultur (1)
Znüni, der *od.* das: → Frühstück
zockeln: → trotten
zocken: → spielen (1)
Zocker, der: → Glücksspieler
Zofe, die (*hist*): Kammerzofe · Kammerfrau · Kammerjungfer · Kammermädchen; Kammerkätzchen · Kammermäuschen (*scherzh*)
Zoff, der: → Streit (1)
zögerlich: → zögernd
zögern: zaudern + innehalten ♦ *gehoben*: zagen · säumen ♦ *umg*: fackeln + [herum]drucksen · herumgehen wie die Katze um den heißen Brei; → *auch* unentschlossen (3), warten (1)
zögernd: zaudernd · zögerlich
Zögling, der: → Schüler (1)
Zoll, der: Douane (*veraltet*)
zollen: Anerkennung/Beifall z.: → anerkennen (1); Achtung/Tribut z.: → achten (1); Aufmerksamkeit/Beachtung z.: → beachten; Lob z.: → loben (1); Dank z.: → danken (1)
zombig: → großartig (1)
zonal: → landschaftlich (1)
Zone, die: **1.** → Landschaftsgebiet – **2.** → Ring (2)
Zoo, der: zoologischer Garten + Tiergarten · Tierpark
zoologisch: zoologischer Garten: → Zoo
Zopf, der: *umg*: Rattenschwanz (*landsch scherzh*)
Zopfband, das: → Haarschleife
zopfig: **1.** → rückschrittlich – **2.** → altertümelnd
Zorn, der: **1.** → Wut (1) – **2.** in Z. geraten: → erzürnen (2); in Z. versetzen: → erzürnen (1)
zornentbrannt: → wütend (1)
zornig: **1.** → wütend (1) – **2.** z. machen: → erzürnen (1); z. werden: → erzürnen (2)
zornmütig: → wütend (1)
Zote, die: **1.** ⟨*obszöner Witz*⟩ Unflätigkeit ♦ *umg*: Ferkelei ♦ *derb*: Sauzote · Sauerei; → *auch* Witz (1) – **2.** Zoten reißen (*umg*): ⟨*obszöne Witze machen*⟩ *normalspr*: zoten ♦ *umg*: ferkeln · schweinigeln ♦ *derb*: sauigeln · sauen
zoten: → Zote (2)
zotenhaft: → unanständig (1)
Zotenreißer, der: *umg*: Ferkel · Schweinigel ♦ *derb*: Schweinekerl · Schwein · Sau
zotig: → unanständig (1)

zotteln: → trödeln (1)
zottig: → struppig
[1]**zu:** **1.** ⟨*zeitlich in Verbindung mit Festtagen*⟩ an (*süddt*) – **2.** ⟨*in Verbindung mit Zahlenangaben*⟩ zu je; à (*kaufm*) – **3.** → allzu – **4.** bis zu: **a)** ⟨*auf den Endpunkt eines Vorganges weisend*⟩ bis an – **b)** → an (2); zu je: → 2; ab und zu: → manchmal; gar zu: → allzu; zu wenig: → wenig (3); viel zu viel: → reichlich; zu viel werden: → überhand; sich zu viel zumuten: → überanstrengen (II)
[2]**zu:** **1.** → geschlossen (1) – **2.** → verschlossen (1)
zuallererst: → zuerst
zuallerletzt: → zuletzt (1)
Zuarbeiter, der: → Handlanger (1)
zuballern: → zuschlagen (1)
Zubau, der: → Anbau
zubauen: → anbauen (I, 1)
Zubehör, der *od.* das: **1.** ⟨*das [notwendig] zu etw. Gehörende*⟩ das Zugehörige; Zugehör (*österr schweiz*) + Accessoires · Utensilien · Requisit · Extra ♦ *umg*: Drum und Dran ♦ *salopp*: Pipapo – **2.** → Bestandteil (1) – **3.** → Einrichtung (2, a)
zubeißen: → beißen (I, 1)
zubekommen: → zubringen (1)
Zuber, der: → Bottich
zubereiten: **1.** ⟨*Speisen essfertig herrichten*⟩ anrichten · zurichten + dressieren ♦ *gehoben*: richten ♦ *umg*: [an]machen; → *auch* vorbereiten (I) – **2.** das Essen z.: → kochen (1)
zubereitet: → tischfertig
zubilligen: → zugestehen
zubinden: → verschnüren
zublasen: → hinterbringen (II)
Zubläser, der: → Zuträger
zublinzeln: anblinzeln; zublinzen · anblinzen (*landsch*)
zublinzen: → zublinzeln
zubringen: **1.** *umg* ⟨*etw. schließen können*⟩ zubekommen · zukriegen – **2.** → aufhalten (II, 1), verbringen (1) – **3.** → hinterbringen (II)
Zubringer, der: **1.** ⟨*Verkehrsmittel, mit dem Personen zur Weiterbeförderung an einen bestimmten Ort gebracht werden*⟩ Shuttle + Zubringerbus – **2.** → Zuträger
Zubrot, das: → Nebenverdienst
Zubuße, die: → Zulage (1)
zubuttern: → zuschießen (1)
Zucht, die: **1.** ⟨*das Züchten u. Aufziehen von Pflanzen od. Tieren*⟩ Aufzucht · Züchtung + Kultur – **2.** → Erziehung (2) – **3.** → Ordnung (1) – **4.** ohne Z.: → zuchtlos (1)
züchten: heranzüchten + domestizieren; → *auch* kreuzen (I, 1)
Zuchthaus, das: **1.** → Strafvollzugsanstalt – **2.** → Freiheitsstrafe – **3.** im Z. sitzen: → gefangen (2)
Zuchthengst, der: Schälhengst · Beschäler
züchtig: → tugendhaft
züchtigen: **1.** ⟨*mit Schlägen bestrafen*⟩ schlagen · durchhauen + auspeitschen · durchpeitschen; stäupen (*hist*) ♦ *umg*: durchgerben · eins aufmessen · überlegen · übers Knie legen · die Hosen/den Hosenboden strammziehen/straffziehen; aushauen (*landsch*) ♦ *salopp*: den Hintern versohlen; → *auch* schlagen (I, 1), verprügeln – **2.** → bestrafen
Züchtigkeit, die: → Tugendhaftigkeit
Züchtigung, die: Körperstrafe; → *auch* Strafe (1)
zuchtlos: **1.** ⟨*jede Zucht vermissen lassend*⟩ disziplinlos · undiszipliniert · disziplinwidrig · ohne Zucht + zügellos · liederlich – **2.** → unsittlich
Zuchtlosigkeit, die: → Unsittlichkeit
Züchtung, die: **1.** ⟨*das Züchten*⟩ + Domestikation – **2.** → Zucht (1)
zuckeln: → trotten
zucken: **1.** → flackern – **2.** nicht mit der Wimper z.: → Regung (3)
zücken: **1.** → ziehen (I, 10) – **2.** den Beutel z.: → bezahlen (2)
Zucker, der: Raffinade
Zuckerbäcker, der: → Konditor
Zuckerglasur, die: → Zuckerguss
Zuckerguss, der: Zuckerglasur; Glace (*Kochk*)
Zuckerharnruhr, die: → Zuckerkrankheit
zuckerig: → süß (1)
Zuckerkrankheit, die: Zuckerharnruhr · Diabetes [mellitus] (*med*)
Zuckerl, das: → Bonbon
Zuckerlecken, das: kein Z. sein: → schwer (5)
zuckern: einzuckern · verzuckern · überzuckern · kandieren + süßen
Zuckerschlecken, das: kein Z. sein: → schwer (5)
zuckersüß: → süß (1)
Zuckerwerk, das: → Konfekt

zudämmen: → eindämmen (1)
Zudecke, die: **1.** → Decke (1) – **2.** → Federbett
zudecken: 1. → bedecken (I, 1) – **2.** → zuschneien
Zudeckung, die: → Bedeckung (1)
zudem: → außerdem (1), dazu (2)
zudenken: 1. → widmen (I) – **2.** → bestimmen (1, a)
zudiktieren: → aufbürden (2)
zudrehen: den Hahn z.: → knapp (6); den Rücken z.: → abwenden (II, 1)
zudringlich: 1. → aufdringlich (1) – **2.** z. sein: → aufdrängen (II, 1)
Zudringlichkeit, die: → Aufdringlichkeit
zudrücken: ein Auge/beide Augen z.: → nachsehen (2); die Kehle/Gurgel z.: → erwürgen
zueignen: 1. → schenken (1) – **2.** → widmen (I)
Zueignung, die: → Widmung
zueinander: z. halten: → zusammenhalten (2)
zuerkennen: 1. → zusprechen (1) – **2.** → zuschreiben (1)
zuerst: erst · zuallererst · erst einmal · an erster Stelle · zunächst · vor allem · als Erstes · vorab · zuvor · vorweg; → *auch* anfänglich, erstens
zuerteilen: 1. → zuteilen – **2.** → zusprechen (1)
Zufahrt, die: **1.** → Auffahrt – **2.** → Einfahrt
Zufahrtsstraße, die: Auffahrt[sstraße] · Zufahrtsweg
Zufahrtsweg, der: → Zufahrtsstraße
Zufall, der: durch Z.: → zufällig
zufallen: 1. ⟨*sich von allein schließen*⟩ sich schließen · ins Schloss fallen/schnappen · zuschlagen · zuklappen · zuschnappen · einschnappen ♦ *umg*: zufliegen – **2.** ⟨*in jmds. Eigentum übergehen*⟩ anheim fallen · zufließen · zuströmen · zuteil werden + verfallen; → *auch* erhalten (I, 1), abbekommen (1) – **3.** ⟨*mühelos erhalten*⟩ zufliegen · zufließen · in den Schoß fallen
zufällig: durch Zufall · von ungefähr; akzident[i]ell (*fachspr*) ♦ *umg*: nur so; → *auch* unerwartet
zufassen: → zugreifen (1)
zufleiß: → absichtlich
zufliegen: → zufallen (1 *u.* 3)
zufließen: → zufallen (2 *u.* 3)

Zuflucht, die: Unterschlupf · Freistätte · Freistatt · Zufluchtsstätte · Zufluchtsort · Refugium · Asyl ♦ *gehoben*: sicherer Port (*veraltend*); → *auch* Versteck, Schutz (2, a)
Zufluchtsort, der: → Zuflucht
Zufluchtsstätte, die: → Zuflucht
Zufluss, der: → Zugang (1)
zuflüstern: → hinterbringen (II)
zufolge: → gemäß (I)
zufrieden: 1. ⟨*keine* [*weiteren*] *Wünsche habend*⟩ befriedigt · zufrieden gestellt + beruhigt ♦ *umg*: satt · saturiert; wunschlos [glücklich] (*auch iron*) – **2.** z. sein, sich z. geben: **a)** → begnügen, sich (1) – **b)** → abfinden (II, 2); z. stellen: → befriedigen (I); z. stellend: → annehmbar; z. gestellt: → 1
Zufriedenheit, die: Befriedigung · Behagen · Wohlgefallen · Wohlgefühl · Wohlbehagen
Zufriedenstellung, die: → Befriedigung (1)
zufrieren: überfrieren · gefrieren
zufügen: 1. ⟨*jmdm. etw. Unangenehmes fühlbar machen*⟩ bereiten · beibringen · antun · zuleide tun – **2.** → hinzufügen (1) – **3.** eine Beleidigung z.: → beleidigen; einen Schimpf z.: → demütigen (I); ein Leid/Unrecht/einen Tort z.: → kränken; Böses/Schaden z.: → schaden (1); sich Schaden z.: → schaden (3)
Zug, der: **1.** ⟨*Wagenreihe mit Lokomotive*⟩ Eisenbahnzug · Reisezug ♦ *umg*: Eisenbahn · Bahn; → *auch* Personenzug, Schnellzug – **2.** → Atemzug (1) – **3.** → Luftzug – **4.** → Abteilung (II, 1) – **5.** → Flug (1, b) – **6.** → Marsch (1) – **7.** → Bewegung (1) – **8.** → Umzug (2) – **9.** → Miene (1) – **10.** → Merkmal – **11.** → Tendenz (2) – **12.** → Schwung (1) – **13.** im falschen Z. sitzen: → irren (II); am Zuge sein, zum Zuge kommen: → Reihe (5); auf dem Zuge haben: → hassen; in den letzten Zügen liegen: → Sterben; in einem Z., Z. um Z.: → ununterbrochen
Zugabe, die: Beigabe · Beilage · Zulage · Zusatz · Zutat · Einlage; Dreingabe (*süddt schweiz*) ♦ *umg*: Extra; Draufgabe (*landsch*); → *auch* Ergänzung (2)
Zugabteil, das: → Abteil
Zugang, der: **1.** ⟨*das Hinzukommende*⟩ Zufluss · Zustrom · Zulauf + Zuwachs ♦ *gehoben*: Einstrom; → *auch* Zunahme – **2.** → Eingang (1)
zugange: z. sein |mit|: → beschäftigen (II, 2)

zugänglich: **1.** ⟨*das Betreten zulassend*⟩ betretbar – **2.** → erreichbar – **3.** → aufgeschlossen – **4.** → kompromissbereit (1)
Zugangsbeschränkung, die: Numerus clausus
zugeben: **1.** → gestehen (1) – **2.** → beisteuern (1) – **3.** → zulassen (1) – **4.** → zuschießen (1)
zugegebenermaßen: eingestandenermaßen
zugegen: **1.** → anwesend (1) – **2.** nicht z.: → abwesend (1); z. sein: → anwesend (2)
zugehen: **1.** → weitergehen (1) – **2.** z. |auf|: → nähern, sich (1); z. lassen: → schicken (I, 1); spitz z.: → verjüngen (II); hier geht's zu wie in einem Taubenschlag: → Kommen (3)
Zugeherin, die: → Putzfrau
Zugehfrau, die: → Putzfrau
Zugehör, das (*schweiz*: die): → Zubehör (1)
zugehören: → gehören (I, 3, a)
zugehörig: → eigen (1)
Zugehörige, das: → Zubehör (1)
zugeknöpft: → verschlossen (2)
Zügel, der: **1.** ⟨*Teil des Pferdegeschirrs*⟩ + Leine – **2.** Zügel anlegen: → zügeln (I, 1); sich Zügel anlegen: → beherrschen (II); die Zügel schleifen lassen: → nachlässig (2); die Zügel ergreifen: → Macht (4); die Zügel in der Hand haben: **a)** → regieren (1) – **b)** → herrschen (1) – **c)** → bestimmen (2); die Zügel in der Hand behalten: → behaupten (II, 1); in die Zügel fallen: → hindern
zugelassen: approbiert
zügellos: **1.** ⟨*sich keinerlei Beherrschung auferlegend*⟩ ungezügelt · ausschweifend · exzessiv + korybantisch · bacchantisch; → *auch* hemmungslos (1) – **2.** → zuchtlos (1)
zügeln: **I.** zügeln: **1.** ⟨*jmds. Ungezügeltheit Einhalt gebieten*⟩ bändigen · im Zaum halten · Zügel/die Kandare anlegen · an die Kandare nehmen ♦ *umg*: bremsen – **2.** → beherrschen (I, 2) – **3.** seine Zunge z.: → schweigen (2) – **II.** zügeln, sich: → beherrschen (II)
Zügelung, die: → Selbstbeherrschung (1)
zugeneigt: z. sein: → lieben (1)
zugereist: → zugewandert
zugeschlossen: → verschlossen (1)
zugesellen: **I.** zugesellen: → beigesellen (I) – **II.** zugesellen, sich: → anschließen (II, 1)
zugesperrt: → verschlossen (1)
Zugeständnis, das: **1.** ⟨*Anerkennung eines Anspruchs*⟩ Entgegenkommen · Einräumung · Konzession + Kompromiss · einvernehmliche Regelung – **2.** Zugeständnisse machen: → zugestehen; zu Zugeständnissen bereit: → kompromissbereit (1)
zugestehen: zubilligen · einräumen · konzedieren · Zugeständnisse machen + gönnen; → *auch* gewähren (1)
zugetan: z. sein: → lieben (1)
zugewandert: eingewandert · zugereist + landfremd; → *auch* fremd (2)
zugfähig: → elastisch (1)
Zuggeschirr, das: → Geschirr (2)
zugig: → windig (1)
zügig: → ununterbrochen, flüssig (2)
Zugkraft, die: → Anziehung (2)
zugkräftig: werbekräftig · werbewirksam
zugleich: **1.** ⟨*mehrerlei auf einmal*⟩ gleichzeitig · zusammen; unter einem (*österr amtsspr*) – **2.** ⟨*gleichzeitig auch seiend*⟩ in einer Person – **3.** → außerdem (1)
Zugmaschine, die: → Traktor
Zugmittel, das: → Lockmittel (2)
Zugnummer, die: → Zugstück
zugreifen: **1.** ⟨*sich mit den eigenen Händen helfend beteiligen*⟩ zufassen · zupacken · anfassen · anpacken · angreifen · zulangen + die Ärmel hochkrempeln · Hand anlegen; → *auch* helfen (1) – **2.** → bedienen (II, 1)
zugriffig: → fleißig (1)
zugrunde: z. gehen: **a)** → untergehen (2) – **b)** → sterben (1); z. legen: → voraussetzen (1); z. liegen: → herrühren; z. richten: → ruinieren (I, 1); sich z. richten: → ruinieren (II)
Zugstück, das: Zugnummer · Glanzstück · Galanummer · Glanznummer · Attraktion ♦ *umg*: Schlager · Knüller; → *auch* Hauptattraktion
zugucken: → zusehen (1)
Zugucker, der: → Schaulustige
zugunsten: → für (1)
zugute: **1.** z. kommen lassen: ⟨*als Vergünstigung gewähren*⟩ zukommen lassen · angedeihen lassen · zuteil werden lassen · zuwenden – **2.** z. halten: → anrechnen (1); z. kommen: → nutzen (1); sich etw. z. tun |auf|: → stolz (4); sich z. tun: → gönnen (2)
Zuhälter, der: Mädchenhirt (*schweiz*) + Mädchenhändler ♦ *umg*: Lude · Louis · Stenz; Rennstallbesitzer (*scherzh*); Strizzi (*süddt österr*)
zuhappen: → beißen (I, 1)

zuhauen: → schlagen (I, 1)
zuhauf: **1.** → massenhaft, scharenweise – **2.** z. kommen: → versammeln (II, 1)
Zuhause, das: Daheim · Heim ♦ *umg*: die eigenen vier Wände ♦ *dicht*: Heim und Herd; → *auch* Wohnung (1)
zuheilen: → verheilen
zuhinterst: → hinten (1, a)
zuhorchen: **1.** → zuhören (1) – **2.** → aufpassen (1)
zuhören: **1.** ⟨*Worten od. Tönen aufmerksam folgen*⟩ sich anhören · hinhören; zuhorchen (*landsch*) + an jmds. Lippen hängen; → *auch* lauschen – **2.** → aufpassen (1)
Zuhörer (*Pl*): die Z.:→ Zuhörerschaft
Zuhörerschaft, die: die Zuhörer · Publikum · Auditorium · Hörerschaft
zukehren: **I.** zukehren: den Rücken z.: → abwenden (II, 1) – **II.** zukehren, sich: → zuwenden (II, 1)
zuklappen: **1.** → schließen (I, 1, a, b *u.* c) – **2.** → zufallen (1)
zukleben: verkleben + verleimen ♦ *umg*: verkleistern · zukleistern
zukleistern: → zukleben
zuklinken: → schließen (I, 1, a)
zuknallen: → zuschlagen (1)
zukneifen: den Arsch z.: → sterben (1)
zuknüpfen: → verschnüren
zukommen: **1.** → zustehen – **2.** z. |auf|: → nähern, sich (1); z. lassen: **a)** → abgeben (I, 2) – **b)** → schicken (I, 1) – **c)** → zugute (1) – **d)** → schenken (1) – **e)** → zustecken (1); die Dinge auf sich z. lassen: → abwarten (1); eine Warnung z. lassen: → warnen (1)
zukommend: → gebührend (1)
zukorken: verkorken · zustöpseln · verstöpseln · [zu]pfropfen
zukriegen: → zubringen (1)
Zukunft, die: **1.** ⟨*die kommende Zeit*⟩ + Folgezeit · das Nachher · Ferne – **2.** → Aussicht (2) – **3.** in [der] Z.: → künftig; keine Z. haben: → hoffnungslos (2); die Z. deuten, in die Z. schauen: → wahrsagen
zukünftig: → künftig
Zukünftige: **I.** Zukünftige, der: → Bräutigam – **II.** Zukünftige, die: → Braut
Zukunftsaussicht, die: → Aussicht (2)
Zukunftsbild, das: → Vision (1)
zukunftsgerichtet: → fortschrittlich
Zukunftsglaube, der: → Optimismus
zukunftsgläubig: → optimistisch (1)
zukunftsorientiert: → fortschrittlich
Zukunftsvorstellung, die: → Vision (1)
zukunftsweisend: **1.** → fortschrittlich – **2.** → geschichtlich (2)
zulächeln: → anlächeln
Zulage, die: **1.** ⟨*finanzielle Mehrleistung*⟩ Zuschlag · Geldzulage; Zubuße (*veraltend*); Draufgeld (*landsch*) – **2.** → Zugabe
zulangen: **1.** → zugreifen (1) – **2.** → ausreichen (1) – **3.** → bedienen (II, 1)
zulassen: **1.** ⟨*nicht verbieten*⟩ dulden · leiden · zugeben · geschehen lassen · mit ansehen [können] + zusehen; → *auch* erlauben (1), nachsehen (2) – **2.** → beglaubigen (1) – **3.** → freigeben (1)
zulässig: erlaubt · statthaft · gestattet · angängig; → *auch* rechtlich (1)
Zulassung, die: Approbation (*fachspr*); → *auch* Erlaubnis (1), Genehmigung (1)
Zulauf, der: **1.** → Andrang (1) – **2.** → Zugang (1)
zulaufen: spitz z.: → verjüngen (II)
zulegen: **1.** → beigeben (1) – **2.** → beisteuern (1) – **3.** → zuschießen (1) – **4.** sich z.: **a)** → erwerben (2) – **b)** → beilegen (3) – **c)** → anmaßen (1); einen Schritt z.: → beeilen, sich; einen Zahn z.: **a)** → beeilen, sich – **b)** → beschleunigen
zuleide: z. tun: → zufügen (1); nichts z. tun: → verschonen
zuleiten: → schicken (I, 1)
zuletzt: **1.** ⟨*in einer Reihe*[*nfolge*] *ganz hinten*⟩ als Letzter · an letzter Stelle · zum/am Schluss · am Ende · zuallerletzt – **2.** → schließlich (1)
zuliebe: **1.** → für (1) – **2.** mir z.: → meinetwegen (1)
zullen: → saugen (1)
Zulp, der: → Schnuller
zulpen: → saugen (1)
zumachen: **1.** → schließen (I, 1, a, b *u.* c *u.* I, 2) – **2.** → abschließen (I, 1) – **3.** → beeilen, sich – **4.** die Augen [für immer] z.: → sterben (1)
zumal: **1.** → weil – **2.** → besonders (2)
zumeist: → meist
zumessen: → zuteilen
Zumessung, die: → Zuteilung (1)
zumindest: → mindestens
zumute: z. sein/werden: → fühlen (II, 1)
zumuten: **1.** ⟨*Ungebührliches abverlangen*⟩ ein Ansinnen stellen/richten |an| + bieten; → *auch* abfordern – **2.** sich zu viel z.: → überanstrengen (II)

Zumutung, die: Ansinnen; → *auch* Frechheit, Unverschämtheit
zunächst: 1. → zuerst – **2.** → vorläufig – **3.** → nahe (1)
Zunahme, die: Vermehrung · Zuwachs · Steigerung · Anstieg · Verstärkung · Verdichtung; → *auch* Vergrößerung (1), Zugang (1)
Zuname, der: **1.** → Familienname – **2.** → Spitzname
zündeln: → Feuer (8)
zünden: es hat gezündet: → verstehen (I, 4)
Zunder, der: **1.** → Prügel (II, 1) – **2.** → Beschuss (1) – **3.** → Geld (1) – **4.** Z. geben: → verprügeln
Zündholz, das: Streichholz ♦ *umg*: Hölzchen
zunehmen: 1. ⟨*an Umfang, Ausdehnung od. Dichte größer werden*⟩ sich [ver]mehren · sich vergrößern · anwachsen · [an]steigen · sich erhöhen · sich ausdehnen · an Ausdehnung gewinnen · sich steigern · sich verstärken · sich verdichten; → *auch* anschwellen (1, a), ausweiten (II, 1) – **2.** ⟨*eine größere Leibesfülle bekommen*⟩ dick werden · Speck/Fett/einen Bauch ansetzen ♦ *umg*: einen Bauch kriegen · auseinander gehen · in die Breite gehen; aufgehen wie ein Pfannkuchen/Hefekloß (*scherzh*); auslegen (*landsch*)
Zuneigung, die: → Liebe (1)
Zunft, die: → Innung
zunftgemäß: → fachmännisch
zünftig: 1. → geübt – **2.** → fachmännisch – **3.** → gehörig (1)
Zunge, die: **1.** → Sprache (1) – **2.** mit der Z. anstoßen: → lispeln (1); jmdm. klebt die Z. am Gaumen, jmdm. hängt die Z. zum Halse heraus: → dürsten (1); die Z. lösen: → sprechen (3); seine Z. hüten/zügeln/im Zaum halten, sich lieber auf die Z. beißen, sich lieber die Z. abbeißen: → schweigen (2); das Herz auf der Z. haben/tragen: → offenherzig (2); böse Zungen: → Verleumder; eine spitze Z. haben: → boshaft (2); sich die Z. verbrennen: → schaden (3)
züngeln: → flackern
zungenfertig: 1. → redegewandt – **2.** → schlagfertig (1)
Zungenschlag, der: falscher Z.: → Versprecher
Zünglein, das: das Z. an der Waage sein: → entscheiden (I, 2)
zunichte: z. werden: → scheitern (b); z. machen: → vereiteln; die Hoffnung z. machen: → entmutigen
zunicken: → grüßen (1)
zünseln: → Feuer (8)
zunutze: sich z. machen: → ausnutzen (1)
zuoberst: 1. → obenauf (1) – **2.** das Unterste z. kehren: → durchsuchen
zuordnen: 1. → einordnen (I) – **2.** → beigesellen (I) – **3.** zugeordnet werden: → gehören (I, 3, b)
Zuordnung, die: → Einordnung
zupacken: → zugreifen (1)
zupass: z. kommen: → gelegen (2)
zupfen: → ziehen (I, 2)
zupfropfen: → zukorken
zuplauzen: → zuschlagen (1)
zuprosten: → zutrinken
zurammen: → versperren (1)
zuraten: → raten (1)
zurechnungsfähig: → normal (1)
zurechtbiegen: 1. → bereinigen (1) – **2.** → biegen (I, 1)
zurechtfinden, sich: **1.** ⟨*den richtigen Weg finden*⟩ sich durchfinden + sich herausfinden; → *auch* orientieren (II, 1) – **2.** → orientieren (II, 1) – **3.** → zurechtkommen (2)
zurechtkommen: 1. ⟨*zum richtigen Zeitpunkt eintreffen*⟩ zur [rechten] Zeit kommen – **2.** ⟨*die Schwierigkeiten meistern*⟩ sich zurechtfinden ♦ *umg*: klarkommen · zu Rande/Potte/Stuhle kommen · sich behelfen; zu Fache kommen (*landsch*); → *auch* bewerkstelligen, meistern – **3.** z. |mit|: **a)** → auskommen (5, a) – **b)** → vertragen (II, 1)
zurechtlegen: 1. → zurechtrücken (1) – **2.** → vorbereiten – **3.** sich z.: → ausdenken (1)
zurechtmachen: I. zurechtmachen: **1.** → bereitmachen (I) – **2.** → vorbereiten (I) – **3.** → zurechtrücken (1) – **4.** → schminken (I) – **5.** → wirkungsvoll (2) – **II.** zurechtmachen, sich: **1.** → herausputzen (II) – **2.** → schminken (II)
zurechtrücken: 1. ⟨*in die richtige Lage bzw. an die richtige Stelle bringen*⟩ zurechtlegen · zurechtsetzen · zurechtstellen · gerade stellen · richten ♦ *umg*: zurechtmachen; → *auch* ordnen (1) – **2.** → bereinigen (1)
zurechtsetzen: 1. → zurechtrücken (1) – **2.** den Kopf z.: → zurechtweisen
zurechtstellen: → zurechtrücken (1)
zurechtstutzen: → beschneiden (1)

zurechtweisen: maßregeln · die/seine Meinung sagen · eine Lektion/Lehre erteilen · Bescheid sagen/geben · Mores lehren + zur Vernunft/Räson bringen · in seine Schranken weisen · ins Gebet nehmen ♦ *umg*: abkanzeln · herunterkanzeln · deckeln · heimleuchten · es jmdm. [gründlich] geben · deutsch/Fraktur/Klartext/Tacheles reden |mit| · zeigen, was eine Harke ist · aufs Dach steigen · eins aufs Dach geben · den Kopf waschen/zurechtsetzen · den Standpunkt klarmachen · eine Standpauke/Gardinenpredigt halten · die Leviten/den Text lesen · ein paar Takte sagen/erzählen · den Marsch blasen · auf die Finger klopfen/schlagen · eins auf den Hut/Deckel/auf die Haube geben; abputzen (*landsch*) + einen Dämpfer aufsetzen · moralisch fertig machen · die Grillen austreiben ♦ *salopp*: zusammenstauchen · zur Schnecke machen · Bescheid stoßen · die Flötentöne beibringen · auf Vordermann bringen · die Ohren/Hammelbeine langziehen · heimgeigen · die Meinung/was geigen · es jmdm. geigen · auf die Pfoten klopfen/schlagen · eins auf die Pfoten geben + in die Pfanne hauen ♦ *derb*: zusammenscheißen; → *auch* tadeln (1), ausschimpfen, vornehmen (1)
Zurechtweisung, die: Maßregelung + Abfuhr · Abfertigung · ein kräftiges Wort ♦ *umg*: Abreibung · Abkanzelung; Abputzer (*landsch*); → *auch* Strafpredigt, Tadel (1)
zurechtziehen: → glatt (8)
zurechtzupfen: → glatt (8)
zureden: → raten (1)
zureichen: **1.** → ausreichen (1) – **2.** → geben (I, 1)
zureichend: → genug (1)
Zureiter, der: → Dresseur
zurichten: **1.** → zubereiten (1) – **2.** → bearbeiten (1) – **3.** → beschädigen
zuriegeln: → abschließen (I, 1)
zürnen: **1.** → grollen (1) – **2.** → erzürnen (2)
zurren: → festbinden
zurück: **1.** ⟨*in Richtung zum Ausgangspunkt*⟩ rückwärts; retour (*noch landsch u. österr schweiz*) + nach hinten – **2.** → zurückgekommen – **3.** → zurückgeblieben (1)
zurückbehalten: → behalten (1)
zurückbekommen: → zurückerhalten
zurückbeordern: → abberufen (1)
zurückberufen: → abberufen (1)
Zurückberufung, die: → Abberufung (1)
zurückbilden, sich: degenerieren · verkümmern · zurückgehen
zurückbleiben: **1.** ⟨*nicht mehr Schritt halten* [*können*]⟩ zurückfallen · nicht mitkommen · abfallen · hintanbleiben · nachbleiben + nachstehen ♦ *umg*: nachhinken · hinterherhinken · hängen · jmdm. geht der Atem/die Puste aus ♦ *salopp*: nachzotteln – **2.** → bleiben (2) – **3.** → übrig (3, a)
zurückblicken: **1.** → umsehen, sich (1) – **2.** → erinnern (II)
zurückblickend: → rückblickend
zurückbringen: → zurückgeben (1)
zurückdämmen: → eindämmen (1)
zurückdenken: → erinnern (II)
zurückdrängen: → verdrängen (1)
zurückerhalten: zurückerlangen · wiedererhalten · wiedererlangen · zurückbekommen · wiederbekommen ♦ *umg*: zurückkriegen · wiederkriegen · herauskriegen; sich anfinden (*norddt*)
zurückerinnern, sich: → erinnern (II)
zurückerlangen: → zurückerhalten
zurückerstatten: **1.** → zurückzahlen (1) – **2.** → zurücksenden
zurückfahren: → zurückschrecken (1)
zurückfallen: **1.** → zurückbleiben (1) – **2.** z. |in|: → rückfällig (2)
zurückfedern: → federn (1)
zurückfinden: → zurückkommen (1)
zurückfordern: zurückverlangen · wiederfordern
zurückführen: z. |auf|: → herleiten (I)
Zurückführung, die: → Herleitung
Zurückgabe, die: Rückgabe · Erstattung
zurückgeben: **1.** ⟨*jmdm. etw. geben, was man von ihm erhalten hat*⟩ wiedergeben · zurückbringen · wiederbringen; zurückstellen · retournieren (*österr*) + herausgeben ♦ *umg*: wieder herausrücken; → *auch* zurücksenden – **2.** → zurückzahlen (1) – **3.** → antworten
zurückgeblieben: **1.** ⟨*geistig nicht voll entwickelt*⟩ un[ter]entwickelt · infantil ♦ *umg*: zurück; → *auch* unreif (2) – **2.** → rückständig
zurückgehen: **1.** → zurückziehen (II, 2) – **2.** → zurückbilden, sich – **3.** → nachlassen (1) – **4.** z. |auf|: → herrühren; z. lassen: → zurücksenden
zurückgekommen: zurück · wieder da

zurückgezogen: → einsam (1)
Zurückgezogenheit, die: → Einsamkeit (1)
zurückgreifen: z. |auf|: → zurückkommen (2)
zurückhalten: I. zurückhalten: **1.** ⟨*nicht weggehen lassen bzw. weggeben*⟩ dabehalten · hier behalten · halten · bei sich behalten/belassen + behalten – **2.** ⟨*in Bezug auf ein Bedürfnis: ihm nicht nachgeben*⟩ unterdrücken · verhalten ♦ *umg*: sich verkneifen – **3.** → behalten (1) – **4.** → aufhalten (I, 1) – **5.** → hindern – **II.** zurückhalten, sich: **1.** ⟨*sich einer Sache bzw. Personen gegenüber abwartend verhalten*⟩ Abstand wahren/halten · Zurückhaltung üben/wahren/beobachten · sich Zurückhaltung/Reserve auferlegen + im Hintergrund bleiben · sich im Hintergrund halten ♦ *umg*: + sich rar machen – **2.** → beherrschen (II)
zurückhaltend: 1. ⟨*wenig umgänglich, nicht kontaktfreudig*⟩ distanziert · reserviert; → *auch* schweigsam, verschlossen (2), menschenscheu – **2.** → bescheiden (I, 1) – **3.** z. sein: ⟨*wenig umgänglich, nicht kontaktfreudig sein*⟩ nur schwer aus sich herausgehen
Zurückhaltung, die: **1.** ⟨*das Sichzurückhalten*⟩ Distanz · Reserviertheit · Reserve · Verhaltenheit + Verschlossenheit – **2.** → Bescheidenheit – **3.** Z. üben/wahren/beobachten, sich Z. auferlegen: → zurückhalten (II, 1)
zurückholen: → wiederholen (I, 2)
zurückkehren: → zurückkommen (1)
zurückkommen: 1. ⟨*wieder an den Ausgangspunkt kommen*⟩ wiederkommen · zurückkehren · wiederkehren + heimkehren · heimkommen · heimfinden · zurückfinden – **2.** z. |auf|: ⟨*aufs Neue von etw. sprechen*⟩ wieder aufgreifen · zurückgreifen |auf|
zurückkriegen: → zurückerhalten
zurücklassen: 1. ⟨*an einem Ort lassen*⟩ hinterlassen · dalassen + stehen lassen – **2.** → vererben
zurücklegen: 1. ⟨*eine Wegstrecke hinter sich bringen*⟩ schaffen · bewältigen – **2.** ⟨*mit der Rückseite voran legen*⟩ hintenüberlegen + zurücklehnen – **3.** ⟨*für die Verwendung zu einem späteren Zeitpunkt bestimmen*⟩ [sich] aufheben · [sich] aufsparen · beiseite legen · beiseite stellen + sicherstellen – **4.** ⟨*für jmdn. zum späteren Kauf aufbewahren*⟩ aufheben · reservieren · zurückstellen ♦ *umg*: zurücktun; → *auch* aufbewahren – **5.** → sparen (1)
zurücklehnen: I. zurücklehnen: → zurücklegen (2) – **II.** zurücklehnen, sich: → anlehnen (II, 1)
zurückliegend: → vergangen (1)
Zurücknahme, die: → Widerruf (1)
zurücknehmen: 1. → widerrufen – **2.** → abbestellen
zurückpfeifen: 1. → abberufen (1) – **2.** → zurückrufen (1)
zurückprallen: 1. ⟨*nach dem Aufschlagen zurückgeworfen werden*⟩ zurückspringen · abprallen – **2.** → zurückschrecken (1)
zurückrufen: 1. ⟨*noch einmal zu sich rufen*⟩ *umg*: zurückpfeifen – **2.** → abberufen (1) – **3.** → zurückziehen (I, 1) – **4.** ins Gedächtnis z.: → erinnern (I, 1); sich ins Gedächtnis z.: → erinnern (II); ins Leben z.: → wiederbeleben (1)
zurückschaudern: → zurückschrecken (1)
zurückschauen: 1. → erinnern (II) – **2.** → umsehen, sich (1)
zurückschauend: → rückblickend
zurückscheuen: → scheuen (II)
zurückschicken: → zurücksenden
zurückschlagen: → abwehren (1, a)
zurückschrecken: 1. ⟨*erschreckt zurückweichen*⟩ zurückprallen · zurückfahren · zurückschaudern; → *auch* erschrecken (2) – **2.** → scheuen (II) – **3.** → abschrecken (1)
zurücksehen: → umsehen, sich (1)
zurücksenden: zurückschicken · zurückgehen lassen · zurückerstatten; retournieren (*kaufm*); → *auch* zurückgeben (1)
zurücksetzen: 1. ⟨*ein Stück rückwärts fahren*⟩ zurückstoßen – **2.** → benachteiligen – **3.** → senken (I, 1)
zurückspringen: → zurückprallen (1)
zurückstecken: → nachgeben (1)
zurückstehen: 1. → verzichten – **2.** z. |gegen|: ⟨*weniger leisten als*⟩ abfallen |gegen| – **3.** z. müssen: → leer (4)
zurückstellen: 1. ⟨*für die Erledigung zu einem späteren Zeitpunkt aufheben*⟩ *umg*: auf Eis legen – **2.** ⟨*zunächst nicht berücksichtigen*⟩ hint[en]ansetzen · hint[en]anstellen – **3.** → befreien (I, 2) – **4.** → zurücklegen (4) – **5.** → benachteiligen – **6.** → zurückgeben (1)
zurückstoßen: 1. → wegstoßen – **2.** → zurücksetzen (1) – **3.** → ekeln (I)
zurücktreten: 1. ⟨*eine Funktion aufgeben*⟩ von seiner Funktion/seinem Amt zurücktre-

ten · sein Amt niederlegen/zur Verfügung stellen · seinen Rücktritt erklären · seinen Hut nehmen · demissionieren · [von der Bühne] abtreten; seinen Rücktritt nehmen (*veraltend*); den/seinen Abschied nehmen · abdizieren (*veraltet*) + abdanken; → *auch* ausscheiden (4), kündigen (1), zurückziehen (II, 1) **2.** z. |von|: **a)** → aufgeben (3) **b)** → abbestellen; von seiner Funktion/seinem Amt z.: → 1
zurücktun: → zurücklegen (4)
zurückverlangen: → zurückfordern
zurückweichen: 1. → nachgeben (1) – **2.** → zurückziehen (II, 2)
zurückweisen: 1. → ablehnen (1 *u.* 2) – **2.** → abweisen (1) – **3.** → abwehren (1, a)
Zurückweisung, die: → Ablehnung
zurückwerfen: → widerspiegeln (I)
zurückzahlen: 1. ⟨*Schulden begleichen*⟩ zurückerstatten · zurückgeben · [wieder]erstatten · Verbindlichkeiten erfüllen + rückvergüten; → *auch* entschädigen (I), tilgen (1) – **2.** → vergelten (1)
zurückziehen: I. zurückziehen: **1.** ⟨*nicht länger für den Verbrauch zulassen*⟩ aus dem Verkehr ziehen · vom Markt nehmen · einziehen + zurückrufen – **2.** → abberufen (1) – **3.** → widerrufen – **II.** zurückziehen, sich: **1.** ⟨*das Berufsleben aufgeben*⟩ in den Ruhestand treten · sich zur Ruhe setzen · in Pension gehen · sich aufs Altenteil setzen; → *auch* zurücktreten (1) – **2.** ⟨[*im Kriege*] *ein Gebiet aufgeben*⟩ zurückgehen · [zurück-]weichen · das Feld räumen · das Feld überlassen · den Rückzug antreten; retirieren (*veraltet*) – **3.** → absondern (II) – **4.** sich z. |von|: → abwenden (II, 2); sich in sein Schneckenhaus/sich ins stille Kämmerchen/Kämmerlein z.: → absondern (II)
Zuruf, der: → Anruf (1)
zurüsten: → vorbereiten (I)
zurzeit: 1. → gegenwärtig (1) – **2.** → jetzt (1)
Zusage, die: **1.** → Versprechen (1) – **2.** die Z. machen: → versprechen (I, 1)
zusagen: 1. → versprechen (I, 1) – **2.** → gefallen (1) – **3.** → schmecken (1) – **4.** → behagen (1) – **5.** nicht z.: → missfallen (1)
zusagend: 1. → gefällig (2) – **2.** → annehmbar
zusammen: 1. → gemeinsam (1) – **2.** → insgesamt – **3.** → beieinander – **4.** → zugleich (1) – **5.** z. mit: → gemeinsam (1)
Zusammenarbeit, die: Kooperation; Kollaboration (*auch abwert*) + Erfahrungsaustausch; → *auch* Teamarbeit
zusammenarbeiten: zusammenwirken · kooperieren · Hand in Hand arbeiten · an einem/am gleichen/selben Strang/Seil ziehen; kollaborieren · sich [gegenseitig] die Bälle zuwerfen/zuspielen (*auch abwert*)
zusammenbacken: → ballen (II, 1)
zusammenballen: I. zusammenballen: → ballen (I, 1) – **II.** zusammenballen, sich: **1.** → ballen (II, 1) – **2.** → ansammeln (II, a) – **3.** → aufziehen (1)
Zusammenbau, der: → Montage
zusammenbauen: → montieren
zusammenbehalten: die fünf Sinne z.: → beherrschen (II)
zusammenbeißen: I. zusammenbeißen: die Zähne z.: → aushalten (2) – **II.** zusammenbeißen, sich: → gewöhnen, sich (1)
zusammenbetteln: → erbetteln (1)
zusammenbinden: → binden (I, 1 *u.* 2)
zusammenbleiben: → zusammenhalten (2)
zusammenbrauen: I. zusammenbrauen: **1.** → mischen – **2.** etw. z.: → kochen (1) – **II.** zusammenbrauen, sich: **1.** → aufziehen (1) – **2.** → ankündigen (II)
zusammenbrechen: 1. ⟨*infolge zu großer Überlastung nicht mehr weiterkönnen*⟩ *umg*: schlappmachen · zusammenklappen · zusammenrutschen; → *auch* bewusstlos (2) – **2.** ⟨*infolge erdrückender Beweise seinen Widerstand aufgeben*⟩ *umg*: umfallen ♦ *salopp*: umkippen; → *auch* gestehen (1) – **3.** → einstürzen – **4.** → scheitern (b) – **5.** → zerfallen (2)
zusammenbringen: 1. ⟨*Menschen zueinander führen*⟩ zusammenführen · miteinander bekannt machen – **2.** → aufbringen (1)
Zusammenbruch, der: **1.** ⟨*plötzliches, völlige Vernichtung bringendes Ende*⟩ Fiasko · Katastrophe · Ruin · Kladderadatsch · Debakel · Bankrott · Crash · Aus · Ende; → *auch* Niederlage (1) – **2.** → Einsturz – **3.** → Misserfolg (1)
zusammendrängen: zusammenpressen · zusammenpferchen ♦ *umg*: zusammenquetschen
zusammendreschen: → zusammenschlagen (1)
zusammendrücken: → zerknüllen
zusammenfahren: 1. → zusammenstoßen (1) – **2.** → erschrecken (2)

Zusammenfall, der: → Zusammentreffen (1)
zusammenfallen: **1.** → einstürzen – **2.** → hinfallen – **3.** → übereinstimmen (2) – **4.** → abmagern
zusammenfassen: **1.** ⟨*an einem Ort vereinigen*⟩ konzentrieren · zentralisieren · zusammenziehen · sammeln – **2.** ⟨*das Wichtigste noch einmal wiedergeben*⟩ resümieren · das Fazit ziehen – **3.** → bündeln (2)
Zusammenfassung, die: **1.** → Konzentration (1) – **2.** → Überblick (1)
zusammenfegen: → auffegen
zusammenfinden, sich: → versammeln (II, 1)
zusammenfließen: zusammenströmen · zusammenlaufen; → *auch* münden
zusammenfügen: **1.** → verbinden (I, 1) – **2.** → binden (I, 2) – **3.** → bündeln (1)
zusammenführen: → zusammenbringen (1)
Zusammengehörigkeit, die: **1.** → Einheit (1) – **2.** → Solidarität
Zusammengehörigkeitsgefühl, das: **1.** → Solidarität – **2.** → Teamgeist
zusammengesetzt: komplex · mehrteilig; → *auch* gemischt
zusammenhalten: **1.** ⟨*zwei Dinge so halten, dass man sie vergleichen kann*⟩ aneinander halten · nebeneinander halten · daneben halten · dagegen halten + nebeneinander stellen; → *auch* vergleichen (I, 1) – **2.** ⟨*sich nicht trennen lassen*⟩ zusammenbleiben · zueinander halten · zusammenstehen · unzertrennlich sein ♦ *umg*: wie die Kletten zusammenhängen – **3.** ⟨*von Bindemitteln gesagt: sich nicht wieder lösen*⟩ binden (*fachspr*) – **4.** → zusammenraffen (I, 1) – **5.** die Sachen z.: → Haus (4); die fünf Sinne z.: → beherrschen (II)
Zusammenhalten, das: das Zusammenstehen · Schulterschluss
Zusammenhang, der: **1.** ⟨*Verbindung zwischen Sachverhalten*⟩ Bezug · Relation · Kommunikation · Nexus · Konnex + Kontext; → *auch* Beziehung (I, 1), Verbindung (I, 1) – **2.** ohne Z.: **a)** → zusammenhanglos (1) – **b)** → beziehungslos
zusammenhängen: **1.** ⟨*eine bestimmte Beziehung zueinander haben*⟩ in Verbindung stehen · kommunizieren · zu tun/schaffen haben |mit| · sich beziehen |auf| · Bezug haben |auf| – **2.** ⟨*Wagen fest miteinander verbinden*⟩ zusammenkoppeln · zusammenkuppeln · aneinander hängen · aneinander koppeln; → *auch* verbinden (I, 1) – **3.** wie die Kletten z.: → zusammenhalten (2)
zusammenhängend: → einheitlich (1)
zusammenhanglos: **1.** ⟨*keine sinnvolle Beziehung habend bzw. erkennen lassend*⟩ unzusammenhängend · ohne Zusammenhang – **2.** → beziehungslos – **3.** → unklar (1)
zusammenhauen: **1.** → zusammenschlagen (1) – **2.** → zerschlagen (I, 1) – **3.** → anfertigen (1)
zusammenheften: → heften (1)
Zusammenklang, der: → Akkord (1)
zusammenklappen: → zusammenbrechen (1)
zusammenklauben: → aufsammeln (1)
zusammenknoten: → binden (I, 1)
zusammenknüpfen: → binden (I, 1)
zusammenkommen: **1.** → ansammeln (II, a *u.* b) – **2.** → versammeln (II, 1) – **3.** → treffen (II, 1) – **4.** z. |mit|: → verkehren (2)
zusammenkoppeln: → zusammenhängen (2)
zusammenkrachen: **1.** → einstürzen – **2.** → zusammenstoßen (1)
zusammenkratzen: → zusammenraffen (I, 2)
Zusammenkunft, die: Zusammentreffen · Begegnung · Meeting · Treffen · Treff; → *auch* Versammlung (1), Verabredung (1)
zusammenkuppeln: → zusammenhängen (2)
Zusammenlauf, der: → Ansammlung (1)
zusammenlaufen: **1.** → zusammenfließen – **2.** → gerinnen – **3.** → überschneiden, sich
zusammenlegen: **1.** → abrunden (3) – **2.** → vereinigen (I, 1) – **3.** → bündeln (2)
zusammenlesen: → aufsammeln (1)
zusammenliegen: → koitieren
zusammennehmen: **I.** zusammennehmen: **1.** → aufsammeln (1) – **2.** → zusammenraffen (I, 1) – **3.** die Knochen z.: → anstrengen (II, 1); seine Gedanken/seinen Verstand/seine fünf Sinne z.: → konzentrieren (II) – **II.** zusammennehmen, sich: **1.** → beherrschen (II) – **2.** → anstrengen (II, 1) – **3.** → ermannen, sich
zusammenpacken: **1.** → einpacken (1) – **2.** → bündeln (1)
zusammenpassen: → passen (1, a)
zusammenpassend: → vereinbar
zusammenpferchen: → zusammendrängen

Zusammenprall, der: → Zusammenstoß (1)
zusammenprallen: → zusammenstoßen (1)
zusammenpressen: **1.** → zusammendrängen – **2.** → ballen (I, 1)
zusammenquetschen: → zusammendrängen
zusammenraffen: **I.** zusammenraffen: **1.** ⟨[*unordentlich*] *in Falten legen*⟩ zusammenhalten · zusammennehmen · zusammenziehen – **2.** *abwert* ⟨*in Bezug auf Geld*: *anhäufen*⟩ *umg*: zusammenkratzen · zusammenscharren · [ein]scheffeln; → *auch* zusammentragen, aufbringen (1), sparen (1) – **3.** → aufsammeln (1) – **II.** zusammenraffen, sich: **1.** → beherrschen (II) – **2.** → anstrengen (II, 1) – **3.** → ermannen, sich
zusammenrasseln: → zusammenstoßen (2)
zusammenraufen, sich: → gewöhnen, sich (1)
zusammenreimen: sich z.: → voraussehen
zusammenreißen, sich: **1.** → beherrschen (II) – **2.** → anstrengen (II, 1) – **3.** → ermannen, sich
zusammenrollen: → aufrollen (2)
zusammenrotten, sich: → ansammeln (II, b)
Zusammenrottung, die: → Ansammlung (1)
zusammenrufen: **1.** ⟨*zu einer Zusammenkunft auffordern*⟩ herbeirufen · versammeln + um sich scharen ♦ *umg*: zusammentrommeln – **2.** → einberufen (1)
zusammenrumpeln: → zusammenstoßen (1)
zusammenrutschen: → zusammenbrechen (1)
zusammensacken: **1.** → bewusstlos (2) – **2.** → senken (II)
zusammenscharen, sich: → ansammeln (II, b)
zusammenscharren: **1.** → zusammenraffen (I, 2) – **2.** → zusammentragen
Zusammenschau, die: → Überblick (1)
zusammenscheißen: → zurechtweisen
zusammenschießen: → zerschießen
zusammenschlagen: **1.** ⟨*bis zum Zusammenbrechen verprügeln*⟩ *umg*: zusammenhauen · zusammendreschen; → *auch* niederschlagen (I, 1), verprügeln – **2.** → zerschlagen (I, 1)
zusammenschleppen: → zusammentragen
zusammenschließen: **I.** zusammenschließen: → vereinigen (I, 1) – **II.** zusammenschließen, sich: → verbünden, sich (1), vereinigen (II, 1 *u.* 2)
Zusammenschluss, der: **1.** → Bündnis (1) – **2.** → Vereinigung (1)
zusammenschmieren: → verfassen
zusammenschnüren: **1.** → bündeln (1) – **2.** → binden (I, 1)
zusammenschrecken: → erschrecken (2)
zusammenschreiben: → verfassen
zusammenschrumpeln: → schrumpfen
zusammenschrumpfen: → schrumpfen
zusammenschütten: → mischen
Zusammensein, das: → Gesellschaft (1)
zusammensetzen: **I.** zusammensetzen: **1.** → montieren – **2.** → anordnen (1) – **3.** → bilden (I, 2) – **II.** zusammensetzen, sich: **1.** → konstituieren (II) – **2.** sich z. |aus|: ⟨*als Einzelteile od. -glieder in sich enthalten*⟩ bestehen |aus| · zerfallen |in| · sich rekrutieren |aus|
Zusammensetzung, die: → Gliederung (1)
zusammensinken: → senken (II)
zusammenstauchen: → zurechtweisen
zusammenstehen: → zusammenhalten (2)
Zusammenstehen, das: → Zusammenhalten
zusammenstellen: **1.** → aufstellen (I, 4) – **2.** → bilden (I, 2) – **3.** → anordnen (1)
Zusammenstellung, die: **1.** → Aufstellung (2) – **2.** → Anordnung (1) – **3.** → Auswahl (2)
zusammenstimmen: **1.** → übereinstimmen (2) – **2.** → passen (1, a)
zusammenstoppeln: → zusammentragen
Zusammenstoß, der: **1.** ⟨*das heftige Gegeneinanderstoßen*⟩ Zusammenprall · Kollision · Crash · Karambolage + Havarie; → *auch* Anprall, Aufschlag (1) – **2.** → Streit (1)
zusammenstoßen: **1.** ⟨*heftig aufeinander treffen*⟩ zusammenprallen · aufeinander prallen · aufeinander stoßen · gegeneinander prallen · kollidieren · karambolieren · zusammenfahren ♦ *umg*: zusammenrumpeln ♦ *salopp*: zusammenkrachen; → *auch* anstoßen (1), aufschlagen (1), [1]Bruch (6) – **2.** ⟨*mit jmdm. in eine heftige Auseinandersetzung geraten*⟩ *umg*: aneinander geraten ♦ *salopp*: zusammenrasseln; → *auch* streiten (II) – **3.** → zusammentreffen (1)
zusammenströmen: **1.** → zusammenfließen – **2.** → versammeln (II, 1)
Zusammensturz, der: → Einsturz

zusammenstürzen: → einstürzen
zusammentragen: sammeln + kompilieren ♦ *umg*: zusammenschleppen; zusammenscharren (*abwert*) + zusammenstoppeln; → *auch* ansammeln (I), zusammenraffen (I, 2), horten
zusammentreffen: **1.** ⟨*einander bis zur Berührung nahe kommen*⟩ zusammenstoßen · sich berühren – **2.** → treffen (II, 1)
Zusammentreffen, das: **1.** ⟨*das zeitl. Zusammenkommen mehrerer Ereignisse*⟩ Zusammenfall · Koinzidenz – **2.** → Zusammenkunft
zusammentreten: **1.** → versammeln (II, 1) – **2.** → konstituieren (II)
zusammentrocknen: → schrumpfen
zusammentrommeln: → zusammenrufen (1)
zusammentun, sich: → verbünden, sich (1), vereinigen (II, 1 *u.* 2)
zusammenwerfen: → gleichsetzen
zusammenwirken: → zusammenarbeiten
zusammenzählen: addieren · zusammenziehen · summieren ♦ *umg*: aufaddieren
Zusammenzählung, die: Addition · Summation
zusammenziehen: **I.** zusammenziehen: **1.** ⟨*Truppen versammeln*⟩ konzentrieren · massieren; besammeln (*schweiz*) – **2.** → zusammenfassen (1) – **3.** → zusammenzählen – **4.** → zusammenraffen (I, 1) – **II.** zusammenziehen, sich: **1.** → aufziehen (1) – **2.** → schrumpfen
Zusammenziehung, die: → Konzentration (1)
zusammenzucken: → erschrecken (2)
Zusatz, der: **1.** → Anhang (1) – **2.** → Zugabe
zusätzlich: → außerdem (1)
Zusatzverdienst, der: → Nebenverdienst
zuschanden: z. machen: → vereiteln
zuschanzen: → zustecken (1)
zuschauen: → zusehen (1)
Zuschauer, der: **1.** ⟨*jmd., der sich eine Aufführung od. dgl. ansieht*⟩ Zuseher (*österr*) + Schlachtenbummler – **2.** → Schaulustige
zuschicken: → schicken (I, 1)
zuschieben: **1.** → zustecken (1) – **2.** den schwarzen Peter z.: → beschuldigen (2)
zuschießen: **1.** ⟨*finanziell zusätzlich unterstützen*⟩ zugeben · zulegen + hineinstecken ♦ *umg*: zuschustern · draufzahlen · draufgeben · drauflegen · zubuttern + hineinbuttern · reinbuttern · buttern |in|; → *auch* zuzahlen – **2.** → beisteuern (1) – **3.** → unterstützen (I, 2)
Zuschlag, der: **1.** → Zulage (1) – **2.** → Aufschlag (2)
zuschlagen: **1.** ⟨*heftig schließen*⟩ zuwerfen · zustoßen · zuschleudern · zuschmettern ♦ *umg*: zuknallen ♦ *salopp*: zuballern · zuschmeißen; zuplauzen (*landsch*); → *auch* schließen (I, 1, a, b *u.* c) – **2.** ⟨*einen Betrag erhöhen*⟩ aufschlagen |auf| + ein Aufgeld verlangen – **3.** → schlagen (I, 1) – **4.** → zusprechen (1) – **5.** → zufallen (1) – **6.** → schließen (I, 1, c)
zuschleudern: → zuschlagen (1)
zuschließen: → abschließen (I, 1)
zuschmeißen: → zuschlagen (1)
zuschmettern: → zuschlagen (1)
zuschnappen: **1.** → beißen (I, 1) – **2.** → zufallen (1)
zuschneien: einschneien · verschneien + zudecken
Zuschnitt, der: → Form (1)
zuschnüren: **1.** → verschnüren – **2.** die Kehle/Gurgel z.: → erwürgen
zuschreiben: **1.** ⟨*meinen, dass jmdm. od. einer Sache etw. eigentümlich ist*⟩ zusprechen · beimessen · zuerkennen – **2.** → überschreiben – **3.** sich z.: → beilegen (3)
Zuschrift, die: → Brief (1)
zuschulden: sich etw. z. kommen lassen: → vergehen (II, 1)
Zuschuss, der: → Unterstützung (2)
zuschustern: → zuschießen (1)
zusehen: **1.** ⟨*einen Vorgang betrachten*⟩ zuschauen ♦ *umg*: zugucken; gaffen · Maulaffen feilhalten (*abwert*) + kiebitzen · ein Auge riskieren; → *auch* ansehen (I, 3) – **2.** → zulassen (1)
zusehends: → merklich
Zuseher, der: → Zuschauer (1)
zuseiten: → neben (1)
zusenden: → schicken (I, 1)
Zusendung, die: → Übersendung
zusetzen: **1.** → bedrängen (1) – **2.** → bearbeiten (2) – **3.** → beschwören (2) – **4.** → beimischen
zusichern: → versprechen (I, 1)
Zusicherung, die: → Versprechen (1)
zusperren: → abschließen (I, 1)
Zuspiel, das (*Sport*): Abspiel · Abgabe · Pass · Vorlage + Flanke · Eingabe

zuspielen: **1.** *Sport* ⟨*einen anderen Spieler in den Besitz des Balles bzw. Pucks bringen*⟩ anspielen · abgeben · abspielen · bedienen · passen |zu| · eine Vorlage geben – **2.** ⟨*wie unbeabsichtigt zukommen lassen*⟩ in die Hand spielen – **3.** sich [gegenseitig] die Bälle z.: → zusammenarbeiten
zuspitzen: **I.** zuspitzen: → anspitzen (1) – **II.** zuspitzen, sich: **1.** → verjüngen (II) – **2.** → verschärfen, sich
zusprechen: **1.** ⟨*die Übergabe an jmdn. verbindlich* [*bekannt*] *machen*⟩ zuerteilen · zuerkennen + zuschlagen – **2.** → zuschreiben (1) – **3.** → bedienen (II, 1) – **4.** Trost/Mut z.: → trösten
Zuspruch, der: **1.** → Gefallen (II, 1) – **2.** → Trost (1) – **3.** Z. finden: → gefallen (1)
Zustand, der: **1.** ⟨*das physische bzw. psychische Beschaffensein*⟩ Kondition · Verfassung; → *auch* Beschaffenheit (1) – **2.** → Gesundheitszustand – **3.** → Verhältnis (II, 1) – **4.** → Lage (1) – **5.** Zustände kriegen: → aufregen (II)
zustande: z. bringen: **a)** → bewerkstelligen – **b)** → erreichen (2); z. kommen: → gelingen (1); nicht z. kommen: → scheitern (b)
zuständig: **1.** ⟨*zu etw. befugt bzw. für etw. verantwortlich*⟩ kompetent – **2.** → verantwortlich (2)
Zuständigkeit, die: **1.** ⟨*das Für-etw.-Verantwortlichsein*⟩ Kompetenz – **2.** → Verantwortung (1)
zustatten: z. kommen: → nutzen (1)
zustecken: **1.** ⟨*heimlich übergeben* [*lassen*]⟩ zuschieben · in die Hand drücken · zukommen lassen ♦ *umg*: zuschanzen (*meist abwert*); → *auch* schenken (1) – **2.** → schenken (1)
zustehen: zukommen · ein Anrecht/einen Anspruch haben |auf|
zustehend: → gebührend (1)
zustellen: **1.** → austragen (1) – **2.** → liefern (1)
Zusteller, der: → Briefträger
Zustellung, die: → Lieferung (1)
zusteuern: **1.** → beisteuern (1) – **2.** z. |auf|: **a)** → ansteuern (1) – **b)** → ausgehen (8)
zustimmen: **1.** ⟨*die gleiche Meinung zu etw. ausdrücken*⟩ beistimmen · beipflichten · einwilligen · Ja sagen · einverstanden sein · dafür sein · folgen · sich anschließen; konsentieren (*veraltet*) + nicken · einschlagen · sich bereit erklären · akklamieren ♦ *umg*: Ja und Amen sagen · sein Okay/Amen/Plazet geben · seinen Segen geben; → *auch* bejahen (1), billigen (1) – **2.** → billigen (1)
zustimmend: → bejahend
Zustimmung, die: **1.** ⟨*bejahende Äußerung*⟩ Bejahung · Einverständnis · Einwilligung · Konsens · Affirmation + Akklamation · Jawort · Gegenliebe ♦ *umg*: Okay; → *auch* Billigung (1), Anerkennung (1) – **2.** → Billigung (1) – **3.** seine Z. geben |zu|: → billigen (1)
zustopfen: → abdichten
zustöpseln: → zukorken
zustoßen: **1.** ⟨*in Bezug auf etw. Unangenehmes: es erleiden*⟩ widerfahren · geschehen · passieren · begegnen · zuteil werden · unterlaufen ♦ *gehoben*: betreffen – **2.** → zuschlagen (1)
Zustrom, der: **1.** → Andrang (1) – **2.** → Zugang (1) – **3.** → Zuwanderung
zuströmen: → zufallen (2)
zutage: z. treten: → erscheinen (1, b); z. bringen: **a)** → aufdecken (I, 1) – **b)** → entdecken (I, 1); z. fördern: → entdecken (I, 1); z. liegen: → offenkundig (2)
Zutat, die: → Zugabe
zuteil: z. werden: **a)** → erhalten (I, 1) – **b)** → zufallen (2) – **c)** → zustoßen (1); z. werden lassen: → zugute (1); eine Abfuhr z. werden lassen: → abweisen (1)
zuteilen: zumessen · zuweisen · zuerteilen + dosieren · kontingentieren; → *auch* verteilen (I, 1), bewirtschaften (1), ausgeben (I, 1)
Zuteilung, die: **1.** ⟨*das Zuteilen*⟩ Zumessung + Dosierung · Kontingentierung; → *auch* Verteilung (1) – **2.** → Ration (1)
zutiefst: → sehr
zutragen: **I.** zutragen: → hinterbringen (II) – **II.** zutragen, sich: → geschehen (1)
Zuträger, der: Zwischenträger · Zubringer + Kolporteur · Hintermann ♦ *umg*: Zubläser · Ohrenbläser; → *auch* Verleumder, Verräter (1), Spitzel
zuträglich: → bekömmlich, gesund (2)
Zutrauen, das: → Vertrauen (1)
zutraulich: **1.** ⟨*keine Scheu empfindend*⟩ anschmiegsam · zutu[n]lich + arglos; → *auch* gutgläubig – **2.** → zahm (1)
zutreffen: **1.** → stimmen (1) – **2.** → bestätigen (II, 1)
zutreffend: **1.** → richtig (1) – **2.** z. sein: → stimmen (1)

zutrinken: zuprosten · anprosten · Bescheid tun; → *auch* toasten (1)
Zutritt, der: Eintritt · Einlass + Eingang
zutschen: → lutschen (1)
Zutscher, der: → Schnuller
zutulich: → zutraulich (1)
Zutun, das: → Hilfe (1)
zutunlich: → zutraulich (1)
Zuverdienst, der: → Nebenverdienst
zuverlässig: **1.** ⟨*Vertrauen verdienend*⟩ verlässlich · vertrauenswürdig · glaubwürdig · hundertkarätig · seriös; währschaft (*schweiz*) + Vertrauen erweckend; → *auch* gewissenhaft, rechtschaffen, pflichtbewusst, bewährt, treu (1) – **2.** → sicher (4) – **3.** z. sein: ⟨*Vertrauen verdienen*⟩ Häuser bauen können |auf| · auf jmdn. ist Verlass
Zuverlässigkeit, die: Verlässlichkeit · Vertrauenswürdigkeit · Glaubwürdigkeit · Seriosität; → *auch* Pflichtbewusstsein, Rechtschaffenheit
Zuversicht, die: **1.** → Vertrauen (1) – **2.** → Hoffnung (1) – **3.** → Optimismus – **4.** voller Z.: → optimistisch (1)
zuversichtlich: → optimistisch (1)
Zuversichtlichkeit, die: → Optimismus
Zuviel, das: → Überschuss (1)
zuvor: **1.** → vorher – **2.** → zuerst
zuvorderst: → vorn (1)
zuvorkommend: **1.** → gefällig (1) – **2.** → aufmerksam (2)
Zuwachs, der: **1.** → Zugang (1) – **2.** → Zunahme – **3.** Z. erwarten/bekommen: → schwanger (2)
zuwandern: → zuziehen (I, 1)
Zuwanderung, die: Zustrom; → *auch* Einwanderung
zuwarten: → gedulden, sich
zuwege: z. bringen: **a)** → bewerkstelligen – **b)** → erreichen (2)
zuweilen: → manchmal
zuweisen: **1.** → zuteilen – **2.** → überweisen
Zuweisung, die: → Überweisung
zuwenden: **I.** zuwenden: **1.** → zugute (1) – **2.** → schenken (1) – **3.** Geld z.: → unterstützen (I, 2); den Rücken z.: → abwenden (II, 1) – **II.** zuwenden, sich: **1.** ⟨*sich so drehen, dass man sich von vorn zeigt*⟩ sich hinwenden · sich hinkehren · sich zukehren · sich hindrehen – **2.** → beschäftigen (II, 2)
Zuwendung, die: **1.** → Unterstützung (2) – **2.** → Schenkung
zuwerfen: **1.** ⟨*in jmds. Richtung werfen*⟩ hinwerfen – **2.** → zuschlagen (1) – **3.** sich [gegenseitig] die Bälle z.: → zusammenarbeiten
zuwider: z. sein: **a)** → anwidern – **b)** → verstoßen (3, a)
zuwiderhandeln: entgegenhandeln · verstoßen |gegen| + das Gesetz übertreten
Zuwiderhandlung, die: Verstoß · Übertretung; → *auch* Vergehen (1)
zuwiderlaufen: → verstoßen (3, a)
zuwiderlaufend: → kontraproduktiv
zuwinken: → winken (1)
zuzahlen: *umg*: draufzahlen · drauflegen; → *auch* zuschießen (1)
zuzeiten: → manchmal
Zuzel, der: → Schnuller
zuziehen: **I.** zuziehen: **1.** ⟨*an einen Ort ziehen*⟩ zuwandern – **2.** → heranziehen (1) – **3.** → festziehen – **4.** sich z.: ⟨[*durch eigenes Verschulden*] *erleiden*⟩ davontragen · bekommen ♦ *umg*: sich holen · wegbekommen; → *auch* anstecken (II) – **II.** zuziehen, sich: → eintrüben, sich
zuzüglich: plus; → *auch* einschließlich
zuzwinkern: anzwinkern
zwacken: → zwicken
Zwang, der: **1.** ⟨*die Wirkung von Druckmitteln*⟩ Druck · Nötigung · Vergewaltigung · Pression · Muss · Fessel; → *auch* Gewalt (1), Unterdrückung, Unfreiheit – **2.** unter Z.: → gewaltsam; ohne Z.: → frei (1); dem Z. weichen: → nachgeben (1); Z. antun: → zwingen (1); sich Z. antun: → beherrschen (II); sich keinen Z. auferlegen: → zwanglos (2)
zwängen: **1.** → drängen (2) – **2.** z. |in|: → hineinstopfen
zwanglos: **1.** → ungezwungen – **2.** sich z. verhalten: ⟨*sich ungezwungen u. natürlich benehmen*⟩ sich keinen Zwang antun/auferlegen + sich gehen lassen
Zwanglosigkeit, die: → Ungezwungenheit
Zwangsarbeit, die: Fronarbeit · Frondienst (*hist*)
Zwangsjacke, die: → Zwangslage
Zwangslage, die: Notlage · Notsituation · Notfall · Dilemma · Zwickmühle + Handlungsdruck · Prokrustesbett · Zwangsjacke; → *auch* Not (1), Schwierigkeit (1), Verlegenheit (1)
zwangsläufig: **1.** → unvermeidlich – **2.** → notgedrungen – **3.** → notwendigerweise

Zwangsmaßnahme, die: Gewaltmaßnahme · Sanktionen
Zwangsräumung, die: Exmittierung · Exmission; Delogierung (*österr*)
Zwangsverwaltung, die: Sequestration (*Rechtsw*)
Zwangsvorstellung, die: → Einbildung (1)
zwangsweise: → gewaltsam
Zwangswirtschaft, die: Dirigismus
zwar: → freilich (1)
zwatzelig: → fahrig
zwatzeln: → zappeln (1)
Zweck, der: **1.** ⟨*die eine Handlung bestimmende Zielvorstellung*⟩ Bestimmung · Sinn; → *auch* Ziel (3), Absicht (1) – **2.** zu welchem Z.: → warum; zum Zwecke [von]: → zwecks; keinen Z. haben: → nutzlos (2)
zweckdienlich: → zweckmäßig
Zwecke, die: → Reißzwecke (1)
zweckentfremdet: → zweckwidrig
zweckentsprechend: → zweckmäßig
zweckfremd: → zweckwidrig
zweckgemäß: → zweckmäßig
zwecklos: **1.** → unnötig – **2.** → nutzlos (1)
zweckmäßig: zweckdienlich · zweckentsprechend · zweckgemäß · zweckvoll · sinnvoll · sinnreich · rationell · praktisch · praktikabel · richtig; → *auch* passend (1, a), sinnvoll (1)
zwecks: zum Zwecke [von]; behufs · zu dem/diesem Behuf (*veraltend*); → *auch* wegen (1)
Zweckverband, der: → Interessengemeinschaft
zweckvoll: → zweckmäßig
zweckwidrig: zweckentfremdet · zweckfremd
zwei: **1.** ⟨*eins u. noch eins bzw. eine*[*r*] *u. noch eine*[*r*]⟩ ein Paar – **2.** → beide (2) – **3.** alle z., die z.: → beide (1); zu zweien: → paarweise; z. linke Hände haben: → ungeschickt (2)
Zweibeiner, der: → Mensch (I, 1)
zweideutig: **1.** ⟨*zwei Deutungen zulassend*⟩ doppeldeutig · doppelsinnig · doppelbödig · mehrdeutig; amphibolisch · ambig · äquivok (*fachspr*); → *auch* vieldeutig – **2.** → schlüpfrig (1)
Zweideutigkeit: die: **1.** ⟨*zweideutige Beschaffenheit*⟩ Doppeldeutigkeit · Doppelsinn[igkeit]; Amphibolie · Ambiguität · Äquivokation (*fachspr*) – **2.** → Schlüpfrigkeit
zweierlei: → verschiedenartig
zweifach: → doppelt (1)
Zweifel, der: **1.** ⟨*Unsicherheit bei der Beurteilung*⟩ Bedenken · Skepsis + Unglaube · das Wenn und Aber · das Für und Wider; → *auch* Einwand (1), Misstrauen, Ungewissheit – **2.** → Zwiespalt (1) – **3.** → Verdacht (1) – **4.** außer Z.: → sicher (4); ohne Z.: → gewiss (1); außer Z. stehen, keinem Z. unterliegen: → feststehen; Z. hegen: → zweifeln; in Z. ziehen: → bezweifeln
zweifelhaft: **1.** ⟨*nicht ganz sicher*⟩ fraglich · fragwürdig · problematisch · dubios · unsicher · unglaubwürdig · unglaubhaft · kaum glaublich · unwahrscheinlich; → *auch* ungewiss (1), umstritten – **2.** → ungewiss (1) – **3.** → minderwertig
zweifellos: → gewiss (1)
zweifeln: Zweifel hegen + irrewerden
zweifelnd: → zwiespältig
zweifelsfrei: → sicher (4)
zweifelsohne: → gewiss (1)
Zweifler, der: Skeptiker ♦ *umg*: ungläubiger Thomas (*scherzh*)
zweiflerisch: skeptisch
Zweifüßer, der: → Mensch (I, 1)
Zweig, der: **1.** ⟨*Teil des Baumes*⟩ Ast + Rute – **2.** → Fach (1, b) – **3.** auf einen grünen Z. kommen: → Erfolg (2); auf keinen grünen Z. kommen: → Misserfolg (2)
zweigeschlechtig: zwittrig · zwitterhaft · doppelgeschlechtig; bisexuell · androgyn (*fachspr*)
Zweiggeschäft, das: → Zweigstelle
zweigleisig: doppelgleisig · zweispurig
Zweigniederlassung, die: → Zweigstelle
Zweigstelle, die: Zweiggeschäft · Filiale · Außenstelle · Niederlassung · Zweigniederlassung · Nebenstelle · Agentur; Niederlage · Dependance (*veraltend*); Faktorei (*veraltet*); Expositur (*österr*); → *auch* Vertretung (1)
Zweiheit, die: Doppelheit · Duplizität · Dualismus
Zweikampf, der: Duell
zweischneidig: **1.** → bedenklich (1) – **2.** ein zweischneidiges Schwert sein: → unsicher (5, b)
zweiseitig: → bilateral
zweispurig: → zweigleisig
zweit: zu z.: → paarweise; an zweiter Stelle, in zweiter Linie: → nebensächlich; zum zweiten Mal[e]: → wieder (1); zweiter Sieger sein: → unterliegen (1)

Zweiteiler, der: → Badeanzug
Zweitfrisur, die: → Perücke
zweitklassig: → minderwertig
zweitrangig: → nebensächlich
Zweitschrift, die: → Abschrift
zwerch: → schräg (1)
zwerchfellerschütternd: → komisch (1)
Zwerg, der: **1.** ⟨*Fabelwesen*⟩ Wichtel · Wichtelmännchen · Erdmännchen · Gnom; → *auch* Kobold (1) – **2.** ⟨*sehr kleiner Mensch*⟩ der Kleinwüchsige · Liliputaner ♦ *umg*: abgebrochener Riese (*scherzh*); → *auch* Knirps
zwerg[en]haft: zwergwüchsig · kleinwüchsig · gnomenhaft · pygmäenhaft · pygmäisch
zwergwüchsig: → zwerg[en]haft
Zwetsche, die: → Pflaume (1)
Zwetschge, die: **1.** → Pflaume (1) – **2.** die sieben Zwetschgen: **a)** → Besitz (1) – **b)** → Gepäck
Zwetschke, die: → Pflaume (1)
Zwicke, die: → Zange (1)
zwicken: kneifen; kneipen (*landsch*) ♦ *umg*: zwacken
Zwicker, der: → Kneifer (1)
Zwickmühle, die: → Zwangslage
Zwiebel, die: **1.** → Haarknoten – **2.** → Uhr (1)
zwiebeln: **1.** → quälen (I, 1 *u.* 2) – **2.** → drillen (1)
zwiefach: → doppelt (1)
Zwiegesang, der: → Duett
Zwiegespräch, das: → Gespräch (1)
Zwielicht, das: **1.** → Morgendämmerung – **2.** → Abenddämmerung – **3.** → Halbdunkel
zwielichtig: **1.** ⟨*von unklarer Haltung*⟩ verdächtig · doppelgesichtig · doppelgleisig · mit doppeltem Boden + undurchschaubar · lichtscheu – **2.** → dämmerig
Zwiespalt, der: **1.** ⟨*inneres Zerrissensein*⟩ Konflikt · Widerstreit · Ambivalenz + Zweifel – **2.** → Zwietracht (1)
zwiespältig: zerrissen · gespalten · ambivalent + zweifelnd; → *auch* unentschlossen (2)
Zwietracht, die: **1.** ⟨[*andauerndes u. tiefgehendes*] *Uneinigsein*⟩ Zerwürfnis · Unfriede · Zwist · Uneinigkeit · Zwiespalt · Misshelligkeit + Spannung · Drachensaat; → *auch* Streit (1) – **2.** Z. säen: → aufhetzen
Zwille, die: → Schleuder (1)
zwingen: **1.** ⟨*gewaltsam zu etw. veranlassen*⟩ nötigen · vergewaltigen · [er]pressen · Druck ausüben · unter Druck setzen · Gewalt anwenden/antun · Zwang antun · gefügig machen · keine [andere] Wahl lassen ♦ *umg*: Daumenschrauben anlegen · den Daumen aufs Auge setzen · das Messer an die Kehle setzen · die Pistole auf die Brust setzen; → *auch* bearbeiten (2) – **2.** → aufbekommen (2) – **3.** → meistern – **4.** auf/in die Knie z.: **a)** → besiegen (I) – **b)** → unterwerfen (1)
zwingend: → überzeugend
Zwinger, der: → Käfig (1)
zwinkern: blinzeln; blinzen · blinkern (*landsch*); plieren (*norddt*)
Zwirn, der: **1.** → Garn (1) – **2.** → Geld (1) – **3.** Himmel, Arsch und Z.: → verflucht (1)
Zwirnsfaden, der: → Faden (I, 1)
Zwischenbemerkung, die: → Anmerkung (1)
Zwischending, das: → Mischung (2)
zwischendrein: → dazwischen (2)
zwischendrin: → dazwischen (1)
zwischendurch: → unterdessen
Zwischenfall, der: **1.** → Ereignis (1) – **2.** ohne Z.: → reibungslos
Zwischenfrage, die: Querfrage
Zwischenglied, das: → Verbindungsglied
zwischenher: → unterdessen
zwischenhinein: → dazwischen (2)
Zwischenlösung, die: → Übergangslösung
Zwischenraum, der: **1.** → Entfernung (1) – **2.** → Lücke (1) – **3.** → Abstand (1)
Zwischenruf, der: → Einwurf (1)
zwischenschieben: → einschieben (1)
Zwischenspiel, das: Intermezzo · Interludium
zwischenstaatlich: **1.** → international – **2.** zwischenstaatlicher Handel: → Außenhandel
Zwischenstück, das: **1.** → Einlage (1) – **2.** → Verbindungsglied
Zwischenträger, der: → Zuträger
Zwischenzeit, die: **1.** → Abstand (1) – **2.** in der Z.: → unterdessen
zwischenzeitlich: **1.** → unterdessen – **2.** → vorübergehend
Zwist, der: → Zwietracht (1)
Zwistigkeit, die: → Streit (1)
zwitschern: **1.** → singen (2) – **2.** einen z.: → trinken (1, b)
zwitterhaft: → zweigeschlechtig
zwittrig: → zweigeschlechtig
Zyklon, der: → Wirbelsturm

Zyklone, die: → Tief (1)
Zyklus, der: → Kreislauf (2)
Zylinder, der: Klappzylinder · Chapeau claque ♦ *umg*: Esse · Angströhre (*scherzh*)
Zyniker, der: → Spötter
zynisch: → spöttisch
Zynismus, der: → Spott (1)

dtv Wörterbücher zu Sprache und Geschichte

Wahrig
Wörterbuch der deutschen Sprache
Herausgegeben von Gerhard Wahrig
Neu herausgegeben und bearbeitet von
Dr. Renate Wahrig-Burfeind
dtv 3366 · CD-ROM dtv 52102

Mit 20000 Stichwörtern in der alten und neuen Schreibweise das aktuelle, grundlegend erweiterte Standardwerk zu allen Fragen der Rechtschreibung, Worttrennung, Grammatik und Aussprache. Es enthält Beispiele für die Verwendung in Sätzen und Wendungen, Redensarten und Sprichwörtern sowie Bedeutungserklärungen. Mit dem amtlichen Regelwerk zur Rechtschreibreform.

Etymologisches Wörterbuch des Deutschen
Erarbeitet im Zentralinstitut für Sprachwissenschaft,
Berlin, unter der Leitung von Wolfgang Pfeifer
dtv 32511

8000 Einträge erklären Herkunft, Entwicklung, Bedeutung und Verwandtschaft von rund 22000 Wörtern der deutschen Sprache.

Wörterbuch Geschichte
Von Konrad Fuchs und Heribert Raab
dtv 3364

Über 5200 Einträge geben Auskunft über Ereignisse, Sachbegriffe und Fachwörter aus der Geschichte und angrenzenden Gebieten. Mit ausführlicher Bibliographie.

Wörterbuch Kirchengeschichte
Von Georg Denzler und Carl Andresen
dtv 32503

Die Grundzüge der Kirchengeschichte werden in über 700 Stichwörtern vermittelt. Mit Papstliste, Personenregister und umfangreichen Quellen- und Literaturangaben.

Literaturwissenschaft im dtv

Heinz Ludwig Arnold
Heinrich Detering (Hg.)
Grundzüge der Literaturwissenschaft
dtv 30171

Bernd Balzer
Das literarische Werk Heinrich Bölls
Einführung und Kommentare
dtv 30650

Reinhard Baumgart
Deutsche Literatur der Gegenwart
Kritiken, Essays, Kommentare
dtv 4674

Umberto Eco
Zwischen Autor und Text
Interpretation und Überinterpretation · dtv 4682
Die Grenzen der Interpretation
dtv 30168
Lector in fabula
Die Mitarbeit der Interpretation in erzählenden Texten · dtv 30141
Die Suche nach der vollkommenen Sprache
dtv 30629

Georg Lukács
Die Theorie des Romans
dtv 4624

Peter von Matt
Liebesverrat
Über die Treulosen in der Literatur
dtv 30143
Verkommene Söhne, mißratene Töchter
Familiendesaster in der Literatur
dtv 30647

Jan Philipp Reemtsma
Das Buch vom Ich
Christoph Martin Wielands »Aristipp und einige seiner Zeitgenossen«
dtv 30760

Klaus Völker
Brecht-Chronik
Daten zu Leben und Werk
dtv 30651

Daniel W. Wilson
Das Goethe-Tabu
Protest und Menschenrechte im klassischen Weimar
dtv 30710

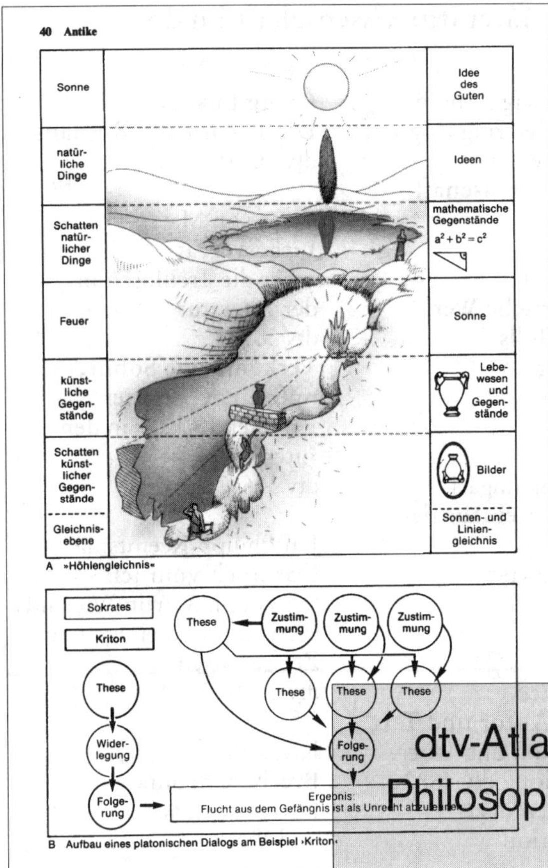

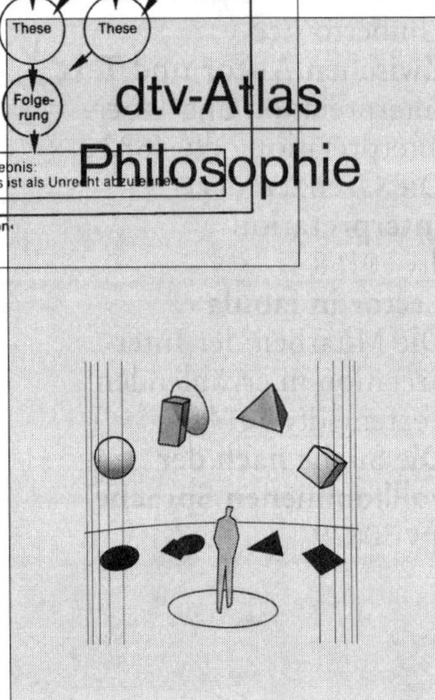

dtv-Atlas Philosophie
von Peter Kunzmann,
Franz-Peter Burkard und
Franz Wiedmann
111 Farbseiten
von Axel Weiß
Originalausgabe
dtv 3229

dtv portrait

Herausgegeben von Martin Sulzer-Reichel
Originalausgaben

Biographien bedeutender Frauen und Männer aus Geschichte, Literatur, Philosophie, Kunst und Musik

»Wissenschaft unterhaltsam verpackt«
Börsenblatt

Hannah Arendt
Von Ingeborg Gleichauf
dtv 31029

Johann Sebastian Bach
Von Malte Korff
dtv 31030

Hildegard von Bingen
Von Michaela Diers
dtv 31008

Otto von Bismarck
Von Theo Schwarzmüller
dtv 31000

Die Geschwister Brontë
Von Sally Schreiber
dtv 31012

Giordano Bruno
Von Gerhard Wehr
dtv 31025

Georg Büchner
Von Jürgen Seidel
dtv 31001

Frédéric Chopin
Von Johannes Jansen
dtv 31022

Annette von Droste-Hülshoff
Von Winfried Freund
dtv 31002

Elisabeth von Österreich
Von Martha Schad
dtv 31006

Theodor Fontane
Von Cord Beintmann
dtv 31003

Sigmund Freud
Von Peter Schneider
dtv 31021

Johann Wolfgang von Goethe
Von Anja Höfer
dtv 31015

Alfred Hitchcock
Von Enno Patalas
dtv 31020

Christoph Helferich

Geschichte der Philosophie

Von den Anfängen bis zur Gegenwart
und Östliches Denken
Mit einem Beitrag von Peter Christian Lang
dtv 30706

Diese umfassende, anschauliche und für Laien verständlich geschriebene Philosophiegeschichte mit ihren zahlreichen Illustrationen und ausführlichen Textbeispielen führt bis in die jüngste Zeit. Sie bietet allen an Philosophie Interessierten gründliche Information über die großen Denker und Denkerinnen, über die wichtigsten philosophischen Fragen und Theorien sowie über die dadurch ausgelösten Debatten und Kontroversen. Die faszinierende Welt der Philosophie – des Westens und des Ostens – in einem Band!

»Wer heute auf eine vergleichsweise kurzgefaßte Geschichte der Philosophie im Weltmaßstab nicht von vornherein verzichten will, könnte zwar jederzeit eine andere Philosophiegeschichte schreiben, schwerlich aber eine ›bessere‹.«
Allgemeine Zeitschrift für Philosophie

»Helferich hat jene vom philosophischen Laien so gefürchtete esoterische Sprache, die die Philosophie immer wieder in Mißkredit gebracht hat, durchgängig vermieden. Alle speziellen Fachbegriffe werden entwickelt und erklärt. Sein Buch ist deshalb als Einführung in die Philosophie und damit zugleich in die geschichtlich entwickelten Formen unseres Fragens und Denkens geeignet.«
Frankfurter Allgemeine Zeitung

dtv

Who's who bei dtv

Von Ariel und Asterix bis Zeus und Zacharias

Who's who in der Oper
Von Silke Leopold und Robert Maschka
dtv/Bärenreiter 32530
Ein Abc der Opernfiguren aus vier Jahrhunderten, von Monteverdi bis Orff.

Who's who im Comic
Von Jürgen Kagelmann
dtv 32531
Ein Nachschlagewerk für alle Comicfans und solche, die es werden wollen.

Who's who der Tiere
Von Rudolf Schenda
dtv 32532
Mythen, Märchen und Geschichten über hundert wilde und zahme Tiere.

Who's who bei Shakespeare
Von Rolf Vollmann
dtv 32533
Unterhaltsame Informationen zu Romeo, Julia und allen anderen.

Who's who in der antiken Mythologie
Von Gerhard Fink
dtv 32534
Wissenswertes über 800 Figuren aus der Antike.

Who's who bei Goethe
Von Michael Lösch
dtv 32535
Was das Werk Goethes im Innersten zusammenhält: Alles über die wichtigen Figuren und die Rollen, die sie spielen.

Who's who in der Bibel
Von Peter Calvocoressi
dtv 32536
Die Geschichten von mehr als 450 Gestalten aus dem Alten und Neuen Testament sowie den Apokryphen.

Who's who im Märchen
Von Ulf Diederichs
dtv 32537
Ein Lexikon der Märchengestalten – die Geschichten, Deutungen und Parallelen zu anderen Märchentraditionen.

Who's who der Vornamen
Von Ernö und Renate Zeltner
dtv 32538
Erläuterungen zu zahlreichen Frauen- und Männernamen und darüber, wer ihnen Ehre gemacht oder Schande bereitet hat.

